# Bibliographie zur Zeitgeschichte 1953–1980

Im Auftrag des Instituts für Zeitgeschichte München
herausgegeben von Thilo Vogelsang †
und Hellmuth Auerbach
unter Mitarbeit von Ursula van Laak

## Band II
### Geschichte des 20. Jahrhunderts bis 1945

Allgemeine Geschichte — Europäische Geschichte —
Geschichte des I. Weltkrieges — Deutsche Geschichte —
Geschichte einzelner Staaten — Geschichte des II. Weltkrieges

K·G·Saur München·New York·London·Paris 1982

Die Originalausgabe der
„Bibliographie zur Zeitgeschichte"
erschien als Beilage der
„Vierteljahrshefte für Zeitgeschichte",
Jg. 1—26 zusammengestellt von Thilo Vogelsang,
Jg. 27—28 von Hellmuth Auerbach,
unter Mitarbeit von Ursula van Laak,
Deutsche Verlags-Anstalt Stuttgart 1953—1980.

CIP-Kurztitelaufnahme der Deutschen Bibliothek

**Vogelsang, Thilo:**
Bibliographie zur Zeitgeschichte : 1953 — 1980 /
im Auftr. d. Inst. für Zeitgeschichte München
hrsg. von Thilo Vogelsang u. Hellmuth Auerbach.
Unter Mitarb. von Ursula van Laak. — München ;
New York ; London ; Paris : Saur
 Früher als: Vierteljahrshefte für Zeitgeschichte.
 Beil.
 ISBN 3-598-10420-0

NE: Auerbach, Hellmuth: HST

Bd. 2. Geschichte des 20. Jahrhunderts bis 1945 :
allg. Geschichte — europ. Geschichte — Geschichte
d. I. Weltkrieges — dt. Geschichte — Geschichte
einzelner Staaten — Geschichte des II. Weltkrieges.
— 1982.
 ISBN 3-598-10422-7

Copyright by Institut für Zeitgeschichte München

Lizenzausgabe des KG Saur Verlages KG München 1982

Printed in the Federal Republic of Germany

Alle Rechte vorbehalten
Dieses Werk — oder Teile daraus — darf nicht vervielfältigt,
in Datenbanken gespeichert oder in irgendeiner Form
— elektronisch, photomechanisch, auf Tonträger oder sonstwie —
übertragen werden ohne die schriftliche Genehmigung des Verlages.

Technische Realisierung und Druck: Norbert Gärtner Mainz-Kastel
Registerherstellung: SRZ Hartmann + Heenemann, Berlin
Binden: Karl Schaumann, Darmstadt

ISBN 3-598-10420-0 (3 Bände)
ISBN 3-598-10422-7 (Bd. 2)

# Vorwort

Als in den frühen fünfziger Jahren in der Bundesrepublik die wissenschaftliche Bearbeitung der unmittelbar zurückliegenden Vergangenheit begann und in München das Institut für Zeitgeschichte seine Arbeit aufnahm, war es für diesen neuen Zweig der Geschichtswissenschaft dringend erforderlich, schnell und umfassend über die neuesten Publikationen informiert zu werden. Deshalb erhielten die „Vierteljahrshefte für Zeitgeschichte" mit ihrer Gründung im Jahre 1953 als ständige Beilage die „Bibliographie zur Zeitgeschichte", die vom Leiter der Bibliothek zusammengestellt wird.[1] Ihre Betreuung lag 26 Jahre lang, bis zu seinem Tode 1978, in den Händen von Thilo Vogelsang.

Die Bibliographie will dem Benutzer eine laufende, möglichst umfassende Übersicht über das deutsche und internationale Schrifttum zur Zeitgeschichte an die Hand geben, wobei der Schwerpunkt bei der Geschichte seit 1917 — ursprünglich bis 1945, neuerdings bis zur Gegenwart — liegt. Sie enthält außer Monographien auch Zeitschriftenaufsätze, Beiträge aus Sammelwerken sowie unveröffentlichte Hochschulschriften. Da der gesamte Stoff jeweils innerhalb zweier Jahrgänge durchgearbeitet und erfaßt wird, die Zahl der Titel aber ständig wächst, wurde im Laufe der Zeit eine immer schärfere Auswahl getroffen. Während Arbeiten zur deutschen Geschichte weitgehend berücksichtigt werden, ist für den außerdeutschen Bereich eine Beschränkung auf die wichtigsten Veröffentlichungen notwendig, wobei neben deutschsprachigen vorwiegend englische und französische Titel aufgenommen werden.

Die Gliederung der Bibliographie ist im Laufe der Jahre mehrfach geändert und vor allem für den Zeitraum nach 1945 verfeinert worden. Für die vorliegende kumulierte Ausgabe wurde sie überarbeitet und vereinheitlicht.

Da die frühen Jahrgänge der „Vierteljahrshefte für Zeitgeschichte" größtenteils vergriffen sind und das Aufsuchen von Titeln in den Einzelbänden umständlich und zeitraubend ist, wurde die Anregung des Verlages K.G. Saur aufgegriffen, eine kumulierte Neuausgabe der bisher vorliegenden 28 Jahrgänge zu bringen. Der Neudruck bietet den Vorteil, daß die über 43.000 Titel nach der Systematik der Originalausgabe, aber ohne die jahrgangsweise Aufteilung, neu zusammengestellt sind und durch Gesamtregister für die Einzelbände erschlossen werden. Frau Barbara Fischer gebührt unser Dank für die mühevolle Einrichtung dieser Ausgabe.

Hellmuth Auerbach

# Hinweise zur Benutzung

Für Benutzer, die die Bibliographie aus den „Vierteljahrsheften für Zeitgeschichte" kennen, wird auf folgende Veränderungen aufmerksam gemacht.

Für die Titelaufnahme gelten, wie bei der laufenden Bibliographie, die Preußischen Instruktionen (grammatikalisch-formales Prinzip).

Abweichend davon sind im Register, das mit Hilfe der elektronischen Datenverarbeitung hergestellt wird, Verfasser und Sachtitel Wort für Wort geordnet (sogenannte mechanische Wortfolge). Bei Sachtiteln werden zusätzlich die persönlichen Herausgeber in das Register aufgenommen. Die Zahlen im Register verweisen auf die entsprechenden Seiten. Die in der laufenden Bibliographie übliche Numerierung der einzelnen Titel entfällt.

---

[1] Im Selbstverlag des Instituts für Zeitgeschichte erschien 1955 auch die „Bibliographie zur Zeitgeschichte und zum Zweiten Weltkrieg für die Jahre 1945–50", zusammengestellt von Franz Herre und Hellmuth Auerbach.

# Inhaltsverzeichnis

## II. Geschichte des 20. Jahrhunderts bis 1945

5. Allgemeine Geschichte .................................................. 3
6. Europäische Geschichte ................................................. 13
7. Geschichte des I. Weltkrieges
   *Allgemeines* ........................................................... 21
   *Vorgeschichte und Kriegsausbruch* ...................................... 23
   *Militärische und wirtschaftliche Geschichte* ........................... 24
   *Politische Geschichte* ................................................. 26
8. Deutsche Geschichte
   *Allgemeines* ........................................................... 32
   *Neuere und neueste Geschichte*
     Allgemeines .......................................................... 36
     Politik und Staat .................................................... 40
     Parteien ............................................................. 49
     Wirtschaft und soziales Leben ........................................ 51
     Kulturelles Leben .................................................... 56
     Deutsche Länder ...................................................... 60
   *Geschichte des Kaiserreiches von 1871 bis 1918*
     Vorgeschichte ........................................................ 64
     Allgemeines .......................................................... 65
     Politik und Staat .................................................... 66
     Parteien ............................................................. 74
     Wirtschaft und soziales Leben ........................................ 75
     Kulturelles Leben .................................................... 78
     Deutsche Länder ...................................................... 79
   *Geschichte der Weimarer Republik von 1918 bis 1933*
     Allgemeines .......................................................... 82
     Revolution und Nationalversammlung ................................... 85
     Politik und Staat .................................................... 88
     Parteien ............................................................. 98
     Wehrwesen ........................................................... 104
     Außenpolitik ........................................................ 107
     Wirtschaft .......................................................... 114
     Soziales Leben ...................................................... 119
     Kulturelles Leben ................................................... 121
     Deutsche Länder ..................................................... 127
   *Geschichte der nationalsozialistischen Zeit von 1933 bis 1945*
     Allgemeines ......................................................... 133
     Nationalsozialismus und NSDAP ....................................... 137
     Vorgeschichte ....................................................... 144
     Politik und Staat ................................................... 148
     Recht und Verwaltung ................................................ 152
     Wehrwesen ........................................................... 155
     Außenpolitik
       Allgemeines ....................................................... 159
       Einzelne Ereignisse ............................................... 164
     Wirtschaft .......................................................... 172
     Soziales Leben ...................................................... 175
     Medien und Propaganda ............................................... 177

Kulturelles Leben.................................................. 181
Religiöses Leben.................................................. 185
Verfolgung und Widerstand
  Allgemeines................................................... 189
  Konzentrationslager........................................... 196
  Medizinische Versuche und Euthanasie.......................... 201
  Emigration und Exil........................................... 201
  Kirche........................................................ 204
  Judentum...................................................... 209
  Einzelne Gruppen.............................................. 216
  Parteien...................................................... 217
  Nationalkomitee „Freies Deutschland".......................... 220
  20. Juli 1944................................................. 221
Deutsche Länder................................................... 224

9. Geschichte einzelner Staaten
   *Großbritannien*
     Allgemeines................................................. 228
     Politik und Staat........................................... 230
     Außenpolitik................................................ 234
     Wirtschaft und soziales Leben............................... 240
   *Irland*........................................................ 241
   *Skandinavische Staaten*........................................ 242
   *Frankreich*
     Allgemeines................................................. 248
     Geschichte 1940 bis 1944.................................... 250
     Politik und Staat........................................... 256
     Außenpolitik................................................ 260
     Wirtschaft und soziales Leben............................... 264
     Kulturelles Leben........................................... 265
   *Belgien, Niederlande, Luxemburg*............................... 266
   *Italien*
     Allgemeines................................................. 270
     Widerstand 1942 bis 1945.................................... 274
     Politik und Staat........................................... 278
     Außenpolitik................................................ 281
     Wirtschaft und soziales Leben............................... 284
     Kulturelles Leben........................................... 286
   *Vatikan*....................................................... 287
   *Spanien, Portugal*............................................. 288
   *Schweiz*....................................................... 293
   *Österreich*
     Allgemeines................................................. 296
     Politik und Staat........................................... 300
     Außenpolitik................................................ 303
     Wirtschaft und soziales Leben............................... 304
     Kulturelles Leben........................................... 306
   *Osteuropa, Ostmitteleuropa*.................................... 307
   *Tschechoslowakei*.............................................. 308
   *Polen*
     Allgemeines................................................. 316
     Geschichte 1939 bis 1945.................................... 318
       Warschauer Ghetto......................................... 324
     Politik und Staat........................................... 326
     Außenpolitik................................................ 327
     Wirtschaft und soziales Leben............................... 330
     Kulturelles Leben........................................... 331

    Danzig 1919 bis 1939.................................................. 332
  *Baltische Staaten*.................................................... 332
  *Finnland*............................................................ 336
  *Sowjetunion*
    Allgemeines........................................................ 338
    Revolution und Bürgerkrieg 1917 bis 1921........................... 341
    II. Weltkrieg...................................................... 344
    Politik und Staat.................................................. 346
    Außenpolitik....................................................... 350
    Wirtschaft und soziales Leben...................................... 355
    Kulturelles Leben.................................................. 357
    Regionen........................................................... 358
  *Südosteuropa*........................................................ 361
  *Albanien*............................................................ 362
  *Bulgarien*........................................................... 362
  *Griechenland*........................................................ 363
  *Jugoslawien*......................................................... 365
  *Rumänien*............................................................ 367
  *Ungarn*.............................................................. 370
  *Türkei*.............................................................. 374
  *Vereinigte Staaten von Amerika*
    Allgemeines........................................................ 376
    Politik und Staat.................................................. 378
    Außenpolitik....................................................... 380
    Wirtschaft und soziales Leben...................................... 389
    Kulturelles Leben.................................................. 392
  *Kanada*.............................................................. 392
  *Lateinamerika*....................................................... 393
  *Naher und mittlerer Osten*........................................... 396
  *Süd-, Ost- und Südostasien*.......................................... 400
  *Japan*............................................................... 403
  *China*............................................................... 405
  *Indochina*........................................................... 409
  *Indien*.............................................................. 410
  *Afrika*.............................................................. 411
  *Australien und Neuseeland*........................................... 414

## 10. Geschichte des II. Weltkrieges
  *Allgemeines*......................................................... 415
  *Vorgeschichte und Kriegsausbruch*.................................... 420
  *Militärische Geschichte*
    Allgemeines........................................................ 422
    Spezielle Themen................................................... 431
    Militärische Führung............................................... 435
    Feldzüge und Kriegsschauplätze
      Polenfeldzug 1939.............................................. 440
      Sowjetisch-Finnischer Krieg 1939/40............................ 441
      Besetzung Dänemarks und Norwegens.............................. 441
      Westfeldzug 1940............................................... 442
      Balkan, Mittelmeer, Afrika, Italien............................ 446
      Feldzug gegen die Sowjetunion
        Allgemeines................................................. 453
        1941 bis 1942............................................... 456
        Stalingrad.................................................. 458
        1943 bis 1945............................................... 459
      Westfeldzug 1944 bis 1945...................................... 464
      Zusammenbruch 1945............................................. 468

| | |
|---|---|
| Pazifik | 470 |
| Seekrieg | 474 |
| Luftkrieg | 482 |
| Rüstung und Wirtschaft | 488 |
| Nachrichten- und Abwehrdienste | 492 |
| *Politische Geschichte* | 494 |
| Verfasser-, Herausgeber- und Sachtitelregister | 505 |

# Inhaltsübersicht zu Band I und III

**Band I**
**Allgemeiner Teil**

**1. Hilfsmittel**

Bibliographien
  Allgemeines
  Geschichtswissenschaft
  Gesellschaft und Politik
  Biographische Nachschlagewerke
  Geschichte des 20. Jahrhunderts
    Allgemeine Geschichte
    Europäische Geschichte
    Deutsche Geschichte
    Geschichte außerdeutscher Staaten
Quellenkunde
Archive und Bibliotheken
Institutionen
Forschung

**2. Geschichtswissenschaft**

Allgemeines
Theorie
Methoden
Geschichtsschreibung
Geschichtsphilosophie
Geschichtsunterricht

**3. Gesellschaft und Politik**

Sozialwissenschaftliche Fragestellungen
  Allgemeines
  Sozialpolitik
  Bevölkerungsgeschichte
  Probleme der Gesellschaft
  Umweltprobleme
  Geistige Strömungen der Zeit
    Allgemeines
    Religiöse Bewegungen im politischen Bezug
  Politische Ideengeschichte
    Allgemeines
    Konservatismus, Restauration
    Liberalismus
    Sozialismus
    Marxismus
    Kommunismus
    Nationalismus
    Faschismus
    Antisemitismus
    Spezielle Fragen
Politikwissenschaftliche Fragestellungen
  Allgemeines
  Politische Bildung
  Staatliches Leben
  Parteien
  Arbeiterbewegung und Gewerkschaften
  Internationale
  Verbände und andere Gruppen
  Meinungsbildung
  Anarchismus
  Terrorismus
  Revolutionen, Staatsstreiche
  Guerillakrieg
  Wehrwesen
  Völkerrecht
  Außenpolitik
  Imperialismus
  Kolonialismus und Antikolonialismus
  Entwicklungspolitik und „Dritte Welt"
  Friedensbewegung, Friedensforschung
  Spezielle Fragen
Internationale Organisationen
  Allgemeines
  Völkerbund
  Vereinte Nationen
  Rotes Kreuz
  Amnesty International

**4. Biographien**

Register

Band III
Geschichte des 20. Jahrhunderts seit 1945

## 11. Allgemeine Geschichte
   Jahrbücher
   Allgemeines
   Ost-West-Verhältnis
   Beziehungen Vereinigte
      Staaten von Amerika — Europa
      Spezielle Fragen
      Sicherheitspolitik und -systeme
      Rüstungspolitik und -kontrolle
      Problematik der Kernenergie
      Wirtschaftsprobleme
      Entwicklungsländer, Entwicklungspolitik

## 12. Europäische Geschichte
   Europa insgesamt
      Allgemeines
      Parteien
      Gewerkschaften
      Europäische Organisationen
      Sicherheitspolitik und -konferenzen
   Europäische Gemeinschaft
      Allgemeines
      Europäisches Parlament und Wahlen
      Außenpolitik
      Wirtschaft
      Kulturelles Leben
   RGW-Staaten

## 13. Deutsche Geschichte
   Deutschland insgesamt
      Allgemeines
      Oder-Neiße-Linie
      Flucht und Vertreibung
      Verfolgung von NS-Verbrechen
      Wiedergutmachung
      Deutschland-Problem
      Geschichte 1945 bis 1949
      Berlin
   Bundesrepublik Deutschland
      Allgemeines
      Verfassung und Institutionen
      Recht
      Verhältnis Bund—Länder
      Innenpolitik
      Außenpolitik
      Sicherheitspolitik und Wehrwesen
      Wirtschaft
      Soziales Leben
      Medien
      Kulturelles Leben
      Religiöses Leben
   Deutsche Demokratische Republik
      Allgemeines
      Verfassung, Institutionen, Recht
      Innenpolitik
      Außenpolitik
      Wehrwesen
      Wirtschaft
      Soziales Leben
      Kulturelles Leben
      Religiöses Leben

## 14. Geschichte einzelner Staaten
   Großbritannien
   Irland
   Skandinavische Staaten
   Frankreich
   Saarland bis 1956
   Belgien, Niederlande, Luxemburg
   Italien
   Triest bis 1954
   Vatikan
   Spanien
   Portugal
   Schweiz, Liechtenstein
   Österreich
   Osteuropa, Ostmitteleuropa
   Tschechoslowakei
   Polen
   Finnland
   Sowjetunion
   Südosteuropa
   Türkei
   Zypern
   Vereinigte Staaten von Amerika
   Kanada
   Lateinamerika
   Naher und Mittlerer Osten
   Süd-, Ost- und Südostasien
   Afrika
   Nordafrika
   Afrika südlich der Sahara
   Australien und Neuseeland
   Antarktis
   Weltmeere

Register

II. Geschichte des 20. Jahrhunderts bis 1945

5. ALLGEMEINE GESCHICHTE

**Abshagen,** Karl-Heinz: Geschichte einer Zeitung als Weltgeschichte. Die „Times" in der ersten Jahrhunderthälfte. — In: Außenpolitik 3 (1952), 721—732.

**Aldcroft,** Derek Howard: Die zwanziger Jahre (From Versailles to Wall Street, 1919–1929, dt. Aus d. Engl. übers. von Heinrich W. Bauer [u. a.]) – (München:) Dtsch. Taschenbuch-Verl. (1978). 399 S.
*(Geschichte der Weltwirtschaft im 20. Jahrhundert. 3.)*

**Anchieri,** Ettore: La diplomazia contemporanea. Raccolta di documenti diplomatici (1815—1956). — Padova: Milani 1959. VI, 475 S.

**Aron,** Raymond: Der permanente Krieg (Les guerres en chaîne, dt.) Deutsch von Gustav Strohm. — Frankfurt a. M.: S. Fischer 1953. 464 S.

**Bach-Thai,** Jean: Chronologie des relations internationales de 1870 à nos jours. — Paris: Ed. des Relations Internationales 1957. 276 S.

**Bairoch,** Paul: Diagnostic de l'évolution économique du Tiers-Monde, 1900—1966. — Paris: Gauthier-Villars 1967. 228 S.
*(Coll. „Techniques économiques modernes", Sér. „Histoire et pensée économiques". 2.)*

**Bárány,** George: A note on the genesis of Wilson's ponit ten. The Meinl mission and the Department of State, 1917—18. — In: J. Centr. Europ. Aff. 23 (1963/64), 219—224.

**Barbagallo,** Corrado: Storia universale. Evo contemporaneo. Dalla fine della prima guerra mondiale allo scoppio della seconda (1919—1939). — Torino: UTET 1954. VIII, 369 S.

**Barbera,** Henry: Rich nations and poor in peace and war. - Lexington, Mass.: Heath 1973. 213 S.

**Barnes,** Harry Elmer: A survey of Western civilization. — New York: Crowell 1947. XX, 959 S.

**Barraclough,** Geoffrey: Tendenzen der Geschichte im 20. Jahrhundert (An introduction to contemporary history, dt.) (Aus d. Engl. übertr. von Herbert Thiele-Fredersdorf.) — München: Beck (1967). 295 S.
*(Beck'sche schwarze Reihe. 42.)*

**Baumont,** Maurice: La faillite de la paix ‹1918—1939›. 3. éd., refondue et augmentée. — Paris: Presses Univers. 1951. IV, 950 S.
1. De Rethondes à Stresa ‹1918 bis 1939›.
2. De l'affaire éthiopienne à la guerre ‹1936—1939›.

**Belloc,** Marc [u.] Jean-Pierre Bonnet: Chronologies 1914–1945. – Paris: Hachette 1975. 288 S.

**Beloff,** Max: The great powers. Essays in twentieth century politics. — London: Allen & Unwin 1958; New York: Macmillan 1959. 240 S.

**Belot,** R. de und André Reussner: La puissance navale dans l'histoire. — Paris: Editions Maritimes et d'Outre-Mer.
3. De 1914 à 1959. 1961. 410 S.

**Bendiscioli,** M. [u.] A. Gallia: Documenti di storia contemporanea, 1815 bis 1970. — Milano: Mursia 1970. 584 S.
*(Strumenti per una nuova cultura. Testi e documenti. 1.)*

**Benedikt,** Heinrich: Die Friedensaktionen der Meinlgruppe 1917/18. Die Bemühungen um einen Verständigungsfrieden nach Dokumenten, Aktenstücken u. Briefen. — Graz, Köln: Böhlau 1962. 308 S.
*(Veröffentlichungen d. Kommission f. Neuere Geschichte Österreichs. 48.)*

**Bentwich,** Norman: The rescue of refugee scholars. The story of displaced scholars and scientists 1933—1952. Introductory note by Lord Beveridge, epilogue by A. V. Hill. — The Hague: Nijhoff (1954). XIV, 107 S.

**Berghahn,** Volker R[olf]: Rüstung und Machtpolitik. Zur Anatomie des „Kalten Krieges" vor 1914. – Düsseldorf: Droste (1973). 94 S.
*(Mannheimer Schriften zur Politik und Zeitgeschichte. 5.)*

**Berle,** Adolf A. jr.: The 20th century capitalist revolution. — New York: Harcourt 1954. 192 S.

Soziale **Bewegung** und politische Verfassung. Beiträge zur Geschichte der modernen Welt. Hrsg. von Ulrich Engelhardt, Volker Sellin [u.] Horst Stuke. (Werner Conze zum 31. Dezember 1975.) – Stuttgart: Klett (1976). 913 S.
*(Industrielle Welt. Sonderbd.)*

**Binder,** Gerhart: Epoche der Entscheidungen. Eine Geschichte des 20. Jahrhunderts mit Dokumenten in Text und Bild. — (Stuttgart-Degerloch): Seewald (1960). 575 S.

**Binder,** Gerhart: Geschichte im Zeitalter der Weltkriege. Unsere Epoche von Bismarck bis heute. – Stuttgart: Seewald (1977).
1. 1870 bis 1945. 808 S.
2. 1945 bis heute. S. 823–1640.

**Blackstock,** Paul W.: The secret roads to World War II. Soviet versus Western intelligence, 1921—1939. — Chicago: Quadrangle Books 1969. 384 S.

**Boelcke,** Willi A.: Die Macht des Radios. Weltpolitik und Auslandsrundfunk 1924–1976. – (Frankfurt a. M.;) Ullstein (1977). 703 S.

**Boggs,** James [u.] Lee Grace Boggs: Revolution and evolution in the twentieth century. - New York: Monthly Rev. Press 1974. 266 S.

**Booth,** Alan E. [u.] Sean Glynn: Unemployment in the interwar period. A multiple problem. — In: J. contemp. Hist. 10 (1975), 611–636.

**Boulding,** Kenneth E.: The meaning of the twentieth century. The great transition. — London: Allen & Unwin 1965. XVI, 199 S.

**Bouman,** P[ieter] J.[an]: Verschwörung der Einsamen (Revolutie der eenzamen, dt.) Weltgeschichte unseres Jahrhunderts. Aus d. Holländ. übers. von Otto Rodenkirchen. — München: List (1954). 415 S.

**Braubach,** Max: Quellen, Forschungen und Darstellungen zur neuesten Geschichte. — In: Hist. Jb. 72 (1953), 614—632.

# ALLGEMEINE GESCHICHTE

**Brusatti,** Alois: Wirtschafts- und Sozialgeschichte des industriellen Zeitalters. — Graz, Köln: Verl. Styria (1967). 314 S.

**Bruun,** Geoffrey: The world in the twentieth century. Rev. ed. — Boston: Heath 1952. XXV, 800 S.

**Buchheim,** Karl: Weltgeschichte und Christentum. — In: Hochland 45 (1952/53), 269—276.

**Buckreis,** Adam: Panorama der Welt- und Kulturgeschichte. 1901—1933. — Stuttgart: Riegler.
2. Politik des zwanzigsten Jahrhunderts. 1901—1933. 1955. 567 S.

**Cantor,** Norman F.: The age of protest. Dissent and rebellion in the twentieth century. — London: Allen & Unwin 1970. XV, 360 S.

**Carbajal,** Francisco V. Sevillano: La diplomacia mundial ante la guerra de España. — Madrid: Ed. Nacional 1969. 488 S.

**Carr,** Edward Hallett: The twenty years' crisis, 1919—1939. An introduction to the study of international relations. 2. ed. repr. — London: Macmillan 1951. XII, 243 S.

**Chardonnet,** Jean: L'économie mondiale au milieu du XXe siècle. — Paris: Hachette 1952. 378 S.

**Chaulanges,** M., A.-G. Manry [u.] R. Sève: Textes historiques. La première moitié du XX siècle. 1914—1935. — Paris: Delagrave 1970. 192 S.
*(Coll. „M. Chaulanges".)*

**Christensen,** Chr. P.: Historiske øjeblikke. — København: A/S Nordisk Informator 1951. 133 S.
*(Hvad skete der og hvorfor? 6.)*

**Clark,** G. N.: The cycle of war and peace in modern history. — Cambridge: Cambridge University Press 1949. 28 S.

**Collier,** Basil: Siege, die keine waren (Barren victories, [dt.]) Von Versailles bis Suez ⟨1918—1956⟩. (Aus d. Engl. von Irmgard Kutscher.) — München: Piper (1964). 415 S.

**Cornwell,** R. D.: World history in the twentieth century. — London: Longmans 1969. 426 S.

**Craig,** Gordon A., und Felix Gilbert [Hrsg.]: The diplomats 1919—1939. — Princeton: Princeton University Press 1953. X, 700 S.

**Craig,** Gordon A[lexander]: Krieg, Politik und Diplomatie (War, politics and diplomacy, dt.) (Übers. von Karl Federmann u. Dietrich Schlegel.) — Hamburg: Zsolnay (1968). 390 S.

**Cunliffe,** Marcus: The age of expansion, 1848–1917. — Springfield, Mass.: Merriam 1974. 336 S.
*(History of the Western World. 5.)*

**Curry,** George: Woodrow Wilson, Jan Smuts and the Versailles settlement. — In: Amer. hist. Rev. 66 (1960/61), 968—986.

**Dahlheimer,** Harry: The United States, Germany and the quest for neutrality, 1933-1937. – (Ann Arbor, Mich.: University Microfilms Internat. 1977). VIII, 423 S.
*University of Iowa, phil. Diss. 1976.*
[Microfilm-xerography]

**Davidson,** T.: From the French revolution to the present day. — London: University of London Press 1951. 374 S.
*(Our Historical Heritage Series.)*

**De Cecco,** Marcello: Economia e finanza internazionale dal 1890 al 1914. — Bari: Laterza 1970. 179 S.

**Dehio,** Ludwig: Das sterbende Staatensystem. — In: Außenpolitik 4 (1953), 345—354.

**Deschamps,** Hubert Jules: La fin des empires coloniaux. 2.éd. — Paris: Presses Universitaires de France 1959. 127 S.

**Dickmann,** Fritz: Die Kriegsschuldfrage auf der Friedenskonferenz von Paris 1919. — In: Hist. Z. 197 (1963), 1—101.

**Dingman,** Roger: Power in the Pacific. The origins of naval arms limitation 1914–1922. - Chicago: University of Chicago Press 1976. XIV, 318 S.

**Documents** on international affairs 1939 to 1946. — London: Cumberlege; Oxford: Oxford University Press.
1. March-September, 1939. Edited by Arnold J. Toynbee. 1951. 580 S.

**Documents** on international affairs 1947—1948. Selected and edited by M. Carlyle. Issued under the auspices of the Royal Institut of International Affairs. — London: Oxford University Press 1952.

Basic **documents** of international relations from the Treaty of Chaumont to the North Atlantic Pact. Edited by Frederick A. Hartmann. — New York: McGraw-Hill 1951. 327 S.
*(McGraw-Hill Series in Political Science.)*

**Dokumente** zur Abrüstung 1917–1976. Hrsg.: Institut für Internationale Politik und Wirtschaft der DDR. Bearb. u. eingel. von Peter Klein. - Frankfurt a. M.: Verl. Marxist. Bll. 1978. 475 S.

**Dollot,** Louis: Histoire diplomatique. — Paris: Presses Universitaires 1948. 136 S.
*(Collection „Que sais-je?")*

**Donnelly,** Desmond: Struggle for the world. The cold war 1917—1965. — New York: St. Martins Press 1965. 511 S.

**Droz,** Jacques: Histoire diplomatique de 1648 à 1919. — Paris: Dalloz 1952. 626 S.
*(Collection des Etudes politiques, économiques et sociales.)*

**Dürrenmatt,** Peter: Fünfzig Jahre Weltgeschichte, 1912—1962. — Bern: Hallwag 1962. 284 S.

**Duroselle,** J.-B.: Histoire diplomatique de 1919 à nos jours. — Paris: Dalloz 1953. 744 S.
*(Etudes politiques, économiques et sociales. 7.)*

**Earle,** Edward Mead [Ed.]: Makers of modern strategy. Military thought from Machiavelli to Hitler. — Princeton: Princeton University Press 1952. XI, 553 S.

**Easum,** Chester Verne: Half-century of conflict. — New York: Harper 1952. 948 S.

**Ebner,** [Eduard] [und Josef] Habisreutinger: Geschichte der neuesten Zeit. 1890—1950. Neubearb. von Walter Krick. — Bamberg: Buchner 1952. 82 S.

**Eckert,** Georg und Otto-Ernst Schüddekopf: Der kleine Geschichtsspiegel. Vergleichende Tabellen zur Politik, Wirtschafts- und Sozialgeschichte. — Bonn: Dürr [1952]. 1 Tab. [Umschlagt.]

**Engel,** Josef: Der Wandel in der Bedeutung des Krieges im 19. und 20. Jahrhundert. — In: Gesch. Wiss. Unterr. 19 (1968), 468—486.

**Epstein,** Fritz T.: Studien zur Geschichte der „Russischen Frage" auf der Pariser Friedenskonferenz von 1919. — In: Jb. Gesch. Osteuropas 7 (1959), 431—478.

The **era** of violence. 1898—1945. Ed. by David Thomson. — Cambridge: University Press 1960. 602 S.
*(The New Cambridge Modern History. 12.)*

**Erbe** des Abendlandes. Lehrbuch der Geschichte für höhere Schulen. Hrsg. von Hans Schaefer und Jakob Erdmann. — Düsseldorf: Schwann.
Oberstufe.
    4. Die Neuzeit II. Halbbd 1. Bearb. von Karl Buchheim. (1952). 150 S.

**Erdmann,** Karl Dietrich: Vom ersten Weltkrieg bis zur Gegenwart. — In: Gesch. Wiss. Unterr. 2 (1951), 366—380. Literaturbericht.

(**Erdmann,** Karl Dietrich:) Zeitgeschichte: Internationale Beziehungen. Literaturbericht. — In: Gesch. Wiss. Unterr. 4 (1953), 363—378.

**Eubank,** Keith: The summit conferences 1919—1960. — Norman, Oklahoma: University of Oklahoma Press 1966. 225 S.

**Ferrell,** Robert H.: Peace in their time. The origins of the Kellogg-Briand pact. — New Haven: Yale University Press 1952. X, 293 S.

**Fiebiger,** Günther: Die Probleme des Kellogg-Paktes. — o. O. 1948. VI, 85 gez. Bl. [Maschinenschr.]
*Erlangen, jur. Diss. 20. Mai 1948.*

**Fleming,** Denna Frank: The cold war and its origins 1917—1960. Vol. 1. 2. — London: Allen & Unwin 1961.

**Foehler-**Hauke, Gustav: Die geteilten Länder. Krisenherde der Weltpolitik. — München: Rütten & Loening (1967). 348 S.

Die **Folgen** von Versailles. 1919—1924. Für die Ranke-Gesellschaft Vereinigung für Geschichte im öffentlichen Leben hrsg. von Hellmuth Rößler. — Göttingen: Musterschmidt (1969). 195 S.

**Fontaine,** André: Histoire de la guerre froide. — Paris: Fayard.
    1. De la révolution d'octobre à la guerre de Corée. 1966. 512 S.
    2. De la guerre de Corée à la crise des alliances (1950—1967). 1967. 601 S.
*(Grandes études contemporaines.)*

**Franzel,** Emil: Geschichte unserer Zeit. 1870—1950. Mit Zeittafeln für Politik und Kultur. — München: Oldenbourg 1951. 496 S.

**Franzel,** Emil: Geschichte unserer Zeit. Die letzten 100 Jahre. — Augsburg: Adam Kraft (1963). 553 S.

**F[reund], M[ichael]:** Die Kunst des Aufhörens. Zu einem Buche von Sumner Welles. — In: Gegenwart 7 (1952), 237—238.

**Fuller,** J. F. C.: The decisive battles of the Western world. — London: Eyre & Spottiswoode.
    3. From the American Civil War to the end of the Second World War. 1956. 672 S.

**Ganzo,** Julio Carlos Callejo: Conductores del mundo. Cronologia universal. — Madrid: Aguilar 1951. 811 S.
*(Colección Crisol. 306.)*

**Garcia** Tolsá, Jesús [Ed.]: Grandes progresos de la historia. — Barcelona: Mateu 1957. 552 S.

**Geiss,** Imanuel: Zur Struktur der industriellen Revolution. — In: Arch. Sozialgesch. 1 (1961), 177—200.

**Genet,** Lucien: Cinquante ans d'histoire, 1900—1950. — Paris: Tallandier 1949. 240 S.

**Genet,** Lucien: Précis d'histoire contemporaine. 1919—1939. — Paris: Hatier (1946). 253 S.

Studienbuch **Geschichte.** Hrsg.: Reinhard Elze u. Konrad Repgen. Verf.: Horst Callies, Hans Georg Gundel, Heinz Hürten, Joachim Leuschner, Ernst Pitz [u.] Ernst Walter Zeeden. — Stuttgart: Klett (1974). XXVIII, 1041 S.

**Gollwitzer,** Heinz: Weltbürgertum und Patriotismus heute. — In: Aus Politik u. Zeitgeschichte, Beilage zur Wochenzeitung „Das Parlament", vom 12. September, 457—462.

**Grabowsky,** Adolf: Weltgeschichte und Weltpolitik. Ein systematischer Versuch. T. 1. 2. — In: Intern. Jb. Politik 1955, 138—150 und 410—420.

**Grenville,** J. A. S.: The major international treaties, 1914—1973. A history and guide with texts. — London: Methuen 1974. XXIII, 575 S.

**Grimal,** Henri: La décolonisation 1919—1963. — Paris: Colin 1965. 350 S.

**Grosfeld,** Leon: Gospodarcze motywy i cele polityki państw centralnych wobec sprawy polskiej (1914—1916). — In: Kwart. hist. 68 (1961), 31—68.

**Grothe,** Günter: Quellenspiegel zum zweiten Bande der „Geschichte der Diplomatie". — Berlin 1950. 95 gez. Bl. [Maschinenschr.]
*Berlin, Freie Univ., phil. Diss. 9. Okt. 1950.*

**Grotkopp,** Wilhelm: Die große Krise. Lehren aus der Überwindung der Wirtschaftskrise 1929/32. — Düsseldorf: Econ-V. (1954). 408 S.

**Grousset,** René: Schicksalsstunden der Geschichte (Figures de proue, dt.) Übers. von Waltraud und Herbert Furegg. — Wien: Ullstein 1951. 362 S.

# ALLGEMEINE GESCHICHTE

**Grundzüge** der Geschichte. Hrsg. von einer Arbeitsgemeinschaft von Geschichtslehrern. — Frankfurt a. M. und Bonn: Diesterweg.
  4. Vom Wiener Kongreß bis zum Ausbruch des zweiten Weltkrieges. Bearb. von H[ans Herbert] Deißler. 1950. 121 S.
  7. Von der Französischen Revolution 1789 bis zur Gegenwart. Bearb. von Ernst Busch. 1951. VIII, 228 S.
    Dazu: Ausgewählte Quellen zur Geschichte der Zeit von 1789 bis 1945. Staatliche und überstaatliche Ordnung. [1951]. 34 S.

**Grundzüge** der Geschichte. Hrsg. von einer Arbeitsgemeinschaft von Geschichtslehrern. — Frankfurt a. M., Berlin, Bonn: Diesterweg.
Einheitsausg. f. mittlere Klassen.
  4. Von 1815 bis zur Gegenwart. Bearb.: H[ans-Herbert] Deißler i. Verbdg mit Hans Göttling und J. Lehmann. 1953. VII, 167 S.
  7. Von der Französischen Revolution 1789 bis zur Gegenwart. Bearb. von Ernst Busch. 3. Aufl. 1953. VIII, 239 S.

**Gruner**, Erich [u.] Eduard Sieber: Weltgeschichte des 19. Jahrhunderts. (Die Zeit von 1914 bis zur Gegenwart.) (4., neubearb. u. bis 1963 nachgeführte Aufl.) — Erlenbach-Zürich, Stuttgart: Rentsch 1964. 352 S.
*(Weltgeschichte. 5.)*

**Gruner**, Erich und Eduard Sieber: Weltgeschichte des 20. Jahrhunderts. — Erlenbach-Zürich, Stuttgart: Rentsch (1957). 332 S.

**Hahlweg**, Werner: Der Diktatfrieden von Brest-Litowsk 1918 und die bolschewistische Weltrevolution. — Münster i. W.: Aschendorff 1960. 87 S.
*(Schriften d. Gesellschaft zur Förderung d. Westf. Wilhelms-Universität zu Münster. 44.)*

**Hallgarten**, George W. F.: Zur Geschichte der Abrüstung im 20. Jahrhundert. — In: Z. Politik 7 (1960), 93—109.

**Hallgarten**, George W[olfgang] F[elix]: Das Schicksal des Imperialismus im 20. Jahrhundert. Drei Abhandlungen über Kriegsursachen in Vergangenheit und Gegenwart. — (Frankfurt a. M.:) Europ. Verl.-Anst. (1969). 172 S.

**Hallgarten**, George W[olfgang] F[elix]: Das Wettrüsten. Seine Geschichte bis zur Gegenwart. Aus d. Amerikan. [Ms.] — (Frankfurt a. M.:) Europ. Verl. Anst. (1967). 528 S.

**Handbuch** der Verträge 1871—1964. Verträge und andere Dokumente aus der Geschichte der internationalen Beziehungen. Hrsg. von Helmuth Stoecker unter Mitarb. von Adolf Rüger. — Berlin: Dtsch. Verl. d. Wissenschaften 1968. 787 S.

**Handbuch** der Weltgeschichte. Hrsg. von Alexander Randa. — Bd 1. 2. — Olten: Walter 1953.

**Hankey**, Maurice Pascal Alers Baron: The supreme control at the Paris peace conference 1919. A commentary. — London: Allen & Unwin 1963. 206 S.

**Hardy**, James D. [u.] Arthur J. Slavin: The Western world. The development of modern civilisation. — New York: Random House 1974. VII, 418 S.

**Harkavy**, Robert E.: The arms trade and international systems. — Cambridge: Ballinger 1975. 291 S.

**Hartung**, Fritz: Die Entwicklung der Menschen- und Bürgerrechte von 1776 bis zur Gegenwart. 2., erw. Aufl. — Göttingen, Frankfurt, Berlin: Musterschmidt (1954). 155 S.
*(Quellensammlung zur Kulturgeschichte. 1.)*

**Heffer**, Jean [u.] William Serman: Des révolutions aux impérialismes, 1815–1914. — Paris: Hachette 1973. 272 S.
*(Coll. „Hachette-Université. Sér. Initiation à l'histoire".)*

**Heilsberg**, Franz und Friedrich Korger: Allgemeine Geschichte der Neuzeit von der Mitte des 19. Jahrhunderts bis zur Gegenwart. Unter Mitarb. von Rudolf Klein u. a. — Wien: Hölder, Pichler & Tempski; Österr. Bundes-V. 1953. XII, 165 S.
*(Lehrbuch d. Geschichte f. d. Oberstufe der Mittelschulen. 4.)*

**Herzfeld**, Hans: Nach 40 Jahren: Die Pariser Friedensschlüsse 1919/20. — In: Polit. Studien 10 (1959), 425—434.

**Herzfeld**, Hans: Die moderne Welt. 1789—1945. — Braunschweig, Berlin [usw.]: Westermann.
  1. Die Epoche der bürgerlichen Nationalstaaten. 1789—1890. Mit einer Einführung von Gerhard Ritter. [1950]. 254 S.
*(Westermanns Studienhefte. Reihe Geschichte der Neuzeit.)*

**Herzfeld**, Hans: Die moderne Welt. 1789—1945. — Braunschweig, Berlin [usw.]: Westermann.
  2. Weltmächte und Weltkriege. Die Geschichte unserer Epoche 1890 —1945. (1952). VIII, 374 S.

**Herzfeld**, Hans: Die moderne Welt. 1789—1945. (2., neubearb. Aufl.) — (Braunschweig): Westermann.
  1. Die Epoche der bürgerlichen Nationalstaaten. 1789—1890. (1957.) XI, 260 S.
  2. Weltmächte und Weltkriege. Die Geschichte unserer Epoche. 1890 —1945. (1957.) VIII, 376 S.

**Herzfeld**, Hans: Die moderne Welt. 1789—1945. — Braunschweig: Westermann.
  2. Weltmächte und Weltkriege. Die Geschichte unserer Epoche. 1890 —1945. (3., erg. Aufl.) 1960. VIII, 386 S.
*(Geschichte der Neuzeit.)*

**Herzfeld**, Hans: Ziele und Folge der Friedenskonferenzen im 20. Jahrhundert. — In: Polit. Studien 9 (1958), H. 94, 110—116.

**Hillgruber**, Andreas: Großmachtpolitik und Militarismus im 20. Jahrhundert. 3 Beiträge zum Kontinuitätsproblem. — Düsseldorf: Droste (1974). 67 S.

**Hillgruber**, Andreas: Deutschlands Rolle in der Vorgeschichte der beiden Weltkriege. — Göttingen: Vandenhoeck & Ruprecht (1967). 137 S.
*(Die deutsche Frage in der Welt. 7.)*

**Histoire** générale des civilisations. Publ. sous la direction de Maurice Crouzet. — Paris: Presses Universitaires.
   7. Crouzet, Maurice: L'époque contemporaine. A la recherche d'une civilisation nouvelle. 1957. 821 S.

**Hölzle**, Erwin: Der Dualismus der heutigen Weltreiche als geschichtliches Problem. — In: Hist. Z. 188 (1959), 566—593.

**Hölzle**, Erwin: Geschichte der zweigeteilten Welt. Amerika und Rußland. — (Reinbek bei Hamburg:) Rowohlt (1961). 173 S.
*(Rowohlts Deutsche Enzyklopädie. 135.)*

**Hölzle**, Erwin: Die Revolution der zweigeteilten Welt. Eine Geschichte der Mächte 1905—1929. — (Reinbek bei Hamburg:) Rowohlt (1963). 158 S.
*(Rowohlts Deutsche Enzyklopädie. 169.)*

**Hölzle**, Erwin: Die zwei Weltrevolutionen unseres Jahrhunderts. — In: Z. Politik 10 (1963), 225—231.

**Horban**, Peter: Die Mittelmächte und die Ukraine im ersten Weltkrieg. Auf Grund der bisher gedruckten Quellen. — o. O. 1958. XXI, 263 Bl.
*(Heidelberg, phil. Diss., 4. Juli 1958.)*

**Howe**, Quincy: The world between the wars. From the 1918 armistice to the Munich agreement. — New York: Simon & Schuster 1953. 784 S.

**Hudson**, G. F.: Professor Toynbee und der Westen. Zu einem Buch von Arnold J. Toynbee. — In: Monat 5 (1953/54), T. 1, 317—321.

**Hudson**, Manley O.: International legislation. A collection of the texts of multipartite international instruments of general interest. — New York: Carnegie Endowment for International Peace.
   9. 1942—1945. Nos. 611—670. In collab. with Louis B. Sohn. 1950. XXXVI, 962 S.

Unser **Jahrhundert** im Bild. (Einl.: Golo Mann. Textbeitr.: Paul Kluke [u. a.]) — (Gütersloh:) Bertelsmann (1964). 783 S.

Das zwanzigste **Jahrhundert**. Mitarb.: Golo Mann [u. a.] — Berlin, Frankfurt a. M.; Wien: Propyläen-Verl. 1960. 722 S.
*(Propyläen-Weltgeschichte. 9.)*

**Jaszuński**, Grzegorz: Z polityki — niedostatecznie, 1919—1939. — Warszawa: Czytelnik 1967. 380 S.

**Jemnitz**, J.: The danger of war and the Second International, 1911. - Budapest: Akadémiai Kiadó 1972. 135 S.

Innen- und Außen**politik** unter nationalsozialistischer Bedrohung. Determinanten internationaler Beziehungen in historischen Fallstudien. ⟨Hrsg.:⟩ Erhard Forndran, Frank Golczewski [u. a.] - (Opladen:) Westdtsch. Verl. (1977). 361 S.

**Israélian**, Viktor L. [u.] K. Kutakov: Diplomacy of aggression. Berlin-Tokyo-Rome axis, its rise and fall. — Moscow: Progress Publ. 1970. 438 S.

**Israeljan**, V. L. [u.] L. N. Kutakov: Diplomatija agressorov. Germano-italo-japonskij fašistskij blok. Istorija ego vozniknovenija i kracha. — Moskva: Izd. Nauka 1967. 435 S.

Geschichte der internationalen Beziehungen 1917—1939 (**Istorija** meždunarodnych otnošenij i vnešnej politiki SSSR, 1917—1939 gg., dt.) Hrsg. von W. G. Truchanowski. (Aus d. Russ. übers. von Peter Hoffmann, Gabriele u. Günter Rosenfeld.) — Berlin: Rütten & Loening 1963. 566 S.

**Jung**, Kurt M.: Weltgeschichte, die uns angeht. Die historische Entwicklung unserer Welt. — Berlin: Safari-V. 1954. 624 S.

**Kinder**, Hermann [u.] Werner Hilgemann: dtv-Atlas zur Weltgeschichte. Karten u. chronologischer Abriß. Graph. Gestaltung d. Karten: Harald u. Ruth Bukor. — (München:) Dtsch. Taschenbuch-Verl.
   1. Von den Anfängen bis zur Französischen Revolution. (1967). 287 S.
   2. Von der Französischen Revolution bis zur Gegenwart. (1966). 312 S.

**Kinder**, Karl-Heinz: Die völkerrechtliche Stellung der Dardanellen und des Schwarzen Meeres im Wandel der Geschichte. — (Erlangen) 1949. 144 gez. Bl. [Maschinenschr.]
*Erlangen, jur. Diss. 20. Dez. 1949.*

**Kindleberger**, Charles P.: Die Weltwirtschaftskrise, 1929-1939 (The world in depression 1929-1939, dt.) (Aus d. Amerik. übers. von Michael Ledig.) - (München:) Dtsch. Taschenbuch-Verl. (1973). 341 S.
*(Geschichte der Weltwirtschaft im 20. Jahrhundert. 4.)*
*(dtv-Taschenbücher. 4124.)*

**Kiszling**, Rudolf: Bündniskrieg und Koalitionskriegführung am Beispiel der Mittelmächte im Ersten Weltkrieg. — In: Wehrwiss. Rdsch. 10 (1960), 633—641.

**Klein**, J[ohannes] Kurt: Demokratien und Diktaturen. Zur Geschichte und Politik im 20. Jahrhundert. — (Köln:) Kölner Universitäts-Verlag (1970). 472 S.

**Klöss**, Erhard: Von Versailles zum Zweiten Weltkrieg. Verträge zur Zeitgeschichte 1918—1939. — (München:) Dtsch. Taschenbuch-Verl. (1965). 277 S.
*(dtv[-Taschenbücher]. 334.)*

**Knapp**, Wilfrid: A history of war and peace, 1939—1965. — London: Oxford University Press 1967. XI, 639 S.

**Knapton**, Ernest John [u.] Thomas Kingston Derry: Europe and the world since 1914. — London: John Murray 1967. 474 S.

**Kohn**, Hans: The age of nationalism. The first era of global history. — New York: Harper 1962. XVI, 172 S.

**Kohn**, Hans: Das zwanzigste Jahrhundert. Eine Zwischenbilanz der westlichen Welt. (Aus dem Amerikan. übertr. von Ernst Doblhofer.) — Zürich, Wien, Konstanz: Europa-Verl 1950. 254 S.

**Kramer**, Hans: Die Großmächte und die Weltpolitik 1789 bis 1945. Mit 53 Bildern. — Innsbruck, Wien, München: Tyrolia-V. (1952). 864 S.

**Kriege** des 20. Jahrhunderts (Wars of the twentieth century, dt.) Aus d. Engl. übertr. von J. Emcke [u. a.] - Zolikon, Schweiz: Albertros-Verl. [1976]. 512 S.

# ALLGEMEINE GESCHICHTE

**Lador**-Lederer, J. J.: Capitalismo mondiale e cartelli tedeschi tra le due guerre. — Torino: Einaudi 1959. XVIII, 400 S.

**Lafore**, Laurence: The long fuse. An interpretation of the origins of World War I. — Philadelphia: Lippincott 1965. 282 S.

**Langsam**, Walter Consuelo [u.] O. Mitchell: The world since 1919. (8e ed.) — London: Macmillan 1971. 743 S.

**La Pradelle**, Albert de: La paix moderne ‹1899—1945›. De La Haye à San Francisco. Tableau d'ensemble avec la documentation correspondante. — Paris: Ed. intern. 1947. 529 S.

**Launey**, Jacques de: Les grandes controverses de l'histoire contemporaine. — Bruges: Ed. Rencontres 1964. 552 S.

**Launay**, Jacques de: Histoire contemporaine de la diplomatie secrète 1914—1945. — Lausanne: Edit. Rencontre (1965.) 517 S.

**Laver**, James: Au siècle de l'optimisme ⟨1848—1914⟩. — Paris: Flammarion 1970. 272 S.
*(Coll. „Les Idées et les Moeurs".)*

**Lehmann**, Hartmut: Czernins Friedenspolitik 1916—18. — In: Welt als Gesch. 23 (1963), 47—59.

**Leon**, Paul: La guerre pour la paix. 1740—1940. — Paris: Fayard 1950. 700 S.

**Lexikon** zur Geschichte und Politik im 20. Jahrhundert. Hrsg. von Carola Stern, Thilo Vogelsang, Erhard Klöss [u.] Albert Graff. Red.: Karl Römer. Bd 1.2. — (Köln:) Kiepenheuer & Witsch (1971).
  1. A—K. XV, 454 S.
  2. L—Z. XII S., S. 455—878.

**Locarno** und die Weltpolitik 1924—1932. Für die Ranke-Gesellschaft Vereinigung für Geschichte im öffentlichen Leben hrsg. von Hellmuth Rößler unter Mitarb. von Erwin Hölzle. — Göttingen: Musterschmidt (1969). 213 S.

**Ludwig**, Gerhard: Massenmord im Weltgeschehen. — Stuttgart: Vorwerk-V. 1951. 104 S.

**Luterbacher**, Urs: Dimensions historiques de modèles dynamiques de conflit. Application aux processus de course aux armaments 1900—1965. — Leiden: Sijthoff 1974. 175 S.
*(Institut universitaire de hautes études internationales. Coll. de relations internationales. 2.)*

**Maier**-Schirmeyer. Albert **Maier** und Ludwig Schirmeyer: Lehrbuch der Geschichte. — Bonn: Borgmeyer. Oberstufe.
  4. Traber, Theodor: Weltgeschichte der neuesten Zeit 1848—1950. 1951. 225 S.

**Maier**-Schirmeyer. Albert **Maier** und Ludwig Schirmeyer: Lehrbuch der Geschichte. — Bonn: Borgmeyer. Mittelstufe.
  4. Geschichte der neuesten Zeit von 1852 bis 1952. Von Theodor Traber. 1952. 198 S.

**Makers** of modern strategy. Military thought from Macchiavelli to Hitler. Ed. by Edward Mead Earle. — Princeton: Princeton University Press 1952. XI, 553 S.

**Mandere**, H. Ch. G. J. van der: Achtergronden van de wereldpolitiek, 1900 — heden. — Rotterdam: Wyt 1953. 397 S.

**Mantoux**, Paul: Les délibérations du Conseil des Quatre. Vol. 1. 2. — Paris: Editions du C.N.R.S. 1955. 524, 580 S.

**Manvell**, Roger [u.] Heinrich Fraenkel: The incomparable crime. Mass extermination in the 20th century. — London: Heinemann 1967. X, 339 S.

**Marks**, Sally: The illusion of peace. International relations 1918—33. — London: Macmillan 1976. 184 S.
*(The Making of the Twentieth Century Series.)*

**Martin**, Bernd: Friedens-Planungen der multinationalen Großindustrie ⟨1932-1940⟩ als politische Krisenstrategie. - In: Gesch. u. Gesellsch. 2 (1976), 66—88.

**Marwick**, Arthur: War and social change in the twentieth century. A comparative study of Britain, France, Germany, Russia and the United States. - London: Macmillan 1974. 258 S.

Der **Mensch** im Wandel der Zeiten. Geschichtsbuch für die deutsche Schule. Unter Mitarb. d. Geschichtsausschusses im Landesschulbeirat d. Landes Hessen hrsg. von Ida Maria Bauer u. Otto Heinrich Müller. — Braunschweig, Berlin [usw.]: Westermann.
  2. Gestalten der Neuzeit. 4. Aufl. 1951. 238 S.

**Meyer**, Hermann: Weltgeschichte. Ereignisse, Epochen, Probleme. — Frankfurt a. M., Berlin, Bonn: Diesterweg 1958. VIII, 272 S.

**Meyer**, Richard Hemming: Banker's diplomacy. Monetary stabilization in the twenties. — New York: Columbia University Press 1970. XII, 170 S.

**Milza**, Pierre: Les relations internationales de 1871 à 1914. — Paris: Colin 1968. 246 S.
*(Coll. „U 2".)*

**Mommsen**, Wilhelm: Vom Ersten Weltkrieg bis zur Gegenwart. 1914—1945. — Oldenburg i. O.: Stalling [1951]. S. 227 bis 264.
*(Geschichte im Überblick. 4.)*

**Montigny**, Jean: Le complot contre la paix 1935—1939. — (Paris:) Edit. de la Table Ronde (1966). 352 S.
*(L'Histoire contemporaine revue et corrigée.)*

**Moore**. John: Seapower and politics. From the Norman Conquest to the present day. — London: Weidenfeld & Nicolson (1979). VII, 184 S.

**Morazé**, Charles: Das Gesicht des 19. Jahrhunderts (Les bourgeois conquérants, dt.). Die Entstehung d. modernen Welt. (Dt. von Ottfried Graf Finkkenstein.) — Düsseldorf, Köln: Diederichs 1959. 445 S.

**Moretti**, Franco: Storia del XX secolo. — Milano: Mursia 1970. 298 S.

**Mourin**, Maxime: Histoire des grandes puissances. France, Allemagne, Angleterre, Italie, URSS, Etats-Unis, Chine, Japon de 1918 à 1958. 3.éd. revue et complétée. — Paris: Payot 1958. 654 S.
*(Bibliothèque Historique.)*

**Néré**, Jacques: La crise de 1929. — Paris: Colin 1968. 221 S.

**Nevins,** Allan: The New Deal and world affairs. A chronicle of international affairs 1933—1945. — New Haven: Yale University Press 1950. IX, 322 S.
*(Chronicles of America Series. 56.)*

**Nevins,** Allan: The United States in a chaotic world. A chronicle of international affairs 1918—1933. — New Haven: Yale University Press 1950. IX, 252 S.
*(Chronicles of America Series. 55.)*

**Newman,** William J.: The balance of power in the interwar years, 1919 bis 1939. — New York: Random House 1968. XVI, 239 S.
*(Studies in Political Science. 60.)*

**Nilsson,** Carl-Axel: 1930-talskris och samhällsutveckling. En orättvis betraktelese över två historiska analyser. - In: Hist. Tidskr. [Stockholm] 1976, 59–75.

**Nipperdey,** Thomas: Gesellschaft, Kultur, Theorie. Gesammelte Aufsätze zur neueren Geschichte. - Göttingen: Vandenhoeck & Ruprecht 1976. 466 S.
*(Kritische Studien zur Geschichtswissenschaft. 18.)*

**Nyman,** Lars-Erik: Great Britain and Chinese, Russian and Japanese interests in Sinkiang, 1918-1934. - (Stockholm:) Esselte Studium (1977). 165 S.
*(Lund Studies in International History. 8.)*
*(Scandinavian University Books.)*

**Ogilvie,** Vivian: Our times. A social history 1912—1952. — London: Batsford 1953. 224 S.

**Olivová,** Věra: Versaillský systém a charakter jeho krize v roce 1920. — In: Českoslov. Čas. Hist. 12 (1964), 520—535.

**Ortega** y Gasset, José: Eine Interpretation der Weltgeschichte (Una interpretación de la historia universal, dt.) Rund um Toynbee. (Aus d. Span. übers. von Wolfgang Halm.) — München: G. Müller (1964). 288 S.

**Ortolani,** Oddone: Storia contemporanea dal 1815 ad oggi. — Firenze: Le Monnier 1969. XV, 319 S.

**Ovendale,** Ritchie: „Appeasement" and the English speaking world. Britain, the United States, the Dominions and the policy of „appeasement", 1937-1939. - Cardiff: University of Wales Press 1975. V, 353 S.

**Pajewski,** Janusz: Polityka mocarstwo centralnych wobec Polski podczas pierwszej wojny światowej. — In: Roczniki Hist. 28 (1962), 9—56.

**Peele,** Gillian [u.] Chris Cook: The politics of reappraisal, 1918-1939. - London: Macmillan 1975. 265 S.

**Pepe,** G.: Da Versailles a Hiroshima (1919—1945). — Bari: Celucci 1957. 178 S.

**Peters,** Arno und Anneliese Peters: Synchronoptische Weltgeschichte. — Frankfurt a. M.: Universum-V. (1952). 32 gef. Bl.; 14 Bl.

**Pirenne,** Jacques: Les grands courants de l'histoire universelle. — Neuchâtel: La Baconnière.
  6. De 1904 à 1939. 1955. XVI, 797 S.

**Pirenne,** Jacques: Les grands courants de l'histoire universelle. — Neuchâtel: La Baconnière.
  7. De 1939 à nos jours. 1956. XXXIV, 958 S.

**Ploetz,** Karl: Regenten und Regierungen der Welt. — Bielefeld: Ploetz.
  2. 1492—1953. Bearb. von Bertold Spuler. Hrsg. von A. G. Ploetz (1953). 638 S.

**Poidevin,** Raymond: Fabricants d'armes et relations internationales au début du XXe siècle. - In: Relat. internat. 1974, H. 1, 39–56.

**Poivedin,** Raymond: Finances et relations internationales, 1887—1914. — Paris: Colin 1970. 232 S.
*(Coll. „U 2". 107.)*

Hartwich-Grosser-Horn-Scheffler. **Politik** im 20. Jahrhundert. Hrsg. von Hans-Hermann Hartwich. — Braunschweig: Westermann (1964). 484 S.

Internationale **Politik** im 20. Jahrhundert. Dokumente und Materialien. - Frankfurt a. M.: Diesterweg.
  1. 1919-1939. [Von] Elmar Krautkrämer. 1976. LX, 165 S.

Internationale **Politik** im 20. Jahrhundert. Dokumente und Materialien. [Hrsg.:] Elmar Krautkrämer. - Frankfurt a. M.: Diesterweg.
  2. 1939-1945. (1977). X, 192 S.

**Pommery,** Louis: Aperçu d'histoire économique contemporaine 1890 – 1950. Vol. 1. 2. — Paris: Médicis 1952. 421, 301 S.
*(Collection d'Histoire Economique.)*

**Possony,** Stefan T[homas]: Zur Bewältigung der Kriegsschuldfrage. Völkerrecht und Strategie bei der Auslösung zweier Weltkriege. — Köln: Westdtsch. Verl. 1968. 350 S.
*(Demokratie und Frieden. 5.)*

**Pozniak,** Heinrich: Weltgeschichte kurz gefaßt. Das Geschehen unserer Welt in Daten. — Stuttgart, Wien: Humboldt-V. (1953). 192 S.
*(Humboldt-Taschenbücher. 2.)*

**Predöhl,** Andreas: Die Epochenbedeutung der Weltwirtschaftskrise von 1929 bis 1931. — In: Vjh. Zeitgesch. 1 (1953), 97—118.

**Puhle,** Hans-Jürgen: Politische Agrarbewegungen in kapitalistischen Industriegesellschaften. Deutschland, USA und Frankreich im 20. Jahrhundert. - Göttingen: Vandenhoeck & Ruprecht 1975. 496 S.
*(Kritische Studien zur Geschichtswissenschaft. 16.)*
*Habil.-Schr., Universität Münster.*

**Rees,** Goronwy: La grande crise de 1929. Le capitalisme remis en question. — Paris: Michel 1972. 320 S.

**Reith,** Charles: The blind eye of history. A study of the origins of the present police era. — London: Faber & Faber 1952. 264 S.

**Rémond,** René: Le siècle XX de 1914 à nos jours. – Paris: Ed. du Seuil 1974. 282 S.

**Renouvin,** Pierre [Ed.]: Histoire des relations internationales. — Paris: Hachette.
  7. Les crises du XXe siècle.
    I. De 1914 à 1929. 1957. 384 S.

**Renouvin,** Pierre [Ed.]: Histoire des relations internationales. — Paris: Hachette.
  8. Les crises du XXe siècle. II: De 1929 à 1945. 1958. 342 S.

**Ritter,** Gerhard: Der Anteil der Militärs an der Kriegskatastrophe von 1914. — In: Hist. Z. 193 (1961), 72—91.

# ALLGEMEINE GESCHICHTE

**Romein,** Jan [u. a.] [Comp.]: A world on the move. A history of colonialism and nationalism in Asia and North Africa from the turn of the century to Bandung conference. — Amsterdam: Djambatan 1956. 264 S.

**Roncayolo,** Marcel: Histoire du monde contemporain. T. 1–3. – Paris: Bordas (1973).
 1. De 1914 à 1939. 637 S.
 2. Depuis 1939. 447 S.
 3. Depuis 1939. S. 453–1176.

**Roskill,** Stephen: Naval policy between the wars. — London: Collins.
 1. The period of Anglo-American antagonism, 1919–1929. 1968. 639 S.

**Roskill,** Stephen: Naval politics between the wars. – Annapolis: Naval Inst. Press.
 2. The period of reluctant rearmament 1930–1939. 1976. 525 S.

**Rostow,** Walt Whitman: The world economy. History and prospect. – London: Macmillan 1978. 864 S.

**Rück,** Fritz: Friede ohne Sicherheit. 1919–1939. Neudruck. — Frankfurt a. M.: Büchergilde Gutenberg (1954). 313 S.

**Salis,** J[ean] R[odolphe] von: Weltgeschichte der neuesten Zeit. — Zürich: Orell-Füßli.
 1. (Die historischen Grundlagen des 20. Jahrhunderts. 1871 – 1904. 1951.) XX, 738 S.

**Salis,** J[ean] R[odolphe] von: Weltgeschichte der neuesten Zeit. — Zürich: Orell-Füßli.
 2. (Der Aufstieg Amerikas. Das Erwachen Asiens. Die Krise Europas. Der Erste Weltkrieg.) XVI, 766 S.

**Salis,** J[ean] R[odolphe]: Weltgeschichte der neuesten Zeit. — Zürich: Orell Füßli.
 3. (1960.) XVI, 842 S.

**Salvatorelli,** Luigi: Lineamenti di storia mondiale recentissima (1915–1958). 4.ed. — Firenze: Le Monnier 1958. 106 S.

**Salvatorelli,** Luigi: Storia del novecento. — Milano: Mondadori 1957. 920 S.

**Salvatorelli,** Luigi: Storia del Novecento. 3 Bd. — Milano: Mondadori 1971. 1186 S.

**Schenck,** Ernst: Das menschliche Elend im 20. Jahrhundert. Eine Pathologie der Kriegs-, Hunger- und politischen Katastrophen Europas. – Herford: Nicolai (1965). 290 S.

**Schicksalsfragen** der Gegenwart. Handbuch politisch-historischer Bildung. Hrsg. vom Bundesministerium für Verteidigung, Innere Führung. — Tübingen: Niemeyer.
 1. 1957. 403 S.
 2. 1957. 375 S.
 3. Über das Verhältnis der zivilen und militärischen Gewalt. 1958. 256 S.

**Schicksalsfragen** der Gegenwart. Handbuch politisch-historischer Bildung. Hrsg. vom Bundesministerium für Verteidigung, Innere Führung. — Tübingen: Niemeyer.
 4. Nationale und übernationale Wirklichkeiten. 1959. 380 S.

**Schicksalsfragen** der Gegenwart. Handbuch politisch-historischer Bildung. Hrsg. vom Bundesministerium für Verteidigung, Innere Führung. — Tübingen: Niemeyer.
 5. Lebensbereiche und Lebensordnungen. 1960. 223 S.

**Schicksalsfragen** der Gegenwart. Handbuch polit.-histor.Bildung. Hrsg. vom Bundesmin. f. Verteidigung, Innere Führung. — Tübingen: Niemeyer.
 6. Register. 1961. XVI, 114 S.

**Schieder,** Theodor: Staat und Gesellschaft im Wandel unserer Zeit. Studien zur Geschichte des 19. und 20. Jahrhunderts. — München: Oldenbourg 1958. 208 S.

**Schönbrunn,** Günter [Bearb.]: Weltkriege und Revolutionen 1914—1945. — München: Bayer. Schulbuch-Verl. 1961. 616 S.

**Schütte,** Ernst: Weltgeschichte der Zeit von 1914 – 1945. — Hannover, Darmstadt: Schroedel-V. (1953). 150 S.

**Schulz,** Gerhard: Revolutionen und Friedensschlüsse. 1917—1920. — (München:) Dtsch. Taschenbuch-Verl. (1967). 300 S.
*(dtv-Weltgeschichte des 20. Jahrhunderts. 2.)*

**Schulz,** Gerhard: Das Zeitalter der Gesellschaft. Aufsätze zur politischen Sozialgeschichte der Neuzeit. — München: Piper (1969). 480 S.
*(Piper Studienausgabe.)*

**Sethe,** Paul: Schicksalsstunden der Weltgeschichte. Die Außenpolitik der Großmächte von Karl V. bis Stalin. — Frankfurt a. M.: Scheffler (1952). 324 S.

**Sethe,** Paul: Schicksalsstunden der Weltgeschichte. Die Außenpolitik der Großmächte von Karl dem Fünften bis Churchill. 3., erw. Aufl. — Frankfurt a. M.: Scheffler (1954). 328 S.

**Sethe,** Paul: Schicksalsstunden der Weltgeschichte. Die Außenpolitik der Großmächte von Karl V. bis Chruschtschow. (7., neubearb. Aufl.) — Frankfurt a. M.: Scheffler (1963). 301 S.

**Sevost'janov,** G.: Sgovor imperialistov v Lige Nacij protiv kitajskogo naroda i sovetskogo 1931—1933 gg. — In: Vop. Ist. 1951, H. 11, 57—82.
Über die Einigung der Imperialisten im Völkerbunde gegen das chinesische Volk und die Sowjetunion in den Jahren 1931—1933.

**Sieber,** Eduard: Kolonialgeschichte der Neuzeit. — Bern: Francke (1954). 276 S.
*(Sammlung Dalp. 62.)*

**Sieber,** Eduard, W. Haeberli [u.] E. Gruner: Weltgeschichte des 20. Jahrhunderts. – Erlenbach/Zürich: Rentsch 1975. 314 S.
*(Weltgeschichte. [4.])*

**Siegfried,** André: Aspects du 20. siècle. — Paris: Hachette 1955. 223 S.

**Sontag,** Raymond J[ames]: A broken world, 1919—1939. — New York: Harper & Row 1971. 415 S.

**Spanier,** John W.: World politics in an age of revolution. — London: Pall Mall Press 1967. XII, 434 S.

**Stadtmüller,** Georg: Die Situation der Spaltung. — In: Neues Abendland 8 (1953), 357—360.

**Steglich,** Wolfgang: Die Friedenspolitik der Mittelmächte 1917/18. — Wiesbaden: Steiner.
 1. 1964. XV, 593 S.

**Stern,** Immanuel: Diplomatie zwischen Ost und West. Die internationalen Beziehungen 1917—1957. — Berlin: Rütten & Loening 1960. 263 S.

**Survey** of international affairs 1939 — 1946. — London: Oxford University Press.
1. The world in March 1939. Edited by Arnold J. Toynbee and Frank T. Ashton-Gwatkin. 1952. 568 S.

**Sutro,** Nettie: Jugend auf der Flucht. 1933—1948. 15 Jahre im Spiegel d. Schweizer Hilfswerks f. Emigrantenkinder. Mit e. Vorwort von Albert Schweizer. — Zürich: Europa-Verl. (1952). 288 S.

**Taylor,** Alan John Percivale: From Sarajevo to Potsdam. — London: Thames and Hudson 1966. 216 S.

**Taylor,** Edmond: The fall of the dynasties. The collapse of the old order, 1905—1922. — New York: Doubleday 1963. X, 421 S.; London: Weidenfeld & Nicolson 1963. 408 S.

**Teilung** und Wiedervereinigung. Eine weltgeschichtliche Übersicht. Für d. Ranke-Gesellschaft, Vereinigung f. Geschichte im öffentl. Leben hrsg. von Günther Franz. — Göttingen, Berlin, Frankfurt, Zürich: Musterschmidt (1963). 299 S.

**Terlinden,** Charles Vicomte: Impérialisme et équilibre. La politique internationale depuis la renaissance jusqu'à la fin de la deuxième guerre mondiale. — Bruxelles: Larcier 1952. 564 S.

**Thanassecos,** Luc: Chronologie des relations internationales, 1914–1971. Exposés thématiques. - Paris: Mouton 1972. 690 S.

**Thibault,** Pierre: L'âge des dictatures 1918—1947. — Paris: Larousse [dépot: Hachette] 1971. 444 S.
*(Coll. „Le Livre de poche". 2578.)*

**Thibault,** Pierre: Le temps de la contestation, 1947–1969. - Paris: Larousse [dépôt Hachette] 1971. 475 S.
*(Coll. „Le Livre de poche". 2689.)*

**Thomson,** David: World history from 1914 to 1950. — London: Cumberlege 1954. IX, 246 S.

**Thorne,** Christopher: The limits of foreign policy. The West, the League and the Far Eastern crisis of 1931–1933. — New York: Putnam's 1972. 442 S.

**Tillman,** Seth P.: Anglo-American relations at the Paris peace conference of 1919. — Princeton: Princeton University Press 1961. XIV, 442 S.

**Toscano,** Mario: Pagine di storia diplomatica contemporanea. — Milano: Giuffrè 1963.
1. Origini e vicende della prima guerra mondiale. 455 S.
2. Origini e vicende della seconda guerra mondiale. 578 S.

(Istituto di studi storico-politici. Nuova Serie.)

**Toscano,** Mario: Storia dei trattati e politica internazionale — Torino: Giappichelli.
1. Parte generale. Introd. allo studio della „Storia dei trattati e politica internazionale". Le fonti documentarie e memorialistiche. 2. ed. interamente rifatta. (1963.) XIV, 850 S.

**Toynbee,** Arnold Joseph: The world and the west. — London: Cumberlege; Oxford University Press 1952. 120 S.

**Treue,** Wilhelm, Herbert Pönicke [u.] Karl-Heinz Manegold: Quellen zur Geschichte der industriellen Revolution. — Göttingen: Musterschmidt (1966). 285 S.
*(Quellensammlung zur Kulturgeschichte. 17.)*

**Treue,** Wilhelm: Wirtschaftsgeschichte der Neuzeit. Im Zeitalter der Industriellen Revolution 1700 bis 1960. — Stuttgart: Kröner (1962). XV, 788 S.
*(Kröners Taschenausgabe. 208.)*

**Treue,** Wilhelm: Wirtschaftsgeschichte der Neuzeit. 3., stark erw. Aufl. Bd 1. 2. - Stuttgart: Kröner 1973.
1. 18. und 19. Jahrhundert. XV, 720 S.
2. 20. Jahrhundert. XII, 350 S.
*(Kröners Taschenausgabe. 207. 208.)*

**Truchanowski,** Wladimir Grigorewitsch [Hrsg.]: Geschichte der internationalen Beziehungen 1917—1939 (Istorija meždunarodnych otnošenij i vnešnej politiki SSSR, 1917—1939 gg., dt.) Aus d. Russ. übers. von Peter Hoffmann [u. a.] — Berlin: Rütten & Loening 1963. 566 S.

**Tuchman,** Barbara W[ertheim]: August 1914 (The guns of august, [dt.]) (Übertr. aus d. Amerikan. von Grete u. Karl-Eberhardt Felten.) — Bern, München, Wien: Scherz (1964). 589 S.

**Tuchman,** Barbara W[ertheim]: The proud tower. A portrait of the world before the war. 1890—1914. — New York: Macmillan 1965. 528 S.
Frz. Ausg. u. d. T.: L'autre avant-guerre. 1890–1914. Trad. de l'angl. par René Jouan. — Paris: Plon 1967. 544 S.

Geschichtliches **Unterrichtswerk.** Grundriß der Geschichte für die Oberstufe der Höheren Schulen. Begr. von G[erhard] Bonwetsch, H[ans] Kania [u. a.] Neubearb. — Offenburg: Lehrmittel-V.
4. Herzfeld, Hans: Weltstaatensystem und Massendemokratie. (= Die moderne Welt. 2.) 1951. 183 S.

Geschichtliches **Unterrichtswerk.** Für höhere Lehranstalten. Hrsg. von R[obert] H[ermann] Tenbrock und H[ans] E[rich] Stier.—Paderborn: Schöningh.
A. Oberstufe.
4. Europa und die Welt. Bearb. von M[aria] Heider [u. a.] 1953. 220 S.

Geschichtliches **Unterrichtswerk** für die Mittelklassen. Begr. von H[ermann] Pinnow [u. a.]. — Offenburg: Lehrmittel-V.; Stuttgart: Klett.
4. Pinnow, Hermann und Fritz Textor: Geschichte der neuesten Zeit von der Mitte des 19. Jahrhunderts bis zur Gegenwart. 3. Aufl. 1953. 203 S.

Die **USA** und Europa, 1917–1945. Studien zur Geschichte der Beziehungen zwischen den USA und Europa von der Großen Sozialistischen Oktoberrevolution bis zum Ende des 2. Weltkrieges. Hrsg. von Fritz Klein in Verb. mit Karl Drechsler [u.a.] - Berlin: Akademie-Verl. 1975. 301 S.
*(Schriften des Zentralinstituts für Geschichte. 45.)*

# ALLGEMEINE GESCHICHTE

**Vidalenc,** Jean: Les grands impérialismes à l'éveil du tiers monde, 1914–1973. – Paris: Presses universitaires de France 1974. 272 S.
(Coll. „Le fil de temps. Sér. historique". 9.)

**Viljoen,** S.: Economic systems in world history. – London: Longman 1974. 314 S.

**Vinson,** J. Chal: The drafting of the Four-Power-Treaty of the Washington Conference. — In: J. mod. Hist. 25 (1953), 40—47.

**Wachters,** H. J. J.: Wereldspiegel der twintigste eeuw. Historisch, politiek en economisch overzicht van het wereldgebeuren 1900—1950. Vol. 1. — 's-Gravenhage: Zuid Hollandsche U. M. 1953. 731 S.

**Wales,** Peter: World affairs since 1919. Versailles to the Korean truce 1953. — London: Methuen 1958. 190 S.

**Ward,** Harriet: World power in the twentieth century. - London: Heinemann 1978. 305 S.

**Watt,** D[onald] C[ameron], Frank Spencer [u.] Neville Brown: A history of the world in the twentieth century. — London: Hodder & Stoughton 1967. 864 S.

**Weber,** Bernd: Die völkerrechtlichen Kriegsverhütungsbestrebungen von 1919 bis zum Beginn des II. Weltkrieges. - In: Wehrforsch. 3 (1974), 78–93.

**Wecter,** Dixon: The age of the great depression, 1929—1941. — New York: Macmillan 1952. XII, 362 S.

**Weede,** Erich: Weltpolitik und Kriegsursachen im 20. Jahrhundert. Eine quantitativ-empirische Studie - München: Oldenbourg 1975. XI, 438 S.
(Forschungsergebnisse bei Oldenbourg.)
[Maschinenschr. vervielf.]

**Wege** der Völker. Geschichtsbuch für deutsche Schulen. Hrsg. von einer Arbeitsgemeinschaft deutscher Geschichtslehrer. Leiter: Fritz Wuessing. — Berlin: Pädagog. Verl.
Ausg. A.
4. Schulze, Gertrud [u. a.]: Demokratie im Werden. Geschichte der neuesten Zeit von 1849 bis in die Gegenwart. 1951.

**Wege** der Völker. Geschichtsbuch für deutsche Schulen. Hersg. von einer Arbeitsgemeinschaft deutscher Geschichtslehrer. Leiter: Fritz Wuessing. — Berlin, Hannover [usw.]: Pädagogischer Verl.
Ausg. D für Mittel- und Realschulen.
4. Stellmann, Martin: Vom Wiener Kongreß bis zur Gegenwart. 1951.
Ausg. E Geschichtliche Quellenhefte.
11. Seelig, Fritz [Bearb.]: Europäische Politik 1919—1950. 1952.

**Weinberg,** Berthold: Deutung des politischen Geschehens unserer Zeit. Entwickelt aus einer Wesensbetrachtung der Völker und der allgemeinen Bewegung der Zeit. Mit einem Geleitwort von Thomas Mann. — New York: Storm 1951. 256 S.

**Welles,** Sumner: Seven decisions that shaped history. — New York: Harper 1951. XVIII, 236 S.
Engl. Ausg. u. d. T.: Seven major decisions. — London: Hamilton 1951.

Die **Welt** von heute. Mitarb.: Golo Mann [u. a.] — Berlin, Frankfurt a.M., Wien: Propyläen-Verl. (1961). 698 S.
(Propyläen-Weltgeschichte. 10.)

**Weltgeschichte** der Gegenwart. Begr. von Fritz Valjavec. Hrsg. von Felix von Schroeder. — Bern, München: Francke.
1. Die Staaten. Von Erich Angermann [u. a.] (1962.) 830 S.
2. Die Erscheinungen und Kräfte der modernen Welt. Von Fritz Baade [u. a.] (1963.) 732 S.

**Weltpolitik** 1933-1939. 13 Vorträge. Für die Ranke-Gesellschaft, Vereinigung für Geschichte im öffentlichen Leben. Hrsg. von Oswald Hauser. - Göttingen: Musterschmidt (1973). 292 S.

**Weltwende** 1917. Monarchie, Weltrevolution, Demokratie. Für d. Ranke-Gesellschaft, Vereinigung f. Geschichte im öffentl. Leben, hrsg. von Hellmuth Rößler. — Göttingen: Musterschmidt (1965). 214 S.

**Werden** und Wirken. Geschichtswerk in drei Bänden für die Oberstufe der höheren Schule unter Mitarb. von W[illy] Andreas verf. von H[ans] Gerspacher [u. a.] [Neubearb.] — Karlsruhe: Braun.
3. Neueste Zeit. 1815—1945. Von Robert Mangelsdorf unter Mitarb. von Willy Andreas. 1952. VIII, 211 S.

**Werden** und Wirken. Geschichtswerk f. die Mittelstufe der höheren Schulen. — Karlsruhe: Braun.
4. Die neueste Zeit (1815—1950). Von Erich Vittali [u.] Karl Weiler. 1954. 162 S.

(Georg) **Westermanns** Atlas zur Weltgeschichte. Hrsg. von Hans Stier [u.a.] — Braunschweig [usw.]: Westermann.
3. Neuzeit. Bearb. von Werner Trillmich und Gerhard Czybulka. 1953. S. 102—160.

**Westphal,** Otto: Weltgeschichte der Neuzeit 1750—1950. — Stuttgart: Kohlhammer (1953). 400 S.

**Weymouth,** Anthony: This century of change (1853—1952). — London: Harrap (1953). 192 S.

**Wilson,** Hugh R.: Disarmament and cold war in the thirties. — New York: Vantage Press 1963. 87 S.

**Wirtschaft** und Rüstung am Vorabend des Zweiten Weltkrieges. Für das Militärgeschichtl. Forschungsamt hrsg. von Friedrich Forstmeier [u.] Hans-Erich Volkmann. - Düsseldorf: Droste 1975. 415 S.

**Wright,** Esmond: A short history of our own times 1919—1950. — London: Watts 1951. 126 S.

**Yost,** Charles: The insecurity of nations. International relations in the twentieth century. Publ. for the Council on Foreign Relations. — New York: Praeger (1968). X, 276 S.

**Zarnow,** Gottfried: Die Geburt der Weltkriege. — Düsseldorf: Kämmerer Verl. f. polit. Bildung (1957). 221 S.

**Zeller,** Gaston: Histoire des relations internationales. T. 2: Les temps modernes. — Paris: Hachette 1953. 326 S.

**Zentner,** Kurt: Die ersten fünfzig Jahre des 20. Jahrhunderts. Bd. 1—3. Offenburg: Burda 1962. 750 S.

**Zierer,** Otto: 1917—1954. Das Bild unserer Zeit. — Murnau, München, Innsbruck: Lux 1953. 768 S.

**Zürrer,** Werner: Kaukasien 1918–1921. Der Kampf der Großmächte um die Landbrücke zwischen Schwarzem und Kaspischem Meer. — Düsseldorf: Droste (1978). 733 S.

6. EUROPÄISCHE GESCHICHTE

**Ackermann,** Josef: Der begehrte Mann am Bosporus. Europäische Interessenkollisionen in der Türkei ⟨1938–1941⟩. - In: Hitler, Deutschland und die Mächte, Düsseldorf: Droste 1976, 489–507.

**Albertini,** Rudolf von, in Verb. mit Albert Wirz: Europäische Kolonialherrschaft, 1880–1940. - (Freiburg:) Atlantis-Verl. (1976). 528 S.
*(Beiträge zur Kolonial- und Überseegeschichte. 14.)*

**Albertini,** Rudolf von: Aristide Briands Union Européenne und der Schuman-Plan. — In: Schweiz. Monatsh. 30 (1950/51), 482—491.

**Albjerg,** Victor L. und Marguerite Hall Albjerg: Europe from 1914 to the present. — New York: McGraw-Hill 1951. XII, 856 S.
*(McGraw-Hill Series in History.)*

**Albord,** Tony: Pourquoi cela est arrivé, ou lès responsabilités d'une génération militaire (1919—1939). — Nantes: „Aux portes du large" 1946. 141 S.

**Albrecht-**Carrié, René: A diplomatic history of Europe since the congress of Vienna. — London: Methuen; New York: Harper 1958. 752 S.

**Allain,** Jean-Claude: Agadir 1911. Une crise impérialiste en Europe pour la conquête du Maroc. Préf. par Jean-Baptiste Duroselle. - Paris: Université de Paris I 1976. X, 471 S.
*(Publications de la Sorbonne. Série internationale. 7.)*

**Alpert,** Paul: Twentieth-century economic history of Europe. A factual and objective account of the economic history of Western and Eastern Europe since 1914. — New York: Schuman 1951. XIV, 466 S.

**Anchieri,** Ettore: Il sistema diplomatico europeo, 1814–1939. - Milano: Angeli 1977. 331 S.

**Anderson,** Eugene N.: Modern Europe in world perspective. 1914 to the present. — New York: Rinehart 1958. XXVI, 884 S.

**Anderson,** Eugene N.: European issues in the twentieth century. — New York: Rinehart 1958. XIII, 262 S.

**Anderson,** M. S.: The ascendancy of Europe. Aspects of European history 1815—1914. — London: Longmans 1972. XI, 332 S.

**Artaud,** Denise: La reconstruction de l'Europe, 1919–1929. - Paris: Presses universitaires de France 1973. 94 S.
*(Coll. „Dossiers Clio". 64.)*

**Backhaus,** Dorothea: Die Europabewegung in der Politik nach dem Ersten Weltkrieg und ihr Widerhall in der Presse von 1918 bis 1933. — o. O. 1951. 282, IX gez. Bl. [Maschinenschr.]
*München, phil. Diss. 8. Januar 1952.*

**Balcerak,** Wiesław: The disintegration of the Versailles system in Central-Eastern Europe (1919–1939). - In: Acta Polon. hist. 26 (1972), 47–72.

**Balcerak,** Wiesław: Powstanie państw narodowych w Europie środkowowschodniej. - Warszawa: Państwowe Wyd. Naukowe 1974. 501 S.

**Baltzly,** Alexander und A. William Salomone: Readings in twentieth-century European history. — New York: Appleton-Century-Crofts 1956. 610 S.

**Batowski,** Henryk: Koniec małej ententy. — In: Przegląd Zach. 7 (1951), Tom. 1, 427—446.
Behandelt das Ende der sogenannten Kleinen Entente.

**Batowski,** Henryk: Zdrada monachijska. Sprawa Czechosłowacjii dyplomacja europejska w roku 1938. - Poznań: Wyd. Poznańskie 1973. 329 S.

Europäische **Bauernparteien** im 20. Jahrhundert. Hrsg. von Heinz Gollwitzer. - Stuttgart: G. Fischer 1977. 702 S.
*(Quellen und Forschungen zur Agrargeschichte. 29.)*

**Baumgart,** Winfried: Vom europäischen Konzert zum Völkerbund. Friedensschlüsse und Friedenssicherung von Wien bis Versailles. - Darmstadt: Wiss. Buchges. 1974. X, 181 S.
*(Erträge der Forschung. 25.)*

**Baumont,** Maurice, Raymond Isay [u.] Henry Germain-Martin: L'Europe de 1900 à 1914. — Paris: Sirey 1967. 476 S.
*(L'Histoire du XX$^e$ siècle.)*

**Benns,** F. L.: Europäische Geschichte seit 1870. Vom Dreibund zum Pleven-Plan. Bd 1. 2. — Fürstenfeldbruck: Mahlmann (1952). 1050 S.

**Berend,** Iván T. [u.] György Ránki: Economic development in East-Central Europe in the 19th and 20th centuries. - New York: Columbia University Press 1974. XIII, 402 S.

**Bérenger,** Jean: L'Europe danubienne de 1848 à nos jours. - Paris: Presses universitaires de France 1976. 268 S.
*(Coll. „Le fil des temps". 2.)*

**Bernard,** Henri: Histoire de la résistance européenne. La „Quatrième Force" de la guerre 39/45. — Verviers: Gérard 1968. 288 S.

**Black,** C[yril] E. [u.] E[rnst] C. Helmreich: Twentieth century Europe. A history. 4th ed. - New York: Knopf (1972). XXIV, 1008, XXVIII S.

**Bonnefous,** Edouard: L'Europe en face de son destin. — Paris: Presses Universitaires 1952. 388 S.

**Borries,** Kurt: Die großen Mächte und der deutsche Osten. — In: Außenpolitik 7 (1956), 102—112.

**Borsody,** Stephen: The triumph of tyranny. The Nazi and Soviet conquests of Central Europe. — London: Cape; New York: Macmillan 1960. 285 S.

**Bosl,** Karl: Mensch und Gesellschaft in der Geschichte Europas. — München: List 1972. 317 S.

**Broszat,** Martin: Faschismus und Kollaboration in Ostmitteleuropa zwischen den Weltkriegen. — In: Vjh. Zeitgesch. 14 (1966), 225—251.

**Brugmans,** Henri: L'idée européenne 1920—1970. 3e éd. entièrement rev. et augmentée. — Bruges: De Tempel 1970. 404 S.
*(Cahiers de Bruges. N.S. 26.)*

**Carsten,** F. L.: Revolution in Central Europe, 1918—1919. — Berkeley: University of California Press 1972. 360 S.

**Carsten,** Francis L[udwig]: Revolution in Mitteleuropa (Revolution in Central Europe, dt.) 1918—1919. (Aus d. Engl. von Francis L[udwig] Carsten.) — Köln: Kiepenheuer & Witsch 1973. 334 S.
*(Studien-Bibliothek.)*

**Carsten,** Francis L[udwig]: Révolutionäre Situationen in Europa 1917—1920. — In: Industrielle Gesellschaft und politisches System. Festschrift für Fritz Fischer zum siebzigsten Geburtstag, Bonn: Verl. Neue Gesellsch. (1978), 375-388.

**Catalano,** Franco: Dalle grande crisi a Yalta. Storia d'Europa dal 1929 al 1945. — Milano: Ed. Sapere 1975. 358 S.

**Chastenet,** J.: Vingt ans d'histoire diplomatique 1919—1939. — Genève: Milieu du Monde 1945. IV, 280 S.

**Clozier,** René: L'économie de l'Europe centrale germanique. — Paris: Presses Universitaires 1947. 127 S.
*(Collection „Que sais-je?")*

**Comnène,** Nicolas Petresco: Luci e ombri sull'Europa 1914—1950. — Milano: Bompiani 1957. 271 S.

**Conze,** Werner: Die Strukturkrise des östlichen Mitteleuropas vor und nach 1919. — In: Vjh. Zeitgesch. 1 (1953), 319—338.

**Cook,** Chris [u.] John Paxton: European political facts 1918–1973. — London: Macmillan 1975. VII, 363 S.

**Coudenhove**-Kalergi, Richard [Nikolaus Graf]: Paneuropa 1922—1966. — München: Verl. Herold (1966). 139 S.

**Craig,** Gordon A[lexander]: Geschichte Europas im 19. und 20. Jahrhundert (Europe since eighteen hundred and fifteen, dt. Aus d. Amerikan. von Marianne Hopmann.) – München: Beck.
  1. Vom Wiener Kongreß bis zum Ausbruch des Ersten Weltkrieges 1815-1914. 1978. 392 S.
*(Beck'sche Sonderausgaben.)*

**Dahms,** Hellmuth Günther: Kleine Geschichte Europas im 20. Jahrhundert. 2. Aufl. — (Frankfurt/M., Berlin: Ullstein 1961.) 192 S.
*(Ullstein Bücher. 187.)*

**Day,** Clive: Economic development in Europe. — New York: Macmillan 1948. XIV, 447 S.

**Delzell,** Charles F. [Ed.]: Mediterranean fascism 1919—1945. Selected documents. — London: Macmillan 1971. 364 S.
*(The Documentary History of Western Civilization.)*

**Derry,** T. K. und T. L. Jarman: The European world 1870—1945. — London: Bell 1951. 452 S.

**Diez** del Corral, Luis: El rapto de Europa. Una interpretación histórica de nuestro tiempo. — Madrid: Revista de Occidente 1954. 350 S.

**Dorpalen,** Andreas: Europe in the 20th century. A history. — New York: Macmillan (1968). XX, 580 S.

**Dovring,** Folke und Karin Dovring: Land an labor in Europe 1900—1950. A comparative survey of recent agrarian history. With a chapter: Land reform as a propaganda theme. — The Hague: Nijhoff 1956. VIII, 480 S.
*(Studies in Social Life. 4.)*

**Droz,** Jacques: L'Europe centrale. Evolution historique de l'idée de „Mitteleuropa". — Paris: Payot 1960. 283 S.
*(Bibliothèque Historique.)*

**Duraczyński,** Eugeniusz [u.] Jerzy Janusz Terej: Europa podziemna 1939–1945. – Warszawa: Wiedza Powszechna 1974. 310 S.

**Duroselle,** Jean Baptiste: L'Europe de 1815 à nos jours. Vie politique et relations internationales. Ed. mise à jour. — Paris: Presses Universitaires de France 1967. 406 S.
*(Coll. „Nouvelle Clio".)*

**Emigration** from Europe, 1815-1914. [Ed.:] Charlotte Erickson. – London: Adam & Charles Black 1977. 320 S.

**Ergang,** R. R.: Europe in our time. 1914 to the present. Rev. ed. — Boston: Heath 1953. 903 S.

**Essays** in modern European history. Written in memory of the late William Thomas Morgan by his former students at Indiana University. Edited by John J. Murray. — Bloomington: Indiana University Press 1951. 144 S.
*(Indiana University Publications. Social Science Series. 10.)*

**Etnasi,** Fernando: La resistenza in Europa. Pref. di A. Boldrini. — Roma: Grafica Ed. 1970. 4 68 S.

**L'altra Europa** 1922—1945. Momenti e problemi. Pref. di G. Quazza. — Torino: Giappichelli 1967. VIII, 294 S.

**Europa** und die Einheit Deutschlands. Eine Bilanz nach 100 Jahren. Hrsg. von Walter Hofer. (Übers.: Artur Imhoff u.a.) — Köln: Verl. Wissenschaft u. Politik (1970). 366 S.

**Europa** — Erbe und Aufgabe. Internationaler Gelehrtenkongreß Mainz 1955. Hrsg. u. eingeleitet von Martin Göhring. — Wiesbaden: Steiner 1956. XXIV, 339 S.
*(Veröffentlichungen des Instituts für Europäische Geschichte Mainz. 13.)*

**Europa** und der Kolonialismus. Ringvorlesung geh. an der Philosph. Fakultät d. Univ. Zürich im Wintersemester 1961. Red.: Max Silberschmidt. — Zürich, Stuttgart: Artemis Verl. (1962). 292 S.

**Europa-Föderationspläne** der Widerstandsbewegungen. 1940—1945. Eine Dokumentation. Gesammelt u. eingel. von Walter Lipgens. — München: Oldenbourg 1968. XX, 547 S.
*(Schriften des Forschungsinstituts der Deutschen Gesellschaft für Auswärtige Politik. 26.)*

**Fabre-Luce**, Alfred: Histoire de la révolution européenne 1919—1945. — Paris: Domat 1954. 353 S.

**Fabre-Luce**, Alfred: Historie de la révolution européenne 1919—1945. — Paris: Plon 1960. 356 S.

**Falco**, Giancarlo [u.] Marina Storaci: Il ritorno all'oro in Belgio, Francia e Italia. Stabilizzazione sociale e politiche monetarie ⟨1926–1928⟩. - In: Italia contemp. 29 (1977), H. 126, 3–43.

**Fellner**, Fritz: Der Dreibund. Europäische Diplomatie vor d. Ersten Weltkrieg. — Wien: Verl. f. Geschichte u. Politik (1960). 93 S.
*(Österreich Archiv.)*

**Fischer**, H. A. L.: Die Geschichte Europas. Bd. 1. 2. — Sutttgart: Klett 1952. 1230 S.

**Fischer**, Louis: Men and politics. Europe between the two world wars. — New York: Harper & Row 1966. IX, 660 S.
*(Harper colophon books. CN 96 Q.)*

**Fleming**, Donald [u.] Bernard Bailyn [Ed.]: The intellectual migration. Europe and America, 1930—1960. — Cambridge, Mass.: Harvard University Press 1969. 748 S.

**Foerster**, Rolf Hellmut: Europa. Geschichte einer politischen Idee. Mit e. Bibliographie von 182 Einigungsplänen aus d. Jahren 1306—1945. — (München:) Nymphenburger Verlagshandl. (1967). 383 S.

**Foerster**, Rolf Hellmut: Die Geschichte und die europäische Politik. (Hrsg.: Bundeszentrale für politische Bildung.) — (Bonn: [Selbstverl. d. Hrsg.] 1966). 80 S.
*(Schriftenreihe der Bundeszentrale für politische Bildung. 67.)*

**Freund**, Michael: Abendglanz Europas. 1870—1914. Bilder und Texte. — Stuttgart: Dtsch. Verl. Anst. (1967). 393 S.

**Freyer**, Hans: Weltgeschichte Europas. 2. Aufl. — Stuttgart: Dtsch. Verl.Anst. (1954). 618 S.

**Freyer**, Hans: Weltgeschichte Europas. (3. Aufl.) — Stuttgart: Dtsch. Verl.-Anst. (1969). 618 S.

**Friedlaender**, H. E. und J. Oser: Economic history of modern Europe. — New York: Prentice-Hall 1953. 635 S.

**Frish**, Hartvig: Pest over Europa. Bolschewisme - Fascisme - Nazisme. — København: Fremad.
 1. Tiden indtil 1933. 2. Udg. 1950. 334 S.
 2. Tiden fra 1933 til 1945. 2. Opl. 1951. 367 S.

**Frumkin**, Gregory: Population changes in Europe since 1939. — London: Allen & Unwin 1951. 191 S.

**Furnia**, Arthur H.: The diplomacy of appeasement. Anglo-French relations and the prelude to World War II, 1931—1938. — Washington: University of Washington Press 1960. IX, 454 S.

**Gatzke**, Hans W. [Ed.]: European diplomacy between two wars 1919—1939. — Chicago: Quadrangle Books 1972. 277 S.
*(Modern Scholarship on European History.)*

**Gerbod**, Paul: L'Europe culturelle et religieuse de 1815 à nos jours. — Paris: Presses universitaires de France 1977. 384 S.
*(Coll. „Nouvelle Clio". 39.)*

**Gilbert**, Felix: The end of the European era, 1890 to the present. — New York: Norton 1970. XII, 426 S.
*(The Norton History of Modern Europe.)*

**Gollwitzer**, Heinz: Europabild und Europagedanke. Beiträge zur deutschen Geistesgeschichte d. 18. u. 19. Jahrhunderts. (2., neubearb. Aufl.) — München: Beck 1964. XI, 395 S.

**Gonda**, Imre: Verfall der Kaiserreiche in Mitteleuropa. Der Zweibund in den letzten Kriegsjahren ⟨1916–1918⟩. — Budapest: Akadémiai Kiadó 1977. 427 S.

**Gottschalk**, Louis und Donald Lach: Europe and the modern world since 1870. — Chicago: Scott, Foresman 1957. 647 S.

**Governments** of continental Europe. Ed. by James Thomson Shotwell. Rev ed. — New York: Macmillan 1952. XV 881 S.

**Graml**, Hermann: Europa. Texte, Bilder, Dokumente. — (München:) Desch (1972). 336 S.
*(Die Weltmächte im 20. Jahrhundert.)*

**Graml**, Hermann: Europa zwischen den Kriegen. — (München:) Dtsch. Taschenbuch Verl. (1969). 400 S.
*(dtv-Weltgeschichte des 20. Jahrhunderts. 5.)*

**Granfelt**, Helge: Alliances and ententes as political weapons. From Bismarck's alliance system to present time. — (Lund: Gleerup 1970). 298 S.
*(Publications of the Fahlbeck Foundation, Lund. 48.)*

**Granfelt**, Helge: Der Dreibund nach dem Sturze Bismarcks. — Lund: Gleerup.
 1. England im Einverständnis mit dem Dreibund. 1890—1896. (1962.) 284 S.
*(Schriften der Fahlbeckschen Stiftung, Lund. 46.)*

**Granfelt**, Helge: Der Dreibund nach dem Sturze Bismarcks. — Lund: Gleerup.
 2. Der Kampf um die Weltherrschaft 1895—1902. (1964). 364 S.
*(Schriften der Fahlbeckschen Stiftung, Lund. 46.)*

**Grew**, Joseph C.: The peace conference of Lausanne, 1922—1923. — In: Proceed. Amer. Philos. Soc. 98 (1954), H. 1

**Haestrup**, Jørgen: Europe ablaze [Den 4. våbenart, engl.] An analysis of the history of the European Resistance Movements 1939-45. — Odense Odense University Press 1978. 557 S

**Hagemann,** Walter: Die Europaidee bei Briand und Coudenhove-Kalergi. Ein Vergleich. — In: Aus Geschichte u. Politik, Festschrift zum 70. Geburtstag von Ludwig Bergstraesser, Düsseldorf: Droste-V. (1954), 153—166.

**Hale,** Oron James: The great illusion, 1900—1914. — New York: Harper & Row 1971. XV, 361 S.
*(The Rise of Modern Europe. 17.)*

**Halecki,** Oskar: Das europäische Jahrtausend. (Übers.: Otto Wenninger.) — Salzburg: Otto Müller 1966. 460 S.

**Halecki,** Oscar: The limits and divisions of European history. — New York: Sheed & Ward 1950. XIII, 242 S.

**Hall,** Walter Phelps: Europe in the twentieth century. — New York: Appleton-Century-Crofts 1957. 533 S.

**Hall,** Walter Phelps: World wars and revolutions. The course of Europe since 1900. — New York: Appleton-Century-Crofts 1952. XIII, 531, XVIII S.
*(Century Historical Series.)*

**Hallgarten,** George W[olfgang] F[elix]: Imperialismus vor 1914. Die soziologischen Grundlagen d. Außenpolitik europäischer Großmächte vor d. Ersten Weltkrieg. 2., durchgearb. u. stark erw. Aufl. — München: Beck.
1. 1963. XXVI, 676 S.

**Handbuch** der europäischen Geschichte. Hrsg. von Theodor Schieder. — Stuttgart: Union Verl.
3. Die Entstehung des neuzeitlichen Europa. Hrsg. von Josef Engel. (1971). XX, 1254 S.

**Handbuch** der europäischen Geschichte. Hrsg. von Theodor Schieder. — Stuttgart: Union Verl.
6. Europa im Zeitalter der Nationalstaaten und europäische Weltpolitik bis zum Ersten Weltkrieg. Unter Mitarb. von Rudolf von Albertini, Karl Erich Born [u.a.] hrsg. von Theodor Schieder. (1968). 655 S.

**Hawes,** Stephen [u.] Ralph White: Resistance in Europe, 1939-1945. - London: Allen Lane 1975. 235 S.

**Hayes,** Carlton Joseph Huntley: Contemporary Europe since 1870. — New York: Macmillan 1953. 785 S.

**Hayes,** Carlton J. H. [u. a.]: History of Europe. — New York: Macmillan 1949. 1049 S.

**Heer,** Friedrich: Europa — Mutter der Revolutionen. — Stuttgart: Kohlhammer (1964). 1028 S.

**Heer,** Friedrich: Europäische Geistesgeschichte. — Stuttgart: Kohlhammer (1953). 727 S.

**Heer,** Friedrich: Die dritte Kraft. Der europäische Humanismus zwischen den Fronten des konfessionellen Zeitalters. — Frankfurt a. M.: Fischer 1959. 742 S.

**Henderson,** William Otto: Die industrielle Revolution, Europa 1780—1914 (The industrialization of Europe 1780 to 1914, dt.) (Aus d. Engl. übertr. von Wolfgang Häusler.) — München: Molden 1971. 216 S.
*(Molden-Sammlung Kunst- und Kulturgeschichte.)*

**Herzfeld,** Hans: Menschenrecht und Staatsgrenze in Zwischeneuropa. — In: Dokumente 12 (1956), 463—471.

**Hilbert,** Lothar W.: Les rapports entre les pouvoirs civil et militaire en Grande-Bretagne, en France et en Allemagne au début du XXe siècle. — 226 S. Multigraph.
*Nancy, Centre Européen Universitaire, Thèse scienc. polit. 1957.*

**Hilbert,** Lothar W.: The rôle of military and naval attachés in the British and German service with particular reference to those in Berlin and London and their effect on Anglo-German relations 1871—1914. — XVIII, 392 S.
*Cambridge, phil. Diss. 1954.*

**Hillgruber,** Andreas: Die „Krieg-in-Sicht"-Krise 1875. Wegscheide der Politik der europäischen Großmächte in der späten Bismarck-Zeit. — In: Gedenkschrift Martin Göhring, Studien zur europäischen Geschichte, Wiesbaden: Steiner 1968, 239—253.

**Hölzle,** Erwin: Die Selbstentmachtung Europas. Das Experiment des Friedens vor und im Ersten Weltkrieg. Unter Verwertung unveröffentlichter, z. T. verlorengegangener deutscher und französischer Dokumente. - Göttingen: Musterschmidt 1975. 601 S.

**Hölzle,** Erwin: Die Selbstentmachtung Europas. Das Experiment des Friedens vor und im Ersten Weltkrieg. - Göttingen: Musterschmidt.
Buch 2. Vom Kontinentalkrieg zum weltweiten Krieg. Das Jahr 1917. 1978. 47 S.

**Holborn,** Hajo: The political collapse of Europe. — New York: Knopf 1951. XI, 207 S.

**Holborn,** Hajo: Der Zusammenbruch des europäischen Staatensystems [The political collapse of Europe, dt.] Übers. Erika Gebert. — Stuttgart: Dtsch. Verl. Anst. (1954). 192 S.
*(Urban-Bücher. 7.)*

**Holbraad,** Carsten: The concert of Europe. A study in German and British international theory, 1815—1914. — New York: Barnes & Noble 1971. X, 234 S.

**Holmes,** B. R.: Europe and the Habsburg restoration in Austria 1930-1938. - In: East. Europ. Quart. 9 (1975), 173-184.

**Holzer,** Willibald I.: Internationalismus und Widerstand. Zu Idee und Funktion des proletarisch-internationalistischen Prinzips im Widerstand der europäischen Arbeiterbewegung. - In: Österr. Z. Politikwiss. 6 (1977), 163-182.

**Hubatsch,** Walther: Die Memel-Konvention und ihre Auswirkungen. Als Ms. vervielfältigt. — Göttingen: Arbeitsgemeinschaft für Osteuropaforschung 1953. 61 gez. Bl.
*(Forschungsberichte und Untersuchungen zur Zeitgeschichte. 9.)*

**Jaksch,** Wenzel: Europas Weg nach Potsdam. Schuld und Schicksal im Donauraum. — Stuttgart: Dtsch. Verl.-Anst. (1958). 522 S.

**Jarausch,** Konrad Hugo: The Four Power Pact 1933. — Madison: University of Wisconsin Press 1965. VIII, 265 S.

**Joll,** James: Europe since 1870. An international history. - London: Weidenfeld & Nicolson 1973. XIII, 541 S.

**Iordache,** Nicolae: La Petite Entente et l'Europe. Préf. du Jacques Freymond. - Genève: Institut Universitaires de Hautes Etudes Internationales 1977. 397 S.
*(Publications de l'Institut Universitaires de Hautes Etudes Internationales. 52.)*

**Juchniewicz,** Mieczyslaw: Die Polen in der europäischen Widerstandsbewegung, 1939–1945 (Polacy w europejskim ruchu oporu, dt.) Der Rat für den Schutz der Denkmäler des Kampfes und des Martyriums. (Dtsch. von Jerzy Dasler.) - Warszawa: Verl. Interpress 1978. 197 S.

**Jung,** Kurt M.: Die Geschichte unseres Jahrhunderts. Europäische Geschichte von 1900 bis 1960. — Berlin: Safari-Verl. 1960. 480 S.

**Kann,** Robert A.: Wandel und Dauer im Donauraum. Das Kontinuitätsproblem im Rückblick auf die Umwälzungen seit 1918. — In: Wort u. Wahrheit 19 (1964), 184–194.

**Katz,** Jacob: Jews and Freemasons in Europe 1723–1939. Transl. from the Hebrew by Leonard Oschry. - Cambridge, Mass.: Harvard University Press 1970. VIII, 293 S.

**Kiesewetter,** Bruno: Die europäische Völkerwanderung während des zweiten Weltkriegs und in der Nachkriegszeit. — In: Geogr. Rdsch. 3 (1951), 55–60.

**Kluke,** Paul: Außenpolitik und Zeitgeschichte. Ausgew. Aufsätze zur englischen u. deutschen Geschichte d. 19. u. 20. Jahrhunderts. Hrsg. von Hellmut Seier u. Dieter Rebentisch. - Wiesbaden: Steiner 1974. 273 S.
*(Frankfurter historische Abhandlungen. 8.)*

**Kolinsky,** Martin: Continuity and change in European society. Germany, France and Italy since 1870. - London: Croom Helm 1974. VI, 242 S.

**Kołomejczyk,** Norbert: Rewolucje ludowe w Europie 1939–1948. - Warszawa: Wiedza Powszechna 1973. 396 S.

Lokarnskaja **konferencija** 1925 g. Dokumenty. Redakcionnaja kollegija: A. F. Dobrov, I. N. Zemskov, I. K. Kobljakov, V. M. Turok-Popov, V. M. Chvostov. — Moskva: Gosudarstvennoe Izdatel'stvo Polit. Lit. 1959. 510 S.

Die **Krise** des Parlamentarismus in Ostmitteleuropa zwischen den beiden Weltkriegen. Wissenschaftl. Tagung des Johann-Gottfried-Herder-Forschungsrates Frühjahr 1966. Referate und Diskussionen. Hrsg. von Hans-Erich Volkmann. — Marburg a.d. Lahn: Herder-Inst. 1967. 184 S.

**Kulischer,** Eugene M.: Europe on the move. War and population changes, 1917–1947. — New York: Columbia University Press 1948. 377 S.

**Lademacher,** Horst: Die belgische Neutralität als Problem der europäischen Politik 1830–1914. — Bonn: Röhrscheid 1971. 536 S.
*(Veröffentlichung des Instituts für Geschichtliche Landeskunde der Rheinlande an der Universität Bonn.)*
*Habil.-Schr., Universität Bonn.*

**Landes,** David S.: Der entfesselte Prometheus (The unbound Prometheus, dt.) Technologischer Wandel und industrielle Entwicklung in Westeuropa von 1750 bis zur Gegenwart. (Aus d. Engl. von Franz Becker.) - (Köln:) Kiepenheuer & Witsch (1973). 597 S.
*(Studien-Bibliothek.)*

**Langsam,** Walter Consuelo: Documents and readings in the history of Europe since 1918. With the assistance of James Michael Egan. Revised and enlarged. — Chicago, Philadelphia, New York: Lippingcott 1951. XXV, 1190 S.

**La Robrie,** Jean de: Exodes, transferts, esclavage. — Paris: Gallimard 1950. 280 S.
Behandelt die Ausrottung europäischer Völker seit dem ersten Weltkriege.

**Lee,** Dwight E.: Europe's crucial years. The diplomatic background of world war I, 1902-1914. - Hannover, New Hampshire: University Press of New England 1974. XIV, 482 S.

Die europäischen Linksintellektuellen zwischen den beiden Weltkriegen (**Left-wing-intellectuals** between the wars, dt.) (Übers.: Matthias Büttner.) — (München:) Nymphenburger Verlagshandl. (1967). 319 S.
*(Journal of contemporary history. Dtsch. Buchausgabe. 2.)*

**Lemberg,** Hans: Kollaboration in Europa mit dem Dritten Reich um das Jahr 1941. - In: Das Jahr 1941 in der europäischen Politik, München: Oldenbourg 1972, 143–162.

**Lequin,** Yves [u.] Jacques Maillard: L'Europe occidentale au XX$^e$ siècle. — Paris: Masson 1970. 120 S.
*(Coll. „Dossiers d'Histoire".)*

**L'Huillier,** Fernand: De la Sainte-Alliance au pacte Atlantique. Vol. 1. 2. —Neuchâtel: Ed. de la Baconnière 1954.

**Lichtheim,** George: Europa im zwanzigsten Jahrhundert (Europe in the twentieth century, dt.) Eine Geistesgeschichte der Gegenwart. (Aus d. Engl. übers. von Regine Wolfart.) - München: Kindler 1973. 678 S.
*(Kindlers Kulturgeschichte.)*

L'**idée** européenne. Textes réunis par Edouard Gruter. — Paris: Colin 1971. 96 S.
*(Coll. „Dossiers Sciences humaines". 32.)*

**Lipgens,** Walter: Europäische Einigungsidee 1923–1930 und Briands Europaplan im Urteil der deutschen Akten. — In: Hist. Z. 203 (1966), 46–89 und 316–363.

**Lipgens,** Walter: Das Konzept regionaler Friedensorganisation. Resistance und europäische Einigungsbewegung. — In: Vjh. Zeitgesch. 16 (1968), 150–164.

**Lipson,** Ephraim: Europe 1914–1939. 3 rd ed. — London: Black 1945, S. 293–494.

**Locke,** Robert R.: Industrialisierung und Erziehungssystem in Frankreich und Deutschland vor dem 1. Weltkrieg. - In: Hist. Z. 1977, Bd 225, 265–296.

# EUROPÄISCHE GESCHICHTE

**Lory,** Marie-Joseph: Douze leçons sur l'Europe 1914—1947. Préf. par Henri Brugmans. — Bruges: De Tempel 1968. XXVII, 488 S.
*(Cahiers de Bruges. N. S. 20.)*

**Ludat,** Herbert: Der europäische Osten in abendländischer und sowjetischer Sicht. Zwei Vorträge. — Köln-Braunsfeld: Rudolf Müller 1954. 29 S.
*(Osteuropa und der deutsche Osten. Reihe 3.)*

**Lüke,** Rolf E.: Von der Stabilisierung zur Krise. Hrsg.: Basle Centre for Economic and Financial Research. — Zürich: Polygraph. Verl. 1958. XXII, 363 S.

**Macdonald,** C. A.: Britain, France and the April crisis of 1939. – In: Europ. Stud. Rev. 2 (1972), 151-169.

**McNeill,** William H.: The shape of European history. – London: Oxford University Press 1974. VIII, 181 S.

**Maier,** Charles S.: Recasting bourgeois Europe. Stabilization in France, Germany and Italy in the decade after World War I. – Princeton, N. J.: Princeton University Press (1975). XIV, 650 S.

The **making** of modern Europe. Edited by Herman Ausubel. — New York: Dryden Press.
2. Waterloo to the atomic age. 1951. VIII, S. 578—1183.

**Markert,** Werner: Osteuropa und die abendländische Welt. Aufsätze und Vorträge. Mit e. Geleitw. von Hans Rothfels. — Göttingen: Vandenhoeck & Ruprecht (1966). 223 S.

**Martin,** Laurence W. [Ed.]: Diplomacy in modern European history. — New York: Macmillan 1966. 138 S.

**Masur,** Gerhard: Geschehen und Geschichte. Aufsätze und Vorträge zur europäischen Geistesgeschichte. Mit e. Vorw. von Hans Herzfeld. — Berlin: Colloquium-Verl. 1971. 189 S.
*(Einzelveröffentlichungen der Historischen Kommission zu Berlin. 8.)*

**Matl,** Josef: Europa und die Slaven. — Wiesbaden: Harrassowitz 1964. XVI, 357 S.

**Maurois,** André: Notes sur une conférence: Lausanne 1932. — In: Rev. de Paris 67 (1960), H. 1, 5—14.

**Mayer,** Arno J.: Dynamics of counterrevolution in Europe, 1870—1956. An analytic framework. — New York: Harper & Row 1971. 173 S.

**Mayr,** Kaspar: Der andere Weg. Dokumente und Materialien zur europäisch-christlichen Friedenspolitik. — Nürnberg: Glock & Lutz 1957. 384 S.

La **méditerranée** de 1919 à 1939. Actes du colloque de Nice ⟨28, 29 et 30 mars 1968⟩. — (Paris:) Minard 1969. 176 S.
*(Publications de la Faculté des Lettres et Sciences Humaines de Nice. 4.)*

**Miège,** Jean-Louis: Expansion européenne et décolonisation, de 1870 à nos jours. – Paris: Presses universitaires de France 1973. 414 S.
*(Coll. „Nouvelle Clio". 28.)*

**Milward,** Alan S. [u.] S. B. Saul: The development of the economies of continental Europe 1850-1914. – Cambridge, Mass.: Harvard University Press 1977. 555 S.

**Mirgeler,** Albert: Geschichte Europas. — Freiburg i. Br.: Herder 1953. 480 S.

**Mirgeler,** Albert: Geschichte und Gegenwart. Elemente europäischer und deutscher Geschichte. — Freiburg: Alber (1965). 234 S.

**Mirgeler,** Albert: Revision der europäischen Geschichte. Europa in der Weltgeschichte. – Freiburg: Herder 1973. 270 S.
*(Herderbücherei. 477.)*

**Mitchell,** Allan [u.] Istvan Deak: Everyman in Europe. Essays in social history. – Englewood Cliffs, N. J.: Prentice Hall 1974.
1. The pre-industrial millenia. XIII, 300 S.
2. The industrial centuries. XIII, 397 S.

**Mitchell,** B[rian] R.: European historical statistics, 1750-1970. – (London: Macmillian 1976). XX, 827 S.

**Mitchell,** Harvey [u.] Peter N. Stearns: The European Labour Movement, the working classes and the origins of Social Democracy, 1890—1914. — Ithaca, Ill.: Peacock Publ. 1971. 249 S.

**Mommsen,** Wilhelm: Geschichte des Abendlandes von der Französischen Revolution bis zur Gegenwart 1789 bis 1945. — München: Bruckmann (1951). 628 S.
*(Weltgeschichte in Einzeldarstellungen.)*

**Morgan,** M. C.: Freedom and compulsion. A survey of European history between 1789 and 1939. — London: Arnold (1954). 344 S.

**Mosse,** George L.: The culture of Western Europe. The nineteenth and twentieth centuries. (2. ed.) – Chicago: Rand McNally 1975. 410 S.
*(Rand McNally History Series.)*

**Mosse,** George L.: Rassismus (Toward the final solution, dt.) Ein Krankheitssymptom in der europäischen Geschichte des 19. und 20. Jahrhunderts. (Aus d. Engl. von Elfriede Burau.) – Königstein/Ts.: Athenäum Verl. 1978. 222 S.

**Mourin,** Maxime: Histoire des nations européennes. — Paris: Payot 1962.
1. De la première à la deuxième guerre mondiale, 1918—1939. 357 S.
2. Pendant la deuxième guerre mondiale, 1939—1945. 272 S.
3. Depuis la deuxième guerre mondiale, 1945—1962. 448 S.
*(Bibliothèque historique.)*

**Müller-Armack,** Alfred: Religion und Wirtschaft. Geistesgeschichtliche Hintergründe unserer europäischen Lebensform. — Stuttgart: Kohlhammer (1959). XV, 605 S.

**Münch,** W[illy]: Der Europa-Plan Napoleons des Ersten. Eine aktuelle historische Studie. — Bad Kreuznach [Richard-Wagner-Str. 102]: Selbstverl. 1964. 23 S.

**Munholland,** J. Kim: Origins of contemporary Europe, 1890—1914. — New York: Harcourt, Brace and World 1970. XII, 372 S.

**Namier,** Sir Lewis: Vanished supremacies. Essays on European history 1812—1918. — London: Hamilton (1958). VI, 179 S.

**Namier,** Lewis Bernstein: Europe in decay. A study in disintegration 1936 —1940. — London: Macmillan 1950. VII, 329 S.

**Newman,** Karl J.: European democracy between the wars. — London: Allen & Unwin 1971. 448 S.

**Newman,** Karl J[ohann]: Zerstörung und Selbstzerstörung der Demokratie. Europa 1918—1938. — Köln: Kiepenheuer & Witsch (1965). 533 S.

**Niedhart,** Gottfried: Die britischfranzösische Garantieerklärung für Polen vom 31. März 1939. Außenpolitischer Kurswechsel der Westmächte? - In: Francia 2 (1974), 597– 618.

**Nötel,** Rudolf: International capital movements and finance in Eastern Europe 1919–1949. - In: Vjschr. Soz.- u. Wirtschaftsgesch. 61 (1974), 65–112.

**Ormos,** Sz.: A propos de la securité est-européenne dans les années 1930. — In: Acta Historica Academiae Scientiarum Hungaricae 16 (1970), 307—322.

**Pachter,** Henry M[aximilian]: The fall and rise of Europe. A political, social and cultural history of the twentieth century. - London: Davis & Charles 1975. X, 481 S.

**Parker,** R. A. C.: Great Britain, France and the Ethiopian crisis 1935– 1936. - In: Engl. hist. Rev. 89 (1974), 293–332.

**Parker,** R. A. C.: Europe 1919—1945. — London: Weidenfeld & Nicolson 1969. 396 S.

**Paxton,** Robert O.: Europe in the twentieth century. - London: Columbia University Press 1975. 640 S.

**Pegg,** Carl H.: Die wachsende Bedeutung der europäischen Einigungsbewegung in den zwanziger Jahren. — In: Europa-Archiv 17 (1962), 865— 874.

**Pegg,** Carl H.: Der Gedanke der europäischen Einigung während des Ersten Weltkrieges und zu Beginn der zwanziger Jahre. — In: Europa-Archiv 17 (1962), 749—758.

**Pegg,** Carl H.: Vorstellungen und Pläne der Befürworter eines europäischen Staatenbundes in den Jahren 1925— 1930. — In: Europa-Archiv 17 (1962), 783—790.

**Pipes,** Richard: Europe since 1815. — New York: Harper & Row 1970. 609 S.

**Pistone,** Sergio [Ed.]: L'idea dell'unificazione europea dalla prima alla seconda guerra mondiale. - Torino: Einaudi 1975. 242 S.

**Piwarski,** Kazimierz: Polityka europejska w okresie pomonachijskim (X. 1938—III. 1939). — Warszawa: Państwowe Wydawnictwo Naukowe 1960. 182 S.

**Pollard,** Sidney [u.] Colin Holmes: The end of the old Europe, 1914–1939. - New York: St. Martin's Press 1973. XVI, 623 S.

**Pollard,** Sidney: European economic integration 1815-1970. - London: Thames & Hudson 1974. 180 S.

**Polonsky,** Antony: The little dictators. The history of Eastern Europe since 1918. - London: Routledge & Kegan Paul 1975. 212 S.

**Pottinger,** E. Ann: Napoleon III and the German crisis 1865—1866. — Cambridge, Mass.: Harvard University Press 1966. 238 S.
*(Harvard Historical Studies. 75.)*

**Prill,** Felician: Ireland, Britain and Germany, 1871-1914. Problems of nationalism and religion in nineteenth-century Europe. - Dublin: Gill & Macmillan (1975). IX, 196 S.

**Proudfoot,** Malcolm J.: European refugees 1939—1952. A study in forced population movement. — London: Faber & Faber 1957. 542 S.

**Quaiser,** Waldemar: Europäische Volksgruppen-Politik. 1925—1937. — In: Österr. Osthefte 2 (1960), 41—45.

**Quartararo,** Rosaria: La crisi mediterranea del 1935-36. - In: Storia contemp. 6 (1975), 801–846.

**Questioni** di storia contemporanea. A cura di Ettore Rota. Vol. 1. 2. — Milano: Marzorati 1952. XVI, 1120 S.; X S., S. 1121—2078.
Sammelwerk zur politischen und Geistesgeschichte Europas von 1815 bis 1952.

**Rain,** Pierre: L'Europe de Versailles 1919—1939. Les traités de paix, leur application, leur mutilation. — Paris: Payot 1945. 314 S.
*(Bibliothèque Historique.)*

**Ramseyer,** Fortuné: Chronologie de la civilisation européenne 1500—1950. — Bourgoin (Isère): Ramseyer 1953. 73 S.

**Rapp,** Alfred: Abschied von dreitausend Jahren. Eine Geschichte Europas. — Stuttgart: Dtsch. Verl.-Anst. (1964). 244 S.

**Rauch,** Georg von: Im osteuropäischen Kräftespiel. Die baltischen Staaten, Deutschland und die Sowjetunion am Vorabend des zweiten Weltkrieges. — In: Balt. Briefe 17 (1964), 5—15.

**Rayner,** Robert Macy: A concise history of modern Europe 1789—1914. With an epilogue 1914—1939. 2nd ed. rev. — London, New York: Longmans 1951. 425 S.

**Recker,** Marie-Luise: England und der Donauraum, 1919-1929. Probleme einer europäischen Nachkriegsordnung. - (Stuttgart:) Klett (1976). VI, 324 S.
*(Veröffentlichungen des Deutschen Historischen Instituts in London. 3.)*

**Reichenberger,** Emmanuel J.: Europa in Trümmern. Das Ergebnis des Kreuzzuges der Alliierten. [2. Aufl.] — Graz, Göttingen: Stocker (1952). 484 S.

**Reichert,** Günter: Das Scheitern der Kleinen Entente. Internationale Beziehungen im Donauraum von 1933 bis 1938. — München: Fides-Verlagsges. 1971. II, 186 S.
*(Veröffentlichung des Sudetendeutschen Archivs in München. 6.)*

**Renouvin,** Pierre: La crise européenne et la première guerre mondiale. 4. ed., rev. et augmentée. — Paris: Presses Universitaires de France 1962. 779 S.
*(Peuples et civilisations. 19.)*

**Renouvin,** Pierre: La crise européenne et la Première Guerre mondiale (1914 — 1918). Ed. rev. et augm. — Paris: Presses Universitaires de France 1969. 784 S.
*(Coll. „Peuples et Civilisations". 19.)*
Vgl. Nr. 21805.

**Renouvin,** Pierre [Direct.]: L'Europe et les Guerres mondiales. — Paris: Fischbacher 1968. 1000 S.
*(Histoire de l'Europe. La formation de l'Europe de 1815 à nos jours. 7.)*

**Renouvin,** Pierre: Les relations de la Grande-Bretagne et de la France avec l'Italie en 1938–1939. - In: Les relations Franco-Britanniques de 1935 à 1939, [Paris: Centre National de la Recherche Scientifique 1975], 295–317.

**Rhode,** Gotthold: Völker auf dem Wege... Verschiebungen der Bevölkerung in Ostdeutschland und Osteuropa seit 1917. — Kiel: Hirt 1952. 26 S.
*(Schriften des Schleswig-Holsteinischen Geschichtslehrer-Verbandes. N. F. 1.)*

**Riemeck,** Renate: Mitteleuropa. Bilanz eines Jahrhunderts. — Freiburg: Verl. Die Kommenden 1965. 223 S.
*(Bücher der Kommenden.)*

The European **right**. A historical profile. Editors: Hans Rogger and Eugen Weber. — Berkeley, Calif.: University of California Press 1965. VI, 589 S.

**Rimscha,** Hans von: Die Baltikumpolitik der Großmächte. — In: Hist.Z. 177 (1954), 281—309.

**Rivoluzione** e reazione in Europa (1917-1924). Convegno storico internazionale. - Perugia: Ed. Avanti 1978. 660 S.

**Rolo,** P. J. V.: Entente Cordiale. The origins and negotiations of the Anglo-French agreements of 8 april 1904. — New York: St. Martin's Press 1970. 300 S.

**Roon,** Ger van: Europa und die Dritte Welt (Europa en de Derde Wereld, dt.) Die Geschichte ihrer Beziehungen vom Beginn der Kolonialzeit bis zur Gegenwart. (Aus d. Niederländ. übertr. von Marga Baumer.) - München: Beck (1978). 216 S.
*(Beck'sche schwarze Reihe. 171.)*

**Rosenberg,** Hans: Große Depression und Bismarckzeit. Wirtschaftsablauf, Gesellschaft und Politik in Mitteleuropa. — Berlin: de Gruyter 1967. XII, 301 S.
*(Veröffentlichungen der Historischen Kommission zu Berlin beim Friedrich-Meinecke-Institut der Freien Universität Berlin. 24: Publikationen zur Geschichte der Industrialisierung. 2.)*

**Roussakis,** Emmanuel N.: Friedrich List, the Zollverein and the uniting of Europe. — Bruges: College of Europe 1968. 164 S.
*(Studies in contemporary European issues. 1.)*

**Rowse,** A[lfred] L[eslie]: Appeasement. A study in political decline, 1933—1939. — New York: Norton 1961. 123 S.

**Rowse,** A[lfred] L[eslie]: All Souls and appeasement. A contribution to contemporary history. — London: Macmillan; New York: St. Martin's Press 1961. VIII, 122 S.

**Rudhart,** Alexander: Twentieth century Europe. - Philadelphia: Lippincott 1975. XVI, 656 S.

**Sachar,** Howard M.: Europe leaves the Middle East, 1936—1954. — New York: Knopf 1972. 687 S.

**Samhaber,** Ernst: Geschichte Europas. — Köln: DuMont Schauberg (1967). 519 S.

**Schapiro,** Jacob Salwyn: Modern and contemporary European history 1815—1952. — New York: Houghton Mifflin 1953. 946, XXIV S.

**Schechtman,** Joseph B.: European population transfers. 1939—1945. — New York: Cornell Univ. Press 1946. XI, 532 S.

**Schieder,** Theodor: Nationale Vielfalt und europäische Gemeinschaft. — In: Gesch. Wiss. Unterr. 5 (1954), 65—79.

**Schmidt,** Gustav: Effizienz und Flexibilität politisch-sozialer Systeme. Die deutsche und die englische Politik 1918/19. - In: Vjh. Zeitgesch. 25 (1977), 137-187.

**Schrey,** Heinz Horst: Die Generation der Entscheidung. Staat und Kirche in Europa und im europäischen Rußland 1918 bis 1953. — München: Kaiser 1955. 335 S.

**Shapiro,** Theda: Painters and politics. The European avant-garde and society 1900-1925. – New York: Elsevier 1976. XX, 341 S.

**Sharma,** Shiva-Kumar: Der Völkerbund und die Großmächte. Ein Beitrag zur Geschichte der Völkerbundpolitik Großbritanniens, Frankreichs und Deutschlands 1929–1933. - Frankfurt a. M.: Lang 1978. VI, 339 S.
*(Europäische Hochschulschriften. 3,98.)*

**Slapnicka,** Helmut: Das Gesicht Mitteleuropas seit den Pariser Vorortsverträgen von 1919. — In: Bohemia 10 (1969), 312—323.

**Smith,** David: Left and right in the 20th century Europe. — London: Longmans 1970. 117 S.
*(Seminar Studies in History.)*

**Somervell,** David Churchill: Modern Europe 1871—1950. 8. enl. ed. — London: Methuen 1953. IX, 275 S.

**Sonntag,** Ernst: Historisches von Paneuropa. — In: Schweiz. Monatsh. 33 (1953/54), 211—214.

**Sozialstruktur** und Organisation europäischer Nationalbewegungen. Unter Mitw. von Peter Burian hrsg. von Theodor Schieder. — München: Oldenbourg 1971. 175 S.
*(Studien zur Geschichte des neunzehnten Jahrhunderts. 3.)*
*(Neunzehntes Jahrhundert.)*

**Stadtmüller,** Georg: Grundfragen der europäischen Geschichte. --München.: Wien: Oldenbourg 1965. 281 S.

**Stearns,** Peter N.: The European experience since 1815. — New York: Harcourt, Brace, Jovanovich 1972. XX, 476 S.

**Stearns,** Raymond Phineas: Pageant of Europe. Sources and selections from the Renaissance to the present day. — New York: Harcourt, Brace & Co. 1948. 1032 S.

**Stein,** B. E. [Boris Efimovič **Štejn**]: Die „Russische Frage" auf der Pariser Friedenskonferenz 1919—1920" („Russkij vopros" na Parižskoj mirnoj konferencii 1919—1920, dt.) Übers.: Ernst Ehlers. — Leipzig: Koehler & Amelang 1953. 410 S.

**Stökl,** Günther: Osteuropa und die Deutschen. Geschichte und Gegenwart einer spannungsreichen Nachbarschaft. — (Oldenburg:) Stalling (1967). 232 S.

**Stromberg,** Roland N.: An intellectual history of modern Europe. (2. ed.) - Englewood Cliffs, N. J.: Prentice Hall (1975). X, 566 S.

**Taylor,** A. J. P.: From Napoleon to Stalin. Comments on European history. — New York: British Book Centre 1950. 224 S.

**Terraine,** John: Europa im 20. Jahrhundert (The mighty continent, dt.) In Text und Bild. (Berecht. Übers. von Lorenz Gyömörey.) - Hamburg: Zsolnay 1975. 350 S.

**Thorne,** Christopher: The approach of war, 1938—1939. — London: Macmillan 1968. XIV, 232 S.
*(The making of the twentieth century.)*

**Thulstrup,** Ake: Aggressioner och allianser. Huvudlinjer i europeisk storpolitik 1935—1939. — Stockholm: Bonnier (1957). S. 284—639.
*Stockholm, phil. Diss. 16. November 1957.*

**Toscano,** Mario: Designs in diplomacy. Pages from European history in the twentieth century. — Baltimore: Johns Hopkins Press 1970. IX, 433 S.

**Urlanis,** Boris Zesarewitsch [Cezarevič]: Bilanz der Kriege (Vojny i narodonaselenie Evropy, dt.) Die Menschenverluste Europas vom 17. Jahrhundert bis z. Gegenwart. (Aus d. Russ. übers. von Gerhard Hartmann.) — Berlin: VEB Dtsch. Verl. d. Wissenschaften 1965. 424 S.

**Vago,** Bela: The shadow of the Swastika. The rise of fascism and antisemitism in the Danube Basin, 1936—1939. Publ. for the Inst. of Jewish Affairs, London. - (Farnborough:) Saxon House 1975. 431 S.

**Versailles,** S[ain]t Germain, Trianon. Umbruch in Europa vor fünfzig Jahren. Unter Mitarb. von Winfried Baumgart [u.a.] hrsg. von Karl Bosl. — München: Oldenbourg 1971. 198 S.

**Villari,** Rosario: Storia dell'Europa contemporanea. — Bari: Laterza 1971. 643 S.

**Vivet,** Jean-Pierre: L'Europe bourgeoise 1830—1914. - Paris: Laffont 1972. 616 S.
*(Coll. „Les Mémoires de l'Europe". 5.)*

**Vom** Kleingewerbe zur Großindustrie. Quantitativ-regionale und politisch-rechtliche Aspekte zur Erforschung der Wirtschafts- und Gesellschaftsstruktur im 19. Jahrhundert. Von Fritz Blaich [u.a.] Hrsg. von Harald Winkel. - Berlin: Duncker & Humblot (1975). 258 S.
*(Schriften des Vereins für Socialpolitik. N.F. 83.)*

**Waites,** Neville [Ed.]: Troubled neighbours. Franco-British relations in the twentieth century. — London: Weidenfeld & Nicolson 1971. 386 S.

**Wheeler-**Bennett, John: Knaves, fools and heroes. In Europe between the wars. - New York: St. Martin's Press 1975. VIII, 200 S.

**Williamson,** Samuel R.: The politics of great strategy. Britain and France prepare for war, 1904—1914. — Cambridge, Mass.: Harvard University Press 1969. XVII, 409 S.

Europäische **Wirtschaftsgeschichte.** The Fontana economic history of Europe, [dt.] Hrsg. von Carlo M. Cipolla. Dtsch. Ausg. hrsg. von K(nut) Borchardt. (Übers.) - Stuttgart: G. Fischer.
   3. Die industrielle Revolution. 1976. VII, 418 S.
   4. Die Entwicklung der industriellen Gesellschaften. 1977. VIII, 554 S.

**Wiskemann,** Elisabeth: Europe of the dictators 1919—1945. — London: Collins (1966). 287 S.

**Woodward,** Sir Llewellyn: Prelude to modern Europe, 1815—1914. — London: Methuen 1972. VII, 309 S.

**Zimmermann,** Horst: Die Schweiz und Österreich während der Zwischenkriegszeit. Eine Studie und Dokumentation internationaler Beziehungen im Schatten der Großmächte. - Wiesbaden: Steiner 1973. XIV, 536 S.

**Zimmermann,** Ludwig: Die Pariser Friedenskonferenz von 1919 und die Neuordnung Europas. — In: Welt als Gesch. 13 (1953), 109—136.

**Zorn,** Wolfgang: Umrisse der frühen Industrialisierung Südosteuropas im 19. Jahrhundert. — In: Vjschr. Soz.- & Wirtschaftsgesch. 57 (1970), 500—533.

## 7. GESCHICHTE DES I. WELTKRIEGES

### Allgemeines

**Baum,** Walter: Politik und Kriegsführung im Ersten Weltkrieg. — In: Wehrwiss. Rdsch. 16 (1966), 645—659. Forschungsbericht.

**Bülter,** Horst: Zur Geschichte Deutschlands im ersten Weltkrieg (1914—1915). 1: Der Beginn des Kampfes der linken Sozialdemokraten gegen Sozialchauvinismus und imperialistischen Krieg. 2: Deutschland im Kriegsjahr 1915. — In: Z. Geschichtswiss. 3 (1955), 835—855.

**Busch,** Rolf: Imperialismus und Arbeiterliteratur im Ersten Weltkrieg. - In: Arch. Sozialgesch. 14 (1974), 293—350.

**Castex,** Henri [u.] André de La Far: Les dessous de la guerre de 1914—1918. — Paris: Grasset 1967. 424 S.

**Corti,** Rinaldo: La guerra di contrario (1915—1918). — Varese: Tecnografica Ed. 1968. 204 S.

**Deutschland** im Ersten Weltkrieg. — Berlin: Akademie-Verl.
   1. Vorbereitung, Entfesselung und Verlauf des Krieges bis 1914. Von e. Autorenkollektiv unter Leitung von Fritz Klein. 1968. XXVI, 514 S.
   2. Januar 1915 bis Oktober 1917. Von e. Autorenkollektiv unter Leitung von Willibald Gutsche. 1968. XXI, 799 S.

**Deutschland im Ersten Weltkrieg.** — Berlin: Akademie-Verl.
   3. November 1917 bis November 1918. Von einem Autorenkollektiv unter Leitung von Joachim Petzold. 1969. XX, 603 S.

The Habsburg **Empire** in World War I. - New York: Columbia University Press 1977. 247 S.

**Ferro,** Marc: La Grande Guerre 1914—1918. — Paris: Gallimard 1969. 384 S.
*(Coll. „Idées". 184.)*

**Fischer,** Fritz: Weltmacht oder Niedergang. Deutschland im ersten Weltkrieg. — (Frankfurt a. M.:) Europ. Verl. Anst. (1965). 109 S.
*(Hamburger Studien zur neueren Geschichte. 1.)*

**Gambiez,** F. [u.] M. Suire: Histoire de la Première Guerre mondiale. — Paris: Fayard.
   1. Crépuscule sur l'Europe. 1968. 386 S.
   2. 1917—1918. Grandeur et servitude d'une victoire. 1969. 618 S.

**Geiss,** Imanuel: Das Deutsche Reich und der Erste Weltkrieg. - (München:) Hanser (1978). 243 S.
*(Reihe Hanser. 249.)*

**Gilbert,** Martin: First world war atlas. — London: Weidenfeld & Nicolson 1970. XI, 159, XXXVIII S.

**Gutsche,** Willibald, Fritz Klein [u.] Joachim Petzold: Von Sarajewo nach Versailles. Deutschland im 1. Weltkrieg. - Berlin: Akademie-Verl. 1974. 368 S.

**Hayes,** Grace P.: World War I. A compact history. Introd. by R. Ernest Dupuy. — New York: Hawthorn (1972). XII, 338 S.

**Herzfeld,** Hans: Der Erste Weltkrieg. — (München:) Dtsch. Taschenbuch-Verl. (1968). 370 S.
*(dtv-Weltgeschichte des 20. Jahrhunderts. 1.)*
*(dtv [-Taschenbuch]. 4001.)*

**Hölzle,** Erwin: Das Experiment des Friedens im Ersten Weltkrieg 1914—1917. — In: Gesch. Wiss. Unterr. 13 (1962), 465—522.

**Innenansicht** eines Krieges. Bilder, Briefe, Dokumente. 1914—1918. Hrsg. von Ernst Johann. — Frankfurt a.M.: Scheffler (1968). 359 S.

**Isnenghi,** Mario [Ed.]: La prima guerra mondiale. - Bologna: Zanichelli 1972. 208 S.

**Kielmansegg,** Peter Graf: Deutschland und der Erste Weltkrieg. — (Frankfurt a. M.:) Athenaion Verl. (1968). XI, 747 S.
*(Athenaion-Bibliothek der Geschichte.)*

**Kielmansegg,** Peter Graf: Auf dem Wege zu einem neuen Bild des ersten Weltkrieges? — In: Neue polit. Lit. 12 (1967), 328—342.
Literaturbericht.

**King,** Jere Clemens [Ed.]: The First World War. - New York: Harper & Row 1972. XLVII, 350 S.
*(Documentary History of Western Civilizations.)*

**Koeltz,** L.[ouis]: La guerre de 1914—1918. —. Paris: Sirey.
   1. Les opérations militaires. 1966. 660 S.
*(L'Histoire du XX$^e$ siècle.)*

**Koester,** Eckart: Literatur und Weltkriegsideologie. Positionen und Begründungszusammenhänge des publizistischen Engagements deutscher Schriftsteller im Ersten Weltkrieg. - Kronberg/Ts.: Scriptor Verl. 1977. VII, 386 S.
*(Theorie, Kritik, Geschichte. 15.)*
Diss., Freie Universität Berlin.

**Maier,** Reinhold: Feldpostbriefe aus dem Ersten Weltkrieg. 1914—1918. Mit e. Einf. von Max Miller. — Stuttgart: Kohlhammer 1966. 172 S.
*(Lebendige Vergangenheit. 2.)*

**Mende,** Dietrich: Die nicht bewältigte Vergangenheit des Ersten Weltkrieges. — In: Europa-Archiv 18 (1963), 333—354.

**Missalla,** Heinrich: „Gott mit uns". Die deutsche katholische Kriegspredigt 1914—1918. — München: Kösel (1968). 142 S.

**Peterson,** Hans F.: Power and international order. An analytical study of four schools of thought and their approaches to the war, peace and a postwar system 1914—1919. — [Lund:] Gleerup (1964). 374 S.
*(Lund Political Studies. 3.)*

**Pressel,** Wilhelm: Die Kriegspredigt 1914—1918 in der evangelischen Kirche Deutschlands. — Göttingen: Vandenhoeck & Ruprecht (1967). 379 S.
*(Arbeiten zur Pastoraltheologie. 5.)*

**Renouvin,** Pierre: La première guerre mondiale. Ed. mise à jour. — Paris: Presses Universitaires de France 1967. 128 S.
*(Coll. „Que sais-je?")*

**Ritter,** Gerhard: Der Erste Weltkrieg. Studien zum deutschen Geschichtsbild. Hrsg.: Bundeszentrale f. Polit. Bildung, Bonn. — (Bonn 1964: Gruna.) 44 S.
*(Schriftenreihe d. Bundeszentrale f. Polit. Bildung. 64.)*

**Rumpel,** Hubert: Der Erste Weltkrieg. Einleitungsphase weltgeschichtlicher Problemstellung. — In: Gesch. Wiss. Unterr. 22 (1971), 77—89.

**Schieder,** Wolfgang: Der erste Weltkrieg. - In: Sowjetsystem und demokratische Gesellschaft, Freiburg: Herder 1973, 841—873.

**Valluy,** Jean-Etienne [u.] Pierre Dufourcq: La Première Guerre mondiale. Préf. de Maurice Genevoix. — Paris: Larousse 1968. 2 vol.
   1. De Sarajevo à Verdun.
   2. De Verdun à Rethondes.
*(Coll. „In-Quarto".)*

Der Erste **Weltkrieg** in Bildern und Dokumenten. Hrsg. von Hans Dollinger. Wissenschaftl. Beratung: Hans Adolf Jacobsen. — München: Desch (1965). 431 S.

Erster **Weltkrieg.** Ursachen, Entstehung und Kriegsziele. Hrsg. von Wolfgang Schieder. Köln: Kiepenheuer & Witsch (1969). 506 S.
*(Neue wissenschaftliche Bibliothek. 32.)*

**Zechlin,** Egmont: Probleme des Kriegskalküls und der Kriegsbeendigung im Ersten Weltkrieg. — In: Gesch. Wissensch. Unterr. 14 (1965), 69—83.

## Vorgeschichte und Kriegsausbruch

**Berghahn,** Volker R[olf]: Germany and the approach of war in 1914. - New York: St. Martin's Press 1973. 260 S.
(*The Making of the 20th Century.*)

**Berghahn,** Volker R[olf] [u.] Wilhelm Deist: Kaiserliche Marine und Kriegsausbruch 1914. Neue Dokumente zur Juli-Krise. - In: Militärgesch. Mitt. 1970, H. 1, 37-58.

**Binion,** Rudolph: From Mayerling to Sarajevo. - In: J. mod. Hist. 47 (1975), 280-316.

**Butterfield,** Herbert: Sir Edward Grey im Juli 1914 (Sir Edward Grey in July 1914, dt.) (Dtsch. Übers. durch Jutta von Reinbrecht.) — Seeheim a.d.B.: Buchkreis für Besinnung und Aufbau 1969. 45 S.

**Dedijer,** Vladimir: Sarajevo 1914. — Beograd: Prosveta 1966. 1066 S.
Dtsch. Ausg. u. d. T.: Die Zeitbombe. Sarajewo 1914. — Wien: Europa-Verl. 1967. 934 S.

1914 [**Dixneufcentquatorze**]. La guerre et la classe ouvrière européenne. Prép. sous la direction d'Annie Kriegel. — Paris: Edit. ouvrières 1964. 151 S.
(*Le Mouvement social. 1964, H. 49.*)

**Droz,** Jacques: Les causes de la première guerre mondiale. Essai d'historiographie. - Paris: Ed. du Seuil 1973. 191 S.
(*Coll. „Points. Sér. Histoire". 11.*)

**Fleming,** D[enna] F[rank]: The origins and legacies of World War I. — London: Allen & Unwin 1969. 352 S.

Zwei deutsche **Fürsten** zur Kriegsschuldfrage. Lichnowsky und Eulenburg und der Ausbruch des 1. Weltkrieges. Eine Dokumentation. Von C. G. Röhl. — Düsseldorf: Droste 1971. 80 S.

**Gantzel,** Klaus Jürgen, Gisela Kress [u.] Volker Rittberger: Konflikt, Eskalation, Krise. Sozialwissenschaftliche Studien zum Ausbruch des Ersten Weltkrieges. — Düsseldorf: Bertelsmann-Universitätsverl. 1972. 375 S.
(*Krieg und Frieden.*)

**Gasser,** Adolf: Die Kriegsschuld von 1914. Eine Kontroverse unter deutschen Historikern. — In: National-Zeitung Basel, Nr. 48, 30. Januar 1966.

**Geiss,** Imanuel: Julikrise und Kriegsausbruch 1914. (Eine Dokumentensammlung.) Mit e. Vorw. von Fritz Fischer. — Hannover: Verl. f. Literatur u. Zeitgeschehen.
1. (1963.) 442 S.
2. (1964.) 854 S.

**Geiss,** Imanuel: The outbreak of the First World War and German war aims. — In: J. contemp. Hist. 1 (1966), H. 3, 75—91.

**Geiss,** Imanuel: Das Deutsche Reich und die Vorgeschichte des Ersten Weltkriegs. - (München:) Hanser (1978). 248 S.
(*Reihe Hanser. 248.*)

**Gentzen,** Felix Heinrich: Rola niemieckiego związku wschodnich (Ostmarkenverein) w tworzeniu V kolumny niemieckiego imperializmu w Polsce i przygotowantiu II wojny światowej. — In: Przegl. Zach. 15 (1959), Bd 2, 56—75.

**Geyr** von Schweppenburg, Leo Frh.: Der Kriegsausbruch 1914 und der deutsche Generalstab. — In: Wehrwiss. Rdsch. 13 (1963), 150—163.

**Gordon,** Michael R.: Domestic conflict and the origins of the First World War. The British and the German cases. - In: J. mod. Hist. 46 (1974), 191-226.

**Hildebrand,** Klaus: Imperialismus, Wettrüsten und Kriegsausbruch 1914. - In: Neue polit. Lit. 20 (1975), 339-364.

**Hillgruber,** Andreas: Riezlers Theorie des kalkulierten Risikos und Bethmann Hollwegs politische Konzeption in der Julikrise 1914. — In: Hist. Z. 202 (1966), 333—351.

**Hölzle,** Erwin: Der Geheimnisverrat und der Kriegsausbruch 1914. - Göttingen: Musterschmidt (1973). 39 S.
(*Studien zum Geschichtsbild. 23.*)

**Kantorowicz,** Hermann: Gutachten zur Kriegsschuldfrage 1914. Aus d. Nachlaß hrsg. u. eingel. von Imanuel Geiss. Mit e. Geleitw. von Gustav Heinemann. — (Frankfurt a.M.:) Europ. Verl. Anst. (1967). 447 S.

**Kiszling,** Rudolf: Rumäniens und Bulgariens Politik bei Ausbruch des Ersten Weltkrieges. — In: Österr. Gesch. Lit. 11 (1967), 9—19.

**Klein,** Fritz: Zur deutsch-französischen Auseinandersetzung zwischen 1919 und 1939 über die Ursprünge des Ersten Weltkrieges. - In: Rev. Allemagne 6 (1974), H. 2, 49-57.

**Koch,** H. W. [Ed.]: The origins of the First World War. Great power rivalry and German war aims. - New York: Taplinger (1972). VIII, 374 S.

**Kuczynski,** Jürgen: Der Ausbruch des Ersten Weltkrieges und die deutsche Sozialdemokratie. Chronik und Analyse. — Berlin: Akademie-V. 1957. XI, 252 S.
(*Schriften des Instituts für Geschichte. R. 1, Bd 4.*)

**Löding,** Dörte: Die deutsche und österreichisch-ungarische Balkanpolitik am Vorabend des 1. Weltkrieges und der Zweibund. — In: Gedenkschrift Martin Göhring, Studien zur europäischen Geschichte, Wiesbaden: Steiner 1968, 254—265.

**Ludwig,** Emil [d. i. Emil Ludwig Cohn]: Juli 14. Vorabend zweier Weltkriege. (Mit e. Nachw. von Fritz Fischer.) — Hamburg: Rütten & Loening (1961). 217 S.

**Mommsen,** Wolfgang J[ustin]: Zur Kriegsschuldfrage 1914. — In: Hist. Z. 212 (1971), 608—614.

**Monticone,** Alberto: Die öffentliche Meinung Italiens gegenüber Deutschland am Vorabend des 1. Weltkrieges. — In: Gedenkschrift Martin Göhring, Studien zur europäischen Geschichte, Wiesbaden: Steiner 1968, 266—285.

**Kriegsausbruch** 1914 (1914 [**Nineteen hundred and fourteen,** dt.]) (Aus d. Engl. übers. von Hermann Graml.) — (München:) Nymphenburger Verlagshandl. (1967). 309 S.

**Nomikos,** Eugenia C. [u.] Robert C. North: International crisis. The outbreak of World War I. – Montreal: McGill-Queens University Press 1976. XVI, 339 S.

Les **origines** de la Première guerre mondiale. Présentation de Raymond Poivedin. – Paris: Presses universitaires de France 1975. 118 S.
 *(Coll. „Documents. Sér. II. Histoire".)*

**Peterson,** H. Bertil A.: Das österreichisch-ungarische Memorandum an Deutschland vom 5. Juli 1914. — In: Scandia 30 (1964), 138—190.

**Pikart,** Eberhard: Der Deutsche Reichstag und der Ausbruch des Ersten Weltkrieges. — In: Staat 5 (1966), 47—70.

**Pogge-von Strandmann,** Hartmut [u.] Imanuel Geiss: Die Erforderlichkeit des Unmöglichen. Deutschland am Vorabend des ersten Weltkrieges. — (Frankfurt a. M.:) Europ. Verl. Anst. (1965). 81 S.
 *(Hamburger Studien zur neueren Geschichte. 2.)*

**Remak,** Joachim: The origins of the World War I. — New York: Holt, Rinehart & Winston 1967. 162 S.
 *(Berkshire Studies in European History.)*

**Ritter,** Gerhard: Bethmann-Hollweg im Schlaglicht des deutschen Geschichts-Revisionismus. — In: Schweizer Monatsh. 42 (1962/63), 799—808.

**Ritter,** Gerhard: Eine neue Kriegsschuldthese? Zu Fritz Fischers Buch „Griff nach der Weltmacht". — In: Hist. Z. 194 (1962), 646—668.

**Salis,** J[ean] R[odolphe] von: Die Ursachen des Ersten Weltkrieges. — Stuttgart: Seewald (1964). 116 S.

**Schützle,** Kurt: Der „Kriegsrat" am 19. Juni 1914. — In: Z. Militärgesch. 5 (1966), 584—594.

**Steiner,** Zara S.: Britain and the origins of the First World War. – (London: Macmillan 1977). 305 S.
 *(The making of the 20th century.)*

**Stern,** Fritz: Bethmann Hollweg und der Krieg. Die Grenzen der Verantwortung. (Übers. von Gerhart Raichle.) — Tübingen: Mohr 1968. 47 S.
 *(Recht und Staat in Geschichte und Gegenwart. 351/352.)*

**Trumpener,** Ulrich: War premeditated? German intelligence operations in July 1914. – In: Centr. Europ. Hist. 9 (1976), 58—85.

**Turner,** L[eonard] C[harles] F[rederick]: Origins of the first world war. — London: E. Arnold 1970. VI, 120 S.
 *(Foundations of Modern History.)*

**Würthle,** Friedrich: Die Spur führt nach Belgrad. Die Hintergründe des Dramas von Sarajewo 1914. – München: Molden 1975. 352 S.

**Young,** Harry F.: Prince Lichnowsky and the Great War. – Athens, Georgia: University of Georgia Press 1977. 281 S.

**Zechlin,** Egmont: Bethmann Hollweg, Kriegsrisiko und SPD 1914. — In: Monat 18 (1966), H. 208, 17—32.

Militärische und wirtschaftliche Geschichte

**Armeson,** Robert B.: Total warfare and compulsory labor. A study of the military-industrial complex in Germany during World War I. — The Hague: Nijhoff 1964. X, 155 S.

**Baumgart,** Winfried: Das „Kaspi-Unternehmen", Größenwahn Ludendorffs oder Routineplanung des deutschen Generalstabs? — In: Jbb. Gesch. Osteuropas 18 (1970), 47—126 und 231—278.

**Baumgart,** Winfried: Unternehmen „Schlußstein". Zur militärisch-politischen Geschichte des Ersten Weltkrieges. — In: Wehrwiss. Rdsch. 19 (1969), 112—116; 172—176; 217—231; 285—291; 331—355; 411—414 und 457—477.

**Bennett,** Geoffrey: Naval battles of the First World War. — New York: Scribner 1969. 319 S.

**Bensen,** Walter: Hindenburg's soldier. — New York: Vantage Press (1965). 177 S.

**Bernhard,** Hans-Joachim: Der Aufstand in der deutschen Hochseeflotte im Sommer 1917. — o. O. [1958]. IX, 257 Bl.
 *Leipzig, phil. Diss. 6. August 1958.*

**Bloch,** Marc: La bataille de la Marne. — In: Annales 22 (1967), 469—478.

**Bonwetsch,** Bernd: Kriegsallianz und Wirtschaftsinteressen. Rußland in den Wirtschaftsplänen Englands und Frankreichs, 1914-1917. – (Düsseldorf:) Bertelsmann Universitätsverl. (1973). 256 S.
 *(Studien zur modernen Geschichte. 10.)*
 *Diss., Universität Hamburg.*

**Burchardt,** Lothar: Walther Rathenau und die Anfänge der deutschen Rohstoffbewirtschaftung im Ersten Weltkrieg. — In: Tradition 15 (1970), 169—196.

**Chack,** Paul [u.] Jean-Jacques Antier: Histoire maritime de la Première guerre mondiale. — Paris: France-Empire.
 1. Nord. 1914—1915. 1969. 600 S.
 2. Méditerranée. 1914—1915. 1970. 492 S.
 3. Ensemble des théâtres d'opérations. 1916—1918. 1971. 596 S.

**Chambard,** Claude: Mourir pour Verdun. — Paris: France-Empire 1966. 344 S.

**Clinton,** Alan: Trade councils during the First World War. — In: Internat. Rev. soc. Hist. 15 (1970), 202—234.

**Contamine,** Henry: La victoire de la Marne, 9 septembre 1914. — Paris: Gallimard 1970. 464 S.
 *(Coll. „Trente Journées qui ont fait la France".)*

**Coombs,** Rose E. B.: Before endeavours fade. A guide to the battlefields of the First World War. – (London 1976: Plaistow Press). 136 S.

**Costello,** John [u.] Terry Hughes: Skagerrak 1916 (Jutland 1916, dt.) Deutschlands größte Seeschlacht. (Aus d. Engl. übertr. von Erwin Sieche.) - München: Molden 1978. 240 S.

**Cupsa,** Ion: Armata română în campaniile din anii 1916, 1917. — București: Edit. Militară 1967. 342 S.

**Delatour,** Yvonne: Le travail des femmes pendant la Première guerre mondiale et ses conséquences sur l'évolution de leur rôle dans la société. - In: Francia 2 (1974), 483–501.

**Elsner,** Lothar: Sicherung der Ausbeutung ausländischer Arbeitskräfte. Ein Kriegsziel des deutschen Imperialismus im Ersten Weltkrieg. - In: Z. Geschichtswiss. 24 (1976), 530–546.

**Farrar,** Marjorie Milbank: Conflict and compromise. The strategy, politics and diplomacy of the French blockade, 1914–1918. - The Hague: Nijhoff 1974. 216 S.

**Feldman,** Gerald D.: Army, industry and labor in Germany 1914—1918. — Princeton: Princeton University Press 1966. XVI, 572 S.

**Feldman,** Gerald D.: Les fondements politiques et sociaux de la mobilisation économique en Allemagne ⟨1914 bis 1916⟩. — In: Annales 24 (1969), 102—127.

**Forstmann,** W.: Die Frankfurter Handelskammer im Ersten Weltkrieg. - In: Arch. f. Frankfurts Gesch. u. Kunst 55 (1976), 177–201.

**Fredette,** Raymond H.: The first battle of Britain 1917—1918 and the birth of the Royal Air Force. — London: Cassel 1966. 289 S.

**Gemzell,** Carl-Axel: En tysk operationsstudie mot Sverige från första världskriget. - In: Hist. Tidskr. [Stockholm] 1975, 178–199.

**Gersdorff,** Ursula von: Frauenarbeit und Frauenemanzipation im Ersten Weltkrieg. - In: Francia 2 (1974), 503–523.

**Gies,** Joseph: Crisis 1918. The leading actors, strategies and the events in the German gamble for total victory on the Western front. - New York: Norton 1974. 288 S.

**Gilbert,** Charles: American financing of World War I. — Westport, Conn.: Greenwood Publ. (1970). XIX, 259 S. *(Greenwood Contributions in Economics and Economic History. 1.)*

**Gozdawa-Gołębiowski,** Jerzy [u.] Tadeusz P. Wywerka: Pierwsza wojna światowa na morzu. - Gdańsk: Wyd. Morskie 1973. 777 S.

**Greger,** René: Die russische Flotte im Ersten Weltkrieg, 1914—1917. — München: Lehmann (1970). 176 S.

**Hardach,** Gerd: Der Erste Weltkrieg, 1914–1918. - (München:) Dtsch. Taschenbuch-Verl. (1973). 323 S. *(Geschichte der Weltwirtschaft im 20. Jahrhundert. 2.)* *(dtv-Taschenbücher. 4122.)*

**Janssen,** Karl Heinz: Der Wechsel in der Obersten Heeresleitung 1916. — In: Vjh. Zeitgesch. 7 (1959), 337—371.

**Jullian,** Marcel: La grande bataille dans les airs 1914/1918. — Paris: Presses de la Cité 1967. 320 S. *(Coll. „Coup d'oeil".)*

**Kessel,** Eberhard: Ludendorffs Waffenstillstandsforderungen vom 29. September 1918. — In: Militärgesch. Mitt. 1968, H. 2, 65—86.

**Köhler,** Karl: Konventionelle Luftkriegführung 1914. — In: Marine-Rdsch. 65 (1968), 440—443.

Der **Krieg** zur See. 1914—1918. Hrsg. in Verb. mit d. Bundesarchiv/Militärarchiv vom Arbeitskreis f. Wehrforschung. — Frankfurt a.M.: Mittler.
Der Krieg in der Ostsee. Bearb. unter Mitw. anderer von Ernst Frhr von Gagern.
Bd 3. Von Anfang 1916 bis zum Kriegsende. 1964. XV, 462 S. Der Krieg in der Nordsee. Bearb. von Walter Gladisch. Bd 7. Vom Sommer 1917 bis zum Kriegsende 1918. 1965. XIV, 368 S.

**Krizman,** Bogdan: Der militärische Zusammenbruch auf dem Balkan im Herbst 1918. — In: Österr. Osth. 10 (1968), 268—293.

**Laffargue,** André: Foch et la bataille de 1918. — Paris: Arthaud 1967. 416 S. *(Coll. „Témoignages".)*

**Lange,** Karl: Marneschlacht und deutsche Öffentlichkeit, 1914–1939. Eine verdrängte Niederlage und ihre Folgen. - (Düsseldorf:) Bertelsmann Universitätsverl. (1974). 221 S. *(Studien zur modernen Geschichte. 17.)*

**Lichem,** Heinz von: Der einsame Krieg. Erste Gesamtdokumentation des Gebirgskrieges 1915/18 von den Julischen Alpen bis zum Stilfser Joch. - München: Hornung-Verl. (1974). 256 S.

**Meier-Welcker,** Hans: Die deutsche Führung an der Westfront im Frühsommer 1918. Zum Problem der militärischen Lagebeurteilung. — In: Welt als Gesch. 21 (1961), 164—184.

**Müller,** Alfred: Die Kriegsrohstoffbewirtschaftung 1914—1918 im Dienste des deutschen Monopolkapitals. — Berlin: Akademie-V. 1955. VIII, 138 S.

**Ott,** Hugo: Kriegswirtschaft und Wirtschaftskrieg 1914–1918, verdeutlicht an Beispielen aus dem badisch-elsässischen Raum. - In: Geschichte, Wirtschaft, Gesellschaft. Festschrift für Clemens Bauer zum 75. Geburtstag, Berlin: Duncker & Humblot 1974, 333–358.

**Otto,** Helmut: Strategisch-operative Planungen des deutschen Heeres für die Frühjahrsoffensive 1918 an der Westfront. [Dokumente.] – In: Militärgesch. 17 (1978), 463–480.

**Pajewski,** Janusz: Raport niemieckiego wywiadu wojskowego o nastrojach wśród ludności w Poznańskiem po akcie 5 listopada 1916 r. — In: Przegl. Zach. 15 (1959), Bd. 3, 400—409.

**Paul,** Wolfgang: Entscheidung im September. Das Wunder an der Marne 1914. - Esslingen: Bechtle 1974. 416 S.

**Pedroncini,** Guy: Les mutineries de 1917. — Paris: Presses Universitaires de France 1967. 332 S.

**Petri,** Franz und Peter Schöller: Zur Bereinigung des Franktireurproblems vom August 1914. — In: Vhj. Zeitgesch. 9 (1961), 234—248.

**Petzold,** Joachim: Zu den Kriegszielen der deutschen Monopolkapitalisten im ersten Weltkrieg. (Dokumentation.) — In: Z. Geschichtswiss. 8 (1960), 1396—1415.

**Roesler,** Konrad: Die Finanzpolitik des Deutschen Reiches im Ersten Weltkrieg. — Berlin: Duncker & Humblot (1967). 237 S.
*(Untersuchungen über das Spar-, Giro- und Kreditwesen. 37.)*

**Salewski,** Michael: Verdun und die Folgen. Eine militär- und geistesgeschichtliche Betrachtung. - In: Wehrwiss. Rdsch. 25 (1976), 89–96.

**Schöller,** Peter: Der Fall Löwen und das Weißbuch. Eine kritische Untersuchung der deutschen Dokumentation über die Vorgänge in Löwen vom 25. bis 28. August 1914. — Köln, Graz: Böhlau 1958. 71 S.

**Silvestri,** Mario: Isonzo 1917. — Milano: Mondadori 1971. 612 S.

**Simpson,** Colin: The Lusitania. - Boston: Little, Brown 1973. XII. 303 S.

**Siney,** Marion C.: The allied blockade of Germany 1914—1916. — Ann Arbor: University of Michigan Press 1957. X, 339 S.

**Spindler,** Arno: Wie es zu dem Entschluß zum uneingeschränkten U-Boots-Krieg 1917 gekommen ist. — Göttingen: Musterschmidt 1961. 44 S.
*(Studien zum Geschichtsbild. 2.)*

**Stegemann,** Bernd: Die deutsche Marinepolitik. 1916—1918. — Berlin: Duncker & Humblot (1970). 179 S.
*(Historische Forschungen. 4.)*
*Diss., Freie Universität Berlin.*

**Stegemann,** Bernd: Zur Problematik des uneingeschränkten U-Boot-Krieges 1917. — In: Marine-Rdsch. 65 (1968), 157—166.

**Trumpener,** Ulrich: The road to Ypres. The beginning of gas warfare in World War I. - In: J. mod. Hist. 47 (1975), 460–480.

**Wagner,** Anton: Die 12. Isonzoschlacht. Vom Isonzo zum Piave. — In: Donauraum 12 (1967), 193—204.

**Weber,** Hellmuth: Ludendorff und die Monopole. Deutsche Kriegspolitik 1916—1918. — Berlin: Akademie-Verl. 1966. 174 S.
*(Deutsche Akademie der Wissenschaften zu Berlin. Schriften des Instituts für Geschichte. R. 1.: Allgemeine und Deutsche Geschichte. 28.)*

**Weemaes,** Marcel: De l'Yser à Bruxelles. Offensive libératrice de l'armée belge. Le 28 sept. 1918. — Bruxelles: François 1969. 411 S.

Politische Geschichte

**Ahlswede,** Dieter: Deutsch-britische Friedensgespräche im Haag 1918? — In: Welt als Gesch. 20 (1960), 187—197.

**L'Allemagne** et les problèmes de la paix pendant la première guerre mondiale. Documents extraits des archives de l'Office allemand des Affaires étrangères. Réunis par André Scherer et Jacques Grunewald. - Paris: Presses universitaires de France; [ab 3] Sorbonne.
  2. 1er fevrier 1917–7 novembre 1917. 1966. XLVI, 578 S.
  3. De la révolution soviétique à la paix de Brest-Litovsk. 9 novembre 1917–3mars 1918. 1976. XLII, 457 S.
*([2.] Publications de la Faculté des lettres et sciences humaines de Paris. Série „Textes et documents". 14.*
*[3.] Publications de la Sorbonne. Série „Documents". 26.)*

**Bariéty,** Jacques: L'Allemagne et les problèmes de la paix pendant la première guerre mondiale. A propos d'une publication récente. — In: Rev. hist. 233 (1965), 369—392.

**Barthel,** Konrad: Beobachtungen am Rande der Kriegszieldiskussion. — In: Gesch. Wissensch. Unterr. 16 (1965), 83—88.

**Basler,** Werner: Deutschlands Annexionspolitik in Polen und im Baltikum 1914—1918. — Berlin: Rütten & Loening 1962. 457 S.

**Baumgart,** Winfried: Brest-Litovsk und Versailles. Ein Vergleich zweier Friedensschlüsse. — In: Hist. Z. 210 (1970), 583—619.

**Baumgart,** Winfried: General Groener und die deutsche Besatzungspolitik in der Ukraine 1918. — In: Gesch. Wiss. Unterr. 21 (1970), 325—340.

**Baumgart,** Winfried: Ludendorff und das Auswärtige Amt zur Besetzung der Krim 1918. — In: Jbb. Gesch. Osteuropas 14 (1966), 529—538.

**Baumgart,** Winfried: Die Mission des Grafen Mirbach in Moskau April—Juni 1918. — In: Vjh. Zeitgesch. 16 (1968), 66—96.

**Baumgart,** Winfried: Deutsche Ostpolitik 1918. Von Brest-Litowsk bis zum Ende des Ersten Weltkrieges. — München: Oldenbourg 1966. 462 S.

**Baumgart,** Winfried [Hrsg.]: Von Brest-Litovsk zur deutschen Novemberrevolution. Aus den Tagebüchern, Briefen und Aufzeichnungen von Alfons Paquet, Wilhelm Groener und Albert Hopman, März bis November 1918. Mit e. Vorw. von Hans Herzfeld. - Göttingen: Vandenhoeck & Ruprecht (1971). 750 S.
*(Deutsche Geschichtsquellen des 19. und 20. Jahrhunderts. 47.)*

**Becker,** Josef J.: Deutscher Sozialismus und das Problem des Krieges 1914—1918. Ein Beitrag zur Geschichte des politischen Denkens in Deutschland. — o. O. 1957. V, 274 Bl.
*Heidelberg, phil. Diss. 25. November 1957.*

**Bihl,** Wolfdieter: Die Kaukasus-Politik der Mittelmächte. – Köln: Böhlau.
1. Ihre Basis in der Orient-Politik und ihre Aktionen 1914–1917. 1975. 402 S.
*(Veröffentlichungen der Kommission für Neuere Geschichte Österreichs. 61.)*

**Birnbaum,** Karl E.: Peace moves and U-boat warfare. Study of imperial Germany's police towards the USA. (April 18, 1916 to January 9, 1917.) – Stockholm: Almqvist & Wiksell 1958. 388 S.

**Blumenberg,** Werner: Zur Geschichte des Bundes der Kommunisten. Die Aussagen des Peter Gerhardt Röser. – In: Internat. Rev. soc. Hist. 9 (1964), 81–122.

**Bonnin,** Georges: Les bolchéviques et l'argent allemand pendant la première guerre mondiale. – In: Rev. hist. 233 (1965), 101–126.

**Bonwetsch,** Bernd: Rußland und der Separatfrieden im Ersten Weltkrieg. Zum Stand einer Kontroverse. – In: Gesch. u. Gesellsch. 3 (1977), 125–149.

**Bornemann,** Elke: Der Frieden von Bukarest 1918. – Frankfurt a. M.: Lang 1978. V, 248 S.
*(Europäische Hochschulschriften. 3,64.)*
*Diss., Universität Bonn.*

**Borowsky,** Peter: Deutsche Ukrainepolitik 1918 unter besonderer Berücksichtigung der Wirtschaftsfragen. – Lübeck: Matthiesen 1970. 316 S.
*(Historische Studien. 416.)*
*Diss., Universität Hamburg.*

**Brjunin,** W. G.: Die deutsche Regierung und der Friedensvorschlag der Sowjetregierung (November-Dezember 1917). – In: Z. Geschichtswiss. 5 (1957), 962–986.

**Coffman,** Edward M.: The war to end all wars. – New York: Oxford University Press 1968. 412 S.
Über die USA im 1. Weltkrieg.

**Cohen,** Warren I.: The American revisionists. The lessons of intervention in World War I. – Chicago: University of Chicago Press 1967. 252 S.

**Conze,** Werner: Polnische Nation und deutsche Politik im ersten Weltkrieg. – Köln, Graz: Böhlau 1958. XXII, 415 S.
*(Ostmitteleuropa in Vergangenheit und Gegenwart. 4.)*

**Czernin,** Ferdinand [**Czernin** von und zu Chudenitz, Ferdinand Graf]: Die Friedensstifter (Versailles 1919, dt.) Männer und Mächte um den Versailler Vertrag. (Einzige berecht. Übers. aus d. Amerikan. von Ulf Pacher.) – München: Scherz (1968). 390 S.

**Dehio,** Ludwig: Deutschlands Griff nach der Weltmacht? Zu Fritz Fischers Buch über den Ersten Weltkrieg. – In: Monat 14 (1962), H. 161, 65–69.

**DeWeerd,** Harvey A.: President Wilson fights his war. – New York: Macmillan 1968. 457 S.

**Doepgen,** Heinz: Die Abtretung des Gebietes von Eupen-Malmedy an Belgien im Jahre 1920. – Bonn: Röhrscheid 1966. 262 S.
*(Rheinisches Archiv. 60.)*

**Dokumente** und Materialien zur Geschichte der Deutschen Arbeiterbewegung. Hrsg. vom Institut für Marxismus-Leninismus beim Zentralkomitee der Sozialistischen Einheitspartei Deutschlands. — Berlin: Dietz.
Reihe 2. 1914—1945.
1. Juli 1914—Oktober 1917. (2., durchges. Aufl.) 1958. 40,759 S.
2. November 1917—Dezember 1918. 1957. 56, 770 S.
3. Januar—Mai 1919. 1958. 31, 499 S.

**Eggert,** Z. K.: Bor'ba klassov i partij v Germanii v gody pervoy mirovoj vojny (avgust 1914—oktjabr' 1917). – Moskva: Izd. Akademii Nauk SSSR 1957. 733 S.

**Epstein,** Fritz T[heodor]: Neue Literatur zur Geschichte der Ostpolitik im Ersten Weltkrieg. – In: Jbb. Gesch. Osteuropas 14 (1966), 63—94.

**Epstein,** Fritz Th[eodor]: Die deutsche Ostpolitik im Ersten Weltkrieg. – In: Jbb. Gesch. Osteuropas 10 (1962), 381–394.

**Epstein,** Fritz T.: Neue Literatur zur Geschichte der Ostpolitik im Ersten Weltkrieg. – In: Jbb. Gesch. Osteuropas 19 (1971), 110—118; 265—286; 401—418; 557—564 und 20 (1972), 247—274.

**Epstein,** Fritz T[heodor]: Die Periode von Brest-Litovsk. Ein Literaturbericht. – In: Jbb. Gesch. Osteuropas 21 (1973), 61-75.

**Epstein,** Klaus: Der Interfraktionelle Ausschuß und das Problem der Parlamentarisierung 1917—1918. – In: Hist. Z. 191 (1960), 562—584.

**Epstein,** Klaus: The development of German-Austrian war aims in the spring of 1917. – In: J. Centr. Europ. Aff. 17 (1957/58), 24—47.

**Erdmann,** Karl Dietrich: Discussion sur les buts de guerre de Bethmann Hollweg pendant la première guerre mondiale. – In: Bull. Soc. Prof. Hist. Géogr. 55 (1965/66), 799—807.

**Farrar,** L. L.: The short-war illusion. German policy, strategy and domestic affairs, August-December 1914. – Santa Barbara: ABC-Clio Press 1973. XVI, 207 S.

**Fedyshyn,** Oleh S.: Germany's drive to the east and the Ukrainian revolution, 1917-1918. – New Brunswick, N. J.: Rutgers University Press (1971). XII, 401 S.

**Fest,** W. B.: British war aims and German peace feelers during the First World War December 1916 – November 1918. – In: Hist. J. 15 (1972), 285-308.

**Fischer,** Fritz: L'Allemagne et ses buts de guerre 1914—1918. – In: Bull. Soc. Prof. Hist. Géogr. 55 (1965/66), 784—798.

**Fischer,** Fritz: Griff nach der Weltmacht. Die Kriegszielpolitik des kaiserlichen Deutschland 1914/18. – Düsseldorf: Droste (1961). 896 S.

**Fischer,** Fritz: Kontinuität des Irrtums. Zum Problem der deutschen Kriegszielpolitik im Ersten Weltkrieg. – In: Hist. Z. 191 (1960), 83—100.

**Fischer,** Fritz: Deutsche Kriegsziele. Revolutionierung und Separatfrieden im Osten 1914—1918. — In: Hist. Z. 188 (1959), 249—310.

**Fischer,** Kurt: Deutsche Truppen und Entente-Intervention in Südrußland 1918/19. - Boppard: Boldt (1973). 160 S.
*(Wehrwissenschaftliche Forschungen. Militärgeschichtliche Studien. 16.)*

Der **Friede** von Brest-Litowsk. Ein unveröffentlichter Band aus dem Werk des Untersuchungsausschusses der Deutschen Verfassungsgebenden Nationalversammlung und des Deutschen Reichstages. Bearb. von Werner Hahlweg. - Düsseldorf: Droste (1971). LXXXIV, 738 S.
*(Quellen zur Geschichte des Parlamentarismus und der politischen Parteien. I, 8.)*

**Fussek,** Alexander: Österreich-Ungarn und die polnische Frage zu Beginn des Ersten Weltkrieges. — In: Österr. Gesch. Lit. 11 (1967), 5—9.

**Geiss,** Imanuel: Der polnische Grenzstreifen. Wilhelminische Expansionspolitik im Lichte heutiger Geschichtsforschung. — In: Monat 15 (1962/63), H. 171, 58—62.

**Geiss,** Immanuel: Der polnische Grenzstreifen 1914—1918. Ein Beitrag zur deutschen Kriegszielpolitik im Ersten Weltkrieg. — Lübeck, Hamburg: Matthiesen 1960. 188 S.
*(Historische Studien. 378.)*

**Geiss,** Imanuel: Weltherrschaft durch Hegemonie. Die deutsche Politik im I. Weltkrieg nach den Riezler-Tagebüchern. - In: Aus Politik und Zeitgeschichte, Beilage zur Wochenzeitung „Das Parlament" Nr. 50 vom 9. Dez. 1972, 3–23.

**Gelos** de Vaz Ferreira, Lilian: Die Neutralitätspolitik Spaniens während des Ersten Weltkrieges unter Berücksichtigung der deutsch-spanischen Beziehungen. — Hamburg: Institut für Auswärtige Politik 1966. XIII, 231 S.
*(Schriftenreihe des Instituts für Auswärtige Politik. 2.)*

**Goldberg,** George: The peace to end the peace. The Paris Peace Conference of 1919. — New York: Harcourt, Brace and World 1969. VIII, 221 S.

**Gonda,** I.: The Austro-Hungarian monarchy and the unrestricted submarine warfare. - In: Acta hist. 21 (1975), 53–97.

**Graf,** Daniel W.: Military rule behind the Russian front, 1914-1917. The political ramifications. - In: Jbb. Gesch. Osteuropas 22 (1974), 390–411.

**Grass,** Martin: Friedensaktivität und Neutralität. Die skandinavische Sozialdemokratie und die neutrale Zusammenarbeit im Krieg, August 1914 bis Februar 1918. - Bonn-Bad Godesberg: Verl. Neue Gesellsch. 1975. 272 S.
*(Schriftenreihe des Forschungsinstituts der Friedrich-Ebert-Stiftung. 117.)*

**Gregory,** Rose: The origins of American intervention in the First World War. — New York: Norton (1971). XI, 162 S.
*(The Norton Essays in American History.)*

**Grohmann,** Justus-Andreas: Die deutsch-schwedische Auseinandersetzung um die Fahrstraßen des Öresunds im Ersten Weltkrieg. - Boppard: Boldt (1974). IX, 273 S.
*(Wehrwissenschaftliche Forschungen. Abt. Militärgeschichtliche Studien. 19.)*

**Günther,** Heinz: Keine Polenvertreibung im ersten Weltkrieg. — In: Außenpolitik 12 (1961), 600—611.

**Gunzenhäuser,** Max: Die Pariser Friedenskonferenz 1919 und die Friedensverträge 1919—1920. Literaturbericht und Bibliographie. — Frankfurt a.M.: Bernard & Graefe 1970. VII, 287 S.
*(Schriften der Bibliothek für Zeitgeschichte. 9.)*

**Gutsche,** Willibald: Der Einfluß des Monopolkapitals auf die Entstehung der außenpolitischen Konzeption der Regierung Bethmann Hollweg zu Beginn des Ersten Weltkrieges. - In: Jb. Gesch. 5 (1971), 119–173.

**Gutsche,** Willibald: Zum Funktionsmechanismus zwischen Staat und Monopolkapital in Deutschland in den ersten Monaten des Ersten Weltkrieges (1914–1915). - In: Jb. Wirtschaftsgesch. 1973, T. 1, 63–98.

**Hegemann,** Margot: Der deutsch-rumänische Friedensvertrag im Mai 1918 — ein Vorstoß der imperialistischen Reaktion gegen die junge Sowjetmacht. — In: Z. Geschichtswiss. 5 (1957), 987—1010.

**Helmreich,** Paul C.: From Paris to Sèvres. The partition of the Ottoman empire at the peace conference of 1919-1920. - Columbus, Ohio: Ohio State University Press 1974. XIII, 376 S.

**Herwig,** Holger H.: Admirals versus generals. The war aims of the imperial German Navy, 1914-1918. In: Centr. Europ. Hist. 5 (1972), 208–233.

**Herzfeld,** Hans: Die deutsche Kriegszielpolitik im Ersten Weltkrieg. — In: Vjh. Zeitgesch. 11 (1963), 224—245.

**Herzfeld,** Hans: Zur deutschen Politik im Ersten Weltkrieg. Kontinuität oder permanente Krise? — In: Hist. Z. 191 (1960), 67—82.

**Holzer,** Jerzy [u.] Jan Molenda: Polska w pierwszej wojnie światowej. Wyd. 2., przejrzane i uzupeł. — Warszawa: Wiedza Powszechna (1967). 428 S.
*(Biblioteka wiedzy historycznej. Historia Polski.)*

**Jäschke,** G[otthard]: Urkunden. I. Die deutsch-türkischen Verträge vom 27. November 1917. II. Die deutsch-georgischen Abkommen vom 28. Mai 1918. — In: Die Welt des Islams, N. S. 12 (1969), 90—96.

**Janßen,** Karl-Heinz: Macht und Verblendung. Kriegszielpolitik d. dt. Bundesstaaten 1914/18. — Göttingen, Berlin, Frankfurt, Zürich: Musterschmidt (1963). 342 S.

**Jarausch,** Konrad H.: Die Alldeutschen und die Regierung Bethmann Hollweg. Eine Denkschrift Kurt Riezlers vom Herbst 1916. [Dokumentation.] - In: Vjh. Zeitgesch. 21 (1973), 435–468.

**Ideologie** und Machtpolitik 1919. Plan und Werk der Pariser Friedenskonferenz 1919. Für die Ranke-Gesellschaft Vereinigung für Geschichte im öffentlichen Leben hrsg. von Hellmuth Rößler. — Göttingen: Musterschmidt (1966). 273 S.

**Kann,** Robert A.: Die Sixtusaffäre und die geheimen Friedensverhandlungen Österreich-Ungarns im Ersten Weltkrieg. — München: Oldenbourg 1966. 94 S.
*(Österreich Archiv.)*

**Kiewisz,** Leon: Sprawy łotewskie w bałtyckiej polityce niemiec w latach 1914–1919. - Poznań: Inst. Zachodni 1970. 254 S.
*(Prace Instytutu Zachodniego. 41.)*

**Kitchen,** Martin: The silent dictatorship. The politics of the German high command under Hindenburg and Ludendorff, 1916-1918. - New York: Holmes & Meier 1976. 301 S.

**Knebel,** Jerzy: SPD wobec sprawy polskiej (1914—1918). — Warszawa: Książka i Wiedza 1967. 529 S.

**Koehl,** Robert Lewis: A prelude to Hitler's Greater Germany. — In: Amer. hist. Rev. 59 (1953/54), 43—65.
Über die deutschen Kriegsziele und Besatzungspolitik in den eroberten russischen Gebieten 1914—18.

**Kogon,** Arthur G.: Genesis of the Anschluß problem. Germany and the Germans of the Hapsburg monarchy in the autumn of 1918. — In: J. Centr. Europ. Aff. 20 (1960/61), 24—50.

**Korzec,** Pavel: Les relations entre le Vatican et les organisations juives pendant la première guerre mondiale. La mission Deloncle-Perquel 1915-1916. - In: Rev. Hist. mod. & contemp. 20 (1973), 301–333.

**Koszyk,** Kurt: Deutsche Pressepolitik im Ersten Weltkrieg. — Düsseldorf: Droste (1968). 288 S.
*Habil.-Schrift, Freie Universität Berlin.*

**Kraft,** Barbara S.: The peace ship. Henry Ford's pacifist adventure in the first world war. - New York: Macmillan 1978. 367 S.

Deutsche **Kriegsziele** 1914–1918. Eine Diskussion. Hrsg. von Ernst Wilhelm Graf Lynar. — (Frankfurt a. M.: Ullstein 1964.) 197 S.
*(Ullstein Bücher. 616.)*

**Kromer,** Claudia: Die Vereinigten Staaten von Amerika und die Frage Kärnten 1918 bis 1920. — Klagenfurt: Geschichtsverein f. Kärnten; Bonn: Habelt in Komm. 1970. 268 S.
*(Aus Forschung und Kunst. 7.)*

**Krüger,** Peter: Die Reparationen und das Scheitern einer deutschen Verständigungspolitik auf der Pariser Friedenskonferenz im Jahre 1919. - In: Hist. Z. 1975, Bd 221, 326–372.

**Krüger,** Wolfgang: Der Entschluß zum uneingeschränkten U-Bootkrieg im Jahre 1917 und seine völkerrechtliche Rechtfertigung. — Berlin, Frankfurt a. M.: Mittler 1959. 71 S.
*(Marine-Rundschau. Beih. 5.)*

**Kuropka,** Joachim: Image und Intervention. Innere Lage Deutschlands und britische Beeinflussungsstrategien in der Entscheidungsphase des 1. Weltkrieges. - Berlin: Duncker & Humblot 1978. 304 S.
*(Historische Forschungen. 14.)*
*Diss., Universität Münster.*

**Kurz,** Hans Rudolf: Dokumente der Grenzbesetzung 1914—1918. — Stuttgart: Huber (1970). 338 S.
Über die Schweiz im 1. Weltkrieg.

**Lademacher,** Horst: Der Friede von Brest-Litowsk 1918. Ein Beitrag zur Geschichte d. deutsch-russischen Beziehungen. — In: Blätter f. dt. u. internat. Politik 6 (1961), 856—868.

**Lebow,** Richard Ned: The Morgenthau peace mission of 1917. — In: Jew. soc. Stud. 32 (1970), 267—285.

**Lesouef,** Pierre: L'entrée en guerre des Etats-Unis et la mission du Maréchal Joffre ⟨avril—mai 1917⟩. — In: Rev. Déf. nat. 23 (1967), 663—676.

**Lewerenz,** Lilli: Die deutsche Politik im Baltikum 1914—1918. — Hamburg 1958. 259, XIV Bl.
*Hamburg, phil. Diss., 15. Januar 1959.*

**Linde,** Gerd: Um die Angliederung Kurlands und Litauens. Die deutschen Konzeptionen f. d. Zukunft d. ehemals russischen Randgebiete vom Sommer 1918. — In: Jbb. Gesch. Osteuropas 10 (1962), 563—580.

**Linde,** Gerd: Die deutsche Politik in Litauen im Ersten Weltkrieg. — Wiesbaden: Harrassowitz 1965. XIII, 265 S.
*(Schriften d. Arbeitsgemeinschaft f. Osteuropaforschung d. Universität Münster.)*

**Louis,** William Roger: Great Britain and Germany's lost colonies 1914—1919. — London: Clarendon Press 1967. XI, 165 S.

**Louis,** William Roger: Das Ende des deutschen Kolonialreiches (Great Britain and Germany's lost colonies 1914–1919, dt.) Britischer Imperialismus und die deutschen Kolonien 1914–1919. (Aus d. Engl. übers. von Gerd Weissenberg.) - (Düsseldorf:) Bertelsmann Universitätsverl. (1971). 140 S.
*(Studien zur modernen Geschichte. 6.)*

**Lutz,** Heinrich: Deutscher Krieg und Weltgewissen. Friedrich Wilhelm Foersters politische Publizistik und die Zensurstelle des bayerischen Kriegsministeriums (1915—1918). — In: Z. bayer. Landesgesch. 25 (1962), 470—549.

**Maehl,** William: The role of Russia in German socialist policy 1914—18. — In: Internat. Rev. soc. Hist. 4 (1959), 177—198.

**Mann,** Bernhard: Die baltischen Länder in der deutschen Kriegszielpublizistik 1914–1918. — Tübingen: Mohr 1965. X, 161 S.
*(Tübinger Studien zur Geschichte u. Politik. 19.)*

**Mantoux,** Etienne: La paix calomniée. — Paris: Gallimard 1946. 329 S.
Über den Friedensvertrag von Versailles.

**Matthias,** Erich und Rudolf Morsey: Die Regierung des Prinzen Max von Baden. — Düsseldorf: Droste (1962). LXXXV, 699 S.
*(Quellen zur Geschichte des Parlamentarismus und der politischen Parteien. Reihe 1, 2.)*

**Matthias,** Erich und Rudolf Morsey [Bearb.]: Der Interfraktionelle Ausschuß 1917/18. T. 1. 2. — Düsseldorf: Droste (1959).
1. LXXI, 642 S.
2. XV, 893 S.
*Quellen zur Geschichte des Parlamentarismus und der politischen Parteien. Reihe 1. 1/I und 1/II.)*

**Mayer,** Arno J.: Politics and diplomacy of peacemaking. Containment and counterrevolution at Versailles, 1918—1919. — New York: Knopf 1967. XIII, 918 S.

**Mehnert,** Gottfried: Evangelische Kirche und Politik 1917—1919. Die politischen Strömungen im deutschen Protestantismus von der Julikrise 1917 bis zum Herbst 1919. — Düsseldorf: Droste (1959). 254 S.
*(Beiträge zur Geschichte des Parlamentarismus und der politischen Parteien. 16.)*

**Melograni,** P.: Storia politica della grande guerra (1915—1918). — Bari: Laterza 1969. 579 S.

**Menger,** Manfred: Die Finnlandpolitik des deutschen Imperialismus 1917–1918. - Berlin: Akademie-Verl. 1974. 242 S.
*(Schriften des Zentralinstituts für Geschichte. 38.)*

**Meynell,** Hildamarie: The Stockholm conference of 1917. — In: Internat. Rev. soc. Hist. 5 (1960), 1—25.

**Miller,** Susanne: Burgfrieden und Klassenkampf. Die deutsche Sozialdemokratie im Ersten Weltkrieg. Hrsg. von d. Kommission für Geschichte d. Parlamentarismus u. d. polit. Parteien. - Düsseldorf: Droste (1974). 440 S.
*(Beiträge zur Geschichte des Parlamentarismus und der politischen Parteien. 53.)*

**Miquel,** Pierre: La paix de Versailles et l'opinion publique française. — Paris: Flammarion 1972. 610 S.
*(Nouvelle Bibliothèque scientifique.)*

**Miquel,** Pierre: Versailles im politischen Meinungsstreit Frankreichs. 1919—1926. — In: Vjh. Zeitgesch. 20 (1972), 1—15.

**Mitrović,** Andrej: Ratni ciljevi Centralnih sila i jugoslovensko pitanje 1914–1918. - In: Jugosl. ist. Čas. 15 (1976), H.1/2, 93–127.

**Möckelmann,** Jürgen: Deutsch-amerikanische Beziehungen in der Krise. Studien zur amerikanischen Politik im Ersten Weltkrieg. — (Frankfurt a.M.:) Europ. Verl. Anst. (1967). 108 S.
*(Hamburger Studien zur neueren Geschichte. 6.)*

**Möckelmann,** Jürgen: Das Deutschlandbild in den USA 1914—1918 und die Kriegszielpolitik Wilsons. — (Düsseldorf) 1965: (Stehle). 230 S.
Hamburg, phil. Diss. vom 23. Dezember 1964.

**Molt,** Peter: Der Reichstag vor der improvisierten Revolution. — Köln: Westdtsch. Verl. 1963. 400 S.
*(Politische Forschungen. 4.)*

**Mommsen,** Wolfgang: The debate on German war aims. — In: J. contemp. Hist. 1 (1966), H. 3, 47—72.

**Mommsen,** Wolfgang: Les relations entre le gouvernement et l'opinion en Allemagne de 1914 à 1917. — In: Bull. Soc. Prof. Hist. Géogr. 55 (1965/66), 808—809.

**Monticone,** Alberto: La Germania e la neutralità italiana, 1914–1915. - Bologna: Ed, Il Mulino 1971. 644 S.

**Muhr,** Josef: Die deutsch-italienischen Beziehungen in der Ära des Ersten Weltkrieges. ⟨1914–1922.⟩ - Göttingen: Musterschmidt (1977). 235 S.

**Naumann,** Hans-Günter: Über die wirtschaftlichen Auswirkungen des Versailler Vertrages. — In: Gesch. Wiss. Unterr. 21 (1970), 420—437.

**Nelson,** Harold I[ra]: Land and power. British and allied policy on Germany's frontiers 1916—1919. — London: Routledge & Kegan Paul; Toronto: University of Toronto Press 1963. XIV, 402 S.
*(Studies in political history.)*

Die **Oktoberrevolution** und Deutschland. Referate und Diskussion zum Thema: Der Einfluß der Großen Sozialistischen Oktoberrevolution auf Deutschland. Red.: Albert Schreiner. — Berlin: Akademie-Verl. 1958. X, 494 S.

**Pajewski,** Janusz: Germany-Poland-Mitteleuropa during the first world war. — In: Polish West. Aff. 2 (1961), 215—234.

**Pajewski,** Janusz: „Mitteleuropa". Studia z dziejów imperializmu niemieckiego w dobie pierwszej wojny światowej. — Poznań 1959: Instytut Zachodni. VII, 444 S.
*(Prace Instytutu Zachodniego. 27.)*

**Pajewski,** Janusz: Wokół sprawy polskiej. Paryż, Lozanna, Londyn 1914—1918. — (Poznań:) Wydawnictwo Poznańskie 1970. 254 S.

**Petzold,** Joachim: Die Dolchstoßlegende. Eine Geschichtsfälschung im Dienst d. dtsch. Imperialismus u. Militarismus. 2., unveränd. Aufl. — Berlin: Akademie-Verl. 1963. 148 S.
*(Deutsche Akademie der Wissenschaften zu Berlin. Schriften d. Instituts f. Geschichte. Reihe I, Bd 18.)*

**Plener,** Ulla: Die Märzkonferenz der Spartakusgruppe 1916. Ein Markstein auf dem Wege zur Gründung der Kommunistischen Partei Deutschlands. — In: Beitr. Gesch. dt. Arbeiterbewegung 3 (1961), 821—841.

**Politik** im Krieg. 1914—1918. Studien zur Politik der deutschen herrschenden Klassen im ersten Weltkrieg. (Sammelbd.) (Hrsg. von d. Arbeitsgruppe „Erster Weltkrieg" im Inst. f. Geschichte an d. Dtsch. Akademie d. Wissenschaften zu Berlin unter Leitung von Fritz Klein.) — Berlin: Akademie-Verl. 1964. VIII, 252 S.

**Rathmann,** Lothar: Stoßrichtung Nahost. 1914—1918. Zur Expansionspolitik des deutschen Imperialismus im ersten Weltkrieg. — Berlin: Rütten & Loening 1963. 223 S.

**Renouvin,** Pierre: Die Kriegsziele der französischen Regierung 1914—1918. (Übers. von Kurt Jürgensen.) — In: Gesch. Wiss. Unterr. 17 (1966), 129—158.

**Renouvin,** Pierre: La traité de Versailles. — Paris: Flammarion 1969. 144 S.
*(Coll. „Questions d'histoire".)*

**Renzi,** William A.: The Russian foreign office and Italy's entrance into the great war, 1914—1915. A study in wartime diplomacy. — In: Historian 28 (1966), 647—668.

**Rothfels,** Hans: Fünfzig Jahre danach. — In: Monat 21 (1969), H. 246, 53—66.

**Rumpf,** Helmut: Fünfzig Jahre Versailler Vertrag. — In: Außenpol. 20 (1969), 368—378.

**Rystad,** Göran: Die deutsche Monroedoktrin der Ostsee. Die Alandsfrage und die Entstehung des deutsch-schwedischen Geheimabkommens vom Mai 1918. – In: Probleme dtsch. Zeitgesch. 1971, 1–75.

**Salandra,** Antonio: I retroscena di Versailles. A cura di G. B. Gifuni. — Milano: Pan Ed. 1971. 151 S.

**Salvadori,** Massimo L.: La Germania nella prima guerra mondiale. La polemica intorno al libro di Fritz Fischer. — In: Nuova Riv. stor. 52 (1968), H. 5/6, 677—712.

**Scherer,** André et Jacques Grunewald: L'Allemagne et les problèmes de la paix pendant la première guerre mondiale. Documents extraits des archives de l'Office allemand des Affaires étrangères. Préf. de Maurice Baumont et Pierre Renouvin. — Paris: Presses Universitaires de France.
1. Des origines à la déclaration de la guerre sousmarine à outrance (août 1914—31 janvier 1917). 1962. LX, 719 S.
*(Publications de la Faculté des lettres et sciences humaines de Paris. Série „Textes et documents". 3.)*
*(Travaux de l'Institut d'histoire des relations internationales.)*

**Schmitt,** Gregor: Auf dem Weg zur Revolution von 1918 in Bayern. Parlamentarische Reformversuche vor der Novemberrevolution. — In: Z. bayer. Landesgesch. 22 (1959), 498—513.

**Schneider,** Burkhart: Die Friedensbemühungen des Vatikans im Ersten Weltkrieg. — In: Stimmen d. Zeit 93 (1968), Bd 181, 31—43.

**Schramm,** Gottfried: Militarisierung und Demokratisierung. Typen der Massenintegration im Ersten Weltkrieg. – In: Francia 3 (1975), 476–497.

**Schüddekopf,** Otto-Ernst: Politik und Kriegsführung. Die Kriegszielpolitik der Mittelmächte während des Ersten Weltkrieges. — In: Neue polit. Lit. 10 (1965), 247—253.
Literaturbericht.

**Schulte** Nordholt, J. W.: Wilson in Versailles. — In: Tijdschrift voor Geschiedenis 80 (1967), H. 2, 177—199.

**Schwabe,** Klaus: Die amerikanische und die deutsche Geheimdiplomatie und das Problem eines Verständigungsfriedens im Jahre 1918. — In: Vjh. Zeitgesch. 19 (1971), 1—32.

**Schwabe,** Klaus: Zur politischen Haltung der deutschen Professoren im Ersten Weltkrieg. — In: Hist. Z. 193 (1961), 601—634.

**Schwabe,** Klaus: Deutsche Revolution und Wilson-Frieden. Die amerikanische und deutsche Friedensstrategie zwischen Ideologie und Machtpolitik 1918/19. — Düsseldorf: Droste (1971). 711 S.
*Habil.-Schr., Universität Freiburg.*

**Schwabe,** Klaus: Ursprung und Verbreitung des alldeutschen Annexionismus in der deutschen Professorenschaft im ersten Weltkrieg. (Zur Entstehung der Intellektueleneingaben vom Sommer 1915.) — In: Vjh. Zeitgesch. 14 (1966), 105—138.

**Schwabe,** Klaus: Wissenschaft und Kriegsmoral. Die deutschen Hochschullehrer und die politischen Grundfragen des I. Weltkrieges. — Göttingen: Musterschmidt (1969). 302 S.
*Diss., Freiburg.*

**Sellg,** Wolfram: Paul Nikolaus Cossmann und die Süddeutschen Monatshefte von 1914—1918. Ein Beitr. zur Geschichte d. nationalen Publizistik im 1.Weltkrieg. — Osnabrück: Fromm (1967). 207 S.
*(Dialogos. 3.)*

**Shand,** James D.: Doves among the eagles. German pacifists and their government during World War I. – In: J. contemp. Hist. 10 (1975), 95-108.

**Silberstein,** Gerard E.: The troubled alliance. German-Austrian relations, 1914 to 1917. — Lexington: University of Kentucky Press 1970. XIII, 366 S.

**Soiron,** Rolf: Der Beitrag der Schweizer Außenpolitik zum Problem der Friedensorganisation am Ende des Ersten Weltkrieges. — Basel, Stuttgart: Helbig & Lichtenhahn 1973. 237 S.
*(Basler Beiträge zur Geschichtswissenschaft. 127.)*
*Phil. Diss., Universität Basel.*

**Steglich,** Wolfgang: Bündnissicherung oder Verständigungsfrieden. Untersuchungen zu dem Friedensangebot der Mittelmächte vom 12. Dezember 1916. — Göttingen: Musterschmidt (1958). 258 S.
*(Göttinger Bausteine zur Geschichtswissenschaft. 28.)*

**Steglich,** Wolfgang [Hrsg.]: Der Friedensappell Papst Benedikts XV. vom 1. August 1917 und die Mittelmächte. Diplomat. Aktenstücke des Auswärtigen Amtes, des Bayer. Staatsministeriums des Äußern, des Österr.-Ungar. Ministeriums des Äußern u. des Britischen Auswärtigen Amtes aus den Jahren 1915—1922. — Wiesbaden: Steiner 1970. XI, 675 S.

**Taube,** Arved Frhr. von: Das Auswärtige Amt und die estnische Frage 1917/1918. — In: Jbb. Gesch. Osteuropas 17 (1969), 542—580.

**Thieme,** Hartwig: Nationaler Liberalismus in der Krise. Die nationalliberale Fraktion des Preußischen Abgeordnetenhauses 1914—18. — (Boppard am Rhein: Boldt 1963.) VIII, 246 S.
*(Schriften des Bundesarchivs. 11.)*

**Timmermann**, Heinrich: Friedenssicherungsbewegungen in den Vereinigten Staaten von Amerika und in Großbritannien während des Ersten Weltkrieges. — Frankfurt a. M.: Lang (1978). 264 S.
*(Moderne Geschichte und Politik. 7.)*

**Tokody**, Gy: Zum Dilemma der Annahme oder Zurückweisung von Versailles. — In: Acta hist. 21 (1975), 99–121.

**Trumpener**, Ulrich: Germany and the Ottoman empire 1914—1918. — Princeton, N. J.: Princeton University Press 1968. XV, 433 S.

**Tuchmann**, Barbara W.: The Zimmermann telegram. — New York: Viking Press 1958. 244 S.

**Valiani**, Leo: Italian-Austro-Hungarian negotiations 1914—1915. — In: J. contemp. Hist. 1 (1966), H. 3, 113—136.

Die **Verhandlungen** des 2. Unterausschusses des parlamentarischen Untersuchungsausschusses über die päpstliche Friedensaktion von 1917. Aufzeichnungen und Vernehmungsprotokolle. Bearb. u. hrsg. von Wolfgang Steglich. — Wiesbaden: Steiner 1974. XIX, 409 S.

Der **Vertrag** von Versailles. Mit Beiträgen von Sebastian Haffner [u. a.] — München: Matthes & Seitz (1978). 430 S.

**Volk**, Ludwig: Kardinal Mercier, der deutsche Episkopat und die Neutralitätspolitik Benedikts XV. 1914–1916. In: Stimmen d. Zeit 99 (1974), Bd 192, 611–630.

**Volkmann**, Hans-Erich: Die deutsche Baltikumspolitik zwischen Brest-Litovsk und Compiègne. E. Beitr. zur Kriegszieldiskussion. Köln: Böhlau 1970. 283 S.
*(Ostmitteleuropa in Vergangenheit und Gegenwart. 13.)*

**Weber**, Frank G.: Eagles on the crescent. Germany, Austria and the diplomacy of the Turkish alliance, 1914 to 1918. — Ithaca, N. Y.: Cornell University Press 1970. 228 S.

**Wende**, Frank: Die belgische Frage in der deutschen Politik des Ersten Weltkrieges. (Veranstaltet vom Inst. f. Auswärtige Politik, Hamburg.) — Hamburg: Wissenschaftl. Verl. Böhme 1969. 222 S.
*(Schriftenreihe zur auswärtigen Politik. 7.)*
*Diss., Universität Hamburg.*

**Wheeler**-Bennett, John W[heeler]: Brest-Litovsk. The forgotten peace, March 1918. 2nd repr. — London: Macmillan 1956. XX, 478 S.

**Wojstomski**, S. W.: The treaty of Brest Litowsk. — In: Poland and Germany 4 (1960), H. 11, 19—28.

**Woodward**, David R.: The British government and Japanese intervention during World War I. – In: J. mod. Hist. 46 (1974), 663–685.

**Woodward**, Llewellyn Sir: Great Britain and the war 1914—1918. — London: Methuen 1967. XXXIII, 610 S.

**Zechlin**, Egmont: Das „schlesische Angebot" und die italienische Kriegsgefahr 1915. — In: Gesch. Wiss. Unterr. 14 (1963), 533—556.

**Zechlin**, Egmont: Friedensbestrebungen und Revolutionierungsversuche. Deutsche Bemühungen zur Ausschaltung Rußlands im Ersten Weltkriege. — In: Aus Politik und Zeitgeschichte, Beilage zur Wochenzeitung „Das Parlament", vom 17. Mai 1961, 269—288.

**Zechlin**, Egmont: Friedensbestrebungen und Revolutionierungsversuche. Deutsche Bemühungen zur Ausschaltung Rußlands im Ersten Weltkrieg. — In: Aus Politik u. Zeitgeschichte, Beilage zur Wochenzeitung „Das Parlament" vom 14. Juni bzw. 21. Juni 1961, 325—337 bzw. 341—367.

**Zechlin**, Egmont: Die deutsche Politik und die Juden im Ersten Weltkrieg. Unter Mitarb. von Hans Joachim Bieber. — Göttingen: Vandenhoeck & Ruprecht (1969). VIII, 592 S.

(**Zeisler**, Kurt:) Spartacus spricht. Kampfdokumente der Spartakusgruppe aus der Zeit des 1. Weltkriegs. — Berlin: Dietz 1961. 143 S.

**Zeman**, Zbynek Anthony Bohuslav: The gentlemen negotiators. A diplomatic history of the first world war. — London: Weidenfeld & Nicolson 1971. XI, 402 S.

## 8. DEUTSCHE GESCHICHTE

### Allgemeines

**Abel**, W[ilhelm]: Die drei Epochen der deutschen Agrargeschichte. 2. Aufl. — Hannover: Schaper 1964. 140 S.
*(Schriftenreihe für ländliche Sozialfragen. 37.)*

**Abusch**, Alexander: Der Irrweg einer Nation. Ein Beitrag zum Verständnis deutscher Geschichte. Neubearb. Ausg. m. Nachwort d. Autors. 7. Aufl. — Berlin: Aufbau-V. 1951. 289 S.

**Aron**, Raymond: Le dialogue des Quatre sur l'Allmagne. — In: Pol. étr. 17 (1952), 135—142.

Das **Auslandsdeutschtum** in Osteuropa einst und jetzt. (Hrsg. vom Arbeits- u. Sozialminister d. Landes Nordrhein-Westfalen.) — (Troisdorf: Wegweiserverl.) 1963. 104 S.
*(Schriftenreihe f. d. Ost-West-Bewegung. Kulturh. 46.)*
*(Der Wegweiser. 46.)*

**Bechtel**, Heinrich: Wirtschafts- und Sozialgeschichte Deutschlands. Wirtschaftsstile und Lebensformen von der Vorzeit bis zur Gegenwart. — (München:) Callwey (1967). 573 S.

**Berlin** in Vergangenheit und Gegenwart. Tübinger Vorträge. Hrsg. von Hans Rothfels. — Tübingen: Mohr 1961. VI, 158 S.
*(Tübinger Studien zur Geschichte und Politik. 14.)*

Allgemeines

**Berr,** Henri: Allemagne. Le contre et le pour. — Paris: Michel 1950. 112 S.

**Bieber,** Konrad: L'Allemagne vue par les écrivains de la résistance française. Préface: Albert Camus. — Lille: Giard; Genève: Droz 1954. 182 S.

**Blücher** von Wahlstatt, Kurt Graf: Know your Germans. Translated by Lord Sudley. — London: Chapman & Hall 1951. 188 S.

**Boucher,** Maurice: Le sentiment national en Allemagne. — Paris: La Colombe 1947. 260 S.

**Brodrick,** Alan Houghton: Danger spot in Europe. — New York: Philosophical Library 1951. 192 S.
   Politische Betrachtungen über Deutschlands Vergangenheit, Gegenwart und Zukunft.

**Buchner,** Rudolf: Deutsche Geschichte im europäischen Rahmen. Darstellung und Betrachtungen. — Göttingen: Musterschmidt 1975. XVIII, 503 S.

**Cox,** Ernest Sevier: Teutonic unity. — Richmond: Selbstverl. 1951. 304 S.

**Craig,** Gordon A.: The politics of the Prussian army 1640—1945. — London: Oxford University Press 1955. XX, 536 S.

**Deutschland** und Polen 1772—1945. Hrsg. von Hellmuth Fechner unter Mitarb. von Herbert Marzian. — Würzburg: Holzner 1964. 236 S.
   *(Ostdeutsche Beiträge aus d. Göttinger Arbeitskreis. 27.)*

**Deutschland** in der Weltpolitik des 19. und 20. Jahrhunderts. [Festschrift für Fritz Fischer zum 65. Geburtstag.] Hrsg. von Imanuel Geiss [u.] Bernd Jürgen Wendt, unter Mitarb. von Peter-Christian Witt. – (Düsseldorf:) Bertelsmann Universitätsverl. (1973). 594 S.

**Drijard,** André: L'Allemagne. Les grands traits de son évolution politique et culturelle des origines à nos jours. — Paris: Société d'Edition d'Enseignement Supérieur 1952. 251 S.

**Droz,** Jacques: Deutschland und die Französische Revolution. (Vortrag, gehalten am 17. Dezember 1951.) — Wiesbaden: Steiner 1955. 35 S.
   *(Institut für Europäische Geschichte Mainz. Vorträge.)*

**Eich,** Hermann: Die unheimlichen Deutschen. — Düsseldorf, Wien: Econ-Verl. (1963). 389 S.

**Ekkehard** [Pseud.]: Deutsche Geschichte von Arminius bis Adenauer. — Göttingen: Musterschmidt 1952. 262 S.

**Engelsing,** Rolf: Kleine Wirtschafts- und Sozialgeschichte Deutschlands. — (Hannover:) Verl. f. Literatur u. Zeitgeschehen (1968). 155 S.

**Erdmann,** Karl Dietrich: Nationale und übernationale Ordnung in der deutschen Geschichte. — In: Gesch. Wiss. Unterr. 7 (1956), 1—14.

**Falk,** Minna R.: History of Germany. From the reformation to the present day. — New York: Philosophical Library 1957. 438 S.

**Feldman,** Józef: Das polnisch-deutsche Problem in der Geschichte (Problem polsko-niemiecki w dziejach, dt.) — Marburg: Herder-Institut 1961. 251 S.

**Fernau,** Joachim: „Deutschland, Deutschland über alles..." Von Arminius bis Adenauer. 2. Aufl. — Oldenburg i. O.: Stalling (1953). 287 S.

**Fischer-Baling,** Eugen: Besinnung auf uns Deutsche. Eine Geschichte der nationalen Selbsterfahrung und Weltwirkung. — Düsseldorf: Kämmerer, Verl. f. polit. Bildung (1957). 234 S.

**Foerster,** Friedrich Wilhelm: Deutsche Geschichte und politische Ethik. — Nürnberg: Glock u. Lutz 1961. 247 S.

**Fragen** an die deutsche Geschichte. Ideen, Kräfte, Entscheidungen von 1800 bis zur Gegenwart. Historische Ausstellung im Reichstagsgebäude in Berlin. (Bearb. von Lothar Gall.) – (Stuttgart: Kohlhammer 1974). 224 S.

**Franz,** Günther: Politische Geschichte des Bauerntums. (Hrsg. von der Niedersächsischen Landeszentrale für Heimatdienst.) — (Celle 1959: Pohl.) 26 S.

**Franzel,** Emil: Germanen, Deutsche, Europäer. Ein Gang durch d. dt. Geschichte. — Augsburg: Verl. Winfried-Werk (1962). 184 S.

**Freund,** Michael: Deutsche Geschichte — Gütersloh: Bertelsmann 1960. XV, 797 S.
   *(Die Große Bertelsmann Lexikon-Bibliothek. 7.)*

**Freund,** Michael: Deutsche Geschichte. — München: List (1969). 522 S.
   *(List-Taschenbücher. 350/51.)*

**Freund,** Michael: Deutsche Geschichte. Fortgef. von Thilo Vogelsang. Erw. u. aktualisierte Sonderausg. – (Gütersloh:) Bertelsmann Lexikon-Verl. (1973). XV, 1694 S.

**Friedel,** Aloys: Deutsche Staatssymbole. Herkunft und Bedeutung der politischen Symbolik in Deutschland. Vorw.: Eugen Gerstenmaier. — Frankfurt a. M.: Athenäum Verl. 1968. 131 S.

**Gause,** Fritz: Deutsch-slawische Schicksalsgemeinschaft. Abriß einer Geschichte Ostdeutschlands und seiner Nachbarländer. — Kitzingen a. M.: Holzner 1952. 312 S.

**Gebhardt,** [Bruno]: Handbuch der deutschen Geschichte. 9., neu bearb. Aufl. hrsg. von Herbert Grundmann. — Stuttgart: Union Verl.
   1. Frühzeit und Mittelalter. Bearb. von Friedrich Baethgen, Karl Bosl [u.a.] 1970. XXIV, 898 S.
   2. Von der Reformation bis zum Ende des Absolutismus. Bearb. von Max Braubach, Walther Peter [u.a.] 1970. XVII, 862 S.
   3. Von der Französischen Revolution bis zum Ersten Weltkrieg. Bearb. von Karl Erich Born, Max Braubach [u.a.] 1970. X, 583 S.

**Gebhardt,** Bruno: Handbuch der deutschen Geschichte. 9., neu bearb. Aufl. hrsg. von Herbert Grundmann. – Stuttgart: Union Verl.
   4. Die Zeit der Weltkriege.
      1. Tlbd. Der Erste Weltkrieg. Die Weimarer Republik. Bearb. von Karl Dietrich Erdmann. (1973). XII, 329 S.

# DEUTSCHE GESCHICHTE

**Gebhardt,** [Bruno]: Handbuch der deutschen Geschichte. 9., neu bearb. Aufl. hrsg. von Herbert Grundmann. – Stuttgart: Klett.
   4. Die Zeit der Weltkriege.
   2. Deutschland unter der Herrschaft des Nationalsozialismus. 1933–1939. Der Zweite Weltkrieg. Das Ende des Reiches und die Entstehung der Republik Österreich, der Bundesrepublik Deutschland und der Deutschen Demokratischen Republik. Bearb. von Karl Dietrich Erdmann. 1976. X, S. 331–906.

**Geschichte Deutschlands (Germanija,** dt.) — Berlin: Rütten & Loening (1953). 165 S.
*(Große Sowjet-Enzyklopädie. Reihe Geschichte und Philosophie. 22.)*

**Deutsche Geschichte.** In 3 Bdn. Hrsg. von Hans-Joachim Bartmuss [u. a.] Wissenschaftl. Sekretär d. Autorenkollektivs: Joachim Streisand. — Berlin: Dtsch. Verl. d. Wissenschaften.
   1. Von den Anfängen bis 1789. 1965. XXI, 771 S.
   2. Von 1789 bis 1917. 1965. XVII, 881 S.

**Deutsche Geschichte.** In 3 Bänden. Hrsg. von Hans-Joachim Bartmuss [u.a.] Wissenschaftl. Sekretär d. Autorenkollektivs: Joachim Streisand. — Berlin: Dtsch. Verl. d. Wissenschaften.
   3. Von 1917 bis zur Gegenwart. 1968. XIX, 767 S.

**Deutsche Geschichte im Überblick.** Hrsg. unter Mitw. zahlr. Fachgelehrter von Peter Rassow. Ein Handbuch. 2., durchges. u. erw. Aufl. — Stuttgart: Metzler 1962. XIII, 942 S.

**Görlitz,** Walter: Die Junker. Adel und Bauer im deutschen Osten. Geschichtliche Bilanz von 7 Jahrhunderten. — Glücksburg/Ostsee: Starke 1956. XI, 462 S.

**Gumpert,** Jobst: Polen — Deutschland. Bestandsaufnahme einer tausendjährigen Nachbarschaft. — München: Callwey (1966). 195 S.

**Handbuch** der deutschen Wirtschafts- und Sozialgeschichte. - Hrsg. von Hermann Aubin u. Wolfgang Zorn. - Stuttgart: Union-Verl.
   1. Von der Frühzeit bis zum Ende des 18. Jahrhunderts. 1971. XIV, 713 S.
   2. Das 19. und 20. Jahrhundert. 1976. XIV, 998 S.

**Hellpach,** Willy: Der deutsche Charakter. — Bonn: Athenäum-V. 1954. 245 S.

**Henning,** Friedrich-Wilhelm: Das industrialisierte Deutschland 1914 bis 1972. – Paderborn: Schöningh 1974. 292 S.
*(Uni-Taschenbücher. 337.)*

**Henning,** Friedrich-Wilhelm: Die Industrialisierung in Deutschland 1800 bis 1914. – Paderborn: Schöningh (1973). 304 S.
*(Uni-Taschenbücher. 145.)*

**Herre,** Franz: Nation ohne Staat. Die Entstehung der deutschen Frage. — Köln: Kiepenheuer & Witsch (1967). 375 S.

**Herrmann,** Erwin: Slawisch-germanische Beziehungen im südostdeutschen Raum von der Spätantike bis zum Ungarnsturm. Ein Quellenbuch mit Erläuterungen. — München: Lerche 1965. 286 S.
*(Veröffentlichungen d. Collegium Carolinum. 17.)*

**Hossbach,** Friedrich: Die Entwicklung des Oberbefehls über das Heer in Brandenburg, Preußen und im Deutschen Reich von 1655–1945. — Würzburg: Holzner 1957. 160 S.

**Hubatsch,** Walther: Hohenzollern in der deutschen Geschichte. — Frankfurt a. M., Bonn: Athenäum-Verl. 1961. 119 S.

**Ideengeschichte** der Agrarwirtschaft und Agrarpolitik im deutschen Sprachgebiet. — Bonn, München, Wien: Bayer. Landwirtschaftsverl.
   1. Frauendorfer, Siegmund von: Von den Anfängen bis zum Ersten Weltkrieg. 1957. 580 S.
   2. Haushofer, Heinz: Vom Ersten Weltkrieg bis zur Gegenwart. 1958. 439 S.

**Kämpf,** Helmut: Deutsche Geschichte. — In: Dtsch. Rdsch. 79 (1953), 873 – 876.

**Kirn,** Paul: Politische Geschichte der deutschen Grenzen. 4., verb. Aufl. — Mannheim; Bibliograph. Inst. 1958. 191 S.

**Kitchen,** Martin: A military history of Germany from the eighteenth century to the present day. – London: Weidenfeld & Nicolson (1975). 384 S.

**Lauret,** René: Die Deutschen als Nachbarn (Notre voisin l'Allemand, dt.) Revision eines Geschichtsbildes. Ein Beitrag zur dt.-franz. Auseinandersetzung. (Dt. Übers. von Marie-Luise Libbach u. Christiane Treff.) Sonderveröffentlichung d. Dt.-Franz. Inst. Ludwigsburg. — Stuttgart: Seewald (1962). 270 S.

**Löwenstein,** Hubertus Prinz zu: Deutsche Geschichte. Der Weg des Reiches in zwei Jahrtausenden. — Frankfurt a. M.: Scheffler 1950. 643 S.

**Löwenstein,** Hubertus Prinz zu: Kleine deutsche Geschichte. — Frankfurt a. M.: Scheffler (1953). 166 S.

**Lütge,** Friedrich: Deutsche Sozial- und Wirtschaftsgeschichte. Ein Überblick. 2., wesentlich verm. u. verbess. Aufl. — Berlin, Göttingen, Heidelberg: Springer 1960. XVI, 552 S.
*(Enzyklopädie der Rechts- und Staatswissenschaft.)*

**Lütge,** Friedrich: Deutsche Sozial- und Wirtschaftsgeschichte. Ein Überblick. 3., wesentlich verm. u. verb. Aufl. — Berlin: Springer 1966. XVIII, 644 S.
*(Enzyklopädie der Rechts- und Staatswissenschaft. Abteilung Staatswissenschaft.)*

**Lütje,** Friedrich: Deutsche Sozial- und Wirtschaftsgeschichte. Ein Überblick. — Berlin, Göttingen, Heidelberg: Springer 1952. XIV, 433 S.

**Meier-Welcker,** Hans: Deutsches Heerwesen im Wandel der Zeit. — Arolsen: Weizacker-V. 1954. 144 S.

**Mottek,** Hans [ab Bd 3: u. Walter Becker u. Alfred Schröter]: Wirtschaftsgeschichte Deutschlands. Ein Grundriß. — Berlin: Dtsch. Verl. d. Wissenschaften.
1. Von den Anfängen bis zur Zeit der Französischen Revolution. (5., unveränd. Aufl.) 1974. 376 S.
2. Von der Zeit der Französischen Revolution bis zur Zeit der Bismarckschen Reichsgründung. 2. Aufl.) 1973. IX, 296 S.
3. Von der Zeit der Bismarckschen Reichsgründung 1871 bis zur Niederlage des faschistischen deutschen Imperialismus 1945. 2. Aufl. 1975. 570 S.

**Mourin,** Maxime: Histoire de l'Allemagne des origines à nos jours. — Paris: Payot 1951. 359 S.

**Müller,** Georg: Last und Trost der deutschen Geschichte. — Bielefeld: Eilers 1950. 437 S.

**Nachbarn** seit tausend Jahren. Deutsche und Polen in Bildern und Dokumenten. [Von] Richard Breyer, Peter E. Nasarski [u.] Janusz Piekalkiewicz. Mit e. Vorw. von Gotthold Rhode. — Mainz: v. Hase & Koehler 1976. 286 S.

**Noack,** Ulrich: Geist und Raum in der Geschichte. Einordnung der deutschen Geschichte in den Aufbau der Weltgeschichte. — Göttingen usw.: Musterschmidt (1961). 250 S.

**Orthbandt,** Eberhard: Deutsche Geschichte. Lebenslauf d. deutschen Volkes. Werdegang d. Deutschen Reiches. — Baden-Baden: Pfahl 1960. 824 S.

Der deutsche **Osten** und das Abendland. Eine Aufsatzreihe. Hrsg. im Auftr. d. Ostdeutschen Akad. Arbeitskreises Freiburg i. Br. von Hermann Aubin. — München: Verl. „Volk u. Heimat" 1953. 231 S.

Deutscher **Osten** und slawischer Westen. Tübinger Vorträge. Hrsg. von Hans Rothfels und Werner Markert. — Tübingen: Mohr 1955. 127 S.
*(Tübinger Studien zur Geschichte und Politik. 4.)*

Die **Ostgebiete** des Deutschen Reiches. Ein Taschenbuch. Im Auftrag des Johann-Gottfried-Herder-Forschungsrates hrsg. von Gotthold Rhode. — Würzburg: Holzner 1955. XV, 288 S.

**Petry,** Ludwig: Der deutsche Osten und die gesamtdeutsche Verantwortung. — In: Gesch. Wiss. Unterr. 4 (1953), 713—723.

**Pfetsch,** Frank R.: Zur Entwicklung der Wissenschaftspolitik in Deutschland, 1750–1914. — Berlin: Duncker & Humblot (1974), 359 S.
*Habil.-Schr., Universität Heidelberg.*

**Pollock,** James Kerr und Homer Thomas: Germany in power and eclipse. The background of German development. — New York: van Nostrand 1952 VIII. 661 S.

**Rassow,** Peter [Hrsg.]: Deutsche Geschichte im Überblick. Herausgegeben unter Mitwirkung zahlreicher Fachgelehrter. Ein Handbuch. — Stuttgart: Metzler 1953. 866 S.

**Rössler,** Hellmuth: Deutsche Geschichte. Schicksale des Volkes in Europas Mitte. — (Gütersloh:) Bertelsmann (1961). 703 S.

**Rößler,** Hellmuth: Größe und Tragik des christlichen Europa. Europäische Gestalten und Kräfte der deutschen Geschichte vom Spätmittelalter bis zur Gegenwart. — Frankfurt a. M.: Diesterweg (1955). XI, 796 S.

**Rössler,** Helmuth und Günther Franz: Sachwörterbuch zur deutschen Geschichte. — München: Oldenbourg 1958. XL, 1472 S.

**Rößler,** Hellmuth und Günther, Franz: Biographisches Wörterbuch zur deutschen Geschichte. Lfg. 1 ff. — München: Oldenbourg 1952 ff.

**Sachwörterbuch** der Geschichte Deutschlands und der deutschen Arbeiterbewegung. Bd 1.2. — Berlin: Dietz.
1. A—K. 1969. 1054 S.
2. L—Z. 1970. 876 S.

**Schoeps,** Hans-Joachim: Unbewältigte Geschichte. Stationen deutschen Schicksals seit 1763. — Berlin: Haude & Spener (1964). 288 S.

**Schreiber,** Hermann: Land im Osten. Verheißung und Verhängnis der Deutschen. — Düsseldorf, Wien: Econ-Verl. (1961). 418 S.

**Schulz,** Eberhard G. [Hrsg.]: Leistung und Schicksal. Abhandlungen u. Berichte über die Deutschen im Osten. — Köln: Böhlau 1967. XX, 414 S.

**Schweitzer,** Carl Christoph [Hrsg.]: Die deutsche Nation. Aussagen von Bismarck bis Honecker. — Köln: Verl. Wissenschaft u. Politik 1976. 623 S.
*(Bibliothek Wissenschaft und Politik. 15.)*

**Seraphim,** Peter-Heinz: Deutsche Wirtschafts- und Sozialgeschichte. Von d. Frühzeit bis zum Ausbruch d. Zweiten Weltkrieges. — Wiesbaden: Gabler (1962). 248 S.

**Sethe,** Paul: Geschichte der Deutschen. — Frankfurt a. M.: Scheffler (1962). 307 S.
*(Das moderne Sachbuch. 2.)*

**Simon,** Hermann: Geschichte der deutschen Nation. Wesen und Wandel des Eigenverständnisses der Deutschen. — Mainz: v. Hase & Koehler (1968). 464 S.

**Snyder,** Louis L. [Ed.]: Documents of German history. — New Brunswick: Rutgers University Press 1958. 608 S.

**Stadtmüller,** Georg: Das sowjetische Bild der deutschen Geschichte. — In: Außenpolitik 10 (1959), 577—584.

**Stern,** Fritz: Das Scheitern illiberaler Politik (The failure of illiberalism, dt.) Studien zur politischen Kultur Deutschlands im 19. und 20. Jahrhundert. (Übers. aus d. Engl. von Heidi Meissner [u a.]) — Berlin: Propyläen-Verl. 1974. 291 S.

**Stier,** Hans Erich: Deutsche Geschichte im Rahmen der Weltgeschichte. (2. Aufl.) — Frankfurt a. M.: Scheffler 1960. 1061 S.

**Streisand,** Joachim: Deutsche Geschichte von den Anfängen bis zur Gegenwart. Eine marxistische Einführung. — [Köln:] Pahl-Rugenstein (1972). 484 S.

**Streisand,** Joachim: Deutsche Geschichte in einem Band. Ein Überblick. — Berlin: Dtsch. Verl. d. Wissenschaften 1968. 338 S.

**Tenbrock,** Robert Hermann: Deutsche Geschichte von den Anfängen bis 1945. 4. Aufl. — Paderborn: Schöningh 1952. VII, 455 S.

**Tenbrock,** Robert-Hermann: Geschichte Deutschlands. — München: Hueber; Paderborn: Schöningh 1965. 335 S.

**Treue,** Wilhelm: Deutsche Geschichte von den Anfängen bis zum Ende des Zweiten Weltkrieges. — Stuttgart: Kröner (1958). XII, 800 S.
*(Kröners Taschenausgabe. 254.)*

**Valentin,** Veit: Geschichte der Deutschen. Bd 1. 2. — Berlin, Stuttgart: Pontes-V. [1950]. XIV, 394; X, 372 S.

**Wahl,** Rudolph: Die Deutschen. Eine Historie. — München: Bruckmann (1953). 666 S.

**Wentzcke,** Paul: Die deutschen Farben. Ihre Entwicklung und Deutung sowie ihre Stellung in der deutschen Geschichte. Neue bis zur Gegenwart fortgeführte Fassung. — Heidelberg: Universitäts-V. 1955. 192 S.

Neuere und neueste Geschichte

Allgemeines

**Abshagen,** Karl Heinz: Schuld und Verhängnis. Ein Vierteljahrhundert deutscher Geschichte in Augenzeugenberichten. — Stuttgart: Union Verl. (1961). 300 S.

**Anrich,** Ernst: Muß Feindschaft bestehen zwischen Frankreich und Deutschland? — Frankfurt a. M.: Verl. d. Parma-Edition (1951). 95 S.
*(Muß Feindschaft sein? 1.)*

**Ashkenasi,** Abraham: Modern German nationalism. — Cambridge, Mass.: Schenkman 1976. 222 S.

Die **Auswirkungen** der ersten russischen Revolution von 1905 bis 1907 auf Deutschland. Hrsg. von Leo Stern. Quellenmaterial bearb. von Walter Nissen. — Berlin: Rütten & Loening 1954. LXXVI, 335 S.
*(Archivalische Forschungen zur Geschichte der deutschen Arbeiterbewegung. 2,1.)*

**Ayçoberry,** Pierre: L'unité allemande (1800—1871). — Paris: Presses Universitaires de France 1968. 128 S.
*(Coll. „Que sais-je?" 1314.)*

**Badia,** Gilbert: Histoire de l'Allemagne contemporaine (1917—1962). Vol. 1.2. — Paris: Edit. sociales 1962.

**Bariéty,** Jacques [u.] Jacques Droz: République de Weimar et régime hitlerien, 1918–1945. – Paris: Hatier 1973. 222 S.
*(Coll. „Histoire contemporaine. Histoire d'Allemagne".)*

**Baumann,** Herbert: Deutschland gestern und heute. Kurzgefaßte Geschichte des 19. und 20. Jahrhunderts. 2. Aufl. — Köln: Stam (1966). 116 S.

**Berstein,** Serge [u.] Pierre Milza: L'Allemagne 1870—1970. — Paris: Masson 1971. 221 S.
*(Coll. „Un siècle d'histoire".)*

**Binder,** Gerhart: Lebendige Zeitgeschichte. 1890—1945. Handbuch und Methodik. — München: Kaiser 1961. 167 S.
*(Pädagogische Studienhilfen. 18.)*

**Birnbaum,** Immanuel: Deutschland und Österreich. — In: Außenpolitik 2 (1951), 521—529.

Das **Bismarck-Problem** in der Geschichtsschreibung nach 1945. Hrsg. von Lothar Gall. — Köln: Kiepenheuer & Witsch (1971). 452 S.
*(Neue wissenschaftliche Bibliothek. 42.)*

**Borcke-Stargordt,** Henning Graf von: Der ostdeutsche Landbau zwischen Fortschritt, Krise und Politik. Ein Beitrag zur Agrar- und Zeitgeschichte. — Würzburg: Holzner 1957. 200 S.
*(Ostdeutsche Beiträge. 3.)*

**Borries,** Kurt: Deutschland im Kreis der europäischen Mächte. Eine historisch-politische Analyse. — Stuttgart: Tauchnitz (1963). 307 S.

**Bracher,** Karl Dietrich: Deutschland zwischen Demokratie und Diktatur. Beiträge zur neueren Politik und Geschichte. — München: Scherz (1964). 415 S.

**Bracher,** Karl Dietrich: Das deutsche Dilemma. Leidensweg der politischen Emanzipation. — (München:) Piper (1971). 470 S.

**Braubach,** Max: Beiträge zur Zeitgeschichte. — In: Hist. Jb. 73 (1954), 152—183.
Literaturbericht.

**Braubach,** Max: Memoiren zur neuesten Geschichte. Literaturbericht. — In: Hist. Jb. 70 (1951), 388—401.

**Brunschwig,** Henri: Die historischen Generationen in Frankreich und Deutschland. (Übers. von Frantz Vossen.) — In: Vjh. Zeitgesch. 2 (1954), 373—385.

**Bühler,** Johannes: Vom Bismarck-Reich zum geteilten Deutschland. Deutsche Geschichte seit 1871. — Berlin: De Gruyter 1960. XIV, 1027 S.
*(Bühler: Deutsche Geschichte. 6.)*

**Calleao,** David: The German problem reconsidered. Germany and the world order, 1870 to the present. – New York: Cambridge University Press 1978. 239 S.

**Carr,** William: A history of Germany, 1815—1945. — New York: St. Martin's Press 1969. XIV, 462 S.

**Cartias,** Eugène: Le danger allemand (1866—1945). — Paris: Presses universitaires 1952. 259 S.

**Childs,** David: Germany since 1918. — London: Batsford 1971. 308 S.
*(Studies in Twentieth Century History.)*

**Christmann,** Helmut: Von 1815 bis zum Jahre 1945. — Bonn usw.: Dümmler (1962). 80 S.
*(Quellensammlung für den Geschichtsunterricht. 3.)*

**Conze,** Werner: Die Zeit Wilhelms II. und die Weimarer Republik. Deutsche Geschichte 1890—1933. — Tübingen: Wunderlich; Stuttgart: Metzler 1964. 270 S.

**Cornevin,** Robert: Geschichte der deutschen Kolonisation (Histoire de la colonisation allemande, dt.) Eingel. u. übers. von Hans Jenny. – Goslar: Hübener 1974. 120 S.

**Cornevin**, Robert: Histoire de la colonisation allemande. — Paris: Presses Universitaires de France 1969. 128 S.
*(Coll. „Que sais-je?". 1331.)*

**Craig**, Gordon A[lexander]: Germany 1866—1945. — Oxford: Oxford University Press 1978. XV, 825 S.
*(Oxford History of modern Europe.)*

**Dehio**, Ludwig: Deutschland und die Epoche der Weltkriege. — In: Hist. Z. 173 (1952), 77—94.

**Dehio**, Ludwig: Gedanken über die deutsche Sendung 1900—1918. — In: Hist. Z. 174 (1952), 479—502.

**Deutschland.** 100 Jahre deutsche Geschichte. Mit e. Geleitw. von Richard von Weizsäcker u. e. Nachw. von Willy Brandt. Hrsg. von Hans-Adolf Jacobsen u. Hans Dollinger. — München: Desch 1973. 423 S.

**Deutschland** und die russische Revolution. (Referate.) Hrsg. von Helmut Neubauer. (Im Auftr. d. Dtsch. Gesellsch. f. Osteuropakunde.) — Stuttgart: Kohlhammer (1968). 112 S.
*(Geschichte und Gegenwart.)*

**Dokumente** zur deutschen Geschichte. Hrsg. u. bearb. von Dieter Fricke, [3-4:] hrsg. von Dieter Fricke, bearb. von ... ; [5-:] hrsg. von Wolfgang Ruge u. Wolfgang Schumacher, bearb. von ... — Berlin: Dtsch. Verl. d. Wissenschaften 1975; Frankfurt a. M.: Röderberg (1977).
   1897/98—1904. (1977). 139 S.
   1905—1909. (1977). 141 S.
   1910—1914. (1977). 155 S.
   1914—1917. (1977). 147 S.
   1917—1919. 1975. 136 S.
   1919—1923. 1975. 104 S.
   1924—1929. 1975. 122 S.
   1929—1933. 1975. 111 S.
   1933—1935. (1977). 146 S.
   1936—1939. (1977). 142 S.
   1939—1942. (1977). 148 S.
   1942—1945. (1977). 142 S.

**Dokumente** der deutschen Politik und Geschichte von 1848 bis zur Gegenwart. Ein Quellenwerk f. d. politische Bildung u. staatsbürgerl. Erziehung. Hrsg.: Johannes Hohlfeld. — Berlin: Dokumenten-V.
   1. Die Reichsgründung und das Zeitalter Bismarcks. 1848—1890. (1951). XVI, 472 S.
   2. Das Zeitalter Wilhelms II. 1890—1918. (1951). XX, 422 S.
   3. Die Weimarer Republik. 1919—1933. (1951). XII, 476 S.
   6. Deutschland nach dem Zusammenbruch 1945. Urkunden und Aktenstücke zur Neuordnung von Staat u. Verwaltung sowie Kultur, Wirtschaft u. Recht. Bearb. von Klaus Hohlfeld. (1951). XI, 575 S.
*(Sonderausgabe für die Staats- und Kommunalbehörden, sowie Schulen u. Bibliotheken.)*

**Droz**, Jacques: Histoire de l'Allemagne du milieu du XVIII. siècle à la première guerre mondiale. — In: Rev. hist. 235 (1966), 427—454.
Literaturbericht.

**Ebeling**, Hans: Deutsche Geschichte. Hrsg. vom Geschichtspädagogischen Forschungskreis Braunschweig. — Braunschweig, Berlin [usw.]: Westermann.
   Ausgabe A.
   4. Weltgeschichte der neuesten Zeit. I. 1789—1914. 1952. 328 S.
   5. Weltgeschichte der neuesten Zeit. II. Das Zeitalter der Weltkriege. 1952. 176 S.

**Eckert**, Georg und Otto-Ernst Schüddekopf [Hrsg.]: Wie andere uns sehen. Die letzten 100 Jahre deutscher Geschichte in europäischen Schulbüchern. — Braunschweig: Limbach (1955). 168 S.

**Endres**, Fritz Carl: Der deutschen Tragödie erster Teil. — Stuttgart: Mittelbach 1949. XVI, 264 S.

**Engelmann**, Bernt: Trotz alledem. Deutsche Radikale 1777—1977. — München: Bertelsmann (1977). 415 S.

**Epstein**, Klaus: Neueres amerikanisches Schrifttum über die deutsche Geschichte im 20. Jahrhundert. — In: Welt als Gesch. 20 (1960), 51—69 und 120—142.

**Erbe** des Abendlandes. Lehrbuch der Geschichte f. höhere Schulen. Hrsg. von Hans Schaefer und Jakob Erdmann. — Düsseldorf: Schwann.
   Mittelstufe.
   T. 4. Die Neuzeit.
   Halbbd. 2. Von Bismarck bis zur Bundesrepublik. Bearb. von Gustav Würtenberg. (1951). 123 S.

Revolutionäre **Ereignisse** und Probleme in Deutschland während der Periode der Großen Sozialistischen Oktoberrevolution 1917/1918. Beiträge zum 40. Jahrestag der Großen Sozialistischen Oktoberrevolution. Red.: Albert Schreiner. — Berlin: Akademie-V. 1957. XIV, 353 S.
*(Schriften des Instituts für Geschichte. R. 1, Bd 6.)*

**Ernst**, Fritz: Die Deutschen und ihre jüngste Geschichte. Beobachtungen u. Bemerkungen zum deutschen Schicksal der letzten 50 Jahre (1911 bis 1961). — Stuttgart: Kohlhammer 1963. 162 S.

**Eschenburg**, Theodor: Das Problem der deutschen Einheit nach den beiden Weltkriegen. — In: Vjh. Zeitgesch. 5 (1957), 107—133.

**Feuchtwanger**, Edgar Joseph [Hrsg.]: Deutschland, Wandel und Bestand (Upheaval and continuity, dt.) Eine Bilanz nach 100 Jahren. [Die Beiträge von Martin Broszat u. a. wurden von Ingrid Schick ins Dtsch. übertr.] — Frankfurt a. M.: Suhrkamp-Taschenbuch-Verl. 1976. 205 S.
*(Suhrkamp-Taschenbücher. 335.)*

**Feuchtwanger**, E. J. [Ed.]: Upheaval and continuity. A century of German history. Pref. by Klaus Schulz. — London: O. Wolff 1973. 191 S.

**Flenley**, Ralph: Modern German history. — London: Dent (1953). 400 S.

**Gebhardt**, Bruno: Handbuch der deutschen Geschichte. 8., völlig neu bearb. Aufl. hrsg. von Herbert Grundmann. — Stuttgart: Union Verl.
   4. Erdmann, Karl Dietrich: Die Zeit der Weltkriege. 1959. VIII, 362 S.

The long **generation**. Germany from empire to ruin, 1913—1945. Ed. by Henry Cord Meyer. — New York: Harper & Row (1973). XIII, 359 S.
*(Documentary History of Western Civilisation.)*

Deutsche **Geschichte.** Hrsg. vom Geschichtspädagogischen Forschungskreis Braunschweig. Dargest. u. erzählt von Hans Ebeling. — Braunschweig [usw.]: Westermann.
   Ausgabe B in Einzelheften.
   9. 1914—1950. 1953. 148 S.

Deutsche **Geschichte** seit dem Ersten Weltkrieg. (Hrsg. vom Institut für Zeitgeschichte.) Bd 1—3. — Stuttgart: Dtsch. Verl.-Anst.
 1. (1971). 844 S.
 2. (1973). 784 S.
 3. Quellen zur Zeitgeschichte. (1973). 366 S.
*(Veröffentlichung des Instituts für Zeitgeschichte.)*

**Geschichte** der deutschen Länder. „Territorien-Ploetz". — Würzburg: Ploetz.
 2. Die deutschen Länder vom Wiener Kongreß bis zur Gegenwart. (1971). XVI, 1020 S.

**Glaeser**, Ernst: Köpfe und Profile. — Zürich, Wien, Berlin: Scientia-V. 1952. 177 S.

**Göhring**, Martin: Bismarcks Erben 1890—1945. Deutschlands Weg von Wilhelm II. bis Adolf Hitler. — Wiesbaden: Steiner 1958. VIII, 386 S.

**Gollwitzer**, Heinz: Eine deutsche Geschichte des 19. und 20. Jahrhunderts. — In: Hist. Z. 190 (1960), 553—560.

**Guillen**, Pierre: L'Allemagne de 1848 à nos jours. — Paris: Nathan 1970. 156 S.

**Hallgarten**, George W[olfgang] F[elix] [u.] Joachim Radkau: Deutsche Industrie und Politik von Bismarck bis heute. - (Frankfurt a. M.:) Europ. Verl.-Anst. (1974). 574 S.

**Hemmerle**, Eduard: Deutsche Geschichte von Bismarcks Entlassung bis zum Ende Hitlers. — München: Kösel 1948. 565 S.

**Herbell**, Hajo: Staatsbürger in Uniform 1789—1961. Ein Beitr. zur Geschichte des Kampfes zwischen Demokratie und Militarismus in Deutschland. — (Berlin:) Dtsch. Militärverl. (1969). 592 S.

**Hildebrand**, Klaus: Vom Reich zum Weltreich. Hitler, NSDAP und koloniale Frage 1919—1945. — München: Fink 1969. 955 S.
*(Veröffentlichungen des Historischen Instituts der Universität Mannheim. 1.)*

**Hillgruber**, Andreas: Deutsche Großmacht- und Weltpolitik im 19. und 20. Jahrhundert. - Düsseldorf: Droste (1977). 389 S.

**Hillgruber**, Andreas: Kontinuität und Diskontinuität in der deutschen Außenpolitik von Bismarck bis Hitler. — Düsseldorf: Droste (1969). 28 S.

German **history**. Some new German views. Ed. by Hans Kohn. (The German texts were translated by Herbert H. Rohwen.) — London: Allen & Unwin (1954). 224 S.

**Holborn**, Hajo: Deutsche Geschichte in der Neuzeit (History of modern Germany, dt.) Vom Verf. durchges. Übers. aus d. Engl. von Annemarie Holborn. — Stuttgart: Kohlhammer.
 1. Das Zeitalter der Reformation und des Absolutismus. (1960.) XX, 643 S.

**Holborn**, Hajo: Deutsche Geschichte in der Neuzeit (A history of modern Germany, dt.) (Die Übers. d. Gesamtwerkes besorgte Annemarie Holborn.) [2. Aufl.] Bd 1—3. — München: Oldenbourg.
 1. Das Zeitalter der Reformation und des Absolutismus ⟨bis 1790⟩. (1970). XX, 641 S.
 2. Reform und Restauration, Liberalismus und Nationalismus ⟨1790 bis 1871⟩. (1970). VIII, 464 S.

**Holborn**, Hajo: Deutsche Geschichte in der Neuzeit (A history of modern Germany, dt.) (Die Übers. d. Gesamtwerkes besorgte Annemarie Holborn.) [2. Aufl.] Bd 1—3. — München: Oldenbourg.
 3. Das Zeitalter des Imperialismus ⟨1871 bis 1945⟩. (1971). VIII, 663 S.

**Jablonowski**, Horst: Die politischen Veränderungen im nordostdeutschen Raum von der Mitte des 18. Jahrhunderts bis zum Zweiten Weltkrieg. — In: Z. Ostforsch. 15 (1966), 232—261.

**Jacobsen**, Hans-Adolf [u.] Hans Dollinger [Hrsg.]: 100 Jahre Deutschland 1870—1970. Bilder, Texte, Dokumente. Mit e. Geleitw. von Richard von Weizsäcker u. e. Nachw. von Willy Brandt. — (München:) Desch (1969). 415 S.

**Jacobsen**, Hans-Adolf: Von der Strategie der Gewalt zur Politik der Friedenssicherung. Beiträge zur deutschen Geschichte im 20. Jahrhundert. - Düsseldorf: Droste (1977). 372 S.

Drei **Jahrzehnte** deutscher Geschichte, 1918-1948. 9., neubearb. Aufl. - (Berlin: Schmidt 1976). 63 S.
*(Zahlenbilder aus Politik, Wirtschaft und Kultur. Sonderh.)*

**Jung**, Kurt M[ichael]: Demokratie in Dokumenten. [Quellen deutscher Geschichte 1917—1970.] — Berlin: Safari-Verl. (1970). 576 S.
*(Die Welt des Wissens.)*

**Kaehler**, Siegfried A[ugust]: Studien zur deutschen Geschichte des 19. und 20. Jahrhunderts. Aufsätze und Vorträge. Hrsg. u. mit einem Nachwort versehen von Walter Bußmann. — Göttingen: Vandenhoeck & Ruprecht (1961). 418 S.

**Kaelble**, Hartmut: Sozialer Aufstieg in Deutschland 1850–1914. - In: Vjschr. Soz.- u. Wirtschaftsgesch. 60 (1973), 41–71.

**Kiaulehn**, Walter: Berlin. Schicksal einer Weltstadt. — München, Berlin: Biederstein (1958). 594 S.

**Klein**, Ernst: Geschichte der deutschen Landwirtschaft im Industriezeitalter. - Wiesbaden: Steiner (1973). 192 S.
*(Wissenschaftliche Paperbacks. 1.)*

**Klemperer**, Klemens von: Germany's new conservatism, its history and dilemma in the twentieth century. Forew.: Sigmund Neumann. — Princeton, N.J.: Princeton University Press 1968. XXVI, 256 S.
*(Princeton paperback. 106.)*

**Koch**-Hillebrecht, Manfred: Das Deutschlandbild. Gegenwart, Geschichte, Psychologie. - München: Beck (1977). 314 S.
*(Beck'sche schwarze Reihe. 162.)*

**Kochan**, Lionel: The struggle for Germany 1914—1945. — Edingburgh: University Press (1963). VIII, 150 S.
*(Edinburgh University Publications. 15.)*

(**Kohte**, Wolfgang): Bundesarchiv. Fünfzig Jahre deutscher Geschichte 1907—1957 in Plakaten und Flugblättern. Ausstellung im Deutschherrenhaus zu Koblenz 10.—29. September 1957. — (Koblenz 1957: Bundesarchiv.) 31 S.

**Krasuski,** Jerzy: Historia Rzeszy Niemieckiej 1871—1945. — Poznań: Wydawnictow Poznańskie 1969. 416 S.

**Krausnick,** Helmut: Unser Weg in die Katastrophe von 1945. Rechenschaft und Besinnung heute. — In: Dtsch. Evangel. Kirchentag 1961, Dokumente, Stuttgart: Kreuz-Verl. (1961), 218—239.

**Kühnl,** Reinhard: Deutschland zwischen Demokratie und Faschismus. Zur Problematik der bürgerlichen Gesellschaft seit 1918. — (München:) Hanser (1969). 186 S.
*(Reihe Hanser. 14.)*

**Leber,** Annedore u. Freya Gräfin von Moltke: Für und wider. Entscheidungen in Deutschland 1918—1945. — (Berlin:) Mosaik-Verl. (1961). 287 S.

**Lehrbuch** für den Geschichtsunterricht. — Berlin, Leipzig: Volk und Wissen. Schuljahr 7.
1.—5. [Aus der Geschichte des Kapitalismus.] 1952. 116 S.
Schuljahr 8.
1. Die große sozialistische Oktoberrevolution. 1951. 95 S.
2. Die Novemberrevolution in Deutschland. 1951. 50 S.
3. Die Weimarer Republik. 1951. 83 S.
4. Die faschistische Diktatur in Deutschland und der zweite Weltkrieg. 1951. 80 S.
5. Der Wiederaufbau der zerstörten Gebiete und der demokratische Neuaufbau Deutschlands. 1951. 84 S.

**Loewenberg,** Peter: Psychohistorical perspectives on modern German history. - In: J. mod. Hist. 47 (1975), 229–279.

**Lukács,** Georg: Von Nietzsche bis Hitler oder Der Irrationalismus in der deutschen Politik. — (Frankfurt a. M.:) Fischer-Bücherei (1966). 268 S.
*(Fischer-Bücherei. 784.)*

**Lutzhöft,** Hans-Jürgen: Der nordische Gedanke in Deutschland 1920—1940. — Stuttgart: Klett (1971). 439 S.
*(Kieler historische Studien. 14.)*

**Mann,** Golo: Deutsche Geschichte des neunzehnten und zwanzigsten Jahrhunderts. — (Frankfurt a. M.): S. Fischer (1958). 989 S.

**Meißner,** Erich: Zwiespalt im Abendland. Ein Kommentar zur deutschen Geschichte 1517—1939. — Stuttgart: Deutsche Verlags-Anst. 1949. 248 S.

**Meyer,** Henry Cord: Mitteleuropa in German thought and action 1815—1945. — 's-Gravenhage: Nijhoff 1956. XVI, 378 S.

**Misch,** Carl: Deutsche Geschichte im Zeitalter der Massen von der Französischen Revolution bis zur Gegenwart. — Stuttgart: Kohlhammer (1952). X, 554 S.

**Mosse,** George L.: Die Nationalisierung der Massen (The nationalization of the masses, dt.) Politische Symbolik und Massenbewegungen in Deutschland von den Napoleonischen Kriegen bis zum Dritten Reich. (Aus d. Engl. von Otto Weith.) - (Frankfurt a. M.:) Ullstein (1976). 283 S.

**Müller,** Richard: Die Schwierigkeiten einer Neugliederung Deutschlands seit 1918. — o. O. 1953. X, 182 gez. Bl. [Maschinenschr.]
*Heidelberg, jur. Diss. 26. Jan. 1954.*

**Mueller**-Graf, Carl H.: Irrweg und Umkehr. — Stuttgart: Reclam 1948, 262 S.

**Deutschlands Ostproblem.** Eine Untersuchung der Beziehungen des deutschen Volkes zu seinen östlichen Nachbarn. Hrsg. vom Göttinger Arbeitskreis. — Würzburg: Holzner 1957. 220 S.

**Pajewski,** Janusz: Niemcy w czasach nowożytnich (1517—1939). — Poznań: Instytut Zachodni 1947. 343 S.
*(Studium Niemcoznawcze Instytutu Zachodniego. 2.)*

**Passant,** E(rnest) J(ames), u. W[illiam] O[tto] Henderson: Germany 1815—1945 (A short history of Germany 1815—1945, dt.) Deutsche Geschichte in britischer Sicht. (Übers. von J[ohann Kim] Länder.) — (Berlin:) de Gruyter (1962). 268 S.
*(Die kleinen de-Gruyter-Bände. 2.)*

**Passant,** E. J.: A short history of Germany 1815—1945. With sections on economics by W. O. Henderson and contributions by C. J. Child and D. C. Watt. — London: Cambridge University Press 1959. 264 S.

**Pflanze,** Otto: Another crisis among German historians? Helmut Böhme's „Deutschlands Weg zur Großmacht". — In: J. mod. Hist. 40 (1968), 118—129.

**Pinson,** Koppel S.: Modern Germany. Its history and civilization. — New York: Macmillan 1954. 637 S.

**Pinson,** Koppel S.: Modern Germany. Its history and civilization. With a final chapter on the Bonn Republic by Klaus Epstein. — New York: Macmillan 1966. 682 S.

**Preradovich,** Nikolaus von: Die Führungsschichten in Österreich und Preußen (1804—1918). Mit einem Ausblick bis zum Jahre 1945. — Wiesbaden: Steiner 1955. 240 S.
*(Veröffentlichungen des Instituts für Europäische Geschichte. 11.)*

**Pritzkoleit,** Kurt: Das kommandierte Wunder. Deutschlands Weg im zwanzigsten Jahrhundert. — Wien, München, Basel: Desch (1959). 802 S.

**Ramm,** Agatha: Germany 1789—1919. A political history. — London: Methuen 1967. 517 S.

**Rein,** Gustav Adolf: Bonapartismus und Faschismus in der deutschen Geschichte. — Göttingen: Musterschmidt [um 1960]. 34 S.
*(Studien zum Geschichtsbild. Historisch-politische Hefte der Ranke-Gesellschaft. 1.)*

**Rodes,** John E.: The quest for unity. Modern Germany, 1848—1970. — New York: Holt, Rinehart & Winston 1971. XIV, 432 S.

**Röhl,** J(ohn) C. G.: From Bismarck to Hitler. The problem of continuity in German history. — (London:) Longmans (1970). XIV, 191 S.
*(Problems and perspectives in history.)*

**Rohrbach,** Paul: Unser Weg. Betrachtungen zum letzten Jahrhundert deutscher Geschichte. — Köln: Schaffstein 1949. 108 S.

**Ruby,** Maurice: L'évolution de la nationalité allemande. Avant-propos de A. François-Poncet, préface de M. Batiffol. — Baden-Baden: Wervereis; Paris: Pedone 1953. 913 S.

**Ryder,** A[rthur] J[ohn]: Twentieth-century Germany. From Bismarck to Brandt. – London: Macmillan 1973. XVIII, 656 S.

**Schicksalsjahre** deutscher Geschichte. 1914, 1939, 1944. Hrsg. von Klaus-Jürgen Müller. — Boppard a. Rh.: Boldt (1964). 304 S.

**Schieder,** Theodor: Grundfragen der neueren deutschen Geschichte. Zum Problem der historischen Urteilsbildung. — In: Hist. Z. 192 (1961), 1—16.

**Schieder,** Theodor: Reichtum und Gefahr der Mittellage Deutschlands. — In: Gesch. Wiss. Unterr. 13 (1962), 269—281.

**Schüddekopf,** Otto-Ernst: Wichtige deutsche Neuerscheinungen nach 1945 zur neuesten deutschen Geschichte. — In: Internat. Jb. Geschichtsunterr. 1 (1951), 120—126.

**Schulz,** Gerhard: Deutschland seit dem Ersten Weltkrieg, 1918–1945. – Göttingen: Vandenhoeck & Ruprecht (1976). 252 S.
*(Deutsche Geschichte. 10.)*
*(Kleine Vandenhoeck-Reihe. 1419.)*

**Schwerin** von Krosigk, Lutz Graf: Es geschah in Deutschland. Menschenbilder unseres Jahrhunderts. — Tübingen Stuttgart: Wunderlich 1951. 383 S.

**Sethe,** Paul: Deutsche Geschichte im letzten Jahrhundert. — Frankfurt a. M.: Scheffler (1960). 456 S.

**Snyder,** Louis L.: Roots of German nationalism. – Bloomington: Indiana University Press 1978. X, 318 S.

**Sontheimer,** Kurt: Deutschland zwischen Demokratie und Antidemokratie. Studien zum politischen Bewußtsein der Deutschen. — München: Nymphenburger Verlagshandl. 1971. 275 S.
*(Sammlung Dialog. 48.)*

**Spengler,** Oswald: Jahre der Entscheidung. Deutschland und die weltgeschichtliche Entwicklung. (167.—170. Tsd.) — München: Beck 1953. XV, 178 S.

**Stationen** der Deutschen Geschichte 1919—1945. Internationaler Kongreß zur Zeitgeschichte München. Hrsg. von Burghard Freudenfeld. — Stuttgart: Dt. Verl.-Anst. (1962). 231 S.

**Tradition** und Neubeginn. Internationale Forschungen zur deutschen Geschichte im 20. Jahrhundert. Referate und Diskussionen eines Symposiums der Alexander von Humboldt-Stiftung vom 10. bis 15. September 1974 in Bad Brückenau. Hrsg. von Joachim Hütter, Reinhard Meyers [u.] Dietrich Papenfuß. – Köln: Heymanns (1975). X, 565 S.
*(Internationale Fachgespräche.)*

**Treue,** Wolfgang: Deutschland seit 1848. Geschichte der neuesten Zeit. — Wiesbaden: F. Steiner (1968). 126 S.

**Ullmann,** Hermann: Pioniere Europas. Die volksdeutsche Bewegung und ihre Lehren. — München 1956: Arbeitsstelle für Heimatvertriebene/Süd. 66 S.

**Ursachen** und Folgen. Vom deutschen Zusammenbruch 1918 und 1945 bis zur staatlichen Neuordnung Deutschlands in der Gegenwart. Eine Urkunden- und Dokumentensammlung zur Zeitgeschichte. Hrsg. und Bearb.: Herbert Michaelis und Ernst Schraepler, unter Mitw. von Günter Scheel. — Berlin: Dokumenten-V. Wendler.
1. Die Wende des Ersten Weltkrieges und der Beginn der innerpolitischen Wandlung 1916/1917. (1958.) XXVII, 454 S.
2. Der militärische Zusammenbruch und das Ende des Kaiserreichs. 1958. XXIV, 594 S.
3. Der Weg in die Weimarer Republik. 1958. XX, 628 S.
*(Sonderausgabe für die Staats- und Kommunalbehörden sowie für Schulen und Bibliotheken.)*

**Valentin,** Veit: Von Bismarck zur Weimarer Republik. 7 Beiträge zur deutschen Politik. Hrsg. u. eingel. von Hans-Ulrich Wehler. – (Köln:) Kiepenheuer & Witsch 1978. 143 S.

**Vermeil,** Edmond: L'Allemagne contemporaine. Sociale, politique, culturelle. 1890—1950. — Paris: Aubier.
1. Le règne de Guillaume II. 1890—1918. 1952. 384 S.

**Vermeil,** Edmond: L'Allemagne contemporaine. Sociale, politique, culturelle. 1890—1950. — Paris: Aubier.
2. La république de Weimar et le Troisième Reich. 1918—1950. 1953. 443 S.

**Vogt,** Hannah: Schuld oder Verhängnis? 12 Fragen an Deutschlands jüngste Vergangenheit. — Frankfurt a. M.: Diesterweg (1961). 251 S.
*(Staat u. Gesellschaft. 11.)*

**Vom** Kaiserreich zur Weimarer Republik. Hrsg. von Eberhard Kolb. – Köln: Kiepenheuer & Witsch 1972. 437 S.
*(Neue wissenschaftliche Bibliothek. 49: Geschichte.)*

**Weltherrschaft** im Visier. Dokumente zu den Europa- und Weltherrschaftsplänen des deutschen Imperialismus von der Jahrhundertwende bis Mai 1945. Hrsg. u. eingel. von Wolfgang Schuhmann [u.] Ludwig Nestler unter Mitarb. von Willibald Gutsche u. Wolfgang Ruge. – Berlin: Dtsch. Verl. d. Wissenschaften 1975. 406 S.

**Wenger,** Paul Wilhelm: Wer gewinnt Deutschland? Kleinpreußische Selbstisolierung oder mitteleuropäische Föderation. — Stuttgart-Degerloch: Seewald (1959). 423 S.

**Wereszycki,** Henryk: From Bismarck to Hitler. The problems of continuity from the Second to the Third Reich. – In: Polish West. Aff. 14 (1973), 19–32.

**Zentner,** Christian: Deutschland 1870 bis heute. Bilder und Dokumente. (Mitarb.: Gaby Keim.) — München: Südwest Verl. (1970). 640 S.

Politik und Staat

100 Jahre Auswärtiges **Amt.** 1870 bis 1970. Hrsg. vom Auswärtigen Amt. (Zsgest. vom Polit. Archiv d. Auswärt. Amtes unter d. Leitung von Heinz Günther Sasse in Verb. mit Ekkehard Eickhoff.) — Bonn 1970: (Thenée). 215 S.

**Aspekte** deutscher Außenpolitik im 20. Jahrhundert. Aufsätze Hans Rothfels zum Gedächtnis. Hrsg. von Wolfgang Benz [u.] Hermann Graml. – Stuttgart: Dtsch. Verl.-Anst. (1976). 304 S.
*(Schriftenreihe der Vierteljahrshefte für Zeitgeschichte. Sondernummer.)*

**Aspekte** der deutsch-britischen Beziehungen im Laufe der Jahrhunderte. Ansprachen und Vorträge zur Eröffnung des Deutschen Historischen Instituts London. Aspects of Anglo-German relations through the centuries. Hrsg. von Paul Kluke und Peter Alter. – (Stuttgart:) Klett-Cotta (1978). VI, 83 S.
*(Veröffentlichungen des Deutschen Historischen Instituts London. 4.)*

**Aspelmeier,** Dieter: Deutschland und Finnland während der beiden Weltkriege. — Hamburg-Volksdorf: v. d. Ropp (1967). 178 S.
*(Schriften aus dem Finnlandinstitut in Köln. 7.)*

**Aßmann,** Kurt: Deutsche Seestrategie in zwei Weltkriegen. — Heidelberg: Scharnhorst Buchkameradschaft 1957. 215 S.
*(Die Wehrmacht im Kampf. 12.)*

**Bachmann,** Peter [u.] Kurt Zeisler: Der deutsche Militarismus. Ill. Geschichte. — Berlin: Dtsch. Militärverl.
1. Vom brandenburgisch-preußischen zum deutschen Militarismus. (1971). 348 S.

**Bakker,** Geert: Duitse Geopolitiek. 1919—1945. Een imperialistische ideologie. Deutsche Geopolitik. 1919—1945. Eine imperialistische Ideologie. ⟨Mit e. dtsch. Zusammenfassung.⟩ Proefschrift. — Utrecht 1967: Van Gorcum. 207 S.
*Utrecht, phil. Diss. vom 26. Mai 1967.*

**Beckenbach,** Ralf: Der Staat im Faschismus. Ökonomie und Politik im Deutschen Reich 1920-1945. – Berlin: Verl. f. d. Studium d. Arbeiterbewegung 1974. 134 S.

**Beiträge** zum deutsch-tschechischen Verhältnis im 19. und 20. Jahrhundert. Vorträge der wissenschaftlichen Tagungen des Collegium Carolinum in Nürnberg vom 14. bis 15. Mai 1964 und vom 6. bis 8. November 1964. — München: Lerche 1967. 175 S.
*(Veröffentlichungen des Collegium Carolinum. 19.)*

**Benoist-Méchin,** J[acques Baron]: Geschichte der deutschen Militärmacht 1918—1946 (Histoire de l'armée allemande [1918—1946], dt.) — Oldenburg: Stalling.
1. Das Kaiserreich zerbricht, 1918—1919. (Ins Dtsch. übertr. von Wolfgang Herda.) (1965.) 376 S.
2. Jahre der Zwietracht, 1918—1925. (Ins Dtsch. übertr. von Friedrich Richter u. a.) (1965.) 396 S.
3. Auf dem Wege zur Macht, 1925—1937. (Ins Dtsch. übertr. von Hans Berenbrok.) (1965.) 328 S.

**Bénoist-**Méchin, J[acques Baron]: Geschichte der deutschen Militärmacht 1918—1946 (Histoire de l'armée allemande [1918—1946], dt.) — Oldenburg: Stalling.
4. Wetterleuchten in der Weltpolitik 1937. Deutschland und die Weltmächte. (Ins Dtsch. übertr. von Hans[-Dieter] Berenbrok u. Wolfgang Herda.) (1966.) 336 S.
5. Griff über die Grenzen, 1938. Der Anschluß Österreichs und seine Vorgeschichte. (Ins Dtsch. übertr. von Wolfgang Herda.) (1966.) 335 S.
6. Am Rande des Krieges, 1938. Die Sudetenkrise. (Ins Dtsch. übertr. von Hans[-Dieter] Berenbrok.) (1967.) 381 S.

**Benoist-**Méchin, J[acques Baron]: Geschichte der deutschen Militärmacht 1918—1946 (Histoire de l'armée allemande, dt.) — Preußisch Oldendorf: Schütz.
7. Wollte Adolf Hitler den Krieg 1939? Generalprobe der Gewalt. (Aus d. Französ. ins Dtsch. übertr. von Hans Berenbrok.) (1971). 541 S.

**Bergsträsser,** Ludwig: Die Entwicklung des Parlamentarismus in Deutschland. —Laupheim/Württ.: Steiner 1954. 29 S.
*(Geschichte und Politik. 13.)*

Deutsch-russische **Beziehungen** von Bismarck bis zur Gegenwart. Hrsg. von Werner Markert. (Originalausg. d. anläßl. d. Jubiläumstagung d. Dtsch. Gesellschaft f. Osteuropakunde in Berlin geh. Referate.) — Stuttgart: Kohlhammer (1964). 236 S.
*(Politische Paperbacks bei Kohlhammer.)*

**Bock,** Hans Manfred: Geschichte des „linken Radikalismus" in Deutschland. Ein Versuch. – (Frankfurt a.M.:) Suhrkamp (1976). 369 S.
*(Edition Suhrkamp. 645.)*

**Böhme,** Helmut: Deutschlands Weg zur Großmacht. Studien zum Verhältnis von Wirtschaft und Staat während der Reichsgründungszeit 1848—1881. — Köln: Kiepenheuer & Witsch (1966). XVIII, 723 S.

**Borries,** Kurt: Deutschland und Polen zwischen Diktatur und Verständigung. — In: Welt als Gesch. 18 (1958), 222—255.

**Bracher,** Karl Dietrich: Parteienstaat, Präsidialsystem, Notstand. Zum Problem der Weimarer Staatskrise. — In: Polit. Vjschr. 2 (1961), 212—224.

**Broszat,** Martin: Zweihundert Jahre deutsche Polenpolitik. — (München:) Ehrenwirth (1963). 269 S.

**Brüggemeier,** Gert: Entwicklung des Rechts im organisierten Kapitalismus. Materialien zum Wirtschaftsrecht. – (Frankfurt a. M.:) Syndikat.
1. Von der Gründerzeit bis zur Weimarer Republik. (1977). 425 S.
2. Vom Faschismus bis zur Gegenwart. (1979). 486 S.

**Buchner,** Rudolf: Die deutsch-französische Tragödie 1848—1864. Politische Beziehungen und psychologisches Verhältnis. — Würzburg: Holzner (1965). 246 S.

**Burckhardt,** Helmut: Deutschland, England, Frankreich. Die polit. Beziehungen Deutschlands zu den beiden westeurop. Großmächten 1864 bis 1866. — München: W. Fink 1970. 400 S.

# DEUTSCHE GESCHICHTE

**Busch,** Otto und Anton Schernitzky: Schwarz-Rot-Gold. Die Farben der Bundesrepublik. Ihre Tradition und ihre Bedeutung. — Offenbach: Bollwerk-V. 1952. 93 S.

**Carr,** Edward Hallett: Berlin-Moskau. Deutschland und Rußland zwischen den beiden Weltkriegen (German-Soviet relations between the world wars 1919—1939, dt.) — Stuttgart: Dtsch. Verl.-Anstalt 1954. 192 S.

**Carr,** Edward Hallett: German-Soviet relations between the world wars, 1919—1939. — Baltimore: Johns Hopkins Press 1951. IX, 146 S.

**Castillon,** Richard: Les réparations allemandes. Deux expériences: 1919—1932 et 1945—1952. Préf. de A. Piettre. — Paris: Presses Universitaires 1953. 198 S.

**Conze,** Werner: Das deutsch-russische Verhältnis im Wandel der modernen Welt. — Göttingen: Vandenhoeck & Ruprecht (1967). 67 S.
*(Die deutsche Frage in der Welt. 4.)*

**Craig,** Gordon A[lexander]: Die preußisch-deutsche Armee 1640–1945. Staat im Staate (The politics of the Prussian army, dt.) (Übers.: Wilhelm u. Modeste Pferdekamp.) — Düsseldorf: Droste (1960). 576 S.

**Craig,** Gordon A.: From Bismarck to Adenauer. Aspects of German statecraft. — Baltimore: Johns Hopkins Press 1958. XVII, 156 S.

**Craig,** Gordon A[lexander]: Deutsche Staatskunst von Bismarck bis Adenauer (From Bismarck to Adenauer. Aspects of German statecraft, [dt.] (Aus d. Amerikan. übertr. von Wolfgang J[ohannes] u. Christa Helbich.) — Düsseldorf: Droste (1961). 168 S.

**Dehio,** Ludwig: Deutschland und die Weltpolitik im 20. Jahrhundert. — München: Oldenbourg (1955). 155 S.

**Dehlinger,** Alfred: Deutsches Recht seit 1867 ‹Bundes-, Ostzonen-, Reichs-, Berliner und Besatzungsrecht› und völkerrechtliche Verträge. Systematische Übersicht ‹Fundstellennachweis in sachlicher Ordnung›. 25. Aufl. — Stuttgart, Köln: Kohlhammer [1952]. 116 S.

Parlamentarische **Demokratie** in Deutschland. 1919—1969. Mit Beitr. von Karl Dietrich Bracher, Ernst Deuerlein, Friedrich Karl Fromme [u.a.] — (Bonn: Bundeszentrale f. Polit. Bildung 1970). 127 S.
*(Schriftenreihe der Bundeszentrale für Politische Bildung. 86.)*

**Deuerlein,** Ernst: Deutsche Kanzler. Von Bismarck bis Hitler. — (München:) List (1968). 523 S.

**Deutschland**-Frankreich. Ludwigsburger Beiträge zum Problem der deutsch-französischen Beziehungen. Hrsg. vom Deutsch-Französischen Institut Ludwigsburg. — Stuttgart: Dtsch. Verl. Anst. 1954. 380 S.

**Doerr,** Hans: Der „Große Chef". Entstehung, Aufstieg, Wandlung und Niedergang des Chefs des Generalstabes in Deutschland. — In: Wehrkunde 6 (1957), 542—550.

**Drang** nach Afrika. Die koloniale Expansionspolitik und Herrschaft des deutschen Imperialismus in Afrika von den Anfängen bis zum Ende des zweiten Weltkrieges. Hrsg. von Helmut Stoecker unter Mitw. von Jolanda Ballhaus. – Berlin: Akademie-Verl. 1977. 370 S.

**Dülffer,** Jost: Weimar, Hitler und die Marine. Reichspolitik und Flottenbau 1920—1939. Mit e. Anh. von Jürgen Rohwer. — Düsseldorf: Droste 1973. 615 S.

**Dupuy,** T[revor] N[evitt]: A genius for war. The German army and general staff, 1807–1945. – London: Macdonald and Jane's 1977. 362 S.

**Engel,** Lothar: Kolonialismus und Nationalismus im deutschen Protestantismus in Namibia 1907 bis 1945. Beiträge zur Geschichte der deutschen evangelischen Mission und Kirche im ehemaligen Kolonial- und Mandatsgebiet Südwestafrika. – Frankfurt a. M.: Lang 1976. XXII, 612 S.
*(Studien zur interkulturellen Geschichte des Christentums. 7.)*

**Engelbergs,** Karl Heinz: Die gesetzgebende Gewalt von der Kaiserreichsverfassung bis zum Bonner Grundgesetz. — o. O. 1954. IV, 226 gez. Bl. [Maschinenschr.]
*Göttingen, rechts- u. staatswiss. Diss. 7. Juli 1954.*

**Entscheidung** 1866. Der Krieg zwischen Österreich und Preußen. Hrsg. vom Militärgeschichtl. Forschungsamt durch Wolfgang von Groote und Ursula von Gersdorff. — Stuttgart: Dtsch. Verl.-Anst. 1966. 354 S.

Die **Entwicklung** des Flottenkommandos. Vorträge d. 7. Historisch-Taktischen Tagung d. Flotte am 5. u. 6. 12. 1963. — Darmstadt: Wehr u. Wissen Verl.-Ges. (1964). 175 S.
*(Beiträge zur Wehrforschung. 1.)*

**Erdmann,** Gerhard: Die Entwicklung der deutschen Sozialgesetzgebung. 2., erw. Aufl. — Göttingen: Musterschmidt (1957). XI, 405 S.
*(Quellensammlung zur Kulturgeschichte. 10.)*

**Erdmann,** Karl Dietrich: Die Zerstörung und Wiederherstellung der Staatsidee in Deutschland. — In: Gesch. Wiss. Unterr. 12 (1961), 725—736.

**Erfurth,** Waldemar: Die Geschichte des deutschen Generalstabes von 1918 bis 1945. — Göttingen: Musterschmidt (1957). 326 S.
*(Studien zur Geschichte des Zweiten Weltkrieges. 1.)*

**Erusalimskij,** A. S.: Vnešnjaja politika i diplomatija germanskogo imperializma v konce XIX v. 2. izd. — Moskva: Akad. Nauk. SSSR. 1951. 604 S.

**Eyck,** Erich: Auf Deutschlands politischem Forum. Deutsche Parlamentarier u. Studien zur neueren dt. Geschichte. (Polit.-histor. Aufsätze.) — Erlenbach-Zürich u. Stuttgart: Rentsch (1963). 183 S.

**Faul,** Erwin: Kreuzwege radikaler Ziel- und Strategiediskussionen in den Anfängen der deutschen Arbeiterbewegung. – In: Polit. Vjschr. 17 1976), 297–316.

**Federau,** Fritz: Von Versailles bis Moskau. Politik und Wirtschaft in Deutschland 1919—1970. Ein Dokumentarbericht unter Verwendung von vertraulichem, internem und ehemals geheimem Material. — Berlin: Haude & Spener (1971). 248 S.

**Fischer,** Fritz: Bündnis der Eliten. Zur Kontinuität der Machtstrukturen in Deutschland 1871–1945. – Düsseldorf: Droste (1978). 112 S.

**Fleury,** Antoine: La pénétration allemande au Moyen-Orient 1919–1939. Le cas de la Turquie, de l'Iran et de l'Afghanistan. – Leiden: Sijthoff 1977. XIII, 432 S.
*(Collections de relations internationales. 5.)*

**Flitner,** Andreas: Die politische Erziehung in Deutschland. Geschichte und Probleme 1750—1880. — Tübingen: Niemeyer 1957. 238 S.

**Förster,** Gerhard, Helmut Otto [u.] Helmut Schnitter: Der preußisch-deutsche Generalstab 1870–1963. Zu seiner politischen Rolle in der Geschichte. — Berlin: Dietz 1964. 306 S.
*(Wahrheit über d. dtsch. Imperialismus. 13.)*

Archivalische **Forschungen** zur Geschichte der deutschen Arbeiterbewegung. Veröffentl. vom Institut f. Geschichte an d. Dtsch. Akademie d. Wissenschaften zu Berlin, Abt. „Dokumente u. Materialien zur Geschichte d. dtsch. Arbeiterbewegung". Ltg.: Leo Stern. — Berlin: Rütten & Loening.
1. 3. Arbeitstagung der Forschungsgemeinschaft „Dokumente und Materialien zur Geschichte der deutschen Arbeiterbewegung" am 7. und 8. Dezember 1953 in Halle. Forschungsberichte. 2. Aufl. (1954.) 336 S.
2/I—II. Die Auswirkungen der ersten russischen Revolution von 1905 bis 1907 auf Deutschland. Hrsg. von Leo Stern.
   I. Bearb. von Walter Nissen. 2. Aufl. 1955. LXXVI, 355 S.
   II. Bearb. von Gerhard Schrader. 1956. LXIII, 350 S.
2/III—VII. Die Russische Revolution von 1905—1907 im Spiegel d. dtsch. Presse. Hrsg. von Leo Stern. Quellenmaterial zsgest. u. bearb. von Rudolf Sauerzapf [u. a.] 1961. VII, 2521 S.
3/I—II. Der Kampf der deutschen Sozialdemokratie in der Zeit des Sozialistengesetzes 1878—1890. Die Tätigkeit der Reichs-Commission. Bearb. von Herbert Buck. (1956.) LVIII, 1096 S.
4/I—IV. Die Auswirkungen der Großen Sozialistischen Oktoberrevolution auf Deutschland. Hrsg. von Leo Stern. Bearb. von Gerhard Schrader und Hellmuth Weber. 1959. XI, 2030 S.

**Forsthoff,** Ernst: Deutsche Verfassungsgeschichte der Neuzeit. Ein Abriß. 2. Aufl. — Stuttgart: Kohlhammer 1961. XV, 192 S.

**Franz,** Werner: Stadien der Entwicklung von Gemeinde, Kreisorganisation und Landratsstellung in Schleswig-Holstein und nördlich der heutigen Grenze von 1865 bis 1960. — In: Die Heimat 67 (1960), H. 4.

**Franzel,** Emil: Von Bismarck zu Adenauer. Ideologie, Wahn und Realismus in der deutschen Politik. — München: Lehnen (1957). 146 S.
*(Dalp-Taschenbücher. 337.)*

Deutsch-sowjetische **Freundschaft.** Ein historischer Abriß von 1917 bis zur Gegenwart. Von einem Autorenkollektiv unter der Leitung von Günter Gorski. – Berlin: Dtsch. Verl. d. Wissenschaften 1975. 406 S.

**Gasser,** Adolf: Die Schicksalswende von Königgrätz. 3. Juli 1866. — In: National-Zeitung Basel, Nr. 300, 3. Juli 1966.

**Geary,** Dick: The German labour movement 1848–1919. – In: Europ. Stud. Rev. 6 (1976), 297–330.

**Gembruch,** Werner: Deutsches Soldatentum im Leben der Nation seit der Jahrhundertwende. — In: Wehrwiss. Rdsch. 10 (1960), 465—475.

**Gemzell,** Carl-Axel: Organization, conflict and innovation. A study of German naval strategic planning, 1888–1940. – (Lund 1973: Berlinska Boktryckeriet). 448 S.
*(Lund Studies in International History. 4.)*
*(Scandinavian University Books.)*

**Germany** and the Middle East, 1835–1939. International Symposium, April 1975. Jehuda L. Wallach, Ed. [Hrsg.:] Tel-Aviv University, Faculty of Humanities; The Aranne School of History; Institute of German History. – (Tel-Aviv: [Selbstverl. d. Hrsg.] 1975). 211 S.
*(Jahrbuch des Instituts für Deutsche Geschichte. Beih. 1.)*

**Gietl,** Karl: Die Reichsorganisation in der Frankfurter Reichsverfassung und ihr Einfluß auf die Reichsverfassungen von 1871 und 1919. — o. O. 1949. VII, 219 gez. Bl. [Maschinenschr.]
*München, jur. Diss. 10. Aug. 1949.*

**Goodspeed,** Donald James: The German wars 1914–1945. – Boston: Houghton Mifflin 1977. 561 S.

**Gossweiler,** Kurt: Großbanken, Industriemonopole, Staat. Ökonomie und Politik des staatsmonopolistischen Kapitalismus in Deutschland 1914—1932. — Berlin: Dtsch. Verl. d. Wissenschaften 1971. 428 S.

**Grundfragen** der deutschen Außenpolitik seit 1871. Hrsg. von Gilbert Ziebura. – Darmstadt: Wiss. Buchgesellsch. 1975. VI, 503 S.
*(Wege der Forschung. 315.)*

**Grundfragen** der geschichtlichen Beziehungen zwischen Deutschen, Polaben und Polen. Referate und Diskussionsbeiträge aus 2 wissenschaftlichen Tagungen. Hrsg. von Wolfgang H. Fritze [u.] Klaus Zernack. – Berlin: Colloquium Verl. 1976. 154 S.
*(Publikationen zur Geschichte der deutsch-polnischen Beziehungen. 1.)*
*(Einzelveröffentlichungen der Historischen Kommission zu Berlin. 18.)*

**Günsche,** Karl-Ludwig [u.] Klaus Lantermann: Verbieten, Aussperren, Diffamieren. 100 Jahre Sozialistengesetz und verwandte Praktiken. Mit e. Vorw. von Hans Koschnick. — Köln: Europ. Verl.-Anst. 1978. 143 S.
*(Demokratischer Sozialismus in Theorie und Praxis.)*

**Güth,** Rolf: Die Marine des Deutschen Reiches, 1919—1939. — Frankfurt a. M.: Bernard & Graefe 1972. 263 S.

**Haffner,** Sebastian: Der Teufelspakt. 50 Jahre deutsch-russische Beziehungen. — (Reinbek b. Hamburg:) Rowohlt (1968). 136 S.
*(rororo-Taschenbuch. 6636.)*

**Haller,** Wolfram M.: Regional and national free-trade associations in Germany, 1859—79. - In: Europ. Stud. Rev. 6 (1976), 275—296.

**Hauser,** Oswald: Obrigkeitsstaat und demokratisches Prinzip im Nationalitätenkampf. Preußen in Nordschleswig. — In: Hist. Z. 192 (1961), 318—361.

**Hauser,** Oswald: Preußische Staatsräson und nationaler Gedanke. Auf Grund unveröffentlichter Akten aus d. schleswig-holstein. Landesarchiv. Mit einem Dokumentenanhang. — Neumünster: Wachtholtz 1960. 285 S.
*(Quellen und Forschungen zur Geschichte Schleswig-Holsteins. 42.)*

**Hess,** Adalbert: Das Parlament, das Bismarck widerstrebte. Zur Politik und sozialen Zusammensetzung des preußischen Abgeordnetenhauses der Konfliktszeit ⟨1862—1866⟩. — Köln: Westdtsch. Verl. 1964. 165 S.
*(Politische Forschungen. 6.)*

**Hesse,** Fritz: Deutsche Politik von Brüning bis Adenauer. — München: Isar-V. 1953. S. 244—288.
*(Politische Bildung. 35.)*

**Heuss,** Alfred: Vom Verhängnis deutscher Politik. Betrachtungen zu seiner Analyse. — In: Macht und Ohnmacht des Politischen, Festschrift zum 65. Geburtstag von Michael Freund am 18. Januar 1967, Köln: Kiepenheuer & Witsch (1967), 39—63.

**Hiden,** John: Germany and Europe, 1919–1939. – London: Longmans 1977. 183 S.

**Hildebrandt,** Horst [Hrsg.]: Quellen zur Verfassungsgeschichte. — Paderborn: Schöningh.
  1. Die deutschen Verfassungen des 19. und 20. Jahrhunderts. 1950. 224 S.

**Hilger,** Gustav und Alfred G. Meyer: The incompatible allies. A memoir-history of German-Soviet relations 1918—1941. — New York: Macmillan 1953. XIII, 349 S.

**Hilger,** Gustav: Wir und der Kreml. Deutsch-sowjetische Beziehungen 1918—1941 (The incompatible allies, dt.) Erinnerungen eines deutschen Diplomaten. — Frankfurt a. M. und Berlin: Metzner 1955. 322 S.

**Holms,** H.: Von Brüning zu Adenauer. — In: Weltbühne 5 (1950), 1170—1175.

**Homze,** Edward L.: Arming the Luftwaffe. The Reich Air Ministry and the German aircraft industry, 1919–39. - Lincoln: University of Nebraska Press 1976. XV, 296 S.

**Hubatsch,** Walther: Der Admiralstab und die obersten Marinebehörden in Deutschland 1848—1945. Unter Benutzung der amtlichen Akten dargestellt. — Frankfurt a. M.: Verl. f. Wehrwesen Bernard & Graefe 1958. 269 S.

**Hubatsch,** Walther: Die Deutschen und der Norden. Ein Beitrag zur politischen Ideengeschichte vom Humanismus bis zur Gegenwart in Dokumenten. — Göttingen: Schwartz 1951. 148 S.

**Hubatsch,** Walther: Entstehung und Entwicklung des Reichswirtschaftsministeriums 1880-1933. Ein Beitrag zur Verwaltungsgeschichte der Reichsministerien. Darstellung und Dokumentation. - Berlin: Duncker & Humblot 1978. 190 S.

**Huber,** Ernst Rudolf: Dokumente zur deutschen Verfassungsgeschichte. (2., erw. Aufl. d. „Quellen zum Staatsrecht der Neuzeit".) — Stuttgart: Kohlhammer.
  Bd. 1. Deutsche Verfassungsdokumente 1803—1850. (1961.) XX, 496 S.

**Huber,** Ernst Rudolf [Hrsg.]: Dokumente zur deutschen Verfassungsgeschichte. (2., erw. Aufl. d. „Quellen zum Staatsrecht der Neuzeit".) — Stuttgart: Kohlhammer.
  2. Deutsche Verfassungsdokumente 1851—1918. (1964.) XXVIII, 541 S.
  3. Dokumente der Novemberrevolution und der Weimarer Republik 1918—1933. (1966.) XL, 756 S.

**Huber,** Ernst Rudolf: Deutsche Verfassungsgeschichte seit 1789. — (Stuttgart): Kohlhammer.
  1. Reform und Restauration 1789—1830. (1957.) XXVII, 820 S.

**Huber,** Ernst Rudolf: Deutsche Verfassungsgeschichte seit 1789. — (Stuttgart:) Kohlhammer.
  2. Der Kampf um Einheit und Freiheit. 1830—1850. (1960.) XXXI, 935 S.
  3. Bismarck und das Reich. (1963.) XXXVI, 1074 S.

**Huber,** Ernst Rudolf: Deutsche Verfassungsgeschichte seit 1789. — (Stuttgart:) Kohlhammer.
  4. Struktur und Krisen des Kaiserreichs. (1969). XLVII, 1256 S.

**Huber,** Ernst Rudolf: Deutsche Verfassungsgeschichte seit 1789. - Stuttgart: Kohlhammer.
  5. Weltkrieg, Revolution und Reichserneuerung 1914–1919. (1978). LII, 1205 S.

**Jablonowski,** Horst: Probleme der deutsch-polnischen Beziehungen zwischen den beiden Weltkriegen. — In: Jb. Albertus-Universität Königsberg 19 (1969), 27—61.

**Jacob,** Herbert: German administration since Bismarck. Central authorithy versus local autonomy. — New Haven, London: Yale University Press 1963. XVIII, 224 S.
*(Yale Studies in political science. 5.)*

**Jaeger,** Richard: Die staatsrechtliche Bedeutung der ministeriellen Gegenzeichnung im deutschen Reichsstaatsrecht 1871—1945. — o. O. (1948). VIII, 134 gez. Bl. [Maschinenschr.]
*München, jur. Diss. 18. Juni 1948.*

**Karg,** Otto: Die Kompetenz-Kompetenz im Deutschen Bundesstaat ‹1849 bis 1949›. — o. O. 1950. IV, 107 Bl. [Maschinenschr.]
*München, jur. Diss. 5. Aug. 1950.*

**Kehr,** Eckart: Der Primat der Innenpolitik. Gesammelte Aufsätze zur preußisch-deutschen Sozialgeschichte im 19. u. 20. Jahrhundert. Hrsg. u. eingel. von Ulrich Wehler. Mit e. Vorw. von Hans Herzfeld. — Berlin: de Gruyter 1965. VI, 292 S.
*(Veröffentlichungen d. Historischen Kommission zu Berlin beim Friedrich-Meinecke-Inst. d. Freien Universität Berlin. 19.)*

**Kellermann,** Volkmar: Brücken nach Polen. Die deutsch-polnischen Beziehungen und die Weltmächte, 1939-1973. - Stuttgart: Verl. Bonn Aktuell 1973. 227 S.
*(Bonn aktuell. 12.)*

**Kessel,** Eberhard: Adolf Hitler und der Verrat am Preußentum. — In: Aus Politik u. Zeitgeschichte, Beilage zur Wochenzeitung „Das Parlament" vom 15. November 1961, 649—661.

**Kimminich,** Otto: Deutsche Verfassungsgeschichte. — (Frankfurt a. M.:) Athenäum-Verl. (1970). 703 S.
*(Lehrbücher des öffentlichen Rechts. 5.)*

**Klein,** Fritz: Zur Geschichte der deutsch-sowjetischen Beziehungen 1917 – 1933. — In: Forum 3 (1949), 370 – 373.

**Kluke,** Paul: Deutschland und seine Mitteleuropapolitik. — In: Bohemia 6 (1965), 373—389.

**Knight,** Maxwell E.: The German executive 1890—1933. Introduction by Paul Kecskemeti. — Stanford: Stanford University Press 1952. IX, 52 S.
*(Hoover Institute Studies. Series B: Elites. 4.)*

**Kramer,** Thomas W.: Deutsch-ägyptische Beziehungen in Vergangenheit und Gegenwart. - Tübingen: Erdmann (1974). 339 S.
*(Wissenschaftlich-publizistische Buchreihe des Instituts für Auslandsbeziehungen. 13.)*

**Krasuski,** Jerzy: A discussion on Martin Broszat's „200 Jahre deutsche Polenpolitik". — In: Polish West. Aff. 5 (1964), 154—158.

**Kruck,** Alfred: Geschichte des Alldeutschen Verbandes 1890—1939. — Wiesbaden: Steiner 1954. VIII, 258 S.

**Krug** von Nidda, Roland: 1866 — Königgrätz. Zwei Auffassungen von Deutschland. — Wien, München, Zürich: Amalthea-Verl. [1966]. 365 S.

**Krummacher,** F[riedrich] A. [u.] Helmut Lange: Krieg und Frieden. Geschichte der deutsch-sowjetischen Beziehungen. Von Brest-Litowsk zum Unternehmen Barbarossa. — (München:) Bechtle (1970). 564 S.

**Kuhn,** Robert: Deutsche Justizminister 1877-1977. Eine Dokumentation. Mit e. einl. Aufsatz von Hans Hattenhauer. - Köln: Bundesanzeiger (1977). 112 S.

**Labuda,** Gerhard: A historiographic analysis of the German Drang nach Osten. — In: Polish West. Aff. 5 (1964), 221—265.

**Lambach,** Frank: Der Draht nach Washington. Von den ersten preußischen Ministerresidenten bis zu den Botschaftern der Bundesrepublik Deutschland. - (Köln 1976: Müller). 140 S.

**Laqueur,** Walter: Deutschland und Rußland (Russia and Germany, [dt.]) (Übers. mit Zustimmung d. Autors leicht gekürzt von K[arl] H[einz] Abshagen.) — Berlin: Propyläen Verl. (1965). 423 S.

**Lehmann,** Hartmut: Friedrich von Bodelschwingh und das Sedanfest. Ein Beitrag zum nationalen Denken der politisch aktiven Richtung im deutschen Pietismus des 19. Jahrhunderts. — In: Hist. Z. 202 (1966), 542—573.

**Leščinski,** L. M.: Krach vojenské ideologie nemeckých imperialistů. 1. vyd. (Bankrotstvo voennoj ideologii germanskich imperialistov, tschech.) — Praha: Naše vojsko 1953. 397 S.

**Linkenheil,** Rolf Dieter: Die „Revue des deux mondes" und Deutschland. Zeitgenössische französische Kommentare zu den politischen Vorgängen in und um Deutschland der Jahre zwischen 1830 und 1871. – Schramberg i. Schwarzwald: Straub 1962. 157 S.
*München, phil. Diss. vom 26. 7. 1962.*

**Lorenz,** Eckehart: Protestantische Reaktionen auf die Entwicklung der sozialistischen Arbeiterbewegung. Mannheim 1890-1933. - In: Arch. Sozialgesch. 16 (1976), 371-416.

**Ludat,** Herbert: Polen und Deutschland. Wissenschaftliche Konferenz polnischer Historiker über d. polnisch-deutschen Beziehungen in d. Vergangenheit. Mit e. Einf.: Der polnische Beitrag zu einem europäischen Geschichtsbild. — Köln, Graz: Böhlau 1963. X, 206 S.
*(Quellenhefte zur Geschichtswissenschaft in Osteuropa nach d. Zweiten Weltkrieg. Reihe 1, H. 1.)*

**Lutz,** Hermann: German-French unity. Basis for European peace. (Historical facts for a constructive policy, 1870—1933.) — Chicago: Regnery 1957. XII, 255 S.

**Mattheier,** Klaus: Die Gelben. Nationale Arbeiter zwischen Wirtschaftsfrieden und Streik. - Düsseldorf: Schwann 1973. 408 S.
*(Geschichte und Gesellschaft.)*
*Diss., Universität Bochum.*

**Meier,** Ernst: 20 Millionen Deutsche zuviel! Zur politischen Schlagwort- und Legendenbildung. — In: Publizistik 3 (1958), 145—156.

**Meier-Welcker,** Hans: Die geistigen Kräfte in der deutschen Wehrmacht seit Beginn des 20. Jahrhunderts. — In: Wehrwiss. Rdsch. 7 (1957), 491—504.

**Meinck,** Jürgen: Weimarer Staatslehre und Nationalsozialismus. Eine Studie zum Problem der Kontinuität im staatsrechtlichen Denken in Deutschland 1928 bis 1936. – Frankfurt a. M.: Campus Verl. (1978). 367 S.
*(Campus Forschung. 41.)*
*Diss., Universität Marburg.*

**Meisner,** Heinrich Otto: Militärattachés und Militärbevollmächtigte in Preußen und im Deutschen Reich. Ein Beitrag zur Geschichte der Militärdiplomatie. – Berlin: Rütten & Loening (1957). 87 S.
*(Neue Beiträge zur Geschichtswissenschaft. 2.)*

**Menger,** Manfred, Fritz Petrick [u.] Wolfgang Wilhelmus: Grundzüge imperialistischer deutscher Nordeuropapolitik bis 1945. – In: Z. Geschichtswiss. 21 (1973), 1029–1044.

**Merkl,** Peter H.: German foreign policies, West and East. – Santa Barbara, Calif.: ABC Clio Press 1974. 232 S.

**Moltmann,** Günter: 200 Jahre USA. Eine Bilanz deutsch-amerikanischer Beziehungen. – In: Gesch. Wiss. Unterr. 27 (1976), 393–408.

**Morsey,** Rudolf: Die oberste Reichsverwaltung unter Bismarck 1867–1890. – Münster i. W.: Aschendorff 1957. 352 S.
*(Neue Münstersche Beiträge zur Geschichtsforschung. 3.)*

**Muth,** Heinrich: Die Grundrechte in der deutschen Verfassungsentwicklung des 19. und 20. Jahrhunderts. – In: Gesch.Wiss.Unterr. 2 (1951), 654–668.

**Na'aman,** Shlomo: Die Konstituierung der deutschen Arbeiterbewegung 1862/63. Darstellung und Dokumentation. Unter Mitw. von H.-P. Harstick. – Assen: van Gorcum 1975. XXIV, 967 S.
*(Quellen und Untersuchungen zur Geschichte der deutschen und österreichischen Arbeiterbewegung. N.F. 5.)*

Mißtrauische **Nachbarn.** Deutsche Ostpolitik 1919/1970. Dokumentation und Analyse. Hrsg. von Hans-Adolf Jacobsen unter Mitw. von Wilfried von Bredow. – Düsseldorf: Droste (1970). 504 S.

**Namier,** Louis B.: The German wars. – In: Nat. & Engl. Rev. 133 (1949), 115–123.

**Norden,** Albert: Zwischen Berlin und Moskau. Zur Geschichte der deutsch-sowjetischen Beziehungen. – Berlin: Dietz 1954. 387 S.

**Oberreuter,** Heinrich: Notstand und Demokratie. Vom monarchistischen Obrigkeits- zum demokratischen Rechtsstaat. Mit e. Anh.: Dokumente zum Notstandsrecht in der deutschen Geschichte. – München: Vögel 1978. XI, 374 S.
*(Politik und politische Bildung.)*

**Oppelt,** Rainer: Die Amnestiegesetzgebung in Deutschland 1918–1954. – Würzburg 1957. XVIII, 193 S.
*Würzburg, rechts- u. staatswiss. Diss. 17. Mai 1958.*

Deutsche **Parlamentsdebatten.** Hrsg. von Eberhard Jäckel, Detlef Junker [u.] Axel Kuhn. Bd 1–3. – (Frankfurt a. M.:) Fischer Bücherei.
  1. 1871–1918. Hrsg. von Axel Kuhn. Vorw. von Gustav W. Heinemann. Einl. von Eberhard Jäckel. (1970). 271 S.
  2. 1919–1933. Hrsg. von Detlef Junker. Vorw. von Golo Mann. Einl. von Eberhard Jäckel (1971). 297 S.
*(Fischer Bücherei. 6064/6065)*

Deutsche **Parlamentsdebatten.** Bd 1–3. (Frankfurt a. M.:) Fischer Bücherei.
  3. 1949–1970. Hrsg. u. eingel. von Eberhard Jäckel. Vorw. von Günter Grass. (1971). 316 S.
*(Fischer-Bücherei. 6066.)*

**Plessner,** Helmuth: Die verspätete Nation. Über die politische Verführbarkeit bürgerlichen Geistes. (2., erw. Aufl. von „Das Schicksal deutschen Geistes im Ausgang seiner bürgerlichen Epoche".) – (Stuttgart): Kohlhammer (1954). 174 S.

**Pross,** Harry: Deutsche Politik 1803–1870. Dokumente u. Materialien. – (Frankfurt a. M. u. Hamburg:) Fischer Bücherei (1963). 331 S.
*(Fischer Bücherei. 415.)*

**Pross,** Harry: Reflections on German nationalism, 1866–1966. – In: Orbis 10 (1966/67), 1148–1156.

**Pross,** Harry: Die Zerstörung der deutschen Politik. Dokumente 1871–1933. – (Frankfurt a. M.): Fischer-Bücherei (1959). 380 S.
*(Bücher des Wissens. 264.)*

**Puchert,** Berthold: Die Entwicklung der deutsch-sowjetischen Handelsbeziehungen von 1918 bis 1939. – In: Jb. Wirtschaftsgesch. 1974, T. 4, 11–36.

**Quellen** zum Staatsrecht der Neuzeit. – Tübingen: Matthiessen.
  2. Deutsche Verfassungsdokumente der Gegenwart (1919–1951). Zusammengest. von Ernst Rudolf Huber. 1951. 694 S.

**Ratz,** Ursula: Zwischen Anpassung und Systemkritik. Zur Geschichte der deutschen Arbeiterbewegung. – In: Neue polit. Lit. 21 (1976), 208–216.

**Rauch,** Georg von [u.] Boris Meissner: Die deutsch-sowjetischen Beziehungen von 1917 bis 1967. – Würzburg: Holzner 1967. 44 S.

Hundert Jahre deutsches **Rechtsleben.** Festschrift zum 100jährigen Bestehen des Deutschen Juristentages 1860–1960. Im Auftrage d. Ständigen Deputation des Dtsch. Juristentages hrsg. von Ernst von Caemmerer, Ernst Friesenhahn und Richard Lange. Bd. 1. 2. – Karlsruhe: C. F. Müller 1960.

**Rheinhaben,** Werner Frh. von: Deutschland und England 1912 und 1925. (Aus Politik u. Zeitgeschichte. Beilage zur Wochenzeitung „Das Parlament"1965, Nr. 20 vom 19.Mai 1965, 13–32.)

**Richthofen,** Bolko Frhr. von: Deutschland und Polen. Schicksal einer nationalen Nachbarschaft. – (Weener i. Ostfriesl. 1959: Risius.) 72 S.
*(Schriftenreihe der Niedersächsischen Landeszentrale für Politische Bildung. Reihe A, H. 11.)*

**Richter,** Klaus Christian: Die Geschichte der deutschen Kavallerie, 1919–1945. – Stuttgart: Motorbuch Verl. (1978). 397 S.

**Ritter,** Gerhard A. [u.] Klaus Tenfelde: Der Durchbruch der Freien Gewerkschaften Deutschlands zur Massenbewegung im letzten Viertel des 19. Jahrhunderts. – In: Vom Sozialistengesetz zur Mitbestimmung. Zum 100. Geburtstag von Hans Böckler, (Köln:) Bund-Verl. (1975), 61–120.

**Rittter,** Gerhard: Die deutschen Militär-Attachés und das Auswärtige Amt. Aus den verbrannten Akten des Großen Generalstabs. — Heidelberg: Winter 1959. 52 S.
*(Sitzungsberichte d. Heidelberger Akademie d. Wissenschaften, Phil.-hist. Klasse, Jg. 1959, Abh. 1.)*

**Ritter,** Gerhard: The military and politics in Germany. — In: J. Centr. Europ. Aff. 17 (1957/58), 259–271.

**Ritter,** Gerhard: Das deutsche Problem. Grundfragen deutschen Staatslebens gestern u. heute. (Neubearb. Ausg. [von]: Europa und die deutsche Frage.) — München: Oldenburg 1962. 218 S.

**Ritter,** Gerhard: Das deutsche Problem. Grundfragen deutschen Staatslebens gestern und heute. 2. neu durchgearb. u. erw. Aufl. — München: Oldenbourg 1966. 266 S.

**Rosinski,** Herbert: Die deutsche Armee (The German army, dt.) Eine Analyse. Hrsg. u. eingel. von Gordon A. Craig. Mit e. Einl. für d. dtsch. Ausg. von Carl Hans Hermann. (Aus d. Engl. übertr. von Norbert Wölfl.) — Düsseldorf: Econ-Verl. (1970). 335 S.

**Rosinski,** Herbert: The German army. Ed. by Gordon A. Craig. — New York: Praeger 1966. 322 S.

**Sasse,** Heinz Günther: Zur Geschichte des Auswärtigen Amtes. — In: Mitteilungsbl. d. Vereinigung d. Angest. d. Auswärt. Dienstes 4 (1960), H. 5, 105–118; H. 6, 133–141; H. 8, 189–195; H. 9, 213–217.

**Schaaf,** Fritz: Der Kampf der deutschen Arbeiterbewegung um die Landarbeiter und werktätigen Bauern 1848–1890. — Berlin: Akademie Verl. 1962. 371 S.
*(Deutsche Akademie der Wissenschaften zu Berlin. Schriften d. Instituts f. Geschichte. 16.)*

**Schauß,** Günter: Wandlungen des freien Ermessens des Staatsoberhauptes unter den deutschen Staatsverfassungen des 19. und 20. Jahrhunderts. Eine Studie zum Rechtsstaatsgedanken. — o. O. 1949. IX, 196 gez. Bl. [Maschinenschr.]
*Frankfurt a. M., rechtswiss. Diss. 11. Jan. 1950.*

**Scheffer,** Paul: Die unverträglichen Vertragspartner. — In: Merkur 8 (1954), 183–187.

**(Schmidt**-Richberg, Wiegand:) Die Generalstäbe in Deutschland 1871–1945. Aufgaben in der Armee und Stellung im Staate. — (Karl-Heinz Völker:) Die Entwicklung der militärischen Luftfahrt in Deutschland 1920–1933. Planung und Maßnahmen zur Schaffung einer Fliegertruppe in d. Reichswehr. — Stuttgart: Dt. Verl.-Anst. 1962. 292 S.
*(Beiträge zur Militär- u. Kriegsgeschichte. 3.)*

**Schön,** Walter: Grundlagen der Verbote politischer Parteien als politische Gestaltungsfaktoren in der Weimarer Republik und in der Bundesrepublik. – Würzburg: Schmitt & Meyer 1972. XXX, 154 S.
*Diss., Universität Würzburg.*

**Schöne,** Siegfried: Von der Reichskanzlei zum Bundeskanzleramt. Eine Untersuchung zum Problem der Führung und Koordination in der jüngeren deutschen Geschichte. — Berlin: Duncker & Humblot (1968). 254 S.
*(Beiträge zur politischen Wissenschaft. 5.)*
*Diss., Hamburg.*

**Schreckenbach,** Hans-Joachim: Innerdeutsche Gesandtschaften 1867–1945. — In: Archivar und Historiker, Zum 65. Geburtstag von Heinrich Otto Meisner, Berlin: Rütten & Loening 1956, 404–428.

**Schreiber,** Gerhard: Revisionismus und Weltmachtstreben. Marineführung und deutsch-italienische Beziehungen 1919 bis 1944. – Stuttgart: Dtsch. Verl.-Anst. 1978. 428 S.
*(Beiträge zur Militär- und Kriegsgeschichte. 20.)*

**Schreiner,** Albert: Zur Geschichte der deutschen Außenpolitik 1871–1945. — Berlin: Dietz.
1. 1871–1918. Von der Reichsgründung bis zur Novemberrevolution. 1952. 463 S.

**Schüssler,** Wilhelm [Hrsg.]: Weltmachtstreben und Flottenbau. — Witten a. Ruhr: Luther-V. (1956). 237 S.
*(Glaube und Forschung. 12.)*

**Schuster,** Dieter: Die deutsche Gewerkschaftsbewegung, DGB. (5. verb. u. erg. Aufl.) – (Bonn-Bad Godesberg 1976: Vorwärts-Druck). 201 S.

**Seibt,** Ferdinand: Deutschland und die Tschechen. Geschichte einer Nachbarschaft in der Mitte Europas. – München: List (1974). 356 S.

**Seydoux** de Clausonne, François: Betrachtungen über die deutsch-französischen Beziehungen von Briand bis de Gaulle. (Sondersitzung am 3. März 1968 in Düsseldorf.) — Köln: Westdtsch. Verl. (1968). 26 S.
*(Arbeitsgemeinschaft für Forschung des Landes Nordrhein-Westfalen. Geisteswissenschaften. 152.)*

**Siebert,** Ferdinand: Von Frankfurt nach Bonn. Die deutschen Verfassungen 1849–1949. (7. Aufl.) — Frankfurt a. M.: Diesterweg (1961). 136 S.
*(Staat u. Gesellschaft. 2.)*

**Spira,** Thomas: German-Hungarian relations and the Swabian problem. From Karolyi to Gömbös, 1919–1936. – New York: Columbia University Press 1977. 382 S.
*(East European Monographs. 25.)*

**Staat** und Gesellschaft im deutschen Vormärz 1815–1848. 7 Beiträge von Theodor Schieder [u. a.] Hrsg. von Werner Conze. — Stuttgart: Klett 1962. 272 S.
*(Industrielle Welt. 1.)*

**Stenzel,** Ernst: Die Kriegführung des deutschen Imperialismus und das Völkerrecht. Zur Planung und Vorbereitung des deutschen Imperialismus auf die barbarische Kriegführung im Ersten und Zweiten Weltkrieg, dargest. an den vorherrschenden Ansichten zu den Gesetzen und Gebräuchen des Landkrieges, 1900-1945. – (Berlin:) Militärverl. d. DDR (1973). 232 S.
*(Militärhistorische Studien. N. F. 15.)*

**Stern,** Fritz Richard: Cultural despair and the politics of discontent. A study of the rise of the „Germanic" ideology. — 293,3 gez. Bl.
*Columbia University, Thesis (1954). (University Microfilms, Ann Arbor, Mich. Publication 6716.)*

**Stern,** Fritz: The politics of cultural despair. A study in the rise of the Germanic ideology. — Berkeley and Los Angeles: University of California Press; (London: Cambridge University Press) 1961. XXX, 367 S.

**Stern,** Leo: Die zwei Traditionen der deutschen Polenpolitik und die Revolution von 1905—1907 im Königreich Polen. — Berlin: Rütten & Loening 1961. 81 S.

**Stolberg**-Wernigerode, Otto Graf zu: Deutsche Politik von Bismarck bis Ebert. — München: Isar-V. 1952. 56 S.
*(Politische Bildung. 28.)*

**Struve,** Walter: Elites against democracy. Leadership ideals in bourgeois political thought in Germany, 1890-1933. – Princeton, N. J.: Princeton University Press (1973). XI, 468 S.

**Stumpfe,** Ortrud: Lebensbilder deutscher Politikerinnen. – In: Polit. Studien 10 (1959), 670—684.

**Syrup,** Friedrich: Hundert Jahre staatliche Sozialpolitik 1839—1939. Aus d. Nachlaß von Friedrich Syrup hrsg. von Julius Scheuble. Bearb. von Otto Neuloh. — (Stuttgart): Kohlhammer (1957). 603 S.

**Teske,** Hermann: Die wesentlichsten inneren Wandlungen des deutschen Offizierskorps seit 1918 in heutiger Sicht. — In: Wehrkunde 7 (1958), 36—41.

**Thoennessen,** Werner: Frauenemanzipation. Politik u. Literatur d. Dtsch. Sozialdemokratie zur Frauenbewegung 1863—1933. — (Frankfurt a.M.:) Europ. Verl.-Anst. (1969). 194 S.

**Trautmann,** Günter: Gewerkschaften ohne Streikrecht. Lohntheorie und Koalitionsrecht in Deutschland 1861 bis 1878. – In: Soziale Bewegung und politische Verfassung, Stuttgart: Klett (1976), 472–537.

**Ueberhorst,** Horst: Frisch, frei, stark und treu. Die Arbeitersportbewegung in Deutschland 1893-1933. – Düsseldorf: Droste (1973). 351 S.

Die **USA** und Deutschland, 1918-1975. Deutsch-amerikanische Beziehungen zwischen Rivalität und Partnerschaft. [Von] Manfred Knapp [u. a.] – München: Beck 1978. 254 S.
*(Beck'sche schwarze Reihe. 177.)*

Uschakow, W. B. (V[ladimir] B[orisovič] Ušakov): Deutschlands Außenpolitik 1917—1945. Ein histor. Abriss. (Übers. aus. d. Russ. von Ernst Wurl.) — Berlin: Dtsch. Verl. d. Wissenschaften 1964. 471 S.

**Varain,** Heinz Josef: Freie Gewerkschaften, Sozialdemokratie und Staat. Die Politik der Generalkommission unter Führung Carl Legiens (1890—1920). — Düsseldorf: Droste (1956). 206 S.
*(Beiträge zur Geschichte des Parlamentarismus und der politischen Parteien. 9.)*

**Vletzke,** Siegfried: Deutschland zwischen Sozialismus und Imperialismus. Die Rolle Deutschlands in der Auseinandersetzung zwischen dem Weltimperialismus und der sozialistischen Sowjetunion ⟨1917—1945⟩. — Berlin: Dietz 1967. 259 S.

**Vogel,** Bernhard, Dieter Nohlen [u.] Rainer-Olaf Schultze: Wahlen in Deutschland. Theorie, Geschichte, Dokumente 1848—1970. — Berlin: de Gruyter 1971. XIII, 465 S.

**Vom** Reichsjustizamt zum Bundesministerium der Justiz. Festschrift zum 100jährigen Gründungstag des Reichsjustizamtes am 1. Januar 1877. Mit e. Geleitw. von Hans-Jochen Vogel. Hrsg. vom Bundesministerium der Justiz. - Köln: Bundesanzeiger (1977). 476 S.

**Wählerbewegung** in der deutschen Geschichte. Analysen und Berichte zu den Reichstagswahlen, 1871-1933. Bearb. u. hrsg. von Otto Büsch, Monika Wölk [u.] Wolfgang Wölk. – Berlin: Colloquium Verl. (1978). XI, 672 S.
*(Einzelveröffentlichungen der Historischen Kommission zu Berlin. 20.)*

**Wallach,** Jehuda L.: Anatomie einer Militärhilfe. Die preußisch-deutschen Militärmissionen in der Türkei, 1835-1919. – Düsseldorf: Droste (1976). 284 S.
*(Schriftenreihe des Instituts für Deutsche Geschichte, Universität Tel Aviv. 1.)*

**Wandel,** Paul: Der deutsche Imperialismus und seine Kriege — das nationale Unglück Deutschlands. Ein Beitrag zum Verständnis von 45 Jahren verhängnisvoller deutscher Geschichte. — Berlin: Dietz 1955. 189 S.

**Wandel,** Paul: Die junkerlich-imperialistische Politik des „Dranges nach dem Osten" — ein Unglück für das deutsche und das polnische Volk. — Berlin: Volk und Wissen 1952. 59 S.

**Wasser,** Hartmut: Parlamentarismuskritik vom Kaiserreich zur Bundesrepublik. Analyse und Dokumentation. - Stuttgart-Bad Cannstadt: Frommann-Holzboog 1974. 196 S.
*(Problemata. 39.)*

**Weber,** Hermann [Hrsg.]: Das Prinzip Links. Eine Dokumentation. Beiträge zur Diskussion des demokratischen Sozialismus in Deutschland 1847-1973. – [Hannover:] Fackelträger-Verl. 1973. 359 S.

**Wehler,** Hans-Ulrich: Nachbar Polen. Das deutsch-polnische Verhältnis im 19. u. 20. Jahrhundert. — In: Monat 22 (1970), H. 264, 26—40.

**Winckler,** Martin: Bismarcks Bündnispolitik und das europäische Gleichgewicht. — Stuttgart: Kohlhammer (1964). 47 S.

**Winkler,** Heinrich August: Preußischer Liberalismus und deutscher Nationalstaat. Studien zur Geschichte der Deutschen Fortschrittspartei 1861-1866. — Tübingen: Mohr 1964. XI, 134 S.
*(Tübinger Studien zur Geschichte u. Politik. 17.)*

**Wunder,** Bernd: Die Rekrutierung der Beamtenschaft in Deutschland. Eine historische Betrachtung. – In: Leviathan 5 (1977), 360–377.

**Wurgaft,** Lewis D.: „The activists". Kurt Miller and the politics of action on the German left, 1914–1933. – Philadelphia: American Philosophical Society 1977. 114 S.
*(Transactions of the American Philosophical Society. 67.)*

**Zeman,** Z. A. B. [Ed.]: Germany and the revolution in Russia 1915—1918. Documents from the archives of the German foreign ministry. — London: Oxford University Press 1958. XXIII, 157 S.

**Ziegler,** Donald J.: Prelude to democracy. A study of proportional representation and the heritage of Weimar Germany. 1871—1920. — Lincoln: University of Nebraska Press 1958. IX, 134 S.

**Ziemke,** Earl F.: The ambassadors and the German foreign office in the twentieth century.
*Madison, Wis., phil. Diss. 1952.*

Parteien

**Anders,** Karl: Die ersten hundert Jahre. (Zur Geschichte einer demokratischen Partei.) — Hannover: Dietz 1963. 326 S.

**Bartel,** Walter: Die Linken in der deutschen Sozialdemokratie im Kampf gegen Militarismus und Krieg. — Berlin: Dietz 1958. 640 S.

**Barzel,** Rainer: Die deutschen Parteien. — Geldern: Schaffrath [1952]. 262 S.

**Bergsträßer,** Ludwig: Die Geschichte der politischen Parteien in Deutschland. 7., verb. u. bis auf d. Gegenwart fortgef. Aufl. — München: Isar-V. 1952. 337 S.

**Bergsträsser,** Ludwig: Geschichte der politischen Parteien in Deutschland. 11. Aufl., völlig überarb. u. hrsg. von Wilhelm Mommsen. Mit e. Bibliographie von Hans-Gerd Schumann. — München, Wien: Olzog (1965). 395 S.
*(Deutsches Handbuch d. Politik. 2.)*
*Zur Geschichte der Sozialdemokratie seit 1863 vgl. auch Nr. 18930—18939 und Nr. 21596—21604.*

**Bertsch,** Herbert: Die F(reie) D(emokratische) P(artei) und der deutsche Liberalismus. 1789—1963. — Berlin: Dtsch. Verl. d. Wissenschaften 1965. 683 S.

**Booms,** Hans: Die deutschkonservative Partei. Preußischer Charakter, Reichsauffassung, Nationalbegriff. — Düsseldorf: Droste-V. 1954. 136 S.
*(Beiträge zur Geschichte des Parlamentarismus und der politischen Parteien. 3.)*

**Brandt,** Willy: Die Partei der Freiheit. Reden über August Bebel, Karl Marx, Friedrich Engels und Otto Wels. – Bonn-Bad Godesberg: Verl. Neue Gesellsch. (1974). 69 S.

**Buchheim,** Karl: Geschichte der christlichen Parteien in Deutschland. — München: Kösel-V. 1953. 468 S.

**Buchheim,** Karl: Der Ursprung der deutschen Weltanschauungsparteien.— In: Hochland 43 (1950/51), 538—552.

**Chalmers,** Douglas A.: The Social Democratic Party of Germany. From working-class movement to modern political party. — London: Yale University Press 1964. XIV, 258 S.
*(Yale Studies in Political Science. 10.)*

**Collotti,** Enzo: La socialdemocrazia tedesca. — Torino: Einaudi 1959. 185 S.

**Dann,** Otto: Die Anfänge politischer Vereinsbildung in Deutschland. – In: Soziale Bewegung und politische Verfassung, Stuttgart: Klett (1976), 197–232.

**Deinzer,** Walter: Die Entwicklung der SPD von der revolutionären zur gemäßigten Partei; Stufen und Wendepunkte ihrer politischen Entwicklung in ihrem Verhältnis zu Staat, Nation und Demokratie. — o. O. 1957. 105 Bl. [Maschinenschr. vervielf.]
*Würzburg, phil. Diss. 4. Juni 1957.*

Programmatische **Dokumente** der deutschen Sozialdemokratie. Hrsg. u. eingel. von Dieter Dowe u. Kurt Klotzbach. – Berlin: Dietz 1973. 387 S.
*(Internationale Bibliothek. 68.)*

**Dunne,** Edward J.: The German Center in empire and republic. A study in the crisis of democracy.
*Georgetown (Washington, D. C.), phil. Diss. 1950.*

**Eckert,** Georg [Hrsg.]: 1863—1963. Hundert Jahre deutsche Sozialdemokratie. Bilder und Dokumente. — (Hannover: Dietz Nachf. 1963.) 399 S.

**Eckert,** Georg: 100 Jahre Braunschweiger Sozialdemokratie. — (Hannover:) Dietz.
1. Von den Anfängen bis zum Jahre 1890. (1965). 322 S.

**Eisfeld,** Gerhard: Die Entstehung der liberalen Parteien in Deutschland. 1858—1870. Studie zu d. Organisationen u. Programmen d. Liberalen u. Demokraten. — Hannover: Verl. f. Literatur u. Zeitgeschehen (1969). 240 S.
*(Schriftenreihe des Forschungsinstituts der Friedrich-Ebert-Stiftung. B. Histor.-polit. Schriften.)*

**Fenske,** Hans: Strukturprobleme der deutschen Parteiengeschichte. Wahlrecht und Parteiensystem vom Vormärz bis heute. – Frankfurt a. M.: Athenäum Fischer Taschenbuchverl. 1974. 230 S.
*(Fischer Athenäum Taschenbücher. Rechtswissenschaft. 6015.)*

**Flechtheim,** Ossip K[urt]: Die Anpassung der SPD. 1914, 1933 und 1959.— In: Kölner Z. Soziol. Sozialpsych. 17 (1965), 584—604.

**Franz,** Günther: Die politischen Wahlen in Niedersachsen 1867 bis 1949. — Bremen-Horn: Dorn 1951. 273 S.

**Franzel,** Emil: Das sozialdemokratische Jahrhundert.— In: Neues Abendland 8 (1953), 651—664.

**Fülberth,** Georg [u.] Jürgen Harrer: Die deutsche Sozialdemokratie, 1890–1933. – (Neuwied:) Luchterhand (1974). 276 S.
*(Arbeiterbewegung und SPD. 1.)*

**Gagel,** Walter: Die Wahlrechtsfrage in der Geschichte der deutschen liberalen Parteien 1848—1918. — Düsseldorf: Droste (1958). 196 S.
*(Beiträge zur Geschichte des Parlamentarismus und der politischen Parteien. 12.)*

Zur **Geschichte** der Kommunistischen Partei Deutschlands. Eine Auswahl von Materialien und Dokumenten aus den Jahren 1914—1946. Hrsg. vom Marx-Engels-Lenin-Stalin-Institut beim Zentralkomitee der SED. — Berlin: Dietz 1954. 462 S.

Zur **Geschichte** der Kommunistischen Partei Deutschlands. Eine Auswahl von Materialien und Dokumenten aus den Jahren 1914—1946. Hrsg. vom Marx-Engels-Lenin-Stalin-Institut beim Zentralkomitee der SED. 2. durchges. Aufl. — Berlin: Dietz 1955. 473 S.

„**Geschichte** der bürgerlichen Parteien in Deutschland." Handbuch der Geschichte der bürgerlichen Parteien und anderer bürgerlicher Interessenorganisationen vom Vormärz bis zum Jahre 1945. Hrsg. von einem Redaktionskollektiv unter der Leitung von Dieter Fricke. In 2 Bdn. — Leipzig: Bibliograph. Inst.
1. Alldeutscher Verband, Fortschrittliche Volkspartei. 1968. XV, 806 S.
2. Fraktion Augsburger Hof, Zentrum. 1970. X, 974 S.

**Grebe,** Paul: Die politischen Parteien in Vergangenheit und Gegenwart. 3. Aufl. — Wiesbaden: [Steiner] 1952. 20 S.

**Grebing,** Helga: Die deutsche Sozialdemokratie seit 1914. — In: Polit. Studien 9 (1958), 849—859.

**Grebing,** Helga: Zentrumspartei und politischer Katholizismus. — In: Colloquium 11 (1957), H. 2, 6—8.

**Heidegger,** Hermann: Die deutsche Sozialdemokratie und der nationale Staat, 1870—1920. (Unter besonderer Berücksichtigung der Kriegs- und Revolutionsjahre.) — (Freiburg i. Br.) 1953. 411 gez. Bl. [Maschinenschr.]
*Freiburg i. Br., phil. Diss. 28. Juli 1953.*

**Hoegner,** Wilhelm: Der Weg der deutschen Sozialdemokratie 1863—1963. — (München 1965: Pape.) 43 S.
*(Gegenwartsfragen der Politik. 1/2.)*

**Hümmler,** Heinz: Opposition gegen Lassalle. Die revolutionäre proletarische Opposition im Allgemeinen Deutschen Arbeiterverein 1862/63—1866. — Berlin: Rütten & Loening 1963. 243 S.

**Kaack,** Heino: Geschichte und Struktur des deutschen Parteiensystems. — Opladen: Westdtsch. Verl. 1971. 750 S.

**Kautsky,** Karl: Texte zu den Programmen der deutschen Sozialdemokratie 1891 bis 1925 [Teilsamml.] Eingel. u. hrsg. von Albrecht Langner. — Köln: Hegner (1968). 339 S.

**Klemperer,** Klemens W. von: The conservative revolution in Germany. 1913 through the early years of the republic. *Cambridge (Harvard), Mass., phil. Diss. 1949.*

**Klinke,** P. W.: Die deutsche Zentrumspartei und die demokratische Frage. — Hamburg 1951. 256 gez. Bl. [Maschinenschr.]
*Hamburg, phil. Diss., 1. August 1951.*

**Klüber,** Franz: Katholische Soziallehre und demokratischer Sozialismus. — Bonn-Bad Godesberg: Verl. Neue Gesellsch. 1974. 156 S.
*(Theorie und Praxis der deutschen Sozialdemokratie.)*

**Kolbe,** H.: Die Entwicklung der deutschen Linken zur Kommunistischen Partei. — In: Staat u. Recht 7 (1958), 1173—1191.

**Koszyk,** Kurt: Zwischen Kaiserreich und Diktatur. Die sozialdemokratische Presse von 1914 bis 1933. — Heidelberg: Quelle & Meyer (1958). 275 S.
*(Deutsche Presseforschung. 1.)*

**Lehnert,** Detlef: Reform und Revolution in den Strategiediskussionen der klassischen Sozialdemokratie. Zur Geschichte der deutschen Arbeiterbewegung von den Ursprüngen bis zum Ausbruch des 1. Weltkrieges. - Bonn-Bad Godesberg: Verl. Neue Gesellsch. (1977). 318 S.
*(Theorie und Praxis der Sozialdemokratie.)*

**Lidtke,** Vernon L.: German Social Democracy and German state socialism, 1876—1884. — In: Internat. Rev. soc. Hist. 9 (1964), 202—225.

**Maehl,** William Harvey: Recent literature on the German socialists 1891—1932. — In: J. mod. Hist. 23 (1961), 292—306.

**Matthias,** Erich: Die deutsche Sozialdemokratie und der Osten 1914—1945. Eine Übersicht. — Tübingen 1954: Arbeitsgemeinschaft für Osteuropaforschung. VII, 128 S.
*(Forschungen und Untersuchungen zur Zeitgeschichte.)*

**Miller,** Susanne: Grundwerte in der Geschichte der deutschen Sozialdemokratie. - In: Aus Politik und Zeitgeschichte, Beilage zur Wochenzeitung „Das Parlament" Nr 11 vom 13. März 1976, 16—31.

**Miller,** Susanne: Ideologien und Ideologen. Zur Geschichte der deutschen Sozialdemokratie. — In: Neue polit. Lit. 13 (1968), 433—442.
Literaturbericht.

**Mommsen,** Wilhelm: Deutsche Parteiprogramme. Eine Auswahl vom Vormärz bis zur Gegenwart. — München: Isar-V. 1951. 198 S.

**Mosbach,** Otto: Sozialdemokratie und Wehrpolitik. — In: Neue Gesellsch. 2 (1955), H. 5, 60—63.

**Nipperdey,** Thomas: Die Organisation der bürgerlichen Parteien in Deutschland vor 1918. — In: Hist. Z. 185 (1958), 550—602.

**Nowka,** Harry: Das Machtverhältnis zwischen Partei und Fraktion in der SPD. Eine histor.-empir. Untersuchung. - Köln: Heymann [1973]. XII, 167 S.
*Diss., Universität Köln.*

**Oschilewski,** Walther G[eorg]: Werden und Wirken. Ein Gang durch die Geschichte der Berliner Sozialdemokratie. Festschrift zum Bundesparteitag der SPD in Berlin vom 20. bis 24. Juli 1954. — Berlin-Grunewald: Arani-V. (1954). 144 S.

100 Jahre S[ozialdemokratische] P[artei] D[eutschlands] in Mannheim. Eine Dokumentation. — (Mannheim: Mannheimer Verl.-Anst.) 1967. 171 S.

Deutsche **Parteien** vor 1918. Hrsg. von Gerhard A. Ritter. - Köln: Kiepenheuer & Witsch (1973). 406 S.
*(Neue Wissenschaftliche Bibliothek. 61.)*

**Potthoff,** Heinrich: Die Sozialdemokratie von den Anfängen bis 1945. – Bonn-Bad Godesberg: Verl. Neue Gesellsch. 1974. 230 S.
*(Theorie und Praxis der deutschen Sozialdemokratie.)*

**Prilop,** Hans: Von der Deutsch-Hannoverschen (Welfen-) Partei zur Niedersächsischen Landespartei. Hamburg 1953. XXVIII, 482 gez. Bl. [Maschinenschr.]
*Hamburg, phil. Diss. 1953.*

**Reichard,** Richard W.: Crippled from birth. German Social Democracy 1844–1970. — Ames: Iowa State University Press 1969. XIII, 349 S.

**Roth,** Guenther: The Social Democrats in imperial Germany. — Totowa: Bedminster Press 1963. XIV, 352 S.

**Schorske,** Carl E.: German Social Democracy 1905–1917. The development of the great schism. — Cambridge, Mass.: Harvard University Press 1955. 358 S.

**Schreiner,** Kurt: Die Entstehung des deutschen Parteiensystems. Darstellung und Arbeitsmaterialien. – München: Ehrenwirth (1974). 121 S.
*(Materialien und Modelle für Studium und Unterricht.)*

**Schumacher,** Martin: Land und Politik. Eine Untersuchung über politische Parteien und agrarische Interessen 1914–1923. – Düsseldorf: Droste (1979). 589 S.
*(Beiträge zur Geschichte des Parlamentarismus und der politischen Parteien. 65.)*

**Snell,** John L.: The Russian revolution and the German Social Democratic Party in 1917. — In: Amer. Slav. & East Europ. Rev. (1956), 339–350.

**Snell,** John L.: Socialist unions and socialist patriotism in Germany 1914–1918. — In: Amer. hist. Rev. 59 (1953/54), 66–76.

**Sozialdemokratie** zwischen Klassenbewegung und Volkspartei. Verhandlungen der Sektion „Geschichte der Arbeiterbewegung" des Deutschen Historikertages in Regensburg, Oktober 1972. Hrsg. von Hans Mommsen. – Frankfurt a. M.: Athenäum Fischer Taschenbuchverl. 1974. 149 S.
*(Fischer Athenäum Taschenbücher. Sozialwissenschaften/Geschichte. 4045.)*

**Steinberg,** Hans-Josef: Die Entwicklung des Verhältnisses von Gewerkschaften und Sozialdemokratie bis zum Ausbruch des Ersten Weltkrieges. – In: Vom Sozialistengesetz zur Mitbestimmung. Zum 100. Geburtstag von Hans Böckler, (Köln:) Bund-Verl. (1975), 121–134.

**Stephan,** Cora: „Genossen, wir dürfen uns nicht von der Geduld hinreißen lassen!" Aus der Urgeschichte der Sozialdemokratie 1862–1878. – Frankfurt a. M.: Syndikat 1977. 390 S.
*Diss., Universität Frankfurt.*

**Theimer,** Walter: Von Bebel zu Ollenhauer. Der Weg der deutschen Sozialdemokratie. — Bern: Francke 1957. 129 S.

**Tobias,** Henry J. und John L. Snell: A soviet interpretation of the SPD, 1895–1933. — In: J. Centr. Europ. Aff. 13 (1953/54), 61—69.

**Tormin,** Walter: Geschichte der deutschen Parteien seit 1848. — Stuttgart: Kohlhammer (1966). 304 S.
*(Geschichte und Gegenwart.)*

**Treue,** Wolfgang: Deutsche Parteiprogramme 1861–1954. — Göttingen, Frankfurt, Berlin: Musterschmidt 1954. 320 S.
*(Quellensammlung zur Kulturgeschichte. 3.)*

**100 Jahre Volkspartei.** 1864–1964. Festschrift zum Dreikönigstreffen 1964. — (Stuttgart 1964:) Freie Demokratische Partei/Demokratische Volkspartei Baden-Württemberg. 79 S.
*(Schriftenreihe d. Freien Demokratischen Partei. 25.)*

**Wahrhaftig,** S. L.: Der Weg der Sozialdemokraten. — In: Frankf. H. 7 (1952), 849—859.

**Wehler,** Hans Ulrich: Sozialdemokratie und Nationalstaat. Die deutsche Sozialdemokratie und die Nationalitätenfragen in Deutschland von Karl Marx bis zum Ausbruch des 1. Weltkrieges. — Würzburg: Holzner 1962. VIII, 300 S.

Wirtschaft und soziales Leben
---

Zur ostdeutschen **Agrargeschichte.** Ein Kolloquium. — Würzburg: Holzner 1960. XII, 104 S.
*(Ostdeutsche Beiträge aus dem Göttinger Arbeitskreis. 16.)*

**André,** Doris: Indikatoren des technischen Fortschritts. Eine Analyse der Wirtschaftsentwicklung in Deutschland von 1850—1913. — Göttingen: Vandenhoeck & Ruprecht (1971). XII, 156 S.
*(Weltwirtschaftliche Studien aus dem Institut für Europäische Wirtschaftspolitik der Universität Hamburg. 16.)*
*Diss., Universität Hamburg.*

**Aubin,** Bernhard C. H.: Die öffentlichrechtliche Einwirkung des Krieges auf private Vorkriegsverträge mit Feindbeziehung. Unter besonderer Berücksichtigung der Schicksale der deutschen Vorkriegsverträge im 2. Weltkrieg. — Berlin: De Gruyter; Tübingen: Mohr 1954. 57 S.

**Ay,** Karl-Ludwig: Die Deutsche Revolution 1914-1948. Bemerkungen über gesellschaftlichen Wandel und Epochenbegriff. – In: Z. bayer. Landesgesch. 36 (1973), 877–896.

**Bechtel,** Heinrich: Wirtschaftsgeschichte Deutschlands im 19. und 20. Jahrhundert. — München: Callwey (1956). 488 S.

**Beier,** Gerhard: Schwarze Kunst und Klassenkampf. Geschichte der Industriegewerkschaft Druck und Papier und ihrer Vorläufer seit dem Beginn der modernen Arbeiterbewegung. — (Frankfurt a. M.:) Europ. Verl. Anst.
1. Vom Geheimbund zum königlichpreußischen Gewerkverein, ⟨1830—1890⟩. (1966). 645 S.

**Böhme,** Helmut: Prolegomena zu einer Sozial- und Wirtschaftsgeschichte Deutschlands im 19. und 20. Jahrhundert. — (Frankfurt a. M.:) Suhrkamp (1968). 155 S.
*(Edition Suhrkamp. 253.)*

**Bondi,** Gerhard: Deutschlands Außenhandel 1815–1870. — Berlin: Akademie-V. 1958. IV, 156 S.
*(Schriften des Instituts für Geschichte der Deutschen Akademie der Wissenschaften zu Berlin. Reihe 1 Bd 5.)*

# DEUTSCHE GESCHICHTE

**Borchardt,** Knut: Trend, Zyklus, Strukturbrüche, Zufälle. Was bestimmt die deutsche Wirtschaftsgeschichte des 20. Jahrhunderts? - In: Vjschr. Soz.- u. Wirtschaftsgesch. 64 (1977), 145–178.

**Borst,** Gert: Die Ludendorff-Bewegung 1919—1961. Eine Analyse monologer Kommunikationsformen in der sozialen Zeitkommunikation. — (Augsburg) 1969: (Blasaditsch). XI, 357 S.
*München, phil. Diss. vom 20. Dez. 1967.*

**Boyens,** Friedrich Wilhelm: Die Geschichte der ländlichen Siedlung. Hrsg. von Oswald Lehnich. Bd 1. 2. — Berlin, Bonn: Landschriftenverl. 1959—60.

**Bruck,** W[erner] F[riedrich]: Social and economic history of Germany from William II to Hitler. 1888—1938. With a forew. by J. F. Rees. (Reissued.) — New York: Russell Russell 1962. XV, 291 S.

**Bry,** Gerhard: Wages in Germany 1871—1945. Ass. by Charlotte Boschan. A study by the National Bureau of Economic Research, New York. — Princeton: Princeton University Press 1960. XXVI, 486 S.
*(National Bureau of Economic Research. General Series. 68.)*

**Burchardt,** Lothar: Die Auswirkungen der Kriegswirtschaft auf die deutsche Bevölkerung im Ersten und im Zweiten Weltkrieg. - In: Militärgesch. Mitt. 1974, H. 15, 65–97.

**Burckhardt,** Richard: Ein Kampf ums Menschenrecht. Hundert Jahre Tarifpolitik der Industriegewerkschaft Druck und Papier und ihrer Vorgängerorganisationen seit dem Jahre 1873. Hrsg. vom Hauptvorstand der Industriegewerkschaft Druck und Papier. - Stuttgart: [Selbstverl. d. Hrsg.] 1974. 240 S.

**Burgelin,** Henri: La société allemande 1871—1968. — (Paris:) Arthaud (1969). 360 S.
*(Coll. „Stés contemporaines. T. 3.")*

**Chesi,** Valentin: Struktur und Funktionen der Handwerksorganisation in Deutschland seit 1933. Ein Beitrag zur Verbandstheorie. — Berlin: Duncker & Humblot (1966). 245 S.
*(Untersuchungen über Gruppen und Verbände. 4.)*

**Deuerlein,** Ernst: Gesellschaft im Maschinenzeitalter. Bilder aus der deutschen Sozialgeschichte. — (Reinbek b. Hamburg:) Rowohlt (1970). 155 S.

**Dokumente** der revolutionären deutschen Arbeiterbewegung zur Frauenfrage, 1848–1974. - Leipzig: Verl. für die Frau (1975). 312 S.

**Dunker,** Ulrich: Der Reichsbund jüdischer Frontsoldaten 1919–1938. Geschichte eines jüdischen Abwehrvereins. - Düsseldorf: Droste (1977). 354 S.

**Engelsing,** Rolf: Zur Sozialgeschichte deutscher Mittel- und Unterschichten. - Göttingen: Vandenhoeck & Ruprecht 1973. 314 S.
*(Kritische Studien zur Geschichtswissenschaft. 4.)*

**Erdmann,** Gerhard: Die deutschen Arbeitgeberverbände im sozialgeschichtlichen Wandel der Zeit. — (Neuwied:) Luchterhand (1966). 395 S.

**Europastrategien** des deutschen Kapitals, 1900–1945. Hrsg. von Reinhard Opitz. - (Köln:) Pahl-Rugenstein (1977). 1069 S.

**Evans,** Richard J.: The feminist movement in Germany 1894–1933. - London: Sage Publ. (1976). XIV, 310 S.
*(Sage Studies in 20th Century History. 6.)*
*Diss., University of Oxford.*

**Faber,** Karl Georg: Student und Politik in der ersten deutschen Burschenschaft. — In: Gesch.-Wiss. Unterr. 21 (1970), 68—80.

**Facius,** Friedrich: Wirtschaft und Staat. Die Entwicklung der staatlichen Wirtschaftsverwaltung in Deutschland vom 17. Jahrhundert bis 1945. — (Boppard a. Rh.: Boldt 1959.) XII, 271 S.
*(Schriften des Bundesarchivs. 6.)*

**Famchon,** Yves und Maurice Leruth: L'Allemagne et le Moyen-Orient. Analyse d'une pénétration économique contemporaine. — Paris: Ed. des Relations Internationales 1957. 206 S.

**Faust,** Helmut: Geschichte der Genossenschaftsbewegung. Ursprung und Weg der Genossenschaften im deutschen Sprachraum. — Frankfurt a. M.: Knapp (1965). 499 S.

**Fehn,** Klaus: Ansätze zur Erforschung der Bevölkerungs- und Sozialgeschichte des saarländischen Bergbau- und Industriegebietes im 19. und frühen 20. Jahrhundert. - In: Jb. westdtsch. Landesgesch. 3 (1977), 419–440.

**Feldman,** Gerald D.: The large firm in the German industrial system. The M. A. N., 1900–1925. - In: Industrielle Gesellschaft und politisches System. Festschrift für Fritz Fischer zum siebzigsten Geburtstag, Bonn: Verl. Neue Gesellsch. (1978), 241–257.

**Finck von Finckenstein,** Hans Wolfram Graf: Die Entwicklung der Landwirtschaft in Preußen und Deutschland 1800—1930. - Würzburg: Holzner (1960). XX, 392 S.

**Fischer,** Wolfram: Wirtschaft und Gesellschaft im Zeitalter der Industrialisierung. Aufsätze, Studien, Vorträge. - Göttingen: Vandenhoeck & Ruprecht 1972. 547 S.
*(Kritische Studien zur Geschichtswissenschaft. 1.)*

**Fischer,** Wolfram: Deutsche Wirtschaftspolitik 1918—1945. 3., verb. Aufl. — Opladen: Leske 1968. 125 S.

**Flemming,** Jens: Landwirtschaftliche Interessen und Demokratie. Ländliche Gesellschaft, Agrarverbände und Staat, 1890–1925. - Bonn: Verl. Neue Gesellsch. 1978. XV, 366 S.
*(Reihe Politik und Gesellschaftsgeschichte.)*
*Diss., Universität Hamburg.*

**Gebhardt,** Gerhard: Ruhrbergbau. Geschichte, Aufbau und Verflechtung seiner Gesellschaften und Organisationen. — Essen: Verl. Glückauf 1957. XVI, 580 S.

**Gersdorff,** Ursula von: Frauen im Kriegsdienst 1914—1945. — Stuttgart: Dtsch. Verl.-Anst. 1969. 572 S.
*(Beiträge zur Militär- und Kriegsgeschichte. 11.)*

**Geschichte** der deutschen Gewerkschaftsbewegung. [Hrsg.:] Frank Deppe, Georg Fülberth [u.] Jürgen Harrer. — (Köln:) Pahl-Rugenstein (1977). 475 S.
*(Kleine Bibliothek. 90.)*

**Gespräch** und Aktion in Gruppe und Gesellschaft 1919—1969. Freundesgabe für Hans Dehmel. Im Auftr. d. Boberhauskreises hrsg. von Walter Greiff, Rudolf Jentsch [u.] Hans Richter. — Frankfurt a. M.: dipa-Verl. (1970). 489 S.
*(Quellen und Beiträge zur Geschichte der Jugendbewegung. 14.)*

**Gladen**, Albin: Geschichte zur Sozialpolitik in Deutschland. Eine Analyse ihrer Bedingungen, Formen, Zielsetzungen und Auswirkungen. — Wiesbaden: Steiner 1974. X, 207 S.
*(Wissenschaftliche Paperbacks Sozial- und Wirtschaftsgeschichte. 5.)*

**Gollwitzer**, Heinz: Die Standesherren. Die politische und gesellschaftliche Stellung der Mediatisierten 1815—1918. Ein Beitrag zur deutschen Sozialgeschichte. — Stuttgart: Vorwerk (1957). 458 S.

**Gutteridge**, Richard: Open the mouth for the dumb! The German Evangelical Church and the Jews, 1879-1950. — Oxford: Blackwell (1976). 374 S.

**Haase**, Amine: Katholische Presse und die Judenfrage. Inhaltsanalyse katholischer Periodika am Ende des 19. Jahrhunderts. — Pullach b. München: Verl. Dokumentation 1975. 262 S.
*(Dortmunder Beiträge zur Zeitungsforschung. 20.)*

**Hamel**, Iris: Völkischer Verband und nationale Gewerkschaft. Der Deutschnationale Handlungsgehilfen-Verband 1893—1933. — (Frankfurt a. M.:) Europ. Verl. Anst. (1967). 289 S.
*(Veröffentlichungen der Forschungsstelle für die Geschichte des Nationalsozialismus in Hamburg. 6.)*

**Hanisch**, Ernst: Konservatives und revolutionäres Denken. Deutsche Sozialkatholiken und Sozialisten im 19. Jahrhundert. — Wien: Geyer-Edition 1975. 368 S.
*(Veröffentlichungen des Instituts für kirchliche Zeitgeschichte am Internationalen Forschungszentrum für Grundfragen der Wissenschaften Salzburg. II, 3.)*

**Hardach**, Gerd: Deutschland in der Weltwirtschaft 1870-1970. Eine Einführung in die Sozial- und Wirtschaftsgeschichte. — Frankfurt a. M.: Campus Verl. (1977). 179 S.
*(Campus Studium. 516.)*

**Hardach**, Gerd: Klassen und Schichten in Deutschland 1848-1970. Probleme einer historischen Sozialstrukturanalyse. — In: Gesch. u. Gesellsch. 3 (1977), 503-524.

**Hardach**, Karl: Wirtschaftsgeschichte Deutschlands im 20. Jahrhundert. — Göttingen: Vandenhoeck & Ruprecht (1976). 271 S.
*(Kleine Vandenhoeck-Reihe. 1411.)*

**Helwig**, Werner: Die Blaue Blume des Wandervogels. Vom Aufstieg, Glanz und Sinn einer Jugendbewegung. — (Gütersloh): Mohn (1960). 406 S.

**Henning**, Hansjoachim: Das westdeutsche Bürgertum in der Epoche der Hochindustrialisierung 1860—1914. Soziales Verhalten und soziale Strukturen. — Wiesbaden: Steiner.
1. Das Bildungsbürgertum in den preußischen Westprovinzen. 1972. 509 S.
*(Historische Forschungen. 6.)*
Wirtschaftswiss. Habil.-Schr., Universität Tübingen.

**Hentschel**, Volker: Wirtschaftsgeschichte der Maschinenfabrik Eßlingen AG 1846-1918. Eine historisch-betriebswirtschaftliche Analyse. — Stuttgart: Klett 1977. 170 S.
*(Industrielle Welt. 22.)*

**Hertz**, Frederick: The German public mind in the nineteenth century. A social history of German political sentiments, aspirations and ideas. Ed. by Frank Eyck. Transl. by Eric Northcott. — London: Allen & Unwin (1975). 422 S.

**Heymann**, Lida Gustava: Erlebtes-Erschautes. Deutsche Frauen kämpfen für Freiheit, Recht und Frieden 1850-1940. In Zsarb. mit Anita Augspurg. Hrsg. von Margit Twellmann. — Meisenheim a. G.: Hain 192. IX, 510 S.

**Hielscher**, Erwin: Das Jahrhundert der Inflationen in Deutschland. Ein Beitr. aus d. Bundesrepublik Deutschland. — München: Olzog (1968). 159 S.

**Hoffmann**, Walther G.: Das Wachstum der deutschen Wirtschaft seit der Mitte des 19. Jahrhunderts. Unter Mitarbeit von Franz Grumbach u. Helmut Hesse. — Berlin: Springer 1965. XXVI, 842 S.
*(Enzyklopädie der Rechts- und Staatswissenschaft. Abteilung Staatswissenschaft.)*

Deutscher **Imperialismus** und polnische Arbeiter, 1900-1945. Materialien eines wissenschaftlichen Kolloquiums der Sektion Geschichte der Wilhelm-Pieck-Universität Rostock, Mai 1977. (Hrsg. von der Wilhelm-Pieck-Universität Rostock. Red.: Abt. Wissenschaftspublizistik.) — Rostock: [Selbstverl. d. Hrsg.] 1977. 145 S.
*(Fremdarbeiterpolitik des Imperialismus. 2.)*

Die **Jugendbewegung**. Welt und Wirkung. Zur 50. Wiederkehr d. freideutschen Jugendtages auf d. Hohen Meißner. (Im Auftr. d. Hauptausschusses zur Vorbereitung d. Meißnertages 1963 hrsg. von Elisabeth Korn, Otto Suppert u. Karl Vogt.) — (Düsseldorf:) Diederichs (1963). 254 S.

**Jurczyk**, Karin: Frauenarbeit und Frauenrolle. Zum Zusammenhang von Familienpolitik und Frauenerwerbstätigkeit in Deutschland von 1918-1975. 2. Aufl. — Frankfurt a. M.: Campus Verl. (1977). 144 S.
*(Materialien aus dem Sonderforschungsbereich 101 der Universität München.)*

**Kindt**, Werner: Grundschriften der deutschen Jugendbewegung. Hrsg. im Auftr. d. „Gemeinschaftswerkes Dokumentation d. Jugendbewegung". Mit e. Einf. von Theodor Wilhelm. — (Düsseldorf:) Diederichs (1963). 596 S.
*(Dokumentation der Jugendbewegung.)*

**Kitchen**, Martin: The political economy of Germany 1815-1914. — London: Croom Helm 1978. 304 S.

**Kleßmann**, Christoph: Polnische Bergarbeiter im Ruhrgebiet 1870-1945. Soziale Integration und nationale Subkultur einer Minderheit in der deutschen Industriegesellschaft. — Göttingen: Vandenhoeck & Ruprecht 1978. 306 S.
*(Kritische Studien zur Geschichtswissenschaft. 30.)*

**Kocka**, Jürgen: Industrielles Management. Konzeptionen und Modelle in Deutschland vor 1914. — In: Vjschr. Soz.- u. Wirtschaftsgesch. 56 (1969/70), 332—372.

**Kocka**, Jürgen: Unternehmensverwaltung und Angestelltenschaft am Beispiel Siemens 1847—1914. Zum Verhältnis von Kapitalismus und Bürokratie in der deutschen Industrialisierung. — Stuttgart: Klett 1969. 639 S.
*(Industrielle Welt. 11.)*

**Köllmann**, Wolfgang: Bevölkerung in der industriellen Revolution. Studien zur Bevölkerungsgeschichte Deutschlands. - Göttingen: Vandenhoeck & Ruprecht 1974. 285 S.
*(Kritische Studien zur Geschichtswissenschaft. 12.)*

**Köllner**, Lutz: Chronik der deutschen Währungspolitik, 1871—1971. Mit e. Einl. von Erich Achterberg. — Frankfurt a. M.: Knapp 1972. 175 S.
*(Taschenbücher für Geld, Bank und Börse. 61.)*

**Langenbach**, Hans J.: „Die Mächtigen und der Tyrann". Lochners Erzählungen. — In: Frankf. H. 10 (1955), 855—864.

**Laqueur**, Walter Z.: Die deutsche Jugendbewegung. Eine historische Studie. — Köln: Verl. f. Wissenschaft u. Politik 1962. 288 S.

**Laqueur**, Walter: The German Youth Movement and the „Jewish Question". A preliminary survey. — In: Year Book, Leo Baeck Inst. 6 (1961), 193—205.

Jüdisches **Leben** in Deutschland. Selbstzeugnisse zur Sozialgeschichte, 1780–1871. Hrsg. u. eingel. von Monika Richarz. - (Stuttgart:) Dtsch. Verl.-Anst. (1976). 499 S.
*(Veröffentlichung des Leo Baeck Instituts.)*

**Lebovics**, Herman: „Agrarians" versus „industrializers". Social conservative resistance to industrialism and capitalism in late nineteenth century Germany. — In: Internat. Rev. soc. Hist. 12 (1967), 31—65.

**Lebovics**, Herman: Social conservatism and the middle classes in Germany, 1914—1933. — Princeton, N.J.: Princeton University Press 1969. XI, 248 S.

**Liesebach**, Ingolf: Der Wandel der politischen Führungsschicht der deutschen Industrie von 1918 bis 1945. — Hannover 1957: (Druck „Wiesel" G. u. A. Thöne). 132 S.

**Lochner**, Louis P[aul]: Die Mächtigen und der Tyrann (Tycoons and tyrant, dt.) Die deutsche Industrie von Hitler bis Adenauer. — Darmstadt: Schneekluth (1955). 343 S.

**Losseff**-Tillmanns, Gisela: Frauenemanzipation und Gewerkschaften. - Wuppertal: Hammer 1978. 394 S.

**Mai**, Joachim: Das deutsche Kapital in Rußland. 1850—1894. — Berlin: Dtsch. Verl. d. Wissenschaften 1970. 255 S.
*(Veröffentlichungen des Historischen Instituts der Ernst-Moritz-Arndt-Universität Greifswald. 4.)*
*Habil.-Schr., Universität Greifswald.*

**Mendershausen**, Horst: Two postwar recoveries of German economy. — Amsterdam: North Holland Publishing Company 1955. 130 S.
Behandelt die Zeiträume von 1919 bis 1928 sowie 1945 bis 1953.

**Müller**, Jakob: Die Jugendbewegung als deutsche Hauptrichtung neukonservativer Reform. — Zürich: Europa Verl. (1971). 411 S.
*(Wirtschaft, Gesellschaft, Staat. 28.)*
*Zürich, phil. Diss. vom 22. Februar 1969.*

**Nolte**, Ernst: Big business and German politics. A comment. — In: Amer. hist. Rev. 75 (1969/70), 71—78.

**Obermann**, Karl: Die deutsche Auswanderung nach den Vereinigten Staaten von Amerika im 19. Jahrhundert, ihre Ursachen und Auswirkungen ⟨1830 bis 1870⟩. - In: Jb. Wirtschaftsgesch. 1975, H. 2, 33–55.

**Opel**, Fritz: Der deutsche Metallarbeiter-Verband während des ersten Weltkrieges und der Revolution. — Hannover, Frankfurt a. M.: Norddt. Verl.-Anst. 1957. 114 S.
*(Schriftenreihe d. Instituts f. wissensch. Politik in Marburg a. Lahn. 4.)*

**Paetel**, Karl O[tto]: Jugend in der Entscheidung. 1913—1933—1945. (2., stark erw. Aufl.) — Bad Godesberg: Voggenreiter (1963). 308 S.

**Paetel**, Karl Otto: Die deutsche Jugendbewegung als politisches Phänomen. — In: Polit. Studien 8 (1957), H. 86, 1—14.

**Pechel**, Rudolf: Großindustrie und Hitler. — In: Dtsch. Rdsch. 81 (1955), 1000.

**Petzina**, Dieter: Materialien zum sozialen und wirtschaftlichen Wandel in Deutschland seit dem Ende des 19. Jahrhunderts. — In: Vjh. Zeitgesch. 17 (1969), 308—338.

**Petzina**, Dietmar: Die deutsche Wirtschaft in der Zwischenkriegszeit. - Wiesbaden: Steiner 1977. 205 S.
*(Wissenschaftliche Paperbacks. 11.)*

**Poppinga**, Onno (-Hans): Bauern und Politik. - (Frankfurt a. M.:) Europ. Verl.-Anst. (1975). 337 S.
*(Studien zur Gesellschaftstheorie.)*

**Preston**, David L.: The German Jews in secular education, university teaching and science. A preliminary inquiry. - In: Jew. soc. Stud. 38 (1976), 99–116.

**Pritzkoleit**, Kurt: Männer, Mächte, Monopole. Hinter den Türen der westdeutschen Wirtschaft. — (Düsseldorf:) Rauch (1953). 431 S.

**Probleme** der Modernisierung in Deutschland. Sozialhistorische Studien zum 19. und 20. Jahrhundert. [Von] Hartmut Kaelble [u. a.] - (Opladen:) Westdtsch. Verl. (1978). 332 S.
*(Schriften des Zentralinstituts für Sozialwissenschaftliche Forschung der Freien Universität Berlin. 27.)*

**Pross**, Harry: Ein glückliches Äon? Über die historische Aktualität der Jugendbewegung. — In: Dtsch. Rdsch. 86 (1960), 1094—1103.

**Pross**, Harry: Jugend, Eros, Politik. Die Geschichte der deutschen Jugendverbände. — Bern, München, Wien: Scherz (1964). 520 S.

**Quellensammlung** zur Geschichte der deutschen Sozialpolitik 1867 bis 1914. Begr. von Peter Rassow, im Auftr. d. Histor. Kommission d. Akademie d. Wissenschaften u. d. Literatur hrsg. von Karl Erich Born, Otto Brunner [u. a.] — Wiesbaden: F. Steiner.
  1. Einführungsband. 1966. 182 S.

**Radandt**, Hans: „100 Jahre Deutsche Bank". Eine typische Konzerngeschichte. - In: Jb. Wirtschaftsgesch. 1972, T. 3, 37-62.

**Ribhegge**, Wilhelm: Die Systemfunktion der Gemeinden. Zur deutschen Kommunalgeschichte seit 1918. - In: Aus Politik und Zeitgeschichte, Beilage zur Wochenzeitung „Das Parlament" Nr 47 vom 24. November 1973, 3-31.

**Rinott**, Chanoch: Jüdische Jugendbewegung in Deutschland. Entstehung, Entwicklung und Ende ⟨1912-1942⟩. - In: Neue Sammlung 17 (1977), 75-94

**Rosenbaum**, E. [u.] A. J. Sherman: M. M. Warburg and Co., 1798-1938. A Hamburg private bank. - London: Hurst 1978. 200 S.

**Rosenberg**, Hans: Machteliten und Wirtschaftsstrukturen. Studien zur neueren deutschen Sozial- und Wirtschaftsgeschichte. - Göttingen: Vandenhoeck & Ruprecht 1978. 343 S.
*(Kritische Studien zur Geschichtswissenschaft. 31.)*

**Rosenberg**, Hans: Probleme der deutschen Sozialgeschichte. — (Frankfurt a. M.:) Suhrkamp (1969). 149 S.
*(Edition Suhrkamp. 340.)*

**Scheer**, Friedrich: Die Deutsche Friedensgesellschaft ⟨1892-1933⟩. Organisation, Ideologie, politische Ziele. - In: Forschung für den Frieden, Boppard: Boldt (1975), 261-272.

**Schier**, Rolf: Standesherren. Zur Auflösung der Adelsvorherrschaft in Deutschland ⟨1815-1918⟩. - Heidelberg: C. F. Müller (1978). 157 S.
*(Studien und Quellen zur Geschichte des deutschen Verfassungsrechts. A, 11.)*

**Schlette**, Antonia Ruth: Zur historischen Ortsbestimmung der Jugendbewegung. — In: Z. Politik 11 (1964), 160-164.

**Scholz**, Günther: Äußerer und innerer Wandel der deutschen Gewerkschaftsbewegung in ihrer Entwicklung seit der Entstehungszeit bis zur Neugründung nach dem zweiten Weltkrieg. — Marburg 1955. IV, 240 gez. Bl [Maschinenschr.]
*Marburg, rechts- u. staatswiss. Diss. 12. Mai 1955.*

**Schomerus**, Heilwig: Die Arbeiter der Maschinenfabrik Eßlingen. Forschungen zur Lage der Arbeiterschaft im 19. Jahrhundert. - Stuttgart: Klett-Cotta 1977. 356 S.
*(Industrielle Welt. 24.)*
*Diss., Universität Heidelberg.*

**Schraepler**, Ernst: Quellen zur Geschichte der sozialen Frage in Deutschland. — Göttingen: Musterschmidt.
  1. 1800-1870. (1955.) 155 S.
  2. 1871 bis zur Gegenwart. (1957.) 246 S.
*(Quellensammlung zur Kulturgeschichte. 6. 9.)*

**Schremmer**, Eckart: Wie groß war der „technische Fortschritt" während der Industriellen Revolution in Deutschland 1850-1913. - In. Vjschr. Soz.- u. Wirtschaftsgesch. 60 (1973), 433-458.

**Schröder**, Wilhelm Heinz: Arbeitergeschichte und Arbeiterbewegung. Industriearbeit und Organisationsverhalten im 19. und 20. Jahrhundert. - Frankfurt a. M.: Campus Verl. (1978). 316 S.
*Diss., Universität Köln.*

**Schwarz**, Jürgen: Deutsche Studenten und Politik im 19. Jahrhundert. — In: Gesch. Wiss. Unterr. 20 (1969), 72-94.

**Schwerin** von Krosigk, Lutz Graf: Staatsbankrott. Die Geschichte des Deutschen Reiches von 1920-1945. Geschrieben vom letzten Reichsfinanzminister. - Göttingen: Musterschmidt 1974. 409 S.

**Schwerin** von Krosigk, Lutz Graf: Die große Zeit des Feuers. Der Weg der deutschen Industrie. Bd 1-3. — Tübingen: Wunderlich (1957—59).

**Schymanietz**, Peter A.: Die Organisation der deutschen Eisenbahnen 1835-1975. - (Freiburg:) Eisenbahn-Kurier Verl. (1977). 170 S.

**Seidel**, Richard: Die Gewerkschaftsbewegung in Deutschland. — Köln: Bund-V. [1951]. 143 S.

**Seidelmann**, Karl: Bund und Gruppe als Lebensformen deutscher Jugend. Versuch einer Erscheinungskunde des deutschen Jugendlebens in der 1. Hälfte des 20. Jahrhunderts. — München: Wiking-V. 1955. 382 S.

**Seidenzahl**, Fritz: 100 Jahre Deutsche Bank. 1870-1970. Im Auftr. d. Vorstandes d. Dtsch. Bank AG, Frankfurt a. M. — (Frankfurt a. M. 1970: Weisbecker). XI, 459 S.

**Sieger**, Walter: Das erste Jahrzehnt der deutschen Arbeiterjugendbewegung. — Berlin: Rütten & Loening (1958). 219 S.
*(Schriftenreihe des Instituts für Deutsche Geschichte an der Karl-Marx-Universität Leipzig. 4.)*

Deutsche **Sozialgeschichte**. Dokumente und Skizzen. Bd 1. 2. - München: Beck.
  1. 1815-1870. Hrsg. von Werner Pöls. 1973. XVII, 398 S.
  2. 1870-1914. Hrsg. von Gerhard A. Ritter u. Jürgen Kocka. 1974. X, 458 S.

Moderne deutsche **Sozialgeschichte**. Hrsg. von Hans-Ulrich Wehler. — Köln: Kiepenheuer & Witsch (1966). 585 S.
*(Neue wissenschaftliche Bibliothek. 10.)*

**Spree**, Reinhard: Wachstumstrends und Konjunkturzyklen in der deutschen Wirtschaft von 1820 bis 1913. Quantitativer Rahmen für eine Konjunkturgeschichte des 19. Jahrhunderts. Unter Mitarb. von Michael Tybus. - Göttingen: Vandenhoeck & Ruprecht (1978). 215 S.

**Stegmann**, Franz Josef: Der soziale Katholizismus und die Mitbestimmung in Deutschland. Vom Beginn der Industrialisierung bis zum Jahre 1933. - München: Schöningh 1974. 230 S.
*(Beiträge zur Katholizismusforschung. Reihe B. Abhandlungen.)*

**Stolper**, Gustav: Deutsche Wirtschaft 1870-1940. — Stuttgart: Mittelbach 1950. XVI, 180 S.

**Stolper,** Gustav: Deutsche Wirtschaft seit 1870 (German economy 1870—1940, [dt.]) Fortgef. von Karl Häuser u. Knut Borchardt. — Tübingen: Mohr 1964. XII, 375 S.

**Strauss,** Herbert: The Jugendverband. A social and intellectual history. — In: Year Book, Leo Baeck Inst. 6 (1961), 206—235.

**Stucken,** Eduard: Deutsche Geld- und Kreditpolitik 1914—1953. 2. Aufl. — Tübingen: Mohr 1952. VIII, 259 S.

**Tenfelde,** Klaus: Sozialgeschichte der Bergarbeiterschaft an der Ruhr im 19. Jahrhundert. — Bonn-Bad Godesberg: Verl. Neue Gesellsch. 1977. 738 S.
*(Schriften des Forschungsinstituts der Friedrich-Ebert-Stiftung. 125.)*
*Diss., Universität Münster.*

**Teuteberg,** Hans Jürgen: Geschichte der industriellen Mitbestimmung in Deutschland. Ursprung und Entwicklung ihrer Vorläufer im Denken und in der Wirklichkeit des 19. Jahrhunderts. — Tübingen: Mohr 1961. XX, 587 S.
*(Soziale Forschung und Praxis. 15.)*

**Treue,** Wilhelm: Gummi in Deutschland. Die deutsche Kautschukversorgung und Gummi-Industrie im Rahmen weltwirtschaftlicher Entwicklungen. — München: Bruckmann (1955). 347 S.

**Treue,** Wilhelm: Die Unternehmer und die Differenzierung der deutschen Gesellschaft im 19. Jahrhundert. Ein erster Versuch. — In: Z. Unternehmensgesch. 22 (1977), H. 1, 9—25.

**Twellmann,** Margit: Die deutsche Frauenbewegung. Ihre Anfänge und erste Entwicklung. Quellen 1843—1889. — Meisenheim a.G.: Hain 1972. 570 S.
*(Marburger Abhandlungen zur politischen Wissenschaft. 17,2.)*

**Twellmann,** Margrit: Die deutsche Frauenbewegung im Spiegel repräsentativer Frauenzeitschriften. Ihre Anfänge und erste Entwicklung, 1843—1889. — Meisenheim a.G.: Hain 1972. 246 S.
*(Marburger Abhandlungen zur politischen Wissenschaft. 17,1.)*

**Ullmann,** Peter: Tarifverträge und Tarifpolitik in Deutschland bis 1914. Entstehung und Entwicklung, interessenpolitische Bedingungen und Bedeutung des Tarifvertragswesens für die sozialistischen Gewerkschaften. — Frankfurt a. M.: Lang 1977. 358 S.
*(Moderne Geschichte und Politik. 6.)*
*Diss., Universität Tübingen.*

**Unternehmer** in der Politik. Hrsg. von Gustav Stein. Verf. von Herbert Gross [u. a.]. — Düsseldorf: Econ-V.(1954). 336 S.

**Urner,** Klaus: Die Deutschen in der Schweiz. Von den Anfängen der Kolonienbildung bis zum Ausbruch des Ersten Weltkrieges. - Frauenfeld: Huber (1976). 848 S.

**Die Veränderungen** der deutschen Bevölkerungsstruktur von 1939—1953. — In: Europa-Archiv 9 (1954), 6385—6392.

**Vetterli,** Rudolf: Industriearbeit, Arbeiterbewußtsein und gewerkschaftliche Organisation. Dargestellt am Beispiel der Georg Fischer AG ⟨1890—1930⟩. — Göttingen: Vandenhoeck & Ruprecht 1978. 344 S.
*(Kritische Studien zur Geschichtswissenschaft. 28.)*

**Währung** und Wirtschaft in Deutschland 1876-1975. Hrsg.: Deutsche Bundesbank, Frankfurt a. M. — Frankfurt a. M.: Knapp 1976. 796 S.

**Wandervogel** und freideutsche Jugend. (Im Auftr. d. Vereinigung Jugendburg Ludwigstein e. V. hrsg. von Gerhard Ziemer und Hans Wolf. (2. Aufl.) — (Bad Godesberg:) Voggenreiter (1961). 550, 28 S.

**Wehler,** Hans-Ulrich: Theorieprobleme der modernen deutschen Wirtschaftsgeschichte (1800—1945). Prolegomena zu einer kritischen Bestandsaufnahme der Forschung und Diskussion seit 1945. — In: Entstehung und Wandel der modernen Gesellschaft, Festschrift für Hans Rosenberg zum 65. Geburtstag, Berlin: de Gruyter 1970, 66—107.

**Wehler,** Hans-Ulrich: Vorüberlegungen zu einer modernen deutschen Gesellschaftsgeschichte. — In: Industrielle Gesellschaft und politisches System. Festschrift für Fritz Fischer zum siebzigsten Geburtstag, Bonn: Verl. Neue Gesellsch. (1978), 3-20.

**Moderne deutsche Wirtschaftsgeschichte.** Hrsg. von Karl Erich Born. — Köln: Kiepenheuer & Witsch (1966). 535 S.
*(Neue wissenschaftliche Bibliothek. 12.)*

**Witt,** Peter-Christian: Finanzpolitik und sozialer Wandel. Wachstum und Funktionswandel der Staatsausgaben in Deutschland, 1871-1933. — In: Sozialgeschichte heute. Festschrift für Hans Rosenberg zum 70. Geburtstag, Göttingen: Vandenhoeck & Ruprecht 1974, 565-574.

**Wunderlich,** Frieda: Farm labor in Germany 1810—1945. Its historical development within the framework of agricultural and social policy. — Princeton: Princeton University Press 1961. XV, 390 S.

**Wurm,** Franz F.: Wirtschaft und Gesellschaft in Deutschland 1848—1948. — Opladen: Leske 1969. 317 S.

**Ziemer,** Gerhard [u.] Hans Wolf [Hrsg.]: Wandervogel und freideutsche Jugend. (2. Aufl.) — (Bad Godesberg: Voggenreiter (1961). 550 S.

### Kulturelles Leben

**Abelein,** Manfred: Die Kulturpolitik des Deutschen Reiches und der Bundesrepublik Deutschland. Ihre verfassungsgeschichtliche Entwicklung und ihre verfassungsrechtlichen Probleme. — Köln: Westdtsch. Verl. 1968. 312 S.
*(Ordo politicus. 8.)*

**Alker,** Ernst: Profile und Gestalten der deutschen Literatur nach 1914. Mit einem Kapitel über den Expressionismus von Zoran Konstantinović. Hrsg. von Eugen Thurnher. — Stuttgart: Kröner (1977). XVI, 879 S.

**Frühes deutsches Arbeitertheater.** 1847—1918. Eine Dokumentation von Friedrich Knilli u. Ursula Münchow. — Berlin: Akademie-Verl. 1970. 504 S.

**Bartol,** Gerda: Ideologie und studentischer Protest. Untersuchungen zur Entstehung deutscher Studentenbewegungen im 19. und 20. Jahrhundert. – München: Verl. Dokumentation 1977. VIII, 272 S.
*Diss., Universität München.*

**Berlin** und die Provinz Brandenburg im 19. und 20. Jahrhundert. Mit Beitr. von Renate Böschenstein-Schäfer [u.a.] u. e. Kartenbeil. Hrsg. von Hans Herzfeld unter Mitwirkung von Gerd Heinrich. — Berlin: de Gruyter 1968. VIII, 1034 S.
*(Geschichte von Brandenburg und Berlin. 3.)*
*(Veröffentlichungen der Historischen Kommission zu Berlin beim Friedrich-Meinecke-Institut der Freien Universität Berlin. 25.)*

**Beumer,** Dieter: Politisches Bewußtsein als Unterrichtsgegenstand. Ein Beitrag zur Meinungsbildung und Meinungsmanipulation in der Weimarer Republik und im Dritten Reich. – Ratingen: Henn 1974. 114 S.
*(Schriftenreihe zur Geschichte und politischen Bildung.)*

**Bleuel,** Hans Peter: Deutschlands Bekenner. Professoren zwischen Kaiserreich und Diktatur. — München: Scherz (1968). 255 S.

**Bloth,** Peter (Constantin): Religion in den Schulen Preußens. Der Gegenstand des evangelischen Religionsunterrichts von der Reaktionszeit bis zum Nationalsozialismus. — Heidelberg: Quelle & Meyer 1968. 301 S.
*(Pädagogische Forschungen. Reihe: Editionen und Monographien. 37.)*

**Bohrmann,** Hans: Strukturwandel der deutschen Studentenpresse. Studentenpolitik und Studentenzeitschriften 1848–1974. – München: Verl. Dokumentation 1975. 337 S.
*(Kommunikation und Politik. 4.)*

**Campbell,** Joan: The German Werkbund. The politics of reform in the applied arts. – (Princeton, N.J.:) Princeton University Press (1978). XII, 350 S.

**Constabel,** Adelheid: Die Vorgeschichte des Kulturkampfes. Quellenveröffentlichung aus dem Deutschen Zentralarchiv. Mit einer Einleitung von Fritz Hartung. Hrsg. von d. Staatl. Archivverwaltung im Ministerium des Innern. — Berlin: Rütten & Loening (1956). 366 S.
*(Schriftenreihe der Staatlichen Archivverwaltung. 6.)*

**Dietrich,** Rolf: Zum Begriff und zur Geschichte der deutschen Arbeiterdichtung. — In: Gewerksch. Monatsh. 22 (1971), 28—41.

**Diller,** Ansgar: Der Frankfurter Rundfunk 1923–1945 unter besonderer Berücksichtigung der Zeit des Nationalsozialismus. – o. O. 1975. 392 S.
*Frankfurt a. M., phil. Diss. vom 11. Juli 1973.*
[Maschinenschr. vervielf.]

**Emmerich,** Wolfgang [Hrsg.]: Proletarische Lebensläufe. Autobiographische Dokumente zur Entstehung der Zweiten Kultur in Deutschland. – (Reinbek b. Hamburg:) Rowohlt.
1. Anfänge bis 1914. (1974). 402 S.
2. 1914 bis 1945. (1975). 474 S.

**Fischer,** E. Kurt: Dokumente zur Geschichte des deutschen Rundfunks und Fernsehens. — Göttingen: Musterschmidt (1957). X, 316 S.
*(Quellensammlung zur Kulturgeschichte. 11.)*

**Fischli,** Bruno: Die Deutschen-Dämmerung. Zur Genealogie des völkisch-faschistischen Dramas und Theaters ⟨1897–1933⟩. – Bonn: Bouvier 1976. 387 S.
*(Literatur und Wirklichkeit. 16.)*

**Franz-Willing,** Georg: Kulturkampf gestern und heute. Eine Säkularbetrachtung 1871—1971. – München: Callwey (1971). 127 S.

**Franze,** Manfred: Die Erlanger Studentenschaft, 1918—1945. — Würzburg: Schöningh [in Komm.] 1972. VII, 440 S.
*(Veröffentlichungen der Gesellschaft für Fränkische Geschichte. 9,30.)*
*Phil. Diss., Universität Erlangen.*

**Friedberger,** Walter: Die Geschichte der Sozialismuskritik im katholischen Deutschland zwischen 1830 und 1914. – Frankfurt a. M.: Lang 1978. 370 S.
*(Regensburger Studien zur Theologie. 14.)*

**Geschichte** der deutschen Arbeiterjugendbewegung 1904–1945. (Autorenkollektiv: Karl-Heinz Jahnke [u. a.]) – Dortmund: Weltkreis-Verl. (1973). 631 S.

**Geschichte** der deutschen Literatur, 1917 bis 1945. Von einem Autorenkollektiv unter Leitung von Hans Kaufmann in Zusammenarbeit mit Dieter Schiller. – Berlin: Verl. Volk u. Wissen 1973. 754 S.
*(Geschichte der deutschen Literatur von den Anfängen bis zur Gegenwart. 10.)*

**Geschichte** der politischen Lyrik in Deutschland. Hrsg.: Walter Hinderer. – Stuttgart: Reclam (1978). 375 S.

**Geschichtswissenschaft** und Vereinswesen im 19. Jahrhundert. Beiträge zur Geschichte historischer Forschung in Deutschland. Von Hartmut Boockmann, Arnold Esch [u. a.] Mit e. Vorw. von Hermann Heimpel. – Göttingen: Vandenhoeck & Ruprecht 1972. VII, 191 S.
*(Veröffentlichungen des Max-Planck-Instituts für Geschichte. 1.)*

**Giese,** Gerhard: Quellen zur deutschen Schulgeschichte seit 1800. — Göttingen usw.: Musterschmidt (1961). 372 S.
*(Quellensammlung zur Kulturgeschichte. 15.)*

**Glaser,** Hermann: Spießer-Ideologie. Von der Zerstörung des deutschen Geistes im 19. u. 20. Jahrhundert. — Freiburg: Rombach (1964). 280 S.
*(Sammlung Rombach.)*

**Glaube** im Ansturm der Zeit. Zeugnisse und Manifeste der evangelischen Kirche aus den Jahren 1933—1967. Hrsg. u. kommentiert von Günther Heidtmann. — (Hamburg:) Furche-Verl. (1968). 97 S.
*(Stundenbücher. 78.)*

**Greive,** Hermann: Theologie und Ideologie. Katholizismus und Judentum in Deutschland und Österreich 1918—1935. — Heidelberg: L. Schneider 1969. 320 S.
*(Arbeiten aus dem Martin-Buber-Institut der Universität Köln. 1.)*

**Gutteridge,** Richard: The German evangelical church and the Jews, 1879-1950. — New York: Barnes & Noble 1976. 374 S.

**Hardenberg,** Alice Gräfin: Bündische Jugend und Ausland. — (München) 1966: (Uni-Druck). 175 S.
*(München, phil. Diss. vom 27. Februar 1964.)*

**Hastenteufel,** Paul: Jugendbewegung und Jugendseelsorge. Geschichte u. Probleme d. katholischen Jugendarbeit im 20. Jahrhundert. — München: Kösel (1962). 116 S.

**Hecker,** Hans: Die „Tat" und ihr Osteuropa-Bild 1909-1939. - (Köln:) Verl. Wissenschaft u. Politik (1974). 278 S.
*Diss., Universität Köln.*

**Heer,** Friedrich: Werthers Weg in den Underground (Youth movement, dt.) Die Geschichte der Jugendbewegung. - München: Bertelsmann (1973). 224 S.

**Hess,** Gerhard: Die deutsche Universität 1930—1970. — [Neuwied:] Luchterhand [1968]. 52 S.
*(Schule in Staat und Gesellschaft.)*

**Horlebein,** Manfred: Die berufsbegleitenden kaufmännischen Schulen in Deutschland ⟨1800–1945⟩. Eine Studie zur Genese der kaufmännischen Berufsschule. - Frankfurt a. M.: Lang 1976. XIV, 374 S.
*(Forschung und Praxis beruflicher Bildung. 3.)*

**Hüser,** Karl, Wilhelm Becker [u.] Ferdinand Küpper: Politische Bildung in Deutschland im zwanzigsten Jahrhundert. Bedingungen und Elemente ausgewählter Konzeptionen. - (Neuwied:) Luchterhand (1976). VI, 146 S.
*(Arbeitsmittel für Studium und Unterricht.)*

**Jay,** Martin: The dialectical imagination. A history of the Frankfurt School and the Institute of Social Research, 1923-1950. - Boston: Little, Brown 1973. XVII, 382 S.

**Jeismann,** Karl-Ernst: Gymnasium, Staat und Gesellschaft in Preußen. Vorbemerkungen zur Untersuchung der politischen und sozialen Bedeutung der „höheren Bildung" im 19. Jahrhundert. — In: Gesch.-Wiss. Unterr. 21 (1970), 453—470.

**Jens,** Inge: Dichter zwischen rechts und links. Die Geschichte der Sektion für Dichtkunst der Preußischen Akademie der Künste dargestellt nach den Dokumenten. - (München:) Piper (1971). 297 S.

**Jugend** im politischen Protest. Der Leuchtenburgkreis 1923 – 1933 – 1977. Hrsg.: Fritz Borinski [u. a.] – Frankfurt a. M.: dipa-Verl. 1977. 240 S.
*(Quellen und Beiträge zur Geschichte der Jugendbewegung. 19.)*

Deutsche **Jugendbewegung** in Europa. Versuch einer Bilanz. Hrsg. von Peter Nasarski. — Köln: Verl. Wissenschaft u. Politik (1967). 415 S.

**Just,** Klaus Günther: Von der Gründerzeit bis zur Gegenwart. Geschichte der deutschen Literatur seit 1871. - München: Francke (1973). 702 S.
*(Handbuch der deutschen Literaturgeschichte. 1, 4.)*

**Kaelble,** Hartmut: Chancenungleichheit und akademische Ausbildung in Deutschland 1910-1960. - In: Gesch. u. Gesellsch. 1 (1975), 121–149.

**Karbaum,** Michael: Studien zur Geschichte der Bayreuther Festspiele ⟨1876–1976⟩. — Regensburg: Bosse 1976.
1. Textteil. 106 S.
2. Dokumente und Anmerkungen. 158. S.
*(Arbeitsgemeinschaft „100 Jahre Bayreuther Festspiele". 3.)*
*(Neunzehntes Jahrhundert.)*

**Kater,** Michael H[ans]: Bürgerliche Jugendbewegung und Hitlerjugend in Deutschland von 1926 bis 1939. - In: Arch. Sozialgesch. 17 (1977), 127–174.

**Keller,** Ernst: Nationalismus und Literatur. Langemarck, Weimar, Stalingrad. — München: Francke (1970). 289 S.

**Ketelsen,** Uwe-Karsten: Völkisch-nationale und nationalsozialistische Literatur in Deutschland, 1890-1945. - Stuttgart: Metzler 1976. IX, 116 S.
*(Sammlung Metzler. 142.)*

**Kindt,** Werner: Die Wandervogelzeit. Quellenschriften zur deutschen Jugendbewegung 1896—1919. Hrsg. im Auftr. d. Gemeinschaftswerkes „Archiv u. Dokumentation der Jugendbewegung". Mit e. ideengeschichtl. Einf. von Wilhelm Flitner. — (Düsseldorf:) Diederichs (1968). 1097.
*(Dokumentation der Jugendbewegung. 2.)*

**Kirche** zwischen Krieg und Frieden. Studien zur Geschichte des deutschen Protestantismus. Hrsg. von Wolfgang Huber u. Johannes Schwerdtfeger. - Stuttgart: Klett (1976). 627 S.
*(Forschungen und Berichte der Evangelischen Studiengemeinschaft. 31.)*

**Kluke,** Paul: Die Stiftungsuniversität Frankfurt a. M. 1914—1932. — Frankfurt a. M.: Kramer 1972. 593 S.

**Körling,** Martha: Die literarische Arbeit der Zeitschrift „Hochland" von 1903 bis 1933. Untersuchungen über die Verwirklichung eines publizistischen Programms. — Berlin 1958: (Ernst-Reuter-Ges.) 129 S.
*Berlin, Freie Univ., phil. Diss., 28. Mai 1958.*

**Kohn,** Hans: Wege und Irrwege (The Mind of Germany, dt.) Vom Geist d. dt. Bürgertums. (Aus d. Amerikan. übertrag. von Wilhelm u. Modeste Pferdekamp.) — Düsseldorf: Droste (1962). 395 S.

**Koszyk,** Kurt: Deutsche Presse 1914 bis 1945. — Berlin: Colloquium-Verl. 1972. 587 S.
*(Geschichte der deutschen Presse. 3.)*
*(Abhandlungen und Materialien zur Publizistik. 7.)*

**Kratzsch,** Gerhard: Kunstwart und Dürerbund. Ein Beitrag zur Geschichte der Gebildeten im Zeitalter des Imperialismus. — Göttingen: Vandenhoeck & Ruprecht (1969). 468 S.

**Kron,** Friedhelm: Schriftsteller und Schriftstellerverbände. Schriftstellerberuf und Interessenpolitik 1842-1973. - Stuttgart: Metzler 1976. IX, 505 S.
*Diss., Universität Saarbrücken.*

**Kupisch,** Karl: Der deutsche CVJM. Aus der Geschichte der Christlichen Vereine Junger Männer Deutschlands. — Kassel-Wilhelmshöhe: Pflugschar-Verl. (1958). 143 S.

**Kupisch,** Karl: Zwischen Idealismus und Massendemokratie. Eine Geschichte der evangelischen Kirche in Deutschland von 1815 bis 1945. — Berlin: Lettner-V. (1955). 296 S.

**Kupisch,** Karl: Quellen zur Geschichte des deutschen Protestantismus (1871 — 1945). — Göttingen: Musterschmidt (1960). 310 S.
*(Quellensammlung zur Kulturgeschichte.)*

**Laitenberger,** Volkhard: Akademischer Austausch und auswärtige Kulturpolitik. Der Deutsche Akademische Austauschdienst ⟨DAAD⟩ 1923-1945. — Göttingen: Musterschmidt (1976). 360 S.
*(Quellensammlung zur Kulturgeschichte. 20.)*
*Diss., Freie Universität Berlin.*

Der **Lehrer** und seine Organisation. Hrsg. von Manfred Heinemann. Mit e. Einl. von Georg Rückriem. — Stuttgart: Klett (1977). 524 S.
*(Veröffentlichungen der Historischen Kommission der Deutschen Gesellschaft für Erziehungswissenschaft. 2.)*

**Liebs,** Ludwig: Glauben an Gott und die Götter. Jugendbewegung und Bündische Jugend als religiöses Phänomen. — (Heidenheim a. d. Brenz: Südmarkverl. 1976). 220 S.

**Listl,** Joseph: Staat und Kirche in Deutschland. Vom preußischen allgemeinen Landrecht bis zum Bonner Grundgesetz. — In: Civitas 6 (1967), 117—165.

**Matthies,** Marie: Journalisten in eigener Sache. Zur Geschichte des Reichsverbandes der deutschen Presse. Mit e. Vorw. von Emil Dovifat. (Hrsg. vom Journalisten-Verband, Berlin.) — (Berlin:) [Selbstverl. d. Hrsg.] (1969). 248 S.

**Meinhardt,** Günther: Die Universität Göttingen. Ihre Entwicklung und Geschichte von 1734-1974. — Göttingen: Musterschmidt (1977). 123 S.

**Milberg,** Hildegard: Schulpolitik in der pluralistischen Gesellschaft. Die politischen und sozialen Aspekte der Schulreform in Hamburg 1890—1935. — (Hamburg:) Leibniz-Verl. (1970). 576 S.
*(Veröffentlichungen der Forschungsstelle für die Geschichte des Nationalsozialismus in Hamburg. 7.)*

**Morsey,** Rudolf: Kirche und politische Parteien, 1848-1948/49. — In: Kirche, Politik, Parteien, Köln: Bachem 1974, 11-56.

**Nasarski,** Gerlind: Osteuropavorstellungen in der konservativ-revolutionären Publizistik. Analyse der Zeitschrift Deutsches Volkstum 1917-1941. Ab Ms. d. Autors gedr. — Frankfurt a. M.: Lang 1974. 241 S.
*(Europäische Hochschulschriften. Reihe 3. Gesch. u. ihre Hilfswiss. 23.)*

**Oschilewski,** Walther G.: Eine Zeitung schreibt Geschichte; 100 Jahre „Vorwärts". — In: Neue Gesellsch. 23 (1976), 788-791.

**Paul,** Wolfgang: Das Feldlager. Jugend zwischen Langemarck und Stalingrad. — (Eßlingen:) Bechtle (1978). 428 S.

**Peter,** Lothar: Literarische Intelligenz und Klassenkampf. „Die Aktion" 1911—1932. — Köln: Pahl-Rugenstein 1972. 221 S.
*(Sammlung junge Wissenschaft.)*
*Diss., Universität Marburg.*

**Pfeiffer,** Lorenz: Die deutsche Turnerschaft. Ihre politische Stellung in der Zeit der Weimarer Republik und des Nationalsozialismus. — (Ahrensburg:) Czwalina (1976). 209 S.
*(Sportwissenschaftliche Dissertationen. Sportgeschichte. 7.)*
*Diss., Universität Braunschweig.*

**Pöggeler,** Franz: Katholische Erwachsenenbildung. Ein Beitrag zu ihrer Geschichte 1918—1945. — München: Kösel (1965). 140 S.

**Pohle,** Heinz: Der Rundfunk als Instrument der Politik. Zur Geschichte des deutschen Rundfunks von 1923 bis 1938. — Hamburg: Verl. Hans-Bredow-Institut 1955. 480 S.
*(Wissenschaftliche Schriftenreihe für Rundfunk und Fernsehen. 1.)*

**Preußen.** Portrait einer politischen Kultur. [Von:] Hans-Joachim Netzer, Harry Pross, Sebastian Haffner, Golo Mann, Burghard Freudenfeld. Hrsg. von Hans-Joachim Netzer. — München: List (1968). 218 S.

**Ringer,** Fritz K.: The decline of the German Mandarins. The German Academic Community, 1890—1933. — Cambridge, Mass.: Harvard University Press 1969. 528 S.

**Ritter,** Emil: Die katholisch-soziale Bewegung Deutschlands im neunzehnten Jahrhundert und der Volksverein. — Köln: Bachem 1954. 525 S.

**Rühle,** Günther: Zeit und Theater. — (Frankfurt a. M.: Ullstein).
1. Vom Kaiserreich zur Republik. 1913-1925. (1973). 944 S.
2. Von der Republik zur Diktatur. 1925-1933. (1972). 834 S.
3. Diktatur und Exil. 1933-1945. (1974). 874 S.

**Rundfunk** und Politik 1923 bis 1973. Beiträge zur Rundfunkforschung. Hrsg. von Winfried B. Lerg u. Rolf Steininger. — Berlin: Spiess 1975. 484 S.
*(Rundfunkforschung. 3.)*

**Schauff,** Johannes: Das Wahlverhalten der deutschen Katholiken im Kaiserreich und in der Weimarer Republik. Untersuchungen aus dem Jahre 1928. Hrsg. u. eingel. von Rudolf Morsey. — Mainz: Matthias-Grünewald-Verl. (1975). X, 214 S.
*(Veröffentlichungen der Kommission für Zeitgeschichte. A. 18.)*

**Schick,** Manfred: Kulturprotestantismus und soziale Frage. Versuche zur Begründung der Sozialethik, vornehmlich in der Zeit von der Gründung des Evangelisch-Sozialen Kongresses bis zum Ausbruch des 1. Weltkrieges, 1890—1914. — Tübingen: Mohr 1970. VIII, 187 S.
*(Tübinger wirtschaftswissenschaftliche Abhandlungen. 10.)*
*Diss., Universität Tübingen.*

**Schmidt**-Volkmar, Erich: Der Kulturkampf in Deutschland 1871—1890. — Göttingen, Berlin, Frankfurt: Musterschmidt (1962). 201 S.

# DEUTSCHE GESCHICHTE

**Schreiber,** Georg: Deutsche Wissenschaftspolitik von Bismarck bis zum Atomwissenschaftler Otto Hahn. — Köln, Opladen: Westdtsch. V. (1954). 89 S.
*(Arbeitsgemeinschaft für Forschung des Landes Nordrhein-Westfalen. Reihe Geisteswissenschaften. 6.)*

**Schröter,** Klaus: Literatur und Zeitgeschichte. 5 Aufsätze zur deutschen Literatur im 20. Jahrhundert. — Mainz: v. Hase & Koehler (1970). 153 S.
*(Die Mainzer Reihe. 26.)*

**Schütte,** Wolfgang: Regionalität und Föderalismus im Rundfunk. Die geschichtliche Entwicklung in Deutschland 1923—1945. — Frankfurt a.M.: Knecht 1971. 260 S.
*(Beiträge zur Geschichte des deutschen Rundfunks. 3.)*

**Seidelmann,** Karl: Die Pfadfinder in der deutschen Jugendgeschichte. - Hannover: Schroedel.
1. Darstellung. (1977). 207 S.

**Sorg,** Richard: Marxismus und Protestantismus in Deutschland. Eine religionssoziolog.-sozialgeschichtl. Studie zur Marxismus-Rezeption in der evangel. Kirche 1848-1948. - Köln: Pahl-Rugenstein 1974. 237 S.
*(Kleine Bibliothek. 48.)*
Diss., Universität Marburg.

**Spael,** Wilhelm: Das katholische Deutschland im 20. Jahrhundert. Seine Pionier- u. Krisenzeiten. 1890—1945. — Würzburg: Echter (1964). 376 S.

**Stern,** Fritz: The failure of illiberalism. Essays on the political culture of modern Germany. — New York: Knopf 1972. XLIV, 233, XII S.

**Stitz,** Peter: Der C[artell-] V[erband] 1919—1938. Der hochschulpolitische Weg des Cartellverbandes d. katholischen deutschen Studentenverbindungen ⟨CV⟩ vom Ende des 1. Weltkrieges bis zur Vernichtung durch den Nationalsozialismus. Hrsg. von d. Gesellschaft f. Studentengeschichte u. studentisches Brauchtum, Sektion Geschichte. — (München) 1970: (Seitz & Höfling). 419 S.
*(Der weiße Turm. 4.)*

**Thalmann,** Rita: Protestantisme et nationalisme en Allemagne ⟨de 1900 à 1945⟩. - (Paris:) Klincksieck 1976. 482 S.
*(Dialogues des nations. 1.)*

**Theologie** und Sozialethik im Spannungsfeld der Gesellschaft. Untersuchungen zur Ideengeschichte des deutschen Katholizismus im 19. Jahrhundert. Hrsg. von Albrecht Langner. - München: Schöningh 1974. 187 S.
*(Beiträge zur Katholizismusforschung. Reihe B. Abhandlungen.)*

**Trommler,** Frank: Sozialistische Literatur in Deutschland. Ein historischer Überblick. - Stuttgart: Kröner (1976). VII, 846 S.
*(Kröners Taschenausgabe. 434.)*

**Vorwärts** 1876-1976. Ein Querschnitt in Faksimiles. Hrsg. von Günter Grunwald u. Friedhelm Merz. Eingel. von Heinz-Dietrich Fischer u. Volker Schulze. - Bonn-Bad Godesberg: Dietz (1976). XLIV, 203 S.

**Werder,** Lutz von: Sozialistische Erziehung in Deutschland. Geschichte des Klassenkampfes um den Ausbildungssektor 1848-1973. - Frankfurt a.M.: Fischer Taschenbuchverl. 1974. 298 S.
*(Bücher des Wissens. 6244.)*

**Willmann,** Heinz: Geschichte der Arbeiter-Illustrierten-Zeitung, 1921-1938. - (Berlin:) Verl. Das europ. Buch 1974. 359 S.

**Wittwer,** Wolfgang W.: Literaturbericht. Die Geschichte der deutschen Bildungspolitik als Gegenstand und Aufgabe der Geschichtswissenschaft. Neuerscheinungen 1965-1973. - In: Gesch. Wiss. Unterr. 26 (1975), 256-270.

**Wunderer,** Hartmann: Der Touristenverein „Die Naturfreunde" – eine sozialdemokratische Arbeiterkulturorganisation ⟨1895-1933⟩. - In: Internat. wiss. Korr. Gesch. dtsch. Arbeiterbew. 13 (1977), 506-520.

**Zeitgeist** im Wandel. Hrsg. von Hans Joachim Schoeps. — Stuttgart: Klett.
1. Das wilhelminische Zeitalter. (1967). 288 S.
2. Zeitgeist der Weimarer Republik. (1998). 276 S.

**Ein Jahrhundert Frankfurter Zeitung.** 1856—1956. (Frankfurt a. M.: Frankfurter Societäts-Dr. 1956.) 59 S.
Sonderheft der „Gegenwart".

## Deutsche Länder

**Alles** für das Volk, alles durch das Volk. Dokumente zur demokratischen Bewegung in Mannheim 1848-1948. Ausgew. u. bearb. von Jörg Schadt. - Stuttgart: Theiss (1977). 277 S.
*(Sonderveröffentlichung des Stadtarchivs Mannheim. 1.)*

**Andernach,** Norbert: Der Einfluß der Parteien auf das Hochschulwesen in Preußen. 1848-1918. - Göttingen: Vandenhoeck & Ruprecht 1972. XVIII, 377 S.
*(Studien zum Wandel von Gesellschaft und Bildung im Neunzehnten Jahrhundert. 4.)*

**Arbeiterjugendbewegung** in Frankfurt 1904-1945. Material zu einer verschütteten Kulturgeschichte. Mit e. Vorw. von Georg Stierle u. e. einf. Text von Wolfgang Abendroth. - Lahn-Gießen: Anabas-Verl. Kämpf 1978. 200 S.

**Balkenhol,** Bernd: Armut und Arbeitslosigkeit in der Industrialisierung. Dargestellt am Beispiel Düsseldorfs 1850-1900. - Düsseldorf: (Droste) 1976. 145 S.
*(Studien zur Düsseldorfer Wirtschaftsgeschichte. 3.)*

**Baske,** Siegfried: Praxis und Prinzipien der preußischen Polenpolitik vom Beginn der Reaktionszeit bis zur Gründung des Deutschen Reiches. — In: Forsch. osteurop. Gesch. 9 (1963), 7—268.

**Becker,** Josef: Liberaler Staat und Kirche in der Ära von Reichsgründung und Kulturkampf. Geschichte und Struktur ihres Verhältnisses in Baden 1860-1876. - Mainz: Matthias-Grünewald-Verl. (1973). XXXII, 395 S.
*(Veröffentlichungen der Kommission für Zeitgeschichte. Reihe B. 14.)*

**Bösch,** Hermann: Politische Parteien und Gruppen in Offenbach am Main 1860-1960. Hrsg. vom Offenbacher Geschichtsverein. - (Offenbach a. M.:) [Selbstverl. d. Hrsg.] 1973. 132 S.
*(Offenbacher Geschichtsblätter. 23.)*

**Borscheid,** Peter: Naturwissenschaft, Staat und Industrie in Baden ⟨1848–1914⟩. – Stuttgart: Klett (1976). 242 S.
*(Industrielle Welt. 17.)*

**Bosl,** Karl: Der bayerische Staat von 1918 bis 1975. Verfassungsurkunde und Verfassungswirklichkeit. Ein internationaler Vergleich. – In: Archival. Z. 73 (1977), 177–198.

**Büsch,** Otto: Militärsystem und Sozialleben im alten Preußen 1713–1807. Die Anfänge der sozialen Militarisierung der preußisch-deutschen Gesellschaft. Mit e. Einf. von Hans Herzfeld. – Berlin: de Gruyter 1962. XIV, 203 S.
*(Veröffentlichungen d. Histor. Kommission beim Friedrich-Meinecke-Inst. d. Freien Universität Berlin. 7.)*
Zugl. phil. Diss. FU Berlin 1952 u. d. T.: Büsch: Die soziale Militarisierung im alten Preußen.

**Büttner,** Ursula: Vereinigte Liberale und Deutsche Demokraten in Hamburg 1906–1930. – In: Z. d. Vereins f. Hamburg. Gesch. 63 (1977), 1–34.

**Callesen,** Gerd: Die Schleswig-Frage in den Beziehungen zwischen dänischer und deutscher Sozialdemokratie von 1912 bis 1924. E. Beitr. zum sozialdemokrat. Internationalismus. – Apenrade: (Heimatkundl. Arbeitsgemeinschaft f. Nordschleswig) 1970. 200 S.
*(Schriften der Heimatkundlichen Arbeitsgemeinschaft für Nordschleswig. 1970,21.)*
*Diss., Universität Kiel.*

**Croon,** Helmuth: Die wirtschaftlichen Führungsschichten des Ruhrgebietes in der Zeit von 1890 bis 1933. – In: Bll. dtsch. Landesgesch. 108 (1972), 143–159.

Im **Dienst** der Republik. Die Tätigkeitsberichte des Landesvorstands der Sozialdemokratischen Partei Badens 1914–1932. Hrsg. u. bearb. von Jörg Schadt unter Mitarb. von Michael Caroli. – Stuttgart: Kohlhammer (1977). 239 S.
*(Veröffentlichungen des Stadtarchivs Mannheim. 4.)*

**Dokumentation** zur Geschichte der jüdischen Bevölkerung in Rheinland-Pfalz und im Saarland von 1800 bis 1945. Hrsg. von der Landesarchivverwaltung Rheinland-Pfalz in Verbindung mit dem Landesarchiv Saarbrücken. – (Boppard: Boldt).
6. Simmert, Johannes [Bearb]: Die nationalsozialistische Judenverfolgung in Rheinland-Pfalz 1933–1945. Herrmann, Hans-Walter [Bearb.]: Das Schicksal der Juden im Saarland 1920–1945. (1974). 491 S.
*(Veröffentlichungen der Landesarchivverwaltung Rheinland-Pfalz. 17.)*

**Dokumente** zur Geschichte von Staat und Gesellschaft in Bayern. Hrsg. von Karl Bosl. (Kommission für Bayerische Landesgeschichte bei der Bayerischen Akademie der Wissenschaften.) – München: Beck.
Abt. III. Bayern im 19. und 20. Jahrhundert.
3. Regierungssystem und Finanzverfassung. Unter Mitarb. von Werner K. Blessing bearb. von Rolf Kießling u. Anton Schmidt. 1977. 371 S.
4. Regierungs- und Verwaltungshandeln. Vom „Polizeistaat" zum Daseinsvorsorgestaat. Unter Mitarb. von Werner K. Blessing bearb. von Rolf Kießling u. Anton Schmidt. 1977. 202 S.
5. Das staatliche Gewaltmonopol. Unter Mitarb. von Werner K. Blessing bearb. von Rolf Kießling u. Anton Schmidt. 1978. VI, 204 S.

**Elsner,** Werner: Liegnitzer Stadtgeschichte in den letzten Jahren der Kaiserzeit und in der Weimarer Republik ⟨1912–1932⟩. – Wuppertal: Hist. Gesellsch. Liegnitz; Lorch: Weber [in Komm.] (1975). 128 S.
*(Beiträge zur Liegnitzer Geschichte. 4.)*

**Engelmann,** Bernt: Preußen – Land der unbegrenzten Möglichkeiten. – München: Bertelsmann 1979. 447 S.

**Feuchtwanger,** E. J.: Prussia, myth and reality. The role of Prussia in German history. – London: O. Wolff 1970. 262 S.

**Fischer,** Ilse: Industrialisierung, sozialer Konflikt und politische Willensbildung in der Stadtgemeinde. Ein Beitrag zur Sozialgeschichte Augsburgs 1840–1914. – Augsburg: Mühlberger 1977. 413 S.
*(Abhandlungen zur Geschichte der Stadt Augsburg. 24.)*
*Diss., Universität Erlangen/Nürnberg.*

Neue **Forschungen** zu Grundproblemen der badischen Geschichte im 19. u. 20. Jahrhundert. Hrsg. von Alfons Schäfer. I. A. d. Arbeitsgemeinschaft f. geschichtl. Landeskunde am Oberrhein in Karlsruhe. – (Karlsruhe: Braun [in Komm.]) 1975. 407 S.
*(Oberrheinische Studien. 2.)*

**Franz-Willing,** Georg: Die bayrische Vatikangesandtschaft 1803–1934. – München: Ehrenwirth (1965). 283 S.

**Fuchs,** Konrad: Wirtschaftliche Führungskräfte in Schlesien 1850–1914. – In: Z. Ostforsch. 21 (1972), 264–288.

**Gall,** Lothar: Der Liberalismus als regierende Partei. Das Großherzogtum Baden zwischen Restauration und Reichsgründung. – Wiesbaden: Steiner 1968. XIII, 524 S.
*(Veröffentlichungen des Instituts für Europäische Geschichte Mainz. 47.)*

**Geschichte** des Landes Niedersachsen. Ein Überblick. Sonderausg. aus d. Geschichte d. deutschen Länder „Territorien-Ploetz". Von Georg Schnath [u. a.] – Würzburg: Ploetz (1962) 152 S.

Rheinische **Geschichte** in drei Bänden. Unter Mitarb. von ... hrsg. von Franz Petri u. Georg Droege. – Düsseldorf: Schwann.
2. Neuzeit. (2. Aufl. 1976). XIII, 912 S.

**Haffner,** Sebastian: Preußen ohne Legende. Hrsg. von Henri Nannen. – Hamburg: Gruner + Jahr 1979. 358 S.
*(Ein Stern-Buch.)*

**Hagener,** Dirk: Radikale Schulreform zwischen Programmatik und Realität. Die schulpolitischen Kämpfe in Bremen vor dem Ersten Weltkrieg und in der Entstehungsphase der Weimarer Republik. – Bremen: Schünemann 1973. 255 S.
*(Veröffentlichungen aus dem Staatsarchiv der Freien Hansestadt Bremen. 39.)*

**Handbuch** der bayerischen Geschichte. In Verb. mit ... hrsg. von Max Spindler. – München: Beck.
    4. Das neue Bayern 1800–1970.
        1. (1974). XXXV, 644 S.

**Handbuch** der bayerischen Geschichte. In Verb. mit ... hrsg. von Max Spindler. – München: Beck.
    4. Das neue Bayern 1800–1970.
        2. (1975). XI, S. 647–1398.

**Hauser,** Oswald: Zum Problem der Nationalisierung Preußens. — In: Hist. Z. 202 (1966), 529—541.

**Hellfaier,** Karl-Alexander: Die sozialdemokratische Bewegung in Halle/Saale (1865—1890). — In: Arch. Sozialgesch. 1 (1961), 69—108.

**Herzog,** Gerhard: Die Anfänge der Arbeiterbewegung und die Gründung der SPD in Kaiserslautern, 1867–1905. – Otterbach: Arbogast 1974. 160 S.
*(Schriften zur Geschichte von Stadt- und Landkreis Kaiserslautern. 13.)*

**Hinrichs,** Carl: Preußen als historisches Problem. Gesammelte Abhandlungen. Hrsg. von Gerhard Oestreich. — Berlin: de Gruyter 1964. 430 S.
*(Veröffentlichungen d. Histor. Kommission beim Friedrich-Meinecke-Inst. d. Freien Universität Berlin. 10.)*

**Jablonowski,** Horst: Die preußische Polenpolitik von 1815 bis 1914. — Würzburg: Holzner [1964]. 20 S.
*(Der Göttinger Arbeitskreis. Schriftenreihe, H. 69.)*

**Knake,** Gerhard: Preußen u. Schaumburg-Lippe. 1866—1933. — Hildesheim: Lax 1970. IX, 203 S.
*(Veröffentlichungen der Historischen Kommission für Niedersachsen, Bremen und die Ehemaligen Länder Hannover, Oldenburg, Braunschweig und Schaumburg-Lippe. 25: Niedersachsen und Preußen. 9.)*
*Diss., Universität Göttingen.*

**Kurt,** Alfred: Wahlen und Wähler im Wahlkreis Offenbach. Eine histor.-statist. Untersuchung zur polit. Struktur d. Stadt u. d. Landkreises Offenbach im Wandel d. letzten anderthalb Jahrhunderte. (Hrsg.: Friedrich Grünewald.) — (Offenbach a. M.:) Offenbacher Geschichtsverein 1966. 115 S.
*(Offenbacher Geschichtsblätter. 16.)*

**Land,** Hanne-Lore: Die Konservativen und die preußische Polenpolitik ⟨1886—1912⟩. — (Berlin 1963: Ernst-Reuter-Gesellschaft.) 153 S.
*FU Berlin, phil. Diss. vom 7. 11. 1963.*

**Leppien,** J.-P.: Sozialdemokratie und Nordschleswig-Frage 1912 bis 1924. — In: Z. Gesellsch. Schleswig-Holstein. Gesch. 96 (1971), 341—356.

**Lüth,** Erich: Hamburgs Schicksal lag in ihrer Hand. Geschichte der Bürgerschaft. — Hamburg: Schröder (1966). 293 S.

**Maatz,** Helmut: Bismarck und Hannover 1866—1898. — Hildesheim: Lax 1970. VII, 148 S.
*(Veröffentlichungen der Historischen Kommission für Niedersachsen, Bremen und die Ehemaligen Länder Hannover, Oldenburg, Braunschweig und Schaumburg-Lippe. 25: Niedersachsen und Preußen. 8.)*
*Diss., Universität Göttingen.*

**Marzian,** Herbert G[ustav]: Ostpreußen. (Gesamtred.: Hansgeorg Loebel.) — (Hannover: Niedersächs. Landeszentrale f. Polit. Bildung.)
    (1.) Das politische Profil eines Landes. (1969). 82 S.
    (2.) Umrisse seines Geistes und seiner Kultur. (1969). 62 S.

**Meyer,** Folkert: Schule der Untertanen. Lehrer und Politik in Preußen, 1848–1900. – (Hamburg:) Hoffmann & Campe (1976). 292 S.
*(Historische Perspektiven. 4.)*

**Miller,** Max [u.] Paul Sauer: Die württembergische Geschichte von der Reichsgründung bis heute. — Stuttgart: Kohlhammer 1971. 225 S.

**Müller,** Karlheinz: Preußischer Adler und hessischer Löwe. 100 Jahre Wiesbadener Regierung 1866—1966. Dokumente der Zeit aus den Akten. — Wiesbaden: Verl. Kultur u. Wissen (1966). 439 S.

**Noll,** Adolf: Sozio-ökonomischer Strukturwandel des Handwerks in der zweiten Phase der Industrialisierung. Unter besonderer Berücksichtigung der Regierungsbezirke Arnsberg und Münster. – Göttingen: Vandenhoeck & Ruprecht 1975. 386 S.
*(Studien zum Wandel von Gesellschaft und Bildung im Neunzehnten Jahrhundert. 10.)*
*(Neunzehntes Jahrhundert.)*

**Ostadal,** Hubert: Die Kammer der Reichsräte in Bayern von 1819 bis 1848. ⟨Ein Beitr. zur Geschichte des Frühparlamentarismus⟩. (München: Wölfle [in Komm.]) 1968. VI, 223 S.
*(Miscellanea Bavarica Monacensia. 12.)*
*(Neue Schriftenreihe des Stadtarchivs München. 28.)*
*Zugl. phil. Diss., München.*

**Preußen.** Epochen und Probleme seiner Geschichte. (Hrsg.: Richard Dietrich.) — Berlin: de Gruyter 1964. VI, 200 S.

**Quante,** Peter: Die Bevölkerungsentwicklung der preußischen Ostprovinzen im 19. und 20. Jahrhundert. — In: Z. Ostforsch. 8 (1959), 481—499.

Neue **Quellen** zur Geschichte Preußens im 19. Jahrhundert. Hrsg. u. bearb. von Hans Joachim Schoeps. (Eine Veröffentlichung d. Gesellsch. f. Geistesgeschichte.) — Berlin: Haude & Spener 1968. 487 S.

**Rejewski,** Harro-Jürgen: Die Pflicht zur politischen Treue im preußischen Beamtenrecht ⟨1850–1918⟩. Eine rechtshistorische Untersuchung anhand von Ministerialakten aus dem Geheimen Staatsarchiv der Stiftung Preußischer Kulturbesitz. – Berlin: Duncker & Humblot (1973). 189 S.
*(Schriften zur Rechtsgeschichte. 4.)*

**Reinken,** Liselotte v[on]: Rundfunk in Bremen, 1924–1974. Eine Dokumentation. (Hrsg.: Radio Bremen.) – (Bremen: [Selbstverl. d. Hrsg.] 1975). VI, 571 S.

Das **Rheinland** in preußischer Zeit. 10 Beiträge zur Geschichte der Rheinprovinz. Hrsg. von Walter Först. — (Köln:) Grote (1965). 244 S.

**Riese,** Reinhard: Die Hochschule auf dem Weg zum wissenschaftlichen Großbetrieb. Die Universität Heidelberg und das badische Hochschulwesen 1860–1914. – Stuttgart: Klett (1977). 414 S.
*(Industrielle Welt. 19.)*

**Rössner,** Lutz: Erwachsenenbildung in Braunschweig. Vom Arbeiterverein 1848 bis zur Volkshochschule 1971. — Braunschweig: Waisenhaus-Buchdr. 1971. 147 S.
*(Braunschweiger Werkstücke. 44.)*

**Rosenthal,** Heinz: Solingen. Geschichte einer Stadt. – Duisburg: Braun.
3. Aus der Zeit von der Mitte des 19. Jahrhunderts bis zum Ende des Zweiten Weltkriegs. Hrsg. von Rüdiger Schneider-Berrenberg. 1975. 504 S.

**Roth,** Hans-Georg: Entstehungsgeschichte des Bayerischen Senats. Tradition und Kontinuität des Bayerischen Zweikammersystems. – In: Z. bayer. Landesgesch. 40 (1977), 231–244.

**Roth,** Rainer A.: Historische Entwicklung und politische Bedeutung des Exekutivorgans in Bayern. Vom Herzoglichen Rat zur Staatsregierung des Freistaates Bayern. – In: Z. bayer. Landesgesch. 40 (1977), 191–230.

**Ruhrgebiet** und neues Land. Hrsg. von Walter Först. — (Köln:) Grote (1968). 277 S.
*(Beiträge zur neueren Landesgeschichte des Rheinlandes und Westfalens. 2.)*

**Runge,** Nicolaus: Das verbotene Preußen. Perspektiven zur deutschen Vergangenheit und Zeitgeschichte. – Würzburg: Holzner (1977). 117 S.

**Schierbaum,** Hansjürgen: Die politischen Wahlen in den Eifel- und Moselkreisen des Regierungsbezirks Trier (1849—1867. — Düsseldorf: Droste (1960). 246 S.
*(Beiträge zur Geschichte des Parlamentarismus und der politischen Parteien. 19.)*

**Schleier,** Hans: Linksliberale Kritik an der reaktionären Preußenlegende zwischen 1871 und 1933. — In: Z. Geschichtswiss. 18 (1970), 1047—1053.

**Schönhoven,** Klaus: Zwischen Revolution und Sozialistengesetz. Die Anfänge der Würzburger Arbeiterbewegung 1848 bis 1878. – In: Mainfränk. H. 63 (1976), 4–44.

**Schoeps,** Hans Joachim: Preußen. Geschichte eines Staates. — Berlin: Propyläen-Verl. (1966). 422 S.

**Schoeps,** Hans-Joachim: Üb' immer Treu und Redlichkeit. Preußen in Geschichte und Gegenwart. – Düsseldorf: Rau 1978. 200 S.

**Schosser,** Erich: Presse und Landtag in Bayern von 1850 bis 1918. — (München: Stadtarchiv; Buch- u. Kunstantiquariat Wölfle [in Komm.]) 1968. XI, 127 S.
*(Miscellanea Bavarica Monacensia. 6.)*
*(Neue Schriftenreihe des Stadtarchivs München. 22.)*
*Diss., München.*

**Schulte,** Klaus H. S.: Bonner Juden und ihre Nachkommen bis um 1930. Eine familien- und sozialgeschichtliche Dokumentation. – Bonn: Röhrscheid 1976. 724 S.
*(Veröffentlichungen des Stadtarchivs Bonn. 16.)*

**Schwarz,** Hans: Die preußische Frage. — In: Eckart 26 (1957), 18—27.

**Seidler,** Franz W[ilhelm]: Der Freistaat Bayern. Abriß seiner Probleme. — München: Lurz (1969). 40 S.

**(Steffan,** Franz:) Bayerische Vereinsbank 1869—1969. Eine Regionalbank im Wandel eines Jahrhunderts. — (Würzburg: Stürtz 1969). XIV, 459 S.

**Steinbach,** Peter: Industrialisierung und Sozialsystem im Fürstentum Lippe. Zum Verhältnis von Gesellschaftsstruktur und Sozialverhalten einer verspätet industrialisierten Region im 19. Jahrhundert. Mit e. Geleitw. von Otto Büsch. – Berlin: Colloquium-Verl. (1976). XV, 556 S.
*(Historische und pädagogische Studien. 7.)*

**Stelzle,** Walter: Die wirtschaftlichen und sozialen Verhältnisse der bayerischen Oberpfalz um die Wende vom 19. zum 20. Jahrhundert. Der Streit um Fuchsmühl. – In: Z. bayer. Landesgesch. 39 (1976), 487–540.

**Studnitz,** H. G. von: Waren die Preußen schuld? — In: Außenpolitik 7 (1956), 6—15.

**Thränhardt,** Dietrich: Wahlen und politische Strukturen in Bayern 1848–1953. Histor.-soziolog. Untersuchungen zum Entstehen u. zur Neuerrichtung eines Parteiensystems. Hrsg. von d. Kommission f. Geschichte d. Parlamentarismus u. d. polit. Parteien. – Düsseldorf: Droste (1973). 360 S.
*(Beiträge zur Geschichte des Parlamentarismus und der politischen Parteien. 51.)*

**Trautmann,** Günter: Liberalismus, Arbeiterbewegung und Staat in Hamburg und Schleswig-Holstein 1862–1869. – In: Arch. Sozialgesch. 15 (1975), 51–110.

**Ullwer,** Sigrid: Der Geschichtsunterricht in der Volksschule nach den Vorstellungen der bayerischen Regierung und der bayerischen Lehrervereine von der Gründung des Bayerischen Lehrervereins 1861 bis zum Ende des Zweiten Weltkrieges. – Frankfurt a. M.: Lang 1976. 223 S.
*(Europäische Hochschulschriften. 11, 23.)*
[Maschinenschr. vervielf.]

**Weber,** Hermann [u.] Jörg Schadt: Politik für Mannheim. 100 Jahre SPD-Gemeinderatsfraktion. – Mannheim: Südwestdtsch. Verl.-Anst. 1978. 215 S.

**Weiler,** Heinrich: Die Geschichte des Landgerichts Frankenthal. Zugleich ein Beitrag zur rheinland-pfälzischen Justizgeschichte. Unter Mitw. von Hermann Herboth, mit e. Geleitw. von Roland Fischer. (Bd 1.2.) – (Frankenthal, Pfalz: Wolf 1977). 352 gez. Bl.

**Wichard,** Rudolf: Wahlen in Hildesheim, 1867 bis 1972. Eine historisch-politische Analyse der Ergebnisse politischer Wahlen in der Stadt und im Landkreis Hildesheim. Von der Zeit des Kaiserreiches bis zur Gegenwart. – Hildesheim: Olms 1975. VI, 323 S.
*(Historische Texte und Studien. 2.)*
*Diss., Universität Braunschweig.*

**Wolf,** Hans-Joachim: Einige Bemerkungen zu den Wahlen im Altkreis Rotenburg bis 1934. – In: Rotenburger Schriften 1977, H. 47, 43–85.

# DEUTSCHE GESCHICHTE

## Geschichte des Kaiserreiches von 1871–1918

### Vorgeschichte

**1871** [Achtzehnhunderteinundsiebzig]. Fragen an die deutsche Geschichte. Historische Ausstellungen im Reichstagsgebäude in Berlin und in der Paulskirche in Frankfurt a.M. aus Anlaß der hundertsten Wiederkehr des Jahres der Reichsgründung 1871. [Katalog. bearb. von Lothar Gall.] — Bonn: Bundesreg. d. BRD [1971]. XVI, 203 S.

**Bammel**, Ernst: Die Reichsgründung und der deutsche Protestantismus. - Erlangen: Universitätsbund Erlangen-Nürnberg; Universitätsbibliothek [Vertrieb] 1973. 86 S.
*(Erlanger Forschungen. Reihe A. Geisteswiss. 22.)*

**Becker**, Josef: Zum Problem der Bismarckschen Politik in der spanischen Thronfolge 1870. — In: Hist. Z. 212 (1971), 529—607.

**Bronner**, Fritz: 1870/71. Elsaß-Lothringen. Zeitgenössische Stimmen für und wider die Eingliederung in das deutsche Reich. Hrsg. von d. Erwin von Steinbach-Stiftung. - Frankfurt a. M.: [Selbstverl. d. Hrsg.] 1970.
[1.], 1. XII, 218 S.
[1.], 2. S. 219-515.
*(Schriften der Erwin von Steinbach-Stiftung. 2. 3.)*

**Entscheidung** 1870. Der deutsch-französische Krieg. Hrsg. vom Militärgeschichtlichen Forschungsamt durch Wolfgang v[on] Groote u. Ursula v[on] Gersdorff. — Stuttgart: Dtsch. Verl.-Anst. (1970). 403 S.

**Europa** und der Norddeutsche Bund. Hrsg. von Richard Dietrich. — Berlin: Haude & Spener (1968). 243 S.

**Faber**, Karl-Georg: Realpolitik als Ideologie. Die Bedeutung des Jahres 1866 für das politische Denken in Deutschland. — In: Hist. Z. 203 (1966), 1—45.

**Frauendienst**, Werner: Das Jahr 1866. Preußens Sieg die Vorstufe des Deutschen Reiches. — Göttingen: Musterschmidt (1966). 36 S.
*(Studien zum Geschichtsbild. 20.)*

**Gall**, Lothar: Staat und Wirtschaft in der Reichsgründungszeit. — In: Hist. Z. 209 (1969), 616—630.

**Giesberg**, Robert I.: The treaty of Frankfort. A study in diplomatic history. September 1870 — September 1873. — Philadelphia: University of Pennsylvania Press 1966. 329 S.

Die **Gründung** des Deutschen Reiches 1870/71 in Augenzeugenberichten. Hrsg. u. eingel. von Ernst Deuerlein. — (Düsseldorf:) Rauch (1970). 432 S.

**Gruner**, Wolf D.: Bayern, Preußen und die süddeutschen Staaten 1866-1870. - In: Z. bayer. Landesgesch. 37 (1974), 799-827.

**Halperin**, S. William: The origins of the Franco-Prussian war revisited. Bismarck and the Hohenzollern candidature for the Spanish throne. — In: J. mod. Hist. 45 (1973), 83-91.

**Hamerow**, Theodore S.: The social foundations of German unification 1858—1871. — Princeton, N. J.: Princeton University Press.
[1.] Ideas and institutions. 1969. VII, 433 S.

**Hamerow**, Theodore S.: The social foundations of German unification 1858—1871. — Princeton, N. J.: Princeton University Press.
[2.] Struggles and accomplishments. 1972. VII, 456 S.

**Herre**, Franz: Anno 70/71. Ein Krieg, ein Reich, ein Kaiser. — (Köln:) Kiepenheuer & Witsch (1970). 318 S.

**Höfele**, Karl Heinrich: Königgrätz und die Deutschen von 1866. — In: Gesch. Wiss. Unterr. 17 (1966), 393—416.

**Hope**, Nicholas Martin: The alternative to German unification. The anti-Prussian party Frankfurt, Nassau and the two Hessen 1859-1867. - Wiesbaden: Steiner (1973). 541 S.
*(Veröffentlichungen des Instituts für Europäische Geschichte. 65.)*

**Jelavich**, Barbara: Rußland und die Einigung Deutschlands unter preußischer Führung. — In: Gesch. Wiss. Unterr. 19 (1968), 521—538.

**Kolb**, Eberhard: Bismarck und das Aufkommen der Annexionsforderung 1870. — In: Hist. Z. 209 (1969), 318—356.

**Kolb**, Eberhard: Der Pariser Commune-Aufstand und die Beendigung des deutsch-französischen Krieges. - In: Hist. Z. 215 (1972), 265-298.

**Kolb**, Eberhard: Ökonomische Interessen und politischer Entscheidungsprozeß. Zur Aktivität deutscher Wirtschaftskreise und zur Rolle wirtschaftlicher Erwägungen in der Frage von Annexion und Grenzziehung 1870/71. - In: Vjschr. Soz.- u. Wirtschaftsgesch. 60 (1973), 343-385.

**Kolb**, Eberhard: Der Kriegsausbruch 1870. Polit. Entscheidungsprozesse und Verantwortlichkeiten in der Julikrise 1870. — Göttingen: Vandenhoeck & Ruprecht (1970). 150 S.

**Lacher**, Hugo: Das Jahr 1866. — In: Neue polit. Lit. 14 (1969), 83—99 und 214—231.
Literaturbericht.

**Lenz**, Rudolf: Kosten und Finanzierung des Deutsch-Französischen Krieges 1870—1871. Dargest. am Beispiel Württembergs, Badens und Bayerns. — Boppard: Boldt (1970). X, 172 S.
*(Wehrwissenschaftliche Forschungen. Militärgeschichtliche Forschungen. Militärgeschichtliche Studien. 12.) Diss., Universität Marburg.*

**Lipgens**, Walter: Zum geschichtlichen Standort der Reichsgründung 1870/71. — In: Gesch. Wiss. Unterr. 22 (1971), 513—528.

**Naujoks**, Eberhard: Bismarcks auswärtige Pressepolitik und die Reichsgründung ⟨1865—1871⟩. — Wiesbaden: F. Steiner 1968. 464 S.

**Probleme** der Reichsgründungszeit 1848—1879. Hrsg. von Helmut Böhme. — Köln: Kiepenheuer & Witsch (1968). 505 S.
*(Neue wissenschaftliche Bibliothek. 26.)*

Die **Reichsgründung**. Hrsg. von Helmut Böhme. — (München:) Dtsch. Taschenbuch-Verl. (1967). 317 S.
*(dtv [-Taschenbücher]. 428.)*

**Reichsgründung** 1870/71. Tatsachen, Kontroversen, Interpretationen. Hrsg. von Theodor Schieder u. Ernst Deuerlein. 16 histor. Studien von Erich Angermann, Karl Bosl [u.a.] — Stuttgart: Seewald (1970). 475 S.

Die großpreußisch-militaristische **Reichsgründung** 1871. Voraussetzungen und Folgen. [Bd 1.2.] — Berlin: Akademie-Verl.
1. Hrsg. von Horst Bartel u. Ernst Engelberg. Wiss. Red. Rolf Weber. 1971. VI, 665 S.

**Schlaich**, Heinz Wolf: Die Gründung des deutschen Nationalstaates als historisches und politisches Problem. — In: Polit. Stud. 22 (1971), 3—19.

**Schmidt**, Jochen: Bayern und das Zollparlament. Politik und Wirtschaft in den letzten Jahren vor der Reichsgründung ⟨1866/67–1870⟩. Zur Strukturanalyse Bayerns im Industriezeitalter. - München: Wölfle [in Komm.] (1973). X, 442 S.
*(Miscellanea Bavarica Monacensia. 46.)*
*(Neue Schriftenreihe des Stadtarchivs München. 64.)*
*Diss., Universität München.*

**Schoeps**, Hans-Joachim: Der Weg ins deutsche Kaiserreich. — Berlin: Propyläen-Verl. (1970). 322 S.

**Thadden**, Rudolf von: Bismarcks Weg zur deutschen Reichsgründung. — In: Tradition 16 (1971), 228—235.

**Weil**, Ursula [u.] Otto Weil: Schwarz-Weiß-Rot in Versailles. Zur Reichsgründung vor 100 Jahren. — Berlin: Verl. d. Nation 1971. 276 S.

Im **Widerstreit** um die Reichsgründung. Eine Quellensammlung zur Klassenauseinandersetzung in der deutschen Geschichte von 1849—1871. Hrsg. von Ernst Engelberg. Eingel., ausgew. u. in Verb. mit Doris Schmidt bearb. von Rolf Weber. — Berlin: Dtsch. Verl. d. Wissenschaften 1970. 506 S.

**Wolter**, Heinz: Das lothringische Erzgebiet als Kriegsziel der deutschen Großbourgeoisie im deutsch französischen Krieg 1870/71. Materialien über die sozialökonomischen Hintergründe der Annexion Elsaß-Lothringens. — In: Z. Geschichtswiss. 19 (1971), 34—64.

Allgemeines

**Baumgart**, Winfried: Deutschland im Zeitalter des Imperialismus. ⟨1890—1914,⟩ Grundkräfte, Thesen und Strukturen. — Frankfurt a. M.: Ullstein 1972. 237 S.
*(Deutsche Geschichte. 4.)*
*(Ullstein-Buch. 3844.)*

**Berghahn**, Volker R.: Der Bericht der Preußischen Oberrechnungskammer. „Wehlers" Kaiserreich und seine Kritiker. - In: Gesch. u. Gesellsch. 2 (1976), 125–136.

**Buchheim**, Karl: Das deutsche Kaiserreich 1871—1918. Vorgeschichte, Aufstieg, Niedergang. — München: Kösel (1969). 303 S.
*(Bücher zur Zeitgeschichte.)*

**Carroll**, E[ber] Malcolm: Germany and the great powers 1866—1914. 2. ed. — Hamden, Conn.: Archon Books 1966. 852 S.

Das kaiserliche **Deutschland**. Politik und Gesellschaft 1870—1918. Hrsg. von Michael Stürmer. Mit Beitr. von Josef Becker [u.a.] — Düsseldorf: Droste (1970). 446 S.

**Fehrenbach**, Elisabeth: Wandlungen des deutschen Kaisergedankens 1871 — 1918. — München: Oldenbourg 1969. 255 S.
*(Studien zur Geschichte des neunzehnten Jahrhunderts. 1.)*
*Diss., Köln.*

**Feldman**, Gerald D. [Ed.]: German imperialism, 1914—1918. The development of a historical debate. — New York: Wiley 1972. 221 S.
*(Major Issues in History.)*

**Frauendienst**, Werner: Das Deutsche Reich von 1890 bis 1914. — Konstanz: Akadem. Verl.-Ges. Athenaion.
T. 1. Kanzlerschaften Caprivi und Hohenlohe. [1962.] 99 S.
*(Handbuch der Deutschen Geschichte. 4, Abschn. 4.)*

**Frauendienst**, Werner: Das deutsche Reich von 1890 bis 1914. — Konstanz: Akadem. Verl.-Ges. Athenaion.
T. 2. [1964.] S. 99—210.

**Griebel**, Alexander: Das Jahr 1918 im Lichte neuer Publikationen. — In: Vjh. Zeitgesch. 6 (1958), 361—379.

**Herrschaftsmethoden** des deutschen Imperialismus 1897/98 bis 1917. Dokumente zur innen- und außenpolitischen Strategie und Taktik der herrschenden Klassen des Deutschen Reiches. Hrsg. u. eingel. von Willibald Gutsche unter Mitarb. von ... - Berlin: Akademie-Verl. 1977. 295 S.
*(Schriften des Zentralinstituts für Geschichte. 53.)*

**Herzfeld**, Hans: Literaturbericht. 1871—1918. — In: Gesch. Wiss. Unterr. 18 (1967), 365—377.

**Hohorst**, Gerd, Jürgen Kocka [u.] Gerhard A. Ritter: Sozialgeschichtliches Arbeitsbuch. Materialien zur Statistik des Kaiserreichs 1870–1914. - München: Beck 1975. 186 S.
*(Becksche Elementarbücher.)*
*(Statistische Arbeitsbücher zur neueren deutschen Geschichte.)*

Das **Kaiserreich**. Seine Geschichte in Texten, Bildern und Dokumenten. Hrsg. von Hans Dollinger. Wissenschaftl. Beratung: Thilo Vogelsang. — München: Desch (1966). 399 S.

**Kotowski**, Georg, Werner Pöls [u.] Gerhard A[lbert] Ritter [Hrsg.]: Das wilhelminische Deutschland. Stimmen der Zeitgenossen. — (Frankfurt a. M.: Fischer Bücherei 1965.) 186 S.
*(Fischer Bücherei. 611.)*

**Linse**, Ulrich: Organisierter Anarchismus im Deutschen Kaiserreich von 1871. — Berlin: Duncker & Humblot (1969). 410 S.
*(Beiträge zu einer historischen Strukturanalyse Bayerns im Industriezeitalter. 3.)*
*Diss., Universität München.*

**Narr**, Wolf-Dieter: Imperialismus als Innenpolitik. Zu Hans-Ulrich Wehler: „Bismarck und der Imperialismus" ⟨II⟩. — In: Neue polit. Lit. 15 (1970), 199—212.

**Nipperdey**, Thomas: Wehlers „Kaiserreich". Eine kritische Auseinandersetzung. - In: Gesch. u. Gesellsch. 1 (1975), 539–560.

**Poidevin**, Raymond: Aspects de l'impérialisme allemand avant 1914. - In: Relat. internat. 1976, H. 6, 111–124.

**Schüddekopf,** Otto-Ernst: Herrliche Kaiserzeit. Deutschland 1871–1914. Mit e. Vorw. von Hans Joachim Schoeps. – Berlin: Ullstein 1973. 301 S.

**Sheehan,** James J.: Germany, 1890–1918. A survey of recent research. — In: Centr. Europ. Hist. 1 (1968), 345–372.

**Simon,** W. H.: Germany in the age of Bismarck. — London: Allen 1968. 246 S.

**Studien** zur Geschichte des deutschen Imperialismus von der Jahrhundertwende bis 1917. Ergebnisse des Arbeitskreises „Deutscher Imperialismus vor 1917". Hrsg. von der Abteilung 1900–1917 des Zentralinstituts für Geschichte der Akademie der Wissenschaften der DDR unter Leitung von Willibald Gutsche. – Berlin: Akademie-Verl. 1977. 493 S.
*(Jahrbuch für Geschichte. 15/1977.)*

**Studien** zum deutschen Imperialismus vor 1914. Hrsg. von Fritz Klein. – Berlin: Akademie-Verl. 1976. 290 S.
*(Schriften des Zentralinstituts für Geschichte. 47.)*

**Stürmer,** Michael: Revolutionsfurcht und überseeische Expansion im Zeitalter Bismarcks. Zu Hans-Ulrich Wehler: „Bismarck und der Imperialismus" ⟨I⟩. — In: Neue polit. Lit. 15 (1970), 188–198.

**Wehler,** Hans-Ulrich: Bismarck und der Imperialismus. — Köln: Kiepenheuer & Witsch (1969). 582 S.

**Wehler,** Hans-Ulrich: Das deutsche Kaiserreich 1871–1918. – Göttingen: Vandenhoeck & Ruprecht (1973). 272 S.
*(Deutsche Geschichte. 9.)*
*(Kleine Vandenhoeck-Reihe. 1380.)*

**Wehler,** Hans-Ulrich: Krisenherde des Kaiserreichs 1871–1918. Studien zur deutschen Sozial- und Verfassungsgeschichte. — Göttingen: Vandenhoeck & Ruprecht (1970). 437 S.

**Zmarzlik,** Hans-Günter: Das Kaiserreich in neuer Sicht? – In: Hist. Z. Bd 222 (1976), 105–126.

Politik und Staat

**Altrichter,** Helmut: Konstitutionalismus und Imperialismus. Der Reichstag und die deutsch-russischen Beziehungen 1890–1914. – Frankfurt a. M.: Lang (1977). 426 S.
*(Erlanger historische Studien. 1.)*
*Diss., Universität Erlangen.*

**Andrew,** Christopher: German world policy and the reshaping of the dual alliance. — In: J. Contemp. Hist. 1 (1966), H. 3, 137–151.

**Bade,** Klaus J.: Antisklavereibewegung in Deutschland und Kolonialkrieg in Deutsch-Ostafrika 1888–1890. Bismarck und Friedrich Fabri. – In: Gesch. u. Gesellsch. 3 (1977), 31–58.

**Bade,** Klaus J.: Friedrich Fabri und der Imperialismus in der Bismarckzeit. Revolution – Depression – Expansion. – (Freiburg:) Atlantis-Verl. (1975). 579 S.
*(Beiträge zur Kolonial- und Überseegeschichte. 13.)*

**Baecker,** Thomas: Die deutsche Mexikopolitik 1913–1914. — Berlin: Colloquium-Verl. 1971. 347 S.
*(Bibliotheca Ibero-Americana. 15.)*

**Bald,** Detlef: Deutsch-Ostafrika 1900–1914. Eine Studie über Verwaltung, Interessengruppen und wirtschaftliche Erschließung ⟨with an English summary⟩. — München: Weltforum Verl. (1970). 238 S.
*(Afrika-Studien. 54.)*

**Bald,** Detlef: Probleme der Imperialismusforschung am Beispiel Deutsch-Ostafrikas. — In: Gesch. Wiss. Unterr. 22 (1971), 611–616.

**Baumgart,** Winfried: Die deutsche Kolonialherrschaft in Afrika. Neue Wege der Forschung. — In: Vjschr. Soz.- u. Wirtschaftsgesch. 58 (1971), 468–481.

**Behm,** Erika [u.] Jürgen Kuczynski: Die Reflexion der Arbeiterbewegung in der Regierungspresse vor dem Ersten Weltkrieg. Eine vornehmlich quantitative Analyse (Sachsen). – In: Jb. Wirtschaftsgesch. 1973, T. 1, 99–112.

**Benz,** Wolfgang: Der „Fall Muehlon". Bürgerliche Opposition im Obrigkeitsstaat während des Ersten Weltkrieges. — In: Vjh. Zeitgesch. 18 (1970), 343–365.

**Berdahl,** Robert M.: Conservative politics and aristocratic holders in Bismarckian Germany. – In: J. mod. Hist. 44 (1972), 1–20.

**Berghahn,** Volker R.: Das Kaiserreich in der Sackgasse. — In: Neue polit. Lit. 16 (1971), 494–506.

**Berghahn,** Volker R.: Der Tirpitz-Plan. Genesis und Verfall einer innenpolitischen Krisenstrategie unter Wilhelm II. — Düsseldorf: Droste (1971). 640 S.
*(Geschichtliche Studien zu Politik und Gesellschaft. 1.)*

**Berghahn,** Volker R.: Zu den Zielen des deutschen Flottenbaus unter Wilhelm II. — In: Hist. Z. 210 (1970), 34–100.

**Bermbach,** Udo: Vorformen parlamentarischer Kabinettsbildung in Deutschland. Der Interfraktionelle Ausschuß 1917/18 und die Parlamentarisierung der Reichsregierung. — Köln: Westdtsch. Verl. 1967. 389 S.
*(Politische Forschungen. 8.)*

**Berndt,** Helge: Zur Reform der Militärstrafgerichtsordnung 1898. Die Haltung der Parteien im Reichstag. – In: Militärgesch. Mitt. 1973, H. 2 (14), 7–29.

**Bertram,** Jürgen: Die Wahlen zum Deutschen Reichstag vom Jahre 1912. Parteien und Verbände in der Innenpolitik des Wilhelminischen Reiches. — Düsseldorf: Droste (1964). 275 S.
*(Beiträge zur Geschichte d. Parlamentarismus u. d. polit. Parteien. 28.)*

**Binder,** Hans-Otto: Reich und Einzelstaaten während der Kanzlerschaft Bismarcks, 1871–1890. E. Untersuchung zum Problem d. bundesstaatl. Organisation. — (Tübingen: Mohr 1971). VI, 213 S.
*(Tübinger Studien zur Geschichte und Politik. 29.)*
*Diss., Universität Tübingen.*

**Blaich,** Fritz: Kartell- und Monopolpolitik im kaiserlichen Deutschland. Das Problem der Marktmacht im deutschen Reichstag zwischen 1879 und 1914. Hrsg. von d. Kommission f. Geschichte d. Parlamentarismus u. d. polit. Parteien. - Düsseldorf: Droste (1973). 329 S.
*(Beiträge zur Geschichte des Parlamentarismus und der politischen Parteien. 50.)*

**Blaich,** Fritz: Der Trustkampf, 1901-1915. Ein Beitrag zum Verhalten der Ministerialbürokratie gegenüber Verbandsinteressen im Wilhelminischen Deutschland. - Berlin: Duncker & Humblot 1975. 157 S.
*(Schriften zur Wirtschafts- und Sozialgeschichte. 24.)*

**Blanke,** Richard: Bismarck and the Prussian Polish policies of 1886. - In: J. mod. Hist. 45 (1973), 211-239.

**Bley,** Helmut: Kolonialherrschaft und Sozialstruktur in Deutsch-Südwestafrika 1894-1914. — (Hamburg:) Leibniz-Verl. (1968). 390 S.
*(Hamburger Beiträge zur Zeitgeschichte. 5.)*

**Bock,** Hans Manfred: Die „Literaten- und Studenten-Revolte" der Jungen in der SPD um 1890. — In: Argument 13 (1971), 22-41.

**Böhme,** Helmut: „Grenzen des Wachstums", außenwirtschaftliche Beziehungen und gesellschaftliche Systemstabilisierung. Bemerkungen zum deutsch-russischen Verhältnis 1886-1894. - In: Industrielle Gesellschaft und politisches System. Festschrift für Fritz Fischer zum siebzigsten Geburtstag, Bonn: Verl. Neue Gesellsch. (1978), 175-192.

**Born,** Karl Erich: Staat und Sozialpolitik seit Bismarcks Sturz. Ein Beitrag zur Geschichte der innenpolitischen Entwicklung des Deutschen Reiches 1890-1914. — Wiesbaden: Steiner (1957). 256 S.
*(Historische Forschungen. 1.)*

**Brandt,** Willy: Zum 100. Jahrestag des „Gesetzes gegen die gemeingefährlichen Bestrebungen der Sozialdemokratie". Dokumentation. - In: Aus Politik und Zeitgeschichte, Beilage zur Wochenzeitung „Das Parlament" Nr. 28 vom 15. Juli 1978, 28-47.

**Brunn,** Gerhard: Deutschland und Brasilien ⟨1889—1914⟩. — Köln: Böhlau 1971. XIII, 316 S.
*(Lateinamerikanische Forschungen. 4.)*
*Phil. Diss., Universität Köln.*

**Büttner,** Kurt: Die Anfänge der deutschen Kolonialpolitik in Ostafrika. Eine kritische Untersuchung an Hand unveröffentlichter Quellen. — Berlin: Akademie-V. 1959. VII, 156 S.
*(Studien zur Kolonialgeschichte und Geschichte der nationalen und kolonialen Befreiungsbewegung. 1.)*

**Burchardt,** Lothar: Friedenswirtschaft und Kriegsvorsorge. Deutschlands wirtschaftliche Rüstungsbestrebungen vor 1914. — Boppard: Boldt (1968). IX, 277 S.
*(Wehrwissenschaftliche Forschungen. Abt. Militärgeschichtliche Studien. 6.)*

**Čarnyj,** I. S.: Načalo kolonial'noj ekspansii Germanii v Afrike. — Moskva: Izd. Nauka 1970. 216 S.

**Cecil,** Lamar: The German diplomatic service, 1871-1914. - Princeton, N. J.: Princeton University Press 1976. 352 S.

**Chickering,** Roger: Imperial Germany and a world without war. The peace movement and German society, 1892-1914. - Princeton, N.J.: Princeton University Press (1975). XIV, 487 S.

**Crampton,** R. J.: The Balkans as a factor in German foreign policy, 1912-1914. - In: Slavonic and East Europ. Rev. 55 (1977), 370-390.

**Czempiel,** Ernst-Otto: Das deutsche Dreyfus-Geheimnis. Eine Studie über den Einfluß des monarchischen Regierungssystems auf die Frankreichpolitik des Wilhelminischen Reiches. — München: Scherz (1966). 179 S.

**Czubiński,** Antoni: Stanowisko Socjaldemokracji niemieckiej wobec polityki kolonialnej II Rzeszy w latach 1876—1914. — Poznań: Uniwersytet im. Adama Mickiewicza w Poznańiu 1966. 322 S.

**Deist,** Wilhelm: Flottenpolitik und Flottenpropaganda. Das Nachrichtenbureau des Reichsmarineamtes, 1897-1914. - Stuttgart: Dtsch. Verl.-Anst. 1976. 344 S.
*(Beiträge zur Militär- und Kriegsgeschichte. 17.)*

**Deist,** Wilhelm: Militär und Innenpolitik im Weltkrieg 1914—1918. T. 1.2. — Düsseldorf: Droste (1970).
1. CLXXIII, 647 S.
2. S. 651—1530.
*(Quellen zur Geschichte des Parlamentarismus und der politischen Parteien. Reihe 2, 1, 1.2.)*

**Deuerlein,** Ernst: Der Bundesratsausschuß für auswärtige Angelegenheiten 1870—1918. — Regensburg: Habbel 1955. 340 S.

**Drechsler,** Horst: Südwestafrika unter deutscher Kolonialherrschaft. Der Kampf der Herero und Nama gegen den deutschen Imperialismus ⟨1884—1951⟩. — Berlin: Akademie-Verl. 1966. 372 S.
*(Studien zur Geschichte Asiens, Afrikas und Lateinamerikas.)*

**Dreetz,** Dieter: Über das Verhältnis der militärischen Führung zur Sozialdemokratischen Partei Deutschlands. - In: Militärgesch. 15 (1976), 570-583.

**Düding,** Dieter: Der Nationalsoziale Verein 1896—1903. Der gescheiterte Versuch einer parteipolitischen Synthese von Nationalismus, Sozialismus und Liberalismus. — München: Oldenbourg 1972. 211 S.
*(Studien zur Geschichte des neunzehnten Jahrhunderts. 6.)*
*Phil. Diss., Universität Köln.*

**Elm,** Ludwig: Zwischen Fortschritt und Reaktion. Geschichte der Parteien der liberalen Bourgeoisie in Deutschland 1893—1918. — Berlin: Akademie-Verl. 1968. VI, 330 S.
*(Schriften des Instituts für Geschichte. Reihe 1: Allgemeine und deutsche Geschichte. 32.)*

**Engelberg,** Ernst: Revolutionäre Politik und Rote Feldpost 1878—1890. — Berlin: Akademie-V. 1959. XIV, 291 S.

**Fischer,** Fritz: Krieg der Illusionen. Die deutsche Politik von 1911—1914. — Düsseldorf: Droste (1969). 805 S.

**Fluck,** Bernhard: Obrigkeitsstaat und Probleme der Demokratisierung im Zweiten Reich. — In: Gesch. Wiss. Unterr. 22 (1971), 462—474.

**Fraley**, David: Government by procrastination. Chancellor Hohenlohe and Kaiser William II, 1894–1900. – In: Centr. Europ. Hist. 7 (1974), 159–183.

**Franz**, Helmut: Das Problem der konstitutionellen Parlamentarisierung bei Conrad Haußmann und Friedrich von Payer. – Göppingen: Kümmerle 1977. XXII, 289 S.
*(Göppinger akademische Beiträge. 100.)*
*Diss., Universität Marburg/Lahn.*

**Fraser**, Thomas G.: Germany and Indian revolution, 1914–18. – In: J. contemp. Hist. 12 (1977), 255–272.

**Frauendienst**, Werner: Demokratisierung des deutschen Konstitutionalismus in der Zeit Wilhelms II. — In: Z. ges. Staatswiss. 113 (1957), 721–746.

**Fricke**, Dieter: Der deutsche Imperialismus und die Reichstagswahlen von 1907. — In: Z. Geschichtswiss. 9 (1961), 538—576.

**Fricke**, Dieter: Der Reichsverband gegen die Sozialdemokratie von seiner Gründung bis zu den Reichstagswahlen von 1907. — In: Z. Geschichtswiss. 7 (1959), 237—280.

**Fricke,** Dieter: Bürgerliche Sozialreformer und die Zersplitterung der antisozialistischen Arbeiterorganisationen vor 1914. [Dokumentation.] – In: Z. Geschichtswiss. 23 (1975), 1177–1198.

**Friedman**, Isaiah: Germany, Turkey and Zionism, 1897–1918. – Oxford: Clarendon Press 1977. 461 S.

**Fülberth**, Georg: Zur Genese des Revisionismus in der deutschen Sozialdemokratie vor 1914. — In: Argument 13 (1971), 1—21.

**Gann**, L. H. [u.] Peter Duignan: The rulers of German Africa, 1884–1914. – Stanford, Calif.: Stanford University Press 1977. XIII, 286 S.

**Geiss**, Imanuel: German foreign policy, 1871–1914. – London: Routledge & Kegan Paul 1976. 259 S.

**Germany** in the Pacific and Far East, 1870–1914. Ed. by John Anthony Moses [u.] Paul Michael Kennedy. – St. Lucia: University of Queensland Press 1977. XX, 417 S.

**Giessler**, Klaus-Volker: Die Institution des Marineattachés im Kaiserreich. - Boppard: Boldt (1976). 331 S.
*(Militärgeschichtliche Studien. 21.)*

**Gilg**, Peter: Die Erneuerung des demokratischen Denkens im wilhelminischen Deutschland. Eine ideengeschichtl. Studie zur Wende vom 19. zum 20. Jahrhundert. — Wiesbaden: F. Steiner 1965. 280 S.
*(Veröffentlichungen d. Instituts f. Europäische Geschichte, Mainz. 37.)*

**Grube**, Jochen: Bismarcks Politik in Europa und Übersee, seine Annäherung an Frankreich im Urteil der Pariser Presse, 1883–1885. - Frankfurt a. M.: Lang 1975. 227 S.
*(Europäische Hochschulschriften. 3, 53.)*

**Guillen**, Pierre: L'Allemagne et le Maroc, de 1870 à 1905. — Paris: Presses Universitaires de France 1967. 1004 S.

**Gutsche**, Willibald: Mitteleuropaplanung in der Außenpolitik des deutschen Imperialismus vor 1918. - In: Z. Geschichtswiss. 20 (1972), 533–549.

**Gutsche**, Willibald: Die deutschen Montanmonopole und Großbanken und die französischen Erzfelder vor dem Ersten Weltkrieg. Zum Zusammenhang von ökonomischer Expansion und Kriegszielpolitik des deutschen Imperialismus. - In: Z. Geschichtswiss. 24 (1976), 681–706.

**Hanschmidt**, Alwin: Die französisch-deutschen Parlamentarierkonferenzen von Bern (1913) und Basel (1914). - In: Gesch. Wiss. Unterr. 26 (1975), 335–359.

**Haselmayr**, Friedrich: Diplomatische Geschichte des Zweiten Reiches von 1871 bis 1918. — München: Bruckmann.
T. 1. Die Ära des Friedenskanzlers (1871—1890).
  1. Von russischer Freundschaft zu russischem Groll (1871—1878). (1955.) 188 S.
  2. Bismarcks Reichssicherung gegen Rußland (1879—1884). Der Erwerb deutschen Kolonialbesitzes (1884—1885). (1956.) 161 S.

**Haselmayr**, Friedrich: Diplomatische Geschichte des Zweiten Reiches von 1871 bis 1918. — München: Bruckmann.
T. 1. Die Ära des Friedenskanzlers (1871—1890).
  3. Die Wahrung des europäischen Friedens durch Bismarck in der Bulgarienkrise von 1885—1888. Bismarcks Entlassung März 1890. (1957.) 302 S.

**Haselmayr**, Friedrich: Diplomatische Geschichte des Zweiten Reichs von 1871—1918. — München: Bruckmann. Die Ära des Flottenkaisers. 1890—1918.
  4. Ein Jahrzehnt wechselvoller kaiserlicher Politik. 1890—1899. (1961.) 408 S.
  5. Zehn Jahre Großflottenbau und seine Auswirkung. 1900—1909. (1962.) 467 S.
  6. Der Weg in die Katastrophe.
    T. 1. Vom Beginn der Reichskanzlerschaft Bethmann Hollwegs (Juli 1909) bis zum Kriegsausbruch mit Rußland. (1. August 1914.) (1963.) 463 S.
    2. Die deutsche Diplomatie während des Ersten Weltkrieges und bei seiner Beendigung (1914—1918). (1964). S. 477—903.

**Hausen**, Karin: Deutsche Kolonialherrschaft in Afrika. Wirtschaftsinteressen und Kolonialverwaltung in Kamerun vor 1914. — (Freiburg:) Atlantis Verl. (1970). 340 S.
*(Beiträge zur Kolonial- und Überseegeschichte. 6.)*

**Hauser**, Oswald: Deutschland und der englisch-russische Gegensatz 1900–1914. — Göttingen: Musterschmidt (1958). VIII, 288 S.
*(Göttinger Bausteine zur Geschichtswissenschaft. 30.)*

**Heidorn**, Günter: Ein Weltkrieg wird vorbereitet. Zur dt. imperialist. Außenpolitik während d. Marokkokrisen 1905—1911. — Berlin: Dietz 1962. 110 S.
*(Wahrheiten über den deutschen Imperialismus. 8.)*

**Henning,** Hansjoachim: Deutschlands Verhältnis zu England in Bethmann-Hollwegs Außenpolitik. 1909—1914. — (Köln 1962: Photostelle d. Universität.) 226 S.
*Köln, phil. Diss. vom 15. 12. 1962.*

**Hentschel,** Volker: Nationalpolitische und sozialpolitische Bestrebungen in der Reichsgründungszeit. Das Beispiel Heinrich Bernhard Oppenheim. - In: Jb. Inst. dtsch. Gesch. 5 (1976), 299–345.

**Herbst,** Ludolf: Die erste Internationale als Problem der deutschen Politik in der Reichsgründungszeit. Ein Beitrag zur Strukturanalyse der Politik „monarchischer Solidarität". - Göttingen: Musterschmidt (1975). 240 S.
*(Göttinger Bausteine zur Geschichtswissenschaft. 46.)*
*Diss., Universität Göttingen.*

**Herwig,** Holger H.: The German naval officer corps. A social and political history, 1890–1918. - Oxford: Clarendon Press 1973. XIV, 298 S.

**Herwig,** Holger H.: Das Elitekorps des Kaisers (The German naval officer corps, dt.). Die Marineoffiziere im Wilhelminischen Deutschland. (Überarb. u. veränd. dtsch. Ausg. D. Übertr. aus d. Engl. besorgte Karl-Heinz Neubauer.) - (Hamburg:) Christians (1977). 279 S.
*(Hamburger Beiträge zur Sozial- und Zeitgeschichte. 13.)*

**Hillard,** Gustav: Der „Militarismus" als politische Form im wilhelminischen Deutschland. - In: Merkur 21 (1967), 160—170.

**Hillgruber,** Andreas: Bismarcks Außenpolitik. — Freiburg: Rombach 1972. 227 S.
*(Rombach-Hochschul-Paperback. 46.)*

**Holl,** Karl: Die mißlungene Synthese von Liberalismus, Nationalismus und christlichem Sozialismus. - In: Neue polit. Lit. 19 (1974), 235–243.

**Hubatsch,** Walther: Die Ära Tirpitz. Studien zur deutschen Marinepolitik 1890—1918. — Göttingen: Musterschmidt (1955). 139 S.
*(Göttinger Bausteine zur Geschichtswissenschaft. 21.)*

**Hubatsch,** Walther: Kaiserliche Marine. Aufgaben und Leistungen. - München: Lehmann [in Komm.] 1975. 572 S.
*Als Ms. gedr.*

**Hubatsch,** Walther: Zur deutschen Nordeuropa-Politik um das Jahr 1905. Nach Akten des Auswärtigen Amtes. — In: Hist. Z. 188 (1959), 594—606.

**Hubatsch,** Walter: Ziele und Wirkungen der deutschen Flottenpolitik um 1900. — In: Marine-Rdsch. 57 (1960), 253—263.

**Janßen,** Karl-Heinz: Der Kanzler und der General. Die Führungskrise um Bethmann Hollweg und Falkenhayn ⟨1914—1916⟩. — Göttingen: Musterschmidt (1967). 331 S.

**Jindra,** Zdeněk: Die Rolle des Krupp-Konzerns bei der wirtschaftlichen Vorbereitung des Ersten Weltkrieges. - In: Jb. Wirtschaftsgesch. 1976, H. 1, 133–162.

**Iliffe,** John: Tanganyika under German rule, 1905—1912. — Cambridge, Mass.: Cambridge University Press 1969. XIV, 236 S.

**Jürgensen,** Kurt: „Deutsche Abende, Flensburg 1914". Ein Beitrag zum Verhältnis von Volk, Staat und evangelischer Kirche nach Ausbruch des Ersten Weltkrieges. — In: Gesch.-Wiss. Unterr. 20 (1969), 1—16.

**Kamerun** unter deutscher Kolonialherrschaft. Studien. Hrsg. von Helmuth Stoecker. — Berlin: Rütten & Loening.
1. 1960. 288 S.
*(Schriftenreihe d. Instituts f. allgem. Geschichte an d. Humboldt-Universität Berlin. 5.)*

**Kamerun** unter deutscher Kolonialherrschaft. Studien. Hrsg. von Helmuth Stoecker. — Berlin: Dtsch. Verl. d. Wissenschaften.
2. 1968. 272 S.
*(Schriftenreihe des Instituts für Allgemeine Geschichte an der Humboldt-Universität Berlin. 12.)*

**Karasek,** Horst: Belagerungszustand! Reformisten und Radikale unter dem Sozialistengesetz 1878–1890. - Berlin: Wagenbach 1978. 158 S.
*(Wagenbach Taschenbücherei. 50.)*

**Kennedy,** P. M.: Bismarck's imperialism. The case of Samoa, 1880–1890. - In: Hist. J. 15 (1972), 261–283.

**Kennedy,** Paul M.: German world policy and alliance negotiations with England, 1897–1900. - In: J. mod. Hist. 45 (1973), 605–625.

**Kirchhoff,** Hans Georg: Die staatliche Sozialpolitik im Ruhrbergbau 1871—1914. — Köln, Opladen: Westdt. Verl. (1958). 179 S.
*(Wiss. Abhandlungen d. Arbeitsgem. f. Forschung d. Landes Nordrhein-Westfalen. 4.)*

**Kitchen,** Martin: The German officer corps, 1890—1914. — Oxford: Clarendon Press 1968. XXIX, 242 S.

**Klein,** Fritz: Zur China-Politik des deutschen Imperialismus im Jahre 1900. — In: Z. Geschichtswiss. 8 (1960), 817—843.

**Knoll,** Arthur J.: Togo under Imperial Germany, 1884–1914. A case study in colonial rule. - Stanford, Calif: Hoover Institution Press 1978. XI, 224 S.
*(Hoover Institution Publications. 190.)*

**Köhler,** Henning: Beziehungen des französischen Geheimdienstes zu den deutschen Linksradikalen 1917/18. — In: Aus Theorie und Praxis der Geschichtswissenschaft, Festschrift für Hans Herzfeld, Berlin: de Gruyter 1972, 200—235.

**Krasuski,** Jerzy: Spór o orientacje imperializm niemieckiego w dobie Wilhelmińskiej. Poglądy polityczne Hansa Delbrücka. — Poznań: Inst. Zachodni 1961. 382 S.

**Kumpf-**Korfes, Sigrid: Bismarcks Draht nach Rußland. Zum Problem d. sozial-ökonom. Hintergründe d. russ.-dtsch. Entfremdung im Zeitraum von 1878—1891. — Berlin: Akademie-Verl. 1968. XVII, 219 S.
*(Quellen und Studien zur Geschichte Osteuropas. 16.)*
*Diss., Humboldt-Universität Berlin.*

**Link,** Werner: Der Nationalverein für das Liberale Deutschland ⟨1907—1918⟩. — In: Polit. Vjsch. 5 (1964), 422—444.

**Lösche,** Peter: Arbeiterbewegung und Wilhelminismus. Sozialdemokratie zwischen Anpassung und Spaltung. — In: Gesch.-Wiss. Unterr. 20 (1969), 519—533.

**Löwenstein,** Julius I.: Hegels Staatsidee und die Liberalen der Bismarckzeit. - In: Jb. Inst. dtsch. Gesch. 5 (1974), 153-172.

**Loth,** Heinrich: Das kaiserliche Deutschland und die frühe antikoloniale Bewegung in Afrika. — In: Z. Geschichtswiss. 20 (1972), 325—344.

**Loth,** Heinrich: Kolonialismus und Humanitätsintervention. Krit. Untersuchung d. Politik Deutschlands gegenüber dem Kongostaat ⟨1884—1908⟩. — Berlin: Akademie-Verl. 1966. 117 S.
*(Studien zur Geschichte Asiens, Afrikas und Lateinamerikas. 18.)*

**Luban,** Ottokar: Die Auswirkungen der Jenaer Jugendkonferenz 1916 und die Beziehungen der Zentrale der revolutionären Arbeiterjugend zur Führung der Spartakusgruppe. — In: Arch. Sozialgesch. 11 (1971), 185—223.

**Mai,** Joachim: Die preußisch-deutsche Polenpolitik 1885/87. Eine Studie zur Herausbildung des Imperialismus in Deutschland. — Berlin: Rütten & Loening 1962. 231 S.
*(Veröffentlichungen des Historischen Instituts der Ernst-Moritz-Arndt-Universität Greifswald. 1.)*

**Mandeng,** Patrice: Auswirkungen der deutschen Kolonialherrschaft in Kamerun. Die Arbeitskräftebeschaffung in den Südbezirken Kameruns während der deutschen Kolonialherrschaft 1894 bis 1914. - Hamburg: Buske 1973. 204 S.
*(Schriften der Vereinigung von Afrikanisten in Deutschland. 4.)*

**Mann,** Golo: Prinz Max von Baden und das Ende der Monarchie in Deutschland. — In: Merkur 22 (1968), 727—750.

**Marienfeld,** Wolfgang: Wissenschaft und Schlachtflottenbau in Deutschland. 1897—1906. — (Berlin, Frankfurt a. M.: Mittler 1957.) 125 S.
*(Marine-Rundschau. Beih. 2.)*

**Marine** und Marinepolitik im kaiserlichen Deutschland, 1871—1914. Hrsg. vom Militärgeschichtl. Forschungsamt durch Herbert Schottelius und Wilhelm Deist. — Düsseldorf: Droste (1972). 328 S.

**Martin,** Bradford G.: German-Persian diplomatic relations 1873—1912. — 's-Gravenshage: Mouton 1959. 237 S.

**Mayer,** Gustav: Arbeiterbewegung und Obrigkeitsstaat. Hrsg. [u. mit e.] Einl. von Hans-Ulrich Wehler. - Bonn-Bad Godesberg: Verl. Neue Gesellsch. (1972). 192 S.
*(Schriftenreihe des Forschungsinstituts der Friedrich-Ebert-Stiftung. 92.)*

**Mejcher,** Helmut: Die Bagdadbahn als Instrument deutschen wirtschaftlichen Einflusses im Osmanischen Reich. - In: Gesch. u. Gesellsch. 1 (1975), 447—481.

**Messerschmidt,** Manfred: Militär und Politik in der Bismarckzeit und im Wilhelminischen Deutschland. - Darmstadt: Wiss. Buchgesellsch. 1975. 163 S.
*(Erträge der Forschung. 43.)*

**Milatz,** Alfred: Reichstagswahlen und Mandatsverteilung 1871 bis 1918. Ein Beitrag zu Problemen des absoluten Mehrheitswahlrechts. - In: Gesellschaft, Parlament und Regierung, Düsseldorf: Droste (1974), 207-223.

**Mommsen,** Wolfgang J[ustin]: Domestic factors in German foreign policy before 1914. - In: Central Europ. Hist. 6 (1973), 3-43.

**Mommsen,** Wolfgang J[ustin]: Die Regierung Bethmann Hollweg und die öffentliche Meinung 1914—1917. — In: Vjh. Zeitgesch. 17 (1969), 117—159.

**Mommsen,** Wolfgang J[ustin]: Die deutsche „Weltpolitik" und der Erste Weltkrieg. — In: Neue polit. Lit. 16 (1971), 482—493.

**Moritz,** Albrecht: Das Problem des Präventivkrieges in der deutschen Politik während der ersten Marokkokrise. - Frankfurt a. M.: Lang 1974. 352 S.
*(Europäische Hochschulschriften. Reihe 3. Gesch. u. ihre Hilfswiss. 36.)*

**Morrow,** Howard: Building German airpower, 1909-1914. - Knoxville: University of Texas Press 1976. XIV, 150 S.

**Moses,** John A.: The Trade-Union-Issue in German Social Democracy 1890-1900. - In: Internat. wiss. Korr. Gesch. dtsch. Arbeiterbew. 9 (1973), H. 19/20, 1-19.

**Müller,** Fritz Ferdinand: Deutschland — Zanzibar — Ostafrika. Geschichte einer deutschen Kolonialeroberung 1884—1890. — Berlin: Rütten & Loening 1959. 581 S.

**Müller**-Link, Horst: Industrialisierung und Außenpolitik. Preußen-Deutschland und das Zarenreich 1860-1890. - Göttingen: Vandenhoeck & Ruprecht 1977. 506 S.
*(Kritische Studien zur Geschichtswissenschaft. 24.)*

**Muncy,** Lysbeth W.: The Prussian Landräte in the years of the monarchy. A case study of Pomerania and the Rhineland in 1890-1918. - In: Centr. Europ. Hist. 6 (1973), 299-338.

**Naujoks,** Eberhard: Rudolf Lindau und die Neuorientierung der Auswärtigen Pressepolitik Bismarcks (1871/78). — In: Hist. Z. 215 (1972), 299—344.

**Niesel,** Hans-Joachim: Kolonialverwaltung und Missionen in Deutsch-Ostafrika 1890-1914. - Berlin 1972. 391 S.
*Freie Universität Berlin, Diss. vom 22. Juni 1971.*

**Nöll** von der Nahmer, Robert: Bismarcks Reptilienfonds. Aus den Geheimakten Preußens und des Deutschen Reiches. — Mainz: v. Hase & Koehler (1968). 259 S.

**Nußbaum,** Manfred: Vom „Kolonialenthusiasmus" zur Kolonialpolitik der Monopole. Zur deutschen Kolonialpolitik unter Bismarck, Caprivi, Hohenlohe. — Berlin: Akademie-Verl. 1962. 167 S.
*(Studien zur Kolonialgeschichte. 8.)*

**Ohno,** Eiji: The historical stage of German capitalism. An analysis of the Bismarck regime. — In: Kyoto Univ. Economic Rev. 40 (1970), H. 2, 18-43

**Otto,** Helmut: Schlieffen und der Generalstab. Der preußisch-deutsche Generalstab unter der Leitung des Generals von Schlieffen 1891—1905. — (Berlin:) Dtsch. Militärverl. (1966). 271 S.
*(Militärhistorische Studien. N. F. 8.)*

**Pack,** Wolfgang: Das parlamentarische Ringen um das Sozialistengesetz Bismarcks 1878—1890. — Düsseldorf: Droste (1961). 280 S.
*(Beiträge zur Geschichte des Parlamentarismus und der politischen Parteien. 20.)*

**Petry,** Lothar: Die erste Internationale in der Berliner Arbeiterbewegung. - Erlangen: Palm & Enke 1975. 381 S.
*(Erlanger Studien. 11.)*
Diss., Freie Universität Berlin.

**Pöls,** Werner: Bismarckverehrung und Bismarcklegende als innenpolitisches Problem der wilhelminischen Zeit. — In: Jb. Gesch. Mittel- u. Ostdtschl. 20 (1971), 183—201.

**Pöls,** Werner: Sozialistenfrage und Revolutionsfurcht in ihrem Zusammenhang mit den angeblichen Staatsstreichplänen Bismarcks. — Lübeck u. Hamburg: Matthiesen 1960. 104 S.
*(Historische Studien. 377.)*

**Potthoff,** Heinrich: Der Parlamentarisierungserlaß vom 30. September 1918. - In: Vjh. Zeitgesch. 20 (1972), 519-532.

**Puntila,** Lauri Aadolf: Bismarcks Frankreichpolitik (Bismarckin Ranskan politiikka, dt.) (Aus d. Finn. übertr. von Annemarie von Harlem.) —Göttingen: Musterschmidt 1971. 326 S.
*(Geschichte im Buch.)*

**Quellen** zur deutschen Außenpolitik im Zeitalter des Imperialismus 1890–1911. Hrsg. von Michael Behnen. - Darmstadt: Wiss. Buchgesellsch. 1977. LVI, 539 S.
*(Ausgewählte Quellen zur deutschen Geschichte der Neuzeit. 26.)*

**Rathmann,** Lothar: Berlin-Bagdad. Die imperialistische Nahostpolitik d. kaiserl. Deutschlands. — Berlin: Dietz 1962. 114 S.
*(Wahrheiten über den deutschen Imperialismus. 9.)*

**Ratz,** Ursula: „Die Arbeiterschaft im neuen Deutschland". E. bürgerlich-sozialdemokrat. Arbeitsgemeinschaft aus d. Jahre 1915. — In: Internat. Wiss. Korr. Gesch. dtsch. Arbeiterbew. 1971, H. 13, 1—26.

**Rauh,** Manfred: Föderalismus und Parlamentarismus im Wilhelminischen Reich. — Düsseldorf: Droste 1973. 396 S.
*(Beiträge zur Geschichte des Parlamentarismus und der politischen Parteien. 47.)*
Phil. Diss., Universität Würzburg.

**Rauh,** Manfred: Die Parlamentarisierung des Deutschen Reiches. - Düsseldorf: Droste (1977). 533 S.
*(Beiträge zur Geschichte des Parlamentarismus und der politischen Parteien. 60.)*

**Raulff,** Heiner: Zwischen Machtpolitik und Imperialismus. Die deutsche Frankreichpolitik, 1904/06. - Düsseldorf: Droste (1976). 215 S.

**Reichold,** Helmut: Bismarcks Zaunkönige. Duodez im 20. Jahrhundert. Eine Studie zum Föderalismus im Bismarckreich. - Paderborn: Schöningh (1977). 320 S.
*(Sammlung Schöningh zur Geschichte und Gegenwart.)*

**Renk,** Hansjörg: Bismarcks Konflikt mit der Schweiz. Der Wohlgemuth-Handel von 1889. Vorgeschichte, Hintergründe und Folgen. - Basel, Stuttgart: Helbig & Lichtenhahn 1972. VII, 432 S.
*(Basler Beiträge zur Geschichtswissenschaft. 125.)*

**Ritter,** Gerhard A[lbert]: Die Arbeiterbewegung im Wilhelminischen Reich. Die Sozialdemokratische Partei u. d. freien Gewerkschaften 1890—1900. (2., durchges. Aufl.) — Berlin-Dahlem: Colloquium Verl. (1963). 255 S.
*(Studien zur europäischen Geschichte aus dem Friedrich-Meinecke-Institut der Freien Universität Berlin. 3.)*

**Röhl,** John C[harles] G[erald]: Deutschland ohne Bismarck (Germany without Bismarck, dt.) Die Regierungskrise im 2. Kaiserreich, 1890 — 1900. (Aus d. Engl. übertr. von Inge Lindt.) — Tübingen: Wunderlich (1969). 317 S.

**Röhl,** John C. G.: Die Generalprobe. Zur Geschichte und Bedeutung des „Kriegsrates" vom 8. Dezember 1912. - In: Industrielle Gesellschaft und politisches System. Festschrift für Fritz Fischer zum siebzigsten Geburtstag, Bonn: Verl. Neue Gesellsch. (1978), 357-373.

**Röhl,** J[ohn] C. G.: Germany without Bismarck. The crisis of government in the Second Reich, 1890—1900. — London: Batsford (1967). 304 S.

**Rückert,** Otto: Zur Geschichte der Arbeiterbewegung im Reichstagswahlkreis Potsdam-Spandau-Osthavelland 1871—1917 unter besonderer Berücksichtigung der Tätigkeit Karl Liebknechts. T. 1—3. — Potsdam: Bezirksheimatmuseum 1965. 400 S.
*(Veröffentlichungen des Bezirksheimatmuseums Potsdam. 8.)*

**Rumschöttel,** Hermann: Das bayerische Offizierkorps, 1866–1914. - Berlin: Duncker & Humblot 1973. 344, [20] S.
*(Beiträge zu einer historischen Strukturanalyse Bayerns im Industriezeitalter. 9.)*
Diss., Universität München.

**Saul,** Klaus: Der „Deutsche Kriegerbund". Zur innenpolitischen Funktion eines „nationalen" Verbandes im kaiserlichen Deutschland. — In: Militärgesch. Mitt. 1969, H. 2, 95—159.

**Saul,** Klaus: Staat, Industrie, Arbeiterbewegung im Kaiserreich. Zur Innen- und Außenpolitik des Wilhelminischen Deutschland, 1903-1914. - (Düsseldorf:) Bertelsmann Universitätsverl. (1974). 620 S.
*(Studien zur modernen Geschichte. 16.)*

**Schaefer,** Jürgen W.: Kanzlerbild und Kanzlermythos in der Zeit des „Neuen Curses". Das Reichskanzleramt 1890-1900 und seine Beurteilung in der zeitgenössischen deutschen Presse. - Paderborn: Schöningh (1973). 236 S.
*(Sammlung Schöningh zur Geschichte und Gegenwart.)*

**Schaefer,** Jürgen: Deutsche Militärhilfe an Südamerika. Militär- und Rüstungsinteressen in Argentinien, Bolivien und Chile vor 1914. – (Düsseldorf:) Bertelsmann Universitätsverl. (1974). 310 S.
*(Studien zur modernen Geschichte. 12.)*

**Schenk,** Willy: Die deutsch-englische Rivalität vor dem Ersten Weltkrieg in der Sicht deutscher Historiker. Mißverstehen oder Machtstreben. — Aarau: Keller 1967. 173 S.

**Scherer,** Herbert: Bürgerlich-oppositionelle Literaten und soziodemokratische Arbeiterbewegung nach 1890. Die „Friedrichshagener" und ihr Einfluß auf die soziodemokratische Kulturpolitik. – Stuttgart: Metzler 1974. VI, 270 S.

**Schieder,** Theodor: Das Deutsche Kaiserreich von 1871 als Nationalstaat. — Köln, Opladen: Westdt. Verl. (1961). 182 S.
*(Wissenschaftliche Abhandlungen d. Arbeitsgemeinschaft f. Forschung d. Landes Nordrhein-Westfalen. 20.)*

**Schilling,** Konrad: Beiträge zu einer Geschichte des radikalen Nationalismus in der Wilhelminischen Ära 1890 bis 1909. Die Entstehung des radikalen Nationalismus, seine Einflußnahme auf die innere und äußere Politik des Deutschen Reiches und die Stellung von Regierung und Reichstag zu seiner politischen und publizistischen Aktivität. — Köln 1968: Gouder & Hansen. 707 S.
*Köln, phil. Diss. vom 16. Dezember 1967.*

**Schmidt,** Gustav: Innenpolitische Blockbildung am Vorabend des Ersten Weltkrieges. Gewidmet Hans Herzfeld zum 80. Geburtstag. – In: Aus Politik u. Zeitgeschichte, Beilage zur Wochenzeitung „Das Parlament" Nr 20 vom 13. Mai 1972, 3–32.

**Schmidt,** Gustav: Parlamentarisierung oder „Präventive Konterrevolution"? Die deutsche Innenpolitik im Spannungsfeld konservativer Sammlungsbewegungen und latenter Reformbestrebungen ⟨1907–1914⟩. – In: Gesellschaft, Parlament und Regierung, Düsseldorf: Droste (1974), 249–278.

**Schmidt,** Vera: Die deutsche Eisenbahnpolitik in Shantung. Ein Beitrag zur Geschichte des deutschen Imperialismus in China. – Wiesbaden: Harrassowitz 1976. VIII, 240 S.
*(Veröffentlichungen des Ostasien-Instituts der Ruhr-Universität Bochum. 16.)*

**Schrecker,** John E.: Imperialism and Chinese nationalism. Germany in Shantung. — Cambridge, Mass.: Harvard University Press 1971. XIV, 322 S.
*(Harvard East Asian Series. 58.)*

**Schröder,** Wilhelm Heinz: Die Sozialstruktur der sozialdemokratischen Reichstagskandidaten 1898–1912. – In: Herkunft und Mandat, Frankfurt a. M.: Europ. Verl.-Anst. 1976, 72–96.

**Schröder,** Wolfgang: Ein Gewerkschaftsgesetz des Bismarckstaates? [Dokumentation.] – In: Z. Geschichtswiss. 24 (1976), 302–322.

**Schröter,** Hermann: Essen und die Kolonialfrage. Gründung und Geschichte der Sigipflanzung in Deutsch-Ostafrika. — In: Tradition 12 (1967), 526–542.

**Schulte,** Bernd F(elix): Die deutsche Armee 1900–1914. Zwischen Beharren und Verändern. – Düsseldorf: Droste (1977). XXXXV, 591 S.

**Seeber,** Gustav: Zwischen Bebel und Bismarck. Zur Geschichte des Linksliberalismus in Deutschland 1871–1893. — Berlin: Akademie-Verl. 1965. XV, 226 S.
*(Deutsche Akademie der Wissenschaften zu Berlin. Schriften des Instituts für Geschichte. Reihe 1: Allgemeine und deutsche Geschichte. 30.)*

**Sheehan,** James J. L: Political leadership in the German Reichstag 1871–1918. — In: Amer. hist. Rev. 74 (1968/69), 511–528.

**Sieburg,** H[einz]-O[tto]: Die Elsaß-Lothringen-Frage in der deutsch-französischen Diskussion von 1871 bis 1914. — In: Z. Gesch. Saargegend 17/18 (1969/70), 9—37.

**Silverman,** Dan P.: The economic consequences of annexation. Alsace-Lorraine and imperial Germany, 1871–1918. — In: Centr. Europ. Hist. 4 (1971), 34—53.

**Snell,** John L.: Imperial Germany's tragic era 1888–1918. Threshold to democracy or foreground of nazism? — In: J. Centr. Europ. Aff. 18 (1958/59), 380—395; 19 (1959/60), 57—75.

**Stegmann,** Dirk: Die Erben Bismarcks. Parteien und Verbände in der Spätphase des Wilhelminischen Deutschlands. Sammlungspolitik 1897–1918. — (Köln:) Kiepenheuer & Witsch (1970). 584 S.

**Steinberg,** Jonathan: Yesterday's deterrent. Tirpitz and the birth of the German battle fleet. — London: Macdonald [1965]. 240 S.

**Steinberg,** Jonathan: Germany and the Russo-Japanese war. — In: Amer. hist. Rev. 75 (1969/70), 1965—1986.

**Stenkewitz,** Kurt: Gegen Bajonett und Dividende. Die politische Krise in Deutschland am Vorabend des ersten Weltkrieges. — Berlin: Rütten & Loening (1960). 320 S.
*(Schriftenreihe d. Instituts f. deutsche Geschichte an d. Karl-Marx-Universität Leipzig. 6.)*

**Stern,** Fritz: Gold und Eisen (Gold and iron, dt). Bismarck und sein Bankier Bleichröder. (Aus d. Engl. von Otto Weith.) – (Frankfurt a. M.:) Ullstein (1978). 754 S.

**Stern,** Fritz: Gold and iron. The collaboration and friendship of Gerson Bleichröder and Otto von Bismarck. — In: Amer. hist. Rev. 75 (1969/70), 37—46.

**Stern,** Fritz: Gold and iron. Bismarck, Bleichröder and the building of a German empire. – New York: Knopf 1977. 620 S.

**Stingl,** Werner: Der Ferne Osten in der deutschen Politik vor dem Ersten Weltkrieg. ⟨1902–1914.⟩ – Frankfurt a. M.: Haag & Herchen 1978.
1. 376 S.
2. S. 377–859.
*Diss., Universität Stuttgart.*

**Stolberg**-Wernigerode, Otto Graf zu: Die unentschiedene Generation. Deutschlands konservative Führungsschichten am Vorabend des 1. Weltkrieges. — München: Oldenbourg (1968). 488 S.

**Stoltenberg,** Gerhard: Tirpitz und seine Flottenpolitik. — In: Gesch. Wissensch. Unterr. 13 (1962), 549—558.

**Strazas,** Aba: Der litauische Landesrat als Instrument der deutschen Ostpolitik 1917-1918. - In: Jbb. Gesch. Osteuropas 25 (1977), 340-363.

**Strutynski,** Peter: Die Auseinandersetzungen zwischen Marxisten und Revisionisten in der deutschen Arbeiterbewegung um die Jahrhundertwende. - (Köln:) Pahl-Rugenstein (1976). 344 S.
*(Sammlung junge Wissenschaft.)*
*Diss., Universität München.*

**Stürmer,** Michael: Machtgefüge und Verbandentwicklung im wilhelminischen Deutschland. — In: Neue polit. Lit. 14 (1969), 490—507.

**Stürmer,** Michael: Militärkonflikt und Bismarckstaat. Zur Bedeutung der Reichsmilitärgesetze 1874-1890. - In: Gesellschaft, Parlament und Regierung, Düsseldorf: Droste (1974), 225-248.

**Stürmer,** Michael: Regierung und Reichstag im Bismarckstaat 1871-1880. Cäsarismus oder Parlamentarismus. - Düsseldorf: Droste (1974). 376 S.
*(Beiträge zur Geschichte des Parlamentarismus und der politischen Parteien. 54.)*

**Stürmer,** Michael: Staatsstreichgedanken im Bismarckreich. — In: Hist. Z. 209 (1969), 566—615.

Bismarcks **Sturz.** Die Rolle der Klassen in der Endphase des preußisch-deutschen Bonapartismus 1884/85 bis 1890. Autorenkollektiv unter Leitung von Gustav Seeber. - Berlin: Akademie-Verl. 1977. 560 S.
*(Schriften des Zentralinstituts für Geschichte der Akademie der Wissenschaften der DDR. 52.)*

**Tetzlaff,** Rainer: Koloniale Entwicklung und Ausbeutung. Wirtschafts- und Sozialgeschichte Deutsch-Ostafrikas 1885—1914. — Berlin: Duncker & Humblot (1970). 309 S.
*(Schriften zur Wirtschafts- und Sozialgeschichte. 17.)*

**Thielen,** Peter G.: Die Außenpolitik des Deutschen Reiches 1890—1914. Literatur- u. Forschungsbericht für die Jahre 1945—1960. — In: Welt als Gesch. 22 (1962), 27—48.

**Tobias,** John L.: The chancellorship of Bethmann Hollweg and the question of leadership in the National Liberal Party. - In: Can. J. Hist. 8 (1973), 145-165.

**Vincent**-Smith, J. D.: The Anglo-German negotiations over the Portuguese colonies in Africa, 1911-14. - In: Hist. J. 17 (1974), 620-629.

**Vogel,** Barbara: Die deutsche Regierung und die russische Revolution von 1905. - In: Deutschland in der Weltpolitik des 19. u. 20. Jahrhunderts, Düsseldorf: Bertelsmann Universitätsverl. (1973), 222-236.

**Vogel,** Barbara: Deutsche Rußlandpolitik. Das Scheitern der deutschen Weltpolitik unter Bülow 1900-1906. - (Düsseldorf:) Bertelsmann Universitätsverl. (1973). 335 S.
*(Studien zur modernen Geschichte. 11.)*

**Waller,** Bruce: Bismarck, the dual alliance and economic Central Europe, 1877-1885. - In: Vjschr. Soz.- u. Wirtschaftsgesch. 63 (1976), 454-467.

**Waller,** Bruce: Bismarck at the crossroads. The reorientation of German foreign policy after the Congress of Berlin 1878-1880. - London: Athlone Press 1974. 273 S.
*(University of London Historical Studies. 35.)*

**Wallraff,** Hermann Josef: Die Belastung einer Gewerkschaft durch ideologische Differenzen – Spannungen innerhalb der christlichen Gewerkschaftsbewegung in den Jahren 1900-1914. - In: Vom Sozialistengesetz zur Mitbestimmung. Zum 100. Geburtstag von Hans Böckler, (Köln:) Bund-Verl. (1975), 135-152.

**Wehler,** Hans-Ulrich: Der Fall Zabern. Rückblick auf eine Verfassungskrise des wilhelminischen Kaiserreichs. — In: Welt als Gesch. 23 (1963), 27—46.

**Weil,** Claudie: Marxistes russes et social-démocratie allemande, 1898-1904. - Paris: Maspero 1977. 254 S.

**Weitowitz,** Rolf: Deutsche Politik und Handelspolitik unter Reichskanzler Leo von Caprivi, 1890-1894. - Düsseldorf: Droste (1978). VII, 406 S.

**Wernecke,** Klaus: Der Wille zur Weltgeltung. Außenpolitik und Öffentlichkeit im Kaiserreich am Vorabend des Ersten Weltkrieges. — Düsseldorf: Droste (1970). 339 S.
*Diss., Universität Hamburg.*

**Wilke,** Ekkehard-Teja P. W.: Political decadence in Imperial Germany. Personnel-political aspects of the German government crisis 1894-97. - Urbana: University of Illinois Press (1976). XV, 311 S.
*(Illinois Studies in Social Sciences. 59.)*

**Winkler,** Heinrich August: Pluralismus oder Protektionismus? Verfassungspolitische Probleme des Verbandswesens im deutschen Kaiserreich. - Wiesbaden: Steiner 1972. 37 S.
*(Institut für europäische Geschichte Mainz. Vorträge. 55.)*

**Winzen,** Peter: Bülows Weltmachtkonzept. Untersuchungen zur Frühphase seiner Außenpolitik 1897-1901. - Boppard: Boldt (1977). 462 S.
*(Schriften des Bundesarchivs. 22.)*

**Wirz,** Albert: Vom Sklavenhandel zum kolonialen Handel. Wirtschaftsräume und Wirtschaftsformen in Kamerun vor 1914. - Freiburg: Atlantis-Verl. 1972. 301 S.
*(Beiträge zur Kolonial- und Überseegeschichte. 10.)*
*Diss., Universität Zürich.*

**Witt,** Peter-Christian: Der preußische Landrat als Steuerbeamter 1891-1918. Bemerkungen zur politischen und sozialen Funktion des deutschen Beamtentums. - In: Deutschland in der Weltpolitik des 19. u. 20. Jahrhunderts, Düsseldorf: Bertelsmann Universitätsverl. (1973), 205-219.

**Witzig,** Carole: Bismarck et la Commune. La réaction des monarchies conservatives contre les mouvements republicains et socialistes ⟨1870-1872⟩ vue à travers les archives allemandes. - In: Internat. Rev. soc. Hist. 17 (1972), 191-221.

**Wolter,** Heinz: Alternative zu Bismarck. Die deutsche Sozialdemokratie u. d. Außenpolitik d. preuß.-dtsch. Reiches 1878—1890. — Berlin: Akademie-Verl. 1970. 288 S.
*(Schriften des Instituts für Geschichte. Reihe 1: Allgemeine und deutsche Geschichte. 35.)*
*Diss., Universität Leipzig.*

Parteien

**Ascher,** Abraham: Imperialists within German social democracy prior to 1914. — In: J. Centr. Europ. Aff. 20 (1960/61), 397—422.

**Ascher,** Abraham: „Radical" imperialists within German social democracy 1912—1918. — In: Polit. Science Quart. 76 (1961), 555—575.

**Badia,** Gilbert: Le Spartakisme. Les dernières années de Rosa Luxembourg et de Karl Liebknecht 1914—1919. — Paris: Edit. de l'Arche 1967. 440 S.

**Bartel,** Walter: Die Spartakus-Gruppe bei der politischen Vorbereitung und Durchführung des Januarstreiks 1918. — In: Einheit [Berlin] 1958, H. 1, 116—127.

**Boll,** Friedhelm: Die deutsche Sozialdemokratie zwischen Resignation und Revolution. Zur Friedensstrategie 1890 –1919. - In: Frieden, Gewalt, Sozialismus, Stuttgart: Klett 1976, 179–281.

**Callesen,** Gerd: Sozialdemokratie und nationale Frage in Nordschleswig um die Jahrhundertwende. — In: Arch. Sozialgesch. 9 (1969), 267—320.

**Domann,** Peter: Sozialdemokratie und Kaisertum unter Wilhelm II. Die Auseinandersetzung der Partei mit dem monarchischen System, seinen gesellschafts- und verfassungspolitischen Voraussetzungen. - Wiesbaden: Steiner 1974. 244 S.
*(Frankfurter Historische Abhandlungen. 3.)*

**Eckert,** Hugo: Liberal- oder Sozialdemokratie. Frühgeschichte der Nürnberger Arbeiterbewegung. — Stuttgart: Klett (1968). 336 S.
*(Industrielle Welt. 9.)*

**Fricke,** Dieter: Auf dem Weg nach Mannheim. Zum Verhältnis zwischen der Sozialdemokratischen Partei Deutschlands und den freien Gewerkschaften zu Beginn der Epoche des Imperialismus. - In: Z. Geschichtswiss. 25 (1977), 430–450.

**Gottschalk,** Regina: Die Linksliberalen zwischen Kaiserreich und Weimarer Republik. Von der Julikrise 1917 bis zum Bruch der Weimarer Koalition im Juni 1919. — (Mainz) 1969: (Kubatzki & Probst). 280 S.
*Tübingen, phil. Diss. vom 27. Juli 1967.*

**Grebing,** Helga: Die deutsche Sozialdemokratie vor dem Ersten Weltkrieg. — In: Polit. Studien 9 (1958), 714—722.

**Groh,** Dieter: Negative Integration und revolutionärer Attentismus. Die deutsche Sozialdemokratie am Vorabend des Ersten Weltkrieges. - (Frankfurt a. M.:) Propyläen-Verl. 1972. 783 S.

**Grosser,** Dieter: Vom monarchischen Konstitutionalismus zur parlamentarischen Demokratie. Die Verfassungspolitik der deutschen Parteien im letzten Jahrzehnt des Kaiserreiches. — Den Haag: Nijhoff 1970. XII, 230 S.
*(Studien zur Regierungslehre und Internationalen Politik. 1.)*

**Hall,** Alex: By other means. The legal struggle against the SPD in Wilhelmine Germany 1890–1900. - In: Hist. J. 17 (1974), 365–386.

**Hall,** Alex: Scandal, sensation and social democracy. The SPD press and Wilhelmine Germany 1890–1914. - Cambridge: Cambridge University Press (1977). IX, 267 S.

**Herrmann,** Ursula: Sozialdemokratische Flugblätter zur Reichstagswahl 1887. - In: Jb. Gesch. 10 (1974), 551 –578.

**Herzig,** Arno: Die Einigung der SPD 1875. Zum Identitätsproblem der deutschen Sozialdemokratie. - In: Internat. wiss. Korr. Gesch. dtsch. Arbeiterbew. 12 (1976), 155–166.

**Höhn,** Reinhard: Die vaterlandslosen Gesellen. Sozialismus im Licht der Geheimberichte der preußischen Polizei 1878—1914. — Köln: Westdtsch. Verl.
1. ⟨1878—1890.⟩ 1964. LXXIII, 345 S.

**Hunt,** James C.: Die deutschen Liberalen und ihre Versuche zur französisch-deutschen Verständigung 1913–1914. - In: Aspekte deutscher Außenpolitik im 20. Jahrhundert. Aufsätze Hans Rothfels zum Gedächtnis, Stuttgart: Dtsch. Verl.-Anst. (1976), 28–40.

**Leuschen**-Seppel, Rosemarie: Sozialdemokratie und Antisemitismus im Kaiserreich. Die Auseinandersetzung der Partei mit den konservativen und völkischen Strömungen des Antisemitismus 1871–1914. - Bonn: Verl. Neue Gesellsch. 1978. 347 S.
*(Reihe Politik und Gesellschaftsgeschichte.)*
*Diss., Universität Bonn.*

**Levy,** Richard S.: The downfall of the anti-Semitic political parties in Imperial Germany. - New Haven: Yale University Press 1975. VII, 335 S.
*(Yale Historical Publications. Miscellany. 106.)*

**Liberalismus** und imperialistischer Staat. Der Imperialismus als Problem liberaler Parteien in Deutschland 1890–1914. Hrsg. von Karl Holl [u.] Günther List. - Göttingen: Vandenhoeck & Ruprecht 1975. 176 S.
*(Kleine Vandenhoeck-Reihe. 1415.)*

**Lidtke,** Vernon L.: The outlawed party. Social Democracy in Germany, 1878—1890. — Princeton, N. J.: Princeton University Press 1966. XIV, 374 S.

**Luban,** Ottokar: Zwei Schreiben der Spartakuszentrale an Rosa Luxemburg (Juni 1917; 5. November 1918). — In: Arch. Sozialgesch. 11 (1971), 225—288.

**Lucas,** Erhard: Die Sozialdemokratie in Bremen während des Ersten Weltkrieges. — Bremen: Schünemann (1969). 134 S.
*(Bremer Veröffentlichungen zur Zeitgeschichte. 3.)*

**Materialien** zum politischen Richtungsstreit in der deutschen Sozialdemokratie 1890–1917. ⟨Hrsg.:⟩ Peter Friedemann. Mit e. Einl. von Hans Mommsen. – (Frankfurt a. M.:) Ullstein 1977.
1. 527 S.
2. S. 528–985.

**Matthias**, Erich [u.] Eberhard Pikart: Die Reichstagsfraktion der deutschen Sozialdemokratie 1898–1918. – Düsseldorf: Droste.
1. (1898 bis 1914.) (1966.) CCXI, 317 S.
2. (1914 bis 1918.) (1966.) XVI, 600 S.
*(Quellen zur Geschichte des Parlamentarismus und der politischen Parteien. Reihe 1, 3. T. 1. 2.)*

**Mittmann**, Ursula: Fraktion und Partei. Ein Vergleich von Zentrum und Sozialdemokratie im Kaiserreich. – Düsseldorf: Droste (1976). 455 S.
*(Beiträge zur Geschichte des Parlamentarismus und der politischen Parteien. 59.)*

**Moring**, Karl-Ernst: Die Sozialdemokratische Partei in Bremen, 1890–1914. Reformismus und Radikalismus in der Sozialdemokratischen Partei Bremens. – Hannover: Verl. f. Literatur u. Zeitgeschehen (1968). 223 S.
*(Schriftenreihe des Forschungsinstituts der Friedrich-Ebert-Stiftung. B. Histor.-polit. Schriften.)*
*Diss., Universität Hamburg.*

**Moses**, John A.: Das Gewerkschaftsproblem in der SDAP 1869–1878. – In: Jb. Inst. dtsch. Gesch. 3 (1974), 173–202.

**Müller**, Dirk H.: Idealismus und Revolution. Zur Opposition der Jungen gegen den sozialdemokratischen Parteivorstand 1890 bis 1894. – Berlin: Colloquium-Verl. 1975. VIII, 186 S.
*(Internationale wissenschaftliche Korrespondenz zur Geschichte der deutschen Arbeiterbewegung. Beih. 3.)*
*Diss., Freie Universität Berlin.*

**Reisberg**, Arnold: Zeitgenössische Urteile Lenins über die deutsche Sozialdemokratie vom Beginn unseres Jahrhunderts bis zum ersten Weltkrieg ⟨1900–1914⟩. – In: Beitrr. Gesch. Arbeiterbew. 12 (1970), 215–231.

**Reiss**, Klaus-Peter: Von Bassermann zu Stresemann. Die Sitzungen des nationalliberalen Zentralvorstandes 1912–1917. – Düsseldorf: Droste (1967). 463 S.
*(Quellen zur Geschichte des Parlamentarismus und der politischen Parteien. Reihe 1, 5.)*

**Schmidt**, Giselher: Spartakus. Rosa Luxemburg und Karl Liebknecht. – (Frankfurt a.M.:) Akad. Verl.-Ges. Athenaion (1971). 175 S.

**Schneider**, Kurt: Die Herausbildung der Leipziger Liebknechtgruppe und ihre Entwicklung zu einem Glied der Spartakusgruppe (1914–1916). – In: Beitrr. Gesch. dtsch. Arbeiterbewegung 9 (1967), 763–781.

**Schröder**, Hans-Christoph: Sozialismus und Imperialismus. Die Auseinandersetzung der deutschen Sozialdemokratie mit dem Imperialismusproblem und der „Weltpolitik" vor 1914. – Hannover: Verl. f. Literatur u. Zeitgeschehen.
1. (1968). 266 S.
*(Schriftenreihe des Forschungsinstituts der Friedrich-Ebert-Stiftung. B. Histor.-polit. Schriften.)*

**Schröder**, Wolfgang: Partei und Gewerkschaften. Die Gewerkschaftsbewegung in der Konzeption der revolutionären Sozialdemokratie 1868/69–1893. – Berlin: Verl. Tribüne 1975. 488 S.

**Schüddekopf**, Otto-Ernst: Der Revolution entgegen. Materialien und Dokumente zur Geschichte des linken Flügels der deutschen Sozialdemokratie vor dem Ersten Weltkrieg. – In: Arch. Sozialgesch. 9 (1969), 451–497.

**Sigel**, Robert: Die Lensch-Cunow-Haenisch-Gruppe. Eine Studie zum rechten Flügel der SPD im Ersten Weltkrieg. – Berlin: Duncker & Humblot (1976). 177 S.
*(Beiträge zu einer historischen Strukturanalyse Bayerns im Industriezeitalter. 14.)*

Die **Sozialdemokratie** im Deutschen Reichstag. Tätigkeitsberichte und Wahlaufrufe aus den Jahren 1871 bis 1893. – Berlin: Verl.: Buchh. Vorwärts 1909. VII, 542 S. [Mit e.] Einführung in die originalgetreue Reproduktion des Buches „Die Sozialdemokratie im Deutschen Reichstag" [von] Gustav Seeber: Die deutsche Sozialdemokratie und die Entwicklung ihrer revolutionären Parlamentstaktik von 1867 bis 1893. – Berlin: Dietz 1966. 75 S.

**Wegner**, Konstanze: Theodor Barth und die Freisinnige Vereinigung. Studien zur Geschichte des Linksliberalismus im wilhelminischen Deutschland 1893–1910. – Tübingen: Mohr 1968. XII, 159 S.
*(Tübinger Studien zur Geschichte und Politik. 24.)*

**Wienand**, Peter: Revoluzzer und Revisionisten. Die „Jungen" in der Sozialdemokratie vor der Jahrhundertwende. – In: Polit. Vjschr. 17 (1976), 208–241.

**Wistrich**, Robert S.: The SPD and antisemitism in the 1890s. – In: Europ. Stud. Rev. 7 (1977), 177–197.

**Wittwer**, Walter: Streit um Schicksalsfragen. Die deutsche Sozialdemokratie zu Krieg und Vaterlandsverteidigung 1907–1914. – Berlin: Akademie-Verl. 1964. VI, 153 S.
*(Deutsche Akademie der Wissenschaften zu Berlin. Schriften d. Instituts f. Geschichte. Reihe 1, Bd 26.)*

**Wohlgemuth**, Heinz: Die Entstehung der Kommunistischen Partei Deutschlands 1914 bis 1918. Überblick. – Berlin: Dietz 1968. 363 S.

**Zeender**, John K.: The German center party 1890–1906. – Philadelphia: American Philosophical Society 1976. 125 S.

Wirtschaft und soziales Leben

**Barkin**, Kenneth D.: Conflict and concord in Wilhelmian social thought. – In: Centr. Europ. Hist. 5 (1972), 55–71.

**Barkin**, Kenneth D.: The controversy over German industrialization 1890–1902. – Chicago: University of Chicago Press 1970. X, 307 S.

**Berger**-Thimme, Dorothea: Wohnungsfrage und Sozialstaat. Untersuchungen zu den Anfängen staatlicher Wohnungspolitik in Deutschland ⟨1873–1918⟩. – Frankfurt a. M.: Lang 1976. 400 S.
*(Europäische Hochschulschriften. 3,68.)*
*Diss., Universität Freiburg.*

Das wilhelminische **Bildungsbürgertum.** Zur Sozialgeschichte seiner Ideen. Hrsg. von Klaus Vondung. – Göttingen: Vanderhoeck & Ruprecht 1976. 208 S.
*(Kleine Vandenhoeck-Reihe. 1419.)*

**Blackbourn,** David: The Mittelstand in German society and politics, 1871–1914. – In: Soc. Hist. 1976/77, H. 4, 409–433.

**Blaich,** Fritz: Der „Standard-Oil-Fall" vor dem Reichstag. E. Beitr. zur dtsch. Monopolpolitik vor 1914. — In: Z. Gesamt. Staatswiss. 126 (1970), H. 4, 663—682.

**Bodenheimer,** Max [u.] Henriette Hannah Bodenheimer: Die Zionisten und das kaiserliche Deutschland. — Bensberg: Schäuble 1972. 136 S.

**Böhm,** Ekkehard: Überseehandel und Flottenbau. Hanseatische Kaufmannschaft und deutsche Seerüstung von 1879—1902. — (Düsseldorf:) Bertelsmann Universitätsverl. (1972). 418 S.
*(Studien zur modernen Geschichte. 8.)*

**Boelcke,** Willi A. [Hrsg.]: Krupp und die Hohenzollern in Dokumenten. Krupp-Korrespondenz mit Kaisern, Kabinettchefs und Ministern 1850—1918. — (Frankfurt a.M.:) Akad. Verl.-Ges. Athenaion (1970). 287 S.

**Deist,** Wilhelm: Armee und Arbeiterschaft 1905-1918. – In: Francia 2 (1974), 458–481.

**Desai,** A. V.: Real wages in Germany, 1871—1913. — Oxford: Clarendon Press 1968. 184 S.

**Dillwitz,** Sigrid: Die Struktur der Bauernschaft von 1871 bis 1914. Dargestellt auf der Grundlage der deutschen Reichsstatistik. – In: Jb. Gesch. 9 (1973), 47–127.

**Drewniak,** Bogusław: Robotnicy sezonowi na Pomorzu zachodnim (1890—1918). — Poznań 1959: Instytut Zachodni. 400 S.
*(Prace Instytutu Zachodniego. 29.)*

**Droz,** Jacques: Les relations franco-allemandes intellectuelles de 1871 à 1914. – Paris: Centre de Documentation 1974. 83 S.

**Flemming,** Jens: Landarbeiter zwischen Gewerkschaften und „Werksgemeinschaft". Zum Verhältnis von Agrarunternehmen und Landarbeiterbewegung im Übergang vom Kaiserreich zur Weimarer Republik. – In: Arch. Sozialgesch. 14 (1974), 351–418.

**Fricke,** Dieter: Der Ruhrbergarbeiterstreik von 1905. — Berlin: Rütten & Loening 1955. 202 S.

**Gellately,** Robert: Zur Entstehungsgeschichte der Massenkonsumgesellschaft Deutschlands. Der Kleinhandelsmarkt, 1871-1914. – In: Tradition und Neubeginn, Köln: Heymanns (1975), 467-480.

**Hentschel,** Volker: Wirtschaft und Wirtschaftspolitik im Wilhelminischen Deutschland. Organisierter Kapitalismus und Interventionsstaat? – (Stuttgart:) Klett-Cotta (1978). 303 S.
*Habil.-Schr., Universität Heidelberg.*

**Hieke,** Ernst: Gründung, Kapital und Kapitalgeber der Deutsch-Amerikanischen Petroleum-Gesellschaft (DAPG) 1890—1904. E. Beitr. zur Gesch. d. internat. u. zur Finanzierung d. dtsch. Petroleumhandels. — In: Tradition 16 (1971), 16—48.

**Hunt,** James C.: Peasants, grain tariffs and meat quotas. Imperial German protectionism reexamined. – In: Centr. Europ. Hist. 7 (1974), 311–331.

**Jaeger,** Hans: Unternehmer in der deutschen Politik ⟨1890—1918⟩. — Bonn: Röhrscheid 1967. 383 S.
*(Bonner historische Forschungen. 30.)*

**John,** Hans-Georg: Politik und Turnen. Die Deutsche Turnerschaft als nationale Bewegung im deutschen Kaiserreich von 1871-1914. – Ahrensburg b. Hamburg: Czwalina (1976). 233 S.
*(Sportwissenschaftliche Dissertationen. 5.)*
*Graz, phil. Diss. 1975.*

**Juden** im Wilhelminischen Deutschland, 1890-1914. Ein Sammelband. Hrsg. von Werner E. Mosse unter Mitw. von Arnold Paucker. – Tübingen: Mohr 1976. XIV, 786 S.
*(Schriftenreihe wissenschaftlicher Abhandlungen des Leo Baeck Instituts. 33.)*

**Kaelble,** Hartmut: Industrielle Interessenpolitik in der wilhelminischen Gesellschaft. Centralverband Deutscher Industrieller 1895—1914. Mit e. Vorw. von Gerhard A. Ritter. — Berlin: de Gruyter 1967. VIII, 268 S.
*(Veröffentlichungen der Historischen Kommission zu Berlin beim Friedrich-Meinecke-Institut der Freien Universität Berlin. 27.)*

**Karl,** Willibald: Jugend, Gesellschaft und Politik im Zeitraum des Ersten Weltkrieges. Zur Geschichte der Jugendproblematik der deutschen Jugendbewegung im ersten Viertel des 20. Jahrhunderts unter besonderer Berücksichtigung ihrer gesellschaftlichen und politischen Relationen und Entwicklungen in Bayern. – München: Wölfle [in Komm.] 1973. IX, 266 S.
*(Miscellanea Bavarica Monacensia. 48.)*
*(Neue Schriftenreihe des Stadtarchivs München. 66.)*

**Knauss,** E.: Der politische Antisemitismus im Kaiserreich (1871—1900) unter besonderer Berücksichtigung des mittelhessischen Raumes. — In: Mitteilungen d. Oberhess. Geschichtsvereins 53/54 NF (1969), 43—68.

**Kocka,** Jürgen: Bildung, soziale Schichtung und soziale Mobilität im Deutschen Kaiserreich. Am Beispiel der gewerblich-technischen Ausbildung. – In: Industrielle Gesellschaft und politisches System. Festschrift für Fritz Fischer zum siebzigsten Geburtstag, Bonn: Verl. Neue Gesellsch. (1978), 297–314.

**Kocka,** Jürgen: Klassengesellschaft im Krieg. Deutsche Sozialgeschichte 1914–1918. – Göttingen: Vandenhoeck & Ruprecht 1973. 230 S.
*(Kritische Studien zur Geschichtswissenschaft. 8.)*

**Kocka,** Jürgen: The First World War and the „Mittelstand". German artisans and white-collar workers. – In: J. contemp. Hist. 8 (1973), 101–123.

**Kropat,** Wolf-Arno: Der Beamte und die Politik in wilhelminischer Zeit. Zur gescheiterten Reichstagskandidatur des Wiesbadener Regierungspräsidenten von Meister im Jahre 1912. — In: Nass. Ann. 83 (1972), 173—191.

**Lamberti,** Marjorie: The attempt to form a Jewish bloc. Jewish notables and politics in Wilhelmian Germany. In: Centr. Europ. Hist. 3 (1970), 73—93.

**Lamberti,** Marjorie: Jewish activism in Imperial Germany. The struggle for civil equality. – London: Yale University Press 1978. XII, 235 S.
*(Yale Historical Publications. Miscellany. 119.)*

**Lambi,** Ivo N.: The agrarian-industrial front in Bismarckian politics 1873—1879. — In: J. Centr. Europ. Aff. 20 (1960/61), 378—396.

**Langewiesche,** Dieter: Wanderbewegungen in der Hochindustrialisierungsperiode. Regionale, interstädtische und innerstädtische Mobilität in Deutschland 1880-1914. - In: Vjschr. Soz.- u. Wirtschaftsgesch. 64 (1977), 1–40.

**Jüdisches Leben** in Deutschland. Selbstzeugnisse zur Sozialgeschichte. - Stuttgart: Dtsch. Verl.-Anst.
2. Im Kaiserreich. Hrsg. u. eingel. von Monika Richarz. 1979. 494 S.
*(Veröffentlichungen des Leo Baeck Instituts.)*

**Lidtke,** Vernon L.: Naturalism and socialism in Germany. – In: Amer. hist. Rev. 79 (1974), 14–57.

**Mielke,** Siegfried: Der Hansa-Bund für Gewerbe, Handel und Industrie 1909 -1914. Der gescheiterte Versuch einer antifeudalen Sammlungspolitik. - Göttingen: Vandenhoeck & Ruprecht 1976. 359 S.
*(Kritische Studien zur Geschichtswissenschaft. 17.)*
*Diss., Freie Universität Berlin.*

**Müller,** Klaus: Zentrumspartei und agrarische Bewegung im Rheinland 1882—1903. — In: Spiegel der Geschichte, Festgabe für Max Braubach zum 10. April 1964, hrsg. von Konrad Repgen und Stephan Skalweit, Münster i.W.: Aschendorff (1964), 828—857.

**Niethammer,** Lutz unter Mitarb. von Franz Brüggemeier: Wie wohnten Arbeiter im Kaiserreich? - In: Arch. Sozialgesch. 16 (1976), 61–134.

**Plachetka,** Manfred Günther: Die Getreide-Autarkiepolitik Bismarcks und seiner Nachfolger im Reichskanzleramt (Darstellung und Auswirkungen insbesondere während des ersten Weltkrieges.) — Bonn: Dr. d. Rhein. Friedrich-Wilhelms-Universität Bonn 1969. 607 S.
*Diss., Bonn.*

**Puhle,** Hans-Jürgen: Von der Agrarkrise zum Präfaschismus. Thesen zum Stellenwert d. agrar. Interessenverb. in d. dtsch. Politik am Ende d. 19. Jh. [Dieser Vortrag wurde am 2. 10. 1971 im Inst. f. Europ. Gesch., Abt. Universalgesch. gehalten.] — Wiesbaden: Steiner 1972. 60 S.
*(Vorträge. Institut für Europäische Geschichte Mainz. 54.)*

**Puhle,** Hans-Jürgen: Agrarische Interessenpolitik und preußischer Konservativismus im wilhelminischen Reich ⟨1893—1914⟩. Ein Beitrag zur Analyse des Nationalismus in Deutschland am Beispiel des Bundes der Landwirte und der Deutsch-Konservativen Partei. — Hannover: Verl. f. Literatur u. Zeitgeschehen (1967). 365 S.
*(Schriftenreihe des Forschungsinstituts der Friedrich-Ebert-Stiftung. B. Historisch-politische Schriften.)*
*Diss., Freie Universität Berlin.*

**Reinharz,** Jehuda: Deutschtum and Judentum in the ideology of the Centralverein deutscher Staatsbürger jüdischen Glaubens 1893-1914. – In: Jew. soc. Stud. 36 (1974), 19–39.

**Reinharz,** Jehuda: Fatherland or promised land. The dilemma of the German Jew, 1893-1914. - Ann Arbor: University of Michigan Press (1975). X, 328 S.

**Saldern,** Adelheid von: Wilhelminische Gesellschaft und Arbeiterklasse. Emanzipations- und Integrationsprozesse im kulturellen und sozialen Bereich. - In: Internat. wiss. Korr. Gesch. dtsch. Arbeiterbew. 13 (1977), 469–505.

**Saul,** Klaus: Der Kampf um das Landproletariat. Sozialistische Landagitation, Großgrundbesitz und preußische Staatsverwaltung 1890 bis 1903. - In: Arch. Sozialgesch. 15 (1975), 163–208.

**Schädlich,** Karlheinz: Politische und ökonomische Aspekte der britisch-deutschen Handelsrivalität am Ende des 19. Jahrhunderts. – In: Jb. Gesch. 15 (1977), 67–84.

**Schildt,** Gerhard: Die Auswirkungen der deutschen Agrarzölle unter Bismarck und Caprivi auf den russischen Getreideexport. – In: Jb. Gesch. Mittel- u. Ostdeutschl. 24 (1975), 128–142.

**Schramm,** Gottfried: Klassengegensätze im Ersten Weltkrieg. Zu Jürgen Kockas Gesellschaftsmodell für die Endphase des Wilhelminischen Deutschlands. – In: Gesch. u. Gesellsch. 2 (1976), 244–260.

**Schult,** Johannes: Geschichte der Hamburger Arbeiter 1890—1919. — Hannover: Dietz (1967). 371 S.

**Society** and politics in Wilhelmine Germany. Ed. by Richard J. Evans. – London: Croom Helm (1978). 305 S.

**Spohn,** Wilfried: Weltmarktkonkurrenz und Industrialisierung Deutschlands 1870-1914. Eine Untersuchung zur nationalen und internationalen Geschichte der kapitalistischen Produktionsweise. Mit e. Vorw. von Bernd Rabehl. - (Berlin: Olle & Wolter 1977). XVII, 452 S.

**Stegmann,** Dirk: Linksliberale Bankiers, Kaufleute und Industrielle 1890 -1900. Ein Beitrag zur Vorgeschichte des Handelsvertragsvereins. - In: Tradition 21 (1976), 4–36.

**Stegmann,** Dirk: Hugenberg contra Stresemann. Die Politik der Industrieverbände am Ende des Kaiserreichs. - In: Vjh. Zeitgesch. 24 (1976), 329–378.

**Tal,** Uriel: Christians and Jews in Germany [engl.] Religion, politics and ideology in the Second Reich, 1870–1914. Transl. (of the Hebrew) by Noah Jonathan Jacobs. – Ithaca, N. Y.: Cornell University Press (1975). 359 S.

**Tal,** Uriel: Christians and Jews in the „Second Reich" (1870—1914). A study in the rise of German totalitarianism. — Jerusalem: Magnes Press 1969. XIV, 315 S.

**Thuemmler,** Heinzpeter: Zum Problem der Auswanderung aus dem Deutschen Reich zwischen 1871 und 1900. – In: Jb. Wirtschaftsgesch. 1975, T. 3, 73–97.

**Tipton,** Frank B.: The national consensus in German economic history. – In: Centr. Europ. Hist. 7 (1974), 195–224.

**Ullmann,** Hans-Peter: Der Bund der Industriellen. Organisation, Einfluß und Politik klein- und mittelbetrieblicher Industrieller im deutschen Kaiserreich, 1895-1914. – Göttingen: Vandenhoeck & Ruprecht 1976. 464 S.
(*Kritische Studien zur Geschichtswissenschaft. 21.*)

**Weidenfeller,** Gerhard: VDA Verein für das Deutschtum im Ausland. Allgemeiner Deutscher Schulverein ⟨1881-1918⟩. Ein Beitrag zur Geschichte des deutschen Nationalismus und Imperialismus im Kaiserreich. – Frankfurt a. M.: Lang 1976. 507 S.
(*Europäische Hochschulschriften. 3, 66.*)
*Diss., Universität Münster.*

**Witt,** Peter-Christian: Die Finanzpolitik des Deutschen Reiches von 1903 bis 1913. Eine Studie zur Innenpolitik des Wilhelminischen Deutschland. – Lübeck: Matthiesen 1970. 421 S.
(*Historische Studien. 415.*)
*Diss., Universität Hamburg.*

**Zunkel,** Friedrich: Industrie und Staatssozialismus. Der Kampf um die Wirtschaftsordnung in Deutschland 1914-1918. – Düsseldorf: Droste (1974). 227 S.
(*Tübinger Schriften zur Sozial- und Zeitgeschichte. 3.*)

Kulturelles Leben

**Akten** der Fuldaer Bischofskonferenz. – Mainz: Matthias-Grünewald-Verl.
1. 1871–1887. Bearb. von Erwin Gatz. (1977). CXXIII, 789 S.
(*Veröffentlichungen der Kommission für Zeitgeschichte. A, 22.*)

**Brakelmann,** Günter: Der deutsche Protestantismus im Epochenjahr 1917. – Witten: Luther-Verl. 1974. 348 S.
(*Politik und Kirche. 1.*)

**Burchardt,** Lothar: Wissenschaft und Wirtschaftswachstum. Industrielle Einflußnahme auf die Wissenschaftspolitik im Wilhelminischen Deutschland. – In: Soziale Bewegung und politische Verfassung, Stuttgart: Klett (1976), 770–797.

**Burchardt,** Lothar: Wissenschaftspolitik im Wilhelminischen Deutschland. Vorgeschichte, Gründung und Aufbau der Kaiser-Wilhelm-Gesellschaft zur Förderung der Wissenschaften. – Göttingen: Vandenhoeck & Ruprecht 1975. 158 S.
(*Studien zu Naturwissenschaft, Technik und Wirtschaft im 19. Jahrhundert. 1.*)

**Buske,** Thomas: Thron und Altar. Die Rolle der Berliner Hofprediger im Zeitalter des Wilhelminismus. — Neustadt a. d. A.: Ph. C. W. Schmidt in Komm. 1970. 161 S.

**Christadler,** Marieluise: Zwischen Gartenlaube und Genozid. Kolonialistische Jugendbücher im Kaiserreich. – In: Aus Politik und Zeitgeschichte, Beilage zur Wochenzeitung „Das Parlament" Nr. 21 vom 28. Mai 1977, 18–36.

**Dilthey,** Wilhelm: Gutachten. Ein unveröffentlichtes Gutachten Wilhelm Diltheys zur Reorganisation des preußischen Kultusministeriums aus dem Jahre 1905, mitgeteilt u. eingel. von Ulrich Hermann. — In: Neue Samml. 10 (1970), 104—124.

**Dülmen,** Richard van: Der deutsche Katholizismus und der Erste Weltkrieg. – In: Francia 2 (1974), 347–376.

**Dülmen,** Richard van: Die Wirkung des Ersten Weltkrieges auf den deutschen Katholizismus. – In: Z. bayer. Landesgesch. 38 (1975), 982–1001.

**Fricke,** Dieter: Zur Militarisierung des deutschen Geisteslebens im wilhelminischen Kaiserreich. Der Fall Leo Arons. — In: Z. Geschichtswiss. 8 (1960), 1069—1107.

**Fricke,** Dieter: Die ‚Sozialistischen Monatshefte' und die imperialistische Konzeption eines Kontinentaleuropa ⟨1905–1918⟩. – In: Z. Geschichtswiss. 23 (1975), 528–537.

**Fricke,** Dieter: Eine Musterzeitschrift des Opportunismus. Die „Sozialistischen Monatshefte" am Ende der relativ friedlichen Entwicklung des Kapitalismus in Deutschland (1909). – In: Z. Geschichtswiss. 21 (1973), 1209–1228.

**Fuhrmann,** Rainer: Die orientalische Frage, das „panslavistisch-chauvinistische Lager" und das Zuwarten auf Krieg und Revolution. Die Osteuropaberichterstattung und -vorstellungen der ‚Deutschen Rundschau', 1874-1918. – Frankfurt a. M.: Lang 1975. VIII, 200 S.
(*Europäische Hochschulschriften. 3, 46.*)

**Gay,** Peter: Freud, Jews and other Germans. Masters and victims in modernist culture. – New York: Oxford University Press 1978. 289 S.

**Grau,** Conrad: Die Berliner Akademie der Wissenschaften in der Zeit des Imperialismus. – Berlin: Akademie-Verl.
1. Von den neunziger Jahren des 19. Jahrhunderts bis zur Großen Sozialistischen Oktoberrevolution. Gesamtred.: Leo Stern. 1975. 276 S.
(*Studien zur Geschichte der Akademie der Wissenschaften der DDR. 2, 1.*)

**Hagen,** Wolfgang: Die Schillerverehrung in der Sozialdemokratie. Zur ideologischen Formation proletarischer Kulturpolitik vor 1914. – Stuttgart: Metzler (1978). XLIII, 257 S.
(*Literaturwissenschaft und Sozialwissenschaften. 9.*)
*Diss., Freie Universität Berlin.*

**Hammer,** Karl: Deutsche Kriegstheologie ⟨1870—1918⟩. — München: Kösel (1971). 384 S.

**Hammer,** Kurt: Der deutsche Protestantismus und der Erste Weltkrieg. – In: Francia 2 (1974), 398–414.

**Heidorn,** Günter: Monopole — Presse — Krieg. Die Rolle der Presse bei der Vorbereitung des ersten Weltkrieges. Studien zur deutschen Außenpolitik in der Periode von 1902 bis 1912. — Berlin: Rütten & Loening (1960). 362 S.

**Holl,** Karl: Die deutsche Friedensbewegung im Wilhelminischen Reich. Wirkung und Wirkungslosigkeit. – In: Kirche zwischen Krieg und Frieden, Stuttgart: Klett (1976), 321–372.

**Junghanns,** Kurt: Über einige Auswirkungen der verschärften sozialen und politischen Gegensätze im Deutschen Reich auf die Architektur 1898-1917/18. – In: Jb. Gesch. 15 (1977), 329–346.

**Koszyk,** Kurt: Die ‚Metallarbeiter-Zeitung' am Vorabend des Ersten Weltkriegs. Zur Geschichte der Gewerkschaftspresse. – In: Vom Sozialistengesetz zur Mitbestimmung. Zum 100. Geburtstag von Hans Böckler, (Köln:) Bund-Verl. (1975), 175–197.

**Koszyk,** Kurt: Pressepolitik und Propaganda im Ersten Weltkrieg. – In: Francia 3 (1975), 465–475.

**Kunst** und Alltag um 1900. (Hrsg. von Eckhard Siepmann.) – Lahn-Gießen: Anabas-Verl. (1978). 416 S.
*(Jahrbuch Werkbund Archiv. 3.)*

**Lange,** Die Stellung der überregionalen katholischen deutschen Tagespresse zum Kulturkampf in Preußen (1871–1878). Ab Ms. d. Autors gedr. – Frankfurt a. M.: Lang 1947. XIX, 427 S.
*(Europäische Hochschulschriften. Reihe 3. Gesch. u. ihre Hilfswiss. 40.)*
*Diss., Universität Regensburg.*

**Langewiesche,** Dieter [u.] Klaus Schönhoven: Arbeiterbibliotheken und Arbeiterlektüre im Wilhelminischen Deutschland. – In: Arch. Sozialgesch. 16 (1976), 135–204.

**Lepper,** H.: Die kirchenpolitische Gesetzgebung der Jahre 1872–75 und ihre Ausführung im Regierungsbezirk Aachen. (E. Beitr. zur Gesch. d. „Kulturkampfes" in d. Erzdiözese Köln.) – In: Ann. Hist. Vereins f. d. Niederrhein 1969, II.171,200–258.

**Mogk,** Walter: Paul Rohrbach und das „Größere Deutschland". Ethischer Imperialismus im Wilhelminischen Zeitalter. Ein Beitrag zur Geschichte des Kulturprotestantismus. – München: Goldmann (1972). 307 S.

**Naujoks,** Eberhard: Die parlamentarische Entstehung des Reichspressegesetzes in der Bismarckzeit ⟨1848/74⟩. – Düsseldorf: Droste (1975). 274 S.
*(Beiträge zur Geschichte des Parlamentarismus und der politischen Parteien. 58.)*

**Pollmann,** Klaus Erich: Landesherrliches Kirchenregiment und soziale Frage. Der evangelische Oberkirchenrat der altpreußischen Landeskirche und die sozialpolitische Bewegung der Geistlichen nach 1890. Mit e. Vorw. von Walter Bußmann. – Berlin: de Gruyter 1973. X, 329 S.
*(Veröffentlichungen der Historischen Kommission zu Berlin. 44.)*

**Pressekonzentration** und Zensurpraxis im Ersten Weltkrieg. Texte und Quellen. [Hrsg.:] Heinz-Dietrich Fischer. – Berlin: Spiess 1973. 301 S.

**Pross,** Harry: Literatur und Politik. Geschichte und Programme der politisch-literarischen Zeitschriften im deutschen Sprachgebiet seit 1870. – Olten, Freiburg: Walter (1963). 376 S.

**Ross,** Ronald J.: Beleagured tower. The dilemma of political catholicism in Wilhelmine Germany. – Notre Dame, Ind.: University of Notre Dame Press 1975. 256 S.

**Rossbacher,** Karlheinz: Heimatkunstbewegung und Heimatroman. Zu einer Literatursoziologie der Jahrhundertwende. – Stuttgart: Klett (1975). 280 S.
*(Literaturwissenschaft – Gesellschaftswissenschaft. 13.)*

**Schüler,** Winfried: Der Bayreuther Kreis von seiner Entstehung bis zum Ausgang der Wilhelminischen Ära. Wagnerkult und Kulturreform im Geiste völkischer Weltanschauung. – München: Aschendorff 1971. IX, 293 S.
*(Neue Münstersche Beiträge zur Geschichtsforschung. 12.)*

Der ‚**Sozialdemokrat**' 1879–1890. Ein Beitrag zur Rolle des Zentralorgans im Kampf der revolutionären Arbeiterbewegung gegen das Sozialistengesetz. [Von] Horst Bartel [u. a.] Hrsg.: Akademie der Wissenschaften der DDR, Zentralinstitut für Geschichte. – Berlin: Dietz 1975. 292 S.

**Weber,** Christoph: Kirchliche Politik zwischen Rom, Berlin und Trier 1876—1888. Die Beilegung des preußischen Kulturkampfes. – Mainz: Matthias-Grünewald-Verl. (1970). XIX, 198 S.
*(Veröffentlichungen der Kommission für Zeitgeschichte bei der Katholischen Akademie in Bayern. B,7.)*

**Wetzel,** Hans-Wolfgang: Presseinnenpolitik im Bismarckreich ⟨1874–1890⟩. Das Problem der Repression oppositioneller Zeitungen. – Frankfurt a. M.: Lang 1975. VI, 365 S.
*(Europäische Hochschulschriften. 3, 57.)*
*Diss., Universität Tübingen.*

### Deutsche Länder

**Akten** zur preußischen Kirchenpolitik in den Bistümern Gnesen-Posen, Kulm und Ermland 1885–1914. Aus dem Politischen Archiv des Auswärtigen Amtes. Bearb. von Erwin Gatz. – Mainz: Matthias-Grünewald-Verl. (1977). XCV, 283 S.
*(Veröffentlichungen der Kommission für Zeitgeschichte. A,21.)*

**Albrecht,** Willy: Landtag und Regierung in Bayern am Vorabend der Revolution von 1918. Studien zur gesellschaftlichen und staatlichen Entwicklung Deutschlands von 1912–1918. – Berlin: Duncker & Humblot (1968). 487 S.
*(Beiträge zu einer historischen Strukturanalyse Bayerns im Industriezeitalter. 2.)*
*Diss., München.*

**Albrecht,** Willy: Das bayerische Verfassungsjubiläum vom Mai 1918. – In: Z. bayer. Landesgesch. 31 (1968), 675–684.

**Andernach,** Norbert: Der Einfluß der Parteien auf das Hochschulwesen in Preußen, 1848–1918. – Göttingen: Vandenhoeck & Ruprecht 1972. XVIII, 522 S.
*(Studien zum Wandel von Gesellschaft und Bildung im neunzehnten Jahrhundert. 4.)*

**Arnswaldt,** Verena v[on]: Die Beendigung der Regentschaft in Bayern 1912/13. – In: Z. bayer. Landesgesch. 30 (1967), 859–893.

**Ay,** Karl-Ludwig: Die Entstehung einer Revolution. Die Volksabstimmung in Bayern während des 1. Weltkrieges. – Berlin: Duncker & Humblot (1968). 230 S.
*(Beiträge zu einer historischen Strukturanalyse Bayerns im Industriezeitalter. 1.)*

**Barton,** Irmgard von, gen. von Stedman: Die preußische Gesandtschaft in München als Instrument der Reichspolitik in Bayern von den Anfängen der Reichsgründung bis zu Bismarcks Entlassung. — (München: Wölfle [in Komm.]) 1967. XXIV, 140 S.
*(Miscellanea Bavarica Monacensia. 2.)*
*(Neue Schriftenreihe des Stadtarchivs München. 18.)*
*Diss., München.*

**Bayern** und die deutsche Einigung 1870/71. Ausstellung d. Bayer. Hauptstaatsarchivs München zum 100. Jahrestag d. Reichsgründung am 8. Januar 1871, München, 18. Januar — 28. Februar 1971. (Katalog: Hermann-Joseph Busley.) — (Kallmünz: Lassleben in Komm. 1971.) 197 S.
*(Ausstellungskataloge der bayerischen staatlichen Archive. 6.)*

**Becker,** Joseph: Baden, Bismarck und die Annexion von Elsaß-Lothringen. — In: Z. f. d. Gesch. d. Oberrheins 115 (1967), 1—38.

**Bergmann,** Günther: Das Sozialistengesetz im rechtsrheinischen Industriegebiet. E. Beitr. zur Auseinandersetzung zwischen Staat u. Sozialdemokratie in Wuppertal u. im Bergischen Land 1878—1890. — Hannover: Verl. f. Literatur u. Zeitgeschehen 1970. 116 S.
*(Schriftenreihe des Forschungsinstituts der Friedrich-Ebert-Stiftung. 77.)*

**Bers,** Günter [u.] Michael Klöcker: Die sozialdemokratische Arbeiterbewegung im Kölner Raum, 1890-1895. - Wentorf b. Hamburg: Einhorn-Presse Främcke 1976. 114, 449 S.
*(Die Arbeiterbewegung in den Rheinlanden. 4.)*

**Birker,** Karl: Die badischen Arbeiterbildungsvereine vor dem Ersten Weltkrieg. - In: Internat. wiss. Korr. Gesch. dtsch. Arbeiterbew. 1973, H. 18, 1-22.

**Blackbourn,** David: The political alignment of the Centre party in Wilhelmine Germany. A study of the party's emergence in nineteenth-century Württemberg. - In: Hist. J. 18 (1975), 821-850.

**Blackbourn,** David: Class and politics in Wilhelmine Germany: The Center Party and the social democrats in Württemberg. - In: Centr. Europ. Hist. 9 (1976), 220-249.

**Bocks,** Wolfgang: Die badische Fabrikinspektion: Arbeiterschutz, Arbeiterverhältnisse und Arbeiterbewegung in Baden 1879-1914. - Freiburg: Alber 1978. XI, 598 S.
*(Forschungen zur oberrheinischen Landesgeschichte. 27.)*
*Diss., Universität Freiburg.*

**Boll,** Friedhelm: Spontaneität der Basis und politische Funktion des Streiks 1914-1918. Das Beispiel Braunschweig. - In: Arch. Sozialgesch. 17 (1977), 337-366.

**Born,** Karl Erich: Preußen und Deutschland im Kaiserreich. Festvortrag, geh. bei d. feierl. Immatrikulation an d. Universität Tübingen am 23. Mai 1967. — Tübingen: Mohr 1967. 22 S.
*(Tübinger Universitätsreden. 28.)*

**Broch,** Ernst-Detlef: Katholische Arbeitervereine in der Stadt Köln, 1890-1901. **Wentorf** b. Hamburg: Einhorn-Presse 1977. 195 S.
*(Die Arbeiterbewegung in den Rheinlanden. 7.)*

**Eckardt,** Günther: Industrie und Politik in Bayern, 1900-1919. Der Bayerische Industriellen-Verband als Modell des Einflusses von Wirtschaftsverbänden. - Berlin: Duncker & Humblot (1976). 201 S.
*(Beiträge zu einer historischen Strukturanalyse Bayerns im Industriezeitalter. 15.)*

**Eckert,** Georg: Die Braunschweiger Arbeiterbewegung unter dem Sozialistengesetz. — Braunschweig: Waisenhaus-Buchdr. u. Verl.
T. 1. (1878—1884.) 1961. 355 S.
*(Quellen u. Forschungen zur braunschweigischen Geschichte. 16.)*

**Eckhardt,** Albrecht: Arbeiterbewegung und Sozialdemokratie im Großherzogtum Hessen 1860-1900. - In: Arch. f. hess. Gesch. u. Altertumskunde, N.F. 34 (1976), 171-193.

**Fricke,** Dieter: Bismarcks Prätorianer. Die Berliner politische Polizei im Kampf gegen die deutsche Arbeiterbewegung (1871—1898). — Berlin: Rütten & Loening 1962. 394 S.

**Gey,** Thomas: Die preußische Verwaltung des Regierungbezirks Bromberg, 1871-1920. - (Köln:) Grote (1976). 344 S.
*(Studien zur Geschichte Preußens. 27.)*

**Grot,** Zdzisław: Pruska polityka narodowościowa w północnym Szlezwiku 1864—1920.— Poznań: Wydawnictwo Poznańskie 1967. 403 S.

**Hartwieg,** Wilhelm: Um Braunschweigs Thron 1912/13. Ein Beitrag zur Geschichte der Thronbesteigung des Herzogs Ernst August im Jahre 1913. — Braunschweig: ACO Druck- u. Verlags GmbH 1964. 168 S.

**Hattenkofer,** Peter: Regierende und Regierte, Wähler und Gewählte in der Oberpfalz 1870-1914. Eine Strukturanalyse der öffentlichen Meinung dargestellt anhand der Wochenberichte der Regierungspräsidenten der Oberpfalz und von Regensburg. - München: Wölfle [in Komm.] 1979. XIV, 243 S.
*(Miscellanea Bavarica Monacensia. 81.)*
*(Neue Schriftenreihe des Stadtarchivs München. 102.)*
*München, phil. Diss. vom 24. Juli 1978.*

**Hauser,** Oswald: Staatliche Einheit und regionale Vielfalt in Preußen. Der Aufbau der Verwaltung in Schleswig-Holstein nach 1867. — Neumünster: Wachholtz 1967. 122 S.

**Horn,** Hannelore: Der Kampf um den Bau des Mittellandkanals. Eine politolog. Untersuchung über d. Rolle e. wirtschaftl. Interessenverbandes im Preußen Wilhelms II. — Köln: Westdtsch. Verl. 1964. XI, 145 S.
*(Staat u. Politik. 6.)*

**Hubatsch,** Walther: Masuren und Preußisch-Litthauen in der Nationalitätenpolitik Preußens 1870—1920. — Marburg: Elwert 1966. 91 S.

**Huber,** Gerdi: Das klassische Schwabing. München als Zentrum der intellektuellen Zeit- und Gesellschaftskritik an der Wende des 19. zum 20. Jahrhundert. – München: Wölfle [in Komm.] 1973. IX, 284 S.
*(Miscellanea Bavarica Monacensia. 37.)*
*(Neue Schriftenreihe des Stadtarchivs München. 54.)*

**Hunt,** James Clark: The People's party in Württemberg and Southern Germany, 1890-1914. The possibilities of democratic politics. – Stuttgart: Klett (1975). 203 S.
*(Stuttgarter Beiträge zur Geschichte und Politik. 9.)*

Vor hundert **Jahren.** Die Arbeiterbewegung in Westfalen und an der Ruhr unter dem Sozialistengesetz. Darstellung und Dokumentation. Hrsg. von Arno Herzig u. Erdmann Linde im Auftrag des SPD-Parteibezirks Westl. Westfalen. – Dortmund: [Selbstverl. d. Hrsg.] 1978. 57, 106 S.

**Jensen,** Jürgen: Presse und politische Polizei. Hamburgs Zeitungen unter dem Sozialistengesetz, 1878-1890. – Hannover: Dietz 1974. 194 S.

**Klöcker,** Michael: Die Sozialdemokratie im Regierungsbezirk Aachen vor dem 1. Weltkrieg. Funde und Befunde zur Wilhelminischen Ära unter besonderer Berücksichtigung der Vorkriegsjahre. – Wentorf b. Hamburg: Einhorn-Presse 1977. 437 S.
*(Die Arbeiterbewegung in den Rheinlanden. 6.)*

**Knobel,** Enno: Die Hessische Rechtspartei. Konservative Opposition gegen das Bismarckreich. – Marburg: Elwert [in Komm.] 1975. 312 S.
*(Untersuchungen und Materialien zur Verfassungs- und Landesgeschichte. 5.)*
*Diss., Universität Frankfurt a. M.*

**Köllmann,** Wolfgang: Die Bevölkerung Rheinland-Westfalens in der Hochindustrialisierungsperiode. — In: Vjschr. Soz.- & Wirtschaftsgesch. 58 (1971), 359—391.

**Körner,** Hans-Michael: Staat und Kirche in Bayern, 1886-1918. – Mainz: Matthias-Grünewald-Verl. (1977). XXVIII, 212 S.
*(Veröffentlichungen der Kommission für Zeitgeschichte. B, 20.)*

**Korth,** Rudolf: Die preußische Schulpolitik und die polnischen Schulstreiks. Ein Beitrag zur preußischen Polenpolitik der Ära Bülow. — Würzburg: Holzner 1963. XVI, 184 S.
*(Marburger Ostforschungen. 23.)*

**Koszyk,** Kurt: Dortmunder Kommunalpolitik während der Gründerjahre. — In: Beitrr. Gesch. Dortmunds u. d. Grafschaft Mark 67 (1971), 73—103.

**Lademacher,** Horst: Wirtschaft, Arbeiterschaft und Arbeiterorganisationen in der Rheinprovinz am Vorabend des Sozialistengesetzes 1878. – In: Arch. Sozialgesch. 15 (1975), 111-143.

**Lange,** Annemarie: Berlin zur Zeit Bebels und Bismarcks. Zwischen Reichsgründung und Jahrhundertwende. — Berlin: Dietz 1972. 927 S.

**Mann,** Bernhard: Das Herrenhaus in der Verfassung des preußisch-deutschen Kaiserreichs. Überlegungen zum Problem Parlament, Gesellschaft und Regierung in Preußen, 1867-1918. – In: Gesellschaft, Parlament und Regierung, Düsseldorf: Droste (1974), 279-298.

**Marczewski,** Jerzy: Narodowa Demokracja w Poznańskiem 1900—1914. — Warszawa: Państwowe Wydawnictwo Naukowe 1967. 430 S.

**Möckl,** Karl: Die Prinzregentenzeit. Gesellschaft und Politik während der Ära des Prinzregenten Luitpold von Bayern. — München: Oldenbourg 1972. 607 S.

**Neubach,** Helmut: Die Ausweisungen von Polen und Juden aus Preußen 1885/86. Ein Beitrag zu Bismarcks Polenpolitik und zur Geschichte des deutsch-polnischen Verhältnisses. — Wiesbaden: Harrassowitz 1967. XI, 293 S.
*(Marburger Ostforschungen. 27.)*

**Patemann,** Reinhard: Der Kampf um die preußische Wahlreform im Ersten Weltkrieg. Hrsg. von d. Kommission f. Geschichte d. Parlamentarismus u. d. polit. Parteien. — Düsseldorf: Droste (1964). 275 S.
*(Beiträge zur Geschichte d. Parlamentarismus u. d. polit. Parteien. 26.)*

**Philippi,** Hans: Das Königreich Württemberg im Spiegel der preußischen Gesandtschaftsberichte 1871-1914. – Stuttgart: Kohlhammer 1972. XV, 202 S.
*(Veröffentlichungen der Kommission für Geschichtliche Landeskunde in Baden-Württemberg. Reihe B. Forschungen. 65.)*

**Reiser,** Konrad: Bayerische Gesandte bei deutschen und ausländischen Regierungen. 1871—1918. ⟨Ein Beitrag zur Geschichte der Teilsouveränität im Bismarckreich.⟩ — (München: Wölfle [in Komm.]) 1968. V, 150 S.
*(Miscellanea Bavarica Monacensia. 10.)*
*(Neue Schriftenreihe des Stadtarchivs München. 26.)*
*Diss., München.*

**Rossmeissl,** Dieter: Arbeiterschaft und Sozialdemokratie in Nürnberg 1890-1914. – (Nürnberg: Stadtarchiv) 1977. VII, 378 S.
*(Nürnberger Werkstücke zur Stadt- und Landesgeschichte. 22.)*
*Diss., Universität Erlangen.*

**Saldern,** Adelheid v[on]: Vom Einwohner zum Bürger. Zur Emanzipation der städtischen Unterschicht Göttingens 1890-1920. Eine sozial- und kommunalhistorische Untersuchung. – Berlin: Duncker & Humblot (1973). 508 S.
*(Schriften zur Wirtschafts- und Sozialgeschichte. 21.)*

**Schadt,** Jörg: Die Sozialdemokratische Partei in Baden. Von den Anfängen bis zur Jahrhundertwende, 1868—1900. — Hannover: Verl. f. Literatur u. Zeitgeschehen (1971). 216 S.
*(Schriftenreihe des Forschungsinstituts der Friedrich-Ebert-Stiftung. 88.)*

**Schneider,** Ludwig M.: Die populäre Kritik an Staat und Gesellschaft in München ⟨1886-1914⟩. Ein Beitrag zur Vorgeschichte der Münchner Revolution von 1918/19. – München: Wölfle [in Komm.] 1975. VI, 425 S.
*(Miscellanea Bavarica Monacensia. 61.)*
*(Neue Schriftenreihe des Stadtarchivs München. 81.)*

**Schnorbus,** Axel: Arbeit und Sozialordnung in Bayern vor dem Ersten Weltkrieg. (1890—1914.) — (München: Stadtarchiv; Wölfle [in Komm.]) 1969. VII, 296 S.
*(Miscellanea Bavarica Monacensia. 19.)*
*(Neue Schriftenreihe des Stadtarchivs München. 36.)*
*Diss., München.*

**Schwarz,** Klaus-Dieter: Weltkrieg und Revolution in Nürnberg. E. Beitr. zur Geschichte d. deutschen Arbeiterbewegung. — Stuttgart: Klett 1971. 336 S.
*(Kieler historische Studien. 13.)*
*Diss., Universität Kiel.*

**Silverman,** Dan P.: Reluctd Union. Alsace-Lorraine and Imperial Germany, 1871-1918. – London: Pennsylvania State University Press 1972. 262 S.

**Simon,** Klaus: Die württembergischen Demokraten. Ihre Stellung u. Arbeit im Parteien- u. Verfassungssystem in Württemberg u. im Dtsch. Reich 1890—1920. — Stuttgart: Kohlhammer 1969. XX, 237 S.
*(Veröffentlichungen der Kommission für Geschichtliche Landeskunde in Baden-Württemberg. Reihe B: Forschungen. 52.)*
*Diss., Freie Universität Berlin.*

**Stadelhofer,** Manfred: Der Abbau der Kulturkampfgesetzgebung im Großherzogtum Baden 1878—1918. — Mainz: Matthias-Grünewald-Verl. (1969). XXIV, 429 S.
*(Veröffentlichungen der Kommission für Zeitgeschichte bei der Katholischen Akademie in Bayern. 3.)*

**Thiel,** Jürgen: Die Großblockpolitik der Nationalliberalen Partei Badens 1905-1914. Ein Beitrag zur Zusammenarbeit von Liberalismus und Sozialdemokratie in der Spätphase des Wilhelminischen Deutschlands. – Stuttgart: Kohlhammer 1976. XXIV, 283 S.
*(Veröffentlichungen der Kommission für geschichtliche Landeskunde in Baden-Württemberg. B, 86.)*
*Diss., Universität Erlangen.*

**Ullrich,** Volker: Die Hamburger Arbeiterbewegung vom Vorabend des Ersten Weltkrieges bis zur Revolution 1918/19. – Hamburg: Lüdke (1976).
1. XVI, 751 S.
2. IV, 267, LXIV S.
*(Geistes- und sozialwissenschaftliche Dissertationen. 37,1.2.)*
[Maschinenschr. vervielf.]

**Warren,** Donald Jr.: The red kingdom of Saxony. Lobbying grounds for Gustav Stresemann 1901—1909. — The Hague: Nijhoff 1964. XII, 105 S.

**Washausen,** Helmut: Hamburg und die Kolonialpolitik des Deutschen Reiches. 1880—1890. — Hamburg: Christians 1968. 207 S.
*(Veröffentlichungen des Vereins für Hamburgische Geschichte. 23.)*
*Diss., Göttingen.*

**Weber,** Margot: Das I. Vatikanische Konzil im Spiegel der bayerischen Politik. — München: Wölfle in Komm. 1970. VIII, 379 S.
*(Miscellanea Bavarica Monacensia. 28.)*
*(Neue Schriftenreihe des Stadtarchivs München. 45.)*
*Phil. Diss., Universität München.*

**White,** D. S.: The splintered party. National liberalism in Hessen and in the Reich 1876-1918. – Cambridge, Mass.: Harvard University Press 1976. 303 S.

**Wien,** Albrecht: Die preußische Verwaltung des Regierungsbezirks Danzig, 1870-1920. – Köln: Grote 1974. 229 S.
*(Studien zur Geschichte Preußens. 21.)*
*Diss., Universität Bonn.*

**Zangerl,** Carl H. E.: Courting the Catholic vote: The Center Party in Baden, 1903-13. – In: Centr. Europ. Hist. 10 (1977), 220-240.

**Zorn,** Wolfgang: Parlament, Gesellschaft und Regierung in Bayern, 1870-1918. - In: Gesellschaft, Parlament und Regierung, Düsseldorf: Droste (1974), 299-315.

## Geschichte der Weimarer Republik von 1918 bis 1933

### Allgemeines

**Beck,** Reinhart: Die Geschichte der Weimarer Republik im Spiegel der sowjetzonalen Geschichtsschreibung. Eine Studie über den Zusammenhang zwischen Geschichtsschreibung, Politik und Ideologie. — o. O. (1963). 356 S.
*Erlangen, phil. Diss. vom 18. Mai 1963.*

**Beiträge** zur Geschichte der Weimarer Republik. Hrsg. von Theodor Schieder. — München: Oldenbourg 1971. IV, 147 S.
*(Historische Zeitschrift. Beih. 1.)*

**Bracher,** Karl Dietrich: Die Weimarer Republik im Spiegel der Memoiren-Literatur. — In: Pol. Lit. 2 (1953), 339—350.

**Bracher,** Karl Dietrich: Zum Verständnis der Weimarer Republik. — In: Polit. Lit. 1 (1952), 69—74.
Literaturbericht.

**Bracher,** Karl Dietrich: Zum Verständnis der Weimarer Republik (II). — In: Pol. Lit. 1 (1952), 108—112.
Literaturbericht. Vgl. Nr. 819.

**Bracher,** Karl Dietrich: Weimar, Erfahrung und Gefahr. — In: Polit. Meinung 1957, H. 15, 35—46.

**Buchheim,** Karl: Die Weimarer Republik. Grundlagen und politische Entwicklung. — München: Kösel (1960). 140 S.

**Buchheim,** Karl: Die Weimarer Republik. Das Deutsche Reich ohne Kaiser. (Zeittafel, Kurzviten und Bibliographie wurden erarbeitet von Gerd Herbig.) 2. erw. Aufl. – München: Heyne 1978. 239 S.
*(Heyne-Geschichte. 5.)*

**Carlebach,** Emil: Hitler war kein Betriebsunfall. Hinter den Kulissen der Weimarer Republik. Die vorprogrammierte Diktatur. – Frankfurt a. M.: Röderberg (1978). 131 S.

**Castellan,** Georges: L'Allemagne de Weimar 1918—1933. — Paris: Colin (1969). 443 S.
(*Coll. U. Sér. „Histoire contemporaine".*)

**Conze,** Werner: Die Weimarer Republik 1918—1933. — In: Deutsche Geschichte im Überblick, hrsg. Peter Rassow, Stuttgart: Metzler 1953, 616—666.

**Conze,** Werner: Deutschlands weltpolitische Sonderstellung in den zwanziger Jahren. — In: Vjh. Zeitgesch. 9 (1961), 166—177.

**Dederke,** Karlheinz: Reich und Republik. Deutschland 1917—1933. — Stuttgart: Klett (1969). XII, 316 S.
(*Klett Studienbücher.*)

**Deuerlein,** Ernst: Das war Weimar. Neue Literatur über die erste deutsche Republik. — In: Polit. Meinung 7 (1962), H. 68, 83—86.

**Erdmann,** Karl Dietrich: Quellen zur deutschen Geschichte seit 1918: Erinnerungen, Briefe, Gespräche. — In: Gesch. Wiss. Unterr. 4 (1953), 39—48.

**Erdmann,** K[arl] D[ietrich]: Zeitgeschichte. — In: Gesch. Wiss. Unterr. 5 (1954), 373—383.
Literaturbericht.

**Eschenburg,** Theodor: Die improvisierte Demokratie. Ein Beitrag zur Geschichte der Weimarer Republik. — In: Schweiz. Beitr. allgem. Gesch. 9 (1951), 161—211.

**Eschenburg,** Theodor: Kurze Geschichte der Weimarer Republik. — In: Dtsch. Rdsch. 80 (1954), 217—225.

**Eyck,** Erich: Geschichte der Weimarer Republik. — Erlenbach-Zürich und Stuttgart: Rentsch.
1. Vom Zusammenbruch des Kaisertums bis zur Wahl Hindenburgs. (1954.) 472 S.
2. Von der Konferenz von Locarno bis zu Hitlers Machtübernahme. (1956.) 621 S.

**Franzel,** Emil: Die fatale Republik. — In: Neues Abendland 9 (1954), 439—441.

**Freyh,** Richard: Stärke und Schwäche der Weimarer Republik. — Hannover: Verl. f. Literatur u. Zeitgeschehen (1960). 63 S.
(*Hefte zum Zeitgeschehen. 3.*)

**Friedensburg,** Ferdinand: Die Weimarer Republik. [2. Aufl.] — Hannover u. Frankfurt a. M.: Norddt. Verl.-Anst. Goedel 1957. 295 S.

**Gamm,** Hans-Jochen: Politisches Fehlverhalten als Problem des Geschichtsunterrichts. Die Führererwartung in der Weimarer Republik. — In: Frankf. H. 23 (1968), 390—402.

**Gatzke,** Hans W.: The republic of Weimar. — In: Curr. Hist. 1955, H. 164, 217—222.

**Gessner,** Dieter: Das Ende der Weimarer Republik. Fragen, Methoden und Ergebnisse interdisziplinärer Forschung. — Darmstadt: Wiss. Buchgesellsch. 1978. VII, 131 S.
(*Erträge der Forschung. 97.*)

**Gneuss,** Christian: Das Ende einer Demokratie. Neue Arbeiten zur Geschichte der Weimarer Republik. — In: Geist und Tat 8 (1953), 200—204.
Literaturbericht.

**Hartung,** Fritz: Zur Geschichte der Weimarer Republik. — In: Hist. Z. 181 (1956), 581—591.

**Haupts,** Leo: Deutsche Friedenspolitik 1918-19. Eine Alternative zur Machtpolitik des Ersten Weltkrieges. - Düsseldorf: Droste (1976). 489 S.

**Hentschel,** Volker: Weimars letzte Monate. Hitler und der Untergang der Republik. - Düsseldorf: Droste (1978). 180 S.

**Görlitz,** Walter: Woran scheiterte die Weimarer Republik? — In: Zeitwende 27 (1956), 223—229.

**Hermann,** Hans H[einrich]: Weimar, Bestandsaufnahme einer Republik. (Red.: Bernhard Bauer u. a.) — (Reinbek b. Hamburg:) Rowohlt (1969). 172 S.
(*rororo-tele. 2.*)

**Herzfeld,** Hans: Die Weimarer Republik. — Frankfurt a. M.: Ullstein (1966). 158 S.
(*Deutsche Geschichte. Ereignisse und Probleme. 6.*)
(*Ullstein-Bücher. 3846.*)

**Hirsch,** Helmut: Experiment in Demokratie. Zur Geschichte der Weimarer Republik. — Wuppertal: Hammer 1972. 184 S.

**Hoegner,** Wilhelm: Der politische Radikalismus in Deutschland 1919—1933. — München: Olzog (1966). 256 S.
(*Geschichte und Staat. 118/119.*)

**Hoffmann,** Joachim: Die großen Krisen. 1917—1933. — Frankfurt a. M., Berlin, Bonn: Diesterweg [1962]. 144 S.
(*Bilder aus der Weltgeschichte. 14.*)

**Jasper,** Gotthard: Das innere Gefüge der Weimarer Republik. — In: Neue Pol. Lit. (1964), 512—520.
Literaturbericht.

**Kirchheimer,** Otto: Von der Weimarer Republik zum Faschismus. Die Auflösung der demokratischen Rechtsordnung. Hrsg. von Wolfgang Luthardt. - (Frankfurt a. M.:) Suhrkamp (1976). 255 S.
(*Edition Suhrkamp. 821.*)

**Kochan,** Lionel: The impact of Russia on the Weimar republic. — In: Cambridge J. 4 (1951), 679—687.

**Kochan,** Lionel: Rußland und die Weimarer Republik. — Düsseldorf: Müller-Albrechts-Verl. 1955. 183 S.

**Kollman,** Eric C.: Eine Diagnose der Weimarer Republik. Ernst Troeltschs politische Anschauungen. — In: Hist. Z. 182 (1956), 291—319.

**Kollman,** Eric C.: Reinterpreting modern German history. The Weimar Republic. — In: J. Centr. Europ. Aff. 21 (1961/62), 434—451.
Literaturbericht.

**Koza,** Ingeborg: Die erste deutsche Republik im Spiegel des politischen Memoirenschrifttums. Untersuchungen zum Selbstverständnis und zur Selbstkritik bei den politisch Handelnden aus den Reihen der staatsbejahenden Parteien zur Zeit der 1. deutschen Republik. — Wuppertal: Henn 1971. 167 S.
*(Schriftenreihe zur Geschichte und politischen Bildung.)*

**Krummacher,** F[riedrich] A. und Albert Wucher: Die Weimarer Republik. Ihre Geschichte in Texten, Bildern und Dokumenten. — München, Wien, Basel: Desch (1965). 428 S.

**Lauermann,** K. Werner: Die versäumte Gelegenheit. Glanz und Elend der Weimarer Republik. — In: Frankf. H. 7 (1952), 757—766.

**Lehmann,** Hans: Die Weimarer Republik. Darstellung und Dokumente. — München: Olzog 1960. 96 S.

**Lindemann,** Eva: Versailles-Deutschland im Spiegel der liberalen Intelligenz der Vereinigten Staaten von Nordamerika. — o. O. 1952. 160 gez. Bl. [Maschinenschr.]
*Heidelberg, phil. Diss. 24. März 1953.*

**Mann,** Willy: Berlin zur Zeit der Weimarer Republik. Ein Beitrag zur Erforschung der wirtschaftlichen und politischen Entwicklung der deutschen Hauptstadt. — Berlin: Das Neue Berlin 1957. 180 S.

**Matthias,** Erich: Zur Geschichte der Weimarer Republik. Ein Literaturbericht. — In: Neue Gesellsch. 3 (1956), 312—320.

**Mielcke,** Karl: Dokumente zur Geschichte der Weimarer Republik. — Braunschweig: Limbach (1951). 110 S.
*(Beiträge zum Geschichtsunterricht. 24.)*

**Mielcke,** Karl: Geschichte der Weimarer Republik. — Braunschweig: Limbach (1951). 150 S.
*(Beiträge zum Geschichtsunterricht. 23.)*

**Muth,** Heinrich: Zeitgeschichte. Innenpolitik 1918—1933. — In: Gesch. Wiss. Unterr. 11 (1960), 498—511. Literaturbericht.

**Muth,** Heinrich: Zeitgeschichte. Innenpolitik 1918—1933. — In: Gesch. Wissensch. Unterr. 13 (1962), 311—328; 16 (1965), 582—596 und 640—650. Literaturbericht.

**Muth,** Heinrich: Zeitgeschichte. Innenpolitik 1918—1933. — In: Gesch. Wiss. Unterr. 22 (1971), 562—576 und 623—640.

**Niekisch,** Ernst: Die Legende von der Weimarer Republik. Mit einem einleitenden Essay von Bodo Scheurig. — Köln: Verl. Wissenschaft u. Politik (1968). 238 S.

**Plessner,** Helmuth: Die Legende von den zwanziger Jahren. — In: Merkur 16 (1962), 33—46.

Die Weimarer **Republik.** Zeugnisse zu ihrer Geschichte. Ausstellung d. Histor. Archivs d. Stadt Köln aus Anlaß d. 50. Wiederkehr d. Verfassungsjahres 1919 in d. Eingangshalle d. Rathauses vom 9. Dez. 1969—16. Jan. 1970. (Bearb. d. Katalogs: Hugo Stehkämper. [Ausstellungskatalog.]) — (Köln: Histor. Archiv 1969). 43 S.

Die Weimarer **Republik.** Hrsg. von Walter Tormin. 12. Aufl. - Hannover: Fackelträger Verl. 1978. 287 S.
*(Edition Zeitgeschehen.)*

**Ritter,** Rudolf: Lehren der Weimarer Republik. — In: Schweiz. Monatsh. 25 (1945/46), 14—34.

**Rosenberg,** Arthur: Entstehung und Geschichte der Weimarer Republik. Hrsg.: Kurt Kersten. — Frankfurt a. M.: Europ. Verl. Anst. (1955). 502 S.

**Ruge,** Wolfgang: Deutschland von 1917 bis 1933. ⟨Von der großen sozialistischen Oktoberrevolution bis zum Ende der Weimarer Republik.⟩ 2. überarb. u. erw. Aufl. - Berlin: Dtsch. Verl. d. Wissenschaften 1974. 557 S.
*(Lehrbuch der deutschen Geschichte. ⟨Beiträge.⟩ 10.)*

**Ruge,** Wolfgang: Zur bürgerlichen Geschichtsschreibung der BRD über die Weimarer Republik. - In: Z. Geschichtswiss. 22 (1974), 677—700.

**Sapinsley,** Barbara: From Kaiser to Hitler. The life and death of a democracy, 1919—1933. — New York: Grosset 1968. 163 S.

**Schreiner,** Albert: Disposition für das Hochschullehrbuch der Geschichte des deutschen Volkes (1918—1945). — In: Z. Geschichtswiss. 2 (1954), 701—758.

**Schwarz,** Albert: Die Weimarer Republik. — Konstanz: Akadem. Verl.Ges. Athenaion 1958. 232 S.
*(Brandt-Meyer-Just: Handbuch der Deutschen Geschichte. Bd 4, Abschn. 3.)*

**Snell,** John L.: Die Republik aus Versäumnissen. Unterlassungen führen 1918 zum Zusammenbruch der Monarchie. — In: Welt als Geschichte 15 (1955). 196—219.

**Sontheimer,** Kurt: Weimar, ein deutsches Kaleidoskop. - In: Merkur 27 (1973), 505–517.

**Staat,** Wirtschaft und Politik in der Weimarer Republik. Festschrift für Heinrich Brüning, hrsg. von Ferdinand A. Hermens u. Theodor Schieder. — Berlin: Duncker & Humblot (1967). VIII, 507 S.

Die **Staats-** und Wirtschaftskrise des Deutschen Reichs. 1929/33. 6 Beiträge. Hrsg. von Werner Conze u. Hans Raupach. — Stuttgart: Klett (1967). 255 S.
*(Industrielle Welt. 8.)*

**Stampfer,** Friedrich: Die vierzehn Jahre der ersten deutschen Republik. 3. Aufl. — Hamburg: Verl. Auerdruck (1953) XII. 690 S.

Ursachen und Folgen. Vom deutschen Zusammenbruch 1918 und 1945 bis zur staatlichen Neuordnung Deutschlands in der Gegenwart. Eine Urkunden- und Dokumentensammlung zur Zeitgeschichte. Hrsg. u. Bearb.: Herbert Michaelis und Ernst Schraepler, unter Mitwirk. von Günter Scheel. — Berlin: Dokumenten-V. Wendler.
- 4. Die Weimarer Republik. Vertragserfüllung und innere Bedrohung 1919—1922. (1960.) XXXVI, 439 S.
- 5. Die Weimarer Republik. Das kritische Jahr 1923. (1960.) XXIV, 517 S.
- 6. Die Weimarer Republik. Die Wende der Nachkriegspolitik 1924—1928. Rapallo-Dawesplan-Genf. (1961.) XXIV, 751 S.
- 7. Die Weimarer Republik. Vom Kellogg-Pakt zur Weltwirtschaftskrise 1928—1930. Die innerpolitische Entwicklung. (1962.) XXVIII, 691 S.
- 8. Die Weimarer Republik. Das Ende des parlamentarischen Systems. Brüning-Papen-Schleicher. 1930—1933. (1963.) XXXII, 774 S.
- Reg.-Bd. Die Weimarer Republik. Namen- u. Personenregister zu Bd 4 bis 8. (1963.) 141 S.

*(Sonderausgabe für die Staats- und Kommunalbehörden sowie für Schulen und Bibliotheken.)*

**Vermeil,** Edmond: Germany in the twentieth century. A political and cultural history of the Weimar republic and the Third Reich. — New York: Praeger (1956). 288 S.

**Vogelsang,** Thilo: Zur Geschichte der Weimarer Republik. — In: Neue Pol. Lit. 3 (1958), 421—430.
Sammelbesprechung.

**Vogelsang,** Thilo: Neuere Literatur zur Geschichte der Weimarer Republik. — In: Vjh. Zeitgesch. 9 (1961), 211—224.
Forschungsbericht.

**Von** Weimar zu Hitler. 1930—1933. Hrsg. von Gotthard Jasper. — Köln: Kiepenheuer & Witsch (1968). 527 S.
*(Neue wissenschaftliche Bibliothek. 25.)*

**Wirtschaftskrise** und liberale Demokratie. Das Ende der Weimarer Republik und die gegenwärtige Situation. Hrsg. von Karl Holl. — Göttingen: Vandenhoeck & Ruprecht 1978. 151 S.
*(Kleine Vandenhoeck-Reihe. 1449.)*

Die **Zerstörung** der Weimarer Republik. [Hrsg.:] Reinhard Kühnl [u.] Gerd Hardach. — (Köln:) Pahl-Rugenstein (1977). 290 S.
*(Kleine Bibliothek. 88.)*

**Zimmermann,** Ludwig: Studien zur Geschichte der Weimarer Republik. — Erlangen: Universitätsbund Erlangen 1956. 68 S.

Revolution und Nationalversammlung

**Ascher,** Abraham: Russian marxism and the German revolution, 1917—1920. — In: Arch. Sozialgesch. 6/7 (1966/67), 391—439.

**Aufhäuser,** Siegfried: Der 9. November 1918. Persönliche Erinnerungen an eine deutsche Revolution. — In: Neue Gesellsch. 15 (1968), 459—462.

**Bassler,** Gerhard P.: The communist movement in the German revolution, 1918–1919. A problem of historical typology? — In: Centr. Europ. Hist. 6 (1973), 233—277.

**Bauer,** Roland: Zur Einschätzung des Charakters der deutschen Novemberrevolution 1918—1919. — In: Z. Geschichtswiss. 6 (1958), 134—169.

**Berthold,** Lothar und Helmut Neef: Militarismus und Opportunismus gegen die Novemberrevolution. Das Bündnis der rechten SPD-Führung mit der Obersten Heeresleitung November und Dezember 1918. Eine Dokumentation. — Berlin: Rütten & Loening 1958. 218 S.

**Beyer,** Hans: Von der Novemberrevolution zur Räterepublik in München. — Berlin: Rütten & Loening 1957. 240 S.
*(Schriften des Instituts für Deutsche Geschichte der Karl-Marx-Universität Leipzig. 2.)*

**Billik,** V. I.: O svoeobrazii Nojabŕskoj revoljucii 1918 g. v Germanii. — In: Vop. Ist. 1956, H. 6, 88—98.

**Blasius,** Dirk: Revolution und Revolutionsalltag 1918/19 in Deutschland. — In: Aus Politik und Zeitgeschichte, Beilage zur Wochenzeitung „Das Parlament" Nr. 45 vom 11. November 1978, 25–36.

**Borowsky,** Peter: Die „bolschewistische Gefahr" und die Ostpolitik der Volksbeauftragten in der Revolution 1918/19. — In: Industrielle Gesellschaft und politisches System. Festschrift für Fritz Fischer zum siebzigsten Geburtstag. Bonn: Verl. Neue Gesellsch. (1978), 389–403.

**Broué,** Pierre: Die deutsche Revolution (La révolution allemande, dt.) 1918–1923. — Berlin: Verl. Neuer Kurs 1973. 142 S.
*(Wiederaufbau der 4. Internationale. 2.)*

**Burdick,** Charles B. [u.] Ralph H. Lutz [Hrsg.]: The political institutions of the German revolution 1918—1919. — New York, Washington: Praeger for the Hoover Institution on War, Revolution and Peace, Stanford University; London: Pall Mall 1966. 305 S.

**Coper,** Rudolf: Failure of a revolution. Germany in 1918—1919. — London: Cambridge University Press 1955. 294 S.

**Copping,** David G.: German socialists and the revolution of 1918—1919. *Stanford, Calif., Diss. 1952.*

**Czubiński,** Antoni: Rewolucja 1918—1919 w Niemczech. — Poznań: Wydawnictwo Poznańskie 1967. 190 S.

**Dähn,** Horst: Rätedemokratische Modelle. Studien zur Rätediskussion in Deutschland 1918–1919. — Meisenheim a. G.: Hain 1975. VIII, 584 S.
*(Marburger Abhandlungen zur politischen Wissenschaft. 30.)*

**Deist,** Wilhelm: Die Politik der Seekriegsleitung und die Rebellion der Flotte Ende Oktober 1918. — In: Vjh. Zeitgesch. 14 (1966), 341—368.

**Drabkin,** J. S.: Die November-Revolution 1918 in Deutschland. (Aus d. Russ. übertr. von Ernst Wurl.) — Berlin: Dtsch. Verl. d. Wissenschaften 1968. 593 S.

**Dreetz,** Dieter: Bestrebungen der OHL zur Rettung des Kerns der imperialistischen deutschen Armee in der Novemberrevolution. — In: Z. Militärgesch. 8 (1969), 50—66.

**Dreetz,** Dieter: Rückführung des Westheeres und Novemberrevolution. — In: Z. Militärgesch. 7 (1968), 578—589.

**Eberle,** Theo: Die großen politischen Parteien und die Revolution 1918/1919 in München. — o. O. (1951). XIV, 221 gez. Bl. [Maschinenschr.]
*Tübingen, phil. Diss., 23. Juli 1951.*

**Einhorn,** Marion: Zur Rolle der Räte im November und Dezember 1918. — In: Z. Geschichtswiss. 4 (1956), 545—559.

**Elben,** Wolfgang: Das Problem der Kontinuität in der deutschen Revolution. Die Politik der Staatssekretäre vom November 1918 bis Februar 1919. — Hamburg 1959. XIII, 231 Bl.
*Hamburg, phil. Diss. 4. Juni 1959.*

**Elben,** Wolfgang: Das Problem der Kontinuität in der deutschen Revolution. Die Politik der Staatssekretäre und der militärischen Führung vom November 1918 bis Februar 1919. Hrsg. von d. Kommission f. Geschichte des Parlamentarismus u. d. politischen Parteien. — Düsseldorf: Droste (1965). 194 S.
*(Beiträge zur Geschichte des Parlamentarismus und der politischen Parteien. 31.)*

„Es lebe die Republik!" Zeugnisse zur deutschen und kölnischen Geschichte vom November 1918 bis Februar 1919. Ausstellung d. Histor. Archivs d. Stadt Köln in d. Eingangshalle d. Rathauses vom 6.—29. November 1968. (Zusammenstellung d. Ausstellung u. Bearb. d. Katalogs: Hugo Stehkämper.) — (Köln-Kalk [um 1968]: Welzel). 30 S.

**Flemming,** Jens: Parlamentarische Kontrolle in der Novemberrevolution. Zur Rolle und Politik des Zentralrats zwischen erstem und zweitem Rätekongreß [Dezember 1918 bis April 1919]. — In: Arch. Sozialgesch. 11 (1971), 69—139.

**Friedlander,** Henry Egon: Conflict of revolutionary authority. Provisional government vs. Berlin Soviet, November—December 1918. — In: Internat. Rev. soc. Hist. 7 (1962), 163—176.

Illustrierte **Geschichte** der Novemberrevolution in Deutschland. ([Von e.] Autorenkollektiv: Günther Hortzschansky u.a.) Hrsg. vom Institut für Marxismus-Leninismus beim ZK der SED. — Berlin: Dietz 1968. 390 S.

**Görlitz,** Walter: November 1918. Bericht über die deutsche Revolution. — (Oldenburg:) Stalling (1968). 210 S.

**Grau,** Roland: Zur Rolle der Soldatenräte der Fronttruppen in der Novemberrevolution. — In: Z. Militärgesch. 7 (1968), 550—564.

**Greschat,** Martin: Der deutsche Protestantismus im Revolutionsjahr 1918/19. – Witten: Luther-Verl. 1974. 202 S.
*(Politik und Kirche. 2.)*

**Grotewohl,** Otto: Dreißig Jahre später. Die Novemberrevolution und die Lehren der Geschichte der deutschen Arbeiterbewegung. (3., durchges. Aufl.) — Berlin: Dietz 1951. 168 S.

**Habedank,** Heinz: Um Mitbestimmung und Nationalisierung während der Novemberrevolution und im Frühjahr 1919. — Berlin: Verl. Tribüne [1968]. 359 S.

**Haffner,** Sebastian: Die verratene Revolution. Deutschland 1918/19. — München: Scherz (1969). 223 S.

**Hellige,** Dieter: Die Sozialisierungsfrage in der deutschen Revolution 1918/19. Zu einigen neueren Darstellungen. [Literaturbericht.] – In: Internat. wiss. Korr. Gesch. dtsch. Arbeiterbew. 11 (1975), 91—100.

**Herbst,** Wolfgang, Ingo Materna und Heinz Tropitz: Die Novemberrevolution in Deutschland. (Dokumente und Materialien.) — Berlin: Volk u. Wissen 1958. 200 S.

**Herwig,** Holger H.: The first German congress of worker's and soldier's councils and the problem of military reforms. — In: Centr. Europ. Hist. 1 (1968), 150—165.

**Hürten,** Heinz: Soldatenräte in der deutschen Novemberrevolution 1918. — In: Hist. Jb. 90 (1970), 229—328.

**Hunt,** Richard: The creation of the Weimar Republic. Stillborn democracy? — Lexington, Mass.: Heath 1969. XIV, 106 S.

**Jesse,** Eckhard [u.] Henning Köhler: Die deutsche Revolution 1918/19 im Wandel der historischen Forschung. Forschungsüberblick und Kritik der „herrschenden Lehre". – In: Aus Politik und Zeitgeschichte, Beilage zur Wochenzeitung „Das Parlament" Nr. 45 vom 11. November 1978, 3–23.

**Kamnitzer,** H.: Bemerkungen zur Nationalversammlung und zur Verfassung der Weimarer Republik. — In: Wissensch. Annalen 6 (1957), 763—773.

**Kamnitzer,** Heinz, und Klaus Mammach: Aus Dokumenten zur Vorgeschichte der deutschen Novemberrevolution. — In: Z. Geschichtswiss. 1 (1953), 789—810.

**Kluge,** Ulrich: Soldatenräte und Revolution. Studien zur Militärpolitik in Deutschland 1918/19. – Göttingen: Vandenhoeck & Ruprecht 1975. 518 S.
*(Kritische Studien zur Geschichtswissenschaft. 14.)*

**Könnemann,** Erwin: Der Truppeneinmarsch am 10. Dezember 1918 in Berlin. Neue Dokumente zur Novemberrevolution. — In: Z. Geschichtswiss. 16 (1968), 1592—1609.

**Kolb,** Eberhard: Die Arbeiterräte in der deutschen Innenpolitik 1918—1919. Hrsg. von d. Kommission f. Geschichte d. Parlamentarismus u. d. Polit. Parteien. — Düsseldorf: Droste (1962). 432 S.
*(Beiträge zur Geschichte des Parlamentarismus und der politischen Parteien. 23.)*

**Krummacher,** Friedrich A.: Die Auflösung der Monarchie. — Hannover: Verl. f. Literatur u. Zeitgeschehen (1960). 72 S.
*(Hefte zum Zeitgeschehen. 1.)*

**Linse,** Ulrich: Hochschulrevolution. Zur Ideologie und Praxis sozialistischer Studentengruppen während der deutschen Revolutionszeit 1918/19. – In: Arch. Sozialgesch. 14 (1974), 1–114.

**Malanowski,** Wolfgang: November-Revolution 1918. Die Rolle der SPD. Mit e. Einl. von Fritz Fischer. — (Frankfurt a. M.:) Ullstein (1969). 189 S.
*(Ullstein-Bücher. 3641.)*

**Matthias,** Erich: Zwischen Räten und Geheimräten. Die deutsche Revolutionsregierung 1918/19. — Düsseldorf: Droste (1970). 178 S.

**Meissner,** Hans-Otto: Als die Kronen fielen. — Gießen: Brühl (1956). 62 S.

**Miller,** Susanne: Die Regierung der Volksbeauftragten 1918/19. Bearb. unter Mitw. von Heinrich Potthoff. Eingel. von Erich Matthias. T. 1.2. — Düsseldorf: Droste 1969.
1. CXCVIII, 399 S.
2. X, 408 S.
*(Quellen zur Geschichte des Parlamentarismus und der Politischen Parteien. 6.)*

Der **Mord** an Rosa Luxemburg und Karl Liebknecht. Dokumentation eines politischen Verbrechens. Hrsg. von Elisabeth Hannover-Drück u. Heinrich Hannover. — (Frankfurt a. M.:) Suhrkamp (1967). 185 S.
*(Edition Suhrkamp. 233.)*

**Müller,** Gerhard: Novemberrevolution 1918. Dolchstoß oder Dolchstoßlegende? — Pähl: Verl. Hohe Warte 1978. 59 S.

**Muth,** Heinrich: Die Entstehung der Bauern- und Landarbeiterräte im November 1918 und die Politik des Bundes der Landwirte. — In: Vjh. Zeitgesch. 21 (1973), 1–58.

**1918** [Neunzehnhundertachtzehn] — 1968. Der fünfzigste Jahrestag der Novemberrevolution im Spiegel der deutschen Presse. Von e. Gruppe Kieler Studenten. — In: Gesch.-Wiss. Unterr. 20 (1969), 454—479.

**Nimtz,** Walter: Die Novemberrevolution 1918 in Deutschland. Mit einem Dokumentenanhang. — Berlin: Dietz 1962. 248 S.

**Noll,** Dieter: Neunundzwanzig rote Matrosen. — In: Aufbau 10 (1954), 253—260.

Die **Novemberrevolution** 1918 in Deutschland. — In: Dokumentation der Zeit 1953, 3393—3412 und 3709—3732.

**Oeckel,** Heinz: Die revolutionäre Volkswehr. 1918/19. Die deutsche Arbeiterklasse im Kampf um die revolutionäre Volkswehr ⟨Nov. 1918 bis Mai 1919⟩. — (Berlin:) Dtsch. Militärverl. (1968). 326 S.
*([Militärhistorische Studien. N. F. 11.])*

**Oehme,** Walter: Die Weimarer Nationalversammlung 1919. Erinnerungen. — Berlin: Rütten & Loening 1962. 402 S.

**Oertzen,** Peter von: Betriebsräte in der Novemberrevolution. Eine politikwissenschaftl. Untersuchung über Ideengehalt u. Struktur d. betriebl. u. wirtschaftl. Arbeiterräte in der deutschen Revolution 1918/1919. Hrsg. von d. Kommission f. Geschichte d. Parlamentarismus u. d. Polit. Parteien. — Düsseldorf: Droste 1963. 377 S.
*(Beiträge zur Geschichte des Parlamentarismus und der politischen Parteien. 25.)*

**Oertzen,** Peter von: Betriebsräte in der Novemberrevolution. Eine politikwissenschaftliche Untersuchung über Ideengehalt und Struktur der betrieblichen und wirtschaftlichen Arbeiterräte in der deutschen Revolution 1918/19. (2., erw. Aufl.) - Bonn-Bad Godesberg: Dietz (1976). 375, 190 S.
*(Internationale Bibliothek. 93.)*

**Panorama** 1918. Ein Jahr im Spiegel der Presse. Hrsg. von Alice Gräfin Wallwitz. Eingel. von Karl Dietrich Bracher. — (München:) Scherz (1968). 159 S.
*(Panoramen der Geschichte. 7.)*

**Quellen** zur Geschichte der Rätebewegung in Deutschland 1918/19. Hrsg.: Internationaal Instituut voor Sociale Geschiedenis Amsterdam und Kommission für Geschichte des Parlamentarismus und der politischen Parteien Bonn. — Leiden: Brill.
1. Der Zentralrat der Deutschen Sozialistischen Republik. 19.12.1918 —8.4.1919. Vom ersten zum zweiten Rätekongreß. Bearb. von Eberhard Kolb unter Mitw. von Reinhard Rürup. 1968. LXXVII, 830 S.

**Quellen** zur Geschichte der Rätebewegung in Deutschland 1918/19. Hrsg.: Kommission für Geschichte des Parlamentarismus und der politischen Parteien Bonn. – Düsseldorf: Droste.
2. Regionale und lokale Räteorganisation in Württemberg 1918/19. Bearb. von Eberhard Kolb u. Klaus Schönhoven. (1976). LXXXV, 504 S.

Die deutsche **Revolution.** 1918—1919. Dokumente. Hrsg. von Gerhard A[lbert] Ritter u. Susanne Miller. — (Frankfurt a. M.:) Fischer-Bücherei (1968). 380 S.
*(Fischer-Bücherei. 879.)*

**Rürup,** Reinhard, Eberhard Kolb u. Gerald D. Feldman: Die Massenbewegungen der Arbeiterschaft in Deutschland am Ende des Ersten Weltkrieges (1917–1920). – In: Polit. Vjschr. 13 (1972), 84–105.

**Rürup,** Reinhard: Probleme der Revolution in Deutschland 1918/19. — Wiesbaden: F. Steiner 1968. 59 S.
*(Institut für Europäische Geschichte Mainz. Vorträge. 50.)*

**Ruge,** Wolfgang: Novemberrevolution. Die Volkserhebung gegen den deutschen Imperialismus 1918/19. – Berlin: Dietz 1978. 119 S.
*(Schriftenreihe Geschichte.)*

**Ryder,** A. J.: The German revolution of 1918. A study of German socialism in war and revolt. — (London:) Cambridge University Press 1967. XV, 303 S.

**Scarcia,** Luciana: L'ordine nuovo e la rivoluzione tedesca ⟨1918-20⟩. – In: Riv. Storia contemp. 1974, H. 4, 460–477.

**Schmidt,** Günter: Zur Staats- und Machtfrage in der Novemberrevolution. [Wirtschaftsexperimente des Demobilmachungsamtes.] — In: Jb. Gesch. 2 (1967), 249—282.

**Schneider,** Dieter [u.] Rudolf Kuda: Arbeiterräte in der Novemberrevolution. Ideen, Wirkungen, Dokumente. — (Frankfurt a. M.:) Suhrkamp (1968). 172 S.
*(Edition Suhrkamp. 296.)*

**Schreiner,** Albert: Auswirkungen der Großen Sozialistischen Oktoberrevolution auf Deutschland vor und während der Novemberrevolution. — In: Z. Geschichtswiss. 6 (1958), 7—37.

**Schreiner,** Albert: Zur Frage der Räte in der Novemberrevolution 1918. — In: Z. Geschichtswiss. 4 (1956), 735—738.

**Shugshda,** J. I. und D. F. Faingausas: Die revolutionäre Bewegung unter den deutschen Truppen in Litauen in den Jahren 1918 und 1919. — In: Sowjetwissenschaft, Gesellschaftswiss. Beiträge [Berlin] 1958, H. 4, 452—472.

**Tampke,** Jürgen: The rise and fall of the Essen model, January–February 1919. – In: Internat. wiss. Korr. Gesch. dtsch. Arbeiterbew. 13 (1977), 160–172.

**Töpner,** Kurt: Gelehrte Politiker und politisierende Gelehrte. Die Revolution von 1918 im Urteil deutscher Hochschullehrer. — Göttingen: Musterschmidt (1970). 290 S.
*(Veröffentlichungen der Gesellschaft für Geistesgeschichte. 5.)*
*Diss., Universität Göttingen.*

**Tormin,** Walter: Zwischen Rätediktatur und sozialer Demokratie. Die Geschichte der Rätebewegung in der deutschen Revolution 1918/19. Hrsg. von d. Kommission f. Geschichte d. Parlamentarismus und d. politischen Parteien in Bonn. — Düsseldorf: Droste (1954). 148 S.
*(Beiträge zur Geschichte des Parlamentarismus und der politischen Parteien. 4.)*

**Uhlmann,** Georg: Die Bodenfrage in der Novemberrevolution. — In: Z. Geschichtswiss. 6 (1958), Sonderh., 110—143.

**Ulbricht,** Walter: Der Zusammenbruch Deutschlands im ersten Weltkrieg und die Novemberrevolution. — Berlin: Dietz 1951. 40 S.

**Waldman,** Eric: Spartakus (The Spartacist uprising of 1919 and the crisis of the German Socialist Movement, dt.) Der Aufstand von 1919 und die Krise der deutschen sozialistischen Bewegung. (Dtsch. Übers.: Angela Hesse.) —Boppard: Boldt (1967). 318 S.

**Waldman,** Eric: The Spartacist uprising of 1919 and the crisis of the German Socialist Movement. A study of the relation of political theory and party practice. — Milwaukee: Marquette University Press (1958). XII, 248 S.
*(Marquette German Studies. 1.)*

**Watt,** Richard M.: The kings depart. The tragedy of Germany. Versailles and the German revolution. — New York: Simon & Schuster 1968. 604 S.

**Westarp,** Kuno Graf von: Das Ende der Monarchie am 9. November 1918. — Stollham und Berlin: Rauschenbusch 1952. 230 S.

**Williams,** Warren E.: Die Politik der Alliierten gegenüber den Freikorps im Baltikum 1918—1919. — In: Vjh. Zeitgesch. 12 (1964), 147—169.

**Winkler,** Heinrich August: Die Sozialdemokratie und die Revolution von 1918/19. Ein Rückblick nach sechzig Jahren. – Bonn: Dietz (1979). 92 S.

**Žjugžda,** Ju. I. und D. F. Fajngauzas: Revoljucionnoe dviženie v nemeckich vojskach v Litve (1918—1919 gody). — In: Nov. Novejš. Ist. 1957, H. 3, 30—45.

Politik und Staat

**Akten** der Reichskanzlei. Weimarer Republik. Hrsg. für d. Historische Kommission bei d. Bayerischen Akademie d. Wissenschaften von Karl Dietrich Erdmann, für d. Bundesarchiv von Wolfgang Mommsen unter Mitw. von Walter Vogel. — Boppard: Boldt.
Das Kabinett Cuno. 22. Nov. 1922 — 12. Aug. 1923. Bearb. von Karl-Heinz Harbeck. (1968). LVI, 799 S.
Das Kabinett Müller II. 28. Juni 1928—27. März 1930. Bearb. von Martin Vogt. (1970). Bd 1.2.
1. Juni 1928—Juli 1929. Dokumente Nr. 1—256. LXXXVIII, 835 S.
2. Aug. 1929—März 1930. Dokumente 257—489. V S, S. 837—1682.

**Akten** der Reichskanzlei. Weimarer Republik. Hrsg. für die Historische Kommission bei der Bayerischen Akademie der Wissenschaften von Karl Dietrich Erdmann, für das Bundesarchiv von Wolfgang Mommsen unter Mitw. von Walter Vogel. — Boppard: Boldt.
Das Kabinett Scheidemann. 13. Februar—20. Juni 1919. Bearb. von Hagen Schulze. (1971). LXVII, 554 S.
Das Kabinett Müller I. 27. März—21. Juni 1920. Bearb. von Martin Vogt. (1971). LXXI, 375 S.
Das Kabinett Fehrenbach. 25. Juni 1920—4. Mai 1921. Bearb. von Peter Wulf. (1972). LXXX, 720 S.

**Akten** der Reichskanzlei. Weimarer Republik. Hrsg. für die Historische Kommission bei der Bayerischen Akademie der Wissenschaften von Karl Dietrich Erdmann, für das Bundesarchiv von Wolfgang Mommsen unter Mitw. von Walter Vogel. – Boppard: Boldt.
Die Kabinette Marx I und II. 30. Nov. 1923 bis 3. Juni 1924. 3. Juni 1924 bis 15. Jan. 1925. Bearb. von Günter Abramowski. Bd. 1.2.
1. Nov. 1923 bis Juni 1924. Dokumente Nr 1 bis 213. (1973). LXIV, 676 S.
2. Juni 1924 bis Jan. 1925. Dokumente Nr 214 bis 588. Anh. Nr 1 bis 11. (1973). V, S. 677–1406.

**Akten** der Reichskanzlei. Weimarer Republik. Hrsg. für die Historische Kommission bei der Bayerischen Akademie der Wissenschaften von Karl Dietrich Erdmann, für das Bundesarchiv von Hans Booms unter Mitw. von Walter Vogel. – Boppard: Boldt.
Die Kabinette Luther I und II. 15. Jan. 1925 bis 20. Jan. 1926. 20. Jan. 1926 bis 17. Mai 1926. Bearb. von Karl-Heinz Minuth. (1977).
1. Jan. 1925 bis Okt. 1925. Dokumente Nr. 1 bis 170. LXXXII, 666 S.
2. Okt. 1925 bis Mai 1926. Dokumente Nr. 171 bis 365. V, S. 667–1437.
Die Kabinette Stresemann I und II. 13. Aug. bis 6. Okt. 1923. 6. Okt. bis 30. Nov. 1923. Bearb. von Karl Dietrich Erdmann u. Martin Vogt. (1978).

## Geschichte der Weimarer Republik

1. 13. Aug. bis 6. Okt. 1923. Dokumente Nr. 1 bis 114. C, 487 S.
2. 6. Okt. bis 30. Nov. 1923. Dokumente Nr. 115 bis 282. V, S. 489-1308.

Die antifaschistische **Aktion**. Dokumentation und Chronik Mai 1932 bis Januar 1933. Hrsg. u. eingel. von Heinz Karl u. Erika Kücklich unter Mitarb. von Elfriede Fölster u. Käthe Haferkorn. — Berlin: Dietz 1965. 60, 423 S.

**Albertin**, Lothar: Liberalismus in der Weimarer Republik. – In: Neue polit. Lit. 19 (1974), 220-234.

**Albertin**, Lothar: Stahlhelm und Reichsbanner. Bedrohung und Verteidigung der Weimarer Demokratie durch politische Kampfverbände. — In: Neue polit. Lit. 13 (1968), 456—465.

**Albertin**, Lothar: Die Verantwortung der liberalen Parteien für das Scheitern der großen Koalition im Herbst 1921. Ökonomische u. ideologische Einflüsse auf die Funktionsfähigkeit der parteistaatlichen Demokratie. — In: Hist. Z. 205 (1967), 566—627.

**Angress**, Werner T.: Weimar coalition and Ruhr insurrection, March—April 1920. A study of government policy. — In: J. mod. Hist. 29 (1957), 1—20.

**Angress**, Werner T.: Stillborn revolution. The communist bid for power in Germany, 1921—1923. — Princeton: Princeton University Press 1963. XV, 513 S.

**Apelt**, Willibalt: Geschichte der Weimarer Verfassung. 2., unveränd. Aufl. — München: Beck 1964. XII, 461 S.

**Arbeitereinheit** rettet die Republik. Dokumente und Materialien zur Niederschlagung des Kapp-Putsches im März 1920. Eingel. u. zsgest. von Fritz Krause. — Frankfurt a.M.: Marxist. Bll. (1970). 181 S.
*(Marxistische Taschenbücher.)*

**Arbeitereinheit** siegt über Militaristen. Erinnerungen an d. Niederschlagung d. Kapp-Putsches März 1920. [Hrsg.:] Institut für Marxismus-Leninismus beim ZK der SED. — Berlin: Dietz 1960. 203 S.

**Arbeiterklasse** siegt über Kapp und Lüttwitz. Quellen, ausgew. u. bearb. von Erwin Könnemann [u.a.] — Berlin: Akademie-Verl.
1. 1971. LX, 459 S.
2. 1971. S. 464—948.
*(Archivalische Forschungen zur Geschichte der deutschen Arbeiterbewegung. 7,1. 7,2.)*

**Aretin**, Karl Otmar Frhr. von und Gerhard Fauth: Die Machtergreifung. Die Entwicklung Deutschlands zur totalitären Diktatur 1918—1934. — ([München] 1959): Bayer. Landeszentrale f. Heimatdienst. 127 S.
*(Arbeitshefte für Mittler der politischen Bildung. 3.)*

**Aretin**, Karl Otmar Frhr von: Die Verfassungsuntreue am Ende der Weimarer Republik. — In: Frankf. H. 22 (1967), 161—168.

**Arns**, Günter: Erich Koch-Wesers Aufzeichnungen vom 13. Februar 1919. — In: Vjh. Zeitgesch. 17 (1969), 96—115.

**Arns**, Günter: Die Krise des Weimarer Parlamentarismus im Frühherbst 1923. — In: Staat 8 (1969), 181—216.

**Arns**, Günter: Regierungsbildung und Koalitionspolitik in der Weimarer Republik 1919—1924. — (Clausthal-Zellerfeld) 1971: (Bönecke). 223, 101 S.
*Tübingen, phil. Diss. vom 19. November 1970.*

**Ascher**, A. und G. Lewy: National bolshevism in Weimar Germany. — In: Soc. Research 23 (1956), 450—480.

**Bahr**, Richard: Ein Seil ist gerissen (19. Mai 1932). Dazu: Schreiben Wilhelm Groeners an Richard Bahr vom 22. Mai 1932. — In: Welt als Geschichte 14 (1954), 242—245.

**Bauer**, Wolfram: Wertrelativismus und Wertbestimmtheit im Kampf um die Weimarer Demokratie. Zur Politologie des Methodenstreites der Staatsrechtslehrer. — Berlin: Duncker & Humblot (1968). 462 S.
*(Beiträge zur politischen Wissenschaft. 3.)*
*Diss., Freie Universität Berlin.*

**Bay**, Jürgen: Der Preußenkonflikt 1932/33. Ein Kapitel aus der Verfassungsgeschichte der Weimarer Republik. — (Erlangen 1965: Hogl.) XIV, 283 S.
*Erlangen, jur. Diss. vom 23. Juni 1965.*

**Becker**, Josef: Heinrich Brüning in den Krisenjahren der Weimarer Republik. Prof. Dr. Walther Peter Fuchs zum 60. Geburtstag. — In: Gesch. Wissensch. Unterr. 17 (1966), 201—219.

**Beeck**, Georg: Das parlamentarische System der Weimarer Reichsverfassung. — Hamburg 1947. VI, 94 gez. Bl. [Maschinenschr.]
*Hamburg, rechts- u. staatswiss. Diss. 10. Februar 1948.*

**Behrend**, Hans-Karl: Zur Personalpolitik des preußischen Ministeriums des Innern. Die Besetzung der Landratsstellen in den östlichen Provinzen 1919—1933. — In: Jb. Gesch. Mittel- u. Ostdeutschlands 6 (1957), 173—214.

**Bennett**, Edward W.: Germany and the diplomacy of the financial crisis, 1931. — Cambridge: Harvard University Press 1962. VIII, 342 S.

**Benz**, Wolfgang: Papens „Preußenschlag" und die Länder. Dokumentation. — In: Vjh. Zeitgesch. 18 (1970), 320—338.

**Berghahn**, Volker R.: Die Harzburger Front und die Kandidatur Hindenburgs für die Präsidentschaftswahlen 1932. — In: Vjh. Zeitgesch. 13 (1965), 64—82.

**Berghahn**, Volker R[olf]: Das Volksbegehren gegen den Youngplan und die Ursprünge des Präsidialregimes, 1928-1930. – In: Industrielle Gesellschaft und politisches System. Festschrift für Fritz Fischer zum siebzigsten Geburtstag, Bonn: Verl. Neue Gesellsch. (1978), 431-446.

**Bergsträsser**, Ludwig: Die Weimarer Situation und heute. — In: Gewerksch. Monatsh. 4 (1953), 456—458.

**Berndt**, R.: Der vorläufige Wirtschaftsrat 1920—1932. E. Beitr. zur „Verankerung der Räte in der Weimarer Verfassung". — In: Wiss. Z. Univ. Halle 21 G (1972), H. 2, 53-63.

**Bessel**, Richard: Eastern Germany as a structural problem in the Weimar Republic. – In: Soc. Hist. 3 (1978), 199-218.

**Besson**, Waldemar: Zur Frage der Staatsführung in der Weimarer Republik. — In: Vjh. Zeitgesch. 7 (1959), 85—111.

**Besson,** Waldemar: Württemberg und die deutsche Staatskrise 1928—1933. Eine Studie zur Auflösung der Weimarer Republik. — Stuttgart: Dtsch. Verl.-Anst. (1959). 425 S.

**Birkenfeld,** Wolfgang: Der Rufmord am Reichspräsidenten. Zu Grenzformen des politischen Kampfes gegen die frühe Weimarer Republik 1919—1925. — In: Arch. Sozialgesch. 5 (1965), 453—500.

**Blaich,** Fritz: Der „30-Millionen-Fonds". Die Auseinandersetzung um eine soziale Ruhrentschädigung 1925-1927. - In: Bll. dtsch. Landesgesch. 113 (1977), 450-476.

**Blaich,** Fritz: Grenzlandpolitik im Westen 1926-1936. Die „Westhilfe" zwischen Reichspolitik und Länderinteressen. - Stuttgart: Dtsch. Verl.-Anst. 1978. 134 S.
*(Schriftenreihe der Vierteljahrshefte für Zeitgeschichte. 36.)*

**Blaich,** Fritz: „Garantierter Kapitalismus". Subventionspolitik und Wirtschaftsordnung in Deutschland zwischen 1925 und 1932. - In: Z. Unternehmensgesch. 22 (1977), H. 1, 50-70.

**Bock,** Hans Manfred: Syndikalismus und Linkskommunismus von 1918—1923. Zur Geschichte und Soziologie der Freien Arbeiter-Union Deutschlands ⟨Syndikalisten⟩, der Allgemeinen Arbeiter-Union Deutschlands und der Kommunistischen Arbeiter-Partei Deutschlands. — Meisenheim a. Glan: Hain (1969). 480 S.
*(Marburger Abhandlungen zur Politischen Wissenschaft. 13.)*

**Bois,** Jean-Pierre: L'opinion catholique rhénane devant le séparatisme en 1923. - In: Rev. Hist. mod. & contemp. 21 (1974), 221-251.

**Bracher,** Karl Dietrich: Auflösung einer Demokratie. Das Ende der Weimarer Republik als Forschungsproblem. — In: Faktoren der Machtbildung. Schriften des Instituts für politische Wissenschaft, Bd 2, Berlin 1952, 41 ff.

**Bracher,** Karl Dietrich: Die Entstehung der Weimarer Verfassung. (Hrsg. von d. Niedersächs. Landeszentrale f. Polit. Bildung.) — (Hannover 1963: Hannoversche Druck- u. Verl.-Ges.) 66 S.
*(Schriftenreihe der Niedersächsischen Landeszentrale für Politische Bildung. Demokratische Entscheidungen. 5.)*

**Bracher,** Karl Dietrich: Der 20. Juli 1932. — In: Z. Politik 3 (1956), 243—251.

**Bracher,** Karl Dietrich: Probleme der Wahlentwicklung in der Weimarer Republik. — In: Spiegel der Geschichte, Festgabe für Max Braubach zum 10. April 1964, hrsg. von Konrad Repgen u. Stephan Skalweit, Münster i. W.: Aschendorff (1964), 858—886.

**Brecht,** Arnold: Die Auflösung der Weimarer Republik und die politische Wissenschaft. — In: Z. Politik 2 (1955), 291—308.

**Broszat,** Martin: Außen- und innenpolitische Aspekte der preußisch-deutschen Minderheiten in der Ära Stresemann. — In: Politische Ideologien und nationalstaatliche Ordnung, Studien zur Geschichte d. 19. u. 20. Jahrhunderts, Festschrift für Theodor Schieder, München: Oldenbourg 1968, 393—445.

**Brüggemann,** Fritz: Die Rheinische Republik. Ein Beitrag zur Geschichte und Kritik der rheinischen Abfallbewegung während des Waffenstillstandes im Jahre 1918/19. [Neu] hrsg. von Carl Schmidt-Dietfurt. — München (13, Friedrichstr. 29): Selbstverl. 1956. 115,5 Bl.

**Buchheim,** Karl: Heinrich Brüning und das Ende der Weimarer Republik. — In: Hochland 58 (1965/66), 501—512.

**Bußmann,** Walter: Politische Ideologien zwischen Monarchie und Weimarer Republik. — In: Hist. Z. 190 (1960), 55—77.

**Carr,** E. H. [Hrsg.]: Radek's „Political Salon" in Berlin 1919. With a note by M. Philips Price. — In: Soviet Stud. 3 (1951/52), 411—430.
Aufzeichnungen Karl Radeks über seine Begegnungen mit deutschen Politikern und Militärs in der Zeit seiner Moabiter Gefangenschaft 1919/20.

**Chamberlin,** Brewster S.: Der Attentatsplan gegen Seeckt 1924. — In: Vjh. Zeitgesch. 25 (1977), 425-440.

**Chickering,** Roger Philip: The Reichsbanner and the Weimar Republic, 1924—1926. — In: J. mod. Hist. 40 (1968), 524—534.

**Conze,** Werner: Brüning als Reichskanzler. Eine Zwischenbilanz. — In: Hist. Z. 214 (1972), 310—334.

**Conze,** Werner: Die Krise des Parteienstaates in Deutschland 1929/30. — In: Hist. Z. 178 (1954), 47—83.

**(Co**[nze], W[erner]): Zum Sturz Brünings. — In: Vjh. Zeitgesch. 1 (1953), 261—288.

**Cornebise,** Alfred E.: The Weimar in crisis. Cuno's Germany and the Ruhr occupation. - Washington: University Press of America 1977. 418 S.

**Dierske,** Ludwig: War eine Abwehr des „Preußenschlages" vom 20. Juli 1932 möglich? — In: Z. Politik 17 (1970), 197—245.

**Dorpalen,** Andreas: Empress Auguste Victoria and the fall of the German monarchy. — In: Amer. hist. Rev. 58 (1952/53), 17—38.

**Eimers,** Enno: Das Verhältnis von Preußen und Reich in den ersten Jahren der Weimarer Republik ⟨1918—1923⟩. — Berlin: Duncker & Humblot (1969). 503 S.
*(Schriften zur Verfassungsgeschichte. 11.)*

**Eliasberg,** George: Der Ruhrkrieg 1920. Zum Problem von Organisation und Spontaneität in einem Massenaufstand und zur Dimension der Weimarer Krise. — In: Arch. Sozialgesch. 10 (1970), 291—377.

**Eliasberg,** George: Der Ruhrkrieg von 1920. Mit e. Einf. von Richard Löwenthal. (Vorw.: Kurt Klotzbach.) - Bonn-Bad Godesberg: Verl. Neue Gesellsch. (1974). XXI, 504 S.
*(Schriftenreihe des Forschungsinstituts der Friedrich-Ebert-Stiftung. 100.)*

**Epstein,** Klaus: Adenauer 1918—1924. — In: Gesch. Wiss. Unterr. 19 (1968), 553—561.

**Erdmann,** Karl Dietrich: Adenauer in der Rheinlandpolitik nach dem Ersten Weltkrieg. [Hrsg.:] Histor. Komm. bei d. Bayer. Akad. d. Wissensch. — Stuttgart: Klett (1966). 386 S.

**Erdmann,** Karl Dietrich [u.] Helmut Grieser: Die deutsch-sowjetischen Beziehungen in der Zeit der Weimarer Republik als Problem der deutschen Innenpolitik. - In: Gesch. Wiss. Unterr. 26 (1975), 403-426.

**Erger,** Johannes: Der Kapp-Lüttwitz-Putsch. Ein Beitrag zur deutschen Innenpolitik 1919/20. — Düsseldorf: Droste (1967). 365 S.
*(Beiträge zur Geschichte des Parlamentarismus und der politischen Parteien. 35.)*
*Diss., Heidelberg. Überarbeitung.*

**Ersil,** Wilhelm: Aktionseinheit stürzt Cuno. Zur Geschichte des Massenkampfes gegen die Cuno-Regierung 1923 in Mitteldeutschland. — Berlin: Dietz 1962. 408 S.

**Ersil,** Wilhelm: Die revolutionäre Massenbewegung der deutschen Arbeiterklasse gegen die Regierung Cuno. (Von Juni 1923 bis zum Sturz der Regierung am 12. August 1923.) — o. O. 1956. V, 287 gez. Bl. [Maschinenschr.]
*Berlin, Humboldt-Univ., phil. Diss. 31. Oktober 1956.*

**Ersil,** Wilhelm: Über die finanzielle Unterstützung der rechtssozialistischen und bürgerlichen Gewerkschaftsführer durch die Reichsregierung im Jahre 1923. — In: Z. Geschichtswiss. 6 (1958), 1221—1248.

**Eschenburg,** Theodor: Die improvisierte Demokratie. Gesammelte Aufsätze zur Weimarer Republik. — München: Piper (1963). 305 S.
*(Piper Paperback.)*

**Eschenburg,** Theodor: Die improvisierte Demokratie der Weimarer Republik. — Schloß Laupheim/Württ.: Steiner 1953. 47 S.
*(Geschichte und Politik. 10.)*

**Feldman,** Gerald D.: Big business and the Kapp Putsch. — In: Centr. Europ. Hist. 4 (1971), 99—130.

**Fiederlein,** Friedrich Martin: Der deutsche Osten und die Regierungen Brüning, Papen, Schleicher. — Würzburg 1966: (Gugel). VI, III, 489 S.
*Würzburg, phil. Diss. vom 18. Dezember 1967.*

**Fiedor,** Carol: Antypolskie organizacje w Niemczech 1918-1933. — Wrocław: Ossolineum 1973. 304 S.

**Fiedor,** Karol: Die deutsche pazifistische Bewegung und das Problem der deutsch-polnischen Beziehungen in der Zwischenkriegszeit. - In: Jb. Gesch. Mittel- u. Ostdeutschl. 24 (1975), 143—163.

**Finker,** Kurt: Die militaristischen Wehrverbände in der Weimarer Republik. Ein Beitr. zur Strategie u. Taktik d. dtsch. Großbourgeoisie. — In: Z. Geschichtswiss. 14 (1966), 357—377.

**Fischenberg,** Günter: Der deutsche Liberalismus und die Entstehung der Weimarer Republik. Die Krise einer politischen Bewegung. — o. O. 1958. 252 S. [Maschinenschr. vervielf.]
*Münster i. W., phil. Diss. 22. Februar 1958.*

**Fischer-Baling,** Eugen: Der Untersuchungsausschuß für die Schuldfragen des Ersten Weltkrieges. — In: Aus Geschichte und Politik, Festschrift zum 70. Geburtstag von Ludwig Bergstraesser, Düsseldorf: Droste-V. (1954), 117—137.

**Fricke,** Helma: Die Reichstagsauflösungen des Jahres 1932 und das parlamentarische System der Weimarer Reichsverfassung. — In: Staat 1 (1962), 199—224.

**Friedensburg,** Ferdinand: Woran scheiterte die Republik von Weimar? — In: Monat 8 (1956), H. 95, 59—64.

**Friedenthal,** Elisabeth: Volksbegehren und Volksentscheid über den Young-Plan und die deutschnationale Sezession. — o. O. [1957]. 316 Bl.
*Tübingen, phil. Diss. 21. November 1957.*

**Frommelt,** Reinhard: Paneuropa oder Mitteleuropa. Einigungsbestrebungen im Kalkül deutscher Wirtschaft und Politik 1925-1933. - Stuttgart: Dtsch. Verl.-Anst. (1977). 131 S.
*(Schriftenreihe der Vierteljahrshefte für Zeitgeschichte. 34.)*
*Überarb. Diss., Universität Konstanz.*

**Fuchs,** Helmut: Das Versagen der Weimarer Reichsverfassung vom 11. August 1919 und die Lehren, welche die neuen deutschen Länderverfassungen daraus gezogen haben. — o. O. [1950]. IX, 251 gez. Bl. [Maschinenschr.]
*Heidelberg, jur. Diss. 24. Febr. 1950.*

**Goedecke,** Paul: Der Reichsgedanke im Schrifttum von 1919 bis 1935. — o. O. 1951. 74 gez. Bl. [Maschinenschr.]
*Marburg, rechts- und staatswiss. Diss. 29. Aug. 1951.*

**Griebel,** Alexander: Geschichte — Geheime Kommandosache. — In: Dtsch. Rdsch. 78 (1952), 1024—1027.
Beitrag zur „Dolchstoßlegende" des Ersten Weltkrieges.

**Griewank,** K.: Dr. Wirth und die Krisen der Weimarer Republik. — In: Wiss. Zeitschr. d. Friedrich-Schiller-Universität Jena (1951/52), H. 2.

**Groener-Geyer,** Dorothea: Brüning et la fin de Weimar. — In: Documents 11 (1956), 285—294.

**Grosser,** Dieter, Volker Nitzschke und Jochen Winkler: Die Weimarer Verfassung. (Gestaltet von d. Landeszentrale f. Polit. Bildungsarbeit Berlin.) — (Sarstedt [1960]: Sarstedter Verl.-Druckerei.) 44 S.
*(Schriftenreihe d. Niedersächs. Landeszentrale für Politische Bildung. Zeitgeschichte. 6.)*

**Grund,** Henning: „Preußenschlag" und Staatsgerichtshof im Jahre 1932. - Baden-Baden: Nomos Verlagsges. (1976). 167 S.
*(Studien und Materialien zur Verfassungsgerichtsbarkeit. 5.)*

**Grundmann,** Karl-Heinz: Deutschtumspolitik zur Zeit der Weimarer Republik. Eine Studie am Beispiel der deutsch-baltischen Minderheit in Estland und Lettland. - Hannover-Döhren: v. Hirschheydt 1977. 741 S.
*(Beiträge zur baltischen Geschichte. 7.)*
*Diss., Freie Universität Berlin.*

# DEUTSCHE GESCHICHTE

**Habedank,** Heinz: Der Feind steht rechts. Bürgerliche Linke im Kampf gegen den deutschen Militarismus ⟨1925—1933⟩. — Berlin: Buchverl. Der Morgen 1965. 232 S.

**Hackl,** Werner: Der Versuch einer Parlamentarisierung im Jahre 1917. — (Prien am Chiemsee) 1949. 106 gez. Bl. [Maschinenschr.]
*München, jur. Diss. 23. Mai 1950.*

**Hallgarten,** George W. F.: Hitler, Reichswehr und Industrie. Zur Geschichte der Jahre 1918—1933. — Frankfurt a. M.: Europ. Verl.-Anst. (1955). 139 S.

**Hallgring,** Louis jr.: The German Reichstag elections of September, 1930.
*New York (Columbia), Phil. Diss. 1951.*

**Hammer,** Walter: Hohes Haus in Henkers Hand. — Frankfurt a. M.: Europ. Verl. Anst. 1955. 200 S.
Über die Einzelschicksale deutscher Parlamentarier, die bis 1933 dem Reichstag und den Landtagen angehörten, während der Verfolgung durch den Nationalsozialismus.

**Hammerschmidt,** Rudolf: Die Politik der Schlagworte. Der Kampf der bürgerlichen Rechtspresse gegen die Weimarer Republik. — In: Neue Gesellsch. 17 (1970), 160—169.

**Hannover,** Heinrich [u.] Elisabeth Hannover-Drück: Politische Justiz 1918—1933. Mit e. Einl. von Karl Dietrich Bracher. — (Frankfurt a. M.:) Fischer-Bücherei (1966). 334 S.
*(Fischer-Bücherei. 770.)*

**Haungs,** Peter: Reichspräsident und parlamentarische Kabinettsregierung. Eine Studie zum Regierungssystem der Weimarer Republik in den Jahren 1924 bis 1929. — Köln: Westdtsch. Verl. 1968. 362 S.
*(Politische Forschungen. 9.)*

**Helbich,** Wolfgang J[ohannes]: Die Reparationen in der Ära Brüning. Zur Bedeutung d. Young-Plans f. d. dt. Politik 1930 bis 1932. — Berlin-Dahlem: Colloquium Verl. (1962). 139 S.
*(Studien zur europäischen Geschichte aus dem Friedrich-Meinecke-Institut der Freien Universität Berlin. 5.)*

**Herzfeld,** Hans: Demokratie und Selbstverwaltung in der Weimarer Republik. — (Stuttgart): Kohlhammer (1957). 51 S.
*(Schriftenreihe des Vereins zur Pflege kommunalwissenschaftlicher Aufgaben. 2.)*

**Hiden,** John: The Weimar Republic and the problem of the Auslandsdeutsche. - In: J. contemp. Hist. 12 (1977), 273–289.

**Hiller** von Gaertingen, Friedrich Freiherr: Zur Beurteilung des „Monarchismus" in der Weimarer Republik. - In: Tradition und Reform in der deutschen Politik. Gedenkschrift für Waldemar Besson, Berlin: Propyläen-Verl. 1976, 138–186.

**Hirschfeld,** Hans: Preußens Ausklang. — In: Jb. Preußischer Kulturbesitz 1968, 83—95.

**Höfler,** Gabriele: Erzbergers Finanzreform und ihre Rückwirkung auf die bundesstaatliche Struktur des Reiches vorwiegend am bayerischen Beispiel. — o. O. 1955. XII, 200, 39 gez. Bl. [Maschinenschr.]
*Freiburg, phil. Diss. 30. Juli 1955.*

**Hoegner,** Wilhelm: Die verratene Republik. Geschichte der deutschen Gegenrevolution. — München: Isar-V. (1958) 397 S.

**Hoffmann,** Gabriele: Sozialdemokratie und Berufsbeamtentum. Zur Frage nach Wandel und Kontinuität im Verhältnis der Sozialdemokratie zum Berufsbeamtentum in der Weimarer Zeit. - Hamburg: Buske (1972). 289, 32 S.
*(Hamburger Historische Studien. 4.)*

**Hofmann,** Wolfgang: Plebiszitäre Demokratie und kommunale Selbstverwaltung in der Weimarer Republik. — In: Arch. Kommunalwiss. 4 (1965), 264—281.

**Hohlfeld,** Klaus: Die Reichsexekution gegen Sachsen im Jahre 1923, ihre Vorgeschichte und politische Bedeutung. — (Erlangen 1964: Hogl.) 152 S.
*Erlangen, phil. Diss. vom 28. November 1964.*

**Holl,** Karl: Europapolitik im Vorfeld der deutschen Regierungspolitik. Zur Tätigkeit proeuropäischer Organisationen in der Weimarer Republik. - In: Hist. Z. Bd 219 (1974), 33–94.

**Holl,** Karl: Konfessionalität, Konfessionalismus und demokratische Republik. Zu einigen Aspekten der Reichspräsidentenwahl von 1925. — In: Vjh. Zeitgesch. 17 (1969), 254—275.

**Holzer,** Jerzy: Kryzys polityczne w Niemczech 1928—1930. Partie i masy. — Warszawa: Wyd. Uniwersytetu Warszawskiego 1970. 255 S.
*(Dissertationes Universitatis Varsoviensis. 45.)*

**Holzer,** Jerzy: Parteien und Massen. Die politische Krise in Deutschland, 1928–1930. – Wiesbaden: Steiner 1975. 106 S.
*(Veröffentlichungen des Instituts für Europäische Geschichte Mainz. Abt. Universalgeschichte. Beih. 1.)*

**Hornschu,** Hans-Erich: Die Entwicklung des Finanzausgleichs im Deutschen Reich und in Preußen von 1919 bis 1945. — Kiel: (Institut für Weltwirtschaft) 1950. XIV, 198 S.
*(Kieler Studien. 3.)*

**Hortzschansky,** Günter: Der nationale Verrat der deutschen Monopolherren während des Ruhrkampfes 1923. — Berlin: Dietz 1961. 325 S.
*Zugl. Diss., Inst. f. Gesellschaftswissenschaften beim ZK d. SED.*

**Hürten,** Heinz [Bearb.]: Zwischen Revolution und Kapp-Putsch. Militär und Innenpolitik 1918–1920. – Düsseldorf: Droste (1977). LXXVII, 378 S.
*(Quellen zur Geschichte des Parlamentarismus und der politischen Parteien. 2, 2.)*

**Huston,** James A.: The allied blockade of Germany 1918—1919. — In: J. Centr. Europ. Aff. 10 (1950/51), 145 — 166.

Über das **Jahr** 1923. — In: Z. Geschichtswiss. 1 (1953), 93—106.

**Jasper,** Gotthard: Aus den Akten der Prozesse gegen die Erzberger-Mörder. — In: Vjh. Zeitgesch. 10 (1962), 430— 453.

**Jasper,** Gotthard: Zur innenpolitischen Lage in Deutschland im Herbst 1929. — In: Vjh. Zeitgesch. 8 (1960), 280–289.
> Denkschrift des Reichsinnenministers Severing vom Dezember 1929 über politische Ausschreitungen.

**Jasper,** Gotthard: Der Schutz der Republik. Studien zur staatlichen Sicherung der Demokratie in der Weimarer Republik 1922—1930. — Tübingen: Mohr 1963. VIII, 337 S.
*(Tübinger Studien zur Geschichte und Politik. 16.)*

**Jaworski,** Rudolf: Vorposten oder Minderheit? Der sudetendeutsche Volkstumskampf in den Beziehungen zwischen der Weimarer Republik und der ČSR. - Stuttgart: Dtsch. Verl.-Anst. (1977). 239 S.
*Diss., Universität Tübingen.*

**Jepsen,** C. H.: The influence of the multi-party system on representative government in Germany under the Weimar constitution.
*Oxford, phil. Diss. 1953.*

**Jolly,** Pierre: Dossier inédit ... de la guerre de la Ruhr ... de ses conséquences. - Paris: La Pensée Universelle (1974). 317 S.

**Jones,** K. P.: Stresemann, the Ruhr crisis and Rhenish separatism. A case study of Westpolitik. - In: Europ. Stud. Rev. 7 (1977), 311–340.

**Jones,** Larry Eugene: „The dying middle". Weimar Germany and the fragmentation of bourgeois politics. - In: Centr. Europ. Hist. 5 (1972), 23–54.

**Kahlenberg,** Friedrich P.: Großhessenpläne und Separatismus. Das Problem der Zukunftsorientierung des Rhein-Main-Gebietes nach dem Ersten Weltkrieg (1919—1923). — In: Festschrift Ludwig Petry, Bd 2, Wiesbaden: Steiner 1969, 355—395.

**Kasper,** Martin: Der Lausitzer Bauernbund. Ein Beitr. zur Geschichte d. demokrat. Bauernbewegung in d. Oberlausitz 1924—1932. — Bautzen: Domowina-Verl. 1967. 151 S.
*(Schriftenreihe des Instituts für sorbische Volksforschung in Bautzen. 34.)*

**Kater,** Michael H[ans]: Die „Technische Nothilfe" im Spannungsfeld von Arbeiterunruhen, Unternehmerinteressen und Parteipolitik. - In: Vjh. Zeitgesch. 27 (1979), 30–78.

**Kaufmann,** W. H.: Monarchism in the Weimar republic. — New York. Bookman Associates 1953. 305 S.

**Kaul,** Friedrich Karl: Justiz wird zum Verbrechen. Der Pitaval der Weimarer Republik. — Berlin: Verl. Das Neue Berlin 1954. 446 S.

**Kessel,** Eberhard: Seeckts politisches Programm von 1923. — In: Spiegel der Geschichte, Festgabe für Max Braubach zum 10. April 1964, hrsg. von Konrad Repgen u. Stephan Skalweit, Münster i. W.: Aschendorff (1964), 887—914.

**Kevenhörster,** Paul: Das Rätesystem als Instrument zur Kontrolle politischer und wirtschaftlicher Macht. - Opladen: Westdtsch. Verl. 1974. IV, 190 S.
*Habil.-Schr., Universität Bonn.*

**Klein,** Peter: Separatisten an Rhein und Ruhr. Die konterrevolutionäre separatistische Bewegung der deutschen Bourgeoisie in der Rheinprovinz und in Westfalen November 1918 bis Juli 1919. — Berlin: Rütten & Loening 1961. 195 S.

**Klemperer,** Klemens von: Konservative Bewegungen (Germany's new conservatism, dt.) Zwischen Kaiserreich u. Nationalsozialismus. (Übers.: Marianne Schön.) — München u. Wien: Oldenbourg [1962]. 276 S.

**Knauss,** Bernhard: Politik ohne Waffen. Dargestellt an der Politik Stresemanns. — In: Z. Politik 10 (1963), 249—256.

**Knittel,** F.: Die mitteldeutschen Märzkämpfe im Jahre 1921, ihre Bedeutung und ihre Lehren. — In: Einheit [Berlin] 1956, H. 3, 251—262.

**Koch,** Horst-Adalbert: Die Landespolizei 1932. Standortübersicht der kasernierten Polizeieinheiten (einschl. Schulen) der Länderpolizei 1932. Ein Beitrag zur Organisationsgeschichte der deutschen Polizei 1920—1932. — In: Feldgrau 9 (1961), 42—44 und 91—92.

**Koch,** Horst-Adalbert: Die Sicherheitspolizei in Deutschland 1919/1920. — In: Feldgrau 14 (1966), 101—103 und 133—144.

**Köhler,** Henning: Autonomiebewegung oder Separatismus? Die Politik der Kölnischen Volkszeitung 1918/1919. - Berlin: Colloquium-Verl. (1974). 116 S.
*(Studien zur europäischen Geschichte. 10.)*

**Köhler,** Henning: Sozialpolitik von Brüning bis Schleicher. - In: Vjh. Zeitgesch. 21 (1973), 146–150.

**Koenen,** Wilhelm: Zur Frage der Möglichkeit einer Arbeiterregierung nach dem Kapp-Putsch. — In: Beitr. Gesch. dt. Arbeiterbew. 4 (1962), 342—352.

**Könnemann,** Erwin [u.] Hans-Joachim Krusch: Aktionseinheit contra Kapp-Putsch. Der Kapp-Putsch im März 1920 und der Kampf der deutschen Arbeiterklasse sowie anderer Werktätiger gegen die Errichtung der Militärdiktatur und für demokratische Verhältnisse. — Berlin: Dietz 1972. 573 S.

**Krüger,** Gabriele: Die Brigade Ehrhardt. — (Hamburg:) Leibniz-Verl. (1971). 176 S.
*(Hamburger Beiträge zur Zeitgeschichte. 7.)*

**Kulbakin,** W. D.: Die Militarisierung Deutschlands (1928 bis 1930). Dtsch. von Arno Specht. — Berlin: Dietz 1956. 227 S.

**Kul'bakin,** V. D.: Militarizacija Germanii v 1928—1930 godach. — Moskva: Gospolitizdat 1954. 244 S.

**Kul'bakin,** V. D.: Rol' pravitel'stva Müllera v vosso zdanija vojenno-ekonomičeskogo potencjala germanskogo imperializma. — In: Vop. Ist. 1952, H. 4, 25—50.
> Über die Rolle der Regierung Müller bei dem Wiederaufbau des kriegswirtschaftlichen Potentials des deutschen Imperialismus.

**Lades,** Hans: Deutsche Politik von Ebert bis Brüning. — München: Isar-V. [1952], S. 147—192.
*(Politische Bildung. 33.)*

**Laubach,** Ernst: Die Politik der Kabinette Wirth 1921/22. — Lübeck: Matthiesen 1968. 344 S.
*(Historische Studien. 402.)*
*Diss., Marburg.*

**Leidel,** Herbert: Die Begründung der Reichsfinanzverwaltung. — Bonn: Stollfuss 1964. 149 S.
*(Schriftenreihe des Bundesministeriums der Finanzen. 1.)*
*Zugl. jur. Diss., Münster.*

**Lepsius,** M[ario] Rainer: Extremer Nationalismus. Strukturbedingungen vor der nationalsozialistischen Machtergreifung. — Stuttgart: Kohlhammer (1966). 40 S.
*(Veröffentlichungen der Wirtschaftshochschule Mannheim. 15.)*

**Liang,** Hsi-Huey: The Berlin police force in the Weimar Republic. — Berkeley: University of California Press 1970. XVIII, 252 S.

**Liang,** Hsi-Huey: Die Berliner Polizei in der Weimarer Republik (The Berlin police force in the Weimar Republic, dt.) Aus d. Amerikan. übers. von Brigitte u. Wolfgang Behn. - Berlin: de Gruyter 1977. XVI, 232 S.
*(Veröffentlichungen der Historischen Kommission zu Berlin. 47.)*

**Link,** Werner: Die Geschichte des Internationalen Jugend-Bundes IJB und des Internationalen Sozialistischen Kampf-Bundes ISK. Ein Beitrag zur Geschichte der Arbeiterbewegung in der Weimarer Republik und im Dritten Reich. — Meisenheim am Glan: Hain 1964. 381 S.
*(Marburger Abhandlungen zur Politischen Wissenschaft. 1.)*

**Link,** Werner: Die Ruhrbesetzung und die wirtschaftspolitischen Interessen der USA. - In: Vjh. Zeitgesch. 17 (1969), 572-582.

**Lohe,** Eilert: Der Bruch der Großen Koalition und die Anfänge der Regierung Brüning im Urteil englischer Diplomaten. Eine Untersuchung der britischen Gesandtschaftsberichte über Fragen der deutschen Innen- und Außenpolitik von der Bildung des Kabinetts Brüning bis zur Begegnung in Chequers (März 1930—Juni 1931). — Berlin 1961: (Ernst-Reuter-Gesellsch.) 210 S.
*Berlin, Freie Univ., phil. Diss., 14. Juli 1961.*

**Lopka,** Karl Heinz: Wandlungen der Grundrechte von der Weimarer Verfassung zum Bonner Grundgesetz. — (Oberhausen 1950.) IX, 138 gez. Bl. [Maschinenschr.]
*Köln, rechtswiss. Diss. 24. April 1951.*

**Lucas,** Erhard: Ausnahmezustand in den ersten Jahren der Weimarer Republik. - In: Krit. Justiz 5 (1972), 163–174 und 382–394.

**Lucas,** Erhard: Märzrevolution im Ruhrgebiet. Vom Generalstreik gegen den Militärputsch zum bewaffneten Arbeiteraufstand. März—April 1920. — (Frankfurt a. M.:) März-Verl. 1. (1970). 360 S.

Marx-Engels-Lenin-Institut beim ZK der SED. Die **Märzkämpfe** 1921. Mit Dokumentenanhang. — Berlin: Dietz 1959. 188 S.
*(Beiträge zur Geschichte und Theorie der Arbeiterbewegung. 5.)*

**Matthias,** Erich: L'influence socialiste sous la République de Weimar. — In: Bull. Soc. Prof. Hist. Géogr. 58 (1969), 400—409.

**Maurer,** Ilse: Reichsfinanzen und Große Koalition. Zur Geschichte des Reichskabinetts Müller ⟨1928–1930⟩. - Frankfurt a. M.: Lang 1973. 269 S.
*(Moderne Geschichte und Politik. 1.)*
[Maschinenschr. vervielf.]

**Menges,** Franz: Die Reaktion der sozialistischen Parteien in Deutschland und Frankreich ⟨SPD und S. F. I. O⟩ auf die Ruhrbesetzung 1923. - In: Francia 4 (1976), 625-658.

**Menzel,** Walter: Carl Severing und der 20. Juli 1932. — In: Gegenwart 7 (1952), 734—735.

**Meyer,** Franz: Die unmittelbare Demokratie der Weimarer Republik im Vergleich zu den heutigen deutschen Länderverfassungen der drei Westzonen. — o. O. (1948). V, 84 gez. Bl. [Maschinenschr.]
*Köln, rechtswiss. Diss. 28. Juli 1948.*

**Michaelis,** Wilhelm: Zum Problem des Königstodes am Ende der Hohenzollernmonarchie. — In: Gesch. Wiss. Unterr. 13 (1962), 695—704.

**Milatz,** Alfred: Wähler und Wahlen in der Weimarer Republik. — (Bonn 1965: Bundeszentrale f. Polit. Bildung.) 152 S.
*(Schriftenreihe der Bundeszentrale für Politische Bildung. 66.)*

**Misch,** Axel, Das Wahlsystem zwischen Theorie und Taktik. Zur Frage der Mehrheitswahl und Verhältniswahl in der Programmatik der Sozialdemokratie bis 1933. - Berlin: Duncker & Humblot 1974. 290 S.
*(Beiträge zur Politischen Wissenschaft. 17.)*
*Diss., Universität Freiburg.*

**Mohler,** Armin: Die konservative Revolution in Deutschland 1918-1932. Ein Handbuch. 2. völlig neu bearb. u. erw. Fass. - Darmstadt: Wiss. Buchgesellsch. 1972. XXX, 554 S.

**Mommsen,** Hans: Staat und Bürokratie in der Ära Brüning. - In: Tradition und Reform in der deutschen Politik. Gedenkschrift für Waldemar Besson, Berlin: Propyläen-Verl. 1976, 81-137.

**Mommsen,** Hans: Die Stellung der Beamtenschaft in Reich, Ländern und Gemeinden in der Ära Brüning. - In: Vjh. Zeitgesch. 21 (1973), 151-165.

**Morsey,** Rudolf: Zur Geschichte des „Preußenschlags" am 20. Juli 1932. — In: Vjh. Zeitgesch. 9 (1961), 430—439.

**Morsey,** Rudolf: Brünings Kritik an der Reichsfinanzpolitik 1919-1929. - In: Geschichte, Wirtschaft, Gesellschaft. Festschrift für Clemens Bauer zum 75. Geburtstag, Berlin: Duncker & Humblot 1974, 359-374.

**Morsey,** Rudolf: Zur Vorgeschichte des Reichskonkordats aus den Jahren 1920 und 1921. — In: Z. Rechtsgesch. Kan. Abt., 75 (1958), 237—267.

**Motschmann,** Claus: Evangelische Kirche und preußischer Staat in den Anfängen der Weimarer Republik. Möglichkeiten und Grenzen ihrer Zusammenarbeit. — Lübeck: Matthiesen 1969. 147 S.
*(Historische Studien. 413.)*
*Diss., Freie Universität Berlin.*

**Mühlich,** Ludwig: Die Reichsfinanzpolitik in der Weltwirtschaftskrise 1929—1932 unter besonderer Berücksichtigung der Finanzpolitik der Reichsregierung Brüning. — (Eßlingen a. N. 1950). VII, 322 gez. Bl. [Maschinenschr.]
*Tübingen, rechts- u. staatswiss. Diss. 4. April 1949.*

**Müller-Werth,** Herbert: Die Separatistenputsche in Nassau unter besonderer Berücksichtigung des Stadt- und Landkreises Wiesbaden. — In: Nass. Annalen 79 (1968), 245—328.

**Musselmann,** Edgar: Der Artikel 155 Weimarer Reichsverfassung und seine Verwirklichung in der Gesetzgebung. — o. O. 1948. 128, 3 gez. Bl. [Maschinenschr.]
*München, jur. Diss. 29. Juli 1948.*

Le **nationalisme** entre les deux guerres. — In: Documents 7 (1952), 567—583.

**Needler,** Martin: The theory of the Weimar presidency. — In: Rev. Politics 21 (1959), 692—698.

**Netzband,** Karl-Bernhard [u.] Hans Peter Widmaier: Währungs- und Finanzpolitik der Ära Luther. 1923—1925. Mit e. Einf. von Edgar Salin. — Basel: Kyklos-Verl.; Tübingen: Mohr 1964. IX, 286 S.
*(Veröffentlichungen der List Gesellschaft e. V. 32.)*

**Neu,** Heinrich: Eine britische Armee am Rhein. Geschichte der englischen Besetzung des Bonner Raumes im Jahre 1918/19. — In: Aus Geschichte und Volkskunde von Stadt und Raum Bonn, Festschrift Josef Dietz zum 80. Geburtstag am 8. April 1973, Bonn: Röhrscheid 1973, 448—504.

**Neusel,** Werner: Die Spruchtätigkeit der Strafsenate des Reichsgerichts in politischen Strafsachen in der Zeit der Weimarer Republik. — Marburg 1971: Görich & Weiershäuser. IX, 128 S.
*Marburg, rechts- u. staatswiss. Diss. vom 5. Juli 1971.*

**Neusel,** Werner: Höchstrichterliche Strafgerichtsbarkeit in der Republik von Weimar. — (Frankfurt a. M.:) Athenäum-Verl. (1972). VII, 110 S.
*Diss., Universität Marburg.*

Die **Oktoberrevolution** und Deutschland. Referate und Diskussion zum Thema: Der Einfluß der Großen Sozialistischen Oktoberrevolution auf Deutschland. Red.: Albert Schreiner. — Berlin: Akademie-V. 1958. X, 494 S.
*(Kommission der Historiker der DDR und der UdSSR. Protokoll der wissenschaftlichen Tagung in Leipzig vom 25. bis 30. November 1957. 1.)*

**Opitz,** Reinhard: Der deutsche Sozialliberalismus 1917-1933. — (Köln:) Pahl-Rugenstein (1973). 310 S.
*(Kleine Bibliothek. 38.)*
*Diss., Universität Marburg.*

**Osenberg,** Artur: Über die dynamische Hierarchie der Rechtsinstitutionen in der Weimarer Verfassung und die staatsrechtlichen Ursachen für den Zusammenbruch der Republik unter besonderer Berücksichtigung des Wahlrechts. — o. O. 1953. 270, XV gez. Bl., Bl. 266—393. [Maschinenschr.]
*Bonn, rechts- u. staatswiss. Diss. 3. Dezember 1953.*

**Papen,** Franz von: Vom Scheitern einer Demokratie. 1930—1933. — Mainz: v. Hase & Koehler (1968). 408 S.

**Parlamentspraxis** in der Weimarer Republik. Die Tagungsberichte der Vereinigung der deutschen Parlamentsdirektoren 1925 bis 1933. Bearb. von Martin Schumacher. — Düsseldorf: Droste (1974). VII, 272 S.
*(Quellen zur Geschichte des Parlamentarismus und der politischen Parteien. Reihe 3, 2.)*

**Peiser,** Werner: The last years of the Weimar republic. An examination of legal and economic causes of its collapse. — o. O. 1946. 71 gez. Bl. [Maschinenschr.]
In der Bibliothek des Instituts für Zeitgeschichte vorhanden.

**Petzold,** Joachim: Der Staatsstreich vom 20. Juli 1932 in Preußen. — In: Z. Geschichtswiss. 4 (1956), 1148—1186.

**Phelps,** R. H.: The crisis of the German republic 1930—1932. Its background and course.
*Cambridge, Mass., phil. Diss. 1947.*

**Pikart,** Eberhard: Berufsbeamtentum und Parteienstaat. Eine Fallstudie. — In: Z. Politik 7 (1960), 225—240.

**Pikart,** Eberhard: Zum Problem der Ereignisse des 20. Juli 1932. — In: Z. Politik 3 (1956), 181—183.

**Poll,** Bernhard: Die Reichsleitung, die Oberste Heeresleitung und der Abschluß des Waffenstillstandes November 1918. — In: Jahres- und Tagungsbericht der Görres-Gesellschaft 1954, Köln: Bachem 1955, 35—49.

**Polomski,** Franciszek: Niemiecki urząd do spraw mniejszości (1922—1937). — Wrocław: Ossolineum 1965. 158 S.

**Portner,** Ernst: Die Verfassungspolitik der Liberalen 1919. Ein Beitrag zur Deutung der Weimarer Reichsverfassung. — Bonn: Röhrscheid 1973. 278 S.
*(Bonner historische Forschungen. 39.)*
*Habil.-Schr., Universität Bonn.*

**Potthoff,** Heinrich: Verfassungsväter ohne Verfassungsvolk? Zum Problem von Integration und Desintegration nach der Novemberrevolution. — In: Gesellschaft, Parlament und Regierung, Düsseldorf: Droste (1974), 339–354.

(**Preller,** Ludwig): Das Ende der Regierung Hermann Müller 1930. — In: Pol. Lit. 2 (1953), 270—272.

**Pross,** Harry: Der andere 20. Juli. Zum Problem der Staatsgesinnung in Deutschland. — In: Dtsch. Rdsch. 83 (1957), 692—697.

**Prüfer,** Guntram und Walter Tormin: Die Entstehung und Entwicklung der Weimarer Republik bis zu Eberts Tod. — Hannover: Verl. f. Literatur u. Zeitgeschehen (1960). 64 S.
*(Hefte zum Zeitgeschehen. 2.)*

**Pryce,** Donald B.: The Reich Government versus Saxony, 1923. The decision to intervene.– In: Centr. Europ. Hist. 10 (1977), 112–147.

**Pünder,** Hermann: Politik in der Reichskanzlei. Aufzeichnungen aus den Jahren 1929—1932. Hrsg. von Thilo Vogelsang. — Stuttgart: Dtsch. Verl. Anst. (1961). 179 S.
*(Schriftenreihe der Vierteljahrshefte für Zeitgeschichte. 3.)*

**Pünder,** Hermann: Der Reichspräsident in der Weimarer Republik. — Frankfurt a.M., Bonn: Athenäum-Verl. 1961. 27 S.
*(Demokratische Existenz heute. 2.)*

**Reinhard,** Friedrich Franz: Die Verfassungstreitigkeiten innerhalb eines Landes nach Art. 19 der RV vom 11. 8. 1919. Ein Beitrag zur prozessualen Behandlung. — o. O. 1945. 75 gez. Bl. [Maschinenschr.]
*Hamburg, rechts- u. staatswiss. Diss. 17. Aug. 1946.*

**Revermann,** Klaus: Die stufenweise Durchbrechung des Verfassungssystems der Weimarer Republik in den Jahren 1930 bis 1933. Eine staatsrechtliche und historisch-politische Analyse. — Münster i.W.: Aschendorff (1959). 175 S.
*(Aschendorffs Juristische Handbücherei. 62)*

**Roeske,** Ulrich: Brüning und die Volkskonservativen [1930]. — In: Z. Geschichtswiss. 19 (1971), 904—915.

**Rohe,** Karl: Das Reichsbanner Schwarz Rot Gold. Ein Beitr. zur Geschichte u. Struktur d. polit. Kampfverbände zur Zeit d. Weimarer Republik. Hrsg. von der Kommission für Geschichte des Parlamentarismus und der Politischen Parteien. — Düsseldorf: Droste (1966). 494 S.
*(Beiträge zur Geschichte des Parlamentarismus und der politischen Parteien. 34.)*

**Rudolph,** Ludwig Ritter von: Die Lüge, die nicht stirbt. Die „Dolchstoßlegende" von 1918. — Nürnberg: Glock & Lutz (1958). 146 S.

**Ruge,** Wolfgang: Die „Deutsche Allgemeine Zeitung" und die Brüning-Regierung. Zur Rolle der Großbourgeoisie bei der Vorbereitung des Faschismus. — In: Z. Geschichtswiss. 16 (1968), 19—53.

**Runge,** Wolfgang: Politik und Beamtentum im Parteienstaat. Die Demokratisierung der politischen Beamten in Preußen zwischen 1918 und 1933. — Stuttgart: Klett (1965). 292 S.
*(Industrielle Welt. 5.)*

**Sauer,** Wolfgang: Das Bündnis Ebert-Groener. Eine Studie über Notwendigkeit und Grenzen der militärischen Macht. — o. O. [1957]. 233 Bl.
*Berlin, Freie Univ., phil. Diss. 30. Januar 1957.*

**Schacht,** Hjalmar: 1933. Wie eine Demokratie stirbt. — Düsseldorf: Econ-Verl. (1968). 179 S.

**Schiffers,** Reinhard: Elemente direkter Demokratie im Weimarer Regierungssystem. — Düsseldorf: Droste (1971). 323 S.
*(Beiträge zur Geschichte des Parlamentarismus und der politischen Parteien. 40.)*

**Schiffers,** Reinhard: Referendum und Volksinitiative in der Weimarer Republik. Zum Problem der Aufnahme und Umwandlung von Verfassungseinrichtungen der westlichen Demokratien in Deutschland. - In: Francia 1 (1973), 653–691.

**Schinkel,** Harald: Entstehung und Zerfall der Regierung Luther. — Berlin 1959. 221 S.
*Berlin, Freie Univ., phil. Diss. 11. Februar 1959.*

**Schmahl,** Hermannjosef: Disziplinarrecht und politische Betätigung der Beamten in der Weimarer Republik. - Berlin: Duncker & Humblot (1977). 248 S.
*(Schriften zur Rechtsgeschichte. 13.)*

**Schmolke,** Michael: Reden und Redner vor den Reichspräsidentschaftswahlen im Jahre 1932. — In: Publizistik 4 (1959), 97—117.

**Schreiber,** Georg: Der erste Entwurf des Reichskonkordats (1920/21). — In: Veröffentl. d. Sektion f. Rechts- u. Staatswiss. d. Görres-Ges., N. F., H. 2, 1950, 159—196.

**Schröder,** Ernst: Wiedfeldt und die Seeckt-Ebertschen Direktoriumspläne des Jahres 1923. — In: Münster am Hellweg [Essen] 19 (1966), 129—141.

**Schüren,** Ulrich: Der Volksentscheid zur Fürstenenteignung 1926. Die Vermögensauseinandersetzung mit den depossedierten Landesherren als Problem der deutschen Innenpolitik unter besonderer Berücksichtigung der Verhältnisse in Preußen. - Düsseldorf: Droste 1978. 327 S.
*(Beiträge zur Geschichte des Parlamentarismus und der politischen Parteien. 64.)*

**Schulz,** Gerhard: Zwischen Demokratie und Diktatur. Verfassungspolitik u. Reichsreform in der Weimarer Republik. — Berlin: de Gruyter.
1. Die Periode der Konsolidierung und der Revision des Bismarckschen Reichsaufbaus 1919—1930. 1963. XIV, 678 S.

**Schulz,** Gerhard: Triebkräfte und Ziele der Reichsreform nach der Weimarer Verfassung. - In: Verwaltungsgeschichte, Berlin: Duncker & Humblot 1977, 71–99.

**Schulze,** Hagen: Der Oststaat-Plan 1919. — In: Vjh. Zeitgesch. 18 (1970), 123—163.

**Schumacher,** Martin: Stabilität und Instabilität. Wahlentwicklung und Parlament in Baden und Braunschweig 1918–1933. - In: Gesellschaft, Parlament und Regierung, Düsseldorf: Droste (1974), 389–417.

**Schumann,** Rosemarie: Initiativen deutscher Pazifisten gegen die reaktionäre Polenpolitik in der Weimarer Republik. - In: Z. Geschichtswiss. 22 (1974), 1223–1232.

**Schwabe,** Klaus: Anti-Americanism within the German Right 1917–1933. - In: Amerikastud. 21 (1976), 89–107.

**Schwarz,** Gotthart: Krise des Parteienstaates oder Problematik des Präsidialsystems? Zur Kontroverse um die „Auflösung der Weimarer Republik". — In: Gesch.-Wiss. Unterr. 20 (1969), 683—701.

**Schwarzschild,** Leopold: Die letzten Jahre vor Hitler. Aus d. „Tagebuch" 1929—1933. Hrsg. von Valerie Schwarzschild. Mit e. Vorw. von Golo Mann. (Mit Anm. von Jens Plass.) — (Hamburg:) Wegner (1966). 294 S.

**Sennholz,** Hans: Gewerkschaften und Räte nach dem ersten Weltkrieg. — Köln 1949. 72 gez. Bl. [Maschinenschr.]
*Köln, wirtsch.- u. sozialwiss. Diss. 27. Juli 1949.*

**Sinzheimer,** Hugo [u.] Ernst Fraenkel: Die Justiz in der Weimarer Republik. Eine Chronik. Mit. e. Einf. von Otto Kirchheimer hrsg. von Thilo Ramm. — (Neuwied:) Luchterhand (1968). 486 S.
*(Politica. 29.)*

**Sontheimer,** Kurt: Antidemokratisches Denken in der Weimarer Republik. — In: Vjh. Zeitgesch. 5 (1957), 42—62.

**Sontheimer,** Kurt: Antidemokratisches Denken in der Weimarer Republik. Die politischen Ideen des deutschen Nationalismus zwischen 1918 und 1933. — (München:) Nymphenburger Verlagshandlung (1962). 413 S.

**Sontheimer,** Kurt: Zur Grundlagenproblematik der deutschen Staatsrechtslehre in der Weimarer Republik. — In: Arch. Rechts- u. Soz. Phil. 46 (1960), H. 1, 39—71.

**Sontheimer,** Kurt: Die Idee des Reiches im politischen Denken der Weimarer Republik. — In: Gesch. Wiss. Unterr. 13 (1962), 205—221.

**Sontheimer,** Kurt: Der antiliberale Staatsgedanke in der Weimarer Republik. — In: Polit. Vjschr. 2 (1961), 25—42.

**Staat** und NSDAP 1930-1932. Quellen zur Ära Brüning. Eingel. von Gerhard Schulz. Bearb. von Ilse Maurer u. Udo Wengst. — Düsseldorf: Droste (1977). LXXXIX, 350 S.
*(Quellen zur Geschichte des Parlamentarismus und der politischen Parteien. 3, 3.)*

**Steffani,** Winfried: Die Untersuchungsausschüsse des Preußischen Landtages zur Zeit der Weimarer Republik. Ein Beitrag zur Entwicklung, Funktion und politischen Bedeutung parlamentarischer Untersuchungsausschüsse. — Düsseldorf: Droste (1960). 378 S.
*(Beiträge zur Geschichte des Parlamentarismus und der politischen Parteien. 17.)*

**Stern,** Fritz: Adenauer and a crisis in Weimar democracy. — In: Polit. Science Quart. 73 (1958/59), 1—27.

**Stribrny,** Wolfgang: Der Versuch einer Kandidatur des Kronprinzen Wilhelm bei der Reichspräsidentenwahl 1932. - In: Geschichte in der Gegenwart. Festschrift für Kurt Kluxen zu seinem 60. Geburtstag, Paderborn: Schöningh 1972, 199-210.

**Striefler,** Heinrich: Deutsche Wahlen in Bildern und Zahlen. Eine soziographische Studie über die Reichstagswahlen der Weimarer Republik. — Düsseldorf: Wende-Verlag 1946. 64 S.

**Stürmer,** Michael: Koalition und Opposition in der Weimarer Republik. 1924—1928. Hrsg. von der Kommission für Geschichte des Parlamentarismus und der politischen Parteien. — Düsseldorf: Droste (1967). 319 S.
*(Beiträge zur Geschichte des Parlamentarismus und der politischen Parteien. 36.)*

**Stürmer,** Michael: Der unvollendete Parteienstaat. Zur Vorgeschichte des Präsidialregimes am Ende der Weimarer Republik. - In: Vjh. Zeitgesch. 21 (1973), 119-126.

Die **Stunde,** die nur einmal kommt. Carl Severing. — In: Gegenwart 7 (1952), 493—494.

Industrielles **System** und politische Entwicklung in der Weimarer Republik. Verhandlungen des Internationalen Symposiums in Bochum vom 12.-17. Juni 1973. Hrsg. von Hans Mommsen, Dietmar Petzina [u.] Bernd Weisbrod. - Düsseldorf: Droste (1974). 1017 S.

**Theisen,** Helmut: Die Entwicklung zum nihilistischen Nationalismus in Deutschland 1918—1933. Eine historisch-soziologische Studie. — 123 S.
*Basel, phil. Diss. 1955.*

**Thierauf,** Hans: Der Finanzausgleich in der Weimarer Republik. — (Regensburg, München 1961: Walhalla und Praetoria Verl.) VIII, 202 S.
*Würzburg, phil. Diss., 19./20. Januar 1961.*

**Thieringer,** Rolf: Das Verhältnis der deutschen Gewerkschaften zu Staat und politischen Parteien in der Weimarer Republik 1918 bis 1933. Die ideologischen Verschiedenheiten und taktischen Gemeinsamkeiten der Richtungsgewerkschaften. — o. O. [1954]. IV, 263 gez. Bl. [Maschinenschr.]
*Tübingen, phil. Diss. 18. August 1954.*

**Timm,** Helga: Die deutsche Sozialpolitik und der Bruch der großen Koalition im März 1930. — Düsseldorf: Droste-V. 1953. 216 S.
*(Beiträge zur Geschichte des Parlamentarismus und der politischen Parteien. 1.)*

**Topf,** Erwin: Wer stürzte Brüning? Hintergründe einer Intervention. — In: Monat 13 (1960/61), H. 146, 41—49.

**Traditionen** deutscher Justiz. Politische Prozesse 1914-1932. Lesebuch zur Geschichte der Weimarer Republik. Hrsg. von Kurt Kreiler. - Berlin: Wagenbach 1978. 310 S.
*(Politik. 80.)*

**Treviranus,** Gottfried Reinhold: Brüning geht. — In: Dtsch. Rdsch. 88 (1962), 796—819.

**Uhlemann,** Manfred: Arbeiterjugend gegen Cuno und Poincaré. Das Jahr 1923. — Berlin: Verl. Neues Leben 1960. 230 S.

**Vierhaus,** Rudolf: Die politische Mitte in der Weimarer Republik. — In: Gesch. Wissensch. Unterr. 15 (1964), 133—149.

**Volkland,** Gerhard: Hintergründe und politische Auswirkungen der Gelsenkirchen-Affäre im Jahre 1932. — In: Z. Geschichtswiss. 11 (1963), 289—318.

**Vollmer,** Kurt: Die Reichsamnestien von 1918—1939. — o. O. (1949). 108 gez. Bl. [Maschinenschr.]
*Marburg, rechts- u. staatswiss. Diss. 16. März 1949.*

**Vring,** Thomas von der: Ein Dokument zur Haltung der Gewerkschaften gegenüber dem Staatsstreich in Preußen im Jahre 1932. — In: Paul Kluke zum 60. Geburtstag, Frankfurt a.M. 1968, 91—110 [Maschinenschr. hektograph.].

**Wagner,** Walter: Politische Justiz in der Weimarer Republik. (1:) Der Feind von rechts. 2: Der Feind von links. — In: Polit. Meinung 6 (1961), H. 58, 50—63 und H. 60, 48—61.

**Waller,** Sture M.: Riksregeringen Brüning avgång 1932. — (Lund 1965: Berlingska Boktryckeriet.) 140 S.
*(Särtryck ur Scandia. 31.)*

**Weber,** Günter: Die wichtigsten Reformpläne zur Weimarer Reichsverfassung betreffend das Verhältnis Reich—Länder (Unitarismus—Föderalismus). — (Düsseldorf) 1947. S. A—C, 100 S. [Maschinenschr.]
*Köln, rechtswiss. Diss. 19. Febr. 1948.*

Der **Weg** in die Diktatur 1918 bis 1933. 10 Beiträge. [Von] Th[eodor] Eschenburg [u. a.] (Eine Sendereihe im Dritten Programm d. Norddeutschen Rundfunks.Leitung: Christian Gneuß.) — München: Piper (1962). 244 S.
*(Piper Paperback.)*

**Weßling,** Wolfgang: Hindenburg, Neudeck und die deutsche Wirtschaft. Tatsachen und Zusammenhänge einer „Affäre". - In: Vjschr. Soz.- u. Wirtschaftsgesch. 64 (1977), 41–73.

**Wheeler**-Bennett, Sir John: Reconsiderations. The end of the Weimar Republic. — In: Foreign Aff. 50 (1971/72), 351—371.

**Winkler,** Hans-Joachim: Die Weimarer Demokratie. Eine polit. Analyse d. Verfassung u. d. Wirklichkeit. — Berlin: Colloquium Verl. (1963). 111 S.
*(Zur Politik und Zeitgeschichte. 12/13.)*

**Wippermann,** Klaus W.: Politische Propaganda und staatsbürgerliche Bildung. Die Reichszentrale für Heimatdienst in der Weimarer Republik. - (Bonn 1976: Bundesdruckerei). 584 S.
*(Schriftenreihe der Bundeszentrale für politische Bildung. 114.)*

**Witt,** Peter-Christian: Reichsfinanzminister und Reichsfinanzverwaltung. Zum Problem des Verhältnisses von politischer Führung und bürokratischer Herrschaft in den Anfangsjahren der Weimarer Republik ⟨1918/19–1924⟩. - In: Vjh. Zeitgesch. 23 (1975), 1–61.

**Źródła,** do dziejów powstań śląskich. - Wrocław: Zakł. narod. Ossolińskich.
2. Styczen-Grudzien. 1920. Oprac. Tadeusz Jedruszczak i Zygmunt Kolankowski. 1970. 577 S.

**Zsigmond,** L[ászló]: Zur deutschen Frage. 1918—1923. Die wirtschaftl. u. internat. Faktoren d. Wiederbelebung d. dtsch. Imperialismus u. Militarismus. — Budapest: Akadémiai Kiado 1964. 345 S.
*(Studia historica. 55.)*

**Zsigmond,** László: A német imperializmus és militarizmus újjáéledésének gazdasági és nemzetközi tényezöi (1918—1923). — Budapest: Akadémiai Kiadó 1961. 446 S.

## Parteien

**Albertin,** Lothar: Liberalismus und Demokratie am Anfang der Weimarer Republik. E. vergleichende Analyse d. Deutschen Demokratischen Partei u. d. Deutschen Volkspartei. — Düsseldorf: Droste 1972. 466 S.
*(Beiträge zur Geschichte des Parlamentarismus und der politischen Parteien. 45.)*

**Angress,** Werner T.: Die Kampfzeit der KPD, (Stillborn revolution, dt.) 1921–1923. - Düsseldorf: Droste (1973). 547 S.
*(Geschichtliche Studien zu Politik und Gesellschaft. 2.)*

**Arns,** Günter: Die Linke in der SPD-Reichtagsfraktion im Herbst 1923. - In: Vjh. Zeitgesch. 22 (1974), 191–205.

**Ascher,** Abraham und Guenter Lewy: National bolshevism in Weimar Germany. Alliance of political extremes against democracy. — In: Soc. Research 23 (1956), 450—480.

**Bahne,** Siegfried: Die KPD und das Ende von Weimar. Das Scheitern einer Politik 1932–1935. - Frankfurt a. M.: Campus-Verl. 1976. 184 S.
*(Campus Studium. 515.)*

**Bahne,** Siegfried: Die KPD im Ruhrgebiet in der Weimarer Republik. - In: Arbeiterbewegung an Rhein und Ruhr, Wuppertal: Hammer (1974), 315–353.

**Bahne,** Siegfried: Zwischen „Luxemburgismus" und „Stalinismus". Die „ultralinke" Opposition in der KPD. — In: Vjh. Zeitgesch. 9 (1961), 359—383.

**Bahne,** Siegfried: Der Trotzkismus in Deutschland 1931—1933. Ein Beitrag zur Geschichte der KPD und der Komintern. — o. O. 1958. VIII, 358 Bl.
*Hamburg, phil. Diss. 25. Februar 1959.*

**Bartosz,** Julian: Rola Niemieckiej Partii Centrowej w latach 1930—1933. — Warszawa: Książka i Wiedza 1970. 266 S.

**Becker,** Josef: Joseph Wirth und die Krise des Zentrums während des IV. Kabinetts Marx (1927—1928). Darstellung und Dokumente. — In: Z. Gesch. Oberrheins 109 (1962), 361—482.

**Beeck,** Karl-Hermann: Die Gründung der Deutschen Staatspartei im Jahre 1930 im Zusammenhang der Neuordnungsversuche des Liberalismus. — o. O. 1957. 233 Bl.
*Köln, phil. Diss. 28. Februar 1957.*

**Berghahn,** Volker Rolf: Der Stahlhelm, Bund der Frontsoldaten 1918—1935. — London 1964. 423 S.
*London, Phil. Diss.*

**Berghahn,** Volker R[olf]: Der Stahlhelm. Bund der Frontsoldaten 1918—1935. Hrsg. von der Kommission für Geschichte d. Parlamentarismus u. d. politischen Parteien. — Düsseldorf: Droste (1966). 304 S.
*(Beiträge zur Geschichte des Parlamentarismus und der politischen Parteien. 33.)*

**Berthold,** Lothar: Das Programm der KPD zur nationalen und sozialen Befreiung des deutschen Volkes vom August 1930. — Berlin: Dietz 1956. 308 S.

**Blumberg,** N. A.: The German communist movement 1918—1923.
*Oxford, Diss. 1950.*

**Borchmeyer,** Dr. [Hrsg.]: Hugenbergs Ringen in deutschen Schicksalsstunden. Tatsachen und Entscheidungen in den Verfahren zu Detmold und Düsseldorf 1949—1950. — Detmold: Maximilian-V. 1951. 164 S.

**Braun,** Wilhelm: Sowjetrußland zwischen SPD und KPD. Eine Untersuchung zum Problem des gegenseitigen Verhältnisses von SPD und KPD in den Jahren des Zerfalls der Weimarer Republik (1930—1933). — o.O. [1959]. 122 Bl.
*Tübingen, phil. Diss., 9. Juni 1959.*

**Breitman,** Richard: On German Social Democracy and General Schleicher 1932-33. - In: Centr. Europ. Hist. 9 (1976), 352–378.

**Caspar,** Gustav-Adolf: Die Sozialdemokratische Partei Deutschlands und das deutsche Wehrproblem in den Jahren der Weimarer Republik. — o. O. [1954]. XI, 246 gez. Bl. [Maschinenschr.]
*Berlin, Freie Universität, phil. Diss. 6. April 1954.*

**Caspar,** G. A.: Die Sozialdemokratische Partei Deutschlands und das deutsche Wehrproblem in den Jahren der Weimarer Republik. — Frankfurt a. M.: Mittler 1959. 106 S.

**Caspar,** G. A.: Die deutsche Sozialdemokratie und die Entstehung der Reichswehr (1918/1921). — In: Wehrwiss. Rdsch. 8 (1958), 194—207.

**Chamberlin,** Brewster S.: The enemy on the right. The Alldeutsche Verband in the Weimar Republic, 1918-1926. - o. O. 1973. X, 443 S.
*Diss., University of Maryland.*
[Xerokopie]

**Chanady,** Attila: The disintegration of the German National People's Party 1924—1930. — In: J. mod. Hist. 39 (1967), 65—91.

**Chanady,** Attila: The dissolution of the German Democratic Party in 1930. — In: Amer. hist. Rev. 73 (1967/68), 1433—1453.

**Collotti,** Enzo: Sinistra radicale e spartacisti nella socialdemocrazia tedesca attraverso le „Spartakus-Briefe". — In: Annali, Istituto Giangiacomo Feltrinelli 4 (1961), 11—89.

**Conze,** Werner: Die deutschen Parteien in der Staatsverfassung vor 1933. — In: Das Ende der Parteien 1933, hrsg. von Erich Matthias und Rudolf Morsey, Düsseldorf: Droste (1960), 3—28.

**Cullmann,** Ruth: Die politischen Parteien und die schulpolitischen Artikel der Weimarer Verfassung.
*Marburg, Inst. f. wiss. Politik, Staatsexamensarbeit [um 1951].*

**Dau,** Werner: Politik der USPD im November—Dezember 1918, untersucht an der Haltung der USPD-Volksbeauftragten in der provisorischen Reichsregierung.
*Hamburg, Hist. Sem., Staatsexamensarbeit [um 1952].*

**Döhn,** Lothar: Politik und Interesse. Die Interessenstruktur der Deutschen Volkspartei. — Meisenheim a. G.: Hain 1970. 459 S.
*(Marburger Abhandlungen zur politischen Wissenschaft. 16.)*

**Dörr,** Manfred: Die Deutschnationale Volkspartei 1925 bis 1928. — (Gelsenkirchen) 1964: (Eurofamilia). 605 S.
*Marburg a.d.L., phil. Diss. vom 16. Dezember 1964.*

**Drechsler,** Hanno: Die sozialistische Arbeiterpartei Deutschlands ⟨SAPD⟩. Ein Beitrag zur Geschichte der dtsch. Arbeiterbewegung am Ende der Weimarer Republik. — Meisenheim am Glan: Hain 1965. XV, 406 S.
*(Marburger Abhandlungen zur politischen Wissenschaft. 2.)*

**Dünow,** Hermann: Der Rote Frontkämpferbund. Die revolutionäre Schutz- und Wehrorganisation des deutschen Proletariats in der Weimarer Republik. — Berlin: Verl. d. Ministeriums f. Nationale Verteidigung 1958. 101 S.
*(Schriftenreihe zu Fragen der Militärideologie und Militärpolitik. 2.)*

**Eisner,** Freya: Das Verhältnis der KPD zu den Gewerkschaften in der Weimarer Republik. - (Köln:) Europ. Verl.-Anst. (1977). 271 S.
*(Schriftenreihe der Otto-Brenner-Stiftung. 8.)*

**Fauth,** Reinhold: Der Kampf um die Schule in der Verfassunggebenden Preußischen Landesversammlung ⟨1919 bis 1921.⟩ Ein Beitrag zur Geschichte der politischen Parteien in Deutschland. — o. O. 1948. 69 gez. Bl. [Maschinenschr.]
*Berlin, Humboldt-Univ., phil. Diss. 13. Mai 1948.*

**Finker,** Kurt: Zur Auseinandersetzung des Roten Frontkämpferbundes mit der Wehrpolitik der rechten SPD-Führer in den Jahren der relativen Stabilisierung des Kapitalismus. — In: Z. Geschichtswiss. 7 (1959), 797—819.

**Flechtheim,** Ossip K[urt]: Die KPD in der Weimarer Republik. Mit e. Einl. von Hermann Weber. [Neuaufl.] — (Frankfurt a.M.:) Europ. Verl. Anst. (1969). 359 S.

**Friedrich,** Manfred: Die Parteitage des Zentrums in Bayern. - In: Z. bayer. Landesgesch. 36 (1973), 834–876.

**Fritzsche,** Klaus: Politische Romantik und Gegenrevolution. Fluchtwege in der Krise der bürgerlichen Gesellschaft. Das Beispiel des ‚Tat'-Kreises. — (Frankfurt a. M.:) Suhrkamp (1976). 436 S.
*(Edition Suhrkamp. 778.)*

**Frye,** Bruce B.: The German Democratic Party 1918—1930. — In: Western Polit. Quart. 16 (1963), 167—179.

**Gildemeister,** Hans: Die Politik der Deutschnationalen Volkspartei vom Oktober 1929 bis Mai 1932 mit besonderer Berücksichtigung der Volkskonservativen.
*Hamburg, Hist. Sem., Staatsexamensarbeit [um 1952].*

**Gombin,** Richard: Communisme de parti et communisme de conseils. L'exemple de la République de Weimar. - In: Rev. Hist. mod. & contemp. 23 (1976), 32–43.

**Grebing,** Helga: Die Linke in der Weimarer Republik. Ein Literatur- und Forschungsbericht. — In: Polit. Studien 18 (1967), 334—340.

**Grebing,** Helga: Zentrum und katholische Arbeiterschaft. Ein Beitrag zur Geschichte des Zentrums in der Weimarer Republik. — o. O. o. J. VII, 300, 1—19 gez. Bl. [Maschinenschr.]
*Berlin, Freie Univ., phil. Diss., 23. Febr. 1953.*

Der **Gründungsparteitag** der KPD. Protokoll u. Materialien. Hrsg. u. eingel. von Hermann Weber. — Frankfurt a. M.: Europa-Verl. (1969). 345 S.
*(Politische Texte.)*

**Grünthal,** Günther: Reichsschulgesetz und Zentrumspartei in der Weimarer Republik. — Düsseldorf: Droste (1968). 324 S.
*(Beiträge zur Geschichte des Parlamentarismus und der politischen Parteien. 39.)*
*Diss., Freie Universität Berlin.*

**Hammer,** Walter: Vom Reichsbanner zur Eisernen Front. — In: Freie weite Welt, Beilage zu „Welt der Arbeit", vom 16. und 30. Juli 1954.

**Hartenstein,** W.: Die Anfänge der DVP. 1918—1920.
*Berlin, Freie Univ., phil. Diss. 1958.*

**Hartenstein,** Wolfgang: Die Anfänge der Deutschen Volkspartei 1918—1920. Hrsg. von d. Kommission f. Geschichte d. Parlamentarismus u. d. Polit. Parteien. — Düsseldorf: Droste (1962). 299 S.
*(Beiträge zur Geschichte des Parlamentarismus und der politischen Parteien. 22.)*

**Hawranek,** Franciszek: Ruch komunistyczny na Górnym Śląsku w latach 1918—1921. — Wrocław: Ossolineum 1966. 270 S.
*(Instytut Śląski w Opolu.)*

**Hertzman,** Lewis: DNVP, right-wing opposition in the Weimar republic, 1918—1924. — Lincoln: University of Nebraska Press 1963. VI, 263 S.

**Hertzman,** Lewis: The founding of the German national people's party (DNVP), November 1918 — January 1919. — In: J. mod. Hist. 30 (1958), 24—36.

**Hertzman,** Lewis: The German National People's Party (DNVP) 1918—1924. — Cambridge, Mass. 1954. VII, 494 gez. Bl. [Maschinenschr.]
*Harvard University, phil. Diss. März 1955.*

**Heß,** Jürgen C.: „Das ganze Deutschland soll es sein". Demokratischer Nationalismus in der Weimarer Republik am Beispiel der Deutschen Demokratischen Partei. - Stuttgart: Klett-Cotta 1978. 400 S.
*(Kieler Historische Studien. 24.)*

**Hoepke,** Klaus-Peter: Die deutsche Rechte und der italienische Faschismus. Ein Beitr. zum Selbstverständnis u. zur Politik von Gruppen u. Verbänden d. deutschen Rechten. — Düsseldorf: Droste (1968). 348 S.
*(Beiträge zur Geschichte des Parlamentarismus und der politischen Parteien. 38.)*
*Diss., Freie Universität Berlin.*

**Hoffmann**-Ostwald, Daniel und Ursula Behse: Agitprop 1924—1933. — Leipzig: Hofmeister 1960. 103 S.
*(Kulturelle Traditionen der Arbeiterbewegung. 1.)*

**Hornung,** Klaus: Der Jungdeutsche Orden. Ein Beitrag zur Geschichte des „Neuen Nationalismus" in Deutschland 1919—1933. — o. O. [1955]. IX, 336 gez. Bl. [Maschinenschr.]
*Tübingen, phil. Diss. 18. Oktober 1955.*

**Huber**-Koller, Rose-Marie: Die kommunistische Erwerbslosenbewegung in der Endphase der Weimarer Republik. - In: Gesellschaft. Beiträge zur Marxschen Theorie, (Frankfurt a. M.:) Suhrkamp (1977), 89—140.

**Hunt,** Richard Norman: German Social Democracy 1918—1933. — New Haven, London: Yale University Press 1964. XVIII, 292 S.
*(Yale Historical Publications. Miscellany. 79.)*

**Jonas,** Erasmus: Die Volkskonservativen 1928—1933. Entwicklung, Struktur, Standort und staatspolitische Zielsetzung. Hrsg. von der Kommission für Geschichte d. Parlamentarismus u. d. politischen Parteien. — Düsseldorf: Droste (1965). 199 S.
*(Beiträge zur Geschichte des Parlamentarismus und der politischen Parteien. 30.)*

**Jones,** Larry Eugene: Sammlung oder Zersplitterung? Die Bestrebungen zur Bildung einer neuen Mittelpartei in der Endphase der Weimarer Republik 1930-1933. - In: Vjh. Zeitgesch. 25 (1977), 265-304.

**Jones,** Larry Eugene: Adam Stegerwald und die Krise des deutschen Parteiensystems. Ein Beitrag zur Deutung des „Essener Programms" vom November 1920. - In: Vjh. Zeitgesch. 27 (1979), 1-29.

**Junker,** Detlef: Die Deutsche Zentrumspartei und Hitler 1932/33. Ein Beitrag zur Problematik des politischen Katholizismus in Deutschland. — Stuttgart: Klett (1969). 247 S.
*(Stuttgarter Beiträge zur Geschichte und Politik. 4.)*

Die Roten **Kämpfer.** Zur Geschichte einer linken Widerstandsgruppe. — In: Vjh. Zeitgesch. 7 (1959), 438—450.

**Kastning,** Alfred: Die deutsche Sozialdemokratie zwischen Koalition und Opposition 1919 bis 1923. — Paderborn: Schöningh (1970). 195 S.
*(Sammlung Schöningh zur Geschichte und Gegenwart.)*
*Diss., Universität Köln.*

**Kessler,** Alexander: Der Jungdeutsche Orden in den Jahren der Entscheidung. – München: Lohmüller.
1. 1928-1930. 1974. 176 S.
*(Beiträge zur Geschichte des Jungdeutschen Ordens. 4.)*

**Kessler,** Alexander: Der Jungdeutsche Orden in den Jahren der Entscheidung. – München: Lohmüller.
2. 1931-1933. (1976). 336 S.
*(Beiträge zur Geschichte des Jungdeutschen Ordens. 5.)*

**Kinner,** Klaus: Zum Kampf gegen die Verfälschung des revolutionären Vermächtnisses von Friedrich Engels in den Jahren der Weimarer Republik.— In: Beitrr. Gesch. dtsch. Arbeiterbew. 12 (1970), 773—787.

**Klinkhammer,** Reimund: Die Außenpolitik der Sozialdemokratischen Partei Deutschlands in der Zeit der Weimarer Republik. — o. O. [1955]. 271 gez. Bl. [Maschinenschr.]
*Freiburg i. Br., phil. Diss. 24. Februar 1955.*

**Klotzbücher,** Alois: Der politische Weg des Stahlhelm, Bund der Frontsoldaten, in der Weimarer Republik. Ein Beitrag zur Geschichte der „Nationalen Opposition" 1918—1933. — Erlangen 1965: Hogl. XXV, 349 S.
*Erlangen, phil. Diss. vom 28. November 1964.*

**Knapp,** Thomas A.: The German Center Party and the Reichsbanner. A case study in political and social consensus in the Weimar Republic. — In: Internat. Rev. soc. Hist. 14 (1969), 159—179.

**Knebel,** Jerzy: Polityka socjaldemokracji niemieckiej w przededniu rewolucji listopadowej 1918 roku. — Warszawa: Państw. Wyd. naukowe 1957. 199 S.

**Knebel,** Jerzy: Przywódcy SPD wobec rewolucii pazdzeirnikowej i sprawy demokratycznego pokoju w okresie brześcia. — In: Kwart. hist. Warszawa 63 (1956), H. 2, 27—73.

**Knopp,** Guido F(riedrich): Einigungsdebatte und Einigungsaktion in SPD und USPD 1917-1920. Unter besonderer Berücksichtigung der „Zentralstelle für Einigung der Sozialdemokratie". - o. O. 1975. XVIII, 730 S.
*Würzburg, phil. Diss. vom 22. Juli 1975.*

**Köller,** Heinz: Kampfbündnis an der Seine, Ruhr und Spree. Der gemeinsame Kampf d. KPF u. KPD gegen die Ruhrbesetzung 1923. — Berlin: Rütten & Loening 1963. 347 S.
*(Schriftenreihe des Instituts für Allgemeine Geschichte an der Humboldt-Universität Berlin. 8.)*

**Kölling,** Mirjam: Der Kampf der Kommunistischen Partei unter der Führung Ernst Thälmanns für die Einheitsfront in den ersten Jahren der relativen Stabilisierung (1924—1927). — In: Z. Geschichtswiss. 2 (1954), 3—36.

**Kolb,** Eberhard: Zur Sozialbiographie einer Führungsgruppe der SPD am Anfang der Weimarer Republik. Die Mitglieder des „Zentralrats" 1918/19. - In: Herkunft und Mandat, Frankfurt a. M.: Europ. Verl.-Anst. 1976, 97-109.

**Kolbe,** Hellmuth: Die Herausbildung der Kommunistischen Partei Deutschlands unter dem Einfluß der Großen Sozialistischen Oktoberrevolution. — In: Z. Geschichtswiss. 6 (1958), Sonderh., 84—109.

**Kolbe,** Helmut: Das außenpolitische Programm des Gründungsparteitages der KPD. — In: Dtsch. Außenpolitik 3 (1958), 1033—1041.

**Krause,** Hartfrid: USPD. Zur Geschichte der Unabhängigen Sozialdemokratischen Partei Deutschlands. - (Frankfurt a. M.:) Europ. Verl.-Anst. (1975). 397 S.
*(Studien zur Gesellschaftstheorie.)*

**Kücklich,** Erika und Elfriede Liening: Die Antifaschistische Aktion. Ihre Rolle im Kampf um die Abwehr d. faschist. Gefahr im Jahre 1932 u. ihr Platz in d. Strategie u. Taktik d. KPD. Mit e. Dokumentenanh. — In: Beitr. Gesch. d. dt. Arbeiterbewegung 4 (1962), 872—897.

**Kücklich,** Erika: Streik gegen Notverordnungen! Zur Gewerkschafts- und Streikpolitik der KPD gegen die staatsmonopolistische Offensive der Regierung Papen im Sommer und Herbst 1932. — In: Beitrr. Gesch. Arbeiterbew. 13 (1971), 454—469.

**Kuron,** Hans Jürgen: Freikorps und Bund Oberland. — o. O. 1960. 242, XIX, XII S.
*Erlangen, Phil. Diss., 27. Februar 1960.*

**Laboor,** Ernst: Der Kampf der KPD gegen den Panzerkreuzerbau. — In: Z. Geschichtswiss. 6 (1958), Sonderh., 170—189.

**Lademacher,** Horst: Gewalt der Legalität oder Legalität der Gewalt. Zur Theorie und Praxis der SPD von Kiel (1927) bis Prag (1934). - In: Frieden, Gewalt, Sozialismus, Stuttgart: Klett 1976, 404-460.

**Lange,** Hermann: Ideen und Praxis der sozialdemokratischen Außenpolitik in der deutschen Republik ‹1918—1926›. — o. O. [1949]. 130 gez. Bl. [Maschinenschr.]
*Erlangen, phil. Diss. 22. Aug. 1949.*

**Lange,** Karlheinz: Die Stellung der kommunistischen Presse zum Nationalgedanken in Deutschland. — o. O. [1946]. VII, 437 gez. Bl. [Maschinenschr.]
*München, phil. Diss. 26. Sept. 1946.*

**Liebe,** Werner: Die Deutschnationale Volkspartei 1918—1924. — Düsseldorf: Droste 1956. 190 S.
*(Beiträge zur Geschichte des Parlamentarismus und der politischen Parteien. 8.)*

**Lohalm,** Uwe: Völkischer Radikalismus. Die Geschichte des Deutschvölkischen Schutz- und Trutz-Bundes. 1919—1923. — (Hamburg:) Leibniz-Verl. (1970). 492 S.
*(Hamburger Beiträge zur Zeitgeschichte. 6.)*
*Diss., Hamburg.*

**Lowenthal,** Richard: The bolshevisation of the Spartacus League. — In: St. Antony's Papers 9 (1960), 23—71.

**Mammach,** Klaus: Der Kampf der KPD um die Einbeziehung der Bauern in die antiimperialistische, antimilitaristische Kampffront. Zum Europäischen Bauernkongreß im März 1930 in Berlin. — In: Beitr. z. Gesch. d. dt. Arbeiterbewegung 2 (1960), 276—293.

**Mammach,** Klaus: Die Militärpolitik der SPD-Führung in der Weimarer Republik in der Sicht der Bundeswehr. — In: Beitr. z. Gesch. d. dt. Arbeiterbewegung 2 (1960), 787—808.

**Matthias,** Erich: Die Sozialdemokratie und das Ende der ersten Republik. — In: Colloquium 11 (1957), H. 1, 6—8.

**Migdat,** Stefan: Opolszczyzna przeciw faszyzmowi w przededniu dojścia Hitlera do władzy. — Katowice: Wydawnictwo „Śląsk" 1960. 125 S.

**Milatz,** Alfred: Das Ende der Parteien im Spiegel der Wahlen 1930 bis 1933. In: Das Ende der Parteien 1933, hrsg. von Erich Matthias und Rudolf Morsey, Düsseldorf: Droste (1960), 743—793.

**Milatz,** Alfred: Der Friede von Brest-Litowsk und die deutschen Parteien. — Lübeck 1949. 90 gez. Bl. [Maschinenschr.]
*Hamburg, phil. Diss., 16. Juli 1949.*

**Milkowski,** Fritz: ‚Das Freie Wort' 1929-1933. Ein Spiegel der beiden Klassenlinien in der SPD. - In: Z. Geschichtswiss. 24 (1976), 42-48.

**Miller,** Susanne: Die Bürde der Macht. Die deutsche Sozialdemokratie 1918–1920. - Düsseldorf: Droste 1978. 532 S.
*(Beiträge zur Geschichte des Parlamentarismus und der politischen Parteien. 63.)*

**Moreau,** Patrick: La Communauté de Combat Nationale-Socialiste Revolutionnaire et le Front Noir. Actions et idéologie en Allemagne, Autriche et Tchecoslovaquie de 1930 à 1935. - Paris (1978).
1. 420 Bl.
2. Bl. 421–821.
*Thèse, Université de Paris I.*

**Morgan,** David W.: The socialist left and the German revolution. A history of the German Independent Social Democratic Party, 1917–1922. – Ithaca, N. Y.: Cornell University Press (1975). 499 S.

**Morsey,** Rudolf: Der Untergang des politischen Katholizismus. Die Zentrumspartei zwischen christlichem Selbstverständnis und „Nationaler Erhebung" 1932/33. – Stuttgart: Belser (1977). 279 S.

**Morsey,** Rudolf: Die deutsche Zentrumspartei 1917–1923. Hrsg. von der Kommission für Geschichte d. Parlamentarismus u. d. politischen Parteien. – Düsseldorf: Droste (1966). 651 S.
*(Beiträge zur Geschichte des Parlamentarismus und der politischen Parteien. 32.)*

**Müller,** Hans-Harald: Intellektueller Linksradikalismus in der Weimarer Republik. Seine Entstehung, Geschichte und Literatur, dargestellt am Beispiel der Berliner Gründergruppe der Kommunistischen Arbeiter-Partei Deutschlands. – Kronberg i. Ts.: Scriptor Verl. 1977. 173 S.
*(Theorie – Kritik – Geschichte. 14.)*

**Naumann,** Horst: Die Bedeutung des II. Weltkongresses der Kommunistischen Internationale für die Vereinigung des revolutionären Flügels der USPD mit der KPD. – In: Beitr. z. Gesch. d. dt. Arbeiterbewegung 2 (1960), 466–487.

**Neumann,** Sigmund: Die Parteien der Weimarer Republik. Mit e. Einf. von Karl Dietrich Bracher. – Stuttgart: Kohlhammer (1965). 148 S.
*(Politische Paperbacks bei Kohlhammer.)*

**Niemann,** Heinz: Das Görlitzer Programm der SPD von 1921. – In: Z. Geschichtswiss. 23 (1975), 908–919.

**Niemann,** Heinz: Das Heidelberger Programm der SPD von 1925. – In: Z. Geschichtswiss. 24 (1976), 786–794.

**Opitz,** Günter: Der Christlich-soziale Volksdienst. Versuch einer protestantischen Partei in der Weimarer Republik. Hrsg. von der Kommission für Geschichte des Parlamentarismus und der politischen Parteien. – Düsseldorf: Droste (1969). 371 S.
*(Beiträge zur Geschichte des Parlamentarismus und der politischen Parteien. 37.)*

**Pahl,** Walther: Gewerkschaften und Sozialdemokratie vor 1933. – In: Gewerksch. Monatsh. 4 (1953), 720–724.

**Pleyer,** geb. Cramer von Clausbruch, Hildegard: Politische Werbung in der Weimarer Republik. Die Propaganda der maßgeblichen politischen Parteien und Gruppen zu den Volksbegehren und Volksentscheiden „Fürstenenteignung" 1926, „Freiheitsgesetz" 1929 und „Auflösung des Preußischen Landtages" 1931. – Münster i. W. 1959. V, 201, 38 S.
*Münster i. W., phil. Diss., 25. Juli 1960.*

**Pois,** Robert A.: The bourgeois democrats of Weimar Germany. – Philadelphia: American Philosophical Society 1976. 117 S.
*(Transactions of the American Philosophical Society. N. S. 66,4.)*

**Portner,** Ernst: Der Ansatz zur demokratischen Massenpartei im deutschen Linksliberalismus. – In: Vjh. Zeitgesch. 13 (1965), 150–177.

**Pross,** Harry: Nationale und soziale Prinzipien in der Bündischen Jugend. – o. O. 1949. IV, 178 gez. Bl. [Maschinenschr.]
*Heidelberg, phil. Diss. 9. Juni 1949.*

**Protokolle** der Parteitage der Unabhängigen Sozialdemokratischen Partei Deutschlands. [Hrsg.:] Hartfrid Krause. – Glashütten i. Ts.: Auvermann.
1. 1917–1919. 1975. Getr. Pag.
2. 1919–1920. 1975. Getr. Pag.
3. 1920. 1976. Getr. Pag.
4. 1922–1923. 1976. Getr. Pag.
5. Krause, Hartfrid: Kontinuität und Wandel. Anwesenheitsregister. Sprechregister. 1976. VIII, 269 S.

**Reisberg,** Arnold: An den Quellen der Einheitspolitik. Der Kampf der KPD um die Aktionseinheit in Deutschland 1921–1922. E. Beitr. zur Erforschung d. Hilfe W. I. Lenins u. d. Komintern für d. KPD. – Berlin: Dietz.
1. (1971). 450 S.
2. (1971). S. 451–843.

**Rettig,** Rudolf: Die Gewerkschaftsarbeit der Kommunistischen Partei Deutschlands von 1918 bis 1925. Unter bes. Berücksichtigung der Auseinandersetzungen mit den freien Arbeitergewerkschaften. – Hamburg 1954. XI, 268 gez. Bl. [Maschinenschr.]
*Hamburg, phil. Diss. 3. März 1955.*

**Ritter,** Gerhard A.: Kontinuität und Umformung des deutschen Parteiensystems 1918–1920. – In: Entstehung und Wandel der modernen Gesellschaft, Festschrift für Hans Rosenberg zum 65. Geburtstag, Berlin: de Gruyter 1970, 342–384.

**Schäffer,** Fritz: Die Bayerische Volkspartei ⟨BVP⟩. – In: Polit. Studien 14 (1963), H. 147, 46–63.

**Schelm-Spangenberg,** Ursula: Die Deutsche Volkspartei im Lande Braunschweig. Gründung, Entwicklung, soziologische Struktur, politische Arbeit. – Braunschweig: Waisenhaus-Buchdruckerei u. Verl. 1964. 176 S.
*(Braunschweiger Werkstücke. 30.)*

**Schlösser,** Karl: Die Deutschnationale Volkspartei und die Annäherung Deutschlands an Sowjetrußland 1918–1922. – o. O. 1956. V, 207 S.
*Mainz, phil. Diss. 21. Juli 1956.*

**Schmerbach,** Günther: Der Kampf der Kommunistischen Partei Deutschlands gegen Faschismus und Kriegsgefahr im Bezirk Oberschlesien 1932/33. – o. O. 1957. 310 Bl.
*Jena, phil. Diss. 8. August 1957.*

**Schmid,** Gerhard: Zur Militarisierung des politischen und gesellschaftlichen Lebens in der Weimarer Republik. Beispiele aus d. Bestand „Stahlhelm, Bund der Frontsoldaten" im Deutschen Zentralarchiv Potsdam. – In: Archivmitteilungen 13 (1963), 96–99.

**Schneider,** Werner: Die Deutsche Demokratische Partei in der Weimarer Republik, 1924-1930. – München: Fink 1978. 278 S.
*Diss., Universität Erlangen/Nürnberg.*

**Schönhoven,** Klaus: Zwischen Anpassung und Ausschaltung. Die Bayerische Volkspartei in der Endphase der Weimarer Republik 1932/33. – In: Hist. Z. 1977, Bd 224, 340–378.

**Schönhoven,** Klaus: Die Bayerische Volkspartei 1924–1932. — Düsseldorf: Droste (1972). 305 S.
*(Beiträge zur Geschichte des Parlamentarismus und der politischen Parteien. 46.)*
*Diss., Universität Würzburg.*

**Schoeps,** Hans-Joachim: Linke Leute von Rechts. Nationalbolschewismus in Deutschland von 1918 bis 1933. (Bemerkungen zu dem gleichnamigen Buch von Otto-Ernst Schüddekopf.) — In: Dtsch. Univ. Ztg. 16 (1961), H. 11. 37—39.

**Schüddekopf,** Otto-Ernst: Linke Leute von rechts. Die nationalrevolutionären Minderheiten und der Kommunismus in der Weimarer Republik. — Stuttgart: Kohlhammer (1960). 547 S.

**Schulz,** Gerhard: Der „Nationale Klub von 1919" zu Berlin. Zum polit. Zerfall e. Gesellschaft. — In: Jb. Gesch. Mittel- u. Ostdeutschlds 11 (1962), 207—237.

**Schulze,** Hagen [Hrsg.]: Anpassung oder Widerstand? Aus den Akten des Parteivorstands der deutschen Sozialdemokratie 1932/33. – Bonn-Bad Godesberg: Verl. Neue Gesellsch. 1975. XLII, 230 S.
*(Archiv für Sozialgeschichte. Beih. 4.)*

**Schulze,** Hagen: Stabilität und Instabilität in der politischen Ordnung von Weimar. Die sozialdemokratischen Parlamentsfraktionen im Reich und in Preußen. - In: Vjh. Zeitgesch. 26 (1978), 419–432.

**Schumacher,** Martin: Mittelstandsfront und Republik. Die Wirtschaftspartei, Reichspartei des deutschen Mittelstandes 1919—1933. – Düsseldorf: Droste (1972). 271 S.
*(Beiträge zur Geschichte des Parlamentarismus und der politischen Parteien. 44.)*

**Schumacher,** Martin: Zersplitterung und Polarisierung. Kleine Parteien im Weimarer Mehrparteiensystem. – In: Aus Politik und Zeitgeschichte, Beilage zur Wochenzeitung „Das Parlament" Nr. 31 vom 6. August 1977, 39–46.

**Schuster,** Kurt G. P.: Der Rote Frontkämpferbund, 1924–1929. Beiträge zur Geschichte und Organisationsstruktur eines politischen Kampfbundes. - Düsseldorf: Droste (1975). 290 S.
*(Beiträge zur Geschichte des Parlamentarismus und der politischen Parteien. 55.)*

**Schustereit,** Hartmut: Linksliberalismus und Sozialdemokratie in der Weimarer Republik. Eine vergleichende Betrachtung von DDP und SPD 1919–1930. – Düsseldorf: Schwann 1975. 296 S.
*(Geschichte und Gesellschaft.)*
*Diss., Universität Bochum.*

**Schustereit,** Hartmut: Unpolitisch – Überparteilich – Staatstreu. Wehrfragen aus der Sicht der Deutschen Demokratischen Partei 1919–1930. – In: Militärgesch. Mitt. 1974, H. 16, 131–172.

**Schwärtzke,** Wolfgang: Der Kampf der KPD zur Mobilisierung der Arbeiterklasse gegen den Faschismus, September 1930 —Januar 1933. — In: Wiss. Z. Martin-Luther-Univ. Halle-Wittenberg 6 (1956/57), 413—428.

**Siemann,** Joachim: Der sozialdemokratische Arbeiterführer in der Zeit der Weimarer Republik. Ein Beitrag zur Soziologie der Eliten in der modernen Parteigeschichte. — Göttingen 1955. XII, 320 gez. Bl. [Maschinenschr.]
*Göttingen, phil. Diss. 22. März 1956.*

**Sontheimer,** Kurt: Die Parteienkritik in der Weimarer Republik. — In: Polit. Studien 13 (1962), 563–574.

**Stephan,** Werner: Aufstieg und Verfall des Linksliberalismus 1918-1933. Geschichte der Deutschen Demokratischen Partei. - Göttingen: Vandenhoeck & Ruprecht (1973). 520 S.

**Stern,** Howard: The Organization Consul. — In: J. mod. Hist. 35 (1963), 20—32.

**Stern,** Leo: Zur Vorgeschichte der Gründung der Kommunistischen Partei Deutschlands. — In: Wiss. Z. d. Martin-Luther-Univ. Halle-Wittenberg 4 (1954/55), H. 1, 11—27.

**Sterner,** Siegfried: Untersuchungen zur Stellungnahme der Deutschnationalen Volkspartei zur Sozialpolitik. — o. O. 1952. IX, 101 gez. Bl. [Maschinenschr.]
*Freiburg i. Br., phil. Diss. 28. Juli 1952.*

**Strobel,** Georg W.: Polnische kommunistische Vereine in Deutschland 1925-1935. Gotthold Rhode zum 60. Geburtstag gewidmet. – In: Z. Ostforsch. 26 (1977), 416–442.

**Suck,** Ernst August: Der religiöse Sozialismus in der Weimarischen Republik. — 258, 86 gez. Bl. [Maschinenschr.]
*Marburg, phil. Diss. 1953.*

**Thimme,** Anneliese: Flucht in den Mythos. Die Deutschnationale Volkspartei und die Niederlage von 1918. — Göttingen: Vandenhoeck & Ruprecht (1969). 195 S.
*(Kleine Vandenhoeck-Reihe. 292.)*

**Thimme,** Roland: Stresemann und die Deutsche Volkspartei 1923—1925. — Lübeck, Hamburg: Matthiesen 1961, 147 S.

**Tjaden,** K[arl] H[ermann]: Struktur und Funktion der „KPD-Opposition" (KPO). Eine organisationssoziologische Untersuchung zur „Rechts-" Opposition im deutschen Kommunismus zur Zeit d. Weimarer Republik. — Meisenheim/Glan: Hain 1964. XVI, 235 S.
*(Marburger Abhandlungen zur politischen Wissenschaft. 4.)*

**Ulbricht,** Walter: Zehn Jahre Kampferfahrung der KPD. — In: Z. Geschichtswiss. 1 (1953), 377—385.

**Volkmann,** Hans-Erich: Die Gründung der KPD und ihr Verhältnis zum Weimarer Staat im Jahre 1919. — In: Gesch. Wiss. Unterr. 23 (1972), 65—80.

**Weber,** Hermann: Ein historisches Dokument im politischen Zwielicht. Zum Protokoll des Gründungsparteitages der KPD. - In: Gesch. Wiss. Unterr. 24 (1973), 594–597.

**Weber,** Hermann: Sozialistische Splittergruppen in der Weimarer Republik. — In: Neue Pol. Lit. 10 (1965), 375—381.
Literaturbericht.

**Weber,** Hermann: Die Wandlung des deutschen Kommunismus. Die Stalinisierung der KPD in der Weimarer Republik. — (Frankfurt a. M.:) Europ. Verl. Anst.
1. (1969). 465 S.
2. (1969). 427 S.

**Wenzel,** Otto: Die Kommunistische Partei Deutschlands im Jahre 1923. — o. O. 1955. III, 314 gez. Bl. [Maschinenschr.]
*Berlin, Freie Univ., phil. Diss. 27. Juni 1955.*

**Wette,** Wolfram: Mit dem Stimmzettel gegen den Faschismus? Das Dilemma des sozialdemokratischen Antifaschismus in der Endphase der Weimarer Republik. - In: Frieden, Gewalt, Sozialismus, Stuttgart: Klett 1976, 358–403.

**Wheeler,** Robert F.: Die „21 Bedingungen" und die Spaltung der USPD im Herbst 1920. Zur Meinungsbildung der Basis. - In: Vjh. Zeitgesch. 23 (1975), 117–154.

**Wheeler,** Robert F.: Revolutionary socialist internationalism. Rank-and-file reaction in the USPD. – In: Internat. Rev. soc. Hist. 22 (1977), 329–349.

**Wheeler,** Robert F.: USPD und Internationale [dt.] Sozialistischer Internationalismus in der Zeit der Revolution. (Übers. aus d. Amerikan. von Agnes Blänsdorf.) – (Frankfurt a. M.:) Ullstein (1975). 384 S.

**Wheeler,** Robert F.: German woman and the Communist International. The case of the Independent Social Democrats. - In: Centr. Europ. Hist. 8 (1975), 113–139.

**Wolf,** Heinrich: Die Entstehung des Jungdeutschen Ordens und seine frühen Jahre. 1918—1922. — München: Lohmüller 1970. 47 S.
*(Beiträge zur Geschichte des Jungdeutschen Ordens. 1.)*

**Wolf,** Heinrich: Der Jungdeutsche Orden in seinen mittleren Jahren 1922–1925. - München: Lohmüller 1972. 71 S.
*(Beiträge zur Geschichte des Jungdeutschen Ordens. 2.)*

**Wolf,** Heinrich: Der Jungdeutsche Orden in seinen mittleren Jahren (II) 1925–1928. - München: Lohmüller (1978). 192 S.
*(Beiträge zur Geschichte des Jungdeutschen Ordens. 3.)*

Wehrwesen

**Army** and politics. — In: Wiener Libr. Bull. 8 (1954), 3.

**Barthel,** Konrad: Zur Problematik zeitgeschichtlichen Verstehens. Bemerkungen zu Wheeler-Bennetts „Nemesis der Macht". — In: Gesch. Wiss. Unterr. 6 (1955), 608—626.

**Baumann,** Gerhard: Reichswehr in neuer Sicht. Anmerkungen zu Winfried Martini: „Freiheit auf Abruf". — In: Wehrkunde 9 (1960), 560—565.

**Bildchronik** zur Geschichte des Freikorps und des Bundes Oberland. (Hrsg.: Traditionsgemeinschaft des Freikorps und Bundes Oberland.) – (München 1974: Print Service). 301 S.

**Bird,** Keith William: Officers and republic. The German navy and politics. — Durham: Duke University Press 1971. XII, 405 S.

**Bramke,** Werner: Die Funktion des Kyffhäuserbundes im System der militaristischen Organisation in der Weimarer Republik. — In: Z. Militärgesch. 10 (1971), 64—78.

**Bucher,** Peter: Zur Geschichte der Einwohnerwehren in Preußen 1918—1921. — In: Militärgesch. Mitt. 1971, H. 1, 15—59.

**Bucher,** Peter: Der Reichswehrprozeß. Der Hochverrat der Ulmer Reichswehroffiziere 1929/30. — Boppard: Boldt (1967). VI, 527 S.
*(Wehrwissenschaftliche Forschungen. Abteilung Militärgeschichtliche Studien. 4.)*

**Carsten,** F[rancis] L[udwig]: The Reichswehr and the Red Army 1920—1933. — In: J. Royal United Service Inst. 108 (1963), 248—255.

**Carsten,** Francis Ludwig: Reichswehr und Politik 1918—1933. — Köln, Berlin: Kiepenheuer & Witsch (1964). 484 S.

**Castellan,** Georges: Le réarmement clandestin du Reich 1930—1935. — Paris: Plon 1954. 571 S.

**Castellan,** Georges: Reichswehr et Armée Rouge 1920—1939. — In: J. B. Duroselle, Les relations germano-soviétiques 1933—1939, Paris: Colin 1954, 138—260.

**Diehl,** James M.: The organization of German veterans, 1917—1919. — In: Arch. Sozialgesch. 11 (1971), 141—184.

**Diehl,** James M.: Paramilitary politics in Weimar Germany. - Bloomington: Indiana University Press (1977). X, 406 S.

**Eichler,** Andreas: Kommunikatives Verhalten der Reichswehr 1926 bis 1933. - München 1976. VII, 263 S.
*München, phil. Diss. vom 22. Juli 1976.*

**Falkenhagen,** Horst [Pseud.]: L'armée rouge et la Reichswehr. — In: Documents 4 (1949), 561—571.

**Gatzke,** Hans W.: Stresemann and the rearmament of Germany. — Baltimore: Johns Hopkins Press (1954). 132 S.

**Gessner,** Manfred: Wehrfrage und freie Gewerkschaftsbewegung in den Jahren 1918 bis 1923 in Deutschland. Unter bes. Berücksichtigung d. ADGB als Dachorganisation d. Dtsch. Metallarbeiter-Verb., Transportarbeiter-Verb. sowie d. Verb. d. Bergarbeiter Deutschlands. — (Berlin 1962: Ernst-Reuter-Gesellschaft.) 183 S.
*Berlin, Freie Univ., phil. Diss. vom 19. Dezember 1962.*

**Geyer,** Michael: Das zweite Rüstungsprogramm ⟨1930–1934⟩. - In: Militärgesch. Mitt. 1975, H. 17, 125–172.

**Geyer,** Michael: Die Wehrmacht der Deutschen Republik ist die Reichswehr. Bemerkungen zur neueren Literatur. – In: Militärgesch. Mitt. 1973, H. 2 (14), 152–199.

**Giese,** Fritz E.: Die deutsche Marine 1920 bis 1945. Aufbau und Untergang. — Frankfurt a. M.: Verl. f. Wehrwesen Bernard & Graefe. 1956. XII, 150 S.

**Gordon,** Harold J., jr.: The Reichswehr and the German republic 1919—1926. — Princeton, N.J.: Princeton University Press 1957. XVI, 478 S.

**Gordon,** Harold J.: Die Reichswehr und die Weimarer Republik 1919—1926 (The Reichswehr and the German republic 1919—1926, dt.) (Deutsch von Siegfried Maruhn.) — Frankfurt a. M.: Bernard & Graefe 1959. 449 S.

**Gordon,** Harold J.: Die Reichswehr und Sachsen 1923. — In: Wehrwiss. Rdsch. 11 (1961), 677—692.

**Groener-Geyer,** Dorothea: Groeners Entwurf „Zur Organisation der Obersten Militärbehörden". — In: Gegenwart 9 (1954), 108—110.

**Hansen,** Ernst Willi: Reichswehr und Industrie. Rüstungswirtschaftliche Zusammenarbeit und wirtschaftliche Mobilmachungsvorbereitungen 1923–1932. – Boppard: Boldt (1978). X, 260 S.
*(Wehrwissenschaftliche Forschungen. Abt.: Militärgeschichtl. Studien. 24.)*

**Herzfeld,** Hans: Das deutsche Heer als geschichtliches Problem. — In: Z. Politik 1 (1954), 373—385.

**Herzfeld,** Hans: Zur neueren Literatur über das Heeresproblem in der deutschen Geschichte. — In: Vjh. Zeitgesch. 4 (1956), 361—386.

**Hürten,** Heinz: Reichswehr und Ausnahmezustand. Ein Beitrag zur Verfassungsproblematik der Weimarer Republik in ihrem ersten Jahrfünft. – (Opladen:) Westdtsch. Verl. (1977). 48 S.
*(Rheinisch-Westfälische Akademie der Wissenschaften. Geisteswiss. Vorträge. G 222.)*

**Hürten,** Heinz: Das Wehrkreiskommando VI in den Wirren des Frühjahrs 1920. – In: Militärgesch. Mitt. 1974, H. 15, 127–156.

**Jacobsen,** Hans-Adolf: Zum Verhältnis von Heer und Staat in der Weimarer Republik. — In: Aus Politik und Zeitgeschichte, Beilage zur Wochenzeitung „Das Parlament", 1966, Nr. 41 vom 12. Oktober 1966, 23—31.

**Kamps,** Götz: Das Verhältnis von Reichsregierung und Reichswehrführung in den Jahren von 1920 bis 1926 und seine Auswirkungen auf die deutsche Innenpolitik. — o. O. 1957. 241 gez. Bl. [Maschinenschr. vervielf.]
*Münster i. W., phil. Diss. 31. August 1957.*

**Kehrig,** Manfred: Die Wiedereinrichtung des deutschen militärischen Attachédienstes nach dem Ersten Weltkrieg ⟨1919—1933⟩. — Boppard: Boldt (1966). XI, 254 S.
*(Wehrwissenschaftliche Forschungen. Abteilung Militärgeschichtliche Studien. 2.)*

**Klietmann,** Kurt-Gerhard: Deutsche Legion. — In: Feldgrau 9 (1961), 72—77.

**Klietmann,** Kurt-Gerhard: Freiwillige Sturmabteilung Roßbach. — In: Feldgrau 9 (1961), 137—140 und 196—202.

**Kluke,** Paul: Zum politischen Problem des Heeres unter Republik und Diktatur. — In: Merkur 10 (1956), 78—88.

**Koch,** Hannsjoachim W.: Der deutsche Bürgerkrieg. Eine Geschichte der deutschen und österreichischen Freikorps 1918-1923. (Aus d. Engl. von Klaus Oelhaf u. Ulrich Riemerschmidt.) – Berlin: Ullstein 1978. 487 S.

**Koch,** Horst-Adalbert: Von der alten Armee zur Reichswehr. Ein Überblick über Gliederung und Standorte der vorläufigen Reichswehr. — In: Feldgrau 11 (1963), 2–6, 56–60, 91–96, 105—112, 144—147.

**Könnemann,** Erwin: Einwohnerwehren und Zeitfreiwilligenverbände. Ihre Funktion beim Aufbau eines neuen imperialistischen Militärsystems ⟨November 1918 bis 1920⟩. — Berlin: Dtsch. Militärverl. (1971). 485 S.

**Maass,** Bruno: Vorgeschichte der Spitzengliederung der früheren deutschen Luftwaffe 1920—1933. — In: Wehrwiss. Rdsch. 7 (1957), 505—522.

**Meier-Welcker,** Hans: Zur politischen Haltung des Reichswehr-Offizierkorps. (Dokumentation.) — In: Wehrwiss. Rdsch. 12 (1962), 407—417.

**Meier-Welcker,** Hans: Die Stellung des Chefs der Heeresleitung in den Anfängen der Republik. Zur Entstehungsgeschichte des Reichswehrministeriums. — In: Vjh. Zeitgesch. 4 (1956), 145—160.

**Militär** und Militarismus in der Weimarer Republik. Beiträge eines internationalen Symposiums an der Hochschule der Bundeswehr Hamburg am 5. und 6. Mai 1977. ⟨Hrsg.:⟩ Klaus Jürgen Müller u. Eckardt Opitz. – Düsseldorf: Droste (1978). 303 S.

**Nuß,** Karl: Zur Entstehung und inneren Funktion der vorläufigen Reichswehr. ⟨1. Halbjahr 1919.⟩ — In: Z. Militärgesch. 7 (1968), 216—234.

**Nuß,** Karl: Militär und Wiederaufrüstung in der Weimarer Republik. Zur politischen Rolle und Entwicklung der Reichswehr. – Berlin: Militärverl. d. DDR 1977. 371 S.
*(Schriften des Militärgeschichtlichen Instituts der Deutschen Demokratischen Republik.)*

**Nußer,** Horst G. W.: Konservative Wehrverbände in Bayern, Preußen und Österreich 1918–1933. Mit einer Biographie von Georg Escherich 1870–1941. Bd. 1.2. – München: Nußer.
1. (1973). 363 S.
2. Dokumentenanhang. Archivalisches Verzeichnis. Literaturverzeichnis. [1973]. 64 S.

**Paulus,** Günter: Die soziale Struktur der Freikorps in den ersten Monaten nach der Novemberrevolution. — In: Z. Geschichtswiss. 3 (1955), 685—704.

**Preradovich,** Nikolaus v[on]: Die soziale Herkunft der Reichswehr-Generalität 1930. — In: Vjschr. Soz.- u. Wirtschaftsgesch. 54 (1967/68), 481—486.

**Rahn,** Werner: Reichsmarine und Landesverteidigung, 1919–1928. Konzeption und Führung der Marine in der Weimarer Republik. – München: Bernard & Graefe (1976). VIII, 309 S.

**Rau,** Friedrich: Personalpolitik und Organisation in der vorläufigen Reichswehr. Die Verhältnisse im Bereich des Gruppenkommandos 4 bis zur Bildung des Übergangsheeres 200 000 Mann-Heer. — o.O. 1972. 253 S.
*Diss., Universität München. Maschinenschr. vervielf.*

**Rechberg,** Arnold Baron von: Les plans du Général Hoffmann. — In: Documents 5 (1950), 227—236 und 312—317.
Behandelt einen Plan des Zusammenschlusses der Großmächte gegen die Sowjetunion.

**Rehm,** Walter: Reichswehr und politische Parteien der Weimarer Republik. In: Wehrwiss. Rdsch. 8 (1958), 692—708.

**Reuther,** Helmut: Freikorps und Grenzschutzformationen 1918—1924. — In: Feldgrau 5 (1957), 13—20, 45—54 und 77—86.

**Salewsky,** Michael: Entwaffnung und Militärkontrolle in Deutschland 1919—1927. — München: Oldenbourg 1966. 421 S.
*(Schriften des Forschungsinstituts der Deutschen Gesellschaft für Auswärtige Politik e. V. 24.)*

**Sandhofer,** Gert: Das Panzerschiff „A" und die Vorentwürfe von 1920 bis 1928. — In: Militärgesch. Mitt. 1968, H. 1, 35—62.

**Schmädeke,** Jürgen: Militärische Kommandogewalt und parlamentarische Demokratie. Zum Problem der Verantwortlichkeit des Reichswehrministers in der Weimarer Republik. — Lübeck: Matthiesen 1967. 216 S.
*(Historische Studien. N.F. 398.)*

**Schüddekopf,** Otto-Ernst: Das Heer und die Republik. Quellen zur Politik der Reichswehrführung 1918 bis 1933. — Hannover und Frankfurt a. M.: Norddt. Verl. Anst. 1955. 399 S.

**Schützle,** Kurt: Reichwehr wider die Nation. Zur Rolle d. Reichswehr bei d. Vorbereitung u. Errichtung d. faschistischen Diktatur in Deutschland ⟨1929—1933⟩. — Berlin: Dtsch. Militärverl. 1963. 243 S.
*Zugl. Diss. 1961, Inst. f. Gesellschaftswissensch. beim ZK d. SED.*

**Schulz,** Klaus-Peter: Die Nemesis der Rache. Bemerkungen zu Wheeler-Bennetts Buch über die politische Rolle der deutschen Armee. — In: Gewerksch. Monatsh. 6 (1955), 494—499.

**Schulze,** Hagen: Freikorps und Republik 1918—1920. — Boppard: Boldt (1969). XI, 363 S.
*(Wehrwissenschaftliche Forschungen Abt. Militärgeschichtliche Studien. 8.) Diss., Kiel.*

**Smith,** Arthur L.: The German general staff and Russia 1919—1926. — In: Soviet Stud. 8 (1956), H. 2, 125—133.

**Smith,** Arthur L., jr.: Le désarmement de l'Allemagne en 1919. Les vues du général von Seeckt. — In: Rev. hist. 86 (1962), H. 463, 17—34.

**Spaleke,** Karl: Begegnungen zwischen Reichswehr und Roter Armee. — In: Außenpolitik 9 (1958), 506—513.

**Speidel,** Helm: Reichswehr und Rote Armee. — In: Vjh. Zeitgesch. 1 (1953), 9—45.

**Sperling,** Heinz: Dokumente über den Unterdrückungsfeldzug der Reichswehr 1923 in Sachsen. – In: Militärgesch. 12 (1973), 567–581.

**Stöckel,** Kurt: Die Entwicklung der Reichsmarine nach dem ersten Weltkriege (1919—1935). — Göttingen 1954. 211 gez. Bl. [Maschinenschr.]
*Göttingen, phil. Diss. 15. Februar 1955.*

**Szymański,** Zbigniew: Niemieckie korpusy ochotnicze na Górnym Śląsku ⟨1918—1922⟩. — Opole: [Selbstverl.] 1969. 75 S.
*(Instytut Śląski w Opolu. Komunikaty. Seria monograficzna. 84.)*

**Teske,** Hermann: Analyse eines Reichswehr-Regiments. — In: Wehrwiss. Rdsch. 12 (1962), 252—269.
Über das 9. (Preuß.) Inf.-Regt. (1921—1934).

**Tessin,** Georg: Deutsche Verbände und Truppen 1918–1939. Altes Heer. Freiwilligenverbände. Reichswehr. Heer. Luftwaffe. Landespolizei. Bearb. auf Grund der Unterlagen des Bundesarchiv-Militärarchivs; hrsg. mit Unterstützung des Bundesarchivs und des Arbeitskreises für Wehrforschung. – Osnabrück: Biblio-Verl. 1974. IX, 468 S.

**Trampe,** Gustav: Reichswehr und Presse. (Das Wehrproblem der Weimarer Republik im Spiegel von „Frankfurter Zeitung", „Münchner Neueste Nachrichten" und „Vorwärts".) — München 1962. 167 S.
*München, Phil. Diss., 28. Juli 1960.*

**Venner,** Dominique: Söldner ohne Sold (Baltikum, dt.) Die deutschen Freikorps 1918–1925. (Aus d. Französ. übertr. von Alfred Baumgartner [u. a.] – Berlin: Neff (1974. 555 S.

(**Völker,** Karl-Heinz:) Die Entwicklung der militärischen Luftfahrt in Deutschland 1920—1933. Planung und Maßnahmen zur Schaffung einer Fliegertruppe in der Reichswehr. — In: (Schmidt-Richberg, Wiegand:) Die Generalstäbe in Deutschland 1871—1945, Stuttgart: Dtsch. Verl.-Anst. 1962, S. 123—292.

**Völker,** Karl-Heinz: Die geheime Luftrüstung der Reichswehr und ihre Auswirkung auf den Flugzeugbestand der Luftwaffe bis zum Beginn des Zweiten Weltkrieges. — In: Wehrwiss. Rdsch. 12 (1962), 540—549.

**Vogelsang,** Thilo [Bearb.]: Neue Dokumente zur Geschichte der Reichswehr 1930—1933. — In: Vjh. Zeitgesch. 2 (1954), 397—436.

**Vogelsang,** Thilo: Die Reichswehr und die Politik 1918—1934. — Bad Gandersheim 1959: Hertel. 31 S.
*(Schriftenreihe der Niedersächsischen Landeszentrale für Heimatdienst. Zeitgeschichte. 1.)*

**Wacker,** Wolfgang: Der Bau des Panzerschiffes „A" und der Reichstag. — Tübingen: Mohr 1959. 180 S.
*(Tübinger Studien zur Geschichte und Politik. 11.)*

**Wheeler**-Bennett, John W[heeler]: Die Nemesis der Macht [The nemesis of power, dt.] Die deutsche Armee in der Politik 1918—1945. Aus d. Engl. übertr. von Hans Steinsdorff. — Düsseldorf: Droste 1954. 840 S.

**Wheeler**-Bennett, John W[heeler]: The nemesis of power. The German army in politics 1918—1945. — London: Macmillan 1953. XVI, 829 S.

**Wohlfeil**, Rainer [u.] Hans Dollinger: Die deutsche Reichswehr. Bilder, Dokumente, Texte. Zur Geschichte des Hunderttausend-Mann-Heeres 1919–1933. (Mit e. Vorw. von Hans Dollinger.) – Frankfurt a. M.: Bernard & Graefe 1972. 258 S.
*(Handbuch zur deutschen Militärgeschichte. 6.)*

**Wrobel**, Kurt: Die Volksmarinedivision. — Berlin: Verl. d. Ministeriums f. nationale Verteidigung 1957. 144 S.

## Außenpolitik

**Akten** zur deutschen auswärtigen Politik 1918—1945. (Aus d. Archiv d. Auswärtigen Amts.) — Göttingen: Vandenhoeck & Ruprecht.
  Serie B. 1925—1933.
  Bd 1,1. Dezember 1925 – Juli 1926. Deutschlands Beziehungen zu Frankreich, Großbritannien, Belgien sowie deutsche Entwaffnung, Reparationen, Völkerbund und internationale Abrüstung. 1966. LXIX, 799 S.

**Akten** zur deutschen auswärtigen Politik. 1918—1945. (Aus dem Archiv des Auswärtigen Amtes.) — Göttingen: Vandenhoeck & Ruprecht.
  Serie B. 1925—1933.
  1,2. August bis Dezember 1926. Deutschlands Beziehungen zu Frankreich, Großbritannien, Belgien sowie deutsche Entwaffnung, Reparationen, Völkerbund und internationale Abrüstung. 1968. XLVI, 712 S.
  2,1. Dezember 1925 bis Juni 1926. Deutschlands Beziehungen zur Sowjetunion, zu Polen, Danzig und den baltischen Staaten. 1967. XLVIII, 543 S.
  2,2. Juni bis Dezember 1926. Deutschlands Beziehungen zur Sowjetunion, zu Polen, Danzig und den baltischen Staaten. 1967. XLII, 555 S.
  3. Dezember 1925 bis Dezember 1926. Deutschlands Beziehungen zu Süd- und Südosteuropa, Skandinavien, den Niederlanden und zu den außereuropäischen Staaten. 1968. XLVIII, 560 S.

**Akten** zur deutschen auswärtigen Politik. 1918—1945. (Aus dem Archiv des Auswärtigen Amtes.) — Göttingen: Vandenhoeck & Ruprecht.
  Serie B. 1925—1933.
  4. 1. Januar—16. März 1927. 1970. L. 656 S.
  5. 17. März—30. Juni 1927. 1972. L. 670 S.

**Akten** zur deutschen auswärtigen Politik 1918–1945. (Aus dem Archiv des Auswärtigen Amts). – Göttingen: Vandenhoeck & Ruprecht.
  Serie B. 1925–1933.
  6. 1. Juli–30. September 1927. 1974. XLIX, 567 S.
  7. 1. Oktober–31. Dezember 1927. 1974. LIII, 660 S.

**Akten** zur deutschen auswärtigen Politik 1918–1945. (Aus dem Archiv des Auswärtigen Amts.) - Göttingen: Vandenhoeck & Ruprecht.
  Serie B. 1925–1933.
  8. 1. Januar bis 30. April 1928. 1976. XLV, 589 S.
  9. 1. Mai bis 30. August 1928. 1976. XLIX, 693 S.

**Akten** zur deutschen auswärtigen Politik 1918-1945. (Aus dem Archiv des Auswärtigen Amts.) – Göttingen: Vandenhoeck & Ruprecht.
  Serie B. 1925–1933.
  10. 1. September bis 31. Dezember 1928. 1977. XLVI, 645 S.
  11. 1. Januar bis 31. Mai 1929. 1978. L, 652 S.
  12. 1. Juni bis 2. September 1929. 1978. XLVII, 573 S.

**Akten** zur deutschen auswärtigen Politik 1918–1945. (Aus dem Archiv des Auswärtigen Amts.) – Göttingen: Vandenhoeck & Ruprecht.
  Serie C: 1933–1937. Das Dritte Reich. Die ersten Jahre. Bearb. d. dtsch. Ausg.: Franz Knipping in Zsarb. mit Gerhard Rakenius.
  4,1. 1. April bis 13. September 1935. 1975. XCIII, 622 S.
  4,2. 16. September 1935 bis 4. März 1936. 1975. S. 623–1271.

**Akten** zur deutschen auswärtigen Politik 1918–1945. (Aus dem Archiv des Auswärtigen Amts.) – Göttingen: Vandenhoeck & Ruprecht.
  Serie E: 1941–1945.
  4. 1. Oktober–31. Dezember 1942. 1975. XLVI, 656 S.

**Alexander**, Manfred: Der deutsch-tschechoslowakische Schiedsvertrag von 1925 im Rahmen der Locarno-Verträge. — München: Oldenbourg 1970. 212 S.
*(Veröffentlichungen des Collegium Carolinum. 24.)*
*Diss., Universität Köln.*

**Alexandrov**, Victor: Les jours de la trahison. (L'histoire secrète de Munich.) – Paris: Denoël 1975. 207 S.

**Allemann**, Fritz René: Rapallo. Mythos und Wirklichkeit. — In: Monat 14 (1961/62), H. 163, 5—12.

**Alter**, Peter: Rapallo, Gleichgewichtspolitik und Revisionismus. – In: Neue polit. Lit. 19 (1974), 509–517.

**Anderle**, Alfred: Die deutsche Rapallo-Politik. Deutsch-sowjetische Beziehungen 1922–1929. — Berlin: Rütten & Loening 1962. 248 S.
*(Veröffentlichungen des Instituts für Geschichte der Völker der UdSSR an der Martin-Luther-Universität Halle-Wittenberg. Reihe B, 4.)*

**Anderle**, Alfred: Der Vertrag von Rapallo — eine nationale Chance. — In: Z. Geschichtswiss. 10 (1962), 336—370.

**Anderle**, Alfred: Die deutsch-sowjetischen Verträge von 1925/26.— In: Z. Geschichtswiss. 5 (1957), 470—501.

**Bariéty,** Jacques: Les réparations allemandes, 1919–1924. Objet ou prétexte à une politique rhénane de la France. – In: Bull. Soc. Hist. mod. 92 (1973), Mars–Mai, 21–53.

**Becker,** E.: Das Zustandekommen und der Abschluß des deutsch-sowjetischen Freundschafts- und Neutralitätsvertrages (Berliner Vertrag) vom 24. 4. 1926. — In: Wiss. Z. d. Univ. Rostock, Gesellsch.- u. Sprachwiss. R., 6 (1956/57), 13—21.

**Berbusse,** Rev. Edward J.: Diplomatic relations between the United States and Weimar Germany 1919—1929.
*Georgetown, Diss. 1952.*

**Berg,** Peter: Deutschland und Amerika 1918—1929. Über das deutsche Amerikabild der zwanziger Jahre. — Lübek: Matthiesen 1963. 163 S.
*(Historische Studien. 385.)*
*Zugl. Diss., FU Berlin*

**Berlin,** Helmut: Die handelspolitischen Beziehungen zwischen Deutschland und der Sowjetunion von 1922 bis 1941. — o. O. [1953]. II, 143 gez. Bl. [Maschinenschr.]
*Köln, wirtschafts- u. sozialwiss. Diss. 14. Dezember 1953.*

Deutsch-sowjetische **Beziehungen** von den Verhandlungen in Brest-Litowsk bis zum Abschluß des Rapallovertrages. (Red.-Kollegium: W. M. Chwostow, S. Doernberg, O. Fischer [u.a.]) — Berlin: Staatsverl. d. DDR.
1. Dokumentensammlung. 1917—1918. 1967. XXV, 884 S.

**Blücher,** Wipert von: Deutschlands Weg nach Rapallo. Erinnerungen eines Mannes aus dem zweiten Gliede. — Wiesbaden: Limes-V. (1951). 180 S.

**Bourret,** M. L.: The German-Polish frontier of 1919 and self-determination.
*Stanford, Ca., phil. Diss. 1946.*

**Boveri,** Margret: Rapallo. Geheimnis-Wunschtraum-Gespenst. — In: Merkur 6 (1952), 872—888.

**Brach,** Radko: Locarno a čs. diplomacie. — In: Českosl. Čas. hist. 8 (1960), 662—695.

**Bräutigam,** Otto: Der Berliner Vertrag vom 24. April 1926. — In: Osteuropa 16 (1966), 341—346.

**Bretton,** Henry L.: The foreign policy of Gustav Stresemann with respect to the treaty of Versailles.
*Ann Arbor, Mich., Phil. Diss. 1951.*

**Bretton,** Henry L.: Stresemann and the revision of Versailles. A fight for reason. — Stanford: Stanford University Press 1953. XII, 199 S.

**Brügel,** J. W.: Das Schicksal der Strafbestimmungen des Versailler Vertrages. — In: Vjh. Zeitgesch. 6 (1958), 263—270.

**Brügel,** Johann Wolfgang: Tschechen und Deutsche 1918—1938. — (München:) Nymphenburger Verlagshandl. (1967). 662 S.

**Brunon,** Paul: Le redressement allemand au Japon après la Grande Guerre ⟨1919–1922⟩. Points de vue diplomatiques français. – In: Rev. hist. 100 (1976), Bd 256, 419–442.

**Campbell,** F. Gregory: Confrontation in Central Europe. Weimar Germany and Czechoslovakia. – Chicago: University of Chicago Press (1975). 383 S.

**Cecil,** Lamar: The Kindermann-Wolscht incident. An impasse in Russo-German relations 1924—26. — In: J. Centr. Europ. Aff. 21 (1961/62), 188-199.

**Deist,** Wilhelm: Brüning, Herriot und die Abrüstungsgespräche von Bessinge 1932. — In: Vjh. Zeitgesch. 5 (1957), 265—272.

**Deist,** Wilhelm: Die Haltung der Westmächte gegenüber Deutschland während der Abrüstungskonferenz 1932/33. — o. O. 1956. 250 gez. Bl. [Maschinenschr.]
*Freiburg i. Br., phil. Diss. 6. August 1956.*

**Deist,** Wilhelm: Schleicher und die deutsche Abrüstungspolitik im Juni/Juli 1932. — In: Vjh. Zeitgesch. 7 (1959), 163—176.

**Dichtl,** Klaus [u.] Wolfgang Ruge: Zu den Auseinandersetzungen innerhalb der Reichsregierung über den Locarnopakt 1925. – In: Z. Geschichtswiss. 22 (1974), 64–88.

**Dorpalen,** Andreas: Amerikanische Isolation und deutsche Außenpolitik in den Weimarer Jahren. — In: Internat. Jb. Gesch.- und Geograph. Unterr. 11 (1967), 67—87.

**Doß,** Kurt: Das deutsche Auswärtige Amt im Übergang vom Kaiserreich zur Weimarer Republik. Die Schülersche Reform. – Düsseldorf: Droste (1977). 328 S.

**Druc,** H.: Die Stellung der deutschen Tagespresse und Wirtschaftswissenschaft zum Young-Plan.
*Basel, staatswiss. Diss. 1947.*

**Dülffer,** Jost: Der Beginn des Krieges 1939. Hitler, die innere Krise und das Mächtesystem. – In: Gesch. u. Gesellsch. 2 (1976), 443–470.

**Durica,** Milan S.: Machtpolitische Eingriffe des Dritten Reiches in die Politik der Slowakischen Republik. – In: Tradition und Neubeginn, Köln: Heymanns (1975), 245–257.

**Dyck,** Harvey Leonard: Weimar Germany and Soviet Russia 1926—1933. A study in diplomatic instability. — London: Chatto & Windus 1966. 279 S.

**Ehrhardt,** Max: Deutschlands Beziehungen zu Großbritannien, den Vereinigten Staaten und Frankreich vom Mai 1930 bis zum Juni 1932. Untersuchungen zur Außen- und Innenpolitik des Kabinetts Brüning an Hand der angelsächsischen diplomatischen Korrespondenzen. — Hamburg 1950. 163 gez. Bl. [Maschinenschr.]
*Hamburg, phil. Diss. 14. Okt. 1950.*

Die **Entstehung** des Youngplans. Dargest. vom Reichsarchiv 1931—1933. Durchges. u. eingel. von Martin Vogt. — Boppard: Boldt (1970). 396 S.
*(Schriften des Bundesarchivs. 15.)*

**Epstein,** Fritz T.: Zur Interpretation des Versailler Vertrages. — In: Jb. Gesch. Osteuropas 5 (1957), 315—335.

**Erdmann,** Karl Dietrich: Deutschland, Rapallo und der Westen. — In: Vjh. Zeitgesch. 11 (1963), 105—165.

**Erdmann,** Karl Dietrich: Das Problem der Ost- oder West-Orientierung in der Locarno-Politik Stresemanns. — In: Gesch. Wiss. Unterr. 6 (1955), 133—162.

**Erdmann,** K[arl] D[ietrich]: Zeitgeschichte: Außenpolitik. Literaturberichte. — In: Gesch. Wiss. Unterr. 5 (1954), 239—253.

**Euler,** H.: Die Außenpolitik der Weimarer Republik 1918—1923. — 536, 169 gez. Bl. [Maschinenschr.]
*Würzburg, phil. Diss. 1952.*

**Euler,** Heinrich: Die Außenpolitik der Weimarer Republik 1918—1923 (Vom Waffenstillstand bis zum Ruhrkonflikt). — Aschaffenburg: Pattloch 1957. 471 S.

**Farbman,** N. V.: Bor'ba rurskogo proletariata protiv francuzkoj okkupacii i nacional'noj izmeny magnatov Rura v 1923 godu. — In: Vop. Ist. 1955, H. 6, 26—41.

**Favez,** Jean-Claude: Le Reich devant l'occupation franco-belge de la Ruhr en 1923. — Genève: Droz 1969. 406 S.
*(Etudes et documents publiés par l'Institut d'Histoire de la Faculté des lettres de l'université de Genève. 6.)*

**Fink,** Carole: Defender of minorities. Germany in the League of Nations, 1926-1933. - In: Centr. Europ. Hist. 5 (1972), 330-357.

**Fisher,** Ernest F., jr.: Road to Rapallo. A study of Walther Rathenau and German foreign policy 1919—1922.
*Madison, Wis., Diss. 1952.*

**Freund,** G.: Germany's political and military relations with Soviet Russia, 1918—1926.
*Oxford, phil. Diss. 1955.*

**Freund,** Gerald: Unholy alliance. Russian-German relations from the treaty of Brest-Litovsk to the treaty of Berlin. With an introduction by J. W. Wheeler-Bennett. — London: Chatto & Windus 1957. XIX, 283 S.

**Freund,** Michael: Locarno 1925. — In: Gegenwart 8 (1953), 327—329.

**Fuchs,** Gerhard: Die politischen Beziehungen der Weimarer Republik zur Tschechoslowakei vom Versailler Frieden bis zum Ende der revolutionären Nachkriegskrise. - In: Jb. Gesch. 9 (1973), 281-337.

**Funke,** Manfred: Hitler und Mussolini. Anatomische Anmerkung zum 40. Jahrestag der „Achsen"-Allianz. - In: Aus Politik und Zeitgeschichte, Beilage zur Wochenzeitung „Das Parlament" Nr 43 vom 23. Oktober 1976, 15-20.

**Gaja,** Koloman [u.] Robert Kvacek: Germany and Czechoslovakia 1918—1945. Documents on German policy. — Prag: Orbis 1965. 171 S.

**Gajan,** Koloman: Německý imperialismus a československo-německé vztahy v letech 1918—1921. — Praha: Nakladatel'stvi Československé Akademie Věd 1962. 304 S.

**Gartner,** Franz: Der Plan einer deutsch-österreichischen Zollunion und die Wiener Presse. — Wien 1949. 139 gez. Bl. [Maschinenschr.]
*Wien, phil. Diss. 7. März 1951.*

**Gasiorowski,** Zygmunt J.: The Russian overture to Germany of December 1924. — In: J. mod. Hist. 30 (1958), 99—117.

**Gasiorowski,** Zygmunt J.: Stresemann and Poland before Locarno. — In: J. Centr. Europ. Aff. 18 (1958/59), 25—47.

**Gasser,** Albert: Die Rolle der Amerikaner bei der Entscheidung über die deutsche Ostgrenze im Jahre 1919. (Dargest. nach d. amtlichen amerikanischen Quellenveröffentlichungen in den „Foreign Relations of the United States".) — o. O. 1952. 103 gez. Bl. [Maschinenschr.]
*Freiburg i. Br., phil. Diss. 30. Juli 1952.*

**Gatzke,** Hans W.: Russo-German military collaboration during the Weimar republic. — In: Amer. hist. Rev. 63 (1957/58), 565—597.

**Gatzke,** Hans W.: Von Rapallo nach Berlin. Stresemann und die deutsche Rußlandpolitik. — In: Vjh. Zeitgesch. 4 (1956), 1—29.

**Geigenmüller,** Ernst: Botschafter von Hoesch und der deutsch-österreichische Zollunionsplan von 1931. — In: Hist. Z. 195 (1962), 581—595.

**Gottwald,** Robert: Die deutsch-amerikanischen Beziehungen in der Ära Stresemann. — Berlin: Colloquium Verl. (1965). 167 S.
*(Studien zur europäischen Geschichte aus dem Friedrich-Meinecke-Institut der Freien Universität Berlin. 6.)*

**Graml,** Hermann: Präsidialsystem und Außenpolitik. - In: Vjh. Zeitgesch. 21 (1973), 134-145.

**Graml,** Hermann: Die Rapallo-Politik im Urteil der westdeutschen Forschung. — In: Vjh. Zeitgesch. 18 (1970), 366—391.

**Grathwol,** Robert P.: Germany and the Eupen-Malmédy affair 1924-26. „Here lies the spirit of Locarno." - In: Centr. Europ. Hist. 8 (1975), 221-250.

**Griff** nach Südosteuropa. Neue Dokumente über die Politik des deutschen Imperialismus und Militarismus gegenüber Südosteuropa im Zweiten Weltkrieg. Hrsg. u. eingel. von Wolfgang Schumann. - Berlin: Dtsch. Verl. d. Wissenschaften 1973. 287 S.

**Grottian,** Walter: Genua und Rapallo 1922. Entstehung und Wirkung eines Vertrages. — In: Aus Politik und Zeitgeschichte, Beilage zur Wochenzeitung „Das Parlament", vom 20. und 27. Juni 1962, 305—328.

**Grün,** George A.: Locarno. Idea and reality. — In: Internat. Aff. 31 (1955), 477—485.

**Haffner,** Sebastian: Der letzte Friedensvertrag? Versailles nach vierzig Jahren. — In: Monat 11 (1958/59), H. 131, 3—10.

**Hampel,** Manfred: Die imperialistische Außenpolitik Deutschlands beim Wiederaufleben der anglo-französischen Interventionstendenzen gegen die UdSSR (1925—1927). — o. O. [1958]. 327 Bl.
*Berlin, Humboldt-Univ., phil. Diss. 3. Dezember 1958.*

**Hauser,** Oswald: Der Plan einer deutsch-österreichischen Zollunion von 1931 und die europäische Föderation. — In: Hist. Z. 179 (1955), 45—92.

**Helbich,** Wolfgang J.: Between Stresemann and Hitler. The foreign policy of the Brüning government. — In: World Politics 12 (1959/60), 24—44.

**Helbig,** Herbert: Die Moskauer Mission des Grafen Brockdorff-Rantzau. — In: Forschungen z. Osteurop. Gesch. 2 (1955), 286—347.

**Helbig,** Herbert: Die Träger der Rapallo-Politik. — Göttingen: Vandenhoeck & Ruprecht 1958. 214 S.
*(Veröffentlichungen des Max-Planck-Instituts für Geschichte. 3.)*

**Hildebrand,** Klaus: Das Deutsche Reich und die Sowjetunion im internationalen System, 1918-1932. Legitimität oder Revolution? - Wiesbaden: Steiner 1977. 40 S.
*(Frankfurter historische Vorträge. 4.)*

**Hirsch,** Helmut: Die Saar von Genf. Die Saarfrage während des Völkerbundregimes von 1920 bis 1935. — Bonn: Röhrscheid 1954. 96 S.
*(Rheinisches Archiv. 46.)*

**Hirsch,** Helmut: Die Saar in Versailles. Die Saarfrage auf der Friedenskonferenz von 1919. — Bonn: Röhrscheid 1952. 72 S.
*(Rheinisches Archiv. 42.)*

**Hitler,** Deutschland und die Mächte. Materialien zur Außenpolitik des Dritten Reiches. [Hrsg.:] Manfred Funke. - Düsseldorf: Droste 1976. 848 S.
*(Bonner Schriften zur Politik und Zeitgeschichte. 12.)*

**Höltje,** Christian: Über den Weimarer Staat und „Ost-Locarno" 1919—1934. (Revision oder Garantie der deutschen Ostgrenzen von 1919.) — Würzburg: Holzner 1958. 350 S.

**Holz,** Kurt A.: Die Diskussion um den Dawes- und Young-Plan in der deutschen Presse. Bd 1.2. - Frankfurt a.M.: Haag & Herchen (1977). IX, 766 S.
*Köln, phil. Diss. vom 5. Juli 1975.*

**Hubatsch,** Walther: Die außenpolitischen Beziehungen des deutschen Reiches zu Lettland und Estland 1923-1932. - In: Dtsch. Stud. 13 (1975), 305-314.

**Jacobson,** Jon: Locarno diplomacy. Germany and the West, 1925—1929. — Princeton, N.J.: Princeton University Press 1972. XI, 420 S.

**Jacobson,** Jon [u.] John T. Walker: The impulse for a Franco-German entente. The origins of the Thoiry Conference, 1926. - In: J. contemp. Hist. 10 (1975), 157-181.

Německý **imperialismus** proti ČSR. 1918—1939. ([Hrsg.:] Komise pro vydávání diplomatických dokumentů při Ministerstvu zahraničních věcí. Vědecký red.: Koloman Gajan). — (Praha:) Nakladatelství Politické Literatury 1962. 605 S.

**Kadzik,** Konrad: England und Deutschland 1930—1932. Eine Studie über die britische Stellungnahme zu den außenpolitischen Problemen Deutschlands unter Reichskanzler Heinrich Brüning. — Berlin 1959. 215 S.
*Berlin, Freie Univ., phil. Diss. 27. November 1958.*

**Kalisch,** Johannes: Wirksamkeit und Grenzen des deutsch-polnischen Presseprotokolls vom 24. Februar 1934. - In: Z. Geschichtswiss. 24 (1976), 1006-1022.

**Kellermann,** Volkmar: Schwarzer Adler, weißer Adler. Die Polenpolitik der Weimarer Republik. — Köln: Markus-Verl. (1970). 196 S.

**Klafkowski,** Alfons: Granica polsko-niemiecka a konkordaty z lat 1929 i 1933. — Warszawa: Instytut Wydawniczy „Pax" 1959. 486 S.

**Klein,** Fritz: Die diplomatischen Beziehungen Deutschlands zur Sowjetunion 1917—1932. — Berlin: Rütten & Loening 1952. 190 S.

**Klein,** Fritz: Die diplomatischen Beziehungen Deutschlands zur Sowjetunion 1917—1932. (2. durchges. Aufl.) — Berlin: Rütten & Loening 1953. 190 S.

**Klepsch,** Egon: Die deutsche Rußlandpolitik unter dem Reichsminister des Auswärtigen Dr. Gustav Stresemann. — Marburg 1955. 157, IV gez. Bl. [Maschinenschr.]
*Marburg, phil. Diss. 1954.*

**Kobb,** Victor Lewis: Die deutsch-polnische Frage auf der Friedenskonferenz zu Paris (Die polnischen Westgrenzen). — o. O. (1949). 207 gez. Bl. Maschinenschr.
*Innsbruck, phil. Diss. 1949.*

**Kobljakov,** J. K.: Ot Bresta do Rapallo. Očerki istorii sovetsko-germanskich otnošenii (1918—1922). — Moskva: Gospolitizdat 1954. 252 S.

**Kochan,** Lionel: Russia and the Weimar republic. — (Cambridge:) Bowes & Bowes (1954). X, 190 S.

**Kochan,** Lionel: Rußland und die Weimarer Republik (Russia and the Weimar Republic, dt.) — Düsseldorf: Müller-Albrechts 1963. 183 S.

**Kollman,** Eric C.: Walther Rathenau and German foreign policy. Thoughts and actions. — In: J. mod. Hist. 24 (1952), 127—142.

**Komarnicki,** Titus: Polish-German relations 1918—1939. — In: Poland & Germany, H. 4 (März 1958), 24—31.

**Korbuly,** Dezsö: Ungarn im wirtschaftlichen „Lebensraum" des Dritten Reiches. - In: Donauraum 21 (1976), 176-185.

**Krasuski,** Jerzy: Political significance of the Polish-German financial accounting in 1919—1929. — In: Acta Polon. hist. 15 (1967), 65—80.

**Krasuski,** Jerzy: Stosunki polsko-niemieckie 1919—1925. Poznań: Instytut Zachodni 1962. 522 S.
*(Studium niemcoznawcze Instytutu Zachodniego. 3.)*

**Krasuski,** Jerzy: Stosunki polsko-niemieckie. 1926—1932. — Poznań: Inst. Zachodni 1964. 329 S.
*(Studium niemcoznawcze Instytutu Zachodniego. 7.)*

**Krasuski,** Jerzy: Wpływ traktatu w Rapallona stosunki polsko-niemieckie. — In: Przegląd Zach. 17 (1961), Bd 2, 53—65.

**Krekeler,** Norbert: Revisionsanspruch und geheime Ostpolitik der Weimarer Republik. Die Subventionierung der deutschen Minderheiten in Polen. - Stuttgart: Dtsch. Verl.-Anst. (1973). 158 S.
*(Schriftenreihe der Vierteljahrshefte für Zeitgeschichte. 27.)*

**Kroll,** Vincent: Die Genfer Konvention, betreffend Oberschlesien vom 15. Mai 1922. Ein Versuch, durch übernationale Zusammenarbeit die wirtschaftliche, völkische und kulturelle Existenz eines politisch umstrittenen Gebietes zu sichern. — o. O. [1959]. 208 Bl.
*Köln, phil. Diss. 16. Januar 1959.*

**Krüger,** Peter: Deutschland und die Reparationen 1918/19. Die Genesis des Reparationsproblems in Deutschland zwischen Waffenstillstand und Versailler Friedensschluß. — Stuttgart: Dtsch. Verl.-Anst. (1973). 224 S.
*(Schriftenreihe der Vierteljahrshefte für Zeitgeschichte. 25.)*

**Krüger,** Peter: Friedenssicherung und deutsche Revisionspolitik. Die deutsche Außenpolitik und die Verhandlungen über den Kellogg-Pakt. — In: Vjh. Zeitgesch. 22 (1974), 227–257.

**Krulis-**Randa, Jan: Das deutsch-österreichische Zollunionsprojekt von 1931. — Zürich: Europa-V. 1955. 211 S.

**Kubiak,** Stanisław: Niemcy a Wielkopolska 1918—1919. — Poznań: Inst. Zachodni 1969. 303 S.
*(Dzieje Polskiej granicy zachodniej. 4.)*

**Kum'a** N'dumbe III, Alexandre: La politique africaine de l'Allemagne hitlérienne, 1933–1943. ⟨Afrique du Nord-Afrique Centrale, Afrique du Sud.⟩ — Lyon: Centre d'histoire économique et sociale de la region lyonnaise 1974.
1. 435 Bl.
2. 225 Bl.
*Phil. Diss., Lyon.*
[Maschinenschr. vervielf.]

**Kupferman,** Fred: Diplomatie parallèle et guerre psychologique. Le role de la „Ribbentrop Dienststelle" dans les tentatives d'actions sur l'opinion française, 1934–1939. — In: Relat. internat. 1975, H. 3, 79–95.

**Lademacher,** Horst: Von Brest-Litowsk nach Rapallo. Machtpolitik — Ideologie — Realpolitik. — In: Blätter f. dt. u. internat. Politik 6 (1961), 1037—1054.

**Lee,** Marshall M[cDowell]: Failure in Geneva. The German Foreign Ministry and the League of Nations 1926–1933. — (Ann Arbor, Mich.: University Microfilms Internat. 1977). XI, 275 S.
*University of Wisconsin, phil. Diss. 1974.*
[Microfilm-xerography.]

**Liepe,** Karl-Martin: Die Schiedsgerichtsbarkeit im Dawes-Plan und im Londoner Schuldenregelungsabkommen. — o. O. 1954. XIX, 156 S. [Maschinenschr. vervielf.]
*Mainz, rechts- u. wirtschaftswiss. Diss. 8. März 1956.*

**Link,** Werner: Der amerikanische Einfluß auf die Weimarer Republik in der Dawesplanphase. Elemente eines „penetrierten Systems". — In: Aus Politik und Zeitgeschichte, Beilage zur Wochenzeitung „Das Parlament" Nr 45 vom 10. November 1973, 3–12.

**Linke,** Horst Günther: Deutsch-sowjetische Beziehungen bis Rapallo. — Köln: Verl. Wissenschaft u. Politik (1970). 295 S.
*(Abhandlungen des Bundesinstituts für ostwissenschaftliche und internationale Studien. 22.)*
*Diss., Bonn.*

**Lippelt,** Helmut: „Politische Sanierung". Zur deutschen Politik gegenüber Polen 1925/26. — In: Vjh. Zeitgesch. 19 (1971), 323—373.

**Locarno-Konferenz** 1925. Eine Dokumentensammlung. Hrsg. vom Ministerium f. Auswärtige Angelegenheiten d. Dtsch. Demokratischen Republik. — Berlin: Rütten & Loening 1962. 241 S.

**Łossowski,** Piotr: Między wojna a pokojem. Niemcy i Europa Wschodna w 1919 roku. — Warszawa: Książka i Wiedza 1975. 280 S.

**Luther,** Hans: Stresemann und Luther in Locarno. Historisches Material, beigetragen aus eigener Erfahrung. — In: Polit. Studien 8 (1957), H. 84, 1—15.

**Mahrad,** Ahmad: Die deutsch-persischen Beziehungen von 1918–1933. Ab Ms. d. Autors gedr. — Frankfurt a. M.: Lang 1974. 478 S.
*(Europäische Hochschulschriften. Reihe 3. Gesch. u. ihre Hilfswiss. 37.)*
*Diss., Freie Universität Berlin.*

**Maier,** Klaus A.: Guernica, 26. 4. 1937. Die deutsche Intervention in Spanien und der Fall „Guernica". - Freiburg: Rombach (1975). 165 S.
*(Einzelschriften zur militärischen Geschichte des Zweiten Weltkrieges. 17.)*

**Malanowski,** Wolfgang: Die deutsche Politik der militärischen Gleichberechtigung von Brüning bis Hitler. — In: Wehrwiss. Rdsch. 5 (1955), 351—364.

**Mayer-Jesse,** Ilse: (Die deutschen Reparationen nach dem Weltkrieg 1918 bis 1933.) — Wien 1947. V, 149 gez. Bl. [Maschinenschr.]
*Wien, Hochsch. f. Welth., Diss. 13. Dez. 1947.*

**Megerle,** Klaus: Deutsche Außenpolitik 1925. Ansatz zu aktivem Revisionismus. - Frankfurt a. M.: Lang 1974. 307 S.
*(Europäische Hochschulschriften. Reihe 3. Gesch. u. ihre Hilfswiss. 28.)*

**Megerle,** Klaus: Danzig, Korridor und Oberschlesien. Zur deutschen Revisionspolitik gegenüber Polen in der Locarnodiplomatie. - In: Jb. Gesch. Mittel- u. Ostdeutschl. 25 (1976), 145–178.

**Menze,** Hugo: Deutsch-österreichische Anschlußversuche vor 1933, insbesondere 1931. — o. O. 1957. 171 Bl. [Maschinenschr. vervielf.]
*Freiburg i. Br., phil. Diss. 4. Dezember 1957.*

**Menzel,** M.: Die deutsche Außenpolitik und der „Berliner Vertrag" vom Jahre 1926. — In: Wiss. Z. Karl-Marx-Univ. Leipzig, Gesellschafts- u. sprachwiss. Reihe, 6 (1956/57), 113—122.

**Mielcke,** Karl: Die deutsch-französischen Beziehungen von 1919 bis zum Tode Stresemanns. — In: Intern. Jb. Geschichtsunterr. 1 (1951), 170—180.

**Mielcke,** Karl: Deutschland und Rußland 1918—1941. — (Bad Gandersheim 1960: Hertel.) 47 S.
*(Schriftenreihe d. Niedersächs. Landeszentrale für Politische Bildung. Zeitgeschichte. 11.)*

**Mitrović,** Andrej: Politische und wirtschaftliche Beziehungen Deutschlands und Jugoslawiens in der Zeit der Verständigungspolitik Stresemanns. - In: Tradition und Neubeginn, Köln: Heymanns (1975), 117-140.

**Molt,** Harro: Hegemonialbestrebungen der deutschen Außenpolitik in den letzten Jahren der Weimarer Republik. Gustav Stolpers „Dienstag-Kreis". - In: Jb. Inst. dtsch. Gesch. 5 (1976), 419-448.

**Morgan,** R. P.: The political significance of German-Soviet trade negotiations 1922—1925. — In: Hist. J. 6 (1963), 253—271.

**Münch,** W[illy]: Der Anschluß Österreichs und das Echo im Reich. ⟨1918—1922.⟩ — Bad Kreuznach: Münch 1968. 79 S.

**Münch,** Willy: Der Anschluß Österreichs in der deutschen öffentlichen Meinung von 1918/19. — Wörrstadt i. Rhh. 1948. II, 81 Bl.
Verfügbar im Archiv der unveröffentlichten Schriften der Dtsch. Bibliothek in Frankfurt a. M.

**Myers,** Duane P.: Berlin versus Vienna. Disagreement about Anschluss in the Winter of 1918-1919. - In: Centr. Europ. Hist. 5 (1972), 150-175.

**Nadolny,** Sten: Abrüstungsdiplomatie 1932/33. Deutschland auf der Genfer Konferenz im Übergang von Weimar zu Hitler. - (München: Tuduv-Verlagsges. [in Komm.] 1978). VI, 508 S.
*(Tuduv-Studien. Reihe Sozialwissenschaft. 10.)*

**Nelson,** Keith L.: Victors divided. America and the Allies in Germany, 1918-1923. - Berkeley: University of California Press 1975. XIII, 441 S.

**Niclauß,** Karlheinz: Die Sowjetunion und Hitlers Machtergreifung. Eine Studie über die deutsch-russischen Beziehungen der Jahre 1929 bis 1935. — Bonn: Röhrscheid 1966. 208 S.
*(Bonner Historische Forschungen. 29.)*

**Nitsche,** Peter: Der Reichstag und die Festlegung der deutsch-polnischen Grenze nach dem Ersten Weltkrieg. - In: Hist. Z. 216 (1973), 335-361.

**Noack,** Paul: Deutsch-russische Beziehungen von 1922 bis 1933. — In: Polit. Studien 11 (1960), S. 77—88.

**Noël,** Léon: Les illusions de Stresa. L' Italie abandonnée à Hitler. - Paris: France-Empire (1975). 206 S.

**Obermann,** Karl: Die Beziehungen des amerikanischen Imperialismus zum deutschen Imperialismus in der Zeit der Weimarer Republik 1918—1925. — Berlin: Rütten & Loening (1952). 167 S.

**Ostwald,** Paul: Die Außenpolitik der Weimarer Republik. — Paderborn: Schöningh 1952. 48 S.
*(Quellen zur Geschichte des 20. Jahrhunderts. 2.)*

**Pade,** Werner: Die Expansionspolitik des deutschen Imperialismus gegenüber Lateinamerika 1918-1933. - In: Z. Geschichtswiss. 22 (1974), 578-590.

**Pieper,** Helmut: Die Minderheitenfrage und das Deutsche Reich. 1919-1933/34. ([Hrsg.:] Inst. für Internat. Angelegenheiten.) - Frankfurt a. M.: Metzner [in Komm.] 1974. VII, 348 S.
*(Darstellungen zur Auswärtigen Politik. 15.)*
*Diss., Universität Göttingen.*

**Pohl,** Karl Heinrich: Die Finanzkrise bei Krupp und die Sicherheitspolitik Stresemanns. Ein Beitrag zum Verhältnis von Wirtschaft und Außenpolitik in der Weimarer Republik. - In: Vjschr. Sozial- u. Wirtschaftsgesch. 61 (1974), 505-525.

**Pommerin,** Reiner: Das Dritte Reich und Lateinamerika. Die deutsche Politik gegenüber Süd- und Mittelamerika, 1939-1942. - Düsseldorf: Droste (1977), 377 S.
[Maschinenschr. vervielf.]

**Post,** Gaines: The civil-military fabric of Weimar foreign policy. - (Princeton, N. J.:) Princeton University Press (1973). X, 398 S.

**Poulain,** Marc: Außenpolitik zwischen Machtpolitik und Dogma. Die deutsch-italienischen Beziehungen von der Jahreswende 1932/33 bis zur Stresa-Konferenz. - o. O. 1971. 192 S.
*Frankfurt a. M., phil. Diss. vom 15. Dezember 1971.*
[Maschinenschr. vervielf.]

**Poulain,** Marc: Deutschlands Drang nach Südosten contra Mussolinis Hinterlandpolitik 1931-1934. - In: Donauraum 22 (1977), 129-153.

**Poulain,** Marc: Querelles d'Allemands entre locarnistes: La question d'Eupen-Malmédy. - In: Rev. hist. 101 (1977), Bd 258, 393-439.

**Poulain,** Marc: Zur Vorgeschichte der Thoiry-Gespräche vom 17. September 1926. - In: Aspekte deutscher Außenpolitik im 20. Jahrhundert. Aufsätze Hans Rothfels zum Gedächtnis, Stuttgart: Dtsch. Verl.-Anst. (1976), 87-120.

**Preradovich,** N(ikolaus) von: Die Wilhelmstraße und der Anschluß Österreichs. 1918—1933. — Frankfurt a. M.: Lang 1971. 327 S.
*(Europäische Hochschulschriften. Reihe 3: Geschichte und ihre Hilfswissenschaften. 3.)*

**Problem** polsko-niemiecki w traktacie Wersalskim. Praca zbiorowa pod red. J. Pajewskiego. Przy współudziale ... — Poznań: Instytut Zachodni 1963. 652 S.
*(Dzieje polskiej granicy zachodniej. 3.)*

**Problèmes** de la Rhénanie 1919-1930. Die Rheinfrage nach dem Ersten Weltkrieg. Actes du Colloque d'Otzenhausen, 14-16 octobre 1974. - Metz: [Selbstverl. d. Hrsg.] 1975. 131 S.
*(Publications du Centre de Recherches Relations Internationales de l'Université de Metz. 6.)*

**Puchert,** Berthold: Der Wirtschaftskrieg des deutschen Imperialismus gegen Polen 1925—1934. — Berlin: Akademie-Verl. 1963. 210 S.
*(Deutsche Akademie der Wissenschaften zu Berlin. Schriften des Instituts für Geschichte. Reihe 1, Bd. 17.)*

**Ranzinger,** Konrad: Zur Lehre von der Staatennachfolge: Gebietsabtretungen in den Friedensverträgen von Versailles und St. Germain-en-Laye im Vergleich zum Friedensvertrag mit Italien vom 10. Februar 1947. — o. O. 1949. 103, IV gez. Bl. [Maschinenschr.]
*München, jur. Diss. 21. Dez. 1949.*

**Raschhofer,** Hermann: Völkerbund und Münchener Abkommen. Die Staatengesellschaft von 1938. – München: Olzog (1976). 239 S.
*(Berichte und Studien der Hanns-Seidel-Stiftung. 9.)*

**Raumer,** Hans von: Dreißig Jahre nach Rapallo. — In: Dtsch. Rdsch. 78 (1952), 321—330.

**Rheinbaben,** Werner Freiherr von: Deutsche Ostpolitik in Locarno. — In: Außenpolitik 4 (1953), 33—40.

**Richter,** Rolf: Der Abrüstungsgedanke in Theorie und Praxis und die deutsche Politik ⟨1920—1929⟩. — In: Wehrwiss. Rdsch. 18 (1968), 442—466.

**Riekhoff,** Harald von: German-Polish relations, 1918—1933. — Baltimore: Johns Hopkins Press (1971). XI, 421 S.

**Rosen,** Edgar R.: Die deutsche Rechte und das faschistische Italien. — In: Z. Politik 8 (1961), 334—338.

**Rosenbaum,** Kurt: Community of fate. German-Soviet diplomatic relations 1922—1928. — (Syracuse, N. Y.:) Syracuse University Press (1965). VII, 325 S.

**Rosenfeld,** Günter: Die deutsch-sowjetischen Beziehungen bis 1925. – In: Dtsch. Außenpolitik 2 (1957), 995—1006.

**Rosenfeld,** Günter: Sowjetrußland und Deutschland 1917—1922. — Berlin: Akademie-Verl. 1960. VII, 423 S.
*(Dtsch. Akademie d. Wissenschaften zu Berlin. Schriften d. Instituts f. Geschichte. Reihe 1, Bd. 8.)*

**Rosenfeld,** Günter: Sowjetrußland und Deutschland von der Novemberrevolution bis zum Vertrag von Rapallo. — o. O. 1956. V, 325 gez. Bl. [Maschinenschr.]
*Berlin, Humboldt-Univ., phil. Diss. 15. Februar 1956.*

**Rosenfeld,** Günter: Das Zustandekommen des Rapallo-Vertrages. — In: Z. Geschichtswiss. 4 (1956), 678—697.

**Ruge,** Wolfgang: Die Außenpolitik der Weimarer Republik und das Problem der europäischen Sicherheit 1925–1932. – In: Z. Geschichtswiss. 22 (1974), 273–290.

**Ruge,** Wolfgang: Zur Problematik und Entstehungsgeschichte des Berliner Vertrages von 1926. — In: Z. Geschichtswiss. 9 (1961), 809—848.

**Ruge,** Wolfgang [u.] Wolfgang Schumann: Die Reaktion des deutschen Imperialismus auf Briands Paneuropaplan 1930. — In: Z. Geschichtswiss. 20 (1972), 40—70.

**Ruge,** Wolfgang: Die Stellungnahme der Sowjetunion gegen die Besetzung des Ruhrgebietes 1923 und die deutsch-sowjetischen Beziehungen während des „passiven Widerstandes". — Berlin 1958. 256 Bl.
*Berlin, Humboldt-Univ., phil. Diss. 16. Juni 1959.*

**Salewski,** Michael: Zur deutschen Sicherheitspolitik in der Spätzeit der Weimarer Republik. – In: Vjh. Zeitgesch. 22 (1974), 121–147.

**Scheffer,** Paul: Im übrigen. Ein Beitrag zur „Rapallo"-Diskussion. — In: Merkur 11 (1957), 979—984.

(**Scheffer,** Paul:) Die Lehren von Rapallo. — In: Merkur 7 (1953), 372—392.

**Schieder,** Theodor: Das Dokumentenwerk zur deutschen auswärtigen Politik 1918-1945. – In: Hist. Z. 218 (1974), 85–95.

**Schieder,** Theodor: Die Entstehungsgeschichte des Rapallo-Vertrags. — In: Hist. Z. 204 (1967), 545—609.

**Schieder,** Theodor: Die Probleme des Rapallo-Vertrages. Eine Studie über die deutsch-russischen Beziehungen 1922—1926. — Köln, Opladen: Westdt. Verl. 1956. 98 S.

**Schieder,** Wolfgang: Spanischer Bürgerkrieg und Vierjahresplan. Zur Struktur nationalsozialistischer Außenpolitik. – In: Soziale Bewegung und politische Verfassung, Stuttgart: Klett (1976), 832–856.

**Schmacke,** Ernst: Die Außenpolitik der Weimarer Republik 1922—1925 unter Berücksichtigung der Innenpolitik (Von Rapallo nach Locarno). — Hamburg 1951. 218 gez. Bl. [Maschinenschr.]
*Hamburg, phil. Diss. 30. Aug. 1951.*

**Schmidt,** Royal J.: Versailles and the Ruhr. Seedbed of World War II. — The Hague: Nijhoff 1968. 310 S.

**Schröder,** Hans-Jürgen: Deutsche Südosteuropapolitik 1929–1936. Zur Kontinuität deutscher Außenpolitik in der Weltwirtschaftskrise. – In: Gesch. u. Gesellsch. 2 (1976), 5–32.

**Schüddekopf,** Otto-Ernst: German foreign policy between Compiègne and Versailles. — In: J. Contemp. Hist. 4 (1969), H. 2, 181—197.

**Schüddekopf,** Otto-Ernst: Karl Radek in Berlin. Ein Kapitel deutsch-russischer Beziehungen im Jahre 1919. — In: Archiv für Sozialgeschichte 2 (1962), 87—166.

**Schumann,** Wolfgang: Das Scheitern einer Zoll- und Währungsunion zwischen dem faschistischen Deutschland und Dänemark 1940. [Dokumentation.] – In: Jb. Gesch. 9 (1973), 515–566.

**Schwiegershausen,** Edmund: Die Bestimmungen des Dawes-Planes über den Haushalt des Deutschen Reiches. — o. O. [1958]. III, 263, 11 gez. Bl. [Maschinenschr.]
*Berlin, Hochsch. f. Ök., Diss. 21. November 1958.*

**Shamir,** Haim: The Middle East in the Nazi conception. – In: Germany and the Middle East, 1835–1939, Tel Aviv: [Selbstverl. d. Hrsg.] 1975, 167–174.

**Sieburg,** Heinz-Otto: Das Gespräch zu Thoiry. — In: Gedenkschrift Martin Göhring, Wiesbaden: Steiner 1968, 317—337.

**Snell,** John L.: Wilson's peace program and German socialism, January-March 1918. — In: Mississippi Valley Hist. Rev. 38 (1951), 187—215.

**Snell,** John L.: Wilson on Germany and the fourteen points. — In: J. mod. Hist. 26 (1954), 364—369.

**Sobczak,** Janusz: Propaganda zagraniczna Niemiec weimarskich wobec Polski. – Poznań: Western Inst. 1973. 357 S.

**Soutou,** Georges: Die deutschen Reparationen und das Seydoux-Projekt 1920/21. – In: Vjh. Zeitgesch. 23 (1975), 237–270.

**Spenz,** Jürgen: Die diplomatische Vorgeschichte des Beitritts Deutschlands zum Völkerbund 1924–1926. Ein Beitrag zur Außenpolitik der Weimarer Republik. — Göttingen: Musterschmidt (1966). 216 S.

**Stambrook,** F. G.: The German-Austrian customs union project of 1931. A study of German methods and motives. — In: J. Centr. Europ. Aff. 21 (1961/62), 15–44.

**Stambrook,** F. G.: „Das Kind" — Lord d'Abernon and the origins of the Locarno Pact. — In: Centr. Europ. Hist. 1 (1968), 233–263.

**Stepanow,** Andrej: „Wenn wir gut mit den Russen standen ..." Die sowjetisch-deutschen Beziehungen 1917–1931 im Lichte der „Dokumente der Außenpolitik der UdSSR", Bde I–XVI. — In: Bll. dtsch. internat. Pol. 14 (1969), 980–989.

**Stössinger,** Felix: Rapallo. Mythos und Wahrheit. — In: Neue Schweiz. Rdsch. 20 (1952/53), 374–380.

**Stössinger,** Felix: Die Wahrheit über Rapallo. — In: Dtsch. Rdsch. 78 (1952), 550–560.

**Sundhausen,** Holm: Die Weltwirtschaftskrise im Donau-Balkan-Raum und ihre Bedeutung für den Wandel der deutschen Außenpolitik unter Brüning. – In: Aspekte deutscher Außenpolitik im 20. Jahrhundert. Aufsätze Hans Rothfels zum Gedächtnis, Stuttgart: Dtsch. Verl.-Anst. (1976), 121–164.

**Suval,** Stanley: The Anschluss question in the Weimar era. A study of nationalism in Germany and Austria, 1918–1932. - Baltimore: Johns Hopkins Press 1974. XXI, 240 S.

**Thimme,** Annelise: Die Locarnopolitik im Lichte des Stresemann-Nachlasses. — In: Z. Politik 3 (1956), 42–63.

**Urban,** L. K.: German property interests in Poland during the 1920's. - In: East Europ. Quart. 10 (1976), 181–221.

Die **Verträge** von Rapallo, Locarno und Berlin. — In: Europa-Archiv 9 (1954), 6790–6796.

**Vogelsang,** Thilo: Die Außenpolitik der Weimarer Republik 1918–1933. — Uelzen i. Hann. 1959: Niedersächs. Buchdruckerei. 38 S.
*(Schriftenreihe der Niedersächsischen Landeszentrale für Heimatdienst. Zeitgeschichte. 4.)*

**Vogelsang,** Thilo: Papen und das außenpolitische Erbe Brünings. Die Lausanner Konferenz 1932. — (Berlin: Duncker & Humblot 1966.) S. 487–507.
Sonderdr. aus: Neue Perspektiven aus Wirtschaft und Recht. Festschrift für Hans Schäffer zum 80. Geburtstag am 11. April 1966.

**Volkmann,** Hans-Erich: Ökonomie und Machtpolitik. Lettland und Estland im politisch-ökonomischen Kalkül des Dritten Reiches ⟨1933–1940⟩. - In: Gesch. u. Gesellsch. 2 (1976), 471–500.

**Volkmann,** Hans-Erich: Politik und ökonomisches Interesse in den Beziehungen der Weimarer Republik zum Königreich Spanien. - In: Aspekte deutscher Außenpolitik im 20. Jahrhundert. Aufsätze Hans Rothfels zum Gedächtnis, Stuttgart: Dtsch. Verl.-Anst. (1976), 41–67.

**Wendt,** Bernd-Jürgen: Der blockierte Dialog. Neuere Literatur zu den deutsch-englischen Beziehungen in den 30er Jahren. - In: Militärgesch. Mitt. 1975, H. 17, 201–211.

**Winzer,** Otto: Der Rapallo-Vertrag und seine nationale Bedeutung für Deutschland. — Berlin: (Dietz) 1952. 42 S.

**Wirth,** Josef: Die deutsche Neutralitätspolitik der Jahre 1922–1932. — In: Blätter f. dt. u. internat. Politik 5 (1960), 1013–1020.

**Worliczek,** Adalbert: Rapallo: Drohung und Wirklichkeit. Die neuen Akten zur deutschen Außenpolitik. — In: Polit. Meinung 1 (1956), H. 5, 22–38.

**Wroniak,** Zdzisław: Sprawa Polskiej granicy zachodniej w latach 1918–1919. — (Poznań:) Wydawnictwo Poznańskie (1963). 163 S.

**Wüest,** Erich: Der Vertrag von Versailles in Licht und Schatten der Kritik. Die Kontroverse um seine wirtschaftl. Auswirkungen. — Zürich: Europa Verl. (1962). 277 S.
*(Wirtschaft, Gesellschaft, Staat. 21.)*

**Zelt,** Johannes: Die deutsch-sowjetischen Beziehungen in den Jahren 1917–1921 und das Problem der Kriegsgefangenen und Internierten. — In: Z. Geschichtswiss. 15 (1967), 1015–1032.

**Zimmermann,** Ludwig: Deutsche Außenpolitik in der Ära der Weimarer Republik. — Göttingen, Berlin, Frankfurt a. M.: Musterschmidt (1958). 486 S.

**Zimmermann,** L[udwig]: Deutschland und die großen Mächte 1918–1932. [3. Aufl.] — Stuttgart: Klett (1964). 65 S.
*(Quellen und Arbeitshefte für den Geschichtsunterricht. [22.])*

**Zsigmond,** L.: Versuche des deutschen Imperialismus, seine Machtpositionen nach Ost- und Südosteuropa hinüberzuretten (1919–1920). — In: Acta historica [Budapest] 5 (1958), H. 1/2, 47–107.

**Zwoch,** Gerhard: Die Erfüllungs- und Verständigungspolitik der Weimarer Republik und die deutsche öffentliche Meinung. — Kiel 1950. 125, III gez. Bl. [Maschinenschr.]
*Kiel, phil. Diss. 13. Februar 1951.*

Wirtschaft

**Bahl,** Volker: Lohnverhandlungssystem der Weimarer Republik. Von der Schlichtungsverordnung zum Ruhreisenstreit: Verbandsautonomie oder staatliche Verbandsgarantie? – In: Gewerksch. Monatsh. 29 (1978), 397–411.

**Bariéty,** Jacques: Industriels allemands et industriels français à l'époque de la République de Weimar. – In: Rev. Allemagne 6 (1974), H. 2, 1–16.

**Barmeyer,** Heide: Andreas Hermes und die Organisation der deutschen Landwirtschaft. Christliche Bauernvereine, Reichslandbund, Grüne Front, Reichsnährstand 1928 bis 1933. — Stuttgart: G. Fischer 1971. 176 S.
*(Quellen und Forschungen zur Agrargeschichte. 24.)*

**Baumgarten,** Dietrich: Deutsche Finanzpolitik 1924—1928. — (Berlin 1965: Ernst-Reuter-Ges.) 223 S.
*Freiburg, rechts- u. staatswiss. Diss. vom 4. Juni 1965.*

**Beitel,** Werner [u.] Jürgen Nötzold: Zur Problematik der wirtschaftlichen Kooperation mit der UdSSR. Erfahrungen aus den wirtschaftlichen Beziehungen zwischen der Weimarer Republik und der Sowjetunion. - Ebenhausen: Stiftung Wissenschaft u. Politik 1976. 91 S.

**Bennecke,** Heinrich: Wirtschaftliche Depression und politischer Radikalismus. Die Lehre von Weimar. — München: Olzog (1968). 232 S.
*(Geschichte und Staat. 134/135.)*

Die **Betriebsräte** in der Weimarer Republik. Von der Selbstverwaltung zur Mitbestimmung. ⟨Hrsg:⟩ Reinhard Crusius, Günter Schiefelbein u. M. Wilke. - (Berlin:) Olle & Wolter.
1. Dokumente und Analysen. Mit e. Einl. von Adolf Brock. (1978). 289 S.
2. Brigl-Matthiaß, Kurt: Das Betriebsräteproblem in der Weimarer Republik. Mit e. Einl. von Reinhard Hoffmann. (1978). XXVIII, 246 S.

**Biechele,** Eckhard: Der Kampf um die Gemeinwirtschaftskonzeption des Reichswirtschaftsministeriums im Jahre 1919. Eine Studie zur Wirtschaftspolitik unter Reichswirtschaftsminister Rudolf Wissell in der Frühphase der Weimarer Republik. - Berlin 1972: Universitätsdr. 164 S.
*Freie Universität Berlin, Diss. vom 25. Oktober 1972.*

**Blaich,** Fritz: Die „Fehlrationalisierung" in der deutschen Automobilindustrie 1924 bis 1929. - In: Tradition 18 (1973), 18-33.

**Blaich,** Fritz: Wirtschaftlicher Partikularismus deutscher Länder während der Weltwirtschaftskrise 1932. Das Beispiel der Auto-Union AG. - In: Vjh. Zeitgesch. 24 (1976), 406-414.

**Böhret,** Carl: Aktionen gegen die „kalte Sozialisierung" 1926—1930. Ein Beitr. zum Wirken ökonomischer Einflußverbände in der Weimarer Republik. — Berlin: Duncker & Humblot (1966). 279 S.
*(Schriften zur Wirtschafts- und Sozialgeschichte. 3.)*

**Boelcke,** Willi A.: Wandlungen der deutschen Agrarwirtschaft in der Folge des Ersten Weltkriegs. - In: Francia 3 (1975), 498-532.

**Born,** Karl Erich: Die deutsche Bankenkrise 1931. Finanzen und Politik. — München: Piper (1967). 286 S.

**Braatz,** Werner E.: Die agrarisch-industrielle Front in der Weimarer Republik 1930—1932. Die Rolle der Interessenverbände als Triebkräfte sozio-ökonomischen Wandels während der Weltwirtschaftskrise. — In: Schmollers Jb. Wirtschafts- u. Sozialwiss. 91 (1971), 541—565.

**Braatz,** Werner E.: Junkers-Flugzeugwerke A.G. in Anatolia, 1925-1926. An aspect of German-Turkish economic relations. - In: Tradition 19 (1974), 28-41.

**Braunthal,** Gerard: The politics of the German free trade unions during the Weimar period. — V, 357, 3 gez. Bl.
*Columbia University, Thesis (1954) (University Microfilms, Ann Arbor, Mich. Publication 6584.)*

**Brehme,** Gerhard: Die sogenannte Sozialisierungsgesetzgebung der Weimarer Republik. — Berlin: VEB Dtsch. Zentralverl. 1960. 174 S.

**Büsch,** Otto: Die kommunale Wirtschaft in der Berliner Geschichte der Weimarer Zeit. — In: Jb. Gesch. Mittel- u. Ostdtschlds. 8 (1959), 223—264.

**Corni,** Gustavo: L'agricultura nella repubblica di Weimar e l'avvento al potere del nazionalsocialismo. - In: Riv. Storia contemp. 5 (1976), 347-385.

**Damerau,** Kurt: Die Ursachen des Bankenkrachs vom 13. Juli 1931. (Mit einem kurzen Überblick über die spätere Entwicklung im deutschen Bankwesen.) — o. O. 1947. 96 gez. Bl. [Maschinenschr.]
*Erlangen, phil. Diss. 18. Dez. 1947.*

**Deutschland** in der Weltwirtschaftskrise in Augenzeugenberichten. Hrsg. u. eingel. von Wilhelm Treue. — (Düsseldorf:) Rauch (1967). 439 S.

**Emig,** Dieter [u.] Rüdiger Zimmermann: Das Ende einer Legende: Gewerkschaften, Papen und Schleicher. Gefälschte und echte Protokolle. - In: Internat. wiss. Korr. Gesch. dtsch. Arbeiterbew. 12 (1976), 19-43.

**Feldman,** Gerald D.: Die Freien Gewerkschaften und die Zentralarbeitsgemeinschaft 1918-1924. - In: Vom Sozialistengesetz zur Mitbestimmung. Zum 100. Geburtstag von Hans Böckler, (Köln:) Bund-Verl. (1975), 229-252.

**Feldman,** Gerald D. [u.] Heidrun Homburg: Industrie und Inflation. Studien und Dokumente zur Politik der deutschen Unternehmer 1916-1923. - (Hamburg:) Hoffmann & Campe (1977). 421 S.
*(Historische Perspektiven. 5.)*

**Feldman,** Gerald D.: Iron and steel in the German inflation 1916-1923. - Princeton, N.J.: Princeton University Press (1977). XIX, 518 S.

**Feldman,** Gerald D.: The origins of the Stinnes-Legien agreement. A documentation with the ass. of Irmgard Steinisch. -- In: Internat. wiss. Korr. Gesch. dtsch. Arbeiterbew. 9 (1973), H. 19/20, 45-103.

**Feldman,** Gerald D.: The social and economic policies of German big business, 1918—1929. — In: Amer. hist. Rev. 75 (1969/70), 47—55.

**Feldman,** Gerald D. [u.] Irmgard Steinisch: Die Weimarer Republik zwischen Sozial- und Wirtschaftsstaat. Die Entscheidung gegen den Achtstundentag. Hans Rosenberg zum kommenden 75. Geburtstag gewidmet. – In: Arch. Sozialgesch. 18 (1978), 353-439.

Kommunale **Finanzpolitik** in der Weimarer Republik. Hrsg. von Karl-Heinrich Hansmeyer. - Stuttgart: Kohlhammer (1973). 248 S.
*(Schriftenreihe des Vereins für Kommunalwissenschaft. 36.)*

**Fischer**, Wolfram: Die wirtschaftspolitische Situation der Weimarer Republik. — (Celle 1960: Pohl.) 68 S.
*(Schriftenreihe d. Niedersächs. Landeszentrale für Politische Bildung. Zeitgeschichte. 9.)*

**Flemming**, Jens: Zwischen Industrie und christlich-nationaler Arbeiterschaft. Alternativen landwirtschaftlicher Bündnispolitik in der Weimarer Republik. - In: Industrielle Gesellschaft und politisches System. Festschrift für Fritz Fischer zum siebzigsten Geburtstag, Bonn: Verl. Neue Gesellsch. (1978), 259–276.

**Fleury**, Antoine: La pénétration économique de l'Allemagne en Turquie et en Iran après la première guerre mondiale. L'impact de l'évolution des structures économiques sur les échanges commerciaux. - In: Relat. internat. 1974, H. 1, 155–171.

Finanz- und wirtschaftspolitische **Fragen** der Zwischenkriegszeit. Hrsg. von Harald Winkel. - Berlin: Duncker & Humblot (1973). 208 S.
*(Schriften des Vereins für Sozialpolitik. N.F. 73.)*

**Funder**, Wilhelm: Der deutsche Mittelstand in der Periode des Zusammenbruchs der Weimarer Republik. — In: Die Nation 1956, H. 12, 855—868.

**Gates**, Robert A.: German socialism and the crisis of 1929–33. - In: Centr. Europ. Hist. 7 (1974), 332–359.

**Gebauer**, W.: Wirtschaftspolitische Probleme der Weimarer Republik in neueren Darstellungen. — In: Jb. Sozialwiss. 2 (1951), 223—235.

**Gessner**, Dieter: Agrardepression und Präsidialregierungen in Deutschland 1930 bis 1933. Probleme des Agrarprotektionismus am Ende der Weimarer Republik. - Düsseldorf: Droste (1977). 209 S.

**Gessner**, Dieter: Agrarverbände in der Weimarer Republik. Wirtschaftliche und soziale Voraussetzungen agrarkonservativer Politik vor 1933. - Düsseldorf: Droste (1976). 304 S.

**Grotkopp**, Wilhelm: Die große Krise. Lehren aus der Überwindung der Wirtschaftskrise 1929/32. (Hrsg. in Zusammenarbeit mit d. Studiengesellsch. f. Geld- und Kreditwirtschaft.) — Düsseldorf: Econ-Verl. (1954). 408 S.

**Guttmann**, William [u.] Patricia Meehan: The great inflation. Germany 1919–1923. - Farnborough: Heath 1975. 252 S.

**Hanau**, Klaus: Landwirtschaft und allgemeine Wirtschaftskrise 1929/1932. Eine Untersuchung über die Frage, inwieweit die Preisrückgänge auf den Weltagrarmärkten Ursache oder Folge der allgemeinen Wirtschaftskrise der Jahre 1929/1932 waren. — (Stuttgart) 1959: Photokopie. 79 S.
*Freiburg, rechts- u. staatswiss. Diss. 21. Juli 1959.*

**Hardach**, Gerd: Weltmarktorientierung und relative Stagnation. Währungspolitik in Deutschland 1924–1931. - Berlin: Duncker & Humblot 1976. 182 S.
*(Schriften zur Wirtschafts- und Sozialgeschichte. 27.)*

**Hartwich**, Hans-Hermann: Arbeitsmarkt, Verbände und Staat 1918—1933. Die öffentliche Bindung unternehmerischer Funktionen in der Weimarer Republik. Mit e. Vorw. von Georg Kotowski. — Berlin: de Gruyter 1967. XVI, 488 S.
*(Veröffentlichungen der Historischen Kommission zu Berlin beim Friedrich-Meinecke-Institut der Freien Universität Berlin. 23.)*

**Holtfrerich**, Carl-Ludwig: Amerikanischer Kapitalexport und Wiederaufbau der deutschen Wirtschaft 1919–23 im Vergleich zu 1924–29. - In: Vjschr. Soz.- u. Wirtschaftsgesch. 64 (1977), 497–529.

**Hüllbüsch**, Ursula: Koalitionsfreiheit und Zwangstarif. Die Stellungnahme des Allgemeinen Deutschen Gewerkschaftsbundes zu Tarifvertrag und Schlichtungswesen in der Weimarer Republik. - In: Soziale Bewegung und politische Verfassung, Stuttgart: Klett (**1976**), 599–652.

**Jochmann**, Werner: Brünings Deflationspolitik und der Untergang der Weimarer Republik. - In: Industrielle Gesellschaft und politisches System. Festschrift für Fritz Fischer zum siebzigsten Geburtstag, Bonn: Verl. Neue Gesellsch. (1978), 97–112.

**Jones**, Larry Eugene: Between the fronts. The German National Union of Commercial Employees from 1928 to 1933. - In: J. mod. Hist. 48 (1976), 462–482.

**Köhler**, Henning: Arbeitsbeschaffung und Reparationen in der Schlußphase der Regierung Brüning. — In: Vjh. Zeitgesch. 17 (1969), 276—307.

**Krips**, Gerhard: Der Wandel des Verhältnisses der Sozialpartner zueinander in der Weimarer Republik und in der Gegenwart. — Köln 1958. 171 S.
*Köln, wirtschafts- u. sozialwiss. Diss. 21. Juli 1958.*

**Krohn**, Claus-Dieter: Helfferich contra Hilferding. Konservative Geldpolitik und die sozialen Folgen der deutschen Inflation 1918–1923. - In: Vjschr. Sozial- u. Wirtschaftsgesch. 62 (1975), 62–92.

**Krohn**, Claus-Dieter: Autoritärer Kapitalismus. Wirtschaftskonzeptionen im Übergang von der Weimarer Republik zum Nationalsozialismus. - In: Industrielle Gesellschaft und politisches System. Festschrift für Fritz Fischer zum siebzigsten Geburtstag, Bonn: Verl. Neue Gesellsch. (1978), 113–129.

**Krohn**, Claus-Dieter: Zur Krisendebatte der bürgerlichen Nationalökonomie in Deutschland während der Weltwirtschaftskrise 1929–1933. - In: Gesellschaft, Beiträge zur Marxschen Theorie, (Frankfurt a. M.:) Suhrkamp (1977), 51–88.

**Krohn**, Claus-Dieter: Stabilisierung und ökonomische Interessen. Die Finanzpolitik des Deutschen Reiches 1923–1927. - (Düsseldorf:) Bertelsmann Universitätsverl. (1974). 287 S.
*(Studien zur modernen Geschichte. 13.)*
*Diss., Universität Hamburg.*

**Kroll**, Gerhard: Von der Weltwirtschaftskrise zur Staatskonjunktur. — Berlin: Duncker & Humblot (1958). 743 S.

**Laursen,** Karsten [u.] Jørgen Pedersen: The German inflation 1918—1923. — Amsterdam: North-Holland Publ. Comp. 1964. 138 S.

**Lehnsdorff,** Steffen: Wie kam es zur RGO? Probleme der Gewerkschaftsentwicklung in der Weimarer Republik von 1927-1929. - Frankfurt a. M.: Verl. Marxist. Bll. 1975. 159 S.
*(Marxistische Paperbacks. 54.)*

**Löbbe,** Friedrich: Die Kreditaufnahme des Deutschen Reiches von der Währungsstabilisierung 1923 bis zum Zusammenbruch 1945. — Bad Godesberg 1948. V, 141 gez. Bl. [Maschinenschr.]
*Bonn, rechts- u. staatswiss. Diss. 7. Febr. 1949.*

**Loesch,** Achim von: Die deutschen Arbeitnehmerbanken in den zwanziger Jahren. Frankfurt a. M.: Europ. Verl.-Anst. 1974. 72 S.
*(Schriftenreihe Gemeinwirtschaft. 12.)*

**Ludewig,** Hans-Ulrich: Arbeiterbewegung und Aufstand. Eine Untersuchung zum Verhalten der Arbeiterparteien in den Aufstandsbewegungen der frühen Weimarer Republik 1920-1923. - Husum: Matthiesen 1978. 267 S.
*(Historische Studien. 432.)*
*Diss., Technische Universität Braunschweig.*

**Marcon,** Helmut: Arbeitsbeschaffungspolitik der Regierungen Papen und Schleicher. Grundsteinlegung für die Beschäftigungspolitik im Dritten Reich. - Frankfurt a. M.: Lang 1974. X, 520 S.
*(Moderne Geschichte und Politik. 3.)*
*Diss., Universität Tübingen.*

**Matern,** H.: Deutschland in der Periode der Weltwirtschaftskrise 1929 bis 1933. — Berlin: Dietz 1956. 56 S.

**Mommsen,** Hans: Klassenkampf oder Mitbestimmung. Zum Problem der Kontrolle wirtschaftlicher Macht in der Weimarer Republik. - (Köln:) Europ. Verl.-Anst. (1978). 54 S.
*(Schriftenreihe der Otto-Brenner-Stiftung. 9.)*

**Mommsen,** Hans: Der Ruhrbergbau im Spannungsfeld von Politik und Wirtschaft in der Zeit der Weimarer Republik. — In: Bll. dtsch. Landesgesch. 108 (1962), 160—175.

**Müller,** Klaus: Agrarische Interessenverbände in der Weimarer Republik. - In: Rhein. Vjbll. 38 (1974), 386-405.

**Nussbaum,** Manfred: Unternehmenskonzentration und Investstrategie nach dem Ersten Weltkrieg. Zur Entwicklung des deutschen Großkapitals während und nach der großen Inflation unter besonderer Berücksichtigung der Schwerindustrie. - In: Jb. Wirtschaftsgesch. 1974, T. 2, 51-75.

**Nussbaum,** Manfred: Wirtschaft und Staat in Deutschland während der Weimarer Republik. - Berlin: Akademie-Verl. 1978. VII, 423 S.
*(Wirtschaft und Staat in Deutschland. 2.)*

**Oertzen,** Peter von: Die großen Streiks der Ruhrbergarbeiterschaft im Frühjahr 1919. — In: Vjh. Zeitgesch. 6 (1958), 231—262.

**Pade,** Werner: Die Handelsbeziehungen des deutschen Imperialismus zu Argentinien ⟨1918 bis 1933⟩. In: Jb. Wirtschaftsgesch. 1977, H. 3, 47-66.

**Panzer,** Arno: Das Ringen um die deutsche Agrarpolitik von der Währungsstabilisierung bis zur Agrardebatte im Reichstag im Dezember 1928. — Kiel: Mühlau in Komm. (1970). XVIII, 198 S.
*(Beiträge zur Sozial- und Wirtschaftsgeschichte. 1.)*
*Diss., Universität Kiel.*

**Papperitz,** Günter: Geschichte und Problematik des Reichswirtschaftsrats. — o. O. [1956]. XIV, 83 Bl. [Maschinenschr. vervielf.]
*Mainz, rechts- u. wirtschaftswiss. Diss. 4. November 1956.*

**Petzina,** Dieter: Germany and the great depression. — In: J. Contemp. Hist. 4 (1969), H. 4, 59—74.

**Petzina,** Dietmar: Elemente der Wirtschaftspolitik in der Spätphase der Weimarer Republik. - In: Vjh. Zeitgesch. 21 (1973), 127-133.

**Pogge** von Strandmann, Hartmut: Großindustrie und Rapallopolitik. Deutsch-sowjetische Handelsbeziehungen in der Weimarer Republik. - In: Hist. Z. Bd 222 (1976), 265-341.

Historische **Prozesse** der deutschen Inflation 1914 bis 1924. Ein Tagungsbericht. Bearb. u. hrsg. von Otto Büsch u. Gerald D. Feldman. - Berlin: Colloquium Verl. 1978. XXVI, 446 S.
*(Einzelveröffentlichungen der Historischen Kommission zu Berlin. 21.)*

**Raumer,** Hans von: Unternehmer und Gewerkschaften in der Weimarer Zeit. — In: Dt. Rundschau 80 (1954), 425—434.

**Rebentisch,** Dieter: Kommunalpolitik, Konjunktur und Arbeitsmarkt in der Endphase der Weimarer Republik. - In: Verwaltungsgeschichte, Berlin: Duncker & Humblot 1977, 107-157.

**Reishaus**-Etzold, Heike: Die Einflußnahme der Chemiemonopole auf die „Kaiser-Wilhelm-Gesellschaft zur Förderung der Wissenschaften e.V." während der Weimarer Republik. - In: Jb. Wirtschaftsgesch. 1973, T. 1, 57-61.

**Reishaus**-Etzold, Heike: Die Herausbildung von monopolkapitalistischen Lenkungsorganen der Wissenschaft während der Weimarer Republik unter dem Einfluß der Chemiemonopole. - In: Jb. Wirtschaftsgesch. 1972, T. 3, 13-35.

**Rendi,** Giuliano: Storia dell'economia tedesca del dopoguerra. - Roma 1974: (Stilgraf). 181 S.

**Reuter,** Maximiliane: Die Organisation des wirtschaftlichen Auslandsnachrichtendienstes in Deutschland, England und den Vereinigten Staaten von Amerika in der Zeit von 1918 bis 1933. — o. O. (1949). III, 128, VIII gez. Bl. [Maschinenschr.]
*Leipzig, wirtsch. u. sozialwiss. Diss. 11. April 1949.*

**Ringer,** Fritz K. [Ed.]: The German inflation of 1923. — London: Oxford University Press 1969. 228 S.

**Röseler,** Klaus: Unternehmer in der Weimarer Republik. — In: Tradition 13 (1968), 217—240.

**Sanmann,** Horst: Daten und Alternativen in der deutschen Wirtschafts- und Finanzpolitik in der Ära Brüning. — In: Hamburger Jb. Wirtschafts- u. Gesellschaftspolitik 10 (1965). 109—140.

**Schäfer,** Dieter: Der deutsche Industrie- und Handelstag als politisches Forum der Weimarer Republik. Eine historische Studie zum Verhältnis von Politik und Wirtschaft. — Hamburg: Verl. Weltarchiv 1966. 76 S.
*(Veröffentlichungen des Hamburgischen Welt-Wirtschaft-Archivs.)*

**Schieck,** Hans: Der Kampf um die deutsche Wirtschaftspolitik nach dem Novemberumsturz 1918. — o.O. 1958. XXII, 268 Bl.
*Heidelberg, phil. Diss., 27. Februar 1959.*

**Schmidt,** Martin: Die Bewag-Transaktion im Jahre 1931. Eine Studie zur Geschichte des deutschen Finanzkapitals. Mit einem Nachtrag von Friedrich Crantz: 25 Jahre später. — Berlin: Dietz 1957. 171 S.

**Schneider,** Michael: Das Arbeitsbeschaffungsprogramm des ADGB. Zur gewerkschaftlichen Politik in der Endphase der Weimarer Republik. Mit e. Einf. von George Garvy. - Bonn-Bad Godesberg: Verl. Neue Gesellsch. (1975). 271 S.
*(Schriftenreihe des Forschungsinstituts der Friedrich-Ebert-Stiftung. 120.)*

**Schneider,** Michael: Unternehmer und Demokratie. Die freien Gewerkschaften in der unternehmerischen Ideologie der Jahre 1918 bis 1933. - Bonn-Bad Godesberg: Verl. Neue Gesellsch. (1975). 219 S.
*(Schriftenreihe des Forschungsinstituts der Friedrich-Ebert-Stiftung. 116.)*
*Diss., Universität Bremen.*

**Schneider,** Michael: Auf dem Weg in die Krise. Thesen und Materialien zum Ruhreisenstreit 1928/29. - Wentorf b. Hamburg: Einhorn Presse Främcke 1974. 91 S.
*(Die Arbeiterbewegung in den Rheinlanden. 2.)*

**Schöck,** Eva Cornelia: Arbeitslosigkeit und Rationalisierung. Die Lage der Arbeiter und die kommunistische Gewerkschaftspolitik 1920-28. - Frankfurt a. M.: Campus Verl. 1977. 280 S.
*(Campus Studium. 537.)*
*Diss., Universität Bremen.*

**Schulz,** Gerhard: Räte, Wirtschaftsstände und die Transformation des industriellen Verbandswesens am Anfang der Weimarer Republik. Einige historische Orientierungspunkte. - In: Gesellschaft, Parlament und Regierung, Düsseldorf: Droste (1974), 355-366.

**Schumacher,** Martin: Quellen zur Geschichte der landwirtschaftlichen Genossenschaften in der Weimarer Republik. - In: Archivar 30 (1977), 274-279.

**Silvermann,** Dan P.: A pledge unredeemed. The housing crisis in Weimar Germany. — In: Centr. Europ. Hist. 3 (1970), 112—139.

**Skrzypczak,** Henryk: Fälscher machen Zeitgeschichte. Ein quellenkritischer Beitrag zur Gewerkschaftspolitik in der Ära Papen und Schleicher. - In: Internat. wiss. Korr. Gesch. dtsch. Arbeiterbew. 11 (1975), 452-471.

**Skrzypczak,** Henryk: Zur Strategie der Freien Gewerkschaften in der Weimarer Republik. - In: Vom Sozialistengesetz zur Mitbestimmung. Zum 100. Geburtstag von Hans Böckler, (Köln:) Bund-Verl. (1975), 201-227.

**Soutou,** Georges: Les mines de Silésie et la rivalité franco-allemande, 1920-1923. Arme économique ou bonne affaire? - In: Relat. internat. 1974, H. 1, 135-154.

**Stegmann,** Dirk: „Mitteleuropa" 1925-1934. Zum Problem der Kontinuität deutscher Außenhandelspolitik von Stresemann bis Hitler. - In: Industrielle Gesellschaft und politisches System. Festschrift für Fritz Fischer zum siebzigsten Geburtstag, Bonn: Verl. Neue Gesellsch. (1978), 203-221.

**Stegmann,** Dirk: Die Silverberg-Kontroverse 1926. Unternehmerpolitik zwischen Reform und Restauration. - In: Sozialgeschichte heute. Festschrift für Hans Rosenberg zum 70. Geburtstag, Göttingen: Vandenhoeck & Ruprecht 1974, 594-610.

**Tammen,** Helmuth: Die I.G. Farbenindustrie Aktiengesellschaft ⟨1925-1933⟩. Ein Chemiekonzern in der Weimarer Republik. - (Berlin: [Selbstverl. d. Verf.] 1978). 468 S.

**Turner,** Henry Ashby: The Ruhrlade, secret cabinet of heavy industry in the Weimar Republic. — In: Centr. Europ. Hist. 3 (1970), 195—228.

**Ufermann,** Paul: Die große Hüttenarbeiteraussperrung vor 25 Jahren. - In: Gewerksch. Monatsh. 4 (1953), 668—672.

**Vom Berg,** Volker: Die Arbeitszeitfrage im Ruhrbergbau als politisches Problem der frühen Weimarer Republik. - In: Gesch. Wiss. Unterr. 26 (1975), 360-380.

**Vom Berg,** Volker: Der Ruhreisenstreit vom November 1928 in Verlauf und Entscheidungen. - In: Gewerksch. Monatsh. 29 (1978), 385-396.

**Wandel,** Eckhard: Die Bedeutung der Vereinigten Staaten von Amerika für das deutsche Reparationsproblem 1924—1929. — Tübingen: Mohr 1971. 332 S.
*(Tübinger wirtschaftswissenschaftliche Abhandlungen. 11.)*
*Wirtschaftswiss. Diss., Universität Tübingen.*

**Weisbrod,** Bernd: Schwerindustrie in der Weimarer Republik. Interessenpolitik zwischen Stabilisierung und Krise. - (Wuppertal:) Hammer (1978). 552 S.

**Wengst,** Udo: Unternehmerverbände und Gewerkschaften in Deutschland im Jahre 1930. - In: Vjh. Zeitgesch. 25 (1977), 99-119.

**Wilhelmy,** Rudolf: Geschichte des deutschen wertbeständigen Notgeldes von 1923/1924. — Berlin 1962: [Selbstverl.] 172 S.

**Winkler,** Hans-Joachim: Preußen als Unternehmer 1923—1932. Staatl. Erwerbsunternehmen im Spannungsfeld d. Politik am Beisp. d. Preussag, Hibernia u. Veba. Mit e. Geleitwort von Georg Kotowski. — Berlin: de Gruyter 1965. XIV, 223 S.
*(Veröffentlichungen der Historischen Kommission zu Berlin beim Friedrich-Meinecke-Institut der Freien Universität Berlin. 17.)*

**Winkler,** Heinrich August: Mittelstand, Demokratie und Nationalsozialismus. Die politische Entwicklung von Handwerk und Kleinhandel in der Weimarer Republik. — (Köln:) Kiepenheuer & Witsch (1972). 307 S.
*(Studien-Bibliothek.)*
*Habil.-Schr., Freie Universität Berlin.*

**Winkler,** Heinrich August: Unternehmerverbände zwischen Ständeideologie und Nationalsozialismus. - In: Vjh. Zeitgesch. 17 (1969), 341–371.

**Witt,** Peter-Christian: Bemerkungen zur Wirtschaftspolitik in der „Übergangswirtschaft" 1918/19. Zur Entwicklung von Konjunkturbeobachtung und Konjunktursteuerung in Deutschland. - In: Industrielle Gesellschaft und politisches System. Festschrift für Fritz Fischer zum siebzigsten Geburtstag, Bonn: Verl. Neue Gesellsch. (1978), 79–96.

**Wolffsohn,** Michael: Großunternehmer und Politik in Deutschland. Der Nutzen der Arbeitsbeschaffung der Jahre 1932/33 für die Schwer- und Chemieindustrie. - In: Z. Unternehmensgesch. 22 (1977), 109–133.

**Wolffsohn,** Michael: Industrie und Handwerk im Konflikt mit staatlicher Wirtschaftspolitik? Studien zur Politik der Arbeitsbeschaffung in Deutschland 1930-1934. - Berlin: Duncker & Humblot (1977). 504 S.
*(Schriften zur Wirtschafts- und Sozialgeschichte. 30.)*
*Diss., Freie Universität Berlin.*

**Wulf,** Peter: Die Auseinandersetzungen um die Sozialisierung der Kohle in Deutschland 1920/21. - In: Vjh. Zeitgesch. 25 (1977), 46–98.

**Wulf,** Peter: Die politische Haltung des schleswig-holsteinischen Handwerks 1928—1932. — Köln: Westdtsch. Verl. 1969. 160 S.
*(Abhandlungen zur Mittelstandsforschung. 40.)*
*Diss., Köln.*

Soziales Leben

**Altmann,** Wolfgang: Die Judenfrage in evangelischen und katholischen Zeitschriften zwischen 1918 und 1933. - München 1971. XXXIV, 454 S.
*Theol. Diss., Universität München.*

**Angress,** Werner T.: The political role of the peasantry in the Weimar Republic. — In: Rev. Politics 21 (1959), 530—549.

Sozialdemokratische **Arbeiterbewegung** und Weimarer Republik. Materialien zur gesellschaftlichen Entwicklung 1927-1933. Hrsg. von Wolfgang Luthardt. - Frankfurt a. M.: Suhrkamp 1978.
1. 420 S.
2. 433 S.
*(Edition Suhrkamp. 923/924.)*

**Arendt,** Hans-Jürgen: Der erste Reichskongreß werktätiger Frauen Deutschlands 1929. - In: Z. Geschichtswiss. 20 (1972), 467–479.

**Auerbach,** H[irsch] B[enjamin]: Die Geschichte des „Bund gesetzestreuer jüdischer Gemeinden Deutschlands", 1919-1938. - Tel Aviv: Olamenu 1972. 72 S.

**Bartel,** W.: Zu den Auswirkungen der russischen Revolution 1917 auf die deutsche Arbeiterbewegung. — In: Wiss. Z. Karl-Marx-Univ. Leipzig, Gesellschafts- u. sprachwiss. Reihe, 6 (1956/57), 633—658.

**Braunthal,** Gerard: The German Free Trade Unions during the rise of nazism. — In: J. Centr. Europ. Aff. 15 (1955/56), 339—353.

**Bridenthal,** Renate: Beyond „Kinder, Küche, Kirche". Weimar woman at work. - In: Centr. Europ. Hist. 6 (1973), 148–166.

**Brjunin,** Wladimir: Die Große Sozialistische Oktoberrevolution in Rußland und die deutsche Arbeiterbewegung in den Jahren 1917—1918. — In: Wiss. Z. Martin-Luther-Univ. Halle-Wittenberg 4 (1954/55), 715—727.

**Buchta,** Bruno: Die Junker und die Weimarer Republik. Charakter und Bedeutung der Osthilfe in den Jahren 1928—1933. — Berlin: VEB Verl. d. Wissenschaften 1959. 176 S.

**Dahm,** Karl-Wilhelm: Pfarrer und Politik. Soziale Position und politische Mentalität des deutschen evangelischen Pfarrerstandes zwischen 1918 und 1933. — Köln: Westdtsch. Verl. 1965. 225 S.
*(Dortmunder Schriften zur Sozialforschung. 11.)*

**Döring,** Herbert: Deutsche Professoren zwischen Kaiserreich und Drittem Reich. - In: Neue polit. Lit. 19 (1974), 340–352.

**Dörnemann,** Manfred: Die Politik des Verbandes der Bergarbeiter Deutschlands von der Novemberrevolution 1918 bis zum Osterputsch 1921 unter besonderer Berücksichtigung der Verhältnisse im rheinisch-westfälischen Industriegebiet. Ein Beitr. zur gewerkschaftl. Auseinandersetzung mit d. linksradikalen Strömungen nach d. Sturz d. Kaiserreichs. — (Bochum: Berg-Verl. 1966). 271 S.
*Würzburg, phil. Diss. vom 31. Oktober 1966.*

**Elliot,** C. J.: The Kriegervereine and the Weimar Republic. - In: J. contemp. Hist. 10 (1975), 109–129.

**Entscheidungsjahr** 1932. Zur Judenfrage in d. Endphase d. Weimarer Republik. Ein Sammelband. Hrsg. von Werner E[ugen Emil] Mosse. Unter Mitw. von Arnold Paucker. — Tübingen: Mohr 1965. XVIII, 608 S.
*(Schriftenreihe wissenschaftl. Abhandlungen des Leo Baeck Instituts. 13.)*

Revolutionäre **Ereignisse** und Probleme in Deutschland während der Periode der Großen Sozialistischen Oktoberrevolution 1917/1918. Beiträge zum 40. Jahrestag der Großen Sozialistischen Oktoberrevolution. Hrsg. vom Institut für Geschichte an d. Dtsch. Akademie d. Wissenschaften zu Berlin unter d. Redaktion von Albert Schreiner. — Berlin: Akademie-V. 1957. XIV, 353 S.
*(Schriften des Instituts für Geschichte Reihe 1, Bd 6.)*

**Fliess,** Gerhard: Die politische Entwicklung der Jenaer Studentenschaft vom November 1918 bis zum Januar 1933. (Bd 1. 2.) — o. O. 1959. 377 Bl.; Bl. 378—768.
*Jena, phil. Diss. 1. Juli 1959.*

**Fraenkel,** Ernst: Zur Soziologie der Klassenjustiz und Aufsätze zur Verfassungskrise 1931—32. Mit e. Vorw. zum Neudr. Sonderausg. — Darmstadt: Wissenschaftl. Buchges. 1968. XIV, 103 S.
*(Libelli. 254.)*

# DEUTSCHE GESCHICHTE

**Gast,** Helmut: Die proletarischen Hundertschaften als Organ der Einheitsfront im Jahre 1923. — In: Z. Geschichtswiss. 4 (1956), 439—465.

**Girard,** Ilse: Zur politischen Auswirkung der ersten Arbeiterdelegation nach der Sowjetunion. — In: Z. Geschichtswiss. 4 (1956), 1009—1019.

**Hägel,** Helmuth: Die Stellung der sozialdemokratischen Jugendorganisation zu Staat und Partei in den Anfangsjahren der Weimarer Republik. — In: Internat. wiss. Korr. Gesch. dtsch. Arbeiterbew. 12 (1976), 166—216.

**Hamburger,** Ernest: Jews, democracy and Weimar Germany. – New York: Leo Baeck Inst. 1973. 31 S.
*(Leo Baeck Memorial Lecture. 16.)*

**Heineke,** Gustav: Frühe Kommunen in Deutschland. Versuche neuen Zusammenlebens. Jugendbewegung und Novemberrevolution 1919-24. – Herford: Zündhölzchen 1978. 77 S.

**Held,** Joseph: Die Volksgemeinschaftsidee in der Deutschen Jugendbewegung. Tätigkeit und Weltanschauung einiger Jugendvereine zur Zeit der Weimarer Republik. - In: Jb. Inst. dtsch. Gesch. 6 (1977), 457–476.

**Hölz,** Max: Anklagerede gegen die bürgerliche Gesellschaft. Geh. vor d. Moabiter Sondergericht am 22. Juni 1921 in Berlin. — In: Kürbiskern 1970, 398—418.

Die deutsche **Jugendbewegung** 1920–1933. Die bündische Zeit. Quellenschriften. Hrsg. i. A. des Gemeinschaftswerkes Archiv u. Dokumentation der Jugendbewegung von Werner Kindt. Mit e. Nachw. von Hans Raupach. – Düsseldorf: Diederichs 1974. 1840 S.
*(Dokumentation der Jugendbewegung. 3.)*

**Karl,** Heinz: Die deutsche Arbeiterklasse im Kampf um die Enteignung der Fürsten (1925/1926). — Berlin: Dietz 1957. 108 S.

**Kater,** Michael H.: Die Artamanen. Völkische Jugend in der Weimarer Republik. — In: Hist. Z. 213 (1971), 577—638.

**Kater,** Michael H[ans]: The work student. A socio-economic phenomenon of early Weimar Germany. – In: J. contemp. Hist. 10 (1975), 71–94.

**Kater,** Michael H[ans]: Studentenschaft und Rechtsradikalismus in Deutschland, 1918–1933. Eine sozialgeschichtliche Studie zur Bildungskrise in der Weimarer Republik. – (Hamburg:) Hoffmann & Campe (1975). 361 S.
*(Historische Perspektiven. 1.)*

**Klein,** Peter: Zur separatistischen Bewegung der deutschen Bourgeoisie nach dem ersten Weltkrieg. — In: Dtsch. Außenpolitik 6 (1961), 572—583.

**Kneip,** Rudolf: Jugend der Weimarer Zeit. Handbuch der Jugendverbände, 1919–1938. - Frankfurt a. M.: dipa-Verl. (1974). 379 S.
*(Quellen und Beiträge zur Geschichte der Jugendbewegung. 11.)*

**Knütter,** Hans-Helmuth: Die Juden und die deutsche Linke in der Weimarer Republik 1918—1933. — Düsseldorf: Droste 1971. 259 S.
*(Bonner Schriften zur Politik und Zeitgeschichte. 4.)*

**Koonz,** Claudia: Conflicting allegiances. Political ideology and women legislators in Weimar Germany. - In: Signs 1 (1976), H. 3, 663–683.

**Koonz,** Claudia: Nazi women before 1933. Rebels against emancipation. - In: Social Science Quart. 1976, 553–563.

**Kracauer,** Siegfried: Die Angestellten. Eine Schrift vom Ende der Weimarer Republik. Geleitw.: Everett C. Hughes. Einf.: E. P. Neumann. (3., unveränd. Aufl.) — (Allensbach u. Bonn:) Verl. f. Demoskopie (1959). 111 S.
*(Klassiker der Umfrage-Forschung. 1.)*

**Küppers,** Heinrich: Der katholische Lehrerverband in der Übergangszeit von der Weimarer Republik zur Hitler-Diktatur. Zugleich ein Beitrag zur Geschichte des Volksschullehrerstandes. - Mainz: Matthias-Grünewald-Verl. (1975). XXVIII, 201 S.
*(Veröffentlichungen der Kommission für Zeitgeschichte. B,18.)*

**Kurucz,** Jenö: Struktur und Funktion der Intelligenz während der Weimarer Republik. — [Bergisch Gladbach:] Grote (1967). 188 S.
*(Sozialforschung und Sozialordnung. 3.)*
*Habil.-Schrift, Saarbrücken.*

**Laboor,** Ernst: Der Kampf der deutschen Arbeiterklasse gegen Militarismus und Kriegsgefahr 1927 bis 1929. — Berlin: Dietz 1961. 363 S.

**Linse,** Ulrich: Die anarchistische und anarcho-syndikalistische Jugendbewegung, 1919–1933. Zur Geschichte und Ideologie der anarchistischen, syndikalistischen und unionistischen Kinder- und Jugendorganisationen 1919–1933. – Frankfurt a. M.: dipa-Verl. (1976). 330 S.
*(Quellen und Beiträge zur Geschichte der Jugendbewegung. 18.)*

**Linse,** Ulrich: Die Transformation der Gesellschaft durch die anarchistische Weltanschauung. Zur Ideologie und Organisation anarchistischer Gruppen in der Weimarer Republik. — In: Arch. Sozialgesch. 11 (1971), 289—415.

**Mammach,** Klaus: Das erste Echo der Großen Sozialistischen Oktoberrevolution in der deutschen Arbeiterklasse im November 1917. — In: Z. Geschichtswiss. 5 (1957), 1021—1033.

**Mammach,** Klaus: Der Einfluß der russischen Februarrevolution und der Großen Sozialistischen Oktoberrevolution auf die deutsche Arbeiterklasse. Februar 1917 bis Oktober 1918. — Berlin: Dietz 1955. 151 S.

**Mammach,** Klaus: Der Kampf der deutschen Arbeiterklasse im August 1930 gegen Imperialismus, Militarismus und Krieg. — Berlin: Dietz 1956. 51 S.

**Matern,** H.: Deutschland in der Periode der relativen Stabilisierung des Kapitalismus 1924 bis 1929. — Berlin: Dietz 1956. 60 S.

**Mosse,** George L.: Germans and Jews. The Right, the Left and the search for a „Third Force" in pre-Nazi Germany. — New York: Grosset & Dunlop (1970). 260 S.
*(The Universal Library. 257.)*

**Mosse,** George L.: I socialisti tedeschi e la questione ebraica durante la Repubblica di Weimar. — In: Storia contemp. 2 (1971), 17—52.

**Niewyk,** Donald L.: Jews and the courts in Weimar Germany. - In: Jew. soc. Stud. 37 (1975), 99–113.

**Niewyk,** Donald L.: Socialist, Anti-Semite and Jew. German Social Democracy confronts the problems of Anti-Semitism, 1918—1933. — Baton Rouge: Louisiana State University Press 1971. X, 254 S.

**Palmon,** J. E.: Eine Judendebatte mit Kommunisten in den Tagen der Weimarer Republik. — In: Z. Gesch. Juden 4 (1967), 147—158.

**Paucker,** Arnold: Der jüdische Abwehrkampf gegen Antisemitismus und Nationalsozialismus in den letzten Jahren der Weimarer Republik. — (Hamburg:) Leibniz-Verl. (1968). 311 S.
*(Hamburger Beiträge zur Zeitgeschichte. 4.)*

**Perels,** Joachim: Kapitalismus und politische Demokratie. Privatrechtsystem und Gesellschaftsstruktur in der Weimarer Republik. - (Frankfurt a. M.: Europ. Verl.-Anst. 1973). 88 S.
*(Basis.)*

**Peterson,** Brian: The politics of working-class women in the Weimar Republic. - In: Centr. Europ. Hist. 10 (1977), 87–111.

**Plato,** Alexander von: Zur Einschätzung der Klassenkämpfe in der Weimarer Republik. KPD und Komintern, Sozialdemokratie und Trotzkismus. - Berlin: Oberbaumverl. 1973. 403 S.
*(Materialistische Wissenschaft. 8.)*

**Raabe,** Felix: Die Bündische Jugend. Ein Beitrag zur Geschichte der Weimarer Republik. Hrsg. vom Studienbüro für Jugendfragen e. V., Bonn. — Stuttgart: Brentano-Verl. (1961). 256 S.

**Raase,** Werner: Die Entwicklung der deutschen Gewerkschaftsbewegung in der Zeit der revolutionären Nachkriegskrise. ⟨Zur Geschichte der deutschen Gewerkschaftsbewegung 1919—1923.⟩ Hrsg. von d. Hochschule d. Dtsch. Gewerkschaften Fritz Heckert. — (Berlin: Verl. Tribüne [1967].) 166 S.
*(Beiträge zur Geschichte der deutschen Gewerkschaftsbewegung. 5.)*

**Remer,** Claus: Die drei großen Arbeiterdelegationen nach der Sowjetunion (1925—1927). — In: Z. Geschichtswiss. 4 (1956), 343—365.

**Richter,** Werner: Die Herausbildung, Gründung und konterrevolutionäre Rolle der „Zentralarbeitsgemeinschaft in der Novemberrevolution 1918/1919. — o. O. [1956]. 543 Bl.
*Berlin, Humboldt-Univ., phil. Diss. 28. November 1956.*

**Roloff,** Ernst-August: Bürgertum und Nationalsozialismus 1930—1933. Braunschweigs Weg ins Dritte Reich. — Hannover: Verl. f. Literatur u. Zeitgeschehen (1961). 174 S.

**Roloff,** Ernst-August: Wer wählte Hitler? Thesen zur Sozial- und Wirtschaftsgeschichte der Weimarer Republik. — In: Polit. Studien 15 (1964), 293—300.

**Schlicker,** Wolfgang: Die Artamanenbewegung, eine Frühform des Arbeitsdienstes und Kaderzelle des Faschismus auf dem Lande. — In: Z. Geschichtswiss. 18 (1970), 66—75.

**Schlömer,** Hans: Studentenschaft und Weimarer Republik. — In: Unitas 94 (1954), H. 12, 11—15; 95 (1955), H. 1, 11—16.

**Schultzendorff,** Walther von: Proletarier und Prätorianer. Bürgerkriegssituationen aus der Frühzeit der Weimarer Republik. — Köln: Markus-Verl. (1966). 210 S.

**Skrzypczak,** Henryk: From Carl Legien to Theodor Leipart, from Theodor Leipart to Robert Ley. Notes on some strategic and tactical problems to the German free trade union movement during the Weimar Republic. — In: Internat. Wiss. Korr. Gesch. dtsch. Arbeiterbew. 1971, H. 13, 26—45.

**Speier,** Hans: Die Angestellten vor dem Nationalsozialismus. Ein Beitrag zum Verständnis der deutschen Sozialstruktur 1918-1933. - Göttingen: Vandenhoeck & Ruprecht 1977. 202 S.
*(Kritische Studien zur Geschichtswissenschaft. 26.)*

**Ueberhorst,** Horst: Bildungsgedanke und Solidaritätsbewußtsein in der deutschen Arbeitersportbewegung zur Zeit der Weimarer Republik. - In: Arch. Sozialgesch. 14 (1974), 275–292.

**Volkmann,** Hans-Erich: Die russische Emigration in Deutschland 1919—1929. — Würzburg: Holzner 1966. VII, 154 S.
*(Marburger Ostforschungen. 26.)*

**Wreden,** Ernst Wilhelm: Die „Deutsche Burschenschaft" im ersten Nachkriegsjahr 1918/1919. Ein Beitrag zur burschenschaftlichen Zeitgeschichte. — In: Burschenschaftl. Blätter. 73 (1958), H. 1, 3—7.

**Zorn,** Wolfgang: Die politische Entwicklung des deutschen Studententums 1924—1931. — In: Ein Leben aus freier Mitte, Festschrift für Ulrich Noack, Göttingen: Musterschmidt 1961, S. 296—330.

Kulturelles Leben

**Aktionen,** Bekenntnisse, Perspektiven. Berichte und Dokumente vom Kampf um die Freiheit des literarischen Schaffens in der Weimarer Republik. ⟨Hrsg. von d. Dtsch. Akademie d. Künste, Sektion Dichtkunst u. Sprachpflege, Abt. Gesch. d. sozialist. Literatur.⟩ Ausw., Einl. u. Kommentar: Friedrich Albrecht [u.a.] — Berlin: Aufbau-Verl. (1966). 674 S.

**Albrecht,** Friedrich: Deutsche Schriftsteller in der Entscheidung. Wege zur Arbeiterklasse 1918—1933. — Berlin: Aufbau-Verl. 1970. 698 S.
*(Beiträge zur Geschichte der deutschen sozialistischen Literatur im zwanzigsten Jahrhundert. 2.)*

**Arndt,** Ino: Die Judenfrage im Licht der evangelischen Sonntagsblätter von 1918—1933. — o. O. 1960. V, 221, IV Bl.
*Tübingen, Phil. Diss., 10. Dezember 1960.*

**Bauer,** Clemens: Carl Muths und des Hochlands Weg aus dem Kaiserreich in die Weimarer Republik. — In: Hochland 59 (1966/67), 234—247.

**Bauer,** Günther: Kirchliche Rundfunkarbeit 1924—1939. — Frankfurt a. M.: Knecht (1966). 135 S.
*(Beiträge zur Geschichte des deutschen Rundfunks. 2.)*

**Bauer,** Peter: Die Organisation der amtlichen Pressepolitik in der Weimarer Zeit. ⟨Vereinigte Presseabteilung der Reichsregierung und des Auswärtigen Amtes.⟩ — Berlin 1962: (Ernst-Reuter-Gesellschaft.) 111 S.
*Berlin, Freie Univ., phil. Diss. vom 23. Juli 1962.*

**Baumgartner,** Alois: Sehnsucht nach Gemeinschaft. Ideen und Strömungen im Sozialkatholizismus der Weimarer Republik. - München: Schöningh 1977. 188 S.
*(Beiträge zur Katholizismusforschung.)*
*Diss., Universität München.*

**Bausch,** Hans: Der Rundfunk im politischen Kräftespiel der Weimarer Republik 1923—1933. — Tübingen: Mohr 1956. VIII, 224 S.
*(Tübinger Studien zur Geschichte und Politik. 6.)*

**Becker,** Werner: Demokratie des sozialen Rechts. D. polit. Haltung d. Frankfurter Zeitung, d. Vossischen Zeitung u. d. Berliner Tagblatts 1918—1924. — Göttingen: Musterschmidt 1971. 320 S.
*Diss., Universität München.*

**Behr,** Hermann: Die goldenen Zwanziger Jahre. Das fesselnde Panorama einer entfesselten Zeit. — Hamburg: Hammerich & Lesser (1964). 144 S.

**Beilner,** Helmut: Reichsidee, ständische Erneuerung und Führertum als Elemente des Geschichtsbildes der Weimarer Zeit. - In: Gesch. Wiss. Unterr. 28 (1977), 1-16.

**Bernstein,** Reiner: Zwischen Emanzipation und Antisemitismus. Die Publizistik der deutschen Juden am Beispiel der „C.V.-Zeitung", Organ des Centralvereins deutscher Staatsbürger jüdischen Glaubens, 1924—1933. — (Berlin 1969: Dissertationsdruckstelle). 278 S.
*Freie Universität Berlin, phil. Diss. vom 18. Februar 1969.*

**Betz,** Anton: Die Tragödie der „Münchner Neuesten Nachrichten" 1932/33. — In: Journalismus, Bd 2 (1961), 22—46.

**Bierbach,** Wolf: Von Wefag und Werag. Rückblick und Chronik I ⟨1924-35⟩. - In: Aus Köln in die Welt, Köln: Grote (1974), 167-229.

Politische **Bildung** in der Weimarer Republik. Grundsatzreferate der „Staatsbürgerlichen Woche" 1923. Hrsg. u. eingel. von Kurt Gerhard Fischer. — (Frankfurt a. M.:) Europ. Verl.-Anst. (1970). 190 S.
*(Theorie und Geschichte der politischen Bildung.)*

**Bloch,** Charles: Der Kampf Joseph Blochs und der „Sozialistischen Monatshefte" in der Weimarer Republik. - In: Jb. Inst. dtsch. Gesch. 5 (1974), 257-287.

**Bölling,** Rainer: Volksschullehrer und Politik. Der Deutsche Lehrerverein 1918-1933. - Göttingen: Vandenhoeck & Ruprecht 1978. 306 S.
*(Kritische Studien zur Geschichtswissenschaft. 32.)*
*Diss., Universität Münster.*

**Bonnery,** Bernard: Les revues catholiques „Stimmen der Zeit" et „Literarischer Handweiser" dans l'Allemagne de 1918 à 1925. - Frankfurt a. M.: Lang (1978). III, 315 S.
*(Europäische Hochschulschriften. 1, 253.)*

**Bosch,** Michael: Liberale Presse in der Krise. Die Innenpolitik der Jahre 1930 bis 1933 im Spiegel des ‚Berliner Tageblatts', der ‚Frankfurter Zeitung' und der ‚Vossischen Zeitung'. - Frankfurt a. M.: Lang 1976. IX, 343 S.
*(Europäische Hochschulschriften. 3, 65.)*
[Maschinenschr. vervielf.]

**Bredendiek,** Walter: Zwischen Revolution und Restauration. Zur Entwicklung im deutschen Protestantismus während der Novemberrevolution und in der Weimarer Republik. — Berlin: Union-Verl. 1969. 54 S.
*(Hefte aus Burgscheidungen. 171.)*

**Breipohl,** Renate: Religiöser Sozialismus und bürgerliches Geschichtsbewußtsein zur Zeit der Weimarer Republik. — Zürich: Theolog. Verl. 1971. 285 S.
*(Studien zur Dogmengeschichte und systematischen Theologie. 32.)*
*Diss., Universität Göttingen.*

**Breuning,** Klaus: Die Vision des Reiches. Deutscher Katholizismus zwischen Demokratie und Diktatur ⟨1929 bis 1934⟩. — München: Hueber (1969). 403 S.
*Diss., Münster.*

**Brückener,** Egon [u.] Klaus Modick: Lion Feuchtwangers Roman „Erfolg". Leistung und Problematik schriftstellerischer Aufklärung in der Endphase der Weimarer Republik. - Kronberg/Ts.: Scriptor Verl. 1978. 202 S.
*(Monographien Literaturwissenschaft. 42.)*

**Brunzel,** Hans Paul: Die „Tat" 1918—1933. Ein publizistischer Angriff auf die Verfassung von Weimar innerhalb der „konservativen Revolution". — o.O.o.J. 89, 4, 33 gez. Bl. [Maschinenschr.]
*Bonn, phil. Diss., 18. Juni 1952.*

**Buchner,** Wolfgang: Die Kirche und die Ergebnisse der Staatsumwälzung von 1918. — o. O. [1954]. XX, 172 gez. Bl. [Maschinenschr.].
*Würzburg, rechts- u. staatswiss. Diss. 24. Februar 1954.*

**Bühler,** Karl-Werner: Presse und Protestantismus in der Weimarer Republik. Kräfte und Krisen evangelischer Publizistik. — Witten: Luther-Verl. 1970. 182 S.
*(Evangelische Presseforschung. 1.)*

**Christ,** Herbert: Der politische Protestantismus in der Weimarer Republik. E. Studie über d. polit. Meinungsbildung durch d. evangel. Kirchen im Spiegel d. Literatur u. d. Presse. — Bonn 1967: (Rhein. Friedrich-Wilhelms-Univ.) 463 S.
*Bonn, phil. Diss. vom 25. Mai 1966.*

**Deak,** Istvan: Weimar Germany's leftwing intellectuals. A political history of the Weltbühne and its circle. - Berkeley: University of California Press 1968. XII, 346 S.

**Diere,** Horst: Rechtssozialdemokratische Schulpolitik im Dienst des deutschen Imperialismus. Der Geschichtsunterricht an den höheren Schulen Preußens zwischen 1918 und 1923 im Zeichen des Klassenverrats der rechten SPD-Führung. — Berlin: Volk u. Wissen Verl. 1964. 221 S.

**Döring,** Herbert: Der Weimarer Kreis. Studien zum politischen Bewußtsein verfassungstreuer Hochschullehrer in der Weimarer Republik. - Meisenheim a. G.: Hain (1975). VII, 336 S.
*(Mannheimer Sozialwissenschaftliche Studien. 10.)*

**Doeser,** Ute: Das bolschewistische Rußland in der deutschen Rechtspresse 1918—1925. Eine Studie zum publizistischen Kampf in d. Weimarer Republik. — Berlin 1961: (Ernst-Reuter-Gesellsch.) 175 S.
*Berlin, Freie Universität, Phil. Diss., 26. Januar 1961.*

**Dülmen,** Richard van: Katholischer Konservatismus oder die „soziologische" Neuorientierung. Das „Hochland" in der Weimarer Zeit. – In: Z. bayer. Landesgesch. 36 (1973), 254–301.

**Düwell,** Kurt: Deutschlands auswärtige Kulturpolitik, 1918-1932. Grundlinien und Dokumente. – Köln: Böhlau 1976. XII, 402 S.

**Düwell,** Kurt: Probleme des deutschen Auslandsschulwesen in der Weimarer Republik. – In: Gesch. Wiss. Unterr. 26 (1975), 142-154.

**Eksteins,** Modris: The limits of reason. The German democratic press and the collapse of Weimar democracy. – (London:) Oxford University Press 1975. XV, 337 S.
*(Oxford Historical Monographs.)*

**Eksteins,** Modris: The Frankfurter Zeitung, mirror of Weimar democracy. – In: J. contemp. Hist. 6 (1971), H. 4, 3–28.

**Enseling,** Alf: Die Weltbühne. Organ d. intellektuellen Linken. — Münster (Westf.): Fahle 1962. 191 S.
*(Studien zur Publizistik. 2.)*

**Erger,** Johannes: Lehrer und Schulpolitik in der Finanz- und Staatskrise der Weimarer Republik 1929-1933. – In: Soziale Bewegung und politische Verfassung, Stuttgart: Klett (1976), 233-259.

**Fähnders,** Walter [u.] Martin Rector: Linksradikalismus und Literatur. Untersuchungen zur Geschichte der sozialistischen Literatur in der Weimarer Republik. Bd 1.2. - (Reinbek b. Hamburg:) Rowohlt (1974).
1. 380 S.
2. 335 S.
*(Das neue Buch. 52/58.)*

**Fähnders,** Walter: Proletarisch-revolutionäre Literatur der Weimarer Republik. - Stuttgart: Metzler 1977. VIII, 110 S.
*(Sammlung Metzler. 158.)*

Die „Rote Fahne". Kritik, Theorie, Feuilleton, 1918-1933. [Hrsg.:] Manfred Brauneck. – München: Fink 1973. 513, XVI S.
*(Uni-Taschenbücher. 127.)*

**Fessmann,** Ingo: Rundfunk und Rundfunkrecht in der Weimarer Republik. – Frankfurt a. M.: Knecht 1973. 261 S.
*(Beiträge zur Geschichte des deutschen Rundfunks. 4.)*
*Diss., Universität Münster.*

**Fließ,** Peter J.: The freedom of the press under the law of the German republic, 1918—1933.
*Cambridge, Mass., (Harvard), phil. Diss. 1951.*

**Fliess,** P. J.: Substantive right and political stability. The freedom of the press in the Weimar Republic. — In: Z. ges. Staatswiss. 111 (1955), 543—555.

**Forman,** Paul: Weimar culture, causality and Quantum Theory, 1918—1927. Adaption by German physicists and mathematicians to a hostile intellectual environment. — In: Hist. Stud. Physical Sciences 3 (1971), 1—115.

**Forman,** Paul: The environment and practice of atomic physics in Weimar Germany. A study in the history of science. — Berkeley: University of California Press 1967.
*(Dissertation Abstracts. Vol. 29, Number 1.)*

**Führ,** Christoph: Zur Schulpolitik der Weimarer Republik. Die Zusammenarbeit von Reich und Ländern im Reichsschulausschuß ⟨1919—1923⟩ und im Ausschuß für Unterrichtswesen ⟨1924—1933⟩. Darstellung und Quellen. — Weinheim: Beltz (1970). 371 S.

Die Westdeutsche **Funkstunde.** Frühgeschichte des WDR in Dokumenten. Zsgest. u. erl. von Wolfgang Schütte. – (Köln:) Grote (1973). 130 S.
*(Annalen des Westdeutschen Rundfunks. 1.)*

**Gaede,** Reinhard: Kirche, Christen, Krieg und Frieden. Die Diskussion im deutschen Protestantismus während der Weimarer Zeit. – Hamburg-Bergstedt: Reich 1975. 129 S.

**Gaede,** Reinhard: Die Stellung des deutschen Patriotismus zum Problem von Krieg und Frieden während der Zeit der Weimarer Republik. – In: Kirche zwischen Krieg und Frieden, Stuttgart: Klett 1976, 373-422.

**Gay,** Peter: Die Republik der Außenseiter (Weimar culture, dt.) Geist und Kultur in der Weimarer Zeit. 1918—1933. (Aus d. Amerikan. übers. von Helmut Lindemann.) Mit e. Einl. von Karl Dietrich Bracher. — (Frankfurt a. M.:) S. Fischer (1970). 256 S.

**Gerhard**-Sonnenberg, Gabriele: Marxistische Arbeiterbildung in der Weimarer Zeit ⟨MASCH⟩. – (Köln:) Pahl-Rugenstein (1976). 206 S.
*(Erziehung und Bildung.)*

**Giesecke,** Hermann: Zur Schulpolitik der Sozialdemokraten in Preußen und im Reich 1918/19. — In: Vjh. Zeitgesch. 13 (1965), 162—177.

**Gniehwitz,** Siegfried: Die Presse der bürgerlichen Rechten in der Ära Brüning. Ein Beitrag zur Vorgeschichte des Nationalsozialismus. — o. O. 1956. II, 223 Bl.
*Münster i. W., phil. Diss. 6. Juli 1956.*

**Golombek,** Dieter: Die politische Vorgeschichte des Preußenkonkordats ⟨1929⟩. — Mainz: Matthias-Grünewald-Verl. (1970). XXIV, 135 S.
*(Veröffentlichungen der Kommission für Zeitgeschichte bei der Katholischen Akademie in Bayern. B, 4.)*

**Grube,** Sybille: Rundfunkpolitik in Baden und Württemberg 1924-1933. – Berlin: Spiess 1976. 282 S.
*(Beiträge, Dokumente, Protokolle zu Hörfunk und Fernsehen. 2.)*
*Diss., Technische Universität Hannover.*

**Guratzsch,** Dankwart: Macht durch Organisation. Die Grundlagen des Hugenbergschen Presseimperiums. – (Düsseldorf:) Bertelsmann Universitätsverl. (1974). 486 S.
*(Studien zur modernen Geschichte. 7.)*

**Henningsen,** Jürgen: Die Neue Richtung in der Weimarer Zeit. Dokumente und Texte von Robert Erdberg, Wilhelm Flitner, Walter Hofmann, Eugen Rosenstock-Huessy. — Stuttgart: Klett (1960). 174 S.
*(Zur Geschichte der Erwachsenenbildung.)*

**Henningsen,** Jürgen: Zur Theorie der Volksbildung. Historisch-kritische Studien zur Weimarer Zeit. — Berlin, Köln: Heymann (1959). VII, 99 S.

**Hermand,** Jost [u.] Frank Trommler: Die Kultur der Weimarer Republik. - München: Nymphenburger Verlagshandl. 1978. 448 S.

**Heß,** Ulrich: Zum Geschichtsbild der sozialistischen deutschen Literatur in den Jahren von 1929 bis 1932. – In: Jb. Gesch. 16 (1977), 211–251.

**Jacke,** Jochen: Kirche zwischen Monarchie und Republik. Der preußische Protestantismus nach dem Zusammenbruch von 1918. - (Hamburg): Christians (1976). 495 S.
*(Hamburger Beiträge zur Sozial- und Zeitgeschichte. 12.)*
*Diss., Universität Hamburg.*

**Jacke,** Jochen: Kirche, Staat, Parteien in der Weimarer Republik. Zur institutionellen Problematik des deutschen Protestantismus nach dem Ende des Staatskirchentums 1918. - In: Zeitgesch. 3 (1975/76), 346–363.

**Kaiser,** Herrmann: Die Zeitung als Objekt der Strafrechtsprechung in der Weimarer Republik. Ein Beitrag zu Presse und Justiz. — o. O. 1948. 109 gez. Bl. [Maschinenschr.]
*München, phil. Diss. 18. Aug. 1948.*

**Kater,** Michael H.: Krisis des Frauenstudiums in der Weimarer Republik. — In: Vjschr. Soz.- u. Wirtschaftsgesch. 59 (1972), 207–255.

**Kerr,** Alfred: The influence of German nationalism and militarism upon the theatre and film in the Weimar Republic. — London: „Fight for Freedom" Editorial and Publishing Services 1945. 36 S. [Mimeogr.]

**Kittel,** Helmuth: Die Entwicklung der pädagogischen Hochschulen 1926–1932. Eine zeitgeschichtliche Studie über das Verhältnis von Staat und Kultur. — Berlin, Hannover, Darmstadt: Schroedel (1957). 335 S.

**Knellessen,** Friedrich Wolfgang: Agitation auf der Bühne. Das politische Theater der Weimarer Republik. — Emsdetten: Lechte (1970). 348 S.
*(Die Schaubühne. 67.)*

**Köhler,** Günter: Die Auswirkungen der Novemberrevolution von 1918 auf die altpreußische evangelische Landeskirche. — (Berlin) 1967: (Ernst-Reuter-Ges.) 219 S.
*Berlin, Kirchl. Hochschule, theolog. Diss. vom 4. November 1966.*

**Koszyk,** Kurt: Paul Reusch und die „Münchner Neuesten Nachrichten". Zum Problem Industrie und Presse in der Endphase der Weimarer Republik. — In: Vjh. Zeitgesch. 20 (1972), 75–103.

**Koszyk,** Kurt: Jakob Stöcker und der Dortmunder „General-Anzeiger" 1929–1933. — In: Publizistik 8 (1963), 282–295.

**Krejci,** Michael: Die Frankfurter Zeitung und der Nationalsozialismus 1923–1933. [Nebst Faks.-Anh.:] (Nationalsozialismus. Von Friedrich Franz von Unruh.) — Würzburg 1965. IV, 151 S.
*Würzburg, phil. Diss. vom 17. Dezember 1965.*

**Kreutzberger,** Wolfgang: Studenten und Politik, 1918–1933. Der Fall Freiburg im Breisgau. — Göttingen: Vandenhoeck & Ruprecht 1972. 239 S.
*(Kritische Studien zur Geschichtswissenschaft. 2.)*
*Diss., Universität Freiburg.*

**Kühn,** Gertraude, Karl Tümmler [u.] Walter Wimmer: Film und revolutionäre Arbeiterbewegung in Deutschland, 1918–1932. Dokumente und Materialien zur Entwicklung der Filmpolitik der revolutionären Arbeiterbewegung und zu den Anfängen einer sozialistischen Filmkunst in Deutschland. ([Hrsg.:] Hochschule für Film und Fernsehen der DDR.) - Berlin: Henschelverl. 1975.
1. 423 S.
2. 597 S.

**Kuhn,** Helmut: Das geistige Gesicht der Weimarer Zeit. — In: Z. Politik 8 (1961), 1—10.

**Kulturverwaltung** der zwanziger Jahre. Alte Dokumente und neue Beiträge. Hrsg. in Gemeinschaft mit Wilhelm Zilius von Adolf Grimme. (Für Otto Benecke zum 65. Geburtstag.) — Stuttgart: Kohlhammer (1961). 140 S.

**Kupper,** Alfons: Zur Geschichte des Reichskonkordats. — In: Stimmen d. Zeit 171 (1962/63), 25—50.

**Laqueur,** Walter: Weimar [dt.] Die Kultur der Republik. (Aus d. Engl. von Otto Weith.) – (Frankfurt a. M.:) Ullstein (1976). 391 S.

Das literarische **Leben** in der Weimarer Republik. Hrsg.: Keith Bullivant. - Königstein/Ts.: Scriptor Verl. 1978. 285 S.
*(Monographien Literaturwissenschaft. 43.)*

**Lehrerschaft,** Republik und Faschismus. Beiträge zur Geschichte der organisierten Lehrerschaft in der Weimarer Republik. - Köln: Pahl-Rugenstein (1978). 279 S.
*(Erziehung und Bildung.)*

**Lenk,** Kurt: Das tragische Bewußtsein in der deutschen Soziologie der zwanziger Jahre. — In: Frankf. H. 18 (1963), 313—320.

**Lethen,** Helmut: Neue Sachlichkeit 1924—1932. Studien zur Literatur des „Weißen Sozialismus". — Stuttgart: Metzler (1970). VIII, 214 S.
*(Metzler Studienausgabe.)*

**Lidtke,** Vernon L.: Songs and politics. An exploratory essay on Arbeiterlieder in the Weimar Republic. - In: Arch. Sozialgesch. 14 (1974), 253–273.

Die deutsche **Literatur** in der Weimarer Republik. [Hrsg.:] Wolfgang Rothe. - Stuttgart: Reclam 1974. 486 S.

**Literatur** im Klassenkampf. Zur proletarisch-revolutionären Literaturtheorie 1919–1923. Eine Dokumentation von Walter Fähnders u. Martin Rector. — München: Hanser 1971. 238 S.

**Literatur** und Rundfunk, 1923–1933. Hrsg. von Gerhard Hay. – Hildesheim: Gerstenberg 1975. XII, 407 S.

**Lüdecke,** Willi: Der Film in Agitation und Propaganda der revolutionären deutschen Arbeiterbewegung ⟨1919–1933⟩. (Hrsg. vom Arbeitskollektiv „Materialistische Wissenschaft".) – Berlin: Oberbaumverl. (1973). 111 S.
*(Materialistische Wissenschaft. 7.)*

**Lunke,** E. W.: Die deutsche Presse im eigenen Urteil 1918—1933. Unter besonderer Berücksichtigung der radikaldemokratischen Zeitschrift „Die Weltbühne". — XII, 193 gez. Bl. [Maschinenschr.]
*München, phil. Diss. 1952.*

**Mauersberger,** Volker: Rudolf Pechel und die Deutsche Rundschau. E. Studie zur konservativ-revolutionären Publizistik in d. Weimarer Republik (1918—1933). — Bremen: Schünemann 1971. 344 S.
*(Studien zur Publizistik. Bremer Reihe. 16.)*
*Diss., Universität Göttingen.*

**Meier,** Kurt: Die Religionspolitik der NSDAP in der Zeit der Weimarer Republik. — In: Zur Geschichte des Kirchenkampfes, Bd 2, Göttingen: Vandenhoeck & Ruprecht 1971, 9—24.

**Messerschmid,** Felix: Bilanz einer Jugendbewegung. Quickborn und Rothenfels von den Anfängen bis 1939.— In: Frankf. H. 24 (1969), 786—797.

**Mörchen,** Helmut: Schriftsteller in der Massengesellschaft. Zur politischen Essayistik und Publizistik Heinrich und Thomas Manns, Kurt Tucholskys und Ernst Jüngers während der Zwanziger Jahre. - Stuttgart: Metzler 1973. IX, 141 S.
*(Metzler Studienausgabe.)*
*Diss. Universität des Saarlandes.*

**Mudrich,** Heinz: Die Berliner Tagespresse der Weimarer Republik und das politische Zeitstück. — o. O. 1955. V, 209 gez. Bl. [Maschinenschr.]
*Berlin, Freie Univ., phil. Diss. 28. Februar 1955.*

**Müller,** Hans: Der deutsche Katholizismus 1918/1919. — In: Gesch. Wiss. Unterr. 17 (1966), 521—536.

**Müller,** Sebastian F.: Die Höhere Schule Preußens in der Weimarer Republik. Zum Einfluß von Parteien, Verbänden und Verwaltung auf die Schul- und Lehrplanreform 1919-1925. – Weinheim: Beltz (1977). XI, 457 S.
*(Studien und Dokumentationen zur deutschen Bildungsgeschichte. 3.)*

**Nitzschke,** Volker: Die Auseinandersetzung um die Bekenntnisschule in der Weimarer Republik in Zusammenhang mit dem Bayerischen Konkordat. — Würzburg 1965: o. Dr. 275 S.
*Berlin, Freie Universität, phil. Diss. vom 5. Juni 1965.*

**Olbrich,** Josef: Arbeiterbildung in der Weimarer Zeit. Konzeption und Praxis. – (Braunschweig:) Westermann (1977). 359 S.
*(Dokumentationen zur Geschichte der Erwachsenenbildung.)*

**Peters,** Elke: Nationalistisch-völkische Bildungspolitik in der Weimarer Republik. Deutschkunde und höhere Schule in Preußen. — Weinheim: Beltz 1972. 224 S.
*(Beltz-Monographien.)*
*Diss., Freie Universität Berlin.*

**Piepenstock,** Klaus: Die Münchner Tagespresse 1918—1933. Ein Beitrag zur Physiognomie einer Stadt und zur Presse und öffentlichen Meinung der Weimarer Republik. — o. O. 1955. V, 280 gez. Bl. [Maschinenschr. vervielf.
*München, phil. Diss. 16. November 1956.*

**Pöls,** Werner: Hochschule in der Krise. Die Technische Hochschule Braunschweig 1930-1933. - In: Mitteilungen der Technischen Universität Carolo-Wilhelmina zu Braunschweig 9 (1974), H. 3/4, 21–31.

**Prümm,** Karl: Die Literatur des soldatischen Nationalismus der 20er Jahre, 1918–1933. Gruppenideologie und Epochenproblematik. Bd 1.2. – Kronberg i. Taunus: Scriptor-Verl. 1974.
  1. VI, 218, 46 S.
  2. S. 219-445, 47–132.
*(Theorie-Kritik-Geschichte. 3,1. 3,2.)*
*Diss., Universität des Saarlandes.*

**Raddatz,** Fritz J.: Proletarische Lyrik in der Weimarer Republik. – In: Frankf. H. 28 (1973), 897–906.

Weimarer **Republik.** Hrsg. vom Kunstamt Kreuzberg, Berlin und dem Institut für Theaterwissenschaft der Universität Köln. (3. verb. Aufl.) – Berlin: Elefanten Press 1977. 922 S.

**Richter,** Johannes Karl: Die Reichszentrale für Heimatdienst. Geschichte d. ersten polit. Bildungsstelle in Deutschland u. Untersuchung ihrer Rolle in d. Weimarer Republik. — Berlin 1963: Landeszentrale f. Polit. Bildungsarbeit. 191 S.

**Richter,** Werner: Wissenschaft und Geist in der Weimarer Republik. — Köln, Opladen: Westdtsch. Verl. (1958). 31 S.
*(Arbeitsgemeinschaft für Forschung des Landes Nordrhein-Westfalen. Geisteswissenschaften. 80.)*

**Riesenberger,** Dieter: Die katholische Friedensbewegung in der Weimarer Republik. Mit e. Vorw. von Walter Dirks. - Düsseldorf: Droste (1976). IX, 276 S.

Das **Ringen** um das sogenannte Reichsschulgesetz. Dokumente aus d. parlamentarischen Verhandlungen 1919 —1927. (Hrsg.: Bischöfl. Arbeitsstelle f. Schule u. Erziehung, Köln.) — (Köln 1956: Bachem.) 190 S.

**Roemheld,** Regine: Demokratie ohne Chance. Möglichkeiten und Grenzen politischer Sozialisatoren am Beispiel der Pädagogen der Weimarer Republik. - Ratingen: Henn 1974. 183 S.
*(Schriftenreihe zur Geschichte und politischen Bildung. 12.)*

**Rühle,** Günther: Theater für die Republik. 1917—1933. Im Spiegel der Kritik. — (Frankfurt a. M.:) S. Fischer (1967). 1263 S.

**Rülcker,** Christoph: Arbeiterkultur und Kulturpolitik im Blickwinkel des „Vorwärts" 1918-1928. – In: Arch. Sozialgesch. 14 (1974), 115–155.

**Scherer,** Herbert: Die Volksbühnenbewegung und ihre interne Opposition in der Weimarer Republik. - In: Arch. Sozialgesch. 14 (1974), 213–251.

**Schlichting,** Uta v[on]: Die Weimarer Schulartikel. Ihre Entstehung und Bedeutung. - In: Internat. Jb. Gesch.- u. Geograph. Unterr. 14 (1972/73), 27–94.

**Schreiber,** Georg: Deutsche Kirchenpolitik nach dem ersten Weltkrieg. Gestalten und Geschehnisse der Novemberrevolution 1918 und der Weimare-Zeit. — In: Hist. Jb. 70 (1951), 296—333.

**Schwarz,** Jürgen: Studenten in der Weimarer Republik. Die deutsche Studentenschaft in der Zeit von 1918 bis 1923 und ihre Stellung zur Politik. — Berlin: Duncker & Humblot (1971). 488 S.
*(Ordo politicus. 12.)*

**Schwerbrock,** Wolfgang: Die deutsche Schülerzeitschrift. Tendenz und Entwicklung in den Jahren von 1918–1933. Ein zeitungswiss. Beitrag zur Neugestaltung des deutschen Schulwesens. — (München) 1947. 119 gez. Bl. [Maschinenschr.]
*München, phil. Diss. 30. Juni 1948.*

**Schwerd,** Almut: Zwischen Sozialdemokratie und Kommunismus. Zur Geschichte der Volksbühne, 1918–1933. – (Wiesbaden: Akad. Verlagsgesellsch.) Athenaion (1975). 170 S.
*(Schwerpunkte Germanistik.)*

**Seiler,** Alois: Die Behandlung des Völkerbundes im Unterricht während der Weimarer Zeit. — In: Gesch. Wiss. Unterr. 22 (1971), 193—211.

**Siefert,** Hermann: Der bündische Aufbruch. 1918—1923. (Eine Veröffentlichung der Gesellschaft für Geistesgeschichte.) — Bad Godesberg: Voggenreiter (1963). 199 S.

**Sklorz,** Norbert: Die „politische" Haltung der Academia 1918—1935. E. Beitr. zur Geschichte d. CV in d. Weimarer Republik. — In: Festschrift 1920—1970. 50. Stiftungsfest der KDStV Grotenburg, Lindlar 1970: Braun, 1—56.

**Sontheimer,** Kurt: Der Tatkreis. — In: Vjh. Zeitgesch. 7 (1959), 229—260.

**Sozialisation** und Bildungswesen in der Weimarer Republik. Hrsg. von Manfred Heinemann. Mit e. Einl. von Wilhelm Roeßler. – Stuttgart: Klett (1976). 370 S.
*(Veröffentlichungen der Historischen Kommission der Deutschen Gesellschaft für Erziehungswissenschaft. 1.)*

**Stark,** Gary D.: Der Verleger als Kulturunternehmer. Der J. F. Lehmanns Verlag und Rassenkunde in der Weimarer Republik. – In: Archiv für Geschichte des Buchwesens 16 (1976), 291–318.

**Starkulla,** Heinz: Organisation und Technik der Pressepolitik des Staatsmannes Gustav Stresemann (1923 bis 1929). Ein Beitrag zur Pressegeschichte der Weimarer Republik. — München 1951. 138 gez. Bl. [Maschinenschr.]
*München, phil. Diss. 28. Januar 1952.*

**Stephenson,** Jill: Girl's in higher education in Germany in 1930s. – In: J. contemp. Hist. 10 (1975), 41–69.

**Treude,** Burkhard: Konservative Presse und Nationalsozialismus. Inhaltsanalyse der Neuen Preußischen (Kreuz-) Zeitung am Ende der Weimarer Republik. – Bochum: Studienverl. Brockmeyer 1975. 195 S.
*(Bochumer Studien zur Publizistik und Kommunikationswissenschaft. 4.)*

**Urbach,** Dietrich: Die Volkshochschule Groß-Berlin 1920 bis 1933. — Stuttgart: Klett (1971). 214 S.
*(Schriften zur Erwachsenenbildung. Materialien zur Erwachsenenbildung.)*
*Diss., Freie Universität Berlin.*

**Wagner**-Winterhager, Luise: Schule und Eltern in der Weimarer Republik. Untersuchungen zur Wirksamkeit der Elternbeiräte in Preußen und der Elternräte in Hamburg 1918-1922. – Weinheim: Beltz (1979). XII, 399 S.
*(Studien und Dokumentationen zur deutschen Bildungsgeschichte. 7.)*

**Walzel,** Richard E.: Die Augsburger Postzeitung und der Nationalsozialismus. Ein Beitrag zur Geschichte der katholischen Presse 1920—1933. — Augsburg 1955. 199 Bl. [Maschinenschr. vervielf.]
*München, phil. Diss. 16. Juli 1956.*

**Warloski,** Ronald: Neudeutschland, German Catholic students 1919—1939. — The Hague: Nijhoff 1970. XXVIII, 220 S.

**Weber,** Richard: Proletarisches Theater und revolutionäre Arbeiterbewegung 1918-1925. 2. Aufl. – Köln: Prometh Verl. 1978. 268, 16 S.
*Diss., Universität Köln.*

**Werner,** Bruno E[rich]: Die zwanziger Jahre. Von morgens bis mitternachts. — (München:) Bruckmann (1962). 199 S.

**Wilpert,** Gabriele: Wahlflugblätter aus der Weimarer Zeit. Untersuchungen zur historischen Ausprägung eines Texttyps. – Göppingen: Kümmerle 1978. VI, 183 S.
*(Göppinger Arbeiten zur Germanistik. 229.)*
*Diss., Universität Bonn.*

**Wippermann,** Klaus W.: Die Hochschulpolitik in der Weimarer Republik. — In: Polit. Stud. 20 (1969), 143—157.

**Wippermann,** Klaus W.: Die Wochenschauen in der Weimarer Republik. — In: Publizistik 15 (1970), 242—251.

**Wright,** Jonathan R. C.: „Über den Parteien" [‚Above parties', dt.] Die politische Haltung der evangelischen Kirchenführung 1918–1933. (Dtsch. Fassung: Hannelore Braun u. Birger Maiwald.) – Göttingen: Vandenhoeck & Ruprecht 1977. XIV, 276 S.
*(Arbeiten zur kirchlichen Zeitgeschichte. B, 2.)*

**Wright,** J[onathan] R. C.: Above parties. The political attitudes of the German Protestant church leadership 1918-1933. – London: Oxford University Press 1974. 197 S.

**Zahn,** Manfred: Öffentliche Meinung und Presse während der Kanzlerschaft von Papens. — 330 gez. Bl. [Maschinenschr.]
*Münster, phil. Diss. 1953.*

**Zeender,** John K.: The German catholics and the presidential election of 1925. — In: J. mod. Hist. 35 (1963), 366—381.

Die **Zeit** ohne Eigenschaften. Eine Bilanz der zwanziger Jahre. (Vorträge und Diskussionen des Dritten Geisteswissenschaftlichen Kongresses, München 1960.) Hrsg. von Leonhard Reinisch. — Stuttgart: Kohlhammer (1961). 243 S.

**Zenker,** Edith [Hrsg.]: Wir sind die Rote Garde. Sozialistische Literatur 1914 bis 1935. (Geleitw. von Otto Gotsche. Nachw. von Klaus Kändler.) – Frankfurt a. M.: Röderberg 1974.
1. 504 S.
2. 371 S.
*(Röderberg-Taschenbuch. 22.23.)*

**Zorn,** Wolfgang: Student politics in the Weimar Republic. — In: J. Contemp. Hist. 5 (1970), H. 1, 128—143.

Deutsche Länder

**Andersen,** Dorrit: Raadsbevaegelsen i Nordslesvig 1918–20. - In: Søderjyski Aarbøger 1972, 146–180.

**Appelle** einer Revolution. Das Ende der Monarchie. Das revolutionäre Interregnum. Die Rätezeit. Dokumente aus Bayern zum Jahre 1918/1919. Zsstellung u. histor. Einf. von Karl-Ludwig Ay. Mit e. Vorw. von Carl Amery. — München: Süddtsch. Verl. (1968). 38 S, 125 Bl.
*(Buch und Bürger. Sonderbd.)*

**Arbeiter-** und Soldaten**räte** im rheinisch-westfälischen Industriegebiet. Studien zur Geschichte der Revolution 1918/19. Hrsg. von Reinhard Rürup. - Wuppertal: Hammer (1975). 403 S.

**Auerbach,** Hellmuth: Hitlers politische Lehrjahre und die Münchener Gesellschaft 1919-1923. - In: Vjh. Zeitgesch. 25 (1977), 1-45.

**Bayern** im Umbruch. Die Revolution von 1918, ihre Voraussetzungen, ihr Verlauf und ihre Folgen. Hrsg. von Karl Bosl in Verb. mit Karl Möckl [u. a.] — München: Oldenbourg 1969. VI, 603 S.

**Behrend,** Hans-Karl: Die Besetzung der Landratsstellen in Ostpreußen, Brandenburg und der Grenzmark von 1919 bis 1933. — IV, 181 gez. Bl. [Maschinenschr.]
*Berlin, Freie Univ., phil. Diss. 13. September 1956.*

**Behrens,** Reinhard: Die Deutschnationalen in Hamburg 1918-1933. - Hamburg 1973. 453 S.
*Hamburg, phil. Diss. vom 10. Juli 1973.*
[Maschinenschr. vervielf.]

**Benz,** Wolfgang: Bayerische Auslandsbeziehungen im 20. Jahrhundert. Das Ende der auswärtigen Gesandtschaften Bayerns nach dem 1. Weltkrieg — In: Z. bayer. Landesgesch. 32 (1969), 962—994.

**Benz,** Wolfgang: Süddeutschland in der Weimarer Republik. Ein Beitr. zur dtsch. Innenpolitik 1918—1923. — Berlin: Duncker & Humblot (1970). 371 S.
*(Beiträge zu einer historischen Strukturanalyse Bayerns im Industriezeitalter. 4.)*

**Bers,** Günter: Der Bezirk Mittelrhein/Saar der KPD im Jahre 1922. - Wentorf b. Hamburg: Einhorn-Presse Främcke 1975. 156 S.
*(Die Arbeiterbewegung in den Rheinlanden. 5.)*

**Berthold,** Walter: Die Kämpfe der Chemnitzer Arbeiter gegen die militaristische Konterrevolution im August 1919. — In: Beitr. Gesch. dt. Arbeiterbew. 4 (1962), 127—138.

**Bey-Heard,** Frauke: Hauptstadt und Staatsumwälzung Berlin 1919. Problematik und Scheitern der Rätebewegung in der Berliner Kommunalverwaltung. — Stuttgart: Kohlhammer (1969). 262 S.
*(Schriftenreihe des Vereins für Kommunalwissenschaften, Berlin. 27.)*

**Beyer,** Hans: Die Landvolkbewegung Schleswig-Holsteins und Niedersachsens 1928—1932. — (Eckernförde 1957: Schwensen.) 32 S.
Sonderdruck aus: Jahrbuch der Heimatgemeinschaft des Kreises Eckernförde 15 (1957).

**Beyer,** Hans: Die bayerische Räterepublik 1919. - In: Z. Geschichtswiss. 2 (1954), 175—215.

**Birnbaum,** Immanuel: Juden in der Münchner Revolution. — In: Emuna 4 (1969), 171—176.

**Bischof,** Erwin: Rheinischer Separatismus. 1918—1924. Hans Adam Dortens Rheinstaatbewegung. — Bern: Lang 1969. 151 S.
*(Europäische Hochschulschriften. Reihe 3: Geschichte und ihre Hilfswissenschaften. 4.)*
*Diss., Bern.*

**Bracker,** Jochen: Einwohnerwehren in Schleswig-Holstein (1919/20). - In: Z. d. Gesellsch. f. Schleswig-Holstein. Gesch. 1974, Bd 99, 255–269.

**Brosius,** Dieter: Von der Monarchie zur Republik. Die Begründung des Freistaates Schaumburg-Lippe. — In: Schaumburg-Lippische Mitt. 1968, H. 19, 47—60.

(**Brück,** Max von:) Bayern in der Weimarer Republik. — In: Gegenwart 9 (1954), 757-759.

**Bünemann,** Richard: Hamburg in der deutschen Revolution von 1918/19. — Hamburg 1951. XXVI, 156 gez. Bl. [Maschinenschr.]
*Hamburg, phil. Diss. 17. Dez. 1951.*

**Büsch,** Otto: Geschichte der Berliner Kommunalwirtschaft in der Weimarer Epoche. Mit einem Vorwort von Hans Herzfeld. — Berlin: De Gruyter 1960. 230 S.
*(Veröffentlichungen d. Berliner Historischen Kommission beim Friedrich-Meinecke-Institut der Freien Universität Berlin. 1.)*

**Cohausz,** J. A.: Die Novemberrevolution 1918/19 in Paderborn und das katholische Rätedenken. - In: Westfäl. Z. 1978, Bd 126/127, 387–438.

**Comfort,** Richard A.: Revolutionary Hamburg. Labor politics in the early Weimar Republic. — Stanford, Calif.: Stanford University Press 1966. X, 226 S.

**Comfort,** Richard A.: The political role of the Free Unions and the failure of Council Government in Hamburg November 1918 to March 1919. — In: Internat. Rev. soc. Hist. 9 (1964), 47—64.

**Dähnhardt,** Dirk: Revolution in Kiel. Der Übergang vom Kaiserreich zur Weimarer Republik 1918–19. - Neumünster: Wachholtz 1978. 184 S.
*(Mitteilungen der Gesellschaft für Kieler Stadtgeschichte. 64.)*
*Diss., Universität Kiel.*

**Dahms,** Hellmuth Günther: Meutereien in Brandenburg. Zur Geschichte des Linksradikalismus. — Schloß Laupheim/Württ.: Steiner (1956). 33 S.
*(Geschichte und Politik. 24.)*

**Danner,** Lothar: Ordnungspolizei Hamburg. Betrachtungen zu ihrer Geschichte 1918—1933. — Hamburg: Verl. Deutsche Polizei 1958. 252 S.

**Deuerlein,** Ernst: Der Freistaat Bayern zwischen Räteherrschaft und Hitler-Putsch. — In: Aus Politik u. Zeitgeschichte, Beilage zur Wochenzeitung „Das Parlament", 1964, Nr. 44 vom 28. Oktober 1964, 3—24.

Im **Dienst** an der Republik. Die Tätigkeitsberichte des Landesvorstandes der Sozialdemokratischen Partei Badens 1914–1932. Hrsg. u. bearb. von Jörg Schadt unter Mitarb. von Michael Caroli. — Stuttgart: Kohlhammer (1977). 239 S.
*(Veröffentlichungen des Stadtarchivs Mannheim. 4.)*

**Dorst,** Tankred [Hrsg.]: Die Münchner Räterepublik. Zeugnisse und Kommentar. Mit e. Komm. vers. von Helmut Neubauer. — (Frankfurt a. M.:) Suhrkamp (1966). 192 S.
*(Edition Suhrkamp. 178.)*

**Ehni,** Hans-Peter: Bollwerk Preußen? Preußen-Regierung, Reich-Länder-Problem und Sozialdemokratie 1928–1932. — Bonn-Bad Godesberg: Verl. Neue Gesellsch. (1975). 304 S.
*(Schriftenreihe des Forschungsinstituts der Friedrich-Ebert-Stiftung. 111.)*
*Diss., Freie Universität Berlin.*

**Eichenlaub,** R.: Räte et Räterepublik en Bavière (novembre 1918 – mai 1919). – In: Rev. Allemagne 9 (1977), 382–398.

**Engelberg,** Ernst: Die Münchener Revolutionsereignisse im Lichte unserer Erfahrung. — In: Aufbau 13 (1957), 120—128.

**Erdmann,** Jürgen: Coburg, Bayern und das Reich 1918—1923. — Coburg: Roßteutscher 1969. XVI, 177 S.
*(Coburger Heimatkunde und Landesgeschichte. II, 22.)*

Das **Erlebnis** der oberschlesischen Volksabstimmung. Bearb. u. hrsg. von Karl Schodrok. — Neumarkt i. Opf.: Verl. Kulturstelle Oberschlesien (1951). 64 S.

**Ernst,** M.: Die Ulmer Garnison in der Revolution 1918/19. — In: Ulm u. Oberschwaben, Z. Gesch. u. Kunst 39 (1970), 149—188.

**Fabian,** Walter: Arbeiterführung und Arbeiterbildungswesen im Freistaat Sachsen. Ein Beitrag zur Führungsproblematik in der Arbeiterbewegung der Weimarer Republik. – In: Herkunft und Mandat, Frankfurt a. M.: Europ. Verl.-Anst. 1976, 120–127.

**Faris,** Ellsworth: Takeoff point for the National Socialist Party. The Landtag election in Baden, 1929. – In: Centr. Europ. Hist. 8 (1975), 140–171.

**Fenske,** Hans: Konservativismus und Rechtsradikalismus in Bayern nach 1918. — Bad Homburg v. d. H.: Gehlen (1969). 340 S.
*Diss., Freiburg. Überarbeitung.*

**Friedrich,** Adalbert: Drei Tage Bürgerkrieg. Spartakistenkämpfe in Raesfeld. – Raesfeld: Heimatverein 1978. 32 S.
*(Raesfelder Heimatschriften. 1.)*

**Friedrich,** Otto: Weltstadt Berlin. Größe und Untergang 1918—1933 (Before the deluge, dt.) — (München:) Desch (1973). 327 S.

**Fritzsche,** Walter: Die Intellektuellen der Bayerischen Revolution. — In: Kürbiskern 1969, 356—371 und 690—703.

**Füllner,** G.: Das Ende der Spartakisten-Herrschaft in Braunschweig. (Der Einmarsch der Regierungstruppen unter General Maercker vor 50 Jahren.) — In: Braunschweig. Jb. 50 (1969), 199—216.

**Gätsch,** Helmut: Die Freien Gewerkschaften in Bremen 1919—1933. — Bremen: Schünemann (1969). 180 S.
*(Bremer Veröffentlichungen zur Zeitgeschichte. 4.)*

**Gemein,** Gisbert Jörg: Die DNVP in Düsseldorf 1918—1933. — Köln 1969: (Gouder & Hansen). V, 236, 93 S.
*Köln, phil. Diss. vom 6. Juli 1968.*

**Gollwitzer,** Heinz: Bayern 1918—1933. — In: Vjh. Zeitgesch. 3 (1955), 363—387.

**Gordon,** Harold, J., jr.: Ritter von Epp und Berlin 1919—1923. — In: Wehrwiss. Rdsch. 9 (1959), 329—341.

**Greipl,** Egon: Von der Volksbestätigung zur Volksentscheidung. Direkte Demokratie in den Entwürfen zur Bamberger Verfassung. – In: Hist. Jb. 93 (1973), 380–383.

**Haaß,** Ursula: Die Kulturpolitik des Bayerischen Landtags in der Zeit der Weimarer Republik. 1918—1933. — (Augsburg) 1967: (Blasaditsch). 175, LXXXIII S.
*München, phil. Diss. vom 13. Februar 1967.*

**Habedank,** Heinz [Herbert]: Zur Geschichte des Hamburger Aufstandes 1923. 2. Aufl. — Berlin: Dietz 1958. 215 S.

**Habel,** Bernd: Verfassungsrecht und Verfassungswirklichkeit. Eine Untersuchung zum Problem Reich — Länder, gezeigt am Beispiele Bayerns unter dem Kabinette Held 1924—1933. — München 1968: (Reuther). XII, 265 S.
*München, phil. Diss. vom 20. Dezember 1967.*

**Hawranek,** Franciszek: Niemiecka socjaldemokracja w prowincji Górnośląskiej w latach 1929—1933. — Wrocław: Ossolineum 1971. 260 S.

**Heldorn,** Günter [u. a.]: Der Kampf der Arbeiterklasse gegen den Kapp-Putsch in Rostock und Umgebung. — In: Wiss. Z. Univ. Rostock 5 (1955/56), Gesellschafts- u. sprachwiss. R., H. 1, 7—68.

**Herlemann,** Beatrix: Kommunalpolitik der KPD im Ruhrgebiet, 1924–1933. – (Wuppertal:) Hammer (1977). 339 S.

**Hertz-Eichenrode,** Dieter: Politik und Landwirtschaft in Ostpreußen 1919—1930. Untersuchung eines Strukturproblems in der Weimarer Republik. Mit e. Einl. von Hans Herzfeld. — Köln: Westdtsch. Verl. 1969. XV, 352 S.
*(Schriften des Instituts für politische Wissenschaft. 23.)*

**Heuer,** Jürgen: Zur politischen, sozialen und ökonomischen Problematik in Schleswig 1920. – Kiel: Mühlau [in Komm.] 1973. XVI, 238 S.
*(Beiträge zur Sozial- und Wirtschaftsgeschichte. 5.)*

**Hillmayer,** Heinrich: Roter und weißer Terror in Bayern nach 1918. Ursachen, Erscheinungsformen und Folgen der Gewalttätigkeiten im Verlauf der revolutionären Ereignisse nach dem Ende des Ersten Weltkrieges. – München: Nußer (1974). 216 S.
*(Moderne Geschichte. 2.)*
*Diss., Universität München.*

**Holborn,** Hajo: Prussia and the Weimar Republic. – In: Soc. Res. 23 (1956), 331–342.

**Hüls,** Hans: Wähler und Wahlverhalten im Land Lippe während der Weimarer Republik. – Detmold: Naturwiss. u. Histor. Verein f. d. Land Lippe 1974. 184 S.
*(Sonderveröffentlichungen des Naturwissenschaftlichen und Historischen Vereins für das Land Lippe. 22.)*

**Hüttenberger,** Peter: Methoden und Ziele der französischen Besatzungspolitik nach dem Ersten Weltkrieg in der Pfalz. – In: Bll. dtsch. Landesgesch. 108 (1972), 105–121.

**Hüttl,** L.: Die Stellungnahme der katholischen Kirche und Publizistik zur Revolution in Bayern 1918/19. – In: Z. bayer. Landesgesch. 34 (1971), 652–695.

**Jaworski,** Rudolf: Grenzlage, Rückständigkeit und nationale Agitation. Die „Bayerische Ostmark" in der Weimarer Republik. – In: Z. bayer. Landesgesch. 41 (1978), 241–270.

**Imig,** Werner: Der Streik der Mansfelder Arbeiter im Jahre 1930. – Berlin: Dietz 1957. 104 S.

**Jonas,** Ernst-Wolfgang: Kriegsverbrecherkonzern Mansfeld AG. Die Rationalisierung – Der große Angriff auf die Arbeitskraft d. Kumpels. Eine Studie zur Lage der Bergarbeiter im Mansfelder Kupferbergbau 1920–1932. – Berlin 1955. 295 S.
*Berlin, Humboldt-Univ., wirtschaftswiss. Diss. 19. Dezember 1955.*

**Kalmer,** G.: Die „Massen" in der Revolution 1918/19. Die Unterschichten als Problem der bayerischen Revolutionsforschung. – In: Z. bayer. Landesgesch. 34 (1971), 316–357.

**Kassing,** Heinz-Herbert: Die Rätebewegung während der Revolution 1918/19 in Braunschweig. – Göttingen 1975. IV, 172 S.
[Maschinenschr. hektogr.]

**Klatt,** Rudolf: Ostpreußen unter dem Reichskommissariat 1919/20. Mit e. Geleitwort von Magnus Frhr. von Braun. – Heidelberg: Quelle & Meyer (1958). 271 S.
*(Studien zur Geschichte Preußens. 3.)*

**Klein,** Edmund: Wyborny do konstytuanty niemieckiej w styczniu 1919 roku na Górnym Śląsku. – In: Studia Śląskie 14 (1969), 37–159.

**Klein,** Ulrich [u.] Klaus-Jürgen Scherer: Bürgerräte gegen die Arbeiterbewegung. Untersuchungen und Dokumente am Beispiel Elberfeld-Barmen 1918–1922. – Wentorf b. Hamburg: Einhorn-Presse Främcke 1976. 124 S.
*(Die Arbeiterbewegung in den Rheinlanden. 11.)*

**Kluge,** Ulrich: Die Militär- und Räterepublik der bayerischen Regierungen Eisner und Hoffmann 1918/1919. – In: Militärgesch. Mitt. 1973, H. 1, 7–58.

**Kluge,** Ulrich: Essener Sozialisierungsbewegung und Volkswehrbewegung im rheinisch-westfälischen Industriegebiet 1918/19. – In: Internat. wiss. Korr. Gesch. dtsch. Arbeiterbew. 16 (1972), 55–65.

**Kluge,** Ulrich: Das „württembergische Volksheer" 1918/1919. Zum Problem der bewaffneten Macht in der deutschen Revolution. – In: Klassenjustiz und Pluralismus. Festschrift für Ernst Fraenkel zum 75. Geburtstag am 26. Dezember 1973, (Hamburg:) Hoffmann & Campe (1973), 92–150.

**Kluke,** Paul: Ein Dokument über großhessische Umgliederungspläne im Sommer 1919. – In: Festgabe für Paul Kirn zum 70. Geburtstag, Berlin: E. Schmidt 1961, 234–244.

**Kohler,** Eric D.: Revolutionary Pomerania, 1919–20. A study in majority socialist agricultural policy and civil-military relations. – In: Centr. Europ. Hist. 9 (1976), 250–293.

**Kohlhaas,** Wilhelm: Chronik der Stadt Stuttgart. 1918–1933. – Stuttgart: Klett (1964). XIV, 379 S.
*(Veröffentlichungen des Archivs der Stadt Stuttgart. 17.)*

**Kohlhaas,** Wilhelm: Macht und Grenzen der Soldatenräte in Württemberg 1918/19. – In: Z. Württemb. Landesgesch. 32 (1973), 537–543.

**Kolb,** Eberhard: Geschichte und Vorgeschichte der Revolution von 1918/19 in Bayern. – In: Neue polit. Lit. 16 (1971), 383–394.

**Krause,** Hartfrid: Revolution und Konterrevolution 1918/19, am Beispiel Hanau. – Kronberg i. Taunus: Scriptor-Verl. 1974. XVII, 403 S.
*(Scriptor Hochschulschriften. Sozialwiss. 1.)*
*Diss., TH Darmstadt.*

**Kreiler,** Kurt: Die Schriftstellerrepublik. Zum Verhältnis von Literatur und Politik in der Münchner Räterepublik. Ein systematisches Kapitel politischer Literaturgeschichte. – Berlin: Guhl 1978. 228 S.

**Krieg,** Revolution, Republik. Die Jahre 1918–1920 in Baden und Württemberg. Eine Dokumentation. Hrsg. vom Hauptstaatsarchiv Stuttgart. Bearb. von Günter Cordes. – Ulm: Vaas 1978. 280 S.

**Kritzer,** Peter: Die bayerische Sozialdemokratie und die bayerische Politik in den Jahren 1918 bis 1923. – (München: Stadtarchiv; Wölfle [in Komm.]) 1969. 243 S.
*(Miscellanea Bavarica Monacensia. 20.)*
*(Neue Schriftenreihe des Stadtarchivs München. 37.)*
*Diss., München.*

**Kühling,** Karl: Osnabrück 1925–1933. Von der Republik bis zum 3. Reich. Nach der Artikelserie „Osnabrücker Schicksalsjahre". – Osnabrück: Fromm (1963). 164 S.

**Kühnl,** Reinhard: Die Regierung Eisner in Bayern 1918/19. – In: Gesch. Wissensch. Unterr. 15 (1964), 398–410.

**Kühnl,** Reinhard: Die Revolution in Bayern 1918. – In: Gesch. Wissensch. Unterr. 14 (1963), 681–693.

**Kühr,** Herbert: Parteien und Wahlen im Stadt- und Landkreis Essen in der Zeit der Weimarer Republik. Unter besonderer Berücksichtigung des Verhältnisses von Sozialstruktur und politischen Wahlen. Hrsg. von d. Kommission f. Gesch. d. Parlamentarismus u. d. polit. Parteien. - Düsseldorf: Droste (1973). 309 S.
*(Beiträge zur Geschichte des Parlamentarismus und der politischen Parteien. 49.)*

**Kurakawa,** Ko: Dokumentation. Die Reichswehr in Bayern 1923. – In: Studies in Humanities 6 (1972), 18-30.

**Langewiesche,** Dieter: Liberalismus und Demokratie in Württemberg zwischen Revolution und Reichsgründung. Hrsg. von d. Kommission f. Gesch. d. Parlamentarismus u. d. polit. Parteien. - Düsseldorf: Droste (1974). 494 S.
*(Beiträge zur Geschichte des Parlamentarismus und der politischen Parteien. 52.)*

**Lapter,** K. und H. Zielinski: Powstania śląskie. – In: Kwartalnik Historyczny 61 (1954), H. 1, 60—102.
Über die Aufstände in Oberschlesien nach 1918.

**Lehmann,** Hans Dietrich: Der „Deutsche Ausschuß" und die Abstimmung in Schleswig 1920. — Neumünster: Wachholtz 1969. 322 S.
*(Quellen und Forschungen zur Geschichte Schleswig-Holsteins. 55.)*

**Linse,** Ulrich: Gemeinde im Wandel. Die Novemberrevolution 1918/19 in Burghausen a. d. Salzach als Konflikt zwischen bürgerlicher Gewerbestadt und moderner Industriewelt. — In: Z. bayer. Landesgesch. 33 (1970), 355—423.

**Loose,** H.-D.: Abwehr und Resonanz des Kapp-Putsches in Hamburg. — In: Z. Vereins Hamburg. Gesch. 56 (1970), 65—96.

**Lucas,** Erhard: Frankfurt unter der Herrschaft des Arbeiter- und Soldatenrates 1918/19. — (Frankfurt a. M.: Verl. Neue Kritik 1969). 180 S.

**Lucas,** Erhard: Ursachen und Verlauf der Bergarbeiterbewegung in Hamborn und im westlichen Ruhrgebiet 1918/19. — In: Duisburger Forschungen 15 (1971), 1—119.

**Luther,** Karl Heinz: Die nachrevolutionären Machtkämpfe in Berlin. November 1918—März 1919. — In: Jb. Gesch. Mittel- u. Ostdtschlds. 8 (1959), 187—221.

**Martiny,** Martin: Arbeiterbewegung an Rhein und Ruhr vom Scheitern der Räte- und Sozialisierungsbewegung bis zum Ende der letzten parlamentarischen Regierung der Weimarer Republik 1920-1930. – In: Arbeiterbewegung an Rhein und Ruhr, Wuppertal: Hammer (1974), 241–273.

**Materna,** Ingo: Der Vollzugsrat der Berliner Arbeiter- und Soldatenräte, 1918/19. - Berlin: Dietz 1978. 293 S.

**Melnhardt,** Günther: Oberschlesien 1918/19. Die Maßnahmen der Reichsregierung zur Sicherung Oberschlesiens. — In: Jb. Schles. Friedr.-Wilh.-Universität Breslau 16 (1971), 215—231.

**Menges,** Franz: Reichsreform und Finanzpolitik. Die Aushöhlung der Eigenstaatlichkeit Bayerns auf finanzpolitischem Wege in der Zeit der Weimarer Republik. — Berlin: Duncker & Humblot 1971. 467 S.
*(Beiträge zu einer historischen Strukturanalyse Bayerns im Industriezeitalter. 7.)*

**Mennekes,** Friedhelm: Die Republik als Herausforderung. Konservatives Denken in Bayern zwischen Weimarer Republik und antidemokratischer Reaktion ⟨1918-1925⟩. – Berlin: Duncker & Humblot (1972). 275 S.
*(Beiträge zu einer historischen Strukturanalyse Bayerns im Industriezeitalter. 8.)*

**Metzmacher,** Helmut: Der Arbeiter- und Soldatenrat 1918 in Krefeld. — In: Heimat, Z. niederrhein. Heimatpflege 40 (1969), 82—84.

**Metzmacher,** Helmut: Die Herrschaft des Arbeiter- und Soldatenrates in Saarbrücken 1918. — In: Z. Gesch. Saargegend 19 (1971), 230—248.

**Metzmacher,** Helmut: Der Novemberumsturz 1918 in der Rheinprovinz. — In: Annalen d. Hist. Vereins f. d. Niederrhein 168/169 (1967), 135—265.

**Mitchell,** Allan: Revolution in Bavaria 1918—1919. The Eisner Regime and Soviet Republic. — Princeton, N. J.: Princeton University Press 1965. X, 374 S.

**Mitchell,** Allan: Revolution in Bayern 1918/1919 (Revolution in Bavaria 1918/1919, dt.) Die Eisner-Regierung und die Räterepublik. (Aus d. Amerikan. übertr. von Karl-Heinz Abshagen.) — München: Beck (1967). XII, 321 S.
*Diss., Cambridge, Mass.*

**Möller,** Horst: Parlamentarisierung und Demokratisierung im Preußen der Weimarer Republik. – In: Gesellschaft, Parlament und Regierung, Düsseldorf: Droste (1974), 367–387.

**Mommsen,** Hans: Die Bergarbeiterbewegung an der Ruhr 1918–1933. – In: Arbeiterbewegung an Rhein und Ruhr, Wuppertal: Hammer (1974), 275–314.

**Morsey,** Rudolf: Brüning und Bayern. - In: Archival. Z. 73 (1977), 199–208.

**Neubauer,** Helmut: München und Moskau 1918/1919. Zur Geschichte der Rätebewegung in Bayern. — München: Isar-V. (1959). 100 S.
*(Jahrbücher für Geschichte Osteuropas. Beih. 4.)*

**Nusser,** Horst: Militärischer Druck auf die Landesregierung Johannes Hoffmann vom Mai 1919 bis zum Kapputsch. — In: Z. bayer. Landesgesch. 33 (1970), 818—850.

**Obermann,** Karl: Bemerkungen über die Entwicklung der Arbeiterbewegung in Berlin 1916/1917 und ihr Verhältnis zur russischen Februarrevolution und zur Großen Sozialistischen Oktoberrevolution. — In: Z. Geschichtswiss. 5 (1957), 1011—1020.

**Oelsner,** Manfred: Der Hamburger Aufstand im Jahre 1923. — Leipzig: Urania-V. 1957. 35 S.

**Orlow,** Dietrich: Preußen und der Kapp-Putsch. - In: Vjh. Zeitgesch. 26 (1978), 191–236.

Die deutschen **Ostgebiete** zur Zeit der Weimarer Republik. (Von Erwin Hölzle u. a.) — Köln, Graz: Böhlau 1966. 232 S.
*(Studien zum Deutschtum im Osten. 3.)*

**Paetel,** Karl O[tto]: Der „Hamburger Nationalkommunismus". — In: Gesch. Wiss. Unterr. 10 (1959), 734—743.

**Patemann,** Reinhard: Die Wahlrechtsfrage in Bremen 1917—1918. — In: „Jb. d. Wittheit zu Bremen" 16 (1972), 167—199.

**Pikart,** Eberhard: Preußische Beamtenpolitik 1918—1933. — In: Vjh. Zeitgesch. 6 (1958), 119—137.

**Plum,** Günter: Gesellschaftsstruktur und politisches Bewußtsein in einer katholischen Region, 1928—1933. Untersuchungen am Beispiel des Regierungsbezirks Aachen. — Stuttgart: Dtsch. Verl.-Anst. 1972. 318 S.
*(Studien zur Zeitgeschichte.)*

**Pörtner,** Paul: The writer's revolution. Munich 1918—19. — In: J. Contemp. Hist. 3 (1968), H. 4, 137—151.

**Polzin,** Martin: Kapp-Putsch in Mecklenburg. Junkertum u. Landproletariat in d. revolutionären Krise nach dem 1. Weltkrieg. — Rostock: Hinstorff 1966. 333 S.
*(Veröffentlichungen des Stadtarchivs Schwerin. 5.)*

**Popplow,** Ulrich: Göttingen in der Novemberrevolution 1918/19. - In: Göttinger Jb. 24 (1976), 205-242.

**Possehl,** Ingunn: Der Regierungsbezirk Aachen vom Kriegsende bis zum Dawes-Abkommen ⟨1917-1924⟩. - o. O. 1975. 319 S.
*Technische Universität Aachen, phil. Diss. vom 1. Juli 1975.*

**Prinz,** E.: Die Revolution in Kiel 1918 nach Tagebucheintragungen vom 6. November 1918. — In: Mitt. Gesellsch. Kieler Stadtgesch. 1970, H. 1/2, 131—134.

**Reich** und Länder in der Weimarer Republik. Ausstellung des Bayerischen Hauptstaatsarchivs München zur 50. Wiederkehr des Verfassungsjahres 1919. München, 17. November 1969—4. Januar 1970. (Ausstellung und Katalog: Gerhard Heyl.) — (Kallmünz: Laßleben [in Komm.]) 1969. 137 S.
*(Ausstellungskataloge der bayerischen staatlichen Archive. 3.)*

**Reissner,** Larissa: Hamburg at the barricades and other writings on Weimar Germany. Transl. from the Russian and ed. by Richard Chappell. - (London: Pluto Press 1977). 209 S.

**Revolution** und Räteherrschaft in München. Aus der Stadtchronik 1918/1919. Zsgest. u. bearb. von Ludwig Morenz unter Mitw. von Erwin Münz. — München: Langen/Müller (1968). 135 S.
*(Neue Schriftenreihe des Stadtarchivs München. 29.)*

**Revolution** und Räterepublik in Bremen. Hrsg. von Peter Kuckuck. — Frankfurt a.M.: Suhrkamp (1969). 176 S.
*(Edition Suhrkamp. 367.)*

**Revolution** und Räterepublik in München 1918/19 in Augenzeugenberichten. Hrsg. von Gerhard Schmolze. Mit e. Vorw. von Eberhard Kolb. — (Düsseldorf:) Rauch (1969). 426 S.

**Revolution** und demokratischer Widerstand in der hessischen Geschichte. Hessen 1918 bis 1920. Ausstellung der hessischen Staatsarchive zum Hessentag 1974. - Wiesbaden: Hauptstaatsarchiv 1974. 67 S.

**Romeyk,** H.: Die Deutsche Volkspartei in Rheinland und Westfalen 1918 bis 1933. - In: Rhein. Vjbll. 39 (1975), 189-236.

**Rüss,** Kurt: Vom Kampf der Kommunistischen Partei Deutschlands in Thüringen gegen die Sammlung militaristischer und faschistischer Kräfte in den Jahren 1924 bis 1926. — In: Beitrr. Gesch. dtsch. Arbeiterbewegung 6 (1964), 1081—1087.

**Rust,** Hendrik: Die Rechtsnatur von Konkordaten und Kirchenverträgen unter besonderer Berücksichtigung der bayerischen Verträge von 1924. — (München 1964: Frank.) XXXX, 209 S.
*München, jur. Diss. vom 27. Februar 1964.*

**Ryszka,** Franciszek: Der soziale Radikalismus der Bevölkerung Oberschlesiens um die Jahreswende 1918/1919 (Radykalizm społeczny ludności Górnego Slaska na przełomie lat 1918/1919, dt.) — Marburg: Johann-Gottfried-Herder-Institut (1952). 22 gez. Bl. [Maschinenschr.]
*(Johann-Gottfried-Herder-Institut. Übersetzungen. 12.)*

**Sagerer,** G. und E. Schuler [Bearb.]: Die bayerische Landpolizei von 1919 bis 1935. — (München: Jüngling 1954.) 28 S.

**Saldern,** Adelheid von: Zur Entwicklung der Parteien in Göttingen während der Weimarer Zeit. — In: Göttinger Jb. 19 (1971), 171—181.

**Schaap,** Klaus: Die Endphase der Weimarer Republik im Freistaat Oldenburg 1928-1933. - Düsseldorf: Droste 1978. 313 S.
*(Beiträge zur Geschichte des Parlamentarismus und der politischen Parteien. 61.)*

**Schumann,** Wolfgang: Zu den Massenkämpfen des oberschlesischen Proletariats in den Monaten März/April 1919. — In: Z. Geschichtswiss. 6 (1958), Sonderh., 144—169.

**Schumann,** Wolfgang: Die Novemberrevolution 1918 in Oberschlesien. Der Kampf des deutschen und polnischen Proletariats in Oberschlesien gegen den deutschen Imperialismus für soziale und nationale Befreiung. (November 1918 bis zum Ausbruch des ersten oberschlesischen Aufstandes, August 1919.) — o. O. 1957. XII, 355 Bl.
*Jena, phil. Diss. 10. Mai 1957.*

**Schumann,** Wolfgang: Oberschlesien 1918/19. Vom gemeinsamen Kampf deutscher und polnischer Arbeiter. — Berlin: Rütten & Loening 1961. 314 S.

**Schumann,** Wolfgang: Zur Rolle der Räte in der Novemberrevolution in Oberschlesien. — In: Z. Geschichtswiss. 4 (1956), 738—750.

**Schunke,** Joachim: Schlacht um Halle. Die Abwehr des Kapp-Putsches in Halle und Umgebung. — Berlin: **Verl. d. Ministeriums f. nationale Verteidigung** 1956. 110 S.

**Schwarze,** Johannes: Die bayerische Polizei und ihre historische Funktion bei der Aufrechterhaltung der öffentlichen Sicherheit in Bayern von 1919–1933. – München: Wölfle [in Komm.] 1977. 292 S.
*(Miscellanea Bavarica Monacensia. 72.)*
*(Schriftenreihe des Stadtarchivs München. 92.)*
*München, phil. Diss. vom 27. Juli 1976.*

**Schwend,** Karl: Bayern zwischen Monarchie und Diktatur. Beiträge zur bayerischen Frage in der Zeit von 1918 bis 1933. — München: Pflaum 1954. XVIII, 592 S.

**Seelbach,** Ulrich: Die Rätebewegung im Kreis Gießen 1918/19. - In: Mitt. d. Oberhess. Geschichtsvereins, N. F. Bd 60 (1975), 45–91.

**Selbstbestimmung** für Ostdeutschland. Eine Dokumentation zum 50. Jahrestag d. ost- u. westpreuß. Volksabstimmung am 11. Juli 1920. (Erarb. u. zsgest. von Herbert G[ustav] Marzian.) —(Göttingen:) Göttinger Arbeitskreis (1970). 128 S.

**Speckner,** Herbert: Die Ordnungszelle Bayern. Studien zur Politik des bayerischen Bürgertums, insbesondere der Bayerischen Volkspartei, von der Revolution bis zum Ende des Kabinetts Dr. von Kahr. — o. O. [1955]. V, 249 S. [Maschinenschr. vervielf.]
*Erlangen, phil. Diss. 13. Juli 1955.*

**Steger,** Bernd: Der Hitlerprozeß und Bayerns Verhältnis zum Reich 1923/24. - In: Vjh. Zeitgesch. 25 (1977), 441–466.

**Stehling,** Jutta: Weimarer Koalition und SPD in Baden. Ein Beitrag zur Geschichte der Partei- und Kulturpolitik in der Weimarer Republik. - Frankfurt a. M.: Haag & Herchen (1976). IV, 347 S.
*Diss., Universität Karlsruhe.*
[Maschinenschr. vervielf.]

**Steinborn,** Peter: Grundlagen und Grundzüge Münchener Kommunalpolitik in den Jahren der Weimarer Republik. Zur Geschichte d. bayer. Landeshauptstadt im 20. Jahrhundert. — (München: Stadtarchiv; Buch- u. Kunstantiquariat Wölfle [in Komm.]) 1968. 604 S.
*(Miscellanea Bavarica Monacensia. 5.)*
*(Neue Schriftenreihe des Stadtarchivs München. 21.)*
*Diss., München.*

**Stoltenberg,** Gerhard: Politische Strömungen im schleswig-holsteinischen Landvolk 1918—1933. Ein Beitrag zur politischen Meinungsbildung in der Weimarer Republik. Hrsg. von d. Kommission f. Geschichte d. Parlamentarismus u. d. polit. Parteien. — Düsseldorf: Droste (1962). 218 S.
*(Beiträge zur Geschichte des Parlamentarismus und der politischen Parteien. 24.)*
*Zugl. Habil.-Schrift, Kiel.*

**Struck,** Wolf-Heino: Die Revolution von 1918/19 im Erleben des Rhein-Main-Gebietes. — In: Hess. Jb. Landesgesch. 19 (1969), 368—438.

**Stump,** Wolfgang: Geschichte und Organisation der Zentrumspartei in Düsseldorf 1917—1933. — Düsseldorf: Droste (1971). 168 S.
*(Beiträge zur Geschichte des Parlamentarismus und der politischen Parteien. 43.)*

**Thoss,** Bruno: Der Ludendorff-Kreis 1919-1923. München als Zentrum der mitteleuropäischen Gegenrevolution zwischen Revolution und Hitler-Putsch. - München: Wölfle [in Komm.] 1978. V, 537 S.
*(Miscellanea Bavarica Monacensia. 78.)*
*(Neue Schriftenreihe des Stadtarchivs München. 98.)*
*Diss., Universität München.*

**Tracey,** Donald R.: Reform in the early Weimar Republic. The Thuringian example. - In: J. mod. Hist. 44 (1972), 195–212.

**Vogelsang,** Thilo: Die Reichswehr in Bayern und der Münchner Putsch 1923. — In: Vjh. Zeitgesch. 5 (1957), 91–101.

**Voigt,** Harald: Der Sylter Weg ins Dritte Reich. Die Geschichte der Insel Sylt vom Ende des Ersten Weltkriegs bis zu den Anfängen der nationalsozialistischen Diktatur. Eine Fallstudie. - Münsterdorf: Hansen & Hansen (1977). 160 S.

**Wagner,** Raimund: Die „Arbeiterregierung" in Sachsen im Jahre 1923. — Berlin 1957. 247, IX Bl. [Maschinenschr. vervielf.]
*Berlin, Inst. f. Gesellschaftswiss. beim ZK der SED, Diss. 16. Oktober 1958.*

**Wagner,** Raimund: Zur Frage der Massenkämpfe in Sachsen vom Frühjahr bis zum Sommer 1923. — In: Z. Geschichtswiss. 4 (1956), 246—264.

**Wagner,** Raimund: Über die Chemnitzer Konferenz und die Widerstandsaktionen der sächsischen Arbeitermassen gegen den Reichswehrmarsch im Oktober 1923. — In: Beitr. Gesch. dt. Arbeiterbew. 3 (1961), Sonderh. anl. d. 15. Jahrestages d. Gründung d. SED, 188—208.

**Wasicki,** J.: Origins of „Grenzmark Posen-Westpreußen" province. — In: Polish West. Aff. 6 (1965), 151—170.

**Watt,** D. C.: Die bayerischen Bemühungen um Ausweisung Hitlers 1924. — In: Vjh. Zeitgesch. 6 (1958), 270—280.

**Weber,** Ulrich: Würzburg, vom Novemberumsturz zur Räterepublik. - In: Mainfränk. Jb. Gesch. Kunst 25 (1973), 81–134.

**Webersinn,** Georg: Die Provinz Oberschlesien. Ihre Entstehung und der Aufbau der Selbstverwaltung. — In: Jb. Schles. Friedr.-Wilh.-Universität Breslau 14 (1969), 275—329.

**Weidmüller,** Helmut: Die Berliner Gesellschaft während der Weimarer Republik. — o. O. [1955]. 222 gez. Bl. [Maschinenschr.]
*Berlin, Freie Univ., phil. Diss., 20. Februar 1956.*

**Wessling,** Wolfgang: Die staatlichen Maßnahmen zur Behebung der wirtschaftlichen Notlage Ostpreußens in den Jahren 1920 bis 1930. — In: Jb. Gesch. Mittel- u. Ostdeutschlands 6 (1957), 215—289.

**Wessling,** Wolfgang: Die wirtschaftliche Notlage der Provinz Ostpreußen in den Jahren 1920 bis 1930 und die Hilfsmaßnahmen des Reiches und Preußens. — Berlin 1956. 167 gez. Bl. [Maschinenschr.]
*Berlin, Freie Univ., phil. Diss. 20. August 1956.*

**Wiederhöft,** Harri: Der Arbeiter- und Soldatenrat in Hamburg und das sowjetische Konsulat im November 1918. - In: Z. Geschichtswiss. 21 (1973), 426-440.

**Wilhelmus,** Wolfgang: Die Rolle der Räte in Vorpommern. — In: Z. Geschichtswiss. 4 (1956), 964—989.

**Witt,** Friedrich-Wilhelm: Die Hamburger Sozialdemokratie in der Weimarer Republik, unter besonderer Berücksichtigung der Jahre 1929/30—1933. — Hannover: Verl. f. Literatur u. Zeitgeschehen 1971. 219 S.
*(Schriftenreihe des Forschungsinstituts der Friedrich-Ebert-Stiftung. 89.)*

**Witt,** Peter-Christian: Zur Finanzierung des Abstimmungskampfes und der Selbstschutzorganisationen in Oberschlesien 1920-1922. - In: Militärgesch. Mitt. 1973, H. 1, 59-76.

**Witzmann,** Georg: Thüringen von 1918 [bis] 1933. Erinnerungen eines Politikers. — Meisenheim a. Glan: Hain 1958. 184 S.
*(Beiträge zur mitteldeutschen Landes- und Volkskunde. 2.)*

**Wrzesiński,** Wojciech: Ruch polski na Warmii, Mazurach i Powiślu w latach 1920—1939. — Poznań 1963: Inst. Zachodni. 436 S.
*(Prace Instytutu Zachodniego. 34.)*

**Wrzosek,** Mieczysław: Powstania Śląskie 1919—1921. Zarys działań bojowych. — Warszawa: Ministerjstwo Obrony narodowej 1971. 180 S.

**Zeissig,** Eberhard: Der Entwurf eines Aktionsprogramms für die Chemnitzer Konferenz vom 21. Oktober 1923. — In: Beitr. Gesch. dtsch. Arbeiterbewegung 6 (1964), 1060—1065.

**Zenner,** Maria: Parteien und Politik im Saargebiet unter dem Völkerbundsregime. 1920—1935. — Saarbrücken: Minerva-Verl. [in Komm.] 1966. 434 S.
*(Veröffentlichungen der Kommission für saarländische Landesgeschichte und Volksforschung. 3.)*

**Zieliński,** Henryk: The social and political backgrounds of the Silesian uprisings. - In: Acta Polon. hist. 26 (1972), 75-108.

**Zieliński,** Henryk: La question de „L'Etat indépendant de Haute-Silésie" après la première guerre mondiale (1919—1921). — In: Acta Poloniae Historica 4 (1961), 34—57.

**Zimmermann,** Hansjörg: Wählerverhalten und Sozialstruktur im Kreis Herzogtum Lauenburg 1918-1933. Ein Kreis zwischen Obrigkeitsstaat und Demokratie. - Neumünster: Wachholtz 1978. 571 S.
*(Quellen und Forschungen zur Geschichte Schleswig-Holsteins. 2.) Diss., Universität Hamburg.*

**Zimmermann,** Werner Gabriel: Bayern und das Reich 1918—1923. Der bayerische Föderalismus zwischen Revolution und Reaktion. — München: Pflaum 1953. 202 S.

**Zinner,** Bernd: Revolution in Bayreuth? Die Stadt in den Jahren 1918/19. - In: Arch. Gesch. Oberfranken 53 (1973), 337-412.

**Zittel,** Bernhard: Rätemodell München 1918/19. — In: Stimmen d. Zeit 165 (1959/60), 25—43.

**Źródła** do dziejów powstań śląskich. Red. Kazimierz Popiołek. T. 1: Październik 1918—styczeń 1920. Cz. 1. Wybrał i oprac. Henryk Zieliński. — Wrocław: Zakł. Narod. im. Ossolinskich 1963. 454 S.

**Zwischen** Ruhrkampf und Wiederaufbau. Hrsg. von Walter Först. - (Köln:) Grote (1972). 191 S.
*(Beiträge zur neueren Landesgeschichte des Rheinlandes und Westfalens. 5.)*

## Geschichte der nationalsozialistischen Zeit von 1933 bis 1945

### Allgemeines

**Anger,** Walter: Das Dritte Reich in Dokumenten. — (Frankfurt a. M.): Europ. Verl.-Anst. (1957). 216 S.

**Aretin,** Karl Otmar Frhr. von: Das Dritte Reich in angelsächsischer Sicht. Zu den Büchern von W. L. Shirer und A. J. P. Taylor. — In: Merkur 16 (1962), 770—781.

**Bartel,** Walter: Deutschland in der Zeit der faschistischen Diktatur (1933—1945). — Berlin: Volk und Wissen 1956. 224 S.

**Bleuel,** Hans Peter: Das saubere Reich. Theorie und Praxis des sittlichen Lebens im Dritten Reich. — München: Scherz 1972. 302 S.

**Bodensieck,** Heinrich: Das nationalsozialistische Reich in der Literatur des gespaltenen Deutschland von 1945 bis 1959. — [Schleswig:] Evang. Akademie Schleswig-Holstein 1960. 79 S.
*(Zeichen. 11.)*

**Bonnet,** Georges: In the Nazi era. — In: The Times Literary Supplement 52 (1953), No. 2661, 80.

**Bracher,** Karl Dietrich: Bilanz des „Dritten Reiches". — In: Pol. Lit. 2 (1953), 55—57.

**Bracher,** Karl Dietrich: Die deutsche Diktatur. Entstehung, Struktur, Folgen des Nationalsozialismus. — Köln: Kiepenheuer & Witsch (1969). 580 S.
*(Studienbibliothek.)*

**Bracher,** Karl Dietrich: Zur Geschichte des Dritten Reiches: I: Geschichte und Geistesgeschichte. — In: Neue Pol. Lit. 2 (1957), 97—106.
Literaturbericht.

**Brüdigam,** Heinz: Wahrheit und Fälschung. Das Dritte Reich und seine Gegner in der Literatur seit 1945. Versuch eines kritischen Überblicks. — Frankfurt a. M.: Röderberg-Verl. 1959. 93 S.

**Buchheim,** Hans: Zur Geschichte des Dritten Reiches. II: Führer und Organisationen. — In: Neue Pol. Lit. 2 (1957), 181—198.
Literaturbericht.

**Buchheim,** Hans: Das Dritte Reich Grundlagen und politische Entwicklung. — München: Kösel (1958). 94 S.

**Collotti,** Enzo: La Germania nazista. (2. ed.) — (Torino:) Einaudi (1962). 395 S.
*(Piccola Biblioteca Einaudi. 22.)*

**David,** Claude: L'Allemagne de Hitler. — Paris: Presses Universitaires 1954. 124 S.

**Dégrelle,** Léon: Hitler pour 1000 ans. — Paris: Edit. de la Table Ronde 1969. 232 S.

**Deutschland** von 1933 bis 1939. ⟨Von der Machtübertragung an den Faschismus bis zur Entfesselung des Zweiten Weltkrieges.⟩ Von Erich Paterna [u. a.] — Berlin: Dtsch. Verl. d. Wissenschaften 1969. 411 S.
*(Lehrbuch der deutschen Geschichte. ⟨Beiträge.⟩ 11.)*

**Dokumente** und Berichte aus dem Dritten Reich. Hrsg. von Günther van Norden. — Frankfurt a. M.: Hirschgraben-Verl. (1970). 80 S.
*(Menschen in der Zeit.)*

**Dokumente** der deutschen Politik und Geschichte von 1848 bis zur Gegenwart. Hrsg.: Johannes Hohlfeld. — Berlin: Dokumenten-V.
4. Die Zeit der nationalsozialistischen Diktatur 1933—1945. Aufbau und Entwicklung 1933—1938. 1954. XVIII, 508 S.
5. Deutschland im zweiten Weltkrieg 1939—1945. 1954. XX, 565 S.

Das **Dritte Reich.** Seine Geschichte in Texten, Bildern und Dokumenten. Hrsg. von Heinz Huber u. Artur Müller unter Mitw. von Waldemar Besson. Mit e. Vorw. von Hans Bausch. — München: Desch (1964).
1. Der Aufbau der Macht. 400 S.
2. Der Zusammenbruch der Macht. S. 405—855.

**Epstein,** Klaus: Shirer's history of Nazi Germany. — In: Rev. Politics 23 (1961), 230—245.

**Erdmann,** Karl Dietrich: Das Dritte Reich im Zusammenhang der deutschen Geschichte. Vortrag in d. Sendereihe Auditorium Maximum d. NDR, Hamburg, am 6. März 1961. — In: Gesch. Wiss. Unterr. 12 (1961), 405—418.

**Erdmann,** Karl Dietrich: Das Dritte Reich im Zusammenhang der deutschen Geschichte. — Tutzing/Obb. 1961: (Akademie f. Polit. Bildung). 14 S.
*(Schriften der Akademie für Politische Bildung. Reihe A, 4.)*

**Freund,** Michael: Deutschland unterm Hakenkreuz. Die Geschichte d. Jahre 1933—1945. — (Gütersloh:) Bertelsmann (1965). 479 S.

**Freund,** Michael: Spiegel der Wahrheit? Aufstieg und Fall des Dritten Reiches. — In: Polit. Meinung 6 (1961), H. 66, 88—94.

**Gisevius,** Hans Bernd: Bis zum bitteren Ende. (75. Tsd.) — Zürich: Fretz & Wasmuth (1954). 700 S.

**Gisevius,** Hans Bernd: Bis zum bitteren Ende. Vom Reichstagsbrand bis zum 20. Juli 1944. Vom Verf. auf d. neuesten Stand gebrachte Sonderausg. — Hamburg: Rütten & Loening (1961). 567 S.

**Glaser,** Hermann: Das Dritte Reich. Anspruch und Wirklichkeit. — (Freiburg i. Br.: Herder 1961.) 189 S.
*(Herder-Bücherei. 92.)*

**Göhring,** Martin: Alles oder nichts. 12 Jahre totalitärer Herrschaft in Deutschland. — Tübingen: Mohr.
Bd 1. 1933—1939. 1966. XIV, 354 S

**Gotlieb,** H. B.: England and the nature of the Nazi régime. A critical assessment of British opinion 1933—39.
*Oxford, phil. Diss. 1953.*

**Grosche,** Heinz: Der Nationalsozialismus und der Zweite Weltkrieg. — Frankfurt a.M., Berlin, Bonn: Diesterweg 1959. 104 S.
*(Bilder aus der Weltgeschichte. 15.)*

**Grosser,** Alfred: Hitler, la presse et la naissance d'une dictature. — Paris: Colin (1959). 262 S.
*(Collection Kiosque.)*

**Grunberger,** Richard: Das zwölfjährige Reich (A social history of the Third Reich, dt.) Der deutsche Alltag unter Hitler. (Aus d. Engl. übertr. von Ulrich Kayser-Eichberg.) — München: Molden (1972). 542 S.

**Gutachten** des Instituts für Zeitgeschichte. — München: Selbstverlag 1958. 439 S.

**Guttmann,** Bernhard: Ein Rückblick auf das Dritte Reich. — In: Gegenwart 8 (1953), 702.

**Hagen,** Louis: Follow my leader. — London: Wingate 1951. XI, 374 S.

Das nationalsozialistische **Herrschaftssystem.** Hrsg.: Heinrich August Winkler. — In: Geschichte und Gesellschaft 2 (1976), H. 4, 417—544.

**Heß,** Ilse: Rundfunkhetze gegen Wehrlose. — In: Nation Europa 4 (1954), H. 5, 51—54.
Behandelt eine BBC-Sendung über die Spandauer Häftlinge.

**Hillgruber,** Andreas: Innen- und Außenpolitik Deutschlands von 1933—1945. Literaturbericht. - In: Gesch. Wiss. Unterr. 26 (1975), 578—594.

(Adolf) **Hitler** and Nazi Germany. Ed. by Robert G. L. Waite. — New York: Holt, Rinehart & Winston (1965). 122 S.
*(European problem studies.)*

**Hofer,** Walther: Die Diktatur Hitlers bis zum Beginn des Zweiten Weltkrieges. T. 1.2. — Konstanz: Akad. Verl. Ges. Athenaion.
1. 1959. 135 S.
2. 1961. S. 135—257.
*(Brandt-Meyer-Just: Handbuch der Deutschen Geschichte. Bd 4, Abschn. 4.)*

**Hofer,** Walther: Zur Geschichte des „Dritten Reiches" und des zweiten Weltkrieges. — In: Schweiz. Monatsh. 31 (1951/52), 378—384.

**Holzer,** Jerzy: Państwo Hitlera. — Warszawa: Książka i Wiedza 1972. 280 S.

**Jacobsen,** Hans-Adolf und Werner Jochmann [Hrsg.]: Ausgewählte Dokumente zur Geschichte des Nationalsozialismus 1933—1945. [Losebl.-Ausg.] Lfg. 1—8. — Bielefeld: Verl. Neue Gesellsch. (1961—63).
*(Arbeitsblätter für politische und soziale Bildung.))*

**Jarman,** T. L.: The rise and fall of Nazi Germany. — London: The Cresset Press 1955. 388 S.

**Jovy,** Ernst Michael: Deutsche Jugendbewegung und Nationalsozialismus. Versuch einer Klärung ihrer Zusammenhänge und Gegensätze. — Köln 1952. 342, XIX gez. Bl. [Maschinenschr.]
*Köln, phil. Diss. 16. Januar 1953.*

**Kleist**, Peter: Auch Du warst dabei! Ein Buch des Ärgernisses und der Hoffnung. — Heidelberg: Vowinckel 1952. 416 S.

**Küster**, Fritz: Die Hintermänner der Nazis. Von Papen bis Deterding. — Hannover: Verl. Das andere Deutschland. 1946. 39 S.

Zwei **Legenden** aus dem Dritten Reich. Die Prognosen der Abteilung Fremde Heere Ost, 1942–1945. Hat Felix Kersten das Niederländische Volk gerettet? Quellenkritische Studien von Hans-Heinrich Wilhelm und Louis de Jong. – Stuttgart: Dtsch. Verl.-Anst. (1974). 141 S.
*(Schriftenreihe der Vierteljahrshefte für Zeitgeschichte. 28.)*

**Maltitz**, Horst von: The evolution of Hitler's Germany. The ideology, the personality, the moment. -- New York: McGraw-Hill 1973. XIV, 479 S.

**Mau**, Hermann und Helmut Krausnick: Deutsche Geschichte der jüngsten Vergangenheit 1933—1945. Mit einem Nachwort von Peter Rassow. — Tübingen: Wunderlich; Stuttgart: Metzler 1956. 206 S.

**Mau**, Hermann und Helmut Krausnick: Deutsche Geschichte der jüngsten Vergangenheit 1933—1945. Mit einem Nachwort von Peter Rassow. Illustr. Sonderausg. 2. Aufl. — Bonn 1960: Bundeszentrale für Heimatdienst. 206 S.

**Mau**, Hermann und Helmut Krausnick: German history 1933—45 [Deutsche Geschichte der jüngsten Vergangenheit 1933—1945, engl.] An assessment by German historians. (Transl. from the German by Andrew and Eva Wilson.) (4. impr.) — London: Wolff 1962. 157 S.

**Mau**, Hermann und Helmut Krausnick: Hitler und der Nationalsozialismus 1933—1945. — In: Deutsche Geschichte im Überblick, hrsg. von Peter Rassow, Stuttgart: Metzler 1953, 666—736.

**Mayer**, Milton: They thought they were free. The Germans 1933—1945. — Chicago: The University of Chicago Press (1955). 345 S.

**Mazor**, Michel: Eppur si muove. — In: Monde juif 6 (1952/53), H. 60, 8—10; H. 61, 18—19; H. 62, 13—14.

**Meinecke**, Friedrich: The German catastrophe (Die deutsche Katastrophe, engl.) Reflections and recollections. Transl. by Sidney Bradshaw Fay. — Cambridge, Mass.: Cambridge University Press 1950. VIII, 251 S.

**Mosse**, George L.: The crisis of German ideology. Intellectual origins of the Third Reich. — New York: Universal Library (1964). VI, 373 S.

**Muth**, Heinrich: Geschichte und Geschichten. Zu dem Film „Bis 5 nach 12". — In: Gesch. Wiss. Unterr. 5 (1954), 80—94.

**Muth**, Heinrich: Literaturbericht. Zeitgeschichte: Innenpolitik 1933—1945. — In: Gesch. Wiss. Unterr. 19 (1968), 125—136.

**Namier**, Sir Lewis Bernstein: In the Nazi era. — London: Macmillan 1952. 203 S.

**Neumann**, Robert und Helga Koppel: Hitler. Aufstieg und Untergang des Dritten Reiches. Ein Dokument in Bildern. — München: Desch (1961). 251 S.

**Osmánczyk**, E. J.: Dowody prowokacji. Nieznane archivum Himmlera. — Warszawa: „Czytelnik" 1951. 47 S.
Über unbekanntes Material aus den Archiven der SS.

**Phillips**, Peter: The tragedy of Nazi Germany. — London: Routledge & Kegan Paul 1969. 241 S.

**Pinnow**, Hermann: Der Staat der Gewalt. Quellentexte und Berichte über die nationalsozialistische Diktatur. — Stuttgart: Klett (1960). 79 S.

**Probleme** deutscher Zeitgeschichte. (Dtsch. Übers. von Christiane Boehnke Sjöberg.) - (Stockholm:) Läromedelsförl. (1971). 266 S.
*(Lund Studies in International History. 2.)*
*(Skandinavian University Books.)*

Das Dritte **Reich**. Hrsg. von Alexander Blase. — (Hannover:) Verl. f. Literatur u. Zeitgeschehen (1966). 224 S.
*(Zeitgeschichte in Text und Quellen. 2.)*

The Third **Reich**. (Publ. under the auspices of the International Council for Philosophy and Humanistic Studies and with assistance of UNESCO.) — London: Weidenfeld & Nicolson (1955). XV, 910 S.
Mit Beiträgen von Edmond Vermeil, Alan Bullock, Gerhard Ritter, Maurice Baumont, Léon Poliakov u. a.

**Remak**, Joachim [Ed.]: The nazi years. A documentary history. — Englewood Cliffs, N. J.: Prentice Hall 1969. XI, 178 S.
*(Spectrum Books.)*

**Rich**, Norman: Hitler's war aims. - New York: Norton.
1. Ideology, the Nazi state and the course of expansion. (1973). XLIII, 352 S.
2. The establishment of the new order. (1974). 433 S.

**Robichon**, Jacques: Les grands dossiers du Troisième Reich. — Paris: Perrin 1969. 512 S.

**Scheffbuch**, A.: Zwölf Jahre Hitlerherrschaft. Ein Tatsachenbericht. — Villingen: Neckar-V. (1958). 56 S.

Hegner, H. S. d. i. Harry **Schulze-Wilde**: Die Reichskanzlei 1933—1945. Anfang und Ende des Dritten Reiches. — (Frankfurt a.M.:) Verl. Frankfurter Bücher (1959). 448 S.

**Schweitzer**, Arthur: Organisierter Kapitalismus und Parteidiktatur 1933—1936. — In: Schmollers Jb. 79 (1959), II. 1, 37—80.

**Seger**, Gerhart H.: Dictatorship, war, disaster. History of the Nazi regime. — Oberaudorf: Raumbild-V. (1957). 103 S.

The **shaping** of the Nazi state. Ed. by Peter D. Stachura. - London: Croom Helm 1978. 320 S.

**Shirer**, William L[awrence]: Aufstieg und Fall des Dritten Reiches (The rise and fall of the Third Reich, dt.) (Aus d. Amerikan. von Wilhelm und Modeste Pferdekamp.) — Köln, Berlin: Kiepenheuer & Witsch (1961). XX, 1174 S.

**Shirer,** William L.: The rise and fall of the Third Reich. A history of Nazi Germany. — London: Secker & Warburg 1960. XII, 1245 S.

**Snell,** John L. [Ed.]: The Nazi revolution. Germany's guilt or Germany's fate? — Boston: Heath 1959. XIX, 97 S.

**Snyder,** Louis L.: Encyclopedia of the Third Reich. — New York: McGraw-Hill 1976. 410 S.

**Soisson,** Pierre: Histoire générale de l'Allemagne nazie. — Paris: Productions de Paris.
 1. Allemagne réveille-toi! (1969). 480 S.

**Stadtmüller,** Georg: Der Weg in die deutsche Katastrophe (1933—1945). — In: Neues Abendland 6 (1951), 65—74. Literaturübersicht.

**Steiner,** John M.: Power, politics and social change in National Socialist Germany. A process of escalation into mass destruction. — The Hague: Mouton (1976). XX, 466 S.
*(Issues in Contemporary Politics. 2.)*

**Stenzl,** Otto: Das Dritte Reich. Ein Literaturbericht. — In: Polit. Meinung 7 (1962), H. 71, 79—90.

**Sündermann,** Helmut: Das Dritte Reich. Eine Richtigstellung in Umrissen. — Leoni a. Starnb. See: Druffel (1959). 95 S.

**Tenenbaum,** Joseph: Race and Reich. The story of an epoch. — New York: Twayne Publ. (1956). XVI, 554 S.

**Ursachen** und Folgen. Vom deutschen Zusammenbruch 1918 und 1945 bis zur staatlichen Neuordnung Deutschlands in der Gegenwart. Eine Urkunden- und Dokumentensammlung zur Zeitgeschichte. Hrsg. u. Bearb.: Herbert Michaelis u. Ernst Schraepler, unter Mitwirk. von Günter Scheel. — Berlin: Dokumenten-Verl. Wendler.
 9. Das Dritte Reich. Die Zertrümmerung des Parteienstaates und die Grundlegung der Diktatur. [1964.] XLVIII, 717 S.
 10. Das Dritte Reich. Die Errichtung des Führerstaates. Die Abwendung von dem System der Kollektiven Sicherheit. [1966.] XXIV, 590 S.
 11. Das Dritte Reich. Innere Gleichschaltung. Der Staat und die Kirchen. Antikominternpakt — Achse Rom-Berlin. Der Weg ins Großdeutsche Reich. [1966.] XXXI, 700 S.

**Ursachen** und Folgen. Vom deutschen Zusammenbruch 1918 und 1945 bis zur staatlichen Neuordnung Deutschlands in der Gegenwart. Eine Urkunden- und Dokumentensammlung zur Zeitgeschichte. Hrsg. u. Bearb.: Herbert Michaelis u. Ernst Schraepler, unter Mitwirkung von Günter Scheel. — Berlin: Dokumenten-Verl. Wendler,
 12. Das Dritte Reich. Das sudetendeutsche Problem. Das Abkommen von München und die Haltung der Großmächte. [1967.] XXVIII, 640 S.
 13. Das Dritte Reich. Auf dem Weg zum Zweiten Weltkrieg. Von der Besetzung Prags bis zum Angriff auf Polen. [1968.] XXXII, 655 S.

**Ursachen** und Folgen. Vom deutschen Zusammenbruch 1918 und 1945 bis zur staatlichen Neuordnung Deutschlands in der Gegenwart. Eine Urkunden- und Dokumentensammlung zur Zeitgeschichte. Hrsg. u. Bearb.: Herbert Michaelis u. Ernst Schraepler, unter Mitwirkung von Günter Scheel. — Berlin: Dokumenten-Verl. Wendler.
 14. Das Dritte Reich. Der Angriff auf Polen. Die Ereignisse im Winter 1939—1940. [1969]. XXVII, 604 S.
 15. Das Dritte Reich. Die Kriegführung gegen die Westmächte 1940. Das Norwegenunternehmen. Der Frankreichfeldzug. Der Luftkrieg gegen England. [1970]. XXVI, 639 S.

**Ursachen** und Folgen. Vom deutschen Zusammenbruch 1918 und 1945 bis zur staatlichen Neuordnung Deutschlands in der Gegenwart. Eine Urkunden- und Dokumentensammlung zur Zeitgeschichte. Hrsg. u. Bearb.: Herbert Michaelis u. Ernst Schraepler, unter Mitw. von Günter Scheel. — Berlin: Dokumenten-Verl. Wendler.
 16. Das Dritte Reich. Versuche einer festländischen Koalitionsbildung gegen England. Der Dreimächtepakt. Die Vorgänge in Südosteuropa und auf dem Balkan. Der Kriegsschauplatz in Nordafrika. [1971.] XXIV, 586 S.
 17. Das Dritte Reich. Vom europäischen zum globalen Krieg. Der Angriff auf die Sowjetunion. Der Kriegsausbruch zwischen Japan und den USA. [1972]. XXVIII, 736 S.
 18. Das Dritte Reich. Die Wende des Krieges. Stalingrad, Nordafrika. Die deutsche Besatzungspolitik. Wirtschaft und Rüstung I. [1973]. XXXI, 697 S.

**Ursachen** und Folgen. Vom deutschen Zusammenbruch 1918 und 1945 bis zur staatlichen Neuordnung Deutschlands in der Gegenwart. Eine Urkunden- und Dokumentensammlung zur Zeitgeschichte. Hrsg. u. Bearb..: Herbert Michaelis u. Ernst Schraepler, unter Mitw. von Günter Scheel. — Berlin: Dokumentenverl. Wendler.
 19. Das Dritte Reich. Auf dem Weg in die Niederlage. Wirtschaft und Rüstung II. Die Radikalisierung der inneren Kriegsführung. Rückzug im Osten. [1975]. XXXI, 655 S.
 20. Das Dritte Reich. Der Sturm auf die Festung Europa I. Der Krieg zur See. Der Luftkrieg. Der Sturz Mussolinis und der Zusammenbruch Italiens. Die Erschütterung des Hitlerschen Bündnissystems. Alliierte Friedenspläne. Die Konferenz von Teheran. [1974]. XXIII, 635 S.
 21. Das Dritte Reich. Der Sturm auf die Festung Europa II. Emigration und Widerstand. Die Invasion der Anglo-Amerikaner. Der 20. Juli 1944. Der Zusammenbruch der Mittelfront im Osten. Das polnische Problem. Der totale Kriegseinsatz [1975]. XXIII, 619 S.

**Ursachen** und Folgen. Vom deutschen Zusammenbruch 1918 und 1945 bis zur staatlichen Neuordnung Deutschlands in der Gegenwart. Eine Urkunden- und Dokumentensammlung zur Zeitgeschichte. Hrsg. u. bearb.: Herbert Michaelis u. Ernst Schraepler, unter Mitw. von Günter Scheel. — Berlin: Dokumentenverl. Wendler.
 22. Der Angriff auf die deutschen Grenzen. Der Abfall der Bundesgenossen. Die Ardennen-Offensive. Die Konferenz von Jalta. Der Einbruch der Gegner in das Reich. [1975]. XX, 543 S.

23. Der militärische Zusammenbruch und das Ende des Dritten Reiches. Der Selbstmord Hitlers. Das Kabinett Dönitz. Die Kapitulation. Die Anfänge der Besatzungspolitik. Die Potsdamer Konferenz. Die Niederlage Japans. [1976]. XX, 511 S.

**Vermeil,** Edmond: Karl Jaspers et sa conception de la responsabilité allemande. — In: Rev. Hist. deux. Guerre mond., H. 7 (Juli 1952), 1—12.

**Vogelsang,** Thilo: Die nationalsozialistische Zeit. Deutschland 1933 bis 1939. — Frankfurt a. M.: Ullstein 1968. 178 S.
*(Deutsche Geschichte. 7.)*

**Winkler,** Hans-Joachim: Legenden um Hitler. „Schöpfer der Autobahnen", „Kraft durch Freude für den Arbeiter", „Überwinder von Versailles", „Vorkämpfer Europas gegen den Bolschewismus". Hrsg. vom Otto-Suhr-Institut an d. Freien Universität Berlin und von d. Landeszentrale f. Polit. Bildungsarbeit Berlin. — Berlin (1961): (Verwaltungsdruckerei). 80 S.
*(Zur Politik und Zeitgeschichte. 7.)*

**Zentner,** Kurt: Illustrierte Geschichte des Dritten Reiches. (Mitarb.: Gerd Schreiber.) — München: Südwest-Verl. (1965). 623 S.

Nationalsozialismus und NSDAP

**Alexander,** L.: War crimes and their motivation. The socio-psychological structure of the SS and the criminalization of society. — In: Amer. J. Police Science 39 (1948), 298—326.

**Alexander,** L.: The molding of personality under dictatorship. The importance of the destructive drives in the socio-psychological structure of nazism. — In: Amer. J. Police Science 40 (1949), 3—27.

**Allen,** William Sheridan: Das haben wir nicht gewollt (The nazi seizure of power, dt.) Die nationalsozialistische Machtergreifung in einer Kleinstadt 1930—1935. (Vom Autor durchges. Übers. aus d. Amerikan. von Jutta u. Theodor Knust.) — (Gütersloh:) Mohn (1966). 327 S.

**Aronson,** Shlomo: The Nazi bureaucracy. — In: Publ. Adm. (Jerusalem) 8 (1969), 84—99.

**Auerbach,** Hellmuth: Die Einheit Dirlewanger. — In: Vjh. Zeitgesch. 10 (1962), 250—263.

Der **Aufstieg** der NSDAP in Augenzeugenberichten. Hrsg. u. eingel. von Ernst Deuerlein. — (Düsseldorf:) Rauch (1968). 462 S.

**Herbert,** Edmund [d. i. Herbert **Aust**]: Wir sprechen Hitler frei. — Lüneburg: Arbeitsgemeinschaft 33 [1953]. 44 S.

**Ayçoberry,** Pierre: La question nazie. Les interprétations du national-socialisme 1922-1975. - (Paris:) Ed. du Seuil (1979). 314 S.
*(Coll. „Histoire". 39.)*

**Banaszkiewicz,** Jakub: Powstanie partii hitlerowskiej. Studium socjologiczne genezy faszyzmu niemieckiego. 1919—1923. — Poznań: Inst. Zachodni 1968. 525 S.
*(Studium niemcoznawcze Institutu Zachodniego. 15.)*

**Bartel,** Walter [u.] Klaus Drobisch: Der Aufgabenbereich des Leiters des Amtes D IV des Wirtschafts-Verwaltungshauptamtes der SS. — In: Z. Geschichtswiss. 14 (1966), 944—956.

**Bayle,** François: Psychologie et éthique du national-socialisme. — Paris: Presses Univ. de France 1953. 550 S.

**Beier,** Gerhard: Gesetzentwürfe zur Ausschaltung der Deutschen Arbeitsfront im Jahre 1938. [Dokumentation.] — In: Arch. Sozialgesch. 17 (1977), 297-335.

**Bell,** Leland V.: The failure of Nazism in America. The German American Bund, 1936—1941. — In: Polit. Science Quart. 85 (1970), 585—599.

**Bendersky,** Joseph W.: The myth of the German fifth column. A study of the Auslands-Organisation of the NSDAP, 1931–1945. - [East Lansing:] Michigan State University 1972. 48 Bl.
[Maschinenschr. hektogr.]

**Bennecke,** Heinrich: Hitler und die SA. — München, Wien: Olzog (1962), 264 S.

**Berning,** Cornelia: Die Sprache des Nationalsozialismus. — o. O. [1958]. 219, V Bl.
*Bonn, phil. Diss. 30. Juli 1958.*

**Berning,** Cornelia: Die Sprache des Nationalsozialismus. — In: Z. dtsch. Wortforsch. 16 (1960), 71—118 und 178—188.

**Berning,** Cornelia: Vom „Abstammungsnachweis" zum „Zuchtwart". Vokabular des Nationalsozialismus. Mit e. Vorw. von Werner Betz. — (Berlin:) de Gruyter (1964). 225 S.
*(Die kleinen de Gruyter Bände. 6.)*

**Besson,** Waldemar: Neuere Literatur zur Geschichte des Nationalsozialismus. — In: Vjh. Zeitgesch. 9 (1961), 314—330.

**Bihl,** K.: Kommandobehörden, Verbände und selbständige Truppenteile der Waffen-SS. — In: Feldgrau 9 (1961), 24—29, 55—57 und 101—104.

**Bleuel,** Hans Peter [u.] Ernst Klinnert: Deutsche Studenten auf dem Weg ins **Dritte** Reich. Ideologien, Programme, Aktionen. 1918—1935. — (Gütersloh:) Mohn (1967). 294 S.

**Bloch,** Charles: Die SA und die Krise des NS-Regimes 1934. — (Frankfurt a. M.:) Suhrkamp (1970). 176 S.
*(Edition Suhrkamp. 434.)*

**Blohm,** Erich: Hitler-Jugend, soziale Tatgemeinschaft. - (Witten: Naturpolit. Verl. 1977). 303 S.

**Bodensieck,** Heinrich: Nationalsozialismus in revisionistischer Sicht. — In: Aus Politik und Zeitgeschichte, Beilage zur Wochenzeitung „Das Parlament" vom 20. März 1961, 175—180.

**Boehm,** Max Hildebert: Baltische Einflüsse auf die Anfänge des Nationalsozialismus. — In: Jb. d. balt. Deutschtums 14. 1967 (1966), 56—69.

**Boesch,** Joseph: Neuere Literatur zur Geschichte des Nationalsozialismus.— In: Schweiz. Z. Geschichte 5 (1955), 206—214.

**Bollmus,** Reinhard: Das Amt Rosenberg und seine Gegner. Studien zum Machtkampf im nationalsozialistischen Herrschaftssystem. — Stuttgart: Dtsch. Verl. Anst. (1970). 359 S.
*(Studien zur Zeitgeschichte.)*

**Bracher,** Karl Dietrich: Tradition und Revolution im Nationalsozialismus. - In: Hitler, Deutschland und die Mächte, Düsseldorf: Droste 1976, 17-29.

**Brandenburg,** Hans-Christian: Die Geschichte der HJ. Wege und Irrwege einer Generation. — Köln: Verl. Wissenschaft u. Politik (1968). 347 S.

**Breitling,** Rupert: Die nationalsozialistische Rassenlehre. Entstehung, Ausbreitung, Nutzen u. Schaden einer polit. Ideologie. — Meisenheim a. G.: Hain 1971. 76 S.

**Brissaud,** André: Hitler et l'ordre noir. — Paris: Perrin 1969. 478 S.

**Broszat,** Martin: Soziale und psychologische Grundlagen des Nationalsozialismus. - In: Feuchtwanger, Edgar Josef: Deutschland. Wandel und Bestand, München: Desch 1973, 159-190.

**Broszat,** Martin: Die völkische Ideologie und der Nationalsozialismus. — In: Dtsch. Rdsch. 84 (1958), 53—68.

**Broszat,** Martin: Soziale Motivation und Führer-Bindung des Nationalsozialismus. — In: Vjh. Zeitgesch. 18 (1970), 392—409.

**Broszat:** Martin: Der Nationalsozialismus. Weltanschauung, Programmatik und Wirklichkeit. — Hannover 1960: Funke. 46 S.
*(Schriftenreihe der Niedersächsischen Landeszentrale für Politische Bildung. Zeitgeschichte. 8.)*

**Broszat,** Martin: Der Nationalsozialismus. Weltanschauung, Programm und Wirklichkeit. — Stuttgart: Dtsch. Verl. Anst. (1960). 83 S.

**Brouillet,** Raymond: L'hitlerisme. Essay. — Paris: La Nef de Paris Ed. (1960). 61 S.

**Browder,** George Clark: SIPO and SD, 1931-1940. Formation of an instrument of power. - (Ann Arbor, Mich.: University Microfilms Internat. 1977). V, 491 S.
*Diss., University of Wisconsin.*
[Microfilm-xerography]

**Buchheim,** Hans: Die Aufnahme von Polizeiangehörigen in die SS und die Angleichung ihrer SS-Dienstgrade an ihre Beamtenränge (Dienstgradangleichung) in der Zeit des Dritten Reiches. — [München:] Institut für Zeitgeschichte (1960). 13 S. [Maschinenschr. hektograph.]

**Buchheim,** Hans: Die Befugnisse der Ergänzungsstellen der Waffen-SS. — [München:] Institut für Zeitgeschichte (1960). 7 S. [Maschinenschr. hektograph.]

**Buchheim,** Hans: Die Chiffren des „Dritten Reiches". Über den Nationalsozialismus als Problem der Zeitgeschichte. — In: Wort und Wahrheit 10 (1955), 747—754.

**Buchheim,** Hans: Die SS in der Verfassung des Dritten Reiches. — In: Vjh. Zeitgesch. 3 (1955), 127—157.

**Buchholz,** Wolfhard: Die nationalsozialistische Gemeinschaft „Kraft durch Freude". Freizeitgestaltung und Arbeiterschaft im Dritten Reich. - München 1976: (Schadel & Wehle). VI, 431 S.
*München, phil. Diss. vom 29. Juli 1976.*
[Maschinenschr. vervielf.]

**Burden,** Hamilton T.: Die programmierte Nation (The Nuremberg party rallies, 1923—39, dt.) Die Nürnberger Reichsparteitage. (Die Übers. ins Dtsch. besorgte Karl-Ludwig Gallwitz.) — (Gütersloh:) Bertelsmann Sachbuchverl. [1970]. 254 S.

**Burden,** Hamilton T.: The Nuremberg party rallies. 1923—1939. London: Pall Mall Press 1967. XV, 206 S.

**Calic,** Edouard: Himmler et son empire. — [Paris:] Stock (1969). 682 S.
*(Témoins de notre temps.)*

**Carsten,** F[rancis] L[udwig]: Die historischen Wurzeln des Nationalsozialismus. - In: Feuchtwanger, Edgar Josef: Deutschland. Wandel und Bestand, München: Desch 1973, 134-158.

**Childers,** Thomas: The social bases of the national socialist vote. - In: J. contemp. Hist. 11 (1976), H. 4, 17-42.

**Conze,** Werner: Der Nationalsozialismus. Hitlers Kampf gegen den demokratischen Staat (1919—1934). — Stuttgart: Klett (1959). 80 S.
*(Quellen- und Arbeitshefte für den Geschichtsunterricht. [42.])*

**Conze,** Werner: Der Nationalsozialismus. — Stuttgart: Klett.
T. 2. 1934—1945. [1964.] 112 S.
*(Quellen- u. Arbeitshefte für den Geschichtsunterricht (T. 2: Zur Geschichte u. Gemeinschaftskunde). [43.])*

**Cygański,** Miroslaw: SS w ruchu narodowosocjalistycznym i w Trzeciej Rzeszy 1925-1945. - Poznań: Inst. Zachodni 1978. 447 S.

**Denkschrift.** Die Waffen-SS und das Gesetz gemäß Artikel 131 GG. — In: Der Freiwillige 4 (1959), H. 4, 5—43.

**Diamond,** Sander A.: The Nazi movement in the United States. 1924-1941. - Ithaca, N.Y.: Cornell University Press 1974. 380 S.

**Dirks,** Walter: Katholizismus und Nationalsozialismus. (Ein Aufsatz aus d. Jahre 1932.) — In: Frankf. H. 18 (1963), 515—522.

**Dörner,** Klaus: Nationalsozialismus und Lebensvernichtung. — In: Vjh. Zeitgesch. 15 (1967), 121—152.

**Drewniak,** Bogusław: Początki ruchu hitlerowskiego na Pomorzu zachodnim 1923—1934. — (Poznań:) Wydawnictwo Poznańskie (1962). 299 S.

**Duprat,** François: Histoire des S. S. Leurs unités, leurs campagnes, leurs chefs, leur organisation. — Paris: Sept Couleurs 1968. 440 S.

**E[hrhardt],** A[rthur]: Lebensborn — oder Volkstod. — In: Nation Europa 11 (1959), H. 7, 35—42.

**Elvander,** N.: Rudolf Kjellén och nationalsocialismen. — In: Statsvet. Ts. 59 (1956), 15—41.

**Epstein,** Klaus: Der Nationalsozialismus in amerikanischer und englischer Sicht. — In: Aus Politik und Zeitgeschichte, Beilage zur Wochenzeitung „Das Parlament" 1963, Nr. 5 vom 30. Januar 1963, 32—40.

**Erinnern,** besinnen, erkennen. Reichsarbeitsdienst der weiblichen Jugend Bezirk XVI Niederschlesien, 1939–1945. (Zusammengetragen und in Buchform gebracht von Ruth Schmidt [u. a.]) — (Kassel 1977: Thiele & Schwarz). 80 S.

**Faekiner,** Kurt: Jugend, Schule, Nationalsozialismus. — In: Frankf. H. 14 (1959), 549–560.

**Farquharson,** J. E.: The plough and the swastika. The NSDAP and agriculture in Germany, 1928–1945. – London: Sage Publ. 1976. 312 S.

**Faust,** Anselm: Der Nationalsozialistische Deutsche Studentenbund. Studenten und Nationalsozialismus in der Weimarer Republik. Bd 1.2. – Düsseldorf: Schwann (1973).
1. 179 S.
2. 192 S.
*(Geschichte und Gesellschaft. Bochumer Historische Studien.)*

**Ferber,** Walter: Die Vorgeschichte der NSDAP in Österreich. Ein Beitrag zur Geschichtsrevision. — Konstanz: Merk 1954. 40 S.

**Fetscher,** Iring: Die industrielle Gesellschaft und die Ideologie der Nationalsozialisten. — In: Gesellsch., Staat, Erziehung 7 (1962), 6–23.

**Fiedor,** Karol: Bund Deutscher Osten w systemie antypolskiej propagandy. – Warszawa: Ministerstwo Obrony narodowej 1977. 360 S.

**Frank,** Michael: Die letzte Bastion. Nazis in Argentinien. — Hamburg: Rütten & Loening (1962). 156 S.
*(Das aktuelle Thema. 15.)*

**Franz,** Georg: Munich: Birthplace and center of the National Socialist German Worker's Party. — In: J. mod. Hist. 29 (1957), 319–334.

**Franzel,** Emil: Das Reich der braunen Jakobiner. Der Nationalsozialismus als geschichtliche Erscheinung. — München: Pfeiffer 1964. 230 S.
*(Aktuelle Pfeiffer-Bücher.)*

**Friese,** Heinz W.: Wesen und Kritik der nationalsozialistischen Geopolitik. — In: Gesellsch., Staat, Erziehung 7 (1962), 169–175.

**Funke,** Manfred: Führer-Prinzip und Kompetenz-Anarchie im nationalsozialistischen Herrschaftssystem. – In: Neue polit. Lit. 20 (1975), 60–67.

**Gablentz,** Otto Heinrich von der: Zur Geschichte des Nationalsozialismus. Über einige von vielen Büchern — und das eine, das fehlt. — In: Merkur 7 (1953), 873–886.

**Gallo,** Max: Der schwarze Freitag der SA (La nuit des long couteaux, dt.) Die Vernichtung des revolutionären Flügels der NSDAP durch Hitlers SS im Juni 1934. (Aus d. Französ. übertr. von Carl Schönfeld.) — München: Molden (1970). 319 S.

**Geiß,** Josef: Obersalzberg. Die Geschichte eines Berges. Von Judith Platter bis heute. Ein Tatsachenbericht. — Berchtesgaden: Geiß (1952). 98 S.

**Gies,** Horst: R. Walter Darré und die nationalsozialistische Bauernpolitik in den Jahren 1930 bis 1933. — o. O. 1966. 177 S.
*Frankfurt a. M., phil. Diss. vom 15. Dezember 1965.*

**Gies,** Horst: Zur Entstehung des Rasse- und Siedlungsamtes der SS. — In: Paul Kluke zum 60. Geburtstag, Frankfurt a. M. 1968, 127–139.
Maschinenschr. hektogr.

**Gies,** Horst: NSDAP und landwirtschaftliche Organisationen in der Endphase der Weimarer Republik. — In: Vjh. Zeitgesch. 15 (1967), 341–376.

**Giersch,** Reinhard: Zu Rolle und Funktion der Deutschen Arbeitsfront ⟨DAF⟩ im staatsmonopolistischen System der faschistischen Diktatur in Deutschland. – In: Jenaer Beitrr. Parteiengesch. 1976, H. 37/38, 40–73.

**Gilbert,** G. M.: The psychology of dictatorship based on an examination of the leaders of Nazi Germany. — New York: Ronald Press 1950. 237 S.

**Glaser,** Hermann und Harald Straube: Nationalsozialismus und Demokratie. Ein Arbeitsbuch zur staatsbürgerlichen Bildung. — München: Bayer. Schulbuch-Verl. (1961). 127 S.

**Glum,** Friedrich: Der Nationalsozialismus. Werden und Vergehen. — München: Beck (1962). XIV, 474 S.

**Görlitz,** Walter: Die Waffen-SS. – Berlin-Grunewald: Arani-Verl. (1960). 29 S.
*(Das Dritte Reich. 5.)*

**Goetz,** Helmut: Nationalsozialismus und Bolschewismus. Ein Vergleich. — In: Schweizer Monatsh. 39 (1959/60), 849–858.

**Goldhagen,** Erich: Weltanschauung und Endlösung. Zum Antisemitismus der nationalsozialistischen Führungsschicht. – In: Vjh. Zeitgesch. 24 (1976), 379–405.

**Gossweiler,** Kurt [u.] Alfred Schlicht: Junker und NSDAP 1931/32. — In: Z. Geschichtswiss. 15 (1967), 644–662.

**Grebing,** Helga: Der Nationalsozialismus. Ursprung und Wesen. — München: Isar-V. 1959. 96 S.

**Grimm,** Gerhard: Führung, Struktur und Außenpolitik des „Dritten Reiches". — In: Polit. Stud. 22 (1971), 423–434.

**Grosshut,** F. S.: Nationalsozialismus und Boulangismus. — In: Dtsch. Rdsch. 88 (1962), 111–120.

**Grünberg,** Karol: SS, szarna gwardia Hitlera. – Warszawa: Książka i Wiedza 1975. 558 S.

**Grunberger,** Richard: „Lebensborn". Himmler's selective breeding establishment. — In: Wiener Libr. Bull. 16 (1962), 52–53.

**Grunberger,** Richard: Hitler's SS. — London: Weidenfeld & Nicolson (1970). 128 S.
*(Pageant of History.)*

**Grunfeld,** Frederic V. [Hrsg.]: Die deutsche Tragödie (The Hitler file, dt.) Adolf Hitler und das Deutsche Reich 1918–1945 in Bildern. Nachw.: Hugh Trevor-Roper. (Aus d. Engl. von Wolfgang Eisermann u. Martin Speck.) – Hamburg: Hoffmann & Campe 1975. 384 S.

**Haaland,** Arild: Nazismen i Tyskland. En analyse av dens forutsetninger. — Bergen: Grieg 1955. 685 S.

**Hale,** Oron James: Gottfried Feder calls Hitler to order. An unpublished letter on Nazi party affairs. — In: J. mod. Hist. 30 (1958), 358–362.

**Hamerski**, Werner: „Gott" und „Vorsehung" im Lied und Gedicht des Nationalsozialismus. — In: Publizistik 5 (1960), 280—300.

**Hartshorne**, Edward Y.: The German universities and national socialism. *Chicago, Diss. 1948.*

**Heer**, Friedrich: Die Deutschen, der Nationalsozialismus und die Gegenwart. — In: Neue Gesellsch. 7 (1960), 167—178.

**Hehn**, Jürgen von: Zur Geschichte der deutschbaltischen nationalsozialistischen Bewegung in Estland. — In: Z. Ostforsch. 27 (1978), 597–650.

**Hildebrand**, Klaus: Hitler's „Mein Kampf", Propaganda oder Programm? Zur Frühgeschichte der nationalsozialistischen Bewegung. — In: Neue pol. Lit. 14 (1969), 72—82.

**Hillel**, Marc [u.] Clarissa Henry: Lebensborn e. V. (Au nom de la race, dt.) Im Namen der Rasse. (Übers. von Annette Lallemand.) — Hamburg: Zsolnay (1975). 351 S.

**Hillgruber**, Andreas: Die „Endlösung" und das deutsche Ostimperium als Kernstück des rassenideologischen Programms des Nationalsozialismus. — In: Vjh. Zeitgesch. 20 (1972), 135–153.

**Hindels**, Josef: Hitler war kein Zufall. Ein Beitrag zur Soziologie d. Nazibarbarei. — Wien, Frankfurt a. M., Zürich: Europa Verl. (1962). 198 S.
*(Europäische Perspektiven.)*

**Hirsch**, Kurt: „SS gestern, heute und ..." — Frankfurt a. M.: Verl. Schaffende Jugend 1957. 112 S.

**Höhne**, Heinz: Der Orden unter dem Totenkopf. Die Geschichte der SS. — (Gütersloh:) Mohn (1967). 600 S.

**Hofer**, Walther: Der Nationalsozialismus. Dokumente 1933—1945. — (Frankfurt a. M.): Fischer-Bücherei (1957). 385 S.
*(Fischer-Bücherei. 172.)*

**Hofer**, Walther [Hrsg.]: Der Nationalsozialismus. (Durchges. Aufl.) — (Frankfurt a. M.:) Fischer-Bücherei (1969). 397 S.
*(Fischer-Bücherei. 172.)*

**Holborn**, Hajo: Origins and political character of nazi ideology. — In: Polit. Science Quart. 79 (1964), 542—554.

**Horn**, Daniel: The Hitler Youth and educational decline in the Third Reich. — In: Hist. of Education Quart. 16 (1976), 425–447.

**Horn**, Wolfgang: Führerideologie und Parteiorganisation in der NSDAP 1919—1933. — Düsseldorf: Droste (1972). 451 S.
*(Geschichtliche Studien zur Politik und Gesellschaft. 3.)*
*Diss., Universität Mannheim.*

**Horn**, Wolfgang: Zur Geschichte und Struktur des Nationalsozialismus und der NSDAP. — In: Neue polit. Lit. 18 (1973), 194–209.

**Hrabar**, Roman: „Lebensborn", czyli źródło życia. — Katowice: Wyd. Śląsk 1975. 224 S.

**Hüttenberger**, Peter: Die Gauleiter. Studie zum Wandel des Machtgefüges in der NSDAP. — Stuttgart: Dtsch. Verl.-Anst. (1969). 239 S.
*(Schriftenreihe der Vierteljahrshefte für Zeitgeschichte. 19.)*

**Hüttenberger**, Peter: Nationalsozialistische Polykratie. — In: Gesch. u. Gesellsch. 2 (1976), 417–442.

**Jacobsen**, Hans-Adolf: Die Gründung der Auslandsabteilung der NSDAP ⟨1931—1933⟩. In: Gedenkschrift Martin Göhring, Wiesbaden: Steiner 1968, 353—368.

**Jacobsen**, Hans-Adolf: Krieg in Weltanschauung und Praxis des Nationalsozialismus ⟨1919–1945⟩. Eine Skizze. — In: Beiträge zur Zeitgeschichte. Festschrift Ludwig Jedlicka zum 60. Geburtstag, St. Pölten: Niederösterr. Pressehaus (1976), 237–246.

**Jäger**, Wolfgang: Ziele und Praxis des Nationalsozialismus. — Hannover: Verl. f. Literatur u. Zeitgeschehen (1961). 71 S.
*(Hefte zum Zeitgeschehen. 6.)*

**Kadritzke**, Niels: Faschismus und Krise. Zum Verhältnis von Politik und Ökonomie im Nationalsozialismus. — Frankfurt a. M.: Campus-Verl. 1976. 216 S.
*(Campus Studium. 528.)*

**Kaehler**, Siegfried August: Geschichtsbild und Europapolitik des Nationalsozialismus. — In: Sammlung 9 (1954), 337—354.

**Kater**, Michael H[ans]: Das „Ahnenerbe". Die Forschungs- und Lehrgemeinschaft in der SS. Organisationsgeschichte von 1935 bis 1945. — o.O. 1966. XVII, 594 S.
*Heidelberg, phil. Diss. 1966.*

**Kater**, Michael H[ans]: Ansätze zu einer Soziologie der SA bis zur Röhm-Krise. — In: Soziale Bewegung und politische Verfassung, Stuttgart: Klett (1976), 798–831.

**Kater**, Michael H[ans]: Der NS-Studentenbund von 1926 bis 1928. Randgruppe zwischen Hitler und Strasser. — In: Vjh. Zeitgesch. 22 (1974), 148–190.

**Kater**, Michael H.: Zur Soziographie der frühen NSDAP. — In: Vjh. Zeitgesch. 19 (1971), 124—159.

**Kater**, Michael H[ans]: Zum gegenseitigen Verhältnis von SA und SS in der Sozialgeschichte des Nationalsozialismus vom 1925 bis 1939. — In: Vjschr. Soz.- u. Wirtschaftsgesch. 62 (1975), 339–379.

**Kaul**, Friedrich Karl: Das „SS-Ahnenerbe" und die „Jüdische Schädelsammlung" an der ehemaligen „Reichsuniversität Straßburg". — In: Z. Geschichtswiss. 16 (1968), 1460—1474.

**Kimmel**, Adolf: Der Aufstieg des Nationalsozialismus im Spiegel der französischen Presse 1930—1933. — Bonn: Bouvier 1969. XIII, 218 S.
*(Abhandlungen zur Kunst-, Musik- und Literaturwissenschaft. 70.)*
*Diss., Freie Universität Berlin.*

**Klietmann**, K[urt]-G[erhard]: Die Waffen-SS. Eine Dokumentation. — Osnabrück: Verl. „Der Freiwillige" (1965). 519 S.

**Klönne**, Arno: Hitlerjugend. Die Jugend und ihre Organisation im Dritten Reich. — Hannover, Frankfurt a. M.: Norddt. Verl. Anst. 1955. 109 S.
*(Schriftenreihe des Instituts für wissenschaftliche Politik in Marburg/Lahn.)*

**Kluke,** Paul: Nationalsozialistische Europaideologie. — In: Vjh. Zeitgesch. 3 (1955), 240—275.

**Kluke,** Paul: Politische Form und Aussenpolitik des Nationalsozialismus. — In: Geschichte und Gegenwartsbewußtsein. Festschrift f. Hans Rothfels zum 70. Geburtstag. Göttingen (1963). S. 428—461.

**Knauerhase,** Ramon: An introduction to National Socialism 1920 to 1939. — Columbus, Ohio: Ch. E. Merrill 1972. 143 S.

**Koch,** Hannsjoachim W.: Geschichte der Hitlerjugend (The Hitler-Youth, dt.). Ihre Ursprünge und ihre Entwicklung, 1922-1945. (Übers.: Helmut Kossodo u. Ulrich Riemerschmidt.) — (Percha am Starnberger See:) Schulz (1975). X, 487 S.

**Koehl,** Robert: Feudal aspects of national socialism. — In: Americ. Polit. Science Rev. 54 (1960), 921—933.

**Koehl,** Robert: The Character of the Nazi SS. — In: J. mod. Hist. 34 (1962), 275—283.

**Kohn,** H.: National socialism and Germany. — In: Yale Rev. 48 (1958), 191—203.

**Kuehnelt**-Leddihn, Erik R. von: Liberty or equality. The challenge of our time. — London: Hollis & Carter 1952. X, 395 S.
  Dtsch. Ausg. u. d. T.: Freiheit oder Gleichheit? Die Schicksalsfrage des Abendlandes. — Salzburg: Müller (1953). 626 S.
  Enthält u. a. eine Herkunftsdeutung des Nationalsozialismus.

**Kühnl,** Reinhard: Der deutsche Faschismus in Quellen und Dokumenten. - (Köln:) Pahl-Rugenstein (1975). 512 S.
  *(Kleine Bibliothek. 62.)*

**Kühnl,** Reinhard: Zum Funktionswandel der NSDAP von ihrer Gründung bis zur „Machtergreifung". — In: Bll. dtsch. internat. Pol. 12 (1967), 802—811.

**Kühnl,** Reinhard: Probleme einer Theorie über den deutschen Faschismus. - In: Jb. Inst. dtsch. Gesch. 3 (1974), 313-347.

**Kühnl,** Reinhard: Zur Programmatik der nationalsozialistischen Linken. Das Strasser-Programm von 1925/26. — In: Vjh. Zeitgesch. 14 (1966), 317—333.

**Kuhn,** Axel: Herrschaftsstruktur und Ideologie des Nationalsozialismus. — In: Neue polit. Lit. 16 (1971), 395—406.

**Lachmann,** Günter: Der Nationalsozialismus in der Schweiz. 1931—1945. Ein Beitrag zur Geschichte d. Auslandsorganisation d. NSDAP. — (Berlin-Dahlem 1962: Ernst-Reuter-Gesellschaft.) 114 S.
  *Berlin, Freie Universität, Phil. Diss. vom 18. Dezember 1962.*

Der Verein „Lebensborn e. V." — In: Der Freiwillige 3 (1958), H. 12, 4; 4 (1959), H. 1, 7—8; H. 2, 17—18; H. 3, 22—24; H. 5, 17.

**Lehmann,** Horst und Peter Wacker: Die Waffen-SS.— In: Feldgrau 2 (1954), 128—133; 3 (1955), 12—16, 30—34 und 53—56.

**Leiser,** Erwin: „Mein Kampf". Eine Bilddokumentation. — (Frankfurt a. M., Hamburg:) Fischer Bücherei (1962). 204 S.
  *(Fischer Bücherei. 411.)*

**Lerner,** Daniel [u. a.]: The Nazi elite. Indroduction by Franz L. Neumann. — London: Cumberlege; Stanford, Ca.: Stanford University Press 1951. X, 112 S.

**Leuschner,** Joachim und Erwin Viefhaus: Der Nationalsozialismus. — In: Neue Polit. Lit. 6 (1961), 850—870 und 946—974.
  Literaturbericht.

**Levine,** Herbert S.: Hitler's free city. A history of the Nazi party in Danzig, 1925-39. - Chicago: University of Chicago Press (1973). XII, 223 S.

**Lewin,** Herbert S.: A comparative study of the principles and practices of the Hitler-Youth and of the Boy Scouts of America.
  *New School for Social Research (USA), Diss. 1950.*

**Loewenberg,** Peter: The psychohistorical origins of the Nazi youth cohort. - In: Amer. hist. Rev. 76 (1971/72), 1457—1502.

**Lucas,** James [u.] Matthew Cooper: Hitler's elite, Leibstandarte S. S., 1933–1945. - London: Macdonald & Jane's 1975. 160 S.

**Lükemann,** Ulf: Der Reichsschatzmeister der NSDAP. Ein Beitrag zur inneren Parteistruktur. — (Berlin 1963: Ernst-Reuter-Gesellschaft.) 248 S.
  *Berlin, Freie Univ., phil. Diss. vom 19. Juli 1963.*

**Lutz,** Hermann: Fälschungen zur Auslandsfinanzierung Hitlers. — In: Vjh. Zeitgesch. 2 (1954), 386—396.

**Mabire,** Jean: Les S.S. Français. La Brigade Frankreich. Avec la collaboration de Pierre Demaret. - (Paris:) Fayard (1973). 460 S.
  *(Coll. „Grands documents contemporains".)*

**McKale,** Donald: The Nazi Party courts. Instruments for establishing discipline and unity 1926—1934. — Kent, Ohio: Kent State University Press 1970.
  *Phil. Diss., Kent State University.*

**McKale,** Donald M.: The Nazi Party courts. Hitler's management of conflict in his movement, 1921-1945. - Lawrence: Kansas University Press (1974). XII, 252 S.

**McKale,** Donald M.: The Nazi Party in the Far East. - In: J. contemp. Hist. 12 (1977), 291-311.

**McKibbin,** R. I.: The myth of the unemployed. Who did vote for the Nazis? — In: Austral. J. polit. Hist. 15 (1969), H. 2, 25—40.

**McRandle,** James H.: The track of the wolf. Essays on National Socialism and its leader. Adolf Hitler. — Evanston, Ill.: Northwestern University Press 1965. 261 S.

**Markmann,** Heinz: Die Massenführung des Nationalsozialismus. Methoden, Institutionen und Ziele. — o. O. 1951. 192, IX gez. Bl. [Maschinenschr.]
  *Heidelberg, phil. Diss. 12. Juli 1951.*

**Martin,** Raymond: Le national socialisme hitlérien. Une dictature populaire. — Paris: Nouv. Éditions (1959). 192 S.

**Mazor,** Michel: Les nazis entre eux. — In: Monde juif 6 (1952), H. 56, 5—8 und 23; H. 57, 4—8; H. 58/59, 3—6.
1. „Le nœud de viperes".
2. Les nazis moyens.

**Mazor,** Michel: Les nazis entre eux. — In: Monde juif 6 (1952/53), H. 60, 5—7; H. 62, 4—8.
2. Les nazis moyens.
3. L'épistolier nazi.

**Mazor,** Michel: Les Nazis entre eux. 4: Derrière le rideau du ridicule. — In: Monde juif 7 (1953), H. 66, 5—7; 8 (1954), H. 67, 3—5.

**Mazor,** Michel: Le phénomène Nazi. (Documents Nazis commentés.) — Paris: Ed. du Centre 1957. 273 S.

**Merkl,** Peter H[ans]: Political violence under the swastika. 581 early Nazis. - (Princeton, N. J.:) Princeton University Press (1975). XIV, 735 S.

**Merkzettel** ... falls es vergessen sein sollte. — In: Gegenwart 8 (1953), 521 – 524.

**Messerschmidt,** Manfred: Kommandobefehl und NS-Völkerrechtsdenken. - In: Revue de droit pénal militaire et de droit de la guerre 11 (1972), 110–154.

**Meyer,** Christoph: Die unterbliebene Diskussion. — In: Eckart 26 (1957), 7—17.

**Miale,** Florence R. [u.] Michael Selzer: The Nuremberg mind. The psychology of the Nazi leaders. - New York: Quadrangle Books 1976. XIV, 302 S.

**Michalka,** Wolfgang: Geplante Utopie. Zur Ideologie des Nationalsozialismus. - In: Neue polit. Lit. 18 (1973), 210–224.

**Miller** Lane, Barbara: Nazi ideology. Some unfinished business. - In: Centr. Europ. Hist. 7 (1974), 3–30.

**Mohler,** Armin: Zur Physiognomik des Nationalsozialismus. — In: Pol. Lit. 3 (1954), 378—383.

**Moyer,** Laurence van Zandt: The Kraft durch Freude movement in Nazi Germany, 1933-1939. - (Ann Arbor, Mich.: University Microfilms Internat. 1977. III, 265 S.
*Northwestern University, phil. Diss. 1967.*
[Microfilm-xerography.]

**Müller,** Hans: Der pseudoreligiöse Charakter der nationalsozialistischen Weltanschauung. — In: Gesch. Wiss. Unterr. 12 (1961), 337—352.

**Müller**-Hegemann, Dietfried: Zur Psychologie des deutschen Faschisten. — Rudolstadt: Greifen-V. 1955. 118 S.

**Muralt,** Alexander von: C. G. Jungs Stellung zum Nationalsozialismus. — In: Hamburg. Akad. Rdsch. 3 (1948/49), 546—557.

Antiquariat Amelang, Frankfurt a. M. **Nationalsozialismus.** Ein dokumentarischer Beitrag zur Zeitgeschichte. Katalog 47. (Mit einem Vorwort von Hans Benecke.) — (Frankfurt a. M.) [1963]. 73 S.

The **Nazi party year book.** Glimpses at some early editions. — In: Wiener Libr. Bull. 9 (1955), 17.

**Neumann,** Franz: Behemoth [dt.] Struktur und Praxis des Nationalsozialismus 1933-1944. Hrsg. u. mit e. Nachw. „Franz Neumanns Behemoth und die heutige Faschismusdiskussion" von Gert Schäfer. (Aus d. Amerikan. übers. von Hedda Wagner u. Gert Schäfer.) - (Köln:) Europ. Verl.-Anst. (1977). 783 S.
*(Studien zur Gesellschaftstheorie.)*

**Neurohr,** Jean: Der Mythos vom Dritten Reich. Zur Geschichte des Nationalsozialismus. — Stuttgart: Cotta 1956. 270 S.

**Neusüß**-Hunkel, (Ermenhild): Die SS. — Hannover, Frankfurt a. M.: Norddt. Verl. Anst. 1956. 143 S.
*(Schriftenreihe des Instituts für wissenschaftliche Politik in Marburg/Lahn.)*

**Niekisch,** Ernst: Das Reich der niederen Dämonen. Eine Analyse des nationalsozialistischen Systems. — Hamburg: Rowohlt 1953. 316 S.

**Noakes,** Jeremy: Conflict and development in the NSDAP 1924—1927. — In: J. Contemp. Hist. 1 (1966), H. 4, 3—36.

**Noakes,** Jeremy [u.] Geoffrey Pridham [Ed.]: Documents on Nazism, 1919-1945. – London: Cape 1974. 704 S.

**Nyomarkay,** Joseph: Charisma and factionalism in the Nazi Party. — Minneapolis: University of Minnesota Press (1967). 161 S.

**Ohno,** Eiji: The social basis of Nazism. - In: Kyoto University Econ. Rev. 47 (1972), H. 1/2, 1–25.

**Orlow,** Dietrich: The conversion of myths into political power. The case of the Nazi Party, 1925—1926. — In: Amer. hist. Rev. 72 (1966/67), 906—924.

**Orlow,** Dietrich: The history of the Nazi party, 1919–1939. — [Pittsburgh:] University of Pittsburgh Press (1969). X, 338 S.

**Orlow,** Dietrich: The history of the Nazi party, 1933-1945. – [Pittsburgh:] University of Pittsburgh Press (1973). XIV, 538 S.

**Paetel,** Karl O[tto]: Die SS. Ein Beitrag zur Soziologie des Nationalsozialismus. — In: Vjh. Zeitgesch. 2 (1954), 1—33.

**Rauhut,** Franz: „Der Volksgenosse muß erfaßt, ausgerichtet, gleichgeschaltet und eingesetzt werden." Ein sprachpsycholog. Versuch. — In: Ein Leben aus freier Mitte. Festschrift f. Prof. Dr. Ulrich Noack. Göttingen (1961). S. 342—351.

**Rauschning,** Hermann: Das Gespenst des Nationalsozialismus. — In: Zeitwende 25 (1954), 433—437.

**Reitlinger,** Gerald: The SS. Alibi of a nation. 1922—1945. — London, Toronto, Melbourne: Heinemann (1956). XI, 502 S.
Mit Bibliographie S. 455—460.

**Reitlinger,** Gerald: Die SS (The SS, alibi of a nation, dt.) Tragödie einer deutschen Epoche. (Ins Deutsche übertragen von Hans B. Wagenseil.) Mit 243 Kurzbiographien. — Wien, München, Basel: Desch (1957). 480 S.

**Reszler,** André: Le national-socialisme dans le roman allemand contemporain 1933–1958. — Genève: Droz 1966. 157 S.

**Ribbe,** Wolfgang: Flaggenstreit und Heiliger Hain. Bemerkungen zur nationalsozialistischen Symbolik in der Weimarer Republik. — In: Aus Theorie u. Praxis d. Geschichtswissenschaft, Festschrift für Hans Herzfeld, Berlin: de Gruyter 1972, 175—188.

**Rödling,** Ingeborg Michaela: Die Soziologie des Nationalsozialismus in ihrer Auswirkung auf die Erziehung. — o. O. 1952. 115 gez. Bl. [Maschinenschr.]
*München, phil. Diss. 20. November 1952.*

**Ryszka,** Franciszek: U źrodeł sukcesu i klęski. Szkice z dziejów hitleryzmu. — Warszawa: Czytelnik 1972. 222 S.

**Saller,** Karl: Die Rassenlehre des Nationalsozialismus in Wissenschaft und Propaganda. — Darmstadt: Progress-Verl. (1961). 179 S.

**Samuel,** R. H.: The origin and the development of the ideology of National Socialism. — In: Austral. J. polit. Hist. 9 (1963), 59—77.

**Schäfer,** Wolfgang: NSDAP. Entwicklung und Struktur der Staatspartei des Dritten Reiches. — Hannover und Frankfurt a. M.: Norddt. Verl. Anst. 1956. 100 S.
*(Schriftenreihe des Instituts für wissenschaftliche Politik in Marburg/Lahn. 3.)*

**Scheffler,** Wolfgang: Faktoren nationalsozialistischen Herrschaftsdenkens. — In: Faktoren der politischen Entscheidung. Festgabe für Ernst Fraenkel zum 65. Geburtstag. 1963, 56—72.

**Schmidt,** H. D.: The Nazi party in Palestine and the Levant 1932—1939. In: Intern. Aff. 28 (1952), 460—469.

**Schmidt,** Klaus F.: Die „Nationalsozialistischen Briefe" ⟨1925—30⟩. Programm, Anschauungen, Tendenzen. Anmerkungen zu innerparteilichen Diskussionen und Richtungskämpfen der NSDAP. — In: Paul Kluke zum 60. Geburtstag, Frankfurt a. M. 1968, 111—126.
Maschinenschr. hektogr.

**Schmitz,** Raymund, OFM Conv.: Macht, Mythos und Messianismus. Eine religionsphilosophische Untersuchung über Machtstreben und Religiosität. — 183 S. [Maschinenschr.]
*Würzburg, theol. Liz. 1958.*
Behandelt u. a. die nationalsozialistische Ideologie.

**Schnabel,** Reimund: Macht und Moral. Eine Dokumentation über die SS. — Frankfurt a. M.: Röderberg-V. 1957. 580 S.

**Schneilin,** Gérard: Der Nationalsozialismus. — Paris: Masson 1971.
1. Machtergreifung und Gleichschaltung. 112 S.
2. Höhepunkt und Zusammenbruch. 112 S.
(Coll. „Regards sur l'Allemagne".)

**Schubert,** Günter: Anfänge nationalsozialistischer Außenpolitik. — Köln: Verl. Wissenschaft u. Politik (1963). 251 S.
*Diss., Freie Universität Berlin.*

**Schuppe,** Erwin: Der Burschenschafter Wolfgang Menzel. Eine Quelle zum Verständnis des Nationalsozialismus. — Frankfurt a. M.: Schulte-Bulmke 1952. 123 S.

**Seraphim,** Hans-Günther: SS-Verfügungstruppe und Wehrmacht. — In: Wehrwiss. Rdsch. 5 (1955), 569—585.

**Simpson,** Amos E. [u.] Sarah Cain Neitzel [Ed.]: Why Hitler? New perspectives in history. — Boston: Houghton Mifflin 1971. XV, 170 S.

**Sörgel,** Werner: Metallindustrie und Nationalsozialismus. Eine Untersuchung über Struktur und Funktion industrieller Organisationen in Deutschland 1929 bis 1939. — (Frankfurt a. M.:) Europ. Verl. Anst. (1965). 96 S.
*(Beiträge zur Geschichte und Soziologie der Metallindustrie und ihrer Organisationen.)*

**Specht,** Gustav: Die Nationalsozialistische Deutsche Arbeiterpartei als organisiertes soziales Gebilde. — Köln 1949. 91 gez. Bl. [Maschinenschr.]
*Köln, wirtsch.- u. sozialwiss. Diss. 24. Dez. 1948.*

SS im Einsatz. — Berlin: Kongreß-V. 1957. 632 S.

SS im Einsatz. Eine Dokumentation über die Verbrechen der SS. (Hrsg. vom Komitee d. Antifaschist. Widerstandskämpfer in d. Dtsch. Demokrat. Republik. Red.: Heinz Schumann u. Heinz Kühnrich. 8., verb. Aufl.) — Berlin: Dtsch. Militärverl. 1967. 590 S.

De SS en Nederland. Documenten uit SS-archieven, 1935–1945. Ingel. en uitgeg. door N. K. C. A. in 't Veld. With an English summery. — 's-Gravenhage: Nijhoff.
1. Inleiding. Documenten 1935–1942. 1976. X, 908 S.
2. Inleiding. Documenten 1935–1942 [sic! Vielm.: Documenten 1943–1945]. 1976. S. 909–1714.

The **SS underworld.** A study in the „Vierteljahrshefte". — In: Wiener Libr. Bull. 8 (1954), 7.

**Stachura,** P. D.: The ideology of the Hitler Youth in the Kampfzeit. – In: J. Contemp. Hist. 8 (1973), H. 3, 155–167.

**Stachura,** P[eter] D.: The National Socialist Machtergreifung and the German youth movement. Co-ordination and reorganization, 1933–34. – In: J. Europ. Stud. 5 (1975), 255–272.

**Stachura,** Peter D.: Nazi youth in the Weimar Republic. Introd. by Peter H. Merkl. – Santa Barbara, Calif.: Clio-Press (1975). XIX, 301 S.
*(Studies in Comparative Politics. 5.)*

**Steiner,** Felix: Die Freiwilligen. Idee und Opfergang. — Göttingen: Plesse-V. 1958. 392 S.

**Steiner,** Felix: Die reformerischen Leistungen der ehemaligen Waffen-SS. — In: Wiking-Ruf 4 (1955), H. 7, 10—12.

**Steiner,** Felix: Ist das Wissenschaft? Eine Frage an das Institut für wissenschaftliche Politik in Marburg (Lahn).— In: Wiking-Ruf 5 (1956), H. 2, 3—4.

**Steiner,** John M.: Über das Glaubensbekenntnis der SS. – In: Tradition und Neubeginn, Köln: Heymanns (1975), 317–335.

**Sternberger,** Dolf, Gerhard Storz und W[ilhelm] E[manuel] Süskind: Aus dem Wörterbuch des Unmenschen. [Neuausg.] — (München:) Dt. Taschenbuch Verl. (1962). 152 S.
*(dtv [-Taschenbücher]. 48.)*

**Stolleis,** Michael: Gemeinschaft und Volksgemeinschaft. Zur juristischen Terminologie im Nationalsozialismus. — In: Vjh. Zeitgesch. 20 (1972), 16—38.

The story of Mein Kampf. — In: Wiener Libr. Bull. 6 (1952), 31—32.

**Stuebel,** Heinrich: Die Entwicklung des Nationalsozialismus in Südwestafrika. — In: Vjh. Zeitgesch. 1 (1953), 170—176.

**Sydnor,** Charles W.: The history of the SS Totenkopfdivision and the postwar mythology of the Waffen SS. — In: Centr. Europ. Hist. 6 (1973), 339-362.

**Taege,** Herbert: ... über die Zeiten fort. Das Gesicht einer Jugend im Aufgang und Untergang. Wertung – Deutung – Erscheinung. Bebilderte Textausg. – (Lindhorst:) Askania Verlagsgesellsch. (1978). 179 S.

**Ternon,** Yves [u.] Socrate Helman: Histoire de la médecine SS ou le mythe du racisme biologique. — [Paris:] Casterman (1969). 223 S.

**Ternon,** Yves [u.] Socrate Helman: Le massacre des aliénés. Des théoriciens nazis aux praticiens SS. — [Paris:] Casterman (1971). 269 S.

**Thompson,** Larry V.: Lebensborn and the eugenics of policy of the Reichsführer-SS. – In: Centr. Europ. Hist. 4 (1971), 54–77.

**Tietgens,** Hans: Nationalsozialismus und politische Bildung. — In: Neue Gesellsch. 7 (1960), 346—350.

**Tonsor,** Stephen J.: National socialism. Conservative reaction or nihilist revolt? — New York: Rinehart 1959. III, 27 S.

**Tranfaglia,** Nicola: Da Monaco a Norimberga. Breve storia del nazismo 1919—1945. — Milano: Ed. di Communità 1965. 275 S.

**Trefousse,** H. L.: German historians' verdict on Hitler. This time no "Stab in the back". — In: Commentary 16 (1953), 264—270.
Literaturbericht.

**Tyrell,** Albrecht [Hrsg.]: Führer befiehl ... Selbstzeugnisse aus der „Kampfzeit" der NSDAP. Dokumentation und Analyse. — Düsseldorf: Droste (1969). 403 S.

**Unger,** A. L.: The public opinion reports of the Nazi Party. — In: Publ. Opin. Quart. 29 (1965/66), 565—582.

**Uniforms** of the SS. — (London: Historical Research Unit.)
1. Allgemeine-SS 1923—1945. [Von] Andrew Mollo. (2nd corr. ed. 1969). III, 74 S.
2. Germanische-SS 1940—1945. [Von] Hugh Page Taylor. (1969). V, 152 S.

**Vermeil,** Edmond: L'antisémitisme dans l'idéologie nazie. — In: Rev. Hist. deux. Guerre mond. 6 (1956), H. 24, 5—22.

**Vermeil,** Edmond: Quelques aperçus sur les origines du nazisme hitlérien. — In: On the track of tyranny, Essays presented by the Wiener Library to Leonard G. Montefiore, 1960, 201—210.

**Vilmar,** Fritz: Der Nationalsozialismus als didaktisches Problem. — In: Frankf. H. 21 (1966), 683—690.

**Vogt,** Martin: Zur Finanzierung der NSDAP zwischen 1924 und 1928. K. D. Erdmann zugeeignet. — In: Gesch. Wiss. Unterr. 21 (1970), 234—243.

**Vondung,** Klaus: Magie und Manipulation. Ideologischer Kult und politische Religion des Nationalsozialismus. — Göttingen: Vandenhoeck & Ruprecht (1971). 256 S.

**Waffen-SS** im Bild. (Text und Gestaltung: Plesse-Verlag, K. Kanis und ehemalige Angehörige der Waffen-SS.) — Göttingen: Plesse-V. (1957). 241 S.

Die **Waffen-SS** als Teil der ehemaligen Kriegswehrmacht. Eine Antwort an das Institut für Zeitgeschichte. — In: Wiking-Ruf 4 (1955), H. 6, 13 ff.

**Walker,** Laurence D.: Hitler youth and Catholic youth 1933—1936. — Washington: Catholic University of America Press 1971. X, 203 S.

**Weber,** Alexander: Soziale Merkmale der NSDAP-Wähler. E. Zusammenfassung bisheriger empirischer Untersuchungen u. e. Analyse in d. Gemeinden d. Länder Baden u. Hessen. — (Bamberg) 1969: (aku-Fotodr.) 281 S.
*Freiburg, phil. Diss. vom 11. Juli 1969.*

**Werner,** Andreas: SA und NSDAP. SA: „Wehrverband", „Parteigruppe" oder „Revolutionsarmee"? Studien zur Geschichte der SA und der NSDAP 1920—1933. — (Erlangen 1964: Hogl.) XXXVII, 599, XIV S.
*Erlangen-Nürnberg, phil. Diss. vom 28. November 1964.*

What happened to the Nazi leaders? — — In: Wiener Libr. Bull. 10 (1956), 28—29.

**Whiteside,** Andrew G.: The nature and origins of national socialism. — In: J. Centr. Europ. Aff. 17 (1957/58), 48—73.

Wie war es möglich? (Dix leçons sur le nazisme, dt.) Die Wirklichkeit des Nationalsozialismus. Neun Studien. Hrsg. von Alfred Grosser. Aus d. Französ. von Felix Mager. – (München:) Hanser (1977). 182 S.

**Windell,** George G.: Hitler, National socialism, and Richard Wagner. — In: J. Centr. Europ. Aff. 22 (1962/63), 479—497.

**Wörtz,** Ulrich: Programmatik und Führerprinzip. Das Problem des Strasser-Kreises in der NSDAP. Eine historisch-politische Studie zum Verhältnis von sachlichem Programm und persönlicher Führung in einer totalitären Bewegung. — (Erlangen 1966: Hogl). V, 249, 124 S.
*Erlangen-Nürnberg, phil. Diss. vom 25. Juli 1966.*

**Wulf,** Joseph: Aus dem Lexikon der Mörder. „Sonderbehandlung" u. verwandte Worte in nationalsozialistischen Dokumenten. — (Gütersloh:) Mohn (1963). 110 S.

### Vorgeschichte

**Badia,** Gilbert: La fin de la république allemande (1929—1933). — Paris: Ed. Sociales 1958. 134 S.

**Balle,** Hermann: Die propagandistische Auseinandersetzung des Nationalsozialismus mit der Weimarer Republik und ihre Bedeutung für den Aufstieg des Nationalsozialismus. — (Straubing 1963: Attenkofer.) 333 S.
*Erlangen, phil. Diss. vom 16. Februar 1963.*

**Bariéty,** Jacques: Franz von Papen et la prise du pouvoir par Hitler.
*Paris, Fac. de Lettres, Dipl. d'études sup. d'histoire, 1952.*

**Beck,** Earl R.: The death of the Prussian republic. A study of Reich-Prussian relations 1932—1934. — Tallahassee: Florida State University Press 1959. X, 283 S.

**Becker,** Josef: Brüning, Prälat Kaas und das Problem einer Regierungsbeteiligung der NSDAP 1930—1932. — In: Hist. Z. 196 (1963), 74—111.

**Bennecke,** Heinrich: Alternativen der Not: Schleicher, Bürgerkrieg oder Hitler. — In: Polit. Stud. 14 (1963), 444—464.

**Bennecke,** Heinrich: Die Bedeutung des Hitlerputsches für Hitler. — In: Polit. Studien 13 (1962), 685—692.

**Bessel,** Richard: The Potempa murder. — In: Centr. Europ. Hist. 10 (1977), 241—254.

**Bonnin,** Georges: Le Putsch de Hitler à Munich en 1923. — Les Sables-d'Olonne: Bonnin (1966). 230 S.

**Bracher,** Karl Dietrich: Die Auflösung der Weimarer Republik. Eine Studie zum Problem des Machtzerfalls in der Demokratie. — Stuttgart und Düsseldorf: Ring-V. 1955. XXIII, 754 S.
*(Schriften des Instituts für Politische Wissenschaft. 4.)*

**Bracher,** Karl Dietrich: Die Auflösung der Weimarer Republik. Eine Studie zum Problem des Machtzerfalls in der Demokratie. 2. verb. u. erw. Aufl. — Stuttgart, Düsseldorf: Ring-V. 1957. XXIII, 797 S.
*(Schriften des Instituts für politische Wissenschaft. 4.)*

**Bracher,** Karl Dietrich: Die Auflösung der Weimarer Republik. Eine Studie zum Problem des Machtzerfalls in der Demokratie. Mit einer Einleit. von Hans Herzfeld. 3., verb. u. erg. Aufl. — Villingen/Schwarzwald: Ring-V. 1960. XXIII, 809 S.
*(Schriften des Instituts für Politische Wissenschaft. 4.)*

**Bracher,** Karl Dietrich: Die Auflösung der Weimarer Republik. Eine Studie zum Problem des Machtverfalls in der Demokratie. 4., unveränd. Aufl. — Villingen/Schwarzwald: Ring-Verl. 1964. XXV, 809 S.
*(Schriften des Instituts für Politische Wissenschaft. 4.)*

**Bradley,** Pearle Elizabeth Quinn: The National Socialist attack on the foreign policies of the German Republic 1919—1933. — 265 gez. Bl.
*Stanford University, Thesis (1954). (University Microfilms, Ann Arbor, Mich. Publication 6479.)*

**Braubach,** Max: Hitlers Machtergreifung. Die Berichte des französischen Botschafters François-Poncet über die Vorgänge in Deutschland von Juli 1932 bis Juli 1933. — In: Festschrift für Leo Brandt, Köln: Westdtsch. Verl. 1968, 443—464.

**Bronder,** Dietrich: Bevor Hitler kam. Eine historische Studie. — Hannover: Pfeiffer (1964). 446 S.

**Bruhn,** Wolfgang: Die NSDAP im Reichstag 1930—1933. Eine Studie zur parlamentarischen Wirksamkeit einer Partei. — Berlin 1952. — 125 gez. Bl. [Maschinenschr.]
*Berlin, Freie Univ., phil. Diss. 1952.*

**Calic,** Edouard: Ohne Maske. Hitler-Breiting Geheimgespräche 1931. — (Frankfurt a. M.:) Societäts-Verl. (1968). 233 S.

**Carlebach,** Emil: Von Brüning zu Hitler. Das Geheimnis faschistischer Machtergreifung. — Frankfurt a. M.: Röderberg (1971). 63 S.
*(Texte zur Demokratisierung. 2.)*

**Czichon,** Eberhard: Wer verhalf Hitler zur Macht? Zum Anteil d. dtsch. Industrie an d. Zerstörung der Weimarer Republik. — Köln: Pahl-Rugenstein (1967). 105 S.
*(Stimmen zur Zeit. 5.)*

**Deuerlein,** Ernst [Hrsg.]: Der Hitler-Putsch. Bayerische Dokumente zum 8./9. November 1923. — Stuttgart: Dt. Verl.-Anst. 1962. 759 S.
*(Quellen und Darstellungen zur Zeitgeschichte. 9.)*

**Dickmann,** Fritz: Die Regierungsbildung in Thüringen als Modell der Machtergreifung. Ein Brief Hitlers aus dem Jahre 1930. — In: Vjh. Zeitgesch. 4 (1966), 454—464.

**Dittrich,** Z. R.: Hitlers weg naar de macht. De regering van Papen. — Utrecht 1951. VIII, 229, X S.
*(Proefschrift.)*

**Douglas,** Donald M.: The parent cell: Some computer notes on the composition of the first Nazi party group in Munich, 1919—21. — In: Centr. Europ. Hist. 10 (1977), 55—72.

**Eichler,** Willi: Die nationalen Männer. — In: Geist und Tat 7 (1952), 161—167.
Behandelt die Unterstützung der NSDAP durch Kreise der Industrie vor 1933.

**Eschenburg,** Theodor: Die Rolle der Persönlichkeit in der Krise der Weimarer Republik. Hindenburg, Brüning, Groener, Schleicher. — In: Vjh. Zeitgesch. 9 (1961), 1—29.

**Ferber,** Walter: Georg Ritter von Schönerer. Zur Revision der Vorgeschichte des Nationalsozialismus. — In: Neues Abendland 10 (1955), 139—148.

**Flygge,** Reinhard: Die Opposition der NSDAP im Reichstag. (Köln 1963: Wasmund.) 199, XX S.
*Köln, wirtschafts- und sozialwiss. Diss. vom 4. März 1963.*

**Franz-Willing,** Georg: Die Hitlerbewegung. — Hamburg, Berlin: Von Decker.
(1.) Der Ursprung. 1919—1922. (1962.) 256 S.

**Franz-Willing,** Georg: Krisenjahr der Hitlerbewegung, 1923. — Preußisch Oldendorf: Schütz (1975). 408 S.

**Franz-Willing,** Georg: Putsch und Verbotszeit der Hitlerbewegung. November 1923-Februar 1925. — Preußisch Oldendorf: Schütz (1977). 464 S.

**Franzel,** Emil: Die „Machtergreifung" — Legende und Wirklichkeit. — In: Dtsch. Tagespost 6 (1953), Nr. 15 vom 4. Febr. 1953.

**Freund,** Michael: Das Geheimnis der Machtergreifung. Die Drehscheibe Papen—Schleicher—Hitler. — In: Gegenwart 7 (1952), 587—591.

**Gineberg,** L. J.: O svjazjach reakcionnych krugov SŠA i Anglii s gitlerovskoj partiej (1930—janvar 1933 g.) — In: Vop. Ist. 1955, H. 2, 103—111.

**Ginzberg,** Lev Israelevič: Auf dem Wege zur Hitlerdiktatur. Der Kurs der Monopolbourgeoisie auf die offene Diktatur im Jahre 1931. — In: Z. Geschichtswiss. 17 (1969), 825—843.

**Glum,** Friedrich: Philosophen im Spiegel und Zerrspiegel. Deutschlands Weg in den Nationalismus und Nationalsozialismus. — München: Isar-V. 1954. 287 S.

**Glum,** Friedrich: Ideologische und soziologische Voraussetzungen für die Entstehung von Nationalismus und Nationalsozialismus. — In: Neue Rdsch. 63 (1952), 64—92.

**Gordon,** Harold J.: Hitlerputsch 1923. Machtkampf in Bayern 1923—1924. (Aus d. Amerikan. übers. von Hans Jürgen Baron von Koskull.) — (Frankfurt a. M.:) Bernard & Graefe 1971. 580 S.

**Goßweiler,** Kurt: Karl Dietrich Brachers „Auflösung der Weimarer Republik". — In: Z. Geschichtswiss. 6 (1958), 508—557.

**Gossweiler,** Kurt: Hitler und das Kapital, 1925-1928. — In: Bll. dtsch. internat. Pol. 23 (1978), 842–860 u. 993–1009.

**Granzow,** Brigitte: A mirror of Nazism. British opinion and the emergence of Hitler 1929—1933. With an introd. by Bernard Crick. — London: Gollancz 1964. 248 S.

**Hale,** Oron J.: Adolf Hitler and the post-war German birthrate. An unpublished memorandum. — In: J. Centr. Europ. Aff. 17 (1957/58), 166—173.

**Hallgarten,** George: Adolf Hitler and German heavy industry, 1931—1933. — In: J. econ. Hist. 12 (1952), 222—246.

**Hallgarten,** George F. W.: Stinnes, Seeckt und Hitler. Material zur Geschichte von Ruhrkampf und Hitlerputsch. — In: Geist und Tat 9 (1954), 259—304.

**Hammerstein,** Kunrat Frhr. von: General Hammerstein. Richtigstellung zur Geschichtsschreibung. — In: Fankf. H. 11 (1956), 426—430.

**Hammerstein,** Kunrat Frhr. von: Schleicher, Hammerstein und die Machtübernahme 1933. — In: Frankf. H. 11 (1956), 11—18, 117—128 und 163—176.

**Hanser,** Richard: Prelude to terror. The rise of Hitler 1919—1923. — London: Hart-Davis 1971. IX, 409 S.

**Hillgruber,** Andreas: Die Auflösung der Weimarer Republik. — Hannover: Verl. f. Literatur u. Zeitgeschehen (1960). 72 S.
*(Hefte zum Zeitgeschehen. 4.)*

**Hitler** und die Industrie. Eine Dokumentation aus Anlaß d. 30. Jahrestages d. „Machtergreifung". — (Düsseldorf 1963: Bundespressestelle d. Dt. Gewerkschaftsbundes.) Getr. Pag.
*(Informationsdienst. Bundespressestelle d. Dt. Gewerkschaftsbundes.)*

**Hitler-Putsch** im Spiegel der Presse. Berichte bayerischer, norddeutscher und ausländischer Zeitungen über die Vorgänge im November 1923 in Originalreproduktionen. Hrsg. von Hellmut Schöner. - (München: Hornung-Verl. 1974). 184 S.

**Hofmann,** Hanns Hubert: Der Hitlerputsch. Krisenjahre deutscher Geschichte 1920—1924. — München: Nymphenburger Verlagshandl. 1961. 335 S.

**Horn,** Wolfgang: Regionale Entwicklung des Nationalsozialismus. – In: Neue polit. Lit. 21 (1976), 366-376.

**Ihlefeldt,** Per-Olaf: 1933. Det politiska förspelet till „Die Machtübernahme". Kamarillan contra Hitler.
*Stockholm, phil. Diss. 1951.*

**Kele,** Max H.: Nazis and workers. National Socialist appeals to German labor, 1919—1933. — Chapel Hill: University of North Carolina Press 1972. 243 S.

**Klein,** Fritz: Zur Vorbereitung der faschistischen Diktatur durch die deutsche Großbourgeoisie (1929—1932). — In: Z. Geschichtswiss. 1 (1953), 872—904.

**Kluke,** Paul: Der Fall Potempa. — In: Vjh. Zeitgesch. 5 (1957), 279—297.

**Krogmann,** Carl Vincent: Der Weg zum 30. Januar 1933. — In: Dtsch. Hochschullehrer-Ztg. 16 (1968), H. 1, 5—11.

**Kühnl,** Reinhard: Die nationalsozialistische Linke 1925—1930. — Meisenheim am Glan: Hain 1966. 378 S.
*(Marburger Abhandlungen zur politischen Wissenschaft. 6.)*

**Kuhn,** Helmut: Die deutsche Universität am Vorabend der Machtergreifung. — In: Z. Politik 13 (1966), 235—250.

**Deutsches Industrieinstitut.** Die Legende von Hitler und der Industrie. - ([Köln] 1962: Selbstverl. d. Hrsg.) 23 Bl.

**Lindenberg,** Christoph: Die Technik des Bösen. Zur Vorgeschichte des Nationalsozialismus. (2. Aufl.) - (Stuttgart:) Verl. Freies Geistesleben (1979). 110 S.
*(Studien und Versuche. 15.)*

**Lukacs,** Georg: Die Zerstörung der Vernunft. Der Weg des Irrationalismus von Schelling zu Hitler. — Berlin: Aufbau-V. 1955. 692 S.

**Mannvell,** Roger [u.] Heinrich Fraenkel: The hundred days to Hitler. - London: Dent (1974). 245 S.

**Maser,** Werner: Die Frühgeschichte der NSDAP. Hitlers Weg bis 1924. — Frankfurt a. M.: Athenäum Verl. 1965. 524 S.

**Maser,** Werner: Die Organisierung der Führerlegende. Studien zur Frühgeschichte der NSDAP bis 1924. — o. O. 1955. 197 S.
*Erlangen, phil. Diss. 24. Oktober 1955.*

**Matzerath,** Horst [u.] Henry A[shby] Turner: Die Selbstfinanzierung der NSDAP 1930–1932. – In: Gesch. u. Gesellsch. 3 (1977), 59–92.

**Meissner,** Hans Otto: 30. Januar '33. Hitlers Machtergreifung. – Esslingen: Bechtle 1976. 453 S.

**Meissner,** Hans Otto und Harry Wilde: Die Machtergreifung. Ein Bericht über die Technik des nationalsozialistischen Staatsstreichs. — (Stuttgart:) Cotta (1958). 363 S.

**Meißner,** Hans-Otto: Die letzten 100 Tage. So starb die deutsche Republik. — In: Münchener Illustr. 1952 Nr. 48 bis 52, 1953, Nr. 1—5.

**Morsey,** Rudolf: Hitler als braunschweigischer Regierungsrat. — In: Vjh. Zeitgesch. 8 (1960), 419—448.

**Nicholls,** Anthony [u.] Erich Matthias [Ed.]: German democracy and the triumph of Hitler. Essays in recent German history. — London: Allen & Unwin 1971. 271 S.
*(St. Anthony's Publications. 3.)*

**Nyomarkay,** Joseph L.: Factionalism in the national socialist German worker's party, 1925—26. The myth and reality of the "northern faction". — In: Polit. Science Quart. 80 (1965), 22—47.

**Pese,** Walter Werner: Hitler und Italien 1920—1926. — In: Vjh. Zeitgesch. 3 (1955), 113—126.

**Phelps,** Reginald H.: „Before Hitler came". Thule Society and Germanen Orden. — In: J. mod. Hist. 35 (1963), 245—261.

**Phelps,** Reginald H.: Dokumente aus der „Kampfzeit" der NSDAP 1923. — In: Dtsch. Rdsch. 84 (1958), 459—468 und 1043—1044.

**Quinn,** P. E.: The national socialist attack on the foreign policy of the German republic 1919—1933.
*Stanford, Ca., phil. Diss. 1948.*

**Raddatz,** Karl: Totengräber Deutschlands. — Berlin: (VVN) 1952. 108 S.
Behandelt Flick, Röchling, Krupp, Schröder, Hugenberg und andere.

**Rauch,** Georg von: Stalin und die Machtergreifung Hitlers. — In: Aus Politik und Zeitgeschichte, Beilage zur Wochenzeitung „Das Parlament", 1964, Nr 10 vom 4. März 1964, 14—25.

**Repgen,** Konrad: Hitlers Machtergreifung und der deutsche Katholizismus. Versuch einer Bilanz. Festvortrag, gehalten am 13. Nov. 1963 anläßlich d. feierlichen Eröffnung d. Rektoratsjahres 1963/64. — (Saarbrücken: Universität d. Saarlandes 1967.) 35 S.
*(Saarbrücker Universitätsreden. 6.)*

**Rumpf,** Maria Regina: Die lebensalterliche Verteilung des Mitgliederzuganges zur NSDAP vor 1933, aufgezeigt an einer Großstadt und einem Landkreis. Ein Beitrag zum Generationsproblem. — o. O. 1951. 87 gez. Bl. [Maschinenschr.]
*Heidelberg, phil. Diss. 1951.*

**Sauer,** Wolfgang: Der Sprachgebrauch von Nationalsozialisten vor 1933. – Hamburg: Buske 1978. 197 S.
*(Hamburger philologische Studien. 47.)*

**Schaefer,** Eduard: Zur Legalität der nationalsozialistischen „Machtergreifung". — In: Gesch. Wiss. Unterr. 17 (1966), 536—554.

**Schieder,** Theodor: Zum Problem der historischen Wurzeln des Nationalsozialismus. — In: Aus Politik und Zeitgeschichte, Beilage zur Wochenzeitung „Das Parlament" 1963, Nr. 5 vom 30. Januar 1963, 19—27.

**Schildt,** Gerhard: Die Arbeitsgemeinschaft Nord-West. Untersuchungen zur Geschichte der NSDAP 1925/26. — o. O. (1964). 194, XLVI S. [Maschinenschr. vervielf.]
*Freiburg i. Br., phil. Diss. vom 27. November 1964.*

**Schoeps,** Hans Joachim: Das letzte Vierteljahr der Weimarer Republik im Zeitschriftenecho. — In: Gesch. Wiss. Unterr. 7 (1956), 464—472.

**Schreiner,** Albert: Die Eingabe deutscher Finanzmagnaten, Monopolisten und Junker an Hindenburg für die Berufung Hitlers zum Reichskanzler (Nov. 1932). — In: Z. Geschichtswiss. 4 (1956), 366—369.

**Schulz,** Gerhard: Aufstieg des Nationalsozialismus. Krise und Revolution in Deutschland. — (Frankfurt a. M.:) Propyläen-Verl. (1975). 921 S.

**Schulze-Wilde,** Harry: Zur Geschichte der Technik der nationalsozialistischen Machtergreifung. — In: Frankf. H. 12 (1957), 401—415.

An der **Schwelle** des Bürgerkrieges. Das Verbot der SA, 1932; verkündet und aufgehoben. — In: Gegenwart 7 (1952), 332—335.
Mit zwei Groener- und einem Schleicher-Briefe.

**Seifert,** Gerhard: Das Kabinett Papen, Wegbereiter der faschistischen Diktatur. — o. O. 1956. 250 gez. Bl. [Maschinenschr.]
*Leipzig, phil. Diss. 9. März 1956.*

**Sontheimer,** Kurt: Die große Lähmung. Die demokratischen Kräfte und die nationalsozialistische Bewegung 1932. — In: Neue Gesellsch. 9 (1962), 466—473.

**Stachura,** Peter D.: Der kritische Wendepunkt? Die NSDAP und die Reichstagswahlen vom 20. Mai 1928. – In: Vjh. Zeitgesch. 26 (1978), 68–99.

**Stegmann,** Dirk: Antiquierte Personalisierung oder sozialökonomische Faschismus-Analyse? Eine Antwort auf H. A. Turners Kritik an meinen Thesen zum Verhältnis von Nationalsozialismus und Großindustrie vor 1933. – In: Arch. Sozialgesch. 17 (1977), 275–296.

**Stegmann,** Dirk: Zum Verhältnis von Großindustrie und Nationalsozialismus 1930–1933. E. Beitr. zur Geschichte d. sog. Machtergreifung. – In: Arch. Sozialgesch. 13 (1973), 399–482.

**Steinberg,** Michael Stephen: Sabers and brown shirts. The German student's path to national socialism, 1918–1935. – Chicago: University of Chicago Press 1977. VI, 237 S.

**Stenzl,** Otto: Der Hitlerputsch. Literatur zur Frühgeschichte d. Nationalsozialismus. — In: Polit. Meinung 7 (1962), H. 77, 83—87.

**Szaz,** Z[oltan] M[ichael]: The ideological precursors of National Socialism. — In: West. polit. Quart. 16 (1963), 924—945.

**Thies,** Jochen: Adolf Hitler in Offenburg ⟨8. November 1930⟩. Zur Diskussion über Hitlers politische Endziele. Eine Dokumentation. – In: Ortenau 57 (1977), 296–312.

**Treviranus,** G. R.: Die Wurzeln des Übels. 20. Jahrestag der „Machtergreifung". — In: Das Parlament vom 28. Jan. 1953.

**Trumpp,** Thomas: Franz von Papen, der preußisch-deutsche Dualismus und die NSDAP in Preußen. Ein Beitrag zur Vorgeschichte des 20. Juli 1932. — Marburg (1963): Görich & Weiershäuser. XII, 235 S.
*Tübingen, Phil. Diss., 21. Februar 1963.*

**Turner,** Henry Ashby: Big business and the rise of Hitler. — In: Amer. hist. Rev. 75 (1969/70), 56—70.

**Turner,** Henry Ashby: Faschismus und Kapitalismus in Deutschland. [Sammlung, dt.] Studien zum Verhältnis zwischen Nationalsozialismus und Wirtschaft. (Aus d. Amerikan. von Gabriele Neitzert.) — Göttingen: Vandenhoeck & Ruprecht 1972. 185 S.
*(Sammlung Vandenhoeck.)*

**Turner,** Henry Ashby: Großunternehmertum und Nationalsozialismus 1930–1933. Kritisches und Ergänzendes zu zwei neuen Forschungsbeiträgen. – In: Hist. Z. Bd 221 (1975), 18–68.

**Turner,** Henry Ashby: Hitler's secret pamphlet for industrialists, 1927. — In: J. mod. Hist. 40 (1968), 348–374.

**Turner,** Henry A[shby]: Das Verhältnis des Großunternehmertums zur NSDAP. – In: Industrielles System und politische Entwicklung in der Weimarer Republik, Düsseldorf: Droste 1974, 919–931.

**Tyrell,** Albrecht: Vom Trommler zum Führer. Der Wandel von Hitlers Selbstverständnis zwischen 1919 und 1924 und die Entwicklung der NSDAP. – München: Fink 1975. 296 S.
*Diss., Universität Bonn.*

**Uhlig,** H.: Soziale und geistige Wurzeln des Nationalsozialismus. — In: Schwäb. Rdsch. 1 (1951), Nr. 26/27, 5.

**Ungern-**Sternberg, Roderich von: Nationalismus und Völkerfriede. Eine politisch-moralische Besinnung. — Offenbach a. M.: Bollwerk-V. 1948. 328 S.
Enthält eine Analyse der Ursprünge des Nationalsozialismus in Deutschland.

**Vogelsang,** Thilo: L'esercito tedesco e il partito nazionalsozialista (Reichswehr, Staat und NSDAP, dt.) Trad. di Gianna Accatino Ruschena. — (Milano:) Il Saggiatore (1966). 708 S.
*(Biblioteca di storia contemporanea. 9.)*

**Vogelsang,** Thilo: Zur Politik Schleichers gegenüber der NSDAP 1932. — In: Vjh. Zeitgesch. 6 (1958), 86—118.

**Vogelsang,** Thilo: Reichswehr, Staat und NSDAP. Beiträge zur deutschen Geschichte 1930—1932. — Stuttgart: Dtsch. Verl. Anst. 1962. 506 S.
*(Quellen und Darstellungen zur Zeitgeschichte. 11.)*

**Volkmann,** Hans-Erich: Das außenwirtschaftliche Programm der NSDAP 1930–1933. - In: Arch. Sozialgesch. 17 (1977), 251–274.

**Waite,** Robert G. L.: Vanguard of Nazism. The free corps movement in postwar Germany 1918—1933. — Cambridge, Mass.: Harvard University Press 1952. X, 344 S.

**Whiteside,** Andrew G.: Nationaler Sozialismus in Österreich vor 1918. — In: Vjh. Zeitgesch. 9 (1961), 333—359.

**Widder,** Erwin: Reich und Preußen vom Regierungsantritt Brünings bis zum Reichsstatthaltergesetz Hitlers. Beiträge zum Reich-Länder-Problem der Weimarer Republik. - (Frankfurt a. M.) 1959. II, 159 S.
*Frankfurt a. M., phil. Diss. 18. Juli 1956.*

**Winkler,** Heinrich August: Extremismus der Mitte? Sozialgeschichtliche Aspekte der national-sozialistischen Machtergreifung. – In: Vjh. Zeitgesch. 20 (1972), 175–191.

**Winkler,** Heinrich August: German society, Hitler and the illusion of restoration 1930–33. - In: J. contemp. Hist. 11 (1976), H. 4, 1–16.

**Wucher,** Albert: Die Fahne hoch. Das Ende d. Republik u. Hitlers Machtübernahme. Ein Dokumentarbericht. — München: Süddt. Verl. (1963). 254 S.

**Zimmermann,** Werner: Liebet Eure Feinde. Aufbau, Erlebnisse, Vorträge in Deutschland 1946/47. Dokumente. — Thielle, Neuch.: Fankhauser 1948. 224 S.
Enthält S. 73—79 ein Kapitel über Hitlers geheime Geldgeber.

Politik und Staat

**Anatomie** des SS-Staates. — Olten, Freiburg i. Br.: Walter.
  1. Buchheim, Hans: Die SS — das Herrschaftsinstrument, Befehl und Gehorsam. (1965.) 390 S.
  2. Broszat, Martin, Hans-Adolf Jacobsen [u.] Helmut Krausnick: Konzentrationslager, Kommissarbefehl, Judenverfolgung. (1965.) 458 S.
*(Gutachten des Instituts für Zeitgeschichte.)*
*(Walter-Dokumente. Drittes Reich.)*

**Aretin,** Karl Otmar Frhr von: Zeitgeschichtliche Aufklärung von Legendenbildungen um Ereignisse von 1933. — In: Frankf. H. 19 (1964), 600—605.

**Aretin,** Karl Otmar Frhr von: Prälat Kaas, Franz von Papen und das Reichskonkordat von 1933. — In: Vjh. Zeitgesch. 14 (1966), 252—279.

**Bennecke,** Heinrich: Die Notverordnung vom 28. Februar 1933. Zur Problematik der zeitgeschichtlichen Forschung und Darstellung. — In: Polit. Studien 19 (1968), 33—45.

**Bennecke,** Heinrich: Die Reichswehr und der „Röhm-Putsch". — München: Olzog (1964). 93 S.
*(Politische Studien. Beih. 2.)*

**Berggrav,** Eivind: Folkedommen over NS. Menneskelig og moralisk. Hva vil være rett ar oss? — In: Kirke og Kultur [Oslo] 50 (1945), H. 1, 6—44.

**Berndt,** Alfred: Zur Entstehung des Reichstagsbrands. Eine Untersuchung über den Zeitablauf. - In: Vjh. Zeitgesch. 23 (1975), 77–90.

**Bernett,** Hajo: Sportpolitik im Dritten Reich. Aus den Akten der Reichskanzlei. — Schorndorf b. Stuttgart: Hofmann (1971). 132 S.
*(Beiträge zur Lehre und Forschung der Leibeserziehung. 39.)*

**Bernett,** Hajo: Die innenpolitische Taktik des nationalsozialistischen Reichssportführers. Analyse eines Schlüsseldokuments. – In: Arena 1 (1975), 140–197.

**Biernat,** Karl Heinz: Der Reichstag brennt. Hintergründe und Auswirkungen der faschistischen Reichstagsbrandprovokation. — Berlin: Dietz 1960. 98 S.
*(Wahrheiten über den deutschen Imperialismus. 2.)*

**Bierschenk,** Theodor: Zahlen über die während des Zweiten Weltkrieges umgesiedelten deutschen Volksgruppenangehörigen. — In: Z. Ostforsch. 3 (1954), 80—83.

**Blaschke,** Heribert: Das Ende des preußischen Staates. Eine verfassungsrechtliche Untersuchung. — Ensdorf/Saar (1960): Waindinger. 59 S.
*Univ. d. Saarlandes, jur. Diss., 5. Juli 1960.*

**Bloch,** Charles: La nuit des longs couteaux. Présentée avec la collaboration de Jean-Claude Favez. — [Paris:] (Juilliard 1967). 255 S.
*(Collection archives. 28.)*

**Bracher,** Karl Dietrich, Wolfgang Sauer und Gerhard Schulz: Die nationalsozialistische Machtergreifung. Studien zur Errichtung des totalitären Herrschaftssystems in Deutschland 1933/34. — Köln, Opladen: Westdt. Verl. 1960. XVIII, 1034 S.
*(Schriften des Instituts für Politische Wissenschaft. 14.)*

**Bracher,** Karl Dietrich: Nationalsozialistische Machtergreifung und Reichskonkordat. Ein Gutachten, April 1956. Hrsg.: Hessische Landesregierung in Wiesbaden. — (Wiesbaden 1956: Ritter.) 84 S.

**Bracher,** Karl Dietrich: Plebiszit und Machtergreifung. Eine kritische Analyse der nationalsozialistischen Wahlpolitik (1933–34). — In: On the track of tyranny. Essays presented by the Wiener Library to Leonard G. Montefiore, 1960, 1–43.

**Bracher,** Karl Dietrich: Stufen totalitärer Gleichschaltung. Die Befestigung der nationalsozialistischen Herrschaft 1933/34. — In: Vjh. Zeitgesch. 4 (1956), 30—42.

**Broszat,** Martin: William Shirer und die Geschichte des Dritten Reiches. — In: Hist. Z. 196 (1963), 112—123.

**Broszat,** Martin: Der Staat Hitlers. Grundlegung und Entwicklung seiner inneren Verfassung. — (München:) Dtsch. Taschenbuch Verl. (1969). 472 S.
*(dtv-Weltgeschichte des 20. Jahrhunderts. 9.)*

**Broszat,** Martin: Zum Streit um den Reichstagsbrand. Eine grundsätzliche Erörterung. — In: Vjh. Zeitgesch. 8 (1960), 275—279.

**Brüdigam,** Heinz: Das Jahr 1933. Terrorismus an der Macht. Eine Dokumentation über die Errichtung der faschistischen Diktatur. – Frankfurt a. M.: Röderberg (1978). 136 S.

**Buchheim,** Hans: Brief an einen Studienrat über die Reichstagsbrandserie im „Spiegel". — In: Gesch. Wiss. Unterr. 11 (1960), 425—426.

**Buchheim,** Hans: Die Liquidation des Deutschen Reichstags. — In: Polit. Studien 9 (1958), H. 95, 155—160.

**Buchheim,** Hans: Ein NS-Funktionär zum Niemöller-Prozeß. — In: Vjh. Zeitgesch. 4 (1956), 307—315.

**Bußmann,** Walter: Zur Entstehung und Überlieferung der „Hoßbach-Niederschrift". — In: Vjh. Zeitgesch. 16 (1968), 373—384.

**Calic,** Edouard: Le Reichstag brule! — [Paris:] Stock (1969). 301 S.
*(Témoins de notre temps.)*

**Diehl-Thiele,** Peter: Partei und Staat im Dritten Reich. Untersuchungen zum Verhältnis von NSDAP und allgemeiner innerer Staatsverwaltung 1933—1945. — München: Beck (1969). XIV, 269 S.
*(Münchener Studien zur Politik. 9.)*
*Diss., München.*

**Dimitroff,** Georgi [Georgij **Dimitrov**]: Reichstagsbrandprozeß. [Teils.] Dokumente, Briefe und Aufzeichnungen. 3. Aufl. — Berlin: Dietz 1953. 232 S.

**Döll,** Heinrich: Das Schicksal des Rechtsstaatsgedankens in Deutschland seit 1933. — Gießen 1948. 121 gez. Bl. [Maschinenschr.]
*Marburg, rechts- u. staatswiss. Diss. 28. April 1949.*

**Domarus,** Max: Der Reichstag und die Macht. — (Würzburg [Schlörstr. 3: Selbstverl.]) 1968. 212 S.

**Edinger,** Lewis J.: German social democracy and Hitler's „national revolution" of 1933. A study in democratic leadership. — In: World Politics 5 (1952/53), 330—367.

**Eichholtz,** Dietrich: „Wege zur Entbolschewisierung und Entrussung des Ostraumes." Empfehlungen des IG-Farben-Konzerns für Hitler im Frühjahr 1943. — In: Jb. Wirtschaftsgesch. 1970, T. 2, 13—44.

**Eschenburg,** Theodor: Eine Beamtenvernehmung im Dritten Reich. — In: Vjh. Zeitgesch. 11 (1963), 210—212.

**E(schenburg),** T(heodor): Zur Ermordung des Generals Schleicher. — In: Vjh. Zeitgesch. 1 (1953), 71—95.
*Dokumente mit Kommentar.*

**Fest,** Joachim C.: Das Gesicht des Dritten Reiches. Profile einer totalitären Herrschaft. — München: Piper (1963). 513 S.

**Fraenkel,** Ernst: Der Doppelstaat (The dual state, dt.) Rückübers. aus d. Engl. von Manuela Schöps in Zsarb. mit d. Verf.) – (Frankfurt a. M.:) Europ. Verl.-Anst. (1974). 257 S.
*(Studien zur Gesellschaftstheorie.)*

**Fraenkel,** Heinrich: Zu viel und zu wenig. Kritische Bemerkungen zu „Der Reichstagsbrand" von F. Tobias. — In: Monat 14 (1961/62), H. 164, 19—25.

**François,** Jean: L'affaire Röhm-Hitler. — Paris: Hachette 1946. 228 S.

**Frede,** Günther und Karl Mielcke: Deutsche Innenpolitik 1933—1945. Dokumente mit verbindendem Text. — Braunschweig: Limbach [1952]. 64 S.
*(Beiträge zum Geschichtsunterricht. 27.)*

**F[reund],** M[ichael]: Der 30. Juni 1934. Versuch einer Deutung. — In: Gegenwart 9 (1954), 394—397.

**Freund,** Michael: Das Dritte Reich. 1933—1939. — (Gütersloh:) Bertelsmann (1962). 189 S.
*(Bücherei „Bildung u. Wissen".)*

**Gackenholz,** Hermann: Reichskanzlei, 5. November 1937. Bemerkungen über „Politik und Kriegführung" im Dritten Reich. — In: Forschungen zu Staat und Verwaltung, Festgabe für Fritz Hartung, Berlin: Duncker & Humblot (1958), 459—484.

**Groppe,** Herbert: Das Reichskonkordat vom 20. Juli 1933. Eine Studie zur staats- und völkerrechtlichen Bedeutung dieses Vertrages für die Bundesrepublik Deutschland.— Köln: Bachem (1956). 139 S.

**Gruchmann,** Lothar: Nationalsozialistisches Herrschaftssystem und demokratischer Rechtsstaat. — (Leer ‹ Ostfriesland › [1962]: Rautenberg.) 76 S.
*(Schriftenreihe der Niedersächsischen Landeszentrale für Politische Bildung. Zeitgeschichte. 14.)*

**Gruchmann,** Lothar: Die „Reichsregierung" im Führerstaat. Stellung und Funktion des Kabinetts im nationalsozialistischen Herrschaftssystem. — In: Klassenjustiz und Pluralismus. Festschrift für Ernst Fraenkel zum 75. Geburtstag am 26. Dezember 1973, (Hamburg:) Hoffmann & Campe (1973), 187–223.

**Hagen,** Walter: Die geheime Front. 3. Aufl. — Stuttgart: Veritas-V. 1953. 512 S.

**Hass,** Gerhart: Militärische Entscheidungsfindung im faschistischen Deutschland. – In: Militärgesch. 15 (1976), 584–590.

**Hintergründe** der Affäre Röhm. (Verantw. für d. Text: Freiwirtschaftliche Buchgemeinschaft „Der neue Weg".) — (Solingen-Ohligs 1948: Wilhelm Müller jr.) 28 S.

**Hofer,** Walther [u.] Christoph Graf: Neue Quellen zum Reichstagsbrand. - In: Gesch. Wiss. Unterr. 27 (1976), 65 –88.

**Hofer,** Walther: Der Reichstagsbrand als Forschungsproblem. – In: Klassenjustiz und Pluralismus. Festschrift für Ernst Fraenkel zum 75. Geburtstag am 26. Dezember 1973, (Hamburg:) Hoffmann & Campe (1973), 167–186.

**Jonca,** Karol: Polityka narodowościowa Trzeciej Rzeszy na Śląsku Opolskim 1933—1940. — Katowice: Śląsk 1970. 508 S.

**Jonca,** Karol: Stosowanie prawa i polityki narodowościowej Trzeciej Rzesy wobec mniejszości polskiej w niemczech ⟨1933–1939⟩. – In: Acta Universitatis Wratislaviensis 1974, H. 222, 7–26.

**Isaac,** F. E.: The legacy of the Nazi regime in Germany. — In: Army Quart., April 1947.

**Kalbe,** Ernstgert: Freiheit für Dimitroff. Der internationale Kampf gegen d. provokatorische Reichstagsbrandstiftung u. d. Leipziger Prozeß. — Berlin: Rütten & Loening 1963. 359 S.
*(Schriftenreihe des Instituts für Geschichte der Europäischen Volksdemokratien an der Karl-Marx-Universität Leipzig. 1.)*

**Kalbe,** Ernstgert: Die Rolle der Reichstagsbrandprovokation bei der Konsolidierung der faschistischen Diktatur in Deutschland. — In: Z. Geschichtswiss. 8 (1960), 1021—1068.

**Kettenacker,** Lothar: Nationalsozialistische Volkstumspolitik im Elsaß. — Stuttgart: Dtsch. Verl.-Anst. 1973. 388 S.
*(Studien zur Zeitgeschichte.)*

**Kielmansegg,** Peter Graf: Die militärisch-politische Tragweite der Hoßbach-Besprechung. — In: Vjh. Zeitgesch. 8 (1960), 268—275.

**Koehl,** Robert Lewis: RKFDV. German resettlement and population policy 1939—1945. A history of the Reich Commission for the strengthening of Germandom. — Cambridge: Harvard University Press 1957. XI, 263 S.
*(Harvard Historical Monographs. 31.)*

**Kogon,** Eugen: Die neue Argumentation in Sachen Reichstagsbrand. — In: Frankf. H. 15 (1960), 309—320, 401—412 und 666.

**Krausnick,** Helmut: Der 30. Juni 1934. Bedeutung - Hintergründe - Verlauf. — In: Aus Politik und Zeitgeschichte, Beilage zur Wochenzeitung „Das Parlament", 30. Juni 1954, 317-324.

**Krüger,** Arnd: Die Olympischen Spiele 1936 und die Weltmeinung; ihre außenpolitische Bedeutung unter besonderer Berücksichtigung der USA. — Berlin: Bartels & Wernitz 1972. 225 S.
*(Sportwissenschaftliche Arbeiten. 7.) Diss., Universität Köln.*

**Lepsius,** Mario Rainer: The collapse of an intermediary power structure. Germany 1933—34. — In: J. compar. Sociol. 9 (1968), 289—301.

**Lindqvist,** Ola: Studien zur Propaganda um den Reichstagsbrand in Berlin 1933. – In: Probleme deutscher Zeitgeschichte, Stockholm: Läromedelsförl. 1971, 97–150.

**Mandell,** Richard D.: The Nazi olympics. — New York: Macmillan 1971. XVI, 316 S.

**Mau,** Hermann: Die „Zweite Revolution" — Der 30. Juni 1934. — In: Vjh. Zeitgesch. 1 (1953), 119—137.

**Meinek,** Gerhard: Der Reichsverteidigungsrat. — In: Wehrwiss. Rdsch. 6 (1956), 411—422.

**Mommsen,** Hans: Ausnahmezustand als NS-Herrschaftstechnik. – In: Hitler, Deutschland und die Mächte, Düsseldorf: Droste 1976, 30–45.

**Mommsen,** Hans: Der Reichstagsbrand und seine politischen Folgen. — In: Vjh. Zeitgesch. 12 (1964), 351—413.

**Morsey,** Rudolf: Der Beginn der „Gleichschaltung" in Preußen. Adenauers Haltung in der Sitzung des „Dreimännerkollegiums" am 6. Februar 1933. — In: Vjh. Zeitgesch. 11 (1963), 85—97.

**Nilson,** S. S.: Wahlsoziologische Probleme des Nationalsozialismus. 1: Die Folgen des Verhältniswahlrechts, 2: Nationalsozialismus und Verschuldungskrisis. — In: Z. ges. Staatswiss. 110 (1954), 279—311.

**Ohlsen,** Manfred: „Ständischer Aufbau" und Monopole 1933/34. – In: Z. Geschichtswiss. 22 (1974), 28–46.

**Pätzold,** Kurt: Faschismus, Rassenwahn, Judenverfolgung. Eine Studie zur politischen Strategie und Taktik des faschistischen deutschen Imperialismus ⟨1933–1935⟩. – Berlin: Dtsch. Verl. d. Wissenschaften 1975. 314 S.

**Peterson,** E. N.: The bureaucracy and the Nazi Party. — In: Rev. Politics 28 (1966), 172—192.

**Peterson,** Edward N.: The limits of Hitler's power. — Princeton, N. J.: Princeton University Press 1969. 472 S.

**Pollock,** James Kerr: The government of Greater Germany. — New York: Van Nostrand (1947). XIII, 218 S.

**Polomski,** Franciszek: Über den Einfluß des Rassismus auf die Bevölkerungspolitik des Dritten Reiches. - In: Tradition und Neubeginn, Köln: Heymanns (1975), 337–544.

**Pritchard,** R. John: Reichstag-fire. Ashes of democracy. - (New York: Ballantine 1972). 159 S.
*(Politics in Action. 3.)*

**Pritt,** D[enis] N[owell]: Der Reichstagsbrand. Die Arbeit d. Londoner Untersuchungsausschusses. (Hrsg. von d. Vereinigung Demokratischer Juristen Deutschlands.) — Berlin: Kongreß-Verl. 1959. 78 S.

Das **Rad** der Geschichte dreht sich vorwärts. Der Reichstagsbrandprozeß im Jahre 1933. — In: Funk und Schule 6 (1952), 81.

Der **Reichstagsbrand.** Eine wissenschaftliche Dokumentation. Hrsg. von Walther Hofer, Edouard Calic [u. a.] — (Berlin: Arani-Verl.)
1. 1972. 293 S.
*(Veröffentlichungen des Internationalen Komitees zur Wissenschaftlichen Erforschung der Ursachen und Folgen des Zweiten Weltkrieges.)*

Der **Reichstagsbrand.** Eine wissenschaftliche Dokumentation. Hrsg. von Walter Hofer, Edouard Calic [u. a.] - (Berlin: Arani-Verl.)
2. (1978). 487 S.
*(Veröffentlichungen des Internationalen Komitees zur Wissenschaftlichen Erforschung der Ursachen und Folgen des Zweiten Weltkrieges.)*

Der **Reichstagsbrandprozeß** — die erste Niederlage des Naziregimes. — In: Dokumentation der Zeit 1954, 3824—3837.

**Ridder,** Helmut: Zur Verfassungsdoktrin des NS-Staates. — In: Krit. Justiz 2 (1969), 221—251.

**Rosner,** Jakob: Zum Kampf Georgi Dimitroffs in Leipzig gegen den Faschismus. — In: Beitr. Gesch. dtsch. Arbeiterbew. 4 (1962), 358—370.

**Ryszka,** Franciszek: Państwo stanu wyjątkowego. Rzecz o systemie państwa i prawa trzeciej rzeszy. — Wrocław, Warszawa, Kraków: Zakład narodowy imienia ossolińskich wydawnictwo Polskiej Akademiej nauk 1964. 504 S.

**Schneider,** Hans: Das Ermächtigungsgesetz vom 24. März 1933. Bericht über das Zustandekommen und die Anwendung des Gesetzes. — In: Vjh. Zeitgesch. 1 (1953), 197—221.

**Schneider,** Hans: Das Ermächtigungsgesetz vom 24. März 1933. Bericht über das Zustandekommen u. die Anwendung d. Gesetzes. 2., erw. Aufl. — (Berlin-Waidmannslust 1961: W. Möller.) 49 S.
*(Schriftenreihe der Bundeszentrale für Heimatdienst. 10.)*

**Schuller,** Franz: Das grundsätzliche Verhältnis von Staat und Kirche nach dem Reichskonkordat vom 20. 7. 1933. — o. O. 1952. 224 gez. Bl. [Maschinenschr.]
*Erlangen, jur. Diss. 15. Juli 1952.*

[**Schulze-**]Wilde, Harry: Legenden um den Reichstagsbrand. — In: Polit. Studien 13 (1962), 295—312.

[**Schulze-**]Wilde, Harry: Der „Röhm-Putsch". — In: Polit. Studien 10 (1959), 372—380.

**Schwarz,** Hanns: Brennpunkt FHQ. Menschen und Maßstäbe im Führerhauptquartier. — Buenos Aires: Dürer-V. (1950). 224 S.

**Schweitzer,** Arthur: Parteidiktatur und überministerielle Führungsgewalt. — In: Jb. Sozialwiss. 21 (1970), 49—74.

Geheimagent **SIS 930.** Die Vorgeschichte des Bürgerbräu-Attentats vom 9. November 1939. — In: Extra-Blatt (Stuttgart), 1950, Nr. 3, 1—4.

**Stehle,** Hansjakob: Motive des Reichskonkordats. — In: Außenpolitik 7 (1956), 558—564.

**Stoek,** Ulrich: Der Fritsch-Prozeß 1938. Seine rechtliche Beurteilung und seine Lehren. — In: Das deutsche Privatrecht in der Mitte des 20. Jahrhunderts, Festschrift f. Heinrich Lehmann, Berlin: de Gruyter [usw.] 1956, 926—937.

**Streiflichter** zur Geschichte der Wahlen im Dritten Reich. — In: Vjh. Zeitgeschichte 3 (1955), 311—316.

**Sutor,** Bernhard: Die rechtlichen Grundlagen der „Machtergreifung". Kritische Bemerkungen zu dem gleichnamigen Aufsatz von H. Weber. — In: Gesellsch., Staat, Erzieh. 7 (1962), 183—186.

**Szefer,** Andrzej: Die deutschen Umsiedler in der Provinz Oberschlesien in den Jahren 1939-1945. - In: Tradition und Neubeginn, Köln: Heymanns (1975), 345–354.

**Targ,** Alojzy: Opolszczyzna pod rządami Lukaschka i Wagnera. — Katowice: Śląsk 1958. 183 S.

**Teschner,** Gertraud [Hrsg.]: Deutschland in der Zeit der faschistischen Diktatur 1933—1939. (Dokumente u. Materialien.) —Berlin: Volk u. Wissen Verl. 1962. 159 S.
*(Quellen zur Geschichte.)*

**Tobias,** Fritz und Heinrich Fraenkel: Noch einmal: Reichstagsbrand. Tobias gegen Fraenkel und Fraenkel gegen Tobias. — In: Monat 14 (1961/62), H. 166, 84—95.

**Tobias,** Fritz: Der Reichstagsbrand. Legende und Wirklichkeit. — (Rastatt/Baden:) Grote (1962). 723 S.

**Tormin,** Walter: Die Jahre 1933—1934. Die „Gleichschaltung". — Hannover: Verl. f. Literatur u. Zeitgeschehen 1960. 63 S.
*(Hefte zum Zeitgeschehen. 5.)*

**Tormin,** Walter, Wolfgang Jäger und Friedrich Zipfel: Das Dritte Reich. (Hrsg. von Alexander Blase.) — (Hannover:) Verl. f. Literatur u. Zeitgeschehen (1963). 267 S.
*(Zeitgeschichte in Text und Quellen. 2.)*

**Vogelsang,** [Thilo]: Der Chef des Ausbildungswesens (Chef AW). — [München:] Institut für Zeitgeschichte (1959). 15 S. [Maschinenschr. hektograph.]

**Volkmann,** Hans-Erich: Zur Interdependenz von Politik, Wirtschaft und Rüstung im NS-Staat. – In: Militärgesch. Mitt. 1974, H. 15, 161–172.

**Vollmer,** Bernhard: Volksopposition im Polizeistaat. Gestapo- und Regierungsberichte 1934—1936. — Stuttgart: Dtsch. Verl.-Anst. 1957. 399 S.
*(Quellen und Darstellungen zur Zeitgeschichte. 2.)*

**Walterscheid,** Joseph: Der Volkshausprozeß. — In: Heimatbl. d. Siegkreises 34 (1966), H. 91, 33—44.
Bericht über Vorkommnisse in Siegburg und nachfolgende Gerichtsverfahren, Februar 1933 — Januar 1935.

**Weber,** Heinrich: Die rechtlichen Grundlagen der „Machtergreifung". — In: Gesellsch., Staat, Erzieh. 6 (1961), 320—327.

**Weiland,** Alfred: Neues Urteil im Reichstagsbrand-Prozeß. — In: Freiheit u. Recht 13 (1967), H. 7, 9—11.

**Werner,** Kurt und Karl Heinz Biernat: Die Köpenicker Blutwoche. Juni 1933. — Berlin: Dietz 1958. 47 S.

**Wheaton,** Eliot Barculo: Prelude to calamity. The Nazi revolution 1933—35. With a background survey of the Weimar era. — London: Gollancz 1969. 523 S.

**Wiegel,** Karl: Bibliographie zum Thema „Reichstagsbrand, Reichstagsbrandprozeß". — Leipzig: Georgi-Dimitroff-Museum, Bibliothek 1967. 14 S.

**Wilde,** Harry: Der erste Schauprozeß. — In: Polit. Studien 9 (1958), 821—828.
Über den Reichstagsbrand-Prozeß.

**Wolfanger,** Dieter: Die nationalsozialistische Politik in Lothringen ⟨1940–1945⟩. - Saarbrücken 1977. 283 S.
*Universität des Saarlandes, phil. Diss. vom 11. Mai 1976.*

**Wollenberg,** Erich: Der Reichstagsbrand und die Dimitroff-Legende. — In: Freies Wort, März 1953, 18—21.

**Ziegler,** Rita: Die Frage der Weitergeltung der Reichsverfassung unter der Herrschaft des Nationalsozialismus. — o. O. 1949, II, 117 gez. Bl. [Maschinenschr.]
*München, jur. Diss. 12. Dez. 1949.*

**Zipfel,** Friedrich: Der Fall „Reichstagsbrand" — ein Wissenschaftsskandal? — In: Neue Pol. Lit. 8 (1963), 414—426.
Literaturbericht.

**Zwangsaussiedlungen** und Germanisierung in den Kriegszielplanungen der faschistischen deutschen Monopolbourgeoisie. Funktion und Tätigkeit der Deutschen Umsiedlungs-Treuhand-Gesellschaft mbH. [Von] Karl Drechsler [u. a.]– In: Z. Geschichtswiss. 22 (1974), 208–218.

Recht und Verwaltung

**Adam,** D.: An overall plan for anti-Jewish legislation in the Third Reich? – In: Yad Vashem Stud. 11 (1976), 33–55.

**Ammon,** Gerhard von: Das Handeln auf Befehl. — Rosenheim (1950). 117 gez. Bl. [Maschinenschr.]
*München, jur. Diss. 16. März 1950. Im 2. Hauptteil geht Vf. auf die Behandlung des Befehls durch Gesetzgebung, Rechtsprechung und Rechtswissenschaft in der Zeit von 1933 bis 1945 ein.*

**Anderbrügge,** Klaus: Völkisches Rechtsdenken. Zur Rechtslehre in der Zeit des Nationalsozialismus. – Berlin: Duncker & Humblot (1978). 237 S.
*(Beiträge zur Politischen Wissenschaft. 28.)*
*Diss., Universität Münster.*

**Aronson,** Shlomo: Heydrich und die Anfänge des SD und der Gestapo ⟨1931—1935⟩. —(Berlin) 1967:(Ernst-Reuter-Ges.) 431 S.
*Berlin, Freie Universität, phil. Diss. vom 28. September 1966.*

**Aronson,** Shlomo: Reinhard Heydrich und die Frühgeschichte von Gestapo und SD. — Stuttgart: Dtsch. Verl.-Anst. 1971. 339 S.
*(Studien zur Zeitgeschichte.)*
*Diss., Freie Universität Berlin.*

**Bader,** Karl S.: Die deutsche Justiz im Selbstzeugnis. — In: Juristenztg. 15 (1960), 1—4.

**Bader,** Karl S[iegfried]: Strafverteidigung vor deutschen Gerichten im Dritten Reich. — In: Juristenztg. 27 (1972), 6—12.

**Bauer,** Fritz: Die „Ungesühnte Nazijustiz". — In: Neue Gesellsch. 7 (1960), 179—191.

**Baum,** Walter: Vollziehende Gewalt und Kriegsverwaltung im „Dritten Reich". — In: Wehrwiss. Rdsch. 6 (1956), 475—496.

**Becker,** Hans Joachim: Zur Rechtsproblematik des Reichskonkordats. — München: Isar-V. 1956. 143 S.

**Blau,** Bruno: Die Kriminalität in Deutschland während des zweiten Weltkrieges. — In: Z. ges. Strafrechtswiss. 64 (1952), 32—81.

**Block,** Just: Die Ausschaltung und Beschränkung der deutschen ordentlichen Militärgerichtsbarkeit während des Zweiten Weltkrieges. — (Würzburg) 1967: (Gugel). XVII, 118 S.
*Würzburg, rechts- u. staatswiss. Diss. vom 17. Dezember 1966.*

**Borchart,** Joachim: Nötigung und Erpressung nach der Neufassung durch die Strafrechtsangleichungsverordnung vom 29. 5. 1943. — Göttingen 1945. VIII, 147 gez. B. [Maschinenschr.]
*Göttingen, rechts- u. staatswiss. Diss. 21. Juli 1945.*

**Botz,** Gerhard: Die Eingliederung Österreichs in das Deutsche Reich. Planung und Verwirklichung des politisch-administrativen Anschlusses 1938—1940. — Wien: Europa Verl. (1972). 192 S.
*(Schriftenreihe des Ludwig-Boltzmann-Instituts für Geschichte der Arbeiterbewegung. 1.)*

**Brintzinger,** Ottobert L.: Die Gesetzgebung auf Grund des „Ermächtigungsgesetzes". — In: Dtsch. Rdsch. 80 (1954), 349—355.

**Brissaud,** André: Die SD-Story (Histoire du Service Secret Nazi; dt.) Hitlers Geheimarmee: Mord auf Bestellung. (Ins Dtsch. übertr. von Siglinde Summerer u. Gerda Kunz.) – Zürich: Neue Diana Press (1975). 318 S.

**Broszat,** Martin: Zur Perversion der Strafjustiz im Dritten Reich. — In: Vjh. Zeitgesch. 6 (1958), 390—443.

**Buchheim,** Hans: SS und Polizei im NS-Staat. — (Duisdorf b. Bonn 1964: Selbstverl. d. Studiengesellsch. f. Zeitprobleme.) 224 S.
*(Staatspolitische Schriftenreihe.)*

**Caplan,** Jane: The politics of administration. The Reich Interior Ministry and German civil service, 1933–1943. – In: Hist. J. 20 (1977), 707–736.

**(Cohn,** E. J.:) Criminality in war. The nazi record. — In: Wiener Libr. Bull. 6 (1952), 37.

**Desroches,** Alain: La Gestapo. Atrocités et secrets de l'inquisition nazie. – Paris: Ed. de Vecchi (1972). 869 S.

**Echterhölter,** Rudolf: Das öffentliche Recht im nationalsozialistischen Staat. — Stuttgart: Dtsch. Verl.-Anst. 1970. 343 S.
*(Die deutsche Justiz und der Nationalsozialismus. 2.)*
*(Quellen und Darstellungen zur Zeitgeschichte. 16.)*

**Faden,** Wolfgang: Der Verfolgungszwang seit 1933. – o. O. (1948). VIII, 82 gez. B. [Maschinenschr.]
*Tübingen, rechts- u. staatswiss. Diss. 24. Juli 1948.*

**Fearnside,** W. Ward: Three innovations of national socialist jurisprudence. — In: J. Centr. Europ. Aff. 16 (1956/57), 146—155.

„... **Für** immer ehrlos". Aus der Praxis des Volksgerichtshofes. [Hrsg.:] Landeszentrale für Politische Bildungsarbeit Berlin, Gedenk- und Bildungsstätte Stauffenbergstraße. - (Berlin: [Selbstverl. d. Hrsg.] 1978). 47 S.
*(Beiträge zum Thema Widerstand. 8.)*

Zur **Geschichte** der Ordnungspolizei 1936—1945. — (Koblenz 1957: Bundesarchiv.) XV, 144, 110 S.
*(Schriften des Bundesarchivs. 3.)*

**Gibbons,** Robert: Allgemeine Richtlinien für die politische und wirtschaftliche Verwaltung der besetzten Ostgebiete. [Dokumentation.] – In: Vjh. Zeitgesch. 25 (1977), 252–261.

**Gribbohm,** Günter: Die Führerinformationen des Reichsjustizministeriums. — In: Dtsch. Richterztg. 49 (1971), 152—155.

**Gruchmann,** Lothar: Euthanasie und Justiz im Dritten Reich. – In: Vjh. Zeitgesch. 20 (1972), 235–279.

**Gruchmann,** Lothar: Das Forschungsvorhaben „Die Justiz im Dritten Reich". — In: Vjh. Zeitgesch. 11 (1963), 98—102.

**Gruchmann,** Lothar: Hitler über die Justiz. Das Tischgespräch vom 20. August 1942. — In: Vjh. Zeitgesch. 12 (1964), 86—101.

**Gruchmann,** Lothar: Die Überleitung der Justizverwaltung auf das Reich 1933 bis 1935. - In: Vom Reichsjustizamt zum Bundesministerium der Justiz. Festschrift zum 100jährigen Gründungstag des Reichsjustizamtes am 1. Januar 1877, Köln: Bundesanzeiger Verlagsges. (1977), 119–160.

**Grunsky,** Wolfgang: Gesetzauslegung durch die Zivilgerichte im Dritten Reich. — In: Krit. Justiz 2 (1969), 146—162.

**Güde,** Max: Zwischen Recht und Unrecht richten. Die deutschen Richter und das Dritte Reich. — In: Frankf. Allgem. Ztg. vom 29. Oktober 1958, S. 7.

**Hassel,** Sven: Gestapo. Trad. du danois par Léna Brot. — Paris: Presses-Pocket 1967. 386 S.
*(Coll. „Presses-Pocket". 488/489.)*

**Heiber,** Helmut: Zur Justiz im Dritten Reich. Der Fall Eliáš. — In: Vjh. Zeitgesch. 3 (1955), 275—296.

**Hellmer,** Joachim: Der Gewohnheitsverbrecher und die Sicherungsverwahrung 1934—1945. — Berlin: Duncker & Humblot (1961). 391 S.
*(Kriminologische Forschungen. 2.)*

**Hempfer,** Walter: Die nationalsozialistische Staatsauffassung in der Rechtsprechung des Preußischen Oberverwaltungsgerichts. Dargest. an ausgew. Beispielen rechtsstaatl. Grundsätze. - Berlin: Duncker & Humblot (1974). 189 S.
*(Schriften zum öffentlichen Recht. 241.)*

**Herz,** John H.: German administration under the Nazi régime. — In: Am. Polit. Science Rev. 40 (1946), 682—702.

**Hildebrandt,** Günter R(olf): Amnestien in Deutschland in der Zeit von 1. September 1939 bis 31. Dezember 1949. — o. O. 1951. IV, 107 gez. Bl. [Maschinenschr.]
*Tübingen, rechts- und staatswiss. Diss., 8. Dez. 1951.*

**Jacoby,** Fritz: Die nationalsozialistische Herrschaftsübernahme an der Saar. Die innenpolitischen Probleme der Rückgliederung des Saargebietes bis 1935. – Saarbrücken: Minerva-Verl. [in. Komm.] 1973. 275 S.
*(Veröffentlichungen der Kommission für saarländische Landesgeschichte und Volksforschung. 6.)*

**Jäger,** Herbert: Verbrechen unter totalitärer Herrschaft. Studien zur nationalsozialistischen Gewaltkriminalität. — Freiburg: Walter 1967. 388 S.
*(Texte und Dokumente. Zeitgeschichte.)*

**Johe,** Werner: Die gleichgeschaltete Justiz. Organisation des Rechtswesens und Politisierung der Rechtsprechung 1933—1945, dargest. am Beispiel des Oberlandesgerichts Hamburg. — Frankfurt a.M.: Europ. Verl. Anst. (1967). 258 S.
*(Veröffentlichungen der Forschungsstelle für die Geschichte des Nationalsozialismus in Hamburg. 5.)*

**Junker,** Heinrich: Die Wandlung der deutschen Gesetzessprache in den Jahren 1933—1945. — o. O. (1950). IV, 85 gez. Bl. [Maschinenschr.]
*Tübingen, rechts- u. staatswiss. Diss. 24. Juni 1950.*

**Kiekton,** Wolfgang: Bedeutung des Adhäsions-Verfahrens der Novelle vom 29. 5. 1943. — o. O. (1947). X, 103 gez. B. [Maschinenschr.]
*Bonn, rechts- u. staatswiss. Diss. 13. Mai 1947.*

**Kirchheimer,** Otto: Die Rechtsordnung des Nationalsozialismus. — In: Krit. Justiz 4 (1971), 356—370.

**Kirchheimer,** Otto: Staatsgefüge und Recht des Dritten Reiches. - In: Krit. Justiz 9 (1976), 33–59.

**Kirschenmann,** Dietrich: „Gesetz" im Staatsrecht und in der Staatsrechtslehre des NS. — Berlin: Duncker & Humblot (1970). 143 S.
*(Schriften zum Öffentlichen Recht. 135.)*
*Diss., Universität Tübingen.*

**Knoll,** Kurt: Der Geltungsbereich des Grundsatzes „ne bis in idem" im Strafrecht. (Unter besond. Berücksichtigung d. Rechtsprech. d. Reichsgerichts seit 1880, sowie von Gesetzgebung, Schrifttum u. Rechtsprechung der Jahre 1933—1945.) — o. O. 1950. VIII, 157 gez. Bl. [Maschinenschr.]
*Tübingen, rechts- u. wirtschaftswiss. Diss. 17. März 1950.*

**Koch,** Horst-Adalbert: Zur Organisationsgeschichte der Deutschen Polizei 1927—1939. — In: Feldgrau 5 (1957), 141—143 und 168—173; 6 (1958), 20—25, 58—61, 88—90, 111—113, 151—153 und 180—183.

**Koch,** Jürgen Reinhard: Die Todesstrafe unter nationalsozialistischer Strafrechtsherrschaft. — o. O. 1948. 101 gez. Bl. [Maschinenschr.]
*Heidelberg, jur. Diss. 2. Juni 1949.*

**Koppel,** Wolfgang: Justiz im Zwielicht. Dokumentation. NS-Urteile, Personalakten, Katalog beschuldigter Juristen. — Karlsruhe (1963): Selbstverl. 189 S.

**Külz,** Helmut R.: Verwaltungskontrolle unter dem Nationalsozialismus. — In: Krit. Justiz 2 (1969), 367—378.

**Langgärtner,** Karl: Maßnahmen der Sicherung und Besserung. ‹Art. 2 des Gesetzes gegen gefährliche Gewohnheitsverbrecher und über Maßnahmen der Sicherung und Besserung vom 24. November 1933.› Ein geschichtlicher Rückblick und ein Bericht auf Grund von Erfahrungen der Heil- und Pflegeanstalt Haar bei München. — München 1949. 72 gez. Bl. [Maschinenschr.]
*München, med. Diss. 5. Dez. 1949.*

**Leiser,** Wolfgang: „Im Namen des Volkes!" Eine Formel und ihre Geschichte. — In: Vjschr. Soz.- u. Wirtschaftsgesch. 55 (1968/69), 501—515.

**Lengemann,** Rolf: Höchstrichterliche Strafgerichtsbarkeit unter der Herrschaft des Nationalsozialismus. - Marburg 1974: Mauerberger. XIII, 116 S.
*Marburg, jur. Diss. vom 8. Februar 1974.*
[Maschinenschr. hektogr.]

**Leonhard,** Götz: Die vorbeugende Verbrechensbekämpfung im nationalsozialistischen Staat und ihre Lehren für die Zukunft. — o. O. 1952. 105 gez. Bl. [Maschinenschr.]
*Mainz, rechts- u. wirtschaftswiss. Diss. 12. Oktober 1952.*

**Leuschner,** Joachim: Zum Problem des Rechtsstaates. „Machtergreifung" und Rechtsstaatlichkeit 1933/34. - In: Festschrift für Hermann Heimpel zum 70. Geburtstag. Göttingen: Vandenhoeck & Ruprecht 1972. Bd 3, 475-497.

**Lohner,** Robert: Die Amnestien des deutschen Rechtes, insbesondere von 1933—1939. — o. O. 1946. IX, 114 gez. B . [Maschinenschr.]
*Tübingen, rechts- u. staatswiss. Diss. 28. Aug. 1946*

**Matzerath,** Horst: Nationalsozialismus und kommunale Selbstverwaltung. — Stuttgart: Kohlhammer (1970). 503 S.
*(Schriftenreihe des Vereins für Kommunalwissenschaften, Berlin. 29.)*
*Zugl. phil. Diss. Berlin.*

**Męclewski,** Alojzy: Neugarten 27. Z dziejów gdańskiego gestapo. — Warszawa: Ministerstwo Obrony narodowej 1974. 428 S.

**Meier**-Scherling: Die Benachteiligung der Juristin zwischen 1933 und 1945. - In: Dtsch. Richterztg. 53 (1975), H. 1, 10-13.

**Meister,** Johannes: Polizeiliches Jugendschutzlager. ⟨1940—1945.⟩ Vorbeugungshaft. — (Kiesberg [b. Schwäbisch Hall: Selbstverl. 1969].) 60 S.

**Mommsen,** Hans: Beamtentum im Dritten Reich. Mit ausgewählten Quellen zur nationalsozialistischen Beamtenpolitik. — Stuttgart: Dtsch. Verl. Anst. (1966). 246 S.
*(Schriftenreihe der Vierteljahrshefte für Zeitgeschichte. 13.)*

**Mommsen,** Hans: Ein Erlaß Hitlers zur Bekämpfung der Korruption in der inneren Verwaltung vom Dezember 1944. — In: Vjh. Zeitgesch. 16 (1968), 295—309.

**Pappe,** H. O.: On the validity of judicial decisions in the Nazi era. — In: Mod. Law Rev. 23 (1960), 260—274.

**Plum,** Günter: Staatspolizei und innere Verwaltung 1934—1936. — In: Vjh. Zeitgesch. 13 (1965), 191—224.

**Pruck,** Erich: Heydrichs SD. Die nationalsozialistische Geheimpolizei. — In: Polit. Studien 10 (1959), 442—448.

**Ramm,** Thilo: Eherecht und Nationalsozialismus. – In: Klassenjustiz und Pluralismus. Festschrift für Ernst Fraenkel zum 75. Geburtstag am 26. Dezember 1973. (Hamburg:) Hoffmann & Campe (1973), 151-166.

**Ramm,** Thilo: Nationalsozialismus und Arbeitsrecht. — In: Krit. Justiz 1 (1968), 108—120.

**Ramme,** Alwin: Der Sicherheitsdienst der SS. Zu seiner Funktion im faschistischen Machtapparat und im Besatzungsregime des sog. Generalgouvernements Polen. — (Berlin:) Dtsch. Militärverl. (1970). 324 S.
*(Militärhistorische Studien. N.F. 12.)*

**Richterbriefe.** Dokumente zur Beeinflussung der deutschen Rechtsprechung 1942-1944. Hrsg. von Heinz Boberach. – Boppard: Boldt (1975). XXVIII, 515 S.
*(Schriften des Bundesarchivs. 21.)*

**Robinsohn,** Hans: Justiz als politische Verfolgung. Die Rechtsprechung in „Rassenschandefällen" beim Landgericht Hamburg 1936-1943. – Stuttgart: Dtsch. Verl.-Anst. (1977). 167 S.
*(Schriftenreihe der Vierteljahrshefte für Zeitgeschichte. 35.)*

**Rösler,** Ingo: Anteil und Rolle der politischen Justiz bei der Entstehung des Hitlerfaschismus. — o. O. 1956. V, 164 gez. Bl. [Maschinenschr.]
*Berlin, Humboldt-Univ., jur. Diss. 29. Juni 1956.*

R[othfels], H[ans]: Promemoria eines bayerischen Richters zu den Juni-Morden 1934. — In: Vjh. Zeitgesch. 5 (1957), 102—104.

Rüthers, Bernd: Die unbegrenzte Auslegung. Zum Wandel der Privatrechtsordnung im Nationalsozialismus. — Tübingen: Mohr 1968. XX, 496 S.
*Zugl. rechts- u. staatswiss. Habil.-Schrift Münster.*

Ryszka, Franciszek: The principle of leadership in the legislation of the Nazi Third Reich. — In: Polish Western Aff. 3 (1962), 261—293.

Saurel, Louis: La Gestapo. Préf. d'Alain Decaux. — Paris: Rouff 1967. 200 S.
*(Dossier de l'histoire. 11.)*

Schärer, Martin R.: Deutsche Annexionspolitik im Westen. Die Wiedereingliederung Eupen-Malmedys im Zweiten Weltkrieg. — Frankfurt a. M.: Lang 1975. 358 S.
*(Europäische Hochschulschriften. Reihe 3. Gesch. u. ihre Hilfswiss. 38.)*

Scheffler, Wolfgang: Zur Praxis der SS- und Polizeigerichtsbarkeit im Dritten Reich. — In: Klassenjustiz und Pluralismus. Festschrift für Ernst Fraenkel zum 75. Geburtstag am 26. Dezember 1973, (Hamburg:) Hoffmann & Campe (1973), 224–256.

Schier, Wolfgang: Die Justiz im totalitären Staat. Erläutert an der Rechtsauffassung des nationalsozialistischen Staates. — In: Gesch. Wiss. Unterr. 11 (1960), 661—681.

Schier, Wolfgang: Rechtsschein und Rechtswirklichkeit unter der nationalsozialistischen Herrschaft. 2 Vorträge. — Würzburg: Werkbund-Verl. (1961). 66 S.
*(Beiträge zur politischen Bildung. 5.)*

Schmid, Richard: Über die politische Haltung der Richterschaft seit Weimar. — In: Freiheit u. Recht 9 (1963), H. 11, 6—13.

Schneider, Peter: Rechtssicherheit und richterliche Unabhängigkeit aus der Sicht des SD. — In: Vjh. Zeitgesch. 4 (1956), 399—422.

Schorn, Hubert: Die Gesetzgebung des Nationalsozialismus als Mittel der Machtpolitik. — Frankfurt a. M.: Klostermann (1963). 175 S.

Schorn, Hubert: Der Richter im Dritten Reich. Geschichte und Dokumente. — Frankfurt a. M.: Klostermann (1959). 742 S.

Schwab, Dieter: Zum Selbstverständnis der historischen Rechtswissenschaft im Dritten Reich. — In: Krit. Justiz 2 (1969), 58—70.

Schweling, Otto Peter: Die deutsche Militärjustiz in der Zeit des Nationalsozialismus. Berab., eingel. u. hrsg. von Erich Schwinge. 2. Aufl. — Marburg: Elwert 1978. XVI, 408 S.

Seiffert, Werner: Welche sachlich bedeutsamen Vorschriften des Reichsjugendgerichtsgesetzes vom 6. November 1943 sind nach heutigem Recht nicht mehr anwendbar? — o. O. 1950. XXIV, 107 gez. Bl. [Maschinenschr.]
*Tübingen, rechts- u. wirtschaftswiss. Diss. 25. Aug. 1950.*

Sondergerichte im 3. Reich. (Dokumente.) — (Nürnberg: Publizist. Archiv um 1966.) 80 Bl.
*(Chronica. Folge 13.)*

Staff, Ilse [Hrsg.]: Justiz im Dritten Reich. Eine Dokumentation. — (Frankfurt a. M.:) Fischer Bücherei (1964.) 265 S.
*(Fischer Bücherei. 559.)*

Stolleis, Michael: Gemeinwohlformeln im nationalsozialistischen Recht. — Berlin: Schweitzer 1974. XXV, 515 S.
*(Münchner Universitätsschriften. Abhandlungen zur rechtswissenschaftlichen Grundlagenforschung. 15.)*
*Jur. Habil.-Schr., Universität München.*

Sweet, William: Der Volksgerichtshof, 1934–45. - In: J. mod. Hist. 46 (1974), 314–529.

Umbreit, Hans: Deutsche Militärverwaltungen 1938/39. Die militärische Besetzung der Tschechoslowakei und Polens. - Stuttgart: Dtsch. Verl.-Anst. 1977. 296 S.
*(Beiträge zur Militär- und Kriegsgeschichte. 18.)*

Wagner, Walter: Braune Rechtsprechung. Politische Justiz im „Dritten Reich". — In: Polit. Meinung 6 (1961), H. 67, 41—55.

Wagner, Walter: Der Volksgerichtshof im nationalsozialistischen Staat. — Stuttgart: Dtsch. Verl.-Anst. 1974. 991 S.
*(Die deutsche Justiz und der Nationalsozialismus. 3.)*
*(Quellen und Darstellungen zur Zeitgeschichte. 16.)*

Weinkauff, Hermann: Die deutsche Justiz und der Nationalsozialismus. Ein Überblick. Albrecht Wagner: Die Umgestaltung der Gerichtsverfassung und des Verfahrens- und Richterrechts im nationalsozialistischen Staat. — Stuttgart: Dtsch. Verl. Anst. 1968. 382 S.
*(Die deutsche Justiz und der Nationalsozialismus. 1.)*
*(Quellen und Darstellungen zur Zeitgeschichte. 16.)*

Wenzel, Alfons: Die Machterweiterung und Machtverminderung der Staatsanwaltschaft in der Zeit von 1933 bis 1945. — o. O. 1949. XX, 142 gez. Bl. [Maschinenschr.]
*Tübingen, rechts- u. staatswiss. Diss. 19. Juli 1949.*

## Wehrwesen

Absolon, Rudolf: Wehrgesetz und Wehrdienst 1935—1945. Das Personalwesen in der Wehrmacht. — (Boppard a. Rh.: Boldt 1960.) XVI, 430 S.
*(Schriften des Bundesarchivs. 5.)*

Absolon, Rudolf: Die Wehrmacht im Dritten Reich. — (Boppard: Boldt.) 1. 30. Januar 1933—2. August 1934. Mit e. Rückblick auf d. Militärwesen in Preußen, im Kaiserreich u. in d. Weimarer Republik. 1969. XV, 445 S.
*(Schriften des Bundesarchivs. 16,1.)*

Absolon, Rudolf: Die Wehrmacht im Dritten Reich. — (Boppard: Boldt.) 2. 30. Januar 1933—2. August 1934. ⟨Fortsetzung.⟩ Mit e. Rückblick auf d. Militärwesen in Preußen, im Kaiserreich u. in d. Weimarer Republik. 1971. XIV, 601 S.
*(Schriften des Bundesarchivs. 16,2.)*

# DEUTSCHE GESCHICHTE

**Absolon,** Rudolf: Die Wehrmacht im Dritten Reich. – (Boppard: Boldt.) 3. 3. August 1934 bis 4. Februar 1938. 1975. XVIII, 535 S.
*(Schriften des Bundesarchivs. 16.)*

**Adler-**Bresse, Marcelle: Jugements allemands sur la Wehrmacht. — In: Rev. Hist. deux. Guerre mond. 6 (1956), H. 22, 10—22.

**Aretin,** Karl Otmar Frhr. von: Der Eid auf Hitler. Eine Studie zum moralischen Verfall des Offizierkorps der Reichswehr. — In: Polit. Studien 7 (1956), H. 79, 1—19.

**Aretin,** Karl Otmar Frhr. von: Die deutschen Generale und Hitlers Kriegspolitik. — In: Polit. Studien 10 (1959), 569—583.

**Assmann,** Kurt: Hitler and the German officer corps. — In: US Naval Inst. Proceed., Mai 1956, 509—521.

**Barthel,** Rolf: Rüstungswirtschaftliche Forderungen der Reichswehrführung Juni 1934. — In: Z. Militärgesch. 9 (1970), 83—92.

**Baum,** Walter: Die Reichswehr und das Wehrpolitische Amt der Nationalsozialistischen Deutschen Arbeiterpartei. — In: Allgem. Schweiz. Militärzschr. 131 (1965), 345—351.

**Berghahn,** Volker R.: NSDAP und „Geistige Führung" der Wehrmacht 1939—1945. — In: Vjh. Zeitgesch. 17 (1969), 17—71.

**Berghahn,** Volker R.: Wehrmacht und Nationalsozialismus. — In: Neue pol. Lit. 15 (1970), 44—52.
Literaturbericht.

**Bernhardt,** Walter: Die deutsche Aufrüstung 1934—1939. Militärische und politische Konzeptionen und ihre Einschätzung durch die Alliierten. Mit e. Vorw. von Michael Freund. — Frankfurt a.M.: Bernard & Graefe 1969. 179 S.

**Besson,** Waldemar: Zur Geschichte des nationalsozialistischen Führungsoffiziers (NSFO). — In: Vjh. Zeitgesch. 9 (1961), 76—116.

**Bidlingmaier,** Gerhard: Die strategischen und operativen Überlegungen der Marine 1932—1942. — In: Wehrwiss. Rdsch. 13 (1963), 312—331.

**Böckmann,** Herbert von: Die Wandlung des deutschen Soldaten. — Berlin, Darmstadt, Bonn: Mittler 1951. 79 S.

**Boeninger,** Hildegard: Hitler and the German generals. — In: J. Centr. Europ. Aff. 14 (1954/55), 19—37.

**Bräckow,** Werner: Die Geschichte des deutschen Marineingenieurkorps. – Oldenburg: Stalling 1974. 387 S.

**Buchheit,** Gert: Der deutsche Geheimdienst. Geschichte d. militärischen Abwehr. — München: List (1966). 494 S.

**Buchheit,** Gert: Soldatentum und Rebellion. Die Tragödie der deutschen Wehrmacht. — Rastatt/Baden: Grote (1961). X, 509 S.

**Burdick,** Charles Burton: German military planning for the war in the west, 1935—1940. — VII, 299 gez. Bl.
*Stanford University, Thesis (1955).*
*(University Microfilms, Ann Arbor, Mich. Publication 11168.)*

**Burdick,** Charles: Die deutschen militärischen Planungen gegenüber Frankreich 1933—1938. — In: Wehrwiss. Rdsch. 6 (1956), 678—685.

**Busch,** Eckart: Das Reichsverteidigungsgesetz vom 21. Mai 1935. — In: Wehrwiss. Rdsch. 10 (1960), 613—618.

**Carroll,** Berenice A.: Design for total war. Arms and economics in the Third Reich. — The Hague: Mouton 1968. 311 S.
*(Studies in European History. 17.)*

**Carsten,** F. L.: The German generals and Hitler. — In: History today 8 (1958), 556—564.

**Castellan,** Georges: Choix de documents sur le Konzern Krupp et le réarmement de l'Allemagne 1918—1943.
*Paris, Faculté des Lettres, Thèse. 22. März 1952.*

**Castellan,** Georges: Le réarmement clandestin du Reich (1930—1935) vu par le deuxième bureau de l'Etatmajor.
*Paris, Faculté des Lettres, Thèse. 22. März 1952.*

**Demeter,** Hans und Gerhard von Seemen: Friedensgliederung und Standorte des deutschen Heeres. Stand 1. März 1939. — In: Feldgrau 1 (1953), 33—34, 52—55 und 67—69.

**Demeter,** Hanns und Gerhard von Seemen: Friedensgliederung und Standorte des deutschen Heeres. Stand 1. März 1939. — In: Feldgrau 1 (1953), 99—105; 2 (1954), 16—18.

**Demeter,** Hanns und Gerhard von Seemen: Friedensgliederung und Standorte des deutschen Heeres. Stand 1. März 1939. — In: Feldgrau 2 (1954), 38—40, 62—66, 91—94, 109—112 und 145—147.

**Demeter,** Hans und Gerhard von Seemen: Friedensgliederung und Standorte des deutschen Heeres. Stand 1. März 1939. — In: Feldgrau 3 (1955), 19—21, 40—42, 57—58 und 91—93.

**Deutsch,** Harold C.: Das Komplott oder Die Entmachtung der Generale [Hitler and his generals, dt.] Blomberg- und Fritsch-Krise. Hitlers Weg zum Krieg. (Aus d. Amerikan. von Burkhardt Kiegeland.) – [Konstanz:] Neue Diana Press (1974). 462 S.

**Einbeck,** Eberhard: Das Exempel Graf Sponeck. Ein Beitrag zum Thema Hitler und die Generale. — Bremen: Schünemann (1970). 81 S.

**Eyermann,** Karl-Heinz: Der große Bluff. Aus Geheimarchiven der deutschen Luftfahrt. — Berlin: Transpress, VEB Verl. f. Verkehrswesen (1963). 376 S.

**Foerster,** Wolfgang: Zur geschichtlichen Rolle des preußisch-deutschen Generalstabes. Kommentare zu dem Werk von Walter Görlitz. — In: Wehrwiss. Rdsch. 1 (1951), H. 8, 7—20.

**Foertsch,** Hermann: Noch einmal: Der Fall Fritsch. — In: Notweg 4 (1952), H. 12, 5.

**Foertsch,** Hermann: Schuld und Verhängnis. Die Fritsch-Krise im Frühjahr 1938 als Wendepunkt in der Geschichte der nationalsozialistischen Zeit. — Stuttgart: Deutsche Verlags-Anstalt (1951). 239 S.
*(Veröffentlichungen des Deutschen Instituts für Geschichte der nationalsozialistischen Zeit. 1.)*

**Fraueneinsatz** im Kriege. Schwestern und Helferinnen im Gefolge der Wehrmacht. 1. Teil (Heer). Grundlegende Gesetze, Verordnungen und Erlasse. Bearb. im Personenstandsarchiv II des Landes Nordrhein-Westfalen Kornelimünster. — (Kornelimünster 1953: Coir.) 64 S.

**Gembruch**, Werner: Zur Gleichschaltung der bewaffneten Macht unter der Herrschaft des Nationalsozialismus. — In: Wehrwiss. Rdsch. 8 (1958), 81—92.
Dazu die Bemerkungen von Hans Doerr, ebenda, 230—231.

**Gliederung** und Feldpostnummern-Übersicht der Straf-, Bewährungs- und Erziehungseinheiten und -einrichtungen in der früheren deutschen Wehrmacht. Bearb. im Personenstandsarchiv II des Landes Nordrhein-Westfalen Kornelimünster. — (Kornelimünster: Personenstandsarchiv II 1953.) 20 S.

**Görlitz**, Walter: Der deutsche Generalstab. Geschichte und Gestalt. (Gekürzte Neufassung.) — Frankfurt a. M.: Verl. d. Frankf. Hefte 1953. 356 S.

**Hadeler**, Wilhelm: Die Flugzeugträger in der deutschen Marine von 1934 bis 1945. — In: Marine-Rdsch. 53 (1956), 162—169.

**Heereseinteilung** 1939. Gliederung, Standorte und Kommandeure sämtlicher Einheiten und Dienststellen des Friedensheeres am 3. 1. 1939 und der Kriegsgliederung vom 1. 9. 1939. Hrsg. von Friedrich Stahl. — Bad Nauheim: Podzun 1954. 210 S.

**Herzfeld**, Hans: Das Problem des deutschen Heeres 1919—1945. — Schloß Laupheim/Württ.: Steiner 1952. 24 S.
*(Geschichte und Politik. 6.)*

**Hoßbach**, Friedrich: Zwischen Wehrmacht und Hitler 1934—1938. 2., durchges. Aufl. — Göttingen: Vandenhoeck & Ruprecht (1965). 199 S.

**Jürgens**, Hans: Die Flakartillerie von 1935 bis 1939. — In: Feldgrau 1 (1953), 57—58 und 70—72.

**Jürgens**, Hans: Die Flakartillerie 1935—1939. — In: Feldgrau 1 (1953), 93—96; 2 (1954), 9—11.

**Keilig**, Wolf [Bearb.]: Wenn Beweispapiere fehlen. Handbuch der bisher erfaßten Personalunterlagen der ehemaligen Deutschen Wehrmacht. Hrsg. vom Verband dt. Soldaten/Bund der Berufssoldaten, Hauptgeschäftsstelle Bonn. — (München: Schild-V.) 1953. 96 S.

**Keilig**, Wolf [Bearb.]: Wenn Beweispapiere fehlen. Handbuch der bisher erfaßten Personalunterlagen der ehemaligen Deutschen Wehrmacht. Hrsg. vom Verband Deutscher Soldaten Bonn. 2. erw. Aufl. — (München: Schild-Verlag) 1954. 150 S.

**Kens**, Karlheinz und Heinz Joachim Nowarra: Die deutschen Flugzeuge 1933—1945. Deutschlands Luftfahrt-Entwicklungen bis zum Ende des 2. Weltkrieges. — München: Lehmann 1961. 816 S., 693 Abb.

**Koch**, Horst Adalbert: Beiträge zur Organisationsgeschichte der deutschen Luftwaffe 1933—1945. — In: Feldgrau 3 (1955), 42—43.

**Koch**, Horst-Adalbert: Die Entwicklung der deutschen Fallschirmtruppen. — In: Luftwaffenring 1955, H. 2, 8—9.
Dazu weitere Ergänzungen, ebenda, H. 4, 7—8 (Jakoby) und H. 5, 9—10 (Koch).

**Koch**, Horst-Adalbert: Die organisatorische Entwicklung der deutschen Panzertruppe 1935—1945. — In: Feldgrau 2 (1954), 69—74, 101—104 und 133—137; 3 (1955), 16—18, 38—39, 56—57, 96 und 124.

**Koch**, Horst-Adalbert: Die organisatorische Entwicklung des „Regiment General Göring". — In: Feldgrau 3 (1955), 121—122.

**Koch**, Horst Adalbert: Flak. Die Geschichte der deutschen Flakartillerie 1935—1945. — Bad Nauheim: Podzun 1954. 244 S.

**Koch**, Horst-Adalbert: Die Friedensstärke der deutschen Wehrmacht im Sommer 1939. — In: Feldgrau 8 (1960), 135—138.

**Koch**, Horst-Adalbert: Legion Condor. Deutsche Soldaten im Kampf für Europa. — In: Luftwaffenring 1955, H. 6, 8—9.

**Koch**, Horst Adalbert: Zur Organisationsgeschichte der Luftwaffe. — In: Luftwaffenring 1954, H. 12, 6—7; 1955, H. 1, 7; H. 2, 7; H. 3, 7—8; H. 4, 6—10; H. 5, 6—9.

**Koch**, Horst-Adalbert: Zur Organisationsgeschichte der deutschen Luftwaffe (1935—1945). — Celle: [Schweiger & Pick] 1955. 24 S.
*(Feldgrau. Sonderh. 6.)*

**Koch**, Horst-Adalbert: Regiment „General Göring" (Luftwaffe). — In: Feldgrau 5 (1957), 119—120.

**Koch**, Horst-Adalbert: Die Verbände der deutschen Fallschirmtruppe. — In: Luftwaffenring 1955, H. 11, 10.

**Kozaczuk**, Wladyslaw: Wehrmacht, 1933—1939. Rozbudowa sił zbrojnych Trzeciej Rzeszy jako narzędzie presji, ekspansji terytorialnej i wojny. — Warszawa: Ministerstwo Obrony narodowej 1978. 464 S.

**Leeb**, Emil: Aus der Rüstung des Dritten Reiches. Das Heereswaffenamt 1938—1945. — Berlin, Frankfurt a. M.: Mittler 1958. 68 S.

**Meinck**, Gerhard: Hitler und die deutsche Aufrüstung 1933—1937. — Wiesbaden: Steiner 1959. VIII, 246 S.

**Messerschmidt**, Manfred: Aspekte der Militärseelsorgepolitik in nationalsozialistischer Zeit. — In: Militärgesch. Mitt. 1968, H. 1, 63—105.

**Messerschmidt**, Manfred: Die Wehrmacht im NS-Staat. Zeit der Indoktrination. Mit e. Einf. von Johann Adolf Graf Kielmansegg. — Hamburg: v. Decker (1969). XIX, 519 S.
*(Truppe und Verwaltung. 16.)*

**Moll**, Otto E.: Die deutschen Generalfeldmarschälle. 1935—1945. Bearb.: Wolfgang W. Marek. — (Rastatt/Baden:) Pabel (1961). 272 S.

**Müller**, Klaus-Jürgen: Das Heer und Hitler. Armee und nationalsozialistisches Regime 1933—1940. — Stuttgart: Dtsch. Verl. Anst. 1969. 711 S.
*(Beiträge zur Militär- und Kriegsgeschichte. 10.)*

**Müller**, Klaus-Jürgen: Reichswehr und „Röhm-Affäre". Aus den Akten des Wehrkreiskommandos (Bayer.) VII. — In: Militärgesch. Mitt. 1968, H. 1, 107—144.

**Müller**-Brandenburg, Hermann: Der preußische Generalstab. Unsere Antwort an die Kritiker im amerikanischen Kongreß. — In: Europ. Wehr-Korrespondenz 2 (1953), Nr. 29, 1—3.

**Mueller**-Hillebrand, Burkhart: Das Heer 1933—1945. Entwicklung des organisatorischen Aufbaues. Mit einem Geleitwort von Franz Halder. — Darmstadt: Mittler.
 1. Das Heer bis Kriegsbeginn. 1954. 200 S.

**Mueller**-Hillebrand, Burkhart: Das Heer 1933—1945. Entwicklung des organisatorischen Aufbaues. — Darmstadt: Mittler.
 2. Die Blitzfeldzüge 1939—1941. 1956. 194 S.

**Mueller**-Hillebrand, Burkhart: Das Heer 1933—1945. Entwicklung des organisatorischen Aufbaues. — Frankfurt a. M.: Mittler.
 3. Der Zweifrontenkrieg. Das Heer vom Beginn des Feldzuges gegen die Sowjetunion bis zum Kriegsende. (1969). 325 S.

**O'Neill**, Robert J.: The German army and the Nazi Party 1933—1939. Forew. by Basil Liddell Hart. — London: Cassell (1966). 286 S.

**Overy**, R. J.: Transportation and rearmament in the Third Reich. — In: Hist. J. 16 (1973), 389-409.

**Pechel**, Rudolf: Diese Generäle und wir. — In: Dtsch. Rdsch. 77 (1951), 1057—1064.

**Picht**, Werner: Schuld oder Verhängnis? Die Generäle im Dritten Reich. — In: Wort und Wahrheit 7 (1952), 606—612.

**Podzun**, Hans-Henning [Hrsg.]: Das deutsche Heer 1939. Gliederung, Standorte, Stellenbesetzung und Verzeichnis sämtlicher Offiziere am 3. Januar 1939. — Bad Nauheim: Podzun 1953. XII, 1016, 111 S.

**Pohlmann**, Hartwig: Das XII. Armeekorps von 1936 bis 1939. — In: Feldgrau 1 (1953), 17—20 und 34—36.

**Pribilla**, Max: Die Fritsch-Krise 1938 als deutsche Schicksalswende. — In: Stimmen d. Zeit 77 (1951/52), 206—213.

**Priller**, Josef: Geschichte eines Jagdgeschwaders. Das J. G. 26 (Schlageter) von 1937 bis 1945. Bearb. von Hans Otto Böhm. — Heidelberg: Vowinckel 1956. 396 S.

**Rangliste** des Deutschen Heeres 1944. Dienstaltersliste T der Generale und Stabsoffiziere nach dem Stande vom 1. 5. 1944 und Stellenbesetzung der Kommandobehörden und Divisionen am 10. 6. 1944. — Bad Nauheim: Podzun 1954. 260 S.

**Rangliste** der deutschen Luftwaffe vom 20. April 1945. Teil A I: Aktive Offiziere der Fliegertruppe, Flakartillerie, und Luftnachrichtentruppe. Bd 1: Generale, Stabsoffiziere und Hauptleute mit alphabetischem Namensverzeichnis. — Kornelimünster: Personenstandsarchiv II 1954. 363 S.

**Salewski**, Michael: Marineleitung und politische Führung 1931—1935. — In: Militärgesch. Mitt. 1971, H. 2, 113—158.

**Salewski**, Michael: Die deutsche Seekriegsleitung 1935—1945. [In 2 Bdn.] — Frankfurt a. M.: Bernard & Graefe.
 1. 1935—1941. 1970. XIII, 595 S.

**Salewski**, Michael: Die deutsche Seekriegsleitung 1935-1945. - München: Bernard & Graefe.
 2. 1942-1945. 1975. IX, 701 S.

**Salewski**, Michael: Die deutsche Seekriegsleitung 1935-1945. — Frankfurt a. M.: Bernard & Graefe.
 3. Denkschriften und Lagebetrachtungen 1938-1944. Hrsg. mit Unterstützung des Militärgeschichtlichen Forschungsamtes. 1973. 411 S.

**Schickel**, Alfred: Wehrmacht und SS. Eine Untersuchung über ihre Stellung in den Planungen der nationalsozialistischen Führer. — In: Gesch. Wiss. Unterr. 21 (1970), 581—606.

**Schneider**, Erich: Waffenentwicklung. Erfahrungen im deutschen Heereswaffenamt. — In: Wehrwiss. Rdsch. 3 (1953), 24—35.

**Schüddekopf**, Otto-Ernst: Die Wehrmacht im Dritten Reich. 1934—1945. — (Isernhagen-Hannover 1961: Jacob.) 56 S.
*(Schriftenreihe der Niedersächsischen Landeszentrale für Politische Bildung. Zeitgeschichte. 2.)*

**Siegler**, Fritz Frhr. von: Die höheren Dienststellen der deutschen Wehrmacht 1933—1945. — (München: Institut für Zeitgeschichte 1953.) 155 S.

**Siewert**, Curt: Schuldig? Die Generale unter Hitler. Stellung und Einfluß der hohen militärischen Führer im nationalsozialistischen Staat. Das Maß ihrer Verantwortung und Schuld. — Bad Nauheim: Podzun 1968. 190 S.

Die **Sondereinheiten** in der früheren deutschen Wehrmacht. (Straf-, Bewährungs- u. Erziehungseinrichtungen.) Bearb. v. Personenstandsarchiv II des Landes Nordrhein-Westfalen Kornelimünster. — (Kornelimünster 1952: Coir.) 80 S.

**Spalcke**, Karl: Gespräche in Moskau. Die Reichswehr und die Rote Armee im Jahre 1936. — In: Gegenwart 13 (1958), 398—400.

**Stumpf**, Reinhard: Die Luftwaffe als drittes Heer. Die Luftwaffen-Erdkampfverbände und das Problem der Sonderheere 1933 bis 1945. — In: Soziale Bewegung und politische Verfassung, Stuttgart: Klett (1976), 857-894.

**Taylor**, Telford: Sword and swastika. The Wehrmacht in the Third Reich. — London: Gollancz 1953. 413 S.

**Tessin**, Georg: Formationsgeschichte der Wehrmacht 1933—1939. Stäbe und Truppenteile des Heeres und der Luftwaffe. — (Boppard a. Rh.: Boldt 1959.) VIII, 266 S.
*(Schriften des Bundesarchivs. 7.)*

**Thomas**, Georg: Geschichte der deutschen Wehr- und Rüstungswirtschaft (1918—1943/45). Hrsg. von Wolfgang Birkenfeld. — (Boppard a. Rh.: Boldt 1966.) 552 S.
*(Schriften des Bundesarchivs. 14.)*

**Urbano**, Giuseppe: I generali del Terzo Reich. — Milano: De Vecchi 1967. 462 S.

Die **Verbände** der Luftwaffe 1935-1945. Gliederungen und Kurzchroniken. Eine Dokumentation. Unter Mitarb. der Männer aller Truppenteile der Luftwaffe u. der Stiftung „Luftwaffenehrenmal e. V." hrsg. von Wolfgang Dierich. - Stuttgart: Motorbuch Verl. (1976). 703 S.

**Völker,** Karl-Heinz: Dokumente und Dokumentarfotos zur Geschichte der deutschen Luftwaffe. Aus d. Geheimakten d. Reichswehrministeriums 1933—1939 und d. Reichsluftfahrtministeriums 1933—1939.—Stuttgart: Dtsch. Verl. Anst. 1968. 489 S.
*(Beiträge zur Militär- und Kriegsgeschichte. 9.)*

**Völker,** Karl-Heinz: Die deutsche Luftwaffe 1933—1939. Aufbau, Führung u. Rüstung d. Luftwaffe sowie d. Entwicklung d. deutschen Luftkriegstheorie. — Stuttgart: Dtsch. Verl. Anst. 1967. 334 S.
*(Beiträge zur Militär- und Kriegsgeschichte. 8.)*

**Watzdorf,** Bernhard: Die getarnte Ausbildung von Generalstabsoffizieren der Reichswehr von 1932 bis 1935. — In: Z. Militärgesch. 2 (1963), 78—87.

**Wehrmacht** und Politik 1933—1945. Dokumente mit verbindendem Text. Bearb. von Günther Frede und Otto-Ernst Schüddekopf. — (Braunschweig: Limbach 1952.) 62 S.
*(Beiträge zur Geschichte der jüngsten Vergangenheit. 3.)*

**Weinberg,** Gerhard L.: Adolf Hitler und der NS-Führungsoffizier ⟨NSFO⟩. — In: Vjh. Zeitgesch. 12 (1964), 443—456.

### Außenpolitik

#### Allgemeines

**Abendroth,** Hans-Henning: Hitler in der spanischen Arena. Die deutsch-spanischen Beziehungen im Spannungsfeld der europäischen Interessenpolitik vom Ausbruch des Bürgerkrieges bis zum Ausbruch des Weltkrieges 1936-1939. — Paderborn: Schöningh (1973). 411 S.
*(Sammlung Schöningh zur Geschichte und Gegenwart.)*

**Aigner,** Dietrich: Hitler und die Weltherrschaft. – In: Nationalsozialistische Außenpolitik, Darmstadt: Wiss. Buchgesellsch. 1978, 49-69.

**Aigner,** Dietrich: Das Ringen um England. Das deutsch-britische Verhältnis. Die öffentliche Meinung 1933—1939. Tragödie zweier Völker. [Nebst:] Anm.-Bd. — München: Bechtle (1969). 444 S.
*Diss., Tübingen.*

**Akten** zur deutschen auswärtigen Politik 1918—1945. (Aus d. Archiv d. Auswärtigen Amts.) — Göttingen: Vandenhoeck & Ruprecht.
Serie C: 1933—1937. Das Dritte Reich. Die ersten Jahre. Bearb. d. dtsch. Ausg.: Franz Knipping.
1,1. 30. Januar—15. Mai 1933. 1971. LXXVIII, 434 S.
1,2. 16. Mai—14. Oktober 1933. 1971. S. 435—979.
2,1. 14. Oktober 1933 bis 31. Januar 1934. 1973. LXXVII, 432 S.
2,2. 1. Februar bis 13. Juni 1934. 1973. S. 433—941.
3,1. 14. Juni bis 31. Oktober 1934. 1973. XCIV, 540 S.
3,2. 1. November 1934 bis 30. März 1935. 1973. S. 541—1169.

**Akten** zur deutschen auswärtigen Politik 1918-1945. (Aus dem Archiv des Auswärtigen Amts.) – Göttingen: Vandenhoeck & Ruprecht.
Serie C. 1933-1936. Das Dritte Reich: Die ersten Jahre. (Bearb. der deutschen Ausgabe: Gerhard W. Rakenius.)
5,1. 5. März bis 25. Mai 1936. 1977. CII, 540 S.
5,2. 26. Mai bis 31. Oktober 1936. 1977. S. 541-1153.

**Akten** zur deutschen auswärtigen Politik 1918—1945. Aus dem Archiv des Deutschen Auswärtigen Amtes. — Baden-Baden: Imprimerie Nationale.
Serie D (1937—1945).
1. Von Neurath zu Ribbentrop (Sept. 1937 — Sept. 1938). 1950. CXXX, 990 S.
2. Deutschland und die Tschechoslowakei (1937—1938). 1950. LXXIV, 866 S.
3. Deutschland und der spanische Bürgerkrieg (1936—1939). 1951. C, 819 S.
4. Die Nachwirkungen von München (Okt. 1938 — März 1939). 1951. LXX, 645 S.
5. Polen, Südosteuropa, Lateinamerika, Klein- und Mittelstaaten (Juni 1937 — März 1939). 1953. LXXXV, 831 S.
6. Die letzten Monate vor Kriegsausbruch. März bis August 1939. 1956. XCIII, 970 S.
7. Die letzten Wochen vor Kriegsausbruch. 9. August bis 3. September 1939. 1956. LXXI, 581 S.

**Akten** zur deutschen auswärtigen Politik 1918—1945. Aus dem Archiv des Deutschen Auswärtigen Amtes. — Baden-Baden, Frankfurt/Main: Keppler.
Serie D (1937—1945).
8. Die Kriegsjahre. Bd 1: 4. September 1939 bis 18. März 1940. 1961. LXXX, 783 S.
9. Die Kriegsjahre. Bd 2: 18. März bis 22. Juni 1940. 1962. LXIX, 614 S.

**Akten** zur deutschen auswärtigen Politik 1918—1945. Aus d. Archiv d. Deutschen Auswärtigen Amtes. — Frankfurt/Main: Keppler.
Serie D.
10. Die Kriegsjahre. Bd 3. 23. Juni bis 31. August 1940. 1963. LVII, 529 S.

**Akten** zur deutschen auswärtigen Politik 1918—1945. Aus d. Archiv d. Deutschen Auswärtigen Amtes. — Frankfurt a. M.: Keppler.
Serie D. 1937—1945.
11. Die Kriegsjahre. Bd 4.
1. Halbbd. 1. September bis 13. November 1940. 1964. LXXXV, 478 S.
2. Halbbd. 13. November 1940 bis 31. Januar 1941. 1964. S. 479—1086.
12. Die Kriegsjahre. Bd 5.
1. Halbbd. 1. Februar bis 5. April 1941. 1969. LXXVII, 395 S.
12. Die Kriegsjahre. Bd. 5.
2. Halbbd. 6. April bis 22. Juni 1941. 1969. S. 397—966.
13. Die Kriegsjahre. Bd. 6.
1. Halbbd. 23. Juni bis 14. September 1941. 1970. LXXXIX, 414 S.
13. Die Kriegsjahre. Bd. 6.
2. Halbbd. 15. September bis 11. Dezember 1941. 1970. S. 415—897.

# DEUTSCHE GESCHICHTE

**Akten** zur deutschen auswärtigen Politik. 1918—1945. (Aus d. Archiv d. Auswärtigen Amts.) — Göttingen: Vandenhoeck & Ruprecht.
Serie E: 1941—1945.
1. 12. Dezember 1941—28. Februar 1942. 1969. LVIII, 611 S.
2. 1. März—15. Juni 1942. 1972. LVII, 582 S.
3. 16. Juni—30. September 1942. LIV, 624 S.

**Akten** zur deutschen auswärtigen Politik 1918–1945. (Aus dem Archiv des Auswärtigen Amts.) — Göttingen: Vandenhoeck & Ruprecht.
Serie E. 1941–1945. (Auswahl der Dokumente: Ingrid Krüger-Bulcke [u. a.] Editor. Bearb.: Martin Mantzke u. Christoph Stamm.)
5. 1. Januar bis 30. April 1943. 1978. LIV, 786 S.

**Albrecht**, Dieter: Die politische Klausel des Reichskonkordats in den deutsch-vatikanischen Beziehungen 1936—1943. — In: Festschrift für Max Spindler zum 75. Geburtstag, München: Beck 1969, 793—829.

Nationalsozialistische **Außenpolitik**. Hrsg. von Wolfgang Michalka. - Darmstadt: Wiss. Buchgesellsch. 1978. VII, 579 S.
*(Wege der Forschung. 297.)*

**Außenwirtschaft** und Außenpolitik im „Dritten Reich". Hrsg.: Wolfgang Schieder. - In: Geschichte und Gesellschaft 2 (1976), H. 1, 1—142.

**Bihl**, Wolfdieter: Zur nationalsozialistischen Ungarnpolitik 1940/41. — In: Österr. Osth. 11 (1969), 21—26.

**Bourgeois**, Daniel: Le Troisième Reich et la Suisse 1933–1941. - Neuchâtel: Ed. de la Baconnière (1974). XVII, 463 S.

**Bracher**, Karl Dietrich: Das Anfangsstadium der Hitlerschen Außenpolitik. - In: Nationalsozialistische Außenpolitik, Darmstadt: Wiss. Buchgesellsch. 1978, 201-219.

**Broszat**, Martin: Deutschland, Ungarn, Rumänien. Entwicklung und Grundfaktoren nationalsozialistischer Hegemonial- und Bündnispolitik 1938—1941. — In: Hist. Z. 206 (1968), 45—96.

**Brügel**, J[ohann] W[olfgang]: Die Appeasement-Politik im Kreuzfeuer der Kritik. — In: Neue Pol. Lit. 8 (1963), 803—822.
Literaturbericht.

**Brügel**, J. W.: Neues Licht auf die Politik des Dritten Reiches. — In: Rote Revue 36 (1957), 298—307.

**Brügel**, J[ohann] W[olfgang]: Stalin und Hitler. Pakt gegen Europa. - (Wien:) Europaverl. (1973). 549 S.

**Burdick**, Charles B.: German military planning and France 1930—1938. — In: World Aff. Quart. 30 (1959/60), 299—313.

**Carr**, William: Arms, autarky and agression. A study in German foreign policy, 1933–1939. - (London:) Arnold (1972). 136 S.
*(Foundations of Modern History.)*

**Cash**, Frank E.: Formulation of foreign policy in the Third Reich. ‹A study of the process of the transfer of control over the formation of German foreign policy during the Nazi regime.› — Cambridge, Mass.: Harvard University 1952. 96 gez. Bl. [Maschinenschr.]

**Compton**, James V.: The swastika and the eagle. Hitler, the United States and the origines of the Second World War. — London: The Bodley Head (1968). XII, 297 S.
Dtsch. Ausg. u.d.T.: Hitler und die USA. Die Amerikapolitik des Dritten Reiches und die Ursprünge des Zweiten Weltkrieges. (Ins Dtsch. übertr. von Bruno Maurach.) — (Oldenburg:) Stalling (1968). 288 S.

**Dedeke**, Dieter: Das Dritte Reich und die Vereinigten Staaten von Amerika 1933—1937. Ein Beitr. zur Geschichte der deutsch-amerikanischen Beziehungen. — Bamberg 1969: (Rodenbusch). 345 S.
*Freie Universität Berlin, phil. Diss. vom 28. Januar 1969.*

**Deutschland** und der Norden 1933—1945. — Braunschweig: Limbach [1961]. 63 S.

**Dickmann**, Fritz: Machtwille und Ideologie in Hitlers außenpolitischen Zielsetzungen vor 1933. — In: Spiegel der Geschichte, Festgabe für Max Braubach zum 10. April 1964, hrsg. von Konrad Repgen u. Stephan Skalweit, Münster i. W.: Aschendorff (1964), 915—941.

**Documents** on German foreign policy 1918—1945. From the archives of the German foreign ministry. — London: H. M. Stationery Office.
Series C (1933—1937).
1. January 30 — October 14, 1933. 1957. LXIV, 962 S.

**Documents** on German foreign policy 1918—1945. From the archives of the German foreign ministry. — London: H. M. Stationery Office.
Series C (1933—1937).
2. October 15, 1933 — June 13, 1934. 1959. LXXI, 929 S.

**Documents** on German foreign policy 1918—1945. From the archives of the German foreign ministry. — London: H. M. Stationery Office; Washington: US Government Printing Office.
Series C (1933—1937).
3. June 14, 1934—March 31, 1935. 1959. LXXII, 1157 S.
Series D (1937—1945).
11. The war years. September 1, 1940—January 31, 1941. 1961. XCIV, 1267 S.

**Documents** on German foreign policy 1918—1945. From the archives of the German Foreign Ministry. — London: H. M. Stationery Office; Washington: US Government Printing Office.
Series C (1933—1937).
4. April 1, 1935—March 4, 1936. 1962. LXXVII, 1272 S.
Series D (1937—1945).
12. The war years. February 1, 1941—June 22, 1941. 1962. LXXXI, 1109 S.

**Documents** on German foreign policy 1918—1945. From the archives of the German Foreign Ministry. — London: H. M. Stationery Office; Washington: US Government Printing Office.
Series C ⟨1933—1937⟩.
5. March 5, 1936 — October 31, 1936. 1966. LXXXI, 1208 S.

**Documents** on German foreign policy 1918—1945 from the archives of the German foreign ministry. — Washington: US Government Printing Office.
*Series D (1937—1945).*
6. The last months of peace. March-August 1939. 1956. XCIII, 1149 S.
8. The war years. 1939—1940. (1954). LXXXVI, 974 S.
9. The war years. March 18 — June 22, 1940. 1956. LXXII, 729 S.

**Documents** on German foreign policy 1918—1945. From the archives of the German foreign ministry. — Washington: US Government Printing Office. Series D (1937—1945).
   7. The last days of peace. August 9—September 3, 1939. 1956. LXXVI, 670 S.
   10. The war years. June 23—August 31, 1940. 1957. LVI, 615 S.

**Documents** on German foreign policy 1918—1945. — London: H. M. Stationery Office.
   Ser. D. 1937—1945.
   13. The war years. June 23-December 11, 1941. 1964. LXXX, 1035 S.

**Documents** secrets du ministère des étrangères d'Allemagne: Espagne. — Paris: Dupont 1946. 166 S.

**Drechsler**, Karl: Deutschland — China — Japan 1933—1939. Das Dilemma der deutschen Fernostpolitik. — Berlin: Akademie-Verl. 1964. VI, 180 S.
   *(Deutsche Akademie der Wissenschaften. Schriften des Instituts für Geschichte. Reihe 1, Bd 25.)*

**Ebel**, Arnold: Die diplomatischen Beziehungen des Dritten Reiches zu Argentinien unter besonderer Berücksichtigung der Handelspolitik ⟨1933—1939⟩. — Landau/Pfalz 1970: Kraemer. XVI, 472 S.
   *Genève, phil. Diss. vom 14. Mai 1969.*

**Eisenblätter**, Gerhard: Grundlinien der Politik des Reichs gegenüber dem Generalgouvernement, 1939—1945. — o. O. 1969. X, 392, XXV S.
   *Frankfurt a. M., phil. Diss. vom 2. Juli 1969.*

**Fabry**, Philipp Walter: Die Sowjetunion und das Dritte Reich. E. dokumentierte Geschichte d. dtsch.-sowjet. Beziehungen von 1933 bis 1941. Prolegomena von Ernst Deuerlein. — Stuttgart: Seewald 1971. 485 S.

**Federau**, Fritz: Die Deutschland-Politik des Auslandes in den Jahren 1933/45. Eine zeitgeschichtliche Betrachtung. — In: Dtsch. Rdsch. 87 (1961), 1110—1120.

**Fomin**, V. T.: Podgotovka nemecko-fašistskoj agressii protiv Jugoslavii (1937—1941 gody). — In: Vop. Ist. 1957, H. 6, 28—49.

**François**-Poncet, André: Les préliminaires de la guerre (les années 1933 à 1935). — In: Rev. Déf. nat. 1 (1945), 451—465.

**Freund**, Michael: Hitlers Außenpolitik. Ihre Gestalt und ihre Lehren für die Gegenwart. — In: Außenpolitik 7 (1955), 413—419.

**Freund**, Michael: Hitler und der Papst. Kurie und Reich in den Jahren 1930 bis 1945. — In: Gegenwart 11 (1956), 237—242.

**Frye**, Alton: Nazi Germany and the American hemisphere, 1933—1941. — New Haven, N. J.: Yale University Press. 1967. IX, 299 S.

**Funke**, Manfred: Brutale Freundschaft im Legendenschleier. Marginalie zur Vorgeschichte der „Achse" Rom—Berlin. — In: Gesch. Wiss. Unterr. 23 (1972), 713—731.

**Gilbert**, Martin und Richard Gott: Der gescheiterte Frieden (The appeasers, dt.) Europa 1933—1939. (Dt. von Harry Maór.) (Von d. Verf. gekürzte u. autorisierte Ausg.) — Stuttgart: Kohlhammer (1964). XV, 304 S.

**Haraszti**, Éva H.: Treaty-breakers or „Realpolitiker"? The Anglo-German naval-agreement of June 1935. (Transl. by Sándor Simon [from the Hungarian], ed. assistance by Eric Waldman.) - Boppard: Boldt (1974). 276 S.

**Harper**, Glenn T.: German economic policy in Spain during the Spanish civil war, 1936—1939. — The Hague: Mouton 1967. 150 S.
   *(Studies in European History. 13.)*

**Hass**, Gerhart: Von München bis Pearl Harbour. Zur Geschichte der deutsch-amerikanischen Beziehungen 1938—1941. — Berlin: Akademie-Verl. 1965. VII, 278 S.
   *(Deutsche Akademie der Wissenschaften. Schriften des Instituts für Geschichte. Reihe 1, Bd 29.)*

**Heindl**, Josef Engelbert: Die diplomatischen Beziehungen zwischen Deutschland und den Vereinigten Staaten von Amerika von 1933 bis 1939. — o. O. (1964). 221 S.
   *Würzburg, phil. Diss. vom 13. April 1964.*

**Henke**, Josef: England in Hitlers politischem Kalkül 1935-1939. – Boppard: Boldt (1973). 346 S.
   *(Schriften des Bundesarchivs. 20.)*

**Herzfeld**, Hans: Zur Problematik der Appeasement-Politik. — In: Geschichte und Gegenwartsbewußtsein. Festschrift f. Hans Rothfels zum 70. Geburtstag. Göttingen (1963). S. 161—197.

**Heymann**, Egon: Treuherzige Heuchler. Hitlers Praxis der Neutralisierung und der Nichtangriffspakte. — In: Polit. Meinung 3 (1958), H. 24, 13—22.

**Higgins**, Trumbull: Hitler and Russia. The Third Reich in a two-front war, 1937—1943. — New York: Macmillan 1966. X, 310 S.

**Hildebrand**, Klaus: Innenpolitische Antriebskräfte der nationalsozialistischen Außenpolitik. - In: Nationalsozialistische Außenpolitik, Darmstadt: Wiss. Buchgesellsch. 1978, 175-197.

**Hildebrand**, Klaus: Deutsche Außenpolitik. 1933—1945. Kalkül oder Dogma? — Stuttgart: Kohlhammer (1971). 186 S.
   *(Reihe Kohlhammer.)*

**Hildebrand**, Klaus: Deutschland, die Westmächte und das Kolonialproblem. Ein Beitrag über Hitlers Außenpolitik vom Ende der Münchener Konferenz bis zum „Griff nach Prag". - In: Nationalsozialistische Außenpolitik, Darmstadt: Wiss. Buchgesellsch. 1978, 377-413.

**Hill**, Leonidas E.: The Wilhelmstraße in the Nazi era. — In: Polit. Science Quart. 82 (1967), 546—570.

**Hillgruber**, Andreas: Deutschland und Ungarn 1933—1944. — In: Wehrwiss. Rdsch. 9 (1959), 651—676.

**Hillgruber**, Andreas: Der Faktor Amerika in Hitlers Strategie 1938-1941. - In: Nationalsozialistische Außenpolitik, Darmstadt: Wiss. Buchgesellsch. 1978, 493-525.

**Hirszowicz**, Łukasz: The Third Reich and the Arab East. — London: Routledge and Kegan Paul 1966. XI, 403 S.
   *(Studies in political history.)*

## DEUTSCHE GESCHICHTE

**Hönsch,** Jörg, K[onrad]: Revision und Expansion. Überlegungen zur Zielsetzung, Methode und Planung der Tschechoslowakei-Politik Hitlers. — In: Bohemia 9 (1968), 208—228.

**Hofer,** Walther: Hitler und der Osten. — In: Dtsch. Rdsch. 83 (1957), 798—802.

**Jacobsen,** Hans-Adolf: Nationalsozialistische Außenpolitik 1933—1938. — Frankfurt a.M.: Metzner 1968. XX, 944 S.

**Jacobsen,** Hans-Adolf: Zur Programmatik und Struktur der nationalsozialistischen Außenpolitik 1919—1939. — In: Aus Politik und Zeitgeschichte, Beilage zur Wochenzeitung „Das Parlament", 1967, Nr 50 vom 13. Dezember 1967, 3—22.

**Ilnytzkyj,** Roman: Deutschland und die Ukraine 1934—1945. Tatsachen europäischer Ostpolitik. Ein Vorbericht. Bd 1, Buch 1. — München 1955: Osteuropa-Institut. IX, 395 S.

**Kochan,** L[ionel]: Russia and Germany 1935—1937. A note. — In: Slavonic and East Europ. Rev. 40 (1962), 518—520.

**Kolko,** G.: American business and Germany, 1930—1941. — In: West. polit. Quart. 15 (1962), 713—728.

**Auf antisowjetischem Kriegskurs.** Studien zur militär. Vorbereitung d. dtsch. Imperialismus gegen d. UdSSR ⟨1933—1941⟩. Hrsgkollegium: Hans Höhn u. a.) — Berlin: Dtsch. Militärverl. 1970. 477 S.
*(Schriften des Deutschen Instituts für Militärgeschichte.)*

**Krüger,** Peter [u.] Erich J. C. Hahn: Der Loyalitätskonflikt des Staatssekretärs Bernhard von Bülow im Frühjahr 1933. – In: Vjh. Zeitgesch. 20 (1972), 376—410.

**Kühne,** Horst: Zur Kolonialpolitik des faschistischen deutschen Imperialismus (1933—1939). — In: Z. Geschichtswiss. 9 (1961), 513—537.

**Kühne,** Horst: Die Fünfte Kolonne des faschistischen deutschen Imperialismus in Südwestafrika (1933—1939). — In: Z. Geschichtswiss. 8 (1960), 765—790.

**Kuhn,** Axel: Hitlers außenpolitisches Programm. Entstehung und Entwicklung 1919—1939. — Stuttgart: Klett (1970). 286 S.
*(Stuttgarter Beiträge zur Geschichte und Politik. 5.)*

**Labuda,** Gerard: Umstrittene Fragen der deutsch-polnischen Beziehungen. Zehn Thesen über Polen und Deutschland bis 1939. – In: Internat. Jb. Gesch.- u. Geograph. Unterr. 14 (1972/73), 166–177.

**Lenz,** Wilhelm [u.] Lothar Kettenacker: Lord Kemsleys Gespräch mit Hitler Ende Juli 1939. [Dokumentation.] – In: Vjh. Zeitgesch. 19 (1971), 261–293.

**Leuschner,** Joachim: Zur Methode der nationalsozialistischen Außenpolitik. — In: Dtsch. Univ. Ztg. 13 (1958), H. 1, 14—21.

**Leuschner,** Joachim: Volk und Raum. Zum Stil der nationalsozialistischen Außenpolitik. — Göttingen: Vandenhoeck & Ruprecht (1958). 81 S.

**Link,** Werner: Das nationalsozialistische Deutschland und die USA 1935–1941. – In: Neue polit. Lit. 18 (1973), 225–233.

**Loock,** Hans-Dietrich: Quisling, Rosenberg und Terboven. Zur Vorgeschichte und Geschichte der nationalsozialistischen Revolution in Norwegen. — Stuttgart: Dtsch. Verl. Anst. 1970. 587 S.
*(Quellen und Darstellungen zur Zeitgeschichte. 18.)*

**Lüth,** Marlis: Hamburg und die Kolonialpolitik im Dritten Reich. – In: Z. Vereins Hamburger Gesch. 59 (1973), 55–87.

**Lüthi,** Max: Das britische Parlament und Hitlers Bruch mit dem Versailler System. Ein Beitrag zur parlamentarischen Diskussion über die deutsche Wiederaufrüstung in den Jahren 1933–1935. – Zürich: Juris 1972. 281 S.

**Lutz,** Hermann: Foreign policy in the Third Reich. — In: Curr. Hist. 1955, H. 164, 222—235.

**Maisky,** Ivan: Who helped Hitler? (Kto pomogal Gitleru, dt.) Transl. from the Russian by Andrew Rothstein. — London: Hutchinson (1964). 216 S.

**Malanowski,** Wolfgang: Der Widerstreit von Tradition und Doktrin in der deutschen Außenpolitik von der Revisionspolitik zur einseitigen Liquidation des Vertrages von Versailles 1932—1936. — Hamburg 1955. 574, XXX gez. Bl. [Maschinenschr.]
*Hamburg, phil. Diss. 29. Februar 1956.*

**Marcus,** Ernst: The German Foreign Office and the Palestine question in the period 1933—1939. — In: Yad Washem Stud. 2 (1958), 179—204.

**Martin,** Bernd: Zur Vorgeschichte des deutsch-japanischen Kriegsbündnisses. — In: Gesch. Wiss. Unterr. 21 (1970), 606—615.

**Meiss,** Klaus-Dietrich: Die deutsch-jugoslawischen Beziehungen von Hitlers Regierungsantritt bis zum Ausbruch des 2. Weltkrieges. — Göttingen 1955. XII, 279 gez. Bl. [Maschinenschr., vervielf.]
*Göttingen, phil. Diss. 9. April 1956.*

**Menger,** Manfred: Voraussetzungen und Ziele faschistischer deutscher Finnlandpolitik vor dem Zweiten Weltkrieg. - In: Z. Geschichtswiss. 25 (1977), 1055–1065.

**Meskill,** Johanna Menzel: Hitler and Japan. The Hollow Alliance. — New York: Atherton Press 1966. X, 245 S.

**Mielcke,** Karl: Deutsche Außenpolitik 1933—1945. Dokumente mit verbindendem Text. — Braunschweig: Limbach [1952]. 63 S.
*(Beiträge zum Geschichtsunterricht 20.)*

**Mielcke,** Karl: Nationalsozialistische Außenpolitik 1933—1939. — (Alfeld/Leine [1961]: Dobler.) 74 S.
*(Schriftenreihe der Niedersächsischen Landeszentrale für Politische Bildung. Zeitgeschichte. 5.)*

**Moltmann,** Günter: Die Luftschiff-„Hindenburg"-Katastrophe und das Heliumproblem. Ein Kapitel amerikanisch-deutscher Beziehungen vor dem 2. Weltkrieg. — In: Wehrwiss. Rdsch. 11 (1961), 617—634.

**Moltmann,** Günter: Weltherrschaftsideen Hitlers. — In: Europa und Übersee. Festschrift für Egmont Zechlin. Göttingen 1961. S. 197—240.

**Moulis,** Vladislav: Evropa ve stínu Hitlera. — Praha: Nakladatelství politické literatury 1963. 263 S.

The **Nazis** in Africa. Ed. by L. Smythe Barron. - Salisbury, N. C.: Documentary Publ. (1978). VII, 207 S.
*(Lost Documents on the Third Reich. 3.)*

**Neubert,** (Friedrich Paul) Harald: Die deutsche Politik im Palästina-Konflikt 1937/38. - Bonn 1977: (Rhein. Friedrich-Wilhelms-Universität). 251 S.
*Bonn, phil. Diss. vom 5. Mai 1976.*

**Petersen,** Jens: Hitler und Mussolini. Die Entstehung der Achse Berlin—Rom 1933—1936. — Tübingen: Niemeyer 1973. XXVI, 559 S.
*(Bibliothek des Deutschen Historischen Instituts in Rom. 43.)*

**Prečan,** Vilém: Die nationalsozialistische Slowakeipolitik und das Tiso-Regime nach dem Ausbruch des Aufstandes 1944. — In: Gedenkschrift Martin Göhring, Wiesbaden: Steiner 1968, 369—386.

**Presseisen,** E[rnst] L.: Le racisme et les Japonais. (Un dilemme Nazi.) — In: Rev. Hist. deux. Guerre mond. 13 (1963), H. 51, 1—14.

Das **Dritte Reich** und Europa. Bericht über die Tagung des Instituts für Zeitgeschichte in Tutzing, Mai 1956. München: Selbstverlag 1957. 182 S.
*(Veröffentlichungen des Instituts für Zeitgeschichte.)*

**Rich,** Norman R.: Nazi expansion. Its creed and Realpolitik.
*Berkeley, phil. Diss. 1949.*

**Robertson,** E[smonde] M[anning]: Hitler's preware policy and military plans 1933—1939. — (London:) Longmans (1963). XIII, 207 S.

**Sasse,** Heinz Günther: Das Problem des diplomatischen Nachwuchses im Dritten Reich. — In: Forschungen zu Staat und Verwaltung, Festgabe für Fritz Hartung, Berlin: Duncker & Humblot (1958), 367—383.

**Scheler,** Eberhard: Die politischen Beziehungen zwischen Deutschland und Frankreich zur Zeit der aktiven Außenpolitik Hitlers, Ende 1937 bis zum Kriegsausbruch. — Würzburg: Julius-Maximilian Universität 1962. 291 S.
*Würzburg, Phil. Diss. vom 16. April 1962.*

**Schmokel,** Wolfe W.: Dream of Empire. German colonialism, 1919—1945. — New Haven and London: Yale University Press 1964. XIV, 204 S.
*(Yale historical publications. Miscellany. 78.)*

**Schmokel,** Wolfe W[illiam]: Der Traum vom Reich (Dream of empire, dt.) Der deutsche Kolonialismus zwischen 1919 und 1945. (Vom Autor durchges. Übers. aus d. Amerikan. von Elisabeth Wilke.) — (Gütersloh:) S. Mohn (1967). 214 S.

**Schnabel,** Reimund: Tiger und Schakal. Deutsche Indienpolitik 1941—1943. Ein Dokumentarbericht. — Wien: Europa-Verl. (1968). 329 S.

**Schramm,** Wilhelm Ritter von: Frankreich und die psychologische Offensive Hitlers 1933/38. Geschichte eines Modellfalls. — In: Wehrkunde 9 (1960), 234—240.

**Schröder,** Hans-Jürgen: Deutschland und die Vereinigten Staaten 1933—1939. Wirtschaft und Politik in der Entwicklung des deutsch-amerikanischen Gegensatzes. — Wiesbaden: Steiner 1970. V, 338 S.
*(Veröffentlichungen des Instituts für Europäische Geschichte Mainz. 59.)*
*Diss., Universität Köln.*

**Seabury,** Paul: Ribbentrop and the German foreign office. — In: Politic. Science Quart. 66 (1951), 532—555.

**Seabury,** Paul: The Wilhelmstraße. A study of German diplomats under the Nazi regime. — Berkeley, Calif.: University of California Press 1954.

**Ševjakov,** A. A.: Iz istorii ėkonomičeskoj ėkspansii germanskogo imperializma v Rumynii v 1936—1941 godach. — In: Vop. Ist. 1961, H. 12, 109—120.

**Sexau,** Richard: Diplomaten unter Hitler. — In: Neues Abendland 7 (1952), 43—54 und 98—106.

**Sommer,** Theo: Deutschland und Japan zwischen den Mächten 1935—1940. Vom Antikominternpakt zum Dreimächtepakt. Eine Studie zur diplomatischen Vorgeschichte des Zweiten Weltkrieges. — Tübingen: Mohr 1964. XI, 540 S.
*(Tübinger Studien zur Geschichte und Politik. 15.)*

**Staatsmänner** und Diplomaten bei Hitler. Vertrauliche Aufzeichnungen über Unterredungen mit Vertretern des Auslandes. Hrsg. u. erl. von Andreas Hillgruber. [T. 1.] — Frankfurt a. M.: Bernard & Graefe.
 [1.] 1939—1941. 1967. 699 S.
 2. 1942—1944. 1970. 568 S.

**Stosunki** polsko-niemieckie. - Poznań: Inst. Zachodnie.
 1. 1919—1925. [Von] Jerzy Krasuski. 1962. 522 S.
 2. 1926—1932. [Von] Jerzy Krasuski. 1964. 329 S.
 3. 1933—1938. [Von] Marian Wojciechowski. 1965. 571 S.
*(Studium niemcoznawcze Instytutu Zachodniego. 3.7.9.)*

**Szymanski,** Antoni: Das deutsch-polnische Verhältnis vor dem Kriege. — In: Polit. Studien 13 (1962), 176—185.

**Tägil,** Sven: Deutschland und die deutsche Minderheit in Nordschleswig. E. Studie zur dtsch. Grenzpolitik 1933—1939. (Dtsch. Übers. von Christiane Boehnke Sjöberg.) — (Stockholm:) Svenska Bokförl. (1970). 205 S.
*(Lund Studies in International History. 1.)*
*(Scandinavian University Books.)*

**Thies,** Jochen: Hitlers „Endziele": Zielloser Aktionismus, Kontinentalimperium oder Weltherrschaft? - In: Nationalsozialistische Außenpolitik, Darmstadt: Wiss. Buchgesellsch. 1978, 70-91.

**Thulstrup,** Åke: Med lock och pock. Tyska försök att påverka svensk opinion 1933—45. — (Stockholm:) Bonnier (1962). 308 S.

**Torzecki,** Ryszard: Kwestia ukraińska w polityce III Rzeszy 1933—1945. — Warszawa: Książka i Wiedza 1972. 380 S.

**Toscano,** Mario: The origins of the pact of steel (Le origini diplomatiche del patto d'acciaio, engl.) —Baltimore: Johns Hopkins Press (1967). XIV, 417 S.

**Trommer,** Aage: Hitlers udenrigspolitik. Realiter contra visioner. - Odense: Odense Universitetsforlaget 1976. 125 S.

**Ueberschär,** Gerd R.: Hitler und Finnland 1939-1941. Die deutsch-finnischen Beziehungen während des Hitler-Stalin-Paktes. - Wiesbaden: Steiner 1978. IX, 372 S.
*(Frankfurter historische Abhandlungen. 16.)*
*Diss., Universität Franfurt.*

**Ulbricht,** Walter: Der faschistische deutsche Imperialismus (1933—1945). (Die Legende vom „deutschen Sozialismus".) 3., durchges. Aufl. — Berlin: Dietz 1952. 115 S.

Einzelne Ereignisse

**Ušakov,** V. B.: Vnešnjaja politika gitlerovskoj Germanii. — Moskva: Izd. IMO 1961. 270 S.

**Vehviläinen,** Olli: Kansallissosialistinen Saksaja neuvostoliitto. 1933—1934. Hitlerin valtaantulsosta Baltian pöytäkirjaa koskevien neuvottelujen raukeamiseen. — Porvoo, Helsinki: Söderström (1966). X, 281 S.

**Viñas,** Angel: La Alemania nazi y el 18 de Julio. (Antecedentes de la intervención alemana en la guerra civil española.) - (Madrid:) Alianza Ed. (1974). 558 S.
*(Alianza Universidad.)*

**Voigt,** Johannes H.: Hitler und Indien. — In: Vjh. Zeitgesch. 19 (1971), 33—63.

**Volland,** Klaus: Das Dritte Reich und Mexiko. Studien zur Entwicklung des deutsch-mexikanischen Verhältnisses 1933-1942 unter besonderer Berücksichtigung der Ölpolitik. - Frankfurt a. M.: Lang 1976. 364 S.
*(Europäische Hochschulschriften. 3,76.)*
*Diss., Universität Hamburg.*

**Watt,** Donald C.: The German diplomats and the Nazi leaders 1933—1939. — In: J. Centr. Europ. Aff. 15 (1955/56), 148—160.

**Weinberg,** Gerhard: Critical note on the „Documents on German Foreign Policy, 1918—1945". — In: J. mod. Hist. 23 (1951) 38—40.

**Weinberg,** Gerhard L.: German colonial plans and policies 1938—1942. — In: Geschichte und Gegenwartsbewußtsein. Festschrift f. Hans Rothfels zum 70. Geburtstag. Göttingen (1963). S. 462—491.

**Weinberg,** Gerhard L.: The foreign policy of Hitler's Germany. Diplomatic revolution in Europe, 1933—36. — Chicago: University of Chicago Press 1970. 408 S.

Der deutsche **Welteroberungsplan,** Zur geschichtlichen Beurteilung des zweiten Weltkrieges. — In: Die andere Seite 2 (1951/52), H. 10, 3—4.

**Wiggershaus,** Norbert Theodor: Der deutsch-englische Flottenvertag vom 18. Juni 1935. England und die geheime deutsche Aufrüstung, 1933–1935. - Bonn: Rhein. Friedrich-Wilhelms-Universität 1972. 439 S.
*Diss., Universität Bonn.*

A **Wilhelmstrasse** és Magyarország. Német diplomáciai iratok Magyarországról 1933—1944. Összeállitották és sajtó alá rendezték, a bevezető tanulmányt írták: Ránki György [u. a.] — (Budapest:) Kossuth 1968. 1005 S.

**Wiskemann,** Elizabeth: The Rom-Berlin axis. A study of relations between Hitler and Mussolini. — London: Collins (1966). 446 S.

**Woerden,** A. V. N. van: Hitler, Duitsland en de Engelse wereldmacht. — In: Tijdschrift voor Geschiedenis 77 (1964), 403—438.

**Woerden,** A. V. N. van: Hitler faces England. Theories, images and policies. — In: Acta Historiae Neerlandica 3 (1968), 141—159.

**Woerden,** A. V. N. van: Hitlers Verhältnis zu England: Theorie, Vorstellung und Politik. - In: Nationalsozialistische Außenpolitik, Darmstadt: Wiss. Buchgesellsch. 1978, 220-243.

**Wojciechowski,** Marian: Die polnisch-deutschen Beziehungen 1933—1938 (Stosunki Polsko-Niemieckie 1933—1938, dt.) (Übers.: Norbert Damerau.) — Leiden: Brill 1971. VIII, 583 S.
*(Studien zur Geschichte Osteuropas. 12.)*

**Wollstein,** Günter: Eine Denkschrift des Staatssekretärs Bernhard von Bülow vom März 1933. Wilheminische Konzeption der Außenpolitik zu Beginn der nationalsozialistischen Herrschaft. - In: Militärgesch. Mitt. 1973, H. 1, 77–94.

**Wollstein,** Günter: Vom Weimarer Revisionismus zu Hitler. Das Deutsche Reich und die Großmächte in der Anfangsphase der nationalsozialistischen Herrschaft in Deutschland. - Bonn: Verl. Wiss. Arch. 1973. VIII, 325 S.
*(Reihe Argo. 2.)*

**Wuescht,** Johann: Jugoslawien und das Dritte Reich. Eine dokumentierte Geschichte der deutsch-jugoslawischen Beziehungen von 1933—1945. — Stuttgart: Seewald (1969). 359 S.

Einzelne Ereignisse

**Abetz,** Otto: Das offene Problem. Ein Rückblick auf zwei Jahrzehnte deutscher Frankreich-Politik. — Köln: Greven-V. 1951. 330 S.

Das **Abkommen** von München. 1938. Tschechoslowak. diplomat. Dokumente 1937—1939. — Zsgest., mit Vorw. u. Anh. von Václav Král. Wiss. Red.: Antonín Šnejdárek. — Praha: Academia-Verl. 1968. 369 S.

**Alberti**-Enno, Maria: Die deutsch-österreichischen Beziehungen in den Jahren von 1936 bis 1938. — Wolfsberg (Schweiz): Ploetz & Theiss 1954. 106 S.

**Anfuso,** Filippo: Rom-Berlin in diplomatischem Spiegel (Roma-Berlino-Salo [dt.]) Übers. von Egon Heymann. — München, Essen, Hamburg: Pohl (1951). 361 S.

**Araldi,** Vinicio: Il patto d'acciaio. - Roma: Bianco 1962. 344 S.

**Arski,** Stefan: Ściśle tajne! (Relacje z rozmowy wiceministra Spraw Zagranicznych, Mirosława Arciszewskiego, z szefem policji i SS, Heinrichem Himmlerem.) — In: Świat 10 (1960), H. 50, 4—6.

**Basler,** Werner: Die deutsch-sowjetischen Beziehungen in den Jahren 1933 bis 1939. — Berlin: Verl. Kultur und Fortschritt 1954. 34 S.

**Basler,** Werner: Zur Vorgeschichte des deutsch-sowjetischen Nichtangriffspaktes 1939. — In: Z. Geschichtswiss., Beih. 1 (1954), 126—161.

**Batowski,** Henryk: Munich 1938. The realization of the pan-German plans of 1918/1919. — In: Polish West. Aff. 9 (1968), 204—224.

**Beckmann,** R.: K diplomatickému pozadi Mnichova. — Praha: Státni Naklad. polit. lit. 1954. 376 S.
Über den diplomatischen Hintergrund der Münchener Konferenz 1938.

**Benditer,** J.: Anschlussul și unele conseciuțe ale lui asupra politicii externe a Rominíei. — In: Studii și Cercetări Stiințifice 7 (1956), H. 2, 135—156.

**Bensel,** Rolf: Die deutsche Flottenpolitik von 1933 bis 1939. Eine Studie über die Rolle des Flottenbaus in Hitlers Außenpolitik. — (Berlin, Frankfurt a. M.: Mittler 1958.) 77 S.
*(Marine-Rundschau. Beih. 3.)*

**Berend,** I. und Gy. Ránki: German-Hungarian relations following Hitler's rise to power (1933—34). — In: Acta Historica [Budapest] 8 (1961), 313—346.

**Berg,** Hans-Joachim van den: Deutschland und der spanische Bürgerkrieg 1936—1939. Ein Beitrag zur Vorgeschichte des zweiten Weltkriegs auf Grund der Aktenpublikationen des Auswärtigen Amtes. — o. O. 1953. V, 234 gez. Bl. [Maschinenschr.]
*Würzburg, phil. Diss. 18. Dezember 1953.*

**Biesing,** Gunther: Die Rechtsgültigkeit des Münchener Abkommens vom 29. September 1938. — Bonn 1953. XIV, 104 gez. Bl. [Maschinenschr.]
*Bonn, rechts- u. staatswiss. Diss. 8. November 1954.*

**Bloch,** Charles: Hitler und die europäischen Mächte 1933/34. Kontinuität oder Bruch. — (Frankfurt a. M.:) Europ. Verl. Anst. (1966). 97 S.
*(Hamburger Studien zur neueren Geschichte. 4.)*

**Bloch,** Charles: Les relations anglo-allemandes de l'accord de Munich à la dénonciation du traité naval de 1935. — In: Rev. Hist. deux. Guerre mond. 5 (1955), H. 19, 41—65.

**Blücher,** Wipert von: Gesandter zwischen Diktatur und Demokratie. Erinnerungen aus den Jahren 1935—1944. — Wiesbaden: Limes-V. 1951. 414 S.

**Bodensieck,** Heinrich: Der Plan eines „Freundschaftsvertrages" zwischen dem Reich und der Tschecho-Slowakei im Jahre 1938. — In: Z. Ostforschung 10 (1961), 462—476.

**Bodensieck,** Heinrich: Das Dritte Reich und die Lage der Juden in der Tschechoslowakei nach München. — In: Vjh. Zeitgesch. 9 (1961), 249—261.

**Bodensieck,** Heinrich: Volksgruppenrecht und nationalsozialistische Außenpolitik nach dem Münchner Abkommen von 1938. — In: Z. Ostforschung 7 (1958), 502—518.

**Bodensieck,** Heinrich: Zur Vorgeschichte des „Protektorats Böhmen und Mähren". Der Einfluß volksdeutscher Nationalsozialisten und reichsdeutscher Berufsdiplomaten auf Hitlers Entscheidung. — In: Gesch. Wiss. Unterr. 19 (1968), 713—732.

**Böss,** Otto: The Munich agreement and Czechoslovak policy. — In: Sudeten Bull. 11 (1963), 147—157.

**Bonnet,** Georges: Vor der Katastrophe. Erinnerungen des französischen Außenministers 1938—1939. — Köln: Greven-Verlag 1951. 332 S.

**Botz,** Gerhard: Wien vom „Anschluß" zum Krieg. Nationalsozialistische Machtübernahme und politisch-soziale Umgestaltung am Beispiel der Stadt Wien 1938/39. Mit e. einl. Beitr. von Karl R. Stadler. - Wien: Verl. Jugend und Volk (1978). 646 S.

**Botz,** Gerhard: Wien und Osteuropa nach dem Anschluß. Die Rolle des Wiener Bürgermeisters in der nationalsozialistischen Außenpolitik des Jahres 1938. - In: Österr. Osth. 16 (1974), 113–122.

**Bracher,** Karl Dietrich: Das Anfangsstadium der Hitlerschen Außenpolitik. — In: Vjh. Zeitgesch. 5 (1957), 63—76.

**Brancion,** Yves: Munich, crise européenne. — Paris: Edit. de la Table Ronde 1969. 216 S.
*(L'Histoire contemporaine revue et corrigée.)*

**Braubach,** Max: Der Einmarsch deutscher Truppen in die entmilitarisierte Zone am Rhein im März 1936. Ein Beitrag zur Vorgeschichte des zweiten Weltkrieges. — Köln, Opladen: Westdt. Verl. 1956. 40 S.

**Braubach,** Max: Hitlers Weg zur Verständigung mit Rußland im Jahre 1939. — Bonn: Hanstein 1960. 48 S.
*(Bonner akademische Reden. 22.)*

**Brausch,** Gerd: Deutschland-Ungarn. Die diplomatischen Beziehungen vom Herbst 1937 bis Frühjahr 1939. — Göttingen 1956. Gez. Bl. A-F, 316, LXII Bl. [Maschinenschr. vervielf.]
*Göttingen, phil. Diss. 15. Dezember 1958.*

**Breyer,** Richard: Das Deutsche Reich und Polen 1932—1937. Außenpolitik und Volksgruppenfragen. — Würzburg: Holzner 1955. XII, 372 S.
*(Marburger Ostforschungen. 3.)*

**Broszat,** Martin: Das Sudetendeutsche Freikorps. — In: Vjh. Zeitgesch. 9 (1961), 30—49.

**Broszat,** Martin: Die memeldeutschen Organisationen und der Nationalsozialismus 1933—1939. — In: Vjh. Zeitgesch. 5 (1957), 273—278.

**Broszat,** Martin: Die Reaktion der Mächte auf den 15. März 1939. — In: Bohemia 8 (1967), 253—280.

**Bruegel,** J[ohann] W[olfgang]: German diplomacy and the Sudeten question before 1938. — In: Internat. Aff. 37 (1961), 323—331.

**Brügel**, J. W.: Eine zerstörte Legende um Hitlers Außenpolitik. — In: Vjh. Zeitgesch. 5 (1957), 385—387.

**Brügel**, J[ohann] W[olfgang]: Zur Problematik des Münchner Abkommens. — In: Osteuropa 21 (1971), 880—884.

**Bußmann**, Walter: Ein deutsch-französischer Verständigungsversuch vom 6. Dezember 1938. — Göttingen: Vandenhoeck & Ruprecht (1953). S. 48—76.
*(Nachrichten d. Akad. d. Wiss. in Göttingen, phil.-hist. Kl., Jg. 1953, Nr. 2.)*

**Calvet**, Henri: Aux origines de Munich: le rôle du „Times". — In: Rev. Hist. deux. Guerre mond. 3 (1953), H. 12, 25—32.

**Carr**, Edward Hallett: German-Soviet relations between the two world wars 1919—1939. — Baltimore: Johns Hopkins Press 1951. IX, 146 S.

**Castellan**, Georges: Aspect militaire de l'Anschluss. — In: Rev. Hist. mod. contemp. 1 (1954), 61—79.

**Celovsky**, Boris: Das Münchener Abkommen 1938. — Stuttgart: Dtsch. Verl.Anst. 1958. 518 S.
*(Quellen und Darstellungen zur Zeitgeschichte. 3.)*

**Celovsky**, Boris: Die Geschichte des Münchener Abkommens. Ein Beitrag zur diplomatischen Vorgeschichte des Zweiten Weltkrieges. T. 1. 2. — o. O. 1954. 465 und 228, XXXII. gez. Bl. [Maschinenschr.]
*Heidelberg, phil. Diss. 1954.*

**Chudek**, Józef: Rozmowy Beck-Göring z 23 lutego 1938 R. — In: Sprawy międzynar. 13 (1960), H. 5, 53—57.

**Collotti**, Enzo: Sul significato del patto di Monaco. — In: Movim. Liberaz. Italia 1960, H. 58, 42—71.

**Conway**, John S.: The organisation of the Anschluss. Hitler's strategy for the seizure of Austria. — In: World Aff. Quart. 30 (1959/60), 122—133.

**Conway**, J. S.: German foreign policy 1937—1939.
*Cambridge, phil. Diss. 1955.*

**Czarnecki**, Bohdan: Gdy Niemcy chciały z Polską pokoju. Z genezy polsko-niemieckiego układu z 26 stycznia 1934 r. — In: Sprawy Międzynar. 11 (1958), H. 12, 69—82.

**Dallin**, Alexander: The month of decision. German-Soviet diplomacy, July 22 — August 22, 1939. — In: J. Centr. Europ. Aff. 9 (1949/50), 1—31.

**Davignon**, Jaques Vicomte: Berlin 1936 bis 1940. — Paris: Presses universitaires 1951. 268 S.
Erinnerungen des belgischen Botschafters in Berlin.

**Denne**, Ludwig: Das Danzig-Problem in der deutschen Außenpolitik 1934—39. — Bonn: Röhrscheid (1959). 322 S.

Neue **Dokumente** zur Geschichte des Münchener Abkommens. Hrsg. vom Ministerium für auswärtige Angelegenheiten der CSR und vom Ministerium für auswärtige Angelegenheiten der UdSSR. Aus d. Tschech. übers. — Prag: Orbis 1959. 152 S.

Nové **dokumenty** k historii Mnichova. — Praha: Státní nakl. polit. lit. 1958. 128 S.

**Dülffer**, Jost: Das deutsch-englische Flottenabkommen vom 18. Juni 1935. - In: Nationalsozialistische Außenpolitik, Darmstadt: Wiss. Buchgesellsch. 1978, 244–276.

**Ďurčanský**, Ferdinand: Mit Tiso bei Hitler. Die Entstehung der Slowakischen Republik 1939. — In: Polit. Studien 7 (1956), H. 80, 1—10.

**Duroselle**, Jean Baptiste: Les relations germano-soviétiques de 1933 à 1939. Recueil d'études. — Paris: Colin 1954. XI, 279 S.

**Eichstädt**, Ulrich: Von Dollfuß zu Hitler. Geschichte des Anschlusses Österreichs 1933—1938. — Wiesbaden: Steiner 1955. X, 558 S.
*(Veröffentlichungen des Instituts für Europäische Geschichte Mainz. 10.)*

**Einhorn**, Marion: Die ökonomischen Hintergründe der faschistischen deutschen Intervention in Spanien 1936—1939. — Berlin: Akademie-Verl. 1962. IX, 239 S.
*(Schriften des Instituts für Geschichte. R. 1, Bd 15.)*

**Eisenbach**, Artur: Nazi foreign policy on the eve of world war II and the Jewish question. — In: Acta Poloniae hist. 5 (1962), H. 5, 107—139.

**Emmerson**, James Thomas: The Rhineland crisis, 7 March 1936. A study in multilateral diplomacy. - London: Temple Smith 1977. 383 S.

Die **Erhebung** der österreichischen Nationalsozialisten im Juli 1934. ⟨Akten d. Historischen Kommission d. Reichsführer SS⟩. — Frankfurt: Europa-Verl. (1965). 300 S.
*(Europäische Perspektiven.)*

**Eubank**, Keith: Munich. — Norman: University of Oklahoma Press 1963. XIV, 322 S.

**Fergusson**, G.: Munich. The French and British roles. — In: Internat. Aff. 44 (1968), 649—665.

**Fiedler**, Rudolf: Hitlers „aufregendste" Stunden. Vor 25 Jahren: Einmarsch in die entmilitarisierte Zone. — In: Polit. Studien 12 (1961), 168—174.

**Franzel**, Emil, Hermann Raschhofer und Hans Schütz: München 1938 — eine offene Frage. — München: Ackermann-Gemeinde 1958. 98 S.

**Fried**, Paul G[eorge]: Die tschechische Frage in den Akten des Auswärtigen Amtes. Ein Beitrag zum Studium der Vorgeschichte des 2. Weltkrieges. — o. O. 1949. 356 gez. Bl. [Maschinenschr.]
*Erlangen, phil. Diss. 22. Aug. 1949.*

**Funke**, Manfred: 7. März 1936. Zum außenpolitischen Führungsstil Hitlers. - In: Nationalsozialistische Außenpolitik, Darmstadt: Wiss. Buchgesellsch. 1978, 277–324.

**Funke**, Manfred: Sanktionen und Kanonen. Hitler, Mussolini und der internationale Abessinienkonflikt 1934—36. — Düsseldorf: Droste 1970. VIII, 220 S.
*(Bonner Schriften zur Politik und Zeitgeschichte. 2.)*

**Gasiorowski**, Zygmunt J.: The German-Polish nonaggression pact of 1934. — In: J. Centr. Europ. Aff. 15 (1955/56), 3—29.

**Gehl,** Jürgen: Austria, Germany and the Anschluß. 1931—1938. — London, New York: Oxford University Press 1963. X, 212 S.

**Gelberg,** Ludwik: Anulowanie przez III Rzesze polsko-niemieckiej deklaracji z 26 stycznia 1934 r. — In: Sprawy Międzynar. 12 (1959), H. 6, 78—94.

**Goronzy,** Kriemhild: Vorgeschichte und Durchführung der Vereinigung Österreichs mit Deutschland 1933—1938. — o. O. [1958]. IV, 454 Bl., 562 Bl. in getr. Pag.
*Bonn, phil. Diss. 26. Februar 1958.*

**Grant,** Neil: Munich 1938. Appeasement fails to bring „peace for our time". — New York: Watts 1971. 81 S.

**Grosser,** Dieter, Volker Nitzschke und Peter Weigt: Die Vorgeschichte des zweiten Weltkrieges. Unterlagen für den Zeitgeschichtsunterricht. — Berlin: Landeszentrale für polit. Bildungsarbeit 1959. 31 S.

**Gutachten** zum Münchner Abkommen. Aus d. Blickpunkt allgem. Rechtsgrundsätze. — München: Wolf 1967. 63 S.
*(Mitteleuropäische Quellen und Dokumente. 10.)*

**Hájek,** J. S.: Mnichov. — Praha: Státní nakl. polit. lit. 1958. 156 S.

**Hajek,** Jiři: Zachvat fašistiskimi agressorami Čechoslovakii v marte 1939 goda. — Novaja i Novejšaja Ist. 1959, H. 4, 3—18.

**Haight,** Jr., John McVickar: France, the United States and the Munich crisis. — In: J. mod Hist 22 (1961), 340—358.

**Hass,** Gerhart: Der Unilever-Konzern und die Vorbereitung des Münchener Abkommens. [Dokumentation.] — In: Z. Geschichtswiss. 22 (1974), 1090—1105.

**Hesse,** Fritz: Das Spiel um Deutschland. — München: List (1953). 441 S.

**Hilger,** Gustav: Der Weg zum Hitler-Stalin-Pakt. — In: Osteuropa 4 (1954), 89—93.

**Hillgruber,** Andreas: Hitler, König Carol und Marschall Antonescu. Die deutsch-rumänischen Beziehungen 1938—1944. — Wiesbaden: Steiner 1954. XI, 382 S.
*(Veröffentlichungen des Instituts für Europäische Geschichte Mainz. 5.)*

**Hillgruber,** Andreas: Die Sudetenkrise in der internationalen Politik. — In: Wehrwiss. Rdsch. 11 (1961), 409—414.

**Hofer,** Walther: War premeditated (Die Entfesselung des zweiten Weltkrieges, engl.) (Transl. by Stabley Godman.) — London: Thomas & Hudson (1955). 227 S.

**Hubatsch,** Walther: Die Rückkehr des Memelgebietes 1939. — In: Dtsch. Stud. 7 (1969), 256—264.

**Ibarruri,** Dolores: Die italienisch-deutsche militärische Intervention, der faschistische Putsch in Spanien und der nationale revolutionäre Krieg des spanischen Volkes 1369—1939 (Italo-gérmanskaja voennaja intervencija, fašistskij mjatež v Ispanii i nacional'no-revoljucionnaja vojna ispanskogo naroda 1936—1939, dt.) Ins Dt. übertr. von R[einhard] Sommer. — Berlin: Rütten & Loening (1954). 24 S.
*(Große Sowjet-Enzyklopädie. Reihe Geschichte und Philosophie. 34.)*

**Jedlicka,** L. F.: Avant l'Anschluß. — In: Documents 6 (1951), 438—442.

**Jedlicka,** L. F.: 11. März 1938. Der „Fall Österreich" in den Akten der Generalstäbe. — In: Österr. Furche 9 (1953), H. 11, 4—5.

**Jedlicka,** L. F.: Das Österreich-Thema in Akten des Dritten Reiches. Beiträge zur Vorgeschichte des 11. März 1938. — In: Österr. Furche 7 (1951), H. 11, 3—4.

**(Jedlicka,** L. F.:) Dunkle Stunden am Hradschin. Das Ringen um den Frieden: Mai bis September 1938. — In: Österr. Furche 7 (1951), H. 22, 3—4.

**Jedlicka,** Ludwig: Die außen- und militärpolitische Vorgeschichte des 13. März 1938. — In: Österr. militär. Zeitschr. 6 (1968), 77—82.

**Iklé,** Frank William: German-Japanese relations 1936—1940. — New York: Bookman Associates (1956). 243 S.

**Ingrim,** Robert: Hitlers glücklichster Tag. London, am 18. Juni 1935. — Stuttgart: Seewald (1962). 301 S.

**Joll,** James: Germany and the Spanish civil war. — In: On the track of tyranny, Essays presented by the Wiener Library to Leonard G. Montefiore on the occasion of his 70th birthday, 1960, 125—138.

**Kaehler,** Siegfried August: Geschichtsbild und Europapolitik des Nationalsozialismus s. Nr. 4437.

**Karlgren,** A.: Henlein, Hitler a československá tragedie. — Praha: Samece 1949. 134 S.
Erstmals 1938 in Schweden erschienen.

**Kerekes,** Lájos: Anschluß 1938. Österreich und die internationale Diplomatie 1933—1938. — Budapest: Akadémiai Kiadó 1963. 407 S.

**Kerekes,** Lájos: Magyar külügyminisztériumi iratok Ausztria annexiójának előzményeihez. — In: Századok 94 (1960), H. 1—3, 303—332.

**Kimminich,** Otto: Das Münchener Abkommen in der tschechoslowakischen wissenschaftlichen Literatur seit dem zweiten Weltkrieg. — München: Fides-Verl.-Ges. 1968. 111 S.
*(Veröffentlichungen des Sudetendeutschen Archivs. 3.)*

**Kluke,** Paul: Deutschland und Rußland zwischen den Weltkriegen. — In: Hist.Z. 171 (1951), 519—552.

**Knéjévitch,** R. L.: Prince Paul, Hitler and Salonika. — In: Inter. Aff. 27 (1951), 38—44.

**Königer,** Heinz: Über die Maikrise von 1938 und ihre Behandlung in der westdeutschen Geschichtsschreibung. — In: Z. Geschichtswiss. 7 (1959), 60—79.

**Königer,** H.: Der Weg nach München. Über die Mai- und Septemberkrise im Jahre 1938 und ihre Vorgeschichte. — Berlin: Dtsch. Verl. d. Wissenschaften 1958. 198 S.

**Koruslewicz,** Leon: Polish-German diplomatic relations 1934—1939.
*Berkeley (California), phil. Diss. 1955.*

**Kozeński,** Jerzy: La politique nazie de vassalisation de la Slovaquie ⟨Mars-août 1939⟩. — In: Pologne et aff. occidentales 1971, H. 2, 324—352.

**Král,** V[áclav]: Politické strany a Mnichov (Dokumenty). — Praha: SVSL 1961. 217 S.

**Král,** Václav: Die Tschechoslowakei und München. — In: Z. Geschichtswiss. 7 (1959), 23—59.

**Krausnick,** Helmut: Legenden um Hitlers Außenpolitik. — In: Vjh. Zeitgesch. 2 (1954), 217—239.

**Krecker,** Lothar: Die diplomatischen Verhandlungen über den Viererpakt vom 15. Juli 1933. Ein Beitrag zum Anfangsstadium der Außenpolitik des 3. Reiches. — In: Welt als Gesch. 21 (1961), 227—237.

**Kulak,** Z.: Spotkanie Ribbentrop-Bonnet, 6 grudnia 1938 roku. — In: Przegląd Zach. 13 (1957), H. 3, 4—17.

**Kulak,** Zbigniew: Angielsko-niemiecka umowa morska z 18 czerwca 1935 roku — In: Przegląd Zach. 19 (1963), Bd 2, 37—60.

**Kvaček,** Robert: Německá likvidace demilitarizovaného porýnského pásma 7. března 1936. — In: Českosl. Čas. hist. 11 (1963), 306—330.

**Lapter,** Karol: Pakt Piłsudski-Hitler. Polsko-niemiecka deklaracja o niestosowaniu przemocy z 26 stycznia 1934 roku. — Warszawa: Książka i Wiedza (1962). 332 S.

**Latour,** Conrad F[ranchot]: Südtirol und die Achse Berlin-Rom 1938—1945. — Stuttgart: Dt. Verl.-Anst. (1962). 158 S.
*(Schriftenreihe der Vierteljahrshefte für Zeitgeschichte. 5.)*

**Lee,** Dwight E. [Ed.]: Munich. Blunder, plot or tragic necessity? — Lexington, Mass.: D. C. Heath 1970. XII, 489 S.
*(Problems in European Civilisation.)*

**Leithäuser,** Joachim G.: Diplomatie auf schiefer Bahn. — In: Monat 4 (1951/52), T. 2, 614—634; 5 (1952/53), T. 1, 49—68 und 195—206.
1. Der Fall Österreich.
2. Der Fall Tschechoslowakei.

**Leithäuser,** Joachim G.: Diplomatie auf schiefer Bahn. — In: Monat 5 (1952/53), T. 1, 282—310.
3. Der Fall Polen.

**Leithäuser,** Joachim G.: Diplomatie auf schiefer Bahn. — Berlin-Zehlendorf: Grunewald-V. 1953. 248 S.

**Lewy,** Guenter: The German Roman Catholic Hierarchy and the Saar plebiscite of 1935. — In: Polit. Science Quart. 79 (1964), 184—208.

**Loewenheim,** Francis L.: Peace or appeasement? Hitler, Chamberlain and the Munich crisis. — Boston: Houghton Mifflin 1965. XX, 204 S.

**McMullen,** Rev. Aidan C.: The diplomatic background of the Munich agreement of 1938. A re-examination.
*Georgetown (Washington), D. C., Diss. 1952.*

**Magistrati,** Massimo: Berlino 1937: Campo di maggio. — In: Riv. Studi polit. internaz. 20 (1953), 525—546.

**Magistrati,** Massimo: Berlino 1939. Da Praga al Patto d'acciaio. — In: Riv. Studi polit. internaz. 19 (1952), 597—652.

**Magistrati,** Massimo: Come andammo a Monaco (1938). — In: Riv. Studi Polit. intern. 18 (1951), 405—451.

**Magistrati,** Massimo: Salisburgo 1939. — In: Riv. Studi polit. intern. 16 (1949), 479—509.

**Malanowski,** Wolfgang: Die deutsche Außenpolitik zwischen Revision und Doktrin 1932—1936.
*Hamburg, phil. Diss. 1956.*

**Malanowski,** Wolfgang: Das deutsch-englische Flottenabkommen vom 18. Juni 1935 als Ausgangspunkt für Hitlers doktrinäre Bündnispolitik. — In: Wehrwiss. Rdsch. 5 (1955), 408—420.

**Marlewsky,** J.: Gdańsk w stosunkach polsko-niemieckich. — In: Kultura 1953, 95—114.
Behandelt die Rolle Danzigs in den polnisch-deutschen Beziehungen.

**Massip,** Roger [u.] Jean Descola: Il y a 40 ans, Munich. Préf. de Maurice Schumann. — (Paris:) Plon (1978). 270 S.

**Matveev,** V. A.: Proval mjunchenskoj politiki (1938—1939 gg.) — Moskva: Gospolitizdat 1955. 264 S.
Über das Fiasko der Münchener Politik

**Medlicott,** W. N.: De Munich à Prague — In: Rev. Hist. deux. Guerre mond. (1954), H. 13, 3—16.

**Medlicott,** W. N.: La politique britannique et la crise de la Tchécoslovaquie — In: Rev. Hist. deux. Guerre mond. H. 7 (Juli 1952), 29—40.

**Merkes,** Manfred: Die deutsche Politik gegenüber dem spanischen Bürgerkrieg 1936—1939. — Bonn: Röhrscheid 1961. 194 S.
*(Bonner historische Forschungen. 18.)*

**Metzmacher,** Helmut: Deutsch-englische Ausgleichsbemühungen im Sommer 1939. — In: Vjh. Zeitgesch. 14 (1966), 369—412.

**Mieli,** Renato: Come fu preparata l seconda guerra mondiale. Storia documentata degli accordi col fascismo Monaco. — In: Rinascita 1952, 17—179.

**Mnichov** v dokumentech. — Praha: Státní nakl. polit. lit. 1958.
1. Zrada západních mocností na Československu. 304 S.
2. Zrada české a slovenské buržoasie na československém lidu.

**Mokken,** R. J.: The Times and Munich. — In: Gazette 4 (1958), 145—163.

**Mourin,** Maxime: Vingt ans avant la nationalisation du Canal de Suez, la rémilitarisation de la Rhénanie (7 mars 1936). — In: Miroir de l'Histoire 7 (1956), H. 83, 556—563.

**München,** 29. September 1938. Vorher und nachher. Eine Ausw. von Dokumenten. Zsgest. von Ferdinand Deml. (2. Aufl.) — Bonn, Brüssel, New York: Edit. Atlantic-Forum (1969). 62 S.
*(Dokumente und Kommentare zu Osteuropafragen. 2.)*

**München** 1938. Dokumente sprechen. (Hrsg. vom Sudetendeutschen Rat e.V., München.) — München: C. Wolf 1963. 152 S.
*(Mitteleuropäische Quellen und Dokumente. 8.)*

**(Neumann,** Hugo:) Zur Vorgeschichte des „Falles Polen". — In: Monat 5 (1952/53), T. 2, 101—104.

**Neuwirth,** Hans: Um das Münchener Abkommen. — In: Ostbrief 5 (1958), H. 37, 1—8.

**Noguères,** Henri: Munich ou la drôle de paix. — Paris: Laffont 1963. 432 S.
*(Ce jour-là.)*

**Obermann,** Karl und Josef Polišenský (Hrsg.): Die Hintergründe des Münchner Abkommens von 1938. Auswahl von Referaten und Diskussionsbeiträgen der Prager internationalen wissenschaftlichen Konferenz zum 20. Jahrestag der Münchner Ereignisse (25.-27. September 1958). — Berlin: Rütten und Loening 1959. 251 S.

**Odložilik,** Otakar: Concerning Munich and the Ides of March. — In: J. Centr. Europ. Aff. 9 (1949/50), 419—428.

Der **Österreich-Anschluß** 1938. Zsgest. u. hrsg. von Heinz Grell. – Leoni am Starnberger See: Druffel [um 1977]. 160 S.
*(Zeitgeschichte im Bild.)*

**Omodarme,** Marcello dell': La missione Wohltat. — In: Riv. Studi polit. internaz. 26 (1959), 235—242.

**Ort,** A.: Malá dohoda a Mnichov. — In: Československ. Čas. hist. 2 (1954), H. 2, 227—243.
Die Kleine Entente und die Münchener Konferenz.

**Ostoja**-Ovsjanyj, I. D.: Iz istorii franko-germanskich peregovorov v 1936—1937 godach. — In: Vop. Ist. 1958, H. 1, 102—122.

**Oven,** Wilfred von: Hitler und der Spanische Bürgerkrieg. Mission und Schicksal der Legion Condor. - Tübingen: Grabert 1978. 557 S.

**Parker,** R. A. C.: The first capitulation. France and the Rhineland crisis of 1936. — In: World Politics 8 (1955/56), 355—373.

**Peek,** Joachim: Kolonialismus ohne Kolonien. Der deutsche Imperialismus und China 1937. — Berlin: Akademie-Verl. 1961. 188 S.
*(Studien zur Kolonialgeschichte u. Geschichte der nationalen u. kolonialen Befreiungsbewegung. 3.)*

**Pesso,** Elio: Irredentismo e opzioni nell' Alto Adige. Le trattative italo-germaniche per gli accordi del 1939. — Firenze: Francolini 1954. 34 S.

**Petersen,** Jens: Deutschland und Italien im Sommer 1935. Der Wechsel des italienischen Botschafters in Berlin. — In: Gesch. Wiss. Unterr. 20 (1969), 330—341.

**Possony,** Stefan T.: Otto Abetz als Friedensapostel. — In: Monat 5 (1952/53), T. 1, 94—97.

**Pozdeeva,** L. V.: Iz istorii anglijskoj politiki remilitarizacii Germanii. — In: Vop. Ist. 1952, H. 4, 51—74.
Behandelt u. a. das deutsch-englische Flottenabkommen von 1935.

**Presseisen,** Ernst L.: Germany and Japan. A study in totalitarian diplomacy 1933—1941. — The Hague: Nijhoff 1958. X, 368 S.
*(International Scholars Forum. 12.)*

**Procházka,** Theodore: The delimitation of Czechoslovak-German frontiers after Munich. — In: J. Centr. Europ. Aff. 21 (1961/62), 200—218.

**Rabl,** Kurt: Neue Dokumente zur Sudetenkrise 1938. — In: Bohemia 1 (1960), 312—362.

**Rain,** Pierre: Aux approches de Munich. D'après les archives secrètes de la Wilhelmstraße. — In: Rev. Hist. dipl. 65 (1951), 226—237.

**Raschhofer,** Hermann: Nullität des Münchner Abkommens? — In: Polit. Stud. 23 (1972), 268—276.

**Rei,** August: The Baltic question at the Moscow negotiations in 1939. — In: East and West, H. 4 (1955), 20—29.

**Remak,** Joachim: Hitlers Amerikapolitik. — In: Außenpolitik 11 (1955), 706 bis 714.

**Remak,** Joachim: Germany and the United States, 1933—1939. — VI, 323 gez. Bl.
Stanford University, Thesis *(1955).*
*(University Microfilms, Ann Arbor, Mich. Publication 11179.)*

**Renouvin,** Pierre: La politique anglaise pendant la crise de Munich d'après les documents diplomatiques anglais. — In: Rev. hist. 205 (1951), 260—271.

**Rimscha,** Hans von: Zur Gleichschaltung der deutschen Volksgruppen durch das Dritte Reich. Am Beispiel der deutsch-baltischen Volksgruppe in Lettland. — In: Hist. Z. 182 (1956), 29—63.

**Rimscha,** Hans von: Die Umsiedlung der Deutschbalten aus Lettland im Jahre 1939. Eine Betrachtung. — Hannover-Döhren: von Hirschheydt [1959]. 57 S.

**Rintelen,** Enno von: Mussolini als Bundesgenosse. Erinnerungen des deutschen Militärattachés in Rom 1936—1943. — Tübingen, Stuttgart: Wunderlich 1951. 265 S.

**Ritter,** Gerhard: Die Entfesselung des Weltkrieges. — In: Z. Politik 1 (1954), 385—387.

**Robbins,** Keith G.: Konrad Henlein, the Sudeten question and British foreign policy. — In: Hist. J. 12 (1969), 674—697.

**Robbins,** Keith: München 1938 (Munich 1938, dt.) Ursprünge und Verhängnis. Zur Krise der Politik des Gleichgewichts. (Aus d. Engl. übers. von Gerd G. Kopper.) — (Gütersloh:) Bertelsmann Sachbuchverl. (1969). 351 S.

**Robertson,** Esmonde M.: Hitler und die Sanktionen des Völkerbunds. – Mussolini und die Besetzung des Rheinlands. - In: Vjh. Zeitgesch. 26 (1978), 237–264.

**Robertson,** Esmonde: Zur Wiederbesetzung des Rheinlandes 1936. — In: Vjh. Zeitgesch. 10 (1962), 178—205.

**Rönnefarth,** Helmuth: Deutschland und England. Ihre diplomatischen Beziehungen vor und während der Sudetenkrise (November 1937—September 1938). (Auszug.) — Göttingen 1951. XVIII, 507, XII, 50 gez. Bl. [Maschinenschr.]
*Göttingen, phil. Diss. 30. November 1953.*

**Rönnefarth,** Helmut K. G.: Die Sudetenkrise 1938. Entstehung, Verlauf, Bereinigung. — In: Z. Ostforsch. 4 (1955), 1—47.

**Rönnefarth,** Helmuth K. G.: Die Sudetenkrise in der internationalen Politik. Entstehung, Verlauf, Auswirkung. T. 1. 2. — Wiesbaden: Steiner 1961.
*(Veröffentlichungen des Instituts für Europäische Geschichte Mainz. 21.)*

**Rohwer,** Jürgen: Das deutsch-amerikanische Verhältnis 1937—1941. T. 1: Vom Neutralitätsgesetz zur Englandhilfe. — Hamburg 1953. VII, 181 gez. Bl. [Maschinenschr.]
*Hamburg, phil. Diss. 26. Februar 1954.*

**Ross,** Dieter: Hitler und Dollfuß. Die deutsche Österreichpolitik 1933—34. — (Hamburg:) Leibniz-Verl. (1966). 341 S.
*(Hamburger Beiträge zur Zeitgeschichte. 3.)*

**Rossi,** Angelo: Zwei Jahre deutschsowjetisches Bündnis. — (Köln, Berlin): Verl. f. Politik u. Wirtschaft (1954). 209 S.

**Rossi,** Angelo: Une défense du pacte germano-soviétique. — In: Preuves 4 (1954), H. 35, 25—31.

**Rossi,** Angelo: Le pacte germano-soviétique. L'histoire et le mythe. — Paris: Coll. de la Revue „Preuves" 1954. 114 S

**Rothstein,** Andrew: The Munich conspiracy. — London: Lawrence & Wishart 1958. 320 S.

**Sawka,** George: The Franco-Polish alliance and the remilitarization of the Rhineland. - In: Hist. J. 16 (1973), 125-146.

**Schanz,** Walter: Der deutsch-sowjetische Nichtangriffspakt in seiner Entstehung und seiner Bedeutung für die Westmächte und Italien. — Marburg a. L. 1956. IV, 189 gez. Bl. [Maschinenschr.]
*Marburg a. L., phil. Diss. 27. Juni 1956.*

**Schausberger,** Norbert: Der Griff nach Österreich. Der Anschluß. - Wien: Jugend und Volk (1978). 666 S.

**Schi** Li-suo: Das Komplott von München 1938 und die Beschwichtigungspolitik [dt.] (Übers. nach d. chines. Originalausg. von Erhard Neckermann.) - (Köln:) Verl. Rote Fahne (1978). 107 S.
*(Oktober-Taschenbücher.)*

**Schieche,** Emil: Prags Annahme des englisch-französischen Plans am 21. September 1938. — In: Stifter-Jb. 3 (1953), 7—25.

**Schieche,** Emil: Das Recht in der Sudetenfrage. — In: Außenpolitik 5 (1954), 647—652.

**Schieder,** Wolfgang: Spanischer Bürgerkrieg und Vierjahresplan. Zur Struktur nationalsozialistischer Außenpolitik. - In: Nationalsozialistische Außenpolitik, Darmstadt: Wiss. Buchgesellsch. 1978, 325-359.

**Schiefer,** Hans: Deutschland und die Tschechoslowakei von September 1938 bis März 1939. — In: Z. Ostforsch. 4 (1955), 48—66.

**Schmid,** Karin: Das Münchner Abkommen. Thesen, Argument, rechtliche Konsequenzen. - Düsseldorf: Droste (1973). 96 S.

**Schmitt,** Bernadotte E.: „Munich". — In: J. mod. Hist. 25 (1953), 166—180.

**Schmitz-Esser,** Winfried: Hitler — Mussolini. Das Südtiroler Abkommen von 1939. — In: Außenpolitik 13 (1962), 397—409.

**Scott,** William Evans: Alliance against Hitler. The origins of the Franco — Soviet pact. — Durham: Duke University Press (1962). XIII, 296 S.

**Seneourt,** Robert: How Neville Chamberlain fought Hitler. — In: Quart. Rev. 1954, H. 602, 413—425.

**Shepherd,** Gordon Brook-: Anschluß. The rape of Austria. — London: Macmillan 1963. XXV, 222 S.
Dt. Ausg. u. d. T.: Der Anschluß. Übers.: Gerolf Coudenhove. — Graz, Köln: Styria 1963. 286 S.

Adolf Hitlers weite **Sicht.** Ein Geheimprotokoll aus dem Jahre 1937. — In: Wandlung 1 (1945/46), 347—365.
Wiedergabe des sog. Hoßbach-Protokolls.

**Siebert,** Ferdinand: Der deutschitalienische Stahlpakt. — In: Vjh. Zeitgesch. 7 (1959), 372—395.

**Smelser,** Ronald M.: The Sudeten problem, 1933-1938. Volkstumspolitik and the formulation of Nazi foreign policy. - Middletown, Conn.: Wesleyan University Press 1974. 296 S.

**Šnejdarek,** Antonín: The participation of the Sudet-German Nazis in the Munich tragedy. — In: Historica 1 (1959), 241—265.

**Sontag,** Raymond J.: The last months of peace, 1939. — In: Foreign Aff. 35 (1956/57), 507—524.

**Spengler,** Erhard: Zur Frage des völkerrechtlich gültigen Zustandekommens der deutsch-tschechoslowakischen Grenzneuregelung von 1938. — Berlin: Duncker & Humblot (1967). 171 S.
*(Schriften zum Völkerrecht. 3.)*

**Stalin** und Hitler gegen Europa 1938—1945. Literaturbericht. — In: Ostprobleme 3 (1951), 754—758.

**Stejn,** B.: Novaja anglijskaja falsifikacija istorii Mjunkhena. — In: Vop. Ist., Februar 1951, 92—118.

**Stein,** George H.: Russo-German military collaboration. The last phase, 1933. - In: Polit. Science Quart. 77 (1962/63), 54— 71.

**Stenzl,** Otto: Die Sudetenkrise. Eine fragwürdige Darstellung. — In: Polit. Meinung 7 (1962), H. 68, 86—92.

**Stepan,** F.: Protistátní puč Henleinovců v září 1938. — In: Sborník Archivovců v září 1938. — In: Sborník Archivních Prací 12 (1962), 3—66.

**Studnitz,** Hans Georg von: Spiel mit der Geschichte. Anmerkungen zu Fritz Hesse „Das Spiel um Deutschland". — In: Außenpolitik 4 (1953), 716—726.

Der **Sudetenland-Anschluß** 1938. Zsgest. u. hrsg. von Reinhard Pozorny. - Leoni am Starnberger See: Druffel (1978). 157 S.
*(Zeitgeschichte im Bild.)*

**Survey** of international affairs 1938. — London: Oxford University Press.
   2. Laffan, R. G. D.: The crisis over Czechoslovakia. January — September 1938. With an introduction by Arnold Toynbee. 1951. 475 S.

**Teichová,** Alice: Die geheimen britischdeutschen Ausgleichsversuche am Vorabend des zweiten Weltkrieges. — In: Z. Geschichtswiss. 7 (1959), 755—796.

**Thompson,** L.: The greatest treason. The untold story of Munich. — New York: Morrow 1968. XVII, 298 S.

**Tillmann,** Heinrich: Der „Anschluß" Österreichs — ein Ausdruck der Aggressionspolitik des deutschen Imperialismus zur Vorbereitung des 2. Weltkrieges. — Babelsberg 1955. 3, 252, 21 gez. Bl. [Maschinenschr.]
*Potsdam, Akad. f. Staats- u. Rechtswiss., Diss. 26. März 1955.*

**Toscano,** Mario: L'Italia e gli accordi tedesco-sovietici dell'agosto 1939. — In: Riv. Studi Polit. intern. 18 (1951), 553—642.

**Toscano,** Mario: Le origini diplomatiche del patto d'acciaio. 2. ed. — Firenze: Sansoni 1956. 414 S.

**Treue,** Wilhelm: Das Dritte Reich und die Westmächte auf dem Balkan. Zur Struktur der Außenhandelspolitik Deutschlands, Großbritanniens und Frankreichs 1933—1939. — In: Vjh. Zeitgesch. 1 (1953), 45—64.

**Tsvetkovitch,** Dragisha: Prince Paul, Hitler and Salonika. — In: Internat. Aff. 27 (1951), 463—469.

**Vaussard,** M.: Quelques aspects des rapports diplomatiques et militaires italo-allemands, d'après des derniers diplomates de l'Axe. — In: Rev. Hist. deux. Guerre mond. 1 (1951), H. 4, 33—46.

**Vávra,** F. [u.] J. Eibel: Viedenská arbitráž-dôsledok Mníchova. — Bratislava: Osveta 1963. 128 S.
(Erster Wiener Schiedsspruch vom 2. November 1938.)

**Viefhaus,** Erwin: Sudetenfrage und Sudetenkrise. — In: Neue polit. Lit. 6 (1961), 595—610.

**Vnuk,** F[rantišek]: Munich and the Soviet Union. — In: J. Centr. Europ. Aff. 21 (1961/62), 285—304.

**Vnuk,** František: The German zone of protection in Slovakia. — In: Slovakia 9 (1959), H. 29, 7—23.

**Vogelsang,** Thilo: Die deutsch-englischen Beziehungen 1938—1939. — In: Pol. Lit. 3 (1954), 116—121.

**Voßke,** Heinz: Diplomatische Berichte über die Vorbereitung der Annexion Österreichs durch das faschistische Deutschland im März 1938. — In: Z. Geschichtswiss. 16 (1968), 906—920.

**Wallace,** William V.: New documents on the history of Munich. A selection from the Soviet and Czechoslovak archives. — In: Internat. Aff. 35 (1959), 447—454.

**Wallace,** W. V.: The making of the May crisis of 1938. — In: Slav. & East Europ. Rev. 41 (1962/63), 368—390.

**Wallace,** William V.: The foreign policy of President Beneš in the approach to Munich. — In: Slavonic and East Europ. Rev. 39 (1960), 108—136.

**Wathen,** Mary Antonia: The policy of England and France toward the „Anschluß" of 1938. — Washington: The Catholic University of America Press 1954. VII, 224 S.

**Watt,** D. C.: The Anglo-German naval agreement of 1935. An interim judgement. — In: J. intern. Hist., Juni 1956, 155—175.

**Watt,** Donald C.: The Rome-Berlin axis 1936—1940. — In: Rev. Politics 22 (1960), 519—543.

**Watt,** D. C.: Pirow's Berlin mission in November, 1938. „Free hand" for Hitler and relief for the Jews. — In: Wiener Libr. Bull. 12 (1958), 53.

**Watt,** D. C.: An earlier model for the Pact of Steel. — In: Internat. Aff. 33 (1957), 185—197.

**Watt,** D. C.: The reoccupation of the Rhineland 1936. — In: History today 6 (1956), 244—251.

**Weidl,** Kurt: Hat Hitler Österreich überfallen? Der Anschluß in zehn Stationen. — In: Polit. Studien 14 (1963), 434—443.

**Weinberg,** Gerhard L.: Die geheimen Abkommen zum Antikominternpakt. — In: Vjh. Zeitgesch. 1 (1954), 193-201.

**Weinberg,** Gerhard L.: Schachts Besuch in den USA im Jahre 1933. — In: Vjh. Zeitgesch. 11 (1963), 166—180.

**Weinberg,** Gerhard L.: A proposed compromise over Danzig in 1939? — In: J. Centr. Europ. Aff. 14 (1954/55), 334—338.

**Weinberg,** Gerhard L.: The May crisis, 1938. — In: J. mod. Hist. 29 (1957), 213—225.

**Weinberg,** Gerhard L.: Secret Hitler—Benes negotiations in 1936—37. — In: J. Centr. Europ. Aff. 19 (1959/60), 366—374.

**Weinberg,** Gerhard L.: German recognition of Manchoukuo. — In: World Aff. Quart. 28 (1957/58), 149—164.

**Weinberg,** Gerhard L.: Deutsch-japanische Verhandlungen über das Südseemandat 1937—1938. — In: Vjh. Zeitgesch. 4 (1956), 390—398.

**Wendt,** Bernd-Jürgen: Appeasement 1938. Wirtschaftl. Rezession und Mitteleuropa. — (Frankfurt a. M.:) Europ. Verl. Anst. (1966). 151 S.
*(Hamburger Studien zur neueren Geschichte. 5.)*

**Wendt,** Bernd-Jürgen: München 1938. England zwischen Hitler und Preußen. — (Frankfurt a. M.:) Europ. Verl. Anst. (1965). 150 S.
*(Hamburger Studien zur neueren Geschichte. 3.)*

**Werstein,** Irving: Betrayal. The Munich Pact of 1938. — Garden City, N. Y.: Doubleday (1969). 188 S.

**Wheeler**-Bennett, John W[heeler]: Munich. Prologue to tragedy. 2. ed. — New York: Duell, Sloan & Pierce 1963. XV, 507 S.

**Wickert,** Erwin: Dramatische Tage in Hitlers Reich. — Stuttgart: Steingrüben-V. (1952). 400 S.
Behandelt u. a. die außenpolitische Entwicklung vom Einmarsch in Österreich bis zum Ausbruch des Krieges 1939.

**Wojciechowski,** Marian: Polsko-niemiecka deklaracja o nieagresji z 26 stycznia 1934. — Katowice 1963: (Śląski Instytut naukowy). 49 S.
*(Śląski Instytut naukowy. Biuletyn. 38.)*

**Wojciechowski,** Marian: Mniejszość niemiecka w Województwie Pomorskim a III Rzesza w latach 1936—1939. — In: Zapiski hist. 26 (1961), Bd 2, 45—57.

**Wolski,** Aleksander: Pakt polsko-niemiecki z 1934. In: Sprawy miedz. 1953, H. 6, 64—77.

**Wurl,** Ernst: Zur Geschichte des deutsch-sowjetischen Nichtangriffspaktes vom 23. August 1939. — In: Dtsch. Außenpolitik 4 (1959), 882—895.

**Yenell,** Donovan P.: The German occupation of the Rhineland. — In: US Naval Inst. Proceed., Nov. 1955, 1205—1215.

Wirtschaft

**Albert,** Ursula: Die deutsche Wiederaufrüstung der dreißiger Jahre als Teil der staatlichen Arbeitsbeschaffung und ihre Finanzierung durch das System der Mefowechsel. — o. O. [1956]. 91 Bl.
*Nürnberg, Hochsch. f. Wirtschafts- u. Sozialwiss., Diss. 13. November 1956.*

**Ansbacher,** H. L.: The problem of interpreting attitude survey data. A case study of the attitude of Russian workers in wartime Germany. — In: Publ. Op. Quart. 14 (1950/51), 126 bis 128.

**Bagel**-Bohlan, Anja E.: Hitlers industrielle Kriegsvorbereitung 1936 bis 1939. — Koblenz: Wehr- u. Wissen-Verlagsges. 1975. 143 S.
*(Beiträge zur Wehrforschung. 24.)
Diss., Universität Bonn.*

**Barkai,** Avraham: Die Wirtschaftsauffassung der NSDAP. — In: Aus Politik und Zeitgeschichte, Beilage zur Wochenzeitung „Das Parlament" Nr 9 vom 1. März 1975, 3–16.

**Barkai,** Avraham: Das Wirtschaftssystem des Nationalsozialismus. Der historische und ideologische Hintergrund 1933-1936. — (Köln: Verl. Wissenschaft u. Politik 1977). 214 S.
*(Bibliothek Wissenschaft und Politik. 18.)*

**Bay,** Achim: Der nationalsozialistische Gedanke der Großraumwirtschaft und seine ideologischen Grundlagen. Darstellung u. Kritik. — (Köln 1962: Photostelle d. Univ.) VII, 207 S.
*Erlangen-Nürnberg, Wirtschaftswiss. Diss. vom 6. Juni 1962.*

**Berchtold,** Albert: Organisation und Bewirtschaftung gemeindlicher Eigenbetriebe nach der Eigenbetriebsverordnung vom 21. 11. 1938. — o. O. (1947). 174 gez. Bl. [Maschinenschr.]
*Erlangen, phil. Diss. 8. Aug. 1947.*

**Bettelheim,** Charles: Die deutsche Wirtschaft unter dem Nationalsozialismus (L'économie allemande sous le nazisme, dt.) (Übers. aus d. Französ.: Jörg Hofmann u. Suzanne Wieczorek. Red. Bearb.: Hartmut Mehringer.) — München: Trikont-Vrel. 1974. 353 S.
*(Trikont-Theorie.)*

**Birkenfeld,** Wolfgang: Leuna 1933. — In: Tradition 8 (1963), 97—111.

**Birkenfeld,** Wolfgang: Der synthetische Treibstoff 1933—1945. Ein Beitrag zur nationalsozialistischen Wirtschafts- u. Rüstungspolitik. — Göttingen, Berlin, Frankfurt: Musterschmidt 1964. 279 S.
*(Studien und Dokumente zur Geschichte des Zweiten Weltkrieges. 8.)*

**Blaich,** Fritz: Wirtschaftspolitik und Wirtschaftsverfassung im Dritten Reich. — In: Aus Politik und Zeitgeschichte, Beilage zur Wochenzeitung „Das Parlament" Nr 8 vom 20. Februar 1971, 3–18.

**Bludau,** Kuno: Nationalsozialismus und Genossenschaften. — Hannover: Verl. f. Literatur u. Zeitgeschehen (1968). 240 S.
*(Schriftenreihe des Forschungsinstituts der Friedrich-Ebert-Stiftung. B. Hist.-polit. Schriften.)*

**Blumenberg**-Lampe, Christine: Das wirtschaftliche Programm der „Freiburger Kreise". Entwurf einer freiheitlich-sozialen Nachkriegswirtschaft. Nationalökonomen gegen den Nationalsozialismus. — Berlin: Duncker & Humblot (1973). 180 S.
*(Volkswirtschaftliche Schriften. 208.)*

**Collotti,** Enzo: Il „Nuovo Ordine europeo" e l'imperialismo nazista. — In: Riv. storia contemp. 1973, 358–373.

**Darvas,** Irén: Woman in a Nazi munitions factory. — In: Yad Vashem Bull. 1967, H. 21, 28—34.

**Doering,** Dörte: Deutsche Außenwirtschaftspolitik 1933—35. Die Gleichschaltung der Außenwirtschaft in der Frühphase des nationalsozialistischen Regimes. — Berlin 1969: (Hilke). 377 S.
*Freie Universität Berlin, wirtschafts- u. sozialwiss. Diss. vom Juni 1970.*

**Drobisch,** Klaus: Eine Denkschrift der IG Farben über die „Militarisierung der Wirtschaft" vom März 1935. — In: Jb. Gesch. 1 (1967), 261—281.

**Drobisch,** Klaus: Der Freundeskreis Himmler. Ein Beispiel für die Unterordnung der Nazipartei und des faschistischen Staatsapparates durch die Finanzoligarchie. — In: Z. Geschichtswiss. 8 (1960), 304—328.

**Duball,** René: Une expérience d'économie dirigée. L'Allemagne nationalsocialiste. — (Paris: Dupont 1962.) 171 S.

**DuBois.** Josiah E. jr.: The devil's chemists. — Boston: Beacon Press 1952. 374 S.
*Behandelt die I. G. Farben Industrie Aktiengesellschaft.*

**Elsner,** Rudolf: Der Charakter und die Bedeutung der Osthilfe während des Hitlerfaschismus. — o. O. 1959. 163 Bl.
*Halle, phil. Diss. 22. Juni 1959.*

**Erbe,** René: Die nationalsozialistische Wirtschaftspolitik 1933—1939 im Lichte der modernen Theorie. Hrsg.: Basle Centre for Economic and Financial Research. — Zürich: Polygraph. Verl. (1958). 197 S.

**Erhard,** Ludwig: Kriegsfinanzierung und Schuldenkonsolidierung. Mit Vorbemerkungen von Ludwig Erhard, Theodor Eschenburg [u.] Günter Schmölders, Faksimiledruck der Denkschrift von 1943/44. — (Frankfurt a. M.:) Propyläen Verl. (1977). XXXIV, 268 S.
*(Materialien zur Zeitgeschichte.)*

**Esenwein**-Rothe, Ingeborg: Die Wirtschaftsverbände von 1933 bis 1945. — Berlin: Duncker & Humblot 1965. XVI, 209 S.
*(Schriften des Vereins für Sozialpolitik. N. F. 37.)*

**Finzel**, Gerda: Die Geldmenge in Deutschland 1938—1943. — o. O. 1947. VI, 212 S. [Maschinenschr.]
*Erlangen, phil. Diss. 31. Jan. 1947.*

**Fischer**, Wolfram: Die Wirtschaftspolitik des Nationalsozialismus. — (Lüneburg 1961: Peters.) 64 S.
*(Schriftenreihe der Niedersächsischen Landeszentrale für Politische Bildung. Zeitgeschichte. 13.)*

**Forsbach**, Hans: Die imperialistische Rolle der Konzerne im faschistischen Deutschland. — o. O. 1948. 216 gez. Bl. [Maschinenschr.]
*Leipzig, wirtsch.- u. sozialwiss. Diss. 23. Okt. 1948.*

**Freymond**, Jean: Les industriels allemands de l'acier et le bassin minier lorrain (1940—1942). — In: Rev. Hist. mod. & contemp. 19 (1972), 27—44.

**Freymond**, J[ean]: Le IIIe Reich et la réorganisation économique de l'Europe 1940-1942. Origines et projets. — Leiden: Sijthoff 1974. 302 S.

**Geer**, Johann Sebastian: Der Markt der geschlossenen Nachfrage. Eine morphologische Studie über die Eisenkontingentierung in Deutschland 1937—1945. — Berlin: Duncker & Humblot (1961). 175 S.
*(Nürnberger Abhandlungen zu den Wirtschafts- und Sozialwissenschaften. 14.)*

**Georg**, Enno: Die wirtschaftlichen Unternehmungen der SS. — Stuttgart: Dtsch. Verl. Anst. (1963). 154 S.
*(Schriftenreihe der Vierteljahrshefte für Zeitgeschichte. 7.)*

**Gies**, Horst: Der Reichsnährstand, Organ berufsständischer Selbstverwaltung oder Instrument staatlicher Wirtschaftslenkung? — In: Z. Agrargesch. Agrarsoziol. 21 (1973), 216—233.

**Gillingham**, John: Belgian business in the Nazi new order. — Gent: Jan Dhonth Stichting 1977. 237 S.

**Gillingham**, John: Die Rolle der Privatwirtschaft im Dritten Reich. [Literaturbericht.] — In: Zeitgesch. 2 (1974), 20—27.

**Henkelmann**, Franz: Die Umgestaltung der Steuerverwaltung durch den Nationalsozialismus unter besonderer Berücksichtigung der Verordnungspraxis des Reichsfinanzministers. — Köln 1947. X, 151 gez. B. [Maschinenschr.]
*Köln, rechtswiss. Diss. 24. Juli 1947.*

**Henning**, Eike: Thesen zur deutschen Sozial- und Wirtschaftsgeschichte 1933 bis 1938. — (Frankfurt a. M.:) Suhrkamp (1973). 263 S.
*(Edition Suhrkamp. 662.)*

**Hoeft**, Klaus-Dieter: Die Agrarpolitik des deutschen Faschismus als Mittel zur Vorbereitung des zweiten Weltkrieges. — In: Z. Geschichtswiss. 7 (1959), 1205—1230.

**Homze**, Edward L.: Foreign labor in Nazi Germany. — Princeton, N. J.: Princeton University Press 1967. XVIII, 350 S.

**Honigbauer**, Rolf: Die wirtschaftspolitische Zielsetzung des Nationalsozialismus und deren Einfluß auf die deutsche Wirtschaftsordnung. Dargest. u. krit. untersucht am Beispiel des dt. Arbeitsmarktes von 1933—1939. — Freiburg i. Br. 1949. IV, 121 gez. Bl. [Maschinenschr.]
*Freiburg i. Br., rechts- u. staatswiss. Diss. 7. Sept. 1949.*

**Hübener**, Erhard: Die Finanzierung der Arbeitsbeschaffung, der Aufrüstung und des Krieges in der deutschen Finanzpolitik 1933—1945. — o. O. (1948). 155 gez. Bl. [Maschinenschr.]
*Halle, rechts- u. staatswiss. Diss. 15. Mai 1948.*

**Jäger**, Jörg-Johannes: Die wirtschaftliche Abhängigkeit des Dritten Reiches vom Ausland. Dargest. am Beisp. d. Stahlindustrie. — (Berlin:) Berlin-Verl. (1969). 336 S.
*(Internationale Wirtschaft.)*
*Diss., Freie Universität Berlin.*

**Kaftan**, Kurt: Der Kampf um die Autobahnen. Geschichte u. Entwicklung d. Autobahngedankens in Deutschland von 1907—1935 unter Berücks. ähnlicher Pläne u. Bestrebungen im übrigen Europa. — Berlin: Wigankow (1955). 192 S.

**Kasper**, Hanns-Heinz: Das Erdöl in den Raubplänen des deutschen Faschismus in Vorbereitung und bei der Durchführung des Zweiten Weltkrieges. — In: Jb. Wirtschaftsgesch. 1976, T. 3, 55—77.

**Klass**, Gert von: Die drei Ringe. Lebensgeschichte eines Industrieunternehmens. — Tübingen: Wunderlich 1953. 484 S.
Geschichte der Krupp-Werke.

**Klein**, Burton H.: Germany's economic preparations for war. — Cambridge, Mass.: Harvard University Press 1959. 272 S.
*(Harvard Economic Studies. 109.)*

**Kluke**, Paul: Hitler und das Volkswagenprojekt. — In: Vjh. Zeitgesch. 8 (1960), 341—383.

**Krause**, Werner: Wirtschaftstheorie unter dem Hakenkreuz. Die bürgerliche politische Ökonomie in Deutschland während der faschistischen Herrschaft. — Berlin: Akademie-Verl. 1969. 247 S.
*(Deutsche Akademie der Wissenschaften zu Berlin. Schriften des Instituts für Wirtschaftswissenschaften. 31.)*

**Krüdener**, Jürgen von: Zielkonflikte in der nationalsozialistischen Agrarpolitik. — In: Z. Wirtschafts- u. Sozialwiss. 1974, 335–361.

**Lärmer**, Karl: Autobahnbau in Deutschland 1933 bis 1945. Zu den Hintergründen. — Berlin: Akademie-Verl. 1975. 163 S.
*(Forschungen zur Wirtschaftsgeschichte. 6.)*

**Laser**, Kurt: Die Auswirkungen der Machtübertragung an die Nazipartei auf die deutsch-sowjetischen Wirtschaftsbeziehungen. — In: Jb. Wirtschaftsgesch. 1974, T. 4, 57—74.

**Lippisch**, Wolfgang: Das deutsch-englische Zahlungsabkommen vom 1. November 1934 und die deutsche Devisenbewirtschaftung. — o. O. 1947. 160 gez. Bl. [Maschinenschr.]
*München, staatswiss. Diss. 4. Dez. 1947.*

**Ludwig**, Karl-Heinz: Technik und Ingenieure im Dritten Reich. — Düsseldorf: Droste (1974). 544 S.

**Maas,** Walter: Methoden der deutschen und englischen Industriefinazierung [!] in der Periode von 1914 bis 1939. — o. O. 1947. 315 gez. Bl. [Maschinenschr.]
*Münster i. W., rechts- u. staatswiss. Diss. 25. Juli 1947.*

**MacDonald,** C. A.: Economic appeasement and the German „moderate" 1937—1939. An introductory essay. — In: Past & Present 1972, H. 56, 105—135.

**Marguerat,** Philippe: Le IIIe Reich et le pétrole roumain, 1938—1940. Contribution à l'étude de la pénétration allemande dans les Balkans à la veille et au début de la Seconde Guerre mondiale. - Leiden: Sijthoff 1977. 231 S.
*(Coll. de Relations Internationales. 6.)*

**Mason,** Tim: Der Primat der Politik. Politik und Wirtschaft im Nationalsozialismus. — In: Nationalsozialistische Außenpolitik, Darmstadt: Wiss. Buchgesellsch. 1978, 117—147.

**Mazor,** Michel: Le cas Wollheim contre I. G. Farben. Un nouvel aspect du problème de l'indemnisation. — In: Monde juif 7 (1953), H. 65, 1—3.

**Moss,** W. Stanley: Gold is where you hide it. What happened to the Reichsbank treasure? — London: Deutsch 1957. 191 S.

**Olsson,** Sven-Olof: German coal and Swedish fuel, 1939—1945. — Göteborg: (Almqvist & Wiksell) 1975. 348 S.
*(Publications of the Institute of Economic History of Gothenburg University. 36.)*
*Göteborg, phil. Diss. vom 31. Mai 1975.*

**Overy,** R. J.: The German pre-war aircraft production plans, November 1936 —April 1939. — In: Engl. hist. Rev. 90 (1975), 778—797.

**Petzina,** Dieter: Autarkiepolitik im Dritten Reich. Der nationalsozialistische Vierjahresplan. — Stuttgart: Dtsch. Verl. Anst. (1968). 204 S.
*(Schriftenreihe der Vierteljahrshefte für Zeitgeschichte. 16.)*

**Petzina,** Dieter: Hauptprobleme der deutschen Wirtschaftspolitik 1932/33. — In: Vjh. Zeitgesch. 15 (1967), 18—55.

**Petzina,** Dietmar: Die Mobilisierung deutscher Arbeitskräfte vor und während des Zweiten Weltkrieges. — In: Vjh. Zeitgesch. 18 (1970), 443—455.

**Petzina,** Heinz Dietmar: Der nationalsozialistische Vierjahresplan von 1936. Entstehung, Verlauf, Wirkungen. — o. O. 1965. 390 S.
*Mannheim, wirtschaftswiss. Diss. vom 7. Juli 1965.*

**Pischel,** Werner: Sudetenland und Deutsche Reichsbahn. Ein Beitrag zur Geschichte der Deutschen Reichsbahn im Frieden und im Krieg. — In: Arch. f. Eisenbahnwesen 75 (1965), 222—263.

**Pithe,** Erich: Die Reichsbank 1939—1945. — In: Nation Europa 4 (1954), H. 11, 57—64.

**Probleme** der nationalsozialistischen Wirtschaftspolitik. Hrsg. von Friedrich-Wilhelm Henning. - Berlin: Duncker & Humblot (1976). 174 S.
*(Schriften des Vereins für Socialpolitik. N. F. 89.)*

**Puchert,** Berthold: Einige Überlegungen zum deutschen Kapitalexport 1933 bis 1939. - In: Jb. Wirtschaftsgesch. 1976, T. 3, 79–89.

**Radandt,** Hans: Die Vitkovicer Berg- und Eisenhütten-Gewerkschaft als Organisationszentrum der Reichswerke AG „Hermann Göring" für die Beherrschung der Eisen- und Stahlwirtschaft südosteuropäischer Länder. - In: Jb. Wirtschaftsgesch. 1973, T. 5, 17–41.

**Radkau,** Joachim: Entscheidungsprozesse und Entscheidungsdefizite in der deutschen Außenwirtschaftspolitik 1933 –1940. - In: Gesch. u. Gesellschaft 2 (1976), 33–65.

**Rämisch,** Raimund: Der berufsständische Gedanke als Episode in der nationalsozialistischen Politik. — In: Z. Politik 4 (1957), 263—272.

**Rämisch,** Raimund Hubert: Die berufsständische Verfassung in Theorie und Praxis des Nationalsozialismus. — Berlin 1957. 168 S.
*Berlin, Freie Univ., wirtschafts- und sozialwiss. Diss. 8. März 1957.*

**Razmerov,** V.V.: Ekonomičeskaja podgotovka gitlerovskoj agressii (1933—1935gg.) — Moskva: Izdatel'stvo IMO 1958. 172 S.
*(Institut Meždunarodnych Otnošenij.)*

**Reichhardt,** Hans Joachim: Die Deutsche Arbeitsfront. Ein Beitrag zur Geschichte des nationalsozialistischen Deutschlands und zur Struktur des totalitären Herrschaftssystems. — Berlin 1956. III, 196 gez. Bl. [Maschinenschr.]
*Berlin, Freie Univ., phil. Diss. 21. Juni 1956.*

**Riedel,** Matthias: Eisen und Kohle für das Dritte Reich. Paul Pleigers Stellung in der NS-Wirtschaft. - Göttingen: Musterschmidt (1973). 375 S.
*Habil.-Schr., TU Hannover.*

**Riedel,** Matthias: Die Eisenerzversorgung der deutschen Hüttenindustrie zu Beginn des Zweiten Weltkrieges. — In: Vjschr. Soz.- u. Wirtschaftsgesch. 58 (1971), 482—496.

**Riedel,** Matthias: Görings Griff nach dem steirischen Erzberg. — In: Tradition 15 (1970), 311—315.

**Rubbert,** Hans-Heinrich: Die „gelenkte Marktwirtschaft" des Nationalsozialismus. Ein Literaturbericht. — In: Hamburger Jb. Wirtschafts- u. Gesellschaftspol. 8 (1963), 215—234.

**Schaffer,** Ottomar: Ostarbeiter im Kriegseinsatz. — In: Nation Europa 3 (1953), H. 11, 51—52.

**Schausberger,** Norbert: Der wirtschaftliche Anschluß Österreichs 1938. — In: Österr. Gesch. Lit. 15 (1971), 249—273.

**Scherpenberg,** Jens van: Die Rüstungsfinanzierung des Deutschen Reichs von 1934 bis in die ersten Jahre des Zweiten Weltkriegs. - München 1974. 126 Bl.
*München, oec. Diss. vom 16. Juli 1974.*
[Maschinenschr. vervielf.]

**Schönfeld,** Roland: Deutsche Rohstoffsicherungspolitik in Jugoslawien 1934—1944. - In: Vjh. Zeitgesch. 24 (1976), 215—258.

**Schüler,** Felix: Das Handwerk im Dritten Reich. Die Gleichschaltung und was danach folgte. — Bad Wörishofen: Handwerker-Verlagshaus 1951. 109 S.
*(Schriften des Handwerks. 10.)*

**Schumann,** Hans-Gerd: Nationalsozialismus und Gewerkschaftsbewegung. Die Vernichtung der deutschen Gewerkschaften und der Aufbau der „Deutschen Arbeitsfront". — Frankfurt a. M.: Norddt. Verl.-Anst. 1958. 220 S.
Mit „DAF-Bibliographie" S. 183—219.

**Schumann,** Wolfgang: Die faschistische „Neuordnung" Europas nach den Plänen des deutschen Monopolkapitals. Programme der Metallindustrie, des Metallerz- und Kohlenbergbaus im Jahre 1940. — In: Z. Geschichtswiss. 19 (1971), 224—241.

**Schwadtke,** K. H.: Die deutsche Handelsflotte 1939 und ihr Schicksal. — Hamburg: Eckardt & Meßtorf 1953. 72 S.

**Schweitzer,** Arthur: Big business in the Third Reich. — London: Eyre & Spottiswoode 1964. XII, 739 S.
Amerikan. Ausg.: Bloomington: Indiana University Press.

**Schweitzer,** Arthur: Foreign exchange crisis of 1936. — In: Z. ges. Staatswiss. 118 (1962), 243—277.

**Simpson,** Amos E.: The struggle for control of the German economy 1936—37. — In: J. mod. Hist. 21 (1959), 37—45.

**Stübel,** Heinrich: Die Finanzierung der Aufrüstung im Dritten Reich. — In: Europa-Arch. 6 (1951), 4128—4136.

**Swatek,** Dieter: Unternehmenskonzentration als Ergebnis und Mittel nationalsozialistischer Wirtschaftspolitik. — Berlin: Duncker & Humblot 1972. 172 S.
*(Volkswirtschaftliche Schriften. 181.)*

**Ter Meer,** Fritz: Die I. G. Farben Industrie Aktiengesellschaft. 2. Aufl. — Düsseldorf: Econ Verl. Ges. 1953. 128 S.

**Tornow,** Werner: Chronik der Agrarpolitik und Agrarwirtschaft des Deutschen Reiches von 1933—1945. — Hamburg: Parey 1972. 193 S.
*(Berichte über Landwirtschaft. Sonderh. 188.)*

**Treue,** Wilhelm: Hitlers Denkschrift zum Vierjahresplan 1936. — In: Vjh. Zeitgesch. 3 (1955), 184—210.

**Treue,** Wilhelm: Gummi in Deutschland zwischen 1933 und 1945. — In: Wehrwiss. Rdsch. 5 (1955), 169—185.

**Treue,** Wilhelm: Wirtschaft und Politik 1933—1945. — (Hannover: Hannnov. Druck- u. Verl. Ges.) 1952. 64 S.
*(Beiträge zur Geschichte der jüngsten Vergangenheit. 4.)*

**Troost,** Gerda: Die volkswirtschaftlichen Verluste in der Kapitalverwertungskonjunktur, dargestellt am Verlauf der Jahre 1925—1937. — Göttingen 1944. 182, 6 gez. Bl. [Maschinenschr.]
*Göttingen, rechts- u. staatswiss. Diss. 17. Juli 1945.*

**Uffelmann,** Gerd: Die Rechtsprechung des Reichsfinanzhofs unter nationalsozialistischem Einfluß in den Jahren 1933—1943. — o. O. (1948). 7, 148 gez. Bl. [Maschinenschr.]
*Köln, rechtswiss. Diss. 26. Febr. 1948.*

**Uhlig,** Heinrich: Die Warenhäuser im Dritten Reich. — Köln, Opladen: Westdt. Verl. (1956). VIII, 230 S.

**Wagner,** Raimund: Die Wehrmachtführung und die Vierjahrplanpolitik im faschistischen Deutschland vor der Entfesselung des Zweiten Weltkrieges. — In: Militärgesch. 12 (1973), 180—188.

**Weyres- von Levetzow,** Hans-Joachim: Die deutsche Rüstungswirtschaft von 1942 bis zum Ende des Krieges. — München 1975. Getr. Pag.
*München, Diss. rer. pol. vom 26. Februar 1975.*
[Maschinenschr. vervielf.]

**Wolfe,** Martin: The development of Nazi monetary policy. — In: J. econ. Hist. 15 (1955), 392—402.

Soziales Leben

**Altendorf,** Wolfgang: In der Hitlerzeit, wie hat man da gelebt? Alltag des Kleinstadtjungen Harald, 1933-1939. — Freudenstadt/Schwarzwald: Altendorf [1978]. 51 S.

**Bauer,** Erich: Die Kameradschaften im Bereiche des Kösener SC in den Jahren 1937—1945. In: Einst und Jetzt, Jahrbuch 1956 des Vereins für corpsstudentische Geschichtsforschung, Verden 1956, 5—40.

**Beier,** Gerhard: Das Lehrstück vom 1. und 2. Mai 1933. - (Frankfurt a. M.:) Europ. Verl.-Anst. (1975). 80 S.
*(Themenkreis Geschichte. 1.)*
*(Theorie und Praxis der Gewerkschaften.)*

**Benz,** Wolfgang: Vom freiwilligen Arbeitsdienst zur Arbeitsdienstpflicht. — In: Vjh. Zeitgesch. 16 (1968), 317—346.

**Bernhardi,** Horst: Die Göttinger Burschenschaft 1933—1945. Ein Beitrag zur studentischen Geschichte in der nationalsozialistischen Zeit. — In: Darstellungen und Quellen zur Geschichte der deutschen Einheitsbewegung im 19. und 20. Jahrhundert, hrsg. von Paul Wentzke, Bd 1, Heidelberg 1957, 205—247.

**Buchheim,** Hans: Zu Kleists „Auch Du warst dabei". — In: Vjh.Zeitgesch. 2 (1954), 177—192.

**Burghardt,** Christina: Die deutsche Frau: Küchenmagd, Zuchtsau, Leibeigene im III. Reich. Geschichte der Gegenwart? Analysiert anhand der Seite für „Die deutsche Frau" aus dem „Völkischen Beobachter", Jg. 1938. — Münster: Verl. Frauenpolitik 1978. 140 S.
*(Frauen im Faschismus. 2.)*

**Charlier,** Jean-Michel [u.] Jacques de Launay: Eva Hitler, geb. Braun (Eva Hitler, née Braun, dt.) Die führenden Frauen des Dritten Reiches. — Stuttgart: Seewald 1979. 270 S.

**Damals** war ich vierzehn. Berichte und Erinnerungen von Winfried Bruckner [u. a.] — Wien: Verl. Jugend und Volk (1978). 124 S.
*(Jugend im Dritten Reich.)*

**Demps,** Laurenz: Zahlen über den Einsatz ausländischer Zwangsarbeiter in Deutschland im Jahre 1943. — In: Z. Geschichtswiss. 21 (1975), 830—845.

**Ellersdorfer,** Richard: Auswirkungen der Machtergreifung des Nationalsozialismus auf das Gesundheitswesen in Deutschland im Spiegel der „Münchner Neuesten Nachrichten" von 1933 bis 1938. – (Bamberg) 1977: Schadel. 139 S.
*Universität München, med. Diss. vom 8. November 1977.*

**Evans,** Richard J.: German women and the triumph of Hitler. [Hrsg.:] The Journal of Modern History. – (Ann Arbor, Mich.: University Microfilms Internat. 1976), 123–175.

**Focke,** Harald [u.] Uwe Reimer: Alltag unterm Hakenkreuz. Wie die Nazis das Leben der Deutschen veränderten. Ein aufklärendes Lesebuch. – (Reinbek b. Hamburg:) Rowohlt (1979). 188 S.
*(rororo. 4431.)*

**Goldschmidt,** Georges-Arthur: Travail et National-Socialisme. – In: Allemagne d'aujourd'hui 1975, H. 40, 11–22.

**Grün,** Max von der: Wie war das eigentlich? Kindheit und Jugend im Dritten Reich. Mit einer Dokumentation von Christel Schütz und einem Nachwort von Malte Dahrendorf. – (Neuwied:) Luchterhand (1979). 263 S.

**Hentig,** Hans Wolfram von: Beiträge zu einer Sozialgeschichte des Dritten Reiches. – In: Vjh. Zeitgesch. 16 (1968), 48–59.

**Herbst,** Ludolf: Die Krise des nationalsozialistischen Regimes am Vorabend des Zweiten Weltkrieges und die forcierte Aufrüstung. Eine Kritik. – In: Vjh. Zeitgesch. 26 (1978), 347–392.

**Jugend** unterm Schicksal. Hrsg. von Kurt Haß. – Hamburg: Wegner 1950. 244 S.

**Kleine,** Georg H.: Adelsgenossenschaft und Nationalsozialismus. Walther Peter Fuchs gewidmet. – In: Vjh. Zeitgesch. 26 (1978), 100–145.

**Klönne,** Arno: Die Hitlerjugendgeneration. Bemerkungen zu den politischen Folgen der Staatsjugenderziehung im Dritten Reich. – In: Polit. Studien 10 (1959), 93–99.

**Klose,** Werner: Generation im Gleichschritt. Ein Dokumentarbericht. – (Oldenburg): Stalling (1964). 296 S.

**Köhler,** Henning: Arbeitsdienst in Deutschland. Pläne und Verwirklichungsformen bis zur Einführung der Arbeitsdienstpflicht im Jahre 1935. – Berlin: Duncker & Humblot (1967). 281 S.
*(Schriften zur Wirtschafts- und Sozialgeschichte. 10.)*
*Zugl. phil. Diss. Freie Universität Berlin 1966.*

**Lange,** Dieter: Fritz Tarnows Pläne zur Umwandlung der faschistischen Deutschen Arbeitsfront in Gewerkschaften. – In: Z. Geschichtswiss. 24 (1976), 150–167.

**Leppert**-Fögen, Annette: Der Mittelstandssozialismus der NSDAP. – In: Frankf. H. 29 (1974), 656–666.

**Macciocchi,** Maria-Antonietta: Jungfrauen, Mütter und ein Führer (Les femmes et la traversée du fascisme, dt.) Frauen im Faschismus. Aus d. Französ. von Eva Moldenhauer. – Berlin: Wagenbach (1976). 108 S.
*(Politik. 73.)*

**McIntyre,** Jill: Women and the professions in Germany, 1930–1940. – In: German democracy and the triumph of Hitler, London: Allen & Unwin (1971), 175–213.

**Mason,** Timothy W.: Arbeiterklasse und Volksgemeinschaft. Dokumente und Materialien zur deutschen Arbeiterpolitik 1936–1939. – (Opladen:) Westdtsch. Verl. (1975). LXIII, 1299 S.
*(Schriften des Zentralinstituts für sozialwissenschaftliche Forschung der Freien Universität Berlin. 22.)*

**Mason,** Tim W.: Zur Entstehung des Gesetzes zur Ordnung der nationalen Arbeit, vom 24. Januar 1934. Ein Versuch über das Verhältnis „archaischer" und „moderner" Momente in der deutschen Geschichte. – In: Industrielles System und politische Entwicklung in der Weimarer Republik, Düsseldorf: Droste 1974, 322–351.

**Mason,** Timothy W.: Sozialpolitik im Dritten Reich. Arbeiterklasse und Volksgemeinschaft. – (Opladen:) Westdtsch. Verl. (1977). 374 S.

**Mosse,** George L.: Der nationalsozialistische Alltag (Nazi culture, dt.) So lebte man unter Hitler. (Aus d. Engl. von Renate Becker.) – Königstein/Ts.: Athenäum Verl. 1978. IX, 389 S.

**Mosse,** George L.: Nazi culture. Intellectual, cultural and social life in the Third Reich. Transl. by Salvator Attanasio and others. – New York: Grosset & Dunlap (1966). XVII, 386 S.

**Müller,** Markus: Die Stellung des Arbeiters im Nationalsozialistischen Staat. Quellenmäßige Erschließung. – In: Gesch. Wiss. Unterr. 26 (1975), 1–21.

**Nolte,** Ernst: Zur Typologie des Verhaltens der Hochschullehrer im Dritten Reich. – In: Aus Politik und Zeitgeschichte, Beilage zur Wochenzeitung „Das Parlament", 1965, Nr 46 vom 17. November 1965, 3—14.

**Nossack,** Hans Erich: Dies lebenlose Leben. Versuch über den NS-Alltag. — In: Merkur 21 (1967), H. 227, 134–149.

**Paikert,** G[eza] C[harles]: The Danube Swabians. German populations in Hungary, Rumania and Yugoslavia and Hitler's impact on their patterns. — The Hague: Nijhoff 1967. XVI, 324 S.
*(Studies in Social Life. 10.)*

**Pauwels,** Jacques R.: Der Rückgang des Frauenstudiums im Dritten Reich. Vortrag, gehalten auf der 35. Tagung der Deutschen Studenten-Historiker in Würzburg am 5. Oktober 1975. – In: Der Convent 26 (1975), 271–276.

**Pauwels,** Jacques R.: Women and university studies in the Third Reich, 1933–1945. – Toronto 1976. XIV, 587 S.
*Toronto/Ontario, phil. Diss. 1976.*

**Petrick,** Fritz: Zur sozialen Lage der Arbeiterjugend in Deutschland 1933 bis 1939. – Berlin: Akademie-Verl. 1974. XI, 123 S.
*(Forschungen zur Wirtschaftsgeschichte. 4.)*

**Pringsheim,** Fritz: Die Haltung der Freiburger Studenten in den Jahren 1933—1935. — In: Sammlung 15 (1960), 532–538.

**Rabinbach,** Anson G.: The aesthetics of production in the Third Reich. — In: J. contemp. Hist. 11 (1976), H. 4, 43–74.
Betr.: Amt „Schönheit der Arbeit".

**Remark,** Maria: Das Phänomen der Angst in einer Diktatur. Aufzeichnungen einer Durchschnittsbürgerin über die Hitlerzeit. — St. Augustin: Steyler Verl. (1970). 69 S.

**Ruge,** Wolfgang: Zu den Auseinandersetzungen in der herrschenden Klasse des faschistischen Deutschlands 1936. — In: Jb. Gesch. 10 (1974), 541–550.

**Ryszka,** Franciszek: Intelektualiści i hitleryzm. — In: Kwart. hist. 66 (1959), 345–378.

**Saldern,** Adelheid von: Mittelstand im „Dritten Reich": Handwerker, Einzelhändler, Bauern. — Frankfurt a. M.: Campus Verl. (1979). 401 S.
*(Campus Forschung. 86.)*

**Schlömer,** Hans: Die Auflösung der Korporationsverbände 1935. — In: Unitas 100 (1960), 209—213.

**Schlömer,** Hans: Die Studenten und das Dritte Reich. — In: Civis 7 (1960), H. 71, 121—123.

**Schmeer,** Karlheinz: Die Regie des öffentlichen Lebens durch das nationalsozialistische Regime als Mittel der politischen Werbung. — 460 gez. Bl. [Maschinenschr.]
*Münster, phil. Diss. 1953.*

**Schmeer,** Karlheinz: Die Regie des öffentlichen Lebens im Dritten Reich. — München: Pohl (1956). 64. S.

**Schoenbaum,** David: Die braune Revolution (Hitler's social revolution, dt.) Eine Sozialgeschichte des Dritten Reiches. (Aus d. Amerikan. übers. von Tamara Schoenbaum-Holtermann.) — Köln: Kiepenheuer & Witsch (1968). 389 S.

**Schoenbaum,** David: Hitler's social revolution. Class and status in Nazi Germany 1933—1939. — Garden City, N. Y.: Doubleday 1966. XXIII, 336 S.

**Scholtz-**Klink, Gertrud: Die Frau im Dritten Reich. Eine Dokumentation. — Tübingen: Grabert 1978. 546, 16 S.

**Schuon-**Wiehl, Anneliese K[onstantina]: Faschismus und Gesellschaftsstruktur. Am Beisp. d. Aufstiegs d. Nationalsozialismus. Mit e. Einl. von Karl Theodor Schuon. — (Frankfurt a. M.:) Europ. Verl. Anst. (1970). 101 S.
*(Modelle für den politischen und sozialwissenschaftlichen Unterricht. Modell 5.)*

**Schweitzer,** Arthur: Die Nazifizierung des Mittelstandes. (Aus d. Amerikan. von Modeste Zur Nedden Pferdekamp.) Mit e. Vorw. von G. Eisermann. — Stuttgart: Enke 1970. XIII, 208 S.
*(Bonner Beiträge zur Soziologie. 9.)*
Kap. 1—4 aus: Schweitzer: Big business in the Third Reich, 1964.

**Sobczak,** Janusz: Ethnic Germans as the subject of the Nazi resettlement campaign during the second world war. — In: Polish West. Aff. 8 (1967), 63—95.

**Steiner,** John Michael: Social institutions and social change under National Socialist rule. An analysis of a process of escalation into mass destruction. — o. O. 1968. XXXIII, 397 S.
*Freiburg i. Br., phil. Diss. vom 9. Februar 1968.*

**Steinert,** Marlis G[ertrud]: Hitlers Krieg und die Deutschen. Stimmen u. Haltung d. dtsch. Bevölkerung im 2. Weltkrieg. (Veröffentlichung d. Inst universitaire de hautes études internat., Genf.) — Düsseldorf: Econ-Verl. (1970). 646 S.
*Habil.-Schrift, Universität Genf.*

**Stephenson,** Jill: Woman in Nazi society. — London: Croom Helm (1975). VII, 223 S.

**Suri,** Surindar: Nazism and social change in Germany. — (New Delhi 1959: Selbstverl.) 49 S.
*(Comparative Studies in social change. 1.)*

**Teppe,** Karl: Zur Sozialpolitik des Dritten Reiches am Beispiel der Sozialversicherung. - In: Arch. Sozialgesch. 17 (1977), 195–250.

**War** ich ein Nazi? Politik, Anfechtung des Gewissens. Mit Beitr. von Joachim Günther, Hans Egon Holthusen [u. a.] u. mit e. Anleitung für den Leser von Ludwig Marcuse. — München: Rütten & Loening (1968). 165 S.

**Wendt,** Bernd-Jürgen: Jugend im nationalsozialistischen Deutschland.— In: Gesch. Wissensch. Unterr. 17 (1966), 88—105.

**Wiesemann,** Falk: Arbeitskonflikte in der Landwirtschaft während der NS-Zeit in Bayern 1933–1938. – In: Vjh. Zeitgesch. 25 (1977), 573–590.

**Winkler,** Dörte: Frauenarbeit im „Dritten Reich". — (Hamburg:) Hoffmann & Campe (1977). 252 S.

**Winkler,** Heinrich August: Der entbehrliche Stand. Zur Mittelstandspolitik im „Dritten Reich". — In: Arch. Sozialgesch. 17 (1977), 1–40.

**Einem denunzierenden Zeitgenossen zur Antwort.** — In: Wiking-Ruf 1953, H. 21, 22—23.
Behandelt die Erlasse Himmlers vom 28. Oktober 1939 und 30. Januar 1940, betreffend Nachkommenschaft im Kriege, Schutz und Fürsorge ehelicher und unehelicher Kinder.

Medien und Propaganda

**Abel,** Karl-Dietrich: Presselenkung im NS-Staat. Eine Studie zur Geschichte d. Publizistik in d. nationalsozialist. Zeit. Mit e. Vorw. von Hans Herzfeld. — Berlin: Colloquium-Verl. 1968. XI, 172 S.
*(Einzelveröffentlichungen der Historischen Kommission zu Berlin beim Friedrich-Meinecke-Institut der Freien Universität Berlin. 2.)*

**Altmeyer,** Karl Aloys: Katholische Presse unter NS-Diktatur. Die katholischen Zeitungen und Zeitschriften Deutschlands in den Jahren 1933 bis 1945. Dokumentation. — Berlin: Morus-Verl. (1962). 204 S.

**Arendt,** Hannah: Totalitäre Propaganda. — In: Monat 3 (1950/51), T. 2, 241—258.

**Baird,** Jay W.: La campagne de propagande Nazie en 1945. — In: Rev. Hist. deux. Guerre mond. 19 (1969), H. 75, 71—92.

**Baird,** Jay W.: The mythical world of Nazi war propaganda, 1939-1945. – Minneapolis: University of Minnesota Press (1974). XI, 329 S.

**Becker,** Wolfgang: Film und Herrschaft. Organisationsprinzipien und Organisationsstrukturen der nationalsozialistischen Filmpropaganda. - (Berlin:) Spiess (1973). 297 S.
*(Zur politischen Ökonomie des NS-Films. 1.)*

**Benner,** Ernst Karl: Deutsche Literatur im Urteil des „Völkischen Beobachters" 1920—1933. Ein Beitrag zur publizistischen Vorgeschichte des 10. Mai 1933. — München 1955. 218 gez. Bl. [Maschinenschr.]
*München, phil. Diss. 20. Dezember 1954.*

**Berghahn,** Volker R.: Meinungsforschung im „Dritten Reich". Die Mundpropaganda-Aktion der Wehrmacht im letzten Kriegshalbjahr. — In: Militärgesch. Mitt. 1 (1967), H. 1, 83—119.

**Bodenstedt,** Adolf: Der „Sonderbericht der deutschen Wochenschau" vom Überfall auf Jugoslawien und Griechenland am 6. April 1941. Ein Beispiel nationalsozialistischer Filmpropaganda im 2. Weltkrieg. (Hrsg. von der Staatl. Landesbildstelle Hamburg und d. Kuratorium f. staatsbürgerl. Bildung Hamburg.) — Hamburg 1958: (Auerdruck). 32 S.

**Boelcke,** Willi A.: Geburt und Ende einer „internationalen" Rundfunknachrichten-Agentur. Die Geschichte von „Radio Mundial" 1940-1942. - In: Rundfunk u. Fernsehen 21 (1973), 198-225.

**Boelcke,** Willi A.: Goebbels und die Kundgebung im Berliner Sportpalast vom 18. Februar 1943. — In: Jb. Gesch. Mittel- u. Ostdtschl. 19 (1970), 234—255.

**Boelcke,** Willi A.: Das „Seehaus" in Berlin-Wannsee. Zur Geschichte des deutschen „Monitoring-Service" während des Zweiten Weltkrieges. - In: Jb. Gesch. Mittel- u. Ostdeutschl. 23 (1974), 231-269.

**Bohrmann,** Hans [u.] Arnulf Kutsch: Rundfunkwissenschaft im Dritten Reich. - In: Mitt. Studienkr. Rundf. u. Gesch. 1974/75, H. 3, 8—11; H. 4, 10—15 und 1976, H. 1, 17—21; H. 2, 14—17.

**Boveri,** Margret: Wir lügen alle. Eine Hauptstadtzeitung unter Hitler. — Olten, Freiburg i. Br.: Walter (1965). 744 S.
*(Walter Texte und Dokumente zur Zeitgeschichte.)*

**Bramsted,** Ernest: Goebbels and his newspaper Der Angriff. — In: On the track of tyranny. Essays presented by the Wiener Library to Leonard G. Monteflore, 1960, 45—65.

**Bramsted,** E.: Joseph Goebbels and national socialist propaganda 1926—1939. Some aspects. — In: Austral. Outlook 8 (1954), H. 2, 65—93.

**Bramstedt,** Ernest K.: Goebbels and National Socialist propaganda, 1925—1945. — [East Lansing:] Michigan State University Press 1965. XXXVII, 488 S.

**Bytwerk,** Randall T.: Julius Streicher and the impact of Der Stürmer. - In: Wiener Libr. Bull. 29 (1976/77), H. 39/40, 41—46.

**Cieślak,** Tadeusz: Toruńskie czasopismo hitlerowskie „Thorner Freiheit". ⟨20 IX 1939 — 30 I 1945.⟩ — Aus: Rocznik historii czasopiśmiennictwa Polskiego. T. 6 (1967), Zesz. 2, 236—246.

**Cieślak,** Tadeusz: Hitlerowskie czasopismo „Nowy Kurier Warszawski". — Aus: Rocznik historii czasopiśmiennictwa Polskiego. T. 7 (1968), Zesz. 1, 162—169.

**Diel,** Helmut: Grenzen der Presselenkung und Pressefreiheit im Dritten Reich. Untersucht am Beispiel der „Frankfurter Zeitung". — Freiburg i. Br. 1960. 314 Bl. [Maschinenschr. vervielf.]
*Freiburg i. Br., phil. Diss., 25. Februar 1960.*

**Domenach,** Jean-Marie: La propagande politique. — Paris: Presses universitaires 1950. 127 S.

**Drewniak,** Bogusław: Teatr i film. Trzeciej rzeszy. W sytemie hitlerowskiej propagandy. - Gdańsk: Wyd. Morski 1972. 390 S.

**Epping,** Heinz: Die NS-Rhetorik als politisches Kampf- und Führungsmittel. Ihre organisatorische Entwicklung, Bedeutung und Wirkung. Ein Beitrag zur Publizistik im Dritten Reich. — 411 gez. Bl. [Maschinenschr.]
*Münster, phil. Diss. 1954.*

**Facsimile Querschnitt** durch den Völkischen Beobachter. Hrsg. von Sonja Noller und Hildegard von Kotze. — (München:) Scherz (1967). 207 S.
*(Facsimile Querschnitte durch alte Zeitungen und Zeitschriften. 9.)*

**Facsimile Querschnitt** durch das Schwarze Korps. Hrsg. von Helmut Heiber und Hildegard von Kotze. — (München:) Scherz (1968). 207 S.
*(Facsimile Querschnitte durch Zeitungen und Zeitschriften. 12.)*

**Facsimile Querschnitt** durch „Das Reich". Eingel. von Harry Pross. Hrsg. von Hans Dieter Müller. — (München, Bern, Wien:) Scherz (1964). 207 S.
*(Facsimile Querschnitte durch alte Zeitungen und Zeitschriften. 4.)*

**Frind,** Sigrid: Die Sprache als Propagandainstrument in der Publizistik des Dritten Reiches, untersucht an Hitlers „Mein Kampf" und den Kriegsjahrgängen des „Völkischen Beobachter". — Berlin 1964: (Ernst-Reuter-Gesellschaft). 193 S.
*Berlin, Freie Univ., phil. Diss. vom 28. Februar 1964.*

**Fröhlich,** Elke: Die Kulturpolitische Pressekonferenz des Reichspropagandaministeriums. - In: Vjh. Zeitgesch. 22 (1974), 347-381.

**George,** Alexander L.: Propaganda analysis. A study of inferences made from Nazi propaganda in World War II. — Evanston, Ill.: Row, Peterson 1959. XXII, 287 S.

**Götte,** Karl-Heinz: Die Propaganda der Glaubensbewegung „Deutsche Christen" und ihre Beurteilung in der deutschen Tagespresse. Ein Beitrag zur Publizistik im Dritten Reich. — Münster i. W. 1957: Kramer. 247, XVII S.
*Münster i. W., phil. Diss. 13. Dezember 1957.)*

**Gombrich,** E. H.: Myth and reality in German war-time broadcasts. — London: Athlone Press 1970. 28 S.
*(The Creighton Lecture in History. 1969.)*

**Günsche,** Karl-Ludwig: Phasen der Gleichschaltung. Stichtags-Analysen deutscher Zeitungen. 1933—1938. — Osnabrück: Fromm (1970). 95 S.
*(Dialogos. 5.)*

**Haacke,** Wilmont: Macht und Mittel der Propaganda. Die Presse des Dritten Reiches. — In: Österr. Furche 5 (1949), H. 29, 3.

**Hagemann,** Jürgen: Die Presselenkung im Dritten Reich. — Bonn: Bouvier 1970. 398 S.

**Hale,** Oron J[ames]: The captive press in the Third Reich. — Princeton: Princeton University Press 1964. XII, 353 S.

**Hano,** Horst: Die Taktik der Pressepropaganda des Hitlerregimes 1943—1945. Eine Untersuchung auf Grund unveröffentlichter Dokumente d. Sicherheitsdienstes u. d. Reichsministeriums f. Volksaufklärung u. Propaganda. — München 1963: (Uni-Druck). XVIII, 143 S.
*Berlin, Freie Univ., phil. Diss. vom 19. Juli 1963.*

**Hardy,** Alexander G.: Hitler's secret weapon. The „managed" press and propaganda machine of Nazi Germany. — New York: Vantage Press 1967. X, 350 S.

**Heimann,** Dieter: Die Reichssender-Zeit. Rückblick und Chronik II ⟨1933–45⟩. — In: Aus Köln in die Welt, Köln: Grote (1974), 231–269.
[Zur Geschichte des Westdeutschen Rundfunks.]

**Heinßen,** Jürgen: Das Lesebuch als politisches Führungsmittel. Ein Beitrag zur Publizistik im Dritten Reich. — Minden, Westf.: Köhler (1964). 273 S.
*Zugl. phil. Diss., Münster.*

**Herzstein,** Robert E.: Goebbels et le mythe historique par le film ⟨1942–1945⟩. — In: Rev. Hist. deux. Guerre mond. 26 (1976), H. 101, 41-62.

**Hoffmann,** Hilmar: Wochenschau im Dritten Reich. – In: Tribüne 15 (1976), H. 60, 7250–7256.

**Humbel,** Kurt: Nationalsozialistische Propaganda in der Schweiz, 1931–1939. Einige Hauptaspekte der Mittel, Technik, Inhalte, Methoden und Wirkungen der deutschen Propaganda gegenüber Auslandsdeutschen und Deutschschweizern sowie behördliche Abwehrmaßnahmen. – Bern: Haupt (1976). 295 S.
*(Res publica helvetica. 6.)*

**Kessemeier,** Carin: Der Leitartikler Goebbels in den NS-Organen Der Angriff und Das Reich. — Münster: Fahle 1967. 348 S.
*(Studien zur Publizistik. Münstersche Reihe. 5.)*
*Diss., Münster.*

**Kieslich,** Günter: Kriegswichtige Bestimmungen für Zeitungsverlage. Quellen zur Vertriebs- und Anzeigenpolitik der deutschen Presse 1939—1944. — In: Publizistik 3 (1958), 229—244.

**Kipphan,** Klaus: Deutsche Propaganda in den Vereinigten Staaten 1933—1941. — Heidelberg: Winter 1971. 223 S.
*(Beihefte zum Jahrbuch der Amerikastudien. 31.)*
*Diss., Universität Heidelberg.*

**Klimsch,** Günter: Die Entwicklung des NS-Filmmonopols von 1930 bis 1940 in vergleichender Betrachtung zur Pressekonzentration. — München 1954.
*München, phil. Diss. 5. Juli 1954.*

**Kloss,** G.: The image of Britain and the British in the German national socialist press. — In: Wiener Libr. Bull. 24 (1970/71), H. 3, 21—29.

**Koerner,** Ralf Richard: Die publizistische Behandlung der Österreichfrage und die Anschlußvorbereitungen in der Tagespresse des Dritten Reiches (1933—1938). Ein Beitrag zur Methodik der außenpolitischen Meinungsführung des nationalsozialistischen Regimes. — Münster i. W. 1956: (Selbstverl. d. Verf.) 396 gez. Bl. [Masch. hektogr.]
*Münster i. W., phil. Diss. 15. Dezember 1955.*

**Koerner,** Ralf Richard: So haben sie es damals gemacht... Die Propagandavorbereitungen zum Österreichanschluß durch das Hitlerregime 1933 bis 1938. — Wien: Gesellsch. z. Förderung wiss. Forschung 1958. 327 S.

**Koszyk,** Kurt: Das Ende der Pressefreiheit nach dem Reichstagsbrand. — In: Publizistik 5 (1960), 307—310.

**Koszyk,** Kurt: Das Ende des Rechtsstaates 1933/34 und die deutsche Presse. Hrsg.: Kulturamt der Stadt Dortmund. — Düsseldorf: Rheinisch-Bergische Druckerei- u. Verl. Ges. 1960. 20 S.
*(Dortmunder Vorträge. 39.)*

**Kotze,** Hildegard von: Goebbels vor Offizieren im Juli 1943. Dokumentation. — In: Vjh. Zeitgesch. 19 (1971), 83—112.

**Kowalski,** Isaac: A secret press in Nazi Europe. The story of a Jewish United Partisan Organization. — New York: Central Guide Publ. (1969). XVI S., S. 17—416.

**Kretschmer,** Rainer [u.] Helmut J. Koch: Der Propagandaapparat des NS-Staates. — In: Argument 12 (1970), 305—321.

**Kriegspropaganda** 1939—1941. Geheime Ministerkonferenzen im Reichspropagandaministerium. Hrsg. u. eingel. von Willi A. Boelcke. — Stuttgart: Dtsch. Verl. Anst. (1966). 794 S.

**Latour,** C[onrad] F[ranchot]: Goebbels' „außerordentliche Rundfunkmaßnahmen" 1939—1942. — In: Vjh. Zeitgesch. 11 (1963), 418—435.

**Layton,** Roland V.: The Völkischer Beobachter, 1920—1933. The Nazi party newspaper in the Weimar era. — In: Centr. Europ. Hist. 3 (1970), 353-382.

**Lehmann-Haupt,** H.: The perversion of the printing press. A case history from Nazi Germany. — In: Publisher's Weekly 160 (1951), H. 5, 498—502.

**Lerg,** Winfried B.: Die Ansprache von Joseph Goebbels am 19. März 1938 über die Propaganda zur Wahl zum Großdeutschen Reichstag. Ein Dokument zur Regie des öffentlichen Lebens im Dritten Reich. — In: Publizistik 7 (1962), 167—177.

**Lerg**, Winfried B.: Richtlinien für die Gesamthaltung der deutschen Presse (November 1934). — In: Gazette (1962/63), 228—245.

**Limburg**, Albert Otto: Der Pötz-Konzern. Ein Beitrag zur Geschichte der Konzern-Bildung im Zeitungsgewerbe und des Pressekampfes in der nationalsozialistischen Zeit. — o. O. (1946). 201 gez. Bl. [Maschinenschr.]
*Bonn, rechts- und staatsw. Diss. 30. Mai 1947.*

**Linsen**, Albrecht: Der Kulturteil der deutschen Wochenzeitung „Das Reich". — München 1954. 176 gez. Bl. [Maschinenschr.]
*München, phil. Diss. 3. März 1954.*

**Lönne**, K[arl]-E[gon]: Der „Völkische Beobachter" und der italienische Faschismus. - In: Quell. Forsch. ital. Arch. Bibl. 51 (1971), 539–584.

**Martens**, Erika: Zum Beispiel „Das Reich". Zur Phänomenologie der Presse im totalitären Regime. — Köln: Verl. Wissenschaft u. Politik 1972. 294 S.
*Diss., Universität Kiel.*

**Meininger**, Herbert: Das Wesen der NS-Druckereien und -Verlage. Nach einem Referat im Jahre 1946. — Neustadt a. d. Weinstr.: Meininger (1971). 11 S.

**Meissner**, Toni Richard: Der politisierte Sport und seine Fachpresse. Unter besonderer Berücksichtigung ihrer politischen Propaganda während des NS-Regimes (1933—1945). — o.O. 1956. VI, 278 gez. Bl. [Maschinenschr.]
*München, phil. Diss. 5. November 1956.*

**Millikan**, Gordon W.: The science of Soviet politics. „Pravda" on Hitler in 1933. — In: Foreign Aff. 31 (1952/53), 472—485.

**Morgen** die ganze Welt. Deutscher Kurzwellensender im Dienst der NS-Propaganda. Geschichte des Kurzwellenrundfunks in Deutschland 1933 bis 1939. (Hrsg.: Deutsche Welle, Köln.) — Berlin: Haude & Spener (1970). 116 S.

**Nohr**, Fritz: Die Unterdrückung der Rheinisch-Nassauischen Zeitung und ihrer Nebenausgaben durch die NSDAP. — Lahnstein a. Rh. [nach 1954]: Nohr Druck. 29 S.

**Padel**, Gerd H[ellmuth]: Die politische Presse der deutschen Schweiz und der Aufstieg des Dritten Reiches 1933—1939. Ein Beitrag zur Geschichte der geistigen Landesverteidigung. — [Zürich:] Gut 1951. 185 S.

**Phelps**, Reginald H.: Die Autoren des Eher-Verlages. — In: Dtsch. Rdsch. 81 (1955), 30—34.

**Phillips**, Marcus Stuart: The German film-industry and the Third Reich. - [Norwich] 1974.
1. XLI, 232 S.
2. S. 233–453.
*University of East Anglia, phil. Diss. vom September 1974.*
[Maschinenschr. vervielf.]

**Sänger**, Fritz: Politik der Täuschungen. Mißbrauch der Presse im Dritten Reich. Weisungen, Informationen, Notizen, 1933–1939. – (Wien:) Europaverl. (1975). 430 S.

**Schaller**, Hans: Landung und Invasion im Lichte der Propaganda der Frankfurter Presse. — o.O. 1950. 214 S. [Maschinenschr.]
*München, phil. Diss. 4. Aug. 1950.*

**Scheel**, Klaus: Anweisungen für die Darstellung der Stalingrader Schlacht in der faschistischen Presse. - In: Z. Geschichtswiss. 21 (1973), 684–700.

**Scheel**, Klaus: Krieg über Ätherwellen. NS-Rundfunk und Monopole 1933—1945. — Berlin: Dtsch. Verl. d. Wissenschaften 1970. 316 S.

**Schwarz**, Falk: Literarisches Zeitgespräch im Dritten Reich. Dargest. an d. Zeitschrift „Neue Rundschau". — In: Börsenbl. 27 (1971), 1409–1508.

**Schwipps**, Werner: Deutschland im Weltrundfunkverein 1933—1938. — In: Rundfunk & Fernsehen 19 (1971), 429—441.

**Sidman**, Charles F.: Die Auflagen-Kurve des Völkischen Beobachters und die Entwicklung des Nationalsozialismus Dezember 1920 bis November 1923. — In: Vjh. Zeitgesch. 13 (1965), 112–118.

**Stoll**, Gerhard E[ugen]: Die evangelische Zeitschriftenpresse im Jahre 1933. — Witten: Luther-Verl. 1963. 300 S.

**Storek**, Henning: Dirigierte Öffentlichkeit. Die Zeitung als Herrschaftsmittel in den Anfangsjahren der nationalsozialistischen Regierung. - Opladen: Westdtsch. Verl. 1972. 156 S.
*(Beiträge zur sozialwissenschaftlichen Forschung. 12.)*

**The story** of the Völkischer Beobachter. — In: Wiener Libr. Bull. 8 (1954), 36 und 39.

**Sündermann**, Helmut: Tagesparolen. Deutsche Presseanweisungen 1939–1945. Hitlers Propaganda und Kriegsführung. Aus d. Nachlaß hrsg. von Gert Sudholt. - Leoni: Druffel 1973. 520 S.
*(Deutsche Argumente. 1.)*

**Sywottek**, Jutta: Mobilmachung für den totalen Krieg. Die propagandistische Vorbereitung der deutschen Bevölkerung auf den Zweiten Weltkrieg. – (Opladen:) Westdtsch. Verl. (1976). 398 S.
*(Studien zur modernen Geschichte. 18.)*

**Terveen**, Fritz: Der Filmbericht über Hitlers 50. Geburtstag. Ein Beispiel nationalsozialistischer Selbstdarstellung und Propaganda. — In: Vjh. Zeitgesch. 7 (1959), 75—84.

**Thate**, Wolfgang: Die Rolle des Emotionalen in der NS-Propaganda. — o.O. 1954. 157 gez. Bl. [Maschinenschr.]
*Berlin, Freie Univ., phil. Diss. 17. Juli 1954*

**Werber**, Rudolf: Die „Frankfurter Zeitung" und ihr Verhältnis zum Nationalsozialismus, untersucht an Hand von Beispielen aus den Jahren 1932—1943. Ein Beitr. zur Methodik d. publizist. Camouflage im Dritten Reich. — Bonn 1965: (Rhein. Friedrich-Wilhelm-Universität.) 230 S.
*Bonn, phil. Diss. vom 26. Februar 1964.*

**„Wollt** Ihr den totalen Krieg?" Die geheimen Goebbels-Konferenzen. 1939—1943. Hrsg. u. ausgew. von Willi A. Boelcke. — Stuttgart: Dtsch. Verl. Anst. (1967). 362 S.

Wortschlacht im Äther. Der deutsche Auslandsrundfunk im Zweiten Weltkrieg. Geschichte des Kurzwellenrundfunks in Deutschland 1939–1945. (Hrsg.: Deutsche Welle, Köln.) — Berlin: Haude & Spener (1971). 148 S.

Wulf, Josef: Presse und Funk im Dritten Reich. Eine Dokumentation. — (Gütersloh:) Mohn (1964). 390 S.

Zeman, Z[bynek] A[nthony] B[ohuslav]: Nazi propaganda. Publ. in ass. with the Wiener Library. — London, New York, Toronto: Oxford University Press 1964. XIII, 226 S.

Kulturelles Leben

Adam, Uwe Dietrich: Hochschule und Nationalsozialismus. Die Universität Tübingen im Dritten Reich. Mit e. Anh. von Wilfried Setzler: „Die Tübinger Studentenfrequenz im Dritten Reich". — Tübingen: Mohr 1977. X, 240 S.
*(Contubernium. 23.)*

Aigner, Dietrich: Die Indizierung „schädlichen und unerwünschten Schrifttums" im Dritten Reich. — In: Börsenblatt f. d. Dtsch. Buchhandel 26 (1970), 1430—1480.

Albrecht, Gerd: Nationalsozialistische Filmpolitik. Eine soziologische Untersuchung über die Spielfilme des Dritten Reichs. — Stuttgart: Enke 1969. XII, 562 S.

Aley, Peter: Jugendliteratur im Dritten Reich. Dokumente u. Kommentare. (Veröffentlichung d. Inst. f. Jugendbuchforschung d. Johann-Wolfgang-Goethe-Universität in Frankfurt a. M.) Mit e. Vorw. von Klaus Doderer. — Gütersloh: Bertelsmann 1967. XI, 262 S.
*(Schriften zur Buchmarktforschung. 12.)*

Andrae, Friedrich: Volksbücherei und Nationalsozialismus. Materialien zur Theorie und Politik des öffentlichen Büchereiwesens in Deutschland 1933—1945. Zsgest. u. mit e. Einl. versehen. — Wiesbaden: Harrassowitz 1970. 200 S.
*(Beiträge zum Büchereiwesen. 3.)*

André, Clément: Dichtung im Dritten Reich: Stefan Andres' „Die Arche". — Bonn: Bouvier 1960. VII, 131 S. Hektograph. Ausg.
*(Abhandlungen zur Kunst-, Musik- und Literaturwissenschaft. 10.)*

Aretin, Karl Otmar Frhr. von: Die deutsche Universität im Dritten Reich. — In: Frankf. H. 23 (1968), 689—696.

Assel, Hans-Günther: Die Perversion der politischen Pädagogik im Nationalsozialismus. — München: Ehrenwirth (1969). 156 S.
*(Schriften der Pädagogischen Hochschulen Bayerns.)*

Vom AStA zum SA-Hochschulamt. Fast schon Vergessenes aus der Geschichte der Deutschen Studentenschaft. — In: Colloquium 8 (1954), H. 5, 6 und 14.

Baumgart, Jan: Tajna organizacja nauki niemieckiej. — In: Prz. Zach. 3 (1947), 969—980 und 4 (1948), 44—63.
Behandelt die „Publikationsstelle" in Berlin-Dahlem.

Bernett, Hajo: Nationalsozialistische Leibeserziehung. Eine Dokumentation ihrer Theorie und Organisation. — Schorndorf b. Stuttgart: Hofmann (1966). 232 S.
*(Theorie der Leibeserziehung. 1.)*

Bernett, Hajo: Der jüdische Sport im nationalsozialistischen Deutschland 1933–1938. — Schorndorf: Hofmann 1978. 182 S.
*(Schriftenreihe des Bundesinstituts für Sportwissenschaft. 18.)*

Beyerchen, Alan D.: Scientists under Hitler. Politics and the physics community in the Third Reich. — New Haven: Yale University Press 1977. XII, 287 S.

Bollmus, Reinhard: Handelshochschule und Nationalsozialismus. Das Ende der Handelshochschule Mannheim und die Vorgeschichte der Errichtung einer Staats- und Wirtschaftswissenschaftlichen Fakultät an der Universität Heidelberg 1933/34. — Meisenheim a. G.: Hain 1973. 165 S.
*(Mannheimer Sozialwissenschaftliche Studien. 8.)*

Bork, Siegfried: Mißbrauch der Sprache. Tendenzen nationalsozialistischer Sprachregelung. — München: Francke (1970). 139 S.

Boveri, Margret: Die Wandlungsfähigkeit der Historie. Dargest. an e. Institut d. Dritten Reiches. — In: Merkur 23 (1969), 278—289.

Braun, H.: Die deutsche Universität in den Jahren 1933—1945. — In: Festschrift für Leo Brandt zum 60. Geburtstag, hrsg. von Josef Meixner u. Gerhard Kegel, Köln: Westdtsch. Verl. 1968, 465—476.

Brenner, Hildegard: Ende einer bürgerlichen Kunst-Institution. Die politische Formulierung der Preußischen Akademie der Künste ab 1933. — Stuttgart: Dtsch. Verl.-Anst. (1972). 174 S.
*(Schriftenreihe der Vierteljahrshefte für Zeitgeschichte. 24.)*

Brenner, Hildegard: Die Kunst im politischen Machtkampf der Jahre 1933/34. — In: Vjh. Zeitgesch. 10 (1962), 17—42.

Brenner, Hildegard: Die Kunstpolitik des Nationalsozialismus. — (Reinbek b. Hamburg:) Rowohlt (1963). 287 S.
*(Rowohlts deutsche Enzyklopädie. 167/168.)*

Carmon, Arye: Die Einführung des Führerprinzips in die deutsche Universität. Das Ende der akademischen Freiheit. — In: Neue Sammlg. 17 (1977), 553–574.

Courtade, Francis [u.] Pierre Cadars: Geschichte des Films im Dritten Reich (Le cinéma nazi, dt.) Aus d. Französ. übers. von Florian Hopf. Red. Bearb. von Brigitte Straub.) — (München:) Hanser (1975). 335 S.

Dahle, Wendula: Der Einsatz einer Wissenschaft. Eine sprachinhaltliche Analyse militärischer Terminologie in der Germanistik 1933—1945. — Bonn: Bouvier 1969. 309 S.
*(Abhandlungen zur Kunst-, Musik- und Literaturwissenschaft. 71.)*

Stab, Jakob [d. i. Friedrich Dessauer]: Die Teufelsschule. Aus dem Vermächtnis eines Arztes. — Frankfurt a. M.: Knecht (1951). XII, 334 S.
Lebensbericht eines jungen deutschen Wissenschaftlers.

Diel, Alex: Die Kunsterziehung im Dritten Reich. Geschichte und Analyse. — München 1969: (Uni-Dr.) IV, 341 S.
*München, phil. Diss. vom 26. Juli 1968.*

# DEUTSCHE GESCHICHTE

**Ebermayer,** Erich: Magisches Bayreuth. Legende und Wirklichkeit. — Stuttgart: Steingrüben-V. 1951. 227 S.

**Ehrhardt,** Johannes: Erziehungsdenken und Erziehungspraxis des Nationalsozialismus. — (Clausthal 1968: Bönecke). 278 S.
*(Freie Universität Berlin, phil. Diss. vom 22. Juli 1968.)*

**Eilers,** Rolf: Die nationalsozialistische Schulpolitik. Eine Studie zur Funktion d. Erziehung im totalitären Staat. — Köln u. Opladen: Westdt. Verl. 1963. XII, 152 S.
*(Staat und Politik. 4.)*

**Enzi,** Aldo: Il lessico della violenza nella Germania nazista. — Bologna: Ed. Patron 1971. 442 S.

**Erdmann,** Karl Dietrich: Wissenschaft im Dritten Reich. (Vortr. geh. anl. d. 300-Jahrfeier d. Christian-Albrechts-Universität zu Kiel am 3. Juni 1965.) — (Kiel:) Hirt 1967. 27 S.
*(Veröffentlichungen der Schleswig-Holsteinischen Universitätsgesellschaft. N.F. 45.)*

**Esh,** Shaul: „Nationalpolitische Erziehung" — Ein Eckpfeiler des Nationalsozialismus. — In: Internat. Jb. Geschichtsunterr. 8 (1961/63), 125—136.

**Fischer,** Heinrich: Die deutsche Sprache im Dritten Reich. Rede, gehalten in London Ende 1942. — In: Dt. Rdsch. 82 (1956), 848—850.

**Flessau,** Kurt-Ingo: Schule der Diktatur. Lehrpläne und Schulbücher des Nationalsozialismus. Mit e. Vorw. von Hans-Jochen Gamm. — (München:) Ehrenwirth (1977). 225 S.

**Friedrichs,** Peter [Hrsg.]: Aus dem Kampf um die Schule. Dokumente und Verhandlungen aus den Jahren 1936 bis 1940 um den Abbau des Gymnasiums am Lietzensee, Berlin-Charlottenburg. — Freiburg i. Br.: Herder (1951). V, 108 S.
*(Das christliche Deutschland 1933—1945. Katholische Reihe. 11.)*

**Fuchs,** Richard: The „Hochschule für die Wissenschaft des Judentums" in the period of Nazi rule. Personal recollections. — In: Publications of the Leo Baeck Institute. Year Book 12 (1967), 3—13.

**Gamm,** Hans-Jochen: Der Flüsterwitz im Dritten Reich. — München: List (1963). 223 S.

**Gamm,** Hans-Jochen: Führung und Verführung. Pädagogik d. Nationalsozialismus. — München: List (1964). 494 S.

**Gamm,** Hans-Jochen: Der braune Kult. Das Dritte Reich und seine Ersatzreligion. Ein Beitrag zur politischen Bildung. — Hamburg: Rütten & Loening (1962). 221 S.

**Geissler,** Rolf: Dekadenz und Heroismus. Zeitroman u. völkisch-nationalsozialistische Literaturkritik. — Stuttgart: Dt. Verl.-Anst. 1964. 168 S.
*(Schriftenreihe der Vierteljahrshefte für Zeitgeschichte. 9.)*

Deutsches **Geistesleben** und Nationalsozialismus. Eine Vortragsreihe d. Univ. Tübingen mit e. Nachw. von Hermann Diem. Hrsg. von Andreas Flitner. — Tübingen: Wunderlich (1965). 243 S.

**Gilman,** Sander L. [Hrsg.]: NS-Literaturtheorie. Mit e. Vorw. von Cornelius Schnauber. Eine Dokumentation. — (Frankfurt a. M.:) Athenäum-Verl. (1971). XXII, 264 S.
*(Schwerpunkte Germanistik. 2.)*

**Glunk,** Rolf: Erfolg und Mißerfolg der nationalsozialistischen Sprachlenkung. — In: Z. dtsch. Sprache 22 (1966), H. 1/2, 57—73.

**Götz** von Olenhusen, Albrecht: Die „nichtarischen" Studenten an den deutschen Hochschulen. Zur nationalsozialistischen Rassenpolitik 1933—1945. — In: Vjh. Zeitgesch. 14 (1966), 175—206.

**Gregor,** Helena: Die nationalsozialistische Bibliothekspolitik in den annektierten und besetzten Gebieten 1938 bis 1945. - Berlin: Dtsch. Bibliotheksverband 1978. 62 S.
*(Schriftenreihe der Bibliothekar-Lehrinstitute. A, 35.)*

**Haß,** Kurt: Literaturkritik im Dritten Reich. Aufgaben, Maßstäbe und Organisation. - In: Frankf. H. 29 (1974), 52—60.

**Hasubek,** Peter: Das deutsche Lesebuch in der Zeit des Nationalsozialismus. Ein Beitrag zur Literaturpädagogik zwischen 1933 und 1945. - Hannover: Schroedel (1972). 192 S.
*(Auswahl. R.B. 54/55.)*

**Hauschild,** Hans: Erzieher im Dritten Reich. - (Mönchengladbach:) Rütten 1976. 175 S.

**Heiber,** Helmut: Walter Frank und sein Reichsinstitut für Geschichte des neuen Deutschlands. — Stuttgart: Dtsch. Verl. Anst. 1966. 1273 S.
*(Quellen und Darstellungen zur Zeitgeschichte. 13.)*

**Hellack,** Georg: Architektur und bildende Kunst als Mittel nationalsozialistischer Propaganda. — In: Publizistik 5 (1960), 77—95.

**Herding,** Klaus [u.] Hans-Ernst Mittig: Kunst und Alltag im NS-System. Albert Speers Berliner Straßenlaternen. - Gießen: Anabas-Verl. (1975). 93 S.

**Hessen,** Johannes: Die Philosophie des zwanzigsten Jahrhunderts. — Rottenburg: Bader 1951. 190 S.

**Hinz,** Berthold: Die Malerei im deutschen Faschismus. Kunst und Konterrevolution. - München: Hanser (1974). 320 S.
*(Kunstwissenschaftliche Untersuchungen des Ulmer Vereins für Kunstwissenschaft. 3.)*

**Hollstein,** Dorothea: Antisemitische Filmpropaganda. Die Darstellung der Juden im nationalsozialistischen Spielfilm. — München: Verl. Dokumentation 1971. 367 S.
*(Kommunikation und Politik. 1.)*

**Hull,** David Stewart: Film in the Third Reich. A study of the German cinema 1933—1945. — Berkeley: University of California Press 1969. XI, 291 S.

**Jaspers,** Karl: Die Wissenschaft im Hitlerstaat. — In: Konstanzer Bl. f. Hochschulfragen 3 (1965), 5—13 u. 101.

**Joch,** Winfried: Politische Leibeserziehung und ihre Theorie im Nationalsozialistischen Deutschland. Voraussetzungen, Begründungszusammenhang, Dokumentation. - Frankfurt a. M.: Lang 1976. 249 S.
*(Europäische Hochschulschriften. 11, 31.)*

**Jungmichl,** Johannes: Nationalsozialistische Literaturlenkung und bibliothekarische Buchbesprechung. - Berlin: Dtsch. Bibliotheksverband 1974. 53 S.
*(Schriftenreihe der Bibliothekar-Lehrinstitute. A, 25.)*
*Diplom-Arbeit des Bibliothekar-Lehrinstituts des Landes Nordrhein-Westfalen.*
[Maschinenschr. vervielf.]

**Kater,** Michael H[ans]: Das „Ahnenerbe" der SS 1935-1945. Ein Beitrag zur Kulturpolitik des Dritten Reiches. - Stuttgart: Dtsch. Verl.-Anst. 1974. 522 S.
*(Studien zur Zeitgeschichte.)*

**Kater,** Michael H[ans]: The Reich vocational contest and students of higher learning in Nazi Germany. - In: Centr. Europ. Hist. 7 (1974), 225-261.

**Keim,** Helmut [u.] Dietrich Urbach: Erwachsenenbildung in Deutschland 1933-1945. - In: Aus Politik und Zeitgeschichte, Beilage zur Wochenzeitung „Das Parlament" Nr. 7 vom 19. Februar 1977, 3-27.

**Kelly,** Reece Conn: National Socialism and German university teachers. The NSDAP's efforts to create a National Socialist professoriate and scholarship. - (Seattle) 1973. IX, 492 S.
*Seattle, University of Washington, phil. Diss. vom 8. Dezember 1972.*
[Maschinenschr. vervielf.]

**Kesten,** Hermann: Erinnerungen und Erfahrungen. Schicksale der deutschen Literatur 1933—1953. — In: Dtsch. Univ. Ztg. 8 (1953), H. 4, 12—15; H. 5, 14—17.

**Ketelsen,** Uwe-Karsten: Vom heroischen Sein und völkischen Tod. Zur Dramatik des III. Reiches. — Bonn: Bouvier 1970. VI, 392 S.
*(Abhandlungen zur Kunst-, Musik- und Literaturwissenschaft. 96.)*

**Kisch,** Guido: Deutsche Rechtsgeschichtsforschung zur Nazizeit. Ein Briefwechsel aus den Jahren 1935—1941. — In: Jahrbuch d. Schlesischen Friedrich-Wilhelms-Universität zu Breslau 9 (1964), 401—419.

**Kliesch,** Hans Joachim: Die Film- und Theaterkritik im NS-Staat. — o. O. [1957]. II, 297 Bl.
*Berlin, Freie Univ., phil. Diss. 1. Februar 1957.*

**Krausnick,** Helmut: Soldatenblätter und Weihnachtsfest. Ein Briefwechsel. — In: Vjh. Zeitgesch. 5 (1957), 297—299.

**Kroll,** Erwin: Verbotene Musik. — In: Vjh. Zeitgesch. 7 (1959), 310—317.

Entartete **Kunst.** Bildersturm vor 25 Jahren. Haus der Kunst München, 25. Oktober bis 16. Dezember 1962. — (München: Ausstellungsleitung München e. V. Haus d. Kunst 1962). XXXII, 458 S.

**Kunst** und Kultur im deutschen Faschismus. Hrsg. von Ralf Schnell. - Stuttgart: Metzler (1978). 350 S.
*(Literaturwissenschaft und Sozialwissenschaften. 9.)*

**Larsson,** Lars Olof: Die Neugestaltung der Reichshauptstadt. Albert Speers Generalbebauungsplan für Berlin. - Stockholm: Almqvist & Wiksell 1978. 196 S.
*(Acta Universitatis Stockholmiensis. Stockholm Studies in History of Art. 29.)*

**Lehmann-Haupt,** Hellmut: Art under a dictatorship. — New York: Oxford University Press 1954. 277 S.

**Leiser,** Erwin: „Deutschland, erwache!" Propaganda im Film des Dritten Reiches. — (Reinbek b. Hamburg:) Rowohlt (1968). 155 S.
*(rororo-Taschenbuch. 783.)*

**Lingelbach,** Karl Christoph: Erziehung und Erziehungstheorien im nationalsozialistischen Deutschland. Ursprünge u. Wandlungen d. 1933—1945 in Deutschland vorherrschenden erziehungstheoretischen Strömungen; ihre politischen Funktionen u. ihr Verhältnis zur außerschulischen Erziehungspraxis d. „Dritten Reiches". — Weinheim: Beltz (1970). 341 S.
*(Marburger Forschungen zur Pädagogik. 3.)*

Die deutsche **Literatur** im Dritten Reich. Themen, Tradition, Wirkungen. Hrsg. von Horst Denkler u. Karl Prümm. - Stuttgart: Reclam (1976). 556 S.

**Loewy,** Ernst: Literatur unterm Hakenkreuz. Das Dritte Reich und seine Dichtung. Eine Dokumentation mit e. Vorw. von Hans-Jochen Gamm. — (Frankfurt a. M.:) Europ. Verl. Anst. (1966). 365 S.

**Losemann,** Volker: Nationalsozialismus und Antike. Studien zur Entwicklung des Faches Alte Geschichte 1933-1945. - Hamburg: Hoffmann & Campe 1977). 283 S.
*(Historische Perspektiven. 7.)*

**Lüth,** Erich: Hamburger Theater 1933—1945. Ein theatergeschichtlicher Versuch. Hrsg. von d. Theatersammlung d. Hamburgischen Universität. — Hamburg: (Bueckschmitt) 1962. 95 S.

**Mallmann,** Marion: „Das Innere Reich". Analyse einer konservativen Kulturzeitschrift im Dritten Reich. - Bonn: Bouvier 1978. 327 S.
*(Abhandlungen zur Kunst-, Musik- und Literaturwissenschaft. 248.)*

**Massenspiele:** NS-Thingspiel, Arbeiterweihespiel und olympisches Zeremoniell. Von Henning Eichberg [u. a.] - Stuttgart: Frommann Holzboog 1977. 271 S.
*(Problemata. 58.)*

**Meier,** John Alexander: Geflüstertes. Die Hitlerei im Volksmund. — Heidelberg: Freiheit-V.; Wunderhorn-V. 1953. 123 S.

**Métraux,** Peter: Die Karikatur als publizistische Ausdrucksform untersucht am Kampf des „Nebelspalters" gegen den Nationalsozialismus 1933—1945. — Berlin 1966: Ernst-Reuter-Ges. 221 S.
*Berlin, Freie Universität, phil. Diss. vom 2. Juli 1965.*

**Meyer,** Michael: The Nazi musicologist as myth maker in the Third Reich. - In: J. contemp. Hist. 10 (1975), 649-665.

**Miller** Lane, Barbara: Architecture and politics in Germany 1918—1945. — Cambridge, Mass.: Harvard University Press 1968. 278 S.

**Müller,** Gerhard: Die Wissenschaftslehre Ernst Kriecks. Motive und Strukturen einer gescheiterten nationalsozialistischen Wirtschaftsreform. - Freiburg 1976. VI, 601 S.
*Freiburg, phil. Diss. vom 11. Januar 1974.*
[Maschinenschr. vervielf.]

**Nationalsozialismus** und die deutsche Universität. (Mit Beiträgen von: Wolfgang Abendroth, Helmut Heiber [u.a.]) — Berlin: de Gruyter 1966. 223 S.
*(Universitätstage. 1966.)*

**Peltz**-Dreckmann, Ute: Nationalsozialistischer Siedlungsbau. Versuch einer Analyse der die Siedlungspolitik bestimmenden Faktoren am Beispiel des Nationalsozialismus. — München: Minerva Publ. (1978). 472 S.
*(Minerva-Fachserie Geisteswissenschaften.)*

**Petsch**, Joachim: Baukunst und Stadtplanung, im Dritten Reich. Herleitung, Bestandsaufnahme, Entwicklung, Nachfolge. — (München:) Hanser (1976). 274 S.

**Pletsch**, Ilse: Das Theater als politisch-publizistisches Führungsmittel im Dritten Reich. — 320 gez. Bl. [Maschinenschr.]
*Münster, phil. Diss. 1952.*

**Poddel**, Peter: Flüsterwitze aus brauner Zeit. — München: Hornung-V. (1954). 63 S.

**Popplow**, Ulrich: Leibesübungen unter dem Hakenkreuz. Zu Hajo Bernetts Dokumentation der „Nationalsozialistischen Leibeserziehung". — In: Leibeserziehung 17 (1968), H. 2, 45—56.

**Redlich**, Fritz: Der „Flüsterwitz". Seine publizistische Aussage in soziologischer u. zeitgeschichtlicher Sicht. — In: Publizistik 8 (1963), 79—101.

Das verspottete Tausendjährige **Reich**. Witze gesammelt von Alexander Drozdzynski. — Düsseldorf: Droste (1978). 220 S.

**Rhades**, Jürgen: Von der nationalsozialistischen „Filmkunst-Betrachtung" zur Filmkritik der Gegenwart. Dargestellt an Beispielen aus der bayerischen Presse. (Ein zeitungswissenschaftlicher Vergleich.) — München 1955. IV, 309 Bl.
*München, phil. Diss. 10. März 1956.*

**Richard**, Lionel: Nazisme et littérature. — Paris: Maspero 1971. 208 S.
*(Col. „Cahiers libres". 187/188.)*

**Rimmele**, Lilian-Dorette: Der Rundfunk in Norddeutschland 1933–1945. Ein Beitrag zur nationalsozialistischen Organisations-, Personal- und Kulturpolitik. — Hamburg: Lüdke (1977). 241, 66 S.
*(Geistes- und sozialwissenschaftliche Dissertationen. 41.)*

**Roh**, Franz: „Entartete" Kunst. Kunstbarbarei im Dritten Reich. — (Hannover: Fackelträger-Verl. 1962.) 330 S.

**Schnell**, Ralf: Literarische Innere Emigration, 1933–1945. — Stuttgart: Metzler 1976. VI, 211 S.
*(Metzler Studienausgabe.)*

**Scholtz**, Harald: NS-Ausleseschulen. Internatsschulen als Herrschaftsmittel des Führerstaates. — Göttingen: Vandenhoeck & Ruprecht 1973. 427 S.

**Scholtz**, Harald: Die „NS-Ordensburgen". — In: Vjh. Zeitgesch. 15 (1967), 269—298.

**Scholz**, Robert: Architektur und Bildende Kunst, 1933–1945. — Preußisch Oldendorf: Schütz (1977). 239 S.

**Schonauer**, Franz: Deutsche Literatur im Dritten Reich. Versuch einer Darstellung in polemisch-didaktischer Absicht. — Olten, Freiburg i.Br.: Walter (1961). 196 S.

**Schulenberg**, Wolfgang: Nationalsozialistische Pädagogik gestern und nationale Pädagogik heute. — In: Neue Sammlung 6 (1966), 336—340.

**Seidel**, Eugen und Ingeborg Seidel-Slotty: Sprachwandel im Dritten Reich. Eine kritische Untersuchung faschistischer Einflüsse. — Halle (Saale): VEB Verl. Sprache u. Literatur 1961. IX, 174 S.

**Seier**, Hellmut: Niveaukritik und partielle Opposition. Zur Lage an den deutschen Hochschulen 1939/40. — In: Paul Kluke zum 60. Geburtstag, Frankfurt a.M. 1968, 167—189.
Maschinenschr. hektogr.

**Seier**, Hellmut: Der Rektor als Führer. Zur Hochschulpolitik d. Reichserziehungsministeriums 1934–1945. — In: Vjh. Zeitgesch. 12 (1964), 105—146.

**Serke**, Jürgen: Die verbrannten Dichter. Ernst Toller, ... Berichte, Texte, Bilder einer Zeit. Mit Fotos von Wilfried Bauer. — (Weinheim:) Beltz & Gelberg (1977). 269 S.

Hitlers **Städte** — Baupolitik im Dritten Reich. Eine Dokumentation. Von Jost Dülffer, Jochen Thies [u.]Josef Henke. — Köln: Böhlau 1978. 320 S.

**Steinhaus**, Hubert: Nationalsozialismus und Pädagogik als Thema neuerer pädagogischer Standardliteratur. — In: Neue Samml. 10 (1970), 54—65.

**Stippel**, Fritz: Die Zerstörung der Person. Kritische Studie zur nationalsozialistischen Pädagogik. — Donauwörth: Auer-Cassianeum 1957. 228 S.

**Strütz**, Hans-Wolfgang: Die studentische „Aktion wider den undeutschen Geist" im Frühjahr 1933. — In: Vjh. Zeitgesch. 16 (1968), 347—372.

**Strothmann**, Dietrich: Nationalsozialistische Literaturpolitik. Ein Beitrag zur Publizistik im Dritten Reich. — Bonn: Bouvier 1960. 483 S.
*(Abhandlungen zur Kunst-, Musik- und Literaturwissenschaft. 13.)*

**Strothmann**, Dietrich: Die „Neuordnung" des Buchbesprechungswesens im 3. Reich und das Verbot der Kunstkritik. — In: Publizistik 5 (1960), 140—158.

**Stuckenschmidt**, Hans Heinz: Musik unter Hitler. — In: Forum 9 (1962), 510—513; 10 (1963), 44—48.

Lieber **Stürmer**. Leserbriefe an das NS-Kampfblatt 1924 bis 1945. Eine Dokumentation aus dem Leo-Baeck-Institut, New York. [Hrsg.:] Fred Hahn. Bearb. d. dtsch. Ausg. von Günther Wagenlehner. — Stuttgart: Seewald (1978). 263 S.

**Taylor**, Robert R.: The word in stone. The role of architecture in the National Socialist ideology. — Berkeley: University of California Press (1974). 298 S.

**Terveen**, Fritz: Das Filmdokument der Nazis und sein Wahrheitsgehalt. — In: Das Parlament, Nr. 21 vom 25. Mai 1955, S. 8.

**Terveen,** Fritz: Die Rede des Reichsministers Dr. Goebbels vor den Filmschaffenden in Berlin am 28. Februar 1942. — In: Publizistik 4 (1959), 29—48.

**Teut,** Anna: Architektur im Dritten Reich. 1933—1945. — Berlin: Ullstein (1967). 389 S.
*(Bauwelt Fundamente. 19.)*

**Ueberhorst,** Horst ⟨Hrsg.⟩: Elite für die Diktatur. Die Nationalpolitischen Erziehungsanstalten 1933—1945. Ein Dokumentarbericht. — Düsseldorf: Droste (1969). 441 S.

Die deutsche **Universität** im Dritten Reich. (Eine Vortragsreihe der Universität München.) 8 Beiträge [von] Helmut Kuhn [u. a.] — München: Piper (1966). 282 S.
*(Piper-Paperback.)*

**Volksbildung** in Deutschland 1933—1945. Einführung und Dokumente. [Von] Helmut Keim [u.] Dietrich Urbach. - Braunschweig: Westermann 1976. 358 S.

**Vondung,** Klaus: Völkisch-nationale und national-sozialistische Literaturtheorie. - München: List (1973). 247 S.
*(List Taschenbücher der Wissenschaft. 1465.)*

**Wolsing,** Theo: Untersuchungen zur Berufsausbildung im Dritten Reich. - Kastellaun: Henn (1977). 805 S.
*(Schriftenreihe zur Geschichte und Politischen Bildung.)*

**Wulf,** Joseph: Die Bildenden Künste im Dritten Reich. Eine Dokumentation. — (Gütersloh:) Mohn (1963). 413 S.

**Wulf,** Joseph: Literatur und Dichtung im Dritten Reich. Eine Dokumentation. — (Gütersloh:) Mohn (1963). 471 S.

**Wulf,** Joseph: Musik im Dritten Reich. Eine Dokumentation. — (Gütersloh:) Mohn (1963). 446 S.

**Wulf,** Joseph: Theater und Film im Dritten Reich. Eine Dokumentation. — (Gütersloh:) Mohn (1964). 437 S.

**Zwischen** Widerstand und Anpassung. Kunst in Deutschland 1933—1945. Ausstellung in der Akademie der Künste vom 17. September bis 29. Oktober 1978. - (Berlin: Akademie der Künste [1978]). 271 S.
*(Akademie-Katalog. 120.)*

Religiöses Leben

**Adolph,** Walter: Die katholische Kirche im Deutschland Adolf Hitlers. - Berlin: Morus-Verl. 1974. 195 S.

**Adolph,** Walter: Ziel und Taktik der Kirchenpolitik Hitlers insbesondere gegenüber der Katholischen Kirche. — In: Wichmann-Jb. 11/12 (1957/58), 131—142.

**Backhaus,** Werner: Die Stellung der evangelischen Kirche im nationalsozialistischen Reich. — o. O. 1950. XVIII, 184 gez. Bl. [Maschinenschr.]
Bonn, rechts- und staatswiss. Diss. 22. Jan. 1951.

**Baumgärtner,** Raimund: Weltanschauungskampf im Dritten Reich. Die Auseinandersetzung der Kirchen mit Alfred Rosenberg. - Mainz: Matthias-Grünewald-Verl. (1977). XXXII, 275 S.
*(Veröffentlichungen der Kommission für Zeitgeschichte. B, 22.)*
Diss., Universität München.

**Bendiscoli,** Mario: Germania religiosa nel Terzo Reich. Conflitti religiosi e culturali nella Germania nazista. - (Brescia:) Morcelliana (1977). 434 S.
[Neuauflage der Erstauflage 1936, ergänzt durch einen zweiten Teil „Dalla testimonianza ⟨1933-1945⟩ alla storiografia ⟨1946-1976⟩".]

Das **Bistum** Hildesheim 1933—1945. Eine Dokumentation. Unter Mitarb. von Winfried Haller [u. a.] hrsg. von Hermann Engfer. - Hildesheim: Lax 1971. XII, 602 S.
*(Die Diözese Hildesheim in Vergangenheit und Gegenwart. 37/38.)*

**Böckenförde,** Ernst-Wolfgang: Kirche und Politik. Zu einigen Neuerscheinungen über das Verhältnis der katholischen Kirche zum „Dritten Reich". — In: Staat 5 (1966), 225—238.

**Böckenförde,** Ernst-Wolfgang: Der deutsche Katholizismus im Jahre 1933. Stellungnahme zu einer Diskussion. — In: Hochland 54 (1961/62), 217—245.

**Bologna,** Sergio: La chiesa confessante sotto il nazismo 1933—1936. — Milano: Feltrinelli 1967. 268 S.

**Boyens,** Armin: Die Stellung der Ökumene und der Bekennenden Kirche zum Problem von Krieg und Frieden während der Zeit des Dritten Reiches. - In: Kirche zwischen Krieg und Frieden, Stuttgart: Klett 1976, 423-460.

**Brunotte,** Heinz: Der kirchenpolitische Kurs der Deutschen Evangelischen Kirchenkanzlei von 1937 bis 1945. — In: Zur Geschichte des Kirchenkampfes, Bd 1, Göttingen: Vandenhoeck & Ruprecht 1965, 92—145.

**Buchheim,** Hans: Glaubenskrise im Dritten Reich. Drei Kapitel nationalsozialistischer Religionspolitik. — Stuttgart: Dtsch. Verl.-Anst. 1953. 224 S.
*(Veröffentlichungen des Instituts für Zeitgeschichte München.)*

**Burgelin,** Henri: Les principaux courants du protestantisme allemand entre 1933 et 1939 et leur attitude à l'égard du régime politique.
*Dipl. Fac. des lettres, Paris 1953.*

**Bußmann,** Walter: Der deutsche Katholizismus im Jahre 1933. - In: Walter Bußmann. Wandel und Kontinuität in Politik und Geschichte, Boppard: Boldt (1973), 187—211.

**Bussmann,** Walter: Der Papst und die Diktatur. — In: Monat 15 (1962/63), H. 176, 16—21.

**Clauss,** M.: Der Besuch Ribbentrops im Vatikan. - In: Z. Kirchengesch. 87 (1976), 54-64.

**Conway,** John S.: Die nationalsozialistische Kirchenpolitik 1933—1945 (The Nazi persecution of the churches 1933—1945, dt.) Ihre Ziele, Widersprüche und Fehlschläge. (Dtsch. Fassung von Carsten Nicolaisen.) — München: Kaiser (1969). 383 S.

**Conzemius,** Victor: Eglises chrétiennes et totalitarisme nationalsocialiste. Un bilan historiographique. — Louvain: Bureaux de la R. H. E., Bibliothèque de l'Université 1969. 163 S.
*(Bibliothèque de la revue d'histoire ecclésiastique. 48.)*

**Deuerlein,** Ernst: Der deutsche Katholizismus 1933. (Durchges. u. wesentl. erw. Fassung d. Aufsatzfolge „Zur Vergegenwärtigung der Lage des deutschen Katholizismus 1933", erschienen in Stimmen d. Zeit Bd 168 (1961), S. 1—23, 90—116 u. 196—223.) — Osnabrück: Fromm (1963). 186 S.
*(Fromms Taschenbücher. 10.)*

**Deuerlein,** Ernst: Das Reichskonkordat. Beiträge zu Vorgeschichte, Abschluß und Vollzug des Konkordates zwischen dem Heiligen Stuhl und dem Deutschen Reich vom 20. Juli 1933. — Düsseldorf: Patmos-V. 1956. VIII, 381 S.
[Nebst:] Dokumentenverzeichnis, Personenregister, Sachregister, Druckberichtigungen. 24 S.

**Doetsch,** Wilhelm Josef: Württembergs Katholiken unterm Hakenkreuz. 1930—1935. — Stuttgart: Kohlhammer (1969). 223 S.
*Diss., Tübingen.*

**Dokumente** zur Kirchenpolitik des Dritten Reiches. Hrsg. i. Auftr. d. Evangel. Arbeitsgemeinschaft f. kirchliche Zeitgesch. von Georg Kretschmar. — München: Kaiser.
1. Das Jahr 1933. Bearb. von Carsten Nicolaisen. 1971. XXIV, 221 S.

**Dokumente** zur Kirchenpolitik des Dritten Reiches. Hrsg. im Auftrag der Evangelischen Arbeitsgemeinschaft für kirchliche Zeitgeschichte von Georg Kretschmar. - München: Kaiser.
2. 1934/35. Vom Beginn des Jahres 1934 bis zur Errichtung des Reichsministeriums für kirchliche Angelegenheiten am 16. Juli 1935. Bearb. von Carsten Nicolaisen. 1975. XXVIII, 368 S.

**Friedländer,** Saul: Pius XII. und das Dritte Reich (Pie XII et le IIIe Reich, dt.) Eine Dokumentation. (Die dtsch. Ausgabe besorgten Rainer Specht u. Eberhard Jäckel.) — (Reinbek b. Hamburg:) Rowohlt (1965). 177 S.
*(Rowohlt-Paperback. 43.)*

**Gerlach**-Praetorius, Angelika: Die Kirche vor der Eidesfrage. Die Diskussion um den Pfarrereid im 3. Reich. — Göttingen: Vandenhoeck & Ruprecht 1967. 235 S.
*(Arbeiten zur Geschichte des Kirchenkampfes. 18.)*

**Glenthoj,** Jorgen: Hindenburg, Göring og de evangeliske kirkeledere. Bidrag til belysning af den statspolitiske baggrund for kansleraudiensen den 25. januar 1934. — In: Dansk teologisk Tidsskrift 26 (1963), 193—237.

**Gotto,** Klaus: Die Wochenzeitung Junge Front/Michael. E. Studie zum kathol. Selbstverständnis u. zum Verhalten d. jungen Kirche gegenüber d. Nationalsozialismus. - Mainz: Matthias-Grünewald-Verl. (1970). XXIV, 250 S.
*(Veröffentlichungen der Kommission für Zeitgeschichte bei der Katholischen Akademie in Bayern. B, 8.)*

**Harder,** Günther: Die kirchenleitende Tätigkeit des Brandenburgischen Bruderrates. — In: Zur Geschichte des Kirchenkampfes, Bd 1, Göttingen: Vandenhoeck & Ruprecht 1965, 189—216.

**Harrigan,** William M.: Nazi Germany and the Holy See, 1933—1936. The historical background of „Mit brennender Sorge". — In: Cathol. hist. Rev. 47 (1961/62), 164—198.

**Hehl,** Ulrich von: Katholische Kirche und Nationalsozialismus im Erzbistum Köln, 1933–1945. — Mainz: Matthias-Grünewald-Verl. (1977). XXX, 269 S.
*(Veröffentlichungen der Kommission für Zeitgeschichte. B, 23.)*
*Diss., Universität Bonn.*

**Heinonen,** Reijo E.: Anpassung und Identität. Theologie und Kirchenpolitik der Bremer Deutschen Christen 1933–1945. - Göttingen: Vandenhoeck & Ruprecht 1978. 302 S.
*(Arbeiten zur kirchlichen Zeitgeschichte. B, 5.)*

**Helmreich,** Ernst G.: The nature and structure of the Confessing Church in Germany under Hitler. — In: J. Church and State 12 (1970), H. 3, 405—420.

**Helmreich,** Ernst C.: Die Veröffentlichung der „Denkschrift der vorläufigen Leitung der Deutschen Evangelischen Kirche an den Führer und Reichskanzler, 28. Mai 1936". - In: Z. Kirchengesch. 87 (1976), 40–53.

**Hey,** Bernd: Die Kirchenprovinz Westfalen 1933–1945. - Bielefeld: Luther-Verl. 1974. 398 S.
*(Beiträge zur westfälischen Kirchengeschichte. 2.)*
*Diss., Universität Münster.*

**Hüsgen,** Manfred: Die Bistumsblätter in Niedersachsen während der nationalsozialistischen Zeit. Ein Beitrag zur Geschichte im Dritten Reich. - Hildesheim: Lax 1975. VII, 380 S.
*(Quellen und Darstellungen zur Geschichte Niedersachsens. 85.)*
*Diss., Technische Universität Hannover.*

**Kantzenbach,** Friedrich Wilhelm: Nationalprotestantismus und Nationalsozialismus. Tatsachen, Beobachtungen, Fragen. Unter bes. Berücksichtigung d. polit. Weges Gustav Frenssens. — In: Schriften Vereins Schleswig-Holstein. Kirchengesch., Reihe 2: Beiträge und Mitteilungen 26/27 (1970/71), 84—144.

**Kater,** Horst: Die Deutsche Evangelische Kirche in den Jahren 1933 und 1934. Eine rechts- u. verfassungsgeschichtl. Untersuchung zu Gründung u. Zerfall einer Kirche im nationalsozialistischen Staat. — Göttingen: Vandenhoeck & Ruprecht 1970. 226 S.
*(Arbeiten zur Geschichte des Kirchenkampfes. 24.)*
*Diss., Universität München.*

**Kater,** Michael H.: Die Ernsten Bibelforscher im Dritten Reich. — In: Vjh. Zeitgesch. 17 (1969), 181—218.

**Kent,** George O.: Pope Pius XII and Germany. Some aspects of German-Vatican relations, 1933—1943. — In: Amer. Hist. Rev. 70 (1964/65), 59—78.

**Kinder,** Christian: Neue Beiträge zur Geschichte der evangelischen Kirche in Schleswig-Holstein und im Reich 1924—1945. (3. überarb. u. erw. Aufl.) — (Flensburg:) Karfeld (1968). 247 S.

Katholische **Kirche** im Dritten Reich. Eine Aufsatzsammlung hrsg. von Dieter Albrecht. – Mainz: Matthias-Grünewald-Verl. 1976. VIII, 272 S.
*(Topos-Taschenbücher. 45.)*

**Krumwiede**, Hans-Walter: Reichsverfassung und Reichskirche. Motive nationalsozialistischer Politik in ihrer Auswirkung auf die evangelischen Landeskirchen. — In: Jb. Gesellsch. niedersächs. Kirchengesch. 59 (1961), 142—167.

**Kupper**, Alfons: Zur Geschichte des Reichskonkordats. Ein Beitrag zur Geschichte des Verhandlungsablaufs zwischen Ostern 1933 und der Ratifikation des Konkordats. — In: Stimmen d. Zeit 163 (1958/59), 278—301 und 354—375.

Die kirchliche **Lage** in Bayern nach den Regierungspräsidentenberichten 1933—1943. — Mainz: Matthias-Grünewald-Verl. (1966). XLVII, 395 S.
*(Veröffentlichungen der Kommission für Zeitgeschichte bei der Katholischen Akademie in Bayern. Reihe A, Bd 3.)*

**Leiber**, Robert: Der Vatikan und das Dritte Reich. — In: Polit. Stud. 14 (1963), 293—298.

**Lewy**, Günter: The Catholic Church and Nazi Germany. — New York, Toronto: McGraw-Hill 1964. XV, 416 S.

**Lewy**, Guenter: Die katholische Kirche und das Dritte Reich (The catholic church and Nazi Germany, dt.) (Aus d. Amerikan. von Hildegard Schulz.) — München: Piper (1965). 449 S.

**Littel**, Franklin Hamlin: The German phoenix. Men and movements in the church in Germany. — Garden City: Doubleday 1960. XV, 226 S.

**Loycke**, Ernst: Die rechtliche Entwicklung in der Evangelischen Kirche der Altpreußischen Union von 1937 bis 1945. — In: Z. evang. Kirchenrecht 2 (1952/53), 64—83; 169—185.

**Meier**, Kurt: Die Deutschen Christen. Ihre organisatorische Entwicklung von der Sportpalastkundgebung (November 1933) bis zum Beginn des Zweiten Weltkrieges. [Bd. 1. 2.] — o. O. [1960]. [Maschinenschr.]
*Leipzig, theol. Diss., 15. Januar 1960.*

**Meier**, Kurt: Kirche und Judentum. Die Haltung d. evangelischen Kirche zur Judenpolitik d. Dritten Reiches. — Göttingen: Vandenhoeck & Ruprecht (1968). 153 S.
*([Arbeiten zur Geschichte des Kirchenkampfes. Erg.-Reihe. 7.])*

**Meier**, Kurt: Kirche und Nationalsozialismus. E. Beitr. zum Problem d. nationalsozialist. Herrschaft. — In: Zur Geschichte des Kirchenkampfes, Bd 1, Göttingen: Vandenhoeck & Ruprecht 1965, 9—29.

**Mikat**, Paul: Zur Kundgebung der Fuldaer Bischofskonferenz über die nationalsozialistische Bewegung vom 28. März 1933. — In: Freiheit und Verantwortung in der modernen Gesellschaft, Festschrift zum 70. Geburtstag von Gustav Gundlach, Jb. Inst. christl. Sozialwiss. 3 (1962), 209—235.

**Missalla**, Heinrich: Für Volk und Vaterland. Die Kirchliche Kriegshilfe im Zweiten Weltkrieg. – (Königstein/Ts.:) Athenäum Verl. 1978. XXVI, 215 S.

**Müller**, Hans: Katholische Kirche und Nationalsozialismus. Dokumente 1930—1935. Mit e. Einl. von Kurt Sontheimer. — (München:) Nymphenburger Verl.-Handl. (1963). XXV, 432 S.

**Nicolaisen**, Carsten: Die Stellung der „Deutschen Christen" zum Alten Testament. — In: Zur Geschichte des Kirchenkampfes, Bd 2, Göttingen: Vandenhoeck & Ruprecht 1971, 197 bis 220.

**Niemöller**, Gerhard: Organisation und Aufbau der Bekennenden Kirche in ihren Anfängen. — In: Zur Geschichte des Kirchenkampfes, Bd 2, Göttingen: Vandenhoeck & Ruprecht 1971, 105—120.

**Norden**, Günther van: Kirche in der Krise. Die Stellung der evangelischen Kirche zum nationalsozialistischen Staat im Jahre 1933. — Düsseldorf: Presseverb. d. Evang. Kirche im Rheinland 1963. 211 S.

**Norden**, Günther van: Die Stellung der Evangelischen Kirche zum nationalsozialistischen Staat im Jahre 1933. — o. O. 1956. 234 gez. Bl. [Maschinenschr.]
*Köln, phil. Diss. 8. Juni 1956.*

Der **Notenwechsel** zwischen dem Heiligen Stuhl und der Deutschen Reichsregierung. Bearb. von Dieter Albrecht. — Mainz: Matthias-Grünewald-Verl.
1. Von der Ratifizierung des Reichs-konkordats bis zur Enzyklika „Mit brennender Sorge". (1965). XXVIII, 459 S.
*(Veröffentlichungen der Kommission für Zeitgeschichte bei der Katholischen Akademie in Bayern. Reihe A, Bd 1.)*

**Ottenga**, Cesare: Il concordato fra la Santa Sede e la Germania del 20 luglio 1933. — Milano, Roma: Soc. Ed. Dante Alighieri 1960. 102 S.
*(Biblioteca della «Nuova Rivista Storica». 24.)*

**Pertiet**, Martin: Das Ringen um Wesen und Auftrag der Kirche in der nationalsozialistischen Zeit. — Göttingen: Vandenhoeck & Ruprecht 1968. 339 S.
*(Arbeiten zur Geschichte des Kirchenkampfes. 19.)*

**Pius** ⟨XII. Papa⟩: Die Briefe an die deutschen Bischöfe 1939—1944. Hrsg. von Burkhart Schneider in Zusammenarb. mit Pierre Blet u. Angelo Martini. — Mainz: Matthias-Grünewald-Verl. (1966). XLVI, 381 S.
*(Veröffentlichungen der Kommission für Zeitgeschichte bei der Katholischen Akademie in Bayern. Reihe A, Bd 4.)*

**Reifferscheid**, Gerhard: Das Bistum Ermland und das Dritte Reich. - Köln: Böhlau 1975. XXXI, 351 S.
*(Bonner Beiträge zur Kirchengeschichte. 7.)*

**Repgen**, Konrad: Über die Entstehung der Reichskonkordats-Offerte im Frühjahr 1933 und die Bedeutung des Reichskonkordats. Kritische Bemerkungen zu einem neuen Buch. – In: Vjh. Zeitgesch. 26 (1978), 499-534.

**Riedel**, Heinrich: Kampf um die Jugend. Evangelische Jugendarbeit, 1933–1945. - München: Claudius-Verl. (1976). XXII, 581 S.

**Schäfer**, Gerhard: Die Evangelische Landeskirche in Württemberg. Eine Dokumentation zum Kirchenkampf. — Stuttgart: Calwer Verl.
1. Um das politische Engagement der Kirche, 1932—1933. Mit e. Geleitw. von Wolfgang Metzger. 1971. 607 S.

**Schäfer,** Gerhard: Die Evangelische Landeskirche in Württemberg und der Nationalsozialismus. Eine Dokumentation zum Kirchenkampf. – Stuttgart: Calwer.
2. Um eine deutsche Reichskirche, 1933. 1972. 1120 S.
3. Der Einbruch des Reichsbischofs in die württembergische Landeskirche, 1934. 1974. 731 S.

**Schäfer,** Gerhard: Die Evangelische Landeskirche in Württemberg und der Nationalsozialismus. Eine Dokumentation zum Kirchenkampf. – Stuttgart: Calwer.
4. Die intakte Landeskirche 1935–1936. (1977). XIX, 960 S.

**Scharnagl,** Anton: Das Reichskonkordat und die Länderkonkordate als Konkordatssystem. — In: Hist. Jb. 74 (1955), 584—607.

**Schellenberger,** Barbara: Katholische Jugend und Drittes Reich. Eine Geschichte des Katholischen Jungmännerverbandes 1933–1939 unter besonderer Berücksichtigung der Rheinprovinz. – Mainz: Matthias-Grünewald-Verl. (1975). XXVII, 202 S.
*(Veröffentlichungen der Kommission für Zeitgeschichte. B, 17.)*
*Diss., Universität Bonn.*

**Schlömer,** Hans: Die deutschen Bischöfe und der Nationalsozialismus. Zur Vorgeschichte der bischöflichen Erklärung vom 28. März 1933. Dokumentationsbeilage z. Informationsdienst d. Katholischen Nachrichten-Agentur (KNA). — Bonn 1961. 19 Bl. [Maschinenschr. hektogr.]

**Schmidt,** Kurt Dietrich: Eine folgenreiche Episode. Der Staatskommissar für die Kirche in Mecklenburg. — In: Evang. Theologie 22 (1962), 379—392.

**Scholder,** Klaus: Altes und Neues zur Vorgeschichte des Reichskonkordats. Erwiderung auf Konrad Repgen. – In: Vjh. Zeitgesch. 26 (1978), 535–570.

**Scholder,** Klaus: Die Kapitulation der evangelischen Kirche vor dem nationalsozialistischen Staat. Zur kirchlichen und politischen Haltung des Deutschen Evangelischen Kirchenausschusses vom Herbst 1932 bis zum Rücktritt Bodelschwinghs am 24. Juni 1933. — In: Z. Kirchengesch. 81 (1970), 182—206.

**Scholder,** Klaus: Die Evangelische Kirche in der Sicht der nationalsozialistischen Führung bis zum Kriegsausbruch. — In: Vjh. Zeitgesch. 16 (1968), 15—35.

**Scholder,** Klaus: Die Kirchen und das Dritte Reich. – (Frankfurt a. M.:) Propyläen Verl.
1. Vorgeschichte und Zeit der Illusionen 1918–1934. (1977). IX, 897 S.

**Seegrün,** Wolfgang: Bischof Berning von Osnabrück und die katholischen Laienverbände in den Verhandlungen um Artikel 31 des Reichskonkordats 1933–1936. – In: Osnabrücker Mitt. 80 (1973), 151–182.

**Siegele-Wenschkewitz,** Leonore: Nationalsozialismus und Kirche. Religionspolitik von Partei und Staat bis 1935. – Düsseldorf: Droste (1974). 235 S.
*(Tübinger Schriften zur Sozial- und Zeitgeschichte. 5.)*

**Söhngen,** Oskar: Die Reaktion der „amtlichen" Kirche auf die Einsetzung eines Staatskommissars durch den nationalsozialistischen Staat. — In: Zur Geschichte des Kirchenkampfes, Bd 2, Göttingen: Vandenhoeck & Ruprecht 1971, 35—78.

**Suy,** Eric: Le concordat du Reich de 1933 et le droit des gens. Quelques réflexions sur la question concordataire en Allemagne. — Tamise, Belg.: Impr. De Maeyer-De Bock 1958. V, 90 S.

**Thierfelder,** Jörg: Das kirchliche Einigungswerk des württembergischen Landesbischofs Theophil Wurm. – Göttingen: Vandenhoeck & Ruprecht 1975. XIII, 311 S.
*(Arbeiten zur kirchlichen Zeitgeschichte. B, 1.)*

**Tinnemann,** E. M.: Attitudes of the German catholic hierarchy toward the Nazi regime. A study in German psychopolitical culture. — In: West. polit. Quart. 22 (1969), 333—349.

**Veröffentlichungen** der Kommission für Zeitgeschichte bei der Katholischen Akademie in Bayern. Hrsg. von Konrad Repgen. — Mainz: Matthias-Grünewald-Verl.
Reihe A. Quellen.
1. Albrecht, Dieter: Der Notenwechsel zwischen dem Heiligen Stuhl und der Deutschen Reichsregierung. 1. Von der Ratifizierung des Reichskonkordats bis zur Enzyklika „Mit brennender Sorge". (1965). XXVIII, 459 S.
2. Kupper, Alfons: Staatliche Akten über die Reichskonkordatsverhandlungen 1933. (1969). XLV, 537 S.
3. Witetscheck, Helmut: Die kirchliche Lage in Bayern nach den Regierungspräsidentenberichten 1933—1943. 1. Regierungsbezirk Oberbayern. (1966). XLVII, 395 S.
4. Pius XII. Die Briefe Pius' XII. an die deutschen Bischöfe 1933—1944. Hrsg. von Burkhart Schneider in Zsarb. mit Pierre Blet u. Angelo Martini. (1966). LXVI, 381 S.
5. Akten deutscher Bischöfe über die Lage der Kirche 1933—1945. 1. 1933—1934. Bearb. von Bernhard Stasiewski. (1968). LII, 969 S.
6. Deutsche Briefe 1934—1938. 1. 1934—1935. Bearb. von Heinz Hürten. (1969). LI, 733 S.
7. Deutsche Briefe 1934—1938. 2. 1936—1938. Bearb. von Heinz Hürten. (1969). 1186 S.
8. Witetschek, Helmut: Die kirchliche Lage in Bayern nach den Regierungspräsidentenberichten 1933—1943. 2. Regierungsbezirk Ober- u. Mittelfranken. (1967). XXXV, 527 S.
9. Die Protokolle der Reichstagsfraktion und des Fraktionsvorstandes der Deutschen Zentrumspartei 1926—1933. Bearb. von Rudolf Morsey. (1969). IL, 690 S.
10. Albrecht, Dieter: Der Notenwechsel zwischen dem Heiligen Stuhl und der Deutschen Reichsregierung. 2. 1937—1945. (1969). XXVII, 277 S.
11. Volk, Ludwig: Kirchliche Akten über die Reichskonkordatsverhandlungen 1933. (1969). XXXIII, 386 S.

12. Boberach, Heinz: Berichte des SD und der Gestapo über Kirchen und Kirchenvolk in Deutschland 1934—1944. (1971). XLIII. 1021 S.
13. Kopf, Paul: Die Vertreibung von Bischof Joannes Baptista Sproll von Rottenburg 1938—1945. (1971). XXXV, 386 S.
14. Witetschek, Helmut: Die kirchliche Lage in Bayern nach den Regierungspräsidentenberichten 1933—1934. 3. Regierungsbezirk Schwaben. (1971). XXIV, 285 S.

**Veröffentlichungen** der Kommission für Zeitgeschichte. Hrsg. von Konrad Repgen. - Mainz: Matthias-Grünewald-Verl.
Reihe A. Quellen.
15. Muckermann, Friedrich: Im Kampf zwischen zwei Epochen. (1973). XVIII, 665 S.
16. Ziegler, Walter: Die kirchliche Lage in Bayern nach den Regierungspräsidentenberichten 1933–1943. 4. Regierungsbezirk Niederbayern und Oberpfalz. 1933–1945. (1973). XLIV, 415 S.

**Veröffentlichungen** der Kommission für Zeitgeschichte. Hrsg. von Konrad Repgen. - Mainz: Matthias-Grünewald-Verl.
Reihe A. Quellen.
20. Akten deutscher Bischöfe über die Lage der Kirche 1933–1945. 2. 1934–1935. Bearb. von Bernhard Stasiewski. (1976). XLVI, 505 S.

**Veröffentlichungen** der Kommission für Zeitgeschichte. Hrsg. von Rudolf Morsey. - Mainz: Matthias-Grünewald-Verl.
Reihe A. Quellen.
24. Die kirchliche Lage in Bayern nach den Regierungspräsidentenberichten 1933–1943.
5. Prantl, Helmut [Bearb.]: Regierungsbezirk Pfalz 1933–1940. (1978). LXVIII, 343 S.

**Volk,** Ludwig: Die Fuldaer Bischofskonferenz von der Enzyklika „Mit brennender Sorge" bis zum Ende der NS-Herrschaft. — In: Stimmen d. Zeit 91 (1966), Bd 178, 241—267.

**Volk,** Ludwig: Die Fuldaer Bischofskonferenz von Hitler's Machtergreifung bis zur Enzyklika „Mit brennender Sorge". — In: Stimmen d. Zeit 94 (1969), Bd 183, 10—31.

**Volk,** Ludwig: Die Enzyklika „Mit brennender Sorge". Zum hundertsten Geburtstag Kardinal Michael von Faulhabers am 5. März 1969. — In: Stimmen d. Zeit 94 (1969), Bd 183, 174—194.

**Volk,** Ludwig: Der Bayerische Episkopat und der Nationalsozialismus 1930—1934. — Mainz: Matthias-Grünewald-Verl. (1965). XXII, 216 S.
*(Veröffentlichungen der Kommission für Zeitgeschichte bei der Katholischen Akademie in Bayern. Reihe B, Bd 1.)*

**Volk,** Ludwig: Zur Kundgebung des deutschen Episkopats vom 28. März 1933. — In: Stimmen d. Zeit 89 (1963/1964), Bd 173, 431—456.

**Volk,** Ludwig: Das Reichskonkordat vom 20. Juli 1933. Von den Ansätzen in der Weimarer Republik bis zur Ratifizierung am 10. September 1933. — Mainz: Matthias-Grünewald-Verl. (1972). XXVII, 265 S.
*(Veröffentlichungen der Kommission für Zeitgeschichte bei der Katholischen Akademie in Bayern. B,5.)*

**Volkmann,** Klaus J.: Die Rechtsprechung staatlicher Kirchensachen 1933 bis 1945. - Mainz: Matthias-Grünewald-Verl. (1978). XXXIX, 241 S.
*(Veröffentlichungen der Kommission für Zeitgeschichte. B, 24.)*

**Vorländer,** Herwart: Zum Selbstverständnis der Bekennenden Kirche im Dritten Reich. — In: Gesch. Wiss. Unterr. 19 (1968), 393—407.

**Walker,** Lawrence D.: Le Concordat avec le Reich et les organisations de jeunesse. - In: Rev. Hist. deux. Guerre mond. 24 (1974), H. 93, 3–16.

**Weber,** Werner: Die kleinen Religionsgemeinschaften im Staatskirchenrecht des nationalsozialistischen Regimes. — In: Forschungen u. Berichte aus d. öffentl. Recht. Gedächtnisschrift f. Walter Jellinek. 2. Aufl. München [1962.] S. 101—112.

**Weinzierl**-Fischer, Erika: Kirche und Nationalsozialismus. Ein Literaturbericht. — In: Wort u. Wahrheit 22 (1967), 378—386.

**Wensehkewitz,** Leonore: Politische Versuche einer Ordnung der Deutschen Evangelischen Kirche durch den Reichskirchenminister 1937 bis 1939. — In: Zur Geschichte des Kirchenkampfes, Bd 2, Göttingen: Vandenhoeck & Ruprecht 1971, 121—138.

**Witetschek,** Helmut: Die bayerischen Regierungspräsidentenberichte 1933—1943 als Geschichtsquelle. — In: Hist. Jb. 87 (1967), 355—372.

**Wolf,** Ernst: Die evangelischen Kirchen und der Staat im Dritten Reich. — Zürich: EVZ-Verl. (1963). 40 S.
*(Theologische Studien. 74.)*

**Zabel,** James A.: Nazism and the pastors. A study of the ideas of three Deutsche Christen groups. – Missoula, Mont.: Scholars Press (1976). XV, 243 S.
*(Dissertation-series. 14.)*

**Zahn,** Gordon C[harles]: German catholics and Hitler's wars. A study in social control. — New York: Sheed & Ward (1962). VI, 232 S.

**Zahn,** Gordon C[harles]: Die deutschen Katholiken und Hitlers Kriege (German catholics and Hitler's wars, dt.) (Übers. besorgte Elisabeth Schmitz.) — (Graz, Wien, Köln:) Verl. Styria 1965. 299 S.

Verfolgung und Widerstand

Allgemeines

**Adler,** H. G.: Die Organisation des Hasses. Literatur zu den Terroraktionen des Hitlerismus. — In: Z. Politik 4 (1957), 82—90.
Literaturübersicht.

**Aretin,** Karl Otmar Frhr von: Bericht über den deutschen Widerstand. [Literaturbericht.] - In: Gesch. Wiss. Unterr. 25 (1974), 507–512 und 565–576.

**Auerbach,** Hellmuth: Der Begriff „Sonderbehandlung" im Sprachgebrauch der SS. — [München:] Institut für Zeitgeschichte (1960). 11 S. [Maschinenschr. hektograph.]

# DEUTSCHE GESCHICHTE

Der lautlose **Aufstand.** Dokumentarischer Bericht über die Widerstandsbewegung des deutschen Volkes 1933—1945. Hrsg. von Günther Weisenborn. — Hamburg: Rowohlt 1952. 350 S.

Der lautlose **Aufstand.** Bericht über die Widerstandsbewegung des deutschen Volkes 1933-1945. [Hrsg. von] Günther Weisenborn. 4. verb. Aufl. - Frankfurt a. M.: Röderberg (1974). 445 S.
*(Bibliothek des Widerstandes.)*

**Bamberg,** Lotte: Erinnerung ans Dritte Reich. An der Oberfläche untergetaucht. — In: Frankf. H. 10 (1955), 803—808.

**Bartel,** Walter: Lehre und Forschung über den antifaschistischen Widerstandskampf in der DDR. — In: Internat. Hefte d. Widerstandsbew. 1 (1959/60), H. 1, 34—39.

**Bartel,** Walter: Probleme des antifaschistischen Widerstandskampfes in Deutschland. — In: Z. Geschichtswiss. 6 (1958), 999—1016.

**Bartel,** Walter: Die deutsche Widerstandsbewegung und die Alliierten zur Zeit des zweiten Weltkrieges. — In: Z. Geschichtswiss. 9 (1961), 993—1013.

**Barthel,** Konrad: Vom Ethos der deutschen Widerstandsbewegung. — In: Gesch. Wiss. Unterr. 9 (1958), 665—685 und 737—754.

**Baum,** Walter: Marine, Nationalsozialismus und Widerstand. — In: Vjh. Zeitgesch. 11 (1963), 16—48.

**Baumont,** Maurice: La grande conjuration contre Hitler. — Paris: Ed. Mondiales 1963. 261 S.
*(Les grandes conspirations de l'histoire.)*

**Beneke,** Paul: Die Rolle der „Gestapo". — In: Weg [Buenos Aires] 10 (1956), 353—358.

**Bernard,** Henri: L'autre Allemangne. La résistance allemande à Hitler, 1933-1945. - Bruxelles: La Renaissance du Livre 1976. 299 S.

**Berthold,** F. J.: Verratene Jugend. Szenen und Gespräche aus der Zeit des deutschen Widerstandes. Die Weiße Rose, der 20. Juli 1944, das Warschauer Ghetto, Roosevelt und Stalin. — (Freiburg: Herder 1970) 174 S.
*(Herder-Bücherei. 371.)*

**Blumenthal,** Nachman: On the Nazi vocabulary. — In: Yad Washem Studies [Jerusalem] 1957, Vol. 1, 49—66.

**Boberach,** Heinz [Hrsg.]: Meldungen aus dem Reich. Auswahl aus d. geheimen Lageberichten d. Sicherheitsdienstes d. SS 1939—1944. — (Neuwied:) Luchterhand (1965). XXXII, 551 S.

**Boehm,** Hermann: „Die Vollmacht des Gewissens." Gedanken zu einem Buche. — In: Nation Europa 7 (1957), H. 10, 35—44.

**Bonhoeffer,** Dietrich: Widerstand und Ergebung. Briefe und Aufzeichnungen aus der Haft. Hrsg. von Eberhard Bethge. — München: Kaiser 1951. 276 S.

**Bracher,** Karl Dietrich: Anfänge der deutschen Widerstandsbewegung. — In: Zur Geschichte und Problematik der Demokratie, Festgabe für Hans Herzfeld, Berlin: Duncker & Humblot (1958), 375—395.

**Briefe** aus Litzmannstadt (Szukajcie w popiołach, dt.) Hrsg. von Janusz Gumkowski u.a. (Aus d. Poln. von Peter Lachmann u. Arnfried Astel.) — (Köln:) Middelhauve (1967). 134 S.

**Broszat,** Martin: Politische Denunziationen in der NS-Zeit. Aus Forschungserfahrungen im Staatsarchiv München. - In: Archival. Z. 73 (1977), 221-238.

**Brück,** Carlheinz: Im Namen der Menschlichkeit. Bürger gegen Hitler.— Berlin: Buchverl. Der Morgen 1964. 257 S.
*(Bürger gegen Hitler.)*

**Bryans,** J. Lonsdale: Zur britischen amtlichen Haltung gegenüber der deutschen Widerstandsbewegung. — In: Vjh. Zeitgesch. 1 (1953), 347—351.

**Bryans,** J. Lonsdale: Blind victory. — London: Skeffington 1951. 191 S.
Behandelt die Versuche der deutschen Opposition, Verbindungen zu den Alliierten anzuknüpfen.

**Buchele,** Marga: Der politische Witz als getarnte Meinungsäußerung gegen den totalitären Staat. Ein Beitrag zur Phänomenologie und Geschichte des inneren Widerstandes im Dritten Reich. — o. O. 1955. XXVIII, 192 Bl.
*München, phil. Diss. 4. April 1956.*

**Brüdigam,** Heinz: Widerstand gegen das Naziregime, in der Forschung und Literatur heute. — In: Bll. dtsch. internat. Pol. 15 (1970), 8—95.

**Bußmann,** Walter: Die innere Entwicklung des deutschen Widerstandes gegen Hitler. — Berlin: Morus-Verl. (1964). 32 S.
*(Beiträge zu Zeitfragen.)*

**Calvelli-**Adorno, [Senatspräsident Dr.]: Die rassische Verfolgung der Zigeuner vor dem 1. März 1943. — In: Rechtsprech. z. Wiedergutmachungsrecht 12 (1961), 529—537.

**Castellan,** Georges: Forces d'opposition à l'avènement du III$^e$ Reich. — In: Rev. Hist. deux. Guerre mond. 9 (1959), H. 36, 3—22.

**Černý,** Bohumil: Schwarze Front v Československu (1933—1938). — In: Českoslov. Čas. hist. 14 (1966), 328—357.

„**Collaboration".** A dilemma of resistance. — In: Wiener Libr. Bull. 9 (1955), 21.

**Collenot,** R.: L'opposition allemande contre Hitler de 1939 à 1945. — In: Rev. Hist. deux. Guerre mond. 9 (1959), H. 36, 23—44.

**Conze,** Werner: Die deutsche Opposition gegen Hitler. — In: Pol. Lit. 2 (1953), 210—215.
Literaturbericht.

**Crankshaw,** Edward: Gestapo. Instrument of tyranny. — London: Putnam 1956. 275 S.

**Crankshaw,** Edward: Die Gestapo. (Gestapo. Instrument of tyranny, dt.) (Aus dem Engl. übertr. von Marianne Müller.) — Berlin: Colloquium-V. (1959). 259 S.

**Czubiński,** Antoni: Lewica niemiecka w walce z dyktatura hitlerowska 1933-1945. - Warszawa: Państwowe Wyd. Iskry 1973. 340 S.

**Darauf** kam die Gestapo nicht. Beiträge zum Widerstand im Rundfunk. (Hrsg. vom Sender Freies Berlin.) — Berlin: Haude & Spener (1966). 87 S.
*(Buchreihe des S[enders] F[reies] B[erlin]. 4.)*

**Delarue,** Jacques: Geschichte der Gestapo (Histoire de la Gestapo. dt.) (Aus d. Französ. von Hans Steinsdorff.) — Düsseldorf: Droste (1964). 379 S.

**Delarue,** Jacques: Histoire de la Gestapo. — (Paris): Fayard (1962). 472 S.

**Deutsch,** Harold C.: The conspiracy against Hitler in the twilight war. — Minneapolis: University of Minnesota Press 1968. 394 S.
Dtsch. Ausg. u.d.T.: Verschwörung gegen den Krieg. Der Widerstand in den Jahren 1939—1940. (Aus d. Amerikan. von Christian Spiel.) — München: Beck (1969). XII, 423 S.

**Dirks,** Walter: Widerstand, Hochverrat, Landesverrat. — In: Frankf. H. 6 (1951), 475—482.

**Döring,** Hans-Joachim: Die Motive der Zigeuner-Deportation vom Mai 1940. — In: Vjh. Zeitgesch. 7 (1959), 418—428.

**Döring,** Hans-Joachim: Die Zigeuner im nationalsozialistischen Staat. — Hamburg: Kriminalistik-Verl. (1964). 231 S.
*(Kriminologische Schriftenreihe. 12.)*

Programmatische **Dokumente** der deutschen Widerstandsbewegung. Aus den Archiven d. Inst. f. Marxismus-Leninismus in Berlin. — In: Internat. H. Widerstandsbewegg. 3 (1961), H. 6, 28—36.

**Dröge,** Franz: Der zerredete Widerstand. Zur Soziologie und Publizistik des Gerüchts im 2. Weltkrieg. - (Düsseldorf:) Bertelsmann Universitätsverl. (1970). 258 S.
*Habil.-Schr., Universität Münster.*

**Du** hast mich heimgesucht bei Nacht. Abschiedsbriefe und Aufzeichnungen des Widerstandes 1933—1945. Hrsg. von Helmut Gollwitzer, Käthe Kuhn und Reinhold Schneider. — München: Kaiser 1954. 472 S.

**Ehrenbuch** der Opfer von Berlin-Plötzensee. Zum Gedenken der 1574 Frauen und Männer, die wegen ihrer politischen oder weltanschaulichen Einstellung und wegen ihres mutigen Widerstandes gegen das faschistische Barbarentum in der Strafanstalt Berlin-Plötzensee von 1933 bis 1945 hingerichtet wurden. (Red.: Willy Perk u. Willi Desch. Hrsg.: VVN-Westberlin.) — (Berlin: Verl. Das europäische Buch 1974). 215 S.

**Elling,** Hanna: Frauen im deutschen Widerstand, 1933-45. — Frankfurt a. M.: Röderberg 1978. 260 S.
*(Bibliothek des Widerstandes.)*

**Elser,** Johann Georg: Autobiographie eines Attentäters. Aussage zum Sprengstoffanschlag im Bürgerbräukeller, München, am 8. November 1939. Hrsg. u. eingel. von Lothar Gruchmann. — Stuttgart: Dtsch. Verl.-Anst. (1970). 166 S.

**Es** gab nicht nur den 20. Juli ... Dokumente aus einer Sendereihe im Westdeutschen Fernsehen; u. a. Heinz Kühn: Zum Widerstand im Dritten Reich. (Hrsg.: Pressestelle des Westdeutschen Rundfunks.) — Köln: [Selbstverl. d. Hrsg.] 1979. 116 S.

**Fitz Gibbon,** Constantine: The shirt of Nessus. — London: Cassell (1956). 288 S.

**Foot,** M. R. D.: Resistance. An analysis of European resistance to Nazism 1940-1945. - London: Methuen (1976). XIX, 346 S.

**Franz,** Georg: Über die Ursachen der Militäropposition. — In: Wehrwiss. Rdsch. 7 (1957), 359—376.

**Frauen** gegen Hitler. Berichte aus dem Widerstand 1933-1945. [Von] Gerda Zorn [u.] Gertrud Meyer. — Frankfurt a. M.: Röderberg 1974. 151 S.
*(Bibliothek des Widerstandes.)*

**Frei,** Bruno: Der kleine Widerstand. - Wien: Sensen-Verl. 1978. 143 S.

(**Frey,** Hans:) Die Hölle von Kamienna. Unter Benutzung d. amtlichen Prozeßmaterials zsgest. — Berlin, Potsdam: VVN-Verl. 1949. 93 S.

**Friedman,** Philip: Their brother's keepers. With a foreword by Father John A. O'Brien. — New York: Crown Publ. Inc. (1957). 224 S.

**Gallin,** Mary Alice: Ethical and religious factors in the German resistance to Hitler. — Washington: The Catholic University of America Press 1955. X, 232 S.

**Gallin,** Mary Alice: German resistance to ... Hitler. Ethical and religious factors. — Washington: Catholic University of America Press 1961. 259 S.

**Geis,** R., O. Hammelsbeck und O. Simmez: Männer des Glaubens im deutschen Widerstand. — München: Ner-Tamid-Verl. 1959. 72 S.

**Gerhard,** Dirk: Antifaschisten. Proletarischer Widerstand 1933-1945. - Berlin: Wagenbach (1976). 175 S.
*(Politik. 64.)*

Zur **Geschichte** der deutschen antifaschistischen Widerstandsbewegung 1933—1945. Eine Auswahl von Materialien, Berichten und Dokumenten. — Berlin: Verl. d. Ministeriums für nationale Verteidigung 1958. 432 S.

Das **Gewissen** entscheidet. Bereiche des deutschen Widerstandes von 1933—1945 in Lebensbildern. Hrsg. von Annedore Leber in Zusammenarbeit mit Willy Brandt und Karl Dietrich Bracher. — Berlin, Frankfurt a. M.: Mosaik-V. 1957. 303 S.

Das **Gewissen** steht auf. Gesammelt von Annedore Leber. Hrsg. in Zusammenarbeit mit Willy Brandt und Karl Dietrich Bracher. — Berlin, Frankfurt a.M.: Mosaik-V. 1954. 240 S.

**Gittig,** Heinz: Illegale antifaschistische Tarnschriften, 1933—1945. — Leipzig: Bibliograph. Inst. 1972. 272 S.
*(Zentralblatt für Bibliothekswesen. 87. Beih.)*

**Glaser,** Hermann: Der Terror im Dritten Reich. — In: Aus Politik u. Zeitgeschichte, Beilage zur Wochenzeitung „Das Parlament", vom 11. Januar 1961, S. 1—16.

**Goroškova,** G. N.: Likvidacija buržuazno-demokratičeskich porjadkov v Germanii v gody fašizma. — In: Vop. Ist. 1962, H. 2, 115—121.

**Gostomski,** Victor von [u.] Walter Loch: Der Tod von Plötzensee. Erinnerungen, Ereignisse, Dokumente. 1942—1945. — Meitingen, Freising: Kyrios-Verl. (1969). 254 S.

**Gross:** Günther: Zum antifaschistischen Widerstandskampf der deutschen Gewerkschaften während der faschistischen Vertrauensräte-Wahlen 1934. — In: Z. Geschichtswiss. 4 (1956), 230—245.

**Grossmann,** Kurt R.: Die unbesungenen Helden. Menschen in Deutschlands dunklen Tagen. — Berlin: Arani-V. (1957). 388 S.

**Grossmann,** Kurt R.: Die unbesungenen Helden. Menschen in Deutschlands dunklen Tagen. (2., veränd. u. erg. Aufl.) — Berlin: arani Verl.-Ges. (1961). 416 S.

**Gun,** Nerin E[mrullah]: Die Stunde der Amerikaner (The day of the Americans, dt.) (Aus d. Amerikan. übertr. von Dorit Adenauer-Braus.) — (Velbert, Kettwig:) Blick u. Bild Verl. (1968). 303 S.

**Hammer,** Walter: Brandenburg. Das deutsche Sing-Sing. Zwei Rundfunkreden und eine programmatische Erklärung. — Hamburg-Altona (1951): Privatdruck. 16 S.

**Hammer,** Walter: Die „Gewitteraktion" vom 22. 8. 1944. Vor 15 Jahren wurden deutsche Parlamentarier zu Tausenden verhaftet. — In: Freiheit u. Recht 5 (1959), H. 8/9, 15—18.

**Heiber,** Helmut: Die Katakombe wird geschlossen. — (München: Scherz 1966.) 79 S.
*(Archiv der Zeitgeschichte. 3.)*

**Heiber,** Helmut: Widerstand der Intellektuellen. Werner Fink und die „Katakombe". — In: Monat 18 (1966), H. 209, 35—45.

**Henkys,** Reinhard: Die nationalsozialistischen Gewaltverbrechen. Geschichte u. Gericht. Mit e. Einl. von Kurt Scharf u. e. Beitr. von Jürgen Baumann. Hrsg. von Dietrich Goldschmidt. — Stuttgart, Berlin: Kreuz-Verl. (1964). 392 S.

**Hepp,** Fred: Der geistige Widerstand im Kulturteil der „Frankfurter Zeitung" gegen die Diktatur des totalen Staates 1933—1943. — o. O. 1949. 189 gez. Bl. [Maschinenschr.]
*München, phil. Diss. 10. März 1950.*

**Herden,** Werner: Wege zur Volksfront. Schriftsteller im antifaschistischen Bündnis. — Berlin: Akademie Verl. 1978. 236 S.
*(Literatur und Gesellschaft.)*

**Hermlin,** Stephan: Die erste Reihe. Jugendwiderstand gegen die NSDAP. — In: Aufbau 7 (1951), 678—687.

**Hiepe,** Richard: Gewissen und Gestaltung. Deutsche Kunst im Widerstand. — Frankfurt a.M.: Röderberg-Verl. 1960. 63 S.

**Hoettl,** Wilhelm: The secret front. — London: Weidenfeld & Nicolson 1953. 332 S.

**Hofer,** Walther: Geschichtsschreibung im Vakuum. — In: Monat 5 (1952/53), T. 2, 413—416.

**Hoffmann,** Charles Wesley: Opposition poetry in Nazi Germany 1933—1945. — Urbana, Ill. 1956. IV, 374 S.
*Urbana, Ill., phil. Diss. 1956.*

**Hoffmann,** Charles W[esley]: Opposition poetry in Nazi Germany. — Berkeley and Los Angeles: University of California Press; (London: Cambridge University Press) 1962. VI, 197 S.
*(University of California Publications in modern philology. 67.)*

**Hoffmann,** Peter: Widerstand, Staatsstreich, Attentat. Der Kampf der Opposition gegen Hitler. — München: Piper (1969). 988 S.

**Hoffmann,** Peter: Widerstand, Staatsstreich, Attentat. Der Kampf der Opposition gegen Hitler. 2., erw. u. überarb. Aufl. — München: Piper (1970). 998 S.

**Hoffmann,** Peter C.: The attempt to assassinate Hitler on March 21, 1943. — In: Canadian J. Hist; Annales Canadiennes Hist. 2 (1967), 67—83.

**Horbach,** Michael: Wenige. Zeugnisse der Menschlichkeit 1933—1945. — (München:) Kindler (1964). 297 S.

**Hughes,** H. S.: The problem of limited collaboration. — In: Confluence 3 (1954), 172—183.

**Hupka,** Herbert: Out of the darkness. Some literary reactions to persecution and war. — In: Wiener Libr. Bull. 8 (1954), 9.
*Literaturbericht.*

**Jahnke,** Karl-Heinz: Entscheidungen. Jugend im Widerstand 1933—1945. — Frankfurt a.M.: Röderberg (1970). 251 S.
*(Bibliothek des Widerstandes.)*

**Jahnke,** Karl-Heinz: Gegen den Mißbrauch der olympischen Idee 1936. Sportler im antifaschistischen Widerstand. — Frankfurt a.M.: Röderberg 1972. 150 S.
*(Bibliothek des Widerstandes.)*

**Janowitz,** Morris: German reactions to Nazi atrocities. — In: Amer. J. Sociol. 52 (1946/47), 141—146.

**Im** Kampf bewährt. (Erinnerungen deutscher Genossen an den antifaschistischen Widerstand von 1933—1945.) Hrsg. von Heinz Voßke. — Berlin: Dietz 1969. 693 S.

**Kantorowicz,** Alfred: Deutsche Schicksale. Intellektuelle unter Hitler und Stalin. — Köln: Europa Verl. (1964). 256 S.
*(Europäische Perspektiven.)*

**Kantorowicz,** Alfred: Unteilbarer deutscher Widerstand. Wer Stauffenberg sagt, muß auch Ossietzky sagen. — In: Freiheit u. Recht 9 (1963), H. 3, 9—11.

**Kasper,** Martin und Jan Šołta: Aus Geheimakten nazistischer Wendenpolitik. — Bautzen: Domowina 1960. 59 S.

**Kleist-Retzow,** Hans Jürgen von, und Fabian von Schlabrendorf: Landesverrat? — In: Dtsch. Rdsch. 84 (1958), 927—932.

**Klönne,** Arno: Gegen den Strom. Bericht über den Jugendwiderstand im Dritten Reich. — Hannover, Frankfurt a.M.: Norddt. Verl.-Anst. (1957). 180 S.

**Kluke,** Paul: Deutscher Widerstand. Eine Facette im Schlußakt der europäischen Tragödie. — In: Beiträge zur Zeitgeschichte. Festschrift Ludwig Jedlicka zum 60. Geburtstag, St. Pölten: Niederösterr. Pressehaus (1976), 299-319.

**Köhler,** Fritz: Die Befreiung Deutschlands vom faschistischen Joch. — Berlin: Kongreß-V. 1955. 112 S.

**Köhler,** Fritz: Zur Vertreibung humanistischer Gelehrter 1933/34. — In: Bll. dtsch. internat. Politik 11 (1966), 696—707.

**Koenigswald,** Harald von: Die Gewaltlosen. Dichtung im Widerstand gegen den Nationalsozialismus. — Herborn: Oranien Verl. (1962). 94 S.

**Kopp,** Otto [Hrsg.]: Widerstand und Erneuerung. Neue Berichte und Dokumente vom inneren Kampf gegen das Hitler-Regime. — Stuttgart: Seewald (1966). 308 S.

**Kosthorst,** Erich: Die deutsche Opposition gegen Hitler zwischen Polen- und Frankreichfeldzug. — In: Aus Politik und Zeitgeschichte, Beilage zur Wochenzeitung „Das Parlament", 7. und 14. Juli 1954, 329—376.

**Kosthorst,** Erich: Die deutsche Opposition gegen Hitler zwischen Polen- und Frankreichfeldzug. (3. bearb. Aufl.) — (Bonn 1957: Bundeszentrale für Heimatdienst.) 192 S.
*(Schriftenreihe der Bundeszentrale für Heimatdienst. 8.)*

**Kosthorst,** Erich: Von der Gewerkschaft zur Arbeitsfront und zum Widerstand. (Hrsg.: Bundeszentrale f. Polit. Bildung, Bonn.) — (Hamburg 1963: Girardet.) 22 S.
*(Schriftenreihe d. Bundeszentrale f. Polit. Bildung.)*
Sonderabdr. aus: Aus Politik und Zeitgeschichte. 1963.

**Kotze,** Hildegard von: Hitlers Sicherheitsdienst im Ausland. Belege zur Zeitgeschichte II. — In: Polit. Meinung 8 (1963), H. 86, 75—80.

**Krannhals,** Hanns von: Konzentrationslager, Regierung Dönitz und das Reichsgericht. — In: Wehrwiss. Rdsch. 16 (1966), 371—378.

**Krausnick,** Helmut: Vorgeschichte und Beginn des militärischen Widerstandes gegen Hitler. — In: Aus Politik und Zeitgeschichte, Beilage zur Wochenzeitung „Das Parlament", 24. November 1954, 609—626.

**Krausnick,** Helmut: Vorgeschichte und Beginn des militärischen Widerstandes gegen Hitler. Teil II: Wehrmacht und Nationalsozialismus 1934—1939. — In: Aus Politik und Zeitgeschichte, Beilage zur Wochenzeitung „Das Parlament", vom 9. und 16. November 1955, 665—682 bzw. 685—707.

**Krausnick,** (Helmut) und (Hermann) Graml: Der deutsche Widerstand und die Alliierten. — (Koblenz 1962: Rhenania Druck- u. Verl.-Ges.) 30 S.
*(Schriftenreihe d. Bundeszentrale f. Heimatdienst. Rotationsserie. 5.)*

**Krausnick,** Helmut: Deutscher Widerstand und Englische Kriegserklärung. — In: Aus Politik und Zeitgeschichte, Beilage zur Wochenzeitung „Das Parlament", vom 4. Januar 1956, 1—15.

An die **Lebenden.** Lebensbilder und letzte Briefe deutscher Widerstandskämpfer. — (Ludwigsburg: Schromm 1960.) 103 S.

Antifaschistische **Lehrer** im Widerstand. (Red.: Gerhard Tunsch.) — Berlin: Volk u. Wissen Verl. 1967. 166 S.
*(Lebensbilder großer Pädagogen.)*

**Lemiesz,** Wiktor: Dąbrówka pod okiem hitlerowskiego żandarma (1935—1939). — (Poznań:) Wydawnictwo Poznańskie (1959). 177 S.
*(Lubuskie Towarzystwo Kultury w Zielonej Górze.)*

**Leuner,** H[einz] D[avid]: Als Mitleid ein Verbrechen war (When compassion was a crime, dt.) Deutschlands stille Helden 1933—1945. (Dtsch. von Hans Lamm.) — Wiesbaden: Limes-Verl. (1967). 222 S.

**Link,** Werner: Die wirtschaftspolitischen Leitartikel in der „Sonntags-Zeitung" 1933 bis Anfang 1937. Ein Beispiel publizistischer Opposition im 3. Reich. — In: Publizistik 8 (1963), 147—152.

**Lipgens,** Walter: Europa-Föderationspläne der Widerstandsbewegungen 1940—1945. Eine Dokumentation. Gesammelt u. eingel. — München: Oldenbourg 1968. 547 S.
*(Schriften des Forschungsinstituts der Deutschen Gesellschaft für Auswärtige Politik. 26.)*

**Lipgens,** Walter: European federation in the political thought of resistance movements during world war II. — In: Centr. Europ. Hist. 1 (1968), 5—19.

**Literatur** und Widerstand. Anthologie europäischer Poesie und Prosa. Hrsg. von der Internationalen Föderation der Widerstandskämpfer FIR. — (Frankfurt a. M.:) Röderberg (1969). 799 S.

**McCloy** II, John J[ay]: Die Verschwörung gegen Hitler (A gift to Germany's future, dt.) Ein Geschenk an die deutsche Zukunft. (Aus d. Amerikan. übers. u. bearb. von Peter Hoffmann.) — (Stuttgart:) Vorwerk (1963). 155 S.

**Mammach,** Klaus: Die deutsche antifaschistische Widerstandsbewegung 1933—1939. Inst. f. Marxismus-Leninismus beim ZK d. SED. — Berlin: Dietz 1974. 303 S.

**Mann,** Reinhard: Widerstand gegen den Nationalsozialismus. — In: Neue polit. Lit. 22 (1977), 425—442.

**Marschall,** Wilhelm: Marine, Nationalsozialismus und Widerstand. Eine Entgegnung zu der gleichnamigen Abhandlung von Walter Baum. — In: M(arine) O(ffiziers) H(ilfe)-Nachrichten 12 (1963), 105—108.

**Meeting** on „The history of the resistance movements in Europe". „Problems of documentation and methods". University of Wien, Monday, August 30th, 1965. — (Wien 1965.) 99 S.

**Michel,** Henri: La „résistance" allemande dans la résistance européenne. — In: Rev. Hist. deux. Guerre mond. 9 (1959), H. 36, 87—102.

**Michel,** Henri: Die europäische Widerstandsbewegung. Ihre Erscheinungsformen, ihre Entwicklung. Die Probleme, die ihr Studium aufwirft. — o. O. (1958). 80 Bl. [Hektograph.]
*(Erste Internationale Konferenz über die Geschichte der Europäischen Widerstandsbewegung, veranstaltet von dem Belgischen Verband der Geschichtslehrer. Hauptbericht.)*

**Mirbt,** Karl-Wolfgang: Methoden publizistischen Widerstandes im Dritten Reich, nachgewiesen an der „Deutschen Rundschau" Rudolf Pechels. — Berlin 1958: (Ernst-Reuter-Ges.) 367 S.
*Berlin, Freie Univ., phil. Diss., 19. Februar 1960.*

**Moltmann,** Günter: Der Dokumentarfilm Nacht und Nebel. Erläuterungen und Hinweise für seine Auswertung. — Hamburg: Staatliche Landesbildstelle Hamburg und Kuratorium für staatsbürgerliche Bildung Hamburg 1957. 23 S.

**Nicht** nur Medaillen zählen. Sportler im antifaschistischen Widerstandskampf. (Übers. von Lotte Klein [u. a.]) – Berlin: Sportverl. 1975. 210 S.

**Nitzsche,** Gerhard: Deutsche Arbeiter im Kampf gegen faschistische Unterdrückung und Ausbeutung. Gestapomeldungen aus den Jahren 1935 bis 1937. — In: Beitr. Gesch. dtsch. Arbeiterbew. 1 (1959), 138—149.

**Paetel,** Karl O[tto]: Das Ausland und der deutsche Widerstand. — In: Außenpolitik 11 (1960), 320—327.

**Paetel,** K. O.: Deutsche innere Emigration. Anti-nationalsozialistische Zeugnisse aus Deutschland. — New York: Krause 1946. 115 S.

**Paetel,** Karl Otto: Revolutionäre und restaurative Tendenzen in der deutschen Widerstandsbewegung. — In: Neue Gesellsch. 2 (1955), H. 4, 66—72.

**Pechel,** Rudolf: Landesverrat und Widerstand. — In: Colloquium 5 (1951), H. 4, 2—3.

**Pechel,** Rudolf: Um den deutschen Widerstand. — In: Dtsch. Rdsch. 81 (1955), 232—235.

**Peters,** Hans: Verfassungs- und Verwaltungsreformbestrebungen innerhalb der Widerstandsbewegung gegen Hitler. (Vortrag, gehalten vor der Freiherr-vom-Stein-Gesellschaft in Köln am 2. März 1956.) — Münster Westf.: Aschendorff (1961). 28 S.
*(Freiherr-vom-Stein-Gesellschaft e.V., Schloß Cappenberg. Schriften. 3.)*

**Plum,** Günter: Widerstand und Antifaschismus in der marxistisch-leninistischen Geschichtsauffassung. — In: Vjh. Zeitgesch. 9 (1961), 50—65.

**Poliakov,** Léon und Josef Wulf: Das Dritte Reich und seine Denker. Dokumente. — Berlin-Grunewald: Arani Verl. Ges. (1959). XI, 560 S.

**Prittie,** Terence: Deutsche gegen Hitler (Germans against Hitler, dt.) Eine Darstellung d. dtsch. Widerstandes gegen d. Nationalsozialismus während d. Herrschaft Hitlers. (Aus d. Engl. übertr. von Bernhard Mann u. Eva Heumann.) — Tübingen: Wunderlich (1965). 319 S.

**Prittie,** Terence: Germans against Hitler. — London: Hutchinson 1964. 292 S.

**Reiner,** Silvain: Et la terre sera pure. — Paris: Fayard 1969. 352 S.
*(Coll. „Grands Documents contemporains".)*

**Renken,** Gerd: Die „Deutsche Zukunft" und der Nationalsozialismus. Ein Beitr. zur Geschichte des geistigen Widerstandes in den Jahren 1933—1940. — Berlin 1970. 301 S.
*Freie Universität Berlin, phil. Diss. vom 16. Januar 1970.*

**Résistance.** Erinnerungen deutscher Antifaschisten. (Zsgest. u. bearb. von Dora Schaul.) (2. Aufl.) – Frankfurt a. M.: Röderberg 1973. 477 S.

**Ritter,** Gerhard: Zur Frage der soldatischen Widerstandspflicht. Die „Tschechenkrise" als Vorläufer des 20. Juli. — In: Merkur 8 (1954), 660—670.

**Ritter,** Gerhard: Der Gegensatz zwischen Ost und West in den außenpolitischen Plänen der deutschen Widerstandsbewegung. — In: Aus Politik und Zeitgeschichte, Beilage zur Wochenzeitung „Das Parlament", 15. Dezember 1954, 664—667.

**Röder,** Werner: Erforschung und Vermittlung der Geschichte des Widerstandes 1933—1945 in der BRD. — In: Widerstandskämpfer 18 (1970), H. 10, 70—77.

**Roloff,** Ernst-August: Der verspätete Staatsstreich. Klarheiten u. Unklarheiten über den Widerstand gegen Hitler. — In: Polit. Studien 15 (1964), 444—459.

**Romoser,** George K.: The crisis of political direction in the German resistance to nazism. Its nature, origins, and effects. — Chicago: Department of Photoduplication, University of Chicago Library 1958. 418 Bl.

**Romoser,** George K.: The politics of uncertainty. The German resistance movement. — In: Soc. Research 31 (1964), 73—93.

**Roon,** Ger van: Widerstand im Dritten Reich (Het Duitse verzet tegen Hitler, dt.) Ein Überblick. (Aus d. Niederländ. übertr. von Marga Baum-Thierfelder.) – München: Beck (1979). 251 S.
*(Beck'sche schwarze Reihe. 191.)*

**Rothfels,** Hans: Zwei außenpolitisch[e] Memoranden der deutschen Opposition (Frühjahr 1942). — In: Vjh. Zeitgesch. 5 (1957), 388—397.

**Rothfels,** Hans: Die deutsche Opposition gegen Hitler. Eine Würdigung. (Ungekürzte, stark rev. 2. Ausg.) (Frankfurt a. M., Hamburg:) Fischer Bücherei (1958). 214 S.
*(Fischer Bücherei. 198.)*

**Rothfels,** Hans: Die deutsche Opposition gegen Hitler. Eine Würdigung. Neue, erw. (3.) Ausg. — (Frankfurt a. M.:) Fischer Bücherei (1969). 233 S.
*(Fischer Bücherei. 1012.)*

**Rothfels,** Hans: Psychological and moral problems of the German opposition to Hitler. — In: Confluence 3 (1954), 423—433.

**Rothfels,** Hans: The German resistance in its international aspects. — In: Internat. Aff. 34 (1958), 477—489.

**Rothfels,** Hans: Widerstandsrecht und Widerstandspflicht. Als Rechtsanwalt auf der Anklagebank und verurteilt (Ludwig Ruge). — In: Vjh. Zeitgesch. 10 (1962), 88—94.

**Roxan,** David [u.] Ken Wanstall: Der Kunstraub (The jackdaw of Linz, dt.) Ein Kapitel aus d. Tagen d. 3. Reiches (Aus d. Engl. übertr. von Theodor Rocholl.) — München: List (1966) 236 S.

**Russell** of Liverpool, Edward Frederick Langley Lord: Geißel der Menschheit (The scourge of the swastika, dt.). Kurze Geschichte der Nazikriegsverbrechen. Dtsch. von Roswitha Czollek. — Frankfurt a. M.: Röderberg-V. 1955. 367 S.

**Russell** of Liverpool, Edward Frederick Langley Lord: The scourge of the swastika. A short history of Nazi war crimes. — London: Cassell (1955). XI, 260 S.

**Salin,** Edgar: Die Tragödie der deutschen Gegenrevolution. — In: Schweiz. Ann. 3 (1946/47), 719—729.

**Salomon,** E. von: The silent revolt. — In: Confluence 3 (1954), 293—306.

**Scheurig,** Bodo: Der deutsche Widerstand im Widerstreit. — In: Liberal 9 (1967), 520—530.

**Schlabrendorff,** Fabian von: Offiziere gegen Hitler. Bearb. u. hrsg. von Gero von Gaevernitz. [4.] völlig neu bearb. Aufl. — Zürich, Wien, Konstanz: Europa-V. (1951). 228 S.

**Schlösser,** Manfred [Hrsg.]: An den Wind geschrieben. Lyrik d. Freiheit 1933—1945. (Unter Mitarb. von Hans-Rolf Ropertz.) (2., verb. Aufl.) — Darmstadt: Agorà (1961). 372 S.
*(Agorà. 13/14.)*

**Schmerbach,** Günther: Dokumente zum faschistischen Terror gegen die Arbeiterbewegung (1933 und 1934). — In: Z. Geschichtswiss. 3 (1955), 435—463.
Zum großen Teil nach Akten des Oberpräsidiums in Oppeln, jetzt im Wojewodschaftsarchiv Breslau.

**Schmidt,** Walter A.: Damit Deutschland lebe. Ein Quellenwerk über den deutschen antifaschistischen Widerstandskampf 1933—1945. — Berlin: Kongreß-V. 1957. 830 S.

**Schmitthenner,** Walter: Materialien zum deutschen Widerstand. — In: Gesch.Wiss. Unterr. 5 (1954), 58—60.

**Schmitthenner,** Walter: Die deutsche Widerstandsbewegung. Überlegungen zu ihrer Behandlung im Geschichtsunterricht. — In: Gesch.Wiss.Unterr. 3 (1952), 462—479.

**Schmitthenner,** Walter: Zeitgeschichte — Verfolgung und Widerstand. Literaturbericht. — In: Gesch. Wiss. Unterr. 12 (1961), 516—529.

**Schneider,** Karl: Revolutionäre Tendenzen der deutschen Widerstandsbewegung. — In: Neue Gesellschaft 2 (1955), H. 6, 57—59.

**Schreeb,** Gerhard: Menschenwürde gegen Gewaltherrschaft. Die Beweggründe der deutschen Opposition gegen Hitler. — Osnabrück: Fromm (1963). 110 S.
*(Politik und Gegenwart. 10.)*

**Schulz-**Wittuhn, Gerhard: Widerstand gegen Hitler. — In: Gewerksch. Monatsh. 9 (1958), 232—239.

[**Schulze-**]Wilde, Harry: Das Schicksal der Verfemten. Die Verfolgung der Homosexuellen im „Dritten Reich" und ihre Stellung in der heutigen Gesellschaft. — Tübingen: Katzmann (1969). 154 S.

**Schumann,** Heinz und Gerda Werner [Bearb.]: Erkämpft das Menschenrecht. Lebensbilder und letzte Briefe antifaschistischer Widerstandskämpfer. Vorw. von Wilhelm Pieck. — Berlin: Dietz 1958. 694 S.

**Sell,** Hans-Joachim: Un apsect inconnu de la résistance allemande. — In: Documents 7 (1952), 35—47.
Über Ewald von Kleist-Schmenzin.

**Seydewitz,** Ruth und Max: Die Dame mit dem Hermelin. Der größte Kunstraub aller Zeiten. — Berlin: Henschel 1963. 188 S.

**Shamir,** Haim: „Anklage gegen den Volksverderber Hitler." Ein Beitrag zur Geschichte der Opposition im Dritten Reich. Mit Dokumentenanhang. – In: Jb. Inst. dtsch. Gesch. 5 (1976), 449–466.

**Siegmund-**Schultze, Friedrich: Die deutsche Widerstandsbewegung im Spiegel der ausländischen Literatur. — Stuttgart: Reclam 1947. 64 S.

**Stadtmüller,** Georg: Zur Geschichte der deutschen Militäropposition 1938—1945. — In: Saeculum 4 (1953), 437—449.

**Stand** und Problematik der Erforschung des Widerstandes gegen den Nationalsozialismus. — (Bad Godesberg: [Selbstverl. d. Hrsg.]) 1965. 173 Bl.
*(Studien und Berichte aus dem Forschungsinstitut der Friedrich-Ebert-Stiftung.)*

**Steltzer,** Theodor: Das Vermächtnis des deutschen Widerstandes. — In: Gesellsch., Staat, Erziehung 6 (1961), 181—187.

**Stolzenburg,** Herbert: Über die journalistische Darstellung oppositioneller Elemente des gesellschaftlichen Zeitgesprächs im totalitären Staat, untersucht anhand der Zeitschrift „Wir Kriegsfreiwilligen von 1914/15" als Raum kollektiven Widerstandes gegen die NS-Diktatur in den Jahren 1933/34. — München 1957: Salzer. IV, 158 S.
*München, phil. Diss. 30. Juli 1957.*

**Strafdivision** 999. Erlebnisse u. Berichte aus d. antifaschist. Widerstandskampf. (2. Aufl.) — (Berlin:) Dtsch. Militärverl. (1966). 333 S.

**Sykes,** Christopher: Heroes and suspects. The German resistance in perspective. — In: Encounter 31 (1968), H. 6, 39—47.

**Sykes,** Christopher: The revolt against Hitler. A reply to David Astor. — In: Encounter 33 (1969), H. 1, 91—94.

**Techniczek,** Maciej: Die deutsche antifaschistische Opposition und der Spanische Bürgerkrieg. – In: Jb. Inst. dtsch. Gesch. 3 (1974), 349–377.

**Tenenbaum,** Joseph: The Einsatzgruppen. — In: Jew. Soc. Stud. 17 (1955), 43—64.

**Terror** und Widerstand 1933—1945. Dokumente aus Deutschland und dem besetzten Europa. Idee, Auswahl u. Bearbeitung: Eberhard Aleff [u.a.] — Berlin: Colloquium-Verl. 1966.
Kassetten-Ausgabe.

Den **Unvergessenen.** Opfer des Wahns 1933 bis 1945. Ein Gedenkbuch. Hrsg. von Hermann Maas und Gustav Radbruch. — Heidelberg: Schneider (1952). 176 S.

**Valdeiglesias,** Marqués de: Patriotas o traidores? El movimiento de resistencia alemán. — In: Rev. Estud. polit. [Madrid] 12 (1952), 125—138.

**Verrat** und Widerstand im Dritten Reich. Referate und Arbeitsergebnisse des zeitgeschichtlichen Kongresses der Gesellschaft für Freie Publizistik vom 26.-28. Mai 1978 in Kassel. - Coburg: Nation Europa-Verl. (1978). 128 S.

**Vogl,** Friedrich: Widerstand im Waffenrock. Österreichische Freiheitskämpfer in der deutschen Wehrmacht, 1938-1945. - Linz: Europaverl. 1977. 258 S.

Die **Vollmacht** des Gewissens. Hrsg. von der Europäischen Publikation e. V. — München: Rinn (1956). 572 S.

Die **Vollmacht** des Gewissens. Hrsg. von der Europäischen Publikation e.V. Bd. 1. [3. Aufl.] — Frankfurt a.M., Berlin: Metzner 1960. 599 S.

**Vor** dem ungerechten Richter stehend. — In: Gegenwart 9 (1954), 373.

**Watt,** D. C.: Les alliés et la résistance allemande (1939—1944). — In: Rev. Hist. deux. Guerre mond. 9 (1959), H. 36, 65—86.

## DEUTSCHE GESCHICHTE

**Weisenborn,** Günther: Bilan d'une resistance (1933—1945). — In: Documents 1953, 597—604.

**Weltlinger,** Siegmund: Hast Du das schon vergessen? Erlebnisbericht aus der Zeit der Verfolgung. Vortr. anläßl. des Tages der NS-Machtergreifung (30. Januar 1933). — Frankfurt a. M.: Dtsch. Koordinierungsrat der Gesellschaft f. Christl.-Jüdische Zusammenarbeit 1954. 29 S.

Der deutsche antifaschistische **Widerstand,** 1933–1945. In Bildern und Dokumenten. [Von] Peter Altmann [u. a.] - Frankfurt a. M.: Röderberg (1975). 334 S.

Der deutsche **Widerstand** gegen Hitler. 4 historisch-kritische Studien von Hermann Graml, Hans Mommsen, Hans-Joachim Reichhardt u. Ernst Wolf. Hrsg. von Walter Schmitthenner u. Hans Buchheim. — Köln: Kiepenheuer & Witsch (1966). 287 S.
*(Information. 17.)*

Der deutsche **Widerstand** 1933–1945. - (Wiesbaden: Universum Verl.-Anst.) 1974. 32 S.
*(Informationen zur politischen Bildung. 160.)*

Deutscher **Widerstand** 1933—1945. Aspekte d. Forschung u. d. Darstellung im Schulbuch. Eine Berichterstattung hrsg. von Edgar Weick im Auftr. d. Studienkreises zur Erforschung u. Vermittlung d. Geschichte d. dtsch. Widerstandes 1933—1945. — Heidelberg: Schneider 1967. 155 S.

Deutscher **Widerstand** 1938—1944. Fortschritt oder Reaktion? Hrsg. u. mit e. Nachw. von Bodo Scheurig. — (München:) Dtsch. Taschenbuch-Verl. (1969). 330 S.
*(dtv[-Taschenbücher]. 592.)*

**Widerstand,** Verfolgung und Emigration. 1933—1945. — (Bad Godesberg: [Selbstverl. d. Hrsg.] 1967). 157 S.
*(Studien und Berichte aus dem Forschungsinstitut der Friedrich-Ebert-Stiftung.)*
Maschinenschr. hektogr.

**Wolff,** Richard: Der Reichstagsbrand 1933. Ein Forschungsbericht. — In: Aus Politik und Zeitgeschichte, Beilage zur Wochenzeitung „Das Parlament", vom 18. Januar 1956, 25—52.

**Wolfson,** Manfred: Zum Widerstand gegen Hitler. Umriß eines Gruppenporträts deutscher Retter von Juden. - In: Tradition und Neubeginn, Köln: Heymanns (1975), 391–407.

**Zentner,** Kurt: Illustrierte Geschichte des Widerstandes in Deutschland und Europa 1933—1945. (Mitarb.: Gerd Schreiber.) — München: Südwest-Verl. (1966). 608 S.

**Zipfel,** Friedrich: Gestapo und Sicherheitsdienst. — Berlin-Grunewald: Arani-Verl. Ges. (1960). 28 S.
*(Das Dritte Reich. 3.)*

(**Zipfel,** Friedrich:) Plötzensee. (Hrsg.: Landeszentrale f. Polit. Bildungsarbeit, Berlin) (2. Aufl.) — (Berlin 1962: Verwaltungsdruckerei.) 24 S.

### Konzentrationslager

**Adelsberger,** Lucie: Auschwitz. Ein Tatsachenbericht. — Berlin: Lettner-V. 1956. 176 S.

**Adler,** H. G.: Die Ankunft der ersten deutschen Juden in Theresienstadt. — In: Dtsch. Rdsch. 81 (1955), 587—591.

**Adler,** H. G.: Ideas towards a sociology of the concentration camp. — In: Americ. J. Soc. 63 (1958), 513—522.

**Adler,** H. G.: Die jüdische „Selbstverwaltung" in Theresienstadt. — In: Merkur 9 (1955), 828—833.

**Adler,** H. G.: Selbstverwaltung und Widerstand in den Konzentrationslagern der SS. — In: Vjh. Zeitgesch. 8 (1960), 221—236.

**Adler,** H. G.: Theresienstadt 1941—1945. Das Antlitz einer Zwangsgemeinschaft. Geschichte, Soziologie, Psychologie. — Tübingen: Mohr (Siebeck) 1955. 773 S.

**Adler,** H[ans] G[ünther]: Theresienstadt 1941—1945. Das Antlitz einer Zwangsgemeinschaft. Geschichte, Soziologie, Psychologie. 2., verb. u. erg. Aufl. — Tübingen: Mohr 1960. LIX, 892 S.
*(Civitas gentium.)*

**Adler,** H. G.: Die verheimlichte Wahrheit. Theresienstädter Dokumente. — Tübingen: Mohr 1958. XIII, 372 S.

**Alllainmat,** Henry: Auschwitz en France. La vérité sur le seul camp d'extermination nazi en France. Le Struthof. - Paris: Presses de la Cité (1974). 243 S.

**Albo** dei caduti veronesi nei campi tedeschi di concentramento e di eliminazione. A cura dell'Associazione Nazionale Ex-Internati in Germania, Federazione Provinciale di Verona. — Verona: Privatdruck 1951. 40 S.

**Arrighi,** Paul: Notes sur le système concentrationnaire. — In: Rev. Hist. deux. Guerre mond., H. 8 (Okt. 1952), 29—35.

**Augenzeugenbericht** zu den Massenververgasungen. — In: Vjh. Zeitgesch. 1 (1953), 177—193.
Kommentierte Ausgabe des sog. Gerstein-Protokolls.

**Auschwitz.** Deel 4: De deportatietransporten in 1943. — s'Gravenhage: Nederlandsche Roode Kruis 1953. 70 S.

**Auschwitz.** Zeugnisse und Berichte. Hrsg. von H[ans] G[ünther] Adler, Hermann Langbein [und] Ella Lingens-Reiner. — (Frankfurt a.M.:) Europ. Verl.-Anst. (1962). 423 S.

**Auschwitz.** „Direkt von der Rampe weg..." ⟨Hrsg.:⟩ Ebbo Demant. Kaduk, Erber, Klehr: Drei Täter geben zu Protokoll. Mit e. Einf. von Axel Eggebrecht. — (Reinbek b. Hamburg:) Rowohlt (1979). 142 S.
*(rororo. 4438.)*

**Baum,** Bruno: Widerstand in Auschwitz. — Berlin: Kongreß-V. 1957. 108 S.

**Belsen.** — (Tel Aviv: Irgun Sheerit Hapleita Me'haezor Habriti 1957.) 203 S.

**Berben,** Paul: Histoire du camp de concentration Dachau ⟨1933—1945⟩. Edit.: Comité International de Dachau. — Bruxelles: [Selbstverl. d. Hrsg.] (1968). 301 S.

**Berdych,** Václav: Mauthausen. — Praha: NV-SPB 1959. 252 S.

Das Lager **Bergen**-Belsen. Dokumente und Bilder mit erl. Texten. Im Auftr. d. Niedersächs. Minist. d. Innern, Hannover. Hrsg. von Friedrich Bischoff. — Hannover: Verl. f. Literatur u. Zeitgeschehen (1966). 32 S.

**Bergh,** G. van den und L. J. van Looi: Twee maal Buchenwald. — Amsterdam: Arbeiderpers 1945. 70 S.

**Bernadac,** Christian: Mauthausen. – – Paris: France-Empire.
1. Les marches. 1974. 379 S.
2. Le neuvième cercle. 1975. 381 S.

**Bernard,** Jean: Pfarrerblock 25487. Ein Bericht. Hrsg. von Charles Reinert u. Gebhard Stillfried. — München: Pustet (1962). 171 S.

**Billig,** Joseph: L'Allemagne et le genocide (Plans et réalisations nazis). — Paris: Editions du Centre de Documentation Juive Contemporaine 1950. 110 S.

**Billig,** Joseph: Les camps de concentration dans l'économie du Reich Hitlérien. Préf. de Jacques Droz. – Paris: Presses universitaires de France 1973. 346 S.

**Billig,** Joseph: L'Hitlérisme et le système concentrationnaire. — Paris: Presses Universitaires de France 1967. 344 S.

**Birin,** Irmao: 16 meses de prisão. Buchenwald, Dora (campos de concentracão). Tradução de A. Augusto Dos Santos. — Porto: Livreria Progredior 1950. XVI, 178 S.

**Bischoff,** Friedrich [Hrsg.]: Das Lager Bergen-Belsen. Dokumente u. Bilder mit erl. Texten. Im Auftr. d. Niedersächs. Ministers d. Innern, Hannover. — Hannover: Verl. f. Literatur u. Zeitgeschehen. (1966). 32 S.

**Bloch,** Herbert A.: The personality of inmates of concentration camps. — In: Amer. J. Sociol. 52 (1946/47), 335—341.

**Bojarska,** Barbara: Eksterminacja ludności polskiej w powiecie Chełmno [Kulm] nad Wisłą w 1939 roku. — In: Przegląd Zach. 21 (1965), H. 2, 128—142.

**Bombing** Auschwitz. [Leserbriefe.] – In: Commentary 1978, Bd 66, H. 1, 7–12.

**Bonifas,** Aimé: Häftling 20801 (Détenu 20801, dt.) Ein Zeugnis über die faschistischen Konzentrationslager. (Autoris. Übers. aus d. Französ. von Gerhard Lotz. Mit e. Geleitw. von Moritz Mitzenheim, e. Vorw. von Marc Boegner u. e. Nachw. d. Übers.) — Berlin: Union-Verl. (1968). 220 S.

**Bouard,** Michel de: Gusen. — In: Rev. Hist. deux. Guerre mond. 12 (1962), H. 45, 45—70.

**(Bouard,** Michel de:) Mauthausen. — In: Rev. Hist. deux. Guerre mond. 4 (1954), H 15/16, 39—80.

**Brückner,** Siegfried [u.] Michael Horn: Die Verbrechen der Politischen Abteilung im KZ Auschwitz. Aufbau und Personal der Politischen Abteilung. – In: Bull. d. Arbeitskreises „Zweiter Weltkrieg" 1975, H. 1, 12–25.

**Buchenwald,** Mahnung und Verpflichtung. (Dokumente und Berichte.) — Berlin: Kongreß-Verl. 1960. 621 S.

**Bulawko,** Henry: Les jeux de la mort et de l'espoir. Auschwitz-Jaworzno. — Paris: Amicale des Anciens Déportés Juifs des France 1954. 200 S.

**Burney,** Christopher: The dungeon democracy. — London, Toronto: Heinemann 1945. 100 S.
  Über die Einrichtung der Konzentrationslager.

**Choumoff,** Pierre Serge: Les chambres à gaz de Mauthausen. Camp de concentration Nazi. [Ed.:] Amicale des déportés de Mauthausen. – Paris: [Selbstverl. d. Hrsg.] (1972). 87 S.

**Cieślak,** Tadeusz: Polacy w obozie koncentracyjnym Sachsenhausen pod Berlinem. — In: Przegl. Zach. 15 (1959), Bd 2, 76—87.

**Cieślak,** Tadeusz: Oranienburg-Sachsenhausen hitlerowskie obozy koncentracyjne, 1933–1945. — Warszawa: Książka i Wiedza 1972. 264 S.
  *(Główna Komisja Badania zbrodni hitlerowskich w Polsce.)*

**Cohen,** Elie A.: Human behavior in the concentration camp. — New York: Norton 1953. 295 S.

**Cohen,** Elie Aron: Het duitse concentratiekamp. Een medische en psychologische studie. — Amsterdam: Paris 1952. XIII, 258 S.

**Collis,** W. R. F.: Belsen Camp. A preliminary report. — In: Brit. med. J. 1945, 814—816.

**Conversy,** Marel: Quinze mois à Buchenwald. — Genève: Ed. du Milieu du Monde 1945. 218 S.

**Czarnecki,** Wacław [u.] Zygmunt Zonik: Kryptonim „Dora". – Warszawa: Książka i Wiedza 1973. 341 S.

**Czarnecki,** Wacław [u.] Zygmunt Zonik: Walczący obóz Buchenwald. — Warszawa: Książka i Wiedza 1969. 526 S.

Konzentrationslager **Dachau.** 1933–1945. (Hrsg.: Comité International de Dachau. Red.: Barbara Distel u. Ruth Jakusch.) – (München [1978]: Lipp.) 221 S.

**Daix,** Pierre: La dernière forteresse. — Paris: Les Editeurs Franç. Réunis 1954. 434 S.
  Über die deutschen Konzentrationslager.

**Damals** in Sachsenhausen. Solidarität und Widerstand im Konzentrationslager Sachsenhausen. (Hrsg. vom Komitee d. Antifaschist. Widerstandskämpfer in d. Dtsch. Demokrat. Republik. 3., überarb. Aufl.) — Berlin. Dtsch. Verl. d. Wissenschaften 1970: 172 S.

**Devoto,** Andrea: Aspetti psicologici della resistenza nei lager nazisti. — In: Atti e Studi 1962, H. 4, 15—22.

**Devoto,** Andrea: Il campo di sterminio di Treblinka. – In: Quaderni del Centro di Studi sulla Deportazione e l'Internamento 1974/75, H. 8, 7–15.

**Distel,** Barbara: Konzentrationslager Dachau. (Hrsg.: Comité International de Dachau, Brüssel.) – (Brüssel:) [Selbstverl. d. Hrsg.] 1972. 27 S.

**Dittmar,** Peter [u.] Karl Wilhelm Fricke: Zweimal Buchenwald. – In: Deutschland-Arch. 8 (1975), 466–475.

**Dobosiewicz,** Stanisław: Mauthausen Gusen – obóz zagłady. – Warszawa: Ministerstwo Obrony narodowej 1977. 452 S.

**Domagała,** Jan: Ci, ktorzy przeszli przez Dachau (Duchowni w Dachau). — Warszawa: Pax 1957. 391 S.

**Drobisch,** Klaus: Widerstand in Buchenwald. – Frankfurt a. M.: Röderberg 1978. 175 S.

**Duhr,** Peter: Inferno. — Berlin: Rütten & Loening 1957. 116 S.
  Über die Konzentrationslager in Rumänien 1943/44.

# DEUTSCHE GESCHICHTE

**Dunin-**Wasowicz, Krysztof: Obóz koncentracyjny Stutthof. — Gdańsk: Wyd. Morskie 1970. 303 S.

**Durand,** Pierre: Les armes de l'espoir. Les français à Buchenwald et à Dora. - Paris: Ed. sociales 1977. 318 S.

**Franqueville,** Robert: Rien à signaler. Deux ans à Oranienburg. — Paris: Attinguer 1946. 206 S.

Die **Frauen** von Ravensbrück. (Hrsg. vom Komitee der Antifaschistischen Widerstandskämpfer in der Deutschen Demokratischen Republik. Zsgest. u. bearb. von Erika Buchmann.) — Berlin: Kongreß-V. 1959. 159 S.

**Friedman,** Philip: Auschwitz (Oshwienchim, span.) (Traducción directa por Elías Singer.) — Buenos Aires: Sociedad Hebraica Argentina (1952). 170 S.

**Garlinski,** Josef: Fighting Auschwitz. The resistance movement in the concentration camp. - London: Friedmann 1975. XI, 327 S.

(**Gerstein,** Kurt und Jankel Wiernik:) Belecec und Treblinka. Ein SS-Offizier und ein Jude berichten über die Todeslager in Polen. — In: Frankf. H. 8 (1953), 549—557.

**Gielo,** Józef: Groß-Rosen. — Warszawa: Książka i Wiedza 1970. 124 S.

**Glicksman,** W.: Social differentiation in the German concentration camps. — In: Yivo Annual Jew. Soc. Science 8 (1953), 123—150.

**Glienke,** Franz: Totenbuch Neuengamme. (Dokumentation. Hrsg.: Freundeskreis e. V.) — (Wiesbaden: Saaten-Verl.) [1968]. XI, 573 S.

**Goguel,** Rudi: Cap Arcona. Report über den Untergang der Häftlingsflotte in der Lübecker Bucht am 3. Mai 1945. — Frankfurt a. M.: Röderberg 1972. 156 S.
*(Bibliothek des Widerstandes.)*

**Günther,** Joachim: Die Stufen zum Satanismus. Umrisse einer Genealogie der KL-Idee. — In: Dtsch. Rdsch. 76 (1950), 174—183.

**Häftlings-Nummernzuteilung** in Konzentrationslagern. — (Arolsen) 1965: (Internat. Suchdienst). 31 Bl.

**Hardman,** Leslie Henry und Cecily Goodman: The survivors. The story of the Belsen remnant. Foreword by Lord Russel of Liverpool. — London: Vallentine, Mitchell 1958. X, 113 S.

**Heger,** Heinz: Die Männer mit dem rosa Winkel. Der Bericht eines Homosexuellen über seine KZ-Haft von 1939-1945. - Hamburg: Merlin-Verl. 1972. 170 S.

**Helwig-**Larsen, Per und Henrik Hoffmeyer: Famine disease in German concentration camps. Complications et sequels. — 1952. 460 S.
*(= Acta Medica Scandinavica, Suppl. 274 und Acta Psychiatrica et Neurologica Scandinavica, Suppl. 83.)*

**Hohengarten,** A[ndré]: Das Konzentrationslager Majdanek. — In: Les Sacrifiés [Luxemburg] 12 (1972), H. 1, 13—15.

**Hohengarten,** André: Die Emsland Strafgefangenenlager. — In: Les Sacrifiés [Luxemburg] 13 (1973), H. 1, 11—15; H. 2, 17—19 und H. 3, 16—19.

**Jong,** Louis de: Die Niederlande und Auschwitz. — In: Vjh. Zeitgesch. 17 (1969), 1—16.

**Kalmar,** Rudolf: Zeit ohne Gnade. — (Wien:) Schönbrunn-V. (1946). 208 S.
Über das Konzentrationslager Dachau.

**Kamiński,** Andrzej Józef: Hitlerowskie obozy koncentracyjne i ośrodki masowej zagłady w polityce imperializmu niemieckiego. — (Poznań:) Wydawnictwo Poznańskie 1964. 356 S.

**Kiedrzyńska,** Wanda: Ravensbrück. Kobiecy obóz koncentracyjny. — (Warszawa:) Książka i Wiedza 1961. 379 S.

**Kogon,** Eugen: Der SS-Staat. Das System der deutschen Konzentrationslager. (5. Aufl.) — (Frankfurt a. M.:) Europ. Verl. Anst. (1959). XXIV, 419 S.

**Kolb,** Eberhard: Bergen-Belsen. (Geschichte des „Aufenthaltslagers" 1943—1945.) — (Hannover:) Verl. f. Literatur u. Zeitgeschehen (1962). 344 S.

Nationalsozialistische **Konzentrationslager** im Dienst der totalen Kriegführung. Sieben württembergische Außenkommandos des Konzentrationslagers Natzweiler/Elsaß. Hrsg. von Herwart Vorländer. - Stuttgart: Kohlhammer 1978. XIX, 270 S.
*(Veröffentlichungen der Kommission für Geschichtliche Landeskunde in Baden-Württemberg. B, 91.)*

**Kowollik,** Paul: Das war das Konzentrationslager Buchenwald. 3. Aufl. — Waldkirch [nach 1945]: Waldkircher Verl. Ges. 30 S.

**Kraus,** Ota und Erich Kulka: Die Todesfabrik. — Berlin: Kongreß-V. 1957. 238 S.
Über das Lager Auschwitz.

**Krüger,** Norbert: „Wenn Sie nicht ins KZ wollen..." Häftlinge in Bombenräumkommandos. - In: Aus Politik und Zeitgeschichte, Beilage zur Wochenzeitung „Das Parlament" Nr. 16 vom 23. April 1977, 25–37.

**Kühn,** Günter [u.] Wolfgang Weber: Internationalistischer Charakter. Aufbau und Tätigkeit der illegalen Militärorganisation im Konzentrationslager Buchenwald. - In: Militärgesch. 15 (1976), 427–439.

**Kühn,** Günter [u.] Wolfgang Weber: Stärker als die Wölfe. Ein Bericht über die illegale militärische Organisation im ehemaligen Konzentrationslager Buchenwald und den bewaffneten Aufstand. (2. Aufl.) – Berlin: Militärverl. d. DDR (1978). 324 S.

**Kühnrich,** Heinz: Der KZ-Staat. Rolle und Entwicklung der faschistischen Konzentrationslager 1933 bis 1945. — Berlin: Dietz 1960. 142 S.

**Kulišová,** T.: Terezín. Mala pevnost. Národni hřbitov. Ghetto. Terezín zavazuje. 1. vyd. — Praha: Svaz protifašistických bojovníků a KNV. 1952. 48 S.

**Langbein,** Hermann: Menschen in Auschwitz. — Wien: Europa Verl. 1972. 607 S.

**Le Chêne,** Evelyn: Mauthausen. The history of a death camp. — (London:) Methuen (1971). 296 S.

**Lederer,** Zdenik: Ghetto Theresienstadt. Transl. from the Czech by K. Weißkopf. — London: Goldston 1953. 275 S.

**Leibbrand,** Robert: Konzentrationslager Buchenwald. Lieber sterben als verraten. Zur Geschichte der dtsch. Widerstandsbewegung. — [Zürich:] Centrale Sanitaire Suisse 1945. 70 S.

**Livre** blanc sur Buchenwald. Un secteur de la résistance française. — Paris: Ed. de la Déportation et de la Résistance 1955. 448 S.

**Loren,** Karl: Buchenwald. A harrowing record of Nazi atrocities. — London: Brown, Watson 1958. 156 S.

**Maciejewski,** Marek: Filie obozu koncentracyjnego Groß-Rosen w Górach Sowich ⟨1943–1945⟩. - In: Acta Universitatis Wratislaviensis 1974, H. 222, 117–155.

**Marsalek,** Hans: Die Geschichte des Konzentrationslagers Mauthausen. Dokumentation. Österreichische Lagergemeinschaft Mauthausen. - Wien 1974. X, 319 S.

**Marsalek,** Hans: Mauthausen mahnt! Kampf hinter Stacheldraht. Tatsachen, Dokumente und Berichte über das größte Hitlersche Vernichtungslager in Österreich. — Wien: Mauthausen-Komitee [1951]. 102 S.

**Maurel,** Micheline: Un camp très ordinaire. (Neubrandebourg, succursale de Ravensbruck.) Préf. de François Mauriac. (10. éd.) — Paris: Ed. du Minuit 1957. 192 S.

**Maury,** Louis: Aperçus sur la psychologie et la comportement des ressortissants des diverses nationalités de déportés au camp de concentration de Neuengamme. — In: Rev. Hist. deux. Guerre mond. 5 (1955), H. 17, 47—57.

**Mechanicus,** Philip: Year of fear. Transl. from the Dutch by Irene S. Gibbons. — New York: Hawthorn Books 1968. 267 S.
Über das Konzentrationslager Westerbork.

**Melodia,** Giovanni: La quarantena. Gli Italiani nel Lager di Dachau. Pref. di Eridano Bazzarelli. — Milano: Mursia 1971. 254 S.
(Testimonianze fra cronaca e storia. 51.)

**Menaché,** Alb.: Auschwitz. Camp d'extermination. — Salonica: Editions Nouvelles 1947. 84 S.

**Michel,** Henri: The need for a history of the Nazi concentration camp system. — In: Yad Washem Bull. 1965, H. 17, 4—8.

**Michel,** Jean: Dora. ⟨Avec la collaboration de Louis Nucera.⟩ (Dans l'enfer du camp de concentration ou les savants nazis préparaient la conquete de l'espace.) – (Paris:) Lattès (1975). 439 S.

**Michelet,** Edmond: Die Freiheitsstraße (Rue de la liberté, dt.) Dachau 1943—1945. (Dt. Übertr. von Georg Graf Henckel von Donnersmarck.) (2. Aufl.) — (Stuttgart:) Europa Contact Ges. f. intereurop. Beziehungen [1960]. 272 S.
Über das KL Dachau.

**Michelet,** S.: Rue de la liberté. Dachau 1943—1945. — Paris: Ed. du Seuil 1955. 247 S.

**Millu,** Liana: Il fumo di Birkenau. — Milano: Mondadori 1957. 179 S.

**Musiol,** Theodor: Dachau 1933—1945. — Katowice: Wyd. „Śląsk" 1968. 503 S.
Text poln., Zsfassung in dtsch., engl., franz., russ.

**Neuhäusler,** Johann: Wie war das in Dachau? Ein Versuch, der Wahrheit näherzukommen. [Hrsg.:] Kuratorium f. d. Sühnemal KZ Dachau. — (München/Dillingen [um 1960]). 72 S.

**Neurath,** Paul M.: Social life in the German concentration camps Dachau and Buchenwald.
*New York (Columbia), phil. Diss. 1951.*

**Noack**-Mosse, Eva: Tagebuch einer Überlebenden. – In: Frankf.H. 7 (1952), 163—164.
Theresienstadt.

**Pappalettera,** Vincenzo [u.] Luigi Pappalettera: La parola agli aguzzini. [Mauthausen.] — Milano: Mondadori 1970. 253 S.

**Perk,** Willy: Die Hölle im Moor. — Frankfurt a.M.: Röderberg (1970). 164 S.
(Bibliothek des Widerstandes.)

**Pick,** Albert [u.] Carl Siemsen: Das Lagergeld der Konzentrations- und D.P.-Lager, 1933–1945. - München: Battenberg Verl. 1976. 56 S.

**Pingel,** Falk: Häftlinge unter SS-Herrschaft. Widerstand, Selbstbehauptung und Vernichtung im Konzentrationslager. - (Hamburg:) Hoffmann & Campe (1978). 337 S.
(Historische Perspektiven. 12.)

**Poliakov,** Léon: Auschwitz. — ([Paris:]) Julliard 1964.) 222 S.
(Coll. Archives. 4.)

Ausgewählte **Probleme** aus der Geschichte des KL Auschwitz [dt.] (Red.: Kazimierz Smoleń. Übers.: Herta Henschel.) - [Oświęcim:] Verl. Staatl. Auschwitz-Museum 1978. 123 S.

**Rajgrodzki,** H.: Jedenaście miesięcy w obozie zagłady w Treblince. — In: Biul. Żyd. Inst. hist. 1958, H. 25, 101—118.

**Ravensbrück.** — Neuchâtel: Ed. de la Baconnière 1946. 210 S.
Berichte französischer Widerstandskämpferinnen.

Frauen-K[on]Z[entrationslager] **Ravensbrück.** Autorenkoll. unter Leitung von G. Zörner. (Hrsg. vom Komitee d. Antifaschist. Widerstandskämpfer in d. Dtsch. Demokrat. Republik.) — Berlin: Dtsch. Verl. d. Wissenschaften 1971. 231 S.

**Razola,** Manuel [u.] Mariano Constante: Triangle bleu. Les républicains espagnols à Mauthausen. Préf. de Pierre Daix. — Paris: Gallimard 1969. 200 S.

**Rothkirchen,** Livia: The Zionist character of the „selfgovernment" of Terezin ⟨Theresienstadt⟩. - In: Yad Vashem Stud. 11 (1976), 56–90.

**Rutkowski,** Adam: L'opération „Erntefest" ⟨Fête de la moisson⟩ ou le massacre de 43.000 Juifs les 3–5 novembre 1943 dans les camps de Maïdanek, de Poniatowa et de Trawniki. - In: Monde Juif 29 (1973), H. 72, 12–35.

**Sachsenhausen.** Dokumente, Aussagen, Forschungsergebnisse und Erlebnisberichte über das ehemalige Konzentrationslager Sachsenhausen. [Hrsg.:] Komitee d. Antifaschist. Widerstandskämpfer d. Dtsch. Demokrat. Republik. Autorenkollektiv: Gustav Buttgereit [u. a.] - Berlin: Dtsch. Verl. d. Wissenschaften 1974. 193 S.

**Salvesen,** Sylvia: Forgive — but do not forget. Rev. and ed. by Lord Russell of Liverpool. — London: Hutchinson 1958. 234 S.
Über das Lager Ravensbrück.

**Saurel,** Louis: Les camps de la mort. Préf. d'Alain Decaux. — Paris: Rouff 1967. 192 S.
*(Dossier de l'histoire. 8.)*

**Schätzle,** Julius: Stationen zur Hölle. Konzentrationslager in Baden und Württemberg 1933–1945. Hrsg. i. A. d. Lagergemeinschaft Heuberg-Kuhberg-Welzheim. - Frankfurt a. M.: Röderberg 1974. 80 S.
*(Bibliothek des Widerstandes.)*

**Schnabel,** Reimund: Die Frommen in der Hölle. Geistliche in Dachau. — Frankfurt a. M.: Röderberg-Verl. (1965). 333 S.

**Schwarz,** Hans: SS-Sonderformation „Dirlewanger" und das KL Neuengamme. - [Hamburg 1961: Sekretariat d. Arbeitsgemeinschaft Neuengamme.] 12 S.
*([Neuengamme Informationen. N. 17,] Beilage.)*

**Sehn,** Jan [Bearb.]: Konzentrationslager Oświecim-Brzezinka (Auschwitz-Birkenau). Auf Grund von Dokumenten und Beweisquellen. — Warszawa: Wydawnictwo Prawnicze 1957. 193 S.
*(Zentralkommission zur Untersuchung der Naziverbrechen in Polen.)*

**Smith,** Marcus J.: The harrowing of hell, Dachau. — Albuquerque: University of New Mexico Press 1972. XI, 291 S.

**So** ging es zu Ende ... Neuengamme. Dokumente und Berichte. Hrsg. von der Lagergemeinschaft Neuengamme. — Hamburg: Kristeller 1960. 102 S.

**Sobański,** T.: Ucieczki oświecimskie. — (Warszawa:) Ministerstwo Obrony narodowej 1966. 174 S.
Über Fluchtversuche in Auschwitz.

**Stäglich,** Wilhelm: Der Auschwitz-Mythos. Legende oder Wirklichkeit? Eine kritische Bestandsaufnahme. - Tübingen: Grabert 1979. XI, 467 S.
*(Veröffentlichungen des Instituts für Deutsche Nachkriegsgeschichte. 9.)*

**Stanislawski,** Andrzej: Pole śmierci. [Majdanek.] — (Lublin:) Wyd. Lubelskie (1969). 274 S.

**Steiner,** Jean-François: Treblinka. Préf. de Simone de Beauvoir. (La révolte d'un camp d'extermination.) — Paris: Fayard 1966. 397 S.

**Steiner,** Jean-François: Treblinka [dt.] Die Revolte eines Vernichtungslagers. (Ins Dtsch. übertr. von Marianne Lipcowitz u. a. Bearb.: Marianne Lipcowitz.) — Oldenburg: Stalling (1966). 348 S.

**Studien** zur Geschichte der Konzentrationslager. — Stuttgart: Dtsch. Verl.-Anst. (1970). 202 S.
*(Schriftenreihe der Vierteljahrshefte für Zeitgeschichte. 21.)*

**Szachiewicz,** Mieczysław: Noce bez świtu. Wspomnienia z Oświęcimia i Neuengamme. - Warszawa: Ministerstwo Obrony narodowej 1978. 252 S.
Betr.: KZ Auschwitz u. Neuengamme.

**Témoignages** sur Auschwitz. Préf.: Jean Cassou. — Paris: Editions de l'Amicale des déportés d'Auschwitz 1946. 202 S.

**Tenenbaum,** Joseph: Auschwitz in retrospect. The selfportrait of Rudolf Hoess, commander of Auschwitz. — In: Jew. soc. Stud. 15 (1953), 203—236.

**They** fought Hitler first. A report on the treatment of German antinazis in concentration camps from 1933 to 1939 based on contemporary records. Introduct. by W. E. Hocking. — New York: American Association for a Democratic Germany 1945. 15 S.

**Tillion,** Germaine: Ravensbrück. — Paris: Ed. du Seuil 1973. 279 S.
*(Coll. „L'Histoire immédiate".)*

(**Tillion,** G.:) Le système des camps de concentration. — In: Rev. Hist. deux. Guerre mond. 2 (1952), H. 6, 57—65.

**Tregenza,** Michael: Bełżec death camp. - In: Wiener Libr. Bull. 30 (1977/78), 8–25.

**Triska,** Jan F.: „Work redeems." Concentration camp labor and Nazi Germany economy. — In: Centr. Europ. Aff. 19 (1959/60), 3—22.

**Tyl,** Otakar und Táňa Kulišová: Terezin. — Praha: Naše Vojsko — SPB 1955. 127 S.
*(„Dokumenty"-Svazek. 30.)*

**Über** menschliches Maß. Opfer der Hölle Ravensbrück sprechen. (Red.: Wanda Symonowicz.) — Warschau: Interpress-Verl. 1970. 186 S.

Vorläufiges **Verzeichnis** der Konzentrationslager und deren Außenkommandos sowie anderer Haftstätten unter dem Reichsführer SS in Deutschland und deutsch besetzten Gebieten (1933—1945). Hrsg. vom Comité International de la Croix Rouge. Service International de Recherches/International Tracing Service/Internationaler Suchdienst. — Arolsen: [Selbstverl. d. Hrsg.] 1969. L, 612 S.

**Vrba,** Rudolf [u.] Alan Bestic: Ich kann nicht vergeben (I cannot forgive, dt.) (Aus d. Engl. von Werner von Grunau.) — München: Rütten & Loening (1964). 318 S.
Auschwitz.

**Wasowicz,** Krysztof Dunin: Stutthof. — Warsaw: State Publishing Institute 1946. 103 S.

**Weiler,** Eugen: Die Geistlichen in Dachau. Ergänzungen und Berichtigungen. - o. O. [nach 1972]. 20 S.

**Weiler,** Eugen [Hrsg.]: Die Geistlichen in Dachau sowie in anderen Konzentrationslagern und in Gefängnissen. Nachlaß von Emil Thoma. - Mödling (1971): Missionsdr. St. Gabriel. 1158 S.

**Wellers,** Georges: Historique du camp d'Auschwitz. — In: Monde Juif 11 (1956/57), H. 75/76, 48—53.

**Witkowski,** Józef: Hitlerowski obóz konzentracyjny da małoletnich w Łodzi. - Wrocław: Ossolineum 1975. 335 S.

**Wormser,** Olga: Les allemands dans les camps de concentration nazis. — In: Rev. Hist. deux. Guerre mond. 9 (1959), H. 36, 103—108.

(**Wormser,** Olga:) Le rôle du travail des concentrationnaires dans l'économie de guerre allemande (1). — In: Rev. Hist. deux. Guerre mond. 4 (1954), H. 15/16, 81—98.

**Wormser**-Migot, Olga: Le système concentrationnaire nazi ⟨1933—1945⟩. — Paris: Presses Universitaires de France 1968. 688 S.
*(Publ. de la faculté des lettres et sciences humaines de Paris-Sorbonne, sér. Recherches. T. 39.)*

**Wyman,** David S.: Why Auschwitz was never bombed. - In: Commentary 1978, Bd 65, H. 5, 37–46.

**Zeittafel** des Konzentrationslagers Sachsenhausen (gekürzt). — In: Internat. H. Widerstandsbewegg. 2 (1960), H. 4, 145—150.

Państwowe Muzeum w Oświęcimiu. **Zeszyty** oświęcimskie. (Kolegium red.: Jadwiga Bezwińska [u. a.]) Zesz. 1 ff. — Oświęcim 1957 ff.: Wydawnictwo Państwowego Muzeum.

**Zumpe,** Lotte: Arbeitsbedingungen und Arbeitsergebnisse in den Textilbetrieben der SS im Konzentrationslager Ravensbrück. — In: Jb. Wirtschaftsgesch. 1969, 11—51.

### Medizinische Versuche und Euthanasie

**Bayle,** François: Croix gammée contre caducée. Les expériences humaines en Allemagne pendant la deuxième guerre mondiale. — Neustadt 1950: Imprimerie Nationale. XXVII, 1521 S.

**Blaha,** Frantisek: Gyilkosok fehér köpenyben. — Budapest: Medicina 1967. 200 S.
Über medizinische Experimente in Dachau.

Evangelische **Dokumente** zur Ermordung der „unheilbar Kranken" unter der nationalsozialistischen Herrschaft in den Jahren 1939—1945. Hrsg. im Auftr. von „Innere Mission u. Hilfswerk d. Evang. Kirche in Deutschland" von Hans Christoph von Hase. — (Stuttgart: Innere Mission u. Hilfswerk d. EKD [1964].) 128 S.

**Ehrhardt,** Helmut: Euthanasie und Vernichtung „lebensunwerten" Lebens. Mit e. Vorw. von Hans Hoff. — Stuttgart: Enke 1965. VI, 58 S.
*(Forum der Psychiatrie. 11.)*

**Erdmann,** Karl Dietrich: „Lebensunwertes Leben." Totalitäre Lebensvernichtung und das Problem der Euthanasie. - In: Gesch. Wiss. Unterr. 26 (1975), 215–225.

**Gerechtigkeit?** — In: Gegenwart 13 (1958), 102—105 und 138—143.
Zur Frage der Euthanasie im Dritten Reich.

**Hochmuth,** Anneliese: Bethel in den Jahren 1939-1943. Eine Dokumentation zur Vernichtung lebensunwerten Lebens. Euthanasie heute. Das Problem im weiten Sinn des Wortes. 3. Aufl. - Bethel b. Bielefeld: Verlagshandl. d. Anstalt Bethel 1973. 48 S.
*(Bethel-Arbeitsheft. 1.)*

**Honolka,** Bert: Die Kreuzelschreiber. Ärzte ohne Gewissen. Euthanasie im Dritten Reich. — Hamburg: Rütten & Loening (1961). 157 S.
*(Das aktuelle Thema. 12.)*

**Menges,** Jan: „Euthanasie" in het derde Rijk. - Haarlem: Bohn 1972. 188 S.

**Mitscherlich,** Alexander und Fred Mielke [Hrsg.]: Medizin ohne Menschlichkeit. Dokumente des Nürnberger Ärzteprozesses. Neuaufl. — (Frankfurt a.M., Hamburg:) Fischer Bücherei (1960). 295 S.
*(Fischer Bücherei. 332.)*

**Nowak,** Kurt: „Euthanasie" und Sterilisation im „Dritten Reich". Die Konfrontation der evangelischen und katholischen Kirche mit dem „Gesetz zur Verhütung erbkranken Nachwuchses" und der „Euthanasie"-Aktion. - Göttingen: Vandenhoeck & Ruprecht (1978). 221 S.
*(Arbeiten zur Geschichte des Kirchenkampfes. Erg. Reihe. 12.)*

**Regau,** Thomas: Unter dem Deckmantel der Euthanasie. — In: Dt. Rdsch. 88 (1962), 1034—1038.

**Schmidt,** Gerhard: Selektion in der Heilanstalt 1939—1945. Geleitw. von Karl Jaspers. — Stuttgart: Evang. Verl.-Werk (1965). 151 S.

**Stöffler,** Friedrich: Die „Euthanasie" und die Haltung der Bischöfe im hessischen Raum 1940—1945. — In: Arch. mittelrhein. Kirchengesch. 13 (1961), 301—325.

**Ternon,** Yves [u.] Socrate Helman: Les médicins allemands et le nationalsocialisme. Les méthamorphoses du darwinisme. - Paris: Casterman 1973. 218 S.

**Wojtczak,** Stanisław: Karny oboz pracy Treblinka I i osrodek zagłady Treblinka II. - In: Biul. Głown. Kom. Badania 26 (1975), 117–185.
Medizinische Versuche und Euthanasie

**Zamojszczyzna**-Sonderlaboratorium SS. Zbiór dokumentów polskich i niemieckich z okresu okupacji hitlerowskiej. Red.: Czeław Madajszyk. Tom 1.2. - (Warszawa:) Ludowa Spółdzielnia Wyd. 1977. 529, 559 S.

**Zehethofer,** Florian: Das Euthanasieproblem im Dritten Reich am Beispiel Schloß Hartheim ⟨1938-1945⟩. - In: Oberösterr. Heimatbll. 32 (1978), 46-62.

### Emigration und Exil

**Adler**-Rudel, S[alomon]: Das Auswanderungsproblem im Jahre 1938. Ein Briefwechsel mit Hans Schäffer. — In: Bull. Leo Baeck Inst. 10 (1967), 159—215.

**Albrechtová,** Gertruda: Zur Frage der deutschen antifaschistischen Emigrationsliteratur im tschechoslowakischen Asyl. — In: Historica 8 (1964), 177—235.

**Benjamin,** Uri: Buchhändler in der Emigration. — In: Börsenbl. Dt. Buchh. 27 (1971), 2904—2908 und 2940—2943.

**Benjamin,** Uri: Die Rettung der emigrierten Literatur. — In: Börsenbl. Dt. Buchh. 28 (1972), 795—798.

**Benjamin,** Uri: Die Rolle der Emigration als Brücke zwischen den Kulturen. — In: Börsenbl. Dt. Buchh. 28 (1972), 585—589.

**Berendsohn,** Walter A[rthur]: Die humanistische Front. Einführung in die deutsche Emigranten-Literatur. – (Worms: Heintz).
   2. Vom Kriegsausbruch 1939 bis Ende 1946. (1976). XII, 236 S.
   *(Deutsches Exil 1933–1945. 6.)*

**Berglund,** Gisela: Einige Anmerkungen zum Begriff der „Inneren Emigration". – Stockholm: Stockholmer Koordinationsstelle zur Erforschung der Deutschsprachigen Exil-Literatur Stockholms, Universität, Dtsch. Inst. 1974. 32 S.

**Berglund,** Gisela: Deutsche Opposition gegen Hitler in Presse und Roman des Exils. Eine Darstellung und ein Vergleich mit der historischen Wirklichkeit. – Stockholm: Almqvist & Wiksell (1972). 411 S.
   *(Acta Universitatis Stockholmiensis.)*
   *(Stockholmer Germanistische Forschungen. 11.)*

**Bouvier,** Beatrix: Die Deutsche Freiheitspartei DFP. Ein Beitrag zur Geschichte der Opposition gegen den Nationalsozialismus. – o.O. 1972. 142 S.
   *Frankfurt a. M., phil. Diss. vom 2. Juli 1969.*
   [Maschinenschr. hektogr.]

**Bouvier,** Beatrix: Die „Deutsche Freiheitspartei" im Spiegel der Gestapo. Skizze zum Organisationsproblem einer bürgerlichen Opposition gegen das Dritte Reich. – In: Paul Kluke zum 60. Geburtstag, Frankfurt a. M. 1968, 153–166.
   Maschinenschr. hektogr.

**Cazden,** Robert E.: German exile literature in America 1933–1950. A history of the free German press and book trade. — Chicago: Amer. Library Ass. 1970. XI, 250 S.

**Černý,** Bohumil: Hnutí „Lidového socialismu" německé emigrace v ČSR. — In: Československý časopis historický 17 (1969), 421–435.

**Černý,** Bohumil: Most k novému životu. Německá emigrace v ČSR v letech 1933–1939. — (Praha:) Ldová demokracie 1967. 188 S.

Das „Andere **Deutschland**" im Zweiten Weltkrieg. Emigration und Widerstand in internationaler Perspektive. The „Other Germany" in the Second World War. Emigration and resistance in international perspective. Hrsg. von Lothar Kettenacker. – Stuttgart: Klett (1977). VI, 258 S.
   *(Veröffentlichungen des Deutschen Historischen Instituts London. 2.)*

**Dickson,** Paul: Das Amerikabild in der deutschen Emigrantenliteratur seit 1933. — (München 1951). VI, 135 gez. Bl. [Maschinenschr.]
   *München, phil. Diss. 8. Mai 1951.*

**Ebneth,** Rudolf: Die österreichische Wochenschrift ‚Der Christliche Ständestaat'. Deutsche Emigration in Österreich, 1933–1938. – Mainz: Matthias-Grünewald-Verl. (1976). XXVII, 271 S.
   *(Veröffentlichungen der Kommission für Zeitgeschichte. B, 19.)*
   *Diss., Universität Regensburg.*

**Exil** und innere Emigration I. Third Wisconsin Workshop. Hrsg. von Reinhold Grimm und Jost Hermand. – (Frankfurt a. M.:) Athenäum-Verl. (1972). 210 S.
   *(Wissenschaftliche Paperbacks Literaturwissenschaft. 17.)*

**Exil** und innere Emigration II. Internationale Tagung in St. Louis. Hrsg. von Peter Uwe Hohendahl u. Egon Schwarz. – (Frankfurt a. M.:) Athenäum-Verl. (1973). 170 S.
   *(Wissenschaftliche Paperbacks Literaturwissenschaft. 18.)*

**Exil** in der Sowjetunion. – (Berlin:) Verl. Europ. Ideen 1976. 143 S.

Deutsches **Exildrama** und Exiltheater. Akten des Exilliteratur-Symposiums der University of South Carolina 1976. Hrsg. von Wolfgang Elfe, James Hardin [u.] Günther Holst. – Frankfurt a. M.: Lang (1977). 160 S.
   *(Jahrbuch für internationale Germanistik. A, 3.)*

Deutsche **Exilliteratur** seit 1933. – München: Francke.
   1. Kalifornien.
     1. Hsrg. von John M. Spalek u. Joseph Strelka. (1976). 868 S.
     2. Hrsg. von John M. Spalek, Joseph Strelka u. Sandra H. Hawrylchak. (1976). VIII, 216 S.

Die deutsche **Exilliteratur** 1933–1945. Hrsg. von Manfred Durzak. – Stuttgart: Reclam (1973). 624 S.

**Fermi,** Laura: Illustrious immigrants. The intellectual migration from Europe 1930–1941. — Chicago: University of Chicago Press 1968. XI, 440 S.

**Großmann,** Kurt R.: Emigration. Geschichte der Hitler-Flüchtlinge 1933–1945. – (Frankfurt a. M.:) Europ. Verl. Anst. (1969). 408 S.

**Haarmann,** Hermann, Lothar Schirmer [u.] Dagmar Walach: Das ‚Engels'-Projekt. Ein antifaschistisches Theater deutscher Emigranten in der UdSSR ⟨1936–1941⟩. – (Worms: Heintz 1975). IX, 145 S.
   *(Deutsches Exil 1933–1945. 7.)*

**Hardt,** Hanno: Exilpublizistik als Forschungsdilemma. – In: Publizistik 21 (1976), 313–319.

**Heeg,** Günther: Die Wendung zur Geschichte. Konstitutionsprobleme antifaschistischer Literatur im Exil. – Stuttgart: Metzler 1977. IX, 222 S.
   *(Metzler Studienausgabe.)*

**Holborn,** Louise W.: Deutsche Wissenschaftler in den Vereinigten Staaten nach 1933. – In: Jb. Amerikastudien 10 (1965), 15–26.

**Jaeger,** H.: Refugees' internment in Britain 1939–1940. A survey of literature. — In: Wiener Libr. Bull. 9 (1955), 31 und 33.

**Iggers,** Georg G.: Die deutschen Historiker in der Emigration. – In: Geschichtswissenschaft in Deutschland, München: Beck (1974), 97–111.

**Kantorowicz,** Alfred: Politik und Literatur im Exil. Deutschsprachige Schriftsteller im Kampf gegen den Nationalsozialismus. – (Hamburg:) Christians (1978). 346 S.
   *(Hamburger Beiträge zur Sozial- und Zeitgeschichte. 14.)*

**Kesten,** Hermann [Hrsg.]: Deutsche Literatur im Exil. Briefe europäischer Autoren 1933–1949. — München: Desch (1964). 380 S.

**Kießling,** Wolfgang: Alemania Libre in Mexiko. – Berlin: Akademie-Verl. 1974.
1. Ein Beitrag zur Geschichte des antifaschistischen Exils ⟨1941–1946⟩. 338 S.
2. Texte und Dokumente zur Geschichte des antifaschistischen Exils 1941–1946. Hrsg. von Wolfgang Kießling. 466 S.

*(Literatur und Gesellschaft.)*

**Lange,** Dieter: Dokumente der Freien Deutschen Bewegung in Großbritannien. – In: Z. Geschichtswiss. 20 (1972), 1113–1158.

**Lange,** Dieter: Dokumente der Bewegung „Freies Deutschland" in Dänemark. – In: Z. Geschichtswiss. 23 (1975), 403–429.

**Lange,** Dieter: Dokumente der Bewegung „Freies Deutschland" in Schweden. – In: Z. Geschichtswiss. 19 (1971), 539–556.

**Langkau-Alex,** Ursula: Deutsche Emigrations-Presse. ⟨Auch eine Geschichte des „Ausschusses zur Vorbereitung einer deutschen Volksfront" in Paris.⟩ — In: Internat. Rev. soc. Hist. 15 (1970), 167–201.

**Link,** Werner: German political refugees in the United States during the Second World War. – In: German democracy and the triumph of Hitler, London: Allen & Unwin (1971), 241–260.

**Link,** Werner: Erziehungspolitische Vorstellungen der deutschen sozialistischen Emigration während des Dritten Reiches. — In: Gesch. Wiss. Unterr. 19 (1968), 265–279.

Deutsche **Literatur** im Exil. Texte und Dokumente. Hrsg. von Michael Winkler. – Stuttgart: Reclam 1977. 512 S.
*(Universal-Bibliothek. 9865.)*

**Ludlow,** P. W.: The refugee problem in the 1930s. The failures and successes of Protestant relief programmes. – In: Engl. hist. Rev. 90 (1975), 564–603.

**Maier-Hultschin,** J. C.: Struktur und Charakter der deutschen Emigration.— In: Polit. Studien 6 (1955), H. 67, 6–22.

**Misgeld,** Klaus: Die „Internationale Gruppe demokratischer Sozialisten" in Stockholm 1942–1945. Zur sozialistischen Friedensdiskussion während des Zweiten Weltkrieges. – Stockholm: Almqvist & Wiksell 1976. 216 S.
*(Studia Historica Upsaliensia. 79.)*
*(Acta Universitatis Upsaliensis.)*
*Uppsala, phil. Diss. von 1976.*

**Müssener,** Helmut: Exil in Schweden. Politische und kulturelle Emigration nach 1933. – (München:) Hanser (1974). 603 S.

**Nyssen,** Elke: Geschichtsbewußtsein und Emigration. Der historische Roman der deutschen Antifaschisten 1933–1945. – München: Fink 1974. 192 S.

**Paetel,** Karl O.: Deutsche im Exil. Randbemerkungen zur Geschichte der politischen Emigration. — In: Außenpolitik 6 (1955), 572—583.

**Paetel,** Karl Otto: Die Presse des deutschen Exils 1933–1945. — In: Publizistik 4 (1959), 241—252.

**Paetel,** Karl O[tto]: Zum Problem einer deutschen Exilregierung. — In: Vjh. Zeitgesch. 4 (1956), 286—301.

**Pfeiler,** W[illiam] K[arl]: German literature in exile. The concern of the poets. — Lincoln: University of Nebraska Press (1957). VI, 142 S.

**Ponthus,** René: Tendances et activité de la Social-Démocratie allemande émigrée (1933–1941). – In: Mouvement Social, 84, juillet-septembre 1973, 63–86.

**Pross,** Helge: Deutsche Emigranten in den Vereinigten Staaten. — In: Dtsch. Rdsch. 81 (1955), 693—699.

**Pross,** Helge: Die deutsche akademische Emigration nach den Vereinigten Staaten 1933—1941. Einf.: Franz L. Neumann. — Berlin: Duncker & Humblot 1955. 69 S.

**Protokoll** des 2. internationalen Symposiums zur Erforschung des deutschsprachigen Exils nach 1933 in Kopenhagen 1972. Zsgest. von Helmut Müssener u. Gisela Sandqvist. Red.: Helmut Müssener. Hrsg. vom Dtsch. Inst. d. Universität Stockholm. - Stockholm: [Selbstverl. d. Hrsg.] 1972. 556 S.

**Radkau,** Joachim: Das Elend deutscher Exilpolitik 1933–1945 als Spiegel von Defiziten der politischen Kultur. – In: Im Gegenstrom. Für Helmut Hirsch zum Siebzigsten, Wuppertal: Hammer (1977), 105–146.

**Radkau,** Joachim: Die Exil-Ideologie vom „anderen Deutschland" und die Vansittartisten. Eine Untersuchung über die Einstellung der deutschen Emigranten nach 1933 zu Deutschland. – In: Aus Politik und Zeitgeschichte, Beilage zur Wochenzeitung „Das Parlament" Nr 2 vom 10. Januar 1970, 31–47.

**Ritzel,** Heinrich G.: Das Demokratische Deutschland. Erinnerungen an Wegbereiter des deutschen Wiederaufstiegs. — In: Neue Gesellsch. 17 (1970), 179—184.

**Schaber,** Will [Hrsg.]: Aufbau, Reconstruction. Dokumente einer Kultur im Exil. Mit e. Geleitw. von Hans Steinitz. – New York: Overlook Press; Köln: Kiepenheuer & Witsch (1972). 416 S.

**Schneider,** Dieter Marc: Saarpolitik und Exil 1933–1955. – In: Vjh. Zeitgesch. 25 (1977), 467–545.

**Schwarz,** Egon [u.] Matthias Wegner [Hrsg.]: Verbannung. Aufzeichnungen deutscher Schriftsteller im Exil. — (Hamburg:) Wegner (1964). 319 S.

**Sherman,** A. J.: Island Refuge. Britain and refugees from the Third Reich 1933–1939. – London: Elek (1973). 291 S.

**Siehel,** Frieda: From refugee to citizen. A sociological study of the immigrants from Hilter-Europe who settled in Southern Africa. — Capetown: Balkema 1966. 169 S.

**Stahlberger,** Peter: Der Zürcher Verleger Emil Oprecht und die deutsche politische Emigration 1933 bis 1945. Mit e. Vorw. von J. R. Salis. — (Zürich:) Europa-Verl. (1970). 407 S.
*Diss., Universität Zürich.*

**Stourzh,** Gerald: Die deutschsprachige Emigration in den Vereinigten Staaten. Geschichtswissenschaft und Politische Wissenschaft. — In: Jb. Amerikastudien 10 (1965), 59—77.

**Sutro,** Nettie: Jugend auf der Flucht 1933—1948. Fünfzehn Jahre im Spiegel des Schweizer Hilfswerks für Emigrantenkinder. Mit e. Vorw. von **Albert Schweitzer.** — Zürich: Europa-V. 1952. 288 S.

**Tutas,** Herbert E.: Nationalsozialismus und Exil. Die Politik des Dritten Reiches gegenüber der deutschen politischen Emigration 1933-1939. - (München:) Hanser (1975). 354 S.
*Diss., Universität München.*

**Tutas,** Herbert E.: NS-Propaganda und deutsches Exil 1933-39. - (Worms: [Selbstverl. d. Hrsg.] 1973). 194 S.
*(Deutsches Exil 1933-45. 4.)*

**Um uns die Fremde.** Die Vertreibung des Geistes 1933—1945. — Berlin: Haude & Spener (1968). 83 S.
*(Buchreihe des S[enders] F[reies] B[erlin]. 9.)*

**Verbrannt,** verboten, verdrängt? Literatur und Dokumente der deutschen Emigration nach 1933 als Zeugnisse des antifaschistischen Widerstandes sowie NS-Schrifttum; Ausstellung der Stadtbibliothek Worms zum 40. Jahrestag der Bücherverbrennung am 10. Mai 1933, Museum der Stadt Worms (Andreastift), 9. Mai-6. Juni 1973 [zsgest. von Detlev Johannes unter Mitarb. von Georg Heintz u. Richard Wisser]. - Worms: Stadtbibliothek 1973. 79 S.

**Wächter,** Hans-Christof: Theater im Exil. Sozialgeschichte des deutschen Exiltheaters 1933-1945. Mit e. Beitr. von Louis Naef: Theater der deutschen Schweiz. - (München:) Hanser (1973). 298 S.

**Walter,** Hans-Albert: Deutsche Exilliteratur 1933—1950. — Neuwied: Luchterhand.
1. Bedrohung und Verfolgung bis 1933. 1972. 318 S.
2. Asylpraxis und Lebensbedingungen in Europa. 1972. 420 S.
*(Sammlung Luchterhand. 76/77.)*

**Walter,** Hans-Albert: Deutsche Exilliteratur 1933–1950. - Stuttgart: Metzler.
4. Exilpresse. (1978). XI, 842 S.

**Walter,** Hans-Albert: Deutsche Exil-Literatur 1933-1950. - (Neuwied:) Luchterhand.
7. Exilpresse. 1. (1974). 424 S.

**Walter,** Hans-Albert: Die Helfer im Hintergrund. Zur Situation d. dtsch. Exilverlage 1933—1945. — In: Frankf. H. 20 (1965), 121—132.

**Walter,** Hans-Albert: Deutsche Literatur im Exil. Ein Modellfall für die Zusammenhänge von Literatur und Politik. — In: Merkur 25 (1971), 77—84.

**Walter,** Hans-Albert: Internationale Literatur / Deutsche Blätter. Eine Exilzeitschrift in der Sowjet-Union. — In: Frankf. H. 24 (1969), 580—593 und 648—658.

**Walter,** Hans-Albert: „Maß und Wert", Porträt einer Kulturzeitschrift des Exils. — In: Frankf. H. 23 (1968), 189—198 und 267—274.

**Walter,** Hans-Albert: Porträt einer Literaturzeitschrift im Exil. — In: Frankf. H.
1. Der Streit um „Die Sammlung". 21 (1966), 850—860.
2. Klaus Mann und „Die Sammlung". 22 (1967), 49—58.

**Walz,** Herbert: Spanien, Fluchtweg deutscher Schriftsteller 1940. — In: Stimmen d. Zeit 96 (1971), Bd 188, 324—336.

**Wegner,** Matthias: Exil und Literatur. Deutsche Schriftsteller im Ausland 1933—1945. — Frankfurt a. M.: Athenäum-Verl. 1967. 247 S.
*(Athenäum Bücher zur Dichtkunst.)*

**Widmann,** Horst: Exil und Bildungshilfe. Die deutschsprachige akademische Emigration in die Türkei nach 1933. Mit einer Bio-Bibliographie der emigrierten Hochschullehrer im Anhang. - Frankfurt a. M.: Lang (1973). 308 S.

### Kirche

**Ackermann,** Konrad: Der Widerstand der Monatsschrift Hochland gegen den Nationalsozialismus. — München: Kösel (1965). 211 S.

**Adolph,** Walter: Unveröffentlichte Bormann-Akten über den Kirchenkampf. — In: Wichmann-Jahrbuch 1953, 125—151.

**Adolph,** Walter: Dokumente zum Kirchenkampf 1933—1945. — In: Wichmann-Jb. f. Kirchengesch. im Bistum Berlin 13/14 (1959/60), 12—41.

**Adolph,** Walter: Verfälschte Geschichte. Antwort an Rolf Hochhuth. Mit Dokumenten u. authentischen Berichten. 2. Aufl. — Berlin: Morus-Verl. (1963). 112 S.

**Adolph,** Walter: Hirtenamt und Hitler-Diktatur. — Berlin: Morus-Verl. (1965). 183 S.

**Adolph,** Walter [Bearb.]: Im Schatten des Galgens. Zum Gedächtnis der Blutzeugen in der nationalsozialistischen Kirchenverfolgung. Darstellung und Dokumente. — Berlin: Morus-Verl. 1953. 107 S.

**Adolph,** Walter (Bearb.): Im Schatten des Galgens. Zum Gedächtnis der Blutzeugen in der nationalsozialistischen Kirchenverfolgung. Darstellung und Dokumente. 2. verbess. u. erweit. Aufl. — Berlin: Morus-Verl. 1953. 116 S.

**Adolph,** Walter: Aus der Spruchpraxis des Volksgerichtshofes. Wortlaut von drei Urteilen gegen katholische Priester. — In: Wichmann-Jb. 9/10 (1955/56), 10—30.

**Altenhöfer,** Ludwig: Aktion Grün. Ein Buch vom Widerstand der Jugend gegen die Diktatur. — Würzburg: Arena-V. (1956). 216 S.

**Altmann,** Sigrid: Bayerns Benediktiner unterm Hakenkreuz. — Feldafing/Obb.: Brehm (1964). 33 S.

**Arbeitsanweisung** des RFSS vom 15. 2. 1938 zur Bekämpfung der christlichen Kirchen. — In: Z. evang. Kirchenrecht 3 (1953/54), 374—397.

**Baier,** Helmut: Die Deutschen Christen Bayerns im Rahmen des bayerischen Kirchenkampfes. — Nürnberg: Selbstverl. d. Vereins f. bayer. Kirchengeschichte 1968. XX, 601 S.
*(Einzelarbeiten aus der Kirchengeschichte Bayerns. 46.)*

**Baier,** Helmut [u.] Ernst Henn: Chronologie des bayerischen Kirchenkampfes. 1933—1945. — Nürnberg: Selbstverl. d. Vereins f. bayer. Kirchengeschichte 1969. XIV, 284 S.
*(Einzelarbeiten aus der Kirchengeschichte Bayerns. 47.)*

**Baier,** Helmut: Kirchenkampf in Nürnberg 1933-1945. — Nürnberg: Korn und Berg 1973. 38 S.
[Maschinenschr. hektogr.]

**Baumgärtel,** Friedrich: Wider die Kirchenkampflegenden. 2., erw. Aufl. —. Neuendettelsau: Freimund-Verl. 1959. 90 S.

**Beckmann,** Joachim: Der Kampf der Bekennenden Kirche im Rheinland um die presbyterial-synodale Kirchenordnung. — In: Z. evang. Kirchenrecht 1 (1951), 135—162 und 261—279.

**Beckmann,** Joachim: Evangelische Kirche im Dritten Reich. — In: Kirchl. Jb. 60/71 (1933/44), 1—533.

Rheinische **Bekenntnissynoden** im Kirchenkampf. Eine Dokumentation aus den Jahren 1933-1945. [Von] Joachim Beckmann. - Neukirchen-Vluyn: Neukirchener Verl. 1975. XII, 491 S.

**Bell,** George K. A., Bischof von Chichester: Die Ökumene und die innerdeutsche Opposition. — In: Vjh. Zeitgesch. 5 (1957), 362—378.

**Bendiscioli,** M[ario]: Nel Kulturkampf 1937—1938. L'offensiva antecristiana del totalitarismo nazista. — In: Scritti di sociologia e politica in onore di Luigi Sturzo, Vol. 1, Bologna: Zachinelli 1953.

**Bernadae,** Christian: Les sorciers du ciel. — Paris: Ed. France-Empire 1969. 400 S.

**Bender,** Oskar: „Der Gerade Weg" und der Nationalsozialismus. Ein Beitrag zur katholischen Widerstandspresse. — München 1954.
*München, phil. Diss. 3. März 1954.*

**Beste,** Niklot: Der Kirchenkampf in Mecklenburg von 1933 bis 1945. Geschichte, Dokumente, Erinnerungen. - Göttingen: Vandenhoeck & Ruprecht (1975). 375 S.

**Bielfeldt,** Johann: Die Haltung des Schleswig-Holsteinischen Bruderrates im Kirchenkampf. — In: Zur Geschichte des Kirchenkampfes, Bd 1, Göttingen: Vandenhoeck & Ruprecht 1965, 173—188.

**Bielfeldt,** Johann: Der Kirchenkampf in Schleswig-Holstein 1933—1945. — Göttingen: Vandenhoeck & Ruprecht 1964. 268 S.

**Binder,** Gerhart: Irrtum und Widerstand. Die deutschen Katholiken in der Auseinandersetzung mit dem Nationalsozialismus. Mit e. Einf. von Felix Messerschmid. — München: Pfeiffer (1968). XVI, 455 S.

**Bonhoeffer,** Dietrich: Letters and papers from prison. Ed.: Eberhard Bethge. Transl. by Reginald H. Fuller. — London: S. C. M. Press 1953. 190 S.

**Boyens,** Armin: Kirchenkampf und Ökumene 1933—1939. Darstellung und Dokumentation. — München: Kaiser (1969). 486 S.

**Boyens,** Armin: Kirchenkampf und Ökumene 1939-1945. Darstellung und Dokumentation unter besonderer Berücksichtigung der Quellen des Ökumenischen Rates der Kirchen. - München: Kaiser (1973). 463 S.

**Brunotte,** Heinz: Die Entwicklung der staatlichen Finanzaufsicht über die Deutsche Evangelische Kirche von 1935 bis 1945. — In: Z. evang. Kirchenrecht 3 (1953/54), 29—55.

**Bühler,** Anne Lore: Der Kirchenkampf im evangelischen München. Die Auseinandersetzung mit dem Nationalsozialismus und seinen Folgeerscheinungen im Bereich des Evang.-Luth. Dekanates in München 1923-1950. Ein Kapitel der Geschichte des Evang.-Luth. Dekanates München. - Nürnberg: [Selbstverl. d. Vereins f. bayer. Kirchengesch.] 1974. 465 S.
*(Einzelarbeiten aus der Kirchengeschichte Bayerns. 5.)*

The German **church struggle** and the holocaust. Ed. by Franklin H. Littell [u.] Hubert G. Locke. - Detroit: Wayne State University Press 1974. 328 S.

**Conrad,** Walter: Der Kampf um die Kanzeln. Erinnerungen und Dokumente aus der Hitlerzeit. — Berlin: Töpelmann 1957. VIII, 151 S.

**Conway,** John S.: Der deutsche Kirchenkampf. Tendenzen und Probleme seiner Erforschung an Hand neuerer Literatur. [Forschungsbericht.] - In: Vjh. Zeitgesch. 17 (1969), 423-449.

**Conway,** J[ohn] S.: The Nazi persecution of the churches 1933—1945. — London: Weidenfeld & Nicolson (1968). XXXI, 474 S.

**Dipper,** Theodor: Die evangelische Bekenntnisgemeinschaft in Württemberg 1933—1945. Ein Beitrag zur Geschichte des Kirchenkampfes im Dritten Reich. — Göttingen: Vandenhoeck & Ruprecht 1966. 294 S.
*(Arbeiten zur Geschichte des Kirchenkampfes. 17.)*

**Ehrenfordt,** Gerhard: Die schlesische Kirche im Kirchenkampf. 1932—1945. — Göttingen: Vandenhoeck & Ruprecht 1968. 316 S.
*(Arbeiten zur Geschichte des Kirchenkampfes. Ergänzungsreihe. 4.)*

The **Eisenach Institute** for the „elimination of Jewish influence on German church life". — In: Wiener Libr. Bull. 6 (1952), 35.

**Falconi,** Carlo: Das Schweigen des Papstes (Il silentio di Pio XII, dt.) Eine Dokumentation. (Aus d. Italien. von Charlotte Birnbaum.) — (München:) Kindler (1966). 524 S.

**Fischer,** Joachim: Die sächsische Landeskirche im Kirchenkampf 1933—1937. — Göttingen: Vandenhoeck & Ruprecht (1972). 267 S.
*(Arbeiten zur Geschichte des Kirchenkampfes. Erg.-R. 8.)*

**Fischer,** Martin: Das Zeugnis der Verhafteten. Ein geistliches Wort. Hrsg. von Martin Niemöller. — Berlin: Lettner-V. 1953. 63 S.

**Friedrich,** Otto: Die kirchenrechtliche Entwicklung des deutschen evangelischen Kirchentums seit 1933. — In: Kirchl. Jb. 72/75 (1945/48), 414 ff.

**Friedrich,** Otto: Die kirchen- und staatskirchenrechtliche Entwicklung der Evang. Landeskirche Badens von 1933 bis 1953. — In: Z. evang. Kirchenrecht 3 (1953/54), 292—349.

**Geschichte** der Bekennenden Kirche in Ostpreußen, 1933–1945. Allein das Wort hat's getan. Hrsg. von Manfred Koschorke. - Göttingen: Vandenhoeck & Ruprecht (1976). 536 S.

Zur **Geschichte** des Kirchenkampfes. Gesammelte Aufsätze. (Hrsg. von Heinz Brunotte und Ernst Wolf.) — Göttingen: Vandenhoeck & Ruprecht 1965. 324 S.
*(Arbeiten zur Geschichte des Kirchenkampfes. 15.)*

Zur **Geschichte** des Kirchenkampfes·
Gesammelte Aufsätze. — Göttingen:
Vandenhoeck & Ruprecht.
 2. 1971. 332 S.
*(Arbeiten zur Geschichte des Kirchenkampfes. 26.)*

Die **Geschichte** des Kirchenkampfes in Dokumenten 1933/45. [Hrsg.:] Erich Beyreuther. — Wuppertal: Brockhaus (1966). 127 S.
*(Handbücherei R. Brockhaus. 8: Kirchengeschichte.)*

**Gottschalk**, Joseph: Breslauer Diözesanpriester im Konzentrationslager Dachau 1940—1945. — In: Arch. schles. Kirchengesch. 25 (1967), 298—305.

**Grendel**, Wilhelm: Die Eingriffe der auf Grund der Verordnung vom 25. 6. 1937 gebildeten Finanzabteilungen in die kirchliche Verwaltung im Spiegel der Rechtsprechung. — In: Z. evang. Kirchenrecht 2 (1952/53), 186—193.

**Gritschneder**, Otto: Pater Rupert Mayer vor dem Sondergericht. Dokumente d. Verhandlung vor d. Sondergericht in München am 22. u. 23. Juli 1937. — München: Pustet (1965). 155 S.

**Grohmann**, Johannes: Bernhard Lichtenberg gab Zeugnis. Vor 20 Jahren, am 5. November 1943, mußte d. Dompropst von St. Hedwig, Berlin, sterben. — In: Freiheit u. Recht 9 (1963), H. 10, 24—28.

**Grohmann**, Johannes: Die Lübecker Märtyrer. Vor 20 Jahren, am 10. November 1943, wurden vier Geistliche hingerichtet. — In: Freiheit u. Recht 9 (1963), H. 11, 30—34.

**Gürtler**, Paul: Nationalsozialismus und evangelische Kirchen im Warthegau. Trennung von Staat und Kirche im nationalsozialistischen Weltanschauungsstaat. — Göttingen: Vandenhoeck & Ruprecht 1958. 359 S.
*(Arbeiten zur Geschichte des Kirchenkampfes. 2.)*

**Hahn**, Karl Josef: Katholischer Widerstand gegen den Nationalsozialismus. — In: Hochland 57 (1964/65), 232—253.

**Harder**, Günther und Wilhelm Niemöller: Die Stunde der Versuchung. Gemeinden im Kirchenkampf 1933—1945. Selbstzeugnisse. — München: Kaiser 1963. 471 S.

**Heine**, Ludwig: Geschichte des Kirchenkampfes in der Grenzmark Posen-Westpreußen 1930—1940. — Göttingen: Vandenhoeck & Ruprecht 1961. 115 S.
*(Arbeiten zur Geschichte des Kirchenkampfes. 9.)*

**Helmreich**, Ernst C.: The arrest and freeing of the protestant bishops of Württemberg and Bavaria, September—October 1934. — In: Centr. Europ. Hist. 2 (1969), 159—169.

**Helmreich**, Ernst Christian: The German churches under Hitler. Background, struggle and epilogue. — Detroit: Wayne State University Press 1979. 616 S.

**Henn**, Ernst: Führungswechsel, Ermächtigungsgesetz und das Ringen um eine neue Synode im bayerischen Kirchenkampf. — In: Z. bayer. Kirchengesch. 43 (1974), 325—443.

**Herman**, Stewart W.: Eure Seelen wollen wir [Its your souls we want, dt.] Kirche im Untergrund. Ins Deutsche übertragen von Wilhelm Goßmann. — München. Berlin: Neubau-V. (1951). 382 S.

**Hochhuth**, Rolf: Der Stellvertreter. Schauspiel. Mit e. Vorw. von Erwin Piscator. — (Reinbek b. Hamburg:) Rowohlt (1963). 274 S.
*(Rowohlt-Paperback. 20.)*

**Hockerts**, Hans Günter: Die Sittlichkeitsprozesse gegen katholische Ordensangehörige und Priester 1936/1937. E. Studie zur nationalsoz. Herrschaftstechnik u. zum Kirchenkampf. — Mainz: Matthias-Grünewald-Verl. (1971). XXV, 224 S.
*(Veröffentlichungen der Kommission für Zeitgeschichte bei der Katholischen Akademie in Bayern. B,6.)*

**Hoffmann**, Ed. [u.] H. Janssen: Die Wahrheit über die Ordensdevisenprozesse 1935/36. — (Bielefeld:) Hausknecht (1967). 288 S.

**Hornig**, Ernst: Die Bekennende Kirche in Schlesien 1933—1945. Geschichte und Dokumente. — Göttingen: Vandenhoeck & Ruprecht 1977. XXIV, 381 S.
*(Arbeiten zur Geschichte des Kirchenkampfes. Erg. Reihe. 10.)*

**Jaksch**, Josef: Kirche und Sudetendeutschtum. — In: Stimmen der Zeit 77 (1951/52), 350—357.

**Jestaedt**, R.: Das Reichskonkordat vom 20. Juli 1933 in der nationalsozialistischen Staats- und Verwaltungspraxis, unter besonderer Berücksichtigung des Artikels 1. — In: Arch. kath. Kirchenrecht 124 (1951), 335—430.

**Kaiser**, Marcus Urs: Deutscher Kirchenkampf und Schweizer Öffentlichkeit 1933 und 1934. — Zürich: Theol. Verl. 1972. 392 S.
*(Basler Studien zur historischen und systematischen Theologie. 17.)*
Diss., Universität Basel.

Der **Kampf** der Katholischen Studentenverbände gegen den Nationalsozialismus. Aus einem Vortrag auf der 14. Deutschen Studentenhistorikertagung in Würzburg. — In: Unitas 94 (1954), H. 5, 7—11.

**Kantzenbach**, Friedrich Wilhelm: „Theologische Blätter". Kampf, Krisis und Ende einer theologischen Zeitschrift im Dritten Reich. — In: Zur Geschichte des Kirchenkampfes, Bd 2, Vandenhoeck & Ruprecht 1971, 79—104.

**Kantzenbach**, Friedrich Wilhelm: Zur Haltung einiger führender Männer der Landeskirchlichen Gemeinschaft 1933/34. — In: Z. bayer. Kirchengesch. 43 (1974), 445—450.

**Kantzenbach**, Friedrich Wilhelm: Das Neudettelsbacher Missionswerk und die Anfänge des Kirchenkampfes. — In: Z. bayer. Kirchengesch. 40 (1971), 227—245.

**Kantzenbach**, Friedrich Wilhelm [Hrsg.:] Widerstand und Solidarität der Christen in Deutschland 1933—1945. Eine Dokumentation zum Kirchenkampf aus den Papieren des Wilhelm Freiherrn von Pechmann. — Neustadt, Aisch: Degener [in Komm.] 1971. VIII, 349 S.
*(Einzelarbeiten aus der Kirchengeschichte Bayerns. 51.)*

**Kantzenbach,** Friedrich Wilhelm: „Zeitwende". Zum Weg einer Kulturzeitschrift und ihrer Münchner Redaktion im Dritten Reich. – In: Z. bayer. Landesgesch. 37 (1974), 569–594.

**Kempner,** Benedicta Maria: Priester vor Hitlers Tribunalen. — München: Rütten & Loening (1966). 496 S.

**Kinkel,** Walter: Kirche und Nationalsozialismus. Ihre Auseinandersetzung zwischen 1925 und 1945 in Dokumenten dargestellt. — Düsseldorf: Patmos 1960. 168 S.

Bekennende **Kirche.** Martin Niemöller zum 60. Geburtstag. Von Karl Barth [u. a.] — München: Kaiser 1952. 328 S.

**Kirche** und Nationalsozialismus. Zur Geschichte des Kirchenkampfes. Beitr. von Helmut Baier [u. a.] — München: Claudius-Verl. (1969). 286 S.
*(Tutzinger Texte. Sonderbd 1.)*

**Kloidt,** Franz: Kirchenkampf am Niederrhein 1933—1945. — (Xanten: Gesthuysen 1965.) 67 S.

**Kloidt,** Franz: Verräter oder Märtyrer? Dokumente katholischer Blutzeugen der nationalsozialistischen Kirchenverfolgung geben Antwort. — Düsseldorf: Patmos-Verl. (1962). 235 S.

**Klügel,** Eberhard: Die lutherische Landeskirche Hannovers und ihr Bischof 1933—1945. — Berlin u. Hamburg: Luther. Verl.-Haus 1964. XXIII, 531 S.

**Koch,** Werner: Der Kampf der Bekennenden Kirche im Dritten Reich. ([Hrsg.:] Landeszentrale für politische Bildungsarbeit, Berlin.) – Berlin: [Selbstverl. d. Hrsg.] (1974). 24 S.
*(Beiträge zum Thema Widerstand. 4.)*

**Langer,** Hans-Otto: Der Kirchenkampf in der Ära der Kirchenausschüsse 1935—1937. — Bielefeld: Bechauf (1971). III, 126 S.

**Lersner,** Dieter Frhr. von: Die Evangelischen Jugendverbände Württembergs und die Hitler-Jugend 1933/1934. — Göttingen: Vandenhoeck & Ruprecht 1958. 72 S.
*(Arbeiten zur Geschichte des Kirchenkampfes. 4.)*

**Licht** über dem Abgrund. Aufzeichnungen und Erlebnisse christlicher Frauen 1933—1945. Hrsg. von Gertrud Ehrle. — Freiburg i. Br.: Herder 1951. 233 S.
*(Das christliche Deutschland 1933—1945. Katholische Reihe. 10.)*

**Liermann,** Hans: Das evangelische Bischofsamt in Deutschland seit 1933. — In: Z. evang. Kirchenrecht 3 (1953/54), 1—29.

**Linck,** Hugo: Der Kirchenkampf in Ostpreußen. 1933—1945. Geschichte und Dokumentation. — (München:) Gräfe & Unzer (1968). 295 S.

**Lueken,** Wilhelm: Kampf, Behauptung und Gestalt der Evangelischen Landeskirche Nassau-Hessen. — Göttingen: Vandenhoeck u. Ruprecht 1963. 201 S.
*(Arbeiten zur Geschichte des Kirchenkampfes. 12.)*

**Lüpsen,** Foko: Der Weg der kirchlichen Pressearbeit von 1933 bis 1950. — In: Kirchl. Jb. 76 (1949), 415 ff.

**Luther,** Christian: Das kirchliche Notrecht, seine Theorie und seine Anwendung im Kirchenkampf 1933—1937. — Göttingen: Vandenhoeck & Ruprecht 1969. 204 S.
*(Arbeiten zur Geschichte des Kirchenkampfes. 21.)*

Gedächtniskirche der deutschen Katholiken **Maria** Regina Martyrum zu Ehren der Blutzeugen für Glaubens- und Gewissensfreiheit in den Jahren 1933—1945. — Berlin: Morus-Verl. (1963). 80 S.

**Meier,** Kurt: Der evangelische Kirchenkampf. Gesamtdarstellung in drei Bänden. – Göttingen: Vandenhoeck & Ruprecht.
1. Der Kampf um die „Reichskirche". (1976). XV, 648 S.
2. Gescheiterte Neuordnungsversuche im Zeichen staatlicher „Rechtshilfe". (1976). VII, 472 S.

**Middendorff,** Friedrich: Der Kirchenkampf in einer reformierten Kirche. Geschichte des Kirchenkampfes während der nationalsozialistischen Zeit innerhalb der Evang.-reformierten Kirche in Nordwestdeutschland (damals: Evang.-reformierte Landeskirche der Provinz Hannover). — Göttingen: Vandenhoeck & Ruprecht 1961. 182 S.
*(Arbeiten zur Geschichte des Kirchenkampfes. 8.)*

**Morsey,** Rudolf: Zum Kirchenkampf im Bistum Würzburg. Ein Beitrag zur Geschichte des katholischen Widerstandes gegen die NS-Herrschaft. — In: Würzburger Diözesan-Geschichtsblätter 22 (1960), 92—104.

**Neuhäusler,** Johann: Saat des Bösen. Kirchenkampf im Dritten Reich. — München: Manz (1964). 172 S.

**Neumann,** Peter: Die Jungreformatorische Bewegung. — Göttingen: Vandenhoeck & Ruprecht 1971. 182 S.
*(Arbeiten zur Geschichte des Kirchenkampfes. 25.)*

**Niemöller,** Gerhard: Die erste Bekenntnissynode der Deutschen Evangelischen Kirche zu Barmen. — Göttingen: Vandenhoeck & Ruprecht.
1. Geschichte, Kritik und Bedeutung der Synode und ihrer theologischen Erklärung. 1959. 269 S.
2. Text, Dokumente, Berichte. 1959. 209 S.
*(Arbeiten zur Geschichte des Kirchenkampfes. 5. 6.)*

**Niemöller,** Gerhard: Kirchenkampf 1933—1945. Pastor Wilhelm Niemoeller's archives. — In: Wiener Libr. Bull. 12 (1958), 16.

**Niemöller,** Gerhard: Die Synode zu Halle 1937. Die 2. Tagung der 4. Bekenntnissynode der Evang. Kirche der Altpreußischen Union. Text, Dokumente, Berichte. — Göttingen: Vandenhoeck & Ruprecht 1963. 459 S.
*(Arbeiten zur Geschichte des Kirchenkampfes. 11.)*

**Niemöller,** Wilhelm: Die vierte Bekenntnissynode der Deutschen Evangelischen Kirche zu Bad Oeynhausen. Text, Dokumente, Berichte. — Göttingen: Vandenhoeck u. Ruprecht 1960. 343 S.
*(Arbeiten zur Geschichte des Kirchenkampfes. 7.)*

**Niemöller,** Wilhelm: Die zweite Bekenntnissynode der Deutschen Evangelischen Kirche zu Dahlem. Text, Dokumente, Berichte, — Göttingen: Vandenhoeck & Ruprecht 1958. 240 S.
*(Arbeiten zur Geschichte des Kirchenkampfes. 3.)*

**Niemöller,** Wilhelm: Hitler und die evangelischen Kirchenführer. (Zum 25. Januar 1934.) — Bielefeld: Bechauf 1959. 77 S.

**Niemöller,** Wilhelm: Die Bekennende Kirche sagt Hitler die Wahrheit. Die Geschichte der Denkschrift der Vorläufigen Leitung vom Mai 1936. — Bielefeld: Bechauf 1954. 54 S.

**Niemöller,** Wilhelm: Bekennende Kirche in Westfalen. — Bielefeld: Bechauf (1952). 344 S.

**Niemöller,** Wilhelm: Die evangelische Kirche im Dritten Reich. Handbuch des Kirchenkampfes. — Bielefeld: Bechauf 1956. 408 S.

**Niemöller,** Wilhelm: Der Pfarrernotbund. Geschichte einer kämpfenden Bruderschaft. — Hamburg: Wittig 1973. 269 S.

**Niemöller,** Wilhelm [Hrsg.]: Die Preußensynode zu Dahlem. Die zweite Bekenntnissynode der Evangelischen Kirche der altpreußischen Union. Geschichte, Dokumente, Berichte. — Göttingen: Vandenhoeck & Ruprecht 1975. XXV, 251 S.
*(Arbeiten zur Geschichte des Kirchenkampfes. 29.)*

**Niemöller,** Wilhelm [Hrsg.]: Texte zur Geschichte des Pfarrernotbundes. — Berlin: de Gruyter 1958. 109 S.
*(Kleine Texte für Vorlesungen und Übungen. 180.)*

**Niesel,** W.: Der Weg der bekennenden Kirche. — Zürich: Gotthelf-V. 1947. 48 S.

**Niesel,** Wilhelm: Kirche unter dem Wort. Der Kampf der Bekennenden Kirche der altpreußischen Union 1933–1945. — Göttingen: Vandenhoeck & Ruprecht 1978. XIII, 340 S.
*(Arbeiten zur Geschichte des Kirchenkampfes. Erg. Reihe. 11.)*

**Norden,** Günther van: Der Kirchenkampf im Rheinland 1933–1939. — In: Gesch. Wiss. Unterr. 11 (1960), 725–743.

**Oehler,** Wilhelm: Geschichte der deutschen evangelischen Mission. — Baden-Baden: Fehrholz.
2. Reife und Bewährung der deutschen evangelischen Mission 1885–1950. (1951.) 476 S.

**Oertel,** Ferdinand: Jugend im Feuerofen. Aus der Chronik des Kampfes der katholischen Jugend im 3. Reich. — Recklinghausen: Paulus-Verl. 1960. 192 S.

Kirchliche **Organisationen** als Verfolgte. — In: Z. evang. Kirchenrecht 1 (1951/52), 216–217.

**Ott,** Hugo: Möglichkeiten und Formen kirchlichen Widerstands gegen das Dritte Reich von seiten der Kirchenbehörde und des Pfarrklerus. Dargest. am Beispiel der Erzdiözese Freiburg im Breisgau. - In: Hist. Jb. 92 (1972), 312-333.

**Pelke,** Else: Der Lübecker Christenprozeß 1943. Mit einem Nachwort von Stephanus Pfürtner. — Mainz: Matthias-Grünewald-Verl. (1961). 275 S.

**Priepke,** Manfred: Die evangelische Jugend im NS-Staat von 1933 bis 1936. — Marburg a. L. 1957. 229, 48 Bl., Anl. I-XVI.
*Marburg a. L., phil. Diss. 27. Februar 1957.*

**Raddatz,** Fritz J[oachim] [Hrsg.]: Summa iniuria oder Durfte der Papst schweigen? Hochhuths „Stellvertreter" in d. öffentl. Kritik. — (Reinbek b. Hamburg:) Rowohlt (1963). 235 S.
*(Rororo Taschenbuch. 591.)*

**Reese,** Hans-Jörg: Bekenntnis und Bekennen. Vom 19. Jahrhundert zum Kirchenkampf der nationalsozialistischen Zeit. - Göttingen: Vandenhoeck & Ruprecht 1974. 620 S.
*(Arbeiten zur Geschichte des Kirchenkampfes. 28.)*

Geheime **Reichssache.** Papst Pius XII. hat nicht geschwiegen. Berichte, Dokumente, Akten, zusammengest. aufgrund kirchl. u. staatl. Archivmaterials von Jenö Levai. (Übers. aus d. ungar. [Ms.] von Andor Matolcsy.) Mit e. Vor- u. Nachw. von Robert M. W. Kempner. — Köln: Verl. Wort u. Werk (1966). 144 S.

**Robertson,** Edwin H[anton]: Christen gegen Hitler (Christians against Hitler, dt.) (Dtsch Übers.: Stephan Wilms.) (Die dtsch. Ausg. wurde überarb. u. mit Erg. vers. von Heinz Kloppenburg.) — (Gütersloh:) Mohn (1964). 135 S.

**Roth,** Heinrich: Katholische Jugend in der NS-Zeit unter besonderer Berücksichtigung des Katholischen Jungmännerverbandes. Daten und Dokumente. — Düsseldorf: Altenberg (1959). 240 S.
*(Altenberger Dokumente. Quellenschriften zur katholischen Jugendseelsorge und Jugendführung. 7.)*

**Rüppel,** Erich Günter: Die Gemeinschaftsbewegung im Dritten Reich. Ein Beitr. zur Geschichte d. Kirchenkampfes. — Göttingen: Vandenhoeck & Ruprecht 1969. 258 S.
*(Arbeiten zur Geschichte des Kirchenkampfes. 22.)*

**Schaeder,** Hildegard: Die letzte Freiheit. (2., erweiterte Aufl.) — Berlin: Verlag Haus u. Schule (1951). 50 S.

**Schmidt,** Heinrich: Der Kirchenkampf im „Dritten Reich". — In: Neue Pol. Lit. 8 (1963), 835–843.

**Schmidt,** Jürgen: Die Erforschung des Kirchenkampfes. Die Entwicklung der Literatur und der gegenwärtige Stand der Erkenntnis. — München: Kaiser (1968). 112 S.
*(Theologische Existenz heute. N.F. 149.)*

**Schmidt,** Kurt Dietrich (Hrsg.): Dokumente des Kirchenkampfes. Unter Mitarb. von Claus-Hinrich Feilcke u. Hans-Jörg Reese. — Göttingen: Vandenhoeck & Ruprecht.
2. Die Zeit des Reichskirchenausschusses 1935–1937.
T. 1. ⟨1935–28. Mai 1936.⟩ 1964. XL, 724 S.
T. 2. ⟨29. Mai 1936 bis Ende Februar 1937.⟩ 1965. XVI, S. 725–1383.

**Schmidt,** Kurt Dietrich: Der Widerstand der Kirche im Dritten Reich. — In: Luther. Monatsh. 1 (1962), 366–370.

**Schreck,** Karl: Aus dem Kampf der Bekennenden Kirche in Lippe. 1933–1945. — ([Kalletal-]Varenholz: [Selbstverl.] 1969. 56 S.

**Sodeikat,** Ernst: Die Verfolgung und der Widerstand der Evangelischen Kirche in Danzig von 1933 bis 1945. — In: Zur Geschichte des Kirchenkampfes, Bd 1, Göttingen: Vandenhoeck & Ruprecht 1965, 146—172.

**Söhngen,** Oskar: Hindenburgs Eingreifen in den Kirchenkampf. — In: Zur Geschichte des Kirchenkampfes, Bd 1, Göttingen: Vandenhoeck & Ruprecht 1965, 30—44.

**Stasiewski,** Bernhard: Die Kirchenpolitik der Nationalsozialisten im Warthegau 1939—1945. — In: Vjh. Zeitgesch. 7 (1959), 46—74.

**Stein,** Albert: Die Denkschrift des altpreußischen Bruderrates „Von rechter Kirchenordnung". Ein Dokument zur Rechtsgeschichte des Kirchenkampfes. — In: Zur Geschichte des Kirchenkampfes, Bd 2, Göttingen: Vandenhoeck & Ruprecht 1971, 164—196.

**Stein,** Albert: Evangelische Laienpredigt. Ihre Geschichte, ihre Ordnung im Kirchenkampf und ihre gegenwärtige Bedeutung. – Göttingen: Vandenhoeck & Ruprecht 1972. 156 S.
*(Arbeiten zur Geschichte des Kirchenkampfes. 27.)*

**Steiner,** Robert: Der Weg der reformierten Kirchen und Gemeinden von 1933 bis 1950. — In: Kirchl. Jb. 77 (1950), 228 ff.

**Stoevesandt,** Karl: Bekennende Gemeinden und deutschgläubige Bischofsdiktatur 1933—1945. — Göttingen: Vandenhoeck & Ruprecht 1961. 201 S.
*(Arbeiten zur Geschichte des Kirchenkampfes. 10.)*

Die **Synode** zu Steglitz. Die dritte Bekenntnissynode der Evangelischen Kirche der Altpreußischen Union. Geschichte, Dokumente, Berichte. Hrsg. von Wilhelm Niemöller. — Göttingen: Vandenhoeck & Ruprecht 1970. 382 S.
*(Arbeiten zur Geschichte des Kirchenkampfes. 23.)*

**Tilgner,** Wolfgang: Volksnomostheologie und Schöpfungsglaube. Ein Beitrag zur Geschichte des Kirchenkampfes. — Göttingen: Vandenhoeck & Ruprecht 1966. 268 S.
*(Arbeiten zur Geschichte des Kirchenkampfes. 16.)*

**Volk,** Ludwig: Zwischen Geschichtsschreibung und Hochhuthprosa. Kritisches u. Grundsätzliches zu e. Neuerscheinung über Kirche u. Nationalsozialismus. — In: Stimmen d. Zeit 90 (1964/65), Bd 176, S. 29—41.

**Weber,** Werner: Die staatskirchenrechtliche Entwicklung des nationalsozialistischen Regimes in zeitgenössischer Betrachtung. — In: Rechtsprobleme in Staat und Kirche 3 (1950), 365—386.

**Weber,** Werner: Die kleinen Religionsgemeinschaften im Staatskirchenrecht des nationalsozialistischen Regimes. — In: Forschungen und Berichte aus dem öffentlichen Recht, Gedächnisschrift für Walter Jellinek, München: Isar-V. 1955, 101—112.

**Wendland,** Ulrich: Die lutherischen Bischöfe, die Bekennende Kirche und das Dritte Reich. — In: Dtsch. Pfarrerblatt 1952, 505 ff., 535 ff., 571 ff., 594 ff., 615 ff., 640 ff.

**Westermeyer,** H. E.: The fall of the German gods. — Mountain View, Ca.: Pacific Press 1950. 328 S.
Behandelt die nationalsozialistische Kirchenpolitik.

Christlicher **Widerstand** gegen den Faschismus. Schlußred.: Wilhelm Bondzio. Mit e. Nachwort von Otto Nuschke. — Berlin: Union-V. 1955. 155 S.
*(Bibliothek der CDU. 4.)*

**Wiener,** Alfred: Untersuchungen zum Widerhall des deutschen Kirchenkampfes in England (1933—1938). — In: On the track of tyranny, Essays presented by the Wiener Library to Leonhard G. Montefiore, 1960, 211—232.

**Wurm,** Marie: Tagebuchaufzeichnungen aus der Zeit des Kirchenkampfes. Zur Erinnerung an Frau Marie Wurm hrsg. von Theophil Wurm. — Stuttgart: Quell-V. (1951). 51 S.
*(Aus klaren Quellen. 42.)*

**Wyman,** Parker D.: The protestant churches of Germany and national socialism. — Cambridge, Mass.: Harvard University 1952. III, 100 gez. Bl. [Maschinenschr.]

**Zipfel,** Friedrich: Kirchenkampf in Deutschland 1933—1945. Religionsverfolgung u. Selbstbehauptung d. Kirchen in nationalsozialistischer Zeit. Mit e. Einl. von Hans Herzfeld. — Berlin: de Gruyter 1965. XIV, 571 S.
*(Veröffentlichungen der Historischen Kommission zu Berlin beim Friedrich-Meinecke-Institut der Freien Universität Berlin. 11.)*
*(Publikationen der Forschungsgruppe Berliner Widerstand beim Senator für Inneres von Berlin. 1.)*

## Judentum

**Adam,** Uwe Dietrich: Judenpolitik im Dritten Reich. — Düsseldorf: Droste (1972). 382 S.
*(Tübinger Schriften zur Sozial- und Zeitgeschichte. 1.)*

**Adler,** H. G.: Der Kampf gegen die „Endlösung der Judenfrage". — (Bonn 1958: Bundeszentrale für Heimatdienst.) 119 S.
*(Schriftenreihe der Bundeszentrale für Heimatdienst. 34.)*

**Adler,** Hans Günter: Der verwaltete Mensch. Studien zur Deportation der Juden aus Deutschland. – Tübingen: Mohr 1974. XXXII, 1076 S.

**Adler**-Rudel, Salomon: Jüdische Selbsthilfe unter dem Naziregime 1933–1939. Im Spiegel der Berichte der Reichsvertretung der Juden in Deutschland. Mit e. Vorw. von Robert Weltsch. – Tübingen: Mohr 1974. XV, 221 S.
*(Schriftenreihe wissenschaftlicher Abhandlungen des Leo Baeck Instituts. 29.)*

The first **aggression.** Boycott day — April 1, 1933. — In: Wiener Libr. Bull. 7 (1953), II. 1—3, 8.

**Anmerkungen** zu „Holocaust". Die Geschichte der Juden im Dritten Reich. [Hrsg.:] Christian Zentner. – (München:) Delphin Verl. (1979). 144 S.

**Arndt,** Ino [u.] Wolfgang Scheffler: Organisierter Massenmord an Juden in nationalsozialistischen Vernichtungslagern. – In: Vjh. Zeitgesch. 24 (1976), 105–135.

**Ball**-Kaduri, K[urt] J[akob]: Die illegale Alijah aus Hitler-Deutschland nach Erez Israel. — In: Z. Gesch. Juden 6 (1969), 147—150.

**Ball**-Kaduri, K[urt] J.: Berlin is „purged" of Jews. The Jews in Berlin in 1943. — In: Yad Vashem Studies 5 (1963), 271—316.

**Ball**-Kaduri, Kurt Jakob: Berlin wird judenfrei. Die Juden in Berlin in den Jahren 1942/1943. —. In: Jb. Gesch. Mittel- u. Ostdtschl. 22 (1973), 197—241.

**Ball**-Kaduri, Kurt J[akob]: Did the Jews of Germany resist? — In: Yad Washem Bull. 1961, H. 8/9, 31—32.

**Ball**-Kaduri, Kurt Jakob: Illegale Judenauswanderung aus Deutschland nach Palästina 1939/40. Planung, Durchführung und internationale Zusammenhänge. - In: Jb. Inst. dtsch. Gesch. 4 (1975), 387—421.

**Ball**-Kaduri, Kurt Jakob: Vor der Katastrophe. Juden in Deutschland 1934—1939. — Tel Aviv: Olamenu 1967. 302 S.

**Ball**-Kaduri, Kurt Jakob: Das Leben der Juden in Deutschland im Jahre 1933. Ein Zeitbericht. — (Frankfurt/Main:) Europ. Verl.-Anst. (1963). 226 S.
*(Zeugnisse unserer Zeit.)*

**Ball**-Kaduri, Kurt Y.: The central Jewish organizations in Berlin during the pogrom of November 1938 („Kristallnacht"). — In: Yad Washem Stud. 3 (1959), 261—281.

**Ball**-Kaduri, K[urt] J[akob]: Die Vorplanung der Kristallnacht, insbesondere die Massenverhaftungen vom 10.—12. November 1938. — In: Z. Gesch. Juden 3 (1966), 211—229.

**Bauer**, Yehuda: The Holocaust in historical perspective. - Seattle: University of Washington Press 1978. IX, 181 S.

**Ben** Elissar, Eliahu: La diplomatie du III<sup>e</sup> Reich et les Juifs ⟨1933—1939⟩. — [Paris:] Julliard (1969). 521 S.

**Bentwich**, Norman: They found refuge. An account of British Jewry's work for victims of Nazi oppression. Introduction by Viscount Samuel. — London: Cresset Press 1957. XII, 227 S.

**Bewährung** im Untergang. Ein Gedenkbuch. Im Auftr. d. Council of Jews from Germany, London, hrsg. von E[rnest] G[ottfried] Lowenthal. — Stuttgart: Dtsch. Verl. Anst. (1965). 199 S.

**Billig**, Joseph: La solution finale de la question Juive. Essai sur ses principes dans le III<sup>e</sup> Reich et en France sous l'occupation. Les dossiers documentaires des responsables de la „solution finale" en France ont été constitués par S. Klarsfeld. - Paris: Klarsfeld 1977. 207 S.

**Blackbook** of localities, whose Jewish population was exterminated by the Nazis. — [Jerusalem] 1965: Yad Vashem. X, 439 S.

**Blau**, Bruno: Das Ausnahmerecht für die Juden in den europäischen Ländern 1933—1945. — New York: Selbstverl. d. Verf. [Mimeograph.]
1. Deutschland. 1952. 142 S.

**Blau**, Bruno: Das Ausnahmerecht für die Juden in Deutschland 1933—1945. 2. Aufl. — Düsseldorf: Verl. Allg. Wochenztg. d. Juden in Deutschland 1954. 125 S.

**Blau**, Bruno: Die Christen jüdischer und gemischter Abkunft in Deutschland und Österreich im Jahr 1939. — In: Judaica 5 (1949), 272—288.

**Blau**, Bruno: The last days of German jewry in the Third Reich. — In: Yivo Annual Jew. Soc. Science 8 (1953), 197—204.

**Blau**, Bruno: The Jews of Germany, 1933—1945. Sources and statistics. — In: Wiener Libr. Bull. 6 (1952), 37.

**Blau**, Bruno: Die Juden in Deutschland von 1939 — 1945. — In: Judaica 7 (1951), 270—284.

**Blau**, Bruno: Die Mischehe im Nazireich: — In: Judaica 4 (1948), 46—57.

**Blau**, Bruno: The jewish population of Germany 1939—1945. — In: Jew. Social Stud. 12 (1950), 161—172.

**Blumenthal**, Nachman: Le Judenrat. Sa nature et son rôle. — In: Monde Juif 24 (1968), H. 52, 36—42 und 25 (1969), H. 53, 33—40.

**Blumental**, Nachman: Concerning the question, when did the idea of the „Final Solution" originate in Hitler's Germany? — In: Yad Vashem Bull. 1967, H. 20, 3—5.

**Blumenthal**, Nachman: Jewish resistance under the Nazis. — In: Yad Vashem Bull. 1968, H. 22, 8—13.

**Borwicz**, Michel: Les „solutions finales" à la lumière d'Auschwitz-Birkenau. — In: Rev. Hist. deux. Guerre mond. 6 (1956), H. 24, 56—87.

**Botz**, Gerhard: Wohnungspolitik und Judendeportation in Wien 1938 bis 1945. Zur Funktion des Antisemitismus als Ersatz nationalsozialistischer Sozialpolitik. - Wien: Geyer 1975. 200 S.
*(Veröffentlichungen des Historischen Instituts der Universität Salzburg. 13.)*
[Maschinenschr. vervielf.]

**Brand**, Emanuel: Jews who found refuge in „Organisation Todt". Cases of rescue and escape of Jews of Lvov to areas of Nazi-occupied Eastern Ukraine. — In: Yad Vashem Bull. 1966, H. 18, 11—16.

**Braun**, A. Z. und Dov Levin: Factors and motivations in Jewish resistance. — In: Yad Washem Bull. 1957, H. 2, 4—5.

**Browning**, Christopher: The final solution and the German Foreign Office. - New York: Holmes & Meier 1979. 275 S.

**Burg**, J. G. [d. i. J. Ginsburg]: Schuld und Schicksal. Europas Juden zwischen Henkern u. Heuchlern. — München: Damm-Verl. (1962). 370 S.

**Butz**, Arthur R.: Der Jahrhundertbetrug (The hoax of the twentieth century, dt. Übers. aus d. Engl.: Elsbeth Schade u. Udo Walendy.) - Richmond, Surrey: Hist. Rev. Press; (Vlotho: Verl. f. Volkstum u. Zeitgeschichtsforschung [in Komm.] 1977). X, 402 S.

**Carmon**, Arye: The impact of the Nazi racial decrees on the university of Heidelberg. - In: Yad Vashem Stud. 11 (1976), 131—163.

**Conway**, John S.: The last letters of the Brandt-Meyer family from Berlin. - In: Yad Vashem Stud. 11 (1976), 91—130.

**Dahm,** Volker: Liquidation des jüdischen Buchhandels im Dritten Reich. Vortrag gehalten am 17. Februar zur Jahrestagung der Historischen Kommission des Börsenvereins. – In: Buchhandelsgeschichte. Eine Beilage der Historischen Kommission des Börsenvereins 1975, B 237-B 243.

**Dawidowicz,** Lucy S. [Ed.]: A holocaust reader. – New York: Behrman House 1976. XIV, 379 S.
*(Library of Jewish Studies.)*

**Dawidowicz,** Lucy S.: The war against the Jews, 1933–1945. – London: Weidenfeld & Nicolson (1975). XVIII, 459 S.

**Ein Dokument zur Zeitgeschichte.** — In: Dtsch. Hochschullehrer-Ztg. 5 (1957), H. 2, 4—7; H. 3, 6—10.
Hauptinhalt: „Erinnerung an den Grünspanprozeß" von Friedrich Grimm.

**Dokumente** über die Behandlung der Juden durch das Dritte Reich. — o. O.: Verl. Allgem. Wochenzeitung der Juden in Deutschland 1958. 44 S.

**Dokumente** zur Geschichte der Frankfurter Juden 1933–1945. Hrsg. von d. Kommission zur Erforschung d. Frankfurter Juden. — Frankfurt: Kramer 1963. 553 S.

**Dokumente** über Methoden der Judenverfolgung im Ausland. — Frankfurt a. M.: United Restitution Organization 1959. 106 S.

**Dokumente** über die Verfolgung der jüdischen Bürger in Baden-Württemberg durch das Nationalsozialistische Regime 1933–1945. Im Auftr. d. Archivdirektion Stuttgart bearb. von Paul Sauer. — Stuttgart: Kohlhammer.
1. 1966. LII, 346 S.
2. 1966. 414 S.
*(Veröffentlichungen der Staatlichen Archivverwaltung Baden-Württemberg. 16.17.)*

**Düwell,** Kurt: Die Rheingebiete in der Judenpolitik des Nationalsozialismus vor 1942. Beitr. zu e. vergleichenden zeitgeschichtlichen Landeskunde. — Bonn: Röhrscheid 1968. 328 S.
*(Rheinisches Archiv. 65.)*

**Dvorzecki,** M.: La résistance médicale juive et la médicine criminelle nazie. — In: Monde juif 6 (1952/53), H. 61, 4—8.

**Eck,** Nathan: Jewish heroism in Israel and in the countries of the holocaust. — In: Yad Vashem Bull. 1968, H. 22, 3—8.

**Eck,** Nathan: The rescue of Jews with the aid of passports and citizenship papers of Latin America states. — In: Yad Washem Studies [Jerusalem] 1957, Vol. 1, 125—152.

**Eck,** Nathan: Jewish and European resistance. — In: Yad Washem Bull. 1961, H. 8/9, 2—5.

**Erinnern,** nicht vergessen. Zugänge zum Holocaust. Hrsg. von Martin Stöhr unter Mitarb. von Ulrike Berger [u. a.] im Auftr. der Arbeitsgemeinschaft Juden und Christen beim Evangelischen Kirchentag. - (München:) Kaiser (1979). 178 S.
*(Kaiser Traktate. 43.)*

**Esh,** Shaul: Between discrimination and extermination. (The fateful year 1938.) — In: Yad Washem Stud. 2 (1958), 79—93.

**The extermination.** A standard work from source material. — In: Wiener Libr. Bull. 7 (1953), 17.

**Extermination** and resistance. (Ed.: Zvi Szner. Transl.: I. M. Lask.) Vol. 1. — Kibutz Lohamei Haghettaot: Ghetto Fighters House 1958. 196 S.

**Feilchenfeld,** Werner, Dolf Michaelis [u.] Ludwig Pinner: Haavara-Transfer nach Palästina und Einwanderung deutscher Juden, 1933—1939. Mit e. Einl. von Siegfried Moses. — Tübingen: Mohr 1972. 112 S.
*(Schriftenreihe wissenschaftlicher Abhandlungen des Leo Baeck Instituts. 26.)*

**Feinberg,** Nathan: The activities of central Jewish organizations following Hitler's rise to power. — In: Yad Washem Stud. 1 (1957), 67—83.

**Feinberg,** Nathan: The Jewish front against Hitler on the stage of the League of Nations. (Bernheim petition.) Issued by Yad Vashem. — Jerusalem: Bialik 1957. 186 S.

**Fliedner,** Hans-Joachim: Die Judenverfolgung in Mannheim 1933–1945. Hrsg. von Stadtarchiv Mannheim. Bd 1.2. - Stuttgart: Kohlhammer.
1. Darstellungen. (1971). 259 S.
2. Dokumente. Bearb. von Hans-Joachim Fliedner. (1971). 411 S.
*(Veröffentlichungen des Stadtarchivs Mannheim. 1.)*

**Franke,** Hans: Geschichte und Schicksal der Juden in Heilbronn. Vom Mittelalter bis zur Zeit der nationalsozialistischen Verfolgungen (1050—1945). — Heilbronn: Stadtarchiv 1963. 384 S.
*(Veröffentlichungen des Archivs der Stadt Heilbronn. 11.)*

**Freeden,** Herbert: Jüdisches Theater in Nazi-Deutschland. — Tübingen: Mohr 1964. X, 184 S.

**Freeden,** Herbert: Vom geistigen Widerstand der deutschen Juden. Ein Kapitel jüdischer Selbstbehauptung in den Jahren 1933/38. Vortrag, geh. am 1. April 1963 in d. David Yellin Loge, B'nei Brith Haus, Jerusalem. — Jerusalem 1963: David Yellin Loge. 18 S.
*(Schriftenreihe der David Yellin Loge, Orden B'nei Brith, Jerusalem. 1.)*

**Friedman,** Philip: Aspects of the Jewish communal crisis in the period of the Nazi regime in Germany, Austria and Czechoslovakia. — In: Essays on Jewish Life and Thought, New York: Columbia University Press 1959, 200—230.

**Friedman,** Philip: The Jewish badge and the yellow star in the Nazi era. — In: Historia Judaica 17 (1955), April, 41—70.

**Friedman,** Philip: The bibliography of bibliographies on the Jewish catastrophe. — In: Kiriat Sepher 28 (1952/53), 410—415 und 29 (1953/54), 162—171.
In hebräischer Sprache und Schrift.

**Friedman,** Philip: The messianic complex of a Nazi collaborateur in a ghetto. — In: Bitzaron 28, H. 5 (April 1953), 29—40.
In hebräischer Schrift und Sprache.

**Friedman,** Philip: The Jewish ghettos of the Nazi era. — In: Jew. soc. Stud. 16 (1954), 61—88.

**Friedman**, Philip: The Lublin reservation and the Madagascar plan. Two aspects of Nazi Jewish policy during the world war. — In: Yivo Annual Jew. Soc. Science 8 (1953), 151—177.

**Friedrich**-Brettinger, Heide: Die Juden in Bamberg. — (Volkach vor Würzburg 1962: Hartdruck.) 56 S.

Die jüdische **Gemeinden** in Bayern 1918–1945. Geschichte und Zerstörung. Hrsg. u. bearb. von Baruch Z[vi] Ophir u. Falk Wiesemann. (Veröffentlichung im Rahmen des Projekts „Widerstand und Verfolgung in Bayern 1933–1945" im Auftrag des Bayerischen Staatsministeriums für Unterricht und Kultus bearbeitet vom Institut für Zeitgeschichte in Verbindung mit den Staatlichen Archiven Bayerns.) – München: Oldenbourg 1979. 511 S.

**Genschel**, Helmut: Die Verdrängung der Juden aus der Wirtschaft im Dritten Reich. — Göttingen: Musterschmidt (1966). 337 S.
*(Göttinger Bausteine zur Geschichtswissenschaft. 38.)*
*Zugl. phil. Diss., Göttingen.*

**Göppinger**, Horst: Die Verfolgung der Juristen jüdischer Abstammung durch den Nationalsozialismus. Unter Mitarb. von Johann Georg Reißmüller. Mit e. Geleitw. von Wolfgang Haußmann. — Villingen/Schwarzwald: Ring-Verl. (1963). XVI, 156 S.

**Goldmann**, S.: Geschichte der jüdischen Gemeinde in Moisling-Lübeck. — In: Z. Gesch. Juden 6 (1969), 159—164.

**Gott** nach Auschwitz (Dimensions of the Holocaust, dt.) Dimensionen des Massenmords am jüdischen Volk. [Von] Eugen Kogon [u. a.] – Freiburg: Herder (1979). 144 S.

**Graml**, Hermann: Der 9. November 1938. „Reichskristallnacht". — Bonn: Bundeszentrale für Heimatdienst (1953). 19 S.
Beilage zur Wochenzeitung „Das Parlament" vom 11. November 1953.

**Grohmann**, Johannes: Um des Judentums willen gestorben. Der Lebensweg d. Philosophin u. Karmelitin Edith Stein. — In: Freiheit u. Recht 9 (1963), H. 3, 16—20.

**Härtle**, Heinrich: Was „Holocaust" verschweigt. Deutsche Verteidigung gegen Kollektivschuld-Lügen. – Leoni am Starnberger See: Druffel (1979). 94 S.

**Halperin**, Irving: Spiritual resistance in holocaust literature. — In: Yad Vashem Stud. 7 (1968), 75—82.

**Handlin**, O.: Jewish resistance to the Nazis. — In: Commentary 34 (1962), 398—405.

**Hanke**, Peter: Zur Geschichte der Juden in München zwischen 1933 und 1945. — (München: Stadtarchiv; Buch- und Kunstantiquariat Wölfle [in Komm.]) 1967. 353 S.
*(Miscellanea Bavarica Monacensia. 3.)*
*(Neue Schriftenreihe des Stadtarchivs München. 19.)*
*Diss., München.*

**Hausner**, Gideon: Die Vernichtung der Juden. Das größte Verbrechen der Geschichte. – (München:) Kindler (1979). 429 S.

**Heiber**, Helmut: Der Fall Grünspan. — In: Vjh. Zeitgesch. 5 (1957), 134—172.

**Heimann**, Guido: Die Lüge von den sechs Millionen. — In: Weg 8 (1954), 479—487.
Eine Darstellung in der bekannten, in Buenos Aires erscheinenden neonazistischen Zeitschrift.

**Helmreich**, E. D.: Jewish education in the Third Reich. — In: J. Centr. Europ. Aff. 15 (1955/56), 134—147.

**Henschel**, Hildegard: Aus der Arbeit der jüdischen Gemeinde Berlin während der Jahre 1941-1943. Gemeindearbeit und Evakuierung von Berlin 16. Oktober 1941–16. Juni 1943. - In: Z. Gesch. Juden 9 (1972), 33–52.

**Herrmann**, Gert-Julius: Jüdische Jugend in der Verfolgung. Eine Studie über das Schicksal jüdischer Jugendlicher aus Württemberg und Hohenzollern. — o. O. 1967. 210 S.
*Tübingen, phil. Diss. vom 16. Februar 1967.*

**Herrmann**, Klaus J.: Das Dritte Reich und die deutsch-jüdischen Organisationen 1933—1934. — Köln: Heymann 1969. VIII, 156 S.
*(Schriftenreihe der Hochschule für Politische Wissenschaften München. N. F. 4.)*

**Hershkovitch**, Benedet: The ghetto in Litzmannstadt (Lodz). — In: YIVO Annual Jew. Soc. Science 5 (1950), 85—122.

**Herz**, Yitzhak S.: Kristallnacht at the Dinslaken orphanage. – In: Yad Vashem Stud. 11 (1976), 344—368.

**Hilberg**, Raul: The destruction of the European Jews. — London: Allen; (Chicago: Quadrangle Books) 1961. IX, 788 S.

**Hilberg**, Raul [Ed.]: Documents of destruction. Germany and Jewry 1933 bis 1945. — Chicago: Quadrangle Books 1971. 242 S.

**Hoche**, Klaus: Die „Endlösung der Judenfrage". — In: Dtsch. Rdsch. 80 (1954), 356—360.

**Hoffmann**, Bruno: Die Ausnahmegesetzgebung gegen die Juden von 1933—1945 unter besonderer Berücksichtigung der Synagogengemeinde Köln. — o. O. u. J. 122 S.
*Köln, jur. Diss. vom 3. Juli 1962.*

**Holocaust** and rebirth [engl.] A symposium. (Lectures delivered at a symposium sponsored by Yad Vashem - April 1973. Transl. by Efraim Zuroff.) - Jerusalem: [Selbstverl. d. Hrsg.] 1974. 215 S.

**Horbach**, Michael: So überlebten sie den Holocaust. Zeugnisse der Menschlichkeit 1933–1945. — [München:] Goldmann (1979). 310 S.
*(Goldmann Taschenbuch. 3845.)*

**Horsch**, Daniel: Die jüdische Gemeinde in Weinheim a. d. Bergstraße. Hrsg. von d. Stadt Weinheim a. d. Bergstraße. — (Weinheim) 1964: (Diesbach). 77 S.
*(Weinheimer Geschichtsblatt. 26.)*

**Jews** in Germany 1933—1939. — In: U. S. Department of State Bulletin 12 (1945), 969—978.

**Im** Feuer vergangen. Tagebücher aus d. Ghetto. Mit e. Vorw. von Johann Christoph Hampe. (Übertr. von Viktor Mika.) — München: Kaiser 1963. 313 S.
*(Der Siebenstern.)*

**Brunsvicensia Judaica.** Ein Gedenkbuch für die jüdischen Mitbürger der Stadt Braunschweig 1933—1945. — Braunschweig: Waisenhaus-Verl. 1966. 237 S.
*(Braunschweiger Werkstücke. 35.)*

**Juden** unterm Hakenkreuz. Verfolgung und Ausrottung der deutschen Juden 1933–1945. [Von] Klaus Drobisch, Rudi Goguel, Werner Müller unter Mitw. von Horst Dohle. – Frankfurt a. M.: Röderberg 1973. 437 S.

**Kahanowitz,** Moshe: Why no separate Jewish partisan movement was established during World War II. — In: Yad Washem Studies [Jerusalem] 1957, Vol. 1, 153—167.

**Katz,** Shlomo Z.: Public opinion in Western Europe and the Evian Conference of July 1938. – In: Yad Vashem Stud. 9 (1973), 105–132.

**Kempner,** Robert M. W.: Eichmann und Komplizen. — Zürich, Stuttgart, Wien: Europa Verl. (1961), 451 S.

**Kempner,** Robert M[ax] W[assili]: Edith Stein und Anne Frank. 2 von 100000. Die Enthüllungen über die NS-Verbrechen in Holland vor dem Schwurgericht in München. Die Ermordung der nichtarischen Mönche und Nonnen. — (Freiburg: Herder 1968.) 308 S.
*(Herder-Bücherei. 308.)*

**Kennzeichen J.** Bilder, Dokumente, Berichte zur Geschichte der Verbrechen des Hitlerfaschismus an den deutschen Juden 1933—1945. Hrsg. von Helmut Eschwege. Mit e. Geleitw. von Arnold Zweig, e. Einl. von Rudi Goguel u. e. Chronik d. faschistischen Judenverfolgungen von Klaus Drobisch. — Berlin: Dtsch. Verl. d. Wissenschaften 1966. 377 S.

**Kimche,** Jon und David Kimche: Des Zornes und des Herzens wegen (The secret roads — the illegal migration of a people 1938—1948, dt.). Die illegale Wanderung eines Volkes (Dt. Übers. von Ruth Haemmerling). — Berlin: Colloquium-V. (1956). 215 S.

**Klampfer,** Josef: Das Eisenstädter Ghetto. — Eisenstadt: (Amt d. Burgenländ. Landesregierung, Landesarchiv) 1965. 289 S.
*(Burgenländische Forschungen. 51.)*

**Kochan,** Lionel: Pogrom: November 10, 1938. — London: Deutsch 1957. 159 S.

**Kogon,** Eugen: Dokumente zur Erinnerung. — In: Frankf. H. 11 (1956), 177—183.

**Koniuchowsky,** L.: The liquidation of the Jews of Marcinkonis. — In: Yivo Annual Jew. Soc. Science 8 (1953), 205—223.

**Kotkowski,** Else: Israelische Gemeinde Karlsruhe/Baden. Von August 1938 bis zu ihrem Ende 22. X. 1940. — In: Z. Gesch. Juden 6 (1969), 44—53.

**Krausnick,** Helmut: Die Verfolgung der Juden unter dem Nationalsozialismus. — In: Judentum. Schicksal, Wesen u. Gegenwart. Hrsg. von Franz Böhm u. Walter Dirks, Bd 1, Wiesbaden: Steiner 1965, 290—366.

**Krausnick,** Helmut: Zur Zahl der jüdischen Opfer des Nationalsozialismus. — In: Aus Politik und Zeitgeschichte, Beilage zur Wochenzeitung „Das Parlament", 11. August 1954, 426—427.

**Kristallnacht.** Dokumente von gestern zum Gedenken heute. [Hrsg.:] Hartmut Metzger. – Stuttgart: Calwer (1978). 64 S.
*(Calwer Paperback.)*

**Kulka,** Erich: The holocaust is being denied! [engl.] Transl. by Lilli Kopecky. – (Tel Aviv: Committee of Auschwitz Camps Survivors in Israel 1977). 32 S.

**Lagus,** Karel [u.] Josef Polák: Město za mřížemi. — Praha: Naše vojsko. Svaz protifašistických bojovníků 1964. 365 S.

**Lamm,** Hans: Über die innere und äußere Entwicklung des deutschen Judentums im Dritten Reich. — Erlangen 1951. 369 gez. Bl. [Maschinenschr.]
*Erlangen, phil. Diss. 7. Juli 1951.*

**Lamm,** Hans: Note on the number of Jewish victims of national socialism. — In: Jewish Soc. Studies 21 (1959), 132—134.

**Levin,** Nora: The holocaust. The destruction of European Jewry 1933—1945. — New York: Crowell 1968. XVI, 768 S.

**Levine,** Herbert S.: Die wissenschaftliche Untersuchung des Verhaltens der Juden zur Zeit der nationalsozialistischen Verfolgung und die Hemmungen einer unbewältigten Vergangenheit. - In: Tradition und Neubeginn, Köln: Heymanns (1975), 409–418.

**L'extermination** des juifs sous le régime nazi. — In: Documents 7 (1952), 400—404.
Mit genauem Zahlenmaterial.

**Lichtenstein,** Erwin: Die Juden in Danzig (1933—1939). — In: Z. Gesch. Juden 4 (1967), 199—217.

**Linn,** Dorothee: Das Schicksal der jüdischen Bevölkerung in Memmingen von 1933 bis 1945. Jahresbericht einer Primanerin. — Stuttgart: Klett (1968). 96 S.
*(Aus den deutschen Landeserziehungsheimen. 7.)*

**Loewenstein,** Karl: Minsk. Im Lager der deutschen Juden. — (Bonn: 1961 Köllen.) 58 S.
*(Schriftenreihe der Bundeszentrale für Heimatdienst. 51.)*

**Ludwig,** Max: Aus dem Tagebuch des Hans O. Dokumente u. Berichte über d. Deportation u. d. Untergang d. Heidelberger Juden. Mit e. Vorw. von Hermann Maas. — Heidelberg: Schneider 1965. 69 S.

**Luft,** Gerda: Heimkehr ins Unbekannte. Eine Darstellung der Einwanderung von Juden aus Deutschland nach Palästina vom Aufstieg Hitlers zur Macht bis zum Ausbruch des Zweiten Weltkrieges 1933–1939. Mit e. Vorw. von Willy Brandt. – (Wuppertal:) Hammer (1977). 141 S.

**Lupul,** Johann: Zur deutschen Verantwortlichkeit gem. § 2 BEG für die von rumänischen Dienststellen während des 2. Weltkrieges gegen die Juden aus Rassegründen verübten Gewaltmaßnahmen. - In: Rechtspr. Wiedergutmachungsrecht 28 (1977), 41–47.

**McKale,** Donald: A case of Nazi „justice". The punishment of party members involved in the Kristallnacht, 1938. - In: Jew. soc. Stud. 35 (1973), 228–238.

**Margaliot,** Abraham: The dispute over the leadership of German Jewry ⟨1933–1938⟩. - In: Yad Vashem Stud. 10 (1974), 129–148.

# DEUTSCHE GESCHICHTE

**Marx,** [Landgerichtspräsident a. D.]: Das Schicksal der jüdischen Juristen in Württemberg und Hohenzollern 1933—1945. (Dokumentation.) — (Villingen: Neckar-Verl. 1965.) 20 S.

**Mazor,** Michel: La „folie" hitlerienne. — In: Monde juif 6 (1952), H. 51, 6—10; H. 53, 4—6 und 19; H. 55, 5—8 und 20.
2. Les raisons d'état nazies.
3. La méthode dans la folie.
4. La „folie" qui rapporte.

**Mazor,** Michel: L'humanité face à la persécution des Juifs 1933—1945. — In: Monde Juif 24 (1968), H. 51, 20—25.

**Michel,** Henri: Jewish resistance and the European resistance movement. — In: Yad Vashem Stud. 7 (1968). 7—16.

**Minc,** Rahel: Kinder der Nacht. Schicksale jüdischer Kinder 1939—1945. — Frankfurt a. M.: Hirschgraben-Verl. (1963). 59 S.
*(Menschen in der Zeit.)*

**Mommsen,** Hans: Der nationalsozialistische Polizeistaat und die Judenverfolgung vor 1938. — In: Vjh. Zeitgesch. 10 (1962), 68—87.

**Müllerheim,** F. [Hrsg.]: Die gesetzlichen und außergesetzlichen Maßnahmen zur wirtschaftlichen Vernichtung der Juden in Deutschland 1933—1945. — Hamburg: Jewish Trust Corporation for Germany (1952). 16 S.

**Münz,** Max: Die Verantwortlichkeit für die Judenverfolgungen im Ausland während der nationalsozialistischen Herrschaft. Ein Beitrag zur Klärung des Begriffes der „Veranlassung"... unter besonderer Berücksichtigung der Judenverfolgungen in Bulgarien, Rumänien und Ungarn. — o. O. 1958. 251 S.
*Frankfurt a. M., jur. Diss. 23. Juli 1958.*

**Nebel,** Theobald: Die Geschichte der jüdischen Gemeinde in Talheim. Ein Beispiel für das Schicksal des Judentums in Württemberg. Hrsg. von d. Gemeinde Talheim, Landkreis Heilbronn. — (Weinsberg) 1963: (Röck). 64 S.

**Neugebauer,** Otto: Der Pogrom vom 10. November 1938 in Bonn. — In: Bonner Geschichtsbl. 19 (1965), 196—206.

**Neumann,** Robert: Ausflüchte unseres Gewissens. Dokumente zu Hitlers „Endlösung der Judenfrage" mit Kommentar und Bilanz der politischen Situation. — Hannover: Verl. f. Literatur u. Zeitgeschehen 1960. 64 S.

**Neumann,** Siegfried: Vom Kaiserhoch zur Austreibung. Aus den Aufzeichnungen eines jüdischen Rechtsanwalts 1933-1939. — In: Aus Politik und Zeitgeschichte, Beilage zur Wochenzeitung „Das Parlament" Nr 45 vom 6. November 1976, 3-52.

**Neumann,** Siegfried: Vom Kaiserhoch zur Austreibung. Aufzeichnungen aus dem Leben eines jüdischen Rechtsanwalts in Deutschland. (Hrsg. von d. Bundeszentrale f. polit. Bildung.) — Bonn: [Selbstverl. d. Hrsg.] 1978. 131 S.
*(Schriftenreihe der Bundeszentrale für politische Bildung. 129.)*

**Noam,** Ernst [u.] Wolf-Arno Kropat: Juden vor Gericht, 1933-1945. Dokumente aus hessischen Justizakten. Mit e. Vorw. von Johannes Strelitz. - Wiesbaden: Kommission für die Geschichte der Juden in Hessen 1975. VIII, 327 S.
*(Justiz und Judenverfolgung. 1.)*
*(Schriften der Kommission für die Geschichte der Juden in Hessen. 1.)*

Die **Opfer.** [Zusammengestellt vom Institute of Jewish Affairs, New York.] — In: Frankf. H. 7 (1952), 161—163.
Zahlenangaben über das Ausmaß der Vernichtung.

Die **Opfer** der nationalsozialistischen Judenverfolgung in Baden-Württemberg. 1933—1945. Ein Gedenkbuch. Hrsg. von d. Archivdirektion Stuttgart. — Stuttgart: Kohlhammer 1969. XVI, 478 S.
*(Veröffentlichungen der Staatlichen Archivverwaltung Baden-Württemberg. 20. Beibd.)*

**Ophir,** Baruch Zvi: Pinkas-Hakehillot. Encyclopaedia of Jewish communities from their foundation till after the Holocaust. Germany-Bavaria. In collaboration with Shlomo Schmiedt and Chasia Turtel-Aberzhanska. - Jerusalem: Yad Vashem 1972. XL, 683 S.
[Text hebräisch, mit engl. Einl.]

**Ostrowski,** Siegfried: Vom Schicksal jüdischer Ärzte im Dritten Reich. Ein Augenzeugenbericht aus den Jahren 1933—1939. — In: Bull. Leo Baeck Inst. 6 (1963), 313—351.

**Pendorf,** Robert: Mörder und Ermordete. Eichmann und die Judenpolitik des Dritten Reiches. — Hamburg: Rütten & Loening (1961). 150 S.
*(Das aktuelle Thema. 6.)*

**Perotti,** Berto: La notte dei cristalli. L'inizio della persecuzione antisemita nel Terzo Reich ⟨9-10 novembre 1938⟩. - (Milano:) Mursia (1977). 208 S.

**Piechorowski,** A.: Der Untergang der jüdischen Gemeinde Nordhorn. Hrsg. vom Arbeitskreis d. Gemeinde Nordhorn. — Almelo 1964: Lulolf.) 79 S.

**Pinchuk,** Ben-Cion: Soviet media on the fate of Jews in Nazi-occupied territory ⟨1939-1941⟩. – In: Yad Vashem Stud. 11 (1976), 221-233.

**Poliakov,** Léon: Breviaire de la haine Le IIIe Reich et les juifs. — Paris Calmann-Levy 1951. 385 S.

**Poliakov,** Léon: Harvest of hate. The Nazi program for the destruction of the Jews in Europe. Foreword by Reinhold Niebuhr. — Syracuse: Syracuse University Press. (1954) XIII, 338 S.

**Poliakov,** Léon: Lois de Nuremberg et lois de Vichy. Du racisme intégral au racisme de compromis. — In: On the track of tyranny. Essays presented by the Wiener Library to Leonard G. Montefiore on the occasion of his 70th birthday. — London (1960). S. 181—187.

**Poliakov,** Léon: Note sur le chiffre total des victimes juives des persécutions raciales pendant la dernière guerre. — In: Rev. Hist. deux. Guerre mond. 6 (1956), H. 24, 88—96.

**Poliakov,** Léon und Josef Wulf: Das Dritte Reich und seine Diener. Dokumente. — Berlin: Arani-V. (1956). XV, 540 S.

**Poliakov,** Léon und Josef Wulf: Das Dritte Reich und die Juden. Dokumente und Aufsätze. — Berlin: Arani-V. 1955. 457 S.

**Prinz,** Arthur: The role of the Gestapo in obstructing and promoting Jewish emigration. — In: Yad Washem Stud. 2 (1958), 179—204.

**Prittie,** Terence [u.] Walter Henry Nelson: The economic war against the Jews. - London: Secker & Warburg 1978. IX, 269 S.

**Reichmann,** Eva Gabriele: Die Flucht in den Haß (Hostages of civilisation, dt.) Die Ursachen der deutschen Judenkatastrophe. — Frankfurt a. M.: Europ. Verl. Anst. 1956. 324 S.

**Reichmann,** Eva G.: Hostages of civilization. The social sources of national socialist anti-semitism. — Boston: Beacon Press 1951. 281 S.

Die **Reichskristallnacht.** Der Antisemitismus in der deutschen Geschichte. [Hrsg.:] Friedrich-Ebert-Stiftung. (2. Aufl.) — (Köln 1960: Druckhaus Deutz.) 46 S.
*(Schriftenreihe der Friedrich-Ebert-Stiftung.)*

**Reitlinger,** Gerald: Die Endlösung. Hitlers Versuch der Ausrottung der Juden Europas 1939—1945. Vorw. von R. Hagelstange. — Berlin-Dahlem: Colloquium-V. 1956. 768 S.

**Reitlinger,** Gerald: Die Endlösung (The final solution, dt.) Hitlers Versuch der Ausrottung der Juden Europas 1939—1945. Ins Deutsche übertr. von J. W. Brügel. 3., durchges. u. verb. Aufl. — Berlin: Colloquium-Verl. (1960). XIX, 698 S.

**Reitlinger,** Gerald: The final solution. The attempt to exterminate the Jews of Europe 1939—1945. — London: Vallentine, Mitchell & Co. 1953. 640 S.

Jewish **restistance** during the holocaust. Proceedings of the conference on manifestations of Jewish resistance. Jerusalem, April 7—11, 1968. — Jerusalem: Yad Vashem 1970. 463 S.
Text hebr.

**Rothe,** Wolf Dieter: Die Endlösung der Judenfrage. - (Frankfurt a. M.: Bierbaum).
1. Zeugen. (1974). 208 S.
*(Verschwörung gegen die Wahrheit.)*

**Rothkirchen,** Livia: The „Final Solution" in its last stages. — In: Yad Vashem Stud. 8 (1970), 7—29.

**Sauer,** Paul: Die Schicksale der jüdischen Bürger Baden-Württembergs während der nationalsozialistischen Verfolgungszeit 1933—1945. Statist. Ergebnisse d. Erhebungen d. Dokumentationsstelle bei d. Archivdirektion Stuttgart u. zusammenfassende Darstellung. — Stuttgart: Kohlhammer 1969. XVI, 468 S.
*(Veröffentlichungen der Staatlichen Archivverwaltung Baden-Württemberg. 20.)*

**Scheffler,** Wolfgang: Ausgewählte Dokumente zur Geschichte des Novemberpogroms 1938. - In: Aus Politik und Zeitgeschichte, Beilage zur Wochenzeitung „Das Parlament" Nr. 44 vom 4. November 1978, 3—30.

**Scheffler,** Wolfgang: Die nationalsozialistische Judenpolitik. Unterlagen für den Unterricht in Politik und Zeitgeschichte. Hrsg. vom Otto-Suhr-Institut an d. Freien Universität Berlin (vorm. Dtsch. Hochschule f. Politik) und von d. Landeszentrale f. polit. Bildungsarbeit Berlin.— (Berlin) 1960: (Verwaltungsdr. Berlin). 88 S.
*(Zur Politik und Zeitgeschichte. 4/5.)*

**Scheffler,** Wolfgang: Judenverfolgung im Dritten Reich. 1933—1945. — Berlin: Colloquium-Verl. (1960). 125 S.

**Scheffler,** Wolfgang: Judenverfolgung im Dritten Reich 1933 bis 1945. Erg. Neuaufl. — Berlin: Colloquium-Verl. 1964. 94 S.

**Schild,** Hermann: Zum Geheimnis der „Endlösung". — In: Nation Europa 6 (1956), H. 8, 37—47.

**Schleunes,** Karl A.: The twisted road to Auschwitz. Nazi policy toward German Jews 1933—1939. — Chicago: (University of Illinois 1970). 280 S.

**Schoenberner,** Gerhard: Der gelbe Stern. Die Judenverfolgung in Europa 1933 bis 1945. (2. Aufl.) — Hamburg: Rütten & Loening (1961). 223 S.

**Schoenberner,** Gerhard [Hrsg.]: Wir haben es gesehen. Augenzeugenberichte über Terror u. Judenverfolgung im Dritten Reich. — Hamburg: Rütten u. Loening (1962). 429 S.

**Schoeps,** Hans-Joachim: „Bereit für Deutschland!" Der Patriotismus deutscher Juden und der Nationalsozialismus. Frühe Schriften 1930 bis 1939. Eine historische Dokumentation. — Berlin: Haude & Spener (1970). 316 S.

**Schwersenz,** Jizchak [u.] Edith Wolff: Jüdische Jugend im Untergrund. E. zionist. Gruppe in Deutschland während d. Zweiten Weltkrieges. — In: Bull. Leo Baeck Inst. 12 (1969), 27-100.

**Sellenthin:** H. G.: Geschichte der Juden in Berlin und des Gebäudes Fasanenstraße 79/80. Festschrift anläßlich der Einweihung des Jüdischen Gemeindehauses, hrsg. vom Vorstand der Jüdischen Gemeinde zu Berlin. — (Berlin 1959: Lichtwitz.) 130 S.

**Shafir,** Shlomo: American diplomats in Berlin [1933-1939] and their attitude to the Nazi persecution of the Jews. - In: Yad Vashem Stud. 9 (1973), 71–104.

**Shamir,** H[aim].: Die Kristallnacht, die Notlage der deutschen Juden und die Haltung Englands. — In: Jb. Inst. dtsch. Gesch. (Universität Tel Aviv) 1 (1972), 171—215.

**Sharf,** Andrew: The British press and Jews under Nazi rule. [Hrsg.:] Inst. of Race Relations. — London: Oxford University Press 1964. 228 S.

**Sigg,** Marianne: Das Rassestrafrecht in Deutschland in den Jahren 1933—1945 unter besonderer Berücksichtigung des Blutschutzgesetzes. — Aarau: Sauerländer 1951. VIII, 126 S.
*(Zürcher Beiträge zur Rechtswissenschaft. N. F. 170.)*

**Simon,** Ernst: Aufbau im Untergang. Jüdische Erwachsenenbildung im nationalsozialistischen Deutschland als geistiger Widerstand. — Tübingen: Mohr 1959. X, 109 S.
*(Schriftenreihe wissenschaftlicher Abhandlungen des Leo Baeck Institute of Jews from Germany. 2.)*

**Sodeikat,** Ernst: Die Verfolgung und der Widerstand der Juden in der Freien Stadt Danzig von 1933 bis 1945. — In: Bull. Leo Baeck Inst. 8 (1965), 107—149.

**Spiegel,** Marga: Retter in der Nacht. — Frankfurt a. M.: Röderberg (1969). 104 S.
*(Bibliothek des Widerstandes.)*

**Starr,** Joshua: Jewish cultural property under Nazi control. — In: Jew. soc. Stud. 12 (1950), 27—48.

**An der Stechbahn.** Erlebnisse und Berichte aus dem Büro Grüber in den Jahren der Verfolgung. — Berlin: Evangel. Verlagsanstalt 1951. 54 S.

**Steinberg,** Lucien: Un aspect peu connu de la résistance juive. Le sauvetage à main armée. — In: Monde Juif 24 (1968), H. 52, 14—24.

**Steinberg,** Lucien: La révolte des justes. Les juifs contre Hitler 1933—1945. — (Paris:) Fayard (1970). 605 S.
*(Grands documents contemporains.)*

**Stokes,** Lawrence D.: The German people and the destruction of the European Jews. – In: Centr. Europ. Hist. 6 (1973), 167–191.

**Strauß,** Walter: Das Reichsministerium des Innern und die Judengesetzgebung. [Nebst] Denkschrift von Bernhard Lösener: Als Rassereferent im Reichsministerium des Innern. — In: Vjh. Zeitgesch. 9 (1961), 262—313.

**Suhl,** Yuri: They fought back. The story of the Jewish resistance in Nazi Europe. — New York: Crown 1967. 312, 16 S.

**Suzman,** Arthur u. Denis Diamond: Der Mord an sechs Millionen Juden. Die Wahrheit ist unteilbar. – In: Aus Politik und Zeitgeschichte, Beilage zur Wochenzeitung „Das Parlament" Nr. 30 vom 19. Juli 1978, 4–21.

**Szanto,** Alexander: Economic aid in the Nazi era. The work of the Berlin Wirtschaftshilfe. — In: Year Book of the Leo Baeck Institute of Jews from Germany 4 (1959), 208—219.

**Szende,** Stefan: Der letzte Jude aus Polen. — Zürich, New York: Europa-V. 1945. 310 S.

**Tagebuch** einer jüdischen Gemeinde 1941/43. (Im Auftr. d. Jüdischen Gemeinde Mainz hrsg. u. komm. von Anton Keim.) — Mainz: v. Hase & Koehler (1968). 112 S.

**Tenenbaum,** Joseph: The crucial year 1938. — In: Yad Washem Stud. 2 (1958), 49—77.

**Thalmann,** Rita [u.] Emmanuel Feinermann: La nuit de cristal. — Paris: Laffont (1972). 243 S.
*(Coll. „L'Histoire que nous vivons".)*

**Vogel,** Rolf: Ein Stempel hat gefehlt. Dokumente zur Emigration deutscher Juden. – (München:) Droemer Knaur (1977). 367 S.

Das **„Wannsee-Protokoll"** zur Endlösung der Judenfrage und einige Fragen an die, die es angeht. Hrsg. vom Bundesvorstand des BVN. — (Düsseldorf 1952). 26 S.

**Weissmann,** Georg: Die Durchsetzung des jüdischen Minderheitenrechtes in Oberschlesien 1933—1937. — In: Bull. Leo Baeck Inst. 6 (1963), 154—194.

**Wellers,** Georges: Sur la résistance collective et la „coopération" des victimes avec les boureaux dans les camps d'extermination des Juifs. — In: Monde Juif 21 (1966), H. 10, 1—9.

**Wellers,** Georges: Die Zahl der Opfer der „Endlösung" und der Korherr-Bericht. – In: Aus Politik und Zeitgeschichte, Beilage zur Wochenzeitung „Das Parlament" Nr. 30 vom 29. Juli 1978, 22–39.

**Who** knew of the extermination? Kurt Gerstein's story. — In: Wiener Libr. Bull. 9 (1955), 22.

**Wulf,** Josef: Die Nürnberger Gesetze. — Berlin-Grunewald: Arani-Verl. Ges. (1960). 29 S.
*(Das Dritte Reich. 4.)*

**Zelzer,** Maria: Weg und Schicksal der Stuttgarter Juden. Ein Gedenkbuch. Hrsg. von d. Stadt Stuttgart. — Stuttgart: Klett (1964). 588 S.
*(Veröffentlichungen d. Archivs d. Stadt Stuttgart. Sonderbd.)*

Einzelne Gruppen

**Biernat,** Karl-Heinz [u.] Luise Kraushaar: Die Schulze-Boysen/Harnack-Organisation im antifaschistischen Kampf. — Berlin: Dietz 1970. 184 S.

**Bußmann,** Walter: Der deutsche Widerstand und die „Weiße Rose". Festvortrag anläßl. d. 25. Wiederkehr d. Todes d. Mitglieder d. „Weißen Rose", am 23. Februar 1968 im Lichthof d. Universität München. — München: Hueber (1968). 16 S.
*(Münchener Universitätsreden. N.F. 45.)*

**Dress,** Hans: Der antidemokratische und reaktionäre Charakter der Verfassungspläne Goerdelers. — In: Z. Geschichtswiss. 5 (1957), 1134—1159.

Das **Geheimnis** der Roten Kapelle. Das US-Dokument 0/7708. Verrat und Verräter gegen Deutschland. ⟨Hrsg.:⟩ Gert Sudholt. (Übers. aus d. Amerikan. von Mabel E. Narjes. 2. Aufl.) – Leoni am Starnberger See: Druffel (1979). 576 S.

**(Gembardt,** Ulrich:) Zehn Jahre danach. — In: Dtsch. Univ. Ztg. 8 (1953), H. 4, 3—4.
Zum Gedenken der Geschwister Scholl.

**Gerstenmaier,** Eugen: Der Kreisauer Kreis. — In: Vjh. Zeitgesch. 15 (1967), 221—246.

**Glondajewski,** Gertrud und Heinz Schumann: Die Neubauer-Poser-Gruppe. Dokumente und Materialien des illegalen antifaschistischen Kampfes (Thüringen 1939—1945). — Berlin: Dietz 1957. 128 S.

**Graml,** Hermann: Deutscher Widerstand zwischen Gestern und Morgen. Die außenpolitischen Vorstellungen des Kreisauer Kreises. — In: Merkur 20 (1966), 760—774.

Generaloberst **Halder** über seine Widerstandstätigkeit. — In: Nation Europa 2 (1952), H. 6, 45—47.

**Harnack,** Axel von: Arvid und Mildred Harnack. — In: Gegenwart 2 (1947), H. 1/2, 15—18.

**Hildebrandt,** Rainer: Wir sind die letzten. Aus dem Leben des Widerstandskämpfers Albrecht Haushofer und seiner Freunde. — Neuwied, Berlin: Michael-V. (o. J.) 207 S.

**Hochhuth,** Ursel: Candidates of humanity. Dokumentation zur Hamburger Weißen Rose anläßlich des 50. Geburtstages von Hans Leipelt. Hrsg.: Vereinigung der Antifaschisten und Verfolgten des Naziregimes Hamburg. ⟨VAN.⟩ — Hamburg: [Selbstverl. d. Hrsg.] 1971. 74 S.
*(VAN-Dokumentation. 2.)*

**Höhne,** Heinz: Kennwort Direktor. Die Geschichte der Roten Kapelle. — (Frankfurt a. M.:) S. Fischer (1970). 335 S.

**Hornung,** Klaus: Die Reformpläne des Kreisauer Kreises. Ein Beitrag zur deutschen politischen Überlieferung. — In: Gesch. Wiss. Unterr. 7 (1956), 730—737.

**Jahnke,** Karl-Heinz: Weiße Rose contra Hakenkreuz. Der Widerstand der Geschwister Scholl und ihrer Freunde. — Frankfurt a. M.: Röderberg (1969). 96 S.
*(Bibliothek des Widerstandes.)*

**John,** Otto: Männer im Kampf gegen Hitler. Hans von Dohnanyi. — In: Blick in die Welt, H. 12 (1947), 16—17.

**John,** Otto: Männer im Kampf gegen Hitler. Ernst von Harnack. — In: Blick in die Welt, H. 6 (1946), 14—15.

**John,** Otto: Männer im Kampf gegen Hitler. Ulrich von Hassell. — In: Blick in die Welt, H. 8 (1946), 20—21.

**John,** Otto: Männer im Kampf gegen Hitler. Julius Leber. — In: Blick in die Welt, H. 7 (1946), 22—23.

**John,** Otto: Männer im Kampf gegen Hitler. Wilhelm Leuschner. — In: Blick in die Welt, H. 9 (1947), 20.

**John,** Otto: Männer im Kampf gegen Hitler. Carlo Mierendorff, Theodor Haubach, Adolf Reichwein. — In: Blick in die Welt, H. 11 (1947), 14—15.

**John,** Otto: Männer im Kampf gegen Hitler. Helmuth James Graf von Moltke. — In: Blick in die Welt, H. 10 (1947), 14—15.

**Krause,** Ilse: Die Schumann-Engert-Kresse-Gruppe. Dokumente u. Materialien des illegalen antifaschistischen Kampfes (Leipzig — 1943 bis 1945). — Berlin: Dietz 1960. 150 S.

**Lehmann,** Klaus: Widerstandsgruppe Schulze-Boysen/Harnack. Hrsg. von der Zentralen Forschungsstelle der Vereinigung der Verfolgten des Naziregimes. — (Berlin: VVN-Verlag 1948.) 88 S.

**Melnikov,** Daniil: Der Kreisauer Kreis und die Gruppe Stauffenberg. — In: Bl. f. dtsch. u. internat. Politik 10 (1965), 585—594.

**Meyer,** Gertrud: Zur Einschätzung der Bästlein-Jakob-Abshagen-Gruppe. — In: Intern. H. Widerstandsbewegung 3 (1961), H. 7, 85—87.

**Nitzsche,** Gerhard: Die Saefkow-Jacob-Bästlein-Gruppe. Dokumente und Materialien des illegalen antifaschistischen Kampfes (1942—1945). — Berlin: Dietz 1957. 211 S.

**Perrault,** Gilles: L'Orchestre rouge. — Paris: Fayard 1967. 560 S.
Dtsch. Ausg. u.d.T.: Auf den Spuren der Roten Kapelle. (Aus d. Französ. übertr. von E. u. R. Thomsen. Die dtsch. Fassung wurde vom Autor durchges. u. genehmigt.) — (Reinbek b. Hamburg): Rowohlt (1969). 527 S.

**Petry,** Christian: Studenten aufs Schafott. Die Weiße Rose und ihr Scheitern. — München: Piper (1968). 258 S.

**Puls,** Ursula: Die Bästlein-Jacob-Abshagen-Gruppe. Bericht über den antifaschistischen Widerstandskampf in Hamburg und an der Wasserkante während des 2. Weltkrieges. — Berlin: Dietz 1959. 226 S.

**Roon,** Ger van: Neuordnung im Widerstand. Der Kreisauer Kreis innerhalb der deutschen Widerstandsbewegung. — München: Oldenbourg 1967. XI, 652 S.

**Roon,** Ger van: German resistance to Hitler (Neuordnung im Widerstand, engl.) Count von Moltke and the Kreisau Circle. Transl. by Peter Ludlow. — London: Van Nostrand Reinhold (1971). XII, 400 S.

**Scheel,** Heinrich: Die Widerstandsorganisation Schulze-Boysen/Harnack und ihre Darstellung in Gilles Perraults „Roter Kapelle". — In: Beitrr. Gesch. Arbeiterbew. 12 (1970), 266—277.

**Schmölders,** Günter: Personalistischer Sozialismus. Die Wirtschaftsordnungskonzeption des Kreisauer Kreises der deutschen Widerstandsbewegung. — Köln: Westdtsch. Verl. 1969. 94 S.
*(Demokratische Existenz heute. 17.)*

**Scholl,** Inge: Die weiße Rose. 3. Aufl. — (Frankfurt a. M.:) Verl. d. Frankf. H. (1952). 109 S.

**Scholl,** Inge: Die weiße Rose. (Ungekürzte Ausg.) (188.—212. Tsd.) — (Frankfurt a. M. u. Hamburg:) Fischer Bücherei (1961). 154 S.
*(Fischer Bücherei. 88.)*

**Schramm,** Wilhelm Ritter von [Hrsg.]: Beck und Goerdeler. Gemeinschaftsdokumente für den Frieden 1941—1944. — München: G. Müller (1965). 285 S.

**Vielhaber,** Klaus: Gewalt und Gewissen. Willi Graf und die „Weiße Rose". Eine Dokumentation. In Zsarb. mit Hubert Hanisch u. Anneliese Knoop-Graf. — (Freiburg: Herder 1964.) 123 S.
*(Herder-Bücherei. 174.)*

**Wasmund,** Klaus: Staat und Politik in der Gedankenwelt des Kreisauer Kreises. — In: Jb. d. Schles. Friedr.-Wilh.-Univ. Breslau 10 (1965), 386—430.

**Wir** schweigen nicht. Eine Dokumentation über den antifaschistischen Kampf Münchener Studenten 1942/43. Hrsg. u. mit e. biograph. Skizze d. Geschwister Scholl eingel. von Klaus Drobisch. — Berlin: Union-Verl. (1968). 190 S.

Parteien
―――

**Abendroth,** Wolfgang: Das Problem der Widerstandstätigkeit der „Schwarzen Front". — In: Vjh. Zeitgesch. 8 (1960), 181—187.

**Aretin,** Karl Otmar Frhr. von: Das Ende der Zentrumspartei und der Abschluß des Reichskonkordats am 20. Juli 1933. — In: Frankf. H. 17 (1962), 237—243.

**Auer,** Albert: Der deutsche Katholizismus 1933. — In: Lebendiges Zeugnis 1961/62, H. 1, 5—20.

## DEUTSCHE GESCHICHTE

**Bahne,** Siegfried: Die Kommunistische Partei Deutschlands. — In: Das Ende der Parteien 1933, hrsg. von Erich Matthias und Rudolf Morsey, Düsseldorf: Droste (1960), 655—739.

**Bahne,** Siegfried: Zur Vorgeschichte der Volksfront. Die kommunistische „Einheitsfrontpolitik" gegenüber der Sozialdemokratie in den Jahren 1933 bis 1935. — In: Z. Politik 7 (1960), 168—178.

**Becker,** Josef: Zentrum und Ermächtigungsgesetz. — In: Vjh. Zeitgesch. 9 (1961), 195—210.

**Bednarek,** Horst: Die Gewerkschaftsfrage auf der 4. Reichsparteikonferenz der KPD 1935 in Brüssel. — In: Zs. Geschichtswiss. 11 (1963), 753—763.

**Bednarek,** Horst: Die Gewerkschaftspolitik der Kommunistischen Partei Deutschlands, fester Bestandteil ihres Kampfes um die antifaschistische Einheits- und Volksfront zum Sturze der Hitlerdiktatur und zur Verhinderung des Krieges ⟨1935 bis August 1939⟩. — Berlin: Verl. Tribüne 1969. 171 S.
*Diss., Institut f. Gesellschaftswissenschaften beim ZK d. SED Berlin.*

**Berthold,** Lothar [u.] Helmut Neef: Die Rolle Walter Ulbrichts bei der Ausarbeitung des Programms für das neue, demokratische Deutschland (1935—1939). — In: Beitrr. Gesch. Arbeiterbew. 10 (1968), 421—457.

**Blank,** A. [u.] B. Level': Naša cel', svobodnaja Germanija. Iz istorii antifašistskogo dviženija „Svobodnaja Germania" (1943—1945 gg.) — Moskva: Izd. Mysl 1969. 292 S.

**Böckenförde,** Ernst-Wolfgang: Der deutsche Katholizismus im Jahre 1933. — In: Hochland 53 (1960/61), 215—239.

**Bohn,** Willi: Transportkolonne Otto. — Frankfurt a. M.: Röderberg (1970). 143 S.
*(Bibliothek des Widerstandes.)*

**Booms,** Hans: Die Deutsche Volkspartei. — In: Das Ende der Parteien 1933, hrsg. von Erich Matthias und Rudolf Morsey, Düsseldorf: Droste (1960), 523—539.

**Buchheim,** Hans: Der deutsche Katholizismus im Jahre 1933. Eine Auseinandersetzung mit Ernst-Wolfgang Böckenförde. — In: Hochland 53 (1960/61), 497—515.

**Buchheim,** Karl: Warum das Zentrum unterging. — In: Hochland 53 (1960), H. 1, 15—27.

**Deuerlein,** Ernst: Zur Vergegenwärtigung der Lage des deutschen Katholizismus 1933. — In: Stimmen d. Zeit 168 (1960/61), 1—23, 90—116 und 196—223.

**Duhnke,** Horst: Die KPD von 1933 bis 1945. — Köln: Kiepenheuer & Witsch (1972). 605 S.

**Edinger,** Lewis J.: The history of the German Social Democratic Party executive, 1933—1945.
*New York (Columbia), phil. Diss. 1951.*

**Edinger,** Lewis J.: German exile politics. The Social Democratic executive committee in the Nazi era. — Berkeley, Los Angeles: University of California Press 1956. XIII, 329 S.

**Edinger,** Lewis J.: Sozialdemokratie und Nationalsozialismus (German exile politics, dt.) Der Parteivorstand der SPD im Exil von 1933 bis 1945. (Übers.: K. H. Tjaden.) — Hannover, Frankfurt a.M.: Norddt. Verl. Anst. Goedel 1960. XV, 256 S.

Das **Ende** der Parteien 1933. Hrsg. von Erich Matthias und Rudolf Morsey. — Düsseldorf: Droste (1960). XV, 816 S.
*(Veröffentlichungen der Kommission für Geschichte des Parlamentarismus und der politischen Parteien.)*

**Epstein,** Klaus: The end of the German parties in 1933. — In: J. Centr. Europ. Aff. 23 (1963), 52—76.

**Erler,** Fritz: Die Rolle der Gruppe „Neu Beginnen". (Ein Leserbrief). — In: Polit. Studien 6 (1955/56), H. 69, 43—45.

**Esters,** Helmut [u.] Hans Pelger: Gewerkschafter im Widerstand. — Hannover: Verl. f. Literatur u. Zeitgeschehen (1967). 180 S.
*(Schriftenreihe des Forschungsinstituts der Friedrich-Ebert-Stiftung. B. Historisch-politische Schriften.)*

**Findeisen,** Otto: Zu den Einheitsfrontverhandlungen am 23. November 1935 in Prag. — In: Beitrr. Gesch. dtsch. Arbeiterbewegung 8 (1966), 676—694.

**Forschbach,** Edmund: Die Deutschnationalen. Vom Ende einer Partei. — In: Polit. Meinung 5 (1960), H. 50, 12—16.

**Frenzel,** Max, Wilhelm Thiele [u.] Artur Mannbar: Gesprengte Fesseln. Ein Bericht über den antifaschistischen Widerstand und die Geschichte der illegalen Parteiorganisation der KPD im Zuchthaus Brandenburg-Görden von 1933 bis 1945. (2. Aufl.) - (Berlin:) Militärverl. d. DDR (1976). 367 S.

**Freyberg,** Jutta von: Sozialdemokraten und Kommunisten. Die revolutionären Sozialisten Deutschlands vor dem Problem der Aktionseinheit 1934–1937. - Köln: Pahl-Rugenstein (1973). 186 S.
*(Sammlung Junge Wissenschaft.)*

**(Freyh,** R.:) Die Nation stand abseits. — In: Neue Gesellschaft 1 (1954/55), 72—75.

Die **Front** war überall. Erlebnisse und Berichte vom Kampf des Nationalkomitees „Freies Deutschland". (Mit e. Vorw. von Walter Ulbricht. Hrsg. von Else u. Bernt von Kügelgen. 3., überarb., wesentlich erw. Aufl.) - Berlin: Verl. d. Nation (1968). 447 S.

**Gleissberg,** Gerhard: SPD und Gesellschaftssystem. Aktualität der Programmdiskussion von 1934–1946. Dokumente und Kommentar. Hrsg. vom Inst. f. Marxist. Studien u. Forschungen (IMSF), Frankfurt a. M. - Frankfurt a. M.: Verl. Marxist. Bll. 1973. 112 S.
*(Marxistische Taschenbücher. Reihe Marxismus aktuell. 58.)*

**Glondajewski,** Gertrud [u.] Gerhard Rossmann: Ein bedeutendes politisches Dokument des illegalen antifaschistischen Kampfes der Kommunistischen Partei Deutschlands. — In: Beitrr. Gesch. dtsch. Arbeiterbewegung 8 (1966), 644—675.

**Grasmann,** Peter: Sozialdemokraten gegen Hitler 1933–1945. - München: Olzog (1976). 162 S.
*(Geschichte und Staat. 196/197.)*

**Hebel**-Kunze, Bärbel: SPD und Faschismus. Zur politischen und organisatorischen Entwicklung der SPD 1932–1935. – Frankfurt a. M.: Röderberg (1977). 278 S.

**Heider**, Paul: Antifaschistischer Kampf und revolutionäre Militärpolitik. Zur Militärpolitik der KPD von 1933–1939 im Kampf gegen Faschismus und Kriegsvorbereitung, für Frieden, Demokratie und Sozialismus. – Berlin: Militärverl. d. DDR 1976. 311 S.
*(Militärhistorische Studien. N.F. 17.)*

**Hiller** von Gaertringen, Friedrich Frhr.: Die Deutschnationale Volkspartei. — In: Das Ende der Parteien 1933, hrsg. von Erich Matthias und Rudolf Morsey, Düsseldorf: Droste (1960), 543—652.

**Jahnke**, Karl Heinz: Jungkommunisten im Widerstandskampf gegen den Hitlerfaschismus. – Berlin: Verl. Neues Leben 1977. 450 S.

Vor zwanzig **Jahren**: Zerschlagung der deutschen Parteien. — In: Dokumentation d. Zeit 1953, H. 50 (15. Juli), 2754—2761.

**Kennan**, George [Frost] [u.] Hermann Weber: Aus dem Kadermaterial der illegalen KPD 1943. [Dokumentation.] – In: Vjh. Zeitgesch. 20 (1972), 422–446.

**Kirste**, Peter: Wirtschaftspolitik und antiimperialistische Umwälzung. Zur Erarbeitung wesentlicher Grundsätze der wirtschaftspolitischen Konzeption der KPD für die antifaschistisch-demokratische Umwälzung ⟨Februar 1944–April 1945⟩. – In: Jb. Gesch. 14 (1976), 235–286.

**Kliem**, Kurt: Der sozialistische Widerstand gegen das Dritte Reich. Dargestellt an der Gruppe „Neu Beginnen". — Marburg a. L. 1957. 456 Bl.
*Marburg a. L., phil. Diss. 22. Mai 1957.*

**Knittel**, Fritz: Die KPD — die einzige führende und organisierte Kraft des antifaschistischen Widerstandskampfes in Deutschland 1933—1945. — In: Z. Geschichtswiss. 6 (1958), Sonderh., 190—201.

**Kraushaar**, Luise [u.] Gerhard Nitzsche: Einheitsbestrebungen sozialdemokratischer Mitglieder nach der Errichtung der faschistischen Diktatur. — In: Beitrr. Gesch. dtsch. Arbeiterbewegung 9 (1967), 1046—1061.

**Kuehl**, Michael: Die exilierte deutsche demokratische Linke in USA. — In: Z. Politik 4 (1957), 273—289.

**Langkau**-Alex, Ursula: Volksfront für Deutschland? – (Frankfurt a. M.:) Syndikat.
  1. Vorgeschichte und Gründung des „Ausschusses zur Vorbereitung einer deutschen Volksfront", 1933–1936. (1977). 363 S.

**Laschitza**, Horst: Kämpferische Demokratie gegen Faschismus. Die programmatische Vorbereitung auf die antifaschistisch-demokratische Umwälzung in Deutschland durch die Parteiführung der KPD. — Berlin: Dtsch. Militärverl. 1969. 285 S.

**Leiber**, Robert: Reichskonkordat und Ende der Zentrumspartei. — In: Stimmen d. Zeit 167 (1960/61), 213—223.

**Mammach**, Klaus: Die K[ommunistische] D[eutsche] A[rbeiterpartei] im Kampf gegen die faschistische Kriegsvorbereitung. — In: Beitr. Gesch. Dtsch. Arbeiterbewegung 6 (1964), 646—654.

**Mammach**, Klaus: Die KPD und die deutsche antifaschistische Widerstandsbewegung, 1933–1939. ([Hrsg.:] Institut für Marxismus-Leninismus beim ZK der SED.) - Frankfurt a. M.: Röderberg 1974. 307 S.

**Matthias**, Erich: Die Sozialdemokratische Partei Deutschlands. — In: Das Ende der Parteien 1933, hrsg. von Erich Matthias und Rudolf Morsey, Düsseldorf: Droste (1960), 101—278.

**Matthias**, Erich: Die Sitzung der Reichstagsfraktion des Zentrums am 23. März 1933. — In: Vjh. Zeitgesch. 4 (1956), 302—307.

**Matthias**, Erich: Sozialdemokratie und Nation. Ein Beitrag zur Ideengeschichte der sozialdemokratischen Emigration in der Prager Zeit des Parteivorstandes (1933—1938). — Göttingen 1951. VIII, 304 gez. Bl. [Maschinenschr.]
*Göttingen, phil. Diss. 31. Jan. 1951.*

**Matthias**, Erich: Sozialdemokratie und Nation. Ein Beitrag zur Ideengeschichte der sozialdemokratischen Emigration in der Prager Zeit des Parteivorstandes 1933—1938. — Stuttgart: Dtsch. Verl.-Anst. (1952). 363 S.
*(Veröffentlichung des Instituts für Zeitgeschichte München.)*

**Matthias**, Erich und Rudolf Morsey: Die Deutsche Staatspartei. — In: Das Ende der Parteien 1933, hrsg. von Erich Matthias und Rudolf Morsey, Düsseldorf: Droste (1960), 31—97.

**Matthias**, Erich: Der Untergang der Sozialdemokratie 1933. — In: Vjh. Zeitgesch. 4 (1956), 179—226.

**Matthias**, Erich: Der Untergang der alten Sozialdemokratie 1933. — In: Vjh. Zeitgesch. 4 (1956), 250—286.

**Menschen** im Exil. Eine Dokumentation der sudetendeutschen Emigranten von 1938 bis 1945. Hrsg.: Seliger-Arch. – Stuttgart: [Selbstverl. d. Hrsg.] 1974. 404 S.

**Moraw**, Frank: Die Parole der „Einheit" und die Sozialdemokratie. Zur parteiorganisatorischen und gesellschaftspolitischen Orientierung der SPD in der Periode der Illegalität und in der ersten Phase der Nachkriegszeit 1933–1948. – Bonn-Bad Godesberg: Verl. Neue Gesellsch. (1975). 262 S.
*(Schriftenreihe des Forschungsinstituts der Friedrich-Ebert-Stiftung. 94.)*
*Diss., Universität Heidelberg.*

**Morsey**, Rudolf: Hitlers Verhandlungen mit der Zentrumsführung am 31. Januar 1933. — In: Vjh. Zeitgesch. 9 (1961), 182—194.

**Morsey**, Rudolf: Die Deutsche Zentrumspartei. — In: Das Ende der Parteien 1933, hrsg. von Erich Matthias und Rudolf Morsey, Düsseldorf: Droste (1960), 281—453.

**Neuhaus**, Barbara: Funksignale vom Wartabogen. Über den gemeinsamen Kampf deutscher Kommunisten, sowjetischer und polnischer Partisanen. (2. Aufl.) - (Berlin:) Militärverl. d. DDR (1977). 601 S.
*(Ereignisse, Tatsachen, Zusammenhänge.)*

**Nitzsche,** Gerhard: Zur politisch-organisatorischen Führungs- und Verbindungstätigkeit des Zentralkomitees der KPD im antifaschistischen Widerstandskampf in der Anfangsperiode des zweiten Weltkrieges ⟨1939—1941⟩. — Berlin: Inst. f. Gesellschaftswiss. beim ZK d. SED 1968. XI, 220, 37 gez. Bl.
*Berlin, phil. Diss. vom Dezember 1968.*

**Paterna,** Erich: Zum Kampf der KPD gegen die Vorbereitung des zweiten Weltkrieges durch das Naziregime ⟨Februar bis August 1939⟩. — In: Beitr. Gesch. Dtsch. Arbeiterbewegung 6 (1964), 581—600.

**Pieck,** Wilhelm: Der neue Weg zum gemeinsamen Kampf für den Sturz der Hitlerdiktatur. Referat und Schlußwort auf der Brüsseler Parteikonferenz der KPD Oktober 1935. Anh.: Resolution und Manifest der Parteikonferenz. 3. Aufl. — Berlin: Dietz 1954. 184 S.

**Pikarski,** Margot: Über die führende Rolle der Parteiorganisation der KPD in der antifaschistischen Widerstandsgruppe Herbert Baum Berlin 1939 bis 1942. — In: Beitrr. Gesch. dtsch. Arbeiterbewegung 8 (1966), 867—881.

**Plum,** Günther: Die KPD in der Illegalität. Rechenschaftsbericht einer Bezirksleitung aus dem Jahre 1934. [Dokumentation.] - In Vjh. Zeitgesch. 23 (1975), 219-235.

**Plum,** Günter: Volksfront, Konzentration und Mandatsfrage. E. Beitr. zur Geschichte d. SPD im Exil. — In: Vjh. Zeitgesch. 18 (1970), 410—442.

**Reichhardt,** Hans J.: Neu Beginnen. Ein Beitrag zur Gesch. d. Widerstandes d. Arbeiterbewegung gegen d. Nationalsozialismus. Mit e. Vorw. von Hans Herzfeld. — Berlin: de Gruyter 1963. 43 S. — In: Jb. f. d. Gesch. Mittel- u. Ostdeutschlands 12 (1963).

**Ritthaler,** Anton: Eine Etappe auf Hitlers Weg zur ungeteilten Macht. Hugenbergs Rücktritt als Reichsminister. — In: Vjh. Zeitgesch. 8 (1960), 193—219.

**Röder,** Werner: Deutschlandpläne der sozialdemokratischen Emigration in Großbritannien 1942—1945. — In: Vjh. Zeitgesch. 17 (1969), 72—86.

**Röder,** Werner: Die deutschen sozialistischen Exilgruppen in Großbritannien. Ein Beitr. zur Geschichte d. Widerstandes gegen d. Nationalsozialismus. — Hannover: Verl. f. Literatur u. Zeitgeschehen (1969). 322 S.
*(Schriftenreihe des Forschungsinstituts der Friedrich-Ebert-Stiftung. B. Histor.-polit. Schriften.)*

**Rossmann,** Gerhard: Der Kampf der KPD um die Einheit aller Hitlergegner. — Berlin: Dietz 1963. 300 S.

**Runge,** Wolfgang: Das Prager Manifest von 1934. Ein Beitrag zur Geschichte d. SPD. — (Hamburg: Runge 1963.) 31 S.
*(Schriftenreihe sozialistischer Korrespondenz. 3.)*

**Scheu,** Friedrich: Die Emigrationspresse der Sozialisten 1938 bis 1945. — Frankfurt a. M.: Europa-Verl. (1968). 44 S.
*(Monographien zur Zeitgeschichte.)*

**Schumacher,** Hans: Mit dem Gesicht nach Deutschland. Dokumente der sozialdemokratischen Emigration 1933—1945. — In: Neue Gesellsch. 17 (1970), 42—51.

**Schwend,** Karl: Die Bayerische Volkspartei. — In: Das Ende der Parteien 1933, hrsg. von Erich Matthias und Rudolf Morsey, Düsseldorf: Droste (1960), 457—519.

**Sywottek,** Arnold: Deutsche Volksdemokratie. Studien zur politischen Konzeption der KPD 1935—1946. — (Düsseldorf:) Bertelsmann Universitätsverl. (1971). 297 S.
*(Studien zur modernen Geschichte. 1.)*

Lebendige **Tradition.** Lebensbilder deutscher Kommunisten und Antifaschisten. (Herausgeberkollektiv: Paul Heider [u. a.]) - Berlin: Militärverl. d. DDR (1974).
1. 318 S.
2. 287 S.

**Vietzke,** Siegfried: Zur Entwicklung der Konzeption der KPD über die deutsche demokratische Republik [1936]. — In: Jb. Gesch. 4 (1969), 149—182.

**Wehling,** Wilhelm: Zum Manifest des Prager Emigrationsvorstandes der deutschen Sozialdemokratie vom Januar 1934. — In: Beitr. Gesch. Dtsch. Arbeiterbewegung 6 (1964), 242—260.

Der antifaschistische **Widerstandskampf** der KPD im Spiegel des Flugblattes 1933–1945. Zusammengest. u. eingef. von Margot Pikarski u. Günter Uebel. – Frankfurt a. M.: Röderberg 1978. 240 Bl. in Kassette, 65 S.

**Winzer,** Otto: Zwölf Jahre Kampf gegen Faschismus und Krieg. — Berlin: Dietz 1955. 320 S.
*Beiträge zur Geschichte der KPD 1933—45.*

Nationalkomitee „Freies Deutschland"

**Christen** im Nationalkomitee „Freies Deutschland". Eine Dokumentation. Hrsg. u. eingel. von Klaus Drobisch. – Berlin: Union Verl. 1973. 310 S.

**Demps,** Laurenz: Die vertraulichen „Mitteilungen für die Bevollmächtigten und ihre Beauftragten an der Front" des Nationalkomitees Freies Deutschland ⟨NKFD⟩ Nr. 4 vom Juli 1944. — In: Bull. d. Arbeitskreises „Zweiter Weltkrieg" 1975, Nr. 3/4, 22-102.

**Dengler,** Gerhard: Anfänge einer neuen deutschen Außenpolitik. Zu einigen außenpolitischen Aspekten des Nationalkomitees „Freies Deutschland". — In: Dtsch. Außenpol. 20 (1975), 518—528.

**Graml,** Hermann: Das Nationalkomitee „Freies Deutschland". — In: Neues Abendland 7 (1952), 676—680.

**Gribbohm,** Günter: Zwischen Widerstand und Verrat. Der Fall Seydlitz vor dem Reichskriegsgericht. - In: Europ. Wehrkunde 26 (1977), 185–189.

**Knaekstedt,** Heinz: Das „Nationalkomitee Freies Deutschland". — In: Wehrwiss. Rdsch. 11 (1961), 293—296.

**Kochan,** Lionel: „Freies Deutschland" Committee. Russian propaganda during the war. — In: Wiener Libr. Bull. 5 (1951), 15.

**Korfes,** Otto: Zur Geschichte des Nationalkomitees „Freies Deutschland". — In: Z. Geschichtswiss. 6 (1958), 1284—1298.

**Lowenfeld,** Andreas F.: The Free German Committee. A historical study. — In: Rev. Politics 14 (1952), 346—366.

**Paetel,** Karl O.: Das Nationalkomitee „Freies Deutschland". — In: Polit. Studien 6 (1955/56), H. 69, 7—26.

**Puttkamer,** Jesco von: Von Stalingrad zur Volkspolizei. Geschichte des Nationalkomitees „Freies Deutschland". — Wiesbaden: Michael-V. (1951). 120 S.

**Scheurig,** Bodo: Freies Deutschland. Das Nationalkomitee und der Bund Deutscher Offiziere in der Sowjetunion 1943—1945. — München: Nymphenburger Verlagshandl. (1960). 268 S.

**Sie** kämpften für Deutschland. Zur Geschichte des Kampfes der Bewegung „Freies Deutschland". — Berlin: Verl. d. Ministeriums für Nationale Verteidigung 1959. 661 S.

**Strassner,** Peter: Verräter. Das Nationalkomitee „Freies Deutschland" — Keimzelle der sogenannten DDR. — (München-Lochhausen:) Schild-Verl. (1960). 452 S.

**Weinert,** Erich: Das Nationalkomitee „Freies Deutschland" 1943—1945. Bericht über seine Tätigkeit und seine Auswirkung. Mit e. Geleitwort von Hermann Matern. — Berlin: Rütten & Loening (1957). 165 S.

**Wiss-Verdier,** Antoine: La fin d'une légende: de l'armée Paulus au nationalbolschewisme. — In: Documents 4 (1949), 572—594.

**Wolff,** Willy: Dokumente von Politorganen der Roten Armee zur Fronttätigkeit des Nationalkomitees „Freies Deutschland". — In: Z. Geschichtswiss. 21 (1973), 950—969.

**Wolff,** Willy: Der Kampf der antifaschistischen Gruppe Zindel. Zum Wirken der Frontorganisation des NKFD am Kurlandkessel. — In: Militärgesch. 12 (1973), 322—332.

**Wolff,** Willy: An der Seite der Roten Armee. Zum Wirken des Nationalkomitees „Freies Deutschland" an der sowjetisch-deutschen Front 1943—1945. — Berlin: Militärverl. d. DDR 1973. 331 S.
*(Schriften des Militärgeschichtlichen Instituts der Deutschen Demokratischen Republik.)*

**Wurm,** Franz F.: Schuld und Niederlage der Antifa. — In: Neues Abendland 7 (1952), 404—414.
Behandelt die Schicksale des Nationalkomitees „Freies Deutschland" und der Antifa-Aktivs in der Sowjetunion.

## 20. Juli 1944

**Balzer,** Karl: Der 20. Juli und der Landesverrat. Eine Dokumentation über Verratshandlungen im deutschen Widerstand. — Göttingen: Schütz (1967). 325 S.

**Die innere Befreiung.** Gedenkwort zum 20. Juli. — Stuttgart, Calw: Hatje (o. J.) 31 S.

**Bekenntnis** und Verpflichtung. Reden und Aufsätze zur 10jährigen Wiederkehr des 20. Juli 1944. — Stuttgart: Vorwerk (1955). 176 S.

**Berben,** Paul: L'attentat contre Hitler (20 juillet 1944). — Paris: Laffont (1962). 264 S.
*(Ce jour-là.)*

**Bernt,** Adolf: Der 20. Juli in der Bendlerstraße. — In: Gegenwart 11 (1956), 597—601.

**Booms,** Hans: Bemerkungen zu einer fragwürdigen Quellenedition. Die Veröffentlichung der „Kaltenbrunner-Berichte" vom „Archiv Peter". — In: Archivar 15 (1962), 105—112.

**Bracher,** Karl Dietrich: La tragédie du 20 juillet 1944. — In: Rev. Hist. deux. Guerre mond. 9 (1959), H. 36, 45—64.

**Braubach,** Max: Der Weg zum 20. Juli 1944. — Köln, Opladen: Westdtsch. Verl. 1953. 48 S.

**Collenot,** R.: Réflexions sur le 20 juillet 1944. — In: Rev. Hist. deux. Guerre mond. 6 (1956), H. 22, 23—30.

**Desroches,** Alain: Opération Walkyrie. Les patriotes allemands contre Hitler. — Paris: Nouv. édit. latines (1966). 250 S.

**Ehlers,** D.: Die Methoden der Beck-Gördeler-Verschwörung. — 213, XX gez. Bl. [Maschinenschr.]
*Hamburg, phil. Diss. 1954.*

**Ehlers,** Dieter: Technik und Moral einer Verschwörung. 20. Juli 1944. — Frankfurt/Main, Bonn: Athenäum-Verl. 1964. 250 S.

**Ersil,** Wilhelm: Das außenpolitische Programm der militaristischen Verschwörung vom 20. Juli 1944. — In: Dtsch. Außenpolitik 4 (1959), 743—758.

**E[schenburg],** T[heodor]: Die Rede Himmlers vor den Gauleitern am 3. August 1944. — In: Vjh. Zeitgesch. 1 (1953), 357—394.

**Fitterer,** Anton: 20. Juli von der anderen Seite. — In: Nation Europa 7 (1957), H. 7, 43—46.

**Fraenkel,** Heinrich und Roger Manvell: Der 20. Juli (The July plot, dt.) (Übers. von Karl Heinz Abshagen, Franziska Violet [u. a.]) (Vorw. von Wolf Graf von Baudissin.) — (Berlin, Frankfurt/M., Wien:) Ullstein (1964). 240 S.

**Freund,** Michael: Freiheit und Widerstand. — In: Gegenwart 8 (1953), 280.

**Goerdeler,** Karl: Testament. Programme. — In: Documents 1953, 648—655.

**Griebel,** Alexander: Eid – Treue – Gehorsam. Zur Problematik des 20. Juli 1944. — In: Dtsch. Rdsch. 87 (1961), 634—640.

**Grünau,** Werner von: Ein zwanzigster Juli. Bericht über den Fall Ulrich Redel. — München, Leipzig: List (1948). 80 S.

**Gygli,** Paul: Widerstand und Erneuerung. Zum 20. Juli. — In: Schweizer Monatsh. 46 (1966/67), 299—306.

**Haffner,** Franz: Der katholische Anteil am Aufstand des 20. Juli 1944. Ein zeitgeschichtl. Beitrag. — In: Rhein-Pfälzische Schulbll. 20 (1969), 106—111.

**Hagen,** Hans W.: Zwischen Eid und Befehl. Tatzeugenbericht von den Ereignissen am 20. Juli 1944 in Berlin und „Wolfsschanze". — München: Türmer-V. (1958). 94 S.

**Hammerstein,** Kunrat Frhr. von: Vor und nach dem Attentat. — In: Frankf. H. 12 (1957), 491—500, 557—565 und 622—631.

**Hammerstein**(-Equord), Kunrat Frhr. v(on): Flucht. Aufzeichnungen nach dem 20. Juli. — Olten, Freiburg i. Br.: Walter (1966). 210 S.
*(Texte und Dokumente zur Zeitgeschichte.)*

**Heinemann**, Gustav, W[ilhelm]: Gedenkrede zum 20. Juli 1944. — (Berlin: Lettner-Verl. 1969). 38 S.
*(Berliner Reden. 21.)*

**Hermann**, Eduard: Der 20. Juli vom politischen Standpunkt gesehen. — Kleinweiler b. Kempten/Allg.: Selbstverl. 1952. 15 S. [Umschlagt.]

Wider die trägen **Herzen**. Zur 10jährigen Wiederkehr des 20. Juli 1944. Hrsg. vom Arbeitskreis 20. Juli. (Verantw. für den Inhalt: Eric A. Peschler.) — München: Süddeutscher Verlag. (1954). 30 S.

**Heuss**, Theodor: Bekenntnis und Dank. Ansprache zum zehnten Jahrestag des 20. Juli 1944. — In: Dtsch. Univ. Ztg. 9 (1954), H. 15/16, 7—10.

**Hofer**, Walther: Der 20. Juli 1944. Geschichte und Vermächtnis. — In: Schweiz. Monatsh. 34 (1954/55), 205—214.

**Hoffmann**, Peter: Zu dem Attentat im Führerhauptquartier „Wolfsschanze" am 20. Juli 1944. — In: Vjh. Zeitgesch. 12 (1964), 254—284.

**Hoffmann**, Peter: Opposition annihilated. Punishing the 1944 plot against Hitler. — In: North Amer. Rev. 255 (1970), H. 3, 11—36.

**Jedlicka**, Ludwig Franz: Der 20. Juli in Österreich. — Wien, München: Herold-Verl. (1965). 187 S.
*(Das einsame Gewissen. 2.)*

Der zwanzigste **Juli**, Alternative zu Hitler? Hrsg. von Hans Jürgen Schultz. - Stuttgart: Kreuz-Verl. (1974). 206 S.

**20. Juli** 1944. 1. u. 2. Aufl.: Bearb. von Hans Royce. Neubearb. u. erg. von Erich Zimmermann und Hans-Adolf Jacobsen. Hrsg. von d. Bundeszentrale für Heimatdienst. — Bonn: Berto-Verl. (1960). 354 S.

20. **Juli** 1944. Die deutsche Opposition gegen Hitler im Urteil der ausländischen Geschichtsschreibung. Eine Anthologie. Hrsg. von Hans-Adolf Jacobsen. — Bonn: (Presse- u. Informationsamt d. Bundesregierung) 1969. 350 S.

**Kaehler**, S[iegfried] A[ugust]: Der 20. Juli im geschichtlichen Rückblick. — In: Sammlung 9 (1954), 436—445.

**Kästner**, Erich: Von der deutschen Vergeßlichkeit. Zum 10. Jahrestag des 20. Juli 1944. — In: Merkur 8 (1954), 601—603.

**Kraus**, H[erbert].[Hrsg.]: Die im Braunschweiger Remerprozeß erstatteten moraltheologischen und historischen Gutachten nebst Urteil. — Hamburg: Girardet 1953. 150 S.

**Krausnick**, Helmut: Zur Geschichte und Bedeutung des 20. Juli. — In: Aus Politik und Zeitgeschichte, Beilage zur Wochenzeitung „Das Parlament", 29. September 1954, 509—515.

**Lenz**, Friedrich: Der ekle Wurm der deutschen Zwietracht. Politische Probleme rund um den 20. Juli 1944. — Heidelberg: Selbstverl. 1953. 103 S.

**Maier**, Hedwig: Die SS und der 20. Juli 1944. — In: Vjh. Zeitgesch. 14 (1966), 299—516.

**Mann**, Golo: Was blieb vom 20. Juli? — In: Gesellsch., Staat, Erziehung 9 (1964), 152—160.

**Mann**, Golo: Wenn es den 20. Juli nicht gegeben hätte . . . — In: Dt. Rdsch. 89 (1963), H. 7, 9—18.

**Melnikow**, Daniil [Efimovič]: 20. Juli 1944 (Zagovor 20 ijulja 1944 goda v Germanii, dt.) (Aus d. Russ. ins Dt. übertr. von Fritz Rehak.) — Berlin: Dt. Verl. d. Wiss. 1964. 295 S.

**Münchheimer**, Werner: Die Verfassungs- und Verwaltungsreformpläne der deutschen Opposition gegen Hitler zum 20. Juli 1944. — In: Europa-Arch. 5 (1950), 3188—3195.

**Osas**, Veit [d. i. R. **Mund**-Heller]: Walküre. Dokumentarischer Bericht über den 20. Juli 1944. — Hamburg-Altona: Deutschland-Verl. A. E. Schulze 1953. 102 S.

**Oster**, Achim: Zum 20. Juli 1944. — In: Gesellsch., Staat, Erz. 15 (1970), 137—144.

**Paetel**, Karl O[tto]: Der 20. Juli 1944 und das Ausland. — In: Außenpolitik 5 (1954), 438—448.

**Paret**, Peter: An aftermath of the plot against Hitler. The Lehrterstraße prison in Berlin 1944—45. — In: Bull. Inst. hist. Research 32 (1959), 88—102.

**Peter**, J. K.: Der 20. Juli. Mit einem Nachwort von H. W. Hagen. — Buenos Aires: Dürer-V. 1951. 63 S.
*(Sonderheft der Zeitschrift „Der Weg".)*

**Pribilla**, Max: Der 20. Juli 1944. Ein Gedankenaustausch über seine staatspolitische und militärische Bedeutung. — In: Stimmen d. Zeit 77 (1951/52), 340—355.

**Pribilla**, Max: Zum 20. Juli 1944. Erkenntnis und Bekenntnis. — In: Stimmen d. Zeit 154 (1954), 241—246.

**Proske**, Rüdiger: Prozeß um den 20. Juli. Die Braunschweiger Verhandlungen gegen Otto Ernst Remer. — In: Monat 4 (1951/52), T. 2, 16—21.

**Regensburger**, Marianne: Wie man den Widerstand zähmt. Hinweise zur Bewältigung des 20. Juli 1944. — In: Gewerksch. Monatsh. 20 (1969), 417—426.

**Reichhold**, Ludwig: Arbeiterbewegung jenseits des totalen Staates. Die Gewerkschaften und der 20. Juli. — Köln: Europa Verl. (1965). 186 S.

**Remer**, Otto Ernst: 20. Juli 1944 (5. Aufl.). — Hamburg: Verlag Dtsch. Opposition 1951. 32 S.

(**Rieger**, Fritz) [Hrsg.]: Zwischen Eid und Befehl. ‹ Revolte um Hitler. › (1. Aufl.) — Wien: Kühne (1951). 64 S.
*(Dokumente zur Zeitgeschichte. 1.)*

**Ritter**, Gerhard: Deutscher Widerstand Betrachtungen zum 10. Jahrestag des 20. Juli 1944. — In: Zeitwende 25 (1954), 439—448.

**Rothfels**, Hans: Das politische Vermächtnis des deutschen Widerstandes. — In: Vjh. Zeitgesch. 2 (1954), 329—343.

**Rothfels,** Hans: Zur Wiederkehr des 20. Juli 1944. — In: Vjh. Zeitgesch. 17 (1969), 237—253.

**Rothfels,** Hans: Zerrspiegel des 20. Juli. — In: Vjh. Zeitgesch. 10 (1962), 62—67.

**Royce,** Hans [Bearb.]: 20. Juli 1944. (Geänderte und vervollständigte Bearbeitung der Sonderausgabe der Wochenzeitung „Das Parlament": „Die Wahrheit über den 20. Juli 1944". Hrsg. von d. Bundeszentrale f. Heimatdienst.) — (Bonn [1952]: Köllen.) 216 S.

**Schaal,** Ferdinand: Der 20. Juli 1944 in Prag. Der Attentatstag im Spiegel militärischer Befehle. — In: Schwäb. Ztg. vom 26. Juli 1952.

**Scheurig,** Bodo: Vor zehn Jahren: Der 20. Juli 1944. — In: Dt. Rundsch. 80 (1954), 649—652.

**Schler,** Wolfgang: Der 20. Juli nach deutschem Recht. Warum die Verschwörer weder Hoch- noch Landesverräter waren. — In: Freiheit u. Recht 8 (1962), H. 7, 5—7.

**Schlabrendorff,** Fabian von: Eine Quelle? Die „Kaltenbrunner-Berichte" über das Attentat vom 20. Juli 1944. — In: Frankf. H. 17 (1962), 13—20.

**Schneider,** Reinhold: Gedenkwort zum 20. Juli. — Freiburg i. Br.: Herder 1947. 28 S.

**Schramm,** Wilhelm (Ritter) von: Aufstand der Generale. Der 20. Juli in Paris. (Neu bearb. u. erg. Ausg.) — (München:) Kindler [1966]. 384 S.

**Schramm,** Wilhelm von [Hrsg.]: Beck und Goerdeler. Gemeinschaftsdokumente f. d. Frieden 1941—1944. — München: Müller (1965). 285 S.

**Schramm,** Wilhelm Ritter von: Erhebung 1944. Vom „Widerstand" zu den „Vereinigten Staaten von Europa". — In: Polit. Studien 8 (1954/55), 170—186.

**Schramm,** Wilhelm Ritter von: Der 20. Juli in Paris. — Bad Wörishofen: Kindler & Schiermeyer (1953). 412 S.

**Schramm,** Wilhelm von: Rommel — Schicksal eines Deutschen. Die Wahrheit über den „Fall" Rommel. Ein Bericht, der keine Sensationen sucht und doch ein erschütterndes Drama ist. — München: Dom-V. 1949. 63 S.

**Schramm,** Wilhelm Ritter von: Die „Studien" des Generalobersten Beck und ihre wehrphilosophische Bedeutung. Ein Beitrag zum 20. Juli 1944. — In: Wehrkunde 23 (1974), 338—344.

**(Schöningh,** Franz Josef:) [Der zwanzigste Juli]. — In: Hochland 45 (1952/53), 564—566.

**Spiegelbild** einer Verschwörung. Die Kaltenbrunner-Berichte an Bormann und Hitler über das Attentat vom 20. Juli 1944. Geheime Dokumente aus dem ehemaligen Reichssicherheitshauptamt. Hrsg. vom Archiv Peter f. Historische u. Zeitgeschichtliche Dokumentation. — Stuttgart: Seewald (1961). VII, 586 S.

**Steltzer,** Theodor: Der 20. Juli und die Bewältigung der Zukunft. Rede am 20. Juli in der Johann-Wolfgang-Goethe-Universität in Frankfurt a. Main. — In: Dtsch. Rdsch. 87 (1961), 828—839.

**Strölin,** Karl: Verräter oder Patrioten? Der 20. Juli 1944 und das Recht auf Widerstand. — Stuttgart: Vorwerk (1952). 47 S.

**Taylor,** J. F.: Der 20. Juli 1944. Anatomie einer Verschwörung. — (Bremen:) Thersal-Verl. (1968). 80 S.

**Travaglini,** Thomas: Der 20. Juli 1944. Technik u. Wirkung seiner propagandistischen Behandlung nach d. amtl. SD-Berichten. — (Karlsruhe 1963: Berenz.) 230 S.
*Berlin, Freie Univ., phil. Diss. vom 23. Juni 1964.*

**Travaglini,** Thomas: „m.E. sogar ausmerzen." Der 20. Juli 1944 in der nationalsozialistischen Propaganda. — In: Aus Politik und Zeitgeschichte, Beilage zur Wochenzeitung „Das Parlament" Nr 29 vom 20. Juli 1974, 3—23.

**Trentzsch,** Karl Christian: Der Soldat und der 20. Juli. — Darmstadt: Wehr und Wissen Verl. 1956. 38 S.

**Ulbricht,** Walter: Die Wahrheit über den 20. Juli 1944. — In: Dokumentation der Zeit 1955, 7530—7537.

**Zur Vorgeschichte** der Verschwörung vom 20. Juli 1944. Von einem Autorenkollektiv d. Instituts f. Deutsche Militärgeschichte unter d. Leitung von W. Stern. — Berlin: Verl. d. Min. f. Nat. Verteidigung 1960. 110 S.

**Waasen,** Heinrich Maria: „Hie Stauffenberg — Hie Remer!" Der Soldat von morgen und das deutsche Attentat vom 20. Juli 1944. Claus Graf Stauffenberg: Soldat und Revolutionär. — In: Österr. Furche 9 (1953), H. 6—12, jeweils S. 3.

**Waasen,** Heinrich Maria: Männer gegen Hitler oder der tiefgekühlte Staatsstreich. — In: Wort u. Wahrheit 6 (1951), 292—295.

**Die Wahrheit** über den 20. Juli. Herausgeber: Eugen Budde und Peter Lütsches. — (Düsseldorf: Raven 1952.) 152 S.

**Die Wahrheit** über den 20. Juli 1944. Sonderausgabe der Wochenztg. „Das Parlament" vom 20. Juli 1952. — Hamburg und Bonn: Girardet.

**Weniger,** Erich: Neue Literatur zur deutschen Widerstandsbewegung. — In: Sammlung 9 (1954), 403—411.

**Wolff,** Alfred: Der Prozeß des 20. Juli vor dem Volksgerichtshof. Ein Dokumentarfilm. Erläuterungen und Material für seine Auswertung. (Hrsg. von der Staatlichen Landesbildstelle Hamburg und dem Kuratorium für staatsbürgerliche Bildung Hamburg.) — (Hamburg) 1957: (Auerdr.) 28 S.

**Zeller,** Eberhard: Geist der Freiheit. Der zwanzigste Juli. — (München:) Rinn 1952. 395 S.
Mit reichhaltiger Bibliographie.

**Zeller,** Eberhard: Geist der Freiheit. Der zwanzigste Juli. (2. durchges. u. verm. Aufl.) — (München:) Rinn (1954). 454 S.

**Zeller,** Eberhard: Geist der Freiheit. Der zwanzigste Juli. (4., vollst. neu bearb. Aufl.) — München: G. Müller (1963). 559 S.

**Zuckmayer,** Carl: Memento zum 20. Juli 1969. — (Frankfurt a. M.: S. Fischer 1969). 21 S.

Deutsche Länder

**Anschütz,** Helga: Die Nationalsozialistische Deutsche Arbeiterpartei in Hamburg. Ihre Anfänge bis zur Reichstagswahl vom 14. September 1930. — Hamburg 1955. IV, 43, 186 gez. Bl. [Maschinenschr.]
*Hamburg, phil. Diss. 9. März 1956.*

**Auerbach,** Hellmuth: Zur Geschichte des Widerstandes gegen den Nationalsozialismus in Bayern. — In: Z. bayer. Landesgesch. 25 (1962), 222—232.

**Barteit,** Peter: Der Umschwung 1933 in Vilsbiburg. — In: Storchenturm [Dingolfing] 12 (1977), H. 23, 63-86.

**Bayern** in der NS-Zeit. - München: Oldenbourg.
[1.] Soziale Lage und politisches Verhalten der Bevölkerung im Spiegel vertraulicher Berichte. Hrsg. von Martin Broszat, Elke Fröhlich [u.] Falk Wiesemann. 1977. 712 S.
2. Herrschaft und Gesellschaft im Konflikt. Teil A. Hrsg. von Martin Broszat [u.] Elke Fröhlich. 1979. XXV, 517 S.

**Beckenbauer,** Alfons: Das mutige Wort des Dr. Tischler zur Kristallnacht in Landshut. Ein Beitrag zur Frage, wie die nachgeordneten bayerischen Justizbehörden die Herausforderung des 10. November 1938 bewältigt haben. - In: Verhandlungen des Historischen Vereins für Niederbayern 98 (1972), 21-36.

**Beer,** Helmut: Widerstand gegen den Nationalsozialismus in Nürnberg, 1933-1945. - [Nürnberg: Stadtarchiv] 1976. X, 398 S.
*(Nürnberger Werkstücke zur Stadt- und Landesgeschichte. 20.)*
*Diss., Universität Erlangen.*

**Billstein,** Aurel: Der eine fällt, die andern rücken nach ... Dokumente des Widerstandes und der Verfolgung in Krefeld 1933-1945. Zsgest. i. A. d. Vereinigung d. Verfolgten d. Naziregimes ⟨VVN-Bund d. Antifaschisten⟩, d. Bundes d. Verfolgten d. Naziregimes ⟨BVN⟩ u. d. Jüdischen Gemeinde Krefeld. - Frankfurt a. M.: Röderberg (1973). 343 S.
*(Bibliothek des Widerstandes.)*

**Bludau,** Kuno: Gestapo - geheim! Widerstand und Verfolgung in Duisburg 1933-1945. - Bonn-Bad Godesberg: Verl. Neue Gesellsch. (1973). XIX, 324 S.
*(Schriftenreihe des Forschungsinstituts der Friedrich-Ebert-Stiftung. 98.)*

**Böhnke,** Wilfried: Die NSDAP im Ruhrgebiet 1920-1933. - Bonn-Bad Godesberg: Verl. Neue Gesellsch. (1974). 238 S.
*(Schriftenreihe des Forschungsinstituts der Friedrich-Ebert-Stiftung. 106.)*

**Bohn,** Willi: Stuttgart. Geheim! Ein dokumentarischer Bericht. — Frankfurt a. M.: Röderberg (1969). 288 S.
*(Bibliothek des Widerstandes.)*

**Bretschneider,** Heike: Der Widerstand gegen den Nationalsozialismus in München. 1933—1945. — (München: Stadtarchiv; Buch- u. Kunstantiquariat Wölfle [in Komm.]) 1968. 282 S.
*(Miscellanea Bavarica Monacensia. 4.)*
*(Neue Schriftenreihe des Stadtarchivs München. 20.)*
*Diss., München.*

**Bringmann,** Fritz: Kindermord am Bullenhuserdamm. SS-Verbrechen in Hamburg 1945. Menschenversuche an Kindern. Hrsg. von der Arbeitsgemeinschaft Neuengamme für die BRD, Hamburg. - Frankfurt a. M.: Röderberg (1978). 64 S.

**Broszat,** Martin: Die Anfänge der Berliner NSDAP 1926/27. — In: Vjh. Zeitgesch. 8 (1960), 85—118.

**Buck,** Hans-Robert: Der kommunistische Widerstand gegen den Nationalsozialismus in Hamburg 1933 bis 1945. — (Augsburg:) Blasaditsch (1969). IV, 223 S.
*(Veröffentlichungen des Seminars für Geschichte Osteuropas und Südosteuropas an der Universität München. 1.)*
*Zugl. phil. Diss. München.*

**Ciolek**-Kümper, Jutta: Wahlkampf in Lippe. Die Wahlkampfpropaganda der NSDAP zur Landtagswahl am 15. Januar 1933. - München: Verl. Dokumentation 1976. 406 S.
*(Kommunikation und Politik. 8.)*

**Czarnik,** Andrzej: Ruch hitlerowki na Pomorzu Zachodnim 1933—1939. — (Poznań:) Wyd. Poznańskie (1969). 172 S.

**Domarus,** Wolfgang: Nationalsozialismus, Krieg und Bevölkerung. Untersuchungen zur Lage der Volksstimmung und Struktur in Augsburg während des Dritten Reiches. - München: Wölfle [in Komm.] 1977. 228 S.
*(Miscellanea Bavarica Monacensia. 71.)*
*(Neue Schriftenreihe des Stadtarchivs München. 91.)*
*München, phil. Diss. vom 26. Juli 1976.*

**Domröse,** Ortwin: Der NS-Staat in Bayern von der Machtergreifung bis zum Röhm-Putsch. - München: Wölfle [in Komm.] 1974. 598 S.
*(Miscellanea Bavarica Monacensia. 47.)*
*(Neue Schriftenreihe des Stadtarchivs München. 65.)*

**Donohoe,** James: Hitler's conservative opponents in Bavaria 1930—1945. A study of Catholic, monarchist and separatist anti-Nazi. activities. — Leiden: Brill 1961. XI, 348 S.

**Emig,** Erik: Jahre des Terrors. Der Nationalsozialismus in Oberhausen. Gedenkbuch für die Opfer des Faschismus. Hrsg. im Auftrag d. Stadt Oberhausen. — [Oberhausen: Selbstverl. d. Hrsg.] (1967). 259 S.

**Ettelt,** Rudi: Kelheim 1939-1945. - Kelheim: Selbstverl. d. Stadt Kelheim 1975. 214 S.

**Farquharson,** John: The NSDAP in Hannover and Lower-Saxony 1921-26. - In: J. contemp. Hist. 8 (1973), H. 4, 103-120.

**Foth,** [Wilhelm]: Die letzten Jahre der Weimarer Republik und die Machtergreifung der NSDAP in Balingen ⟨1929—1933⟩. — In: Heimatkundl. Bll. f. d. Kreis Balingen 15 (1968), Nr 3—6.

**Fröhlich,** Elke [u.] Martin Broszat: Politische und soziale Macht auf dem Lande. Die Durchsetzung der NSDAP im Kreis Memmingen. - In: Vjh. Zeitgesch. 25 (1977), 546-572.

**Genuneit,** Jürgen: Die Anfänge der NSDAP in Vilsbiburg. - In: Storchenturm [Dingolfing] 12 (1977), H.23, 47-62.

**Gerstenmaier,** Eugen: Von Bolz bis zu Rommel und Wurm. Baden-Württemberg im Kampf gegen Hitler. - Stuttgart: Evangel. Verlagswerk 1978. 29 S.

**Giles,** Geoffrey John: The National Socialist Students' Association in Hamburg, 1926-1945. - Cambridge 1975. V, 341 S.
*Diss., Cambridge.*
[Maschinenschr. vervielf.]

**Görgen,** Hans-Peter: Düsseldorf und der Nationalsozialismus. - Köln 1968: (Gouder & Hansen). XXIII, 276 S.
*Köln, phil. Diss. vom 16. Dezember 1967.*

**Grieser,** Utho: Hitlers Mann in Nürnberg. Der Fall Benno Martin. Eine Studie zur Struktur des 3. Reiches in der „Stadt der Reichsparteitage". - Nürnberg: Korn & Berg [in Komm.] 1974. XXVIII, 529 S.
*(Nürnberger Werkstücke zur Stadt- und Landesgeschichte.)*
*(Schriftenreihe des Stadtarchivs Nürnberg. 13.)*
*Diss., Universität Würzburg.*

**Grünberg,** Karol: Nazi-front Schlesien. Niemieckie organizacje polityczne w Województwie Śląskim w latach 1933 —1939. - Katowice: Śląsk 1963. 231 S.

**Grünwald,** Leopold: Sudetendeutscher Widerstand gegen Hitler. Der Kampf gegen das nationalsozialistische Regime in den sudetendeutschen Gebieten. - München: Fides-Verlagsgesellsch.
1. 1978. 104 S.
*(Veröffentlichungen des Sudetendeutschen Archivs in München. 12.)*

**Hambrecht,** Rainer: Der Aufstieg der NSDAP in Mittel- und Oberfranken, ⟨1925-1933⟩. - (Nürnberg: Stadtarchiv) 1976. XI, 612 S.
*(Nürnberger Werkstücke zur Stadt- und Landesgeschichte. 17.)*
*Diss., Universität Würzburg*

**Heberle,** Rudolf: Landbevölkerung und Nationalsozialismus. Eine soziologische Untersuchung d. polit. Willensbildung in Schleswig-Holstein 1918 bis 1932. - Stuttgart: Dt. Verl.-Anst. (1963). 171 S.
*(Schriftenreihe der Vierteljahrshefte für Zeitgeschichte. 6.)*

**Herrmann,** Gertraud [u.] Erwin Herrmann: Nationalsozialistische Agitation und Herrschaftspraxis in der Provinz. Das Beispiel Bayreuth. - In: Z. bayer. Landesgesch. 39 (1976), 201-250.

**Hey,** Bernd: Bielefeld und seine Bevölkerung in den Berichten des Sicherheitsdienstes ⟨SD⟩ 1938-42. - In: Jahresber. d. Hist. Vereins f. d. Grafschaft Ravensberg 70 (1976), 227-273.

**Heyen,** Franz Josef [Hrsg.]: Nationalsozialismus im Alltag. Quellen zur Geschichte d. Nationalsozialismus vornehml. im Raum Mainz—Koblenz—Trier. - Boppard: Boldt (1967). XII, 372 S.
*(Veröffentlichungen der Landesarchivverwaltung Rheinland-Pfalz. 9.)*

**Hochmuth,** Ursel [u.] Gertrud Meyer: Streiflichter aus dem Hamburger Widerstand 1933—1945. Berichte und Dokumente. — Frankfurt a.M.: Röderberg (1969). XVI, 650 S.
*(Bibliothek des Widerstandes.)*

**Jahnke,** Karl Heinz: Forschungen zum antifaschistischen Widerstandskampf in Mecklenburg 1933—1945. — In: Beitrr. Gesch. Arbeiterbew. 12 (1970), 481—492.

**Jochmann,** Werner: Nationalsozialismus und Revolution. Ursprung u. Geschichte d. NSDAP in Hamburg 1922 —1933. Dokumente. — Frankfurt/M.: Europ. Verl. Anst. 1963. XI, 444 S.
*(Veröffentlichungen d. Forschungsstelle f. d. Geschichte d. Nationalsozialismus in Hamburg. 3.)*

**John,** Jürgen: Rüstungsindustrie und NSDAP-Organisation in Thüringen 1933 bis 1939. - In: Z. Geschichtswiss. 22 (1974), 412-422.

**Kaiser,** Klaus: Braunschweiger Presse und Nationalsozialismus. Der Aufstieg der NSDAP im Lande Braunschweig im Spiegel der Braunschweiger Tageszeitungen 1930-1933. — Braunschweig: Waisenhaus-Buchdr. 1970. 196 S.
*(Braunschweiger Werkstücke. 43.)*

**Klenner,** Jochen: Verhältnis von Partei und Staat 1933-1945. Dargest. am Beispiel Bayerns. - München: Wölfle [in Komm.] 1974. XIII, 364 S.
*(Miscellanea Bavarica Monacensia. 54.)*
*(Neue Schriftenreihe des Stadtarchivs München. 72.)*

**Kleßmann,** Christoph: Zur rechtlichen und sozialen Lage der Polen im Ruhrgebiet im Dritten Reich. - In: Arch. Sozialgesch. 17 (1977), 175-194.

**Klotzbach,** Kurt: Gegen den Nationalsozialismus. Widerstand und Verfolgung in Dortmund 1930—1945. Eine histor.-polit. Studie. — Hannover: Verl. f. Literatur u. Zeitgeschehen (1969). 300 S.
*(Schriftenreihe des Forschungsinstituts der Friedrich-Ebert-Stiftung. B. Histor.-polit. Schriften.)*

**Knipping,** Ulrich: Die Geschichte der Juden in Dortmund während der Zeit des Dritten Reiches. - Dortmund: Histor. Verein; Ruhfus [in Komm.] 1977. 255 S.
*(Monographien zur Geschichte Dortmunds und der Grafschaft Mark. 6.)*

**Köhler,** Fritz: Zur Arbeit von Werner Plesse „Zum antifaschistischen Widerstandskampf in Mitteldeutschland (1939—1945)". — In: Z. Geschichtswiss. 3 (1955), 275—277.

**Krohn,** Claus-Dieter [u.] Dirk Stegmann: Kleingewerbe und Nationalsozialismus in einer agrarisch-mittelständischen Region. Das Beispiel Lüneburg 1930-1939. - In: Arch. Sozialgesch. 17 (1977), 41-98.

**Lamprecht,** W.: Zum antifaschistischen Kampf von Mitgliedern der SPD, der SAP und der Gewerkschaften in Stettin ⟨1933—35⟩. — In: Greifswald-Stralsunder Jb. 1968/69 (1969), Bd 8, 99—109.

**Mann,** Rosemarie: Entstehung und Entwicklung der NSDAP in Marburg bis 1933. - In: Hess. Jb. f. Landesgesch. 22 (1972), 254-342.

**Markowsky,** Reinhold: Die Ortsgruppen im Kreis Tilsit-Ragnit der NSDAP bis zur Novemberwahl 1932. - (Göttingen 1977). II, 108 S.
*Göttingen, Staatsexamensarbeit vom 28. 11. 1977.*
[Xerokopie]

**Mausbach**-Bromberger, Barbara: Arbeiterwiderstand in Frankfurt a. Main. Gegen den Faschismus 1933-1945. - Frankfurt a. M.: Röderberg (1976). 312 S.
*(Bibliothek des Widerstandes.)*
*Diss., Universität Marburg.*

**Mayer,** Ulrich: Das Eindringen des Nationalsozialismus in die Stadt Wetzlar. — Wetzlar: Wetzlarer Geschichtsverein 1970. 124 S.
*(Mitteilungen des Wetzlarer Geschichtvereins. 24.)*

**Memming,** Rolf B(likslager): The Bavarian governmental district Unterfranken and the city Burgstadt 1922-1939. A study of the national socialist movement and party-state affairs. - Lincoln, Neb. 1974. V, 324 Bl.
*Lincoln, Neb., phil. Diss. vom 23. April 1974.*

**Meyer,** Gertrud: Nacht über Hamburg. Berichte und Dokumente. — Frankfurt a. M.: Röderberg (1971). 364 S.
*(Bibliothek des Widerstandes.)*

**Meyerhoff,** Hermann: Herne 1933-1945. Die Zeit d. Nationalsozialismus. Ein kommunalhistorischer Rückblick. Im Auftr. von Edwin Ostendorf. (Hrsg.: Stadt Herne.) — (Herne 1963: Kartenberg.) 154 S.

**Mohn,** Joseph: Der Leidensweg unter dem Hakenkreuz. Aus d. Geschichte von Stadt u. Stift Buchau am Federsee. — (Bad Buchau: Stadt[verwaltung] 1970). 197 S.

**Nadler,** Fritz: Eine Stadt im Schatten Streichers [Nürnberg]. Bisher unveröff. Tagebuchblätter, Dokumente u. Bilder vom Kriegsjahr 1943. — Nürnberg: Fränk. Verl.-Anst. (1969). 204 S.

**Neu-Isenburg** zwischen Anpassung und Widerstand. Dokumente über Lebensbedingungen und politisches Verhalten 1933-1945. Im Auftr. des Magistrats der Stadt Neu-Isenburg hrsg. von Dieter Rebentisch u. Angelika Raab. - Neu-Isenburg: Magistrat 1978. 343 S.

**Noakes,** Jeremy: The Nazi party in Lower Saxony 1921-1933. — London: Oxford University Press 1971. XVI, 273 S.
*(Oxford Historical Monographs.)*

**Oppenheimer,** Max: Der Fall Vorbote. Zeugnisse des Mannheimer Widerstandes. — Frankfurt a. M.: Röderberg (1969). 248 S.
*(Bibliothek des Widerstandes.)*

**Pauly,** Ferdinand: Zur Kirchenpolitik des Gauleiters J. Bürckel im Saargebiet. (März—August 1935.) — In: Rhein. Vjbll. 35 (1971), 414—453.

**Perwitz,** L.: Wahlen im Kreise Jülich 1933-34. - In: Beitr. z. Jülischer Gesch. 40 (1973), 166-187.

**Peukert,** Detlev: Ruhrarbeiter gegen den Faschismus. Dokumentation 1933-1945. - Frankfurt a. M.: Röderberg 1976. 412 S.
*(Bibliothek des Widerstandes.)*

**Pikarski,** Margot: Jugend im Berliner Widerstand. Herbert Baum und Kampfgefährten. - Berlin: Militärverl. d. DDR 1978. 235 S.

**Pingel,** Henner: Darmstadt 1933. NSDAP-Machtergreifung im Volksstaat Hessen. Mit zahlreichen Dokumenten und einer ausgewählten Gesetzessammlung. - (Darmstadt: [Selbstverl. d. Verf.] 1977). IV, 255 S.

**Plesse,** Sigurd: Die nationalsozialistische Machtergreifung im Oberharz. Clausthal-Zellerfeld 1929-1933. - Clausthal-Zellerfeld: Pieper 1970. 94 S.
*(Schriftenreihe Der Harz und sein Vorland. Sonderh.)*

**Plesse,** Werner: Zum antifaschistischen Widerstandskampf in Mitteldeutschland (1939—1945). — In: Z. Geschichtswiss. 2 (1954), 813—843.

**Plum,** Günter: Die Arbeiterbewegung während der nationalsozialistischen Herrschaft. - In: Arbeiterbewegung an Rhein und Ruhr, Wuppertal: Hammer (1974), 355-383.

**Poppinga,** Onno, Hans Martin Barth [u.] Hiltraut Roth: Ostfriesland. Biographien aus dem Widerstand. - (Frankfurt a. M.:) Syndikat (Autoren u. Verlagsges. 1977). 186 S.

**Popplow,** Ulrich: Die Machtergreifung in Augenzeugenberichten. Göttingen 1932-1935. - In: Göttinger Jb. 25 (1977), 157-186.

**Pridham,** Geoffrey: Hitler's rise to power. The Nazi movement in Bavaria, 1923-1933. — London: Hart-Davis 1973. XVI, 380 S.

**Rechowicz,** H.: Walka o antyfaszystowski front ludu śląskiego 1935—1937. — Katowice: Śląsk 1958. 123 S.

**Rehberger,** Horst: Die Gleichschaltung des Landes Baden 1932/33. — Heidelberg: Winter 1966. 162 S.
*(Heidelberger rechtswissenschaftliche Abhandlungen. N. F. 19.)*

**Reimers,** Karl Friedrich: Lübeck im Kirchenkampf des Dritten Reiches. Nationalsozialist. Führerprinzip u. evang.-luth. Landeskirche von 1933 bis 1945. — Göttingen: Vandenhoeck & Ruprecht 1965. 390 S.

**Rewald,** Ilse: Berliner, die uns halfen, die Hitlerdiktatur zu überleben. (Hrsg.: Landeszentrale für politische Bildungsarbeit, Berlin.) - Berlin: [Selbstverl. d. Hrsg.] (1975). 24 S.
*(Beiträge zum Thema Widerstand. 6.)*

**Rischer,** Walter: Die nationalsozialistische Kulturpolitik in Düsseldorf, 1933-1945. - Düsseldorf: Triltsch 1972. IX, 219 S.
*Diss., Universität Köln.*

**Sabais,** Heinz Winfried: Machtergreifung 1933. Zur Kritik der Schrift von Henner Pingel „Darmstadt 1933. NSDAP-Machtergreifung im Volksstaat Hessen". - Darmstadt: [Selbstverl. d. Verf.] 1978. 76 S.

**Salm,** Fritz: Im Schatten des Henkers. Vom Arbeiterwiderstand in Mannheim gegen faschistische Diktatur und Krieg. - Frankfurt a. M.: Röderberg (1973). 301 S.
*(Bibliothek des Widerstandes.)*

**Sauer,** Paul: Württemberg in der Zeit des Nationalsozialismus. Hrsg. von der Kommission für geschichtliche Landeskunde in Baden-Württemberg. - Ulm: Süddeutsch. Verlagsges. (1975). 519 S.

**Sbosny,** Inge [u.] Karl Schabrod: Widerstand in Solingen. Aus dem Leben antifaschistischer Kämpfer. – Frankfurt a. M.: Röderberg (1975). 135 S.
*(Bibliothek des Widerstandes.)*

**Schabrod,** Karl: Widerstand gegen Flick und Florian. Düsseldorfer Antifaschisten über ihren Widerstand 1933–1945. – Frankfurt a. M.: Röderberg 1978. 205 S.
*(Bibliothek des Widerstandes.)*

**Schabrod,** Karl: Widerstand an Rhein und Ruhr 1933–1945. Hrsg.: Landesvorstand d. Vereinigung d. Verfolgten d. Nazi-Regimes Nordrhein-Westfalen. – Düsseldorf: [Selbstverl. d. Hrsg.] (1969). 184 S.

**Schaeffer,** Rudolf F.: Das religiös-liberale Schulwerk in Breslau 1933–1937. – In: Bull. Leo Baeck Inst. 10 (1967), 298–308.

**Schirmer,** Hermann: Das andere Nürnberg. Antifaschistischer Widerstand in der Stadt der Reichsparteitage. – Frankfurt a. M.: Röderberg (1974). 255 S.
*(Bibliothek des Widerstandes.)*

**Schön,** Eberhart: Die Entstehung des Nationalsozialismus in Hessen. – Meisenheim a. G.: Hain 1972. XIX, 227 S.
*Diss., Universität Mannheim.*

**Schumann,** Wilhelm: Ihr seid den dunklen Weg für uns gegangen... Skizzen aus dem Widerstand in Hann. Münden 1933–1939. – Frankfurt a. M.: Röderberg (1973). 127 S.
*(Bibliothek des Widerstandes.)*

**Schwarzwälder,** Harry: Die Weserbrücken in Bremen. Schicksal von 1939 bis 1948. – Bremen: Schünemann (1968). 161 S.
*(Bremer Veröffentlichungen zur Zeitgeschichte. 2.)*

**Schwarzwälder,** Herbert: Die Machtergreifung der NSDAP in Bremen 1933. – Bremen: Schünemann (1966). 158 S.
*(Bremer Veröffentlichungen zur Zeitgeschichte. 1.)*

**Sengotta,** Hans-Jürgen: Der Reichsstatthalter in Lippe 1933 bis 1939. Reichsrechtliche Bestimmungen und politische Praxis. ([Hrsg.:] Naturwissenschaftlicher und Historischer Verein für das Land Lippe.) – Detmold: [Selbstverl. d. Hrsg.] 1976. 422 S.
*(Sonderveröffentlichungen des Naturwissenschaftlichen und Historischen Vereins für das Land Lippe. 26.)*
[Maschinenschr. vervielf.]

**Spitznagel,** Peter: Studentenschaft und Nationalsozialismus in Würzburg, 1927–1933. – o. O. 1974. VIII, 434 S.
*Würzburg, phil. Diss. vom 3. Juli 1974.*
[Maschinenschr. hektogr.]

**Steinberg,** Hans-Josef: Widerstand und Verfolgung in Essen 1933–1945. – Hannover: Verl. f. Literatur u. Zeitgeschehen (1969). 422 S.
*(Schriftenreihe des Forschungsinstituts der Friedrich-Ebert-Stiftung. B. Histor.-polit. Schriften.)*

**Streiflichter** in eine dunkle Zeit. Der Landkreis München unter dem Nationalsozialismus im Spiegel der Dokumente. Hrsg. von der Presse- u. Informationsstelle des Landratsamtes München. Verantwortlich: Manfred Bialucha. – München: [Selbstverl. d. Hrsg.] 1979. 142 S.

**Teppe,** Karl: Provinz, Partei, Staat. Zur provinziellen Selbstverwaltung im Dritten Reich, untersucht am Beispiel Westfalens. – Münster: Aschendorff 1977. XII, 300 S.
*(Beiträge zur Geschichte der preußischen Provinz Westfalen. 1.)*
*(Veröffentlichungen der Historischen Kommission für Westfalen. 38.)*
*Diss., Universität Bochum.*

**Thévoz,** Robert, Hans Branig [u.] Cécile Lowenthal-Hensel: Pommern 1934/35 im Spiegel von Gestapo-Lageberichten und Sachakten. – (Berlin:) Grote.
⟨Darstellung.⟩ (1974). 336 S.
⟨Quellen.⟩ (1974). 441 S.
*(Die Geheime Staatspolizei in den Preußischen Ostprovinzen, 1934–1936.)*
*(Veröffentlichungen aus den Archiven Preußischer Kulturbesitz. 11. 12.)*

**Timpke,** Henning [Hrsg.]: Dokumente zur Gleichschaltung des Landes Hamburg 1933. – (Frankfurt a. M.:) Europ. Verl. Anst. (1964). 327 S.
*(Veröffentlichungen der Forschungsstelle für die Geschichte des Nationalsozialismus in Hamburg. 4.)*

**Tomin,** Valentin [u.] Stefan Grabowski: Die Helden der Berliner Illegalität (Po sledam geroev Berlinskogo podpol'ja, dt.) Reportage über den gemeinsamen Kampf deutscher und sowjetischer Antifaschisten. (Übers. von Gerhart Hass.) – Berlin: Dietz 1967. 174 S.

**Totenliste** Hamburger Widerstandskämpfer und Verfolgter 1933–1945. (Bearb. von Willi Sander, Gertrud Meyer u. Ursel Hochmuth.) Hrsg.: Vereinigte Arbeitsgemeinschaft der Naziverfolgten e. V. – Hamburg: [Selbstverl. d. Hrsg.] 1968. 112 S.

**Tracey,** Donald R.: The development of the National Socialist Party in Thuringia, 1924–30. – In: Centr. Europ. Hist. 8 (1975), 23–49.

**Tyrell,** Albrecht: Führergedanke und Gauleiterwechsel. Die Teilung des Gaues Rheinland der NSDAP 1931. – In: Vjh. Zeitgesch. 23 (1975), 341–374.

**Ufermann,** Paul: Der Nazisturm auf die Berliner Gewerkschaften. – In: Freies Wort, März 1953, 22–24.

**Verfolgung** und Widerstand unter dem Nationalsozialismus in Baden. Die Lageberichte der Gestapo und des Generalstaatsanwalts Karlsruhe, 1933–1940. Bearb. von Jörg Schadt. Hrsg. vom Stadtarchiv Mannheim. – Stuttgart: Kohlhammer (1976). 354 S.
*(Veröffentlichungen des Stadtarchivs Mannheim. 3.)*

**Vorländer,** Herwart: Kirchenkampf in Elberfeld. 1933–1945. Ein krit. Beitr. zur Erforschung d. Kirchenkampfes in Deutschland. – Göttingen: Vandenhoeck & Ruprecht 1968. 696 S.
*(Arbeiten zur Geschichte des Kirchenkampfes. Ergänzungsreihe. 6.)*
*Habil.-Schrift, Bonn.*

**Weißbecker,** Manfred: Gegen Faschismus und Kriegsgefahr. E. Beitr. zur Geschichte d. KPD in Thüringen 1933–1935. – Erfurt: Hist. Museum 1967. V, 199 S.
*(Beiträge zur Geschichte Thüringens.)*
*Diss., Universität Jena.*

**Widerstand** und Verfolgung in Köln 1933–1945. Ausstellung. Histor. Archiv d. Stadt Köln ... 8. Februar bis 28. April 1974. Zsstellung d. Ausstellung: Franz Irsfeld [u.] Bernd Wittschier. – Köln: [Selbstverl. d. Hrsg.] (1974). 423 S.

**Widerstandskampf** Görlitzer Antifaschisten 1933–1945. Erinnerungen, Dokumente, Kurzbiographien. Eingel., zsgest. u. komm. von Ernst Kretzschmar. – Görlitz: Kreiskomm. zur Erforschung d. Geschichte d. örtl. Arbeiterbewegung bei d. SED-Kreisleitung 1973. 102 S.

**Wiesemann,** Falk: Die Vorgeschichte der nationalsozialistischen Machtübernahme in Bayern 1932/33. – Berlin: Duncker & Humblot (1975). 328 S.
(*Beiträge zu einer historischen Strukturanalyse Bayerns im Industriezeitalter. 12.*)
*Diss., Universität München.*

**Wilhelmi,** Heinrich: Die Hamburger Kirche in der nationalsozialistischen Zeit. 1933–1945. – Göttingen: Vandenhoeck & Ruprecht 1968. 326 S.
(*Arbeiten zur Geschichte des Kirchenkampfes. Ergänzungsreihe. 5.*)

**Ziegler,** Walter: Die Verhältnisse im bayerischen Sudetenland im Jahr 1940 nach Regensburger SD-Berichten. – In: Bohemia 15 (1974), 285–344.

**Zipfel,** Friedrich: Gestapo und SD in Berlin. – In: Jb. Gesch. Mittel- u. Ostdeutschlds. 9/10 (1961), 263–292.

**Zorn,** Gerda: Stadt im Widerstand. – Frankfurt a. M.: Röderberg (1965). 159 S.
Über den Widerstand in der Stadt Hannover.

**Zorn,** Gerda: Widerstand in Hannover. Gegen Reaktion und Faschismus 1920–1946. – Frankfurt a. M.: Röderberg (1977). 276 S.
(*Bibliothek des Widerstandes.*)

## 9. GESCHICHTE EINZELNER STAATEN

### Großbritannien

#### Allgemeines

**Allen,** Arthur B.: 20th century Britain. The complete background book. – London: Rockliff 1958. 288 S.

**Bauer,** Helmut: Die englische Statistik über den zweiten Weltkrieg. – In: Europa-Archiv 7 (1952), 4727–4730.

**Birch,** R. C.: Britain and Europe 1871–1939. – Oxford: Pergamon Press 1966. XIV, 314 S.

**Birley,** Robert: Die Stellung der Monarchie in der englischen Geschichte. – In: Gesch.Wiss. Unterr. 4 (1953), 405–420.

**Blythe,** Ronald: The age of illusion. England in the twenties and thirties 1919–1940. – London: Hamilton (1963). 293 S.

**Boyce,** David: British opinion, Ireland and the war, 1916–1918. – In: Hist. J. 17 (1974), 575–593.

**Brock,** W. R.: Britain and the dominions. – London: Cambridge University Press 1951. XXI, 522 S.

**Calder,** Kenneth J.: Britain and the origins of the new Europe, 1914–1918. – Cambridge: Cambridge University Press (1976). VIII, 268 S.
(*International Studies.*)

**Callender** Geoffrey und Francis Harry Hinsley: The naval side of British history 1485–1945. – London: Christophers 1952. 395 S.

**Casper,** Wilhelm: Britische Stimmen über die deutsche Besatzungszeit auf den britischen Kanalinseln 30. 6. 1940 – 8. 5. 1945. – Hamburg, Berlin: v. Decker (1963). 39 S.
(*Truppe u. Verwaltung. 1.*)

**Coatman,** John: Völkerfamilie Commonwealth (The British family of nations, dt.) Die Verwirklichung eines politischen Ideals. Ins Dt. übertr. u. eingeleitet von Helmut Lindemann. – Stuttgart: Dtsch. Verl. Anst. 1955. 286 S.

**Cross,** Colin: The fall of the British Empire, 1918–1968. – London: Hodder & Stoughton 1968. 369 S.

**Cumpston,** I. M. [Ed.]: The growth of the British Commonwealth, 1820–1932. – New York: St. Martin's Press 1973. VIII, 195 S.
(*Documents of Modern History.*)

**Documents** and speeches on British Commonwealth affairs 1931–1952. Selected and edited by Nicholas Mansergh. – London: Oxford University Press 1952. 1408 S.

**Duncan Hall,** H.: The British Commonwealth of Nations. – In: Amer. polit. Science Rev. 47 (1953), 997–1015.

**Dutt,** R. Palme: The critis of Britain and the British empire. – London: Lawrence & Wishart 1953. 433 S.

**Fitzsimmons,** M[athew] A[nthony]: Empire by treaty. Britain and the Middle East in the twentieth century. – Notre Dame: University of Notre Dame Press 1964. 235 S.

**Ford,** P[ercy] und G[race] Ford: A breviate of parliamentary papers, 1940–1954. War and reconstruction. – Oxford: Blackwell 1961. L, 515 S.
(*Parliamentary papers series.*)

**Fox,** John P.: Great Britain and the German Jews 1933. – In: Wiener Libr. Bull. 26 (1972/73), H. 1/2, 40–46.

**Gannon,** Franklin Reid: The British press and Germany, 1936–1939. – London: Clarendon Press 1971. XIV, 314 S.

Famous British **generals** 1642–1945. Ed. by Barrett Parker. Contributors: Sir John Fortescue [u. a.] – London: Nicholson & Watson 1951. XIII, 242 S.

**Gilbert,** Bentley B.: Britain since 1918. – London: Batsford 1967. 206 S.

**Gilbert,** Martin: Britain and Germany between the wars. – London: Longmans 1964. 179 S.

**Glubb,** Sir John Bagot: Britain and the Arabs. A study of fifty years 1908–1958. – London: Hodder & Stoughton 1959. 496 S.

**Gordon Walker,** Patrick: The Commonwealth. – London: Secker & Warburg (1962). 408 S.

**Hall,** Hessel Duncan: Commonwealth. A history of the British Commonwealth of Nations. With an introd. by Sir Robert Menzies. — London: Van Nostrand (1971). XXXVI, 1015 S.

**Hancock,** W[illiam] K[eith]: Survey of British Commonwealth affairs. Iss. under the auspices of the Royal Inst. of Internat. Affairs. (Reprinted.) — (London:) Oxford University Press (1964).
  Vol. 1. Problems of nationality 1918—1936. With a suppl. legal chapter by R.T.E. Latham. XII, 673 S.
  2. Problems of economic policy 1918—1938. Part. 1. 2.
    1. XI, 324 S.
    2. XII, 355 S.

**Harvey,** James und Katherine Hood: The British state. — London: Lawrence & Wishart 1958. 288 S.

**Hauser,** Oswald: Das Britische Commonwealth zwischen nationaler Souveränität und imperialer Integration 1917—1931. — In: Vjh. Zeitgesch. 16 (1968), 230—246.

**Höpfl,** Heinz: Kleine Geschichte Englands. — Frankfurt a. M.: Scheffler 1953. 176 S.

**Hollenberg,** Günter: Englisches Interesse am Kaiserreich. Die Attraktivität Preußen-Deutschlands für konservative und liberale Kreise in Großbritannien, 1860–1914. - Wiesbaden: Steiner 1974. VII, 325 S.
*(Veröffentlichungen des Instituts für Europäische Geschichte. 70.)*

**Hussey,** W[illiam] D[ouglas]: British history 1815—1939. — Cambridge: Cambridge University Press 1971. 367 S.

**Huttenback,** Robert A.: Gandhi in South Africa. British imperialism and the Indian question 1860—1914. — Ithaca, N. Y.: Cornell University Press 1971. 374 S.

**Jennings,** Sir Ivor: The Commonwealth in Asia. — Oxford: Clarendon Press 1951. XI, 124 S.

**Jennings,** Sir Ivor: Crown and Commonwealth in Asia. — In: Internat. Aff. 32 (1956), 137—147.

**Kelen,** Emery: Peace in their times. Men who led us in and out of war. 1914—1945. — London: Gollancz 1963. 444 S.

**Knaplund,** Paul: Britain, Commonwealth and Empire 1901—1955. — London: Hamilton 1956. XII, 541 S.

**Ledesma** Miranda, Ramón: Gibraltar. La roca de calpe. — Madrid: Ed. del Movimiento 1957. 224 S.

**Livingston,** William S[amuel] [Ed.]: Federalism in the Commonwealth. A bibl. commentary. Publ. for the Hansard Society. — London: Cassell; Oxford University Press 1963. 237 S.

**Lloyd,** T. O.: From empire to welfare state. English history 1906—1967. — New York: Oxford University Press 1970. XV, 465 S.
*(The Short Oxford History of the Modern World.)*

**Louis,** W. R.: The United Kingdom and the beginning of the mandates system, 1919—1922. — In: Int. Org. 23 (1969), H. 1, 73—96.

**McElwee,** William: Britain's locust years, 1918—1940. — London: Faber 1962. 292 S.

**McIntyre,** W. David: The Commonwealth of Nations. Origins and impact, 1869–1971. - Minneapolis: Oxford University Press 1977. 596 S.
*(Europe and the World in the Age of Expansion. 9.)*

**Mansergh,** Nicholas: The multi-racial Commonwealth. — London, New York: Royal Institute of International Affairs 1955. XII, 175 S.

**Mansergh,** Nicholas: Survey of British Commonwealth affairs. Problems of wartime co-operation and postwar change 1939—1952. — London: Oxford University Press 1958. XVI, 469 S.

**Marwick,** Arthur: Britain in the century of total war. War, peace and social change 1900—1967. — London: Bodley Head 1968. 511 S.

**Marx,** Roland: La Grand-Bretagne contemporaine, 1890–1973. - Paris: Colin 1973. 318 S.
*(Coll. „U".)*

**Medlicott,** William Norton: Contemporary England 1914—1964. — London: Longmans 1967. 614 S.
*(A History of England. 10.)*

**Miller,** J. D. B.: The Commonwealth in the world. — London: Duckworth 1958. 308 S.

**Morris**-Hale, Walter: British administration in Tanganyika from 1920 to 1945, with special reference to the preparation of Africans for administrative positions. — Genève: Imprimo 1969. 352 S.
*Thèse, Université de Genève.*

**Mowat,** Charles Loch: Britain between the wars 1918—1940. — London: Methuen 1955. IX, 694 S.

**Niedhart,** Gottfried: Friede als nationales Interesse. Großbritannien in der Vorgeschichte des Zweiten Weltkrieges. - In: Neue polit. Lit. 17 (1972), 451–470.

**Northedge,** F[rederik] S[amuel]: The troubled giant. Britain among the great powers, 1916—1939. — New York: Praeger 1966. XI, 657 S.

**Pears,** Randolph: British battleships 1892—1957. The great days of the fleets. — London: Putnam 1957. 201 S.

**Pelling,** Henry: America and the British left. From Bright to Bevan. — London: Adam & Charles Black 1956. XII, 174 S.

**Pelling,** Henry: Modern Britain 1885—1955. — Edinburgh: Nelson 1960. XII, 212 S.

**Pelling,** Henry: Britain and the second world war. — London: Collins 1970. 352 S.
*(Fontana History of War and Society.)*

**Porter,** Bernard: The lion's share. A short history of British imperialism, 1850–1970. - New York: Longmans 1976. 408 S.

**Reiser,** Martin: Das Commonwealth of Nations. Begriff, Rechtsnatur, Wesen. — Zürich: Polygraph. Verl. 1961. XIX, 123 S.

**Reynolds,** Ernest Edwin [u.] N. H. Brasher: Britain in the twentieth century, 1900—1964. — Cambridge, Mass.: Cambridge University Press 1966. VIII, 374 S.

**Richardson**, Paul: Britain, Europe and the modern world, 1918—1968. — Cambridge: Cambridge University Press 1970. 389 S.
*(Britain, Europe and the World Series. 5.)*

**Russett**, Bruce Martin: Community and contention. Britain and America in the twentieth century. — Cambridge: M. I. T. Press 1963. XII, 252 S.

**Schädlich**, Karlheinz: Motivationen britischer Kolonialexpansion in Tropisch Afrika am Ende des 19. Jahrhunderts. - In: Z. Geschichtswiss. 23 (1975), 166-178.

**Schmidt**, Gustav: Wozu noch „politische Geschichte"? Zum Verhältnis von Innen- und Außenpolitik am Beispiel der englischen Friedensstrategie 1918/1919. - In: Aus Politik u. Zeitgeschichte, Beilage zur Wochenzeitung „Das Parlament" Nr 17 vom 26. April 1975, 21-45.

**Schütz**, Wilhelm Wolfgang: Das neue England. Staat — Gesellschaft — Lebensformen. — Stuttgart: Dtsch. Verl.-Anst. 1953. 224 S.

**Sinel**, Leslie: Svastica over Jersey. An outline of the German occupation and the liberation of the island. — Guernsey: Guernsey Press 1958. 36 S.

**Slessor**, Sir John: The central blue. Recollections and reflections. — London: Cassell 1956. XIV, 709 S.
Über die Geschichte der Royal Air Force.

**Somervell**, David Churchill und Heather Joan Harvey: The British empire and commonwealth. — London: Christophers 1954. 444 S.

**Spier**, Eugen: Focus. A footnote to the history of the thirties. With an introd. by Lady Violet Bonham Carter. — London: Wolff 1963. 159 S.

**Taylor**, A[lan] J[ohn] P[ercivale]: English history 1914—1945. — London: Oxford University Press 1965. XVIII, 710 S.

**Templewood**, Samuel John Gurney Hoare Viscount: Empire of the air. The advent of the air age 1922—1929. — London: Collins 1957. 319 S.

**Thomson**, David: England in the twentieth century. — London: Pelican Books 1965. 304 S.

**Thornton**, A. P.: The imperial idea and its enemies. A study in British power. — London: Macmillan; New York: St. Martin's Press 1959. XIV, 370 S.

**Underhill**, Frank H.: The British Commonwealth. An experiment in co-operation among nations. — London: Cambridge University Press 1956. XXIII, 127 S.

**Upthegrove**, Campbell L.: Empire by mandate. A history of the relations of Great Britain with the permanent mandates commission of the League of Nations. — New York: Bookman Associates 1954. 239 S.

**Walker**, Eric A.: The British empire. Its structure and spirit, 1497—1953. — Cambridge: Bowes & Bowes (1954). X, 352 S.

Die britische **Weltstruktur**. — In: Wehrkunde 1 (1952), H. 14, 13—16.

**Wheare**, K. C.: The nature and structure of the Commonwealth. — In: Amer. polit. Science Rev. 47 (1953), 1016—1028.

**Willcox**, William Bradford: Star of empire. A study of Britain as a world power 1485—1945. — New York: Knopf 1950. XIII, 399, XXIII S.

**Williamson**, James A[lexander]: The ocean in the English history. — Oxford: Clarendon Press (1948). 208 S.

**Wingfield**-Stratford, E.: The unfolding pattern of British life. The growth of a new world order. — London: Hale (1954). XIII, 328 S.

**Wood**, Alan und Mary Wood: Islands in danger. — London: Evans 1955. 255 S.
Über das Schicksal der britischen Kanalinseln während des Zweiten Weltkrieges.

**Wood**, Derek [u.] Derek Dempster: The narrow margin. The battle of Britain and the rise of air power 1934—1940. — New York: Paperback Library 1969. 505 S.

**Woodward**, E. L.: History of England. — London: Methuen 1952. VII, 273 S.

**Wootton**, Graham: The official history of the British Legion. — London: MacDonald & Evans for the British Legion 1956. XVIII, 348 S.

**Yahil**, Leni: Select British documents on the illegal immigration to Palestine (1939-1940). In: Yad Vashem Stud. 10 (1974), 241-276.

Politik und Staat

**Abshagen**, Karl Heinz: Revolution ohne Tränen. — Stuttgart: Union Dtsch. Verl.Ges. (1951). 310 S.

**Andrén**, N.: Premiärministersskiftet i Storbritannien 1923. — In: Statsvet. Ts. 61 (1958), 178—189.

**Bailey**, Sydney D.: British parliamentary democracy. — London: Harrap (1959). 281 S.

**Barclay**, C[yril] N[elson]: Die Britische Territorialarmee. — In: Wehrkunde 9 (1960), 447—450.

**Bailey**, Sidney D. [Ed.]: The British party system. — London: The Hansard Society 1952. 211 S.

**Bassett**, R.: Nineteen Thirty-One. — London: Macmillan 1958. 464 S.

**Bealey**, Frank [Ed.]: The social and political thought of the British Labour Party. — London: Weidenfeld & Nicolson 1970. 233 S.

**Bolitho**, Hector: A century of British Monarchy. — New York: Longmans, Green 1951. XII, 274 S.

**Booth**, A. H.: British hustings 1924—1950. — London: Muller 1957. 292 S.

**Bouissou**, Michel: La chambre des lords au XXe siècle (1911—1949). — Paris: Colin 1957. XII, 359 S.

**Bromhead**, P. A.: The House of Lords and contemporary politics 1911-1957. — London: Routledge 1958. 283 S.

**Buck**, Philip W.: Amateurs and professionals in British politics. 1918-1959. — Chicago, London: University of Chicago Press 1963. 143 S.

**Bulmer**-Thomas, Ivor: The party system in Great Britain. — London: Phoenix (1953). 328 S.

**Burridge**, T. D.: British Labour and Hitler's war. - London: Deutsch 1976. 206 S.

**Butler,** D. E.: The electoral system in Britain 1918—1951. — London: Oxford University Press 1953. 232 S.

**Butler,** David [u.] Jennie Freeman: British political facts 1900—1960. — London, New York: Macmillan 1963. XVI, 245 S.

**Carter,** Byrum E., jr.: The British prime minister since 1894.
*Madison, Wis., Diss., 1952.*

**Chastenet,** Jacques: Winston Churchill et l'Angleterre du XXe siècle. — Paris: Fayard 1956. 584 S.

**Chester,** D. N. und F. M. G. Willson: The organization of British central government 1914—1956. — New York: Macmillan 1957. 457 S.

**Chester,** Daniel Norman: Neue Entwicklungen in der britischen Kabinettsregierung. — In: Polit. Vjschr. 1 (1960), 37—46.

**Childs,** David: The British Communist Party and the war, 1939-41. Old slogans revived. - In: J. contemp. Hist. 12 (1977), 237-253.

**Clarke,** P. F.: The electoral position of the Liberal and Labour parties, 1910-1914. - In: Engl. hist. Rev. 90 (1975), 828-836.

**Cline,** Catherine Ann: Recruits to labour. The British Labour Party, 1914—1931. — Syracuse: Syracuse University Press 1963. 198 S.

**Close,** David: Conservatives and coalition after the First World War. - In: J. mod. Hist. 45 (1973), 240-260.

**Close,** David H.: The collapse of resistance to democracy. Conservatives, adult suffrage, and second chamber reform, 1911-1928. - In: Hist. J. 20 (1977), 893-918.

**Coates,** David: The Labour Party and the struggle for socialism. - London: Cambridge University Press 1975. XIII, 257 S.

**Cook,** Chris: A short history of the Liberal Party, 1900-1976. - London: Macmillan 1976. 179 S.

**Cowling,** Maurice: The impact of Labour, 1920—1924. The beginning of modern British politics. — Cambridge: Cambridge University Press 1971. IX, 570 S.

**Crosby,** Gerda Richards: Disarmament and peace in British politics 1914—1919. — Cambridge, Mass.: Harvard University Press 1957. VIII, 192 S.
*(Harvard Historical Monographs. 32.)*

**Daalder,** Hans: Cabinet reform in Britain 1914—1963. — Stanford: Stanford University Press; London: Oxford University Press 1964. 381 S.

**Dankelmann,** Otfried: Zwischen SAI und Sozialistischer Internationale. Zur Genesis des International Labour and Socialist Preparatory Committee in London 1940-1945. - In: Z. Geschichtswiss. 24 (1976), 1394-1413.

**Darke,** Bob: The communist technique in Britain. — London: Collins (1953). 160 S.

**Dewar,** Hugo: Communist politics in Britain. The CPGB from its origins to the Second World War. - (London:) Pluto Press (1976). 159 S.

**Dowse,** Robert E.: The Independent Labour Party and foreign politics 1918—1923. — In: Internat. Rev. soc. Hist. 7 (1962), 33—46.

**Dunbabin,** J. P. D.: British rearmament in the 1930s. A chronology and review. - In: Hist. J. 18 (1975), 587-609.

**Eaves,** John: Emergency powers and the parliamentary watchdog. Parliament and the executive in Great Britain 1939—1951. — London: Hansard Society 1957. 208 S.

**Ehrman,** John: Cabinet, government and war 1890—1940. — Cambridge: University Press 1958. X, 137 S.

**Emy,** H. V.: Liberals, radicals and social politics 1892-1914. - London: Cambridge University Press 1973. XIV, 318 S.

**Epstein,** Leon D.: Cohesion of British parliamentary parties. — In: Amer. Polit. Science Rev. 50 (1956), 360—377.

**Epstein,** Leon D.: British mass parties in comparison with American parties. — In: Polit. Science Quart. 71 (1956), 97—125.

**Eyck,** Erich: Politische Geschichte Englands. Von der Magna Charta bis zur Gegenwart. — Berlin, Bielefeld: Cornelsen (1951). 126 S.

**Ford,** Percy und Grace Ford: A breviate of parliamentary papers 1917—1939. — Oxford: Blackwell 1951. XLVIII, 571 S.

**Freund,** Richard: Jüngste verfassungs- und völkerrechtliche Entwicklung im Britischen Weltreich. — o. O. [1950]. 240 gez. Bl. [Maschinenschr.]
*Köln, rechtswiss. Diss. 25. Nov. 1950.*

**Geyer,** Curt: Die politischen Parteien Großbritanniens. — In: Polit. Studien 5 (1954), H. 56, 39—45.

**Guinn,** Paul: British strategy and politics 1914—1918. — London: Oxford University Press 1965. 359 S.

**Gupta,** Partha Sarathi: Imperialism and the British Labour movement, 1914-1964. - (London: Macmillan 1975). XVIII, 454 S.
*(Cambridge Commonwealth Series.)*

**Hardie,** Frank: The political influence of the British monarchy 1868—1952. — London: Batsford 1970. 224 S.

**Harvie,** Christopher: Scotland and nationalism. Scottish society and politics, 1707-1977. - London: Allen & Unwin 1977. 318 S.

**Herrmann,** Paul-Wolfgang: Die Communist Party of Great Britain. Untersuchungen zur geschichtlichen Entwicklung, Organisation, Ideologie und Politik der CPGB von 1920-1970. - Meisenheim a. G.: Hain 1976. VII, 448 S.
*(Marburger Abhandlungen zur Politischen Wissenschaft. 31.)*
*Diss., Universität Marburg.*

**Higham,** Robin: Armed forces in peacetime. Britain, 1918—1940. A case study. — Hamden: Archon Books 1962. XI, 332 S.

**Hosbawm,** E. J.: The British communist Party. — In: Polit. Quart. 21 (1954), 30—43.

**Howell,** David: British Social Democracy. - New York: St. Martin's Press 1976. 320 S.

**Hyams,** Edward: The New Statesman. The history of the first fifty years. 1913—1963. — London: Longmans 1963. 326 S.

**Hynd,** John: Der demokratische Sozialismus in Europa. Großbritannien: Revolution mit dem Stimmzettel. — In: Dokumente 11 (1955), 113—120.

**James,** Robert Rhodes: The British revolution. British politics 1880-1939. - London: Methuen 1978. XIV, 653 S.
(*University Paperbacks. 636.*)

**Jarman,** T. L.: Socialism in Britain. From the industrial revolution to the present day. - London: Gollancz 1972. 224 S.

**Jennings,** Sir Ivor: The British constitution. — London: Cambridge University Press 1961. XII, 210 S.

**Jennings,** Sir Ivor: Cabinet government. 3.ed. — Cambridge: University Press 1959. 587 S.

**Jennings,** Sir Ivor und Gerhard Ritter: Das britische Regierungssystem. Leitfaden und Quellenbuch. — Köln, Opladen: Westdt. Verl. 1958. 120, 248 S.

**Johnson,** Franklyn Arthur: The British Committee of Imperial Defence. Prototype of U.S. security organization. — In: J. Politics 23 (1961), 231—261.

**Johnson,** Franklyn Arthur: Defence by committee. The British committee of imperial defence 1885—1959. Foreword by Lord Ismay. — London: Oxford University Press 1960. VII, 416 S.

**Johnston,** Walter H.: Krise der Demokratie in England. — In: Dokumente 12 (1956), 472—480.

**Keserich,** Charles: The British Labour press and Italian fascism, 1922-25. - In: J. contemp. Hist. 10 (1975), 579-590.

**Kluxen,** Kurt: Die geistesgeschichtlichen Grundlagen des englischen Parlamentarismus. — In: Polit. Vjschr. 4 (1963), 2—17.

**Kluxen,** Kurt: Das Problem der politischen Opposition. Entwicklung und Wesen der englischen Zweiparteienpolitik. — Freiburg i. Br. und München: Alber 1957. X, 296 S.

**Laski,** Harold Joseph: Parliamentary government in Engalnd. A commentary. — London: Allen & Unwin 1952. 453 S.

**Le May,** G. H. L.: British government 1914—1953. Select documents. — London: Methuen 1955. XVI, 416 S.

**Lovell,** Colin Rhys: English constitutional and legal history. A survey. — New York: Oxford University Press 1962. XII, 589 S.

**Lyman,** Richard W.: The first Labour government 1924. — London: Chapman & Hall 1957. X, 302 S.

**McBriar,** A[lan] M[arne]: Fabian socialism and English politics, 1884—1918. — Cambridge: University Press; New York: Cambridge University Press; Toronto: Macmillan 1962. 387 S.

**McCarran,** M. Margaret Patricia: Fabianism in the political life of Britain 1919—1931. — Chicago: The Heritage Foundation 1954. XII, 612 S.

**MacCormick,** J. M.: The flag in the wind. — London: Gollancz 1955. 222 S.
Über schottische Probleme 1928—1954.

**Macintyre,** Stuart: **British Labour, marxism and working class apathy in the nineteen twenties.** - In: Hist. J. 20 (1977), 479-496.

**McKenzie,** Robert Trelford: Politische Parteien in England (British political parties, dt.) Die Machtverteilung in d. Konservativen u. in d. Labourpartei. (Mit. e Vorw. d. Verf. zur dt. Ausg. u. e. Nachtr. f. d. Jahre 1955—60. Dt. Bearb. von Friedrich Louis Schmied.) — Köln u. Opladen: Westdt. Verl. 1961. 430 S.

**McKenzie,** R. T.: British political parties. The distribution of power within the conservative and labour parties. — London: Heinemann (1955). XV, 623 S.

**McKibbin,** Ross: The evolution of the Labour Party, 1910-1924. - (London:) Oxford University Press 1974. XVIII, 261 S.
(*Oxford Historical Monographs.*)

**Mackintosh,** John P[itcaim]: The British cabinet. — London: Stevens; Toronto: University of Toronto Press 1962. XI, 546 S.

**Marder,** Arthur J.: From the Dreadnought to Scapa Flow. The Royal Navy in the Fisher era. 1904 -1919. — London: Oxford University Press.
2. The war years: To the eve of Jutland. (1965.) 467 S.

**Marshall,** Geoffrey: Parliamentary sovereignty and the Commonwealth. — Oxford: Clarendon Press 1957. X, 277 S.

**Marwick,** A. J. B.: The Independent Labour Party in the nineteen-twenties. — In: Bull. Inst. hist. Research 35 (1962), H. 91, 62—74.

**Marwick,** Arthur: Middle opinion in the thirties. Planning, progress and political „agreement". — In: Engl. hist. Rev. 79 (1964), H. 311, 285—298.

**Mason,** A.: The Government and the general strike, 1926. — In: Internat. Rev. soc. Hist. 14 (1969), 1—21.

**Mathiot,** André: The British political system. — London: Hogarth Press; Stanford: Stanford University Press 1958. 352 S.

**Messner,** Johannes: Das englische Experiment des Sozialismus. Auf Grund ökonomischer Tatsachen und sozialistischer Selbstzeugnisse dargestellt. — Innsbruck, Wien, München: Tyrolia (1954). 105 S.

**Minney,** Rubeigh James: Downing Street Nr. 10 (Nr. 10 Downing Street, [dt.]) (Aus d. Engl. von Werner v. Grünau.) Mit e. Beitr. von W. E. Süskind. — München: List (1965). 353 S.

**Moodie,** G. C.: The crown and the Commonwealth. — In: Parliam. Aff. 11 (1958), 180—203.

**Moodie,** G. C.: The monarch and the selection of a prime minister. A reexamination of the crisis of 1931. — In: Polit. Stud. [Oxford] 5 (1957), H. 1, 1—20.

**Morrison,** Herbert: Regierung und Parlament in England (Government and parliament — a survey from the inside, dt.) (Aus d. Engl. übertr. von Herbert Thiele-Fredersdorf.) — München: Beck 1956. XV, 474 S.

**Morrison** of Lambeth, Lord Herbert Stanley: British parliamentary democracy. — London: Asia Publishing House 1962. VII, 99 S.

**Oldfield,** Adrian: The Independent Labour Party and planning, 1920–26. – In: Internat. Rev. soc. Hist. 21 (1976), 1–29.

**Oppermann,** Thomas: Britisches Unterhauswahlrecht und Zweiparteiensystem. — Karlsruhe: Müller 1961. XIII, 1451 S.

**Owen,** Charles: No more heroes. The Royal Navy in the 20. century. Anatomy of a legend. - London: Allen & Unwin (1976). 248 S.

**Parker,** H. M. D.: Manpower. A study of war-time policy and administration. — London: H. M. Stationery Office 1957. XIX, 535 S.
*(History of the Second World War. United Kingdom Civil Series.)*

**Pease,** Edward R[eynolds]: The history of the Fabian society. 3. ed. With a new introd. by Margaret Cole. — London: Cass 1963. 306 S.

**Pelling,** Henry: A short history of the Labour Party. — London: Macmillan 1961. VII, 134 S.

**Pelling,** Henry: The British Communist Party. A historical profile. — London: Black 1958; New York: Macmillan 1959. VIII, 204 S.

**Petrie,** Sir Charles Alexander: The powers behind the prime ministers. — London: MacGibbon & Kee 1958. 190 S.

**Pierre,** Andrew J.: Nuclear politics. The British experience with an independent strategic force, 1939–1970. — London: Oxford University Press 1972. 378 S.

**Pierson,** Stanley: Marxism and the origins of British socialism. The struggle for a new consciousness. - Ithaca, N. Y.: Cornell University Press 1973. XIV, 290 S.

**Pimplott,** Ben: Labour and the Left in the 1930s. - New York: Cambridge University Press 1977. XI, 259 S.

**Poirier,** Philip P.: The advent of the Labour Party. — London: Allen & Unwin 1958. 288 S.

British **Prime Ministers** in the twentieth century. - New York: St. Martin's Press.
  1. Balfour to Chamberlain. Ed. by John M. Mackintosh. 1978. 282 S.

**Rae,** John: Conscience and politics. The British government and the conscientious objector of the military service, 1916–1919. — London: Oxford University Press 1970. XVI, 280 S.

**Rasmussen,** Jorgen S.: Party discipline in war-time. The downfall of the Chamberlain government. In: J. Politics 32 (1970), 379—406.

Parliamentary **reform** 1933—1958. — London: Hansard Society for Parliamentary Government (1959). 257 S.

Parliamentary **reform,** 1933—1960. A survey of suggested reforms. Forew. by Stephen King-Hall. — London: Cassell 1961. IX, 193 S.

**Reid,** J. H. Stewart: The origins of the Labour Party. — Minneapolis: University of Minnesota Press 1956. 258 S.

**Rhodes,** James Robert: The British revolution. British politics, 1880–1939. - London: Hamilton.
  1. From Gladstone to Asquith, 1880–1914. 1976. 298 S.

**Robbins,** Keith: The abolition of war. The „Peace Movement" in Britain, 1914–1919. - Cardiff: University of Wales Press 1976. 255 S.

**Searle,** G. R.: The quest for national efficiency. A study in British politics and political thought, 1899 –1914.— Berkeley: University of California Press 1971. X, 286 S.

**Setzer,** Hans: Wahlsystem und Parteienentwicklung in England. Wege zur Demokratisierung der Institutionen 1832-1948. - Frankfurt a. M.: Suhrkamp 1973. 279 S.
*(Edition Suhrkamp. 664)*

**Shay,** Robert Paul: British rearmament in the thirties. Politic and profits. - Princeton, N. J.: Princeton University Press (1977). XIII, 315 S.

**Shinwell,** Emanuel: The Labour story. — London: Macdonald 1963. 222 S.

**Sisson,** C. H.: The spirit of British administration and some European comparisons. — London: Faber & Faber 1959. 162 S.

**Somervell,** D. C.: British politics since 1900. — New York: Oxford University Press 1950. 270 S.

**Spearman,** Diana: Democracy in England. — London: Rockliff 1957. XVIII, 238 S.

**Summers,** Anne: Militarism in Britain before the Great War. – In: Hist. Workshop 1976, H. 2, 105–123.

**Thetford,** Owen: British naval aircraft 1912—1958. — London: Putnam 1958. 426 S.

**Thomas,** Neville Penry: A history of British politics. From the year 1900. — London: Jenkins 1956. 224 S.

**Waley,** Daniel: British public opinion and the Abyssinian war 1935–6. [Hrsg.:] The London School of Economics and Political Science. - (London:) Temple Smith (1975). 176 S.

**Watkins,** K. W.: Britain divided. The effect of the Spanish civil war on British political opinion. — London, Edinburgh, Paris, Melbourne, Johannesburg, Toronto, New York: Nelson 1963. 270 S.

**Wheeler,** Harvey: The Conservative crisis. England's impasse of 1931. — Washington: Public Affairs Press 1956. IV, 48 S.

**White,** L. W. und W. D. Hussey: Government in Great Britain, the Empire and the Commonwealth. — London: Cambridge University Press 1958. 292 S.

**Wilding,** Norman und Philip Laundy: Encyclopaedia of parliament. — London: Cassell 1958. 692 S.

**Willson,** F. M. G.: The organization of British central government, 1914—1956. A survey by a study group of the Royal Institute of Public Administration. Ed. by D. N. Chester. — London: Allen & Unwin 1957. 458 S.

**Wilson,** Harold: The relevance of British socialism. — London: Weidenfeld & Nicolson 1964. 115 S.

**Winter,** J. M.: Socialism and the challenge of war. Ideas and politics in Britain 1912-28. - London: Routledge & Kegan Paul 1974. IX, 310 S.

**Young,** Roland: The British parliament. — London: Faber & Faber 1961. 259 S.

Außenpolitik

**Addison,** Paul: The road to 1945. British politics and the second world war. – London: Cape (1975). 334 S.

**Allen,** H. C.: Great Britain and the United States. A history of Anglo-American relations (1783—1952). — London: Odhams Press 1955. 1024 S.

**Anderson,** Edgar: The British policy toward the Baltic states 1918—1920. — In: J. Centr. Europ. Aff. 19 (1959/60), 276—289.

**Barker,** Elisabeth: British policy in South-East Europe in the Second World War. – (London: Macmillan 1976). VIII, 320 S.
(Studies in Russian and East European History.)

**Bennett,** J.: British broadcasting and the Danish resistance movement, 1940—1945. A study of the broadcasts of the BBC Danish service. — London: Cambridge University Press 1966. XVI, 226 S.

**Bertram-Libal,** Gisela: Aspekte der britischen Deutschland-Politik, 1919 bis 1922. — Göppingen: Kümmerle 1972. I, 193 S.
(Göppinger akademische Beiträge. 52.)
Diss., Universität Tübingen.

**Betram-Libal,** Gisela: Die britische Politik in der Oberschlesienfrage 1919—1922. — In: Vjh. Zeitgesch. 20 (1972), 105—132.

**Beyer,** Hans: Die britische Labourpartei und die Probleme des Sudeten- und Karpatenraumes 1936—1939. — In: Südostdtsch. Archiv 1 (1958), 169—186.

**Bickel,** Wolf Heinrich: Die anglo-amerikanischen Beziehungen 1927—1930 im Licht der Flottenfrage. Das Problem des Machtausgleichs zwischen Großbritannien und den Vereinigten Staaten in der Zwischenkriegszeit und seine Lösung. — Zürich 1970. X, 227 S.
Diss., Universität Zürich.

**Bickert,** Hans Günther: Die Vermittlerrolle Großbritanniens während der Reparationskonferenz von Lausanne 1932. - In: Aus Politik und Zeitgeschichte, Beilage zur Wochenzeitung „Das Parlament Nr 45 vom 10. Nov. 1973, 13–23.

**Bishop,** Donald G.: The administration of British foreign relations. — Syracuse: Syracuse University Press 1961. XVI, 410 S.

**Bramstedt,** E.: British attitudes in national socialist eyes. Dr. Goebbels, the English and Mr. Churchill 1939—1945. — In: Austral. J. Politics Hist. 1 (1956), 155—178.

**Bridge,** F. R.: Great Britain and Austria-Hungary, 1906—1914. A diplomatic history. With a forew. by James Joll. — London: Weidenfeld & Nicolson (1972). XII, 320 S.
(L.S.E. Research Monographs.)

**Broad,** Lewis: The war that Churchill waged. — London: Hutchinson 1960. 472 S.

**Brundu** Olla, Paola: Le origine diplomatiche dell'accordo navale anglo-tedesco del giugno 1935. - Milano: Giuffrè (1974). 143 S.
(Quaderni della Facoltà di scienze politiche dell'Università degli studi di Cagliari. Ser. dell'Istituto di storia politica.)

**Campbell** Doherty, Julian: Die Dominions und die britische Außenpolitik von München bis zum Kriegsausbruch 1939. — In: Vjh. Zeitgesch. 20 (1972), 209—234.

**Carlton,** David: Great Britain and the Coolidge naval disarmament conference of 1927. — In: Polit. Science Quart. 83 (1968), 573—598.

**Carmi,** Ozer: La Grande-Bretagne et la Petite Entente. - Genève: Droz 1972. 377 S.
(Coll. „Travaux d'histoire éthico-politique". 24.)

**Clifford,** Nicholas R.: Retreat from China. British policy in the Far East 1937—1941. — (London:) Longmans 1967. IX, 222 S.

**Colvin,** Ian: The Chamberlain Cabinet. How the meetings in the Downing Street, 1937—9 led to the Second World War. Told for the first time from the Cabinet papers. — London: Gollancz 1971. 286 S.

**Connell,** John: The „office". A study of British foreign policy and its makers 1919—1951. — London: Wingate 1958. 367 S.

**Cowling,** Maurice: The impact of Hitler. British politics and British policy, 1933-1940. - (London:) Cambridge University Press (1975). X, 561 S.
(Cambridge Studies in the History and Theory of Politics.)

**Creveld,** Martin van: Prelude to disaster. The British decision to aid Greece, 1940-41. - In: J. contemp. Hist. 9 (1974), H. 3, 65–92.

**Crozier,** Andrew: Prelude to Munich. British foreign policy and Germany, 1935-8. - In: Europ. Stud. Rev. 6 (1976), 357–381.

**Deakin,** F[rederick] W[illiam]: Britanija i Jugoslavija 1941—1945. — In: Jugoslov. Ist. Čas. 2 (1963), 43—58.

**Deakin,** [Frederick William]: La Gran Bretagna e la resistenza europea. — In: Movim. Liberaz. Italia, H. 65 (Oktober/Dezember 1961), 3—31.

**Documents** on British foreign policy 1919—1939. — London: H. M. S. O. Third Series. Vol. 4. 1939. Edited by E. L. Woodward and Rohan Butler, with the assistance of Margaret Lambert. 1951. 647 S.

**Documents** on British foreign policy. 1919—1939. — London: H. M. S. O. Third Series. Edited by E. L. Woodward and Rohan Butler. Assisted by Anne Orde.
  5. 1939. 1953. LXXXVIII, 818 S.
  6. 1939. 1953. XCII, 789 S.

**Documents** on British foreign policy 1919—1939. — London: H. M. S. O. First Series.
  5. 1919. Ed. by E. L. Woodward and Rohan Butler. 1954. LVII, 1065 S.
Third Series.
  7. 1939. Ed. by E. L. Woodward and Rohan Butler and assisted by Anne Orde. 1954. CIII, 633 S.

**Documents** on British foreign policy 1919—1939. Edited by E. L. Woodward and Rohan Butler. — London: H. M. S. O.
Third Series.
8. 1938—39. 1955. LXXXIV, 560 S.
9. 1939. 1955. LXXXIII, 539 S.

**Documents** on British foreign policy 1919—1939. Ed. by E. L. Woodward and Rohan Butler. — London: H. S. M. O.
First Series.
6. 1919. 1956. XCVII, 1074 S.
Second Series.
5. 1933. 1956. LXXXIX, 908 S.
6. 1933/34. 1957. LXXXV, 996 S.

**Documents** on British foreign policy 1919—1939. Ed. E. L. Woodward and Rohan Butler. — London: H. M. S. O.
First Series.
7. 1920. 1958. XXIX, 744 S.
8. 1920. 1958. XXXI, 891 S.

**Documents** on British foreign policy 1919—1939. Ed. by E. L. Woodward and Rohan Butler. — London: H.M.S.O.
Second Series.
7. 1929/34. 1958. LXXXV, 808 S.

**Documents** on British foreign policy 1919—1939. Ed. Rohan Butler and J. P. T. Bury, assisted by M. E. Lambert. — London: H. M. Stationery Office.
First Series.
9. German affairs 1920. 1960. LXVI 743 S.
10. German affairs and plebiscite problems 1920. 1960. LXVIII, 828 S.
Second Series.
8. Chinese questions 1929—31. 1960. LXXV, 1044 S.

**Documents** on British foreign policy 1919—1939. Ed. by E. L. Woodward and Rohan Butler. — London: H. M. Stationery Office.
First Series.
11. Upper Silesia, Poland, and the Baltic States January 1920—March 1921. 1961. LXXVI, 747 S.
Third Series.
11. Index. 1961. V, 149 S.

**Documents** on British foreign policy 1919—1939. — London: H. M. Stationary Office.
Ser. 1. Ed. by E. L. Woodward and Rohan Butler.
12. Western and Central Europe, the Balkan States. Jan.—December 1920. Transcaucasia. Febr. 1920—April 1921. Russia. Febr. 1920—March 1921. 1962. LXXXVII, 841 S.
13. Turkey. Febr.—December 1920. Arabia, Syria and Palestine. Febr. 1920—Jan. 1921. Persia. Jan. 1920—March 1921. 1963. LXXXIII, 746 S.
14. Far Eastern affairs. April 1920—Febr. 1922. 1966. LXXIII, 645 S.
15. International Conferences and Conversations. 1921. 1967. XXXI, 835 S.
Ser. 1a. Ed. by W. N. Medlicott, Douglas Dakin, M. E. Lambert.
1. The aftermath of Locarno. 1925—1926. 1966. LXXIII, 881 S.
2. The termination of military control in Germany. Middle Eastern and American questions. 1926—1927. 1968. LIX, 958 S.

**Documents** on British foreign policy 1919—1939. — London: H. M. Stationary Office.
Ser. 1. Ed. by E. L. Woodward and Rohan Butler.
16. Upper Silesia. March 22, 1921—Nov. 2, 1922. Germany 1921. 1968. CXI, 1003 S.
17. Greece and Turkey. Jan. 1, 1921—Sept. 2, 1922. 1970. CXXXII, 948 S.
Ser. 1a. Ed. by W. N. Medlicott, Douglas Dakin, M. E. Lambert.
3. European and Naval Questions 1927. 1970. LXVII, 801 S.
Ser. 2. Ed. by Rohan Butler and J. P. T. Bury, ass. by M. E. Lambert.
9. The Far Eastern crisis 1931—1932. 1965. LXV, 712 S.
10. Far Eastern affairs. March—Oct. 1932. 1969. LXXXIV, 833 S.
11. Far Eastern affairs. Oct. 13, 1932—June 3, 1933. 1970. LXVII, 597 S.

**Documents** on British foreign policy 1919—1939. — London: H. M. Stationary Office.
Ser. 1. Ed. by E. L. Woodward and Rohan Butler.
18. Greece and Turkey. Sept. 4, 1922—July 24, 1923. 1972. LXXXII, 1064 S.
Ser. 1a. Ed. by W. N. Medlicott, Douglas Dakin and M. E. Lambert.
4. European and security questions 1927—1928. 1971. XLV, 668 S.
5. European and security questions 1928. 1973. LXII, 928 S.
Ser. 2. Ed. by Rohan Butler and J. P. T. Bury, ass. by M. E. Lambert.
12. European affairs. Aug. 5, 1934—April 18, 1935. 1972. LXXX, 929 S.

**Documents** on British foreign policy 1919-1939. - London: H. M. Stationery Office.
Ser. 1. Ed by E. L. Woodward and Rohan Butler.
19. The conferences of Cannes, Genoa and The Hague 1922. 1974. XLV, 1138 S.
Ser. 2. Ed. by Rohan Butler and J. P. T. Bury, ass. by M. E. Lambert.
13. Naval policy and defence requirements. July 20, 1945-March 25, 1936. 1973. LXXVIII, 945 S.

**Documents** on British foreign policy 1919-1939. Ed. by W. N. Medlicott, Douglas Dakin [u.] M. E. Lambert. - London: H. M. Stationary Office.
Ser. 1.
20. German reparation and Allied military control 1922. Russia March 1921 - December 1922. 1976. LXX, 970 S.
Ser. 1a.
6. The Young report and the Hague Conference. Security questions 1928-1929. 1975. LV, 880 S.
7. German, Austrian and Middle Eastern questions, 1929-1930. 1975. LV, 851 S.
Ser. 2.
14. The Italo-Ethiopian dispute, March 21, 1934 – October 3,

1935. 1976. LXIX, 790 S.
15. The Italo-Ethiopian war and German affairs, October 3, 1935 – February 29, 1936. 1976. LXIV, 791 S.

**Documents** on British foreign policy 1919–1939. Ed. by W. N. Medlicott, Douglas Dakin [u.] M. E. Lambert. – London: H. M. Stationary Office.
Ser. 1.
21. German reparation and Allied Military Control 1925. (1978). CXV, 1027 S.
Ser. 2.
16. The Rhineland crisis and the ending of sanctions, March 2 – July 30, 1936. (1977). LXI, 811 S.
17. Western pact negotiations. Outbreak of Spanish civil war, June 23, 1936 – January 2, 1937. (1979). LV, 801 S.

**Doherty**, Julian Campbell: Das Ende des Appeasement. Die britische Außenpolitik, die Achsenmächte und Osteuropa nach dem Münchner Abkommen. – Berlin: Colloquium-Verl. (1973). 284 S.

**Donaldson**, Robert Charles: British policy toward Germany 1932—1933. — IX, 383 gez. Bl.
*University of Michigan, Thesis (1954) (University Microfilms, Ann Arbor, Mich. Publication 7641.)*

**Dubois**, Howard: Britische Chinapolitik während der chinesisch-nationalistischen Revolution 1925–1927. – Zürich 1975. 251 S.
*Zürich, phil. Diss. von 1975.*

**Egerton**, George W.: The Lloyd George government and the creation of the League of Nations. – In: Amer. hist. Rev. 79 (1974), 419–444.

**Ellis**, C. H.: The British „intervention" in Transcaspia 1918—1919. Berkeley, Los Angeles: University of California Press 1963. 175 S.

**Endicott**, Stephen Lyon: Diplomacy and enterprise. British China diplomacy, 1933–1937. – Manchester: Manchester University Press 1975. XVI, 209 S.

**Fest**, Wilfried: Peace or partition. The Habsburg monarchy and British policy 1914–1918. – London: Prior 1978. 276 S.

**Fitzsimons**, M. A.: The continuity of British foreign policy. — In: Rev. Politics 21 (1959), 300—322.

**Foot**, M. R. D.: British foreign policy since 1898. — London: Hutchinsons Univ. Library (1956). 190 S.

**Fowler**, Wilton B.: British-American relations 1917—1918. The role of Sir William Wiseman. — Princeton, N. J.: Princeton University Press 1970. 354 S.

**Fox**, John P.: Britain and the Inter-Allied Military Commission of Control, 1925—26. — In: J. Contemp. Hist. 4 (1969), H. 2, 143—164.

**Fredborg**, Arvid: Storbritannien och den ryska fragan 1918—1920. — Stockholm: Norstedt 1951. 328 S.

**Freund**, Michael: Der Alptraum der Bündnisse. Das Rätsel der britischen Politik im Frühjahr 1939. — In: Außenpolitik 4 (1953), 549—561.

**Friis**, Erik J.: Anglo-Norwegian relations 1939—40. — In: Norseman 16 (1958), 161—164, 231—244 und 311—331.

**Furnia**, Arthur H[omer]: The diplomacy of appeasement. Anglo-French relations and the prelude to World War II 1931—1938. With a preface by James Fitzgerald Brewer. — Washington: University Press (1960). IX, 454 S.

**George**, Margaret: The warped vision. British foreign policy 1933—1939. — Pittsburgh: University of Pittsburgh Press 1965. XXIII, 238 S.

**Gilbert**, Martin: The roots to appeasement. — London: Weidenfeld & Nicolson (1966). XVI, 254 S.

**Goldman**, Aaron L.: Sir Robert Vansittart's search for Italian cooperation against Hitler, 1933–36. – In: J. contemp. Hist. 9 (1974), H. 3, 93–130.

**Gordon**, Michael B.: Conflict and consensus in Labour's foreign policy, 1914—1965. — Stanford, Calif.: Stanford University Press 1969. XIII, 333 S.

**Great Britain** and Iraq 1914—1958. — In: Round Table 1959, H. 195, 266—279.

**Hall**, H. D.: The genesis of the Balfour declaration of 1926. — In: J. Commonwealth polit. Stud. 1 (1962), 169–193.

**Hall**, Hines H.: The foreign policymaking process in Britain, 1934–1935 and the origins of the Anglo-German naval agreement. – In: Hist. J. 19 (1976), 477–499.

**Halliday**, E[rnest] M[ilton]: The ignorant armies. The Anglo-American Archangel expedition, 1918–1919. — London: Weidenfeld & Nicolson 1961. XV, 232 S.

**Hanak**, Harry: Great Britian and Austria-Hungary during the first world war. A study in the formation of public opinion. — London: Oxford University Press 1962. VI, 312 S.

**Haraszti**, É[va] H.: Three documents concerning Great Britain's policy in East-Central Europe in the period after the Munich Agreement. – In: Acta hist. [Budapest] 22 (1976), 141–175.

**Hauser**, Oswald: England und das Dritte Reich. Eine dokumentierte Geschichte der englisch-deutschen Beziehungen von 1933 bis 1939 auf Grund unveröffentlichter Akten aus dem britischen Staatsarchiv. — Stuttgart: Seewald.
1. 1933 bis 1936. 1972. 317 S.

**Hilbert**, Lothar Wilfried: The early years of the military attaché service in British diplomacy. — In: J. Soc. Army hist. Research 37 (1959), 164—171.

**Hoare**, Sir Samuel: Edens Bruch mit Neville Chamberlain. — In: Außenpolitik 6 (1955), 586—601.

**Holzweißig**, Gunter: Das Deutschlandbild der britischen Presse im Jahre 1935. Ein Beitr. zur Grundlegung der englischen Appeasementpolitik. — Hamburg 1967: Wittenborn. II, 337 S.
*Hamburg, phil. Diss. vom 24. Februar 1967.*

**Howard**, Christopher: MacDonald, Henderson, and the outbreak of war, 1914. – In: Hist. J. 20 (1977), 871–891.

**Howard,** Michael: The continental commitment. The dilemma of British defense policy in the era of the two world wars. — London: Temple Smith 1972. 176 S.
*(The Ford Lectures in the University of Oxford. 1971.)*

**Hyam,** Ronald: Britain's imperial century, 1815–1914. A study of empire and expansion. – London: Batsford (1976). 462 S.

**Jedrzejewicz,** Wacław [Ed.]: Poland in the British parliament 1939—1945. — New York: Pilsudski Institute of America for Research in Modern History of Poland.
   2. Fall 1941—Spring 1944. 1959. 607 S.
   3. Summer 1944—July 1945. 1960. 695 S.

**Jeffries,** Sir Charles Joseph: The Colonial Office. — London: Allen & Unwin 1956. 222 S.

**Jennings,** Sir Ivor: The Commonwealth conference 1949. — In: Brit. Yearb. internat. Law 25 (1948), 414—420.

**Kalinin,** N.: Sovetsko-finskaja vojna i predatel'skaja politika anglijskich lejboristov. — In: Vop. Ist. 1950, H. 3, 26—46.
   Über den sowjetisch-finnischen Krieg und die Politik der britischen Labour Party.

**Kennedy,** Paul M.: „Splendid Isolation" gegen „Continental Commitment". Das Dilemma der britischen Deutschlandstrategie in der Zwischenkriegszeit ⟨1931-1939⟩. – In: Tradition und Neubeginn, Köln: Heymanns (1975), 151–201.

**Kieser,** Rolf: Englands Appeasementpolitik und der Aufstieg des Dritten Reiches im Spiegel der britischen Presse (1933—1939). Ein Beitrag zur Vorgeschichte des Zweiten Weltkrieges. — Winterthur: Keller 1964. VI, 140 S.

**Kirschbaum,** J. M.: British policy and Slovakia, 1939—1945. — In: Slovakia 10 (1960), 50—61.

**Kleine-**Ahlbrandt, W[illiam]Laird:The policy of simmering. A study of British policy during the Spanish Civil War 1936—1939. — The Hague: Nijhoff 1962. XII, 161 S.

**Klieman,** Aaron S.: Foundations of British policy in the Arab world. The Cairo conference of 1921. — Baltimore: Johns Hopkins Press 1970. 336 S.

**Kölling,** Mirjam: Aspekte britischer Außenpolitik in den zwanziger Jahren. – In: Z. Geschichtswiss. 21 (1973), 1423–1442.

**Koliopoulos,** John S.: Greece and the British connection 1935–1941. – Oxford: Clarendon Press 1978. XVII, 315 S.

**Krasil'nikov,** A. N.: Politika Anglii v otnošenii SSSR 1929—1932. — Moskva: Gospolitizdat 1959. 306 S.

**Krasil'nikov,** A. N.: K voprosu o politike pravjaščich krugov Anglii v otnošenii SSSR (1929—1939gg.) — In: Novaja i Novejšaja Ist. 1957, H. 4, 196—212.

**Krieger,** Wolfgang: Labour-Party und Weimarer Republik. Ein Beitrag zur Außenpolitik der britischen Arbeiterbewegung zwischen Programmatik und Parteitaktik 1918-1924. – Bonn: Verl. Neue Gesellsch. (1978). XVI, 450 S.
*(Schriftenreihe des Forschungsinstituts der Friedrich-Ebert-Stiftung. 136.)*
*Diss., Universität München.*

**Kröninger,** Horst: Die britische Rußlandpolitik seit 1917. Eine Übersicht mit Dokumenten. Als Ms. vervielfältigt. T. 1. 2 [in e. Bd]. — Göttingen: Arbeitsgemeinschaft für Osteuropaforschung 1952—53.
*(Forschungsberichte und Untersuchungen zur Zeitgeschichte. 5.)*

**Lammers,** Donald: From Whitehall after Munich. The Foreign Office and the future course of British policy. – In: Hist. J. 16 (1973), 831–856.

**Lammers,** Donald L.: The second Labour government and the restoration of relations with Soviet Russia ⟨1929⟩. — In: Bull. Inst. hist. Research 37 (1964), H. 95, 60—72.

**Lammers,** Donald N.: Explaining Munich. The search for motive in Britain policy. (Hoover Institution on war, revolution and peace.) — Stanford, Calif.: Stanford University Press 1966. VII, 73 S.
*(Hoover Institution Studies. 16.)*

**Langhorne,** Richard: Anglo-German negotiations concerning the future of the Portuguese colonies, 1911–1914. – In: Hist. J. 16 (1973), 361–387.

**Lapter,** Karol: Angielskie gwarancje dla Polski w r. 1939. — In: Sprawy Międzynar. 12 (1959), H. 6, 3—31.

**Lee,** Bradford A.: Britain and the Sino-Japanese war, 1937–1939. A study in the dilemmas of British decline. – London: Oxford University Press 1973. X, 319 S.

**Leutze,** James R.: Bargaining for supremacy. Anglo American naval collaborations, 1937–1941. – Chapel Hill: University of North Carolina Press 1977. 328 S.

**Louis,** W[illiam] Roger: British strategy in the Far East 1919—1939. — Oxford: Clarendon Press 1971. 284 S.

**Lowe,** P.: Great Britain and the origins of the Pacific war. A study of British policy in East-Asia 1937–1941. – London: Oxford University Press 1977. 318 S.

**Lundgreen,** Peter: Die englische Appeasement-Politik bis zum Münchener Abkommen. Voraussetzungen, Konzeption, Durchführung. — Berlin: Colloquium-Verl. 1968. 153 S.
*(Studien zur europäischen Geschichte. 7.)*

**Mackenzie,** Kenneth: Some British reactions to German colonial methods, 1895-1907. – In: Hist. J. 17 (1974), 165–175.

**Manne,** Robert: The British decision for alliance with Russia, May 1939. – In: J. contemp. Hist. 9 (1974), H. 3, 3-26.

**Manning,** C. A. W.: The policy of the British dominions in the League of Nations. — Paris: Droz 1957. 159 S.

**Mansergh,** Nicolas: Survey of British Commonwealth affairs. Problems of external policy 1931—1939. Edited by The Royal Institute of International Affairs. — London: Oxford University Press 1952. 504 S.

**Marcovitch,** Lazare: Lord Curzon and Pashitch. Light on Jugoslavia, Turkey and Greece in 1922. A personal record. — In: J. Centr. Europ. Aff. 13 (1953/54), 329—337.

## GESCHICHTE EINZELNER STAATEN

**Marlow,** John: Anglo-Egyptian relations 1800—1953. — London: Cresset Press 1954. 440 S.

**Medlicott,** W[illiam] N[ewton]: Britain and Germany, the search for agreement 1930—1937. — London: Athlone Press 1969. 32 S.

**Medlicott,** W. N. [Ed.]: From Metternich to Hitler. Aspects of British and foreign history, 1814—1939. — London: Routledge & Kegan Paul 1963. 267 S.

**Medlicott,** W[illiam] N[ewton]: British foreign policy since Versailles, 1919—63. — London: Allen & Unwin 1968. 256 S.

**Menzel,** Karl-Heinz: Die Gebundenheit der britischen Außenpolitik am Ende der Regierungszeit Lloyd Georges und ihre Auswirkungen auf Deutschland. — Hamburg 1951. 96, 25 gez. Bl. [Maschinenschr.]
*Hamburg, phil. Diss. 19. September 1951.*

**Meyers,** Reinhard: Sicherheit und Gleichgewicht. Das britische Kabinett und die Remilitarisierung des Rheinlands 1936. - In: Rhein. Vjbll. 38 (1974), 406-449.

**Meyers,** Reinhard: Britische Sicherheitspolitik 1934-1938. Studien zum außen- und sicherheitspolitischen Entscheidungsprozeß. - Düsseldorf: Droste 1976. 541 S.
*(Bonner Schriften zur Politik und Zeitgeschichte. 11.)*

**Middlemas,** Keith: Diplomacy of illusion. The British government and Germany, 1937—39. — London: Weidenfeld & Nicolson (1972). 510 S.

**Mokrus,** Erwin: Die Beziehungen Englands zu Ägypten vom Abschluß des anglo-ägyptischen Vertrages von 1936 bis 1942. — Hamburg 1953. XII, 193 gez. Bl. [Maschinenschr..]
*Hamburg, phil. Diss. 10. November 1953.*

**Monger,** George: Ursachen und Entstehung der englisch-französisch-russischen Entente 1900—1907 (The end of isolation. British foreign policy 1900—1907, dt.) — Seeheim a. d. B.: Buchkreis f. Besinnung u. Aufbau 1969. VIII, 432 S.

**Nagle,** Thomas Wheeler: A study of British public opinion and the European appeasement policy 1933—1939. — Wiesbaden: Libr. Chmielorz 1957. 221 S.

**Naylor,** John F.: Labour's international policy. The Labour Party in the 1930's. — Boston: Houghton Mifflin 1969. VIII, 380 S.

**Newman,** M. D.: Britain and the German-Austrian Customs Union proposal of 1931. - In: Europ. Stud. Rev. 6 (1976), 449-472.

**Newman,** Simon: March 1939. The British guarantee to Poland. A study in the continuity of British foreign policy. - Oxford: Clarendon Press 1976. VIII, 253 S.

**Nekrič,** A. M.: Politika anglijskogo imperializma v Evrope (oktj. 1938—sentj. 1939). — Moskva: Izd-vo Akad. Nauk SSSR 1955. 476 S.

**Nekrič,** A. M.: Vnešnaja politika Anglii 1939—1941 gg. — Moskva: Izd. Akademii Nauk SSSR 1963. 532 S.

**Nicolson,** Harold: The origins and development of the Anglo-French entente.— In: Intern. Aff. 30 (1954), 407—416.

**Niedhart,** Gottfried: Großbritannien und die Sowjetunion 1934—1939. Studien zur britischen Politik der Friedenssicherung zwischen den beiden Weltkriegen. — München: Fink 1972. 497 S.
*(Veröffentlichungen des Historischen Instituts der Universität Mannheim. 2.)*

**Niedhart,** Gottfried: Weltmacht, Anspruch und Wirklichkeit. Zur britischen Außenpolitik im 20. Jahrhundert. — In: Neue pol. Lit. 13 (1968), 233—241.
Literaturbericht.

**Nish,** Ian H.: Alliance in decline. A study in Anglo-Japanese relations 1908—1923. — London: Athlone Press 1972. XII, 424 S.

**Olmi,** Massimo: La „grande alleanza" anglo-americana. — In: Civitas 9 (1958), H. 4/5, 45—72.

**Orde,** Anne: Great Britain and international security, 1920-1926. - London: Royal Historical Society 1978. VIII, 244 S.

**Pakenham,** Frank: Peace by ordeal. An account from firsthand sources of the negotiation and signature of the Anglo-Irish treaty of 1921. — Cork: Mercier 1951. X, 399 S.

**Perham,** Margery: Colonial sequence 1930—1949. A chronical commentary upon British colonial policy especially in Africa. — London: Methuen 1967. 351 S.

**Perkins,** Bradford: The great rapprochement. England and the United States, 1895—1914. — New York: Atheneum 1968. VIII, 341 S.

**Plá,** José: Gibraltar. Introduct. by Sir Charles Petrie. — London: Hollis 1955. 157 S.

**Popov,** V. I.: Anglo-sovetskie otnošenija 1927—1929. — Moskva: Izdatel'stvo Inta Meždunar. Otnošenii 1958. 191 S.

**Powers,** Richard Howard: Winston Churchill's parliamentary commentary on British foreign policy 1935—1938.— In: J. mod. Hist. 26 (1954), 179—182.

**Pratt,** Lawrence R.: East of Malta, west of Suez. Britain's Mediterranean crisis, 1936-1939. Publ. in co-operation with London School of Economics and Political Science. - Cambridge: Cambridge University Press (1975). 215 S.

**Presseisen,** Ernst L.: Foreign policy and British public opinion. The Hoare-Laval pact of 1935. — In: World Aff. Quart. 29 (1958), 256—277.

**Proudfoot,** Mary: Britain and the United States in the Caribbean. A comparative study in methods of development. — London: Faber & Faber (1955). XXI, 434 S.

**Ramsey,** Julia Havlicek: The foreign policy of the British Dominions 1931—1936. — XIII, 324, 15 gez. Bl.
*Georgetown University, Thesis (1954).*
Auch als: Microprint Copy, Rochester, N. Y.: University of Rochester Press 1954.
*(University of Rochester Canadian Studies Series. 8.)*

**Rass,** Hans Heinrich: Britische Außenpolitik 1929-1931. Ebenen und Faktoren der Entscheidung. - Frankfurt a. M.: Lang 1975. 439 S.
*(Beiträge zur Politikwissenschaft. 2.)*

**Reynolds,** Philip A.: Die britische Außenpolitik zwischen den beiden Weltkriegen. [Aus d. Ms.] übertr.: Walter Jacobi. — Braunschweig: Limbach (1952). 98 S.
*(Beiträge zum Geschichtsunterricht. 26.)*

**Rock,** William R.: British appeasement in the 1930s. - London: Arnold 1977. VII, 111 S.

**Rock,** William R.: Appeasement on trial. British foreign policy and its critics, 1938—1939.—Hamden, Conn.: Archon Books 1966. XII, 365 S.

**Rose,** Norman A.: The gentile Zionists. A study in Anglo-Zionist diplomacy, 1929-1939. - London: Cass (1973). XIII, 242 S.

**Rothstein,** Andrew: British foreign policy and its critics, 1830—1950. — London: Lawrence & Wishart 1969. 130 S.

**Rothwell,** V. H.: British war aims and peace diplomacy, 1914—1918. — Oxford: Clarendon Press 1971. XVIII, 315 S.

**Sallet,** Richard: Wie das Foreign Office arbeitet. — In: Außenpolitik 4 (1953), 171—179.

**Sanders,** M. L.: Wellington House and British propaganda during the First World War. - In: Hist. J. 18 (1975), 119–146.

**Savčuk,** P. O.: Bor'ba trudjaščichsja Anglii protiv antisovetskoj intervencii (1919—1920). — In: Novaja i Novejšaja Ist. 1958, H. 1, 105—114.

**Schädlich,** Karlheinz: „Appeaser" in Aktion. Hitlers britische Freunde in der Anglo-German Fellowship. — In: Jb. Gesch. 3 (1969), 197—234.

**Schmidt,** Gustav: Außenpolitik und Kriegsziele Englands 1905-1922. - In: Neue polit. Lit. 18 (1973), 359–372.

**Schmitt,** Bernadotte E.: British foreign policy 1931—1932. — In: J. mod. Hist. 23 (1951), 153—157.

**Schröder,** Karsten: Parlament und Außenpolitik in England, 1911–1914. Dargestellt an der englischen Deutschlandpolitik von der Agadirkrise bis zum Beginn des Ersten Weltkrieges. - Göttingen: Musterschmidt (1974). 229 S.
*(Göttinger Bausteine zur Geschichtswissenschaft. 45.)*

**Schulte**-Herbrüggen, Hubertus: Vierzig Jahre britischer Nahost-Politik. — In: Stimmen d. Zeit 159 (1956/57), 428—442.

**Seeley,** John Robert: Die Ausbreitung Englands (Expansion of England, dt.) Bis zur Gegenwart fortgeführt von Michael Freund. Übers. von Dora Schöll-Regenbogen. — Berlin, Frankfurt a. M.: G. B. Fischer 1954. 372 S.
*(Bibliothek der Weltgeschichte. 6.)*

**Smith,** Malcolm: The Royal Air Force, air power and British foreign policy, 1932–37. - In: J. contemp. Hist. 12 (1977), 153–174.

**Stamm,** Christoph: Lloyd George zwischen Innen- und Außenpolitik. Die britische Deutschlandpolitik 1921/22. - (Köln: von Nottbeck 1977). 358 S.
*Köln, phil. Diss. vom 17. Juni 1976.*

**Stein,** Joshua B.: Great Britain and the Evian conference of 1938. - In: Wiener Libr. Bull. 29 (1976/77), H. 57/38, 40–52.

**Steinbach,** Lothar: Britische Außenpolitik in der Ära Lloyd George. — In: Neue pol. Lit. 14 (1969), 534—546.

**Steiner,** Zara S.: The Foreign Office and foreign policy 1894—1914. — Cambridge: Cambridge University Press 1969. 262 S.

**Steiner,** Zara [u.] M. L. Dockrill: The Foreign Office reforms, 1919–21. - In: Hist. J. 17 (1974), 131–156.

**Stipke,** Ulrich H.: Das Problem der anglo-amerikanischen Partnerschaft in der britischen Fernost- und Pazifikpolitik. Eine Studie zur angelsächsischen Weltpolitik unter besonderer Berücksichtigung des Zeitraumes 1919—1922. — Hamburg 1954. V, 283 gez.Bl. [Maschinenschr.]
*Hamburg, phil. Diss. 16. Aug. 1954.*

**Strang,** Lord: The Foreign Office. — London: Allen & Unwin 1955. 226 S.
*(The New Whitehall Series.)*

**Tate,** Merze und Fidele Roy: More light on the abrogation of the Anglo-Japanese alliance. — In: Polit. Science Quart. 74 (1959), 532—554.

**Taylor,** A. J. P.: Mission to Moscow in 1939. — In: Manchester Guardian Weekly vom 5. und 12. Nov. 1953.

**Thiessen,** Renate: Englands Stellung zum Dritten Reich im Jahre 1933. — o. O. [1957]. 298,170, XLIII Bl.
*Hamburg, phil. Diss. 23. September 1957.*

**Thompson,** Neville: The anti-appeasers. Conservative opposition to appeasement in the 1930s. — Oxford: Clarendon Press 1971. 256 S.

**Thorne,** Christopher: The Shanghai crisis of 1932. The basis of British policy. — In: Amer. hist. Rev. 75 (1969/70), 1616—1639.

**Tibawi,** A[bdul] L[atif]: Anglo-Arab relations and the question of Palestine, 1914–1921. - London: Luzac 1978. XXVII, 523 S.

**Townshend,** Charles J. N.: The British campaign in Ireland 1919-1921. - London: Oxford University Press 1975. 256 S.

**Tucker,** W. R.: The attitude of British Labour Party towards European and collective security problems 1920 — 1939. — 270 S.
*Genève, staatswiss. Diss. 1950.*

**Ullman,** Richard H.: Anglo-Soviet relations, 1917—1921. — Princeton, N.J.: Princeton University Press.
  [1.] Intervention and the war. 1961. XVI, 360 S.
  2. Britain and the Russian Civil War. Nov. 1918 —Febr. 1920. (1968). XIX, 395 S.

**Ullman,** Richard H.: Anglo-Soviet relations, 1917–1921. - Princeton, N. J.: Princeton University Press.
  3. The Anglo-Soviet accord. 1973. 509 S.

Die gescheiterte englisch-französische **Union** im Jahre 1940. — In: Europa-Union 2 (1951), Nr. 14, 4.

**Warman,** Roberta M.: The erosion of Foreign Office influence in the making of foreign policy, 1916–1918. - In: Hist. J. 15 (1972), 153–159.

**Warth,** Robert D.: The Arcos raid and the Anglo-Soviet „cold war" of the 1920's. — In: World Aff. Quart. 29 (1958), 115—151.

**Watt,** D. C.: Gli accordi mediterranei anglo-italiani del 16 aprile 1938. — In: Riv. Studi polit. internaz. 26 (1959), 51—76.

**Watt,** D. C.: Der Einfluß der Dominions auf die britische Außenpolitik vor München 1938. — In: Vjh. Zeitgesch. 8 (1960), 64—74.

**Watt,** T. D. C.: Some post-war British memoirs and pre-war foreign policy. — In: Internat. Relat. 1 (1954/55), H. 3, 104—113.

**Webster,** Sir Charles: Munich reconsidered. A survey of British policy. — In: Internat. Aff. 37 (1961), 137—153.

**Wendt,** Bernd Jürgen: Economic appeasement. Handel und Finanz in der britischen Deutschland-Politik 1933—1939. — Düsseldorf: Bertelsmann Universitätsverl. 1971. 695 S.
(Studien zur modernen Geschichte. 3.)
Diss., Universität Hamburg.

**Willert,** Arthur: The road to safety. A study in Anglo-American relations. — London: Derek Verschoyle 1952. VIII, 184 S.

**Williams,** Ann: Britain and France in the Middle East and North Africa 1914—1967. — London: Macmillan 1968. X, 194 S.

**Williams,** T. Desmond: Negotiations leading to the Anglo-Polish agreement of 31 March 1939. — In: Irish hist. Studies 10 (1956), H. 37, 59—93.

**Williams,** T. Desmond: Negotiations leading to the Anglo-Polish agreement of 31 March 1939. — In: Irish hist. Studies 10 (1956), H. 37 und 38, 59—93 und 156—192.

**Windrich,** Elaine: British Labour's foreign policy. — London: Oxford University Press 1952. 208 S.

**Winkler,** Henry R.: The emergence of a labor foreign policy in Great Britain 1918—1929. — In.: J. mod. Hist. 28 (1956), 247—258.

**Wittek,** Bernhard: Der britische Ätherkrieg gegen das Dritte Reich. Die deutschsprachigen Kriegssendungen der British Broadcasting Corporation. — Münster (Westf.): Fahle 1962. 254 S.
(Studien zur Publizistik. 3.)

**Wolf,** Simon: Britain and Poland. — In: Contemp. Rev. 173 (1948), 10—14.

**Woodward,** Sir Llewellyn: British foreign policy in the second world war. — London: H. M. Stationery Office 1962. LV, 592 S.
(History of the Second World War.)

**Woodward,** Llewellyn: Some reflections on British policy 1939—1945. — In: Intern. Aff. 31 (1955), 273—290.

**Young,** A. P.: The „X" documents. The secret history of Foreign Office contacts with the German resistance 1937—1939. — London: A. Deutsch 1974. 253 S.

Wirtschaft und soziales Leben

**Aldcroft,** Derek H.: The inter-war economy. Britain 1919—1939. — London: Batsford 1970. 416 S.

**Alford,** B. W. E.: Depression and recovery? British economic growth, 1918—1939. — London: Macmillan 1972. 96 S.
(Studies in Economic History.)

**Ashworth,** William: An economic history of England, 1870—1939. — London: Methuen 1972. 438 S.
(University Paperbacks.)

**Bandholz,** Emil: Die englischen Gewerkschaften. Organisationstypen, Zielsetzungen, Kampfesweisen von d. Gründung bis zur Gegenwart. — Köln: Bund-Verl. (1961). XI, 410 S.

**Barritt,** Denis P. und Charles P. Carter: The Northern Ireland problem. A study in group relations. — New York: Oxford University Press 1962. 163 S.

**Berselli,** Aldo: L'opinione pubblica inglese e l'avvento del fascismo, 1919—1925. — Milano: Angeli 1972. 225 S.

**Boudeville,** Jacques R.: Inflation et chômage en Grande-Bretagne. — In: Rev. polit. parlem. 208 (1952), 37—49.

**Brandon,** Leonard George: A short economic and social history of England. — London: Gregg.
2. Modern times. Third ed. rev. 1951. 214 S.

**Bunselmeyer,** Robert E.: The cost of the war, 1914–1919. British economic war aims and the origins of reparation. — (Hamden, Conn.:) Archon Books 1975. 249 S.

**Calder,** Angus: The people's war. Britain 1939—45. — London: J. Cape 1969. 656 S.

**Charles,** R.: The development of industrial relations in Britain, 1911—1939. Studies in the evolution of collective bargaining at national and industry level. Forew. by A. I. Marsh. - London: Hutchinson 1973. 340 S.

**Degen,** Günther R.: Zur Geschichte und Gegenwart der Gewerkschaftsbewegung in Großbritannien. Ein Literaturbericht. - In: Internat. wiss. Korr. Gesch. dtsch. Arbeiterbew. 12 (1976), 461–481.

**Desmarais,** Ralph: Lloyd George and the development of the British government's strikebreaking organization. - In: Internat. Rev. soc. Hist. 20 (1975), 1–15.

**Drummond,** Ian M.: British economic policy and the Empire, 1919—1939. — London: Allen & Unwin 1972. 241 S.
(Historical Problems. Studies and Documents. 17.)

**Edwards,** Ronald S.: Staat und privates Unternehmertum in Großbritannien. — In: Schweiz. Monatsh. 32 (1952/53), 265—277.

**Gilbert,** Bentley B.: British social policy, 1914—1939. — Ithaca, N. Y.: Cornell University Press 1971. 352 S.

**Glynn,** Sean [u.] John Oxborrow: Interwar Britain. A social and economic history. - London: Allen & Unwin (1976). 276 S.

**Harris**, José: Unemployment and politics. A study in English social policy 1886–1914. – London: Clarendon Press 1972. XIII, 411 S.

**Hartl**, Klaus: Pressure-groups in Great Britain. An attempt at systematic classification. — In: Cahiers de Bruges 8 (1958), H. 3/4, 56—66.

**Jones**, G. Gareth: The British government and the oil companies 1912–1924. The search for an oil policy. – In: Hist. J. 20 (1977), 647–672.

**Kimball**, Warren F.: Lend-Lease and the open door. The temptation of British opulence, 1937—1942. — In: Polit. Science Quart. 86 (1971), 232—259.

**Klebes**, Heinrich: Die britischen Gewerkschaften als politische Organisationen. — In: Europa-Archiv 9 (1954), 6303—6306.

**McKibbin**, Ross: The economic policy of the second Labour Government 1929–1931. – In: Past & Present 1975, H. 68, 95–123.

**Mejcher**, Helmut: Die britische Erdölpolitik im Nahen Osten 1914–1956. – In: Vjschr. Soz.- u. Wirtschaftsgesch. 59 (1972), 350–377.

**Mendelssohn**, Peter de: Die Herrschaft der Wenigen. Zum Problem der englischen Gewerkschaften. — In: Monat 4 (1951/52), T. 2, 581—588.

**Morton**, A. L. und George Tate: The British labour movement. — London: Lawrence & Wishart 1956. 313 S.

**Murray**, John: The general strike of 1926. A history. — London: Lawrence & Wishart 1951. 208 S.

**Perkin**, Harold: Die Rekrutierung der Eliten in der britischen Gesellschaft seit 1880. – In: Gesch. u. Gesellsch. 3 (1977), 485–502.

**Reader**, W. J.: Imperial chemical industries. A history. – London: Oxford University Press.
  1. The forerunners, 1870–1926. 1970. XVI, 563 S.
  2. The first quarter-century 1926–1952. 1975. XVII, 569 S.

**Ryder**, Judith [u.] Harold Silver: Modern English society. History and structure, 1850—1970. — London: Methuen 1970. VIII, 340 S.

**Springhall**, John: Youth, Empire and society. British youth movements, 1883–1940. – London: Croom Helm (1977). 163 S.

**Stevens**, Austin: The dispossessed. – London: Barrie & Jenkins (1975). 319 S.

**Titmuss**, R. M.: Problems of social policy. — London: H. M. Stationery Office; Longmans 1951. 596 S.
*(History of the Second World War. United Kingdom Civil Series.)*

**Waites**, B. A.: The effect of the First World War on class and status in England, 1910–20. – In: J. contemp. Hist. 11 (1976), 27–48.

**Wendt**, Bernd-Jürgen: Whitleyism – Versuch einer Institutionalisierung des Sozialkonfliktes in England am Ausgang des Ersten Weltkrieges. – In: Industrielle Gesellschaft und politisches System. Festschrift für Fritz Fischer zum siebzigsten Geburtstag. Bonn: Verl. Neue Gesellsch. (1978), 337–353.

**Wichert**, Sabine: Zwischen Klassenkampf und Wohlfahrtsstaat. Großbritanniens „Linke" im 20. Jahrhundert. — In: Neue polit. Lit. 16 (1971), 221—241.

**Wilkinson**, Paul: English youth movements, 1908—30. — In: J. Contemp. Hist. 4 (1969), H. 2, 3—23.

**Youngson**, A. J.: The British economy 1920—1957. — Cambridge: Harvard University Press 1960. 271 S.

**Zubrzycki**, Jerzy: Polish immigrants in Britain. A study of adjustment. Pref. by René Clémens and Florian Znaniecki. — The Hague: Nijhoff 1956. XIX, 219 S.
*(Studies in Social Life. 3.)*

## Irland

**Alter**, Peter: Die irische Nationalbewegung zwischen Parlament und Revolution. Der konstitutionelle Nationalismus in Irland 1880—1918. — München: Oldenbourg 1971. 232 S.
*(Studien zur Geschichte des 19. Jahrhunderts. 4.)*

**Barry**, Tom: Guerilla days in Ireland. A firsthand account of the Black and Tan war, 1919—1921. — New York: Devin-Adair 1956. 314 S.

**Bell**, J. Bowyer: The secret army. A history of the IRA, 1916—1970. — London: A. Blond 1970. XIV, 405 S.

**Blake**, John W.: Northern Ireland in the second world war. — Belfast: H. M. Stationery Office 1956. XV, 569 S.

**Bowden**, Tom: The Irish underground and the war of independence 1919–1921. – In: J. contemp. Hist. 8 (1973), H. 2, 3–23.

**Bringmann**, Rudolf: Geschichte Irlands. Schicksalsweg eines Volkes. — Bonn: Athenäum-V. 1953. 164 S.

**Bromage**, Mary C.: De Valera and the march of a nation. — London: Hutchinson 1956. 328 S.

**Carroll**, Joseph T.: Ireland in the war years, 1939-1945. – Newton Abbot: David & Charles 1975. 190 S.

**Caulfield**, Max: The Easter rebellion. — New York: Holt, Rinehart & Winston 1963. 375 S.

**Coffey**, Thomas M.: Agony at easter. The 1916 Irish uprising. — Baltimore: Penguin Books 1971. 271 S.

**Davis**, Peter: The Liberal Unionist Party and the Irish policy of Lord Salisbury's government, 1886–1892. – In: Hist. J. 18 (1975), 85–104.

**Gallagher**, Frank: The indivisible island. The history of the partition of Ireland. — London: Gollancz 1957. 316 S.

**Gleeson**, James: Bloody Sunday. -- London: Davies 1962. XII, 212 S.

**Grossmann**, Anton J. J.: Irische Nationalbewegungen 1884–1915. – München: Minerva-Publ. 1979. 373 S.
*(Minerva-Fachserie Geisteswissenschaften.)*
Diss., Universität München.

**Harkness**, D. W.: The restless Dominion. The Irish Free State and the British Commonwealth of Nations, 1921—1931. — London: Macmillan 1969. 312 S.

**Hogan**, David: Dail Eireann. — In: Parliamentary Aff. 8 (1955), 215—229.

**Holt**, Edgar: Protest in arms. The Irish troubles 1916—1923. — London: Putnam 1960. 328 S.

**McCracken,** John L.: Representative government in Ireland. A study of Dáil Eireann 1919—1948. — London, New York: Oxford University Press 1958. VIII, 229 S.

**McDowell,** R. B.: The Irish convention 1917—18. — London: Routledge & Kegan Paul 1970. VIII, 240 S.
*(Studies in Irish History. Ser. 2, 6.)*

**Miller,** David W.: Church, state and nation in Ireland, 1898-1921. - Dublin: Gill & Macmillan 1973. X, 579 S.

**Mitchell,** Arthur: Labour in Irish politics 1890-1930. The Irish labour movement in an age of revolution. - Dublin: Irish University Press 1974. 317 S.

**O'Brien,** Conor Cruise [Ed.]: The shaping of modern Ireland. — Toronto: University of Toronto Press 1960. VI, 201 S.

**O'Callaghan,** Sean: The Easter lily. The story of the I. R. A. — London: Wingate 1957. 219 S.

**O'Donoghue,** Florence: No other law. (The story of Liam Lynch and the Irish Republican Army 1916—1923.) — Dublin: The Irish Press 1954. 363 S.

**Parry,** Clive: Nationality and citizenship laws of the Commonwealth and of the republic of Ireland. — London: Stevens 1957. LIV, 1021 S.

**Ross,** J. F. S.: The Irish election system. — London: Pall Mall Press (1959). 85 S.

**Rumpf,** E[rhard u.] A. C. Hepburn: Nationalism and socialism in twentieth-century Ireland. - New York: Barnes & Noble 1977. XVII, 275 S.

**Rumpf,** Erhard: Nationalismus und Sozialismus in Irland. Historisch-soziologischer Versuch über die irische Revolution seit 1918. — Meisenheim a. Glan: Hain 1959. 193 S.

**Saintes,** C.: L'Irlande et ses problèmes. — In: Rev. franç. Science polit. 3 (1953), 141—157.

**Wallace,** Martin: Northern Ireland. 50 years of self-government. — Newton Abbot: David & Charles 1971. 192 S.

**Ward,** Alan: Ireland and Anglo-American relations, 1899—1921. — London: Weidenfeld & Nicolson 1969. 291 S.

**Williams,** Desmond [Ed.]: The Irish struggle 1916—1926. — London: Routledge & Kegan Paul (1966). VII, 193 S.

Skandinavische Staaten

**Abrahamsen,** Samuel: Sweden's foreign policy. — Washington: Public Affairs Press 1957. X, 99 S.

**Abukhanfusa,** Kerstin: Beredskapsfamiljernas försörjning. Krigsfamiljebidragen i teori och praktik. - Stockholm: Liber Förlaget 1975. 262 S.
*(Sverige under andra världskriget.)*

**Adler,** H. G.: Danish jewry under German occupation. — In: Wiener Libr. Bull. 9 (1955), 12 und 16.

**Åmark,** Klas: Makt eller moral. Svensk offentlig debatt om internationell politik och svensk utrikes- och försvarspolitik 1938-1939. - Stockholm: Allmänna Förlaget 1973. 323 S.
*(Sverige under andra världskriget.)*

**Anderson,** Albin T.: The Soviets and Northern Europe. — In: World Politics 4 (1951/52), 468—487.

**Andrae,** Carl Göran: Regeringen Swartz och den svenska revolutionen. - In: Hist. Tidskr. [Stockholm] 1976, 313-338.

**Andrén,** Nils: Modern Swedish government. — Stockholm: Almquist & Wiksell 1961. 251 S.

**Beretning** til folketinget afgivet af den af folketinget under ... nedsatte kommission i henhold til grundlovens § 45. — København: Schultz.
12. 25. Oct. 1950. Suppl. til de tidligere afgivne beretninger 1—3 ... Tyske documenter. 1951. 46 S.
13. 25. Oct. 1950. Suppl. til de tidligere afgivne beretninger 4—11 ... Tyske documenter. 1954. XXIV, 173 S.
  Bilag 1. Tyske og danske dokumenter. Afsnit A 1—5. 1954. XXXV, 153 S.
  2. Tyske og danske dokumenter. Afsnit A 6—12. 1954. S. 495—952.
  3. Tyske og danske dokumenter. Afsnit B—F. 1954. S. 957—1583.
  4. Dansk oversaettelse. Afsnit A 1—5. 1954. XXXV, 251 S.
  5. Dansk oversaettelse. Afsnit A 6—12. 1954. S. 255—652.
  6. Dansk oversaettelse. Afsnit B—F. 1954. S. 657—1183.
14. Det tyske mindretal under besaettelsen. Tyske og danske documenter. 1953. 199 S.
  Bilag 1. Danske documenter og oversaettelser af tyske documenter. 1953. XLIV, 640 S.
  2. Tyske documenter. 1953. S. 643—1055.
15. Oversigt over og registre til de parlamentariske kommissioners beretninger og bilag 1—14. 1958. XIII, 915 S.

**Bertelsen,** Aage: „Oktober 43". Oplevelser og tilstande under jödeforfölgelsen i Danmark. — Aarhus: Jydsk Centraldrykkeri's Forlag 1952. 143 S.

**Bertelsen,** Aage: Oktober 43 [dt.] Ereignisse u. Erlebnisse während der Judenverfolgung in Dänemark. (Aus dem Dänischen übertr. von Harry Maòr.) Einl. von Scholem Asch. — München: Ner-Tamid 1960. 157 S.

Die deutsch-norwegischen **Beziehungen** während des zweiten Weltkrieges in neuer Schau. — In: Wiking-Ruf 1953, H. 19, 6—7.

**Bindløv** Frederiksen, L.: Pressen under besaettelsen. Hovedtraek af den danske dagspresses vilkår og virke i perioden 1940—45. — Aarhus: Institut for Presseforskning og Samtidshistorie for Dansk Journalistforening 1960. 551 S.

**Björk,** Kaj: Der demokratische Sozialismus in Europa. Schweden: Wohlstand als Programm. — In: Dokumente 11 (1955), 107—113.

**Björkman,** Leif: Sverige inför Operation BARBAROSSA. Svensk neutralitetspolitik 1940-1941. - Stockholm: Allmänna Förlaget 1971. 519 S.
*(Sverige under andra världskriget.)*

**Björnson,** Erling: Warum Quisling fallen mußte. — In: Nation Europa 4 (1954), H. 10, 13—17.

**Birkeland,** Bjarte [u.] Stein Ugelvik Larsen [Hrsg.]: Nazismen og norsk litteratur. - Oslo: Universitetsforlaget 1975. 237 S.

**Blom,** Ida: Bønder og blokkforhandlinger 1933-1936. - In: Hist. Tidsskr. [Oslo] 51 (1972), 391-408.

**Blom,** Ida: Partier og pressgrupper i norsk politikk 1905-1914. - In: Hist. Tidsskr. [Oslo] 53 (1974), 37-55.

**Boehm,** [Hermann]: Die politische Entwicklung in Norwegen 1940—1943 unter Großadmiral Raeder. — In: Nation Europa 2 (1952), H. 7, 24—30.

**Boehm,** Hermann: Norwegen zwischen England und Deutschland. Die Zeit vor und während des Zweiten Weltkrieges. — (Lippoldsberg:) Klosterhaus-V. (1956). 194 S.

**Boman,** Sven: Die Tagespresse in Schweden. — In: Polit. Studien 5 (1955), H. 62, 38—45.

**Branner,** Hans: Småstat mellen stormagter. Beslutningen om mineudlaegning august 1914. - København: Munksgaard 1972. 279 S.
*(Dansk udenrigspolitisk instituts skrifter. 5.)*

**Brunvand,** Olav: The underground press in Norway. — In: Gazette 9 (1963/64), 125—132.

**Buschardt,** Leo u. Helge Tønnesen: The illegal press in Denmark during the German occupation 1940—1945. — In: Gazette 9 (1963/64), 133—142.

**Carlgren,** W[ilhelm] M[auritz]: Neutralität oder Allianz. Deutschlands Beziehungen zu Schweden in d. Anfangsjahren d. ersten Weltkrieges. — Stockholm, Göteborg, Uppsala: Almqvist u. Wiksell (1962). 276 S.
*(Acta universitatis Stockholmiensis. 6.)*

**Carlgren,** Wilhelm M.: Svensk utrikespolitik 1939-1945. - Stockholm: Allmänna Förlaget 1973. 612 S.
*(Aktstycken utgivna av utrikesdepartementet. Ny serie II. 26.)*

**Carlquist,** Erik: Solidaritet på prov. Finlandshjälp under vinterkriget. - Stockholm: Allmänna Förlaget 1971. 342 S.
*(Sverige under andra världskriget.)*

**Castles,** Francis G[eoffrey]: The social democratic image of society. A study of the achievements and origins of Scandinavian social democracy in comparative perspective. - London: Routledge & Kegan Paul 1978. XIV, 162 S.

**Christensen,** Chr. P.: En menneskealders Danmark. — København: A/S Nordisk Informator 1952. 139 S.
*(Hvad skete der og hvorfor? 9.)*

**Czapliński,** Władysław: Ruch oporu w Danii 1940-1945. - Wrocław: Ossolineum 1973. 202 S.

**Dänemark.** (Red.: Bent Rying u. Mikal Rode.) (Dt. Text: Esther Bierberg u. George Goetz.) — Kopenhagen 1962: Kgl. Dänisches Ministerium d. Äußern, (Pressebureau). IV S., S. 5—900.

**Dahl,** Hans Fredrik: Okkupasjon og integrasjon. - In: Hist. Tidsskr. [Oslo] 51 (1972), 285-307.

**Dahl,** Hans Fredrik: Quislings statskupp 9. april i forfatningshistorisk perspektiv. - In: Hist. Tidsskr. [Oslo] 55 (1976), 267-287.

**Danielsen,** Rolf [u.] Stein Ugelvik Larsen [Hrsg.]: Fra idé til dom. Noen trekk av utviklingen av Nasjonal Samling. - Oslo: Universitetsforlaget 1976. 258 S.

**Derry,** Thomas Kingston: A history of modern Norway, 1814-1972. - Oxford: Clarendon Press 1973. XII, 503 S.

**Ditlef,** N. Chr.: Da Tysklandsfangene ble reddet. — Oslo: Tanum 1955. 51 S.

**Drangel,** Louise: Den kämpande demokratin. En studie i antinazistik opinionsrörelse 1935-1945. - Stockholm: Liber Förlaget 1976. 286 S.
*(Sverige under andra världskriget.)*

**Dúason,** Jón: Die koloniale Stellung Grönlands. — Göttingen, Berlin, Frankfurt: Musterschmidt (1955). 60 S.
*(Göttinger Beiträge für Gegenwartsfragen. 11.)*

**Dufner,** Wolfram: Geschichte Schwedens. — Stockholm: Fabel (1967). 263 S.

**Duhamel,** Morvan: Les communistes scandinaves au temps du pacte germano-soviétique. — In: Rev. soc. (Jan. 1954), 50—64.

**Fink,** Troels: Sønderjylland siden genforeningen i 1920. — Kopenhagen: Schultz 1955. 171 S.

**Fleisher,** Wilfrid: Sweden. The welfare state. — New York: John Day 1956. 255 S.

**Förbindelserna** mellan chefen för lantförsvarets kommandoexpedition och tyske militärattachén i Stockholm 1939—1945. — Stockholm 1946: Norstedt 51 S.
*(Aktstycken utgivna av Kungl. Utrikesdepartementet.)*

**Förspelet** till det tyska angreppet på Danmark och Norge den 9 april 1940. — Stockholm 1947: Norstedt. XXX, 395 S.
*(Handlingar rörande Sveriges politik under andra världskriget. Aktstykken utgivna av Kungl. Utrikesdepartementet.)*

**Friberg,** Lennart: Styre i kristid. Studier i krisförvaltningens organisation och struktur 1939-1945. - Stockholm: Allmänna Förlaget 1973. 444 S.
*(Sverige under andra världskriget.)*

**Friedmann,** T(owiah): Dokumentensammlung über „Die Deportierung der Juden aus Norwegen nach Auschwitz". Hrsg. durch d. Stadtverw. Ramat Gan. — (Ramat Gan) 1963: Stadtverw. Ramat Gan. VIII, 101 S.

**Fritz,** Martin: German steel and Swedish iron ore 1939-1945. - Göteborg: (Kungsbacka) 1974. 136 S.
*(Publications of the Institute of Economic History of Gothenburg University. 29.)*

**Frøland,** Kaare: Krise og kamp. Bygdefolkets krisehjelp. En Kriseorganisasjon i norsk mellomkrigspolitikk. — Oslo, Bergen: Universitetsforlaget 1962. 288 S.

**Furre,** B.: Norsk historie. 1905—1940. — Oslo: Det Norske Samlaget 1971. 432 S.

**Fusilier,** Raymond: Le parti socialiste suédois. Son organisation. Préf. de Guy Mollet. — Paris: Les Editions Ouvrières 1954. 372 S.

**Gerhardt,** Martin: Norwegische Geschichte. 2. Aufl., neu bearb. von Walther Hubatsch. — Bonn: Röhrscheid 1963. VIII, 360 S.

**Glete,** Jan: The Kreuger group and the crisis on the Swedish stock market. – In: Scand. J. Hist. 3 (1978), 251–272.

**Graß,** Martin: Friedensaktivität und Neutralität. Die skandinavische Sozialdemokratie und die neutrale Zusammenarbeit im Krieg, August 1914 bis Februar 1917. – Bonn – Bad Godesberg: Verl. Neue Gesellschaft (1975). 294 S.
(Schriftenreihe des Forschungsinstituts der Friedrich-Ebert-Stiftung. 117.)
Diss., Universität Uppsala.

**Grimnes,** Ole Kristian: Hjemmefrontens ledelse. – Oslo: Universitetsforlaget (1977). 575 S.
(Norge og den 2. verdenskrig.)
(Studier i norsk samtidhistorie.)
(U-bok. 235.)

**Grosshut,** F. S.: Statlig nödvärnsrätt och Tredje Riket. — In: Statsvetensk. Tidskr. för Politik, Statistik, Ekonomi 4 (1951), 253—269.

**Gustmann,** Kurt: Die schwedische Tagespresse zur Neutralitätsfrage im zweiten Weltkrieg. — Münster i. W.: Kramer 1958. 319 S.
Münster i. W., phil. Diss. 26. Februar 1958.

**Hägglöf,** Gunnar: Svensk krigshandelspolitik under andra världskriget. — Stockholm: Norstedt 1958. 317 S.

**Hägglöf,** Gunnar: A test of neutrality. Sweden in the second world war. — In: Internat. Aff. 36 (1960), 153—167.

**Håstad,** Elis: The parliament of Sweden. — London: Hansard Society for Parliamentary Government 1957. 165 S.

**Haestrup,** Jørgen: Hemmelig alliance. Hovedtraek af den danske modstandsorganisations udvikling 1943—1945. (Udgivet i samarbejde med „Institut for Presseforskning og Samtidshistorie", Aarhus.) — København: Appels 1959.
1. 342 S.
2. 346 S.

**Haestrup,** Jørgen: Secret alliance [Hemmelig alliance, engl.] A study of the Danish resistance movement 1940–1945. Transl. by Alison Borch-Johansen. – (Odense:) Odense University Press.
1. 1976. 321 S.
2. 1976. 393 S.
3. 1977. 429 S.
(Odense University Studies in History and Social Sciences. 35.37.41.)

**Haestrup,** Jørgen: Die dänisch-deutschen Beziehungen von 1933 bis 1945. — In: Internat. Jb. Geschichtsunterr. 8 (1961/62), 196—209.

**Haestrup,** Jørgen: From occupied to ally. Denmark's fight for freedom 1940—45. (Transl. by Reginald Spink.) (Publ. by the Press and Information Department of the Royal Danish Ministry of Foreign Affairs, Copenhagen.) — (Copenhagen 1963: Berlinske Bogtr.) 40 S.

**Haestrup,** Joergen: Kontakt med England 1940—1943. 2. opl. — København: Thaning & Appel 1954. 326 S.

**Haestrup,** Jørgen: Kontakt med England 1940—1943. — København: Thaning & Appels 1959. 326 S.
Aarhus, phil. Diss. 28. August 1954.

**Haestrup,** Jørgen: „Table Top." Bidrag til den Danske sabotages historie. — Sonderdr. aus: Jyske Samlinger 5 (1961), 357—420.

**Hahn,** Georg: Der Justizbevollmächtigte des schwedischen Reichstages. T. 1: Entstehung und Entwicklung des Amtes. — In: Archiv öffentl. Rechts 87 (1962), 389—467.

**Hahn,** G.: Der Wehrbeauftragte des schwedischen Reichstages. — In: Arch. öff. Rechts 84 (1959), 377—458.

**Hansen,** A. P.: Die dänische Presse. — In: Politische Studien 5 (1954/55), H. 55, 31—38.

**Hardarson,** Sórun B. Jensdóttir: The „Republic of Iceland" 1940-44. Anglo-American attidudes and influences. – In: J. contemp. Hist. 9 (1974), H. 4, 27–56.

**Hartmann,** Paul: Bak fronten. Fra Oslo og London 1939—1945. — Oslo: Aschehoug 1955. 412 S.

**Hartmann,** Sverre und Johan Vogt: Aktstykker om den tyske finanspolitikk i Norge 1940—1945. — In: Statsøkonom. T. 68 (1954), 206—253 und 257—310; 69 (1955), 333—381.

**Hartmann,** Sverre: Professor Ulrich Noacks Tätigkeit in Norwegen. — In: Dtsch. Rdsch. 79 (1953), 1034—1051.

**Hatje,** Ann-Katrin: Befolkningsfrågan och välfärden. Debatten om familjepolitik och nativitetsökning under 1930-och-1940-talen. - Stockholm: Allmänna Förlaget 1974. 284 S.
(Sverige under andra världskriget.)

**Heckmann,** Gustav: Sieg ohne Waffen. Bericht über den norwegischen Widerstand gegen die deutsche Besatzungsmacht. April 1940 bis Herbst 1942. — In: Neue Sammlung 6 (1966), 46—65.

**Herlitz,** Nils: Nordischer Gedanke und nordische Gemeinschaft. — In: Außenpolitik 7 (1956), 628—639.

1945 års Svenska **hjälpexpedition** till Tyskland. Förspel och förhandlingar. — Stockholm: Swedish Ministry for Foreign Affairs 1956. 39 S.

**Hinze,** Rolf: Dänemarks Bemühungen um Anerkennung als Kriegsführender. — In: Außenpolitik 7 (1956), 668—671.

**Hinze,** Rolf: Das Verhältnis Deutschland-Dänemark während des Zweiten Weltkrieges. Eine völkerrechtliche Untersuchung. — Göttingen 1955. 222 gez. Bl. [Maschinenschr.]
Göttingen, jur. Diss., 1. März 1955.

**Hirdman,** Yvonne: Sverges Kommunistiska Parti 1939-1945. – Stockholm: Allmänna Förlaget 1974. 311 S.
(Sverige under andra världskriget.)

**Høidal,** Oddvar Karsten: Vidkun Quisling's decline as a political figure in prewar Norway, 1933-1937. - In: J. mod. Hist. 43 (1971), 440–467.

**Høidal,** Oddvar: Quisling og bondepartiet varen 1933. - In: Hist. Tidsskr. [Oslo] 57 (1978), 311–316.

**Høidal,** Oddvar [Karsten]: Quislings stilling ved den norske legasjon i Moskva juni 1927–desember 1929. - In: Hist. Tidsskr. [Oslo] 53 (1974), 185–190.

**Höjer,** Torvald: Zwischen Hammer und Amboß. Schwedens Neutralitätspolitik während des Zweiten Weltkrieges. — In: Welt als Gesch. 21 (1961), 211—226.

**Hoelaas,** Odd: Norge under Haakon VII 1905—1952. (Nye utg.) Tidsrummet 1945—1952 ved Asbjørn Barlaup og Henning Storm. — Oslo: Cappelen 1952. 590 S.

**Holmquist,** Åke: Flottans beredskap 1938–1940. - Stockholm: Allmänna Förlaget 1972. 347 S.
(*Sverige under andra världskriget.*)

**Hooven,** Eckart van: Der Auswärtige Dienst Skandinaviens. — Hamburg 1956: Forschungsstelle für Völkerrecht und ausl. öffentl. Recht d. Univ. Hamburg. IV, 130 S.
(*Hektographierte Veröffentlichungen ... 28.*)

**Howarth,** David: Across to Norway. — New York: Sloane [1952]. 286 S.
Behandelt die Unterstützung der norwegischen Untergrundbewegung von Schottland aus.

**Hubatsch,** Walther: Die deutsche Berufsdiplomatie im Kriege. Um die dänische Souveränität im Kriege 1940—1945. — In: Außenpolitik 6 (1955), 170—180.

**Hubatsch,** Walther: Diplomatische Beziehungen Deutschlands zu Skandinavien unter dem Schatten des Zweiten Weltkrieges. — In: Z. Ostforsch. 9 (1960), 161—184.

**Hubatsch,** Walther: Die nordischen Unionsbestrebungen. — In: Z. Geopolitik 26 (1955), 174—176.

**Hubatsch,** Walther: Unruhe des Nordens. Studien zur deutsch-skandinavischen Geschichte. — Göttingen: Musterschmidt (1956). 243 S.

[**Jeannin,** Pierre]: La Suède pendant la guerre. Les livres blancs suédois. — In: Rev. Hist. deux. Guerre mond. 4 (1954), H. 13, 17—31.

**Johannesson,** O.: La vie politique en Islande. — Rev. franç. Science polit. 3 (1953), 816—831.

**Johansson,** Alf: Finlands sak. Svensk politik och opinion under vinterkriget 1939–1940. - Stockholm: Allmänna Förlaget 1973. 342 S.
(*Sverige under andra världskriget.*)

**Kaarsted,** Tage: Storbritannien og Danmark 1914–1920. (With an English summary.) – Odense: Odense University Press 1974. 239 S.
(*Odense University Studies in History and Social Sciences. 17.*)

**Karl,** Leo: De danske spaniensfrivillige. Inledning ved Erik Reske-Nielsen. — Kobenhavn: Rosenkilde & Bagger 1952. 206 S.

**Karlsson,** Rune: Så stoppades tysktågen. Den tyska transiteringstrafiken i svensk politik 1941–1943. - Stockholm: Allmänna Förlaget 1974. 362 S.
(*Sverige under andra världskriget.*)

**Karlström,** Leroy: Beginning and end of Norwegian neutrality. — In: Norseman, 1951, Juli/Aug. und Sept./Okt.

**Karup-Pedersen,** Ole: Les recherches sur l'histoire du Danemark pendant la deuxième guerre mondiale. — In: Rev. Hist. deux. Guerre mond. 12 (1962), H. 48, 39—44.

**Kellenbenz,** Hermann: Literaturbericht über skandinavische Geschichte. Veröffentlichungen seit 1945. — In: Hist. Z., Sonderh. 1 (1962), 1—87.

**Kjaer,** Jens C.: The church in Denmark's struggle for freedom 1940—1945. *Seattle, Wash., Diss. 1952.*

**Kjeldstadli,** Sverre: Hjemmestyrkene. Hovedtrekk av den militaere motstanden under okkupasjonen. Vol. 1. — Oslo: Aschehoug 1959. 490 S.

**Kjeldstadli,** Sverre: Die militärische Widerstandsbewegung in Norwegen während der deutschen Besetzung 1940/45. — In: Internat. Jb. Geschichtsunterr. 8 (1961/62), 239—241.

**Klink,** Ernst: Untersuchungen zum finnisch-schwedischen Streit um die Ålandsinseln 1917—1921. — o. O. [1957]. XX, 135 Bl. [Maschinenschr. vervielf.]
*Tübingen, phil. Diss. 30. April 1957.*

**Koblik,** Steven: Failure and success. The trade negotiations between Sweden and the Western powers, 1916 to 1918. — In: Scandia 38 (1972), H. 1, 82—112.

**Koblik,** Steven: The politics of Swedish neutrality. Sweden and the Western powers, 1917—1918. — In: Hist. Tidskr. [Stockholm] 1972, 52—71.

**Koht,** Halvdan: German reports from Norway 1939—1940. In: Norseman 13 (1955), 73—77.

S[venska] K[ullager-] F[abriken] och kriget. — In: Innerringen [Göteborg] 1970, H. 13/14, 36—39.

**Kumlin,** Ragnar: Småstatsdiplomati i stormaktskrig. Promemorior fran krigsaren. - In: Hist. Tidskr. [Stockholm] 1977. 436–452.

**La Cour,** Vilhelm: Danmarks historie 1900—1945. Bd 1. 2. — Kjøbenhavn: Berling 1950. 360, 344 S.

**Lafferty,** W. M.: Partideologi og gruppestruktur. En analyse av det Norske Arbeiderpartei, 1918—1919. — In: Hist. Tidskr. 49 (1970), 161—190.

**Lampe,** David: The savage canary. — London: Cassell 1957. 256 S.
Über den Widerstand in Dänemark.

**Larsson,** Curt O.: Svensk syndikalism. Ide- och programdebatt 1940—1954. — In: Statsvetensk. Tidskr. 60 (1957), 134—175.

**La Ruche,** Francis: La neutralité de la Suède: dix années d'une politique, 1939—1949. — Paris: Nouvelles Éditions Latines 1953. 221 S.

**Levine,** Daniel: Den ideologiske baggrund for dansk sociallovgivning 1890–1933. - In: Scandia 39 (1973), 201–214.

**Lie,** Trygve: Leve eller dø. Norge i krig. —Oslo: Tiden Norsk Forlag 1955. 301 S.

**Lindberg,** Hans: Svensk flyktingpolitik under internationellt tryck 1936–1941. – Stockholm: Allmänna Förlaget 1973. 349 S.
(*Sverige under andra världskriget.*)

**Lindgren,** Raymond E.: Norway-Sweden. Union, disunion and Scandinavian integration. — Princeton: Princeton University Press 1959. 320 S.

**Lönnroth,** Erik: Den svenska utrikespolitikens historia. — Stockholm: Norstedt.
5. 1919—1939. 1959. 246 S.

**Lönnroth,** Erik: Sweden's ambiguous neutrality. – In: Scand. J. Hist. 2 (1977), 89–105.

## GESCHICHTE EINZELNER STAATEN

**Loock,** Hans-Dietrich: Die deutsch-skandinavischen Beziehungen während des Zweiten Weltkrieges im Spiegel der deutschen Literatur. — In: Internat. Jb. Geschichtsunterr. 8 (1961/62), 260—276.

**Loock,** Hans-Dietrich: Nordeuropa zwischen Außenpolitik und „großgermanischer" Innenpolitik. - In: Hitler, Deutschland und die Mächte, Düsseldorf: Droste 1976, 684–706.

**Lüders,** Martin: Der deutsche „Überfall" auf Dänemark und der Galster-Prozeß. — In: Nation Europa 7 (1957), H. 10, 15—19.

**Luihn,** Hans: De illegale avisene. Den frie, hemmelige pressen i Norge under okkupasjonen. — Oslo: Universitetsforlaget 1960. 300 S.

**Månsson,** Olle: Industriell beredskap. Om ekonomisk försvarsplanering inför andra världskriget. - Stockholm: Liber Förlaget 1976. 268 S.
*(Sverige under andra världskriget.)*

**Magle,** Hans: Le problème du Sud-slesvig (South Slesvig Quiz, franz.) Trad. de l'anglais par René Guichard et Emil Toussieng. — Copenhague 1950: Leisner. 32 S.

**Maseng,** Einar: 1905 og 1940. En leksjon i maktpolitikk. — Oslo: Tanum 1953. 278 S.

**Maurseth,** Per: Fra Moskvateser til Kristianiaforslag. Det norske Arbeiderparti og Komintern fra 1921 til februar 1923. - Oslo: Pax 1972. 216 S.

**Meier-Jensen,** Konrad: Die völkische Bewegung Dänemarks. — In: Nation Europa 2 (1952), H. 7, 8—11.

**Menger,** Manfred, Fritz Petrick [u.] Wolfgang Wilhelmus: Nordeuropa unter der Vorherrschaft des faschistischen deutschen Imperialismus 1940–1945. — In: Z. Geschichtswiss. 24 (1976), 516–529.

**Milward,** Alan S.: The Fascist economy in Norway. — Oxford: Clarendon Press 1972. XII, 317 S.

**Molin,** Karl: Försvaret folkhemmet och demokratin. Socialdemokratisk riksdagspolitik 1939–1945. - Stockholm: Allmänna Förlaget 1974. 462 S.
*(Sverige under andra världskriget.)*

**Mousson**-Lestang, J. P.: Le Parti social-démocrate suédois et le problème de la défense nationale (1914–1917). - In: Rev. hist. 98 (1974), Bd 251, 373–408.

**Munch,** P.: Dansk politik under krig og besaettelse. 1939—45. Bind 1.2. — Odense: Normann & Arnkrone 1946 —1947.

**Munch,** P.: La politique du Danemark dans la Société des Nations. — Paris: Droz 1957. 43 S.

**Munck,** Ebbe: Sibyllegatan 13 ou La résistance danoise (Doren til den frie verden, franz.) (Adapté en français par Remy.) — Paris: Presses de la Cité (1970). 312 S.

**Nagel,** H.: Der Nordische Rat, seine Organe, seine Funktionen und seine juristische Natur. — In: Jb. internat. Recht 6 (1955), 199—214.

**Nilsson,** Göran B.: Midsommarkrisen 1941. — In: Hist. Tidskr. [Stockholm] 1971, 477—532.

**Noack,** Ulrich: Norwegen zwischen Friedensvermittlung und Fremdherrschaft. — Krefeld: Verl. Aufbau der Mitte 1952. 141 S.

**Norberg,** Erik: Flyg i beredskap. Det svenska flygvapnet i omvandling och uppbyggnad 1936–1942. - Stockhom: Allmänna Förlaget 1971. 254 S.
*(Sverige under andra världskriget.)*

**Norge** og den 2. verdenskrig. — (Oslo: Universitetsforl.)
  Mellom nøytrale og allierte. (1968). 299 S.
  1940. Fra nøytral til okkupert. (1969). 467 S.
*(Studier i norsk samtidshistorie.)*
*(U-Bøkene. 91. 100.)*

**Nothin,** Torsten: Fran Branting till Erlander. 3. uppl. — Stockholm: Wahlström & Widstrand 1955. 391 S.

**Ørvik,** Nils: The decline of neutrality 1914–1941. (2. ed., with a new forew. and supplementary chapter by the author.) - London: Cass 1979. X, 320 S.

**Ørvik,** Nils: Das englisch-norwegische Handelsabkommen und die alliierten Interventionspläne im russisch-finnischen Krieg. — In: Vjh. Zeitgesch. 4 (1956), 345—361.

**Ørvik,** Nils: Sikkerhetspolitikken 1920 —1939 fra forhistorien til 9. april 1940. Utgitt ved Forsvarets Krigshistoriske Avdeling. — Oslo: Grund Tanum.
1. Solidaritet eller nøytralitet? 1960 422 S.
2. Vern eller vakt? With an Engl. summary, 1961. 479 S.

**Olesen,** A.: Forspillet til Danmarks kampløse besaettelse. 9. April 1940. Heinrich Himmlers beretning til Prof. von Leers om aftalen med den Danske regering. — Aabenraa: Olesen 1953. 24 S.

**Olesen,** A.: Fra utrykte kilder. Rostockmødet og Danmarks besaettelse. — Aabenraa: Olesen 1951. 92 S.

**Olsson,** Henrik Anders: Utrikesnämnden 1937—1953. En studie i rätt och praxis. — Lund: Gleerup 1957. VIII, 158 S.
*(Skrifter utg. av Fahlbeckska Stiftelsen. 43.)*

**Overenskoms** ter med fremmede stater inngått i årene 1940—1945. — Oslo: Grøndahl 1950. VIII, 606 S.

**Pedersen,** Ole Karup: Denmark's policy. - In: Scand. J. Hist. 2 (1977), 53–66.

**Philip,** David: Le mouvement ouvrier en Norvège. — Paris: Les Editions Ouvrières 1958. 363 S.

**Plobeck,** S.: Gustav V och den tyska trupptransiteringsfrågan i juni 1941. — In: Statsvet. Tidskr. 62 (1959), H. 1, 20—53.

Den illegale **presse** 1940—1945. En antologi. Red. af Leo Buschardt, Albert Fabritius [u. a.] — [København:] Gyldendal (1965). 563 S.

**Pruck,** Erich: Abwehraußenstelle Norwegen. Ein Beitrag zur Besetzung Norwegens. — In: Marine-Rdsch. 53 (1956), 107—117.

Den norska **rättsuppgörelsen.** Responsum och utredning. — Stockholm (1956): Inst. för Offentlig och Internat. Rätt. 174 S.

**Rasmussen,** Erik: Staslånskrisen 1919. En redegørelse for dens forløb, med saerligt henblik på folketingsparlamentarism. — Aarhus: Universitetsforlaget 1957. 125 S.

**Rasmussen,** Erik und Roar Skovmand: Det radikale venstre 1905—1955. 50 års folkeligt og politisk virke. — København: Det Danske Forl. 1955. 349 S.

**Riggert,** Ernst: Norwegische Widerstandsbewegung 1940—1945. — In: Wehrkunde 8 (1959), 652—656.

**Riste,** Olav: The neutral ally. Norway's relations with belligerent powers in the first World War. — Oslo: Universitetsforlaget 1965. 295 S.

**Rockberger,** Nicolaus: Göteborgs trafiken. Svensk lejdtrafik under andra världskriget. — Stockholm: Allmänna Förlaget 1973. 331 S.
(*Sverige under andra världskriget.*)

**Rognlien,** Stein: Die verfassungsrechtliche Entwicklung in Norwegen in den Jahren 1932 bis Ende 1952. — In: Jb. öff. Rechts Gegenw., N. F., 4 (1955), 269—298.

**Rustow,** Dankwart A.: The politics of compromise. A study of parties and cabinet government in Sweden. — Princeton: Princeton University Press 1955. 288 S.

**Ryefelt,** Mogens: Aufstände und Streiks in Dänemark unter der deutschen Besatzung 1940—1945. — In: Internat. Hefte d. Widerstandsbewegung 3 (1961), H. 7, 76—79.

**Sabille,** Jacques: Lueurs dans la tourmente. Episodes de la lutte pour la défense des Juifs persécutés en Europe du Nord pendant la guerre de Hitler. — Paris: Centre de Documentation Juive Contemporaine 1956. 171 S.

**Samotejkin,** J. M.: Rastoptannyj nejtralitet. Kak i počemu Norvegija stala žertvoj fašistskoj agressii. — Moskva: Izd. Meždunarodnye otnošenija 1971. 256 S.

**Scandinavia** between east and west. Edited by Henning Friis. — Ithaca: Cornell University Press 1950. X, 388 S.

**Schemme,** Klaus-Dietrich: Die Festnahme und die Deportation der dänischen Juden. Eine Dokumentation. — In: Paul Kluke zum 60. Geburtstag, Frankfurt a. M. 1968, 199—211.
Maschinenschr. hektogr.

**Schiller,** Bernt: Socialdemokratiska omröstningar 1901—1907. Någrakorrelationsanalyse. — In: Scandia 33 (1967), 197—216.

**See,** Klaus von: Grönland und die USA im Zweiten Weltkrieg. — In: Außenpolitik 8 (1957), 51—57.

**Semmingsen,** Ingrid: Nordic research into emigration. - In: Scand. J. Hist. 3 (1978), 107–129.

**Shirer,** William L.: The challenge of Scandinavia. — London: Hale 1956. 437 S.

**Simson,** G.: Der Nordische Rat. — In: Z. ausl. öff. Recht Völkerr. 15 (1953/54), 128—131.

**Sjöberg,** S.: Konung kontra statsråd under Gustaf V.s regeringstid. — In: Tiden 46 (1954), 520—531.

**Sjoqvist,** Viggo: Danmarks udenrigspolitik 1933—1940. Udgiverselskab for Danmarks Nyeste Historie. — [København:] Gyldendal 1966. 417 S.

**Skodvin,** Magne: Norwegian neutrality and the question of credibility. - In: Scand. J. Hist. 2 (1977), 123–145.

**Skodvin,** Magne: Norway in the second world war. — In: Humaniora Norvegica 1 (1955), 178—188.

**Skodvin,** Magne: Norsk okkupasjonshistorie i europeisk samanheng. — In: Nordisk Tidsskr. 27 (1951), 308—320.

**Skodvin,** Magne: Striden om okkupasjonsstyret i Norge. Fram til 25. September 1940. — Oslo: Det Norske Samlaget 1956. 415 S.

**Skovmand,** Roar, Vagn Dybdahl [u.] Erik Rasmussen: Geschichte Dänemarks 1830–1939 (Politikens Danmarkshistorie, dt.) Die Auseinandersetzungen um nationale Einheit, demokratische Freiheit und soziale Gleichheit. Übers. von Olaf Klose. - Neumünster: Wachholtz 1973. 467 S.

**Spencer,** Arthur: Soviet pressure on Scandinavia. — In: Foreign Aff. 30 (1951/52), 651—659.

**Statistikk** over landssvik 1940—1945. Statistics on treason and collaboration 1940—1945. — Oslo: Aschehoug i. Komm. 1954. 64 S.

**Steen,** E. A.: Storbritannias og Tysklands kappløp om Norge i 1940. — In: Norsk Tidsskr. Sjøvesen 66 (1951), 169—184.

**Ström-**Billing, Inger: Die Behandlung der deutschen Interessen in der schwedischen Rüstungsindustrie 1934—1935. — In: Vjschr. Soz.- u. Wirtschaftsgesch. 57 (1970), 231—254.

**Svensson,** Bjoern: Mytedannelser omkring den 9. april 1940. — København: Fremad 1957. 71 S.

**Thomsen,** Erik: Deutsche Besatzungspolitik in Dänemark 1940—1945. — (Düsseldorf:) Bertelsmann Universitätsverl. (1971). 277 S.
(*Studien zur modernen Geschichte. 4.*)

**Thorsen,** Svend: Danmarks Folketing. Om dets hus og historie. — Copenhagen: Schultz 1961. 189 S.

**Thulstrup,** Åke: German pressure on the Swedish press during the second world war. — In: Gazette 9 (1963/64), 115—122.

**Thulstrup,** Åke: Gustav V:s roll under midsommarkrisen 1941. — In: Hist. Tidskr. [Stockholm] 1972, 72—79.

**Tingsten,** Herbert: Svensk utrikesdebatt mellan världskrigen. — Stockholm: Kooperativa Förbundets Bokförlag 1944. 448 S.
(Skrifter utgivna av Utrikespolitiska Institutet. 4.)
Engl. Ausg. u. d. T.: The debate on the foreign policy of Sweden, 1918—1939. Transl. by Joan Bulmann. — New York: Oxford University Press 1949. 325 S.

**Torbacke,** Jarl: Före första „fredsavtalet" 1937. Tidningsutgivarepolitik i konfliktsituation. - In: Hist. Tidskr. [Stockholm] 1975, 145—177.

**Torell,** Ulf: Hjälp till Danmark. Militära och politiska förbindelser 1943-1945. - Stockholm: Allmänna Förlaget 1973. 384 S.
(*Sverige under andra världskriget.*)

**Transiteringsfrågan** 1941—42 (—43). Tyska aktstycken till ämnets belysning. — In: Hist. Tidskr. [Stockholm] 1960, 34—61 und 309—335.

**Trommer,** Aage: Modstandsarbejde i naerbillede. Det illegale arbejde i Syd- og Sønderjylland under den tyske besaettelse of Danmark 1940–45. – Odense: Odense University Press 1975. 515 S.

**Tuominen,** Arvo: The North European communist parties. — In: Occidente 11 (1955), 193—209.

**Udgaard,** Nils Morten: Great power politics and Norwegian foreign policy. A study of Norway's foreign relations November 1940 — February 1948. — Oslo: Universitetsforlaget 1973. 318 S.

**Uhlin,** Åke: Februari krisen 1942. Svensk säkerhetspolitik och militär planering 1941–1942. – Stockholm: Allmänna Förlaget 1972. 264 S.
*(Sverige under andra världskriget.)*

**Valentin,** Hugo: Rescue and relief activities in behalf of Jewish victims of Nazism in Scandinavia. — In: Yivo Annual of Jewish Soc. Science 8 (1953), 224—251.

**Vigander,** Haakon: Deutsche Lehrbücher und die Darstellung der deutschnorwegischen Beziehungen im Zweiten Weltkrieg. — In: Internat. Jb. Geschichtsunterr. 8 (1961/62), 276—277.

**Wärenstam,** Erik: Fascismen och nazismen i Sverige 1920—1940. — Stockholm: Almqvist & Wiksell 1970. 227 S.

**Wahlbäck,** Krister: Regeringen och kriget. Ur statsrådens dagböcker 1939–41. – Stockholm: Bokförlaget Prisma 1972. 191 S.

**Wallentin,** Hans: Fattigvård i Göteborg i början av 1920-talet. – In: Hist. Tidskr. [Stockholm] 1975, 310–334.

**Wiesener,** Albert: Nordmenn for tysk krigsrett 1940—1942. — Oslo: Dreyer 1954. 187 S.

**Wieth**-Knudsen, K. A.: Danmarks nationaløkonomi og udenrigspolitik gennem tyve aar [1930—1950]. — København: A/S Nordisk Informator 1952. 130 S.
*(Hvad skele der og hvorfor? 4.)*

**Wilhelmus,** Wolfgang: Das schwedische Echo auf die faschistischen „Neuordnungs"-Pläne im Zweiten Weltkrieg. - In: Jb. Wirtschaftsgesch. 1975, H. 1, 35–46.

**Wilhelmus,** Wolfgang: Schweden und das faschistische Deutschland im Zweiten Weltkrieg. – In: Z. Geschichtswiss. 21 (1973), 791–809.

**Wittmann,** Klaus: Schwedens Wirtschaftsbeziehungen zum Dritten Reich, 1933–1945. – München: Oldenbourg 1978. 479 S.
*(Studien zur modernen Geschichte. 23.)*

**Wyller,** Thomas Chr.: Fra okkupasjonsårenes maktkamp. Nasjonal Samlings korporative nyordningsforsøk, 9. april 1940 — 1. febr. 1942. — Oslo: Tanum 1953. 190 S.

**Wyller,** Thomas Chr.: Nyordning og motstand. Organisasjonenes politiske rolle under okkupasjonen. — Oslo: Universitetsforlaget (1958). 372 S.

**Wyller,** Trygve [u.] Knut Stahl: Av Stavangers historie under okkupasjonen 1940—1945. — (Stavanger:) Stabenfeldt.
  [2.] Motstandskampen 1940—1945. [Av] Knut Stahl.
    Utg. ved Stavanger Kommune. (1962). 360 S.

**Wyller,** Trygve [u.] Knut Stahl: Av Stavangers historie under okkupasjonen 1940—1945. — (Stavanger:) Stabenfeldt.
  [3.] Stahl, Knut: De lange årene. 1940—1945. Utg. ved Stavanger Kommune. (1964). 357 S.

**Yahil,** Leni: Test of a democracy. The rescue of Danish jewry in world war II. [hebr.] — Jerusalem: Magnes Press 1966. XVI, 316 S.
*(Publications of the Institut for the European Jewish Catastrophe.)*

**Zetterberg,** Kent: Liberalism i kris. Folkpartiet 1939–1945. – Stockholm: Liber Förlaget 1975. 428 S.
*(Sverige under andra världskriget.)*

Frankreich

Allgemeines

**Adamthwaite,** Anthony: France and the coming of the Second World War, 1936–1939. – London: Cass 1977. XXII, 454 S.

**Albrecht**-Carrié, René: France, Europe and the two world wars. — Genève: Droz; Paris: Minard 1960. 339 S.
*(Etudes d'Histoire Economique, Politique et Sociale. 33.)*

**Anderson,** R. D.: France, 1870–1914. Politics and society. – London: Routledge & Kegan Paul 1977. 215 S.

**Aron,** Robert: Les grands dossiers de l'histoire contemporaine. — Paris: Perrin 1962. 315 S.

**Azéma,** Jean-Pierre [u.] Michel Winock: Naissance et mort de la troisième République. — Paris: Calman-Lévy 1970. 384 S.

**Baumont,** Maurice: Gloires et tragédies de la IIIe république. — Paris: Hachette 1956. 416 S.

**Bonjon,** Paul M. und Henri Dubois: La troisième république. — Paris: Presses Universitaires 1952. 128 S.
*(„Que sais-je?" 520.)*

**Bouju,** Paul-M. [u.] Henri Dubois: La Troisième Republique. Ed. rev. — Paris: Presses Universitaires de France 1967. 128 S.
*(Coll. „Que sais-je?" 520.)*

**Brogan,** D(enis) W(illiam): France under the republic. The development of modern France (1870—1939). — New York: Harper 1949. X, 744 S.

**Brunon,** Jean und Georges R. Manue: Le livre d'or de la légion étrangère. — Paris: Ed. Militaires Charles Lavauzelle 1958. 350 S.

**Bury,** J. P.: France 1814—1940. — London: Methuen 1951. 360 S.

**Cahm,** E.: Politics and society in contemporary France (1789—1969). — London: Harrap 1971. 696 S.
*(A Documentary History.)*

**Chastenet,** Jacques: Histoire de la IIIe république. 4: Jours inquiets et jours sanglants. — Paris: Hachette 1957. 408 S.

**Chastenet,** Jacques: Histoire de la Troisième République. — Paris: Hachette.
  5. Les années d'illusions (1918—1931). 1960. 352 S.

**Chastenet,** Jacques: Histoire de la Troisième République. T. 6: Déclin de la Troisième (1931—1938). — Paris: Hachette 1962. 304 S.

**Chastenet,** Jacques: Histoire de la Troisième République. — Paris: Hachette.
7. Le drame final (1938—1940). 1963. 325 S.

**Dhers,** Pierre: Du 7 mars 1936 à l'île d'Yeu. — In: Rev. Hist. deux. Guerre mond., H. 5 (Jan. 1952), 17—26.

**Dubief,** Henri: Le déclin de la Troisième République, 1929-1938. – (Paris:) Ed. du Seuil (1976). 250 S.
*(Coll. „Nouvelle histoire de la France contemporaine". 13.)*
*(Coll. „Points. Sér. histoire". 113.)*

**Duroselle,** Jean-Baptiste: La décadence 1932-1939. – Paris: Impr. Nat. 1979. 568 S.
*(Politique étrangère de la France.)*

**Earle,** Edward Mead: Modern France. Problems of the Third and Fourth Republics. — Princeton: Princeton University Press 1951. 522.

**Fabre**-Luce, Alfred: Journal de la France. — Paris: Fayard 1969. 680 S.

Modern **France.** Problems of the Third and Fourth Republics. Ed. by E. M. Earle. — Princeton: Princeton University Press 1951. XIV, 522 S.

**Grimm,** Friedrich: Frankreich-Berichte. 1934 bis 1944. Hrsg. vom Kreis seiner Freunde. — (Bodmann:) Hohenstaufen Verl. (1972). 306 S.

**Guilleminault,** Gilbert: Roman vrai de la troisième république. Les années folles 1918—1927. — Paris: Denoël 1958. 328 S.

**Guilleminault,** Gilbert: Roman vrai de la Troisième République. Les années difficiles de Topaze à Munich 1928—1939. — Paris: Denoel 1958. 320 S.

**Hale,** Richard Walden jr.: Democratic France. The third republic from Sedan (1871) to Vichy (1940). — New York: Coward-McCann [o. J.] 414 S.

**Henry,** Paul: La France devant le monde de 1789 à 1939. — Paris: Aubier 1945. 382 S.

**Hermens,** Ferdinand A.: The fourth republic in transition. — In: Rev. Politics 14 (1952), 75—101.

**Histoire** de France. Ouvrage publié sous la direction de Marcel Reinhard avec la collaboration de Norbert Dufourcq. — Paris: Librairie Larousse.
1. Des origines à 1715. (1954). 514 S.

**Hoffmann,** Stanley: Decline or renewal? France since the 1930s. – New York: Viking Press (1974). XIII, 529 S.

**Huddleston,** Sisley: France — the tragic years 1939—1947. — New York: Devin-Adair 1955. 360 S.

**Kanitz,** Walter: The white kepi. A casual history of the French foreign legion. — Chicago: Regnery 1956. VIII, 364 S.

**Knapton,** E. S.: France since Versailles. — New York: Holt 1952. 106 S.

**Lacour**-Gayet, Robert: La France au XXe siècle. — Paris: Hachette 1954. 340 S.

**Lefevre,** Georges [u. a.]: Histoire de la France pour tous les Français. — Paris: Hachette.
2. De 1774 à nos jours. 1950. 512 S.

**Mercer,** Charles: The Foreign Legion. The vivid history of a unique military tradition. — London: Barker 1964. 342 S.

1914–1918 [**Mil neuf cent quatorze** – mil neuf cent dix-huit]. Etudes. Coordonnées et rassamblées par Patrick Fridenson. – Paris: Ed. ouvrières 1977. 235 S.
*(Cahiers du mouvement social. 2.)*

**Morazé,** Charles: La France bourgeoise, XVIIIe—XXe siècles. — Paris: Colin 1946. 220 S.

**Naegelen,** Marcel Edmond: Grandeur et solitude de la France. — Paris: Flammarion 1956. 235 S.

**Néré,** Jacques: La IIIe République. 1914—1940. — Paris: Colin 1967. 192 S.
*(Coll. „U" 3.)*

**O'Ballance,** Edgar: The story of the French Foreign Legion. — London: Faber & Faber 1961. 270 S.

**Ouston,** Philip: France in the twentieth century. – New York: Praeger 1972. 290 S.

**Rebérioux,** Madeleine: La République radicale? 1898–1914. Nouvelle histoire de la France contemporaine. – Paris: Ed. du Seuil 1975. 253 S.
*(Coll. „Histoire".)*

Les **relations** militaires franco-belges de mars 1936 au 10 mai 1940. Travaux d'un colloque d'historiens belges et français. — Paris: Edit. du Centre National de la Recherche Scientifique 1968. 198 S.

**Renouvin,** Pierre: L'armistice de Rethondes. 11 novembre 1918.— Paris: Gallimard 1968. 488 S.
*(Trente Journées qui ont fait la France.)*

**Romier,** Lucien: A history of France. Translated and completed by A. L. Rowse. — London: Macmillan 1953. XIII, 487 S.

**Rothenberger,** Karl-Heinz: Die elsaß-lothringische Heimat- und Autonomiebewegung zwischen den beiden Weltkriegen. 2. Aufl. – Frankfurt a. M.: Lang 1976. 366 S.
*(Europäische Hochschulschriften. 3, 42.)*

**Salis,** Jean-Rodolphe von: Beharren und Bewegung. Hundert Jahre französische Republik. — In: Monat 22 (1970), H. 262, 29—41.

**Serre,** Charles M.: Rapport fait au nom de la Commission chargée d'enquêter sur les événements survenus en France de 1933 à 1945. P. 1. 2—4 [in 2 Bden] [nebst] Annexes Tom. 1—9 (Témoignages et documents recueillis par la Commission d'Enquête Parlementaire [Umschlagt.]). — (Paris: Presses Universitaires [um 1947]).
*(Assemblée Nationale. première législature. Session de 1947. No 2344.)*

**Shirer,** William L[aurence]: Der Zusammenbruch Frankreichs (The collapse of the Third Republic, dt.) Aufstieg und Fall der 3. Republik. (Aus d. Amerikan. von Peter de Mendelssohn u. Norbert Wölfl.) — (München:) Droemer/Knaur (1969). 1086 S.

**Shorrock,** William I.: France and the rise of fascism in Italy, 1919–23. - In: J. contemp. Hist. 10 (1975), 591–610.

**Sieburg,** Friedrich: Französische Geschichte. Ausg. mit Bildern. Mit e. Schlußkapitel „Von der Vierten zur Fünften Republik". Von Nikolas Benckiser. — Frankfurt a. M.: Scheffler (1964). 206 S.
*(Das moderne Sachbuch. 19.)*

**Sieburg,** Friedrich: Kleine Geschichte Frankreichs.—Frankfurt a. M.: Scheffler 1953. 160 S.

**Sieburg,** Heinz-Otto: **Geschichte** Frankreichs. - Stuttgart: Kohlhammer (1975). 456 S.

**Sieburg,** Heinz-Otto: Probleme der Geschichte Frankreichs und des deutsch-französischen Verhältnisses im Lichte neuester Forschung. — In: Dtsch. Vjschr. 36 (1962), 277—315.

**Siegfried,** André: De la IIIe à la IVe république. — Paris: Grasset 1956. 270 S.

**Soustelle,** Jacques: France and Europe. —In: Foreign Aff. 30 (1951/52), 545—553.

**Stillig,** Jürgen: Das Problem Elsaß-Lothringen und die sozialistische Internationale im Jahr 1917. - In: Vjh. Zeitgesch. 23 (1975), 62–76.

**Tint,** Herbert: France since 1918. — London: Batsford 1970. 208 S.
*(Studies in Twentieth Century History.)*

**Tournoux,** Jean-Raymond: L'histoire secrète. — Paris: Plon 1962. 383 S.

**Trotignon,** Yves: La France au XXe siècle. — Paris: Mouton 1968. 448 S.
*(Etudes supérieures, série bleue.)*

**Wanty,** Emile: Les relations militaires franco-belges (de 1936 à octobre 1939). — In: Rev. Hist. deux. Guerre mond. 8 (1958), H. 31, 12—23.

**Werth,** Alexander: France 1940—1955. With a forew. by G. D. H. Cole. — London: Hale (1956). XXXII, 764 S.

Geschichte 1940 bis 1944

**Ambrière,** Francis: Les grandes vacances 1939—1945. Ed. défin. — Paris: Ed. du Seuil 1956. 396 S.

**Amouroux,** Henri: La grande histoire des Français sous l'occupation. ⟨1939–1945.⟩ – Paris: Laffont.
1. Le peuple du désastre. 1939–1940. (1976). 521 S.
2. Quarante millions de pétainistes. Juin 1940 – juin 1941. (1977). 549 S.
3. Les beaux jours des collabos. Juin 1941 – juin 1942. (1978). 559 S.

**Amouroux,** Henri: La vie des Français sous l'occupation. — Paris: Fayard (1961). 577 S.

**Andrieux,** Colonel: Le ciel et l'enfer. Préf. de Joseph Kessel. — Paris: Presses de la Cité 1965. 317 S.
*(Coll. „Coup d'oeil".)*

**Arnoult,** P. [u. a.]: La France sous l'occupation. Préf. de Daniel Mayer. — Paris: Presses Universitaires de France 1959. VIII, 194 S.

**Aron,** Robert: De Gaulle triumphant. The liberation of France, August 1944 —May 1945. Transl. by Humphrey Hare. — London: Putnam 1964. 360 S.

**Aron,** Robert: Histoire de la libération de la France (juin 1944-mai 1945). — Paris: Fayard 1959. 778 S.

**Aron,** Robert: Histoire de Vichy 1940—1944. — Paris: Fayard 1954. 766 S.

**Astier,** Emmanuel d': De la chute à la libération de Paris (25 août 1944). — Paris: Gallimard 1965. 412 S.
*(Coll. „Trente journées qui ont fait la France".)*

**Astier,** E. d': Les dieux et les hommes ⟨1943—1944⟩. Préface de J. Kessel. — Paris: Julliard 1952. 188 S.
Über die französische Widerstandsbewegung.

**Auphan,** Paul: Histoire élémentaire de Vichy. — Paris: Ed. France-Empire 1971. 257 S.

**Azéma,** Jean Pierre: De Munich à la Libération, 1938–1944. - (Paris:) Ed. du Seuil (1979). 412 S.
*(Coll. „Nouvelle histoire de la France contemporaine". 14.)*
*(Coll. „Points. Sér. histoire". 114.)*

**Aziz,** Philippe: Au service de l'ennemi. La Gestapo française en province. — Paris: Fayard 1972. 186 S.

**Bardoux,** Jacques: La délivrance de Paris. Séances secrètes et négociations clandestines. — Paris: Fayard 1958. 388 S.

**Baudot,** Marcel: Les F. F. I. de l'Eure dans la bataille de Normandie. — In: Rev. Hist. deux. Guerre mond. 9 (1959), H. 35, 49—66.

**Baudot,** Marcel: Libération de la Bretagne. – Paris: Hachette 1974. 223 S.
*(Coll. „Libération de la France".)*

**Baudot,** Marcel: Libération de la Normandie. – Paris: Hachette 1974. 255 S.
*(Coll. „Libération de la France".)*

**Baudot,** Marcel: L'opinion publique sous l'occupation. L'exemple d'un département français (1939—1945). — Paris: Presses Universitaires de France 1960. XII, 268 S.

**Berger,** Paul C.: „La résistance". — In: Nation Europa 2 (1952), H. 1, 47—52.

**Berl,** Emmanuel: La fin de la IIIe République, 10 juillet 1940. — Paris: Gallimard 1968. 372 S.
*(Trente Journées qui ont fait la France.)*

**Billig,** Joseph: Dr. Kurt Blanke, Hotel Majestic, Paris. — In: Le Monde Juif, H. 74 (Okt. 1956), 6—17.

**Billig,** Joseph: Le commissariat général aux questions juives (1941—1944). Préface d'Edmond Vermeil. Tom. 1. — Paris: Editions du Centre 1955. 388 S.

**Billig,** Joseph: Le commissariat général aux questions juives 1941—1944. Tom. 3. — Paris: Ed. du Centre 1960. 340 S.

**Billig,** Joseph: La condition des juifs en France (juillet 1940 – août 1944). — In: Rev. Hist. deux. Guerre mond. 6 (1956), H. 24, 23—55.

**Bloch**-Lainé, Fr.: Le financement de la résistance interieure. — In: Rev. Hist. deux. Guerre mond. 1 (1951), H. 1, 6—19.

**Bonte,** Florimond: Les antifascistes allemands dans la résistance française. — Paris: Edit. Sociales (1969). 391 S.

**Bopp,** Marie-Joseph: L'enrôlement de force des Alsaciens dans la Wehrmacht et la SS. — In: Rev. Hist. deux. Guerre mond. 5 (1955), H. 20, 33—42.

**Borwicz,** Michel: Ecrits des condamnés à mort sous l'occupation allemande. — In: Monde juif 7 (1953), H. 64, 6—8.

**Borwicz,** Michel: Ecrits des condamnés à mort sous l'occupation allemande (1939—1945). Etude sociologique. Préf. de René Cassin. — Paris: Presses Universitaires de France 1954. XV, 276 S.
*(Esprit de la résistance.)*

**Boüard,** Michel de: La repression allemande en France de 1940 à 1944. — In: Rev. Hist. deux. Guerre mond. 14 (1964), H. 54, 63—90.

**Bouladou,** G.: Les maquis du Languedoc dans la libération. — In: Rev. Hist. deux. Guerre mond. 14 (1964), H. 55, 55—79.

**Bourderon,** Roger: Le régime de Vichy était-il fasciste? Essai d'approche de la question. — In: Rev. Hist. deux. Guerre mond. 23 (1973), H. 91, 23—45.

**Bourdet,** C.: La politique intérieure de la résistance. — In: Temps mod., H. 112/113 (Mai 1955), 1837—1862.

**Bourget,** P. und Ch. Lacretelle: Sur les murs de Paris. — Paris: Hachette 1959. 206 S.

**Bouthillier,** Yves: Le drame de Vichy. — Paris: Plon.
1. Face à l'ennemi, face à l'allié. 1950. 320 S.
2. Finances sous la contrainte. 1951. 568 S.

**Brissaud,** André: La dernière année de Vichy. ⟨1943—1944.⟩ Préf. de Robert Aron. — Paris: Perrin (1965). 587 S.

**Bromberger,** Marry: La rencontre Pétain — Comte de Paris. — In: Paris Presse, 31. Januar 1954.
Über die Begegnung am 6. August 1942.

**Bruneau,** Françoise: Essai d'historique du mouvement né autour du journal clandestin „Résistance". — Paris: Ed. S.E.D.E.S. (1953). 215 S.

**Buckmaster,** Maurice: Specially employed. The story of British aid to French patriots of the resistance. — London: Batchworth 1952. 200 S.

**Buckmaster,** Maurice: They fought alone. — London: Odhams Press 1958. 256 S.
Über die Tätigkeit britischer Agenten im besetzten Frankreich.

**Calmette,** Arthur: L'„O.C.M.", Organisation Civile et Militaire. Histoire d'un mouvement de résistance de 1940 à 1946. — Paris: Presses Universitaires de France 1961. 228 S.

**Calmette,** R.: La formation de l'O.C.M. — In: Rev. Hist. deux. Guerre mond. 9 (1959), H. 36, 1—24.

**Cassin,** René: Les hommes partis de rien. Le réveil de la France abattue (1940—41). — Paris: Plon 1975. 490 S.

**Catoire,** M.: La direction des services de l'armistice à Vichy. I. Organisationsprobèmes militaires. (1.) — In: Rev. Hist. deux. Guerre mond. 4 (1954), H. 14, 27—45.

**Catoire,** M.: La direction des services de l'armistice à Vichy. II. Problèmes posés par l'occupation. — In: Rev. Hist. deux. Guerre mond. 5 (1955), H. 17, 15—36.

**Cazaux,** Yves: Journal secret de la libération, 6 juin 1944 — 17 novembre 1944. — (Paris:) Michel (1975). 350 S.
*(Coll. „H comme histoire".)*

**Cernay,** Louis: Le maréchal Pétain, l'Alsace et la Lorraine 1940—1944. — Paris: Les Iles d'Or 1955. 180 S.

**Cézard,** Pierre: L'annexion de fait de l'Alsace et de la Lorraine (juin 1940 à septembre 1942). — In: Rev. Hist. deux. Guerre mond., H. 5 (Januar 1952), 37—52.

**Chabord,** M.-Th.: Les organismes français chargés des prisonniers de guerre sous le gouvernement de Vichy. — In: Rev. Hist. deux. Guerre mond. 10 (1960), H. 37, 3—14.

Sur le **chemin** de la libération (1940—1944). — Paris: Beresniak 1951. 213 S.

**Choury,** Maurice: Tous bandits d'honneur! Résistance et libération de la Corse (juin 1940 — octobre 1943). — Paris: Ed. Sociales 1956. 220 S.

Comité d'Histoire de la Deuxième Guerre Mondiale. **Chronologie** de la résistance française (1940—1945). — Paris: I.A.C. 1959. 55 S.

**Clémendot,** P.: Les maquis des Vosges. — In: Rev. Hist. deux. Guerre mond. 14 (1964), H. 55, 81—98.

**Cotta,** Michèle: La Collaboration. 1940—1944. — Paris: Colin (1964). 333 S.
*(Collection Kiosque.)*

**Cottier,** Georges: De la résistance à la révolution. Anthologie de la presse clandestine française. — Neuchâtel: Baconnière 1958. 266 S.

**Dank,** Milton: The French against the French. Collaboration and resistance. — Philadelphia: Lippincott 1974. 365 S.

**Dansette,** Adrien: Histoire de la libération de Paris. Ed. augm. — Paris: Fayard 1958. 413 S.

**Debû**-Bridel, Jacques: De Gaulle et le CNR. — Paris: Ed. France-Empire (1978). 277 S.

14 **décembre** 1941 ... 14 décembre 1952. — In: Monde juif 6 (1952/53), H. 61, 3.
Über die Deportation französischer Juden.

Le journal „**Défense** de la France". Introd. et notes de Marie Granet. — Paris: Presses Universitaires de France 1961. VI, 283 S.

**Dejonghe,** Etienne [u.] Daniel Laurent: Libération du Nord et du Pas-de-Calais. — Paris: Hachette 1974. 300 S.
*(Coll. „Libération de la France".)*

**Delanoue,** Paul: Les enseignants. La lutte syndicale du front populaire à la libération. Préf. de Georges Cogniot. — Paris: Ed. sociales 1973. 414 S.

**Denis,** Henri: Le Comité parisien de libération. Préf. de Maurice Baumont. — Paris: Presses Universitaires de France 1963. XII, 260 S.
*(Esprit de la Résistance.)*

**Detrez,** L. und Albert Chatelle: Tragédies en Flandres (1939—1944). — Lille: Tallandier 1953. 330 S.

**Dhers,** Pierre: Pétain et le débarquement américain (novembre 1942). — In: Terre humaine, Jan. 1953, 58—86.

**Dhers,** Pierre: Regards nouveaux sur les années quarante. Comment M. Benoist-Méchin écrit l'histoire. Suivi de: Le maréchal Pétain et le débarquement africain. — Paris: Flammarion 1958. 224 S.

**Diamant,** David: Héros juifs de la résistance française. — Paris: Editions Renouveau 1962. 247 S.

**Diamant,** Zanvel: Jewish refugees on the French Riviera. — In: Yivo Annual of Jewish Soc. Science 8 (1953), 264—280.

**Dominique,** Pierre: Grandeur et décadence du nationalisme de Vichy. — In: Ècrits de Paris, Juni 1953, 26—34.

**Dreyfus,** François G.: Remarques sur la pensée de la résistance. — In: Gedenkschrift Martin Göhring, Wiesbaden: Steiner 1968, 386—395.

**Dreyfus,** Paul: Vercors, citadelle de liberté. — Paris: Arthaud 1969. 404 S.
*(Coll. „Témoignages".)*

**Drieu** la Rochelle, Pierre: Récit secret, suivi de „Journal" ⟨1944—1945⟩ et d'„Exorde". — Paris: Gallimard 1961. 107 S.

**Dunan,** Elisabeth: La Propaganda-Abteilung de France. Tâches et organisation. — In: Rev. Hist. deux. Guerre mond. 1 (1951), H. 4, 19—22.

**Duquesne,** Jacques: Les catholiques français sous l'occupation. — Paris: Grasset (1966). 477 S.

**Durand,** Paul: La S[ociété] N[ationale] des] C[hemins de fer] F[rançais] pendant la guerre. Sa résistance à l'occupant. Préf. de Louis Armand. Avant-propos d'André Ségalat. — Paris: Presses Universitaires de France 1968. XII, 666 S.
*(Esprit de la résistance.)*

**Durand,** Yves: Vichy (1940-1944). — Paris: Bordas 1973. 175 S.
*(Coll. „Bordas-Connaissance". 167.)*

**Durandet,** Christian: Les maquis d'Auvergne. - Paris: France-Empire 1973. 286 S.

**Durandet,** Christian: Les maquis bretons. - Paris: France-Empire 1975. 268 S.

Die **Endlösung** der Judenfrage in Frankreich Hrsg. von Serge Klarsfeld. (Dokumentationszentrum für Jüdische Zeitgeschichte ⟨CDJC⟩ Paris.) - Paris: [Selbstverl. d. Hrsg.] (1977). 244 S.
*(Deutsche Dokumente 1941-1944.)*

**Erelliska,** M.: Le mouvement de résistance. — In: Rev. Hist. deux. Guerre mond. 18 (1968), H. 72, 67—82.

**Evrard,** Jacques: La déportation des travailleurs français dans le III$^e$ Reich. — (Paris:) Fayard (1972). 460 S.
*(Coll. „Les grandes études contemporaines".)*

**Farmer,** Paul: Vichy — Political dilemma. — New York: Columbia University Press 1955. 440 S.

**Febvre,** Lucien: Histoire de la résistance. Un précis. — In: Annales 6 (1951), 361—362.

**Fernet,** [Amiral]: L'entrevue de Montoire. — In: Rev. des deux Mond., 15. Jan. 1953, 236—255.

**Flory,** Maurice: Le statut international des gouvernements réfugiées et le cas de la France Libre 1939—1945. — Paris: Pedone 1952. XI, 311 S.

**Foot,** M. R. D.: S(pecial) O(perations) E(xecutive) in France. An account of the work of the British Special Operations Executive in France 1940—1944. — London: H. M. Stationery Office 1966. XXVII, 550 S.
*(History of the Second World War.)*

**Forster,** Dirk: Kapitulation und Fahnenehre. Ein exemplarischer Konflikt zwischen Reynaud und Weygand im Juni 1940. — In: Außenpolitik 7 (1956), 438—445.

**Foulon,** Charles Louis: Le pouvoir en province à la libération. Les commissaires de la République, 1943-1946. (Préf. de René Cassin.) - Paris: Colin 1975. XV, 300 S.
*(Coll. „Travaux et recherches de science politique". 32.)*

**Fraschka,** Günter: Gnade für Paris. Frankreichs Hauptstadt zwischen den Fronten. — Rastatt: Pabel 1959. 300 S.

**Freiberg,** Reinhard: Die Presse der französischen Resistance. (Technik u. Positionen einer Untergrundpresse.) 1940—1944. — Berlin 1962: (Ernst-Reuter-Gesellsch.) 317 S.
Berlin, Freie Univ., phil. Diss., 27. Februar 1962.

**F[reund],** M[ichael]: Oradour, 10. Juni 1944. — In: Gegenwart 8 (1953), 103—106.

**Funk,** Arthur Layton: A document relating to the second world war. The Clark-Darlan agreement, november 22, 1942. — In: J. mod. Hist. 25 (1953), 61—65.

**Gascar,** Pierre: Histoire de la captivité des Français en Allemagne ⟨1939—1945⟩. — Paris: Gallimard 1967. 320 S.

**Ghebali,** Victor-Yves: La France en guerre et les organisations internationales 1939—1945. — Paris: Mouton 1969. XV, 273 S.
*(Publications de la faculté de droit et des sciences économiques de Grenoble. Coll. générale. 2.)*

**Gillois,** André: Histoire secrète des Français à Londres de 1940 à 1944. — (Paris:) Hachette (1973). 597 S.
*(Hachette-Littérature.)*

**Godunov,** N.: Francuzskij narod v bor'be za osvoboždenie Pariža (avgust 1944 g.) — In: Vop. Ist. 1950, H. 8, 38—59.

**Gottschalk,** Louis: Our Vichy fumble. — In: J. mod. Hist. 20 (1948), 47—56. Literaturbericht.

**Gounelle,** Claude: De Vichy à Montoire. — Paris: Presses de la Cité 1966. 552 S.

Le **gouvernement** de Vichy 1940—1942. Institutions et politiques. (Colloque sur le gouvernement de Vichy et la Révolution nationale, Paris 6-7 mars 1970.) — Paris: Colin 1972. 376 S.

**Granet,** Marie: Ceux de la résistance (C. D. L. R.) Esquisse de l'histoire du mouvement. (1940—1944.) — In: Rev. Hist. deux. Guerre mond. 12 (1962), H. 48, 33—60.

**Granet,** Marie et Henri Michel: Combat. Histoire d'un mouvement de Résistance de juillet 1940 à juillet 1943. — Paris: Presses Universitaires de France 1957. 330 S.
*(Esprit de la Résistance.)*

**Granet,** Marie: Défense de la France. Histoire d'un mouvement de résistance (1940—1944). — Paris: Presses Universitaires de France 1960. 304 S.

**Granet,** Marie: Dessin général des maquis. — In: Rev. Hist. deux. Guerre mond. 1 (1951), H. 1, 51—72.

**Hadsel,** Fred L.: Some sources on the resistance movement in France during the Nazi occupation. — In: J. mod. Hist. 18 (1946), 333—340.

**Haelling,** Gaston: Une préfecture désannexée. Strasbourg, 23 novembre 1944 — 8 mai 1945. — Strasbourg: Le Roux 1954. 172. S.

**Hasquenoph,** Marcel: La Gestapo en France. - Paris: De Vecchi 1975. 546 S.

**Hérold**-Paquis, Jean: Des illusions ... désillusions! (15 août 1944 — 15 août 1945) — Paris: Bourgoin (1948). 186 S.

**Hoffmann,** S.: Aspects du régime de Vichy. — In: Rev. franç. Science polit. 6 (1956), 44—69.

**Hoffmann,** Stanley: Collaborationism in France during World War II. — In: J. mod. Hist. 40 (1968), 375—395.

**Hostache,** René: Le conseil national de la résistance. Les institutions de la clandestinité. — Paris: Presses Universitaires 1958. 498 S.

**Hugonnot,** Jean: Die Augusttage 1944 in Paris. — In: Internat. Hefte d. Widerstandsbewegung 3 (1961), H. 5, 28—51.

**Ibach,** Helmut: Oradour und das Reich. — In: Neues Abendland 8 (1953), 177—178.

Les **idées** politiques et sociales de la résistance (Documents clandestins 1940—1944). Textes choisis introduits par Henri Michel et Boris Mirkine-Guetzévitch. Préface de Georges Bidault. Avant-Propos de Lucien Febvre. — Paris: Presses Universitaires 1954. XI, 410 S.

**Jeantet,** Gabriel: Pétain contre Hitler. Préf. de Jacques Laurent. — (Paris:) Edit. de la Table ronde (1966). XI, 337 S.
*(L'Histoire contemporaine revue et corrigée.)*

**Josse,** Raymond: La naissance de la résistance étudiante à Paris et la manifestation du 11 novembre 1940. — In: Rev. Hist. deux. Guerre mond. 12 (1962), H. 48, 1—31.

**Joubert,** J.: La libération de la France. — Paris: Payot 1951. 201 S.

**Isorni,** Jacques: Pétain a sauvé la France. — Paris: Flammarion 1964. 144 S.

**Kaspi,** André: Le général Giraud et les Juifs, de janvier à juin 1943. — In: Monde Juif 25 (1969) H. 56, 59—74.

**Kedward,** H(arry) R(oderick): Resistance in Vichy France. A study of ideas and motivation in the Southern zone 1940—1942. — Oxford: Oxford University Press 1978. IX, 511 S.

**Kluke,** Paul: Nationalsozialistische Volkstumspolitik in Elsaß-Lothringen 1940 bis 1945. — In: Zur Geschichte und Problematik der Demokratie, Festgabe für Hans Herzfeld, Berlin: Duncker & Humblot (1958), 619—636.

**Kozierowska,** Urszula: Oni zgineli za Francje – Ils sont morts pour la France. - Warszawa: Sport i Turystyka 1978. 119 S.
Über polnische Emigranten in der französischen Armee und im Widerstand.

**Kriegel**-Valrimont, Maurice: La libération. Les archives du Comac (mai—août 1944). — Paris: Edit. de Minuit 1964. 272 S.
*(Coll. „Grands Documents". 16.)*

**Kupferman,** Fred: Le gouvernement Laval et les tentatives de relance de la collaboration. - In: Monde Juif 32 (1976), H. 84, 133–152.

**Latour,** Anny: La résistance juive en France ⟨1940—1944⟩. — Paris: Stock 1970. 320 S.
*(Coll. „Témoins de notre temps".)*

**Launay,** Jacques de: La France de Pétain. - Paris: Hachette 1973. 199 S.

**Legnani,** Massimo: La Francia di Vichy. Strutture di governo e centri di potere. - In: Movim. Liberaz. Italia 25 (1973), H. 111, 107–119.

**Legnani,** Massimo: La Francia di Vichy dalla „rivoluzione nazionale" alla „collaborazione". — In: Movim. Liberaz. Italia 1967, H. 88, 57—69.

**Lerecouvreux,** Marcel: Résurrection de l'armée française. De Weygand à Giraud. — Paris: Nouv. Ed. Lat. 1955. 488 S.

**Lévy,** Claude [u.] Paul Tillard: Der Schwarze Donnerstag (La grande rafle du Vel d'Hiv, dt.) Kollaboration und Endlösung in Frankreich. (Dtsch. von Andreas Disch.) Mit e. Vorw. von Joseph Kessel. — Freiburg i. Br.: Walter (1968). 232 S.

**Levy,** Claude [u.] Paul Tillard: La grande rafle du Vél-d'Hiv. (16 juillet 1942). — Paris: Laffont 1967. 272 S.
*(Coll. „Ce jour-là".)*

**Lexique** de la résistance. — In: Rev. Hist. deux. Guerre mond. 1 (1951), H. 1, 96—105.

**Livet,** Georges: Le drame de l'Alsace. — In: Rev. Hist. deux. Guerre mond. 1 (1951), H. 1, 106—108.
Literaturbericht.

La **loi** nazie en France. Documents réunis par Philippe Héraclès. Préf. et commentaires de Robert Aron. - (Paris:) Authier (1974). 348 S.

**Lombard,** Maurice: Les maquis et la liberation de la Bourgogne. — In: Rev. Hist. deux. Guerre mond. 14 (1964), H. 55, 29—54.

**Loth,** Wilfried: Les projets de politique extérieure de la resistance socialiste en France. - In: Rev. Hist. mod. & contemp. 24 (1977), 544–569.

**Luther,** Hans: Der französische Widerstand gegen die deutsche Besatzungsmacht und seine Bekämpfung. Ein Beitrag zur Erforschung der völkerrechtlichen Praxis während des 2. Weltkrieges. — Marburg 1956. VI, 337 Bl.
*Marburg, rechts- u. staatswiss. Diss. 4. August 1956.*

**Lyautey,** Pierre: Les maréchaux de la libération. — Paris: Mame 1953. 145 S.

**Mayer,** Daniel: Les socialistes dans la résistance. Souvenirs et documents. — Paris: Presses Universitaires de France 1968. 247 S.
*(Esprit de la résistance.)*

**Mayran,** Camille: Larmes et lumières à Oradour. Préface de Gabriel Marcel. — Paris: Plon 1952. 256 S.

**Mesnil**-Amar, Jacqueline: Ceux qui ne dormaient pas. — Paris: Ed. Minuit 1957. 192 S.
Tagebuchfragmente zum jüdischen Widerstand in Frankreich.

**Michel,** Henri: Aspects politiques de l'occupation de la France par les Allemands (Juin 1940—decembre 1944). — In: Rev. Hist. deux. Guerre mond. 14 (1964), H. 54, 1—40.

**Michel,** Henri: Les courants de pensée de la Résistance. — Paris: Presses Universitaires de France 1963. 843 S.
*(Esprit de la Résistance.)*

**Michel,** Henri: Le giraudisme. — In: Rev. Hist. deux. Guerre mond. 9 (1959), H. 35, 25—48.

**Michel,** Henri: Histoire de la résistance 1940—1944. — Paris: Presses universitaires 1950. 127 S.

**Michel,** Henri: Histoire de la Résistance française. [Literaturbericht.] - In: Rev. hist. 95 (1971), Bd 245, 483–498.

**(Michel,** Henri:) Les travaux de la commission d'histoire de la déportation. — In: Rev. Hist. deux. Guerre mond. 4 (1954), H. 15/16, 114—125.

**Michel,** Henri: Vichy, année 40. — Paris: Laffont 1966. 456 S.
*(L'Histoire que nous vivons.)*

**Mocq,** Jean-Marie: Ascq 1944. La nuit la plus longue. - (Suresnes:) Actia-Ed. (1971). 390 S.

**Montaron,** André: Le maquis de Corlay. Contribution à l'histoire de la résistance en Saône-et-Loire, suivie de témoignages inédits sur Buchenwald, Dachau, Montluc. — Dijon: Impr. de Jobard 1950. 203 S.

**Montherlant,** Henry de: Textes sous une occupation 1940—1944. 2. éd. — Paris: Gallimard 1953. 284 S.

**Mordal,** Jacques: Le retour des cendres de l'Aiglon et l'Affaire du 13 décembre. — In: Miroir de l'Histoire 1955, H. 71/72, 667—674.

**Moreel,** L.: 1940—1944. Les jours sombres de l'occupation allemande de l'agglomération dunkerquoise. — Paris: Presses Universitaires 1955. 569 S.

**Morquin,** M. G.: La Dordogne sous l'occupation allemande 1940—1944. — (Périgueux: Joucla.)
1. Déportations. Fusillades. o. J. 40 S.

**Mouret,** Georges: Oradour. Le crime; le procès. — Paris: Plon 1958. 38 S.

**Mysyrowicz,** Ladislas: Autopsie d'une défaite. Origines de l'effondrement militaire français de 1940. - (Lausanne:) L'Age d'Homme (1973), 385 S.
*(Coll. „Historica".)*

**Nicault,** M.: L'Indre 1940—1944. Occupation, résistance, déportation. — Orléans: Centre régional de documentation pédagogique d'Orléans 1969. 28 S.

**Nobécourt,** R[ené] G[ustave]: Les secrets de la propaganda en France occupée. — (Paris:) Fayard (1962). 530 S.
*(Les grandes Etudes contemporaines.)*

**Noguères,** Henri, Marcel Degliame-Fouche [u.] Jean-Louis Vigier: Histoire de la résistance en France. — Paris: Laffont.
1. Juin 40—juin 41. 1967. 512 S.
*(L'Histoire que nous vivons.)*

**Noguères,** Henri, Marcel Degliame-Fouche [u.] Jean-Louis Vigier: Histoire de la résistance en France. — Paris: Laffont.
2. Juillet 1941—octobre 1942. 1969. 736 S.
*(L'Histoire que nous vivons.)*

**Noguères,** Henri [u.] Marcel Degliame-Fouché: Histoire de la résistance en France. — Paris: Laffont.
3. Et du Nord au Midi ... Nov. 1942 — sept. 1943. 1972. 717 S.
*(Coll. „L'Histoire que nous vivons".)*

**Noguères,** Henri [u.]Marcel Degliame-Fouché: Histoire de la résistance en France. - Paris: Laffont.
4. Formez vos bataillons! Octobre 1943 — mai 1944. 1976. 711 S.
*(Coll. „L'Histoire que nous vivons".)*

**Noguères,** Louis: La dernière étape Sigmaringen. — Paris: Fayard 1956. 251 S.

**Notre-Dame** de la Garde. Bataille et délivrance ‹15—25—28 aout 1944›. — Lyon: Lesaujer 1951. 644 S.

**Novick,** Peter: The resistance versus Vichy. The purge of collaborators in liberated France. — New York: Columbia University Press 1968. 245 S.

**Ory,** Pascal: Les collaborateurs, 1940–1945. - Paris: Ed. du Seuil 1976. 316 S.

**Ory,** Pascal: La France allemande ‹1933–1945›. Paroles du collaborationisme français. - (Paris: Gallimard/Julliard 1977). 271 S.
*(Archives Gallimard Julliard.)*

**Palmer,** M. B.: L'office français d'information ‹1940–1944›. - In: Rev. Hist. deux. Guerre mond. 25 (1975), H. 101, 19–40.

**Pauchou,** Guy und Pierre Masfrand: Oradour-sur-Glane, vision d'épouvante. Ouvrage officiel du Comité du Souvenir et de l'Association Nationale des Familles des Martyrs d'Oradour-sur-Glane. 5. ed. — Limoges: Charles-Lavouzelle 1955. 202 S.

**Paulhan,** Jean: Lettre aux directeurs de la résistance. — Paris: Ed. de Minuit 1952. 54 S.

**Paxton,** Robert O.: Parades and politics at Vichy. The French officer corps under Marshall Pétain. — Princeton, N.J.: Princeton University Press 1966. XI, 472 S.

**Pech,** Karlheinz: An der Seite der Résistance. Zum Kampf der Bewegung „Freies Deutschland" für den Westen in Frankreich, 1943–1945. - Frankfurt a. M.: Röderberg (1974). 386 S.

**Pegg,** C. H.: Die Résistance als Träger der europäischen Einigungsbestrebungen in Frankreich während des zweiten Weltkrieges. — In: Europa-Arch. 7 (1952), 5197—5206.

**Poliakov,** Léon: A conflict between the German army and secret police over bombings of Paris synagogues. — In: Jew. Social Studies 16 (1954), 253—266.

**Poliakov,** Léon und Jacques Sabille: Gli Ebrei sotto l'occupazione italiana. Trad. di Piero Malvezzi. — Milano: Ed. di Comunità 1956. XVII, 185 S.

**Poliakov,** Léon: An opinion poll on anti-jewish measures in Vichy France. — In: Jew. Soc. Studies 15 (1953), 135—150.

**Poliakov,** Léon: Jewish resistance in France. — In: Yivo Annual of Jewish Soc. Science 8 (1953), 252—263.

**Poperen,** Jean: Une falsification: „L'Histoire de la Résistance" d'Henri Michel. — In: Pensée, 1951, Nr. 35, 130—135.

**Ravine,** Jacques: La résistance organisée des juifs en France, 1940-1944. Préf. de Vladimir Pozner. – Paris: Julliard 1973. 316 S.

**Rayski,** A.: Gestapo contre résistants juifs à Paris. Le front invisible. — In: Monde Juif 25 (1969), H. 55, 11—20.

**Rivet,** [Général]: Abwehr et Gestapo en France. — In: Rev. Hist. deux. Guerre mond. 1 (1951), H. 1, 28—50.

**Rogé,** [Lt.-Col.]: L'action militaire de la résistance française sur la stratégie alliée en 1944. — In: Rev. Déf. nat. 13 (1952), 322—336.

**Roger,** Juan: Fuentes de la historia de Francia durante la segunda guerra mundial. — In: Arbor 27 (1954), 233—240.

**Roy,** Bernard: Les grandes heures de Nantes et de Saint-Nazaire (1940—1945). — Paris: Ozanne 1951. 300 S.

**Rude,** Fernand: Politici e militari nella repubblica del Vercors. — In: Movim. Liberaz. Italia 22 (1970), H. 98, 3—25.

**Rutkowski,** Adam: Les déportations des Juifs de France vers Auschwitz-Birkenau et Sobibor. — In: Monde Juif 26 (1970), H. 57/58, 33—75.

**Rutkowski,** Adam: Les évasions de Juifs de trains de déportation de France. - In: Monde Juif 30 (1974), H. 73, 10-29.

**Schaeffer,** Eugène: L'Alsace et la Lorraine (1940—1945). Leur occupation en droit et en fait. — Paris: Libr. Gén. de Droit et de Jurisprudence 1953. 158 S.

**Schramm,** Hanna: Menschen in Gurs. Erinnerungen an ein französisches Internierungslager ⟨1940–1941⟩. (Mit einem dokumentarischen Beitrag zur französischen Emigrantenpolitik.) – Worms: Heintz (1977). XII, 404 S.
*(Deutsches Exil 1933-45. 13.)*

**Sereau,** Raymond: L'armée de l'armistice. Préface: [Maxime] Weygand. — Paris: Nouvelles Editions latines 1961. 128 S.

**Shipley** White, Dorothy: Seeds of discord. De Gaulle, Free France and the allies. — Syracuse, N. Y.: Syracuse University Press 1964. XI, 471 S.

**Saint-Paulien** ([d. i.] Maurice-Yvan **Sicard**): Histoire de la collaboration. -- (Paris): L'Esprit nouveau (1964). XI, 610 S.

**Siegfried,** André: Le Vichy de Pétain, le Vichy de Laval. — In: Rev. franç. Science polit. 6 (1956), 737—749.

**Simonin,** René: La France libre dans les Balkans. — Paris: Ed. du Scorpion 1959. 220 S.

**Sonneville,** Pierre: Les combattants de la liberté. — Paris: Edit. de la Table ronde 1968. 368 S.
*(L'Histoire contemporaine revue et corrigée.)*

**Soukhomline,** Vassili: Les Hitlériens à Paris. Préf. de Jean-Maurice Hermann. Trad. du russe par Lily Denis. — Paris: Editeurs français réunis 1967. 248 S.
*(Coll. „Domaine soviétique".)*

**Statistique** de la déportation. Directives, modalités. — Paris 1964: Comité d'histoire de la 2e guerre mondiale. 29 S.
*(Comité d'histoire de la 2e guerre mondiale. Bull. Spécial.)*

**Steinberg,** Lucien: Les autorités allemandes en France occupée. Inventaire commenté de la collection de documents conservés au C.D.J.C. provenant des archives de l'ambassade d'Allemagne, de l'administration militaire allemande et de la Gestapo en France. Avant-propos de Isaac Schneersohn. Préf. de Jacques Delarue. — Paris: (Centre de Documentation Juive Contemp.) 1966. 355 S.
*(Les Inventaires des Archives du C.D.J.C. 2.)*

**Steinberg,** Lucien: Les Juifs de France dans la résistance. Quelques ouvrages recents. — In: Monde Juif 24 (1968), H. 51, 26—31.

**Steinberg,** Lucien: Statistiques de la déportation des Juifs de France. — In: Monde Juif 21 (1966), H. 7, 26—30.

**Stitzer,** Karl: Mordprozeß Oradour. Nach Prozeßberichten der „Humanité". — Berlin: Dietz 1954. 112 S.

**Sweets,** John F.: The politics of resistance in France, 1940-1944. A history of the Mouvements Unis de la Resistance. — DeKalb: Northern Illinois University Press 1976. XII, 260 S.

**Szajkowski,** Z[osa]: The French Central Jewish Consistory during the second world war. — In: Yad Washem Stud. 3 (1959), 187—202.

**Szajkowski,** Z[osa]: Glimpses on the history of Jews in occupied France. — In: Yad Washem Stud. 2 (1958), 133—157.

**Szajkowski,** Zosa: The organisation of the „UGIF" in Nazi-occupied France. — In: Jew. Soc. Studies 9 (1947), 239—256.

**(Tillion,** Germaine:) Réflexions sur l'étude de la déportation. (A propos de documents allemands confrontés avec des témoignages de déportés.) — In: Rev. Hist. deux. Guerre mond. 4 (1954) H. 15/16, 3—38.

**Tillon,** Charles: Les F(rancs-)T(ireurs et) P(artisans Français). Témoignage pour servir à l'histoire de la Résistance. — Paris: Juillard (1962). 686 S.

**Tollet,** André: La classe ouvrière dans la résistance. — Paris: Edit. Sociales 1969. 320 S.
*(Coll. „Souvenirs".)*

**Umbreit,** Hans: Zur Behandlung der Bretonenbewegung durch die deutsche Besatzungsmacht im Sommer 1940. — In: Militärgesch. Mitt. 1968, H. 1, 145—165.

**Vartier,** Jean: Histoires secrètes de l'occupation en zone interdite. Des Ardennes au Jura (1940–1944). - (Paris:) Hachette (1972). 312 S.

**Vasseur,** André-Georges: Boulogne 1940—1944 jusqu'au dernier. — Paris: Presses de la Cité 1969. 286 S.
*(Coll. „Coup d'oeil".)*

**Verd,** Jacques: Souvenirs de l'occupation allemande. Camp retranché de Toulon 1940—1944. — Toulon: Rebufa 1951. 236 S.

**La vie** de la France sous l'occupation (1940—1944). Ed.: The Hoover Institute, Stanford. T. 1—3. — Paris: Plon 1957.

(**Vivier,** R.:) La déportation en Indre-et-Loire. (Etude statistique.) — In: Rev. Hist. deux. Guerre mond. 4 (1954), H. 15/16, 126—136.

**Vivier,** Robert: Comité d'histoire de la deuxième guerre mondiale. La Touraine sous l'occupation allemande 1940—1944. — ([Paris] 1965: Selbstverl. d. Hrsg.) 34 S.

**Vullicz,** Albert: Brest au combat 1939—1944. — Paris: Ozanne 1950. 236 S.

**Waasen,** Heinrich Maria: Im Schatten von Vichy. Frankreich 1933/44 im Vexierspiegel der Memoirenliteratur. — In: Wort und Wahrheit 6 (1951), 851—855.

**Walter,** Gérard: La vie à Paris sous l'occupation 1940—1944. — Paris: Colin (1960). 253 S.
*(Collection Kiosque.)*

**Wellers,** Georges: Le 10e anniversaire de la 1ère déportation de France. — In: Monde juif 6 (1952), H. 53, 7 und 11.

**Wellers,** Georges: Dixième anniversaire des rafles des 16 et 17 juillet 1942 dans la région parisienne. — In: Monde juif 6 (1952), H. 57, 1—4.

**Wellers,** Georges: L'étoile jaune à l'heure de Vichy, de Drancy à Auschwitz. Préf. de Jacques Delarue. Postf. de Michel Riquet. – Paris: Fayard 1973. V, 452 S.

**White,** Dorothy Shipley: Seeds of discord. De Gaulle, Free France and the Allies. — Syracuse, N.Y.: Syracuse University Press 1964. XII, 471 S.

**Wormser,** Olga und Henri Michel [Ed.]: Tragédie de la déportation 1940—1945. — Paris: Hachette 1954. 511 S.

**Wormser-Migot,** Olga: Quand les alliés ouvrirent les portes. — Paris: Laffont 1965. 336 S.
*(Coll. „L'Histoire que nous vivons".)*

**Wormser,** Olivier: Les origines doctrinales de la Révolution nationale. Vichy, 10 juillet 1940 — 31 mars 1941. — Paris: Plon 1971. 276 S.

**Wright,** Gordon: Reflection on the French resistance. (1940—1944). — In: Polit. Science Quart. 77 (1962), 336—349.

**Ziebura,** Gilbert: Die Idee der Demokratie in der französischen Widerstandsbewegung. — In: Zur Geschichte und Problematik der Demokratie, Festgabe für Hans Herzfeld, Berlin: Duncker & Humblot (1958), 355—373.

Politik und Staat

**Albertini,** Rudolf von: Zur Beurteilung der Volksfront in Frankreich 1934—1938. — In: Vjh. Zeitgesch. 7 (1959), 130—162.

**Albertini,** Rudolf von: Freiheit und Demokratie in Frankreich. Die Diskussion von der Restauration bis zur Résistance. — Freiburg i. Br. und München: Alber 1957. X, 369 S.
*(Orbis academicus.)*

**Albertini,** Rudolf von: Parteiorganisation und Parteibegriff in Frankreich 1789—1949. — In: Hist. Z. 193 (1961), 529—600.

**Albertini,** Rudolf von: Regierung und Parlament in der Dritten Republik. — In: Hist. Z. 188 (1959), 17—48.

**Allen,** Luther A.: The French left and Soviet Russia. Origins of the popular front. — In: World Aff. Quart. 30 (1959/60), H. 2, 99—121.

**Anderson,** Malcolm: Conservative politics in France. — London: Allen & Unwin 1974. 381 S.

**Annales** de l'Assemblée Consultative Provisoire. Documents. 7 nov. 1944 — 3. août 1945. — Paris: Impr. des Journeaux Off. 1951. 796 S.

**Avron,** Henri: Le gauchisme. – Paris: Presses universitaires de France 1974. 128 S.
*(Coll. „Que sais-je?")*

**Baby,** Jean: Critique de base. Le parti communiste français entre le passé et l'avenir. — Paris: Maspero 1960. 262 S.

**Bardèche,** Maurice: Die nationale Bewegung Frankreichs. — In: Nation Europa 2 (1952), H. 8, 11—16.

**Barron,** Richard: Parties and politics in modern France. — Washington: Public Affairs Press 1959. XII, 213 S.

**Beau** de Loménie, Emmanuel: La mort de la troisième république. — (Paris:) Ed. du Conquistador (1951). 422 S.

**Binion,** Rudolph: Defeated leaders. The political fate of Caillaux, Jouvenel, and Tardieu. — New York: Columbia University Press; London: Oxford University Press 1960. VIII, 425 S.

**Bloch,** Charles: Die Dritte Französische Republik. Entwicklung und Kampf einer parlamentarischen Demokratie (1870—1940). — Stuttgart: Koehler 1972. 573 S.

**Bodin,** Louis und Jean Touchard: Front populaire 1936. — Paris: Colin 1961. 295 S.

**Bonnefous,** Edouard: Histoire politique de la Troisième Republique. — Paris: Presses Universitaires.
1. L'avant-guerre (1906—1914). 1956. XVI, 434 S.
2. La grande guerre (1914—1918). 1957. XII, 474 S.
4. Cartel des gauches et union nationale (1924—1929). 1960. VIII, 412 S.

**Bonnefous,** Edouard: Histoire politique de la Troisième République. — Paris: Presses Universitaires.
3. L'après-guerre (1919—1924). 1959. XI, 463 S.

**Bonnefous,** Édouard: Histoire politique de la Troisième République. — Paris: Presses Universitaires de France.
5. La République en danger. Des ligues au Front populaire ⟨1930—1936⟩. 1962. XIII, 476 S.
6. Vers la guerre. Du Front populaire à la Conférence de Munich ⟨1936—1938⟩. 1965. VII, 451 S.
7. La course vers l'abîme. La fin de la III$^e$ République ⟨1938—1940⟩. 1967. XII, 449 S.

**Bonnet,** Georges: Vingt ans de vie politique. De Clemenceau à Daladier. — Paris: Fayard 1969. 288 S.
*(Les grandes études contemporaines.)*

**Bourdé,** Guy: La défaite du front populaire. – Paris: Maspero 1977. 359 S.
*(Bibliothèque socialiste.)*

**Bourdet,** Claude: L'aventure incertaine. De la résistance à la restauration. – Paris: Stock 1975. 478 S.
*(Coll. „Les grands sujets".)*

**Brugmans**, H.: Un cas de pathologie politique. L'Action Française. — In: Res publ. 5 (1963), 237—244.

**Caredda**, Giorgio: Il Fronte popolare in Francia, 1934-1938. — Torino: Einaudi 1977. 313 S.

**Caute**, David: Le communisme et les intellectuels français ⟨1914—1966⟩. Trad. de l'angl. par Magdeleine Paz. — Paris: Gallimard 1967. 480 S.
*(Coll. „La Suite des temps".)*

**Chambaz**, Jacques: Le front populaire pour le pain, la liberté et la paix. — Willard, Claude: Quelques aspects du fascisme en France avant le 6 février 1934. — Paris: Ed. Sociales 1961. 226 S.

**Chapsal**, Jacques: La vie politique en France depuis 1940. (3. éd. rev. et compl. par Alain Lancelot.) — Paris: Presses universitaires de France (1972). 636 S.
*(Thémis. Sciences politiques.)*

**Chapsal**, Jacques: La vie politique et les partis en France depuis 1940. Fasc. 1—3. — Paris: Les Cours de droit (1961).
1. XVIII, 198, IV S.
2. S. 199—425, VII S.
3. S. 427—596.

**Chastenet**, Jacques: Les journées sanglantes de février 1934. — In: Revue de Paris 69 (1962), H. 3, 3—18.

**Chavardès**, Maurice: Le 6 février 1934. La République en danger. — Paris: Calmann-Lévy (1966). 358 S.

**Chevallier**, Jean-Jacques: Histoire des institutions politiques de la France de 1789 à nos jours. Etudes politiques, économiques et sociales. — Paris: Dalloz 1952. 628 S.

Nouvelles **clartés** sur l'action du parti communiste français de 1939 à 1941. — In: Est & Ouest 10 (1958), H. 189, 13—32.

**Conquet**, [Général]: L'énigme de notre manque de divisions blindées ⟨1932—1940⟩. — Paris: Nouv. Ed. Latines 1956. 191 S.

**Conti**, A. M.: Il partito socialista francese nel primo dopoguerra e la mancata partecipazione ai governi radicali (1919—1933). — In: Storia e Politica 1 (1962), 473—499.

**Curtis**, Michael: Three against the Third Republic. Sorel, Barrès, and Maurras. — Princeton, N. J.: Princeton University Press 1959. 313 S.

**Dansette**, Adrien: Histoire des présidents de la république. De Louis-Napoléon Bonaparte à Vincent Auriol. — Paris: Amoit-Dumont 1953. 288 S.

**Delperrié** de Bayac, Jacques de: Histoire du Front populaire. — Paris: Fayard 1972. 542 S.
*(Coll. „Les grandes études contemporaines".)*

**Dreyfus**, François G.: La vie politique en Alsace 1919—1936. — Paris: Colin 1969. 328 S.
*(Cahiers de la Fondation nationale des sciences politiques. 173.)*

**Droz**, Jacques: Histoire des doctrines politiques en France. — Paris: Presses Universitaires de France 1957. 128 S.

**Droz**, Jacques: Die politischen Kräfte in Frankreich während des Ersten Weltkrieges. (Übers. von Kurt Jürgensen.) — In: Gesch. Wiss. Unterr. 17 (1966), 159—168.

**Droz**, Jacques: Der Nationalismus der Linken und der Nationalismus der Rechten in Frankreich ⟨1871—1914⟩. — In: Hist. Z. 210 (1970), 1—13.

**Ducloux**, Louis: From blackmail to treason. Political crime and corruption in France 1920—1940. — London: Deutsch 1958. 240 S.

Cherdevon, Maurice [d. i. Maurice **Duperon**]: Les causes morales de l'affaissement de la France en 1940 et du gâchis actuel. — Paris: Ed. du Scorpion 1960. 96 S.

**Dupeux**, Georges: Le front populaire et les élections de 1936. — Paris: Colin 1959. 183 S.

**Duverger**, Maurice: Frankreich und die Demokratie des zwanzigsten Jahrhunderts. — In: Dokumente 17 (1961), 341—350.

**Fauvet**, Jacques en coll. avec Alain Duhamel: Histoire du parti communiste français de 1920 à 1976. Nouv. éd. rev. et augm. — (Paris:) Fayard (1977). 605 S.
*(Coll. „Les grandes études contemporaines".)*

**Fauvet**, Jacques: Politik und Parteien in Frankreich. — Frankfurt a. M.: Verl. d. Frankf. Hefte (1953). 320 S.

**Fauvet**, Jacques: De Thorez à de Gaulle. Les forces politiques en France. Etude et géographie des divers partis. 2. éd. — Paris: Le Monde 1951. XVI, 298 S.

**Feller**, Jan: Le dossier de l'armée française. La guerre de 50 ans (1914—1962). Préf. de Robert Aron. — Paris: Presses de la Cité 1966. 528 S.
*(Coll. „Les Pièces du dossier".)*

La **France** et les Français, en 1938-1939. Sous la dir. de René Rémond et Janine Bourdin. — (Paris:) Presses de la fondation nationale des sciences politiques (1978). 365 S.

**Gallico**, Loris: Storia del Partito Comunista francese. — Milano: Teti Ed. 1973. 462 S.

**Garçon**, Maurice: Histoire de la justice sous la IIIe république. 3: La fin du régime. — Paris: Fayard 1957. 349 S.

**Girardet**, R.: Notes sur l'esprit d'un fascisme français 1934—1939. — In: Rev. franç. Science polit. 5 (1955), 529—546.

**Girardet**, Raoul: La société militaire dans la France contemporaine, 1815—1939. — Paris: Plon 1953. 352 S.

**Girault**, Jacques: Sur l'implantation du parti communiste français dans l'entre-deux-guerres. — Paris: Ed. sociales 1977. 344 S.

**Goguel**, F.: Géographie des élections françaises de 1870—1951. — Paris: Colin 1951. 144 S.

**Goguel**, François und Gilbert Ziebura: Das französische Regierungssystem. Leitfaden und Quellenbuch. — Köln, Opladen: Westdt. Verl. 1956/57. 108, 186 S.

**Gombin**, Richard: Les socialistes et la guerre. La S.F.I.O. et la politique étrangère française entre les deux guerres mondiales. — Paris: Mouton 1970. VIII, 271 S.

**Goutard**, A.: La bataille pour les divisions cuirassées. — In: Rev. de Paris 66 (1959), H. 8, 22—39.
Behandelt Fragen der französischen Rüstung zwischen den beiden Weltkriegen.

# GESCHICHTE EINZELNER STAATEN

**Greene,** Nathanael: Crisis and decline. The French socialist party in the popular front era. — Ithaca, N.Y.: Cornell University Press 1969. XVIII, 361 S.

**Grossheim,** Heinrich: Sozialisten in der Verantwortung. Die französischen Sozialisten und Gewerkschafter im ersten Weltkrieg 1914–17. — Bonn: Verl. Neue Gesellsch. (1978). 286 S.
*(Schriftenreihe des Forschungsinstituts der Friedrich-Ebert-Stiftung. 140.)*
*Diss., Universität Göttingen.*

**Halleguen,** Joseph: Aux quatre vents du gaullisme 1940—1952. — Paris: Dervy 1953. 255 S.

**Havard** de la Montagne, R.: Histoire de l'Action Française. — Paris: Amiot-Dumont 1950. 253 S.

**Herbette,** François: L'expérience marxiste en France. Témoignage d'un cobaye conscient. 1936—1938. — Paris: Génin 1960. 349 S.

**Hoop,** Jean-Marie d': La politique française du réarmement. D'après les travaux de la commission d'enquête parlementaire. — In: Rev. Hist. deux. Guerre mond. 4 (1954), H. 14, 1—26.

**Jallut,** Maurice: Histoire constitutionnelle de la France. — Paris: Ed. du Scorpion 1957. 286 S.

**Joll,** James [Ed.]: The decline of the Third Republic. — London: Chatto & Windus; New York: Praeger 1959. 128 S.
*(St. Antony's Papers. 5.)*

**Judt,** Tony Robert: La reconstruction du Parti socialiste, 1921–1926. Préf. de Annie Kriegel. — Paris: Presses de la Fondation nationale des sciences politiques 1976. IV, 231 S.
*(Coll. „Travaux et recherches de science politique". 39.)*

**Köller,** Heinz: Frankreich zwischen Faschismus und Demokratie ⟨1932 – 1934⟩. — Berlin: Akademie-Verl. 1978. 486 S.
*(Schriften des Zentralinstituts für Geschichte. 55.)*
*Habil.-Schr., Humboldt Universität Berlin.*

**Kowark,** Hannsjörg: Die französische Marinepolitik 1919–1924 und die Washingtoner Konferenz. — Stuttgart: Hochschul-Verl. 1978. XII, 291 S.
*(Hochschul-Sammlung Philosophie. Geschichte. 2.)*
*Diss., Universität Stuttgart.*

**Kriegel,** Annie: Communismes au miroir français. Temps, cultures et sociétés en France devant communisme. - Paris: Gallimard 1974. 252 S.
*(Bibliothèque des Histoires.)*

**Kriegel,** Annie: Le Parti communiste français, la résistance, la libération et l'établissement de la quatrième République 1944–1947. - In: Storia e Politica 14 (1975), 255–265.

**Larmour,** Peter J.: The French radical party in the 1930's. — Stanford, Calif.: Stanford University Press 1964. 327 S.

**Laurens,** Anne: Les rivaux de Charles de Gaulle. La bataille de la légitimité en France de 1940 à 1944. - Paris: Laffont (1977). 338 S.
*(Coll. „Les ombres de l'histoire".)*

**Lefranc,** Georges: Front Populaire (1934—1938). — Paris: Payot 1965. 504 S.
*(Coll. „Etudes et documents Payot".)*

**Lefranc,** Georges: Les gauches en France (1789–1972). - Paris: Payot 1973. 348 S.
*(Coll. „Le Regard de l'histoire".)*

**Lefranc,** Georges: Histoire du Front populaire ⟨1934—1938⟩. — Paris: Payot 1965. 501 S.
*(Études et documents Payot.)*

**Lefranc,** Georges: Juin 36. „L'explosion sociale." — ([Paris:] Juillard 1966.) 351 S.
*(Collection Archives. 22.)*

**Le Goyet,** P[ierre]: Evolution de la doctrine d'emploi de l'aviation française entre 1919 et 1939. — In: Rev. Hist. deux. Guerre mond. 19 (1969), H. 73, 3—41.

**Leites,** Nathan: On the game of politics in France. Forew. by D. W. Brogan. — Stanford: Stanford University Press 1959. XIII, 190 S.

**Lidderdale,** D. W. S.: The parliament of France. — London: Hansard (1954). XIX, 296 S.

**Ligou,** Daniel: Histoire du socialisme en France, 1871—1961. — Paris: Presses universitaires de France 1962. 672 S.

**Loubet** del Bayle, Jean Louis: Les non-conformistes des années 30. — Paris: Edit. du Seuil 1969. 496 S.

**Machefer,** Philippe: Ligues et fascismes en France (1919–1939). - [Paris:] Presses universitaires de France (1974). 95 S.
*(Coll. „Dossiers Clio". 71.)*

**Maitron,** Jean: Le mouvement anarchiste en France. - Paris: Maspero 1975.
1. Des origines à 1914. 485 S.
2. De 1914 à nos jours. Anarchisme et marxisme. 439 S.
*(Bibliothèque socialiste. 28.29.)*

**Marcus,** John T.: Neutralism and nationalism in France. A case study. — New York: Bookman Ass. 1958. 207 S.

**Marcus,** John T.: French socialism in the crisis years 1933—1936. — London: Stevens; New York: Praeger 1958. 216 S.

**Mead,** Robert O.: The struggle for power. Reformism in the French Socialist Party (S. F. I. O.) 1919—1939. *New York, Columbia University, Diss. 1952.*

**Micaud,** Charles A.: Communism and the French left. — New York: Praeger 1963. XI, 308 S.

**Micaud,** Charles A[ntoine]: The French Right and Nazi Germany 1933—1939. A study of public opinion. — New York: Octagon Books 1964. X, 255 S.

**Milza,** Pierre: L'Italie fasciste devant l'opinion française 1920—1940. — Paris: Colin 1967. 264 S.
*(Coll. „Kiosque". 32.)*

**Minart,** Jacques: Le drame du désarmement français (1918—1939). Préf. de Georges Bonnet. — Paris: La Nef de Paris 1960. 276 S.

**Mitzman,** Arthur: The French working class and the Blum government, (1936—37). — In: Internat. Rev. soc. Hist. 9 (1964), 363—389.

**Morazé,** Charles: Les Français et la république. — Paris: Colin 1956. 256 S.

**Müller,** Klaus-Jürgen: Die Französische Rechte und der Faschismus in Frankreich 1924–1932. - In: Industrielle Gesellschaft und politisches System. Festschrift für Fritz Fischer zum siebzigsten Geburtstag, Bonn: Verl. Neue Gesellsch. (1978), 413–430.

**Nobécourt,** Jacques [u.] Jean Planchais: Une histoire politique de l'armée. — Paris: Edit. du Seuil.
1. Jacques Nobécourt: De Pétain à Pétain 1919—1942. 1967. 334 S.
2. Jean Planchais: De de Gaulle à de Gaulle 1940—1967. 1967. 383 S.
*(L'Histoire immédiate.)*

**Noël,** Geneviève: La mort étrange de la III$^e$ République. — Paris: Ed. du Scorpion 1960. 256 S.

**Noland,** Aaron: The founding of the French socialist party. — Cambridge: University Press 1956. 233 S.

**Nolte,** Ernst: Die Action française 1899—1944. — In: Vjh. Zeitgesch. 9 (1961), 124—165.

**Noonan,** Lowell G.: Study of the theory and tactical policy of the French Socialist Party (S. F. I. O.) 1920—1937. An evaluation of French reformist socialism.
*Berkeley, Calif., Diss. 1952*

**Osgood,** Samuel M.: A pretender's concept of French monarchy. — In: Rev. Politics 19 (1957), 77—89.

**Osgood,** Samuel M.: French royalism under the Third and Fourth Republics. — The Hague: Nijhoff 1960. X, 228 S.

**Paoli,** François-André: L'armée française de 1919 à 1939. La reconversion. — Paris: Service historique de l'armée 1969. 172 S.

**Parisot,** Paul: Der demokratische Sozialismus in Europa. Frankreich: Die Enthaltung von der Macht. — In: Dokumente 11 (1955), 133—139.

**Pivert,** Marceau: Juin 1936 et les défaillances du mouvement ouvrier. — In: Rev. soc. 1956, H. 98, 2—33.

**Plumyène,** J(ean) und R(aymond) Lasierra: Les fascismes français 1923—1963. — Paris: Ed. du Seuil (1963). 318 S.

**Poupart,** H.: Sens pendant la drôle de guerre. L'invasion. L'exode. Les combats de juin 1940. Les premiers jours de l'occupation. — Auxerre: Impr. de l'Yonne Républicaine 1953. 112 S.

**Rabaut,** Jean: L'antimilitarisme en France, 1810–1975. Faits et documents. - Paris: Hachette 1975. 253 S.

**Racine,** Nicole [u.] Louis Bodin [Ed.]: Le parti communiste français pendant l'entre-deux-guerres. — Paris: Colin 1972. 310 S.

**Ralston,** David B.: The army of the Republic. The place of the military in the political evolution of France, 1871—1914. — Cambridge, Mass.: M. I. T. Press 1967. XIII, 395 S.

**Rebhorn,** Marlette Diane Olsen: De Gaulle's rise to power. The failure of American diplomacy, 1942–1944. - (Ann Arbor, Mich.: University Microfilms Internat. 1978). IV, 329 S.
*University of Texas at Austin, phil. Diss. 1971.*
[Microfilm-xerography]

**Reisberg,** Arnold: Die Februarkämpfe [1934] in Frankreich und Österreich. — In: Beitr. Gesch. Dtsch. Arbeiterbewegung 6 (1964), 231—241.
Von der Dritten zur Vierten **Republik.** Die Verfassung der III. Republik 1875. Loi constitutionelle vom 10. Juli 1940. Actes constitutionels 1940—1943. Aktenstücke zur politischen Organisation der France libre. Die Verfassungsvorlage vom 19. April 1946. Die Verfassung der IV. Republik, 27. Oktober 1946. Bearb. von Ernst Walder. — Bern: Lang (1950). 150 S.
*(Quellen zur neueren Geschichte. 14./15.)*

**Rossi,** A.: Les cahiers du bolchevisme pendant la campagne 1939—1940. — Paris: Wapler 1951. XCIII, 68 S.

**Rossi,** Angelo: Les communistes français pendant la drôle de guerre. — Paris: Plon 1951. 365 S.

**Saatmann,** Inge: Parlament, Rüstung und Armee in Frankreich 1914/18. - Düsseldorf: Droste (1978). 523 S.

**Schlesinger,** Mildred: The development of the Radical party in the Third Republic. The new Radical movement, 1926–32. - In: J. mod. Hist. 46 (1974), 476–501.

**Schneider,** Dieter Marc: Revolutionärer Syndikalismus und Bolschewismus. Der Prozeß der ideologischen Auseinandersetzung französischer Syndikalisten mit den Bolschewiki 1914–1922. - Erlangen: Palm & Enke 1974. 353 S.
*(Erlanger Studien. 4.)*
*Diss., Universität Erlangen.*

**Smirnov,** V. P.: Der Kampf der Kommunistischen Partei Frankreichs in der Zeit des „komischen Krieges" (September 1939 bis Mai 1940). — In: Sowjetwissenschaft, Gesellschaftswiss. Beiträge [Berlin] 1958, 1195—1218.

**Tannenbaum,** Edward R.: The Action française. Diehard reactionaries in twentieth-century France. — New York, London: Wiley 1962. 316 S.

**Tannenbaum,** Edward R.: The social thought of the Action française. — In: Internat. Rev. soc. Hist. 6 (1961), 1—18.

**Tarr,** Francis de: The French Radical Party. From Herriot to Mendès-France. With a foreword by Pierre Mendès-France. — London: Oxford University Press 1961. XX, 264 S.

**Thalheimer,** Siegfried: Macht und Gerechtigkeit. Ein Beitr. zur Geschichte des Falles Dreyfus. Studienausg. — München: Beck (1969). XVI, 823 S.

**Thomson,** Davis: Democracy in France. The Third and Fourth republics. — London: Oxford University Press 1952. 300 S.

**Tiersky,** Ronald: French communism, 1920–1972 (Le mouvement communiste en France, 1920–1972, engl.) - New York: Columbia University Press 1974. XI, 425 S.
[Rev. Fassung d. französ. Ausg.]

**Tint,** Herbert: The decline of French patriotism 1870—1940. — London: Weidenfeld & Nicolson 1964. 272 S.

**Torrès,** Henry: De Clemenceau à de Gaulle. — Paris: Ed. del Duca 1958. 242 S.

**Touchard,** Jean: La gauche en France depuis 1900. - Paris: Ed. du Seuil 1977. 580 S.
*(Coll. „Points. Sér. Histoire". 26.)*

**Touchard,** Jean: Le gaullisme, 1940–1969. - (Paris:) Ed. du Seuil 1978. 379 S.
*(Coll. „Points. Sér. histoire". 32.)*

**Utt,** Walter C.: Decree-laws of the Third Republic 1916—1939. A study of the decline of the French parliamentary system.
*Berkeley, Calif., Diss. 1952.*

**Venezia,** J.-C.: Les fondements juridiques de l'instabilité ministérielle sous la IIIème et sous la IVème République. — In: Rev. Droit publ. Science polit. 75 (1959), 718—755.

**Vistel,** Alban: Héritage spirituel de la résistance. — Lyon: Editions L. U. G. 1955. 199 S.

**Wall,** Irwin M.: Socialists and bureaucrats. The Blum government and the French administration, 1936-37. - In: Internat. Rev. soc. Hist. 19 (1974), 325-346.

**Walter,** Hans-Albert: Die Asylpolitik Frankreichs von 1933 bis zur Annexion Österreichs. - In: Exil und innere Emigration II, Frankfurt a. M.: Athenäum-Verl. 1973. 47-63.

**Warwick,** Paul: The French Popular Front. A legislative analysis. - Chicago: University of Chicago Press (1977). IX, 211 S.

**Weber,** Eugen: Action française, royalism and reaction in twentieth-century France. — Stanford: Stanford University Press 1962. 594 S.
  Franz. Ausg. u. d. T.: L'action française. — Paris: Stock 1964. 684 S.

**Weygand,** Maxime: Histoire de l'armée française. — Paris: Flammarion 1953. 475 S.

**Wieland,** Volker: Zur Problematik der französischen Militärpolitik und Militärdoktrin in der Zeit zwischen den Weltkriegen. - Boppard: Boldt (1973). VI, 290 S.
  *(Wehrwissenschaftliche Forschungen. Militärgeschichtliche Studien. 15.)*

**Wilson,** Stephan: The Dreyfus affair and French Jews. - In: Wiener Libr. Bull. 26 (1972/73), H. 1/2, 32-40.

**Wistrich,** Robert S.: French socialism and the Dreyfus affair. - In: Wiener Libr. Bull. 28 (1974/75), H. 35/36, 9-20.

**Wohl,** Robert: French communism in the marking 1914—1924. — Stanford, Calif.: Stanford University Press 1966. XII, 530 S.

**Wolf,** Dieter: Die Doriot-Bewegung. Ein Beitrag zur Geschichte des französischen Faschismus. — Stuttgart: Dtsch. Verl.-Anst. 1967. 408 S.
  *(Quellen und Darstellungen zur Zeitgeschichte. 15.)*

**Wormser,** Georges: La république de Clemenceau. — Paris: Presses Universitaires 1961. 522 S.

**Wormser,** Georges: Le septennat de Poincaré. - (Paris:) Fayard (1977). 269 S.

Der **Zick-Zack-Kurs** der K[ommunistischen] P[artei] F[rankreichs] 1920—1955. Aus: „BEIPI", Paris, 1.—15. März 1955. — In: Ost-Probleme 7 (1955), 614—630.

## Außenpolitik

**Abeles,** Constant: Le pacte franco-soviétique de 1935. Un aspect du problème de la sécurité collective. —106 S.
  *Paris, jur. Diss. 1945.*

**Abrams,** L. [u.] D. J. Miller: Who are the French colonialists? A reassessment of the Parti Colonial, 1890-1914. - In: Hist. J. 19 (1976), 685-725.

Les **accords** secrets franco-anglais de fin 1940. Les télégrammes secrets envoyés par le maréchal à Alger en novembre 1942: Histoire ou mystification? — In Bull. Soc. Hist. mod. 56 (1957), H. 3, 13—21.

**Ageron,** Charles-Robert: Une politique algérienne libérale sous la Troisième République (1912—1919). — In: Rev. Hist. mod. contemp. 6 (1959), 121—150.

**Albert-**Sorel, Jean: Histoire de France et l'Angleterre. La rivalité. L'entente. L'alliance. — Amsterdam: Ed. Franç. d'Amsterdam 1950. 569 S.

**Andrew,** C. M. [u.] A. S. Kanya-Forstner: The French Colonial Party and French colonial war aims, 1914-1918. - In: Hist. J. 17 (1974), 79-106.

**Arbellot,** Simon: Eau de Vichy, vin de Malaga. Souvenirs d'un consul général. — Paris: Ed. du Conquistador (1952). 227 S.

**Artaud,** Denise: Die Hintergründe der Ruhrbesetzung 1923. Das Problem der interalliierten Schulden. - In: Vjh. Zeitgesch. 27 (1979), 241-259.

**Artaud,** Denise: La question des dettes interalliées et la reconstruction de l'Europe ⟨1917-1929⟩. - Lille: Atelier Reproduction des Thèses Université de Lille III; Paris: Diffusion Librairie Honoré Champion 1978.
  1. XI, 490 S.
  2. S. 491-999.
  *Thèse présenté devant l'Université de Paris I, le 22 mai 1976.*

**Azeau,** Henri: Le pacte franco-soviétique. — Paris: Presses de la Cité 1969. 251 S.
  *(Coll. „Coup d'oeil".)*

**Bannies,** Ursula: Die französische Außenpolitik vom Januar 1933 bis April 1936. Der Abbau des französischen Widerstandes gegenüber Deutschland. — Hamburg 1957. 322, IV, 46 Bl. [Maschinenschr. vervielf.]
  *Hamburg, phil. Diss. 1. März 1957.*

**Bariéty,** Jacques: La place de la France dans la „Westorientierung" de la République de Weimar au cours de sa phase de stabilisation, 1924-1929. - In: Rev. Allemagne 8 (1976), 35-50.

**Bariéty,** Jacques: Les relations franco-allemande après la première guerre mondiale, 10 novembre 1918 - 10 janvier 1925. De l'exécution à la négociation. Préf. de Jacques Droz. - Paris: Pedone 1977. XIX, 797 S.
  *(Publications de la Sorbonne. Sér. internationale. 8.)*

**Baumgart,** Winfried: „Das Größere Frankreich". Neue Forschungen über den französischen Imperialismus 1880-1914. - In: Vjschr. Soz.- u. Wirtschaftsgesch. 61 (1974), 185-198.

**Belousova,** Z. S.: Iz istorii franko-sovetskogo dogovora 1935 goda. — In: Vop. Ist. 1962, H. 6, 76—91.

**Benekiser,** Nikolas: Der Quai d'Orsay und seine Tradition. — In: Außenpolitik 6 (1955), 438—441.

**Birke,** Ernst: Grundzüge der französischen Ostpolitik 1914—1951. Als Ms. vervielfältigt. — Göttingen: Arbeitsgemeinschaft für Osteuropaforschung 1953. III, 117 gez. Bl.
  *(Forschungsberichte und Untersuchungen zur Zeitgeschichte. 7.)*

**Bonnet,** Georges: La politique extérieure de la France en 1938—39. — In: Riv. Studi polit. intern. 16 (1949), 510—530.

**Bonnet,** Georges: Le Quai d'Orsay sous trois républiques. 1870—1961. — Paris: Fayard (1961). 519 S.

**Bournazel,** Renata: Rapallo, naissance d'un mythe. La politique de la peur dans la France du Bloc national. - (Paris:) Colin (1974). 258 S.
*(Coll. „Travaux et recherches de science politique". 28.)*
*Paris, phil. Diss. vom 16. Dezember 1972.*

**Bournazel,** Renata: Rapallo, ein französisches Trauma (Rapallo, naissance d'un mythe, dt.) Mit e. Vorw. zur dtsch. Ausg. von Andreas Hillgruber. Übers. aus d. Französ. von Hildegard Jany. - Köln: Markus Verl. (1976). 219 S.

**Brunschwig,** Henri: Mythes et réalités de l'impérialisme colonial français 1871—1914. — Paris: Colin (1960). 204 S.

**Camus,** Albert: Actuelles. 3: Chronique algérienne 1939—1958. — Paris: Gallimard 1958. 213 S.

**Carley,** Michael Jabara: The origins of the French intervention in the Russian civil war, January—May 1918. A reappraisal. - In: J. mod. Hist. 48 (1976), 413–439.

**Carley,** Michael Jabara: The politics of anti-bolshevism. The French government and the Russo-Polish war, December 1919 to May 1920. - In: Hist. J. 19 (1976), 163–189.

**Chudek,** Józef: Rozmowy Bonnet-Lukasiewicz w okresie przedmonachijskim. — In: Sprawy Międzynar. 11 (1958), H. 6, 69—78.

**Cowan,** Laing Gray: France and the Saar 1680—1948. — New York: Columbia University Press 1950. 247 S.
*(Studies in History, Economics and Public Law. 561.)*

**Danan,** Yves Maxime: La vie politique à Alger de 1940 à 1944. — Paris: Libr. générale de droit et de jurisprudence 1963. V, 346 S.

**Deschamps,** Hubert: L'union française. Histoire, institutions, réalités. — Paris: Berger-Levrault 1952. 214 S.

**Dischler,** Ludwig: Der auswärtige Dienst Frankreichs. T. 1. 2. — Hamburg: Forschungsstelle f. Völkerrecht und ausländ. öffentl. Recht d. Univ. Hamburg 1952. [Maschinenschr.]
*(Hektograph. Veröffentlichungen der Forschungsstelle f. Völkerrecht u. ausländ. öffentl. Recht d. Univ. Hamburg. Reihe D, Abt. 2, Bd. 1.)*

Ministère des affaires étrangères. Commission de publication des documents relatifs aux origines de la guerre 1939—1945. **Documents** diplomatiques français 1932—1939. — Paris: Imprimerie nationale.
1<sup>re</sup> série. (1932—1935.)
 1. (9 juillet—14 novembre 1932.) 1964. LXIII, 743 S.
2<sup>e</sup> série. (1936—1939.)
 1. (1<sup>er</sup> janvier—31 mars 1936.) 1963. LXXI, 756 S.

**Documents** diplomatiques français 1932—1939. — Paris: Imprimerie nationale.
Ser. 1. ⟨1932—1935.⟩
 2. ⟨15 novembre 1932—17 mars 1933.⟩ 1966. LV, 876 S.
 3. ⟨17 mars—15 juillet 1933.⟩ 1967. LXX, 928 S.
 4. ⟨16 juillet—12 novembre 1933.⟩ 1968. LVI, 788 S.
Ser. 2. ⟨1936—1939.⟩
 2. ⟨1<sup>er</sup> avril—18 juillet 1936.⟩ 1964. LXVIII, 763 S.
 3. ⟨19 juillet—19 novembre 1936.⟩ 1966. XLIX, 844 S.
 4. ⟨20 novembre 1936—19 février 1937.⟩ 1967. XLV, 850 S.

**Documents** diplomatiques français 1932—1939. — Paris: Impr. Nat.
Ser. 1. ⟨1932—1935.⟩
 5. ⟨13 novembre 1933—13 mars 1934⟩. 1970. LXII, 970 S.
Ser. 2. ⟨1936—1939.⟩
 5. ⟨20 février—31 mai 1937⟩. 1968. XLII, 851 S.
 6. ⟨1 juin—29 septembre 1937⟩. 1970. XLVIII, 919 S.

**Documents** diplomatiques français 1932—1939. — Paris: Impr. Nat.
Ser. 1. ⟨1932—1935.⟩
 6. ⟨13 mars — 26 juillet 1934⟩. 1972. XLV, 1089 S.
Ser. 2. ⟨1936—1939.⟩
 7. ⟨19 septembre 1937 — 16 janvier 1938.⟩ 1972. XLV, 972 S.

**Documents** diplomatiques français 1932-1939. - Paris: Impr. Nat.
Ser. 2. ⟨1936-1939.⟩
 8. ⟨17 janvier–20 mars 1938.⟩ 1973. LI, 1008 S.
 9. ⟨21 mars–9 juin 1938.⟩ 1974. LI, 1084 S.

**Documents** diplomatiques français. 1932-1939. - Paris: Impr. Nat.
Sér. 2. ⟨1936-1939.⟩
 10. ⟨10 juin – 2 septembre 1938.⟩ 1976. LIX, 987 S.
 11. ⟨3 septembre–2 octobre 1938.⟩ 1977. LXII, 792 S.

**Documents** diplomatiques français. 1932-1939. - Paris: Impr. Nat.
Sér. 2. ⟨1936-1939.⟩
 12. ⟨3 octobre – 30 novembre 1938.⟩ 1978. LXIII, 937 S.
 13. ⟨1. décembre 1938 – 31 janvier 1939.⟩ 1979. LXX, 896 S.

**Duroselle,** Maurice: Les relations franco-allemandes de 1914 à 1939. — Paris: C.D.U. et S.E.D.E.S. réunis 1967.
1. 140 S.
2. 128 S.
3. 124 S.
*(Coll. „Les Cours de Sorbonne".)*

**Epting,** Karl: Das französische Sendungsbewußtsein im 19. und 20. Jahrhundert. — Heidelberg: Vowinckel 1952. 240 S.

**Forgac,** Arpad: La France et la formation de l'Etat tchécoslovaque et les relations franco-tchécoslovaques. —131 S.
*Paris, jur. Diss. 1947.*

**Frankreich** und das Saarland. 1945—1951. Sammlung von Materialien. ‹2., erw. Aufl.› — Hamburg: Forschungsstelle f. Völkerrecht u. ausländ. öffentl. Recht d. Universität Hamburg 1952. [Maschinenschr.autogr.]
1. Chronologie, Gesetzesregister und amtliche Verlautbarungen. VI, 106 S.
2. Textsammlung.
    1. Saarländische Gesetze. III, 139 S.
    2. Französisch-saarländische Abkommen. V, 252 S.

**Funck,** A.: La „reconnaissance" du C. F. L. N. (Québec, août 1943). — In: Rev. Hist. deux. Guerre mond. 9 (1959), H. 33, 37—48.

**Ganiage,** Jean: L'expansion coloniale de la France sous la troisième République (1871—1914). — Paris: Payot 1968. 436 S.
*(Bibliothèque historique.)*

**Gauché,** [Général]: Le deuxième bureau au travail (1935—1940). — Paris: Amiot-Dumont 1954. 242 S.

**Geschke,** Günter: Die deutsche Frankreichpolitik 1940 von Compiègne bis Montoire. Das Problem einer deutschfranzösischen Annäherung nach dem Frankreichfeldzug. — Frankfurt a. M.: Mittler 1960. 166 S.
*(Wehrwissenschaftliche Rundschau. Beih. 12/13.)*

**Girardet,** Raoul: L'idée coloniale en France de 1871 à 1962. — Paris: Ed. de la Table ronde 1972. XII, 337 S.
*(Coll. „Mouvements d'idées".)*

**Girault,** René: Les Balkans dans les relations franco-russes en 1912. - In: Rev. hist. 99 (1975), Bd 253, 155–184.

**Guillen,** Pierre: Les questions coloniales dans les relations franco-allemandes à la veille de la première Guerre mondiale. - In: Rev. hist 96 (1972), Bd 248, 87–106.

**Guiton,** Jean: Probleme der Französischen Union. — In: Europa-Archiv 7 (1952), 5231—5238; 8 (1953), 5427—5440.

**Hájek,** M.: Francie v letech 1939—1952. 1. vyd. — Praha: Rudé Pravo 1953. 28 S.

**Haight,** John MacVikar: France and the aftermath of Roosevelt's „Quarantine" speech. — In: World Politics 14 (1962), 283—306.

**Hilbert,** Lothar Wilfried: Zum Abschluß der französischen Aktenpublikation. Ein halbes Jahrhundert französischer Diplomatie 1871—1914. — In: Gesch. Wiss. Unterr. 11 (1961), 695—701.

**Höhne,** Roland A.: Faktoren des außenpolitischen Meinungs- und Willensbildungsprozesses innerhalb der gemäßigten Rechten Frankreichs in den Jahren 1934-1936. E. histor.-polit. Studie zum Verhältnis von Gesellschaftssystem u. Außenpolitik. - Augsburg [1972]: Blasaditsch. 269 S.
*Freie Universität Berlin, phil. Diss. vom 14. Februar 1968.*

**Hoggan,** David L[eslie]: Frankreichs Widerstand gegen den zweiten Weltkrieg. Die französische Außenpolitik um 1934 bis 1939. — Tübingen: Verl. d. Dt. Hochschullehrerzeitung 1964. 520 S.

**Hoop,** Jean Marie d': Frankreichs Reaktion auf Hitlers Außenpolitik 1933—1939. — In: Gesch. Wissensch. Unterr. 15 (1964), 211—223.

**Hughes,** Judith M.: To the Maginot Line. The politics of French preparation in the 1920's. — Cambridge, Mass.: Harvard University Press 1971. 300 S.
*(Harvard Historical Monographs. 44.)*

**Hytier,** Adrienne Doris: Two years of French foreign policy. Vichy 1940—1942. — Genève: Droz 1958. 402 S.

**Jäckel,** Eberhard: Frankreich in Hitlers Europa. Die dtsch. Frankreichpolitik im Zweiten Weltkrieg. — Stuttgart: Dtsch. Verl.-Anst. 1966. 396 S.
*(Quellen und Darstellungen zur Zeitgeschichte. 14.)*

**Juin,** Alphonse und Amar Naroun: Histoire parallèle de la France en Algérie (1880—1962). — Paris: Perrin 1963. 317 S.

**Kettenacker,** Lothar: Die Haltung der Vichy-Regierung zur de-facto Annexion Elsaß-Lothringens im Zweiten Weltkrieg. — In: Studien der Erwin-von-Steinbach-Stiftung, Bd 3, Darmstadt: Wiss. Buchges. [in Komm.] 1971, 149—164.

**King,** Jere C.: Foch versus Clemenceau. French and German dismemberment 1918—1919. — Cambridge, Mass.: Harvard University Press 1960. X, 137 S.

**Kołodziejczyk,** Zdzisława: Francja wobec zbliżenia polsko-niemieckiego w latach 1933—1934. — In: Sprawy międzynar. 14 (1961), H. 11, 98—104.

**Komjathy,** Anthony Tihamer: The crisis of France's East Central European diplomacy, 1933-1938. - New York: Columbia University Press 1976. VI, 277 S.
*(East European Monographs. 21.)*

**Krautkrämer,** Elmar: Die Entmachtung Lavals im Dezember 1940. Ein außenpolitisches Kalkül Vichys. - In: Vjh. Zeitgesch. 27 (1979), 79–112.

**Kukułka,** Józef: Francja a Polska po traktacie wersalskim (1919—1922). — Warszawa: Książka i Wiedza 1970. 623 S.

**Kuznecova,** N. V.: Bor'ba francuzskogo naroda protiv otkrytoj antisovetskoj intervencii antanty vesnoj 1919 goda. — In: Vop. Ist. 1957, H. 11, 109—126.

**L'accord** secret Pétain — George VI. Le texte intégral du memoire additionnel de MM[es] Isorni et Lemaire. — In: Aspects de la France 25 sept. 1953, S. 1 et 4.

**Laurens,** Franklin D.: France and the italo-ethiopian crisis 1935—1936. — The Hague: Mouton 1967. 432 S.
*(Studies in European History. 7.)*

**L'Huillier,** Fernand: Dialogues franco-allemands (1925—1933). — Paris: Gap, Ophrys 1971. 173 S.
*(Publications de la faculté des lettres et sciences humaines de l'Université Strasbourg. 5.)*

**Lipschits,** Isaac: La Politique de la France au Levant (1939—1941). — Paris: Ed. A. Pédone 1963. 240 S.

**Litván,** Gy.: Documents des relations franco-hongroises des années 1917-1919. - In: Acta hist. [Budapest] 21 (1975), 183–207.

**Loyrette,** J. E. L.: The foreign policy of Poincaré. France and Great Britain in relation with the German problem (1919—1924).
*Oxford, Diss. 1955.*

**McDougall,** Walter A.: France's Rhineland-diplomacy, 1914–1924. The last bid for a balance of power in Europe. – Princeton, N. J.: Princeton University Press (1978). XIII, 420 S.

**Mangin,** Louis-Eugène: La France et le Rhin. Hier et aujourd'hui. — Paris: Milieu du Monde (1945). 210 S.

**Marchese,** Stelio: Francia e Santa Sede (1904—1924). — Napoli: Ed. Scientifiche Italiane 1969. 426 S.

**Marseille,** Jacques: L' investissement français dans l'Empire colonial. L'enquête du gouvernement de Vichy 1943. – In: Rev. hist. 98 (1974), Bd 252, 409–432.

**Mast,** Charles: Histoire d'une rebellion. Alger, 8 novembre 1942. — Paris: Plon 1969. 528 S.

**Mazurowa,** Kazimiera: Europejska polityka Francji 1938-1939. – Warszawa: Państwowe Wyd. Naukowe 1974. 498 S.

**Mosca,** R.: La fine dell'alleanza francosovietica. — In: Comunità int. 10 (1955), 427—448.

**Mourin,** Maxime: Les relations franco-soviétiques 1917—1967. — Paris: Payot 1967. 372 S.
*(Coll. „Études et documents Payot".)*

**Müller,** Klaus-Jürgen: Französisch-Nordafrika und der deutsch-französische Waffenstillstand von 1940. — In: Wehrwiss. Rdsch. 7 (1957), 687—699.

**Müller,** Klaus-Jürgen: Zum deutsch-französischen Waffenstillstand 1940. — In: Wehrwiss. Rdsch. 11 (1961), 356—359.

**Nicolle,** Louis: Cinquante mois d'armistice. Tom. 1. 2. — Paris: Librairie Française 1958.

**Ohneck,** Wolfgang: Die französische Algerienpolitik von 1919 —1939. — Köln: Westdtsch. Verl. 1967. 195 S.
*(Beiträge zur Kolonial- und Überseegeschichte. 2.)*

**Paillat,** Claude: L'échiquier d'Alger. — Paris: Laffont.
  1. Avantage à Vichy (juin 1940—novembre 1942). 1966. 400 S.
  2. De Gaulle joue et gagne (Alger, 11 novembre 1942—août 1944). 1967. 414 S.
*(L'Histoire que nous vivons.)*

**Poidevin,** Raymond [u.] Jacques Bariéty: Les relations franco-allemandes, 1815–1975. – Paris: Colin (1977). 373 S.

**Queille,** Pierre-François: Histoire diplomatique de Vichy. Pétain diplomate. – Paris: Ed. Albatros (1976). 330 S.

Les **relations** franco-allemandes, 1933–1939. Strasbourg, 7–10 octobre 1975. [Hrsg.:] F[rançois] G. Dreyfus. – Paris: Edition du Centre National de la Recherche Scientifique 1976. 424 S.
*(Colloques internationaux du Centre National de la Recherche Scientifique. 563.)*

Les **relations** franco-britanniques de 1935 à 1939. Communications présentées aux colloques franco-britanniques tenus à: Londres ⟨Imperial War Museum⟩ du 18 au 21 octobre 1971, Paris ⟨Comité d'Histoire de la 2ème Guerre mondiale⟩ du 25 au 29 septembre 1972. – Paris: Ed. du Centre National de la Recherche scientifique 1975. 440 S.

**Rossi**-Landi, Guy: La drôle de guerre. La vie politique en France, le 2 septembre 1939 — 10 mai 1940. — Paris: Colin 1971. X, 248 S.
*(Fondation nationale des sciences politiques. Travaux et recherches de science politique. 14.)*

**Rougier,** L.: Les accords secrets franco-britanniques de l'automne 1940. Histoire et imposture. — Paris: Grasset (1954). 249 S.

**Rowe,** Vivian: The great wall of France. — London: Putnam (1960). 328 S.

**Rude,** F.: Le dialogue Vercors — Alger. (Juin—juillet) 1944. — In: Rev. Hist. deux. Guerre mond. 13 (1963), H. 49, 79—110.

**Saporta,** [Marquis de]: Ein vergessener Plan des Marschalls Foch. — In: Schweiz. Monatsh. 33 (1953/54), 705—716.

**Schmitt,** Gaston: Les accords secrets franco-britanniques de novembre-décembre 1940. Histoire ou mystification. — Paris: Presses Universitaires 1957. 216 S.

**Schuker,** Stephen A.: The end of French predominance in Europe. The financial crisis of 1924 and the adoption of the Dawes Plan. – Chapel Hill: University of North Carolina Press (1976). XIII, 444 S.

**Schumacher,** Alois: La politique de sécurité française face à l'Allemagne. Les controverses de l'opinion française entre 1932 et 1935. Préf. de Pierre Bertaux. – Frankfurt a. M.: Lang 1978. 278 S.
*(Europäische Hochschulschriften. 3, 41.)*

**Soutou,** Georges: L'impérialisme du pauvre. La politique économique du gouvernement français en Europe Centrale et Orientale de 1918 à 1929. Essai d'interprétation. – In: Relat. internat. 1976, H. 7, 219–239.

**Soutou,** Georges: Une autre politique? Les tentatives françaises d'entente économique avec l'Allemagne, 1919–1921. – In: Rev. Allemagne 8 (1976), 21–34.

**Soutou,** Georges: La politique économique de la France en Pologne (1920–1924). – In: Rev. hist. 98 (1974), Bd 251, 85–116.

**Tournoux,** Paul-Émile: Haut commandement, gouvernement et défense des frontières du Nord et de l'Est 1919—1939. Préf. du Maréchal Juin. — Paris: Nouvelles Editions latines (1960). 352 S.

**Tournoux,** Paul-Emile: Les origines de la ligne Maginot. — In: Rev. Hist. deux. Guerre mond. 9 (1959), H. 33, 3—14.

**Ullmann,** Wolf-Dieter: Kritik und Haltung der Pariser Presse gegenüber der französischen Regierungspolitik während des Spanischen Bürgerkrieges ⟨Juli bis September 1936⟩. — o. O. 1967. VII, 377 S.
*Saarbrücken, phil. Diss. vom 25. Januar 1967.*

**Vernoux,** M.: Wiesbaden 1940—1944. — Paris: Berger-Levrault 1954. 316 S.
Über die französische Waffenstillstandskommission.

**Wandyz,** Piotr S.: France and her Eastern allies 1919—1925. — London: Oxford University Press 1962. 454 S.

**Warner,** Geoffrey: France and nonintervention in Spain, July—August 1936. — In: Internat. Aff. 38 (1962), 203—220.

**Willard,** Germaine: La drôle de guerre et la trahison de Vichy. — Paris: Ed. Sociales 1960. 176 S.

**Wurm,** Clemens A.: Die französische Sicherheitspolitik in der Phase der Umorientierung 1924–1926. - Frankfurt a. M.: Lang 1979. 746 S.
*(Europäische Hochschulschriften. 3, 115.)*
*Diss., Universität Münster/Westf.*

**Young,** Robert J.: In command of France. French foreign policy and military planning, 1933–1940. - Cambridge, Mass.: Harvard University Press 1978. IX, 345 S.

**Zamoyski,** Jan E.: Polacy w ruchu w Francji 1940–1945. - Wrocław: Ossolineum 1975. 800 S.

**Ziebura,** Gilbert: Neue Forschungen zum französischen Kolonialismus, Ergebnisse und offene Fragen. - In: Neue polit. Lit. 21 (1976), 156–181.

**Ziebura,** Gilbert: Die Krise des internationalen Systems 1936. — In: Hist. Z. 203 (1966), 90–98.

**Zimmermann,** Ludwig: Frankreichs Ruhrpolitik. Von Versailles zum Dawesplan. Hrsg. von Walther Peter Fuchs. — Göttingen: Musterschmidt 1971. 299 S.

## Wirtschaft und soziales Leben

**Abosch,** Heinz und Karl Pottmann: Die Gewerkschaften in Frankreich. — In: Gewerksch. Monatsh. 4 (1953), 609—614.

**Arnoult,** Pierre: Les finances de la France et l'occupation allemande (1940–1944). — Paris: Presses universitaires 1951. VI, 410 S.

**Barral,** Pierre: La soudure du blé en France en 1942 et en 1943. - In: Conjoncture économique, structures sociales. Hommage à Ernest Labrousse, Paris: Mouton 1974, 221–233.

**Beau** de Loménie, Emmanuel: Les responsabilités des dynasties bourgeoises — Paris: Denoel.
  3. Sous la Troisième République. La guerre et l'immédiate après-guerre 1914—1924. 1954. 503 S.

**Boudet,** François: Aspects économiques de l'occupation allemande en France. — In: Rev. Hist. deux. Guerre mond. 14 (1964), H. 54, 41—62.

**Chambelland,** Colette: Le syndicalisme ouvrier français. — Paris: Les Editions Ouvrières 1956. 98 S.

**Clarke,** Jeffrey J.: The nationalization of war industries in France, 1936–1937. A case study. - In: J. mod. Hist. 49 (1977), 411–430.

**Colton,** Joel: Compulsory labor arbitration in France 1936—1939. — New York: King Crown Press 1951. 220 S.

**Dejonghe,** Etienne: Les problèmes sociaux dans les entreprises houillères du Nord et du Pas-de-Calais durant la seconde guerre mondiale. — In: Rev. Hist. mod. & contemp. 18 (1971), 124—145.

**Dolléans,** Edouard und Gérard Dehove: Histoire du travail en France. Mouvement ouvrier et législation sociale. Tom. 2: De 1919 à nos jours. — Paris: Donnat-Montchrestien 1956. 510 S.

**Dyer,** Colin: Population and society in twentieth century France. - London: Hodder & Stoughton 1978. 247 S.

**Ehrmann,** Henry W.: La politique du patronat français 1936—1955. Trad. de l'américain. — Paris: Colin 1959. 425 S.

**Frankenstein,** Robert: A propos des aspects financiers du réarmement français ⟨1935–1939⟩. - In: Rev. Hist. deux. Guerre mond. 26 (1976), H. 102, 1–20.

**Ganier**-Raymond, Philippe: Une certaine France. L'antisemitisme 40–44. - [Paris:] Balland (1975). 193 S.

**Hatzfeld,** Henri: Du paupérisme à la Sécurité sociale. Essai sur les origines de la Sécurité sociale en France 1850—1940. — Paris: Colin 1971. 352 S.

**Hughes,** H. Stuart: The obstructed path. French social thought in the years of desperation, 1930—1960. — New York: Harper & Row 1968. XIII, 304 S.

**Kistenmacher,** Hans: Die Auswirkungen der deutschen Besetzung auf die Ernährungswirtschaft Frankreichs während des 2. Weltkrieges. — Tübingen 1959: Institut für Besatzungsfragen. XV, 137, XXIV gez. Bl. [Hektograph. Ausg.].
*(Studien des Instituts für Besatzungsfragen in Tübingen zu den deutschen Besetzungen im 2. Weltkrieg. 16.)*

**Kriegel,** Annie [u.] Jean-Jacques Becker: 1914. La guerre et le mouvement ouvrier français. — Paris: Colin 1964. 224 S.
*(Coll. „Kiosque". 27.)*

**Lévigne,** Cathérine: Le mouvement sioniste en France des environs de 1880 à 1921. - In: Monde Juif 33 (1977), H. 88, 137–153.

**Lorwin,** Val. R.: The French labor movement. — Cambridge, Mass.: Harvard University Press (1954). XIX, 346 S.

**Marrus,** Michael R.: The politiques of assimilation. A study of the French Jewish community at the time of the Dreyfus affair. — Oxford: Clarendon Press 1971. VIII, 300 S.

**Munz,** Alfred: Die Auswirkungen der deutschen Besetzung auf Währung und Finanzen Frankreichs. — Tübingen: Institut für Besatzungsfragen 1957. II, 141 S.
*(Studien des Instituts für Besatzungsfragen in Tübingen zu den deutschen Besetzungen im 2. Weltkrieg. 9.)*

**Nauss,** Fritz: Die steuerliche Behandlung der Verwertung des gewerblichen französischen Vermögens im Elsaß durch die deutsche Zivilverwaltung in den Jahren 1940—1944. — Heidelberg 1946. 110, XXIX gez. Bl. [Maschinenschr.]
*Heidelberg, staats- u. wirtschaftswiss. Diss. 23. Juli 1946.*

**Perrot,** Marguerite: La monnaie et l'opinion publique en France et en Angleterre de 1924 à 1936. Préf. de J.-M. Jeanneney. — Paris: Colin 1955. 247 S.
*(Cahiers de la Fondation Nationale des Sciences Politiques. 65.)*

**Pierrard,** Pierre: Juifs et Catholiques français. — Paris: Fayard 1970. 336 S.
*(Coll . „Variétés catholiques".)*

**Prost,** Antoine: Les anciens combattants et la société française 1914–1939. - Paris: Presses de la fondation nationale des sciences politiques (1977).
  1. Histoire. 237 S.
  2. Sociologie. 261 S.
  3. Mentalités et idéologies. 268 S.

**Sauvy,** Alfred: Histoire économique de la France entre les deux guerres. — Paris: Fayard.
  1. 1918—1931. 1965. 556 S.
  2. 1931—1939. De Pierre Laval à Paul Reynaud. 1967. 626 S.

**Shorter,** Edward [u.] Charles Tilly: Strikes in France, 1830–1968. (Repr.) – Cambridge: Cambridge University Press (1978). XIX, 428 S.

**Stabinger,** Alois: Die französische Währungspolitik von der Stabilisierung bis zum Ausbruch des zweiten Weltkriegs (1928—1939). — Bern: Francke (1946). XI, 183 S.

**Truelle,** Jean: La production aéronautique militaire française jusqu'en Juin 1940. — In: Rev. Hist. deux. Guerre mond. 19 (1969), H. 73, 75—109.

**Weill-**Raynal, Etienne: Les obstacles économiques à l'expérience Léon Blum. — In: Rev. soc. 1956, H. 98, 49—56.

**Weinberg,** David H.: Les juifs à Paris de 1933 à 1939. Trad. de l'anglais par Michelin Pouteau. – Paris: Calman-Lévy 1974. 286 S.
(*Coll. „Diaspora".*)

**Weinmann,** Manfred: Die Landwirtschaft in Frankreich während des 2. Weltkrieges unter dem Einfluß der deutschen Besatzungsmacht. — Tübingen 1961: Inst. für Besatzungsfragen. XI, 139 Bl.
(*Studien des Instituts für Besatzungsfragen in Tübingen zu den deutschen Besetzungen im 2. Weltkrieg. 20.*)

**Wilson,** Stephen: Antisemitism in France during La Belle Epoque. – In: Wiener Libr. Bull. 29 (1967/77), H. 39/40, 2–8.

**Wilson,** Stephen: Antisemitism and Jewish response in France during the Dreyfus affair. – In: Europ. Stud. Rev. 6 (1976), 225–248.

**Wilson,** Stephen: The antisemitic riots of 1898 in France. – In: Hist. J. 16 (1973), 789–806.

**Wirtschaft** und Gesellschaft in Frankreich seit 1789. Hrsg. von Gilbert Ziebura unter Mitw. von Heinz-Gerhard Haupt. – [Köln:] Kiepenheuer & Witsch (1975). 392 S.
(*Neue wissenschaftliche Bibliothek. 76.*)

**Wolfe,** Martin: The French franc between the wars 1919—1939. — New York: Columbia University Press 1951. 288 S.

Kulturelles Leben

**Becker,** Jean-Jacques: 1914. Comment les Français sont entrés dans la guerre. Contribution à l'étude de l'opinion publique printemps-été 1914. – Paris: Presses de la fondation nationale des sciences politiques (1977). 637 S.

**Bédarida,** Renée: Témoignage chrétien, 1941–1944. Les armes de l'Esprit. Avec la collab. de François Bédarida. – Paris: Ed. ouvrières 1977. 376 S.

**Campenhausen,** Axel Frh. von: Staat und Kirche in Frankreich. — Göttingen: Schwartz 1962. 172 S.

**Delbreil,** Jean-Claude: Les catholiques français et les tentatives de rapprochement franco-allemand (1920—1933). — Metz: S. M. E. I., Centre de recherches des relations internationales de l'Université de Metz 1972. 254 S.

**Deroo,** André: L'épiscopat français dans la mêlée de son temps 1930—1954. — Paris: Bonne 1955. 432 S.

Die **Entwicklung** der Pariser Presse. — In: Schweiz. Monatsh. 34 (1954/55), 345—354.

**Hisard,** Claude: Histoire de la spoliation de la presse française 1944—45. — Paris: Librairie Française 1955. 500 S.

**Imhof,** Helga-Maria: Die Presse Frankreichs zur Zeit der deutschen Besetzung (1940—1944). — Wien 1950. 134, 2 gez. Bl. [Maschinenschr.]
Wien, phil. Diss. 15. Juli 1950.

**Kaplan,** Jacob: Les temps d'épreuve.— Paris: Ed. de Minuit 1952. 268 S.
Kriegspredigten des Oberrabbiners von Paris.

**McManners,** John: Church and state in France, 1870—1914. — London: Society for Promoting Christian Knowledge 1972. 191 S.
(*Church History Outlines.*)

**Manevy,** Raymond: La presse de la IIIe République. — Paris: Foret 1955. 255 S.

**Mayeur,** Jean-Marie: Le catholicisme français et la première guerre mondiale. – In: Francia 2 (1974), 377–397.

**Morsey,** Rudolf: NS-Pressepolitik im besetzten Frankreich. — In: Publizistik 5 (1960), 107—110.

**Ohler,** Norbert: Deutschland und die deutsche Frage in der „Revue des deux Mondes" 1905–1940. E. Beitr. zur Erhellung d. französ. Deutschlandbildes. – Frankfurt a. M.: Akadem. Verlagsges. 1973. 484 S.
(*Studien zur Politikwissenschaft.*)
(*Studienreihe Humanitas.*)

**Poidevin,** Raymond: La presse lorraine devant la révision du Traité de Versailles, 1924–1929. – In: Rev. Allemagne 8 (1976), 51–60.

**Rémond,** René: L'anticléricalisme en France de 1815 à nos jours. – (Paris:) Fayard (1976). 374 S.
(*Coll. „Les grandes études contemporaines".*)

**Renouvin,** Pierre: Die öffentliche Meinung in Frankreich während des Krieges 1914—1918. — In: Vjh. Zeitgesch. 18 (1970), 239—273.

**Robert,** Daniel: Les protestants français et la guerre de 1914–1918. – In: Francia 2 (1974), 415–430.

**Sérant,** Paul: Le romantisme fasciste. Etude sur l'oeuvre politique de quelques écrivains français. — Paris: Fasquelle 1959. 321 S.

**Shamir,** Haim: French press reaction in 1933 to Hitler's antijewish policies. — In: Wiener Libr. Bull. 25 (1971/72), 23—32.

**Simon,** Matila: The battle of the Louvre. The struggle to save French art in World War II. — New York: Hawthorn (1971). X, 214 S.

**Sommer,** Walter: Die Weltmacht USA im Urteil der französischen Publizistik 1924—1939. — Tübingen: Mohr 1967. X, 248 S.
(*Tübinger Studien zur Geschichte und Politik. 22.*)

**Szajkowski,** Zosa: Analytical Franco-Jewish gazetter 1939—1945. With an introd. to some problems in writing the history of the Jews in France during World War II. — New York: The Americ. Acad. for Jewish Research, The Lucius N. Littauer Foundation, The Gustav Wurzweiler Foundation 1966. 349 S.

**Valland,** Rose: Le front de l'art. Défense des collections françaises 1939–1945. — Paris: Plon (1961). 262 S.

**Winock,** Michel: Histoire politique de la revue Esprit, 1930-1950. – Paris: Ed. du Seuil (1975). 446 S.
(Coll. „L'univers historique".)

Belgien, Niederlande, Luxemburg

**Alzin,** René: La résistance contre le nazisme au Grand-Duché de Luxembourg de 1940 à 1945. — [Bruxelles:] Ecole Royale Militaire (1966). 125 gez. Bl.
(Maschinenschr.)

**30ᵉ anniversaire** de la libération des camps. – In: Rappel [Luxembourg] 30 (1975), 118-380.

**Barbey,** Frédéric: La Belgique d'Albert Ier et de Léopold III, 1918—1948. — Paris: Perrin 1950. 288 S.

**Bartier,** J. B.: In de schaduw von twee wereldoorlogen 1914—1945. — Zeist: de Haan 1958. 517 S.
(Algemeene Geschiedenis der Nederlande. 12.)

**Baudhuin,** Fernand: Les finances de 1939 à 1949. Vol. 3: La Belgique et la Hollande. — Paris: Médicis 1951. 177 S.

**Beem,** Hartog: The Jewish Council (Judenrat) of the Province of Vriesland (Holland). — In: Yad Vashem Bull. 1965, Nr. 17, 21—23.

**Bescheiden** betreffende de buitenlandse politiek van Nederland. 1848—1919. — Den Haag: Nijhoff.
  3. Periode 1899—1919. Uitg. door C. Smit.
    3. 1907—1914. 1961. XVI, 1015 S.
    4. 1914—1917. 1962. XVI, 774 S.
    5. 1917—1919. Eerste stuk. 1964. XVI, 642 S.
    5. 1917—1919. Tweede stuk. 1964. S. 646—1122.
    6. Buitenlandse bronnen. 1899—1914. 1968. XXVI, 778 S.
    7. Buitenlandse bronnen. 1914—1917. 1971. XXVII, 589 S.
(Rijks geschiedkundige publicatiën. Grote serie. 106, 109, 116, 117, 128, 137.)

**Bescheiden** betreffende de buitenlandse politiek van Nederland. 1848—1919. – Den Haag: Nijhoff.
  3. Periode 1899—1919. Uitg. door C. Smit.
    8. Buitenlandse bronnen. 1917—1919. Eerste stuk. 1973. XXXV, 670 S.
(Rijks geschiedkundige publicatiën. Grote serie.)

**Billig,** Joseph: La solution finale de la question juive en Hollande. Robert Kempner sur Edith Stein et Anne Frank. — In: Monde Juif 24 (1968), H. 52, 43—50.

**Binion,** Rudolph: Repeat performance. A psychohistorical study of Leopold III and Belgiean neutrality. — In: Hist. and Theory 8 (1969), 213—259.

**Bone,** Robert C.: The dynamics of Dutch politics. — In: J. Politics 24 (1962), 23—49.

**Cambrelin,** Georges: Le drame belge 1940—1950. — Paris: Mourousy 1951. 116 S.

**Carpinelli,** Giovanni: The Flemish variant in Belgian fascism. – In: Wiener Libr. Bull. 26 (1972/73), H. 3/4, 20-27.

**Charles,** Jean-Léon: Les forces armées belges au cours de la deuxième guerre mondiale 1940—1945. — Bruxelles: La Renaissance du Livre 1970. 113 S.
(Coll. „Notre Passé".)

**Coeekx,** Carlo: Der Kampf Flanderns. — In: Nation Europa 2 (1952), H. 5, 11—18.

**Cohen,** H. F.: Om de vernieuwing van het socialisme. De politieke oriëntatie van de Nederlandse sociaal- democratie 1919-1930. – Leiden: Universitaire Pers Leiden 1974. XI, 279 S.

**Dagboek fragmenten** 1940—1945. — 's-Gravenhage: Nijhoff 1954. 638 S.
(Bronnenpublicatie van het Rijksinstituut voor Oorlogsdocumentatie. Serie Diversen. 2.)

**Degrelle,** Léon: Die verlorene Legion. – Stuttgart-Degerloch: Veritas-V. 1952. 512 S.

**Deleuze,** Lucien: Aperçu sur l'armée secrète. Groupement militaire de résistance armée. — In: Rev. Hist. deux. Guerre mond. 8 (1958), H. 31, 44—54.

**Delsinne,** L.: Le mouvement syndical belge dans ses rapports avec la politique. — In: Rev. Inst. Sociol. 1957, H. 3, 391—460.

**Documenten** betreffende de buitenlandse politiek van Nederland, 1919–1945. – 's-Gravenhage: Nijhoff.
  Periode A: 1919–1930.
    1. 1 Juli 1919 – 1 Juli 1920. Bewerkt door J. Woltring. 1976. XCII, 726 S.
  Periode C: 1940–1945.
    1. 10 Mei – 31 Oktober 1940. Bewerkt door A. F. Manning met medewerking van A. E. Kersten. 1976. XCV, 594 S.
(Rijks geschiedkundige publicatiën. Grote serie. 156. 157.)

**Documenten** betreffende de buitenlandse politiek van Nederland 1919–1945. – 's-Gravenhage: Nijhoff.
  Periode A: 1919–1930.
    2. 1 Juli 1920–31 Augustus 1921. Bewerkt door J. Woltring. 1977. XCIX, 649 S.
  Periode C: 1940–1945.
    2. 1 November 1940–31 Mei 1941. Bewerkt door A. E. Kersten en A. F. Manning. 1977. LXXXV, 635 S.
(Rijks geschiedkundige publicatiën. Grote serie. 162. 160.)

**Documents** diplomatiques belges 1920—1940. Publ. par Ch. de Visscher et F. Vanlangenhove. — Bruxelles: Palais des Academies.
La politique de sécurité extérieure.
  1. Période 1920—1924. 1964. 550 S.
  2. Période 1925—1931. 1964. 718 S.
  3. Période 1931—1936. 1964. 509 S.
  4. Période 1936—1937. 1965. 624 S.
  5. Période 1938—1940. 1966. 533 S.
(Documents relatifs au statut international de la Belgique depuis 1830. 1.)

**Duveen,** J.: Der historische Februarstreik 1941 in den Niederlanden. — In: Beitr. Gesch. dt. Arbeiterbewegung 4 (1962), 371—389.

**Dyke,** Elisabeth S. L. van: The evolution of Dutch foreign policy toward Germany, 1933—1939.
Columbia, phil. Diss. 1952.

**Etienne,** Jean-Michel: Le mouvement rexiste jusqu'èn 1940. Préf. de Léo Moulin. — Paris: Colin 1968. XIV, 193 S.
(Cahiers de la fondation nationale des sciences politiques. 165.)

**Eyck,** F. Gunther: The Benelux countries. An historical survey. — Princeton, N. J.: Van Nostrand 1959. 192 S.

**Faubel,** A[ugust] F[rederik] L[eopold]: Leed en onrecht in Nederland. Mei 1940 — Mei 1945. — Den Haag: van Stockum 1945. 112 S.

**Fletcher,** Willard Allen: The German administration in Luxemburg 1940—1942. Toward a „de facto" annexion. — In: Hist. J. 13 (1970), 533—544.

**Fusilier,** R.: Le pouvoir royal en Belgique. — In: Politique 5 (1959), 1—28.

**Garfinkels,** Betty: Les Belges face à la persécution raciale 1940—1944. — Bruxelles: Edit. de l'Institut de Sociologie de l'Université libre de Bruxelles (1965). 104 S.

**Garfinkels,** Betty: Belgique, terre d'acceuil. Problème du réfugié 1933–1940. Préf. de P. Vermeylen. - Bruxelles: Ed. Labor 1974. 240 S.

**Gérard,** Jo: Le dossier van Roey/von Falkenhausen. — In: Europe Mag., 3. März 1955, 4—88.

**Gerard-Libois,** J. [u.] J. Gotovitch: L'an 40. La Belgique occupé. — Bruxelles: Centre de Recherches et d'Information Socio-Politiques 1971. 517 S.

**Giltay** Veth, D. [u.] A. J. van der Leeuw: Rapport door het Rijksinstituut voor Oorlogsdocumentatie uitgebracht aan de Minister van Justitie inzake de activiteiten van drs. F. Weinreb gedurende de jaren 1940-1945, in het licht van nadere gegevens bezien. - 's-Gravenhage: Staatsuitgeverij 1976.
 1. XLII, 853 S.
 2. XI, S. 855–1683.

**Gutt,** Camille: La Belgique au carrefour, 1940—1944. — Paris: Fayard 1971. 188 S.
 *(Coll. „Les grandes études contemporaines".)*

**Hansen,** Erik: Workers and socialists. Relations between the Dutch Trade-Union Movement and Social Democracy 1894–1914. - In: Europ. Stud. Rev. 7 (1977), 199–226.

**Haringman,** M[aximiliaan] G[odfried]: De vijand weerstaan. Bladzijen uit de strijd tegen de nazibezetting van Nederland 1940 —1945.— Hoorn: „West Friesland" (1965). 251 S.

**Hartz,** Walter: Das richterliche Prüfungsrecht gegenüber den Verordnungen der belgischen Generalsekretäre während der deutschen Besetzung 1940 bis 1944. — In: Forschungen und Berichte aus dem öffentlichen Recht, Gedächtnisschrift für Walter Jellinek, München: Isar-V. 1955, 433—443.

**Haupt,** Mathias Georg: Der „Arbeitseinsatz" der belgischen Bevölkerung während des Zweiten Weltkrieges. — Bonn 1970: Rhein. Friedrich-Wilhelms-Universität. 237 S.
 *Bonn, phil. Diss. vom 30. April 1969.*

**Helmreich,** Jonathan E.: Belgium and Europe. A study in small power diplomacy. - The Hague: Mouton (1976). XIII, 451 S.
 *(Issues in Contemporary Politics. Historical and Theoretical Perspectives. 3.)*

**Herzberg,** Abel J.: Kroniek der jodenvervolging. — Arnhem: Van Loghum & Slaterus; Amsterdam: Meulenhoff 1956. 254 S.

**Hoffmann,** Gabriele: NS-Propaganda in den Niederlanden. Organisation und Lenkung der Publizistik unter deutscher Besatzung 1940—1945. — Berlin: Verl. Dokumentation 1972. 296 S.
 *(Kommunikation und Politik. 5.)*

**Hohengarten,** André: Die blutigen Tage von 1942. — In: L'Employé [Luxemburg], H. 9 vom 15. Sept. 1972.

**Hohengarten,** André: Wie es im Zweiten Weltkrieg ⟨1939-1945⟩ zur Zwangsrekrutierung Luxemburger Staatsbürger zum Nazi-Heer kam. Hrsg. von der „Fédération des Victimes du Nazisme Enrôlées de Force". - Luxembourg: [Selbstverl. d. Hrsg. 1975]. 31 S.

**Hohengarten,** André: Zwangsrekrutierung. - In: Les Sacrifiés [Luxemburg] 14 (1975), H. 2, 9–12 und H. 3, 5–11.

**Hyma,** Albert: A history of the Dutch in the Far East. Rev. ed. — Ann Arbor: Wahr 1953. VI, 295 S.

**Jacquemyns,** G.: Quelques attitudes et réactions des travailleurs belges sous l'occupation allemande (1940—1944). — In: Rev. Hist. deux. Guerre mond. 8 (1958), H. 31, 24—30.

**Jansma,** T. J.: Het bezettingsrecht in de praktijk van de Tweede Wereldoorlog; proefschrift ter verkrijging van de graad van doctor in de rechtsgeleerdheid ... aan de Rijksuniversiteit te Utrecht. — Wageningen 1953.

De **jaren** '40—'45. [Een documentaire.] [Hrsg.: Leonard de Vries, A. H. Paape u. Han de Vries.]—[Amsterdam: de Bezige Bij um 1961.] 253, 16 S.

**Jong,** C. T. de: Het einde van de neutraliteitspolitiek. De voorbereiding van de Duitse aanval op Nederland en Belgie in 1940. — In: Streven 8, H. 8 (Mai 1955), 127—136.

**Jong,** C. T. de: La Hollande pendant la guerre. — In: Rev. Hist. deux. Guerre mond. 7 (1957), H. 27, 42—50. Literaturbericht.

**Jong,** Louis de: Documentation et recherches concernant l'histoire des Pays-Bas pendant la seconde guerre mondiale. — In: Rev. Hist. deux. Guerre mond. 13 (1963), H. 50, 37—56.

**Jong,** Louis de: Jews and Non-Jews in Nazi-occupied Holland. — In: On the track of tyranny, Essays presented by the Wiener Library to Leonard G. Montefiore, 1960, 139—155.

**Jong,** L[ouis] de: Het Koninkrijk der Nederlanden in de tweede wereldoorlog. [Hrsg.:] Rijksinstituut voor Oorlogsdocumentatie. — 's-Gravenhage: Nijhoff.
 1. Voorspel. 1969. XI, 727 S.
 2. Neutraal. 1969. VII, 540 S.
 3. Mei '40. 1970. VII, 558 S.

**Jong,** L[ouis] de: Het Koninkrijk der Nederlanden in de tweede wereldoorlog. [Hrsg.:] Rijksinstituut voor Oorlogsdocumentatie. - 's-Gravenhage: Nijhoff.
 4,1. Mei '40–Maart '41. 1972. VII, 495 S.
 4,2. Mei '40–Maart '41. 1972. VII, S. 497–992.
 5,1. Maart '41–Juli '42. 1974. VIII, 616 S.
 5,2. Maart '41–Juli '42. 1974. VII, S. 617–1171.
 6,1. Juli '42–Mei '43. 1975. VIII, 514 S.
 6,2. Juli '42–Mei '43. 1975. VII, S. 515–911.

## GESCHICHTE EINZELNER STAATEN

**Jong,** [Louis] de: Het Koninkrijk der Nederlanden in de tweede wereldoorlog. [Hrsg.:] Rijksinstituut voor Oorlogsdocumentatie. - 's-Gravenhage: Nijhoff.
   7,1. Mei '43 - Juni '44, 1976. VIII, 688 S.
   7,2 Mei '43 - Juni '44. 1976. VI, S. 689-1142.

**Jong,** L[ouis] de: Het Koninkrijk der Nederlanden in de tweede wereldoorlog. [Hrsg.:] Rijksinstituut voor Oorlogsdocumentatie. - 's-Gravenhage: Nijhoff.
   8. Gevangenen en gedeporteerden. 1978.
     1. VII, 578 S.
     2. VI, S. 579-1018.

**Jong,** Louis de: Les Pays-Bas dans la seconde guerre mondiale. — In: Rev. Hist. deux. Guerre mond. 13 (1963), H. 50, 1—26.

**Jonge,** A. A. de: Het communisme in Nederland. De geschiedenis van een politieke partij. — Den Haag: Kruseman 1972. 200 S.

**Jonge,** A. A. de: Het Nationaal-Socialisme in Nederland. Voorgeschiedenis, ontstaan en ontwikkeling. — Den Haag: Krusemann 1968. 199 S.

**Jonghe,** A. de: Hitler en het politieke lot van Belgie. <1940-1944.> De vestiging van een Zivilverwaltung in Belgie en Nord-Frankrijk. - Antwerpen: Nederlandsche Boekhandel.
   1. Koningskwestie en bezettingsregime van de kapitulation tot Berchtesgaden 28 mei-19 november 1940. 1972. 488 S.

**Joosten,** L.M.H.: Katholieken en fascisme in Nederland 1920—1940. — Hilversum, Antwerpen: Paul Brand 1964. 457 S.

**Junod,** Marcel: Die Neutralität des Großherzogtums Luxemburg von 1867 bis 1948. — Luxemburg 1951: Beffort. 103 S.

**Kalken,** Frans van: La Belgique contemporaine. 1780—1949. Histoire d'une évolution politique. 2. ed. — Paris: Colin 1950. 224 S.

**Klaauw,** C. A. van der: Politieke betrekkingen tussen Nederland en België 1919—1939. — Leiden: Universitaire Pers Leiden 1953. 155 S.

**Knight,** Thomas J.: Belgium leaves the war, 1940. — In: J. mod. Hist. 41 (1969), 46—67.

**Koch**-Kent, Henri [u.] André Hohengarten: Aus den Besatzungsjahren 1941—42. „Personenstandsaufnahme" und „Volkstumskartei". Versuch einer Analyse der Absichten des Okkupanten. — In: Hémecht [Luxemburg] 1972, H. 1, 27—42.

**Koch**-Kent, Henri, Jean Hames [u.] Francis Steffen: Hitlertum in Luxemburg. 1933—1944. — (Luxemburg [1972]: Impr. Hermann). 47 S.
*(Beiträge zur Zeitgeschichte.)*

**Koch**-Kent, Henri (unter Mitwirkung von André Hohengarten): Luxemburg im SD-Spiegel. Ein Bericht vom 12. Juli 1940. — (Luxemburg [1973]: Impr. Hermann). 48 S.
*(Beiträge zur Zeitgeschichte.)*

**Koch**-Kent, Henri [u.] André Hohengarten: Luxemburger als Freiwild. - (Luxemburg:) [Selbstverl. d. Verf.] (1972). 40 S.
*(Beiträge zur Zeitgeschichte.)*

**Koch**-Kent, Henri: 10 mai 1940 en Luxembourg. Témoignages et documents. — (Mersch) 1971: (Impr. Faber). 336 S.

**Koch**-Kent, Henri: Sie boten Trotz. Luxemburger im Freiheitskampf 1939-1945. - (Luxemburg 1974: Hermann). 412 S.

**Kock,** Erich: Unterdrückung und Widerstand. 5 Jahre deutsche Besetzung in den Niederlanden 1940—1945. (Hrsg.: Kulturamt d. Stadt Dortmund.) — (Dortmund-Brackel 1960: F. Brandt.) 33 S.
*(Dortmunder Vorträge. 35.)*

**Krier,** Emile: 30. August 1942. Proklamierung der De-Facto-Annexion Luxemburgs. — In: Luxemburger Wort, 1. Sept. 1972, S. 4 und 6.

**Kruyer,** Gerardus Johannes: Sociale desorganisatie. Amsterdam tijdens de hongerwinter. — Meppel, Boom 1951.
*Utrecht, phil. Diss. 1951.*

De vrije **Kunstenaar** 1941—1945. Facsimilé herdruk van alle tijdens de bezetting verschenen afleveringen. Facsimile reprint of all issues publ. during the German occupation. Inleiding: L. P. J. Braat. — Amsterdam: Gründer, Benjamin 1970. XLVIII, 242 S.

**Kwiet,** Konrad: Zur Geschichte der Mussert-Bewegung. — In: Vjh. Zeitgesch. 18 (1970), 164—195.

**Kwiet,** Konrad: Reichskommissariat Niederlande. Versuch und Scheitern nationalsozialistischer Neuordnung. — Stuttgart: Dtsch. Verl.-Anst. (1968). 172 S.
*(Schriftenreihe der Vierteljahrshefte für Zeitgeschichte. 17.)*
Holl. Ausg. u. d. T.: Rijkscommissariaat Nederland. Mislukte poging tot vestiging van een nationaal-socialistische orde.—(Baarn: Uitg. In den Toren 1969). 208 S.

**Kwiet,** Konrad: Vorbereitung und Auflösung der deutschen Militärverwaltung in den Niederlanden. — In: Militärgesch. Mitt. 3 (1969), 121—153.

**Launey,** Jacques de: Histoires secrètes de Belgique, de 1935 à 1945. - Paris: Alain Moreau 1975. 330 S.
*(Coll. „Histoire et actualité".)*

**Leeuw,** A. J. van der: Huiden en leder 1939—1945. Bijdrage tot de economische geschiedenis van Nederland in de tweede wereldoorlog. — 's-Gravenhage: Nijhoff 1954. X, 358 S.
*(Rijksinstituut voor Oorlogsdocumentatie. Monografieen. 7.)*

**Lejeune,** Léo: Tableau de la résistance belge (1940—1945). — In: Rev. Hist. deux. Guerre mond. 8 (1958), H. 31, 31—43.

**Lippert,** H. M.: Legion Flandern. — In: Nation Europa 2 (1952); H. 5, 27—31.

**Livre** d'or de la résistance luxembourgeoise de 1940—1945. Ed. par Nicolas Bosseler et Raymond Steichen. — Esch-sur-Alzette: Ney-Eicher 1952. 733 S.

**Maas,** Gerard: Kroniek van de februari-staking 1941. — Amsterdam: Uitgeverij Pegasus 1961. 163 S.

**Maass,** Walter B.: The Netherlands at war, 1940—1945. — London: Abelard-Schuman 1970. 264 S.

**Manning,** A. F.: Die Wiederaufnahme der Beziehungen zwischen den Niederlanden und dem Vatikan (1940–1945). - In: Medelingen van het Nederlands Inst. te Rome 26 (1974), 131–143.

**Martens,** Allard [Pseud.] und Daphne Dunlop: The silent war. Glimpses of the Dutch underground and views on the battle of Arnheim. — London: Hodder & Stoughton (1961). 318 S.

**Mason,** Henry L.: The purge of Dutch Quislings. — The Hague: Nijhoff 1952. 199 S.

**Mason,** Henry L.: War comes to the Netherlands: September 1939—May 1940. — In: Polit. Science Quart. 78 (1963), 548—580.

**Mazor,** Michel: Le peuple hollandais à la persécution des Juifs. ⟨Les actes judicaires allemands, sources d'études historiques.⟩ — In: Monde Juif 26 (1970/71), 38—46.

**Meisterhans,** Paul Georg: Die öffentlichen Finanzen Belgiens während der Okkupationszeit ‹1940—1944› und ihre Sanierung nach der Befreiung. — Bern 1951. 119 S.
*Bern, jur. Diss. 1948.*

**Mersch** durant la guerre 1940—1945. Ed. par l'administration communale.— Mersch ‹Luxemburg›: Faber 1951. VIII, 150 S.

**Mersch,** Carole: Le national-socialisme et la presse luxembourgeoise de 1933 à 1940. - Luxembourg 1977: Impr. Saint-Paul. 185 S.

**Meulenbelt,** J.: De Duitse tijd. Vijf jaar vaderlandse geschiedenis. — Utrecht: Bruna (1955). 322 S.

**Michmann,** Joseph: The controversial stand of the Joodse Raad in the Netherlands. Lodewijk E. Visser's struggle. - In: Yad Vashem Stud. 10 (1974), 9–68.

**Miller,** Jane: Belgian foreign policy between two wars 1919—1940. — New York: Bookman Associates 1951. 337 S.

**Mozer,** Alfred: Der demokratische Sozialismus in Europa. Niederlande: Das Experiment der undoktrinären Partei. — In: Dokumente 11 (1955), 121—126.

**Onderdrukking** en verzet. Nederland in oorlogstijd. Onder redactie van J. J. van Bolhuis [u. a.]. — Arnhem: Van Loghum & Slaterus.
3. [1952]. 831 S.
4. [1955]. 832 S.

**Pabst,** Klaus: Eupen-Malmedy in der belgischen Regierungs- u. Parteienpolitik 1914—1940. — In: Z. Aachener Geschichtsverein 76 (1964), 206—514.

**The German paper** in occupied Holland. „Deutsche Zeitung in den Niederlanden". — In: Wiener Libr. Bull. 9 (1955), 11.

**Parasie,** Peter: Flämische „Kollaboration". — In: Nation Europa 3 (1953), H. 5, 9—11.

**Pater,** J. C. H.: Het schoolverzet. With an English summary. — 's-Gravenhage: Nijhoff 1969. VI, 530 S.
*(Rijksinstituut voor Oorlogsdocumentatie. Monografieën. 12.)*

**Philippson,** Eva: Bijdrage over de bevolkingspolitiek van de duitse bezetter in Nederland en de toepassing in zijn beleid. — In: Mens en Maatschappij, 15. Sept. 1951, 297—310.

**Plehwe,** Friedrich-Karl von: Die Überflutung in den Niederlanden im Jahre 1944. Die ursprünglichen Pläne und ihre Abwandlung. — In: Vjh. Zeitgesch. 15 (1967), 403—411.

**Presser,** J.: Ondergang. De vervolging en verdelging van het Nederlandse Jodendom 1940—1945. — 's-Gravenhage: Nijhoff 1965.
1. XIV, 526 S.
2. VIII, 568 S.

**Raalte,** E. van: The parliament of the Kingdom of the Netherlands. — London: Hansard Society for Parliamentary Government 1959. XIV, 216 S.

**Rens,** Ivo: Spaak et la „politique d'indépendance" de la Belgique à la veille de la deuxième Guerre mondiale. — In: Rev. Hist. deux. Guerre mond. 23 (1973), H. 90, 71–77.

**Rifflet,** Raymond: Der demokratische Sozialismus in Europa. Belgien: Zwischen Radikalismus und Realismus. — In: Dokumente 11 (1955), 126—133.

**Rolin,** H. A.: La politique de la Belgique dans la Société des Nations. — Paris: Droz 1957. 87 S.

**Roon,** Ger van: Protestants Nederland en Duitsland 1933–1941. - Utrecht: Spectrum (1973). 413 S.
*(Aula – Paperback. 24.)*

**Roosenburg,** Henriette: The walls came tumbling down. — London: Secker & Warburg 1957. 222 S.

**Rüter,** A. J. C.: Rijden en staken. De nederlandse spoorwegen in oorlogstid. — 's Gravenhage: Nijhoff 1960. XII, 478 S.
*(Rijksinstituut voor Oorlogsdocumentatie. Monografieën. 8.)*

**Sanders,** P.: Het nationaal steun fonds. Bijdrage tot de geschiedenis van de financiering van het verzet 1941—1945. — s'Gravenhage: Nijhoff 1960. X, 185 S.
*(Rijksinstituut voor Oorlogsdocumentatie. Monografieën. 9.)*

**Schaus,** Emile: Ursprung und Leistung einer Partei. Rechtspartei und Christlich-Soziale Volkspartei, 1914–1974. - Luxemburg 1974: Sankt-Paulus-Druckerei. 344 S.

**Schöffer,** I.: Het nationaal-socialistische beeld van de geschiedenis der Nederlanden. Een historiografische en biografische studie. — Arnhem: Van Loghum Slaterus; Amsterdam: Meulenhoff [1956]. 359 S.

**Schöffer,** I.: Fascisme en Nationalsocialisme in Nederland. — In: Tijdschr. voor Geschiedenis 78 (1965), 59–67.

**Selleslagh,** F.: L'emploi de la main d'oeuvre belge sous l'occupation 1940. Bruxelles: Centre de Recherches et d'Etudes Historiques de la Seconde Guerre Mondiale 1970. 117 S.
*Archives Générales du Royaume. Documents. 1.)*
[Maschinenschr. hektogr.]

**Sijes,** B. A.: De arbeidinzet. De gedwongen arbeid van Nederlanders in Duitsland, 1940—1945. With an English summary. — 's-Gravenhage: Nijhoff 1966. XI, 730 S.
*(Rijksinstituut voor Oorlogsdocumentatie. Monografieën. 11.)*

**Sijes**, B. A.: De Februari-staking. 25—26 Februari 1941. — 's-Gravenhage: Nijhoff 1954. VIII, 237 S.
(*Rijksinstituut voor Oorlogsdocumentatie. Monografieen. 5.*)

**Sijes**, B. A.: De razzia van Rotterdam, 10—11 November 1944. — s'Gravenhage: Nijhoff 1951. 285 S.

**Sijes**, B. A.: Vervolging van Zigeuners in Nederland 1940–1945. With an English summary. – 's-Gravenhage: Nijhoff 1979. 189 S.
(*Rijksinstituut voor Oorlogsdocumentatie. Monografieën. 13.*)

**Steffen**, Francis: Die geopferte Generation. ⟨Les sacrifiés.⟩ Die Geschichte der Luxemburger Jugend während des zweiten Weltkrieges. Hrsg. von der Föderation der Luxemburger zwangsrekrutierten Naziopfer. – Luxemburg 1976: Hermann. 316 S.

**Studies** over Nederland in Oorlogstijd. [Hrsg.:] Rijksinstituut voor Oorlogsdocumentatie. - 's-Gravenhage: Nijhoff.
  1. Onder redactie van H. Paape. 1972. 399 S.

**Tanham**, George K.: Contribution à l'histoire de la résistance belge, 1940–1944. - Bruxelles: Presses universitaires de Bruxelles (1971). 204 S.

**Tanham**, George K.: The Belgian underground movement 1940—1944. *Stanford, phil. Diss. 1951.*

**Taubes**, Israel: The Jewish Council (Judenrat) of Amsterdam. — In: Yad Vashem Bull. 1965, Nr, 17, 24—30.

Enquetecommissie Regeringsbeleid 1940—1945. **Verslag** houdende de uitkomsten van het ondersoek. — s'Gravenhage: Staatsdrukkerij.
  3. Financieel en economisch beleid.
    A/B. Verslag en bijlagen. 1949. getr. Pag.
    C. Verhoren. 1949. 930 S.
  4. De nederlandse geheime diensten te Londen en de verbindingen met het bezette gebied.
    A/B. Verslag en bijlagen. 1950. 906, 124 S.
    C I. Verhoren. 1950. 991 S.
    C II. Verhoren. S. 997—2027.
  5. Ministers- en kabinetscrises, voorbereiding te rugkeer.
    A. Verslag. 1950. 909 S.
    B. Bijlagen. 1950. 583 S.
    C. Verhoren. 1950. 954 S.
  6. De vertegenwoordiging van Nederland in het buitenland...
    A/B. Verslag en bijlagen. 1952. 512, 227 S.
    C. Verhoren. 1952. 1059 S.
  7. Leiding en voorlichting aan ambtena en burgers in de bezette gebieden...
    A/B. Verslag en bijlagen. 1955. 435, 44 S.
    C. Verhoren. 1955. 820 S.
  8. Militair beleid 1940—1945. Terugkeer naar Nederlandsch-Indie.
    A/B. Verslag en bijlagen. 1956. 721, 140 S.
    C I. Verhoren. 1956. 711 S.
    C II. Verhoren. 1956. S. 717—1537.

**Warmbrunn**, Werner: The Dutch under German occupation. 1940—1945. — Stanford, Calif.: Stanford Univ. Press; London: Oxford Univ. Press 1963. XIII, 338 S.

**Weber**, Guy: Les hommes oubliés. ⟨Histoire et histoires de la Brigade Piron.⟩ - (Bruxelles:) Musin (1978). 268 S.

**Willemsen**, A. W.: Het vlaams nationalisme 1914—1940. — Groningen: Wolters 1958. XIV, 424 S.

**Willequet**, Jacques: Regards sur la politique belge d'indépendance (1936 bis 1940). — In: Rev. Hist. deux. Guerre mond. 8 (1958), H. 31, 3—11.

(**Willequet**, Jacques:) L'univers concentrationnaire et la Belgique. Bibliographie sommaire. — In: Rev. Hist. deux. Guerre mond. 4 (1954), H. 15/16, 140—142.

**Winkel**, E.: De ondergrondse pers 1940—1945. — 's-Gravenhage: Nijhoff 1954. 414 S.
(*Rijksinstituut voor Oorlogsdocumentatie. Monografieën. 6.*)

Het **woord** als wapen. Keur uit de Nederlandse ondergrondse pers 1940—1945. — s'Gravenhage: Nijhoff 1952. 434 S.

**Wullus**-Rudiger, J.: Les origines internationales du drame belge de 1940. — Paris: Berger-Levrault 1951. 402 S.

**Wullus**-Rudiger, J. Armand: En marge de la politique belge, 1914—1956. — Paris: Berger-Levrault 1957. XIII, 472 S.

**Yahil**, Leni: Methods of persecution. A comparison of the "final solution" in Holland and Denmark. — In: Stud. in Hist. [Jerusalem] 23 (1972), 279—300.

**Zee**, Sytze van der: 25000 landverraders. De SS in Nederland. Nederland in de SS. — Den Haag: Krusemann (1967). 217 S.

**Zolberg**, Aristide R.: The making of Flemings and Walloons. Belgium 1830–1914. – In: J. interdisc. Hist. 5 (1974/75), 179–235.

**Zuylen**, P. van: Les mains libres. Politique extérieure de la Belgique (1914—1940). — Bruxelles: Edition Universelle S. A. 1950. XLII, 580 S.


Italien

Allgemeines

**Alvesi**, Fabrizio: La ribellione degli Italiani. Pref. di R. Cadorna. — Milano: Bocca 1956. 408 S.

**Amé**, Cesare: Guerra segreta in Italia, 1940—1943. — Roma: Casini 1954. 221 S.

**Andrea**, Ugo d': La fine del regno. Grandezza e decadenza di Vittorio Emanuele III. — Torino: Società Editrice Torinese 1951. 440 S.

Un **anno** di amministrazione germanica in Venezia Giulia (8 settembre 1943 — 31 dicembre 1944). — In: Movim. Liberaz. Italia, H. 17/18 (März/Mai 1952), 70—82.

**Are**, G.: Economia e politica nell' Italia liberale, 1890–1915. – Bologna: Ed. Il Mulino 1974. 380 S.

**Aroma**, N. d': Vent'anni insieme. Vittorio Emanuele e Mussolini. — Bologna: Cappelli 1957. XIV, 396 S.

**Atti** della commissione d'inchiesta sul salvataggio del porto di Genova. A cura dell'Istituto Storico della Resistenza in Liguria. — (Genova 1952: Ceretti.) 240 S.

**Barclay**, G. St. J.: The rise and fall of the new Roman empire. Italy's bid for world power, 1890–1943. - New York: St. Martin's Press 1973. 210 S.

**Battaglia,** Roberto und Rafaello Ramat: Un popolo in lotta. Testimonianze di vita italiana dall'unità al 1946. — Firenze: La Nuova Italia 1961. IV, 404 S.

**Begnac,** Yvon de: Palazzo Venezia. Storia di un regime. — Roma: La Rocca 1950. 766 S.

**Benvenuti,** Nicola: Gli internati militari italiani in Germania nella relazione di un ufficiale della Repubblica di Salò. — In: Movim. Liberaz. Italia, H. 21 (Nov. 1952), 18—20, 21—26.

**Berstein,** Serge [u.] Pierre Milza: L'Italie fasciste. — Paris: Colin 1970. 416 S.
*(Coll. „U 2". 97.)*

**Bertani,** Piergiorgio: L'évolution du corporatisme italien. Rappel historique. — In: Cahiers de Bruges 8 (1958), H. 3/4, 37—44.

**Bianchi,** Gianfranco: Aspetti della situazione italiana nei mesi antecedenti il 25 luglio 1943. Un gruppo di documenti inediti relativi alla provincia di Como. — In: Movim. Liberaz. Italia 1962, H. 68, 42—56 und H. 69, 54—69.

**Bianchi,** Gianfranco: 25 luglio, crollo di un regime. (8.,) nuova ed. con altri documenti ined. — (Milano:) Mursia (1966). XIII, 831 S.
*(Testimonianze fra cronaca e storia. 2.)*

**Bianconi,** Piero: L'insurrezione popolare di Piombino nel settembre 1943. — In: Atti e Studi 1968, H. 7, 15—32.

**Bocca,** Giorgio: Storia d'Italia nella guerra fascista (1940—43). — Bari: Laterza 1969. 650 S.

**Borrini,** Carlo: „Criminali" di guerra italiani. — Milano: IDOS 1968. 131 S.

**Bourgin,** Georges: Comme l'Italie a participé à la guerre contre l'Allemagne. — In: Rev. polit. parlem. 201 (1950), 148—158.

**Brissaud,** André: La tragédie de Vérone. Grandi et Ciano contre Mussolini, 1943—1944. — Paris: Perrin 1971. 396 S.

**Bruttini,** A. und G. Puglisi: L'impero tradito. — Roma: Unione editoriale per la diffusione del libro 1957. XX, 314 S.

**Buffarini** Guidi, Guido: La vera verità. I documenti dell'archivio segreto del Ministero degli Interni . . . dal 1938 al 1945. Introd. di Renzo De Felice. — Milano: Sugar Ed. 1970. 248 S.
*(Nuova biblioteca storica. 2.)*

**Cadorna,** Raffaele: La difesa di Roma dell' 8 settembre 1943. — In: Rass. d'Italia, Januar 1954, 9—16.

**Cancogni,** Manlio: Storia dello Squadrismo. — Milano: Longanesi 1959. 206 S.

**Candeloro,** Giorgio: La crisi di fine secolo e l'età giolittiana. - Milano: Feltrinelli 1974. 400 S.
*(Storia dell'Italia moderna. 7.)*

**Carboni,** Giacomo: Piu che il dovere. Storia di una battaglia italiana (1937—1951). — Roma: Danesi 1952. XIII, 534 S.

**Carboni,** Giacomo: La verità di un generale distratto sull'8 settembre. — Roma: Ed. Beta 1966. 145 S.

**Cassels,** Alan: Fascist Italy. — London: Routledge 1969. VII, 136 S.

**Catalano,** Franco: Dalla crisi del primo dopoguerra alla fondazione della repubblica 1919—1946. — Torino: U.T.E.T. 1960. XI, 710 S.
*(Storia d'Italia. 5.)*

**Catalano,** Franco: L'Italia dalla dittatura alla democrazia 1919—1948. — Milano: Lerici 1962. XII, 869 S.

**Cattani,** Leone: Dalla caduta del fascismo al primo governo De Gasperi. - In: Storia contemp. 5 (1974), 757-785.

**Cesarini,** Marco: Modena M, Modena P. — Roma: Editori Riuniti 1955. 419 S.

**Ceva,** Bianca: Cinque anni di storia italiana 1940—1945 da lettere e diari di caduti. — Milano: Comunità 1964. 352 S.

**Chabod,** Federico: Die Entstehung des neuen Italien (L'Italia contemporanea ⟨1918—1948⟩, dt.) Von der Diktatur zur Republik. (Dtsch. Übers. von Susanne E. Gangloff.) — (Reinbek b. Hamburg:) Rowohlt (1965). 157 S.
*(Rowohlts deutsche Enzyklopädie. 237.)*

**Chabod,** Federico: L'Italia contemporanea (1918—1948). — Torino: Einaudi 1961. 216 S.

**Chabod,** Federico: Italien — Europa. Studien zur Geschichte Italiens im 19. u. 20. Jahrhundert. Mit e. Vorw. von Rudolf von Albertini. — Göttingen: Vandenhoeck & Ruprecht (1962). 234 S.

**Chambe,** René: L'épopée française d'Italie 1944. Préf. du Maréchal Juin. — Paris: Flammarion 1952. 442 S.

**Carocci,** Giampiero: Storia d'Italia dall'Unità a oggi. - Milano: Feltrinelli 1975. 427 S.

**Chiavarelli,** Emilia: L'opera della Marina Italiana nella guerra italo-etiopica. — Milano: Giuffrè 1969. 170 S.

**Chicco,** Francesco [u.] Gigi Livo: L'Italia dal primo al secondo dopoguerra. - Torino: Paravia 1974. 268 S.

**Cione,** Edmondo: Storia della Repubblica Sociale Italiana. — Roma: Latinità Editrice 1953. 539 S.

**Coceani,** Bruno: Trieste durante l'occupazione tedesca 1943—1945. — Milano: La Stampa Commerciale 1959. 46 S.

**Colapietra,** Raffaele: Napoli tra dopoguerra e fascismo. — Milano: Feltrinelli 1962. 323 S.

**Collotti,** Enzo: L'amministrazione tedesca dell' Italia occupata 1943—1945. Studio e documenti. (Trad. dal tedesco di Francesca Tosi.) — Milano: Lerici (1963). 607 S.

**Collotti,** Enzo: Sui compiti repressivi degli Einsatzkommandos della polizia di sicurezza tedesca nei territori occupati. — In: Movim. Liberaz. Italia 23 (1971), H. 103, 80—97.

**Collotti,** Enzo [u.] Gallino Fogar [Ed.]: Cronache della Carnia sotto l'occupazione nazista. — In: Movim. Liberaz. Italia 1968, H. 91, 62—102.

**Collotti,** Enzo: Documenti sull'attività del Sicherheitsdienst nell'Italia occupata. — In: Movim. Liberaz. Italia 1966, H. 83, 38—77.

**Corselli,** R.: Cinque anni di guerra italiana nella conflagrazione mondiale 1939—1945. — Roma: Ente italiano protezione e assistenza civile 1951. 278 S.

**Criminali** alla sbarra. „Il processo di Monteggio". — Siena: La Poligrafica 1948. 92 S.

**Debyser,** F.: La chute du régime. Le 25 juillet 1943. — In: Rev. Hist. deux. Guerre mond. 7 (1957). H. 26, 24—58.

**Del Re,** Carlo: La ... „Leggenda del fascismo tradito" ... nella realtà. — Roma: Italstampa 1956. 103 S.

**Delzell,** Charles F.: The European federalist movement in Italy. First phase: 1918—1947: — In: J. mod. Hist. 32 (1960), 241—250.

**Dollmann,** Eugenio: Roma nazista. — Milano: Longanesi 1949. 498 S.

1919—1925. **Dopoguerra** e fascismo. Politica e stampa in Italia. A cura e con introd. di Brunello Vigezzi. — Bari: Laterza 1965. XXI, 805 S.
*(Serie di studi a cura dell'Istituto nazionale per la storia del movimento di liberazione in Italia. 1.)*

**Ebenstein,** William: Fascist Italy. - New York: Russell & Russell 1973. X, 310 S.

**Esposito,** Giovanni: Trieste e la sua odissea. Contributo alla storia di Trieste e del „Littorale Adriatico" dal 25 luglio 1943 al maggio 1945. — Roma: Superstampa 1952. 291 S.

**Faenza,** Roberto [u.] Marco Fini: Gli americani in Italia. - Milano: Feltrinelli 1976. 351 S.

**Faldella,** Emilio: L'Italia nella seconda guerra mondiale. — Roma: Cappelli 1959. 803 S.

**Fedeli,** Ugo: Un decennio di storia italiana (1914—1924). La nascita del fascismo. — Ivrea: Quaderni del Centro Culturale Olivetti 1959. 82 S.

**Ferracci,** E.: Palestrina e i suoi caduti (iuglio 1943—giugno 1944). — Roma: Pinci 1952. 55 S.

**Finer,** Herman: Mussolini's Italy. (With a new introd. by the author.) [Neuaufl.] — (London:) Cass 1964. 564 S.

**Fogar,** Galliano: Sotto l'occupazione nazista nelle provincie orientali. — Udine: Del Bianco 1961. 229 S.
*(Lotta politica e resistenza nella Venezia Giulia. 4.)*

**Foley,** Charles: Kommando Sonderauftrag (Commando extraordinary, dt.) Tatsachenbericht über Einsätze Otto Skorzenys sowie westliche Sondereinheiten während d. Zweiten Weltkrieges u. ihre Folgerungen. (Übertr. von Johannes Offerjost.) — München, Wels: Verl. Welsermühl [1961]. 285 S.

**Frass,** Hermann: Das Drama der 11. Kompanie in Rom vor dreißig Jahren. Die Wahrheit über das Polizeiregiment Bozen. - In: Südtirol in Wort u. Bild 18 (1974), H. 3, 12-18.

**Fusi,** V.: Testimonianza sul processo Perotti. — In: Resistenza 6 (1952), H. 4, 3—4.

**Galbiati,** (Enzo): Il 25 luglio e la M.V.S.N. — Milano: Bernabo 1951. 338 S.

**Gallo,** Max: L'Italie de Mussolini. — Paris: Libr. académique Perrin 1964. 556 S.
*(Coll. „Histoire".)*

**Ghilardi,** C.: Sangue e lagrime su Riccione. — Riccione: Ghilardi 1951. 203 S.

**Gladresso,** Gianni: Ravenna zona operazioni, 1944—1945. — Ravenna: Edizioni A. N. P. I. 1955. 140 S.

**Giorgi,** R.: La strage di Marzabotto. Prefaz. di G. Dozza. — Bologna: A. N. P. I. 1954. 163 S.

**Giovannetti,** Alberto: Roma città aperta. — Milano: Ed. Ancora (1962). 309 S.

**Giuntella,** Vittorio E.: Gli Italiani nei lager nazisti. — In: Movim. Liberaz. Italia 1964, H. 74, 3—19.

**Giusti,** Umberto: 1915—1945. Storia d'Italia nei discorsi di Mussolini. Ed.: Giuseppe Carlucci. — Roma: Centro Editoriale Nazionale 1960. 650 S.

**Giustizia** e Libertà nella lotta antifascista e nella storia d'Italia. Attualità dei fratelli Rosselli a quaranta anni dal loro sacrificio. Atti del Convegno Internazionale organizzato a Firenze il 10–12 giugno 1977. - Firenze: Ed. La Nuova Italia 1978. 510 S.

**Gorla,** Giuseppe: L'Italia nella seconda guerra mondiale. — Milano: Baldini & Castoldi 1959. 470 S.

**Harris,** C. R. S.: Allied military administration of Italy, 1943—1945. — London: H. M. Stationery Office 1957. XV, 479 S.
*(History of the Second World War. United Kingdom Military Series.)*

Sur l'**Italie** mussolinienne. — Paris: Presses Universitaires de France 1957. 160 S.

**Katz,** Robert: Mord in Rom. Death in Rome [dt.] (Ins Dtsch. übertr. von Norbert Wölfl.) — [München]: Desch (1968). 291 S.
*(Dokumente zur Zeit.)*

**La Terza,** Pierluigi: 13 ottobre 1943. La dichiarazione di guerra alla Germania di Hitler. — Milano: Edizione Milano Nuova 1963. 116 S.

**Kramer,** Hans: Die italienische Luftwaffe vor dem Zweiten Weltkrieg und der italienische Luftkrieg 1940/41. - In: Beiträge zur Zeitgeschichte. Festschrift Ludwig Jedlicka zum 60. Geburtstag. St. Pölten: Niederösterr. Pressehaus (1976), 263–280.

**Legnani,** Massimo: L'Italia dal 1943 al 1948. Lotte politiche e sociali. - Torino: Loescher 1973. 233 S.

**Lombardi,** Gabrio: L'8 settembre fuori d'Italia. — Milano: Mursia 1966. 463 S.

**Longo,** Luigi: Sulla via dell'insurrezione nazionale. — Roma: Edizioni di Cultura Sociale 1954. XLVIII, 486 S.

**Massara,** Enrico: Crimini dei nazifascisti nella provincia di Novara. Raccolta di episodi e documenti della resistenza. — Novara: La Foresta Rossa 1956. 184 S.

**Michaelis,** Meir: Il Generale Pugliese e la difesa di Roma. — In: La Rassegna mensile di Israel 28 (1962), 262—283.

**Milanesi,** Bruno: Il 25 agosto 1939 e la dichiarazione di non „belligeranza" italiana. — [Roma] 1962: Ministero della difesa marina.

**Milano,** Attilio: Il ghetto di Roma. Illustrazioni storiche. — Roma: Staderini 1964. 496 S.

**Minerbi,** Sergio I.: Gli ultimi due incontri Weizmann-Mussolini (1933-1934). – In: Storia contemp. 5 (1974), 431-477.

**Monelli,** Paolo: Le previsioni segrete di Mussolini sulla guerra. — In: Epoca, 27. März 1955. 19—23.

**Monghini,** Antonio Serena: Dal decennale alla catastrofe (1 gennaio 1933 — 25 luglio 1943). — Milano: Garzanti 1953. VII, 366 S.

**Montanelli,** Indro: L'Italia di Giolitti ⟨1900–1920⟩. - Milano: Rizzoli 1974. 496 S.

**Morandi,** Rodolfo: Lotta di popolo (1937—1945). — Torino: Einaudi 1958. 151 S.

**Morti** e dispersi per cause belliche nelle anni 1940—1945. — Roma: Istituto Centrale di Statistica 1957. IX, 89 S.

**Natale,** Gaetano: Uomini e cose alla vigilia della marcia su Roma. — In: Ponte 13 (1957), 1018—1023.

**Nitti,** Francesco: Cronache dell'occupazione in Lucania. Le giornate di Rionero in Vulture (settembre 1943). — In: Movim. Liberaz. Italia H. 33 (Nov. 1954), 51—59.

**Nitti,** Francesco: Diario dell'occupazione tedesca in Barletta (settembre 1943). — In: Movim. Liberaz. Italia, H. 36 (Mai 1955), 44—50.

**Olsen,** Jack: Silence on Monte Sole. — London: Barker 1969. X, 330 S.

**Pansa,** Giampaolo: L'esercito di Salò nei rapporti riservati della Guardia nazionale repubblicana 1943—1944. — [Milano:] Istituto Nazionale per la Storia del Movimento di Liberazione (1969) 215 S.
*(Quaderni de „Il movimento di liberazione in Italia". 3.)*

**Pavone,** Claudio: I gruppi combattenti Italia. Un fallito tentativo di costituzione di un corpo di volontari nell' Italia meridionale (settembre-ottobre 1943). — In: Movim. Liberaz. Italia H. 34/35 (Jan./März 1955), 80—119.

**Pellizzi,** V.: Trenta mesi. — Reggio Emilia: Poligr. Reggiana 1954. 167 S.

**Pescatore,** Martino: Venti mesi di alleanza nazi-fascista nella Venezia Giulia. — In: Ponte, Jan. 1954, 14—28.

**Petracchi,** Giorgio: L'Italia e la rivoluzione russa di marzo. - In: Storia contemp. 5 (1974), 93–125.

**Phillpson,** Dino: Ricordi del regno del Sud, ottobre 1943. — In: Riv. Studi polit. internaz. 23 (1956), 170—175.

**Piasenti,** Paride: Da Vittorio Veneto alla repubblica 1918—1948. — Milano: Santi 1960. III, 159 S.

**Piccardi,** Leopoldo: A dieci anni dal 25 iuglio. — In: Il Ponte, Juli 1953, 909—922.
Staatsstreich.

**Pieri,** Piero: L'Italia nella prima guerra mondiale (1915—1918). — Torino: Einaudi 1965. 248 S.
*(Piccolo Bibl. Einaudi. 53.)*

**Plehwe,** Friedrich-Karl von: Schicksalsstunden in Rom. Ende eines Bündnisses. Mit e. Nachw. von Gustav René Hocke. — Berlin: Propyläen-Verl. (1967). 316 S.

**Preti,** Luigi: Impero fascista, africani ed ebrei. — Milano: Mursia 1968. 375 S.

**Procacci,** Giovanna: Italy, from interventionism to fascism, 1917—1919. — In: J. Contemp. Hist. 3 (1968), H. 4, 153—176.

Sui **rapporti** economico-finanziari italo-tedeschi ‹nella relazione del Ministro delle Finanze della Repubblica di Salò a Mussolini — dicembre 1944›. — In: Movim. Liberaz. Italia, H. 19 (Juli 1952), 48—59.

**Rizzi,** B.: La corrispondenza clandestina fra Giannantonio Manci e Gigino Battisti tra la fine del '43 e il maggio del '44. — In: Movim. Liberaz. Italia, H. 37 (Juli 1955), 32—43.

**Rochat,** Giorgio: L'esercito italiano da Vittorio Veneto a Mussolini ⟨1919—1925⟩. Pref. di Piero Pieri. — Bari: Laterza 1967. XI, 609 S.

**Rochat,** Giorgio: L'Italia nella prima guerra mondiale. - In: Riv. Storia contemp.
[1.] Mito e storiografia fino al 1943. In: 5 (1976), 1–27.
[2.] Problemi di interpretazione e ipotesi di ricerca oggi. - In: 5 (1976), 161–207.

**Rosa,** Gabriele de: Considerazioni storiografiche sulla crisi dello stato prefascista e sull'antifascismo. — In: Movim. Liberaz. Italia 1959, H. 57, 19—79.

**Rossi,** Cesare: Trentatrè vicende mussoliniane. — Milano: Ceschina 1959. 645 S.

**Rossi,** Ernesto: Il malgoverno. 2.ed. — Bari: Laterza 1955. XXIII, 498 S.

**Salomone,** A. William [Ed.]: Italy from the Risorgimento to Fascism. An inquiry into the origins of a totalitarian state. — Newton Abbot: David & Charles 1971. XIII, 557 S.

**Salvadori,** Massimo L.: Il mito del buongoverno. La questione meridionale da Cavour a Gramsci. — Torino: Einaudi 1960. 415 S.

**Salvatorelli,** Luigi und Giovanni Mira: Storia d'Italia nel periodo fascista. — Torino: Einaudi 1956. 1142 S.

**Salvemini,** Gaetano: Dalla guerra mondiale alla dittatura (1916—1925). Ed.: Carlo Pischedda. — Milano: Feltrinelli 1964. XXXII, 774 S.

**Saracista,** Vito: Con la Repubblica Sociale Italiana nel servizio del paese. — Milano: Cersa Marana 1952. 173 S.

**Schieder,** Theodor: Italien und die Probleme des europäischen Nationalstaats im 19. Jahrhundert. — In: Geschichte und Gegenwartsbewußtsein, Festschrift f. Hans Rothfels zum 70. Geburtstag, 1963, 339—356.

**Schmitz** van Vorst, Josef: Kleine Geschichte Italiens. — Frankfurt a. M.: Scheffler (1954). 160 S.

**Schuster,** A. Ildefonso: Gli ultimi tempi di un regime. — Milano: Daveria 1960. 192 S.

**Seidlmayer,** Michael: Geschichte Italiens. Vom Zusammenbruch d. Römischen Reiches bis zum ersten Weltkrieg. Mit e. Beitrag: „Italien vom ersten zum zweiten Weltkrieg" von Theodor Schieder. — Stuttgart: Kröner (1962). 531 S.
*(Kröners Taschenausgabe. 341.)*

**Sierpowski,** Stanisław: Faszyzm we Włoszech 1919-1926. - Wrocław: Ossolineum 1973. 408 S.

**Silvestri,** Claudio: Dalla redenzione al fascismo. — Trieste: Del Bianco 1959. 159 S.

**Smith,** Denis Mack: Italy. A modern history. — Ann Arbor: University of Michigan Press 1959. 508 S.

(**Spade,** Asso di:) Die verratene Flotte. — In: Nation Europa 3 (1953), H. 2, 13—16.

**Sprigge,** Cecil: Mussolini „resignation", the drama of july 25, 1943. — In: Manchester Guardian Weekly, 6. u. 13. Aug. 1953, S. 15.

**Susmel,** Duilio: Nenni e Mussolini. Mezzo secolo di fronte. — Milano: Rizzoli 1969. 356 S.

**Tasca,** Angelo: Nascita e avvento del fascismo. L'Italia del 1918 al 1922. Pref. d. Renzo de Felice. Vol. 1.2. — Bari: Laterza 1965.

**Tompkins,** Peter: Verrat auf italienisch (Italy betrayed, dt.) Italiens Austritt aus dem Zweiten Weltkrieg. (Aus d. Amerikan. übertr. von Tibor Simányi.) — Wien, München: Molden (1967). 334 S.

**Torsiello,** Mario: Documenti sull' 8 settembre 1943: La memoria 44 OP, la memoria 45 OP. — In: Riv. milit. 8 (1952), 254—271.

**Tosti,** Amedeo: Italia del nostro tempo. Storia del cinquantennio 1900—1950. Collezione storica illustrata. — Milano: Rizzoli 1956. 396 S.

**Trevisani,** Giulio [u.] Stefano Canzio: Da Roma capitale alla dittatura fascista. — Milano: La Pietra 1969. 608 S.
*(Compendio di storia d' Italia. 3.)*

**Trollo,** Nicola: Da Casoli a Brisighella. La storia della „Majella". — In: Movim. Liberaz. Italia 1958, H. 50, 16—51.

**Vaussard,** Maurice: Avènement d'une dictature. L'Italie entre la guerre et le fascisme, 1915—1925. — Paris: Hachette 1971. 204 S.

**Vaussard,** Maurice: La conjuration du grand conseil fasciste contre Mussolini. — (Paris: Ed. Mondiales 1965.) 249 S.
*(Les grandes conspirations de l'histoire.)*

**Vaussard,** Maurice: Histoire de l'Italie moderne. 1870—1970. — Paris: Hachette 1972. 455 S.

**Vigezzi,** Brunello: Da Giolitti a Salandra. — Firenze: Vallechi 1969. XV, 410 S.

**Vito,** Francesco: La politica dell'occupazione in Italia. — In: Riv. internaz. Scienze soc. 60 (1952), 495—516.

**Vivarelli,** Roberto: Il dopoguerra in Italia e l'avvento del fascismo (1918 —1922). — Napoli: Istituto italiano per gli Studi storici.
1. Dalla fine della guerra all'impresa di Fiume. 1967. 620 S.

**Volpe,** Gioacchino: Momenti di storia italiana. Nuova edizione accresciuta. — Firenze: Vallecchi 1952. 452 S.

**Zangradi,** Ruggero: L'Italia tradita. 8 settembre 1943. — Milano: Mursia 1971. 535 S.
*(Biblioteca di storia contemporanea. 3.)*

## Widerstand 1942 bis 1945

Die andere **Achse.** Italienische Resistenza u. geistiges Deutschland. Berichte von Lavinia Jollos-Mazzucchetti [u. a.] Vorgelegt von Lavinia Jollos-Mazzucchetti. Mit e. Nachw. von Alfred Andersch. (Aus d. Italien. von Dora Mitzky). — Hamburg: Claassen (1964). 120 S.

**Alatri,** Paolo: L'antifascismo italiano. Vol. 1. 2. — Roma: Editori Riuniti 1961.

**Albenga,** Giuseppe: Cronache della resistenza in Piemonte. S. Chiaffredo di Busca. Settembre 1944. — In: Movim. Liberaz. Italia, H. 31 (Juli 1954), 32 — 38.

**Alberghi,** Pietro: Attila sull'Appenino. La strage di Monchio e le origini della lotta partigiana nella valle del Secchia. — Modena: Istituto Storico della Resistenza 1969. 253 S.
*(Quaderni dell' Istituto Storico della Resistenza. 7.)*

**Albertini,** Rudolf von: Die italienische Widerstandsbewegung. — In: Neue Polit. Lit. 1 (1956), 73—82.
Literaturbericht.

**Antonicelli,** Franco: Per una storia spirituale della guerra di liberazione. Lettere di condannati a morte della resistenza italiana (1943—1945). — In: Movim. Liberaz. Italia, H. 17/18 (März/ Mai 1952), 3—19.

**Apih,** Elio: Dal regime alla resistenza. Venezia Giulia 1922—1943. — Udine: Del Bianco 1960. 166 S.

L'**attività** del C. L. N. in Roma nel maggio 1944 in una relazione di Riccardo Bauer. — In: Movim. Liberaz. Italia 1958, H. 50, 57—85.

**Azzari,** Anita: Un anno di resistenza nell' Ossola (settembre 1943 — settembre 1944). — In: Movim. Liberaz. Italia, H. 26 (Sept. 1953), 3—24.

**Azzari,** Anita: Un anno di resistenza nell'Ossola (settembre 1943 — settembre 1944). — In: Movim. Liberaz. Italia, H. 27 (November 1953), 27—55.

**Bacciagaluppi,** Giuseppe: Rapporto finale sull' attività svolta dal C.L.N Alta Italia in favore di ex prigionieri d guerra alleati. — In: Movim. Liberaz Italia H. 33 (Nov. 1954), 3—31.

**Barioli,** Arturo [u. a.] [Hrsg.]: Storia della resistenza in provincia di Pavia. — Pavia: Tipografia Popolare 1959. IX, 175 S.

**Basso,** Lelio: Ideen und Programme der italienischen Widerstandsbewegung. — In: Intern. Hefte d. Widerstandsbewegung 3 (1961), H. 6, 5—17.

**Battaglia,** Roberto: I resultati della resistenza nei suoi rapporti con gli alleati. — In: Movim. Liberaz. Italia 1958, H. 52/53, 159—172.

**Battaglia,** Roberto: Risorgimento e resistenza. A cura di Ernesto Ragionieri. — (Roma:) Edit. Riuniti (1964). 395 S.
*(Nuova biblioteca di cultura. 53.)*

**Battaglia,** Roberto und Giuseppe Gassitano: Breve storia della resistenza italiana. — Milano: Einaudi 1955 337 S.

**Battaglia,** Roberto u. Giuseppe Garritano: Breve storia della resistenza italiana. — Roma: Editori Riuniti 1964. 237 S.

**Battaglia,** Roberto: Storia della resistenza italiana (8 settembre 1943 — 25 aprile 1945). — Torino: Einaud 1952. 623 S.

**Bergonzoni,** Luciano: Clero e resistenza. — Bologna: Cantelli 1964. XV, 119 S.

**Bergonzini,** Luciano [u.] Luigi Arbizzani: La resistenza a Bologna. Testimonianze e documenti. 1.2. — Bologna: Istituto per la Storia di Bologna.
1. 1967. 532 S.
2. 1969. 1125 S.

**Bergwitz,** Hubertus: Die Partisanenrepublik Ossola. Vom 10. Sept. bis zum 23. Okt. 1944. Mit e. Vorw. von Edgar Rosen. — (Hannover:) Verl. f. Literatur u. Zeitgeschehen (1972). 165 S.
*(Veröffentlichungen des Instituts für Sozialgeschichte, Braunschweig.)*

**Bocca,** Giorgio: Storia dell'Italia partigiana. Settembre 1943 — maggio 1945. — Bari: Laterza 1966. 675 S.

**Bologna** partigiana 1943–1945. — Bologna: A. N. P. I. 1951. 159 S.

**Bortolotto,** Arcangelo: Ricordi sulla costituzione delle forze di resistenza delle bande armate alpine venete nelle alpi e prealpi bellunesi e feltrine nel 1943. — In: Movim. Liberaz. Italia H. 34/35 (Jan./März 1955), 37—43.

**Botteri,** Guido [Hrsg.]: I cattolici triestini nella resistenza. Documenti e scritti di Giovanni Tanasco [u. a.] Sotto gli auspici del circolo Giuseppe Toniolo. — Udine: Del Bianco 1960. 208 S.

**Bulferetti,** Luigi: Risorgimento e resistenza. Gli Artom. — In: Movim. Liberaz. Italia H. 34/35 (Jan./März 1955), 44—55.

**Calamandrei,** Piero: Uomini e città della resistenza. — Bari: Laterza 1955. 290 S.

**Cannella,** Ideale: La prima divisione alpina nella resistenza in Valtellina. — In: Movim. Liberaz. Italia, H. 40 (Jan. 1956), 3—17.

**Capitini,** A.: Riforma religiosa e resistenza al fascismo. — In: Nuovo Corriere [Firenze], 4. Juni 1953, S. 3.

**Capitini,** Aldo: Sull 'antifascismo dal 1932 al 1943. — In: Ponte 11 (1955), 848—854.

**Cargnelutti,** F.: Preti patrioti. (Durante la lotta di liberazione nel Friuli settembre 1943 — maggio 1945). — Udine: La Vigna 1947. 330 S.

**Carli**-Ballola, Renato: Storia della resistenza. — Milano: Avanti 1957. 369 S.

**Casali,** Luciano: Il movimento di liberazione a Ravenna. (Publ. sotto l'egida del Comitato per le celebrazioni del XX annuale della resistenza, Ravenna.) — (Ravenna 1965:) Selbstverl. d. Hrsg.
Documenti. Catalogo 1. Pref. di Giorgio Spini. 111 S.
Catalogo 2. 1943/45, dattiloscritti e manoscritti. 348 S.

**Casula,** Carlo Felice: Il movimento dei cattolici comunisti e la resistenza a Roma. — In: Movim. Liberaz. Italia 25 (1973), H. 113, 37-67.

**Catalano,** Franco: La missione del C. L. N. A. I. al Sud (Novembre — dicembre 1944). — In: Movim. Liberaz. Italia, H. 36 (Mai 1955), 3—43.

**Catalano,** Franco: Resistenza ed alleati nei primi mesi di vita del C. L. N. A. I. — In: Movim. Liberaz. Italia H. 33 (Nov. 1954), 32—50.

**Catalano,** Franco: La situazione internazionale e l'antifascismo italiano fra il 1944 e l'inizio del 1945. — In: Movim. Liberaz. Italia 21 (1969), H. 96, 3—52.

**Catalano,** Franco: Storia del C.L.N.A.I. — Bari: Laterza 1956. 456 S.
*(Libri del Tempo. 31.)*

**Cessi,** Roberto: Comitati di liberazione e brigate del popolo delle provincie del Veneto Orientale. — In: Movim. Liberaz. Italia H. 34/35 (Jan./März 1955), 56—58.

**Cetti,** Carlo: Cronaca dei fatti di Dongo (27 e 28 aprile 1945). — Como: Soc. Arti Grafiche S. Abbondio 1959. 53 S.

**Ceva,** Bianca [Ed.]: Documenti relativi all'attività politica e militare del rappresentante del P.d.A. nei suoi rapporti con gli alleati. — In: Movim. Liberaz. Italia, H. 27 (Nov. 1953), 3—26.

**Ceva,** Lucio: Una battaglia partigiana. J combattimenti del Penice e del Bralno nel quadro del rastrellamento ligure-alessandrino-pavese-piacentino di fine agosto 1944. — [Milano:] Istituto nazionale per la storia del movimento di liberazione (1966). 93 S.
*(Il Movimento di Liberazione in Italia. Quaderni. 1.)*

**Chicco,** Francesco [u.] G. Livio: 1922 —1945. Sintesi storica e documenti del fascismo e dell'antifascismo italiani. — Torino: Paravia 1970. VII, 375 S.

**Cipriani,** F.: Guerra partigiana. Operazioni nelle provincie di Piacenza, Parma, Reggio Emilia. — Parma: A. N. P. I. Provinciale di Parma ‹nach 1945.› 316 S.

**Colacito,** Corrado: La resistenza in Abruzzo (1943—1944). — In: Movim. Liberaz. Italia H. 30 (Mai 1954), 3—19.

**Colarizi,** Simona: L'Italia antifascista dal 1922 al 1940. La lotta dei protagonisti. – Bari: Laterza 1976. 490 S.

**Collotti,** Enzo: L'antifascismo in Italia e in Europa, 1922–1939. – Torino: Loescher (1975). 337 S.
*(Documenti della storia. 11.)*

**Collotti,** Enzo: Antifascismo e resistenza nella Venezia Giulia all' alba della lotta di liberazione. — In: Movim. Liberaz. Italia H. 34/35 (Jan./März 1955), 59 — 68.

**Conti,** Giovanno: Nella battaglia contro la dittatura. Cronistoria e tre discorsi. — Roma: Editr. Italiana 1952. 112 S.

**Cosmo,** Giandomenico: Un primo consuntivo dell'attività dell'Ovra. — In: Movim. Liberaz. Italia, H. 14 (Sept. 1951), 43—53.

**Costa,** Franco: Appunti per una storia della resistenza nell'Oltrepo Pavese. — In: Movim. Liberaz. Italia, H. 37 (Juli 1955), 3—31.

**Delzell,** Charles F.: Mussolini's enemies. The Italian anti-fascist resistance. — Princeton, N. J.: Princeton University Press 1961. XIX, 620 S.

**Delzell,** Charles F.: Origini della resistenza antifascista in Italia. — In: Movim. Liberaz. Italia 1960, H. 61, 3—43.

**Delzell,** Charles F.: The Italian anti-Fascist resistance in retrospect. Three decades of historiography. - In: J. mod. Hist. 47 (1975), 66–96.

**De Rosa,** Gabriele: Antifascismo e resistenza. — Milano: Ed. Ares 1966. 110 S.

**Documenti** ufficiali del comitato di liberazione per l'alta Italia, a cura della Segreteria del C. I. N. A. I. — Milano: C. I. N. A. I. 1945. 88 S.

**(Dotti,** Roberto:) Guerra partigiana nella bassa Valle d'Aosta. Valle del Lys. Luglio 1944. — In: Movim. Liberaz. Italia, H. 31 (Juli 1954), 3—27.

**Fedele,** Santi: Storia della concentrazione antifascista 1927–1934. Pref. di N. Trafaglia. - Milano: Feltrinelli 1976. XIII, 196 S.

**Fiorot,** Dino: Considerazioni sulle fonti esistenti per una storia della resistenza nel Veneto. — In: Movim. Liberaz. Italia, H. 26 (Sept. 1953), 51—54.

**Francescotti,** Renzo: Antifascismo e Resistenza nel Trentino 1920–1945. - Roma: Ed. Riuniti 1975. 126 S.

**Francovich,** Carlo: La resistenza a Firenze. — Firenze: La Nuova Italia 1961. XVI, 382 S.

**Franzione,** Alessio: Vento del Tobbio. — Genova: Sambolino 1952. 304 S.
    Behandelt Partisanenkämpfe in Norditalien.

**Galassi,** Marcella und Nazario: Resistenza e 36ª Garibaldi. — Roma: Ed. Riuniti 1957. 531 S.

**Gasparri,** Tamara: La Resistenza in Italia. - Firenze: Guaraldi 1977. 219 S.

**Giobbio,** Aldo: Milano all'indomani della liberazione. — In: Movim. Liberaz. Italia 1962, H. 69, 3—36.

**Giovana,** Mario: La campagna invernale '44–'45. — In: Movim. Liberaz. Italia 1957, H. 48, 3—30.

**Giovana,** Mario: Il comitato militare del C. L. N. regionale piemontese nei primi mesi del 1944. — In: Movim. Liberaz. Italia, H. 41 (März 1956), 3—36.

**Giovana,** Mario: Le operazioni militari partigiane dell'estate-autunno 1944 in Piemonte. — In: Movim. Liberaz. Italia 1956, H. 44/45, 3—19.

**Giovana,** Mario: La resistenza in Piemonte. (Storia del C.L.N. regionale.) 2. ed. — Milano: Feltrinelli (1962). 247 S.
    *(Studi e ricerche storiche. 15.)*

**Giovana,** Mario: Ricerche sulla storia del C. L. N. piemontese. — In: Movim-Liberaz. Italia H. 34/35 (Jan./März 1955), 69—74.

**Giovana,** Mario: La ripresa partigiana in Piemonte nel 1945. L'unificazione delle formazione. — In: Movim. Liberaz. Italia 1957, H. 49, 3—29.

**La giunta** esecutiva dei partiti antifascisti nel sud (gennaio — aprile1944). — In: Movim. Liberaz. Italia, H. 28/29 (Jan./März 1954), 41—121.

**Grossi,** Enzo: Dal „Barbarigo" a Dongo. — Roma: Due Delfini 1959. 68 S.

**La Rosa,** A.: Storia della resistenza nel Piacentino. — Piacenza: Stab. Tip. Piacentino 1958. 324 S.

**Legnani,** Massimo: Politica e amministrazione nelle repubbliche partigiane. Studi e documenti. — [Milano:] Istituto Nazionale per la Storia del Movimento di Liberazione 1967. 173 S.
    *(Quaderni de „Il movimento di liberazione in Italia". 2.)*

**Legnani,** Massimo: La société italienne et la Résistance. - In: Rev. Hist. deux. Guerre mond. 23 (1973), H. 92, 37–54.

**Lett,** Gordon: Rossano. An adventure of the Italian resistance. — London: Hodder & Stoughton 1955. 223 S.

**Londei,** Italo: La lotta partigiana nella val Trebbia attraverso la storia di una brigata. — In: Movim. Liberaz. Italia, H. 59 (1960), 43—69.

**Longo,** Luigi: I centri dirigenti del PCI nella resistenza. - Roma: Ed. Riuniti 1973. IV, 515 S.

**Longo,** Luigi: Continuità della resistenza. - (Torino:) Einaudi (1977). 144 S.
    *(Saggi. 582.)*

**Longo,** Luigi und Pietro Secchia: Der Kampf des italienischen Volkes für seine nationale Befreiung 1943—1945. — Berlin: Dietz 1959. 404 S.

Una **lotta** nel suo corso. Lettere e documenti politici e militari della resistenza e della liberazione. A cura di Sandro Contini Bonacossi e di Licia Ragghianti Collori. Prefaz. di Ferruccio Parri. — Venezia: Neri Pozza 1954. XVI, 373 S.

**Luksich-Jamini,** Antonio: La lotta per la liberazione a Fiume. — In: Movim. Liberaz. Italia, H. 31 (Juli 1954), 28 —31.

**Luraghi,** Raimondo: Le amministrazioni comunali libere nella prima fase della resistenza nelle Langhe. — In: Movim. Liberaz. Italia, H. 56 (1959), 3—21.

**Luraghi,** Raimondo: Momenti della lotta antifascista in Piemonte negli anni 1926—1943.— In: Movim. Liberaz. Italia, H. 28/29 (Jan./März 1954), 3—40.

**Luraghi,** Raimondo: Il movimento operaio torinese durante la resistenza. — Torino: Einaudi 1958. 372 S.

**Malvezzi,** Piero und Giovanni Pirelli [Ed.]: Lettere di condannati a morte della resistenza italiana (8 settembre 1943 — 25 avrile 1945). — Milano: Einaudi 1952. 315 S.

**Mari,** Giuseppe: Guerriglia sull'Appennino. La resistenza nelle Marche. Studi storici. — Urbino: Argalia 1965. 378 S.

**Masci,** Manlio: Abruzzo anno zero 1943—1944. — Pescara: Aternine 1959. 359 S.

**Massola,** Umberto: März 1943, 10 Uhr (Marzo 1943, ore 10, dt.) Der Kampf des italienischen Volkes gegen den Faschismus. Mit e. Vorw. von Luigi Longo. — Berlin: Dietz 1953. 104 S.

**Merli,** Stefano: Fronte antifascista e politica di classe. Socialisti e comunisti in Italia 1923–1939. - Bari: De Donato 1975. LV, 355 S.

**Merlo,** G.: Divampò subito in Liguria la lotta al nazifascismo. — In: Patria e Libertà 2 (1953), H. 18, S. 3.

**Miccoli,** Giovanni: Problemi di ricerca sull'atteggiamento della chiesa durante la Resistenza. - In: Italia contemp. 28 (1976), H. 125, 43–60.

**Niccoli,** Nello: La liberazione di Firenze (5 agosto — 7 settembre 1944). — In: Movim. Liberaz. Italia, H. 16 (Jan. 1952), 17—25 und H. 17/18 (März/Mai 1952), 50—69.

**Nitti,** Francesco: Le giornate di Matera (settembre 1943). — In: Movim. Liberaz. Italia H. 30 (Mai 1954), 20—30.

Due **ordini** di operazione di Kesselring contro le „Bande" partigiane (21 agosto 1944 — 1 ottobre 1944). — In: Movim. Liberaz. Italia, H. 20 (Sept. 1952), 44—50.

**Pacor,** Mario: La collaborazione fra antifascisti italiani e slavi nella Venezia Giulia 1943—1944. — In: Movim. Liberaz. Italia 1962, H. 69, 39—53.

**Pacor,** Mario: Italia e Balcani dal Risorgimento alla Resistenza. — Milano: Feltrinelli 1968. 360 S.

**Pansa,** Giampaolo: Appunti per una storia della resistenza nella provincia di Alessandria. — In: Movim. Liberaz. Italia 1959, H. 55, 3—40.

**Parri,** Ferruccio: Alleati e partigiani di fronte al problema della difesa degli impianti. Rapporto sul controsabotaggio nell'Italia Settentrionale. — In: Movim. Liberaz. Italia, H. 14 (Sept. 1951), 20—42.

**Parri,** Ferruccio: Gli inizi della resistenza. — In: Movim. Liberaz. Italia H. 34/35 (Jan./März 1955), 16—25.

**Parri,** Ferruccio und Franco Venturi: La resistenza italiana e gli alleati. — In: Movim. Liberaz. Italia, H. 63 (April/Juni 1961), 18—55.

**Perrone,** Capano Renato: La resistenza in Roma. Vol. 1. 2. — Napoli: Macchiaroli 1963.

**Piccardi,** Leopoldo: Colpo die stato e movimento di liberazione. — In: Movim. Liberaz. Italia H. 34/35 (Jan./ März 1955), 120—124.

**Pieri,** Piero: Considerazioni intorno ad una storia della resistenza italiana. — In: Movim. Liberaz. Italia H. 32 (Sept. 1954), 29—57.

**Piscitelli,** Enzo: Storia della resistenza romana. Pref. di Nino Valeri. — Bari: Laterza 1965. IX, 401 S.

(**Pizzoni,** Alfredo:) Il finanziamento della resistenza. — In: Movim. Liberaz. Italia, H. 24 (Mai 1953), 49—54.

Sui **problemi** della resistenza nel Lecchese. — In: Movim. Liberaz. Italia, H. 23 (März 1953), 38—48.

Il **proclama** Alexander e l'atteggiamento della resistenza all' inizio dell' inverno 1944—45. — In: Movim. Liberaz. Italia, H. 26 (Sept. 1953), 25—50.

**Punti** di vista di resistenti sulla questione Alto-Atesina (1944—1945). — In: Movim. Liberaz. Italia, H. 15 (Nov. 1951), 3—9.

**Quazza,** Guido: La resistenza italiana. Appunti e documenti. — Torino: Giapichelli 1966. 263 S.

**Quazza,** Guido: Resistenza e storia d'Italia. Problemi e ipotesi di ricerca. - Milano: Feltrinelli (1976). 468 S.
*(Testi e saggi. 9.)*
*(Biblioteca di storia contemporanea.)*

**Ragghianti,** Carlo Ludovico: Disegno della liberazione italiana. — Pisa: Nistri-Lischi 1954. 366 S.

**Ragghianti,** Carlo Ludovico: La politica del Partito d'Azione in un giornale clandestino di Firenze. In: Movim. Liberaz. Italia, H. 14, (Sept. 1951), 3—19 und H. 15 (Nov. 1951), 16—40.

**Ragghianti,** Carlo Ludovico: Le premesse del movimento di liberazione. — In: Movim. Liberaz. Italia, H. 23 (März 1953), 49—60.

**Ragghianti,** Carlo Ludovico: Proposta per la istituzione di „seminari" dedicati alla storia della resistenza. — In: Movim. Liberaz. Italia, H. 22 (Jan. 1953), 55.

**Ramat,** R.: Aspetti della resistenza in Toscana. — In: Patria 1 (1952), H. 4, 3.

**Relazioni** sull'attività militare svolta dalle formazioni patriottiche operanti alle dipendenze del Comando EI Zona dell'esercito di liberazione nazionale. — In: Movim. Liberaz. Italia 1956, H. 44/45, 39—93; 1957, H. 46, 29—67; H. 47, 13—48.

**Repaci,** Antonino: Le componenti storiche del movimento di liberazione. — In: Movim. Liberaz. Italia H. 34/35 (Jan./März 1955), 125—127.

**Repaci,** Antonino und C. Navone: Dio e popolo. Antologia del risorgimento e della resistenza. — Torino: Bottega d'Erasmo 1961. 579 S.

La **Resistenza** e gli Alleati in Toscana. I C.L.N. della Toscana nei rapporti col Governo militare alleato e col Governo dell'Italia liberata. Atti del primo convegno storia della resistenza in Toscana tenuto nel XX anniversario della costituzione dei C. L. N. ⟨Firenze, Palazzo Ricardi — Palazzo Vecchio, 29—30 settembre, 1 ottobre 1963.⟩ — (Firenze 1964: Provincia di Firenze, Istituto storico della Resistenza in Toscana.) VIII, 305 S.

**Resistenza** e governo italiano nella missione Medici-Tornaquinci. — In: Movim. Liberaz. Italia, H. 24 (Mai 1953), 3—38.

**Resistenza** e governo italiano nella missione Medici-Tornaquinci. — In: Movim. Liberaz. Italia, H. 25 (Juli 1953), 25—59.

La **resistenza** italiana all'estero. — In: Boll. Comit. naz. ANPI 4 (1952), 1—36.

Sulla **resistenza** a Nola. — In: Movim. Liberaz. Italia H. 30 (Mai 1954), 31—34.

**Riccioni,** Siro: Resistenza italiana nell' isola di Creta. — In: Movim. Liberaz. Italia, H. 15 (Nov. 1951), 10—15.

**Rossini,** Giuseppe: Il fascismo e la resistenza. — Firenze: Ed. Quinque Lune 1955. 109 S.

**Saitta,** Armando: Dal fascismo alla resistenza. Profilo storico e antologia di documenti e testi narrative sul fascismo e sulla resistenza. — Firenze: La Nuova Italia 1961. VIII, 246 S.

**Sala,** Teodoro: Aspetti della lotta politica nella Venezia Giulia 1944—45. — In: Movim. Liberaz. Italia, H. 64 (Juli/Sept. 1961), 33—49.

**Salvadori,** Massimo: Resistenza ed azione. Ricordi di un liberale. — Bari: Laterza 1951. 310 S.

**Salvadori,** Massimo: Storia della resistenza italiana. — Venezia: N. Pozza 1955. 204 S.

**Secchia,** Pietro und Gino Moscatelli: **Il Monte Rosa è sceso a Milano. La resistenza nel Biellese, nella Valsesia e nella Valdossola.** — Torino: Einaudi 1958. 656 S.

Secchia, Pietro: Il partito comunista italiano e la guerra di liberazione 1943–1945. Ricordi, documenti, inediti e testimonianze. – (Milano: Feltrinelli 1973). XLVI, 1142 S.
(Annali. 13.)

Secchia, Pietro und Filippo Frassati: La resistenza e gli alleati. – Milano: Feltrinelli 1962. 483 S.
(Testi e documenti di storia moderna e contemporanea. 9.)

Solari, Fermo: Le origini della resistenza friulana e la prima formazione G. L. – In: Movim. Liberaz. Italia H. 34/35 (Jan./März 1955), 128–133.

Spriano, Paolo: Storia del partito comunista italiano. – Torino: Einaudi.
5. La Resistenza. Togliatti e il partito nuovo. 1975. 563 S.

Tesi sulla resistenza italiana e tedesca nei libri di testo italiani e tedeschi. – In: Movim. Liberaz. Italia, H. 27 (Nov. 1953), 62–63.

Tobia, Bruno: Il problema del finanziamento della „Concentrazione d'Azione antifascista" negli anni 1928–1952. – In: Storia contemp. 9 (1978), 425–474.

Vaccarino, Giorgio: I rapporti con gli alleati e la missione al Sud 1943–1944. – In: Movim. Liberaz. Italia 1958, H. 52/53, 50–71.

Vaccarino, Giorgio: La resistenza al fascismo in Italia dal 1923 al 1945. – In: Movim. Liberaz. Italia 1959, H. 54, 17–38.

Vajana, Alfonso: Bergamo nel „ventennio" e nella resistenza. Vol. 2. – Bergamo: Ed. Orobiche 1957. 295 S.

Valiani, Leo: Dall' antifascismo alla resistenza. – Milano: Feltrinelli (1959). 193 S.

Valiani, Leo: La politique de la résistance italienne. – In: Rev. int. Hist. polit. constit., Jan./Juni 1951, 117–132.

Valiani, Leo: La resistenza e la questione istituzionale. – In: Movim. Liberaz. Italia 1958, H. 52/53, 18–49.

Venosta, Giovanni Visconti: La politica estera della liberazione nel 1944 e 1945. – In: Movim. Liberaz. Italia 1957, H. 48, 52–57.

Zandano, Gianni: La lotta di liberazione nella provincia di Vercelli 1943–1945. – Vercelli: Soc. Ed. Tip. Eusebiana 1957. 224 S.

Politik und Staat

Amendola, Giovanni: La democrazia italiana contro il fascismo 1922–1924. – Milano, Napoli: Ricciardi 1960. 308 S.

Amendola, Giorgio: Storia del Partito comunista italiano, 1921–1943. – Roma: Ed. Riuniti 1978. 647 S.

Aquarone, Alberto [u.] Maurizio Vernassa: Il regime fascista. – Bologna: Ed. Il Mulino 1974. 527 S.

Arfè, Gaetano: Storia del socialismo italiano, 1892–1926. – Torino: Einaudi 1965. 387 S.

Armon, Theodor I.: Fascismo italiano e Guardia di Ferro. – In: Storia contemp. 3 (1972), 505–548.

Artieri, Giovanni: Tre ritratti politice e quattro attentati. – Roma: Atlante 1953. 243 S.

Bellini, F. und G. Galli: Storia del Partito Comunista Italiano. – Milano: Schwarz 1953. 433 S.

Bergh, Hendrik van: Die Kommunistische Partei Italiens. – In: Intern. Jb. Politik 1954, 514–527.

Bernotti, Romeo: Italian naval policy under fascism. – In: US Naval Institute Proceedings 82 (1956), 722–731.

Bonomi, Ivanoe: La politica italiana dopo Vittorio Veneto. – Torino: Einaudi 1953. 173 S.
Über die Politik Giolittis 1920–1921.

Braga, Giorgio: Il comunismo tra gli Italiani. – Milano: Edizioni di Comunità 1956. 190 S.

Cannarsa, Spartaco: Senato e camera nei loro rapporti e conflitti (1848–1948). – Roma: Scarano 1955. XVI, 310 S.

Cannarsa, Sp.: Il socialismo in parlamento, 25a legislatura: 1 gennaio 1919 – 7 aprile 1921. Il biennio rosso 1919–1921. – Napoli: Raimondi 1959. 378 S.

Catalano, Franco: Dall'unità al fascismo. – Milano, Varese: Istituto Editoriale Cisalpino 1961. 340 S.

Chabod, Federico: A history of Italian fascism. – London: Weidenfeld & Nicolson 1963. 192 S.

Cilibrizzi, Saverio: Storia parlamentare, politica e diplomatica d'Italia. – Roma: Fosi.
3. 1918–1920. 1952. 479 S.

Colarizi, Simona: Il partito socialista italiano in esilio (1926–1933). – In: Storia contemp. 5 (1974), 47–91.

Collotti, Enzo: Dati sulle forze di polizia fasciste e tedesche nell'Italia settentrionale nell'aprile 1945. – In: Movim. Liberaz. Italia 1963, H. 71, 51–72.

Conti, Giuseppe: Aspetti della riorganizzazione delle forze armate nel regno del sud (settembre 1943–giugno 1944). – In: Storia contemp. 6 (1975), 85–120.

Cortesi, Luigi: Il socialismo italiano tra riforme e rivoluzione. Dibatti congressuali del PSI, 1892–1921. – Bari: Laterza 1969. 973 S.

Cosmo, Giandomenico: I servizi di polizia politica durante il fascismo. – In: Movim. Liberaz. Italia, H. 16 (Jan. 1952), 26–52.

Curatola, A. M.: Conditions et tendances de la vie constitutionnelle italienne depuis les statut albertin jusqu'à la proclamation de la république. – In: Rev. Droit intern. & Droit comp. 30 (1953), 7–24.

Deakin, F. W.: Le congrès de Vérone (14 novembre 1943) et le programme de la république de Salò. – In: Rev. Hist. deux. Guerres mond. 7 (1957), H. 26, 59–66.

Declevo, Enrico: I socialisti italiani e la rivoluzione ungherese del 1919. – In: Nuova Riv. stor. 60 (1976), 367–383.

De Felice, Renzo [Ed.]: Il fascismo e i partiti politici italiani. Testimonianza del 1921–1923. – Bologna: Cappelli 1966. 555 S.

Emiliani, Paolo: Dieci anni perduti. Cronache del partito socialista italiano dal 1943 a oggi. – Pisa: Nistri-Lischi 1953. 153 S.

**L'esercito** italiano tra la prima e la seconda guerre mondiale. Novembre 1918 — giugno 1940. — Roma: Ministero della Difesa 1954. 354 S.

**Fackler,** Maxim: Die italienischen Parteien. — In: Polit. Studien 5 (1955), H. 59, 30—38.

**Fedele,** Santi: Appunti per uno studio sul PRI negli anni della Concentrazione antifascista (1927-1934). - In: Storia contemp. 6 (1975), 59-84.

**Gallerano,** Nicola: L'influenza dell' amministrazione militare alleata sulla riorganizzazione dello stato italiano (1943-1945). - In: Italia contemp. 26 (1974), H. 115, 4-22.

**Gallerano,** Nicola: Il PCd'I tra il 1926 e il 1932. — In: Movim. Liberaz. Italia 22 (1970), H. 101, 171—184.

**Galli,** Giorgio: Storia del partito comunista italiano. — Milano: Schwarz 1958. 376 S.

**Ganci,** S. Massimo: L'Italia antimoderata. Radicali, repubblicani, socialisti, autonomisti dall'Unità a oggi. — Parma: Ganda 1968. 467 S.

(**Gavagnin,** Armando:) Il giornalismo dell' opposizione dal 1922 al 1926. — In: Movim. Liberaz. Italia, H. 21 (Nov. 1952), 27—38.

**Germino,** Dante L.: The Italian fascist party in power. A study in totalitarian rule. — Minneapolis: University of Minnesota Press 1959. X, 181 S.

**Geschichte** und Politik der K[ommunistischen] P[artei] Italiens. Aus: „Neue Zürcher Ztg." 12., 13., 22., 23., 29. und 30. März 1955. — In: Ost-Probleme 7 (1955), 598—610.

**Ghisalberti,** C.: Storia costitutionale d'Italia 1849-1948. - Bari: Laterza 1974. 430 S.

**Giovannini,** Alberto: Il partito liberale italiano. — Milano: Nuova Accademia 1958. 194 S.

**Giovannini,** Claudio: L'Italia da Vittorio Veneto all'Aventino. Storia politica dalle origini del fascismo, 1918-1925. - Bologna: R. Patron 1972. X, 429 S.

**Gramsci,** Antonio: Socialismo e fascismo. L'ordine nuovo 1921—1922. — Torino: Einaudi 1966. XVIII, 554 S.

**Greco,** Ruggiero: Iz istorii sozdanije ital'janskoj kommunističeskoj partii i ee dejatel'nosti v 1921—1929 godach. — In: Vop. Ist. 1955, H. 1, 49—59.

**Historicus:** Da Versailles a Cassabile. Lo sforzo militare nel venticinquennio 1918—1943. - Bologna: Cappelli 1954. 228 S.

Gli **I.M.I.** La vicenda degli internati militari in Germania. A cura di Bruno Betta. — Trento: Ed. A.N.E.I. 1955. 247 S.

**Jacini,** Stefano: Storia del partito popolare italiano. — Milano: Garzanti 1951. XVI, 345 S.

**Jocteau,** Gian Carlo: La magistratura e i conflitti di lavoro durante il fascismo 1926-1934. Pref. di Nicola Tranfaglia. - Milano: Feltrinelli 1978. 455 S.

**La Torre,** Michele: Cento anni di vita politica e amministrativa italiana 1848—1948. — Firenze: Noccioli.
2. 1922—1943. 1953. 194 S.

**Livorsi,** Franco [Ed.]: Il pensiero politico italiano 1893-1943. Antologia di testi e documenti. - Torino: Loescher 1976. 544 S.

**Lodolini,** Elio: La illegitimità del governo Badoglio. — Milano: Gastaldi 1953. 177 S.

**Luraghi,** Raimondo: Primi orientamenti per lo studio della crisi politico-militare del 1943. — In: Movim. Liberaz. Italia H. 34/35 (Jan./März 1955), 75—79.

**Lyttelton,** Adrian: The seizure of power. Fascism in Italy, 1919-1929. - New York: Scribner 1973. VIII, 544 S.

**Manacorda,** Gastone: Il socialismo nella storia d'Italia. — Bari: Laterza 1966. XII, 873 S.

**Marchesi,** Francesco M.: Il concordato italiano dell' 11 febbraio, 1929. — Napoli: D'Auria 1960. VIII, 322 S.

**Marsanich,** A. de: Lo stato nel ventennio fascista (1922—1943). — Roma: Aniene o. J. 150 S.

**Mazzetti,** Massimo: La politica militare italiana fra le due guerre mondiali ⟨1918–1940⟩. - Salerno: Ed. Beta 1974. 277 S.

**Meier-**Welcker, Hans: Zur deutsch-italienischen Militärpolitik und Beurteilung der italienischen Wehrmacht vor dem Zweiten Weltkrieg. — In: Militärgesch. Mitt. 1970, H. 1, 59—93.

**Merli,** Stefano: La ricostruzione del movimento socialista in Italia e la lotta contro il fascismo dal 1934 alla seconda guerra mondiale. — In: Annali 5 (1962), 541—846.

**Minniti,** Fortunato: Il problema degli armamenti nella preparazione militare italiana dal 1935 al 1943. - In: Storia contemp. 9 (1978), 5-61.

**Morandi,** Carlo: I partiti politici nella storia d'Italia. Con pref. di Giovanni Spadolini. [5.,] nuova ed. accresciuta con ulteriori aggiornamenti bibliografici e appendice. A cura di Luigi Lotti. — Firenze: Le Monnier 1965. XIV, 204 S.
*(Quaderni di storia.)*

**Morgan,** Philip: I primi podestà fascisti: 1926-32. - In: Storia contemp. 9 (1978), 407-423.

**Mourin,** Maxime: La marche sur Rome. — In: Miroir Hist. 6 (1955), H. 67, 169—175.

**Ormea,** Ferdinando: Le origine dello stalinismo nel PCI. Storia della „svolta" comunista degli anni trenta. - Milano: Feltrinelli 1978. 342 S.

**Pavone,** Claudio: Sulla continuità dello stato nell'Italia 1943-45. - In: Riv. Storia contemp. 1974, 172-205.

**Pedone,** Franco: Il socialismo italiano di questo dopoguerra. — Milano: Del Gallo 1968. 478 S.

**Perfetti,** Francesco: Il nazionalismo italiano dalle origini alla fusione col fascismo. - (Bologna:) Capelli (1977). 292 S.
*(Storia dei partiti politici. 8.)*

**Pratt** Howard, Edith: Il partito popolare italiano. Trad. di Paolo Vittorelli. — Firenze: La Nuova Italia 1957. XXIV, 523 S.

Il **processo** alla Muti. A cura di L. Pestalozza. Pref. di F. Parri. — Milano: Feltrinelli 1956. XXVI, 122 S.
Über die Mailänder Schwarze Brigade „Ettore Muti".

**Ragionieri,** Ernesto: Der Einfluß der deutschen Sozialdemokratie auf die Herausbildung der Sozialistischen Partei Italiens. — In: Beitr. Gesch. dt. Arbeiterbew. 2 (1960), 66—91.

**Repaci,** Antonino: La marcia su Roma. Mito e realtà. — (Roma:) Canesi (1963).
Vol. 1. 649 S.
2. 503 S.
*(Collana Documenti del nostro tempo. 6.)*

**Repaci,** Antonino: Mito e realtà della marcia su Roma. — In: Movim. Liberaz. Italia 1960, H. 59, 3—41.

**Rivero,** Michele: Il tribunale delle grandi unità C.A.R.S. — Co. Gu. (Sull' amministrazione della giustizia militare nella repubblica di Salò). — In: Movim. Liberaz. Italia, H. 25 (Juli 1953), 3—24.

**Robotti,** Paolo und Giovanni Germanetto: Trent' anni di lotte dei comunisti italiani 1921—1951. — Roma: Ed. di Cultura Sociale 1952. 273 S.

**Rochat,** Giorgio: La crisi delle forze armate italiane nel 1943-45. - In: Riv. Storia contemp. 7 (1978), 398-404.

**Rochat,** Giorgio: Il ruolo delle forze armate nel regime fascista. Conclusioni provvisorie e ipotesi di lavoro. - In: Riv. Storia contemp. 1972, 188-199.

**Rosa,** Gabriele de: Storia del partito popolare. — Bari: Laterza 1958. 532 S.

**Rosen,** Edgar R: Viktor Emanuel III. und die Innenpolitik des ersten Kabinetts Badoglio im Sommer 1943. — In: Vjh. Zeitgesch. 12 (1964), 44—85.

**Tasca,** Angelo [d. i. Angelo **Rossi**]: Nascita e avvento del fascismo. L'Italia dal 1918—1922. — Firenze: La Nuova Italia 1951. 582 S.

**Rossi,** Ernesto: La pupilla del Duce: l'O. V. R. A. — Parma: Guanda 1956. 142 S.

**Rumi,** Giorgio: Mussolini e il „programma" di San Sepolcro. — In: Movim. Liberaz. Italia 1962, H. 71, 3—26.

**Salvatorelli,** Luigi und Giovanni Mira: Storia del fascismo. L'Italia dal 1919 al 1945. — Roma: Novissima 1952. 1039 S.

**Salvemini,** Gaetano: The origins of fascism in Italy. Transl., ed. and with an introd. by Roberto Vivarelli. - New York: Harper & Row (1975). 446 S.
*(Harper Torchbooks. 1646.)*

**Sarti,** Roland [Ed.]: The ax within. Italian fascism in action. - New York: New View-Points 1974. XIV, 278 S.
*(Modern Scholarship on European History.)*

**Sassoli,** Domenico: La destra in Italia. — Roma: Ed. Cinque Lune 1959. XXVI, 136 S.

**Sdun,** Paul Viktor: Die Entwicklung Italiens vom Mehrparteienstaat zur Diktatur, betrachtet an den Wahlrechtsreformen und der Staatsschutzgesetzgebung der Regierung Mussolini. ‹Ein Beitrag zu einer staatsrechtlichen Entwicklung, die zum totalen Staat führt.› — Hamburg 1949. 149 gez. Bl. [Maschinenschr.]
*Hamburg, rechts- und staatswiss. Diss. 10. Aug. 1950.*

**Secchia,** Pietro: L'azione svolta dal partito comunista in Italia durante il fascismo 1926—1932. — Milano: Feltrinelli 1970. XXVI, 558 S.

**Seton**-Watson, Christopher: Italy from liberalism to fascism 1870—1925. — (London:) Methuen (1967). X, 782 S.

**Settembrini,** Domenico: Fascismo. Controrivoluzione imperfetta. - Firenze: Sansoni 1978. 358 S.

**Spinelli,** Altiero: Der demokratische Sozialismus in Europa. Italien: Lähmende Spaltung. — In: Dokumente 11 (1955), 140—145.

**Spriano,** Paolo: Storia del partito comunista italiano; da Bordiga a Gramsci. — Torino: Einaudi 1967. 525 S.
*(Biblioteca di cultura storica. 95.)*

**Spriano,** Paolo: Storia del partito comunista italiano. — Torino: Einaudi.
2. Gli anni della clandestinità. 1969. XII, 431 S.
3. I fronti popolari, Stalin, la guerra. 1970. XII, 361 S.
*(Biblioteca di cultura storica. 95, 2.3.)*

**Spriano,** Paolo: Storia del partito comunista italiano. - Torino: Einaudi.
4. La fine del fascismo. Dalla riscossa operaia alla lotta armata. 1973. XIX, 373 S.
*(Biblioteca di cultura storica.)*

**Sturzo,** L.: Il partito popolare italiano. Vol. 3: 1923—1926. — Bologna: Zanichelli 1957. 388 S.

**Tobia,** Bruno: Il partito socialista italiano e la politica di W. Wilson (1916-1919). - In: Storia contemp. 5 (1974), 275-303.

**Togliatti,** Palmiro [Ed.]: Trenta anni di vita e di lotte del P. C. I. — Roma: Quarderni di Rinascità 1953. 260 S.

**Togliatti,** Palmiro: La formazione del gruppo dirigente del partito comunista italiano. — Roma: Ed. Riuniti 1962. 380 S.

**Tranfaglia,** Nicola: Dallo stato liberale al regime fascista. Problemi e ricerche. - Milano: Feltrinelli 1973. 297 S.
*(Biblioteca di storia contemporanea.)*

**Treves,** Claudio: Il fascimo nella letteratura antifascista dell'esilio. — Roma: Opere Nuove 1953. 162 S.

**Turone,** Sergio: Cronache del socialismo milanese (1914—1924 e 1945—1949). — Milano: Mondadori 1963. 174 S.

**Vaccarino,** Giorgio: Le alleanze del fascismo dal 1922 al 1925. — In: Movim. Liberaz. Italia 1961, H. 63, 3—17.

**Vaini,** Mario: Le origini del fascismo a Mantova. — Roma: Editori Riuniti 1961. 266 S.

**Valeri,** Nino: Da Giolitti a Mussolini. Momenti della crisi del liberalismo. — Firence: Parenti (1956). 230 S.

**Valeri,** Nino: La lotta politica in Italia dal l'Unità al 1925. Idee e documenti. 2.ed. rived. — Firenze: Felice Le Monnier 1958. VII, 615 S.

**Valiani,** Leo: I partiti antifascisti nel 1943. — In: Movim. Liberaz. Italia H. 34/35 (Jan./März 1955), 134—137.

**Valiani,** Leo: Il partito socialista italiano nel periodo della neutralità 1914—1915. — Milano: Feltrinelli 1963. 135 S.

**Veneruso,** Danilo: La vigilia del fascismo. Il primo ministero Facta nella crisi dello stato liberale in Italia. (2. ed.) — Bologna: Ed. Il Mulino 1969. 554 S.

**Viana,** Mario: La monarchia e il fascismo. — Roma: Ed. L'Arnia 1951. 727 S.

**Vidotto,** Vittorio: Il partito comunista italiano dalle origine al 1946. - Bologna: Capelli 1975. 422 S.
*(Storia dei partiti politici. 7.)*

**Webster,** Richard A.: The cross and the fasces. Christian democracy and fascism in Italy. — Stanford: Stanford University Press 1960. XIII, 229 S.

**Zangrandi,** Ruggero: Il lungo viaggio attraverso il fascismo. — Milano: Feltrinelli 1962. 741 S.

## Außenpolitik

**Alatri,** Paolo: I documenti diplomatici italiani 1922—1935. Vol. 1: 31 ottobre 1922 — 26 aprile 1926. — In: Rinascità, März 1954, 202—205.
Behandelt vor allem die Reaktion des Auslandes auf die Konsolidierung des Faschismus.

**Anchieri,** Ettore: L'affare di Corfu alla luce dei documenti diplomatici italiani. — In: Politico 20 (1955), 374—395.

**Anchieri,** Ettore: L'esordio della politica estera fascista nei documenti diplomatici italiani. — In: Politico 20 (1955), 211—231.

**Anchieri,** Ettore: Les rapports italo-allemands pendant l'ère nazi-fasciste. — In: Rev. Hist. deux. Guerre mond. 7 (1957), H. 26, 1—23.

**Andre,** Gianluca: L'Italia e il Mediterraneo alla vigilia della prima guerra mondiale. I tentavivi di intesa mediterranea (1911—1914). — Milano: Giuffrè 1967. 318 S.

**Armellini,** Quirino: La condotta della guerra d'Etiopia. — In: Riv. milit. 12 (1956), 689—704.

**Askew,** William C.: The secret agreement between France and Italy on Ethiopia, January 1935. — In: J. mod. Hist. 25 (1953), 47—48.

**Askew,** William C.: Italian intervention in Spain. The agreements of March 31, 1934, with the Spanish monarchist parties. — In: J. mod. Hist. 24 (1952), 181—183.

**Attanasio,** S.: Gli Italiani e la guerra di Spagna. - Milano: Mursia 1974. 506 S.

**Baer,** George W.: La guerra italo-etiopica e la crisi dell'equilibrio europeo. — Bari: Laterza 1970. XI, 536 S.

**Baer,** George W.: Test case. Italy, Ethiopia, and the League of Nations. - Stanford, Calif.: Hoover Institution Press 1977. 367 S.

**Bandini,** Franco: Gli italiani in Africa. Storia delle guerre coloniali 1882—1943. — Milano: Longanesi 1971. 576 S.

**Barker,** A. J.: The civilizing mission. A history of the Italo-Ethiopian war of 1935—1936. — New York: Dial Press 1968. 383 S.

**Barros,** James: The Corfu incident of 1923. Mussolini and the League of Nations. — Princeton: Princeton University Press 1965. 339 S.

**Battaglia,** Roberto: Monaco e la situazione italiana. — In: Società 14 (1958), 869—902.

**Bauer,** Ernest: Italien und Kroatien. — In: Z. Geopol. 26 (1955), 112—122.

**Berio,** Alberto: L'„affare" etiopico. — In: Riv. Studi polit. internaz. 25 (1958), 181—219.

**Block,** Mathilde de: Südtirol. — Groningen, Djakarta: Wolters 1954. VIII, 230 S.

**Boca,** Angelo del: La guerra d'Abbissinia 1935—1941. — Milano: Feltrinelli 1965. 284 S.

**Calvino,** I.: L'entrata in guerra. — Torino: Einaudi 1954. 108 S.

**Carocci,** Giampiero: La politica estera dell'Italia fascista (1925—1928). — Bari: Laterza 1969. VII, 391 S.

**Carter,** John Booth: American reactions to Italian fascism 1919—1933. — IX, 490, 3 gez. Bl.
*Columbia University, Thesis (1954). (University Microfilms, Ann Arbor, Mich. Publication 6589.)*

**Cassels,** Alan: Mussolini and German nationalism, 1922—1925. — In: J. mod. Hist. 35 (1963), 137—157.

**Castro,** Diego de: Il problema di Trieste. Genesi e sviluppi della questione giuliana in relazione agli avvenimenti internazionali dal 1943 al 1952. — Bologna: Cappelli 1953. 680 S.

**Catalano,** Franco [Ed.]: L'Italia verso la seconda guerra mondiale, 1936-1940. - Milano: Moizzi 1976. 184 S.

**Cliadakis,** Harry: Neutrality and war in Italian policy 1939-40. - In: J. contemp. Hist. 9 (1974), H. 3, 171—190.

**Constanza,** G.: La politica italiana per l'Africa Orientale. — Roma: Stab. Tip. Ferri 1957. 219 S.

**Coverdale,** John F.: Italian intervention in the Spanish Civil War. - Princeton, N. J.: Princeton University Press 1975. 455 S.

**(Croce,** Benedetto:) Croce, the king and the allies. Extracts from a diary by Benedetto Croce, July 1943 — June 1944. Transl. by Sylvia Sprigge. — New York: Norton 1951. 158 S.

**Csopey,** Dénes: L'Italia e l'Ungheria fra le due guerre mondiali. — In: Corvina 28 (1955), H. 2, 83—102.

**D'Amoja,** Fulvio: Declino e prima crisi dell'Europa de Versailles. Studio sulla diplomazia italiana e europea ⟨1931—1933⟩. — Milano: Giuffrè 1967. IV, 510 S.

**Decleva,** Enrico: Da Adua a Sarajevo. La politica estera italiana e la Francia 1896—1914. — Bari: Laterza 1971. 481 S.

**Decleva,** Enrico: L'Italia e la politica internazionale dal 1870 al 1914. - Milano: Mursia 1975. 194 S.

**De Felice,** Renzo: La questione dell'Alto Adige i rapporti italo-tedeschi dall „Anschluß" alla fine della seconda guerra mondiale (1938-1945). - In: Storia contemp. 3 (1972), 707-812.

**I documenti** diplomatici italiani. [Hrsg.:] Ministero degli Affari Esteri. Commissione per la Pubblicazione dei Documenti diplomatici. — Roma: Libreria dello Stato.
  8. Serie (15 aprile 1935 — 3 settembre 1939).
  12. (23 maggio — 13 agosto 1939.) A cura di Mario Toscano. 1952. LX, 696 S.

**I documenti** diplomatici italiani. [Hrsg.]: Ministero degli Affari Esteri. Commissione per la Publicazione dei Documenti Diplomatici. — Roma: Libreria dello Stato.
  Settima Serie (1922—1935).
  2. 27 aprile 1923—22 febbraio 1924. 1955. 505 S.
  Nona Serie (1939—1943).
  1. 4 settembre — 24 ottobre 1939. 1954. LXVI, 643 S.

**I documenti** diplomatici italiani. [Hrsg.:] Ministero degli Affari Esteri, Commissione per la Pubblicazione dei Documenti Diplomatici. — Roma: Libreria dello Stato.
  Sesta Serie (1918—1922).
  1. 4 novembre 1918 — 17 gennaio 1919. 1956. LXVII, 526 S.
  Settima Serie (1922—1935).
  1. 31 ottobre 1922—26 aprile 1923. (1953.) LVIII, 582 S.
  Ottava Serie (1935—1939).
  13. 12 agosto — 3 settembre 1939. 1953. LIII, 501 S.
  Nona Serie (1939—1943).
  2. 25 ottobre — 31 dicembre 1939. 1957. LXXVIII, 706 S.

**I documenti** diplomatici italiani. [Hrsg.]: Ministero degli Affari Esteri, Commissione per la Pubblicazione dei Documenti Diplomatici. — Roma: Libreria dello Stato.
  Settima Serie (1922—1935).
  2. 27 aprile 1923 — 22 febbraio 1924. (1955.) LIV, 503 S.
  3. 23 febbraio 1924 — 14 maggio 1925. (1959.) LXVIII, 621 S.

**I documenti** diplomatici italiani. [Hrsg.:] Ministero degli affari esteri, Commissione per la pubblicazione dei documenti diplomatici. — Roma: Libreria dello Stato.
  Settima serie (1922—1935).
  4. (15 maggio 1925 — 6 febbraio 1927.) 1962. LIV, 522 S.
  Nona serie (1939—1943).
  3. (1° gennaio — 8 aprile 1940.) 1959. LXII, 703 S.
  4. (9 aprile — 10 giugno 1940.) 1960. LXII, 694 S.

**I documenti** diplomatici italiani. [Hrsg.:] Ministero degli affari esteri, Commissione per la pubblicazione dei documenti diplomatici. — Roma: Libreria della Stato.
  Settima serie (1922—1935).
  5. ⟨7 febbraio—31 dicembre 1927.⟩ 1967. LX, 704 S.
  6. ⟨1 gennaio—23 settembre 1928.⟩ 1967. LVII, 660 S.
  Nona serie (1939—1943).
  5. ⟨11 giugno—18 ottobre 1940.⟩ 1965. LXVI, 833 S.

**I documenti** diplomatici italiani. [Hrsg.:] Ministero degli affari esteri, Commissione per la pubblicazione dei documenti diplomatici. - Roma: Liberia dello Stato.
  Settima serie: 1922-1935.
  7. ⟨24 settembre 1928 - 12 settembre 1929.⟩ 1970. LI, 691 S.
  8. ⟨13 settembre 1929 - 14 aprile 1930.⟩ 1972. XLI, 678 S.
  9. ⟨15 aprile-31 dicembre 1930.⟩ 1975. XLI, 799 S.

I documenti diplomatici italiani. [Hrsg.:] Ministero degli affari esteri Commissione per la pubblicazione dei documenti diplomatici. - Roma: Istituto Poligrafico dello Stato.
  Settima serie: 1922-1935.
  10. 1 gennaio - 4 settembre 1931. 1978. XXXIX, 801 S.

**Duroselle,** M[aurice]: Les relations internationales de l'Allemagne et de l'Italie de 1919 à 1939. — Paris: C.D.U. et S.E.D.E.S. réunis 1967. 188 S.
  (*Coll: „Les Cours de Sorbonne".*)

**Foschini,** Antonio: La verità sulle cannonate di Corfù. Un mese di storia, 29 agosto — 29 settembre 1923. — Roma: Giacomaniello 1953. 78 S.

Italian **genocide policy** against the Slovenes and the Croats. A selection of documents. — Beograd 1954: Institute for International Politics and Economics. 199 S.

**Giannini,** Amedeo: Il convegno italofrancese di San Remo. — In: Riv. Studi polit. intern. 20 (1953), 91—99.

**Giannini,** Amedeo: I rapporti italoellenici. — In: Riv. Studi polit. internaz. 24 (1957), 389—445.

**Giannini,** Amedeo: I rapporti italospagnoli (1860—1955). — In: Riv. Studi polit. internaz. 24 (1957), H. 1, 8—63.

**Giglio,** Carlo: Gli inizi della politica mediterranea e africana di Mussolini. — In: Riv. Studi polit. internaz. 22 (1955), 105—109.

**Gruber,** Alfons: Südtirol unter dem Faschismus. - Bozen: Verl.-Anst. Athesia 1974. 252 S.
  (*Schriftenreihe des Südtiroler Kulturinstitutes. 1.*)

**Gualerzi,** Giorgio: La politica estera dei popolari. — Roma: Ed. Cinque Lune 1959. 120 S.

**Guillen,** Pierre: L'impérialisme italien à la veille de la première guerre mondiale. - In: Relat. internat. 1976, H. 6, 125-144.

**Hronologija** događaja oko Trsta (1943—1953). — Beograd: Jugoslavija 1954. 66 S.

**Huber,** Kurt: Drohte dem Tessin Gefahr? Der italienische Imperialismus gegen die Schweiz (1912—1943). — Aarau: Keller 1955. 335 S.

**Jedlicka,** Ludwig: Mussolini und Österreich 1936. — In: Österr. Gesch. Lit. 6 (1962), 415—418.

**Jedlicka,** Ludwig: Südtirol auf der Pariser Friedenskonferenz. — In: Südtirol in Wort u. Bild 3 (1959), H. 4, 6—8.

**Kogan,** Norman: Italy and the allies. — Cambridge, Mass.: Harvard University Press 1956. 246 S.

**Lowe,** C. J. [u.] F. Marzari: Italian foreign policy, 1870–1940. – London: Routledge & Kegan Paul (1975). XI, 476 S.
*(Foreign Policies of the Great Powers.)*

**Magistrati,** Massimo: L'Italia a Berlino (1937—1939). — Milano: Mondadori 1956. 465 S.

**Manuel,** Frank E.: The Palestine question in Italian diplomacy, 1917—1940. — In: J. mod. Hist. 27 (1955), 263—280.

**Miège,** Jean-Louis: L'impérialisme colonial italien de 1870 à nos jours. — Paris: C.D.U. et S.E.D.E.S. réunis 1968. 421 S.
*(Regards sur l'histoire. „Histoire glé".)*

**Mori,** Renato: Mussolini e la conquista dell'Etiopia. – Firenze: Le Monnier 1978. VIII, 328 S.
*(Quaderni di Storia. 44.)*

**Moscati,** R.: La politica estera del fascismo. (L'esordio del primo ministero Mussolini.) — In: Studi polit. 2 (1953/54), 400—426.

**Moscati,** Ruggero: La politica estera fascista nel '24—25. — In: Riv. stor. Ital. 71 (1959), 312—320.

**Naitza,** Giovanni B.: Il colonialismo nella storia d'Italia 1882–1949. – Firenze: Ed. La Nuova Italia 1975. 159 S.

**Nola,** Carlo di: L'Italia e Austria dall'armistizio di Villa Giusti (novembre 1918) all'Anschluss (marzo 1938). — Milano, Roma: Società Editrice Dante Alighieri 1960. 80 S.

**Nolfio,** Ennio di: Il revisionismo nella politica estera di Mussolini. — In: Politico 19 (1954/55), 85—100.

**Nusser,** Albuin: Das Abkommen Mussolini-Hitler über Südtirol. — In: Donauraum 4 (1959), 137—144.

**Pastorelli,** Pietro: L'Albani nella politica estera italiana, 1914—1920. — Napoli: Jovene 1970. XV, 418 S.

**Perfetti,** Francesco: Alle origini degli accordi Laval-Mussolini. Alcuni contatti italo-francesi del 1932 in materia coloniale. – In: Storia contemp. 8 (1977), 683–748.

**Petersen,** Jens: Die Außenpolitik des faschistischen Italien als historiographisches Problem. – In: Vjh. Zeitgesch. 22 (1974), 417–457.

**Petersen,** Jens: Gesellschaftssystem, Ideologie und Interesse in der Außenpolitik des faschistischen Italien. – In: Quell. & Forsch. ital. Arch. & Bibl. 54 (1974), 428–470.

**Petracchi,** Giorgio: L'intervento italiano in Russia 1917–1919. – In: Storia contemp. 6 (1975), 469–522.

**Renzi,** William A.: Italy's neutrality and entrance into the Great War. A re-examination. — In: Amer. Hist. Rev. 73 (1967/68), 1414—1432.

**Robertson,** Esmonde M.: Mussolini as empire-builder. Europe and Africa, 1932–36. – (London: Macmillan 1977). 246 S.
*(The Making of the 20th Century.)*

**Rochat,** Giorgio: L'attentato a Graziani e la repressione italiana in Etiopia nel 1936–37. – In: Italia contemp. 27 (1975), H. 118, 3–38.

**Rochat,** Giorgio: Militari e politici nella preparazione della campagna d'Etiopia. — Milano: Angeli 1971. 514 S.

**Rosen,** Edgar R.: Mussolini und Deutschland 1922—1923. — In: Vjh. Zeitgesch. 5 (1957), 17—41.

**Rosen,** Edgar R.: Italiens Neutralität und Intervention 1915 im Lichte der schweizerischen Gesandtschaftsberichte aus Rom. – In: Z. schweiz. Gesch. 23 (1973), 290–312.

**Rumi,** Giorgio: Alle origine della politica estera fascista (1918—1923). — Bari: Laterza 1968. IX, 327 S.

**Rusinow,** Dennison I.: Italy's Austrian heritage 1919—1956. — Oxford: Clarendon Press 1969. IX, 423 S.

**Salvatorelli,** Luigi: Situazione interna e internazionale dell'Italia nel primo semestre del 1943. — In: Movim. Liberaz. Italia H. 34/35 (Jan./März 1955), 7—15.

**Salvemini,** Gaetano: La politica estera italiana dal 1871 al 1915. — Milano: Feltrinelli 1970. 598 S.

**Salvemini,** Gaetano: Prelude to World War II. — London: Gollancz 1953. 519 S.

**Savory,** Douglas: South Tyrol. — In: Quart. Rev. 1958, H. 618, 438—446.

**Sbacchi,** Alberto: I governatori coloniali italiani in Etiopia. Gelosie e rivalità nel periodo 1936–1940. – In: Storia contemp. 8 (1977), 835–877.

**Schmitt,** Bernadotte E.: Italian diplomacy 1939—1941. — In: J. mod. Hist. 27 (1955), 159—168.

**Segrè,** Claudio G.: Fourth shore. The Italian colonization of Lybia. – Chicago: University of Chicago Press 1975. 237 S.

**Serra,** Enrico: La questione italo-etiopica alla Conferenza di Stresa. – In: Aff. est. 9 (1977), H. 34, 313–339.

**Siebert,** Ferdinand: Italiens Weg in den Zweiten Weltkrieg. — Frankfurt a.M., Bonn: Athenäum-Verl. 1962. 460 S.

**Sierpowski,** Stanisław: Italy and the Nazi aggression on Poland in 1939. – In: Polish West. Aff. 19 (1978), 34–57.

**Smirnova,** N. D.: Iz istorii ital'janskoj agressii v Albani (1938—1941 gg.) — In: Nov. Novjs. Ist. 1959, H. 3, 133—145.

**Smirnova,** N. D.: Balkanskaja politika fašistkoj Italii. Očerk diplomatičeskoj istorii 1936—1941. — Moskva: Izd. Nauka 1969. 280 S.

**Sofisti,** Leopoldo: Male di frontiera. — Bolzano: Cappelli 1950. 370 S.
Behandelt die Südtiroler Frage.

**Stuhlpfarrer,** Karl: Das Südtirolproblem vom Anschluß bis zum Ende des Zweiten Weltkrieges. – In: Donauraum 18 (1973), 124–138.

**Tasso,** Antonio: Italia e Croazia. — Macerata: „S. Giuseppe".
1. 1918—1940. 2. Ed. 1967. VII, 366 S.

**Tiberio:** Il fascismo a Trieste negli anni 1919—1923. — Udine: Del Bianco 1956. 80 S.

**Toscano,** Mario: Dal 25 luglio all'9 settembre, nuove rivelazioni sugli armistizi fra l'Italia e le Nazioni Unite. —Firenze: Le Monnier 1966. VI, 233 S.
*(Quaderni di storia.)*

**Toscano,** Mario: Una mancata intesa italo-sovietica nel 1940 e 1941. — Firenze: Sansoni 1953. 144 S.

**Toscano,** Mario: Report of the Italian ambassador in Berlin to Count Ciano, 18 march 1939. — In: Bull. Inst. hist. Research, Nov. 1953.

**Toscano,** Mario: Storia diplomatica della questione dell'Alto Adige. (2. ed. riv. e ampl.) — Bari: Laterza 1968. XXIII, 761 S.

**Trattati** e convenzioni fra l'Italia e gli altri stati. — Roma: Tip. del Ministero degli Affari Esteri.
56. Atti conclusi dal 1 gennaio al 31 dicembre 1940. 1951. XVI, 408 S.

**Trattati** e convenzioni fra l'Italia e gli altri stati. — Roma: Tip. del Ministero degli Affari Esteri.
57. Atti conclusi dal 1 gennaio al 31 dicembre 1941. 1952. 338 S.

**Trieste** e la Venezia Giulia. — Roma: Ed. „Julia Romana" 1951. XVIII, 345 S.
Historische und politische Aufsätze über das Triester Problem.

**Udina,** Manlio: La questione della Venezia Giulia nelle relazioni internazionali (1915—1950). — In: Riv. Studi polit. intern. 19 (1952), 14—28.

**Vedovato,** Giuseppe: Gli accordi italo-etiopici dell' agosto 1928. — In: Riv. Studi polit. internaz. 22 (1955), 560—634.

**Villari,** Luigi, Italian foreign policy under Mussolini. — New York: Devin-Adair 1956. 396 S.

**Villari,** Luigi: Italian foreign policy under Mussolini. — London: Holborn 1959. 408 S.

**Watt,** Donald C.: The secret Laval-Mussolini agreement of 1935 on Ethiopia. — In: Middle East J. 15 (1961), 69—78.

**Zamboni,** Giovanni: Mussolinis Expansionspolitik auf dem Balkan. Italiens Albanienpolitik vom 1. bis zum 2. Tiranapakt im Rahmen d. italien.-jugoslaw. Interessenkonflikts u. d. italien. imperialen Bestrebungen in Südosteuropa. — Hamburg: Buske (1970). CVI, 514 S.
*(Hamburger historische Studien. 2.) Diss., Universität Hamburg.*

**Zangerle,** Ignaz: Südtirol gestern, heute und morgen. — In: Neues Abendland 9 (1954), 259—266.

**Zoli,** Corrado: Espansione coloniale italiana 1922—1937. — Roma: L'Arnia 1949. 350 S.

Wirtschaft und soziales Leben

**Abrate,** M.: La lotta sindicale nella industrializzazione in Italia, 1906—1926. — Torino: Franco Angeli 1968. 502 S.

**Battaglia,** Roberto: Un aspetto inedito della crisi del '43. L'atteggiamento di alcuni gruppi del capitale finanziario.— In: Movim. Liberaz. Italia H. 34/35 (Jan./März 1955), 29—36.

**Bernardini,** Gene: The origins and development of racial antisemitism in Fascist Italy. - In: J. mod. Hist. 49 (1977), 431-453.

**Brachmann,** Karin: Die Bedeutung der faschistischen Ideologie für den Rekonstruktionsprozeß des italienischen Kapitalismus. Benito Mussolini und Alfredo Rocco. — Essen 1971. 256 S.
*Freie Universität Berlin, phil. Diss. vom 6. Oktober 1970.*

**Brand,** E.: Die Haltung der Italiener gegenüber den Juden in den besetzten Ländern. — In: Internat. Hefte d. Widerstandsbewegung 3 (1961), H. 6, 55—57.

**Caffaz,** Ugo: L'antisemitismo italiano sotto il fascismo. - Firenze: Ed. La Nuova Italia 1975. 131 S.

**Capoferri,** Pietro: Venti anni col fascismo e con i sindicati. — Milano: Gastaldi 1957. 321 S.

**Caroleo,** Anna: Le banche cattoliche dalla prima guerra mondiale al fascismo. - Milano: Feltrinelli 1976. 192 S.

**Catalano,** Franco: L'economia italiana di guerra. La politica economico-finanziaria del fascismo dalla guerra d'Etiopia alla caduta del regime 1935—1943. — [Milano:] Istituto Nazionale per la Storia del Movimento di Liberazione 1969. 143 S.
*(Quaderni de „Il movimento di liberazione in Italia". 5.)*

**Catalano,** F[ranco]: Les ambitions Mussoliniennes et la réalité économique de l'Italie. — In: Rev. Hist. deux. Guerre mond. 19 (1969), H. 76, 15—38.

**Catalano,** Franco: Potere economico e fascismo. La crisi del dopoguerra 1919—1921. — Milano: Lerici (1964). 340 S.
*(Saggi. 33.)*

**Ciparisso,** L.: Die Außenhandelspolitik Italiens in der Zeit von 1939 bis 1949. — Zürich 1953. XII, 87 S.
*Zürich, rechts- u. wirtschaftswiss. Diss.*

**Cocchi,** Mario [u.] Pio Montesi [Ed.]: Per una storia della sinistra cristiana. Documenti 1936-1945. - Roma: Coines 1975. 278 S.

**Collotti,** Enzo: Sicurezza pubblica e problemi economici a Milano nei rapporti della Militärkommandantur dal settembre 1943 al settembre 1944. — In: Movim. Liberaz. Italia 25 (1975), H. 115, 3-36.

**La confederazione** generale del lavoro negli atti, nei documenti, nei congressi, 1906—1926. — Milano: Avanti! 1962. LXVIII, 429 S.

**Cordova,** Ferdinando: Le origini dei sindicati fascisti. — In: Storia contemp. 1 (1970), 925—1009.

**Curiel,** Eugenio: Classi e generazioni nel secondo risorgimento. — Roma: Edizioni di Cultura Sociale 1955. 282 S.

**De Felice,** Renzo: Storia degli ebrei italiani sotto il fascismo. Pref. di Delio Cantimori. (2. ed.) — (Torino:) Einaudi 1962. XXXIX, 697 S.

**Delzell,** Charles F.: The Italian antifascist emigration 1922—1943. — In: J. Centr. Europ. Aff. 12 (1952/53), 20—55.

**Deportations** from Italy 1943—1944. — In: Wiener Libr. Bull. 6 (1952), 40.
Über das Schicksal der italienischen Juden.

**Documenti** sulla persecuzione degli ebrei italiani. — In: Movim. Liberaz. Italia 1957, H. 49, 60—66.

Gli **Ebrei** in Italia durante il fascismo. — Milano: Pinelli 1961. 123 S.
*(Quaderni della Federazione Giovanile Ebraica d'Italia.)*

**Felice,** Renzo de: Storia degli Ebrei italiani sotto il fascismo. — Torino: Einaudi 1961. 697, XXXIX S.

**Grand,** Alexander de: Women under fascism. - In: Hist. J. 19 (1976), 947–968.

**Grifone,** Pietro: Il capitale finanziario in Italia. La politica economica del fascismo. — Torino: Einaudi 1971. LVI, 211 S.

**Grilli,** Giovanni: Due generazioni. — Roma: Rinascità 1953. 289 S.

**Gualerni,** Gualberto: La politica industriale fascista. Vol. 1: 1922—1935. — Milano: Istituto Sociale Ambrosiano 1956. IX, 154 S.

**Horowitz,** Daniel L.: The Italian labor movement. — Cambridge, Mass.: Harvard University Press 1963. XIII, 356 S.

**Huber,** Karl: Wirtschaftssanktionen unter Berücksichtigung der vom Völkerbund gegen Italien eingeleiteten Maßnahmen. — (München) 1949. 83 gez. Bl. [Maschinenschr.]
*München, staatswirtsch. Diss. 8. Aug. 1949.*

**Jamini,** Antonio Luksich: Il salvataggio degli ebrei a Fiume durante la persecuzione nazi-fascista. — In: Movim. Liberaz. Italia, H. 37 (Juli 1955), 44—47.

**Judenverfolgung** in Italien, den italienisch besetzten Gebieten und in Nordafrika. Dokumentensammlung. — Frankfurt a. M. 1962: United Restitution Organization. XXVI, 229 S.

**La Francesca,** Salvatore: La politica economica del fascismo. — Bari: Laterza 1972. VIII, 109 S.

**Ledeen,** Michael A.: The evolution of Italian fascist antisemitism. - In: Jew. soc. Stud. 37 (1975), 5–17.

**Luzzatto,** Gino: L'economia italiana dal 1861 al 1914. — Milano: Banca commerciale italiana.
 1. (1861—1894.) 1963. 291 S.
*(Studi e ricerche di storia economica italiana nell'età del Risorgimento.)*

**Malone,** Giuseppe: Il biennio rosso. Autonomia e spontaneità operaia contro le organizzazioni tradizionali (1919—1920). — In: Storia contemp. 1 (1970). 825—889.

**Marchetti,** Luciana [Ed.]: La confederazione generale del lavoro negli atti, nei documenti, nei congressi 1906—1926. Pref. d. Franco Catalano. — Milano: Ed. Avanti! 1962. LXVIII, 429 S.
*(Saggi e documentazioni. 5.)*

**Mayda,** Giuseppe: Ebrei sotto Salò. La persuasione antisemita 1943-1945. - Milano: Feltrinelli 1978. 274 S.

**Melograni,** Piero: Gli industriali e Mussolini. Rapporti tra confindustria e fascismo dal 1919 al 1929. - Milano: Longanesi 1972. 269 S.

**Michaelis,** Meir: The „Duce" and the Jews. An assessment of the literature on Italian Jewry under fascism 1922–1945. - In: Yad Vashem Stud. 11 (1976), 7–32.

**Michaelis,** Meir: Gli ebrei italiani sotto il regime fascista dalla marcia su Roma alla caduta del fascismo ⟨1922—1945⟩. — In: La Rassegna mensile di Israel 29 (1963), 18—41.

**Michaelis,** Meir: Mussolini and the Jews. German-Italian relations and the Jewish question in Italy 1922-1945. - Oxford: Clarendon Press 1978. XIII, 472 S.

**Michaelis,** Meir: On the Jewish question in fascist Italy. The attitude of the regime to the Jews in Italy. — In: Yad Washem Studies 4 (1960), 8—41.

**Natale,** Stefania: Studi recenti sulla politica economica fascista. - In: Riv. Storia contemp. 1973, 534–555.

**Nesti,** Arnaldo: Anonimi compagni. Le classi subalterne sotto il fascismo. - Roma: Coines 1976. 238 S.

**Ostenc,** Michel: La jeunesse italienne et le fascisme à la veille de la seconde Guerre mondiale. - In: Rev. Hist. deux. Guerre mond. 24 (1974), H. 94, 47-64.

**Parri,** Ferruccio: Politica economica del C.L.N.A.I. — In: Movim. Liberaz. Italia 1957, H. 48, 42—51.

**Pattis,** Otto: Einfluß der Gewerkschaften auf die Sozialpolitik Italiens. — Innsbruck 1951. V, 128, III gez. Bl. [Maschinenschr.]
*Innsbruck, wirtschaftswiss. Diss. 12. Mai 1951.*

**Quazza,** Guido [Ed.]: Fascismo e società italiana. - Torino: Einaudi 1973. 253 S.
*(Piccola Biblioteca Einaudi. 200.)*

**Reece,** Jack E.: Fascism, the Mafia and the emergence of Sicilian seperatism 1919-43. - In: J. mod. Hist. 45 (1973), 261–276.

**Rossi,** Mario: The Jews in modern Italy (1795—1945).
*New York, New School for Social Research, Diss. 1952.*

**Rossi,** Ernesto: I padroni del vapore. — Bari: Laterza 1955. XII, 269 S.
 Über die italienische Industrie und Finanzwirtschaft während der faschistischen Ära.

**Sapelli,** Giulio: Fascismo, grande industria e sindacato. Il caso di Torino. - Milano: Feltrinelli 1975. 260 S.

**Sarti,** Roland: Fascism and the industrial leadership in Italy, 1919—1940. A study in the expansion of private power under fascism. — Berkeley: University of California Press 1971. X, 154 S.

**Sarti,** Roland: Mussolini and the Italian industrial leadership in the battle of the lira 1925—1927. — In: Past & Present 1970, H. 47, 97—112.

**Schwarzenberg,** Claudio: Il sindicalismo fascista. — Milano: Mursia 1972. 142 S.

**Setta,** Sandro: Potere economico e Repubblica Sociale Italiana. – In: Storia contemp. 8 (1977), 257–287.

**Spinosa,** Antonio: Le persecuzioni razziali in Italia. — In: Ponte [Firenze] 1952, 964—977, 1078—1089 und 1604—1622.

**Tannenbaum,** Edward R.: Fascism in Italy. Society and culture 1922-1945. - London: Allen Lane 1973. VIII, 411 S.

**Vaccarino,** Giorgio: Il movimento operaio a Torino nei primi mesi della crisi italiana ⟨luglio 1943 — marzo 1944⟩. — In: Movim. Liberaz. Italia, H. 19 (Juli 1952), 3—47 und H. 20 (Sept. 1952), 3—43.

**Vallauri,** Carlo: Il governo Giolitti e l'occupazione delle fabbriche (1920). — Milano: Giuffrè 1971. LXXV, 154 S.

**Zangheri,** Renato: Lotte agrarie in Italia. La Federazione nationale dei lavoratori della terra 1901—1926. — Milano: Feltrinelli (1960). XCII, 487 S.
*(Testi e documenti di storia moderna e contemporanea. 3.)*

### Kulturelles Leben

**Arfè,** Gaetano [Ed.]: Storia del' „Avanti!" — Milano, Roma: Ed. „Avanti!"
(1.) 1896—1926. 1956. 221 S.
(2.) 1926—1940. 1958. 233 S.

L'autunno del Concordato. Chiesa cattolica e stato in Italia. Il dibattito politico ⟨1929-1977⟩. A cura di Mario Cordero. Introd. di Francesco Traniello e Mario Cordero. ⟨2. ed. aggiornata.⟩ - Torino: Claudiana (1977). 319 S.
*(Nostro Tempo. 22.)*

**Baget** Bozzo, Gianni: Il fascismo e l'evoluzione del pensiero politico cattolico. - In: Storia contemp. 5 (1974), 671-697.

**Ballerio,** Carlo: La Federazione universitaria cattolica italiana, 1925-1939. - In: Italia contemp. 27 (1975), H. 118, 39-69.

**Binchy,** D. A.: Church and state in fascist Italy. (2. Aufl.) — (London): Oxford University Press (1970). XIII, 774 S.

**Cagnetta,** Mariella: Il mito di Augusto e la „rivoluzione" fascista. - In: Quaderni di storia 1976, H. 3, 139-181.

**Cannistraro,** Philip V.: Burocrazia e politica culturale nello stato fascista. Il ministero della cultura popolare. — In: Storia contemp. 1 (1970), 273—298.

**Cannistraro,** Philip V.: Il cinema italiano sotto il fascismo. - In: Storia contemp. 3 (1972), 413—463.

**Caputo,** Giorgio: L'opposizione antifascista degli studenti romani alla vigilia della seconda guerra. — In: Mondo Operaio 23 (1970), H. 4/5, 62—72.

**Cartiglia,** Carlo: Il „fascismo di fronda"; appunti e ipotesi di lavoro. - In: Italia contemp. 28 (1976), H. 122, 3-22.

**Castelli,** Giulio: La chiesa e il fascismo. — Roma: L'Arnia 1951. 572 S.

**Castronovo,** Valerio: La stampa italiana dall'unità al fascismo. — Bari: Laterza 1970. 268 S.

**Casula,** Carlo Felice: Cattolici, comunisti e sinistra cristiana ⟨1938-1945⟩. - Bologna: Il Mulino 1976. 250 S.

**Conti,** Laura: La stampa clandestina della resistenza in una raccolta documentaria. — In: Movim. Liberaz. Italia, H. 58 (1960), 3—23.

**Dal Pont,** Adriano: I lager di Mussolini. - Milano: La Pietra 1975. 142 S.

**Firpo,** Raffaella Carpanetto: Intellettuali e mass-media nell'Italia fascista. - In: Riv. Storia contemp. 1974, 356-376.

**Ganapini,** Luigi: Il nazionalismo cattolica. I cattolici e la politica estera in Italia dal 1871 al 1914. — Bari: Laterza 1970. 225 S.
*(Biblioteca di cultura moderna. 683.)*

**Jemolo,** Arturo Carlo: Chiesa e stato in Italia dal risorgimento ad oggi. — Torino: Einaudi 1955. 495 S.

**Maestri,** Delmo: Resistenza italiana e impegno letterario. - Torino: Paravia 1975. 186 S.

**Manacorda,** Giuliano: Letteratura e cultura del periodo fascista. - Milano: Principato 1974. 308 S.

**Marchesini,** Daniele: Un episodio della politica culturale del regime. La scuola di mistica fascista. - In: Riv. Storia contemp. 1974, 90-122.

**Mazzatosta,** Teresa Maria: Il regime fascista tra educazione e propaganda 1935-1943. - Bologna: Cappelli [1979]. 246 S.

**Mazzolari,** Primo: La chiesa, il fascismo e la guerra. Introd. a cura di L. Bedeschi. — Firenze: Vallecchi 1965. 104 S.

**Melograni,** Piero: The cult of the Duce in Mussolini's Italy. - In: J. contemp. Hist. 11 (1976), 221-237.

**Miccoli,** Giovanni: Kirche und Faschismus in Italien. Das Problem einer Allianz. - Wiesbaden: Steiner 1977. 46 S.
*(Institut für Europäische Geschichte Mainz. Vorträge. 62.)*

**Montelone,** Franco: Radio italiana nel periodo fascista. - Padova: Marsilio 1976. 324 S.

**Monticone,** Alberto: Die öffentliche Meinung Italiens gegenüber Deutschland am Vorabend des 1. Weltkrieges. — In: Gedenkschrift Martin Göhring, Wiesbaden: Steiner 1968, 266—285.

**Nello,** Paolo: Mussolini e Bottai. Due modi diversi di concepire l'educazione fascista della giuventù. - In: Storia contemp. 8 (1977), 335-366.

**Ostenc,** Michel: L'idéalisme gentilien et la réforme scolaire italienne de 1923. - In: Rev. hist. 97 (1973), Bd 249, 377-396.

**Pagano,** Giuseppe: Architettura e città durante il fascismo. - Bari: Laterza 1976. 512 S.

**Papa,** Emilio R.: Storia di due manifesti. Il fascismo e la cultura italiana. — Milano: Feltrinelli 1958. XII, 170 S.

**Patitucci,** Raffaele: Opera Nazionale Balilla ovvero Opera Nazionale per la Gioventu. Documenti. — Bologna: La Grafica Emiliana 1958. 136 S.

**Pelicani,** Antonio: Il Papa di tutti (La chiesa cattolica, il fascismo e il razzismo 1929—1945). — Milano: Sugar Ed. 1964. 145 S.

**Rizzi,** Bice: L'opinione pubblica nel Trentino dal 25 luglio all' 8 settembre 1943 rispecchiata in un incarto redazionale di quel periodo. — In: Movim. Liberaz. Italia 1957, H. 49, 48—55.

**Rosengarten,** Frank: The Italian antifascist press (1919—1945). From the legal opposition press to the underground newspapers of World War II. — Cleveland, Ohio: The Press of Case West Reserve University 1968. XX, 263 S.

**Roth,** Jack J.: The roots of Italian fascism. Sorel and Sorelismo. — In: J. mod. Hist. 39 (1967), 30—45.

**Sala,** Theodoro: Un'offerta di collaborazione dell'Azione Cattolica Italiana al governo Badoglio (agosto 1943). [Documenti.] - In: Riv. Storia contemp. 1972, 517-531.

**Silva,** Umberto: Kunst und Ideologie des Faschismus (Ideologia e arte del fascismo, dt.) Aus d. Italien. übers. u. mit e. Zeittaf. u. Register vers. von Arno Widmann. – (Frankfurt a. M.:) Fischer (1975). 257 S.
*(Fischer-Format.)*

La **stampa** clandestina nell' archivio dell' Istituto per la Storia della Resistenza nelle Tre Venezie. — In: Movim. Liberaz. Italia, H. 16 (Jan. 1952), 56—57.
Verzeichnis der illegalen Presse der Jahre 1944-1945.

**Tempesti,** Fernando: Arte dell'Italia fascista. - Milano: Feltrinelli 1976. 261 S.

**Treves,** Anna: Le migrazione interne nell'Italia fascista. - Torino: Einaudi 1976. 201 S.

**Ventura,** Franco: La stampa clandestina a Trieste dal 1943 al 1945. — In: Movim. Liberaz. Italia 1957, H. 46, 3—28; H. 47, 3—12.

**Violante,** Luciano: La repressione del dissenso politico nell'Italia liberale. Stati d'assedio e giustizia militare. - In: Riv. Storia contemp. 5 (1976), 481–524.

**Zunino,** Piergiorgio: La questione cattolica nella sinistra italiana ⟨1919–1939⟩. - Bologna: Il Mulino 1975. 503 S.

## Vatikan

**Actes** et documents du Saint Siège, relatifs à la seconde guerre mondiale. Ed. par Pierre Blet, Angelo Martini, Burkhart Schneider. — Città del Vaticano: Libr. Ed. Vaticana.
1. Le Saint Siège et la guerre en Europe. Mars 1939—août 1940. 1965. XXVII, 552 S.
2. Pius XII. Papa: Lettres de Pie XII aux évêques allemands 1939—1944. 1966. XXIV, 452 S.

**Actes** et documents du Saint Siège, relatifs à la seconde guerre mondiale. Ed. par Pierre Blet, Angelo Martini, Burkhart Schneider. — Città del Vaticano: Libr. Ed. Vaticana.
3. Le Saint Siège et la situation religieuse en Pologne et dans les Pays Baltes 1939—1945. 1967. T. 1. 1939—1941. XXXI, 514 S. T. 2. 1942—1945. S. 515—963.
4. Le Saint Siège et la guerre en Europe. Juin 1940—Juin 1941. 1967. XXIV, 622 S.

**Actes** et documents du Saint Siège, relatifs à la seconde guerre mondiale. Ed. par Pierre Blet, Angelo Martini, Burkhart Schneider. — Città del Vaticano: Libr. Ed. Vaticana.
5. Le Saint Siège et la Guerre Mondiale. Juillet 1941—octobre 1942. 1969. XXVI, 794 S.

**Actes** et documents du Saint Siège, relatifs à la seconde Guerre mondiale. Ed. par Pierre Blet, Angelo Martini, Burkhart Schneider. — Città del Vaticano: Libr. Ed. Vaticana.
6. Le Saint Siège et les victimes de la Guerre. Mars 1939 — décembre 1940. 1972. XXVIII, 557 S.
7. Le Saint Siège et la Guerre mondiale. Novembre 1942 — décembre 1943. 1973. XXVII, 765 S.

**Actes** et documents du Saint Siège, relatifs à la seconde Guerre mondiale. Ed. par Pierre Blet, Angelo Martini [u.] Burkhart Schneider. - Città del Vaticano: Libr. Ed. Vaticana.
8. Le Saint Siège et les victimes de la Guerre. Janvier 1941–décembre 1942. 1974. XXVIII, 806 S.

Actes et documents du Saint Siège, relatifs à la seconde guerre mondiale. Ed. par Pierre Blet, Angelo Martini [u.] Burkhart Schneider. - Città del Vaticano: Libr. Ed. Vaticana.
9. Le Saint Siège et les victimes de la guerre. Janvier–décembre 1943. 1975. XXVIII, 686 S.

**Adolph,** Walter: Der Brief des Kardinalstaatssekretärs Maglione an Reichsaußenminister Joachim von Ribbentrop vom 2. 3. 1943. Dokumente zur Politik des Hl. Stuhles während des Zweiten Weltkrieges. — In: Wichmann-Jb. 8 (1954), 5—24.

**Aga** Rossi, Elena: La politica del Vaticano durante la seconda guerra mondiale. Indicazioni di ricerca e documenti inediti sulla missione di Myron Taylor. - In: Storia contemp. 6 (1975), 881–928.

**Becker,** Josef: Der Vatikan und der II. Weltkrieg. — In: Geschichte in der Gegenwart, Festschrift für Kurt Kluxen zu seinem 60. Geburtstag, Paderborn: Schöningh 1972, 301—317.

**Bondioli,** Pio: Der Vatikan zwischen den Diktaturen. — In: Außenpolitik 3 (1952), 515—520.

**Cianfarra,** Camille Maximilian: The Vatican and the Kremlin. — New York: Dutton 1950. 258 S.

**Clauss,** Manfred: Die Beziehungen des Vatikans zu Polen während des II. Weltkrieges. - Köln: Böhlau 1979. XXVI, 207 S.
*(Bonner Beiträge zur Kirchengeschichte. 11.)*

**Conway,** John S.: The Vatican, Great Britain and relations with Germany, 1938-1940. - In: Hist. J. 16 (1973), 147-167.

**Delzell,** Charles F. [Ed.]: The papacy and totalitarianism between the two world wars. - New York: Wiley 1974. VIII, 179 S.
*(Major Issues in History.)*

**Deschner,** Karlheinz: Mit Gott und den Faschisten. Der Vatikan im Bunde mit Mussolini, Franco, Hitler und Pavelić. — Stuttgart: Günther (1965). 301 S.

**Deuerlein,** Ernst: Friedensbemühungen des Hl. Stuhles 1938/39. — In: Stimmen d. Zeit 164 (1959), 321—334.

**Di Nolfo,** Ennio: Vaticano e Stati Uniti 1939-1952. Dalle carte di C. Taylor Myron. - Milano: Angeli Ed. 1978. 685 S.

**Duclos,** Paul: Le Vatican et la seconde guerre mondiale. Action doctrinale et diplomatique en faveur de la paix. — Paris: Pedone 1955. 254 S.

**Giordani,** Igino: Vita contro morte. — Milano: Mondadori 1956. 318 S.
Über die Friedenspolitik des Vatikans im Zweiten Weltkriege.

**Giovannetti**, Alberto: Der Vatikan und der Krieg (Il Vaticano e la guerra, dt.) Mit e. Vorw. von Bruno Wüstenberg. (Dt. von Antonius Funke.) — Köln: Bachem (1961). 345 S.

**Jäckel**, Eberhard: Zur Politik des Heiligen Stuhls im Zweiten Weltkrieg. Ein ergänzendes Dokument. — In: Gesch. in Wissensch. u. Unterricht 15 (1964), 33—47.

**Jedlicka**, Ludwig: Vatikanische Warnungen an Österreich 1934 bis 1938. - In: Kirche und Staat. Fritz Eckert zum 65. Geburtstag, Berlin: Duncker & Humblot 1976. 253–270.

**Igino**, [Cardinale]: Le Saint-Siège et la diplomatie. Aperçu historique, juridique et pratique de la diplomatie pontificale. — Paris: Desclée 1962. 342 S.

**L'Huillier**, Fernand: Le Vatican dans la crise mondiale. — In: Rev. Hist. deux. Guerre mond. 7 (1957), H. 28, 1—15.

**LoBello**, Nino: Die Milliarden des Vatikan (The Vatican empire, dt.) Das Wirtschaftsimperium der römischen Kurie. (Aus d. Amerikan. übertr. von Hansheinz Werner.) — München: Molden (1970). 207 S.

**Lukacs**, John: The diplomacy of the Holy See during World War II. - In: Cath. Hist. Rev. 60 (1974), 1–93.

**Lussu**, Emilio: Diplomazia clandestina. 14 giugno 1940 — 25 luglio 1943. — In: Ponte 11 (1955), 13—30, 168—181 und 340—357.

**Manning**, A. F.: De Heilige Stoel en de Spaanse burgeroorlog. — In: Tijdschrift voor Geschiedenis 81 (1968), 479—492.

**Mitterand**, Jacques: La politique extérieure du Vatican. — Paris: Dervy-Livres 1959. 135 S.

**Mourin**, M.: Le Saint-Siège et la Sarre. — In: Pol. étr. 21 (1956), 411—426.

**Nichols**, Peter: The politics of the Vatican. — London: Pall Mall Press 1968. 373 S.
  Dtsch. Ausg. u.d.T.: Die Politik des Vatikan. (Aus d. Engl. übertr. von Volker Bradke u. Joachim Rehork.) — (Bergisch-Gladbach:) Lübbe (1969). 415 S.

**Papeleux**, L.: La diplomatie vaticane et Hitler ⟨juin 1940 – octobre 1942⟩. - In: Rev. Hist. deux. Guerre mond. 25 (1975), H. 98, 27–56.

**Papeleux**, L.: La diplomatie vaticane et l'Italie après Stalingrad. - In: Rev. Hist. deux. Guerre mond. 27 (1977), H. 106, 19–36.

I **patti** lateranensi. Scritti per il triennale della conciliazione. A cura dell' Unione Giuristi Cattolici Italiani. — Roma: Editrice Studium 1960. XIV, 241 S.

**Permoli**, Piergiovanni: La Santa Sede e la caduta del fascismo. - In: Aff. est. 5 (1973), H. 19, 175–183.

**Pernot**, Maurice: Le Vatican, la guerre et la paix. — In: Polit. étr. 13 (1948), 147—166.

**Pichon**, Charles: Histoire du Vatican. — Paris: Société d'Editions Françaises et Internationales 1946. 496 S.

**Rhodes**, Anthony: The Vatican in the age of dictators, 1922–1945. New York: Holt, Rinehart & Winston 1974. 383 S.

**Roux**, René: Le Vatican e la seconde guerre mondiale. — Paris: Pedone 1956. 9 S.

**Sceinman**, M. M.: Il Vaticano tra due guerre. — Roma: Edizioni di Cultura Sociale 1951. 329 S.

**Spadolini**, Giovanni: La politica estera della Santa Sede fra fascismo e nazismo. - In: Aff. est. 6 (1974), H. 24, 145–159.

**Stehle**, Hansjakob: Die Ostpolitik des Vatikans 1917–1975. — München: Piper 1975. 487 S.

**Tripodi**, Nino: I patti lateranensi e il fascismo. — Bologna: Cappelli 1959. 310 S.

**Volk**, Ludwig: Päpstliche Kritik an der Appeasement-Politik von 1938. Ein unveröffentlichter Bericht des britischen Vatikangesandten. - In: Stimmen d. Zeit 104 (1979), Bd 197, 532–538.

## Spanien, Portugal

**Alba**, Victor: Historia de la Segunda Republica Española. — México: Libro Mex Editores 1960. 413 S.

**Amodia**, José: Franco's political legacy. From dictatorship to façade democracy. - (London:) Allen & Unwin (1977). 348 S.

**Anchieri**, E.: La guerra civile espagnola nei documenti tedeschi. — In: Politico 17 (1952/53), 297—307.

**Arango**, E. Ramon: The Spanish political system. Franco's legacy. – Boulder, Col.: Westview Press 1979. 293 S.

**Araquistain**, Luis: La intervención de Rusia en la guerra civil española. — In: Cuad. del Congreso por la Libertad de la Cultura, H. 29 (1958), 55—65.

**Araquistain**, Luis: Las grandes potencias y la guerra de España (1936—1939). — In: Cuad. del Congreso por la Libertad de la Cultura, H. 23 (1957), 65—73.

**Auhofer**, Herbert: Der spanische Bürgerkrieg. — In: Polit. Studien 10 (1959), 817—831.

**Auhofer**, Herbert: Spanien und der Kommunismus. — In: Polit. Studien 12 (1961), 96—101.

**Aznar**, Manuel: Historia militar de la guerra en España. Vol. 1. — Madrid: Ed. Nacional 1958.

**Barth**, Heinz, F.: Spaniens politische Parteien. — In: Polit. Studien 5 (1954), H. 55, 38—46.

**Benumeya**, Rodolfo Gil: España y el mundo Arabe. — Madrid: Edic. del Movimiento 1955. 288 S.

**Bernecker**, Walther L.: Anarchismus und Bürgerkrieg. Zur Geschichte der Sozialen Revolution in Spanien 1936–1939. – (Hamburg:) Hoffmann & Campe (1978). 372 S.
*(Historische Perspektiven. 10.)*

**Bertrand**, Louis und Sir Charles Petrie: The history of Spain. 2. ed. — London: Eyre & Spottisword 1952. XII, 432 S.

**Birot**, Pierre: Le Portugal. — Paris: Colin (1953). 224 S.

**Blinkhorn**, Martin: Carlism and crisis in Spain, 1931–1939. - New York: Cambridge University Press 1975. 394 S.

**Blinkhorn**, Martin: „The Basque Ulster". Navarre and the Basque autonomy question under the Spanish Second Republic. - In: Hist. J. 17 (1974), 595–613.

**Bolloten,** Burnett: The grand camouflage. The communist conspiracy in the Spanish civil war. — London: Hollis & Carter; New York: Praeger 1961. 350 S.

**Bolloten,** Burnett: The grand camouflage. The Spanish Civil War and revolution 1936—1939. Introd. by H[ugh] R[edwald] Trevor-Roper. — New York: Praeger 1968. XI, 350 S.

**Bolloten,** Burnett: The Spanish revolution. The Left and the struggle for power during the Civil War. – Chapel Hill: University of North Carolina Press 1979. 663 S.

**Brademas,** John: A note of the anarcho-syndicalists and the Spanish civil war. — In: Occidente 11 (1955), 121—135.

**Brademas,** S. J.: Revolution and social revolution. A contribution to the history of the anarcho-syndicalist movement in Spain, 1930—1937.
*Oxford, phil. Diss., 1954.*

**Bredel,** Willi: Spanienkrieg. (Hrsg. von Manfred Hahn.) - Berlin: Aufbau-Verl. 1977.
1. Zur Geschichte der 11. Internationalen Brigade. 622 S.
2. Begegnung am Ebro. Schriften. Dokumente. 420 S.

**Brenan,** Gerald: Die Geschichte Spaniens (The Spanish labyrinth, dt.) Über die sozialen und politischen Hintergründe des Spanischen Bürgerkrieges. (Aus d. Engl. übers.) – Berlin: Kramer 1978. 396 S.

**Brenan,** Gerald: The Spanish labyrinth. An account of the social and political background of the civil war. 2nd ed. — New York: Cambridge University Press 1950. XX, 384 S.

**Brome,** Vincent: The International Brigades. Spain 1936—1939. — London: Heinemann 1965. 317 S.

**Bron,** Michał: Wojna hispańska 1936—1939 w dokumentach i publikacjach. — Warszawa: PZWS 1961. 222 S.

**Broué,** Pierre und Emile Témine: La révolution et la guerre d'Espagne. — (Paris): Les Editions de Minuit (1961) 542 S.
*(Arguments. 3.)*

**Broué,** Pierre [u.] Emile Témine: Revolution und Krieg in Spanien (La révolution et la guerre d'Espagne, dt.) (Dtsch. Bearb. von A. R. L. Gurland.) — (Frankfurt a. M.:) Suhrkamp (1968). 719 S.

**Bruguera,** F. G.: Histoire contemporaine d'Espagne 1789—1950. — Paris: Ed. Orphyrs 1953. 502 S.

Der Spanische **Bürgerkrieg** in der internationalen Politik ⟨1936—1939⟩. 13 Aufsätze. Hrsg.: Wolfgang Schieder u. Christof Dipper. – (München:) Nymphenburger Verlagshandl. (1976). 540 S.
*(Nymphenburger Texte zur Wissenschaft. Modelluniversität. 23.)*

**Calvo** Serer, Rafael: Die geistigen Grundlagen der Politik in Spanien. — In: Dokumente 12 (1956), 117—122.

**Carr,** Raymond [Ed.]: The republic and the civil war in Spain. — London: Macmillan 1971. X, 275 S.
*(Problems in Focus Series.)*

Carr, Raymond: The Spanish tragedy. The Civil War in perspective. – London: Weidenfeld & Nicolson 1977. XVII, 336 S.

**Castro,** Américo: The structure of Spanish history. — Princeton: Princeton University Press 1954. 689 S.

**Cattell,** David T.: Communism and the Spanish civil war. — Berkeley: University of California Press 1955. 278 S.

**Cattell,** David T.: Soviet diplomacy and the Spanish civil war. — Berkeley: University of California Press 1958. 214 S.

**Colodny,** Robert Garland: The struggle for Madrid. The central epic of the Spanish conflict (1936—1937). — New York: Paine-Whitman 1958. 256 S.

**Comín** Colomer, Eduardo: Historia del anarquismo español. Tom. 1. 2. — Barcelona: Editorial A. H. R. 1956.

**Comín** Colomer, Eduardo: Historia del Partido Communista de España. Primera etapa: Del nacimiento a la mayoria de edad. Vol. 1.2. — Madrid: Ed. Nacional 1965.

**Comín** Colomer, Eduardo: Historia de la primera república. — Barcelona: Editorial A. H. R. 1956. 591 S.

**Comín**-Colomer, Eduardo: Historia secreta de la segunda republica. — Madrid: Ed. NOS.
1. Posibilitando la revolución. Los republicanos en el poder, 1930—1936. 1954. 268 S.

**Comín** Colomer, Eduardo: La república en el exilio. — Barcelona: Editorial A.H.R. 1957. 705 S.

**Cordero** Torres, José Maria: Relaciones exteriores de España. (Problemas de la presencia española en el mundo.) — Madrid: Ediciones del Movimiento 1954. 341 S.

**Cortada,** James W.: Relaciones España-USA, 1941–45. - Barcelona: DOPESA 1973. 205 S.
*(Documento Periodístico. 43.)*

**Cossías,** Tomás: La lucha contra el „maquis" en España. — Madrid: Ed. Nacional 1956. 217 S.

**Cuatrecasas,** Juan: Crisis de democracia en España. — In: Cuad. Americanos 89 (1956), H. 5, 88—105.

**Dahlem,** Franz: Der Freiheitskampf des spanischen Volkes. — Berlin: Aufbau-V. 1953. 29 S.
*(Vorträge zur Verbreitung wissenschaftlicher Kenntnisse. 8.)*

**Dahms,** Helmuth Günther: Der Spanische Bürgerkrieg 1936—1939. — Tübingen: Wunderlich (1962). 355 S.

**Dankelmann,** Otfried: Franco zwischen Hitler und den Westmächten. — Berlin: Dtsch. Verl. d. Wissenschaften 1970. 322 S.

**Debray,** Pierre: Le Portugal entre deux révolutions. Suivi de: Un peuple au bout des terres. Par Béatrice Sabran. — Paris: Au fil d'Ariane 1963. 111 S.

**Delás,** Juan: Tradition und Neuentwicklung in der spanischen Verfassung. — o. O. 1959. 90 Bl. Maschinenschr.
*Mainz, rechts- u. staatswiss. Diss., 8. September 1959.*

**Del Hoyo,** Arturo: Schreiben in Unfreiheit. Variationen über das Thema Selbstzensur in Spanien unter der Franco-Herrschaft. - In: Schweiz. Monatsh. 58 (1978), 609–620.

**Detwiler,** Donald S.: Hitler, Franco und Gibraltar. Die Frage d. spanischen Eintritts in den zweiten Weltkrieg. — Wiesbaden: Steiner 1962. XI, 185 S.
*(Veröffentlichungen d. Inst. f. Europ. Geschichte Mainz. 27.)*
*[Zugleich Diss., Göttingen.]*

**Diaz** de Villegas, José: Guerra de liberación (La fuerza de la razón). — Barcelona: AHR 1957. 402 S.

**Diaz** de Villegas, José: La guerra revolucionaria. — Madrid: Ed. Europa 1959. 369 S.

**Dolgoff,** Sam [Ed.]: The anarchist collectives. Worker's self-management in the Spanish revolution, 1936-1939. - New York: Free Life Ed. 1974. XXIX, 192 S.

**Duffy,** James: Portugal in Africa. — In: Foreign Aff. 39 (1960/61), 481—493.

**Duffy,** James: Portugal in Africa. — Cambridge: Harvard University Press 1962. 239 S.

**Dzelepy,** E[leuthère]-N[icolas]: Franco, Hitler et les Alliés. (Un précurseur de l'O.T.A.N.) — Bruxelles: Les Editions politiques (1961). 207 S.

**Ebenstein,** William: Church and state in Franco Spain. — Princeton: Princeton University Press 1960. 53 S.

**Ehinger,** Paul H.: Die Wahlen in Spanien von 1936 und der Bürgerkrieg von 1936 bis 1939. Ein Literaturbericht. - In: Schweiz. Z. Gesch. 25 (1975), 284-330.

**Elgström,** Anna-Lenah: Spanien under Francos regim. — Stockholm: Utrikespolitiska Institutet 1946. 32 S.
*(Världspolitikens dagsfragor. Utrikespolitiska Institutets Broschyrserie. 1946. 3.)*

**Epopée** d'Espagne. Brigades internationales 1936—1939. Recueil de récits vécus et de documents historiques. — Paris: Amicale des Anciens Volontaires Français en Espagne Réblicaine 1957. 256 S.

**Erdt,** Hans: Sieg und Niederlage der spanischen Republik. — In: Dtsch. Rdsch. 82 (1956), 719—727.

**Esch,** P. A. M. van der: Prelude to war. — Den Haag: Nijhoff 1951. 190 S.
Internationale Aspekte des Spanischen Bürgerkrieges.

**Esperabé** de Artega, Enrique: Los partidos politicos en la España y sus jefes en la época contemporánea 1868—1950. Madrid: Edición Gran Capitán 1950. 631 S.

El nuevo **estado** espanol. Veinticinco años de movimiento nacional, 1936—1961. — Madrid: Instituto de Estudios Políticos 1961. 796 S.

**Fernandez,** Alberto: Españoles en la resistenzia. - Bilbao: Zero 1973. 272 S.

**Fernández** Almagro, Melchor: Historia politica de la España contemporánea (desde la revolución de septiembre hasta la muerta de Alfonso XIII). — Madrid: Ed. Pegaso 1956. XV, 611 S.

**Fernsworth,** Lawrence A.: Spain's struggle for freedom. — Boston: Beacon Press 1957. 384 S.

**Figureido,** Antonio de: Portugal and its empire. The truth. — London: Gollancz 1961. 159 S.

Der **Freiheitskampf** des spanischen Volkes und die internationale Solidarität. Dokumente und Bilder zum national-revolutionären Krieg des spanischen Volkes 1936—1939. Hrsg. vom Institut für Marxismus-Leninismus beim Zentralkomitee der SED. — Berlin: Dietz 1956. 481 S.

**Fryer,** Peter und Patricia McGowan Pinheiro: Oldest ally. A portrait of Salazar's Portugal. — London: Dobson 1961. 280 S.

**Galán,** José Maria: Krušenie monarchii v Ispanii (1917—1931). — Moskva: Izd. soc.-ekonom. literatury 1959. 135 S.

**Galey,** John H.: Bridegrooms of death. A profile study of the Spanish foreign legion. — In: J. Contemp. Hist. 4 (1969), H. 2, 47—64.

**Gallo,** Max: Histoire de l'Espagne franquiste. — Paris: Laffont 1969. 472 S.
*(L'Histoire que nous vivons.)*

**Garcia,** Figueras, Tomás: España y su protectorado en Marruecos (1912—1956). — Madrid: I.D.E.A. 1957. 356 S.

**Garcia** Venero, Maximiano: Historia de las internacionales en España. Vol. 1—3. — Madrid: Ediciones del Movimiento 1956/57.

**Garosci,** Aldo: Gli intellettuali e la guerra di Spagna. — Torino: Einaudi 1959. XIII, 482 S.

**Garsia,** Chose: Internacional'nye brigady v Ispanii (1936—1938 gg.) — In: Vop. Ist. 1956, H. 7, 33—48.

**Garsia,** Chose: Ispanskij narod v borbe za svobodu i demokratiju protiv fašizma (1931—1939 gg.) — Moskva: Gospolitizdat 1956. 200 S.

**Goutard,** A.: La bataille pour Gibraltar. — In: Rev. de Paris 68 (1961), H. 7, 44—66.

**Groer,** L. de: La guerre civile espagnole d'après les documents de l'office des affaires étrangères allemand. — In: Rev. Hist. deux. Guerre mond. 1 (1951), H. 4, 47—54.

**Gullino,** Cesare A.: Idee vecchie e nuove nella Spagna di Franco. — In: Nuova Antologia 1956, H. 91, 561—574.

**Guttmann,** Allen: The wound in the heart. America and the Spanish civil war. — New York: Free Press of Glencoe 1962. IX, 292 S.

**Harrison,** Joseph: Big business and the failure of right-wing Catalan nationalism, 1901-1923. - In: Hist. J. 19 (1976), 901-918.

**Hergel,** Horst Hans: Industrialisierungspolitik in Spanien seit Ende des Bürgerkrieges. Auswirkungen d. staatl. Wirtschaftsinterventionismus auf d. Wirtschaftswachstum — Köln: Westdtsch. Verl. 1962. 352 S.
*(Die industrielle Entwicklung. 7.)*

**Hermet,** Guy: L'Espagne de Franco. - Paris: Colin 1974. 302 S.
*(Coll. „U-Prisme". 42.)*

**Herre,** Franz: Auftakt in Spanien. Bücher zum Bürgerkrieg. — In: Polit. Meinung 8 (1963), H. 82, 92—94.

**Horowitz,** Morris A.: Manpower and education in Franco Spain. - Hamden, Conn.: Archon Books 1974. XVI, 164 S.

**Hubbard,** John R.: How Franco financed his war. — In: J. mod. Hist. 25 (1953), 390—406.

**Hugues**, E. J.: L'Espagne de Franco. — Paris: Temps présent 1948. 366 S.

**Jackson**, Gabriel: A concise history of the Spanish Civil War. - London: Thames & Hudson 1974. 192 S.

**Jackson**, Gabriel: The Azana regime in perspective (Spain 1931—1933). — In: Amer. hist. Rev. 64 (1958/59), 282—300.

**Jackson**, Gabriel: The Spanish Republic and the Civil War 1931—1939. — Princeton: Princeton University Press 1965. 578 S.

**Ibarruri**, Dolores: Die italienisch-deutsche militärische Intervention, der faschistische Putsch und der nationale, revolutionäre Krieg des spanischen Volkes 1936—1939. (Ins Dt. übertr. von R. Sommer.) — Berlin: Rütten & Loening (1954). 24 S.
(Große Sowjet-Enzyklopädie. Reihe Geschichte und Philosophie. 34.)

**Ibaburri**, Dolores: Der national-revolutionäre Krieg des spanischen Volkes 1936—1939. — Berlin: Dietz 1955. 40 S.

**Johnston**, Verle B.: Legions of Babel. The International Brigades in the Spanish Civil War. (Publ. for the Hoover Inst. on War, Revolution and Peace.) — University Park: Pennsylvania State University Press 1968. 228 S.

986 **jours** de lutte. La guerre nationale et révolutionnaire du peuple espagnol. — Paris: Ed. sociales 1962. 229 S.

**Kern**, Robert W.: Red years/black years. A political history of Spanish anarchism, 1911-1937. - Philadelphia: Inst. for the Study of Human Issues 1978. 335 S.

**Kirsch**, Edgar: Der spanische Freiheitskampf (1936—1939) im Spiegel der antifaschistischen deutschen Literatur. — In: Wiss. Z. d. Martin-Luther-Univ. Halle-Wittenberg 4 (1954/55), H. 1, 99—119.

**Kisch**, Richard: They shall not pass. The Spanish people at war 1937-39. - London: Wayland Publ. 1974. 176 S.

**Köppinger**, Peter Hubert: Legitimität und Pressekontrolle im Franco-Regime. Entwicklungsaspekte einer autoritären Diktatur. - (Köln 1977: Hundt). XXV, 413 S.
*Köln, wirtschafts- u. sozialwiss. Diss. vom 10. Februar 1977.*

**Kolstov**, Michail: Diario della guerra di Spagna. — Milano: Schwarz 1961. 445 S.

**Krauss**, Werner: Spanien 1900-1965. Beitrag zu einer modernen Ideologiegeschichte. Unter Mitarb. von Karlheinz Barck, Carlos Rincón u. J. Rodríguez Richart. - München: Fink 1972. 323 S.

**Kroll**, Morton: Spanish socialism and the Spanish political environment. *Los Angeles, Calif., Diss. 1952.*

**Kühne**, Horst: Revolutionäre Militärpolitik. 1936—1939. Militärpolit. Aspekte d. national-revolutionären Krieges in Spanien. — Berlin: Dtsch. Militärverl. 1969. 441 S.

**Lange**, Par-Adolf: Guernica-Legenden. — In: Svensk Tidskrift 44 (1957), 270—282.

**Lapide**, Pinchas E.: Portugal — das erste und letzte Kolonialreich. — In: Frankf. H. 17 (1962), 671—678 und 743—752.

**Leval**, Gaston: Né Franco né Stalin. Le collettività anarchiche spagnole nella lotta contro Franco e la reazione staliniana. Pref. di Antonio Carbonaro. — Milano: Istituto Editoriale Italiano 1952. 326 S.

**Lizarza** Iribarren, Antonio: Memorias de la conspiracion. Cómo se preparó en Navarra la cruzada 1931—1936. 3. ed. — Pamplona: Gomez 1954. 224 S.

**Longo** ⟨Gallo⟩, Luigi: Die Internationalen Brigaden in Spanien (Le brigate internazionali in Spagna, dt. Übers. von Egon Wiszniewsky. [2. Aufl.]) – (Berlin:) Das europ. Buch [1976]. 287 S.

**Longo**, Luigi: Le brigate internazionali in Spagna. — Roma: Editori Riuniti 1956. 407 S.

**Madariaga**, Salvador, de: Spain. A modern history. — New York: Praeger 1958. XIV, 736 S.

**Madariaga**, Salvador de: Spanien. Wesen und Wandlung.— Stuttgart: Dtsch. Verl. Anst. 1955. 432 S.

**Maeztu**, Ramiro de: Liquidación de la monarquía parlamentaria. — Madrid: Edit. Nac. 1957. 336 S.

**Majdanik**, K. L.: Bor̆ba kommunističeskoj partii Ispanii za edinstvo s socialistami v 1936—1937 godach. — In: Nov. Novejš. Ist. 1958, H. 1, 55—73.

**Malefakis**, Edward E.: Agrarian reform and peasant revolution in Spain. Origins of the civil war. — New Haven, Conn.: Yale University Press 1970. 469 S.

**Manera**, Enrique: Las causas del aislacionismo de España. — In: Cuad. Polit. intern., H. 14 (April-Juni 1953), 9—21.

**Martínez** Bande, José Manuel: Guerra de liberación. Socorro a Oviedo (Julio —Octubre 1936). — In: Rev. Hist. militar 1 (1957), H. 1, 153—177.

**Marvaud**, Angel: L'actualité du Portugal. — In: Rev. polit. parlement. 209 (1953), 56—61 und 164—172.

**Matthews**, Herbert L.: Half of Spain died. A reappraisal of the Spanish civil war. - New York: Scribner 1973. X, 276 S.

**Matthews**, Herbert L.: The yoke and the arrows. A report on Spain. — New York: Braziller 1957. 203 S.

**Meaker**, Gerald H.: The revolutionary left in Spain, 1914-1923. - Stanford: Stanford University Press 1974. X, 562 S.

**Mirandet**, François: L'Espagne de Franco. — Paris: Hachette 1948. 287 S.

**Montero**, Antonio: Historia de la persecución religiosa en España 1936—1939. — Madrid: Biblioteca de Autores Cristianos 1961. 883 S.

**Nellessen**, Bernd: Die verbotene Revolution. Aufstieg u. Niedergang d. Falange. — (Hamburg:) Leibniz-Verl. (1963). 216 S.
*(Hamburger Beiträge zur Zeitgeschichte. 1.)*

**Nellessen**, Bernhard: Der „Neue Staat" in der Konzeption der Falange. Über die Entwicklung und Bedeutung der Falange bis zur Proklamation der Staatspartei durch General Franco (19. April 1937). — Hamburg 1959. VI, 178 Bl.
*Hamburg, phil. Diss., 4. September 1959.*

**Nelson,** Steve: Die Freiwilligen (The volunteers, dt.) Erlebnisbericht vom Kampf gegen den Faschismus in Spanien. Übers. von Horst Höhne. 2. Aufl. — Berlin: Dietz 1955. 220 S.

**Nenni,** Pietro: Spagna. — Milano, Roma: Ed. Avanti! 1958. 270 S.
    Franz. Ausg. u. d. T.: La guerre d'Espagne. Trad. de l'italien par Jean Baumier. — Paris: Maspero 1959. 291 S.

**Netzer,** Hans-Joachim: Die Entwicklung der spanisch-arabischen Beziehungen. — In: Dtsch. Rdsch. 79 (1953), 348—353.

**Nowell,** Charles E.: A history of Portugal. — New York: van Nostrand 1952. 259 S.

**Olague,** Ignacio: L'Espagne au XXe siècle. — Paris: Calmann-Lévy 1960. 212 S.

**Olivari,** Michele: L'ascesa del capitalismo in Spagna. L'industria catalana nel 1914-18. - In: Riv. Storia contemp. 6 (1977), 187-208.

**Orlowski,** Werner: Das Vorspiel zum Kriege. Zum zwanzigsten Jahrestag des spanischen Bürgerkrieges. — In: Monat 8 (1956), H. 94, 22—30.

**Orwell,** George: Mein Katalonien (Homage to Catalonia, dt.) (Aus d. Engl. von Wolfgang Rieger.) — München: Rütten & Loening (1964). 302 S.

**Parr,** Elizabeth J.: The relations of General Franco and the Spanish nationalists with the Axis powers.
    Aberystwyth (Wales), Diss. 1956.

**Pattee,** R. und A. M. Rothbauer: Spanien, Mythos und Wirklichkeit (This is Spain, dt.) — Graz, Wien, Köln: Styria (1954). 600 S.

**Pattee,** Richard: Portugal and the Portuguese world. — Milwaukee: Bruce: 1957. 350 S.

**Payne,** Robert: The civil war in Spain 1936—1939. — London: Secker & Warburg (1963). 377 S.
    *(History in the making Series.)*

**Payne,** Stanley G.: Falange. A history of Spanisch fascism. — Stanford: Stanford University Press 1961. IX, 316 S.

**Payne,** Stanley G.: Spanish nationalism in the twentieth century. — In: Rev. Politics 26 (1964), 403—422.

**Payne,** Stanley G.: The Spanish revolution. — New York: Norton 1970. XVI, 398 S.
    *(Revolutions in the Modern World.)*

**Payne,** Stanley G.: In the twilight of the Franco era. — In: Foreign Aff. 49 (1970/71), 342—354.

**Pike,** Frederick: Hispanismo, 1898—1936. Spanish conservatives and liberals and their relations with Spanish Americans. — Notre Dame: University of Notre Dame Press 1972. 512 S.

**Plana,** Manuel: Alle origini del fascismo spagnolo. Giménez Caballero e l'esempio italiano. - In: Movim. Liberaz. Italia 25 (1973), H. 111, 65-88.

**Pozarskaja,** S. P.: Bor'ba ispanskogo naroda za sverženie monarchii 14 aprelja 1931 g. — In: Vestnik Moskovskogo Universiteta, Ist.-fil. Serija 1957, H. 3, 79—104.

Preston, Paul: The coming of the Spanish Civil War. Reform, reaction and revolution in the 2. Republic, 1931-1936. - London: Macmillan 1978. XIV, 264 S.

**Preston,** Paul: The origins of the socialist schism in Spain, 1917-31. - In: J. contemp. Hist. 12 (1977), 101-132.

**Puzzo,** Dante A[nthony]: Spain and the great powers 1936—1941. — New York and London: Columbia University Press 1962. VI, 296 S.

**Puzzo,** Dante Anthony: The Spanish civil war. — New York: Van Nostrand 1969. 191 S.

**Rama,** Carlos M.: La crisis española del siglo XX. — México, Buenos Aires: Fondo de Cultura Económica 1960. 376 S.

**Ratcliff,** Dillwyn F.: Prelude to Franco. Political aspects of the dictatorship of General Miguel Primo de Rivera. — New York: Las Americas 1957. 125 S.

**Renn,** Ludwig: Der spanische Krieg. — Berlin: Aufbau-V. 1955. 387 S.

La **responsabilità** dell'Italia fascista nella guerra di Spagna. — In: Movim. Liberaz. Italia, H. 17/18 (März/Mai 1952), 83—86.

**Reventlow,** Rolf: Spanien in diesem Jahrhundert. Bürgerkrieg, Vorgeschichte und Auswirkungen. — Frankfurt a. M.: Europa-Verl. (1968). 504 S.

**Rich,** S. G.: jr. Franco-Spain. A reappraisal. — In: Polit. Science Quart. 67 (1952), 378—398.

**Richards,** V.: Lessons of the Spanish revolution. — London: Freedom Press 1953. 154 S.

**Rivera** Recio, J. F.: La persecusión religiosa en la diocesis de Telodo 1936—1939. Vol. 1. 2. — Toledo: Boletin Oficial del Arzobispado 1958.

**Robinson,** Richard A. H.: The origins of Franco's Spain. The right, the republic and the revolution, 1931—1936. — Newton Abbot: David & Charles 1970. 475 S.
    *(Library of Politics and Society.)*

**Robinson,** R. A. H.: The religious question and the Catholic revival in Portugal, 1900-30. - In: J. contemp. Hist. 12 (1977), 345-362.

**Romero,** Luis: L'aube de la guerre d'Espagne, 18 juillet 1936. — Paris: Laffont 1969. 504 S.
    *(Coll. „Ce jour-là".)*

**Rudel,** Christian: La Phalange. Histoire du fascisme en Espagne. — Paris: Ed. spéciale 1972. 319 S.

**Ruhl,** Klaus-Jörg: Die internationalen Brigaden im Spanischen Bürgerkrieg 1936-1939. - In: Militärgesch. Mitt. 1975, H. 17, 212–224.

**Ruhl,** Klaus-Jörg: Spanien im Zweiten Weltkrieg. Franco, die Falange und das „Dritte Reich". - (Hamburg:) Hoffmann & Campe (1975). 414 S.
    *(Historische Perspektiven. 2.)*

**Sánchez,** José M[ariano]: Reform and reaction. The politico-religious background of the Spanish civil war. — Chapel Hill: University of North Carolina Press 1964. XII, 241 S.

**Sanchez** Agesta, Luis: La revolución liberal. Historia del constitucionalismo español. — Madrid: Inst. de Estudios Politicos 1955. 483 S.

**Seco** Serrano, C.: Historía de España. — Barcelona: Instituto Gallach de libreria y ediciones. —
    4. Epoca contemporanea. 1968. 494 S.

**Sedwick,** Frank: The tragedy of Manuel Azaña and the fate of the Spanish republic. — Columbus: Ohio State University Press 1964. 295 S.

**Sevilla** Andres, Diego: El Portugal de Oliveira Salazar. — Madrid: Ed. del Moviemento 1957. 190 S.

**Shereliff,** J.: Portugal's strategic territories. — In: Foreign Aff. 31 (1952/53), 321—325.

**Soviet shipping** in the Spanish civil war. — New York: Research Program on the USSR 1954. 22 S.
*(Research Program on the USSR. Mimeogr. Series. 59.)*

**Snellgrove,** Laurence E.: Franco and the Spanish Civil War. — New York: McGraw-Hill 1968. IX, 118 S.

**Souchy,** A.: Nacht über Spanien. Bürgerkrieg und Revolution. — Nieder-Beerbach: Freie Gesellschaft 1953. 269 S.

**Southworth,** Herbert R.: La destruction de Guernica. Journalisme, diplomatie, propagande et histoire. Prés. par Pierre Vilar. - Paris: Ruedo ibérico 1975. XXIV, 535 S.

**Spanien** 1900—1965. Beitr. zu e. modernen Ideologiegeschichte. Von Werner Kraus, unter Mitarb. von Karlheinz Barck [u.a.] — München: Fink 1972. 323 S.

**Stavnik,** J.: L'Espagne pendant la guerre. — In: Rev. Hist. deux. Guerre mond., H. 5 (Jan. 1952), 1—16.

**Stern,** Leo: Der Freiheitskampf des spanischen Volkes 1936—1939. Vortrag, gehalten am 18. Juli 1956. — Berlin: Rütten & Loening 1956. 40 S.

**Thomas,** Gordon [u.] Max Morgan Witts: Guernica. The crucible of World War II. - New York: Stein & Day 1975. 319 S.

Thomas, Gordon u. Max Morgan-Witts: Der Tag an dem Guernica starb (The day Guernica died, dt.) Eine Tragödie der europäischen Geschichte. Dtsch. von Günter Panske. - (Zug: Ed. Bergh 1978). 346 S.

**Thomas,** Hugh: Der spanische Bürgerkrieg (The Spanish civil war, dt.) (Dt. Übertr. von Walter Theimer.) — Berlin, Frankfurt/M., Wien: Ullstein (1962). 589 S.

**Thomas,** Hugh: The Spanisch civil war. — London: Eyre & Spottiswoode 1961; New York: Harper. XXIX, 720 S.

Thomas, Hugh: The Spanish Civil War. 3. ed., revised and enlarged. - London: Hamilton (1977). XX, 1115 S.

**Toch,** Josef: Juden im Spanischen Krieg 1936-1939. - In: Zeitgesch. 1 (1973/74), 157—170.

**Trend,** J. B.: Portugal. — London: Benn 1957. 218 S.

**Trevor-**Roper, Hugh R.: Hitler und Franco. Warum nahm Spanien nicht am Kriege teil? — In: Monat 5 (1952/53), T. 2, 625—634.

**Vajsová,** N.: Národnorevolučná vojna Španielsku v rokoch 1936—1939 a její ohlas v ČSR. — In: Československ. Čas. hist. [Praha] 3 (1955), H. 2, 153—190.

**Valdeiglesias,** José Ignazio Escobar de: Spanien in Europa. — In: Neues Abendland 9 (1954), 147—156.

**Vernon,** R.: Insignamenti della rivoluzione spagnola (1936—1939). — Napoli: Ed. R. L. 1957. 206 S.

**Vilanova,** Antonio: Los olivados. Los exilados españoles en la guerra mundial. — Paris: Ruedo Ibérico 1969. XIX, 512 S.

**Vilar,** P.: L'Espagne pendant la guerre. — In: Rev. Hist. deux. Guerre mond. H. 6 (April 1952), 50—56.

**Vittorelli,** Paolo: Le relazioni diplomatiche fra Italia e Spagna. (Durante la guerra civile spagnola.) — In: Ponte 6 (1950), 132—139.

**Watt,** D[onald] C.: Soviet military aid to the Spanish Republic in the civil war 1936—1938. — In: The American Slavic and East European Rev. 19 (1960), H. 91, 536—541.

**Whealey,** Robert: How Franco financed his war, reconsidered. - In: J. contemp. Hist. 12 (1977), 133-152.

**Wheeler,** Douglas L.: Republican Portugal. A political history, 1910-1926. - Madison: University of Wisconsin Press 1978. XII, 340 S.

**Wheeler,** Douglas L.: The Portuguese revolution of 1910. - In: J. mod. Hist. 44 (1972), 172-194.

**Wiarda,** Howard J.: Corporatism and development. The Portuguese experience. - Amherst: University of Massachusetts Press 1977. XIII, 447 S.

**Wohlfeil,** Rainer: Der Spanische Bürgerkrieg 1936—1939. Zur Deutung und Nachwirkung. — In: Vjh. Zeitgesch. 16 (1968), 101—119.

**Zayas,** Alfred Maurice de: Guernica im Lichte neuerer Untersuchungen. - In: Wehrforsch. 3 (1974), 183—187.

## Schweiz

**Adam,** Jost: Die Haltung der Schweiz gegenüber dem national-sozialistischen Deutschland im Jahre 1940. - Mainz 1972. XVII, 322 S.
*Mainz, phil. Diss. vom 31. Januar 1970.*
[Maschinenschr. hektogr.]

**Allgöwer,** Walther: Die politischen Parteien der Schweiz. — In: Polit. Studien 8 (1954/55), 193—199.

**Béguin,** Pierre: Le balcon sur l'Europe. Petite histoire de la Suisse pendant la guerre 1939—1945. — Neuchâtel: La Baconnière (1951). 287 S.

**Bergmann,** Karl Hans: Die Bewegung „Freies Deutschland" in der Schweiz, 1943–1945. Mit e. Beitr. von Wolfgang Jean Stock: Schweizer Flüchtlingspolitik und exilierte deutsche Arbeiterbewegung, 1933–1943. - [München:] Hanser (1974). 271 S.

**Bohnenblust,** Ernst: Geschichte der Schweiz. - (Erlenbach–Zürich:) Rentsch 1974. 589 S.

**Bollinger,** Markus: Die Basler Arbeiterbewegung im Zeitalter des Ersten Weltkrieges und der Spaltung der Sozialdemokratischen Partei. Ein Beitrag zur Geschichte d. schweizer. Arbeiterbewegung. — Basel, Stuttgart: Helbig & Lichtenhahn 1970. VIII, 379 S.
*(Basler Beiträge zur Geschichtswissenschaft. 117.)*
*Diss., Universität Basel.*

**Bonjour,** Edgar: Wirtschaftliche Beziehungen zwischen England und der Schweiz im Zweiten Weltkrieg. - In: Z. schweiz. Gesch. 22 (1972), 591–627.

## GESCHICHTE EINZELNER STAATEN

**Bonjour,** Edgar: Geschichte der schweizerischen Neutralität. Vier Jahrhunderte eidgenössischer Außenpolitik. — Basel: Helbig & Lichtenhahn 1967.
1. 3. Aufl. Nachdr. d. 2., umgearb. u. erw. Aufl. 424 S.
2. 3. Aufl. Nachdr. d. 2., umgearb. u. erw. Aufl. S. 427—820.
3. 1930—1939. 2. Aufl. 431 S.

**Bonjour,** Edgar: Geschichte der schweizerischen Neutralität. Vier Jahrhunderte eidgenössischer Außenpolitik. — Basel: Helbig & Lichtenhahn.
4. 1939—1945. 2., durchges. Aufl. 1970. 488 S.

**Bonjour,** Edgar: Geschichte der schweizerischen Neutralität. - Basel: Helbig & Lichtenhahn.
5. 1939–1945. 1970. 470 S.
6. 1939–1945. 1970. 430 S.
7. Dokumente 1939–1945. 1974. 406 S.
8. Dokumente 1939–1945. 1975. 374 S.

**Bonjour,** Edgar: Geschichte der schweizerischen Neutralität. - Basel: Helbig & Lichtenhahn.
9. Dokumente 1939–1946. 1976. 428 S.

**Bonjour,** Edgar: Versuch einer Normalisierung der schweizerisch-russischen Beziehungen 1925/27. - In: Z. schweiz. Gesch. 23 (1973), 492–509.

**Bourgeois,** Daniel: Documents sur la subversion nazie en Suisse pendant l'été et l'automne 1940. - In: Relat. internat. 1975, H. 3, 107–132.

**Bourgnon** Etienne: La Suisse dans le conflit idéologique contemporain. — In: Pol. étr. 17 (1952), 477—498.

**Brügel,** J. W.: Notwendige Feststellungen zum Bericht über die Flüchtlingspolitik. — In: Rote Rev. [Zürich] 36 (1957), 332—340.
  Behandelt die Haltung einzelner Schweizer Dienststellen gegenüber jüdischen Emigranten aus Deutschland (Fall Rothmund).

**Bruegel,** J. W.: Das Dritte Reich und die Schweiz. — In: Rote Revue Zürich 35 (1956), 296—302.

**Brügel,** J. W.: Die Schweiz im Zweiten Weltkrieg. — In: Rote Revue 37 (1958), 304—306.

**Brugger,** Karl: Wirtschafts- und Pressepolitik der Schweiz im Zweiten Weltkrieg und der schweizerische Neutralitätsstatus. — o. O. 1952. X, 162 Bl.
  Tübingen, rechts- u. staatswiss. Diss. 23. Dezember 1952.

**Codding,** George Arthur, jr.: The federal government of Switzerland. — Boston: Houghton; London: Allen & Unwin 1961. XI, 174 S.

**Dokumente** zum Landesstreik 1918. Hrsg. von Willi Gautschi. — (Zürich:) Benzinger (1971). 455 S.

**Dreifuß,** Eric: Die Schweiz und das Dritte Reich. 4 deutsch-schweizerische Zeitungen im Zeitalter des Faschismus 1933—1939. Vorw. von Willy Bretscher. — Frauenfeld: Huber (1971). 251 S.

**Dürrenmatt,** Peter: Die Politik des neutralen Kleinstaates. — In: Außenpolitik 4 (1953), 88—94.

**Ehrbar,** Hans Rudolf: Schweizerische Militärpolitik im Ersten Weltkrieg. Die militärischen Beziehungen zu Frankreich vor dem Hintergrund der schweizerischen Außen- und Wirtschaftspolitik 1914-1918. - Bern: Stämpfli 1976. 380 S.
  Diss., Universität Basel.

**Fritschi,** Oskar Felix: Geistige Landesverteidigung während des Zweiten Weltkrieges. Der Beitrag der Schweizer Armee zur Aufrechterhaltung des Durchhaltewillens. — Dietikon-Zürich: Stocker-Schmid 1972. 226 S.

**Gignoux,** Claude Joseph: La Suisse. — Paris: Libr. Générale de Droit et de Jurisprudence 1960. 163 S.

**Glaus,** Beat: Die Nationale Front. Eine Schweizer faschistische Bewegung. 1930—1940. — (Zürich:) Benzinger (1969). 503 S.
  Diss., Basel.

**Grieder,** Fritz: Basel im Zweiten Weltkrieg 1939—1945. — Basel: Helbing & Lichtenhahn 1957. 95 S.

**Gruber,** Christian: Die politischen Parteien der Schweiz im Zweiten Weltkrieg. — Frankfurt a. M.: Europa-Verl. (1966). 267 S.

**Guggenheim,** Paul: Völkerbund, Dumbarton Oaks und die schweizerische Neutralität. — Zürich, New York: Europa Verl. (1945). 112 S.

**Haas,** Leonhard: Grimm und Lenins Mai-Aufruf von 1914 an die Schweizer Arbeiter. - In: Schweiz. Z. Gesch. 24 (1974), 401–412.

**Habicht,** M.: The special position of Switzerland in international affairs. — In: Intern. Affairs 29 (1953), 457—463.

**Häberlin,** Hermann: Der Landesgeneralstreik in bürgerlicher Rückschau. — In: Schweiz. Monatsh. 48 (1968/69), 772—786.

**Häsler,** Alfred A.: Das Boot ist voll... Die Schweiz und die Flüchtlinge 1933—1945. — Stuttgart: Fretz & Wasmuth (1967). 364 S.

**Hardmeier,** Benno: Geschichte der sozialdemokratischen Ideen in der Schweiz (1920—1945). — Winterthur: Keller 1957. XX, 198 S.

**Hartmann,** F. H.: The Swiss press and foreign affairs in World War II. — Gainesville: University of Florida Press 1960. 87 S.

**Hindrichs,** G.: Die Schweiz und Europa. — In: Europa-Archiv 11 (1956), 9089—9098.

**Hofer,** Walther: Das schweizerische Milizsystem. — In: Dtsch. Rdsch. 83 (1957), 1013—1027.

**Hofer,** Walther: Neutralität als Maxime der schweizerischen Außenpolitik. — Berlin-Dahlem: Colloquium-V. 1957. 32 S.

**Hornberger,** Heinrich: Schweizerische Handelspolitik im Zweiten Weltkrieg. Ein Überblick auf Grund persönlicher Erlebnisse. — Erlenbach-Zürich: Rentsch 1970. 131 S.

**Hughes,** Christopher: The parliament of Switzerland. — New York: Oxford University Press 1963. 203 S.

**Humbel,** Kurt: Nationalsozialistische Propaganda in der Schweiz 1931–1939. Einige Hauptaspekte der Mittel, Technik, Inhalte, Methoden und Wirkungen der deutschen Propaganda gegenüber Auslandsdeutschen und Deutschschweizern sowie behördliche Abwehrmaßnahmen. - Stuttgart: Haupt 1976. 295 S.
  (Res publica Helvetica. 6.)

**Hunziker,** Guido: Die Schweiz und das Nationalitätenprinzip im 19. Jahrhundert. Die Einstellung d. eidgenöss. Öffentlichkeit zum Gedanken d. Nationalstaates. — Basel, Stuttgart: Helbig & Lichtenhahn 1970. VIII, 192 S.
*(Basler Beiträge zur Geschichtswissenschaft. 120.)*
*Diss., Universität Basel.*

**Joseph,** Roger: L'Union nationale, 1932–1939. Un fascisme en Suisse romande. - Neuchâtel: Ed. de la Baconnière 1975. XXIII, 438 S.

**Jost,** Hans Ulrich: Die Altkommunisten. Linksradikalismus und Sozialismus in der Schweiz 1919 bis 1921. - Stuttgart: Huber (1977). 232 S.

**Jost,** Hans Ulrich: Linksradikalismus in der Deutschen Schweiz, 1914–1918. - Bern: Stämpfli (1973). 206 S.

**Keiser,** César: Herrliche Zeiten 1916–1976. 60 Jahre Cabaret in der Schweiz. Ein Überblick. Mit e. Beitr. von Franz Hohler. - Bern: Benteli (1976). 145 S.

**Kimche,** Jon: General Guisans Zweifrontenkrieg (Spying for peace, dt.) Die Schweiz zwischen 1939 u. 1945. (Berecht. Übertr. aus d. Engl.) — Berlin, Frankfurt/M., Wien: Ullstein (1962). 230 S.

**Kohn,** Hans: Der schweizerische Nationalgedanke. Eine Studie zum Thema „Nationalismus und Freiheit". — Zürich: Neue Zürcher Zeitung 1955. 125 S.

**Kreis,** Georg: General Guisan, Minister Frölicher und die Mission Burckhardt 1940. - In: Schweiz. Z. Gesch. 27 (1977), 99–121.

**Kreis,** Georg: Juli 1940. Die Aktion Trump/Georg Kreis. Mit e. Nachw. von Herbert Lüthy. - Stuttgart: Helbig & Lichtenhahn 1973. VII, 111 S.

**Kreis,** Georg: Auf den Spuren von „La Charité". Die schweizerische Armeeführung im Spannungsfeld des deutsch-französischen Gegensatzes, 1936-1941. - Stuttgart: Helbing & Lichtenhahn 1976. V, 234 S.

**Kreis,** Georg: Zensur und Selbstzensur. Die schweizerische Pressepolitik im Zweiten Weltkrieg. - Stuttgart: Huber (1973). 471 S.
*Diss., Universität Basel.*

**Kurz,** H. R.: Die militärischen Bedrohungen der Schweiz im zweiten Weltkrieg.— In: Allg. Schweiz. Militär-Z. 117 (1951), 757—792.

**Kurz,** Hans Rudolf: Wehrbereite Schweiz. — In: Wehrwiss. Rdsch. 9 (1959), 599—611.

**Lloyd,** William Bross: Waging peace. The Swiss experience. — Washington: Public Affairs Press 1958. VII, 101 S.

(**Luchsinger,** Fred:) Die Neue Zürcher Zeitung im Zeitalter des Zweiten Weltkrieges 1930—1955. (Zum 175jährigen Bestehen der Neuen Zürcher Zeitung, 12. Januar 1955.) — (Zürich: Neue Zürcher Zeitung 1955.) 350 S.

**Luciri,** Pierre: L'industrie suisse à la rescousse des armées alliées. Un épisode de la coopération inter-alliée pendant l'été 1915. - In: Relat. internat. 1974, H. 1, 99–114.

**Luciri,** Pierre: Le prix de la neutralité. La diplomatie secrète de la Suisse en 1914–1915 avec des documents d'archives inédits. - Genève: Inst. universitaires de hautes études internat. 1976. 335 S.

**Ludwig,** Carl: Die Flüchtlingspolitik in der Schweiz in den Jahren 1933 bis 1955. Bericht an den Bundesrat zuhanden der eidgenössischen Räte. — [1957]. 416 S.
Beilage zum Bericht des Bundesrates an die Bundesversammlung über die Flüchtlingspolitik der Schweiz von 1933 bis zur Gegenwart.

**Ludwig,** Carl: Die Flüchtlingspolitik der Schweiz seit 1933 bis zur Gegenwart ⟨1957⟩. Bericht. Stellungnahme: Eduard von Steiger. — Bern: Lang (1966). 416 S.

**Maetzke,** Ernst-Otto: Grundzüge der schweizerischen Pressekontrolle im zweiten Weltkrieg. — In: Vjh. Zeitgesch. 3 (1955), 177—183.

**Maetzke,** Ernst-Otto: Die deutschschweizerische Presse zu einigen Problemen des zweiten Weltkrieges. — Tübingen: Mohr (Siebeck) 1955. VIII, 109 S.

**Matt,** Alphons: Zwischen allen Fronten. Der Zweite Weltkrieg aus der Sicht des Büros Ha. — Stuttgart: Huber (1969). 329 S.

**Meier,** Heinz K.: Friendship under stress. U.S.-Swiss relations 1900—1950. — Bern: H. Lang 1970. 423 S.

**Meyer,** Alice: Anpassung oder Widerstand. Die Schweiz zur Zeit des deutschen Nationalsozialismus. — Frauenfeld: Huber (1965). 227 S.

**Möckli,** Werner: Schweizergeist, Landigeist? Das schweizerische Selbstverständnis beim Ausbruch des Zweiten Weltkrieges. - Zürich: Schulthess (1973). X, 172 S.
*Diss., Universität Zürich.*

**Näf,** Werner: Schweizerische Ausblicke auf die allgemeine Geschichte. — In: Hist. Z. 189 (1959), 506—518.

**Ochsenbein,** Heinz: Die verlorene Wirtschaftsfreiheit 1914—1918. Methoden ausländischer Wirtschaftskontrolle über die Schweiz. — Bern: Stämpfli 1971. 349 S.

**Petitpierre,** M.: La Suisse et sa neutralité dans le monde actuel. — In: Rev. Droit internat. Genève 35 (1957), 373—387.

**Raggenbass,** Otto: Trotz Stacheldraht. 1939—1945. Grenzland am Bodensee und Hochrhein in schwerer Zeit. Mit e. Geleitw. von Carl J. Burckhardt. — Konstanz: Südkurier-Verl. 1964. 228 S.

**Ruffieux,** Roland: L'entrée de la Suisse dans la Société des Nations. — In: Schweiz. Z. Gesch. 11 (1961), 157—192.

**Ruffieux,** Roland: La Suisse de l'entre-deux-guerres. - Lausanne: Payot 1974. 446 S.

**Schmid-Amman,** Paul: Mahnrufe in die Zeit. 4 bewegte Jahrzehnte Schweizer Politik, 1930—1970. — Zürich: Morgarten-Verl. 1972. 264 S.

**Schwarz,** Urs: Die schweizerische Kriegsfinanzierung 1939—1945 und ihre Ausstrahlungen in der Nachkriegszeit. — Winterthur: Keller 1953. 149 S.

Die **Schweiz** im Zweiten Weltkrieg. Das große Erinnerungsbuch an die Aktivdienstzeit 1939—1945. Bearb. unter Mitwirkung d. berufensten Persönlichkeiten von Hans Rudolf Kurz. — Thun: Ott (1959). 400 S.

**Senn,** Alfred Erich: The Russian revolution in Switzerland 1914—1917. — Madison: University of Wisconsin Press (1971). XVI, 250 S.

**Soloveytchik,** George: Switzerland in perspective. — London: Oxford University Press, Cumberlege (1954). VII, 306 S.

**Spindler,** Katharina: Die Schweiz und der italienische Faschismus ⟨1922–1930⟩. Der Verlauf der diplomatischen Beziehungen und die Beurteilung durch das Bürgertum. - Stuttgart: Helbig & Lichtenhahn 1976. VIII, 304 S.
*(Basler Beiträge zur Geschichtswissenschaft. 137.)*
*Diss., Universität Basel.*

**Stadler,** Peter: Zwischen Klassenkampf, Ständestaat und Genossenschaft. Politische Ideologien im schweizerischen Geschichtsbild der Zwischenkriegszeit. Eduard Vischer zum 70. Geburtstag. - In: Hist. Z. 219 (1974), 290–358.

**Stadler,** Peter: Die Schweiz und die deutsche Reichgründung. - In: Gesch. Wiss. Unterr. 25 (1974), 209–227.

**Stamm,** Konrad Walter: Die guten Dienste der Schweiz. Aktive Neutralitätspolitik zwischen Tradition, Diskussion und Integration. - Frankfurt a. M.: Lang 1974. 266 S.
*(Europäische Hochschulschriften. Reihe 3. Gesch. u. ihre Hilfswiss. 44.)*

**Stettler,** Peter: Das außenpolitische Bewußtsein in der Schweiz ⟨1920–1930⟩. Bundesrat u. öffentliche Meinung in Fragen schweizerischer Außenpolitik im ersten Jahrzehnt nach dem Beitritt der Schweiz zum Völkerbund. — Zürich: Leemann 1969. 409 S.
*(Schweizerische Zeitschrift für Geschichte. Beih. 14.)*
*Diss., Bern.*

**Straeßle,** Léon E[tienne]: Die Entwicklung der schweizerischen Neutralität. — Freiburg i. d. Schweiz: Paulus-V. 1951. 223 S.

**Stranner,** Henri: Neutralité suisse et solidarité européenne. — Lausanne: Payot 1960. 296 S.

**Teubner,** Hans: Exilland Schweiz. Dokumentarischer Bericht über den Kampf emigrierter deutscher Kommunisten, 1933-1945. (Hrsg. vom Institut für Marxismus-Leninismus beim ZK der SED.) - Frankfurt a. M.: Röderberg 1975. 373 S.

**Vergotti,** Jacques M.: La neutralité de la Suisse. Son évolution historique et ses aspects dans les relations internationales de la première moitié du XXe siècle. — 173 S.
*Lausanne, Thèse sc. pol. 1954.*

**Waeger,** Gerhart: Die Sündenböcke der Schweiz. Die Zweihundert im Urteil der geschichtlichen Dokumente 1940–1946. — Freiburg: Walter 1971. 288 S.

**Waldkirch,** Eduard von: Militärische Rechte und Pflichten des neutralen Staates im Luftkriege, unter besonderer Berücksichtigung der Schweiz 1939–1945. — In: Jb. internat. Recht 5 (1955), 151–167.

**Willi,** Jost Nikolaus: Der Fall Jacob-Wesemann (1935/36). E. Beitr. zur Geschichte d. Schweiz in d. Zwischenkriegszeit. — Bern: Lang 1972. XXVI. 434 S.
*(Europäische Hochschulschriften. Reihe 3: Geschichte und ihre Hilfswissenschaften. 13.)*

**Wilson,** Hugh Robert: Switzerland. Neutrality as a foreign policy. - Philadelphia: Dorrance 1974. 78 S.

**Wolf,** Walter: Faschismus in der Schweiz. Die Geschichte der Frontenbewegungen in der deutschen Schweiz. — Zürich: Flamberg 1969. 530 S.

**Zimmermann,** Horst: Die Schweiz und Österreichs Anschluß an die Weimarer Republik. Die schweizerisch-österreichischen Beziehungen von 1922–1931. — Bern: Lang 1967. 253 S.
*(Europäische Hochschulschriften, Reihe 3. Geschichte und ihre Hilfswissenschaften. 1.)*

**Zöberlin,** Klaus-Dieter: Die Anfänge des deutsch-schweizerischen Frontismus. Die Entwicklung d. polit. Vereinigungen Neue Front u. Nationale Front bis zu ihrem Zusammenschluß im Frühjahr 1933. — Meisenheim a. Glan: Hain 1970. 275 S.
*(Marburger Abhandlungen zur polischen Wissenschaft. 18.)*
*Diss., Universität Marburg.*

Österreich

Allgemeines

**Allmayer**-Beck, Johann Christoph: Das Ende der Habsburgermonarchie vor 50 Jahren. — In: Donauraum 13 (1968), 205–219.

**Andics,** Hellmut: 50 Jahre unseres Lebens. Österreichs Schicksal seit 1918. — München: Molden (1968). 740 S.

**Andics,** Hellmut: Das österreichische Jahrhundert. Die Donaumonarchie 1804–1918. - München: Molden 1974. 599 S.

**Andics,** Hellmut: Der Staat, den keiner wollte. Österreich 1918—1938. — Wien: Herder (1962). 562 S.

Die **Auflösung** des Habsburgerreiches. Zusammenbruch und Neuorientierung im Donauraum. Hrsg. von Georg Plaschka u. Karlheinz Mack. — München: Oldenbourg 1970. 556 S.
*(Schriftenreihe des österreichischen Ost- und Südosteuropa-Instituts. 3.)*

**Barker,** Elisabeth: Austria 1918-1972. - Coral Gables, Fl.: University of Miami Press 1973. XII, 306 S.

**Beiträge** zur neueren Geschichte Österreichs. Hrsg. von Heinrich Fichtenau u. Erich Zöllner. - Köln: Böhlau 1974. 557 S.
*(Veröffentlichungen des Instituts für österreichische Geschichtsforschung. 20.)*

**Benedikt,** Heinrich [Hrsg.]: Geschichte der Republik Österreich. — München: Oldenbourg (1954). 623 S.

**Bérenger,** Jean: La République autrichienne de 1919 à nos jours. — Paris: Didier 1971. 231 S.
*(Coll. „Monde germanique".)*

**Böhm,** Wilhelm: Das jüngste Bundesland. 40 Jahre Burgenland. — In: Österr. Gesch. Lit. 5 (1961), 378—386.

**Boratyński,** Stefan: „Anschluß" a Liga Narodów. — In: Sprawy Międzynarodowe 11 (1958), H. 9, 41—62.

**Botz,** Gerhard: Beiträge zur Geschichte der politischen Gewalttaten in Österreich von 1918 bis 1933. — Wien 1966.
[1.] XIII, 243 Bl.
[2.] Bl. 244—563.
[3.] Beilagenbd. 257 Bl.
*Wien, phil. Diss. 1966.*

**Botz,** Gerhard: Gewalt in der Politik. Attentate, Zusammenstöße, Putschversuche, Unruhen in Österreich 1918 bis 1934. – (München:) Fink 1976. 358 S.

**Buschbeck,** G. H.: Austria. — London: Oxford University Press 1949. XI, 252 S.

**Busshoff,** Heinrich: Das Dollfuß-Regime in Österreich. In geistesgeschichtlicher Perspektive unter besonderer Berücksichtigung der „Schöneren Zukunft" und „Reichspost". — Berlin: Duncker & Humblot (1968). 322 S.
*(Beiträge zur politischen Wissenschaft. 6.)*
*Diss., Würzburg.*

**Crankshaw,** Edward: The fall of the House of Habsburg. — New York: Viking Press 1963. 459 S.

**Dujmovits,** Walter: Die burgenländische Frage. Ein Beitrag zum Nationalitätenproblem Westungarns nach dem Ersten Weltkrieg. — In: Österr. Osth. 6 (1964), 289—301.

**Ebner,** Anton: Der 25. Juli 1934 und Dr. Anton Rintelen. — In: Österr. Gesch. Lit. 6 (1962), 461—464.

**Engel-**Janosi, Friedrich: Remarks on the Austrian resistance 1938—1945. — In: J. Centr. Europ. Aff. 13 (1953/54), 105—122.

Die Ereignisse des 15. Juli 1927. Protokoll des Symposiums in Wien am 15. Juni 1977. Hrsg. von Rudolf Neck u. Adam Wandruszka. - München: Oldenbourg 1979. 256 S.
*(Veröffentlichungen der Wissenschaftlichen Kommission des Theodor-Körner-Stiftungsfonds und des Leopold-Kunschak-Preises zur Erforschung der österreichischen Geschichte der Jahre 1918 bis 1938. 5.)*

**Ernst,** August: Auflösung und Wiedererrichtung des Burgenlandes (1938—1945). — In: Österr. Gesch. Lit. 15 (1971), 453—465.

**Feldl,** Peter: Das verspielte Reich. Die letzten Tage Österreich-Ungarns. — Hamburg: Zsolnay (1968). 365 S.

Finis Austriae. Österreich, März 1938. (Hrsg.:) Franz Danimann. Mit e. Vorw. von Kirchschläger u. Schlußbetrachtungen von Sinowatz. — Wien: Europaverl. (1978). 286 S.

**Flanner,** Karl: Widerstand im Gebiet von Wiener Neustadt, 1938—1945. — (Wien:) Europa Verl. (1973). 352 S.

**Gamper,** Hans: Die Befreiung Tirols im Mai 1945. — In: Österr. Monatsh. 16 (1960), H. 5, 7—10.

**Göhring,** Walter [u.] Robert Machacek: Start in den Abgrund. Österreichs Weg zum Jahr 1938. Wissenschaftl. Beratung: Hermann Schnell [u.] Erika Weinzierl. Textred. u. Bearb.: Friederike Stadlmann. Dokumentation u. Gestaltung: Franz Stadlmann. (Hrsg.: Stadtschulrat f. Wien u. Kammer f. Arbeiter u. Angestellte f. Wien.) - (Wien: [Selbstverl. d. Hrsg. um 1978]). 64 S.

**Goldinger,** Walter: Geschichte der Republik Österreich. — München: Oldenbourg (1962). 311 S.

**Hantsch,** Hugo: Die Geschichte Österreichs. — Graz, Wien, Köln: Verl. Styria.
1. (4., durchgearb. u. erg. Aufl.) (1959.) 430 S.

**Heer,** Friedrich: Land im Strom der Zeit. Österreich gestern, heute, morgen. — Wien, München: Herold (1958). 387 S.

**Hofmann,** Josef: Der Pfrimer-Putsch. Der steirische Heimwehrprozeß des Jahres 1931. — Wien, Graz: Stiasny (1965). 199 S.
*(Publikationen d. Österr. Inst. f. Zeitgesch. 4.)*

**Hoheneeker,** Leopold: Der Kampf um Österreich im Jahre 1937. — In: Österr. Gesch. Lit. 12 (1968), 253—270.

**Holzer,** Willibald I.: Die österreichischen Bataillone in Jugoslawien 1944–1945. Zur Widerstandsstrategie der österreichischen kommunistischen Emigration. - In: Zeitgesch. 4 (1976/77), 39–55.

**Jagschitz,** Gerhard: Der Putsch. Die Nationalsozialisten 1934 in Österreich. Unter Mitarb. von Alfred Baubin. - Graz: Verl. Styria (1976). 260 S.

Das **Jahr** 1934: 12. Februar. Protokoll des Symposiums in Wien am 5. Februar 1974. (Hrsg. von Ludwig Jedlicka u. Rudolf Neck.) – München: Oldenbourg 1975. 163 S.
*(Wissenschaftliche Kommission des Theodor-Körner-Stiftungsfonds und des Leopold-Kunschak-Preises zur Erforschung der österreichischen Geschichte der Jahre 1927 bis 1938. Veröffentlichungen. 2.)*

Das **Jahr** 1934: 25. Juli. Protokoll des Symposiums in Wien am 8. Oktober 1974. (Hrsg. von Ludwig Jedlicka u. Rudolf Neck.) – München: Oldenbourg 1975. 154 S.
*(Wissenschaftliche Kommission des Theodor-Körner-Stiftungsfonds und des Leopold-Kunschak-Preises zur Erforschung der österreichischen Geschichte der Jahre 1927 bis 1938. Veröffentlichungen. 3.)*

**Jászi,** Oscar: The dissolution of the Habsburg Monarchy. — (Chicago:) The University of Chicago Press; (Toronto: The University of Toronto Press 1961.) XIV, 482 S.
*(Phönix Books. 70.)*

**Jedlicka,** Ludwig: Ein unbekannter Bericht Kaltenbrunners über die Lage in Österreich im September 1944. — In: Österr. Gesch. Lit. 4 (1960), 82—87.

**Jedlicka,** Ludwig: Ende und Anfang. Österreich 1918/19. Wien und die Bundesländer. — (Salzburg: SN-Verl. 1969). 130 S.
*(Politik konkret.)*

**Jedlicka,** Ludwig: Neue Forschungsergebnisse zum 12. Februar 1934. — In: Österr. Gesch. Lit. 8 (1964), 69—87.

**Jedlicka,** Ludwig: Die militärische Landnahme des Burgenlandes und deren innerpolitische Bedeutung. — In: Burgenländ. Heimatbll. 23 (1961), 117—123.

**Jedlicka,** Ludwig: Der 13. März 1938 in der Sicht der historischen Forschung. — In: Donauraum 13 (1968), 141—155.

**Jedlicka,** Ludwig: Bundespräsident Wilhelm Miklas am 13. März 1938. — In: Mitteilungen d. Inst. f. Österr. Geschichtsforschung 71 (1963), 492—498.

**Jedlicka,** Ludwig: Niederösterreich in der Ersten und Zweiten Republik, 1918 bis 1955. - In: Österr. Gesch. Lit. 18 (1974), 208–217.

**Jedlicka,** Ludwig: Österreich 1932—1936. Innen- und außenpolitische Probleme. — In: Religion, Wissensch., Kultur [Wien] 16/21 (1965/70), 99—111.

**Jedlicka,** Ludwig: Saint Germain 1919. - In: Anzeiger d. phil.-hist. Klasse d. Österr. Akad. d. Wiss. 113 (1976), So. 5, 149–181.

**Jedlicka,** Ludwig: Schicksalsjahre Österreichs (1932—1935). — In: D. allgemeinbild. Höh. Schule [Wien] 11 (1962), 200—204 und 12 (1963), 16—18.

Jedlicka, Ludwig: Vom alten zum neuen Österreich. Fallstudien zur österreichischen Zeitgeschichte 1900–1975. (2. Aufl.) - St. Pölten: Verl. Niederösterr. Pressehaus (1977). 496 S.

**Jedlicka,** Ludwig: Zur Vorgeschichte des Korneuburger Eides (18. Mai 1930). — In: Österr. Gesch. Lit. 7 (1963), 146—153.

**Jedlicka,** Ludwig: Der Waffenstillstand von Padua (4. 11. 1918) und seine Folgen aus österreichischer Sicht. - In: Auftrag und Verwirklichung. Festschrift zum 200jährigen Bestand der Kirchenhistorischen Lehrkanzel seit der Aufhebung des Jesuitenordens 1773, Wien: Wiener Dom-Verl. 1974, 327–340.

Das Juliabkommen von 1936. Vorgeschichte, Hintergründe und Folgen. Protokoll des Symposiums in Wien am 10. u. 11. Juni 1976. Hrsg. von Ludwig Jedlicka u. Rudolf Neck. - München: Oldenbourg 1977. 480 S.
*Veröffentlichungen der Wissenschaftlichen Kommission des Theodor-Körner-Stiftungsfonds und des Leopold Kunschak-Preises zur Erforschung der österreichischen Geschichte der Jahre 1927 bis 1938. 4.)*

**Kann,** Robert A[dolf]: Werden und Zerfall des Habsburgerreiches (The Habsburg Empire, dt.) (Die vom Autor approbierte Übers. besorgte Ingeborg Pölzl.) — Graz, Wien, Köln: Verl. Styria (1962). 283 S.

**Kerekes,** Lajos: Abenddämmerung einer Demokratie. Mussolini, Gömbös und die Heimwehr. (Aus d. ungar. [Ms.] übers. von Johanna Till.) — Frankfurt a. M.: Europa-Verl. (1967). 235 S.
*(Europäische Perspektiven.)*

**Kerekes,** Lajos: Die „Weiße Allianz". Bayerisch-österreich-ungarische Projekte gegen die Regierung Renner im Jahre 1920. — In: Österr. Osth. 7 (1965), 354—366.

**Kleinwaechter,** Friedrich F[erdinand] G[abriel]: Von Schönbrunn bis St. Germain. Die Entstehung der Republik Österreich. — (Graz, Wien, Köln:) Verl. Styria (1964). 336 S.

**Klemperer,** Klemens von: Chancellor Seipel and the crisis of democracy in Austria. — In: J. Centr. Europ. Aff. 22 (1962/63), 468—478.

**Klenner,** Fritz: Eine Renaissance Mitteleuropas. Die Nationwerdung Österreichs. Mit e. Vorw. von Fred Sinowatz. - Wien: Europaverl. (1978). 271 S.

**Klusacek,** Christine, Herbert Steiner [u.] Kurt Stimmer [Hrsg.]: Dokumentation zur österreichischen Zeitgeschichte 1938—1945. — Wien: Verl. Jugend und Volk (1971). 595 S.

**Kozeński,** Jerzy: Austria 1918—1968. Dzieje społeczne i polityczene. — (Poznań:) Wyd. Poznańskie 1970. 334 S.

**Kozeński,** Jerzy: The discredit of the idea of Anschluß in the years 1938—1945. — In: Polish West. Aff. 9 (1968), 225—257.

**Kreissler,** Felix: Von der Revolution zur Annexion. Österreich 1918 bis 1938. — Frankfurt a. M.: Europa Verl. (1970). 334 S.

**Kuehnelt-**Leddihn, Erik von: A.E.I.O.U. Ein Österreicher sieht Österreich. — In: Neues Abendland 7 (1952), 531—542.

**Kuehnelt-**Leddihn, Erik von: Cordell Hull und die österreichische Frage. — In: Der europ. Osten 1955, 349—352.

**Leichter,** Otto: Glanz und Ende der Ersten Republik. Wie es zum österreichischen Bürgerkrieg kam. — Wien, Köln, Zürich: Europa Verl. (1964). 256 S.
*(Österreichprofile.)*

**Ludwig,** Eduard: Österreichs Sendung im Donauraum. — Wien: Verl. d. Österr. Staatsdruckerei 1954. 365 S. Geschichte Österreichs 1918—1953.

Maass, Walter B.: Country without name. Austria under Nazi rule 1938- 1945. - New York: Ungar (1979). X, 178 S.

**MacCartney,** Carlyle Aylmer: The Habsburg Empire, 1790—1918. — New York: Macmillan 1969. XIV, 886 S.

**May,** Arthur J.: The passing of the Habsburg monarchy, 1914—1918. — Philadelphia: University of Pennsylvania Press 1966.
1. 496 S.
2. S. 497—864.

**Mikoletzky,** Hanns Leo: Österreichische Zeitgeschichte. Vom Ende d. Monarchie bis zum Abschluß d. Staatsvertrages 1955. — Wien: Austria-Edition; Wien, München: Österr. Bundesverl. (1962). 522 S.

**Mitterücker,** Hermann: Kampf und Opfer für Österreich. Ein Beitrag zur Geschichte des österreichischen Widerstandes 1938 bis 1945. — Wien: Stern 1963. 217 S.

**Molden,** Otto: Der Ruf des Gewissens. Der österreichische Freiheitskampf 1938—1945. Beiträge zur Geschichte der österreichischen Widerstandsbewegung. — Wien, München: Verl. Herold (1958). 370 S.

**Neck,** Rudolf: Das „Wiener Dokument" vom 27. März 1917. — In: Mitt. österr. Staatsarchivs 7 (1954), 294—309.

**Neck,** Rudolf: Zeitgeschichtliche Literatur über Österreich. I. — In: Mitt. österr. Staatsarch. 6 (1953), 423—444.

**Neck,** Rudolf: Simmering, 16. Oktober 1932. ⟨Symptom und Auftakt der österreichischen Tragödie.⟩ - In: Beiträge zur Zeitgeschichte. Festschrift Ludwig Jedlicka zum 60. Geburtstag, St. Pölten: Niederösterr. Pressehaus (1976), 95–112.

**Neumann,** Wilhelm: Abwehrkampf und Volksabstimmung in Kärnten 1918—1920. Legenden und Tatsachen. — Klagenfurt: Selbstverl. d. Kärntner Landesarch. 1970. 153 S.
*(Das Kärntner Landesarchiv. 2.)*

**Neumann,** Wilhelm: Kärnten 1918—1920. Ereignisse, Dokumente, Bilder. — Klagenfurt: Selbstverl. d. Landesmuseums f. Kärnten 1970. 142 S.
*(Buchreihe des Landesmuseums für Kärnten. 29.)*

**Novotny,** Alexander: Die erste Krise der Republik Österreich 1927—1933. — In: Österr. Gesch. Lit. 13 (1969), 163—172.

**Österreich** im Jahre 1918. Berichte und Dokumente. Eingel. u. hrsg. von Rudolf Neck. — München: Oldenbourg 1968. 204 S.

**Österreich** 1927 bis 1938. Protokoll des Symposiums in Wien, 23.—28. Oktober 1972. — München: Oldenbourg 1973. 276 S.
*(Wissenschaftliche Kommission des Theodor-Körner-Stiftungsfonds und des Leopold-Kunschak-Preises zur Erforschung der Österreichischen Geschichte der Jahre 1927 bis 1938. 1.)*

**Peball,** Kurt: Die Kämpfe in Wien im Februar 1934. - Wien: Österr. Bundesverl. f. Unterr., Wiss. u. Kunst 1974. 78 S.
*(Militärhistorische Schriftenreihe. 25.)*

**Plaschka,** Richard Georg, Horst Haselsteiner [u.] Arnold Suppan: Innere Front. Militärassistenz, Widerstand und Umsturz in der Donaumonarchie 1918. Bd 1.2. - München: Oldenbourg.
 1. Zwischen Streik und Meuterei. 1974. 420 S.
 2. Umsturz. 1974. 420 S.

**Pluch,** Thomas: Das Kärntner Plebiszit des Jahres 1920. (Die öffentliche Meinung Kärntens nach dem Ersten Weltkrieg, untersucht im Hinblick auf die Alternative des Plebiszits vom 10. Oktober 1920.) — Wien 1957. VI, 224, 9 gez. Bl. [Maschinenschr.]
*Wien, phil. Diss. 1957.*

**Probleme** der franzisko-josephinischen Zeit 1848—1916. Hrsg. von Friedrich Engel-Janosi u. Helmut Rumpler. — München: Oldenbourg 1967. 119 S.
*(Schriftenreihe des österreichischen Ost- und Südosteuropa-Instituts. 1.)*

**Prokopowitsch,** Erich: Das Ende der österreichischen Herrschaft in der Bukowina. — München: Oldenbourg 1959. 70 S.

**Rauchensteiner,** Manfried: 1945. Entscheidung für Österreich. Eine Bilddokumentation. Hrsg. vom Heeresgeschichtl. Museum, Militärwiss. Inst. in Wien. - (Graz: Verl. Styria 1975). 271 S.

**Reimann,** Viktor: Zu groß für Österreich. Seipel und Bauer im Kampf um die Erste Republik. — Frankfurt a.M.: Molden (1968). 414 S.

**Reisberg,** Arnold: Die militärpolitischen Aspekte der Februarkämpfe 1934 in Österreich. - In: Militärgesch. 15 (1976), 667-680.

**Reisberg,** Arnold: Februar 1934. Hintergründe und Folgen. - Wien: Globus-Verl. 1974. 256 S.

**Renner,** Karl: Österreich von der Ersten zur Zweiten Republik. — Wien: Wiener Volksbuchhandlung 1953. 282 S.
Aus den nachgelassenen Schriften des verstorbenen österreichischen Staatspräsidenten.

**Rieser,** Max: Österreichs Sterbeweg. (Geschrieben in New York, September 1938). — Wien: Europäischer Verl. 1953. 164 S.

**Scheu,** Friedrich: Der Weg ins Ungewisse. Österreichs Schicksalskurve 1929—1938. — München: Molden 1972. 320 S.

**Schlag,** Gerald: Die Angliederung des Burgenlandes an Österreich. — In: Österr. Gesch. Lit. 15 (1971), 433—453.

**Schmidt**-Wulffen, Wulf: Das Burgenland und die deutsche Politik 1918—1921. — In: Österr. Osth. 11 (1969), 270—287.

**Schweighofer,** Franz: Die Wehrmannschaft des Steirischen Heimatbundes 1941—1945. — In: Feldgrau 9 (1961), 155—157.

**Seipel,** Ignaz: Österreich, wie es wirklich ist. — Wien: Braumüller 1953. 59 S.
*(Klassiker der Staatskunst. 25.)*

**Shepherd,** Gordon: The Austrian odyssey. — London: Macmillan 1957. XIV, 302 S.

**Slapnicka,** Harry: Oberösterreich. Hrsg. vom Oberösterr. Landesarchiv. - Linz: [Selbstverl. d. Hrsg.]
 [1.] Von der Monarchie zur Republik. ⟨1918-1927.⟩ [2. Aufl.] 1975. 223 S.
 [2.] Zwischen Bürgerkrieg und Anschluß. ⟨1927-1938.⟩ 1975. 439 S.
 [3.] Die politische Führungsschicht. 1918 bis 1938. 1976. 304 S.
 [4.] Oberösterreich – als es „Oberdonau" hieß. ⟨1938-1945.⟩ 1978. 515 S.
*(Beiträge zur Zeitgeschichte Oberösterreichs. 1.2.3.5.)*

**Spectrum** Austriae. Hrsg. von Otto Schulmeister unter Mitwirk. von Johann Christoph Allmayer-Beck und Adam Wandruszka. — Wien: Herder (1957). 735 S.

**Spiegel,** Tilly: Österreicher in der belgischen Résistance. — Frankfurt a. M.: Europa Verl. (1969). 80 S.
*(Monographien zur Zeitgeschichte.)*

**Spitzmuller,** Alexander: L'automne 1918 en Autriche-Hongrie. — In: Rev. hist. 205 (1951), 69—77.

**Stadler,** K[arl] R[udolf]: The disintegration of the Austrian empire. — In: J. Contemp. Hist. 3 (1968), H. 4, 177—190.

**Stadler,** Karl: Österreich 1938—1945 im Spiegel der NS-Akten. — München: Verl. Herold (1966). 427 S.
*(Sammlung Das einsame Gewissen. 3.)*

**Stadler,** Karl R.: Opfer verlorener Zeiten. Geschichte der Schutzbund-Emigration 1934. Mit e. Vorw. von Bruno Kreisky. - (Wien:) Europaverl. (1974). 396 S.
*(Veröffentlichungen des Ludwig-Boltzmann-Instituts für Geschichte der Arbeiterbewegung.)*

**Steiner,** Herbert: Programme und Richtlinien der österreichischen Widerstandsbewegung. — In: Internat. Hefte d. Widerstandsbewegung 3 (1961), H. 6, 18—27.

**Steiner,** Herbert: Zum Tode verurteilt. Österreicher gegen Hitler. Eine Dokumentation. (Mitarb. u. Kommentar d. Dokumentation: Hugo Pepper.) — Köln: Europa-Verl. (1964). 208 S.

*(Österreichprofile.)*

**Stourzh,** Gerald: Deutsche Geschichtsschreibung über Österreich. — In: Forum 2 (1955), H. 22, 358—360.

**Tapié,** Victor L.: Monarchie et peuples du Danube. — Paris: Fayard 1969. 496 S.

*(Coll. „L'Histoire sans frontières".)*

**Turok,** V. M.: Političeskaja borba v Avstrii i podgotovka anšljussa v 1936—1937 godach. — In: Učen. Zap. nov. & novejšej Ist. 1 (1955), 289—368.

**Turok,** V. M.: Očerki istorii Avstrii 1918—1929. — Moskva: Akad. Nauk SSSR 1955. 586 S.

**Vogl,** Friedrich [Hrsg.]: Österreichs Eisenbahner im Widerstand. — Wien: Verl. d. österr. Gewerkschaftsbundes 1971. 280 S.

**Von** Prinz Eugen bis Karl Renner. Österreichische Lebensbilder aus 3 Jahrhunderten. Hrsg. von Viktor Buchgraber. — Graz, Wien, Köln: Styria (1961). XV, 432 S.

**Weinzierl,** Erika [u.] Peter Hofrichter: Österreich. Zeitgeschichte in Bildern. 1918—1968. ⟨Bilddokumentation.⟩ — Innsbruck: Tyrolia-Verl. (1968). 264 S.

**Wenninger,** Heribert: Die heimliche Fahne. Kampf und Bewährung einer Gemeinschaft junger Menschen aus den Jahren 1938—1945. — Linz: Oberösterr. Landesverl. (1957). 180 S.

**Widerstand** und Verfolgung im Burgenland 1934—1945. Eine Dokumentation. Ausw., Bearb. u. Zsstellung: Wolfgang Neugebauer unter Mitarb. von ... Wiss. Beratung: Herbert Steiner. Hrsg.: Dokumentationsarchiv d. österr. Widerstandes. — Wien: Österr. Bundesverl. (1979). 486 S.

**Widerstand** und Verfolgung in Wien, 1934–1945. Eine Dokumentation. Ausw., Zsstellung [u. Bearb. von Bd 1 u. 2]: Wolfgang Neugebauer. Hrsg.: Dokumentationsarch. d. österr. Widerstandes. — (Wien:) Österr. Bundesverl. f. Unterr., Wiss. u. Kunst; Jugend u. Volk Verlagsges. (1975).
1. 1934–1938. 594 S.
2. 1938–1945. 487 S.
3. 1938–1945. 555 S.

**Winter,** Ernst Karl: Von Habsburg zu Hitler. Erinnerungen anläßlich eines Buches. — In: Hochland 45 (1952/53), 49—59.

**Zeman,** Z. A. B.: The break-up of the Habsburg Empire 1914—18. A study in national and social revolution. — London: Oxford University Press 1961. XVIII, 274 S.

**Zeugen** des Widerstandes. Eine Dokumentation über die Opfer des Nationalsozialismus in Nord-, Ost- und Südtirol von 1938 bis 1945. Bearb. von Johann Holzner, Anton Pinsker [u. a.] — Innsbruck: Tyrolia-Verl. (1977). 112 S.

**Zöllner,** Erich: Geschichte Österreichs. Von d. Anfängen bis zur Gegenwart. 2. Aufl. — Wien: Verl. f. Geschichte u. Politik (1961). 672 S.

## Politik und Staat

**Ableitinger,** Alfred: Ernest von Koerber und das Verfassungsproblem im Jahre 1900. Österr. Nationalitäten- u. Innenpolitik zwischen Konstitutionalismus, Parlamentarismus u. oktroyiertem allgemeinen Wahlrecht. - Köln: Böhlau 1973. 244 S.

*(Studien zur Geschichte der österreichisch-ungarischen Monarchie. 12.)*

**Ardelt,** R. G.: Zwischen Demokratie und Faschismus. Deutschnationales Gedankengut in Österreich 1919—1930. — Wien: Geyer 1972. 212 S.

*(Veröffentlichung des Historischen Instituts der Universität Salzburg.)*

**Bärnthaler,** Irmgard: Die Vaterländische Front. Geschichte und Organisation. — Frankfurt a.M.: Europa Verl. (1971). 238 S.

**Böhm,** Erich: Das österreichische Bundesheer 1920—1938. — In: Feldgrau 7 (1959), 33—36, 89—93, 121—123, 154—158 und 186—191.

**Botz,** Gerhard: Die kommunistischen Putschversuche 1918/19 in Wien. — In: Österr. Gesch. Lit. 14 (1970), 13—23.

**Buttinger,** Joseph: Postscript to Austromarxism. A history of the revolutionary socialists of Austria. — New York: Praeger 1953. 640 S.

**Carsten,** F[rancis] L[udwig]: Faschismus in Österreich. Von Schönerer zu Hitler. - München: Fink 1977. 373 S.

**Charmatz,** Richard: Österreichs Weg zur Demokratie. — In: Dtsch. Rdsch. 81 (1955), 671—676.

**Dallmayr,** Winfried R.: Background and development of the Austrian Constitutional Court. — In: J. Centr. Europ. Aff. 21 (1961/62), 403—433.

**Desput,** Joseph: Die politischen Parteien der Doppelmonarchie und ihre Presse. - In: Österr. Gesch. Lit. 20 (1976), 316–331.

**Deurer,** Helmut H.: Die Rechtslage Österreichs 1938—1945. Der „Anschluß", eine freiwillige Staatenvereinigung oder eine Annexion bzw. Okkupation. Das österreichische Kontinuitätsproblem. — o. O. [1958]. XXII, 333 Bl.

*Köln, rechtswiss. Diss. 10. Februar 1958.*

**Fabri,** Friedrich: Zur Psychologie des österreichischen Nationalgedankens. Unter besonderer Berücksichtigung des legitimistisch-konservativen Denkens (1918—38). — Mainz 1954. XXIV, 99 S.

*Mainz, phil. Diss. 7. Oktober 1955.*

**Fent,** Paul: Der demokratische Sozialismus in Europa. Österreich: Vom Bürgerkrieg zur Koalition. — In: Dokumente 11 (1955), 145—150.

**Führ,** Christoph: Das k. und k. Armeeoberkommando und die Innenpolitik in Österreich. 1914—1917. — Köln, Graz: Böhlau 1968. 190 S.

*(Studien zur Geschichte der Österreichisch-Ungarischen Monarchie. 7.)*

**Funder,** Friedrich: Aufbruch zur christlichen Sozialreform. — Wien, München: Verl. Herold (1953). 171 S.
*(Beiträge zur neueren Geschichte des christlichen Österreich.)*

**Geschichte** der Kommunistischen Partei Österreichs, 1918–1955. Kurzer Abriß. Von einem Autorenkollektiv der Historischen Kommission beim ZK der KPÖ unter Leitung von Friedl Fürnberg. Vorw. von Franz Muhri. — Wien: Globus Verl. (1977). XI, 299 S.

**Gleissner,** Heinrich: Bund und Länder in Österreich. – In: Z. Politik 5 (1958), 230—243.

**Glock,** Robert: Die österreichische Sozialdemokratie nach dem Weltkrieg. — Wien 1951. II, 219 gez. Bl. [Maschinenschr.]
*Wien, phil. Diss. 20. Juni 1952.*

Die **Habsburgermonarchie** 1848–1918. I. A. der Kommission für die Geschichte der österreichisch-ungarischen Monarchie ⟨1848–1918⟩ hrsg. von Adam Wandruszka u. Peter Urbanitsch. – Wien: Verl. d. Österr. Akad. d. Wiss.
 2. Verwaltung und Rechtswesen. 1975. XVIII, 791 S.

**Hannak,** Jacques: Im Sturm eines Jahrhunderts. — Wien: Wiener Volksbuchhandl. 1952. 423 S.
**Behandelt die Geschichte der österreichischen Sozialdemokraten.**

**Hautmann,** Hans: Die Anfänge der linksradikalen Bewegungen und der Kommunistischen Partei Deutschösterreichs 1916—1919. — Wien: Europa Verl. (1970). XV, 176 S.
*(Veröffentlichungen der Arbeitsgemeinschaft für Geschichte der Arbeiterbewegung in Österreich. 7.)*

**Hautmann,** Hans: Rätedemokratie in Österreich, 1918–1924. – In: Österr. Z. Politikwiss. 1 (1972), H. 1, 73–87.

Unser **Heer.** 300 Jahre österr. Soldatentum in Krieg u. Frieden. – (Wien, München, Zürich:) Fürlinger (1963). 547 S.

**Holleis,** Eva: Die Sozialdemokratische Partei. Sozialliberale Bestrebungen in Wien um 1900. – München: Oldenbourg 1978. 122 S.
*(Österreich-Archiv.)*

**Holtmann,** Everhard: Zwischen Unterdrückung und Befriedung. Sozialistische Arbeiterbewegung und autoritäres Regime in Österreich 1933–1938. — München: Oldenbourg 1978. 328 S.
*(Studien und Quellen zur österreichischen Zeitgeschichte. 1.)*
*Diss., Universität Bochum.*

**Hoor,** Ernst: Österreich 1918—1938. Staat ohne Nation. Republik ohne Republikaner. — Wien, München: Österr. Bundesverl. (1966). 162 S.

**Hugelmann,** Karl Gottfried: Das Nationalitätenrecht in Österreich vor und nach dem ersten Weltkriege. — In: Z. Ostforsch. 1 (1952), 269—273.

**Jedlicka,** Ludwig: Die Anfänge des Rechtsradikalismus in Österreich (1919—1925). — In: Wissenschaft u. Weltbild [Wien] 24 (1971), 96—110.

**Jedlicka,** Ludwig: Ein Heer im Schatten der Parteien. Die militärpolitische Lage Österreichs 1918—1938. — Graz, Köln: Böhlau 1955. XI, 200 S.

**Jedlicka,** Ludwig: The Austrian Heimwehr. — In: J. Contemp. Hist. 1 (1966), H. 1, 127—144.

**Jedlicka,** Ludwig: Die österreichische Innenpolitik 1934—1955. — In: Österr. Gesch. Lit. 6 (1962), 247—258.

**Jedlicka,** Ludwig: Das Milizwesen in Österreich. — In: Wehrwiss. Rdsch. 9 (1959), 378—390.

**Kaufmann,** Fritz: Sozialdemokratie in Österreich. Idee und Geschichte einer Partei. Von 1889 bis zur Gegenwart. - Wien: Amalthea-Verl. 1978. 598 S.

**Knoll,** Reinhold: Zur Tradition der christlichsozialen Partei. Ihre Früh- und Entwicklungsgeschichte bis zu den Reichsratswahlen. - Köln: Böhlau 1973. 319 S.
*(Studien zur Geschichte der österreichisch-ungarischen Monarchie. 13.)*
*Diss., Universität Wien.*

**Koch,** Horst-Adalbert: Die österreichischen Luftstreitkräfte 1934—1938. — In: Luftwaffenring 1955, H. 10, 8 bis 10.

Die **Kommunisten** im Kampf für die Unabhängigkeit Österreichs. — Wien: Stern-V. 1955. 295 S.

**Kondert,** Reinhart: Schober und die Heimwehr. Der Niedergang des Austrofaschismus 1929–1930. – In: Zeitgesch. 3 (1975/76), 163–175.

**Konrad,** Helmut: Nationalsozialismus und Internationalismus. Die österreichische Arbeiterbewegung vor dem Ersten Weltkrieg. Mit e. Vorw. von Karl R. Stadler. – Wien: Europaverl. 1976. X, 214 S.
*(Materialien zur Arbeiterbewegung. 4.)*

**Konrad,** Helmut: Widerstand an Donau und Moldau. KPÖ und KSČ zur Zeit des Hitler-Stalin-Paktes. – Wien: Europaverl. (1978). 351 S.
*(Veröffentlichung[en] des Ludwig-Boltzmann-Instituts für Geschichte der Arbeiterbewegung.)*

**Leichter,** Otto: Zwischen zwei Diktaturen. Österreichs Revolutionäre Sozialisten 1934—1938. — Frankfurt a.M.: Europa-Verl. (1968). 468 S.

**Maimann,** Helene: Politik im Wartesaal. Österreichische Exilpolitik in Großbritannien 1938–1945. - Köln: Böhlau (1975). XV, 355 S.
*(Veröffentlichungen der Kommission für neuere Geschichte Österreichs. 62.)*

**Miller,** Susanne: Das Ringen um „die einzige großdeutsche Republik". Die Sozialdemokratie in Österreich und im deutschen Reich zur Anschlußfrage 1918/19. — In: Arch. Sozialgesch. 11 (1971), 1—67.

**Neck,** Rudolf: Arbeiterschaft und Staat im Ersten Weltkrieg 1914—1918. ⟨A. Quellen.⟩ — Wien: Europa-Verl.
 1. Der Staat. ⟨1. Vom Kriegsbeginn bis zum Prozeß Friedrich Adlers, August 1914—Mai 1917.⟩ (1964). XV, 331 S.
*(Veröffentlichungen der Arbeitsgemeinschaft für Geschichte der Arbeiterbewegung in Österreich. 3.)*

**Neck,** Rudolf: Arbeiterschaft und Staat im Ersten Weltkrieg 1914—1918. ⟨A. Quellen.⟩ — Wien: Europa Verl.
 1. Der Staat. ⟨2. Vom Juni 1917 bis zum Ende der Donaumonarchie im November 1918⟩. (1968). LXIII, 735 S.

**Novotny,** Alexander: Der berufsständische Gedanke in der Bundesverfassung des Jahres 1934. — In: Österr. Gesch. Lit. 5 (1961), 209—220.

1918—1968. **Österreich** 50 Jahre Republik. (Red. Zsstellung: Karl Scheidl.) Hrsg. vom Institut für Österreichkunde. — Wien: Hirt (1968). 382 S.

**Patera,** Herbert V.: Unter Österreichs Fahnen. Ein Buch vom österreichischen Soldaten. — Graz, Wien, Köln: Styria 1960. 368 S.

**Pauley,** Bruce F.: Hahnenschwanz und Hakenkreuz (Hahnenschwanz and swastika, dt.) Der steierische Heimatschutz und der österreichische Nationalsozialismus 1918—1934. (Übertr. aus d. Amerikan. von Peter Aschner.) — München: Europa Verl. 1972. 243 S.

**Petersen,** Jens: Konflikt oder Koalition zwischen Christlich-Sozialen und Sozialdemokraten 1933/34? — In: Österr. Gesch. Lit. 16 (1972), 431-435.

**Plchlík,** Karel: Das Ende der österreichisch-ungarischen Armee. — In: Österr. Osthefte 5 (1963), 351—369.

**Plaschka,** Richard G(eorg): Cattaro — Prag. Revolte und Revolution. Kriegsmarine und Heer Österreich-Ungarns im Feuer der Aufstandsbewegung vom 1. Februar und 28. Oktober 1918. — Graz, Köln: Böhlau 1963. 313 S.
*(Veröffentlichungen der Arbeitsgemeinschaft Ost. 3.)*

**Pollak,** Walter: Sozialismus in Österreich. Von der Donaumonarchie zur Ära Kreisky. - Düsseldorf: Econ-Verl. 1979. 319 S.

**Preradovich,** Nikolaus von: Der nationale Gedanke in Österreich 1866—1938. — Göttingen: Musterschmidt [1962]. 32 S.
*(Studien zum Geschichtsbild. 8.)*

**Protokolle** des Gemeinsamen Ministerrats der Österreichisch-Ungarischen Monarchie. 1914—1918. Eingel. u. zsgest. von Miklós Komjáthy. — Budapest: Akadémiai Kiadó 1966. IX, 723 S.
*(Publikationen des Ungarischen Staatsarchivs. II. Quellenpublikationen. 10.)*

**Rape,** Ludger: Die österreichischen Heimwehren und die bayerische Rechte 1920–1923. Mit e. Vorw. von Ludwig Jedlicka. - (Wien:) Europaverl. (1977). 460 S.
*(Veröffentlichung[en] des Ludwig-Boltzmann-Instituts für Geschichte der Arbeiterbewegung.)*

**Rath,** R. John: The first Austrian republic – totalitarian, fascist, authoritarian or what? – In: Beiträge zur Zeitgeschichte. Festschrift Ludwig Jedlicka zum 60. Geburtstag, St. Pölten: Niederösterr. Pressehaus (1976), 163–188.

**Seeler,** Hans-Joachim: Das Staatsangehörigkeitsrecht Österreichs. — Frankfurt a.M., Berlin: Metzner 1957. 188 S.
*(Sammlung geltender Staatsangehörigkeitsgesetze. 20.)*

**Shell,** Kurt L[eo]: Jenseits der Klassen (The transformation of Austrian socialism, dt.) Österreichs Sozialdemokratie seit 1934. (Ins Dtsch. übertr. von Gina Stadler.) — Frankfurt a.M.: Europa Verl. (1969). 360 S.

**Shell,** Kurt L[eo]: The transformation of Austrian socialism. — (New York:) State University of New York 1962. VIII, 303 S.

**Sobolewsky,** Marek: Rola austromarksizmu w rewolucji 1918 r. w Austrii. — Warszawa: Państw. wyd. nauk. 1956. 277 S.

**Šolle,** Zdeněk: Die Sozialdemokratie in der Habsburger Monarchie und die tschechische Frage. — In: Arch. Sozialgesch. 6/7 (1966/67), 315—390.

**Sozialdemokratie** und „Anschluß". Historische Wurzeln. Anschluß 1918 und 1938. Hrsg.: Helmut Konrad. – (Wien:) Europaverl. (1979). 152 S.
*(Schriftenreihe des Ludwig-Boltzmann-Instituts für Geschichte der Arbeiterbewegung. 9.)*

**Stadler,** Karl R.: Hypothek auf die Zukunft (The birth of the Austrian Republic 1918—1921, dt.) Die Entstehung der österreichischen Republik 1918—1921. (Ins Dtsch. übertr. von Gina Stadler.) — Frankfurt a.M.: Europa-Verl. (1968). 280 S.

**Staudinger,** Anton: Bemühungen Carl Vaugrins um Suprematie der Christlich-Sozialen Parteien von Österreich 1930 bis 1933. – In: Mitt. d. Österr. Staatsarchivs 23 (1970), 297-376.

**Staudinger,** Anton: Die „Sozialdemokratische Grenzländerkonferenz" vom 15. September 1933 in Salzburg. E. sozialdemokrat. Angebot militär. Kooperation mit d. Regierung Dollfuß gegen d. Nationalsozialismus. — In: Festschrift Franz Loidl zum 65. Geburtstag, Bd 3, Wien: Hollinek 1970, 247—266.

**Steinböck,** Erwin: Die Volkswehr in Kärnten. Unter Berücksichtigung des Einsatzes der Freiwilligenverbände. — Wien, Graz: Stiasny (1963). 93 S.
*(Publikationen d. Österr. Inst. f. Zeitgesch. 2.)*

**Szecsi,** Maria und Karl Stadler: Die NS-Justiz in Österreich und ihre Opfer. — Wien, München: Herold-Verl. (1962). 126 S.
*(Das einsame Gewissen. 1.)*

**Tzöbl,** Josef A.: Die Anfänge des Parlamentarismus in Österreich. — In: Donauraum 7 (1962), 69—81.

**Wagner,** Friedrich: Der österreichische Legitimismus 1918—1938. Seine Politik und Publizistik. — Wien 1956. 383 gez. Bl. [Maschinenschr.]
Wien, phil. Diss. 16. Mai 1957.

**Wandruszka,** Adam: Die Krisen des Parlamentarismus 1897 und 1933. Gedanken zum Demokratieverständnis in Österreich. - In: Beiträge zur Zeitgeschichte. Festschrift Ludwig Jedlicka zum 60. Geburtstag, St. Pölten: Niederösterr. Pressehaus (1976), 61–80.

**West,** Franz: Die Linke im Ständestaat Österreich. Revolutionäre Sozialisten und Kommunisten 1934-1938. - Wien: Europaverl. (1978). 351 S.
*(Schriftenreihe des Ludwig-Boltzmann-Instituts für Geschichte der Arbeiterbewegung. 8.)*

**Whiteside,** Andrew Gladding: Austrian national socialism before 1918. — The Hague: Nijhoff 1962. 143 S.

**Wistrich,** Robert S.: Socialism and antisemitism in Austria before 1914. - In: Jew. soc. Stud. 37 (1975), 323–332.

**Zellmayr,** Erna: Das österreichische Parlament im Jahre 1918. — Wien 1951. XLVI Bl. [Maschinenschr.]
*Wien, phil. Diss., 7. Febr. 1952.*

## Außenpolitik

**Batowski,** H[enryk]: Austria i Sudety 1919—1938. Zabór Austrii i przygotowanie agresji na Czechosłowację. — (Poznań:) Wydawnictwo Poznańskie 1968. 334 S.

**Benedikt,** Heinrich: Die Friedensaktion der Meinlgruppe 1917/18. Die Bemühungen um einen Verständigungsfrieden nach Dokumenten, Aktenstücken und Briefen. — Graz, Köln: Böhlau 1962. 308 S.
*(Veröffentlichungen der Kommission für Neuere Geschichte Österreichs. 48.)*

**Bihl,** Wolfdieter: Österreich-Ungarn und die Friedensschlüsse von Brest-Litovsk. — Köln: Böhlau 1970. 192 S.
*(Studien zur Geschichte der österreichisch-ungarischen Monarchie. 8.)*

**Bosek,** Eva Marie: Die diplomatischen Beziehungen zwischen Österreich und Großbritannien ⟨1922–1924⟩. — Wien 1974. XI, 280 Bl.
*Wien, phil. Diss. von 1975.*

**Bridge,** F. R.: From Sadowa to Sarajewo. The foreign policy of Austria-Hungary 1866 to 1914. — London: Routledge & Kegan Paul 1972. XVI, 430 S.

**Bruckmüller,** Ernst: Österreich, die Tschechoslowakei und Frankreich in der Zwischenkriegszeit. Politisch-wirtschaftliche Beziehungen. — In: Österr. Gesch. Lit. 16 (1972), 417–431.

**Clute,** Robert E[ugene]: The international legal status of Austria 1938–1955. — The Hague: Nijhoff 1962. XIV, 157 S.

**Ender,** Otto: Vorarlbergs Schweizer Anschluß-Bewegung von 1918 bis 1924. — Dornbirn: Vorarlberger Verlags-Anst. 1952. 68 S.
*(Schriften zur Vorarlberger Landeskunde. 5.)*

**Engel-**Janosi, Friedrich: Geschichte auf dem Ballhausplatz. Essays zur österreichischen Außenpolitik 1830 bis 1945. — Graz, Wien, Köln: Verl. Styria 1964. 346 S.

**Engel-**Janosi, Friedrich: Österreich und der Vatikan. Bd 2: Die Pontifikate Pius X. und Benedikt XV. — Graz: Styria 1960. 420 S.

**Engel-**Janosi, Friedrich: Vom Chaos zur Katastrophe. Vatikan. Gespräche 1918—1938. Vornehml. auf Grund d. Berichte d. österr. Gesandten beim Heiligen Stuhl. — München: Verl. Herold 1971. 320 S.

**Gabor,** S.: Ausztria és a Magyar Tanácsköztársaság. — Budapest: Akadémiai Kiadó 1969. 301 S.

**Grayson,** Cary Travers jr.: Austria's international position 1938—1953. The reestablishment of an independent Austria. — Genève: Droz 1953. XVI, 320 S.
*(Etudes d'Histoire Economique, Politique et Sociale. 5.)*

**Haas,** Hanns: Die deutschböhmische Frage 1918–1919 und das österreichisch-tschechoslowakische Verhältnis. In: Bohemia 13 (1972), 336–383.

**Hanák,** Péter: Die ungarischen Staatsmänner und der Kriegseintritt Italiens. Beiträge zur Außenpolitik Österreich-Ungarns in der Zeit von Juli 1914 bis Mai 1915. — In: Österr. Osth. 11 (1969), 197—215.

**Hudal,** Alois: Die österreichische Vatikanbotschaft 1806—1918. — München: Pohl (1952). XIII, 325 S.

**Jedlicka,** Ludwig: Aufteilungs- und Einmarschpläne um Österreich, 1918—1934. — In: Festschrift Franz Loidl zum 65. Geburtstag, Bd 1, Wien: Hollinek 1970, 96—112.

**Jedlicka,** Ludwig: Jugoslawien, Italien, Österreich. Einige Bemerkungen zum Thema „Krisenjahr 1934". - In: Röm. hist. Mitt. 1976, H. 18, 135–144.

**Jedlicka,** Ludwig: Österreich und Italien 1922—1938. — In: Wissenschaft u. Weltbild [Wien] 26 (1973), 45—61.

**Krizman,** Bogdan: Austro-Hungarian diplomacy before the collapse of the empire. — In: J. Contemp. Hist. 4 (1969), H. 97—115.

**Kromer,** Claudia: Diplomatie und Volksabstimmung. Die Frage Kärnten 1918—1920 in amerikanischer Sicht. — In: Österr. Gesch. Lit. 14 (1970), 401—413.

**Ladner,** Gottlieb: Seipel als Überwinder der Staatskrise vom Sommer 1922. Zur Geschichte der Entstehung der Genfer Protokolle vom 4. Oktober 1922. — Wien, Graz: Stiasny (1964). 195 S.
*(Publikationen d. Österr. Inst. f. Zeitgesch. 1.)*

**Lehmann,** Hartmut: Österreich-Ungarns Belgienpolitik im Ersten Weltkrieg. Ein Beitrag zum deutsch-österreichisch-ungarischen Bündnis. — In: Hist. Z. 192 (1961), 60—93.

**Lorenz,** Reinhold: Kriegsziele und Friedenstendenzen des Ersten Weltkrieges in Österreich. — In: Festschrift Franz Loidl zum 65. Geburtstag, Bd 2, Wien: Hollinek 1970, 183—227.

**Low,** Alfred D.: Die Anschlußbewegung in Österreich und Deutschland 1918–1919 und die Pariser Friedenskonferenz [dt.] Vom Autor ins Deutsche übers. mit Hilfe von Rose S. Low. - (Wien: Braumüller 1975). VII, 254 S.

**Luža,** Radomir: Österreich und die großdeutsche Idee in der NS-Zeit (Austro-German relations in the Anschluss era, dt. Aus d. Engl. übertr. von Doris Haubner.) - Wien: Böhlau 1977. 368 S.
*(Forschungen zur Geschichte des Donauraumes. 2.)*

**Luža,** Radomír: Austro-German relations in the Anschluss era. - (Princeton, N. J.:) Princeton University Press (1976). XVI, 438 S.

**Malfèr,** Stefan: Wien und Rom nach dem Ersten Weltkrieg. Österreichisch-italienische Beziehungen 1919–1923. — Wien: Böhlau 1978. 186 S.
*(Veröffentlichungen der Kommission für Neuere Geschichte Österreichs. 66.)*
*Diss., Universität Wien.*

**Nola,** Carlo di: L'„Anschluss" nei ricordi di uno pseudo-diplomatico. — In: Nuova Antologia 1955, H. 1852, 477—495.

**Raabe,** Ingrid: Beiträge zur Geschichte der diplomatischen Beziehungen zwischen Frankreich und Österreich-Ungarn 1908—1912. — Wien: Verl. Notring 1971. V, 349 S.
*(Dissertationen der Universität Wien. 63.)*
*Wien, phil. Diss. vom 2. April 1970.*

**Schausberger,** Norbert: Die Bedeutung Österreichs für die deutsche Rüstung während des Zweiten Weltkrieges. - In: Militärgesch. Mitt. 1972, H. 1, 57–84.

**Schausberger,** Norbert: Österreich und die nationalsozialistische Anschlußpolitik. - In: Hitler, Deutschland und die Mächte, Düsseldorf: Droste 1976, 729–756.

**Staudinger,** Anton: Deutsch oder nicht-deutsch. Eine slovenische Übersetzung der österreichischen Bundeshymne und die Kriterien ihrer Ablehnung durch das ständestaatlich-autoritäre Österreich. - In: Mladje [Klagenfurt] 1976, H. 23, 88–99.

**Uebersberger,** Hans: Österreich zwischen Rußland und Serbien. Zur südslawischen Frage und der Entstehung des Ersten Weltkrieges. — Köln, Graz: Böhlau 1958. VII, 332 S.

**Verosta,** Stephan: Theorie und Realität von Bündnissen. Heinrich Lammasch, Karl Renner und der Zweibund ⟨1897—1914⟩. — Wien: Europa Verl. 1971. 660 S.

**Zichy,** Ernst: Die Friedensverträge und die Revisionsversuche 1929. — In: Österr. Furche 5 (1949), H. 8.

**Zuderell,** Elfriede Auguste: Die Anschlußbewegung Vorarlbergs an die Schweiz 1918—1921. — [Innsbruck] 1946. VII, 140 gez. Bl. [Maschinenschr.]
*Innsbruck, phil. Diss. 14. Dez. 1946.*

Wirtschaft und soziales Leben

**Barker,** Thomas M.: The Croatian minority of Burgenland. — In: J. Centr. Europ. Aff. 19 (1959/60), 32–56.

**Behm,** Erika [u.] Jürgen Kuczynski: Die Reflexion der Arbeiterbewegung in der Regierungspresse vor dem Ersten Weltkrieg. Eine vornehmlich quantitative Analyse ⟨Österreich⟩. - In: Jb. Wirtschaftsgesch. 1975, 125–138.

**Billings,** Arthur G.: The Austrian economy. Its natural endowment and historical development prior to 1945, its apparent possibilities and the background of the problems involved in the realization of these possibilities. *Cambridge, Mass., Harvard University, Diss. 1952.*

**Böhm,** Anton: Erbe der Jugendbewegung. Ein Rückblick auf Österreich am Beispiel des Bundes Neuland. — In: Wort u. Wahrheit 16 (1961), 29—43.

**Bollmus,** Reinhard: Österreichs Unabhängigkeit im Widerstreit. Neuere Arbeiten über das politische Exil der Österreicher in Großbritannien und der Sowjetunion 1938–1945. (Literaturbericht.) - In: Zeitgesch. 4 (1976/77), 56–75.

**Botz,** Gerhard: Faschismus und Lohnabhängige in der Ersten Republik. - In: Österr. Gesch. Lit. 21 (1977), 102–128.

**Botz,** Gerhard: Groß-Wien. Die nationalsozialistische Stadterweiterung im Jahre 1938. - In: Österr. Gesch. Lit. 17 (1973), 3–14.

**Bruckmüller,** Ernst: Wirtschaftsentwicklung und politisches Verhalten der agrarischen Bevölkerung in Österreich 1867–1914. - In: Vjschr. Soz.- u. Wirtschaftsgesch. 59 (1972), 489–529.

**Butschek,** Felix: Die österreichische Wirtschaft 1938 bis 1945. — Wien: Österr. Inst. f. Wirtschaftsforschung; Stuttgart: Fischer [in Komm.] 1978. 160 S.

**Dujmovits,** Walter: Der Beitrag der in Wien lebenden Burgenländer zur Angliederung ihrer Heimat an Österreich. — In: Österr. Gesch. Lit. 5 (1961), 386—393.

**Gaisbauer,** Alois: Eine Jugendbewegung. Zur Geschichte der jüdischnationalen Studentenbewegung in Österreich 1882–1914. - In: Zeitgesch. 2 (1974/75), 135–147.

**Gall,** Franz: Zur Geschichte des Österreichischen Jungvolks 1935–1938. — In: Beiträge zur Zeitgeschichte. Festschrift Ludwig Jedlicka zum 60. Geburtstag, St. Pölten: Niederösterr. Pressehaus (1976), 217–235.

**Glettler,** Monika: Sokol und Arbeiterturnverein ⟨D.T.J.⟩ der Wiener Tschechen bis 1914. Zur Entwicklungsgeschichte der nationalen Bewegung in beiden Organisationen. — München: Oldenbourg 1970. 116 S.
*(Veröffentlichungen des Collegium Carolinum. 23.)*

**Glettler,** Monika: Die Wiener Tschechen um 1900. Strukturanalyse einer nationalen Minderheit in der Großstadt. — München: Oldenbourg 1972. 628 S.
*(Veröffentlichungen des Collegium Carolinum. 28.)*

**Goldner,** Franz: Die österreichische Emigration 1938 bis 1945. — Wien: Herold Verl. 1972. 348 S.

**Haas,** Hanns: Ansätze zu einer Strukturanalyse minderheitenfeindlicher Politik. Dargestellt am Problem der Kärntner Slowenen in den zwanziger Jahren. — In: Österr. Z. Politikwiss. 6 (1977), 147–162.

Die **Habsburgermonarchie** 1848–1918. I. A. d. Kommission für d. Geschichte d. österr.-ungar. Monarchie (1848–1918) hrsg. von Adam Wandruszka u. Peter Urbanitsch. — Wien: Verl. d. Österr. Akademie d. Wiss.
1. Die wirtschaftliche Entwicklung. Hrsg. von Alois Brusatti. 1973. XIX, 666 S.

**Hautmann,** Hans [u.] Rudolf Kropf: Die österreichische Arbeiterbewegung vom Vormärz bis 1945. Sozialökonomische Ursprünge ihrer Ideologie und Politik. Mit e. Vorw. von Karl R. Stadler. - (Wien:) Europaverl. (1974). 214 S.
*(Schriftenreihe des Ludwig-Boltzmann-Instituts für Geschichte der Arbeiterbewegung. 4.)*

**Heinisch,** Theodor: Österreichs Arbeiter für die Unabhängigkeit 1934 bis 1945. — Frankfurt a. M.: Europa-Verl. (1968). 39 S.
*(Monographien zur Zeitgeschichte.)*

**Hindels,** Josef: Österreichs Gewerkschaften im Widerstand, 1934–1945. (Wien:) Europaverl. (1976). 434 S.

**Huber,** Edmund: Die Geschichte der österreichischen Metallarbeitergewerkschaft von 1914 bis 1934 unter Berücksichtigung ihres Einflusses auf die politische Entwicklung. — Wien 1951. 130 Bl. [Maschinenschr.]
*Wien, staatswiss. Diss. 14. Juli 1951.*

**Jäger,** Martin: Die wirtschaftliche Expansion des deutschen Imperialismus in Österreich 1918—1945. — Berlin 1957. III, 184, 162 Bl. [Maschinenschr. vervielf.]
*Potsdam, Akad. f. Staats- u. Rechtswiss., Diss. 2. Dezember 1959.*

**Karner,** Stefan: Die Aussiedlung der Slovenen in der Untersteiermark. Ein Beispiel nationalsozialistischer Volkstumspolitik. - In: Österr. Gesch. u. Lit. 22 (1978), 154–174.

**Karner,** Stefan: Kärntens Wirtschaft 1938–1945. Unter besonderer Berücksichtigung der Rüstungsindustrie. Mit e. Nachw. von Albert Speer. ([Hrsg.:] Magistrat der Landeshauptstadt Klagenfurt.) - Klagenfurt: [Selbstverl. d. Hrsg.] 1976. XX, 384 S.
*(Wissenschaftliche Veröffentlichungen der Landeshauptstadt Klagenfurt. 2.)*

**Kerekes,** Lajos: Die wirtschaftliche und soziale Lage Österreichs nach dem Zerfall der Doppelmonarchie. - In: Beiträge zur Zeitgeschichte. Festschrift Ludwig Jedlicka zum 60. Geburtstag. St. Pölten: Niederösterr. Pressehaus (1976), 81–94.

**Klingenstein,** Grete: Die Anleihe von Lausanne. Ein Beitrag zur Geschichte der Ersten Republik in den Jahren 1931—1934. — Wien, Graz: Stiasny (1965). 171 S.
*(Publikationen d. Österr. Inst. f. Zeitgesch. 5.)*

**Kramer,** Hans: Die Italiener unter der österreichisch-ungarischen Monarchie. — Wien, München: Verl. Herold (1954) 171 S.

**Maderegger,** Sylvia: Die Juden im österreichischen Ständestaat, 1934–1938. - Wien: Geyer 1973. V, 284 S.
*(Veröffentlichungen des Historischen Instituts der Universität Salzburg. 7.)*

**Matis,** Herbert: Nationalitätenfrage und Wirtschaft in der Habsburgermonarchie. — In: Donauraum 15 (1970), 171–202.

**Moser,** Jonny: Die Judenverfolgung in Österreich 1938—1945. — Frankfurt a. M.: Europa-Verl. 1966. 55 S.
*(Monographien zur Zeitgeschichte. Schriftenreihe des Dokumentationsarchivs des österreichischen Widerstandes.)*

**Neugebauer,** Wolfgang: Bauvolk der kommenden Welt. Geschichte der sozialistischen Jugendbewegung in Österreich. - (Wien:) Europaverl. (1975). 495 S.
*(Veröffentlichungen des Ludwig-Boltzmann-Instituts für Geschichte der Arbeiterbewegung.)*

Österreicher im Exil 1934–1945. (Hrsg.: Kammer f. Arbeiter u. Angestellte f. Oberösterreich. Für d. Inhalt verantwortl.: Max Lotteraner.) – Linz: [Selbstverl. d. Hrsg.] (1977). 40 S.

**Otruba,** Gustav: Zur Geschichte der „Angestellten" und ihrer wachsenden Bedeutung in Österreich bis 1918 (im Vergleich zu Deutschland). - In: Österr. Gesch. Lit. 21 (1977), 74–102.

**Otruba,** Gustav: Hitlers „Tausend-Mark-Sperre" und Österreichs Fremdenverkehr 1933. - In: Beiträge zur Zeitgeschichte. Festschrift Ludwig Jedlicka zum 60. Geburtstag. St. Pölten: Niederösterr. Pressehaus (1976), 113–162.

**Pelinka,** Anton: Stand oder Klasse? Die christliche Arbeiterbewegung Österreichs 1933—1938. — München: Europa Verl. 1972. 334 S.
*(Veröffentlichungen des Ludwig-Boltzmann-Instituts für Geschichte der Arbeiterbewegung.)*

**Pfeifer,** Helfried: Das Recht der nationalen Minderheiten in Österreich. — In: Ostdtsch. Wissenschaft 8 (1961), 265—318.

**Prokopowitsch,** Erich: Die rumänische Nationalbewegung in der Bukowina und der Dako-Romanismus. Ein Beitrag zur Geschichte d. Nationalitätenkampfes in Österreich-Ungarn. — Köln, Graz: Böhlau 1965. 192 S.
*(Studien zur Geschichte d. Österr.-Ungar. Monarchie. 3.)*

**Reitlinger,** Friedrich F.: Die Wirtschaft in der ersten Republik. — In: Österr. Gesch. Lit. 7 (1963), 58—69.

**Ringler,** Ralf Roland: Illusion einer Jugend. Lieder, Fahnen und das bittere Ende. Hitlerjugend in Österreich. Ein Erlebnisbericht. — St. Pölten: Niederösterr. Pressehaus (1977). 223 S.

**Ritter,** Harry R.: Hermann Neubacher and the Austrian Anschluß movement, 1918-40. - In: Centr. Europ. Hist. 8 (1975), 348–369.

**Romanik,** Felix: Der Leidensweg der österreichischen Wirtschaft 1933—1945. — Wien: Österr. Bundesverl. f. Unterricht, Wiss. u. Kunst (1957). 142 S.

**Rosenkranz,** Herbert: The Anschluß and the tragedy of Austrian Jewry 1938—1945. — In: The Jews of Austria, London: Vallentine, Mitchell 1967, 479—546.

**Rosenkranz,** Herbert: „Reichskristallnacht". 9. November 1938 in Österreich. — Frankfurt a. M.: Europa Verl. (1968). 72 S.
*(Monographien zur Zeitgeschichte.)*

**Rumpler,** Helmut: Max Hussarek. Nationalitäten und Nationalitätenpolitik in Österreich im Sommer des Jahres 1918. — Köln, Graz: Böhlau 1965. 118 S.
*(Studien zur Geschichte der Österreichisch-Ungarischen Monarchie. 4.)*

**Schausberger,** Norbert: Griff nach Österreich. Die Kontinuität der sogenannten Anschlußproblematik vom Zollverein bis 1938 unter besonderer Berücksichtigung der wirtschaftlichen Implikationen. - (Klagenfurt: Hochschule für Bildungswissenschaften 1974). V, 810 S.
*Habil.-Schr., Universität Wien.*
[Als Ms. gedr.]

**Schubert,** Kurt [u.] Jonny Moser: Der gelbe Stern in Österreich. Katalog und Einführung zu einer Dokumentation. - Eisenstadt: Roetzer in Komm. 1977. 134 S.
*(Studia Judaica Austriaca. 5.)*

**Schuschnigg,** Kurt von: The national minority question in Austria before and after 1918. — In: J. Centr. Europ. Aff. 18 (1958/59), 367—379.

**Seewann**, Gerhard: Österreichische Jugendbewegung 1900 bis 1938. Die Entstehung der deutschen Jugendbewegung in Österreich-Ungarn 1900-1914 und die Fortsetzung in ihrem katholischen Zweig „Bund Neuland" von 1918-1938. - Frankfurt a. M.: dipa-Verl.
   1. 2. durchges. Aufl. 1974. XXIV, 427 S.
   2. 2. durchges. Aufl. 1974. XXIV, S. 429-1001.
   *(Quellen und Beiträge zur Geschichte der Jugendbewegung. 15.)*

**Suppan**, Arnold: Zwischen Assimilation und nationalpolitischer Emanzipation. Die Kärtner Slovenen vor und im Ersten Weltkrieg ⟨1903-1918⟩. - In: Österr. Osth. 20 (1978), 292-328.

**Tremel**, Ferdinand: Probleme der österreichischen Wirtschaft in der Ersten Republik. — In: Österr. Gesch. Lit. 6 (1962), 106—116.

**Tremel**, Ferdinand: Wirtschafts- und Sozialgeschichte Österreichs von den Anfängen bis 1955. — Wien: Deuticke 1969. 486 S.

**Valeva**, O. P.: Bor'ba rabočego klassa Avstrii protiv reakcii i fašizma (1932 g. — febral' 1934 g.) — In: Nov. Novejš. Ist. 1959, H. 3, 26—48.

**Velter**, Theodor: Die Italiener in der österreichisch-ungarischen Monarchie. Eine volkspolit. u. nationalitätenrechtl. Studie. — München, Wien: Oldenbourg 1965. 112 S.
   *(Österreich-Archiv.)*

**Wallner**, Leopold: Staatskapitalismus in Österreich. — In: Polit. Studien 14 (1963), 299—313.

**Weinzierl**, Erika: Zu wenig Gerechte. Österreicher und Judenverfolgung 1938—1945. — (Graz, Köln:) Styria (1969). 208 S.

**Weinzierl**, Erika: Die Stellung der Juden in Österreich seit dem Staatsgrundgesetz von 1867. — In: Z. Gesch. Juden 5 (1968), 89—96.

**Weissel**, Erwin: Die Ohnmacht des Sieges. Arbeiterschaft und Sozialisierung nach dem Ersten Weltkrieg in Österreich. - (Wien:) Europaverl. (1976). 465 S.
   *(Veröffentlichungen des Ludwig-Boltzmann-Instituts für Geschichte der Arbeiterbewegung.)*

**Wessely**, Kurt: Österreich-Ungarns Wirtschaft vor dem Ersten Weltkrieg. — In: Donauraum 12 (1967), 13—40.

### Kulturelles Leben

**Baumgärtner**, Ernst Georg: Die österreichische Presse in ihrer Stellungnahme zur Anschlußfrage 1918—1938. —(Wien) 1950. 143, VII Bl. [Maschinenschr.]
   Wien, phil. Diss., 6. Juni 1951.

**Bußhoff**, Heinrich: Berufsständisches Gedankengut zu Beginn der 30er Jahre in Österreich und Deutschland. — In: Z. Politik 13 (1966), 451—463.

**Diamant**, Alfred: Austrian catholics and the First Republic. Democracy, capitalism, and the social order 1918—1934. — Princeton, N. J.: Princeton University Press 1960. XII, 325 S.

**Diamant**, Alfred: Austrian catholics and the first republic 1918—1934. A study in anti-democratic thought. — In: West. Polit. Quart. 10 (1957), 603—633.

**Dörrer**, Fridolin: Bistumsfragen Tirols nach der Grenzziehung von 1918. — Innsbruck: Wagner 1955. S. 47—88.
   Sonderdruck aus: Schlern-Schriften 140.

**Duval**, Gottfried: Die Wiener Tagespresse und das Ringen um die zweite Novelle der österreichischen Bundesverfassung 1929. — Wien 1954. Bd 1. 2. [Maschinenschr.]
   Wien, phil. Diss. 22. Dezember 1955.

**Endler**, Franz: Österreich zwischen den Zeilen. Die Verwandlung von Land und Volk seit 1848 im Spiegel der „Presse". Mit e. Vorw. von Otto Schulmeister. - München: Molden (1973). 367 S.

**Ferber**, Walter: Geist und Politik in Österreich. Die Intelligenz und der Nationalsozialismus vor dem Anschluß. — Konstanz: Merz 1955. 36 S.

**Göhring**, Walter: Der Geeinte Rote Studentenverband [GRSV] 1934-1938. - In: Österr. Gesch. Lit. 17 (1973), 298-309.

**Goldinger**, Walter: Die Überleitung der österreichischen Kultusverwaltung nach dem März 1938. - In: Zeitgesch. 5 (1977/78), 418-429.

**Grossberg**, Mimi: Österreichs literarische Emigration in den Vereinigten Staaten 1938. — Frankfurt a. M.: Europa Verl. (1970). 67 S.
   *(Monographien zur Zeitgeschichte.)*

**Handbuch** der österreichischen Pressegeschichte 1848—1959. — Wien, Stuttgart: Braumüller.
   1. Paupié, Kurt: Wien. 1960. 232 S.

**Jambor**, Walter: Österreich im Schrifttum. Ein Beitrag zur staatsbürgerlichen Erziehung. – (Horn, N.Ö. 1960: Berger.) 48 S.

**Jedlicka**, Ludwig: Die österreichischen Bischöfe und die Verhandlungen im März 1938. — In: Österr. Gesch. Lit. 7 (1963), 241—251.

**Johnston**, William M.: Österreichische Kultur- und Geistesgeschichte (The Austrian mind, dt.) Gesellschaft und Ideen im Donauraum, 1848 bis 1938. (Aus d. Amerikan. übertr. von Otto Grohma.) - Köln: Böhlau (1972). 505 S.
   *(Forschungen zur Geschichte des Donauraumes. 1.)*

**Kann**, Robert A.: Hochschule und Politik im österreichischen Verfassungsstaat (1867-1918). - In: Geschichte und Gesellschaft. Festschrift für Karl R. Stadler zum 60. Geburtstag, Wien: Europaverl. (1974), 507—526.

**Mayer**-Maly, Dorothea: Zur Frage der Gültigkeit des Konkordats vom 5. Juni 1933. — In: Österr. Arch. Kirchenrecht 7 (1956), 198—211.

**Moritsch**, Andreas: Das Projekt einer Kulturautonomie für die Kärtner Slovenen im Jahre 1927. - In: Österr. Osth. 20 (1978), 329—337.

**Paupié**, Kurt: Das Pressewesen in Österreich 1918—1938. — In: Österr. Gesch. Lit. 6 (1962), 166—174.

**Plöchl**, Willibald M.: Zur Vorgeschichte des österreichischen Konkordats vom 5. Juni 1933. — In: Religion, Wissenschaft, Kultur 9 (1958), H. 1, 1—9.

**Ramhardter**, Günther: Geschichtswissenschaft und Patriotismus. Österreichische Historiker im Weltkrieg, 1914-1918. - München: Oldenbourg 1973. 230 S.
   *(Schriften des Instituts für Österreichkunde.)*

Rebhann, Fritz M.: Wien war die Schule. — München: Herold (1978). 208 S.
*(Das einsame Gewissen. 8.)*

**Reichhold**, Ludwig: Opposition gegen den autoritären Staat. Christl. Antifaschismus 1934—1938. — Wien: Europa-Verl. 1965. 182 S.
*(Österreichprofile.)*

**Rudolf**, Karl: Aufbau im Widerstand. Ein Seelsorgebericht aus Österreich 1938—1945. — Salzburg: Otto Müller 1954. 453 S.

Scheu, Friedrich: Humor als Waffe. Politisches Kabarett in der Ersten Republik. Mit e. Vorw. von Hertha Firnberg. - Wien: Europaverl. (1977). 303 S.
*(Veröffentlichung[en] des Ludwig-Boltzmann-Instituts für Geschichte der Arbeiterbewegung.)*

**Schwarz**, R.: The Austrian party press and the First Republic. A study in political journalism. — In: Western polit. Quart. 12 (1959), 1038—1056.

**Schwarz**, Robert: „Sozialismus" der Propaganda. Das Werben des „Völkischen Beobachters" um die österreichische Arbeiterschaft, 1938/39. Mit e. Einl. von Gerhard Botz: Ideologie und soziale Wirklichkeit des „nationalen Sozialismus" in der „Ostmark". - Wien: Europaverl. 1975. 159 S.
*(Materialien zur Arbeiterbewegung. 2.)*

**Steiner**, Herbert: Das österreichische Vereinswesen und seine Gleichschaltung nach dem März 1938. — In: Österr. Gesch. Lit. 6 (1962), 215—216.

**Tidl**, Marie: Die Roten Studenten. Dokumente und Erinnerungen 1938-1945. Mit e. Vorw. von Karl R. Stadler. - Wien: Europaverl. 1976. VII, 300 S.
*(Materialien zur Arbeiterbewegung. 3.)*

**Wandruszka**, Adam: Geschichte einer Zeitung. Das Schicksal der „Presse" und der „Neuen Freien Presse" von 1848 zur zweiten Republik. — (Wien: Neue Wiener Presse Druck- u. Verl. Ges. 1958.) 170 S.

**Weinzierl**-Fischer, Erika: Österreichs Katholiken und der Nationalsozialismus. — In: Wort u. Wahrheit 18 (1963), 417—439; 493—526.
T. 1. 1918—1933.
T. 2. 1933—1945.

**Weinzierl**-Fischer, Erika: Die österreichischen Konkordate von 1855 und 1933. — München: Oldenbourg 1960. 271 S.

**Wißhaupt**, Walter: Das Wiener Pressewesen von Dollfuß bis zum Zusammenbruch ‹1933—1945›. — Wien 1950. IV, 183 Bl. [Maschinenschr.]
*Wien, phil. Diss., 21. März 1951.*

## Osteuropa, Ostmitteleuropa

**Ainsztein**, Reuben: Jewish resistance in Nazi-occupied Eastern Europe. With a historical survey of the Jew as fighter and soldier in the Diaspora. – London: Elek (1974). XXVIII, 970 S.

**Annabring**, Matthias: Missionare aus Moskau. — In: Neues Abendland 8 (1953), 115—118.
Behandelt das Schicksal der griechisch-katholischen Kirche in der Karpato-Ukraine, der Tschechoslowakei und in Siebenbürgen.

**Armstrong**, John A[lexander]: Collaborationism in World War II. The integral nationalist variant in Eastern Europe. — In: J. mod. Hist. 40 (1968), 396—410.

**Bodensieck**, Heinrich: Der Zweite Weltkrieg und die nationalsozialistische Herrschaft in Osteuropa. — In: NPL 8 (1963), 110—123.
Literaturbericht.

**Bräutigam**, Otto: Überblick über die besetzten Ostgebiete während des 2. Weltkrieges. — Tübingen 1954. 97 S. [Maschinenschr.]
*(Studien des Instituts für Besatzungsfragen in Tübingen zu den deutschen Besetzungen im Zweiten Weltkrieg. 3.)*

**Ewerth**, Lutz: Der Arbeitseinsatz von Landesbewohnern besetzter Gebiete des Ostens und Südostens im Zweiten Weltkrieg. — o. O. 1954. VIII, 230 gez. Bl. [Maschinenschr.]
*Tübingen, rechts- u. wirtschaftswiss. Diss. 16. Dezember 1954.*

**Forst** de Battaglia, Otto: Zwischeneuropa. Von der Ostsee bis zur Adria. — (Frankfurt a. M.:) Verl. d. Frankfurter Hefte.
1. Polen, Tschechoslowakei, Ungarn. (1954). 438 S.

Národní **fronta** a komunisté. Československo, Jugoslávie, Polsko 1938—1945. (Red.: F. Janáček [u. a.]) — Praha: (Ústav dějin socialismu) 1968. 568 S.

**Halecki**, Oskar: Borderlands of western civilization. A history of East Central Europe. — New York: Ronald Press 1952. 503 S.

**Heiber**, Helmut: Der Generalplan Ost. — In: Vjh. Zeitgesch. 6 (1958), 280—325.

**Herzog**, Robert: Grundzüge der deutschen Besatzungsverwaltung in den ost- und südosteuropäischen Ländern während des zweiten Weltkrieges. — Tübingen 1955: Institut für Besatzungsfragen. XXII, 199, 3 gez. Bl. [Maschinenschr.]
*(Studien des Instituts für Besatzungsfragen in Tübingen zu den deutschen Besetzungen im Zweiten Weltkrieg. 4.)*

**Jackson**, George D.: Comintern and peasant in East Europe, 1919—1930. — New York: Columbia University Press 1966. IX, 339 S.
*(East Central European Studies of Columbia University.)*

**Irredenta** niemiecka w Europie środkowej i południowowschodniej przed II wojną światową. Praca zbiorowa pod red. Henryka Batowskiego. — Katowice: (Państwowe Wyd. Naukowe) 1971. 281 S.

**Karski**, Jan: Material towards a documentary history of the fall of Eastern Europe (1938—1948).
*Washington (Georgetown), D.C., Diss. 1952.*

**Koch**, Hans: Grenzen und Grenzenlosigkeit Osteuropas. — In: Polit. Studien 5 (1955), H. 62, 6—32.

**Krausnick**, Helmut: Zu Hitlers Ostpolitik im Sommer 1943. — In: Vjh. Zeitgesch. 2 (1954), 305—312.

Die **Krise** des Parlamentarismus in Ostmitteleuropa zwischen den beiden Weltkriegen. Wiss. Tagung d. Johann Gottfried Herder-Forschungsrates, Frühjahr 1966. Referate und Diskussionen. Hrsg. von Hans-Erich Volkmann. — Marburg: Herder-Inst. 1967. 184 S.

**Lemberg**, Eugen: Zur Geschichte der deutschen Volksgruppen in Ost-Mitteleuropa. — In: Z. Ostforsch. 1 (1952), 321—345.

**Lemberg**, Eugen: Osteuropa und die Sowjetunion. — Linz: Demokratische Druck- u. Verlagsges. [1951]. 256 S.
(CES-Bücherei. 43.)

**Manusevič**, A. J.: Der große Oktober und die Revolution der 40er Jahre in den Ländern Zentral- und Südosteuropas. Zur Geschichte der Formierung der sozialökonomischen Programme der volksdemokratischen Revolution. – In: Jb. Gesch. 1977, Bd 17, 135–192.

**Ostmitteleuropa** im Zweiten Weltkrieg. Historiographische Fragen in der Literatur über die Geschichte des 2. Weltkrieges in Ostmittel- und Südosteuropa. (Internationale Konferenz Budapest, September 1973.) Hrsg. vom Ungarischen Nationalkomitee für die Erforschung der Geschichte des 2. Weltkrieges. - Budapest: Akadémiai Kiadó 1978. 253 S.

**Ránki**, György, East-Central Europe and World War II (Some questions of the new literature.) – In: Acta hist. 20 (1974), 191–219.

**Raupach**, Hans: Strukturelle und institutionelle Auswirkungen der Weltwirtschaftskrise in Ost-Mitteleuropa. – In: Vjh. Zeitgesch. 24 (1976), 38–57.

**Reiss**, Lionel S.: A world at twilight. A portrait of the Jewish communities of Eastern Europe before the holocaust. — New York: Macmillan 1971. 174 S.

**Rhode**, Gotthold: Preußens Bedeutung für den Protestantismus in Osteuropa. — In: Remter 1954, H. 2, 33—43.

**Rothschild**, Joseph: East Central Europe between the two world wars. - Seattle: University of Washington Press 1974. XVII, 420 S.
(A History of East Central Europe. 9.)

**Seton-Watson**, Hugh: East European revolution. — NewYork: British Book Centre 1951. XV, 406 S.

**Shuster**, George N.: Religion hinter dem Eisernen Vorhang. — Würzburg: Marienburg-V. 1956. 286 S.

**Thorwald**, Jürgen: Wen sie verderben wollen. Bericht eines großen Verrats — Stuttgart: Steingrüben-V. (1952). 605 S.
Freie Darstellung der deutschen Ostpolitik während des zweiten Weltkrieges.

**Viefhaus**, Erwin: Nationale Autonomie und parlamentarische Demokratie. Zur Minderheitenproblematik in Ostmitteleuropa nach 1919. — In: Politische Ideologien und nationalstaatliche Ordnung. Studien zur Geschichte d. 19. u. 20. Jahrhunderts. Festschrift für Theodor Schieder, hrsg. von Kurt Kluxen u. Wolfgang J. Mommsen, München: Oldenbourg 1968, 337—392.

**Volacič**, M.: The Curzon line and territorial changes in Eastern Europe. — In: Belorussian Rev. [München] 1956, H. 2, 37—72.

**Wädekin**, Karl-Eugen: Sozialistische Agrarpolitik in Osteuropa. – Berlin: Duncker & Humblot in Komm.
1. Von Marx bis zur Vollkollektivierung. 1974. 238 S.
2. Entwicklung und Probleme 1960 –1976. 1978. 338 S.
(Osteuropastudien der Hochschulen des Landes Hessen. 1, 63.67.)

**Waldmann**, Eric: An analysis of Germany's policies toward the eastern occupied areas in World War II. [Auszug.] [Maschinenschr.] — Washington: George Washington Univ. 1951. 24 S.
(Graduate Research Study in Foreign Affairs. 102.)

**Zernack**, Kalus: Osteuropa. Eine Einführung in seine Geschichte. - München: Beck (1977). 167 S.
(Beck'sche Elementarbücher.)

## Tschechoslowakei

**Adam**, Magda: Iz istorii vengersko-čechoslovakich otnošenij nakanune vtoroj mirovoj vojny. — In: Vop. Ist. 1960, II. 9, 90—103.

**Alexander**, Manfred: Das Scheitern von Beneš's Vermittlungsdiplomatie im Frühjahr 1924. Über die Probleme der Außenpolitik eines kleinen Staates. - In: Bohemia 17 (1976), 209–239.

**Amort**, Čestmír: Heydrichiáda. — Praha: Naše vojsko 1965. 322 S.
(Dokumenty Edice Svazu Protifašistických Bojovníků. 136.)

**Amort**, Čestmír: Partyzáni na Podbrdsku. — Praha: NV — SPB 1958. 272 S.

**25 ans** d'historiographie tchécoslovaque 1936—1960. — Praha: Nakladatelství Československé Akademie Věd 1960. 494 S.

**Bachstein**, Martin K.: Die Politik der Treuegemeinschaft sudetendeutscher Sozialdemokraten als Hauptrepräsentanz des deutschen Exils aus der Tschechoslowakischen Republik. — In: Das Jahr 1945 in der Tschechoslowakei, München: Oldenbourg 1971, 65—100.

**Bachstein**, Martin K.: Programmdiskussion und Krise in der Deutschen Sozialdemokratischen Arbeiterpartei (DSAP) in der tschechoslowakischen Republik. — In: Bohemia 11 (1970), 308—323.

**Bachstein**, Martin K.: Der Volkssozialismus in Böhmen. Nationaler Sozialismus gegen Hitler. - In: Bohemia 14 (1973), 340–371.

**Bartošek**, Karel: Der Prager Aufstand im Mai des Jahres 1945. — In: Internat. Hefte d. Widerstandsbewegung 3 (1961), H. 5, 81—97.

**Bartošek**, K[arel]: Der Prager Aufstand 1945 (Pražské povstani 1945, Gekürzte Ausg., dt.) (Aus d. Tschech. übertr. von Erwin Thielmann.) — (Berlin:) Dtsch. Militärverl. (1965). 307 S.
(Kleine Militärgeschichte. Befreiungskämpfe.)

**Bartošek**, Karel: Pražské povstání 1945. — Praha: Naše Vojsko 1960. 257 S.

**Bartošek**-Hejda: Československo-sovětské vztahy. — Praha: Státní Naklad. polit. Lit. 1955. 144 S.
Über die tschechoslowakisch-sowjetischen Beziehungen besonders während des zweiten Weltkrieges.

**Beiderseits** der Grenze. Über den gemeinsamen antifaschist. Widerstandskampf von Deutschen, Tschechen und Slowaken 1939 bis 1945. Hrsg. von Horst Köpstein. — Berlin: Dtsch. Militärverl. 1965. 318 S.

**Beneš**, Václav: Pan-slavism and Czechoslovak policy during World War II. — In: Ind. Slavic Studies 1 (1956), 137—164.

**Bianchi,** Leonard: Die tschechoslowakische Republik als bürgerlich-demokratischer Staat. Ein Rückblick auf die Jahre 1918—1938. — Frankfurt a. M.: Metzner 1969. 61 S.
*(Arbeiten zur Rechtsvergleichung. 44.)*

**Birnbaum,** Immanuel: Tschechoslowakei. — Hannover: Verl. f. Literatur u. Zeitgeschehen (1963). 68 S.
*(Hefte zur Ostkunde. 4.)*

**Bodensieck,** Heinrich: Die Politik des Prager Kabinetts Beran der Zweiten Tschecho-Slowakischen Republik (Herbst 1938—Frühjahr 1939). — Kiel 1956. XII, 213 gez. Bl. [Maschinenschr.]
*Kiel, phil. Diss. 13. Oktober 1956.*

**Bodensieck,** Heinrich: Die Politik der Zweiten Tschechoslowakischen Republik (Herbst 1938—Frühjahr 1939). — In: Z. Ostforschung 6 (1957), 54—71.

**Bohmann,** Alfred: Bevölkerungsbewegungen in Böhmen 1847—1947 mit besonderer Berücksichtigung der Entwicklung der nationalen Verhältnisse. — München 1958. XXVII, 320 S.
*(Wissenschaftliche Materialien zur Landeskunde der Böhmischen Länder. 3.)*

**Bohmann,** Alfred: Das Sudetendeutschtum in Zahlen. — München: Sudetendeutscher Rat 1959. 283 S.

**Bohmann,** Alfred: Tschechen und Slowaken in der CSR. — In: Außenpolitik 10 (1959), 676—682.

**Bonnoure,** Pierre: Histoire de la Tchécoslovaquie. — Paris: Presses Universitaires de France 1968. 128 S.
*(Coll. „Que sais-je?" 1034.)*

**Brandes,** Detlef: Die deutsche Reaktion auf die Prager Demonstration im Herbst 1939. - In: Vjh. Zeitgesch. 23 (1975), 210–218.

**Brandes,** Detlef: Die Tschechen unter deutschem Protektorat. Hrsg. vom Vorstand des Collegium Carolinum, Forschungsstelle für die böhmischen Länder. — München: Oldenbourg.
 1. Besatzungspolitik, Kollaboration und Widerstand im Protektorat Böhmen und Mähren bis Heydrichs Tod 1939—1942. 1969. 372 S.
*Diss., Universität München.*

**Brandes,** Detlef: Die Tschechen unter deutschem Protektorat. Hrsg. vom Vorstand des Collegium Carolinum, Forschungsstelle für die böhmischen Länder. - München: Oldenbourg.
 2. Besatzungspolitik, Kollaboration und Widerstand im Protektorat Böhmen und Mähren von Heydrichs Tod bis zum Prager Aufstand ⟨1942–1945⟩. 1975. 205 S.

**Brandes,** Detlef: Der tschechische Widerstand in den letzten Kriegsjahren. — In: Das Jahr 1945 in der Tschechoslowakei, München: Oldenbourg 1971, 101—114.

**Brügel,** J(ohann) W(olfgang): Die Aussiedlung der Deutschen aus der Tschechoslowakei. — In: Vjh. Zeitgesch. 8 (1960), 134—164.

**Brügel,** J. W.: Deutsche Demokraten in der Tschechoslowakei 1935—1938. — In: Dtsch. Rdsch. 86 (1960), 804—812.

**Brügel,** J. W.: Der Fall Karpathorußland. Ein Beitrag zur Entstehungsgeschichte des Kalten Krieges. — In: Europa-Archiv 8 (1953), 6021—6028.

**Brügel,** Johann Wolfgang: Ein unbekanntes Memorandum der sudetendeutschen „Deutschen Nationalsozialistischen Arbeiterpartei" ⟨DNSAP⟩. [Dokumentation.] - In: Z. Ostforsch. 26 (1977), 443–452.

**Brügel,** Johann Wolfgang: Tschechen und Deutsche. - (München:) Nymphenburger Verlagshandl.
 [1.] 1918–1938. (1967). 662 S.
 [2.] 1939–1946. (1974). 325 S.

**Brügel,** J. W.: Vor zehn Jahren in der Slowakei. Ein unbekanntes Kapitel kommunistischen Verrats. — In: Zukunft 1954, 253—259.

**Brügel,** J. W.: Wann hat der Kalte Krieg begonnen? Der Fall Karpato-Rußland. — In: Zukunft 1955, H. 2, 45—48.

Die **„Burg",** einflußreiche politische Kräfte um Masaryk und Beneš. Hrsg. von Karl Bosl. Bd 1.2. - München: Oldenbourg.
 1. Vorträge der Tagung des Collegium Carolinum in Bad Wiessee am Tegernsee vom 23. bis 26. November 1972. 1973. 176 S.
 2. Vorträge der Tagung des Collegium Carolinum in Bad Wiessee am Tegernsee vom 22. bis 25. November 1973. 1974. 218 S.

**Burian,** Peter: Tschechoslowakischer Verzicht auf die Sudetengebiete? Ein Vorschlag František Modráčeks aus dem Juni 1919. - In: Z. Ostforsch. 23 (1974), 468–474.

**Čejka,** E. und B. Klípa: Za svobodu Československa. Kapitoly z dějin československé vojenské jednotky v SSSR za druhé světové války. Svazek třeti: Svoboda se zrodila v boji. — Praha: NV 1960. 563 S.

**Černý,** Bohumil: Vražda v Polné. — Praha: Vydavat. časop. MNO 1968. 215 S.
*(Magnet. 1968, 9.)*

**Červinkova,** Milada: Views and diplomatic activity of Dr. Edvard Beneš in the period of preparation for the Czechoslovak-Soviet treaty of 1943. — In: Historica 17 (1969), 235—274.

**César,** Jaroslav und Bohumil Černý: Politika německých buržoazních stran v Československu v letech 1918—1938. — Praha: Nakladatelstvi Československé Akademie věd.
 1. (1918—1929.) 1962. 512 S.
 2. (1930—1938.) 1962. 584 S.

**César,** Jaroslav: Řešení rolnické otázky v Československe sociální demokracii v letech 1918—1920. — In: Českosl. Čas. hist. 5 (1957), 85—107.

**César,** Jaroslaw und Bohumil Černý: Od sudetoněmeckého separatismu k plánům odvety. Iredentistický puč německých nacionalistů v ČSR v letech 1918—19. — Praha: Severočeské krajské nakladatelství 1960. 232 S.

**Cesta** ke květnu. Vznik lidové demokracie v Československu. [Bearb.:] Miloš Klimeš, Petr Lesjuk [u. a.] Svazek 1. 2. — Praha: Československá Akademie věd 1965.
*(Československo na cestě k socialismu. 1.)*

**Conway,** John S.: The churches, the Slovak state and the Jews, 1939–1945. - In: Slavonic Eastern Europ. Rev. 52 (1974), 85–112.

**Conze,** Werner: Tschechen und Deutsche in Mitteleuropa. Aus der Sicht der Sudetenkrise von 1938. — In: Außenpolitik 4 (1953), 508—517.

**Deák,** Ladislav: Siedmy marec 1936 a malá dohoda. — In: Československ. Čas. hist. 17 (1969), 323—350.

## GESCHICHTE EINZELNER STAATEN

Depeše mezi Prahou a Moskvou 1939 —1941. (Úvod: Gustáv Bareš.) — In: Příspěvky k dějinám KSČ 1967, H. 3, 375—433.

Die **Deutschen** in Böhmen und Mähren. Ein historischer Rückblick. Hrsg. von Helmut Preidel. — Gräfelfing: Gans 1950. 384 S.

**Dobrý**, A.: Hospodářská krize československého průmyslu ve vztahu k Mnichovu. — Praha: NČSAV 1959. 200 S.

**Dokumente** zur sudetendeutschen Frage 1918—1959. Hrsg.: Hauptstelle der Ackermann-Gemeinde, München. — München: Selbstverl. (1960). 134 S.

**Dokumenty** z historie československé politiky 1939—1943. [Hrsg. von] Libuše u. Milada Červinkova. 1. 2. — Praha: Nakladatelství Československé Akademie věd 1966.

**Dokumenty** o protilidové a protinárodní politice T. G. Masaryka. Sborník dokumentů. 2. vyd. — Praha: Orbis 1953. 269 S.
Dokumente über die volksfeindliche und antinationale Politik T. G. Masaryks.

**Dokumenty** o protisovětských piklech československé reakce. Z archivního materiálu o kontrarevoluční Masaryka a Beneše v letech 1917—1924. — Praha: Státní nakladatelství politické literatury 1954. 136, 16 S.

**Doležal**, J[iří]: Jediná cesta. (Cesta ozbrojeného boje v českých zemích.) — (Praha: Naše vojsko 1966.) 323 S.
*(Edice Dokumenty. 141.)*

**Doležal**, J.: Slovenské národni povstáni. (Příspěvěk k jeho vzniku a průběhu.) — Praha: Státni Naklad. polit. Lit. 1954. 232 S.
Über den Aufstand in der Slowakei 1944.

**Doležal**, Jiří und Jan Kren: Die kämpfende Tschechoslowakei. Dokumente über die Widerstandsbewegung des tschechoslowakischen Volkes i. d. Jahren 1938—45. (Aus d. Tschech. übers. von V. Melka.) — Prag: Verl. d. Tschechosl. Akademie d. Wissensch. 1964. 163 S.

**Dolezel**, Stephan: Grundprobleme der tschechoslowakischen Innenpolitik im Spiegel der Gesandtschaftsberichte von Dr. Samuel Saenger (1919–1921). – In: Z. Ostforsch. 23 (1974), 455–467.

**Drda**, Jan: Die stumme Barrikade (Nemá barikáda [dt.] [Erzählungen.] Übers. von Anna Albert.) — Berlin: Volk und Welt 1951. 107 S.
Behandelt die Lage in der Tschechoslowakei 1939—45.

**Dress**, Hans: Slowakei und faschistische Neuordnung Europas 1939—1941. — Berlin: Akademie-Verl. 1972. 199 S.
*(Schriften des Zentralinstituts für Geschichte. Reihe 1: Allgem. u. dtsch. Geschichte. 37.)*

**Dress**, Hans: Für die Wahrheit über den Slowakischen Nationalaufstand. - In: Bull. d. Arbeitskreises „Zweiter Weltkrieg" 1975, H. 1, 28–38.

**Dubina**, Andrej: Slovakia in the light of the Nuremberg trials. — In: Slovakia, Dez. 1953, 55—59.

**Duchacek**, Ivo: The strategy of communist infiltration. Czechoslovakia 1944—1948. — In: World Politics 2 (1949/50), 345—372.

**Duff**, Sheila Grant: German protectorate. The Czechs under Nazi rule. — London: F. Cass 1970. VIII, 296 S.

**Ďurčanský**, Ferdinand: The international aspects of the Slovak question. — New York: Slovak Liberation Comittee 1954. 35 S.

**Ďurčanský**, Ferdinand: Zur Geschichte des slowakischen Volkes. — In: Donauraum 8 (1963), 17—34.

**Dureansky**, Ferdinand: Die Slowaken. — In: Nation Europa 2 (1951), H. 2, 8—10.

**Dureansky**, Ferdinand: Slowaken in der freien Welt. — In: Europ. Osten 2 (1955), 687—691.

**Durica**, Milan St.: La secessione slovacca del 14 marzo 1939 alcuni aspetti della crisi ceco-slovacca. — In: Politico 24 (1959), 131—144.

**Ďurica**, Milan Stanislao: La Slovacchia e le sue relazioni politiche con la Germania 1938—1945. — Padova: Marsilio.
1. Dagli accordi di Monaco all'inizio della seconda guerra mondiale ottobre 1938—settembre 1939. Con 85 documenti inediti. 1964. XV, 274 S.
*(Collana di studi sull'Europa orientale. 2.)*

**Durica**, Milan S.: Dr. Joseph Tiso and the Jewish problem in Slovakia. — In: Slovakia 7 (1957), H. 3/4, 1—22.

**Eissner**, Albin: Die tschechische Bevölkerung im Zweiten Weltkrieg. — In: Außenpolitik 13 (1962), 328—334.

**Evseev**, I. F.: Narodnye Komitety Zakarpatskoj Ukrainy. Organy gosudarstvennoj vlasti 1944—1945. — Moskva: Gosjurisdat 1954. 146 S.

**Ferenc**, Tone: Nemška kolonizacija na Slovenskem v drugi svetovni vojni. – In: Jugosl. ist. Čas. 1974, H. 1/2, 207–215.

**Fic**, Victor M.: Revolutionary war for independence and the Russian question. Czechoslovak army in Russia 1914–1918. – New Delhi: Abhinav Publ. (1977). XV, 270 S.

**Firt**, Julius: Erinnerungen an die Arbeit der tschechoslowakischen Exilregierung in London. - In: Bohemia 16 (1975), 212–267.

**Flottes**, Pierre: Tchécoslovakie, France et Pologne en 1938. — In: Rev. polit. parlement. 56 (1954), 345—353.

Aktuelle **Forschungsprobleme** um die Erste Tschechoslowakische Republik. Unter Mitarb. von Peter Burian, Bohumil Černý [u. a.] Hrsg. von Karl Bosl. — München: Oldenbourg 1969. 208 S.

Die sudetendeutsche **Frage**. Entstehung, Entwicklung und Lösungsversuche 1918–1973. Analysen und Dokumente. (Mitarb.: Hans Jürgen Wünschel [u. a.]) – Mainz: v. Hase & Koehler (1974). 230 S.
*(Politik von heute.)*

**Frantis**, Kurt: Der Aufstand von Banska Bystrica. — In: Der europäische Osten 1954, 155—157.

**Franzel**, Emil: Sudetendeutsche Geschichte. Eine volkstümliche Darstellung. — Augsburg: Kraft (1960). 440 S.

**Franzel**, Emil: Die sudetendeutsche Politik 1918—1938. — In: Donauraum 5 (1960), 213—227.

**Fuchs,** Gerhard: Gegen Hitler und Henlein. Der solidarische Kampf tschechischer und deutscher Antifaschisten von 1933 bis 1938. — Berlin: Rütten & Loening 1961. 334 S.
*(Schriftenreihe der Kommission der Historiker der DDR und der ČSSR. 4.)*

**Gajan,** K.: Spolupráce československé buržoazie s německou reakcí po první světové válce. — In: Českosl. Čas. hist. 8 (1960), 843—855.

**Gajanová,** A.: ČSR a středoevropská politika velmocí ⟨1918—1938⟩. — Praha: Academia 1967. 386 S.

**Gasiorowski,** Zygmunt J.: Czechoslovakia and the Austrian question 1918—1928. — In: Südostforschungen 16 (1957), 87—122.

**Glaser,** Kurt: Czecho-Slovakia. A critical history. — Caldwell: Caxton 1961. 275 S.

**Glaser,** Kurt: Die Tschecho-Slowakei (Czecho-Slovakia, a critical history, [dt.]) Politische Geschichte eines neuzeitlichen Nationalitätenstaates. (Aus d. Amerikan. von Egon Heymann.) — Frankfurt a. M.: Athenäum Verl. 1964. 307 S.

**Gleichgewicht,** Revision, Restauration. Die Außenpolitik der Ersten Tschechoslowakischen Republik im Europasystem der Pariser Vorverträge. Hrsg. von Karl Bosl. Vorträge der Tagung des Collegium Carolinum in Bad Wiessee am Tegernsee vom 27.–30. 11. 1975 und vom 22.–25. 4. 1976. — München: Oldenbourg 1976. 424 S.

**Gosiorovský,** Miloš: Slovenské národné povstanie roku 1944. — In: Čsl. Časopis Hist. 2 (1954), 573-599.

**Gosztony,** Peter: Die tschechoslowakische Armee in der Sowjetunion 1941/45. — In: Polit. Stud. 20 (1969), 567—575.

**Graca,** Bohuslav: 14. marec 1939. — Bratislava: Slov. Vyd. polit. lit. 1959. 154 S.

**Grünhut,** Aron: Katastrophenzeit des slowakischen Judentums. Aufstieg und Niedergang der Juden von Pressburg. — (Tel Aviv:) Selbstverl. d. Verf. (1972). 203 S.

**Grünn,** Egon Georg: (Die tschechoslowakische Republik. Eine staatsrechtliche Betrachtung ihrer Entwicklungsgeschichte bis 1948.) — (Wien [1951].) 163 Bl. [Maschinenschr.]
*Wien, staatswiss. Diss. 14. Juli 1951.*

**Hájek,** Miloš: Od Mnichova k 15. březnu. — Praha: Státní nakl. polit. lit. 1959. 179 S.

**Hamšík,** Dušan u. Jiří Pražák: Eine Bombe für Heydrich (Bomba pro Heydricha, dt.) (Aus d. Tschech. Dt. v. Bruno Liehm.) — Berlin: Buchverl. Der Morgen 1964. 364 S.

Biographisches **Handbuch** der Tschechoslowakei. Bearb. von Heinrich Kuhn u. Otto Böss. — München: Lerche 1961. XIII, 640 S.
*(Veröffentlichungen des Collegium Carolinum.)*

**Hass,** Ludwik: Wolnomularstwo w międzywojennej Republice Czechosłowackiej. - In: Studia Dziej. ZSRR Eur. Środk. 10 (1974), 25–74.

A **history** of the Czechoslovak Republic, 1918-1948. Ed. by Viktor S. Mamaty [u.] Radomír Luza. - Princeton, N. J.: Princeton University Press 1973. XI, 534 S.

**Hletko,** Peter P.: The Slovaks and the Pittsburgh pact. — In: Slovakia 18 (1968), H. 41, 5—54.

**Hoensch,** Jörg K[onrad]: Geschichte der Tschechoslowakischen Republik. 1918—1965. — Stuttgart: Kohlhammer (1967). 180 S.
*(Urban-Bücher. 96.)*

**Hoensch,** Jörg K.: Geschichte der Tschechoslowakischen Republik, 1918-1978. 2., verb. u. erw. Aufl. - Mainz: Kohlhammer (1978). 186 S.

**Hoensch,** Jörg K[onrad]: Die Slowakei und Hitlers Ostpolitik. Hlinkas Slowakische Volkspartei zwischen Autonomie und Separation 1938/39. — Köln, Graz: Böhlau 1965. XII, 390 S.
*(Beiträge zur Geschichte Osteuropas. 4.)*

**Hohlbaum,** Robert: Die Sudetendeutschen. — In: Nation Europa 3 (1953), H. 3, 41—44.

**Holotík,** Ludovit: Októbrová revolúcia a národno-oslobozovacie hnutie na Slovensku v rokoch 1917—1918. — Bratislava: SAV 1958. 165 S.

**Holotíková,** Zdenka: Bol'ševizačný proces KSČ v rokoch 1924—1929. — In: Hist. Čas. [Bratislava] 5 (1957), 204—219.

**Hořec,** Jaromír: Cesty, ktoré viedli k Mníchovu. — Bratislava: Slov. Vyd. polit. Literatury 1955. 461 S.

**Hory,** Ladislas: Der slowakische Partisanenkampf 1944/45. — In: Osteuropa 9 (1959), 779—784.

**Hulicka,** Karel: The politics of Czechoslovakia, 1938—1951.
*Berkeley, Calif., Diss. 1952.*

**Husák,** Gustáv: Svedectvo o Slovenskom národnom povstaní. — (Bratislava:) Vydavateľstvo politickej literatúry 1964. 617 S.

**Hutak,** J. B.: With blood and with iron. The Lidice story. — London: Hale 1957. 160 S.

**Jahn,** Egbert K[urt]: Die Deutschen in der Slowakei in den Jahren 1918—1929. E. Beitr. zur Nationalitätenproblematik. — München: Oldenbourg 1971. 186 S.
*(Veröffentlichungen des Collegium Carolinum. 25.)*
*Diss., Universität Marburg.*

**Jaksch,** Wenzel und Othmar Viererbl: „Sudetendeutsche Reaktion". — In: Gewerksch. Monatsh. 5 (1954), 368—370.

**Jandera,** A. [u. a.]: Kapitoly z dějin předmnichovské republiky. 1. vyd. — Praha: Orbis 1953. 274 S.
Kapitel aus der Geschichte der Tschechoslowakischen Republik der Vormünchener Zeit.

**Jilemnický,** Peter: Der Wind dreht sich. Eine Chronik vom slowakischen Aufstand 1944. — Berlin: Aufbau-V. 1951. 341 S.

**Jelinek,** Yeshayahu: The Parish-Republic. Hlinka's Slovak People Party 1939-1945. - New York: Columbia University Press 1976. VIII, 206 S.
*(East-European Monographs. 14.)*

**Jelinek,** Yeshayahu: Slovakia's international policy and the Third Reich, August 1940—February 1941. — In: Centr. Europ. Hist. 4 (1971), 242—270.

# GESCHICHTE EINZELNER STAATEN

**Jíša,** V. und A. Vaněk: Škodovy závody 1918—1938. — Praha: Práce 1962. 548 S.

**Jüttner,** Alfred: Nationalitätenrechte und Selbstbestimmungsrecht der Völker. Ein Beitrag zu den staatsrechtlichen und völkerrechtlichen Veränderungen im böhmisch-mährischen Raum. — o. O. [1958]. VII, 146 S. [Maschinenschr. vervielf.]
*Mainz, rechts- u. wirtschaftswiss. Diss. 15. Juni 1958.*

**Kaiser,** Hans: Die Eingliederung der Slowakei in die nationalsozialistische Kriegswirtschaft. — In: Das Jahr 1945 in der Tschechoslowakei, München: Oldenbourg 1971, 115—138.

**Káňa,** Otakar: Aktionen der deutschen Nationalisten im Industrierevier Ostrau-Oberschlesien im Interesse des deutschen Imperialismus 1918 bis 1939. - In: Jb. Wirtschaftsgesch. 1973, T. 3, 69-86.

**Karmasin,** Franz: War es so richtig, Vater Raiffeisen? Das deutsche Genossenschaftswesen in der Slowakei. — München: Klinger 1956. 40 S.

**Kavka,** František: Geschichte der Tschechoslowakei. Kurzer Abriß. (Dtsch. [Übers. aus d. Ms.] von Karel Havránek.) — Prag: Orbis-Verl. (1968). 233 S.

**Kirschbaum,** Joseph M.: The constitution of the Slovac republic. — In: Slovakia 9 (1959), H. 29, 47—68.

**Kirschbaum,** Joseph M.: Slovakia. Nation at the crossroads of Central Europe. — New York: Speller 1960. XIX, 371 S.

**Kiszling,** Rudolf: Wie die deutschen Sudetenländer 1918 unter tschechische Herrschaft kamen. — In: Österr. in Gesch. u. Lit. 3 (1959), 18—23.

**Koclská,** Anna: Robotníci Bratislavských závodov v boji proti fašizmu v rokoch 1939—1940. — In: Hist. Čas. [Bratislava] 4 (1956), H. 1, 24—47.

**Konopka,** Vladimir: Lidice. — Praha: Mir 1953. 39 S.

**Kořalka,** Jiří: Das Nationalitätenproblem in den böhmischen Ländern 1848—1918. — In: Österr. Osth. 5 (1963), 1—12.

**Kořalka,** Jiří: Vznik Československé republiky roku 1918 v oficiální politice Německé říše. — In: Československ. Čas. hist. 16 (1968), 819—848.

**Korbel,** Josef: Twenthieth-century Czechoslovakia. The meanings of its history. - New York: Columbia University Press 1977. 346 S.

**Korbel,** Josef: The communist subversion of Czechoslovakia 1938—1948. The failure of coexistence. — Princeton, N. J.: Princeton University Press 1959. XII, 258 S.

**Korkisch,** Friedrich: Die verfassungsrechtliche Entwicklung in der Tschechoslowakei bis zur Verfassung vom 9. Mai 1948. — In: Z. ausl. öff. Recht Völkerr. 13 (1950/51), 670—687.

**Kovář,** Ladislav: KSČ v boji za jednotnou frontu proti fašismu (1933—1935). — Praha: SNPL 1958. 344 S.

**Kozénski,** Jerzy: Czechosłowacja w polskiej polityce zagranicznej w latach 1932—1938. — Poznań: Inst. Zachodni 1964. 319 S.

**Krakau,** Knud: Willkür und Recht. Zur nationalsozialistischen Regelung der Staatsangehörigkeit — besonders der Juden — im sogenannten „Protektorat Böhmen und Mähren". — Hamburg: In Kommission bei d. Gesellsch. für Völkerrecht u. Auswärtige Politik 1966. 81 S.

**Král,** Václav: Die Deutschen in der Tschechoslowakei 1933—1947. Dokumentensammlung. Zsgest., mit Vorw. u. Anm. vers. — Praha: Nakladatelství Československe Akademie věd 1964. 663 S.
*(Acta occupationis Bohemiae et Moraviae.)*

**Král,** V.: Intervenční válka československé buržoasie proti madjarské sovetské republice v roce 1919. — Praha: Naklad Csl. Akad. Ved 1954. 292 S.

**Král,** Václav: Otázky hospodářského a sociálního vývoje v českých zemích v letech 1938—1945. Díl 2. — Praha: Československá Akademie Věd, Historický Ústav 1958. 476 S.

**Král,** Václav: Otázky hospodářského a sociálního vývoje v českých zemích v letech 1938—1945. Díl 3. — Praha: Československá Akademie Věd, Historický Ústav 1959. 377 S.

**Král,** Václav: The policy of Germanisation enforced in Bohemia and Moravia by the fascist invaders during the second world war. — In: Historica 2 (1960), 273—303.

**Král,** Václav: Pravda o ocupaci. — Praha: Naše vojsko 1962. 359 S.

**Král,** Václav [Hrsg.]: Die Vergangenheit warnt. Dokumente über die Germanisierungs- u. Austilgungspolitik d. Naziokkupanten in d. Tschechoslowakei. Ausw. d. Dokumente: Karel Fremund u. Václav Král. — Prag: Orbis 1960. 174 S.

**Kramer,** Juraj: Iredenta a separatizmus v slovenskej politike 1919—1938. Štúdia o ich vzťahu. — Bratislava: Slov. Vyd. polit. lit. 1957. 248 S.

**Kramer,** Juraj: Slovenské autonomistické hnutie v rokoch 1918—1920. — In: Českosl. Čas. hist. 9 (1961), 346—373.

**Kropilák,** M.: Národnooslobodzovací boj na Slovensku r. 1945 — v poslednej etape bojov za oslobodenie ČSR. — In: Československ. Čas. hist. [Praha] 3 (1955), H. 4, 611—626.

**Kropilák,** Miroslav: Vojenské operácie v slovenskom národnom povstaní bojové akcie I. čs. armády. — In: Hist. Cas. [Bratislava] 5 (1957), 7—39.

**Kropilak,** Miroslav: Učast vojakov v slovenskom národnom povstani. — Bratislava: Slovenska Akademia Vied 1960. 163 S.

**Krüger,** Peter: Die Tschechoslowakei in den Verhandlungen der Alliierten von der Atlantik-Charta bis zur Potsdamer Konferenz. — In: Das Jahr 1945 in der Tschechoslowakei, München: Oldenbourg 1971, 37—64.

**Kühn,** Johannes: Böhmen in Mitteleuropa — Böhmen in der Welt. Gedanken über böhmische Geschichte. — In: Außenpolitik 4 (1953), 753—769.

**Kuhn,** Heinrich: Handbuch der Tschechoslowakei. (Veröffentlichung des Collegium Carolinum, Forschungsstelle für die böhmischen Länder. Mitarb.: Otfried Pustejovsky u.a.) — (München:) Lerche 1966. 1021 S.

**Kuhn,** Heinrich: Von der Massenpartei zur Staatspartei. Die kommunistische Bewegung in der Tschechoslowakei von der Gründung der Republik 1918 bis zum Februarputsch 1948. - (Köln: Bundesinst. f. Ostwiss. u. Internat. Studien) 1978.
1. Der vergebliche Weg zu einem „tschechoslowakischen" Kommunismus. VI, 83 S.
2. Die Bolschewisierung der kommunistischen Partei. 95 S.
3. Von der Illegalität zur Staatspartei. 67 S.
*(Berichte des Bundesinstituts für Ostwissenschaftliche und Internationale Studien. 1978, 10–12.)*

**Kural,** Václav: Hlavné organizace nekomunistického odboje v letech 1939—1941. — In: Odboj a revoluce 4 (1967), H. 2, 5—160.

**Kvaček,** Robert: Nad Evropou zataženo. Československo a Evropa 1933—1937. — Praha: Nakladatelství Svoboda 1967. 445 S.

**Kvaček,** Robert: K historii Henleinovy Sudetoněmecké strany. — In: Dějepis v škole 4 (1957), H. 5/6, 193—200 und 241—248.

**Kybal,** Vlastimil: Czechoslovakia and Italy. My negotiations with Mussolini (1922—1924). — In: J. Centr. Europ. Aff. 13 (1953/54), 352—368 und 14 1954/55), 65—76.

**Lansing,** Augusta E.: Czechoslovakia's foreign policy 1939—1945. A study in futility.
*Chiacgo, phil. Diss. 1951.*

**Laštovička,** Bohuslav: Vznik a význam Košického vládního programu. — In: Českosl. Čas. hist. 8 (1960), 449—471.

**Laštovička,** Bohuslav: V Londýně za války. Zápasy o novou ČSR 1939—1945. — Praha: SNPL 1960. 616 S.

**Laštovka,** V.: Boj pracujícího lidu Plzeňska proti fašistickým okupantům. — Plzeň: KN 1959. 117 S.

**Lemberg,** Eugen: Volksbegriff und Staatsideologie der Tschechen. — In: Z. Ostforsch. 8 (1959), 161—197.

**Leoncini,** Francesco: La questione dei Sudeti, 1918–1938. - Padova: Liviana Ed. 1976. 512 S.
*(Collana di studi sull'Europa orientale. 15.)*

**Leoncini,** Francesco: Lo stato cecoslovaco e la questione dei Sudeti nel contesto internazionale degli anni '20. – In: Storia contemp. 6 (1975), 5–57.

**Leoncini,** Francesco: I sudeti e l'autodeterminazione 1918–1919. <Aspetti internazionali.> – Padova: Ceseo 1973. 85 S.
*(Collana di studi sull'Europa orientale. 11 b.)*

**Lettrich,** Jozef: History of modern Slovakia. — New York: Praeger 1955. 329 S.

**Lettrich,** Jozef: History of modern Slovakia. — London: Atlantic Pr. (1956). 329 S.

**Linz,** Norbert: Der Aufbau der deutschen politischen Presse in der ersten tschechoslowakischen Republik. (1918 — 1925.) — In: Bohemia 11 (1970), 284—307.

**Lipscher,** Ladislav: Die Einflußnahme des Dritten Reiches auf die Judenpolitik der Slowakischen Regierung. — In: Das Jahr 1945 in der Tschechoslowakei, München: Oldenbourg 1971, 139—157.

**Lipscher,** Ladislav: Verfassung und politische Verwaltung in der Tschechoslowakei, 1918–1939. - München: Oldenbourg 1979. 209 S.
*(Veröffentlichungen des Collegium Carolinum. 34.)*

**Lipták,** L'ubomir: Podrobenie slovenského priemyslu nemeckým kapitalom v čase fašistického panstwa. — In: Hist. Čas. [Bratislava] 3 (1955), H. 1, 3—25.

**Lipták,** Lubomir: Slovensko v 20. storočí. — Bratislava: Vydavateľstvo polit. literatúry 1968. 366 S.

**Lipták,** L.: Spolupráca ľudáckej buržoazie s českou reakciou. Pokus o pravicový prevrat 1935—1938. — In: Hist. Čas. 1954, H. 2, 191—215.
    Über die Zusammenarbeit der in der Hlinkaschen Volkspartei organisierten Bourgeoisie mit der tschechischen Reaktion. Der Versuch eines rechtsgerichteten Umsturzes 1935—1938.

**Loewenstein,** Bedrich: Il radicalismo di destra in Cecoslovacchia e la prima guerra mondiale. — In: Storia contemp. 1 (1970), 503—527.

**Lukeš,** František: Poznámky k čs.-sovětským stykům v září 1938. — In: Českoslov. Čas. hist. 16 (1968), 703—731.

**Luža,** Radomir: The transfer of the Sudeten Germans. Study of Czech-German relations, 1933—1962. — [New York:] New York University Press 1964. XXIV, 365 S.

**Mamatey,** Victor S.: The United States recognition of the Czechoslovak National Council of Paris (September 3, 1918). — In: J. Centr. Europ. Aff. 13 (1953/54), 47—60.

**Markus,** Vasyl: L'incorporation de l'Ukraine subcarpathique à l'Ukraine soviétique 1944—1945. — Louvain: Centre Ukrainien d'Etudes en Belgique 1956. 144 S.

**Mastny,** Vojtech: The Czechs under Nazi rule. The failure of national resistance, 1939—1942. — New York: Columbia University Press 1971. XIII, 274 S.
*(East Central European Studies of Columbia University.)*

**Mel'nikova,** I. N.: Boŕba rabočelgo klassa Čechoslovakii v 1924—1925 godach. — In: Vopr. Ist. 1955, H. 3, 45—59.

**Menel,** V.: Na cestě k jednotě. (Kommunistická strana Československa v letech 1921—1923.) — Praha: Státní nakladelství pol. lit. 1964. 387 S.

**Menschen** vor dem Volkstod. 200.000 Deutsche in der ČSSR. — München: Wolf 1961. 96 S.
*(Mitteleuropäische Quellen und Dokumente. 5.)*

**Mikuš,** Joseph A.: Masaryk's democracy and Slovakia. — In: Slovakia 6 (1956), H. 3/4, 45—54.

**Mikus,** Joseph A.: La Slovaquie dans le drame de l'Europe. Histoire politique de 1918 à 1950. — Paris: Les Iles d'Or 1955. 475 S.

**Mlynárik,** Ján: Slovenská národná rada a včleňovanie Slovenska do československého štátu 1918—1919. — In: Českoslov. Čas. hist. 16 (1968), 505—524.

**Müller,** Karl Valentin: Umvolkung und Sozialschichtung in der Slowakei. Ergebnisbericht über soziologisch-sozialanthropologische Studien im slowakischen Staatsgebiet (1944). — In: Z. Ostforsch. 2 (1953), 400—424.

## GESCHICHTE EINZELNER STAATEN

**Münch,** Hermann: Böhmische Tragödie. Das Schicksal Mitteleuropas im Lichte der tschechischen Frage. — Braunschweig [usw.]: Westermann 1949. 803 S.

**Myška,** Milan: Z tajných zpráv NSDAP o Těšínsku. — M. Ostrava: Krajské nakladatelství 1964. 146 S.
   (Aus Geheimberichten der NSDAP über das Gebiet von Tešín/Cieszyn (= Teschen).

**Nedorezov,** A. I.: Vosstanie slovackogo naroda v 1944 godu. — In: Nov. Novejš. Ist. 1959, H. 6, 3—17.

**Neumann,** Jirmejahu Oskar: Im Schatten des Todes. Ein Tatsachenbericht vom Schicksalskampf des slowakischen Judentums. — Tel-Aviv: Ed. „Olamenu" 1956. 299 S.

Průmyslové **oblasti.** Sborník prací. — [Ostrava:] „Profil".
   3. Národnostní a hospodářská politika nacistů v zabraných průmyslových oblastech. Se zvláštním zaměřením na ostravskou a hornoslezskou průmyslovou oblast. 1971. 220 S.
   *(Publikace Slezského ústavu ČSAV v Opavě. 64.)*

**Oddo,** Gilbert L.: Slovakia and its people. — New York: Speller 1960. 370 S.

**Olivová,** Vera [u.] Robert Kvaček: Dějiny Československa od roku 1918 do roku 1945. Učebnice pro pedagogické fakulty. (Dil 4.) — (Praha: Státní pedagogické nakladatelství 1967.) 583 S.

**Olivová,** Vera: The doomed democracy. Czechoslovakia in a disrupted Europe, 1914-38. Transl. [from the Czech.] by George Theiner. (Introd. by Sir Cecil Parrott.) - London: Sidgwick & Jackson (1972). 276 S.

**Olivová,** Vera: K historii československo-rakouské smlouvy z roku 1921. — In: Českosl. Čas. hist. 9 (1961), 198—219.

**Olivová,** Věra: Československá zahraniční politika a pokus o restauraci Habsburků v roce 1921. — In: Českosl. Čas. hist. 7 (1959), 675—698.

**Olivová,** Věra: Československo-sovětské vztahy v letech 1918—1922. — Praha: Naše Vojsko 1957. 423 S. und S. 424—641.

**Opitz,** Alfred: Böhmen und die deutschböhmische Frage in der ersten Phase der Herausbildung des tschechischen Nationalstaates im Jahre 1918. - In: Bohemia 17 (1976), 193–208.

**Orcival,** François d': Le Danube était noir. La cause de la Slovaquie indépendante. — Paris: Édit. de la Table ronde 1968. 312 S.
   *(L'Histoire contemporaine revue et corrigée.)*

Německá **otázka** a Československo. 1938—1961. Sborník statí. — Bratislava: Vydavateľstvo Slovenskej Akadémie vied 1962. 291 S.

**Pasák,** Tomáš: K politickému pozadí krize vlády Františka Udržala roku 1932. — In: Českosl. Čas. hist. 11 (1963), 165—192.

**Pasák,** Tomáš: Vstup německých vojsk na České území v roce 1939. — In: Českoslov. Čas. hist. 17 (1969), 161 —184.

**Pekárek,** Bohumil und Jiří Doležal: Die Ziele des nationalen Befreiungskampfes des tschechoslowakischen Volkes in den Jahren des Zweiten Weltkrieges. Einige Dokumente u. programmatische Erklärungen d. tschechoslowakischen Widerstandsbewegung. — In: Internat. Hefte d. Widerstandsbewegung 3 (1961), H. 7, 17—28.

**Pekelský,** Vladimír: Czecho-Slovakia yesterday and today. — In: Slovakia 11 (1961), H. 2 (34), 27—40.

**Perman,** D.: The shaping of the Czechoslovak state. Diplomatic history of the boundaries of Czechoslovakia, 1914 —1920. — Leiden: Brill 1962. 339 S.
   *(Studien zur Geschichte Osteuropas. 7.)*

**Peša,** Václav: Národní výbory v českých zemích roku 1918. — Praha 1962: Nakladatelství Československé Akademie věd. 118 S.
   *(Rozpravy Československé Akademie věd. 1962, Sešit 12, Ročník 72.)*

**Petrov,** F.: K voprosu o sovetsko-čekhoslovačkikh otnošenijakh v gody velikoj otečestvennoj vojny sovetskogo sojuza. — In: Vop. Ist., Oktober 1951, 22—41.
   Über die sowjetisch-tschechoslowakischen Beziehungen im zweiten Weltkriege.

**Pichlík,** Karel: Die Entstehung der Tschechoslowakei. — In: Vjh. Zeitgesch. 17 (1969), 160—180.

**Pichlík,** Karel: Zahraniční odboj 1914 —1918 bez legend. — Praha: Svoboda 1968. 499 S.

Vnešnaja **politika** Čechoslovakii 1918—1939. Sbornik statej. Pod red. V. Sojaka. — Moskva 1959. 660 S.

Slovenské národné **povstanie.** Sborník prác k 10. výročiu. — Bratislava: Slov. Akadémia Vied-Historický Ustav 1954. 320 S.
   Sammelband zum 10. Jahrstag des slowakischen Aufstandes.

**Prasolov,** S. I.: Čechoslovakija v period ugrozy fašizma i gitlerovskoj agressii (1933—1937 gg.) — In: Učenye Zapiski 7 (1953), 5—143.

**Prečan,** Vilém [Hrsg.]: Slovenské národné povstanie. Dokumenty. — (Bratislava: Vydavateľstvo politickej literatúry 1965.) 1218 S.

**Prinz,** Friedrich: Jaksch und Beneš im Londoner Exil und die Frage der Aussiedlung der Sudetendeutschen. - In: Bohemia 15 (1974), 256–284.

**Prochazka,** Théodore: La Tchécoslovaquie de Munich au 15 mars 1939.
   *Paris, Thèse (Lettres) 1954.*

Der **Prozeß** gegen die drei slowakischen Bischöfe Ján Vojtaššák, Dr. Th. Michal Buzalka, Pavol Gojdič. (Hrsg. vom Ministerium für Information und Volksbildung.) — Prag: Orbis 1951. 253 S.

**Průša,** O. und K. Růžička: Košický vládní program — program narodní a demokratické revoluce. — In: Nová Mysl 2 (1955), 506—518.

**Pryor,** Zora [u.] Frederic L. Pryor: Foreign trade and interwar Czechoslovak economic development, 1918-1938. - In: Vjschr. Soz.- u. Wirtschaftsgesch. 62 (1975), 500–533.

**Qualser,** Waldemar: Deutsche Minderheiten im Kampf gegen die Diktatur.— In: Österr. Furche 7 (1951), H. 13, 6—7.
   Behandelt die sudetendeutsche Emigration nach 1938 (Democratic Sudeten Committee).

**Rabl,** Kurt: Staatsbürgerliche Loyalität im Nationalitätenstaat. Dargestellt an den Verhältnissen in den böhmischen Ländern zwischen 1914 und 1938. — München: Lerche 1959. 150 S.
*(Veröffentlichungen des Collegium Carolinum. 6.)*

**Rabl,** Kurt: Das Ringen um das sudetendeutsche Selbstbestimmungsrecht 1918/19. Materialien und Dokumente. — München: Lerche 1958. 245 S.
*(Veröffentlichungen des Collegium Carolinum. Histor.-philolog. Reihe. 3.)*

**Rabl,** Kurt: „Historisches Staatsrecht" und Selbstbestimmungsrecht bei der Staatsgründung der Tschechoslowakei 1918/19. — In: Z. Ostforsch. 8 (1959), 388—408.

**Raschhofer,** Hermann: Die nationale Frage in der Tschechoslowakei seit 1918. — In: Donauraum 7 (1962), 82—87.

**Raschhofer,** Hermann: Die Sudetenfrage. Ihre völkerrechtliche Entwicklung vom ersten Weltkrieg bis zur Gegenwart. — München: Isar-V. 1953. 310 S.

**Rhode,** Gotthold: Das Protektorat Böhmen und Mähren. — In: Aus Politik u. Zeitgeschichte, Beilage zur Wochenzeitung „Das Parlament", 1964, Nr 14 vom 11. März 1964, 3—15.

**Rhode,** Gotthold: Die Tschechoslowakei von 1919 bis 1939. — In: Aus Politik und Zeitgeschehen, Beilage zur Wochenzeitung „Das Parlament", vom 28. November 1962, 605—619, und vom 5. Dezember 1962, 621—639.

**Riff,** Michael A.: Czech antisemitism and the Jewish response before 1914. — In: Wiener Libr. Bull. 29 (1976/77), H. 39/40, 8—20.

**Říha,** Oldřich: Ohlas Říjnové revoluce v ČSR. — Praha: Státní nakladatelství pol. lit. 1957. 306 S.

**Rose,** William J.: Was Thomas Masaryk's „Austria delenda est!" a mistake? — In: J. Centr. Europ. Aff. 14 (1954/55), 236—254.

**Rotkirchen,** Livia: Hurban jahadut slobakiä. Těj'ur histori bi-te 'udot. — Jerušalajim: Jad Wa-šem (1961). 257, LXXV S.
*(Mi-ginzēj jad-wa-šēm. 3.)*
Mit englischem Teil.

**Schreitter** von Schwarzenfeld, Klaus: Das deutsche und tschechische Turn- und Sportwesen in der Tschechoslowakischen Republik von seinen Anfängen bis zum Jahre 1938. Als Ms. gedr. — München 1956: (Mikrokopie). 101 S.
*(Wissenschaftliche Materialien zur Landeskunde von Böhmen und Mähren-Schlesien. 1.)*

**Silvestro,** Franco: L'infera dei vivi. La tragedia cecoslovaca. — Perugia: Urbani 1953. 462 S.

**Sládek,** Zdeněk: Československá politika a Rusko 1918—1920. — In: Československ. Čas. hist. 16 (1968), 849—871.

**Slapnicka,** Helmut: Die Geschichte der Tschechoslowakei in neuer Sicht. — In: Vjh. Zeitgesch. 4 (1956), 316—331.

**Smelser,** Ronald M.: At the limit of a mass movement. The case of the Sudeten German Party, 1933-1938. — In: Bohemia 17 (1976), 240-266.

**Smelser,** Ronald M.: Reich National Socialist and Sudeten German party elites. A collective biographical approach. — In: Z. Ostforsch. 23 (1974), 639-660.

**Smelser,** Ronald M.: The Sudeten-Problem 1933-1938. „Volkstumspolitik" and the formulation of Nazi foreign policy. — Middletown, Conn.: Wesleyan University Press (1975). X, 324 S.

**Soják,** Vladimír: O československé zahraniční politice v letech 1918—1939. — Praha: Státní nakladatelství pol. lit. 1956. 440 S.

**Šolc,** Jaroslav: Le mouvement slovaque de partisans. — In: Rev. Hist. deux. Guerre mond. 13 (1963), H. 52, 61—78.

Sozialdemokratie und Systemwandel. 100 Jahre tschechoslowakische Erfahrung. (Hrsg.:) Jaroslav Krejčí. - Berlin: Dietz 1978. 250 S.
*(Internationale Bibliothek. 112.)*

**Stanek,** I.: Vatikán, spojanec l'udáctva a TZV. Slovenského štatu. — In: Českosl. Časopis hist. 3 (1955), H. 1, 82—110.

**Stanek,** Imrich: Zrada a pád. Hlinkovští separatisté a tak zvaný slovenský stát. — Praha: Státní naklad. polit. lit. 1958. 414 S.

**Steinberg,** Hans-Hermann: Deutschland und das Protektorat Böhmen und Mähren von 16. März 1939 bis Juni 1942. — Göttingen 1953. VI, 279 gez. Bl. [Maschinenschr.]
*Göttingen, phil. Diss. 16. Mai 1955.*

**Steiner,** Eugen: The Slovak dilemma. - Cambridge: Cambridge University Press 1973. IX, 229 S.
*(International Studies.)*

**Storch,** Thomas: Die Beurteilung der nationalsozialistischen „Machtergreifung" 1933 durch die tschechoslowakische Regierung. - In: Bohemia 18 (1977), 290-300.

Die demokratisch-parlamentarische **Struktur** der Ersten Tschechoslowakischen Republik. Hrsg. von Karl Bosl. Vorträge der Tagung des Collegium Carolinum in Bad Wiessee am Tegernsee vom 28. 11.—1. 12. 1974. — München: Oldenbourg 1975. 278 S.

Die **Suche** nach Wahrheit... Probleme von heute, gestern und morgen. — (München 1962: Tschechischer Pressedienst.) 39, 24 S.
*(Edition Freiheit. 1.)*

Die **Sudetenfrage** in europäischer Sicht. Bericht über d. Vorträge u. Aussprachen d. wissenschaftl. Fachtagung d. Collegium Carolinum in München-Grünwald am 1.—3. Juni 1959. — München: Lerche 1962. 281 S.
*(Veröffentlichungen des Collegium Carolinum. 12.)*

**Táborský,** Eduard: Beneš and Stalin — Moscow, 1943 and 1945. — In: J. Centr. Europ. Aff. 13 (1953/54), 154—181.

**Taborsky,** Eduard: Local government in Czechoslovakia 1918—1948. — In: Amer. Slav. & East Europ. Rev. 10 (1951), 202—215.

**Techniczek,** M.: Einige Aspekte des Widerstandskampfes in Polen und in der Tschechoslowakei, 1939—1941. — In: Jb. Inst. dtsch. Gesch. (Universität Tel Aviv) 1 (1972), 215—233.

**Teichova,** Alice: An economic background to Munich. International business and Czechoslovakia 1918-1938. - Cambridge: Cambridge University Press (1974). XVII, 422 S.
*(Soviet and East European Studies.)*

# GESCHICHTE EINZELNER STAATEN

**Teichová,** Alice: Über das Eindringen des deutschen Finanzkapitals in das Wirtschaftsleben der Tschechoslowakei vor dem Münchner Diktat. — In: Z. Geschichtswiss. 5 (1957), 1160—1180.

**Thomson,** Harrison: Czechoslovakia in European history. — London: Oxford University Press 1952. 450 S.

**Thunig**-Nittner, Gerburg: Die tschechoslowakische Legion in Rußland. Ihre Geschichte und Bedeutung bei der Entstehung der 1. Tschechoslowakischen Rebublik. — Wiesbaden: Harrassowitz 1970. XX, 299 S.
*(Marburger Ostforschungen. 30.)*

**Tiso,** Jozef: Die Wahrheit über die Slowakei. Verteidigungsrede, gehalten am 17. und 18. März 1947 vor dem „National"-Gericht in Bratislava. Hrsg.: Jon Sekera. 2. Aufl. — o. O. 1948. 187 S.

**Toma,** Peter A.: Soviet strategy in the Slowak uprising of 1944. — In: J. Centr. Europ. Aff. 19 (1959/60), 290—298.

**Tureeek,** Otto: Strukturänderungen in der Wirtschaft der CSR seit 1918. — In: Donauraum 5 (1960), 101—106.

**Sudetendeutsches Turnertum.** Im Auftr. der Arbeitsgemeinschaft sudetendeutscher Turner und Turnerinnen in der Sudetendeutschen Landsmannschaft hrsg. von Rudolf Jahn. — Frankfurt a. M.: Heimreiter-Verl. (1958). 332 S.

**Udal'eov,** I. I.: Antifašistskaja osvoboditel'naja bor'ba v Slovakii v period vtoroj mirovoj vojny i slovackoe narodnoe vosstanie 1944 goda. — In: Učenye Zap. 2 (1950), 39—55.

**Venohr,** Wolfgang: Aufstand für die Tschechoslowakei. Der slowakische Freiheitskampf von 1914. — (Hamburg:) Wegner (1969). 372 S.

**Das deutsch-tschechische Verhältnis** seit 1918. Hrsg. von Eugen Lemberg u. Gotthold Rhode. (Referate.) — Stuttgart: Kohlhammer (1969). 139 S.
*(Geschichte und Gegenwart.)*

**Veselý,** J.: Češi a Slováci v revolučnim Rusku 1917—1920. — Praha: Státni Naklad. polit. lit. 1954. 236 S.
Tschechen und Slowaken im revolutionären Rußland.

**Vetiška,** R.: Skok do tmy. — (Praha: Nakl. polit. lit. 1966.) 379 S.
(Über die illegale KPČ in den Jahren 1942—1944.)

**Vietor,** Martin: Slovenská sovietská republika v r. 1919. — Bratislava: Slov. Vydav. Polit. Liter. 1955. 404 S.

**Vnuk,** Francis: Slovakia's accession to the tripartite pact. — In: Slovakia 9 (1959), H. 5, 6—19.

**Vyšný,** Paul: Neo-slavism and the Czechs, 1898-1914. - Cambridge: Cambridge University Press 1977. XIV, 287 S.

**Československo-sovětské vztahy** v dobĕ velké vlastenecké války 1941—1945. — Praha: SNPL 1960. 270 S.

**Wandycz,** Piotr: Emigracja czechosłowacka w Polsce. — In: Kultura 1960, H. 150, 96—104.

**Weishar,** Richard: Nationalitätenstaat und Nationalstaat im böhmischmährisch-schlesischem [!] Raum. Ein staatsrechtlich-rechtshistorischer Überblick über den nationalen Kampf zwischen Deutschen und Tschechen. — o. O. [1956]. 159, XVII gez. Bl. [Maschinenschr.]
Erlangen, jur. Diss. 30. August 1956.

**Weizsäcker,** Wilhelm: Das Sprachenrecht der ersten tschechoslowakischen Republik ‹1918—1938›. — In: Z. Ostforsch. 1 (1952), 264—268.

**Wierer,** Rudolf: Die nationale Frage in der Tschechoslowakei seit 1918. — In: Donauraum 7 (1962), 88—99.

**Willars,** Christian: Die böhmische Zitadelle. CSR — Schicksal einer Staatsidee. — Wien: Molden 1965. 518 S.

**Zibrin,** Michael: Beneš's trip to Moscow and Czecho-Slovak propaganda. — In: Slovakia 4 (1955), H. 17, 49—54.

**Zinner,** Paul E[rnest]: Communist strategy and tactics in Czechoslovakia, 1918—1948. — London: Praeger 1963. 264 S.

Polen

Allgemeines

**Ajnenkiel,** Andrzej: Z dziejów Tymczasowego Rządu Ludowego w Lublinie. — In: Kwartalnik Hist. 65 (1958), 1057—1090.

**Arciszewski,** Franciszek A.: Cud nad Wisła. Rozwazania żolnierza. — London: Veritas 1958. 196 S.

**Bailly,** Rosa: A city fights for freedom. The rising of Lwów in 1918—1919: an episode in the history of Poland. — London: Publications Committee Leopolis 1956. 396 S.

**Barański,** Jan: Mon pays perdu (1939—1951). — Paris: Les Iles d'Or 1956. 188 S.

**Barnett,** Clifford R.: Poland. Its people, ist society, its culture. — New Haven: HRAF Press 1958. 470 S.

**Bartoszewski,** Władysław: 1859 dni. - Kraków: Znak 1974. 835 S.

**Biegański,** S.: Bitwa Warszawska 1920 roku. — In: Bellona 1955, H. 4, 3—13.

**Bronska**-Pampuch, Wanda: Polen zwischen Hoffnung und Verzweiflung. — Köln: Verl. f. Politik u. Wirtschaft 1958. 376 S.

**Chudek,** Józef: Z działalnósci Jozefa Lipskiego w R. 1934. — In: Sprawy międzynar. 13 (1960), H. 6, 58—60.

**Czubiński,** Antoni: The paths to independence. - In: Polish Perspectives 21 (1978), H. 11, 6–15.

**Dopierala,** Bogdan: Gdańska polityka Józefa Becka. — Poznań: Wydawnictwo Poznańskie 1967. 387 S.

**Dziewanowski,** M[arian] K[amil]: Poland in the 20th century. - New York: Columbia University Press 1977. 309 S.

**Eissner,** Albin: Das Schicksal der polnischen Ostgebiete. — In: Außenpolitik 12 (1961), 397—408.

**Golczewski,** Frank: Das Deutschlandbild der Polen, 1918-1939. Eine Untersuchung der Historiographie und der Publizistik. - Düsseldorf: Droste (1974). 316 S.
*(Geschichtliche Studien zu Politik und Gesellschaft. 7.)*

**Gradowski**, R.: Polska 1918—1939. Niektóre zagadnienia kapitalizmu monopolistycznego. — Warszawa: Książka i Wiedza 1955. 260 S.

**Gradowski**, Ryszard: Rola i miejsce polski burżuazyjno-obszarniczej w systemie kapitalizmu światego. — In: Ekonomista 1955, H. 1, 76—94.

**Grosfeld**, Leon: Polskie reakcyjne formacje wojskowe w Rosji 1917—1919. — Warszawa: Państw. Wyd. nauk. 1956. 226 S.

**Grosfeld**, Leon: Die Proklamation des Königreiches Polen am 5. November 1916. — In: Z. Geschichtswiss. Beih. 3 (1956), 135—176.

**Grot**, L., I. Pawłowski [u.] M. Pirko: Wielkopolska w walce o niepodległość 1918—1919. Wojskowe i polityczne aspekty powstania wielkopolskiego. — (Warszawa: Wojsk. Akad. Polit. 1968). 319 S.

**Gruenberg**, Karol: Niemcy i ich organizacje polityczne w Polsce międzywojennej. — Warszawa: Wiedza Powszechna 1970. 159 S.
*(Biblioteka Więdzy Współczesnej. Omega. 170.)*

**Grygier**, Tadeusz, Stanisław Kubiak u. Alfred Kucner: Studia z historii powstania wielkopolskiego 1918/1919.
Praca zbiorowa. Pod red. Zdzisława Kaczmarczyka. — Poznań: Inst. Zachodni 1962. 197 S.
*(Dzieje polskiej granicy zachodniej. 2.)*

**Günzel**, Walter: Polen. — Hannover: Verl. f. Literatur u. Zeitgeschehen (1963). 119 S.
*(Hefte zur Ostkunde. 2.)*

**Historia** państwa i prawa polski. Pod ogólną red. Juliusza Bardacha. — Warszawa: (Państwowe Wydawnictwo Naukowe).
    1. Pod red. Franciszka Ryszki. Napisali: . . . 1962. 415 S.

**Historia** polski 1864—1945. Materiały do nauczania w. kl. 11. Wyd. 2. — Warszawa: Państw. Zakł. Wydamm. Szkol. 1952. 510 S.

**Jablonski**, Henryk: Polska autonomia narodowa na Ukraine 1917—1918. — Warszawa: Trzaska, Evert & Michalski 1948. 165 S.
*(Prace Instytutu Historycznego Uniwersytetu Warszawskiego. 3.)*

**Jabloński**, Henryk: L'influence de la révolution d'octobre sur la formation de la II$^e$ république polonaise. — In: Acta Polon. hist. 16 (1967), 5—32.

**Jabłoński**, Henryk: Powstanie drugiej rzeczypospolitej Polskiej w 1918 r. na tle dziejów Europy. — In: Kwart. hist. 65 (1958), 1035—1056.

**Jaworznicki**, Bolesław: Wyprawa Kijowska Piłsudskiego. — In: Sprawy Międzynar. 1955. H. 5, 43—55.

**Jedruszczak**, Hanna [u.] Tadeusz Jędruszczak: Ostatnie lata drugiej Rzeczypospoliteij, 1935—1939. — Warszawa: Książka i Wiedza 1970. 428 S.

**Jedruszczak**, Tadeusz: Polityka Polski w sprawie Górnego Śląska 1918—1922. — Warszawa: Państw. Wadywnictwo Naukowe 1958. 476 S.

**Jelenski**, K. A.: Der Weiße Adler heute und gestern. — In: Monat 13 (1961), H. 152, 20—35.

**Jobert**, Ambroise: Histoire de la Pologne. — Paris: Presses Universitaires 1953. 127 S.

**Juryś**, Roman [u.] Tadeusz Szafer: Pitaval polityczne 1918—1939. — Warszawa: Czytelnik 1971. 560 S.

**Karol**, K. S.: La Polonia da Pilsudski a Gomulka. — Bari: Laterza 1959. 332 S.

**Komarnicki**, Titus: Rebirth of the Polish republic. A study in the diplomatic history of Europe 1914—1920. — London: Heinemann 1959. II, 772 S.

**Kozłowski**, Eugeniusz: Wojsko Polskie 1936—1939. — Warszawa: Ministerstwo Obrony narodowej 1964. 343 S.

**Kusehpeta**, Mykola: Die Westukraine im Kampf um ihre nationalpolitische Unabhängigkeit im letzten Vierteljahrhundert. — o. O. 1947. 194 gez. Bl. [Maschinenschr.]
*Innsbruck, staatswiss. Diss. 1947.*

**Laeuen**, Harald: Polnische Tragödie. — Stuttgart: Steingrüben 1955. 359 S.

**Landau**, Zbigniew [u.] Jerzy Tomaszewski: Od Grabskiego do Piłsudskiego. — Warszawa: Książka i Wiedza 1971. 360 S.

**Lane**, Arthur Bliss: I saw Poland betrayed. — Indianapolis: The Bobbs Merrill Co. 1948. 344 S.

**Lepkowski**, Tadeusz: La formation de la nation polonaise moderne dans les conditions d'un pays démembré. — In: Acta Polon. hist. 19 (1968), 18—36.

**Mackiewicz**, Stanislaw: Geschichte Polens vom 11. November 1918 bis zum 17. September 1939 (Historija Polski od 11 listopada 1918 r. do 17 września 1939 r., dt.). [Maschinenschr. autograph.] — Marburg a.d.L.: Joh.-Gottfr.-Herder-Inst. 1956. III, 460 S.
*(Wissenschaftliche Übersetzungen. 30.)*

**Missalowa**, G. [u. a.]: Historia Polski. — Warszawa: Państ. Zakł. Wyd. Szkol. 1951. 335 S.

**Modzelewski**, Jan: Pologne 1919—1939. Tom. 2—3. — Neuchâtel: La Baconnière 1946/47.
Bd 1 bislang noch nicht erschienen.

**Najdus**, W.: Polacy w rewolucji 1917 roku. — Warszawa: Państwowe Wydawnictwo Naukowe 1967. 401 S.

**Polen.** In Zusammenarbeit mit zahlreichen Fachgelehrten hrsg. von Werner Market. — Köln, Graz: Böhlau 1959. XXXII, 829 S.
*(Osteuropa-Handbuch.)*

**Powstanie** Wielkopolskie 1918—1919. — Poznań: Wydawnictwo Poznańskie [1958]. 230 S.

**Próchnik**, Adam (Henryk Swoboda): Pierwsze piętnastolecie Polski niepodległej. Zarys dziejów politycznych. — (Warszawa): Książka i Wiedza 1957. VI, 493 S.

**Rhode**, Gotthold: Geschichte Polens. Ein Überblick. (2., durchges. Aufl.) — Darmstadt: Wissenschaftl. Buchgesellsch. 1966. XVI, 543 S.

**Roos**, Hans: Geschichte der Polnischen Nation 1916—1960. Von der Staatsgründung im ersten Weltkrieg bis zur Gegenwart. — Stuttgart: Kohlhammer (1961). 263 S.
*(Urban-Bücher. 49.)*

**Rothschild,** Joseph: Piłsudski's coup d'état. — New York: Columbia University Press 1966. 435 S.
(*East Central European Studies of Columbia University.*)

**Rozmaryn,** Stefan: La Pologne. — Paris: Libr. générale de droit et jurisprudence 1963. 363 S.

**Schramm,** Percy Ernst: Polen in der Geschichte Europas. — (Bonn 1961: Bundeszentrale für Heimatdienst.) 21 S.
(*Schriftenreihe der Bundeszentrale für Heimatdienst. Rotationsserie. 7.*)
Sonderabdr. aus: Aus Politik und Zeitgeschichte. 1958.

**Senn,** Alfred Erich: The Polish-Lithuanian war scare, 1927. — In: J. Centr. Europ. Aff. 21 (1961/62), 267—284.

**Sokulski,** Henryk: Wojna celna Rzeszy przeciw Polsce w latach 1925—1934. — In: Sprawy Międzynar. 1955, H. 9, 54—65.

**Wandycz,** Piotr S.: General Weygand and the battle of Warsaw of 1920. — In: J. Centr. Europ. Aff. 19 (1959/60), 357—365.

**Wrzesiński,** Wojciech: Polski ruch narodowy w Niemczech 1922—1939. — Poznań: Wyd. Poznańskie 1970. 432 S.

**Zieliński,** Henryk: Historia Polski 1864—1939. — Warszawa: Państwowe Wydawnictwo Naukowe 1968. 230 S.

**Ziffer,** Bernard: Poland. History and historians. Three bibliographical essays. — New York: Mid-European Studies Center 1952. 107 S.

**Zoltowski,** Adam: Border of Europe. A study of the Polish eastern provinces. With a foreword by Sir Ernest Barker. — London: Hollis Carter 1950. XVII, 348 S.

Geschichte 1939 bis 1945

**Avital,** Zvi: The Polish government in exile and the Jewish question. - In: Wiener Libr. Bull. 28 (1974/75), H. 33/34, 43—51.

**Bartoszewski,** Władysław [u.] Zofia Lewinówna: Ten jest z ojczyzny mojej. Polacy z pomoca Żydom 1939—1945. — Kraków: Wydawnictwo „Znak" 1966. 635 S.

**Bartoszewski,** Władysław [u.] Zofia Lewin [Ed.]: Righteous among nations (Ten jest z ojczyzny mojej.) How Poles helped the Jews 1939—1945. — London: Earlscourt Publ. 1969. LXXXVII, 834 S.

**Barycz,** Henryk: Losy zakladów naukowych Uniwersytetu Jagiellonskiego w Krakowie w okresie okupacji Hitlerowskiej 1939—1945. — In: Przegląd Zach. 11 (1955), 595—615.

**Baumgart,** Jan: Biblioteka uniwersytecka pod rządami „Reichsuniversität". — In: Przegl. Zach. 12 (1956), 300—309.

**Bayer,** H.: Dokumente über die faschistische Okkupation von 1939 bis 1945 in Polen. — In: Wiss. Z. Karl-Marx-Univ. Leipzig 6 (1956/57), 9—13.

**Berenstein,** T. [u. a.]: Eksterminacja Żydów na ziemiach polskich w okresie okupacji hitlerowskiej. Zbiór dokumentów. — Warszawa 1957: Żydowski Instytut Historyczny. 378 S.

**Berenstein,** T. [u.] A. Rutkowski: Hilfsaktion für Juden in Polen 1939—1945. — Warschau: Polonia-Verl. 1963. 99 S.

**Berenstein,** T.: Martyrologia, opór i zagłada ludności żydowskiej w dystrykcie Lubelskim. — In: Biul. Żydowskiego Inst. hist. 1957, H. 21, 21—92.

**Berenstein,** T.: Obozy pracy przymusowej dla żydów w dystrykcie lubelskim. — In: Biul. Żyd. Inst. hist. 1957, H. 24, 3—20.

**Berenstein,** Tatiana: Eksterminacja ludności żydowskiej w dystrykcie Galicja (1941—1943). — In: Biuletyn Żyd. Inst. hist. 1967, H. 61, 3—58.

**Berenstein,** Tatiana und Adam Rutkowski: Prześladowania ludności żydowskiej w okresie hitlerowskiej administracji woskowej na okupowanych ziemiach polskich (1. 9. 1939 r. — 25. 10. 1939 r.) — In: Biul. Inst. hist. 1961, H. 38, 1—38 und H. 39, 63—87.

**Bidakowski,** Kazimierz und Tadeusz Wójcik [Eds.]: Pamietniki nauczycieli z obozów i więzień hitlerowskich 1939—1945. — Warszawa: Czytelnik 1962. 902 S.

**Biuletyn** Głównej Komisji Badania zbrodni Hitlerowskich w Polsce. — (Kraków:) Wydawnictwo Ministerstwa Sprawiedliwości.
6. 1951. 178 S.
7. 1951. 261 S.
8. 1956. 203 S.
9. 1957. 255 S.
10. 1958. 192 S.
12. 1960. 179 S.
13. 1960. 191 S.
14. 1963. 199 S.

**Blumenthal,** Nachman: Documents from Lublin Ghetto. Judenrat without direction. (Transl. from the original Polish documents by Meir Grubsztein.) [Publ. by] Yad Vashem. — Jerusalem: Yad Vashem 1967. XXX, 312, 395 S.
(*From the Yad Vashem Archives. 6.*)

**Blumenthal,** Nahman: Darkō šel judenrat. Te'udot mi-getō Bialistoq. — Jerušalajim: Jad wa-šēm (1962). 52, 561, L S.
(*Mi-ginzēj jad wa-šēm. 4.*)
Nebentitel: Conduct and actions of a Judenrat. Documents from the Bialystok Ghetto.

**Bojarska,** Barbara: Eksterminacja inteligencji polskiej na Pomorzu Gdanskim ⟨Wrzesien-grudzien 1939⟩. — Poznań: Inst. Zachodni 1972. 186 S.
(*Badania nad okupacją niemiecką w Polsce. 12.*)

**Bojarska,** Barbara: Eksterminacja polskiej ludności powiatu tucholskiego w okresie działalności Selbstschutzu. In: Biuletyn Główn. Kom. Badan. 19 (1969), 15—50.

**Bor-**Komorowski, Tadeusz: Armia podziemna. — Londyn: Katol. Ośr. Wyd. Veritas 1951. 424 S.

**Bor-**Komorowski, T.: The secret army. — New York: Macmillan 1951. 407 S.

**Bossowski,** J. J. [u. a.]: Uniwersytet Poznański na początku Hitlerowskiej okupacji. — In: Przegląd Zach. 11 (1955), 580—595.

**Brener,** L.: O pracy przymusowej ludności żydowskiej w Częstochowie w okresie okupacji hitlerowskiej. — In: Biul. Żydowskiego Inst. hist. 1957, H. 22, 45—60.

**Broszat,** M[artin]: Kompetenzen und Befugnisse der Haupttreuhandstelle Ost (HTO). — [München:] Institut für Zeitgeschichte (1960). 5 S. [Maschinenschr. hektograph.]

**Broszat,** Martin: Nationalsozialistische Polenpolitik 1939—1945. — Stuttgart: Dt. Verl.-Anst. (1961). 200 S.
*(Schriftenreihe d. Vierteljahrshefte für Zeitgeschichte. 2.)*

**Broszat,** Martin: Nationalsozialistische Polenpolitik 1939—1945. (Vom Autor überarb. Ungekürzte Ausg.) — (Frankfurt a. M.:) Fischer-Bücherei (1965). 228 S.
*(Fischer-Bücherei. 692.)*

Gutachten des Instituts für Zeitgeschichte. **Broszat,** Martin: Verfolgung polnischer katholischer Geistlicher. — München 1959. 87 Bl. [Hektograph.]

**Cyganski,** M[irosław]: Z dziejów okupacji hitlerowskiej w Łodzi. — Łódz: Wydawnictwo Łódzkie 1965. 318 S.

**Cyprian,** Tadeusz und Jerzy Sawicki: Nazi rule in Poland, 1939—45. Transl. from Polish: Edward Rothert. — Warsaw: Polonia 1961. 262 S.

**Dabrowa**-Kostka, Stanisław: W okupowanym Krakowie 6 IX 1939-18 I 1945. - Warszawa: Ministerstwo Obrony narodowej 1972. 218 S.

**Dąbrowska,** D.: Zagłada skupisk żydowskich w „Kraju Warty" w okresie okupacji hitlerowskiej. — In: Biuletyn Żydowsk. Instyt. Hist., H. 13/14 (1955), 122—184.
Über das Schicksal der Juden im Gebiet des ehemaligen „Warthegaus".

**Dabrowska,** Danuta: Wysiedleni Żydzi zachodnioeuropejscy w getcie łódzkim. — In: Biuletyn Żyd. Inst. hist. 1968, H. 65/66, 105—171.

**Datner,** Szymon: Eksterminacja ludności żydowskiej w okręgu Białostockim. — In: Biuletyn Żyd. Inst. hist. 1966, H. 60, 3—50.

**Dobroszycki,** Lucjan und Marek Getter: The Gestapo and the Polish resistance movement (on the example of the Radom Distrikt). — In: Acta Poloniae hist. 4 (1961), 85—118.

**Dolata,** Bolesław: Wyzwolenie Polski 1944—1945. — (Warszawa:) Wydawnictwo Min. Obrony Narod. (1966) 574 S.

**Domańska,** Regina: Pawiak - więzienie gestapo. Kronika 1939-1944. - Warszawa: Książka i Wiedza 1978. 753 S.

**Drukier,** Bolesław: Sprawa polska w okresie powstania Polskiego Komitetu Wyzwolenia Narodowego ⟨22 lipca— 1 sierpnia 1944 r.⟩ — In: Kwart. hist. 73 (1966), 327—353.

**Dubiel,** Paweł: Wrzesień na Śląsku. — Katowice: Wyd. „Śląsk" 1960. 242 S.

**Duraczyński,** Eugeniusz: Wojna i okupacja. Wrzesień 1939 - kwiecień 1943. - Warszawa: Wiedza Powszechna 1974. 492 S.

Najnowsze **dzieje** Polski. Materiały i studia z okresu II wojny światowej. — Warszawa: Państwowe Wydawnictwo Naukowe.
1. 1957. 366 S.
2. 1959. 140 S.
3. 1959. 246 S.
4. 1960. 178 S.
5. 1961. 224 S.
6. 1962. 315 S.

**Eisenbach,** Arthur: Operation Reinhard. Mass extermination of the Jewish population in Poland. — In: Polish West. Aff. 3 (1962), 80—124.

**Eisenbach,** Artur: Hitlerowska polityka eksterminacji Żydów w latach 1939—1945. — Warszawa: Żydowski Instytut Historyczny 1953. 431 S.

**Eisenbach,** Artur: Hitlerowska polityka zagłady Żydów. — Warszawa: Książka i Wiedza 1961. 703 S.

**Eksterminacja** żydów na ziemiach polskich w okresie okupacji hitlerowskiej. Zbiór dokumentów. Zebrali i opracowali: T. Berenstein, A. Eisenbach [u.] A. Rutkowski. — Warszawa: Żydowski Inst. historyczny 1957. 378 S.

Reakcyjna **emigracja** polska na usługach imperialistów amerykańskich. — Warszawa: Wydawn. Min. Obrony Narod. 1952. 106 S.
Über die reaktionären polnischen Emigranten im Dienste der amerikanischen Imperialisten.

**Fajgenbaum,** M. J.: Podlasie im umkum. (The extermination of Podlasie. [In jidd. Spr.]) — (Munich 1948: Kaplan.) VIII, 355 S.

**Faschismus,** Getto, Massenmord. Dokumentation über Ausrottung und Widerstand der Juden in Polen während des 2. Weltkrieges. Hrsg. vom Jüdischen Historischen Institut Warschau. Ausgewählt, bearb. u. eingel. von Tatiana Berenstein, Artur Eisenbach [u. a.] — Berlin: Rütten & Loening (1960). 611 S.

**Fijałkowski,** T.: Pod kryptonimem WKR 1939—1945.—(Warszawa:) Ludowa Spółdz. Wydawnicza (1968). 368 S.

**Freundlich,** Elisabeth: Massaker in Stanislau ⟨1941⟩. Versuch einer Rekonstruktion. - In: Jb. Inst. dtsch. Gesch. 4 (1975), 423-455.

**Freundlich,** Elisabeth: „An sicherem Ort". Die Ermordung der Lemberger Hochschulprofessoren ⟨Juli 1941⟩. Ein authentischer Bericht. - In: Zeitgesch. 4 (1976/77), 397-409.

**Friedman,** Philip: Białystok und die Juden von Białystok während des zweiten Weltkrieges. [In hebr. Sprache.] — In: Bialystoker Shtime 31 (1951), H. 263, 30—33.

**Gamm,** Rudolf: Swastyka nad Gdańskim (Hakenkreuz über Danzig, poln.) Przekład i adaptacja: Mieczysława Tomali. — Warszawa: Iskry 1960. 166 S.

**Garlicki,** Andrzej: Przewrót majowy. - Warszawa: Czytelnik 1978. 408 S.

**Goldberg,** Itche [u.] Yuri Suhl [Ed.]: The end of a thousand years. The recent exodus of the Jews from Poland. — New York: Committee for Jews of Poland 1971. 80 S.

**Góra,** Władysław [u.] Stanisław Okęcki: Niemcy antyfaszyści w polskim ruchu oporu. — Poznań: Wydawnictwo Poznańskie 1966. 194 S.

**Góra,** Władysław [u.] Stanisław Okęcki: Walczyli o nowe Niemcy. Niemiecky antifaszyści w ruchu oporu na ziemiach polskich. — Warszawa: Książka i Wiedza 1971. 353 S.

**Gronczewski**, E.: Kalendarium walk Gwardii Ludowej i Armii Ludowej na Lubelszczyźnie. (1942—1944.) — Lublin: Wyd. Lubelskie 1963. 169 S.
*(Chronik des Kampfes der Volksgarde u. Volksarmee im Lubliner Land 1942—44.)*

**H(aerdter)**, (Robert): Katyn. — In: Gegenwart 7 (1952), 137—140.

**Hillebrandt**, Bogdan: Konspiracyjne organizacje młodzieżowe w Polsce 1939-1945. - Warszawa: Książka i Wiedza 1973. 410 S.

**Hohenstein**, Alexander [Pseud.]: Warthelandisches Tagebuch aus den Jahren 1941/42. — Stuttgart: Dt. Verl.-Anst. 1961. 319 S.
*(Quellen und Darstellungen zur Zeitgeschichte. 8.)*

**Horowski**, Jan: Początki okupacji hitlerowskiej w Śremie. — In: Przegl. Zach. 15 (1959), Bd 3, 123—128.

**Hrabar**, Roman: Niemieckie obozy dla Polaków na Śląsku w czasie II wojny światowej „Polenlager". [Hrsg.:] Śląski Instytut Naukowy w Katowicach. - (Katowice: Wyd. „Śląsk" 1972). 163 S.

**Hrabar**, Roman: Osadzanie małoletnich z tzw. prowincji Górnośląskiej w obozach. ⟨Na tle Wybranych dokumentów.⟩ — In: Biuletyn Główn. Kom. Badan. 19 (1969), 51—79.

**Hrabar**, Roman Zbigniew: Hitlerowskie Polenlagry. — Katowice: Wyd. Śląsk 1972. 310 S.

**Hrabar**, Roman Zbigniew: Hitlerowski rabunek dzieci polskich. Uprowadzenie i germanizowanie dzieci polskich w latach 1939—1945. — Katowice: Śląsk 1960. 150 S.

**Jacobmeyer**, Wolfgang: Heimat und Exil. Die Anfänge der polnischen Untergrundbewegung im 2. Weltkrieg. — Hamburg: Leibniz-Verl. 1973. 369 S.
*(Hamburger Beiträge zur Zeitgeschichte. 9.)*
*Diss., Universität Bochum.*

**Jacobmeyer**, Wolfgang: Die polnische Widerstandsbewegung im Generalgouvernement und ihre Beurteilung durch deutsche Dienststellen. - In: Vjh. Zeitgesch. 25 (1977), 658—681.

**Jankowski**, Jan.: Swastyka nad Szubinem. Pamiętnik nauczyciela. (Wydano na zlecenie Bydgoskiego Zarządu Wojewódzkiego Towarzystwa Rozwoju Ziem Zachodnich w Toruniu przy współudziale Prezydium PRN w Szubinie.) — (Poznań:) Wydawnictwo Poznańskie (1961). 81 S.

**Janowicz**, Zbigniew: Ustrój administracyjny ziem polskich wcielonych do Rzeszy Niemieckiej. 1939—1945. Tzw. Okręgi Kraju Warty i Gdańska-Prus Zachodnich. — Poznań: Inst. Zachodni 1951. 203 S.
*(Badania nad Okup. Niem. w Polsce. 5.)*
Über die Verwaltungspraxis in den 1939/45 in das Reich eingegliederten polnischen Gebieten.

**Jaros**, Jerzy: Grabież mienia żydów przez władze hitlerowskie w świetle akt urzędu powierniczego w Katowicach. — In: Biul. Żyd. Inst. hist. 1961, H. 38, 105—117.

**Jastrzebski**, Włodzimierz: Obóz zniemczania w Jabłonowie zamku. — In: Przegląd Zach. 20 (1964), H. 3, 234—250.
(Über das Eindeutschungslager Schloß Goßlershausen.)

**Jastrzebski**, Włodzimierz: Potulice. Hitlerowski obóz przesiedleńczy i pracy ⟨luty 1941r.—styczeń 1945r.⟩ —Bydgoszcz:(Bydgoskie Tow. Nauk.) 1967. 95 S.

**Jastrzebski**, Włodzimierz: Hitlerowskie wysiedlenia z ziem polskich wcielonych do Rzeszy 1939—1945. — Poznań: Inst. Zachodni 1968. 142 S.
*(Badania nad okupacją niemiecką w Polsce. 9.)*

**Jeske**, Reinhold: Zur Annexion der polnischen Wojewodschaft Schlesien durch Hitlerdeutschland im zweiten Weltkrieg. — In: Z. Geschichtswiss. 9 (1961), 1072—1093.

**Juchniewicz**, Mieczysław: Polacy w europejskim ruchu oporu 1939-1945. - Warszawa: Wyd. Interpress 1972. 177 S.

**Kaliski**, Tadeusz: Pierwsze dni okupacji hitlerowskiej w Inowrocławiu. — In: Przegl. Zach. 15 (1959), Bd 3, 112—116.

**Kalmanovitch**, Zelig: A diary of the Nazi ghetto in Vilna. — In: Yivo Annual of Jewish Soc. Science 8 (1953), 9—81.

**Katalog** polskiej prasy konspiracyjnej 1939—1945, opracował Lucjan Dobroszycki przy współudziale Wandy Kiedrzyńskiej pod kierownictwem naukowym Stanisława Płoskiego. — Warszawa: PAN 1962. 303 S.

Der Fall **Katyn**, — In: Die andere Seite 2 (1951/52), H. 10, 4—6.

The **Katyn forest massacre**. Hearings before the Select Committee to conduct an investigation of the ... Katyn forest massacre. Vol. [1], 3—7. — Washington: US Government Printing Office 1952.

**Kersten**, K.: Polski Komitet Wyzwolenia Narodowego 22. 7.—13. 12. 44. — Lublin: Wydawnictwo Lubelskie (1965). 263 S.

**Kirchmayer**, Jerzy: 1939 i 1944. Kilka zagadnień polskich. — Warszawa: Książka i Wiedza 1958. 207 S.

**Kleßmann**, Christoph: Das „Programm Volkspolens" von 1941. Zur gesellschaftspolitischen Grundsatzdiskussion im polnischen Widerstand. — In: Vjh. Zeitgesch. 21 (1973), 103–114.

**Kleßmann**, Christoph: Die Selbstbehauptung einer Nation. Nationalsozialistische Kulturpolitik und polnische Widerstandsbewegung im Generalgouvernement 1939—1945. — (Düsseldorf:) Bertelsmann Universitätsverl. (1971). 277 S.
*(Studien zur modernen Geschichte. 5.)*

**Klukowski**, Z.: Niedola i zagłada żydów w Szczebrzeszynie. — In: Biul. Żydowskiego Inst. hist. 1956, H. 19/20, 207—241.

**Klukowski**, Zygmunt: Dziennik z lat akupacji Zamojszczyzny (1939—1944). — Lublin: Lubelska Spółdzielnia Wydawnicza 1958. 478 S.

**Koehl**, Robert L.: The „Deutsche Volksliste" in Poland 1939—1945. — In: J. Centr. Europ. Aff. 15 (1955/56), 354—366.

**Komunikaty** dowództwa głównego gwardii ludowej i armii ludowej. Dokumenty. — Warszawa: Wyd. Min. Obr. Narod. 1959. 335 S.

**Konieczny,** Alfred: Pod rządami wojennego prawa karnego trzeciej rzeszy. Górny Śląsk 1939-1945. – Wrocław: Państwowe Wyd. Naukowe 1972. 423 S.
*(Wydawnictwa Instytutu Śląskiego w Opolu. Książki.)*

**Kowalenko,** Władysław: Tajny Uniwersytet Ziem Zachodnich. Uniwersytet Poznański 1940–1945. — Poznań: Inst. Zachodni 1961. 238 S.
*(Badania nad okupacja niemiecką w Polsce. 7.)*

**Kozlowska,** Krystyna: Polki w Resistance. – Warszawa: Ministerstwo Obrony narodowey 1977. 368 S.

**Krausnick,** Helmut: Hitler und die Morde in Polen. Ein Beitrag zum Konflikt zwischen Heer und SS um die Verwaltung der besetzten Gebiete. — In: Vjh. Zeitgesch. 11 (1963), 196–209.

**Landau,** Ludwik: Kronika lat wojny i okupacji. T. 1—3. — (Warszawa:) Państwowe Wydawnictwo Naukowe 1962–63.

**Lebenszeichen** aus Piaski. Briefe Deportierter aus dem Distrikt Lublin 1940—1943. Hrsg. von Else Rosenfeld u. Gertrud Luckner. Nachw. von Albrecht Goes. — München: Biederstein-Verl. (1968). 183 S.

**Levine,** Herbert S.: Local authority and the SS State. The conflict over population policy in Danzig-West Prussia 1939—1945. — In: Centr. Europ. Hist. 2 (1969), 331—355.

**Lewin,** E.: Z Łwowskiego getta. — In: Biul. Żydowskiego Inst. hist. 1956, H. 17/18, 171—204.

**Lewin,** Isaak: The hour of the Holocaust. Endeavours to save European Jews during World War II with the help of the Polish diplomatic service. – In: Polish Perspectives 21 (1978), H. 7/8,16–24 u. H. 12, 39–44.

**Lubecki,** Leon: Ruch Oporu na Pomorzu Gdanskim w latach 1939—1945. — Gdansk: Wyzsza Szkola Pedagogiczna 1961. 72 S.

**Luczak,** Czesław: Dyskryminacja Polaków w Wielkopolsce w okresie okupacji hitlerowskiej. Wybór zrodel. — Poznań: Wydawnictwo Poznańskie 1966. 388 S.

**Luczak,** Czesław [Hrsg.]: Grabież polskiego mienia na Ziemiach Zachodnich Rzeczypospolitej „wcielonych" do Rzeszy 1939—1945. — Poznań: Adam Mickiewicz Uniwersytet 1969. 510 S.

**Luczak,** Czesław: „Kraj Warty". 1939—1945. Studium ryczno-gospodarcze okupacji hitlerowskiej. — Poznań: Wyd. Poznańskie 1972. 260 S.

**Luczak,** Czesław: Obrona Mogilna we wrześniu 1939 roku. — In: Przegl. Zach. 15 (1959), Bd 3, 116—123.

**Łuczak,** Czesław [Hrsg.]: Polożenie polskich robotników przymusowych w rzeszy, 1939-1945. Poznań: Inst. Zachodni 1975. CVI, 355 S.
*(Documenta occupationis. 9.)*

**Łuczak,** Czesław: Polscy robotnicy przymusowi w III Rzeszy podczas II wojny światowej. – Poznań: Wiedza Powszechna 1974. 272 S.

**Luczak,** Czesław: Wysiedlenia ludności polskiej na tzw. ziemiach wcielonych do Rzeszy 1939–1945. Wybór źródeł i opracowanie. — Poznań: Inst. Zachodni 1969. XIII, 134 S.
*(Documenta occupationis. 8.)*

**Mackiewicz,** Joseph: The Katyn wood murders. Foreword by Arthur Bliss Lane. — London: Hollis & Carter 1951. 252 S.

**Madajczyk,** Czesław: Die deutsche Besatzungspolitik in Polen ⟨1939—45⟩. — Wiesbaden: Steiner 1967. 36 S.
*(Institut für europäische Geschichte. Vorträge. 48.)*

**Madajczyk,** Czesław: Deportations in the Zamość region in 1942 and 1943 in the light of German documents. — In: Acta Poloniae hist. 1 (1958), 75—106.

**Madajczyk,** Czesław: Generalna Gubernia w planach hitlerowskich. Studia. — Warszawa: Państwowe Wydawnictwo Naukowe 1961. 219 S.

**Madajczyk,** Czesław: Polityka III Rzeszy w okupowanej Polsce. T. 1.2. — Warszawa: Państwowe Wyd. Naukowe 1970.
1. 664 S.
2. 527 S.
*(Okupacja Polski 1939—1945.)*

**Marczewski,** Jerzy: Eksterminacja fizyczna ludności w Poznaniu (1939–1945). – In: Przegl. Zach. 28 (1972), 41–65.

**Mark,** B.: Ruch oporu w getcie Bialostockim. Samoobrana-zaglada powstanie. — Warszawa: Żydowski Instytut Historyczny 1952. 283 S.

**Mark,** Bernard: Życie i walka młodzieży w gettach w okresie okupacji hitlerowskiej (1939—1944). — Warszawa: Iskry 1961. 93 S.
*(Szkice z historii ruchu młodzieżowego w Polsce.)*

**Marschal,** Leopold: Ściśle tajne. Okupacja hitlerowska w Polsce w świetle tajnych dokumentów. — Warszawa: Wydawn. Min. Obrony Narod. 1955. 154 S.

**Materialy** archiwalne z okresu 2. wojny światowej, 1939—1945. — Warszawa: Naczelna Dyrekcja Archiwów Państw. 1956. IV, 216 S.

**Maurach,** Bruno: Die polnische Untergrundbewegung 1939—1945. — In: Wehrkunde 6 (1957), 550—559.

**Meissner,** Lucjan: Niemieckie organizacje antyfaszystowskie w Polsce 1933-1939. – Warszawa: Książka i Wiedza 1973. 302 S.

**Mekarski,** Stefan: Die Südostgebiete Polens zur Zeit der deutschen Besatzung ⟨Juni 1941 bis Juni 1943⟩. Verwaltung und Nationalitätenprobleme. — In: Jbb. Gesch. Osteuropas 16 (1968), 381—428.

**Miąso,** Józef: Clandestine education in Poland in the years of the Nazi occupation, World War II. In: Polish West. Aff. 19 (1978), 104–112.

**Molenda,** Jan: Etat des recherches sur les organisations paysannes de resistance en Pologne pendant la Seconde Guerre Mondiale. — In: Acta Poloniae Hist. 5 (1962), 164—182.

**Moritz,** Erhard [u.] Wolfgang Kern: Aggression und Terror. Zur Zusammenarbeit der faschistischen deutschen Wehrmacht mit den Einsatzgruppen der Sicherheitspolizei und des SD bei der Aggression gegen Polen. – In: Z. Geschichtswiss. 22 (1974), 1314–1325.

**Moszynski,** Remigiusz und Leopold Policha: Lublin w okresie okupacji 1939—1944. — Lublin: Wyd. Lubelskie 1964. 190 S.

**Nawrocki,** Stanisław: Hitlerowska okupacja Wielkopolski w okresie zarządu wojskowego. Wrzesień-październik 1939 r. — Poznań: Instytut Zachodni 1966. 288 S.
*(Badania nad okupacją niemiecką w Polsce. 8.)*

**Nawrocki,** Stanisław: Policja hitlerowska w tzw. Kraju Warty w latach 1939—1945. — Poznań: Inst. Zachodni 1970. 297 S.
*(Badania nad okupacją niemiecką w Polsce. 10.)*

**Nawrocki,** Stanisław: Poznań w okresie zarządu wojskowego. (Wrzesień-październik 1939 r.) - In: Przegl. Zach. 28 (1972), 28–39.

**Nestler,** Ludwig: Zum Aufbau und zur Tätigkeit der faschistischen Sondergerichte in den zeitweilig okkupierten Gebieten Polens. - In: Jb. Gesch. 10 (1974), 579–631.

**Okęcki,** Stanisław: Die Teilnahme von Ausländern an der polnischen Widerstandsbewegung. — In: Internat. Hefte d. Widerstandsbewegung 2 (1960), H. 4, 56—72.

**Orbach,** Wila: Opieka lekarska nad ludnosci żydowską w Łodzi w okresie od września 1939 do maja 1940 r. na tle sytuacji zdrowotnej. — In: Biuletyn Żyd. Inst. hist. 1966, H.58, 59 —80.

**Paprocki,** Franciszek und Karol Marian Pospieszalski: „Reichsuniversität Posen". — In: Przegl. Zach. 12 (1956), 275—299.

Komunistyczna **Partia** Polski (KPP) w obronie niepodległości Polski. — Warszawa: „Książka i Wiedza" 1952. 426 S.

**Pietrzykowski,** Jan: Hitlerowcy w Częstochowie w latach 1939—1945. — Poznań: Instytut Zachodni 1959. 262 S.
*(Badania nad okupacja niemiecka w Polsce. 6.)*

**Pinchuk,** Ben-Cion: Jewish refugees in Soviet Poland 1939-1941. - In: Jew. soc. Stud. 40 (1978), 141–158.

**Podhorizer**-Sandel, E.: O zagładzie żydów w dystrykcie Krakowskim. — In: Biul. Żyd. Inst. hist. 1959, H. 30, 87—109.

**Połomski,** Franciszek: Ustawodawstwo rasistowskie III Rzeszy i jego stosowanie na Górnym Śląsku. - Katowice: Wyd. „Śląsk" 1970. 343 S.

**Popiołek,** Kazimierz: Silesia in German eyes. 1939—1945. Transl. by Andrzej Potocki. (2nd ed.) — Katowice: Wydawnictwo „Śląsk" 1964. 238 S.

**Popiołek,** Kazimierz: Śląsk w oczach okupanta. — Katowice: Sląsk 1959. 258 S.

**Pospieszalski,** Karol Marian: Dzieje okupacji hitlerowskiej w pracy Instytutu Zachodniego. — In: Przegląd Zachodni 11 (1955), 543—550.

**Pospieszalski,** Karol Marian: Niemiecka lista narodowa w „Kraju Warty". Wybór dokumentów. Z objaśnieniami w jezyku polskim i francuskim. — Poznań: Instytut Zachodni 1949. 379 S.
*(Documenta Occupationis Teutonicae. 4.)*

**Pospieszalski,** Karol Marian: Materiały do sprawy eksterminacji w tzw. Kraju Warty. — In: Przegląd Zachodni 11 (1955), 298—354.

**Pospieszalski,** Karol Marian: Ostatnie dni „Generalnego Gubernatora" H. Franka w Polsce. — In: Przegląd Zachodni 11 (1955), 354—357.

**Pospieszalski,** Karol Marian: Z pamiętnika profesora „Reichsuniversität Posen". — In: Przegląd Zachodni 11 (1955), 275—298.

**Pospieszalski,** Karol Marian: Poznań pod okupacja Hitlerowska. — In: Przegląd Zachodni 9 (1953), H. 6—8, 403— 430.

**Pospieszalski,** Karol Marian: Hitlerowskie „prawo" okupacyjne w Polsce. Część 2: Generalna Guvernia. Wybór dokumentów i proba synteżu. — Poznań: Instytut Zachodni 1958. 652 S.
*(Documenta Occupationis. 6.)*

**Pospieszalski,** Karol Marian: Hitlerowskie „prawo" okupacyjne w Polsce. Wybór dokumentów. Część 1: Ziemie „wcielone". — Poznań: Instytut Zachodni 1952. XV, 442 S.
*(Documenta Occupationis (Teutonicae). 5.)*
Dokumente zum deutschen Besatzungsrecht in Polen.

**Pospieszalski,** Karol Marian: Le Statut du peuple polonais sous l'occupation allemande. — In: Rev. Hist. deux. Guerre mond. 10 (1960), H. 40, 1—20.

**Poznański,** Jakub: Pamiętnik z getta łódźkiego. — Łódź: Wydawnictwo Łódźkie 1960. 286 S.

**Przygoński,** Antoni: Polska w walce z okupantem. — Warszawa: Książka i Wiedza 1971. 184 S.

**Radziwończyk,** Kazimierz: Wehrmacht na obszarze Generalnego Gubernatorstwa w latach 1942–1945. ⟨Organizacja, siły i kompetencje okupacyjne.⟩ - In: Biuletyn Głown. Kom. Badania 26 (1975), 7–116.

**Rambler,** Oskar [Pseud.]: Der feige Rassismus. Das Finale der jüdischen Tragödie in Polen. (Hrsg.: Bund Jüdischer Verfolgter des Naziregimes.) — (Wien: [Selbstverl. d. Hrsg. um 1969]). 47 S.

**Rawski,** Tadeusz, Zdzisław Stepor [und] Jan Zamojski: Wojna wyzwolencza Narodu Polskiego w latach 1939 —1945. Wezlowe problemy. Red. naukowy Ernest Wisniewsky. [Bd] 1. 2. — Warszawa: Wyd. Minist. Obrony Narodowej 1963.

**Rhode,** Gotthold: Die polnische politische Emigration. — In: Ber. Inf. Österr. Forsch. Inst. Wirtsch. Politik 8 (1953), H. 376, 3—5.

**Ringelblum,** E.: Notatki z getta. — In: Bjul. Żyd. Instyt. Hist. 1954, H. 11– 12, 123—166.

**Ropelewski,** Andrzej: Wspomnienia z AK. — Warszawa: Czytelnik 1957. 232 S.

**Rosen**-Zawadzki, Kazimierz: Z dziejów powstania i ewakuacji Wojska Polskiego w ZSRR. Sierpień 1941—sierpień 1942. Zakończenie. — In: Wojsk. Przegl. Histor. 2 (1963), 92—125.

**Rothfels,** Hans: Zur „Umsiedlung" der Juden im Generalgouvernement. — In: Vjh. Zeitgesch. 7 (1959), 333—336.

**Rudnycka,** Milena [Comp.]: Western Ukraine under the Bolsheviks. IX/1939-VI/1941. — New York: Shevchenko Scientific Society in USA 1958. 494 S. in 2 Bänden.

**Rusiński,** Władysław: Położenie robotników polskich w czasie wojny 1939—1945. Na terenie rzeszy i „obszarów wcielonych". Część 2. — Poznań: Instytut Zachodni 1955. VI, 325 S.
*(Badania nad okupacja niemiecka w Polsce. 6.)*

**Rutkowski,** A.: Martyrologia, walka i zagłada ludności żydowskiej w dystrykcie Radomskim podczas okupacji hitlerowskiej. — In: Biul. Żydowskiego Inst. hist. 1955, H. 15/16, 75—182.

**Rutkowski,** A.: Hitlerowskie obozy pracy dla żydów w dystrykcie Radomskim. — In: Biul. Żydowskiego Inst. hist. 1956, H. 17/18, 106—128.

**Ryszka,** Franciszek: Spór o wprowadzenie niemieckiego prawa cywilnego na tzw. „Terytoria włączone" (w czasie okupacji). Dokumenty. — In: Czas. prawno-hist. 11 (1959), 95—123.

**Seeber,** Eva: Zur Veränderung des Kräfteverhältnisses der Klassen im antifaschistischen Befreiungskampf in Polen bis zum Beginn der volksdemokratischen Revolution [1939 bis Juli 1944]. — In: Jb. Gesch. 3 (1969), 235—305.

**Seeber,** Eva: Zwangsarbeiter in der faschistischen Kriegswirtschaft. Die Deportation und Ausbeutung polnischer Bürger unter besonderer Berücksichtigung der Lage der Arbeiter aus dem sogen. Generalgouvernement. (1939—1945). — Berlin: Dt. Verl. d. Wiss. 1964. 309 S.
*(Schriftenreihe d. Inst. f. Geschichte d. europ. Volksdemokratien a. d. Karl-Marx-Universität Leipzig. 3.)*

**Serwański,** Edward: Materiały do sprawy ekterminacji w tzw. Kraju Warty. — In: Przegl. Zach. 11 (1955), H. 7/8, 616—621.

**Serwański,** Edward: Hitlerowska polityka narodowościowa na Śląsku w pierwszym okresie okupacji (Sprawa tzw. Einwohnerverfassung). — In: Przegl. Zach. 12 (1956), H. 3/4, 339—361.

**Smoliński,** St.: Przyczynek do zagadnienia wyżywienia miejskiej, ludności polskiej w b. Generalnym Gubernatorstwie na tle ówczesnej pracy i płacy. — Poznań: Nakł. Akad. Handl. 1951. 53 S.
Behandelt das Ernährungsproblem der polnischen Stadtbevölkerung im ehemaligen Generalgouvernement.

**Sobczak,** Janusz: Hitlerowskie przesiedlenia ludności niemieckiej w dobie II wojny światowej. — Poznań: Instytut Zachodni 1966. 372 S.
*(Studium niemcoznawcze instytut zachodniego. 11.)*

**Strobel,** Georg W.: Die polnische Widerstandsbewegung seit 1939. — In: Osteuropa 2 (1952), 188—196.
Mit Bibliographie.

**Sukiennicki,** Wiktor: The establishment of the Soviet regime in Eastern Poland in 1939. — In: J. Centr. Europ. Aff. 23 (1963/64), 191—218.

**Sulewski,** Wojciech: Problemy polskiej polityki zagranicznej w działalności PPR. (1942—1944.) — In: Sprawy międzynar. 14 (1961), H. 2, 30—45.

Szarota, Tomasz: Poland and Poles in German eyes during World War II. – In: Polish West. Aff. 19 (1978), 229–254.

**Szilling,** Jan: Hitlerowska polityka osadnicza w regencji Bydgoskiej w latach 1939—1943. — In: Prace Komisji historii [Bydgoszcz] 2 (1964), 127—156.

**Szilling,** Jan: Polityka okupanta hitlerowskiego wobec kościoła katolickiego 1939—1945. Tzw. okręgi rzeszy: Gdańsk-Prusy zachodnie, kraj Warty i regencj Katowicka. — Poznań: Inst. Zachodni 1970. 306 S.
*(Badania nad okupacją niemiecką w Polsce. 11.)*

**Techniczek,** Maciej: Einige Aspekte der Widerstandsbewegung in Polen und in der Tschechoslowakei 1939-1942. – In: Jb. Inst. dtsch. Gesch. 1 (1972), 215–231.

**Terej,** Jerzy J.: On the history of the Home Army. – In: Polish Perspectives 21 (1978), H. 9, 31–37.

**Toronczyk,** Ludwig: Die deutsche Wirtschafts-, Kultur- und Bevölkerungspolitik im Generalgouvernement und in den eingegliederten Ostgebieten in den Jahren 1939—45. — Wien 1951. IV, 285, VI gez. Bl. [Maschinenschr.]
*Wien, phil. Diss. 21. März 1951.*

Twierdza nam będzie każdy próg. Kobiety ruchu ludowego w walce z hitlerowskim okupantem. Sylwetki, wspomnienia, artykuły. Wybór i oprac. M. Jędrzejec. Wstęp J. Chałasiński. — [Warszawa:] Ludowa Spółdz. Wydawnicza (1968). 574 S.

Une petite ville de Pologne sous l'occupation allemande. Fragment du „journal" d'un médecin. — In: Cahiers Pologne-Allemagne 1961, H. 1, 68—80.

**Walczak,** Marian: Nauczyciele wielkopolscy w latach wojny i okupacji ⟨1939-1945⟩. - Poznań: Inst. Zachodni 1974. 203 S.
*(Badania nad okupacją niemiecką Polsce. 13.)*

**Warszawa,** lat wojny i okupacji, 1939-1944. ([Hrsg.:] Instytut Historii Polskiej Akademii Nauk.) – Warszawa: (Państwowe Wyd. Naukowe).
1. 1971. 361 S.
2. 1972. 366 S.
3. 1973. 464 S.
4. 1975. 290 S.
*(Studia Warszawskie. 7.10.17.23.)*

**Wierzejewski,** Aleksander: Niewolnicza praca dzieci i młodzieży w tzw. Kraju Warty 1939–45. - Poznań: Wyd. Poznańskie 1975. 162 S.

**Wiseley,** W. C.: The German settlement of the „incorporated territories" of the Wartheland and Danzig-West Prussia 1939—1945.
*London, phil. Diss. 1955.*

**Wojan,** Ryszard: Bydgoszcz. Niedziela 3 Września 1939 r. — (Poznań:) Wydawnictwo Poznańskie 1959. 91 S.

**Wojcicki,** B.: Prawda o Katyniu. Wyd. 2. — Warszawa: Czytelnik 1953. 218 S.
Darstellung zum Katyn-Problem.

**Wojciechowska,** Janina: Przyczynek do udziału mniejszości niemieckiej w hitlerowskiej akcji eksterminacyjnej w Bydgoszczy. — Poznań: Instytut Zachodni 1958. 106 S.

**Wojciechowski,** Marian: Martin Broszat, Nationalsozialistische Polenpolitik 1939—1945. — In: Polish Western Aff. 3 (1962), 378—387.

**Wojna** wyzwoleńcza narodu polskiego w latach. 1939—1945. Wezłowe problemy. Red. naukowy: Ernest Wiśniewski. [Nebst dtsch. Zsfassung.] — Warszawa: Wydawnictwo Ministerstwa Obrony narodowej 1966. 881 S.

**Wulf,** Josef: Lodz. Das letzte Ghetto auf polnischem Boden. Hrsg. von d. Bundeszentrale f. Heimatdienst. — (Bingen a. Rh. 1962: Rhein-Nahe-Dr.) 84 S.
*(Schriftenreihe der Bundeszentrale für Heimatdienst. 59.)*

**Wykaz** poleglych i zmarlych zolnierzy polskich sil zbrojnych ne obczynie w latach 1939—1946. — Londyn: Instytut Historyczny im. Gen. Sikorskiego 1952. XVI, 371 S.

**Wyzwolenie** Polski w latach 1944—45. — Warszawa: Min. Wyd. Obrony Narod. 1951. 293 S.
Schildert die Befreiung Polens.

**Zakład** historii partii pizy KC PZPR. Komunikaty dowództwa głównego gwardii ludowej i armii ludowej (dokumenty). — (Warszawa): Wyd. Minist. Obrony Narodowej (1959). 334 S.

**Załuski,** Zbigniew: Die Polen an den Fronten des Zweiten Weltkrieges. — Warszawa: Interpress-Verl. 1969. 94 S.

**Zamojski,** Jan: Forschungen über die polnische Widerstandsbewegung. — In: Internat. Hefte d. Widerstandsbewegung 1 (1959/60), H. 1, 7—23.

**Zawodny,** J[anusz] K[azimierz]: Death in the forest. The story of the Katyn forest massacre. — Notre Dame: University of Notre Dame Press 1962. 235 S.

**Zbrodnia** Hitlerowska w Katyniu. — In: Zbiór Dok. 1952, 1621—1718.

**Zbrodnia** Katynska w swietle dokumentów, z przed mowa Władysława Andersa. Wyd 3. — London: Gryf 1962. 300 S.

**Zbrodnie** hitlerowskie na dzieciach i młodzieży polskiej. 1939—1945. — Warszawa: Wydawnictwo Prawnicze 1969. 168 S.

Warschauer Ghetto

**Andrzejewski,** Jerzy: La révolte du Ghetto de Varsovie, raconté par un chrétien. — Lyon: Vitte 1958. 241 S.

**Banasiewicz,** C. Z. [Ed.]: The Warsaw Ghetto. — New York: Yoseloff 1969. 111 S.

**Bartelski,** Lesław M.: Powstanie Warszawskie. — Warszawa: Iskry 1965. 271 S.

**Bartoszewski,** Władysław: Straceni na ulicach miasta. Egzekucje w Warszawie 16. 10. 1943—26. 7. 1944. — Warszawa: Książka i Wiedza 1970. 171 S.

**Bartoszewski,** Władysław: Der Todesring um Warschau. 1939—1944. — [Warschau:] Interpress-Verl. 1969. 447 S.

**Berenstein,** T.: Dokument o rochu oporu w Warszawie. — In: Biul. Żydowskiego Inst. hist. 1956, H. 19/20, 162—168.

**Berenstein,** T. und A. Rutkowski: Liczba ludności żydowskiej i obszar przez nią zamieszkiwany w Warszawie w latach okupacji hitlerowskiej. — In: Biul. Żyd. Inst. hist. 1958, H. 26, 73—114.

**Blumenthal,** Nachman [u.] Joseph Kermish: Resistance and revolt in the Warsaw Ghetto. A documentary history. — Jerusalem: Yad Vashem 1965. XLVIII, 495 S.

**Borkiewicz,** Adam: Powstanie warszawskie 1944. Zarys działań natury wojskowej. — Warszawa: Pax 1957. 746 S.

**Brustin-**Berenstein, T.: Rola przedsiębiorców niemieckich w eksterminacji ludności żydowskiej w getcie warszawskim. — In: Biuletyn Żydowsk. Instyt. Hist., H. 13/14 (1955), 185-210.
Über die Rolle der deutschen Unternehmungen bei der Ausrottung der Warschauer Juden.

**Ciechanowski,** Jan M.: The Warsaw rising of 1944. - London: Cambridge University Press 1974. XI, 332 S.

**Ciolkosz,** Adam: Zaglada getta warszawskiego. — In: Kultura 16 (1962), 81—93, 109—120 und 121—149.

**Dunin-**Wąsowicz, Krzysztof: La résistance polonaise et l'insurrection du ghetto de Varsovie. – Warszawa: Państwowe Wyd. Naukowe 1974. 16 S.
*(Conférences. 105.)*

**Fraschka,** Günter: Aufstand in Warschau. General Bor kämpft für die Freiheit seines Volkes. 1. August 1944. — Rastatt: Pabel 1960. 192 S.

**F[reund],** M[ichael]: „Noch ist Polen nicht verloren". (Der Warschauer Aufstand im Sommer 1944). — In: Gegenwart 8 (1953), 757—758.

**F(reund),** M(ichael): Die apokalyptischen Tage. Der Untergang der Juden im Warschauer Ghetto. — In: Gegenwart 7 (1952), 561—564.

**Friedman,** Philip: Martyrs and fighters. The epic of the Warsaw ghetto. — New York: Praeger 1954. 325 S.

**Garliński,** Józef: The Polish under – ground state 1939–45. - In: J. contemp. Hist. 10 (1975), 219–259.

**Gitler,** I.: Wydarzenia w getcie warszawskim w kwietniu-maju 1943 r. — In: Biul. Żyd. Inst. hist. 1958, H. 25, 87—100.

**Grobman,** Alex: The Warsaw Ghetto uprising in the American Jewish press. - In: Wiener Libr. Bull. 29 (1976/77), H. 37/38, 53–61.

**Gurfinkiel-**Glocerowa, Sabina: Szpital Żydowski w Warszawie (na Czystem) w czasie okupacji (1939—1945). — In: Biul. Żyd. Inst. hist. 41 (1962), 98—113.

**Gutman,** Yisrael: The genesis of the resistance in the Warsaw Ghetto. - In: Yad Vashem Stud. 9 (1973), 29-70.

**Hersey,** John: Der Wall (The Wall, dt.) Roman. (Deutsch von Ernst Bucher und Edwin Maria Landau.) — Baden-Baden u. Stuttgart: Diana-V. (1951). 658 S.
Über das Schicksal des Warschauer Ghettos.

**Karbonski.** Stefan: The story of the Polish underground state 1939—1945. Transl. by F. B. Czarnomski. — New York: Macmillan 1956. 495 S.

**Kayser,** Egon: Die Lüge vom Warschauer Ghetto-Pogrom. — In: Weg 8 (1954), 636—642.
   Eine Darstellung in der bekannten, in Buenos Aires erscheinenden neonazistischen Zeitschrift.

**Kermisch,** Joseph: Les véritables initiateurs de la révolte. — In: Monde Juif 12 (1958), H. 81/82, 41—48.

**Kermish,** Joseph: The Poles and the Warsaw ghetto uprising in the light of newly discovered documents. — In: Yad Vashem Bull. 1968, H. 22, 13—18.

**Kermish,** Joseph: On the underground press in the Warsaw Ghetto. — In: Yad Washem Stud. 1 (1957), 85—123.

**Kermisch,** Joseph: Sources historiques de l'insurrection du ghetto de Varsovie. — In: Monde Juif 12 (1958), H. 81/82, 19—28; 13 (1959), H. 83, 11—13; 14 (1959), H. 84, 14—16.

**Kermish,** Joseph: The Warsaw Ghetto uprising in the light of a hitherto unpublished official German report. - In: Yad Vashem Stud. 9 (1973), 7–27.

**Kirchmayer,** Jerzy: Powstanie Warszawskie. — (Warszawa:) Książka i Wiedza 1959. 536 S.

**Kliszko,** Zenon: Der Warschauer Aufstand (Powstanie Warszawskie, dt.) Erinnerungen und Betrachtungen. (Übers. von Diemut Lötzsch u. Ronald Lötzsch.) — Frankfurt a. M.: Röderberg 1969. 207 S.

**Kolos,** Ivan: Varšava v ogne. — Moskva: Voenizdat 1956. 108 S.

**Korbonsky,** S.: Fighting Warsaw. The story of the Polish underground state 1939—1945. — London: Allen & Unwin 1956. 495 S.

**Korbonski,** Stefan: The Polish underground state. A guide to the underground 1939–1945. - New York: Columbia University Press 1978. 272 S.

**Krannhals,** Hanns von: Der Warschauer Aufstand 1944. — Frankfurt: Bernard & Graefe 1962. 445 S.

**Kurzman,** Dan: Der Aufstand (The bravest battle, dt.) Die letzten Tage des Warschauer Ghettos. (Aus d. Amerikan. übers. von Jutta u. Theodor Knust.) - München: Bertelsmann 1979. 413 S.

**Lewin,** A.: Dziennik z getta Warszawskiego. — In: Biul. Żydowskiego Inst. hist. 1956, H. 19/20, 169—206.

**Lewin,** A.: Dziennik z Warszawskiego getta. — In: Biul. Żydowskiego Inst. hist. 1957, H. 21, 125—137; H. 22, 85—107; H. 23, 71—79.

**Lewin,** A.: Dziennik z getta Warszawskiego. — In: Biul. Żyd. Inst. hist. 1957, H. 24, 42—55; 1958, H. 25, 119—130.

**Lewin,** A.: Pamietnik z getta warszawskiego. — In: Bleter Gesz. 7 (1954), H. 1, 26—42 und H. 2/3, 207—210.

**Ludnosc** cywilna w powstaniu Warszawskim. (Red.: Czesław Madajczyk. [Hrsg.:] Instytut Historii Polskiej Akademii Nauk.) - (Warszawa:) Państwowy Inst. Wydawniczy.
   1.1. Pamiętniki. Relacje. Zeznania. Wybrali i opracowali: Marian Marek Drozdowski [u a.] Wstęp: Marian Marek Drozdowski. (1974). 554 S.
   1.2. Pamiętniki. Relacje. Zeznania. Wybrali i opracowali: Marian Marek Drozdowski [u. a.] Wstęp: Marian Marek Drozdowski. (1974). 710 S.
   2. Archiwalia. Wybrali, opracowali i wstępem opratrzyli: Marek Getter i Andrzej Janowski. (1974.) 794 S.
   3. Prasa, druki, ulotne i inne publikacje powstańcze. Wybrali: Władysław Bartoszewski i Lucjan Dobroszycki. (1974.) 576 S.

**Malcuzynski,** Karol: Zanim zaplonela Warszawa. Fakty i dokumenty o powstaniu warszawskim. — Warszawa: Książka i Wiedża 1955. 84 S.

**Malvezzi,** Piero: Le voci del ghetto. — Bari: Laterza 1970. 501 S.

**Mark,** B.: Powstanie w getcie warszawskim. — Warszawa: Wydawn. „Idisz Buch" 1953. 404 S. [In jiddischer Sprache.]
   Über den Aufstand im Warschauer Ghetto.

**Mark,** Bernard: Der Aufstand im Warschauer Ghetto (Powstanie w getcie warszawskim, dt.) Entstehung und Verlauf. — Berlin: Dietz (1957). 427 S.

**Mark,** Bernard: Dokumentn 'un materialn wegn aujfstand in Warsauver ghetto. — Warsau: Jidisch Buch 1953. 404 S.

**Mark,** Bernard: L'insurrection du Ghetto de Varsovie. — Paris: Edit. Sociales 1955. 244 S.

**Mazor,** Michel: La cité engloutie. — Paris: Ed. du Centre 1955. 177 S.
   Erinnerungen an das Warschauer Ghetto.

**Płoski,** Stanisław: Niemieckie materiały do historii powstania warszawskiego. — (Warszawa:) Państwowe Wydawnictwo Naukowe (1958). 59 S.
   Sonderabdr. aus: Najnowsze Dzieje Polski, T. 1.

**Poterański,** Wacław: Das Warschauer Getto [Warszawskie getto, dt.] Zum 25. Jahrestag des bewaffneten Kampfes im Getto 1943. — Warszawa: Interpress-Verl. 1968. 87 S.
   (Konfrontationen.)

**Przygonski,** Antoni: Z problematyki powstania Warszawskiego. — Warszawa: Wyd. Minist. Obrony Narodowej 1964. 266 S.

**Ringelblum,** Emanuel: Ghętto Warschau. Tagebücher aus dem Chaos. Eingel. von Arieh Tartakower. — Stuttgart: Seewald (1967). 254 S.

**Ringelblum,** Emmanuel: Notes from the Warsaw Ghetto. Ed. and transl. by Jacob Sloan. — New York, Toronto, London: McGraw-Hill (1958). XXVII, 369 S.

**Rosner,** Raphael: Réflexions sur l'insurrection du ghetto de Varsovie. - In: Monde Juif 32 (1976), H. 82, 37–52.

**Rutkowski,** A.: O agenturze gestapowskiej w getcie Warszawskim. — In: Biul. Żydowskiego Inst. hist. 1956, H. 19/20, 38—59.

**Rutkowski,** Adam: Quelques documents sur la révolte du ghetto de Varsovie. — In: Monde Juif 25 (1969), H. 53, 1—10.

**Schwarzbart,** Isaac I.: The story of the Warsaw ghetto uprising. Its meaning and message. — New York: World Jewish Congress 1953. 23 S.

**Serwański,** Edward und Irena Trawinska: Zbrodnia niemiecka w Warszawie. — Poznań: Instytut Zachodni 1946. 246 S.

**Serwański,** Edward: Życie w powstańczej Warszawie, sierpień-wrzesień 1944. — Warszawa: Pax 1965. 372 S.

**Skarzynski,** Aleksander: Polityczne przyczyny powstania warszawskiego. — Warszawa: PWN 1964. 429 S.

(**Stroop,** Jürgen:) Es gibt keinen jüdischen Wohnbezirk in Warschau mehr! ([Hrsg.:] Andrzej Wirth.) — (Neuwied, Berlin-Spandau, Darmstadt: Luchterhand 1960.) 76, 48 Bl.
   Faksimile-Ausgabe des Dokuments Exhibit USA 215 (1061-PS).

**Stroop,** Jürgen: Mered geto W'arsō b'ejinej ha-'ojeb [Es gibt keinen jüdischen Wohnbezirk in Warschau mehr!, hebr.] Mabō w-he'erot me'et Joseph Kermish. — (Tel Aviv: Am Oved; Jerusalem: Yad Washem 1959.) 238 S.

**Stroop,** Jürgen: The report of Jürgen Stroop. Concerning the uprising in the Ghetto of Warsaw and the liquidation of the Jewish residential area. Introduction and notes by B[ernard] Mark. — Warsaw 1958: Jewish Historical Institute. 123 S.

**Struktura** demograficzna ludności Żydowskiej pozostałej w Warszawie. (Wg. stani z końca października 1942 r.) — In: Biul. Żyd. Inst. hist. 1961, H. 37, 98—105.

**Tenenbaum,** Joseph: Underground. The story of a people. — New York: Philosophical Library 1952. 532 S.
   Über das Schicksal des Warschauer Ghettos.

**Trunck,** Isaiah: Sources to the Warsaw Ghetto uprising. — In: Polish Rev. 9 (1964), 87—93.

**Trunk,** Isaiah: Epidemics and mortality in the Warsaw ghetto, 1939—1942. — In: Yivo Annual of Jewish Soc. Science 8 (1953), 82—122.

**Tushnet,** Leonard: To die with honour. The uprising of the Jews in the Warsaw Ghetto. — New York: Citadel Press (1965). 128 S.

**Werstein,** L.: The uprising of the Warsaw Ghetto. Nov. 1940—May 1943. — New York: Norton (1968). X, 157 S.

**Wulf,** Josef: Vom Leben, Kampf und Tod im Ghetto Warschau. — (Bonn 1958: Bundeszentrale für Heimatdienst.) 104 S.
   *(Schriftenreihe der Bundeszentrale für Heimatdienst. 32.)*

**Wulf,** Josef: Das Dritte Reich und seine Vollstrecker. Die Liquidation von 500000 Juden im Ghetto Warschau. — Berlin-Grunewald: Arani Verl.-Ges. (1961). 383 S.

**Zawodny,** J[anusz] K[azimierz]: Nothing but honor. The story of the Warsaw uprising, 1944. — Stanford, Calif.: Hoover Institution Press 1978. 328 S.

### Politik und Staat

**Ajnenkiel,** Andrzej: Z dziejów faszyzmu w Polsce. — In: Historia i Nauka o Konstitucji 1956, H. 2, 3—17.

**Ajnenkiel,** Andrzej: Zarys stosunków politycznych w Polsce w latach 1918—1923. — In: Historia i Nauka o Konstitucji 1957, H. 2, 81—110.

**Beck,** Joseph: Dernier rapport. Politique polonaise 1926—1939. (Trad. du polonais.) — Neuchâtel: Ed. de la Baconnière (1951). XXIV, 366 S.
   *(Histoire et société d'aujourd'hui.)*

**Dymek,** Benon: Niezależna Partia Chłopska, 1924–1927. — Warszawa: Książka i Wiedza 1972. 460 S.

**Dziewanowski,** M. K.: The Communist party of Poland. An outline of history. — Cambridge, Mass.: Harvard University Press 1959. 369 S.

**Geilke,** Georg: Das Staatsangehörigkeitsrecht von Polen. — Frankfurt a. M., Berlin: Metzner 1952. 127 S.
   Schildert die Rechtslage von 1815 bis 1951.

**Jabłoński,** Henryk: Les principaux groupes politiques de la société polonaise au tournant de 1918 et 1919. — In: Acta Polon. Hist. 2 (1959), 43—70 und 3 (1960), 49—87.

**Korzec,** Paweł: Das Abkommen zwischen der Regierung Grabski und der jüdischen Parlamentsvertretung. Ein Beitrag zur Nationalitätenpolitik Zwischenkriegspolens. — In: Jbb. Gesch. Osteuropas 20 (1972), 331–366.

**Korzec,** Paweł: Der Block der nationalen Minderheiten im Parlamentarismus Polens des Jahres 1922. — In: Z. Ostforsch. 24 (1975), 193–220.

**Korzec,** Paweł: Der Zweite Block der nationalen Minderheiten im Parlamentarismus Polens 1927–1928. — In: Z. Ostforsch. 26 (1977), 76–116.

**Krzywobłocka,** Bożena: Chadecja, 1918–1937. — Warszawa: Książka i Wiedza 1974. 579 S.

**Łukaszewicz,** Witold, Jacek Staszewski, Mieczysław Wojciechowski: Z dziejów rad robotniczo-żołnierskich w Wielkopolsce i na Pomorzu Gdańskim. Poznań — Bydgoszcz — Gdańsk — Toruń 1918—1920. Studia pod. red.: Witolda Łukaszewicza. — (Poznań:) Wydawnictwo Poznańskie (1962). 296 S.

**Mačko,** A. N.: Bor'ba trudjaščichsja Pol'ši zapadnoj Belorussii protiv fašizma. (1933—1939.) — Minsk: Izd. Akademia Naukowe BSSR 1963. 204S.

**Narkiewicz,** Olga A.: The green flag. Polish populist politics, 1867–1970. — London: Croom Helm 1976. 314 S.

**Orzechowski,** Marian: Narodowa Demokracja na Górnym Śląsku do 1918 roku. — Wrocław: Ossolineum 1965. 302 S.

**Pietrzak,** M.: Rządy parlamentarne w Polsce w latach 1919—1926. — (Warszawa:) Książka i Wiedza 1969. 353 S.

O **Piłsudczyznie.** — Warszawa: RSW „Prasa" 1951. 176 S.
   Über den Pilsudskismus.

**Polonsky,** Antony: Politics in independent Poland, 1921—1939. The crisis of constitutional government. — London: Oxford University Press 1972. 588 S.

**Prélot,** Marcel: La Pologne république parlementaire 1919—1930. — In: Rev. internat. Hist. polit. & constit. 5 (1955), H. 19/20, 294–303.

**Przybylski,** Henryk: Centrum polityczne wobec konstytucji i wyborów parlamentarnych w 1935 r. — In: Quart hist. 78 (1971), 576–589.

**Rechowicz,** Henrik: Sejm Slaski, 1922—1939. — Katowice: Silesian Scientific Inst. 1965. 322 S.

**Rosé,** Adam: La politique polonaise entre les deux guerres. — Neuchâtel: La Baconnière (1945). IV, 203 S.

**Rothschild,** Joseph: The ideological, political, and economic background of Piłsudski's coup d'état of 1926. — In: Polit. Science Quart. 78 (1963), 224—244.

**Rothschild,** Joseph: The military background of Piłsudski's coup d'état. — In: Slavic Rev. 21 (1962), 241—260.

**Strobel,** Georg W.: Arbeiterschaft und Linksparteien in Polen 1928—1938. — In: Jbb. Gesch. Osteuropas 10 (1962), 67—102.

**Tymieniecka,** Aleksandra: Polityka Polskiej Partii Socjalistycznej w latach 1924—1928. — Warszawa: Książka i Wiedza 1969. 344 S.

**Wynot,** Edward D.: Polish politics in transition. The camp of national unity and the struggle for power, 1935–1939. - Athens: University of Georgia Press 1974. 294 S.

**Żarnowski,** Janusz: Polska Partia Socjalistyczna w latach 1935—1939. — Warszawa: Książka i Wiedza 1965. 420 S.

**Ziaja,** Leon: PPS a polska polityka zagraniczna, 1936–1939. - Warszawa: Państwowe Wyd. Naukowe 1974. 458 S.

Außenpolitik

**Alius** [Pseud.]: Die Curzon-Linie. Das Grenzproblem Sowjetunion-Polen. — Zürich: Europa-V. 1945. 99 S.

**Archiszewski,** Franciszek: Strategical significance of new and old Soviet-Polish border. — In: Polish Rev. 1 (1956), H. 2/3, 89—96.

**Balcerak,** Wiesław: Polska polityka zagranicza wobec układów lokarneńskich. — In: Przegl. Zach. 15 (1959), Bd 3, 259—297.

**Balcerak,** Wiesław: Polityka zagraniczna Polski w dobie Locarna. — Wrocław: Zakład Narodowy imienia Ossolińskich 1967 244 S.

**Batowski,** Henryk: Rumunska podroż Becka w pazdzierniku 1938 r. — In: Kwart. Hist. 65 (1958), 423—439.

**Błahut,** Karol J.: Polsko-niemieckie stosunki gospodarcze w latach 1919–1939. - Wrocław: Ossolineum 1975. 367 S.

**Bron,** Michał: Polacy w wojnie hispańskiej 1936—1939. — Warszawa: MON 1963. 277 S.

**Broszat,** Martin: Von der Teilung Polens zum Warschauer Vertrag. — In: Neues Hochland 64 (1972), 343—351.

**Brügel,** J. W.: Die polnische Frage im Lichte der Kriegskorrespondenz zwischen Stalin, Churchill und Roosevelt. — In: Europa-Archiv 13 (1958), 11021—11029.

**Budurowycz,** Bohdan B.: Poland and Hitler's offers of alliance. — In: Polish Rev. 3 (1958), H. 4, 16—29.

**Budurowycz,** Bohdan B[asil]: Polish-Soviet relations 1932—1939. — New York, London: Columbia University Press 1963. XI, 229 S.

**Bułhak,** Henryk: Z dziejów stosunków wojskowych polsko-czechosłowakich w latach 1927–1936. - In: Studia Dziej. ZSRR Eur. Środk. 11 (1975), 97–148.

**Burckhardt,** Carl J.: Polen und die Tschechoslowakei zwischen den Kriegen. — In: Merkur 14 (1960), 250—269.

**Čelovský,** Boris: Piłsudskis Präventivkrieg gegen das nationalsozialistische Deutschland. (Entstehung, Verbreitung und Widerlegung einer Legende.) — In: Welt als Geschichte 14 (1954), 53—70.

**Chudek,** Józef: Korespondencja szyfrowana ambasadora Lipskiego z września 1938 r. — In: Sprawy Międzynarodowe 11 (1958), H. 5, 84—91.

**Chudek,** Józef: Sierpniowa rozmowa Ciano-Wieniawa z r. 1939. — In: Sprawy Międzynarodowe 10 (1957), H. 4, 67—71.

**Ciałowicz,** Jan: Polsko-francuski sojusz wojskowy 1921—1939. — Warszawa: Państwowe Wyd. Naukowe 1971. 421 S.

**Cienciała,** Anna M.: Poland and the Western Powers 1938—1939. A study in the interdependence of Eastern and Western Europe. — London: Routledge & Kegan Paul (1968). X, 310 S. *(Studies in political history.)*

**Cieślak,** Tadeusz: Hitlerowski sojusz z nacjonalizmem ukraińskim w Polsce. — In: Z dziejów stosunków polsko-radzieckich 5 (1969), 93—107.

**Dabrowski,** Stanisław: Koncepcje powojennych granic Polski i działalność polskiego ruchu ludowego w latach 1939—1945. — Wocław: Ossolineum 1971. 208 S.

**Dabrowski,** Stanisław: The peace treaty of Riga. — In: Polish Rev. 5 (1960), H. 1, 3—34.

**Daszkiewicz,** Walenty: Z dziejów stosunków polsko-radzieckich w latach 1932—1934. — In: Sprawy międzynar. 20 (1967), H. 2, 44—70; H. 3, 48—69; 21 (1968), H. 8/9, 91—110 und H. 10, 79—99.

**Davies,** Norman: The genesis of the Polish-Soviet war, 1919–20. — In: Europ. Stud. Rev. 5 (1975), 47–67.

**Dębicki,** Roman: Foreign policy of Poland 1919—39. From the rebirth of the Polish republic to World War II. With a forew. by Oscar Halecki. — New York: Praeger (1962). XI, 192 S. *(Books that matter.)*

**Deruga,** Aleksy: Polityka wschodnia Polski wobec ziem Litwy, Białorusi i Ukrainy ⟨1918—1919⟩. — (Warszawa:) Książka i Wiedza 1969. 330 S.

General Sikorski Historical Institute. Documents on Polish-Soviet relations 1939—1945. — London, Melbourne, Toronto: Heinemann.
1. 1939—1943. (1961). XL, 625 S.

**Eissner,** Albin: Polnische Annexionen nach dem ersten Weltkrieg. — In: Außenpolitik 13 (1962), 50—57.

**Garlicka,** Anna: Polska - Jugosławia 1918–39. - In: Studia Dziej. ZSRR Eur. Środk. 12 (1976), 93–125.

**Gąsiorowski,** Zygmunt J.: Did Piłsudski attempt to initiate war in 1933? — In: J. mod. Hist. 27 (1955), 135—151.

**Gąsiorowski,** Zygmunt J.: Polish-Czechoslovak relations 1918—1926. — In: Slavonic & East Europ. Rev. 35 (1956/57), 172—193 und 473—504.

**Gerson,** Louis L.: Woodrow Wilson and the rebirth of Poland, 1914—1920. *New Haven, Yale University, Diss. 1952.*

**Ginsburgs,** George: Case study in Soviet use of international law. Eastern Poland in 1939. — In: Amer. J. internat. Law 52 (1958), 69—84.

**Gostyńska,** Weronika: Stosunki polsko-radzieckie, 1918-1919. - Warszawa: Książka i Wiedza 1972. 397 S.

**Gromada,** Thaddeus V. [Ed.]: Essays on Poland's foreign policy 1918—1939. - New York: Józef Piłsudski Inst. of America 1970. 71 S.

**Gronowicz,** Antoni: Pattern for peace. The story of Poland and her relations with Germany. — New York: Paramount Publishing Co. 1951. 215 S.

**Grosfeld,** Leon: La Pologne face au problème de l'évacuation de la Rhénanie (1926-1929). - In: Acta Polon. hist. 30 (1974), 213-228.

**Halecki,** Oscar: The United States and Poland. — In: Rev. Politics 16 (1954), 91—110.

**Horak,** S.: Why Western Ukrainian territories were annexed to Poland (1919—1923). — In: East Europ. Problems I (1956), H. 1, 51—68.

**Horak,** Stephan: Poland's international affairs, 1919—1960. — Bloomington, Ind.: Indiana University Press 1964. 248 S.
(*Russian and East European Studies. 31.*)

**Jedrzejewicz,** Waclaw: Poland and the British parliament. — Chicago: Polish-American Congress [um 1950]. 495 S.

**Jurkiewicz,** Jarosław: Pakt wschodni. Z historii stosunków międzynarodowych w latach 1934—1935. — Warszawa: M.O.N. 1963. 208 S.

**Jurkiewicz,** Jarosław: Polska wobec planów paktu wschodniego w latach 1934—1935. — In: Sprawy Międzynarodowe 12 (1959), H. 3, 18—51.

**Jurkiewicz,** Jarosław: Stosunki polsko-watykańskie w latach 1919—1939. (Wybór materiałów.) — Warszawa: Książka i Wiedza 1959. 192 S.

**Jurkiewicz,** Jarosław [Ed.]: Watykan a stosunki polsko-niemieckie w latach 1918—1939. — Warszawa: Książka i Wiedza 1960. 120 S.

**Káňa,** O[takar] [u.] R[yszard] Pavelka: Těšínsko v polsko československých vztazích 1918—1939. — Ostrava: „Profil" 1970. 366 S.
(*Publikace Slezského ústavu Československé akademie věd v Opavě. 63.*)

**Komarnicki,** Titus: Rebirth of the Polish republic. A study in the diplomatic history of Europe, 1914—1920. — London: Heinemann (1957). XIII, 776 S.

**Korbel,** Josef: Poland between East and West. Soviet and German diplomacy towards Poland, 1919—1933. — Princeton: Princeton University Press; London: Oxford University Press 1963. XI, 321 S.

**Korzec,** Paweł: Polen und der Minderheitenschutzvertrag. - In: Jbb. Gesch. Osteuropas 22 (1974), 515-555.

**Kowalski,** Włodzimierz T[adeusz]: At Brest and at Versailles. - In: Polish Perspectives 21 (1978), H. 11, 16—28.

**Kowalski,** Włodzimierz T[adeusz]: Walka dyplomatyczna o miejsce Polski w Europie ⟨1939—1945⟩. Wyd. II, rozszerzone. — Warszawa: Książka i Wiedza 1967. 798 S.

**Kozeński,** Jerzy: Czechosłowacja w polskiej polityce zagranicznej w latach 1932—1938. — Poznań: Inst. Zachodni. 319 S.
(*Prace Instytutu Zachodniego. 36.*)

**Kozeński,** Jerzy: Rokowania polsko-czechosłowackie na tle niebezpieczeństwa niemieckiego w latach 1932—1933. — In: Przegląd Zach. 18 (1962), Bd 1, 253—275.

**Kozeński,** Jerzy: Wpływ deklaracji polsko-niemieckiej o nieagresji na Kształtowanie sie stosunków polsko-czechosłowackich w roku 1934. — In: Przegląd Zach. 19 (1963), Bd 1, 218—236.

**Kubiak,** Stanisław: Z zagadnień polityki niemieckiej wobec Wielkopolski w przededniu powstania 27 XII 1918 r. — In: Przegl. Zach. 14 (1958), Bd 3, 1—22.

**Kulak,** Zbigniew: Pierwsza wizyta oficjalna ministra Becka w Berlinie. (Przyczynek do stosunków polsko-niemieckich w 1935 roku.) — In: Przegląd Zach. 17 (1961), Bd 3, 43—60.

**Kumaniecki,** Jerzy: Po traktacie ryskim. Stosunki polsco-radziekie 1921—1923. — Warszawa: Książka i Wiedza 1971. 281 S.

**Kusielewicz,** Eugene: New light on the Curzon line. — In: Polish Rev. 1 (1956), H. 2/3, 82—88.

**Laroche,** Jules: La question de Teschen devant la conférence de la paix en 1919 — 1920. — In: Rev. Hist. diplom. 62 (1948), 8—27.

**Lewandowski,** Józef: Imperializm słabości. Kształtowanie się koncepcji wachodniej polityki piłsudczyków 1921—1926. — Warszawa: Państwowe Wydawnictwo Naukowe 1966. 230 S.

**Lossowski,** P.: Stosunki polsko-litewskie w latach 1918—1920. — (Warszawa:) Książka i Wiedza 1966. 409 S.

**Lowczowski,** Gustaw: Przyczynki do genezy formowania wojska polskiego we Francji w 1939 r. — In: Bellona 1958, H. 2, 122—141.

**Mack,** Karlheinz: Polen und der Antikominternpakt. — In: Österr. Osthefte 2 (1960), 34—40.

**Malara,** Jean et Lucienne Rey: La Pologne d'une occupation à l'autre (1944 - 1952). — Paris: Ed. du Fuseau 1953. 371 S.

**Marzian,** Herbert C.: Großbritannien und die polnische Territorialfrage von 1939 bis zur Moskauer Konferenz 1943. Eine Studie zur internationalen Politik. — In: Mensch und Staat in Recht und Geschichte, Festschrift für Herbert Kraus z. Vollend. seines 70. Lebensjahres, Kitzingen a. Main: Holzner 1954, 375—393.

**Mason,** John Brown: The Danzig dilemma. A study in peacemaking by compromise. — Stanford: Stanford University Press (1946). XVIII, 377 S.

**Michowicz,** Waldemar: Walka dyplomacji polskiej przeciwko traktatowi mniejszościo wemu w Lidze Narodów w 1934 roku. — Wrocław: Ossolineum 1963. 201 S.

**Nether,** Bernhard: Die Danzig-Frage in der europäischen Politik 1914—1919. — Hamburg 1951. 172 gez. Bl. [Maschinenschr.]
*Hamburg, phil. Diss., 14. Juni 1952.*

**Nowak-Kiełbikowa**, Maria: Polska-Wielka Brytania w latach 1918–1923. Kształtowanie się stosunków politycznych. – Warszawa: Panstwowe Wyd. Naukowe 1975. 444 S.

**Ordon**, Stanisław: Wojna obronna Polski w 1939 roku na wybrzeżu i morzu w świetle prawa międzynarodowego. – Wrocław: Ossolineum 1974. 300 S.

**Piwarski**, Kazimierz: Stosunki polsko-niemieckie w okresie 1795–1939. – In: Sobótka 5 (1950), 48—50.
Über die deutsch-polnischen Beziehungen 1795–1939.

**Pułaski**, Michał: Stosunki dyplomatyczne polsko-czechosłowacko-niemieckie od roku 1933 do wiosny 1938. – Poznań: Wydawnictwo Poznańskie 1967. 224 S.

**Raina**, Peter: Stosunki polsko-niemieckie 1937–1939. Prawdziwy charakter polityki zagranicznej Józefa Becka. – Londyn: Oficyna Poetów i Malarzy 1975. 171 S.

**Ratyńska**, Barbara: Stosunki polsko-niemieckie w okresie wojny gospodarczej 1919–1930. — Warszawa: Książka i Wiedza 1968. 358 S.
*(Gospodarka Polski 1918—1939.)*

**Rawicz**, J.: Nauki września 1939 r. — Warszawa: Czytelnik 1951. 71 S.
Über die Lehren des September 1939.

**Redlich**, Shimon: Jewish refugees from Poland as a factor in the relations between the Polish and Soviet governments during World War Two. — In: Yad Vashem Bull. 1964, H. 14, 32—35.

**Rhode**, Gotthold: Die Entstehung der Curzon-Linie. — In: Osteuropa 5 (1955), 81—92.

**Roos**, Hans: Die militärpolitische Lage und Planung Polens gegenüber Deutschland vor 1939. — In: Wehrwiss. Rdsch. 7 (1957), 181—202.

**Roos**, Hans: Polen und Europa. Studien zur polnischen Außenpolitik 1931—1939. — Tübingen: Mohr 1957. XI, 421 S.
*(Tübinger Studien zur Geschichte und Politik. 7.)*

**Roos**, Hans: Die „Präventivkriegspläne" Pilsudskis von 1933. — In: Vjh. Zeitgesch. 3 (1955), 344—363.

**Rosenfeld**, Günther: Stosunki polityczne polsko-niemieckie po Rapallo i Locarno. — In: Kwart. hist. 70 (1963), 35—51.

**Roth**, Paul: Die Ostgrenze Polens. — In: Z. Geopolitik 25 (1954), 723—729.

**Rozek**, Edward J.: Allied wartime diplomacy. A pattern in Poland. — New York: Wiley 1958. XVII, 481 S.

**Schmid**, Heinrich Felix: Polens gegeschichtliche Beziehungen zu Deutschen und Tschechen in polnischer Schau. — In: Blick nach Osten 2 (1949), 63—78.

**Senn**, Alfred Erich: The Entente and the Polish question 1914–1916. – In: Jbb. Gesch. Osteuropas 25 (1977), 21–33.

**Sierpowski**, Stanisław: Stosunki polsko-włoskie w latach 1918–1940. – Warszawa: Państwowe Wyd. Naukowe 1975. 690 S.

**Spanaus**, Hans Adolf: Die deutsch-polnischen Beziehungen von 1933 bis zum Ausbruch des zweiten Weltkrieges. — Erlangen 1950. 240, L gez. Bl. [Maschinenschr.]
*Erlangen, phil. Diss. 1950.*

**Spanaus**, Hans Adolf: Polen und die Westmächte vom März 1939 bis zum Abschluß des britisch-polnischen Paktes (25. Aug. 1939). — o. O. 1951. 22, VI S. [Maschinenschr.]

**Stanisławska**, Stefania: Poland's attitude towards the London conference of April 29—30, 1938. — In: Acta Polon. Hist. 4 (1961), 58—84.

**Stanisławska**, Stefania: Polska i Monachium. — Warszawa: Książka i Wiedza 1967. 470 S.

**Stanisławska**, Stefania: Stosunek opozycji polskiej do polityki Becka wobec czechosłowacji wiosną 1938 roku. — In: Sprawy Międzynarodowe 12 (1959), H. 11/12, 30—67.

**Stosunki** polsko-radzieckie w latach 1917–1945. Dokumenty i materiały. Pod. red. T. Cieślaka. Oprac. E. Basiński. — (Warszawa:) Książka i Wiedza 1967. 569 S.

**Studnicki**, Wladyslaw: Irrwege in Polen. Ein Kampf um die polnisch-deutsche Annäherung. Übers. aus d. poln. Manuskript von Ursula von Bieler. Als Manuskript vervielfältigt. — [Göttingen:] Göttinger Arbeitskreis 1951. 135 S.

**Szklarska-Lohmannowa**, Alina: Polsko-czechosłowackie stosunki dyplomatyczne w latach 1918—1925. — Wrocław: Ossolineum 1967. 180 S.
*(PraceKomisji Nauk Historycznych. 19.)*

**Trela**, Bernard: Między Warszawa a Londynem w czasie czechosłowackiego kryzysu wrześniowego 1938 r. — In: Sprawy Międzynarodowe 12 (1959), H. 9, 64—80.

**Urbańska**, Jadwiga: Radziecka powieść rosyjska w Polsce w latach 1933—1939. — Wrocław: Ossolineum 1968. 145 S.
*(Prace Komisji Słowianoznawstwa. 16.)*

**Vierheller**, Viktoria: Polen und die Deutschland-Frage. 1939–1949. — Köln: Verl. Wissenschaft u. Politik (1970). 183 S.
*(Abhandlungen des Bundesinstituts für Ostwissenschaftliche und Internationale Studien. 23.)*

**Wagner**, Stanley P.: The diplomacy of the Polish Government in exile, September 1939 to June 1945.
*Pittsburgh, phil. Diss. 1953.*

**Walter**, Paul: Die polnische Außenpolitik im Spiegel der Verträge von 1918 bis 1932. — o. O. 1940 und 1948. 158 gez. Bl. [Maschinenschr.]
*München, jur. Diss. 13. Sept. 1948.*

**Wandycz**, Piotr: U źródeł paktu Skirmunt-Benesz. — In: Kultura 1958, H. 133, 119—126.

**Wandycz**, Piotr S.: Sojusz polsko-francuski z 1921 r. — In: Kultura 1959, H. 145, 108—122.

**Warvariv**, C.: Polish-Ukrainian relations, November 1916—November 1918. — In: East Europ. Problems 1 (1956), H. 1, 35—50.

**Wojciechowski**, Marian: Polska i Niemcy na przełomie lat 1932–1933. — In: Roczn. hist. 29 (1963), 105—180.

**Wojciechowski,** Zygmunt: Polska-niemcy dzięsięć wieków zmagania. — Poznań: Instytut Zachodni 1945. 267 S.
*(Praca Instytutu Zachodniego. 3.)*

**Woytak,** Richard Andrew: On the border of war and peace. Polish intelligence and diplomacy in 1937–1939 and the origins of the Ultra Secret. – New York: Columbia University Press 1979. 168 S.
*(East European Monographs. 49.)*

**Wroniak,** Zdzisław: Sprawa polskiej granicy zachodniej w latach 1918—1919. — Poznań: Wydawnictwo Poznańskie 1963. 163 S.

**Zacharias,** Michał J.: Polska polityka zagraniczna wobec proby porozumienia mocarstw zachodnich w 1936 r. - In: Kwart. hist. 83 (1976), 836–857.

**Zieliński,** Antoni: Stosunki polsko-rumuńskie ⟨grudzień 1933–maj 1935⟩. - In: Studia Dziej. ZSRR Eur. Środk. 12 (1976), 157–192.

Wirtschaft und soziales Leben

**Ajnenkiel,** Andrzej: Zbiorowe umowy w rolnictwie w Polsce w latach 1919—1926. — In: Czasop. Prawno-Hist. 9 (1957), H. 2, 167—225.

**Aurich,** Peter: Der deutsch-polnische September 1939. Eine Volksgruppe zwischen den Fronten. — München: Olzog (1969). 147 S.
*(Politische Studien. Beih. 10.)*

**Berenstein,** Tatiana: O handlowym towarzystwie włókienniczym w Generalnej Guberni (1939—1944). (Textilhandelsgesellschaft mbH.) — In: Biul. Żyd. Inst. hist. 1961, H. 38, 83—104.

**Bierschenk,** Theodor: Die deutsche Volksgruppe in Polen 1934–1939. — Kitzingen a. M.: Holzner 1954. XIV, 405 S.
*(Beihefte zum Jahrbuch der Albertus-Universität Königsberg/Pr. 10.)*

**Borkowski,** Jan: La paysannerie dans la vie politique dans les années 1918—1939. — In: Acta Polon. hist. 1971, Bd 24, 135—164.

**Breyer,** R.: Die deutsche Volksgruppe in Polen und der Kriegsausbruch 1939. — In: Westpr. Jb. 19 (1969), 5—13.

**Bronsztejn,** Szyja: Ludność żydowska w Polsce w okresie międzywojennym. Studium statystyczne. — Wrocław, Warszawa, Kraków: Ossolineum 1963. 292 S.

**Castellan,** Georges: Remarques sur les structures sociales de la communauté juive de Pologne durant l'entre-deux-guerres. - In: Rev. hist. 97 (1973), Bd 249, 77–90.

**Cygański,** Mirosław: Mniejszość niemiecka w Polsce centralnej w latach 1919—1939. — Łódź: Wydawnictwo Łódzkie 1962. 184 S.

**Daniczewski,** T.: Wielki proletariat. — Warszawa: Książka i Wiedza 1951. 264 S.
Über die Geschichte der Arbeiterbewegung in Polen.

**Eissner,** Albin: Personelle Kriegsverluste des polnischen Volkes. — In: Außenpol. 14 (1963), 44—52.

**Fishman,** Joshua A. [Ed.]: Studies on Polish Jewry 1919–1939. The interplay of social, economic and political factors in the struggle of a minority for its existence. – New York: Yivo Inst. for Jewish Research 1974. X, 537, 294 S.

**Hasbach,** Ervin: Die Lage der deutschen Volksgruppe in Polen vor dem zweiten Weltkriege. — In: Z. Ostforsch. 1 (1952), 262—264.

**Heike,** Otto: Das Deutschtum in Polen 1918—1939. — Bonn: Reuterstr. 58, Selbstverl. 1955, 296 S.

**Heller,** Celia S.: On the edge of destruction. Jews of Poland between the two world wars. – New York: Columbia University Press 1977. XI, 369 S.

**Horak,** S.: Poland and her national minorities 1919—1939. A case study. — New York: Vantage Press 1961. 259 S.

**Karzel,** Karl: Die deutsche Landwirtschaft in Posen in der Zeit zwischen den beiden Weltkriegen. — Marburg/Lahn 1961: (Johann Gottfried Herder-Inst.) XII, 205 S.
*(Wissenschaftliche Beiträge zur Geschichte u. Landeskunde Ost-Mitteleuropas. 51.)*

**Kossmann,** Oskar: Die Deutschen in Polen seit der Reformation. Historisch-geographische Skizzen. Siedlung, Sozialstruktur, Wirtschaft. – Marburg/Lahn: Herder-Institut 1978. XV, 420 S.

**Kosyra,** Herbert: Mörder, Räuber und Banditen. Das polnisch-oberschlesische Bandenwesen während des zweiten Weltkrieges 1939/1945. — Hamburg: Kriminalistik-Verl. (1958). 134 S.

**Polens Kriegsverluste** 1939—1945. (Red.: Roman Nurowski.) — Poznań, Warszawa: Wydawnictwo Zachodnie 1960. 130 S.

**Landau,** Zbigniew: Impact of the May 1926 coup on the state of Polish economy. – In: Acta Polon. hist. 1977, H. 35, 169–187.

**Landau,** Zbigniew: National income in historical research. ⟨On material from the period of the interwar Poland.⟩ - In: Acta Polon. hist. 1976, H. 33, 93–119.

**Landau,** Zbigniew: The reconstruction of Polish industry after world war I. – In: Acta Polon. hist. 18 (1968), 238—249.

**Łuczak,** Czesław: Mobilisierung und Ausnutzung der polnischen Arbeitskraft für den Krieg. — In: Stud. hist. oeconom. 5 (1970), 303—313.

**Müller,** Sepp: Von der Ansiedlung bis zur Umsiedlung. Das Deutschtum Galiziens, insbesondere Lembergs 1772—1940. — Marburg a. d. Lahn 1961: (Johann Gottfried Herder Inst.) X, 256 S.
*(Wissenschaftliche Beiträge zur Geschichte u. Landeskunde Ost-Mitteleuropas. 54.)*

**Nasarski,** Peter E.: Deutsche Jugendbewegung und Jugendarbeit in Polen 1919—1939. — Würzburg: Holzner 1957. XVIII, 134 S.
*(Ostdeutsche Beiträge. 6.)*

**Pospieszalski,** Karol Marian: Sprawa 58 000 „Volksdeutschów". — Poznań: Instytut Zachodni 1959. VI, 220 S.

**Potocki,** Stanisław: Położenie mniejszości niemieckiej w Polsce 1918—1938. — Gdańsk: Wydawnictwo Morskie 1969. 502 S.

**Rabinowicz,** H. M.: The legacy of Polish Jewry. A history of Polish Jews in the inter-war years. — New York: Yoseloff (1965). 256 S.

**Ratyńska,** Barbara: Niemcy wobec stabilizacji waluty polskiej w latach 1925—1926. — In: Sprawy międzynar. 13 (1960), H. 9, 70—83.

**Ringelblum,** Emmanuel: Polish-Jewish relations during the Second World War. Ed. and footnotes by Joseph Kermish [u.] Shmul Krakowski. Introd. by Joseph Kermish. (Transl. from the Polish by Dafna Allon [u. a.]) – Jerusalem: Yad Vashem 1974. XXXIX, 330 S.

**Rogala,** Władysław: Polityka niemieckiej mniejszości narodowej w Wielkopolsce w latach 1919—1923. — In: Przegl. Zach. 13 (1957), 173—187.

**Rogala,** Władysław: Wzrost nastrojów rewizjonistycznych wśród niemieckiej mniejszości narodowej w Polsce w latach 1924—1926. — In: Przegl. Zach. 15 (1959), Bd 3, 298—317.

**Streng,** Heinz von: Die Landwirtschaft im Generalgouvernement. — Tübingen 1955: Institut für Besatzungsfragen. III, 97, 3 gez. Bl. [Maschinenschr. hektogr.]
*(Studien des Instituts für Besatzungsfragen in Tübingen zu den deutschen Besetzungen im Zweiten Weltkrieg. 6.)*

**Strobel,** Georg W.: Die Industrialisierung Polens am Vorabend des Zweiten Weltkrieges zwischen Innen- und Wehrpolitik. - In: Z. Ostforsch. 24 (1975), 221-271.

**Swart,** Friedrich: Diesseits und jenseits der Grenze. Das deutsche Genossenschaftswesen im Posener Land und das deutsch-polnische Verhältnis bis zum Ende des Zweiten Weltkrieges. — Leer i. Ostfr.: Rautenberg & Möckel 1955. 231 S.

**Szefer,** Andrzej: Mniejszosc niemiecka w Polsce i Czechosłowacji w latach 1933—1939. — Kraków: Śląski Instytut Naukowy 1967. 241 S.

**Taylor,** J.: The economic development of Poland 1919—1950. — Ithaca: Cornell University Press 1952. 222 S.

**Tomaszewski,** Jerzy: The national structure of the working class in the South-Eastern part of Poland. 1918—1939. — In: Acta Polon. hist. 19 (1968), 89—111.

**Wapiński,** R.: Ruch robotniczy na Pomorzu w latach 1920—1939. — Gdynia: Wydawnictwo Morski 1963. 162 S.

**Waszak,** Stanisław: Liczba Niemców w Polsce w latach 1931—1959. — In: Przgl. Zach. 15 (1959), Bd 3, 318—349.

**Wroński,** Stanisław [u.] Marian Zwolak: Polacy i Żydzi. — Warszawa: Książka i Wiedza 1971. 464 S.

**Wynot,** Edward D.: "A necessary cruelty". The emergence of official anti-Semitism in Poland, 1936—39. — In: Amer. hist. Rev. 76 (1971/72), 1035—1058.

**Zakrzewski,** Andrzej: Wincenty Witos. Chłopski mąż w latach 1918—1926. — In: Kwart. hist. 75 (1968), 565—594.

**Żarnowski,** Janusz: O intelegencji polskiej lat międzywojennych. — Warszawa: Wiedza Powszechna 1965. 194 S.

### Kulturelles Leben

**Bojarska,** Barbara [u.] Karol Marian Pospieszalski: Niemieckie szkoły dla dzieci polskich na terenie Poznania. - In: Przegl. Zach. 28 (1972), 80-104.

**Boldyrev,** Zyrill: Die polnische Presse. — In: Osteuropa 4 (1954), 359—366.

**Doboszycki,** Lucjahn: Studies of the underground press in Poland 1939—1945. — In: Acta Poloniae Hist. 7 (1962), 96—102.

**Dobroszycki,** Lucjan: Die legale polnische Presse im Generalgouvernement, 1939-1945. (Red.: Wolfgang Jacobmeyer.) – München: Selbstverl. d. Inst. f. Zeitgesch. 1977. 293 S.
[Maschinenschr. vervielf.]

**Golczewski,** Frank: Der „Sonntagsgast" im Jahre 1939. Die politische Haltung der polnisch-oberschlesischen Kirchenzeitung im letzten Friedensjahr. Eine Studie zum polnischen Nationalkatholizismus. - In: Österr. Osth. 16 (1974), 386-407.

**Hartmann,** Karl: Hochschulwesen und Wissenschaft in Polen. Entwicklung, Organisation u. Stand 1918—1960. (Hrsg. vom Johann Gottfried Herder-Forschungsrat e.V.) Mit Einf. von Gotthold Rhode. — Frankfurt/M., Berlin: Metzner 1962. XIX, 606 S.

**Kleßmann,** Christoph: Nationalsozialistische Kirchenpolitik und Nationalitätenfrage im Generalgouvernement (1939—1945). — In: Jbb. Gesch. Osteuropas 18 (1970), 575—600.

**Kowalak,** Tadeusz: Prasa niemiecka w Polsce 1918—1939. Powiązania i wpływy. — Warszawa: Książka i Wiedza 1971. 416 S.

**Lista** strat kultury polskiej (1. 9. 1939—1. 3. 1946). — Warszawa: Wydawnictwo S. Arcta 1947. XVI, 336 S.
Verlustliste der polnischen Intelligenz.

**Piatkowski,** H.: Krytyczny rozbior „Bitwy Warszawskiej" 1920 roku. — In: Bellona 1957, H. 1, 3—36.

**Pilch,** Andrzej: Studencki ruch polityczny w Polsce w latach 1932-1939. Kraków: Państwowe Wyd. Naukowe 1972. 207 S.

**Polish refugee publications** since 1939. — In: Wiener Libr. Bull. 6 (1952), 40.

**Sawicki,** Jakob: Die juristische Fakultät der Universität Warschau in der Zeit des Krieges und der Okkupation 1939—1944. — In: Dtsch. Univ.-Ztg. 14 (1959), H. 1, 41—50.

**Serwański,** Edward M.: Język polski na Śląsku w czasie okupacji hitlerowkiej. — In: Przegląd Zachodni 9 (1953), H. 1—3, 263—281.

**Szwajdler,** Zofia: Szkolnictwo niemieckie w Łodzi w latach 1918—1939. — In: Przegląd Zach. 16 (1960), Bd 2, 262—277.

**Wagner,** Oskar: Staat und evangelische Kirche in Polen 1918—1921. — In: Jb. Albertus-Universität zu Königsberg/Pr. 9 (1959), 114—167.

**Żarnowski,** Janusz: Struktura społeczna inteligencji w Polsce latach 1918—1939. — Warszawa: Państw. Wydawnictwo Naukowe 1965. 362 S.

## Danzig 1919 bis 1939

**Kalisch,** Johannes: Die freie Stadt Danzig ⟨Gdańsk⟩ 1919/20–1939 im Spiegel wissenschaftlicher Literatur und politischer Publizistik. – In: Z. Geschichtswiss. 25 (1977), 57–74.

**Kimmich,** Christoph M.: The free city. Danzig and German foreign policy 1919—1934. — New Haven, Conn.: Yale University Press 1968. IX, 196 S.

**Lichtenstein,** Erwin: Der Kulturbund der Juden in Danzig, 1933–1938. – In: Z. Gesch. Juden 10 (1973), 181–190.

**Maire,** Catherine: La crise de Dantzig ⟨24 octobre 1938 – 1er septembre 1939⟩. Politique et diplomatie. – Paris 1976.
1. XII, 310 gez. Bl.
2. Bibliographie, système d'abréviations et de références, notes, annexes. 116 gez. Bl.

*Université de Paris I, phil. Diss. 1976.*
[Maschinenschr. vervielf.]

**Recke,** Walter: Das internationale Statut der Freien Stadt Danzig. Eine Untersuchung über die Entstehung und Wirksamkeit des internationalen Regimes. Als Ms. vervielfältigt. — Göttingen: Arbeitsgemeinschaft für Osteuropaforschung 1952. III, 100 gez. Bl.
*(Forschungsberichte und Untersuchungen zur Zeitgeschichte. 6.)*

**Skubiszewski,** Krzysztof: Gdańsk w prawie międzynarodowym w okresie 1919—1939. — In: Czasop. Prawno-Hist. 8 (1956), H. 1, 258—271.

**Sodeikat,** Ernst: Der Nationalsozialismus und die Danziger Opposition. — — In: Vjh. Zeitgesch. 14 (1966), 139—174.

## Baltische Staaten

**Aizsilnieks,** Arnolds: Latvijas saimniecības vēsture, 1914—1945. — Stockholm: Daugava 1968. 983 S.

**Anderson,** Edgar: Anglu politika Baltijas valstīs 1918—1920. — In: Ceļa Zīmes 1956, H. 32, 284—292.

**Andersons,** Edgars [Ed.]: Latvia. Cross road country. — Waverly, Iowa: Latvju Gramata 1953. 386 S.

**Andreev,** A. M.: Bor'ba Litovskogo naroda za sovetskuj vlast' (1918—1919 gg.) — Moskva: Gospolitizdat 1954. 162 S.

**Angelus,** Oskar: Wirtschaftsfragen im deutsch-besetzten Estland 1941–1944. – In: Acta Balt. 16 (1976), 147–171.

**Arad,** Yitzhak: Concentration of refuges in Vilna on the eve of the holocaust. – In: Yad Vashem Stud. 9 (1973), 201–214.

**Arumjae** [Arumäe], Ch.: Za kulisami „Baltijskogo sojuza". (Iz istorii vnešnej politiki buržuaznoj Estonii v 1920—1925 gg.) — Tallinn 1966. 282 S.

**Ast,** Karl: Estonia's struggle for independence. — In: Baltic Rev. 1958, H. 13, 40—57.

**Bienhold,** Marianne: Die Entstehung des litauischen Staates in den Jahren 1918–1919 im Spiegel deutscher Akten. – Bochum: Brockmeyer 1976. 436 S.
*Diss., Universität Bochum.*

**Bilmanis,** Alfred: A history of Latvia. — New York: Princeton University Press 1951. 413 S.

**Blodnieks,** Adolfs: The undefeated nation. — New York: Speller 1960. VI. 312 S.

**Bradley,** John F. N.: L'intervention alliée dans les états baltes. – In: Rev. Hist. mod. & contemp. 23 (1976), 236–257.

**Brown,** Zvij A. und Dov Levin: Toldotijā šel mahteret. Ha-'irgūn haluham šel jehudī Qobnō b-milhomot ha-'olam ha-šenajā. — Jerušalajim: Jad wa-šem (1962). 422, XVII S.
Nebentitel: The story of an underground. The resistance of the Jews of Kovno (Lithuania) in the Second World War.

**Brunavs,** Helmuts: Die Tragödie der Auslieferung und das Ende der lettischen Legionäre. — In: Baltische H. 3 (1956/57), 142—152.

**Bulavas,** Juozas: Vokiškųjų fašistų okupacinis Lietuvos valdymas ⟨1941—1944 m.⟩ — Vilnius: (Lietuvos TSR Mokslų Akad.) 1969. 294 S.

**Chambon,** Henry de: La tragédie des nations baltiques. — Paris: Ed. de la Revue Parlem. 1946. 227 S.

Latviešu tautas cīna lielajā tēvijas karā ⟨1941—1945⟩. (Red. S. Levi.) — Rīgā: „Zinātne" 1966. 653 S.

**Czollek,** Roswitha: Faschismus und Okkupation. Wirtschaftspolitische Zielsetzung und Praxis des faschistischen deutschen Besatzungsregimes in den baltischen Sowjetrepubliken während des 2. Weltkrieges. – Berlin: Akademie-Verl. 1974. 224 S.
*(Schriften des Zentralinstituts für Geschichte. 39.)*

**Czollek,** Roswitha: Zwangsarbeit und Deportationen für die deutsche Kriegsmaschine in den baltischen Sowjetrepubliken während des zweiten Weltkrieges. — In: Jb. Wirtschaftsgesch. 1970, T. II, 45—67.

**Dinbergs,** Anatol: Incorporation of Latvia into the USSR, 1940—1941. *Georgetown (Washington), phil. Diss. 1953.*

**Dobrovolskas,** J.: Lietuviškųjų buržuaziniu nacionalistų antiliaudinis veikimas okupaciniame Hitlerininkų valdžios aparate 1941—1944. — In: Lietuvos TSR Mosklų Akademijos Darbai, Serija A, 2 (1962), 155—172.

**Drizul,** A. und R. Tizenberg: Latvijskaja SSR v period velikoj otečestvennoj vojny Sovetskogo Sojuza (1941—1945). — Riga: Latgosizdat 1954. 139 S.
Über die Lettische SSR im Zweiten Weltkriege.

**Dwarzecki,** M.: Jewish camps in Estonia. 1942—1944. — Jerusalem: Yad Vashem 1970. XXII, 402 S.

Eesti riik ja rahvas teises maailmasõjas. Vol. 1–3. — Stockholm: Kirjastus EMP 1954—56.

Eesti vabariik 1918—1940. Ajalooline ülevaade sõnas ja pildis. Koostanud E. Uustalu. — Lund: Eesti Kirjanike Kooperativ 1968. 268 S.

**Garleff,** Michael: Deutschbaltische Politik zwischen den Weltkriegen. Die parlamentarische Tätigkeit der deutschbaltischen Parteien in Lettland und Estland. – Bonn–Bad Godesberg: Verl. Wiss. Arch. (1976). IX, 224 S.
*(Quellen und Studien zur baltischen Geschichte. 2.)*

**Golczewski,** Kazimierz: Przymusowa ewakuacja z nadbałtyckich prowincji III Rzeszy ⟨1944—1945⟩. — Poznań: Wyd. Poznańskie 1971. 316 S.

**Grimm,** Claus: Die Baltische Brüderschaft. - Hannover: v. Hirschheydt 1977. 82 S.

**Grimm,** Claus: Vor den Toren Europas 1918—1920. Geschichte d. baltischen Landeswehr. — Hamburg: Velmede (1963). 312 S.

**Gronskij,** A. S.: Porty Pribaltiki — obekt ekspansii imperialistov v 1918—1920 godach. — In: Vop. Ist. 1955, H. 7, 92—98.

**Grska,** J.: Republikos pramones suzlugdymas Hitlerines okupacijos metais 1941—1944. — In: Lietuvos TSR Mokslų Akademijos Darbai, Serija A, 1 (1962), 3—18.

**Hehn,** Jürgen von: Die Entstehung der Staaten Lettland und Estland, der Bolschewismus und die Großmächte. — In: Forsch. z. osteurop. Gesch. 4 (1956), 103—218.

**Hehn,** Jürgen von: Die baltischen Lande. Geschichte und Schicksale der baltischen Deutschen. — Kitzingen a. M.: Holzner (1951). 24 S.
*(Der Göttinger Arbeitskreis. 17.)*

**Hehn,** Jürgen von: Lettland. Innere Entwicklung. — In: Osteuropa 3 (1953), 219—224.

**Hehn,** Jürgen von: Lettland zwischen Demokratie und Diktatur. Zur Geschichte des lettländischen Staatsstreichs vom 15. Mai 1934. — München: Isar-V. (1957). 76 S.
*(Jahrbücher zur Geschichte Osteuropas. Beih. 3.)*

**Hehn,** Jürgen von: Lettland zwischen den Mächten 1918—1920. Eine neue sowjetische Darstellung. — In: Jbb. Gesch. Osteuropas 11 (1963), 37—45.

**Hehn,** Jürgen: Die Zeit der Selbständigkeit Lettlands. - In: Z. Ostforsch. 25 (1976), 669—675.

**Hellmann,** Manfred: Über einige neuere polnische Arbeiten zur Geschichte Litauens. - In: Jbb. Gesch. Osteuropas 21 (1973), 584—606.

**Hellmann,** Manfred: Die Deutschen in Litauen. — Kitzingen a. M.: Holzner (1951). 26 S.
*(Der Göttinger Arbeitskreis 15.)*

**Hellmann,** Manfred: Die litauische Nationalbewegung im 19. und 20. Jahrhundert. — In: Z. Ostforsch. 2 (1953), 66—106.

**Jeruschalmi [Jerušalmi],** Elieser: Das jüdische Märtyrerkind [Pinqas šābli, dt.] Nach Tagebuchaufzeichnungen aus d. Ghetto von Schaulen 1941—44. (Übers. aus d. Hebr. von Mirjam Singer.) — Darmstadt-Eberstadt: Oekumenische Marienschwesterschaft 1960. 63 S.

**Kalme,** Albert: Total terror. An exposé of genocide in the Baltics. Edited by Walter Arm. — NewYork: Appleton-Century-Croft 1951. XII, 310 S.

**Kalnberzins,** J.: Ten years of Soviet Latvia. — Moscow: Foreign Languages Publishing House 1951. 271 S.

**Kalnins,** Bruno: De baltiska staternas frihetskamp. — Stockholm: Tidens Förlag 1950. 320 S.

**Kalniņš,** Brūno: Latvijas sociāldemokratijas piecdesmit gadi. — Stockholm: Lettlands Sap Utlandskommittén 1956. 376 S.

**Kaur,** Uno: Wirtschaftsstruktur und Wirtschaftspolitik des Freistaates Estland 1918—1940. — Bonn 1962: Baltisches Forschungsinst. d. Univ. 174 S.
*(Commentationes Balticae. 8/9, 3.)*

**Kebin,** I.: Oktjabr'skaja revolucija i ėstonskij narod. — Tallin: Izd. „Eesti Raamat" 1967. 165 S.

**Kirchner,** Walther: The rise of the Baltic question. — Newark: University of Delaware Press 1954. 273 S.

**Klive,** A.: The Baltic states and Russia. — In: Baltic Rev., H. 1 (Dez. 1953), 23—34.

**Klive,** A.: The last forty years of Latvia. — In: The Baltic Rev. 15 (1958), 7—27.

**Köressaar,** Victor: Baltikum und Europa. — In: Nation Europa 3 (1953), H. 6, 5—9.

**Krastin,** Ja. [u. a.]: Amerikano-anglijskaja intervencija v Pribaltike v 1918—1920 godach. — Talinn: Estgosizdat 1954. 127 S.

**Krepp,** E[ndel]: Security and non-aggression. Baltic states and U.S.S.R. treaties of non-aggression. - (Katrineholm: Sörmland 1973). 64 S.
*(Problems of the Baltic. 3.)*

**Kuusik,** Paul: Vernichtungs-Bataillone. — In: Nation Europa 3 (1953), H. 6, 18.
Über die Zustände in Estland im Juli 1941.

**Kvikļys,** Br.: Lietuvių kova su Naciais 1941—1944 m. — Memmingen: „Minties" Leidinys 1946. 48 S.
Über den Widerstand des litauischen Volkes.

**Larin,** P. A.: Ėstonskij narod v velikoj otečestvennoj vojne 1941—1945. — Tallinn: Akad. nauk Ėstonskoj SSR 1964. 351 S.

**Le Coutre,** Ulrich: Die Probleme des Baltikums und die Mächte 1918—1919. — Kiel 1952. V, 223 gez. Bl. [Maschinenschr.]
*Kiel, phil. Diss. 23. April 1953.*

**Levin,** Dov: Die Beteiligung der litauischen Juden im Zweiten Weltkrieg. - In: Acta Balt. 16 (1976), 172–184.

**Levin,** Dov: Estonian Jews in the U.S.S.R. ⟨1941–1945⟩. - In: Yad Vashem Stud. 11 (1976), 273–297.

**Levin,** Dov: They fought back. Lithuanian Jewry's armed resistance to the Nazis, 1941–1945. [Hrsg.:] Yad Vashem Martyrs' and Heroes' Remembrance Authority. The Inst. of Contemp. Jewry. The Hebrew University of Jerusalem. - Jerusalem: [Selbstverl. d. Hrsg.] 1974. VII, 267 S.

**Levin,** Dov: Der bewaffnete Widerstand baltischer Juden gegen das Nazi-Regime 1941–1945. - In: Acta Balt. 15 (1975), 166–174.

**Łossowski,** Piotr: Kraje bałtyckie na drodze od demokracji parlamentarnej do dyktatury (1918–1934). - Wrocław: Zakład Narodowy im. Ossolinskich 1972. 303 S.

**Lukas,** Richard C.: The seizure of Vilna, October 1920. — In: Historian 23 (1961), 234—246.

**Maamjagi,** V. A.: O nekotorych osobennostjach perechoda pribaltijskich sovetskich respublik k stroitel'stvu socializma (1940—1941 gg.) — In: Istorija SSSR 6 (1962), H. 6, 27—43.

**Maciulis,** Petras: Try ultimatumai. — Brooklyn: Darbininkas 1962. 134 S.
Litauen 1938—40.

**Manning,** Clarence A.: The forgotten republics. — New York: Philosophical Library 1952. 264 S.

**Meißner,** Boris: Die Großmächte und die baltische Frage. — In: Osteuropa 2 (1952), 241—250, 341—346.

**Meissner,** Boris: Die sowjetische Intervention im Baltikum und die völkerrechtliche Problematik der baltischen Frage. — Hamburg 1955. XI, 348 gez. Bl. Maschinenschr.
*Hamburg, rechtswiss. Diss. 14. Dezember 1955.*

**Meissner,** Boris: Die kommunistische Machtübernahme in den baltischen Staaten. — In: Vjh. Zeitgesch. 2 (1954), 95—114.

**Milosz,** Czeslaw: Die baltischen Völker. — In: Monat 4 (1951/52), T. 1, 451—466.

**Murder** of a nation. Reminiscences of a former Major of State Security of the USSR. — In: Lithuanian Bull. 1950, H. 7—12, 10—14.

**My** obvinjaem. (Dokumenty i materialy o zlodejanijach gitlerovskich okupantov i latyskich buržuaznych nacionalistov v Latvijskoj Sovetskoj Socialističeskoj Republike 1941—1945. Red.: A. Kadukus [u. a.] — Riga: „Liesma" 1967. 314 S.

**Myllyniemi,** Seppo: Die baltische Krise 1938-1941 (Baltian kriisi 1938–1941, dt.) Aus d. Finn. übers. von Dietrich Assmann. - Stuttgart: Dtsch. Verl.-Anst. (1979). 167 S.
*(Schriftenreihe der Vierteljahrshefte für Zeitgeschichte. 38.)*

**Myllyniemi,** Seppo: Die Neuordnung der Baltischen Länder 1941-1944. Zum nationalsozialistischen Inhalt der deutschen Besatzungspolitik. (Hrsg. von d. Finnischen Historischen Gesellschaft. Übers. aus d. Finn. von Dietrich Assmann.) - Helsinki: [Selbstverl. d. Hrsg.] 1973. 308 S.
*(Dissertationes Historicae. 2.)*
*(Historiallisia Tutkimukaia. 90.)*

**Navickas,** K.: TSRS vaidmuo ginant Lietuva nuo imperialistinés agresijos 1920—1940 metais. — Vilnius: Leid. „Mintis" 1966. 335 S.

**Gitlerovskaja okkupacija** v Litve. — Vil'njus: Gospolitnaucizdat 1961. 545 S.

**Diktierte Option.** Die Umsiedlung der Deutsch-Balten aus Estland und Lettland 1939-1941. Dokumentation. Zsgest. u. eingel. von Dietrich A. Loeber. - Neumünster: Wachholtz 1972. 787 S.

**Oras,** Ants: Viron kohtalonvuodet. Viron kansan vaiheet vv. 1939—1944. — Jyväskylä: Gumerus oy. 1958. 302 S.

**Page,** Stanley W.: The formation of Baltic states (Lithuania, Latvia, Estonia) 1917—1920.
*Cambridge, Mass., Harvard University, Diss. 1947.*

**Page,** Stanley W.: The formation of the Baltic states. A study of the effects of great power politics upon the emergence of Lithuania, Latvia and Estonia. — Cambridge: Harvard University Press; London: Oxford University Press 1959. IX, 193 S.

**Pakštas,** Kazys A.: Lithuania and World War II. — Chicago: Lith. Cult. Inst. 1947. 80 S.

**Perandi,** Adolf: Another crime. Soviet acts of genocide against Baltic nations. — In: Baltic Rev. 1954, H. 2/3, 25—51.

**Pesti,** M.: Kodanliku Eesti üleminek hitleriku Saksamaa mõjupiirkonda aastil 1934—1936. — In: Eesti Kommunist 1956, H. 1, 46—57.

**Petersen,** Hans: Die sowjetische Agrarpolitik in den baltischen Staaten 1940 – 1952. — In: Osteuropa 3 (1953), 191—196.

**Plieg,** Ernst-Albrecht: Das Memelland 1920—1939. Deutsche Autonomiebestrebungen im litauischen Gesamtstaat. — Würzburg: Holzner (1962). XII, 268 S.
*(Marburger Ostforschungen. 19.)*

**Raid,** J[aroslav]: Okupatsiooni ikkes. 1918. a.saksa okupatsioon Eestis. — Tallinn 1966. 223 S.

**Raid,** Robert: Wenn die Russen kommen... — Freiburg, Frankfurt a. M.: Dikreiter 1953. 200 S.
Estland 1939—41.

**Raub,** V.: Estonia. — New York: The Nordic Press (1956). 158 S.

**Rauch,** Georg von: Geschichte der baltischen Staaten. — Stuttgart: Kohlhammer (1970). 224 S.
*(Geschichte und Gegenwart.)*

**Rauch,** Georg von: Die baltischen Staaten und Sowjetrußland 1919—1939. — In: Europa-Archiv 9 (1954), 6859—6868, 6965—6972 und 7087—7094.

**Raud,** Villibald [Compil.]: Estonia. A reference book. — New York: The Nordic Press (1953). 158 S.

**Rei,** August: The drama of the Baltic peoples. — (Åbo:) Kirjastus Vaba Eesti (1970). 384 S.

**Repečka,** Juozas: Der gegenwärtige völkerrechtliche Status der baltischen Staaten. Unter besonderer Berücksichtigung der diplomatischen Vorgeschichte der Eingliederung dieser Staaten in die Sowjetunion. — Göttingen 1950. XII, 392 S. [Maschinenschr.]
*Göttingen, rechts- und staatswiss. Diss. 17. April 1950.*

**Report** of the select committee to investigate communist aggression and the forced incorporation of the Baltic states into the USSR. Third interim report. — Washington: United States Government Printing Office 1954. X, 537 S.

**Rimscha,** Hans von: Zur Umsiedlung der Deutschen aus den baltischen Staaten während des zweiten Weltkrieges. — In: Osteuropa 11 (1961), 134—136.

**Rodgers,** Hugh I.: Search for security. A study in Baltic diplomacy, 1920–1934. - Hamden, Conn.: Archon Books 1975. 181 S.

**Rödiger,** Wilhelm von: Aus dem letzten Kapitel deutsch-baltischer Geschichte in Lettland 1919—1930. — Hannover-Wülfel: Selbstverl. (Auslief.: Buchhandlg. Kluge & Ströhm, Meine, Kr. Gifhorn) 1955. 78 S.

**Rothfels,** Hans: Das Baltikum als Problem internationaler Politik. — In: Zur Geschichte und Problematik der Demokratie, Festgabe für Hans Herzfeld, Berlin: Duncker & Humblot (1958), 601—618.

**Rüdiger,** Wilhelm von: Aus dem letzten Kapitel deutsch-baltischer Geschichte in Lettland 1919—1945. — Gern b. Eggenfelden/Bayern: Selbstverl. [Meine: Kluge & Ströhm in Komm.] 1954. 62 S.

**Rüdiger,** Wilhelm von: Aus dem letzten Kapitel deutsch-baltischer Geschichte in Lettland 1919—1939. — Gern b. Eggenfelden/Bay. (T. 2: Hannover-Wülfel): Selbstverl. d. Verf.
 [1.] 1954. 62 S.
 2. 1955. 78 S.

**Sabaliunas,** Leonas: Lithuania in crisis. Nationalism to communism, 1939—1940. — London: Indiana University Press 1972. XXIV, 293 S.
 *(Indiana University International Studies.)*

**Sanders,** Talivalds: Völkerrechtliche Stellung der baltischen Staaten in den Jahren 1939—1948. — o. O. 1949. V, 100 gez. Bl. [Maschinenschr.]
 *Tübingen, rechts- u. wirtschaftswiss. Diss. 24. Mai 1950.*

**Senn,** Alfred Erich: The emergence of modern Lithuania. — New York: Columbia University Press; London: Oxford University Press 1959. X, 272 S.

**Seraphim,** Peter-Heinz: Bevölkerungsverschiebungen im baltischen Raum. — In: Z. Geopol. 25 (1954), 405—411.

**Shohat,** Azriel: The beginnings of antisemitism in independent Lithuania. — In: Yad Washem Studies 2 (1958), 7—48.

**Siilivask,** Karl: Die bürgerlich-nationalistische Diktatur in Estland 1920-1940. - In: Z. Geschichtswiss. 22 (1974), 801–807.

**Siilivask,** Karl: Die sozialistische Revolution und die Wiedererrichtung der Sowjetmacht in Estland 1940. – In: Z. Geschichtswiss. 25 (1977), 1352–1355.

**Silivask,** Karl: Die Rolle des Baltikums in der Großen Sozialistischen Oktoberrevolution. — In: Z. Geschichtswiss. 19 (1971), 1251—1260.

**Sipols,** V[ilnis]: Die ausländische Intervention in Lettland 1918—1920 (Ārvalstu intervencija Latvijā un tās aizkulises 1918—1920, dt.) (Aus d. Lett. übersetzt von Kurt Ottersberg in Verb. mit Dieter Guderjahn.) — Berlin: Rütten & Loening 1961. 248 S.

**Skrzypek,** Andrzej: Związek Bałtycki. Litwa, Łotwa, Estonia i Finlandia w polityce Polski i ZSRR w latach 1919–1925. - Warszawa: Książka i Wiedza 1972. 307 S.

**Spekke,** Arnolds: History of Latvia. An outline. — Stockholm: Goppers 1951. XX, 436 S.

The Baltic **States** in peace and war, 1917–1945. Ed. by Stanley Vardys [u.] Romuald J. Misiunas. – University Park: Pennsylvania State University Press (1978). VIII, 240 S.

**Stražas,** A. Š.: Borba litovskogo naroda protiv germanskich kolonizatorov i ich posobnikov v 1915—1917 gg. — In: Vop. Ist. 1959, H. 10, 45—59.

**Stražas,** A. Š.: Kolonial'nyi režim germanskich imperialistov v Litve v gody pervoj mirovoj vojny. — In: Vop. Ist. 1958, H. 12, 67—85.

**Swettenham,** John Alexander: The tragedy of the Baltic states. A report compiled from official documents and eye-witnesses' stories. — London: Hollis & Carter 1952. 216 S.

Communist **takeover** and occupation of Estonia. Special report No 3 of the Select Committee on Communist Aggression. House of Represent., 83rd Congress, 2nd Sess., Dec. 31, 1954. — Washington: Government Print. Off. (1954). 33 S.

**Tarulis,** Albert N.: American-Baltic relations 1918—1922. The struggle over recognition. — Washington: The Catholic University of America Press (1965). XI, 386 S.

La **tragédie** des états baltes. — Paris: Monde Nouveau 1951. 85 S.
 *(Peuples opprimés. 3.)*

**Unfug,** Douglas: The Baltic policy of Prince Max of Baden. — In: J. Centr. Europ. Aff. 23 (1963/64), 152—165.

**Uustalu,** Evald: The history of Estonian people. — London: Boreas Publishing Co. (1953). 261 S.

**Vardys,** V. Stanley: Lithuania under the Soviets. Portrait of a nation. — New York: Praeger 1965. 299 S.

**Varma,** Aleksander: Die Außenpolitik Estlands während der Eigenstaatlichkeit. — In: Acta Balt. 8 (1968), 156—234.

**Varma,** Aleksander: Die historischen, politischen und rechtlichen Grundlagen des Freistaates Estland. (Aus d. Estnischen von Erik Thomson.) — Stockholm: Eesti Rahvusfond/Estnischer Nationalfond 1960. 32 S.

**Venner,** Dominique: Baltikum. Dans le Reich de la défaite, le combat des Corps-francs, 1918–1923. - Paris: Laffont (1974). 365 S.
 *(Coll. „L'Histoire que nous vivons".)*

**Vigrabs,** Georg: Die Stellungnahme der Westmächte und Deutschlands zu den Baltischen Staaten im Frühling und Sommer 1939. — In: Vjh. Zeitgesch. 7 (1959), 261—279.

**Von** den baltischen Provinzen zu den Baltischen Staaten. Beiträge zur Entstehungsgeschichte der Republiken Estland und Lettland 1917—1918. Hrsg. i. Auftr. d. Balt. Hist. Kommission von Jürgen von Hehn, Hans von Rimscha [u.] Hellmuth Weiss. — Marburg: J. G. Herder-Inst. 1971. VIII, 343 S.

**Waehtsmuth,** Wolfgang: Von deutscher Arbeit in Lettland. 1918—1934. Ein Tätigkeitsbericht. Materialien zur Geschichte des baltischen Deutschtums. — Köln: Comel.
 1. Die deutsch-baltische Volksgemeinschaft in Lettland 1923 bis 1934. 1951. LXXIX, 466 S.

**Wachtsmuth,** Wolfgang: Von deutscher Arbeit in Lettland. 1918—1934. Ein Tätigkeitsbericht. Materialien zur Geschichte des baltischen Deutschtums. — Köln: Comel.
  2. Die autonome deutsche Schule in Lettland 1920—1934. Mit e. Anh.: Das Herder-Institut zu Riga. 1952. L, 430 S.
  3. Das politische Gesicht der deutschen Volksgruppe in Lettland in der parlamentarischen Periode 1918—1934. 1953. XLIII, 462 S.

**Wagner,** Gustav: Die Deutschen in Litauen, ihre kulturellen und wirtschaftlichen Gemeinschaften zwischen den beiden Weltkriegen. — Marburg a. Lahn 1959: Johann-Gottfried-Herder-Institut. IX, 312 S.
*(Wissenschaftliche Beiträge zur Geschichte und Landeskunde Ost-Mitteleuropas. 44.)*

**Weiß,** Hellmuth: Das Volksgruppenrecht in Estland vor dem Zweiten Weltkriege. — In: Z. Ostforsch. 1 (1952), 253—256.

**Wittram,** Heinrich: Selbstbehauptung und Glaubensbindung. Theologische Reflexionen im deutsch-baltischen Kirchenwesen als Antwort auf die Zeitereignisse 1919–1939. – In: Z. Ostforsch. 23 (1974), 598–622.

**Wittram,** Reinhard: Die Schulautonomie in Lettland. — In: Z. Ostforsch. 1 (1952), 256—261.

**Wrangell,** Baron Wilhelm: Die Vorgeschichte der Umsiedlung der Deutschen in Estland. — In: Baltische H. 4 (1958), H. 3, 134—165.

**Zlodejanija** gitlerovcev v Pribaltike. Sbornik materalov. — Vil'nus: Gospolitnaucizdat 1957. 112 S.

## Finnland

**Anderson,** A. T.: Origins of the winter war: a study of Russo-Finnish relations. — In: World Politics 6 (1953/54), 169—189.

**Apunen,** Osmo: Deutschland und die finnische Freiheitsbewegung 1914—1915. — In: Gedenkschrift Martin Göhring, Wiesbaden: Steiner 1968, 301—316.

**Bassin,** A[lexandre]: Les Juifs en Finlande pendant la deuxième guerre mondiale. - In: Monde Juif 28 (1972), H. 68, 43–47.

**Cholodkovskij,** V. M.: Revolucija v Finljandii v 1918 g. i intervencija germanskogo imperializma. — In: Novaja i Novejšaja Ist. [Moskva] 1957, H. 3, 116—136.

**Cholodkovskij,** V. M.: Revol'ucija 1918 goda v Finl'andii i germanskaja intervencija. — Moskva: Izdatel'stvo Nauka 1967. 386 S.

**Eriksson,** Johannes und Wilhelm Virgin: Ålandsfrågan 1917—1921. Minnen och upplevelser. — Stockholm: Hörsta 1962. 169 S.

**Finnland.** Geschichte und Gegenwart. Hrsg. im Auftrage d. Presseabteilung des Finnischen Außenministeriums. — Helsinki: Söderström 1961. 391 S.

**Fol,** Jean Jacques: La „guerre des langues" en Finlande. - In: Rev. Hist. mod. & contemp. 22 (1975), 601–618.

**Fol,** Jean-Jacques: La montée du fascisme en Finlande, 1922—1932. — In: Rev. hist. mod. & contemp. 18 (1971), 116—123.

**Hakalehto,** Ilkka: Die Beziehungen zwischen der Kommunistischen Partei Finnlands und der Kommunistischen Internationale in den Jahren 1919—1930. — In: Jbb. Gesch. Osteuropas 15 (1967), 597—608.

**Heideman,** Bert M.: A study of the causes of Finland's involvement in World War II at three separate times: November 1939, June 1941, September 1944.
*Ann Arbor, Mich., Diss. 1952.*

**Hodgson,** John H.: Communism in Finland. A history and interpretation. — Princeton, N.J.: Princeton University Press 1967. IX, 261 S.

**Horn,** Walter: Finnland, Rußland und Deutschland. — In: Außenpolitik 5 (1954), 795—807.

**Hornborg,** Eirik: Det fria Finland. En återblick på de frya årtiondena, 1917—1957. — Stockholm: Norstedt 1957. 189 S.

**Hovi,** Kalervo: The winning of Finnish independence as an issue in international relations. – In: Scand. J. Hist. 3 (1978), 47–73.

**Jääskeläinen,** Mauno: Die finnisch-russischen Beziehungen 1930—1939. — In: Gedenkschrift Martin Göhring, Wiesbaden: Steiner 1968, 338—352.

**Jakobson,** Max: Diplomaattien talvisota. Suomi maailman politiikassa 1938—1940. — Helsinki: Söderström 1955. 400 S.

**Jalanti,** Heikki: La Finlande dans l'étau germano-soviétique. 1940—1941. — Neuchâtel: Edit. de la Baconnière (1966). 380 S.
*(Histoire et société d'aujourdhui.)*

**Ilvessalo,** Jaakko: Suomi ja Weimarin Saksa. — Helsinki: Söderström 1959. X, 179 S.

**Jokopii,** Mauno: Finlands väg till fortsättningskriget. ([Mit. engl. Resümee:] Finland's road to the Continuation War.) - In: Scandia 44 (1978), 76–113.

**Jussila,** Osmo: Nationalism and revolution. Political dividing lines in the Grand Duchy of Finland during the last years of Russian rule. – In: Scand. J. Hist. 2 (1977), 289–309.

**Jutikkala,** Eino: Geschichte Finnlands. In Verb. mit Kauko Pirinen. (Übers. aus d. finn. Ms. Dtsch. von Annemarie von Harlem.) — Stuttgart: Kröner (1964). 401 S.
*(Kröners Taschenausgabe. 365.)*

**Jutikkala,** Eino und Kauko Pirinen: A history of Finland. — New York: Praeger 1962. 291 S.

**Kalela,** Jorma: Right-wing radicalism in Finland during the interwar period. Perspectives from and an appraisal of recent literature. – In: Scand. J. Hist. 1 (1976), 105–124.

**Kalijarvi,** Thorsten V.: Finland since 1939. — In: Rev. Politcs 10 (1948), 212—225.

**Karjalainen,** Ahti: Finnlands Neutralität. — In: Außenpolitik 9 (1958), 281—289.

**Klink,** Ernst: Finnlands Freiheit 1917—1957. — Laupheim: Steiner 1956. 35 S.

**Klink,** Ernst: Deutsch-finnische Waffenbrüderschaft 1941—1944. — In: Wehrwiss. Rdsch. 8 (1958), 389—412.

**Krosby,** H. Peter: The diplomacy of the Petsamo question and Finnish-German relations, March—December 1940. — In: Scandia 31 (1965), 291—330.

**Krosby,** H[ans] Peter: Finland, Germany and the Soviet Union, 1940—1941. — Madison: University of Wiskonsin Press 1968. XIII, 276 S.

**Kuusaari,** Eero und Vilho Niitemaa: Finlands Krig 1941—1945. [Suomen sota 1941—1945, schwed.] — Stockholm: Militärlitteraturförenigens Förlag 1949. 232 S.

**Lundin,** C. Leonhard: Finland in the second world war. — Bloomington: Indiana University Press 1956. 288 S.

**Manninen,** Ohto: Red, White and Blue in Finland, 1918. A survey of interpretations of the civil war. - In: Scand. J. Hist. 3 (1978), 229–249.

**Mazour,** Anatole G.: Finland between East and West. — New York: Van Nostrand 1956. 312 S.

**Meinander,** Ragnar: Suomalainen yhteiskuntamme. — Helsinki: Otava 1955. 183 S.

**Melin,** Ingvar: Die Entwicklung der deutsch-finnischen Beziehungen während des zweiten Weltkrieges (unter besonderer Berücksichtigung der durch den finnischen Friedensschluß im Jahre 1944 entstandenen Lage). — In: Gesch. Wiss. Unterr. 7 (1956), 421—432.

**Munch**-Petersen, Thomas: Great Britain and the revision of the Åland Convention, 1938-39. - In: Scandia 41 (1975), 67–86.

**Niukkanen,** Juho: Talvisodan puolustusministeri kertoo. — Helsinki: Söderström 1951. 288 S.
Behandelt u. a. die politischen Konstellationen während des finnischen Winterkrieges 1939/40.

**Nurmio,** Yrjö: Suomen itsenäistyminen ja Saksa. (Finlands självständighet och Tyskland.) — Helsinki: Söderström 1957. 376 S.

**Oesch,** Karl Lennart: Finnlands Entscheidungskampf 1944 und seine politischen, wirtschaftlichen und militärischen Folgen (Suomen kohtalon ratkaisu Kannaksella v. 1944, dt.) (Die Übers. besorgte Konradin Kreuzer.) — Frauenfeld: Huber (1964). 180 S.

**Paasikivi,** Juho K.: Toimintani Moskovassa ja Suomessa. 1939—41. [Bd] 1.2. — Helinki: Söderström 1958.

**Paasivirta,** Juhani: L'administration des affaires étrangères et la politique extérieure de la Finlande. Depuis le début de l'indépendance nationale en 1917 jusqu'à la guerre russo-finlandaise de 1939—1940. (Trad. franç. par Lauri Lindgren et Nadine Hodgson.) — Turku: Turun Yliopisto 1966. 207 S.
(Annales universitatis Turkuensis. Ser. B. T. 99.)

**Paasivirta,** Juhani: So oumi vuonna 1918. — Helsinki: Söderström 1957. 379 S.

**Paasivirta,** Juhani: The victors in World War I and Finland (Ensimmäisen maailmansodan voittajat ja Suomi, engl.) Finland's relations with the British, French and United States governments in 1918—1919. Transl. from the Finnish by Paul Sjöblom. — (Turku: Turun Sanomalehti ja Kirjapaino Osakeyhtiö 1965.) 198 S.
(Studia historica. 7.)

**Palmstierna,** Carl-Fredrik: Alandsfragen 1918—1951. — Stockholm: Kooperativa Förbundet 1951. 36 S.

**Polvinen,** Tuomo: Finland in international politics. - In: Scand. J. Hist. 2 (1977), 107–122.

**Puntila,** L[auri] A[adolf]: The political history of Finland 1809-1966. - Helsinki: Otava Publ. 1974. 248 S.

**Rintala,** Marvin: Three generations. The extreme right wing in Finnish politics. — Bloomington: Indiana University Press 1962. 281 S.

**Rothholz,** Walter: Finnlands völkerrechtliches Schicksal seit 1917. — In: Arch. d. Völkerrechts 1 (1948/49), 450—470.

**Salewski,** Michael: Staatsräson und Waffenbrüderschaft. Probleme der deutsch-finnischen Politik 1941-1944. - In: Vjh. Zeitgesch. 27 (1979), 370–391.

**Sandig,** Ernst: Landwirtschaft und Agrarreform in Finnland. — In: Österr. Osthefte 2 (1960), 367—373.

**Seppälä,** Helge: Taistelu Leningradista ja Suomi. — Helsinki: Söderström 1969. 280 S.

**Shearman,** Hugh: Finland. The adventures of a small power. — London: Stevens 1950. XI, 114 S.

**Smith,** C. Jay, jr.: Finland and the Russian revolution 1917—1922. — Athens: University of Georgia Press 1957. X, 251 S.

**Smith,** C. Jay, jr.: Russia and the origins of the Finnish civil war of 1918. — In: Amer. Slav. East Europ. Rev. 14 (1955), 481—502.

**Sode**-Madsen, Hans: Den finske Lappobevægelse 1929—1932. — In: Scandia 36 (1970), 203—248.

**Talas,** Onni: Finlands kamp för sin självständighet enligt Mannerheims minnen. — Helsingfors: Söderström 1953. 110 S.

**Tanner,** Väinö: Suomen tie rauhaan 1943—1944. — Helsinki: Tammi 1952. 420 S.
Schwed. Ausg. u. d. T.: Vägen till fred 1943—1944. — Helsingfors: Kooperativa Förbundets Bokförlag 1952. 293 S.

**Tanner,** Väinö: The winter war. Finland against Russia 1939—1940. — Stanford: Stanford University Press (1957). X, 274 S.

**Törnudd,** K.: Composition of cabinets in Finland 1917—1968. — In: Scand. polit. Stud. 4 (1969), 58—70.

**Tuompo,** W. E.: Päiväkirjani Päämastaja 1941—1944. — Helsinki: Söderström 1968. 266 S.

**Upton,** Anthony F.: Finnland in crisis 1940—41. A study in small-power politics. — London: Faber & Faber 1964. 318 S.

**Wagner,** Ulrich H. E.: Finnlands Neutralitätspolitik mit Defensivallianz. - Hamburg: von der Ropp (1974). 301 S.
(Schriften aus dem Finnland-Institut in Köln. 10.)

**Wuorinen,** John H.: Finland and World War II. — New York: Ronald Press 1951. 228 S.

**Wuorinen,** John H.: A history of Finland. — New York: Columbia University Press 1965. 548 S.

Sowjetunion

Allgemeines

**Alexandrov,** Victor: The Kremlin. Nerve-centre of Russian history. — New York: St. Martin's Press 1963. 328 S.

**Andolenko,** C. R.: Histoire de l'armée russe. — Paris: Flammarion 1967. 480 S.
*(Coll. „L'Histoire".)*

**Anweiler,** Oskar: Die Rätebewegung in Rußland 1905—1921. Ein Beitrag zur Geschichte des Bolschewismus und der russischen Revolution. — Hamburg 1954. IV, 414 gez. Bl. [Maschinenschr.]
*Hamburg, phil. Diss. 1954.*

Rußlands **Aufbruch** ins 20. Jahrhundert. Politik, Gesellschaft, Kultur 1894—1917. Hrsg. von George Katkov, Erwin Oberländer [u. a.] — Freiburg: Walter (1970). 347 S.

**Avakumovic,** Ivan: A statistical approach to the revolutionary movement in Russia 1878—1887. — In: Amer. Slavic & East Europ. Rev. 18 (1959), H. 2.

**Bailey,** Geoffrey: Verschwörung um Rußland (The conspirators, dt.) Intrigenkampf der Geheimmächte. (Aus d. Amerikan. von Dietrich Niebuhr.) — München: List (1961). 311 S.

**Berchin,** I[l'ja] B[orisovič]: Geschichte der UdSSR (Istorija SSSR, dt.) 1917—1970. (Dtsch. Übers.: Günter Rosenfeld u. Alfred Anderle. D. dtsch. Ausg. wurde vom Autor erg. u. bearb.) — Berlin: Dietz 1971. 914 S.

**Bernstorff,** A., R. Binner [u. a.]: Vom Populismus zur Sozialdemokratie. Neue Literatur zur Frühgeschichte der russischen Sozialdemokratie. - In: Neue polit. Lit. 18 (1973), 61—87.

**Beyerly,** Elizabeth: The Europecentric historiography of Russia. An analysis of the contribution by Russian emigre historians in the USA, 1925-1955, concerning 19th century Russian history. - The Hague: Mouton 1973. 385 S.
*(Studies in European History. 11.)*

**Birth,** Ernst: Die Oktobristen (1905-1913). Zielvorstellungen und Struktur. Ein Beitrag zur russischen Parteiengeschichte. - Stuttgart: Klett 1974. 203 S.
*(Kieler historische Studien. 19.)*
*Diss., Universität Kiel.*

**Black,** C. E.: Rewriting Russian history. Soviet interpretations of Russia's past. — New York: Praeger 1956. 420 S.

**Borcke,** Astrid von: Die Ursprünge des Bolschewismus. Die jakobinische Tradition in Rußland und die Theorie der revolutionären Diktatur. - München: Berchmanns 1977. 646 S.
*(Sammlung Wissenschaft und Gegenwart.)*
*Diss., Universität Genf.*

**Brevi,** Giovanni: Russia 1942—1953. Red. di Franco di Bella. 2. ed. — Milano: Garzanti 1955. VI, 236 S.

**Bruhat,** Jean: Histoire de l'U.R.S.S. — Paris: Presses Universitaires 1945. 136 S.
*(Que sais-je?)*

**Budnikov,** V. P.: Bol'ševistskaja partijnaja pečat' v 1917 godu. — Charkov: Izd. Chark. Gosuniv. 1959. 195 S.

**Carr,** Edward Hallett: A history of Soviet Russia. The Bolshevik revolution 1917—1923. — London: Macmillan.
   3. 1953. IX, 614 S.

**Carr,** Edward Hallett: A history of Soviet Russia. — London: Macmillan.
   4. The interregnum 1923—1924. 1954. VII, 392 S.

**Carr,** Edward Hallett: A history of Soviet Russia. — London: Macmillan.
   5. Socialism in one country. Vol. 1: 1924—1926. 1958. 557 S.

**Carr,** Edward Hallett: A history of Soviet Russia. — London: Macmillan.
   5. Socialism in one country. Vol. 2: 1924—1926. 1959. VIII, 493 S.

**Carr,** Edward Hallett: A history of Soviet Russia. — London: Macmillan.
   5. Socialism in one country. 1924—1926. Vol. 3, Part 1. 2. 1964. 1050 S.

**Cartier,** Raymond: Die Sowjets (L'étranger devant l'U.R.S.S., dt.) Wie sie sind — wie sie uns sehen. (Aus d. Franz. von Max Harriés-Kester.) — München: Piper (1961). 168 S.
*(Piper-Paperback.)*

**Cliff,** Tony: Stalinist Russia. A marxist analysis. — London: Kidron 1955. XIII, 275 S.

**Cogniot,** Georges: Connaissance de l'Union soviétique. — Paris: Ed. Sociales 1956. 320 S.

**Crankshaw,** Edward: Winterpalast (The shadow of the Winter Palace, dt.) Rußland auf dem Weg zur Revolution 1825-1917. (Aus d. Engl. von Günter Treffer u. Barbara Klose-Ullmann.) - München: List 1978. 479 S.

**Dallin,** David J.: The new Soviet empire. — New Haven: Yale University Press 1951. VIII, 216 S.

**Deutscher,** Isaac: Die unvollendete Revolution 1917—1967. (Vorlesungen). Anh.: Der Verlauf der Revolution 1917. (Aus d. Engl. von Harry Maor.) — (Frankfurt a. M.:) Europ. Verlagsanst. (1967). 188 S.

**Dirksen,** Herbert von: Der Weg Rußlands von der Revolution zur Reaktion. — In: Schweiz. Monatsh. 32 (1952/53), 417—433.

**Duranty,** Walter: Histoire de la Russie soviétique. — Paris: Stock 1947. 392 S.

**Elleinstein,** Jean: Histoire du phénomène Stalinien. - Paris: Grasset 1975. 248 S.

**Elleinstein,** Jean: Histoire de l'U.R.S.S. - Paris: Ed. sociales.
   1. La conquête du pouvoir, 1917-1921. 1972. 224 S.
   2. Le socialisme dans un seul pays, 1922-1939. 1973. 318 S.
   3. L'U.R.S.S. en guerre, 1939-1946. 1974. 238 S.
   4. L'U.R.S.S. contemporaine. 1975. 323 S.

**Fitzsimmons,** Thomas [Ed.]: RSFSR. Russian Soviet Federated Socialist Republic. Vol. 1. 2. — New Haven: Human Relations Area Files 1957. XVIII, 681 S.

**Flechtheim,** Ossip K[urt]: Bolschewismus 1917—1967. Von der Weltrevolution zum Sowjetimperium. — Frankfurt a. M.: Europa-Verl. (1967). 255 S.
*(Europäische Perspektiven.)*

**Florinsky,** Michael T. [Ed.]: McGraw-Hill Encyclopedia of Russia and the Soviet Union. — New York, London: McGraw-Hill 1962. XIV, 624 S.

**Florinsky,** Michael T.: Russia. A history and interpretation. Vol. 1. 2. — New York: Macmillan (1953).

**Geschichte** der Sowjetunion 1917—1957 (Istorija SSSR, epocha socializma ‹1917—1957 gg.›, dt.) (Ins Dt. übertr. von einem Kollektiv unter der Leitung von Günter Rosenfeld.) (2. Aufl.) — Berlin: Rütten & Loening 1961. 791 S.

**Geschichte** der UdSSR. Von den Anfängen bis zur Gegenwart. Von einem Autorenkollektiv unter Leitung von Günter Rosenfeld. (Hrsg. vom Wiss. Beirat f. Geschichtswiss. beim Ministerium f. Hoch- und Fachschulwesen.) — Berlin: Dtsch. Verl. d. Wiss. 1976 XIV, 680 S.

**Geyr** von Schweppenburg, Leo Freiherr: Die große Frage. Gedanken über die Sowjetmacht. — Homburg v. d. H.: Bernard & Graefe [1952]. 81 S.

**Girault,** René [u.] Marc Ferro: De la Russie à l'U.R.S.S. L'histoire de la Russie de 1850 à nos jours. — Paris: Nathan 1974. 221 S.
*(Coll. „Université, information, formation. Sér. Histoire".)*

**Groh,** Dieter: Rußland und das Selbstverständnis Europas. Ein Beitrag zur europäischen Geistesgeschichte. — Neuwied (u. Berlin-Spandau): Luchterhand 1961. 366 S.
*(Politica. 3.)*

**Gurian,** Waldemar: Von Lenin zu Stalin. — In: Schweiz. Monatsh. 31 (1951/52), 591—600.

**Gurian,** Waldemar: Thirty years of the Soviet regime. — In: Rev. Politics 10 (1948), 3—12.

**Hanisch,** Erdmann: Geschichte Sowjetrußlands 1917—1941. — Freiburg i. Br.: Herder 1951. X, 305 S.
*(Geschichte führender Völker.)*

**Harcave,** Sidney: Russia. A history. — Chicago: Lippincott 1952. XIII, 665, XXXIV S.

**Hildebrandt,** Walter: Die Sowjetunion. Macht und Krise. 2. Aufl. — Darmstadt: Leske 1956. 272 S.

**Jablonowski,** Horst: Literaturbericht über Geschichte Rußlands und der Sowjetunion. — In: Hist. Z., Sonderh. 1 (1962), 212—273.

**Johnson,** H.: Sovětský úspěch [Soviet success, tschech.] — Praha: Vyšehrad 1951. 307 S.

**Istorija** SSSR, epocha socializma (1917 bis 1957 gg.) Ucebnoe posobie. — Moskva: Gos. izd. pol. lit. 1957. 771 S.

**Kampmann,** Wanda: Die Geschichte der Sowjetunion. Didaktischer Entwurf. (Hrsg. von d. Niedersächs. Landeszentrale f. Polit. Bildung.) — (Oldenburg 1964: Stalling.) 41 S.
*(Schriftenreihe d. Niedersächs. Landeszentrale f. Polit. Bildung. Für d. Hand d. Lehrers. 1.)*

**Karlbom,** Rolf: Mordet på Sergej Kirov 1934. En källkritisk och rättshistorisk utredning. — In: Scandia 41 (1975), 178—198.

**Katkov,** George, [u. a.]: Russia enters the twentieth century, 1894—1917. — London: Methuen 1973. 352 S.
*(University Paperback.)*

**Keller,** P.: Au temps de Staline (à la recherche des prisonniers libérés en URSS). — Paris: Ed. du Scorpion 1960. 187 S.

**Keller,** Werner: Ost minus West = null. Der Aufbau Rußlands durch den Westen. (2. Aufl.) — München, Zürich: Droemer (1960). 451 S.

**Kennan,** George F.: The Sisson documents. — In: J. mod. Hist. 28 (1956), 130—154.

**Kennan,** George F[rost]: The Russian revolution, fifty years after. Its nature and consequences. — In: Foreign Aff. 46 (1967/68), 1—21.

**Kérenski,** Alexandre: Quarante ans après. — In: Est & Ouest 9 (1957), H. 182/183, 1—6.

**Kirchner,** Walther: Geschichte Rußlands von den Anfängen bis zur Gegenwart. — Stuttgart: Mittelbach 1950. 416 S.

**Knypers,** G.: De russische problematiek in het Sowjetstaatsbeeld. — Wageningen: Zomer & Keunung 1954. 226 S.

**Koch,** Hans [Hrsg.]: Sowjetbuch. Unter Mitwirkung von Alexander Adamczyk [u. a.] — Köln: Dt. Industrie-Verl. (1957). XII, 684 S.
*(Bücher des Deutschen Industrie-Instituts.)*

**Kochan,** Lionel: Russia in revolution 1890—1918. — London: Weidenfeld & Nicolson 1966. XIII, 352 S.

**Kohn,** Hans: The mind of modern Russia. Historical and political thought of Russia's great age. — New Brunswick, N. J.: Rutgers University Press 1955. 310 S.

**Kohn,** Hans: Pan-Slavism. Its history and ideology. — Notre Dame, Ind.: University of Notre Dame Press 1953. IX, 356 S.

**Kohn,** Hans: Das moderne Rußland (Basic history of modern Russia, dt.) Grundzüge seiner Geschichte. (Dt. von Heddy Pross.) — Freiburg, München: Alber (1961). 231 S.

**Kohn,** Hans: Die Slawen und der Westen. Die Geschichte des Panslavismus (Pan-slavism, Its history and ideology, dt.) — Wien, München: Verl. Herold (1956). 359 S.

**Kopp,** Fritz: Schein und Wirklichkeit der kommunistischen Staaten. Die Sowjetunion seit 1936. — In: Polit. Stud. 7 (1956), H. 72, 23—36.

**Korabljov,** J. I. [**Korablev,** Jurij I.], W. A. Anfilow [u.] W. A. Mazulenko: Kurzer Abriß der Geschichte der Streitkräfte der UdSSR von 1917 bis 1972. [Das Ms. wurde ins Dtsch. übertr. von G. Fischer.] — Berlin: Militärverl. d. DDR 1976. 429, 52 S.
*(Kleine Militärgeschichte. Streitkräfte.)*

**Lampert,** M. E.: Sons against fathers. Studies in Russian radicalism and revolution. — London: Oxford University Press 1965. 405 S.

**Lane**, David Stuart: The roots of Russian communism. A social and historical study of Russian social-democracy, 1898—1907. — Assen: Van Gorcum 1969. XV, 240 S.
*(Internationaal Instituut voor sociale geschiedenis. Publications on social history. 6.)*

**Laqueur**, Walter: Mythos der Revolution (The fate of the revolution, dt.) Deutungen und Fehldeutungen der Sowjetgeschichte. Eine Studie. (Aus d. Engl. übers. von Emi Ehm.) — (Frankfurt a. M.:) S. Fischer (1967). 238 S.
*(Fischer-Paperbacks.)*

**Léonhard**, Wolfgang: L'union Soviétique. — Paris: Ed. du Fuseau 1953. 240 S.

**Long**, John: Modern Russia. An introduction. — London: Duckworth 1957. XI, 180 S.

**Longley**, David: Some historiographical problems of Bolshevik party history. (The Kronstadt Bolsheviks in March 1917.) - In: Jbb. Gesch. Osteuropas 22 (1974), 494–514.

**Markert**, Werner: Geschichte Rußlands unter dem Bolschewismus. — In: Gesch. Wiss. Unterr. 3 (1952), 631–640.
Literaturbericht.

**Mazour**, Anatole G.: Russia. Past and present. — London: Macmillan; New York: van Nostrand 1951. 785 S.

**Mazour**, Anatole Grigorevich: Russia, tsarist and communist. — Princeton: Van Nostrand 1962. X, 995 S.

**Meißner**, Boris: Rußland im Umbruch. Der Wandel in der Herrschaftsordnung und sozialen Struktur der Sowjetunion. — Frankfurt a. M.: Verlag f. Geschichte u. Politik 1951. 91 S.
*(Dokumente u. Berichte des Europa-Archivs. 9.)*

**Meyer**, Klaus: Literaturbericht über Geschichte Rußlands und der Sowjetunion. Veröffentlichungen außerhalb d. Sowjetunion 1953 bis 1959. — In: Hist. Z., Sonderh. 1 (1962), 274—342.

**Murarka**, Dev: The Soviet Union. — New York: Walker 1971. 240 S.

**Nettl**, J[ohn] P[eter]: Der Aufstieg der Sowjetunion (The Soviet achievment, dt.) (Aus d. Engl. übertr. von Helmut Hitzler.) — München: Molden 1972. 288 S.

**Neubauer**, Helmut: Von der Oktoberrevolution bis zur Gegenwart. — In: Jbb. Gesch. Osteuropas 7 (1959), 49—63.

**Nikolajewski**, Boris: Der Kirow-Mord und seine Hintergründe. — In: Ostprobleme 8 (1956), H. 36, 1233—1241.

**Nove**, Alec: Stalinism and after. - London: Allen & Unwin 1975. 205 S.

**Pinoteau**, Robert: La Russie d'hier et d'aujourd'hui. Nicolas I, Nicolas II, Staline, Malenkov. — Paris: Les Iles d'Or 1953. 284 S.

**Pipes**, Richard: The formation of the Soviet Union. Communism and nationalism, 1917—1923. — Cambridge, Mass.: Harvard University Press 1954. XII, 355 S.

Pipes, Richard: Rußland vor der Revolution (Russia under the Old Regime, dt.) Staat und Gesellschaft im Zarenreich. (Übertr. aus d. Amerikan. von Christian Spiel.) – München: Beck (1977). 353 S.
*(Beck'sche Sonderausgaben.)*

**Rauch**, Georg von: Geschichte des bolschewistischen Rußland. — Wiesbaden: Rhein.Verl.Anst. (1955). 607 S.

**Riasanovsky**, Nicholas V[alentine]: A history of Russia. — New York: Oxford University Press 1963. XVIII, 711 S.

**Rimscha**, Hans von: Zur Geschichte der Sowjetunion. — In: Polit. Lit. 2 (1953), 434—441.

**Ruffmann**, Karl-Heinz: Sowjetrußland. — (München: Dtsch. Taschenbuch-Verl. 1967.) 290 S.
*(dtv-Weltgeschichte des 20. Jahrhunderts. 8.)*
*(dtv[-Taschenbücher]. 4008.)*

Ruffmann, Karl-Heinz: Sowjetunion. — München: Desch 1972. 336 S.
*(Die Weltmächte im 20. Jahrhundert.)*

**Russia** in transition, 1905—1914. Evolution or revolution? Ed. by Robert McNeal. — New York: Holt, Rinehart & Winston 1970. 252 S.

**Salisbury**, Harrison E.: To Moscow and beyond. — New York: Harper 1960. 301 S.

**Salisbury**, Harrison E[vans]: The Soviet Union. The fifty years. — New York: Harcourt, Brace and World 1967. 484 S.

**Scheibert**, Peter: Von Bakunin zu Lenin. Geschichte der russischen revolutionären Ideologien 1840—1895. Bd 1. — Leiden: Brill 1956. XII, 344 S.

**Scheuer**, Georg: Von Lenin bis . . .? Die Geschichte einer Konterrevolution. — Berlin u. Hannover: Dietz (1957). 375 S.

**Schuman**, Frederick L.: Russia since 1917. Four decades of Soviet politics. — New York: Knopf 1957. XV, 508, XXVII S.

**Semirjaga**, M. I.: Sovetskie ljudi v evropejskom Soprotivlenii. — Moskva: Izd. Nauka 1970. 351 S.

**Servan**-Schreiber, Emile: L'URSS 28 ans après. 1931—1959. — Paris: Plon 1959. 182 S.

**Sethe**, Paul: Kleine Geschichte Rußlands. — Frankfurt a. M.: Scheffler 1953. 160 S.

**Seton**-Watson, Hugh: From Lenin to Malenkov. — New York: Praeger 1953. 377 S.

**Shaheen**, Samad: The communist (bolshevik) theory of national self-determination. Its historical evolution up to the October revolution. — The Hague: Van Hoeve 1956. XX, 156 S.

**Shteppa**, Konstantin F[eodos'evich]: Russian historians and the Soviet state. — New Brunswick: Rutgers University Press 1962. 437 S.

**Simmons**, Ernest J. [Ed.]: Continuity and change in Russian and Soviet thought. — London: Cumberlege 1956. XII, 563 S.

**Sorlin**, Pierre et Irène: Lénine, Trotski, Staline. 1921—1927. — Paris: Colin 1961. 272 S.

**Soviet Union**. Background, ideology, reality. Ed. by Waldemar Gurian [u. a.]. — Notre Dame: University of Notre Dame Press 1951. VII, 216 S.

40 Jahre **Sowjetmacht** in Zahlen. Übers. aus d. Russ. von Wilhelm Fickenscher. — Berlin: Dtsch. Zentral-Verl. 1958. 416 S.

**Sowjetpatriotismus** und Geschichte. Dokumentation. [Hrsg.:] Erwin Oberländer. — Köln: Verl. Wissenschaft u. Politik (1967). 255 S.
*(Dokumente zum Studium des Kommunismus. 4.)*

**Sowjetunion.** Werden u. Gestalt einer Weltmacht. In Verb. mit d. Inst. f. Kontinentale Agrar- u. Wirtschaftsforschung d. Justus Liebig-Univ. Gießen hrsg. von Herbert Ludat. 2., unveränd. Aufl. — Gießen: Schmitz 1963. 323 S.

**Stephenson,** Graham: Russia from 1812 to 1945. A history. — New York: Praeger 1970. 467 S.

**Sternberg,** Fritz: The end of a revolution. Soviet Russia — from revolution to reaction. Translated by Edward Fitzgerald. — London: Gollancz (1953). 191 S.

**Stökl,** Günther: Russische Geschichte von den Anfängen bis zur Gegenwart. — Stuttgart: Kröner (1962). XII, 824 S.
*(Kröners Taschenausgabe. 244.)*

**Stöckl,** Günther: Vom Primat der Macht. Das halbe Jahrhundert Sowjetstaat in historischer Perspektive. — In: Wort u. Wahrheit 22 (1967), 675—685.

**Stowe,** Leland: Conquest by terror. — New York: Random House 1952. 300 S.

**Strauß,** Wolfgang: Nation oder Klasse. 60 Jahre Kampf gegen die Oktoberrevolution. Geschichte des Widerstandes in der UdSSR. — (München:) Langen-Müller (1978). 189 S.
*(Langen-Müller Paperbacks.)*

**Thimm,** Gerhard: Das Rätsel Rußland. Geschichte und Gegenwart. — Stuttgart, Hamburg: Scherz & Goverts (1952). 502 S.

**Torke,** Hans-Joachim: Die russische Geschichte in den Lehrbüchern der Höheren Schulen der Bundesrepublik Deutschland. — Braunschweig: Limbach (1962). 104 S.
Sonderdr. aus: Internat. Jb. Geschichtsunterr. [9] (1962).

**Treadgold,** Donald W.: Twentieth century Russia. — Chicago: Rand McNally 1959. 575 S.

**UdSSR.** Unser Wissen über die Sowjetunion. Von Karl Krüger, Alexander Görner [u. a.] — Berlin: Safari-V. 1958. 616 S.

**Vernadsky,** George: A history of Russia. 4. ed. compl. rev. — New Haven: Yale University Press; London: Cumberlege (1955). IX, 499 S.

**Villemarest,** Pierre de: La marche au pouvoir en U. R. S. S. de Lénine à Brejnev, 1917—1969. — Paris: Fayard 1969. 466 S.
*(Coll. „Les grandes études contemporaines".)*

**Vygodskij,** S. Ju.: Vnešnjaja politika SSSR. 1924—1929 gg. — Moskva: Gos. izd. pol. lit. 1963. 381 S.

**Walsh,** Warren Bartlett: Russia and the Soviet Union. A modern history. — Ann Arbor: University of Michigan Press; London: Mayflower 1958. 678 S.

**Weidlé,** Wladimir: Russia. Absent and present. — London: Hollis & Carter 1952. 153 S.

**Welter,** G.: Histoire de Russie. Depuis les origines jusqu'à 1945. — Paris: Payot 1946. 448 S.

**Wolfe,** Bertram D[avid]: Sechs Schlüssel zum Sowjetsystem (Six keys to the Soviet system, dt.) Vorw. von Leslie C. Stevens. Nach d. amerikan. Originalausg. übertr. von Walter Theimer. — Frankfurt a. M.: Europ. Verl.-Anst. (1959). 246 S.

Revolution und Bürgerkrieg 1917 bis 1921

**Abramovitch,** Raphael R[ein]: Die Sowjetrevolution (The Sovietrevolution, dt.) (Aus d. Amerikan. übertr. von Barbara Bortfeldt.) — Hannover: Dietz Nachf. (1963). 447 S.

**Anweiler,** Oskar: Der Aufstand von Kronstadt 1921. — In: Osteuropa 5 (1955), 176—177.

**Anweiler,** Oskar: Lenins Machteroberung 1917. — In: Gesch. Wiss. Unterr. 8 (1957), 653—670.

**Anweiler,** Oskar: Der Thermidor der russischen Revolution. — In: Gesch. Wiss. Unterr. 11 (1960), 390—401.

**Avrich,** Paul: Kronstadt 1921. — Princeton, N.J.: Princeton University Press 1970. 271 S.

**Bartel,** Walter: Die Wirkungen der russischen Revolution. — In: Z. Geschichtswiss. 5 (1957), 905—931.

**Bezemer,** J. W.: De russische revolutie in westerse ogen. Stemmen van ooggetuigen, maart 1917—maart 1918. — Amsterdam: Meulenhoff 1956. 334 S.

**Bogdanow,** Janis: Wir hoffen sehr auf Kronstadt. — Darmstadt: Studio Schaffen und Forschen 1959. 360 S.

**Borkenau,** Franz: Der russische Bürgerkrieg 1918—1921. Von Brest-Litowsk zur NEP. — Berlin: Grunewald-V. (1954). 56 S.

**Brinkley,** George A.: The volunteer army and allied intervention in South Russia 1917—1921. A study in politics and diplomacy of the Russian civil war. — Notre Dame, Ind.: University of Notre Dame Press 1966. XVII, 464 S.

**Browder,** Robert Paul und Alexander F[eodorowitsch] Kerensky: The Russian Provisional Government 1917. Documents. Vol. 1—3. — Stanford, Calif.: Stanford University Press 1961.
*(Hoover Institution Publications.)*

**Brügmann,** Uwe: Die russischen Gewerkschaften in Revolution und Bürgerkrieg 1917-1919. – (Frankfurt a. M.:) Europ. Verl.-Anst. (1973). 285 S.
Diss., *Universität Marburg.*

**Bunyan,** James: The origin of forces labor in the Soviet State 1917—1921. — Baltimore: Johns Hopkins Press 1967. 276 S.

**Bunyan,** James und H. H. Fisher: The Bolshevik revolution 1917—1918. Documents and materials. — Stanford, Calif.: Stanford University Press 1961. XII, 736 S.

**Carr,** Edward Hallett: A history of Soviet Russia. The Bolshevik revolution 1917—1923. Vol. 1. 2. — London: Macmillan 1950—52. X, 430; VI, 400 S.

# GESCHICHTE EINZELNER STAATEN

**Chamberlin,** William Henry: Die russische Revolution 1917—1921 (The Russian revolution 1917—1921, dt. Aus dem Amerikan. übertr. von Harry Maòr.) — Frankfurt a. M.: Europ. Verl.-Anst.
1. (1958.) VIII, 472 S.
2. (1958.) 504 S.

**Cole,** G. D. H.: „The Bolshevik Revolution.". — In: Soviet Stud. 4 (1952/53), 139—151.

**Coquin,** François-Xavier: La révolution russe. 5ᵉ éd. mise à jour. - Paris: Presses universitaires de France 1974. 126 S.
*(Coll. „Que sais-je?")*

**Curtiss,** John S.: The Russian revolutions of 1917. — New York: Van Nostrand 1957. 178 S.

**Donnert,** Erich: W. I. Lenins Aufstandsplan und seine Verwirklichung im Oktober 1917. - In: Z. Geschichtswiss. 25 (1977), 1309—1319.

**Ferro,** Marc: Les débuts du Soviet de Petrograd (27—28 février 1917 — ancien style). — In: Rev. hist. 223 (1960), 353—380.

**Ferro,** Marc: La révolution de 1917. — Paris: Aubier-Montaigne.
1. La chute du tsarisme et les origines d'Octobre. 1967. 616 S.
*(Coll. „Historique".)*

**Fischer,** Alexander: Die Anfänge der Roten Armee 1917/18. - In: Militärgesch. Mitt. 1975, H. 18, 63–73.

**Footman,** David: Civil war in Russia. London: Faber & Faber 1961. 328 S.

**Frankel,** Jonathan: Lenin's doctrinal revolution of April 1918. — In: J. Contemp. Hist. 4 (1969), H. 2, 117—142.

Illustrierte **Geschichte** der Großen Sozialistischen Oktoberrevolution. (Von einem Autorenkollektiv unter der Leitung von P. N. Sobolew. Aus d. Russ. von Leon Nebenzahl.) - Berlin: Dietz 1972. 412 S.

**Geyer,** Dietrich: Die russischen Räte und die Friedensfrage im Frühjahr und Sommer 1917. — In: Vjh. Zeitgesch. 5 (1957), 220—240.

**Geyer,** Dietrich: Die Russische Revolution. Histor. Probleme u. Perspektiven. — Stuttgart: Kohlhammer (1968). 163 S.
*(Geschichte und Gegenwart.)*

**Gopner,** S. I.: Martovskie i aprel'skie dni 1917 goda (iz vospominanii uchastnika oktjabr'skoi revoljutsii). — In: Vop. Ist. 1957, H. 3, 42—52.

**Gorodeckij,** E. N.: Demobilizacija armii v 1917—1918 gg. — In: Istorija SSSR 1958, H. 1, 3—31.

**Graskin,** D. I.: Revoljucionnaja rabota v XII armii nakanune Oktjabrja (1916—1917 gg.) — In: Vop. Ist. 1957, H. 9, 3—16.

**Graubard,** Stephen Richards: British Labour and the Russian revolution 1917—1924. — Cambridge, Mass.: Harvard University Press 1956. 305 S.
*(Harvard Historical Monographs. 30.)*

**Gurevitz,** Baruch: The Bolshevik revolution and the foundation of the Jewish Communist movement in Russia. - Tel-Aviv: The Russian and East European Research Center 1976. 20 S.
*(Slavic and Soviet Series. 4.)*

**Gurian,** Waldemar: Lenins Methoden der Machtergreifung im Jahre 1917. — In: Deutschland und Europa, Festschrift für Hans Rothfels. Düsseldorf: Droste-V. (1951), S. 271—292.

**Halaychuk,** Bohdan: The peace of Riga. The end of anti-Bolshevik front. — In: Ukrain. Quart. 12 (1956), 244—250.

**Hellmann,** Manfred: Die russische Revolution 1917. Von d. Abdankung d. Zaren bis zum Staatsstreich d. Bolschewiki. — (München:) Dtsch. Taschenbuch Verl. (1964). 391 S.
*(dtv [-Taschenbücher]. 227/28.)*

**Histoire** de la révolution russe (Istorija graždanskoj vojny v SSSR, franz.] Prép. sous la direction de Maxim Gorki [u. a.] Tom. 1—4. — Paris: Ed. Sociales 1947—1950.

Die ausländische militärische **Intervention** und der Bürgerkrieg in der UdSSR 1918—1920 (Inostrannaja voennaja intervencija i graždanskaja vojna v SSSR 1918—1920, dt.) Ins Dt. übertr. von Gerhard Möchel. — Berlin: Rütten & Loening 1954. 134 S.
*(Große Sowjet-Enzyklopädie. Reihe Geschichte und Philosophie. 31.)*

**Karmann,** Rudolf: Wie Rußland von Europa verraten wurde. Der „Kreuzzug der Weißen". — In: Dtsch. Rdsch. 78 (1952), 670—689.

**Katkov,** George: German Foreign Office documents on financial support to the Bolshevics in 1917. — In: Internat. Aff. 32 (1956), 181—189.

**Katkov,** George: Russia 1917. The February revolution. — New York: Harper & Row 1967. XXXVIII, 489 S.

**Keep,** John L. H.: The Russian revolution. A study in mass mobilization. - London: Weidenfeld & Nicolson 1976. XVII, 614 S.

**Kenez,** Peter: Civil war in South Russia, 1918. The first year of the volunteer army. — Berkeley: University of California Press 1971. 416 S.

**Kenez,** Peter: Civil war in South Russia, 1919–1920. The defeat of the Whites. (Publ. for the Hoover Institution on War, Revolution and Peace.) — Berkeley: University of California Press (1977). XVIII, 378 S.

**Kljackin,** S. M.: Načal'nyi period stroitel'stva armii sovetskogo gosudarstva ⟨oktjabŕ 1917—janvaŕ 1918 g.⟩ — In: Istorija SSSR 6 (1962), H. 2, 90—106.

**Kohn,** Richard: Die russische Revolution in Augenzeugenberichten (La révolution russe, dt.) (Dtsch. von Brigitte Reinicke.) Mit e. Vorw. von Günther Stöckl. — (Düsseldorf:) Rauch (1964). 531 S.

**Kornatovskij,** N.: Der bewaffnete Oktoberaufstand in Petrograd. — In: Z. Geschichtswiss. 5 (1957), 932—961.

**Kriegel,** Annie u. G. C. Haupt: Les groups communistes étrangers en Russie et la révolution mondiale ⟨1917—1919⟩. Etat des travaux. — In: Rev. Hist. moderne et contemporaine 10 (1963), 289—300.

**Lexikon** der Großen Sozialistischen Oktoberrevolution (Malenkaja enciklopedija velikaja oktjabrskaja socialističeskaja revoljucija, dt. Hrsg. d. dtsch. Ausg.: Maria Anders u. Heinz Gröschel.) - Leipzig: Verl. Enzyklopädie 1977. 352 S.

**Lockhart,** Sir Robert Bruce: The two revolutions. An eye-witness study of Russia, 1917. — London: Phoenix House 1957. 116 S.

**Lockhart,** Sir Robert Bruce: The unanimous revolution. — In: Foreign Aff. 35 (1956/57), 320—333.

**Majorov,** S. M.: Der Kampf der Sowjetregierung Ende 1917 für einen allgemeinen demokratischen Frieden. — In: Z. Geschichtswiss., Beih. 1 (1954), 105—125.

**Manning,** Clarence A.: The Siberian fiasco. — New York: Library Publishers 1952. 210 S.
  Behandelt die militärische Intervention der Vereinigten Staaten im Jahre 1918.

**Melgunov,** S. P.: The Bolshevik seizure of power. - Santa Barbara, Calif.: ABC-Clio Press 1972. 260 S.

**Minc,** I. I.: Istorija Velikogo Oktjabr'ja. V 3 tomach.—Moskva: Izdatel'stvo Nauka.
  1. Sverženie samoderžavija. 1967. 929 S.

**Mohrenschildt,** Dimitri von [Ed.]: The Russian revolution of 1917. Contemporary accounts. — New York: Oxford University Press 1971. 320 S.

**Moorehead,** Alan: The Russian revolution. — London: Hamish Hamilton; Collins 1958. 320 S.

**Morley,** James W.: The Russian revolution in the Amur basin. — In: Amer. Slav. & East Europ. Rev. 16 (1957), 450—472.

**Nagy,** Laszlo: Sturm über Rußland. Lenin und die große Revolution. (Übers. ins Dtsch.: Sebastian Speich u. Corinne Stahel-Kreier.) — Frankfurt a. M.: Bucher (1967). 202 S.
  *(Die Zeitgeschichte im Bild.)*

60 Jahre große sozialistische Oktoberrevolution, 60 Jahre Kampf um den Frieden und die Rechte der Menschheit. (Hrsg. im Auftr. d. Präsidenten d. Akademie d. Wissensch. d. DDR von Heinrich Scheel. Verantwortl. f. dieses Heft: Manfred Buhr u. Max Schmidt.) - Berlin: Akademie-Verl. 1978. 215 S.
  *(Abhandlungen der Akademie der Wissenschaften der DDR. Abt. Veröff. d. Wissenschaftl. Räte. W, 7.)*

Die große sozialistische Oktoberrevolution und der revolutionäre Weltprozeß. (Plenarbeitr. d. Konferenz; Vorträge d. Kolloquiums.) XXVI. Konferenz der Kommission der Historiker der DDR und der UdSSR, 20.-22. September 1977 in Berlin. Akademie d. Wissensch. d. DDR, Zentralinst. f. Gesch. Im Auftr. d. Komm. d. Historiker d. DDR u. d. UdSSR hrsg. von Horst Bartel [u. a.] Bd 1-7. - Berlin: Akademie-Verl. 1977 [Bd 1] u. 1978 [Bd 2-7].

Die Große Sozialistische **Oktoberrevolution** und ihre Widerspiegelung in der deutschen Presse. — In: Dokumentation der Zeit 1957, H. 152, 1—109.

**Owen,** L. A.: The interpretation of the Russian revolution of 1917. — In: Austral. Outlook 10 (1956), H. 1, 20—29.

Kommunističeskaja **partija** v period upročenija Sovetskoj vlasti (oktjabr 1917—1918). Dokumenty i materialy. — Moskva: Gospolitizdat 1960. 480 S.

Kommunističeskaja **partija** Sovetskogo Sojuza v bor'be za pobedu socialističeskoj revoljucii v period dvoevlastija, 27 fevralja—4 ijulja 1917 g. Sbornik dokumentov. — Moskva: Gospolitizdat 1957. XIV, 392 S.

**Petersdorf,** Jutta [u.] Günter Rosenfeld: Gesellschaftliche Kräfte in der Großen Sozialistischen Oktoberrevolution. Neue Forschungsergebnisse der sowjetischen Historiographie. - In: Z. Geschichtswiss. 25 (1977), 1320-1339.

**Pethybridge,** Roger: The spread of the Russian revolution. Essays on 1917. — London: Macmillan 1972. XII, 238 S.

**Pethybridge,** Roger [Ed.]: Witnesses to the Russian revolution. — London: Allen & Unwin 1963. 308 S.

**Pipes,** Richard [Ed.]: Revolutionary Russia. — Cambridge, Mass.: Harvard University Press 1968. X, 356 S.
  *(Russian Research Center Studies. 55.)*

**Pollack,** Emanuel: The Kronstadt rebellion. (The first armed revolt against the Soviets.) — New York: Philosophical Library 1959. 98 S.

**Rabinowitsch,** Alexander: Prelude to revolution. The Petrograd Bolsheviks and the July 1917 uprising. — Bloomington: Indiana University Press 1968. XI, 299 S.
  *(Indiana University International Studies.)*

**Radkey,** Oliver H.: The unknown civil war in Soviet Russia. A study of the green movement in the Tambov region 1920-21. - Stanford, Calif.: Hoover Institution Press 1976. XIV, 457 S.
  *(Hoover Institution Publications. 155.)*

**Ratinaud,** Jean: 1917 ou la tragédie d'avril. — Paris: Fayard 1960. 319 S.

**Reed,** John: Zehn Tage, die die Welt erschütterten Vorw. von W. I. Lenin und N. K. Krupskaja. — Berlin: Dietz 1958. 516 S.

Velikaja oktjabr'skaja socialističeskaja **revoljucija.** Chronika sobytij. V 4 tomach. Red. koll.: L. S. Gaponenko, G. N. Golikova (otv. red.), D. A. Čugaev. 1 ff. — Moskva: Akad. Nauk SSSR 1957 ff.

Velikaja oktjabr'skaja socialističeskaja **revoljucija.** Dokumenty i materialy. Glavn. red.: A. L. Sidorov (predsed.), G. A. Belov, A. F. Butenko [u. a.] [1 ff.] — Moskva: Akad. Nauk SSSR 1957 ff.

Die russische **Revolution** in Augenzeugenberichten (La révolution russe, dt.) Hrsg. von Richard Kohn. Mit e. Vorw. von Günther Stöckl. Dtsch. von Brigitte Reinicke. - (München:) Dtsch. Taschenbuch Verl. (1977). 539 S.
  *(dtv. 1289.)*

Die russischen **Revolutionen** von 1917. Eine Vorlesungsreihe. — Wiesbaden: Harrassowitz 1969. 117 S.
  *(Schriften der Arbeitsgemeinschaft für Osteuropaforschung der Universität Münster.)*

**Riss,** O. und A. Gronskij: Pomošč SŠA belogvardejcam v napadenii na Petrograd v 1919 godu. — In: Vop. Ist. 1951, H. 9, 118—132.
  Über die von den USA den weißrussischen Truppen gegebenen Unterstützung bei deren Angriff auf Petersburg im Jahre 1919.

**Ritter,** Gerhard: Das Kommunemodell und die Begründung der Roten Armee im Jahre 1918. — Wiesbaden: Harrassowitz 1965. 262 S.
*(Philosophische u. soziologische Veröffentlichungen. 6.)*

**Rosenberg,** William G.: Liberals in the Russian revolution. The constitutional democratic party, 1917—1921. - Princeton, N. J.: Princeton University Press 1974. 534 S.

**Sadoul,** Jacques: Notes sur la révolution bolchevique (octobre 1917—janvier 1919). — Paris: Maspero 1971. 468 S.
*(Bibliothèque socialiste. 19.)*

**Satagin,** N. I.: Organizacija i stroitel'stvo sovetskoj armii v period inostrannoj voennoj intervencii i graždanskoj vojny 1918—1920 gg. — Moskva: Voenizdat 1954. 246 S.

**Schmiedel,** Karl [u.] Helmut Schnitter: Bürgerkrieg und Intervention 1918 bis 1922. Militärhistor. Abriß d. Bürgerkrieges u. d. ausländ. Intervention in Sowjetrußland. — Berlin: Dtsch. Militärverl. 1970. 381 S.

**Serge,** Victor: Year one of the Russian revolution. — London: Allan Lane 1971. 400 S.

**Shankowsky,** Lew: Disintegration of the imperial Russian army in 1917. — In: Ukrain. Quart. 13 (1957), 305—328.

**Spector,** Ivor: The first Russian revolution. Its impact on Asia. — Englewood Cliffs: Prentice-Hall 1962. VIII, 180 S.

**Spirin,** Leonid Michajlovič: Razgrom armii Kolčaka. — Moskva: Gospolitizdat 1957. 295 S.

**Stillig,** Jürgen: Die russische Februarrevolution 1917 und die sozialistische Friedenspolitik. - Köln: Böhlau in Komm. 1977. XI, 331 S.
*(Dissertationen zur neueren Geschichte. 2.)*
*(Göttinger philosophische Dissertationen. D 7.)*

**Suchanow,** N. N.: The Russian revolution 1917. A personal record. Transl. and ed. by Joel Carmichael. — New York: Oxford University Press 1955. XXXVII, 691 S.

**Suny,** Ronald Grigor: The Baku Commune 1917—1918. Class and nationality in the Russian revolution. — Princeton, N.J.: Princeton University Press 1972. XXVII, 412 S.

**Szajkowski,** Zosa: Kolchak, Jews and the American intervention in Northern Russia and Siberia, 1918-20. - New York: (Frydman) 1977. 218 S.

**Trotignon,** Yves: Naissance et croissance de l'U.R.S.S. - Paris: Bordas 1970. 272 S.
*(Coll. „Etudes supérieures". 54, sér. „Bleue".)*

**Trotzki,** Leo: Geschichte der russischen Revolution. — Frankfurt a. M.: S. Fischer 1960. 758 S.

Oktjabr'skoe vooružennoe **vosstanie** v Petrograde. Pod red. G. N. Golikova (otv. red.), I. A. Bulygina [u. a.] — Moskva: Akad. Nauk SSSR 1957. 1040 S.

**Waller,** Sture M.: Lenin och de tyska generalerna under första världskriget. — In: Scandia 34 (1968), 311—341.

**Warth,** Robert D.: The allies and the Russian revolution. From the fall of the monarchy to the peace of Brest-Litowsk — Durham, N. C.: Duke University Press 1954. VI, 294 S.

**Wettig,** Gerhard: Die Rolle der russischen Armee im revolutionären Machtkampf 1917. — In: Forschungen zur osteurop. Gesch. 12 (1967), 46—389.

## II. Weltkrieg

**Anisimov,** Oleg: The German occupation in Northern Russia during World War II. Political and administrative aspects. — New York: Research Program on the USSR. 1954. 37 S.
*(Research Program on the USSR. Mimeogr. Series. 56.)*

**Aytugan,** Mustad: World War II and the national question. — In: Ukrainian Quart. 8 (1952), 35—43.

**Bar-On,** A. Zwi: The Jews in the Soviet partisan movement. — In: Yad Washem Studies 4 (1960), 167—189.

**Bialer,** Seweryn: Stalin and his generals. Soviet military memoirs of World War II. — New York: Pegasus 1969. 644 S.

**Blunden,** Godfrey: The time of assassins. — New York: Lippincott 1952. 375 S.
Novelle. Die Handlung spielt in Charkow zur Zeit der deutschen Besetzung 1941—43.

Partizanskaja **bor'ba** belorusskogo naroda v gody velikoj otečestvennoj vojny. — Minsk: Gosizdat 1959. 336 S.

**Brodskij,** E. A.: Osvoboditel'naja bor'ba sovetskich ljudej v fašistskoj Germanii (1943—1945 gody). — In: Vop. Ist. 1957, H. 3, 85—99.

Le **crime** méthodique. Documents éclairant la politique de l'Allemagne nazie en territoire soviétique de 1941 à 1944. (Sous la dir. de G. Bélov et E. Boltine.) — Moscou: Edit. en Langues étrangères 1963. 423 S.

**Dallin,** Alexander: Popular attitudes and behavior under the German occupation (Interim report). — Cambridge: Harvard University 1952. 47 gez. Bl. [Maschinenschr.]

**Dallin,** Alexander: Deutsche Herrschaft in Rußland 1941—1945. Eine Studie über Besatzungspolitik (German rule in Russia 1941—1945. A study of occupation policies, dt. Aus dem Amerikan. übertr. von Wilhelm u. Modeste Pferdekamp.) — Düsseldorf: Droste (1958). 727 S.

**Dallin,** Alexander: Odessa 1941—1944. A case study of Soviet territory under foreign rule. — Santa Monica: Rand Corporation 1956—57. 466 S.

**Dallin,** Alexander: German policy and the occupation of the Soviet Union 1941—1944.
*Columbia (New York), phil. Diss. 1953.*

**Dallin,** Alexander und Ralph S. Mavrocordato: The Soviet reaction to Vlasov. — In: World Politics 8 (1956), 307—322.

**Dallin,** Alexander: German rule in Russia 1941—1945. A study of occupation politics. — London, New York: Macmillan 1957. XX, 695 S.

**Deborin,** G. A.: Vtoraja mirovaja vojna. Voenno-političeskij očerk. — Moskva: Voenizdat 1958. 431 S.

Sowjetische **Erforschungen** und Studien der Geschichte der Widerstandsbewegung in den Jahren des Großen Vaterländischen Krieges. Kurze Übersicht. — Moskau 1965: Institut für Marxismus-Leninismus beim ZK der KPdSU. 57 S.

**Fainsod**, Merle: Smolensk under Soviet rule. — Cambridge, Mass.: Havard University Press 1958. XII, 484 S.

**Fischer**, George: Soviet defection in World War II.
*Cambridge (Harvard), Mass., Diss. 1952.*

**Fischer**, George: Soviet opposition to Stalin. A case study in World War II. — Cambridge: Harvard University Press 1952. 230 S.

**Fischer**, George: Vlasov and Hitler. — In: J. mod. Hist. 23 (1951), 58—71.

**Fischer**, George: Wlassow und die deutsche Ostpolitik. — In: Monat 6 (1953/54), T. 1, 650—653.

**Fisher**, Julius S.: How many Jews died in Transnistria. — In: Jew. Soc. Stud. 20 (1958), 95—101.

**Frey**, Georg: Das Strafverfahren gegen deutsche Kriegsgefangene in der Sowjetunion. — In: Osteuropa-Recht 1 (1955), 31—37.

„Euer **Führer** Hitler muß sich jetzt entscheiden!" — In: Wiking-Ruf 3 (1954), H. 9, 15—16.
Text eines Memorandums von der Hand Wlassows zur Vorlage bei Hitler vom Juli 1943.

**Galaj**, N.: Partizanskoe dviženie v SSSR v gody vtoroj mirovoj. — In: Vestnik Inst. Izuč. Ist. & Kult. SSSR 1953, H. 4, 62—66.

**Grondijs**, L.: Die Schandtat von Spittal. — In: Nation Europa 3 (1953), H. 3, 24—27.

**Heiber**, Helmut: Aus den Akten des Gauleiters Kube. — In: Vjh. Zeitgesch. 4 (1956), 67—92.

**Howell**, Edgar M.: The Soviet partisan movement 1941—1944. — Washington: Department of the Army 1956. X, 217 S.

**Hudson**, G. F.: Die Toten von Katyn. Zu den neuesten polnischen Geschichtsquellen. — In: Monat 4 (1951/52), T. 1, 403—407.

**Karasev**, A. V.: Leningrad v period blokady (1941—1943 gg.) — In: Istorija SSSR Moskva 1957, H. 2, 3—32.

**Karmann**, Rudolf: Die Tragödie der Kosaken. — In: Neues Abendland 9 (1954), 661—668.

**Karov**, D.: Partizanskoe dviženie v SSSR v 1941—1945 gg. — Mjunchen: Institut po Izučeniju Istorii i Kul'tury SSSR 1954. 118 S.
*(Issledovanija i Materialy. Serija 1. 11.)*

**Katyn** — ein Verbrechen der Sowjets. — In: Spiegel 6 (1952), H. 1, 17—19.

**Kazancev**, A.: Tret'ja Sila. Istorija odnoj popytki. — Frankfurt: Posev 1952. 372. S.
Die dritte Kraft. Die Wlassow-Bewegung

**Kazanskij**, A.: Kirgizskij narod v velikoj otečestvennoj vojne Sovetskogo Sojuza 1941—1945 gg. — Frunze: Kirgizgosizdat 1954. 140 S.

**Kel'ner**, E. I.: Trudjaščiesja Sevastopolja v bor'be s gitlerovskimi zachvatčikami (1941—1942 gg.) — In: Vop. Ist. 1956, H. 9, 101—110.

**Klönne**, Arno: Die deutsche Rußland- und Besatzungspolitik 1941—1945. — In: Stimmen der Zeit 158 (1955/56), 45—58.

**Klokov**, V. I.: Zur Geschichte des Widerstandskampfes der Völker der Sowjetunion gegen die Hitler-Aggressoren. — In: Internat. Hefte d. Widerstandsbewegung 1 (1959/60), H. 1, 28—33.

**Kravčenko**, I. S. und A. I. Zalesskij: Belorusskij narod v gody velikoj otečestvennoj vojny. — Minsk: Gosizdat 1959. 146 S.

**Kudriavcev**, D. I.: Borba SSSR za razoruženije posle vtoroj mirovoj vojny. — Moskva: Izd. Moskovskogo Universiteta 1962. 160 S.

**Kusnierz**, Bronisław: Stalin and the Poles. An indictment of the Soviet leaders. — London: Hollis & Carter 1949. XX, 317 S.

**Kuzmičev**, I. K.: Bor'ba Sovetskogo Sojuza za mir i bezopasnost protiv rasprostranenija fašistskoj agressii (aprel 1940–ijun 1941). – In: Istorija SSSR 1974, H. 1, 26–47.

**Lin'kov**, G. M.: Vojna v tylu vraga. — Moskva: Gospolitizdat 1956. 598 S.

**Luther**, Michel: Die Krim unter deutscher Besetzung im zweiten Weltkrieg. — In: Forsch. z. osteurop. Gesch. 3 (1956), 28—98.

**Nano**, F. C.: The first Soviet double cross. A chapter in the secret history of World War II. — In: J. Centr. Europ. Aff. 12 (1952/53), 236—258.

Russischer **Nationalismus** im zweiten Weltkrieg. Aus einer deutschen Denkschrift an die oberste Führung 1942. (Diese Denkschrift wurde im Juni 1942 dem OKH übergeben.) — In: Nation Europa 3 (1953), H. 3, 15—18.
Herkunftsbelege fehlen.

**Nemecko-fašistkij** okkupacionnyi režim. ⟨1941—1944 gg.⟩ — Moskva: Izdatel'stvo Političeskoj Literatury 1965. 387 S.

**Pennar**, Jaan: Selbstverwaltung in den während des Zweiten Weltkrieges besetzten Gebieten der Sowjetunion. — In: Sowjetstudien 1962, H. 12, 50—78.

**Petrov**, Vladimir: „June 22, 1941". Soviet historians and the German invasion. — Columbia: University of South Carolina Press 1968. 322 S.

(**Raid**, Robert:) Ostarbeiter im Kriegseinsatz. — In: Nation Europa 3 (1953), H. 3, 19—24.

**Reitlinger**, Gerald: Ein Haus auf Sand gebaut. Hitlers Gewaltpolitik in Rußland 1941—1944. Aus d. Engl. von J. W. Brügel. — Hamburg: Rütten & Loening 1962. 544 S.

**Reitlinger**, Gerald: The house built on sand. The conflicts of German policy in Russia 1939—1945. — London: Weidenfeld & Nicolson 1960. 459 S.

(**Rimscha**, H[ans] von:) Die Vlasov-Bewegung im Lichte politisch zweckbestimmter Darstellung. — In: Jahrbücher f. Gesch. Osteuropas 1 (1953), 326—330.

# GESCHICHTE EINZELNER STAATEN

Rußlands **Rolle** im zweiten Weltkrieg. — Gelsenkirchen: Ruhr-V. (1951). 32 S.
*(Schriften zum Zeitgeschehen. 4.)*

**Rossi,** A.: La guerre des papillons. Quatre ans de politique communiste (1940—1944). — Paris: Les Iles d'Or 1954. 332 S.

**Samarin,** Vladimir D.: Civilian life under the German occupation 1942—1944. — New York: Research Program on the USSR. 1954. 90 S.
*(Research Program on the USSR. Mimeogr. Series. 58.)*

**Shechtman,** Joseph B.: The Transnistria reservation. — In: Yivo Annual Jew soc. Science 8 (1953), 178—196.
Über die Deportation von Juden aus Rumänien und anderen Ländern in das Gebiet zwischen Dnjestr und Bug.

Sovetskie **partizany.** Iz istorii partizanskogo dviženija v gody velikoj otečestvennoj vojny. — Moskva: Gosudarstvennoe Izdatel'stvo Političeskoj Literatury 1961. 830 S.

**Stalin,** J[osif Vissarionovič]: Über den großen vaterländischen Krieg der Sowjetunion. [O velikoj otecestvennoj vojne, dt.] — Berlin: Dietz 1951. 242 S.
*(Bücherei des Leninismus-Marxismus. 9.)*

**Teich,** Meir: The Jewish self-administration in Ghetto Shargorod (Transnistria). — In: Yad Washem Studies 2 (1958), 219—254.

**Thieme,** Hans: Katyn — ein Geheimnis? — In: Vjh. Zeitgesch. 3 (1955), 409—411.

**Tjulpanov,** S[ergej] I[vanovič]: Der ideologische Kampf gegen den Faschismus im Großen Vaterländischen Krieg. — In: Z. Geschichtswiss. 20 (1972), 174—199.

Die **Verbrechen** der Hitlerfaschisten in der Sowjetunion. — In: Dokumentation d. Zeit 1953, 3100—3107.

Politik und Staat

**Anweiler,** Oskar: Die Rätebewegung in Rußland 1905—1921. — Leiden: Brill 1958. IX, 344 S.
*(Studien zur Geschichte Osteuropas. 5.)*

**Arbeiterdemokratie** oder Parteidiktatur. Hrsg. von Fritz Kool u. Erwin Oberländer. Eingel. von Oskar Anweiler. - (München:) Dtsch. Taschenbuchverl. (1972).
1. Opposition innerhalb der Partei. (Die Übers. bes. Hans Siegfried Lamm.) 280 S.
2. Kronstadt. (Die Übers. bes. Gisela Oberländer.) S. 283-535.
*(Dokumente der Weltrevolution. 2, 1.2.)*
*(dtv-Taschenbücher. 4102. 4115.)*

Die Rote **Armee** (The Soviet army, dt.). Zusammengest. u. bearb. von B[asil] H[enry] Liddell Hart. (Übers.: Friedrich Beermann.) — Bonn: Verl. WEU Offene Worte [1956]. 485 S.

**Armstrong,** John Alexander: The Soviet bureaucratic elite. A case study of the Ukrainian apparatus. — New York: Praeger; London: Stevens 1959. 174 S.

**Armstrong,** John A.: An essay on sources for the study of the Communist Party of the Soviet Union 1934—1960. — Washington: Department of State, Division of External Research 1961. 41 S.

**Armstrong,** John A.: The politics of totalitarianism. The Communist Party of the Soviet Union from 1934 to the present. — New York: Random House 1961. XVI, 458 S.

**Atkinson,** Littleton B.: Conflict of command in the Red Army 1918—1942. — In: Military Rev., März 1952, 33—47.

Changing **attitudes** in Soviet Russia. The nationalities problem and Soviet administration. Selected readings on the development of Soviet nationalities policies. Selected, edited and introduced by Rudolf Schlesinger. Transl. by W. W. Gottlieb. — London: Routledge & Kegan Paul (1956). VII, 299, 15 S.
*(International Library of Sociology and Social Reconstruction.)*

**Badajew,** Alexej: Die Bolschewiki in der Reichsduma. Aus dem Russischen. — Berlin: Dietz 1957. 496 S.

**Baldwin,** Hanson W.: The Soviet navy. — In: Foreign Aff. 33 (1954/55), 587—604.

**Barghoorn,** Frederick C.: Soviet Russian nationalism. — New York: Oxford University Press 1956. IX, 530 S.

**Barton,** Paul: L'institution concentrationnaire en Russie 1930—1957. (Introduction de David Rousset: Le sens de notre combat.) — Paris: Plon 1959. 519 S.

**Beck,** F. und W. Godin: Russian purge and the extraction of confession. — New York: Viking 1951. X, 277 S.
Behandelt die große politische Säuberung 1936—1939.

**Berman,** Harold J. und Miroslav Kerner: Soviet military law and administration. — Cambridge: Harvard University Press 1955. 208 S.

**Boetticher,** Manfred von: Industrialisierungspolitik und Verteidigungskonzeption der UdSSR 1926-1930. Herausbildung des Stalinismus und „äußere Bedrohung". - Düsseldorf: Droste 1979. 1, 571 S.
*Diss., Gesamthochschule Kassel.*

**Bohn,** Helmut: Vergoldete Sporen. Wie weit reicht die Macht des sowjetischen Offizierskorps? — In: Gegenwart 11 (1956), 45—48.

Les **Bolcheviks** contra Staline, 1923—1928. — Paris: Quatrième Internationale 1957, IX, 163 S.

**Borcke,** Astrid von: Das Politbüro und die Probleme der kollektiven Führung. Oligarchie und Diktatur im sowjetischen Regierungssystem. [Hrsg.: Bundesinst. f. ostwiss. u. internat. Studien.] — Köln: [Selbstverl. d. Hrsg.]
1. Von der Gründung des Politbüros bis Stalins Tod. 1973. 42 S.
*(Berichte des Bundesinstituts für ostwissenschaftliche und internationale Studien. 1973, 11.)*

**Borkenau,** Franz: Das sowjetische Heer in der Politik. — In: Wehrkunde 4 (1955), 183—189.

**Brahm,** Heinz: Trotzkijs Kampf um die Nachfolge Lenins. Die ideologische Auseinandersetzung 1923—1926. — Köln: Verl. Wissensch. u. Politik (1964). 231 S.
*(Abhandlungen d. Bundesinst. zur Erforschung d. Marxismus-Leninismus ⟨Inst. f. Sowjetologie⟩. 4.)*

**Brunner,** Georg: Das Parteistatut der KPdSU 1903—1961. — Köln: Verl. Wissensch. u. Politik (1965). 204 S.
*(Dokumente zum Studium d. Kommunismus. 2.)*

**Brzezinski,** Zbigniew [Ed.]: Political controls in the Soviet army. A study based on reports by former Soviet officers. — New York: Research Program on the USSR. 1954. VIII, 93 S.
*(Studies on the USSR. 6.)*

**Brzezinski,** Zbigniew K.: The permanent purge. Politics in Soviet totalitarianism. — Cambridge, Mass.: Harvard University Press 1956. 256 S.

**Calvez,** Jean J.: Droit international et souveraineté en U.R.S.S. — Paris: Colin 1953. 299 S.

**Carantino,** Bernard und Alexis Schiray: La campagne de redressement en Russie soviétique. — In: Polit. étr. 18 (1953), 51—70.

**Carlo,** Antonio: Politische und ökonomische Struktur der UdSSR (1917—1967) (La natura socio-economica dell'URSS, dt.) Diktatur des Proletariats oder bürokratischer Kollektivismus? (Aus d. Italien. von Burkhart Kroeber.) — Berlin: Wagenbach 1972. 151 S.
*(Rotbuch. 36.)*

**Carmichael,** Joel: Säuberung. Die Konsolidierung des Sowjetregimes unter Stalin 1934—38 (Stalin's masterpiece, dt.) (Aus d. Engl. von Gisela Oberländer.) — Frankfurt a. M.: Ullstein 1972. 257 S.

**Carson,** George Barr, jr.: Electoral practices in the USSR. — New York: Praeger 1955. 153 S.

**Chambre,** Henri: Le marxisme en Union Soviétique. Idéologie et institutions. — Paris: Ed. du Seuil 1955. 510 S.

**Chambre,** Henri: Le pouvoir soviétique. Introduction à l'étude de ses institutions. — Paris: Librairie Générale de Droit et de Jurisprudence 1959. 168 S.

**Connor,** Walter D.: The manufacture of deviance. The case of the Soviet purge, 1936-1938. - In: Amer. soc. Rev. 37 (1972), 403–413.

**Conquest,** Robert: Am Anfang starb Genosse Kirow (The great terror, dt.) Säuberungen unter Stalin. (Aus d. Engl. übertr. von Jutta u. Theodor Knust.) — Düsseldorf: Droste (1970). 735 S.
*(Geschichte im Buch.)*

**Conquest,** Robert: The great terror. Stalin's purge of the thirties. — London: Macmillan 1968. XIV, 633 S.

**Cookridge,** E. H.: Zentrale Moskau (Soviet spy net, dt.). Die Macht des sowjetischen Geheimdienstes. (Übers.: Bernhard Zebrowski.) — Hannover: Sponholtz (1956). 416 S.

**Crankshaw,** Edward: Cracks in the Kremlin wall. — NewYork: Viking 1951. VI, 279 S.

**Dmytryshyn,** Basil: National and social composition of the membership of the Communist Party (bolshevik) of the Ukraine 1918—1928. — In: J. Centr. Europ. Aff. 17 (1957/58), 243—258.

**Dubas,** Gr. P.: Die Nationalitätenfrage in der Sowjetunion. — In: Ukraine Verg. Gegenw. 2 (1953), H. 3, 17—20.

**Dzyuba,** Ivan: Internationalism or russification? A study in the Soviet nationalities problem. Ed. by M. Davies. Pref. by Peter Archer. — London: Weidenfeld & Nicolson 1968. 240 S.

**Erickson,** John: The Soviet high command 1918—1941. — London: Macmillan 1962. 889 S.

**Erickson,** J.: The Soviet military purge 1937—1957. — In: Twentieth Century 1957, H. 162, 28—40.

**Fainsod,** Merle: How Russia is ruled. — Cambridge: Harvard University Press 1953. XIV, 575 S.

**Fedossejew,** A. S.: Die schöpferische Rolle des Sowjetstaates. — Berlin: Verl. Kultur u. Fortschritt 1956. 300 S.

**Fischer,** George: Russian liberalism. From gentry to intelligentsia. — Cambridge, Mass.: Harvard University Press 1958. IX, 240 S.

**Fricke,** Karl W.: Zur Phänomenologie des Sowjet-Terrors. — In: Dtsch. Rdsch. 78 (1952), 349—356.

**Friedl,** Berthold-C.: Les fondements théoriques de la guerre et de la paix en U.R.S.S. Suivi du cahier de Lénine sur Clausewitz. — Paris: Médicis 1945.

**Garder,** Michel: Histoire de l'armée soviétique. — Paris: Plon 1959. VI, 308 S.

**Garthoff,** Raymond L.: Die Sowjetarmee (Soviet military doctrine, dt.) Wesen und Lehre. Einzige autoris. Übertr. von Helmut Bohn. Mit e. Einf. von Günther Blumentritt. — Köln: Markus-V. (1955). 593 S.

**Gerson,** L. D.: The secret police in Lenin's Russia. - Philadelphia: Temple University Press 1976. 332 S.

**Geyer,** Dietrich: Die russische Sozialdemokratie als parteigeschichtliches Problem. — In: Geschichte u. Gegenwartsbewußtsein, Festschrift f. Hans Rothfels zum 70. Geburtstag, 1963, 106—121.

**Geyr** von Schweppenburg: Leo Frhr.: Der russische Soldat und seine Führung. — In: Wehrwiss. Rdsch. 11 (1961), 522—527.

**Ginsburgs,** George: The Soviet Union and the problem of refugees and displaced persons 1917—1956. — In: Amer. J. internat. Law 51 (1957), 325—361.

**Grinko,** V., N. Mitkine [u. a.]: Le parti des bolcheviks en lutte contre le trotskisme (1903—février 1917). — Moscou: Ed. du Progrès 1969. 338 S.
*(Essais et documents.)*

**Grottian,** Walter: Das sowjetische Regierungssystem. Die Grundlagen der Macht in der Sowjetunion. Bd 1.2. — Köln, Opladen: Westdt. Verl. 1956.

**Guins,** George C.: Das Sowjetsystem als neuer Typ einer Rechtsordnung. — In: Osteuropa-Recht 1 (1955), 87—95.

**Haimson,** Leopold H. [Ed.]: The Mensheviks. From the revolution of 1917 to the second world war. - Chicago: University of Chicago Press 1975. 476 S.

**Harper,** Samuel Northrup und Ronald Thompson: The government of the Soviet Union. 2. ed. — Toronto: Macmillan 1949. XIV, 369 S.

**Hazard,** John N.: The Soviet system of government. — Chicago: University of Chicago Press 1957. 256 S.

**Heilbrunn,** Otto: Der sowjetische Geheimdienst. Aufbau und Tätigkeit in den letzten 20 Jahren. — Frankfurt a. M.: Bernard & Graefe 1956. 216 S.

**Hendel,** Samuel [Ed.]: The Soviet crucible. Soviet government in theory and practice. — Princeton: Van Nostrand (1959). 609 S.

**Herrmann,** Peter: Das „Rußland außerhalb der Grenzen". Zur Geschichte des antibolschewistischen Kampfes der russischen Emigration seit 1917. — In: Z. Politik 15 (1968), 214—236.

**Hildermeier,** Manfred: Neopopulismus und Industrialisierung. Zur Diskussion von Theorie und Taktik in der Sozialrevolutionären Partei Rußlands vor dem Ersten Weltkrieg. - In: Jbb. Gesch. Osteuropas 22 (1974), 358-389.

**History** of the Communist Party of the Soviet Union. — Moscow: Foreign Languages Publishing House; London: Lawrence & Wishart 1961. 765 S.

**Hudson,** G. F.: The Red Army purge of 1937. — In: Contemp. Rev. 175 (1949), 289—296.

**Jaworskyj,** Michael: Soviet political thought. (Selected, ed. and transl.) — Baltimore: Johns Hopkins Press 1968. 621 S.

**Inkeles,** Alex: Public opinion in Soviet Russia. A study in mass persuasion. — Cambridge: Harvard University Press 1950. XVIII, 379 S.

**Istorija** sovetskoj konstitucii 1917—1955 gg. Sbornik oficialnych dokumentov. — Moskva: Gospolitizdat 1956. 480 S.

**Jurčenko,** Alexander: Die sowjetische Staats- und Rechtstheorie und ihre vierzigjährige Entwicklung. — In: Sowjetstudien 1958, H. 5, 67—80.

**(Just,** Artur W.:) Der Sowjetstaat — nach 35 Jahren. — In: Außenpolitik 4 (1953), 121—127.

**Kalnins,** Bruno: Der sowjetische Propagandastaat. Das System und die Mittel der Massenbeeinflussung in der Sowjetunion. — Stockholm: Tidens Förl. 1956. 276 S.
*Stockholm, phil. Diss. 1956.*

**Keep,** J[ohn] L[eslie] H[oward]: The rise of social democracy in Russia. — London: Oxford University Press 1963. 334 S.

**Kilmarx,** Robert A.: A history of Soviet air power. — London: Faber & Faber; New York: Praeger 1962. VII, 359 S.

**Kindersley,** Richard: The first Russian revisionists. A study of „legal marxism" in Russia. — Oxford: Oxford University Press 1962. 260 S.

**Kolarz,** Walter: How Russia is ruled. — London: Batchworth Press (1953). 175 S.

**Kolarz,** Walter: Die Nationalitäten-Politik der Sowjetunion. — Frankfurt a. M.: Europ. Verl.-Anst. 1956. 383 S.

**Lange,** Peer H[elmar]: Stalinismus versus Sozialfaschismus und Nationalfaschismus. Revolutionspolit. Ideologie u. Praxis unter Stalin 1927—1935. — Göppingen: Kümmerle 1969. 367 S.
*(Göppinger akademische Beiträge. 2.)*

**Lee,** Asher: The Soviet air force. — London: Duckworth 1950. 207 S.

**Leonhard,** Susanne: Das russische Volk und die Opfer des NKWD. — In: Dtsch. Rdsch. 78 (1952), 787—790.

**Levi,** Arrigo: Il potere in Russia. Da Stalin a Brezhnev. — Bologna: Ed. del Mulino 1967. 744 S.

**Lewytzkyj,** Borys: Die Kommunistische Partei der Sowjetunion. Portrait eines Ordens. — Stuttgart: Klett (1967). 312 S.

**Liddel** Hart, Basil Henry: Die Rote Armee. Übers. von F. M. von Senger und Etterlin. — In: Der Frontsoldat erzählt 17 (1953), 270—273.

**Liebman,** Marcel: Le léninisme sous Lénine. - Paris: Ed. du Seuil 1973.
1. La conquête du pouvoir. 333 S.
2. L'épreuve du pouvoir. 397 S.
*(Coll. „Esprit".)*

**Listovki** Moskovskoj organizacii bol'ševikov 1914—1925 gg. — Moskva: Gospolitizdat 1954. 408 S.

**Liszkowski,** Uwe: Zur sowjetischen Innenpolitik Mitte der zwanziger Jahre. Eine Gegenüberstellung der zeitgenössischen Kommentare von Otto Hoetzsch mit dem gegenwärtigen Stand der Forschung. - In: Osteuropa 25 (1975), 675-687.

**McNeal,** Robert H.: Guide to the decisions of the Communist party of the Soviet Union 1917-1967. - Toronto: University of Toronto Press 1972. L, 329 S.

**Markert,** Werner: Von der Oktoberrevolution zur „Revolution von oben". Zur politischen Struktur des Stalinismus. — In: Vjh. Zeitgesch. 2 (1954), 55—85.

**Maurach,** Reinhart: Handbuch der Sowjetverfassung. — München: Isar-V. 1955. 429 S.
*(Veröffentlichungen des Osteuropa-Instituts München. 14.)*

**Maurach,** Reinhart: Vierzig Jahre Nationalitätenrecht in der UdSSR. — In: Sowjetstudien 1956/57, H. 4, 29—44.

**Maurach,** Reinhart: Das Rechtssystem der UdSSR. Allgemeine Rechtslehre, Zivil-, Straf- und Verfahrensrecht. — Köln: Böhlau 1953. VI, 48 S.

**Maurach,** Reinhart: Staat und Recht der UdSSR seit 1918. — In: Polit. Studien 9 (1958), H. 96, 239—246.

**Maurach,** Reinhart: Das sowjetische Strafrecht 1917—1952. — In: Osteuropa 2 (1952), 321—329.

**Meder,** Walter: Das Sowjetrecht. Grundzüge der Entwicklung 1917—1970. — Frankfurt a.M.: Metzner 1971. 588 S.

**Meissner,** Boris: Das Parteiprogramm der KPdSU. 1903 bis 1961. — Köln: Verl. Wissenschaft u. Politik (1962). 244 S.
*(Dokumente zum Studium des Kommunismus. 1.)*

**Mitchell,** Donald W.: A history of Russian and Soviet sea power. - New York: Macmillan 1974. XXVII, 657 S.

**Mouskhely,** M. und Z. Jedryka: L'évolution historique de l'état soviétique. — In: Rev. int. Droit comp. 7 (1955), 324—348.

**Müller,** Martin: Die Partei neuen Typs. W. I. Lenins organisatorisches Konzept für die Sozialdemokratische Arbeiter-Partei Rußlands (SDAPR). - In: Gesch. Wiss. Unterr. 25 (1974), 577-588.

**Narkiewicz,** Olga A.: The making of the Soviet state apparatus. — Manchester: Manchester University Press 1970. IX, 238 S.

**Nekritsch,** Alexander [u.] Pjotr Grigorenko: Genickschuß. Die Rote Armee am 22. Juni 1941. Hrsg. u. eingel. von Georges Haupt. — Frankfurt a. M.: Europa Verl. (1969). 328 S.
Gegenüber der russ. (1965) und der frz. (1968) erw. dtsch. Ausg.

**Oberländer,** Erwin: Politische Parteien in Rußland 1905—1918. [Hrsg.: Bundesinst. f. ostwiss. u. internat. Studien.] — Köln: [Selbstverl. d. Hrsg.] 1970. 30 S.
*(Berichte des Bundesinstituts für ostwissenschaftliche und internationale Studien. 1970, 4.)*

Die russischen politischen **Parteien** von 1905 bis 1917. Ein Dokumentationsband. Hrsg. u. eingel. von Peter Scheibert. — Darmstadt: Wiss. Buchges. 1972. 101 S.

**Pathé,** Pierre-C.: Essai sur le phénomène soviétique (Le démiurge du XXe siècle). — Paris: Besson & Chantemerle 1959. 240 S.

**Pierre,** André: L'armée et le parti en U.R.S.S. — In: Rev. Déf. nat. 20 (1955), 397—406.

**Pietsch,** Walter: Revolution und Staat. Institutionen als Träger der Macht in Sowjetrußland 1917—1922. — Köln: Verl. Wissenschaft u. Politik (1969). 172 S.
*(Abhandlungen des Bundesinstituts für Ostwissenschaftliche und Internationale Studien. 20.)*

**Ponomarev,** B. N. [u. a.]: Istorija kommunističeskoj partii Sovetskogo Sojuza. — Moskva: Gospolitizdat 1959. 742 S.

**Pruck,** Erich: Von der Tscheka zum KGB. — In: Polit. Studien 10 (1959), 383—389.

**Radkey,** Oliver Henry: The sickle under the hammer. The Russian socialist revolutionaries in the early months of Soviet rule. — New York, London: Columbia University Press 1963. XIII, 525 S.

**Rauch,** Georg von: Rußland. Staatliche Einheit und nationale Vielfalt. Förderalistische Kräfte und Ideen in der russischen Geschichte. — München: Isar-V. 1953. 235 S.
*(Veröffentlichungen d. Osteuropa-Instituts, München. 5.)*

**Raymond,** Ellsworth L.: Soviet preparation for total war, 1925—1951. Ann Arbor, Mich., Diss. 1952.

**Reshetar,** John S., jr.: A concise history of the Communist Party of the Soviet Union. — New York: Praeger 1960. IX, 331 S.

**Rigby,** T. H.: Communist Party membership in the U. S. S. R. 1917—1967. — Princeton, N. J.: Princeton University Press 1968. 573 S.
*(Studies of the Russian Institute, Columbia University.)*

**Rosenfeldt,** Niels Erik: Knowledge and power. The role of Stalin's secret chancellery in the Soviet system of government. — Copenhagen: Rosenkilde & Bagger 1978. 219 S.
*(Copenhagen University. Inst. of Slavonic Studies. Studier. 5.)*

**Ruge,** Friedrich: Die Sowjets und die See. — In: Neues Abendland 11 (1956), 31—43.

**Rutych,** Nicolas: Le parti communiste au pouvoir en U.R.S.S. 1917—1960. — Paris: La Table Ronde 1961. 522 S.

**Sarkysianz,** Emanuel: Rußland und der Messianismus des Orients. Sendungsbewußtsein und politischer Chiliasmus des Ostens. — Tübingen: Mohr 1955. 432 S.

**Schapiro,** Leonard: Die Geschichte der Kommunistischen Partei der Sowjetunion (The Communist Party of the Soviet Union, dt.) (Übers. von G[ünter] Danehl). (9.—23. Tsd.) (Sonderdr. f. d. Bundeszentrale f. Heimatdienst.) — [Frankfurt a. M.:] S. Fischer 1962. 711 S.

**Schapiro,** Leonard: The origin of the Communist autocracy. Political opposition in the Soviet state. First phase 1917—1922. — London: Macmillan 1976. XIV, 597 S.

**Schapiro,** Leonard: The Communist Party of the Soviet Union. — London: Eyre & Spottiswoode 1960. XIV, 631 S.

**Scharndorff,** Werner: Die Geschichte der KPdSU. — München: Olzog (1961). 140 S.

**Schlesinger,** Rudolf [Ed.]: The nationalities problem and Soviet administration. — London: Routledge; New York: Humanities Press 1956. 299 S.

**Schueller,** George K.: The politburo. — Palo Alto: Stanford University Press 1951. 79 S.

**Schuler-Jung,** Helga: Ökonomie und Politik in Sowjetrußland 1920–1924. Zum Prozeß der Willensbildung in der KPR (B) in den ersten Jahren der neuen ökonomischen Politik. – Marburg: Verl. Arbeiterbewegung und Gesellschaftswiss. 1978. 271 S.
*(Schriftenreihe für Sozialgeschichte und Arbeiterbewegung der Studiengesellschaft für Sozialgeschichte und Arbeiterbewegung. Marburg. 10.)*

**Scott,** Derek J. R.: Russian political institutions. — London: Allen & Unwin 1958. 265 S.

**Seton-Watson,** Hugh: Soviet nationality policy. — In: Russian Rev. 15 (1956), 3—13.

**Shapiro,** Leonard: The origin of the communist autocracy. Political opposition in the Soviet state. First phase: 1917—1922. — London: Bell 1955. 398 S.

**Smal-Stocki,** Roman: The nationality problem of the Soviet Union. — Milwaukee: Bruce 1952. 474 S.

**Sorlin,** Pierre: La crise du Parti Communiste Bolchevik et les débuts du „Bol'ševik" ⟨avril 1924 — avril 1925⟩. — In: Rev. hist. moderne contemporaine 9 (1962), 81—110.

**Stepun,** Fedor: Patrioten im Exil. Das politische Gesicht der russischen Emigration nach zwei Weltkriegen. — In: Dtsch. Univ. Ztg. 7 (1952), H. 5, 6—9.

**Stockwell,** Richard E.: Soviet air power. — New York: Pageant Press 1956. XII, 238 S.

Die **Streitkräfte** der UdSSR (Pjatdesjat let vooružennych sil SSSR, dt.) Abriß ihrer Entwicklung von 1918–1968. (Redaktionskomm.: M. W. Sacharow [u. a.] Die Übers. bes. Sonja Striegnitz [u. a.]) – Berlin: Militärverl. d. DDR 1974. 783 S.

**Studien** und Berichte der dritten Emigration. Neue Arbeiten des Research Program on the U.S.S.R., New York. — In: Ostprobleme 6 (1954), 1220—1223.

**Suvorov**, K. I.: Istoričeskij opyt KPSS po likvidacii bezraboticy. (1917—1930.) — Moskva: Izdatel'stvo Mysl 1968. 253 S.

**Timasheff**, N. S.: Political power in the Soviet Union. — In: Rev. Politics 14 (1952), 15—24.

**Titarenko**, S. L.: Razvitie sovetskoj demokratii. — In: Vopr. Ist. 1952, H. 11, 18—43.

**Towster**, Julian: Political power in the USSR 1917—1947. The theory and structure of government in the Soviet state. With an introduction by Quincy Wright. — New York: Oxford University Press 1951. XVII, 443 S.

**Trotskii**, Léo, Grigorii Zinoviev und Christian Rakovskii: Les bolcheviks contre Staline 1923—1928. — Paris: Quatrième Internationale 1957. X, 168 S.

**Valdynath**, R.: The formation of the Soviet Central Asian Republics. A study in Soviet nationalities policy, 1917—1936. — New Delhi: People's Publ. House 1967. 297 S.

**Weerth**, Heddy: Zur Entstehung der russischen revolutionären Ideologien. — In: Neue Polit. Lit. 1 (1956), 89—96. Literaturbericht.

**Weißberg**-Cybulski, Alexander: Hexensabbat. Rußland im Schmelztiegel der Säuberungen. — Frankfurt a. M.: Verl. d. Frankfurter Hefte 1951. 716 S.

**Wesson**, Robert G.: Lenin's legacy. The story of CPSU. – Stanford, Calif.: Hoover Institution Press 1978. XVII, 318 S.

**Wesson**, Robert G.: The Soviet Russian state. — London: Wiley 1972. X, 404 S.

**Wittfogel**, Karl A[ugust]: The marxist view of Russian society and revolution. — In: World Politics 12 (1959/60), 487—508.

**Wittram**, Reinhard: Studien zum Selbstverständnis des 1. und 2. Kabinetts der russischen Provisorischen Regierung ⟨März bis Juli 1917⟩. — Göttingen: Vandenhoeck & Ruprecht 1971. 158 S.
*(Abhandlungen der Akademie der Wissenschaften in Göttingen. Phil.-hist. Klasse. Folge 3, 78.)*

**Wolin**, Simon und Robert M. Slussor [Ed.]: The Soviet secret police. Publ. for the Research Program on the USSR. — London: Methuen (1957). IX, 408 S.

**Zinner**, Paul E.: The ideological bases of Soviet policy. — In: World Politics 4 (1951/52), 488—511.

**Zlatopol'skij**, D. L.: Obrazovanie i razvitie SSSR kak sojuznogo gosudarstva. — Moskva: Gosjurizdat 1954. 224 S.

## Außenpolitik

**Aichinger**, Wilfried: Sowjetische Österreichpolitik 1943–1945. – Wien: Österr. Gesellsch. f. Zeitgesch. 1977. 464 S.
*(Materialien zur Zeitgeschichte. 1.) Diss., Universität Wien.*

**Allard**, Sven: Stalin och Hitler. En studie i sovjetrysk utrikespolitik 1930—1941. — Stockholm: Norstedt 1970. 290 S.

**Allard**, Sven: Stalin und Hitler. Die sowjetische Außenpolitik 1930–1941. - München: Francke (1974). 314 S.
Erw. dtsch. Fassung von: Stalin och Hitler. 1970.

**Allen**, David E., jr.: The Soviet Union and the Spanish Civil War, 1936—1939. *Stanford, Calif., Diss. 1952.*

**Amort**, Čestmír: Die Sowjetunion und die Verteidigung der Tschechoslowakei gegen die faschistische Aggression im Jahre 1938. — In: Z. Geschichtswiss. 9 (1961), 1055—1072.

**Armstrong**, Terence: The Russians in the Arctic. Aspects of Soviet exploration and exploitation of the Far North 1937—57. — London: Methuen 1958. 182 S.

**Aspaturian**, Vernon V.: The union republics and Soviet diplomacy. Concepts, institutions, and practices. — In: Amer. Polit. Science Rev. 53 (1960), 383—411.

**Axel**, S., G. Beyer [u.] F. Steinhauer: „Hitler-Stalin-Pakt" von 1939. Diskussionsbeiträge und Dokumente. – (Köln:) Verl. Rote Fahne (1979). 136 S.
*(Oktober-Taschenbuch. 4.)*

**Bacon**, Eugene H.: Russian-American relations 1917—1921.
*Georgetown (Washington, D. C.), phil. Diss. 1951.*

**Becker**, O. E. H.: Das russische Nationalitätenproblem in der Weltpolitik. — In: Frankf. H. 8 (1953), 467—470.

Die **Befreiungsmission** der Sowjet-Streitkräfte im zweiten Weltkrieg (Osvoboditel'naja missija Sovetskich Vooružennych Sil vo Vtoroj Mirovoj Vojne, dt.) Unter d. Red. u. mit e. Vorw. von A. A. Gretschko. - Berlin: Militärverl. d. DDR 1973. 550 S.

**Beloff**, Max: The foundation of Soviet foreign policy. — In: Soviet Stud. 5 (1953/54), 151—158.

**Beloff**, Max: The foreign policy of Soviet Russia 1929—1941. Issued under the auspices of the Royal Institute of International Affairs. — London: Oxford University Press.
1. 1929—1936. (1949). XII, 261 S.
2. 1936—1941. (1949). 433 S.

**Beloff**, Max: The theory of Soviet foreign policy. — In: Soviet Stud. 3 (1951/52), 345—350.

**Benjamin**, Alfred: The great dilemma. The foreign policy of the Russian provisional government, march-may 1917. *New York (Columbia), jur. Diss. 1950.*

**Bennett**, Thomas Henley: The Soviets and Europe 1938—1941. — Genève: Impr. Populaires 1951. 112 S.

**Bishop,** Donald G.: The Roosevelt-Litvinov agreement. The American view. — Syracuse: Syracuse University Press 1965. 297 S.

**Bishop,** Donald G. [Hrsg.]: Soviet foreign relations. Documents and readings. — New York: Syracuse University Press 1952. IX, 233 S.

**Bloch,** Camille: La politique de l'URSS dans la crise tchéco-slovaque en 1938. — In: Etudes d'Histoire moderne et contemporaine, T. 1, Paris: Hatier 1947.

**Boersner,** Demetrio: The Bolsheviks and the national and colonial question (1917—1928). — Genève: Droz; Paris: Minard 1957. XVI, 287 S.
*Genève Thèse sc. pol. 1957.*

**Bouvier,** Jean und Jean Gacou: La vérité sur 1939. La politique extérieure de l'URSS d'octobre 1938 à juin 1941. — Paris: Ed. Sociales (1953). 322 S.

**Brandt,** Conrad: Stalin's failure in China 1924—1927. — Cambridge, Mass.: Harvard University Press 1958. XV, 226 S.

**Braun,** Maximilian: Das russische Sendungsbewußtsein. — (Groß Denkte über Wolfenbüttel 1960: Rock.) 48 S.
*(Schriftenreihe der Niedersächsischen Landeszentrale für Politische Bildung. Ostprobleme. 2.)*

Brodski, J. A. [**Brodskij,** Efim A.]: Im Kampf gegen den Faschismus [Vo imja podeby nad fašizmom, dt.] Sowjetische Widerstandskämpfer in Hitlerdeutschland 1941–1945. (Die Ausg. in dtsch. Sprache bes. Werner Eberlein [u. a.]) – Berlin: Dtsch. Verl. d. Wiss. 1975. 614 S.

**Browder,** Robert Paul: The origins o Soviet-American diplomacy. — Princeton: Princeton University Press 1953. VIII, 256 S.

**Čabagi,** Vassan Giray: Vierzig Jahre Sowjetpolitik im Nahen Osten. — In: Sowjetstudien 1956/57, H. 4, 67—77.

**Carman,** Ernest Day: Soviet territorial aggrandizement 1939—1948. — Washington: Public Affairs Press 1950. 175 S.

**Caroe,** Olaf: Soviet colonialism in Central Asia. — In: Foreign Aff. 32 (1953/54), 135—144.

**Carr,** Edward H.: Die historischen Grundlagen der sowjetischen Außenpolitik. — In: Forsch. osteurop. Gesch. 1 (1954), 239—249.

**Castellan,** Georges: La politique allemande de l'URSS. — In: Rev. Hist. deux. Guerre mond. 6 (1956), H. 21, 38—54; H. 22, 31—46.

**Chamberlin,** William Henry: Seven phases of Soviet foreign policy. — In: Russ. Rev. 15 (1956), H. 2, 77—84.

**Chejfec,** A. N.: V. I. Lenin i Kitaj ⟨1917-1924 gg⟩. - In: Vop. Ist. 1977, H. 4, 18-33.

**Dallin,** Alexander [u. a.]: Russian diplomacy and Eastern Europe, 1914 — 1917. — New York: King's Crown Press (Columbia University) 1963. 305 S.

**Dallin,** David J.: Soviet espionage. — New Haven: Yale University Press 1955. 572 S.

**Deborin,** G. A.: Die sowjetische Außenpolitik in den ersten Jahren des Bestehens des Sowjetstaates ‹1917—1920› (Sovetskaja vnesnjaja politika v pervye gody suscestvovanija sovetskogo gosudarstva ‹1917—1920›, dt.) — Berlin: Dietz 1953. 47 S.

**Degras,** Jane [Compil.]: Calendar of Soviet documents on foreign policy. 1917—1941. — London: The Royal Institute of International Affairs 1948. 248 S.

**Deuerlein,** Ernst: Wer hat Deutschland geteilt? Stalins Politik auf den Kriegskonferenzen. — In: Polit. Meinung 1957, H. 11, 29—40.

Die sowjetische **Deutschlandpolitik.** — (Duisdorf bei Bonn: Selbstverl. d. Studiengesellsch. f. Zeitprobleme.)
*(Staatspolitische Schriftenreihe.)*
[1.] 1917—1941. 1962. 135 S.
[2.] 1945—1949. 1962. 176 S.
 3. 1949—1953. 1962. 168 S.
 4. 1953—1956. 1963. 151 S.

Die sowjetische **Deutschlandpolitik.** — (Duisdorf b. Bonn: Selbstverl. d. Studiengesellsch. f. Zeitprobleme.)
 5. 1956—1960. 1966. 174 S.
 6. 1960—1963. 1966. 144 S.
 7. 1917—1963. Zusammenfassung. 1966. 168 S.
*(Staatspolitische Schriftenreihe.)*

Komissija po izdaniju diplomatičeskich dokumentov pri MID SSSR. **Dokumenty** vnešnej politiki SSSR. — Moskva: Gospolitizdat.
 1. (7 nojabrja 1917 po 31 dekabrja 1918.) 1957. 771 S.

Komisja po izdaniju diplomatičeskich dokumentov pri MID SSSR. **Dokumenty** vnešnej politiki SSSR. — Moskva: Gospolitizdat.
 2. 1 janvarja 1919—30 ijunja 1920. 1958. 802 S.
 3. 1 ijulja 1920—18 marta 1921. 1959. 722 S.
 4. 19 marta 1921—31 dekabrja 1921. 1960. 835 S.
 5. 1 janvarja 1922—19 nojabrja 1922. 1961. 806 S.
 6. 20 nojabrja 1922—31 dekabrja 1923. 1962. 670 S.

**Dokumenty** vnešnej politiki SSSR. — Moskva: Gospolitizdat.
 7. 1 janvarja—31 dekabrja 1924. 1963. 759 S.
 8. 1 janvarja—31 dekabrja 1925. 1963. 861 S.
 9. 1 janvarja—31 dekabrja 1926. 1964. 783 S.
 10. 1 janvarja—31 dekabrja 1927. 1965. 686 S.

**Druhe,** David N.: Soviet Russia and Indian communism 1917—1947. With an epilogue covering the situation today. — New York: Bookman Associates 1959. 429 S.

**Dubinskij,** A. M.: Mezinárodní vztahy a zahraniční politika SSSR na Dálném Východě za druhé svetové války. — Praha: Odd. prop. a agitace. Ústř. výb. KSČ 1952. 74 S.
Über die Außenpolitik der Sowjetunion im Fernen Osten während des zweiten Weltkrieges.

**Duroselle,** Jean Baptiste [Ed.]: Les frontières européennes de l'U.R.S.S., 1917—1941. Recueil d'études. — Paris: Colin 1957. XV, 354 S.

**Eudin,** Xenia Joukoff und Robert C. North: Soviet Russia and the East 1920—1927. A documentary survey. — Stanford: Stanford University Press 1957. XVIII, 478 S.
Mit Bibliographie S. 405—455.

**Fischer,** Alexander: Sowjetische Außenpolitik 1917-1945. - Stuttgart: Klett 1973. 136 S.
*(Quellen- und Arbeitshefte zur Geschichte und Politik.)*

**Fischer,** Alexander: Sowjetische Deutschlandpolitik im Zweiten Weltkrieg, 1941-1945. - Stuttgart: Dtsch. Verl.-Anst. 1975. 252 S.
*(Studien zur Zeitgeschichte.)*

**Fischer,** Alexander: Varianten der sowjetischen Deutschlandpolitik 1941-1945. - In: Deutschland-Arch. 6 (1973), 382-400.

**Fischer,** Louis: The road to Yalta. Soviet foreign relations, 1941—1945. — New York: Harper & Row 1972. XV, 238 S.

**Fischer,** Louis: The Soviets in world affairs. A history of the relations between the Soviet Union and the rest of the world, 1917—1929. Vol. 1. 2. Second edition. — Princeton: Princeton University Press 1951. XVIII, 464; VII, S. 465—892.

Die **Friedensfühler** der Sowjetunion während des Zweiten Weltkrieges. — In: Militärpol. Forum 2 (1953), H. 7, 41—42.

Vierzig Jahre **Friedenspolitik** der UdSSR. — In: Dokumentation der Zeit 1957, H. 153, 63—92.

**Fuller,** Sterling H.: The foreign policy of the Soviet Union in the League and United Nations.
*Austin, Tex., Diss. 1952.*

**Furaev,** V. K.: Sovetsko-amerikanskie otnošenija 1917—1939. — Moskva: Izd. social'no-ekonomičeskoj literatury „Mysl'" 1964. 318 S.

**Galay** Nikolai: Der Einfluß militärischer Faktoren auf die Außenpolitik der Sowjetunion. — In: Sowjetstudien 1960, H. 8, 20—41.

**Gamillscheg,** Felix: Die Sicherheitspakte der Sowjetunion 1921—1936 im Spiegel der österreichischen Presse. — Wien 1950. 246 gez. B. [Maschinenschrift.]
*Wien, phil. Diss. 14. Nov. 1950.*

Geiss, Harald: Das „Internationale Komitee für die Anwendung des Abkommens über die Nichteinmischung in Spanien" als Instrument sowjetischer Außenpolitik 1936 bis 1938. - (Köln) 1977 (Hundt). III, 243 S.
*Frankfurt a. M., phil. Diss. vom 26 Juni 1974.*

**Geschichte** der sowjetischen Außenpolitik (Istorija vnešnej politiki SSSR, dt.) 1917—1966. (Autorenkollektiv: A. M. Aleksandrov u. a. Übers. aus d. Russ. von Heinz Kimmel.) In 2 Teilen. — Berlin: Staatsverl. d. DDR.
1. 1917—1945. 1969. 581 S.

**Geschichte** der sowjetischen Außenpolitik (Istorija vnešnej politiki SSR, dt.) (Red.: B. N. Ponomarev, A. A. Gromyko [u.] V. M. Chvostov. Übers. von Heinz Kimmel.) - Berlin: Staatsverl. d. DDR.
2. 1945-1970. 1971. 653 S.

**Geyer,** Dietrich: Sowjetrußland und die deutsche Arbeiterbewegung 1918-1932. - In: Vjh. Zeitgesch. 24 (1976), 2-37.

**Geyer,** Dietrich: Die Sowjetunion und Iran. Eine Untersuchung zur Außenpolitik der UdSSR im Nahen Osten 1917—1954. — Köln, Graz: Böhlau 1955. 99 S.
*(Forschungsberichte und Untersuchungen zur Zeitgeschichte. 16.)*

**Gluckstein,** Ygael: Stalin's satellites in Europe. — Boston: Beacon Press 1952. 333 S.

**Goldwin,** R., G. Stourzh und M. Zetterbaum [Eds.]: Readings in Russian foreign policy. — New York: Oxford University Press 1959. 660 S.

**Grieser,** Helmut: Die Sowjetpresse über Deutschland in Europa 1922—1932. Revision von Versailles und Rapallo-Politik in sowjetischer Sicht. — Stuttgart: Klett (1970). 256 S.
*(Kieler historische Studien. 10.)*
*Diss., Universität Kiel.*

**Grigorev,** L. und S. Olenev: Bor'ba SSSR za mir i bezopasnost' v Evrope (1925—1933 gg.) — Moskva: Gospolitizdat 1956. 158 S.

**Gvišiani,** L.: Sovetskaja Rossija i SŠA 1917—1920. — Moskva: Izd. Meždunarodnye otnošenija 1970. 326 S.

**Hartl,** Hans [u.] Werner Marx: Fünfzig Jahre sowjetische Deutschlandpolitik. — Boppard: Boldt (1967). VI, 648 S.

**Hartl,** Hans: Die „Nationalitätenpolitik" der Sowjets in Südosteuropa.— In: Europ. Osten 1954, 159—164.

**Hilger,** Gustav: Die sowjetische Außenpolitik von 1917 bis 1939. — In: Sowjetstudien 1956/57, H. 4, 5—28.

**Hölzle,** Erwin: Rußland und Amerika. Aufbruch und Begegnung zweier Weltmächte. — München: Oldenbourg 1953. 308 S.

**Hölzle,** Erwin: Rußland und Europa. — In: Welt als Geschichte 14 (1954), 165—180.

**Horak,** Stefan: Außenpolitische Auswirkungen des Brest-Litowsker Friedens zwischen der Ukraine und den Mittelmächten. — In: Ukraine Vght. Gegenw. 4 (1955), 14—22.

**Hostler,** Charles Warren: Turkism and the Soviets. The Turks of the world and their political objectives. — London: Allen & Unwin 1957. XIV, 244 S.

**Jäschke,** Gotthard: Neues zur russisch-türkischen Freundschaft von 1919 bis 1939. — In: Welt des Islams 6 (1961), 203—222.

**Jaray,** Gabriel-Louis: La politique extérieure de Staline de 1943 à 1953. — In: Rev. polit. parlement. 210 (1953), 145—155.

**Jelavich,** Barbara: St. Petersburg and Moscow. Tsarist and Soviet foreign policy, 1814-1974. - Bloomington: Indiana University Press 1974. XII, 480 S.

**Israeljan,** V. L.: Antigitlerovskaja koalicija. (1947—1945.) ⟨Diplomatičeskoe sotrudničestvo SSSR, SŠA i Anglii v gody vtoroj mirovoj vojny.⟩ — Moskva: Izdatel'stvo meždunarodnye otnošenija 1964. 607 S.

**Ivašcin,** I. F.: Mirová zahranični politika SSSR v letech 1924—1935 [Vnešnjaja politika SSSR v 1924—1935 gg., tschech.] — Praha: Svaz. čs.-sovet. přát. 1951. 22 S.
Über die sowjetische Außenpolitik 1924 —1935.

**Kafka,** Gustav E.: Die Sowjetunion und Österreich. — In: Osteuropa 3 (1953), 171—177.

**Kapica,** Michail Stepanovič: Sovetsko-kitajskie otnošenija v 1931—1945 gg. — Moskva: Gospolitizdat 1956. 142 S.

**Kapur,** Harish: Soviet Russia and Asia 1917—1927. A study of Soviet policy towards Turkey, Iran and Afghanistan. — London: Michael Joseph 1966. 266 S.

**Kennan,** George F[rost]: Sowjetische Außenpolitik unter Lenin und Stalin (Russia and the West under Lenin and Stalin, dt.) (Dt. von Pierre Mathis u. Hans Dieter Müller.) — Stuttgart: Steingrüben (1961). 450 S.

**Kennan,** George F.: Soviet foreign policy 1917—1941. — Princeton: Van Nostrand 1960. 192 S.

**Kennan,** George F.: Soviet-American relations 1917—1920. — Princeton: Princeton University Press.
 1. Russia leaves the war. 1956. 544 S.
 2. The decision to intervene. 1958. 526 S.

**Kennan,** George F.: Russia and the West under Lenin and Stalin. — Boston: Little, Brown; London: Hutchinson 1961. X, 411 S.

**Kolarz,** Walter: Russia and her colonies. — London: Philips 1952. XIV, 335 S.

**Kordt,** Erich: Die sowjetische Außenpolitik im Wandel der weltpolitischen Konstellationen. — In: Vjh. Zeitgesch. 16 (1968), 165—176.

**Korovin,** I. A.: Die Grundprinzipien der Außenpolitik der UdSSR (Osnovnye prinsipy vnešnej politiki SSSR, dt.) — Berlin: Dietz 1953. 46 S.

**Krieger,** Konrad S.: Das sowjetisch-japanische Verhältnis 1931—1941. Auswirkungen auf die Entwicklungspolitik in Ost- und Südostasien. — Mainz: v. Hase & Koehler (1970). 78 S.
*(Institut für internationale Solidarität der Konrad-Adenauer-Stiftung. Schriftenreihe. 11.)*

**Lederer,** Ivo J. [Ed.]: Russian foreign policy. Essays in historical perspective. — New Haven: Yale University Press 1962. 620 S.

**Lensen,** George Alexander: The damned inheritance. The Soviet Union and the Manshurian crisis 1924–1935. - Tallahassee, Fl.: Diplomatic Press 1974. 533 S.

**McLane,** Charles B.: Soviet strategies in Southeast Asia. An exploration of eastern policy under Lenin and Stalin. — Princeton, N. J.: Princeton University Press 1966. XV, 563 S.

**McSherry,** James E.: Stalin, Hitler and Europe. — New York: World Publ.
 1. The origins of World War 2. 1933—1939. 1968. VI, 308 S.
 2. The imbalance of power. 1939—1941. 1970. VIII, 357 S.

**Marom,** Ran: The Bolsheviks and the Balfour Declaration 1917–1920. – In: Wiener Libr. Bull. 29 (1976/77), H. 37/38, 20–29.

**Mastny,** Vojtech: Russia's road to the Cold War. Diplomacy, warfare and the politics of communism, 1941–1945. - New York: Columbia University Press 1979. XIX, 409 S.

**Matloff,** Maurice: The Soviet Union and the war in the West. — In: US Naval Inst. Proceed. 82 (1956), 261—271.

**Meissner,** Boris: Die Beziehungen zwischen der Sowjetunion und den baltischen Staaten von der deutsch-sowjetischen Interessenabgrenzung bis zum sowjetischen Ultimatum. — In: Z. Ostforschung 3 (1954), 161—179.

**Meißner,** Boris: Die sowjetische Deutschlandpolitik. Von Stalingrad bis Potsdam (1943—1945). — In: Europa-Arch. 6 (1951), 4525—4538 und 7 (1952), 4683—4694.

**Meissner,** Boris: Die sowjetische Deutschlandpolitik. Von Stalingrad bis Potsdam (1943—1945). T. 3. — In: Europa-Arch. 7 (1952), 4907—4920.

**Meissner,** Boris: Rußland, die Westmächte und Deutschland. Die sowjetische Deutschlandpolitik 1943—1953. — Hamburg: Nölke 1953. 372 S.
*(Abhandlungen der Forschungsstelle für Völkerrecht und ausländ. öffentl. Recht der Universität Hamburg. 5.)*

**Meissner,** Boris: Die Sowjetunion, die baltischen Staaten und das Völkerrecht. — Köln: Verl. f. Politik u. Wirtschaft 1956. XI, 378 S.

**Meißner,** Boris: Stalin und die Oder-Neiße-Linie. — In: Osteuropa 1 (1951/52), 2—11.

**Meister,** Irene W.: Soviet policy in Iran 1917—1950. A study in techniques.
*Fletcher, Medford, Mass., phil. Diss. 1954.*

**Morton,** Louis: Soviet intervention in the war with Japan. — In: Foreign Aff. 40 (1961/62), 653—662.

**Mosely,** Philip E.: The Kremlin and world politics. — New York: Vintage 1960. 557 S.

**Mosely,** Philip E[dward]: The Soviet Union, 1922—1962. A foreign affairs reader. Forew. by Hamilton Fish Armstrong. Publ. for the Council on Foreign Relations. — New York, London: Praeger (1963). XIII, 497 S.

**Negotiating** with the Russians. Edited by Raymond Dennett and Joseph E. Johnson. — Boston: World Peace Foundation 1951. XI, 310 S.

**Niedhart,** Gottfried: Die westlichen Alliierten und das bolschewistische Rußland, 1917—1921. — In: Neue polit. Lit. 15 (1970), 460—470.

**Sovetsko-francuzskie otnošenija** vo vremja velikoj otečestvennoj vojny 1941—1945 gg. Dokumenty i materialy. Red. koll.: A. A. Arutjunjan, A. E. Bogomolov [u. a.] — Moskva: Gospolitizdat 1959. 550 S.

**Petrowsky,** A.: Unvergessener Verrat. Roosevelt — Stalin — Churchill 1945. 2. Aufl. — München: Schutzverband der Kosaken e.V. 1964. 359 S.

**Pirayech,** Purandocht: Persisch-russische Beziehungen zwischen den beiden Weltkriegen. — München 1964: Mikrokopie. IX, 170 S.
*München, phil. Diss. vom 27. Febr. 1964.*

**Soviet foreign policy,** 1928—1934. Documents and materials. Selected and transl. by Xenia Joukoff Eudin [u.] Robert M. Slusser. — University Park: Pennsylvania State University Press.
 1. 1966. 353 S.
 2. 1967. 778 S.
*(Hoover Institution Publications.)*

La **politique** de Staline pendant la guerre. Les conférences de Téhéran et de Yalta et leurs conséquences. — In: Bull. Assoc. Etud. Inform. polit. intern., 16.—30. Sept. 1951, 1—12.

Polvinen, Tuomo: Lenin's nationality policy and Finland. – In: Yb. Finn. Foreign Pol. 5 (1977), 3–8.

**Quaroni**, P.: La politica sovietica e la diplomazia convenzionale. — In: Studi polit. 2 (1953/54), 216—229.

**Rechberg**, Friedrich-Ernst: Die politischen Verträge der Sowjetunion 1919—1939. (Eine Untersuchung zur Frage der sowjetischen Einstellung zum Völkerrecht.) — Frankfurt a. M. 1957. IX, 105 S.
*Frankfurt a. M., rechtswiss. Diss. 1957.*

**Roucek**, Joseph S. [Hrsg.]: Moscow's European satellites. — Philadelphia: The American Academy of Political and Social Science 1950. 184 S.

**Rubinstein**, Alvin Z. [Ed.]: The foreign policy of the Soviet Union. — New York: Random House 1960. XVIII, 457 S.

Rubinstein (**Rubinštejn**), N. L.: Die Festigung der internationalen Positionen der Sowjetunion in der Periode des Übergangs zur friedlichen Arbeit an der Wiederherstellung der Volkswirtschaft ‹1921—1925› (Ukreplenie meždunarodnych pozicij sovetskogo sojuza v period perechoda na mirnuju rabotu po vosstanovleniju narodnogo chozjajstva ‹1921—1925›, dt.) — Berlin: Dietz 1953. 55 S.

**Rubinstein**, N. L.: Vnešnjaja politika sovetskogo gosudarstva v 1921—1925 godach. — Moskva: Gos. Izdat. Pol. Lit. 1953. 566 S.

**Rudin**, H. R.: On the nature of Soviet imperialism. The continuity of Russian imperialism. — In: Yale Rev. 42 (1952/53), 333—342.

**Šarapov**, N. P.: Deutsche Arbeiter in der Sowjetunion. Über die Teilnahme deutscher Arbeiter und Spezialisten am sozialistischen Aufbau in der UdSSR 1930 bis 1933. - In: Z. Geschichtswiss. 24 (1976), 1110–1130.

**Sarkisyanz**, Emanuel: Sowjetrußland im islamischen Nahen Osten. — In: Z. Politik 4 (1957), 26—38.

**Scheuner**, Ulrich: Sicherheit und Neutralität als Elemente der sowjetischen Außenpolitik ⟨1917—1960⟩.— In: Forsch. osteurop. Gesch. 8 (1962), 299—319.

**Schilling**, Walter: Die sowjetischen Interessen im Nahen Osten seit 1917. - In: Aus Politik und Zeitgeschichte, Beilage zur Wochenzeitung „Das Parlament" Nr 51/52 vom 20. Dezember 1975, 3–18.

**Schwarz**, Solomon M.: Revising the history of Russian colonialism. — In: Foreign Aff. 30 (1951/52), 488—493.

Seeber, Eva: Die Rolle der sowjetisch-tschechoslowakischen Vertragsverhandlungen im Jahre 1943 für die Gestaltung einer demokratischen Friedensordnung in Europa. Zur Genesis des Freundschafts- und Beistandsvertrages vom 12. Dezember 1943. - In: Jb. Gesch. 1977, Bd 17, 193–235.

**Shapiro**, Leonard: The Soviet Union's treaties and agreements with foreign powers 1917—1948.
*Washington (Georgetown), Diss. 1949.*

**Slavin**, G. M.: Iz istorii sovetsko-pol'skich otnošenij (janvaŕ—maj 1945 g.) — In: Vop. Ist. 1959, H. 8, 79—95.

**Slusser**, Robert M. und Jan F. Triska: A calendar of Soviet treaties 1917—1957. — Stanford: Stanford University Press; London: Oxford University Press 1959. XII, 530 S.

**Sorokin**, Pitirim Aleksandrovich: Russia and the United States. — London: Stevens 1950. XI, 213 S.
*(The Library of World Affairs. 15.)*

**Soviet documents** on foreign policy 1917 —1941. — London, New York, Toronto: Oxford University Press.
1. 1917—1924. Selected and edited by Jane Degras. 1951. XXI, 501 S.

**Soviet documents** on foreign policy 1917 —1941. — London, New York, Toronto: Oxford University Press.
2. 1925—1932. Selected and edited by Jane Degras. 1952. XXI, 560 S.

**Soviet documents** on foreign policy 1917—1941. Issued under the auspices of the Royal Institute of International Affairs. — London, New York, Toronto: Oxford University Press.
3. 1933—1941. Selected and edited by Jane Degras. 1953. XXII, 500 S.

**Soviet treaty series**. — Washington: Georgetown Press.
1. 1917—1928. Compiled and edited by Leonard Shapiro. 1951. 406 S.

**Soviet treaty series**. — Washington: Georgetown University Press.
2. 1929—1939. Edited by Leonard Shapiro. 1955. 237 S.

**Sowjetunion**. Verträge und Abkommen. Verzeichnis der Quellen und Nachweise 1917—1962. Unter Mitw. von Jörg K[onrad] Hoensch u. Helmut König hrsg. von Werner Markert u. Dietrich Geyer. — Köln: Böhlau 1967. X, 611 S.
*(Osteuropa Handbuch.)*

**Spector**, Ivar: The Soviet Union and the Muslim world 1917—1956. — Seattle: University of Washington Press 1956. VII, 151 S.

**Spector**, Ivar: The Soviet Union and the Muslim world 1917—1958. — Seattle: University of Washington Press 1959. 328 S.

**Štejn**, Boris Efimovič: Die „Russische Frage" auf der Pariser Friedenskonferenz 1919—1920. — Leipzig: Koehler & Amelang 1953. 410 S.

**Stepanov**, Andrej Ivanovič: Die sowjetisch-deutschen Beziehungen 1928— 1932 im Lichte diplomatischer Dokumente. — In: Z. Geschichtswiss. 18 (1970), 1470—1477.

**Stoecker**, Helmut und Günter Rosenfeld: Die Vorschläge der Sowjetunion für allgemeine und vollständige Abrüstung 1927/28. — In: Z. Geschichtswiss. 9 (1961), 13—27.

**Strakhovsky**, Leonid I[van]: American opinion about Russia 1917—1920. — Toronto: University of Toronto Press 1961. XIII, 135 S.

**Sündermann**, Helmut: Das Erbe des falschen Propheten. Moskaus Kampf um Deutschland, von Lenin bis heute — und morgen? — Leoni: Druffel-V. 1957. 280 S.

**Tang**, Peter S. H.: Russian and Soviet policy in Manchuria and Outer Mongolia 1911—1931. — Durham, N. C.: Duke University Press 1959. 494 S.

**Tarulis**, Albert N.: Soviet policy toward the Baltic states 1918—1940. — Notre Dame: University of Notre Dame Press 1959. XII, 276 S.

**Thompson,** John M.: Russia, Bolshevism and the Versailles Peace. — Princeton, N. J.: Princeton University Press 1966. 429 S.
*(Studies of the Russian Institute, Columbia University.)*

**Tillett,** Lowell R.: The Soviet role in League sanctions against Italy 1935/36. — In: Amer. Slav. & East Europ. Rev. 15 (1956), 11—16.

**Tillett,** Lowell R.: The Soviet Union and the policy of collective security in the League of Nations 1934—1938. *Chapel Hill, Univ. of North Carolina, phil. Diss. 1955.*

**Toma,** Peter A.: Soviet attitude towards the acquisition of territorial sovereignty in the Antarctic. — In: Amer. J. internat. Law 50 (1956), 611—626.

**Toscano,** Mario: La politique russe de l'Italie au printemps 1939. — In: Rev. Hist. deux. Guerre mond., H. 6 (April 1952), 1—15.

**Triska,** Jan F. und Robert M. Slusser: The theory, law and policy of Soviet treaties. — Stanford: Stanford University Press; London: Oxford University Press 1962. XI, 593 S.
*(Stanford University, Hoover Inst. on war, revolution and peace. Publ.)*

**Trusch,** Michail [**Truš,** Michail Ivanovič]: Lenin und die Außenpolitik der UdSSR. — Frankfurt a. M.: Verl. Marxist. Bll. (1970). 236 S.
*(Marxistische Taschenbücher. Marxismus aktuell.)*

**Tschiang** Kai-schek: Sowjetrußland in China (Soviet Russia in China, dt. Übers. aus d. Amerikan. von Credo). — Bonn: Athenäum-V. (1957). 450 S.

**Ulam,** Adam Bruno: Expansion and coexistence. The history of Soviet foreign policy, 1917—67. — London: Secker & Warburg 1968. VIII, 775 S.

**Volkov,** F. D.: Krach anglijskoj politiki intervencii i diplomatičeskoj izoljacii sovetskogo gosudarstva (1917—1924 gg.) — Moskva: Gospolitizdat 1954. 399 S.

**Wade,** Rex A.: Argonauts of peace. The Soviet delegation to the Western Europe in the summer of 1917. — In: Slavic Rev. 26 (1967), 453—467.

**Wagner,** Wolfgang: Die Teilung Europas. Geschichte der sowjetischen Expansion bis zur Spaltung Deutschlands 1918—1948. — Stuttgart: Dtsch. Verl. Anst. (1959). 242 S.

**Wandycz,** Piotr S.: Soviet-Polish relations, 1917—1921. — Cambridge, Mass.: Harvard University Press 1969. IX, 403 S.
*(Russian-Research-Center-Studies. 59.)*

**Weingartner,** Thomas: Stalin und der Aufstieg Hitlers. Die Deutschlandpolitik der Sowjetunion und der Kommunistischen Internationale 1929—1934. — Berlin: de Gruyter 1970. XI, 302 S.
*(Beiträge zur auswärtigen und internationalen Politik. 4.)*

**Whiting,** Allen S.: Soviet policies in China 1917—1924. — London: Oxford University Press 1955. X, 350 S.

**Willard,** C. und G.: L'U. R. S. S., la Finlande et les états baltes en 1939—1940. — In: Pensée, April 1954, 30—44.

**Wuest,** John J.: Diplomatic relations between the Soviet Union and the Balkan states from the Bolshevik revolution to the outbreak of the Russo-German war, with special references to Communist activities in the Balkans. *Los Angeles, Diss. 1949.*

**Zenkovsky,** Serge A.: Pan-turkism and Islam in Russia 1905—1920. — Cambridge: Harvard University Press; London: Oxford University Press 1960. X, 345 S.

**Zhilin** [**Žilin**], Pavel A.: The USSR and collective security 1935-1939. – In: Scand. J. Hist. 2 (1977), 147–159.

Wirtschaft und soziales Leben

**Achminow,** Hermann: Die Oberschicht in der Sowjetunion. — In: Osteuropa 3 (1953), 243—250 und 339—345.

**Bajkow,** Aleksandr: The development of the Soviet economic system. An essay on the experience of planning in the USSR. — Cambridge: Harvard University Press 1950. XVI, 514 S.

**Bailes,** Kendall E.: The politics of technology. Stalin and technocratic thinking among Soviet engineers. - In: Amer. hist. Rev. 79 (1974), 445-469.

**Baron,** Salo W[ittmayer]: The Russian Jew under tsars and Soviets. — New York: Macmillan; London: Collier-Macmillan (1964). XV, 427 S.
*(Russian Civilisation Series.)*

**Bauerfeind,** Alfred: Die KPdSU und die Entwicklung des Bündnisses mit den Mittelschichten 1919 bis 1936. – In: Z. Geschichtswiss. 25 (1977), 24–38.

**Baykov,** Alexander: Soviet foreign trade. — London: Cumberlege 1947. 100 S.

**Bergson,** A.: Soviet national income and product in 1937. — London: Oxford University Press (1953). 176 S.

**Bettelheim,** Charles: Die Klassenkämpfe in der UdSSR (Les luttes de classes en URSS, [dt. Aus d. Französ. übers. von:] Walter Aschmoneit [u.a.]) – (Berlin:) Oberbaum Verl.
1. 1917-1923. (1975). 470 S.
*(Materialistische Wissenschaft. 17.)*

Die **Bevölkerung** der Sowjetunion nach „Klassen" und Berufsgruppen. — In: Osteuropa 8 (1958), 601—604.

**Black,** Cyril E. [Ed.]: The transformation of Russian society. Aspects of social change since 1861. — Cambridge: Harvard University Press 1960. VII, 695 S.

**Böhme,** Hans: Fünfzig Jahre sowjetischer Wirtschaftspolitik. Aspekte ihrer künftigen Entwicklung. — In: Osteuropa 18 (1968), 435—445.

**Bohmann,** Alfred: Die deutsche Bevölkerung in der Sowjetunion. — In: Außenpolitik 12 (1961), 261—268.

**Bronger,** Dirk: Der Kampf um die sowjetische Agrarpolitik 1925—1929. Ein Beitr. zur Geschichte d. kommunist. Opposition in Sowjetrußland. — Köln: Verl. Wissenschaft u. Politik (1967). 318 S.
*(Abhandlungen des Bundesinstituts für Ostwissenschaftliche und Internationale Studien. 16.)*
*Diss., Kiel.*

**Clarke,** Roger A.: Soviet economic facts 1917—1970. — London: Macmillan 1972. 151 S.

**Condoide,** Mikhail V.: The Soviet financial system. Its development and relations with the Western world. — Columbus: Ohio State University Press 1951. 230 S.

# GESCHICHTE EINZELNER STAATEN

**Conyngham,** William J.: Industrial management in the Soviet Union. The role of the CPSU in industrial decision making 1917–1920. – Stanford, Calif.: Hoover Institution Press 1973. XXXVI, 378 S.

**Davies,** R. W.: The development of the Soviet budgetary system. — London: Cambridge University Press 1958. XXII, 373 S.

**Dewar,** Margaret: Labour policy in the USSR 1917—1928. — London: Royal Institute of International Affairs 1956. VIII, 286 S.

**Dinerstein,** Herbert S.: Communism and the Russian peasant. Leon Goure und Herbert S. Dinerstein: Moscow in crisis. Two studies in Soviet controls. Foreword by Philip E. Mosely. — Glencoe, Ill.: The Free Press 1955. XVIII, 254 S.

**Eichwede,** Wolfgang: Strukturprobleme der sowjetischen Industriearbeiterschaft in den zwanziger Jahren. - In: Gesch. u. Gesellsch. 5 (1979), 356–377.

**Erlich,** Alexander: Die Industrialisierungsdebatte in der Sowjetunion 1924—1928 (The Soviet industrialization debate, 1924 to 1928, dt.) (Aus d. Amerikan. übers. von Gisela Engel und Sigrid Meuschel.) — Frankfurt a.M.: Europ. Verl.-Anst. [1972]. 190 S.

**Erlich,** Alexander: The Soviet industrialization debate, 1924—1928. — Cambridge: Harvard University Press 1960. XXIII, 214 S.

**Fischer,** Ruth: Der Sturz der Plan-Zaren. — In: Frankf. H. 13 (1958), 613—625.

**Fischer,** Ruth: Der Weg der Gewerkschaften in der Sowjet-Union. — In: Frankf. H. 13 (1958), 793—801.

**Fischer,** Ruth: Wirtschaftsplanung und Staatsmacht. – In: Frankf. H. 13 (1958), 474—483 und 575—582.

**Fisher,** Ralph Talcott, jr.: Pattern for Soviet youth. A study of the congresses of the Komsomol 1918—1954. — New York: Columbia University Press 1959. 452 S.

**Funken,** Klaus: Die ökonomischen Voraussetzungen der Oktoberrevolution. Zur Entwicklung des Kapitalismus in Rußland. - Frankfurt a. M.: Deutsch 1976. IV, 372 S.
*Diss., Universität Frankfurt a. M.*

**Gitelman,** Zvi Y.: Jewish nationality and Soviet politics. The Jewish sections of the CPSU, 1917—1930. — Princeton, N.J.: Princeton University Press 1972. 584 S.

**Goldberg,** B. Z.: The Jewish problem in the Soviet Union. — New York: Crown Publishers 1961. 374 S.

**Guins,** George C.: Soviet law and Soviet society. — 's-Gravenhage: Nijhoff 1954. XV, 457 S.

**Hassmann,** Heinrich: Erdöl in der Sowjetunion. Geschichte-Gebiete-Probleme. — Hamburg: Industrie-Verl. von Hernhaussen (1951). 176 S.

**Haumann,** Heiko: Beginn der Planwirtschaft. Elektrifizierung, Wirtschaftsplanung und gesellschaftliche Entwicklung Sowjetrußlands 1917–1921. - (Düsseldorf:) Bertelsmann Universitätsverl. (1974). 312 S.
*(Studien zur modernen Geschichte. 15.)*

**Haumann,** Heiko: Die russische Revolution und ihre ersten Versuche sozialistischer Wirtschaftspolitik. - In: Argument 15 (1973), 768–803.

**Hazard,** John N.: Law and social change in the USSR. — London: Stevens (1953). XXIV, 310 S.

**Jasny,** Naum: The Soviet economy during the plan era. — Stanford: Stanford University Press 1951. 116 S.

**Jasny,** Naum: Soviet industrialization 1928—1952. — Chicago: University of Chicago Press 1961. X, 467 S.

**Jasny,** Naum: The Soviet price system. — Stanford: Stanford University Press 1951. 179 S.

**Kästner,** Hartmut [u.] Hartmut Lauenroth: Sozialistische Industrialisierung und nationale Frage in der UdSSR 1917-1936. - In: Jb. Gesch. 1977, Bd 17, 99–134.

**Kaplan,** Frederick I.: Bolshevik ideology and the ethics of Soviet labor. 1917—1920. The formative years. — New York: Philosophical Library 1968. IX, 521 S.

**Klocke,** Helmut: Der Weg der Sowjetunion zur Industriemacht. — In: Z. Geopol. 23 (1952), 214—221.

**Koch,** Hans und Leo Bilas: Slawen und Asiaten in der UdSSR. — In: Osteuropa 9 (1959), 424—441.

**Kochan,** Lionel [Ed.]: The Jews in Soviet Russia since 1917. — New York: Oxford University Press 1970. IX, 357 S.

**Küttler,** Wolfgang: Die Konzeption der „Industriegesellschaft" und die russische Geschichte bis 1917. — In: Z. Geschichtswiss. 19 (1971), 981—1015.

**Leneman,** Léon: La tragédie des Juifs en URSS. — (Paris:) De Brouwer (1959). 325 S.
*(Questions actuelles.)*

**Lorenz,** Richard: Ergebnisse und Perspektiven der Industrialisierung während der Neuen Ökonomischen Politik. — In: Jbb. Gesch. Osteuropas 16 (1968), 212—231.

**Lorenz,** Richard: Sozialgeschichte der Sowjetunion. - Frankfurt a. M.: Suhrkamp.
1. 1917–1945. 1976. 381 S.
*(Edition Suhrkamp. 654.)*

**Male,** D. J.: Russian peasant organization before collectivisation. A study of commune and gathering, 1925—1930. — Cambridge, Mass.: Cambridge University Press 1971. VIII, 253 S.
*(Soviet and East European Studies.)*

**Mehnert,** Klaus: Der Sowjetmensch. Versuch eines Porträts nach zwölf Reisen in die Sowjetunion 1929—1957. — Stuttgart: Dtsch. Verl.-Anst. (1958). 497 S.

**Mehnert,** Klaus: Über Stalins „Wirtschaftsprobleme des Sozialismus in der UdSSR". — In: Osteuropa 2 (1952), 401—415.

**Meyer,** Gert: Die Bekämpfung der Arbeitslosigkeit in Sowjetrußland ⟨1917-1930⟩. - In: Bll. dtsch. internat. Pol. 20 (1975), 795–811.

**Meyer,** Gert: Zur sozialökonomischen Entwicklung Sowjetrußlands 1917–1927. Ein Literaturbericht. - In: Argument 20 (1978), 703–715.

Meyer, Gert: Industrialisierung, Arbeiterklasse und Stalinherrschaft in der UdSSR. – In: Argument 19 (1977), 844–859 u. 20 (1978), 42–59.

Müller, Eberhard: Agrarfrage und Industrialisierung in Rußland, 1890–1930. – In: Gesch. u. Gesellsch. 5 (1979), 297–312.

Pankratowa (**Pankratova**), Anna Michaela: Geschichte der Gewerkschaftsbewegung in der UdSSR (Istorija profsojuznogo dviženija v SSSR, dt.) Aus d. Russ. übertragen von Margarete Brehm. — Berlin: Tribüne 1956. 162 S.

**Pethybridge**, Roger: The social prelude to Stalinism. – London: Macmillan 1974. VIII, 343 S.

**Pierre**, André: Les femmes en Union Soviétique. Leur rôle dans la vie nationale. — Paris: Spes 1960. 314 S.

**Pils**, Emil Günther: Entwicklung und System der sowjetischen Planwirtschaft. — Innsbruck 1950. 185 gez. Bl. [Maschinenschr.]
*Innsbruck, wirtschaftswiss. Diss. 16. Dez. 1950.*

**Podolinsky**, Sergej S. von: Rußland vor der Revolution. Die agrarsoziale Lage und Reformen. Mit e. Einl. von Constantin von Dietze hrsg. von Arnold Harttung. — (Berlin:) Berlin-Verl. (1971). 239 S.
*(Sozialperspektiven.)*

**Potichnyj**, Peter J.: Soviet agriculture trade unions, 1917—1970. — Toronto: University of Toronto Press 1972. XX, 258 S.

**Prokopovicz**, Serge N.: Histoire économique de l'URSS. Trad. par Marcel Body. — Paris: Flammarion (1952). VII, 627 S.

**Radkey**, Oliver H.: The agrarian foes of bolshevism. Promise and default of the Russian socialist revolutionaries, February to October 1917. — New York: Columbia University Press 1958. XIV, 521 S.

**Raupach**, Hans: Die Sowjetwirtschaft als historisches Phänomen. — In: Vjh. Zeitgesch. 10 (1962), 1—16.

**Raupach**, Hans: Wirtschaft und Gesellschaft Sowjetrußlands, 1917–1977. – Wiesbaden: Steiner 1979. 177 S.
*(Wissenschaftliche Paperbacks. Sozial- und Wirtschaftsgeschichte. 13.)*

**Rostow**, W. W. und Alfred Levin: The dynamics of Soviet society. — New York: Norton 1953. XVI, 282 S.

**Roth**, Paul: Drama des Rußlanddeutschtums. — In: Stimmen der Zeit 155 (1954/55), 45—59.

**Schneider**, Hubert: Das sowjetische Außenhandelsmonopol 1920—1925. — Köln: Verl. Wissenschaft u. Politik (1973). 215 S.
*(Abhandlungen des Bundesinstituts für ostwissenschaftliche und internationale Studien. 28.)*

**Schwartz**, Harry: The Soviet economy. — New York: Syracuse University Press 1954. 93 S.

**Schwarz**, Solomon M.: The jews in the Soviet Union. — Syracuse: Syracuse University Press 1951. XVIII, 380 S.

Senjavskij, S. L. [u.] V. E. Poletaev: Die Veränderungen in der Klassen- und Sozialstruktur der sowjetischen Gesellschaft im Verlaufe des Aufbaus und des Sieges des Sozialismus 1917–1975. – In: Jb. Gesch. 1977, Bd 17, 317–345.

**Smith**, Glen Alden: Soviet foreign trade. Organization, operation and policy, 1918–1971. – New York: Praeger 1973. XVIII, 370 S.
*(Praeger Special Studies in International Economics and Development.)*

**Stegemann**, Herbert: Russe und Sowjetmensch. — In: Dtsch. Rdsch. 77 (1951), 973—981.

**Stumpp**, Karl: Das Deutschtum in der Sowjetunion nach 1917. – In: Südostdtsch. Vjbll. 24 (1975), 242–249.

**Thiel**, Erich: Sowjet-Fernost. Eine landes- und wirtschaftskundliche Übersicht. — München: Isar-V. (1953). 331 S.
*(Veröffentlichungen des Osteuropa-Instituts München. 1.)*

**Vignacourt**, B. de: L'agriculture soviétique. De Lénine à Brejnev. — Paris: Edit. des Sept Couleurs 1967. 204 S.
*(Coll. „Escales Nouvelles". 3.)*

**Volin**, Lazar: A century of Russian agriculture. From Alexander II to Khrushchev. — Cambridge, Mass.: Harvard University Press 1970. VIII, 644 S.
*(Russian Research Center Studies. 63.)*

**Wagenlehner**, Günther: Das sowjetische Wirtschaftssystem und Karl Marx. — Köln: Kiepenheuer & Witsch (1960). 353 S.

**Wedensky**, Georg: Vierzig Jahre Organisation der UdSSR-Industrieverwaltung und ihre jüngste Reform. — In: Sowjetstudien 1956/57, H. 4, 45—66.

**Wirtschaft** und Gesellschaft im vorrevolutionären Rußland. Hrsg. von Dietrich Geyer. – Köln: Kiepenheuer & Witsch (1975). 412 S.
*(Neue wissenschaftliche Bibliothek. 71.)*

## Kulturelles Leben

**Alekseev**, Vasili: Russian orthodox bishops in the Soviet Union 1941—1953. Materials for the history of the Russian orthodox church in the USSR. — New York: Research Program on the USSR. 1954. 163 S.

**Amburger**, Erik: Geschichte des Protestantismus in Rußland. — Stuttgart: Evang. Verl.-Werk (1961). 210 S.

**Anderson**, Paul B.: The Orthodox Church in Soviet Russia. — In: Foreign Aff. 39 (1960/61), 299—311.

**Anweiler**, Oskar und Klaus Meyer [Hrsg.]: Die sowjetische Bildungspolitik seit 1917. Dokumente und Texte. — Heidelberg: Quelle & Meyer 1961. 424 S.

**Armstrong**, John A.: Der Sowjetgelehrte. — In: Sowjetstudien 1958, H. 6, 56—69.

**Baarghorn**, F.: Stalinism and the Russian cultural heritage. — In: Rev. Politics 14 (1952), 178—203.

**Bohdanowicz**, A.: Moskau und der Islam. — In: Z. Geopolitik 26 (1955), 300—306.

**Chrysostomus**, P. Johannes: Kirche und Staat in Sowjetrußland. Das Schicksal d. Moskauer Patriarchates 1917—1960. — In: Jbb. Gesch. Osteuropas 11 (1963), 13—36.

**Curtiss**, John Shelton: The Russian church and the Soviet state 1917—1950. — Boston: Little, Brown 1953. X, 387 S.

**Diezel,** Peter: Exiltheater in der Sowjetunion 1932-1937. Veröffentlichung der Akademie der Künste in der DDR. - Berlin: Henschel 1978. 334 S.
*(Deutsches Theater im Exil.)*
*Diss., Humboldt-Universität Berlin.*

**Dokumente** zur sowjetischen Literaturpolitik, 1917-1932. Mit e. Analyse von Karl Eimermacher. — Stuttgart: Kohlhammer 1972. 457 S.

**Fireside,** Harvey: Icon and swastika. The Russian orthodox church under Nazi and Soviet control. — Cambridge, Mass.: Harvard University Press 1971. XX, 242 S.
*(Russian Research Center Studies. 62.)*

**Fischer,** Heinz-Dietrich: Fünfzig Jahre „Prawda" — 5. Mai 1962. Zur Geschichte u. Funktion d. Zentralorgans d. KPdSU. — In: Publizistik 7 (1962), 101-117.

**Fletcher,** William C.: The Russian orthodox church underground, 1917-1970. — London: Oxford University Press 1971. X, 314 S.

**Garthoff,** Raymond L.: The stalinist revision of history. The case of Brest-Litovsk. — In: World Pol. 5 (1952/53), 66-85.

**Geyer,** Dietrich: Arbeiterbewegung und „Kulturrevolution" in Rußland. — In: Vjh. Zeitgesch. 10 (1962), 43-55.

**Gorokhoff,** Boris I.: Publishing in the USSR. — Bloomington: Indiana University Publications 1959. XIII, 306 S.

**Hlybinny,** Ul.: Vierzig Jahre weißruthenischer Kultur unter den Sowjets. — München: Institut zur Erforschung der UdSSR 1959. 145 S.
*(Monographien. Serie 1. 55.)*

**Hrynioch,** Ivan: Die Zerstörung der ukrainisch-katholischen Kirche in der Sowjetunion. — In: Ostkirchl. Studien 12 (1963), 3-38.

**Hulicka,** G. K.: Political education in Soviet schools. — In: Soviet Stud. 5 (1953/54), 138-150.

**Kahle,** Wilhelm: Geschichte der Evangelisch-Lutherischen Gemeinden in der Sowjetunion 1917-1938. - Leiden: Brill 1974. XII, 625 S.
*(Studien zur Geschichte Osteuropas. 16.)*

**Koeder,** Kurt W.: Das Bildungswesen der UdSSR. Von der Oktoberrevolution zum 25. Parteitag der KPdSU. - München: Ehrenwirth 1977. 127 S.

**Kolarz,** Walter: Die Religionen in der Sowjetunion (Religion in the Soviet Union, dt.) Überleben in Anpassung und Widerstand. (Aus d. Engl. übers. von Hans Schmidthüs.) — Freiburg, Basel, Wien: Herder (1963). X, 540 S.
*(Veröffentlichungen d. Forschungsstelle f. Weltzivilisation e.V., Freiburg i. Br.)*

Proletarische **Kulturrevolution** in Sowjetrußland (1917-1921). Dokumente d. Proletkult. Hrsg. von Richard Lorenz. Übers. von Uwe Brügman u. Cert Meyer. — (München:) Dtsch. Taschenbuch-Verl. (1969). 227 S.
*(dtv [-Taschenbücher]. Sonderr. 74.)*

**Lamont,** Corliss: Soviet civilization. — New York: Philosophical Library 1952. 433 S.

**Monteil,** Vincent: Les musulmans soviétiques. — Paris: Ed. du Seuil 1957. 189 S.

**Oberländer,** Erwin: Nationalbolschewistische Tendenzen in der russischen Intelligenz. Die „Smena Vech"-Diskussion 1921-1922. — In: Jbb. Gesch. Osteuropas 16 (1968), 194-211.

**Pipes,** Richard [Ed.]: The Russian intelligentsia. — New York: Columbia University Press 1961. VII, 234 S.

**Roth,** Paul: Die Prawda. — In: Neues Abendland 9 (1954), 687-692.

**Roth,** Paul: Der sowjetische Rundfunk 1918-1945. Vom Radiotelegraphen zum Massenmedium. - In: Rundfunk u. Fernsehen 22 (1974), 188-210.

**Seemann,** Klaus-Dieter: Der Versuch einer proletarischen Kulturrevolution in Rußland 1917-1922. — In: Jbb. Gesch. Osteuropas 9 (1961), 179-222.

**Spinka,** Matthew: The church in Soviet Russia. — London: Oxford University Press 1958. XI, 179 S.

**Stein,** Wilm: Die Zeitung in der Sowjetunion. — In: Polit. Studien 8 (1954), 246-252.

**Steinberg,** I. N.: In the workshop of the revolution. — New York: Rinehart 1953. 306 S.

**Taylor,** Richard: The politics of Soviet cinema 1917-1929. - Cambridge: Cambridge University Press (1979). XVI, 214 S.
*(International Studies.)*

**Timasheff,** N. S.: The anti-religious campaign in the Soviet Union. — In: Rev. Politics 17 (1955), 329-344.

**Vries,** Wilhelm de: Kirche und Staat in der Sowjetunion. — München: Pustet 1959. 202 S.

**Williams,** Robert C[hadwell]: Culture in exile. Russian emigrés in Germany, 1881-1941. - Ithaca: Cornell University Press (1972). XVIII, 404 S.

Regionen

**Adams,** Arthur E.: Bolshevik administration in the Ukraine, 1918. — In: Rev. Politics 20 (1958), 289-306.

**Adams,** Arthur E.: Bolsheviks in the Ukraine. The second campaign, 1918-1919. — New Haven: Yale University Press 1963. 440 S.

**Armstrong,** John A.: Ukrainian nationalism 1939-1945. — New York: Columbia University Press 1955. XIV, 322 S.

**Babij,** Borys Mojseevyč: Miscevi orhany deržavnoi vlady Ukrainśkoi RSR v 1917-1920 rr. — Kyiv: Akad. Nauk URSR 1956. 267 S.

**Bala,** Mirza: Soviet nationality policy in Azerbaidzhan. — In: Caucasian Rev. 1957, H. 4, 23-37.

**Barth,** Joachim: Die Bevölkerung Russisch-Asiens seit 1939. — In: Osteuropa 8 (1958), 679-693.

**Bennigsen,** Alexandre und Chantal Quelquejay: Les mouvements nationaux chez les musulmans de Russie. Le „sultangaliévisme" au Tatarstan. — Paris, La Haye: Mouton 1960. 285 S.

**Berdimurat,** Aman: Das Nationalitätenproblem in der UdSSR unter besonderer Berücksichtigung Turkestans seit 1936. — o. O. 1951. VII, 255, VI gez. Bl. [Maschinenschr.]
*München, jur. Diss., 7. Jan. 1952.*

**Beyer,** Hans: Die Mittelmächte und die Ukraine 1918. — München: Isar-V. 1956. 58 S.
*(Jahrbücher für Geschichte Osteuropas. Beih. 2.)*

**Bingel,** Erwin: The extermination of two Ukrainian Jewish communities. Testimony of a German army officer. — In: Yad Washem Studies 3 (1959), 303—320.

**Borys,** Jurij: The Russian communist party and the sovietization of Ukraine. A study in the communist doctrine of the self-determination of nations. — Stockholm: Norstedt 1960: IX, 374 S.

**Bucko,** Adalbert: Liquidierung der Griechisch-Katholischen Kirche in der Karpato-Ukraine. — In: Ukraine Vght. Gegenw. 4 (1955), 28—31.

**Carr,** Edward Hallett: Some notes on Soviet Bashkiria. — In: Soviet Studies 8 (1957), H. 3, 217—235.

**Choulguine,** Alexander: The doctrine of Wilson and the building of the Ukrainian National Republic. — In: Ukrainian Quart. 12 (1956), 326—332.

**Ciliga,** Anton: Sibérie. Terre de l'exil et de l'industrialisation. — Paris: Les Iles d'Or 1950. XIII, 310 S.

**Coates,** William Peyton und Zelda Kahan Coates: Soviets in Central Asia. — London: Lawrence & Wishart 1951. 288 S.

**Dmytryshyn,** Basil: Moscow and the Ukraine 1918—1953. A study of Russian bolshevik nationality policy. — New York: Bookman Associates (1956). 310 S.

**Egretaud,** Marcel: L'Orient soviétique. Kazakhstan-Ouzbékistan-Kirghizie-Tadjikistan-Turkménistan-Azerbaidjan. — Paris: Ed. Sociales 1959. 274 S.

**Elwood,** Ralph Carter: Russian social democracy in the underground. A study of the RSDRP in the Ukraine, 1907-1914. - Assen: Van Gorcum 1974. XX, 304 S.
*(Publications on Social History. 8.)*

**Enukidze,** D.: Krach imperialističeskoj intervencii v Zakavkaze. — Tbilisi: Gosizdat Gruz. SSR 1954. 295 S.
Über den Zusammenbruch der imperialistischen Interventionen in Transkaukasien.

**Fiodorov,** Aleksei: Il comitato clandestino del lavoro. — Roma: Rinascita 1951. 640 S.
Schildert die Tätigkeit einer ukrainischen Partisanengruppe.

**Formirovanie** i razvitie Kirgizskoj socialističeskoj nacii. — Frunze: Kirgizskoe Gosizdat 1957. 288 S.

**Gerasimenko,** M. P. und B. K. Dudykevič: Bor'ba trudjaščichsja Zapadnoj Ukrainy za vessoedinenie s Sovetskoj Ukrainoj (1921—1939 gg.). — Kiev: Gospolitizdat USSR 1955. 246 S.
Über den Kampf der Werktätigen der Westukraine um die Vereinigung mit der Sowjetukraine.

**Geyer,** Dietrich: Die Ukraine im Jahre 1917. Russische Revolution und nationale Bewegung. — In: Gesch. Wiss. Unterr. 8 (1957), 670—687.

**Grigoreevič,** S.: Iz istorii amerikanskoj agressii na russkom Dal'nem Vostoke (1920—1922). — In: Vop. Ist. 1951, H. 8, 59—79.
Über die amerikanischen Operationen im russischen Fernen Osten 1920—1922.

**Gubel'man,** Moisej Izrailevič: Bor'ba zu Sovetskij Dal'nij Vostok 1918—1922. — Moskva: Voenizdat 1958. 273 S.

**Heimann,** Leo: Wir kämpften für die Ukraine. Die Geschichte der Juden bei der UPA. — In: Ukraine in Vergangenheit u. Gegenwart 12 (1965), H. 30, 36—41; H. 31, 64—71.

**Heyer,** Friedrich: Die orthodoxe Kirche in der Ukraine von 1917 bis 1945. — Köln-Braunsfeld: R. Müller 1953. 259 S.
*(Osteuropa und der deutsche Osten. R. 3.)*

**Holdsworth,** M.: Soviet Central Asia 1917—1940. A study in colonial policy. — In: Soviet Stud. 3 (1951/52), 258—277.

**Holubnychy,** Vsevolod: The industrial output of the Ukraine 1913—1956. — Munich 1957: (Institut zur Erforschung der UdSSR.) 63 S.

**Horak,** Stefan: Der Brest-Litowsker Friede zwischen der Ukraine und den Mittelmächten am 9. Februar 1918 in seinen Auswirkungen auf die politische Entwicklung der Ukraine. — o. O. 1949. IV, 170 gez. Bl. [Maschinenschr.]
*Erlangen, phil. Diss. 1. März 1949.*

**Horak,** Stephan: Die Ukraine in der internationalen Politik (1917—1953). Verträge, Abkommen, Deklarationen, Noten und Interventionen. Zeittafel mit Quellen- und Literaturangaben. — In: Ukraine Vgh. Gegenw. 4 (1955), 65—71 und 106—113; 5 (1956), 31—41 und 95—100.

**Hrushevsky,** Michael: A history of Ukraine. Preface by George Vernadsky. 3rd ed. — New Haven: Yale University Press 1948. 629 S.

**Hunczak,** Taras [Ed.]: The Ukraine, 1917-1921. A study in revolution. With the ass. of John T. von der Heide. - Cambridge, Mass.: Harvard University Press 1977. X, 424 S.
*(Harvard Ukrainian Research Institute. Monograph Series.)*

**Istorija** Ukrainskoj SSR. Red.: A. K. Kasmenko [u. a.] Tom. 1. — Kiev: Izdat. Akad. Nauk USSR 1955. 784 S.

**Kamenetsky,** Ihor: Hitler's occupation of Ukraine (1941—1944). — Milwaukee: The Marquette University Press 1956. 112 S.

**Kazemzadeh,** Firuz: The struggle for Transcaucasia (1917—1921). — New York: Philosophical Library 1951. 356 S.

**Kirimal,** Edige: Der nationale Kampf der Krimtürken mit besonderer Berücksichtigung der Jahre 1917—1918. — Emsdetten i. W.: Lechte (1952). XXXIX, 374 S.

**Klokov,** V. I. [u. a.]: Narodnaja bor'ba na Ukraine v gody velikoj otečestvennoj vojny — Kiev: AN. SSSR 1957. 220 S.

**Kocharian,** S.: Soviet nationality policy in Armenia. — In: Caucasian Rev. [München] 1955, H. 1, 81—93.

**Kolarz,** Walter: The peoples of the Soviet Far East. — London: Philip (1954). XII, 194 S.

**Kolarz,** Walter: Rußland und seine asiatischen Völker (The peoples of the Soviet Far East, dt.) (Übertr. v. Gerhard Grüning.) — (Frankfurt a. M.): Europ. Verl.-Anst. (1956). 216 S.

**Kovalevśkij,** M.: Opozicijni ruchi v Ukraini i nacional'na politika SSSR (1920—1954). — München 1955: Institut zur Erforschung der Geschichte und Kultur der UdSSR. 83 S.
<small>Widerstandsbewegungen in der Ukraine und die nationale Politik der UdSSR.</small>

**Kurinnij,** P.: Bol'ševicka agresija proti Ukraini (1917—1921). — In: Ukr. Sbirnik 1954, H. 1, 11—22.

**Kuznecova,** S.: Krach turckoj intervencii v Zakavkaźe v 1920—1921 godach. — In: Vop. Ist. 1951, H. 9, 143—156.
<small>Über den Zusammenbruch der türkischen Intervention in Transkaukasien 1920—1921.</small>

**Lasch,** Christopher: American intervention in Siberia. A reinterpretation. — In: Polit. Science Quart. 77 (1962), 205—223.

**Laskovsky,** Nikolas: Practicing law in the occupied Ukraine. — In: Amer. Slav. & East Europ. Rev. 11 (1952), 123—137.

**Lenkavsky,** Stepan: The organized resistance fight for the Ukrainian state. — In: Ukrainian Rev. 9 (1962), 60—73.

**Leonti,** Theo: Die ukrainische politische Emigration. — In: Ukraine Verg. Gegenw. 2 (1953), H. 2, 11—17.

**Livencev,** V.: Partizanskij kraij. — Leningrad: Molodaja Gvardija 1951. 372 S.
<small>Schilderung Weißrußlands als Land der Partisanen.</small>

**Loewenthal,** Rudolf: The extinction of the Krimchaks in World War II. — In: Amer. Slav. & East Europ. Rev. 10 (1951), 130—136.

**Manning,** Clarence A.: Ukraine under the Soviets. — New York: Bookman Associates 1953. 223 S.

**Manning,** Clarence A.: Twentieth-century Ukraine. — NewYork: Bookman Associates 1951. 243 S.

**Markus,** Vasyl: L'Ukraine soviétique dans les relations internationales et son statut en droit international (1917—1923). — 394 Bl. Daktylogr.
*Paris, Thèse Droit, 1956.*

**Martovych,** Oleh: Ukrainian liberation movement in modern times. — Edinburgh: Scottish League for European Freedom 1951. 176 S.

**Massell,** Gregory J.: The surrogate proletariat. Moslem women and revolutionary strategies in Soviet Central Asia, 1919–1929. – Princeton, N. J.: Princeton University Press 1974. XXXVIII, 448 S.

**Mienski,** J(azep): The establishment of the Belorussian SSR. — In: Beloruss. Rev. [München] 1955, H. 1, 5—33.

**Mirtschuk,** Ivan: Geschichte der ukrainischen Kultur. — München: Isar-V. (1957). 284 S.
*(Veröffentlichungen des Osteuropa-Instituts München. 12.)*

**Morris,** L. P.: British secret missions in Turkestan, 1918–19. – In: J. contemp. Hist. 12 (1977), 363–379.

**Pap,** Michael: Soviet difficulties in the Ukraine. — In: Rev. Politics 14 (1952), 204—232.

**Park,** Alexander G.: Bolshevism in Turkestan 1917—1927. — New York: Columbia University Press 1957. XIV, 428 S.

**Pelenskyj,** Eugen J.: Ucrainica. Ausgewählte Bibliographie über die Ukraine in west-europäischen Sprachen. — München: Bystricia-V. 1948. 111 S.
*(Mitteilungen der Ševčenko-Ges. der Wissenschaften. 158.)*

**Pigido,** F.: Ukrainian-Jewish relations during the revolution (1917—1921). — In: Ukrainian Rev. 1957, H. 5, 84—98.

**Počanin,** S. Z. und M. E. Šklar: Obrazovanie Belorusskoj SSR i kommunističeskoj partii Belorussii. — In: Vop. Ist. 1959, H. 1, 22—43.

**Podgotovka** velikoj oktjabrskoj socialističeskoj revoljucii na Ukraine. Sbornik dokumentov i materialov. Sostaviteli I. V. Demkin [u. a.] — Kiev: Gospolitizdat USSR 1955. 941 S.

**Prokop,** Myroslav: Ukraine in Germany's world war II plans. — In: Ukrain. Quart. 1955, 134—144.

**Reshetar,** John S., jr.: Ukrainian revolution 1917—1920. — Princeton: Princeton University Press 1952. X, 363 S.

**Ukrainian resistance.** The story of the Ukrainian National Liberation Movement in modern times. — New York: Ukrainian Congress Committee of America 1949. 142 S.

**Riedel,** Matthias: Bergbau und Eisenhüttenindustrie in der Ukraine unter deutscher Besatzung (1941–1944). – In: Vjh. Zeitgesch. 21 (1973), 245–284.

**Rohrbach,** Paul: Die ukrainische Frage. — In: Ukraine Verg. Gegenw. 1 (1952), H. 3, 5—12.

**Rosenberg,** William G.: A. I. Denikin and the anti-bolshevik movement in South Russia. — Amherst, Mass.: Amherst College Press 1961. 80 S.

**Schechtman,** Joseph B.: The Jabotinsky-Slavinsky agreement. A chapter in Ukrainian-Jewish relations. — In: Jew. Soc. Stud. 17 (1955), 289—306.

**Scheibert,** Peter: Ländliche Verhältnisse in der Wolgadeutschen Sovetrepublik 1927. – In: Vom Staat des Ancien Régime zum modernen Parteienstaat, München: Oldenbourg 1978, 405–422.

**Schnarendorf,** Alexander G.: Siberia and its population. — In: Problems of the Peoples of the USSR 1960, H. 6, 13—23.

**Shankowsky,** Lev: Nazi occupation of Ukraine. Outbreak of war. Ukrainian hopes and aspirations. — In: Ukrainian Rev. 2 (1955), H. 2, 8—18.

**Slusser,** Robert M.: Die Sonderstellung Belorusslands. — In: Osteuropa 14 (1964), 851—864.

**Snow,** Russel E.: The Bolsheviks in Siberia, 1917–1918. – Rutherford, N. J.: Fairleigh Dickinson University Press 1977. 269 S.

**Sokol,** Edward D.: The revolt of 1916 in Russian Central Asia. — Baltimore: Johns Hopkins Press 1954. 188 S.

**Sullivant,** Robert S[cott]: Soviet policies and the Ukraine, 1917—1957. — New York: Columbia University Press 1962. 438 S.

**Suprunenko,** Nikolaj Ivanovič: Očerki istorii graždanskoj vojny i inostrannoj voennoj intervencii Ukraine ⟨1918—1920⟩. — Moskva: Izdatel'stvo Nauka 1966. 454 S.

**Surguladze,** Akakij: Očerki iz istorii revoljucionnogo dviženija v Gruzii (1917—1921 gg.) — Tbilisi: Izdat. Universiteta 1954. 413 S.
<small>Abriß der Geschichte der revolutionären Bewegung in Georgien.</small>

**Thomas,** Ludmila: Sibirien und das Jahr 1917. – In: Z. Geschichtswiss. 25 (1977), 1340–1351.

**Thomson,** Erik: Zwanzig Jahre baltische Sowjetrepubliken. — In: Außenpolitik 11 (1960), 543—549.

Die **Tragödie** der ukrainisch-katholischen Kirche. Zusammengestellt aus den Hirtenbriefen, Sendungen und Diktaten des Metropoliten Andreas Scheptytzkyjs. — In: Ukraine Verg. Gegenw. 1 (1952), H. 1, 13—24 u. H. 2, 9—15.

**Tscherkower,** Elias: The pogroms in the Ukraine in 1919. — New York: Yivo Inst. for Jewish Research 1965. 372 S.

Die **Ukraine** als bedeutungsvolles Problem. — In: Ukraine Verg. Gegenw. 2 (1953), H. 4, 5—18.

**Undahl,** Peter: Kasachstan — rotes Land mit goldener Zukunft. — In: Dtsch. Rdsch. 81 (1955), 1241—1245.

**Vakar,** Nicholas P.: Belorussia. The making of a nation. A case study. — Cambridge, Mass.: Harvard University Press; London: Cumberlege 1956. XII, 297 S.

**Weerd,** Hans de: Gauleiter Koch in der Ukraine. — In: Ukraine Vght. Gegenw. 4 (1955), 41—45.

**Zur Mühlen,** Patrik von: Zwischen Hakenkreuz und Sowjetstern. Der Nationalismus der sowjetischen Orientvölker im Zweiten Weltkrieg. — Düsseldorf: Droste (1971). 256 S.
*(Bonner Schriften zur Politik und Zeitgeschichte. 5.)*

## Südosteuropa

**Ádám,** Magda: Les pays danubiens et Hitler ⟨1933–1936⟩. – In: Rev. Hist. deux. Guerre mond. 25 (1975), H. 98, 1–26.

**Benditer,** J.: Atitudinea guvernului romîn faţă de Cehoslovacia în lunile premergătoare München-ului (Mai—Septembrie 1938). — In: Studii, Rev. Istorie 9 (1956), H. 5, 7—18.

**Britz,** Nikolaus: Die Donauschwaben zwischen gestern und heute. — Wien: Hauptverein der Donauschwäbischen Landsmannschaft 1957. 144 S.

**Dedijer,** Vladimir: Jugoslovansko-albanski odnosi 1939—1948, na podlagi uradnih documentov, pisem in drugega gradiva. — Ljubljana: Borba 1949. 138 S.
Über die jugoslawisch-albanischen Beziehungen 1939—1948, auf Grund amtlicher Dokumente, Briefe und anderen Materials.

**Dellin,** L. A. D.: Das Mazedonien-Problem in kommunistischer Sicht. Ein Lösungsversuch im Rahmen einer Balkanföderation. — In: Südost-Forsch. 28 (1969), 238—264.

Die **Donauschwaben** zwischen gestern und heute. Festschrift zur Fünfzig-Jahr-Feier des Schwabenvereines Wien. (Hrsg. vom Hauptverein der Donauschwäb. Landsmannschaft in Wien, Niederösterreich und Burgenland. Planung u. Redaktion: Nikolaus Britz.) — (Wien) 1957: (Fleck). 142 S.

**Eck,** Nathan: The march of death from Serbia to Hungary (September 1944) and the slaughter of Cservenka. (Story of a survivor of the death pit.) — In: Yad Washem Studies 2 (1958), 255—294.

**Fotino,** N.: Regimul semicolonial al Dunarii impus de imperialistii anglo-francezi. Statutul definitiv al Dunarii din anul 1921. — In: Studii, Rev. Istorie 8 (1955), H. 2, 7—29.

**Franzel,** Emil: Der Donauraum im Zeitalter des Nationalitätenprinzips (1789—1918). — München: Lehnen (1958). 165 S.
*(Dalp-Taschenbücher. 343.)*

**Göllner,** Hans Otto: Die Katastrophe des Südostdeutschtums. Das Schicksal der südostdeutschen Volksgruppen im 2. Weltkrieg. — Graz: Alpenland-Buchh. 1957. 39 S.

**Hartl,** Hans: Der „einige" und „unabhängige" Balkan. Zur Geschichte einer politischen Vision. – München: Oldenbourg 1977. 134 S.
*(Untersuchungen zur Gegenwartskunde Südosteuropas. 11.)*

**Hügel,** Kaspar: Das donauschwäbische Schulwesen während des Zweiten Weltkrieges. — In: Südostdtsch. Heimatbl. 5 (1956), 64—76.

**Jering,** Karl: Die Donauschwaben. Schicksal einer Volksgruppe. — In: Sammlung 15 (1960), 372—384.

**Kalbe,** Ernstgert: Antifaschistischer Widerstand und volksdemokratische Revolution in Südosteuropa. Das Hinüberwachsen des Widerstandskampfes gegen den Faschismus in die Volksrevolution (1941–1944/45). Ein revolutionsgeschichtlicher Vergleich. – Berlin: Dtsch. Verl. d. Wiss. 1974. 273 S.

**Kiszling,** Rudolf: Die militärischen Vereinbarungen der Kleinen Entente 1929—1937. — In: Südost-Forschungen 17 (1958), 333—376 und 18 (1959), 122—169.

**Loverdo,** Costa de: Les Maquis Rouges des Balkans. 1941—1945. ⟨Grèce, Yougoslavie, Albanie.⟩ — (Paris:) Stock (1967). 388 S.
*(Témoins de notre temps.)*

**Miehsler,** Herbert: Die Donau im Völkerrecht. — In: Donauraum 2 (1957), 176—187.

**Nebollieff,** Michael: Das bulgarisch-rumänische Vertragswerk von Craiova vom 7. September 1940. Die friedliche Lösung der Dobrudscha-Frage. — o. O. (1948). 165 gez. Bl. [Maschinenschr.]
*Würzburg, rechts- u. staatswiss. Diss. 16. Aug. 1946.*

**Negru,** Mircea: De la Petite Entente à la Entente balkanique.
*Paris, Diss. 1948.*

**Orlow,** Dietrich: The Nazis in the Balkans. A case study of totaliarian politics. — Pittsburgh: University of Pittsburgh Press 1968. 235 S.

**Pavlowitch,** K. St.: Yugoslavia and Rumania, 1941. — In: J. Centr. Europ. Aff. 23 (1963/64), 451—472.

**Romanow**-Bobińska, Klara: Reformy agrarne w Rumunii, Jugosławii i Bułgarii po I Wojnie światowej. - In: Studia Dziej. ZSRR Eur. Środk. 11 (1975), 47–70.

**Saria,** Balduin: Geschichte der südostdeutschen Volksgruppen. — Kitzingen a. Main: Holzner (1954). 36 S.
*(Der Göttinger Arbeitskreis. 42.)*

**Schönfeld,** Roland: Die Balkanländer in der Weltwirtschaftskrise. - In: Vjschr. Sozial- u. Wirtschaftsgesch. 62 (1975), 179–213.

**Schröder,** Hans-Jürgen: Südosteuropa als „Informal Empire" Deutschlands 1933–1939. - In: Jbb. Gesch. Osteuropas 23 (1975), 70–96.

# GESCHICHTE EINZELNER STAATEN

**Senz,** Josef: Geschichte der Donauschwaben. 2. erw. Aufl. — Freilassing: Pannonia-V.; Salzburg: Donauschwäb. Verl. Ges. 1955. 148 S.
*(Donauschwäbische Beiträge. 11.)*

**Südosteuropa** im Zweiten Weltkrieg. Ein Schrifttumsbericht. — In: Südostforschungen 12 (1953), 210—244.

**Vago,** Bela: The shadow of the Swastika. The rise of fascism in the Danube Basin, 1936–1939. Publ. for the Inst. of Jewish Aff., London. - (Farnbourough:) Saxon House 1975. 431 S.

**Wiener,** Rudolf: Der Föderalismus im Donauraum. — Graz, Köln: Böhlau 1960. 236 S.
*(Schriftenreihe des Forschungsinstituts für den Donauraum. 1.)*

**Wierer,** Rudolf: Das Nationalitätenrecht in den Donauländern seit 1918. — In: Donauraum 2 (1957), 141—148.

**Wüscht,** Johann: Der jugoslawisch-ungarische Freundschaftsvertrag von 1940. — In: Donauschwäb. Briefe 6 (1965), H. 24, 24—27.

**Zagoroff,** S. D. [u. a.]: The agricultural economy of the Danubian countries 1935—1945. — Stanford: Stanford University Press 1955. 749 S.

**Zubok,** L. I.: Rumunsko, Jugoslavie a Bulharsko v letech 1918—1939. — Praha: Odd. prop. a agitace Ústř. výb. KSČ 1951. 78 S.

## Albanien

**Davies** [Brigadier „Trotzky"]: Illyrian venture. The story of the British military mission to enemy occupied Albania 1934—1944. — London: Bodley Head 1953. 247 S.

**Frank,** Hermann: Landser, Karst und Skipetaren. Bandenkämpfe in Albanien. — Heidelberg: Vowinckel 1957. 244 S.
*(Landser am Feind. 1.)*

**Lufta** nacional-clirimtare e popullit shqiptar gjatë luftës së II botërore. — Tiranë: Shtëpija Botonjëse „Naim Frasheri" 1951. 76 S.
Behandelt den nationalen Befreiungskampf des albanischen Volkes während des zweiten Weltkrieges.

**Pernack,** Hans-Joachim: Probleme der wirtschaftlichen Entwicklung Albaniens. Untersuchungen des ökonomischen und sozioökonomischen Wandlungsprozesses von 1912/13 bis in die Gegenwart. - München: Selbstverl. d. Südosteuropa-Gesellsch. 1972. XII, 198 S.
*(Südosteuropa-Studien. 18.)*

**Plasari,** Ndreçi: Caractéristiques de la lutte de libération nationale du peuple albanais contre les occupants fascistes 1939—1944. — In: Studia albanica 1966, H. 1, 3—13.

**Russ,** Wolfgang: Die Entwicklung Albaniens. Ein Beitrag zum Konzept autozentrierter Entwicklung. (Mit e. Vorw. von Dieter Senghaas.) - Königstein/Ts.: Hain 1979. XI, 350 S.
*(Transfines. 11.)*

**Schwanke,** Robert: Bildung von Nation und Staat in Albanien. — In: Österr. Osthefte 3 (1961), 453—462.

**Sechu,** M.: Albanija v navečerieto na osvoboždenieto. — Sofija: Durž. voen. izd. 1954. 104 S.
Albanien am Vorabend seiner Befreiung.

**Serra,** Alessandro: Albania, 8 settembre 1943 - 9 marzo 1944. - Milano: Longanesi 1974. 320 S.

**Skendi,** Stavro [Ed.]: Albania. — New York: Praeger (for the Mid-European Studies Center) 1956. 389 S.

**Smirnova,** N. D.: Iz istorii nacional'noosvoboditel'noj bor'by albanskogo naroda v period vtoroj mirovoy vojny. — In: Vop. Ist. 1952, H. 8, 25—47.
Über den Freiheitskampf des albanischen Volkes im Zweiten Weltkriege.

**Smirnova,** Nina Dmitrievna: Obrazovanie narodnoj respubliki Albanii 1939—1946. — Moskva: Izdatel'stvo Akademii Nauk SSSR 1960. 194 S.

## Bulgarien

**Angelov,** D.: Istorija na bulgarskata duržava i pravo. — Sofia: Nauka i izkustvo 1951. 212 S.

**Birman,** Michail Abramovič: Revoljucionnaja situacija v Bolgarii v 1918—1919 gg. — Moskva: Akad. Nauk SSR 1957. 389 S.

**Bozinov,** Voj.: Učastieto na narodno-demokratičeska Bolgarija vav vojnata protiv hitleriska Germanija. — In: Istorič. Pregled [Sofija] 1955, H. 3/4, 3—38.

**Božinov,** Voin: Političeskata kriza v Bulgarija prez 1943—1944. — Sofija: Bulgarskata Akad. na Naukite 1957. 168 S.

**Chary,** Frederick B.: The Bulgarian Jews and the final solution, 1940—1944. — Pittsburgh: University of Pittsburgh Press 1972. 246 S.

**Christov,** Christo: Revoljucionnata kriza v Bulgarija prez 1918—1919. — Sofija: Bulg. Kom. Partija 1957. 607 S.

**Dellin,** L. A. D. [Ed.]: Bulgaria. — London: Atlantic Press 1957. XVII, 457 S.

**Dimitrow,** Ilczo: Ewolucja dyktatury faszystowskiej w Bułgarii ⟨1954—1939⟩. - In: Studia Dziej. ZSRR Eur. Środk. 10 (1974), 75–94.

**Dimitrov,** Itcho: La mort du Roi Boris III. — In: Rev. Hist. deux. Guerre mond. 21 (1971), H. 83, 17—30.

**Dimitrov,** Ilčo: Bulgaro-italianski političeski otnošenija 1922—1943. – Sofija: Izd. Nauka i Izkustvo 1976. 471 S.

**Dimitrov,** Iltcho: La politique extérieure du gouvernement d'Ivan Bagrianov. - In: Rev. Hist. deux. Guerre mond. 24 (1974), H. 93, 17–44.

**Ganevič,** I. V.: Vooružennoe vosstanie v Bolgarii 9 sentjabrja 1944 g. — In: Trudy Odes. Universiteta, t. 145, Serija obščestv. nauk, vyp. 1, 1955, 117—149.

**Gornenski,** Nikifor: Vooruženata borba na bulgarskija narod za osvoboždenie ot hitleriskata okupacija i monarcho-fašistkata diktatura 1941—1944 g. — Sofija: Bulg. KP 1958. 336 S.

**Gornenski,** Nikifor: Über die Teilnahme von Ausländern am bulgarischen Widerstandskampf. — In: Internat. H. Widerstandsbewegung 2 (1960), H. 4, 113—120.

**Gornenski,** Nikifor: Über die antifaschistische Widerstandsbewegung und den bewaffneten Kampf in Bulgarien 1941—1944. — In: Zs. Geschichtswiss. 6 (1958), 1069—1088.

**Istorija** Bolgarii. V 2-ch tomach. Pod red. Petra Nikolaeviča Tret'jakova [u. a.] — Moskva: Akad. Nauk SSSR 1954/55.

**Kalbe,** Ernstgert: Über die faschistische Diktatur der zwanziger Jahre in Bulgarien und die deutschen Hilfsaktionen für die bulgarischen Arbeiter und Bauern. — In: Z. Geschichtswiss. 5 (1957), 749—769.

**Kanapa,** Jean: Bulgarie d'hier et d'aujourd'hui. Le pays de Dimitrov. — Paris: Ed. Sociales 1953. 236 S.

**Kosev,** D.: Lekcii po nova bulgarska istorija. — Sofia: Nauka i izkustvo 1951. 328 S.

**Miller,** Marshall Lee: Bulgaria during the Second World War. - Stanford, Calif.: Stanford University Press 1975. XII, 290 S.

**Oren,** Nissan: Bulgarian communism. The road to power 1934—1944. — New York: Columbia University Press 1971. XII, 288 S.

**Oren,** Nissan: Revolution administered. Agrarianism and communism in Bulgaria. - Baltimore: Johns Hopkins Press 1973. 204 S.
*(Integration and Community Building in Eastern Europe. 8.)*

**Oschlies,** Wolf: Bulgariens Juden in Vergangenheit und Gegenwart. [Hrsg.: Bundesinst. f. ostwiss. u. internat. Studien.] — Köln: [Selbstverl. d. Hrsg.] 1972. 59 S.
*(Berichte des Bundesinstituts für ostwissenschaftliche und internationale Studien. 1972, 16.)*

**Pavlov,** Todor: Za marksičeska istorija na Bulgarija. Statii, dokladi, izkazvanija, recenzii 1938—1954. — Sofija: Bulg. Akad. na Naukite 1954. 473 S.

**Petrova,** Dimitrina V.: Bulgarskijat zemedelski naroden sujuz i narodnijat front ⟨1935—1939 g.⟩ — In: Istoričeski Pregled 19 (1963), H. 1, 3—31.

**Petrova,** Slavka: Neuspechut na monarcho-fašistite da likvidirat narodoosvoboditelnata vustaničeska armija prez avgust 1944 g. — In: Istoričeski Pregled 16 (1960), H. 5, 17—52.

**Popoff,** D[imiter] N[ikola]: Bulgarien blickt westwärts! — Frankfurt a. M. [Liebfrauenberg 39]: Selbstverlag der Deutsch-Bulgar. Gesellschaft (1951). VIII, 160 S.

**Pundeff,** Marin: Two documents on Soviet-Bulgarian relations in November, 1940. — In: J. Centr. Europ. Aff. 15 (1955/56), 367—378.

**Radkov,** Ivan: Komitetite na otečestvenija front-faktičeski organi na mestnata vlast neposredstveno sled 9 septembri 1944 g. — In: Istoričeski Pregled 19 (1963), H. 2, 3—22.

**Rothschild,** J. A.: A history of the Communist Party of Bulgaria to 1935.
Oxford, phil. Diss., *1954*.

**Rothschild,** Joseph A.: A history of the communist party of Bulgaria to 1935. — New York: Columbia University Press 1958. 400 S.

**Šarlanov,** D.: Nelegalinjat otečestvenofrontovski pečat (1942—9. IX. 1944 g.) — In: Istoričeski Pregled 17 (1961), H. 2, 63—75.

Die deutschen **Schulen** in Bulgarien vor dem Zweiten Weltkrieg. - In: Dtsch. Stud. 12 (1974), 414–424.

**Toškova,** Vitka: Bulgarija i Tretijat Rajch ⟨1941-1944⟩. (Političeski otnošenija.) - Sofija: Izd. Nauka i Izkustvo 1975. 256 S.

**Tscherwenkoff,** Wylko [Vylko Červenkov]: Der 9. Jahrestag d. bewaffneten Volksaufstandes vom 9. Sept. 1944 (Devetata godišnina na devetoseptemvrijskoto naradno vuoruženo vustanic, dt.) Rede auf der Festveranstaltung in Sofia am 8. Sept. 1953. — Berlin: Dietz 1954. 63 S.
*(Internat. Schriftenreihe. 20.)*

Walew (**Valev**), L. B.: Aus der Geschichte der vaterländischen Front Bulgariens (Iz istorii otecestvennogo fronta Bolgarii, dt.) (Juli 1942 — Sept. 1944.) — Berlin: Dietz 1952. 132 S.

**Vekov,** Angel Hr.: Bulgaro-ruski revolucionni vrăzki. 1885—1917. — Sofija: BKP Izd. 1965. 200 S.

Bulgariens **Volk** im Widerstand 1941 —1944. Eine Dokumentation über den bewaffneten Kampf gegen den Faschismus. Hrsg. von Petar Georgieff und Basil Spiru... Zusammengest. von Maria Erelijska u. a. — Berlin: Rütten & Loening 1962. 413 S.

## Griechenland

**Aleku,** Panajotis: Zur Entwicklung des Kapitalismus in Griechenland bis zum Zweiten Weltkrieg. - In: Jb. Wirtschaftsgesch. 1973, T. 3, 37-58.

**Avni,** Haim: Spanish nationales in Greece and their fate during the holocaust. — In: Yad Vashem Stud. 8 (1970), 31—68.

'Ἀντωνακέα, Ν.: Φαυλοκρατία. Πολιτική ἱστορία Ἑλλάδος. Tom. 1. 2. — 'Ἀθῆναι: 1953.

**Axelos,** Kostas: The civil war in Greece. December, 1944. — In: Review 4 (1962), 74—85.

**Chandler,** Geoffrey: The divided land. An Anglo-Greek tragedy. — London: Macmillan 1959. XVI, 214 S.

**Cosmin,** S. P.: Dossiers secrets de la Triple Entente. Grèce 1914—1919. — Paris: Nouv. Ed. latines 1970. 414 S.

**Fischer,** Walter [u.] Eberhard Rondholz: Revolution und Konterrevolution in Griechenland 1936—1970. — In: Argument 12 (1970), 95—163.

**Friedman,** Philip: The Jews of Greece during the second world war. A bibliographical survey. — In: The Joshua Starr Memorial Volume, New York: Jacobs 1953, 241—248.

**Hahn,** Paul: Die griechische Währung und währungspolitische Maßnahmen unter der Besetzung 1941—1944. — Tübingen: Institut für Besatzungsfragen 1957. II, 60 S.
*(Studien des Instituts für Besatzungsfragen in Tübingen zu den deutschen Besetzungen im 2. Weltkrieg. 10.)*

**Hampe,** Roland: Die Rettung Athens im Oktober 1944. — Wiesbaden: Steiner 1955. 112 S.
*(Vorträge des Instituts für europäische Geschichte Mainz.)*

**Jäschke,** G[otthard]: Die griechische Landung in Izmir im Lichte der britischen Dokumente. — In: Mitteilungen [der] Deutsch-Türkischen Gesellschaft Bonn 1968, H. 73, 9—13.

**Iatrides,** John O.: Revolt in Athens. The Greek communist „second round" 1944—1945. With a forew. by William Hardy McNeill. — Princeton, N.J.: Princeton University Press 1972. XIV, 340 S.

**Kabeli,** Isaac: The resistance of the Greek Jews. — In: Yivo Annual of Jewish Soc. Science 8 (1953), 281—288.

**Kédros,** André: La resistance grecque. ⟨1940—1944.⟩ — Paris: Laffont (1966). 543 S.
(L'Histoire que nous vivons.)

**Kitsikis,** Dimitri: La famine en Grèce ⟨1941—1942⟩. Les conséquences politiques. — In: Rev. Hist. deux. Guerre mond. 19 (1969), H. 74, 17—41.

**Kitsikis,** Dimitri: La Grèce entre l'Angleterre et l'Allemagne de 1936 à 1941. — In: Rev. hist. 238 (1967), 85—116.

**Kitsikis,** Dimitri: Propagande et pressions en politique internationale. Le Grèce et ses revendications à la conférence de la paix ⟨1919—1920⟩. — Paris: Presses Universitaires de France 1963. 337 S.

**Kousoulas,** Dimitrios G.: The price of freedom: Greece in world affairs 1939—1953. — Syrakuse N. Y.: Syrakuse University Press 1953. XI, 210 S.

Κουσούλας, Δημήτριος Γ.: Τὸ τίμημα τῆς ἐλευθερίας. Ἡ Ἑλλὰς εἰς τὸν Διεθνῆ Στίβον 1939—1953. — Ἀθῆναι 1955. 284 S.

**Leon,** George B.: Greece and the great powers 1914–1917. – Thessalonike: Stavros Georgiades for the Inst. for Balkan Stud. 1974. 521 S.
(Serial. 143.)

**Manousakis,** Gregor: Hellas, wohin? Das Verhältnis von Militär und Politik in Griechenland seit 1900. — Godesberg: Verl. Wissenschaftl. Archiv (1967). 228 S.

**Mathiopoulos,** Basil P.: Die Geschichte der sozialen Frage und des Sozialismus in Griechenland (1821—1961). Mit einem Vorwort von C. Schmid. — Hannover: Verl. f. Literatur u. Zeitgeschehen (1961). 189 S.
(Schriftenreihe d. Forschungsstelle der Friedrich-Ebert-Stiftung. B.)

**Mathiopoulos,** Basil P.: Die politischen Parteien Griechenlands. — In: Intern. Jb. Politik 1955, 308—314.

**Molho,** Michael [u.] Joseph Nehama: The destruction of Greek Jewry. 1941—1944. — Jerusalem: Yad Vashem 1965. 266 S.

**Myers,** E. C. W.: Greek entanglement. — London: Hart-Davis 1955. 289 S.

**Noel-Baker,** Francis: Greece. The whole story. — London: Hutchinson (1946). 64 S.

**Papagos,** Alexandre: La Grèce en guerre, 1940—1944. Trad. par Georges Pappa. — Athènes: Ed. Alpha 1951. 396 S.

Παπάγος, Ἀλέξανδρος: Ὁ Ἑλληνικὸς στρατὸς καὶ ἡ πρὸς πόλεμον προπαρασκευή τοῦ 1923—1940. — Ἀθῆναι; Ἐθνικὸς Κῆρυξ 1953. 184 S.

**Papagos,** Alexander: Guerilla warfare. — In: Foreign Aff. 30 (1951/52), 215—230.

**Papathanasiades,** Theodosios: The bandits last stand in Greece. — In: Mil. Rev. 30 (1950/51), H. 11, 22—31.

Πιπινέλη, Π.: Ἱστορία τῆς ἐξωτερικῆς πολιτικῆς τῆς Ἑλλάδος 1923—1941. — Ἀθῆναι: [1948]. 374 S.

**Psychoundakis,** George: The Cretan runner. His story of the German occupation. Transl. and introd. by Patrick Leigh Fermor. — London: Murray 1955. XI, 242 S.

**Richter,** Heinz: Griechenland zwischen Revolution und Konterrevolution (1936–1946). Mit e. Vorw. von Komninos Pyromaglou u. e. Aufsatz d. gleichen Verf.: „Die Auflösung der EOEA-Edes im Dezember 1944". - (Frankfurt a. M.:) Europ. Verl.-Anst. (1973). 623 S.

**Roediger,** Conrad: Die internationale Hilfsaktion für die Bevölkerung Griechenlands im Zweiten Weltkrieg. — In: Vjh. Zeitgesch. 11 (1963), 49—71.

**Sarafis,** Stefanos: Greek resistance army. The story of ELAS. — London: Birch Books 1951. XXVII, 324 S.

**Schramm - von Thadden,** Ehrengard: Griechenland und die Großmächte im Zweiten Weltkrieg. — Wiesbaden: Steiner 1955. VI, 244 S.
(Veröffentlichungen des Instituts für Europäische Geschichte Mainz. 9.)

**Skendi,** Stavro: The northern Epirus question reconsidered. — In: J. Centr. Europ. Aff. 14 (1954/55), 143—153.

**Smith,** M. Llewellyn: Ionian vision. Greece in Asia Minor, 1919–1922. — London: Allen Lane 1973. 401 S.

**Spencer,** F. A.: War and postwar Greece. An analysis based on Greek writings. — Washington: Library of Congress 1952. 175 S.

**Stadtmüller,** Georg: Haiduken und Partisanen. — In: Neues Abendland 9 (1954), 267—276.
Über die Widerstandsbewegung in Griechenland.

**Stavrianos,** L. S.: The Greek national liberation front (EAM). A study in resistance organisation and administration. — In: J. mod. Hist. 24 (1952), 42—55.

**Svoronos,** Nicolas: Histoire de la Grèce moderne. — Paris Presses Universitaires de France 1953. 128 S.

**Sweet-Escott,** Bickham: Greece. A political and economic survey, 1939—1953. — London: Royal Institute of International Affairs 1954. VIII, 207 S.

**Vasileva,** Nadejda Slavi: On the catastrophe of the Thracian Jews. Recollection. — In: Yad Washem Studies 3 (1959), 295—302.

**Vukmanović,** Svetozar: Il partito communista greco e la lotta di liberazione nazionale. — Milano: Pianezza 1951. 169 S.

**Vukmanović,** Svetozar: Über die Volksrevolution in Griechenland. — Belgrad: Jugoštampa 1950. 116 S.

**Woodhouse,** C. M.: Zur Geschichte der Resistance in Griechenland. — In: Vjh. Zeitgesch. 6 (1958), 138—150.

**Xydis,** Stephen G.: Greece and the Yalta declaration. — In: Amer. Slavic & East Europ. Rev. 20 (1961), H. 1, 6—24.

**Zotos,** Stephanos: The Greeks. Dilemma between past and present. — New York: Funk 1969. 270 S.

**Zürrer,** Werner: Die „Griechische Frage" auf den Friedenskonferenzen von 1919/20. - In: Südost-Forsch. 35 (1976), 183–246.

Jugoslawien

**Abadžiev,** G'orġi: Balkanskite vojni i Makedonija. — Skoplje: Institut za nacionalna istorija 1958. 295 S.

**Altach,** Thomas: Tito und der Titoismus. Der Riß durch den Eisernen Vorhang. — In: Neues Abendland 6 (1951), 465—475 und 553—558.

**Andjelić,** Jjubo: Trinaestojulski ustanak i italijansko-kvislinska ofanziva na olobodjenoj teriroriji u Črnoj Gori, Boki i Sandžaku (13 Jul—16 Avgust 1941). — In: Istoriski Zapisi 18 (1961), 217—256.

**Apostolski,** Mihailo, Aleksandar Hristov, Rastislav Terzioski: Polažaj okupirane Makedonije u drugum ratu (1941—1944). — In: Jugosl. Ist. Čas. 2 (1963), H. 3, 43—71.

**Apostolski,** Mihailo: Završne operacije za oslobodjenje Makedonije. — Beograd: Vojno Delo 1953. 303 S.

**Arnez,** John A.: Slovenia in European affairs. Reflections on Slovenian political history. — Washington: Studia Slovenica 1958. X, 204 S.

Istoriski **atlas.** Oslobodilačkog rata naroda jugoslavije 1941—1945. Izdanje Vojnoistoriskog Instituta INA. — [Beograd]: Geografsk. Institut INA 1952. 63 ungez. Kt.

**Avakumovic,** Ivan: The communist party of Yugoslavia. — In: Occidente 12 (1956), 197—213.

**Begović,** Branko S.: Die Entwicklung der Presse bei den Jugoslawen von ihren Anfängen bis zur Gegenwart unter besonderer Berücksichtigung der Presse in der Föderativen Volksrepublik Jugoslawien. — o. O. 1952. 162 gez. Bl. [Maschinenschr.]
*München, phil. Diss. 11. Juni 1953.*

**Bekić,** Milan, Ivo Butković [u.] Slavko Goldstein: Okrug Karlovac 1941. — Zagreb 1965: (Inst. za historiju radničkog pokreta). 386 S.
*(Prilozi za povijest socijalističke revolucije.)*

**Biber,** Dušan: Nacizem in nemci v Jugoslaviji 1933—1941. — Ljubljana: Cankerjeva založba 1966. 480 S.

**Blažeković,** St.: Priručnik za historiju medunarodnog radničkog pokreta i historiju KPJ. — Zagreb: Naprijed 1960. 256 S.

**Bondar,** N. N.: Vozniknovenie organov narodnoj vlasti v Jugoslavii v 1941—1942 godach. — In: Vop. Ist. 1956, H. 2, 114—124.

**Bonifacic,** Antun F. und Clement S. Mihanovich [Eds.]: The Croatian nation. — Chicago: Croatia Cultural Publishing Center 1955. XVI, 441 S.

**Breccia,** Alfredo: Jugoslavia 1939-1941. Diplomazia della neutralità. — Milano: Giuffrè 1978. XVI, 812 S.

**Clanci** i dokumenti iz narodno-oslobodilačke borbe na moru. — Split: Red. Lista i Časopisa J.R.M. 1951. 128 S.
Artikel und Dokumente über den Seekrieg während des jugoslawischen Widerstandes.

Croacia y su destino. — Buenos Aires: (Ed. Studia Croatica) 1977. XI, 285 S.
*(Studia Croatica. Edición especial.)*

**Cserenyey,** G.: The assassination of King Alexander of Yugoslavia in 1934 and the political background of the crime.
*London, phil. Diss., 1954.*

**Čulinović,** Ferdo: Okupatorska podjela Jugoslavije. — Beograd: Vojnoizdavački zavod 1970. 688 S.

**Dasić,** Miomir: Narodni ustanak u Beranskom (Ivangradskom) srezu Jula 1941. Godine i rad narodnog obdora oslobodjenja. — In: Istoriski Zapisi 18 (1961), 637—679.

**Dedijer,** Vladimir: The beloved land. — New York: Simon & Schuster 1961. 381 S.

**Dedijer,** Vladimir: With Tito through the war. A partisan diary 1941-1944. — London: Hamilton 1951. 403 S.

**Dimitrijević,** Sergije: Das ausländische Kapital in Jugoslawien vor dem Zweiten Weltkrieg (Strani kapital u privredi bivše Jugoslavije, dt.) (Aus d. Serbokroat. übers. von Martin Zöller.) — Berlin: Rütten & Loening 1963. 286 S.

**Ferenc,** Tone: Nacistička raznarodovalna politika v Slovenije v letih 1941—1945. — Maribor: Založba 1968. 826 S.

**Fricke,** Gert: Kroatien 1941—1944. Der „Unabhängige Staat" in der Sicht des Deutschen Bevollmächtigsten Generals in Agram, Glaise von Horstenau. — Freiburg: Rombach (1972). 206 S.
*(Einzelschriften zur militärischen Geschichte des Zweiten Weltkrieges. 8.)*

**Gauß,** Adalbert Karl: Das Wojwodina-Problem. — In: Donauraum 1 (1956), 143—152.

**Gerskovic,** Leo: Entwicklung und Aufbau der Volksausschüsse als Organe der Selbstverwaltung in Jugoslawien 1941—1952. — In: Europa-Archiv 7 (1952), 5337—5342.

An der **Grenzwacht** des Abendlandes. Das kroatische Volk im Kampf gegen zwei antieuropäische Ideen. — Buenos Aires: Verband d. Kroatischen Organisationen in Südamerika 1952. 29 S.

**Gribanov,** B.: Banda Tito — orudie amerikano-anglijskich podzigatelej vojny. — Moskva: Gos. Izd. Polit. Lit. 1951. 150 S.

**Guldeseu,** Stanko: The background of the Croatian independence movement. — In: South Atlantic Quart. 56 (1957), 314—328.

**Gutsche,** Willibald: Serbien in den Mitteleuropaplänen des deutschen Imperialismus am Vorabend des ersten Weltkrieges. — In: Z. Geschichtswiss. 23 (1975), 35-48.

**Haberl,** Othmar Nikola: Die Emanzipation der KP Jugoslawiens von der Kontrolle der Komintern/KPdSU 1941-1945. — München: Oldenbourg 1974. 86 S.
*(Untersuchungen zur Gegenwartskunde Südosteuropas. 8.)*

**Hadri,** Ali: Okupacioni sistem na Kosovu i Metohiji 1941—1944. — In: Jugosl. Ist. Čas. 4 (1965), H. 2, 39—60.

**Harmsen,** Hans: Demografische Verluste Kroatiens 1941 bis 1946. — In: Donauraum 24 (1979), 154-157.

**Hasanagić,** Edib: Vom Studium der Geschichte des Befreiungskampfes der Völker Jugoslawiens. — In: Internat. Hefte d. Widerstandsbewegung 1 (1959/60), H. 1, 40—47.

# GESCHICHTE EINZELNER STAATEN

**Hefer,** Stjepan: Croatian struggle for freedom and independence. — Buenos Aires: Croatian Information Service 1959. 238 S.

**Holzträger,** Hans: Die Evakuierung der Deutschen des serbischen Banats im Herbst 1944. - In: Südostdtsch. Vjbll. 25 (1976), 263-268.

**Hoptner,** J. B.: Yugoslavia in crisis 1934—1941. — New York: Columbia University Press 1962. 328 S.

**Hoptner,** J. B.: Yugoslavia as neutralist: 1937. — In: J. Centr. Europ. Aff. 16 (1956/57), 156—176.

**Hory,** Ladislaus [u.] Martin Broszat: Der kroatische Ustascha-Staat 1941—1945. — Stuttgart: Dtsch. Verl.-Anst. (1964). 183 S.
*(Schriftenreihe der Vierteljahrshefte für Zeitgeschichte. 8.)*

**Jugoslawien.** In Zusammenarbeit m. zahlr. Fachgelehrten hrsg. von Werner Markert. — Köln, Graz: Böhlau-V. 1954. XI, 400 S.
*(Osteuropa-Handbuch.)*

**Kalinin,** P. S.: Die Partisanenrepublik (Partizanskaja respublika, dt.) Niedergeschrieben von N. W. Bakajewa. Aus d. Russ. übers. von Johanna Müller. — Berlin: Dietz 1968. 404 S.

**Kerber,** Karl: Jugoslawien. — Hannover: Verl. f. Literatur u. Zeitgeschehen (1963). 77 S.
*(Hefte zur Ostkunde. 3.)*

**Kiszling,** Rudolf: Die Kroaten. Der Schicksalsweg eines Südslawenvolkes. — Graz, Köln: Böhlau 1956. VIII, 266 S.

**Knežević,** Antun: Die Kroaten und ihre Geschichte. Hrsg.: Zeitschrift „Oganj", Essen. — Düsseldorf (1961): Queisser. 144 S.

**Knežević,** Radoje: Jugoslovenska vlada i Draža Mihailović. — In: Poruka 1954, H. 18, 23 und 24.

**Krizman,** B.: Hitlerov „Plan 25" protiv Jugoslavije. Jugoslavija u svijetlu Nurnberških dokumenata. — Zagreb: Novinarsko Izd. pod. Tipografija 1953. 163 S.
Über die Absichten Hitlers gegenüber Jugoslawien.

**Krizman,** Bogdan: Pitanje priznanja ustaške države 1941. godine. — In: Jugosl. ist. Čas. 9 (1970), H. 1/2, 99—123.

**Krizman,** Bogdan: Razgraničenje ustaške države. — In: Jugosl. ist. Čas. 10 (1971), H. 1/2, 107—145.

**Kvaternik,** Eugen: Ustaška emigracija u Italiji I. 10. 4. 1941. — In: Hrvatska Revija [Buenos Aires] 2 (1952), 206—244.
Versuch einer Rechtfertigung der Ustascha-Politik.

**Kveder,** Dušan: Der jugoslawische Partisanenkrieg. — In: Allg. schweiz. Milit. Z. 119 (1953), 470—483, 550—564 und 628—634.

**Kveder,** Dushan: „Territorial war". The new concept of resistance. — In: Foreign Aff. 32 (1953/54), 91—108.

**Lazitch,** Branko: Tito et la révolution yougoslave 1937—1956. — Paris: Fasquelle 1957. 280 S.

**Lisac,** A. Lj.: Deportaciji Srba iz Hrvatske 1941. — In: Hist. Zbornik 9 1956), 125—145.

**Marjanović,** Jovan und Pero Morača: Naš oslobodilački rat i narodna revolucja 1941—1945. Istoriski pregled. — (Beograd 1958): Izdavačko preduzeće. 334 S.

**Marjanović,** Milan: Borba za Jadran 1914—1946. Iredentizam i imperializam. — Split: Redakcija Listova IRM 1953. 128 S.
Über den Kampf um das Adriatische Meer.

**Maserati,** Ennio: L'occupazione jugoslava di Trieste. (Maggio-giugno 1945.) — (Udine:) Del Bianco (1963). 213 S.
*(Lotta politica e resistenca nel Friuli e Venezia Giulia. 7.)*

**Matkovski,** Aleksandar: The destruction of Macedonian Jewry in 1943. — In: Yad Washem Studies 3 (1959), 203—258.

**Meneghello-**Dinčić, Kruno: Les alliés et la résistance yougoslave. — In: Rev. Hist. deux. Guerre mond. 11 (1961), H. 42, 27—48.

**Meneghello-**Dinčić, Kruno: L'état „Oustacha" de Croatie 1941—1945. — In: Rev. Hist. deux. Guerre mond. 19 (1969), H. 74, 43—65.

**Milatović,** Mile: Slučaj andrije hebranga. — Beograd: Kultura 1952. 266 S.
Behandelt u. a. die kroatische Ustascha-Bewegung.

**Milazzo,** Matteo J.: The Chetnik movement and the Yugoslav resistance. - Baltimore: Johns Hopkins Press 1975. 208 S.

**Milenković,** Toma: Socijalistička Partija Jugoslavije, 1921-1929. - Beograd: NIP-Export-Press 1974. 733 S.
*(Institut za Savremenu Istoriju.)*

**Mirabella,** Bartolomeo: Origini e limiti di Tito. — In: Rass. ital. Pol. Cult., März 1952, 134—142.

**Nikitović,** Časlav: Jugoslavija prema Evropi. — In: Dokumenti o Jugoslaviji 1954, H. 5, 11—25.
Über die Dreierpakt-Verhandlungen in Wien, März 1941.

**Omrčanin,** Ivo: Diplomatische und politische Geschichte Kroatiens. — Neckargemünd: Vowinckel 1968. 260S.

**Opić,** Slavko: Drvarska operacija. — In: Borba [Beograd], 19. Juli—13. Sept. 1955.
46 Artikel über die Vorbereitung und den Versuch, Tito gefangenzunehmen (Januar bis Mai 1944). Unter Verwendung deutscher und jugoslawischer Dokumente.

**Orovic,** Savo: Photographies de la guerre de libération nationale. — Belgrade: Jugoslovenska Knjiga 1951. 67 Bl.

**Ostovic,** P. D.: The truth about Yugoslavia. Introduction by Ivan Mestrovic. — New York: Roy 1952. 300 S.
Behandelt den Zusammenbruch des Staates 1941 vom kroatischen Standpunkt aus.

**Pajović,** Radoje: Okupacija Crne Gore 1941 godine i planovi okostvaranja „nezavisne" Crnogoreske drzave. — In: Istoriski Zapisi 18 (1961), 273—306.

**Paris,** Edmond: Genocide in satellite Croatia 1941—1945. A record of racial and religious persecutions and massacres. — Chicago: American Institute for Balkan Affairs 1961. 305 S.

**Pezet,** Ernest: Affaire Stepinac. — In: Studia Croatica 1 (1960), H. 1, 10—20.

**Pisarev,** Ju. A.: Pod'em massovogo revoljucionnogo dviženija narodov Jugoslavii v 1918—1919 godach. — In: Vop. Ist. 1953, H. 9, 20—37.
Über die revolutionäre Bewegung Jugoslawiens 1918—1919.

**Plenča,** Dušan: Jugoslavija u medjunarodnim problemima 1941. — In: Istoriski Glasnik 1959, 3—43.

Komunistički **pokret** i socijalistička revolucija u Hrvatskoj. (Izvanredno izd.) — Zagreb: [Institut za Historiju Radničkog Pokreta Hrvatske] 1919. 314 S.

Italian genocide **policy** against the Slovenes and the Croats; a selection of documents. — Beograd 1954. 199 S.

**Pregled** narodnooslobodilačkog rata u Makedoniji 1941—1944. — Beograd: Vojno-Istoriski Inst. JA. 1950. 213 S.

**Ristić,** Dragiša N.: Yugoslavias revolution of 1941. — London: Pennsylvania State University Press 1966. 175 S.
*(Hoover Institution Publications.)*

**Rogé,** Henri: Le coup d'état de 1941 en Yougoslavie. In: Hommes et Mondes, April 1954, 80—97.

**Sabille,** Jacques: L'attitude des italiens envers les juifs persecutes én Croatie. — In: Monde Juif 5 (1951), H. 46/47, 5—8 und H. 48, 6—10.

**Sava,** George: The Chetniks. — London: Regular Publ. o. J. 224 S.

**Šepić,** Dragovan: The question of Yugoslav Union in 1918. — In: J. Contemp. Hist. 3 (1968), H. 4, 29—43.

**Singleton,** Frederick: Twentieth-century Yugoslavia. - New York: Columbia University Press 1976. XIV, 346 S.

**Stanisavljević,** Djuro: Nastanak i razvitak četnickog pokreta u Hrvatskoj 1941—1942. — In: Istorija XX Veka, Zbornik radova 1962, 5—138.

**Starčević,** Veselin: Diktatura krale Alexandra v Jugoslávii 1929/31 a její charakter. — In: Českoslov. Čas. hist. 14 (1966), 36—53.

**Strugar,** V.: Der jugoslawische Volksbefreiungskrieg 1941—1945 (Jugoslovenski oslobodilački rat, dt.) (Aus d. Serbokroat. ins Dtsch. übertr. von Martin Zöller.) — (Berlin:) Dtsch. Militärverl. (1969).
1. 338 S.
2. 90, 22 S.

Les **systèmes** d'occupation en Yougoslavie 1941—1945. Rapports au 3e Congrès international sur l'histroie de la résistance européenne à Karlovy Vary les 2—4 septembre 1963. (Réd.: Petar Brajovic [u. a.]) — (Zagreb) 1963: Tisak Grafičkog Zavoda Hrvatske. 564 S.

**Terzić,** Velimir: Zavrsne operacije Jugoslovenske Armije 1945 godine. — In: Istoriski Zapisi 18 (1961), 257—272.

**Tito,** Josip Broz: L'armée populaire dans la guerre et la révolution. — In: Quest. actuell. Socialisme, Jan./Febr. 1952, 1—86.

**Tito,** Josip Broz: Sechzig Jahre des revolutionären Kampfes des Bundes der Kommunisten Jugoslawiens. - In: Sozialist. Theorie u. Praxis 6 (1979), H. 6, 3–53.

**Tomasevich,** Jozo: War and revolution in Yugoslavia, 1941–1945. The Chetniks. - Stanford, Calif.: Stanford University Press 1975. 508 S.

La **tragedia** de Bleiburg. Documentos sobre las matanzas en masa de los Croatas en Yugoeslavia comunista en 1945. — In: Studia Croatica 4 (1963).

**Tsvetkovitch,** D.: Le coup d'état yougoslave de 1941. — In: Hommes et Mondes, Juli 1954, 572—575.

Zemaljsko antifašističko **vijeće** narodnog oslobođenja hrvatske. Zbornik dokumenata 1943. (Urednički odbor: Leo Kobsa [u. a.]) — Zagreb 1964: (Inst. za historiju radničkog pokreta). 723 S.
*(Izvori za povijest socijalističke revolucije.)*

**Wacker,** Peter: Die Einsatzstaffel der Deutschen Mannschaft und die übrigen bewaffneten Einheiten der Deutschen Volksgruppe in Kroatien 1941—1945. — In: Feldgrau 10 (1962), 65—68.

**Wehler,** Hans-Ulrich: „Reichsfestung Belgrad". Nationalsozialistische „Raumordnung" in Südosteuropa. — In: Vjh. Zeitgesch. 11 (1963), 74—84.

**Yourichitch,** Evgueniyé: Le procès Tito-Mihailovitch. — Paris: Société d'Editions Françaises et Internationales 1950. 188 S.

**Yugoslavia.** Part 1: The history of the Yugoslav lands up to the outbreak of the first world war, by Muriel Heppel. Part 2: The birth of Yugoslavia and the modern state, by F. B. Singleton. — London: Benn 1961. 236 S.

**Zaccone,** Umberto: Guerra Partigiana in Montenegro. — Torino: Edit. Risorgimento 1967. 87 S.

**Zbornik** dokumenata i podataka o narodno-oslobodilačkom ratu jugoslovenskich naroda. — Beograd: Vojno-istoriski Institut Jugoslovenske Armiji 1949 ff.
Das Werk ist wie folgt gegliedert (jeder Teil mehrbändig):
1. Borbe u Srbij 1944.
2. Dokumenta vrhovnog staba narodno-oslobodilačke vojske Jugoslaviji.
3. Borbe u Crnoj Gori 1943—1944.
4. Borbe u Bosni i Herzegovini 1943.
5. Borbe u Hrvatskoj 1942—1943.
6. Borbe u Sloveniji 1942—1943.

**Zemaljsko** antifašističko vijeće narodnog oslobođenja Hrvatske. Zbornik dokumenata 1944. ⟨Od 1. siječnja do 9. svibnja.⟩ — Zagreb: [Institut za Historije Radničkog Pokreta Hrvatske] 1970. 733 S.

**Zotiades,** George B.: The Macedonian controversy. — Thessalonique: Ed. Société des Etud. Macédoniennes 1954. 92 S.

## Rumänien

**Armon,** Theodor I.: La Guardia di Ferro. - In: Storia contemp. 7 (1976), 507–544.

**Arnautu,** Nicolae I.: Douze invasions russes en Roumanie. — Buenos Aires: Editions Cuget Romanesc 1956. 190 S.

**Artzi,** I.: The underground activities of the pioneer movements in Rumania during World War II. — In: Yad Washem Bull. 1962, H. 12, 34—41.

**Bălteanu,** B.: Inceptul activitații guvernului democrat (6 martie 1945 — 9 mai 1945). — In: Studii, Revistă di Istorie 11 (1958), H. 3, 5—25.

**Bălteanu,** B.: Relațiile guvernului SUA cu regimul fascist din Romînia (septembrie 1940 — iunie 1942). — In: Studii, Revistă de Istorie 11 (1958), H. 6, 77—99.

**Bantea,** Eugen, Constantin Nicolae [u.] Gheorghe Zaharia: Romania in the war against Hitler's Germany. August 1944—Mai 1945. — Bucharest: Meridiane Publ. House 1970. 291 S.

**Bereznjakov,** Nikolaj Vasil'evič: Bor'ba trudjaščichsja Bessarabii protiv interventov v 1917—1920 gg. — Kišinev: Gos. izd. Moldavii 1957. 315 S.

**Bieńkowska,** D.: Rumunia od Trajana do demokracji ludowej. Wyd. 1. — Warszawa: Czytelnik 1953. 205 S.
    Geschichte Rumäniens von Trajan bis zur Gegenwart.

**Broszat,** Martin: Die Eiserne Garde und das Dritte Reich. — In: Polit. Studien 9 (1958), 628—636.

Gutachten des Instituts für Zeitgeschichte. **Broszat,** Martin: Das Dritte Reich und die rumänische Judenpolitik. — München 1957. 106 Bl. [Hektograph.]

**Brügel,** J[ohann] W[olfgang]: Das sowjetische Ultimatum an Rumänien im Juni 1940. — In: Vjh. Zeitgesch. 11 (1963), 404—417.

**Campus,** Eliza: Aspecte ale politicii externe a României în etapa postmüncheneza, octombrie 1938—aprilie 1939. — In: Studii și Materiale di Istorie Contemp. [București] 1 (1956), 215—276.

**Campus,** Eliza: Die hitlerfaschistische Infiltration Rumäniens 1939—1940. — In: Z. Geschichtswiss. 5 (1957), 213—228.

**Campus,** Eliza: Poziția României în timpul primei faze a celui de al doilea război mondial. — In: Studii și Articole 2 (1957), 577—609.

**Cicala,** I. und A. Egyed: Lupta oamenilor muncii sub conducerea P. C. R. pentru refacerea economică a regiunii Cluj și sprijinirea frontului antihitlerist (octombrie 1944—mai 1945). — In: Studii, Revistă de Istorie 12 (1959), H. 4, 303—324.

**Cîmponeriu,** E.: Presa illegală din Banat editană și îndrumată de partid în anii 1941—1944. — In: Studii, Revistă de Istorie 15 (1962), 1171—1193.

**Ciurea,** Emile-C.: L'effondrement des frontières roumaines en 1940. Ses conditions internationales. — In: Rev. Hist. deux. Guerre mond. 5 (1955), H. 20, 16—32.

**Constantinescu,** N. N.: L'exploitation et le pillage de l'économie roumaine par l'Allemagne hitlérienne dans la période 1939—1944. — In: Rev. Roumaine Hist. 3 (1964), 93—114.

**Constantinescu-**Iași, P.: Influența marii revoluții socialiste din octombrie asupra mișcării revoluționare din România in anii 1917—1921. — București: Ed. Științifică 1957. 70 S.

**Constantinescu-**Iași, P.: L'insurrection d'août 1944. — In: Rev. Hist. deux. Guerre mond. 18 (1968), H. 70, 39—55.

**Copoiu,** N.: Sur la pénétration de l'idéologie nazie en Roumanie et l'attitude protestataire de l'intellectualité roumaine. — In: Rev. Roumaine Hist. 3 (1964), 243—253.

**Cretzianu,** Alexandre: La politique de paix de la Roumanie à l'égard de l'Union soviétique (1919—1940). — Paris: Institut Univ. Roumain Charles-Ier 1954. 16 S.

**Cretzianu,** Alexandre: Rumunia a wrzesień 1939. — In: Kultura, März 1954, 106—114.

**Cupsa,** Ion: La contribution de la Roumanie à la défaite de L'Allemagne. — In: Rev. Hist. deux. Guerre mond. 18 (1968), H. 70, 57—68.

**Cupsa,** L. [u. a.]: Contribuția României la războiul antihitlerist (23 august 1944 — 9 mai 1945). — București: Editura Militara 1958. 573 S.

**Curticapeanu,** V.: Mișcarea culturală Romaneaască pentru unirea din 1918. — București: Ed. științifică 1968. 287 S.

**Documente** din istoria uniunii tineretului comunist din România 1917—1944. — București: Ed. Tineretului 1958. 494 S.

Central Office. United Restitution Organisation (URO). [Dokumentensammlung über die Judenverfolgung in Rumänien.] — (Frankfurt a. M.: Selbstverl. d. Hrsg.)
 1. (Nr. 1—81.) (1959.) 8, 3, 204 Bl.
 2. (Nr. 82—167.) [1959.] 8 Bl., Bl. 205—416.
 3. 1959. 5, XIX Bl., Bl. 417—558.
 4. 1960. 6, VI Bl., Bl. 559—661.

**Ebner,** Josef: Historische Betrachtungen zur Hitlerära in Rumänien. — In: Z. Gesch. Juden 1964, H. 1, 43—54.

Pentru **eliberarea** patriei. Documente, extrase din presă, memorii cu privire la lupta poporului român pentru eliberarea patriei de sub jugul fascist 23 aug.—25 oct. 1944. — (București:) Ed. Militară 1972. 836 S.

**Folberth,** Otto: Das Schulwesen der Siebenbürger Sachsen. Rückblick auf eine abendländische Kulturleistung. — In: Südostdt. Vjh. 9 (1960), 194—202.

**Folberth,** Otto: Der rumänische „Theißfeldzug" gegen Räteungarn 1919 und die Siebenbürger Sachsen. — In: Südostdtsch. Vjbll. 18 (1969), 219—225.

**Gheorghe,** Jon: Rumänien hätte das Los Europas zu wenden vermocht. — In: Nation Europa 2 (1952), H. 2 15—16.

**Gheorghe,** Jon: Rumäniens Weg zum Satellitenstaat. — Heidelberg: Vowinckel [1952]. 264 S.

**Goldberger,** N. [u.] Gh. Zaharia: Le caractère national et international de la résistance en Roumanie. — In: Rev. Roumaine Hist. 2 (1963), 189—225.

**Griem,** Käthe: Rumäniens Bündnispolitik. — Kiel 1948. 73 gez. Bl. [Maschinenschr.]
 *Kiel, phil. Diss. 25. Juni 1948.*

**Gueze,** Raoul: La partecipazione della Romania al primo conflitto mondiale. - In: Storia contemp. 7 (1976), 439-457 und 8 (1977), 35-54.

**Hartl,** Hans: Das Schicksal des Deutschtums in Rumänien (1938—1945—1953). — Würzburg: Holzner 1958. VII, 177 S.

**Hegemann,** Margot: Das Diktat von Wien 1940 und seine Bedeutung für die Umwandlung Rumäniens in eine militärische Aggressionsbasis Hitlerdeutschlands. — o. O. 1961. VIII, 373 Bl.
*Leipzig, phil., Diss. 30. März 1961.*

**Heitmann,** Klaus: Das „rumänische Phänomen". Die Frage des nationalen Spezifikums in der Selbstbesinnung der rumänischen Kultur seit 1900. — In: Südost-Forsch. 29 (1970), 171— 236.

**Hofmann,** Rainer: Das Ende der volksdeutschen Siedlungen in „Transnistrien" im Jahre 1944. - In: Aus der Arbeit des Bundesarchivs. Beiträge zum Archivwesen, zur Quellenkunde und Zeitgeschichte, Boppard: Boldt 1977, 447–455.

**Hügel,** Kaspar: Kritische Bemerkungen zur Geschichte des Banater deutschen Schulwesens in Rumänien. - In: Südostdtsch. Vjbll. 23 (1974), 112– 115.

**Jacobi,** Günther: Die Bodenreform Rumäniens vom 15. Dezember 1918 und 23. März 1945. — o. O. (1950). III, 124 gez. Bl. [Maschinenschr.]
*Nürnberg, Hochschule f. Wirtsch.- u. Sozialwiss., Diss. 4. März 1950.*

**Ionescu,** Matei: Colaborarea monopolurilor petrolifere americano-engleze cu cele germane în România în perioda celui de al doilea război mondial (1938 —1944). — In: Studii 7 (1954), H. 4, 7—43.

**Jowitt,** Kenneth [Ed.]: Social change in Romania, 1860-1940. A debate on development in an European nation. - Berkeley: Inst. of Internat. Studies, University of California 1978. 207 S.

**Istoria** poporului român. Sub red. Andrei Otetea. — București: Ed. Științifica 1970. 455 S.

**Kolker,** B. M.: Lupta de eliberare națională în România în anii 1941—1944. — In: Studii 7 (1954), H. 4, 45—54.

**Lavi,** Theodore: Roumanian Jewry in World War II. Fight for survival.— Jerusalem: Yad Vashem 1965. IV, 199 S.

**Lavi-Löwenstein,** Theodor: Rumänische Dokumente zur Geschichte der Juden in der Bukowina. — In: Z. Gesch. Juden (1964), H. 1, 15—21.

**Litany,** Dora: Halutzim of the Rumanian Hashomer Hazair during the war. — In: Yad Washem Bull. 1961, H. 8/9, 33—35.

**Liveanu,** V.: Influența revoluției ruse din februarie 1917 în România. — In: Studii, Rev. Ist. 9 (1956), 15—43.

**Markus,** Gustav: Die deutsche Volksgruppenführung in Rumänien am 23. August 1944. — In: Südostdtsch. Vjbll. 20 (1971), 94—100.

**Matei,** Gh. und B. Bălteanu: Din lupta P. C. R. pentru pregătirea si înfăptuirea insurecției armate de la 23 august 1944. — In: Studii, Revistă de Istorie 12 (1959), H. 4, 119—172.

**Matei,** Gheorghe: La Roumanie et quelques problèmes du désarmement et de la définition de l'agresseur 1932 —1933. — In: Rev. Roum. Hist. 7 (1968), 563—586.

**Melbourne,** Roy M.: Rumania. Nazi satellite. Pennsylvania (Philadelphia), phil. Diss. 1951.

**Mergl,** Georg: Rumänien. Der Weg zur Kapitulation. — In: Osteuropa 2 (1952), 379—385.

**Miege,** Wolfgang: Das Dritte Reich und die deutsche Volksgruppe in Rumänien, 1933—38. E. Beitr. zur nationalsozialist. Volkstumspolitik. — Bern, Frankfurt a. M.: Lang 1972. III, 346 S.
*(Europäische Hochschulschriften. R. 3: Gesch. u. ihre Hilfswiss. 18.) Diss., Universität Mainz.*

**Moisuc,** Viorica: Actions diplomatiques de la Roumanie au secours de la Tschéchoslovaquie à la veille du pacte de Munich. — In: Rev. Roum. Hist. 6 (1967), 409—431.

**Moisuc,** Viorica: Diplomația României și problema apărării suveranității și independenței naționale în periodia martie 1938 - mai 1940. - București: Ed. Academiei R.S.R. 1971. 324 S.

**Moisuc,** Viorica: Orientations dans la politique extérieure de la Roumanie après le pacte de Munich. — In: Rev. Roum. Hist. 5 (1966), 327—340.

**Necsa,** Th.: Criza dinastică din 1926— 1930. — In: Studii, Rev. Istorie 10 (1957), H. 6, 39—63.

**Necsa,** Г.: Organe de presă ale P. C. R. și democratice din perioada 23 august 1944 — 6 martie 1945. — In: Studii, Revistă de Istorie 15 (1962), 1237— 1248.

In **numele** libertății și prieteniei. Vol. 1.2. — (București:) Ed. Militară 1970.
1. Documente, extrase din presă și amintiri despre participarea României la eliberarea Ungariei de sub jugul fascist oct. 1944—jan. 1945. 423 S.
2. Documente, extrase din presă și amintiri despre participarea României la eliberarea Cehoslovaciei de sub jugul fascist 18 dec. 1944—12 mai 1945. 469 S.

**Nuțu,** Constantin: România în anii neutralității, 1914-1916. - București: Ed. Științifică 1972. 348 S.

**Oprea,** I[on] M.: Nicolae Titulescu's diplomatic activity. — Bucharest: Publ. House of the Academy of the Socialist Republic of Romania 1968. 188 S.
*(Bibliotheca historica Romaniae. Studies. 22.)*

**Patrascanu,** Lucretin: Sous trois dictatures. 4e édit. — Paris: Vitiano 1946. 323 S.
Geschichte Rumäniens in den dreißiger Jahren mit beigegebenen Aktenstücken.

**Popescu-Puturi,** Ion: Les principales caractéristiques du régime politique de Roumanie pendant la dictature militaire-fasciste et l'agression hitlérienne. — In: Rev. Roumaine Hist. 3 (1964), 67—92.

**Probleme** de politică externă a României 1919—1939. Culegere de studii. — (București:) Ed. Militară 1971. 471 S.

**Prost,** Henri: Destin de la Roumanie 1918—1953. — Paris: Berger-Levrault 1954. 280 S.

**Prost,** Henri: La Roumanie et la seconde guerre mondiale. — In: Rev. Hist. deux. Guerre mond. H. 6 (April 1952), 26—49.

**Quellen** zur Geschichte der Siebenbürger Sachsen 1191-1975. Gesammelt u. bearb. von Ernst Wagner. - Köln: Böhlau 1976. XIV, 429 S.
*(Schriften zur Landeskunde Siebenbürgens. 1.)*

**Quinlan,** Paul D.: Clash over Romania. British and American policies toward Romania, 1938–1947. – Oakland, Calif.: American Romanian Academy of Arts and Sciences 1977. 173 S.

La **Roumanie** pendant la deuxième guerre mondiale. Etudes. Par Ion Popescu-Puturi [u. a.] — Bucarest 1964: Ed. de l'Académie de la République populaire roumaine. 142 S.
*(Bibliotheca historica Romaniae. 2.)*

**Ruseneseu,** M.: Stabilirea relaţiilor diplomatice între România şi URSS în anul 1934. — In: Studii şi Materiale di Istorie Contemp. [Bucureşti] 1 (1956), 185—213.

**Şandru,** D.: Reforma agrară din 1921 în România. [Hrsg.:] Academia de Ştiinţe Sociale şi Poltice a Republicii Socialiste România. Institutul de Istorie şi Arheologie „A. D. Xenopol", Iaşi. –Bucareşti: [Selbstverl. d. Hrsg.] 1975. 557 S.
*(Biblioteca istorică. 43.)*

**Scheerer,** Karl: Die rumänischen Bauernaufstände vom Frühjahr 1907. – Frankfurt a. M.: Lang 1974. 185 S.
*(Europäische Hochschulschriften. Reihe 3. Gesch. u. ihre Hilfswiss. 32.)*

**Ševjakov,** A. A.: Boŕba kompartii rumynii protiv politiki fašizacii strany (1939—1941 gg.) — In: Vop. Ist. 1959, H. 8, 63—78.

**Ševjakov,** A. A.: Vnešnjaja politika Rumynii posle Mjunchena (octjabr 1938 g.—aprel' 1939 g.) — In: Nov. novejš. Ist. 1968, H. 5, 24—40.

**Siperco,** A. und V. Zaharescu: Der Aufstand vom 23. August 1944 in Rumänien und seine Vorbereitung. — In: Internat. Hefte d. Widerstandsbewegung 3 (1961), H. 5, 98—113.

**Spector,** Sherman David: Roumania at the Paris peace conference. A study of the diplomacy of Ioan I. G. Bratianu. — New York: Bookman 1962. 368 S.

**Spiru,** Basil: Freiheit, die sie meinen ... Rumänien unter der eisernen Ferse der City und der Wallstreet (1918—1938). — Berlin: Dietz 1957. 294 S.

**Stoica,** Chivu: Eroicele lupte ale muncitorilor ceferişti si petrolişti din 1933. — Bucureşti: E.S.P.L.P. 1955. 148 S.

**Stoica,** Gheorghe [u.a.]: Din istoria contemporana a Romaniei. Culegere di studii. — Bucureşti: Edit. Stiinţifică 1965. 427 S.

**Suga,** Alexander: Die völkerrechtliche Lage Bessarabiens in der geschichtlichen Entwicklung des Landes. — (Köln) 1958: (Luthe-Dr.) 129 S.
Bonn, jur. Diss. 11. Februar 1959.

**Teich,** Meir: Rumanian Jews in World War II. — In: Yad Vashem Bull. 1966, H. 18, 46—49.

**Tejchman,** Miroslav: Rumunská zahraniční politika za druhé světové války 1942—1944. — In: Československ. Čas. hist. 16 (1968), 29—45.

**Toacă,** I.: Aspecte din activitatea partidului comunist din România în rîndurile armatei ⟨1921—1944⟩. — In: Studii, Revistă de Istorie 14 (1961), 845—872.

**Torrey,** Glenn E.: Rumania and the belligerents 1914—1916. — In: J. Contemp. Hist. 1 (1966), H. 3, 171—191.

**Tutu,** D.: La préparation et la réalisation de l'insurrection armée d'août 1944. La participation de la Roumanie à la guerre antihitlérienne. — In: Rev. Roumaine Hist. 3 (1964), 355—381.

**Udrea,** Tr.: Insurectia armată de la 23 august 1944. Lupta pentru instaurarea guvernului democratic. — In: Studii, Revistă de Istorie 15 (1962), 1735—1750.

**Udrea,** Traian: Cu privire la rolul comitetelor ţărăneşti şi despre particularităţi ale revoluţiei populare în România (23 august 1944 — 6 martie 1945). — In: Studii, Rev. Istorie [Bucureşti] 9 (1956), H. 4, 7—26.

**Varga,** V. A.: Atitudinea guvernului romîn burghezomoşieresc faţa de tratativele anglo-franco-sovietice din anul 1939. — In: Studii, Revistă de Istorie 13 (1960), H. 4, 51—72.

**Vogenberger,** Otto: Pantschowa. Zentrum d. Deutschtums im Südbanat. — Freilassing: Pannonia-Verlag 1961. 254 S.
*(Donauschwäbische Beiträge. 40.)*

**Weber,** Hermann: Die Bukowina im Zweiten Weltkrieg. Völkerrechtliche Aspekte d. Lage d. Bukowina im Spannungsfeld zwischen Rumänien, d. Sowjetunion u. Deutschland. Unter Mitw. von Hellmuth Hecker. — Frankfurt a. M.: Metzner [in Komm.] 1972. 86 S.
*(Darstellungen zur auswärtigen Politik. 11.)*

**Weinberger-Carmilly,** Mozes: The tragedy of Transylvanian Jewry. — In: Yad Vashem Bull. (1964), H. 15, 12—27.

**Zaharia,** Gh.: Quelques données concernant la terreur fasciste en Roumanie (1940—1944). — In: Rev. Roumaine Hist. 3 (1964), 115—133.

**Zaharia,** Gheorghe: Sur la politique extérieure de la Roumanie avant la deuxième guerre mondiale. — In: Rev. Hist. deux. Guerre mond. 18 (1968), H. 70, 1—18.

### Ungarn

**Ádám,** Magda: Magyarország és a kisantant a harmincas években. — Budapest: Akadémiai Kiadó 1968. 389 S.

**Ádám,** Magda [u. a.]: Magyarország és a második világháború. Titkos diplomáciai okmányok a háború előzményeihez és történetéhez. — (Budapest:) Kossuth Könyvkiadó 1959. 550 S.

**Adonyi-**Naredy, Franz v[on]: Ungarns Armee im Zweiten Weltkrieg. Deutschlands letzter Verbündeter. (Übers. [aus d. Ms.]: Franz Winkler.) — Neckargemünd: Vowinckel 1971. 219 S.

**Allianz** Hitler—Horthy—Mussolini. Dokumente zur ungarischen Außenpolitik ⟨1933—1944⟩. Einleitende Studie u. Vorbereitung der Akten zum Druck von Magda Ádám [u.a.] Red. von Lajos Kerekes. (Aus d. Ungar. übers. von Johanna Till.) — Budapest: Akadémiai Kiadó 1966. 409 S.

**Annabring,** Matthias: Das ungarländische Deutschtum. Leidensweg einer südostdeutschen Volksgruppe. — Stuttgart-Möhringen: Verl. d. Südost-Stimmen 1952. 80 S.

**Annabring,** Matthias: Volksgeschichte der Deutschen in Ungarn. — Stuttgart: Verl. „Südost-Stimmen" 1954. 112 S.
*(Geschichte der Donauschwaben. 1.)*

**Bak,** János M.: Aus dem Telegrammwechsel zwischen Moskau und Budapest März—August 1919. — In: Vjh. Zeitgesch. 19 (1971), 187—224.

**Bardy,** Roland: 1919. La commune de Budapest. - Paris: Ed. de la Tête de feuilles 1973. 244 S.

**Baross,** George: Hungary's place in Europe. — In: J. Centr. Europ. Aff. 9 (1949/50), 167—172.

**Béla,** Bellér: Az ellenforradalom nemzetiségi politikájának kialakulása. - Budapest: Akadémiai Kiadó 1975. 290 S.

**Benoschofsky,** Ilona und Elek Karsai: Vádirat a nácizmus ellen. Dokumentumok a magyarországi zsidóüldözés történetéhez. — Budapest: A Magyar Izraeliták Országos Képviselete Kiadása.
1. 1944 március 19 — 1944 május 15. A német megszállástól a deportálás megkezdéséig. 1958. 379 S.
2. 1944 május 15 — 1944 junius 30. A budapesti zsidóság összeköltöztetése. 1960. 401 S.

**Benoschofsky,** Ilona [u.] Elek Karsai: Vádirat a nácizmus ellen. Dokumentumok a magyarországi zsidóüldözés történetéhez. — Budapest: A Magyar Izraeliták Országos Képviselete Kiadása.
3. 1944 május 26—október 15. A budapesti zsidóság deportálásának felfüggesztése. Szerkesztette és a bevezetö tanulmányt írta: Karsai Elek. 1967. XL, 720 S.

**Berend,** I. und Gy. Ranki: Die deutsche wirtschaftliche Expansion und das ungarische Wirtschaftsleben zur Zeit des zweiten Weltkrieges. — In: Acta Historica [Budapest] 5 (1958), 313—359.

**Berend,** I(ván) T. [u.] G(yörgy) Ránki: Hungary, a century of economic development. - Newton Abbot: David & Charles (1974). 263 S.
*(National Economic Histories.)*

**Berend,** T. Iván und György Ranki: Magyarország gyáripara. A második világháború elött és a háború idöszakában (1933—1944). — Budapest: Akad. Kiadó 1958. 624 S.

**Berend,** T. Iván und György Ránki: Magyarország a fasiszta Németország „életterében" 1933—1939. — Budapest: Közgazdasági és jogi könyvkiadó 1960. 219 S.

**Bethlen,** István: Titkos iratai. Az iratokat sajtó alá rendezte, a bevezetöt és a magyarazatokat irta: Szinai Miklós és Szücs László. — (Budapest:) Kossuth 1972. 492 S.

**Beyer,** Hans: Die ungarländische Deutschtumsfrage im Spiegel der diplomatischen Gespräche zwischen Budapest und Berlin. — In: Gedenkschrift für Harold Steinacker ⟨1875—1965⟩, München: Oldenbourg 1966, 297—328.

**Biss,** Andreas: Geschäft mit dem Henker. Die „Endlösung" in Ungarn. — In: Monat 12 (1959/60), H. 143, 57—67.

**Biss,** Andreas: Der Stopp der Endlösung. Kampf gegen Himmler und Eichmann in Budapest. — Stuttgart: Seewald (1966). 358 S.

**Boldirew,** Zyrill: Die obere Schicht in Ungarn. — In: Der europ. Osten 2 (1956), 666—672.

**Boros,** Ferenc: O protičeskoslovenských revizionistických plánech horthyovské reakce ⟨1919—1920⟩. — In: Českoslov. Čas. hist. 15 (1967), 344—368.

Borsány, Julián: Das Rätsel des Bombenangriffs auf Kaschau 26. Juni 1941. Wie wurde Ungarn in den Zweiten Weltkrieg hineingerissen? Ein dokumentarischer Bericht. - München: Trofenik 1978. 260 S.
*(Studia Hungarica. Schriften des Ungarischen Instituts München. 16.)*

**Braham,** Randolph L.: Hungarian Jewry. An historical retrospect. — In: J. Centr. Europ. Aff. 20 (1960/61), 3—23.

**Braham,** Randolph L.: The Kamenets Podolsk and Délvidék massacres. Prelude to the holocaust in Hungary. - In: Yad Vashem Stud. 9 (1973), 133–156.

**Braham,** Randolph L.: The Hungarian Labor Service system 1939–1945. – London: Columbia University Press 1977. X, 159 S.
*(East European Monographs. 31.)*

**Braham,** Randolph L.: The Jewish question in German-Hungarian relations during the Kállay era. - In: Jew. soc. Stud. 39 (1977), 183–208.

**Braham,** Randolph L.: The role of the Jewish Council in Hungary. A tentative assessment. - In: Yad Vashem Stud. 10 (1974), 69–109.

**Calzini,** P.: Il movimento comunista in Ungheria. — In: Occidente 12 (1956), 524—538.

**Comnen,** N. P.: O prima experienta comunista in Ungria. — Madrid: Colección Destin 1957. 133 S.

**Conway,** J[ohn] S.: Between apprehension and indifference. Allied attitudes to the destruction of Hungarian Jewry. - In: Wiener Libr. Bull. 27 (1973/74), H. 30/31, 37–48.

**Csatári,** Daniel: Dans le tourment. Les relations hungaro-roumaines de 1940 à 1945. - Budapest: Akadémiai Kiadó 1974. 418 S.

**Dampierre,** Robert de: De la Vienne impériale à la Hongrie nazie. — In: Rev. Hist. dipol. 67 (1953), 217—226.

**Documents** of the hostile activity of the United States Government against the Hungarian people's republic. — Budapest: Hungarian State Publishing House 1951. 323 S.

**Door,** Rochus: Zur Formierung und zum Kampf der antifaschistischen Kräfte des ungarischen Volkes nach der deutsch-faschistischen Besetzung des Landes. — In: Beitrr. Gesch. Arbeiterbew. 12 (1970), 291—308.

**Eckstein,** Alexander: The economic development of Hungary, 1920—1950. A study in the growth of an economically underdeveloped area.
*Berkeley, Calif., Diss. 1952.*

**Eppler,** Elizabeth E.: The Budapest institute for the study of the Jewish problem. — In: Wiener Libr. Bull. 9 (1955), 11.

**Flach,** Paul: Ortsgruppengründungen des Ungarländischen Deutschen Volksbildungsvereins (1924—1940) und des Volksbundes der Deutschen in Ungarn (1938—1941). — München: [Selbstverl.] 1968. 24 S.
*(Die Deutschen aus Ungarn. 3.)*

**Gerhardt,** Hartwig: Deutschsprachige sozialistische Presse in Ungarn 1870-1924. - In: Internat. wiss. Korr. Gesch. dtsch. Arbeiterbew. 13 (1977), 177—181.

**Gosztony,** Peter: Die ungarische antifaschistische Bewegung in der Sowjetunion des Zweiten Weltkrieges. - In: Militärgesch. Mitt. 1972, H. 1, 85—107.

**Gulya,** Katalin: Die westungarische Frage nach dem Ersten Weltkrieg. Das Burgenland und die Politik der ungarischen Regierungen 1918—1921. — In: Österr. Osth. 8 (1966), 89—100.

**Gunst,** Péter: L'agriculture hongroise dans la première moitié du XX$^e$ siècle. - In: Paysannerie française, paysannerie hongroise, XVI$^e$–XX$^e$ siècles, Budapest: Akadémiai Kiadó o. J., 265–287.

**Gunst,** P.: La production agricole en Hongrie entre les deux guerres mondiales. - In: Acta hist. 20 (1974), 103–136.

**Hagen,** Walter: Ungarns Weg zur Volksdemokratie. Zum 10. Jahrestag der sog. „Befreiung". — In: Der europ. Osten 1955, 231—234.

**Hajdu,** T.: A contribution of the history of the proclamation of the Hungarian Republic of Councils in 1919. - In: Acta hist. 19 (1973), 55—86.

**Hajdu,** Tibor: Úloha rád v mad'arskej októbrovej buržoázno-demokratickej revolúcii. — In: Hist. Čas. Bratislava 3 (1955), H. 4, 530—552.

**Heimler,** Heinrich und Friedrich Spiegel-Schmidt: Deutsches Luthertum in Ungarn. — Düsseldorf: Verl. d. Schles. Evang. Zentralstelle 1955. 128 S.

**Hennyey,** Gustav: Ungarns Weg aus dem Zweiten Weltkrieg. (Die Regierung Lakatos 29. August—16. Oktober 1944.) Eingeleitet und erläutert von Andreas Hillgruber. — In: Wehrwiss. Rdsch. 12 (1962), 687—719.

**Hillgruber,** Andreas: Ungarn im Zweiten Weltkrieg. — In: Bücherschau d. Weltkriegsbücherei 31 (1959), 395—404.
Literaturbericht.

**Hillgruber,** Andreas: Das deutsch-ungarische Verhältnis im letzten Kriegsjahr. Vom Unternehmen „Margarethe I" (19. März 1944) bis zur Räumung Ungarns durch die deutschen Truppen (4. April 1945). — In: Wehrwiss. Rdsch. 10 (1960), 78—104.

**Hoensch,** Jörg K[onrad]: Der ungarische Revisionismus und die Zerschlagung der Tschechoslowakei. — Tübingen: Mohr 1967. XIV, 323 S.
*(Tübinger Studien zur Geschichte und Politik. 23.)*

**Hoensch,** Jörg K[onrad]: Účast Telekiho vlády na rozbití Československa ⟨březen 1939⟩. — In: Českoslov. Čas. hist. 17 (1969), 351—376.

**Höppner,** Siegfried: Erfolg und Scheitern der militärischen Verteidigung der Ungarischen Räterepublik ⟨Mai bis August 1919⟩. - In: Militärgesch. 18 (1979), 310–320.

**Höppner,** Siegfried: Die bewaffnete Verteidigung der Ungarischen Räterepublik gegen den ersten Angriff der internationalen Konterrevolution. - In: Militärgesch. 18 (1979), 149–159.

**Holzträger,** Hans: Judenverfolgung in Ungarn 1941--1944. Gewaltmaßnahmen gegen Juden im Spiegel der ungarndeutschen Presse. - In: Tribüne 18 (1979), H. 70, 94–108.

**Ignotus,** Paul: Die intelluektuelle Linke im Ungarn der „Horthy-Zeit". — In: Südost-Forsch. 27 (1968), 148—241.

**Horthy** Miklós titkos **iratai.** Az iratokat sajtó alá rendezte magyarázó szövegekkel és jegyzetekkel ellátta: Szinai Miklós és Szücs László. Második kiadás [2. Aufl.] — (Budapest:) Kossuth Könyvkiadó 1963. 533 S.

Diplomáciai **iratok** magyarország külpolitikájához 1936—1945. A sorozat szerkesztöje: Zsigmond László. — Budapest: Akadémiai Kiadó.
 1. Kerekes, Lájos: A Berlin — Róma tengely kialakulása és Ausztria annexiója 1936—1938. 1962. 323 S.
 4. Juhász, Gyula: Magyarország külpolitikája a II. világháború kitörésének idöszakában 1939—1940. 1962. 904 S.

Diplomáciai **iratok** magyarország külpolitikájához 1936—1945; A sorozat szerkesztöje: Zsigmond László. — Budapest: Akadémiai Kiadó.
 2. Ádám, Magda: A Müncheni egyezmény létrejötte és magyarország külpolitikája 1936—1938. 1965. 1029 S.

Diplomáciai **iratok** magyarország külpolitikájához 1936—1945. A sorozat szerkesztöje: Zsigmond László. — Budapest: Akadémiai Kiadó.
 3. Ádám, Magda: Magyarország külpolitikája 1938—1939. 1970. 809 S.

**Juhász,** Gyula: Beiträge zu Ungarns Außenpolitik in den Tagen des Ausbruchs des zweiten Weltkrieges (August—September 1939). — In: Acta Historica 8 (1961), H. 1/2, 137—174.

**Jurkiewicz,** Jarosław: Węgri i Polska w okresie kryzysu czechosłowackiego 1938 r. — In: Sprawy Międzynarodowe 11 (1958), H. 7/8, 69—73.

**Karsai,** Elek: „Fegyvertelen álltak az aknamezökön . . . " Dokumentumok a munkaszolgálat történetéhez Magyaroszágon. Szerkesztette és a bevezetö tanulmányt írta: Karsai Elek. Az elözetes szerkeszte si munkálatokban résztvett: Benoschofsky Ilona. Archeo gráfiai segédszerkesztö: Kátai Lászlóné. — Budapest 1962: A Magyar Izraeliták Országos Képviselete Kiadása.
 1. 1939 március—1942 május. CXXVII, 575 S.
 2. 1942 május—1945 november. 852 S.

**Karsai,** Elek: Edmund Veesenmayer's reports to Hitler on Hungary in 1943. — In: The New Hungarian Quart. 5 (1964), 146—153.

**(Kastner,** Rudolf:) Der Kastner-Bericht über Eichmanns Menschenhandel in Ungarn. (Red.: Ernest Landau.) — München: Kindler 1961. 367 S.

**Kertesz,** S.: Soviet and western politics in Hungary 1944—1947. — In: Rev. Politics 14 (1952), 47—74.

**Kertesz,** Stephen D.: Diplomacy in a whirlpool. Hungary between Nazi Germany and Soviet Russia. — Notre Dame, Ind.: University of Notre Dame Press 1953. 289 S.

**Kiss,** Aladár: Magyarország külpolitikája a második világháború elöstéjén. 1938 november— 1939 szeptember. — Budapest: Kossuth Kiadó 1963. 256 S.

**Kónya,** S.: To the attempt to establish totalitarian fascism in Hungary 1934—35. — In: Acta hist. [Budapest] 15 (1969), 299—334.

**Korbuly,** Dezsö: Die liberale Bewegung in Ungarn zwischen den Weltkriegen. - In: Donauraum 23 (1978), 62–71.

**Korbuly,** Dezsö: Die deutsch-ungarischen Beziehungen vor dem Zweiten Weltkrieg (1936—1939). — In: Österr. Osth. 13 (1971), 230—239.

**Korbuly,** Dezsö: Ungarns Eintritt in den Zweiten Weltkrieg. — In: Donauraum 16 (1971), 18—27.

**Korbuly,** Dezsö: Die Gewerkschaftsbewegung in Ungarn vor dem Ersten Weltkrieg. - In: Donauraum 22 (1977), 25–39.

**Korbuly,** Deszö: Zusammenbruch und Neubeginn in Ungarn. Die Ereignisse im Winter 1944/1945. - In: Österr. Osth. 16 (1974), 23–33.

**Kosa,** John: Hungarian society in the time of the regency (1920—1944). — In: J. Centr. Europ. Aff. 16 (1956/57), 253—265.

**Kühl,** Joachim: Das ungarländische Deutschtum zwischen Horthy und Hitler. Außenpolitik und Volksgruppenfrage 1919—1944. — In: Südostdtsch. Heimatblätter 4 (1955), 117—147.

**Lackó,** M[iklós]: Arrow-cross men. National Socialists 1935—1944. — Budapest: Akadémiai Kiadó 1969. 112 S.
*(Studia historica Academiae Scientiarum Hungaricae. 61.)*

**Lévai,** Jenö: Eichmann en Hongrie. Documents publ. par Jenö Lévai. — Budapest: Ed. Pannonia 1961. 324 S.

**Lévai,** Jenö: Hungarian Jewry and the papacy. — London: Sands 1968. 132 S.

**Macartney,** C[arlile] A[ylmer]: Hungary. A short history. — Edinburgh: University Press (1962). IX, 262 S.
*(Edinburgh University Publications. 13.)*

**Macartney,** C. A.: October fifteenth. A history of modern Hungary 1929—1945. P. 1.2. — Edinburgh: Edinburgh University Press 1956/57.

**Magos,** György: Az amerikai imperialisták szerepe a Horthy fasizmus stabilizálásában (1924—1929). — Budapest: Akad. Kiadó 1952. 44 S.

**Magos,** G.: Az angol és amerikai monopoltöke szerepe a Horthy-fasizmus megszilárdításában. — Budapest: Művelt Nép. 1953. 110 S.

**Magos,** György: Trataivele franco-ungare din 1920. — In: Studii, Rev. Istorie 9 (1956), H. 5, 73—86.

**Major,** Robert: Hungarian Nazis abroad. — In: Wiener Libr. Bull. 4 (1950), 34.

**Márkus,** L.: Über den Charakter der herrschenden Elite des Horthy-Regimes. — In: Acta hist. [Budapest] 18 (1972), 119—147.

**Mirnics,** J.: Die Batschkadeutschen zur Zeit der ungarischen Besetzung (1941–1944). - In: Acta hist. 18 (1972), 319–351.

**Miskolczy,** Julius: Zur ungarischen Revolution von 1918. — In: Donauraum 4 (1959), H. 1, 24—33.

**Miskolczy,** Julius: Ungarn in der Habsburger Monarchie. — Wien, München: Herold (1959). 210 S.
*(Wiener Historische Studien. 1.)*

**Molnár,** Miklós: Révolution, contre-révolution et politique étrangère. Hongrie 1919. - In: Relat. internat. 1975, H. 4, 111–135.

**Mourin,** Maxime: Les tentatives de décrochage de la Hongrie dans la deuxième guerre mondiale. — In: Rev. Déf. nat. 18 (1954), 65—77.

**Mues,** Sándor: A magyar fegyveres ellenálasi mozgalom megszervezese és szerepe magyarország felzsabaditasában (1944—1945). — In: Hadtörténélmi Közlemények 4 (1957), 32—54.

**Nemes,** Dezsö: A Bethlen-Kormány külpolitikája (1924—1926). — In: Századok 93 (1959), 844—870.

**Nemes,** D.: Die Ungarländische Sozialdemokratische Partei und der Erste Weltkrieg. - In: Acta hist. 20 (1974), 23–54.

**Ormos,** Maria: Horthysme et fascisme. - In: Rev. hist. 98 (1974), Bd 251, 117–122.

**Pastor,** Peter: Hungary between Wilson and Lenin. - New York: Columbia University Press 1976. 191 S.

**Pelényi,** John: The secret plan for a Hungarian government in the West at the outbreak of World War II. — In: J. at the mod. Hist. 36 (1964), 170—177.

**Puskas,** A. I.: Antifašistkie sily Vengrii v bor'be za osvobozdenie strany (sentjabŕ 1944 g. — aprel'1945 g.) — In: Vop. Ist. 1965, H. 3, 59—71.

**Puškaš,** A.I.: Iz istorii bor'by progresivních sil Vengrii protiv chortistskógo režima (konec 1941 — načago 1942 g.) — In: Vop. Ist. 1957, H. 4, 72—89.

**Puškaš,** A. I.: Vengrija v gody vtoroj mirovoj vojny. — Moskva: Izdatel'stvo Nauka 1966. 524 S.
*(Vtoraja mirovaja vojna v issledovanijach, vospominanijach i dokumentach.)*

A klerikális **reakció** a Horthy-fasizmus támasza. 1. r.: 1919—1930. — Budapest: Nép. 1953. 451 S.
Über die klerikale Reaktion als Stütze des Horthy-Faschismus.

Hungarian-American **relations** 1918—1960. — Budapest: Pannonia Press 1960. 130 S.

**Roman,** Eric: Munich and Hungary. An overview of Hungarian diplomacy during the Sudeten crisis. - In: Eastern Europ. Quart. 8 (1974), 71–97.

**Rozsnyói,** Ágnes: 1944. Október 15. A Szálasi — puccs története. — In: Századok 93 (1959), 373—403 und 871—892.

**Ságvári,** Á[gnes]: Les partis et leurs programmes en Hongrie au lendemain de la libération ⟨1944—1945⟩. — In: Acta hist. 13 (1967), 49—101.

# GESCHICHTE EINZELNER STAATEN

**Sakmyster,** Thomas L.: Army officers and foreign policy in interwar Hungary, 1918–41. – In: J. contemp. Hist. 10 (1975), 19–40.

**Senz,** Ingomar: Die nationale Bewegung der ungarländischen Deutschen vor dem Ersten Weltkrieg. Eine Entwicklung im Spannungsfeld zwischen Alldeutschtum und ungarischer Innenpolitik. – München: Oldenbourg 1977. 306 S.
*(Buchreihe der Südostdeutschen Historischen Kommission. 30.)*
*Diss., Universität Erlangen/Nürnberg.*

**Spira,** Thomas: Connections between Trianon Hungary and National Socialist Germany and the Swabian minority school problem. – In: Internat. Jb. Gesch. u. Geograph. Unterr. 15 (1973/74), 240–258.

**Staber,** Joseph: Die katholische Kirche in Ungarn seit 1918. – In: Donauraum 18 (1973), 200–219.

**Szakács,** K.: Die Politik der Ungarländischen Sozialdemokratischen Partei ⟨USP⟩ vom Sieg der Gegenrevolution bis zur Stabilisierung des Systems ⟨August 1919–1925⟩. Die Neugestaltung der USP und ihre Politik, ihr Platz im gegenrevolutionären System. – In: Acta hist. [Budapest] 22 (1976), 99–129.

**Tausz,** Anikó: Die soziale Struktur des ungarischen Industrieproletariats 1919 bis 1929. – In: Jb. Wirtschaftsgesch. 1975, H. 4, 47–63.

Von der **Teilnahme** der Ungarn am europäischen Widerstandskampf. – In: Internat. Hefte d. Widerstandsbewegung 2 (1960), H. 4, 94–103.

**Tilkovsky,** L.: Volksdeutsche Bewegung und ungarische Nationalitätenpolitik ⟨1938—1941⟩. — In: Acta historica academiae scientiarum Hungaricae 12 (1966), 58—112.

**Tilkovszky,** L.: Nationalitätenpolitische Richtungen in Ungarn in der Gegenrevolutionären Epoche ⟨1919–1945⟩. – Budapest: Akadémiai Kiadó 1975. 25 S.
*(Studia historica Academiae Scientiarum Hungaricae. 123.)*

**Tilkovsky,** L.: Die Werbeaktion der Waffen-SS in Ungarn. – In: Acta hist. 20 (1974), 137–181.

**Tökés,** Rudolf L.: Béla Kun and the Hungarian Soviet Republic. The origins and role of the communist party of Hungary in the revolutions of 1918—1919. (Publ. for the Hoover Inst. on War, Revolution and Peace.) — New York: Praeger 1967. XII, 292 S.

**Toth,** Sándor: Magyar katonák a Hitleri fasizmus ellen. — In: Hadtörténélmi Közlemények 4 (1957), 94—119.

**Ullein**-Reviczky, Antal: Guerre allemande — paix russe. Le drame hongrois. — Neuchâtel: La Baconnière [o. J.] 232 S.
Geschichte Ungarns 1938—1944.

**Ungarn.** — In: Nation Europa 2 (1952), H. 2, 17—20.

Ungarn im zweiten Weltkrieg. Drei Studien. (Im Auftr. d. Kommission d. Historiker d. DDR u. d. Ungarischen Volksrepublik hrsg. von Karl Obermann u. Gustav Seeber.) – Berlin: Akademie-Verl. 1978. 98 S.
*(Internationale Reihe.)*

**Vasari,** Emilio: Ein Königsdrama im Schatten Hitlers. Die Versuche des Reichsverwesers Horthy zur Gründung einer Dynastie. (Autoris. Übers. aus d. ungar. [Ms.:] Eugen Kende.) — München: Herold-Verl. (1968). 205 S.

**Vass,** Henrik: Die Ungarische Räterepublik. — In: Beitrr. Gesch. dtsch. Arbeiterbew. 11 (1969), 403—418.

**Weidlein,** Johann: Der ungarische Antisemitismus in Dokumenten. — Schorndorf 1962: (Selbstverl.) 220 S.

**Weidlein,** Johann: Ungarns Frontwechsel im Kriege. — In: Z. Geopolitik 25 (1954), 412—421.

**Weidlein,** Johann: Geschichte der Ungarndeutschen in Dokumenten 1930—1950. — Schorndorf 1958: Selbstverl. 408 S.

**Weidlein,** Johann: Ungarns Kampf gegen den Verein für das Deutschtum im Ausland. — In: Südostdtsch. Vjbll. 20 (1971), 82—87.

**Weidlein,** Johann: Deutsche Leistungen im Karpatenraum und der madjarische Nationalismus. — Darmstadt: Leske (1954). 108. S.

**Weidlein,** Johann: Der madjarische Rassennationalismus. Dokumente zur ungarischen Geistesgeschichte im 20. Jahrhundert. — Schorndorf 1961: (Selbstverl.) 132 S.

**Weidlein,** Johann: Ungarns Revisionspolitik und der Untergang des Deutschen Reiches. Die Schuld Ungarns am Zweiten Weltkrieg und am Untergang des ungarländischen Deutschtums im Spiegel ungarischer Dokumentation. – Schorndorf: [Selbstverl. d. Hrsg.] 1976. 103 S.

**Wolf,** Franz: Die katholische Kirche in Großungarn und im Revolutionsjahr 1918/19. – In: Donauraum 21 (1976), 154–175.

**Zsigmond,** László: Két dátum. Magyarország hadüzenetének (1941. június 27) és németek által való megszállásának (1944. március 19) előzményeihez. — In: Történelmi Szemle 1958, 192—214.

**Zsigmond,** László: Az Osztrák-Magyar monarchia széttörése és a nemzetközi erőviszonyok. — In: Századok 1959, 70—101.

**Zsigmond,** L.: Ungarn und das Münchner Abkommen. — In: Acta historica [Budapest] 6 (1959), 253—286.

## Türkei

**Ayverdi,** Fazli: Außenhandel und Außenhandelspolitik der Türkei von 1938 bis 1953. (Eine Studie über die Zusammenhänge zwischen Wirtschaftsstruktur und Außenhandelsentwicklung der Türkei.) — Göttingen 1954. V, 301 gez. Bl. [Maschinenschr.]
*Göttingen, rechts- und staatswiss. Diss. 5. Februar 1955.*

**Bisbee,** Eleanor: The new Turks. Pioneers of the republic 1920—1950. — Philadelphia: University of Pennsylvania Press 1951. 312 S.

**Bürgin,** Werner: Die Frage der Meergrenzen der Dardanellen und des Bosporus. Der Vertrag von Montreux (1936). — o. O. (1949). IV, 131 gez. Bl. [Maschinenschr.]
*Basel. jur. Diss. 1949.*

**Campagna,** Gerard L.: The foreign relations of the Turkish Republic 1923—1945.
*Boston, Mass., Diss. 1952.*

Carretto, Giacomo E.: Polemiche fra kemalismo, fascismo, comunismo, negli anni '30. – In: Storia contemp. 8 (1977), 489–530.

**Delfs,** Hermann: Die Politik der Mächte beim Zerfall des Osmanischen Reiches. — Kiel 1954. 343 gez. Bl. [Maschinenschr.]
*Kiel, phil. Diss. 28. Sept. 1954.*

**Duhamel,** Georges: La Turquie nouvelle. Puissance d'Orient. — Paris: Mercure de France 1954. 125 S.

**Du Véou,** Paul: La passion de la Cilicie 1919—1922. Nouv. ed. rev. — Paris: Geuthner 1954. 448 S.

**Falk,** André: Turquie. — Paris: Ed. du Seuil 1957. 200 S.

**Hostler,** Charles Warren: Türken und Sowjets. — Frankfurt a. M.: Metzner 1960. 263 S.

**Jäschke,** G.: Mustafa Kemal et la proclamation de la république en Turquie. — In: Orient 7 (1963), 29—44.

**Jäschke,** Gotthard: Beiträge zur Geschichte des Kampfes der Türkei um ihre Unabhängigkeit. — In: Welt des Islams 5 (1957), 1—64.

**Jäschke,** Gotthard: Die Türkei in den Jahren 1942—1951. Geschichtskalender mit Namen- und Sachregister. — Wiesbaden: Harrassowitz 1955. VIII, 196 S.

**Karpat,** Kemal H. [Ed.]: Social change and politics in Turkey. A structural-historical analysis. - Leiden: Brill 1973. XI, 373 S.
*(Social, Economic and Political Studies of the Middle East. 7.)*

**Kedourie,** Elie: England and the Middle East. The destruction of the Ottoman empire 1914—1921. — London: Bowes & Bowes 1956. 236 S.

**Keskin,** Hakki: Die Türkei. Vom Osmanischen Reich zum Nationalstaat. Werdegang einer Unterentwicklung. - Berlin: Olle & Wolter [1978]. 301 S.
*Diss., Freie Universität Berlin.*

**Klenitz,** Friedrich Karl: Türkei. Anschluß an die moderne Wirtschaft unter Kemal Atatürk. — Hamburg: Weltarchiv 1959. 148 S.

**Kilic,** Altemur: Turkey and the world. — Washington: Public Affairs Press 1959. 224 S.

**Krecker,** Lothar: Deutschland und die Türkei im zweiten Weltkrieg. — Frankfurt a. M.: Klostermann (1964). 2935 S.
*(Frankfurter wissensch. Beiträge. Kulturwissensch. Reihe. 12.)*

**Lerner,** Daniel und Richard D. Robinson: Swords and ploughshares. The Turkish army as a modernizing force. In: World Politics 13 (1960/61,) 19—44.

**Ludšuvejt,** W.: Turcija v gody pervoj mirovoj vojny 1914—1918 gg. Voenno-političeskij očerk. — Moskva: Izdatel'stvo Moskovskogo Universiteta 1966. 385 S.

**Mantran,** Robert: Histoire de la Turquie. — Paris: Presses Universitaires 1952. 128 S.
*(Que sais-je?)*

**Massigli,** René: La Turquie devant la guerre. Mission à Ankara 1939—1940. — Paris: Plon 1964. 511 S.

**Önder,** Zehra: Die türkische Außenpolitik im Zweiten Weltkrieg. - München: Oldenbourg 1977. 313 S.
*(Südosteuropäische Arbeiten. 73.)*

**Peters,** Richard: The story of the Turks. From empire to democracy. — New York: C. S. Publ. Co. 1959. 235 S.

**Price,** M. Philips: A history of Turkey. From empire to republic. — London: Allen & Unwin 1956. 224 S.

**Price,** M. Philips: Die Türkei. Vergangenheit und Gegenwart des türkischen Reiches und Volkes. — Nürnberg: Hans Carl 1958. 216 S.

**Robinson,** Richard D.: The first Turkish republic. A case study in national development. — Cambridge: Harvard University Press 1963. XVI, 367 S.

**Rummel,** Friedrich von: Die Türkei auf dem Wege nach Europa. — München: Rinn 1952. 177 S.

**Rustow,** Dankwart A.: The army and the founding of the Turkish republic. — In: World Politics 11 (1958/59), 513—552.

**Sanjian,** K. A.: The Sanjak of Alexandretta (Hatay). Its impact on Turkish-Syrian relations (1939—1956). — In: Middle East J. [Washington] 10 (1956), 379—394.

**Smith,** Elaine Diana: Turkey. Origins of the Kemalist movement and the government of the grand national assembly (1919—1923). - Washington: [Selbstverl.] 1959. XI, 175 S.

**Sokolnicki,** Michael: The Turkish straits. — Beirut: American Press 1950. 44 S.

**Sonyel,** Salahi Ramsdan: Turkish diplomacy, 1918—1923. Mustafa Kemal and the Turkish national movement. - London: Sage Publ. 1975. XV, 267 S.
*(Sage Studies in 20th Century History. 3.)*

**Sturmhöfel,** Heinz: Die Türkei und die Sowjetunion 1939—1954. — In: Osteuropa 5 (1955), 21—35.

**Ternon,** Yves: Les Arméniens. Histoire d'un génocide. - Paris: Ed. du Seuil (1977). 317 S.

**Trumpener,** Ulrich: Turkey's entry into World War I. An assessment of responsibilities. — In: J. mod. Hist. 34 (1962), 369—380.

**Vasil'ev,** I.: „Neutralność" Turcji w drugiej wojnie światowej. — Warszawa: Czytelnik 1952. 165 S.
Behandelt die Neutralitätspolitik der Türkei im zweiten Weltkriege.

**Vere-Hodge,** Edward Reginald: Turkish foreign policy 1918—1948. — Ambilly-Annemasse 1950. 215 S.
*Genève, Thèse sc. polit., Inst. univ. de hautes études internat., 1950.*

**Weiker,** Walter F.: Political tutelage and democracy in Turkey. The Free Party and its aftermath. - Leiden: Brill 1973. XII, 317 S.
*(Social, Economic and Political Studies of the Middle East. 8.)*

**Weisband,** Edward: Turkish foreign policy. 1943-1945. Small state diplomacy and great power politics. - Princeton, N. J.: Princeton University Press 1973. XIII, 377 S.
*(Studies in Peaceful Change.)*

**Yalman,** Ahmed Emin: Turkey in my time. — Norman: University of Oklahoma Press 1956. X, 294 S.

## Vereinigte Staaten von Amerika

### Allgemeines

**Adams,** D. K.: America in the twentieth century. A study of the United States since 1917. — Cambridge, Mass.: Cambridge University Press 1967. 264 S.

**Allen,** Frederick Lewis: The big change. America transforms itself, 1900—1950. — London: Hamilton 1952. XI, 308 S.

**Alstyne,** R. W. van: The rising American empire. — Oxford: Blackwell 1960. 215 S.

**Amerika** im Spiegel des deutschen politischen Denkens. Äußerungen deutscher Staatsmänner und Staatsdenker über Staat und Gesellschaft in den Vereinigten Staaten von Amerika. Ausgew. u. eingel. von Ernst Fraenkel. — Köln, Opladen: Westdt. Verl. (1959). 333 S.

**Angermann,** Erich: Die Vereinigten Staaten von Amerika. — (München:) Dtsch. Taschenbuch-Verl. (1966). 295 S.
*(dtv-Weltgeschichte des 20. Jahrhunderts. 7.)*
*(dtv[-Taschenbücher]. 4007.)*

**Arnold,** Peri E.: The first Hoover Commission and the managerial presidency. — In: J. Politics 38 (1976), 46—70.

**Artaud,** Denise [u.] André Kaspi: Histoire des Etats-Unis. — Paris: Colin 1969. 416 S.
*(Coll. „U".)*

**Atwood,** Wallace W.: The United States in the Western world. — Boston: Ginn & Co. (1948). VII, 311 S.

**Bagby,** Wesley M.: The „smoke filled room" and the nomination of Warren G. Harding. — In: Mississippi Valley hist. Rev. 41 (1955), 657—674.

**Barck,** Oscar Theodore und Nelson Manfred Blake: Since 1900. A history of the United States in our times. Rev. ed. — New York: Macmillan 1952. X, 903 S.

**Bassett,** John Spencer: A short history of the United States 1492—1938. 3. ed., rev. and enlarged. — New York: Macmillan (1954). XVI, 1039 S.

**Bemis,** Samuel Flagg: The United States as a world power. A diplomatic history 1900—1955. — New York: Holt 1955. XI, 516 S.

**Brogan,** Denis W.: The era of Franklin D. Roosevelt. A chronicle of the New Deal and global war. — New Haven: Yale University Press 1950. IX, 382 S.
*(Chronicles of America Series. 52.)*

**Brüning,** Heinrich: Die Vereinigten Staaten und Europa. (Rede, gehalten am 2. Juni 1954.) — Stuttgart: Dtsch. Verl.-Anst. 1954. 16 S.

**Buchanan,** A. Russell: The United States and World War II. Vol. 1. 2. — New York: Harper & Row (1964).

**The unfinished century.** America since 1900. Ed. by William E. Leuchtenburg. — Boston: Little, Brown 1973. XIV, 970 S.

**Conover,** Helen F.: The United States and Europe. Ed. by Harry J. Krould. — Washington: The Library of Congress 1953. VI, 255 S.

**Dahms,** H. G.: Geschichte der Vereinigten Staaten von Amerika. — München: Oldenbourg 1953. 565 S.

**Dahms,** Hellmuth Günther: Grundzüge der Geschichte der Vereinigten Staaten. — Darmstadt: Wiss. Buchges. 1971. 283 S.
*(Grundzüge. 21.)*

**Davis,** Kenneth S.: Experience of war. The United States in World War II. — Garden City, N. Y.: Doubleday 1965. 704 S.

**Divine,** Robert A.: Roosevelt and World War II. — Baltimore: Johns Hopkins Press (1969). X, 107 S.

**Dulles,** Foster Rhea: America's rise to world power, 1898—1954. — New York: Harper; London: Hamish Hamilton 1955. XVIII, 314 S.

**Dulles,** Foster Rhea: Amerikas Weg zur Weltmacht (America's rise to world power, 1898—1954, dt.) 1898—1956. (Ins Dtsch. übertr. von I. Kühne u. vom Verf. bis auf das Jahr 1956 weitergef.) — Stuttgart: Dtsch. Verl.-Anst. (1957). 317 S.
Mit Bibliographie S. 289—311.

**Dupuy,** R. Ernest und Trevor N. Dupuy: Military heritage of America. — New York: Mc Graw-Hill 1958. 784 S.

**Einaudi,** Mario: La rivoluzione di Roosevelt 1932—1952. — Torino: Einaudi 1959. XI, 334 S.
Amer. Ausg. u. d. T.: The Roosevelt revolution. — New York: Harcourt 1959. X, 372 S.

**Faulkner,** Harold U.: From Versailles to the New Deal. A chronicle of the Harding-Coolidge-Hoover era. — New Haven: Yale University Press 1950. IX, 388 S.
*(Chronicles of America Series. 51.)*

**Feis,** Herbert: 1933. Characters in crisis. — Boston: Little, Brown (1966). XIV, 366 S.

**Fischer,** John: Master plan: USA. — New York: Harper 1951. 253 S.

**Friedel,** Frank: America in the twentieth century. — New York: Knopf 1960. XXII, 593, XXIII S.

**Galbraith,** John Kenneth: Tabus in Wirtschaft und Politik der USA (The liberal hour, gekürzte Ausg., dt.) (Dtsch. Übers. von Gerald Frodl.) — (Reinbek b. Hamburg:) Rowohlt (1964). 157 S.
*(Rowohlts Dtsch. Enzyklopädie. 213.)*

**Greene,** Fred: The military view of American national policy 1904—1940. — In: Amer. hist. Rev. 66 (1960/61), 354—377.

**Guggisberg,** Hans Rudolf: Geschichte der USA. — Mainz: Kohlhammer 1975.
1. Entstehung und nationale Konsolidierung. 1975. 158 S.
2. Die Weltmacht. S. 159—314.
*(Urban-Taschenbücher. 209.210.)*

**Hacker,** Louis M., und Helene S. Zahler: The United States in the 20th century. — New York: Appleton-Century-Crofts 1957. 695 S.

**Hamm,** William A.: From colony to world power. A history of the United States. — Boston: Heath; London: Harrap (1954). VIII, 888 S.

**Handlin,** Oscar [u. a.] [Ed.]: Harvard guide to American history. — London: Cumberlege (1954). XXIV, 689 S.

**Heffner,** Richard D.: A documentary history of the United States. — Bloomington, Ind.: Indiana University Press 1952. 287 S.

**Hochheim,** Arnold: Das anglo-amerikanische Rasseproblem in sowjetischer Kritik. Führungsanspruch und Völkerfreiheit in der wissenschaftlichen Diskussion. — In: Schweiz. Monatsh. 33 (1953/54), 11—22.

**Hofstadter,** Richard: The age of reform. From Bryan to F.D.R. — New York: Knopf 1955. VIII, 328, XX S.

**Julien,** Claude: Das amerikanische Imperium (L'empire américain, dt.) (Aus d. Französ. übertr. von Edwin Ortmann.( Mit e. Geleitw. von Jan Reifenberg. — (Berlin:) Ullstein (1969). 376 S.

**Kirkendall,** Richard Stewart: The United States 1929-1945. Years of crisis and change. - New York: McGraw-Hill 1974. X, 308 S.

**Lindop,** Edmund: Modern America. The turbulent thierties. — New York: Watts 1970. 90 S.

**Link,** Arthur S.: American epoch. A history of the United States since the 1890's. — New York: Knopf 1957. 807 S.

**McDonald,** Forrest: The United States in the twentieth century. — Reading, Mass.: Addison-Wesley 1970.
1. 1900—1920. VIII, 280 S.
2. 1920—1945. X, 241 S.
3. 1945-present. X, 243 S.

**Manchester,** William: The glory and the dream. A narrative history of America, 1932-1972. - London: Joseph 1975. X, 1397 S.

**Manly,** Chesly: The twenty-year revolution from Roosevelt to Eisenhower. — Chicago: Regnery 1954. 272 S.

**Matloff,** Maurice: American military history. [Hrsg.:] Office of the Chief of Military History, United States Army. — Washington, D. C.: (U. S. Gov. Print. Off. [in Komm.]) 1969. XVI, 701 S.
*(Army Historical Series.)*

**Maurois,** André: Die Geschichte der USA von Wilson bis Kennedy (Histoire parallèle-histoire des États-Unis de 1917 à 1961, dt.) (Aus d. Französ. übertr. von Traugott König.). Im Anh. 21 Gespräche mit führenden Persönlichkeiten Amerikas. — (Reinbek b. Hamburg:) Rowohlt (1965). 417 S.
*(rororo-Taschenbuch. 753/755.)*

**Mayer,** George H. und Walter O. Forster: The United States and the twentieth century. — Boston [usw.]: Mifflin 1958. XI, 787 S.

**Mecham,** John Lloyd: The United States and inter-American security, 1889—1960. — Austin: University of Texas Press 1961. XII, 514 S.

**Meredith,** Roy: The American wars. A pictorial history from Quebec to Korea, 1755—1953. — Cleveland: World Publishing Co. 1955. 349 S.

**Millis,** Walter: Amerikanische Militärgeschichte in ihren politischen, wirtschaftlichen und sozialen Zusammenhängen. — Köln: Markus-V. 1958. 320 S.

**Morison,** S.E., und H. St. Commager: Das Werden der amerikanischen Republik. Geschichte der Vereinigten Staaten von ihren Anfängen bis zur Gegenwart. Bd 1. 2. — Stuttgart: Dtsch. Verl.-Anst. [1952]. XXV, 1800 S.

**Morris,** Richard B.: Encyclopedia of American history. — New York: Harper 1953. XV, 776 S.

**Niebuhr,** Reinhold: The irony of American history. — New York: Scribner 1952. 174 S.

**Paths** to present. Interpretation essays on American history since 1930. Ed. by James T. Patterson. - Minneapolis: Burgess (1975). VII, 250 S.

**Perkins,** Dexter: The new age of Franklin Roosevelt 1932—1945. — (Chicago): The University of Chicago Press (1957). IX, 193 S.

**Peterson,** H. C. und Gilbert C Fite: Opponents of war, 1917—1918. — Madison: University of Wisconsin Press 1957. XIII, 399 S.

**Potter,** E. B. und John Roger Fredland [Ed.]: The United States and world sea power. — New York: Prentice Hall 1955. 972 S.

**Préclin,** E.: Histoire des Etats-Unis ‹1934—1940›. — In: Rev. hist. 195 (1945), 36—64, 140—164 und 235—261. Literaturbericht.

**Robinson,** Edgar Eugene: The Roosevelt leadership 1933—1945. — Philadelphia: Lippincott 1955. 491 S.

**Rose,** Lisle A.: Dubious victory. The United States and the end of world war II. - Kent, Ohio: Kent State University Press 1973. 392 S.

**Rostow,** W. W.: The United States in the world arena. — New York: Harper 1960. 568 S.

**Roz,** Firmin: Tableau des Etats-Unis de la crise de 1933 à la victoire de 1945. — Paris: Spid 1946. 423 S.

**Samhaber,** Ernst: Geschichte der Vereinigten Staaten von Nordamerika. Werden der Weltmacht. — München: Bruckmann (1954). 454 S.
*(Weltgeschichte in Einzeldarstellungen. 8.)*

**Sanden,** Heinrich: Die Vereinigten Staaten und die Weltpolitik. — In: Nation Europa 2 (1952), H. 11, 3—6.

**Sann,** Paul: The lawless decade. A pictorial history of a great American transition. From the World War I armistice and prohibition to repeal and the New Deal. — London: Arco 1958. 240 S.

**Schlesinger,** A. M.: The rise of modern America 1865—1951. — New York: Macmillan 1951. 514 S.

**Schlesinger,** Arthur M., jr.: The age of Roosevelt. The crisis of the old order 1919—1933.— Boston: Houghton 1957. 557 S.

**Schlesinger,** Arthur M[eier], jr.: The age of Roosevelt. — Boston: Houghton.
3. The politics of upheaval. (1961.) XII, 749 S.

**Schoeck,** Helmut: Der Mythus von der Geschichtslosigkeit Amerikas. — In: Außenpolitik 5 (1954), 299—304.

**Schwarz,** Jordan A. [Ed.]: The ordeal of twentieth-century America. Interpretive readings. - Washington: Publ. Aff. Press 1974. 128 S.

**Shannon,** David A.: Twentieth century America. The United States since 1890's. — Chicago: Rand McNally 1969. 711 S.
*(Rand McNally History Series.)*

**Sheehan,** Donald und Harold C. Syrett [Eds.]: Essays in American historiography. — New York: Columbia University Press 1961. 320 S.

**Sherry,** Michael S.: Preparing for the next war. American plans for postwar defense, 1941–45. – New Haven: Yale University Press 1977. X, 260 S.
*(Yale Historical Publications. Miscellany. 114.)*

**Siegfried,** André: Tableau des Etats-Unis. — Paris: Colin 1954. 347 S.

**Smith,** Geoffrey S.: To save a nation. American countersubversives, the New Deal and the coming of world war II. – New York: Basic Books 1973. XII, 244 S.

**Spear,** Sheldon: The United States and the persecution of the Jews in Germany, 1933—1939. — In: Jew. soc. Stud. 30 (1968), 215—242.

**Stolberg-Wernigerode,** Otto Graf zu: Geschichte der Vereinigten Staaten von Amerika. — Berlin: de Gruyter 1956. 192 S.

**Sündermann,** Helmut: Die Pioniere und die Ahnungslosen. Skizzen amerikanischer Vergangenheit und Gegenwart. — Leoni a. Starnb. See: Druffel 1960. 240 S.

**Swomley,** John M.: The American empire. The political ethics of twentieth-century conquest. — New York: Macmillan 1970. 250 S.

**Theoharis,** Athan G.: The FBI's stretching of presidential directives 1936–1953. – In: Polit. Science Quart. 91 (1976), 649–672.

**Toynbee,** Arnold: America and the world revolution. — London: Oxford University Press 1962. 77 S.

**Toynbee,** Arnold: America and the world revolution. Public lectures delivered at the University of Pennsylvania, spring 1961. (Reprinted.) — London, New York, Toronto: Oxford University Press (1963). 77 S.

**Trask,** David F. [Ed.]: World War I at home. Readings on American life, 1914—1920. — New York: Wiley 1970. XII, 212 S.
*(Problems in American History. 1.)*

U[nited] S[tates of] A[merica], die permanente Revolution (U[nited] S[tates of] A[merica], the permanent revolution, [dt.]). Eine Gemeinschaftsarbeit d. Red. d. amerik. Monatsschrift „Fortune" unter Mitw. von Russel W. Davenport. Dt.: Erwin Schuhmacher. — Frankfurt a. M.: Rudl (1952). 224 S.

**Walworth,** Arthur: America's moment, 1918. – New York: Norton 1977. 309 S.

**Wehle,** Louis Brandeis: Hidden threads of history. Wilson through Roosevelt. — New York: Macmillan 1953. XIX, 300 S.

**Williams,** William Appleman: America confronts a revolutionary world, 1776–1976. – New York: Morrow 1976. 224 S.

**Wrage,** Ernest J. [und] Barnet Baskerville [Eds.]: Contemporary forum. American speeches on twentieth-century issues. — New York: Harper 1962. X, 376 S.

Politik und Staat

**Becker,** Klaus-Bert: Die Muckrakers und der Sozialismus. Eine Untersuchung zum politischen Bewußtsein in der „Progressive Era". – Bern: Lang 1974. 311 S.
*(Europäische Hochschulschriften. Reihe 3. Gesch. u. ihre Hilfswiss. 35.)*
*Phil. Diss., Universität Köln.*

**Beloff,** Max: The American federal government. — London, New York: Oxford University Press 1959. VIII, 247 S.

**Bornhövd,** Jürgen: Die Strafbarkeit der „conspiracy" im Strafrecht der Vereinigten Staaten von Nordamerika. — Bonn: Röhrscheid 1964. 221 S.
*(Rechtsvergleichende Untersuchungen zur gesamten Strafrechtswissenschaft. 32.)*

**Brogan,** D. W.: An introduction to American politics. — London: Hamish Hamilton (1954). VII, 470 S.

**Burnham,** James: Congress and the American tradition. — Chicago: Regnery 1959. X, 363 S.

**Cantor,** Milton: The divided left. American radicalism 1900–1975. – New York: Hill & Wang 1978. 248 S.

**Carroll,** Holbert N.: The House of Representatives and foreign affairs. — Pittsburgh: University of Pittsburgh Press 1958. 356 S.

**Cornell,** Margaret: The machinery of the United States presidential election. A summary of the procedure. — Oxford: Oxford University Press 1960. 22 S.

**Crosskey,** William Winslow: Politics and the constitution in the history of the United States. — Chicago: Chicago University Press; London: Cambridge University Press (1954). 708, 702 S.

**Cushman,** Robert E.: Civil liberties in the United States. A guide to current problems and experience. — Ithaca, N. Y.: Cornell University Press 1956. XIII, 248 S.

**Diggins,** John P.: Flirtation with fascism. American pragmatic liberals and Mussolini's Italy. — In: Amer. hist. Rev. 71 (1966), 487—506.

**Diggins,** John P.: The American left in the twentieth century. – New York: Jovanovich (1973). XII, 210 S.
*(The Harbrace History of the United States.)*

**Draper,** Theodore: The roots of American communism. — New York: Viking 1957. XII, 498 S.

**Ekirch,** Arthur A., jr.: The decline of American liberalism. — London: Longmans 1956. XIII, 401 S.

**Fenno,** Richard F.: The President's cabinet. An analysis in the period from Wilson to Eisenhower. — Cambridge, Mass.: Havard University Press 1959. XII, 327 S.
*(Harvard Political Studies.)*

**Fenno,** Richard F., jr.: President-cabinet relations. A pattern and a case study. — In: Amer. Polit. Science Quart. 52 (1958), 388—405.

**Fergusson,** Harvey: People and power. A study of political behavior in America. — New York: Morrow 1947. 241 S.

**Ferkiss,** Victor C.: Populist influences on American fascism. — In: Western Polit. Quart. 10 (1957), 350—373.

**Foster,** William Z.: History of the Communist party of the United States. — New York: International Publishers 1952. 600 S.

**Globig,** Fritz von: Wie Politik gemacht wird. Der Führungsstab im Weißen Haus und die Ratgeber des Präsidenten. — In: Außenpolitik 6 (1955), 358—366.

**Gong,** Walter: Die beiden Parteien in USA. — In: Polit. Studien 5 (1954/55), H. 54, 33—39.

**Goodman,** William: The two-party system in the United States. — New York: Van Nostrand 1956. XII, 649 S.

**Griffith,** Ernest S[tacey]: Wie Amerika regiert wird (The American system of government, dt.). Das Regierungssystem der USA. Dt. Übertr.: Harald Braeutigam. Mit e. Nachw.: In Deutschland ist fast alles anders v. Herrmann Louis Brill. — Wiesbaden: Rhein. Verl.-Anst. [1958]. 240 S.

**Grosskey,** W. W.: Politics and the constitution in the history of the United States. — Chicago: University of Chicago Press 1953. 1429 S.

**Grundstein,** Nathan D.: Presidential delegation of authority in wartime. — Pittsburgh: University of Pittsburgh Press 1961. 106 S.

**Gustafson,** Milton O(dell): Congress and foreign aid. The first phase, UNRRA, 1943-1947. - (Ann Arbor, Mich.: University Microfilms Internat. 1977). V, 318 Bl.
*University of Nebraska, phil. Diss. 1966.*
[Microfilm-xerography]

**Hammond,** Paul Y.: Organizing for defense. The American military establishment in the twentieth century. — Princeton: Princeton University Press 1961. XI, 403 S.

**Hewes,** James E.: From Root to McNamara. Army organization and administration, 1900-1963. - Washington, D.C.: [Selbstverl. d. Hrsg.] 1975. XVII, 452 S.
*(United States. Department of the Army. Center of Military History. Special Studies.)*

**Hicks,** John D.: Republican ascendancy 1921—1933. — London: Hamish Hamilton 1960. 318 S.

**Holloway,** William Vernon und Emile B. Ader: American government. National, state, and local. — New York: Ronald Press 1959. 492 S.

**Hoover,** J. Edgar: Master of deceit. Story of communism in America. — London: Dent 1958. 374 S.

**Horn,** John Stephen: The cabinet and congress. — New York: Columbia University Press 1960. VIII, 310 S.

**Howe,** Irving und Lewis Coser: The American communist party — a critical history (1919—1957). — Boston: Beacon Press 1958. 593 S.

**Hyman,** Sidney [Ed.]: The office of the American presidency. — Philadelphia: American Academy of Political and Social Science 1956. VIII, 216 S.

**Hyneman,** Charles S.: The study of politics. The present state of American political science. — Urbana: University of Illinois Press 1959. IX, 232 S.

**Ingrim,** Robert: Amerika findet sich wieder. Die konservativen Grundlagen in Geschichte und Politik der USA. — München: Isar-V. (1958). 86 S.
*(Konservative Schriftenreihe. 2.)*

**Johnson,** Donald Bruce: The republican party and Wendell Willkie. — Urbana: University of Illinois Press (1960). 354 S.

**Kelley,** Robert: Ideology and political culture from Jefferson to Nixon. - In: Amer. hist. Rev. 82 (1977), 531-582.

**Kennan,** George F.: Diplomaten als Spiegelbild der demokratischen Gesellschaft. Gedanken zur Zukunft des amerikanischen auswärtigen Dienstes.— In: Außenpolitik 6 (1955), 694—706.

**Landauer,** Karl: Die Präsidentenwahl und das amerikanische Parteiensystem. — In: Dtsch. Rdsch. 79 (1953), 14—18.

**Laski,** Harold Joseph: The American democracy. A commentary and an interpretation. — London: Allen & Unwin 1953. X, 785 S.

**Lazarsfeld,** Paul F.: The American soldier — an expository review. — In: Publ. Op. Quart. 13 (1949/50), 377—404.

**Lens,** Sidney: Warum gibt es keine amerikanische Arbeiterpartei? — In: Frankf. H. 8 (1953), 95—100.

**Losos,** Joseph O.: The supreme court and its critics. Is the court moving left? — In: Rev. Politics 21 (1959), 495—510.

**Lubell,** Samuel: The future of American politics. — New York: Harper 1952. 285 S.

**McCoy,** D. R.: The Progressive National Committee of 1936. — In: West. Polit. Quart. 9 (1956), 454—469.

**McCoy,** Donald R.: Angry voices. Left-of-center politics in the New Deal era. — Lawrence: University of Kansas Press 1958. 224 S.

**Madison,** Charles A.: Leaders and liberals in 20th century America. — New York: Ungar 1961. XI, 499 S.

**Martin,** James J.: American liberalism and world politics, 1931—1941. Liberalism's press and spokesmen on the road back to war between Mukden and Pearl Harbor. Forew. by John Chamberlain. — New York: Devin-Adair 1964.
1. XXIII, 652 S.
2. IX, S. 653—1337.

**Mason,** Alpheus Thomas: The supreme court from Taft to Warren. — Baton Rouge: Louisiana State University Press 1958. XV, 250 S.

**Mayer,** George H.: The Republican Party, 1854—1964. — London: Oxford University Press 1964. 563 S.

**Mitzlaff,** Hans Jürgen von: Zur militärischen Gewalt in den Vereinigten Staaten von Amerika. — In: Wehrwiss. Rdsch. 8 (1958), 130—138.

**Morgenthau,** Hans J.: Politics in the twentieth century. Vol. 1—3. — Chicago: University of Chicago Press 1963.
1. The decline of democratic politics.
2. The impasse of American foreign policy.
3. The restoration of American politics.

**Morgenthau,** Hans J.: The purpose of American politics. — New York: Knopf 1960. XI, IX, 350 S.

**Morris,** Richard B.: Great presidential decisions. State papers that changed the course of history. — Philadelphia: Lippincott 1960. 413 S.

**Mussatti,** James: The constitution of the United States. Our charter of liberties. — Princeton: Van Nostrand 1960. IX, 222 S.

**Neustadt,** Richard E.: Presidential power. The politics of leadership. — New York: Wiley 1960. XIII, 224 S.

**Paetel,** Karl O.: Die amerikanischen Minderheitsparteien. — In: Dtsch. Rdsch. 78 (1952), 1004—1008.

**Paetel,** Karl Otto: Sozialismus und Arbeiterbewegung in Amerika. — In: Außenpolitik 7 (1956), 47—56.

**Pimlot,** J. A. R.: Public relations and American democracy. — London: Cumberlege 1952. 265 S.

**Pinchot,** A. R. E.: History of the Progressive Party 1912—1916. — New York: New York University Press 1958. XII, 305 S.

**Plesur,** Milton: The Republican congressional comeback of 1938. — In: Rev. Politics 24 (1962), 525—562.

**Powell,** Thomas F.: Sozialismus in Amerika, eine Bewegung, die stillstand. — In: Gesch. Wiss. Unterr. 30 (1979), 284—296.

**Ransom,** Harry Howe: Central intelligence and national security. — Cambridge, Mass.: Harvard University Press 1958. XIV, 287 S.

**Record,** Wilson C.: The development of the communist position on the negro question in the United States. — In: Phylon Quart. 19 (1958), 306—326.

**Roemer,** Hans: Der Panamerikanismus heute. — In: Z. Politik 2 (1955), 45—58.

**Rossiter,** Clinton: Parties and politics in America. — London: Oxford University Press 1960. VII, 205 S.

**Rossiter,** Clinton: The American presidency. Introduction by D. W. Brogan. — New York: Harcourt; London: Hamilton 1956. 175 S.

**Saposs,** David J.: Communism in American politics. — Washington: Public Affairs Press 1960. VIII, 259 S.

**Schaumann,** Wilfried: Rechtsprechung und Politik im amerikanischen Verfassungsrecht. — In: Z. Politik 2 (1955), 28—44.

**Schwaneberg,** Edgar: Geschichte und Entwicklung der US-Luftwaffe. — In Wehrkunde 9 (1960), 565—569.

**Schwartz,** Bernard: The Supreme Court. Constitutional revolution in retrospect. — New York: Ronald Press 1957. V, 429 S.

**Shannon,** David A.: The decline of American communism. — New York: Harcourt 1959. XII, 425 S.

**Shannon,** David A.: The socialist party of America. — New York: Macmillan 1955. 320 S.

**Smith,** J. Malcolm und Cornelius P. Cotter: Powers of the President during crises. — Washington: Public Affairs Press 1960. VIII, 184 S.

**Smith,** James Morton und Paul L. Murphy [Ed.]: Liberty and justice. A historical record of American constitutional development. — New York: Knopf 1958. XXI, 566 S.

**Smith,** Louis: American democracy and military power. A study of civil control of the military power in the United States. — Chicago: University of Chicago Press (1951). XIV, 370 S.

**Steamer,** Robert J.: The legal and political genesis of the Supreme Court. — In: Polit. Science Quart. 77 (1962), 546—569.

**Steinitz,** Hans: Das amerikanische Präsidialsystem. Der Mann im Weißen Haus. — In: Außenpolitik 3 (1952), 447—454.

**Tresolini,** Rocco J.: American constitutional law. — New York, London: Macmillan 1959. XXX, 673 S.

**Turner,** Henry A. [Ed.]: Politics in the United States. Readings in political parties and pressure groups. — New York: McGraw-Hill 1955. XI, 436 S.

**Vile,** M. J. C.: The structure of American federalism. — London: Oxford University Press 1961. 206 S.

**Wheeler,** Gerald E.: General Mitchell, Admiral Moffett und die amerikanische Luftmacht. — In: Wehrwiss. Rdsch. 9 (1959), 86—96.

**White,** William S.: Citadel. The story of the U. S. Senate. — New York: Harper 1957. XI, 274 S.

**Whitehead,** Don: The F. B. I. story. Foreword by J. Edgar Hoover. — London: Muller 1957. 363 S.

**Williams,** Irving G.: The rise of the vice-presidency. Introduction by Edward R. Murrow. — Washington: Public Affairs Press 1956. VIII, 266 S.

**Wolfskill,** George: The revolt of the conservatives. A history of the American Liberty League, 1934—1940. — Boston: Houghton Mifflin 1962. X, 303 S.

**Young,** Roland: The American congress. — New York: Harper 1958. IX, 333 S.

**Young,** Roland: Congressional politics in the second world war. — New York: Columbia University Press 1956. 281 S.

**Zink,** Harold [u. a.]: American government and politics. National, state and local. — Princeton: Van Nostrand 1958. 456 S.

## Außenpolitik

**Adler,** Cyrus und Aaron M. Margalith: With firmness in the right. American diplomatic action affecting Jews, 1840—1945. — New York: The American Jewish Committee 1946. XXVII, 489 S.

**Adler,** Selig: The uncertain giant, 1921—1941. American foreign policy between the wars. — New York: Macmillan 1966. 340 S.

**Adler,** Selig: The isolationist impulse. Its twentieth-century reaction. — New York: Abelard-Schuman 1957. 538 S.

**Albertini,** Rudolf von: Die U[nited] S[tates of] A[merica] und die Kolonialfrage ⟨1917—1945⟩. — In: Vjh. Zeitgesch. 13 (1965), 1—31.

**Allen,** Dan C(harles): Franklin D. Roosevelt and the development of an American occupation policy in Europe. – (Ann Arbor, Mich.: University Microfilms Internat. 1977). VII, 344 Bl.
*Diss., Ohio State University.*
[Microfilm-xerography]

**Alstyne,** Richard W. van: American crisis diplomacy. The quest for collective security 1918—1952. Foreword by Graham H. Stuart. — Stanford: Stanford University Press 1952. 180 S.

**Alstyne,** Richard W. van: Before Pearl Harbor. — In: Curr. Hist. 20 (1951), 70—76.

**Ambrose,** Stephen E.: Rise to globalism. American foreign policy since 1938. — Baltimore: Penguin Books 1971. 352 S.

**Aquarone,** Alberto: Le origine dell' imperialismo americano da McKinley a Taft, 1897–1913. – Bologna: Ed. Il Mulino 1973. 591 S.

**Ara,** Angelo: L'Austria-Ungheria nella politica americana durante la prima guerra mondiale. – Roma: Ed. dell' Ateneo 1973. 183 S.

**Arese,** F.: La politique africaine des Etats-Unis. — Neuchâtel: La Baconnière 1945. 63 S.

**Arutjunjan,** Ju. V.: Rol' amerikanskoj diplomatii v organizacii Mjunchenskoj konferencii 1938 goda. — In: Vop. Ist. 1958, H. 2, 76—95.

**Barnes,** Harry Elmer [u. a.]: Entlarvte Heuchelei (Perpetual war for perpetual peace, Ausz., dt.) (Ewiger Krieg um ewigen Frieden.) Revision d. amerikanischen Geschichtsschreibung. (Kritische Untersuchung d. amerikan. Außenpolitik seit Franklin Delano Roosevelt.) Mit e. Vorw. von Herbert Grabert. — Wiesbaden: Priester 1961. 257 S.

**Barnes,** Harry Elmer [u. a.]: Perpetual war for perpetual peace. A critical examination of the foreign policy of Franklin Delano Roosevelt and its aftermath. — Caldwell, Ind.: Caxtors 1953. 692 S.

**Barnes,** William und John Heath Morgan: The foreign service of the United States. Origins, development, and functions. — Washington: Department of State 1961. XIII, 430 S.

**Battistini,** Lawrence H.: The rise of America in Asia and the Pacific. — East Lansing: Michigan State University Press 1960. 224 S.

**Battistini,** Lawrence H.: The United States and Asia. — New York: Praeger 1956. XII, 370 S.

**Bemis,** Samuel Flagg: A short history of American foreign policy and diplomacy. — New York: Holt 1959. 737 S.

**Bemis,** Samuel Flagg: The United States as a world power. A diplomatic history 1900—1950. — New York: Holt 1950. X, 491 S.

**Benoist,** Marc: Les Etats-Unis devant la question japonaise en 1941. — In: Rev. Hist. deux. Guerre mond., H. 2 (März 1951), 41—76.

**Berdahl,** C.-A.: The policy of the United States with respect to the League of Nations. — Paris: Droz 1957. 159 S.

**Bereznyj,** L. A.: Politika SŠA v Kitae v period revoljucii 1924—1927 gg. — Leningrad: Leningr. Univ. 1956. 142 S.

**Besson,** Waldemar: Von Roosevelt bis Kennedy. Grundzüge der amerikanischen Außenpolitik 1933—1963. — (Frankfurt a. M.:) Fischer Bücherei (1964). 325 S.

*(Fischer Bücherei. 598.)*

**Borg,** Dorothy: The United States and the Far Eastern crisis of 1933—1938. From the Manchurian incident through the initial stage of the undeclared Sino-Japanese war. — Cambridge, Mass.: Harvard University Press 1964. X, 674 S.

**Bose,** Tarun Chandra: American-Soviet relations, 1921—1933. — Calcutta: Mukhopadhyay 1967. 228 S.

**Boveri,** Margret: Acht Botschafter. Die Beziehungen der USA zur UdSSR in der Ära Roosevelt-Truman. — In: Merkur 7 (1953), 469—479 und 574 – 583.

**Braddick,** Henderson B.: A new look at American policy during the Italo-Ethiopian crisis, 1935—1936. — In: J. mod. Hist. 34 (1962), 64—73.

**Bradshaw,** M. E.: Congress and foreign policy since 1900. — In: Annals Amer. Acad. polit. social Science H. 289 (Sept. 1953), 40—48.

**Broek,** J. [u. a.]: Prejudice, war and the constitution. Japanese-American evacuation and resettlement. — Berkeley, Los Angeles: University of California Press 1954. XII, 408 S.

**Buckley,** Thomas H.: The United States and the Washington conference, 1921—1922. — Knoxville: University of Tennessee Press 1970. 222 S.

**Burks,** David D.: The United States and the Geneva protocol of 1924. "A new Holy Alliance?" — In: Amer. hist. Rev. 64 (1958/59), 891—905.

**Burnham,** Walter Dean: Political immunization and political confessionalism. The United States and Weimar Germany. – In: J. interdisc. Hist. 3 (1972/73), 1–30.

**Butow,** Robert J. C.: The Hull-Nomura conversations. A fundamental misconception. — In: Amer. hist. Rev. 65 (1959/60), 822—836.

**Campbell,** Thomas M.: Masquerade peace. America's UN policy, 1944–1945. – Tallahassee, Fl.: Tallahassee University Press 1973. VII, 226 S.

**Caridi,** Ronald J.: 20th century American foreign policy. Security and self-interest. – Englewood Cliffs, N. J.: Prentice Hall 1974. XII, 388 S.

**Challener,** Richard D.: Admirals, generals and American foreign policy, 1898-1914. – Princeton, N. J.: Princeton University Press 1973. VIII, 433 S.

**Challener,** Richard D. [Ed.]: From isolation to containment, 1921—1952. Three decades of American foreign policy from Harding to Truman. — New York: St. Martin's Press 1970. VIII, 184 S.

*(Documents of Modern History.)*

**Chamberlain,** William Henry: Amerikas Kreuzzug im Rückblick. — In: Außenpolitik 2 (1951), 183—190.

**Chamberlin,** William Henry: Amerikas zweiter Kreuzzug (America's second crusade, dt.) Kriegspolitik und Fehlschlag Roosevelts. Übers. von Egon Heymann. — Bonn: Athenäum-V. 1952. 279 S.

**Chase,** John L.: The development of the United States policy toward Germany during World War II. *Princeton, phil. Diss. 1952.*

**Cheever,** Daniel und Haviland H. Field jr.: American foreign policy and the separation of powers. — London: Cumberlege 1952. 244 S.

**Christopher,** J. W.: Conflict in the Far East. American diplomacy in China 1928—1933. — Leiden: Brill 1950. XIV, 335 S.

**Churchill,** Rogers Platt: United States documents on relations with the Soviet Union 1933—1939. — In: Dep. of State Bull., 19. und 26. Mai 1952, 767—774 und 822—826.

**Clauß,** Max Walter: Der Weg nach Jalta. Präsident Roosevelts Verantwortung. — Heidelberg: Vowinckel 1952. 276 S.

**Cline,** Howard F.: The United States and Mexico. — Cambridge, Mass.: Harvard University Press 1953. XVI, 542 S.
*(American Foreign Policy Library.)*

**Conde,** Alexander de [Ed.]: Isolation and security. Ideas and interests in twenty-century American foreign policy. — Durham: Duke University Press 1957. XII, 204 S.

**Cooper,** John Milton: The vanity of power. American isolationism and the First World War, 1914—1917. — Westport, Conn.: Greenwood Publ. 1969. XII, 271 S.

**Craig,** Gerald M.: The United States and Canada. Note by Crane Brinton. — Cambridge, Mass.: Harvard University Press 1968. 376 S.
*(The American Foreign Policy Library.)*

**Cressy,** A. Cheever: Canadian-American co-operation in World War II.
*Fletcher, Diss. 1952.*

**Current,** Richard N.: The Stimson doctrine and the Hoover doctrine. — In: Amer. hist. Rev. 59 (1953/54), 513—542.

**Dalleck,** Robert: Franklin D. Roosevelt and American foreign policy, 1932–1945. - New York: Oxford University Press 1979. 624 S.

**Davids,** Jules: America and the world of our time. United States diplomacy in the twentieth century. — New York: Random House 1960. VIII, 597 S.

**Dawson,** Raymond H.: The decision to aid Russia 1941. Foreign policy and domestic politics. — Chapel Hill: University of North Carolina Press 1959. XV, 315 S.

**Dean,** Vera Micheles: The United States and Russia. — Cambridge: Harvard University Press 1947. XIV, 321 S.

A **decade** of American foreign policy. Basic documents 1941—1949. Prepared at the request of the Senate Committee on Foreign Relations by the Staff of the Committee and the Department of State. — Washington: Government Printing Office 1950. XIV, 1381 S.

**Dederke,** Karlheinz: Die Politik der Vereinigten Staaten gegenüber Rußland 1917—1919. — o. O. 1953. XI, 278 gez. Bl. [Maschinenschr.]
*Berlin, Freie Univ., phil. Diss. 7. Oktober 1953.*

**Deutschland** und die USA. Germany and USA. 1918—1933. — Braunschweig: Limbach (1968). 123 S.
*(Schriftenreihe des internationalen Schulbuchinstituts. 13.)*

**Devlin,** Patrick: Too proud to fight. Woodrow Wilson's neutrality. - London: Oxford University Press 1974. 731 S.

**Divine,** Robert A.: Second chance. The triumph of internationalism in America during World War II. — New York: Atheneum 1967. X, 371 S.

**Divine,** Robert A.: Foreign policy and U.S. presidential elections. - New York: Watts 1974.
 1. 1940–1948. 353 S.
 2. 1952–1960. 359 S.

Official **documents.** Texts of selected documents on U.S. foreign policy, 1918 —1952. — New York: Woodrow Wilson Foundation 1952. 76 S.

**Documents** on American foreign relations. — Princeton: Princeton University Press.
 12. 1950. Edited by Raymond Dennett and Robert K. Turner. 1952. 702 S.

**Doenecke,** Justus D.: Non-interventionism of the left. The Keep America Out of the War Congress, 1938–41. - In: J. contemp. Hist. 12 (1977), 221–236.

**Dos Passos,** John: Mr. Wilson's war, from the assassination of McKinley to the defeat of the League of Nations. — New York: Doubleday 1962. 517 S.
 Dt. Ausg. u. d. T.: Wilsons verlorener Friede. Wie Amerika in den Krieg gedrängt wurde. — Wien: Deutsch 1964. 612 S.

**Dozer,** Donald Marquand: Are we good neighbors? Three decades of inter-american relations 1930—1960. — Gainesville: University of Florida Press 1959. IX, 456 S.

**Drachman,** Edward R.: United States policy toward Vietnam, 1940—1945. — Rutherford, N.J.: Fairleigh Dickinson University Press 1970. 186 S.

**Drummond,** Donald F.: The passing of American neutrality 1937—1941. — Ann Arbor: University of Michigan Press 1955. 409 S.

**Dürking,** Irene: Der Amerikanische Senat und der Friede mit Deutschland. 1916—1921. Eine Untersuchung an Hand amerikanischer Akten. — (München) 1963. XX, 252 S.
*München, phil. Diss. vom 27. Febr. 1963.*

**Dulles,** Foster Rhea: The road to Teheran. The story of Russia and America 1781—1943. — Princeton: Princeton University Press 1945. 280 S.

**Duroselle,** Jean-Baptiste: De Wilson à Roosevelt. Politique extérieure des Etats-Unis 1913—1945. — Paris: Colin 1960. 494 S.

**Edel,** Wilbur: The State Department, the public and the United Nations concept, 1939—1945.
*New York (Columbia), Diss. 1952.*

**Elder,** Robert Ellsworth: The policy machine. The Department of State and American foreign policy. — Syracuse: Syracuse University Press 1960. XI, 238 S.

**Elliott,** William Yandell [u. a.]: United States foreign policy. Its organization and control. Preface by Harry D. Gideonse. — New York: Columbia University Press 1952. XVIII, 288 S.

**Ellis,** Lewis Ethan: A short history of American diplomacy. — New York: Harper 1951. 614 S.

**Epstein,** Fritz T.: Zwischen Compiègne und Versailles. Geheime amerikanische Militärdiplomatie in der Periode des Waffenstillstandes 1918/19: Die Rolle des Obersten Arthur L. Conger. — In: Vjh. Zeitgesch. 3 (1955), 412—445.

**Evans,** Laurence: United States policy and the partition of Turkey 1914—1924. — Baltimore: Johns Hopkins Press 1965. 437 S.

**Fabela,** Isidro: Los Estados Unidos y la América Latina (1921—1929). — In: Cuad. Américas. 79 (1955), 7—80.

**Fairbank,** John K.: The United States and China. — Cambridge, Mass.: Harvard University Press 1948. 384 S.

**Fairbank**, John King: The United States and China. New ed., completely rev. and enlarged. — Cambridge: Havard University Press 1958. XVIII, 365 S.

**Ferrell**, Robert H.: American diplomacy. A history. — New York: Norton 1959. XII, 576 S.

**Ferrell**, Robert H.: American diplomacy in the great depression. Hoover-Stimson foreign policy 1929—1933. — New Haven: Yale University Press; London: Oxford University Press 1957. VIII, 319 S.

**Fifield**, Russel H.: Secretary Hughes and the Shantung question (1921—1925). — In: Pacific hist. Rev. 23 (1954), 373—385.

**Fike**, Claude E.: A study of Russian-American relations during the ominous years 1917—1921.
*Urbana, Diss. 1950.*

**Finnegan**, Edward H.: The United States policy toward Russia, march 1917 — march 1918.
*New York (Fordham), Diss. 1947.*

**Fischer**, Fritz: Das Verhältnis der USA zu Rußland von der Jahrhundertwende bis 1945. — In: Hist. Z. 185 (1958), 300—347.

**Floto**, Inga: Colonel House in Paris. A study of American policy at the Paris peace conference 1919. - Aarhus: Universitetsforlaget 1973. 374 S.

**Flynn**, George Q.: Roosevelt and romanism. Catholics and American diplomacy, 1937-1945. — Westport, Conn.: Greenwood Press (1976). XX, 268 S.
*(Contributions in American History. 47.)*

**Francis**, Michael J.: The limits of hegemony. United States relations with Argentina and Chile during World War II. - London: University of Notre Dame Press 1978. 292 S.

**Freund**, Ludwig: Zur Problematik der amerikanischen Außenpolitik. — In: Z. Politik 5 (1958), 28—37.

**Freytag**, Dierk: Die Vereinigten Staaten auf dem Weg zur Intervention. Studien zur amerikanischen Außenpolitik 1910—1914. — Heidelberg: C. Winter 1971. 148 S.
*(Beihefte zum Jahrbuch für Amerikastudien. 30.)*

**Gaddis**, John Lewis: Russia, the Soviet Union and the United States. An interpretive history. - New York: Wiley 1978. 309 S.
*(America and the World.)*

**Gange**, John: American foreign relations. Permanent problems and changing policies. — New York: Ronald Press 1959. IX, 593 S.

**Gardner**, Lloyd C.: Imperial America. American foreign policy since 1898. - New York: Harcourt Brace Jovanovich 1976. 301 S.

**Gelfand**, Lawrence E[merson]: The inquiry. American preparations for peace, 1917—1919. — New Haven: Yale University Press 1963. XIV, 387 S.

**Gescher**, Dieter Bruno: Die Vereinigten Staaten von Nordamerika und die Reparationen 1920—1924. Eine Untersuchung der Reparationsfrage auf der Grundlage amerikanischer Akten. — Bonn: Röhrscheid 1956. 226 S.
*(Bonner historische Forschungen. 7.)*

**Graber**, Doris Appel: Crisis diplomacy. A history of United States intervention policies and practices. — Washington: Public Affairs Press 1959. XVIII, 402 S.

**Graebner**, Norman Arthur: Empire on the Pacific. A study in American continental expansion. — New York: Ronald Press 1955. IX, 278 S.

**Grenville**, J. A. S.: The United States decision for war 1917. Excerpts from the manuscript diary of Robert Lansing. — In: Renaissance and Modern Studies 1960, H. 4, 59—81.

**Grigorcevié**, Stanislav Siliverstovič: Amerikanskaja i japonskaja intervencija na Sovetskom Dal'nem Vostoke i ee razgrom 1918—1922 gg. — Moskva: Gospolitizdat 1957. 199 S.

**Griswold**, A[lfred] Whitney: The Far Eastern policy of the United States. — New Haven, London: Yale University Press 1962. 530 S.

**Gruchmann**, Lothar: Völkerrecht und Moral. Ein Beitrag zur Problematik der amerikanischen Neutralitätspolitik 1939—1941. — In: Vjh. Zeitgesch. 8 (1960), 384—418.

**Guerrant**, Edward O.: Modern American diplomacy. — Albuquerque: University of New Mexico Press 1954. IX, 318 S.

**Guerrant**, Edward O.: Roosevelt's good neighbor policy. — Albuquerque: University of New Mexico Press 1950. X, 235 S.

**Gus**, M.: Amerikanskie imperialisty — vdochnoviteli mjunchenskoj politiki. — Moskva: Gos. izd. politič. liter. 1951. 245 S.

**Haight**, Jr., John McV[ickar]: Roosevelt and the aftermath of the quarantine speech. — In: Rev. Politics 24 (1962), 233—259.

**Halle**, Louis J.: American foreign policy. Theory and reality. — London: Allen & Unwin (1960). 327 S.

**Harris**, Brice: The United States and the Italo-Ethiopian crisis. — Stanford, Calif.: Stanford University Press 1964. VI, 187 S.

**Harris**, Charles Wesley: International relations and the disposition of alien enemy property seized by the United States during World War II. A case study on German properties. — In: J. Politics 23 (1961), 641—666.

**Hastings**, Martin F.: United States — Vatican relations. Policies and problems.
*Berkeley, Calif., Diss. 1952.*

**Haught**, Jr., John McV[ickar]: France and the aftermath of Roosevelt's „quarantine" speech. — In: World Politics 24 (1962), 283—306.

**Hess**, Gary R.: America encounters India 1941—1947. — Baltimore: Johns Hopkins Press (1971). XII, 211 S.

**Hester**, J. M.: America and the Weimar Republic. A study of the causes and effects of American policy and action in respect to Germany, 1918—1925.
*Oxford, phil. Diss. 1955.*

**Hondorp**, Richard: In den Krieg geschwindelt. — In: Nation Europa 4 (1954), H. 5, 47—50.
Haltung Roosevelts vor Pearl Harbor.

**Hoop,** J[ean]-M[arie] d': Les Etats-Unis et la crise du Pacifique. ⟨Decembre 1941—avril/mai 1942.⟩ — In: Rev. Hist. deux. Guerre mond. 19 (1969), H. 74, 67—82.

**Hoover,** Herbert: An American epic. The relief of Belgium and Northern France 1914—1930. Vol. 1. — Chicago: Regnery 1959. XXIII, 477 S.

**Hubrich,** Erich-Wolfgang: Zur amerikanischen Intervention in Europa 1914—1919. Außenminister Robert Lansing und Präsident Woodrow Wilson im Spiegel der Lansing Papers. — In: Hist.-polit. Streiflichter. Geschichtl. Beitr. z. Gegenwart, Neumünster: Wachholtz 1971, 127—158.

**Hughes,** Stuart: The United States and Italy. — Cambridge, Mass.: Harvard University Press 1953. 247 S.

**Humphrey,** Hubert H.: The Senate in foreign policy. — In: Foreign Aff. 37 (1958/59), 525—536.

**Hytier,** Adrienne D.: La politique des Etats-Unis en Europe entre 1939 et 1941. ⟨D'après les documents diplomatiques américains.⟩ — In: Rev. Hist. deux. Guerre mond. 17 (1967), H. 67, 31—50.

**Hytier,** Adrienne D[oris]: La politique étrangère des Etats-Unis en 1942. — In: Rev. Hist. deux. Guerre mond. 21 (1971), H. 83, 1—15.

**Jablon,** Howard: Franklin D. Roosevelt and the Spanish Civil War. — In: Soc. Stud. 56 (1965), 59—69.

**Jacobson,** Harold Karan [Ed.]: America's foreign policy. — New York: Random House 1960. XI, 756 S.

Az amerikai imperializmus ideológiája és politikája. Cikkgyüjtemény. — Budapest: Szikra 1951. 390 S.
   Aufsatzsammlung über die Ideologie und die Politik des amerikanischen Imperialismus.

Agresivni ideologie a politika amerického imperialismu [Agressivnaja ideologija i politika amerkanskogo imperializma, tschech.]. — Praha: Orbis 1951, 661 S.

**Jonas,** Manfred: Isolationism in America 1935—1941. — Ithaca, N.Y.: Cornell University Press (1966). IX, 315 S.

**Iriye,** Akira: From nationalism to internationalism. US foreign policy to 1914. – Boston: Routledge & Kegan Paul 1977. VIII, 368 S.
   *(Foreign Policies of Great Powers.)*

**Israel,** Jerry: Progressivism and the open door. America and China 1905—1921. — Pittsburgh: University of Pittsburgh Press 1971. XXIV, 222 S.

**Issues** and conflicts. Studies in twentieth century American diplomacy. Ed. by George L. Anderson. — Lawrence: University of Kansas Press 1959. VIII, 374 S.

**Istel,** Werner: Das moralistische Element in der amerikanischen Außenpolitik. — In: Außenpolitik 9 (1958), 636—644.

**Jungk,** Robert: Ein weltpolitisches Führungsinstrument. Der „National Security Council" der Vereinigten Staaten. — In: Außenpolitik 4 (1953), 575—583.

**Kaplan,** Lawrence S.: Der Kolonialismus in der Geschichte der Vereinigten Staaten von Amerika. — In: Frankf. H. 15 (1960), 705—714.

**Keenleyside,** H. L.: The Canada-United States permanent joint board on defence 1940—1945. — In: Intern. J. 16 (1960/61), H. 1, 50—77.

**Kelly,** Alfred H.: American foreign policy and American democracy. — Detroit: Wayne University Press 1954. 128 S.

**Kennan,** George F.: Amerika und Rußland. Von Brest Litowsk bis Potsdam. — In: Osteuropa 4 (1954), 331—342.

**Kennan,** George F.: Amerikas Außenpolitik 1900 bis 1950 und ihre Stellung zur Sowjetmacht (American diplomacy 1900—1950 and the challenge of Soviet power, dt.) Übertr.: E[rnst] Doblhofer. Mit einem Vorw. z. dt. Ausg. von Felix Somary. — Zürich, Stuttgart, Wien: Europa-V. (1952). 167 S.

**Kennan,** George F.: American diplomacy 1900—1950. — Chicago: University of Chicago Press 1951. 146 S.

**Kennan,** George F.: Das amerikanisch-russische Verhältnis. — In: Außenpolitik 5 (1954), 631—642.

**Kinsella,** William E.: Leadership in isolation. FDR and the origins of the Second World War. – Cambridge: Schenkman 1978. 282 S.

**Knipping,** Franz: Die amerikanische Rußlandpolitik in der Zeit des Hitler-Stalin-Pakts, 1939–1941. - Tübingen: Mohr 1974. XIV, 258 S.
   *(Tübinger Studien zur Geschichte und Politik. 30.)*

**Kogan,** Norman: La politica americana nei confronti dei movimenti della resistenza europea. — In: Movim. Liberaz. Italia 1962, H. 66, 3—37.

**Kolko,** Gabriel: The politics of war. The world and United States foreign policy, 1943—1945. —. New York: Random House (1968). X, 685 S.

**Korteweg,** P. G. J.: Het groote Amerikaanse debat over de buitenlandse politiek, 1939—1942. — Amsterdam: Noord-Hollandsche Uitgeversmaatschappij 1951. 176 S.

**Krug,** Werner G.: Das Territorium Alaska. — In: Außenpolitik 4 (1953), 322—327.

**Kusnec,** Ju. L.: Ot Perl-Charbora do Potsdama. Očerk vnešnej politiki SŠA. — Moskva: Izd. Meždunarodnye otnošenija 1970. 351 S.

**Langer,** William L. und S. Everett Gleason: The challenge to isolation 1937—1940. The world crisis and American foreign policy. — New York: Harper 1952. XV, 794 S.

**Langer,** William L. und S. Everett Gleason: The undeclared war 1940—1941. — New York: Harper (1953). XVI, 963 S.
   *(The World Crisis and American Foreign Policy. 2.)*

**Leigh,** Michael: Mobilizing consent Public opinion and American foreign policy, 1937–1947. – Westport, Conn.: Greenwood Press (1976). XVI, 187 S.

**Levering,** Ralph B.: The public and American foreign policy, 1918–1978. – New York: Morrow 1978. 154 S.

**Link,** Arthur Stanley [u.] William M. Leary [Ed.]: The diplomacy of world power. The United States, 1889—1920. — London: E. Arnold 1970. VII, 181 S.
   *(Documents of Modern History.)*

**Link,** Werner: Die amerikanische Stabilisierungspolitik in Deutschland 1921—32. — Düsseldorf: Droste (1970). 704 S.
*Habil.-Schr., Universität Mannheim.*

**Louis,** William Roger: The United States and the decolonization of the British Empire, 1941–1945. – New York: Oxford University Press 1978. 594 S.

**Lunestad,** Geir: The American nonpolicy toward Eastern Europe 1943–1947. Universalism in an area not of essential interest to the United States. – Oslo: Universitetsforlaget 1975. 653 S.

**McCamy,** J. L.: The administration of American foreign affairs. — New York: Knopf 1950. XIII, 364 S.

**Macintyre,** Stuart Hull: Legal effort of World War II on treaties of the United Staates. — The Hague: Nijhoff; London: Batsford 1958. IX, 392 S.

**McKay,** Donald: The United States and France. — Cambridge: Harvard University Press 1951. XVII, 334 S.

**McVickar-Haight,** J.: American aid to France 1938—1940. — New York: Atheneum Publ. 1970. IX, 278 S.

**Maddox,** Robert J[ames]: The unknown war with Russia. Wilson's Siberian intervention. – San Rafael, Calif.: Presidio Press (1977). IX, 157 S.

**Mamatey,** Victor S.: La politique de Wilson et les nationalités de l'Autriche-Hongrie.
*Paris, Diss. 1949.*

**Mamatey,** Victor S.: The United States and East Central Europe 1914—1918. A study in Wilsonian diplomacy and propaganda. — Princeton, N. J.: Princeton University Press 1957. XI, 431 S.

**Marshall,** Charles Burton: The limits of foreign policy. — New York: Holt 1954. 128 S.

**Mashberg,** Michael: Documents concerning the American State Department and the stateless European Jews, 1942–1944. – In: Jew. soc. Stud. 39 (1977), 163–182.

**May,** Ernest R.: The world war and American isolation 1914—1917. — Cambridge, Mass.: Harvard University Press 1959. 482 S.

**Meisels,** Lucian Otto: Die politischen Beziehungen zwischen den Vereinigten Staaten von Amerika und Österreich 1933 bis 1938. — Wien 1961. VI, 169 Bl. [Maschinenschr.]
*Wien, phil. Diss., 30. März 1961.*

**Mel'nikov,** Ju. M.: SŠA i gitlerovskaja Germanija 1933—1939 gg. — Moskva: Gospolitizdat 1959. 352 S.

**Middleton,** Drew: Retreat from victory. A critical appraisal of American foreign and military policy from 1920 to the 1970s. – New York: Hawthorn Books (1973). VI, 250 S.

**Moltmann,** Günter: Die frühe amerikanische Deutschlandplanung im zweiten Weltkrieg. — In: Vjh. Zeitgesch. 5 (1957), 241—264.

**Moltmann,** Günter: Amerikas Deutschlandpolitik im Zweiten Weltkrieg. Kriegs- und Friedensziele 1941—1945. — Heidelberg: Winter 1957. 192 S.

**Moltmann,** Günter: Nochmals: Die Rußland-Politik Roosevelts 1943—45. — In: Gesch. Wissensch. Unterr. 16 (1965), 218—222.

**Morgenthau,** Hans J.: In defence of the national interest. A critical examination of American foreign policy. — New York: Knopf 1951. VIII, 283 S.

**Morley,** Felix: The foreign policy of the United States. — New York: Knopf 1951. 175 S.

**Mosely,** Philip E.: Hopes and failures. American policy toward East Central Europe 1941—1947. — In: Rev. Politics 17 (1955), 461—485.

**Motter,** T. H. Vail: The Persian corridor and aid to Russia. — Washington: Department of the Army 1952. 545 S.

**Neumann,** William L.: America encounters Japan. From Perry to MacArthur. — Baltimore: Johns Hopkins Press; London: Oxford University Press 1964. 353. S.

**Nilsson,** Sven A.: Förenta Staternas inträde i andra världskriget. Diskussionen om Pearl Harbor. — In: Statsvet. T. 1954, 337—365.

**Noelte,** Earl: L'éblouissement provoqué par l'image de la Russie: ou le reflet de l'opinion publique dans la politique étrangère de Franklin D. Roosevelt à l'égard de l'Union Soviétique de 1941 à 1945. – In: Relat. internat. 1975, H. 4, 137–154.

**O'Connor,** Raymond G[ish]: Perilious equilibrium. The United States and the London naval conference of 1930. — Lawrence: University of Kansas Press 1962. IX, 188 S.

**Örvik,** Nils: The decline of neutrality 1914—1941. With special reference to the United States and the Northern Neutrals. — Oslo: Johan Grundt Tanum 1953. 294 S.

**Offner,** Arnold A.: American appeasement. United States foreign policy and Germany, 1933—1938. — Cambridge, Mass.: Belknap Press of Harvard University Press 1969. IX, 328 S.

**Offner,** Arnold A.: The origins of the Second World War. American foreign policy and world politics, 1917–1941. – New York: Praeger 1975. 268 S.

**Osgood,** Robert Endicott: Ideals and self-interest in America's foreign relations. The great transformation of the twentieth century. — (Chicago:) University of Chicago Press (1953). XII, 491 S.

**Osgood,** Robert Endicott: Ideals and self-interest in America's foreign relations. The great transformation of the twentieth century. — Chicago, London: University of Chicago Press 1964. 491 S.

**Osgood,** Robert E.: Realism and idealism in American foreign relations. An interpretation of the evolution of the American attitude toward world politics in the twentieth century.
*Cambridge, Mass., Harvard University, Diss. 1952.*

**Osipova,** P. E.: Amerikano-japonskaja Bor'ba za Mikronezija v 1919—1922 godach. — In: Vop. Ist. 1955, H. 9, 95—102.

**Parzen,** Herbert: The Roosevelt Palestine policy, 1943–1945. An exercise in dual diplomacy. – In: Amer. Jewish Arch. 26 (1974), 31–63.

**Pastusiak,** Longin: Pół wieku dyplomacji amerykańskiej, 1898—1945. – Warszawa: Państwowe Wyd. Naukowe 1974. 463 S.

**Pawlak,** Stanisław: Polityka Stanów Zjednoczonych wobec Chin 1941—1955. – Warszawa: Państwowe Wyd. Naukowe 1973. 415 S.

**Perlo,** V.: Imperializm amerykanski. — Warszawa: Czytelnik 1953. 336 S.
Über den amerikanischen Imperialismus.

**Popov,** M. V.: Amerikanskij imperializm v Trane v gody vtoroj mirovoj vojny. — Moskva: Izd.-vo Akad. Nauk SSSR 1956. 256 S.

**Pourkian,** Dariush: Die militärischen Beziehungen der USA zum Iran. Eine Fallstudie zur Penetration. – Frankfurt a. M.: Haag & Herchen.
   1. 1942—1953. 1978. XCII, 474 S.
*Diss., Universität Hamburg.*

**Pratt,** Julius W.: A history of United States foreign policy. — New York: Prentice-Hall 1955. XXIV, 808 S.

**Prellwitz,** Jürgen von: Das „Prinzip der Nichteinmischung" als Grundlage der interamerikanischen Beziehungen. — In: Z. Politik 7 (1960), 110—133.

Major **problems** of United States foreign policy: 1951—1952. — Washington: Brookings Institution 1951. 479 S.

**Pross,** Harry: George Kennans amerikanische Selbstkritik. Versuchungen und Möglichkeiten der Diplomatie. — In: Außenpolitik 3 (1952), 520—525.

In **quest** of peace and security. Selected documents on American foreign policy 1941—1951. — Washington: Government Printing Office 1951. VI, 120 S.
*(Department of State Publications. 4245.)*

**Quirk,** Robert E.: An affair of honor. Woodrow Wilson and the occupation of Veracruz. — Lexington: University of Kentucky Press 1962. VI, 184 S.

**Radkau,** Joachim: Die deutsche Emigration in den USA. Ihr Einfluß auf die amerikanische Europapolitik 1933 — 1945. — (Düsseldorf:) Bertelsmann Universitätsverl. (1971). 378 S.
*(Studien zur modernen Geschichte. 2.)*

**Rauch,** Basil: Roosevelt from Munich to Pearl Harbor. A study in the creation of a foreign policy. — New York: Creative Age Press 1950. XIV, 527 S.

**Reischauer,** Edwin O.: The United States and Japan. — Cambridge: Harvard University Press 1950. XVIII, 357 S.

Foreign **relations** of the United States. Diplomatic papers. — Washington, D.C.: US Gov. Print. Off.
  1934. In 5 volumes.
    1. General. British Commonwealth. 1951. XCVI, 1030 S.
    2. Europe, Near East, and Africa. 1951. XCV, 1002 S.
    3. Far East. 1950. 868 S.
    4. The American republics. 1951. 632 S.
    5. The American republics. 1952. XII, 674 S.
  1935. In four volumes.
    1. General. The Near East and Africa. 1953. XCVII, 1074 S.
    2. The British Commonwealth. Europe. 1952. LXXI, 816 S.
  The Soviet Union 1933—1939. 1952. 1013 S.
    3. The Far East. 1953. CVII, 1128 S.
    4. The American republics. 1953. LXXXIX, 988 S.
  1936. In five volumes.
    1. General. The British Commonwealth. 1953. LXXVI, 892 S.
    3. The Near East and Africa. 1953. LXI, 542 S.
    4. The Far East. 1954. XCI, 1012 S.
    5. The American republics. 1954. XCV, 992 S.
  1937. In five volumes.
    1. General. 1954. VIII, 1015 S.
    2. The British Commonwealth, Europe, Near East and Africa. 1954. VII, 971 S.
    3. The Far East. 1954. 1008 S.
    4. The Far East. 1954. IV, 911 S.
    5. The American republics. 1954. V, 807 S.
  1938. In five volumes.
    1. General. 1955. VIII, 1009 S.
    2. The British Commonwealth, Europe, Near East and Africa. 1955. VII, 1136 S.
    3. The Far East. 1954. III, 768 S.
    4. The Far East. 1955. III, 638 S.

  1939. In five volumes.
    1. General. 1956. VIII, 1059 S.
    2. General. The British Commonwealth and Europe. 1956. VII, 911 S.
    3. The Far East. 1955. 883 S.
    4. The Far East, the Near East and Africa. 1955. V, 905 S.
    5. The American republics. 1957. V, 827 S.
  1940. In five volumes.
    1. General. 1959. VIII, 832 S.
    2. General and Europe. 1957. V, 915 S.
    3. The British Commonwealth, the Soviet Union, the Near East and Africa. 1958. VI, 1028 S.
    4. The Far East. 1955. IV, 1022 S.
    5. The American republics. 1961. VII, 1202 S.
  1941. In seven volumes.
    1. General. The Soviet Union. 1958. VIII, 1048 S.
    2. Europe. 1959. VII, 1011 S.
    3. The British Commonwealth, the Near East and Africa. 1959. VIII, 998 S.
    4. The Far East. 1956. IV, 1014 S.
    6. The American republics. 1963. VI, 622 S.
  (Special Series: Relations with) China (1942—1949).
    1942. 1956. V, 782 S.
  1942. In seven volumes.
    1. General. The British Commonwealth. The Far East. 1960. XI, 963 S.
    3. Europe. 1961. VI, 869 S.
    4. The Near East and Africa. 1963. VIII, 854 S.
    6. The American republics. 1963. IX. 773 S.
  Special series.
    The conferences at Cairo and Teheran 1943. 1961. LXXXVIII, 932 S.
    The conferences at Malta and Yalta 1945. 1955. LXXVIII, 1032 S.
    The conference of Berlin (The Potsdam conference) 1945. In two volumes.
      1. 1960. CXXVIII, 1088 S.
      2. 1960. CLXXVI, 1645 S.
  1943.
    1. General. 1963. VI, 1189 S.

2. Europe. 1964. VII, 1069 S.
3. The British Commonwealth. Eastern Europe. The Far East. 1963. VII, 1151 S.
4. The Near East and Africa. 1964. VIII, 1188 S.
6. The American Republics. 1965. IX, 869 S.

1944.
1. General. 1966. VI, 1554.
2. General, economic and social matters. 1967. VI, 1129 S.
3. The British Commonwealth and Europe. 1965. VIII, 1478 S.
4. Europe. 1966. VI, 1473 S.
5. The Near East, South Asia and Africa. The Far East. 1965. VIII, 1345 S.
6. China. 1967. VI, 1206 S.
7. The American Republics. 1967. X, 1710 S.

1945.
1. General, the United Nations. 1967. LVIII, 1611 S.
2. General, political and economic matters. 1967. VI, 1577 S.
3. European Advisory Commission, Austria, Germany. 1968. VI, 1624 S.
4. Europe. 1968. VII, 1356 S.
5. Europe. 1967. VII, 1349 S.
6. The British Commonwealth, the Far East. 1969. VII, 1436 S.
7. The Far East, China. 1969. VI, 1506.S.
8. The Near East and Africa. 1969. VII, 1339 S.
9. The American Republics. 1969. X, 1466 S.

Special series.
The conferences at Washington, 1941—1942, and Casablanca, 1943. 1968. LXX, 895 S.

1946.
2. Council of Foreign Ministers. 1970. XIII, 1586 S.
3. Paris Peace Conference. Proceedings. 1970. XL, 882 S.
4. Paris Peace Conference. Documents. 1970. IV, 956 S.
5. The British Commonwealth; Western and Central Europe. 1969. XIV, 1109 S.
6. Eastern Europe; Soviet Union. 1969. IX, 993 S.
7. The Near East and Africa. 1969. VIII, 941 S.
11. The American Republics. 1969. XIV, 1382 S.

1947.
1. General; The United Nations. 1973. XXIII, 1096 S.
2. Council of Foreign Ministers; Germany and Austria. 1972. XXX, 1251 S.
3. The British Commonwealth; Europe. 1972. XIV, 1131 S.
4. Eastern Europe; The Soviet Union. 1972. X, 887 S.
5. Near East and Africa. 1971. IX, 1377 S.
6. The Far East. 1972. IX, 1159 S.
7. The Far East: China. 1972. VI, 1477 S.
8. The American Republics. 1972. XII, 1082 S.

1948.
1. General. The United States. Part 1. 1975. XVI, 505, XV S.
2. Germany and Austria. 1973. XXX, 1575 S.
3. Western Europe. 1974. XIII, 1165 S.
4. Eastern Europe. The Soviet Union. 1974. XV, 1161 S.
5. The Near East, South Asia and Africa. Part 1. 1975. X, 532, XV S.
6. The Far East and Australasia. 1974. X, 1379 S.
7. The Far East: China. 1973. VI, 887 S.
8. The Far East. China. 1973. VI, 986 S.
9. The Western Hemisphere. 1972. XII, 801 S.

Special series.
The Conferences at Washington and Quebec, 1943. 1970. XCV, 1382 S.
The Conference at Quebec, 1944. 1972. L, 527 S.

1949.
2. The United Nations. The Western Hemisphere. 1975. XII, 827 S.
3. Council of foreign ministers. Germany and Austria. 1974. XX, IV, 1324 S.
9. The Far East. China. 1974. VI, 1441 S.

**Remak,** Joachim: „Friends of the new Germany". The Bund and German-American relations. — In: J. mod. Hist. 29 (1957), 38—41.

**Rodov,** B.: Rola USA i Japonii w przygotowaniu i rozpętaniu wojny na Pacyfiku 1938—1941. — Warszawa: Wydawn. Min. Obrony Narod. 1952. 209 S.
Über die amerikanische und japanische Außenpolitik vor dem Beginn des Krieges im Pazifik.

**Rodov,** B.: Die USA und Japan bei der Vorbereitung und Entfesselung des Krieges im Stillen Ozean 1938—1941. — Berlin: Rütten & Loening (1953). 184 S.

**Rodow,** B.: Die USA und Japan bei der Vorbereitung und Entfesselung des Krieges im Stillen Ozean 1938—1941. — Berlin: Rütten & Loening 1959. 188 S.

**Rodov,** B.: Die USA und Japan bei der Vorbereitung und Entfesselung des Krieges im Stillen Ozean 1938—1941. — Berlin: Rütten & Loening 1960. 186 S.

**Runge,** Klaus: Die amerikanische Stellungnahme zur Frage eines internationalen Strafgerichtshofes. — Hamburg 1957. XVI, 214 gez. Bl.
Hamburg, rechtswiss. Diss. 28. April 1958.

**Russett,** Bruce M[artin]: No clear and present danger. A sceptical view of the United States entry in World War II. — New York: Harper & Row 1972. 111 S.

**Rystad,** Göran: Ambiguous imperialism. American foreign policy and domestic politics at the turn of the century. – (Lund:) Esselte Studium (1975). 365 S.
(Lund Studies in International History. 6.)
(Scandinavian University Books.)

**Sanborn,** Frederic P.: Design for war. A study of secret power politics 1937—1941. — NewYork: Devin-Adair 1951. 617 S.

**Sanden,** Heinrich: Roosevelt und die Morgenthau-Politik. Dargestellt nach amerikanischen Quellen. — In: Nation Europa 2 (1952), H. 3, 47—53.

**Sapin,** B. M. und Richard C. Snyder: The role of the military in American foreign policy. — Garden City: Doubleday 1954. 84 S.

**Schaller,** Michael: The U.S.-crusade in China, 1938–1945. – New York: Columbia University Press 1979. XIII, 364 S.

**Schechtman,** Joseph B.: The United States and the Jewish State Movement. The crucial decade 1939—1949. — New York: Yoseloff 1966. 474 S.

**Schröder,** Hans Jürgen: F. D. Roosevelts Außenpolitik 1933—1937. — In: Neue polit. Lit. 15 (1970), 213—221.

**Schulzinger,** Robert D.: The making of the diplomatic mind. The training, outlook and style of United States Foreign Service officers, 1908–1931. - Middletown, Conn.: Wesleyan University Press 1975. 237 S.

**Schwabe,** Klaus: Der amerikanische Isolationismus im 20. Jahrhundert. Legende und Wirklichkeit. - Wiesbaden: Steiner 1975. 17 S.
*(Frankfurter historische Vorträge. 1.)*

**Schwartz,** Andrew J.: America and the Russo-Finnish war. — Washington: Public Affairs Press 1960. VI, 103 S.

**Scott,** F. D.: The United States and Skandinavia. — Cambridge: Harvard University Press 1950. 359 S.

**Sevost'janov,** G.: Aktivnaja rol' SŠA v obrazovanii očaga vojny na Dal'nem Vostoke (1931—1933). — Moskva: Akad. Nauk SSSR 1953. 245 S.

**Sheppard,** Priscilla M.: Anglo-American relations during the administration of Herbert Hoover, with particular reference to Europe.
*London, Diss. 1955.*

**Smith,** Robert F.: The United States and Cuba. Business and diplomacy 1917—1960. — New York: Bookman Associates 1960. 256 S.

**Sniegoski,** Stephen J.: Die amerikanische Reaktion auf den Ausbruch des Zweiten Weltkrieges in Europa. - In: Sommer 1939. Die Großmächte und der Europäische Krieg, Stuttgart: Dtsch. Verl.-Anst. (1979), 314–336.

**Snyder,** Richard C. und Edgar S. Furniss jr.: American foreign policy. Formulation, principles and programs. — New York: Rinehart 1954. XVIII, 846 S.

**Sobel,** Robert: The origins of interventionism. The United States and the Russo-Finnish war. — New York: Bookman Associates 1960. 204 S.

**Spencer,** Frank: The United States and Germany in the aftermath of war. [I.] 1918 to 1929. II. The Second World War. — In: Internat. Aff. 43 (1967), 693—703 und 44 (1968), 48—62.

**Spillmann,** Kurt R.: Völkerbund vs. Monroe-Doktrin. Ideologische Hintergründe der amerikanischen Ablehnung des Völkerbundes. — In: Gesch. Wiss. Unterr. 23 (1972), 450—461.

**Stadelmaier,** Franz: Die Rußland-Politik Roosevelts 1943—45. — In: Gesch. Wissensch. Unterr. 15 (1964), 487—493.

**Stavrianos,** L. S.: American dilemma and opportunity. — Chicago: Regnery 1952. IX, 246 S.
Behandelt das Verhältnis der USA zu Griechenland im Jahre 1945.

**Stuart,** G. H.: The department of state. — New York: Macmillan 1949. 517 S.
Bringt eine Geschichte des amerikanischen Außenministeriums seit dessen Gründung 1789.

**Tansill,** Charles Callan: Back door to war. The Roosevelt foreign policy 1933 to 1941. — New York: Regnery 1952. XXI, 690 S.

**Tarulis,** Albert N.: American-Baltic relations 1918—1922. The struggle over recognition. — Washington: Cathol. University of America Press 1965. XI, 386 S.

**Taylor,** F. Jay: The United States and the Spanish civil war. Introduction by Claude G. Bowers. — New York: Bookman Associates; Twayne Publ. 1956. 288 S.

**Theobald,** Robert E: The final secret of Pearl Harbor. — New York: Devin-Adair 1954. 202 S.

**Thompson,** Kenneth W.: Political realism and the crisis of world politics. An American approach to foreign policy. — London: Oxford University Press (1960). IX, 261 S.

**Toland,** John: But not in shame. The six months after Pearl Harbor. — New York: Random House 1961. 427 S.

**Tompkins,** Pauline: American-Russian relations in the Far East. — New York: Macmillan 1949. 413 S.

**Traina,** Richard P.: American diplomacy and the Spanish civil war. — Bloomington: Indiana University Press (1968). XI, 301 S.
*(Indiana University International Studies.)*

**Trask,** David F.: The United States in the supreme war council. American war aims and inter-allied strategy 1917—1918. — Middletown: Wesleyan University Press 1961. XII, 244 S.

**Trask,** David F.: Victory without peace. American foreign relations in the twentieth century. — New York: Wiley 1968. 201 S.

Inter-American **treaties** and conventions (1901—1954). — Washington: Pan American Union 1961. 117 S.

**Trefousse,** H. L.: Germany and American neutrality 1939—1941. — New York: Bookman Associates 1951. 247 S.

**Tuchman,** Barbara (Wertheim): Sand gegen den Wind (Stilwell and the American experience in China 1911–1945, dt.) Amerika und China 1911–1945. (Aus d. Amerikan. ins Dtsch. übertr. von Ulrich Schneider.) - (Stuttgart:) Dtsch. Verl.-Anst. (1973). X, 589 S.

**Ullman,** Richard H.: The Davies mission and United States-Soviet relations 1937—1941. — In: World Politics (1956/57), 220—239.

The **United States** and the Korean problem. Documents 1943—1953. Senate, 83rd Congress, 1st Session, July 30, 1953. — Washington: Government Printing Office 1953. 167 S.

**United States foreign policy.** Its organization and control. Report of a study group for the Woodrow Wilson Foundation. — New York: Columbia University Press 1952. 288 S.

**Unterberger,** Betty M.: America's Siberian expedition 1918—1920. A study of national policy.
*Durham (Duke), Diss. 1950.*

**Villate,** R.: Roosevelt contre de Gaulle. — In: Rev. Hist. deux. Guerre mond. 6 (1956), H. 23, 17—31.

**Vinson,** John Chalmers: The parchment peace. United States Senate and the Washington conference, 1921—1922. — Athens: University of Georgia Press 1955. XI, 259 S.

**Wagner,** Fritz: Die Monroe-Doktrin und die Weltmachtspolitik der USA. Vortrag, geh. vor d. Dt. Neuphilologenverb., 13. Juni 1962. — In: Gesch. Wiss. Unterr. 13 (1962), 749—758.

**Warburg,** James P.: The United States in a changing world. An historical analysis of American foreign policy. — New York: Putnam 1954. XV, 496 S.

**Watt,** D[onald] C.: America and the British foreign policy-making elite, from Joseph Chamberlain to Anthony Eden, 1895—1956. — In: Rev. Politics 25 (1963), 3—33.

**Wehler,** Hans-Ulrich: Der Aufstieg des amerikanischen Imperialismus. Studien zur Entwicklung des Imperium Americanum 1865-1900. - Göttingen: Vandenhoeck & Ruprecht 1974. 426 S.
*(Kritische Studien zur Geschichtswissenschaft. 10.)*

**Welles,** Sumner: Two Roosevelt decisions. One debit, one credit. — In: Foreign Aff. 29 (1950/51), 182—204.

**Westerfield,** H. Bradford: Foreign policy and party politics. Pearl Harbor to Korea. — New Haven: Yale University Press 1955. 448 S.

**Weston,** Rubin Francis: Racism in U.S. imperialism. The influence of racial assumptions on American foreign policy, 1893—1946. — Columbia: University of South Carolina (1972). XV, 291 S.

**Whitaker,** Arthur P.: The United States and the Southern cone, Argentina, Uruguay and Chile. - Cambridge, Mass.: Harvard University Press 1977. 616 S.

**Whitehead,** Donald F.: The making of foreign policy during President Roosevelt's first term, 1933—1937.
*Chicago, Jll., Diss. 1952.*

**Wilcox,** Francis Orlando und Thorsten Valentine Kalijarir: Recent American foreign policy. Basic documents 1941 – 1951. — New York: Appleton 1952. 945 S.

**Williams,** William Appleman: American-Russian relations, 1781—1947. — New York: Rinehart 1952. 367 S.

**Williams,** William Appleman [Ed.]: The shaping of American diplomacy. Readings and documents in American foreign relations 1750—1955. — Chicago: Rand McNally 1956. XX, 1130 S.

**Wimer,** K.: Woodrow Wilson's plans to enter the League of Nations through an executive agreement. — In: Western Polit. Quart. 11 (1958), 800—812.

**Wolfe,** James H.: Roosevelt und die Sudetenfrage. Eine Untersuchung der amerikanischen Diplomatie. — In: Bohemia 9 (1968), 197—207.

**Wood,** Bryce: The making of the good neighbor policy. — New York: Columbia University Press 1961. 438 S.
Über die Beziehungen zwischen den USA und Lateinamerika 1926—1943.

**Wood,** Bryce: The United States and Latin American wars 1932—1942. — New York: Columbia University Press 1966. 519 S.

**Yates,** Louis A. R.: United States and French security 1917—1921. A study in American diplomatic history. — New York: Twayne 1957. 252 S.

Two hundred years of American foreign policy. Ed. by William P. Bundy. - New York: New York University Press 1977. 251 S.

**Yeselson,** Abraham: United States — Persian diplomatic relations 1883—1921. — New Brunswick, N. J.: Rutgers University Press 1956. IX, 252 S.

Wirtschaft und soziales Leben

**Abell,** Aaron I.: Labor legislation in the United States. The background and growth of the newer trends. — In: Rev. Politics 10 (1948), 35—60.

**Aitken,** Hugh G. J. [u. a.]: The American economic impact on Canada. — Durham: Duke University Press 1959. XVIII, 176 S.

**Bailey,** Thomas A.: The man in the street. The impact of American public opinion on foreign policy. — New York: Macmillan 1948. 334 S.

**Bancroft,** Gertrude: The American labor force. Its growth and changing composition. — New York: Wiley; London: Chapman & Hall 1958. XIV, 256 S.

**Bauer,** Yehuda: My brother's keeper. A history of the American Jewish joint distribution committee 1929-1939. – Philadelphia: Jewish Publ. Society of America 1974. XI, 350 S.

**Bennett,** David H.: Demagogues in the depression. American radicals and the Union Party, 1932—1936. — New Brunswick, N. J.: Rutgers 1969. X, 341 S.

**Bernstein,** Irving: Turbulent years. A history of the American worker 1933—1941. — Boston: Houghton Mifflin 1970. XIV, 873 S.

**Böventer,** Edwin von: Die wirtschaftlichen Auswirkungen amerikanischer Rezessionen auf die übrige Welt. Eine Untersuchung über die amerikanischen Konjunkturrückschläge von 1937/38, 1949 und 1953/54. — In: Z. ges. Staatswiss. 114 (1958), 297—330.

**Borch,** Herbert von: Amerika. Die unfertige Gesellschaft. [2. Aufl.] — München: Piper (1961). 373 S.

**Borst,** Manfred: Der wirtschaftliche Aspekt amerikanischer Deutschlandpolitik während des Zweiten Weltkriegs und nachher. — o. O. [1952]. 170 gez. Bl. [Maschinenschr.]
*Tübingen, rechts- u. wirtschaftswiss. Diss., 7. Januar 1952.*

**Boyer,** Richard O., und Herbert M. Morais: A history of the American Labour Movement. — London: Calder 1956. 402 S.

**Chandler,** Lester V.: Inflation in the United States 1940—1948. — New York: Harper 1951. 402 S.

**Cole,** W. S.: America first. The battle against intervention, 1940—1941. — Madison: University of Wisconsin Press 1953. 316 S.

**Conkin,** Paul K.: Tomorrow a new world. The New Deal community program. — Ithaca, N. Y.: Cornell University Press 1959. 350 S.

**De-Benedetti,** Charles: Origins of the modern American peace movement, 1915–1929. – Millwood, N.Y.: KTO Press 1978. 281 S.
*(Studies in American History.)*

**Degler,** Carl N. [Ed.]: The New Deal. — Chicago: Quadrangle Books 1970. 242 S.

**DeNovo,** John A.: The movement for an aggressive American oil policy abroad 1918—1920. — In: Amer. Hist. Rev. 61 (1955/56), 854—876.

**Derber,** Milton: The American idea of industrial democracy, 1865—1965. — Urbana, Ill.: University of Illinois Press 1970. XV, 553 S.

**Diamond,** Sander A.: Zur Typologie der amerikadeutschen NS-Bewegung. – In: Vjh. Zeitgesch. 23 (1975), 271–296.

**Derber,** Milton und Edwin Young: Labor and the New Deal. — Madison: University of Wisconsin Press 1957. XI, 393 S.

**Doderer,** Hans: Von der Sklaverei zur Gleichberechtigung. Ein Überblick über die Geschichte der Neger in den Vereinigten Staaten. — In: Gesch. Wissensch. Unterr. 15 (1964), 1—6.

**Dougherty,** James J.: The politics of wartime aid. American economic assistance to France and French Northwest Africa, 1940–1946. – Westport, Conn.: Greenwood Press 1978. 264 S.
*(Contributions in American History. 71.)*

**Dulles,** Foster Rhea: Die Arbeiterbewegung in den USA (Labor in America, dt.). Geschichte der amerikanischen Gewerkschaften von ihren Anfängen bis heute. (Autor. Übersetzung in d. dtsch. Sprache nach der 3. Aufl. 1955 durch Karl-Theo Humbach.) — Paderborn: Schöningh; Zürich: Thomas-V. 1956. 616 S.

**The eagle** and the dove. The American peace movement and United States foreign policy, 1900–1922. Ed. by John Whiteclay Chambers. – New York: Garland Publ. 1976. 575 S.
*(The Garland Library of War and Peace.)*

**Egbert,** Donald Drew und Stow Persons [Ed.]: Socialism and American life. Vol. 1. 2. — Princeton: Princeton University Press 1952. XIV, 776 und XIV, 575 S.
*(Princeton Studies in American Civilization. 4.)*
Bd 2 ist als kritische Bibliographie angelegt.

**Feis,** Herbert: The diplomacy of the dollar. First era: 1919—1932. — Baltimore: Johns Hopkins Press 1950. VII, 81 S.

**Flexner,** Eleanor: Hundert Jahre Kampf (Century of struggle, dt.) Die Geschichte der Frauenrechtsbewegung in den Vereinigten Staaten. Aus d. Amerikan. von Gisela Bock unter Mitarb. von Pieke Biermann u. Anna Kamp. Mit e. Einl. hrsg. von Gisela Bock. – (Frankfurt a. M.: Syndikat (1978). 433 S.

**Foner,** Jack D.: Blacks and the military in American history. – New York: Praeger 1974. 278 S.

**Friedman,** Saul S.: No haven for the oppressed. United States policy toward Jewish refugees, 1938–1945. – Detroit: Wayne State University Press 1973. 315 S.

**Galbraith,** J(ohn) K(enneth): Der amerikanische Kapitalismus im Gleichgewicht der Wirtschaftskräfte (American capitalism, the concept of countervailing power, dt.). — Stuttgart, Wien, Zürich: Walter (1956). 208 S.

**Galbraith,** John Kenneth: Der große Krach 1929 (The great crash 1929, dt.) Die Geschichte einer Illusion, die in den Abgrund führte. (Aus d. Amerikan. von Rudolf Mühlfenzl u. Helmut Roesler.) — Stuttgart: Seewald (1963). 265 S.

**Galenson,** Walter: The CIO challenge to the AFL. A history of the American labor movement 1935—1941. — Cambridge: Harvard University Press 1960. XIX, 732 S.

**Garraty,** John A.: The New Deal, national socialism and the great depression. – In: Amer. hist. Rev. 78 (1973), 907–944.

**Genizi,** Haim: American non-sectarian refugee relief organizations ⟨1933–1945⟩. – In: Yad Vashem Stud. 11 (1976), 164–220.

**Gottlieb,** Moshe: The anti-Nazi boycott movement in the United States. An ideological and sociological appreciation. – In: Jew. soc. Stud. 35 (1973), 198–227.

**Graham,** Otis L.: An encore for reform. The old progressives and the New Deal. — New York: Oxford University Press 1967. IX, 256 S.

**Guérin,** Daniel: Die amerikanische Arbeiterbewegung 1867—1967 (Le mouvement ouvrier aux Etats-Unis 1867—1967), dt. (Aus d. Französ. von Urs Widmer.) — (Frankfurt a.M.:) Suhrkamp (1970). 169 S.
*(Edition Suhrkamp. 372.)*

**Handlin,** Oscar: The American people in the twentieth century. — Cambridge, Mass.: Harvard University Press 1954. X, 244 S.

**Handlin,** Oscar: Race and nationality in American life. — Boston, Toronto: Little, Brown (1957). XIII, 300 S.

**Holbrook,** Stewart: Cäsaren der Wirtschaft. Die Entstehung der amerikanischen Gelddynastien. — München: Biederstein-V. 1954. 420 S.

**Hughes,** H. Stuart: The sea change. The migration of social thought, 1930–1965. – New York: Harper & Row 1975. 283 S.

**Humphrey,** Hubert H.: The political philosophy of the New Deal. Forew. by Robert J. Harris. — Baton Rouge: Louisiana State University Press 1970. 128 S.

**Hutchinson,** J.: The constitution and government of the AFL-CIO. — In: California Law Rev. 46 (1958), 739—781.

**Jaeger,** Hans: Die Bankiers und Roosevelts New Deal. — In: Vjschr. Soz.- & Wirtschaftsgesch. 55 (1968), 214—256.

**Jaeger,** Hans: Big Business and New Deal. Die kritische Reaktion der amerikanischen Geschäftswelt auf die Rooseveltschen Reformen in den Jahren 1933–1939. – Stuttgart: Metzler (1974). 234 S.
*(Amerikastudien. 40.)*

**Jaeger,** Hans: Geschichte der amerikanischen Wirtschaft im 20. Jahrhundert. – Wiesbaden: Steiner 1973. 186 S.
*(Wissenschaftliche Paperbacks. 2.)*

**Junker,** Detlef: Der unteilbare Weltmarkt. Das ökonomische Interesse in der Außenpolitik der USA 1933-1941. - Stuttgart: Klett (1975). 307 S.
*(Stuttgarter Beiträge zur Geschichte und Politik. 8.)*

**Kane,** N. Stephen: American businessmen and foreign policy. The recognition of Mexico, 1920-1923. - In: Polit. Science Quart. 90 (1975), 293-313.

**Kindleberger,** Charles P.: U. S. foreign economic policy, 1776-1976. - In: Foreign Aff. 55 (1976/77), 394-417.

**Kocka,** Jürgen: Amerikanische Angestellte in Wirtschaftskrise und New Deal 1930-1940. - In: Vjh. Zeitgesch. 20 (1972), 333-375.

**Kocka,** Jürgen: Angestellte zwischen Faschismus und Demokratie. Zur politischen Sozialgeschichte der Angestellten: USA 1890-1940 im internationalen Vergleich. - Göttingen: Vandenhoeck & Ruprecht 1977. 556 S.
*(Kritische Studien zur Geschichtswissenschaft. 25.)*

Die große **Krise** in Amerika. Vergleichende Studien zur politischen Sozialgeschichte 1929-1939. Hrsg. von Heinrich August Winkler. - Göttingen: Vandenhoeck & Ruprecht 1973. 243 S.
*(Kritische Studien zur Geschichtswissenschaft. 6.)*

**Kusnec,** Ju. L.: O roli narodnych mass SŠA v period vstuplenija strany vo vtoruju mirovuju vojnu (1939—1941 gg.) — In: Vestnik Leningradskogo Univ. (Serija istorii, jazyka i literatury) 1957, H. 14, 49—64.

**Ladd,** Everett Carll: Liberalism upside down. The inversion of the New Deal order. - In: Polit. Science Quart. 91 (1976), 577-600.

**Laslett,** John H. M.: Labour and the left. A study of socialist and radical influences in the American labor movement, 1881-1924. — New York: Basic Books 1970. VIII, 328 S.

**Lee,** Rose Hum: The Chinese in the United States of America. — New York: Oxford University Press 1960. IX, 465 S.

**Leiserson,** William M.: American trade union democracy. — New York: Columbia University Press; London: Oxford University Press 1959. 354 S.

**Leuchtenburg,** Wiliam E.: The perils of prosperity 1914—1932. — Chicago: University of Chicago Press 1958. 322 S.

**Leuchtenburg,** William E[dward]: Franklin D. Roosevelt and the New Deal, 1932—1940. — New York: Harper & Row 1963. 393 S.

**Link,** Arthur S.: What happened to the progressive movement in the 1920's? — In: Amer. hist. Rev. 64 (1958/59), 833—851.

**Lösche,** Peter: Industriegewerkschaften im organisierten Kapitalismus. Der CIO in der Roosevelt-Ära. - (Opladen:) Westdtsch. Verl. (1974). 259 S.
*(Studien zur Sozialwissenschaft. 29.)*

**Lösche,** Peter: Revolution und Kontinuität. Zur Auseinandersetzung um den New Deal in der amerikanischen Geschichtswissenschaft. — In: Aus Theorie und Praxis der Geschichtswissenschaft, Festschrift für Hans Herzfeld, Berlin: de Gruyter 1972, 113—153.

**McCurtain,** Edmund G.: Enemy personnel in the United States, 1942—1944. A study of social adjustment.
*Washington (St. Louis), D.C., Diss. 1952.*

**Marchand,** C. Roland: The American peace movement and social reform, 1898—1918. — Princeton, N. J.: Princeton University Press 1973. 452 S.

**Mattfeldt,** Rudolf: Macht und Schwäche der USA. Das Gesicht des Kapitalismus. — München: Goldmann 1958. 256 S.

**Mattick,** Paul: Arbeitslosigkeit und Arbeitslosenbewegung in den USA. 1929—1935. Hrsg. von Federico Hermanin u. Claudio Pozzoli. — Frankfurt a.M.: Verl. Neue Kritik (1969). 118 S.
*(Archiv sozialistischer Literatur. 15.)*

**Mayer,** Martin: Wall Street story. The inside story of American finance. — London: Bodley Head 1959. 270 S.

**Morris,** James O.: Conflict within the AFL. A study of craft versus industrial unionism 1901—1938. — Ithaca: Cornell University Press 1958. XI, 319 S.

**Moyer,** James E.: An analysis of United States economic aid to Italy from 1943 —1949.
*Urbana, Ill., Diss. 1952.*

**Nichols,** Jeanette P.: Roosevelt's monetary diplomacy in 1933. — In: Americ. hist. Rev. 56 (1951), 295—317.

**Nugent,** Walter T. K.: From centennial to world war. American society 1876-1917. - Indianapolis: Bobbs-Merrill (1977). XV, 249 S.
*(The History of American Society.)*

**Osofsky,** Gilbert: The burden of race. A documentary history of Negro-White relations in America. — New York: Harper & Row 1967. XVI, 654 S.

**Paetel,** Karl Otto: Das politische Gesicht der amerikanischen Gewerkschaften. — In: Z. Geopolitik 23 (1952), 149—155.

**Parks,** Wallace: United States administration of its international economic affairs. — Baltimore: Johns Hopkins Press 1951. XXV, 315 S.

**Patterson,** J.: The New Deal and the States. Federalism in transition. — Princeton, N. J.: Princeton University Press 1969. 226 S.

**Pells,** Richard H.: Radical visions and American dreams. Culture and social thought in the depression years. - New York: Harper & Row 1973. XV, 424 S.
*(Documents of Modern History.)*

**Pulee,** Vladivoj: Die Gewerkschaftsbewegung in den Vereinigten Staaten von Amerika. — Berlin: Tribüne 1956. 215 S.

**Randel,** William Peirce: The Ku Klux Klan. A century of infamy. — Philadelphia, New York: Chilton Books 1965. XVIII, 300 S.

**Resh,** Richard [Ed.]: Black America. Confrontation and accomodation in the twentieth century. — Lexington, Mass.: Heath 1969. VII, 261 S.

**Roskamp,** Karl W.: Die amerikanische Wirtschaft, 1929-1970. Eine Einführung. - Stuttgart: Kröner (1975). 220 S.
*(Systematische Einführung in nationale Volkswirtschaften. 1.)*
*(Kröners Taschenausgabe. 438.)*

**Schlesinger,** Arthur M[eier], jr.: The age of Roosevelt. — Boston: Houghton. 2. The coming of the New Deal. 1959. XII, 669 S.

**Schröder,** Hans-Jürgen: Ökonomische Aspekte der amerikanischen Außenpolitik 1900–1923. – In: Neue polit. Lit. 17 (1972), 298–322.

**Tenenbaum,** Josef: The anti-nazi boycott movement in the United States. — In: Yad Washem Studies 3 (1959), 141—159.

**Tenenbaum,** Joseph: The contribution of American Jewry towards rescue in the Hitler period. Paper read at the annual session of the American Jewish Historical Society. — In: Yad Washem Bull. 1957, No 1, 2—4.

Thorwald, Jürgen: Das Gewürz. Die Saga der Juden in Amerika. — [München:] Droemer Knaur 1978, 891 S.

**Vaudagna,** Maurizio: Il New Deal e la storiografia della New Left. – In: Riv. Storia contemp. 4 (1975), 276–295.

Verba, Sidney [u.] Kay Lehman Schlozman: Unemployment, class consciousness and radical politics: What didn't happen in the thirties? – In: J. Politics 39 (1977), 291–323.

**Walter,** Hilde: Die Deutschamerikaner. Betrachtungen über das Schicksal einer Volksgruppe. — In: Monat 4 (1951/52), T. 2, 478—485.

**Weber,** Christian Egbert: Kapitalismus und Arbeiterbewegung in USA. In: Polit. Stud. 15 (1964), 184—187.

**Weltwirtschaft** und Weltpolitik (The political economy of American foreign policy, dt.) Grundlage, Strategie und Grenzen der amerikanischen Außenwirtschaftspolitik. Hrsg. von William Y. Elliott. — München: Oldenbourg 1957. 356 S.

**Weyl,** Nathaniel: The Negro in American civilization. — Washington: Public Affairs Press 1960. XI, 360 S.

**Wilkins,** Mira: The maturing of multinational enterprise. American business abroad from 1914 to 1970. – Cambridge, Mass.: Harvard University Press 1974. XVI, 590 S.

**Williams,** Robin M[urphy]: Die amerikanische Gesellschaft [American society, dt.] Soziologie einer Nation. Übertr.: Kurt Blaukopf. — Stuttgart: Hatje (1953). 520 S.

**Williams,** William Appleman: The roots of the modern American empire. A study of the growth and shaping of social consciousness in a marketplace society. — New York: Random House 1969. XXIV, 546 S.

**Witzmann,** Karlheinz: Die wirtschaftlichen Wechsellagen in den Vereinigten Staaten von Amerika von 1933 bis 1941. — o. O. (1948). 234 gez. Bl. [Maschinenschr.]
*Erlangen, phil. Diss. 20. Juli 1948.*

### Kulturelles Leben

**Alexander,** Charles C.: Nationalism in American thought, 1930—1945. — Chicago: Rand McNally 1969. XIII, 272 S.

**Bracher,** Karl Dietrich: Der „Frontier-Gedanke". Motiv des amerikanischen Fortschrittsbewußtseins. Ein ideologiekritischer Versuch. — In: Z. Politik 2 (1955), 228—236.

**Carlebach,** Alexander: The German-Jewish immigration and its influence on synagogue life in the USA ⟨1933—1942⟩. — In: Year Book Leo Baeck Inst. 9 (1964), 351—372.

**Cohen,** B. C.: The press and foreign policy in the United States. — In: J. intern. Aff. 10 (1956), 128—137.

**Commager,** Henry Steele: Der Geist Amerikas. Eine Deutung amerikanischen Denkens und Wesens von 1880 bis zur Gegenwart. — Zürich, Wien, Konstanz: Europa-V. 1952. 605 S.

**Kent,** Donald Peterson: The refugee intellectual. The americanization of the immigrants of 1933—1941. — New York: Columbia University Press 1953. 317 S.

**Paetel,** Karl Otto: Zur geistigen Situation des Deutsch-Amerikanertums. — In: Gewerksch. Monatsh. 3 (1952), 364—369.

**Steele,** Richard W.: Preparing the public for war. Efforts to establish a national propaganda agency, 1940—1941. — In: Amer. hist. Rev. 75 (1969/70), 1640—1653.

**Strauss,** Herbert A.: Die kulturelle Anpassung der deutschen Juden in den Vereinigten Staaten von Amerika. — In: Emuna 5 (1970), 19—36.

**Wish,** Harvey: The American historian. — London: Oxford University Press 1960. 384 S.

**Wittke,** Carl: The German-language press in America. — Lexington: University of Kentucky Press 1957. VI, 311 S.

**Zetterberg,** Hans L. [Ed]: Sociology in the United States of America. A trend report. — Paris: UNESCO 1956. 156 S.

### Kanada

**Abella,** Irving Martin: Nationalism, communism and Canadian labour. The CIO, the Communist Party and the Canadian Congress of Labour 1935–1956. – Toronto: University of Toronto Press 1973. X, 256 S.

**Anglin,** D. G.: Canadian policy towards international institutions 1939—1950. *Oxford, Diss. 1956.*

**Angus,** Henry F.: Canada and the Far East 1940—1953. — Toronto: University of Toronto Press 1953. X, 129 S.

**Avakumovic,** Ivan: The Communist party in Canada. A history. – (Toronto:) McClelland & Stewart (1975). X, 309 S.

**Balawyder,** Aloysius: Canadian-Soviet relations between the world wars. — Toronto: University of Toronto Press 1972. 248 S.

**Betcherman,** Lita-Rose: The Swastika and the maple leaf. Fascist movement in Canada in the 30s. – Toronto: Fitzhenry & Whiteside (1975). 167 S.

**Black,** Edwin R.: Divided loyalties. Canadian concepts of federalism. – Montreal: McGill-Queen's University Press 1975. 272 S.

**Britnell,** G. E. [u.] W. C. Fowke: Canadian agriculture in war and peace 1935—1950. — Stanford: Stanford University Press 1962. XVI, 502 S.

**Brown,** George W.: Canadian nationalism. A historical approach. — In: Int. Aff. 30 (1954), 166—174.

**Brown,** Robert Craig [u.] Ramsay Cook: Canada 1896–1921. A nation transformed. – Toronto: McClelland & Stewart 1974. XIV, 412 S.

**Canada** in world affairs. Issued under the auspices of the Canadian Institute of International Affairs. — Toronto: Oxford University Press.
   3. Sept. 1941 — May 1944. By Cecil Lingard and Reginald G. Trotter. 1951. XII, 320 S.

**Chapin,** Miriam: Contemporary Canada. — London: Oxford University Press 1959. 332 S.

**Chapin,** Miriam: Canadians are different. — In: Foreign Aff. 32 (1953/54), 631—639.

**Dawson,** Robert MacGregor: The conscription crisis of 1944. — Toronto: University of Toronto Press 1961. 136 S.

**Douglas,** W. A. B. [u.] B. Greenhous: Out of the shadow. Canada in the Second World War. — Toronto: Oxford University Press 1977. 288 S.

**Fisher,** Harold H. [Ed.]: American research on Russia. — Bloomington: Indiana University Press 1959. XIV, 240 S.

**Granatstein,** J. L.: Canada's war. The politics of the Mackenzie King government, 1939–45. – New York: Oxford University Press 1975. XI, 436 S.

**Hogan,** George: The conservative in Canada. — Toronto: McClelland 1963. 130 S.

**Le Bourdais,** D. M.: Nation of the north. — New York: Praeger 1954. 270 S.
   Geschichte Canadas von 1867 bis zur Gegenwart.

**Le Gris,** Claude: L'entrée du Canada sur la scène internationale (1919—1927). Préf. de John W. Holmes. — Paris: Presses Universitaires de France 1966. XII, 96 S.

**Lower,** Arthur R. M.: Colony to nation. A history of Canada. — London: Longmans 1953. XV, 600 S.

**Lower,** Arthur R. M. [u. a.]: Evolving Canadian federalism. — Durham: Duke University Press; London: Cambridge University Press 1958. XVII, 187 S.

**McInnis,** Edgar: Canada. A political and social history. 2. ed. — New York: Rinehart 1959. XVI, 619 S.

**McNaught,** Kenneth: The history of Canada. — London: Heinemann 1970. 336 S.

**Masters,** Donald C.: A short history of Canada. — Princeton: Van Nostrand 1958. 191 S.

**Mélèse,** Pierre: Canada. Deux peuples, une nation. — Paris: Hachette 1959. 366 S.

**Preston,** Richard A.: Canada and „Imperial Defense". A study of the origins of the British Commonwealth's Defense Organisation, 1867—1919. — Durham, N. C.: Duke University Press 1967. XXI, 576 S.

**Quinn,** Herbert F[urlong]: The Union Nationale. A study in Quebec nationalism. — Toronto: University of Toronto Press 1963. XI, 249 S.

**Riddell,** Walter A[lexander] [Ed.]: Documents on Canadian foreign policy 1917—1939. — Toronto, New York: Oxford University Press 1962. 806 S.

**Roberts,** Leslie: There shall be wings. A history of the Royal Canadian Air Force. — Toronto: Clarke, Irwin 1959. 306 S.

**Sautter,** Udo: Geschichte Kanadas. Das Werden einer Nation. — Stuttgart: Kröner 1972. 317 S.
   *(Kröners Taschenbuchausgabe. 432.)*

**Smith,** Gaddis: Canada and the Siberian intervention 1918—1919. — In: Amer. hist. Rev. 64 (1958/59), 866—877.

**Stacey,** C. P.: Arms, men and governments. The war policies of Canada, 1939—1945. — Ottawa: The Queen's Printer for Canada 1970. XI, 681 S.

**Veatch,** Richard: Canadian foreign policy and the League of Nations, 1919–1939. – Toronto: University of Toronto Press 1975. XI, 224 S.

**Wade,** Mason [Ed.]: Canadian dualism. Studies of French-English relations. — Toronto: University of Toronto Press 1960. 427 S.

**Wrong,** Hume: The Canada – United States relationship 1927/1951. – In: Internat. J. 31 (1975/76), 529–545.

**Young,** Walter D.: The anatomy of a party. The national CCF 1932—1961. — Toronto: University of Toronto Press 1969. XII, 328 S.

## Lateinamerika

**Aguilar,** Luis E.: Cuba 1933. Prologue to revolution. — Ithaca, N. Y.: Cornell University Press 1972. 256 S.

**Albérès,** R.-M.: Argentine. Un monde, une ville. — Paris: Hachette 1957. 350 S.

**Alexander,** Robert Jackson: The Peron era. — New York: Columbia University Press 1951. X, 239 S.
   Dtsch. Ausg. u. d. T.: Die Ära Peron. — Frankfurt a. M.: Verl. d. Frankf. Hefte 1952. 272 S.

**Alexander,** Robert J.: Brazilian „tenentismo". — In: Hisp. Amer. hist. Rev. 36 (1956), 229—242.

**Alier,** J. Martinez: I coloni cubani, 1934–1960. – In: Storia contemp. 4 (1973), 779–820.

**Barclay,** Glen: Struggle for a continent. The diplomatic history of South America, 1917—1945. — London: Sidgwick & Jackson 1971. 213 S.

**Bastide,** Roger: Brésil. Terre des contrastes. — Paris: Hachette 1957. 343 S.

**Bello,** José Maria: A history of modern Brazil 1889—1964. (Transl. from the Portuguese by James L. Taylor. With a new concluding chapter by Rollie E. Poppino.) — Stanford, Calif.: Stanford University Press 1966. XIX, 362 S.

**Bowers,** Claude G.: Chile through embassy windows 1939—1953. — New York: Simon & Schuster 1958. 375 S.

**Brunn,** Gerhard: Die Revolution von 1930 als Ausgangspunkt konservativer Modernisierung in Brasilien. – In: Gesch. u. Gesellsch. 2 (1976), 217–233.

**Buescu,** Mircea: Le commerce extérieure du Brésil pendant la seconde Guerre mondiale. – In: Rev. hist. deux. Guerre mond. 24 (1974), H. 94, 65–84.

**Butland,** Gilbert J.: Chile. — London: Royal Institute of International Affairs (1953). 128 S.

**Céspedes,** Augusto: El dictador suicida. 40 años de historia de Bolivia. — Santiago de Chile: Ed. Univ. 1956. 254 S.

**Chilcote,** Ronald H.: The Brasilian Communist Party. Conflict and integration 1922–1972. – New York: Oxford University Press 1974. XV, 361 S.

**Ciria,** Alberto: Parties and power in modern Argentina, 1930–1946. – Albany: University of New York Press 1974. 357 S.

**Cline,** H. F.: Mexico. A matured Latin-American revolution 1910–1960. — In: Ann. Amer. Acad. polit. soc. Science 1961, H. 334, 84—94.

La nueva **constitución** de Puerto Rico. Informes a la convención constituyente preparados por la Escuela de Administración Pública de la facultad de ciencias sociales. — Puerto Rico: Universidad de Puerto Rico 1954. 609 S.

Las **constituciones** de Bolivia. Recopilación y estudio preliminar de Ciro Felix Trigo. — (Madrid: Instituto de Estudios Políticos 1958.) XLVIII, 538 S.

**Cosío,** Villegas, Daniel: Historia moderna de México. La república restaurada. La vida política. — México: Hermes [1955]. 979 S.

**Cronon,** E. David: Interpreting the new good neighbor policy. The Cuban crisis of 1933. — In: Hispanic Amer. hist. Rev. 39 (1959), 538—567.

**Cruz** Costa, J.: Esbozo de una historia de las ideas en el Brasil. — Mexico, D. F.: Fondo de Cultura Económica 1957. 175 S.

**Davis,** Harold Eugene [Ed.]: Government and politics in Latin America. — New York: Ronald Press 1958. VI, 539 S.

**Delgrado,** J.: El mundo político del Caribe 1930—1959. — In: Rev. Estud. polít. 1959, H. 108, 147—178.

**Desarrollo** de Chile en la primera mitad del siglo XX. 1.2. — Santiago de Chile: Ed. de la Univ. de Chile [1953]. 560 S.

**Diaz** Machicao, P.: Historia de Bolivia. Guzman, Siles, Blanco Galindo, 1925—1931. — La Paz: Gisbert 1955. 170 S.

**Diaz** Machicao, P.: Historia de Bolivia. Salamanca, la guerra del Chaco, Tejeda Solorzano, 1931—1936. — La Paz: Gisbert 1955. 286 S.

**Documentos** de la Unión Centroamericana. Recopilados por Alberto Herrarte. — Guatemala: Editorial del Ministerio de Educación Pública 1957. 387 S.

**Dozer,** Donald Marquard: Latin America. An interpretive history. — New York: McGraw-Hill 1962. XIII, 618 S.

**Drake,** Paul W.: Socialism and populism in Chile, 1932–52. – Urbana: University of Illinois Press 1978. 418 S.

**Dreher,** Martin Norberto: Kirche und Deutschtum in der Entwicklung der Evangelischen Kirche Lutherischen Bekenntnisses in Brasilien. – Göttingen: Vandenhoeck & Ruprecht 1978. 259 S.
*(Arbeiten zur kirchlichen Zeitgeschichte. B. 6.)*

**Dulles,** John W. F.: Yesterday in Mexico. A chronicle of the revolution 1919—1936. — Austin: University of Texas Press 1961. XIV, 805 S.

**Dunker,** Hans Joachim: Die interamerikanischen Beziehungen und der Gedanke der gleichberechtigten Partnerschaft. — Hamburg: Institut f. Auswärtige Politik 1957. XV, 344 S.

**Ealy,** Lawrence O.: The republic of Panama in world affairs 1903—1950. — Philadelphia: University of Pennsylvania Press 1951. 218 S.

**Fagg,** John E[dwin]: Latin America. A general history. — New York: Macmillan 1963. IX, 1070 S.

**Farber,** Samuel: Revolution and reaction in Cuba, 1933–1960. A political sociology from Machado to Castro. – Middletown, Conn.: Wesleyan University Press 1976. 283 S.

**Fischer,** Peter Wilhelm: Der Einfluß des Auslandskapitals auf die wirtschaftliche Entwicklung Argentiniens. 1880—1964. — (Göttingen: Schwartz 1970). 144 S.
*(Arbeitsberichte des Ibero-Amerika-Instituts für Wirtschaftsforschung an der Universität Göttingen. 12.)*
*Diss., Universität Göttingen.*

**Fitzgibbon,** Russell H.: Uruguay. Portrait of a democracy. — New Brunswick: Rutgers University Press 1954. XIII, 301 S.

**Fluharty,** Vernon Lee: Dance of the millions. Military rule and the social revolution in Colombia 1930—1956. — Pittsburgh: University of Pittsburgh Press 1957. 336 S.

**Friedrich,** Carl J.: Puerto Rico. The middle road to freedom. — New York: Rinehart 1959. 96 S.

**Gellman,** Irwin F.: Roosevelt and Batista. Good neighbour diplomacy in Cuba, 1933–1945. – Albuquerque: University of New Mexico Press (1973). 303 S.

**Goldwert,** Marvin: Democracy, militarism and nationalism in Argentina. — Austin: University of Texas Press 1972. 253 S.

**Grieb,** Kenneth J.: Guatemala and the Second World War – In: Ibero-Amer. Arch. 3 (1977), 377–394.

**Hancock,** Ralph: Puerto Rico. A success story. — Princeton: Van Nostrand 1960. 187 S.

**Hanson,** Earl Parker: Transformation. The story of modern Puerto Rico. — New York: Simon & Schuster 1955. XXIII, 417 S.

**Harrer,** Hans Jürgen: Die Revolution in Mexiko, 1910–1917. – Köln: Pahl-Rugenstein 1973. 272 S.
*(Sammlung Junge Wissenschaft.)*
*Diss., Universität Marburg.*

**Hastedt,** Pedro G[uillermo]: Deutsche Direktinvestitionen in Lateinamerika. Ihre Entwicklung seit dem 1. Weltkrieg und ihre Bedeutung für die Industrialisierung des Subkontinents. — (Göttingen: Schwartz 1970). 284 S.
*(Arbeitsberichte des Ibero-Amerika-Instituts für Wirtschaftsforschung an der Universität Göttingen. 11.)*
*Diss., Universität Göttingen.*

**Haupt,** Werner: Brasilien im Zweiten Weltkrieg. — In: Marine-Rdsch. 54 (1957), 137—151.

**Haupt,** Werner: Mexiko im Zweiten Weltkrieg. — In: Wehrwiss. Rdsch. 8 (1958), 166—169.

**Hennessy,** C. A. M.: The roots of Cuban nationalism. — In: Internat. Aff. 39 (1963), 345—359.

**Hilton,** Stanley E.: Brazil and the great powers, 1930–1939. – Austin: University of Texas Press 1975. 304 S.

**Jagan,** Cheddi: Forbidden freedom. The story of British Guiana. Forew. by Tom Driberg. — London: Lawrence & Wishart 1954. 96 S.

**Jensen,** Amy Elizabeth: Guatemala. A historical survey. — New York: Exposition Press 1955. 263 S.

**Jorrin,** Miguel: Governments of Latin America. — New York: van Nostrand 1953. XII, 385 S.

**Kahle,** Günter: Militär und Staatsbildung in den Anfängen der Unabhängigkeit Mexikos. — Köln: Böhlau 1969. XIV, 267 S.
*(Lateinamerikanische Forschungen. 1.)*
*Habil.-Schrift, Köln.*

**Kantor,** Harry: The struggle for democracy in Costa Rica. — In: South Atlantic Quart. 55 (1956), 12—18.

**Karnes,** Thomas L.: The failure of union. Central America 1824—1960. — Chapel Hill: University of North Carolina Press 1961. XII, 277 S.

**Kiessling,** Wolfgang: Zur Tätigkeit der von der KPD geführten Bewegung „Freies Deutschland" in Mexiko in der Anfangsperiode ihres Wirkens. — In: Beitrr. Gesch. dtsch. Arbeiterbew. 10 (1968), 1008—1032.

**Kommunismus** in Lateinamerika. — In: Ost-Probleme 11 (1959), 626—636.

**Kossok,** Manfred: Historische Gemeinsamkeiten und Besonderheiten in Lateinamerika von der Unabhängigkeitsrevolution bis zur Gegenwart. — In: Z. Geschichtswiss. 20 (1972), 925—953.

**Kunz,** J. L.: The idea of „collective security" in Pan-American developments. — In: West. polit. Quart. 6 (1953), 658—679.

**Lateinamerika.** — Köln: Westdtsch. Verl. 1963. 304 S.
*(Offene Welt. 80.)*

**Legón,** Faustino und Samuel W. Medrano: Las constituciones de la Republica Argentina. Prólogo de Manuel Fraga. — Madrid: Ed. Cultura Hispánica 1953. LXXXIV, 527 S.
*(Las Constituciones Hispano-Americanas. 3.)*

**Levine,** Robert M.: The Vargas regime. The critical years 1934—1938. — New York: Columbia University Press 1970. 270 S.

**Lieuwen,** Edwin: Arms and politics in Latin America. — New York: Praeger 1960. XIII, 296 S.

**Lieuwen,** Edwin: Mexican militarism. The political rise and fall of the revolutionary army, 1910—1940. — Albuquerque: University of New Mexico Press 1968. 194 S.

**Lütge,** Wilhelm: Argentinien im Aufstieg. Geschichte und Ringen einer jungen Nation. — Buenos Aires: El Buen Libro 1953. 208 S.

**Magnus,** Arthur W. von: Die neue Phase der Monroedoktrin angesichts der Bedrohung Lateinamerikas durch die totalitären Staaten (1933—1945). — Berlin 1955. 170 gez. Bl. [Maschinenschr.]
*Berlin, Freie Universität, phil. Diss. 19. März 1956.*

**Malloy,** James M.: Bolivia. The uncompleted revolution. — Pittsburgh: University of Pittsburgh Press 1970. 396 S.

**Mathews,** Thomas: Puerto Rican politics and the new deal. — Gainesville: University of Florida Press 1960. XII, 345 S.

**Meyer,** Jean: La révolution mexicaine, 1910–1940. – Paris: Calman-Lévy 1972. 325 S.
*(Coll. „Archives des sciences sociales".)*

**Meyer,** Jean: Le sinarquisme: un fascisme mexicain? 1937–1947. Préf. de Jean Delumeau. – [Paris:] Hachette (1977). 237 S.
*(Le temps & les hommes.)*

**Mitchell,** Harold: Europe in the Caribbean. The politics of Great Britain, France and the Netherlands towards their West Indian territories. — Edinburgh: Constable 1963. XI, 211 S.

**Morazé,** Charles: Les trois âges du Brésil. — Paris: Colin 1954. 198 S.

**Morón,** Guillermo: A history of Venezuela. Ed. and transl. by John Street. — London: Allen & Unwin 1963. 268 S.

**Oberacker,** Karl Heinrich: Die brasilianische Nation. — In: Z. Geopol. 26 (1955), 28—41.

**O'Reilly** Sternberg, Hilgard: Brasil. Complex giant. — In: Foreign Aff. 43 (1964/65), 297—311.

**Owens,** R. J.: Peru. — London: Oxford University Press 1963. XII, 195 S.

**Pagán,** Bolivar: Historia de los partidos políticos puertorriqueños (1898—1956). Vol. 1. 2. — San Juan: Libreria Campos 1959. 342 S.

**Pareja** Paz-Soldan, José: Las constituciones del Peru. Exposición crit. y textos. — Madrid: Ed. Cultura Hispánica 1954. 1076 S.
*(Las Constituciones Hispano-Americanas. 6.)*

**Parker,** Franklin Dallas: The Central American republics. — London: Oxford University Press 1964. X, 348 S.

**Parkes,** Henry Bamford: A history of Mexico. — London: Eyre and Spottiswoode 1962. X, 392 S.

**Parry,** J. H. und C. M. Sherlock: A short history of the West Indies. — London: Macmillan 1956. XII, 316 S.

**Pérez,** Louis A.: Army politics in Cuba, 1898–1958. – Pittsburgh: University of Pittsburgh Press 1976. 240 S.

**Pierson,** William W., und Federico G. Gil: Governments of Latin America. — New York, Toronto, London: McGraw-Hill 1957. 514 S.

**Pike,** Frederick B[raun]: Chile and the United States, 1880—1962. — Notre Dame: University of Notre Dame Press 1963. 466 S.

**Poppino,** Rollie E.: International communism in Latin America. A history of the movement 1917—1936. — New York: Free Press of Glencoe 1964. 247 S.

**Potash,** Robert A.: The army and politics in Argentina, 1928—1945. Yrigoyen to Peron. — Stanford, Calif.: Stanford University Press 1969. 314 S.

**Puhle,** Hans-Jürgen: „Revolution" von oben und Revolution von unten in Lateinamerika. Fragen zum Vergleich politischer Stabilisierungsprobleme im 20. Jahrhundert. - In: Gesch. u. Gesellsch. 2 (1976), 143–159.

**Quirk,** Robert E.: The Mexican revolution and the Catholic church, 1910-1929. - Bloomington: Indiana University Press 1973. 276 S.

**Raine,** Philip: Paraguay. — New Brunswick, N. J.: Scarecrow Press 1956. VIII, 443 S.

**Ramella,** P. A.: Panorama constitucional argentino. — In: Rev. Estud. polit. 1958/59, H. 102/103, 277—287.

**Rippy,** Fred J.: Latin America. A modern history. — Ann Arbor: University of Michigan Press 1959. XIII, 579 S.

**Rock,** David: Politics in Argentina. 1890-1930. The rise and fall of radicalism. - (London:) Cambridge University Press (1975). IX, 315 S.
*(Cambridge Latin America Studies. 19.)*

**Rodrigues,** José Honório: Brasil e África. Outro horizonte ⟨Relações e política brasileiro africana⟩. — Rio de Janeiro: Editora Civilização 1961. XV, 359 S.

**Rodriguez,** Mario: Central America. — Englewood Cliffs: Prentice Hall 1965. 178 S.

**Samhaber,** Ernst: Kleine Geschichte Südamerikas. — Frankfurt a. M.: Scheffler (1955). 164 S.

**Santis,** Sergio De: Il „socialismo militare" in Bolivia 1936–1946. - In: Storia contemp. 4 (1973), 821–877.

**Scott,** Robert E.: Mexican government in transition. — Urbana: University of Illinois Press 1959. 333 S.
Behandelt die Zeit zwischen 1910 und 1959.

**Silva Herzog,** Jesús: Breve historia de la revolución mejicana. Tom. 1. 2. — México: Fondo de Cultura Económica 1960.

**Skidmore,** Thomas E.: Politics in Brazil, 1930—1964. An experiment in democracy. — New York: Oxford University Press 1967. XVIII, 446 S.

**Smith,** Lois Elwyn: Mexico and the Spanish republicans. — Berkeley, Los Angeles: University of California Pres 1955. VI, 152 S.

**Smith,** Peter H.: Argentina and the failure of democracy. Conflict among political elites, 1904–1955. - Madison: University of Wisconsin Press 1974. 215 S.

**Smith,** Peter H.: Politics and beef in Argentina. Patterns of conflict and change. — New York: Columbia University Press 1969. XII, 292 S.

**Spitta,** Arnold: Paul Zech im südamerikanischen Exil 1933–1946. Ein Beitrag zur Geschichte der deutschen Emigration in Argentinien. - Berlin: Colloquium Verl. 1978. 291 S.
*(Bibliotheca Ibero-Americana. 24.)*
*Diss., Universität Frankfurt a. M.*

**Stoetzer,** Carlos: Die Organisation der amerikanischen Staaten. — In: Außenpolitik 9 (1958), 105—115.

**Stokes,** William S.: Latin American politics. — New York: Crowell 1959. XIII, 538 S.

**Súarez-Miraval,** Manuel: Peru. Trasfondo de una tragedia. — In: Cuad. Amér. 15 (1956), H. 5, 36—63.

**Swan,** Michael: British Guiana. The land of six peoples. — London: H. M. Stationery Office 1957. XV, 235 S.

**Thorp,** Rosemary [u.] Geoffrey Bertram: Peru, 1890–1977. Growth and policy in an open economy. - New York: Columbia University Press 1978. 475 S.

**Tobler,** Hans-Werner: Die Mexikanische Revolution zwischen Beharrung und Veränderung. - In: Gesch. u. Gesellsch. 2 (1976), 188–216.

**Tomasek,** R. D.: British Guiana. A case study of British colonial policy. — In: Polit. Science Quart. 74 (1959), 393—411.

**Toussaint,** Gisèle: Die Haltung Haitis zur lateinamerikanischen Politik der USA seit der Absage an die Interventionspolitik 1929—1931. — Berlin 1967: (Dissertationsdruckstelle). 90, 26 S.
*Freie Universität Berlin, phil. Diss. vom 17. Januar 1968.*

**Waddell,** D. A. G.: British Honduras. A historical and contemporary survey. — London: Oxford University Press 1961. VII, 151 S.

**Wilkie,** James W.: The Mexican revolution. Federal expenditure and social change since 1910. — Berkeley: University of California Press 1967. 337 S.

**Williams,** William Appleman: Latin America. Laboratory of American foreign policy in the nineteen-twenties. — In: Inter-Amer. econ. Aff. 11 (1957), H. 2, 3—30.

**Wirth,** John D.: The politics of Brazilian development, 1930—1954. — Stanford, Calif.: Stanford University Press 1970. VIII, 278 S.

**Zook,** David H., jr.: The conduct of the Chaco war. — New York: Bookman Associates 1961. 280 S.
Über die Auseinandersetzung zwischen Bolivien und Paraguay 1932–1935.

**Zorraquín** Becú, Horacio [u. a.]: Cuatro revoluciónes argentinas (1890, 1930, 1943, 1955). — Buenos Aires: Ediciónes del Club Nicolás Avellaneda 1960. 121 S.

### Naher und Mittlerer Osten

**Abboushi,** W. F.: Political systems of the Middle East in the 20th century. — New York: Dodd, Mead 1970. XIII, 345 S.

**Les accords** irano-soviétiques de 1921 à 1955. — In: Documentation Française, Notes et Etudes Documentaires 1956, H. 2128, 1–16 und H. 2155, 1–11.

**Adamec,** Ludwig W.: Afghanistan's foreign affairs to the mid-twentieth century. Relations with the USSR, Germany and Britain. – Tuscon: University of Arizona Press 1974. 324 S.

**Adamec,** Ludwig W.: Afghanistan, 1900—1923. A diplomatic history. — Berkeley: University of California Press 1967. 245 S.

**Ani,** Ali Ghalib al: La vie parlementaire en Iraq (1921—1957). — Neuchâtel: Univ. de Neuchâtel 1960. 149 S.

**Ansari,** Adnan Mahmud: Die rechtliche Natur der „Arabischen Liga". — Hamburg 1959. V, 116 Bl.
*Hamburg, rechtswiss. Diss., 9. Mai 1959.*

**Aruri,** Naseer H.: Jordan. A study in political development, 1921—1965. — The Hague: Nijhoff 1972. 206 S.

**Aziz,** M. A.: The origins of Arab nationalism. — In: Pakistan Horizon 9 (1956), H. 1, 29—37.

**Banani,** Amin: The modernization of Iran 1921—1941. — Stanford: Stanford University Press 1961. IX, 191 S.

**Bauer,** Yehuda: From diplomacy to resistance. A history of Jewish Palestine 1939—1945. — Philadelphia: Jewish Publ. Society of America 1970. VIII, 432 S.

**Bechtold,** Heinrich: Die asiatisch-arabische Dreizehner-Gruppe. — In: Außenpolitik 4 (1953), 103—115.

**Beer,** I.: Der Nahe Osten. Schicksalsland zwischen Ost und West. — München: Verl. Europ. Wehrkunde 1959. 288 S.

**Beling,** Eva: Die gesellschaftliche Eingliederung der deutschen Einwanderer in Israel. Eine soziolog. Untersuchung d. Einwanderung aus Deutschland zwischen 1933 und 1945. — (Frankfurt a. M.:) Europ. Verl. Anst. (1967). 283 S.
*(Bibliotheca Judaica.)*

**Bernucci,** G. L.: Arabia Saudita. — In: Riv. mil. 13 (1957), 252—267.

**Berreby,** Jean Jacques: La péninsule arabique. Terre sainte de l'Islam, patrie de l'arabisme et empire du pétrole. — Paris: Payot 1958. 270 S.

**Bethell,** Nicholas: Das Palästina-Dreieck (The Palestine triangle, dt.) Juden und Araber im Kampf um das britische Mandat 1935-1948. (Aus d. Engl. von Klaus Kochmann.) – (Frankfurt a. M.:) Propyläen-Verl. (1979). 415 S.

**Blandin,** Renée X.: Jordanie. — Givors (Rhône): Martel 1955. 237 S.

**Bleiber,** Fritz: Afghanistan und die Sowjetunion. — In: Osteuropa 3 (1953), 322—331.

**Bovis,** H. Eugene: The Jerusalem question, 1917—1968. — Stanford, Calif.: Hoover Inst. Press 1971. XIII, 175 S.
*(Hoover Institution Studies.)*

**Byng,** Edward J.: Die Welt der Araber. — Berlin: Safari-V. 1953. 320 S.

**Caplan,** Neil: Palestine Jews and the Arab question 1917-1925. – London: Cass 1978. XVI, 268 S.

**Caroe,** Olaf: Wells of power. The oilfields of South-Western Asia. A regional and global study. Foreword: Lionel Curtis. — London: Macmillan 1951. XI, 240 S.

**Cohen,** Michael J.: Appeasement in the Middle East. The British White Paper on Palestine, May 1939. – In: Hist. J. 16 (1973), 571–596.

**Cohen,** Michael J.: Palestine. Retreat from the mandate, the making of British policy, 1936-45. – London: Elek 1978. 239 S.

**Cook,** Hedley V.: Challenge and response in the Middle East. The quest for prosperity 1919—1951. — London: Hamish Hamilton 1953. XII, 366 S.

**Couland,** Jacques: Le mouvement syndical au Liban, 1919—1946. Son évolution pendant le mandat français de l'occupation à l'évacuation et au Code du travail. Préf. de Jacques Berque. — Paris: Ed. sociales 1970. 455 S.

**Dawn,** C. Ernest: From Ottomanism to Arabism. The origin of an ideology. — In: Rev. Politics 23 (1961), 378—400.

**Dearden,** Ann: Jordan. — London: Hale 1958. 224 S.

**Dessouki,** Mohamed-Kamal El: Hitler und der Nahe Osten. — (Berlin 1963: Ernst-Reuter-Gesellschaft.) 184 S.
*Berlin, Freie Univ., phil. Diss. vom 23. Juli 1963.*

**Dickson,** H. R. P.: Kuwait and her neighbours. Ed. for publication by Clifford Witting. — London: Allen & Unwin 1956. 627 S.

**Dokumente,** Meinungen und Diskussionen über die Einheit Palästinas und über Vorschläge zu seiner Teilung ⟨1936—Mai 1967⟩. Bibliograph. Sammlung ⟨mit Übersicht und Karten⟩. Hrsg. von Meir Buchsweiler. — Tel Aviv: [Selbstverl. d. Hrsg.] 1967. 46 S.
Text hebr.

**Dunner,** Joseph: The republic of Israel. Its history and its promise. — New York: McGraw-Hill 1950. XVI, 269 S.

**Edmonds,** C. J.: Kurds, Turks and Arabs. Politics, travel and research in North-Eastern Iraq 1919—1925. — London: Oxford University Press 1957. XIII, 457 S.

**Elwell**-Sutton, L. P.: Persian oil. A study in power politics. — London: Lawrence & Wishart 1955. 343 S.

**Farboud,** Homayoun: L'évolution politique de l'Iran pendant la seconde guerre mondiale. — Lausanne: Payot 1957. 243 S.
*Lausanne, Thèse sc. pol. 1957.*

**Farnie,** D. A.: East and West of Suez. The Suez Canal in history 1854—1956. — Oxford: Clarendon Press 1969. 860 S.

**(Fartache,** Manoutchehr): Le développement économique et les problèmes politiques du Moyen-Orient. — In: Pol. étr. 18 (1953), 23—34.

**Fatemi,** Nasrollah Saifpour: Diplomatic history of Persia 1917—1923. Anglo-Russian power politics in Iran. — New York: Moore 1952. XIII, 331 S.

**Fedčenko,** A. F.: Irak v bor'be za nezavisimost' 1917—1969. — Moskva: Izd. Nauka 1970. 315 S.

**Fisher,** Sydney Nettleton: The Middle East. A history. — New York: Knopf 1959. XIV, 650, XXXI S.

**Fitzsimons**, M. A.: Britain and the Middle East 1944—1950. — In: Rev. Politics 13 (1951), 21—38.

**Friedman**, Isaiah: The question of Palestine, 1914-1918. British-Jewish-Arab relations. - London: Routledge & Kegan Paul 1973. XIII, 433 S.

**Friedman**, Isaiah: The response to the Balfour Declaration. - In: Jew. soc. Stud. 35 (1973), 105-124.

**Frye**, Richard Nelson [Ed.]: The Near East and the great powers. With an introduction by Ralph Bunche. — Cambridge, Mass.: Harvard University Press 1951. VIII, 214 S.

**Frye**, Richard Nelson: Iran. — London: Allen & Unwin (1954). 126 S.

**Gaury**, Gerald de: Three kings in Baghdad, 1921—1958. — London: Hutchinson 1961. 232 S.

**Gehrke**, Ulrich u. Gustav Kuhn: Die Grenzen des Irak. Histor. u. rechtl. Aspekte d. irak. Anspruchs auf Kuweit u. d. irak.-pers. Streites um d. Schatt al-Arab. (Als Ms. gedr. 1. 2.) — Stuttgart: Kohlhammer 1963.
*(Darstellungen zur auswärtigen Politik. 2. ⟨1.2.⟩.)*

**Gehrke**, Ulrich: Persien in der deutschen Orientpolitik während des Ersten Weltkrieges. (T. 1.2.) — Stuttgart: Kohlhammer 1960.
*(Darstellungen zur auswärtigen Politik. 1.)*

**Glubb**, Sir John: A short history of the Arab people. — London: Hodder & Stoughton 1969. 318 S.

**Glubb**, Sir John Bagot: Peace in the Holy Land. An historical analysis of the Palestine problem. — London: Hodder & Stoughton 1971. 384 S.

**Glubb**, John Bagot: The story of the Arab Legion. — London: Hodder & Stoughton 1948. 372 S.

**Goglia**, Luigi: La questione palestinese tra le due guerre mondiali. — In: Storia contemp. 1 (1970), 229—272 und 529—547.

**Gregorian**, Vartan: The emergence of modern Afghanistan. Politics of reform and modernization, 1880—1946. — Stanford: University of California Press 1969. VIII, 586 S.

**Harkabi**, Yehoshafat: Palästina und Israel (Palästina et Israel, dt.) (Aus d. Französ. von Marie-Hélène Ruppmann.) - Stuttgart: Seewald (1974). 196 S.

**Harris**, George Lawrence: Jordan. Its people, its society, its culture. — New Haven: HRAF Press 1958. 246 S.

**Harris**, George Lawrence: Iraq. Its people, its ciety, its culture. — New York: Taplinger 1958. 350 S.

**Hattis**, Susan Lee: The bi-national idea in Palestine during mandatory times. — Haïfa: Shikmona Publ. Comp. 1970. 355 S.
*Thèse, Université de Genève.*

**Hay**, Sir Rupert: The Persian Gulf states. — Washington: Middle East Institute 1959. XVII, 160 S.

**Hickinbotham**, Sir Tom: Aden. — London: Constable (1958). XII, 242 S.

**Hitti**, Philip K.: A short history of Lebanon. — London: Macmillan 1965. 249 S.

**Hitti**, Philip Khuri: History of Syria including Lebanon and Palestine. — London: Macmillan 1951. XXV, 749 S.

**Hitti**, Philip K.: Lebanon in history. — London: Macmillan 1957. 554 S.

**Hollingworth**, Clare: The Arabs and the West. — London: Methuen 1952. 273 S.

**Hourani**, A. H.: Syria and Lebanon. A political essay. — London: Oxford University Press 1946. X, 402 S.

**Hurewitz**, Jacob Coleman: Diplomacy in the Near and Middle East. A documentary record. Vol. 1.2. — Princeton: Van Nostrand 1956.

**Hyamson**, Albert Montefiore: Palestine under the mandate, 1920—1948. — London: Methuen 1950. IX, 210 S.

**Jaekh**, Ernest [Hrsg.]: Background of the Middle East. — London: Oxford University Press (1953). 224 S.

**Jargy**, Simon: Guerre et paix en Palestine ou l'histoire du conflit israélo-arabe 1917-1967. — Neuchâtel: Edit. de la Baconnière 1968. 218 S.
*(Historie et société d'aujourd'hui.)*

**Ibrahim**, Salim: Zur Genesis des palästinensischen Widerstandes 1882-1972. - In: Bll. dtsch. internat. Pol. 18 (1973), 517–537.

Iran under the Pahlavis. Ed. by George Lenczowski. — Stanford, Calif.: Hoover Institution Press (1978). XIII, 550 S.
*(Hoover Institution Publications. 164).*

Twentieth century Iran. Ed. by Hossein Amirsadeghi. — New York: Holmes & Meier 1977. 299 S.

**Kaplinsky**, Zvi: The Muslim brotherhood. — In: Middle East. Aff. 5 (1954), 377—385.

**Kelly**, J. B.: The Persian claim to Bahrein. — In: Internat. Aff. 33 (1957), 51—70.

**Khadduri**, Majid: Independent Iraq. A study in Iraqi politics since 1932. — London: Oxford University Press 1951. 291 S.

**Khadduri**, Majid: Independent Iraq 1932—1958. A study in Iraqi politics. Rev. ed. — London: Oxford University Press 1960. VIII, 388 S.

**Khadjenouri**, M.: L'évolution des relations extérieures de l'Iran du débout du XIX$^e$ siècle à la deuxième guerre mondiale. - In: Pol. étr. 41 (1976), 127–168.

**Khoury**, Jacques G.: La Palestine devant le monde. Etude historique, politique et juridique du conflit palestinien et ses répercussions sur la politique mondiale. Position actuelle d'Israël dans le Moyen-Orient. — Le Caire: Ed. Al-Maaref 1953. XVI, 280 S.

**Kimche**, Jon: Palestine or Israel. The untold story of why we failed, 1917-1923; 1967-1973. - London: Secker & Warburg 1973. XX, 360 S.

**Kimche**, Jon: Seven fallen pillars. The Middle East 1915—1950. — London: Secker & Warburg 1950. XXI, 326 S.

**Kimche**, Jon: Zeitbombe Nahost (The second Arab awakening, dt.) Von der Bagdadbahn zur El Fatah. (Aus d. Engl. von Hans Fahrbach.) — (Hamburg:) Hoffmann & Campe (1970). 335 S.

**Kimche,** Jon und David Kimche: Des Zornes und des Herzens wegen (The secret roads — The „illegal" migration of a people 1938—1948, dt.) Die illegale Wanderung eines Volkes. (Dt. Übers. von Ruth Haemmerling.) — Berlin: Colloquium-V. (1956). 215 S.

**Kulka,** O. D.: The Hebrew University of Jerusalem. Changes in the status and activities of the Jews under the impact of the Third Reich 1933—1939. Selected sources. — Jerusalem: [Selbstverl. d. Hrsg.] 1966. 150 S.
Text hebr.

**Kinnane,** Derk: The Kurds and Kurdistan. — London, New York: Oxford University Press 1964. 86 S.

**Lambton,** Ann K. S.: The impact of the West on Persia. — In: Internat. Aff. 33 (1957), 12—25.

**Le Corbeiller,** J.: La guerre de Syrie. (Juin—juillet 1941.) — Paris: Edit. du Fuseau 1967. 216 S.

**Lenczowski,** George: The Middle East in world affairs. — Ithaca: Cornell University Press 1952. XX, 459 S.

**Lenczowski,** George: The Middle East in world affairs. — Ithaca, N. Y.: Cornell University Press 1957. 596 S.

**Lenczowski,** George: Oil and state in the Middle East. — Ithaca: Cornell University Press 1960. XIX, 379 S.

**Lenczowski,** George: Russia and the West in Iran 1918—1948. — Ithaca, N. Y.: Cornell University Press (1953). 383 S.

**L'Huillier,** Fernand: Fondements historiques des problèmes du Moyen-Orient. — Paris: Sirey 1958. 122 S.

**Lias,** Godfrey: Glubb's legion. Foreword by Sir John Bagot Glubb. — London: Evans 1956. 230 S.

**Lipsky,** George A.: Saudi Arabia. — New Haven: Hraf 1959. 367 S.

**Lloyd,** E. M. H.: Food and inflation in the Middle East 1940—1945. — Stanford: Stanford University Press 1956. XIV, 375 S.

**Longrigg,** Stephen: Iraq 1900—1950. — London, New York: Oxford University Press 1953. X, 436 S.

**Longrigg,** Stephen: Oil in the Middle East. Its discovery and development. — London: Cumberlege (1954). XIII, 305 S.

**Longrigg,** Stephen Hemsley und Frank Stoakes: Iraq. — London: Benn 1958, New York: Praeger 1959. 264 S.

**Longrigg,** Stephen Hemsley: Syria and Lebanon under French mandate. Issued under the auspices of the Royal Institute of International Affairs. — London, New York, Toronto: Oxford University Press 1958. VII, 404 S.

**Luke,** Sir Harry: Cyprus. A portrait and an appreciation. — London: Harrap 1957. 190 S.

**Marayati,** Abid A. al: A diplomatic history of modern Iraq. — New York: Speller 1961. XVI, 222 S.

**Marlowe,** John: The Persian Gulf in the twentieth century. — London: Cresset Press 1962. 280 S.

**Marlowe,** John: Arab nationalism and British imperialism. A study in power politics. — London: Cresset Press; New York: Praeger 1961. 236 S.

**Marlowe,** John: The seat of Pilate. — London: Cresset Press [1959]. 289 S.
Über das britische Palästina-Mandat.

**Mehnert,** Klaus: Iran und UdSSR 1942—1953. — In: Osteuropa 3 (1953), 374—381.

The **Middle East.** A political and economic survey. — London: The Royal Institute of International Affairs 1950. XVI, 496 S.

**Miller,** A. F.: Blisky východ po prvé svetové 1918—1923. — Praha: Kult. prop. odd. Ústř. výb. KSČ. 1951. 68 S.
Behandelt den Nahen Osten in der Zeit nach dem ersten Weltkriege.

**Morris,** James: The Hashemite kings. — London: Faber & Faber 1959. 232 S.

**Mosley,** Leonard: Power play. The tumultuous world of Middle East oil 1890-1973. - London: Weidenfeld & Nicolson 1973. 274 S.

**Muhammad** Morsey Abdullah: The United Arab Emirates. A modern history. - London: Croom Helm (1978). 365 S.

**Nevakivi,** Jukka: Britain, France and the Arab Middle East 1914—1920. — University of London: Athlone Press 1969. 284 S.
(University of London Historical Studies. 23.)

**Nolin,** Thierry: La Haganah, l'armée secrète d'Israël. — Paris: Balland [dépôt: Hachette] 1972. 326 S.
(Coll. „Corps d'élite".)

**Nuseibeh,** Hazem Zaki: The ideas of Arab nationalism. — Ithaca, N. Y.: Cornell University Press 1956. 240 S.

Palestine **Papers,** 1917—1922. Seeds of conflict. Compiled and annotated by Doreen Ingrams. — London: J. Murray 1972. XII, 198 S.

**Parzen,** Herbert: A chapter in Arab-Jewish relations during the mandate era. — In: Jew. soc. Stud. 29 (1967), 203—233.

**Parzen,** Herbert: The enlargement of the Jewish Agency for Palestine, 1923-1929. - In: Jew soc. Stud. 39 (1977), 129-162.

**Patai,** Raphael: The kingdom of Jordan. — Princeton: Princeton University Press; London: Oxford University Press 1958. IX, 315 S.

**Pawelke,** Günther: Der Jemen. Das verbotene Land. — Düsseldorf: Econ-V. (1959). 212 S.

**Peterson,** J(ohn) E.: Oman in the twentieth century. Political foundations of an emerging state. - New York: Barnes & Noble (1978). 286 S.

**Petran,** Tabitha: Syria. — London: E. Benn 1972. 284 S.
(Nations of the Modern World.)

**Politis,** Jacques N.: Chypre. Sa légende, son épopée, sa tragédie. — Paris: Fayard 1959. 177 S.

**Porath,** Y.: The emergence of the Palestinian-Arab national movement, 1918-1929. - London: F. Cass 1974. 406 S.

**Poullada,** Leon B.: Reform and rebellion in Afghanistan, 1919-1929. - Ithaca, N. Y.: Cornell University Press 1973. 318 S.

**Quandt,** William B., Fuad Jabber [u.] Ann Mosely Lesch: The politics of Palestinian nationalism. — Berkeley: University of California Press 1973. 234 S.

**Rainero,** Romain: La rottura delle posizioni francesi nel Levante. — In: Riv. Studi polit. internaz. 24 (1957), 446—458.

**Rondot,** P.: L'expérience britannique en Transjordanie et Jordanie 1920—1957. — In: Afrique et Asie 40 (1957), H. 4, 5—30.

**Roudot,** P.: L'expérience britannique en Iraq (1920—1955). — In: Afrique et l'Asie 1955, H. 30, 3—26.

**Sachar,** Howard Morley: The emergence of the Middle East, 1914—1924. — New York: Knopf 1969. XIII, 518, XXIX S.

**Schwan,** Kurt: Der arabische Nationalismus in Vergangenheit und Gegenwart. Hrsg. von der Niedersächsischen Landeszentrale für Heimatdienst. — (Hannover) 1959: (Berenberg). 51 S.

**Shapiro,** Yonathan: The formative years of the Israeli Labour party. The organization of power 1919-1930. - London: Sage Publ. 1976. 282 S.
(*Sage Studies in 20th Century History. 4.*)

**Sharabi,** H. B.: Government and politics of the Middle East in the twentieth century. — Princeton: Van Nostrand 1962. XIII, 296 S.

**Shwadran,** Benjamin: The Middle East, oil and the great powers. — London: Atlantic Press 1956. XII, 500 S.

**Siksek,** Simon G.: The legal framework for oil concessions in the Arab world. — Beirut: Middle East Research and Publishing Center 1960. 140 S.

**Smith,** Wilfred Cantwell: Islam in modern history. — Princeton: Princeton University Press 1958. 308 S.

**Sparrow,** Gerald: Modern Jordan. — London: Allen & Unwin 1961. 180 S.

**Spuler,** Berthold: Iran im Spiel der Weltmächte im 20. Jahrhundert. — In: Welt als Geschichte 14 (1954), 119—131.

**Stark,** Freya: The Arab island. The Middle East 1939—1943. — New York: Knopf 1945. XXIV, 238 S.

**Stevens,** Richard P. [Ed.]: Zionism and Palestine before the Mandate. A phase of Western imperialism. — Beirut: Inst. for Palestine Stud. 1972. 153 S.

**Sykes,** Christopher: Crossroads to Israel. 1917—1948. — New York: World Publ. 1965. 134 S.

**Sykes,** Christopher: Kreuzwege nach Israel (Cross roads to Israel, dt.) Die Vorgeschichte des jüdischen Staates. (Aus d. Engl. übertr. von Harald Landry.) — München: Beck (1967). VI, 448 S.

**Taeschner,** Franz: Geschichte der arabischen Welt. Mit e. Beitr.: Die arabische Welt in der Epoche des Nationalismus. Von Fritz Steppat. — Stuttgart: Kröner (1964). 252 S.
(*Kröners Taschenausgabe. 359.*)

**Tillmann,** Heinz: Deutschlands Araberpolitik im Zweiten Weltkrieg. — Berlin: VEB Dtsch. Verl. d. Wissensch. 1965. 473 S.
(*Schriftenreihe des Instituts für allgemeine Geschichte an der Martin-Luther-Universität Halle-Wittenberg. 2.*)

**Tončić**-Sorinj, Lujo: Der Kampf um den Persischen Golf. — In: Europa-Archiv 11 (1956), 9239—9249.

**Troeller,** Gary: The birth of Saudi Arabia. Britain and the rise of the House of Sa'ud. - London: Cass (1976). XII, 287 S.

**Tuchman,** Barbara W.: Bible and sword. England and Palestine from the Bronze Age to Balfour. — New York: New York University Press 1956. XIV, 268 S.

**Upton,** Joseph M.: The history of modern Iran. An interpretation. — Cambridge: Center for Middle Eastern Studies of Harvard University 1960. VI, 163 S.

**Vaglieri,** Laura Veccia: Storia del petrolio di Persia. — In: Comunità internaz. 11 (1956), 595—620.

**Vatikiotis,** P. J.: Politics and the military in Jordan. A study of the Arab legion, 1921—1957. — London: Frank Cass 1967. 169 S.

**Weiß,** Günther: Die Entstehung des Staates Israel. — In: Z. ausl. öffentl. Recht Völkerr. 13 (1950/51), 146—172 und 786—808.

**Wilber,** Donald N. [Ed.]: Afghanistan. — New Haven: Human Relations Area Files 1956. XIII, 501 S.

**Wilber,** Donald N.: Iran. Past and present. Fourth revised edition. — Princeton: Princeton University Press 1958. VIII, 312 S.

**Yale,** William: The Near East. A modern history. — Ann Arbor: University of Michigan Press 1959. 485 S.

**Zeine,** Zeine N.: The struggle for Arab independance. Western diplomacy and the rise and fall of Faisal's kingdom of Syria. — Beirut: Khayats 1960. XIV, 298 S.

**Ziadeh,** N. A.: Parties and politics in Syria and Lebanon. — In: Foreign Aff. Rep. 4 (1955), H. 5, 53—63.

**Zürrer,** Werner: Persien zwischen England und Rußland 1918-1925. Großmachteinflüsse und nationaler Wiederaufstieg am Beispiel des Iran. - Frankfurt a. M.: Lang 1978. 501 S.

### Süd-, Ost- und Südostasien

**Allen,** Richard: A short introduction to the history and politics of Southeast Asia. — London: Oxford University Press 1970. X, 306 S.

**Anderson,** Benedict R.O'G.: Some aspects of Indonesian politics under the Japanese occupation 1944—1945. — Ithaca: Cornell University, Department of Far Eastern Studies, Southeast Asia Program, Modern Indonesia Project 1961. IX, 126 S.
(*Interim Reports Series.*)

**Attiwill,** K.: The Singapore story. — London: Muller 1959. 256 S.

**Aziz,** M. A.: Japan's colonialism and Indonesia. — The Hague: Nijhoff 1955. XII, 271 S.

**Bailey,** Sidney D.: Naissances de nouvelles démocraties. Introduction et développement des institutions parlementaires dans les pays de l'Asie du Sud et dans les territoires coloniaux. — Paris: Collin 1953. 216 S.

**Bassett,** R.: Democracy and foreign policy, a case history. The Sino-Japanese dispute 1931—1933. — London: Longmans, Green & Co. 1952. XXIII, 654 S.

**Bauer,** Heinrich: Ostasien und das Vierte Zeitalter. — In: Frankf. H. 7 (1952), 742—749.

**Benda,** H. J. und R. T. McVey [Ed.]: The communist uprisings of 1926—1927 in Indonesia. Key documents. — Ithaca: Cornell University Press 1960. XXXI, 177 S.

**Benda,** Harry J.: The crescent and the rising sun. Indonesian Islam under the Japanese occupation 1942—45. — The Hague: Van Hoeve 1958. 320 S.

**Benda,** Harry J.: The communist rebellions of 1926—27 in Indonesia. — In: Pacific hist. Rev. 24 (1955), 139—152.

**Benda,** Henry J.: Indonesian Islam under the Japanese occupation 1942 bis 1945. — In: Pacific Aff. 28 (1955), 350—362.

Die internationalen **Beziehungen** im Fernen Osten (Meždunarodnye otnošenija na Dal'nem Vostoke, dt.) (1870—1945.) Gesamtred. d. russ. Ausg.: J. M. Žukov. Durch das Institut f. Allgem. Gesch. d. Univ. Leipzig übers. unter Anleitung von W[alter] Markov. — Berlin: Akademie-V. 1955. XII, 647 S.

**Bin** Sayeed, Khalid: The Governor-General of Pakistan. — In: Pakistan Horizon 8 (1955), 330—339.

**Boeg,** P.: Fra besaettelse til borgerkrig i Indonesien. — In: Økon. og Polit. 32 (1958), H. 1, 45—72.

**Brackman,** Arnold C.: Indonesian communism. A history. — New York: Praeger 1963. XVI, 336 S.

**Bruhat,** Jean: Histoire de l'Indonésie. — Paris: Presses Universitaires de France 1958. 128 S.

**Buss,** Claude A.: Asia in the modern world. A history of China, Japan, South and Southeast Asia. — New York: Macmillan 1964. XIII, 767 S.

**Buss,** Claude A.: The Far East. A history of recent and contemporary international relations in East Asia. — New York: Macmillan 1955. VIII, 738 S.

**Cameron,** Meribeth E. [u. a.]: China, Japan, and the powers. A history of the modern Far East. 2nd ed. — New York: Ronald Press 1960. XIII, 714 S.

**Chesneaux,** J(ean): Geschichte Ost- und Südostasiens im 19. und 20. Jahrhundert (L'Asie orientale aux XIX$^e$ et XX$^e$ siècles, dt.) Autoris. Übers. aus d. Französ.: (R[aymond] J[ean] Guiton.) — Köln: Schäuble 1969. VIII, 431 S.
*(Reihe der Forschungen. 2.)*

**China** and Japan. A search for balance since World War I. Ed. by Alvin D. Cox [u.] Hilary Conroy. — Santa Barbara, Calif.: ABC Clio Press 1978. 468 S.

**Cho,** Soon Sung: Korea in world politics. 1940—1950. An evaluation of American responsibility. — Berkeley: University of California Press 1967. X, 338 S.

**Cypkin,** S. A.: Učastie korejskich trudjaščichsja v bor'be protiv interventov na sovetskom Dal'nem Vostocke (1918—1922). — In: Vop. Ist. 1957, H. 11, 171—185.

**Dartford,** Gerald P.: A short history of Malaya. — London: Longmans 1956. 200 S.

**Demes,** Franz Hubert: Wirtschaftsplanung in Süd- und Südostasien. — In: Europa-Arch. 7 (1952), 5239—5246.

**Emerson,** Rupert: Representative government in Southeast Asia. With supplementary chapters by Willard H. Elsbree and Virginia Thompson. — London: Allen & Unwin 1955. VII, 197 S.

**Endacott,** G. B.: A history of Hong Kong. — London: Oxford University Press 1958. XII, 322 S.

**Fischer,** Louis: Indonesien. Vergangenheit und Gegenwart. (Ins Deutsche übertr. von Hans Kerner.) — Berlin: Safari-Verl. (1960). 457 S.

**Fistié,** Pierre: Le réveil de l'Extrême-Orient. Guerres et révolutions 1834—1954. — Paris: Presses Univ. 1956. 435 S.

**Franke,** Herbert: Süd- und Ostasien. (Literaturbericht.) — In: Gesch. Wissensch. Unterr. 14 (1963), 243—255.

**Grunder,** Carel A. und William E. Livezey: The Philippines and the United States, 1878 — July 4, 1946. — Norman: University of Oklahoma Press 1951. 326 S.

**Gull,** E. M.: The Far East. A restatement. — In: Contemp. Rev. 178 (1950), 134—138.

**Haas,** E.: Frans Indo-China en de Japanese expansiepolitiek 1939—1945. — Leiden: Univers. Pers. Leiden 1956. 268 S.

**Hall,** D. G. E.: A history of South East Asia. — London: Macmillan 1955. XVI, 807 S.

**Harrison,** Brian: South-East Asia. A short history. — New York: St. Martin's Press 1954. 260 S.

**Hayit,** Baymirza: Turkestan im XX. Jahrhundert. — Darmstadt: Leske 1956. 406 S.

**Jaenicke,** Wolfgang: Das Ringen um die Macht im Fernen Osten. Vorgeschichte d. Chinesisch-Japanischen Krieges 1937 auf polit. u. wirtschaftl. Gebiet u. Auswirkung auf d. Gegenwart. — Würzburg: Holzner (1963). 194 S.

**Jansen,** Marius B.: Japan and China. From war to peace. 1894–1972. — Chicago: Rand McNally 1975. 546 S.

**Jaray,** Gabriel-Louis: Une expérience coloniale des Etats-Unis: Les Philippines. — In: Rev. polit. parlement. 209 (1953), 47—55.

**Ingrams,** Harold: Hong-Kong. — London: H. M. Stationery Office 1952. XII, 308 S.

**Istorija** Mongol'skoj Narodnoj Respubliki. — Moskva: Izd-vo Akad. Nauk SSSR 1954. 423 S.

**Kahin,** George M.: Nationalism and revolution in Indonesia. — Ithaka, N. Y.: Cornell University Press 1953. XIII, 490 S.

## GESCHICHTE EINZELNER STAATEN

**Kennedy,** J.: Asian nationalism in the twentieth century. — London: Macmillan 1968. 244 S.

**Kennedy,** Malcolm: A history of communism in East Asia. — New York: Praeger 1957. XII, 556 S.

**Kindermann,** Gottfried-Karl: Der Ferne Osten in der Weltpolitik des industriellen Zeitalters. — München: Dtsch. Taschenbuch-Verl. (1970). 527 S.
*(dtv-Weltgeschichte des 20. Jahrhunderts. 6.)*
*(dtv[-Taschenbücher]. 4006.)*

**Knutson,** Jeanne Nickell: Outer Mongolia. A study in Soviet colonialism. — Hongkong: Union Research Institute 1959. 174, II S.

**Koch,** D. M. G.: Verantwoording. Een halve eeuw in Indonesië. — 's-Gravenhage, Bandung: N. V. Uitgeverij W. van Hoeve 1956. II, 287 S.

**Kokkelink,** Maurits Ch.: Wij vochten in het bos. De guerilla-strijd op Nieuw-Guinea tijdens de tweede wereldoorlog. — Amsterdam: Van Kampen [um 1957]. 255 S.

**Kroef,** J. M. van der: On the writing of Indonesian history. — In: Pacific Aff. 31 (1958), 325—371.

**Latourette,** Kenneth Scott: Geschichte des Fernen Ostens in den letzten hundert Jahren (A short history of the Far East, dt.) Übers. von Ursula Michaelsen. Hrsg. vom Instistut für Asienkunde in Hamburg. — Frankfurt a. M.: Metzner 1959. 350 S.

**Lattimore,** Owen: Nationalism and revolution in Mongolia. With a translation from the Mongol of S. Nachukdorji's life of Sukebatur by Owen Lattimore and Urgungge Onon. — Leiden: Brill 1955. X, 186 S.

**Lattimore,** Owen: Nomaden und Kommissare (Nomads and commissars, dt.) Die Mongolei gestern und heute. (Aus d. Amerikan. von Hans Th[eo] Asbeck.) — Stuttgart: Kohlhammer (1964). 258 S.

**Lattimore,** Owen: Pivot of Asia. Sinkiang and the inner Asian frontiers of China and Russia. With the assistance of Chang Chih-yi [u. a.] — Boston: Little, Brown & Co. 1950. XII, 288 S.

**Levy,** Roger: Situations en Extrême-Orient (1931—1953). — In: Pol. étr. 18 (1953), 413—430.

**Li** Tieh-tseng: The historical status of Tibet. — New York: King's Crown Press 1956. XI, 312 S.

**Maki,** John M.: Conflict and tension in the Far East. Key documents 1894—1960. — Seattle: University of Washington Press 1961. IX, 245 S.

**Mehden,** Fred R. van der: Marxism and early Indonesian Islamic nationalism. — In: Polit. Science Quart. 73 (1958), 335—351.

**Merglen,** Albert: Der Chinesisch-Japanische Krieg 1937—1945. — In: Wehrwiss. Rdsch. 10 (1960), 363—371.

**Meyer,** Milton W.: South Asia. A short history of the subcontinent. – Totowa, Littlefield: Adams 1976. 256 S.

**Michael,** Franz H., und George E. Taylor: The Far East in the modern world. A history of the emergence of Far Eastern countries into world politics. — New York: Holt; London: Methuen 1956. X, 724 S.

**Mookherji,** S. B.: Rise and fulfilment of nationalism in Indonesia. First phase: Rise and growth (1908—1942). Second phase: Fulfilment (1942—1952). — In: Mod. Rev. [Calcutta] 96 (1954), 458—463 und 97 (1955), 34—38.

**Morgan,** W. P.: Triad societies in Hong Kong. — Hongkong: Government Press 1960. XIX, 306 S.

**Murphy,** George G. S.: Soviet Mongolia. A study of the oldest political satellite. — Berkeley: University of California Press 1966. IX, 224 S.

Stichting Indië in de tweede wereldoorlog. **Nederlandsch-Indië** onder Japanse bezetting. Gegevens en documenten over de jaren 1942—1945. Samengest. onder de leiding van I. J. Brugmans door H. J. de Graaf, A. H. Joustra en A. G. Vromans. 2., verb. dr. — Franeker: Wever 1960. XI, 661 S.

**Neill,** Wilfred T.: Twentieth-century Indonesia. – New York: Columbia University Press 1973. XIV, 413 S.

Mejdunarodnyé **otnosenija** na Dal'nem Vostoké ‹1870—1945 gg.› — Moskva: Gospolitizdat 1951. 791 S.
Über die internationalen Beziehungen im Fernen Osten.

**Panikkar,** Kavalam Madhava: Asien und die Herrschaft des Westens (Asia and Western dominance, dt.) (Einzig autor. Übersetzung von Rudolf Frank.) — Zürich: Steinberg-V. (1955). 477 S.

**Payne,** Robert: Red storm over Asia. — New York: Macmillan 1951. XIII, 309 S.

**Payne,** Robert: Roter Sturm über Asien. Eine Gesamtdarstellung der politischen Entwicklung in Asien seit 1946. — Salzburg, München: Akad. Gemeinschaftsverl. 1952. 328 S.

**Peffer,** Nathaniel: The Far East. A modern history. — Ann Arbor: University of Michigan Press; London: Mayflower 1958. 501 S.

**Pirovano-**Wang, Nora: L'Asie orientale de 1840 à nos jours. — Paris: Nathan 1970. 256 S.

**Pluvier,** J. M.: Overzicht van de ontwikkeling der nationalistische beweging in Indonesie in de jaren 1930 tot 1942. — s'-Gravenhage: van Hoeve 1953. 324 S.

**Romani,** John H.: The Philippine presidency. — Manila: Institute of Public Administration, University of the Philippines 1956. IX, 233 S.

**Romein,** Jan: Das Jahrhundert Asiens. Geschichte des modernen asiatischen Nationalismus. — Berlin: Francke 1958. 450 S.

**Rosinger,** Lawrence [Edit.]: The state of Asia. A contemporary survey. Issued under the auspices of the American Institute of Pacific Relations. — New York: Knopf 1951. XII, 522, XXIV S.

**Sabsina,** Fanja Isaakovna: Narodnoe vosstanie 1919 goda v Koree. 2. izd. — Moskva: Izd. vost. lit. 1958. 211 S.

**Sarkisyanz,** Emanuel: Communism and Lamaist utopianism in Central Asia. — In: Rev. Politics 20 (1958), 623—633.

**Schirendyb,** Bazar: Die mongolische Volksrevolution. — In: Dtsch. Außenpolitik 9 (1964), 866—876.

**Shakabpa,** Tsepon W. D.: Tibet. A political history. Forew. by Turrell Wylie. — New Haven, Conn.: Yale University Press 1967. 369 S.

**Širendyb,** B.: Narodnaja revoljucija v Mongolii i obrazovanie Mongol'skoj Narodnoj Respubliki 1921—1924. — Moskva: Akad. Nauk 1956. 156 S.

**Steinberg,** David Joel: Philippine collaboration in World War II. — Ann Arbor: University of Michigan Press 1967. 235 S.

**Tang,** Peter S.: Russian and Soviet policy in Manchuria and Outer Mongolia 1911—1931.
*New York, Columbia, phil. Diss. 1953.*

**Thayer,** Philip W.: Southeast Asia in the coming world. — London: Oxford University Press (1953). 450 S.

**Thiel,** Erich: Die Mongolei. Land, Volk und Wirtschaft der Mongolischen Volksrepublik. — München: Isar-V. 1958. 450 S.

**Thomson,** Jan: The rise of modern Asia. — London: Murray 1957. XV, 265 S.

**Trager,** Frank N. [Ed.]: Marxism in Southeast Asia. A study of four countries. — Stanford: Stanford University Press 1959. 381 S.

**Tregonning,** Kennedy Gordon: North Borneo. — London: H. M. S. O. 1960. XIII, 272 S.

**Trullinger,** O.: Red banners over Asia. — Oxford: Pen-in-Hand 1950. XI, 212 S.

**Vasil'ev,** V. F. [u. a.]: Iz istorii osvoboditel'noj vojny narodov Jugo-Vostocnoj Azii v 1941—1945 godach. — In: Vop. Ist. 1955, H. 10, 45—58.

**Vlugt,** Ebed van der: Asia aflame. Communism in the East. Foreword by Albert C. Wedemeyer. — New York: Devin-Adair 1953. XVI, 294 S.

**Vromans,** A. G.: Les Indes néerlandaises (1939—1945). — In: Rev. Hist. deux. Guerre mond. 13 (1963), H. 50, 27—36.

**Weise,** Wolfgang: Die Entstehung der nationalistischen Bewegung in Indonesien und ihre Entwicklung bis zum Jahre 1927. — Hamburg 1953. IV, 184 gez. Bl. [Maschinenschr.]
*Hamburg, phil. Diss. 14. August 1953.*

**Williams,** Lea A.: Southeast Asia. A history. - New York: Oxford University Press 1976. 287 S.

**Willoquet,** Gaston: Histoire des Philippines. — Paris: Presses Universitaires de France 1961. 125 S.

**Zischka,** Anton: Asiens wilder Westen. Die Wandlungen Westchinas und Tibets, der Mongolei und Sibiriens. — Gütersloh: Mohn 1959. 350 S.

**Zlatkin,** Il'ja Jakovlevič: Očerki novoj i novejšej Mongolii. — Moskva: Izd. vost. lit. 1957. 299 S.

Japan

**Asada,** Sadao: Japan's „Special Interests" and the Washington conference, 1921—22. — In: Amer. hist. Rev. 67 (1961/62), 62—70.

**Avarin,** V.: Bor'ba za Tichij Okean. Japono-Amerikanskie protivorečija. — Moskva: Gospolitizdat 1947. 468 S.

**Beasley,** W[illiam] G[erald]: Japan (The modern history of Japan, dt.) Geschichte des modernen Japan. (Aus d. Engl. übers. u. bearb.) — (Köln): Grote (1964). XI, 258 S.

**Beckmann,** George M. [u.] Okubo Genji: The Japanese communist party 1922—1945. — Stanford, Calif.: Stanford University Press 1969. VII, 453 S.

**Bednjak,** I. Ja.: Japonskaja agressija v Kitae i politika SŠA na Dalnem Vostoke (1937—1939 gg.) — Moskva: Izd-vo Akad. Nauk SSSR 1956. 136 S.

**Bednjak,** Inessa Jakovlevna: Japonskaja agressija v Kitae i pozicija SŠA (1937—1939). — Moskva: Akad. Nauk SSSR 1957. 173 S.

**Berger,** Gordon Mark: Parties out of power in Japan, 1931–1941. - Princeton, N. J.: Princeton University Press 1977. 413 S.

**Borg,** Dorothy [u.] Shumpei Okamoto [Ed.]: Pearl Harbor as history. Japanese-American relations 1931–1941. With the ass. of Dale K. A. Finlayson. - New York: Columbia University Press 1974. 799 S.

**Borton,** Hugh: Japan's modern century. — New York: Ronald Press 1955. 525 S.

**Braibanti,** R.: The Ryukyu islands. Pawn of the Pacific. — In: Amer. polit. Science Rev. 48 (1954), 972—998.

**Brown,** Delmer Myers: Nationalism in Japan. An introductory historical analysis. — Berkeley: University of California Press 1955. 344 S.

**Butow,** Robert J. C.: Japan's decision to surrender. — Stanford: Stanford University Press 1954. 259 S.

**Butow,** Robert J. C.: The surrender of Japan. — In: US Naval Inst. Proceedings 81 (1955), 853—865.

**Chacko,** C. J.: The Japanese Monroe doctrin. — In: Indian Yb. int. Aff. 2 (1953), 106—122.
*Behandelt das Tanaka-Memorial von 1927.*

**Colbert,** Evelyne S.: The left wings in Japanese politics. — New York: Institute of Pacific Relations 1952. XII, 353 S.

**Conroy,** Hilary: Japanese nationalism and expansionism. — In: Amer. hist. Rev. 60 (1955), 818—829.

**Craig,** William: The fall of Japan. — New York: Dial Press 1967. 368 S.

**Crowley,** James B.: Japan's quest for autonomy. National security and foreign policy. 1930—1938. — Princeton, N. J.: Princeton University Press 1966. XVIII, 428 S.

Japan's decision for war. Records of the 1941 policy conferences. Transl., ed. and with an introd. by Nobutaka Ike. — Stanford, Calif.: Stanford University Press 1967. XXVI, 306 S.

**Dorn,** Frank: The Sino-Japanese war, 1937–41. From Marco Polo bridge to Pearl Harbor. - New York: Macmillan 1974. 477 S.

**Dunn,** Frederick Sherwood: Peacemaking and the settlement with Japan. Principal collab.: Annemarie Shimony, Percy E. Corbett and Bernard C. Cohen. — Princeton: Princeton University Press 1963. 210 S.

**Elsbree,** Willard H.: Japan and the national movements in South East Asia, 1940—1945. With special attention to developments in Indonesia.
*Cambridge (Harvard), Mass., Diss. 1952.*

**Feis,** Herbert: The road to Pearl Harbor. The coming of the war between the United States and Japan. — Princeton: Princeton University Press 1950. XII, 356 S.

**Ferrell,** Robert H.: The Mukden incident. September 18—19, 1931. — In: J. mod. Hist. 27 (1955), 66—72.

**Ferretti,** Valdo: La politica estera giapponese e i rapporti con l'Italia e la Germania ⟨1935-1939⟩. — In: Storia contemp. 7 (1976), 783-824.

**Furuya,** Tetsuo: Naissance et développement du fascisme japonais. — In: Rev. Hist. deux. Guerre mond. 22 (1972), H. 86, 1—16.

**Hall,** John W.: Japanese history. A guide to Japanese reference and research materials. — Ann Arbor: University of Michigan Press 1954. XI, 165 S.

**Halliday,** Jon: A political history of Japanese capitalism. — New York: Pantheon Books 1975. 466 S.

**Hammitzsch,** Horst: Literaturbericht über japanische Geschichte. — In: Hist. Z., Sonderh. 1 (1959), 443—466.

**Hara,** Akira: L'économie japonaise pendant la deuxième Guerre mondiale. — In: Rev. Hist. deux. Guerre mond. 23 (1973), H. 89, 33–56.

**Harrison,** John A.: Japan's northern frontier. A preliminary study in colonization and expansion, with special reference to the relations of Japan and Russia. — Gainesville: University of Florida Press 1953. 202 S.

**Havens,** Thomas R. H.: Women and war in Japan, 1937-45. — In: Amer. hist. Rev. 80 (1975), 913-934.

**Hayashi,** Kentarô: Japanische Quellen zur Vorgeschichte des Pazifischen Krieges. — In: Vjh. Zeitgesch. 5 (1957), 199—207.

**Hsu,** Immanuel C. Y.: Kurusu's mission to the USA and the abortive modus vivendi. — In: J. mod. Hist. 24 (1952), 301—307.

**James,** David H.: The rise and fall of the Japanese empire. — London: Allen & Unwin; NewYork: Macmillan 1951. XII, 410 S.

**Japan** 1931—1945. Militarism, fascism, Japanism? Ed. with an introd. by Ivan Morris. — Boston: Heath (1965). XVIII, 77 S.
*(Problems in Asian civilisations.)*

**Jones,** F. C.: Japan's new order in East Asia. Its rise and fall 1937—1945. — London, New York, Toronto: Oxford University Press 1954. XII, 498 S.

**Joshida,** Miriam Misao: Politische Parteien und Gruppen in Japans Innenpolitik von 1886 bis 1931. — o. O. 1958. 205 Bl.
*Würzburg, phil. Diss. 30. September 1958.*

**Kajima,** Morinosuke: The emergence of Japan as a world power, 1895—1925. — Rutland: Tuttle 1968. 403 S.

**Kawai,** K.: The divinity of the Japanese emperor. — In: Polit. Science [Wellington] 10 (1958), H. 2, 3—14.

**Kerr,** George H.: Okinawa. The history of an island people. — Rutland, Tokyo: Tuttle 1958. XVIII, 542 S.

**Kramer,** Irving I.: Japan in Manchuria. 1: Prior to 1931. 2: 1931—1936. — In: Contemp. Japan 22 (1954), 584—611 und 23 (1954), 75—100.

**Kutakov,** Leonid N.: Japanese foreign policy on the eve of the Pacific war. A Soviet view. — Tallahassee, Fl.: Diplomatic Press 1972. XIII, 241 S.

**Lear,** Elmer: The Japanese occupation of the Philippines, Leyte, 1941—1945. — Ithaca, N. Y.: Cornell Univ., Department of Far Eastern Studies 1961. XVI, 246 S.
*(Southeast Asia Program. Data Papers. 42.)*

**Lequiller,** Jean: Le Japon. — Paris: Sirey 1967. 620 S.
*(L'Histoire du XX$^e$ siècle.)*

**Libal,** Michael: Japans Weg in den Krieg. Die Außenpolitik der Kabinette Konoye 1940/1941. — Düsseldorf: Droste (1971). 261 S.

**Lockwood,** William W.: The economic development of Japan. Growth and structural change 1868—1938. — London: Cumberlege 1955. XV, 603 S.

**Lu,** David John: Sources of Japanese history. — New York: McGrac-Hill 1974.
1. IX, 274 S.
2. IX, 302 S.

**Lupke,** Hubertus: Japans Rußlandpolitik von 1939—1941. — Frankfurt a. M.: Metzner (1962). VIII, 189 S.
*(Schriften des Instituts für Asienkunde in Hamburg. 10.)*

**Matsumoto,** K.: Development of democracy in Japan prior to 1945, and the constitutional controversy on the nature of monarchy. — In: Wasela polit. Stud. 1 (1957), 55—82.

**Maxon,** Yale Candee: Control of Japanese foreign policy. A study of civil-military rivalry 1930—1945. — Berkeley, Los Angeles: University of California Press 1957. VI, 286 S.

**Mitchell,** Richard H.: Thought control in prewar Japan. — London: Cornell University Press 1976. 218 S.

**Miyake,** Masaki: Japans Beweggrund für den Abschluß des Dreimächtepakts Berlin-Rom-Tokio. Zum Forschungsstand in Japan. — In: Gesch. Wiss. Unterr. 29 (1978), 681-692.

**Miyake,** Masaki: Die Lage Japans beim Ausbruch des Zweiten Weltkrieges. — In: Sommer 1939. Die Großmächte und der Europäische Krieg, Stuttgart: Dtsch. Verl.-Anst. (1979), 195-222.

**Mo** Shen: Japan in Manchuria. An analytical study of treaties and documents. Preface by Diosdado Macapagal. Forew. by George G. Tan. — Manila: Garce Trading Co. 1960. XXII, 463 S.

**Morley,** James William [Ed.]: Dilemmas of growth in prewar Japan. — Princeton, N. J.: Princeton University Press (1974). 527 S.
*(Studies in the Modernization of Japan. 6.)*

**Morley,** James William [Ed.]: Japan's foreign policy, 1868-1941. A research guide. — New York: Columbia University Press 1974. XV, 618 S.
*(Studies of the East Asian Institute.)*

**Morley**, James W.: Samurai in Siberia. The origins of Japan's Siberian expedition 1918—1922. A case study in the formation of Japan's foreign policy. *New York, Columbia, phil. Diss. 1955.*

**Morley**, James William: The Japanese thrust into Siberia 1918. — New York: Columbia University Press 1957. XIII, 395 S.

**Morton**, Louis: The Japanese decision for war. — In: US Naval Inst. Proceed., Dezember 1954, 1325—1335.

**Nish**, Jan [Hill]: Japanese foreign policy, 1869–1942. Kasumigaseki to Miyakezaka. – London: Routledge & Kegan Paul 1977. XII, 346 S. *(Foreign Policies of the Great Powers.)*

**Ogata**, Sadako N.: Defiance in Manchuria. The making of Japanese foreign policy, 1931—1932. — Berkeley, Los Angeles: University of California Press 1964. XVI, 259 S. *(Publications of the Center for Japanese and Korean Studies.)*

**Okasaki**, Ayanori: Histoire du Japon. L'économie et la population. — Paris: Presses Universitaires de France 1958. 166 S.

**Ostwald**, Paul: Japans Auseinandersetzung mit der politischen Ideenwelt des Westens. — In: Vjh. Zeitgesch. 1 (1953), 243—260.

**Ostwald**, Paul: Japans Weg von Genf nach San Franzisko. — Stuttgart: Kohlhammer (1955). 122 S.

**Russell** of Liverpool, Lord E. F. L.: The knights of Bushido. A short history of Japanese war crimes. — London: Cassell 1958. XIV, 334 S.

**Saburo**, Ienaga: History of Japan. — South Pasadena, Calif.: Perkins 1954. 259 S.

**Sansom**, George B.: Japan in world history. — New York: Institute of Pacific Relations 1951. 94 S.

**Sansom**, George Bailey: The western world and Japan. A study in the interaction of European and Asiatic cultures. — New York: McClelland 1950. XVI, 504, XI S.

**Scalapino**, Robert A.: Democracy and the party movement in prewar Japan. The failure of the first attempt. — Berkeley, Los Angeles: University of California Press 1953. XII, 471 S.

**Scalapino**, Robert A.: The Japanese communist movement, 1920—1966. — Berkeley: University of California Press 1967. VIII, 412 S. *(Publications of the Center for Japanese and Korean Studies.)*

**Schmid**, Peter: Japan heute. Nippon lächelt wieder. — Stuttgart: Dtsch. Verl.-Anst. (1951). 186 S.

**Seelig**, Rosemarie: Die diplomatischen Beziehungen zwischen Japan und den weißen Mächten in Ost- und Südostasien zwischen 1919 und 1925. — Würzburg 1964: (Baehr). 162 S. *Würzburg, phil. Diss. vom 25. November 1964.*

**Shai**, Aron: Le conflit anglo-japonais de Tientsin en 1939. - In: Rev. Hist. mod. & contemp. 22 (1975), 293–302.

**Shiomi**, Saburo: Japan's finance and taxation 1940—1956. — New York: Columbia University Press 1957. 201 S.

**Stahmer**, H[einrich] G[eorg]: Japans Niederlage — Asiens Sieg. Aufstieg eines größeren Ostasiens. — Bielefeld: Dtsch. Heimat-V. 1952. 318 S.

**Stefanis**, Emilio F. de: L'incidente di Mukden. — In: Riv. Studi polit. internaz. 23 (1956), 250—276.

**Storry**, Richard: Fascism in Japan. The army mutiny of February 1936. — In: Hist. Today 6 (1956), 717—726.

**Storry**, Richard: A history of modern Japan. — Hammondsworth: Penguin 1960. 287 S.

**Storry**, Richard: The double patriots. A study of Japanese nationalism. — London: Chatto & Windus 1957. VIII, 335 S.

**Sumiya**, Mikio: Les ouvriers japonais pendant la deuxième Guerre mondiale. - In: Rev. hist. deux. Guerre mond. 23 (1973), H. 89, 57–72.

**Swearingen**, Roger und Paul Langor: Red flag in Japan. International communism in action 1919—1951. — London: Cumberlege 1952. 288 S.

**Tinch**, Clark W.: Quasi-war between Japan and the USSR 1937—1939. — In: World Politics 3 (1950/51), 174—199.

**Titus**, David Anson: Palace and politics in prewar Japan. – New York: Columbia University Press 1974. 360 S.

**Togo**, Shigenori: The cause of Japan. — New York: Simon & Schuster 1956. 372 S.

**Toland**, John: The rising sun. The decline and fall of the Japanese Empire 1936—1945. — New York: Random House (1970). XXXV, 954 S.

**Toussaint**, François: Histoire du Japon. — Paris: Fayard 1969. 411 S. *(Coll. „Grandes études historiques".)*

**Uyehara**, Cecil H. [Compil.]: Checklist of archives in the Japanese Ministry of Foreign Affairs, Tokyo, Japan, 1868—1945. Microfilmed for the Library of Congress 1949—1951. — Washington: Photoduplication Service, Library of Congress 1954. XII, 262 S.

**Wheeler**, Gerald E.: Isolated Japan. Anglo-American diplomatic co-operation 1927—1936. — In: Pacific hist. Rev. 30 (1961), 165—178.

**Yoshihashi**, Takehiko: Conspiracy at Mukden. The rise of the Japanese military. — New Haven: Yale University Press 1964. 275 S.

**Zur Mühlen**, Patrik von: Japan und die sowjetische Nationalitätenfrage am Vorabend und während des Zweiten Weltkrieges. – In: Vjh. Zeitgesch. 21 (1973), 325–333.

## China

**Backus** Rankin, Mary: Early Chinese revolutionaries, radical intellectuals in Shanghai and Chekiang, 1902—1911. — Cambridge, Mass.: Harvard University Press 1971. 340 S.

**Belden**, Jack: China shakes the world. London: Gollancz 1951. VII, 524 S.

**Benton**, Gregor: The „Second Wang Ming Line" (1935-38). - In: China Quart. 1975, 61–94.

**Bereznyj**, L. A.: Dokumenty po istorii rabočego dviženija v Kitae (1924—1927 gg.) — In: Vestn. Leningr. Universiteta, Serija Istorii, Jazyka i Literatury, 1957, H. 8, 164—178.

**Blanco**, Lucien: Les origines de la révolution chinoise. 1915—1949. — Paris: Gallimard 1967. 384 S.
(Coll. „Idées". 142.)

**Borsa**, G.: Il comunismo cinese e Stalin. Rapporti storici ed ideologici. — In: Politico 22 (1957), 253—276.

**Brandt**, Conrad [u. a.]: A documentary history of Chinese communism. — Cambridge: Harvard University Press 1952. 552 S.
(Russian Research Center Studies. 6.)

**Briessen**, Fritz van: Die Rolle der Gelehrten in der chinesischen Revolution. — In: Außenpolitik 4 (1953), 634—645.

**Brieux**, Jean-Jacques: La Chine du nationalisme au communisme. — Paris: Ed. du Seuil 1950. 444 S.

**Burchett**, W[ilfried] G[raham]: China verändert sich (China turns over, [dt.]) [Übers.: Anni Seipel u. Gottfried Lessing.] — Berlin: Verl. Volk und Welt 1952. 443 S.

**Callis**, Helmut G.: China. Confucian and communist. — New York: Holt 1959. XIII, 562 S.

**Casella**, Alessandro: Le conflit Sino-Japonais de 1937 et la Société des Nations. — Paris: Libr. gle de droit et de jurisprudence 1968. 150 S.

**Casseville**, Henry: De Chiang Kai-shek à Mao Tse-tung (Chine 1927—1950). — Paris: Lavanzelle 1950. 191 S.

**Chatterji**, Krishnalal: The national movement in modern China. — Calcutta: Mukhopadhyay 1958. 157 S.

**Chen** Po-ta: Notes on ten years of civil war 1927—1936. — Peking: Foreign Languages Press 1954. 108 S.

**Cheng** Tien-fong: A history of Sino-Russian relations. — Washington: Public Affairs Press 1957. VIII, 389 S.

**Chesneaux**, Jean: Le mouvement fédéraliste en Chine (1920—1923). — In: Rev. hist. 90 (1966), Bd 236, 347—384.

**Chesneaux**, Jean: Le mouvement ouvrier chinois de 1919 à 1927. — Paris: Mouton 1962. 652 S.

**Chi**, Madeleine Sung-chun: China diplomacy, 1914—1918. — Cambridge, Mass.: Harvard University Press 1970. XII, 201 S.
(Harvard East Asia Monographs. 31.)

**Chiang** Kai-shek: China's destiny. Transl. from the Chines. by Wang Chung-hai. Introduction by Lin Yutang. — London, New York: Macmillan 1947. XI, 260 S.

**Chien** Tuan-sheng: The government and politics of China. — Cambridge: Harvard University Press 1950. XVIII, 526 S.

Mao's **China**. Party reform documents 1942—1944. Introduction and translation by Boyd Compton. — Seattle: University of Washington Press 1952. LII, 278 S.

**Chou** Tse-tung: The May fourth movement. Intellectual revolution in modern China (1919). — Cambridge, Mass.: Harvard University Press 1959. 548 S.

**Chow** Tse-tung: Research guide to the May Fourth movement. Intellectual revolution in modern China, 1915—1924. — Cambridge: Harvard University Press 1963. XI, 297 S.

**Clubb**, O[liver] Edmund: 20th century China. — New York: Columbia University Press 1964. 470 S.

**Cohen**, Warren I.: The development of Chinese Communist policy toward the United States, 1934—1945. — In: Orbis 11 (1967/68), 551—569.

**Daniels**, Robert Vincent: The Chinese revolution in Russian perspective. — In: World Politics 13 (1961), 210—230.

**Domes**, Jürgen: Die Kuomintang-Herrschaft in China. Hrsg. von d. Niedersächs. Landeszentrale f. Polit. Bildung. — Hannover: [Selbstverl. d. Hrsg.] 1970. 116 S.
(Schriftenreihe der Niedersächsischen Landeszentrale für Politische Bildung. Neue Weltmacht China. 2.)

**Domes**, Jürgen: Vertagte Revolution. Die Politik der Kuomintang in China. 1923—1937. — Berlin: de Gruyter 1969. XX, 795 S.
(Beiträge zur auswärtigen und internationalen Politik. 3.)
Habil.-Schrift, Freie Universität Berlin.

**Eberhard**, Wolfram: Chinas Geschichte. — Bern: Francke (1954). 404 S.

**Elegant**, Robert S.: Chinas rote Herren (China's red masters, [dt.]). Die politischen Biographien der kommunistischen Führer Chinas. (2. Aufl.) — (Frankfurt a. M.:) Verl. der Frankf. Hefte (1952). 269 S.

**Elegant**, Robert S.: Mao vs. Chiang. The battle for China 1925-1949. - New York: Grosset & Dunlap 1972. 151 S.

**Epstein**, Israel: China (Unfinished revolution in China, [dt.]) Von Sun Jatsen zu Mao Tse-tung. (Aus d. Amerik. übers. von Hanna Köditz.) — (Berlin:) Verl. Volk u. Welt (1950). 594 S.

**Feis**, Herbert: The China tangle: The American effort in China from Pearl Harbor to the Marshall mission. — Princeton: Princeton University Press 1953. X, 445 S.

**Fitzgerald**, Charles Patrick: Revolution in China. — London: Cresset Press 1952. X, 290 S.

**Franke**, Herbert: Zur Frage der einheimischen Voraussetzungen des chinesischen Kommunismus. — In: Z. Politik 7 (1960), 134—138.

**Franke**, Herbert: Geschichtliche Grundlagen des chinesischen Kommunismus. — In: Hochland 57 (1964/65), 41—55.

**Franke**, Wolfgang: Das Jahrhundert der chinesischen Revolution 1851—1949. — München: Oldenbourg 1958. 299 S.

**Franke**, Wolfgang: Chinas kulturelle Revolution. Die Bewegung vom 4. Mai 1919. — München: Oldenbourg 1957. 89 S.

**Franke**, Wolfgang: Die Stufen der Revolution in China. — In: Vjh. Zeitgesch. 2 (1954), 149—176.

**Franke,** Wolfgang: Zum Verhältnis Chinas zu den Vereinigten Staaten von Amerika. — In: Hist. Z. 188 (1959), 49—75.

**Gawlikowski,** Krzysztof: The Chinese War-Lord system of the 1920s. Its origin and transformations. – In: Acta Polon. hist. 29/30 (1974), 81–110.

**Gittings,** John: The role of the Chinese army. — London: Oxford University Press 1967. XIX, 331 S.

**Gittings,** John: The world and China 1922–1972. – London: Methuen 1974. 303 S.
*(The China Library.)*

**Goldstein,** Steven M.: The Chinese revolution and the colonial areas: The view from Yenan, 1937–41. – In: China Quart. 1978, 594–622.

**Griffin,** Patricia E.: The Chinese Communist treatment of counter-revolutionaries, 1924–1949. – Princeton, N. J.: Princeton University Press 1976. XI, 257 S.

**Grimm,** Tilemann: Die Boxerbewegung in China 1898–1901. – In: Hist. Z. 1977, Bd 224, 615–634.

**Grosbois,** Charles: La Chine en nouvelle démocratie. — In: Pol. étr. 17 (1952), 29—48, 155—186.

**Guillermaz,** Jacques: Histoire du parti communiste chinois, 1921—1949. — Paris: Payot 1968. 448 S.
*(Bibliothèque historique.)*

**Gull,** E. M.: The passing of the Kuomintang. — In: Contemp. Rev. 177 (1950), 139—144.

**Harrison,** James P.: The long march to power. A history of the Chinese communist party 1921—72. — New York: Praeger 1973. XVIII, 647 S.
*(Praeger Library of Chinese Affairs.)*

**Harrison,** James P.: Der lange Marsch zur Macht (The long march to power, dt.) Die Geschichte der Chinesischen Kommunistischen Partei von ihrer Gründung bis zum Tode Mao Tsetungs. Aus d. Amerikan. von Gerhard Hufnagel. – Stuttgart: Belser 1977. 640 S.

**Hay,** Malcolm: Failure in the Far East. Why and how the breach between the Western world and China first began. — London: Spearman [1957]. IX, 202 S.

**Heydorn,** Heinz-Joachim: China und sein Kommunismus. — In: Gewerksch. Monatsh. 7 (1956), 718—727.

**Ho** Kan-chih: A history of the modern Chinese revolution. Transl. from the Chinese. — Peking: Foreign Language Press 1959. 627 S.
Behandelt die Zeit zwischen 1927 und 1956.

**Houn,** Franklin W.: Central government of China 1912—1928. An institutional study. — Madison: University of Wisconsin Press 1957. 236 S.

**Hsiao** Tso-liang: Power relations within the Chinese communist movement, 1930—1934. A study of documents. — Seattle: University of Washington Press 1961. X, 404 S.

**Hsi-Sheng** Ch'i: Warlord politics in China, 1916–1928. – Stanford, Calif.: Stanford University Press 1976. 282 S.

**Hsüeh** Chün-tu: Huang Hsing and the Chinese revolution. — Stanford: Stanford University Press 1961. XI, 260 S.

**Hung-**mao Tien: Government and politics in Kuomintang China 1927— 1937. — Stanford, Calif.: Stanford University Press 1972. 226 S.

**Jeanneney,** Jean-Noël: Finances, presse et politique. L'affaire de la Banque industrielle de Chine ⟨1921– 1923⟩. – In: Rev. hist. 99 (1975), Bd 253, 377–416.

**Johnson,** Chalmers A.: Peasant nationalism and communist power. The emergence of revolutionary China, 1937—1945. — Stanford: Stanford University Press; London: Oxford University Press 1963. 256 S.

**Isaacs,** Harold R.: The tragedy of the Chinese revolution. — Palo Alto: Stanford University Press 1951. 221 S.

**Kindermann,** Gottfried-Karl [Hrsg.]: Konfuzianismus, Sunyatsenismus und chinesischer Kommunismus. Dokumente zur Begründung und Selbstdarstellung des chinesischen Nationalismus. — Freiburg i. Br.: Rombach (1963). 284 S.
*(Freiburger Studien zu Politik und Soziologie.)*

**King,** Frank H. H.: A concise economic history of modern China. 1840— 1961. — New York: Praeger 1969. 243 S.

**King,** Wunsz: China at the Washington conference, 1921—1922. — New York: St. John's University Press 1963. 71 S.

**King,** Wunsz: Woodrow Wilson, Wellington Koo and the China question at the Paris peace conference. — Leyden: Sythoff 1959. 32 S.

**Kranzler,** David: Japanese, Nazis & Jews. The Jewish Refugee Community of Shanghai, 1938–1945. Forew. by Abraham G. Duker. – New York: Yeshiva University Press 1976. 644 S.

**Kranzler,** David: Restrictions against German-Jewish refugee immigration to Shanghai in 1939. – In: Jew. soc. Stud. 36 (1974), 40–60.

**Landman,** Lynn: Profile of red China. — New York: Simon & Schuster 1951. X, 245 S.

**Latourette,** Kenneth Scott: The history of modern China. — London: Penguin Books 1954. 234 S.

**Lazitch,** Branko: Esquisse d'une histoire du parti communiste chinois 1921—1949. — In: Est & Ouest 12 (1960), H. 232/233, 3—34.

**Levi,** Werner: Modern China's foreign policy. — Minneapolis: University of Minnesota Press; London: Oxford University Press 1954. 399 S.

**Li** Chien-nung: The political history of China. — Princeton: Van Nostrand 1956. 505 S.

**Li,** Dun J. [Ed.]: The road to communism. China since 1912. — New York: Van Nostrand 1970. XII, 403 S.

**Liang,** Hsi-Huey: The Sino-German connection. Alexander von Falkenhausen between China and Germany 1900–1941. - Assen: van Gorcum 1978. XV, 229 S.
*(Van Gorcum's Historical Library. 94.)*

**Liao** Kai-lung: From Yenan to Peking. The Chinese people's war of liberation. — Peking: Foreign Languages Press 1956. 187 S.

**Ling** Nai-jui: Three years of communist rule in China. — In: Rev. Politics 15 (1953), 3—33.

**Liu,** F. F.: A military history of modern China 1924—1949. — Princeton: Princeton University Press 1956. 324 S.

**McLane,** Charles B.: Soviet policy and the Chinese communists 1931—1946. — New York: Columbia University Press 1958. VIII, 310 S.

**Mao** Tse-tung: La stratégie de la guerre révolutionnaire en Chine. — Paris: Ed. Sociales 1950. 118 S.

**Meisner,** Maurice: Mao's China. A history of the People's Republic. - London: Collier Macmillan 1978. 416 S.

**Menzel,** Ulrich: Wirtschaft und Politik im modernen China. Eine Sozial- und Wirtschaftsgeschichte von 1842 bis nach Maos Tod. - Opladen: Westdtsch. Verl. [1979]. 230 S.

**Nikiforov,** B.: Klika Čan Kaj-Ši i politika „dal'nevostočnogo Mjunchena" v 1938—1941 godach. — In: Vop. Ist. 1950, H. 7, 21—44.

**North,** Robert Carver: Kuomintang and Chinese communist elites. With the collaboration of I. de Sola Pool. — Stanford: Stanford University Press 1952. VII, 130 S.

**North,** Robert Carver [u.] Xenia J. Eudin: M. N. Roy's mission in China. The Communist-Kuomintang split of 1927. Documents transl. by Helen I. Powers. — Berkeley, Los Angeles: University of California Press 1963. VI, 399 S.

**Richardson,** H[ugh] E[dward]: A short history of Tibet. — New York: Dutton 1962. VIII, 308 S.

**Rosinger,** Lawrence K.: China's wartime politics 1937—1944. — Princeton: Princeton University Press 1945. 133 S.

**Rue,** John E.: Mao Tse-tung in opposition, 1927—1935. With the assistance of S. R. Rue. — Stanford, Calif.: Stanford University Press 1966. XV, 387 S.

**Scalapino,** Robert A. und Harold Schiffrin: Early socialist currents in the Chinese revolutionary movement. Sun Yat-sen versus Liang Chi-chao. — In: J. Asian Stud. 18 (1959), 321 — 342.

**Scharping,** Thomas: Der demokratische Bund und seine Vorläufer, 1939—1949. Chinesische Intelligenz zwischen Kuomintang und Kommunistischer Partei. — Hamburg: Inst. f. Asienkunde 1972. 155 S.
*(Mitteilungen des Instituts für Asienkunde, Hamburg. 49.)*

**Schwartz,** Benjamin J.: Chinese communism and the rise of Mao. — Cambridge: Harvard University Press 1951. 247 S.

**Sen,** Chanakya [Ed.]: Tibet disappears. A documentary history of Tibet's international status. The great rebellion and its aftermath. — London: Asia Publishing House 1960. XV, 474 S.

**Skinner,** William G.: Leadership and power in the Chinese community of Thailand. — Ithaca: Cornell University Press 1958. XVII, 363 S.

**Slupski,** Z. und T. Pokora: New opinions and materials on the May fourth movement in China. — In: Archiv Orientalni 28 (1960), 308—322.

**Smith,** Sara R.: The Manchurian crisis 1931—1932. A tragedy in international relations. — New York: Columbia University Press 1948. 281 S.

**Sommer,** Walter: Zur Rolle deutscher Berater in den Einkreisungs- und Vernichtungsfeldzügen gegen die südchinesische Sowjetrepublik 1930—1934. — In: Z. Politik 18 (1971), 269—304.

**Spence,** Jonathan: The change China. Western advisers in China 1620—1960. — Boston: Little, Brown 1969. 335 S.

**Tan,** Chester C.: Chinese political thought in the twentieth century. — New Abbot: David & Charles 1972. 390 S.

**Têng,** Chung-hsia [u.] Deng Zhongxia: Anfänge der chinesischen Arbeiterbewegung (Chung-kuo chih kung yün tung chien shih, dt.) 1919–1926. Hrsg. u. übers. von Werner Meissner u. Günther Schulz. - Reinbek b. Hamburg: Rowohlt 1975. 203 S.
*(rororo. 1766.)*

**Thornton,** Richard C.: China. The struggle for power, 1917–1972. - Bloomington: Indiana University Press 1974. 403 S.

**Utley,** Freda: The China story. — Chicago: Regenery 1951. XIII, 274 S.

**Vierheller,** Ernstjoachim: Die kommunistische Bewegung in China 1921 — 1949. Hrsg.: Niedersächs. Landeszentrale f. Polit. Bildung. — Hannover: [Selbstverl. d. Hrsg.] 1972. 122 S.
*(Schriftenreihe der Niedersächsischen Landeszentrale für Politische Bildung. Neue Weltmacht China. 3.)*

**Vohra,** Ranbir [Ed.]: The Chinese revolution, 1900–1950. - Boston: Houghton Mifflin 1974. X, 165 S.
*(New Perspectives in History.)*

**Wei,** Henry: China and Soviet Russia. — Princeton: Van Nostrand 1956. 379 S.

**Wei** Ying-pang: Les relations diplomatiques entre la Chine et la Russie de 1881 à 1924.
*Paris, Diss. 1946.*

**Whiting,** Allen S. und Sheng Shi-ts'ai: Sinkiang. Pawn or pivot? — Ann Arbor: Michigan University Press 1958. 360 S.

**Whitson,** William W. [u.] Chen-hsia Huang: The Chinese high command. A history of communist military politics, 1927-71. - London: Macmillan 1973. XXV, 638 S.

**Wiethoff,** Bodo: Grundzüge der neueren chinesischen Geschichte. - Darmstadt: Wiss. Buchgesellsch. 1977. XI, 233 S.
*(Grundzüge. 31.)*

**Wilbu,** C. Martin [Ed.]: Documents on communism, nationalism and Soviet advisers in China 1918—1927. — New York: Columbia University Press 1956. 520 S.

**Wilhelm,** Hellmut: Gesellschaft und Staat in China. Zur Geschichte eines Weltreiches. — Hamburg: Rowohlt 1960. 149 S.

**Williams,** Lea F.: Overseas Chinese nationalism. The genesis of the Pan-Chinese movement in Indonesia 1900 —1916. — Glencoe: The Free Press 1960. IX, 235 S.

**Wilson,** Dick: The long march, 1935. The epic of Chinese communism's survival. — New York: Viking Press 1971. XX, 331 S.

**Wilson,** Dick: Mao Tse-tungs Langer Marsch 1935 (The Long March, dt.) Der Ursprung der Volksrepublik China. (Übers. aus d. Engl. von Hansheinz Werner.) - Wiesbaden: Brockhaus 1974. 335 S.

**Wu,** Aitchen K.: China and the Soviet Union. — London: Methuen 1950. XVI, 434 S.

**Yin** Ching-chen: Treaties and agreements between the Republic of China and other powers 1929—1954. Together with certain international documents affecting the interests of the Republic of China. — Washington: Sino-American Publishing Service 1957. 491 S.

**Young,** Arthur N.: China and the helping hand, 1937—1945. — Cambridge: Harvard University Press 1963. 502 S.

**Yu,** George T.: Party politics in republican China. The Kuomintang.1912—1924. — Berkeley, Los Angeles: University of California Press 1966. XIV, 203 S.

Indochina

**Blanchard,** Wendell [u.a.]: Thailand. Its people, its society, its culture. — New York: Taplinger; New Haven: Human Relations Area Files 1958. 528 S.

**Bondy,** François: Burma — ein asiatisches Jugoslawien. Brief aus Rangun. — In: Monat 5 (1952/53), T. 1, 501 — 509.

**Busch,** Noel Fairchild: Thailand. An introduction to modern Siam. — Princeton: Van Nostrand 1959. IX, 166 S.

**Cady,** John F.: History of modern Burma. — Ithaca: Cornell University Press 1958. 696 S.

**Catroux,** Georges: Deux actes du drame indochinois. Hanoi, juin 1940. Dien Bien Phu, mars-mai 1954. — Paris: Plon 1959. VIII, 238 S.

**Chesneaux,** Jean: Contribution à l'histoire de la nation vietnamienne. — Paris: Ed. Sociales 1955. 324 S.

**Collis,** Maurice: Last and first in Burma (1941—1948). — New York: Macmillan London: Faber & Faber 1956. 303 S.

**Coughlin,** Richard J.: Double identity. The Chinese in modern Thailand. — Hongkong: Honkong University Press 1960. XI, 222 S.

**Dauphin-**Meunier, A.: Histoire du Cambodge. — Paris: Presses Universitaires de France. 1961. 128 S.

**Devillers,** Philippe: Histoire de Viet-Nam de 1940 à 1950. — Paris: Du Seuil 1952. 488 S.

**Donnison,** F[rank] S[iegfried] V[ernon]: Burma. — London: E. Benn 1970. 263 S.
*(Nations of the Modern World.)*

**Duiker,** William J.: The rise of nationalism in Vietnam, 1900-1941. - Ithaca: Cornell University Press 1976. 313 S.

**Furnivall,** J. S.: Colonial policy and practice. A comparative study of Burma and Netherlands India. — New York: New York University Press 1956. XII, 568 S.

**Ginsburg,** Norton und Chester F. Roberts, jr.: Malaya. — Seattle: University of Washington Press 1958. XII, 533 S.

**Haas,** Gottfried: Französisch-Indochina zwischen den Mächten 1940 — 1945. D. internat. Aspekte d. französ. Politik in Indochina während d. 2. Weltkrieges. — Bamberg 1970: (Schmacht). 258 S.
*Freie Universität Berlin, phil. Diss. vom 18. März 1970.*

**Hall,** Daniel George Edward: Burma. 2nd ed. — London: Hutchinson 1956. 192 S.

**Hammer,** Ellen J.: The struggle for Indochina. Preface by Rupert Emerson. — Stanford, Calif.: Stanford University Press 1954. XVIII, 332 S.

**Herz,** Martin F.: A short history of Cambodia from the days of Angkor to the present. — London: Stevens; New York: Praeger 1958. 141 S.

**Honey,** P. J.: Viet Nam. — In: Brit. Survey 1957, H. 104, 1—22.

**Jayanama,** Direck: Thailand im Zweiten Weltkrieg. Vom Kriegsausbruch in Europa bis zu Hiroshima. Ein Dokument der Zeitgeschichte Asiens. (Aus d. Thailänd. übertr. von Manfred Kummer.) — Tübingen: Erdmann (1970). 311 S.

**Kennedy,** J[oseph]: A history of Malaya. — New York: St. Martin's Press 1962. 311 S.

**Le Bar,** Frank und Adrienne Suddard [Eds.]: Laos. Its people, its society, its culture. — New Haven: Human Relations Area Files Press 1960. 294 S.

**Martin,** James V.: Thai-American relations in World War II. — In: J. Asian Stud. 22 (1962/63), 451—468.

**Masson,** André: Histoire de l'Indochine. — Paris: Presses Universitaires de France 1950. 128 S.
*(Collection „Que sais-je?" 398.)*

**Masson,** André: Histoire du Vietnam. — Paris: Presses Universitaires de France 1960. 128 S.

**Moscotti,** Albert D.: British policy and the nationalist movement in Burma, 1917 to 1937. - Honolulu: University of Hawaii Press 1974. VI, 264 S.
*(Asian Studies at Hawaii. 11.)*

**Nguyen** Khac Vien: The long resistance 1858-1975. - Hanoi: Foreign Languages Publ. House 1976. 274 S.

**Pike,** Douglas: History of Vietnamese communism, 1925-1976. - Stanford, Calif.: Hoover Institution Press 1978. XIV, 181 S.
*(Histories of Ruling Communist Parties. 189.)*

**Sabattier,** G.: Le destin de l'Indochine. Souvenirs et documents 1941—1951. — Paris: Plon 1952. 466 S.

**Thakin** Nu: Burma under the Japanese. Transl.: J. S. Furnivall. — London: Macmillan (1954). XXVIII, 132 S.

## Indien

**Banerjee**, D. N.: The growth of parliamentary government in India 1919—1950. — In: Parliam. Aff. 9 (1956), 160—172.

**Basu**, B. K.: Les relations extérieures de l'Inde (1939—1945). — In: Rev. Hist. deux. Guerre mond. 22 (1972), H. 86, 17—32.

**Bhagat**, K. P.: A decade of Indo-British relations 1937—1947. — Bombay: Popular Book Depot 1959. XV, 521 S.

**Bose**, Subhas Chandra: Crossroads, 1938—40. — London: Asia Publishing House 1962. 367 S.

**Bose**, Subhas Chandra: The Indian struggle 1935—1942. — Calcutta: Chuckervertty, Chatterjee 1952. 122 S.

**Brown**, Judith M.: Gandhi's rise to power. Indian politics 1915—1922. — Cambridge, Mass.: Cambridge University Press 1972. XVI, 384 S.
 (Cambridge South Asian Studies. 11.)

**Chatterji**, Amiyā: The constitutional development of India 1937—1947. Forew. by D. N. Banerjee. — Calcutta: Mukhopadhyay 1958. 299 S.

Indian **Communist Party documents** 1930—1956. Compiled by the Research Staff of the Democratic Research Service. With an introd. by V. B. Karnik. — Bombay: The Democratic Research Service; New York: Institute of Pacific Relations 1957. XX, 345 S.

**Fabri**, Ch[arles] L[ouis]: History of India's press. — Calcutta: Orient Longmans 1961. 106 S.

**Goetz**, Hermann: Geschichte Indiens. — Stuttgart: Kohlhammer (1962). 221 S.
 (Urban-Bücher. 59.)

**Gokhale**, B. G.: The making of the Indian nation. — Bombay etc.: Asia Publishing House 1958. 355 S.

**Griffiths**, Sir Percival: Modern India. — London: Benn 1957. 255 S.

**Gwyer**, Maurice, und A. Appadorai [Ed.]: Speeches and documents on the Indian constitution 1921—1947. Vol. 1.2. — London: Oxford University Press 1957.

**Haithcox**, John Patrick: Communism and nationalism in India. M. N. Roy and Comintern policy, 1920—1939. — Princeton, N. J.: Princeton University Press 1971. XIV, 389 S.

**Harrison**, Selig S.: India. The most dangerous decades. — Princeton: Princeton University Press; London: Oxford University Press 1960. X, 350 S.

**Husain**, S. Abid: The way of Gandhi and Nehru. [2. ed.] — London: Asia Publishing House 1961. XVIII, 179 S.

**Karan**, P.: India's role in geopolitics. — In: India Quart. 9 (1953), 160—169.

**Mahajan**, Vidya Dhar: Fifty years of modern India, 1919—1969. — New Delhi: S. Chand 1970. IX, 438 S.

**Masani**, M. R.: The communist party of India. A short history. — London: Verschoyle 1954. 302 S.

**Masani**, R. P.: Britain in India. An account of British rule in the Indian subcontinent. — London: Oxford University Press 1960. XV, 278 S.

**Mesarié**, V.: Die indische Kongreßpartei. — In: Intern. Politik [Beograd] 5 (1955), H. 117, 7—9.

**Moore**, R. J.: The crisis of Indian unity, 1917-1940. – Oxford: Clarendon Press 1974. 334 S.

**Moreland**, W. H. und Atul Chandra Chatterjee: A short history of India. Third edition. — London: Longmans (1953). 580 S.

**Nehru**, Jawaharlal: The discovery of India. 3. ed. — London: Meridian 1951. IX, 542 S.

**Panikkar**, K. M.: A survey of Indian history. 2nd ed. — Bombay: Asia Publishing House 1954. XI, 268 S.

**Philips**, C. H. [u.] Mary Doreen Wainwright [Ed.]: The partition of India. Policies and perspectives 1935—1947. — London: Allen & Unwin 1970. 607 S.

**Pouchepadass**, Jacques: L'Inde aux XX⁰ siècle. – Paris: Presses universitaires de France 1975. 216 S.
 (Coll. „Sup. Sér. L'historien". 21.)

**Prasad**, Amba: The Indian revolt of 1942. — Delhi, Jullundur, Lucknow: Chand 1958. X, 138 S.

**Reed**, Sir Stanley: The India I knew, 1897—1947. — London: Odhams Press 1952. 262 S.

**Rothermund**, Dietmar: Bewegung und Verfassung. Eine Untersuchung d. polit. Willensbildung in Indien, 1900—1950. — In: Vjh. Zeitgesch. 10 (1962), 126—148.

**Rothermund**, Dietmar: Freiheitskampf und Nationalismus in Indien. — In: Gesch. Wiss. Unterr. 12 (1961), 549—564.

**Rothermund**, Dietmar: Grundzüge der indischen Geschichte. – Darmstadt: Wiss. Buchgesellsch. 1976. VIII, 184 S.
 (Grundzüge. 30.)

**Rothermund**, Dietmar: Die politische Willensbildung in Indien 1900—1960. — Wiesbaden: Harrassowitz 1965. XV, 262, 14 S.
 (Schriftenreihe des Südostasien-Instituts der Universität Heidelberg. 1.)

**Samra**, Chattar Singh: India and Anglo-Soviet relations 1917—1947. — New Delhi: Asia Publishing House 1959. XIII, 186 S.

**Schrenck**-Notzing, Caspar: Hundert Jahre Indien. Die politische Entwicklung 1857—1960. Eine Einführung. — Stuttgart: Kohlhammer (1961). 247 S.

**Sherwani**, H. K.: Sidelights on the growth of progressive political thought in India. — In: Indian J. polit. Science 14 (1953), 1—38.

**Spear**, Percival: India. A modern history. — Ann Arbor: University of Michigan Press, London: Cresset Press 1962. 488 S.

**Tinker**, Hugh: Separate and unequal. India and the Indians in the British Commonwealth 1920-1950. – London: Hurst 1976. 460 S.

**Veerathappa**, K.: British Conservative party and Indian independence, 1930-1947. – New Delhi: Ashish (1976). XIV, 336 S.

# Afrika

**Abegg,** Lily: Der umstrittene Kanal. Zur Geschichte der englisch-ägyptischen Verhandlungen. — In: Außenpolitik 5 (1954), 209—224.

Afaf Lutfi Al'Sayyid-Marsot: Egypt's liberal experiment, 1922-1936. - Berkeley: University of California Press 1977. 288 S.

**L'Afrique** au XX$^e$ siècle. Par Jean Ganiage, Hubert Deschamps et Odette Guitard avec la collaboration de André Martel. — Paris: Sirey 1966. 908 S.
*(L'Histoire du XX$^e$ siècle.)*

**Ageron,** Charles-Robert: Les Algériens muselmans et la France (1871—1919). — Paris: Presses Universitaires de France 1968. 1336 S. [In 2 Bdn.]

**Al-rahim,** M.: Imperialism and nationalism in the Sudan. A study in constitutional and political development, 1899—1956. — Oxford: Clarendon Press 1969. XV, 275 S.

**Amin,** Samir: L'Afrique de l'Ouest bloquée. L'économie politique de la colonisation, 1880—1970. — Paris: Ed. de Minuit 1971. 324 S.
*(Coll. „Grands documents". 34.)*

**Ansprenger,** Franz: Kolonisierung und Entkolonisierung in Afrika. — (Stuttgart: Klett 1964.) 80 S.
*(Quellen- u. Arbeitshefte zur Geschichte u. Gemeinschaftskunde. 16.)*

**Anstey,** Roger: King Leopold's legacy. The Congo under Belgian rule 1908—1960. — New York: Oxford University Press 1966. XIV, 293 S.

**Anthon,** Carl G.: Das Suezkanalproblem in Geschichte und neuester Entwicklung. — In: Z. Politik 4 (1957), 1—25.

**Ardener,** E.: The political history of Cameroon. — In: World today 18 (1962), 341—350.

**Austen,** Ralph A.: Northwest Tanzania under German and British rule. Colonial policy and tribal politics, 1889—1939. — London: Yale University Press 1968. X, 307 S.

**Ayache,** Albert: Le Maroc. Bilan d'une colonisation. — Paris: Ed. Sociales 1956. 367 S.

**Baddour,** Abd el-Fattah Ibrahim el-Sayed: Sudanese-Egyptian relations. A chronological and analytical study. — The Hague: Nijhoff 1960. XIV, 264 S.

**Balout,** L. [u. a.]: Vingt-cinq ans d'histoire algérienne. Recherches et publications (1931—1956). — Alger: Le Typo-Litho 1956. 36, 42, 24, 46 S.

**Baulin,** Jacques: The Arab role in Africa. — London: Penguin 1962. 144 S.

**Bemsimon**-Donath, Doris: Evolution du judaisme marocain sous le protectorat français, 1912—1956. — Paris: Mouton 1969. 149 S.
*(Coll. „Etudes juives". 12.)*

Bender, Gerald J.: Angola under the Portuguese. The myth and the reality. - London: Heinemann 1978. 287 S.

**Berque,** Jacques: French North Africa. The Maghrib between two world wars. — New York: Praeger 1967. 422 S.

**Berque,** Jacques: Le Maghreb entre deux guerres. — Paris: Ed. du Seuil 1962. 444 S.

**Bidwell,** Robin: Morocco under colonial rule. French administration of tribal areas, 1912-1956. - London: Cass 1973. X, 349 S.

**Bilger,** Harald R.: Südafrika in Geschichte und Gegenwart. - Konstanz: Universitätsverl. (1976). 808 S.

**Bittrich,** F. O.: Ägypten und Libyen. — Berlin: Safari-V. 1953. 320 S.

**Boavida,** Américo: Angola (Cinq siècles de parasitisme colonial, dt.) Zur Geschichte des Kolonialismus. (Aus d. Französ. übers. von Eva Brückner-Pfaffenberger.) — (Frankfurt a. M.:) Suhrkamp (1970). 126 S.
*(Edition Suhrkamp. 366.)*

**Bourguiba,** Habib: La Tunisie et la France. Vingt-cinq ans de lutte pour und coopération libre. — Paris: Julliard 1954. 462 S.

**Bourret,** F. M.: Ghana. The road to independence 1919—1957. (Rev. ed., 2nd pr.) — Stanford: Stanford University Press (1961). XIII, 246 S.

**Bousquet,** G.-H.: Les Berbères. Histoire et institutions. — Paris: Presses Universitaires de France 1957. 116 S.

**Brett,** E. A.: Colonialism and underdevelopment in East Africa. The politics of economic change, 1919—1939. — London: Heinemann 1973. XI, 330 S.

**Brunschwig,** Henri: L'avènement de l'Afrique Noire du XIX$^e$ siècle a nos jours. — Paris: Colin 1963. 224 S.
*(Coll. „Sciences politiques".)*

**Burns,** Sir Alan C.: History of Nigeria. — London: Allen & Unwin 1955. 349 S.

**Cavaliere,** S.: La politica egiziana negli ultimi quindici anni 1936—1951. — In: Riv. Studi polit. internaz. 20 (1953), 169—214.

**Church,** R. J. Harrison: West Africa. A study of the environment and of man's use of it. — London: Longmans, Green 1957. XXVII, 547 S.

**Clark,** F. Le Gros [u. a.]: The new West Africa. Problems of independence. — London: Allen & Unwin (1954). 181 S.

**Collins,** Robert O. [Ed.]: Problems in the history of colonial Africa, 1860—1960. — Englewood Cliffs, N. J.: Prentice Hall 1970. XIII, 389 S.

**Colombe,** Marcel: L'évolution de l'Egypte 1924—1950. Préf. de Robert Montagne. — Paris: Maissonneuve 1952. XXII, 362 S.
*(Islam d'hiers et d'aujourd'hui. 9.)*

**Coquery**-Vidrovitch, Catherine [u.] Henri Moniot: L'Afrique noire de 1800 à nos jours. - Paris: Presses universitaires de France 1974. 462 S.
*(Coll. „Nouvelle Clio". 46.)*

**Cornevin,** Robert: L'Afrique noire de 1919 à nos jours. Avec la collab. de Marianne Cornevin. - Paris: Presses universitaires de France 1973. 251 S.
*(Coll. „Sup. Sér. L'historien". 15.)*

**Cornevin,** Robert: Histoire du Togo. — Paris: Berger-Levrault 1959. 427 S.

**Crofton,** Richard Hayes: Zanzibar affairs 1914—1933. — London: Edwards 1953. XI, 164 S.

**Crowder,** Michael: A short history of Nigeria. — New York: Praeger 1962. 279 S.

Davidson, Basil: Africa in modern history. The search of a new society. - London: Allen Lane 1978. 431 S.

## GESCHICHTE EINZELNER STAATEN

**Davy,** André: Ethiopie d'hier et d'aujourd'hui. — Paris: Le Livre africain 1970. 254 S.

**Deschamps,** Hubert Jules: Histoire de Madagascar. — Paris: Berger-Levrault 1960. 348 S.

**Devereux,** Robert: Spain's role in North Africa. — In: World Aff. Quart. 29 (1958), 152—176.

**Duffy,** James: Portuguese Africa. — Cambridge, Mass.: Harvard University Press 1959. VI, 389 S.

**Duncan,** J. S. R.: The Sudan. A record of achievement. — London: Blackwood 1952. 283 S.

**Esquer,** M.: Histoire de l'Algérie 1830—1950. — Paris: Presses Universitaires de France 1950. 126 S.

**Fabunmi,** L. A.: The Sudan in Anglo-Egyptian relations. A case study in power politics 1800—1956. — (London:) Longmans (1960). XX, 466 S.

**Famchon,** Yves: Le Maroc. D'Algésiras à la souveraineté économique. Analyse du statut juridique de l'économie marocaine. — Paris: Ed. des Relations Internationales 1957. 541 S.

**Filesi,** Teobaldo: Kommunismus und Nationalismus in der Südafrikanischen Union. — In: Afrika 2 (1960), 99—103.

**Gabrielli,** Léon: Abd-el-Krim et les événements du Rif (1924—1926). Notes et souvenirs recueillis et prés. par Roger Coindreau. Préf. de Maréchal Juin. — Casablanca: Ed. Atlantides 1953. X, 232 S.

**Gayet,** G.: Zanzibar. Centre de l' Islam de l'Afrique Orientale. — In: Polit. étr. 23 (1958), 376—388.

**Geiss,** Immanuel: Das Entstehen der modernen Eliten in Afrika seit der Mitte des 18. Jahrhunderts. — In: Gesch. Wiss. Unterr. 22 (1971), 648—667.

**Gibbs,** Henry: Background to bitterness. The story of South Africa 1652—1954. — London: Muller (1955). 255 S.

**Great Britain** and Egypt 1914—1951. — London, New York: Royal Institute of International Affairs 1952. VII, 216 S.
*(Information Papers. 19.)*

**Greenfield,** Richard: Ethiopia. A new political history. — New York: Praeger 1965. VIII, 515 S.

**Hahlo,** H. R. und Ellison Kahn: The Union of South Africa. The development of its laws and constitution. — London: Stevens 1960. 900 S.

**Halstead,** John P.: Rebirth of a nation. The origins and rise of Moroccan nationalism, 1912—1944. — Cambridge, Mass.: Harvard University Press 1967. 323 S.

**Hart,** D. M.: Notes on the Rifian community of Tanger. — In: Middle East J. 11 (1957), 153—162.

**Holt,** P. M. [Ed.]: Political and social change in modern Egypt. Historical studies from the Ottoman Conquest to the United Arab Republic. — London: Oxford University Press 1968. 400 S.

**Holt,** P. M.: A modern history of the Sudan. From the Funj Sultanate to the present day. — London: Weidenfeld & Nicolson 1961. XII, 242 S.

**Holt,** P. M.: Sudanese nationalism and self-determination. — In: Middle East J. 10 (1956), 239—247 und 368—378.

**Howard,** William Edward Harding: Public administration in Ethiopia. A study in retrospect and prospect. — Groningen: Wolters 1955. VIII, 204 S.

**Huré,** A.: La pacification du Maroc. Dernière étape 1931—1934. — Paris: Berger-Levrault 1952. X, 195 S.

**Hyam,** Ronald: The failure of South African expansion, 1908—1948. — New York: Africana Publ. 1972. 219 S.

**Jäckel,** Eberhard: Grundtatsachen der Geschichte Algeriens. — In: Gesch. Wiss. Unterr. 11 (1960), 216—229.

**Jahn,** Hans Edgar: Vom Kap nach Kairo. Afrikas Weg in die Weltpolitik. — München, Wien: Olzog (1963). 510 S.

**Ingham,** Kenneth: A history of East Africa. — London: Longmans 1962. XII, 456 S.

**Julien,** Ch.-A.: L'Afrique du Nord en marche. Nationalisme musulman et souverainité française. — Paris: Julliard 1952. 418 S.

**Kane,** Nora S.: The world's view. The story of Southern Rhodesia. Foreword by Sir Godfrey Huggins. — London: Cassell (1955). XVIII, 294 S.

**Kienitz,** Ernesto: Der Suezkanal. Seine Geschichte, wirtschaftliche Bedeutung und politische Problematik. — Berlin: Reimer 1957. 167 S.

**Kimble,** David: A political history of Ghana. The rise of Gold Coast nationalism 1850—1928. — London: Oxford University Press 1963. 587 S.

**Ki-Zerbo,** Joseph: Histoire de l'Afrique Noire. D'hier à demain. – (Paris:) Hatier (1978). 731, XXXI S.

**Koerner,** Francis: Le mouvement nationaliste algérien (Nov. 1942–Mai 1945). – In: Rev. Hist. deux. Guerre mond. 24 (1974), H. 93, 45–64.

**Krueger,** D. W.: The age of the generals. A short political history of the Union of South Africa 1910—1958. — Johannesburg: Dagbreek Book Store 1958. 230 S.

**Krüger,** D. W.: The making of a nation. A history of the Union of South Africa, 1910—1961. — Johannesburg: Macmillan 1969. 348 S.

**Krüger,** D[aniel] W[ilhelmus] [Ed.]: South African parties and policies 1910—1960. A select source book. — Cape Town: Human and Rousseau (1960). XIX, 471 S.

**Landau,** Rom: Moroccan drama 1900—1955. — London: Hale (1956). 430 S.

**Langley,** J. Ayodele: Pan-Africanism and nationalism in West-Africa 1900–1945. A study in ideology and social classes. – Oxford: Clarendon Press 1973. X, 421 S.
*(Oxford Studies in African Affairs.)*

**Lass,** Hans Detlef: Nationale Integration in Südafrika. Die Rolle der Parteien zwischen den Jahren 1922 und 1934. — Frankfurt a.M.: Metzner 1970. 274 S.
*(Darstellungen zur auswärtigen Politik. 8.)*

**Laumière,** Marc: Histoire de l'Algérie illustrée de 1830 à nos jours. — Paris: Gonthier 1962. 218 S.

**Legum,** Colin: Die große Auseinandersetzung in Afrika. — In: Außenpolitik 3 (1952), 655—661.

**Le Tourneau,** Roger: Evolution politique de l'Afrique du Nord musulmane 1920—1961. — Paris: Colin 1962. 503 S.

**Levinson,** Olga: The ageless land. The story of South West Africa. — Cape Town: Tafelberg 1961. 154 S.

**Littman,** David: Jews under Muslim rule. 2. Morocco 1903-1912. - In: Wiener Libr. Bull. 29 (1976/77), H. 37/38, 3-19.

**Low,** Anthony D. und R. Cranford Pratt: Buganda and British overrule 1900—1955. — London, New York, Nairobi: Oxford University Press 1960. XI, 373 S.

**Luchaire,** F.: Le Togo français. De la tutelle à l'autonomie. — In: Rev. jur. polit. Union franç. 11 (1957), 1—46 und 501—587.

**Lüthy,** Herbert: Nordafrika wird mündig. Nachträge zu einem Reisebericht. — In: Monat 4 (1951/52), T. 2, 498 — 515.

**Mabro,** Robert [u.] Samir Radwan: The industrialization of Egypt 1939-1973. - New York: Oxford University Press 1976. 279 S.

**McEwan,** P. J. M. [Ed.]: Twentieth-Century Africa. — London: Oxford University Press 1968. 517 S.
*(Readings in African History.)*

**Machefer,** Philippe: Autour du problème algérien en 1936—1938. La doctrine algérienne du P. S. F.: Le P. S. F. et le projet Blum-Violette. — In: Rev. Hist. mod. contemp. 10 (1963), 147—156.

**Mac Michael,** Sir Harold: The Sudan. — London: Benn 1954. 255 S.

**Macmillan,** W[illiam] M[iller]: Bantu, Boer, and Briton. The making of the South African native problem. Rev. and enlarged ed. — New York: Oxford University Press 1963. XVIII, 382 S.

**Mansergh,** Nicholas: South Africa 1906—1961. The price of magnanimity. — London: Allen & Unwin 1962. 104 S.

**Markowitz,** Marvin D.: Cross and sword. The political role of Christian missions in the Belgian Congo, 1908—1960. — Stanford, Calif.: Hoover Inst. Press 1973. 233 S.

**Marquard,** Leo: The peoples and policies of South Africa. — Oxford: University Press 1952. 258 S.

**Martelli,** George: Leopold to Lumumba. A history of the Belgian Congo 1877—1960. — London: Chapman & Hall 1962. XII, 259 S.

**Martín** Vargas, Pedro: La pacificación marroqui (1912—1927). — In: Africa 15 (1958), H. 194, 65—69.

**Mason,** Philip: Race relations in Africa. Considered against the background of history and world opinion. — London: SCM Press 1960. 24 S.

**Mekki** Abbas: The Sudan question. The dispute over the Anglo-Egyptian condominium 1884—1951. — London: Faber & Faber 1952. XIX, 201 S.
*(Colonial and Comparative Studies.)*

**Merlier,** Michel: Le Congo. De la colonisation belge à l'indépendance. — Paris: Maspero 1962. 352 S.

**Miller,** Charles: Battle for the Bundu. The 1. World War in East Africa. - New York: Macmillan (1974). X, 353 S.

**Moine,** André: La déportation et la résistance en Afrique du Nord (1939-1944). - Paris: Ed. sociales 1973. 310 S.
*(Coll. „Souvenirs".)*

**Mommsen,** Wolfgang: Imperialismus in Ägypten. Der Aufstieg der ägyptischen nationalen Bewegung 1805—1956. — München, Wien: Oldenbourg 1961. 103 S.

**Mommsen,** Wolfgang: Imperialismus in Ägypten. Der Aufstieg der ägyptischen nationalen Bewegung 1805—1956. — München: Oldenbourg 1962. 103 S.

**Mundu,** Mon'a: Angola und der portugiesische Kolonialismus. — In: Z. Geopolitik 29 (1958), H. 11/12, 43—65.

**Mveng,** Engelbert: Histoire du Cameroun. — Paris: Présence africaine 1963. 533 S.

**Nguini,** Marcel: La valeur politique et sociale de la tutelle française au Cameroun. — Aix-en-Provence: La Pensée Universitaire 1956. VI, 224 S.

**Nicolson,** I. F.: The administration of Nigeria, 1900—1960. Methods and myths. — Oxford: Clarendon Press 1969. 326 S.

**Nixon,** Charles R.: The conflict of nationalisms in South Africa. — In: World Politics 11 (1958/59), 44—67.

**Nora,** Pierre: Les Français d'Algérie. Introd. par Ch.-A. Julien. — Paris: Julliard 1961. 253 S.

**Nouschi,** André: La naissance du nationalisme algérien (1914—1954). — Paris: Edition de minuit 1962. 163 S.

**Olusanya,** G. O.: The Second World War and politics in Nigeria, 1939-1953. - Lagos, Nigeria: Evans Brothers 1973. IX, 163 S.

**Palmer,** Mabel: The history of the Indians in Natal. — New York: Oxford University Press 1958. 197 S.

**Pankhurst,** E. Sylvia und Richard K. P. Pankhurst: Ethiophia and Eritrea. The last phase of the reunion struggle 1941—1952. — Essex: Lalibela House 1953. 360 S.

**Pankhurst,** Richard Keir Patrick: Kenya. The history of two nations. Foreword by Frida Laski. — London: Independent Publishing Co. 1954. 122 S.

**Paraf,** Pierre: L'ascension des peuples noirs. Le réveil politique, social et culturel de l'Afrique au XXe siècle. — Paris: Payot 1958. 236 S.

**Patterson,** Sheila: The last trek. A study of the Boer people and the Afrikaner nation. — London: Routledge & Kegan Paul 1957. VIII, 336 S.

**Perer,** K. O.: Ein halbes Jahrhundert Südafrikanische Union. — In: Afrika 2 (1960), 180—184.

**Pickles,** Dorothy: Algeria and France. From colonialism to co-operation. — London: Methuen 1963. 215 S.

**Rainero,** Romain: Storia dell'Africa dall'epoca coloniale al oggi. — Torino: Ed. Radiotelevisione Italiana 1967. 421 S.

**Ranger,** T. O.: The African voice in Southern Rhodesia, 1898—1930. — London: Heinemann 1970. XII, 252 S.

**Richardson,** Nathaniel R.: Liberia's past and present. — London: Diplomatic Press and Publishing Co. 1959. 348 S.

**Rotberg,** Robert I.: The rise of nationalism in Central Africa. The making of Malawi and Zambia 1873—1964. — Cambridge, Mass.: Harvard University Press 1965. XVI, 362 S.

**Sabille,** Jacques: Les juifs de Tunisie sous Vichy et l'occupation. — Paris: Ed. du Centre 1954. 188 S.

**Saron,** Gustav und Louis Hotz [Eds.]: The Jews in South Africa. A history. — Cape Town: Cumberlege 1955. XVII, 422 S.

**Scham,** Alan: Marshal Lyautey's administration of Marocco, 1912—1925. — Berkeley: University of California Press 1970. 350 S.

**Schonfield,** Hugh J.: The Suez Canal in world affairs. — London: Constellation Books 1952. X, 174 S.

**Siegfried,** André: The Suez — international roadway. — In: Foreign Aff. 31 (1952/53), 605—618.

**Simpson,** C. L.: The symbol of Liberia. — London: Diplomatic Press 1961. 239 S.

**Sivan,** Emmanuel: Communisme et nationalisme en Algérie 1920-1962. - Paris: Presses de la Fondation nationale des sciences politiques 1976. 261 S. *(Coll. „Travaux et recherches de science politique". 41.)*

**Slade,** Ruth: Kind Leopold's Congo. — London: Oxford University Press 1962. 230 S.

**Souyris,** André: Le mécanisme de la révolution tunisienne (1934—1954). — In: Rev. Déf. nat. 1956, 1216—1229.

**Spillmann,** Georges: Du protectorat à l'indépendance ⟨Maroc 1912—1955⟩. — Paris: Plon 1967. 245 S.

**Stoneham,** C. T.: Mau Mau. — London: Museum Press (1953). 159 S.

**Stuebel,** Heinrich: Das Inderproblem in Südafrika. — In: Z. Politik 2 (1955), 248—258.

**Stultz,** Newell M.: Afrikaner politics in South Africa, 1934-1948. - Berkeley: University of California Press 1975. 200 S.

**Südafrika** 1910—1960. (Hrsg. vom South African Information Service.) - (Kapstadt) 1960: (Cape Times Ltd.) 48 ungez. S.

**Tatz,** C[olin] M[artin]: Shadow and substance in South Africa. A study in land and franchise policies affecting Africans, 1910—1960. — Pietermaritzburg: University of Natal Press 1962. 238 S.

**Tončić-**Sorinj, Lujo: Das Internationale Statut von Tanger (1923—1956). Eine Sonderform internationaler Verwaltung. — In: Europa-Archiv 12 (1957), 9939—9958.

**Voss,** Harald: Britische Kolonialpolitik zwischen dem ersten und dem zweiten Weltkrieg. Eine Untersuchung unter besonderer Berücksichtigung der Goldküste 1919—1939. — Hamburg 1957. II, 280, X, LXI Bl.
 *Hamburg, phil. Diss. 11. November 1958.*

**Wagret,** Jean Michel: Histoire et sociologie politiques de la République du Congo (Brazzaville). — Paris: Libr. générale de droit et de jurisprudence 1963. 250 S.

**Walker,** Eric A.: A history of Southern Africa. 3rd ed. — London, New York, Toronto: Longmans, Green 1957. XXIV, 974 S.

**Walshe,** Peter: The rise of African nationalism in South Africa. The African National Congress 1912—1952. — London: Hurst 1971. 496 S.

**Ward,** W. E. F.: A history of Ghana. — London: Allen & Unwin 1958. 434 S.

**Waterfield,** Gordon: Truble in the horn of Africa? The British Somali case. — In: Intern. Aff. 32 (1956), 52—60.

**Webster,** J. B. [u.] A. A. Boahen: History of West Africa. The revolutionary years, 1815 to independence. — New York: Praeger 1970. XV, 333 S.

**Windrich,** Elaine: The Rhodesian problem. A documentary record 1923-1973. - London: Routledge & Kegan Paul 1975. XXIV, 312 S.

**Yancy,** Ernest Jerome: The republic of Liberia. — London: Allen & Unwin 1959. 157 S.

**Zingarelli,** Italo: Das Äthiopien des Kaisers Haile Selassie. — In: Außenpolitik 3 (1952), 89—98.

## Australien und Neuseeland

**Andrews,** E. M.: Isolationism and appeasement in Australia. Reactions to the European crises, 1935—1939. — Canberra: Australian National University Press 1970. XV, 236 S.

**Barrett,** Russel H.: Promises and performances in Australian politics 1928—1959. — New York: Institute of Pacific Relations 1959. 126 S.

**Bramsted,** Ernest K.: Australische Außenpolitik im zwanzigsten Jahrhundert. — In: Vjh. Zeitgesch. 7 (1959), 396—417.

**Davies,** A. F.: Australian democracy. — London: Longmans [1959]. 161 S.

**Davis,** S. R. [Ed.]: The government of the Australian states. — London: Longmans 1960. XI, 746 S.

**Documents** on Australian foreign policy, 1937-49. Ed. by R. G. Neale with the ass. of P. G. Edwards, H. Kenway [u.] H. J. W. Stokes. - Canberra: Australian Government Publ. Service for the Department of Foreign Affairs.
 1. 1937-38. 1975. 617 S.
 2. 1939. 1976. 548 S.

**Documents** relating to New Zealand's participation in the Second World War 1939—1945. Vol. 2. — Wellington: War History Branch Department of International Affairs 1951. 470 S.

**Engel,** S.: Cabinet government in Australia. — Melbourne: Melbourne University Press; New York: Cambridge University Press 1962. 367 S.

**Gordon,** Bernard K.: New Zealand becomes a Pacific power. — Chicago: University of Chicago Press 1960. XI, 283 S.
 Entwicklung ab 1936.

**Hardy,** Osgood und Glenn S. Dumke: A history of the Pacific area in modern times. — Boston: Hougton Mifflin 1949. 752 S.

**Hasluck,** Paul: The government and the people 1939—1941. — Canberra: Australian War Memorial; New York: Anglobooks 1952. 644 S.

**Long,** Gavin: The six years war. A concise history of Australia in the 1939–45 war. Forew. by E. F. Herring. – Canberra: Australia War Memorial and Australian Government Publ. Service 1973. 518 S.

**Mackirdy,** K. A.: The federalization of the Australian cabinet 1901—1939. — In: Canad. J. Econ. Polit. Science 23 (1957), 216—226.

**Millar,** T. B.: Australia in peace and war. External realtions, 1788–1977. – New York: St. Martin's Press 1978. 578 S.

**Miller,** J. D. B.: Australian government and politics. An introductory survey. — London: Duckworth 1954. 204 S.

**Milne,** R. S.: Politics and the constitution in New Zealand. — In: Parliam. Aff. 11 (1958), 163—171.

**Pike,** Douglas: Australia, The quiet continent. — New York: Cambridge University Press 1962. 242 S.

**Polaschek,** R. J.: Government administration in New Zealand. — Wellington: New Zealand Institute of Public Administration 1958. 324 S.

**Rowley,** C. D.: The Australians in German New Guinea 1914—1921. — London: Cambridge University Press 1959. 371 S.

**Sinclair,** Keith: A history of New Zealand. — Harmondsworth: Penguin Books 1959. 320 S.

**Tennant,** Kylie: Australia — her story. Notes on a nation. — London: Macmillan (1953). 295 S.

**Ward,** Russel: The history of Australia. The 20. century, 1901–1975. – London: Heinemann 1978. XI, 515 S.

**Watt,** Alan: The evolution of Australian foreign policy 1938—1965. — Cambridge, Mass.: Cambridge University Press 1967. X, 387 S.

**Webb,** Leicester: Communism and democracy in Australia. — Melbourne: Cheshire; London: Angus & Robertson 1955. VIII, 214 S.

**Wood,** Frederick Lloyd Whitfield: The New Zealand people at war. Political and external affairs. — Wellington: War History Branch, Department of Internal Affairs 1958. X, 395 S.
*(Official History of New Zealand in the Second World War.)*

## 10. GESCHICHTE DES ZWEITEN WELTKRIEGES

### Allgemeines

**Adam,** Reinhard: 1945. Schicksal und Aufgabe. Historische Bemerkungen zu der Katastrophe des 2. Weltkrieges. T. 1. — Würzburg: Marienburg-V. 1958. 103 S.

**Adler**-Bresse, Marcelle: Les conséquences démographiques de la seconde guerre mondiale en Europe. — In: Rev. Hist. deux. Guerre mond. 5 (1955), H. 19, 1—16.

**Assmann,** Kurt: Anni fatali per la Germania (Deutsche Schicksalsjahre, ital.) [Übers.: V. Pini]. — Roma: Garzanti 1953. XVI, 418 S.

Der große **Atlas** zum 2. Weltkrieg. Hrsg.: Peter Young. Text für die Karten-Beschriftung: Christopher Chant [u. a.] Dtsch. Bearb.: Christian Zentner. Übers.: Dieter Marc Schneider. - München: Südwest-Verl. 1974. 288 S.

**Augier,** Marc: Götterdämmerung. Wende und Ende einer großen Zeit. — (Buenos Aires:) Ed. Prometheus 1949. 240 S.

**Bähr,** Hans Walter [Hrsg.]: Die Stimme des Menschen. Briefe und Aufzeichnungen aus der ganzen Welt 1939—1945. — München: Piper (1961) 599 S.

**Baldwin,** Hanson W.: The world at war. The crucial years, 1939–1941. - New York: Harper & Row 1976. 499 S.

**Barléty,** Jacques: Quelques sources récentes pour l'histoire de la seconde guerre mondiale. — In: Rev. hist. 237 (1967), 63—98.

**Battaglia,** Roberto: La seconda guerra mondiale. — Roma: Ed. Riuniti 1961. 452 S.

**Bauer,** Eddy: Le deuxième conflit vu d'Italie. La collection de l'Ufficio Storico. — In: Rev. Déf. nat. 23 (1956), 1024—1054.
Literaturbericht.

**Beumelburg,** Werner: Jahre ohne Gnade. Chronik des 2. Weltkrieges. Kt.: Hans Vogel. — Oldenburg i. O.: Stalling (1952). 422 S.

**Beyerhaus,** Gisbert: Neue Wege zur Erforschung des zweiten Weltkrieges. — In: Welt als Gesch. 11 (1951), 58—63.

**Bilanz** des Zweiten Weltkrieges. Erkenntnisse und Verpflichtungen für die Zukunft. Von Kurt Assmann [u. a.] — Oldenburg, Hamburg: Stalling (1953). 472 S.

**Bloch,** Nachman M.: Verbrechen des Imperialismus. Ein Beitrag zur Geschichte des zweiten Weltkrieges. — Tel-Aviv: Lidor 1956. 314 S.

**Brügel,** J. W.: Winston Churchills Kriegserinnerungen. — In: Neue Polit. Lit. 1 (1956), 149—176.

**Brunschwig,** M.: L'Allemagne en guerre. — In: Rev. hist. 210 (1953), 34—63.
Literaturbericht.

**Calvocoressi,** Peter [u.] Guy Wint: Total war. Causes and sources of the Second World War. — London: Allen Lane 1972. XIII, 959 S.

**Cartier,** Raymond: Les dessous de la guerre hitlérienne. — Paris: Fayard 1953. 158 S.

**Cartier,** Raymond: La seconde guerre mondiale. Edit. en 2 Vol. — Paris: Larousse; Paris-Match.
  1. Septembre 1939 — septembre 1942. 1965. 384 S.

**Cartier,** Raymond et Pierre Dufourcq: La seconde guerre mondiale. — Paris: Larousse.
  2. 1942—1945. 1966. 392 S.
  Dtsch. Ausg. u.d.T.: Der Zweite Weltkrieg. Bd 1. 2. — München: Piper 1967.

**Churchill,** Winston S[pencer]: The second world war. — Boston: Houghton Mifflin.
  3. The grand alliance. 1950. 871 S.

**Churchill,** Winston [Spencer]: Der zweite Weltkrieg. (The second world war [dt.]) — Bern: Scherz; Hamburg: Scherz & Goverts.
  3. Die große Allianz.
    1. Hitlers Angriff auf Rußland. 1951. 557 S.
    2. Amerika im Krieg. 1951. 487 S.
  4. Schicksalswende.
    1. Die Sturmflut aus Japan. 1951. 526 S.
    2. Die Befreiung Afrikas. 1951. 589 S.

**Churchill,** Winston S[pencer]: Mémoires sur la IIe guerre mondiale. (The second world war [franz.]) — Genève: La Palatine.
4. Le tornant du destin.
   1. La ruée japonaise. 18 janvier — 3 juillet 1942. (1951.) XII, 499 S.
   2. L'Afrique sauvée. 4 juillet 1942 — 5 juin 1943. (1951.) VIII, 565 S.

**Churchill,** Winston S[pencer]: Der zweite Weltkrieg. (The second world war [dt.]) — Bern: Scherz.
4. Der Ring schließt sich.
   1. Italien kapituliert. (1952). 424 S.

**Churchill,** Winston S[pencer]: Der zweite Weltkrieg (The second world war, dt.) — Stuttgart: Scherz & Goverts.
5. Der Ring schließt sich.
   2. Von Teheran bis Rom. 1953. 436 S.

**Churchill,** Sir Winston S[pencer]: Der zweite Weltkrieg (The second world war, dt.) — Stuttgart: Scherz & Goverts.
6. Triumph und Tragödie. (Übertr. von Eduard Thorsch.)
   1. Dem Sieg entgegen. (1953). 457 S.

**Churchill,** Sir Winston S[pencer]: Der zweite Weltkrieg (The second world war, dt.) — Stuttgart: Scherz & Goverts.
6. Triumph und Tragödie. (Übertr. von Eduard Thorsch.)
   2. Der eiserne Vorhang. (1954). 450 S.

**Collotti,** Enzo: La seconda guerra mondiale. - Torino: Loescher 1973. 222 S.

**Dahms,** Hellmuth Günther: Geschichte des Zweiten Weltkriegs. — Tübingen: Wunderlich (1965). 917 S.

**Dahms,** Hellmuth Günther: Der Zweite Weltkrieg. — Tübingen: Wunderlich (1960). 607 S.

**Dahms,** Hellmuth Günther: Der Zweite Weltkrieg. — (Frankfurt a. M.:) Ullstein (1966). 212 S.
(*Deutsche Geschichte. Ereignisse und Probleme. 8.*)
(*Ullstein-Bücher. 3848.*)

**Deborin,** G. A.: Der zweite Weltkrieg (Vtoraja mirovaja vojna, dt.) Militärpolitischer Abriß (2. Aufl.). — Berlin: Verl. d. Ministeriums f. Nationale Verteidigung 1960. 488 S.

**Deutschland** im zweiten Weltkrieg. Von einem Autorenkollektiv unter Leitung von Wolfgang Schumann u. Gerhart Hass. [Hrsg.:] Akademie d. Wiss. d. DDR, Zentralinst. f. Gesch. In Zsarb. mit d. Militärgeschichtl. Inst. d. DDR, Inst. f. Marxismus-Leninismus beim ZK d. SED. - Berlin: Akademieverl.
1. Vorbereitung, Entfesselung und Verlauf des Krieges bis zum 22. Juni 1941. Leitung Gerhart Hass. 1974. 644 S.

**Deutschland** im zweiten Weltkrieg. Von einem Autorenkoll. unter Leitung von Wolfgang Schumann u. Gerhart Hass. [Hrsg.:] Akademie d. Wiss. d. DDR, Zentralinst. f. Gesch. In Zsarb. mit d. Militärgeschichtl. Inst. d. DDR, Inst. f. Marxismus-Leninismus beim ZK d. SED. - Berlin: Akademie-Verl.
2. Vom Überfall auf die Sowjetunion bis zur sowjetischen Gegenoffensive bei Stalingrad ⟨Juni 1941 bis November 1942⟩. Leitung Karl Drechsler. (1975). 616 S.

**Statistical digest** of the war. Prep. in the Central Statistical Office. — London: H. M. Stationery Office 1951. XII, 247 S.

**Doernberg,** Stefan [Red.]: Der Zweite Weltkrieg 1939—1945. Wirklichkeit und Fälschung. Neue Aufl. Berlin: Akademie-Verl. 1959. X, 174 S.

**Dollinger,** Hans (Hrsg.): Die letzten hundert Tage. Das Ende des Zweiten Weltkrieges in Europa und Asien. Wiss. Beratung: Hans-Adolf Jacobsen. — München, Wien, Basel: Desch (1965). 431 S.

**Dupuy,** Richard Ernest: World War II. A compact history. — New York: Hawthorn Books 1969. XVIII, 334 S.
(*The Military History of the United States.*)

**Encyclopédie** de la guerre 1939-1945. Sous la direction de Marcel Baudot [u. a.] - Paris: Casterman 1977. 165 S.

**Encyklopedia** II wojny światowej. - Warszawa: Ministerstwo Obrony narodowej 1975. 791 S.

**Ereignisse,** die den Krieg entschieden. — In: Zeitnahe Schularbeit 1 (1948), 11—16.

**Fay,** Bernard: La guerre des trois fous. Hitler, Staline, Roosevelt. — Paris: Perrin 1969. 446 S.

**Flower,** Desmond und James Reeves [Ed.]: The war 1939—1945. — London: Cassell 1959. 1152 S.

**Forrer,** Friedrich: Sieger ohne Waffen. Das Deutsche Rote Kreuz im Zweiten Weltkrieg. — Hannover: Sponholtz (1962). 264 S.

**Freund,** Michael: Weltgeschichte der Gegenwart in Dokumenten. Geschichte des Zweiten Weltkrieges. — Freiburg i. Br.: Herder; München: Alber.
2. An der Schwelle des Krieges 1939. 1955. XVI., 503 S.

**F[reund],** M[ichael]: Der zweite Weltkrieg. Krieg der Welt und Welt des Krieges. — In: Gegenwart 9 (1954), 585—589.

**Freund,** Michael: Der Zweite Weltkrieg. — Gütersloh: Bertelsmann 1962. 190 S.

**Geschichte** des zweiten Weltkrieges 1939-1945 (Istorija vtoroj mirovoj vojny 1939-1945, dt.) Hrsg.koll. der DDR-Ausg.: H. Hoffmann [u. a.] (Die Übertragung in die deutsche Sprache besorgten...) In 12 Bdn. [nebst] Karten. - (Berlin:) Militärverl. d. DDR.
1. Die Entstehung des Krieges. Der Kampf der fortschrittlichen Kräfte für die Erhaltung des Friedens. (1975). 463 S.
2. Am Vorabend des Krieges. (1975). 558 S.
3. Der Beginn des Krieges. Die Vorbereitung der Aggression gegen die UdSSR. (1977). 586 S.
4. Die faschistische Aggression gegen die UdSSR. Der Zusammenbruch der Blitzkriegsstrategie. (1977). 630 S.
5. Das Scheitern der Aggressionspläne des faschistischen Blocks. (1978). 603 S.
6. Der grundlegende Umschwung im Krieg. (1979). 616 S.

**Gardoqui,** Villegas: La segunda guerra mundial. Trabajos del General V. Gardoqui y varios jefes de Estado Mayor. — Madrid: Editoria Nacional 1954. 235 S.

Die spanische **Geschichtsschreibung** über den Zweiten Weltkrieg. — In: Wehrwiss. Rdsch. 7 (1957), 170—172.

**Gigli,** G.: La seconda guerra mondiale 1939—1945. — Bari: Laterza 1951. 500 S.
*(Bibliotheca di cultura moderna. 483.)*

**Görlitz,** Walter: Der Zweite Weltkrieg 1939—1945. Bd 1. 2. — Stuttgart: Steingrüben-V. 1951—52. 623, 624 S.

**Görlitz,** Walter: Der zweite Weltkrieg 1939—1945 in Stichworten. — Hagen: Breschke 1953. 80 S.
*(Kleine publizistische Beiträge. 3.)*

**Gruchmann,** Lothar: Der Zweite Weltkrieg. Kriegführung und Politik. — (München:) Dtsch. Taschenbuch-Verl. (1967). 525 S.
*(dtv-Weltgeschichte des 20. Jahrhunderts. 10.)*
*(dtv[-Taschenbücher]. 4010.)*

**Grunewald,** Jacques: Les travaux sur l'histoire de la seconde guerre mondiale en Grande-Bretagne. — In: Rev. Hist. deux. Guerre mond. 5 (1955), H. 17, 58—64.

La deuxième **guerre** mondiale. — Paris: Ed. de la Nouvelle Critique 1958. 318 S.

**Gyptner,** Richard: Über die antifaschistischen Sender während des Zweiten Weltkrieges. — In: Beitr. Gesch. dtsch. Arbeiterbewegung 6 (1964), 881—884.

**Hass,** Gerhart: Neue sowjetische Literatur zur Geschichte des zweiten Weltkrieges. - In: Z. Geschichtswiss. 20 (1972), 1422–1433.

**Haupt,** Werner: Die Schweiz im Zweiten Weltkrieg. — In: Wehrwiss. Rdsch. 11 (1961), 231—236.

**Henze,** Anton: Der zweite Weltkrieg in der Literatur der Völker. — In: Kirche in d. Welt 4 (1951), 317—320.

**Hildebrand,** Klaus: Der zweite Weltkrieg. Probleme und Methoden seiner Darstellung. — In: Neue pol. Lit. 13 (1968), 485—502.
Literaturbericht.

**Hillgruber,** Andreas [u.] Gerhard Hümmelchen: Chronik des Zweiten Weltkrieges. Hrsg. vom Arbeitskreis für Wehrforschung. — Frankfurt a. M.: Bernard & Graefe 1966. VII, 196 S.

**Hillgruber,** Andreas [u.] Gerhard Hümmelchen: Chronik des Zweiten Weltkrieges. Kalendarium militärischer und politischer Ereignisse 1939–1945. Durchges. u. erg. Neuausg. - Königstein/Ts.: Athenäum Verl. 1978. 344 S.
*(Athenäum/Droste Taschenbücher Geschichte. 7218.)*

**Hillgruber,** Andreas: „Deutschland im Zweiten Weltkrieg" - Anmerkungen zu einem Standardwerk der DDR-Geschichtsschreibung. - In: Hist. Z. 1976, Bd. 223, 358–372.

**Historia** secreta da guerra 1939—1945. Vol. 1—7. — Lisboa: Editorial Seculo 1950—52.

**Histories** of the first and second world wars. Revised to 31th May, 1958. — London: H. M. Stationery Office 1958. 13 S.

**Holt,** Edgar: The world at war, 1939—1945. — London: Putnam 1956. 272 S.

**Jacobsen,** Hans-Adolf: Zur Konzeption einer Geschichte des Zweiten Weltkrieges 1939—1945. Einführung und Disposition. — In: Wehrwiss. Rdsch. 12 (1962), 487—500 und 582—593.

**Jacobsen,** Hans-Adolf: 1939—1945. Der zweite Weltkrieg in Chronik und Dokumenten. — Darmstadt: Wehr und Wissen (1959). 538 S.
Ferner: 5. vollständig überarb. u. erw. Aufl., ebenda (1961). 764 S.

**Jacobsen,** Hans-Adolf: Der Zweite Weltkrieg. Grundzüge der Politik und Strategie in Dokumenten. — (Frankfurt a. M.:) Fischer Bücherei (1965). 498 S.
*(Fischer Bücherei. 645/646.)*

**Jacobsen,** Hans-Adolf und Hans Dollinger (Hrsg.): Der zweite Weltkrieg in Bildern und Dokumenten. — München, Wien, Basel: Desch.
1. Der europäische Krieg 1939— 1941. (1962.) 479 S.
2. Der Weltkrieg 1941—1943. (1962.) 478 S.
3. Sieg ohne Frieden 1944—1945. (1963.) 492 S.

**Jäckel,** Eberhard: Dokumentation zur Geschichte des Zweiten Weltkrieges. — In: Neue Polit. Lit. 9 (1964), 555—596.

Der deutsche **Imperialismus** und der Zweite Weltkrieg. Materialien der wissenschaftlichen Konferenz der Kommission der Historiker der DDR und der UdSSR zum Thema „Der deutsche Imperialismus und der Zweite Weltkrieg" vom 14. bis 19. Dezember 1959 in Berlin. Hrsg. von der Kommission der Historiker der DDR und der UdSSR. — Berlin: Rütten & Loening.
1. Hauptreferate und Dokumente der Konferenz. (1960). 343 S.
2. Beiträge zum Thema: „Die Vorbereitung des Zweiten Weltkrieges durch den deutschen Imperialismus". (1961.) 794 S.
3. Beiträge zum Thema: „Der deutsche Imperialismus während des Zweiten Weltkrieges und seine militärische, wirtschaftliche und moralisch-politische Niederlage". (1962). 493 S.
4. Beiträge zum Thema: „Die Innenpolitik und die Besatzungspolitik des deutschen Imperialismus und die antifaschistische Widerstandsbewegung in Deutschland und den besetzten Gebieten". (1961.) 694 S.
5. Beiträge zum Thema: „Die Ergebnisse und Folgen des Zweiten Weltkrieges und der Zerschlagung des deutschen Imperialismus". (1962.) 604 S.

**Isely,** Jeter A.: Literatur zum zweiten Weltkrieg in den Vereinigten Staaten von Amerika. — In: Welt als Gesch. 11 (1951), 46—57.

**Isnenghi,** Mario: Il mito della grande guerra. — Bari: Laterza 1970. 383 S.

## GESCHICHTE DES II. WELTKRIEGES

Geschichte des großen vaterländischen Krieges der Sowjetunion (**Istorija** Velikoj Otečestvennoj vojny Sovetskogo Sojuza 1941—1945, dt.) (Red.: P.N. Pospelov [u.a.]) (Dtsch. Ausg.: Hans Gossens [u.a.]) — Berlin: Dtsch. Militärverl.
1. Die Vorbereitung und Entfesselung des Zweiten Weltkrieges durch die imperialistischen Mächte (Podgotovka i razvjazyvanie vojny imperialističeskimi deržavami, dt.) (Red.-Koll.: G. A. Deborin [u. a.]) [Nebst] Kartenmappe. 1962. XXXIX, 587 S.
2. Die Abwehr des wortbrüchigen Überfalls des faschistischen Deutschlands auf die Sowjetunion. Die Schaffung der Voraussetzungen für den grundlegenden Umschwung im Kriege (Ostraženie sovetskim nalodom verolomnogo napadenija fašistskoj Germanii na SSSR. Sozdanie uslovij dlja korennogo pereloma v vojne ⟨ijuń 1941 g.—nojabr 1942 g.⟩, dt.) (Red.-Koll.: N. A. Fokin [u. a.]) [Nebst] Kartenmappe. 1963. 748 S.
3. Der grundlegende Umschwung im Verlauf des großen vaterländischen Krieges (Korennoj perelom v chode Velikoj Otečestvennoj vojny ⟨nojabr 1942 g. — dekabr 1943 g.⟩, dt.) (Red.-Koll.: J. P. Petrov [u. a.]) [Nebst] Kartenmappe. 1964. 729 S.
4. Die Vertreibung des Gegners vom Territorium der Sowjetunion und der Beginn der Befreiung Europas vom faschistischen Joch (Izganie vraga iz predelov Sovetskogo Sojuza i načalo osvoboždenija narodov Evropy ot fašistskogo iga ⟨1944 god⟩, dt.) (Red.-Koll.: M. M. Minasjan [u. a.]) [Nebst] Kartenmappe. 1965. 787 S.
5. Die siegreiche Beendigung des Krieges mit dem faschistischen Deutschland. Die Niederlage des imperialistischen Japans (Pobedonosnoe okončanie vojny s fašistskoj Germaniej. Poraženie imperialističeskoj Japonii ⟨1945 g.⟩, dt.) (Red.-Koll.: S. I. Rostschin [u. a.]) [Nebst] Kartenmappe. 1967. 718 S.
6. Die Ergebnisse des Großen Vaterländischen Krieges (Itogi Velikoj Otečestvennoj vojny, dt.) 1968. 684 S.

**Kühne,** Horst: Faschistische Kolonialideologie und Zweiter Weltkrieg. (Mit einem Dokumentenanhang.) — Berlin: Dietz 1962. 226 S.
Erschien auch als Diss., Institut für Gesellschaftswissenschaften beim ZK der SED, Berlin.

**Kühner,** Otto-Heinrich: Wahn und Untergang. 1939—1945. — Stuttgart: Dtsch. Verl.-Anst. (1956). 312 S.

**Langsam,** Walter Consuelo: Historic documents of World War II. — Princeton, London: Van Nostrand 1959. 192 S.

**Latraille,** André: La seconde guerre mondiale 1939—1945. Essai d'analyse. — Paris: Hachette 1966. 364 S.

**Launay,** Jacques de: Die Welt brannte 1939—1945 (Le monde en guerre 1939—1945, dt.) Übers.: Christoph Graf Finckenstein. — Darmstadt und Frankfurt a. M.: Mittler 1956. 348 S.

**Lazareff,** Pierre et Yves Grosrichard: Histoire de la guerre 1939—1945. — Paris: Hachette.
1. De Munich à Pearl Harbor, 1938—1941. 1967. 608 S.
2. De Stalingrad à Hiroshima, 1942—1945. 1968. 552 S.

(Coll. „Beaux Livres.")

**Lexikon des Zweiten Weltkriegs.** Mit einer Chronik der Ereignisse von 1939–1945 und ausgewählten Dokumenten. Hrsg. von Christian Zentner. - München: Südwest-Verl. (1977). 312 S.

**Liddell** Hart, [Basil Henry]: Geschichte des Zweiten Weltkrieges (History of the Second World War, dt.) (Aus d. Engl. übertr. von Wilhelm Duden u. Rolf Helmut Foerster.) Bd 1.2. — Düsseldorf: Econ-Verl. (1972).
1. 497 S.
2. S. 505—892.

**Lukacs,** John: Die Entmachtung Europas (The last European war, dt.) Der letzte europäische Krieg 1939–1941. (Aus d. Amerikan. übers. von Wulf Bergner.) - (Stuttgart:) Klett-Cotta (1978). 492 S.

**Lukacs,** John: The last European war. September 1939– December 1941. - Garden City: Doubleday 1976. 562 S.

**Macksey,** Kenneth: The partisans of Europe in world war II. - London: Hart-Davis 1975. 271 S.

**Mason,** David: Who's who in World War II. - London: Weidenfeld & Nicolson (1978). 363 S.

**So sahen sie den Krieg** (**Masterpieces** of war reporting, dt.) Augenzeugen aus 7 Nationen berichten über d. 2. Weltkrieg. (Hrsg.:) Louis L[eo] Snyder. (Nach d. mit Kommentaren d. Hrsg. versehenen Orig. aus d. Amerikan. übers. u. zsgest. von Christian Coler u. Gustav Keim.) — Stuttgart: Steingrüben-Verl. (1966). 286 S.

**Maszalanka,** Bronisław: Druga wojna światowa. Fakty, mity, legendy. — Warszawa: Ministerstwo Obrony narodowej 1969. 640 S.

**Meyer,** Robert [Ed.]: The Stars and Stripes history of World War II. — New York: McKay 1960. 504 S.

**Michaelis,** Herbert: Der Zweite Weltkrieg. 1939—1945. — Konstanz: Akad. Verl.-Ges. Athenaion.
1. [1963.] 160 S.
2. [1965.] S. 161—393.

**Michel,** Henri: La seconde guerre mondiale. — Paris: Presses Universitaires de France.
1. Les succès de l'Axe (1939—1943). 1968. 516 S.
2. La victoire des Alliés (1943—1945). 1969. 540 S.

(Coll. „Peuples et Civilisations." 21/22.)

**Michel,** Henri: Les travaux d'histoire sur la seconde guerre mondiale. — In: Annales 8 (1953), 101—104.

**Morton,** Louis: World War II. A survey of recent writings. — In: Amer. hist. Rev. 75 (1969/70), 1987—2008.

**Morton,** Louis: Writings on World War II. — Washington: Service Centre for Teachers of History 1967. IV, 54 S.

**Müller,** Klaus-Jürgen: Entwurf einer Geschichte des Zweiten Weltkrieges (1939—1945). — In: Wehrwiss. Rdsch. 12 (1962), 729—736.

**Müller,** Klaus-Jürgen: Gedanken zum Problem einer Geschichtsschreibung über den Zweiten Weltkrieg. — In: Wehrwiss. Rdsch. 12 (1962), 634—651.

**Nagy-Talavera,** Nicholas M.: The second world war as mirrored in the Hungarian fascist press. — In: East European Quart. 1970, 179—208.

Natzmer, O. von: Politische und militärische Probleme in der letzten Phase des Krieges. — In: Wehrkunde 3 (1954) 264—267.

Očerki istorii velikoj otečestvennoj vojny. — Moskva: Akademija Nauk 1955. 536 S.

O'Neill, Herbert C. [Strategicus, pseud.] [Hrsg.]: Odhams' history of the second world war. Vol. 1. 2. — London: Odhams 1951. 704 S.

O'Neill, Herbert C. [Strategicus, pseud.]: A short history of the second world war. — New York: Praeger 1951. 345 S.

Paulus, Günter: Zur Verfälschung der Geschichte des zweiten Weltkrieges in der westdeutschen Geschichtsschreibung. — In: Z. Geschichtswiss. 1 (1953), 445—465.

Life's picture history of World War II. — New York: Time Inc. 1950. 368 S.

Platonov, S. P. [u. a.] [Hrsg.]: Vtoraja mirovaja vojna 1939—1945 gg. Voenno istoričeskij očerk. [Tom. 1.2.] — Moskva: Voenizdat 1958.

Ploetz, [Karl]: Geschichte des Zweiten Weltkrieges (Auszug aus der Geschichte [Ausz.]) Eine erw. Sonderausg. aus der 24. Aufl. von Ploetz: Auszug aus der Geschichte. Bearb. von Percy Ernst Schramm und Hans O. H. Stange. — Bielefeld: Ploetz 1951. IV, 156 S.

Probleme der Geschichte des Zweiten Weltkrieges. Referate und Diskussion zum Thema: Die wichtigsten Richtungen der reaktionären Geschichtsschreibung über den Zweiten Weltkrieg. Red.: Leo Stern. — Berlin: Akademie-Verl. 1958. X, 513 S.

Probleme des Zweiten Weltkrieges. Hrsg. von Andreas Hillgruber. — Köln: Kiepenheuer & Witsch (1967). 455 S.
*(Neue wissenschaftliche Bibliothek. 20.)*

Rappmannsberger, Franz J.: Zur belletristischen Literatur des zweiten Weltkrieges. — In: Wehrkunde 6 (1957), 661—666.

Rohwer, Jürgen: Das amtliche englische Werk über den 2. Weltkrieg. — In: Wehrwiss. Rdsch. 5 (1955), 45—46.

Rose, Lisle A.: The long shadow. Reflections on the Second World War era. - Westport, Conn.: Greenwood Press 1978. 224 S.

Salis, J[ean] R[udolf]: Weltchronik 1939—1945. — Zürich: Orell Füssli (1966). 556 S.

Savage, Katherine: The story of the second world war. — London: Oxford University Press 1957. 240 S.

Scheurig, Bodo: Probleme des Zweiten Weltkrieges in östlicher und westlicher Sicht. — In: Merkur 16 (1962), 468—477.

Schreiber, Thomas: Historiographie hongroise de la deuxième guerre mondiale. — In: Rev. Hist. deux. Guerre mond. 11 (1961), H. 44, 39—56.

Seeger, W.: Der zweite Weltkrieg im Mittelmeerraum. Bericht über die italienische Literatur. — In: Bücherschau d. Weltkriegsbücherei 30 (1958), 306 — 321; 31 (1959), 413—421.

Polskie siły zbrojne w drugiej wojnie światowej. — Londyn: Instytut Historyczny im. Gen. Sikorskiego.
Tom. 1. Kampanja wrześniowa 1939.
Część 1. Polityczne i wojskowe położenie Polski przed wojną. 1951. XXX, 494 S.
Część 2. Przebieg działań od 1 do 8 września. 1951. XXV, 816 S.
Część 3. Przebieg działań od 9 do 14 września. 1959. XXIX, 685 S.
Tom 2. Kampanie na obczyznie.
Część 1. Wrzesień 1939-czerwiec 1941. 1959. XXI, 411 S.
Tom. 3. Armia krajowa. 1950. XXII, 972 S.

Snyder, Louis L.: The war. A concise history 1939—1945. — New York: Mesner 1961. 579 S.

(Stahl, Friedrich Christian:) Der zweite Weltkrieg. — In: Gesch.Wiss. Unterr. 4 (1953), 358—363.
Literaturbericht.

Stenzl, Otto: Der Zweite Weltkrieg. Neue Literatur zu seiner Geschichte. — In: Polit. Meinung 7 (1962), H. 74, 83—91.

Taylor, A[lan] J[ohn] P[ercivale]: The Second World War. An illustrated history. - New York: Putnam's 1975. 234 S.

Tippelskirch, Kurt von: Geschichte des Zweiten Weltkrieges. — Bonn: Athenäum-V. 1951. XIV, 731 S.

Tippelskirch, Kurt von: Geschichte des Zweiten Weltkrieges. 2. neu bearb. Aufl. — Bonn: Athenäum-V. 1956. XI, 636 S.

Trevor-Roper, H. R.: The Germans reappraise the war. — In: Foreign Aff. 31 (1952/53), 225—237.
Literaturbericht.

Uhlig, Heinrich: Der zweite Weltkrieg in englischer Sicht. — In: Neues Abendland 7 (1952), 354—357.
Literaturbericht.

Das Vermögen der ermordeten Juden Europas. Dokumentensammlung. Zus.-gest. von Tobias Friedmann. Hrsg. mit Hilfe d. Exekutive d. Jüd. Weltkongresses. — Haifa: Hist. Dokumentation zur Erforschung d. Nazi-Kriegsverbrechen 1961. 46 S.

Vidalene, Jean: Le second conflict mondial, mai 1939 — mai 1945. — Paris: C.D.U. et S.E.D.E.S. réunis 1970. 428 S.
*(Coll. „Regards sur l'histoire". 10.)*

Villate, R.: Histoire de la deuxieme guerre mondiale. Revue critique des publications récentes. — In: R. Synth. hist. N. S. 23 (1948), 184—190.

Der große Weltbrand des 20. Jahrhunderts, der zweite Weltkrieg. Übers. nach der 2., durchges. u. erw. rumän. Ausg. - Bukarest: Polit. Verl. 1975. 749 S.

Der Zweite Weltkrieg. Eine Chronik in Bildern. Hrsg. von Heinz Bergschicker. — (Berlin:) Dtsch. Militärverl. (1964). 471 S.

Der Zweite Weltkrieg. Dokumente. Ausgew. u. eingel. von Gerhard Förster u. Olaf Groehler. — Berlin: Militärverl. d. DDR 1972. 587 S.
*(Kleine Militärgeschichte. Kriege.)*

Der Zweite Weltkrieg im Bild. Hrsg. von Franz Burda. Red. u. Texte: Hanns Adam Faerber. Milit. Berater: Martin Ronicke. — Offenburg i. B.: Burda.
1. Von Nürnberg bis Stalingrad. 1952. 271 S.

Williams, T. Desmond: The historiography of World War II. — In: Historical Studies, Papers read before the Second Irish Conference of Historians, London: Bowes & Bowes 1958, 33—49.

# GESCHICHTE DES II. WELTKRIEGES

**Wright,** Gordon: The ordeal of total war, 1939—1945. — New York: Harper & Row 1968. XV, 314 S.

**The world** at war. A history dealing with every phase of World War II on land, at sea and in the air, including the events which led up to the outbreak of hostilities. Ed. by Geoffrey P. Dennis. Vol. 1—4. — London: Caxton 1951.

**Wucher,** Albert: Eichmanns gab es viele. Ein Dokumentarbericht über d. Endlösung d. Judenfrage. — München, Zürich: Droemer (1961). 286 S.

**Zentner,** Kurt: Illustrierte Geschichte des Zweiten Weltkrieges. (2., durchges. Aufl.) — München: Südwest-Verl. (1964). 604 S.

**Zipfel,** Friedrich: Krieg und Zusammenbruch. — Hannover: Verl. f. Literatur u. Zeitgeschehen (1962). 83 S.
*(Hefte zum Zeitgeschehen. 7.)*

## Vorgeschichte und Kriegsausbruch

**Adamthwaite,** Anthony P.: The making of the Second World War. — London: Allen & Unwin (1977). 235 S.
*(Historical Problems. Studies and Documents. 28.)*

**Aleff,** Eberhard: Die Sowjetunion und der Ausbruch des Zweiten Weltkrieges. — In: Wehrwiss. Rdsch. 7 (1957), 69—83.

**Alexandroff,** Alan [u.] Richard Rosecrance: Deterrence in 1939. — In: World Politics 29 (1976/77), 404–424.

**Argile,** René d' [u. a.]: Das Geheimnis um die Ursachen des Zweiten Weltkrieges (Les origines secrètes de la guerre 1939—1945, dt.) (Dt. autor. Übersetzung d. franz. Originals.) — Wiesbaden: Priester (1958). 216 S.

**Argile,** René d' [u. a.]: Les origines secrètes de la guerre 1939—1945. — Paris: Lectures françaises 1957. 288 S.

**Aster,** Sidney: 1939. The making of the Second World War. — London: A. Deutsch 1973. 456 S.

**Ball,** Adrian: Fertig zum Untergang (The last day of the old world, dt.) Der 3. September 1939. (Übertr. aus d. Engl. von Dieter Flamm.) — Düsseldorf: Droste (1963). 244 S.

**Barnes,** Harry Elmar: Die deutsche Kriegsschuldfrage. — Tübingen: Verl. d. Dt. Hochschullehrer-Ztg. 1964. 136 S.

**Basler,** Werner: Die britisch-französisch-sowjetischen Militärbesprechungen im August 1939. — In: Z. Geschichtswiss. 5 (1957), 18—56.

**Batowski,** Henryk: August 31st, 1939 in Berlin. — In: Polish West. Aff. 4 (1963), 20—50.

**Baumgart,** Winfried: Zur Ansprache Hitlers vor den Führern der Wehrmacht am 22. August 1939. Eine quellenkritische Untersuchung. — In: Vjh. Zeitgesch. 16 (1968), 120—149.

**Baumont,** Maurice: Les origines de la Deuxième Guerre mondiale. — Paris: Payot 1969. 368 S.
*(Coll. „Etudes et Documents".)*

**Baumont,** Maurice: The origins of the Second World War (Les origines de la deuxième guerre mondiale, engl.) Transl. by Simone de Couvreur Ferguson. — New Haven: Yale University Press 1978. VIII, 327 S.

**Brown,** John Mason: The Danzig dilemma. — Stanford: Stanford University Press 1946. XVIII, 377 S.

**Carr,** William: Rüstung, Wirtschaft und Politik am Vorabend des Zweiten Weltkrieges. - In: Nationalsozialistische Außenpolitik, Darmstadt: Wiss. Buchgesellsch. 1978, 437–454.

**Chudek,** Józef: Sierpniowa rozmowa Ciano-Wieniawa z r. 1939. — In: Sprawy międzynar. 10 (1957), H. 4, 67—71.

**Colvin,** Jan: None so blind. A British diplomatic view of the origins of World War II. — New York: Harcourt, Brace & World 1965. 360 S.

**Deuerlein,** Ernst: Die gescheiterte Anti-Hitler-Koalition. — In: Wehrwiss. Rdsch. 9 (1959), 634—650.

**Eichholtz,** Dietrich [u.] Gerhart Hass: Zu den Ursachen des Zweiten Weltkrieges und den Kriegszielen des deutschen Imperialismus. — In: Z. Geschichtswiss. 15 (1967), 1148—1170.

**Fomin,** V.: Amerikanskie i anglofrancuzskie imperialisty, organizatory i pasobniki gitlerovskoj agressij protiv Pol'ši. — Vop. Ist., November 1951, 99—114.

**Freund,** Michael: Weltgeschichte der Gegenwart in Dokumenten. Geschichte des Zweiten Weltkrieges. — Freiburg i. Br.: Herder.
1. Der Weg zum Kriege. 1938—1939. 1953. 500 S.

**General staffs** and diplomacy before the Second World War. Ed. by Adrian Preston. — London: Croom Helm 1978. 138 S.

**Glaseboek,** Willy: War Deutschland am 2. Weltkrieg allein schuld? Von Versailles bis Danzig. Eine Betrachtung zur Kriegsschuldfrage. Mit e. Vorw. von Berthold Rubin. — Niederpleiß/Siegburg:) Ring-Verlag Cramer (1964). 581 S.

**Glaser,** Kurt: Der Zweite Weltkrieg und die Kriegsschuldfrage. (Die Hoggan-Kontroverse). — Würzburg: Marienburg 1965. 200 S.

**Graml,** Hermann: Zur Diskussion über die Schuld am Zweiten Weltkrieg. — In: Aus Politik u. Zeitgeschichte, Beilage zur Wochenzeitung „Das Parlament", 1964, Nr 27 vom 1. Juli 1964, 3—23.

**(Graml,** Hermann:) David L. Hoggan und die Dokumente. — Stuttgart: Dt. Verl.-Anst. 1963. 26 S.
*(Vierteljahrshefte für Zeitgeschichte. Sonderdr.)*

**Grenfell,** Russell: Bedingungsloser Haß? (Unconditional hatred, [dt.]) Die deutsche Kriegsschuld und Europas Zukunft. (Dt. v. Egon Heymann.) — Tübingen: Schlichtenmayer 1954. 281 S.

**Hansen,** Ulrich: Die Vorgeschichte des Zweiten Weltkrieges in kommunistischer Sicht. — Bonn: Bundesminist. f. Gesamtdtsch. Fragen 1965. 119 S.
*(Bonner Berichte aus Mittel- und Ostdeutschland.)*

**Hass**, Gerhart: Die USA und der Kriegsausbruch im September 1939. — In: Dtsch. Außenpolitik 9 (1964), 860—866.

**Helmdach**, Erich: Täuschungen und Versäumnisse. Kriegsausbruch 1939/1941. - Berg am See: Vowinckel 1979. 163 S.

(**Hesse**, Fritz:) Der letzte Versuch. Englische Friedensbemühungen am Vorabend des Krieges. — In: Merkur 6 (1952), 1050—1079.

**Hierl**, Konstantin: Schuld oder Schicksal? Studie über Entstehung und Ausgang des Zweiten Weltkrieges. — Heidelberg: Vowinckel [1954]. 111 S.

**Hillgruber**, Andreas: Forschungsstand und Literatur zum Ausbruch des Zweiten Weltkrieges. - In: Sommer 1939. Die Großmächte und der Europäische Krieg, Stuttgart: Dtsch. Verl.-Anst. (1979), 337–364.

**Hofer**, Walther: Die Entfesselung des zweiten Weltkrieges. Eine Studie über die internationalen Beziehungen im Sommer 1939. — Stuttgart: Dtsch. Verl.-Anst. (1954). 221 S.
*(Veröffentlichungen des Instituts für Zeitgeschichte München.)*

**Hofer**, Walther: Die Entfesselung des Zweiten Weltkrieges. Eine Studie über die internationalen Beziehungen im Sommer 1939. Mit Dokumenten. ([3.] neubearb. Ausg.) — (Frankfurt a. M., Hamburg:) Fischer Bücherei (1960). 378 S.
*(Fischer Bücherei. 323.)*

**Hoggan**, David L[eslie]: Der erzwungene Krieg. Die Ursachen und Urheber des 2. Weltkrieges. (Nach d. Ms. aus d. Engl. übers. von M. E. Narjes u. Herbert Grabert.) — (Tübingen:) Verl. d. Dt. Hochschullehrer-Zeitung (1961). 893 S.
*(Veröffentlichungen des Instituts für Deutsche Nachkriegsgeschichte. 1.)*

**Hoggan**, David L.: „War Hitler ein Friedensfreund?" Spiegel-Gespräch mit dem amerikanischen Historiker David L. Hoggan. — In: Der Spiegel 18 (1964), H. 20, 36—49.

**Hondorp**, Richard: Britische Stimme zur Kriegsschuldfrage. — In: Nation Europa 1 (1951), H. 12, 23—30.

**Hornung**, Klaus: Mißlungene Rechtfertigung. Bemerkungen zu David L. Hoggans Buch „Der erzwungene Krieg". — In: Gesellschaft, Staat, Erziehung 9 (1964), 237—242.

**Jacobsen**, Hans-Adolf: Adolf Hitler, ein Politiker ohne Programm? Kritische Bemerkungen zu einer Untersuchung von A. J. P. Taylor. — In: Europa-Archiv 16 (1961), 457—462.

**Jasper**, Gotthard: Über die Ursachen des Zweiten Weltkrieges. Zu den Büchern von A. J. P. Taylor und David L. Hoggan. — In: Vjh. Zeitgesch. 10 (1962), 311—340.

**Jurkiewicz**, Jarosław: Z tajnej korespondencji Beck-Wieniawa. — In: Sprawy międzynar. 10 (1957), H. 6, 57—61.

**Kamnitzer**, Heinz: Die diplomatische Vorgeschichte des zweiten Weltkrieges. — Berlin: Aufbau-V. 1952. 29 S.
*(Vorträge zur Verbreitung wissenschaftlicher Kenntnisse.)*

Im **Kampf** um die Wahrheit. Die geschichtswissenschaftliche Entlarvung d. Kriegsschuldlüge. — Tübingen: Verl. d. Dt. Hochschullehrer-Ztg. (1962). 72 S.
*(Veröffentlichungen d. Inst. f. Dt. Nachkriegsgesch. H. 2.)*

**Krausnick**, Helmut, Ernst Deuerlein [u. a.]: Der Beginn des Zweiten Weltkrieges. Hrsg. von der Bundeszentrale für Heimatdienst. — (Beuel—Bonn 1960: Röger-Druck.) 180 S.
*(Schriftenreihe der Bundeszentrale für Heimatdienst. 47.)*

**Kriegsbeginn** 1939. Entfesselung oder Ausbruch des Zweiten Weltkriegs? Hrsg. von Gottfried Niedhart. - Darmstadt: Wiss. Buchges. 1976. VI, 519 S.
*(Wege der Forschung. 374.)*

**Lafore**, Laurence: The end of glory. An interpretation of the origins of world war II. — Philadelphia: Lippincott 1970. VII, 280 S.
*(Critical Periods of History.)*

**Lambert**, Margaret: History as she never was. Mr. A. J. P. Taylor's „Origins" of the Hitler war. — In: Wiener Libr. Bull. 15 (1961), 41—42.

William L. **Langer** über Hoggans „Der erzwungene Krieg". — In: Gesch. in Wissensch. u. Unterricht 14 (1963), 556—557.

**Medlicott**, W. N.: La marche vers la guerre: 1939. — In: Rev. Hist. deux. Guerre mond. 6 (1956), H. 21, 3—21.

**Mohl**, Ulrich: Die Kriegsschuldfrage in neuer Sicht. Gewagte Thesen d. britischen Historikers A. J. P. Taylor. — In: Geschichte in Wissensch. u. Unterricht 13 (1962), 713—717.

**Moltmann**, Günter: Franklin D. Roosevelts Friedensappell vom 14. April 1939. Ein fehlgeschlagener Versuch zur Friedenssicherung. — In: Jb. Amerikastudien 9 (1964), 91—109.

**Morand**, E.: Les causes réelles de la guerre de 1939. — Lyon: Audin 1952. 66 S.

Les **négociations** militaires entre l'URSS, la Grande Bretagne et la France en août 1939. — In: Recherches intern. à la Lumière du Marxisme, 1959, H. 12, III$^e$ partie, 130—220.

**Nekrič**, A.: Dvojnaja igra pravitel'stva Čemberlena i eë proval. — In: Vop. Ist. 1950, H. 2, 46—73.
Über die Politik der Regierung Chamberlain im Jahre 1939.

**Nicoll**, Peter H.: Englands Krieg gegen Deutschland (Britain's Blunder, dt.) Die Ursachen, Methoden und Folgen d. Zweiten Weltkriegs. (Nach d. Ms. d. neugestalteten Aufl. aus d. Engl. übers. vom Inst. f. Dt. Nachkriegsgesch., Tübingen.) — (Tübingen:) Verl. d. Dt. Hochschullehrer-Ztg. 1963. 588 S.
*(Veröffentlichungen d. Inst. f. Dt. Nachkriegsgesch. Bd 2.)*

The **origins** of the Second World War. Historical interpretations. Ed. by E(smonde) M. Robertson. — (London:) Macmillan (1971). VI, 312 S.

The **outbreak** of the Second World War. Design or blunder? Ed. with an introd. by John L[eslie] Snell. — Boston: Heath (1962). XX, 107 S.
*(Problems in European civilisation.)*

**Rauschning**, Hermann: Der unnötige Krieg. Eine Auseinandersetzung mit A. J. P. Taylor und David L. Hoggan. — In: Bll. dt. u internat. Politik 8 (1963), 680—697.

**Remak,** Joachim: The origins of world war II. – Englewood Cliffs, N. J.: Prentice Hall 1975. 192 S.
*(A Spectrum Publication.)*

**Ribbentrop,** Annelies von: „Verschwörung gegen den Frieden". Studien zur Vorgeschichte des Zweiten Weltkrieges. — Leoni a. Starnberger See: Druffel (1962). 540 S.

**Runzheimer,** Jürgen: Die Grenzzwischenfälle am Abend vor dem deutschen Angriff auf Polen. - In: Sommer 1939. Die Großmächte und der Europäische Krieg, Stuttgart: Dtsch. Verl.-Anst. (1979), 107–147.

**Runzheimer,** Jürgen: Der Überfall auf den Sender Gleiwitz im Jahre 1939. — In: Vjh. Zeitgesch. 10 (1962), 408 bis 426.

**Ryszka,** F[ranciszek]: Les origines de la deuxième guerre mondiale. Essai historiographique. — In: Rev. Hist. deux. Guerre mond. 15 (1965), H. 60, 45—54.

**St. Aubin,** Bernard: Les origines de la guerre de 1939. — Montreal: [Selbstverl.] 1950. 123 S.

**Sauvageot,** André: La déclaration de guerre. — In: Rev. Def. nat. 7 (1951), 37—49 und 177—185.

**Schindler,** Herbert: Mosty und Dirschau 1939. 2 Handstreiche der Wehrmacht vor Beginn des Polenfeldzuges. 2. veränd. Aufl. - Freiburg: Rombach 1979. 173 S.
*(Einzelschriften zur militärischen Geschichte des Zweiten Weltkrieges. 7.)*

**Schützler,** Horst: Die politischen Verhandlungen der Sowjetunion mit Großbritannien und Frankreich im Frühjahr und im Sommer 1939. — In: Z. Geschichtswiss. 7 (1959), 1716—1742.

**Seraphim,** Hans-Günther: Zur Vorgeschichte des 2. Weltkrieges. — In: Hist.-pol. Buch 10 (1962), 161—164.

**Sievers,** Hermann: Gedanken zur Kriegsschuld. — In: Nation Europa 2 (1952), H. 10, 43—48.

**Sontag,** Raymond J[ames]: The origins of the Second World War. — In: Rev. Polit. 25 (1963), 497—508.

**Spieß,** Alfred [u.] Heiner Lichtenstein: Das Unternehmen Tannenberg. Mit e. Vorw. von Robert M. W. Kempner. – (Wiesbaden:) Limes-Verl. (1979). 183 S.

**Spiru,** Basil [Hrsg.]: September 1939. Red.: Felix-Heinrich Gentzen. — Berlin: Rütten & Loening 1959. 161 S.

**Steinert,** Marlis G[ertrud]: Les orgines de la seconde guerre mondiale. – Paris: Presses universitaires de France 1974. 136 S.
*(Coll. „Documents. Sér. Histoire". 8.)*

**Stritzel,** Klaus Peter: Die rechtliche Bedeutung der Eingliederung der Freien Stadt Danzig in das Deutsche Reich im Jahre 1939. — o. O. [1959]. XXI, 141 Bl. [Maschinenschr. vervielf.]
*Kiel, rechts- u. staatswiss. Diss. 10. Juni 1959.*

**Taylor,** A. J. P.: The origins of the second world war. — London: Hamish Hamilton 1961. 296 S.

**Taylor,** A[lan] J[ohn] P[ercivale]: Die Ursprünge des Zweiten Weltkrieges (The origins of the second world war, dt.) (Dt. von Dieter Werner.) — (Gütersloh:) Mohn (1962). 383 S.

**Thöne,** Karin: Entwicklungsstadien und Zweiter Weltkrieg. Ein wirtschaftswissenschaftlicher Beitrag zur Frage der Kriegsursachen. - Berlin: Duncker & Humblot 1974. 106 S.
*(Schriften zur Wirtschafts- und Sozialgeschichte. 22.)*
*Diss., Stuttgart.*

**Toscano,** Mario: Considerazioni sulle origini e sulle vicende diplomatiche della seconda guerra mondiale. — In: Riv. Studi polit. intern. 22 (1955), 52—94.

**Toscano,** Mario: Le origini della seconda guerra mondiale viste da Roma. — In: Riv. Studi Polit. intern. 17 (1950), 524—631.

**Toscano,** Mario: Origini e vicende della seconda guerra mondiale. — In: Pagine di storia diplomatica contemporanea, Vol. 2, Milano: Giuffrè 1963, 477—1033.

**Unzner,** Ralf: Die Affäre „Gleiwitzer Sender". — In: Nation Europa 13 (1963), H. 5, 43—50.

**Verhandlungen** der Militärmissionen der UdSSR, Großbritanniens und Frankreichs in Moskau im August 1939. — In: Dtsch. Außenpolitik 4 (1959), 546—550 und 674—715.

Die **Vorgeschichte** des Zweiten Weltkrieges in marxistisch-leninistischer Interpretation. — In: Dtsch. Studien 1 (1963), 278—304.

**Walendy,** Udo: Wahrheit für Deutschland. Die Schuldfrage des Zweiten Weltkrieges. —– Vlotho/Weser: Verl. f. Volkstum u. Zeitgesch.forschung (1964 [vielm. 1963]). 397 S.

**Watt,** Donald Cameron: Too serious a business. European armed forces and the approach to the second world war. - Berkeley: University of California Press 1975. 200 S.

Der Zweite **Weltkrieg.** Ursachen und Folgen in der Sicht deutscher und ausländischer Historiker. — In: Aus Politik u. Zeitgeschichte, Beilage zur Wochenzeitung „Das Parlament", 1964, Nr 35 vom 26. August 1964, 3—9 und Nr 36 vom 2. September 1964, 3—11.

**Wirtschaft** und Rüstung am Vorabend des Zweiten Weltkrieges. Für das Militärgeschichtliche Forschungsamt hrsg. von Friedrich Forstmeier [u.] Hans-Erich Volkmann. - Düsseldorf: Droste 1975. 415 S.

**Wroński,** S.: W sprawie agresji imperialistycznej przeciwko Polsce w 1939 roku. — In: Przegląd Hist. 45 (1954), 781—807.

**Wucher,** Albert: Seit 5 Uhr 45 wird zurückgeschossen. Ein Dokumentarbericht über den Beginn des Zweiten Weltkrieges. — München: Süddtsch. Verl. (1959). 217 S.

Militärische Geschichte

Allgemeines

**Adonyi,** Ferenc: A magyar katona a második vilaghá-borúban, 1941—1945. — Klagenfurt: Selbstverlag 1954. 272 S.
**Über den ungarischen Soldaten im Zweiten Weltkriege.**

**Albert,** R.: Die letzten und die ersten Tage. Bambergs Kriegstagebuch 1944—1946. — Bamberg: Fränk. Tag 1953. 134 S.

**Arntz,** Helmut: Die Menschenverluste der beiden Weltkriege. — In: Universitas 8 (1953), 703—708.

Saint-Loup [d. i. Marc **Augier**]: Legion der Aufrechten [dt.] Frankreichs Freiwillige an der Ostfront. (Autoris. Übers. aus d. Franzӧs.) – Leoni a. Starnberger See: Druffel (1977). 356 S.

**Australia** in the war of 1939—1945. — Canberra: Australian War Memorial. Series 1: Army.
1. Long, Gavin: To Benghazi. 1952. XIV, 336 S.

**Baldwin,** Hanson W[eightman]: Große Schlachten des Zweiten Weltkrieges (Battles lost and won, dt.) (Aus d. Amerikan. übers. von Thomas M. Höpfner.) — Düsseldorf: Econ-Verl. (1968). 429 S.

**Barclay,** C. N.: The First Commonwealth Division. Forew. by Earl Alexander of Tunis. — Aldershot: Gale & Polden 1955. XVIII, 236 S.

**Barjaud,** Yves: Die Legion der antikommunistischen französischen Freiwilligen 1941—1944. — In: Feldgrau 13 (1965), 129—137.

**Bauer,** Eddy: Grandeur et décadence de la Panzerwaffe. — In: Rev. Déf. nat. 18 (1954), 143—160.

**Bauer,** Eddy: Der Panzerkrieg (La guerre des blindés, dt.) Die wichtigsten Panzeroperationen d. Zweiten Weltkrieges in Europa u. Afrika. (Hrsg. im Auftr. d. Arbeitskreises f. Wehrforschung.) (Aus d. Franz. übers. von Theodor Fuchs.) — Bonn: Verl. Offene Worte (1965).
1. Vorstoß und Rückzug der deutschen Panzerverbände. Mit e. Vorw. zur dtsch. Ausg. von Hans-Adolf Jacobsen u. e. Vorw. zur Schweizer Ausg. von Jean Valluy. XV, 309 S.
2. Der Zusammenbruch des Dritten Reiches. Mit Bibl. u. Personenverz. f. Bd 1 u. 2 sowie e. Bildteil. 332 S.

**Baumann,** Hans: Die 35. Infanterie-Division im 2. Weltkrieg 1939—1945. Die Geschichte e. einsatzbereiten, standfesten u. anspruchslosen bad.-württ. Infanterie-Division. — Karlsruhe: Braun (1964), 292 S.

**Baumeister,** Rudolf: Erfahrungen mit Ostfreiwilligen im II. Weltkrieg. — In: Wehrkunde 4 (1955), 153—157.

**Benary,** Albert: Die Berliner Bären-Division. Geschichte der 257. Infanterie-Division 1939—1945. — Bad Nauheim: Podzun 1955. 216 S.

**Berger,** Gottlob: Zum Ausbau der Waffen-SS. — In: Nation Europa 3 (1953), H. 4, 55—56.

**Bergot,** Erwan: L'Afrikakorps. — Paris: Balland [dépôt: Hachette] 1972. 271 S.
(Coll. „Corps d'élite".)

Deutsche **Bevölkerungsbilanz** des Zweiten Weltkrieges. — In: Wirtschaft u. Statistik 8 (1956), 493—500.

**Bihl,** Wolfdieter: Zur Rechtsstellung der Waffen-SS. — In: Wehrwiss. Rdsch. 16 (1966), 379—385.

**Bildband** der 16. Panzer-Division. 1939 bis 1945. Hrsg. vom Kameradschaftsbund 16. Panzer- und Infanterie-Division, Kameradschaftshilfswerk e. V. — Nauheim: Podzun 1956. 171 S.

**Böhmler,** Rudolf: Fallschirmjäger. Bildband und Chronik. — Bad Nauheim: Podzun (1961). 497 S.

**Braun,** Julius: Enzian und Edelweiß. Die 4. Gebirgs-Division 1940—1945. — Bad Nauheim: Podzun 1955. 258 S.

**Brehm,** Werner: Mein Kriegstagebuch 1939—1945. Mit der 7. Panzer-Division 5 Jahre in Ost und West. — Kassel: Selbstverl. 1953. 110 S.

**Breithaupt,** Hans: Die Geschichte der 30. Infanterie-Division 1939—1945. — Bad Nauheim: Podzun 1955. 320 S.

**Breitkopf,** Hans: Schwerpunktwaffe Nebelwerfer. — In: Der Frontsoldat erzählt 18 (1954), 335—336.

**Broekdorff,** Werner: Geheimkommandos des Zweiten Weltkrieges. Geschichte und Einsätze der Brandenburger, der englischen Commands und SAS-Einheiten, der amerikanischen Rangers und sowjetischer Geheimdienste. — München: Verl. Welsermühl (1967). 446 S.

Das **Buch** der 78. Sturm-Division. (Hrsg.: Kameradenhilfswerk der 78. Sturm-Div., Tübingen. Verantwortl. f. d. Inhalt: Ludwig Merker.) — (Tübingen [1955]: Laupp.) 327 S.

**Buchner,** Alex: Gebirgsjäger an allen Fronten. Berichte von den Kämpfen der deutschen und österreichischen Gebirgsdivisionen. — Hannover: Sponholtz (1954). 256 S.

**Buchner,** Alex: Die deutsche Gebirgstruppe 1939—1945. Eine Bilddokumentation. — Dorheim: Podzun 1971. 213 S.

**Buchner,** Alex [Hrsg.]: Kampf im Gebirge. Erfahrungen und Erkenntnisse des Gebirgskrieges. Mit einem Geleitw. von Hubert Lanz. — (München-Lochhausen): Schild-V. (1957). 233 S.

**Buhr,** Martin: Entstehung und Einsatz der Sturmartillerie. — In: Wehrkunde 2 (1953), H. 4, 7—10.

**Buss,** Philip H. [u.] Andrew Mollo: Hitler's Germanic legions. An illustrated history of the Western European Legions with the SS, 1941–1943. – London: Macdonald & Jane's 1978. 144 S.

**Buxa,** Werner: Weg und Schicksal der 11. Infanterie-Division. — Kiel: Podzun 1952. 78 S.

**Bykofsky,** Joseph und Harold Larson: The Transportation Corps. Operations overseas. — Washington: Department of the Army, Office of the Chief of Military History 1957. XVII, 671 S.
(United States Army in World War II. The Technical Sercives.)

**Chassin,** L. M.: Histoire militaire de la seconde guerre mondiale. 1939—1945. Préface du [Jean] de Lattre de Tassigny. Nouv. éd. revue et augmentée. — Paris: Payot 1951, 536 S.
(Collection de Mémoires, Etudes et Documents pour servir à l'Histoire de la Guerre.)

**Chassin,** L. M.: Storia militare della seconda guerra mondiale. A cura di A. Cocchia e F. Amico. Pref. di De Lattre de Tassigny. — Firenze: Sansoni 1964. X, 688 S.

**Coll,** Blanche D. [u. a.]: The corps of engineers. Troops and equipment. — Washington: Department of the Army, Office of Military History 1958. XVII, 622 S.

**Conn,** Stetson und Byron Fairchild: The framework of hemisphere defense (1939—1945). Vol. 1. — Washington: Department of the Army, Office of the Chief of Military History 1960. XX, 470 S.
*( US Army in World War II.)*

**Conze,** Werner: Die Geschichte der 291. Infanterie-Division 1940—1945. — Bad Nauheim: Podzun 1953. 119 S.

**Datner,** Szymon: Zbrodnie Wehrmachtu na jeńcach wojennych armii regularnych w II Wojnie Światowej. — (Warszawa:) Wydawnictwo Ministerstwa Obrony Narodowej (1961). 409 S.

**Denzel,** Egon: Die Luftwaffen-Felddivisionen 1942—1945 sowie Sonderverbände der Luftwaffe im Kriege 1939/45. 2. Aufl. — (Neckargemünd: Vowinckel) 1967. 56 S.

**Denzel,** Eugen: „Adler-Division" (21. Luftwaffen-Felddivision) 1942—1945. — Weißenburg: Prinz-Eugen-V. 1956.

**Dexter,** David: The New Guinea offensives. — Canberra: Australian War Memorial; London: Angus & Robertson 1961. XX, 851 S.
*(Australia in the war of 1939—45. Series 1. Army. 6.)*

**Dieckhoff,** Gerhard: 3. Infanterie-Division, 3. Infanterie-Division (mot.), 3. Panzergrenadier-Division. — (Göttingen 1960: Börries.) 428 S.

**29. Division.** 29. Infanteriedivision, 29. Infanteriedivision (mot), 29. Panzergrenadier-Division. Das Buch d. FALKE-Division mit Beitr. von Joachim Lemelsen [u. a.] Gesamtbearb.: Julius Schmidt. Hrsg. vom Falke-Verb. — Bad Nauheim: Podzun (1960) 487 S.

**Dmytryshyn,** Basil: The Nazis and the SS Volunteer Division „Galicia". — In: Amer. Slav. & East Europ. Rev. 15 (1956), 1—10.

**Dolata,** Bolesław [u.] Tadeusz Jurga: Walki zbrojne na ziemiach polskich, 1939—1945. — Warszawa: Ministerstwo Obrony Narodowej 1970. 630 S.

**Dorn,** Hellmuth: Entwicklung der Pionierwaffe in zwei Weltkriegen. — In: Wehrwiss. Rdsch. 1 (1951), H. 6/7, 49—55.

Weltkrieg 1939—1945. **Ehrenbuch** der deutschen Wehrmacht. Den Gefallenen zur Ehre und den Lebenden zur Erinnerung. In Gemeinschaftsarbeit auf Grund persönlicher Kenntnis aller Kriegsschauplätze hrsg. Mitarb.: Frh. [Hans] von Buttlar [u. a.] — Stuttgart: Riegler 1954. Getr. Pag.

**Eissner,** Albin: Polens materielle Verluste im Zweiten Weltkrieg. — In: Außenpolitik 13 (1962), 830—836.

**Eissner,** Albin: Personelle Kriegsverluste des polnischen Volkes. — In: Außenpolitik 14 (1963), 44—52.

**Emunds** Paul: Luftwaffenhelfer im Einsatz. Oberschüler während der anglo-amerikanischen Luftoffensiven im Großraum Aachen. - In: Aus Politik und Zeitgeschichte, Beilage zur Wochenzeitung „Das Parlament Nr. 45 vom 6. November 1976, 33—54.

**Engelmann,** Joachim [u.] Horst Scheibert: Deutsche Artillerie 1934—1945. Eine Dokumentation in Text, Skizzen und Bildern. - Limburg a. d. L.: Starke 1974. 299 S.

**Esebeck,** Hanns Gert von: Das deutsche Afrika-Korps. Sieg und Niederlage. (4. Aufl.) - (Wiesbaden:) Limes-Verl. (1975). 234 S.

**Essame,** Hubert: The battle for Germany. — New York: Scribner 1969. XI, 228 S.

**Esteban**-Infantes, E.: La división azúl. — Barcelona: AHR 1956. 320 S.

**Falke,** Paul: Die 17. Aufkl.-Kompanie Regt. „Westland". — In: Wiking-Ruf 1953, H. 20, 5.

**Fellgiebel,** Erich: Meister operativer Nachrichtenverbindungen. E. Beitr. zur Gesch. d. Nachrichtentruppe. Hrsg. von Karl Heinz Wildhagen. — (Emden) 1970: (Davids). 328 S.

**Fey,** Will: Panzer im Brennpunkt der Fronten. — München: Lehmann 1959. 233 S.

**Flower,** Desmond und James Reeves [Eds.]: The taste of courage. The war 1939—1945. — New York: Harper; London: Cassell 1960. XVI, 1120 S.

**Förster,** G[erhard], H[einz] Helmert u. H[elmut] Schnitter: Der Zweite Weltkrieg. Militärischer Verlauf und Chronik. — Leipzig: VEB Verl. Enzyklopädie (1962). 278 S. (E-Taschenbuch. 14/15.)

**Förster,** Gerhard, Heinz Helmert [u.] Helmut Schnitter. Der zweite Weltkrieg. Militärhistorischer Abriß. — Berlin: Militärverl. d. DDR 1972. 447 S.
*(Kleine Militärgeschichte. Kriege.)*

**Förster,** Otto-Wilhelm: Das Befestigungswesen. Rückblick und Ausschau. — Neckargemünd: Scharnhorst Buchkameradschaft 1960. 151 S.
*(Die Wehrmacht im Kampf. 25.)*

**Folttmann,** Josef und Hanns Möller-Witten: Opfergang der Generale. Die Verluste der Generale und Admirale und der im gleichen Dienstrang stehenden sonstigen Offiziere und Beamten im zweiten Weltkrieg. — Berlin: Bernard & Graefe 1952. 176 S.

**Folttmann,** Josef und Hanns Möller-Witten: Opfergang der Generale. Die Verluste der Generale und Admirale und der im gleichen Dienstrang stehenden sonstigen Offiziere und Beamten im zweiten Weltkrieg. 2. erw., erg., veränd. Aufl. — Berlin: Bernard & Graefe 1953. 191 S.

**Folttmann,** Josef und Hanns Möller-Witten: Opfergang der Generale. Die Verluste der Generale und Admirale und der im gleichen Dienstrang stehenden sonstigen Offiziere und Beamten im zweiten Weltkrieg. 3., wesentlich ergänzte u. abschließ. Bearbeitung. — Berlin: Bernard & Graefe 1957. 187 S.

**Forell,** Fritz von: sie ritten in die ewigkeit... Kampf und Untergang der Donkosaken im zweiten Weltkrieg. — Bielefeld: Dtsch. Heimatverl. Gieseking 1957. 336 S.

**Franz,** Hermann: Gebirgsjäger der Polizei. Polizei-Gebirgsjäger-Regiment 18 und Polizei-Gebirgs-Artillerieabteilung. 1942 bis 1945. — Bad Nauheim: Podzun (1963). 232 S.

Militärische Geschichte

**Fraschka,** Gunter: Mit Schwertern und Brillanten. — Rastatt: Pabel 1959. 237 S.

**Freytag** v[on] Loringhoven, Hanns Baron: Das letzte Aufgebot des Teufels. Dramat. Einsatz d. Volkssturmbataillons 7/108 Franken mit d. Kompanien: Rothenburg o. d. T., Ansbach, Weissenburg, Dinkelsbühl. Mit Dokumenten u. Einzelberichten. — [Ansbach/Mfr., Rügländer Str. 34:] Selbstverl. (1965). 160 S.

**Gareis,** Martin: Kampf und Ende der fränkisch-sudetendeutschen 98. Infanterie-Division. — Tegernsee-Süd: Selbstverl. 1956. 472 S.

**Gefallen** in Gottes Hand. Briefe gefallener Christen. Hrsg. von Otto Schuster. Mit einem Geleitwort von Manfred Müller. — Stuttgart: Quell-V. [1952]. 304 S.

Den **Gefallenen.** Ein Gedenkbuch für die in Feld und Heimat gefallenen Soldaten, Frauen und Kinder. Ein Denkmal in Wort und Bild. Hrsg. vom Volksbund Deutsche Kriegsgräberfürsorge e. V. Mit einem Vorwort von Theodor Heuss. — München: Akad. Gemeinschaftsverl. (1952). 160 S.

**Geschichte** der 56. Infanterie-Division 1938—1945. — o. O. [1955]: Arbeitskreis der Division. 138 S. [Als Manuskr. gedr.]

**Geschichte** der 3. Panzer-Division Berlin-Brandenburg. 1933—1945. Hrsg. vom Traditionsverband d. Division. — Berlin: Richter 1967. 522 S.

Die **Geschichte** des Panzerkorps Großdeutschland, berichtet, photographiert und skizziert von Soldaten aller Dienstgrade der Großdeutschlandverbände: Panzerkorps Großdeutschland mit den Panzergrenadierdivisionen Großdeutschland und Brandenburg, der Führer-Begleitdivision, der Führer-Grenadierdivision, der Panzergrenadierdivision Kurmark, dem Wachregiment GD und den Ersatzeinheiten. Gesamm. u. zsgest. von Helmuth Spaeter. Bd. 1. — Duisburg-Ruhrort: Trad. Gem. Pz. K. GD (1958). 672 S.

Die **Geschichte** des Panzerkorps Großdeutschland. Gesamm. u. zsgest. von Helmuth Spaeter. Bd 2. — Duisburg-Ruhrort: Trad. Gem. Pz. K. GD 1958. 769 S.

**Gillison,** Douglas: Royal Australian air force 1939—1942. — Canberra: Australian War Memorial; Sydney: Angus & Robertson 1962. XIII, 786 S. *(Australia in the war of 1939—45. Series III. Air. 1.)*

**Golikov,** S.: Die Sowjetarmee im großen vaterländischen Krieg. Übers.: Hans Schrenk. — Berlin: Verl. Kultur und Fortschritt 1954. 350 S.

**Gosztony,** Peter: Hitlers fremde Heere. Das Schicksal der nichtdeutschen Armeen im Ostfeldzug. - Düsseldorf: Econ-Verl. (1976). 545 S.

**Gosztonyi,** Peter: Die ungarische Wehrwissenschaft und der zweite Weltkrieg. — In: Bücherschau d. Weltkriegsbücherei 31 (1959), 405—412.
Literaturbericht.

**Grams,** Rolf: Die 14. Panzer-Division 1940—1945. — Bad Nauheim: Podzun 1957. 359 S.

**Grazioli,** Edwin [und] Gerhard Hofmann: Weißt Du noch, Kamerad? Die Geschichte einer Infanterie-Kompanie im Osten. — (Frankfurt a. M.:) Frankf. Soc. Druckerei (1952). 84 S.

**Großmann,** Horst: Geschichte der rheinisch-westfälischen 6. Infanterie-Division 1939—1945. — Bad Nauheim: Podzun 1958. 318 S.

**Gschöpf,** Rudolf: Mein Weg mit der 45. Infanterie-Division. — (Linz:) Oberösterr. Landesverl. 1955. 303 S.

**Gurtner,** René: Deutsche Luftwaffen-Felddivisionen im Weltkrieg 1939—1945. — In: Allg. schweiz. Mil. Ztg. 1956, 592—608.

**Hampe,** E.: Die Technischen Truppen im Zweiten Weltkriege. — In: Wehrwiss. Rdsch. 3 (1953), 509—520.

**Haupt,** Werner: Die „Blaue Division" in der Literatur. — In: Wehrwiss. Rdsch. 9 (1959), 227—231.

**Haupt,** Werner: Fallschirmjäger 1939-1945. Weg und Schicksal einer Truppe. - Friedberg: Podzun-Pallas [1979]. 160 S.

**Haupt,** Werner: Die 260. Infanterie-Division. 1939—1944. — Bad Nauheim: Podzun 1970. 247 S.

**Hausser,** Paul: Soldaten wie andere auch. Der Weg der Waffen-SS. — Osnabrück: Munin (1967). 371 S.

**Haußer,** Paul: Waffen-SS im Einsatz. — Göttingen: Plesse-V. (1953). 270 S.

**Hayit,** Baymirza: Turkestanische Freiwillige. — In: Dtsch. Soldaten-Ztg. 4 (1954), Nr 28, 4.

**Heidegger,** Hermann: Der Lagebericht des Generalstabes des Heeres als Beitrag zum OKW-Bericht während des Polenfeldzuges 1939. — In: Wehrwiss. Rdsch. 11 (1961), 227—230.

**Heike,** Wolf-Dietrich: Sie wollten die Freiheit. Die Geschichte der Ukrainischen Division 1943-1945. - Dorheim: Podzun [1973]. 156 S.

**Held,** Walter: Verbände und Truppen der deutschen Wehrmacht und Waffen-SS im Zweiten Weltkrieg. Eine Bibliographie der deutschsprachigen Nachkriegsliteratur. Hrsg. mit Unterstützung des Arbeitskreises für Wehrforschung. - Osnabrück: Biblio-Verl. 1978. XXIII, 649 S.

**Helfers,** M. C.: Die Geschichte des US-Heeres im zweiten Weltkrieg. — In: Wehrwiss. Rdsch. 3 (1953), 392—397.

**Hennicke,** Otto: Zu den Menschenverlusten der faschistischen deutschen Wehrmacht im zweiten Weltkrieg. — In: Z. Militärgesch. 6 (1967), 195—208.

**Herzog,** Robert: Die Volksdeutschen in der Waffen-SS. — Tübingen 1955: Institut für Besatzungsfragen. 17, 3 gez. Bl. [Maschinenschr.]
*(Studien des Instituts für Besatzungsfragen in Tübingen zu den deutschen Besetzungen im Zweiten Weltkriege. 5.)*

Official **History** of the Canadien Army in the Second World War. Publ. under the author. of the Minister of National Defence. — Ottawa: Cloutier; (Vol. 2 ff.: The Queen's Printer and Controller of Stationery).
1. Stacey, C. P.: Six years of war. The Army in Canada, Britain and the Pacific. 1955. XIII, 629 S.
2. Nicholson, G. W. L.: The Canadiens in Italy 1943—1945. 1958. XI, 770 S.
3. Stacey, C. P.: The Victory Campaign. The Operations in North-West Europe 1944—1945. 1960. XIII, 770 S.

Official **history** of the Indian armed forces in the second world war 1939—1945. General editor: Bisheshwar Prasad. — Calcutta: Combined Inter-Services Historical Section; London: Longmans, Green.
    4. Expansion of the armed forces and defence organization 1939—1945. 1957. XXXIV, 546 S.

Official **history** of the Indian armed forces in the second world war 1939—1945. General editor: Bisheshwar Prasad. — Calcutta: Orient Longmans; London: Longmans, Green.
    5. Pal, Dharm: Campaign in Western Asia. 1957. XXIII, 571 S.
    6. Prasad, S. N., K. D. Bhargava und P. N. Khera: The reconquest of Burma. 1958. 467 S.

**Hoffmann**, Joachim: Die Ostlegionen 1941–1943. Turkotataren, Kaukasier und Wolgafinnen im deutschen Heer. - Freiburg: Rombach (1976). 197 S.
(*Einzelschriften zur militärischen Geschichte des Zweiten Weltkrieges. 19.*)

**Holthusen**, Hans Egon: Die Kriegsbriefe gefallener Studenten 1939 bis 1945. — In: Universitas 8 (1953), 1259—1263.

**Hoop**, J.-M. d': Note sur les évasions. — In: Rev. Hist. deux. Guerre mond. 7 (1957), H. 25, 66—77.

**Hoppe**, Harry: Die 278. Infanterie-Division in Italien 1944/45. — Bad Nauheim: Podzun 1953. 112 S.

**Hoßbach**, Friedrich: Ansprache des Generals a. D. Friedrich Hoßbach beim 82er Treffen in Göttingen am 8. September 1951. — (Osterode ‹Harz› : Giebel & Oehlschlägel 1951.) 18 S.

**Hove**, Alkmar von: Achtung Fallschirmjäger! Eine Idee bricht sich Bahn. [Geleitwort von Kurt Student.] — Leoni a. Starnberger See: Druffel-V. (1954). 231 S.

**Hubatsch**, Walther: 61. Infanterie-Division. Kampf und Opfer ostpreußischer Soldaten. — Kiel: Podzun 1952. 84 S.

**Hubatsch**, Walter: 61. Infanterie-Division. Kampf u. Opfer ostpreußischer Soldaten. 2., verb. u. erw. Aufl. — Bad Nauheim: Podzun (1961). 168 S.

**Hubatsch**, Walther: Zur deutschen militärischen Memoirenliteratur des zweiten Weltkrieges. — In: Hist. Z. 171 (1951), 373—382.

**Hümmelchen**, Gerhard: Die Veröffentlichungen des Arbeitskreises für Wehrforschung zur Geschichte des zweiten Weltkrieges. — In: Bücherschau d. Weltkriegsbücherei 31 (1959), 373—394.

**Husemann**, Friedrich: Die guten Glaubens waren. Geschichte der SS-Polizei-Division. (4. SS-Polizei-Panzer-Grenadier-Division.) - Osnabrück: Munin.
    1. 1939–1942. 1971. 472 S.
    2. 1943–1945. 1973. 703 S.

**Jacobsen**, Hans-Adolf und Jürgen Rohwer [Hrsg.]: Entscheidungsschlachten des zweiten Weltkrieges. Im Auftr. d. Arbeitskreises für Wehrforschung hrsg. — Frankfurt a. M.: Bernard & Graefe 1960. XX, 580 S.

**Jacobsen**, Hans-Adolf: Motorisierungsprobleme im Winter 1939/40. — In: Wehrwiss. Rdsch. 6 (1956), 497—518.

118. **Jäger-Division**. — (Augsburg 1957: Dr. Walch.) 86 S.

**Jeffke**, Wolfgang: Die Reiterei des 2. Weltkrieges. Moderne Heereskavallerie im Einsatz. — In: Der Frontsoldat erzählt 19 (1955), 206—207.

Die deutsche **Infanterie**. 1939—1945. Eine Dokumentation in Bildern. [Von Erich] v[on] Manstein [u.a.] — Bad Nauheim: Podzun (1967). 332 S.

Die 50. **Infanterie-Division**. 1939—1945. (Hrsg. von d. Traditionsgemeinschaft 50. Infanterie-Division.) — o. O. [Selbstverl. d. Hrsg.] (1965). 440 S.

**Jokipii**, Mauno: Panttipataljoona. Suomalaisen SS-pataljoonan historia. — Helsinki: Weilin & Göös (1968). 868 S.

**Joslen**, H. F.: Orders of battle. United Kingdom and colonial formations and units in the second world war 1939—1945. Vol. 1. 2. — London: H. M. Stationery Office 1960.

Von den **Kämpfen** der 215. württembergisch-badischen Infanterie-Division. Hrsg. vom Kameradenhilfswerk und Traditionsverband der ehem. 215. I. D. e. V. — (Stuttgart: Verl. d. Hrsg. [1959].) 334 S.

**Kameraden** bis zum Ende. Der Weg d. SS-Panzergrenadier-Regiments 4 „DF" 1939—1945. Die Geschichte einer deutsch-österreichischen Kampfgemeinschaft. (Hrsg. u. Gesamtleitung: Otto Weidinger.) — Göttingen: Plesse-Verl. (1962). 459 S.

Die abenteuerlichste Truppe des Zweiten Weltkrieges. Die Brigade **Kaminski**. — In: Der Freiwillige 10 (1964), 13—16.

**Kardel**, Hennecke: Die Geschichte der 170. Infanterie-Division 1939—1945. — Bad Nauheim: Podzun 1953. 88 S.

**Karmann**, Rudolf: Die Kosaken von Lienz-Spittal. — In: Dtsch. Rdsch. 81 (1955), 902—907.

**Keilig**, Wolf: Das deutsche Heer 1939—1945. Gliederung, Einsatz, Stellenbesetzung. Lfg 1 ff. — Bad Nauheim: Podzun 1957 ff.
    Loseblattausgabe.

**Kemp**, Peter: No colours or crest. — London: Cassell 1958. 305 S.

**Kern**, Erich: Buch der Tapferkeit. — Leoni a. Starnb. See: Druffel-V. [1953]. 192 S.

**Kissel**, Hans: Der deutsche Volkssturm 1944—1945. — In: Wehrwiss. Rdsch. 10 (1960), 209—226.

**Kissel**, Hans: Der Deutsche Volkssturm 1944/45. Eine territoriale Miliz im Rahmen d. Landesverteidigung. — Berlin, Frankfurt a. M.: Mittler 1962. 173 S.

**Klatt**, Paul: Die 3. Gebirgs-Division 1939—1945. — Bad Nauheim: Podzun 1958. 345 S.

**Klietmann**, K. G.: Ärmelband „Kurland". Die letzte Auszeichnung der deutschen Wehrmacht vom 12. März 1945. — In: Feldgrau 7 (1959), 97—100 und 138—143.

(**Klingemann**, G.:) SS-Fallschirmjäger. — In: Wiking-Ruf 1953, H. 16, 6.

**Knobelsdorff**, Otto von: Geschichte der niedersächsischen 19. Panzer-Division (Bis 31. 10. 40: 19. Infanterie-Division). — Bad Nauheim: Podzun 1958. 311 S.

**Koch**, Horst-Adalbert: Flak. Die Geschichte der Deutschen Flakartillerie und der Einsatz der Luftwaffenhelfer. Unter Mitw. von Heinz Schindler u. Georg Tessin. (2., völlig neu bearb. u. erw. Aufl.) — Bad Nauheim: Podzun (1965). 680 S.

**Koch**, Horst Adalbert: Gliederung und Einsatz der Luftwaffenfelddivisionen. — In: Feldgrau 3 (1955), 59—61.

**Koch**, Horst-Adalbert: Gliederung des Ersatzheeres (Stand etwa Frühjahr 1943). — In: Feldgrau 5 (1957), 65—68.

**Koch**, Horst-Adalbert: Die Kommandobehörden der Flakartillerie der Luftwaffe 1939—1945. — In: Feldgrau 7 (1959), 4—8, 36—38, 76—78, 116—118 und 176—180.

**Koch**, Horst-Adalbert: Die Kommandobehörde der Flakartillerie der Luftwaffe 1939—1945. — In: Feldgrau 8 (1960), 4—13, 69—72 und 109—115.

**Koch**, Horst-Adalbert: Die Planung für die Erweiterung des deutschen Friedensheeres Herbst 1939 — März 1940. Ein Beitrag zur Organisationsgeschichte der deutschen Wehrmacht. — In: Feldgrau 7 (1959), 65—67, 103—104, 107—108, 132 und 135—138.

Die 2. **Kosaken-Division** 1944—1945. — In: Feldgrau 4 (1956), 55—58.

**Krätschmer**, Ernst-Günther: Die Ritterkreuzträger der Waffen-SS. — Göttingen: Plesse-V. (1955). 439 S.

**Kriegsbriefe** gefallener Studenten. 1939 bis 1945. (Hrsg. von Walter Bähr [u. a.]). — Tübingen: Wunderlich (1952). 471 S.

**Kriegsheim**, Herbert: Getarnt, getäuscht und doch getreu. Die geheimnisvollen „Brandenburger". In romanartiger Form. — Berlin: Bernard & Graefe 1958. 319 S.

**Kröhne**, Wilhelm [u. a.] [Hrsg.]: Tagebuch der Sturmgeschütz-Brigade 190. — (Düsseldorf 1955: Selbstverl.) 158 gez. Bl. [Maschinenschr.]

**Kurowski**, Franz: Die Panzer-Lehr-Division. Die größte deutsche Panzer-Division und ihre Aufgabe: Die Invasion zerschlagen, die Ardennenschlacht entscheiden. — Bad Nauheim: Podzun (1964). 222 S.

**Laerum**, Erik: Gedanken eines Kriegsfreiwilligen. — In: Nation Europa 2 (1952), H. 7, 7—8.

**Lamey**, H.: Der Weg der 118. Jäger-Division. — Augsburg-Hochzoll, Peterhofstr. 35a: Selbstverl. (1955). 86 S.

**Lange**, Gisela: Die Berliner Zentralstelle für Kriegsverluste. — In: Berliner Gesundheitsblatt 2 (1951), 6.

**Lanz**, Hubert: Gebirgsjäger. Die 1. Gebirgsjägerdivision 1935—1945. — Bad Nauheim: Podzun 1954. 343 S.

**Liddell** Hart, B[asil] H[enry]: Deutsche Generale des 2. Weltkrieges (The other side of the hill, dt.) Aussagen, Aufzeichnungen u. Gespräche. (Dt. von Kurt Dittmar.) — Düsseldorf, Wien: Econ Verl. (1964). 289 S.

**Lohmann**, Walter und Hans H. Hildebrand: Die deutsche Kriegsmarine 1939—1945. Gliederung, Einsatz, Stellenbesetzung. Lfg 1/3 ff. — Bad Nauheim: Podzun 1956 ff.
Loseblattausgabe.

**Lohse**, Gerhart: Geschichte der rheinisch-westfälischen 126. Infanterie-Division 1940—1945. — Bad Nauheim: Podzun 1957. 223 S.

**Lorenzelli**, Dante: La divisione „Superga" nella tormenta (1940—1943). — Roma: Tipogr. Regionale 1954. 197 S.

**Lucke**, Ch. von: Die Geschichte des Panzer-Regiments 2 (1939—1945). — Gut Wöhrden b. Stade a. Elbe: Selbstverl. 1953. 123 S.

**MacDonald**, Charles B[rown]: The mighty endeavor. American Armed Forces in the European Theater in World War II. — New York: Oxford University Press 1969. 564 S.

**Macijauskas**, J.: Za ščast'e naroda. — Vil'nus: Goslitzdat 1957. 528 S.
Über litauische Einheiten in der Roten Armee während des Zweiten Weltkrieges.

**MacKee**, Alexander: The race for the Rhine bridges, 1940, 1944, 1945. — London: Souvenir Press 1971. 488 S.

**Majdalany**, Fred: The fall of fortress Europe. — Garden City: Doubleday 1968. 442 S.

**Majewski**, Ryszard: Waffen SS. Mity i rzeczywistość. — Wrocław: Ossolineum 1977. 303 S.

**Makowski**, Józef: Wehrmachtgefolge [dt.] (Übers. aus dem Poln.: Josef Hahn.) — Berlin: Henssel (1963) 574 S.

**Meesmann**, Otto: Heeresflakartillerie. — In: Militärpol. Forum 2 (1953), H.10, 26—32.

**Meise**, Wilhelm: Erfahrungen über die Verwendung der Pioniere im 2. Weltkrieg. — In: Wehrwiss. Rdsch. 11 (1961), 452—459.

**Mellenthin**, F[riedrich] W[ilhelm] von: Panzerschlachten (Panzer battles, [dt.]) Eine Studie über d. Einsatz von Panzerverbänden im Zweiten Weltkrieg. Unter Mitarbeit von Rolf Stoves. — Neckargemünd 1963: Scharnhorst Buchkameradschaft. 282 S.
*(Die Wehrmacht im Kampf. 36.)*

**Melzer**, Walther: Geschichte der 252. Infanterie-Division 1939—1945. — Bad Nauheim: Podzun (1960). 364 S.

Die **Menschenverluste** der Hansestadt Hamburg im 2. Weltkrieg. — In: Hamburg in Zahlen. 1951, Nr. 26, 1—12.

**Metzsch**, Friedrich-August von: Die Geschichte der 22. Infanterie-Division. 1939—1945. — Kiel: Podzun 1952. 98 S.

**Meyer**, Jacques: La vie quotidienne du soldat pendant la Grande Guerre. — Paris: Hachette 1967. 384 S.
*(Coll. „La Vie quotidienne".)*

**Panzermeyer** (d. i. Kurt **Meyer**): Grenadiere der Waffen-SS. — Göttingen: Plesse-V. 1956. 416 S.

**Mier**, Waldo de: Héroes, aventureros y espías en la segunda guerra mundial. — Madrid: E. P. E. S. A. 1951. 309 S.

**Mills-Roberts**, Derek: Clash by night. A commando chronicle. — London: Kimber 1956. 204 S.

**Munzel**, Oskar: Die deutschen gepanzerten Truppen bis 1945. — Herford: Maximilian-Verl. (1965). 352 S.

**Murawski,** Erich: Die Divisionsgeschichten aus dem 2. Weltkrieg. — In: Wehrkunde 6 (1957), 384—390.

**Murphy,** Thomas D.: Ambassadors in arms. The story of Hawaii's 100th battalion. — Honolulu: University of Hawaii Press 1954. 315 S.
   Über den Einsatz der Japaner in der US-Army.

Die **Nachrichtenhelferinnen** der ehemaligen Waffen-SS. — In: Wiking-Ruf 3 (1954), H. 1, 10—11.

**Nitschke,** Helmut: Die deutsche Werfertruppe 1939—1945. — In: Wehrwiss. Rdsch. 4 (1954), 426—431.

**Nitz,** Günter: Die 292. Infanterie-Division. — Berlin: Bernard & Graefe 1958. 260 S.

**O'Ballance,** E[dgar]: The Spanish blue division in the Second World War. — In: J. Royal United Service Institution 109 (1964), 240—245.

**Obermaier,** Ernst: Die Ritterkreuzträger der Luftwaffe, 1939—1945. — Mainz-Ebersheim: D. Hoffmann.
   (1.) Jagdflieger 1939—1945. (1966). 256 S.

**Ogorkiewicz,** R. M.: Panzer divisions. — In: Military Rev., Oktober 1955, 91—97.

**Ott,** Ernst: Jäger am Feind. Geschichte u. Opfergang der 97. Jäger-Division 1940—1945. — München: Kameradschaft d. Spielhahnjäger e.V. 1966. 410 S.

**Pantenius,** Hans-Jürgen: Luftlandetruppen. — In: Z. Geopolitik 25 (1954), 332—341.

**Parkinson,** Roger: Blood, toil tears and sweat. The war history from Dunkirk to Alamein, based on the War Cabinet papers of 1940 to 1942. - London: Hart-Davis 1973. X, 539 S.

**Parkinson,** Roger: A day's march nearer home. The war history from Alamein to VE day based on the War Cabinet papers of 1942 to 1945. - London: Hart-Davis 1974. 551 S.

Der **Partisanenkrieg.** Wirkungen auf Land und Volk. — In: Militärpol. Forum 2 (1953), H. 9, 32—37.

**Paul,** Wolfgang: Geschichte der 18. Panzer-Division, 1940-1943. Mit Geschichte der 18. Artillerie-Division, 1943-1944. Anh.: Heeresartillerie-Brigade 88, 1944-1945. - Rinteln: H. Thiemann [Selbstverl.] 1975. XXI, 415 S.

**Payk,** Ernst: Die Geschichte der 206. Infanterie-Division 1939—1945. — Bad Nauheim: Podzun 1952. 64 S.

**Podzun,** Hans-Henning: Weg und Schicksal der 21. Infanteriedivision. — Kiel: Remember-V. 1951. 40 S.

**Pohlmann,** Hartwig: Geschichte der 96. Infanterie-Division 1939—1945. — Bad Nauheim: Podzun 1959. 495 S.

**Prasad,** Bisheshwar [Ed.]: The Arakan Operations 1942—1945. — New Delhi: Ministry of Defense, Combined Inter-Services Historical Section 1955. XXX, 371 S.
   *(Official History of the Indian Armed Forces in the Second World War 1939—45. Campaigns in the Eastern Theatre.)*

**Pratt,** Fletcher: War for the world. A chronicle of our fighting forces in World War II. — New Haven: Yale University Press 1950. XI, 364 S.
   *(Chronicles of America Series. 54.)*

**Rebentisch,** Ernst: Zum Kaukasus und zu den Tauern. Die Geschichte der 23. Panzer-Division 1941-1945. Hrsg. vom Verb. ehemaliger Angehöriger d. 23. Panzer-Division in Esslingen a. N. — (Boppard a. Rh. 1963: Boldt.) 591 S.

**Reifenberg,** Benno: Die zweite Mahd. Aus Kriegsbriefen im Felde gebliebener Studenten 1939—1945. — In: Gegenwart 7 (1952), 803—805.

**Reinicke,** A[dolf]: Die 5. Jäger-Division 1939—1945. — Bad Nauheim: Podzun (1962). 429 S.

**Reitlinger,** Gerald: The truth about Hitler's „Commissar Order". — In: Commentary 28 (1959), H. 1, 7—18.

**Riemann,** Horst: Zur Geschichte der deutschen Panzergrenadiere. — In: Wehrkunde 8 (1959), 644—652.

**Ringel,** Julius: Hurra die Gams. Ein Gedenkbuch für die Soldaten der 5. Gebirgsdivision. Geschrieben von Fritz Weber. — Graz, Göttingen [1956]. 323 S.

**Rohde,** Horst: Das deutsche Wehrmachtstransportwesen im Zweiten Weltkrieg. Entstehung, Organisation, Aufgaben. — Stuttgart: Dtsch. Verl.-Anst. 1971. 439 S.
   *(Beiträge zur Militär- und Kriegsgeschichte. 12.)*

**Roos,** Gerhard: Die deutschen Bautruppen im II. Weltkrieg und Gedanken über zukünftige Gliederung schwerer Genietruppen. — In: Wehrwiss. Rdsch. 4 (1954), 579—588.

**Roos,** Gerhard: Die Problematik ständiger Befestigungen im Licht der Erfahrungen des II. Weltkrieges. — In: Wehrwiss. Rdsch. 3 (1953), 480—486.

**Rumpf,** Hans: Die Verluste der westdeutschen Zivilbevölkerung im Luftkrieg. — In: Wehrwiss. Rdsch. 3 (1953), 493—497.

**Ruppenthal,** Roland G.: Logistical support of the armies. — Washington: Department of the Army.
   1. May 1941 — September 1944. 1953. XVIII, 616 S.

**Ruppenthal,** Roland G.: Logistical support of the armies. Vol. 2: September 1944—May 1945. — Washington: Department of the Army, Office of the Chief of Military History 1959. XVI, 540 S.

**Saelen,** Frithjof: Mission suicide. — Paris: France-Empire 1958. 300 S.

**Scala,** E.: Storia delle fanterie italiane. Vol. 10: La fanterie nella seconda guerra mondiale. — Roma: Tip. Regionale 1956. XXV, 879 S.

**Scapelli,** Adolfo: La formazione delle forze armate di Salò attraverso i documenti dello Stato Maggiore della R.S.I. — In: Movim. Liberaz. Italia 1963, H. 72, 19—70.

**Schütz,** Ludwig: Schüler-Soldaten. Die Geschichte der Luftwaffenhelfer im 2. Weltkrieg. Mit e. Geleitw. von Gerhard Hümmelchen. — Frankfurt a.M.: Thesen-Verl. 1972. X, 160 S.
   *(Zeitgeschichte und Politologie. 1.)*

**Schaub,** Oskar: Aus der Geschichte Panzer-Grenadier-Regiment 12 (SR 12). — Bergisch-Gladbach: Selbstverl. 1957. 291 S.

**Schaub,** Oskar: Schützenregimenter, Panzergrenadierregimenter 1939—1945. — In: Feldgrau 4 (1956), 58—66 und 120—126.

**Scheibert,** Horst [u.] Ulrich Elfrath: Panzer in Rußland. Die gepanzerten Verbände im Osten 1941—1944. Eine Dokumentation in Bildern, Texten und Skizzen. [Engl. Übers.: Sigrun Elfrath.] — Dorheim: Podzun 1971. 237 S.

**Scheibert,** Horst: Panzer-Grenadier-Division Großdeutschland und ihre Schwesterverbände: Panzer-Korps—Großdeutschland, Panzer-Grenadier-Divisionen, Brandenburg, Führer-Begleit-Division, Führer-Grenadier-Division, Kurmark. Eine Dokumentation in Texten, Bildern und Karten. Im Auftr. d. Traditionsgemeinschaft Großdeutschland. — Dorheim: Podzun (1970). 216 S.

**Scheibert,** Horst [u.] Carl Wagener: Die deutsche Panzertruppe 1939—1945. Eine Dokumentation in Bildern. — (Bad Nauheim:) Podzun (1966). 237 S.

**Schellong,** C.: Langemarck. Eine Division der ehemaligen Waffen-SS. — In: Wiking-Ruf 3 (1954), H. 4, 5—6.

**Schickel,** Alfred: Die polnischen Kriegsverluste 1939-1945. - In: Z. Politik 25 (1978), 279-296.

**Schicksale** deutscher Baudenkmale im zweiten Weltkrieg. Eine Dokumentation der Schäden und Totalverluste auf dem Gebiet der Deutschen Demokratischen Republik. Hrsg. u. red. bearb. von Götz Eckardt. - München: Beck (1978).
 1. Berlin – Hauptstadt der DDR, Bezirke Rostock, Schwerin, Neubrandenburg, Potsdam, Frankfurt/Oder, Cottbus, Magdeburg. 296 S.
 2. Bezirke Halle, Leipzig, Dresden, Karl-Marx-Stadt, Erfurt, Gera, Suhl. S. 303-544.

**Schimak,** Anton, Karl Lamprecht [u.] Friedrich Dettmer: Die 44. Infanterie-Division. Tagebuch der Hoch- und Deutschmeister. Hrsg. von d. Kameradschaft d. 44. I.D. — Wien: Austria Press (1969). 384 S.

**Schmidt,** August: Geschichte der 10. Division. 10. Infanterie-Division ⟨mot⟩, 10. Panzer-Grenadier-Division. 1933—1945. — Bad Nauheim: Podzun (1963). 326 S.

**Schraml,** Franz: Kriegsschauplatz Kroatien. Die deutsch-kroatischen Legions-Divisionen — 369., 373., 392. Inf.-Div. (kroat.) —, ihre Ausbildungs- und Ersatzformationen. — Neckargemünd: Vowinckel 1962. 312 S.

**Schreiber,** Franz: Kampf unter dem Nordlicht. Dtsch.-finnische Waffenbruderschaft am Polarkreis. Die Geschichte d. 6. SS-Gebirgs-Division Nord. — Osnabrück: Munin (1969). 448 S.

**Schröder,** Jürgen und Joachim Schultz-Naumann: Die Geschichte der pommerschen 32. Infanterie-Division 1935—1945. — Bad Nauheim: Podzun 1956. 229 S.

**Schuler,** Emil: Mit dem Bergschuh in Rußland und Finnland. Kriegserlebnisse und Kriegserfahrungen der 7. Gebirgs-Division. — München: Selbstverl. [1959]. 240 S.

**Schwab**-Felisch, Hans: Die Literatur der Obergefreiten. Neue deutsche Kriegsromane und Kriegstagebücher. — In: Monat 4 (1951/52), T. 1, 644 — 651.

**Seemen,** Gerhard von: Die Ritterkreuzträger 1939—1945. Mit einem Anh. über die Verleihungsbestimmungen von Rudolf Absolon. — Bad Nauheim: Podzun 1955. 323 S.

**Selz,** Barbara: Das Grüne Regiment. Der Weg der 256. Infanterie-Division aus der Sicht des Regiments 481. — Freiburg: Kehrer (1970). 291 S.

**Senger** und Etterlin, F. M. von: Die deutschen Panzer 1926—1945. — München: Lehmann 1959. 228 S.

**Senger** und Etterlin, F. M. von: Die Panzergrenadiere. Geschichte und Gestalt der mechanisierten Infanterie 1930—1960. — München: Lehmann 1961. 267 S.

**Stacey,** C. P.: Six years of war. — Ottawa: Queen's Printer 1955. 629 S.
*(Official History of the Canadian Army in the Second World War. 1.)*

**Staiger,** Georg: 26. Panzer-Division. Ihr Werden und Einsatz 1942 bis 1945. — Bad Nauheim: Podzun 1957. 148 S.

**Stang,** Werner: Zahlenmaterial der faschistischen Wehrmacht im zweiten Weltkrieg. - In: Militärgesch. 14 (1975), 61-80.

**Steiger,** Rudolf: Panzertaktik im Spiegel deutscher Kriegstagebücher 1939 bis 1941. - Freiburg: Rombach 1973. 204 S.
*(Einzelschriften zur militärischen Geschichte des Zweiten Weltkrieges. 12.)*

**Stein,** George H. [u.] H. Peter Krosby: Das finnische Freiwilligen-Bataillon der Waffen-SS. Eine Studie zur SS-Diplomatie und zur ausländischen Freiwilligen-Bewegung. — In: Vjh. Zeitgesch. 14 (1966), 413—453.

**Stein,** George H.: The Waffen SS. Hitler's elite guard at war. 1939—1945. — Ithaca, N. Y.: Cornell University Press (1966). XXXIV, 330 S.

**Stein,** H. R. von: Die deutsche Kavallerie 1939—1945. — In: Feldgrau 3 (1955), 49—53, 74—76 und 108—115.

**Stöber,** Hans-J. E.: Die eiserne Faust. Bildband und Chronik der 17. SS-Panzergrenadier-Division „Götz von Berlichingen". — Neckargemünd: Vowinckel 1966. 108 S.

**Stoves,** Rolf O. G.: 1. Panzer-Division 1935—1945. Chronik einer d. 3 Stamm-Divisionen d. dt. Panzerwaffe. - Bad Nauheim: Podzun (1961). 882 S.

**Straßner,** Peter: Europäische Freiwillige. Die Geschichte der 5. SS-Panzerdivision Wiking. — Osnabrück: Munin (1968). 448 S.

**Straub,** W(alter): Das Panzerregiment 7 und 21 und seine Tochterformationen im Zweiten Weltkrieg. — (München: Mikrokopie; Stuttgart-Vaihingen: [Selbstverl.])
 Das Panzerregiment 7 im Westfeldzug 1940. [um 1961.] 67 S.
 Das Panzerregiment 21 im Ostfeldzug 1941—1945. (1959.) 181 S.

**Sundhausen,** Holm: Zur Geschichte der Waffen-SS in Kroatien, 1941—1945. — In: Südost-Forsch. 30 (1971), 176—196.

**Supiński,** Witold: Od Westerplatte do Hiroszimy. Zarys dziejów militarnych II wojny światowej. — Poznań: Wydawnictwo Poznańskie 1958. 250 S.

**Sydnor,** Charles W.: Soldiers of destruction. The SS-Death's Head Division, 1933–1945. – Princeton, N. J.: Princeton Univ. Press 1977. XVI, 371 S.

Für **Tapferkeit** und Verdienst. Ein Almanach der von Deutschland und seinen Verbündeten im ersten und zweiten Weltkrieg verliehenen Orden und Ehrenzeichen. — München: Schild-V. 1954. 60 S.

**Teske,** Hermann: Der Wert der Eisenbahnbrücken im zweiten Weltkrieg. — In: Wehrwiss. Rdsch. 4 (1954), 514–523.

**Tessin,** Georg: Verbände und Truppen der deutschen Wehrmacht und Waffen-SS im Zweiten Weltkrieg 1939–1945. Bearb. auf Grund der Unterlagen des Bundesarchiv-Militärarchiv; hrsg. mit Unterstützung des Bundesarchivs und des Arbeitskreises für Wehrforschung. – Osnabrück: Biblio-Verl.
   1. Die Waffengattungen. Gesamtübersicht. 1977. XXXIII, 469 S.

**Tessin,** Georg: Verbände und Truppen der deutschen Wehrmacht und Waffen-SS im Zweiten Weltkrieg 1939–1945. — Frankfurt a. M.: Mittler.
   2. Die Landstreitkräfte 1—5. Bearb. a. Grund d. Unterlagen d. Bundesarchiv-Militärarchivs. Hrsg. m. Unterstützung d. Bundesarch. u. d. Arbeitskreises f. Wehrforschung. (1965). 324 S.

**Tessin,** Georg: Verbände und Truppen der deutschen Wehrmacht und Waffen-SS im Zweiten Weltkrieg 1939—1945. — Frankfurt a. M.: Mittler.
   3. Die Landstreitkräfte 6—14. [1967]. 316 S.

**Tessin,** Georg: Verbände und Truppen der deutschen Wehrmacht und Waffen-SS im Zweiten Weltkrieg 1939—1945. — Frankfurt a. M.: Mittler.
   4. Die Landstreitkräfte 15—30. [1970]. 292 S.

**Tessin,** Georg: Verbände und Truppen der deutschen Wehrmacht und Waffen-SS im Zweiten Weltkrieg 1939—1945. — Frankfurt a. M.: Mittler.
   5. Die Landstreitkräfte 31—70. [1972]. 296 S.
   6. Die Landstreitkräfte 71—130. 1972. 336 S.
   7. Die Landstreitkräfte 131—200. 1973. 296 S.

**Tessin,** Georg: Verbände und Truppen der deutschen Wehrmacht und Waffen-SS im zweiten Weltkrieg 1939–1945. – Osnabrück: Biblio Verl.
   8. Die Landstreitkräfte 201–280. 1973. 340 S.
   9. Die Landstreitkräfte 281–370. 1974. 323 S.
   10. Die Landstreitkräfte 371–500. 1975. 308 S.
   11. Die Landstreitkräfte 501–630. 1975. 347 S.

**Tettau,** Hans von und Kurt Versock: Geschichte der 24. Infanterie-Division 1935—1945. Hrsg. vom Kameradschaftsring der ehem. 24. Infanterie-Division. — Stolberg i. Rhld.: Selbstverl. 1956. 196 S.

**Thöle,** H.: Die Wirtschaftsverwaltung der ehemaligen Waffen-SS. — In: Wiking-Ruf 3 (1954), H. 5, 16—18.

**Tieke,** Wilhelm: Im Feuersturm letzter Kriegsjahre. II. SS-Panzerkorps mit 9. und 10. SS-Division „Hohenstaufen" und „Frundsberg". – Osnabrück: Munin 1975. 638 S.

**Tieke,** Wilhelm: Tragödie um die Treue. Kampf und Untergang des III. ⟨germ.⟩ SS-Panzer-Korps. — Osnabrück: Munin (1968). 244 S.

**Tiemann,** Reinhard: Geschichte der 83. Infanterie-Division 1939—1945. — Bad Nauheim: Podzun (1960). 378 S.

**Tornau** [Gottfried] u. Franz Kurowski: Sturmartillerie. Fels in der Brandung. — Herford: Maximilian-Verl. (1965). 323 S.

**Tramonti,** Nino: I bersaglieri dal Mincio al Don. 3. ed. — Milano: Artigianelli 1959. 625 S.

**Tuider,** Othmar: Die Wehrkreise XVII und XVIII, 1938–1945. – Wien: Österr. Bundesverl. 1975. 71 S.
*(Militärhistorische Schriftenreihe. 30.)*

**Uhlich,** Werner: Decknamen deutscher Unternehmen und Vorhaben im Zweiten Weltkrieg. - In: Jahresbibliogr. Bibliothek f. Zeitgesch. 44 (1972), 490–534.

**Unsere** Ehre heißt Treue. Kriegstagebuch des Kommandostabes Reichsführer SS. Tätigkeitsberichte der 1. u. 2. SS-Inf. Brigade, der 1. SS-Kav. Brigade u. von Sonderkommandos der SS. — Frankfurt a. M.: Europa-Verl. (1965). V, 253 S.
*(Europäische Perspektiven. Zeitgeschichte in Dokumenten.)*

**Vanwelkenhuyzen,** Jean: Les parachutistes allemands en 1939—1940. — In: L'Armée-La Nation, 1. März 1954, 14—20; 1. April 1954, 3—14; 1. Mai 1954, 14—25.

**Verluste** der deutschen Wehrmacht (Heer, Kriegsmarine, Luftwaffe) vom 1. 9. 1939 bis 31. 1. 1945. — In: Wehrwiss. Rdsch. 12 (1962), 550.

Die **Verluste** im letzten Weltkrieg. — In: Niedersächs. Landvolk, 1951, Nr. 5, 2.

**Weidinger,** Otto: Division Das Reich. Der Weg der 2. SS-Panzer-Division „Das Reich". Die Geschichte der Stammdivision der Waffen-SS. — Osnabrück: Munin.
   1. 1934—1939. 1967. 352 S.

**Weidinger,** Otto: Division Das Reich. Der Weg der 2. SS-Panzer-Division „Das Reich". Die Geschichte der Stammdivision der Waffen-SS. — Osnabrück: Munin.
   2. 1940—1941. (1969). 559 S.

**Wenn** alle Brüder schweigen. Großer Bildband über die Waffen-SS. Hrsg.: Bundesverband der Soldaten der ehemaligen Waffen-SS. (2. Aufl.) – Osnabrück: Munin 1975. 604 S.

**Werthen,** Wolfgang: Geschichte der 16. Panzer-Division 1939—1945. — Bad Nauheim: Podzun 1958. 286 S.

**Westphal,** Siegfried: Über Großtäuschung im zweiten Weltkrieg. — In: Wehrkunde 3 (1954), H. 1, 11—13.

Der sogenannte **Westwall.** — In: Der Frontsoldat erzählt 16 (1952), 314—317.

**Wich,** Rudolf: Baden-württembergische Divisionen im 2. Weltkrieg. — Karlsruhe: Braun 1957. 80 S.

**Wiedemann,** Anton: Bewegte Jahre 1939—1946 im Landkreis Tölz. Mit einer Darstellung kriegerischer Begebenheiten früherer Zeiten. 10 Jahre nach Kriegsende berichtet. — Bad Tölz 1955. [Hektograph. Ausg.] 93 S.

**Wiener,** Fritz: Zur Ausrüstung und Bekleidung der deutschen Infanterie 1939—1945. — In: Feldgrau 2 (1954), 21—26 und 53—54.

**Wiener,** Fritz: Die Gliederung der 78. Sturm-Division 1943/44. — In: Feldgrau 4 (1956), 39—40.

**Wiener,** Fritz: Original KStN und KAN der Panzerdivision 1944. — In: Feldgrau 4 (1956), 66—70.

**Wiener,** Fritz: Panzerbrigaden. Dargestellt am Beispiel der niedersächsischen 19. Panzerbrigade. — In: Feldgrau 1 (1953), 49—51.

**Willoughby,** Malcolm F.: The US coast guard in World War II. — Annapolis: US Naval Institute 1957. XVII, 347 S.

**Windisch,** Josef: Die deutsche Nachschubtruppe im 2. Weltkrieg. — Rosenheim: Oberbayer. Volksblatt 1953. 48 S.

**Windrow,** Martin [u.] Michael Roffe: Rommels Wüstenarmee (Rommel's desert army, dt.) Dtsch. Bearb. u. Übers. aus d. Engl.: Gerhard Veil.) — Bonn: Wehr u. Wissen Verl. 1979. 40 S.
*(Armeen und Waffen. 4.)*

**Zaddach,** Frank-Helmut: Britische Kommandotruppen und Kommandounternehmen im Zweiten Weltkrieg. — Darmstadt: Wehr u. Wissen Verl.-Ges. (1963). 127 S.
*(Beiträge zur Wehrforschung. 1.)*

**Zydowitz,** Kurt von: Die Geschichte der 58. Infanterie-Division. 1939—1945. — Kiel: Podzun 1952. 159 S.

Spezielle Themen

**Absolon,** Rudolf [Bearb.]: Das Wehrmachtsstrafrecht im Zweiten Weltkrieg. Sammlung der grundlegenden Gesetze, Verordnungen und Erlasse. Als Manuskr. gedr. — Kornelimünster: Bundesarchiv Abt. Zentralnachweisstelle 1958. XVI, 276 S.

**Bährens,** Kurt: Deutsche in Straflagern und Gefängnissen der Sowjetunion. — München: (Wissenschaftl. Kommission f. dtsch. Kriegsgefangenengesch.); Bielefeld: Gieseking [in Komm.]
1. 1965. XV, 574 S.
*(Zur Geschichte der deutschen Kriegsgefangenen des Zweiten Weltkrieges. 5,1.)*

**Ball-Kaduri,** Kurt Jakob: Die Wehrmacht und die Juden im Zweiten Weltkrieg. In: Z. Gesch. Juden 1964, H. 2/3, 144—147.

**Berghahn,** Volker R.: Tendances de la „Wehrmachtpropaganda". — In: Rev. Hist. deux. Guerre mond. 21 (1971), H. 84, 55—74.

**Bethell,** Nicholas: Das letzte Geheimnis (The last secret, dt.) Die Auslieferung russischer Flüchtlinge an die Sowjets durch die Alliierten 1944–47. Mit e. Einf. von Hugh Trevor-Roper. (Aus d. Engl. von Otto Wilck u. Hubert Gaethe.) — Frankfurt a. M.: Ullstein 1975. 316 S.

**Blacker,** Irwin R. [Ed.]: Behind the lines. 28 stories of irregular warfare. — London: Cassell 1956. XIII, 435 S.

**Blumhoff,** Onno: Der Einfluß der deutschen Besetzung auf Geld- und Bankwesen in den während des Zweiten Weltkrieges besetzten Gebieten. (Köln) 1961: (Photostelle d. Univ.) 220 S.
*Köln, wirtschafts- u. sozialwiss. Diss., 24. Juli 1961.*

**Böhme,** Kurt W.: Gesucht wird ... Die dramatische Geschichte des Suchdienstes. — München: Süddtsch. Verl. (1965). 299 S.

**Böhme,** K[urt] W[illi]: Die deutschen Kriegsgefangenen in Jugoslawien. Mit e. Einf. d. Hrsg. — München: (Wiss. Kommission f. Dtsch. Kriegsgefangenengesch.); Bielefeld: Gieseking.
1. 1941—1949. 1962. XX, 451 S.
2. 1949—1953. 1964. 406 S.
*(Zur Geschichte d. dtsch. Kriegsgefangenen d. Zweiten Weltkrieges. 1, 1.2.)*

**Bork,** Max: Das deutsche Wehrmachttransportwesen — eine Vorstufe europäischer Verkehrsführung. — In: Wehrwiss. Rdsch. 2 (1952), 50—56.

**Boudot,** François: Sur la psychologie du prisonnier. Thèse et souvenirs. — In: Rev. Hist. deux. Guerre mond. 7 (1957), H. 25, 88—98.

**Brandt,** Karl: Management of agriculture and food in the German occupied and other areas of fortress Europe. A study in military government. — Stanford: Stanford University Press 1953. XXXIV, 707 S.

**Buchbender,** Ortwin: Das tönende Erz. Deutsche Propaganda gegen die Rote Armee im Zweiten Weltkrieg. — Stuttgart: Seewald (1978). 378 S.
*(Militärpolitische Schriftenreihe. 13.)*

**Buchbender,** Ortwin [u.] Horst Schuh [Hrsg.]: Heil Beil! Flugblattpropaganda im Zweiten Weltkrieg. Dokumentation und Analyse. — Stuttgart: Seewald (1974). 214 S.
*(Militärpolitik. 10.)*

**Cloet,** Robert: Les directives de Goebbels. — In: Rev. Hist. deux. Guerre mond. 16 (1966), H. 64, 1—6.

**Cole,** J[ohn] A[lfred]: Hier spricht der Großdeutsche Rundfunk (Lord Haw-Haw [and William Joyce], dt.) Der Fall Lord Haw-Haw. (Übers. von Emil Ehm.) — Hamburg: Zsolnay (1965). 379 S.

**Conti,** Flavio Giovanni: Il problema politico dei prigionieri di guerra italiani nei rapporti con gli alleati ⟨1943—1945⟩. In: Storia contemp. 7 (1976), 865—920.

**Crew,** Francis A. E.: The army medical services. Campaigns. Vol. 2. — London: H. M. Stationery Office 1957. XXXVII, 537 S.
*(History of the Second World War. United Kingdom Medical Series.)*

**Crew,** F[rancis] A[lbert] E[ley]: The army medical services. Campaigns. Vol. 3: Sicily, Italy, Greece, 1944—1945. — London: H. M. Stationery Office 1959. XXXVIII, 645 S.
*(History of the Second World War. United Kingdom Medical Series, Fighting Services Series.)*

**Datner,** Szymon: Crimes against POW's. Responsibility of the Wehrmacht. — Warszawa: Zachodna Agencja Prasowa 1964. 382 S.

**Doerr,** Hans: Kriegführung, Besatzungspolitik und Partisanen. — In: Wehrwiss. Rdsch. 1 (1951), H. 6/7, 25—32.

**Dończyk,** Franciszek: Stalag XI A Altengrabow. — Wrocław: Ossoliński 1959. 350 S.

**Donnison,** F. S. V.: British military administration in the Far East 1943—1946. — London: H. M. Stationery Office 1956. XVIII, 483 S.
*(History of the Second World War. United Kingdom Military Series.)*

**Donnison,** F[rank] S[iegfried] [Vernon]: Civil affairs and military government. North-West Europe 1944—1946. — London: H. M. Stationery Office 1961. XVII, 518 S.
*(History of the Second World War. United Kingdom Military Series.)*

**Eckhardt,** Heinz-Werner: Die Frontzeitungen des deutschen Heeres, 1939—1945. — Wien: Braumüller 1975. XI, 176 S.
*(Schriftenreihe des Instituts für Publizistik der Universität Wien. 1.)*

**Einen** bessern findst du nicht. — Bad Wörishofen: Kindler & Schiermeyer 1952. 459 S.

**Emmendörfer,** Arnulf: Geld- und Kreditaufsicht in den von Deutschland während des 2. Weltkrieges besetzten Gebieten. Eine völkerrechtliche Untersuchung über die geld- und kreditwirtschaftlichen Maßnahmen deutscher Besatzungsbehörden. — Düsseldorf 1957. IX, 137 Bl.
Mainz, jur. Diss., 30. Juli 1957.

**Faulk,** Henry: Group-captives. The re-education of German prisoners of war in Britain 1945—1948. – London: Chatto & Windus 1977. 233 S.

**Flament,** Pierre: La vie à l'Oflag II D-II B (1940—1945). — Paris: Amicale de l'Oflag II D-II B 1957. 840 S.

**Flamont,** Pierre: La vie religieuse d'un Oflag. — In: Rev. Hist. deux. Guerre mond. 7 (1957), H. 25, 47—65.

**Forwick,** Helmuth: Zur Behandlung alliierter Kriegsgefangener im Zweiten Weltkrieg. Anweisungen des Oberkommandos der Wehrmacht über Besuche ausländischer Kommissionen in Kriegsgefangenenlagern. — In: Militärgesch. Mitt. 1 (1967), 119—134.

**Gansberg,** Judith M.: Stalag: U.S.A. (The remarkable story of German POW's in America.) - (New York: Crowell 1977). IX, 23 S.

**Gollwitzer,** Helmut [u. a.]: ... und bringen ihre Garben. Aus russischer Kriegsgefangenschaft. — Stuttgart: Kreuz-Verl. 1956. 288 S.

**Grassmann,** Gerhard Otto: Die deutsche Besatzungsgesetzgebung während des 2. Weltkrieges. — Tübingen: Institut für Besatzungsfragen 1958. XVI, 139 S.
*(Studien des Instituts für Besatzungsfragen in Tübingen zu den deutschen Besetzungen im 2. Weltkrieg. 14.)*

**Grieser,** Ernst: Die strafrechtliche Verantwortlichkeit für auf militärischen Befehl begangene strafbare Handlungen. — o. O. (1946). 104 gez. Bl. [Maschinenschr.]
Heidelberg, jur. Diss. 9. Dez. 1946.

**Gruchmann,** Lothar: Ausgewählte Dokumente zur deutschen Marinejustiz im Zweiten Weltkrieg. [Dokumentation.] - In: Vjh. Zeitgesch. 26 (1978), 433—498.

**Günther-**Hornig, Margot: Kunstschutz in den von Deutschland besetzten Gebieten 1939—1945. — Tübingen: Institut für Besatzungsfragen 1958. XX, 144, 8 S.
*(Studien des Instituts für Besatzungsfragen in Tübingen zu den deutschen Besetzungen im 2. Weltkrieg. 13.)*

**Gumkowski,** Janusz und Michał Barciszewski: Zagan. Stalag VIII C. — Warszawa: Wydawnictwo Ministerstwa Obrony Narodowej 1961. 63 S.

**Gurl,** Joseph: Soviet Jewish prisoners of war in German captivity. — In: Yad Vashem Bull. 1965, H. 17, 15—21.

**Hahn,** Karl Eugen: Eisenbahner in Krieg und Frieden. Ein Lebensschicksal. —Frankfurt a. M.: Lanzenreiter-V. (1954). 255 S.

**Hakel,** Erika: Der Einfluß des Krieges auf die Entwicklung junger Menschen. — Wien 1950. 128 gez. Bl. [Maschinenschr.]
Wien, phil. Diss. 21. Dez. 1951.

**Hellmann,** Manfred: Deutsche Kriegsgefangene des Zweiten Weltkriegs in Osteuropa. Bemerkungen zu einer deutschen Dokumentation. – In: Osteuropa 27 (1977), 413—426.

**Herdeg,** Walter: Grundzüge der deutschen Besatzungsverwaltung in den west- und nordeuropäischen Ländern während des zweiten Weltkrieges. — Tübingen 1953: Inst. f. Besatzungsfragen. XXII, 140 S. [Als Manuskr. gedr.]
*(Studien des Instituts für Besatzungsfragen in Tübingen zu den dt. Besetzungen im 2. Weltkrieg. 1.)*

**Herrmann,** Siegfried: Die Kollektivstrafe. Unter bes. Berücksichtigung ihrer Anwendung während der deutschen Besetzungen im 2. Weltkrieg. — o. O. 1955. XIII, 257 gez. Bl. [Maschinenschr.]
Tübingen, rechts- u. wirtschaftswiss. Diss., 28. März 1955.

**Herzog,** Robert: Besatzungsverwaltung in den besetzten Ostgebieten — Abteilung Jugend — Insbesondere: Heuaktion und SS-Helfer-Aktion. — Tübingen 1960: Institut für Besatzungsfragen. III, 119 Bl.
*(Studien des Instituts für Besatzungsfragen in Tübingen zu den deutschen Besetzungen im 2. Weltkrieg. 19.)*

**Herzstein,** Robert Edwin: The war, that Hitler won. The most infamous propaganda campaign in history. – New York: Putnam 1978. 431 S.

**Heygendorff,** Ralph von: Freiwillige aus den Völkern Osteuropas. — In: Z. Geopol. 24 (1953), 208—214.

**Heysing,** Günther [Hrsg.]: Propagandatruppen der Deutschen Kriegsmarine. Versuch einer Dokumentation. (Als Ms.gedr.) — (Hamburg: „Die Wildente".)
1. Juni 1939 bis Juni 1940. (1964). 148 S.
*(Die Wildente. Beih. 1.)*

**Hoop,** J.-M. d': Lubeck, Oflag X C. — In: Rev. Hist. deux. Guerre mond. 10 (1960), H. 37, 15—29.

**Hornung,** Manfred: P. W. Tatsachenbericht über die Kriegsgefangenlager der westlichen Verbündeten des Zweiten Weltkrieges. — (Wien:) Wancura (1959). 310 S.

**Jeschonnek,** Emil: Wo der Landser denken lernte. Die sowjet. Kriegsgefangenschaft im Spiegel d. Zeitung „Nachrichten". — Berlin: Rütten & Loening 1959. 258 S.

**Kalkbrenner,** Jürgen: Die Tötung von Einwohnern kriegsmäßig besetzter Gebiete durch die Besatzungsmacht als Gegenmaßnahme gegen Widerstandshandlungen, an denen sie nicht beteiligt gewesen sind. Eine völkerrechtliche Betrachtung zu der Praxis der Kriegführenden im zweiten Weltkrieg. — Kiel 1951. 140 gez. Bl. [Maschinenschr.]
*Kiel, rechts- u. staatswiss. Diss. 12. Juli 1951.*

**Kirchner,** Klaus: Flugblätter. Psychologische Kriegführung im Zweiten Weltkrieg in Europa. — (München:) Hanser (1974). 192 S.
*(Reihe Hanser. 170.)*

**Kirchner,** Klaus: Flugblätter aus England G-1942. Bibliographie, Katalog. — Erlangen: Verl. f. zeitgesch. Dokumente u. Curiosa (1974). XVIII, 176 S.
*(Kirchner: Flugblattpropaganda im 2. Weltkrieg. Europa. 4.)*

**Kirchner,** Klaus: Flugblätter aus den USA, 1943/44. Bibliographie, Katalog. — Erlangen: Verl. f. zeitgesch. Dokumente u. Curiosa (1977). LXXI, 224 S.
*(Kirchner: Flugblattpropaganda im 2. Weltkrieg. Europa. 6.)*

**Koch,** Horst-Adalbert: Fremdvölkische Truppenteile des deutschen Heeres 1939—1945. — In: Feldgrau 4 (1956), 150—151.

**König,** Franz [Hrsg.]: Ganz in Gottes Hand... Briefe gefallener und hingerichteter Katholiken 1939—1945. — Wien: Herder 1957. 212 S.

**Kornagel,** Helmut: Der Einfluß des Krieges auf den Schutz der deutschen im Ausland wirksamen Urheberrechte. — o. O. [1950]. 82 gez. Bl. [Maschinenschr.]
*Erlangen, jur. Diss. 15. April 1950.*

**Kraushaar,** Luise: Zur Tätigkeit und Wirkung des „Deutschen Volkssenders" ⟨1941—1945⟩. — In: Beitr. Gesch. dtsch. Arbeiterbewegung 6 (1964), 116—133.

**Krausnick,** Helmut: Kommissarbefehl und „Gerichtsbarkeitserlaß Barbarossa" in neuer Sicht. — In: Vjh. Zeitgesch. 25 (1977), 682–738.

**Lamotte,** P.: La documentation sur la captivité au ministère des anciens combattants et victimes de guerre. — In: Rev. Hist. deux. Guerre mond. 10 (1960), H. 37, 77—80.

**Lankenau,** Bernhard Heinrich: Polizei im Einsatz während des Krieges 1939 bis 1945 in Rheinland-Westfalen. — (Bremen: Hauschild 1957.) 221 S.

**Libera,** Kurt: Deutsche Kriegsgefangene bereiten sich in der Sowjetunion auf ihre Aufgaben beim Aufbau eines demokratischen und friedliebenden Deutschlands vor. — In: Beitr. Gesch. dtsch. Arbeiterbewegung 7 (1965), 315—328.

**Maechtle,** Lowell E.: A socio-psychological study of the adjustment problems of conscientious objectors in civilian camps during World War II.
*Madison, Wis., Diss. 1952.*

**Mallebrein,** Wolfram: Einer für alle. Erlebnisse und Briefe gefallener Arbeitsdienstmänner. — Tübingen: Verl. d. Dtsch. Hochschullehrer-Ztg. 1959. 220 S.

**Mermet,** Pierre et Yves Maxime Danan: Les thèmes de la propagande allemande après le 22 juin 1941. — In: Rev. Hist. deux. Guerre mond. 16 (1966), H. 64, 39—62.

**Messerschmidt,** Manfred: Zur Militärseelsorgepolitik im Zweiten Weltkrieg. — In: Militärgesch. Mitt. 3 (1969), 37—85.

**Michel,** Henri: Les travaux de la Commission d'Histoire de la Captivité. — In: Rev. Hist. deux Guerre mond. 7 (1957), H. 25, 78—87.

**Moret**-Bailly, Jean: Le camp de base du Stalag XVII B. — In: Rev. Hist. deux. Guerre mond. 7 (1957), H. 25, 7—45.

**Moret**-Bailly, J.-L.: Les kommandos du Stalag XVII B. — In: Rev. Hist. deux. Guerre mond. 10 (1960), H. 37, 31—52.

**Moritz,** Günther: Die deutsche Besatzungsgerichtsbarkeit während des zweiten Weltkrieges. — Tübingen 1954: Inst. f. Besatzungsfragen. XI, 188 S. [Als Manuskr. gedr.]
*(Studien des Instituts für Besatzungsfragen in Tübingen zu den dt. Besetzungen im 2. Weltkrieg. 2.)*

**Moritz,** Günther: Die Gerichtsbarkeit in besetzten Gebieten. Historische Entwicklung und völkerrechtliche Würdigung. Ergänzung der auf die Gerichtsbarkeit in den von Deutschland während des 2. Weltkrieges besetzten Gebieten beschränkten Studie Nr. 7. — Tübingen: Institut f. Besatzungsfragen 1959. XIV, 126, 8 S. [Maschinenschr. hektogr.]
*(Studien des Instituts für Besatzungsfragen in Tübingen zu den deutschen Besetzungen im 2. Weltkrieg. 8.)*

**Moritz,** Günther: Gerichtsbarkeit in den von Deutschland besetzten Gebieten 1939—1945. — Tübingen 1955: Inst. f. Besatzungsfragen. XIX, 241, 6 gez. Bl. [Maschinenschr. hektogr.]
*(Studien d. Instituts f. Besatzungsfragen in Tübingen zu d. deutschen Besetzungen im Zweiten Weltkrieg. 7.)*

**Murawski,** Erich: Die amtliche deutsche Kriegsberichterstattung im Zweiten Weltkrieg. — In: Publizistik 7 (1962), 158—164.

**Murawski,** Erich: Der deutsche Wehrmachtbericht 1939—1945. Ein Beitrag zur Untersuchung der geistigen Kriegführung. Mit einer Dokumentation der Wehrmachtberichte vom 1. 7. 1944 bis zum 9. 5. 1945. — (Boppard a. Rh.: Boldt 1962). IX, 768 S.
*(Schriften des Bundesarchivs. 9.)*

**Nitschmann,** Leo: Krieg und Kriminalität. — In: Dtsch. Rdsch. 79 (1953), 1158—1162.

**Nonnenmacher,** Georges-Gilbert: La grande honte de l'incorporation de force des Alsaciens-Lorrains, Eupenois-Malmédiens et Luxembourgeois dans l'armée allemande au cours de la deuxième guerre mondiale. 2e ed. — Colmar: Association des Evadés et Incorporés de Force ⟨ADEIF⟩, Groupement du Haut Rhin (1966). 239 S.

**Orth,** Albert: Der Einfluß des Kriegserlebnisses auf die soziale Reifung junger Menschen. — o. O. (1948). 80 S. [Maschinenschr.]
*Frankfurt a. M., phil. Diss. 1. Sept. 1948.*

**Pevsner,** Max: Les thèmes de la propagande allemande avant le 22 juin 1941. — In: Rev. Hist. deux. Guerre mond. 16 (1966), H. 64, 29—38.

**Pottgiesser,** Hans: Die deutsche Reichsbahn im Ostfeldzug 1939—1944. — Neckargemünd: Scharnhorst Buchkameradschaft 1960. 152 S.
*(Die Wehrmacht im Kampf. 26.)*

**Rexford-Welch,** S[amuel] C[uthbert]: The Royal Air Force medical services. Campaigns. Vol. 3. — London: H. M. Stationery Office 1958. XXV, 730 S.
*(History of the Second World War. United Kingdom Medical Series, Fighting Services Series.)*

**Riggert,** Ernst: Die Entwicklung der Kriegsgefangenenfrage. — In: Gewerkschafts-Monatsh. 6 (1955), 41—46.

**Rösler,** Ingo: Die faschistische Gesetzgebung und Rechtsprechung gegen „Wehrkraftzersetzung" als Mittel der zwangsweisen Erhaltung der Kampfmoral von Truppe und Bevölkerung im zweiten Weltkrieg. - In: Z. Militärgesch. 10 (1971), 561–575.

**Roos,** Gerhard: Die Mitwirkung des Heeres im zivilen Luftschutz während des 2. Weltkrieges. — In: Wehrwiss. Rdsch. 10 (1960), 431—438.

**Rupp,** Leila J.: Mobilizing women for war. German and American propaganda, 1939 to 1945. - Princeton, N. J.: Princeton University Press 1978. XII, 243 S.

**Schabel,** Wilhelm (Hrsg.): Herr, in Deine Hände. (Seelsorge im Krieg. Dokumente d. Menschlichkeit aus d. ganzen Welt.) — Bern, Stuttgart, Wien: Scherz (1963). 407 S.

**Scheel,** Klaus: Das „Nachrichtenblatt für die deutsche Bevölkerung". Zur antifaschistischen Aufklärungsarbeit der sowjetischen Streitkräfte im April/Mai 1945. [Dokumentation.] - In: Z. Geschichtswiss. 25 (1977), 688–710.

**Schell,** Adolf von: Grundlagen der Motorisierung und ihre Entwicklung im Zweiten Weltkrieg. — In: Wehrwiss. Rdsch. 13 (1963), 210—229.

**Schlegel,** Dieter: Abnorme Erlebnisreaktionen der Münchner Zivilbevölkerung während des Krieges. — (München) 1958: (UNI-Dr.) 45 S.
*München, med. Diss. 13. Juni 1958.*

**Schmeisser,** Theo: Die Überspannung des Abschreckungsgedankens in den Gesetzen, der Rechtsprechung und dem Strafvollzug der deutschen Wehrmacht während des zweiten Weltkrieges. — o. O. (1948). V, 116 gez. Bl. [Maschinenschr.]
*Heidelberg, jur. Diss. 25. Okt. 1948.*

**Schmitt,** Bruno [u.] Bodo Gericke: Die deutsche Feldpost im Osten und der Luftfeldpostdienst Osten im Zweiten Weltkrieg. — Frankfurt a. M.: Verl. f. dtsch. Postgeschichte 1969. 66 S.
*(Archiv für deutsche Postgeschichte. 5.)*

**Schnabel,** Reimund: Mißbrauchte Mikrofone. Deutsche Rundfunkpropaganda im Zweiten Weltkrieg. Eine Dokumentation. — Wien: Europa-Verl. (1967). 506 S.

**Schöne,** Manfred: Olpe im Zweiten Weltkrieg. Ergänzungen zum Buch „Passion einer Stadt". - (Düsseldorf: [Selbstverl. d. Verf. o. J.]) 37 S.

**Schöne,** Manfred: Passion einer Stadt. Olpe im Zweiten Weltkrieg 1939—1945. Zur Erinnerung, zum Gedenken, zur Mahnung. (Hrsg. von d. Stadt Olpe.) — (Olpe 1965: Marx.) 127 S.
*(Beitrag zur Geschichte der Stadt Olpe.)*

**Schröder,** Jürgen: Der Kriegsbericht als propagandistisches Kampfmittel der deutschen Kriegsführung im Zweiten Weltkrieg. — Berlin 1965: (Ernst-Reuter-Gesellschaft). 286 S.
*Berlin, Freie Univ., phil. Diss. vom 19. Februar 1965.*

**Schwind,** Hans-Dieter: Kurze Geschichte der deutschen Kriegsgerichte. — München: Verl. Europ. Wehrkunde 1966. V, 54 S.
*[Hektograph. Ausg.]*

**Scotland,** A. P.: The London cage. — London: Four Square Books 1959. 192 S.
Über deutsche Kriegsgefangene.

**Seidler,** Franz W.: Frauen zu den Waffen? Marketenderinnen, Helferinnen, Soldatinnen. - (Koblenz:) Wehr u. Wissen Verl. (1978). 413 S.

**Seidler,** Franz W.: Prostitution, Homosexualität, Selbstverstümmelung. Probleme der deutschen Sanitätsführung 1939–45. – Neckargemünd: Vowinckel 1977. 323 S.

**Senft,** Stanisław [u.] Horst Więcek: Obozy jenieckie na obszarze śląskiego okręgu Wehrmachtu 1939-1945. – Wrocław: Ossolineum 1973. 248 S.

**(Siemsen,** Werner:) Flucht nach innen. — In: Dtsch. Univ. Ztg. 8 (1953), H. 3, 3—4.

**Steinberg,** Lucien: Combattants juifs dans les forces alliées pendant la seconde guerre mondiale. — In: Monde Juif 23 (1967), H. 12, 8—16.

**Steinberg,** Lucien: The participation of Jews in the Allied Armies. — In: Jewish resistance during the holocaust, Jerusalem: Yad Vashem 1970, 379–390.

**Streit,** Christian: Keine Kameraden. Die Wehrmacht und die sowjetischen Kriegsgefangenen 1941–1945. – Stuttgart: Dtsch. Verl.-Anst. 1978. 445 S.
*(Studien zur Zeitgeschichte. 13.)*

**Strölin,** Karl: Dolchstoßlegenden — einst und jetzt. — In: Zeitwende 23 (1951), 283—294.

**Thomas,** Hansheinrich und Hans Hofmeister: Das war Wickrathberg. Erinnerungen aus den Kriegsgefangenenlagern des Rheinlandes. — Minden i. Westf.: Bruns 1950. 45 S.

**Tolstoy,** Nikolai: Die Verratenen von Jalta (Victims of Yalta, dt.) Englands Schuld vor der Geschichte. (Aus d. Engl. von Elke Jessett.) – München: Langen Müller (1978). 680 S.

**Treadwell,** Mattie E.: The Women's Army Corps. — Washington: Government Printing Office 1955. 867 S.
*(The US Army in World War II. Spezial Studies.)*

**Ulshöfer,** Otfried: Einflußnahme auf Wirtschaftsunternehmungen in den besetzten nord-, west- und südosteuropäischen Ländern während des Zweiten Weltkrieges, insbesondere der Erwerb von Beteiligungen (Verflechtung). — Tübingen: Institut f. Besatzungsfragen 1958. 169 S.
*(Studien des Instituts für Besatzungsfragen in Tübingen zu den deutschen Besetzungen im 2. Weltkrieg. 15.)*

**Umbreit,** Hans: Die Kriegsverwaltung 1940 bis 1945. — In: Militärgesch. Mitt. 1968, H. 2, 105—134.

**Veale,** F. J. P.: Crimes directly veiled. Foreword by Lord Hankey. — London: Cooper Book Company 1958. XIV, 240 S.

**Velden,** D. van: De japanse interneringskampen voor burgers gedurende de tweede wereldoorlog. — Groningen: Wolters 1963. VIII, 628 S.

**Verbrechen** der Sieger. Das Schicksal der deutschen Kriegsgefangenen in Osteuropa. Ausw. u. Bearb. von Wilhelm Anders. - Leoni am Starnberger See: Druffel (1975). 398 S.

**Vietor,** John Adolph: Time out. American airmen at Stalag Luft I. — New York: Smith 1951. 1992 S.

**Weber,** Wolfram: Die innere Sicherheit im besetzten Belgien und Nordfrankreich 1940–44. Ein Beitrag zur Geschichte der Besatzungsverwaltungen. Mit e. Vorw. von Jacques Willequet. - Düsseldorf: Droste (1978). 198 S.
*Diss., Universität Köln.*

**Wedel,** Hasso von: Die Propagandatruppen der Deutschen Wehrmacht. — Neckargemünd 1962: Scharnhorst Buchkameradschaft. 152 S.
*(Die Wehrmacht im Kampf. 34.)*

**Wehrmacht** und Propaganda. Rückblick und Ausblick auf die psychologische Kriegsführung. — In: Militärpol. Forum 3 (1954), H. 5, 33—39.

**Wer** war dabei? Zur Aufklärung von Verschollenen-Schicksalen d. zweiten Weltkrieges werden zurückgekehrte Kameraden der in diesem Heft aufgeführten Wehrmachtseinheiten gesucht. Hrsg. vom DRK-Suchdienst München. — München (1961): Selbstverl. d. Hrsg. 72, VIII S.

**Whiting,** Charles: Hitler's Werewolfes. The story of the Nazi resistance movement 1944–1945. - New York: Stein & Day (1972). XIII, 208 S.

**Wigmans,** Johan: Einer von Millionen. (Ik was een der Miljoonen, dt.) 10 Jahre Rußland. (2. Aufl.) — München: Kösel (1961). 243 S.

**Winkler,** Allan M.: The politics of propaganda. The Office of War Information 1942–1945. - New Haven: Yale University Press 1978. 230 S.

Militärische Führung

**Aßmann,** Kurt: Hitlers Strategie. — In: Pol. Lit. 2 (1953), 49—51.

**Audet,** R.: La stratégie allemande en Méditerranée. — In: Rév. Déf. nat. 13 (1951), 483—494.

**Baum,** Walter [u.] Eberhard Weichold: Der Krieg der Achsenmächte im Mittelmeer. Die Strategie der Diktatoren. — Göttingen: Musterschmidt 1973. 478 S.
*(Studien und Dokumente zur Geschichte des Zweiten Weltkrieges. 14.)*

**Betz,** Herman Dieter: Das O[ber-]K[ommando der] W[ehrmacht] und seine Haltung zum Landkriegsvölkerrecht im Zweiten Weltkrieg. — Würzburg 1970: (Schmacht). XVII, 346 S.
*Würzburg, jur. Diss. vom 19. Januar 1970.*

**Boehm,** Hermann [u.] Winfried Baumgart: Zur Ansprache Hitlers vor den Führern der Wehrmacht am 22. August 1939. — In: Vjh. Zeitgesch. 19 (1971), 294—304.

**Bolle,** Hermann: Der Oberbefehl im Bündniskrieg. — In: Wehrwiss. Rdsch. 17 (1967), 452—472 und 497—522.

**Brett-Smith,** Richard: Hitler's generals. - San Rafael, Calif.: Presidio Press 1978. 306 S.

**Buck,** Gerhard: Der Wehrmachtsführungsstab im Oberkommando der Wehrmacht. - In: Jahresbibliogr. Bibliothek f. Zeitgesch. 45 (1973), 407–454.

**Burdick,** Charles: Planungen für das Einrücken deutscher Kräfte in Spanien in den Jahren 1942—1943. Die Unternehmen „Ilona" und „Gisela". — In: Wehrwiss. Rdsch. 13 (1963), 164—178.

**Burdick,** Charles B.: Germany's military strategy and Spain in World War II. — (Syracuse, N.Y.:) Syracuse University Press (1968). XI, 228 S.

**Burne,** A. H.: Strategy as exemplified in the second world war. A strategical examination of the land operations. — London: Cambridge University Press 1947. 89 S.

**Butler,** J. R. M.: L'organisation du Haut-Commandement du Royaume-Uni et son impact sur la stratégie alliée. - In: Rev. Hist. deux. Guerre mond. 25 (1975), H. 100, 27–42.

**Cartier,** Raymond: Hitler et ses généraux. Les secrets de la guerre. Ed. rev. et compl. — (Paris): Fayard (1962). 265 S.
*(Coll. „Les grandes études contemporaines".)*

**Cigliana,** Carlo: La strategia tedesca nell'estate 1940. — In: Riv. militare 23 (1967), 429—435.

**Cline,** Ray S.: Washington Command Post. The Operations Division. — Washington: Department of the Army 1951. XVI, 413 S.
*(U.S.Army in World War II. The War Department.)*

**Collier,** Basil: The defence of the United Kingdom. — London: H. M. Stationery Office 1957. XIX, 557 S.
*(History of the Second World War. United Kingdom Military Series.)*

**Conn,** Stetson, Rose C. Engelman [u.] Byron Fairschild: Guarding the United States and its outposts. — Washington 1964: Office of the Chief of Military History, Department of the Army. XVII, 593 S.
*(United States Army in World War II. The Western Hemisphere. 2.)*

**Creswell,** John: Generals and admirals. The story of amphibious command. — London: Longmans, Green & Co. 1952. VIII, 192 S.

## GESCHICHTE DES II. WELTKRIEGES

**Creveld,** Martin van: Hitler's strategy 1940—1941. The Balkan Clue. – London: Cambridge University Press 1973. XI, 248 S.

**The fatal decisions.** Ed. by Seymour Freidin and William Richardson. Commentary by Siegfried Westphal. Forew. by S. L. A. Marshall. Translated from the German by Constantine Fitzgibbon. — New York: Sloane 1956. XIV, 302 S.
Mit Beiträgen von Werner Kreipe, Günther Blumentritt, Fritz Bayerlein, Kurt Zeitzler, Bodo Zimmermann und Hasso von Manteuffel.

**Doerr,** Hans: Truppenführung und Feldherr. Betrachtungen aus dem zweiten Weltkrieg. — In: Wehrwiss. Rdsch. 4 (1954), 97—104.

**Doerr,** H.: Verbindungsoffiziere. — In: Wehrwiss. Rdsch. 3 (1953), 270—280.

**Dominici,** Mariano: Operazione „Avalanche". — In: Riv. militare, Jan. 1954, 5—24.

**Donnison,** F[rank]S[iegfried]V[ernon]: Central organization and planning. — London: Her Majesty's Stationery Office 1966. XV, 400 S.
*(History of the Second World War. United Kingdom Military Series. Civil Affairs and Military Government.)*

**Dziuban,** Stanley W.: Military relations between the United States and Canada 1939—1945. — Washington: Department of the Army, Office of the Chief of Military History 1960. 432 S.

**Elble,** Rolf: Generalkommandos (Wehrkreiskommandos) bei Kriegsausbruch 1939. - In: Wehrkunde 24 (1975), 30—33.

**Falk,** Stanley L.: Organization and military power. The Japanese High Command in world war II. — In: Polit. Science Quart. 76 (1961), 503—518.

**Fergusson,** Bernard [Edward]: The watery maze. The story of combined operations. — New York: Holt, Rinehart & Winston; London: Collins 1961. 445 S.

**Das Fiasko** der antisowjetischen Aggression. Studien zur Kriegführung des deutschen Imperialismus gegen die UdSSR (1941—1945). Hrsg. von Erhard Moritz. — Berlin: Militärverl. d. DDR 1978. 361 S.
*(Schriften des Militärgeschichtlichen Instituts der DDR.)*

**Fioravanzo,** Giuseppe: Italian strategy in the Mediterranean 1940—1943. — In: US Naval Institute Proceed. 84 (1958), H. 9, 65—72.

**Fischer,** Johannes: Über den Entschluß zur Luftversorgung Stalingrads. E. Beitr. zur militär. Führung im Dritten Reich. — In: Militärgesch. Mitt. 1969, H. 2, 7—67.

**Förste,** Erich: Der „Seelöwe" im Lichte neuerer Fachliteratur. — In: Marine-Rdsch. 57 (1960), 19—35.

**Förster,** Jürgen: Strategische Überlegungen des Wehrmachtführungsstabes für das Jahr 1943. - In: Militärgesch. Mitt. 1973, H. 1, 95—107.

**Das Führerhauptquartier** 1939 1945. Zsgest. u. hrsg. von Gerhard Buck. Leoni am Starnberger See: Druffel (1977). 160 S.
*(Zeitgeschichte im Bild.)*

**Gemzell,** Carl-Axel: Tysk militär planlägning under det andra världskriget: fall Sverige. - In: Scandia 41 (1975), 199–248.

**Gemzell,** Carl-Axel: Raeder, Hitler und Skandinavien. Kampf für einen maritimen Operationsplan. — [Lund:] Gleerup (1965). XV, 390 S.
*(Biblioteca historica Lundensis. 16.)*

**Gilbert,** Felix [Hrsg.]: Hitler directs his war. The secret records of his daily military conferences. — New York: Oxford University Press 1950. XXXIII, 187 S.

**Greenfield,** Kent Roberts [Ed.]: Command decisions. — Washington: Department of the Army, Office of Military History 1959. 481 S.

**Greenfield,** Kent Roberts: American strategy in World War II. A reconsideration. — Baltimore: Johns Hopkins Press 1963. VIII, 145 S.

**Greiner,** Helmuth: Die oberste Wehrmachtführung 1939—1943. — Wiesbaden: Limes-V. (1951). 444 S.

**Gruchmann,** Lothar: Die „verpaßten strategischen Chancen" der Achsenmächte im Mittelmeerraum 1940/41. — In: Vjh. Zeitgesch. 18 (1970), 456—475.

**Gundelach,** Karl: Gedanken über die Führung eines Luftkrieges gegen England bei der Luftflotte 2 in den Jahren 1938/39. — In: Wehrwiss. Rdsch. 10 (1960), 33—46.

**Handel-Mazzetti,** Peter Frhr. von: Der Einfluß von See- und Luftmacht im Kampf um Nordafrika 1940—1942. — In: Marine-Rdsch. 52 (1955), 9—18.

**Harding,** John: Mediterranean strategy 1939—1945. — London: Cambridge University Press 1960. 25 S.

**Heiber,** Helmut: Hitler parle à ses généraux (Hitlers Lagebesprechungen, franz.) Comptes rendus sténographiques des rapports journaliers du Q. G. du Führer (1942—1945). Trad. de l'allemand par Raymond Henry. Préf. de Benoist Méchin. — Paris: Michel (1964). XXXIV, 350 S.

**Heiber,** Helmut [Hrsg.]: Hitlers Lagebesprechungen. Die Protokollfragmente seiner militärischen Konferenzen 1942—1945. — Stuttgart: Dt. Verl.-Anst. 1962. 970 S.
*(Quellen und Darstellungen zur Zeitgeschichte. 10.)*

**Helmert,** Heinz [u.] Helmut Otto: Zur Koalitionskriegsführung Hitler-Deutschlands im Zweiten Weltkrieg am Beispiel des Einsatzes der ungarischen 2. Armee. — In: Z. Militärgesch. 2 (1963), 320—339.

**Henrici,** Eckhard: Die deutsche Kriegführung und das Mittelmeer in den Jahren 1940 bis 1943. — o. O. 1954. 171 gez. Bl., Bl. A—U. [Maschinenschr.]
*Heidelberg, phil. Diss. 8. Juli 1954.*

**Heusinger,** Adolf: Hitler et l'OKH. — Paris: Berger-Levrault 1952. 280 S.

**Higgins,** Trumbull: Soft underbelly. The Anglo-American controversy over the Italian campaign, 1939—1945. — New York: Macmillan 1968. X, 275 S.

**Hillgruber,** Andreas [u.] Jürgen Förster: Zwei neue Aufzeichnungen über „Führer"-Besprechungen aus dem Jahre 1942. - In: Militärgesch. Mitt. 1972, H. 1, 109–126.

**Hillgruber,** Andreas: Hitlers Strategie. Politik und Kriegsführung 1940—1941. — Frankfurt a. M.: Bernard & Graefe 1965. 715 S.
*Zugl. Habil.-Schrift, Marburg.*

**Hinsley,** Francis H.: Hitlers Strategie (Hitler's strategy. The naval evidence, dt.) — Stuttgart: Günther 1952. 328 S.

**Hinsley,** F. H.: Hitler's strategy. The naval evidence. — Cambridge: University Press 1951. XII, 244 S.

**Hölter,** Hermann: Die Probleme des deutsch-finnischen Koalitionskampfes. — In: Wehrkunde 2 (1953), H. 8, 16—18.

**Howard,** Michael: The Mediterranean strategy in the Second World War. — New York: Praeger 1968. XII, 82 S.

**Hubatsch,** Walther: Kriegswende 1943. — Darmstadt: Wehr- u. Wissen Verlagsgesellsch. (1966). 160 S.
*(Beiträge zur Wehrforschung. 11.)*

**Hubatsch,** Walther: Operation „Polarfuchs". Ein strategischer Schubladenentwurf. — In: Wehrwiss. Rdsch. 6 (1956), 11—19.

**Hubatsch,** Walter [Hrsg.]: Das dienstliche Tagebuch des Chefs des Wehrmachtführungsamtes im Oberkommando der Wehrmacht, Generalmajor Jodl, für die Zeit vom 13. Oktober 1939 bis zum 30. Januar 1940. — In: Welt als Geschichte 12 (1952), 274—287.

**Hubatsch,** Walther [Hrsg.]: Das dienstliche Tagebuch des Chefs des Wehrmachtführungsamtes im Oberkommando der Wehrmacht, Generalmajor Jodl, für die Zeit vom 13. Oktober 1939 bis zum 30. Januar 1940. — In: Welt als Geschichte 13 (1953), 58—71.

**Hubatsch,** Walther [Hrsg.]: Hitlers Weisungen für die Kriegführung 1939—1945. Dokumente des Oberkommandos der Wehrmacht. — Frankfurt: a. M. Bernard & Graefe 1962. 330 S.

**Jacobsen,** Hans-Adolf: Deutsche Kriegführung 1939—1945. Ein Überblick. — (Hannover 1961: Hannoversche Druck- u. Verl.-Ges.) 95 S.
*(Schriftenreihe der Niedersächsischen Landeszentrale für Politische Bildung. Zeitgeschichte. 12.)*

**Jacobsen,** Hans-Adolf: Winter 1939/1940. Hitlers Gedanken zur Kriegführung im Westen. — In: Wehrwiss. Rdsch. 5 (1955), 433—446.

**Jedlicka,** Ludwig F.: Des Führers Admirale. „Strategie" im Dritten Reich. — In: Österr. Furche 8 (1952), H. 47, 4—5.

**Johannesson,** Rolf: Integrierung im Mittelmeer 1942. — In: Wehrwiss. Rdsch. 3 (1953), 123—125.

**Kahle,** Günter: Das Kaukasusprojekt der Alliierten vom Jahre 1940. — Opladen: Westdtsch. Verl. 1973. 42 S.
*(Vorträge/Rheinisch-Westfälische Akademie der Wissenschaften. Geisteswiss.; G 186.)*

**Kesselring,** Albert: Gedanken zum zweiten Weltkrieg. — Bonn: Athenäum-V. 1955. 201 S.

**Klee,** Karl: Dokumente zum Unternehmen „Seelöwe". Die geplante deutsche Landung in England 1940. — Göttingen, Berlin, Frankfurt a. M.: Musterschmidt (1959). 457 S.
*(Studien und Dokumente zur Geschichte des Zweiten Weltkrieges. 4b.)*

**Klee,** Karl: Der Entwurf zur Führer-Weisung Nr. 32 vom 11. Juni 1941. Eine quellenkritische Untersuchung. — In: Wehrwiss. Rdsch. 6 (1956), 127—141.

**Klee,** Karl: Das Unternehmen „Seelöwe". Die geplante deutsche Landung in England 1940. — Göttingen, Berlin, Frankfurt a. M.: Musterschmidt (1958). 300 S.
*(Studien und Dokumente zur Geschichte des Zweiten Weltkrieges. 4a.)*

**Kriegstagebuch** des Oberkommandos der Wehrmacht (Wehrmachtsführungsstab). 1940—1945. Geführt von Helmuth Greiner und Percy Ernst Schramm. Im Auftrag des Arbeitskreises für Wehrforschung hrsg. von Percy Ernst Schramm. — Frankfurt a. M.: Bernard & Graefe.
1. 1. August 1940—31. Dezember 1941. 1965. 1285 S.
2. 1. Januar 1942—31. Dezember 1942. Zusgest. u. erl. von Andreas Hillgruber. Halbbd 1. 2. 1963. XII, 1464 S.

**Kriegstagebuch** des Oberkommandos der Wehrmacht (Wehrmachtführungsstab). 1940—1945. Geführt von Helmuth Greiner und Percy Ernst Schramm. Im Auftrag des Arbeitskreises für Wehrforschung hrsg. von Percy Ernst Schramm. — Frankfurt a. M.: Bernard & Graefe.
3. 1. Januar 1943—31. Dezember 1943. Zusgest. u. erl. von Walther Hubatsch. Halbbd. 1. 2. 1963. XI, 1661 S.
4. 1. Januar 1944—22. Mai 1945. Eingel. u. erl. von Percy Ernst Schramm. Halbbd. 1. 2. 1961. XXXVI, 1940 S.

**Kurz,** Hans Rudolf: Die Schweiz in der Planung der kriegführenden Mächte während des zweiten Weltkrieges. — Biel: Schweizer. Unteroffiziersverband 1957. 68 S.

**Lachnit,** Ingo [u.] Friedhelm Klein [Hrsg.]: Der „Operationsentwurf Ost" des Generalmajors Marcks vom 5. August 1940. - In: Wehrforsch. 1972, 114–123.

**Lagebesprechung** im Hauptquartier Hitlers vom 1. Februar 1943. Stenographische Nachschrift. Eingeleitet von Felix Gilbert. — In: Welt als Gesch. 10 (1950), 276—289.

**Lagevorträge** des Oberbefehlshabers der Kriegsmarine vor Hitler 1939—1945. Im Auftr. d. Arbeitskreises f. Wehrforschung hrsg. von Gerhard Wagner. — München: Lehmann (1972). 716 S.

**Laternser,** Hans: Das deutsche Offizierkorps und das Kriegsrecht. Aus der Verteidigungsrede für Generalfeldmarschall Ritter von Leeb. — In: Militärpol. Forum 3 (1954), H. 4, 15—20.

**Leach,** Barry A.: German strategy against Russia, 1939—1941. — Oxford: Clarendon Press 1973. VIII, 308 S.

**Lebedev,** N. I.: „Balkanskij variant" anglo-amerikanskoj strategii v period vtoroj mirovoj vojny. — In: Nov. Novejš. Ist. 1959, H. 5, 41—60.

**Leighton,** R. M.: Allied unity of command in the second world war. A study in regional military organization. — In: Polit. Science Quart. 67 (1952), 399—425.

**Leighton,** Richard M. und Robert W. Coakley: Global logistics and strategy 1940—1943. — Washington: Department of the Army, Office of Military History 1956. 780 S.

**McCloughry,** E. J. Kingston: The direction of war. A critique of the political direction and high command in war. — New York: Praeger 1955. 261 S.

**Mathot,** René: Comment fut installé le G.Q.G. de Hitler à Brûly-de-Pesche? -In: Au Pays des Rièzes et des Sarts 65 (1976), 16—30.

**Mathot,** René, Le plan du Grand Quartier Général de Hitler à Brûly-de-Pesche en juin 1940. - In: Au Pays des Rièzes et des Sarts 64 (1975), 659–667.

**Matloff,** Maurice und Edwin M. Snell: Strategic planning for coalition warfare 1941—1942. — Washington: Department of the Army, Office of the Chief of Military History 1953. XVI, 454 S.
*(U. S. Army in World War II. The War Department. 3.)*

**Matloff,** Maurice: Strategic planning for coalition warfare 1943—1944. — Washington: Department of the Army, Office of the Chief of Military History 1959. XVII, 640 S.

**Meier-Welcker,** Hans: Der Entschluß zum Anhalten der deutschen Panzertruppen in Flandern 1940. — In: Vjh. Zeitgesch. 2 (1954), 274—290.

**Meissner,** Boris: Vielvölkerheere und Koalitionskriege. — Darmstadt: Leske 1953. 100 S.
*(Schriftenreihe der Auslandswiss. Ges. 1.)*

**Mellenthin,** F. W. von: Panzer battles 1939—1945. A study of the use of armour in the second world war. — London: Cassell 1955. XIX, 371 S.

**Mellenthin,** F. W. von: German generals of World War II. — Norman: University of Oklahoma Press 1978. 300 S.

**Mennel,** Rainer: Militärgeographische Betrachtungen über die Kampfführung in der Normandie 1944. - In: Wehrforsch. 1972, 154–158.

**Messerschmidt,** M[anfred]: La stratégie allemande (1939-1945). Conception, objectif, commandement, réussite. - In: Rev. Hist. deux. Guerre mond. 25 (1975), H. 100, 1–26.

**Millett,** John D.: The organization and role of the Army Service Forces. — Washington: Department of the Army, Office of the Chief of Military History 1954. 494 S.
*(United States Army in World War II. The Army Service Forces.)*

**Morison,** Samuel Eliot: American contributions to the strategy of World War II. — London: Oxford University Press 1958. 80 S.

**Morison,** Samuel Eliot: Strategy and compromise. A reappraisal of the crucial decisions confronting the allies in the hazardous years 1940—1945. — Boston, Toronto: Little & Brown 1958. IV, 120 S.

**Moritz,** Erhard: Planungen für die Kriegsführung des deutschen Heeres in Afrika und Vorderasien. - In: Militärgesch. 16 (1977), 323–333.

**Morton,** Louis: The decision to use the atomic bomb. — In: Foreign Aff. 35 (1956/57), 334—353.

**Morton,** Louis: Japanese policy and strategy in midwar. — In: US Naval Inst. Proceedings 85 (1959), H. 2, 52—64.

**Morton,** Louis: Strategy and command. The first two years. — Washington: Departement of the Army, Office of the Chief of Military History 1962. 761 S.
*(US Army in World War II. The War in the Pacific.)*

**Müller-**Hillebrand, B.: Führung und Gefecht von Panzerverbänden. — In: Wehrwiss. Rdsch. 3 (1953), 424—431.

**Mueller-**Hillebrand, Burkhart: Das Heer zwischen Westfeldzug 1940 und Feldzug gegen die Sowjetunion 1941. — In: Wehrwiss. Rdsch. 6 (1956), 366—379.

**Néré,** J.: Logistique et stratégie d'alliance anglo-américaine. Les temps difficiles (1939-mars 1943). — In: Rev. Hist. deux. Guerre mond. 7 (1957), H. 27, 1—18.

**O'Brien,** Terence H.: Civil defence. — London: H. M. Stationery Office 1955. XVII, 729 S.
*(History of the Second World War. United Kingdom Civil Series.)*

Važnejsie **operacii** velikoj otečestvennoj vojny 1941—1945 gg. — Moskva: Voenizdat 1956. 623 S.

**Petersen,** H.: Es wurde einmal erwogen und vorbereitet. Ein Tatsachenbericht nach amtlichen französischen Dokumenten. — In: Militärpol. Forum 2 (1953), H. 2, 42—46; H. 3, 32—34.
Behandelt die sog. „Operation Baku" 1939/40.

**Petitjean,** G.: L'importance stratégique de la Méditerranée au cours de la seconde guerre mondiale. — In: Rev. hist. Armée 12 (1956), H. 4, 65—83.

**Pogue,** Forrest C.: The supreme command. — Washington: Department of the Army, Office of the Chief of Military History 1954. 607 S.
*(United States Army in World War II. The European Theater of Operations.)*

**Praun,** Albert: Nachrichtentruppe und Führung. — In: Wehrwiss. Rdsch. 1 (1951), H. 9/10, 65—72 und 2 (1952), 31—38, 226—235, 297—302.

**Praun,** Albert: Wehrmachtnachrichtenverbindungen. — In: Wehrkunde 2 (1953), H. 9, 11—16.

**Preradovich,** Nikolaus von: Die militärische und soziale Herkunft der Generalität des deutschen Heeres 1. Mai 1944. Osnabrück: Biblio Verl. 1978. 247 S.
*(Studien zur Militärgeschichte, Militärwissenschaft und Konfliktforschung 14.)*

**Pundeff,** Marin: Allied strategy and the Balkans 1941—1944. — In: World Aff. Quart. 29 (1958), 25—52.

**Razvitie** taktiki sovetskoj armii v gody velikoj otecestvennoj vojny. — Moskva: Voenizdat 1958. 415 S.

**Rieker,** Karlheinrich: Ein Mann verliert einen Weltkrieg. Die entscheidenden Monate des deutsch-russischen Krieges 1942/43. — Frankfurt a. M.: Fridericus-V. (1955). 307 S.

**Röhricht,** Edgar: Probleme der Kesselschlacht, dargestellt an Einkreisungs-Operationen im zweiten Weltkrieg. Mit e. Geleitwort von Franz Halder. — (Karlsruhe: Condor-Verl. 1958.) XVI, 184 S.
*(Deutsche Truppenführung im 2. Weltkrieg. [1.])*

**Rohde,** Horst: Der Chef des Transportwesens der deutschen Wehrmacht im zweiten Weltkrieg. Entstehung, Organisation, Aufgaben. — Boppard: Boldt (1968). 320 S.
*(Wehrwissenschaftliche Forschungen. Abt. Militärgeschichtliche Studien. 9.)*

**Romanus,** Charles F. und Riley Sunderland: Stillwell's command problems. — Washington: Department of the Army, Office of Military History 1956. 518 S.

**Rommel,** H. G.: Der Einsatz großer Artillerie-Verbände. Erfahrungen und Lehren. — In: Wehrkunde 2 (1953), H. 6, 14—19.

**Rosen,** S. McKee: The combined boards of the second world war. An experiment in international administration. — New York: Columbia University Press 1951. 288 S.

**Rosen**-Zawadzki, Kazimierz: Balkanskie koncepcje strategiczne a kampania we Włoszech 1943—1945. — Wrocław: Ossolineum 1964. 327 S.
*(Instytut Historii PAN.)*

**Rowland,** Buford und William B. Boyd: US Navy Bureau of Ordonance in World War II. — Washington: US Government Printing Office 1953. 539 S.

**Rumpf,** Hans: Deutsche und englische Luftkriegsstrategie im zweiten Weltkrieg. — In: Wehrkunde 4 (1955), 423 bis 427.

**Schöttl,** Oskar: Der Einsatz der Flakartillerie im Operationsgebiet des Heeres. — In: Wehrkunde 2 (1953), H. 7, 4—9.
Behandelt u. a. Einsätze im Kubanbrückenkopf 1943 und in der Normandie 1944.

**Senger** und Etterlin, F. M. von: Der Gegenschlag. Kampfbeispiele und Führungsgrundsätze der beweglichen Abwehr. — Neckargemünd: Scharnhorst Buchkameradschaft 1959. 148 S.
*(Die Wehrmacht im Kampf. 22. [= 23.])*

**Senger** und Etterlin, Frido von: Koalitionskriegführung der Westmächte 1943—1945. — In: Außenpolitik 8 (1957), 704—715.

**Seraphim,** Hans Günther: „Felix" und „Isabella". Dokumente zu Hitlers Planungen betr. Spanien und Portugal aus den Jahren 1940/41. — In: Welt als Geschichte 15 (1955), 45—86.

Sobik, Erich: Führung sowjetischer Streitkräfte unter Stalin. — In: Wehrwiss. Rdsch. 28 (1979), 33—41.

**Sommerfeldt,** Martin H.: Das Oberkommando der Wehrmacht gibt bekannt. Ein Augenzeugenbericht des Auslandssprechers des OKW. — Frankfurt a. M.: Westdt. Verl. u. Druck.Ges. (1952). 240 S.

**Stacey,** C. P.: The Canadian-American permanent joint board of defence 1940—1945. — In: Intern. J. 9 (1953/54), 107—124.

Grand **strategy.** — London: H. M. Stationery Office.
  2. September 1939 — June 1941. By J. R. M. Butler. 1957. XIX, 603 S.
  5. August 1943 — September 1944. By John Ehrman. 1956. XVII, 634 S.
  6. October 1944 — August 1945. By John Ehrman. 1956. XVI, 422 S.
*(History of the Second World War. United Kingdom Military Series.)*

Grand **strategy.** — London: H. M. Stationery Office.
  3. June 1941—August 1942. By J. M. A. Gwyer and J. R. M. Butler. 1964. 783 S.

**Stuhlpfarrer,** Karl: Die Operationszonen „Alpenvorland" und „Adriatisches Küstenland" 1943—1945. — Wien: Hollink (1969). 179 S.
*(Publikationen des Österreichischen Instituts für Zeitgeschichte und des Instituts für Zeitgeschichte der Universität Wien. 7.)*

**Tägil,** S.: Wegener, Raeder and the German naval strategy. Some viewpoints on the conditions for the influence of ideas. — In: Coop. and Conflict 2 (1967), 102—111.

**Teske,** Hermann: Die silbernen Spiegel. Generalstabsdienst unter der Lupe. — Heidelberg: Vowinckel 1952. 264 S.

**Thomson,** Harry C. und Lida Mayo: The ordnance department. Procurement and supply. — Washington: Office of the Chief of Military History, Department of the Army 1960. XIX, XIX, 504 S.
*(US Army in World War II. Technical Services.)*

**Toscano,** Mario: Le conversazioni militari italo-tedesche alla vigilia della seconda guerra mondiale. — In: Riv. Storia ital. 64 (1952), 336—382.

**Uhlig,** Heinrich: Das Einwirken Hitlers auf Planung und Führung des Ostfeldzuges. — In: Aus Politik und Zeitgeschichte, Beilage zur Wochenzeitung „Das Parlament", vom 16. und 23. März 1960, 161—198.

**Umbreit,** Hans: Der Militärbefehlshaber in Frankreich 1940—1944. — Boppard: Boldt (1968). XIII, 360 S.
*(Wehrwissenschaftliche Forschungen. Abt. Militärgeschichtliche Studien. 7.) Diss., Bonn.*

**Veale,** F. J. P.: Advance to barbarism. How the reversion to barbarism in warfare and war-trials menaces our future. Foreword by William Ralph Inge. — Appleton, Wisc.: Nelson 1953. XVII, 305 S.

**Vigneras,** Marcel: Rearming the French. — Washington: Department of the Army, Office of Military History 1957. XVIII, 444 S.

**Volz,** Arthur G.: The Axis as a military alliance. — o. O. 1952. XII, 158, XVI gez. Bl. [Maschinenschr.]
*Frankfurt, phil. Diss. 30. Juli 1952.*

**Warlimont,** Walter: Im Hauptquartier der deutschen Wehrmacht 1939—1945. Grundlagen, Formen, Gestalten. — Frankfurt a. M.: Bernard & Graefe 1962. 570 S.

**Warlimont,** Walter: Die Insel Malta in der Mittelmeer-Strategie des Zweiten Weltkriegs. — In: Wehrwiss. Rdsch. 8 (1958), 421—436.

**Weichold,** Eberhard: Die deutsche Führung und das Mittelmeer unter dem Blickwinkel der Seestrategie. — In: Wehrwiss. Rdsch. 9 (1959), 164—173.

**Weinberg,** Gerhard L.: Der deutsche Entschluß zum Angriff auf die Sowjetunion. — In: Vjh. Zeitgesch. 1 (1953), 301—318.

**Wheatley,** R. R. A.: German planning for an invasion of Great Britain 1939 — 1942. *Oxford, Diss. 1954.*

**Wheatley,** Ronald: Operation Sea-Lion. German plans for the invasion of England 1939—1942. — London: Oxford University Press 1958. 201 S.

**Wilhelmus,** Wolfgang: Vorbereitungen der faschistischen Wehrmacht zur Besetzung Schwedens. - In: Z. Geschichtswiss. 23 (1975), 1032–1040.

**Zeitzler,** Kurt: Das Ringen um die militärischen Entscheidungen im zweiten Weltkrieg. — In: Wehrwiss. Rdsch. 1 (1951), H. 6/7, 44—48 und H. 8, 20—29.

Feldzüge und Kriegsschauplätze

Polenfeldzug 1939

**Bachmann,** Hans R.: Der Kampf um Hela (1. September—1. Oktober 1939.) — In: Wehrwiss. Rdsch. 20 (1970), 275—296.

**Bärwald,** Horst und Klaus Polkehn: Geheime Kommandosache Fall Weiß. Ein Tatsachenbericht. — Berlin: Verl. d. Ministeriums für Nationale Verteidigung 1960. 113 S.

**Bethell,** Nicholas: The war, Hitler won. The fall of Poland, September 1939. - New York: Holt, Rinehart & Winston 1973. VIII, 472 S.

**Bielecki,** Zygmunt [u.] Ryszard Dębowki: 36 dni (1. IX.—6. X. 1939 r.) — Warszawa: Ministerstwo Obrony narodowej 1971. 210 S.

Der Blitzkrieg, [dt.] Von Robert Wernick und der Redaktion der Time-Life Bücher. Aus d. Engl. übertr. von Gerhard Raabe. — Amsterdam: Time-Life Internatio nal 1979. 208 S.
*(Time-Life Bücher.)*
*(Der Zweite Weltkrieg. [2.])*

**Ciałowicz,** Jan: Le Siège et la defence de Varsovie en 1939. — In: Cahiers Pologne-Allemagne 1963, H. 2, 8—24.

**Dąbrowski,** Franciszek: Wspomnienia z obrony Westerplatte. — Gdańsk: Tow. Nauk. 1957. 161 S.

**Datner,** Szymon: 55 dni Wehrmachtu w Polsce. Zbrodnie dokonane na polskiej ludności cywilnej w okresie 1. IX.—25. X. 1939 r. — Warszawa: Ministerstwo Obrony narodowej (1967). 619 S.

**Elble,** Rolf: Die Schlacht an der Bzura im September 1939 aus deutscher und polnischer Sicht. - Freiburg: Rombach 1975. 266 S.
*(Einzelschriften zur militärischen Geschichte des Zweiten Weltkrieges. 15.)*

Die **Feuertaufe** der 30. Division. Kritische Bemerkungen und Lehren aus der Schlacht an der Bzura vom 9. bis 11. Sept. 1939. — In: Der Frontsoldat erzählt 16 (1952), 242—245.

**Flisowski,** Zbigniew [Hrsg.]: Westerplatte. — Warszawa: MON 1959. XXXIX, 300 S.

**Głowacki,** L.: Obrona Warszawy i Modlina na tle kampanii wrześniowej. (Wyd. 2.) — (Warszawa:) Wydawnictwo Min. Obrony Narod. (1963). 352 S.

**Grosz,** Victor: La vérité sur le drame polonais de septembre 1939. Préf. du P. Cot. — Paris: Ed. du Pavillon 1951. 136 S.

**Kennedy,** Robert M.: The German campaign in Poland (1939). — Washington: Department of the Army 1956. XII, 141 S.

**Klee,** Karl: Die Luftnachrichtentruppe im Feldzug gegen Polen 1939. — In: Wehrwiss. Rdsch. 4 (1954), 71—90.

**Kutrzeba,** Tadeusz: Bitwa nad Bzurą (9—22 września 1939 r.) — Warszawa: Czytelnik 1957. 199 S.

**Machalski,** T.: Pod prąd. Światła i cienie kampanii wrześniowej 1939 roku. — London: Świderski 1964. 223 S.

**Maurach,** Bruno: Zur kriegswissenschaftlichen Erforschung des Polenfeldzugs. — In: Wehrkunde 5 (1956), 8—11.

**Moczulski,** Leszek: Aspecty polityczne i tło operacyjne dywersji niemieckiej w Bydgoszczy. — In: Przegląd Zach. 19 (1963), H. 2, 61—91.

**Mordal,** Jacques: La guerre a commencé en Pologne. — Paris: Presses de la Cité 1968. 320 S.
*(Coll. „Coup d'oeil".)*

**Nalepa**-Orlowska, Irma: Napad na radiostacje Gliwicach 31 sierpnia 1939r. — In: Zaranie Śląskie 4 (1966), 603—621.

**Novodran,** V. A.: Napadenie hitlerovskoj Germanii na Pol'šu v 1939 godu. — In: Novaja i Novejšaja Ist. 1959, H. 4, 19—35.

**Podhorski,** Zygmunt: Bitwa pod Kockiem Grupy Operacyjnej Polesie od 1-go do 5-go października 1939 r. — In: Bellona 4 (1954), 24—34.

**Porwit,** Marian: Obrona Warszawy. Wrzesień 1939. Wspomnienia i fakty. — Warszawa: Czytelnik 1959. 285 S.

**Reinhardt,** Hans: Die 4. Panzer-Division vor Warschau und an der Bzurą vom 9.—20. 9. 1939. — In: Wehrkunde 7 (1958), 237—247.

**Roos,** Hans: Der Feldzug in Polen vom September 1939. — In: Wehrwiss. Rdsch. 9 (1959), 491—512.

**Rzepniewski,** Andrzej: Obrona wybrzeża w 1939 r. Przygotowania i przebieg działań. — Warszawa: Wydawnictwo Min. Obrony Narod. 1964. 400 S.

**Sachs,** Günther: Die I. Abteilung Flakregiment 22 bei Iłza am 8. und 9. September 1939. (Zusammengest. auf Grund der Unterlagen d. Kriegswiss. Abt.) — In: Luftwaffenring 1954, H. 11, 5—6; H. 12, 4—5; 1955, H. 1, 5—6; H. 2, 9—10; H. 3, 5—7.

**Serwański,** Edward: Wrzesień 1939 roku w Wielkopolsce. — (Poznań:) Wydawnictwo Poznańskie (1966). 167 S.

**Polskie siły zbrojne** w drugiej wojnie światowej. — Londyn: Instytut Historyczny im. Gen. Sikorskiego.
Tom. 1. Kampanja wrześniowa 1939.
Część 1. Polityczne i wojskowe położenie Polski przed wojną. 1951. XXX, 494 S.

**Polskie siły zbrojne** w drugiej wojnie śwatowej. — Londyn: Instytut Historyczny im. Gen. Sikorskiego.
Tom. 1. Kampanja wrześniowa 1939.
Część 2. Przebieg działau od 1 do 8 września. 1955. 816 S.

**Tippelskirch,** Kurt von: Operativer Überblick über den Feldzug in Polen 1939. — In: Wehrwiss. Rdsch. 4 (1954), 252—267.

**Tym,** Wacław: Obrona wybrzeża morskiego w wrześniu 1939 r. — In: Przegl. Zach. 15 (1959), Bd 3, 38—74.

**Vormann,** Nikolaus von: Der Feldzug 1939 in Polen. Die Operationen des Heeres. — Weißenburg: Prinz-Eugen-Verl. (1958). 210 S.

**Wańkowicz,** Melchior: Dwie prawdy. Westerplatte. Hubalczycy. — (Warszawa:) Inst. Wyd. Pax 1974. 220 S.

**Wańkowicz,** Melchior: Westerplatte. — Warszawa: Pax 1959. 112 S.

**Wojna** obronna Polski 1939. Wybór źródeł. [Wyd.:] Mieczysław Cieplesicz [u.a.] — Warszawa: Ministerstwo Obrony narodowej 1968. 1256 S.

Wojna obronna Polski 1939. Oprac.: Mieczysław Cieplewicz [u. a.] — Warszawa: Wyd. Ministerstwa Obrony narodowej 1979. 949 S.
*(Polski czyn zbrojny w II wojnie światowej. 1.)*
Mit engl. u. russ. Zusammenfassung.

## Sowj.-Finn. Krieg 1939/40

**Dittmar,** Kurt: Unbeachtete Warnung. Der finnisch-russische Winterkrieg 1939/40. — In: Wehrkunde 4 (1955), 8—10.

**Halsti,** W. H.: Talvisota 1939—1940. — Helsinki: Söderström 1955. 458 S.

**Junnila,** Tuure: Freiheit im Vorfeld. Finnlands Kampf um Sicherheit und Neutralität. — Köln: Europa-Verl. (1965). 129 S.
*(Europäische Perspektiven.)*
Hier: S. 29—47.

**Kukkonen,** E. W.: Tolvajärven ja Ilomantsin taistelut vv. 1939—1940. — Helsinki: Otava 1955. 213 S.

**Meister,** Jürg: Der Seekrieg im finnisch-russischen Winterkrieg 1939/40. — In: Marine-Rdsch. 55 (1958), 66—73.

**Mordal,** Jacques: Hiver 1939—1940. La guerre russo-finlandaise. — In: Miroir de l'Histoire 1958, H. 106, 416—425.

**Oehquist,** Harald: Talvisota (Vinterkriget 1939—40, finn.) Minun näkökulmastani. 4. painos. — Porvoo: Söderström 1951. 402 S.

**Pakaslahti,** Aaro: Talvisodan poliittinen näytelmä. — Helsinki: Söderström 1970. 340 S.

**Tanner,** Vainö: Olin ulkoministerinä talvisodan aikana. — Helsinki: Kustannusosakeytiö Tammi 1951. 438 S.

## Besetzung Dänemarks und Norwegens

**Ahlgren,** Nils: Den improviserade hjälpen. De allierades expeditionskår till Norge 1940. — In: Svensk Tidsskr. 36 (1949), 376—388.

**Ansel,** Walter: Hitler confronts England. — Durham: Duke University Press 1960. XII, 348 S.

**Ash,** Bernard: Norway 1940. — London: Cassell 1964. 340 S.

**Assmann,** Kurt: The invasion of Norway. — In: US Naval Inst. Proceedings 78 (1952), April.

**Assmann,** Kurt: Der Norwegen-Feldzug in englischer Darstellung. — In: Marine. Rdsch. 51 (1954), 168—170.

**Audet,** [Général]: L'expédition de Norvège. Namsos, février-mai 1940. — In: Rev. hist. Armée 13 (1957), H. 1, 103—132.

**Biegański,** Witold: Poles in the battle of Narvik. — Warszawa: Interpress 1969. 106 S.

**Buchner,** Alex: Narvik. Die Kämpfe der Gruppe Dietl im Frühjahr 1940. — Neckargemünd/Heidelberg: Scharnhorst Buchkameradschaft 1958. 205 S.
*(Die Wehrmacht im Kampf. 18.)*

**Busch,** Fritz-Otto: Kampf um Norwegens Fjorde. Fall Weserübung Nord. — Preetz/Holst.: Gerdes (1964). 496 S.

**Delahousse,** P.: La sortie de la flotte allemande des 4—9 juin 1940 dans les eaux norvégiennes et ses résultats. — In: Rev. maritime, Nov. 1953, 1305—1327.

**Derry,** T. K.: The campaign in Norway. — London: H. M. S. O. 1952. 289 S.
*(History of the Second World War. United Kingdom Military Series.)*

**Dickens,** Peter: Brennpunkt Erzhafen Narvik (Narvik, battles in the fjords, dt.) Kämpfe um schwedisches Erz in Norwegens Fjorden 1940. (Übertragung ins Deutsche und Mitwirkung an der deutschen Ausgabe: Hans Dehnert.) - Stuttgart: Motorbuch-Verl. 1975. 522 S.

**Hartmann,** Sverre: Autentiske dokumenter og den historiske sannhet. Hitler hadde ingen angrepsplaner mot Sverige 1940, derimot i 1943. — In: Militaer Orientering 8 (1952), 606—611.

**Heye,** A. W.: Sturmfahrt nach Narvik. Nach einem Kriegstagebuch. Abschnitt „Maschine". — In: Marine-Rdsch. 50 (1953), 145—148.

**Horan,** H. E.: Operation archery. — In: US Naval Inst. proceed. 87 (1961), H. 4, 70—75.
Behandelt den britischen Angriff auf die norwegische Insel Vaagso 1941.

**Hubatsch,** Walther: Die deutsche Besetzung von Dänemark und Norwegen 1940. Nach amtlichen Unterlagen dargestellt. — Göttingen: Musterschmidt 1952. XV, 511 S.
*(Göttinger Beiträge für Gegenwartsfragen. 5.)*

**Hubatsch,** Walter: „Weserübung". Die deutsche Besetzung von Dänemark und Norwegen 1940. Nach amtlichen Unterlagen dargestellt. Mit einem Anhang: Dokumente zum Norwegenfeldzug 1940. 2., völlig neu bearb. Aufl. — Göttingen, Berlin, Frankfurt: Musterschmidt (1960). XIX, 586 S.
*(Studien und Dokumente zur Geschichte des Zweiten Weltkrieges. 7.)*

**Jensen,** Jørgen: Britenes kamp i nordre Gulbrandsdalen 1940. — In: Norsk mil. Tidsskr. 110 (1951), 441—457.

**Jensen,** Jørgen: Operasjonene i Sør-Trøndelag og nordre del av Hedmark fylke. — Oslo: Gyldendal 1956. 219 S.
*(Krigen i Norge 1940. 4.)*

Kersaudy, François: Stratèges et Norvège 1940. Les jeux de la guerre et du hasard. - Paris: Hachette 1977. 286 S.

**Krigen** i Norge 1940. Operasjonene i Glaamadalföret, Trysil og Rendalen. [Bearb.:] Krigshistoriske Avdeling. — Oslo: Gyldendal Norsk Forlag 1953. 349 S.

**Krigen** i Norge 1940. Operasjonene i Rogaland og Haugesund. Indre Hardangeravsnittet. [Bearb.:] Krigshistoriske Avdeling. — Oslo: Skoglands Boktrykkerie 1952. 261 S.

**Liddell Hart,** B. H.: Hvordan — og hvorfor — Hitler overfaldt Norge. — In: Gads Danske Mag. 45 (1951), 272—290.

**Loock,** Hans Dietrich: „Weserübung" — step towards the Greater German Reich. — In: Scand. J. Hist. 2 1977, 67—88.

**Lutzhöft,** Hans-Jürgen: Deutschland und Schweden während des Norwegenfeldzuges (9. April—10. Juni 1940). - In: Vjh. Zeitgesch. 22 (1974), 382—416.

**Macintyre,** D.: Narvik. — London: Evans 1959. 224 S.

**Mordal,** Jacques: La bataille de Narvik 10 avril—28 mai 1940. — In: Miroir de l'Histoire 1954, H. 54, 12—22.

**Mordal,** Jacques: Narvik. Préface du Général Weygand. — Paris: Ed. des Presses de la Cité 1960. 316 S.

**Moulton,** J. L.: The Norwegian campain of 1940. A study of warfare in three dimensions. — London: Eyre & Spottiswoode (1966). 328 S.

**Munthe-Kaas,** O.: Krigen i Norge 1940. Bd 1. 2. Operasjonene gjennom Romerike-Hedemarken-Gudbrandsdalen-Romsdalen. — Oslo: Gyldendal Norsk Forlag 1955.

**Orvik,** Nils: The Anglo-Norwegian shipping agreement and German invasion. — In: Norseman 12 (1954), 289—294.

**Orvik,** Nils: Die Kämpfe in Norwegen. — In: Wehrkunde 12 (1963), 663—667.

**Ørvik,** Nils: Norge i brennpunktet fra forhistorien til 9. april 1940. — Oslo: Johan Grundt Tanum Forlag for Krigshistoriske Avdeling.
1. Handelskrigen 1939—40. 1953. 384 S.

**Pruck,** Erich: Abwehraußenstelle Norwegen. Ein Beitrag zur Besetzung Norwegens. — In: Marine-Rdsch. 53 (1956), 107—117.

**Schløtz,** Johannes: Britisk fremstilling av operasjonene i Nord-Trøndelag i 1940. — In: Norsk mil. Tidsskr. 110 (1951), 137—149.

**Sereau,** Raymond: L'expédition de Norvège 1940. — Paris: Vernier 1953. 146 S.

**Skodvin,** Magne: German and British-French plans for operations in Scandinavia 1940. — In: Norseman, Nov./Dez. 1951.

**Skodvin,** Magne: Norges plass i Hitlers militære planar etter 7. juni 1940. — In: Hist. Tidskr. [Oslo] 37 (1951), H. 1.

**Torris,** M.-J.: Narvik. — Paris: Fayard 1963. 256 S.

**Waage,** Johan: La bataille de Narvik. Préf. de [Général] Béthouart. — Paris: Laffont 1965. 264 S.

**Wolff,** Max-Eckart: Der letzte Zerstörer von Narvik. — In: Der Frontsoldat erzählt 19 (1955), 108—109.

**Wyller,** Trygve und Knut Stahl: Av Stavangers historie under okkupasjonen 1940—1945. Bd 1: Aprildagene 1940. — Stavanger: Stabenfeldt 1960. 394 S.

**Zakrzewski,** Jan: Narvik. — Warszawa: Książka i Wiedza 1972. 140 S. [Polnische Einheiten in der Schlacht vor Narvik.]

**Zorn,** E.: Das Büffel-Unternehmen der 2. Gebirgsdivision (General Feurstein). Von Drontheim nach Narvik. — In: Die Gebirgstruppe 1957, H. 1, Beil. C.

### Westfeldzug 1940

**Amouroux,** Henri: Le 18 juin 1940. — (Paris:) Fayard (1964). 404 S.
*(Coll. „Les grandes études contemporaines".)*

**L'armistice** de 1940. [Textes choisis et présentés par] Michel Launey. Presses universitaires de France 1972. 96 S.
*(Coll. „Dossiers Clio". 39.)*

**Azeau,** Henri: La guerre franco-italienne, Juin 1940. — Paris: Presses de la Cité 1967. 400 S.
*(Coll. „Coup d'oeil".)*

**Beau,** Georges [u.] Léopold Gaubusseau: Dix erreurs, une défaite 10—15 mai 1940. — Paris: Presses de la Cité 1967. 320 S.
*(Coll. „Coup d'oeil".)*

**Beaufre,** André: Le drame de 1940. — Paris: Plon 1965. 272 S.

**Beaux,** Jean: Dunkerque 1940. — Paris: Presses de la Cité 1967. 352 S.
*(Coll. „Coup d'oeil".)*

**Belot,** Raymond de: The struggle for the Mediterranean 1939—1945. — Princeton: Princeton University Press 1951. XIX, 287 S.

**Benoist-Méchin,** Jacques: Soixante jours qui ébranlèrent l'Occident (10 mai —10 juillet 1940). — Paris: Michel 1956.
1. La bataille du Nord (10 mai—4 juin). 454 S.
2. La bataille de France (4—25 juin). 544 S.
3. La fin du régime (26 juin—10 juillet). 686 S.

**Berben,** Paul [u.] Bernard Iselin: Die Deutschen kommen [Les panzers passent la Meuse, dt.] Mai 1940. Der Überfall auf Westeuropa. Aus d. Französ. übertr. von Wilhelm Thaler. — (Hamburg:) Wegner (1969). 334 S.

**Bethegnies,** Robert: Le sacrifice de Dunkerque (1940). — Lille: Demailly 1947. 326 S.

**Biegański,** Witold: Final dziwnej wojny. Studium o kampanii francuskiej 1940. — Warszawa: Ministerstwo Obrony Narodowej 1970. 358 S.

**Bieganski,** Witold: Wojsko Polskie we Francji, 1939—1940. — Warszawa: Ministerstwo Obrony narodowej 1967. 402 S.
*(Wojskowy Instytut Historyczny. Seria: Wojna wyzwoleńcza Narodu Polskiego.)*

**Boeck,** Jules de: Le 2-me guide en campagne. Récits de la campagne de mai 1940. — Forest-Brux: Schotte 1951. 120 S.

**Bogatsch,** R.: Politische und militarische Probleme nach dem Frankreichfeldzug. — In: Aus Politik und Zeitgeschichte, Beilage zur Wochenzeitung „Das Parlament", vom 4. April 1962, 149—172 und vom 11. April 1962, 173—187.

**Brausch,** Gerd: Sedan 1940. Deuxième Bureau und strategische Überraschung. — In: Militärgeschichtl. Mitt. 1 (1967), H. 2, 15—92.

**Buchner,** Alex: Angriff über einen Fluß. Der Sturm der 1. Gebirgs-Division über den Oise-Aisne-Kanal am 5. Juni 1940. — In: Wehrkunde 4 (1955), 372—380.

**Buchner,** Alex: Der Kampf um den Brückenkopf Abbéville. — In: Wehrkunde 6 (1957), 487—495.

**Buttlar,** H. von: Gedanken über die deutsch-italienische Kriegführung im mittleren Mittelmeer 1940/1942 und über einige mit ihr zusammenhängende operative Probleme. — In: Wehrwiss. Rdsch. 1 (1951), H. 9/10, 38—46.

**Cairns,** John C.: Some recent historians and the „strange defeat" of 1940. — In: J. mod. Hist. 46 (1974), 60—85.

**Cairns,** John C.: Along the road back to France 1940. — In: Amer. hist. Rev. 64 (1959), 583—603.

**La campagne** de France (mai-juin 1940). — Paris: Presses Universitaires 1953. 234 S.

**Chales** de Beaulieu, Walter: Die Panzerschlacht bei Hannut am 12./13. Mai 1940. — In: Wehrkunde 9 (1960), 240—252.

**Collier,** Richard: Dünkirchen (The sands of Dunkirk, dt.) Tatsachen-Bericht. (Dtsch. von Ottmar Katz. Bearb. von G[ünther] Wandel.) — Konstanz: Diana (1962). 367 S.

**Cossé-Brissac:** L'armée allemande dans la campagne de France de 1940. — In: Rev. Hist. deux. Guerre mond. 14 (1964), H. 53, 3—27.

**Dautry,** R.: Note remise à M. Paul Reynaud, président du Conseil, destinée au Conseil des ministres du mercredi 12 juin 1940, 14 heures, mais remise seulement le lendemain au président du Conseil. — In: Rev. Hist. deux. Guerre mond. 1 (1951), H. 3, 56—58.

**La délégation** française auprès de la commission allemande d'armistice. — Paris: Costes.
2. 30 septembre 1940 — 23 novembre 1940. 1950. 616 S.

**La délégation** française auprès de la commission allemande d'armistice. — Paris: Costes.
3. 24 novembre 1940 — 19 janvier 1941. 1952. 614 S.

**La délégation** française auprès de la commission allemande d'armistice. — Paris: Costes.
4. 19 janvier — 21 juillet 1941. 1957. XII, 734 S.

**La délégation** française auprès de la commission allemande d'armistice. — Paris: Costes.
5. 21 juillet — 21 décembre 1941. 1959. 529 S.

**De strijd** in Zeeland, Mei 1940. — 's-Gravenhage: Staatsdr. 1954. XI, 207 S.
*(De strijd op Nederlands Grondgebied tijdens de Wereldoorlog II. 3, 6.)*

**Dhers,** Pierre: Le Comité de Guerre du 25 mai 1940. — In: Rev. Hist. deux. Guerre mond. 3 (1953), H. 10/11, 165—183.

**Divine,** David: The nine days of Dunkirk. — London: Faber & Faber (1959). 308 S.

**Dorgelès,** Roland: La drôle de guerre. — Paris: Michel 1957. 327 S.

**Ducci,** Camillo: Considerazioni sulla sorpresa nella campagna di Francia del 1940. — In: Riv. militare, März 1954, 283—299.

**Edmonds,** James E.: Hitler at Dunkirk and his preparations for the invasion of England. — In: Army Quart., Jan. 1952.

**Ellis,** L[yle] F[ullam]: The war in France and Flanders 1939—1940. — London: H. M. Stationery Office 1953. XVIII, 425 S.
*(History of the Second World War. United Kingdom Military Series.)*

**Ely,** [Général]: La leçon qu'il faut tirer des opérations de 1940. — In: Rev. Déf. nat. 17 (1953), 563—582.

**Ettighofer,** P[aul] C[oelestin]: 44 Tage und Nächte. Der Westfeldzug 1940. — Stuttgart: Veritas-V. (1953). 272 S.

**Fabribeekers,** Edmond de: La campagne de l'armée belge en 1940. — Lummen, Belgique: Chez l'Auteur (Château de Loye) 1967. 159 S.

**Fleming,** Peter: Invasion 1940. An account of the German preparations and the British counter-measures. — London: Hart-Davis 1957. 323 S.

**Fouillien,** M. et J. Bouhon: Mai 1940. La bataille de Belgique. Essai d'historique de la campagne, d'après les témoignes et les documents. — Bruxelles: L'Edition universelle (1946). 243 S.

**Foville,** Jean-Marc de: L'entrée des Allemands à Paris ⟨14 juin 1940⟩. — Paris: Calman-Lévy 1965. 312 S.
*(Coll. „L'Heure H".)*

**Fox,** [Colonel]: La percée des Ardennes. — In: Rev. Hist. deux. Guerre mond. 3 (1953), H. 10/11, 77—118.

**Giannini,** Amedeo: L'armistizio italo-francese. — In: Riv. Studi Polit. intern. 18 (1951), 7—24.

**Golaz,** A.: L'offensive allemande en Alsace. Juin 1940. — In: Rev. hist. Armée 19 (1963), 107—135.

**Gounelle,** Claude: Le mirage de la victoire. 18, 19, 20 mai 1940. — Aix-en-Provence: La Pensée Universitaire 1957. 138 S.

**Gounelle,** Claude: Sedan, mai 1940. — Paris: Presses de la Cité 1967. 381 S.
*(Coll. „Coup d'oeil".)*

**Goutard,** A.: 1940. La guerre des occasions perdues. — Paris: Hachette 1956. 408 S.

**Goutard,** A.: Pourquoi et comment l'armistice a-t-il été „accordé" par Hitler? — In: Rev. de Paris 67 (1960), H. 10, 79—95.

**Groehler,** Olaf: Menetekel Dunkirchen. Möglichkeiten und Grenzen der militaristischen Blitzkriegsstrategie, dargestellt an der 1. Phase des Überfalls auf Frankreich. — In: Z. Geschichtswiss. 6 (1961), 1225—1250.

**Hartog,** L[eendert] J[ohan]: Und morgen die ganze Welt (En morgen de hele wereld, dt.) Der deutsche Angriff im Westen, 10. Mai bis 17. September 1940. (Dt. von Bruno Loets und Roland Gööck.) — (Gütersloh:) Mohn (1961). 327 S.

**Haupt,** Werner: Sieg ohne Lorbeer. Der Westfeldzug 1940. — Preetz/Holstein: Gerdes (1965). 366 S.

**Heijne,** Lennart von: Västmakternas försvarsplaner i Belgien och Holland 1939—40. — In: Svensk Tidskr. 41 (1954), 400—410.

**Hollaender,** Albert E. J.: Spreu und Weizen. Zur deutschen Invasion der Niederlande: 10. Mai 1940. - In: Beiträge zur Zeitgeschichte. Festschrift Ludwig Jedlicka zum 60. Geburtstag, St. Pölten: Niederösterr. Pressehaus (1976), 247–262.

**Horne,** Alistaire: Über die Maas, über Schelde und Rhein (To lose a battle, France 1940, dt.) Frankreichs Niederlage 1940. (Aus d. Engl. übertr. von Hansheinz Werner.) — München: Molden (1969). 552 S.

**Hoth,** Hermann: Mansteins Operationsplan für den Westfeldzug 1940 und die Aufmarschanweisung des OKH vom 27. 2. 40. — In: Wehrkunde 7 (1958), 127—130.

**Hoth,** Hermann: Das Schicksal der französischen Panzerwaffe im 1. Teil des Westfeldzuges 1940. — In: Wehrkunde 7 (1958), 367—377.

**Jacobsen,** Hans-Adolf: Dokumente zur Vorgeschichte des Westfeldzuges 1939—1940. — Göttingen, Berlin, Frankfurt a. M.: Musterschmidt (1956). 225 S.
*(Studien und Dokumente zur Geschichte des Zweiten Weltkrieges. 2 a.)*

**Jacobsen,** Hans-Adolf: Dokumente zum Westfeldzug 1940. — Göttingen, Berlin, Frankfurt a. M.: Musterschmidt (1960). VIII, 340 S.
*(Studien und Dokumente zur Geschichte des zweiten Weltkrieges. 2 b.)*

**Jacobsen,** Hans-Adolf: Dünkirchen. Ein Beitrag zur Geschichte des Westfeldzuges 1940. Unter Mitarbeit von K. J. Müller. — Neckargemünd: Scharnhorst Buchkameradschaft 1958. 239 S.
*(Die Wehrmacht im Kampf. 19.)*

**Jacobsen,** Hans-Adolf: Zur Entstehung des Sichelschnittplanes vom 24. Februar 1940. — In: Wehrkunde 7 (1958), 226—228.

**Jacobsen,** Hans-Adolf: Fall Gelb. Der Kampf um den deutschen Operationsplan zur Westoffensive 1940. — Wiesbaden: Steiner 1957. 337 S.
*(Veröffentlichungen des Instituts für Europäische Geschichte Mainz. 16.)*

**Jacobsen,** Hans-Adolf: 10 Januar 1940 — Die Affaire Mecheln. — In: Wehrwiss. Rdsch. 4 (1954), 497—513.

**Jacobsen,** Hans Adolf: Les opérations de la 6ᵉ armée allemande du 10 au 28 mai 1940. — In: L'Armée, La Nation 12 (1957), H. 5, 10—20.

**Jacobsen,** Hans-Adolf: War die deutsche Westoffensive 1940 eine Präventivmaßnahme? Zur Frage der belgischen Neutralität im Winter 1939/40.— In: Wehrwiss. Rdsch. 7 (1957), 275—289.

**Jong,** C. T. de: La campagne de mai 1940 dans l'historiographie néerlandaise. — In: Rev. Hist. deux. Guerre mond. 3 (1953), H. 10/11, 198—202.

**Jong,** C. T. de: La préparation de l'attaque allemande sur la Hollande en 1940. — In: Rev. Hist. deux. Guerre mond. 5 (1955), H. 20, 1—15.

**Kimche,** Jon: Kriegsende 1939 (The unfought battle, dt.) Der versäumte Angriff aus dem Westen. (Ins Dtsch. übertr. von Karl Weidner.) — Stuttgart: Dtsch. Verl. Anst. (1969). 183 S.

**Koeltz,** Louis: Comment s'est joué notre destin (Hitler et l'offensive du 10 mai 1940). — Paris: Hachette 1957. 252 S.

**De krijgsverrichtingen** ten oosten van de Ijssel en in de Ijssellinie, Mei 1940.— 's-Gravenhage: Staatsdr. 1952. X, 123 S.
*(De Strijd op Nederlands Grondgebied tijdens de Wereldoorlog II. 3, 2 E.)*

**De krijgsverrichtingen** in Zuid-Limburg, mei 1940. — 's-Gravenhage: Ministerie van Oorlog, Krijgsgeschiedkundige Afdeling 1953. 99 S.

**Laffargue,** A.: Justice pour ceux de 1940. — Paris: Lavanzelle 1952. 238 S.

**Leens,** Alain: Bibliographie sur la campagne des dix-huit jours ⟨10–28 mai 1940⟩. - Verviers: [Selbstverl. d. Verf.] 1976. VI, 67 S.

**Le Goyet,** Pierre [u.] Jean Foussereau: La corde au cou. Calais, mai 1940. (Préf.: Charles de Cossé-Brissac.) - Paris: Presses de la Cité 1975. 288 S.

**Lerecouvreux,** Marcel: L'armée Giraud en Hollande 1939—1940. — Paris: Nouv. Ed. Latines 1951. 160 S.

**Lestien,** [Général]: La commission d'enquête parlementaire et les événements militaires du 10 mai au 11 juin 1940. — In: Rev. Hist. deux. Guerre mond. 3 (1953), H. 10/11, 184—191.

**Liddell** Hart, B. H.: How Hitler saved Britain. Dunkerque and the fall of France. — In: Military Rev. 37 (1957), H. 2, 54—62.

**Liss,** Ulrich: Dünkirchen, gesehen mit den Augen des Ic. — In: Wehrwiss. Rdsch. 8 (1958), 325—340.

**Liss,** Ulrich: Die Tätigkeit des französischen 2. Bureau im Westfeldzug 1939/40. — In: Wehrwiss. Rdsch. 10 (1960), 267—278.

**Liss,** Ulrich: Westfront 1939/40. Erinnerungen eines Feindbearbeiters im OKH. — Neckargemünd: Scharnhorst Buchkameradschaft 1959. 276 S.
*(Die Wehrmacht im Kampf. 22.)*

**Liss,** Ulrich: Die deutsche Westoffensive 1940 vom Blickpunkt des I c. — In: Wehrwiss. Rdsch. 8 (1958), 208—219.

**Lugand,** [Lieutenant-Colonel]: Les forces en présence au 10 mai 1940. — In: Rev. Hist. deux. Guerre mond. 3 (1953), H. 10/11, 5—48.

**Lyall**-Grant, I. H.: The German airborne attack on Belgium in May, 1940. — In: J. Royal Unit. Service Institution 103 (1958), H. 609, 94—102.

**Maine**-Lombard, Pierre: Ceux du béton. — Paris: Ed. Louvois 1957. 254 S. Über die Maginot-Linie 1939/40.

**Man,** Hendrik de: Die Kapitulation König Leopolds.— In: Merkur 7 (1953), 777—783.

**Marin,** Louis: Contribution à l'étude des prodromes de l'armistice. — In: Rev. Hist. deux. Guerre mond. 1 (1951), H. 3.

**Marin,** Louis: Gouvernement et commandement. Conflits, différends, immixtions, qui ont pesé sur l'armistice de juin 1940. — In: Rev. Hist. deux. Guerre mond. 2 (1952), H. 8, 1—28.

**Marin,** Louis: Gouvernement et commandement. Conflits, différends, immixtions, qui ont pesé sur l'armistice de juin 1940. — In: Rev. Hist. deux. Guerre mond. 3 (1953), H. 9, 1—14.

**Marot**, Jean: Abbeville 1940 avec la division cuirassée De Gaulle. — Paris: Durassié (1968). 208 S.

**Melzer**, Walther: Albert-Kanal und Eben-Emael. — Heidelberg: Scharnhorst Buchkameradschaft 1957. 141 S. *(Die Wehrmacht im Kampf. 13.)*

**Menu**, Charles-Léon: Lumière sur les ruines. Les combattants de 1940 réhabilités. — Paris: Plon 1953, VIII, 364 S.

**Mordal**, Jacques: L'armistice du 25 juin 1940. — In: Miroir de l'Histoire 1956, H. 75, 289—298.

**Mordal**, Jacques: Dunkerque. — In: Miroir de l'Histoire 1955, H. 62, 268—278.

**Mordal**, Jacques: La garantie polonaise et l'offensive en Sarre de septembre 1939. — In: Rev. Déf. nat. 24 (1957), 602—622.

**Mordal**, Jacques: Guderian sur l'Aa ou le véritable miracle de Dunkerque. — In: Rev. Déf. nat. 21 (1955), 196—210.

**Mordal**, Jacques: Il y a quinze ans. En juin 1940, L'exode et la chute de Paris. — In: Miroir de l'Histoire 1955, H. 65, 654—664.

**Mordal**, Jacques: Mai—juin 1940, sur la Somme et sur l'Aisne. — In: Miroir de l'Histoire 1955, H. 64, 526—536.

**Mordal**, Jacques: La tragédie de la Meuse. — In: Miroir de l'Histoire 1955, H. 60, 60—69.

**Mourin**, Maxime: Le drame des blindés français en 1940. — In: Miroir de l'Histoire 1956, H. 78, 703—712.

**Mourin**, Maxime: Le drame du Haut-Commandement Français en 1939—1940. — In: Miroir de l'Histoire 1956, H. 76, 408—417.

**Müller**, Klaus-Jürgen: Die britischen Aktionen gegen die französische Flotte vom Juli 1940 im Rahmen der britischen Frankreichpolitik. — In: Marine-Rdsch. 53 (1956), 144—155.

**Müller**, Klaus-Jürgen: Dünkirchen 1940. Ein Beitrag zur Vorgeschichte der britischen und französischen Evakuierung. — In: Marine-Rdsch. 57 (1960), 133—168.

**Müller**, Klaus-Jürgen: Belgische Literatur zum Westfeldzug 1940. — In: Bücherschau d. Weltkriegsbücherei 31 (1959), 422—434.

**De operatiën** van het veldleger en het oostfront van de vesting Holland, mei 1940. — 's-Gravenhage: Staatsdr. 1956. XX, 834 S.
*(De Strijd op Nederlands Grondgebied tijdens de Wereldoorlog II. 3, 3.)*

**Ordioni**, Pierre: Commandos et cinquième colonne en mai 1940. La bataille de Longwy. — Paris: Nouvelles Edit. latines 1970. 352 S.

**Ormano**, d': Le XIX corps blindé allemand dans les Ardennes en 1940. — In: Rev. hist. Armée 11 (1955), H. 3, 87—117.

Algemeen **overzicht** van de strijd om en in de vesting Holland (zonder het oostfront) en de strijd tegen de luchtlandingstroepen rondom 's-Gravenhage, mei 1940. — 's-Gravenhage: Staatsdr. 1956. XIII, 376 S.
*(De Strijd op Nederlands Grondgebied tijdens de Wereldoorlog II. 3, 4 A/D.)*

**Peniakoff**, Vladimir: Geisterarmee. Popskis verwegene Jagd. [Popski's private army, dt.] Aus d. Engl. von Werner von Grünau. — München: List 1951. 556 S.

**Planes**, Georges und Robert Dufourg: Bordeaux, capitale tragique et la base navale de Bordeaux-Le Verdon (mai—juin 1940). — Paris: Médicis 1956. 250 S.

**Plehwe**, Friedrich-Karl von: Die geplante Landung in England. Unternehmen „Seelöwe" 1940. — In: Wehrwiss. Rdsch. 17 (1967), 385—404.

**Regling**, Volkmar: Amiens 1940. Der deutsche Durchbruch südlich von Amiens, 5. bis 8. Juni 1940. — Freiburg: Rombach (1968). 130 S.
*(Einzelschriften zur militärischen Geschichte des Zweiten Weltkrieges. 2.)*

**Regling**, Volkmar: Führungsmaßnahmen des Generalkommandos der Gruppe v. Kleist beim Durchbruch aus dem Brückenkopf Amiens 5.—8. Juni 1940. — In: Militärgeschichtl. Mitt. 1 (1967), 93—118.

**Reinhardt**, Hans: Im Schatten Guderians. Das XXXXI. Pz.-Korps und seine Nöte bei dem Vorgehen gegen und über die Maas vom 10. bis 16. Mai 1940. — In: Wehrkunde 3 (1954), 333—341.

**Reussner**, André: La réorganisation du Haut-Commandement au mois de mai 1940. — In: Rev. Hist. deux. Guerre mond. 3 (1953), H. 10/11, 49—59.

**Rollot**, [Général]: Les rapports franco-belges au moment de l'offensive allemande de Sedan le 10 mai 1940. — In: Rev. Hist. deux. Guerre mond. 10 (1960), H. 38, 1—14.

**Saint-Just**, François de: Une bataille perdue, 17 mai — 10 juillet 1940. — Paris: Edit. du Scorpion 1965. 128 S.

**Saunders**, M. G.: L'évacuation par Dunkerque. — In: Rev. Hist. deux. Guerre mond. 3 (1953), H. 10/11, 119—134.

**Schacht**, Gerhard: Eben-Emael. 10. Mai 1940. — In: Wehrwiss. Rdsch. 4 (1954), 217—229.

**Senger** und Etterlin, Frido von: Britische Kriegführung im Frühjahr 1940. — In: Außenpolitik 5 (1954), 712—720.

**Spears**, Edward: Assignment to catastrophe. — London: Heinemann.
1. Prelude to Dunkirk, July 1939 May 1940. (1954). XIV, 332 S.

**Spears**, Edward: Assignment to catastrophe. — London: Heinemann.
2. The fall of France. June 1940. (1954). XIII, 333 S.

**Stauber**, Hans: Die Vorbereitung des Feldzuges im Westen 1940. — In: Allgem. Schweizer. Militär-Z. 120 (1954), 521—528 und 599—614.

**De strijd** om Rotterdam, Mei 1940. — 's-Gravenhage: Staatsdr. 1952.
*(De Strijd op Nederlands Grondgebied tijdens de Wereldoorlog II. 3, 4 C.)*

**Stubbe**, Charles: Van Eben-Emael tot Duinkerker. Synthetische studie van de operaties in het Westen 1940. — Antwerpen: Van Ravenstijn 1951. 192 S.

**Taylor**, Telford: The march of conquest. The German victories in Western Europe 1940. — New York: Simon & Schuster 1958. XIV, 460 S.

**Teske,** Hermann: Bewegungskrieg. Führungsprobleme einer Infanterie-Division im Westfeldzug 1940. — Heidelberg: Scharnhorst Buchkameradschaft 1955. 141 S.

**Truchet,** A.: L'armistice de juin 1940 et l'Afrique du Nord. — In: Rev. Hist. deux. Guerre mond. 1 (1951), H. 3. (Balkan, Mittelmeer, Afrika, Italien)

Turnbull, Patrick: Dunkirk. Anatomy of a disaster. – London: Batsford (1978). 186 S.

**Vandaele,** Fernand: La capture des ponts de Veldwezelt et de Vroenhoven, 10 et 11 mai 1940. Ed.: Jean Vanwelkenhuyzen. — In: L'Armée, la Nation 9 (1954), H. 5, 14—25.

**Vanwelkenhuyzen,** Jean: L'alerte du 10 janvier 1940. Les documents de Mechelen-sur-Meuse. — In: Rev. Hist. deux. Guerre mond. 3 (1953), H. 12, 33—54.

**Vanwelkenhuyzen,** J.: La défense des Ardennes en 1939—1940. — In: Rev. internat. Hist. militaire 1970, 869—891.

**Vanwelkenhuyzen,** Jean: L'évolution du plan allemand d'attaque de la Belgique, octobre 1939—janvier 1940. — In: Rev. Hist. Armée 11 (1955), H. 2, 105—120.

**Vanwelkenhuyzen,** Jean: Le 10 janvier 1940 à Mechelen-sur-Meuse. Le plan de Hitler aux mains des Belges. — Bruxelles: Goemaere 1955. 23 S.

**Vanwelkenhuyzen,** Jean: Die Krise vom Januar 1940. — In: Wehrwiss. Rdsch. 5 (1955), 66—90.

**Vanwelkenhuyzen,** Jean: Die Niederlande und der „Alarm" im Januar 1940. — In: Vjh. Zeitgesch. 8 (1960), 17—36.

**Vanwelkenhuyzen,** Jean: Le plan allemand du 24 février 1940. — In: Rev. hist. Armée 12 (1956), H. 4, 83—89.

**Vanwelkenhuyzen,** Jean: Le premier plan allemand pour l'attaque à l'ouest (19 october 1939). — In: Rev. Hist. deux. Guerre mond. 6 (1956), H. 22, 47—56.

**Vasselle,** Pierre: La tragédie d'Amiens (mai-juin 1940). Préf. du Général Weygand. — Amiens: Léveillard 1952. 260 S.

De **verdediging** van het Maas-Waal-Kanaal en de Over-Betuwe, Mei 1940. — 's-Gravenhage: Staatsdr. 1952. XI, 107 S.
*(De Strijd op Nederlands Grondgebied tijdens de Wereldoorlog II. 3,2 C/D.)*

De **verdediging** van Noord-Limburg en Noord-Brabant, Mei 1940. — 's-Gravenhage: Staatsdr. 1953. XIII, 486 S.
*(De Strijd op Nederlands Grondgebied tijdens de Wereldoorlog II. 3,2 B.)*

De territoriale **verdediging** van de noordelijke provincien. — 's-Gravenhage: Staatsdr. 1952. X, 83 S.
*(De Strijd op Nederlands Grondgebied tijdens de Wereldoorlog II. 3,2 F.)*

**Verhaegen,** G. Baron: La campagna dell'esercito belga del 1940 (10—23 maggio). — In: Riv. milit. 8 (1952), 271—294.

**Vidalenc,** Jean: L'exode de 1940. Méthodes et premiers résultats d'une enquête. — In: Rev. Hist. deux. Guerre mond. 1 (1951), H. 3, 50—55.

**Vidalenc,** Jean: L'exode de mai-juin 1940. — Paris: Presses Universitaires de France 1957. VIII, 440 S.

**Villate,** R.: Le changement de commandement de mai 1940. Etude critique de témoignages. — In: Rev. Hist. deux. Guerre mond., H. 5 (Jan. 1952), 27—36.

**Villate,** R.: L'entrée des Français en Belgique et en Hollande en mai 1940. — In: Rev. Hist. deux. Guerre mond. 3 (1953), H. 10/11, 60—76.

**Wanty,** Emile: Le problème de la défense des Ardennes en 1940. — In: Rev. Hist. deux. Guerre mond. 11 (1961), H. 42, 1—16.

**Weinschenk,** Friedrich: Der Fall „Gelb". Ein Bericht auf Grund authentischer Unterlagen über die Pläne für den Westfeldzug im 2. Weltkrieg. — In: Der Frontsoldat erzählt 16 (1952), 62—64, 92—94, 126—128, 164—165 und 188—191.

**Willequet,** Jacques: Le rôle de l'armée belge en 1940. Bibliographie critique. — In: Rev. Hist. deux. Guerre mond. 3 (1953), H. 10/11, 192—197.

**Witzig,** Rudolf: Die Einnahme von Eben-Emael. — In: Wehrkunde 3 (1954), 153—158.

**Ze'tzler,** Kurt: Die Panzer-Gruppe v. Kleist im Westfeldzug 1940. — In: Wehrkunde 8 (1959), 182—188, 239—245, 293—298 und 366—372.

**Zimmermann,** Hermann: Der Griff ins Ungewisse. Die ersten Kampftage 1940 beim XVI. Panzerkorps im Kampf um die Deylestellung, 10.—17. Mai. — Neckargemünd: Scharnhorst Buchkameradschaft 1964. 200 S.
*(Die Wehrmacht im Kampf. 38.)*

Balkan, Mittelmeer, Afrika, Italien

In **Africa** settentrionale. La preparazione al conflitto. L'avanzata su Sidi el Barrani (ottobre 1935—settembre 1940). — Roma: Tip. Regionale 1955. 260 S.

**Agar-Hamilton,** J. A. I. und L. C. F. Turner: The Sidi-Rezeg battles 1941. — London: Oxford University Press 1958. XIV, 505 S.

**Agar-Hamilton,** J. A. I., und L. C. F. Turner: Crisis in the desert. May-July 1942. — New York: Oxford University Press 1952. 368 S.

**Alexander** of Tunis, Harold Rupert Leofric George Viscount: The Italian campaign, 12th Dec. 1944—2nd May 1945. A report to the Combined Chiefs of Staff by the Supreme Allied Commander Mediterranean. — London: H. M. S. O. 1951. 66 S.

**Alexandris,** Constantin A.: Notre marine pendant la période de guerre 1941—1945. — Athèns: Aétos 1952. 204 S.

**André** [Commandant]: Tobrouk. — In: Rev. Hist. Armée 7 (1951), H. 2, 49—71.

**Ansel,** Walter: Hitler and the Middle Sea. — Durham, N.C.: Duke University Press 1972. X, 514 S.

**Argenti,** Philip P.: The occupation of Chios by the Germans and their administration of the island. Described in contemporary documents. — Cambridge, Mass.: Cambridge University Press 1966. XIV, 375 S.

**Arnim,** Hans-Jürgen von: Gedanken über die Kriegführung in Tunesien im Februar 1943. — In: Wehrwiss. Rdsch. 2 (1952), 567—576.

**Aurdouin**-Dubreuil, L.: La guerre de Tunisie. — Paris: Payot 1945. 212 S.

**Ball,** Edmund F.: Staff officer with the 5th army. Sicily, Salerno and Anzio. Forew. by Mark W. Clark. — New York: Exposition Press 1958. 365 S.

**Barclay,** C. N.: Against great odds. The story of the first offensive in Libya, 1940—41, the first British victory in the second world war. Forew. by Sir John Harding. — London: Sifton Praed 1956. 112 S.

**Barnett,** Correlli: Wüstengenerale (The desert generals, dt.) (Aus d. Engl. übertr. von Gerhard Raabe.) — Hannover: Verl. f. Literatur u. Zeitgeschehen (1961). 343 S.

**Barnham,** Denis: One man's window. An illustrated account of 10 weeks of war, Malta 1942. — London: Kimber 1956. 201 S.

**Bauer,** Eddy: „Malta et Nafta". Comment l'Axe perdit la guerre en Méditerranée. — In: Rev. Déf. nat. 15 (1952), 469—482.

**Bernotti,** Romeo: Storia della guerra nel Mediterraneo (1940—1943). — Roma: Vito Bianco 1960. 343 S.

**Berto,** Giuseppe: Guerra in camicia nera. — Milano: Garzanti 1955. 215 S.

**Bharucha,** P. C.: The North African campaign 1940—1943. — Calcutta: Combined Inter-Services Historical Section; London: Longmans, Green 1956. XXX, 567 S.
 *(Official History of the Indian Armed Forces in the Second World War. Campaigns in the Western Theatre.)*

**Blumenson,** Martin: Anzio, the gamble that failed. — London: Weidenfeld & Nicolson 1963. 204 S.

**Blumenson,** Martin: Salerno to Cassino. — Washington: (U.S. Gov. Print. Off. [in Komm.]) 1969. XVII, 491 S.
 *(United States Army in World War II. The Mediterranean Theater of Operations. 3.)*

**Blumenson,** Martin: Rommel's last victory. The battle of Kasserine Pass. — London: Allen & Unwin 1968. 341 S.

**Boatti,** Giorgio: Un contributo alla riforma delle forze armate nel 1944-5: l'esperienza del gruppo di combattimento „Cremona". — In: Italia contemp. 28 (1976), H. 122, 23–58.

**Böhmler,** Rudolf: Monte Cassino. — Darmstadt: Rupert-V. 1955. 496 S.

**Bond,** Harold L.: La battaglia per Roma. — Milano: Mursia 1965. 269 S.

**Boulle,** Georges: Le corps expéditionnaire français en Italie, 1943–1944. Publ. sous la direction du Pierre Le Goyet. - Paris: Impr. nationale.
 1. La campagne d'hiver. 1971. 237 S.
 2. Les campagnes de printemps et d'été. 1973. 369 S.

**Brod,** Toman: Tobrucké krysy. — (Praha: Naše vojsko 1967). 243 S.
 *(Edice documenty. 147.)*

**Buchner,** Alex: Der deutsche Griechenland-Feldzug. Operationen der 12. Armee 1941. — Heidelberg: Scharnhorst Buchkameradschaft 1957. 207 S.
 *(Die Wehrmacht im Kampf. 14.)*

**Buchner,** Alex: Kampf um die Thermopylen 1941. Panzer und Gebirgsjäger gegen britische Sperrstellungen an klassischer Stätte. — In: Der deutsche Soldat 20 (1956), 82—84.

**Buckley,** Christopher: Greece and Crete 1941. — London: H. M. S. O. (1953). 311 S.

**Büschleb,** Hermann: Feldherrn und Panzer im Wüstenkrieg. Die Herbstschlacht „Crusader" im Vorfeld von Tobruk, 1941. — Neckargemünd: Scharnhorst Buchkameradschaft 1966. 104 S.
 *(Die Wehrmacht im Kampf. 40.)*

**Burdick,** Charles B.: „Operation Cyclamen". Germany and Albania 1940–1941. — In: J. Centr. Europ. Aff. 19 (1959/60), 23—31.

**Burdick,** Charles B.: Unternehmen Sonnenblume. Der Entschluß zum Afrika-Feldzug. — Neckargemünd: Vowinckel 1972. 128 S.
 *(Die Wehrmacht im Kampf. 48.)*

**Campini,** Dino: Eroismo e miserie di El Alamein. — Milano: Studio Editoriale 1952. 190 S.

**Campini,** Dino: Nei giardini del diavolo. La storia inedita dei carristi della Centauro, dell'Ariete e della Littorio. — Milano: Longanesi 1969. 415 S.
 *(Il Cammeo. 235.)*

**Campione,** Fernando: Guerra in Epiro. — Napoli: Guida 1952. 215 S.

**Caracciolo** di Feroleto, Mario: L'ultima vicenda della quinta armata. — In: Riv. stor. ital. 69 (1957), 542—583 und 70 (1958), 82—128.

**Carver,** Michael: Tobruk. — London: Batsford (1964). 271 S.

**Castellano,** Giuseppe.: La guerra continua. — Milano: Rizzoli 1964. 247 S.

**Castelli,** Giulio: Storia segreta di Roma città aperta. — (Roma): Quatrucci 1959. 328 S.

**Cavallari,** Oreste: La guerra continua nell' Italia meridionale dal 25. 7. 43 — 5. 6. 44. — Milano: Gastaldi 1958. 279 S.

**Cervi,** Mario: The Hollow Legions (Storia della guerra di Grecia, engl.) Mussolini's blunder in Greece, 1940–1941. Transl. from the Italian by Eric Mosbacher. - London: Chatto & Windus 1972. XIV, 336 S.

**Chambe,** René: Le bataillon du Belvédère. — Paris: Flammarion (1954). 218 S.
 Über die Kämpfe bei Monte Cassino.

**Chamine:** La querelle des généraux. — Paris: Michel 1952. 589 S.
 Behandelt die Streitigkeiten in Nordafrika von der Landung der Alliierten bis zur Ermordung Darlans.

**Chauvin,** G. A.: Une hypothèse sur le débarquement du 8 novembre 1942. — In: Ecrits de Paris 215 (1963), 65—76.

**Cigliana,** Carlo A.: Le ultime fasi dell' operazioni in Africa Settentrionale. — In: Riv. Militare 18 (1962), 704—736.

**Clark,** Alan: The fall of Crete. — London: Blond 1962. 206 S.

**Cocchia**, Aldo [Ed.]: La difesa del traffico con l'Africa settentrionale dal 1 ottobre 1941 al 30 settembre 1942. — Roma: Ufficio storico della Marina Militare 1962. 557 S.
*(La Marina italiana nella seconda guerra mondiale. 7.)*

**Colvin**, Ian: The unknown courier. With a note on the situation confronting the Axis in the Mediterranean in the spring of 1943 by Field-Marshal Kesselring. — London: Kimber (1953). 208 S.

Seconda **controffensiva** italo-tedesca in Africa Settentrionale da El Agheila a El Alamein. A cura dell'Ufficio Storico dello Stato Maggiore dell'Esercito. — Roma: Ministero della Difesa 1951. 432 S.

**Crapanzano**, Salvatore Ernesto: Il corpo italiano di liberazione. Aprile—settembre 1944. Narrazione, documenti. — Roma: Tip. Regionale 1950. 342 S.

**Crisp**, Robert: Brazen chariots. An account of tank warfare in the Western desert, november-december 1941. — London: Muller 1959. 223 S.

**Cruickshank**, Charles: Greece 1940–1941. - London: Davis-Poynter 1976. 206 S.
*(The Politics and the Strategy of the Second World War.)*

**Davin**, D. M.: Crete. — Wellington: Dept. of Internal Affairs, War History Branch 1953. XVII, 547 S.

**Davis**, Melton S.: Who defends Rome? The forty-five days, July 25—September 8, 1943. — New York: Dial Press 1972. XII, 560 S.

**Dedijer**, Vladimir: Sur l'armistice „germano-yougoslave" (7 avril 1941). — In: Rev. Hist. deux. Guerre mond. 6 (1956), H. 23, 1—10.

**Dragojlov**, Fedor: Der Krieg 1941—1945 auf dem Gebiete des „Unabhängigen Staates Kroatien". — In: Allg. schweiz. Mil. Ztg. 1956, 345—364, 425—449 und 509—523.

**Drevon**, [Capitaine de Corvette]: Malte dans la guerre en Méditerranée (1940—1943). — In: Ref. Déf. nat. 18 (1954), 326—335.

**Durand** de la Penne, Luigi: The Italian attack on the Alexandria naval base. — In: US Naval Inst. Proceedings 82 (1956), 125—135.

**Fabry**, Philipp W[alter]: Balkanwirren 1940—1941. Diplomat. u. militär. Vorbereitung d. dtsch. Donauüberganges. — Darmstadt: Wehr u. Wissen Verlagsgesellsch. (1966). 195 S.
*(Beiträge zur Wehrforschung. 9/10.)*

**Faldella**, Emilio: Il 25 luglio 1943 e la decisione anglo-americana di invadere l'Italia. — In: Riv. militare 1957, 1448—1462.

**Faldella**, Emilio: Lo sbarco e la difesa della Sicilia. — Roma: L'Aniene 1956. 438 S.

**Fioravanzo**, Giuseppe: Die Kriegführung der Achse im Mittelmeer. — In: Marine-Rdsch. 55 (1958), 17—24.

**Fisher**, Ernest F.: Cassino to the Alps. Washington, D. C.: (U. S. Gov. Print. Off. [in Komm.]) 1977. XXIII, 584 S.
*(United States Army in World War II. The Mediterranean Theater of Operations. 4.)*

**Fricke**, Gert: Das Unternehmen des XXII. Gebirgsarmeekorps gegen die Inseln Kefalonia und Korfu im Rahmen des Falles „Achse" September 1943. Ein Dokumentarbericht. — In: Militärgeschichtl. Mitt. 1 (1967), H. 1, 31—58.

**Garland**, Albert N. [u.] Howard McGraw Smyth, ass. by Martin Blumenson: Sicily and the surrender of Italy. — Washington: Dept. of the Army 1965. XVII, 609 S.
*(United States Army in World War II. The Mediterranean Theater of Operations. 2.)*

**Gaul**, W.: „Operation Merkur". Die deutsche Fallschirm- und Luftlandeoperation gegen die Insel Kreta im Mai 1941. — In: Europ. Sicherheit 1 (1951), H. 4, 2—14.

**Gause**, Alfred: Der Feldzug in Nordafrika. — In: Wehrwiss. Rdsch. 12 (1962), 594—618, 652—680 und 720—728.

**Gazzera**, Piero: Guerra senza speranza. Galla e Sidama (1940—41). — Roma: Tip. Regionale 1952. 232 S.

**Gericke**, Walter: Da gibt es kein zurück...! Streiflichter vom Kampf um Kreta, die Inselfestung im Mittelmeer. — Münster: Fallschirmjäger-V. (1955). 141 S.

**Gizdić**, Drago: Dalmacija 1941. Prilozi historiji narodnooslob. borbe. — Zagreb: Izd. poduzeće „27. srpanj" 1957. 510 S.

**Godfroy**, [Vice-Amiral]: L'aventure de la Force X à Alexandrie (1940—1943). Paris: Plon 1953. 532 S.

**Götzel**, Hermann: Die Luftlandung bei Korinth am 26. 4. 1941. Ihre Vorgeschichte, Vorbereitung und Durchführung. — In: Wehrkunde 10 (1961), 199—205.

**Goutard**, [A.]: La réalité de la „menace" allemande sur l'Afrique du Nord en 1940. — In: Rev. Hist. deux. Guerre mond. 11 (1961), H. 44, 1—20.

**Greiner**, Heinz: Kampf um Rom. Inferno am Po. Der Weg der 362. Inf. Div. 1944/45. — Neckargemünd: Scharnhorst Buchkameradschaft 1968. 180 S.
*(Die Wehrmacht im Kampf. 44.)*

Greiselis, Waldis: Das Ringen um den Brückenkopf Tunesien 1942/43. Strategie der „Achse" und Innenpolitik im Protektorat. — Frankfurt a. M.: Lang 1976. I. 362 S.
*(Europäische Hochschulschriften. 3,67.)*

**Griesch**, Herbert: Die „Grünen Teufel". — In: Der Frontsoldat erzählt 16 (1952), 101—102.
Einsatz der 4. Fallschirmjäger-Division 1944—45.

**Grujic**, Perisa: Borbe i marsevi 16 udarne vojvodjanske divizije posle sedme ofanzive... — In: Vojno- istoricki Glasnik [Belgrad], April 1951, 3—43.
Über den Einsatz der 16. Partisanen-Division der Woiwodina im Spätsommer 1944.

(**Grunwald**, Ernst:) Vor zwölf Jahren: Kreta. — In: Der Frontsoldat erzählt 17 (1953), 198—200.

I **gruppi** di combattimento „Cremona", „Friuli", „Folgore", „Legnano", „Mantova",„Piceno" (1944—1945). — Roma: Ufficio Storico dello Stato Maggiore dell'Esercito 1951. 564 S.

La **guerra** in Africa Orientale. Giugno 1940 — novembre 1941. A cura dell' Ufficio Storico dello Stato Maggiore dell' Esercito. — Roma: Ministero della Difesa 1952. 358 S.

La **guerre** en Méditerranée 1939—1945. Actes du colloque international tenu à Paris du 8 au 11 avril 1969. — Paris: Ed. du Centre National de la Recherche Scientifique 1971. 792 S.

**Guiot**, Pierre: Combats sans espoir. Guerre navale en Syrie, 1941. — Paris: La Couronne Littéraire 1950. 288 S.

**Handel**-Mazzetti, P. Frhr. von: Der britische Flugzeugangriff auf die italienische Flotte im Hafen von Tarent in der Nacht 11./12. November 1940. — In: Marine-Rdsch. 50 (1953), 115—120.

**Harr**, Bill: Combat boots. Tales of fighting men including the Anzio derby. — New York: Exposition Press 1952. 232 S.

**Haupt**, Werner [u.] J. K. M. Bingham: Der Afrika-Feldzug, 1941—1943. Eine Dokumentation in Bildern. — (Dorheim:) Podzun (1968). 160 S.

**Haupt**, Werner: Kriegsschauplatz Italien. 1943-1945. – Stuttgart: Motorbuch-Verl. (1977). 254 S.

**Heckstall**-Smith, Anthony: Tobruk. Story of a siege. — London: Blond 1959. 255 S.

**Henrici**, Sigfrid: Sarajevo 1941. Der raidartige Vorstoß einer mot. Division. — In: Wehrwiss. Rdsch. 10 (1960), 197—208.

**Hepp**, Leo: Die 12. Armee im Balkanfeldzug 1941. — In: Wehrwiss. Rdsch. 5 (1955), 199—216.

**Hering**, Burkhard: Ärmelstreifen Afrikakorps. — Bonn: Schimmelbusch 1957. 250 S.

**Hewfit**, H. Kent: The landing in Morocco, November 1942. — In: U. S. Naval Inst. Proc., Nov. 1952.

**Hewitt**, H. Kent: Naval aspects of the Sicilian campaign U. S. naval operations in the northwestern African-Mediterranean theater. — In: U. S. Naval Inst. Proc., Juli 1953, 705—723.

**Hewitt**, H. Kent: The landing in Morocco, november 1942. — In: U. S. Naval Inst. Proc., Nov. 1952.

**Hewitt**, H. Kent: The allied navies at Salerno. Operation Avalanche, september 1943. — In: U. S. Naval Inst. Proc., Sept. 1953, 958—976.

**Hnilicka**, Karl: Das Ende auf dem Balkan 1944/45. Die militärische Räumung Jugoslaviens durch die deutsche Wehrmacht. — Göttingen: Musterschmidt (1970). 404 S.
*(Studien und Dokumente zur Geschichte des Zweiten Weltkrieges. 13.)*

**Hove**, Alkmar von: Die Luftlandungen auf Sizilien. — In: Militärpol. Forum 2 (1953), H. 1, 32—40.

**Howe**, George Frederick: Northwest Africa. Seizing the initiative in the West. — Washington: Department of the Army, Office of Military History 1957. XXIII, 748 S.
*(United States Army in World War II. The Mediterranean Theater of Operations Subseries.)*

**Hümmelchen**, Gerhard: Die Kämpfe um Florenz im Sommer 1944. Dargest. unter Verwendung d. Tagebuches von Konsul Steinhäuslin. — Bonn: Studiengesellsch. f. Zeitprobleme (1965). 103 S.
*(Wehrpolitische Schriftenreihe. 17.)*

**Iachino**, Angelo: Le due Sirti. Guerra ai convogli in Mediterraneo. — Verona: Mondadori 1953. 338 S.

**Jackson**, W. C. F.: La bataille d'Italie. Trad. de l'angl. par Raymond Albeck. — Paris: Laffont 1969. 368 S.
*(L'Histoire que nous vivons.)*

**Jars**, Robert: La campagne d'Italie. Préf. du maréchal A. Juin. — Paris: Payot 1954. 245 S.

**Jars**, Robert: Les campagnes d'Afrique. Libye, Egypte, Tunisie 1940—1943. — Paris: Payot 1957. 249 S.

**Juin**, Alphonse: La bataille de Rome en 1944. La Manœuvre du Garigliano. — In: Hommes et Mondes, Juni 1954, 311—320.

**Iwanowski**, Wincenty: Bitwa o Rzym 1944. Planowanie strategiczne. Sztuka operacyjna. Taktyka. — Warszawa: Ministerstwo Obrony Narodowej 1969. 312 S.

**Kiszling**, Rudolf: Die Apenninenhalbinsel als Kampfraum im zweiten Weltkrieg. — In: Österr. in Gesch. u. Lit. 5 (1961), 78—85.

**Koch**, Horst-Adalbert: Flak deckt den Rückzug aus der Wüste. — In: Luftwaffenring 1956, H. 4, 9—10; H. 5, 10—11; H. 6, 12.

**Koeltz**, Louis: Une campagne que nous avons gagnée (Tunisie 1942—1943). — Paris: Hachette 1959. 398 S.

**Koenig**, Pierre: Bir-Hakeim, 10 juin 1942. — Paris: Laffont 1971. 427 S.
*(Coll. „Ce jour-là".)*

**Krawiec**, Lucien: Les Polonais au Mont Cassin. — In: Rev. Hist. deux. Guerre mond. 12 (1962), H. 48, 27—37.

**Kreta** — in deutscher und englischer Berichterstattung. — In: Der dtsch. Fallschirmjäger 1958, H. 5, 7—10.

**Kühn**, Volkmar: Mit Rommel in der Wüste. Kampf und Untergang des Deutschen Afrika-Korps 1941-1943. – Stuttgart: Motorbuch-Verl. 1975. 224 S.

**Kurowski**, Franz: Der Kampf um Kreta. — Herford: Maximilian-Verl. (1965). 244 S.

**Kurowski**, Franz: Das Tor zur Festung Europa. Abwehr- u. Rückzugkämpfe d. 14. Panzerkorps auf Sizilien, Sommer 1943. — Neckargemünd: Vowinckel 1966. 168 S.
*(Die Wehrmacht im Kampf. 41.)*

**Kurowski**, Franz: Brückenkopf Tunesien. Herford: Maximilian-Verl. (1967). 198 S.

**Kurzman**, Dan: Fällt Rom? (The race for Rome, dt.) Der Kampf um die Ewige Stadt 1944. (Aus d. Amerikan. übers. von Volker Bradke.) — (München:) Bertelsmann (1978). 415 S.

**La Bruyère**, René: A propos de Mers-el-Kebir. — In: Rev. polit. parlem. 203 (1951), 43—50.

**Landsborough**, Gordon: Tobruk commando. — London: Cassell 1956. IV, 216 S.

**Langhardt**-Söntgen, Rainer: Partisanen, Spione und Banditen. Abwehrtätigkeit in Oberitalien 1943—1945. — Neckargemünd: Vowinckel 1961. 252 S.
*(Landser am Feind. 9.)*

**Leccisotti**, Tommaso: Montecassino. — Pisa: Isola del Libri 1963. 294 S.

**Le Goyet,** Pierre: La participation française à la campagne d'Italie, 1943—1944. — Paris: Impr. Nationale 1969. 347 S.

**Lehbrink,** Hellmut: Heerespioniere in Norditalien. — In: Wehrwiss. Rdsch. 4 (1954), 170—174.

**L'esercito** italiano nella guerra di liberazione. — In: Docum. Vita ital. 2 (1952), 97—108.

**Lewin,** Ronald: The life and death of the Africa Corps. – New York: Quadrangle Books 1977. 197 S.

**Linden,** H. J.: Die Vorgeschichte des Südostkrieges 1941. — In: Militärpol. Forum 2 (1953), H. 2, 39—41.

**Linklater,** Eric: The campaign in Italy. — London: H. M. S. O. 1951. VIII, 480 S.

**Loi,** Salvatore: Jugoslavia 1941. — Torino: Il Nastro Azzurro 1953. 224 S.

**Long,** Gavin: Greece, Crete and Syria. — Canberra: Australian War Memorial; London: Angus & Robertson (1954). XIV, 587 S.

**Loverdo,** Costa de: La Grèce au combat. De l'attaque italienne à la chute de la Crète 1940—1941. — Paris: Calman-Lévy (1966). 350 S.
*(Coll. „L'Heure H".)*

**Lutter,** Horst: Das war Monte Cassino. Die Schlacht der grünen Teufel. — Stuttgart: Wancura 1958. 256 S.

**McClymont,** W. G.: To Greece. — Wellington: War History Branch, Department of Internal Affairs 1959. XII, 538 S.
*(Official History of New Zealand in the Second World War 1939—1945.)*

**Macintyre,** Donald: The battle for the Mediterraneau. — London: Batsford 1963. 216 S.

**Macksey,** Kenneth: Crucible of power. The fight for Tunisia, 1942—1943. — London: Hutchinson 1969. XIV, 325 S.

**Magli,** Giovanni: Le truppe italiane in Corsica. — Lecce: Tip. Scuola AUC 1953. 203 S.

**Majdalany,** Fred: Cassino. Portrait of a battle. — London: Longmans 1957. 270 S.

**Majdalany,** Fred: Monte Cassino (Cassino, portrait of a battle, dt.) Portrait einer Schlacht. (Aus d. Engl. von Erwin Duncker.) — München: List (1966). 262 S.
*(List-Taschenbücher. 305/306.)*

**Malizia,** Nicola: Inferno su Malta. – Milano: Mursia 1976. 289 S.

**Mancinelli,** Giuseppe: Dal fronte dell' Africa Settentrionale (1942—1943). – Milano: Rizzoli 1970. 269 S.

**Maravigna,** P.: Come abbiamo perduto la guerra in Africa 1940—1943. — Roma: Tosi 1949. 453 S.

**Maravigna,** Pietro: Lo sbarco angloamericano in Sicilia. — In: Riv. milit. 8 (1952), 7—31.

**Marder,** Arthur: Operation „Menace". The Dakar expedition and the Dudley north affair. – London: Oxford University Press 1976. 289 S.

**Maserati,** Ennio: L'insurrezione italiana a Trieste e l'intervento jugoslavo. — In: Movim. Liberaz. Italia 1962, H. 67, 31—38.

**Mast,** Charles: Comment j'ai conduit l'opération clandestine d'aide française au débarquement allié en Algérie. — In: Miroir de l'Histoire 1954, H. 54, 83—91.

**Mast,** Charles: Comment j'ai organisé l'aide française. — In: Miroir de l'Histoire 1954, H. 53, 734—742.

**Mathias,** Jean: Bir Hacheim (1942, 26 mai — 10 juin). — Paris: Ed. de Minuit 1955. 192 S.

**Maughan,** Barton: Tobruk and El-Alamein. — Canberra: Austral. War Memorial 1966. XX, 854 S.

**Meister,** Jürg: Die jugoslawische Marine in der Adria 1941—45. — In: Marine-Rdsch. 60 (1963), 137—152.

**Mennel,** Rainer: Monte Cassino 1943/44. Ein Beitrag zur Militärgeographie eines Kampfraumes. - In: Wehrforsch. 2 (1973), 180–186.

**Merglen,** Albert: Der Feldzug in Äthiopien 1940—1941. — In: Wehrwiss. Rdsch. 10 (1960), 132—138.

**Mordal,** Jacques: La bataille de Casablanca (8—9—10 nov. 1942). — Paris: Plon 1952. 311 S.

**Mordal,** Jacques: Bir Hacheim. — Paris: Amiot-Dumont (1952). 221 S.

**Mordal,** Jacques: Le débarquement d'Anzio. — In: Rev. Déf. nat 16 (1953), 684—697.

**Mordal,** Jacques: Die französische Marine und die alliierten Landungen in Nordafrika. Ein Beitrag zum Problem des militärischen Gehorsams. — In: Wehrwiss. Rdsch. 7 (1957), 398—411.

**Mordal,** Jacques: Devant le Montecassin avec le corps expéditionnaire français. — In: Miroir de l'Histoire 1956, H. 83, 614—622.

**Morison,** Samuel Eliot: Sicily-Salerno-Anzio. January 1943—June 1944. — Boston: Little, Brown & Co.; London: Cumberlege (1955). XXIX, 397 S.
*(History of US Naval Operations in World War II. 9.)*

**Mühleisen,** Hans-Otto: Kreta 1941. Das Unternehmen Merkur, 20. Mai—1. Juni 1941. — Freiburg: Rombach (1968). 120 S.
*(Einzelschriften zur militärischen Geschichte des Zweiten Weltkrieges. 3.)*

**Muraise,** Eric: La campagne de Libye (1940—1943). — In: Rev. mil. gén. 1969, 451—466 und 689—709.

**Murphy,** W. E.: The relief of Tobruk. Wellington: Department of Internal Affairs, War History Branch, 1961. XII, 566 S.
*(Official History of New Zealand in the Second World War 1939—1945.)*

**Nicholson,** G. W. L.: The Canadians in Italy 1943—1945. Ottawa: Queen's Printer 1956. 807 S.

**Noguères,** Henri: Le suicide de la flotte française à Toulon (27 novembre 1942). — Paris: Laffont (1961). 325 S.

**Terza offensiva** britannica in Africa settentrionale. La battaglia di El Alamein e il ripiegamento in Tunisia (settembre 1942—4 febbraio 1943). T. 1.2. — Roma: Stato Maggiore Esercito, Ufficio storico 1961. 518 S., 53 Skizzen.

**Operazioni** italo-tedesche in Tunisia. 11 novembre 1942—13 maggio 1943. — Roma: Tip. Regionale.
1. La Prima Armata italiana in Tunisia. Relazione di Giovanni Messe. Pref. di Giorgio Memmo. 1950. 486 S.

**Orgill,** Douglas: The Gothic line. The autumn campaign in Italy, 1944. — London: Heinemann 1967. XIV, 257 S.

**Pal, Dharm:** The Italian campaign (1943—1945). — In: J. Unit. Service Instit. India 87 (1957), H. 367, 116—125.

**Pal, Dharm:** The campaign in Italy, 1943—1945. — Bombay: Orient Longmans 1960. 699 S.
*(Official history of the Indian Armed Forces in the Second World War. 10.)*

**Papagos,** Alessandro: La Grecia in guerra 1940—1941. Trad. dall'orig. greco di Mario Cervi. — [Milano]: Garzanti 1950. XXIII, 214 S.

**Papagos,** Alexandros: Griechenland im Kriege 1940—1941 (La Grèce en guerre 1940—1941, dt.) — Bonn: Schimmelbusch (1954). 182 S.

**Perowne,** Stewart: The siege within the walls. Malta 1940—1943. — London: Hodder & Stoughton 1970. 192 S.

**Pesenti,** Gustavo: Fronte Kenya. La guerra in A. O. I. 1940—1941. — Borgo S. Dalmazo: Bertello 1952. 192 S.

**Petitjean** [Commandant]: La campagne de Tunisie. — In: Rev. Hist. Armée 7 (1951), H. 2, 72—83.

**Phillips,** Cecil Ernest Lucas: El Alamein, bataille des soldats. Trad. de l'angl. par Albert Vulliez. — Paris: Plon 1963. 351 S.

**Phillips,** N. C.: Italy. Vol. 1: Sangro to Cassino. — Wellington: Department of Internal Affairs, War History Branch 1957. XVI, 387 S.
*(Official History of New Zealand in the Second World War 1939—1945.)*

**Playfair,** Ian Stanley Ord [u. a.]: British fortunes reach their lowest ebb (Sept. 1941 to Sept. 1942). — London: H. M. Stationery Office 1960. XX, 482 S.
*(History of the Second World War. United Kingdom Military Series. The Mediterranean and Middle East. 3.)*

**Playfair,** Ian Stanley Ord: The destruction of the Axis Forces in Africa. — London: Her Majesty's Stationery Office 1966. XVIII, 556 S.
*(History of the Second World War. The Mediterranean and Middle Eeast. 4.)*

**Playfair,** I[an] S[tanley] O[rd] [u. a.]: The Germans come to the help of their ally (1941). — London: H. M. Stationery Office 1956. XIV, 392 S.
*(History of the Second World War. United Kingdom Military Series. The Mediterranean and Middle East. 2.)*

**Playfair,** I[an] S[tanley] O[rd] [u. a.]: The early successes against Italy (to May 1941). — London: H. M. Stationery Office 1954. XXV, 506 S.
*(History of the Second World War. United Kingdom Military Series. The Mediterranean and Middle East. 1.)*

**Pond,** Hugh: Salerno. — London: Kimber 1961. 256 S.

**Pond,** Hugh: Sicily. — London: Kimber 1963. 224 S.

**Puddu,** Mario: Tra due invasioni. Campagne d'Italia (1943—1945). — Roma: Nardini 1952. 282 S.
Schildert die Kämpfe auf Sizilien, am Garigliano und in der Romagna.

**Puddu,** Mario: Lo sbarco e la battaglia di Anzio (21 gennaio — 22 giugno 1944). — Roma: Tip. art. Nardini 1956. 132 S.

**Radl,** Karl: Befreier fallen vom Himmel — Buenos Aires: Dürer-V. 1951. 234 S.
Behandelt die Entführung Mussolinis 1943.

**Richezza,** Antonio: La verità sulla battaglia di Cassino e l'apporto del corpo italiano di liberazione. — Torino: Pozzo 1959. 265 S.

**Rintelen,** Enno von: Operation und Nachschub. — In: Wehrwiss. Rdsch. 1 (1951), H. 9/10, 46—51.
Erläutert den Krieg in Nordafrika 1940—1943.

**Rintelen,** Enno von: Mussolinis Parallelkrieg im Jahre 1940. — In: Wehrwiss. Rdsch. 12 (1962), 16—38.

**Röhricht,** Edgar: Der Balkanfeldzug 1941. — In: Wehrwiss. Rdsch. 12 (1962), 214—226.

**Röhricht,** Edgar: Die Entwicklung auf dem Balkan 1943—45. — In: Wehrwiss. Rdsch. 12 (1962), 391—406.

**Rohwer,** Jürgen: Literaturverzeichnis zum Krieg im Mittelmeer 1939—1943. — In: Wehrwiss. Rdsch. 8 (1958), 461—469.

**Sainsbury,** Keith: The North African landings 1942. A strategic decision. - London: Davis-Poynter 1976. 215 S.

**Sala,** Teodoro: La crisi finale nel litorale adriatico (1944—1945). — Udine: Del Bianco 1962. 207 S.

**Schlegel,** Julius: Mein Wagnis in Monte Cassino. Die Rettung der unersetzbaren Kunstschätze aus der Benediktinerabtei. — In: Österr. Furche 7 (1951), H. 45—49, jeweils S. 3—4.

**Schröder,** Josef: Italiens Kriegsaustritt 1943. Die deutschen Gegenmaßnahmen im italienischen Raum: Fall „Alarich" und „Achse". — Göttingen: Musterschmidt (1969). 412 S.
*(Studien und Dokumente zur Geschichte des Zweiten Weltkrieges. 10.)*
Diss., Bonn.

**Schröder,** Josef: Les prétensions allemandes à la direction militaire sur le théatre italien d'opérations au cours de l'année 1943. - In: Rev. Hist. deux. Guerre mond. 24 (1974), H. 94, 29–46.

**Schwartz,** Josef: Kapitulation und Gegenmaßnahmen in Italien. — In: Dtsch. Soldaten-Ztg., Januar 1959, 7—8.

**Scotti,** Giacomo: Ventimilia caduti. Gli italiani in Jugoslavia dal 1943 al 1945. — Milano: Mursia 1970. 615 S.
*(Testimonianze fra cronaca e storia. 47.)*

**Scoullar,** J. L.: Battle for Egypt. The summer of 1942. — Wellington, N. Z.: War History Branch, Department of Intern. Affairs 1955. XV, 400 S.
*(Official History of New Zealand in the Second World War 1939—1945.)*

**Seeler,** Werner von: Abwehr auf breiter Front im Gebirge. Erfahrungen eines Regimentskommandeurs aus den Abwehrkämpfen im Herbst 1944 in Oberitalien. — In: Wehrwiss. Rdsch. 2 (1952), 359—367.

**Senger und Etterlin,** F. von: The battles of Cassino. — In: J. Royal Unit. Service Instit. 103 (1958), H. 610, 208—214.

**Senger,** F. von: Die moderne Verteidigungsschlacht auf Grund der Erfahrungen der Schlachten von Cassino. — In: Europ. Sicherheit 1 (1951), H. 4, 22—30.

**Sereau,** Raymond: La libération de la Corse, 1943. Préf. du général Henri Martin. — Paris: Peyronnet 1955. 116 S.

**Shankland,** Peter und Anthony Hunter: Malta convoy. — London: Collins 1960. 256 S.

**Shankland,** Peter [u.] Anthony Hunter: Durchbruch nach Malta (Malta convoy, dt.) Übers. aus d. Engl. von Christian Schmidt. — München: Lehmann (1963). 180 S.

**Shepperd,** G. A.: The Italian campaign, 1943—1945. A political and military re-assessment. — New York: Praeger 1968. XIII, 450 S.

**Siljegović,** Boško: Die Befreiung Triests. — In: Internationale Politik [Belgrad], Sonderausg. Aug. 1953, 30—34.

**Smith,** E[ric] D.: Der Kampf um Monte Cassino 1944 (The battles for Cassino, dt. Die dtsch. Übers. besorgte Rainer Buschmann.) — Stuttgart: Motorbuch Verl. 1979. 260 S.

**Sogno,** Vittorio: Il XXX corpo d'armata italiano in Tunisia ‹Operazioni italo-tedesche in Tunisia, 11 novembre 1942 — 13 maggio 1943›. — Roma: Ministero della Difesa, S. M. E., Ufficio Storico 1952. 312 S.

**Spencer,** John Hall: Battle for Crete. — London: Heinemann 1962. XII, 306 S.

**Stahl,** W.: Monte Cassino. — In: Der Frontsoldat erzählt 16 (1952), 25—26, 49—52, 69—71, 130—131, 158 und 185—186.

**Staiger,** Jörg: Anzio-Nettuno. Eine Schlacht der Führungsfehler. — Neckargemünd 1962: Scharnhorst Buchkameradschaft. 140 S.
*(Die Wehrmacht im Kampf. 32.)*

**Starr,** Chester G.: From Salerno to the Alps. A history of the Fifth Army. — Washington: Combat Forces Press 1955. 498 S.

**Stevens,** William George: Bardia to Enfindaville. — Wellington: Department of Internal Affairs, War History Branch 1962. XII, 416 S.
*(Official History of New Zealand in the Second World War 1939—1945.)*

**Stewart,** I. McD. G.: The struggle for Crete. 20 May—1 June 1941. A story of lost opportunity. — London, New York, Toronto: Oxford University Press 1966. 518 S.

**Strawson,** John: The battle for North Africa. — London: Batsford 1969. XIV, 226 S.
*(British Battle Series.)*

**Strel'nikov,** V. S. [u.] N. M. Čerepanov: Vojna bez riska. Dejstvija angloamerikanskich vojsk v Italii v 1943—1945 godach. — Moskva: Voennoe Izdat. Ministerstva Oborony SSSR 1965. 279 S.

**Susmel,** Duilio: I dieci mesi terribili da El Alamain al 25 luglio '43. - Roma: Ciarrapico Ed. [1974]. 403 S.

**Tashjean,** John E.: Operation „Mincemeat" — 5 deutsche Dokumente. — In: Wehrwiss. Rdsch. 11 (1961), 273—282.

**Taysen,** Adalbert von: Tobruk 1941. Der Kampf in Nordafrika. - Freiburg: Rombach (1976). 382 S.
*(Einzelschriften zur militärischen Geschichte des Zweiten Weltkrieges. 21.)*

**Tedde,** Antonio: Fiamme in deserto. Da Tobruk ad El Alamein. — Milano, Varese: Ist. ed. Cisalpino 1962. 426 S.

**Thomas,** R. C. W.: The battles of Alam Halfa and El Alamein. — London: Clowes 1952. 56 S.

**Timpke,** Johannes: Werfer — „Feuerwehr" der Südfront. Die harten Kämpfe um den Monte Cassino. Erlebnisse und Erfahrungen des Werferregiments 71. — In: Der Frontsoldat erzählt 17 (1953), 229—231.

**Tippelskirch,** Kurt von: Der deutsche Balkanfeldzug 1941. — In: Wehrwiss. Rdsch. 5 (1955), 49—65.

**Torsiello,** Mario: Settembre 1943. — Milano, Varese: Ist. ed. Cisalpino 1963. 376 S.

**Trizzino,** Antonio: Die verratene Flotte, [dt.] Tragödie der Afrikakämpfer. Mit e. Geleitw. von [Albert] Kesselring. (Aus d. Ital. von Eugen Dollmann und Ruth Gillschewski.) — Bonn: Athenäum-V. (1957). 180 S.

**Trizzino,** Antonio: Settembre nero. — Milano: Longanesi 1956. 180 S.
Über die Auslieferung der italienischen Flotte.

**Tsatsos,** Jeanne: The sword's fierce edge. A journal of the occupation of Greece, 1941—1944. Transl. by Jean Demos. — Nashville, Tennessee: Vanderbilt University Press 1969. 131 S.

**Turchetti,** Corrado: Tredici mesi alla ventura. — Milano: Gastaldi 1954. 311 S.
Über die Kämpfe in Äthiopien 1940.

**Vaughan-Thomas,** [Lewis John] Wynford: Anzio. — London: Longmans, Green; New York: Holt, Rinehart & Winston 1961. XII, 243 S.

**Vernier,** Bernard: Les opérations gréco-italiennes du 28 octobre 1940 au 20 avril 1941. — In: Rev. Hist. deux. Guerre mond. 10 (1960), H. 38, 15—36.

**Vidal,** C.: La marine de guerre italienne et l'armistice du 3 septembre 1943. — In: Rev. Hist. deux. Guerre mond. 1 (1951), H. 2, 98—101.

**Villari,** Luigi: The liberation of Italy. — Appleton: Nelson; London: Holborn 1959. XXV, 265 S.

**Vogel,** Georg: Mussolinis Überfall auf Griechenland im Oktober 1940. — In: Europa-Archiv 5 (1950), 3389—3398.

**Wańkowicz,** Melchior: Monte Cassino. — Warszawa: Wydawnictwo Obrony Narodowej 1958. 642 S.
Über den Einsatz des II. polnischen Korps.

**Watson,** J. A.: Échec à Dakar. Septembre 1940. Trad. de l'angl. par Daniel Martin. — Paris: Laffont 1968. 272 S.
*(L'Histoire que nous vivons.)*

**Westphal,** Siegfried: Der Feldzug in Nordafrika 1941—1943. — In: Schicksal Nordafrika, Döffingen 1954, 137—265.

**Wolff**, Karl-Dieter: Das Unternehmen „Rösselsprung". Der deutsche Angriff auf Titos Hauptquartier in Drvar im Mai 1944. — In: Vjh. Zeitgesch. 18 (1970), 476—509.

**Woollcombe**, Robert: The campaigns of Wavell, 1939—1943. — London: Cassell (1959). IX, 227 S.

**Zingali**, Gaetano: L'invasione della Sicilia (1943). Avvenimenti militari e responsabilità politiche. — Catania: Crisafulli 1962. 413 S.

Feldzug gegen die Sowjetunion

Allgemeines

**Ablova**, Raisa Timofeevna: Éto bylo v Belorussii. Iz istorii borby molodeži v partizanskich otrjadach i podpol'e. — Moskva: Molodaja Gvardija 1957. 190 S.

**Anders**, Władysław: Hitler's defeat in Russia. — Chicago: Regnery 1953. 258 S.

**Andreev**, V.: Narodnaja vojna. (Zapiski partizana.) — Moskva: Gos. Izd. Chud. Lit. 1952. 349 S.

Die stumme **Armee**. Ursache und Zusammenhänge der sowjetischen Kraftentfaltung im zweiten Weltkrieg. — In: Österr. Furche 7 (1951), H. 34, 3.

**Armstrong**, John A. (Ed.): Soviet partisans in World War II. — Madison: Univ. of Wisconsin Press 1964. 792 S.

**Axelrad**, Sidney: The German front reports in the Russian campaign. A study in propaganda analysis.
New York, New School for Social Research, Diss. 1950.

Fall **Barbarossa**. Dokumente zur Vorbereitung d. faschist. Wehrmacht auf d. Aggression gegen die Sowjetunion ⟨1940/41⟩. Ausgew. u. eingel. von Erhard Moritz. — Berlin: Dtsch. Militärverl. 1970. 427 S.
(Schriften des Deutschen Instituts für Militärgeschichte.)

Besymenski, Lew [Bezymenskij, Lev Aleksandrovič]: Sonderakte Barbarossa. Dokumente, Darstellung, Deutung. (Aus d. russ. Ms. übers. von Erich Einhorn.) — Stuttgart: Dtsch. Verl. Anst. (1968). 351 S.

**Bor'ba** za sovetskuju Pribaltiju v Velikoj Otečestvennoj vojne 1941—1945. V 3 knigach. — (Riga: Izd. Liesma.)
1. Pervye gody. (Sost. K. L. Orlov [u.a.] 1966). 368 S.

**Bourcart**, [Général]: La guerre en Finlande. — In: Rev. Hist. deux. Guerre mond. 3 (1953), H. 9, 15—24.
Literaturbericht.

**Busse**, Theodor: Die Krim im Zweiten Weltkrieg. — In: Wehrkunde 3 (1954), 180—186.

**Carell**, Paul: Unternehmen Barbarossa. Der Marsch nach Rußland. — (Frankfurt a. M., Berlin, Wien): Ullstein (1963). 559 S.

**Carell**, Paul: Der Rußlandkrieg. Fotografiert von Soldaten. Der Bildband zu „Unternehmen Barbarossa" und „Verbrannte Erde". — (Frankfurt a. M.:) Ullstein (1967). 465 S.

**Carloni**, Mario: La campagna di Russia. — Milano: Longanesi 1956. 198 S.

**Carloni**, Mario: La campagna di Russia. — Milano: Longanesi 1971. 165 S.

**Cecil**, Robert: Hitler's decision to invade Russia 1941. - London: Davis-Poynter 1975. 192 S.
(The Politics and the Strategy of the Second World War.)

Cecil, Robert: Hitlers Griff nach Rußland (Hitler's decision to invade Russia 1941, dt. Ins Dtsch. übertr. von Gisela Bühler-Heinen.) - Graz: Verl. Styria (1977). 198 S.

**Cherniavsky**, M.: Corporal Hitler, General winter and the Russian peasant. — In: Yale Rev. 51 (1962), 547—558.

**Clark**, Alan: Barbarossa. The Russian-German conflict, 1941—1945. — New York: Morrow 1965. XXII, 522 S.

**Clark**, Alan: La guerre à l'Est, 1941—1945. — Paris: Laffont 1966. 536 S.
(L'Histoire que nous vivons.)

**Codo**, E. M.: Guerilla warfare in Ukraine. — In: Ukraine Quart. 17 (1961), 204—218.

Cooper, Matthew: The Phantom War. The German struggle against Soviet partisans 1941–1944. - London: Macdonald & Jane's (1979). IX, 217 S.

**Creveld**, M[artin] van: The German attack on the USSR. The destruction of a legend. - In: Europ. Stud. Rev. 2 (1972), 69–86.

**Dallin**, Alexander: The Kaminski-Brigade 1941—1944. A case study of German military exploitation of Soviet disaffection. — Maxwell Air Force Base, Ala.: Human Resources Research Inst. 1952. 96 gez. Bl. [Maschinenschr.]
(Technical Research Report. 7.)

**Degrelle**, Léon: Front de l'Est 1941—1945. — Paris: Edit. de la Table ronde 1969. 448 S.

**Demjančuk**, I. L.: Partyzanśka presa Ukrainy (1941—1944 rr.) — Kyiv: Kyivśkyj Univ. 1956. 106 S.

**Desroches**, Alain: La campagne de Russie d' Adolf Hitler ⟨juin 1941—mai 1945⟩. — Paris: Maisonneuve et Larose 1964. 300 S.

**Dixon**, C. Aubrey und Otto Heilbrunn: Partisanen (Communist guerilla warfare, dt.) Strategie und Taktik des Guerillakrieges. (Übers.: Hans Steinsdorff.) — Frankfurt a. M, und Berlin: Verl. f. Wehrwesen Bernard & Graefe 1956. XIV, 244 S.

**Dixon**, C. Aubrey und Otto Heilbrunn: Communist guerilla warfare. With a foreword by Sir Reginald F. S. Denning. (2. impr.) — London: Allen & Unwin (1954). XV, 229 S.

**Dragojlov**, Fedor: Art und Organisation des Partisanenkrieges 1941—1945 auf dem Gebiete des „Unabhängigen Staates Kroatien". — In: Wehrkunde 5 (1956), 248—253.

**Dwinger**, Edwin Erich: Sie suchten die Freiheit... Schicksalsweg eines Reitervolkes. 1.—20. Ts. — Freiburg i. Br., Frankfurt a. M.: Dikreiter (1952). 383 S.
Geschichte der Kosaken im zweiten Weltkrieg.

**Erfurth**, Waldemar: Suomi sodan myrskyssä. [Der finnische Krieg 1941—1944, finn.] — Helsinki: Söderström 1951. 295 S.

**Erickson**, John: Stalin's war with Germany. - London: Weidenfeld & Nicolson.
1. The road to Stalingrad. (1975). X, 594 S.

**Ferrari,** Gino: L'attaco russo in profondita. — In: Riv. milit. 8 (1952), 407—424.

**Filatov,** G. S.: Vostočnyj pochod Mussolini. — Moskva: Izd. Meždunarodnye otnošenija 1968. 183 S.

Für **Frankreich** gegen den Bolschewismus. Franzosen kämpften an der Ostfront. — In: Wiking-Ruf 1953, H. 16, 1—5.

**Fretter**-Pico, Max: Herbst- und Winterkrieg im Osten. — In: Europ. Sicherheit 1 (1951), H. 2, 24—28; H. 3, 23—29.

**Fretter**-Pico, Maximilian: Mißbrauchte Infanterie. Deutsche Infanteriedivisionen im osteuropäischen Großraum 1941 bis 1944. Erlebnisskizzen, Erfahrungen und Erkenntnisse. — Frankfurt a. M.: Verl. f. Wehrwesen Bernard & Graefe 1957. 148 S.

Die schweigende Front. Die 6. Kampf im hohen Norden 1940–1945. / Ges. hrsg. von Konrad Knabe. — Starnberger See: Dt. 1979. 165 S. *(Zeitgeschichte im Bild.)*

**Furlani,** Silvio: Pripjet-Problem und Barbarossa-Planung. - In: Beiträge zur Zeitgeschichte. Festschrift Ludwig Jedlicka zum 60. Geburtstag, St. Pölten: Niederösterr. Pressehaus (1976), 281–297.

**Fylypowytsch,** Ostap: Gründe der deutschen Niederlage im Osten. — In: Nation Europa 2 (1952), H. 2, 36—40.

**Garder,** Michel: Une guerre pas comme les autres, la guerre germano-soviétique. — Paris: La Table Ronde 1962. 348 S.

**Gibbons,** Robert: Opposition gegen „Barbarossa" im Herbst 1940. Eine Denkschrift aus der deutschen Botschaft in Moskau. [Dokumentation.] - In: Vjh. Zeitgesch. 23 (1975), 332-340.

**Göpfert,** Helmut: Die militärische Vorbereitung des faschistischen Überfalls auf die Sowjetunion. — In: Z. Geschichtswiss. 14 (1966), 1092—1107.

**Gottberg,** Hans-Lorenz von: Das Wesen des sowjetischen Partisanenkampfes. — In: Wehrkunde 7 (1958), 689—694.

**Goure,** Leon: The Siege of Leningrad. — Stanford, Calif.: Stanford Univ. Pr.; London: Oxford Univ. Pr. 1962. XII, 363 S.

**Gruzija** v velikoj otečestvennoj vojne Sovetskogo Sojuza 1941—1945. — Tbilisi: AN Gruz. SSR 1958. 533 S.

**Günther,** Helmut: Versuch einer geistigen Deutung des russischen Feldzugs. — In: Sammlung 9 (1954), 193—198.

**Haupt,** Werner: Bildchronik der Heeresgruppe Mitte. 1941—1945. — (Dorheim:) Podzun (1969). 215 S.

**Haupt,** W[erner] u. C[arl] Wagener: Bildchronik der Heeresgruppe Süd. — (Dorheim:) Podzun (1969). 113 Bl.

**Haupt,** Werner: Heeresgruppe Mitte. 1941—1945. — Dorheim: Podzun 1968. 381 S.

**Haupt,** Werner: Heeresgruppe Nord. 1941—1945. — Bad Nauheim: Podzun 1966. 353 S.

**Haupt,** Werner: Krim, Stalingrad, Kaukasus. Bildbericht der Heeresgruppe Süd 1941-1945. - Friedberg: Podzun-Pallas 1977. 160 S.

**Haupt,** Werner. Leningrad, Wolchow, Kurland. Bildbericht der Heeresgruppe Nord 1941-1945. - Friedberg: Podzun-Pallas 1976. 144 S.

**Haupt,** Werner: Moskau, Rshew, Orel, Minsk. Bildbericht der Heeresgruppe Mitte 1941-1944. - Friedberg: Podzun-Pallas 1978. 160 S.

**Hawemann,** Walter: Achtung, Partisanen! Der Kampf hinter der Ostfront. — Hannover: Sponholtz (1953). 189 S.

**Hesse,** Erich: Der sowjetrussische Partisanenkrieg 1941—1944 im Spiegel deutscher Kampfanweisungen und Befehle. — Göttingen: Musterschmidt (1969). 292 S.
*(Studien und Dokumente zur Geschichte des Zweiten Weltkrieges. 9.)*
*Diss., Göttingen.*

**Hillgruber,** Andreas: Der Einbau der verbündeten Armeen in die deutsche Ostfront 1941—1944. — In: Wehrwiss. Rdsch. 10 (1960), 659—682.

**Hölter,** Hermann: Armee in der Arktis. Die Operationen der deutschen Lappland-Armee. — Bad Nauheim: Podzun 1953. 67 S.

**Hölter,** Hermann: Armee in der Arktis. Die Operationen der deutschen Lappland-Armee. 2., überarb. u. erw. Aufl. München: Schild Verl. (1977). 84 S.

**Hugin:** Die roten Partisanen im Ostkrieg. — In: Nation Europa 2 (1952), H. 3, 31—37.

**Juni** 1941. Beiträge zur Geschichte des hitler-faschistischen Überfalls auf die Sowjetunion. Red.: Alfred Anderle u. Werner Basler. — Berlin: Rütten & Loening 1961. 367 S.
*(Veröffentlichungen des Instituts für Geschichte der Völker der UdSSR an der Martin-Luther-Universität Halle-Wittenberg. Reihe B, Bd 2.)*

**Junin,** André: La défaite psychologique allemande sur le front de l'Est vue à travers le mouvement Vlassov (1942—1945). — In: Rev. Hist. deux. Guerre mond. 12 (1962), H. 46, 1—12.

**Junttila,** P.: Eräitä näkökohtia taistelutehon laskemiseen vaikuttaneista tekijöistä sodan 1941—44 aikana. — In: Tiede ja Ase 1955, H. 13, 12—48.

**Kennedy,** Robert M.: German antiguerrilla operations in Balkans 1941 bis 1944. — Washington: Government Printing Office 1954. VI, 82 S.

**Kissel,** Hans: Gefechte in Rußland. — Darmstadt: Mittler 1956. 176 S.

**Klee,** Karl: Zur Vorgeschichte des Rußlandfeldzuges. — In: Wehrwiss. Rdsch. 2 (1952), 577—587.

**Kolmsee,** Peter: Der Partisanenkampf in der Sowjetunion. Über Charakter, Inhalt und Formen d. Partisanenkampfes in d. UdSSR 1941—1944. — Berlin: Dt. Militärverl. 1963. 132 S.
*(Militärhistorische Studien. 6.)*

**Konus,** Kord: Ic-Dienst bei höheren Kommandobehörden des Heeres im Ostfeldzug. — In: Wehrwiss. Rdsch. 2 (1952), 394—402.

**Korduba,** F.: Partisanen — Bestandteil der Roten Armee. Die Bedeutung der Partisanen im modernen Krieg. Die sowjetische Organisation im 2. Weltkrieg. — In: Dtsch. Soldaten-Ztg. 4 (1954), Nr 30, 7.
Mit Fortsetzungen.

**Kovpak,** S. A.: Pochod partyzánů. — Praha: Naše vojsko 1951. 158 S.
Über den Einsatz sowjetischer Partisanen 1941—1945.

**Kreidel,** Hellmuth: Partisanenkampf in Mittelrußland. — In: Wehrkunde 4 (1955), 380—385.

**Krypton,** Constantine: The siege of Leningrad. — New York: Chekhov Publishing House 1953. 251 S.

**Krypton,** Constantine: The siege of Leningrad. — In: Russian Rev. 13 1954), 255—265.

**Léderrey,** [Ernest]: La défaite allemande à l'Est. Les armées soviétiques en guerre de 1941 à 1945. — Lausanne: Payot; Paris: Charles-Lavauzelle 1951. 272 S.

**Linden,** Hans Jürgen: Die Fahnenjunker von Groß-Born. — In: Der Frontsoldat erzählt 17 (1953), 327—328.

**Lobanov,** V. E.: Partizany Vitebščiny v bojach za rodinu 1941—1945. — Minsk: Gosizdat BSSR 1959. 232 S.

**Makarenko,** Jakov: Po voennym dorogam. — Moskva: Voenizdat 1958. 173 S.

**Maron,** Karl: Von Charkow bis Berlin. Frontberichte aus dem 2. Weltkrieg. — Berlin: Verl. d. Ministeriums f. Nationale Verteidigung 1960. 384 S.

**Meister,** Jürg: Die sowjetrussischen amphibischen Operationen 1939—1945. — In: Marine-Rdsch. 52 (1955), 124—136.

**Melzer,** Walter: Kampf um die Baltischen Inseln 1917—1941—1944. Eine Studie zur triphibischen Kampfführung. — Neckargemünd: Scharnhorst Buchkameradschaft 1960. 197 S.
*(Die Wehrmacht im Kampf. 24.)*

**Middeldorf,** Eike: Taktik im Rußlandfeldzug. Erfahrungen und Folgerungen. — Darmstadt: Mittler 1956. 239 S.

**Müller,** Norbert: Wehrmacht und Okkupation. 1941—1944. Zur Rolle d. Wehrmacht u. ihrer Führungsorgane im Okkupationsregime d. faschist. dtsch. Imperialismus auf sowjet. Territorium. — Berlin: Dtsch. Militärverl. 1971. 356 S.
*(Schriften des Deutschen Instituts für Militärgeschichte.)*

**Neuhaus,** Barbara: Funksignale vom Wartabogen. Über den gemeinsamen Kampf deutscher Kommunisten, sowjetischer und polnischer Partisanen. (Ereignisse, Tatsachen, Zusammenhänge.) 2. Aufl. - (Berlin:) Militärverl. d. DDR (1977). 604 S.

**Notz,** Wilhelm von: Gewaltsame Aufklärung unter besonderen Winterverhältnissen im Osten. — In: Wehrwiss. Rdsch. 2 (1952), 535—541.

**Philippi,** Alfred und Ferdinand Heim: Der Feldzug gegen Sowjetrußland 1941 bis 1945. Ein operativer Überblick. Hrsg. vom Arbeitskreis für Wehrforschung. — Stuttgart: Kohlhammer (1962). 293 S.

**Pohlman,** Hartwig: Wolchow. 900 Tage Kampf um Leningrad. 1941—1944. — Bad Nauheim: Podzun (1962). 136 S.

Für **Recht** und Freiheit. Vom Heldenkampf der Kosaken und ihr Untergang. In: Der Frontsoldat erzählt 16 (1952). 107—109.

**Redelis,** Valdis: Partisanenkrieg. Entstehung und Bekämpfung der Partisanen- und Untergrundbewegung im Mittelabschnitt der Ostfront 1941 bis 1943. — Heidelberg: Scharnhorst Buchkameradschaft 1958. 152 S.
*(Die Wehrmacht im Kampf. 17.)*

**Salisbury,** Harrison E.: The 900 days. The siège of Leningrad. — New York: Harper & Row 1969. 635 S.

**Salisbury,** Harrison E[vans]: 900 Tage (The 900 days, dt.). Die Belagerung von Leningrad. (Aus d. Amerikan. übers. von Hans Jürgen Baron von Koskull.) — (Frankfurt a. M.:) S. Fischer (1970). 609 S.

**Saucken,** Dietrich von: 4. Panzer-Division. (Hrsg.: Traditionsverbände der Kameraden der Truppenteile der ehem. 4. Panzerdivision.) — (Ascheim vor München: Peukert.)
  2. Der Rußlandfeldzug von Mai 1943 bis Mai 1945. (1968). XII, 371 S.
  Als Ms. gedr.

**Schultz,** Hans-Joachim von: Partisanenbekämpfung. — In: Wehrwiss. Rdsch. 2 (1952), 415—417.

**Seaton,** Albert: Der russisch-deutsche Krieg 1941—1945 (The Russo-German war 1941—1945, dt.) Hrsg. von Andreas Hillgruber. (Aus d. Engl. übers. von Hans Jürgen Baron von Koskull.) — Frankfurt a. M.: Bernard & Graefe 1973. 478 S.

**Seraphim,** Hans-Günther und Andreas Hillgruber: Hitlers Entschluß zum Angriff auf Rußland. (Eine Entgegnung.) In: Vjh. Zeitgesch. 2 (1954), 240—254.

**Shilin,** P. A. [Hrsg.]: Die wichtigsten Operationen des großen vaterländischen Krieges 1941—1945. — Berlin: Ministerium f. nationale Verteidigung 1958. 948 S.

**Suprunenko,** N. J.: Ukraina v Velikoj Otečestvennoj Vojne Sovetskogo Sojuza (1941—1945 gg.) — Kiev: Gospolitizdat USSR 1956. 472 S.

Neunhundert **Tage.** Zeugnisse von der heldenhaften Verteidigung Leningrads im Großen Vaterländischen Krieg. Aus d. Russ. übersetzt von Willi Bredel. — Berlin: Dietz 1960. 484 S.

**Tel'puchovskij,** Boris Semenovič: Die sowjetische Geschichte des Großen Vaterländischen Krieges 1941—1945 (Velikaja otečestvennaja vojna Sovetskogo Sojuza 1941—1945, dt.) Im Auftr. des Arbeitskreises für Wehrforschung, Stuttgart, hrsg. u. kritisch erläutert von Andreas Hillgruber u. Hans-Adolf Jacobsen. (Dt. von Robert Frhr. von Freytag-Loringhoven, Erich F. Pruck u. Hans-Joachim Schunck.) — Frankfurt a. M.: Bernard & Graefe 1961. XVI, 97, 576 S.

**Tel'puchovskij,** B. S. [Red.]: Očerki istorii velikoj otečestvennoj vojny 1941—1945. — Moskva: Izdvo Akad. Nauk SSSR 1955. 535 S.

**Teske,** Hermann: Partisanen gegen die Eisenbahn. — In: Wehrwiss. Rdsch. 3 (1953), 468—475.

**Tippelskirch,** Kurt von: Hitlers Kriegführung nach dem Frankreichfeldzug im Hinblick auf „Barbarossa". — In: Wehrwiss. Rdsch. 4 (1954), 145—156.

**Tolloy,** Giusto: Con l'armata italiana in Russia. — Milano: Mursia 1968. 245 S.

Von Moskau nach Berlin. Der Krieg im Osten 1941-45, gesehen von russischen Photographen. Hrsg. von Daniela Mrázková [u.] Vladimir Remeš. Vorw. von Heinrich Böll. — Oldenburg: Stalling 1979. 152 S.

**Vorob'ev,** F. D. und V. M. Kravcov: Pobedy sovetskych vooružennych sil v velikoj otecestvennoj vojne 1941—1945. Kratkij očerk. — Moskva: Voenizdat 1953. 432 S.

**Wagener**, Carl: Heeresgruppe Süd. Der Kampf im Süden der Ostfront 1941—1945. — Bad Nauheim: Podzun (1967). 364 S.

**Werth**, Alexander: Rußland im Krieg (Russia at war, dt.) 1941—1945. — (München): Droemer, Knaur (1965). 743 S.

**Whaley**, Barton: Codeword Barbarossa. — Cambridge, Mass.: MIT Press 1973. 376 S.

**Zantke**, Siegfried: Wir halfen Kowel durchhalten. — In: Der Frontsoldat erzählt 18 (1954), 54—55.

**Zentner**, Kurt: Nur einmal konnte Stalin siegen. Lehren und Bilder aus dem Rußland-Feldzug 1941—1945. — Hamburg: Gruner (1952). 128 S.

## 1941–1942

**Barilli**, Manlio: Alpini in Russia sul Don. — Milano: Ciarocca 1954. 230 S.

**Belov**, K. A.: Moskovskoe narodnoe opolčenie 1941 goda. — In: Istorija SSSR 6 (1962), H. 1, 16—31.

**Blau**, George E.: The German campaign in Russia. Planning and operations 1940—1942. — Washington: Department of the Army 1955. VIII, 187 S.

**Blumentritt**, Günther: Die Überwindung der Krise vor Moskau im Winter 1941—42, dargestellt an der 4. Armee. — In: Wehrwiss. Rdsch. 4 (1954), 105—115.

**Boltin**, E. A.: Pobeda sovetskoj armii pod Moskvoj v 1941 godu. — In: Vop. Ist. 1957, H. 1, 20—32.

Im **Brückenkopf** Dnjepropetrowsk. — In: Der Frontsoldat erzählt 18 (1954), 303—304.

**Buchner**, Alex: Angriff in der Tundra. (Der Vorstoß der 2. Geb. Div. Richtung Murmansk in der Zeit vom 26. 6. bis 11. 9. 1941.) — In: Wehrkunde 4 (1955), 539—548.

**Buchner**, Alex: Krisentage im Hochgebirge. Die Kampfgruppe v. Stettner in den Rückzugskämpfen im Hochkaukasus 1942. — In: Wehrkunde 9 (1960), 505—511.

**Buchner**, Alex: Die sowjetische Landeoperation auf der Halbinsel Kertsch im Dezember 1941. — In: Wehrkunde 7 (1958), 194—202.

**Buchner**, Alex: Die Panzerabwehrschlacht von Jazow Stary am 25. Juni 1941. — In: Wehrkunde 10 (1961), 461—466.

**Buchner**, Alex: Sewastopol. Der Angriff auf die stärkste Festung der Welt 1942. - Friedberg: Podzun-Pallas 1978. 160 S.

**Carell**, Paul: Verbrannte Erde. Schlacht zwischen Wolga und Weichsel. — (Berlin:) Ullstein (1966). 511 S.

**Chales** de Beaulieu, Walter: Sturm bis vor Moskaus Tore. — In: Wehrwiss. Rdsch. 6 (1956), 349—365 und 423—439.

**Chales** de Baulieu, Walter: Der Vorstoß der Panzergruppe 4 auf Leningrad — 1941. — Neckargemünd 1961: Scharnhorst Buchkameradschaft. 176 S.
*(Die Wehrmacht im Kampf. 29.)*

**Conrady**, Alexander: Rückzug vor Moskau 1941-1942 (6. 12. 1941-23. 1. 1942). - Neckargemünd: Vowinckel 1974. 147 S.
*(Aus der Geschichte der 36. Infanterie-Division [mot.] 1.)*

Verhängnisvoller 5. **Dezember** 1941. Nach dem Kriegstagebuch der Panzergruppe 4. — In: Der Frontsoldat erzählt 19 (1955), 54—55.

(**Dittmar**, Kurt:) Battle on the Arctic Circle. — In: Mil. Rev. 30 (1950/51), H. 8, 73—82.

**Doerr**, Hans: Der Ausgang der Schlacht um Charkow im Frühjahr 1942. — In: Wehrwiss. Rdsch. 4 (1954), 9—18.

**Doerr**, Hans: Kritische Betrachtungen über die Schlacht bei Uman. — In: Wehrkunde 6 (1957), 186—192 und 248—254.

**Doerr**, Hans: Der Vormarsch des III. Armeekorps durch die Kalmückensteppe. — In: Wehrkunde 5 (1956), 376—386.

**Dreisziger**, N. F.: New twist to an old riddle. The bombing of Kassa (Košice), June 26, 1941. - In: J. mod. Hist. 44 (1972), 232-242.

**Ernsthausen**, Adolf von: Wende im Kaukasus. Ein Bericht. — Neckargemünd, Heidelberg: Vowinckel 1958. 252 S.

**Forstmeier**, Friedrich: Odessa 1941. Der Kampf um Stadt und Hafen und die Räumung der Seefestung, 15. August bis 16. Oktober 1941. — Freiburg: Rombach (1967). 139 S.
*(Einzelschriften zur militärischen Geschichte des Zweiten Weltkrieges. 1.)*

**Gambetti**, F.: I morti e i vivi dell' ARMIR. — Roma: Ed. di Cultura Sociale 1953. 277 S.

**Geyer**, Hermann: Das IX. Armeekorps im Ostfeldzug 1941. Hrsg. von Wilhelm Meyer-Detring. — Neckargemünd: Scharnhorst Buchkameradschaft 1969. 202 S.
*(Die Wehrmacht im Kampf. 46.)*

**Giuffrida**, Pietro: L'A. R. M. I. R., il generale, la ritirata. — Roma: Macchia 1953. 229 S.
Über das italienische Expeditionskorps an der Ostfront 1941—42.

**Grigorenko**, Pjotr [**Grigorenko**, Petr Grigor'evič]: Der sowjetische Zusammenbruch 1941. (Übers., Hrsg. u. Kommentare: Georg Bruderer. Vorw.: Michael Garder.) — (Frankfurt a. M.:) Possev-Verl. (1969). 189 S.

**Grossmann**, Horst: Rshew. Eckpfeiler d. Ostfront. — Bad Nauheim: Podzun (1962). 143 S.

**Haupt**, Werner: Baltikum 1941. Die Geschichte eines ungelösten Problems. — Neckargemünd 1963: Scharnhorst Buchkameradschaft. 200 S.

**Haupt**, Werner: Das war der Wolchowkessel. — In: Der Frontsoldat erzählt 20 (1956), 115—116.

**Haupt**, Werner: Demjansk 1942. Ein Bollwerk im Osten. 2. erw. Aufl. — Bad Nauheim: Podzun 1963. 230 S.

**Heinrichs**, L. G.: Saksan idänhyökkäyksen ehtiminen v. 1941. — In: Tiede ja Ase 1955, H. 13, 94—125.

**Helmdach**, Erich: Überfall? Der sowjetisch-deutsche Aufmarsch 1941. - Neckargemünd: Vowinckel 1975. 127 S.

**Hess,** Wilhelm: Eismeerfront 1941. Aufmarsch und Kämpfe des Gebirgskorps Norwegen in den Tundren vor Murmansk. — Heidelberg: Scharnhorst Buchkameradschaft 1956. 169 S.
*(Die Wehrmacht im Kampf. 9.)*

**Hopfgarten,** H. J. von: Die Schützenkompanie (mot) im winterlichen Bewegungskrieg. Ein Rückblick auf die Winteroffensive 1941 vor Moskau. — In: Wehrkunde 4 (1955), 331—338.

**Hoßbach,** Friedrich: Infanterie im Ostfeldzug 1941/42. — Osterode a. H.: Giebel & Oehlschlägel 1951. 247 S.

**Hoth,** Hermann: Panzer-Operationen. Die Panzergruppe 3 und der operative Gedanke der deutschen Führung Sommer 1941. — Heidelberg: Scharnhorst-Buchkameradschaft 1956. 168 S.
*(Die Wehrmacht im Kampf. 11.)*

**Huan,** Claude: Die sowjetischen Landungs-Operationen auf der Krim 1941—42. — In: Marine-Rdsch. 59 (1962), 337—355.

**Imhoff,** Christoph von: Die Festung Sewastopol. Ein Roman. — Stuttgart: Veritas-V. 1953. 315 S.

**Kel'ner,** E.: Trudjaščiesja Sevastopolja v bor'be s gitlerovskimi zachvatčikami (1941—1942 gg.) — In: Vop. Ist. 1956, H. 9, 101—110.

**Kiehler,** Heinz Joachim: Noch ist es Tag. Rußland 1941—1942. — Witten, Berlin: Eckart-V. 1955. 178 S.

**Kissel,** Hans: Angriff einer Infanterie-Division. Die 101. leichte Infanterie-Division in der Frühjahrsschlacht bei Charkow, Mai 1942. — Heidelberg: Scharnhorst-Buchkameradschaft 1958. 140 S.
*(Die Wehrmacht im Kampf. 16.)*

**Kljackin,** S. M.: Iz istorii Leningradskogo partizanskogo kraja (avgust 1941 — sentjabr 1942). — In: Vop. Ist. 1958, H. 7, 25—44.

**Klimov,** I. D.: Geroičeskaja oborona Tuly. — Moskva: Voenizdat 1961. 1936 S.

**Konrad,** Rudolf: Kampf um den Kaukasus. — München: Copress-V. [1954]. 64 S., 32 gez. Bl. Abb.

**Krylov,** N.: Ne pomerknet nikodga. Oborona Odessy, 1941. — Moskva: Izd. Progress 1972. 293 S.

**Kutzner,** G.: Die 2. Sturmgeschütz-Abt. LSSAH in der Schlacht um Charkow. — In: Wiking-Ruf 1953, H. 15, 4—6.

**Lazzeretti,** Appio Aldo: I giorni della ira. La ritirata dal Don con la divisione „Torino". — Milano: Sedit 1957. 245 S.

**Léderrey,** E.: La retraite du 11e C. A. allemand de Bjelgorod par Charkov sur le Dniepr. — In: Rev. milit. suisse, August 1954, 361—375.

**Mackensen,** Eberhard von: Vom Bug zum Kaukasus. Das III. Panzerkorps im Feldzug gegen Sowjetrußland 1941/42. — Neckargemünd: Scharnhorst Buchkameradschaft 1967. 112 S.
*(Die Wehrmacht im Kampf. 42.)*

**Magenheimer,** Heinz: Leningrad oder Moskau? Zur operativen Problematik im Ostfeldzug 1941. - In: Wehrforsch. 4 (1975), 22–29.

**Merker,** Ludwig: Die Kämpfe der 78. Inf.-Div. in der Kesselschlacht von Wjasma vom 2. bis 9. 10. 1941. — In: Wehrwiss. Rdsch. 3 (1953), 521—527.

**Michels,** Josef: Dreimal Orel. Ein Buch der Kameradschaft. Nach den Aufzeichnungen des Unteroffiziers S. — Recklinghausen: Paulus-V. (1952). 204 S.

**Munzel,** Oskar: Panzer-Taktik. Raids gepanzerter Verbände im Ostfeldzug 1941/42.—Neckargemünd:Scharnhorst Buchkameradschaft 1959. 136 S.
*(Die Wehrmacht im Kampf. 20.)*

**Muriev,** D. Z.: Proval operacii „Tajfun". — Moskva: Voennoe Izdat. Ministerstva Oborony SSSR 1966. 272 S.

**Palazzo,** Archimede: Eroi d'Italia fra Ladoga e Mar Nero. Con designi di C. Andresni. — Milano: Gastaldi 1952. 136 S.

**Paul,** Wolfgang: Erfrorener Sieg. Die Schlacht um Moskau 1941/42. - Esslingen: Bechtle 1975. 413 S.

**Pavlov,** D. V.: Leningrad v blokade. 1941 god. — Moskva: Voenizdat 1961. 200 S.

**Philippi,** Alfred: Das Pripjetproblem. Eine Studie über die operative Bedeutung des Pripjetgebietes für den Feldzug des Jahres 1941. — Darmstadt: Mittler 1956.
*(Beihefte zur Wehrwissenschaftlichen Rundschau. 2.)*

**Podewils,** Clemens: Don und Wolga. Aufzeichnungen aus dem Jahre 1942. — München: Hanser 1952. 185 S.

**Reinhardt,** Hans: Krisenlage im Rücken der Heeresgruppe Mitte Anfang 1942 und ihre Überwindung. — In: Wehrkunde 4 (1955), 229—237.

**Reinhardt,** Hans: Panzer-Gruppe 3 in der Schlacht von Moskau und ihre Erfahrungen im Rückzug. — In: Wehrkunde 2 (1953), H. 9, 1—11.

**Reinhardt,** Hans: Verteidigungskämpfe. Erfahrungen der 3. Panzer-Armee aus dem Sommer 1942. — In: Wehrkunde 9 (1960), 63—68.

**Reinhardt,** Hans: Der Vorstoß des XXXXI. Panzer-Korps im Sommer 1941 von Ostpreußen bis vor die Tore von Leningrad. — In: Wehrkunde 5 (1956), 122—136.

**Reinhardt,** Hellmuth: Die russischen Luftlandungen im Bereich der deutschen Heeresgruppe Mitte in den ersten Monaten des Jahres 1942. — In: Wehrwiss. Rdsch. 8 (1958), 372—388.

**Reinhardt,** Klaus: Die Schlacht vor Moskau im Spiegel der sowjetischen Geschichtsschreibung. — In: Jahresbibl. d. Bibliothek f. Zeitgesch. 43 (1971), 451—478.

**Reinhardt,** Klaus: Die Wende vor Moskau. Das Scheitern der Strategie Hitlers im Winter 1941/42. — Stuttgart: Dtsch. Verl.-Anst. 1972. 355 S.
*(Beiträge zur Militär- und Kriegsgeschichte. 13.)*

**Raus,** Erhard: Die Hackmaschine. Ende Februar bis Anfang April 1942. — In: Wehrwiss. Rdsch. 3 (1953), 561—569. Behandelt die Kämpfe der 6. Panzerdivision.

**Raus,** Erhard: Das Ringen um Moskau. — In: Schweizer. Militär-Z. 118 (1952), 910—922 und 119 (1953), 43—52.

**Raus,** Erhard: Die Schneckenoffensive. — In: Wehrwiss. Rdsch. 3 (1953), 432—441.

**Raus,** Erhard: Im Tor nach Leningrad (14. Juli 1941). — In: Wehrwiss. Rdsch. 3 (1953), 145—157.

**Rüf,** Hans: Gebirgsjäger vor Murmansk. Der Kampf des Gebirgskorps „Norwegen" an der Eismeerfront 1941/42. — Innsbruck: Wagner 1957. 224 S.

**Salvador,** Thomas: Division 250. — Barcelona: Ed. Domus 1954. 408 S.

**Samsonov,** A. M.: Die große Schlacht vor Moskau 1941—1942 (Velikaja bitva pod Moskvoj 1941—1942, dt.) (Bearb. d. dt. Ausg.: Erwin Engelbrecht.) — Berlin: Verl. d. Ministeriums f. Nationale Verteidigung 1959. 143 S.

**Samsonov,** Aleksandr Michajlovic: Velikaja bitva pod Moskvoj 1941—1942. — Moskva: Akad. Nauk SSSR 1958. 222 S.

**Saparov,** A.: Doroga žizni. — Moskva: Voenizdat 1961. 319 S.
Über die Kämpfe am Ladogasee 1941—43.

**Schaaf,** Kurt: Die Festung Demjansk. — In: Wiking-Ruf 3 (1954), H. 2, 6—9.

**Scheibert,** Horst: Nach Stalingrad 48 Kilometer! Der Entsatzvorstoß der 6. Panzerdivision Dezember 1942. — Heidelberg: Scharnhorst-Buchkameradschaft 1956. 157 S.
*(Die Wehrmacht im Kampf. 10.)*

**Seaton,** Albert: The battle for Moscow, 1941—1942. — London: Hart-Davis 1971. 320 S.

**Selle,** H.: Die 6. Armee auf dem Wege in die Katastrophe. — In: Allg. schweiz. Mil. Ztg. 1956, 579—591.

**Selle,** H.: Die Frühjahrsschlacht von Charkow, 12. bis 27. Mai 1942. — In: Allgem. schweiz. Mil. Ztg. 1955, 581—602.

**Senger** und Etterlin, F. M. von: Der Marsch einer Panzerdivision in der Schlammperiode. — In: Wehrkunde 4 (1955), 85—91.

**Seth,** Ronald: Operation Barbarossa. The battle for Moscow. — London: Blond 1964. 191 S.

**Sokol,** A. E.: German attacks on the Murmansk run. — In: U. S. Naval Inst. Proc., December 1952.

**Steets,** Hans: Gebirgsjäger zwischen Dnjepr und Don. Von Tschernigowka zum Mius, Oktober—Dezember 1941. — Heidelberg: Scharnhorst Buchkameradschaft 1957. 159 S.
*(Die Wehrmacht im Kampf. 15.)*

**Steets,** Hans: Gebirgsjäger in der Nogaischen Steppe. Vom Dnjepr zum Asowschen Meer, August—Oktober 1941. — Heidelberg: Scharnhorst Buchkameradschaft 1956. 140 S.
*(Die Wehrmacht im Kampf. 8.)*

**Steets,** Hans: Gebirgsjäger bei Uman. Die Korpsschlacht des XXXXIX. Gebirgs-Armeekorps bei Podwyssokoje 1941. — Heidelberg: Scharnhorst Buchkameradschaft 1955. 125 S.
*(Die Wehrmacht im Kampf. 4.)*

**Stocks,** Theodor: Die kartographische Vorbereitung des Dnjepr-Überganges 1941 beim LII. Korps. — In: Wehrwiss. Rdsch. 6 (1956), 299—305.

**Streit,** Kurt W.: Der Flug aus der Hölle. Tatsachenbericht über die beiden großen Luftbrückenoperationen Demjansk und Stalingrad. — In: Der Frontsoldat erzählt 17 (1953), 73—75.

**Sturm** bis vor Moskaus Tore. Nach dem Kriegstagebuch der Panzergruppe 4. — In: Der Frontsoldat erzählt 19 (1955), 14—15.

**Suomen sota** 1941—1945. — Helsinki: Kivi.
3. Karjalan kannaksen valtaus kesällä 1941. 1951. 500 S.

**Ten Kate,** F. P.: De Duitse aanval op de Sovjet-Unie in 1941. En krijgsgeschiedkundige studie. Bd 1.2. — Groningen: Wolters-Noordhoff 1968.
1. XVI, 341 S.
2. Aantekeningen. 152 S.

**Terzić,** V. [u. a.]: Dogadaji od početka rata do 22 juna 1941. — Beograd: Izd. Vojni Ist. Inst. Jug. Narodne Armije 1957. 596 S.
*(Drugi svetski rat. 1.)*

**Turney,** Alfred W.: Disaster at Moscow. Von Bock's campaigns, 1941—1942. — Albuquerque: University of New Mexico Press 1970. XVII, 288 S.

**Valori,** Aldo: La campagna di Russia. CSIR-ARMIR 1941—1943. — Roma: Grafica Nazionale Editrice.
1. 1950. 640 S.
2. (I. II.) 1950/51. 814 S.

**Venault,** Raymond: Pourquoi la Wehrmacht n'a pas pris Moscou. D'après des documents allemands. — In: Ecrits de Paris, Juni 1953, 66—75.

**Vormann,** Nikolaus von: Tscherkassy. — Heidelberg: Vowinckel 1954. 132 S.
*(Die Wehrmacht im Kampf. 3.)*

**Wagener,** Carl: Der Vorstoß des XXXX. Panzerkorps von Charkow zum Kaukasus Juli—August 1942. — In: Wehrwiss. Rdsch. 5 (1955), 397—407 und 447—458.

**Wagener,** Karl: Moskau 1941. Der Angriff auf die russische Hauptstadt. — (Bad Nauheim:) Podzun (1965). 214 S.

**Walde,** Karl J.: Guderian und die Schlacht um Moskau. - In: Wehrforsch. 1972, 124–132.

**Warning,** E.: Kampf um Kalinin ‹1941›. — In: Schweizer, Militär-Z. 119 (1953), 200—212, 279—287 und 348—358.

**Willemer,** Wilhelm: Angriff einer Divisionsgruppe im Osten im Winter bei tiefem Schnee. — In: Wehrwiss. Rdsch. 2 (1952), 156—160.
Einsatz im Raume von Wjasma, März 1942.

Die **Winterschlacht** von Rshew im Januar/Februar 1942. — In: Wehrkunde 6 (1957), 254—262.

**Woronesch,** Leistungen und Erfolge der Flakartillerie bei Einnahme und Verteidigung von Woronesch. (28. Juni — Oktober 1942) — In: Luftwaffenring 1955, H. 11, 6—8; H. 12, 6—9.

**Zeitzler,** Kurt: Die ersten beiden planmäßigen großen Rückzüge des deutschen Heeres an der Ostfront im zweiten Weltkriege. — In: Wehrkunde 9 (1960), 109—117.

**Zobel,** Horst: Angriff einer gepanzerten Kampfgruppe im Osten. — In: Wehrwiss. Rdsch. 2 (1952), 205—208.

Stalingrad

**Adler-**Bresse, Marcelle: Le maréchal Paulus et le bataille de Stalingrad. — In: Rev. Hist. deux. Guerre mond. 12 (1962), H. 48, 1—11.

**Baird,** Jay W.: The myth of Stalingrad. — In: J. Contemp. Hist. 4 (1969), H. 3, 187—204.

Bitva za Stalingrad. — Volgograd: N. Volž. kn. izd. 1970. 593 S.

**Craig,** William F.: Die Schlacht um Stalingrad (Enemy at the gates, dt.) Der Untergang der 6. Armee. Kriegswende an der Wolga. (Ins Dtsch. übertr. von Ursula Gmelin [u.] Heinrich Graf von Einsiedel.) – (München:) Desch (1974). 375 S.

**Doerr,** Hans: War Stalingrad ein Opfergang? — In: Polit. Meinung 3 (1958), H. 30, 86—90.

**Eremenko,** André Ivanovitch: Stalingrad. Notes du commandant en chef. — Paris: Plon 1964. 512 S.

**Förster,** Jürgen: Stalingrad. Risse im Bündnis 1942/43. - Freiburg: Rombach 1975. 172 S.
*(Einzelschriften zur militärischen Geschichte des Zweiten Weltkrieges. 16.)*

**Haag,** Hilmar: La mort d'une armée: Stalingrad. — In: Documents 6 (1951), 62—65.

**Doerr,** Hans: Der Feldzug nach Stalingrad. — Darmstadt: Mittler 1955. 140 S.

**Herhudt** von Rohden, Hans-Detlef: Die Luftwaffe ringt um Stalingrad. — Wiesbaden: Limes-V. 1950. 148 S.

**Kehrig,** Manfred: Stalingrad. Analyse und Dokumentation einer Schlacht. - Stuttgart: Dtsch. Verl.-Anst. 1974. 680 S.
*(Beiträge zur Militär- und Kriegsgeschichte. 15.)*

**Kerr,** Walter: Das Geheimnis Stalingrad (The secret of Stalingrad, dt.) Hintergründe einer Entscheidungsschlacht. (Aus d. Amerikan. von Gerd Kopper.) - Düsseldorf: Econ-Verl. (1977). 388 S.

**Kolesnik,** A. D.: Stalingradskaja bitva. — Moskva: Goskultprosvet. 1953. 92 S.

**Korfes,** Otto: Die westdeutsche Geschichtsschreibung zur militärischen Planung und politischen Wirkung der Schlacht um Stalingrad. — In: Z. Geschichtswiss. 6 (1958), 496—507.

**Kuliš,** V. M.: Fal'sifikacija istorii Stalingradskoj bitvy v reakcionnoj amerikanskoj i anglijskoj literature. — In: Vop. Ist. 1953, H. 12, 137—149.

**Lenz,** Friedrich: Stalingrad — der „verlorene" Sieg. — Heidelberg: Selbstverl. d. Verf. (1956). 239 S.

**Paulus,** Ernst Alexander: Wer darf über die Verantwortung für Stalingrad ein endgültiges Urteil fällen? — In: Frankf. H. 18 (1963), 157—167.

**Piekalkiewicz,** Janusz: Stalingrad. Anatomie einer Schlacht. - München: Südwest Verl. (1977). 479 S.

**Samsonov,** A. M.: Stalingradskaja bitva. Ot oborony i otstuplenij k velikoj pobede na Volge. Ist. očerk. — Moskva: Izd. Akad. Nauk SSSR 1960. 606 S.

**Samsonov,** A. M.: Stalingradskaja bitva. — Moskva: Izdatel'stvo Nauka 1968. 603 S.

**Scheibert,** Horst: Entsatzversuch Stalingrad. Dokumentation einer Panzerschlacht in Wort und Bild. Das LVII. Panzerkorps im Dezember 1942. Tagebücher, Gefechtsberichte, Funksprüche. — Neckargemünd: Vowinckel 1968. 159 S.
[Überarb. u. erw. Ausg. d. 1956 ersch. Buches: „Nach Stalingrad, 48 Kilometer".]

**Schröter,** Heinz: Stalingrad. Golgatha einer Armee. Nach Dokumenten der obersten deutschen Führung. — In: Der Frontsoldat erzählt 16 (1952), 143—144, 171—176, 199—203, 234—237, 270—273, 325—327.

**Seth,** Ronald: Stalingrad. Point of return. — London: Gollancz 1959. 254 S.

**Seydlitz,** Walther von: Stalingrad. Konflikt und Konsequenz. Erinnerungen. Einl.: Bodo Scheurig. - (Oldenburg:) Stalling (1977). 386 S.

**Smirnov,** S.: Stalingrad na Dnepre. — Moskva: Sov. pisatel 1958. 270 S.

**Tel'puchovskij,** B. S.: Velikaja pobeda sovetskoj armii pod Stalingradom. — Moskva: Gospolitizdat 1953. 165 S.

**Chuikov** [**Tschuikow**], Vasili [Wasili] I.: The battle for Stalingrad. — New York: Holt, Rinehart & Winston 1964. 364 S.

**Weinert,** Erich: Memento Stalingrad. Ein Frontnotizbuch. — Berlin: Volk und Welt 1951. 183 S.

**Wieder,** Joachim: Stalingrad und die Verantwortung des Soldaten. Mit einem Geleitwort von Helmut Gollwitzer. — (München:) Nymphenburger Verlags-Handlung (1962). 334 S.

**Wieder,** Joachim: Die Tragödie von Stalingrad. Erinnerungen eines Überlebenden. Mit einem Geleitwort von Helmut Gollwitzer. — Deggendorf: Nothaft 1955. 112 S.

**Wieder,** Joachim: Welches Gesetz befahl den deutschen Soldaten, an der Wolga zu sterben? — In: Frankf. H. 11 (1956), 307—327.

## 1943–1945

**Aaken,** Wolf van: Hexenkessel Ostfront. Von Smolensk nach Breslau. — Rastatt: Pabel (1964). 223 S.

**Abwehrkämpfe** am Nordflügel der Ostfront 1944—1945. (Mitarb.: Friedrich Forstmeier u. a.) — Stuttgart: Dt. Verl.-Anst. 1963. 459 S.
*(Beiträge zur Militär- u. Kriegsgeschichte. 5.)*

**Ahlfen,** Hans von: Der Kampf um die Festung Breslau. — In: Wehrwiss. Rdsch. 6 (1956), 20—39.

**Ahlfen,** Hans von: Der Kampf um Schlesien. Ein authentischer Dokumentarbericht. — München: Gräfe & Unzer (1961). 245 S.

**Ahlfen,** Hans von und Hermann Niehoff: So kämpfte Breslau. Verteidigung und Untergang von Schlesiens Hauptstadt. — München: Gräfe & Unzer (1959). 133 S.

**Arnhold,** Paul: Der gnadenlose Weg. Von der Weichsel nach Breslau. 12. Januar bis 15. Februar 1945. — (Velbert:) blick & bild Verl. (1966). 269 S.

**Atanasiu,** V.: Din luptele armatei I romîne în războiul antihitlerist (24 august 1944 — 18 ianuarie 1945). — In: Studii, Revistă de Istorie 11 (1958), H. 2, 27—44.

**Atanasiu,** V.: Luptele armatei I romîne pe teritoriul Cehoslovaciei. — In: Studii, Revistă de Istorie 12 (1959), H. 4, 205—224.

**Bagreev,** A. D.: Osvobozdenie sovetskimi vojskami Pol'si v 1944—1945 godach. — In: Vop. Ist. 1955, H. 7, 29—41.

**Baljazin,** V. N.: Šturm Kenigsberga (6—9 aprelja 1945 g.) — Moskva: Voennoe Izdat. Min. Oborony SSSR 1964. 126 S.

Mit der 1. **Batterie** der 3. SS-Flak-Abteilung in der Schlacht bei Stuhlweißenburg, 16.—21. März 1945. — In: Wiking-Ruf 1953, H. 18, 3—6.

**Bidlingmaier,** Ingrid: Entstehung und Räumung der Ostseebrückenköpfe 1945. — Neckargemünd 1962: Scharnhorst Buchkameradschaft. 152 S.
*(Die Wehrmacht im Kampf. 33.)*

**Birjuzov,** S. S.: Osvoboždenie Belgrada (oktjabŕ 1944 goda). — In: Nov. Noveš. Ist. 1963, H. 1, 3—23.

**Birjuzov,** S. S.: Vojska 3-go ukrainskogo fronta v Jassko-Kišinevskoj nastupatel 'noj operacii. — In: Istorija SSSR 6 (1962), H. 6, 44—64.

Kurskaja **bitva.** — Moskva: Izd. Nauka 1970. 543 S.

**Bokow,** F. J. [Bokov, Fedor E.]: Frühjahr des Sieges und der Befreiung (Vesna pobedy i osvoboždenija, dt. Ins Dtsch. übertr. von Hans-Joachim Lambrecht.) – Berlin: Militärverl. d. DDR 1979. 458 S.

**Borisov,** A. D.: Osvoboždenie Sovetskoj Karelii (1944). — Moskva: Voenizdat 1956. 100 S.

**Breith,** H.: Der Angriff des III. Pz. Korps bei „Zitadelle" im Juli 1943. — In: Wehrkunde 7 (1958), 543—548.

**Brustat**-Naval, Fritz: Unternehmen Rettung. Letztes Schiff nach Westen. 2. Aufl. - Herford: Koehler (1970). 262 S.

**Buchner,** Alex: Angriff im Waldgebirge. Der Angriff der 4. Geb. Div. gegen den Myschako-Berg am 17. 4. 1943. — In: Wehrkunde 5 (1956), 76—82.

**Bury,** Ernst: Der Weichselübergang 1945. — In: Elbinger Nachr. 5 (1955), H. 83, 1—3.

**Campbell,** Sir Jan und D. Macintyre: The Kola run. — London: Muller 1958. 254 S.

**Carol,** Karal S., und Jean-Marie Croust: L'insurrection de Varsovie. — In: Esprit 20 (1952), T. 2, 298—320.

**Catanoso,** C.: Il 1. Reggimento Alpini dal Don all'Oskol. — Genova: Morino 1955. 107 S.

**Chabanier,** Jean: La bataille de Courlande, octobre 1944—mai 1945. — In: Rev. hist. Armee 19 (1963), 136—153.

**Clappier,** Louis: Festung Königsberg. Roman. Aus dem Französischen von Werner von Grünau. — Köln und Berlin: Kiepenheuer & Witsch (1952). 215 S.

**Conrady,** Alexander: Rshew 1942-1943. (1. 1. 1942 - 25. 3. 1943.) - Neckargemünd: Vowinckel 1976. 183 S.
*(Aus der Geschichte der 36. Infanterie-Division [mot.] 2.)*

The Soviet **crossing** of the Carpathians. — In: Ukrainian Quart. 10 (1954), 213—218.

**Cupsa,** I., und B. Bălteanu: Contribuția Romîniei la lupta pentru înfrîgerea Germaniei hitleriste. — In: Studii, Revistă de Istorie 13 (1960), 123—145.

**Cyż**-Ziesche, Jan: Die Kämpfe um die Befreiung der Lausitz während der großen Schlacht um Berlin 1945. [Neuausg.] - Bautzen: Domowina-Verl. 1975. 113, 37 S.

**Dieckert,** (Kurt) und (Horst) Grossmann: Der Kampf um Ostpreußen. Ein authentischer Dokumentarbericht. (2., überarb. Aufl.) — München: Gräfe & Unzer (1960). 227 S.

Der **Endkampf** in Berlin (23. 4.—2. 5. 1945). Übers. u. eingel. von Wilhelm Arenz. — In: Wehrwiss. Rdsch. 12 (1962), 40—52; 111—118; 169—174.

Der **Endkampf** um den Seebrückenkopf Pillau 25. Januar bis 26. April 1945. — In: Wehrwiss. Rdsch. 13 (1963), 472—483.

**Erfurth,** Waldemar: Das Problem der Murman-Bahn. — In: Wehrwiss. Rdsch. 2 (1952), 281—296 und 342—349.

**Erlau,** Peter: Flucht aus der weißen Hölle. Erinnerungen an d. große Kesselschlacht d. 1. Panzerarmee Hube im Raum um Kamenez-Podolsk vom 8. März bis 9. April 1944. — Stuttgart: Kulturhist. Verl. Riegler [1964]. 196 S.

**Forstmeier,** Friedrich: Die sowjetische Landung im Hafen von Noworossisk und der Kampf um Stadt und Hafen vom 10.—15. 9. 1943. — In: Marine-Rdsch. 57 (1960), 321—344.

**Forstmeier,** Friedrich: Die Räumung des Kuban-Brückenkopfes im Herbst 1943. — Darmstadt: Verl. Ges. Wehr u. Wissen (1964). 272 S.
*(Beiträge zur Wehrforschung. 2/3.)*

**Fricke,** Gert: Fester Platz Tarnopol 1944. — Freiburg: Rombach (1969). 161 S.
*(Einzelschriften zur militärischen Geschichte des Zweiten Weltkrieges. 4.)*

**Frießner,** Hans: Verratene Schlachten. Die Tragödie der deutschen Wehrmacht in Rumänien und Ungarn. — Hamburg: Holsten-V. (1956). 267 S.

**Gackenholz,** Hermann: Zum Zusammenbruch der Heeresgruppe Mitte im Sommer 1944. — In: Vjh. Zeitgesch. 3 (1955), 317—333.

**Galantal,** Maria: The changing of the guard. The siege of Budapest. 1944—45. — London: Pall Mall Press 1961. 224 S.

**Galickij,** K. N.: V bojach za Vostočnuju Prussiju. Zapiski komandujuščego 11-j gvardejskoj armiej. — Moskva: Izd. Nauka 1970. 498 S.

**Giertz,** Horst: Die Schlacht um Berlin vom 20. April bis zum 2. Mai 1945. – In: Militärgesch. 18 (1979), 333–350.

**Gosztony,** Peter: Das Eindringen der Roten Armee in Rumänien und Bulgarien im Jahre 1944. — In: Schweizer Monatsh. 44 (1964/65), 904—915.

**Gosztony,** Peter: Endkampf an der Donau 1944/45. — München: Molden (1969). 380 S.

**Gosztony,** Peter: Der Krieg zwischen Bulgarien und Deutschland 1944/45. — In: Wehrwiss. Rdsch. 17 (1967), 22—38, 89—99 und 163—176.

**Grau,** Karl Friedrich: Schlesisches Inferno. Kriegsverbrechen der Roten Armee beim Einbruch in Schlesien 1945. Eine Dokumentation, eingel. von Ernst Deuerlein. Hrsg. vom Informations- u. Dokumentationszentrum West. — Stuttgart: Seewald (1966). 204 S.

**Grečko,** A. A.: Čerez Karpaty. — Moskva: Voenizdat 1970. 432 S.

Gretschko, A. A. [Grečko, Andrej Antonovič]: Die Schlacht um den Kaukasus (Bitva za Kavkaz, dt.) [Übers. aus d. Russ.: Siegfried Weidlich [u.] Arno Specht.] — Berlin: Dtsch. Militärverl. 1971. 559 S.

Gunter, Georg: Letzter Lorbeer. Vorgeschichte, Geschichte der Kämpfe in Oberschlesien von Januar bis Mai 1945. - Darmstadt: Bläschke 1974. 468, 64 S.
*(Veröffentlichungen der Oberschlesischen Studienhilfe. 39.)*

Halsti, W. H.: Ratkaisu 1944. — Helsinki: Otava 1957. 530 S.

Harten, Alexander von: Witebsk — ein inhaltsschwerer Begriff. — In: Der Frontsoldat erzählt 18 (1954), 101—102.

Hauck, Friedrich-Wilhelm: Der Gegenangriff der Heeresgruppe Süd im Frühjahr 1943. — In: Wehrwiss. Rdsch. 12 (1962), 452—482 und 520—539.

Haupt, Werner: Berlin 1945. Hitlers letzte Schlacht. — Rastatt: Pabel (1963). 240 S.

Haupt, Werner: Königsberg, Breslau, Wien, Berlin. Bildbericht vom Ende der Ostfront 1945. - Friedberg: Podzun-Pallas 1978. 176 S.

Haupt, Werner: Kurland. Die letzte Front, Schicksal für zwei Armeen. — Bad Nauheim: Podzun 1959. 125 S.

Haupt, Werner: Kurland. Bildchronik der vergessenen Heeresgruppe. 1944/1945. — (Dorheim:) Podzun (1970). 141 S.

Haupt, Werner: 1945, das Ende im Osten. Chronik vom Kampf in Ost- und Mitteldeutschland. Der Untergang der Divisionen in Ostpreußen, Danzig, Westpreußen, Mecklenburg, Pommern, Schlesien, Sachsen, Berlin und Brandenburg. — Dorheim: Podzun (1970). 357 S.

Hauschild, Reinhard: plus minus null? Das Buch der Armee, die in dem eingeschlossenen Ostpreußen unterging. — Darmstadt: Schneekluth (1952). 313 S.

Heldkämper, Otto: Die Abwehrschlacht in Ostpreußen in den Krisentagen des Januar 1945. (Vom Standpunkt der Heeresgruppe Mitte aus gesehen.) — In: Wehrkunde 3 (1954), 221—231.

Heldkämper, Otto: Witebsk. Kampf und Untergang der 3. Panzer-Armee. — Heidelberg: Vowinckel 1954. 200 S.
*(Die Wehrmacht im Kampf. 1.)*

Hillgruber, Andreas: Die Krise in den deutsch-rumänischen Beziehungen im Herbst 1943 im Zusammenhang mit dem Problem der Räumung der Krim und der Benutzung Transnistriens als rückwärtiges Heeresgebiet. — In: Wehrwiss. Rdsch. 6 (1956), 663—672.

Hillgruber, Andreas: Die letzten Monate der deutsch-rumänischen Waffenbrüderschaft. — In: Wehrwiss. Rdsch. 7 (1957), 377—397.

Hillgruber, Andreas: Die Räumung der Krim 1944. Eine Studie zur Entstehung der deutschen Führungsentschlüsse. — Berlin, Frankfurt a. M.: Mittler 1959. 160 S.
*(Wehrwissenschaftliche Rundschau. Beiheft 9.)*

Hopffgarten, Hans-Joachim von: Der Kampf um die Oderbrückenköpfe Lebus und Göritz (Febr./März 1945). — In: Wehrkunde 4 (1955), 474—481.

Hornig, Ernst: Breslau 1945. Erlebnisse in der eingeschlossenen Stadt. Mit e. Geleitw. von Joachim Konrad. - München: Korn (1975). 287 S.

Hoßbach, Friedrich: Aus den Kämpfen des LVI. Panzerkorps vor Kirow im Sommer 1943. — In: Allg. Schweiz. Militär-Z. 119 (1953), 503—512 und 578—584.

Hoßbach, Friedrich: Die Schlacht um Ostpreußen. Aus den Kämpfen der deutschen 4. Armee um Ostpreußen in der Zeit vom 19. 7. 1944 bis 30. 1. 1945. — Überlingen/Bodensee: Dikreiter (1951). 80 S.

Hümmelchen, Gerhard: Balkanräumung 1944. — In: Wehrwiss. Rdsch. 9 (1959), 565—583.

Jester, Werner: Im Todessturm von Budapest 1945. — Neckargemünd: Vowinckel 1960. 256 S.

Jonca, Karol: The destruction of „Breslau". The final struggle of Germans in Wrocław in 1945. — In: Polish West. Aff. 2 (1961), 309—339.

Jonca, Karol und Alfred Konieczny: „Festung Breslau". Dokumenty oblężenia 16. II.—6. V. 1945. Wydali oraz przedmowa i skorowidzami opatrzyli. — Warszawa, Wrocław: Państwowe Wydawnictwo Naukowe 1962. 332 S.
*(Annales Silesiae. Suppl.)*

Jonca, Karol und Alfred Konieczny: Upadek „Festung Breslau". 15. II.—6. V. 1945. — Wrocław, Warszawa, Kraków: Zakład Narodowy Imienia Ossolińskich 1963. 291 S.

Kaczmarek, Kazimierz: W bojach przez Brandenburgię. Działania I Armii WP w kwietniu i maju 1945 r. — Warszawa 1958: Wywawnictwo Ministerstwa Obrony Narodowej. 267 S.

Kamieński, Zygmunt Kazimierz: Vergessene Tragödie. Der Untergang Warschaus. — In: Österr. Furche 5 (1949), H. 34, 4—5.

Der Kampf um Berlin 1945 in Augenzeugenberichten. Hrsg. von Peter Gosztony. Mit e. Vorw. von Heinrich Grüber. — (Düsseldorf:) Rauch (1970). 422 S.

Karpf, Heinz: Bedrohte Heimat. Die Kampfhandlungen in der Steiermark 1945. — In: Die Steiermark, Land - Leute – Leistung, Graz 1956, 400—409.

Kern, Erich: Die letzte Schlacht. Ungarn 1944—45. — Göttingen: Schütz (1960). 322 S.

Kieser, Egbert: Danziger Bucht 1945. Dokumentation einer Katastrophe. - (Esslingen a. N.:) Bechtle (1978). 328 S.

Kissel, Hans: Die Katastrophe in Rumänien 1944. — Darmstadt: Verl. Ges. Wehr u. Wissen (1964). 287 S.
*(Beiträge zur Wehrforschung. 5/6.)*

Kissel, Hans: Die Panzerschlachten in der Pußta im Oktober 1944. Ein Beitrag zum Problem „Beweglich geführte Verteidigung" und „Verteidigung aus Stellungen". — Neckargemünd 1960: Scharnhorst Buchkameradschaft. 172 S.
*(Die Wehrmacht im Kampf. 27.)*

Kissel, Hans: Verteidigung des Dnjestr-Brückenkopfes Koschniza im Frühsommer 1944. — In: Allgem. schweiz. Mil. Ztg. 1957, 593—607.

**Klink,** Ernst: Das Gesetz des Handelns. Die Operation Zitadelle 1943. — Stuttgart: Dtsch. Verl.-Anst. 1966. 356 S.
*(Beiträge zur Militär- und Kriegsgeschichte. 7.)*

**Konrad,** Joachim: Das Ende von Breslau. — In: Vjh. Zeitgesch. 4 (1956), 387—390.

**Kozlov,** I. A. [u.] V. S. Šlomin: Krasnoznamennyj Baltijskij Flot v geroičeskoj oborone Leningrada. — Leningrad: Lenizdat 1976. 368 S.

**Krannhals,** Hanns von: Zum Aufstand in Warschau 1944. — In: Ostdtsch. Wissenschaft 3/4 (1956/57), 158—180.

**Krzemiński,** Czesław: Lotnictwo polskie w operacji berlińskiej. — Warszawa: Ministerstwo Obrony Narodowej 1970. 280 S.

**Kühn,** G. H.: Der letzte Kampf um Breslau. — In: Der Frontsoldat erzählt 16 (1952), 65—68, 132—134, 159 und 191—192.

**Kurowski,** Franz: Armee Wenck. Die 12. Armee zwischen Oder und Elbe 1945. — Neckargemünd: Scharnhorst Buchkameradschaft 1967. 171 S.
*(Die Wehrmacht im Kampf. 43.)*

**Labat,** Sergent: Les places étaient chères. — Paris: La Table Ronde 1951. 311 S.
Über den Einsatz französischer Freiwilliger im Partisanenkampf an der Ostfront.

**Lange,** Wolfgang: Korpsabteilung C vom Dnjeper bis nach Polen. (November 1943 bis Juli 1944.) Kampf einer Infanterie-Division auf breiter Front gegen große Übermacht — Kampf im Kessel und Ausbruch. — Neckargemünd 1961: Scharnhorst Buchkameradschaft. 127 S.
*(Die Wehrmacht im Kampf. 28.)*

**Lasch,** Otto: So fiel Königsberg. Kampf und Untergang von Ostpreußens Hauptstadt. (2. Aufl.) — München: Gräfe & Unzer (1959). 141 S.

**Maculenko,** Viktor Antonovič: Die Zerschlagung der Heeresgruppe Südukraine August—September 1944 (Razgrom nemecko-fašistskich vojsk na Balkanskom napravlenii, dt.) (Ins Dt. übertr. von Ina Balcerowiak.) — Berlin: Verl. d. Ministeriums f. Nationale Verteidigung 1959. 112 S.

**Magenheimer,** Heinz: Abwehrschlacht an der Weichsel 1945. Vorbereitung, Ablauf, Erfahrungen. — Freiburg: Rombach (1976). 163 S.
*(Einzelschriften zur militärischen Geschichte des Zweiten Weltkrieges. 20.)*

**Mai,** Joachim [Hrsg.]: Vom Narew bis an die Elbe. Erinnerungen sowjet. Kriegsteilnehmer d. 2. beloruss. Front. — Berlin: VEB Dtsch. Verl. d. Wissenschaften 1965. 262 S.
*(Veröffentlichungen des Historischen Instituts der Ernst-Moritz-Arndt-Universität, Greifswald. 2.)*

**Malachov,** M. M.: Osvoboždenie Vengrii i vostočnoj Avstrii (Oktjabr' 1944 g. — aprel' 1945 g.) — Moskva: Voennoe Izdat. Ministerstva Oborony SSSR 1965. 295 S.

**Malanin,** K. A.: Razgrom fašistskich vojsk v Belorussii 1944. — Moskva: Voenizdat 1956. 134 S.

**Markin,** I[lja] I[vanovič]: Die Kursker Schlacht (Kurskaja bitva, dt.) (Übersetzerkollektiv: VEB Globus.) — Berlin: Verl. des Ministeriums für Nationale Verteidigung 1960. 235 S.

**Meržanov,** M.: Tak eto bylo. — Moskva: Politizdat 1971. 247 S.

**Middeldorf,** Eike: Die Abwehrschlacht am Weichselbrückenkopf Baranow. Eine Studie über neuzeitliche Verteidigung. — In: Wehrwiss. Rdsch. 3 (1953), 187—203.

**Middeldorf,** Eike: Das Unternehmen „Zitadelle". (Angriff auf Kursk, 5.—21. 7. 1943.) — In: Wehrwiss. Rdsch. 3 (1953), 457—467; 501—508.

**Mörke,** Fritz: Der Kampf um den Kreis Arnswalde im Jahre 1945. (Hrsg.: Kirchl. Betreuungsdienst für d. ehemaligen Ostbrandenburgischen Kirchengemeinden Kirchenkreis Arnswalde/Neumark.) - (Göttingen [1973]: H. Ahlbrecht). 154 S.
[Maschinenschr. hektogr.]

**Morosov,** V. P.: Westlich von Woronesh (Zapadnee Voroneža, dt.) Kurzer militärhistorischer Abriß der Angriffsoperationen der sowjetischen Truppen in der Zeit von Januar bis Februar 1943. — Berlin: Verl. d. Ministeriums f. Nationale Verteidigung 1959. 202 S.

**Murawski,** Erich: Die Eroberung Pommerns durch die Rote Armee. — Boppard: Boldt (1969). 403 S.

**Niessel,** A.: La bataille de Berlin. — In: Rev. Déf. nat. 16 (1953), 317—328.

**(Noll,** Reinhard): Im Kessel von Budapest. Erlebnisbericht eines Funktruppführers. — In: Wiking-Ruf 1953, H. 17, 2—5.

**O'Donnell,** James P. [u.] Uwe Bahnsen: Die Katakombe. Das Ende in der Reichskanzlei. — (Stuttgart:) Dtsch. Verl.-Anst. (1975). 436 S.

**Oesch,** K. L.: Suomen kohtalon ratkaisu kannaksella v. 1944. — Helsinki: Otava 1956. 216 S.

**Peikert,** Paul: Kronika dni oblężenia, Wrocław 22. 1.—6. 5. 1945. Hrsg.: Wrocławski Tow. Naukowe. — Wrocław, Warszawa, Kraków: Zakład Narodowy im Ossolińskich 1964. 168 S.

**Pfister,** Eberhard von: Das Eisenbahntransportwesen 1942/43 im Kaukasusgebiet. — In: Wehrkunde 3 (1954), 267—269.

**Pickert,** Wolfgang: Vom Kuban-Brückenkopf bis Sewastopol. Flakartillerie im Verband der 17. Armee. — Heidelberg: Scharnhorst Buchkameradschaft 1955. 143 S.
*(Die Wehrmacht im Kampf. 7.)*

**Podgórski,** Czesław: Polacy w bitwie pod Lenino. — Warszawa: Interpress 1970. 124 S.

**Podgórski,** Czesław: Polacy w operacji berlińskiej. — Warszawa: Interpress 1970. 136 S.

**Prentl,** Sepp: Flak im „Wandernden Kessel". — In: Luftwaffenring 1954, H. 6, 2—4; H. 7, 5—6; H. 8, 4—5; H. 9, 5—7; H. 10, 6—7.
Aus den Kämpfen der 10. Flakdivision Anfang 1943.

**Raus,** Erhard: Die Schlacht bei Lemberg (13.—23. Juli 1944). — In: Allgem. schweiz. Mil. Ztg. 1955, 833—844.

**Rehm,** Walter: Jassy. Schicksal einer Division oder einer Armee? — Neckargemünd: Scharnhorst Buchkameradschaft 1959. 164 S.
*(Die Wehrmacht im Kampf. 21.)*

**Rendulic,** Lothar: Die Rückwirkung der Ardennenoffensive auf die Ostfront. — In: Wehrwiss. Rdsch. 10 (1960), 497—506.

**Ryan,** Cornelius: Der letzte Kampf (The last battle, dt.) (Aus d. Amerikan. von Helmut Degner.) — (München:) Droemer/Knaur (1966). 480 S.

**Sallai,** Elemer: Die Befreiungskämpfe um Budapest. — In: Internat. Hefte d. Widerstandsbewegung 3 (1961), H. 5, 148—156.

**Samsons,** Vilis: Kurzemes Katla. Partizānu un frontes izlūku ciņas 1944—1945. — Riga: Izd. Liesma 1969. 425 S.

**Savjalov,** A. S. und T. J. Kaljadin: Die Schlacht um den Kaukasus 1942—1943 (Bitva za Kavkaz, dt.) (Übers. von Ina Balcerowiak.) — Berlin: Verl. d. Ministeriums f. Nationale Verteidigung 1959. 215 S.

**Scheibert,** Horst: Zwischen Don und Donez. Winter 1942/43. — Neckargemünd: Vowinckel 1961. 156 S.
*(Die Wehrmacht im Kampf. 30.)*

**Schiebold,** Kurt: Opfergang in Rumänien. Erlebnisbericht. — Tübingen: Niemeyer (1952). 159 S.

**Schmidt-Richberg,** Erich: Der Endkampf auf dem Balkan. Die Operationen der Heeresgruppe E von Griechenland bis zu den Alpen. — Heidelberg: Scharnhorst-Buchkameradschaft 1955. 163 S.
*(Die Wehrmacht im Kampf. 5.)*

**Schoen,** Heinz: Der Untergang der „Wilhelm Gustloff". Tatsachenbericht eines Überlebenden. Bearb.: Walter Böckmann. — Göttingen: Goltze 1952. 141 S.

**Schütte,** Ehrenfried: Wie die Rote Armee Hinterpommern eroberte. — In: Wehrwiss. Rdsch. 13 (1963), 353—360.

**Schuler,** Emil: Ausklang in Finnland. Operation „Birke" und „Nordlicht" der 20. Geb. Armee. — In: Wehrkunde 9 (1960), 403—408.

**Schultz,** Joachim: Die Schlacht um Berlin. — In: Allg. schweiz. Mil. Ztg. 1955, 277—291 und 349—363.

**Selivanov,** Fedor: Kurskaja bitva. — Moskva: Gospolitizdat 1956. 184 S.

**Sobczak,** Kazimierz: Operacja mazowiecko-mazurska, 1944—1945. — Warszawa: Ministerstwo Obrony Narodowej 1967. 393 S.

**Stapor,** Zdzisław: Bitwa o Berlin. - Warszawa: Ministerstwo Obrony narodowej 1973. 520 S.

Shtemenko [Štemenko] S[ergej] M.: The last six months, [engl.] Russia's final battles with Hitler's armies in World War II. Transl. by Guy Daniels. - Garden City, N. Y.: Doubleday 1977. XI, 436 S.

**Šturm** Kenigsberga. (Red. koll.: A. G. Avdeev [u.a.]) — (Kaliningrad:) Kaliningradskoe knižnoe Izdat. 1966. 253 S.

**Szumowski,** Zbigniew: Bitwa o Poznań 1945 r. — (Poznań:) Wyd. Poznańskie 1971. 261 S.

**Teske,** Hermann: Die Eisenbahn als operatives Führungsmittel im Kriege gegen Rußland. — In: Wehrwiss. Rdsch. 1 (1951), H. 9/10, 51—55.
Erläutert am Beispiel der Heeresgruppe Mitte April 1943 bis August 1944

**Tieke,** Wilhelm: Der Kaukasus und das Öl. Der deutsch-sowjetische Krieg in Kaukasien 1942/43. — Osnabrück: Munin (1970). 504 S.

**Tóth,** Sándor: A szovjet hadsereg felszabadító harcai magyarorszagon. — Budapest: Szikra Könyvkiadó (1955). 224 S.

**Tully,** Andrew: La bataille de Berlin. Le témoignage d'un combattant. Trad. de l'anglais par René Jouan. — Paris: Plon 1964. 303 S.

**Udział** Polaków w szturmie Berlina. 24 kwietnia — 2 maja 1945. Wybór relacji i dokumentów. — Warszawa: Ministerstwo Obrony Narodowej 1969. 468 S.

**Utkin,** G. M.: Šturm, „Vostočnogo vala". Osvoboždenie Levoberežnoj Ukrainy i forsirovanie Dnepra. — Moskva: Voennoe Izdat. Ministerstva Oborony SSSR 1966. 464 S.

**Voelker,** Johannes: Die letzten Tage von Kolberg (4.—18. 3. 1945). — Würzburg: Holzner 1959. VIII, 159 S.

**Volkmann,** Hans-Erich: Das Vlasov-Unternehmen zwischen Ideologie und Pragmatismus. - In: Militärgesch. Mitt. 1972, H. 2, 117–155.

**Wadecka,** Saturnina L.: Wyzwolenie Pragi 1944. — Warszawa: Ministerstwo Obrony Narodowej 1970. 144 S.

**Wagener,** Carl: Der Ausbruch der 1. Panzerarmee aus dem Kessel von Kamenez-Podolsk, März/April 1944. — In: Wehrwiss. Rdsch. 9 (1959), 16—48.

**Wagener,** Carl: Der Gegenangriff des XXXX. Panzerkorps gegen den Durchbruch der Panzergruppe Popow im Donezbecken Februar 1943. — In: Wehrwiss. Rdsch. 7 (1957), 21—36.

**Weitershausen,** Freiherr von: Die Verteidigung und Räumung von Sewastopol im Mai 1944. — In: Wehrwiss. Rdsch. 4 (1954), 209—216 und 326—336.

**Wie** Pitschen starb. Erlebnisberichte über den 19. Januar 1945. Hrsg. von Hermann Raabe. — Deiderode üb. Hann. Münden: „Kreuzburger Nachrichten" 1953. 23 S.
*(Kreuzburger Monatshefte. 1.)*

**Willemer,** Wilhelm: Kämpfe des XXVII. A.K. Anfang Februar 1945 bei Graudenz. — In: Wehrwiss. Rdsch. 3 (1953), 248—255.

**Wünsche,** Wolfgang: Kursk 1943. Die Entschlußfassung der faschistischen Führung zur „Zitadelle". - In: Militärgesch. 12 (1973), 272–283.

**Zagorski,** Waclaw: Seventy days. A diary of the Warsaw insurrection 1944. — London: Muller 1957. 267 S.

**Zavalov,** A. S. und T. E. Kaljadin: Bitva za Kavkaz. — Moskva: Voenizdat 1957. 215 S.

**Ziemke,** Earl F.: Stalingrad to Berlin. The German defeat in the East. — Washington: Office of the Chief of Military History, U.S. Army 1968. XIV, 549 S.
*(Army Historical Series.)*

Westfeldzug 1944–1945

**Aaken,** Wolf van: Inferno im Westen. Von Dünkirchen zur Ardennenschlacht. — Rastatt: Pabel (1964). 263 S.

**Ambrose,** Stephan E.: Eisenhower and Berlin 1945. The decision to halt at the Elbe. — New York: Norton 1967. 119 S.

**Auweiler,** Josef: Krieg in unserer Heimat. Kreis Moers 1944/45. — Rheinberg/Rhld.: Verl. f. Heimatschrifttum u. Heimatkalender [um 1964]. 91 S.

La **bataille** de Saint-Lô (7—19 juillet 1944). — Saint-Lo: Jaqueline 1951. 202 S.

**Belfield,** E. [u.] H. Essame: Normandie, été 1944. Trad. de l'angl. par Pierre Sergine. — Paris: Presses de la Cité 1966. 320 S.
*(Coll. „Coup d'oeil".)*

**Berben,** Paul [u.] Bernard Iselin: Remagen, le pont de la chance, 7 mars 1945. — Paris: Laffont 1970. 296 S.
*(Coll. „Ce jour-là".)*

**Bernhard,** H.: . . . dann brach die Hölle los. Kriegstagebuch des Niederrheins. — Wesel: Kühle 1954. 96 S.

**Bernhard,** Herbert: 1945. Die Entscheidungsschlacht am Niederrhein. - Wesel: Dambeck 1976. 264 S.

**Biegański,** Witold: Polacy w walkach o Zachodnią Europę. — Warszawa: Interpress 1970. 128 S.

**Blond,** Georges: Le débarquement: 6 juin 1944. — Paris: Fayard 1951. 377 S.

**Blumenson,** Martin: Breakout and pursuit. — Washington: Office of the Military History, Department of the Army 1961. XIX, 748 S.
*(United States Army in World War II. The European Theater of Operations.)*

**Blumenstock,** Friedrich: Der Einmarsch der Amerikaner und Franzosen im nördlichen Württemberg im April 1945. — Stuttgart: Kohlhammer 1957. 264 S.
*(Darstellungen aus der württembergischen Geschichte. 41.)*

**Bosch,** Heinz: Der zweite Weltkrieg zwischen Rhein und Maas. Eine Dokumentation der Kriegsereignisse im Kreise Geldern. 1939—1945. Hrsg.: Der Oberkreisdirektor des Kreises Geldern. — Geldern 1970: (Butzon und Bercker). 341 S.

**Broggi,** Giovanni: La battaglia die Mortain-Falaise (7—20 agosto 1944). — In: Riv. militare, April 1954, 375—401.

**Brou,** W.: Les ports artificiels. — In: L'Armée — La Nation, 1. August 1954, 2—12.

**Buckley,** Christopher: Norway, the commandos, Dieppe. — London: H. M. S. O.; Longmans 1951. VIII, 276 S.

**Bujard,** Wolfgang: Rheinbrücke Remagen, 7. März 1945. - In: Wehrkunde 24 (1975), 634–641.

**Carbonnières,** Alix de und Antoine Coste: L'assaut de Brest, août-sept. 1944. — Brest: Le Bris 1951. 287 S.

**Carell,** Paul [d. i. Paul Karl **Schmidt**]: Sie kommen! Der deutsche Bericht über die Invasion und die 80 tägige Schlacht um Frankreich. — Oldenburg i. O., Hamburg: Stalling 1960. 293 S.

**Carell,** Paul: Sie kommen! Der deutsche Bericht über d. Invasion u. d. 80-tägige Schlacht um Frankreich. — Oldenburg: Stalling (1965). 293 S.

**Coburg**-James, James: Der Verrat an Europa im Jahre 1944. — In: Nation Europa 2 (1952), H. 11, 28—31.

**Cole,** Hugh M.: The Ardennes. Battle of the bulge. — Washington: Dept. of the army 1965. XXII, 720 S.
*(United States Army in World War II. The European Theater of Operations. 8.)*

**Cole,** H. M.: The Lorraine campaign. — Washington: Historical Division, Department of the Army 1950. XXI, 657 S.
*(United States Army in World War II. The European Theatre of Operations.)*

**Collenot,** R.: Réflexions sur la juillet 1944. — In: Rev. Hist. deux. Guerre mond. 6 (1956), H. 22, 23—30.

**Collins,** Larry und Dominique Lapierre: Brennt Paris? (Paris brûle-t-il?, dt.) — Bern, München, Wien: Scherz (1964). 350 S.

**Cooper,** John St. John: Invasion! The D-day story. — London: Beaverbrook Newspapers 1954. 60 Bl.

**Cossé**-Brissac, [Colonel] de: La contre-offensive allemande des Ardennes. — In: Rev. Hist. Armée 11 (1955), H. 2, 121—149.

**Crosia,** J.: Marseille 1944. Victoire française. Présentation par le général de Goislard de Monsabert. — Lyon: Archat 1954. 157 S.

**Cyrulnikov,** N.: Istorija osvobożdenija Pariża. — In: Vop. Ist., Dezember 1951, 189—194.
Behandelt die Befreiung der Stadt Paris.

**Delaval,** Maurice: La bataille des Ardennes. — Bruxelles: Impr. Médicale et Scientifique 1958. 178 S.

**Eisenhower,** John S. D.: The bitter woods. — New York: Putnam 1969. 506 S.

**Ellis,** L[ionel] F[rederic] [u. a.]: Victory in the West. Vol. 1: The battle of Normandy. — London: H. M. Stationery Office 1962. 595 S.
*(History of the Second World War. United Kingdom Military Series.)*

**Elstob,** Peter: Hitler's last offensive. - London: Secker & Warburg 1971. XVI, 413 S.

**Elstob,** Peter J.: Hitlers letzte Offensive (Hitler's last offensive, dt.) Aus d. Engl. übertr. von Hermann Graml. - München: List (1972). 392 S.

**Florentin,** Eddy: La poursuite. Opération Paddle. — Paris: Presses de la Cité 1969. 384 S.
*(Coll. „Coup d'oeil".)*

**Fox,** R.: Bastogne et la 3e armée américaine, décembre 1944—janvier 1945. — In: Rev. hist. Armée, Sept. 1951.

**Freund,** Michael: Die Bürger von Brettenheim. Das fragwürdige Zeugnis des Feldmarschalls Kesselring. — In: Gegenwart 13 (1958), 295—298.

**Frühbeißer,** Rudi: Im Rücken der Amerikaner. Deutsche Fallschirmjäger im Kommando-Einsatz. - Lohmar: Cramer (1977). 229 S.

**Gayle,** William T.: La bataille de Luxembourg de la 4ᵉ division d'infanterie US. 8 jours de combats dans la région d'Echternach, 16—24 décembre 1944. Trad. par F. Massard. — In: Hémecht [Luxembourg] 16 (1964), 385—425.

**Geyr** von Schweppenburg, Leo Frhr.: Legende oder Kriegsgeschichte? — In: Süddtsch. Ztg. vom 3./4. Sept. 1960.

**Geyr** von Schweppenburg, Leo Frh.: Zu Problemen der Invasion von 1944. (Mit einleitenden Bemerkungen von Fritz Ernst.) — In: Welt als Gesch. 22 (1962), 79—87.

**Geyr** von Schweppenburg, Leo Frhr.: Reflections on the invasion. — In: Military Rev. 41 (1961), H. 2, 2—11; H. 3, 12—21.

**Grandeis,** Albert: La bataille du Calvados. - Paris: Presses de la Cité 1973. 472 S.

**Greelen,** Lothar van: Verkauft und verraten. Westfront 1944. — München, Wels: Verl. Welsermühl (1963). 362 S.

**Greil,** Lothar: Die Wahrheit über Malmedy. — München-Lochhausen: Schild-V. 1958. 80 S.

**Groehler,** Olaf: Die Auswirkungen der Niederlagen im Sommer 1944 auf die Kampfmoral der faschistischen Streitkräfte in Westeuropa. - In: Militärgesch. 15 (1976), 418—426.

**Groehler,** Olaf: Die Schlacht um Aachen (September/Oktober 1944). - In: Militärgesch. 18 (1979), 321–333.

**Haenschke,** Wilhelm: Die Luftnachrichtentruppe 1944 im Westen. — In: Wehrkunde 4 (1955), 91—98 und 141—148.

**Harnier,** Wilhelm Frhr. von: Küstenartillerie und Atlantikwall. — In: Marine-Rdsch. 52 (1955), 91—101.

**Harrison,** Gordon A.: Cross-Channel attack. — Washington: Department of the Army 1951. XVII, 519 S.
*(U.S.Army in World War II. The European Theatre of Operations.)*

**Haupt,** Werner: Die Invasion. Der 6. Juni 1944. — Bad Nauheim: Podzun (1968). 26 ungez. Bl.
*(Der Zweite Weltkrieg. 19.)*

**Haupt,** Werner: Rückzug im Westen 1944. Von der Invasion zur Ardennenoffensive. - Stuttgart: Motorbuch Verl. 1978. 352 S.

**Hayn,** Friedrich: Die Invasion. Von Contentin bis Falaise. — Heidelberg: Vowinckel 1954. 200 S.
*(Die Wehrmacht im Kampf. 2.)*

**Hechler,** Ken: The bridge at Remagen. Foreword by Brig. Gen. S. L. A. Marshall. — New York: Ballantine 1957. 250 S.

**Heilmann,** W.: „Bodenplatte" kostete das Rückgrat. Ardennen-Offensive ohne „großen Schlag". — In: Der Frontsoldat erzählt 19 (1955), 211—212.

**Howarth,** David Armine: D-Day. The sixth of June, 1944. — New York: McGraw-Hill (1959). V, 251 S.
Dtsch. Ausg. u. d. T.: Invasion! — Stuttgart: Scherz 1959. 280 S.

**Hügen,** Ludwig: Der Krieg geht zu Ende. Niederrheinische Berichte zur Operation Grenade 1945. - Kempen: Kreis Kempen-Krefeld 1974. 114, 112 S.
*(Schriftenreihe des Kreises Kempen-Krefeld. 18.)*

**Jung,** Hermann: Die Ardennenoffensive 1944/45. E. Beisp. für d. Kriegsführung Hitlers. — Göttingen: Musterschmidt (1971). 406 S.
*(Studien und Dokumente zur Geschichte des Zweiten Weltkrieges. 12.)*

**Kervern,** A.: Le siège de Brest à Lambézellec. Avril 1945. — Brest: Lebreton 1950. 200 S.

**Kessler,** Heinz: Der letzte Coup. Die Ardennenoffensive 1944. — Berlin: Dtsch. Militärverl. 1966. 377 S.

**Kruuse,** Jens: Oradour (Som vanvid, Oradour-sur-Glane, 10. Juni 1944 og efter, dt.) (Aus d. Dän. übers. von Steen Schröder.) — (Frankfurt a. M.:) Suhrkamp (1969). 179 S.
*(Edition Suhrkamp. 327.)*

**Kuby,** Erich: Nur noch rauchende Trümmer. Das Ende der Festung Brest. Tagebuch des Soldaten Erich Kuby. — Hamburg: Rowohlt 1959. 199 S.

**Kühlwein,** Friedrich Karl: Die Kämpfe in und um Bielefeld im März und April 1945. — In: Hist. Ver. f. d. Grafschaft Ravensberg 56 (1950), T. 1, 269—317.

**Kuhlmann,** D.: Vor Bastogne. — In: Wiking-Ruf 1953, H. 19, 3—4.

**Kurowski,** Franz: Von den Ardennen zum Ruhrkessel. Das Ende an der Westfront. — Herford: Maximilian-Verl. (1965). 155 S.

**Lantier,** M.: Saint-Lô au bûcher. Le martyre d'une cité de Basse-Normandie pendant la 2ᵉ guerre mondiale (juin — juillet 1944). — Saint-Lô: Impr. Jacqueline 1969. 271 S.

**Lattre** de Tassigny, Jean de: The history of the French First Army. Transl. by Malcolm Barnes. Pref. by Dwight D. Eisenhower. — London: Allen & Unwin 1952. 523 S.

**Lebram,** Hans-Heinrich: Kritische Analyse der Artillerie des Atlantikwalles. — In: Marine-Rdsch. 52 (1955), 29—38.

**Lemonnier,** [Amiral]: Cap sur la Provence. — Paris: France-Empire 1954. 286 S.

**Lemonnier,** [Vice-Amiral]: Paisible Normandie. — Paris: La Colombe (1954). 203 S.
Über die Kämpfe in der Normandie 6. Juni bis 12. September 1944.

**Lemonnier** [Vice-Amiral]: Un second front était-il possible dès 1942? — In: Rev Déf. nat. 13 (1951), 107—133.

**Lepotier,** [Amiral]: Commando dans la Gironde. — Paris: France-Empire 1958. 318 S.

**Leroux,** Roger: Le combat de Saint-Marcel (18 juin 1944). — In: Rev. Hist. deux. Guerre mond. 14 (1964), H. 55, 5—27.

**Liddell** Hart, Basil: Von der Normandie zur Ostsee. Lehren aus der letzten Phase des Zweiten Weltkrieges in Europa. — In: Schweiz. Monatsh. 49 (1969/70), 935—945.

**Loo,** Frank van: Im Westen geht die Sonne unter. — Rosenheim: Meister 1960. 270 S.
Über die Schlacht in den Ardennen.

**McDonald,** Charles Brown: The Siegfried Line campaign. — Washington: Department of the Army, Office of the Chief of Military History 1963. XXI, 670 S.
*(United States Army in World War II. The European Theatre of Operations.)*

MacKee, Alexander: Caen 1944 (Caen, anvil of victory, dt.) Der Untergang der Heeresgruppe Rommel. (Bearb. d. dtsch. Ausg. u. Übers. aus d. Engl.: Rainer Buschmann.) – Stuttgart: Motorbuch Verl. 1978. 291 S.

Maertz, Joseph: Die Ardennen-Schlacht vom 16. Dezember 1944 bis Ende Januar 1945. Die ersten drei Tage der Offensive. — In: Hémecht [Luxemburg] 16 (1964), 337—384.

Maigne, Jean: Les forces françaises et la jonction „Overlord-Dragoon". — In: Rev. Hist. deux. Guerre mond. 5 (1955), H. 19, 17—33.

Marshall, S[amuel] A[twood] L[yman]: Einsatz bei Nacht (Night drop, dt.) Landung und Kampf zweier Luftlandedivisionen Normandie 1944. (Dtsch. Bearb. von Fridolin Meier.) — Frauenfeld: Huber (1964). 352 S.

Melchers, E. T.: Les deux libérations du Luxembourg 1944—1945. — Luxembourg: Ed. du Centre 1958. 264 S.

Mennel, Rainer: Landung der Alliierten an der Küste der Provence und Durchbruch durch das Rhonetal bis zur Burgundischen Pforte 1944. Ein Beitrag zur Militär- und Wehrgeographie. – In: Wehrforsch. 3 (1974), 110-117.

Merriam, Robert E.: The battle of the Ardennes. — London: Souvenir Press 1958. 223 S.

Meyer, Jules-Hubert: Au secours de La Rochelle, Rochefort et Royan, 22 août 1944 — 9 mai 1945. — Paris: Ed. des Cahiers de l'Ouest 1955. 88 S.

Michie, Allan Andrew: The invasion of Europe. The story behind D-day. — London: Allen & Unwin (1965). XVIII, 203 S.

Mohr, W(ilhelm) H.: Alliierte Vorbereitungen zur Landung in der Normandie. — In: Marine-Rdsch. 51 (1954), 87—90.

Montagne, A.: La bataille pour Nice et la Provence. — Montpellier: Arceaux 1951. 200 S.

Moore, Rufus: Operation Pluto. — In: US Naval Instit. Proceedings 80 (1954), 647—658.
*Über die durch den Britischen Kanal gelegten pipe-lines.*

Mordal, Jacques: Die letzten Bastionen (Les poches de l'Atlantique, dt.) Das Schicksal der deutschen Atlantikfestungen 1944/45. (Ins Dtsch. übertr. von Siegfried [Heinrich] Engel.) — Oldenburg: Stalling (1966). 256 S.

Newman, Bernard: They saved London. — London: Caurie 1952. 192 S.
Behandelt die Abwehr deutscher Angriffe mit V-Waffen.

Nobécourt, Jacques: Le dernier coup de dès d'Hitler. La bataille des Ardennes décembre 1944. — Paris: Laffont 1962. 439 S.

Norman, Albert: Operation Overlord, design and reality. The allied invasion of Western Europe. — Harrisburg, Pa.: Military Service Publishing Co. 1952. 230 S.

North, John: North West Europe 1944—45. The achievment of 21th Army Group. A popular military history of the second world war. — London: H. M. Stationery Office (1954). 270 S.

Phillips, C. E. Lucas: The greatest raid of all. – London: Heinemann 1958. 288 S.
St. Nazaire.

Pickert, Wolfgang: Deutsche Flakartillerie in der Normandieschlacht. — In: Luftwaffenring 1955, H. 7, 8—10; H. 8, 8—10.

Pickert, Wolfgang: Einige Lehren aus der Normandie-Schlacht. — In: Wehrkunde 3 (1954), 70—78.

Piekalkiewicz, Janusz: Arnheim 1944. Deutschlands letzter Sieg. [Eine Bilddokumentation.] – (Oldenburg:) Stalling (1976). 112 S.

Piekalkiewicz, Janusz: Invasion. Frankreich 1944. – München: Südwest Verl. 1979. 400 S.

Pogue, Forrest C.: Why Eisenhower's forces stopped at the Elbe. — In: World Politics 4 (1951/52), 356—368.

Pohlmann, Hartwig: Die Festung Gironde Nord (Royan) 1944/45. — In: Feldgrau 7 (1959), 1—3, 44—46, 68—70, 100—103 und 129—132.

Poll, Bernhard [Hrsg.]: Das Schicksal Aachens im Herbst 1944. Authentische Berichte. I. II. — In: Z. Aachener Geschichtsvereins 66/67 (1954/55), 193—268 und 73 (1961), 33—254.

Postel, Claude: L'aviation française dans le débarquement de Provence. — In: Forces aér. franç. 1950, H. 47, 619—632.

Richard, Felix: Der Untergang der Stadt Wesel im Jahre 1945. Ein Gedenkbuch. (Hrsg. von der Stadt Wesel mit Unterstützung des Landschaftsverbandes Rheinland.) (2. Aufl.) — Düsseldorf: Rheinland-Verl. (1962). 208 S.

Riedi, E: Der Übergang der 100. amerikanischen Infanterie-Division über das Flußsystem des Neckar, Jagst und Kocher anfangs April 1945. — In: Allg. Schweiz. Militär-Z. 119 (1953), 383—399.

Robertson, Terence: Dieppe. The shame and the glory. — London: Hutchinson 1963. 432 S.

Robichon, Jacques: Le débarquement de Provence. 15 août 1944. — Paris: Laffont 1962. 375 S.

Robichon, Jacques: Invasion Provence (Le débarquement en Provence, dt.) 15. August 1944. Tatsachenbericht. (Dtsch. Übers. von Fritz Habeck.) — München: Heyne (1965). 169 S.
*(Heyne Bücher. 370.)*

Rommel, Hans: Vor zehn Jahren. 16./17. April 1945. Wie es zur Zerstörung von Freudenstadt gekommen ist. — Freudenstadt: Kaupert 1955. 52 S.

Rückbrodt, Peter: Die Invasion in der Normandie – Überraschung und Täuschung der deutschen militärischen Führung? – In: Wehrwiss. Rdsch. 27 (1978), 190–192.

Ruge, Friedrich: Rommel und die Invasion. — Stuttgart: Koehler 1959. 286 S.

Ruge, Friedrich: Vorbereitungen zur Abwehr der Invasion. — In: Marine-Rdsch. 51 (1954), 80—86.

Ruge, Friedrich: With Rommel before Normandy. — In: US Naval Instit. Proceedings 80 (1954), 613—619.

Ryan, Cornelius: Die Brücke von Arnheim (A bridge too far, dt.) - Frankfurt a. M.: S. Fischer 1975. 427 S.

Ryan, Cornelius: The longest day: D-day, June 6, 1944. — New York: Simon & Schuster 1959. 352 S.

**Schaufelberger,** W.: Geheimhaltung, Täuschung und Tarnung am Beispiel der deutschen Ardennenoffensive 1944. Eine dokumentarische Studie. — Zürich: Beer [in Komm.] 1969. 61 S.
*(Neujahrsblatt der Feuerwerker-Gesellschaft ⟨Artilleriekollegium⟩ in Zürich. 160.)*

**Scheibler,** Walter: Zwischen zwei Fronten. Kriegstagebuch des Landkreises Monschau. — (Monschau: Weiss 1959.) 462 S.

**Schelling,** Georg: Festung Vorarlberg. Ein Bericht über das Kriegsgeschehen 1945 in unserem Lande. — Bregenz: Teutsch (1947). 223 S.
(Der Zusammenbruch des Reiches)

**Speidel,** Hans: Invasion 1944. Rommel and the Normandy campaign. [Invasion, engl.] — Chicago: Regnery 1950. XIII, 176 S.

**Speidel,** Hans: We defended Normandy. Translated by Jan Colvin. — London: Jenkins 1951. 182 S.

**Spethmann,** Hans: Die Eroberung des Ruhrgebietes im Frühjahr 1945. — (Essen: Fredebeul & Koenen [1950].) 51 S.
*(Aus: Beiträge zur Geschichte von Stadt und Stift Essen. 65.)*

**Stacey,** C. P.: The victory campaign. The operations in North West Europe 1944—1945. — Ottawa: Queen's Printer 1960. 770 S.
*(Official History of the Canadian Army in the Second World War. 3.)*

**Staiger,** Jörg: Rückzug durchs Rhônetal. Abwehr- u. Verzögerungskampf der 19. Armee im Herbst 1944. — Neckargemünd: Scharnhorst Buchkameradschaft 1965. 120 S.
*(Die Wehrmacht im Kampf. 39.)*

**Stanford,** Alfred Boller: Force Mulberry. The planning and installation of the artificial harbor off the United States Normandy beaches in World War II. — New York: Morrow 1951. 240 S.

**Stevenson,** Frank E.: Third Army's planning for crossing of the Rhine river. — In: Mil. Rev. 30 (1950/51), H. 12, 33—42.

**Stiernfelt,** Bertil: Alarm i atlantvallen. — Stockholm: Hörsta 1953. 464 S.

**Student,** [Kurt]: Arnheim — letzter deutscher Erfolg. — In: Der Frontsoldat erzählt 16 (1952), 115—116, 147—148, 179, 208 und 245—246.

**Thompson,** R. W.: The eighty-five days. The story of the battle of the Scheldt. — London: Hutchinson 1957. 235 S. 4. September — 28. November 1944.

**Thompson,** Reginald William: At whatever cost. The story of the Dieppe raid. — New York: Coward-McCann 1957. 215 S.

**Thompson,** Reginald William: Die Schlacht um das Rheinland. — Frauenfeld: Huber 1961. 300 S.

**Thomson,** R. W.: Dieppe at dawn. The story of the Dieppe raid (19. 8. 1942). — London: Hutchinson 1956. 215 S.

**Thornton,** Willis: The liberation of Paris. — New York: Harcourt, Brace & World 1962. XVI, 231 S.

**Toland,** John: Ardennenschlacht 1944. — Stuttgart: Scherz 1960. 424 S.

**Toland,** John: Bastogne. — Paris: Calmann-Lévy 1962. 350 S.

**Toland,** John: The last 100 days. — New York: Random House (1966). XII, 622 S.

**Toland,** John: Das Finale (The last 100 days, dt.) Die letzten 100 Tage. (Aus d. Amerikan. von Günter Eichel.) — (München:) Droemer/Knaur (1968). 597 S.

**Toussaint,** Joseph: La percée américaine à l'Ouest de Saint-Lô. La Chapelle-Enjuger dans la bataille. Préf. de Raoul Dautry. — Coutances: Ed. Notre-Dame 1957. 157 S.

**Tugwell,** Maurice: Arnheim (Arnhem - a case study, dt.) Die Operation Market Garden, das größte, aber auch umstrittenste Luftlandeunternehmen des 2. Weltkrieges. Übers. von Joachim Brückner. - Herford: Mittler (1976). 73 S.

**Turner,** John Frayn: Invasion '44. The full story D-Day. — London: Harrap 1959. 256 S.

**Urquhart,** R. E. und Wilfred Greatorex: Arnhem. — London: Cassell 1958. 239 S.

**Vernejoul,** Henri de [u.] A. Durlewanger: Autopsie d'une victoire morte ... Essai comparatif non conformiste de la bataille d'Alsace en novembre—décembre 1944, d'après l'étude d'archives allemandes et françaises de témoignages et de rapports inédits. (Préf. du Paul de Langlade.) — Colmar: Impr. S.A.E.P. 1970. XX, 199 S.

**Vial** [Commandant]: L'impromptu de Leimersheim. Franchissement du Rhin, 2 avril 1945. — In: Rev. Hist. Armée 6 (1950), H. 3, 67—80.

**Vlis,** J. A. van der: Tragedie op Texel. Een ooggetuigenverslag van de opstand der Georgiërs in april 1945. — Amsterdam: Becht 1956. 123 S.

**Wagener,** Carl: Strittige Fragen zur Ardennenoffensive. — In: Wehrwiss. Rdsch. 11 (1961), 26—54.

**Wagener,** Carl: Kampf und Ende der Heeresgruppe B im Ruhrkessel, 22. März bis 17. April 1945. — In: Wehrwiss. Rdsch. 7 (1957), 535—562.

**Werstein,** Irving: The battle of Aachen — New York: Growell 1962. 146 S.

**Westphal,** Siegfried: Heer in Fesseln. Aus den Papieren des Stabschefs von Rommel, Kesselring und Rundstedt. 2., durchges. Aufl. — Bonn: Athenäum-V. 1952. 335 S.

**Whiting,** Charles: Die Schlacht um den Ruhrkessel (Battle at the Ruhr pocket, dt. Aus d. Engl. von Ernst Paukovitz.) - München: Molden 1978. 192 S.
*(Ein Molden Taschenbuch. 155.)*

**Wilmot,** Chester: Der Kampf um Europa (The struggle for Europe, dt.) Übersetzt von Hans Steinsdorff. — Frankfurt a. M.: Metznet 1953. 800 S.

**Wilmot,** Chester: The struggle for Europe. — London: Collins; New York: Harper 1952. 766 S.

**Ziemke,** Earl F.: The U.S. Army in the occupation of Germany. 1944–1946. [Hrsg.:] Center of Military History, United States Army. - Washington, D. C.: (U. S. Gov. Print. Off. [in Komm.]) 1975. XVI, 477 S.
*(Army Historical Series.)*

## Zusammenbruch 1945

Der **8. Mai** 1945. (Idee und Bildexposé: Gerhard Zwoch. Text: Gerhard Zwoch in Zsarb. mit Walther Keim. Gesamtred.: Walther Keim.) — Bonn: Bundeszentrale f. Polit. Bildung 1965. 12 Bl.

**Augenzeugen** berichten vom Kriegsende 1945 im Markt Gangkofen. Eine Dokumentation. Ein Beitrag zur Zeitgeschichte des Marktes Gangkofen. Gestaltung und Herausgabe: Heinz Blank. - Gangkofen: Historische Interessengemeinschaft 1975. 31 Bl.
[Maschinenschr. vervielf.]

**Bächtold**, Kurt: Als Kriegsstürme um den Kanton Schaffhausen tobten. Die Ereignisse an der Nordgrenze im April 1945. — Schaffhausen: Meier 1965. 32 S.

**Baum**, Walter: Der Zusammenbruch der obersten deutschen militärischen Führung 1945. — In: Wehrwiss. Rdsch. 10 (1960), 237—266.

**Becker**, Rolf O.: Niederschlesien 1945. Die Flucht, die Besetzung. Nach Dokumenten d. Bundesministeriums f. Vertriebene, Flüchtlinge u. Kriegsbeschädigte, Bonn. Nach Dokumenten aus d. Bundesarchiv in Koblenz ⟨Ost-Dok. 1, Fragebogenberichte d. Bundesarchivs, Ost-Dok. 2⟩, Erlebnisberichte u. Kreisberichte. Nach Dokumenten d. Arbeitskreises „Flucht u. Vertreibung", Bonn. Unter Mitarb. d. Arbeitskreises „Flucht u. Vertreibung" u. d. Heimatkreisbearbeiter. Gesamtred.: Edgar Günther Lass. — Bad Nauheim: Podzun (1965). 386 S.

Die **Befreiung** Berlins 1945. Eine Dokumentation. Hrsg. u. eingel. von Klaus Scheel. (Übers. aus d. Russ. u. Poln.: Lieselotte Schreck.) — Berlin: Dtsch. Verl. d. Wiss. 1975. 218 S.

**Blond**, Georges: L'agonie de l'Allemagne, 1944—1945. — Paris: Fayard 1952. 350 S.

**Bornemann**, Manfred: Die letzten Tage in der Festung Harz. Das Geschehen im April 1945. - Clausthal-Zellerfeld: Pieper 1978. 132 S.

**Bourke-White**, Margaret: Deutschland April 1945 (Dear fatherland rest quietly, dt.) Geschrieben und fotografiert. Mit e. Einl. von Klaus Scholder. (Aus d. Amerikan. übertr. von Ulrike von Puttkammer.) — (München:) Schirmer/Mosel (1979). 183 S.

**Busse**, Theodor: Die letzte Schlacht der 9. Armee. — In: Wehrwiss. Rdsch. 5 (1955), 145—160.

**Deibele**, Albert: Das Kriegsende 1945 im Kreis Schwäbisch Gmünd. — Schwäbisch Gmünd: Stadtarchiv 1966. 133 S.
*(Gmünder Hefte. 6.)*

**Erdmann**, Karl Dietrich: Die Regierung Dönitz. Über d. Umgang mit Ereignissen d. jüngsten deutschen Geschichte. Vortrag in d. Universität Kiel am 20. Februar 1963. — In: Gesch. Wissensch. Unterr. 14 (1963), 359—375.

**Erlebnisberichte**. Elbings schwerste Tage. — Essen: Westverl. (1954). 66 S.
*(Elbinger Hefte. 15.)*

**Falek**, Richard: Das Rhein-Main-Gebiet und die Stadt Lauterbach in Hessen während des Zusammenbruches und des Einmarsches der Amerikaner im Frühjahr 1945. Bericht. — Lauterbach: Bibliothek des Hochhausmuseums 1958. 30 S.

Die **Flucht** und Vertreibung. Eine Bilddokumentation vom Schicksal der Deutschen aus Ostpreußen, Oberschlesien, Niederschlesien, Danzig, Westpreußen, Ostpommern, Ostbrandenburg u. a. und dem Sudetenland. — Bad Nauheim: Podzun (1965). 116 ungez. Bl.

**Franzel**, E[mil]: Die Vertreibung. Sudetenland 1945/46. Nach Dokumenten des Bundesministeriums für Vertriebene, Flüchtlinge und Kriegsgeschädigte, Bonn. Nach Dokumenten aus dem Bundesarchiv in Koblenz, Fragebogenberichten des Bundesarchivs, Erlebnis- und Kreisberichten. — Bad Nauheim: Podzun (1967). 420 S.

**Funksprüche** Keitel-Eisenhower-Montgomery verbrannt. — In: Der dt. Soldat 23 (1959), 282.

**Gaedke**, Dieter: Berlin 1945. Literaturbericht und Bibliographie. — In: Jahresbibl. d. Bibliothek f. Zeitgesch. 43 (1971), 479—516.

**Gaedke**, Dieter: Der militärische Zusammenbruch 1945. 1. Die Kämpfe in Brandenburg. 2. Die Kämpfe in Berlin. — In: Hist. Handatlas von Brandenburg u. Berlin, hrsg. von d. Hist. Komm., Lfg 40/41, Berlin: de Gruyter 1973, o. Pag.

**Galkin**, A. und O. Nakropin: Kapituljacija fašistkoj Germanii i „pravitel'stvo" Denica. — In: Vop. Ist. 1956, H. 8. 68—79.

**Greger**, M.: Die letzten Kriegstage 1945 in Hammelburg. Nach zeitgenössischen mündlichen u. schriftlichen Erinnerungen u. Berichten. — Hammelburg: Stadtrat 1965. 24 S.

**Hansen**, Reimer: Das Ende des Dritten Reiches. Die deutsche Kapitulation 1945. — Stuttgart: Klett 1966. 247 S.
*(Kieler Historische Studien. 2.)*

**Hansen**, Reimer: Albert Speers Konflikt mit Hitler. — In: Gesch. Wiss. Unterr. 17 (1966), 596—621.

**Hillgruber**, Andreas: Die historisch-politische Bedeutung der deutschen Kapitulation 1945. — In: Gesch. Wiss. Unterr. 20 (1969). 65—72.

**Hubatsch, Walther: Wie Göttingen vor der Zerstörung bewahrt wurde. Die Vorgänge vom 1. bis 8. April 1945. — In: Göttinger Jahrbuch 1961, 87—138.**

**Jedlicka**, Ludwig: Dokumente zur Geschichte der Ereignisse in Wien im April 1945. — In: Österr. Gesch. Lit. 5 (1961), 127—132.

**Jerk**, Wiking: Endkampf um Berlin. — Buenos Aires: Dürer-V. 1947. 172 S.

**Junger**, Gerhard: Schicksale 1945. Das Ende des 2. Weltkrieges im Kreise Reutlingen. Mit e. Übers. über d. Rückzugskämpfe d. 19. Armee zwischen Schwarzwald u. Alpen. - Reutlingen: Oertel & Spörer (1971). 314 S.

**Käs**, Ferdinand: Wien im Schicksalsjahr 1945. — Frankfurt a. M.: Europa-Verl. (1965). 23 S.
*(Monographien zur Zeitgeschichte.)*

**Klapproth**, Willy: Kriegschronik 1945 der Stadt Soltau und Umgebung mit Beiträgen zur Kriegsgeschichte der Süd- und Mittelheide. — Soltau: Stadtverwaltung 1955. 234 S.

Militärische Geschichte

**Klitta**, Georg: Das Finale des Zweiten Weltkrieges in Schwandorf. Eine Dokumentation. — Schwandorf: Meiller 1970. 295 S.

**Kogler**, Gerhard und Ernst Frhr. von Dörnberg: Die letzte Schlacht der 9. Armee. Eine Entgegnung. — In: Wehrwiss. Rdsch. 5 (1955), 294—296.

**Kuby**, Erich [Hrsg.]: Das Ende des Schreckens. Dokumente des Untergangs. Januar bis Mai 1945. — (München: Süddtsch. Verl. [1955].) 207 S.

**Kuby**, Erich: Die Russen in Berlin 1945. — München: Scherz (1965). 426 S.

**Lackerbauer**, Ilse: Das Kriegsende in der Stadt Salzburg im Mai 1945. – Wien: Bundesverl. f. Unterricht, Wissenschaft u. Kunst 1977. 56 S.
*(Militärhistorische Schriftenreihe. 35.)*

**Lass**, Edgar Günther: Die Flucht. Ostpreußen 1944/45. Nach Dokumenten d. Bundesministeriums f. Vertriebene, Flüchtlinge u. Kriegsbeschädigte, Bonn. Nach Dokumenten aus d. Bundesarchiv in Koblenz ⟨Ost-Dok. 1, Fragebogenberichte d. Bundesarchivs, Ost-Dok. 2⟩, Erlebnisberichte u. Kreisberichte. Nach Dokumenten d. Arbeitskreises „Flucht u. Vertreibung", Bonn. Unter Mitarb. d. Arbeitskreises „Flucht u. Vertreibung" u. d. Heimatkreisbearbeiter d. Ostpreußischen Landsmannschaft, Hamburg. — Bad Nauheim: Podzun (1964). 336 S.

**Lederer**, Wilhelm: Dokumentation 1945. Kulmbach vor und nach der Stunde Null. — Kulmbach: Freunde der Plassenburg; Stadtarch. 1971. 242 S.
*(Die Plassenburg. 29.)*

**Loehmann**, Gustav: Als der Ami kam. Fulda in der Stunde der Entscheidung. — Fulda: Fuldaer Verl.Anst. 1955. 190 S.

**Lüdde**-Neurath, Walter: Regierung Dönitz. Die letzten Tage d. Dritten Reiches. Mit e. Nachw.: „Die Regierung Dönitz in der heutigen wissenschaftlichen Forschung" von Walter Baum. 3. wesentl. erw. Aufl. — Göttingen: Musterschmidt 1964. 215 S.

**Mabire**, Jean: Berlin im Todeskampf 1945 (Mourir à Berlin, dt.) Französische Freiwillige der Waffen-SS als letzte Verteidiger der Reichskanzlei. (Ins Dtsch. übertr. von Erich Kopp.) – Preußisch Oldendorf: Schütz (1977). 400 S.

**Meister**, Ulrich: Zur deutschen Kapitulation 1945. — In: Z. ausl. öffentl. Recht Völkerr. 13 (1950/51), 393—410.

**Meyer**, Werner: Götterdämmerung. April 1945 in Bayreuth. – (Percha am Starnberger See:) Schulz (1975). 208 S.

**Minott**, Rodney G[lisan]: Top secret (The fortress that never was, dt.) Hitlers Alpenfestung. Tatsachenbericht über einen Mythos. (Aus d. Amerikan. übertr. von Paul Baudisch.) — (Reinbek b. Hamburg:) Rowohlt (1967). 133 S.
*(rororo-Taschenbuch. 955.)*

**Müller**, Helmut: Fünf vor Null. Die Besetzung des Münsterlandes 1945. — Münster, Westf.: Aschendorff 1972. 162 S.

**Musmanno**, M. A.: Ten days to die. — London: Davies 1951. 316 S.

**Nadler**, Fritz: „Ich sah wie Nürnberg unterging .. !" Tatsachenberichte und Stimmungsbilder aus bittersten Notzeiten nach Tagebuchaufzeichnungen. — Nürnberg: Fränkische Verl.-Anst. 1955. 228 S.

**Nehring**, Günther: Die letzten Tage der Festung Graudenz. März 1945 der Übermacht erlegen. — In: Der Frontsoldat erzählt 4 (1955), 114—115.

**Nehring**, Walther K.: Das Ende der 1. Panzerarmee. Mai 1945/Mährischer Raum. — In: Dtsch. Soldaten-Kalender 8 (1960), 59—64.

**1945**. Das Jahr der endgültigen Niederlage der faschistischen Wehrmacht. Dokumente. Ausgew. u. eingel. von Gerhard Förster u. Richard Lakowski. – Berlin: Militärverl. d. DDR 1975. 462 S.

**Paul**, Wolfgang: Der Endkampf um Deutschland. 1945. – (Esslingen:) Bechtle (1976). 551 S.

**Prinz**, Friedrich: Ideologische Aspekte der Vertreibung. — In: Bohemia 8 (1967), 281—291.

**Rauchensteiner**, Manfried: Krieg in Österreich 1945. — Wien: Österr. Bundesverl. f. Unterricht, Wissenschaft u. Kunst (1970). 388 S.
*(Schriften des Heeresgeschichtlichen Museums in Wien. 5.)*

**Rossiwall**, Theo: Die letzten Tage. Die militärische Besetzung Österreichs 1945. — (Frankfurt a.M.:) Athenaion Verl. Ges. (1970). 173 S.

**Rosanow** (**Rozanov**), German (L[eont'evič]): Hitlers letzte Tage (Poslednie dni Gitlera, dt.) (Aus d. Russ. übers. von Joachim Böhm u. Gerhard Hilke.) — Berlin: Dietz 1963. 143 S.
*(Wahrheiten über den deutschen Imperialismus. 12.)*

**Schlampp**, A.: Während einer Novene wurde Augsburg gerettet. Männer der Kirche verhindern bei Kriegsende die Zerstörung der Stadt. – In: Ullrichsblatt, Kirchenzeitung für die Diözese Augsburg Nr. 18 vom 3./4. Mai 1975, 15/463.

**Schöner**, Hellmut [Hrsg.]: Die verhinderte Alpenfestung Berchtesgaden 1945. Dokumente und Berichte. (Mit Beitr. von William Shirer [u.a.]) — (München) 1971: Großmann. 122 Bll.
*(Berchtesgadener Schriftenreihe. 8.)*
[Maschinenschr. vervielf.]

**Schönfelder**, Erich: Breslaus letzte Tage. — In: Der Frontsoldat erzählt 19 (1955), 174—175.

**Schultz**, Joachim: Die letzten 30 Tage. Aus dem Kriegstagebuch des OKW. — Stuttgart: Steingrüben-V. 1951. 132 S.

**Schwarzwälder**, Herbert: Bremen und Nordwestdeutschland am Kriegsende 1945. — Bremen: Schünemann.
1. Die Vorbereitung auf den „Endkampf". (1972). 205 S.
*(Bremer Veröffentlichungen zur Zeitgeschichte. 5.)*

**Schwarzwälder**, Herbert: Bremen und Nordwestdeutschland am Kriegsende 1945. – Bremen: Schünemann.
2. Der britische Vorstoß an der Weser. (1973). 225 S.
3. Vom „Kampf um Bremen" bis zur Kapitulation. (1947). 267 S.
*(Bremer Veröffentlichungen zur Zeitgeschichte. 6.7.)*

**Schwarzwälder**, Herbert: Das Ende an der Unterweser 1945. Bremerhaven (Wesermünde) und Umgebung am Kriegsende. – Bremerhaven: Stadtarchiv Bremerhaven 1974. 177 S.
*(Veröffentlichungen des Stadtarchivs Bremerhaven. 1.)*

**Sillner,** Leo: Als alles in Scherben fiel. Das Ende des Zweiten Weltkrieges in Deutschland. — München: Süddtsch. Verl. (1970). 206 S.
*(SVM-Tatsachen.)*

**Sjöstedt,** Lennart: Kapitulation eller strid till sista man? Till frågan om Karl Dönitz' handlingsprogram vid regeringstillrädet 1945. — In: Scandia 30 (1964), 288—356.

**Skorczyk,** Kurt: Geschlagen, geschändet, vertrieben. Erlebnisse, Tatsachen und Gedanken. Ein Mahnruf an das Gewissen der Welt. — Leer ‹Ostfriesland›: Rautenberg & Möckel 1952. 189 S.
Behandelt den Zusammenbruch im Osten.

**Sondern,** Frederic: Adolf Hitler's last days. — In: Reader's Digest 58 (1951), H. 350, 113—118.

**Stadtmüller,** Alois: Aschaffenburg im Zweiten Weltkrieg. Bombenangriffe, Belagerung, Übergabe. — Aschaffenburg: Pattloch in Komm. 1970. 400 S.
*(Veröffentlichungen des Geschichts- und Kunstvereins Aschaffenburg. 12.)*

**Stein,** Oswald: Unconditional surrender in Austria. — In: J. Royal Un. Service Institution 99 (1954), 262—266.

**Steinert,** Marlis G[ertrud]: Die 23 Tage der Regierung Dönitz. — Düsseldorf: Econ-Verl. (1967). 426 S.

**Stoll,** H.: Die Übergabe der Stadt Augsburg an die amerikanischen Streitkräfte 1945. Im Gedenken an Prälat Hörmann, 1951. – In: Jahrbuch des Vereins für Augsburger Bistumsgeschichte 4 (1970), 103–105.

Der deutsche **Südwesten** zur Stunde Null. Zusammenbruch und Neuanfang im Jahre 1945 in Dokumenten und Bildern. Hrsg. vom Generallandesarchiv Karlsruhe in Verbindung mit der Arbeitsgemeinschaft für geschichtliche Landeskunde am Oberrhein. Bearb. von Hansmartin Schwarzmaier [u. a.] – Karlsruhe 1975: (Harschdruck). 248 S.

**Thorwald,** Jürgen: Flight in the winter. — New York: Pantheon Books 1951. 318 S.

**Viereck,** Hans-Dieter: Die politische und rechtliche Bedeutung der Formel „Bedingungslose Kapitulation Deutschlands". — o. O. 1952. XIX, 184 gez. Bl. [Maschinenschr.]
*Kiel, rechts- u. staatswiss. Diss., 29. Mai 1952.*

**Wagner,** Dieter: München '45 zwischen Ende und Anfang. — München: Süddtsch. Verl. (1970). 174 S.
*(SVM-Tatsachen.)*

**Wagner,** Richard: Das Ende am Lech. Versuch einer kriegsgeschichtlichen Darstellung der militärischen Bewegungen zum Ende des Zweiten Weltkrieges im Regierungsbezirk Schwaben. – (Schwabmünchen: [Selbstverl. d. Verf.] 1975). 56 S.

**Wecker,** Gero: Die Letzten von Prag.— Freiburg i. Br., Frankfurt a. M.: Dikreiter 1952. 282 S.

**Whiting,** Charles: Finale at Flensburg. The story of Field Marshal Montgomery's battle for the Baltic. - London: Cooper 1973. 178 S.

**Wilckens,** Hans Jürgen: Die große Not. Danzig—Westpreußen 1954. Zsgest. im Auftrage d. Landsmannschaft Westpreußen. — Sarstedt: Niederdt. Verl. 1957. VIII, 531 S.

**Zeuß,** Johann Baptist: Das Kriegsende 1945 in Landau. - In: Storchenturm [Dingolfing] 12 (1977), H. 23, 86–111.

Pazifik

**Akamatsu,** Paul: Deux recueils d'études japonaises sur la guerre du Pacifique. — In: Rev. Hist. deux. Guerre mond. 12 (1962). H. 48, 13—25.

The **Army Air Forces** in World War II. — Chicago: University of Chicago Press.
4. The Pacific. Guadalcanal to Saipan, August 1942 to July 1944. Edited by Wesley Frank Craven and James Lea Cate. 1950. XXXII, 825 S.

The **Army Air Forces** in World War II. — Chicago: University of Chicago Press.
5. The Pacific. Matterhorn to Nagasaki, June 1944 to August 1945. Prepared under the editorship of Wesley Frank Craven and James Lea Cate. 1953. XXXVII, 878 S.

**Attiwill,** Kenneth: The Singapore story. — London: Muller (1959). 253 S.

**Bauer,** Eddy: A l'origine de Pearl-Harbour. — In: Rev. Déf. nat. 18 (1954), 592—593.

**Benda,** Harry J.: The beginning of the Japanese occupation of Java. — In: Far Eastern Quart. 15 (1956), 541—560.

**Bhargava,** K. D. und K[asi] N[ageswara] V[enkatasubba] Sastri: Campaigns in South-East Asia. 1941—42. — Bombay: Orient Longmans 1960. 424 S.
*(Official history of the Indian Armed Forces in the Second World War. 9.)*

**Boggs,** Charles W.: Marine aviation in the Philippines. — Washington: Government Printing Office 1951. VIII, 166 S.

**Campbell,** Arthur: The siege. A story from Kohima. — New York: Macmillan 1956. 211 S.

**Cannon,** M. Hamlin: Leyte. The return to the Philippines. — Washington: Department of the Army, Office of Military History 1954. 420 S.
*(United States Army in World War II. The War in the Pacific.)*

**Carew,** Tim: The longest retreat. The Burma campaign 1942. — London: Hamilton 1969. XII, 276 S.

**Chinnock,** Frank W.: Nagasaki. The forgotten bomb. — New York: World Publ. 1969. XIV, 305 S.

**Collier,** Basil: The war in the Far East, 1941—1945. A military history. — London: Heinemann 1969. XIII, 530 S.

**Congdon,** Don (Ed.): Combat. The war with Japan. (Eye-witness accounts.) — London: Mayflower Books 1963. 384 S.

**Crowl,** Philip A.: Campaign in the Marianas. — Washington: Department of the Army, Office of the Chief of Military History 1960. XIX, 505 S.
*(United States Army in World War II. The War in the Pacific. 9.)*

**Crowl,** Philip A. und Edmund G. Love: Seizure of the Gilberts and Marshalls. — Washington: Department of the Army, Office of Military History 1955. XVI, 414 S.
*(United States Army in World War II. The War in the Pacific.)*

**Durnford,** John: Branch line to Burma. Foreword by the Earl Mountbatten of Burma. — London: Macdonald 1958. 207 S.

**Dzelepy,** E[leuthère]-N[icolas]: Un crime inutile. Les raisons politiques du lancement de la bombe américaine sur Hiroshima. — In: Année polit. économ. 1960, H. 157, 356—387.

**Edmonds,** Walter D.: They fought with what they had. The story of the Army Air Forces in the South-West Pacific 1941—1942. — Boston: Little, Brown 1951. XXIII, 532 S.

**Eichelberger,** Robert Lawrence: Jungle road to Tokyo. In collaboration with Melton McKaye. — London: Odhams (1951), 287 S.

**Field,** James A. jr.: Leyte Gulf. The first uncensored Japanese account. — In: US Naval Inst. Proc. 77 (1951), 255—265.

**Feis,** Herbert: Japan subdued. The atomic bomb and the end of the war in the Pacific. — Princeton: Princeton University Press 1961. VI, 199 S.

**Feis,** Herbert. The atomic bomb and the end of World War II. Originally publ. in 1961 under the title „Japan subdued. The atomic bomb and the end of the war in the Pacific", now rev. and made more complete and revealing. — Princeton, N. J.: Princeton University Press 1966. VI, 213 S.

**Fooks,** H. E.: The war in the Pacific 1943—44. Guadalcanal to Leyte Gulf. — In: J. Royal Unit. Service Inst. 95 (1950), 448—458 und 96 (1951), 255—265.

**Forstmeier,** Friedrich: Die Eroberung Saipans und die Schlacht in der Philippinensee im Juni 1944. — In: Marine-Rdsch. 56 (1959), 201—225.

**Fuchida,** Mitsuo und Masatake Okumija: Midway (Midway. The battle that doomed Japan, dt.). Die entscheidendste Seeschlacht der Weltgeschichte. Autor. Ausg. des US Naval Institute. Eingel. von Friedrich Ruge. Dt. Bearbeitung von Siegfried H. Engel. — Oldenburg i. O.: Stalling 1956. 258 S.

**Fuchida,** Mitsuo: I led the air attack on Pearl Harbor. — In: US Naval Inst. Proceedings 78 (1952), Sept.

**Fuchida,** Mitsuo und Masatake Okumiya: Midway, the battle that doomed Japan. — Annapolis: U.S. Naval Institute 1955. 266 S.

**Fukudome,** Shigeru: Hawai operation. — In: US Naval Inst. Proceedings 81 (1955), 1315—1331.

**Gigon,** Fernand: The formula for death, $E = MC^2$. Transl. by Constantine FitzGibbon. — London: Allen & Wingate 1958. 223 S.
Hiroshima.

**Gillespie,** Oliver A.: The Pacific. — Wellington: War History Branch, Department of Intern. Affairs (1953). 395 S.
*(Official History of New Zealand in the Second World War 1939-1945.)*

**Goldingham,** C. S.: Japanese submarines in the second world war. In: J. Royal Unit. Service Institution 96 (1951), 93—100.

**Goldingham,** C. S.: United States submarines in the blockade of Japan in the 1939—45 war. — In: J. Royal United Serv. Inst., 1952, 87—98 und 212—222.

**Grenfell,** Russel: Main Fleet to Singapore. — New York: Macmillan 1952. 238 S.

**Grider,** George und Lydel Sims: War fish. — London: Cassell 1959. 215 S.

**Harrisson,** Tom: World within. A Borneo story. — London: Cresset 1959. XII, 349 S.

**Hattori,** Takushiro: Japans Operationsplan für den Beginn des Pazifischen Krieges. — In: Wehrwiss. Rdsch. 7 (1957), 247—274.

**Hayashi,** Saburo und Alvon D. Coox: Kogun: The Japanese army in the Pacific war. — Quantico, Va.: Marine Corps Association 1959. 249 S.

**Hersey,** John: Hiroshima. Ein Tatsachen-Bericht. 2. Aufl. — Stuttgart, Konstanz: Diana-V. 1957. 128 S.

**Hoffman,** Carl W.: The seizure of Tinian. — Washington: U.S. Marine Corps, Historical Division 1951. VI, 169 S.

**Hoffman,** Carl W.: Saipan. The beginning of the end. — Washington: Historical Division, US Marine Corps 1950. VII, 286 S.
*(Marine Corps Monographs. 6.)*

**Hough,** Frank O. und John A. Crown: The campaign on New Britain. — Washington: U. S. Marine Corps, Hist. Branch 1952. 220 S.

**Hough,** Frank O. [u. a.]: Pearl Harbor to Guadalcanal. — Washington: US Marine Corps, Historical Branch 1958. X, 439 S.
*(History of US Marine Corps Operations in World War II. 1.)*

**Howard,** Warren S.: Japanese destroyers in World War II. — In: US Naval Inst. Proceedings 78 (1952), Jan.

Les **Iles** Philippines sous l'occupation nippone en 1941—1944. — In: Rev. Hist. diplom. 62 (1948), 114—119.

**Inoguchi,** R. und T. Nakajima: Eyewitness story of the Kamikaze suicide missions. — In: Reader's Digest 32 (1953), 137—140.

**Inoguchi,** Rikihei und Tadashi Nakajima: The Kamikaze attack corps. — In: U. S. Naval Inst. Proc., Sept. 1953, 933—945.

**Johnston,** B. F. [u. a.]: Japanese food management in World War II. — Stanford: Stanford University Press 1953. XII, 283 S.

**Isely,** Jeter A.: Iwo Jima. Acme of amphibious assault. — In: US Naval Inst. Proceedings 77 (1951), Jan.

**Isely,** Jeter A. und Philip A. Crowl: The U.S. Marines and amphibious war. Its theory and its practice in the Pacific. — Princeton: Princeton University Press 1951. VII, 636 S.

**Iwo Jima,** amphibious epic. — Washington: Government Printing Office 1954. VI, 253 S.

**Jenaga,** Saburo: The Pacific war. World War II and the Japanese, 1931–1945. – New York: Pantheon Books 1978. 320 S.

**Kase,** Toshikazu: Journey to the „Missouri". Edited with a foreword by David Nelson Rowe. — New Haven: Yale University Press 1950. XIV, 282 S.

**Kirby,** Stanley Woodburn: The war against Japan. Vol. 1: The loss of Singapore. — London: H. M. Stationery Office 1957. 591 S.
*(History of the Second World War. United Kingdom Military Series.)*

**Kirby,** Stanley Woodburn [u. a.]: The war against Japan. Vol. 2: India's most dangerous hour. — London: H. M. Stationery Office 1958. 541 S.
*(History of the Second World War. United Kingdom Military Series.)*

**Kirby,** Stanley Woodburn [u. a.]: The war against Japan. Vol. 3: The decisive battles. — London: H. M. Stationery Office 1961. XIX, 559 S.
*(History of the Second World War. United Kingdom Military Series.)*

**Krueger,** Walter: From down under to Nippon. The story of the Sixth Army in World War II. — Washington: Combat Forces Press 1955. 393 S.

**Kuwahara,** Yasuo und Gordon T. Allred: Kamikazes. — New York: Ballantine 1958. 187 S.

**Lamont,** Lansing: Eine Explosion verändert die Welt (Day of trinity, dt.) Die Geschichte der 1. Atombombe. (Aus d. Amerikan. von Elsbeth [Elisabeth] u. Hans Herlin.) — München: Piper (1966). 268 S.

**Leasor,** James: Singapore. The battle that changed the world. — Garden City, N.Y.: Doubleday 1968. 325 S.

**Leckie,** Robert: Les marines dans la guerre du Pacifique ⟨1942—1945⟩. — Paris: Laffont 1965. 440 S.
*(Coll. „L'Histoire que nous vivons".)*

**Linde,** Gerd: Burma 1943 und 1944. Die Expedition Orde C. Wingates. - Freiburg: Rombach 1972. 207 S.
*(Einzelschriften zur militärischen Geschichte des Zweiten Weltkrieges. 10.)*

**Lockwood,** Charles A[ndrews] [u.] Hans Christian Adamson: Battles of the Philippine sea. — New York: Crowell 1967. 229 S.

**Lockwood,** Charles A.: Sink them all: Submarine warfare in the Pacific. — Washington: Dutton 1951. 416 S.

**Lodge,** O. R.: The recapture of Guam. — Washington: Government Printing Office 1954. VII, 214 S.

**Long,** Gavin: The final campaigns. — Canberra: Australian War Memorial; Sydney: Angus & Robertson 1963. 667 S.
*(Australia in the War of 1939—1945.)*

**Lord,** Walter: Pearl Harbor. — Paris: Laffont (1958). 224 S.

**Lord,** Walter: Incredible victory. — New York: Harper & Row 1967. 331 S.

**Lundstrom,** John B.: The first South Pacific campaign. Pacific fleet strategy, December 1941 – June 1942. - Annapolis: Naval Institute Press 1976. XIX, 240 S.

**McCarthy,** Dudley: South-West Pacific area. First year: Kokoda to Wau. — Canberra: Australian War Memorial; Sydney: Angus & Robertson 1959. 656 S.
*(Australia in the War of 1939 bis 1945.)*

**Macintyre,** Donald: La bataille du Pacifique. Trad. de l'angl. par R. Jouan. — Paris: Presses de la Cité 1967. 285 S.
*(Coll. „Coup d'oeil".)*

**Madan,** N. N.: The Arakan operations 1942—1945. — New Delhi: Combined Inter-services Historical Section, India and Pakistan 1955. 371 S.

**Mailer,** Norman: Die Nackten und die Toten (The naked and the dead, dt.) Roman. Übertr.: Walter Kahnert. 100. Ts. — Berlin-Grunewald: (Herbig 1952). 559 S.

**Marquez,** Adalia: Blood on the rising sun. A factual story of the Japanese invasion of the Philippines. — New York: De Tanko 1957. IX, 252 S.

**Meister,** Jürg: Der sowjetisch-japanische Seekrieg. — In: Marine-Rdsch. 57 (1960), 1—18.

**Melosi,** Martin V.: The shadow of Pearl Harbor. Political controversy over the surprise attack, 1941–1946. – College Station: Texas A & M University Press 1977. 183 S.

**Merglen,** Albert: Luft- und Seelandung bei Lae, Neu-Guinea, am 4. und 5. September 1943. — In: Wehrkunde 9 (1960), 410—412.

**Miller,** John, jr.: Cartwheel. The reduction of Rabaul. — Washington: Department of the Army, Office of the Chief of Military History 1959. XVI, 418 S.
*(United States Army in World War II. The War in the Pacific. 8.)*

**Millot,** Bernard: La guerre du Pacifique. — Paris: Laffont 1968.
1. Le déferlement japonais (déc. 1941—oct. 1943). 448 S.
2. Le raz de marée américain (nov. 1943—août 1945.) 408 S.
*(L'Histoire que nous vivons.)*

**Milner,** Samuel: Victory in Papua. — Washington: Department of the Army, Office of Military History 1957. XV, 409 S.
*(United States Army in World War II. The war in the Pacific.)*

**Morison,** S. E.: Les grandes batailles navales du Pacifique, 1941—1945. T. 1. — Paris: Payot 1951. 248 S.

**Morison,** Samuel Eliot: Aleutians, Gilberts and Marshalls. June 1942 — April 1944. With an introduction on East Carreer Operations 1943—1945. — Boston: Little, Brown & Co. 1951. XXXIX, 369 S.
*(History of United States Naval Operations in World War II. 7.)*

**Morison,** Samuel E.: The battle of Surigao Strait. — In: US Naval Inst. Proceedings 84 (1958), H. 12, 31—53.

**Morison,** Samuel Eliot: Breaking the Bismarcks Barrier, 22 July 1942 — 1 May 1944. — Boston: Little, Brown & Co. 1950. XXIX, 463 S.
*(History of United States Naval Operations in World War II. 6.)*

**Morison,** Samuel Eliot: New Guinea and Marianas. March 1944 — August 1944. — Boston: Little, Brown & Co. 1953. 435 S.
*(History of United States Naval Operations in World War II. 8.)*

**Morton,** Louis: The fall of the Philippines. — Washington: Department of the Army 1953. 604 S.
*(United States Army in World War II. The War in the Pacific.)*

**Morton,** Louis: Soviet intervention in the war with Japan. — In: Foreign Aff. 40 (1961/62), 653—662.

**Mountbatten** of Burma, Louis Earl: South-East Asia 1943—1945. Report to the combined chiefs of staff. — London: H. M. Stationery Office; New York: Philosophical Library 1951. XI, 280 S.

**Murphy,** Francis X.: Fighting admiral. The story of Dan Callaghan. — New York: Vantage Press 1952. 214 S.

**Nagai,** Takashi: We of Nagasaki. The story of survivors in an atomic wasteland. Translated by Ichiro Shirato and Herbert Silverman. — New York: Duell, Sloan & Pearce 1951. 204 S.

**Nagai,** Takashi: Wir waren dabei in Nagasaki (We of Nagasaki, dt.) Übers.: Wolfgang Metzner. — Frankfurt a. M.: Metzner (1951). 166 S.

Imperial Japanese **Navy** in World War II. Graphic presentation of Japanese naval organization and list of combatant and non-combatant vessels lost or damaged in the war. — Washington: Government Printing Office 1954. XI, 279, 22 S.

**Nederlands-Indie** contra Japan. III: Overzicht van de na het uitbreken van de oorlog met Japan in de Zuid West Pacific gevoerde strijd. Hrsg.: Ministerie van Oorlog, Hoofdkwartier van de Chef van de Generale Staf, Krijgsgeschiedkundige Afdeling. — 's-Gravenhage: Staatsdruck. — en Uitgeverijbedrijf (o. J.) XII, 196 S.

**Nederlands-Indie** contra Japan. [Hrsg.:] Ministerie van Oorlog, Hoofdkwartier van de Chef van de Generale Staf, Krijgsgeschiedkundige Afdeling. — 's-Gravenhage: Staatsdrukkerij- en Uitgeverijbedrijf.
4. De verrichtingen van de militaire luchtvaart bij de strijd tegen de Japanners in en om de Nederlands-Indische Archipel, in samenwerking met de bondgenootschappelijke luchtstrijdkrachten. 1957. XIII, 215 S.

**Nichols,** Ch. S. und Henry I. Shaw: Okinawa. Victory in the Pacific. — Washington: US Marine Corps, Historical Branch 1955. VIII, 332 S.

**Okumiya,** Masatake [u. a.]: Zero! — New York: Dutton 1956. 424 S.
Über den Luftkrieg im Pazifik.

**Ollivier,** J.: La flotte britannique du Pacifique en 1944—1945. — In: Rev. maritime, Juni 1953, 671—701.

**Paull,** Raymond: Retreat from Kokoda. — London: Heinemann 1958. 319 S.
Über den Feldzug in Burma.

**Pelz,** Stephen E.: Race to Pearl Harbor. The failure of the Second London Naval Conference and the onset of world war II. - Cambridge, Mass.: Harvard University Press 1974. 268 S.

**Perry,** Hamilton Darby: The Panay incident. Prelude to Pearl Harbor. — New York: Macmillan 1969. 295 S.

**Pomeroy,** Earl S.: Pacific outpost. American strategy in Guam and Micronesia. — Stanford: Stanford University Press 1951. XX, 198 S.

**Prasad,** Bisheshwar [Ed.]: The retreat from Burma 1941—1942. — New Delhi: Ministry of Defense, Combined Inter-Services Historical Section 1955. XXXIV, 501 S.
*(Official History of the Indian Armed Forces in the Second World War 1939—1945. Campaigns in the Eastern Theatre.)*

**Prasad,** Bishewar [Ed.]: The retreat from Burma, 1941—1942. New impr. — Calcutta: Orient Longmans; London: Longmans, Green 1959. XXXIV, 500 S.
*(Official history of the Indian Armed Forces in the Second World War, 1939—1945. Campaigns in the Eastern theatre.)*

**Prasad,** S[ri] N[andan] und P. N. Khera: The reconquest of Burma. Vol. 2: June 1944—August 1945. — Calcutta: Orient Longmans; London: Longmans, Green 1959. XXV, 539 S.
*(Official history of the Indian Armed Forces in the Second World War. 8.)*

**Rajendra,** Singh: Post-war occupation forces: Japan and South-East Asia. — Calcutta: Orient Longmans; London: Longmans, Green 1958. XXXIV, 317 S.
*(Official history of the Indian Armed Forces in the Second World War. 7.)*

**Rentz,** John N.: Marines in the Central Solomons. — Washington: U.S. Marine Corps, Hist. Branch 1952. 186 S.

**Reussner,** André: La marine marchande, la stratégie et l'économie de guerre japonaises (1939—1945). — In: Rev. Hist. deux. Guerre mond., H. 2 (März 1951), 1—26.

**Roberts,** M. R.: The campaign in Burma 1943—1945. I: The turn of the tide and the decisive battles. II: The reconquest. — In: J. Royal Unit. Serv. Institution 1956, H. 602, 235—251 und H. 603, 412—426.

**Rohwer,** Jürgen: Der Kriegsbeginn im Pazifik. Das Funkbild als Grundlage der amerikanischen Lagebeurteilung. — In: Marine-Rdsch. 53 (1956), 194—208.

**Rohwer,** Jürgen: Die Pearl Harbor-Frage in der historischen Forschung. — In: Europa und Übersee, Festschrift für Egmont Zechlin, 1961, 241—261.

**Rohwer,** Jürgen: Die japanische U-Boots-Waffe im zweiten Weltkrieg. — In: Marine-Rdsch. 50 (1953), 129—144 und 161—175.

**Rohwer,** Jürgen: Wußte Roosevelt davon? Zur Vorgeschichte des japanischen Angriffs auf Pearl Harbour. — In: Wehrwiss. Rdsch. 4 (1954), 459—475.

**Romanus,** Charles F. und Riley Sunderland: Time runs out in CBI. — Washington: Department of the Army, Office of the Chief of Military History 1959. XVII, 428 S.
*(United States Army in World War II.)*
China, Burma, Indien 1944/45.

**Ruge,** Friedrich: Entscheidung im Pazifik. Die Ereignisse im Stillen Ozean 1941—1945. — Hamburg: Dulk 1951. 384 S.

**Schiffman,** Maurice K.: Technical Intelligence in the Pacific in World War II. — In: Mil. Rev. 31 (1951/52), H. 10, 42—48.

**Shaw**, James: The march out. The end of the Chindit adventure. — London: Hart-Davis 1953. 206 S.
Über den Feldzug in Burma 1944.

**Sherrod**, Robert: Tarawa. The story of a battle. — New York: Duell, Sloane & Pearce 1954. X, 164 S.

**Sherwin**, Martin J.: A world destroyed. The atomic bomb and the grand alliance. - New York: Knopf 1975. XVI, 552 S.

**Shimada**, Koichi: Japanese naval air operations in the Philippines invasion. — In: US Naval Inst. Proceed., Jan. 1955, 1—17.

**Slim**, Sir William: Defeat into victory. The full story of the Burma war. — London: Cassell 1956. 576 S.

**Smith**, Robert Ross: Triumph in the Philippines. — Washington: Department of the Army, Office of the Chief of Military History 1963. XXI, 756 S.
*(United Army in World War II. The War in the Pacific.)*

**Smith**, Robert Ross: The war in the Pacific: the approach to the Philippines. — Washington: Department of the Army, Office of the Chief of Military History 1953. 623 S.
*(United States Army in World War II.)*

**Smith**, William Ward: Midway. Turning point of the Pacific. — New York: Crowell 1966. 174 S.

**Stauffer**, Alvin P.: The Quartermaster Corps. Operations in the war against Japan. — Washington: Department of the Army, Office of Military History 1956. 358 S.
*(United States Army in World War II.)*

**Tanaka**, Raizo und Roger Pineau: Japan's losing struggle for Guadalcanal. — In: US Naval Inst. Proceed. 1956, 687—699 und 815—855.

**Theobald**, Robert A.: The final secret of Pearl Harbour. The Washington contribution to the Japanese attack. With forewords by Husband E. Kimmel and William F. Halsey. — New York: Devin-Adair 1954. XVIII, 204 S.

**Thomas**, David A[rthur]: The battle of the Java sea. — New York: Stein & Day 1969. 260 S.
*(Great Battles in the Modern World.)*

**Trefousse**, Hans Louis [Ed.]: What happened at Pearl Harbor? Documents pertaining to the Japanese attack of December 7, 1941, and its background. — New York: Bookman-Twayne 1958. 324 S.

**Tsuji**, Masanobu: Singapore. The Japanese version. Transl. by Margaret E. Lake. Ed. by H. V. Howe. With an introd. by H. Gordon Bennett. — New York: St. Martin's Press 1961; London: Constable 1962. XXV, 358 S.

**Tsunoda**, Jun: Die amtliche japanische Kriegsgeschichtsschreibung über den Zweiten Weltkrieg in Ostasien und im Pazifik. - In: Jahresbibliogr. Bibliothek f. Zeitgesch. 45 (1973), 393–405.

**Tuleja**, Thaddeus V.: Climax at Midway. — New York: Norton 1960. 248 S.

**Turner**, L[eonard] C[harles ]F[rederick], H. R. Gordon-Cumming und J. E. Betzler: War in the Southern oceans, 1939—1945. — London: Oxford University Press 1961. XVI, 288 S.

**United States Army** in World War II. — Washington: Department of the Army, Office of the Chief of Military History.
**Romanus**, Charles F. und Riley Sunderland: China-Burma-India Theater. Stillwell's mission to China. 1953. 441 S.

**United States Army** in World War II. Pictorial record: The war agianst Japan. — Washington: Department of the Army, Office of the Chief of military History 1952. 471 S.

**Walker**, Allan S.: The island campaigns. — Canberra: Australian War Memorial; Sydney: Angus & Robertson 1957. XVI, 426 S.
*(Australia in the War of 1939—1945. Series Five [Medical]. 3.)*

**Ward**, Robert E.: The inside story of the Pearl Harbor plan. — In: US Naval Inst. Proc. 77 (1951), 1271—1284.

**Wheeler**, Gerald E.: The United States navy and war in the Pacific. — In: World Aff. Quart. 30 (1959), 199—225.

**Whitcomb**, Edgar D.: Escape from Corregidor. — Chicago: Regnery 1958. 274 S.

**Wigmore**, Lionel: The Japanese thrust. — Canberra: Australian War Memorial; Sidney: Angus & Robertson 1957. XVI, 715 S.
*(Australia in the War of 1939—1945.)*

**Wohlstetter**, Roberta: Pearl Harbour [dt.] Signale und Entscheidungen. (Übers. von Alice Meyer.) — Erlenbach-Zürich, Stuttgart: Rentsch (1966). 431 S.

**Wohlstetter**, Roberta: Pearl Harbor, warning and decision. — Stanford: Stanford University Press 1962. XVIII, 426 S.

**Woodward**, C. Vann: The battle of Leyte gulf. — New York: Ballantine 1957. 190 S.

**Wylie**, J. C.: Reflections on the war in the Pacific. — In: US Naval Inst. Proceedings 78 (1952), April.

### Seekrieg

**Ačkasov**, V. und B. Vajner: Krasnoznamennyj baltijskij flot v velikoj otečestvennoj vojne. — Moskva: Voenizdat 1957. 399 S.

**Albas**, Andrieu d': Death of a navy. The fleets of the Mikado in the second world war 1941—1945. Transl. from the French by Anthony Rippon. — London: Hale (1957). 224 S.

**Albas**, Andrieu d': Marine impériale. — Paris: Amiot-Dumont 1954. 244 S.
Geschichte der japanischen Marine im Zweiten Weltkriege.

**Anderson**, Bern: Die Landungsunternehmen der Amerikaner im Zweiten Weltkrieg. — In: Marine-Rdsch. 58 (1961), 133—150.

**Atschkassow**, W. I.: Landungsoperationen der sowjetischen Seekriegsflotte während des Großen Vaterländischen Krieges. - In: Militärgesch. 16 (1977), 297–306.

**Auphan**, Paul und Jacques Mordal: La marine française pendant la seconde guerre mondiale. — Paris: Hachette 1958. 522 S.

**Auphan**, Paul: The french navy enters World War II. — In: US Naval Inst. Proceedings 82 (1956), 592—601.

**Auphan,** Paul [u.] Jacques Mordal: Unter der Trikolore (La marine française pendant la seconde guerre mondiale, dt.) Kampf und Untergang der französischen Marine im 2. Weltkrieg. (Ins Dtsch. übertr. von Siegfried Engel.) — Oldenburg: Stalling (1964). 339 S.

**Bakke,** Tore: Noen almene opplysninger om det tyske kystforsvar i Norge under den annen verdenskrig. — In: Norsk Artilleri T. 56 (1955), 235—251.

**Beach,** Edward L.: Submarine. — New York: Holt [1952]. 301 S.
    Schilderung des U-Boot-Kampfes gegen Japan.

**Beesly,** Patrick: Very special intelligence. The story of the admirality's intelligence centre 1939–45. - London: Hamilton 1977. 271 S.

**Behrens,** Catherine Betty Abigail: Merchant shipping and the demands of war. — London: H. M. Stationery Office 1955. XIX, 494 S.
    *(History of the Second World War. United Kingdom Civil Series.)*

**Belot,** Raymond de: Considérations sur la guerre navale de 1939 – 1945. - In: Rev. Déf. nat. 13 (1951), 35—46.

**Belot,** Raymond de: La marine française pendant la campagne 1939—1940. — Paris: Plon 1954. 318 S.

**Benoist,** Marc: La guerre sous-marine dans le Pacifique. — In: Rev. Déf. nat. 12 (1951), 432—445.

**Bekker,** Cajus [d. i. **Berenbrok,** Hans Dieter]: Einzelkämpfer auf See. Die deutschen Torpedoreiter, Froschmänner und Sprengbootpiloten im Zweiten Weltkrieg. — (Oldenburg:) Stalling (1968). 210 S.

**Bekker,** Cajus [d. i. Hans Dieter **Berenbrok**]: Flugzeugträger. Giganten der Meere. — Oldenburg u. Hamburg: Stalling (1962). 80 S.

**Bekker,** Cajus: Kampf und Untergang der Kriegsmarine. — Hannover: Sponholtz 1953. 280 S.

**Bekker,** Cajus [d. i. Hans-Dieter **Berenbrok**]: Ostsee, deutsches Schicksal 1944/45. Der authentische Bericht vom letzten Einsatz der Kriegsmarine und der Rettung von mehr als zwei Millionen deutscher Menschen über See. — Oldenburg i. O., Hamburg: Stalling (1959). 319 S.

**Bekker,** Cajus: Swastika at sea. The struggle and destruction of the German navy 1939—1945. — London: Kimber (1953). 207 S.

**Bekker,** Cajus: . . . und liebten doch das Leben. Die erregenden Abenteuer deutscher Torpedoreiter, Froschmänner und Sprengboot-Piloten.—Hannover: Sponholtz 1956. 236 S.

**Bernotti,** Romeo: La guerra sui mari nel conflitto mondiale 1943—1945. — Livorno: Società Editr. Tirrena 1950. 635 S.

**Bezemer,** K. W. L.: Zij vochten op de zeven zeeën. Verrichtingen en avonturen der Koninklijke Marine in de tweede wereldoorlog. — Utrecht: de Haarn 1954. 463 S.

**Bidlingmaier,** Gerhard: Einsatz der schweren Kriegsmarineeinheiten im ozeanischen Zufuhrkrieg. Strategische Konzeption u. Führungsweise d. Seekriegsleitung. September 1939—Februar 1942. — Neckargemünd 1963: Scharnhorst Buchkameradschaft. 270 S.
    *(Die Wehrmacht im Kampf. 35.)*

**Bidlingmaier,** Gerhard: Erfolg und Ende des Schlachtschiffes Bismarck. — In: Wehrwiss. Rdsch. 9 (1959), 261—281.

**Bidlingmaier,** Gerhard: Unternehmen „Cerberus" — der Kanaldurchbruch. — In: Marine-Rdsch. 59 (1962), 19—40.

**Blond,** Georges: Convois vers l'URSS. — Paris: Fayard 1950. 277 S.

**Blond,** Georges: Königin im Pazifik (Le survivant du Pacifique, dt.) Flugzeugträger Enterprise von Pearl Harbor bis Okinawa. Aus d. Franz. von Dietrich Niebuhr. — Oldenburg i.O., Hamburg: Stalling [1958]. 316 S.

**Blond,** Georges: Kurs Murmansk (Convois vers l'URSS, dt.) Die Schicksalsfahrten der alliierten Eismeerkonvois. Einf. von Gerhard Wagner. Anm. im Text von Jürgen Rohwer. (Übers. u. dt. Bearb.: Karl Hellwig und Cajus Bekker.) — Oldenburg u. Hamburg: Stalling (1957). 224 S.

**Borghese,** J. Valerio: Sea devils. Transl. from the Italian by James Cleugh. — London: Melrose (1952). 261 S.

**Bougaran,** Marcel: Le sous-marin dans les deux guerres mondiales. — In: Rev. Déf. nat. 13 (1951), 391—408.

**Bragadin,** Marc'Antonio: Che ha fatto la marina? 1940—1945. Terza edizione. — Milano: Garzanti 1955. 461 S.

**Bragadin,** Marc Antonio: Il drama della marina italiana, 1940—1945. — Verona: Mondadori 1969. VIII, 454 S.

**Brandt,** Günther: Der Seekrieg in der Ägäis. September bis November 1943. — Bayreuth: Selbstverlag 1963. 85 S.

**Brennecke,** Jochen: Das große Abenteuer — deutsche Hilfskreuzer 1939/45. Mit e. Geleitw. von Bernhard Rogge. — Biberach: Koehler [1958]. XV, 480 S.

**Brennecke,** Jochen: Schlachtschiff Bismarck. Höhepunkt und Ende einer Epoche. — Jugenheim/Bergstr.: Koehler 1960. 532 S.

**Brennecke,** Jochen: Eismeer, Atlantik, Ostsee. Die Einsätze des schweren Kreuzers „Admiral Hipper". (1940—1945.) — Jugenheim a. d. Bergstraße: Kochlers Verlagsgesellsch. 1963. 360 S.

**Brennecke,** Jochen: Haie im Paradies. Der deutsche U-Boot-Krieg in Asiens Gewässern 1943—1945. Dramatische Original-Berichte Überlebender u. bisher unveröffentlichte Geheim-Dokumente. — Preetz/Holstein: Gerdes (1961). 384 S.

**Brennecke,** Jochen: Gespensterkreuzer HK 33. Hilfskreuzer „Pinguin" auf Kaperfahrt. Ein Tatsachenbericht. — Hamm i. W.: Dt. See-V. 1953. 271 S.

**Brennecke,** Jochen: Der Fall Laconia. — Biberach: Koehler 1959. 148 S.

**Brennecke,** Jochen: Schwarze Schiffe — weite See. Die geheimnisvollen Fahrten deutscher Blockadebrecher. — Oldenburg i.O., Hamburg: Stalling 1958. 400 S.

**Brennecke,** Jochen: Schlachtschiff „Tirpitz". Das Drama der „Einsamen Königin des Nordens". Ein Tatsachenbericht mit einer seestrategischen Bilanz von Theodor Krancke. — Hamm i. W.: Dt. See-V. 1953. 179 S.

**Brookes,** Ewart: The gates of hell. — London: Jarrolds 1960. 144 S.
  Über die nach Rußland fahrenden Konvois.

**Buchheim,** Lothar-Günther: U-Boot-Krieg. Mit e. Essay von Michael Salewski. – München: Piper (1976). [Ohne Zählung mit zahlr. Abb.]

**Bulkley,** Robert J., Jr.: At close quarters: PT boats in the United States navy. Forew. by John F. Kennedy. — Washington: Naval History Division 1962. XXIV, 574 S.

**Burdick,** Charles B.: „Moro". The resupply of German submarines in Spain, 1939—1942. — In: Centr. Europ. Hist. 3 (1970), 256—284.

**Busch,** Fritz Otto: „Hood ist in die Luft geflogen." Das größte Schlachtschiff der Welt detoniert im Kampf mit Deutschlands Schlachtschiff „Bismarck". — Rastatt: Pabel 1960. 192 S.

**Busch,** Fritz Otto: Schwerer Kreuzer Prinz Eugen. Die Geschichte des fröhlichen Schiffes. — Hannover: Sponholtz 1958. 154 S.

**Busch,** Fritz-Otto: Tragödie am Nordkap. Untergang des Schlachtschiffes „Scharnhorst". Ein Tatsachenbericht. — Hannover: Sponholtz (1952). 147 S.

**Busch,** Fritz Otto: Zehn Zerstörer. Die Besetzung Narviks. — Hannover: Sponholtz 1959. 167 S.

**Busch,** Harald [Hrsg.]: So war der U-Bootkrieg. — Bielefeld: Dtsch. Heimat-V. 1952. 391 S.

**Busch,** Harald [Hrsg.]: So war der U-Boot-Krieg. 2. wesentl. erw. Aufl. — Bielefeld: Dtsch. Heimat-V. 1956. 472 S.

**Chevalier,** A.: Die deutschen meteorologischen Unternehmungen in der Arktis während des Krieges 1939—1945. — In: Marine-Rdsch. 50 (1953), 97—105.

**Clostermann,** Pierre: The big show (Le grand cirque, engl.) — New York: Random House 1951. 242 S.

**Cocchia,** Aldo [Comp.]: La difesa del traffico coll'Africa Settentrionale. T. 1: Dal 10 giugno 1940 al settembre 1941. — Roma: Ufficio Storico della Marina Militare 1958. 499 S.
  *(La Marina Italiana nella Seconda Guerra Mondiale. 2, 1.)*

**Cocchia,** Aldo: Sommergibili all'attacco. — Milano: Rizzoli 1955. 230 S.

**Condizioni** nelle quali la marina ha combattuto l'ultima guerra. — In: Docum. Vita ital. 2 (1952), 353—360.

**Conrady,** Heinz Dietrich von: Die Kriegsmarine und der letzte Kampf um Sewastopol im Mai 1944. — In: Wehrwiss. Rdsch. 11 (1961), 312—336.

**Conrady,** H. D. von: Die Kriegsmarine im Schwarzen Meer. 1941 bis 1944. — In: Marine-Rdsch. 53 (1956), 67—75.

**Cope,** Harley und Walter Karig: Battle submerged. — New York: Norton 1951. 244 S.

**Costello,** John [u.] Terry Hughes: Atlantikschlacht (The battle of the Atlantic, dt.) Der Krieg zur See 1939–1945. (Aus d. Engl. von Volkhard Matyssek.) – (Bergisch-Gladbach:) Lübbe (1978). 479 S.

**Cowie,** J. S.: Mines, minelayers and minelaying. 3. pr. — London: Oxford University Press 1957. 216 S.

**Cresswell,** John: Sea warfare, 1939—1945. (Red. ed.) — Berkeley: University of California Press 1967. 343 S.

**Dietzsch,** A.: Die letzte Fahrt der „Blücher". — In: Der Frontsoldat erzählt 18 (1954), 343—344.

**Dinklage,** Ludwig: Die deutsche Handelsflotte 1939–1945. Unter besonderer Berücksichtigung der Blockadebrecher. - Göttingen: Musterschmidt (1971).
  1. 537 S.
  2. [Von] Hans Jürgen Witthöft. 592 S.
  *(Studien und Dokumente zur Geschichte des Zweiten Weltkrieges. 5a. 5b.)*

**Dinklage,** Ludwig: Die deutsche Handelsmarine im zweiten Weltkrieg. — In: Marine-Rdsch. 50 (1953), 85—95.

**Dobson,** Christopher, John Miller [u.] Ronald Payne: Die Versenkung der „Wilhelm Gustloff" (The cruellest night, dt. Berecht. Übers. von Ilse Winger.) – Hamburg: Zsolnay 1979. 231 S.

**Dönitz,** Karl: Deutsche Strategie zur See im Zweiten Weltkrieg. Die Antworten des Großadmirals auf 40 Fragen. (Aus d. Französ.) — Frankfurt a.M.: Bernard & Graefe 1970. 230 S.
  Französ. Ausg. u. d. T.: La guerre en 40 questions.

**Fahrmbacher,** Wilhelm und Walter Matthiae: Lorient. Entstehung und Verteidigung des Marinestützpunktes 1940—1945. — Weissenburg: Prinz-Eugen-Verl. 1955. 135 S.

**Fane,** F. D. und Don W. Moore: The naked warriors. — In: US Naval Inst. Proceedings 82 (1956), 913—922.

**Fioravanzo,** Giuseppe: Fiamme gialle sul mare. Storia del naviglio della Guardia di Finanza durante el conflitto 1940—1945. — Roma: Stato Maggiore della Marina 1955. VIII, 286 S.

**Fioravanzo,** R. G. [Ed.]: La marina italiana nella seconda guerra mondiale. — Roma: Ufficio storico della Marina Militare.
  Vol. 2. La guerra nel Mediterraneo. Le azioni navali.
   Tomo 1. Dal 10 giugno 1940 al 31 marzo 1941. 1959. VIII, 519 S.
   Tomo 2. Dal 1 aprile 1941 all' 8 settembre 1943. 1960. VIII, 468 S.

Die Sowjet-Flotte im Zweiten Weltkrieg (Boevoj put' sovetskogo voennomorskogo flota, dt.) [Von] N[ikolaj] A[lekseevič] Piterskij [u. a.] (Übers. aus d. Russ. ins Dtsch.: Erich Ferdinand Pruck.) Im Auftr. d. Arbeitskreises f. Wehrforschung hrsg. u. komm. von Jürgen Rohwer. — Oldenburg: Stalling (1966). 581 S.

**Forester,** C. S.: Hunting the Bismarck. — London: M. Joseph 1959. 110 S.

**Frank,** Wolfgang und Bernhard Rogge: Schiff 16. Die Kaperfahrt des schweren Hilfskreuzers „Atlantis" in den sieben Weltmeeren. — Oldenburg i. O.: Stalling 1955. 360 S.

**Frank,** Wolfgang: Die Wölfe und der Admiral. Der Roman der U-Boote. — Oldenburg i. O., Hamburg: Stalling (1953) 552 S.

**Freyer,** Paul Herbert: Der Tod auf allen Meeren. Ein Tatsachenbericht zur Geschichte des faschistischen U-Boot-Krieges. — (Berlin:) Dtsch. Militärverl. (1970). 390 S.

**Frischauer,** Willi und Robert Jackson: The Altmark affair. — New York: Macmillan 1955. 253 S.

**Führungsprobleme** der Marine im Zweiten Weltkrieg. [Von] Heinrich Schuur, Rolf Martens [u.] Wolfgang Koehler. - Freiburg: Rombach 1973. 150 S.
*(Einzelschriften zur militärischen Geschichte des Zweiten Weltkrieges. 12.)*

**Giacomo,** Antonio de: Sommergibili italiani nell' Atlantico. — Roma: L'Arnia 1950. 184 S.

**Gill,** G. Hermon: Royal Australian Navy, 1939—1942. — Canberra: Australian War Memorial; Angus & Robertson 1958. XVIII, 686 S.
*(Australia in the War of 1939—1945. Series Two [Navy]. 1.)*

**Giorgerini,** Giorgio: La battaglia dei convogli in Mediterraneo. - Milano: Mursia 1977. 248 S.

**Grenfell,** Russel: Jagd auf die „Bismarck". Übers.: Wolfgang Kähler. — Tübingen: Schlichtemayer 1953. 214 S.

**Gretton,** Peter: Atlantik 1943 (Crisis convoy, dt.) Wende im U-Boot-Krieg. Ins Dtsch. übertr. von Hans Berenbrok. - Oldenburg: Stalling 1975. 160 S.

**Grinnell**-Milne, Duncan: Der stille Sieg (The silent victory, dt.) Schicksalhafter September 1940. Aus d. Englischen. — Tübingen: Schlichtenmayer 1958. 200 S.

**Grinnell**-Milne, Duncan: The silent victory. — London: Bodley Head 1958. 206 S.
Über den Anteil der Royal Navy an der Schlacht um England.

**Gröner,** Erich: Die Schiffe der deutschen Kriegsmarine und Luftwaffe 1939—1945 und ihr Verbleib. — München: Lehmann 1954. 84 S.

**Guierre,** Maurice: La victoire des convois. — Paris: Amiot-Dumont 1954. 280 S.

**Guyon** [Capitaine de Corvette]: Terre-Neuve, le Groenland et l'Islande dans la stratégie navale de 1941 à 1945. — In: Rev. Déf. nat. 16 (1953), 171—187.

**Hart,** Sidney: Discharged dead. A true story of Britain's submarines at war. — London: Othoms Press 1956. 208 S.

**Healiss,** Ronald: Adventure „Glorious". — London: Muller 1956. 144 S.

**Herlin,** Hans: Verdammter Atlantik. Schicksale deutscher U-Boot-Fahrer. Dokumentation: Carl-Heinz Mühmel. — Hamburg: Nannen 1959. 428 S.

**Herwig,** Holger H.: Prelude to Weltblitzkrieg. Germany's naval policy toward the United States of America, 1939–41. - In: J. mod. Hist. 43 (1971), 649–668.

**Herzog,** Bodo: U-Boote im Einsatz. U-boats in action. 1939–1945. Eine Bilddokumentation. — (Dorheim:) Podzun (1970). 256 S.

**Hetzlet,** Arthur R.: La guerra subacquea. Il sottomarino e il potere marittimo. — Firenze: Sansoni 1969. 337 S.

**Heydel,** Hugo: Entstehung und Erfahrungen der deutschen Donauflottille. — In: Marine-Rdsch. 50 (1953), 176—183.

**Heydel,** Hugo: Der englische Handstreich auf St. Nazaire (27. 3. 1942). — In: Marine-Rdsch. 50 (1953), 45—49.

**Heydel,** Hugo: Sicherungsstreitkräfte im Westeinsatz 1939—43. — In: Marine-Rdsch. 51 (1954), 55—65.

**Heye,** Hellmuth: Marine-Kleinkampfmittel. — In: Wehrkunde 8 (1959), 413—421.

**Huan,** C.: Der Vorstoß der deutschen Kreuzer am 31. Dezember 1942. — In: Marine-Rdsch. 55 (1958), 285—300.

**Hümmelchen,** Gerhard: Der Angriff gegen die Konvois H. G. 53 und S. L. S. 64. Die erste geglückte kombinierte Operation von Unter- und Überwasserstreitkräften und Flugzeugen im Atlantik im Februar 1942. — In: Marine-Rdsch. 58 (1961), 18—21.

**Hümmelchen,** Gerhard: Der Einsatz der Hilfskreuzer im Rahmen der deutschen Seekriegsführung 1940—43. Unter Berücksichtigung d. Handelskriegsoperationen der Schlachtschiffe und schweren Kreuzer 1939—42. [T. 1. 2.] — o. O. 1957. XV, 314 Bl., Bl. 315—458. [Masch. vervielf.]
*Heidelberg, phil. Diss. 20. März 1959.*

**Hümmelchen,** Gerhard: Die Handelskriegsoperationen der deutschen Panzerschiffe 1939. — In: Marine-Rdsch. 56 (1959), 333—345.

**Hümmelchen,** Gerhard: Handelsstörer. Handelskrieg dt. Überwasserstreitkräfte im zweiten Weltkrieg. (Hrsg. in Zsarb. mit d. Arbeitskreis f. Wehrforschung.) — München: Mercator Verl. (1960). 557 S.

**Hümmelchen,** Gerhard: Der Untergang der Zerstörer „Z 1" und „Z 3". — In: Marine-Rdsch. 55 (1958), 62—65.

**Iachino,** Angelo: Operazione mezzo giugno. Episodi dell'ultima guerra sul mare. — Milano: Mondadori 1955. 347 S.

**Jacobsen,** Hans-Adolf und Jürgen Rohwer: Planungen und Operationen der deutschen Kriegsmarine im Zusammenhang mit dem Fall „Gelb". — In: Marine-Rdsch. 57 (1960), 65—78.

**Jameson,** William: „Ark Royal", 1939—1941. — London: Hart-Davis 1957. 371. S

**Jouan,** R. J.: La marine allemande dans la seconde guerre mondiale. — Paris: Payot 1949. 304 S.

**Ito,** Masanori und Roger Pineau: The end of the Imperial Japanese navy. Transl. by Andrew Y. Kuroda and Roger Pineau. — London: Weidenfeld & Nicolson 1963. 240 S.

**Kabbadias,** Epameinondas P.: Ho nautikos polemos tu 1940 hopos ton ezesa. — Athenai: Pyrsos 1950. VIII, 735 S.

**Kähler,** Wolfgang: Der Durchbruch der Schlachtschiffe durch den Kanal am 12. 2. 1942. — In: Wehrwiss. Rdsch. 2 (1952), 171—176.

**Kähler,** Wolfgang: Das Kriegsschicksal der „Gneisenau". — In: Seekiste 1 (1951); 20—30.

**Kammerer,** Albert: La passion de la flotte française. — Paris: Fayard 1951. 574 S.

**Kemp,** Peter: H. M. destroyers. — London: Jenkins 1956. 237 S.

**Kemp,** P. K.: Victory at sea. — London: Muller 1958. 383 S.

**Kennedy,** Ludovic: Versenkt die Bismarck (Pursuit, dt.) Triumph und Untergang des stärksten Schlachtschiffes der Welt. (Aus dem Engl. übertr. von Hans E. Hausner.) – München: Molden 1975. 276 S.

**Kirin,** I. D.: Černomorskij flot v bitve za Kavkaz. — Moskva: Voenizdat 1958. 199 S.

**Knackstedt,** Heinz: Der Altmark-Zwischenfall. — In: Wehrwiss. Rdsch. 9 (1959), 391—411 und 466—486.

**Kramer,** Hans: Über den Seekrieg Italiens 1940-1943. - In: Zeitgesch. 2 (1974/75), 257–265.

**Krancke,** Theodor und Jochen Brennecke: Das glückhafte Schiff. Kreuzerfahrten des „Admiral Scheer". — Biberach a. d. Riß: Koehler 1956. 360 S.

**Kühn,** Volkmar: Torpedoboote und Zerstörer im Einsatz, 1939-1945. - Stuttgart: Motorbuch-Verl. 1974. 382 S.

**Leoni,** Mario: Sangue di marinai. — Milano: Ed. Europea 1954. 236 S.

**Lesch,** Hans: Mit „Admiral Scheer" in südlichen Gewässern. — In: Der Frontsoldat erzählt 18 (1954), 299—301.

**Lesch,** Hans: „Admiral Scheer" jagt Geleitzug. — In: Der Frontsoldat erzählt 17 (1953), 339—340.

**Levi,** A. [Comp.]: Attività dopo l'armistizio. T. 2; Avvenimenti in Egeo. — Roma: Ufficio Storico della Marina Militare; Garzanti 1957. XXXI, 656 S. *(La Marina Italiana nella Seconda Guerra Mondiale. 5.)*

**Lipiński,** Jerzy: Druga wojna światowa na morzu. Wydanie 3e. — Gdańsk: Wydawnictwo Morskie 1970. 720 S.

**Lockwood,** Charles A. und Hans Christian Adamson: Hellcats of the sea. With a foreword by Chester W. Nimitz. — New York: Greenberg 1955. XIII, 335 S.

**Lockwood,** Charles A[ndrews]: Sie jagten Nippons Flotte (Sink 'em all, dt.) Die amerikanischen U-Boote im Pazifik 1941—1945. Hrsg. u. komm. von Günter Schomaekers. Mit e. Vorw. von Chester W. Nimitz. Vorw. f. d. dt. Ausg. von Karl Dönitz. Mit e. biogr. Anh. über Charles A. Loockwod u. Richard H. O'Kane. Bibliographie über den amerikan. U-Boot-Krieg im Pazifik. — Krefeld: Rühl (1964). 491 S

**Lott,** Arnold S.: Most dangerous sea. A history of mine warfare and an account of US Navy mine warfare operations in World War II and Korea. — Annapolis: US Naval Institute 1959. 330 S.

**Lundeberg,** Philip K.: German naval literature of world war II. A bibliographical survey. — In: US Naval Inst. proceed. 82 (1956), 95—106.

**Lusar,** Rudolf: Minen in der neuzeitlichen Seekriegführung. — In: Militärpol. Forum 3 (1954), H. 3, 34—41.

**Lusar,** Rudolf: Seehunde, Molche, Hechte. Von Kleinstkampfmitteln der Kriegsmarine. — In: Der Frontsoldat erzählt 16 (1952), 214—215.

**Lusar,** Rudolf: Wie die „Tirpitz" vernichtet wurde. — In: Militärpol. Forum 3 (1954), H. 11, 38—43

**Lusar,** R.: Wo blieben unsere Schlachtschiffe? — In: Der Frontsoldat erzählt 16 (1952), 327—328.

(**Lusar,** Rudolf:) Wo blieben unsere Torpedoboote? — In: Der Frontsoldat erzählt 17 (1953), 180—182.

**Macintyre,** Donald: U-boat killer. — London: Weidenfeld & Nicolson 1956. XII, 179 S.

**Mantello,** H. H.: Das Ende des Schlachtschiffes „Tirpitz". — In: Dtsch. Soldaten-Ztg. 4 (1954), Nr 28, 3.

La **marina** italiana nella guerra di liberazione. — In: Docum. Vita ital. 1 (1951); 11—16.

La **marina** italiana nella seconda guerra mondiale. Navi perduti. Tom. 2: Navi mercantili. — Roma: Ist. Poligr. dello Stato 1952. 357 S.

La **marina** italiana nella seconda guerra mondiale. — Roma: Ufficio Storico della Marina Militare.
5. Attività dopo l'armistizio. Tomo 2: Avvenimenti in Egeo. 1958. XXXI, 658 S.
7. Cocchia, Aldo: La difesa del traffico con l'Africa settentrionale. Dal 1 ottobre 1941 al 30 settembre 1942. 1962. XXII, 557 S.
10. Le operazioni in Africa orientale. Compilatore: Pier Filippo Lupinacci; Revisore: Aldo Cocchia. 1961. XIII, 261 S.
11. Attività della marina in Mar Nero e sul Lago Ladoga. Compilatore: Pier Filippo Lupinacci; Revisore: Aldo Cocchia. 1962. 178 S.
15. La marina dall' 8 settembre 1943 alla fine del conflitto. Compilatore: Giuseppe Fioravanzo. 1962. XIV, 413 S.

La **marina** militare italiana nel Mar Nero (Maggio 1942—aprile 1943). — In: R. maritt. 81 (1949), 275—288.

**Masson,** Philippe: Les grandes étapes de la bataille de l'Atlantique. — In: Rev. Hist. deux. Guerre mond. 18 (1968), H. 69, 3—28.

**Meier-**Dörnberg, Wilhelm: Die Ölversorgung der Kriegsmarine 1935–1945. - Freiburg: Rombach 1973. 111 S. *(Einzelschriften zur militärischen Geschichte des Zweiten Weltkrieges. 11.)*

**Meister,** Jürg: Die jugoslawische Marine in der Adria 1941—45. — In: Marine-Rdsch. 60 (1963), 137—152.

**Meister,** Jürg: Der Seekrieg in den osteuropäischen Gewässern 1941—45. — München: Lehmann 1957. 392 S.

**Meister,** Jürg: Der Seekrieg im finnisch-russischen Winterkrieg 1939/40. — In: Marine-Rdsch. 55 (1958), 66—73.

**Meister,** Jurg: Unternehmen „Wunderland". Schwerer Kreuzer „Admiral Scheer" in der Kara-See. 16.—31. August 1942. — In: Marine-Rdsch. 52 (1955), 1—8.

**Meyer-**Brenkhof, H.-J.: Die Operationen PQ.13/QP.9 im Nordmeer im März 1942. - In: Marine-Rdsch. 74 (1977), 10–17.

**Michaux,** Theo: Rohstoffe aus Ostasien. Die Fahrten der Blockadebrecher. — In: Wehrwiss. Rdsch. 5 (1955), 485—507.

**Michel,** H.: La passion de la flotte française. — In: Rev. Hist. deux. Guerre mond. 1 (1951), H. 3, 72—77.

**Middlebrook,** Martin [u.] Patrick Mahoney: Schlachtschiffe (Battleship, dt. Aus d. Engl. von Klaus G. Ehrhardt.) — (Berlin:) Ullstein (1978). 267 S.

**Mielke,** Otto: M. S. „Wilhelm Gustloff" (1938—1945). Katastrophe bei Nacht (21. Januar 1945). — München: Moewig 1953. 31 S.

**Mielke,** Otto: In drei Minuten sank die „Barham". — In: Der Frontsoldat erzählt 16 (1952), 90—91.

**Mohr,** Ulrich und A. V. Sellwood: „Atlantis". The story of a German surface raider. — London: Laurie 1955. XX, 246 S.

**Monsarrat,** Nicholas: The cruel sea (1939—1945). — London: Cassell 1953. 416 S.

**Mordal,** Jacques: La bataille de Dakar. — Paris: Ozanne 1956. 318 S.

**Mordal,** Jacques: La bataille navale de Dakar. — In: Rev. deux Mondes, 15. Sept. 1955, 307—324.

**Mordal,** Jacques: La croisière de l'Admiral Graf Spee. — In: Miroir de l'Histoire 1955, H. 68, 269—278.

**Mordal,** Jacques: Dakar. — In: Miroir de l'Histoire 1955, H. 69, 479—487.

**Mordal,** Jacques: La marine française à l'épreuve. De l'armistice de 1940 au procès de l'amiral Auphan. — Paris: Plon 1956. 250 S.

**Mordal,** Jacques: Die französische Marine im Zweiten Weltkrieg. — In: Marine-Rdsch. 54 (1957), 235—251.

**Mordal,** Jacques: The French navy at Dunkirk, May—June 1940. — In: US Naval Institute Proceed. 85 (1959), H. 2, 31—45.

**Mordal,** Jacques: 27 novembre 1942. Sabordage de la flotte française. — In: Miroir de l'Histoire 1954, H. 59, 711—718.

**Mordal,** Jacques: Le retour de la flotte à Toulon, 13 septembre 1944. — In: Rev. hist. Armée 14 (1958), H. 4, 137—154.

**Mordal,** Jacques: La tragédie de Mers-el-Kebir. — In: Miroir de l'Histoire 1955, H. 66, 66—74.

**Morison,** Samuel Eliot: The Atlantic battle won. May 1943 — May 1945. — Boston: Little, Brown & Co. 1956. 400 S.
*(History of United States Naval Operations in World War II. 10.)*

**Morison,** Samuel Eliot: Leyte, June 1944—January 1945. — Boston: Atlantic; Little, Brown & Co. 1958. XXV, 445 S.
*(History of United States Naval Operations in World War II. 12.)*

**Morison,** Samuel Eliot: The liberation of the Philippines. Luzon, Mindanao, the Visayas 1944—1945. — Boston: Atlantic; Little, Brown & Co. 1959. XXVII, 338 S.
*(History of the United States Naval Operations in World War II. 13.)*

**Morison,** Samuel Eliot: Supplement and general index. — Boston: Atlantik; Little, Brown & Co. 1962. XX, 371 S.
*(History of United States Naval Operation in World War II. 15.)*

**Morison,** Samuel Eliot: Victory in the Pacific 1945. — Boston: Atlantic; Little, Brown & Co. 1960. XXV, 407 S.
*(History of the United States Naval Operations in World War II. 14.)*

**Morison,** Samuel Eliot: The two-ocean war. A short history of the United States Navy in the second world war. — London: Oxford University Press 1963. 611 S.

**Müller,** Klaus-Jürgen: Die britischen Aktionen gegen die französische Flotte vom Juli 1940 im Rahmen der britischen Frankreichpolitik. — In: Marine-Rdsch. 53 (1956), 144—155.

**Müller,** Theo: ... verdienen vollste Anerkennung. Artilleriegefechte des Hilfskreuzers „Thor". — In: Der Frontsoldat erzählt 19 (1955), 235—237.

**Neuerburg,** Otto K. W.: Der Landtransport von U-Booten zum Schwarzen Meer. — In: Marine-Rdsch. 52 (1955), 155—161.

**Niehaus,** Werner: Die Radarschlacht 1939—1945. Die Geschichte des Hochfrequenzkrieges. — Stuttgart: Motorbuch-Verl. 1977. 246 S.

**Nowarra,** Heinz J.: Geleitzugschlachten im Mittelmeer. — Friedberg: Podzun-Pallas [1978]. 159 S.

**Ohmae,** Toshikazu: Die strategischen Konzeptionen der japanischen Marine im Zweiten Weltkrieg. — In: Marine-Rdsch. 54 (1957), 179—203.

**Ohmae,** Toshikazu: Die japanischen Operationen im Bereich des Indischen Ozeans. — In: Marine-Rdsch. 55 (1958), 49—54.

**Omang,** Reidar: Altmark-Saken 1940. Aktstykker i det Kgl. Utenriksdepartements Arkiv. — Oslo: Gyldendal 1953. 309 S.

**Opium,** Erz, Öle. Vom wagemutigen Einsatz der deutschen Blockadebrecher. — In: Der Frontsoldat erzählt 18 (1954), 245—247.

**Operationsgebiet** östliche **Ostsee** und der finnisch-baltische Raum 1944. — Stuttgart: Dt. Verl.-Anst. 1961. 186 S.
*(Beiträge zur Militär- und Kriegsgeschichte. 2.)*

**Panov,** Nikolaj: Morskie povesti. — Moskva: Sovetskij Pisatel 1954. 431 S.
Über den Seekrieg in der Ostsee.

**Peillard,** Léonce: L'affaire du „Laconia". — Paris: Laffont 1961. 320 S.

**Peillard,** Léonce: Geschichte des U-Boot-Krieges 1939 bis 1945 (Histoire générale de la guerre sousmarine 1939 à 1945, dt.) (Aus d. Französ. übertr. von Hans Sokol u. Wilhelm Rudolf.) — Berlin: Neff (1970). 471 S.

**Peillard,** Léonce: Histoire générale de la guerre sous-marine, 1939—1945. — Paris: Laffont 1970. 456 S.
*(L'Histoire que nous vivons.)*

**Peillard,** Léonce: Affäre Laconia (L'affaire du Laconia, dt.) 12. September 1942. (Aus d. Franz. übertr. von Hans W. Braunert.) — Wien, Berlin, Stuttgart: Neff 1963. 326 S.

**Peillard,** Léonce: Die Schlacht im Atlantik (La bataille de l'Atlantique, dt.) (Aus d. Französ. übertr. von A. Frank.) — Berlin: Neff 1974. 614 S.

**Peillard,** Léonce [Sylvain]: Versenkt die Tirpitz! (Coulez le Tirpitz!, dt.) Ein Tatsachenbericht. (Aus d. Französ. übertr. von Joachim A[rmin] Frank.) — Berlin: Neff [1965]. 399 S.

**Penzin,** Konstantin Vasil'evič: Černomorskij flot v oborone Odessy (1941 god). — Moskva: Voenizdat 1956. 125 S.

**Petacco,** Arrigo: Le battaglie navali del Mediterraneo nella seconda guerra mondiale. – Milano: Mondadori 1976. 250 S.

**Peter,** Karl: Schlachtkreuzer „Scharnhorst". Kampf und Untergang. — Berlin, Darmstadt, Bonn: Mittler 1951. 75 S.

**Petter,** E. B. und Chester W. Nimitz [Ed.]: The great sea war. The Story of naval action in World War II. — Englewood Cliffs, N. J.: Prentice-Hall 1960. 477 S.

**Philippon,** [Capitaine de Vaisseau]: S. et G. — Paris: France-Empire 1958. 270 S.
 Über die Schlachtschiffe „Scharnhorst" und „Gneisenau".

**Pope,** Dudley: The battle of the river Plate. — London: Kimber 1956. XVIII, 259 S.

**Pope,** Dudley: Flag 4. The battle of coastal forces in the Mediterranean. Foreword by Sir Rhoderick R. McGrigor. — London: Kimber (1954), XV, 300 S.

**Pope,** Dudley: 73 North. The battle of the Barents Sea. — London: Weidenfeld & Nicolson 1958. 320 S.

**Pope,** Dudley: Graf Spee. The life and death of a raider. 2. impr. — Philadelphia: Lippincott 1957. 256 S.

**Posàr-**Giuliano, Guido: Naufragio in Dalmazia 1941–1943. — Trieste: Monciatti 1956. 246 S.

**Potter,** E. B. und Chester W. Nimitz: The great sea war. The story of naval action in World War II. — London: Harrap 1962. 468 S.

**Potter,** John Deane: Durchbruch (Fiasco, dt.) Die Heimkehr der Schlachtschiffe Scharnhorst und Gneisenau. (Dtsch. von Thomas Höpfner.) — Hamburg: Zsolnay (1970). 282 S.

**Powell,** Michael: Death in the South Atlantic. The last voyage of the „Graf Spee". — New York: Rinehart 1957. 247 S.

**Powell,** Michael: Die Schicksalsfahrt der „Graf Spee". (Graf Spee. dt.) Übertr. aus d. Englischen. — Bern: Scherz 1957. 262 S.

**Rasenack,** F. W.: Panzerschiff „Admiral Graf Spee". Kampf, Sieg und Untergang. Tagebuch-Aufzeichnungen. — Biberach a. d. Riß: Koehler 1957. 200 S.

**Rayner,** Denys Arthur: Escort. The battle of the Atlantic. Ed. by S. W. Radkill. — London: Kimber 1955. 250 S.

**Reinicke,** H. J.: The German side of the Channel dash. — In: US Naval Inst. Proceed., Juni 1955, 637—646.

**Rempel,** W. und U. Schreier: Auf verlorenem Posten im Indik. Deutsche U-Bootgruppe im japanischen Südraum. — In: Der Frontsoldat erzählt 17 (1953), 276—279.

**Reußner,** A.: La marine américaine au combat. — In: Rev. Hist. deux. Guerre mond. 2 (1952), H. 8, 36—45.

**Riesenberg,** Felix jr.: Sea war. The story of the US merchant marine in World War II. — New York: Rinehart 1956. 320 S.

**Robertson,** Terence: Channel dash. The German battle fleet's escape through the English channel. — New York: Dutton 1958. 268 S.
 Dtsch. Ausg. u. d. T.: Sie wagten das Äußerste. Der abenteuerliche Durchbruch deutscher Schlachtschiffe durch den Ärmelkanal. — Bern, Stuttgart, Wien: Scherz (1958). 228 S.

**Robertson,** Terence: Jagd auf die „Wölfe". Der dramatische Kampf der britischen U-Boot-Abwehr im Atlantik. — Oldenburg i. O.: Stalling 1960. 240 S.

**Robertson,** T.: Le loup de l'Atlantique. Traduit de l'anglais par Jean Gravrand. — Paris: Amiot-Dumont 1956. 202 S.

**Rogge,** Bernhard: Erfahrungen in der Menschenführung und Menschenbehandlung auf einem Hilfskreuzer in den Jahren 1939–1942. — In: Wehrwiss. Rdsch. 2 (1952), 264—275.

**Rohwer,** J(ürgen) u. G(erhard) Hümmelchen: Chronik des Seekrieges. 1939—1945. Hrsg. vom Arbeitskreis f. Wehrforschung u. von d. Bibliothek f. Zeitgeschichte. — (Oldenburg:) Stalling (1968). 655 S.

**Rohwer,** Jürgen: Über den Einsatz von U-Booten im Zweiten Weltkrieg. — In: Wehrwiss. Rdsch. 6 (1956), 152—157. Literaturbericht.

**Rohwer,** Jürgen: Die Erfolge deutscher U-Boote im Nordmeer. 1941—1945. — In: Marine-Rundschau 62 (1965), 92—93.

**Rohwer,** Jürgen: Geleitzugschlacht im Eismeer. Die Operation gegen den Convoy JW 59 vom 20. bis 24. 8. 1944 — In: Marine-Rdsch. 51 (1954), 138—199.

**Rohwer,** Jürgen: Geleitzugschlachten im März 1943. Führungsprobleme im Höhepunkt der Schlacht im Atlantik. Hrsg. vom Arbeitskreis für Wehrforschung. – Stuttgart: Motorbuch-Verl. 1975. 356 S.

**Rohwer,** Jürgen: Das italienische Seekriegswerk. — In: Wehrwiss. Rdsch. 8 (1958), 293—295.

**Rohwer,** Jürgen: U-Boote. Eine Chronik in Bildern. — Oldenburg, Hamburg: Stalling (1962). 95 S.

**Rohwer,** Jürgen: Die U-Boot-Erfolge der Achsenmächte. 1939—1945. Hrsg. von der Bibliothek f. Zeitgeschichte. — München: J. F. Lehmann (1968). XXIV, 376 S.
 *(Dokumentationen der Bibliothek für Zeitgeschichte. 1.)*

**Rohwer,** Jürgen: Die sowjetischen U-Booterfolge in der Ostsee im Zweiten Weltkrieg. — In: Marine-Rdsch. 65 (1968), 427—439.

**Rohwer,** Jürgen: Die sowjetische U-Bootwaffe in der Ostsee 1939–1945. — In: Wehrwiss. Rdsch. 6 (1956), 547—568.

**Rohwer,** Jürgen: Die Versenkung der jüdischen Flüchtlingstransporter Struma und Mefkure im Schwarzen Meer ⟨Februar 1942, August 1944⟩. Historische Untersuchung. — Frankfurt a. M.: Bernard & Graefe 1965. 153 S.
 *(Schriften der Bibliothek für Zeitgeschichte. 4.)*

**Ronarch,** Pierre Jean: L'évasion du „Jean Bart", juin 1940. — Paris: Flammarion 1951, 272 S.

**Roscoe,** Theodore: US submarine operations in World War II. — Annapolis, Md.: US Naval Institute 1950. 577 S.

**Roskill,** S. W.: The secret capture. — London: Collins (1959). 156 S.
  Über das Schicksal von U 110 im Jahre 1941.

**Roskill,** S. W.: The defensive. — London: H. M. Stationery Office (1954). XXII, 664 S.
  *(History of the Second World War. United Kingdom Military Series. The War at Sea 1939—1945. 1.)*

**Roskill,** Stephen W.: La marine dans la guerre. - In: Rev. Hist. deux. Guerre mond. 23 (1973), H. 90, 23–38.

**Roskill,** S. W.: The navy at war 1939—1945. — London: Collins 1960. 480 S.

**Roskill,** S. W.: Naval operations in the Red Sea 1940—1941. — In: J. Royal United Service Institution 102 (1957), H. 606, 211—215.

**Roskill,** S. W.: The war at sea 1939—1945. — London: H. M. Stationery Office.
  1. The defensive. 1954. XXII, 664 S.
  2. The period of balance. 1956. 523 S.
  *(History of the Second World War. United Kingdom Military Series.)*

**Roskill,** S. W.: The war at sea 1939—1945. — London: H. M. Stationery Office.
  3, 1. June 1943—May 1944. 1960. XV, 413 S.
  *(History of the Second World War. United Kingdom Military Series.)*

**Roskill,** S. W.: The war at sea 1939—1945. — London: H. M. Stationery Office.
  3,2. 1st June 1944—14th August 1945. 1961. XV, 502 S.
  *(History of the Second World War. United Kingdom Military Series.)*

**Roskill,** S. W.: H. M. S Warspite. — London: Collins 1957. 319 S.

**Ruge,** Friedrich: Minen und Minensuchen im zweiten Weltkrieg. — In: Nauticus 28 (1952), 137—147.

**Ruge,** Friedrich: Der Seekrieg 1939—1945. — Stuttgart: Koehler 1954. 330 S.

**Ruge,** Friedrich: Der Seekrieg 1939—1945. 3., erw. Aufl. — Stuttgart: Koehler [1969]. XIV, 324 S.

**Salewski,** Michael: Das Kriegstagebuch der deutschen Seekriegsleitung im Zweiten Weltkrieg. — In: Marine-Rdsch. 64 (1967), 137—145.

**Salewski,** Michael: Von Raeder zu Dönitz. Der Wechsel im Oberbefehl der Kriegsmarine 1943. - In: Militärgesch. Mitt. 1973, H. 2, 101–146.

**Schenk,** Reinhold: Seekrieg und Völkerrecht. Die Maßnahmen der deutschen Seekriegsführung im 2. Weltkrieg in ihrer völkerrechtlichen Bedeutung. Geleitw. von F. Ruge. — Köln, Berlin: Heymann 1958. 140 S.

**Schmalenbach,** P.: „Prinz Eugen" gibt Flankenschutz. Die letzten Einsätze schwerer Einheiten. — In: Der Frontsoldat erzählt 19 (1955), 51—52.

**Schönberg,** Hans: Kleinkampfmittel des Seekrieges. Einsatz u. Erfolg deutscher Marine-Kleinkampfmittel im 2. Weltkrieg. Erkenntnisse u. Folgerungen f. Gegenwart u. Zukunft. — In: Wehrkunde 13 (1964), 148—159.

**Schofield,** Brian B.: Der Untergang der Bismarck (Loss of the Bismarck, dt.) Wagnis, Triumph und Tragödie. (Die Übertr. ins Dtsch. besorgte Horst Willmann.) - Stuttgart: Motorbuch-Verl. 1976. 173 S.

**Schröder,** Josef: Deutschland und Italien im Spiegel der deutschen Marineakten (1935—1941). — In: Quellen u. Forschungen aus italien. Archiven u. Bibliotheken 52 (1972), 833—866.

**Schröder,** Josef: Weicholds Pläne zur „Aktivierung der Seekriegsführung" im Jahre 1943. — In: Wehrwiss. Rdsch. 19 (1969), 94—104.

**Schultz-**Siemens, Max: Windhunde der See. Wissenswertes über den Einsatz unserer Schnellboote im zweiten Weltkrieg. — In: Der Frontsoldat erzählt 18 (1954), 33—34.

**Schulze-**Hinrichs, Alfred: Strategie im Seekriege. — In: Wehrwiss. Rdsch. 1 (1951), H. 8, 1—7.

**Schulze-**Hinrichs, Alfred: „Zerstörer Zet vor". Zur Versenkung der „Edinburgh" am 2. Mai 1942. — In: Der Frontsoldat erzählt 17 (1953), 54—55.

**Seth,** Ronald: The fiercest battle. The story of North Atlantic Convoy O. N. S. 5, 22nd April — 7th May 1943. — London: Hutchinson 1961. 208 S.

**Simpas,** Marcos-Marios: Die griechische Marine im Zweiten Weltkrieg. Der Kampf einer kleinen Marine. - In: Marine-Rdsch. 74 (1977), 627–634.

**Sired,** Ronald: Enemy engaged. A naval rating with the Mediterranean fleet, 1942—1944. Ed. by F. C. Flynn. — London: Kimber 1957. 205 S.

**Smith,** C. Alphonso: Battle of the Caribbean. — In: US Naval Inst. Proceed., Sept. 1954, 976—982.

**Smith,** C. Alphonso: Martinique in World War II. — In: US Naval Inst. Proceed., Febr. 1955, 169—174.

**Sohler,** Herbert: Der deutsche U-Boot-Krieg 1939—1945 im Lichte des Völkerrechts. — o. O. (1949). 103 gez. Bl [Maschinenschr.]
  *Kiel, rechts- u. staatswiss. Diss. 31. Jan. 1950.*

**Sohler,** Herbert: U-Bootkrieg und Völkerrecht. Eine Studie über die Entwicklung des deutschen U-Bootkrieges 1939—1945 im Lichte des Völkerrechts. — Frankfurt a. M.: Mittler 1956.) 70 S.
  *(Marine-Rundschau. Beih. 1.)*

**Sokol,** A. E.: Seapower in the Mediterranean 1940—1943. — In: Mil. Rev. 36 (1956), August-Heft, 12—27.

**Steen,** Erik Anker: Norges Sjøkrig 1940—1945. Utg. ved den Krigshist. Avdeling. Bd 1. 2. — Oslo: Gyldendal 1954.

**Steen,** Erik Anker: Norges Sjøkrig 1940—1945. Utg. ved den Krigshist. Avdeling. Bd 3. — Oslo: Gyldendal 1956. 448 S.

**Steen,** Erik Anker: Norges Sjøkrig 1940—1945. Utg. ved den Krigshist. Avdeling. — Oslo: Gyldendal.
  4. Sjøforsvarets kamper og virke i Nord-Norge i 1940. 1958. 326 S.
  5. Sjøforsvarets organisasjon, oppbygging og vekst i Storbritannia. Handelsflåtens selvforsar. 1959. 242 S.
  6. Marinens operasjoner fra baser i Storbritannia m. v. Del 1. Fran juli 1940 til desember 1943. 1963. 440 S.
  7. Marinens operasjoner i arktiske farvann og i Island, på Grønland, Jan Mayen og Svalbard. 1960. 379 S.

**Steinweg,** Günther: Die deutsche Handelsflotte im zweiten Weltkrieg. Aufgaben und Schicksal. — Göttingen: O. Schwartz (1954). VIII, 178 S.

**Storm**-Bjerke, Helge: Klar til kamp. Beretningen om de norske motortorpedobåters innsats i Kanale og på Norskekysten under verdenskrigen 1940—1945. — Oslo: Gyldendal 1953. 192 S.

**Stratton,** Roy O.: Germany's secret naval supply service. — In: U. S. Naval Inst. Proc., Okt. 1953, 1085—1090.

**Terrell,** Edward: Admiralty brief. The story of inventions contributed to victory in the battle of the Atlantic. — London: Harrap 1958. 240 S.

**Thomas,** David Arthur: Crete 1941. The battle at sea. — London: A. Deutsch 1972. 224 S.

**Thomas,** David A[rthur]: Submarine victory. The story of British submarines in World War II. — London: Kimber 1961. 224 S.

**Thomer,** Egbert: Unter Nippons Sonne. (Deutsche U-Boote, Blockadebrecher und Basen in Fernost.) Nach Aufzeichnungen u. Berichten von Oskar Herwartz. — Minden: Köhler 1959. 248 S.

**Tuleja,** Thaddeus V.: Twilight of the sea gods. — New York: Norton 1958. 284 S.
  Dtsch.Ausg.u.d.T.: Die einsamen Schiffe. Kampf und Ende der deutschen Flotte 1939—1945. Aus d. Amerik. übertr. von Rudolf Andersch. — (Tübingen: Schlichtenmayer 1958.) 235 S.

**Turner,** John Frayn: Service most silent. The Navy's fight against enemy mines. — London: Harrap 1955. 200 S.

**United States naval chronology,** World War II. Prepared in the Naval History Division, Office of the Chief of Naval Operations, Navy Department. — Washington: Government Printing Office 1955. VII, 214 S.

**Valvatne,** Sigurd: Med norske ubåter i kamp. Forord av S. Storheil. — Bergen: Eide. 1954. 278 S.

**Varillon,** Pierre: Le sabordage de la flotte. — Paris: Amiot-Dumont 1954. 294 S.
  Toulon 1942.

**Vjunenko,** N. P.: Černomorskij flot v velikoj otečestvennoj vojne. — Moskva: Voenizdat 1957. 368 S.

**Von Der Porten,** Edward P.: La fine della marina tedesca, 1939-1945. - Milano: Longanesi 1972. 352 S.

**Von Der Porten,** Edward P.: Die deutsche Kriegsmarine im 2. Weltkrieg (The German navy in world war two, dt. Die Übertr. ins Dtsch. besorgte Horst Willmann. Marinefachl. Bearb. der dtsch. Ausg.: Hans Dehnert.) – Stuttgart: Motorbuch-Verlag 1975. 302 S.

**Vulliez,** Albert und Jacques Mordal: La tragique destinée du Scharnhorst. — Paris: Amiot-Dumont 1952. 240 S.

**Warren,** C. E. F. und J. Benson: Above us the waves. The story of midget submarines and human torpedos. — London: Harrap 1953. 256 S.

**Warren,** Charles Esme Thornton und James Benson: . . . und über uns die Wogen (Above us the waves, dt.) Geschichte d. britischen Torpedoreiter u. Kleinst-U-Boote 1942—1945. (Übers. von Siegfried H[einrich] Engel.) — Jugenheim a. d. Bergstraße: Koehler (1962). 223 S.

**Waters,** John M.: Blutiger Winter (Bloody winter, dt.) Höhepunkt und Ende der großen Geleitzugsschlachten im Atlantik Winter 1942/43. [Übers.: Günter Schonmaekers.] — München, Wels: Verl. Welsermühl [1970]. 267 S.

**Waters,** Sydney David: The Royal New Zealand Navy. — Wellington: Department of Internal Affairs, War History Branch 1956. XVI, 570 S.
  *(Official History of New Zealand in the Second World War 1939—1945.)*

**Watts,** Anthony J.: Der Untergang der Scharnhorst (The loss of the Scharnhorst, dt.) Höhepunkt und Wende des Kampfes um die Rußland-Konvois 1943. (Die Übertr. ins Dtsch. besorgte Heinz Werner.) – Stuttgart: Motorbuch-Verl. 1976. 160 S.

**Werner,** Herbert A.: Iron coffins. A personal account of the German U-boat battles of World War II. — New York: Holt, Rinehart & Winston 1969. 329 S.

**Weyher,** Kurt und Hans Jürgen Ehrlich: Vagabunden auf See. Die Kriegsfahrt des Hilfskreuzers „Orion" 1940/41. Ein Bericht. — Tübingen: Katzmann (1953). 298 S.

**Wie** „Bismarck" in den Großen Keller ging. — In: Der Frontsoldat erzählt 16 (1952), 87—89.

**Winton,** John: The forgotten fleet. The British Navy in the Pacific, 1944—1945. — New York: Coward-McCann 1970. 433 S.

**Woodrooffe,** Thomas: The battle of the Atlantic. — London: Faber & Faber (1965). 120 S.
  *(Men and events.)*

**Woodward,** David: The secret raiders. The story of the German armed merchant raiders in the second world war. — New York: Norton 1955. 288 S.

**Woodward,** David: The Tirpitz. The story, including the destruction of the Scharnhorst, of the campaigns against the German battleship. — London: Kimber (1953). 212 S.

**Woodward,** David: The „Tirpitz" and the battle of North Atlantic. — New York: Berkley 1957. 186 S.

**Zieb,** Paul W.: Logistische Probleme der Kriegsmarine. — Neckargemünd 1961: Scharnhorst Buchkameradschaft. 150 S.
  *(Die Wehrmacht im Kampf. 31.)*

### Luftkrieg

Royal Air Force 1939—1945. — London: H. M. Stationery Office.
  1. Richards, Denis: The fight at odds. (1954). XI, 430 S.
  2. Richards, Denis und Hilary St. George Saunders: The fight avails. (1954). IX, 415 S.

Royal **Air Force** 1939—1945. — London: H. M. Stationer Office.
   3. Saunders, Hilary St. George: The fight is won. 1954. IX, 441 S.

The **Army Air Forces** in World War II. — Chicago: University of Chicago Press.
   3. Europe. Argument to V—E Day, January 1944 to May 1945. Edited by Wesley Frank Craven and James Lea Cate. 1951. XXXIX, 948 S.

The **Army Air Forces** in World War II. — Chicago: University of Chicago Press.
   6. Men and planes. Ed.: Wesley Frank Craven and James Lea Cate. 1955. LII, 808 S.

The **Army Air Forces** in World War II. Ed. by Wesley Frank Craven and James Lea Cate. — Chicago: University of Chicago Press.
   7. Services around the world. 1958. 850 S.

**Atombomber** B 47 überm Ziel. — In: Der Frontsoldat erzählt 18 (1954), H. 1, 3—7.

**Bardua**, Heinz: Stuttgart im Luftkrieg. 1939—1945. Mit Dokumentaranhang. — Stuttgart: Klett [1968]. 288 S.
*(Veröffentlichungen des Archivs der Stadt Stuttgart. 23.)*

**Barjot**, P.: Die englische Marineluftwaffe im 2. Weltkrieg. — In: Marine-Rdsch. 52 (1955), 83.

**Barker**, Ralph: The thousand plan. The story of the first thousand bomber raids on Cologne. — London: Chatto & Windus 1965. 260 S.

**Barker**, Ralph: The ship-busters. The story of the R.A.F. torpedo bombers. — London: Chatto & Windus 1957. 272 S.

**Bartz**, Karl: Als der Himmel brannte. Der Weg der deutschen Luftwaffe. — Hannover: Sponholtz (1955). 268 S.

Bekker, Cajus [d. i. Hans-Dieter **Berenbrok**]: Angriffshöhe 4000. Ein Kriegstagebuch d. dt. Luftwaffe. — (Oldenburg u. Hamburg): Stalling (1964). 484 S.

**Bergander**, Götz: Dresden im Luftkrieg. - Köln: Böhlau 1977. XV, 341 S.

**Bishop**, Edward: The battle of Britain. — London: Allen & Unwin 1960. 235 S.

**Bishop**, Edward: Die Schlacht um England (The Battle of Britain, dt.) Übers. aus d. Engl. — München: Lehmann (1962). 190 S.

**Bloemertz**, Günther: Dem Himmel am nächsten. — Bonn: Verl. d. Europ. Bücherei (1952). 240 S.

**Blond**, Georges: Born to fly. Transl. by Mervyn Savill. — London: Souvenir Press 1956. 208 S.

Die **Bomben** auf Freiburg. Diskussion. — In: Nation Europa 6 (1956), H. 5, 53—62.

**Bonacina**, Giorgio: Comando bombardieri. Operazione Europa. L'offensiva aerea strategica degli alleati nella seconda guerra mondiale. - Milano: Longanesi 1975. 446 S.

**Bowman**, Gerald: War in the air. Forew. by Sir Philip Joubert. — London: Evans 1956. 224 S.

**Brandt**, L.: Die Bedeutung der Funkmeßtechnik im letzten Kriege. — In: Wehrwiss. Rdsch. 2 (1952), 161—170.

**Brickhill**, Paul: The dam busters. With a foreword by Lord Tedder. — London: Evans (1951). 269 S.
   Schilderung der Angriffe auf Moehne- und Edertalsperre sowie auf das Schlachtschiff „Tirpitz".

**Brunswig**, Hans: Feuersturm über Hamburg. Die Luftangriffe auf Hamburg im zweiten Weltkrieg und ihre Folgen. - Stuttgart: Motorbuch Verl. (1978). 472 S.

**Burdick**, Charles: L'avion à réaction allemand. — In: Rev. Hist. deux. Guerre mond. 11 (1961), H. 44, 21—38.

**Caidin**, Martin: The night Hamburg died. — New York: Ballantine 1960. 158 S.

**Clostermann**, Pierre: Die große Arena. [Le grand cirque, dt.] Erinnerungen eines französischen Jagdpiloten in der R.A.F. — (Bern:) Scherz (1951). 340 S.

**Collier**, [John] Basil: The battle of Britian. — London: Batsford 1962. 183 S.

**Collier**, Richard: Adlertag (Eagle day, dt.) (Aus d. Engl. von Adolf Himmel.) Die Luftschlacht um England, 6. August—15. September 1940. Mit e. Vorw. von Johannes Steinhoff. — Hamburg: Mosaik-Verl. (1966). 320 S.

**Collier**, Richard: The city that wouldn't die. — London: Collins 1960. 256 S.
   London 1941.

**Czesany**, Maximilian: Nie wieder Krieg gegen die Zivilbevölkerung. Eine völkerrechtliche Untersuchung des Luftkrieges. 1939—1945. — Graz: Selbstverl. d. Verf. 1961. 220 S.

**Czesany**, Maximilian: Vor 20 Jahren begann der Luftkrieg gegen Österreichs Städte. Die Stationen d. Bombenkrieges 1943 bis 1945: Wiener Neustadt, Wien, Graz, Salzburg, Innsbruck, Klagenfurt. — In: Nachrichtenbl. d. Verb. d. Bombengeschädigten — Kriegssachgeschädigten 7 (1963), H. 7/9, 4—6.

**Dahl**, Walther: Rammjäger. Das letzte Aufgebot. (Nach Originalunterlagen bearb. von F. R. K. Dahl.) — Heusenstamm (bei Offenbach am Main): Orion Verl. (1961). 263 S.

**De Belot**, R.: La guerra aeronavale nel Mediterraneo 1939—1945. — Milano: Longanesi 1971. 339 S.

**Debyser**, Félix: Les bombardements italiens contre les populations civiles françaises en juin 1940. Une légende qui renait. — In: Politico 23 (1958), 672—685.

**Dietrich**, Wolfgang: Kampfgeschwader 51 „Edelweiß". Eine Chronik aus Dokumenten und Berichten 1937-1945. - Stuttgart: Motorbuch-Verl. 1973. 344 S.

**Domarus**, Max: Der Untergang des alten Würzburg und seine Vorgeschichte. — (Wiesentheid: Selbstverl. d. Verf.) 1955. 184 S.

**Dugan**, James und Caroll Stewart: Ploesti. The great ground-air battle of 1st August 1943. — New York: Random House 1962. VIII, 407 S.

The **effects of the atomic bombs** at Hiroshima and Nagasaki. Report of the British Mission to Japan. — London: H. M. Stationery Office 1952. VI, 21 S.

Der **Einsatz** der englischen Luftwaffe während des deutschen Kanaldurchbruchs. 11./12. Februar 1942. — In: Marine-Rdsch. 52 (1955), 173—181.
    Übersetzung aus: Royal Air Force 1939—45, Bd. 1.

**Euler,** Helmuth: Als Deutschlands Dämme brachen. Die Wahrheit über die Bombardierung der Möhne-Eder-Sorpe-Staudämme 1943. - Stuttgart: Motorbuch-Verl. 1975. 224 S.

**Feuchter,** Georg W.: Die Bedeutung des Lufttransportes in der modernen Kriegführung. — In: Wehrwiss. Rdsch. 1 (1951), H. 6/7, 38—43 und H. 8, 29—35.

**Feuchter,** Georg W[erner]: Der Luftkrieg. Vom Fesselballon zum Raumfahrzeug. 2., verb. u. erw. Aufl. — Frankfurt a. M.: Athenäum Verl. 1962. 486 S.

**Fischer,** F.: Die Entwicklung der Luftabwehreinheiten des Heeres. — In: Militärpol. Forum 3 (1954), H. 1, 28—34.

**Fischer,** Josef: Köln 39 bis 45. Der Leidensweg einer Stadt. Miterlebt. — Köln: Bachem (1970). 208 S.

**Fitz Gibbon,** Constantine: The Blitz. — London: Wingate 1957. XV, 272 S.

**Frankland,** Noble: The bombing offensive against Germany. Outlines and perspectives. — London: Faber & Faber 1965. 128 S.

**Füßmann,** Werner-Erich: Schneller als der Tod. Tatsachenbericht vom Einsatz der Sanitätsflugzeuge der deutschen Luftwaffe im 2. Weltkrieg. — In: Der Frontsoldat erzählt 16 (1952), 203—205.

**Gaiser,** Gerd: Die sterbende Jagd. — München: Hauser 1954. 293 S.

**Garliński,** Józef: Hitler's last weapons, [engl.] The underground war against the V1 and V2. - (London:) Friedmann (1978). VIII, 244 S.

**Gaul,** W.: Die deutsche Luftwaffe während der Invasion 1944. — In: Wehrwiss. Rdsch. 3 (1953), 134—144.

**Gaul,** W.: Marinefliegerverbände und operative Luftwaffe im Einsatz über See 1939—1945. — In: Marine-Rdsch. 50 (1953), 24—27, 39—43, 65—76 und 106—114.

**Gentile,** Rodolfo: Storia delle operazioni aeree nella seconda guerra mondiale 1939—1945. — Roma: Associazione Culturale Aeronautica 1953. 446 S.

**Girbig,** Werner: Im Anflug auf die Reichshauptstadt. Die Dokumentation der Bombenangriffe auf Berlin, stellvertretend für alle deutschen Städte. — Stuttgart: Motorbuch-Verl. (1970). 247 S.

**Girbig,** Werner: Jagdgeschwader 5 „Eismeerjäger". Eine Chronik aus Dokumenten und Berichten 1941-1945. - Stuttgart: Motorbuch-Verl. 1975. 365 S.

**Girbig,** Werner: Start im Morgengrauen. Eine Chronik vom Untergang der deutschen Luftwaffe im Westen 1944/1945. - Stuttgart: Motorbuch-Verl. 1973. 280 S.

**Girbig,** Werner: 1000 Tage über Deutschland. Die 8. amerikanische Luftflotte im 2. Weltkrieg. — München: Lehmann (1964). 204 S.

**Gööck,** Roland: Die Sperrmauer ist getroffen! Ein Bericht über Zerstörung und Wiederaufbau im Edertal. — Korbach, Bad Wildungen: Bing [1954]. 36 S.

**Golücke,** Friedhelm: Luftkrieg gegen Kugellager. Der amerikanische Luftangriff vom 14. Oktober 1943 auf Schweinfurt als Modellfall des „Strategic Bombing". Teildruck. - Würzburg 1974. 663 S. [Unvollst.]
    *Würzburg, phil. Diss. vom 29. Mai 1974.*
    [Maschinenschr. vervielf.]

**Green,** William: Famous bombers of the second world war. — London: Macdonald (1960). 134 S.

**Groehler,** Olaf: Die faschistische deutsche Luftwaffe in der letzten Phase des zweiten Weltkrieges. - In: Z. Militärgesch. 10 (1971), 686—705.

**Grönwoldt,** Werner: Rammjäger im Bomberpulk. — In: Der Frontsoldat erzählt 17 (1953), 176—177.

**Gundelach,** Karl: Drohende Gefahr West. Die deutsche Luftwaffe vor und während der Invasion 1944. — In: Wehrwiss. Rdsch. 9 (1959), 299—328.

**Haarer,** A. E.: A cold-blooded business. Foreword by Lord Tedder. — London: Staples Press 1958. 208 S.

**Hadeler,** Wilhelm: Die Bewährung des Flugzeugträgers im Kriege. — In: Wehrwiss. Rdsch. 2 (1952), 335—341.

**Hampe,** Erich: Der zivile Luftschutz im Zweiten Weltkrieg. Dokumentation und Erfahrungsberichte über Aufbau und Einsatz. — Frankfurt a. M.: Bernard & Graefe 1963. XVI, 627 S.

**Handel-Mazzetti,** Frhr.: Die Bedeutung der Flugzeugträger im zweiten Weltkrieg und heute. — In: Wehrwiss. Rdsch. 2 (1952), 70—76.

**Hasenclever,** Hermann: Die Zerstörung der Stadt Remscheid. Hrsg. von der Ehrenhain-Stiftung mit freundlicher Unterstützung der Stadtverwaltung und der Stadtsparkasse Remscheid. — Remscheid: Loose-Durach Verl. o. J. XII, 152 S.

**Heilmann,** Willi: Alarm im Westen. — Waiblingen (Württ.): Leberecht (1951). 320 S.

**Heinkel,** Ernst: Der geheimnisvolle „Volksjäger" He 162. — In: Der Frontsoldat erzählt 18 (1954), 103—104.

**Herhudt von Rohden,** [Detlev]: Die Luftverteidigung des deutschen Heimatkriegsgebietes 1939—1945. ‹Überblick und Lehren.› — In: Adler 1 (1952) H. 1, 3—4.

**Herhudt von Rohden,** Hans-Detlef: Letzter Großeinsatz deutscher Bomber im Osten. — In: Europäische Sicherheit 1 (1951), H. 1, 21—27.

**Herington,** John: Air power over Europe 1944—1945. — Canberra: Australian War Memorial; Sydney: Angus & Robertson 1963. XIII, 539 S.
*(Australia in the War of 1939—1945. Series III. Air. 4.)*

**Herington,** John: Air war against Germany and Italy 1939—1943. — Canberra: Australian War Memorial; London: Angus & Robertson (1955). XVII, 731 S.
*(Australia in the War of 1939—1945. Series 3.)*

**Hoch,** Anton: Der Luftangriff auf Freiburg am 10. Mai 1940. — In: Vjh. Zeitgesch. 4 (1956), 115—144.

**Hoffmann,** Karl Otto: Die territoriale und taktische Gliederung der Luftflotte Reich am 1. 2. 1945. — In: Luftwaffenring 1955, H. 11, 8—10.

**Hoffmann,** Karl Otto: LN, die Geschichte der Luftnachrichtentruppe. — Neckargemünd: Vowinckel.
2. Der Weltkrieg.
T. 1. Der Flugmelde- und Jägerleitdienst 1939—1945. 1968. XV, 508 S.

**Hoffmann,** Karl Otto: Ln, die Geschichte der Luftnachrichtentruppe. - Neckargemünd: Vowinckel.
2. Der Weltkrieg.
T.2. Drahtnachrichtenverbindungen, Richtfunkverbindungen 1939–1945. 1973. XVI, 762 S.

**Holzmann,** Gustav: Der Einsatz der Flak-Batterien im Wiener Raum 1940 bis 1945. — Wien: Österr. Bundesverl. f. Unterricht, Wissenschaft u. Kunst 1970. 80 S.
*(Militärhistorische Schriftenreihe. 14.)*

**Hümmelchen,** Gerhard: Der Einsatz deutscher Luftstreitkräfte über der Nordsee vom 3. 9. 1939—9. 5. 1940. — In: Marine-Rdsch. 55 (1958), 301—311.

**Hümmelchen,** Gerhard: Unternehmen „Eisstoß". Der Angriff der Luftflotte 1 gegen die russische Ostseeflotte im April 1942. — In: Marine-Rdsch. 56 (1959), 226—232.

**Jablonski,** Eduard: Doppelschlag gegen Regensburg und Schweinfurt (Double strike, dt.) Schulbeispiel oder Fehlschlag eines großen Bomberangriffs 1943. (Die Übertr. ins Dtsch. besorgte Richard Buschmann.) - Stuttgart: Motorbuch-Verl. 1975. 309 S.

**Jacobsen,** Hans-Adolf: Der deutsche Luftangriff auf Rotterdam (14. Mai 1940). Versuch einer Klärung. — In: Wehrwiss. Rdsch. 8 (1958), 257—284.

**Janis,** Irving L.: Air war and emotional stress. — New York: McGraw-Hill 1951. 280 S.

**Iklé,** Fred Charles: The social impact of bomb destruction. — Norman: University of Oklahoma Press 1958. 250 S.

**Inoguchi,** Rikihei [u. a.]: The divine wind. Japan's Kamikaze force in World War II. — Annapolis: U.S. Naval Institute 1958. 240 S.

**Johnen,** Wilhelm: Duell unter den Sternen. Ein Tatsachenbericht über die deutsche Nachtjagd im Zweiten Weltkrieg. — Düsseldorf: Bärenfeld 1956. 206 S.

**Johnen,** Wilhelm: Nachtjäger gegen Bomberpulks. Die Geschichte der deutschen Nachtjagd während des zweiten Weltkrieges. — Rastatt: Pabel 1960. 192 S.

**Joubert** de la Ferté, Sir Philip: The third service. The story behind the Royal Air Force. — London: Thames & Hudson 1955. XII, 274 S.

**Irving,** David: Die Tragödie der Deutschen Luftwaffe. Aus d. Akten u. Erinnerungen von Feldmarschall Milch. Aus d. Engl. von Erwin Duncker. — (Frankfurt a. M.:) Ullstein (1970). 487 S.

**Irving,** David J[ohn Cadwell]: Und Deutschlands Städte starben nicht. Ein Dokumentarbericht. Hrsg. von Günter Karweina. [Neuaufl.] — Zürich: Schweizer Druck- & Verlagshaus (1964). 405 S.

**Irving,** David J[ohn Cadwell]: Der Untergang Dresdens (The Destruction of Dresden, dt.) (Aus dem Engl. von Lore und Fritz Preuss.) — (Gütersloh): Sigbert Mohn (1964). 318 S.

**Jullian,** Marcel: La bataille d'Angleterre. — Paris: Presses de la Cité 1965. 345 S.
*(Coll. „Coup d'oeil".)*

(**Kaiser,** Erich:) Hamburg, Juli 1943... — In: Gegenwart 8 (1953), 464—466.

**Klöss,** Erhard [Hrsg.]: Der Luftkrieg über Deutschland 1939—1945. Nach d. „Dokumenten deutscher Kriegsschäden", hrsg. vom Bundesminister f. Vertriebene, Flüchtlinge u. Kriegsgeschädigte. — (München: Dt. Taschenbuch Verl. 1963.) 281 S.
*(dtv[-Taschenbücher]. 160.)*

**Knoke,** Heinz: Die große Jagd. Bordbuch eines deutschen Jagdfliegers. — Rinteln a. Weser: Bösendahl (1953). 176 S.

**König,** Walter: Deutscher Flugmeldedienst am Kanal 1940—1944. — In: Wehrkunde 3 (1954), 119—123.

**Kollreider,** Franz: Die Bombenangriffe in Osttirol im Jahre 1945. — In: Tiroler Heimatblätt. 22 (1947), 164—166.

**K[üsel,** Herbert]: Der große Feuersturm. Die Erfahrungen des Luftkrieges, von der Höhe bis zur Grube. — In: Gegenwart 7 (1952), 400—403.

**Kurowski,** Franz: Der Luftkrieg über Deutschland. - Düsseldorf: Econ-Verl. (1977). 424 S.

**L'aeronautica** italiana nella guerra di liberazione. — In: Docum. Vita ital. 2 (1952), 201—208.

**Lawrence,** W. J.: No 5 Bomber Group R. A. F. (1939—1945). — London: Faber & Faber 1951. 253 S.

**Lazzati,** Giulio: Ali nella tragedia. Gli aviatori italiani dopo 18 settembre [1943]. — Milano: Mursia 1970. 271 S.

**Leasor,** James: Operation Freya (Green Beach, dt.) Dieppe 19. August 1942. (Aus d. Engl. von Kurt-Heinrich Hansen.) - (Hamburg:) Hoffmann & Campe (1975). 288 S.

**Lecuir,** Jean et Patrick Fridenson: L'organisation de la coopération aérienne franco-britannique ⟨1935—Mai 1940⟩. — In: Rev. Hist. deux. Guerre mond. 19 (1969), H. 73, 43—71.

**Lee,** Asher: Blitz on Britain. — London: Four Square Books 1960. 160 S.

**Le Goaster,** J.: L'action des forces aériennes. — In: Rev. Hist. deux. Guerre mond. 3 (1953), H. 10/11, 135—149.

**Lodi,** Angelo: L'aeronautica italiana nella guerra di liberazione. 8 settembre 1943—8 maggio 1945. — Roma: Stab. Fotomecc. del Ministero Difesa Aeronautica 1950. 339 S.

**Ludwig,** Karl-Heinz: Die deutschen Flakraketen im Zweiten Weltkrieg. — In: Militärgesch. Mitt. 3 (1969), 87—100.

Die **Luftschlacht** um England, [dt.] Von Leonard Mosley und der Redaktion der Time-Life Bücher. (Aus d. Engl. übertr. von Karl-Otto von Czernicki.) - (Amsterdam: Time-Life International 1979). 208 S.
*(Time-Life Bücher.)*
*(Der Zweite Weltkrieg. [3.])*

**Lukas,** Richard C.: Eagles East. The Army Air Forces and the Soviet Union, 1941—1945. — Tallahecass, Fl.: Florida State University Press 1970. 256 S.

**Lux,** Eugen: Die Luftangriffe auf Offenbach am Main 1939—45. Eine Dokumentation. Hrsg. vom Offenbacher Geschichtsverein. — (Heusenstamm 1971: Michel). 147 S.
(Offenbacher Geschichtsblätter. 21.)

**MacIsaac,** David: Strategic bombing in World War Two. The story of the United States strategic bombing survey. - New York: Garland 1976. XI, 231 S.

**McKee,** Alexander: Entscheidung über England. Die Luftschlacht 1940. Vorw. von Adolf Galland. — München, Eßlingen: Bechtle 1960. 280 S.

**Melnyk,** T. W.: Canadian flying operations in South East Asia, 1941-1945. - Ottawa 1976. XI, 179 S.
(Department of National Defence, Canada. Directorate of History. Occasional Paper. 1.)

**Merglen,** Albert: Geschichte und Zukunft der Luftlandetruppen (Histoire et avenir des troupes aéroportées, dt.) — Freiburg: Rombach (1970). 175 S.
(Einzelschriften zur militärischen Geschichte des Zweiten Weltkrieges. 5.)

**Middlebrook,** Martin: Die Nacht, in der die Bomber starben (The Nuremberg raid, dt.) Der Angriff auf Nürnberg und seine Folgen für den Luftkrieg. Hrsg. u. bearb. von Cajus Bekker. (Aus d. Engl. von Henk Ohnesorge.) - (Frankfurt a. M.:) Ullstein (1975). 288 S.

**Middleton,** Drew: The sky suspended. — London: Secker & Warburg 1960. 255 S.
Schlacht um England.

**Mistele,** Karl-Heinz: 23. Februar 1945. Der Luftangriff der USAAF auf Lichtenfels. - In: Geschichte am Obermain 10 (1975/76), 169-183.

**Mistele,** Karl-Heinz: Die Geschichte eines Luftangriffs auf Heilbronn (4. Dez. 1944). - In: Jb. f. schwäb.-fränk. Gesch. 1973, Bd 27, 309-335.

**Mohr,** Kurt: Bombenkrieg und Kassels Zerstörung 1943. — In: Feldgrau 14 (1966), 33—40; 64—74 und 93—100.

**Morison,** Samuel Eliot: The invasion of France and Germany, 1944—1945. — Boston: Little, Brown & Co. 1957. XXVIII, 360 S.
(History of United States Naval Operations in World War II. 11.)

**Morzik,** Fritz: Die deutschen Transportflieger im Zweiten Weltkrieg. Die Geschichte des „Fußvolks der Luft". Im Auftr. d. Arbeitskreises für Wehrforschung bearb. u. hrsg. von Gerhard Hümmelchen. — Frankfurt a. M.: Bernard & Graefe 1966. XI, 320 S.

**Morzik,** Fritz: Die deutschen Transportflieger-Verbände im zweiten Weltkrieg. — In: Luftwaffenring 1955, H. 7, 5—8; H. 8, 5—7.

**Nowarra,** Heinz J.: Luftschlacht um England. Verlorener Sieg. - Friedberg: Podzun-Pallas 1978. 152 S.

**Odgers,** George: Air war against Japan 1943—1945. — London: Angus & Robertson 1958.
(Australia in the War 1939—1945 Series.)

**Osterkamp,** Theo: Durch Höhen und Tiefen jagt ein Herz. — Heidelberg: Vowinckel (1952). 400 S.
Über den Einsatz deutscher Jagdfliegerverbände.

**Osterkamp,** Theo [u.] Franz Bachér: Tragödie der Luftwaffe? Kritische Begegnung mit dem gleichnamigen Werk von Irving/Milch. — Neckargemünd: Vowinckel 1971. 172 S.
(Zeitgeschichtliche Streitfragen. 4.)

**Pagliano,** Franco: Storia di 10 mila aeroplani. L'aeronautica italiana nella seconda guerra mondiale. 2. ed. — Milano: Ediz. Europ. 1954. 300 S.

**Paquier,** P.: Le bombardement aérien de l'année 1943. — In: Rev. milit. Inf., 25. Sept. 1952, 22—30; 10. Okt. 1952, 26—28.

**Parham,** [Maj.-Gen.] und E. M. G. Belfield: Unarmed into battle. The story of the Air Observation Post. Forew. by Viscount Alanbrooke. — Winchester: Warren 1956. XIII, 168 S.

**Pickert,** Wolfgang: Flakartilleristische Fronterfahrungen. — In: Luftwaffenring 1953, H. 12, 6—7; 1954, H. 1, 9 und H. 2, 6—7.

**Piekalkiewicz,** Janusz: Luftkrieg 1939-1945. - München: Südwest Verl. 1978. 434 S.

**Price,** Alfred: Blitz über England (Blitz on Britain, dt.) Die Luftangriffe über den Britischen Inseln 1939-1945. (D. Übertr. ins Dtsch. besorgte Klaus Machold.) - Stuttgart: Motorbuch Verl. 1978. 263 S.

**Quester,** George: Bargaining and bombing during World War II in Europe. — In: World Politics 15 (1963), 417—437.

**Rabitt,** Bill: Mattscheibe, Salamander und Wilde Sau. Am 24. 3. 1944 mehr als 220 Viermotorige über Berlin abgeschossen. — In: Der Frontsoldat erzählt 16 (1952), 150.

**Rawnsley,** C. F. und Robert Wright: Night fighter. Foreword by John Cunningham. — London: Collins 1957. 384 S.

**Reppchen,** F.: Geschichte der Luftwaffen-Schul- und Ersatzdivision. — In: Luftwaffenring 1955, H. 2, 7—8.

**Revie,** Alastair: „... war ein verlorener Haufen". Die Geschichte des Bomber Command der Royal Air Force 1939-1945. - Stuttgart: Motorbuch-Verl. 1974. 366 S.

**Rodenberger,** Axel: Der Tod von Dresden. Ein Bericht über das Sterben einer Stadt. — Dortmund: Land-V. 1951. 164 S.

**Rohwer,** Jürgen: Die U.S. Armee-Luftwaffe im 2. Weltkrieg. — In: Wehrwiss. Rdsch. 6 (1956), 585—586.

**Ross,** J. M. S.: Royal New Zealand Air Force. — Wellington: War History Branch, Department of Internal Affairs 1955. XV, 345 S.
(Official History of New Zealand in the Second World War 1939—1945.)

**Rumpf,** Hans: Das war der Bombenkrieg. Deutsche Städte im Feuersturm. Ein Dokumentarbericht. — (Oldenburg u. Hamburg:) Stalling 1961. 208 S.

**Rumpf,** Hans: Der hochrote Hahn. — Darmstadt: Mittler (1952). 167 S.
Behandelt den Luftkrieg im Heimatkriegsgebiet.

**Rumpf**, Hans: Der Irrweg des Bombenkrieges. — In: Wehrwiss. Rdsch. 10 (1960), 548—554.

**Rzepniewski**, Andrzej: Wojna powietrzna w Polsce 1939 na tle rozwoju lotnictwa Polski i Niemiec. — (Warszawa:) Ministerstwo Obrony Narodowej (1970). 224 S.

**Santoro**, Giuseppe: L'aeronautica italiana nella seconda guerra mondiale. Vol. 1.2. — Milano: ESSE 1957.

**Saward**, Dudley: The bomber's eye. — London: Cassell (1959). 265 S.
  Radar.

**Schellmann**, Holm: Die Luftwaffe und das „Bismarck"-Unternehmen im Mai 1941. — Berlin, Frankfurt a. M.: Mittler 1962. 72 S.

**Schnatz**, Helmut: Luftkriegsereignisse am Mittelrhein bis zum Beginn des Jahres 1944. - In: Landeskundl. Vjbll. [Trier] 19 (1973), H. 3, 120–128.

**Schnatz**, Helmut: Die Stellung der Stadt Koblenz in der alliierten Bomberoffensive des Spätjahres 1944. - In: Jb. westdtsch. Landesgesch. 1 (1975), 373–405.

**Schumacher**, Fritz: Heimat unter Bomben. Der Kreis Arnsberg im Zweiten Weltkrieg. Hrsg. im Auftr. d. Kreises Arnsberg. — (Balve/Westf.: Zimmermann 1969). 128 S.

**Sherrod**, Robert: The history of Marine Corps aviation in World War II. — Washington: Combat Forces Press 1952. 496 S.

**Sims**, Edward H.: American aces of World War II. — London: Macdonald 1958. 317 S.

**Sims**, Edward H[owell]: Jagdflieger (The fighter pilots, dt.) Die großen Gegner von einst. 1939—1945. Luftwaffe, RAF u. USAAF im krit. Vergleich. (Übertr. aus d. Engl.: Manfred Jäger.) — Stuttgart: Motorbuch-Verl. (1968). 320 S.

**Skalski**, Stanisław: Czarne krzyze nad Polska. — Warszawa: Ministerstwo Obrony Narodowej 1957. 237 S.
  Deutsche Luftwaffe in Polen 1939.

**Smith**, Melden E.: The bombing of Dresden reconsidered. A study in wartime decision making. — o. O. [um 1971]. 294 S.

**Spetzler**, Eberhard: Der Weg zur Luftschlacht um England in kriegsrechtlicher Beleuchtung. — In: Wehrwiss. Rdsch. 6 (1956), 440—462.

**Stich**, Karl: Die britische V-Waffen-Abwehr 1944/45. - In: Militärgesch. 17 (1978), 694–710.

**Taylor**, John W[illiam] R[ansom] [u.] David Mondey: Spione am Himmel über uns (Spies in the sky, dt.) Die Geschichte der Luftaufklärung. Ins Dtsch. übertr. von Manfred Jäger. - Stuttgart: Motorbuch-Verl. 1974. 278 S.

**Thompson**, H. L.: New Zealanders with the Royal Air Force. Vol. 1. — Wellington, London: Oxford University Press 1954. 408 S.
  *(Official History of New Zealand in the Second World War 1939—1945.)*

**Thompson**, H. L.: New Zealanders with the Royal Air Force. Vol. 3: Mediterranean and Middle-East; South-East Asia. — Wellington: Department of Internal Affairs, War History Branch 1959. XVI, 410 S.
  *(Official History of New Zealand in the Second World War 1939—1945.)*

**Thulstrup**, Åke: De tyska kurirflygningarna genom svenskt luftrum under det andra världskriget. ([Mit engl. Resümee:] The German courier flights through Swedish air space during the Second World War.) - In: Hist. Tidskr. [Stockholm] 1976, 423–452.

**Townsend**, Peter: Duell der Adler (Un duel d'aigles, dt.) Die R.A.F. gegen die Luftwaffe. (Aus d. Engl. von Norbert Nolda.) Mit e. Vorw. von Johannes Steinhoff. — (Stuttgart:) Goverts (1970). 527 S.

**Tronicke**, W.: Einsatzerfahrungen eines deutschen Düsenjägerverbandes. — In: Wehrkunde 2 (1953), H. 8, 13—16.

**Tronicke**, Werner: Bereits 1939 Heinkel-Düsenflugzeug. Einsatzerfahrungen eines deutschen Düsenjägerverbandes. — In: Der Frontsoldat erzählt 17 (1953), 332—334.

**Uebelein**, Gertrud: Der Einfluß der Luftangriffe auf die Psyche der Zivilbevölkerung Münchens, dargestellt an Hand des Materials der Universitäts-Nervenklinik München. — o. O. 1948. 41 gez. Bl. [Maschinenschr.]
  *München, med. Diss. 16. Dez. 1948.*

**Ulrich**, Johann: Der Luftkrieg über Österreich 1939—1945. — (Wien: Österreichischer Bundesverl. f. Unterricht, Wissenschaft u. Kunst 1967.) 67 S.
  *(Militärhistorische Schriftenreihe. 5/6.)*

**Veale**, F. J. P.: Wann war der erste Luftangriff auf Nichtkämpfende? — In: Nation Europa 5 (1955), H. 6, 33—35.

**Verrier**, Anthony: The Bomber offensive. — London: Batsford 1968. X, 373 S.

**Verrier**, Anthony: Bomberoffensive gegen Deutschland 1939—1945 (The bomber offensive, dt.) Aus d. Engl. von Hans Jürgen Baron von Koskull. — Frankfurt a. M.: Bernard & Graefe 1970. 368 S.

**Völker**, Karl-Heinz: Die deutsche Heimatluftverteidigung im Zweiten Weltkrieg. — In: Wehrwiss. Rdsch. 16 (1966), 87—111 und 158—171.

**Weber**, Theo: Die Luftschlacht um England. — Frauenfeld: Verl. Flugwehr u. Technik 1956. 205 S.

**Webster**, Sir Charles und Noble Frankland: The strategic air offensive against Germany 1939—1945. — London: H. M. Stationery Office 1961.
  1. Preparation. Part 1, 2 and 3. XIII, 522 S.
  2. Endeavour. Part 4. IX, 322 S.
  3. Victory. Part. 5. IX, 332 S.
  4. Annexes and appendices. XIII, 529 S.
  *(History of the Second World War. United Kingdom Military Series.)*

**Wright**, Robert: Der vergessene Sieger (Dowding and the battle of Britain, dt.) Die wahren Hintergründe der Schlacht um England. (Aus d. Engl. von Alfred Scholz.) Mit e. Vorw. von Hugh Dowding. — (Bergisch Gladbach:) Lübbe (1970). 319 S.

**Zantke**, Siegfried: Operative Luftkriegsführung deutscher Kampfverbände im Endstadium des letzten Krieges. — In: Wehrwiss. Rdsch. 3 (1953), 570—576.

(**Zantke**, Siegfried:) 140 Viermots blieben in Poltawa. — In: Der Frontsoldat erzählt 17 (1953), 207—208.

**Zboralski,** Dietrich: Zum Luftangriff auf Freiburg am 10. Mai 1940. — In: Z. Geschichtswiss. 4 (1956), 755—757.

## Rüstung und Wirtschaft

**Ashworth,** William: Contracts and finance. — London: H. M. S. O.; Longmans 1953. X, 309 S.
*(History of the Second World War. United Kingdom Civil Series.)*

**Batchelder,** Robert C.: The irreversible decision, 1939—1950. — Boston: Houghton Mifflin 1962. 306 S.

**Belikov,** A. M.: Transfert de l'industrie soviétique vers l'Est (Juin 1941—1942). — In: Rev. Hist. deux. Guerre mond. 11 (1961), H. 43, 35—50.

**Benter,** Hans: Deutsches Vermögen im neutralen Ausland. Beschlagnahme u. Freigabe anläßl. d. 2. Weltkrieges. — Göttingen [Selbstverl. d. Hrsg.] 1964: XXIX, 214 S.
*(Studien zum internationalen Wirtschaftsrecht u. Atomenergierecht. 16.)*

**Bekker,** Cajus [d. i. Hans-Dieter **Berenbrok**]: Radar-Duell im Dunkel. Dramatische Höhepunkte der wissenschaftlich-technischen Kriegführung. — Oldenburg i.O., Hamburg: Stalling (1958). 352 S.

**Billig,** J.: Le rôle des prisonniers de guerre dans l'économie du IIIe Reich. — In: Rev. Hist. deux. Guerre mond. 10 (1960), H. 37, 53—75.

**Birkenfeld,** Wolfgang: Der synthetische Treibstoff 1933—1945. Ein Beitrag zur nationalsozialistischen Wirtschafts- und Rüstungspolitik. — Göttingen, Berlin, Frankfurt: Musterschmidt (1964). 279 S.
*(Studien u. Dokumente zur Geschichte d. Zweiten Weltkrieges. 8.)*

**Bleyer,** Wolfgang: Staat und Monopole im totalen Krieg. Der staatsmonopolistische Machtapparat und die totale Mobilisierung im 1. Halbjahr 1943. — Berlin: Akademie-Verl. 1970. 204 S.
*(Schriften des Zentralinstituts für Geschichte. Reihe 1: Allgemeine und deutsche Geschichte. 34.)*
*Diss., Humboldt Universität Berlin.*

**Boelcke,** Willi A. [Hrsg.]: Deutschlands Rüstung im Zweiten Weltkrieg. Hitlers Konferenzen mit Albert Speer 1942—1945. — (Frankfurt a.M.:) Athenaion-Verl. (1969). 495 S.
*(Athenaion-Bibliothek der Geschichte.)*

**Bornemann,** Manfred: Geheimprojekt Mittelbau. Die Geschichte der deutschen V-Waffen-Werke. — München: Lehmann (1971). 167 S.

**Brophy,** Leo P. und George J. B. Fisher: The chemical warfare service. Organizing for war. — Washington: Department of the Army, Office of the Chief of Military History 1959. 498 S.

**Burgess,** Eric: Guided weapons. — New York: Macmillan 1957. 247 S.

**Butlin,** S. J.: War economy 1939—1942. — Canberra: Australian War Memorial; London und Sidney: Angus & Robertson 1955. XVII, 516 S.
*(Australia in the War of 1939—1945. Series 4. Vol. 3.)*

**Caroll,** Berenice A.: Design of Total War. Arms and economics in the Third Reich. — The Hague: Mouton 1968. 311 S.
*(Studies in European History. 17.)*

**Chester,** D. N.: Lessons of British war economy. — New York: Cambridge University Press 1951. 249 S.

**Clark,** Ronald W.: The birth of the bomb. The untold story of Britain's part in the weapon that changed the world. — London: Phoenix House 1961. XIV, 209 S.

**Connery,** Robert H.: The navy and the industrial mobilization in World War II. — Princeton: Princeton University Press 1951. XI, 527 S.

**Court,** W. H. B.: Coal. — London: H. M. Stationery Office; Longmans 1951. 422 S.
*(History of the second world war. United Kingdom Civil Series.)*

**Crouzet,** François: L'économie de guerre britannique. — In: Rev. Hist. deux. Guerre mond., H. 7 (Juli 1952), 41—52.

**Denzel,** Rosemarie: Die chemische Industrie Frankreichs unter der deutschen Besetzung im zweiten Weltkrieg. — Tübingen 1959: Institut für Besatzungsfragen. XIII, 168, 8 gez. Bl. [Hektograph. Ausg.]
*(Studien des Instituts für Besatzungsfragen in Tübingen zu den deutschen Besetzungen im zweiten Weltkrieg. 18.)*

**Dokumente** deutscher Kriegsschäden. Evakuierte, Kriegssachgeschädigte, Währungsgeschädigte. Die geschichtl. u. rechtl. Entwicklung. (Gesamtred.: Peter Paul Nahm.) — Bonn: Bundesmin. f. Vertriebene, Flüchtlinge u. Kriegsgeschädigte.
1. 1958. XV, 504 S.
2,1. Soziale und rechtliche Hilfsmaßnahmen für die luftkriegsbetroffene Bevölkerung bis zur Währungsreform. 1960. XVI, 716 S.
2,2. Die Lage des deutschen Volkes und die allgemeinen Rechtsprobleme der Opfer des Luftkrieges von 1945—1948. 1960. XII, 384 S.
3. Die kriegssachgeschädigte Wirtschaft. Industrie, Handel und Gewerbe, Landwirtschaft. 1962. XV, 973 S.
Beih. 1. Aus den Tagen des Luftkrieges und des Wiederaufbaues. Erlebnis- u. Erfahrungsberichte. 1960. 461 S.
Beih. 2. Der Luftkrieg im Spiegel der neutralen Presse. 1962. XI, 496 S.

**Dokumente** deutscher Kriegsschäden. Evakuierte, Kriegsgeschädigte, Währungsgeschädigte. Die geschichtl. u. rechtl. Entwicklung. (Gesamtred.: Peter Paul Nahm.) — Bonn: Bundesmin. f. Vertriebene, Flüchtlinge u. Kriegsgeschädigte.
4,1. Maßnahmen im Wohnungsbau, für die Evakuierten und die Währungsgeschädigten sowie Rechtsprobleme nach der Währungsreform. 1964. XVI, 591 S.
4,2. Berlin, Kriegs- und Nachkriegsschicksal der Reichshauptstadt. 1967. VIII, 420 S.
4,3. Helgoland, westliche Grenzprobleme, Kehl. 1971. XIX, 1040 S.
5. Bibliographie. 1964. VIII, 420 S.

**Donat,** Gerhard: Die Leistungen der deutschen Rüstungsindustrie im 2. Weltkrieg. — In: Wehrwiss. Rdsch. 17 (1967), 329—339.

**Donat,** Gerhard: Der Munitionsverbrauch der deutschen Wehrmacht im Feldzug gegen Rußland 1941—1945. — In: Allgem. Schweiz. Militär-Zs. 130 (1964), 31—34, 89—92 und 155—158.

**Dorman,** James R.: Hitler's economic mobilisation. — In: Military Rev. 33 (1953/54), 46—57.

**Dornberger,** Walter: V 2 — Der Schuß ins Weltall. Geschichte einer großen Erfindung. — Eßlingen: Bechtle 1952. 294 S.

**Eggleston,** Wilfried: Scientists at war. — New York: Oxford University Press 1951. 291 S.

**Eichholtz,** Dietrich: Geschichte der deutschen Kriegswirtschaft 1939—1945. — Berlin: Akademie-Verl.
1. 1939—1941. 1969. XI, 408 S.
*(Forschungen zur Wirtschaftsgeschichte. 1.)*

**Eichholtz,** Dietrich: Das Minette-Revier und die deutsche Montanindustrie. Zur Kriegszielstrategie der deutschen Monopole im zweiten Weltkrieg 1941/42. [Dokumentation.] - In: Z. Geschichtswiss. 25 (1977), 816–838.

**Eichholtz,** Dietrich: Die Norwegen-Denkschrift des IG-Farben-Konzerns von 1941. - In: Bull. d. Arbeitskreises „Zweiter Weltkrieg" 1974, H. 1/2, 4–66.

**Eichholtz,** Dietrich: Das Reichsministerium für Rüstung und Kriegsproduktion und die Straßburger Tagung vom 10. August 1944 ⟨Bemerkungen zu offenen Fragen⟩. - In: Bull. des Arbeitskreises „Zweiter Weltkrieg" 1975, Nr. 3/4, 5–21.

**Eichholtz,** Dietrich: Die Richtlinien Görings für die Wirtschaftspolitik auf dem besetzten sowjetischen Territorium vom 8. November 1941. - In: Bulletin des Arbeitskreises „Zweiter Weltkrieg" 1977, H. 1/2, 73–111.

**Eichholtz,** Dietrich: Die Vorgeschichte des „Generalbevollmächtigten für den Arbeitseinsatz" ⟨mit Dokumenten⟩. - In: Jb. Gesch. 9 (1973), 339–383.

**Eichholtz,** Dietrich: Wirtschaftspolitik und Strategie des faschistischen deutschen Imperialismus im Dnepr-Donez-Industriegebiet 1941–1943. - In: Militärgesch. 18 (1979), 281–296.

**Emmendörfer,** Hansgeorg: Die geschäftlichen Beziehungen der deutschen Eisen- und Stahlindustrie zur eisenschaffenden Industrie besetzter Gebiete 1939—1945. — Köln 1955. 221 gez. Bl. [Maschinenschr.]
*Köln, wirtschafts- und sozialwiss. Diss. 8. März 1955.*

**Fairchild,** Byron and Jonathan Grossman: The army and industrial manpower. — Washington: Office of the Chief of Military History, Department of the Army 1959. XIV, 291 S.
*(United States Army in World War II. The War Department.)*

**Federau,** Fritz: Der Zweite Weltkrieg. Seine Finanzierung in Deutschland. — Tübingen: Wunderlich (1962). 65 S.

**Friedensburg,** Ferdinand: Die sowjetischen Kriegslieferungen an das Hitlerreich. — (Berlin: Duncker & Humblot 1962.) S. 331—338.
*Sonderdr. aus: Vjh. z. Wirtschaftsforschung.*

**Gerber,** Berthold: Staatliche Wirtschaftslenkung in den besetzten und annektierten Ostgebieten während des Zweiten Weltkrieges unter besonderer Berücksichtigung der treuhänderischen Verwaltung von Unternehmungen und der Ostgesellschaften. — Tübingen 1959: Institut für Besatzungsfragen. XX, 188 S.
*(Studien des Instituts für Besatzungsfragen in Tübingen zu den deutschen Besetzungen im 2. Weltkrieg. 17.)*

**Groom,** A. J. R.: Allied relations with the United States over the atomic bomb in the second world war. — In: World Politics 15 (1962/63), 123—137.

**Hahn,** Fritz: Deutsche Geheimwaffen 1939—1945. Flugzeugbewaffnungen. — Heidenheim: E. Hoffmann (1963). 447 S.

**Hall,** H. Duncan und C. C. Wrigley: Studies of overseas supply. With a chapter by J. D. Scott. — London: H. M. Stationery Office 1956. XI, 537 S.
*(History of the Second World War. United Kingdom Civil Series.)*

**Hall,** H. Duncan: North American supply. — London: H. M. Stat. Off.; Longmans 1955. XVI, 559 S.
*(History of the Second World War. United Kingdom Civil Series.)*

**Halpérin,** Jean: L'économie soviétique pendant la guerre. — In: Rev. Hist. deux. Guerre mond., H. 6 (April 1952), 16—25.

**Hammond,** R. J.: Food. — London: H. M. S. O.; New York: British Information Services.
1. The growth of policy 1951. XII, 436 S.
*(History of the Second World War. United Kingdom Civil Series.)*

**Hammond,** R. J.: Food. — London: H. M. Stationery Office; Longmans.
2. Studies in administration and control. 1956. 835 S.
*(History of the Second World War. United Kingdom Civil Series.)*

**Hammond,** R[ichard] J[ames]: Food. — London: H. M. Stationery Office; Longmans.
3. Studies in administration and control. 1962. XIII, 836 S.
*(History of the Second World War. United Kingdom Civil Series. General Series.)*

**Hancock,** W. K. [Hrsg.]: History of the second world war. A statistical digest. — London: H. M. Stationery Office; Longmans 1951. 248 S.
*(History of the second world war. United Kingdom Civil Series.)*

**Hancock,** W. K. und M. M. Gowing: British war economy. — London: H. M. S. O.; Longmans 1951. 583 S.
*(History of the Second World War. United Kingdom Civil Series.)*

**Hargreaves,** E. L. und M. M. Gowing: Civil industry and trade. — London: H. M. S. O.; Longmans 1952. XII, 678 S.
*(History of the Second World War. United Kingdom Civil Series.)*

**Hay,** Jan: Arms and the men. — London: H. M. Stationery Office. 1950. 330 S.

**Hesse,** Kurt: Die britische Wirtschaft im Dienste des Krieges 1939—1945. — In: Wehrwiss. Rdsch. 2 (1952), 593—600.

**Hoffmann,** Karl Otto: Das Geheimnis Radar. — In: Der Frontsoldat erzählt 18 (1954), 98—99 und 132—133.

**Hogg,** I. V.: German secret weapons of world war II. — London: Arms and Armour Press 1970. 80 S.
(*Illustrated Studies in Twentieth Century Arms.*)

**Hurstfield,** J.: The control of raw materials. — London: H. M. Stationery Office 1953. XV, 530 S.
(*History of the Second World War. United Kingdom Civil Series.*)

**Janeway,** Eliot: The struggle for survival. A chronicle of economic mobilization in World War II. — New Haven: Yale University Press 1951. V, 382 S.
(*Chronicles of America Series. 53.*)

**Janssen,** Gregor: Das Ministerium Speer. Deutschlands Rüstung im Krieg. — (Berlin:) Ullstein (1968). 446 S.

Die deutsche **Industrie** im Kriege 1939—1945. (Manuskript: Rolf Wagenführ. Hrsg.: Dtsch. Institut für Wirtschaftsforschung.) — Berlin: Duncker & Humblot (1954). 216 S.

**Inman,** P.: Labour in the munitions industries. — London: H. M. Stationery Office 1957. XV, 461 S.
(*History of the Second World War. United Kingdom Civil Series.*)

**Joubert** de la Ferté, Sir Philip: Rockets. — New York: The Philosophical Library 1958. 190 S.
Über die V-Waffen.

**Irving,** David: Die Geheimwaffen des Dritten Reiches (The mare's nest, dt.) (Dtsch. von Jutta u. Theodor Knust.) — (Gütersloh:) Mohn (1965). 370 S.
(*Das moderne Sachbuch. 43.*)

**Irving,** David: Der Traum von der deutschen Atombombe (The virushouse, dt.) (Aus d. Engl. von Jutta u. Theodor Knust.) — (Gütersloh:) Mohn (1967). 329 S.

**Kleber,** Brooks E. [u.] Dale Birdsell: The chemical warfare service. Chemicals in combat. — Washington: Department of the Army. Office of the Chief of Military History 1966. XVII, 697 S.
(*United States Army in World War II. Technical Services.*)

**Klee,** Ernst [u.] Otto Merk: Damals in Peenemünde. An der Geburtsstätte der Weltraumfahrt. Ein Dokumentarbericht. Mit e. Vorw. von Walter R. Dornberger u. e. Nachw. von Wernher von Braun. — Oldenburg: Stalling 1963. 120 S.

**Kobler,** H.: Zauberformeln helfen den Krieg entscheiden. — In: Alles für die Welt 3 (1951), H. 3, 45—60.

**Kreidler,** Eugen: Die Eisenbahnen im Machtbereich der Achsenmächte während des Zweiten Weltkrieges. Einsatz und Leistung für die Wehrmacht und Kriegswirtschaft. - Göttingen: Musterschmidt (1975). 440 S.
(*Studien und Dokumente zur Geschichte des Zweiten Weltkrieges. 15.*)

**Kriegswirtschaft** und Rüstung 1939–1945. Für das Militärgeschichtliche Forschungsamt hrsg. von Friedrich Forstmeier [u.] Hans-Erich Volkmann. - Düsseldorf: Droste (1977). 420 S.

**Lamer,** Mirko: The world fertilizer economy in war and peace. — Stanford: Stanford University Press 1956. 732 S.

**Lane,** Frederic C. [u. a.]: Ships for victory. A history of shipbuilding under the U.S.Maritime Commission in World War II. — Baltimore: Johns Hopkins Press 1951. XXII, 881 S.
(*Historical Reports on War Administration. 1.*)

**Laurence,** William L.: The hell bomb. — New York: Knopf 1951. XII, 198 S.

**Lehmann,** Hans Georg: Leitmotive nationalsozialistischer und großjapanischer Wirtschaftpolitik. Funks Unterredung mit Matsuoka am 28. März 1941 in Berlin. - In: Z. Politik 21 (1974), 158–163.

**Lemonnier,** André: Les armes secrètes d'Hitler et celles des alliés. — In: Rev. Déf. nat. 16 (1960), 1213—1235.

**Lévêque,** Maurice: Le pétrole et la guerre. — Paris: Les Nouvelles Editions Debresse 1958. 380 S.

**Levitt,** Theodore: World War II manpower mobilization and utilization in a local labor market.
*Columbus, Ohio, Diss. 1952.*

**Liversidge,** Douglas: The third front. — London: Souvenir Press 1960. 219 S.
Über Wetterstationen in der Arktis.

**Lütge,** Friedrich: Die deutsche Kriegsfinanzierung im ersten und zweiten Weltkrieg. — In: Beiträge z. Finanzwissenschaft u. z. Geldtheorie. Festschrift f. Rudolf Stucken, Göttingen: Vandenhoeck & Ruprecht 1953, 243—257.

**Lusar,** Rudolf: Die deutschen Waffen und Geheimwaffen des zweiten Weltkrieges und ihre Weiterentwicklung. — München: Lehmann 1956. 170 S.

**Lusar,** Rudolf: Die deutschen Waffen und Geheimwaffen des 2. Weltkrieges und ihre Weiterentwicklung. 2., stark überarb. u. erw. Aufl. — München: Lehmann (1958). 239 S.

**Lusar,** Rudolf: Die deutschen Waffen und Geheimwaffen des 2. Weltkrieges und ihre Weiterentwicklung. 4., stark überarb. u. erw. Aufl. — München: Lehmann (1962). 325 S.

**Medlicott,** W. N.: The economic blockade. Vol. 1. — London: H. M. S. O.; Longmans 1952. 732 S.
Behandelt die wirtschaftliche Blockierung Deutschlands.

**Medlicott,** W. N.: The economic blokkade. Vol 2. — London: H. M. Stationery Office; Longmans 1959. XIV, 727 S.
(*History of the Second World War. United Kingdom Civil Series.*)

**Mehl,** Lutz: Energie im Kriege. Die zivile Versorgung 1939–45. - (Kaiserslautern: Verl. Rohr-Druck-Hildebrand 1977). 251 S.

**Mellor,** D. P.: The role of science and industry. — Canberra: Australian War Memorial; Sydney: Angus & Robertson 1958. XI, 738 S.
(*Australia in the War of 1939 — 1945. Civil Series. 5.*)

**Menger,** Manfred: Die Sicherung finnischer Rohstoffe für die faschistische Kriegswirtschaft 1939/40. - In: Bull. d. Arbeitskreises „Zweiter Weltkrieg" 1974, H. 1/2, 125–139.

**Milward,** Alan S.: Die deutsche Kriegswirtschaft 1939—1945. (Aus d. Engl. übers. von Elisabeth Maria Petzina.) — Stuttg.: Dtsch.Verl.-Anst.(1966).183S.
(*Schriftenreihe der Vierteljahrshefte für Zeitgeschichte. 12.*)

**Milward,** Alan S.: Der Zweite Weltkrieg. Krieg, Wirtschaft und Gesellschaft 1939–1945. (Übers. von Fritz Neske [u. a.] Originalausg.) – (München:) Dtsch. Taschenbuchverl. (1977). 448 S.
*(Geschichte der Weltwirtschaft im 20. Jahrhundert. 5.)*
*(dtv-Taschenbücher. 4125.)*

**Murray,** Sir Keith A. H.: Agriculture. — London: H. M. Stationery Office 1955. XII, 422 S.
*(History of the Second World War. United Kingdom Civil Series.)*

**Nere,** J.: Points de vue sur l'économie de guerre aux Etats-Unis. — In: Rev. Hist. deux. Guerre mond. 5 (1955), H. 17, 37—46.

**Pawle,** Gerald: Englands geheimer Krieg. Der Kampf der Hexenmeister (1939—1945). (The secret war, dt.) (Übersetzt, gekürzt u. Mitarb. von Hans Schützenberger.) Mit e. Geleitw. von Nevil Shute. — Frankfurt a. M.: Bernard & Graefe (1959). 262 S.

**Pawle,** Gerald: The secret war 1939—1945. — London: Harrap 1956. 297 S.
Über die Entwicklung englischer Geheimwaffen.

**Petrick,** Fritz: Zur Bedeutung Narviks für die Eisenerzversorgung des deutschen Imperialismus und den faschistischen Überfall auf Norwegen. - In: Bull. d. Arbeitskreises „Zweiter Weltkrieg" 1974, H. 1/2, 67–82.

**Petzina,** Dieter: La politique financière et fiscale de l'Allemagne pendant la Seconde Guerre mondiale. — In: Rev. Hist. deux. Guerre mond. 19 (1969), H. 76, 1—14.

**Pfahlmann,** Hanns: Fremdarbeiter und Kriegsgefangene in der deutschen Kriegswirtschaft 1939—1945. — Darmstadt: Wehr- u. Wissen Verlagsges. (1968). 238 S.
*(Beiträge zur Wehrforschung. 16/17.)*

**Pischel,** Werner: Die Generaldirektion der Ostbahn in Krakau 1939—1945. Ein Beitrag zur Geschichte d. dt. Eisenbahnen im 2. Weltkrieg. — In: Archiv f. Eisenbahnwesen 74 (1964), H. 1, 1—80.

**Postan,** M. M.: British war production. — London: H. M. S. O.; Longmans (1953). 512 S.
*(History of the Second World War. United Kingdom Civil Series.)*

**Pratt,** Wallace E. und Dorothy Good [Hrsg.]: World geography of petroleum. — Princeton: Princeton University Press 1950. 464 S.
Mit einer Karte über den Öl-Aufmarsch der Alliierten am 6. Juni 1944.

**Radandt,** Hans: Kriegsverbrecherkonzern Mansfeld. Die Rolle des Mansfeld-Konzerns bei der Vorbereitung und während des zweiten Weltkrieges. — Berlin: Verl. Tribüne 1957. 292 S.

**Reinhardt,** Hellmuth: Über das Menschenpotential im Kriege. — In: Europ. Sicherheit 1 (1951), H. 6/7, 15—20.

**Rolfe,** Sidney E.: Manpower allocation in Great Britain during World War II. —In: Industr. Lab. Relat. Rev., Jan. 1952, 173—194.

**Roll,** Eric: The combined food board. A study in wartime international planning. — Stanford: Stanford University Press 1956. 385 S.

**Rumpf,** Hans: Die Industrie im Bombenkrieg. — In: Wehrwiss. Rdsch. 3 (1953), 43—49.

**Sayers,** Richard S.: Financial policy, 1939—1945. — London: H. M. Stationery Office 1956. XV, 608 S.
*(History of the Second World War. United Kingdom Civil Series.)*

**Schausberger,** Norbert: Rüstung in Österreich 1938—1945. Eine Studie über die Wechselwirkung von Wirtschaft, Politik und Kriegsführung. — Wien: Hollinek 1970. 228 S.
*(Publikationen des Österreichischen Instituts für Zeitgeschichte und des Instituts für Zeitgeschichte der Universität Wien. 8.)*

**Schell,** Adolf von: Grundlagen der Motorisierung und ihre Entwicklung im Zweiten Weltkrieg. — In: Wehrwiss. Rdsch. 13 (1963), 210—229.

**Scheuffele,** Friedrich: Gibt es einen Kriegssozialismus? Dargestellt an der Kriegswirtschaft des 1. und 2. Weltkrieges. — Tübingen 1948. 123 gez. Bl. [Maschinenschr.]
*Tübingen, rechts- u. staatswiss. Diss. 4. April 1949.*

**Schlauch,** Wolfgang: Rüstungshilfe der USA an die Verbündeten im Zweiten Weltkrieg. — Darmstadt: Wehr- u. Wissen Verlagsges. (1967). 163 S.
*(Beiträge zur Wehrforschung. 13.)*

**Schmelzer,** Janis: Dies war ein Staatsgeheimnis. (Ein Blick in d. Handakten d. ehemaligen Direktors d. IG-Farben Agfa-Betriebe Dr. Fritz Gajewski.) — Wolfen (1963): VEB Filmfabrik Wolfen, Betriebsarchiv. 43 S.

**Schneider,** Oswald: Die Finanzwirtschaft der Sowjetunion im zweiten Weltkriege. — In: Finanzarchiv 13 (1950/51), 406—423.

**Schramm,** Percy Ernst: Die Treibstoff-Frage vom Herbst 1943 bis Juni 1944 (Landung im Westen, mit Ausblicken auf das Kriegsende, im Rahmen des Kampfes gegen die deutsche Versorgung mit Grundstoffen) nach dem Kriegstagebuch des Wehrmachtsführungsstabes. — In: Mensch und Staat in Recht und Geschichte, Festschrift für Herbert Kraus z. Vollend. seines 70. Lebensjahres, Kitzingen a. Main: Holzner 1954, 394—421.

**Scitovsky,** Tibor [u. a.]: Mobilizing resources for war.— New York: McGraw-Hill 1951. 284 S.

**Scott,** J. D. und Richard Hughes: Administration of war production. — London: H. M. Stationery Office 1956. X, 544 S.
*(History of the Second World War. United Kingdom Civil Series.)*

**Smith,** R. Elberton: The army and economic mobilization. — Washington: Department of the Army, Office of Military History 1959. XXV, 749 S.

**Snow,** C[harles] P[ercy]: Science and government. — London: Oxford University Press (1961). VI, 88 S.
*(The Godkin Lectures at Harvard University, 1960.)*

**Sundhaussen,** Holm: Südosteuropa in der nationalsozialistischen Kriegswirtschaft am Beispiel des „Unabhängigen Staates Kroatien". - In: Südost-Forsch. 32 (1973). 233–266.

**Teller,** Edward und Allen Brown: Das Vermächtnis von Hiroshima (The Legacy of Hiroshima, dt.) (Übertr. aus dem Amerikan.: Inge Marten [d. i. Inge M. Artl]). — Düsseldorf, Wien: Econ (1963). 286 S.

**Treue,** Wilhelm: Politische Kohle im ersten und zweiten Weltkrieg. — In: Welt als Gesch. 11 (1951), 185—202.

Die letzten deutschen **Waffen.** — In: Allg. Schweiz. Militär-Z. 114 (1948), 123—128.

**Wagenführ,** Rolf: Die deutsche Industrie im Kriege 1939—1945. — Berlin: Duncker & Humblot (1963). 216 S.

**Wallach,** Jehuda L.: Probleme der Zwangsarbeit in der deutschen Kriegswirtschaft. - In: Jb. Inst. dtsch. Gesch. 6 (1977), 477–512.

**Was** kostete der letzte Krieg? — In: Selbsthilfe 25 (1951), H. 18, 2.

**Welter,** Erich: Falsch und richtig planen. Eine kritische Studie über die deutsche Wirtschaftslenkung im zweiten Weltkrieg. — Heidelberg: Quelle & Meyer 1954. 164 S.
*(Veröffentlichungen des Forschungsinstituts für Wirtschaftspolitik an der Universität Mainz. 1.)*

**Wieviel** kostete der zweite Weltkrieg? In: Kath. Digest 5 (1951), 114—115.

**Wittekind,** Kurt: Aus 20 Jahren deutscher Wehrwirtschaft 1925—1945. — In: Wehrkunde 6 (1957), 495—504.

**Wohlstetter,** Albert: Wissenschaftler, Propheten und Strategie. — In: Dokumente 19 (1963), 359—368.

**Wojewódzki,** Michał: Akcja V-1 i V-2. — Warszawa: PAX 1970. 416 S.

**Zumach,** Ernst-Günther: Die wirtschaftlichen Kriegsmaßnahmen Deutschlands im 2. Weltkrieg in völkerrechtlicher Betrachtung. — o. O. 1955. VIII, 145 gez. Bl. [Maschinenschr.]
*Erlangen, jur. Diss. 15. März 1955.*

Nachrichten- und Abwehrdienste

**Accoce,** Pierre und Pierre Quet: La guerre a été gagné en Suisse. — Paris: Perrin 1966. 319 S.
Dtsch. Ausg. u. d. T.: Moskau wußte alles. — Zürich: Schweizer Verlagshaus (1966). 268 S.

**Alexander,** Günter: So ging Deutschland in die Falle. Anatomie einer Geheimdienst-Operation. - Düsseldorf: Eon-Verl. (1976). 320 S.

**Bartz,** Karl: Die Tragödie der deutschen Abwehr.—Salzburg: Pilgram-V. (1955). 274 S.

**Beesly,** Patrick: Very special intelligence, [dt.] Geheimdienstkrieg der britischen Admiralität 1939–1945. (Aus d. Engl. von Friedrich Forstmeier.) - (Berlin:) Ullstein (1978). 326 S.

**Bergier,** Jaques: Agents secrets contre armes secrètes. — Paris: Arthaud 1955. 221 S.

**Borchers,** Erich: Wir funkten mit London. — In: Der Frontsoldat erzählt 16 (1952), 154—157.

**Boucard,** Robert: Les dessous de l'espionnage 1939—1945. — Paris: Descamps 1958. 256 S.

**Brown,** Anthony Cave: Die unsichtbare Front (Bodyguard of lies, dt.) Entschieden Geheimdienste den Zweiten Weltkrieg? (Ins Dtsch. übertr. von Georg Peter Auerbach [u. a.]) - (München:) Desch (1976). 827 S.

**Buchheit,** Gert: „Der Krieg wurde in der Schweiz gewonnen." Eine notwendige Richtigstellung angeblich bedeutsamer Enthüllungen. — In: Freiheit u. Recht 12 (1966), H. 7, 18—24.

**Buchheit,** Gert: Die anonyme Macht. Aufgaben, Methoden, Erfahrungen der Geheimdienste. Mit e. Einf. von Wilhelm Ritter von Schramm. — Frankfurt a. M.: Akad. Verl. Ges. Athenaion (1969). 373 S.

**Buchheit,** Gert: Verrat deutscher Geheimcodes. Wendung in der größten Spionageaffäre des Zweiten Weltkriegs? — In: Polit. Welt 10 (1967), H. 109, 10—14.

**Cohen,** Maxwell: Espionage and immunity. Some recent problems and developments. — In: Brit. Yearbook intern. Law 25 (1948), 404—414.

**Collier,** Richard: Ten thousand eyes. — London: Collins 1958. 320 S.

**Cookridge,** H. E. [d, i. Spiro, Edward]: Versteckspiel mit dem Tode (Inside S.O.E., dt.) Geheimagenten gegen Hitler 1940/45. (Aus d. Engl. übertr. von Hansheinz Werner.) — (Oldenburg:) Stalling (1967). 288 S.

**Dilks,** David: Great Britain and Scandinavia in the „phoney war". - In: Scand. J. Hist. 2 (1977), 29–51.

**Erasmus,** Johannes: Der geheime Nachrichtendienst. — Göttingen: Musterschmidt 1952. 89 S.
*(Göttinger Beiträge für Gegenwartsfragen. 6.)*

**Farago,** Ladislas: Burn after reading. The espionage history of World War II. — New York: Walker (1962). XIV, 319 S.

**Farago,** Ladislas: War of wits. The anatomy of espionage and intelligence. — New York: Funk & Wagnalls 1954. IX, 379 S.

**Flicke,** Wilhelm F.: Agenten funken nach Moskau. Sowjetrussische Spionagegruppe „Rote Drei". — Wels, München: Verl. Welsermühl 1958. 420 S.

**Flicke,** W[ilhelm] F.: Die rote Kapelle. — Hilden am Rhein: Vier-Brücken-Verl. (1949). 377 S.

**Flicke,** Wilhelm F.: Spionagegruppe Rote Kapelle. In freier Bearbeitung den Tatsachen nacherzählt. — Kreuzlingen: Neptun 1954. 354 S.

**Fonroy,** J.-H.: La bataille des services secrets. — Paris: Ed. du Milieu du Monde 1958. 281 S.

**Foote,** Alexander: Handbuch für Spione [Handbook for spies, dt.] — Darmstadt: Leske 1954. 228 S.

Die **Funkaufklärung** und ihre Rolle im Zweiten Weltkrieg. Hrsg. von Jürgen Rohwer u. Eberhard Jäckel. (Eine internationale Tagung in Bonn-Bad Godesberg u. Stuttgart vom 15.–18. November 1978.) - Stuttgart: Motorbuch Verl. (1979). 406 S.

**Giskes,** Hermann J.: London calling North Pole. — London: Kimber 1953. 208 S.

**Giskes,** H(ermann) J.: Spione überspielen Spione. — Hamburg: Hansa-V. (1951). 350 S.

**Groehler,** Olaf [u.] Erhard Moritz: Zur Kaderauslese des faschistischen Geheimen Meldedienstes 1944/45. [Dokumente.] — In: Militärgesch. 17 (1978), 582–594.

**Guillaume,** Gilbert: Mes missions face à l'Abwehr. Contre-espionnage 1938–1945. — Paris: Plon 1971. 256 S.

**Gunzenhäuser,** Max: Geschichte des geheimen Nachrichtendienstes. ⟨Spionage, Sabotage u. Abwehr.⟩ Literaturbericht u. Bibliographie. — Frankfurt a.M.: Bernard & Graefe 1968. VII, 434 S.
*(Schriften der Bibliothek für Zeitgeschichte. 7.)*

**Hiisivaara,** T.: Vakoilna toisessa maailmanodassa. — Helsinki: Otava 1951. 139 S.

**Hagen,** Walter [d. i. Wilhelm **Höttl**]: Unternehmen Bernhard. Ein historischer Tatsachenbericht über die größte Geldfälschungsaktion aller Zeiten. — Wels, Starnberg: Verl. Welsermühl (1955). 291 S.

**Ind,** Allison: Allied intelligence bureau. Our secret weapon in the war against Japan. — New York: McKay 1958. IX, 305 S.

**Jones,** R(eginald) V(ictor): The wizard war. British scientific intelligence 1939–1945. — New York: Coward, McCann & Geoghegan (1978). XX, 556 S.
Ersch. in Großbritannien u. d. T.: Most secret war.

**Irving,** David: Breach of security. The German Secret Intelligence File on events leading to the Second World War. With an introd. by D[onald] C[ameron] Watt. — London: Kimber (1968). 216 S.

**Kahn,** David: The Codebreakers. The story of secret writing. — London: Weidenfeld & Nicolson 1968. 1164 S.

**Kahn,** David: Hitler's spies. German military intelligence in Word War II. (2. print.) – New York: Macmillan (1978). XIII, 671 S.

**Křen,** Jan [u.] Václav Kural: Ke stykům mezi československým odbojem a SSR v letech 1939–1941. — In: Hist. & Voj. 1967, H. 3, S. 437–471 und H. 5, S. 731–771.

**Kurz,** Hans Rudolf: Nachrichtenzentrum Schweiz. Die Schweiz im Nachrichtendienst des 2. Weltkrieges. — Frauenfeld: Huber 1972. 131 S.

**Lerg,** W. B.: Deutscher Auslandsrundfunk im zweiten Weltkrieg. — In: Rundfunk u. Fernsehen 14 (1966), H. 1, 25–34.

**Leverkuehn,** Paul: German military intelligence. — London: Weidenfeld & Nicolson 1954. VII, 209 S.

**Leverkuehn,** Paul: Der geheime Nachrichtendienst der deutschen Wehrmacht im Kriege. — Frankfurt a. M.: Bernard & Graefe, 1957. 196 S.

**Lewin,** Ronald: Ultra goes to war. The first account of World War II's greatest secret. Based on official documents. - New York, Düsseldorf: McGraw-Hill (1978). 397 S.

**Listowel,** Countess of: Crusader in the secret war. — London: Johnson 1952. 287 S.

**Loeff,** Wolfgang: Spionage. — Stuttgart: Riegler 1950. 326 S.

**MacLachlan,** Donald: Room 39. Naval intelligence in action 1939–1945. — London: Weidenfeld & Nicolson 1968. XVII, 438 S.

**Mader,** Julius: Hitlers Spionagegenerale sagen aus. Ein Dokumentarbericht über Aufbau, Struktur und Operationen des OKW-Geheimdienstes Ausland/Abwehr mit einer Chronologie seiner Einsätze von 1933–1944. — Berlin: Verl. d. Nation (1970). 475 S.

**Masterman,** John C.: The double-cross system in the war of 1939 to 1945. — New Haven: Yale University Press 1972. XIX, 203 S.
Dtsch. Ausg. u. d. T.: Unternehmen Doppelspiel. Sir John Mastermans Geheimbericht an die Regierung seiner Majestät. D. Kampf zwischen dtsch. Spionage u. brit. Abwehr im 2. Weltkrieg. — München: Molden 1973. 239 S.

**Mégret,** Maurice: Les origines de la propagande de guerre française. Du Service général de l'information au Commissariat général à l'information (1927–1940). — In: Rev. Hist. deux. Guerre mond. 11 (1961), H. 41, 3–27.

**Meldungen** aus dem Reich. Auswahl aus den geheimen Lageberichten des Sicherheitsdienstes der SS 1939–1944. Hrsg. von Heinz Boberach. — (Neuwied:) Luchterhand (1965). XXXII, 551 S.

**Mohr,** Michael: Soldatensender Calais. — Zürich: Schweizer Druck- u. Verlagshaus (1960). 464 S.

**Montagu,** Ewen: The man who never was. — Philadelphia: Lippincott 1954. 160 S.

**Moorehead,** Alan: Verratenes Atomgeheimnis. — Braunschweig: Westermann 1953. 255 S.

**Moorehead,** Alan: Der Fall Fuchs. Die Geschichte eines Atomverräters. — In: Monat 5 (1952/53), T. 1, 396–417, 510–526, 634–651.

**Moyzisch,** L[udwig] C[arl]: Der Fall Cicero. ⟨Es geschah in Ankara...⟩ Die sensationellste Spionageaffäre des zweiten Weltkrieges. — Frankfurt a. M., Heidelberg: Die Quadriga 1950. 208 S.

**Moyzisch,** L. C.: Operation Cicero. With a postscript by Franz von Papen. — New York: Coward-McCann 1950. 209 S.

**Neave,** Airey: Saturday at M.I. 9. A history of underground escape lines in North-West Europe in 1940–45 by a leading organiser at M.I. 9. — London: Hodder & Stoughton 1969. 327 S.

**Newman,** Bernard: They saved London. — London: Laurie (1952). 192 S.

**Newmann,** Bernard, Spione (Epics of espionage, dt.) Gestern, heute, morgen. Übers.: Helmut Lindemann. — Stuttgart: Union Dtsch. Verl.Anst. (1952). 361 S.

**Nollau,** Günther [u.] Ludwig Zindel: Gestapo ruft Moskau. Sowjetische Fallschirmagenten im 2. Weltkrieg. – München: Blanvalet 1979. 318 S.

Pasquelot, Maurice: Les dossiers secrets de la marine. Londres-Vichy 1940–1944. Horstexte. – Paris: Nouvelles éd. latines (1977). 298 S.

Persico, Joseph E.: Piercing the Reich. The penetration of Nazi Germany by American secret agents during World War II. – New York: Viking Press (1979). XVIII, 376 S.

Piekalkiewicz, Janusz: Spione, Agenten, Soldaten. Geheime Kommandos im Zweiten Weltkrieg. (Nach der TV-Dokumentarserie.) — München: Südwest Verl. (1969). 528 S.

Pilat, Oliver: The atom spies. — New York: Putnam 1952. 312 S.

Pirie, Anthony: Operation Bernhard. — New York: Morrow 1962. 303 S.

Rachlis, Eugene: They came to kill. The story of 8 Nazi saboteurs in America. — New York: Random House 1961. 306 S.

Radó, Sándor: Dóra jelenti ... — Budapest: Kossuth Kiadó 1971. 393 S.

Reile, Oscar: Macht und Ohnmacht der Geheimdienste. Der Einfluß der Geheimdienste der USA, Englands, der UdSSR, Frankreichs und Deutschlands auf die politischen und militärischen Ereignisse im Zweiten Weltkrieg. — München, Wels: Verl. Welsermühl (1968), 331 S.

Reile, Oskar: Geheime Ostfront. Die deutsche Abwehr im Osten 1921–1945. — München, Wels: Verl. Welsermühl (1963). 475 S.

Reile, Oskar: Geheime Westfront. Die Abwehr 1935–1945. — München; Wels: Verl. Welsermühl (1962). 490 S.

Roeder, M[anfred]: Die rote Kapelle. Aufzeichnungen. — Hamburg: Siep 1952. 36 S.

Rohwer, Jürgen: Der Einfluß der alliierten Funkaufklärung auf den Verlauf des Zweiten Weltkrieges. – In: Vjh. Zeitgesch. 27 (1979), 325–369.

Schickel, Alfred: Entschied Verrat den Zweiten Weltkrieg? Vom Einfluß der Spionage auf die politischen u. militärischen Ereignisse im Zweiten Weltkrieg. — In: Gesch. Wiss. Unterr. 19 (1968), 608–631.

Schramm, Wilhelm [Ritter] von: Der Geheimdienst in Europa 1937–1945. - München: Langen-Müller 1974. 406 S.

Schramm, Wilhelm (Ritter) von: Verrat im Zweiten Weltkrieg. Vom Kampf der Geheimdienste in Europa. Berichte und Dokumentation. — Düsseldorf: Econ-Verl. (1967). 400 S.

Schulze-Holthus, [Bernhardt]: Frührot im Iran. Abenteuer im deutschen Geheimdienst. — Eßlingen a. N.: Bechtle (1952). 356 S.

Seth, Ronald: Secret servants. The story of Japanese espionage. — London: Gollancz 1957. 247 S.

Smith, Constance Babington: Evidence in camera. The story of photographic intelligence in World War II. Foreword by Lord Tedder. — London: Chatto & Windus 1958. 256 S.

Steffens, Hans von: Salaam. Geheimkommando zum Nil 1942. — Neckargemünd: Vowinckel 1960. 256 S.

Stephan, Enno: Geheimauftrag Irland. Deutsche Agenten im irischen Untergrundkampf 1939–1945. — Oldenburg, Hamburg: Stalling 1961. 345 S.

Thorwald, Jürgen: Der Fall Pastorius. — Stuttgart: Steingrüben-V. 1953. 122 S.

Trefousse, Hans: Failure of German intelligence in the United States 1935–1945. — In: Mississippi Valley hist. Rev. 42 (1955), H. 1, 84–100.

Trizzino, Antonino: Navi e poltrone. — Milano: Longanesi 1952. 272 S.

Tully, Andrew: Die unsichtbare Front. Hinter den Kulissen des amerikanischen Geheimdienstes (Central Intelligence Agency. The inside Story, dt.) — Bern, Stuttgart, Wien: Scherz 1963. 295 S.

Vanwelkenhuyzen, Jean: La guerre a été gagné en Suisse. — In: Pallas [Bruxelles] 1966, No 28, 55–59.

Vetsch, Christian: Aufmarsch gegen die Schweiz. Der deutsche „Fall Gelb", Irreführung der Schweizer Armee 1939/40. — Freiburg: Walter (1973). 224 S.

Wighton, Charles und Günther Peis: They spied on England. Based on the German Secret Service war diary of General von Lahousen. — London: Odhams Press 1958. VIII, 320 S.

Willoughby, Charles A.: Shanghai conspiracy. The Sorge spy ring — Moscow – Shanghai – Tokyo – San Francisco – New York. Preface by Douglas MacArthur. — New York: Dutton [1952]. 320 S.

Willoughby, Charles A.: Sorge. Soviet master spy. Pref. by Douglas MacArthur. — London: Kimber 1952. XIX, 256 S.

Winterbotham, Frederick W.: Aktion Ultra (The Ultra secret, dt. Aus d. Engl. von Günter Stiller.) – (Frankfurt a. M.:) Ullstein (1976). 226 S.

Young, Gordon: The cat with two faces. — London: Putnam 1957. 223 S.

Politische Geschichte

Adams, Henry H.: 1942. The year, that doomed the Axis. — New York: McKay 1967. 522 S.

Aga-Rossi, Elena: La politica degli Alleati verso l'Italia nel 1943. – In: Storia contemp. 3 (1972), 847–895.

Amrine, Michael: The great decision. The secret history of the atomic bomb. — New York: Putnam 1959. 251 S.

Anatomie der Aggression. Neue Dokumente zu den Kriegszielen des faschistischen deutschen Imperialismus im zweiten Weltkrieg. Hrsg. u. eingel. von Gerhart Hass u. Wolfgang Schumann. – Berlin: Dtsch. Verl. d. Wiss. 1972. 238 S.

Anchieri, Ettore: Dal convergno di Salisburgo alla non-belligerenza italiana — In: Politico 19 (1954/55), H. 1, 23–44.

Anchieri, Ettore: Das große Mißverständnis des deutsch-italienischen Bündnisses. — Der deutsche „Bündnisverrat" an Italien. — Italiens Ausweichen vor dem Krieg. — Zur Aktenpublikation des römischen Außenministeriums. — In: Außenpolitik 5 (1954), 509–519, 588–595 und 653–662.

**Armstrong,** Anne: Bedingungslose Kapitulation (Unconditional surrender, dt.) Die teuerste Fehlentscheidung der Neuzeit. (Übers. aus d. Amerikan. u. Bearb.: Johannes Eidlitz.) — Wien, München: Molden [1965]. 323 S.

**Armstrong,** Anne: Unconditional surrender. The impact of the Casablanca policy upon World War II. — New Brunswick: Rutgers University Press (1961). XIV, 304 S.

**Ausnahmegesetze** gegen Juden in den von Nazi-Deutschland besetzten Gebieten Europas. — London: The Wiener Library 1956. 36 gez. Bl. [Maschinenschr. hektogr.]

**Baker,** Leonard: Roosevelt and Pearl Harbor. — New York: Macmillan 1970. VIII, 356 S.

**Balfour,** Michael: Another look at „unconditional surrender". — In: Internat. Aff. 46 (1970), 719—736.

**Barcia** Trelles, Camilo: Los papales de Yalta. Estudio preliminar. — In: Cuad. Polit. intern. H. 21 (Januar/März 1955), 159—177.

**Bariéty,** Jacques: La politique extérieure allemande dans l'hiver 1939—1940. — In: Rev. hist. 88 (1964), H. 231, 144—152.

**Barnett,** James Calvin: Totalitäre und demokratische Besatzung. — (Nürnberg 1948: Spandel.) 98 S.
Erlangen, phil. Diss. 1. Mai 1948.

**Barth,** Gerhard: Geschichte eines Dokuments, das nie existierte. Zum 10. Jahrestage der Verkündung der Atlantik-Charta. — In: Neues Abendland 6 (1951), 448—453.

**Bartstra,** J. S.: Vergelijkende stemmingsgeschiedenis in de bezette gebieden van West-Europa 1940—1945. — Amsterdam: Noord-Hollandsche U.M. (1955). 40 S.

**Batowski,** Henryk: Die Balkanstaaten und der Krieg in Polen im September 1939. Der Plan eines Brückenkopfes in Saloniki. — In: Österr. Osthefte 9 (1967), 188—197.

**Batowski,** Henryk: Pierwsze tygodnie wojny. Dyplomacja zachodnia do połowy września 1939 r. — Poznań: Wydawnictwo Poznańskie 1967. 312 S.

**Batowski,** Henryk: Wojna a dyplomacja 1945. — Poznań: Wyd. Poznańskie 1972. 350 S.

**Beaubreuil,** Pierre: Le cinquième partage de la Pologne. — Bordeaux: Chez l'Auteur 1970. 195 S.

**Bell,** P. M. H.: Prologue de Mers-el-Kébir. — In: Rev. Hist. deux. Guerre mond. 9 (1959), H. 33, 15—36.

**Bengtson,** John Robert: Nazi war aims. The plans for the Thousand Year Reich. — Rock Island: Augustana College Library 1962. XI, 155 S.
(Augustana Library publications. 30.)

**Bernhardt,** Friedrich: Die Kollaboration asiatischer Völker mit der japanischen Besatzungsmacht im Zweiten Weltkrieg als Glied im Dekolonisationsprozeß. — Hamburg: (Inst. f. Asienkunde) 1971. 103 S.
(Mitteilungen des Instituts für Asienkunde, Hamburg. 40.)

**Bernstein,** Barton J.: Roosevelt, Truman and the atomic bomb, 1941–1945. A reinterpretation. - In: Polit. Science Quart. 90 (1975), 23–69.

**Bodensieck,** Heinrich: Provozierte Teilung Europas? Die britisch-nordamerikanische Regionalismus-Diskussion und die Vorgeschichte des Kalten Krieges 1939—1945. — Opladen: Leske 1970. 119 S.

**Böhme,** Hermann: Der deutsch-französische Waffenstillstand im Zweiten Weltkrieg. — Stuttgart: Dtsch. Verl.-Anst.
1. Entstehung und Grundlagen des Waffenstillstandes von 1940. 1966. 464 S.
(Quellen und Darstellungen zur Zeitgeschichte. 12.)

**Boguš,** E. Ju.: Političeskaja strategija SŠA na zaveršajuščem étape vojny protiv Japonii (maj—avgust 1945 g.) — In: Nov. Noveš. Ist. 1960, H. 6, 29—44.

**Boratyński,** Stefan: Dyplomacja okresu II wojny światowej. Konferencje międzynarodowe 1941—1945. — Warszawa: Państwowe Wyd. Naukowe 1957. 404 S.

**Bregman,** Aleksander: Najlepszy sojusznik Hitlera. Studium o współpracy niemiecko-sowieckiej 1939—1941. — Londyn: Wyd. Orbis-Księgarnia Polska 1958. 163 S.

**Brooks,** Lester: Behind Japan's surrender [August 1945]. The secret struggle that ended an empire. — New York: McGraw-Hill 1968. XVIII, 428 S.

**Brügel,** J. W.: Die Atlantik-Charta. — In: Europa-Arch. 6 (1951), 4219—4226.

**Brügel,** J[ohann] W[olfgang]: Teheran, Jalta und Potsdam aus sowjetischer Sicht. — In: Europa-Arch. 21 (1966), 803—810.

**Cairns,** John C.: Great Britain and the fall of France. A study in allied disunity. — In: J. mod. Hist. 27 (1955), 365—409.

**Calvet,** Henri: La reddition inconditionnelle idée Rooseveltienne. — In: Rev. Hist. deux. Guerre mond. 5 (1955), H. 20, 43—49.

**Campus,** Eliza: Blocul balcanic al „neutrilor" (sept. 1939-martie 1940). — In: Studii, Rev. Istorie [București] 9 (1956), H. 4, 27—53.

**Campus,** Eliza: Tratativele diplomatice în preajma dictatului de la Viena (aprilie—august 1940). — In: Studii, Rev. Istorie [București] 10 (1957), H. 3, 167—195.

**Castellan,** G. und P.-A. Jars: La diplomatie allemande et la guerre du Pacifique (septembre 1940 — décembre 1941). — In: Rev. Hist. deux. Guerre mond., H. 2 (März 1951), 28—40.

**Chambard,** Claude: Histoire mondiale des maquis. — Paris: Ed. France-Empire 1970. 612 S.

**Chase,** John L.: The development of the Morgenthau plan through the Quebec conference. — In: J. Politics 16 (1954), 324—359.

**Chase,** John L.: Unconditional surrender reconsidered. — In: Polit. Science Quart. 70 (1955), 258—279.

**Clemens,** Diane Shaver: Yalta. — New York: Oxford University Press 1970. X, 356 S.
Dtsch. Ausg. u. d. T.: Jalta. (Aus d. Engl. von Helmut Lindemann.) — Stuttgart: Koehler 1972. 386 S.

**Cole,** Wayne S.: American entry into World War II. A historiographical appraisal. — In: Mississippi Valley hist. Rev. 43 (1956/57), 595—617.

The **conferences** at Cairo and Tehran 1943. — Washington: US Government Printing Office 1961. LXXX, 932 S.
*(Foreign relations of the United States. Diplomatic papers. [Special series.])*

**Conte,** Arthur: Die Teilung der Welt (Yalta ou le partage du monde, dt.) Jalta 1945. (Aus d. Franz. von Wilhelm u. Modeste Pferdekamp.) — (Düsseldorf:) Rauch (1965). 372 S.

**Cretzianu,** Alexandre: The lost opportunity. — London: Cape 1957. 188 S.
Über das Problem einer Invasion in Südosteuropa.

**Crimea conference,** Yalta, Russia, 1945. The conferences at Malta and Yalta, 1945. Vol. 1. 2. — Washington: Department of State 1955.

**Dahms,** Hellmuth Günther: Roosevelt und der Krieg. Die Vorgeschichte von Pearl Harbor. — München: Oldenbourg (1958). 95 S.
*(Janus-Bücher. 8)*

**Dallek,** Robert [Ed.]: The Roosevelt diplomacy and world war II. — New York: Holt, Rinehart & Winston 1970. 125 S.
*(American Problem Studies.)*

**Dallin,** Alexander: Vlasov and separate peace. A note. — In: J. Centr. Europ. Aff. 16 (1956/57), 394—396.

**Dallin,** David J.: Stalin, Renner und Tito. — In: Europa-Archiv 13 (1958), 11030—11034.

**Deakin,** F[rederic] W[illiam]: Die brutale Freundschaft (The brutal friendship, dt.) Hitler, Mussolini u. d. Untergang d. italienischen Faschismus. (Aus d. Engl. von Karl Römer). — Köln, Berlin: Kiepenheuer & Witsch (1964). 992 S.

**Detwiler,** Donald S.: Hitler, Franco und Gibraltar. Die Frage d. spanischen Eintritts in d. Zweiten Weltkrieg. — Wiesbaden: Steiner 1962. XI, 185 S.
*(Veröffentlichungen d. Inst. f. Europäische Geschichte Mainz. 27.)*

**Detwiler,** Donald S.: Spain and the Axis during World War II. — In: Rev. Politics 33 (1971), 36—53.

**Documents** on international affairs 1939—1946. Selected and edited by members of the Survey Department, Royal Institute of International Affairs, under the direction of Arnold J. Toynbee. — London: Oxford University Press.
2. Hitler's Europe. Selected and edited by Margaret Carlyle. 1954. XX, 362 S.

**Documents** internationaux pour la préparation de la paix. Internationale Dokumente zur Vorbereitung des Friedens. 1941—1945. — Baden-Baden: Publications Officielles 1945. 159 S.

**Draper,** Hal: Derrière Yalta. La vérité sur la guerre. — In: Rev. soc. 1955, H. 88, 51—71.

**Drechsler,** Karl, Hans Dress [u.] Gerhart Hass: Europapläne des deutschen Imperialismus im Zweiten Weltkrieg. — In: Z. Geschichtswiss. 19 (1971), 916—931.

**Drechsler,** Karl, Olaf Groehler [u.] Gerhart Hass: Politik und Strategie des faschistischen Deutschlands im zweiten Weltkrieg. - In: Z. Geschichtswiss. 24 (1976), 5–23.

**Dulles,** Allen [u.] Gero v. S. Gaevernitz: Unternehmen „Sunrise". Die geheime Geschichte des Kriegsendes in Italien. —Düsseldorf: Econ-Verl. (1967). 318 S.

**Duraczyński,** Eugeniusz [u.] Jerzy J. Terej: Europa podziema w walce 1939-1945. - Warszawa: Wiedza Powszechna 1974. 410 S.

**Duroselle,** Jean-Baptiste: Le conflit stratégique anglo-américain de juin 1940 à juin 1944. — In: Rev. Hist. moderne et contemporaine 10 (1963), 161—184.

**Dvorjetski,** M.: Eiropā lelō jēladim. Tohnijot han-n'azim leh-heres biologi. — Jerušalajim: Jad Wa-Šem (1958). 152 S.
[Europa ohne Kinder. Die Pläne der Nazis zur biologischen Ausrottung.]

**Eichholtz,** Dietrich: Die Kriegszieldenkschrift des kolonialpolitischen Amtes der NSDAP von 1940. Steckbrief eines Dokuments. - In: Bll. dtsch. internat. Pol. 19 (1974), 502–517.

**Ellwood,** David W.: Nuovi documenti sulla politica istituzionale degli alleati in Italia, 1943-45. - In: Italia contemp. 27 (1975), H. 119, 79–104.

Les **entretiens** De Gaulle-Staline des 2, 6 et 8 décembre 1944. — In: Recherches intern. à la Lumière du Marxisme, 1959, H. 12, I$^{re}$ partie, 1—84.

**Fabry,** Philipp W[alter]: Der Hitler-Stalin-Pakt 1939—1941. Ein Beitrag zur Methode sowjetischer Außenpolitik. — Darmstadt: Fundus Verl. (1962.) 535 S.

**Fehrenbach,** T. R.: F.D.R.'s undeclared war, 1939 to 1941. — New York McKay 1967. 344 S.

**Feis,** Herbert: Churchill, Roosevelt, Stalin. The war they waged and the peace they sought. — Princeton: Princeton University Press; London: Oxford University Press 1957. XI, 692 S.

**Feis,** Herbert: The road to Pearl Harbor. The coming of the war between the United States and Japan. — Princeton, N.J.: Princeton University Press 1971. XII, 356 S.

**Fenyo,** Mario D.: Hitler, Horthy and Hungary. German-Hungarian relations, 1941—1944. — New Haven: Yale University Press 1972. XII, 279 S.
*(Yale Russian and East European Studies.)*

**Floravanzo,** Guiseppe: The Japanese military mission to Italy in 1941. — In: US Naval Inst.Proceedings 82 (1956), 24—31.

**Fischer,** George: Roosevelt-Stalin (1941). — In: Monat 3 (1950/51), T. 1, 254—263.

**Fleury,** Antoine: La subversion allemande en Inde à partir de l'Afghanistan pendant la deuxième guerre mondiale. - In: Relat. internat. 1975, H. 3, 133–152.

**Förhandlingarna** 1945 om svensk intervention i Norge och Danmark. — Stockholm: Norstedt 1957. 47 S.
*(Aktstycken. Ny Serie. II:11.)*

**Fox,** Annette Baker: The power of small states. Diplomacy in World War II. — Chicago: University of Chicago Press 1959. 211 S.

**Freund,** Michael: Die Entstehung des deutsch-sowjetischen Krieges. — In: Außenpolitik 2 (1951), 353—359 und 430—436.

**Friedländer,** Saul: Auftakt zum Untergang. Hitler und die Vereinigten Staaten von Amerika 1939—1941 (Hitler et les Etats-Unis 1939—1941, dt.) (Deutsch von Harry Maór.) — Stuttgart: Kohlhammer 1965. 283 S.

**Friedländer,** Saul: Berlin et le jeu américain à Vichy. (Sept. 1940 à décembre 1941). — In: Schweizer. Zs. f. Gesch. 13 (1963), 339—371.

**Funk,** Arthur Layton: The „Anfa Memorandum". An incident of the Casablanca conference. — In: J. mod. Hist. 26 (1954), 246—254.

**Gareau,** F[rederic] H.: Morgenthau's plan for industrial disarmament in Germany. — In: West. polit. Quart. 14 (1962), 517—534.

**Giovannitti,** Len [u.] Fred Freed: The decision to drop the bomb. A political history. — New York: Coward McCann 1965. 348 S.

**Giovannitti,** Len [u.] Fred Freed: Sie warfen die Bombe (The decision to drop the bomb. A political history, dt.) (Aus d. Amerikan. übertr. von Hans Roesch.) — Berlin: Propyläen-Verl. (1967). 383 S.

**Gollwitzer,** Walter: Die Atlantik Charta, ihre Stellung und Bedeutung in Politik und Völkerrecht des zweiten Weltkrieges. — o. O. 1949. II, 157 gez. Bl. [Maschinenschr.]
*München, jur. Diss. 10. Mai 1950.*

**Goodhart,** Philip: Fifty ships that saved the world. The foundation of the Anglo-American alliance. — Garden City: Doubleday 1965. XI, 267 S.

**Gosztony,** Peter: Über die Entstehung der Nationalkomitees und der nationalen Militärformationen der osteuropäischen Nationen in der Sowjetunion während des Zweiten Weltkrieges. - In: Militärgesch. Mitt. 1973, H. 2, 31-56.

**Gosztony,** Peter: Über die Entstehung der Nationalkomitees und der nationalen Militärformationen der osteuropäischen Nationen in der Sowjetunion während des Zweiten Weltkrieges. - In: Militärgesch. Mitt. 1976, H. 17, 75-98.

**Graham,** Robert A[ndrew]: Contatti di pace fra americani e giapponesi in Vaticano nel 1945. — In: Civiltà Cattolica 122 (1971), 31—42.

**Groehler,** Olaf: Krieg im Westen. Die Haltung der herrschenden Kreise der USA u. Großbritanniens zur polit. u. militär. Vorbereitung der zweiten Front ⟨1942—1944⟩. — (Berlin:) Dtsch. Militärverl. (1968). 401 S.

**Gruchmann,** Lothar: Nationalsozialistische Großraumordnung. Die Konstruktion einer „deutschen Monroe-Doktrin". — Stuttgart: Dt. Verl.-Anst. (1962). 166 S.
*(Schriftenreihe der Vierteljahrshefte für Zeitgeschichte. 4.)*

**Hansen,** Reimer: Ribbentrops Friedensfühler im Frühjahr 1945. — In: Gesch. Wiss. Unterr. 18 (1968), 716—730.

**Hansen,** Reimer: Die Kriegskonferenzen der Alliierten und das politische Schicksal Deutschlands. (Überarb. Fassung e. Vortrags.) — (Kiel:) D. Landesbeauftragte f. Staatsbürgerl. Bildung in Schleswig-Holstein 1966. 20 S.
*(Gegenwartsfragen. 15.)*

**Hass,** Gerhart: Dokumente zur Haltung Hitlerdeutschlands und der USA gegenüber der Sowjetunion im Jahre 1943. — In: Jb. Gesch. 5 (1971), 439—473.

**Hass,** Gerhart: Der „seltsame"Krieg vom September 1939 bis zum Frühjahr 1940. - In: Militärgesch. 18 (1979), 271—280.

**Hecker,** Hellmuth: Die Umsiedlungsverträge des Deutschen Reiches während des Zweiten Weltkrieges. — Frankfurt a.M.: Metzner [in Komm.] 1971. 223 S.
*(Werkhefte der Forschungsstelle für Völkerrecht und ausländisches öffentliches Recht der Universität Hamburg. 17.)*

**Heller,** Joseph: Roosevelt, Stalin and the Palestine problem at Yalta. - In: Wiener Libr. Bull. 30 (1977/78), 25—56.

**Herring,** George C.: Aid to Russia, 1941-1946. Strategy, diplomacy, the origins of the cold war. - New York: Columbia University Press 1973. XXI, 365 S.
*(Contemporary American History Series.)*

**Herrschaft,** H.: Zur Dokumentation von Jalta. — In: Militärpol. Forum 4 (1955), H. 5, 21—31.

**Hillgruber,** Andreas: Deutschland und Rumänien 1939—1944. — Göttingen 1952. XIII, 361, A—K gez. Bl. [Maschinenschr.]
*Göttingen, Hist. Sem., Staatsexamenarbeit. 1952.*

**Hillgruber,** Andreas: Japan und der Fall „Barbarossa". Japan. Dokumente zu d. Gesprächen Hitlers u. Ribbentrops mit Botschafter Oshima von Februar bis Juni 1941. — In: Wehrwiss. Rdsch. 18 (1968), 312—336.

**Hillgruber,** Andreas [Hrsg.]: Staatsmänner und Diplomaten bei Hitler. Vertrauliche Aufzeichnungen über Unterredungen mit Vertretern des Auslandes 1939—1941. — Frankfurt a. M.: Bernard & Graefe 1967. 699 S.

**Hillgruber,** Andreas [Hrsg.:] Staatsmänner und Diplomaten bei Hitler. Vertrauliche Aufzeichnungen über Unterredungen mit Vertretern des Auslandes. — Frankfurt a.M.: Bernard & Graefe.
2. 1942—1944. 1970. 568 S.

**Hillgruber,** Andreas: Der Zenit des Zweiten Weltkrieges, Juli 1941. - Wiesbaden: Steiner 1977. 44 S.
*(Institut für Europäische Geschichte Mainz. Vorträge. 65.)*

**Hirszowicz,** Lukasz: Hitlerowskie niemcy a plan krolewskiej komisji Peela. — In: Biul. Żydowskiego Inst. Hist. 37 (1961), 35—58.

**Hubatsch,** Walther: Die skandinavischen Weißbücher über den zweiten Weltkrieg. — In: Außenpolitik 2 (1951), 117—125.

**Huldschiner,** J. C.: Fronde gegen das Abendland. Stalins Anteil an der Entstehung der Oder-Neiße-Linie. — In: Der europ. Osten 1954, 71—80.

**Jacobsen,** Hans-Adolf: Der Weg zur Teilung der Welt. Politik und Strategie 1939-1945. - (Koblenz:) Wehr u. Wissen Verl. (1977). 672 S.

**Jakobson,** Max: The diplomacy of the Winter War. An account of the Russo-Finnish war, 1939—1940. — Cambridge, Mass.: Harvard University Press 1961. 281 S.

**Jakobson,** Max: Diplomatie im Finnischen Winterkrieg 1939/40 (The diplomacy of the Winter War, dt.) (Aus d. Engl. übertr. von Reinhold Dey.) — Düsseldorf: Econ-Verl. (1970). 345 S.

Die offiziellen **Jalta-Dokumente** des US State Department. Vollständige dt. Ausgabe. (Dt. Übersetzung: Gertrude Heinisch, Otto Hellwig u. a.) — (Wien: Frick 1955.) 361 S., XXIV S. Beil.
*(Fricks Bücher der Weltpolitik. 2.)*

**Jedlicka,** L. F.: Friedensversuche im Zweiten Weltkrieg. — In: Mitt. Wiener Kath. Akad. 5 (1954), H. 4, 58—61.

**Jong,** Louis de: De duitse vijfde colonne in de tweede wereld oorlog. — Arnhem: van Loghum Slaterus 1953. 480 S.

**Jong,** Louis de: Die deutsche Fünfte Kolonne im Zweiten Weltkrieg. (De duitse vijfde colonne in de tweede wereldoorlog, dt.) Übers. von Helmut Lindemann. — Stuttgart: Dtsch. Verl. Anst. 1959. 281 S.
*(Quellen und Darstellungen zur Zeitgeschichte. 4.)*

**Israeljan,** V. L.: Diplomatičeskaja istorija velikoj otečestvennoj vojny 1941—1945 gg. — Moskva: Izd. IMO 1959. 367 S.

**Israëljan,** Viktor [L.]: Die Antihitlerkoalition (Antigitlerovskaja koalicija, dt.) Die diplomatische Zusammenarbeit zwischen der UdSSR, den USA und England während des zweiten Weltkrieges 1941–1945. (Aus d. Russ. von L. Steinmetz.) - Frankfurt a. M.: Verl. Marxist. Bll. 1975. 483 S.

Geschichte der internationalen Beziehungen 1939—1945 (**Istorija** meždunarodnych otnošenij i vnešnej politiki SSSR, 1939—1945 gg., dt.) Hrsg. von W. G. Truchanowski. (Aus d. Russ. übers. von Gerhart Hass, Peter Hoffmann [u. a.]) — Berlin: VEB Dtsch. Verl. d. Wissensch. 1965. 517 S.

**Ivanov,** L. N.: Očerki meždunarodnych otnošenij v period vtoroj mirovoj vojny 1939—1945 gg. — Moskva: Akad. Nauk SSSR 1958. 275 S.

Iwaschin [**Ivasin**], J. F.: Der Beginn des zweiten Weltkrieges und die Außenpolitik der UdSSR (Nacalo vtoroj mirovoj vojny vnešnjaja politika SSSR, dt.) — Berlin: Dietz 1953. 46 S.

**Kahle,** Günter: Britische Infiltrationsbemühungen in Transkaukasien 1939/40. - In: Militärgesch. Mitt. 1974, H. 16, 97-110.

**Kamenetsky,** Ihor: Secret Nazi plans for Eastern Europe. A study of Lebensraum policies. — New York: Bookman Ass. (1961). 263 S.

**Kecskemeti,** Paul: Strategic surrender. The politics of victory and defeat. — London: Oxford University Press; Stanford: Stanford University Press 1958. IX, 287 S.

**Keiderling,** Gerhard: Zur Haltung der Westmächte bei der Vorbereitung des militärischen Vier-Mächte-Besatzungs- und Kontrollsystems für Deutschland ⟨1943–1945⟩. - In: Jb. Gesch. 1975, H. 13, 293-349.

**Kermish,** Joseph: When and by whom was the order for „The final solution" given? — In: Yad Vashem Bull. 1964, H. 15, 26—31.

**Kimball,** Warren F.: The most unsordid act. Lend-Lease, 1939—1941. — Baltimore: Johns Hopkins Press (1969). VII, 281 S.

**Kindelan** [General]: Stalin und Hitler. — In: Wehrwiss. Rdsch. 2 (1952), 131 — 133.

**King,** F[rank] P.: The new internationalism. Allied policy and the European peace 1939–1945. - Hamden, Conn.: Archon Books 1973. 230 S.
*(Library of Politics and Society.)*

**Kircheisen,** Peter: Nordeuropa in der Politik der imperialistischen Westmächte im Winter 1939/40. — In: Z. Geschichtswiss. 18 (1970), 1477—1488.

**Kljaković,** Vojmir: Promjena politike Velike Britanije prema Jugoslaviji u prvoj polovici 1943. godine. — In: Jugosl. ist. Čas. 8 (1969), H. 3, 25—58.

**Koch,** H[annsjoachim]: The spectre of a separate peace in the East. Russo-German „peace-feelers", 1942–44. - In: J. contemp. Hist. 10 (1975), 531–549.

**Kochan,** Lionel: L'URSS et le partage de l'Allemagne en zones d'occupation. — In: Rev. Hist. deux. Guerre mond. 12 (1962), H. 46, 13—27.

**Kohn,** Hans: Panslawismus in und nach dem zweiten Weltkrieg. — In: Vjh. Zeitgesch. 2 (1954), 255—273.

**Kollman,** Eric C.: Die Jaltakonferenz im Kreuzfeuer von Politik und Geschichtsschreibung. — In: Gesch. Wiss. Unterr. 8 (1957), 272—292.

Die **Konferenzen** von Malta und Jalta. Dept. of State USA, Dokumente vom 17. Juli 1944 bis 3. Juni 1945. Dtsch. Ausgabe. Übers.: K.G. Werner [u. a.], Korrektoren: B. Rathe u. Brian J. Dodsworth, nach d. Anf. 1956 in Buchform ersch. Originalausg. d. Amerikan. Außenmin. — Düsseldorf: Verl. f. polit. Bildung [1957]. LXXXIII, 920 S.

**Koß,** Siegfried: Vorstellungen der Alliierten von Nachkriegsdeutschland. Planungen zwischen 1943 und 1945. - In: Aus Politik und Zeitgeschichte, Beilage zur Wochenzeitung „Das Parlament" Nr 42/43 vom 14. Oktober 1972, 15–31.

**Kotyk,** Vaclav: Krymská konference a postoj sovětského svazu k problému jednoty Nemecka. — In: Čsl. Čas. hist. 5 (1957), 728—756.

**Kowalski,** Hans-Günter: Die „European Advisory Commission" als Instrument alliierter Deutschlandplanung 1943—1945. — In: Vjh. Zeitgesch. 19 (1971), 261—293.

**Kowalski,** Włodzimierz T[adeusz]: Wielka Koalicja 1941–1945. Warszawa: Ministerstwo Obrony narodowej.
1. 1941–1943. 1972. 832 S.

**Kowalski,** Włodzimierz T[adeusz]: Wielka Koalicja 1941–1945. - Warszawa: Ministerstwo Obrony narodowej.
2. Rok 1944. 1975. 728 S.

**Kowalski,** Włodzimierz T[adeusz]: The Western power and the Polish-German frontier during the second world war (1943—45). — In: Polish West. Aff. 6 (1965), 85—120.

**Krausnick,** Helmut: Denkschrift Himmlers über die Behandlung der Fremdvölkischen im Osten (Mai 1940). — In: Vjh. Zeitgesch. 5 (1957), 194—198.

**Krausnick,** Helmut: Himmler über seinen Besuch bei Mussolini vom 11. bis 14. Oktober 1942. — In: Vjh. Zeitgesch. 4 (1956), 423—426.

**Krecker,** Lothar: Ribbentrops Weisung an Papen vom 17. Mai 1941. — In: Paul Kluke zum 60. Geburtstag, Frankfurt a. M. 1968, 190—198.
    Maschinenschr. hektogr.

**Kühnrich,** Heinz: Der Partisanenkrieg in Europa 1939—1945. — Berlin: Dietz 1965. 403 S.

**Kum'a** N'dumbe III, Alexandre: Les buts de guerre de l'Allemagne hitlérienne en Afrique. - In: Rev. Hist. deux. Guerre mond. 27 (1977), H. 106, 37-60.

**Lash,** Joseph P.: Roosevelt and Churchill, 1939-1941. The partnership that saved the West. - New York: Norton 1976. 528 S.

**Launay,** Jacques de: Geheimdiplomatie 1939—1945 (Secrets diplomatiques, dt.) (Aus d. Französ. übertr. von Fritz Hoess.) — Wien, Berlin: Neff 1963. 196 S.

**Leighton,** Richard M.: Overlord revisited. An interpretation of American strategy in the European war, 1942—1944. — In: Amer. hist. Rev. 68 (1962/63), 919—937.

**Lensen,** George Alexander: The strange neutrality. Soviet-Japanese relations during the second world war, 1941—1945. — Tallahassee, Fl.: Diplomatic Press 1972. X, 332 S.

**Leutze,** James: The secret of the Churchill - Roosevelt correspondence September 1939–May 1940. - In: J. contemp. Hist. 10 (1975), 465-491.

**Liddell** Hart, B. H.: War es weise, die Résistance hochzuzüchten? — In: Nation Europa 2 (1952), H. 1, 52—55.

**Lippmann,** Walter: Die Jalta-Dokumente. — In: Monat 7 (1955), H. 80, 181—183.

**Littlejohn,** David: The patriotic traitors. A history of collaboration in German-occupied Europe, 1940—45. — London: Heinemann 1972. XVI, 392 S.

**Loock,** Hans-Dietrich: Zur „Großgermanischen Politik" des Dritten Reiches. — In: Vjh. Zeitgesch. 8 (1960), 37—63.

**Lorbeer,** Hans-Joachim: Westmächte gegen die Sowjetunion 1939-1941. - Freiburg: Rombach (1975). 143 S.
    *(Einzelschriften zur militärischen Geschichte des Zweiten Weltkrieges. 18.)*

**Ludlow,** Peter: Papst Pius XII., die britische Regierung und die deutsche Opposition im Winter 1939/40. [Dokumentation.] - In: Vjh. Zeitgesch. 22 (1974), 299-341.

**Lukas,** Richard C.: The strange allies. The United States and Poland, 1941-1945. - Knoxville: University of Tennessee Press (1978). VIII, 230 S.

**Malvezzi,** Piero u. Giovanni Pirelli (Hrsg.): Letzte Briefe zum Tode Verurteilter aus dem europäischen Widerstand (Lettere di condannati a morte della resistenza europea, dt.) (Übertr. aus d. Italien. u. aus Originalsprachen von Ursula Muth u. Peter Michael.) Vorw. von Thomas Mann. — (München): Dt. Taschenbuch Verl. (1962). 311 S.
    *(dtv[-Taschenbücher]. 34.)*

**Malvezzi,** Piero und Giovanni Pirelli [Ed.]: Lettere di condannati a morte della resistenza europea. Pref. di Thomas Mann. — Roma: Einaudi 1954. 703 S.

**Manning,** Clarence A.: The Yalta conference. — In: Ukrain. Quart. 11 (1955), 145—153.

**Mark,** Bernard: Problems related to the study of the Jewish resistance movement in the second world war. — In: Yad Washem Studies 3 (1959), 41—65.

**Martin,** Bernd: Deutschland und Japan im Zweiten Weltkrieg. Vom Angriff auf Pearl Harbor bis zur deutschen Kapitulation. — Göttingen: Musterschmidt (1969). 326 S.
    *(Studien und Dokumente zur Geschichte des Zweiten Weltkrieges. 11.)*

**Martin,** Bernd: Friedensinitiativen und Machtpolitik im Zweiten Weltkrieg, 1939-1942. - Düsseldorf: Droste (1974). 572 S.
    *(Geschichtliche Studien zu Politik und Gesellschaft. 6.)*

**Martin,** Bernd: Das „Dritte Reich" und die „Friedens"-Frage im Zweiten Weltkrieg. - In: Nationalsozialistische Außenpolitik, Darmstadt: Wiss. Buchgesellsch. 1978, 526-549.

**Martin,** Bernd: Verhandlungen über separate Friedensschlüsse 1942-1945. Ein Beitrag zur Entstehung des Kalten Krieges. - In: Militärgesch. Mitt. 1976, H. 20, 95-113.

**Marwedel,** Ulrich: Das Alliierte Kriegsbündnis des Zweiten Weltkrieges aus der Sicht des Generals de Gaulle. - In: Europ. Wehrkunde 25 (1976), 632-637 und 26 (1977), 28-31.

**Mastny,** Vojtech: Soviet war aims at the Moscow and Teheran conferences of 1943. - In: J. mod. Hist. 47 (1975), 481-504.

**Mastny,** Vojtech: The Beneš-Stalin-Molotov-conversation in Dec. 1943. New documents. - In: Jbb. Gesch. Osteuropas 20 (1972), 367-402.

**Mastny,** Vojtech: Stalin and the prospects of a separate peace in World War II. - In: Amer. hist. Rev. 77 (1972), 1365-1388.

**May,** Ernest R.: Der Ferne Osten als Spannungsfeld zwischen USA und UdSSR 1940—1945. — Laupheim: Steiner 1957. 19 S.

**May,** Ernest R.: The United States, the Soviet Union and the Far Eastern war 1941—1945. — In: Pacific hist. Rev. 24 (1955), 153—174.

**Menger,** Manfred: Das militärpolitische Verhältnis zwischen Deutschland und Finnland im Herbst 1944. - In: Militärgesch. 18 (1979), 297-309.

**Menzel,** Johanna M.: Der geheime deutsch-japanische Notenaustausch zum Dreimächtepakt. — In: Vjh. Zeitgesch. 5 (1957), 182—193.

**Michel,** Henri: Les mouvements clandestins en Europe (1938—1945). — Paris: Presses Universitaires de France 1961. 128 S.
(Collection „Que sais-je?" 946.)

**Miksche,** Ferdinand Otto: Unconditional surrender. The roots of a world war III. — London: Faber 1952 468 S.

**Mings,** Stephen Daniel: Strategies in conflict. Britain and the Anglo-American alliance, 1941-1943. - (Ann Arbor, Mich.: University Microfilms Internat. 1977). XII, 416 Bl.
Diss., University of Texas at Austin.
[Microfilm-xerography]

**Minuth,** Karl-Heinz: Sowjetisch-deutsche Friedenskontakte 1943. — In: Gesch. Wissensch. Unterr. 16 (1965), 38—45.

**Mockler,** Anthony: Our enemies the French. Being an account of the war fought between the French and the British, Syria 1941. - London: Cooper (1976). XIX, 252 S.

**Moltmann,** Günter: Die Genesis der Unconditional-Surrender-Forderung.— In: Wehrwiss. Rdsch. 6(1956),105—118.

**Moltmann,** Günter: Die Genesis der Unconditional-Surrender-Forderung (II). — In: Wehrwiss. Rdsch. 6 (1956), 177—188.

**Moltmann,** Günter: Der Morgenthau-Plan als historisches Problem. — In: Wehrwiss. Rdsch. 5 (1955), 15—32.

**Moltmann,** Günter: Die amerikanisch-sowjetische Partnerschaft im zweiten Weltkrieg. — In: Geschichte in Wissensch. u. Unterricht 15 (1964), 164—179.

**Mosely,** Philip E.: The occupation of Germany. New light on how the zones were drawn. — In: Foreign Aff. 28 (1949/50), 580—604.

**Mosler,** Hermann [u.] Karl Doehring: Die Beendigung des Kriegszustandes mit Deutschland nach dem Zweiten Weltkrieg. Bearb. mit e. Studiengruppe d. Max-Planck-Inst. f. Ausländ. Öffentl. Recht u. Völkerrecht. — Köln, Berlin: Heymann 1963. X, 486 S.
(Beiträge zum ausländischen öffentl. Recht und Völkerrecht. 37.)

**Mourin,** Maxime: Le drame des états satellites de l'Axe de 1939 à 1945. Reddition sans condition. — Paris: Berger-Levrault 1957. 275 S.

**Mourin,** Maxime: Pouvait-on faire la paix pendant „la drôle de guerre"? — In: Rev. Déf. nat. 17 (1961), 853.—873.

**Mourin,** Maxime: Reddition sans conditions. — In: Rev. Déf. nat. 16 (1953), 45—57.

**Mourin,** Maxime: Reddition sans conditions. - Paris: Albin-Michel 1973. 338 S.
(Coll. „H comme histoire".)

**Müller,** Klaus-Jürgen: Das Ende der Entente Cordiale.— Darmstadt, Frankfurt a. M.: Mittler 1956. 74 S.
(Beihefte zur Wehrwissenschaftlichen Rundschau. 3.)

**Müller,** Klaus-Jürgen: Das britisch-französische Verhältnis Mai—Juli 1940. (Der Zerfall der Entente.) Hamburg 1954. 228, XXIII gez. Bl. [Maschinenschr.]
Hamburg, phil. Diss. 23. September 1955.

**Murdock,** Eugene C.: Zum Eintritt der Vereinigten Staaten in den Zweiten Weltkrieg. — In: Vjh. Zeitgesch. 4 (1956), 93—114.
Forschungsbericht.

**Musmanno,** Michael A[ngelo]: The Eichmann Kommandos. — Philadelphia: Macrae Smith (1961). 268 S.

**Nelson,** Daniel J.: Wartime origins of the Berlin dilemma. - Alabama: University of Alabama Press 1978. VII, 219 S.

**Neumann,** William L.: After victory. Churchill, Roosevelt, Stalin and the making of the peace. — New York: Harper & Row 1967. 212 S.

**Nevakivi,** Jukka: The appeal that was never made. The Allies, Scandinavia and the Finnish winter war 1939-1940. - London: Hurst 1976. 225 S.

**Niemals** vergessen! Aus dem antifaschistischen Widerstandskampf der Studenten Europas. Hrsg. von Karl Heinz Jahnke unter Mitarb. des Historischen Instituts Greifswald. — Berlin: Verl. Neues Leben 1959. 223 S.

**Noël,** Léon: Le projet d'union franco-britannique de juin 1940. — In: Rev. Hist. deux. Guerre mond. 6 (1956), H. 21, 22—37.

**Palm,** Thede: The Finnish-Sovjet armistice negotiations of 1944. — Stockholm: Almqvist & Wiksell 1971. 160 S.
(Acta Academiae Regiae Scientiarum Upsaliensis. 14.)

**Palme,** Sven Ulric: Ekonomi och politik i västmaktsdiplomatien 1941—1945. — In: Statsvet. Tidskr. [Stockholm] 1952, 220—242.

**Pan,** Stephen C. Y.: Legal aspects of the Yalta agreement. — In: Amer. J. int. Law, Januar 1952, 40—59.

**Pavlowitch,** D. St.: Yalta, de Gaulle and Tito. — In: Review 1969, H. 8, 670—694.

**Penrose,** Ernest Francis: Economic planning for the peace. — Princeton, N. J.: Princeton University Press 1953. XIV, 384 S.

**British policy** towards wartime resistance in Yugoslavia and Greece. Ed. by Phyllis Auty and Richard Clogg. In ass. with the School of Slavonic and East European Studies, University of London. - (London: Macmillan 1975). XII, 308 S.
(Studies in Russian and East European History.)

**Pollice,** V.: Resa incondizionata. — In: Riv. Studi polit. intern. 20 (1953), 215—226.

**Polonsky,** Antony [Ed.]: The Great Powers and the Polish question 1941-45. A documentary study in Cold War origins. Publ. by the London School of Economics and Political Science. - London: Orbis Books [in Komm.] (1976). 282 S.

**The Great Powers** and the Nordic countries 1939-1940. (Papers delivered at the International Symposium of Historians held in Oslo 15-19 August 1976.) - In: Scand. J. Hist. 2 (1977), 1-159.

**Pozdeeva,** L. V.: Anglija i zakon o lend-lize 1941 goda. — In: Nov. Noveš Ist. 1961, H. 4, 46—60.

**Pozdeeva,** L. V.: Anglo-amerikanskie otnošenija v gody vtoroj mirovoj vojny, 1941—1945. — Moskva: Izd. Nauka 1969. 552 S.

**Presseisen,** Ernst L.: Prelude to „Barbarossa". Germany and the Balkans 1940—1941. — In: J. mod. Hist. 22 (1960), 359—370.

Miedzynarodowe kolokwium: **Przesiedlania** ludności przez III Rzesze i jej sojusznikow podczas II wojny światowej. Zamość 17 - 20 X 1972. Kolokwium odbyło się pod protektoratem przewodniczacego rady państwa prl Henryka Jabłońskiego. - (Lublin:) Wyd. Lubelskie (1974). 373 S.

**Raglonieri,** Ernesto: Italien und der Überfall auf die UdSSR. — In: Z. Geschichtswiss. 9 (1961), 761—808.

**Ramadier,** Paul: Les clauses secrètes de Yalta. — In: Rev. Déf. nat. 16 (1953), 531—543.

**Ratliff,** Ann: Les relations diplomatiques entre la France et les Etats-Unis. ⟨Du 29 septembre 1938 au 16 juin 1940.⟩ — In: Rev. Hist. deux. Guerre mond. 19 (1969), H. 75, 1—40.

Das Deutsche **Reich** und der Zweite Weltkrieg. Hrsg.: Militärgeschichtliches Forschungsamt. - Stuttgart: Dtsch. Verl.-Anst.
   1. Ursachen und Voraussetzungen der deutschen Kriegspolitik. Von Wilhelm Deist [u. a.] 1979. 764 S.
*(Beiträge zur Militär- und Kriegsgeschichte.)*

Foreign **relations** of the United States. Diplomatic papers. The conferences at Malta and Yalta 1945. — Washington: Government Printing Office 1955. LXXVIII, 1032 S.

**Rendi,** Giuliano: La politica degli alleati verso la Germania durante la seconda guerra mondiale. - Roma 1974: (Stilgraf). 152 S.

La **Résistance** européenne 1939—1945. Première conférence internationale sur l'histoire de la Résistance à Liege-Bruxelles-Breendonk 14—17 September 1958. — Paris: Gauthers-Villars; Oxford, London, New York, Frankfurt: Pergamon Press (1960). XVII, 410 S.

La **résistance** européenne 1939—1945. (European resistance movements 1939—1945.) — Paris: Gauthiers-Villars; Oxford, London, New York, Frankfurt: Pergamon Press.
   [Vol. 2.] Proceedings of Second International Conference on the History of the Resistance Movements held at Milan 26—29 March 1961. 1964 XLIII, 663 S.

**Ressing,** Gerd: Versagte der Westen in Jalta und Potsdam? Ein dokumentierter Wegweiser durch die alliierten Kriegskonferenzen. — (Frankfurt a.M.:) Akad. Verl. Ges. Athenaion (1970). 173 S.

**Rhode,** Gotthold und Wolfgang Wagner [Hrsg.]: Quellen zur Entstehung der Oder-Neiße-Linie in den diplomatischen Verhandlungen während des zweiten Weltkrieges. — Stuttgart: Brentano 1956. 292 S.

**Riedel,** Matthias: Morgenthaus Vernichtungsplan für das Ruhrgebiet. — In: Tradition 16 (1971), 209—227.

**Roberts,** Walter R.: Tito, Mihailovic and the Allies, 1941—1945. — New Brunswick, N.J.: Rutgers University Press 1973. 406 S.

**Roos,** Hans: Wandlungen nationalen Staatsdenkens im Zweiten Weltkrieg. — In: Neue Sammlung 4 (1964), 393—403.

**Roosevelt** and Churchill. Their secret wartime correspondence. Ed. by Francis L. Loewenheim [u. a.] - New York: Saturday Rev. Press 1975. 805 S.

**Roschmann,** Hans: Die Zusammenarbeit Deutschlands mit Finnen und Rumänen im Zweiten Weltkrieg - unter besonderer Berücksichtigung des Einflusses militärischer Führer. - In: Europ. Wehrkunde 27 (1978), 526—531 u. 577—583.

**Rossi,** Angelo: The Russo-German alliance: August 1939 — June 1941. Translated by John and Micheline Cullen. — Boston: Beacon Press 1951. 231 S.

**Rossi,** Angelo: Zwei Jahre deutsch-sowjetisches Bündnis. Aus d. Ital. von Hans Naumann. — Köln: Verl. f. Politik u. Wirtschaft 1953. 368 S.

**Rossi,** A. Zwei Jahre deutsch-sowjetisches Bündnis. — Köln: Verl. f. Politik u. Wirtschaft 1954. 210 S.

**Rystad,** Göran: Porkkala, Hanko, Aaland. A contribution to the history of the Finnish-Russian cease-fire negotiations, September 1944. — In: Scandia 34 (1967), 1—23.

(**Sanden,** Heinrich:) Rudolf Heß — eine gescheiterte Mission. — In: Nation Europa 2 (1952), H. 10, 33—35.

**Sasse,** Heinz Günther: Die ostdeutsche Frage auf den Konferenzen von Teheran bis Potsdam. — Tübingen: Niemeyer 1954. 76 S.

**Schramm,** Percy Ernst: Deutschland-Rußland 1941/45. — (Leer/Ostfriesl. 1960: Rautenberg.) 44 S.
*(Schriftenreihe d. Niedersächsischen Landeszentrale f. Politische Bildung. Zeitgeschichte. 10.)*

**Schröder,** Bernd Philipp: Deutschland und der Mittlere Osten im Zweiten Weltkrieg. - Göttingen: Musterschmidt (1975). 310 S.
*(Studien und Dokumente zur Geschichte des Zweiten Weltkrieges. 16.)*

**Schröder,** Josef: Die Beziehungen der Achsenmächte zur arabischen Welt. — In: Z. Politik 18 (1971), 80—95.

**Schröder,** Josef: Deutschland und seine Bundesgenossen im Zweiten Weltkrieg. E. Beitr. zu Hitlers Kriegszielpolitik. — In: Quellen u. Forschungen aus italien. Archiven u. Bibliotheken 52 (1972), 731—766.

**Schroeder,** Paul W.: The axis alliance and Japanese-American relations 1941. — Ithaca, N.Y.: Cornell University Press (1958). VII, 245 S.

**Schütt,** Werner: Der Stahlpakt und Italiens „nonbelligerenza" 1938—1940 — In: Wehrwiss. Rdsch. 8 (1958), 498—521.

**Schwarz,** Rudolf: So gewannen sie den Krieg und verloren den Frieden. — [Frankfurt a. M.:] Verl. Frankfurter Bücher (1960). 384 S.

**Sejnman,** Michael Markovič: Vatikan vo vtoroj mirovoj vojne. — Moskva: Akad. Nauk SSSR. 1951 351 S.

**Sérant,** Paul: Die politischen Säuberungen in Westeuropa am Ende des Zweiten Weltkrieges in Deutschland, Österreich, Belgien, Dänemark, Frankreich, Großbritannien, Italien, Luxemburg, Norwegen, den Niederlanden und der Schweiz (Les vaincus de la libération, dt.) (Ins Dtsch. übertr. von Siegfried H. Engel, Wolfgang Herda u. Irina Michael.) — Oldenburg: Stalling [1966]. 344 S.

**Seth,** Ronald: The undaunted. The story of resistance in Western Europe. — London: Muller 1956. 328 S.

**Sevost'janov,** G. N.: Diplomatičeskaja istorija vojny na Tichom Okeane. Ot Pirl-Harbora do Kaira. — Moskva: Izd. Nauka 1969. 648 S.

**Sevost'janov,** G. N.: K voprosu o zaključenii trojstvennogo pakta v sentjabre 1940 g. — In: Vestnik Moskovskogo Univ., ist.-fil. serija, 1957, H. 3, 129—162.

**Sevost'janov,** G. N.: Obostrenie imperialističeskich protivorečij na Dal'nem Vostoke posle zaključenija trojstvennogo pakta (sentjabŕ 1940-aprel' 1941). — In: Vop. Ist. 1958, H. 5, 83—102.

**Sharp,** Tony: The wartime alliance and the zonal division of Germany. - London: Oxford University Press 1975. IX, 232 S.

**Smith,** Arthur: Churchills deutsche Armee (Churchills German army, dt.) Die Anfänge des Kalten Krieges 1943-1947. Mit e. Vorw. von Hans-Adolf Jacobsen. (Aus d. Amerikan. von Hans Jürgen Baron von Koskull.) - (Bergisch-Gladbach:) Lübbe (1978). 205 S.

**Snell,** Jahn L[eslie]: Illusion and necessity. The diplomacy of global war. 1939—1945. — Boston, Mass.: Houghton Mifflin (1963), IX, 229 S.

**Snell,** John L[eslie]: Illusion und Realpolitik (Illusion and necessity, dt.) Die diplomatische Geschichte d. 2. Weltkrieges. (Dtsch. Übers.: Dorothea Bernhard.) — München: Oldenbourg 1966. 227 S.

**Snell,** John L. [u. a.]: The meaning of Yalta. Big Three diplomacy and the new balance of power. — Baton Rouge: Louisiana State University Press 1956. 252 S.

**Sontag,** Raymond J.: Reflections on the Yalta papers. — In: Foreign Aff. 33 (1954/55), 615—623.

**Stafford,** David: The detonator concept. British strategy, SOE and European resistance after the fall of France. - In: J. contemp. Hist. 10 (1975), 185—217.

**Stalin,** ([Josif Vissarionovič u.] Winston Spencer) Churchill: Die unheilige Allianz [Briefe, dt.] Stalins Briefwechsel mit Churchill 1941—1945. Mit e. Einl. u. Erl. zum Text von Manfred Rexin. (Übertr. aus d. Engl. u. aus d. Russ. Red. d. dt. Fass. Gerh. Schoenberner). — (Reinbek b. Hamburg:) Rowohlt (1964). 576 S.

**Stamati,** Constantin Graf: Zur „Kulturpolitik" des Ostministeriums. — In: Vjh. Zeitgesch. 6 (1958), 78—85.

**Staniewicz,** Restytut W.: A Polish comment on a book dealing with the German fifth column. — In: Polish West. Aff. 1 (1960), 111—130.

**Stoler,** Mark A.: The politics of the second front. American military planning and diplomacy in coalition warfare, 1941-1943. - Westport, Conn.: Greenwood Press 1977. 244 S.
*(Contributions in Military History. 12.)*

**Studnitz,** H. G. von: Wie der Frieden verloren wurde. — In: Außenpolitik 4 (1955), 253—262.

**Stultz,** Percy: Die separaten englisch-amerikanischen Waffenstillstandsverhandlungen mit den Hitler-Faschisten im März 1945. — In: Dt. Außenpolitik 3 (1958), 393—401.

**Survey** of international affairs 1939—1946. — London: Cumberlege; Oxford University Press.
2. The Middle East in the war. Ed. by George Kirk. 1952. 511 S.
3. America, Britain and Russia. Their cooperation and conflict, 1941—1946. Ed. by William Hardy McNeill. 1953. XVIII, 819 S.

**Survey** of international affairs 1939—1946. — London: Cumberlege; Oxford University Press.
4. Hitler's Europe. Edited by Arnold J. Toynbee and Veronica M. Toynbee. 1954. XVI, 730 S.

**Survey** of international affairs 1939 bis 1946. — London usw.: Oxford University Press.
5. The Far East 1942—1946. Edited by F. C. Jones u. a. 1955. XIV, 589 S.
6. The realignment of Europe. Edited by Arnold Toynbee and Veronica M. Toynbee. 1955. XVI, 619 S.

**Survey** of international affairs 1939—1946. — London, New York, Toronto: Oxford University Press.
8. Four-power control in Germany and Austria 1945—1946. 1: Germany. By Michael Balfour. 2: Austria. By John Mair. 1956. XII. 390 S.

**Survey** of international affairs 1939—1946. — London, New York, Toronto: Oxford University Press.
9. The war and the neutrals. Ed. by Arnold Toynbee and Veronica M. Toynbee. 1956. X, 378 S.
10. The eve of war, 1939. Ed by Arnold Toynbee and Veronica M. Toynbee. 1958. XVI, 744 S.
11. The initial triumph of the axis. Ed. by Arnold Toynbee and Veronica M. Toynbee. 1958. XVII, 742 S.

**Tamaro,** Attilio: Due anni di storia 1943—1945. Vol. 1—3. — Roma: Tosi 1948—1950.

**Tavrovskaja,** G. M.: K voprosu o sozdanii antigitlerovskoj koalicii (ijun 1941—ijun 1942). — In: Vop. Ist. 1957, H. 12, 77—98

**Tavrovskaja,** G. M.: Die Schaffung der Koalition gegen Hitler (Juni 1941 — Juli 1942). — In: Sowjetwissenschaft, Gesellschaftswiss. Beiträge [Berlin] 1958, 559—585.

**Teheran,** Jalta, Potsdam. Die sowjetischen Protokolle von den Kriegskonferenzen der „Großen Drei". Hrsg. u. eingel. von Alexander Fischer. (Übers. aus d. Russ. von Helga-Isolde Brennan-Hein u. Alexander Fischer.) — Köln: Verl. Wissenschaft u. Politik (1968). 414 S.
*(Dokumente zur Außenpolitik. 1.)*

**Teheran,** Jalta, Potsdam, [dt.] Dokumentensammlung. (Hrsg. von Sch. P. Sanakojew u. B. L. Zybulewski.) - Moskau: Verl. Progress; Berlin: Dietz [in Komm.] 1978. 447 S.

**Theoharis,** Athan: Roosevelt and Truman on Yalta. The origins of the Cold War. – In: Polit. Science Quart. 87 (1972), 210–241.

**Thorne,** Christopher: Allies of a kind. The United States, Britain and the war against Japan, 1941–1945. – London: Hamilton 1978. XXII, 772 S.

**Tompkins,** Peter: The murder of Admiral Darlan. A study in conspiracy. — London: Weidenfeld & Nicolson (1965). 287 S.

**Trefousse,** H. L.: Germany and Pearl Harbor. — In: Far Eastern Quart. 11 (1951/52), 35—50.

**Vagts,** Alfred: Unconditional surrender — vor und nach 1943. — In: Vjh. Zeitgesch. 7 (1959), 280—309.

**Viault,** Birdsall Scrymser: Les démarches pour le retablissement de la paix. ⟨Septembre 1939—août 1940.⟩ — In: Rev. Hist. deux. Guerre mond. 17 (1967), H. 67, 13—30.

**Viorst,** Milton: Hostile Allies. FDR and Charles de Gaulle. — New York: Macmillan (1965). VIII, 280 S.

**Vlekke,** B. H. M.: De gedenkschriften van Winston Churchill en de conferentie van Teheran. — In: Internat. Spectator [Den Haag] 7 (1953), H. 1, 1—12.

**Vloyantes,** John P.: The significance of pre-Yalta policies regarding liberated countries in Europe. — In: West. Polit. Quart. 11 (1958), 209—228.

**Vogel,** Walter: Die Ursprünge der Teilung Deutschlands in der Kriegszielpolitik der Alliierten. — In: Gesch. Wiss. Unterr. 18 (1967), 193—212.

**Wagner,** Wilfried: Belgien in der deutschen Politik während des Zweiten Weltkrieges. – Boppard: Boldt (1974). 318 S.
*(Wehrwissenschaftliche Forschungen. Militärgeschichtliche Studien. 18.)*

**Wagner,** Wolfgang: Eden und die Oder-Neiße-Linie. Die deutsche Ostgrenze in den Jalta-Dokumenten. — In: Außenpolitik 11 (1955), 714—721.

**Wagner,** Wolfgang: Die Entstehung der Oder-Neiße-Linie in den diplomatischen Verhandlungen während des zweiten Weltkrieges. — Stuttgart: Brentano 1953. 170 S.
*(Die deutschen Ostgebiete. 2.)*

**Wandel,** Paul: Wie es zur Oder-Neiße-Grenze kam. — Berlin: Dietz 1955. 91 S.

**Wandycz,** Piotr S.: Czechoslovak-Polish confederation and the great powers 1940—1943. — Bloomington: Indiana University Publications 1956. 152 S.

**Weber,** Frank G.: The evasive neutral. Germany, Britain and the quest for a Turkish alliance in the Second World War. – Columbia: University of Missouri Press 1979. 244 S.

**Weidenfeld,** Werner: Jalta und die Teilung Deutschlands. Schicksalsfrage für Europa. — Andernach/Rh.: Pontes-Verl. [1969]. 110 S.
*(Kleine Europabibliothek. 7.)*

**Weinberg,** Gerhard L.: Germany and the Soviet Union 1939—1941. — Leiden: Brill 1954. 218 S.
*(Studien zur Geschichte Osteuropas. 1.)*

**Weinberg,** Gerhard L.: German relations with Russia 1939—1941.
*Chicago, Diss. 1952.*

**Wiewióra,** Bolesław: Sprawa granicy polsko-niemieckiej v rokowaniach wielkich mocarstw podczas II wojny światowej. — In: Przegl. Zach. 10 (1956), H. 3/4, 301—310.

**Wilson,** Theodore A.: The first summit. Roosevelt and Churchill at Placentia Bay 1941. Forew. by Ian Jakob. — London: Macdonald 1970. XVIII, 344 S.

**Wittmer,** Felix: The Yalta betrayal. Data on the decline and fall of Franklin Delano Roosevelt. — Caldwell, Idaho: Caxton Printers 1953. 156 S.

**Xydis,** Stephen G.: The secret Anglo-Soviet agreement on the Balkans of October 9, 1944. — In: J. Centr. Europ. Aff. 15 (1955), 248—271.

**Xydis,** S. G.: New light on the Big Three crisis over Turkey in 1945. — In: Middle East J. 14 (1960), 416—432.

**Yakemtchouk,** Romain: La ligne Curzon et la deuxième guerre mondiale. — Paris: Ed. Nauwelaerts 1957. 135 S.

**Zieger,** Gottfried: Die Teheran-Konferenz 1943. (Hrsg. von d. Niedersächs. Landeszentrale f. Polit. Bildung, Hannover.) — (Hannover 1967: Sponholtz.) 190 S.

**Zografski,** Dančo: Mazedonien und die Achsenmächte. Die deutsch-italienischen Unterredungen und Beschlüsse hinsichtlich der Teilung Mazedoniens im April 1941. — In: Österr. Osth. 12 (1970), 161—167.

# Register

*Bei jedem Eintrag verweisen die nachgestellten Zahlen auf die entsprechenden Seiten. Da das Register mit Hilfe der elektronischen Datenverarbeitung hergestellt wurde, sind Sachtitel abweichend vom Hauptteil nach der mechanischen Wortfolge unter Vernachlässigung der Artikel am Anfang geordnet. Bei den Personen war es nicht in jedem Fall möglich, die Namen in eine vollständige und einheitliche Form zu bringen.*

# VERFASSER-, HERAUSGEBER- UND SACHTITELREGISTER

Aaken, Wolf van 459 464
Abadžiev, G'orgi 365
Abboushi, W. F. 396
Abegg, Lily 411
Abel, Karl-Dietrich 177
Abel, Wilhelm 32
Abelein, Manfred 56
Abeles, Constant 260
Abell, Aaron I. 389
Abella, Irving Martin 392
Abendroth, Hans-Henning 159
Abendroth, Wolfgang 217
Abetz, Otto 164
Abkommen von München 164
Ableitinger, Alfred 300
Ablova, Raisa Timofeevna 453
Abosch, Heinz 264
Abrahamsen, Samuel 242
Abramovitch, Raphael Rein 341
Abrams, L. 260
Abrate, M. 284
Abshagen, Karl Heinz 3 36 230
Absolon, Rudolf 155 156 431
Abukhanfusa, Kerstin 242
Abusch, Alexander 32
Abwehrkämpfe am Nordflügel der Ostfront 459
Accoce, Pierre 492
Accord secret Pétain – George VI. 262
Accords irano-soviétiques de 1921 à 1955 396
Accords secrets franco-anglais de fin 1940 260
Achminow, Hermann 355
Achter Mai 1945 468
Achtzehnhunderteinundsiebzig 64
Ačkasov, V. 474
Ackermann, Josef 13
Ackermann, Konrad 204
Actes et documents du Saint Siège 287
Adam, D. 152
Adam, Jost 293
Ádám, Magda 308 361 370
Adam, Reinhard 415
Adam, Uwe Dietrich 181 209
Adamec, Ludwig W. 397
Adams, Arthur E. 358
Adams, D. K. 376
Adams, Henry H. 494
Adamthwaite, Anthony 248 420
Addison, Paul 234
Adelsberger, Lucie 196
Adler, Cyrus 380
Adler, H. G. 189 196 209 242
Adler, Selig 380
Adler-Bresse, Marcelle 156 415 458
Adler-Rudel, Salomon 201 209
Adolf Hitler and Nazi Germany 134
Adolf Hitlers weite Sicht 170
Adolph, Walter 185 204 287
Adonyi, Ferenc 422
Adonyi-Naredy, Franz 370
Afaf Lufti Al'Sayyid-Marsot 411
Africa settentrionale 446
Afrique au XX siècle 411
Aga-Rossi, Elena 287 494

Agar-Hamilton, J. A. I. 446
Ageron, Charles-Robert 260 411
Agresivini ideologie a politika amerikkého imperialismu 384
Aguilar, Luis E. 393
Ahlfen, Hans von 459
Ahlgren, Nils 441
Ahlswede, Dieter 26
Aichinger, Wilfried 350
Aigner, Dietrich 159 181
Ajnenkiel, Andrzej 316 326 330
Ainsztein, Reuben 307
Aitken, Hugh G. J. 389
Aizsilnieks, Arnolds 332
Akamatsu, Paul 470
Akten der Fuldaer Bischofskonferenz 78
Akten der Reichskanzlei 88
Akten zur deutschen auswärtigen Politik 107 159 160
Akten zur preußischen Kirchenpolitik in den Bistümern 79
Aktionen, Bekenntnisse, Perspektiven 121
Aktuelle Forschungsprobleme um die Erste Tschechoslowakische Republik 310
Al-rahim, M. 411
Alatri, Paolo 274 281
Alba, Victor 288
Albas, Andrieu d' 474
Albenga, Giuseppe 274
Albérès, R.-M. 393
Alberghi, Pietro 274
Albert, R. 422
Albert, Ursula 172
Albert-Sorel, Jean 260
Alberti-Enno, Maria 164
Albertin, Lothar 89 98
Albertini, Rudolf von 13 256 274 380
Albjerg, Victor L. 13
Albo dei caduti veronesi nei campi tedeschi di concentramento 196
Albord, Tony 13
Albrecht, Dieter 160 187
Albrecht, Friedrich 121
Albrecht, Gerd 181
Albrecht, Willy 79
Albrecht-Carrié, René 13 248
Albrechtová, Gertruda 201
Alderoft, Derek H. 3 240
Aleff, Eberhard 420
Alekseev, Vasili 357
Aleku, Panajotis 363
Alexander, Charles C. 392
Alexander, Günter 492
Alexander, L. 137
Alexander, Manfred 107 308
Alexander of Tunis, Harold Rupert Leofric George Viscount 446
Alexander, Robert Jackson 393
Alexandris, Constantin A. 446
Alexandroff, Alan 420
Alexandrov, Victor 107 338
Aley, Peter 181
Alford, B. W. E. 240
Algemeen overzicht van de strijd om en in de vesting Holland 445

Alier, J. Martinez 393
Alius 327
Alker, Ernst 56
Allain, Jean-Claude 13
Allainmat, Henry 196
Allard, Sven 350
Allemagne et les problèmes de la paix 26
Allemann, Fritz René 107
Allen, Arthur B. 228
Allen, Dan Charles 380
Allen, David E. 350
Allen, Frederick Lewis 376
Allen, H. C. 234
Allen, Luther A. 256
Allen, Richard 400
Allen, William Sheridan 137
Alles für das Volk, alles durch das Volk 60
Allgöwer, Walther 293
Allianz Hitler-Horthy-Mussolini 370
Allmayer-Beck, Johann Christoph 296
Alpert, Paul 13
Alstyne, R. W. van 376 380
Altach, Thomas 365
Altendorf, Wolfgang 175
Altenhöfer, Ludwig 204
Alter, Peter 107 241
Altmann, Sigrid 204
Altmann, Wolfgang 119
Altmeyer, Karl Aloys 177
Altra Europa 1922–1945 14
Altrichter, Helmut 66
Altwood, Wallace W. 376
Alvesi, Fabrizio 270
Alzin, René 266
Amark, Klas 242
Ambrière, Francis 250
Ambrose, Stephen E. 380 464
Amburger, Erik 357
Amé, Cesare 270
Amendola, Giorgio 278
Amendola, Giovanni 278
Amerika im Spiegel des deutschen politischen Denkens 376
Amerikai imperializmus ideólogiája és politikája 384
Amin, Samir 411
Amirsadeghi, Hossein 398
Ammon, Gerhard von 152
Amodia, José 288
Amort, Čestmir 308 350
Amouroux, Henri 250 442
Amrine, Michael 494
An der Grenzwacht des Abendlandes 365
An der Schwelle des Bürgerkrieges 147
An der Stechbahn 216
An die Lebenden 193
Anatomie der Aggression 494
Anatomie des SS-Staates 148
Anchieri, Ettore 3 13 281 288 494
Anderbrügge, Klaus 152
Andere Achse 274
Anderes Deutschland im Zweiten Weltkrieg 202

Anderle, Alfred 107
Andernach, Norbert 60 79
Anders, Karl 49
Anders, Maria 342
Anders, Wilhelm 435
Anders, Wladyslaw 453
Andersen, Dorrit 127
Anderson, A. T. 242 336
Anderson, Benedict R.O.G. 400
Anderson, Bern 474
Anderson, Edgar 234 332
Anderson, Eugene N. 13
Anderson, M. S. 13
Anderson, Malcolm 256
Anderson, Paul B. 357
Anderson, R. D. 248
Andersons, Edgars 332
Andics, Hellmut 296
Andjelić, Jjubo 365
Andolenko, C. R. 338
Andrae, Carl Göran 242
Andrae, Friedrich 181
André, Clément 181
André, Commandant 447
André, Doris 51
Andre, Gianluca 281
Andrea, Ugo d' 270
Andreev, A. M. 332
Andreev, V. 453
Andrén, N. 230
Andrén, Nils 242
Andrew, C. M. 260
Andrew, Christopher 66
Andrews, E. M. 414
Andrieux, Colonel 250
Andrzejewski, Jerzy 324
Anfuso, Filippo 164
Angelov, D. 362
Angelus, Oskar 332
Anger, Walter 133
Angermann, Erich 376
Anglin, D. G. 392
Angress, Werner T. 89 98 119
Angus, Henry F. 392
Ani, Ali Ghalib al 397
Anisimov, Oleg 344
Anmerkungen zu Holocaust 209
Annabring, Matthias 307 370 371
Annales de l'Assemblée Consultative Provisoire 256
Anno di amministrazione germanica in Venezia Giulia 270
Ansari, Adnan Mahmud 397
Ansbacher, H. L. 172
Anschütz, Helga 224
Ansel, Walter 441 447
Ansprenger, Franz 411
Anstey, Roger 411
Anthon, Carl G. 411
Antifaschistische Aktion 89
Antifaschistische Lehrer im Widerstand 193
Antifaschistischer Widerstandskampf der KPD 220
Antonaksea, N. 363
Antonicelli, Franco 274
Anweiler, Oskar 338 341 346 357
Aola, Ettore 19
Apelt, Willibalt 89
Apih, Elio 274
Apostolski, Mihailo 365
Appelle einer Revolution 127
Apunen, Osmo 336
Aquarone, Alberto 278 381

Ara, Angelo 381
Arad, Yitzhak 332
Araldi, Vinicio 164
Arango, E. Ramon 288
Araquistain, Luis 288
Arbeiter- und Soldatenräte im rheinisch-westfälischen Industriegebiet 127
Arbeiterdemokratie oder Parteidiktatur 346
Arbeitereinheit rettet die Republik 89
Arbeitereinheit siegt über Militaristen 89
Arbeiterjugendbewegung in Frankfurt 1904–1945 60
Arbeiterklasse siegt über Kapp und Lüttwitz 89
Arbeitsanweisung des RFSS zur Bekämpfung der christlichen Kirchen 204
Arbellot, Simon 260
Archiszewski, Franciszek 316 327
Archivalische Forschungen zur Geschichte der deutschen Arbeiterbewegung 43
Ardelt, R. G. 300
Ardener, E. 411
Are, G. 270
Arendt, Hannah 177
Arendt, Hans-Jürgen 119
Arese, F. 381
Aretin, Karl Otmar Frhr von 89 133 148 156 181 189 217
Arfè, Gaetano 278 286
Argenti, Philip P. 447
Argile, René d' 420
Armellini, Quirino 281
Armeson, Robert B. 24
Armistice de 1940 442
Armon, Theodor I. 278 367
Armstrong, Anne 495
Armstrong, John A. 307 346 357 358 453
Armstrong, Terence 350
Army Air Forces in World War II 470 483
Army and politics 104
Arnautu, Nicolae I. 367
Arndt, Ino 121 209
Arnez, John A. 365
Arnhold, Paul 459
Arnim, Hans-Jürgen von 447
Arnold, Peri E. 376
Arnoult, Pierre 250 264
Arns, Günter 89 98
Arnswaldt, Verena 79
Arntz, Helmut 423
Aroma, N. d' 270
Aron, Raymond 3 32
Aron, Robert 248 250
Aronson, Shlomo 137 152
Arrighi, Paul 196
Arski, Stefan 165
Artaud, Denise 13 260 376
Artieri, Giovanni 278
Artzi, I. 367
Arumjae, Ch. 332
Aruri, Naseer H. 397
Arutjunjan, Ju. V. 381
Asada, Sadao 403
Ascher, Abraham 74 85 89 98
Ash, Bernard 441
Ashkenasi, Abraham 36
Ashworth, William 240 488

Askew, William C. 281
Aspaturian, Vernon V. 350
Aspekte der deutsch-britischen Beziehungen im Laufe der Jahrhunderte 41
Aspekte deutscher Außenpolitik im 20. Jahrhundert 41
Aspelmeier, Dieter 41
Assel, Hans-Günther 181
Assmann, Kurt 41 156 415 435 441
Ast, Karl 332
Aster, Sidney 420
Astier, Emmanuel d' 250
Atanasiu, V. 459
Atkinson, Littleton B. 346
Atombomber B 47 überm Ziel 483
Atschkassow, W. I. 474
Attanasio, S. 281
Atti della commissione d'inchiesta sul salvataggio del porto di Genova 270
Attività del C. L. N. in Roma nel maggio 1944 274
Attiwill, K. 400
Attiwill, Kenneth 470
Aubin, Bernhard C. H. 51
Aubin, Hermann 35
Audet, Général 441
Audet, R. 435
Auer, Albert 217
Auerbach, Hellmuth 127 137 189 224
Auerbach, Hirsch Benjamin 119
Auf antisowjetischem Kriegskurs 162
Aufhäuser, Siegfried 85
Auflösung des Habsburgerreiches 296
Aufstieg der NSDAP in Augenzeugenberichten 137
Augenzeugen berichten vom Kriegsende 468
Augenzeugenbericht zu den Massenvergasungen 196
Augier, Marc 415 423
Auhofer, Herbert 288
Auphan, Paul 250 474 475
Aurdouin-Dubreuil, L. 446
Aurich, Ernst 36
Aurich, Peter 330
Auschwitz 196
Ausgewählte Probleme aus der Geschichte des KL Auschwitz 199
Ausländische militärische Intervention und der Bürgerkrieg in der UdSSR 342
Auslandsdeutschtum in Osteuropa einst und jetzt 32
Ausnahmegesetze gegen Juden 495
Außenwirtschaft und Außenpolitik im Dritten Reich 160
Aust, Herbert 137
Austen, Ralph A. 411
Australia in the war of 1939–1945 423
Ausubel, Herman 18
Auswirkungen der ersten russischen Revolution von 1905 bis 1907 auf Deutschland 36
Autunno del Concordato 286
Auty, Phyllis 500
Auweiler, Josef 464
Avakumovic, Ivan 338 365 392
Avarin, V. 403
Avital, Zvi 318
Avni, Haim 363

Avrich, Paul 341
Avron, Henri 256
Axel, S. 350
Axelos, Kostas 363
Axelrad, Sidney 453
Ay, Karl-Ludwig 51 79 127
Ayache, Albert 411
Ayçoberry, Pierre 36 137
Aytugan, Mustad 344
Ayverdi, Fazli 374
Azeau, Henri 260 442
Azéma, Jean Pierre 250
Azéma, Jean-Pierre 248
Aziz, M. A. 397 400
Aziz, Philippe 250
Aznar, Manuel 288
Azzari, Anita 274

Baarghorn, F. 357
Babij, Borys Mojseevyč 358
Baby, Jean 256
Bacciagaluppi, Giuseppe 274
Bach-Thai, Jean 3
Bachmann, Hans R. 440
Bachmann, Peter 41
Bachstein, Martin K. 308
Backhaus, Dorothea 13
Backhaus, Werner 185
Backus Rankin, Mary 405
Bacon, Eugene H. 350
Badajew, Alexej 346
Baddour, Abd el-Fattah Ibrahim el-Sayed 411
Bade, Klaus J. 66
Bader, Karl S. 152
Badia, Gilbert 36 74 144
Bächtold, Kurt 468
Baecker, Thomas 66
Bähr, Hans Walter 415
Bähr, Walter 427
Bährens, Kurt 431
Baer, George W. 281
Bärnthaler, Irmgard 300
Bärwald, Horst 440
Bagby, Wesley M. 376
Bagel-Bohlan, Anja E. 172
Baget, Bozzo Gianni 286
Bagreev, A. D. 459
Bahl, Volker 114
Bahne, Siegfried 98 218
Bahr, Richard 89
Baier, Helmut 204
Bajkow, Aleksandr 355
Bailes, Kendall E. 355
Bailey, Sydney D. 230 401
Bailey, Thomas A. 389
Baird, Jay W. 177 458
Bairoch, Paul 3
Bak, János M. 371
Baker, Leonard 495
Bakke, Tore 475
Bakker, Geert 41
Bala, Mirza 358
Balawyder, Aloysius 392
Balcerak, Wiesław 13 327
Bald, Detlef 66
Baldwin, Hanson W. 346 415 423
Balfour, Michael 495
Baljazin, V. N. 460
Balkenhol, Bernd 60
Ball, Adrian 420
Ball, Edmund F. 446
Ball-Kaduri, Kurt Jakob 210 431
Balle, Hermann 145

Ballerio, Carlo 286
Balley, Geoffrey 338
Bally, Rosa 316
Balout, L. 411
Bălteanu, B. 367
Baltic States in peace and war 335
Baltzly, Alexander 13
Balzer, Karl 221
Bamberg, Lotte 190
Bammel, Ernst 64
Banani, Amin 397
Banasiewicz, C. Z. 324
Banaszkiewicz, Jakub 137
Bancroft, Gertrude 389
Bandholz, Emil 240
Bandini, Franco 281
Banerjee, D. N. 410
Bannies, Ursula 260
Bantea, Eugen 368
Bar-On, A. Zwi 344
Barański, Jan 316
Bárány, George 3
Barbagallo, Corrado 3
Barbera, Henry 3
Barbey, Frédéric 266
Barcia Trelles, Camilo 495
Barck, Oscar-Theodore 376
Barclay, C. N. 230 423
Barclay, G. St. J. 270
Barclay, Glen 393
Barcley, C. N. 446
Bardèche, Maurice 256
Bardoux, Jacques 250
Bardua, Heinz 483
Bardy, Roland 371
Bareš, Gustáv 310
Barghoorn, Frederick C. 346
Barjaud, Yves 423
Bariéty, Jacques 26 36 108 114 145 260 414 415 495
Barilli, Manlio 456
Barioli, Arturo 274
Barjot, P. 483
Barkai, Avraham 172
Barker, A. J. 281
Barker, Elisabeth 234 296
Barker, Ralph 483
Barker, Thomas M. 304
Barkin, Kenneth D. 75
Barmeyer, Heide 115
Barnes, Harry Elmer 3 381 420
Barnes, William 381
Barnett, Clifford R. 316
Barnett, Correlli 447
Barnett, James Calvin 495
Barnham, Denis 447
Baron, Salo Wittmayer 355
Baross, George 371
Barraclough, Geoffrey 3
Barral, Pierre 264
Barrett, Russel H. 414
Barritt, Denis P. 240
Barron, L. Smythe 163
Barron, Richard 256
Barros, James 281
Barry, Tom 241
Barteit, Peter 224
Bartel, Horst 65 343
Bartel, Walter 49 74 119 133 137 190 341
Bartelski, Lesław M. 324
Barth, Gerhard 495
Barth, Heinz F. 288
Barth, Joachim 358

Barthel, Konrad 26 104 190
Barthel, Rolf 156
Bartier, J. B. 266
Bartmuss, Hans-Joachim 34
Bartol, Gerda 57
Barton, Irmgard von, gen. von Stedman 80
Barton, Paul 346
Bartošek, Karel 308
Bartošek-Hejda 308
Bartosz, Julian 98
Bartoszewski, Władysław 316 318 324
Bartstra, J. S. 495
Bartz, Karl 483 492
Barycz, Henryk 318
Barzel, Rainer 49
Basic documents of international relations 4
Basiński, E. 329
Baske, Siegfried 60
Basler, Werner 26 165 420
Bassett, John Spencer 376
Bassett, R. 230 401
Bassin, Alexandre 336
Bassler, Gerhard P. 85
Basso, Lelio 274
Bastide, Roger 393
Basu, B. K. 410
Bataille de Saint-Lô 464
Batchelder, Robert C. 488
Batowski, Henryk 13 165 303 327 420 495
Battaglia, Roberto 271 274 281 284 415
Battistini, Lawrence H. 381
Baudhuin, Fernand 266
Baudot, Marcel 250 416
Bauer, Clemens 121
Bauer, Eddy 415 423 447 470
Bauer, Erich 175
Bauer, Ernest 281
Bauer, Fritz 152
Bauer, Günther 121
Bauer, Heinrich 401
Bauer, Helmut 228
Bauer, Ida Maria 8
Bauer, Peter 122
Bauer, Roland 85
Bauer, Wolfram 89
Bauer, Yehuda 210 389 397
Bauerfeind, Alfred 355
Baulin, Jacques 411
Baum, Bruno 196
Baum, Walter 21 152 156 190 435 468
Baumann, Gerhard 104
Baumann, Hans 423
Baumann, Herbert 36
Baumeister, Rudolf 423
Baumgärtel, Friedrich 205
Baumgärtner, Ernst Georg 306
Baumgärtner, Raimund 185
Baumgart, Jan 181 318
Baumgart, Winfried 13 24 26 65 66 260 420
Baumgarten, Dietrich 115
Baumgartner, Alois 122
Baumont, Maurice 3 13 190 248 420
Baurret, F. M. 411
Bausch, Hans 122
Bay, Achim 172
Bay, Jürgen 89
Bayer, H. 318

Bayern im Umbruch 127
Bayern in der NS-Zeit 224
Bayern und die deutsche Einigung
   1870/71 80
Baykov, Alexander 355
Bayle, François 137 201
Beach, Edward L. 475
Bealey, Frank 230
Beasley, William Gerald 403
Beau de Loménie, Emmanuel 256
   264
Beau, Georges 442
Beaubreuil, Pierre 495
Beaufre, André 442
Beaux, Jean 442
Bechtel, Heinrich 32 51
Bechtold, Heinrich 397
Beck, Earl R. 145
Beck, F. 346
Beck, Joseph 326
Beck, Reinhart 82
Beckenbach, Ralf 41
Beckenbauer, Alfons 224
Becker, E. 108
Becker, Hans Joachim 152
Becker, Jean-Jacques 265
Becker, Josef 60 64 89 98 145 218 287
Becker, Josef J. 26
Becker, Joseph 80
Becker, Klaus-Bert 378
Becker, O. E. H. 350
Becker, Rolf O. 468
Becker, Werner 122
Becker, Wolfgang 178
Beckmann, George M. 403
Beckmann, Joachim 205
Beckmann, R. 165
Bédarida, Renée 265
Bednarek, Horst 218
Bednjak, Inessa Jakovlevna 403
Beeck, Georg 89
Beeck, Karl-Hermann 98
Beem, Hartog 266
Beer, Helmut 224
Beer, I. 397
Beesly, Patrick 475 492
Befreiung Berlins 1945 468
Befreiungsmission der Sowjet-Streit-
   kräfte im zweiten Weltkrieg 350
Begnac, Yvon de 271
Begović, Branko S. 365
Behm, Erika 66 304
Behnen, Michael 71
Behr, Hermann 122
Behrend, Hans-Karl 89 127
Behrens, Catherine Betty Abigail 475
Behrens, Reinhard 127
Beiderseits der Grenze 308
Beier, Gerhard 51 137 175
Beilner, Helmut 122
Beitel, Werner 115
Beiträge zum deutsch-tschechischen
   Verhältnis im 19. und 20. Jahrhundert
   41
Beiträge zur Geschichte der Weimarer
   Republik 82
Beiträge zur neueren Geschichte
   Österreichs 296
Bekennende Kirche 207
Bekenntnis und Verpflichtung 221
Bekić, Milan 365
Béla, Bellér 371
Belden, Jack 405
Belfield, E. 464

Belikov, A. M. 488
Bell, George K. A. 205
Bell, J. Bowyer 241
Bell, Leland V. 137
Bell, P. M. H. 495
Belling, Eva 397
Bellini, F. 278
Bello, José Maria 393
Belloc, Marc 3
Beloff, Max 3 350 378
Belot, Raymond de 3 442 475
Belousova, Z. S. 260
Bélov, G. 344
Belov, K. A. 456
Belsen 196
Beľuin, Pierre 293
Bemis, Samuel Flagg 376 381
Bemsimon-Donath, Doris 411
Ben Elissar, Eliahu 210
Benary, Albert 423
Benckiser, Nikolas 260
Benda, Harry J. 401 470
Bender, Gerald J. 411
Bender, Oskar 205
Bendersky, Joseph W. 137
Bendiscioli, Mario 3 185 205
Benditer, J. 165 361
Benedikt, Heinrich 3 296 303
Beneke, Paul 190
Beneš, Václav 308
Bengtson, John Robert 495
Benjamin, Alfred 350
Benjamin, Uri 201
Bennecke, Heinrich 115 137 145 148
Benner, Ernst Karl 178
Bennett, David H. 389
Bennett, Edward W. 89
Bennett, Geoffrey 24
Bennett, J. 234
Bennett, Thomas Henley 350
Bennigsen, Alexandre 358
Benns, F. L. 13
Benoist, Marc 381 475
Benoist-Méchin, Jacques 41 442
Benoschofsky, Ilona 371
Bensel, Rolf 165
Bensen, Walter 24
Benter, Hans 488
Benton, Gregor 405
Bentwich, Norman 3 210
Benumeya, Rodolfo Gil 288
Benvenuti, Nicola 271
Benz, Wolfgang 41 66 89 127 175
Berben, Paul 196 221 442 464
Berbusse, Rev. Edward J. 108
Berchin, Ilja Borisovič 338
Berchtold, Albert 172
Berdahl, C.-A. 381
Berdahl, Robert M. 66
Berdimurat, Aman 358
Berdych, Václav 196
Berenbrok, Hans-Dieter 475 483 488
Berend, Iván T. 13 165 371
Berendsohn, Walter Arthur 202
Bérenger, Jean 13 296
Berenstein, Tatiana 318 319 324 330
Beretning til folketinget afgivet af den
   af folketinget 242
Bereznjakov, Nikolaj Vasil'evič 368
Bereznyj, L. A. 381 406
Berg, Hans-Joachim van den 165
Berg, Peter 108
Bergander, Götz 483
Berger, Gordon Mark 403

Berger, Gottlob 423
Berger, Paul C. 250
Berger-Thimme, Dorothea 75
Berggrav, Eivind 148
Bergh, G. van den 196
Bergh, Hendrik van 278
Berghahn, Volker R. 3 23 65 66 89 98
   156 178 431
Bergier, Jacques 492
Berglund, Gisela 202
Bergmann, Günther 80
Bergmann, Karl Hans 293
Bergonzoni, Luciano 275
Bergot, Erwan 423
Bergschicker, Heinz 419
Bergson, A. 355
Bergsträsser, Ludwig 41 49 89
Bergwitz, Hubertus 275
Berio, Alberto 281
Berl, Emmanuel 250
Berle, Adolf A. 3
Berlin, Helmut 108
Berlin in Vergangenheit und Gegenwart
   32
Berlin und die Provinz Brandenburg
   57
Berman, Harold J. 346
Bermbach, Udo 66
Bernadac, Christian 197 205
Bernard, Henri 13 190
Bernard, Jean 197
Bernardini, Gene 284
Berndt, Alfred 148
Berndt, Helge 66
Berndt, R. 89
Bernecker, Walther L. 288
Bernett, Hajo 148 149 181
Bernhard, Hans-Joachim 24
Bernhard, Herbert 464
Bernhardi, Horst 175
Bernhardt, Friedrich 495
Bernhardt, Walter 156
Berning, Cornelia 137
Bernotti, Romeo 278 447 475
Bernstein, Barton J. 495
Bernstein, Irving 389
Bernstein, Reiner 122
Bernstorff, A. 338
Bernt, Adolf 221
Bernucci, G. L. 397
Berque, Jacques 411
Berr, Henri 33
Berreby, Jean Jacques 397
Bers, Günter 80 127
Berselli, Aldo 240
Berstein, Serge 36 271
Bertani, Piergiorgio 271
Bertelsen, Aage 242
Berthold, F. J. 190
Berthold, Lothar 85 98 218
Berthold, Walter 127
Berto, Giuseppe 447
Bertram, Jürgen 66
Bertram-Libal, Gisela 234
Bertrand, Louis 288
Bertsch, Herbert 49
Bescheiden betreffende de buitenlandse
   politiek van Nederland 266
Bessel, Richard 89 145
Besson, Waldemar 89 90 137 156 381
Beste, Niklot 205
Betcherman, Lita-Rose 392
Bethegnies, Robert 442
Bethell, Nicholas 397 431 440

Bethlen, István 371
Betriebsräte in der Weimarer Republik 115
Betta, Bruno 279
Bettelheim, Charles 172 355
Betz, Anton 122
Betz, Herman Dieter 435
Beumelburg, Werner 415
Beumer, Dieter 57
Bevölkerung der Sowjetunion nach Klassen und Berufsgruppen 355
Bewährung im Untergang 210
Bey-Heard, Frauke 127
Beyer, Hans 85 127 234 359 371
Beyerchen, Alan D. 181
Beyerhaus, Gisbert 415
Beyerly, Elizabeth 338
Beyreuther, Erich 206
Bezemer, J. W. 341
Bezemer, K. W. L. 475
Bezymenskij, Lev Aleksandrovič 453
Bhagat, K. P. 410
Bhargava, K. D. 470
Bharucha, P. C. 447
Bialer, Seweryn 344
Bialucha, Manfred 227
Bianchi, Gianfranco 271
Bianchi, Leonard 309
Bianco, Lucien 406
Bianconi, Piero 271
Biber, Dušan 365
Bickel, Wolf Heinrich 234
Bickert, Hans Günther 234
Bidakowski, Kazimierz 318
Bidlingmaier, Gerhard 156 475
Bidlingmaier, Ingrid 460
Bidwell, Robin 411
Bieber, Konrad 33
Biechele, Eckhard 115
Biegański, S. 316
Biegański, Witold 441 442 464
Bielecki, Zygmunt 440
Bielfeldt, Johann 205
Bienhold, Marianne 332
Bieńkowska, D. 368
Bierbach, Wolf 122
Biernat, Karl-Heinz 149 216
Bierschenk, Theodor 149 330
Biesing, Gunther 165
Bihl, Wolfdieter 27 303 423
Bilanz des Zweiten Weltkrieges 415
Bildband der 16. Panzer-Division 423
Bildchronik zur Geschichte des Freikorps und des Bundes Oberland 104
Bilger, Harald R. 411
Billig, Joseph 197 210 250 266 488
Billik, V. I. 85
Billings, Arthur G. 304
Billstein, Aurel 224
Bilmanis, Alfred 332
Bin Sayeed, Khalid 401
Binchy, D. A. 286
Binder, Gerhart 3 36 205
Binder, Hans-Otto 66
Bindløv, Frederiksen L. 242
Bingel, Erwin 359
Binion, Rudolph 23 256 266
Björk, Kaj 242
Björkman, Leif 242
Björnson, Erling 242
Biographisches Handbuch der Tschechoslowakei 311

BzZG
II.33

Birch, R. C. 228
Bird, Keith William 104
Birin, Irmao 197
Birjuzov, S. S. 460
Birke, Ernst 260
Birkeland, Bjarte 243
Birkenfeld, Wolfgang 90 172 488
Birker, Karl 80
Birley, Robert 228
Birman, Michail Abramovič 362
Birnbaum, Immanuel 36 127 309
Birnbaum, Karl E. 27
Birot, Pierre 288
Birth, Ernst 338
Bisbee, Eleanor 374
Bischof, Erwin 127
Bischoff, Friedrich 196 197
Bishop, Donald G. 234 351
Bishop, Edward 483
Bismarck-Problem in der Geschichtsschreibung nach 1945 36
Bismarcks Sturz 73
Biss, Andreas 371
Bistum Hildesheim 1933–1945 185
Bittrich, F. O. 411
Bitva za Stalingrad 459
Biuletyn Głównej Komisji Badania zbrodni Hitlerowskich w Polsce 318
Black, Cyril E. 13 338 355
Black, Edwin R. 392
Blackbook of localities, whose Jewish population was exterminated 210
Blackbourn, David 76 80
Blacker, Irwin R. 431
Blackstock, Paul W. 3
Blaha, Frantisek 201
Błahut, Karol J. 327
Blaich, Fritz 67 76 90 115 172
Blake, John W. 241
Blanchard, Wendell 409
Blandin, Renée X. 397
Blank, A. 218
Blank, Heinz 468
Blanke, Richard 67
Blaschke, Heribert 149
Blase, Alexander 135
Blasius, Dirk 85
Blau, Bruno 152 210
Blau, George E. 456
Blažeković, St. 365
Bleiber, Fritz 397
Blet, Pierre 287
Bleuel, Hans Peter 57 133 137
Bley, Helmut 67
Bleyer, Wolfgang 488
Blinkhorn, Martin 288
Blitzkrieg 440
Bloch, Camille 351
Bloch, Charles 122 137 149 165 256
Bloch, Herbert A. 197
Bloch, Marc 24
Bloch, Nachman M. 415
Bloch-Lainé, Fr. 250
Block, Just 152
Block, Mathilde de 281
Blodnieks, Adolfs 332
Bloemertz, Günther 483
Blohm, Erich 137
Blom, Ida 243
Blond, Georges 464 468 475 483
Bloth, Peter Constantin 57
Bludau, Kuno 172 224
Blücher von Wahlstatt, Kurt Graf 33

Blücher, Wipert von 108 165
Blumberg, N. A. 98
Blumenberg, Werner 27
Blumenberg-Lampe, Christine 172
Blumenson, Martin 447 464
Blumenstock, Friedrich 464
Blumenthal, Nachman 190 210 318 324
Blumentritt, Günther 456
Blumhoff, Onno 431
Blunden, Godfrey 344
Blythe, Ronald 228
Boatti, Giorgio 447
Boavida, Américo 411
Boberach, Heinz 154 190 493
Boca, Angelo del 281
Bocca, Giorgio 271 275
Bock, Hans Manfred 41 67 90
Bocks, Wolfgang 80
Bodenheimer, Max 76
Bodensieck, Heinrich 133 137 165 307 309 495
Bodenstedt, Adolf 178
Bodin, Louis 256
Boeck, Jules de 442
Böckenförde, Ernst-Wolfgang 185 218
Böckmann, Herbert von 156
Boeg, P. 401
Böhm, Anton 304
Böhm, Ekkehard 76
Böhm, Erich 300
Boehm, Hermann 190 243 435
Boehm, Max Hildebert 137
Böhm, Wilhelm 296
Böhme, Hans 355
Böhme, Helmut 41 51 64 67
Böhme, Hermann 495
Böhme, Kurt Willi 431
Böhmler, Rudolf 423 447
Böhnke, Wilfried 224
Böhret, Carl 115
Boelcke, Willi A. 3 76 115 178 179 180 488
Bölling, Rainer 122
Boeninger, Hildegard 156
Boersner, Demetrio 351
Bösch, Hermann 60
Boesch, Joseph 137
Böss, Otto 165
Boetticher, Manfred von 346
Böventer, Edwin von 389
Bogatsch, R. 442
Bogdanow, Janis 341
Boggs, Charles W. 470
Boggs, James 3
Boguš, E. Ju. 495
Bohdanowicz, A. 357
Bohmann, Alfred 309 355
Bohn, Helmut 346
Bohn, Willi 218 224
Bohnenblust, Ernst 293
Bohrmann, Hans 57 178
Bojarska, Barbara 197 318 331
Bois, Jean-Pierre 90
Bokov, Fedor E. 460
Bolcheviks contra Staline, 1923–1928 346
Boldyrev, Zyrill 331 371
Bolitho, Hector 230
Boll, Friedhelm 74 80
Bolle, Hermann 435
Bollinger, Markus 293
Bollmus, Reinhard 137 181 304

Bolloten, Burnett 289
Bologna, Sergio 185
Boltin, E. A. 456
Boman, Sven 243
Bomben auf Freiburg 483
Bombing Auschwitz 197
Bonacina, Giorgio 483
Bond, Harold L. 447
Bondar, N. N. 365
Bondi, Gerhard 51
Bondioli, Pio 287
Bondy, François 409
Bone, Robert C. 266
Bonhoeffer, Dietrich 190 205
Bonifacic, Antun F. 365
Bonifas, Aimé 197
Bonjour, Edgar 293 294
Bonnefous, Edouard 13 256
Bonnery, Bernard 122
Bonnet, Georges 133 165 256 261
Bonnin, Georges 27 145
Bonnoure, Pierre 309
Bonomi, Ivanoe 278
Bonte, Florimond 250
Bonwetsch, Bernd 24 27
Booms, Hans 49 218 221
Booth, A. H. 230
Booth, Alan E. 3
Bopp, Marie-Joseph 250
Bor-Komorowski, Tadeusz 318
Boratyński, Stefan 296 495
Bor'ba za sovetskuju Pribaltiju v Velikoj Otečestvennoj 453
Borch, Herbert von 389
Borchardt, Knut 52
Borchart, Joachim 152
Borchers, Erich 492
Borchmeyer, Dr. 98
Borcke, Astrid von 338 346
Borcke-Stargordt, Henning Graf von 36
Borg, Dorothy 381 403
Borghese, J. Valerio 475
Borinski, Fritz 58
Borisov, A. D. 460
Bork, Max 431
Bork, Siegfried 181
Borkenau, Franz 341 346
Borkiewicz, Adam 324
Borkowski, Jan 330
Born, Karl Erich 55 56 67 80 115
Bornemann, Elke 27
Bornemann, Manfred 468 488
Bornhövd, Jürgen 378
Boros, Ferenc 371
Borowsky, Peter 27 85
Borries, Kurt 14 36 41
Borrini, Carlo 271
Borsa, G. 406
Borsány, Julián 371
Borscheid, Peter 61
Borsody, Stephen 14
Borst, Gert 52
Borst, Manfred 389
Bortolotto, Arcangelo 275
Borton, Hugh 403
Borwicz, Michel 210 251
Borys, Jurij 359
Bosch, Heinz 464
Bosch, Michael 122
Bose, Subhas Chandra 410
Bose, Tarun Chandra 381
Bosek, Eva Marie 303

Bosl, Karl 14 21 61 127 309 310 311 315
Bosseler, Nicolas 268
Bossowski, J. J. 318
Botteri, Guido 275
Botz, Gerhard 152 165 210 297 300 304
Bouard, Michel de 197
Boucard, Robert 492
Boucher, Maurice 33
Boudeville, Jacques R. 240
Boudot, François 264 431
Boüard, Michel de 251
Bougaran, Marcel 475
Bouilding, Kenneth E. 3
Bouissou, Michel 230
Bouju, Paul-M. 248
Bouladou, G. 251
Boulle, Georges 447
Bouman, Pieter Jan 3
Bourcart, Général 453
Bourdé, Guy 256
Bourderon, Roger 251
Bourdet, C. 251
Bourdet, Claude 256
Bourgeois, Daniel 160 294
Bourget, P. 251
Bourgin, Georges 271
Bourgnon Etienne 294
Bourguiba, Habib 411
Bourke-White, Margaret 468
Bournazel, Renata 261
Bourret, M. L. 108
Bousquet, G.-H. 411
Bouthillier, Yves 251
Bouvier, Beatrix 202
Bouvier, Jean 351
Boveri, Margret 108 178 181 381
Bovis, H. Eugene 397
Bowden, Tom 241
Bowers, Claude G. 393
Bowman, Gerald 483
Boyce, David 228
Boyens, Armin 185 205
Boyens, Friedrich Wilhelm 52
Boyer, Richard O. 389
Božinov, Voin 362
Braatz, Werner E. 115
Břach, Radko 108
Bracher, Karl Dietrich 36 41 82 90 133 138 145 149 160 165 190 221 392
Brachmann, Karin 284
Bracker, Jochen 127
Brackman, Arnold C. 401
Braddick, Henderson B. 381
Brademas, John 289
Bradley, John F. N. 332
Bradley, Pearle Elizabeth Quinn 145
Bradshaw, M. E. 381
Bräckow, Werner 156
Bräutigam, Otto 108 307
Braga, Giorgio 278
Bragadin, Marc Antonio 475
Braham, Randolph L. 371
Brahm, Heinz 346
Braibanti, R. 403
Brakelmann, Günter 78
Bramke, Werner 104
Bramsted, Ernest K. 178 234 414
Brancion, Yves 165
Brand, E. 284
Brand, Emanuel 210
Brandenburg, Hans-Christian 138
Brandes, Detlef 309

Brandon, Leonard George 240
Brandt, Conrad 351 406
Brandt, Günther 475
Brandt, Karl 431
Brandt, L. 483
Brandt, Willy 49 67
Branner, Hans 243
Braubach, Max 3 36 145 165 221
Braun, A. Z. 210
Braun, H. 181
Braun, Julius 423
Braun, Maximilian 351
Braun, Wilhelm 99
Brauneck, Manfred 123
Braunthal, Gerard 115 119
Brausch, Gerd 165 443
Breccia, Alfredo 365
Brecht, Arnold 90
Bredel, Willi 289
Bredendick, Walter 122
Bregman, Aleksander 495
Brehm, Werner 423
Brehme, Gerhard 115
Breipohl, Renate 122
Breith, H. 460
Breithaupt, Hans 423
Breitling, Rupert 138
Breitman, Richard 99
Brenan, Gerald 289
Brener, L. 319
Brennecke, Jochen 475 476
Brenner, Hildegard 181
Bretschneider, Heike 224
Brett, E. A. 411
Brett-Smith, Richard 435
Bretton, Henry L. 108
Breuning, Klaus 122
Brevi, Giovanni 338
Breyer, Richard 35 165 330
Brickhill, Paul 483
Bridenthal, Renate 119
Bridge, F. R. 234 303
Briefe aus Litzmannstadt 190
Briessen, Fritz van 406
Brieux, Jean-Jacques 406
Brigade Kaminski 426
Bringmann, Fritz 224
Bringmann, Rudolf 241
Brinkley, George A. 341
Brintzinger, Ottobert L. 152
Brissaud, André 138 152 251 271
Britische Weltstruktur 230
British policy towards wartime resistance in Yugoslavia and Greece 500
British Prime Ministers in the twentieth century 233
Britnell, G. E. 393
Britz, Nikolaus 361
Brjunin, W. G. 27 119
Broad, Lewis 234
Broch, Ernst-Detlef 80
Brock, W. R. 228
Brockdorff, Werner 423
Brod, Toman 447
Brodrick, Alan Houghton 33
Brodskij, E. A. 344 351
Broek, J. 381
Brogan, Denis W. 248 376 378
Broggi, Giovanni 464
Bromage, Mary C. 241
Bromberger, Marry 251
Brome, Vincent 289
Bromhead, P. A. 230

Bron, Michał 327
Bron, Micha 289
Bronder, Dietrich 145
Bronger, Dirk 355
Bronner, Fritz 64
Bronska-Pampuch, Wanda 316
Bronsztejn, Szyja 330
Brookes, Ewart 476
Brooks, Lester 495
Brophy, Leo P. 488
Brosius, Dieter 127
Broszat, Martin 14 41 90 138 148 149 152 160 165 190 224 319 327 368
Brou, W. 464
Broué, Pierre 85 289
Brouillet, Raymond 138
Browder, George Clark 138
Browder, Robert Paul 341 351
Brown, Anthony Cave 492
Brown, Delmer Myers 403
Brown, George W. 393
Brown, John Mason 420
Brown, Judith M. 410
Brown, Robert Craig 393
Brown, Zvij A. 332
Browning, Christopher 210
Bruck, Werner Friedrich 52
Bruckmüller, Ernst 303 304
Brück, Carlheinz 190
Brück, Max von 127
Brückener, Egon 122
Brückner, Siegfried 197
Brüdigam, Heinz 133 149 190
Brügel, Johann Wolfgang 108 160 165 166 294 309 327 368 415 495
Brüggemann, Fritz 90
Brüggemeier, Gert 41
Brügmann, Uwe 341
Brüning, Heinrich 376
Brugger, Karl 294
Brugmans, Henri 14 257
Brugmans, I. J. 402
Bruguera, F. G. 289
Bruhat, Jean 338 401
Bruhn, Wolfgang 145
Brunavs, Helmuts 332
Brundu Olla, Paola 234
Bruneau, Françoise 251
Brunn, Gerhard 67 394
Brunner, Georg 346
Brunon, Jean 248
Brunon, Paul 108
Brunotte, Heinz 185 205
Brunschwig, Henri 36 261 411
Brunschwig, M. 415
Brunsvicensia Judaica 213
Brunswig, Hans 483
Brunvand, Olav 243
Brunzel, Hans Paul 122
Brusatti, Alois 4
Brustat-Naval, Fritz 460
Brustin-Berenstein, T. 324
Bruttini, A. 271
Bruun, Geoffrey 4
Bry, Gerhard 52
Bryans, J. Lonsdale 190
Brzezinski, Zbigniew K. 347
Buch der 78. Sturm-Division 423
Buchanan, A. Russell 376
Buchbender, Ortwin 431
Buchele, Marga 190
Buchenwald, Mahnung und Verpflichtung 197
Bucher, Peter 104

Buchgraber, Viktor 300
Buchheim, Hans 133 138 148 149 153 175 185 218
Buchheim, Karl 4 49 65 82 90 218
Buchheim, Lothar-Günther 476
Buchheit, Gert 156 492
Buchholz, Wolfhard 138
Buchmann, Erika 198
Buchner, Alex 423 441 443 447 456 460
Buchner, Rudolf 33 41
Buchner, Wolfgang 122
Buchsweiler, Meir 397
Buchta, Bruno 119
Buck, Gerhard 435 436
Buck, Hans-Robert 224
Buck, Philip W. 230
Buckley, Christopher 447 464
Buckley, Thomas H. 381
Buckmaster, Maurice 251
Bucko, Adalbert 359
Buckreis, Adam 4
Budde, Eugen 223
Budnikov, V. P. 338
Budurowycz, Bohdan Basil 327
Bühl, K. 137
Bühl, Wolfdieter 160
Bühler, Anne Lore 205
Bühler, Johannes 36
Bühler, Karl-Werner 122
Bülter, Horst 21
Bünemann, Richard 127
Bürgin, Werner 374
Büsch, Otto 48 61 115 117 127
Büschleb, Hermann 447
Buescu, Mircea 394
Büttner, Kurt 67
Büttner, Ursula 61
Buffarini Guidi, Guido 271
Buhr, Martin 423
Bujard, Wolfgang 464
Bulavas, Juozas 332
Bulawko, Henry 197
Bulferetti, Luigi 275
Bulgariens Volk im Widerstand 1941–1944 363
Bułhak, Henryk 327
Bulkley, Robert J. 476
Bullivant, Keith 124
Bulmer-Thomas, Ivor 230
Bundy, William P. 389
Bunselmeyer, Robert E. 240
Bunyan, James 341
Burchardt, Lothar 24 52 67 78
Burchett, Wilfried Graham 406
Burckhardt, Carl J. 327
Burckhardt, Helmut 41
Burckhardt, Richard 52
Burda, Franz 419
Burden, Hamilton T. 138
Burdick, Charles B. 85 156 160 435 447 476 483
Burg, einflußreiche politische Kräfte um Massaryk und Beneš 309
Burg, J. G. 210
Burgelin, Henri 52 185
Burgess, Eric 488
Burghardt, Christina 175
Burian, Peter 309
Burks, David D. 381
Burne, A. H. 435
Burney, Christopher 197
Burnham, James 378
Burnham, Walter Dean 381

Burns, Sir Alan C. 411
Burridge, T. D. 230
Bury, Ernst 460
Bury, J. P. 248
Busch, Eckart 156
Busch, Ernst 6
Busch, Fritz-Otto 441 476
Busch, Harald 476
Busch, Noel Fairchild 409
Busch, Otto 42
Busch, Rolf 21
Buschardt, Leo 243
Buschbeck, G. H. 297
Buske, Thomas 78
Busley, Hermann-Joseph 80
Buss, Claude A. 401
Buss, Philip H. 423
Busse, Theodor 453 468
Bußhoff, Heinrich 297 306
Bußmann, Walter 90 149 166 185 190 216
Butland, Gilbert J. 394
Butler, D. E. 231
Butler, David 231
Butler, J. R. M. 435 439
Butlin, S. J. 488
Butow, Robert J. C. 381 403
Butschek, Felix 304
Butterfield, Herbert 23
Buttinger, Joseph 300
Buttlar, H. von 443
Butz, Arthur R. 210
Buxa, Werner 423
Bykofsky, Joseph 423
Byng, Edward J. 397
Bytwerk, Randall T. 178

Čabagi, Vassan Giray 351
Cadorna, Raffaele 271
Cady, John F. 409
Caemmerer, Ernst von 46
Caffaz, Ugo 284
Cagnetta, Mariella 286
Cahm, E. 248
Caidin, Martin 483
Cairns, John C. 443 495
Calamandrei, Piero 275
Calder, Angus 240
Calder, Kenneth J. 228
Calic, Edouard 138 145 149
Callender, Geoffrey 228
Calleo, David P. 36
Callesen, Gerd 61
Callis, Helmut G. 406
Callwesen, Gerd 74
Calmette, Arthur 251
Calvelli-Adorno 190
Calvet, Henri 166 495
Calvez, Jean 347
Calvino, I. 281
Calvo Serer, Rafael 289
Calvocoressi, Peter 415
Calzini, P. 371
Cambrelin, Georges 266
Cameron, Meribeth E. 401
Campagna, Gerard L. 374
Campagne de France 443
Campbell, Arthur 470
Campbell, F. Gregory 108
Campbell, Sir Jan 460
Campbell, Joan 57
Campbell, Thomas M. 381
Campenhausen, Axel Frhr von 265
Campini, Dino 447

Campione, Fernando 447
Campus, Eliza 368 495
Camus, Albert 261
Canada in world affairs 393
Cancogni, Manlio 271
Candeloro, Giorgio 271
Cannarsa, Spartaco 278
Cannella, Ideale 275
Cannistraro, Philip V. 286
Cannon, M. Hamlin 470
Cantor, Milton 378
Cantor, Norman F. 4
Capitini, Aldo 275
Caplan, Jane 153
Caplan, Neil 397
Capoferri, Pietro 284
Caputto, Giorgio 286
Caracciolo di Feroleto, Mario 447
Carantino, Bernard 347
Carbajal, Francisco V. Sevillano 4
Carboni, Giacomo 271
Carbonnières, Alix de 464
Caredda, Giorgio 257
Carell, Paul 453 456
Carew, Tim 470
Cargnelutti, F. 275
Caridi, Ronald J. 381
Carlebach, Alexander 392
Carlebach, Emil 82 145
Carley, Michael Jabara 261
Carlgren, Wilhelm Mauritz 243
Carli-Ballola, Renato 275
Carlo, Antonio 347
Carloni, Mario 453
Carlquist, Erik 243
Carlton, David 234
Carlyle, M. 4
Carman, Ernest Day 351
Carmi, Ozer 234
Carmichael, Joel 347
Carmon, Arye 181 210
Čarnyj, I. S. 67
Carocci, Giampiero 271 281
Caroe, Olaf 351 397
Carol, Karal S. 460
Caroleo, Anna 284
Caroll, Berenice A. 488
Carpinelli, Giovanni 266
Carr, Edward Hallett 4 42 90 166 338 341 351 359
Carr, Raymond 289
Carr, William 36 160 420
Carretto, Giacomo E. 374
Carrias, Eugène 36
Carroll, Berenice A. 156
Carroll, Eber Malcolm 65
Carroll, Holbert N. 378
Carroll, Joseph T. 241
Carson, George Barr 347
Carsten, Francis Ludwig 14 104 138 156 300
Carter, Byrum E. 231
Carter, John Booth 281
Cartier, Raymond 338 415 435
Cartiglia, Carlo 286
Carver, Michael 447
Casali, Luciano 275
Casella, Alessandro 406
Cash, Frank E. 160
Caspar, Gustav-Adolf 99
Casper, Wilhelm 228
Cassels, Alan 271 281
Casseville, Henry 406
Cassin, René 251

Castellan, Georges 83 104 156 166 190 330 351 495
Castellano, Giuseppe 447
Castelli, Giulio 286 447
Castex, Henri 21
Castillon, Richard 42
Castles, Francis Geoffrey 243
Castro, Américo 289
Castro, Diego de 281
Castronovo, Valerio 286
Casula, Carlo Felice 275 286
Catalano, Franco 14 271 275 278 281 284
Catanoso, C. 460
Catoire, M. 251
Catroux, Georges 409
Cattani, Leone 271
Cattell, David T. 289
Caulfield, Max 241
Caute, David 257
Cavaliere, S. 411
Cavallari, Oreste 447
Cazaux, Yves 251
Cazden, Robert E. 202
Cecil, Lamar 67 108
Cecil, Robert 453
Čejka, E. 309
Celovsky, Boris 166 327
Cernay, Louis 251
Černý, Bohumil 190 202 309
Cervi, Mario 447
Červinkova, Libuše 310
Červinkova, Milada 309
César, Jaroslav 309
Cesarini, Marco 271
Československo-sovětské vztahy 316
Céspedes, Augusto 394
Cessi, Roberto 275
Cesta ke květnu 309
Cetti, Carlo 275
Ceva, Bianca 271 275
Ceva, Lucio 275
Cézard, Pierre 251
Chabanier, Jean 460
Chabod, Federico 271 278
Chabord, M.-Th. 251
Chack, Paul 24
Chacko, C. J. 403
Chales de Beaulieu, Walter 443 456
Challener, Richard D. 381
Chalmers, Douglas A. 49
Chambard, Claude 24 495
Chambaz, Jacques 257
Chambe, René 271 447
Chambelland, Colette 264
Chamberlin, Brewster S. 90 99
Chamberlin, William Henry 342 351 381
Chambers, John Whiteclay 390
Chambon, Henry 332
Chambre, Henri 347
Chamine 447
Chanady, Attila 99
Chandler, Geoffrey 363
Chandler, Lester V. 389
Changing attitudes in Soviet Russia 346
Chapin, Miriam 393
Chapsal, Jacques 257
Chardonnet, Jean 4
Charles, Jean-Léon 266
Charles, R. 240
Charlier, Jean-Michel 175
Charmatz, Richard 300

Chary, Frederick B. 362
Chase, John L. 381 495
Chassin, L. M. 423
Chastenet, Jacques 14 231 248 249 257
Chatterji, Amiyā 410
Chatterji, Krishnalal 406
Chaulanges, M. 4
Chauvin, G. A. 447
Chavardès, Maurice 257
Cheerer, Daniel 381
Chejfec, A. N. 351
Chen Po-ta 406
Cheng Tien-fong 406
Cherniavsky, M. 453
Chesi, Valentin 52
Chesneaux, Jean 401 406 409
Chester, D. N. 488
Chester, Daniel Norman 231
Chevalier, A. 476
Chevallier, Jean-Jacques 257
Chi, Madeleine Sung-chun 406
Chiang Kai-shek 406
Chiavarelli, Emilia 271
Chicco, Francesco 271 275
Chickering, Roger 67 90
Chien Tuan-sheng 406
Chilcote, Ronald H. 394
Childers, Thomas 138
Childs, David 36 231
China and Japan 401
Chinnock, Frank W. 470
Cho, Soon Sung 401
Cholodkovskij, V. M. 336
Chou Tse-tung 406
Choulguine, Alexander 359
Choumoff, Pierre Serge 197
Choury, Maurice 251
Christ, Herbert 122
Christadler, Marieluise 78
Christen im Nationalkomitee Freies Deutschland 220
Christensen, Chr. P. 4 243
Christlicher Widerstand gegen den Faschismus 209
Christmann, Helmut 36
Christopher, J. W. 381
Christov, Christo 362
Chronologie de la résistance française 251
Chrysostomus, P. Johannes 357
Chudek, Józef 166 261 316 327 420
Church, R. J. Harrison 411
Churchill, Rogers Platt 381
Churchill, Sir Winston Spencer 415 416
Cialowicz, Jan 327 440
Cianfarra, Camille Maximilian 287
Cicala, I. 368
Ciechanowski, Jan M. 324
Cienciala, Anna M. 327
Cieplesicz, Mieczysław 441
Cieślak, Tadeusz 178 197 327
Cigliana, Carlo 435 447
Cilibrizzi, Saverio 278
Ciliga, Anton 359
Cimponeriu, E. 368
Ciolek-Kümper, Jutta 224
Ciolkosz, Adam 324
Cione, Edmondo 271
Ciparisso, L. 284
Cipolla, Carlo M. 21
Cipriani, F. 275
Ciria, Alberto 394

Ciurea, Emile C.   368
Clanci i dokumenti iz narodno-oslobo-
   dilačke borbe na moru   365
Clappier, Louis   460
Clark, Alan   447 453
Clark, F.   411
Clark, G. N.   4
Clark, Ronald W.   488
Clarke, Jeffrey J.   264
Clarke, P. F.   231
Clarke, Roger A.   355
Clauss, Manfred   185 287
Clauß, Max Walter   381
Clémendot, P.   251
Clemens, Diane Shaver   495
Cliadakis, Harry   281
Cliff, Tony   338
Clifford, Nicholas R.   234
Cline, Catherine Ann   231
Cline, H. F.   382 394
Cline, Ray S.   435
Clinton, Alan   24
Cloet, Robert   431
Close, David H.   231
Clostermann, Pierre   476 483
Clozier, René   14
Clubb, Oliver Edmund   406
Clute, Robert Eugene   303
Coates, David   231
Coates, William Peyton   359
Coatman, John   228
Coburg-James, James   464
Cocchi, Mario   284
Cocchia, Aldo   448 476
Coceani, Bruno   271
Codding, George Arthur   294
Codo, E. M.   453
Coeckx, Carlo   266
Coffey, Thomas M.   241
Coffman, Edward M.   27
Cogniot, Georges   338
Cohausz, J. A.   127
Cohen, B. C.   392
Cohen, Elie Aron   197
Cohen, H. F.   266
Cohen, Maxwell   492
Cohen, Michael J.   397
Cohen, Warren I.   27 406
Cohn, E. J.   153
Colacito, Corrado   275
Colapietra, Raffaele   271
Colarizi, Simona   275 278
Colbert, Evelyne S.   403
Cole, G. D. H.   342
Cole, Hugh M.   464
Cole, John Alfred   431
Cole, Wayne S.   389 496
Coll, Blanche D.   424
Collenot, R.   190 221 464
Collier, Basil   4 435 470 483
Collier, Richard   443 483 492
Collins, Larry   464
Collins, Robert O.   411
Collis, Maurice   409
Collis, W. R. F.   197
Collotti, Enzo   49 99 133 166 172 271
   275 278 284 416
Colodny, Robert Garland   289
Colombe, Marcel   411
Colton, Joel   264
Colvin, Ian   234 420 448
Comfort, Richard A.   127
Commager, Henry Steele   392

Communist takeover and occupation of
   Estonia   335
Comín Colomer, Eduardo   289
Comnen, N. P.   371
Comnène, Nicolas Petresco   14
Compton, James V.   160
Conde, Alexander de   382
Condizioni nelle quali la marina ha
   combattuto l'ultima guerra   476
Condoide, Mikhail V.   355
Confederazione generale del lavoro
   negli atti   284
Conferences at Cairo and Tehran 1943
   496
Congdon, Don   470
Conkin, Paul K.   389
Conn, Stetson   424 435
Connell, John   234
Connery, Robert H.   488
Connor, Walter D.   347
Conover, Helen F.   376
Conquest, Robert   347
Conquet, Général   257
Conrad, Walter   205
Conrady, Alexander   456 460
Conrady, Heinz Dietrich von   476
Conroy, Hilary   403
Constabel, Adelheid   57
Constantinescu-Iași, P.   368
Constanza, G.   281
Constituciones de Bolivia   394
Contamine, Henry   24
Conte, Arthur   496
Conti, A. M.   257
Conti, Flavio Giovanni   275 431
Conti, Giuseppe   278
Conti, Laura   286
Contini Bonacossi, Sandro   276
Conversy, Marel   197
Conway, John S.   166 185 205 210
   287 309 371
Conyngham, William J.   356
Conze, Werner   14 27 36 42 47 83 84
   90 99 138 190 309 424
Conzemius, Victor   186
Cook, Chris   14 231
Cook, Hedley V.   397
Cookridge, E. H.   347
Coombs, Rose E. B.   24
Cooper, John Milton   382
Cooper, John St. John   464
Cooper, Matthew   453
Cope, Harley   476
Coper, Rudolf   85
Copoiu, N.   368
Copping, David G.   85
Coquery-Vidrovitsch, Catherine   411
Coquin, François-Xavier   342
Cordero, Mario   286
Cordero Torres, José Maria   289
Cordes, Günter   129
Cordova, Ferdinando   284
Cornebise, Alfred E.   90
Cornell, Margaret   378
Cornevin, Robert   36 37 411
Corni, Gustavo   115
Cornwell, R. D.   4
Corselli, R.   272
Cortada, James W.   289
Cortesi, Luigi   278
Corti, Rinaldo   21
Cosio Villegas, Daniel   394
Cosmin, S. P.   363
Cosmo, Giandomenico   275 278

Cossé-Brissac   443 464
Cossias, Tomás   289
Costa, Franco   275
Costello, John   25 476
Cotta, Michèle   251
Cottier, Georges   251
Coudenhove-Kalergi, Richard   14
Coughlin, Richard J.   409
Couland, Jacques   397
Court, W. H. B.   488
Courtade, Francis   181
Coverdale, John F.   281
Cowan, Laing Gray   261
Cowie, J. S.   476
Cowling, Maurice   231 234
Cox, Alvin   401
Cox, Ernest Sevier   33
Craig, Gerald M.   382
Craig, Gordon A.   4 33
Craig, Gordon Alexander   14 37 42
Craig, William   403
Craig, William E.   459
Crampton, R. J.   67
Crankshaw, Edward   190 297 338 347
Crapanzano, Salvatore Ernesto   448
Craven, Wesley Frank   470
Craven, Wesly Frank   483
Cressy, A. Cheever   382
Creswell, John   435 476
Cretzianu, Alexandre   368 496
Creveld, Martin van   234 436 453
Crew, Francis A. E.   431 432
Crime méthodique   344
Crimea conference, Yalta, Russia, 1945
   496
Criminali alla sbarra   272
Crisp, Robert   448
Croacia y su destino   365
Croce, Benedetto   281
Crofton, Richard Hayes   411
Cronon, E. David   394
Croon, Helmuth   61
Crosby, Gerda Richards   231
Crosia, J.   464
Cross, Colin   228
Crosskey, William Winslow   378
Crouzet, François   488
Crouzet, Maurice   7
Crowder, Michael   411
Crowl, Philip A.   470 471
Crowley, James B.   403
Crozier, Andrew   234
Cruickshank, Charles   448
Crusius, Reinhard   115
Cruz, Costa J.   394
Csatári, Daniel   371
Cserenyey, G.   365
Csopey, Dénes   281
Cuatrecasas, Juan   289
Čulinović, Ferdo   365
Cullmann, Ruth   99
Cumpston, I. M.   228
Cunliffe, Marcus   4
Cupsa, Ion   25 368 460
Curatola, A. M.   278
Curiel, Eugenio   284
Current, Richard N.   382
Curry, George   4
Curticapeanu, V.   368
Curtis, Michael   257
Curtiss, John S.   342 357
Cushman, Robert E.   378
Cygański, Mirosław   138 319 330
Cypkin, S. A.   401

Cyprian, Tadeusz 319
Cyrulnikov, N. 464
Cyż-Ziesche, Jan 460
Czapliński, Władysllaw 243
Czarnecki, Bohdan 166
Czarnecki, Wacław 197
Czarnik, Andrzej 224
Czempiel, Ernst-Otto 67
Czernin von und zu Chudenitz, Ferdinand Graf 27
Czesany, Maximilian 483
Czichon, Eberhard 145
Czollek, Roswitha 332
Czubiński, Antoni 67 85 190 316

Daalder, Hans 231
Dabrowa-Kostka, Stanisław 319
Dabrowska, Danuta 319
Dabrowski, Franciszek 440
Dabrowski, Stanisław 327
Dähn, Horst 85
Dähnhardt, Dirk 127
Dänemark 243
Dagboek fragmenten 1940–1945 266
Dahl, Hans Fredrik 243
Dahl, Walther 483
Dahle, Wendula 181
Dahlem, Franz 289
Dahlheimer, Harry 4
Dahm, Karl-Wilhelm 119
Dahm, Volker 211
Dahms, Hellmuth Günther 14 127 289 376 416 496
Daix, Pierre 197
Dallek, Robert 382 496
Dallin, Alexander 166 344 351 453 496
Dallin, David J. 338 351 496
Dallmayr, Winfried R. 300
DalPont, Adriano 286
Damals in Sachsenhausen 197
Damals war ich vierzehn 175
Damerau, Kurt 115
D'Amoja, Fulvio 281
Dampierre, Robert de 371
Danan, Yves Maxime 261
Daniczewski, T. 330
Daniels, Robert Vincent 406
Danielsen, Rolf 243
Danimann, Franz 297
Dank, Milton 251
Dankelmann, Otfried 231 289
Dann, Otto 49
Danner, Lothar 128
Dansette, Adrien 251 257
Darauf kam die Gestapo nicht 191
Darke, Bob 231
Dartford, Gerald P. 401
Darvas, Irén 172
Dasić, Miomir 365
Daszkiewicz, Walenty 327
Datner, Szymon 319 424 432 440
Dau, Werner 99
Dauphin-Meunier, A. 409
Dautry, R. 443
David, Claude 134
Davids, Jules 382
Davidson, Basil 411
Davidson, T. 4
Davies 362
Davies, A. F. 414
Davies, Norman 327
Davies, R. W. 356
Davignon, Jaques Vicomte 166

Davin, D. M. 448
Davis, Harold Eugene 394
Davis, Kenneth S. 376
Davis, Melton S. 448
Davis, Peter 241
Davis, S. R. 414
Davy, André 412
Dawidowicz, Lucy S. 211
Dawn, C. Ernest 397
Dawson, Raymond H. 382
Dawson, Robert MacGregor 393
Day, Clive 14
Deak, Istvan 122
Deák, Ladislav 309
Deakin, Frederick William 234 278 496
Dean, Vera Micheles 382
Dearden, Ann 397
DeBelot, R. 483
DeBenedetti, Charles 390
Debicki, Roman 327
Deborin, G. A. 344 351 416
Debray, Pierre 289
Debû-Bridel, Jacques 251
Debyser, F. 272
Debyser, Félix 483
Decade of American foreign policy 382
DeCecco, Marcello 4
Decleva, Enrico 278 281
Dedeke, Dieter 160
Dederke, Karlheinz 83 382
Dedijer, Vladimir 23 361 365 448
DeFelice, Renzo 278 281 284 285
Degen, Günther R. 240
Degler, Carl N. 390
Degras, Jane 351
Degrelle, Léon 134 266 453
Dehio, Ludwig 4 27 37 42
Dehlinger, Alfred 42
Deibele, Albert 468
Deinzer, Walter 49
Dejonghe, Etienne 251 264
Deißler, Hans Herbert 6
Deist, Wilhelm 67 76 85 108
Delahousse, P. 441
Delanoue, Paul 251
Delarue, Jacques 191
Delás, Juan 289
Delatour, Yvonne 25
Delaval, Maurice 464
Delbreil, Jean-Claude 265
Délégation française auprès de la commission allemande d'armistice 443
Deleuze, Lucien 266
Delfs, Hermann 375
Delgrado, J. 394
DelHoyo, Arturo 289
Dellin, L. A. D. 361 362
Delperrié de Bayac, Jacques de 257
DelRe, Carlo 272
Delsinne, L. 266
Delzell, Charles F. 14 272 275 276 284 287
Demes, Franz Hubert 401
Demeter, Hans 156
Demjančuk, I. L. 453
Demkin, I. V. 360
Deml, Ferdinand 168
Demokratisch-parlamentarische Struktur der Ersten Tschechoslowakischen Republik 315
Demps, Laurenz 175 220
Dengler, Gerhard 220

Denis, Henri 251
Denkler, Horst 183
Denkschrift. Die Waffen-SS 138
Denne, Ludwig 166
Dennett, Raymond 353
Dennis, Geoffrey P. 420
DeNovo, John A. 390
Denzel, Egon 424
Denzel, Eugen 424
Denzel, Rosemarie 488
Depeše mezi Prahou a Moskvou 1939–1941 310
Deportations from Italy 1943–1944 284
Deppe, Frank 53
Derber, Milton 390
Deroo, André 265
DeRosa, Gabriele 276
Derry, T. K. 14 441
Derry, Thomas Kingston 243
Deruga, Aleksy 327
Desai, A. V. 76
Deschamps, Hubert 261 412
Deschamps, Hubert Jules 4
Deschner, Karlheinz 287
Desmarais, Ralph 240
Desput, Joseph 300
Desroches, Alain 153 221 453
Dessauer, Friedrich 181
Dessauki, Mohamed-Kamal El 397
Detrez, L. 251
Detwiler, Donald S. 290 496
Deuerlein, Ernst 42 52 67 83 128 137 145 186 218 287 351 420
Deurer, Helmut H. 300
Deutsch, Harold C. 156 191
Deutsche Bevölkerungsbilanz des Zweiten Weltkrieges 423
Deutsche Exilliteratur seit 1933 202
Deutsche Exilliteratur 1933–1945 202
Deutsche Geschichte 34 37
Deutsche Geschichte im Überblick 34
Deutsche Geschichte seit dem Ersten Weltkrieg 38
Deutsche in Böhmen und Mähren 310
Deutsche Industrie im Kriege 1939–1945 490
Deutsche Infanterie 426
Deutsche Jugendbewegung in Europa 58
Deutsche Jugendbewegung 1920–1933 120
Deutsche Kriegsziele 1914–1918 29
Deutsche Literatur im Dritten Reich 183
Deutsche Literatur im Exil 203
Deutsche Literatur in der Weimarer Republik 124
Deutsche Ostgebiete zur Zeit der Weimarer Republik 130
Deutsche Parlamentsdebatten 46
Deutsche Parteien vor 1918 50
Deutsche Revolution 87
Deutsche Schulen in Bulgarien vor dem Zweiten Weltkrieg 363
Deutsche Sozialgeschichte 55
Deutsche Universität im Dritten Reich 185
Deutscher antifaschistischer Widerstand 196

Deutscher Imperialismus und der Zweite Weltkrieg 417
Deutscher Imperialismus und polnische Arbeiter 53
Deutscher, Isaac 338
Deutscher Osten und das Abendland 35
Deutscher Osten und slawischer Westen 35
Deutscher Südwesten zur Stunde Null 470
Deutscher Welteroberungsplan 164
Deutscher Widerstand 196
Deutscher Widerstand gegen Hitler 196
Deutsches Exildrama und Exiltheater 202
Deutsches Geistesleben und Nationalsozialismus 182
Deutsches Reich und der Zweite Weltkrieg 501
Deutschland 37
Deutschland im Ersten Weltkrieg 21 22
Deutschland im zweiten Weltkrieg 416
Deutschland in der Weltpolitik des 19. und 20. Jahrhunderts 33
Deutschland in der Weltwirtschaftskrise 115
Deutschland und der Norden 160
Deutschland und die russische Revolution 37
Deutschland und die USA 382
Deutschland und Polen 1772-1945 33
Deutschland von 1933 bis 1939 134
Deutschland-Frankreich 42
Deutschlands Ostproblem 39
Deutsch-norwegische Beziehungen während des zweiten Weltkrieges 242
Deutsch-russische Beziehungen von Bismarck bis zur Gegenwart 41
Deutsch-sowjetische Beziehungen 108
Deutsch-sowjetische Freundschaft 43
Deutsch-tschechisches Verhältnis seit 1981 316
Devereux, Robert 412
Devillers, Philippe 409
Devlin, Patrick 382
Devoto, Andrea 197
Dewar, Hugo 231
Dewar, Margaret 356
DeWeerd, Harvey A. 27
Dexter, David 424
Dhers, Pierre 249 443
Diamant, Alfred 306
Diamant, David 251
Diamant, Zanvel 252
Diamond, Sander A. 138 390
Diaz de Villegas, José 290
Diaz Machicao, P. 394
Dichtl, Klaus 108
Dickens, Peter 441
Dickmann, Fritz 4 145 160
Dickson, H. R. P. 397
Dickson, Paul 202
Dieckert, Kurt 460
Dieckhoff, Gerhard 424
Diehl, James M. 104
Diehl-Thiele, Peter 149

Diel, Alex 181
Diel, Helmut 178
Diere, Horst 122
Dierich, Wolfgang 158
Dierske, Ludwig 90
Dietrich, Richard 62 64
Dietrich, Rolf 57
Dietrich, Wolfgang 483
Dietzsch, A. 476
Diez del Corral, Luis 14
Diezel, Peter 358
Diggins, John P. 378
Dihers, Pierre 251
Diktierte Option 334
Dilks, David 492
Diller, Ansgar 57
Dillwitz, Sigrid 76
Dilthey, Wilhelm 78
Dimitrijević, Sergije 365
Dimitrov, Georgij 149
Dimitrov, Ilčo 362
Dinbergs, Anatol 332
Dinerstein, Herbert S. 356
Dingman, Roger 4
Dinklage, Ludwig 476
DiNolfo, Ennio 287
Diplomáciai iratok magyarország külpolitikájához 372
Dipper, Theodor 205
Dirks, Walter 138 191
Dirksen, Herbert von 338
Dischler, Ludwig 261
Distel, Barbara 197
Ditlef, N. Chr. 243
Dittmar, Kurt 441 456
Dittmar, Peter 197
Dittrich, Z. R. 145
Divine, David 443
Divine, Robert A. 376 382
Dix-neuf cent quatre-vingt-six jours de lutte 291
Dixneufcentquatorze 23
Dixon, C. Aubrey 453
Dmytryshyn, Basil 347 359 424
Dobosiewicz, Stanisław 197
Dobroszycki, Lucjan 319 331
Dobrovolskas, J. 332
Dobrý, A. 310
Dobson, Christopher 476
Documente din istoria uniunii tineretului comunist 368
Documenten betreffende de buitenlandse politiek van Nederland 266
Documenti diplomatici italiani 282
Documenti sulla persecuzione degli ebrei italiani 284
Documenti ufficiali del comitato di liberazione per l'alta Italia 276
Documentos de la Unión Centroamericana 394
Documents and speeches on British Commonwealth affairs 228
Documents diplomatiques belges 1920-1940 266
Documents diplomatiques français 1932-1939 261
Documents internationaux pour la préparation de la paix 496
Documents of the hostile activity of the United States Government 371
Documents on American foreign relations 382
Documents on Australian foreign policy 414

Documents on British foreign policy 1919-1939 234 235 236
Documents on German foreign policy 160 161
Documents on international affairs 1939-1946 4 496
Documents on international affairs 1947-1948 4
Documents on Polish-Soviet relations 1939-1945 327
Documents relating to New Zealand's participation in the Second World War 414
Documents secrets du ministère des étrangères d'Allemagne 161
Doderer, Hans 390
Döhn, Lothar 99
Döll, Heinrich 149
Doenecke, Justus D. 382
Dönitz, Karl 476
Doepgen, Heinz 27
Doering, Dörte 172
Döring, Hans-Joachim 191
Döring, Herbert 119 122
Doernberg, Stefan 416
Dörnemann, Manfred 119
Dörner, Klaus 138
Doerr, Hans 42 432 436 456 458 459
Dörr, Manfred 99
Dörrer, Fridolin 306
Doeser, Ute 123
Doetsch, Wilhelm Josef 186
Doherty, Julian Campbell 234 236
Dokument zur Zeitgeschichte 211
Dokumentation zur Geschichte der jüdischen Bevölkerung 61
Dokumente der deutschen Politik und Geschichte 134
Dokumente der deutschen Politik und Geschichte von 1848 bis zur Gegenwart 37
Dokumente der revolutionären deutschen Arbeiterbewegung zur Frauenfrage 52
Dokumente deutscher Kriegsgeschichte 488
Dokumente, Meinungen und Diskussionen über die Einheit Palästinas 397
Dokumente über die Behandlung der Juden durch das Dritte Reich 211
Dokumente über die Verfolgung der jüdischen Bürger 211
Dokumente über Methoden der Judenverfolgung im Ausland 211
Dokumente und Berichte aus dem Dritten Reich 134
Dokumente zum Landesstreik 1918 294
Dokumente zur Abrüstung 1917-1976 4
Dokumente zur deutschen Geschichte 37
Dokumente zur Geschichte der Frankfurter Juden 211
Dokumente zur Geschichte von Staat und Gesellschaft in Bayern 61
Dokumente zur Kirchenpolitik des Dritten Reiches 186
Dokumente zur sowjetischen Literaturpolitik 358
Dokumente zur sudetendeutschen Frage 310

Dokumentensammlung über die Judenverfolgung in Rumänien 368
Dokumenty o protilidové a protinárodni politice 310
Dokumenty o protiovětských piklech československé reakce 310
Dokumenty vnešnej politiki SSSR 351
Dokumenty z historie československé politiky 310
Dolata, Bolesław 319 424
Doležal, Jiří 310
Dolezel, Stephan 310
Dolgoff, Sam 290
Dolléans, Edouard 264
Dollinger, Hans 22 65 416
Dollmann, Eugenio 272
Dollot, Louis 4
Domagala, Jan 197
Domann, Peter 74
Domańska, Regina 319
Domarus, Max 149 483
Domarus, Wolfgang 224
Domenach, Jean-Marie 178
Domes, Jürgen 406
Dominici, Mariano 436
Dominique, Pierre 252
Domröse, Ortwin 224
Donaldson, Robert Charles 236
Donat, Gerhard 489
Donauschwaben zwischen gestern und heute 361
Dończyk, Franciszek 432
Donnelly, Desmond 4
Donnert, Erich 342
Donnison, Frank Siegfried Vernon 409 432 436
Donohoe, James 224
Door, Rochus 371
Dopierala, Bogdan 316
Dopoguerra e fascismo 272
Dorgelès, Roland 443
Dorman, James R. 489
Dorn, Frank 403
Dorn, Hellmuth 424
Dornberger, Walter 489
Dorpalen, Andreas 14 90 108
Dorst, Tankred 128
Dos Passos, John 382
Doß, Kurt 108
Dotti, Roberto 276
Dougherty, James J. 390
Douglas, Donald M. 145
Douglas, W. A. B. 393
Dovring, Folke 14
Dowe, Dieter 49
Dowse, Robert E. 231
Dozer, Donald Marquard 382 394
Drabkin, J. S. 85
Drachman, Edward R. 382
Dragojlov, Fedor 448 453
Drake, Paul W. 394
Drang nach Afrika 42
Drangel, Louise 243
Draper, Hal 496
Draper, Theodore 378
Drda, Jan 310
Drechsler, Hanno 99
Drechsler, Horst 67
Drechsler, Karl 161 496
Dreetz, Dieter 67 86
Dreher, Martin Norberto 394
Drei Jahrzehnte deutscher Geschichte 38

Dreifuß, Eric 294
Dreisziger, N. F. 456
Dress, Hans 216 310
Drevon, Capitaine de Corvette 448
Drewniak, Bogusław 76 138 178
Dreyfus, François G. 252 257 263
Dreyfus, Paul 252
Drieu la Rochelle, Pierre 252
Drijard, André 33
Drittes Reich 134 135
Drittes Reich und Europa 163
Drizul, A. 332
Drobisch, Klaus 172 197 213 217 220
Dröge, Franz 191
Droz, Jacques 4 14 23 33 37 76 257
Drozdzynski, Alexander 184
Drue, H. 108
Druhe, David N. 351
Drukier, Bolesław 319
Drummond, Donald F. 382
Drummond, Ian M. 240
Du hast mich heimgesucht bei Nacht 191
Dúason, Jón 243
Dubail, René 172
Dubas, Gr. P. 347
Dubief, Henri 249
Dubiel, Paweł 319
Dubina, Andrej 310
Dubinskij, A. M. 351
Dubois, Howard 236
DuBois, Josiah E. 172
Ducci, Camillo 443
Duchacek, Ivo 310
Duclos, Paul 287
Ducloux, Louis 257
Due ordini di operazione di Kesselring contro le Bande partigiane 277
Düding, Dieter 67
Dülffer, Jost 42 108 166
Dülmen, Richard van 78 123
Dünow, Hermann 99
Dürking, Irene 382
Dürrenmatt, Peter 4 294
Düwell, Kurt 123 211
Duff, Sheila Grant 310
Duffy, James 290 412
Dufner, Wolfram 243
Dugan, James 483
Duhamel, Georges 375
Duhamel, Morvan 243
Duhnke, Horst 218
Duhr, Peter 197
Duiker, William J. 409
Dujmovits, Walter 297 304
Dulles, Allen 496
Dulles, Foster Rhea 376 382 390
Dulles, John W. F. 394
Dunan, Elisabeth 252
Dunbabin, J. P. D. 231
Duncan Hall, H. 228
Duncan, J. S. R. 412
Dunin-Wąsowicz, Krysztof 198
Dunin-Wąsowicz, Krzysztof 324
Dunker, Hans Joachim 394
Dunker, Ulrich 52
Dunn, Frederick Sherwood 403
Dunne, Edward J. 49
Dunner, Joseph 397
Duperon, Maurice 257
Dupeux, Georges 257
Duprat, François 138
Dupuy, R. Ernest 376 416
Dupuy, Trevor Nevitt 42

Duquesne, Jacques 252
Duraczyński, Eugeniusz 14 319 496
Durand de la Penne, Luigi 448
Durand, Paul 252
Durand, Pierre 198
Durand, Yves 252
Durandet, Christian 252
Duranty, Walter 338
Ďurčanský, Ferdinand 166 310
Ďurica, Milan S. 108 310
Durnford, John 471
Duroselle, Jean-Baptiste 4 14 166 249 351 382 496
Duroselle, Maurice 261 282
Durzak, Manfred 202
Dutt, R. Palme 228
Duval, Gottfried 306
Duveen, J. 266
DuVéou, Paul 375
Duverger, Maurice 257
Dvorjetski, M. 496
Dwinger, Edwin Erich 453
Dworzecki, M. 211 332
Dyck, Harvey Leonard 108
Dyer, Colin 264
Dyke, Elisabeth S. L. van 266
Dymek, Benon 326
Dzelepy, Eleuthère-Nicolas 290 471
Dziewanowski, M. K. 326
Dziewanowski, Marian Kamil 316
Dziuban, Stanley W. 436
Dzyuba, Ivan 347

Eagle and the dove 390
Ealy, Lawrence O. 394
Earle, Edward Mead 4 8 249
Easum, Chester Verne 4
Eaves, John 231
Ebel, Arnold 161
Ebeling, Hans 37
Ebenstein, William 272 290
Eberhard, Wolfram 406
Eberle, Theo 86
Ebermayer, Erich 182
Ebner, Anton 297
Ebner, Eduard 4
Ebner, Josef 368
Ebneth, Rudolf 202
Ebrei in Italia durante il fascismo 284
Echterhölter, Rudolf 153
Eck, Nathan 211 361
Eckardt, Götz 429
Eckardt, Günther 80
Eckert, Georg 5 37 49 80
Eckert, Hugo 74
Eckhardt, Albrecht 80
Eckhardt, Heinz-Werner 432
Eckstein, Alexander 371
Edel, Wilbur 382
Edinger, Lewis J. 149 218
Edmonds, C. J. 397
Edmonds, James E. 443
Edmonds, Walter D. 471
Edwards, Ronald S. 240
Eesti riik ja rahvas teises maailmasõjas. 332
Eesti vabariik 1918–1940 332
Effects of the atomic bombs at Hiroshima and Nagasaki 483
Egbert, Donald Drew 390
Egerton, George W. 236
Eggert, Z. K. 27
Eggleston, Wilfried 489
Egretaud, Marcel 359

Ehinger, Paul H. 290
Ehlers, Dieter 221
Ehni, Hans-Peter 128
Ehrbar, Hans Rudolf 294
Ehrenbuch der deutschen Wehrmacht 424
Ehrenbuch der Opfer von Berlin-Plötzensee 191
Ehrenfordt, Gerhard 205
Ehrhardt, Arthur 138
Ehrhardt, Helmut 201
Ehrhardt, Johannes 182
Ehrhardt, Max 108
Ehrle, Gertrud 207
Ehrman, John 231 439
Ehrmann, Henry W. 264
Eich, Hermann 33
Eichelberger, Robert Lawrence 471
Eichenlaub, R. 128
Eichholtz, Dietrich 149 420 489 496
Eichler, Andreas 104
Eichler, Willi 145
Eichstädt, Ulrich 166
Eichwede, Wolfgang 356
Eimermacher, Karl 358
Eimers, Enno 90
Einaudi, Mario 376
Einbeck, Eberhard 156
Einem denunzierenden Zeitgenossen zur Antwort 177
Einen besseren findst du nicht 432
Einhorn, Marion 86 166
Einhundert Jahre Auswärtiges Amt 40
Einhundert Jahre Sozialdemokratische Partei Deutschlands in Mannheim 50
Einhundert Jahre Volkspartei 51
Einsatz der englischen Luftwaffe 484
Eisenach Institute for the elimination of Jewish influence 205
Eisenbach, Artur 166 319
Eisenblätter, Gerhard 161
Eisenhower, John S. D. 464
Eisfeld, Gerhard 49
Eisner, Freya 99
Eissner, Albin 310 316 327 330 424
Ekirch, Arthur A. 378
Ekkehard 33
Eksteins, Modris 123
Eksterminacja żydów na ziemiach polskich 319
Elben, Wolfgang 86
Elble, Rolf 436 440
Elder, Robert Ellsworth 382
Elegant, Robert S. 406
Elfe, Wolfgang 202
Elgström, Anna-Lenah 290
Eliasberg, George 90
Elleinstein, Jean 338
Ellers, Rolf 182
Ellersdorfer, Richard 176
Elling, Hanna 191
Elliot, C. J. 119
Elliott, William Y. 382 392
Ellis, C. H. 236
Ellis, Lewis Ethan 382
Ellis, Lionel Frederic 464
Ellis, Lyle Fullam 443
Ellwood, David W. 496
Elm, Ludwig 67
Elsbree, Willard H. 404
Elser, Johann Georg 191
Elsner, Lothar 25

Elsner, Rudolf 172
Elsner, Werner 61
Elstob, Peter J. 464
Elvander, N. 138
Elwell-Sutton, L. P. 397
Elwood, Ralph Carter 359
Ely, Général 443
Elze, Reinhard 5
Emerson, Rupert 401
Emig, Dieter 115
Emig, Erik 224
Emigration from Europe, 1815–1914 14
Emiliani, Paolo 278
Emmendörfer, Arnulf 432
Emmendörfer, Hansgeorg 489
Emmerich, Wolfgang 57
Emmerson, James Thomas 166
Emunds, Paul 424
Emy, H. V. 231
Encyclopédie de la guerre 1939/1945 416
Encyklopedia II wojny światowej 416
Endacott, G. B. 401
Ende der Parteien 1933 218
Ender, Otto 303
Endicott, Stephen Lyon 236
Endkampf in Berlin 460
Endkampf um den Seebrückenkopf Pillau 460
Endler, Franz 306
Endlösung der Judenfrage in Frankreich 252
Endres, Fritz Carl 37
Engel, Josef 5
Engel, Lothar 42
Engel, S. 414
Engel-Janosi, Friedrich 297 299 303
Engelberg, Ernst 65 67 128
Engelbergs, Karl Heinz 42
Engelhardt, Ulrich 3
Engelmann, Bernt 37 61
Engelmann, Joachim 424
Engelsing, Rolf 33 52
Engfer, Hermann 185
Enseling, Alf 123
Entartete Kunst 183
Entretiens De Gaulle-Staline 1944 496
Entscheidung 1866 42
Entscheidung 1870 64
Entscheidungsjahr 1932 119
Entstehung des Youngplans 108
Entwicklung der Pariser Presse 265
Entwicklung des Flottenkommandos 42
Enukidze, D. 359
Enzi, Aldo 182
Epopée d'Espagne 290
Epping, Heinz 178
Eppler, Elizabeth E. 371
Epstein, Fritz T. 5 27 108 382
Epstein, Israel 406
Epstein, Klaus 27 37 90 134 138 218
Epstein, Leon D. 231
Epting, Karl 261
Era of violence 5
Erasmus, Johannes 492
Erbe des Abendlandes 5 37
Erbe, René 172
Erdmann, Gerhard 42 52
Erdmann, Jürgen 128

Erdmann, Karl Dietrich 5 27 33 42 83 88 91 108 109 134 182 201 468
Erdt, Hans 290
Ereignisse des 15. Juli 1927 297
Ereignisse, die den Krieg entschieden 416
Ereliiska, M. 252
Eremenko, André Ivanovitch 459
Erfurth, Waldemar 42 453 460
Ergang, R. R. 14
Erger, Johannes 91 123
Erhard, Ludwig 172
Erhebung der österreichischen Nationalsozialisten 166
Erickson, Charlotte 14
Erickson, John 347 453
Eriksson, Johannes 336
Erinnern, besinnen, erkennen 139
Erinnern, nicht vergessen 211
Erlau, Peter 460
Erlebnis der oberschlesischen Volksabstimmung 128
Erlebnisberichte 468
Erler, Fritz 218
Erlich, Alexander 356
Ernst, August 297
Ernst, Fritz 37
Ernst, M. 128
Ernsthausen, Adolf von 456
Ersil, Wilhelm 91 221
Erster Weltkrieg 22
Erster Weltkrieg in Bildern und Dokumenten 22
Erusalimskij, A. S. 42
Es gab nicht nur den 20. Juli 191
Es lebe die Republik 86
Esch, P. A. M. van der 290
Eschenburg, Theodor 37 83 91 145 149 221
Eschwege, Helmut 213
Esebeck, Hanns Gert von 424
Esenwein-Rothe, Ingeborg 172
Esercito italiano nella guerra di liberazione 450
Esercito italiano tra la prima e la seconda guerra mondiale 279
Esh, Shaul 182 211
Esperabé de Artega, Enrique 290
Esposito, Giovanni 272
Esquer, M. 412
Essame, Hubert 424
Essays in modern European history 14
Esteban-Infantes, E. 424
Esters, Helmut 218
Etienne, Jean-Michel 266
Etnasi, Fernando 14
Ettelt, Rudi 224
Ettighofer, Paul Coelestin 443
Eubank, Keith 5 166
Eudin, Xenia Joukoff 352 353
Euer Führer Hitler muß sich jetzt entscheiden 345
Euler, Heinrich 109
Euler, Helmuth 484
Europa – Erbe und Aufgabe 14
Europa und der Kolonialismus 14
Europa und der Norddeutsche Bund 64
Europa und die Einheit Deutschlands 14
Europäische Bauernparteien im 20. Jahrhundert 13

Europäische Wirtschaftsgeschichte 21
Europa-Föderationspläne der Widerstandsbewegungen 15
Europastrategien des deutschen Kapitals 52
European right 20
Evangelische Dokumente zur Ermordung der unheilbar Kranken 201
Evans, Laurence 382
Evans, Richard J. 52 77 176
Evrard, Jacques 252
Evseev, I. F. 310
Ewerth, Lutz 307
Exil in der Sowjetunion 202
Exil und innere Emigration 202
Extermination 211
Extermination and resistance 211
Extermination des juifs sous le régime nazi 213
Eyck, Erich 42 83 231
Eyck, F. Gunther 267
Eyermann, Karl-Heinz 156

Fabela, Isidro 382
Faber, Karl Georg 52
Faber, Karl-Georg 64
Fabian, Walter 128
Fabre-Luce, Alfred 15 249
Fabri, Charles Louis 410
Fabri, Friedrich 300
Fabribeckers, Edmond de 443
Fabry, Philipp Walter 161 448 496
Fabunmi, L. A. 412
Facius, Friedrich 52
Fackiner, Kurt 139
Facsimile Querschnitt durch Das Reich 178
Facsimile Querschnitt durch das Schwarze Korps 178
Facsimile Querschnitt durch den Völkischen Beobachter 178
Faden, Wolfgang 153
Fähnders, Walter 123 124
Faenza, Roberto 272
Fagg, John Edwin 394
Fahrmbacher, Wilhelm 476
Fajgenbaum, M. J. 319
Fainsod, Merle 345 347
Fairbank, John K. 382 383
Fairchild, Byron 489
Fakler, Maxim 279
Falck, Richard 468
Falco, Giancarlo 15
Falconi, Carlo 205
Faldella, Emilio 272 448
Falk, André 375
Falk, Minna R. 33
Falk, Stanley L. 436
Falke, Paul 424
Falkenhagen, Horst 104
Fall Barbarossa 453
Fall Katyn 320
Famchon, Yves 52 412
Famous British generals 1642–1945 228
Fane, F. D. 476
Farago, Ladislas 492
Farber, Samuel 394
Farbman, N. V. 109
Farboud, Homayoun 397
Faris, Ellsworth 128
Farmer, Paul 252
Farnie, D. A. 397

Farquharson, John E. 139 224
Farrar, L. L. 27
Farrar, Marjorie Milbank 25
Fartache, Manoutchehr 397
Faschismus, Getto, Massenmord 319
Fatal decisions 436
Fatemi, Nasrollah Saifpour 397
Faubel, August Frederik Leopold 267
Faul, Erwin 42
Faulk, Henry 432
Faulkner, Harold U. 376
Faust, Anselm 139
Faust, Helmut 52
Fauth, Reinhold 99
Fauvet, Jacques 257
Favez, Jean-Claude 109
Fay, Bernard 416
Fearnside, W. Ward 153
Febvre, Lucien 252
Fechner, Hellmuth 33
Fedčenko, A. F. 397
Fedele, Santi 276 279
Fedeli, Ugo 272
Federau, Fritz 43 161 489
Fedossejew, A. S. 347
Fedyshyn, Oleh S. 27
Fehn, Klaus 52
Fehrenbach, Elisabeth 65
Fehrenbach, T. R. 496
Feilchenfeld, Werner 211
Feinberg, Nathan 211
Feis, Herbert 376 390 404 406 471 496
Feldl, Peter 297
Feldman, Gerald D. 25 52 65 91 115
Feldman, Józef 33
Feller, Jan 257
Fellgiebel, Erich 424
Fellner, Fritz 15
Fenno, Richard F. 378
Fenske, Hans 49 128
Fent, Paul 300
Fenyo, Mario D. 496
Ferber, Walter 139 145 306
Ferenc, Tone 310 365
Fergusson, Bernard Edward 436
Fergusson, G. 166
Fergusson, Harvey 378
Ferkiss, Victor C. 378
Fermi, Laura 202
Fernandez, Alberto 290
Fernández Almagro, Melchor 290
Fernau, Joachim 33
Fernet, Amiral 252
Fernsworth, Lawrence A. 290
Ferracci, E. 272
Ferrari, Gino 454
Ferrell, Robert H. 5 383 404
Ferretti, Valdo 404
Ferro, Marc 22 342
Fessmann, Ingo 123
Fest, Joachim C. 149
Fest, W. B. 27
Fest, Wilfried 236
Fetscher, Iring 139
Feuchter, Georg Werner 484
Feuchtwanger, E. J. 61
Feuchtwanger, Edgar Joseph 37
Feuertaufe der 30. Division 440
Fey, Will 424
Fiasko der antisowjetischen Aggression 436
Fic, Victor M. 310
Fichtenau, Heinrich 296

Fiebiger, Günther 5
Fiederlein, Friedrich Martin 91
Fiedler, Rudolf 166
Fiedor, Karol 91 139
Field, James A. 471
Fifield, Russel H. 383
Figge, Reinhard 145
Figueiredo, Antonio de 290
Fijalkowski, T. 319
Fike, Claude E. 383
Filatov, G. S. 454
Filesi, Teobaldo 412
Finanz- und wirtschaftspolitische Fragen der Zwischenkriegszeit 116
Finck von Finckenstein, Hans Wolfram Graf 52
Findeisen, Otto 218
Finer, Herman 272
Finis Austriae 297
Fink, Carole 109
Fink, Troels 243
Finker, Kurt 91 99
Finnegan, Edward H. 383
Finnland 336
Finzel, Gerda 173
Fioravanzo, Giuseppe 436 448 476 496
Fiorot, Dino 276
Fireside, Harvey 358
Firpo, Raffaella Carpanetto 286
First aggression 209
Firt, Julius 310
Fischenberg, Günter 91
Fischer, Alexander 342 352 502
Fischer, E. Kurt 57
Fischer, F. 484
Fischer, Fritz 22 27 28 43 67 383
Fischer, George 345 347 496
Fischer, H. A. L. 15
Fischer, Heinrich 182
Fischer, Heinz-Dietrich 79 358
Fischer, Ilse 61
Fischer, Joachim 205
Fischer, Johannes 436
Fischer, John 376
Fischer, Josef 484
Fischer, Kurt 28
Fischer, Kurt Gerhard 122
Fischer, Louis 15 352 401
Fischer, Martin 205
Fischer, Peter Wilhelm 394
Fischer, Ruth 356
Fischer, Walter 363
Fischer, Wolfram 52 116 173
Fischer-Baling, Eugen 33 91
Fischli, Bruno 57
Fisher, Ernest F. 109 448
Fisher, Harold H. 393
Fisher, Julius S. 345
Fisher, Ralph Talcott 356
Fisher, Sydney Nettleton 397
Fishman, Joshua A. 330
Fistié, Pierre 401
Fitterer, Anton 221
Fitzgerald, Charles Patrick 406
FitzGibbon, Constantine 191 484
Fitzgibbon, Russell H. 394
Fitzsimmons, Thomas 338
Fitzsimons, M. A. 228 236 398
Flach, Paul 372
Flament, Pierre 432
Flanner, Karl 297
Flechtheim, Ossip Kurt 49 99 339
Fleisher, Wilfrid 243

Fleming, Denna Frank  5 23
Fleming, Donald  15
Fleming, Peter  443
Flemming, Jens  52 76 86 116
Flenley, Ralph  37
Flessau, Kurt-Ingo  182
Fletcher, Willard Allen  267
Fletcher, William C.  358
Fleury, Antoine  43 116 496
Flexner, Eleanor  390
Flicke, Wilhelm F.  492
Fliedner, Hans-Joachim  211
Fliess, Gerhard  119
Fließ, Peter J.  123
Fliodorov, Aleksei  359
Flisowski, Zbigniew  440
Flitner, Andreas  43 182
Florentin, Eddy  464
Florinsky, Michael T.  339
Flory, Maurice  252
Floto, Inga  383
Flottes, Pierre  310
Flower, Desmond  416 424
Flucht und Vertreibung  468
Fluck, Bernhard  67
Fluharty, Vernon Lee  394
Flynn, George Q.  383
Fochler-Hauke, Gustav  5
Focke, Harald  176
Förbindelserna mellan chefen för lantförsvareta kommandoexpedition  243
Förhandlingarna 1945 om svensk intervention  496
Förspelet till det tyska angreppet på Danmark och Norge  243
Först, Walter  62 63 133
Förste, Erich  436
Foerster, Friedrich Wilhelm  33
Förster, Gerhard  43 424 469
Förster, Jürgen  436 459
Förster, Otto-Wilhelm  424
Foerster, Rolf Hellmut  15
Foerster, Wolfgang  156
Foertsch, Hermann  156
Fogar, Galliano  272
Fol, Jean Jacques  336
Folberth, Otto  368
Foley, Charles  272
Folgen von Versailles  5
Foltmann, Josef  424
Fomin, V. T.  161 420
Foner, Jack D.  390
Fonroy, J.-H.  492
Fontaine, André  5
Fooks, H. E.  471
Foot, M. R. D.  191 236 252
Foote, Alexander  492
Footman, David  342
Ford, Percy  228 231
Foreign relations of the United States  386 501
Forell, Fritz von  424
Forester, C. S.  476
Forgac, Arpad  261
Forman, Paul  123
Formirovanie i razvitie Kirgizskoj socialističeskoj nacii  359
Forndran, Erhard  7
Forrer, Friedrich  416
Forsbach, Hans  173
Forschbach, Edmund  218
Forst de Battaglia, Otto  307
Forster, Dirk  252

Forsthoff, Ernst  43
Forstmann, W.  25
Forstmeier, Friedrich  422 456 460 471 490
Forwick, Helmuth  432
Foschini, Antonio  282
Foster, William Z.  378
Foth, Wilhelm  224
Fotino, N.  361
Fouillien, M.  443
Foulon, Charles Louis  252
Foville, Jean-Marc de  443
Fowler, Wilton B.  236
Fox, Annette Baker  497
Fox, Colonel  443
Fox, John P.  228 236
Fox, R.  464
Fraenkel, Ernst  119 149 376
Fraenkel, Heinrich  149 221
Fragen an die deutsche Geschichte  33
Fraley, David  68
France et les Français, en 1938–1939  257
Francescotti, Renzo  276
Francis, Michael J.  383
François, Jean  149
François-Poncet, André  161
Francovich, Carlo  276
Frank, Hermann  362
Frank, Michael  139
Frank, Wolfgang  476 477
Franke, Hans  211
Franke, Herbert  401 406
Franke, Wolfgang  406 407
Frankel, Jonathan  342
Frankenstein, Robert  264
Frankland, Noble  484
Frankreich und das Saarland  262
Franqueville, Robert  198
Frantis, Kurt  310
Franz, Georg  139 191
Franz, Günther  11 33 49
Franz, Helmut  68
Franz, Hermann  424
Franz, Werner  43
Franz-Willing, Georg  57 61 145
Franze, Manfred  57
Franzel, Emil  5 33 43 49 83 139 146 166 310 361 468
Franzione, Alessio  276
Fraschka, Günter  252 324
Fraschka, Gunter  425
Fraser, Thomas G.  68
Frass, Hermann  272
Frauen gegen Hitler  191
Frauen von Ravensbrück  198
Frauendienst, Werner  64 65 68
Frauendorfer, Siegmund von  34
Fraueneinsatz im Kriege  157
Frauen-Konzentrationslager Ravensbrück  199
Fredborg, Arvid  236
Frede, Günther  149 159
Fredette, Raymond H.  25
Freeden, Herbert  211
Frei, Bruno  191
Freiberg, Reinhard  252
Freidin, Seymour  436
Freiheitskampf des spanischen Volkes  290
Frenzel, Max  218
Fretter-Pico, Maximilian  454
Freudenfeld, Burghard  40
Freund, Gerald  109

Freund, Ludwig  383
Freund, Michael  5 15 33 109 134 146 149 150 161 221 236 252 324 416 420 464 497
Freund, Richard  231
Freundlich, Elisabeth  319
Frey, Georg  345
Frey, Hans  191
Freyberg, Jutta von  218
Freyer, Hans  15
Freyer, Paul Herbert  477
Freyh, R.  218
Freyh, Richard  83
Freymond, Jean  173
Freytag, Dierk  383
Freytag von Loringhoven, Hanns Baron  425
Friberg, Lennart  243
Fricke, Dieter  37 50 68 74 76 78 80
Fricke, Gert  365 448 460
Fricke, Helma  91
Fricke, Karl W.  347
Fridenson, Patrick  249
Fried, Paul George  166
Friedberger, Walter  57
Friede von Brest-Litowsk  28
Friedel, Aloys  33
Friedel, Frank  376
Friedemann, Peter  75
Friedensburg, Ferdinand  83 91 489
Friedensfühler der Sowjetunion während des Zweiten Weltkrieges  352
Friedenthal, Elisabeth  91
Friedl, Berthold-C.  347
Friedlaender, H. E.  15
Friedländer, Saul  186 497
Friedlander, Henry Egon  86
Friedman, Isaiah  68 398
Friedman, Philip  191 198 211 212 319 324 363
Friedman, Saul S.  390
Friedmann, Towiah  243
Friedrich, Adalbert  128
Friedrich, Carl J.  394
Friedrich, Manfred  99
Friedrich, Otto  128 205
Friedrich-Brettinger, Heide  212
Friedrichs, Peter  182
Friese, Heinz W.  139
Frießner, Hans  460
Friis, Erik J.  236
Friis, Henning  247
Frind, Sigrid  178
Frischauer, Willi  477
Frish, Hartvig  15
Fritschi, Oskar Felix  294
Fritz, Martin  243
Fritze, Wolfgang H.  43
Fritzsche, Klaus  99
Fritzsche, Walter  128
Fröhlich, Elke  178 224
Frøland, Kaare  243
Frommelt, Reinhard  91
Front war überall  218
Frühbeißer, Rudi  464
Frühes deutsches Arbeitertheater  56
Frumkin, Gregory  15
Frye, Alton  161
Frye, Bruce B.  99
Frye, Richard Nelson  398
Fryer, Peter  290
Fuchida, Mitsuo  471
Fuchs, Gerhard  109 311
Fuchs, Helmut  91

Fuchs, Konrad 61
Fuchs, Richard 182
Führ, Christoph 123 300
Führerhauptquartier 1939-1945 436
Führungsprobleme der Marine im Zweiten Weltkrieg 477
Fülberth, Georg 49 68
Füllner, G. 128
Fünfzigste Infanterie-Division 426
Für Frankreich gegen den Bolschewismus 454
Für immer ehrlos 153
Für Recht und Freiheit 455
Für Tapferkeit und Verdienst 430
Fürnberg, Friedl 301
Füßmann, Werner-Erich 484
Fuhrmann, Rainer 78
Fukudome, Shigeru 471
Fuller, J. F. C. 5
Fuller, Sterling H. 352
Funck, A. 262
Funder, Friedrich 301
Funder, Wilhelm 116
Funk, Arthur Layton 252 497
Funkaufklärung und ihre Rolle im Zweiten Weltkrieg 492
Funke, Manfred 109 110 139 161 166
Funken, Klaus 356
Funksprüche Keitel-Eisenhower-Montgomery verbrannt 468
Furaev, V. K. 352
Furlani, Silvio 454
Furnia, Arthur H. 15 236
Furnivall, J. S. 409
Furre, B. 243
Furuya, Tetsuo 404
Fusi, V. 272
Fusilier, R. 267
Fusilier, Raymond 243
Fussek, Alexander 28
Fylypowytsch, Ostap 454

Gablentz, Otto Heinrich von der 139
Gabor, S. 303
Gabrielli, Léon 412
Gackenholz, Hermann 150 460
Gaddis, John Lewis 383
Gaede, Reinhard 123
Gaedke, Dieter 468
Gätsch, Helmut 128
Gagel, Walter 49
Gagern, Ernst Frhr von 25
Gajan, K. 311
Gajan, Koloman 109
Gajanová, A. 311
Gaisbauer, Alois 304
Gaiser, Gerd 484
Galaj, N. 345
Galán, José Maria 290
Galantai, Maria 460
Galassi, Marcella 276
Galay, Nikolai 352
Galbiati, Enzo 272
Galbraith, John Kenneth 376 390
Galenson, Walter 390
Galey, John H. 290
Galickij, K. N. 460
Galkin, A. 468
Gall, Franz 304
Gall, Lothar 33 36 61 64
Gallagher, Frank 241
Gallerano, Nicola 279
Galli, Giorgio 279
Gallico, Loris 257

Gallin, Mary Alice 191
Gallo, Max 139 272 290
Gambetti, F. 456
Gambiez, F. 22
Gamillschegg, Felix 352
Gamm, Hans-Jochen 83 182
Gamm, Rudolf 319
Gamper, Hans 297
Ganapini, Luigi 286
Ganci, S. Massimo 279
Ganevič, I. V. 362
Gange, John 383
Ganiage, Jean 262 411
Ganier-Raymond, Philippe 264
Gann, L. H. 68
Gannon, Franklin Reid 228
Gansberg, Judith M. 432
Gantzel, Klaus Jürgen 23
Ganzo, Julio Carlos Callejo 5
García Figueras, Tomás 290
García Venero, Maximiano 290
Garcia Tolsá, Jesús 5
Garçon, Maurice 257
Garder, Michel 347 454
Gardner, Lloyd C. 383
Gardoqui, Villegas 417
Gareau, Frederic H. 497
Gareis, Martin 425
Garfinkels, Betty 267
Garland, Albert N. 448
Garleff, Michael 332
Garlicka, Anna 327
Garlicki, Andrzej 319
Garliński, Józef 198 324 484
Garosci, Aldo 290
Garraty, John A. 390
Garsia, Chose 290
Garthoff, Raymond L. 347 358
Gartner, Franz 109
Gascar, Pierre 252
Gasiorowski, Zygmunt J. 109 166 311 327
Gasparri, Tamara 276
Gasser, Adolf 23 43
Gasser, Albert 109
Gast, Helmut 120
Gates, Robert A. 116
Gatz, Erwin 78 79
Gatzke, Hans W. 15 83 104 109
Gauché, Général 262
Gaul, W. 448 484
Gaury, Gerald de 398
Gause, Alfred 448
Gause, Fritz 33
Gauß, Adalbert Karl 365
Gautschi, Willi 294
Gavagnin, Armando 279
Gawlikowski, Krzysztof 407
Gay, Peter 78 123
Gayet, G. 412
Gayle, William T. 465
Gazzera, Piero 448
Geary, Dick 43
Gebauer, W. 116
Gebhardt, Bruno 33 34 37
Gebhardt, Gerhard 52
Gedächtniskirche der deutschen Katholiken Maria Regina Martyrum 207
Geer, Johann Sebastian 173
Gefallen in Gottes Hand 425
Gefallenen 425
Geheimagent SIS 930 151
Geheime Reichssache 208

Geheimnis der Roten Kapelle 216
Gehl, Jürgen 167
Gehrke, Ulrich 398
Geigenmüller, Ernst 109
Geilke, Georg 326
Geis, R. 191
Geiss, Harald 352
Geiss, Imanuel 5 22 23 28 33 68 412
Geiß, Josef 139
Geissler, Rolf 182
Gelberg, Ludwik 167
Gelfand, Lawrence Emerson 383
Gellately, Robert 76
Gellman, Irwin F. 394
Gelos de Vaz Ferreira, Lilian 28
Gembardt, Ulrich 216
Gembruch, Werner 43 157
Gemein, Gisbert Jörg 128
Gemzell, Carl-Axel 25 43 436
General staffs and diplomacy before the Second World War 420
Generaloberst Halder über seine Widerstandstätigkeit 216
Genet, Lucien 5
Genizi, Haim 390
Genschel, Helmut 212
Gentile, Rodolfo 484
Gentzen, Felix Heinrich 23
Genuneit, Jürgen 225
Georg, Enno 173
George, Alexander L. 178
George, Margaret 236
Georgieff, Petar 363
Gérard, Jo 267
Gerard-Libois, J. 267
Gerasimenko, M. P. 359
Gerber, Berthold 489
Gerbod, Paul 15
Gerechtigkeit 201
Gerhard, Dirk 191
Gerhard-Sonnenberg, Gabriele 123
Gerhardt, Hartwig 372
Gerhardt, Martin 243
Gericke, Walter 448
Gerlach-Praetorius, Angelika 186
German church struggle and the holocaust 205
German history 38
German paper in occupied Holland 269
Germanija 34
Germany and the Middle East, 1855-1939 43
Germany in the Pacific and Far East 68
Germino, Dante L. 279
Gersdorff, Ursula von 25 52
Gerskovic, Leo 365
Gerson, L. D. 347
Gerson, Louis L. 327
Gerstein, Kurt 198
Gerstenmaier, Eugen 216 225
Gescheiterte englisch-französische Union 239
Gescher, Dieter Bruno 383
Geschichte der Bekennenden Kirche in Ostpreußen 205
Geschichte der bürgerlichen Parteien in Deutschland 50
Geschichte der deutschen Arbeiterjugendbewegung 57
Geschichte der deutschen Gewerkschaftsbewegung 53
Geschichte der deutschen Länder 38

Geschichte der deutschen Literatur 1917 bis 1945  57
Geschichte der internationalen Beziehungen 1917–1939  7
Geschichte der internationalen Beziehungen 1939–1945  498
Geschichte der Kommunistischen Partei Österreichs  301
Geschichte der Ordnungspolizei  153
Geschichte der politischen Lyrik in Deutschland  57
Geschichte der sowjetischen Außenpolitik  352
Geschichte der Sowjetunion 1917–1957  339
Geschichte der UdSSR  339
Geschichte der 3. Panzer-Division Berlin-Brandenburg  425
Geschichte der 56. Infanterie-Division 1938–1945  425
Geschichte des Kirchenkampfes in Dokumenten  206
Geschichte des Landes Niedersachsen  61
Geschichte des Panzerkorps Großdeutschland  425
Geschichte des zweiten Weltkrieges 1939–1945  416
Geschichte und Politik der Kommunistischen Partei Italiens  279
Geschichtliches Unterrichtswerk  11
Geschichtswissenschaft und Vereinswesen im 19. Jahrhundert  57
Geschke, Günter  262
Gespräch und Aktion in Gruppe und Gesellschaft 1919–1969  53
Gessner, Dieter  83 116
Gessner, Manfred  104
Gewissen entscheidet  191
Gewissen steht auf  191
Gey, Thomas  80
Geyer, Curt  231
Geyer, Dietrich  342 347 352 357 358 359
Geyer, Hermann  456
Geyer, Michael  104 105
Geyr von Schweppenburg, Leo Frhr  23 339 347 465
Ghebali, Victor-Yves  252
Gheorghe, Jon  368
Ghilardi, C.  272
Ghisalberti, C.  279
Giacomo, Antonio de  477
Giadresso, Gianni  272
Giannini, Amedeo  282 443
Gibbons, Robert  153 454
Gibbs, Henry  412
Gielo, Józef  198
Giersch, Reinhard  139
Giertz, Horst  460
Gies, Horst  139 173
Gies, Joseph  25
Giesberg, Robert I.  64
Giese, Fritz E.  105
Giese, Gerhard  57
Giesecke, Hermann  123
Giessler, Klaus-Volker  68
Gietl, Karl  43
Gigli, G.  417
Giglio, Carlo  282
Gignoux, Claude Joseph  294
Gigon, Fernand  471
Gilbert, Bentley B.  228 240
Gilbert, Charles  25

Gilbert, Felix  15 436
Gilbert, G. M.  139
Gilbert, Martin  22 161 228 236
Gildemeister, Hans  99
Giles, Geoffrey John  225
Gilg, Peter  68
Gill, G. Hermon  477
Gillespie, Oliver A.  471
Gillingham, John  173
Gillison, Douglas  425
Gillois, André  252
Gilman, Sander L.  182
Giltay Veth, D.  267
Ginsburg, Norton  409
Ginsburgs, George  328 347
Ginzberg, Lev Israelevič  146
Giobbio, Aldo  276
Giordani, Igino  287
Giorgerini, Giorgio  477
Giorgi, R.  272
Giovana, Mario  276
Giovannetti, Alberto  272 288
Giovannini, Alberto  279
Giovannini, Claudio  279
Giovannitti, Len  497
Girard, Ilse  120
Girardet, Raoul  257 262
Girault, Jacques  257
Girault, René  262 339
Girbig, Werner  484
Gisevius, Hans Bernd  134
Giskes, Hermann J.  493
Gitelman, Zvi Y.  356
Gitler, I.  324
Gitlerovskaja okkupacija v Litve  334
Gittig, Heinz  191
Gittings, John  407
Giuffrida, Pietro  456
Giunta esecutiva dei partiti antifascisti nel sud  276
Giuntella, Vittorio E.  272
Giusti, Umberto  272
Giustizia e Libertà nella lotta antifascista e nella storia d'Italia  272
Gizdić, Drago  448
Gladen, Albin  53
Gladisch, Walter  25
Glaeser, Ernst  38
Glasebock, Willy  420
Glaser, Hermann  57 134 139 191
Glaser, Kurt  311 420
Glaube im Ansturm der Zeit  57
Glaus, Beat  294
Gleeson, James  241
Gleichgewicht, Revision, Restauration  311
Gleissberg, Gerhard  218
Gleissner, Heinrich  301
Glenthoj, Jørgen  186
Glete, Jan  244
Glettler, Monika  304
Glicksman, W.  198
Gliederung...der Straf-...einrichtungen in der...Wehrmacht  157
Glienke, Franz  198
Globig, Fritz von  378
Glock, Robert  301
Glondajewski, Gertrud  216 218
Glowacki, L.  440
Glubb, Sir John Bagot  228 398
Gluckstein, Ygael  352
Glum, Friedrich  139 146
Glunk, Rolf  182
Glynn, Sean  240

Gneuss, Christian  83
Gnichwitz, Siegfried  123
Godfroy, Vice-Amiral  448
Godunov, N.  252
Goedecke, Paul  91
Göhring, Martin  14 38 134
Göhring, Walter  297 306
Göllner, Hans Otto  361
Göock, Roland  484
Göpfert, Helmut  454
Göppinger, Horst  212
Goerdeler, Karl  221
Görgen, Hans-Peter  225
Görlitz, Walter  34 83 86 139 157 417
Götte, Karl-Heinz  178
Goetz, Helmut  139
Goetz, Hermann  410
Götz von Olenhusen, Albrecht  182
Götzel, Hermann  448
Goglia, Luigi  398
Goguel, François  257
Goguel, Rudi  198
Gokhale, B. G.  410
Golaz, A.  443
Golczewski, Frank  316 331
Golczewski, Kazimierz  333
Goldberg, B. Z.  356
Goldberg, George  28
Goldberg, Itche  319
Goldberger, N.  368
Goldfinger, Walter  297 306
Goldhagen, Erich  139
Goldingham, C. S.  471
Goldman, Aaron L.  236
Goldmann, S.  212
Goldner, Franz  304
Goldschmidt, Georges-Arthur  176
Goldstein, Steven M.  407
Goldwert, Marvin  394
Goldwin, R.  352
Golikov, S.  425
Gollwitzer, Heinz  5 13 15 38 53 128
Gollwitzer, Helmut  191 432
Gollwitzer, Walter  497
Golombek, Dieter  123
Golücke, Friedhelm  484
Gombin, Richard  99 257
Gombrich, E. H.  179
Gonda, Imre  15 28
Gong, Walter  379
Goodhart, Philip  497
Goodman, William  379
Goodspeed, Donald James  43
Gopner, S. I.  342
Góra, Władysław  319
Gordon, Bernard K.  414
Gordon, Harold J.  105 128 146
Gordon, Michael R.  23 236
Gordon Walker, Patrick  228
Gorki, Maxim  342
Gorla, Giuseppe  272
Gornenski, Nikifor  362
Gorodeckij, E. N.  342
Gorokhoff, Boris I.  358
Goronzy, Kriemhild  167
Goroškova, G. N.  191
Gorski, Günter  43
Gosiorovský, Miloš  311
Gossweiler, Kurt  43 139 146
Gostomski, Victor von  191
Gostyńska, Weronika  328
Gosztony, Peter  311 372 425 460 461 497
Gotlieb, H. B.  134

Gott nach Auschwitz 212
Gottberg, Hans-Lorenz von 454
Gottlieb, Moshe 390
Gotto, Klaus 186
Gottschalk, Joseph 206
Gottschalk, Louis 15 252
Gottschalk, Regina 74
Gottwald, Robert 109
Gounelle, Claude 252 443
Goure, Leon 454
Goutard, A. 257 290 443 448
Gouvernement de Vichy 1940–1942 252
Gozdawa-Gołębiowski, Jerzy 25
Graber, Doris Appel 383
Grabowsky, Adolf 5
Graca, Bohuslav 311
Gradowski, Ryszard 317
Graebner, Norman Arthur 383
Graf, Daniel W. 28
Graham, Otis L. 390
Graham, Robert Andrew 497
Graml, Hermann 15 109 212 216 220 420
Grams, Rolf 425
Gramsci, Antonio 279
Granatstein, J. L. 393
Grand, Alexander de 285
Grand strategy 439
Grandeis, Albert 465
Granet, Marie 252
Granfelt, Helge 15
Grant, Neil 167
Granzow, Brigitte 146
Graskin, D. I. 342
Grasmann, Peter 218
Graß, Martin 28 244
Grassmann, Gerhard Otto 432
Grathwol, Robert P. 109
Grau, Conrad 78
Grau, Karl Friedrich 460
Grau, Roland 86
Graubard, Stephen Richards 342
Grayson, Cary Travers 303
Grazioli, Edwin 425
Great Britain and Egypt 1914–1951 412
Great Britain and Iraq 1914–1958 236
Great Powers and the Nordic countries 1939–1940 500
Grebe, Paul 50
Grebing, Helga 50 74 99 139
Grečko, Andrej Antonovič 460 461
Greco, Ruggiero 279
Greelen, Lothar van 465
Green, William 484
Greene, Fred 376
Greene, Nathanael 258
Greenfield, Kent Roberts 436
Greenfield, Richard 412
Greger, M. 468
Greger, René 25
Gregor, Helena 182
Gregorian, Vartan 398
Gregory, Rose 28
Greiff, Walter 53
Greil, Lothar 465
Greiner, Heinz 448
Greiner, Helmuth 436
Greipl, Egon 128
Greiselis, Waldis 448
Greive, Hermann 58
Grell, Heinz 169

Grendel, Wilhelm 206
Grenfell, Russell 420 471 477
Grenville, J. A. S. 5 383
Greschat, Martin 86
Gretton, Peter 477
Grew, Joseph C. 15
Gribanov, B. 365
Gribbohm, Günter 153 220
Grider, George 471
Grieb, Kenneth J. 394
Griebel, Alexander 65 91 221
Grieder, Fritz 294
Griem, Käthe 368
Griesch, Herbert 448
Grieser, Ernst 432
Grieser, Helmut 352
Grieser, Utho 225
Griewank, K. 91
Griff nach Südosteuropa 109
Griffin, Patricia E. 407
Griffith, Ernest Stacey 379
Griffiths, Sir Percival 410
Grifone, Pietro 285
Grigorcevič, S. 359
Grigorcevič, Stanislav Siliverstovič 383
Grigorenko, Petr Grigor'evič 456
Grigorev, L. 352
Grilli, Giovanni 285
Grimal, Henri 5
Grimm, Claus 333
Grimm, Friedrich 249
Grimm, Gerhard 139
Grimm, Reinhold 202
Grimm, Tilemann 407
Grimme, Adolf 124
Grimnes, Ole Kristian 244
Grinko, V. 347
Grinnell-Milne, Duncan 477
Griswold, Alfred Whitney 383
Gritschneder, Otto 206
Grobman, Alex 324
Groehler, Olaf 443 465 484 493 497
Gröner, Erich 477
Groener-Geyer, Dorothea 91 105
Grönwoldt, Werner 484
Groer, L. de 290
Groh, Dieter 74 339
Grohmann, Johannes 206 212
Grohmann, Justus-Andreas 28
Gromada, Thaddeus V. 328
Gronczewski, E. 320
Grondijs, L. 345
Gronowicz, Antoni 328
Gronskij, A. S. 333
Groom, A. J. R. 489
Groote, Wolfgang von 42 64
Groppe, Herbert 150
Grosbois, Charles 407
Grosche, Heinz 134
Grosfeld, Leon 5 317 328
Gross, Günther 192
Grossberg, Mimi 306
Große Krise in Amerika 391
Große sozialistische Oktoberrevolution und der revolutionäre Weltprozeß 343
Große Sozialistische Oktoberrevolution und ihre Widerspiegelung 343
Grosser, Alfred 134 144
Großer Atlas zum 2. Weltkrieg 415
Grosser, Dieter 74 91 167
Großer Weltbrand des 20. Jahrhunderts 419

Grossheim, Heinrich 258
Grosshut, F. S. 139 244
Grossi, Enzo 276
Grosskey, W. W. 379
Grossmann, Anton J. J. 241
Großmann, Horst 425 456
Grossmann, Kurt R. 192 202
Großpreußisch-militaristische Reichsgründung 1871 65
Grosz, Victor 440
Grot, L. 317
Grot, Zdzisław 80
Grotewohl, Otto 86
Grothe, Günter 5
Grotkopp, Wilhelm 5 116
Grottian, Walter 109 347
Grousset, René 5
Grska, J. 333
Grube, Jochen 68
Grube, Sybille 123
Gruber, Alfons 282
Gruber, Christian 294
Gruchmann, Lothar 150 153 383 417 432 436 497
Grün, George A. 109
Grün, Max von der 176
Grünau, Werner von 221
Grünberg, Karol 139 225
Gruenberg, Karol 317
Gründungsparteitag der KPD 99
Grünhut, Aron 311
Grünn, Egon Georg 311
Grünthal, Günther 100
Grünwald, Leopold 225
Grujic, Perisa 448
Grunberger, Richard 134 139
Grund, Henning 91
Grunder, Carel A. 401
Grundfragen der deutschen Außenpolitik seit 1871 43
Grundfragen der geschichtlichen Beziehungen zwischen Deutschen, Polaben und Polen 43
Grundmann, Karl-Heinz 91
Grundstein, Nathan D. 379
Grundzüge der Geschichte 6
Gruner, Erich 6
Gruner, Wolf D. 64
Grunewald, Jacques 417
Grunfeld, Frederic V. 139
Grunsky, Wolfgang 153
Grunwald, Ernst 448
Grunwald, Günter 60
Gruppi di combattimento Cremona 448
Gruter, Edouard 16
Gruzija v velikoj otečestvennoj vojne Sovetskogo Sojuza 454
Grygier, Tadeusz 317
Gschöpf, Rudolf 425
Gualerni, Gualberto 285
Gualerzi, Giorgio 282
Gubel'man, Moisej Izrailevič 359
Güde, Max 153
Günsche, Karl-Ludwig 44 179
Günther, Heinz 28
Günther, Helmut 454
Günther, Joachim 198
Günther-Hornig, Margot 432
Günzel, Walter 317
Guérin, Daniel 390
Guerra in Africa Orientale 449
Guerrant, Edward O. 383

Guerre en Méditerranée 1939–1945 449
Gürtler, Paul 206
Güth, Rolf 44
Gueze, Raoul 368
Guggenheim, Paul 294
Guggisberg, Hans Rudolf 376
Guillaume, Gilbert 493
Guilleminault, Gilbert 249
Guillen, Pierre 38 68 262 282
Guillermaz, Jacques 407
Guinn, Paul 231
Guins, George C. 347 356
Guiot, Pierre 449
Guirre, Maurice 477
Guiton, Jean 262
Guldescu, Stanko 365
Gull, E. M. 401 407
Gullino, Cesare A. 290
Gulya, Katalin 372
Gumkowski, Janusz 190 432
Gumpert, Jobst 34
Gun, Nerin Emrullah 192
Gundelach, Karl 436 484
Gunst, Peter 372
Gunter, Georg 461
Gunzenhäuser, Max 28 493
Gupta, Partha Sarathi 231
Guratzsch, Dankwart 123
Gurevitz, Baruch 342
Gurfinkiel-Glocerowa, Sabina 324
Guri, Joseph 432
Gurian, Waldemar 339 340 342
Gurtner, René 425
Gus, M. 383
Gustafson, Milton Odell 379
Gustmann, Kurt 244
Gutachten des Instituts für Zeitgeschichte 134
Gutachten zum Münchner Abkommen 167
Gutman, Yisrael 324
Gutsche, Willibald 21 22 28 65 66 68 365
Gutt, Camille 267
Gutteridge, Richard 53 58
Guttmann, Allen 290
Guttmann, Bernhard 134
Guttmann, William 116
Guyon, Capitaine de Corvette 477
Gvišiani, L. 352
Gwyer, Maurice 410
Gygli, Paul 221
Gyptner, Richard 417

Haacke, Wilmont 179
Haag, Hilmar 459
Haaland, Arild 139
Haarer, A. E. 484
Haarmann, Hermann 202
Haas, E. 401
Haas, Gottfried 409
Haas, Hanns 303 304
Haas, Leonhard 294
Haase, Amine 53
Haaß, Ursula 128
Habedank, Heinz 86 92 128
Habel, Bernd 128
Haberl, Othmar Nikola 365
Habicht, M. 294
Habsburg Empire in World War I 22
Habsburgermonarchie 304
Habsburgermonarchie 1848–1918 301

Hacker, Louis M. 376
Hackl, Werner 92
Hadeler, Wilhelm 157 484
Hadri, Ali 365
Hadsel, Fred L. 253
Häberlin, Hermann 294
Häftlings-Nummernzuteilung in Konzentrationslagern 198
Hägel, Helmuth 120
Hägglöf, Gunnar 244
Haelling, Gaston 253
Haenschke, Wilhelm 465
Haerdter, Robert 320
Härtle, Heinrich 212
Häsler, Alfred A. 294
Haestrup, Jørgen 15
haestrup, Jørgen 244
Haffner, Franz 221
Haffner, Sebastian 44 61 86 109
Hagemann, Jürgen 179
Hagemann, Walter 16
Hagen, Hans W. 221
Hagen, Louis 134
Hagen, Walter 150 372
Hagen, Wolfgang 78
Hagener, Dirk 61
Hahlo, H. R. 412
Hahlweg, Werner 6 28
Hahn, Fred 184
Hahn, Fritz 489
Hahn, Georg 244
Hahn, Karl Eugen 432
Hahn, Karl Josef 206
Hahn, Paul 363
Hajdu, Tibor 372
Hájek, J. S. 167
Hájek, M. 262
Hájek, Miloš 311
Haight, John MacVickar 167 262 383
Haimson, Leopold H. 347
Haithcox, John Patrick 410
Hakalehto, Ilkka 336
Hakel, Erika 432
Halaychuk, Bohdan 342
Hale, Oron James 16 139 146 179
Hale, Richard Walden 249
Halecki, Oskar 16 307 328
Hall, Alex 74
Hall, Daniel George Edward 401 409
Hall, H. D. 229 236 489
Hall, Hines H. 236
Hall, John W. 404
Hall, Walter Phelps 16
Halle, Louis J. 383
Halleguen, Joseph 258
Haller, Wolfram M. 44
Hallgarten, George 146
Hallgarten, George W. F. 6 16 38 92
Hallgring, Louis 92
Halliday, Ernest Milton 236
Halliday, Jon 404
Halpérin, Jean 489
Halperin, Irving 212
Halperin, S. William 64
Halstead, John P. 412
Halsti, W. H. 441 461
Hambrecht, Rainer 225
Hamburger, Ernest 120
Hamel, Iris 53
Hamerow, Theodore S. 64
Hamerski, Werner 140
Hamm, William A. 376
Hammer, Ellen J. 409

Hammer, Karl 78
Hammer, Walter 92 100 192
Hammerschmidt, Rudolf 92
Hammerstein, Kunrat Frhr von 146 221 222
Hammitzsch, Horst 404
Hammond, Paul Y. 379
Hammond, Richard James 489
Hampe, Erich 425 484
Hampe, Roland 363
Hampel, Manfred 109
Hamšik, Dušan 311
Hanak, Harry 236
Hanák, Péter 303
Hanau, Klaus 116
Hancock, Ralph 394
Hancock, William Keith 229 489
Handbuch der bayerischen Geschichte 62
Handbuch der europäischen Geschichte 16
Handbuch der österreichischen Pressegeschichte 306
Handbuch der Weltgeschichte 6
Handel-Mazzetti, P. Frhr von 436 449 484
Handlin, Oscar 212 376 390
Hanisch, Erdmann 339
Hanisch, Ernst 53
Hanke, Peter 212
Hankey, Maurice Pascal Alers Baron 6
Hannak, Jacques 301
Hannover, Heinrich 92
Hannover-Drück, Elisabeth 87
Hano, Horst 179
Hanschmidt, Alwin 68
Hansen, A. P. 244
Hansen, Erik 267
Hansen, Ernst Willi 105
Hansen, Reimer 468 497
Hansen, Ulrich 420
Hanser, Richard 146
Hansmeyer, Karl-Heinrich 116
Hanson, Earl Parker 394
Hantsch, Hugo 297
Hara, Akira 404
Haraszti, Éva H. 161 236
Harcave, Sidney 339
Hardach, Gerd 25 53 116
Hardach, Karl 53
Hardarson, Sórun B. Jensdóttir 244
Hardenberg, Alice Gräfin 58
Harder, Günther 186 206
Hardie, Frank 231
Harding, John 436
Hardman, Leslie Henry 198
Hardmeier, Benno 294
Hardt, Hanno 202
Hardy, Alexander G. 179
Hardy, James D. 6
Hardy, Osgood 414
Hargreaves, E. L. 489
Haringman, Maximilliaan Godfried 267
Harkabi, Yehoshafat 398
Harkavy, Robert E. 6
Harkness, D. W. 241
Harmsen, Hans 365
Harnack, Axel von 216
Harnier, Wilhelm Frhr von 465
Harper, Glenn T. 161
Harper, Samuel Northrup 347
Harr, Bill 449

Harrer, Hans Jürgen 394
Harrigan, William M. 186
Harris, Brice 383
Harris, C. R. S. 272
Harris, Charles Wesley 383
Harris, George Lawrence 398
Harris, José 241
Harrison, Brian 401
Harrison, Gordon A. 465
Harrison, James P. 407
Harrison, John A. 404
Harrison, Joseph 290
Harrison, Selig S. 410
Harrisson, Tom 471
Hart, D. M. 412
Hart, Sidney 477
Harten, Alexander von 461
Hartenstein, Wolfgang 100
Hartl, Hans 352 361 368
Hartl, Klaus 241
Hartmann, F. H. 294
Hartmann, Frederick A. 4
Hartmann, Karl 331
Hartmann, Paul 244
Hartmann, Sverre 244 441
Hartog, Leendert Johan 443
Hartshorne, Edward Y. 140
Hartung, Fritz 6 83
Hartwich, Hans-Hermann 9 116
Hartwieg, Wilhelm 80
Hartz, Walter 267
Harvey, James 229
Harvie, Christopher 231
Hasanagić, Edib 365
Hasbach, Erwin 330
Hase, Hans Christoph von 201
Haselmayr, Friedrich 68
Hasenclever, Hermann 484
Hasluck, Paul 414
Hasquenoph, Marcel 253
Hass, Gerhart 150 161 167 417 421 494 497
Haß, Kurt 176 182
Hass, Ludwik 311
Hassel, Sven 153
Hassmann, Heinrich 356
Håstad, Elis 244
Hastedt, Pedro Guillermo 395
Hastenteufel, Paul 58
Hastings, Martin F. 383
Hasubek, Peter 182
Hatje, Ann-Katrin 244
Hattenkofer, Peter 80
Hattis, Susan Lee 398
Hattori, Takushiro 471
Hatzfeld, Henri 264
Hauck, Friedrich-Wilhelm 461
Haumann, Heiko 356
Haungs, Peter 92
Haupt, Mathias Georg 267
Haupt, Werner 395 417 425 443 449 454 456 461 465
Haupts, Leo 83
Hauschild, Hans 182
Hauschild, Reinhard 461
Hausen, Karin 68
Hauser, Oswald 12 44 62 68 80 110 229 236
Haushofer, Heinz 34
Hausner, Gideon 212
Hausser, Paul 425
Hautmann, Hans 301 304
Havard de la Montagne, R. 258
Havens, Thomas R. H. 404

Hawemann, Walter 454
Hawes, Stephen 16
Hawranek, Franciszek 100 128
Hay, Gerhard 124
Hay, Jan 489
Hay, Malcolm 407
Hay, Sir Rupert 398
Hayashi, Kentarô 404
Hayashi, Saburo 471
Hayes, Carlton Joseph Huntley 16
Hayes, Grace P. 22
Hayit, Baymirza 401 425
Hayn, Friedrich 465
Hazard, John N. 347 356
Healiss, Ronald 477
Hebel-Kunze, Bärbel 219
Heberle, Rudolf 225
Hechler, Ken 465
Hecker, Hans 58
Hecker, Hellmuth 497
Heckmann, Gustav 244
Heckstall-Smith, Anthony 449
Heeg, Günther 202
Heer, Friedrich 16 58 140 297
Hereseinteilung 1939 157
Hefer, Stjepan 366
Heffer, Jean 6
Heffner, Richard D. 376
Hegemann, Margot 28 369
Heger, Heinz 198
Hehl, Ulrich von 186
Hehn, Jürgen von 140 333 335
Heiber, Helmut 153 178 182 192 212 307 345 436
Heidegger, Hermann 50 425
Heideman, Bert M. 336
Heider, Paul 219
Heidkämper, Otto 461
Heidorn, Günter 68 78 128
Heidtmann, Günther 57
Heijne, Lennart von 444
Heike, Otto 330
Heike, Wolf-Dietrich 425
Heilbrunn, Otto 347
Heilmann, W. 465
Heilmann, Willi 484
Heilsberg, Franz 6
Heimann, Dieter 179
Heimann, Guido 212
Heimann, Leo 359
Heimert, Heinz 436
Heimler, Heinrich 372
Heindl, Josef Engelbert 161
Heine, Ludwig 206
Heineke, Gustav 120
Heinemann, Gustav W. 222
Heinemann, Manfred 59 126
Heinisch, Theodor 304
Heinkel, Ernst 484
Heinonen, Reijo E. 186
Heinrichs, L. G. 456
Heinßen, Jürgen 179
Heitmann, Klaus 369
Helbich, Wolfgang J. 92 110
Helbig, Herbert 110
Held, Joseph 120
Held, Walter 425
Helfers, M. C. 425
Hellack, Georg 182
Heller, Celia S. 330
Heller, Joseph 497
Hellfaier, Karl-Alexander 62
Hellige, Dieter 86
Hellmann, Manfred 333 342 432

Hellmer, Joachim 153
Hellpach, Willy 34
Helmdach, Erich 421 456
Helmreich, Ernst C. 186 206 212
Helmreich, Jonathan E. 267
Helmreich, Paul C. 28
Helwig, Werner 53
Helwig-Larsen, Per 198
Hemmerle, Eduard 38
Hempfer, Walter 153
Hendel, Samuel 348
Henderson, William Otto 16
Henke, Josef 161
Henkelmann, Franz 173
Henkys, Reinhard 192
Henn, Ernst 206
Hennessy, C. A. M. 395
Hennicke, Otto 425
Hennig, Eike 173
Henning, Friedrich-Wilhelm 34 174
Henning, Hansjoachim 53 69
Henningsen, Jürgen 124
Hennyey, Gustav 372
Henrici, Eckhard 436
Henrici, Sigfrid 449
Henry, Paul 249
Henschel, Hildegard 212
Hentig, Hans Wolfram von 176
Hentschel, Volker 53 69 76 83
Henze, Anton 417
Hepp, Fred 192
Hepp, Leo 449
Héraclès, Philippe 253
Herbell, Hajo 38
Herbette, François 258
Herbst, Ludolf 69 176
Herbst, Wolfgang 86
Herdeg, Walter 432
Herden, Werner 192
Herding, Klaus 182
Hergel, Horst Hans 290
Herhudt von Rohden, Hans-Detlef 459 484
Hering, Burkhard 449
Herington, John 484
Herlemann, Beatrix 128
Herlin, Hans 477
Herlitz, Nils 244
Herman, Stewart W. 206
Hermand, Jost 124
Hermann, Eduard 222
Hermann, Hans Heinrich 83
Hermens, Ferdinand A. 84 249
Hermet, Guy 290
Hermlin, Stephan 192
Hérold-Paquis, Jean 253
Herrate, Alberto 394
Herre, Franz 34 64 290
Herring, George C. 497
Herrmann, Erwin 34
Herrmann, Gert-Julius 212
Herrmann, Gertraud 225
Herrmann, Hans-Walter 61
Herrmann, Klaus J. 212
Herrmann, Paul-Wolfgang 231
Herrmann, Peter 348
Herrmann, Siegfried 432
Herrmann, Ursula 74
Herrschaft, H. 497
Herrschaftsmethoden des deutschen Imperialismus 65
Hersey, John 324 471
Hershkovitch, Benedet 212
Hertz, Frederick 53

Hertz-Eichenrode, Dieter 128
Hertzman, Lewis 100
Herwig, Holger H. 28 69 86 477
Herz, John H. 153
Herz, Martin F. 409
Herz, Yitzhak S. 212
Herzberg, Abel J. 267
Herzfeld, Hans 6 11 16 22 28 57 65 83 92 105 157 161
Herzig, Arno 74 81
Herzog, Bodo 477
Herzog, Gerhard 62
Herzog, Robert 307 425 432
Herzstein, Robert E. 179 432
Hess, Adalbert 44
Hess, Gary R. 383
Hess, Gerhard 58
Hess, Ilse 134
Heß, Jürgen C. 100
Heß, Ulrich 124
Hess, Wilhelm 457
Hesse, Erich 454
Hesse, Fritz 44 167 421
Hesse, Kurt 489
Hessen, Johannes 182
Hester, J. M. 383
Hetzlet, Arthur R. 477
Heuer, Jürgen 128
Heusinger, Adolf 436
Heuß, Alfred 44
Heuss, Theodor 222
Hewes, James E. 379
Hewitt, H. Kent 449
Hey, Bernd 186 225
Heydel, Hugo 477
Heydorn, Heinz-Joachim 407
Heye, A. W. 441
Heye, Hellmuth 477
Heyen, Franz Josef 225
Heyer, Friedrich 359
Heygendorff, Ralph von 432
Heyl, Gerhard 131
Heymann, Egon 161
Heymann, Lida Gustava 53
Heysing, Günther 432
Hickinbotham, Sir Tom 398
Hicks, John D. 379
Hiden, John 44 92
Hieke, Ernst 76
Hielscher, Erwin 53
Hiepe, Richard 192
Hierl, Konstantin 421
Higgins, Trumbull 161 436
Higham, Robin 231
Hiisivaara, T. 493
Hilberg, Paul 212
Hilbert, Lothar Wilfried 16 236 262
Hildebrand, Klaus 23 38 110 140 161 417
Hildebrandt, Günter Rolf 153
Hildebrandt, Horst 44
Hildebrandt, Rainer 216
Hildebrandt, Walter 339
Hildermeier, Manfred 348
Hilger, Gustav 44 167 352
Hill, Leonidas E. 161
Hillard, Gustav 69
Hillebrandt, Bogdan 320
Hillel, Marc 140
Hiller von Gaertringen, Friedrich Frhr 92 219
Hillgruber, Andreas 6 16 23 38 69 134 140 146 161 163 167 372 417 419 421 436 437 454 461 468 497

BzZG
II.34

Hillmayer, Heinrich 129
Hilton, Stanley E. 395
Hindels, Josef 140 304
Hinderer, Walter 57
Hindrichs, G. 294
Hinrichs, Carl 62
Hinsley, Francis H. 437
Hintergründe der Affäre Röhm 150
Hinz, Berthold 182
Hinze, Rolf 244
Hirdman, Yvonne 244
Hirsch, Helmut 83 110
Hirsch, Kurt 140
Hirschfeld, Hans 92
Hirszowicz, Lukasz 161 497
Hisard, Claude 265
Histoire de France 249
Histoire de la révolution russe 342
Histoire générale des civilisations 7
Historia państwa i prawa polski 317
Historia polski 1864–1945 317
Historia secreta da guerra 1939–1945 417
Historicus 279
Histories of the first and second world wars 417
Historische Prozesse der deutschen Inflation 1914 bis 1924 117
History of the Communist Party of the Soviet Union 348
History of the Czechoslovak Republic 311
Hitler, Deutschland und die Mächte 110
Hitler und die Industrie 146
Hitler-Putsch im Spiegel der Presse 146
Hitlers Städte, Baupolitik im Dritten Reich 184
Hitti, Philip Khuri 398
Hletko, Peter P. 311
Hlybinny, Ul. 358
Hnilicka, Karl 449
Ho Kan-chih 407
Hoare, Sir Samuel 236
Hoch, Anton 484
Hoche, Klaus 212
Hochheim, Arnold 377
Hochhuth, Rolf 206
Hochmuth, Anneliese 201
Hochmuth, Ursel 217 225
Hockerts, Hans Günter 206
Hodgson, John H. 336
Höfele, Karl Heinrich 64
Höfler, Gabriele 92
Hoeft, Klaus-Dieter 173
Hoegner, Wilhelm 50 83 92
Höhn, Hans 162
Höhn, Reinhard 74
Höhne, Heinz 140 217
Höhne, Roland A. 262
Høidal, Oddvar Karsten 244
Höjer, Torvald 245
Hoelaas, Odd 245
Hölter, Hermann 437 454
Höltje, Christian 110
Hölz, Max 120
Hölzle, Erwin 7 16 22 23 352
Hoensch, Jörg Konrad 162 311 372
Höpfl, Heinz 229
Hoepke, Klaus-Peter 100
Höppner, Siegfried 372
Hoettl, Wilhelm 192
Höttl, Wilhelm 493

Hofer, Walther 14 134 140 150 151 162 167 192 222 294 421
Hoffmann, Bruno 212
Hoffmann, C. W. 192 471
Hoffmann, E. 206
Hoffmann, Gabriele 92 267
Hoffmann, Hilmar 179
Hoffmann, Joachim 83 426
Hoffmann, Karl Otto 485 490
Hoffmann, Peter 192 222
Hoffmann, Stanley 249 253
Hoffmann, Walther G. 53
Hoffmann-Ostwald, Daniel 100
Hofmann, Hanns Hubert 146
Hofmann, Josef 297
Hofmann, Rainer 369
Hofmann, Wolfgang 92
Hofstadter, Richard 377
Hogan, David 241
Hogan, George 393
Hogg, I. V. 490
Hoggan, David Leslie 262 421
Hohenecker, Leopold 297
Hohengarten, André 198 267
Hohenstein, Alexander 320
Hohlbaum, Robert 311
Hohlfeld, Johannes 37 134
Hohlfeld, Klaus 92
Hohorst, Gerd 65
Holborn, Hajo 16 38 129 140
Holborn, Louise W. 202
Holbraad, Carsten 16
Holbrook, Stewart 390
Holdsworth, M. 359
Holl, Karl 69 74 78 85 92
Hollaender, Albert E. J. 444
Holleis, Eva 301
Hollenberg, Günter 229
Hollingworth, Clare 398
Holloway, William Vernon 379
Hollstein, Dorothea 182
Holmes, B. R. 16
Holmquist, Åke 245
Holms, H. 44
Holocaust and rebirth 212
Holotik, Ludovit 311
Holotiková, Zdenka 311
Holt, Edgar 241 417
Holt, P. M. 412
Holtfrerich, Carl-Ludwig 116
Holthusen, Hans Egon 426
Holtmann, Everhard 301
Holubnychy, Vsevolod 359
Holz, Kurt A. 110
Holzer, Jerzy 28 92 134
Holzer, Willibald I. 16 297
Holzmann, Gustav 485
Holzner, Johann 300
Holzträger, Hans 366 372
Holzweißig, Gunter 236
Homze, Edward L. 44 173
Hondorp, Richard 383 421
Honey, P. J. 409
Honigbauer, Rolf 173
Honolka, Bert 201
Hoop, Jean-Marie d' 258 262 384 426 433
Hoor, Ernst 301
Hooven, Eckart van 245
Hoover, Herbert 384
Hoover, J. Edgar 379
Hope, Nicholas Martin 64
Hopffgarten, H. J. von 457 461
Hoppe, Harry 426

Hoptner, J. B. 366
Horak, Stefan 328 330 352 359
Horan, H. E. 441
Horbach, Michael 192 212
Horban, Peter 7
Hořec, Jaromir 311
Horlebein, Manfred 58
Horn, Daniel 140
Horn, Hannelore 80
Horn, John Stephen 379
Horn, Walter 336
Horn, Wolfgang 140 146
Hornberger, Heinrich 294
Hornborg, Eirik 336
Horne, Alistaire 444
Hornig, Ernst 206 461
Hornschu, Hans-Erich 92
Hornung, Klaus 100 217 421
Hornung, Manfred 433
Horowitz, Daniel L. 285
Horowitz, Morris A. 290
Horowski, Jan 320
Horsch, Daniel 212
Horthy Miklós titkos iratai 372
Hortzschansky, Günter 92
Hory, Ladislaus 311 366
Hosbawm, E. J. 231
Hoßbach, Friedrich 34 157 426 457 461
Hostache, René 253
Hostier, Charles Warren 352 375
Hoth, Hermann 444 457
Hough, Frank O. 471
Houn, Franklin W. 407
Hourani, A. H. 398
Hove, Alkmar von 426 449
Hovi, Kalervo 336
Howard, Christopher 236
Howard, Michael 237 437
Howard, Warren S. 471
Howard, William Edward Harding 412
Howarth, David 245
Howarth, David Armine 465
Howe, George Frederick 449
Howe, Irving 379
Howe, Ouincy 7
Howell, David 231
Howell, Edgar M. 345
Hrabar, Roman 140 320
Hronologija dogafaja oko Trsta 282
Hrushevsky, Michael 359
Hrynioch, Ivan 358
Hsi-Sheng Ch'i 407
Hsiao Tso-liang 407
Hsu, Immanuel C. Y. 404
Hsüeh Chün-tu 407
Huan, C. 477
Huan, Claude 457
Hubatsch, Walther 16 34 44 69 80 110 167 245 426 437 441 468 497
Hubbard, John R. 290
Huber, Edmund 305
Huber, Ernst Rudolf 44 46
Huber, Gerdi 81
Huber, Heinz 134
Huber, Karl 285
Huber, Kurt 282
Huber, Wolfgang 58
Huber-Koller, Rose-Marie 100
Hubrich, Erich-Wolfgang 384
Hudal, Alois 303
Huddleston, Sisley 249
Hudson, G. F. 7 345 348

Hudson, Manley O. 7
Hübener, Erhard 173
Hügel, Kaspar 361 369
Hügen, Ludwig 465
Hüllbüsch, Ursula 116
Hüls, Hans 129
Hümmelchen, Gerhard 426 449 461 477 485
Hümmler, Heinz 50
Hürten, Heinz 86 92 105
Hüser, Karl 58
Hüsgen, Manfred 186
Hüttenberger, Peter 129 140
Hüttl, L. 129
Hugelmann, Karl Gottfried 301
Hughes, Christopher 294
Hughes, H. Stuart 192 264 384 390
Hughes, Judith M. 262
Hugin 454
Hugonnot, Jean 253
Hugues, E. J. 291
Huldschiner, J. C. 497
Hulicka, G. K. 358
Hulicka, Karel 311
Hull, David Stewart 182
Humbel, Kurt 179 294
Humphrey, Hubert H. 384 390
Hunczak, Taras 359
Hundert Jahre deutsches Rechtsleben 46
Hundertachtzehnte Jäger-Division 426
Hung-mao Tien 407
Hungarian-American relations 1918–1960 373
Hunt, James C. 74 76 81
Hunt, Richard Norman 86 100
Hunziker, Guido 295
Hupka, Herbert 192
Huré, A. 412
Hurewitz, Jacob Coleman 398
Hurstfield, J. 490
Husain, S. Abid 410
Husák, Gustáv 311
Husemann, Friedrich 426
Hussey, William Douglas 229
Huston, James A. 92
Hutak, J. B. 311
Hutchinson, J. 390
Huttenback, Robert A. 229
Hyam, Ronald 237 412
Hyams, Edward 232
Hyamson, Albert Montefiore 398
Hyma, Albert 267
Hyman, Sidney 379
Hynd, John 232
Hyneman, Charles S. 379
Hytier, Adrienne Doris 262 384

Jablon, Howard 384
Jablonowski, Horst 38 44 62 339
Jablonski, Eduard 485
Jabłoński, Henryk 317 326
Iachino, Angelo 449 477
Jacini, Stefano 279
Jacke, Jochen 124
Jackh, Ernest 398
Jackson, Gabriel 291
Jackson, George D. 307
Jackson, W. C. F. 449
Jacob, Herbert 44
Jacobi, Günther 369
Jacobmeyer, Wolfgang 320

Jacobsen, Hans-Adolf 37 38 46 105 134 140 162 222 417 421 426 437 444 477 485 498
Jacobsen, Jon 110
Jacobson, Harold Karan 384
Jacoby, Fritz 153
Jacquemyns, G. 267
Jääskeläinen, Mauno 336
Jäckel, Eberhard 46 262 288 412 417
Jaeger, H. 202
Jaeger, Hans 76 390
Jäger, Herbert 153
Jäger, Jörg-Johannes 173
Jäger, Martin 305
Jaeger, Richard 45
Jäger, Wolfgang 140
Jaenicke, Wolfgang 401
Jäschke, Gotthard 28 352 363 375
Jagan, Cheddi 395
Jagschitz, Gerhard 297
Jahn, Egbert Kurt 311
Jahn, Hans Edgar 412
Jahn, Rudolf 316
Jahnke, Karl Heinz 192 217 219 225 500
Jahr 1934 297
Jahrhundert Frankfurter Zeitung 60
Jakobson, Max 336 498
Jaksch, Josef 206
Jaksch, Wenzel 16 311
Jalanti, Heikki 336
Jallut, Maurice 258
Jambor, Walter 306
James, David H. 404
James, Robert Rhodes 232
Jameson, William 477
Jamini, Antonio Luksich 285
Jandera, A. 311
Janeway, Eliot 490
Janis, Irving L. 485
Jankowski, Jan 320
Janowicz, Zbigniew 320
Janowitz, Morris 192
Jansen, Marius B. 401
Jansma, T. J. 267
Janssen, Gregor 490
Janßen, Karl Heinz 25
Janßen, Karl-Heinz 28 69
Japan 1931–1945 404
Japan's decision for war 403
Jarausch, Konrad H. 16 28
Jaray, Gabriel-Louis 352 401
Jaren '40–'45 267
Jargy, Simon 398
Jarman, T. L. 134 232
Jaros, Jerzy 320
Jars, Robert 449
Jasny, Naum 356
Jasper, Gotthard 83 85 92 93 421
Jaspers, Karl 182
Jastrzębski, Włodzimierz 320
Jászi, Oscar 297
Jaszuński, Grzegorz 7
Iatrides, John O. 364
Jaworski, Rudolf 93 129
Jaworskyj, Michael 348
Jaworznicki, Bolesław 317
Jay, Martin 58
Jayanama, Direck 409
Ibach, Helmut 253
Ibarruri, Dolores 167 291
Ibrahim, Salim 398
Idée européenne 16

Ideengeschichte der Agrarwirtschaft und Agrarpolitik 34
Idées politiques et sociales de la résistance 253
Ideologie und Machtpolitik 1919 29
Jeanneney, Jean-Noël 407
Jeannin, Pierre 245
Jeantet, Gabriel 253
Jedlicka, Ludwig 167 222 282 288 297 298 301 303 306 437 468 498
Jedruszczak, Hanna 317
Jedruszczak, Tadeusz 98 317
Jędrzejec, M. 323
Jedrzejewicz, Wacław 237 328
Jeffke, Wolfgang 426
Jeffries, Sir Charles Joseph 237
Jeismann, Karl-Ernst 58
Jelavich, Barbara 64 352
Jelenski, K. A. 317
Jelinek, Yeshayahu 311
Jemnitz, J. 7
Jemolo, Arturo Carlo 286
Jenaga, Saburo 472
Jennings, Sir Ivor 229 232 237
Jens, Inge 58
Jensen, Amy Elizabeth 395
Jensen, Jørgen 441
Jensen, Jürgen 81
Jepsen, C. H. 93
Jering, Karl 361
Jerk, Wiking 468
Jerušalmi, Elieser 333
Jeschonnek, Emil 433
Jeske, Reinhold 320
Jesse, Eckhard 86
Jestaedt, R. 206
Jester, Werner 461
Jewish resistance during the holocaust 215
Jews in Germany 1933–1939 212
Iggers, Georg G. 202
Igino, Cardinale 288
Ignotus, Paul 372
Ihlefeldt, Per-Olaf 146
Jilemnický, Peter 311
Jindra, Zdeněk 69
Jiša, V. 312
Ike, Nobutaka 403
Iklé, Frank William 167
Iklé, Fred Charles 485
Iles Philippines sous l'occupation nippone 471
Iliffe, John 69
Illegale Presse 1940–1945 246
Illustrierte Geschichte der Großen Sozialistischen Oktoberrevolution 342
Illustrierte Geschichte der Novemberrevolution in Deutschland 86
Ilnytzkyj, Roman 162
Ilvessalo, Jaakko 336
Im Brückenkopf Dnjepropetrowsk 456
Im Dienst an der Republik 128
Im Dienst der Republik 61
Im Feuer vergangen 212
Im Kampf bewährt 192
Im Widerstreit um die Reichsgründung 65
Imhof, Helga-Maria 265
Imhoff, Christoph von 457
I.M.I. 279
Imig, Werner 129

Imperial Japanese Navy in World War II 473
In numele libertății și prieteniei 369
Ind, Allison 493
Indian Communist Party documents 1930–1956 410
Industrielles System und politische Entwicklung in der Weimarer Republik 97
Ingham, Kenneth 412
Ingrams, Doreen 399
Ingrams, Harold 401
Ingrim, Robert 167 379
Inkeles, Alex 348
Inman, P. 490
Innen- und Außenpolitik unter nationalsozialistischer Bedrohung 7
Innenansicht eines Krieges 22
Innere Befreiung 221
Inoguchi, Rikihei 471 485
Inter-American treaties and conventions 388
Internationale Beziehungen im Fernen Osten 401
Internationale Politik im 20. Jahrhundert 9
Jobert, Ambroise 317
Joch, Winfried 182
Jochmann, Werner 116 225
Jocteau, Gian Carlo 279
Johann, Ernst 22
Johannes, Detlev 204
Johannesson, O. 245
Johannesson, Rolf 437
Johansson, Alf 245
Johe, Werner 153
John, Hans-Georg 76
John, Jürgen 225
John, Otto 217
Johnen, Wilhelm 485
Johnson, Chalmers A. 407
Johnson, Donald Bruce 379
Johnson, Franklyn Arthur 232
Johnson, H. 339
Johnston, B. F. 471
Johnston, Verle B. 291
Johnston, Walter H. 232
Johnston, William M. 306
Jokipii, Mauno 336 426
Joll, James 16 167 258
Jollos-Mazzucchetti, Lavinia 274
Jolly, Pierre 93
Jonas, Erasmus 100
Jonas, Ernst-Wolfgang 129
Jonas, Manfred 384
Jonca, Karol 150 461
Jones, F. C. 404
Jones, G. Gareth 241
Jones, K. P. 93
Jones, Larry Eugene 93 100 116
Jones, Reginald Victor 493
Ionescu, Matei 369
Jong, C. T. de 267 444
Jong, Louis de 198 267 268 498
Jonge, A. A. de 268
Jonghe, A. de 268
Joosten, L. M. H. 268
Iordache, Nicolae 16
Jorrin, Miguel 395
Joseph, Roger 295
Joshida, Miriam Misao 404
Joslen, H. F. 426
Josse, Raymond 253
Jost, Hans Ulrich 295

Jouan, R. J. 477
Joubert de la Ferté, Sir Philip 485 490
Joubert, J. 253
Journal Défense de la France 251
Jovy, Ernst Michael 134
Jowitt, Kenneth 369
Iran under the Pahlavis 398
Iriye, Akira 384
Irredenta niemiecka w Europie środkowej 307
Irsfeld, Franz 228
Irving, David 485 490 493
Isaac, F. E. 150
Isaacs, Harold R. 407
Isely, Jeter A. 417 471
Isnenghi, Mario 22 417
Isorni, Jacques 253
Israel, Jerry 384
Israëljan, Viktor L. 7 352 498
Issues and conflicts 384
Istel, Werner 384
Istoria poporului român 369
Istorija Bolgarii 363
Istorija Mongol'skoj Narodnoj Respubliki 401
Istorija sovetskoj konstitucii 1917–1955 348
Istorija Ukrainskoj SSR 359
Istorija Velikoj Otečestvennoj vojny Sovetskogo Sojuza 418
Istoriski atlas 365
Italian genocide policy against the Slovenes and the Croats 282 367
Italie mussolinienne 272
Ito, Masanori 477
Juchniewicz, Mieczysław 16 320
Juden im Wilhelminischen Deutschland 76
Juden unterm Hakenkreuz 213
Judenverfolgung in Italien 285
Judt, Tony Robert 258
Jüdische Gemeinden in Bayern 1918–1945 212
Jüdisches Leben in Deutschland 54 77
Jürgens, Hans 157
Jürgensen, Kurt 69
Jüttner, Alfred 312
Jugend im politischen Protest 58
Jugend unterm Schicksal 176
Jugendbewegung 53
Jugoslawien 366
Juhász, Gyula 372
Juin, Alphonse 262 449
Juliabkommen von 1936 298
Julien, Ch.-A. 412
Julien, Claude 377
Jullian, Marcel 25 485
Jung, Hermann 465
Jung, Kurt M. 7 16 38
Junger, Gerhard 468
Junghanns, Kurt 78
Jungk, Robert 384
Jungmichl, Johannes 183
Juni 1941 454
Junin, André 454
Junker, Detlef 100 391
Junker, Heinrich 153
Junnila, Tuure 441
Junod, Marcel 268
Junttila, P. 454
Jurčenko, Alexander 348
Jurcyk, Karin 53
Jurkiewicz, Jarosław 328 372 421

Juryś, Roman 317
Jussila, Osmo 336
Just, Artur W. 348
Just, Klaus Günther 58
Jutikkala, Eino 336
Ivanov, L. N. 498
Ivašin, I. F. 352 498
Iwanowski, Wincenty 449
Iwo Jima, amphibious epic 471

Kaack, Heino 50
Kaarsted, Tage 245
Kabbadias, Epameinondas P. 477
Kabeli, Isaac 364
Kaczmarek, Kazimierz 461
Kadritzke, Niels 140
Kadzik, Konrad 110
Kaehler, Siegfried August 38 140 167 222
Kähler, Wolfgang 477
Kaelble, Hartmut 38 54 58 76
Kämpf, Helmut 34
Käs, Ferdinand 468
Kästner, Erich 222
Kästner, Hartmut 356
Kafka, Gustav E. 353
Kaftan, Kurt 173
Kahanowitz, Moshe 213
Kahin, George M. 401
Kahle, Günter 395 437 498
Kahle, Wilhelm 358
Kahlenberg, Friedrich P. 93
Kahn, David 493
Kajima, Morinosuke 404
Kaiser, Erich 485
Kaiser, Hans 312
Kaiser, Herrmann 124
Kaiser, Klaus 225
Kaiser, Marcus Urs 206
Kaiserliches Deutschland 65
Kaiserreich 65
Kalbe, Ernstgert 150 361 363
Kalela, Jorma 336
Kalijarvi, Thorsten V. 336
Kalinin, N. 237
Kalinin, P. S. 366
Kalisch, Johannes 110 332
Kaliski, Tadeusz 320
Kalkbrenner, Jürgen 433
Kalken, Frans van 268
Kalmanovitch, Zelig 320
Kalmar, Rudolf 198
Kalme, Albert 333
Kalmer, G. 129
Kalnberzins, J. 333
Kalnins, Bruno 333 348
Kamenetsky, Ihor 359 498
Kameraden bis zum Ende 426
Kamerun unter deutscher Kolonialherrschaft 69
Kamienski, Zygmunt Kazimierz 461
Kamiński, Andrzej Józef 198
Kammerer, Albert 477
Kamnitzer, Heinz 86 421
Kampf der Katholischen Studentenverbände gegen den Nationalsozialismus 206
Kampf um Berlin 1945 in Augenzeugenberichten 461
Kampf um die Wahrheit 421
Kampmann, Wanda 339
Kamps, Götz 105
Káňa, Otakar 312 328
Kanapa, Jean 363

Kane, N. Stephen 391
Kane, Nora S. 412
Kanitz, Walter 249
Kann, Robert A. 16 29 298 306
Kantor, Harry 395
Kantorowicz, Alfred 192 202
Kantorowicz, Hermann 23
Kantzenbach, Friedrich Wilhelm 186 206 207
Kapica, Michail Stepanovič 353
Kaplan, Frederick I. 356
Kaplan, Jacob 265
Kaplan, Lawrence S. 384
Kaplinsky, Zvi 398
Kapur, Harish 353
Karan, P. 410
Karasek, Horst 69
Karasev, A. V. 345
Karbaum, Michael 58
Karbonski, Stefan 324
Kardel, Hennecke 426
Karg, Otto 45
Karjalainen, Ahti 336
Karl, Heinz 89 120
Karl, Leo 245
Karl, Willibald 76
Karlbom, Rolf 339
Karlgren, A. 167
Karlsson, Rune 245
Karlström, Leroy 245
Karmann, Rudolf 342 345 426
Karmasin, Franz 312
Karner, Stefan 305
Karnes, Thomas L. 395
Karol, K. S. 317
Karov, D. 345
Karpat, Kemal H. 375
Karpf, Heinz 461
Karsai, Elek 372
Karski, Jan 307
Karup-Pedersen, Ole 245
Karzel, Karl 330
Kase, Toshikazu 472
Kasper, Hanns-Heinz 173
Kasper, Martin 93 192
Kaspi, André 253
Kassing, Heinz-Herbert 129
Kastner, Rudolf 372
Kastning, Alfred 100
Katalog polskiej prasy konspiracyjnej 1939–1945 320
Kater, Horst 186
Kater, Michael H. 58 93 120 124 140 183 186
Katholische Kirche im Dritten Reich 187
Katkov, George 338 339 342
Katyn – ein Verbrechen der Sowjets 345
Katyn forest massacre 320
Katz, Jacob 16
Katz, Robert 272
Katz, Shlomo Z. 213
Kaufmann, Fritz 301
Kaufmann, W. H. 93
Kaul, Friedrich Karl 93 140
Kaur, Uno 333
Kautsky, Karl 50
Kavka, František 312
Kawai, K. 404
Kayser, Egon 325
Kazancev, A. 345
Kazanskij, A. 345
Kazemzadeh, Firuz 359

Kebin, I. 333
Kecskemeti, Paul 498
Kedourie, Elie 375
Kédros, André 364
Kedward, Harry Roderick 253
Keenleyside, H. L. 384
Keep, John L. H. 342
Keep, John Leslie Howard 348
Kehr, Eckart 45
Kehrig, Manfred 105 459
Keiderling, Gerhard 498
Keilig, Wolf 157 426
Keim, Anton 216
Keim, Helmut 183
Keiser, César 295
Kele, Max H. 146
Kelen, Emery 229
Kellenbenz, Hermann 245
Keller, Ernst 58
Keller, P. 339
Keller, Werner 339
Kellermann, Volkmar 45 110
Kelley, Robert 379
Kelly, Alfred H. 384
Kelly, J. B. 398
Kelly, Reece Conn 183
Kel'ner, E. I. 345
Kel'ner, I. 457
Kemp, Peter 426 478
Kempner, Benedicta Maria 207
Kempner, Robert M. W. 213
Kenez, Peter 342
Kennan, George Frost 219 339 353 379 384
Kennedy, J. 402
Kennedy, Joseph 409
Kennedy, Ludovic 478
Kennedy, Malcolm 402
Kennedy, Paul M. 69 237
Kennedy, Robert M. 440 454
Kennzeichen J 213
Kens, Karlheinz 157
Kent, Donald Peterson 392
Kent, George O. 186
Kerber, Karl 366
Kerekes, Lajos 167 298 305
Kérenski, Alexandre 339
Kermish, Joseph 325 498
Kern, Erich 426 461
Kern, Robert W. 291
Kerr, Alfred 124
Kerr, George H. 404
Kerr, Walter 459
Kersaudy, François 441
Kersten, K. 320
Kertesz, Stephen D. 373
Kervern, A. 465
Keserich, Charles 232
Keskin, Hakki 375
Kessel, Eberhard 25 45 93
Kesselring, Albert 437
Kessemeier, Carin 179
Kessler, Alexander 100
Kessler, Heinz 465
Kesten, Hermann 183 202
Ketelsen, Uwe-Karsten 58 183
Kettenacker, Lothar 150 202 262
Kevenhörster, Paul 93
Khadduri, Majid 398
Khadjenouri, M. 398
Khoury, Jacques G. 398
Kjaer, Jens C. 245
Kiaulehn, Walter 38
Kickton, Wolfgang 153

Kiedrzyńska, Wanda 198
Kiehler, Heinz Joachim 457
Kjeldstadli, Sverre 245
Kielmansegg, Peter Graf 22 150
Kienitz, Ernesto 412
Kienitz, Friedrich Karl 375
Kieser, Egbert 461
Kieser, Rolf 237
Kiesewetter, Bruno 16
Kieslich, Günter 179
Kießling, Wolfgang 203
Kiessling, Wolfgang 395
Kiewisz, Leon 29
Kilic, Altemur 375
Kilmarx, Robert A. 348
Kimball, Warren F. 241 498
Kimble, David 412
Kimche, Jon 213 295 398 399 444
Kimmel, Adolf 140
Kimmich, Christoph M. 332
Kimminich, Otto 45 167
Kindelan, General 498
Kinder, Christian 186
Kinder, Hermann 7
Kinder, Karl-Heinz 7
Kindermann, Gottfried-Karl 402 407
Kindersley, Richard 348
Kindleberger, Charles P. 7 391
Kindt, Werner 53 58 120
King, Frank H. H. 407
King, Frank P. 498
King, Jere C. 22 262
King, Wunsz 407
Kinkel, Walter 207
Kinnane, Derk 399
Kinner, Klaus 100
Kinsella, William E. 384
Kipphan, Klaus 179
Kirby, Stanley Woodburn 472
Kirche und Nationalsozialismus 207
Kirche zwischen Krieg und Frieden 58
Kircheisen, Peter 498
Kirchheimer, Otto 83 153
Kirchhoff, Hans Georg 69
Kirchliche Lage in Bayern nach den Regierungspräsidentenberichten 187
Kirchliche Organisationen als Verfolgte 208
Kirchmayer, Jerzy 320 325
Kirchner, Klaus 433
Kirchner, Walther 333 339
Kirimal, Edige 359
Kirin, I. D. 478
Kirk, George 502
Kirkendall, Richard Stewart 377
Kirn, Paul 34
Kirsch, Edgar 291
Kirschbaum, Joseph M. 237 312
Kirschemann, Dietrich 154
Kirste, Peter 219
Kisch, Guido 183
Kisch, Richard 291
Kiss, Aladár 373
Kissel, Hans 426 454 457 461
Kistenmacher, Hans 264
Kiszling, Rudolf 7 23 312 361 366 449
Kitchen, Martin 29 34 53 69
Kitsikis, Dimitri 364
Kittel, Helmuth 124
Kizerbo, Joseph 412
Klaauw, C. A. van der 268
Klafkowski, Alfons 110

Klampfer, Josef 213
Klapproth, Willy 468
Klarsfeld, Serge 252
Klass, Gert von 173
Klatt, Paul 426
Klatt, Rudolf 129
Kleber, Brooks E. 490
Klebes, Heinrich 241
Klee, Ernst 490
Klee, Karl 437 440 454
Klein, Burton H. 173
Klein, Edmund 129
Klein, Ernst 38
Klein, Fritz 11 21 23 30 45 66 69 110 146
Klein, Johannes Kurt 7
Klein, Peter 4 93 120
Klein, Ulrich 129
Kleine, Georg H. 176
Kleine-Ahlbrandt, William Laird 237
Kleinwaechter, Friedrich Ferdinand 298
Kleist, Peter 135
Kleist-Retzow, Hans Jürgen von 192
Klemperer, Klemens von 38 50 93 298
Klenner, Fritz 298
Klenner, Jochen 225
Klepsch, Egon 110
Klerikális reakció a Horthy-fasizmus támasza 373
Kleßmann, Christoph 53 225 320 331
Kljackin, S. M. 342 457
Kljaković, Vojmir 498
Kliem, Kurt 219
Klieman, Aaron S. 237
Kliesch, Hans Joachim 183
Klietmann, Kurt Gerhard 105 140 426
Klimov, I. D. 457
Klimsch, Günter 179
Klingemann, G. 426
Klingenstein, Grete 305
Klink, Ernst 245 336 337 462
Klinke, P. W. 50
Klinkhammer, Reimund 100
Kliszko, Zenon 325
Klitta, Georg 469
Klive, A. 333
Klocke, Helmut 356
Klöcker, Michael 81
Klönne, Arno 140 176 192 345
Klöss, Erhard 7 485
Kloidt, Franz 207
Klokov, V. I. 345 359
Klose, Werner 176
Kloss, G. 179
Klotzbach, Kurt 225
Klotzbücher, Alois 100
Klüber, Franz 50
Klügel, Eberhard 207
Kluge, Ulrich 86 129
Kluke, Paul 16 41 45 58 105 129 141 146 167 173 192 253
Klukowski, Zygmunt 320
Klusacek, Christine 298
Kluxen, Kurt 232
Knabe, Konrad 454
Knackstedt, Heinz 220 478
Knake, Gerhard 62
Knaplund, Paul 229
Knapp, Manfred 48
Knapp, Thomas A. 100
Knapp, Wilfrid 7

Knapton, E. S. 249
Knapton, Ernest John 7
Knauerhase, Ramon 141
Knauss, Bernhard 93
Knauss, E. 76
Knebel, Jerzy 29 101
Knéjévitch, R. L. 167
Kneip, Rudolf 120
Knellessen, Friedrich Wolfgang 124
Knežević, Antun 366
Knežević, Radoje 366
Knight, Maxwell E. 45
Knight, Thomas J. 268
Knilli, Friedrich 56
Knipping, Franz 159 384
Knipping, Ulrich 225
Knittel, Fritz 93 219
Knobel, Enno 81
Knobelsdorff, Otto von 427
Knoke, Heinz 485
Knoll, Arthur J. 69
Knoll, Kurt 154
Knoll, Reinhold 301
Knopp, Guido Friedrich 101
Knütter, Hans-Helmuth 120
Knutson, Jeanne Nickell 402
Knypers, G. 339
Kobb, Victor Lewis 110
Kobler, H. 490
Kobljakov, J. K. 110
Koblik, Steven 245
Koch, D. M. G. 402
Koch, Hannsjoachim W. 23 105 141 498
Koch, Hans 307 339 356
Koch, Horst-Adalbert 93 105 154 157 301 427 433 449
Koch, Jürgen Reinhard 154
Koch, Werner 207
Koch-Hillebrecht, Manfred 38
Koch-Kent, Henri 268
Kochan, Lionel 38 83 110 162 213 220 339 356 498
Kocharian, S. 359
Kociská, Anna 312
Kock, Erich 268
Kocka, Jürgen 54 76 391
Koeder, Kurt W. 358
Koehl, Robert 141
Koehl, Robert L. 29 150 320
Köhler, Fritz 192 225
Köhler, Günter 124
Köhler, Henning 69 93 116 176
Köhler, Karl 25
Köller, Heinz 101 258
Kölling, Mirjam 101 237
Köllmann, Wolfgang 54 81
Köllner, Lutz 54
Koeltz, Louis 22 444 449
Koenen, Wilhelm 93
König, Franz 433
Koenig, Pierre 449
König, Walter 485
Königer, Heinz 167
Koenigswald, Harald von 193
Könnemann, Erwin 86 89 93 105
Köppinger, Peter Hubert 291
Köpstein, Horst 308
Köressaar, Victor 333
Körling, Martha 58
Koerner, Francis 412
Körner, Hans-Michael 81
Koerner, Ralf Richard 179
Koester, Eckart 22

Kogan, Norman 282 384
Kogler, Gerhard 469
Kogon, Arthur G. 29
Kogon, Eugen 150 198 213
Kohler, Eric D. 129
Kohlhaas, Wilhelm 129
Kohn, H. 141
Kohn, Hans 7 38 58 295 339 498
Kohn, Richard 342 343
Koht, Halvdan 245
Kohte, Wolfgang 38
Kokkelink, Maurits Ch. 402
Kolarz, Walter 348 353 358 359
Kolb, Eberhard 40 64 86 87 101 129 198
Kolbe, Hellmuth 50 101
Kolesnik, A. D. 459
Kolinsky, Martin 16
Koliopoulos, John S. 237
Kolker, B. M. 369
Kolko, Gabriel 162 384
Kollman, Eric C. 83 110 498
Kollreider, Franz 485
Kolmsee, Peter 454
Kolodziejczyk, Zdzislawa 262
Kolomejczyk, Norbert 16
Kolos, Ivan 325
Kolstov, Michail 291
Komarnicki, Titus 110 317 328
Komjathy, Anthony Tihamer 262
Komjáthy, Miklós 302
Kommunale Finanzpolitik in der Weimarer Republik 116
Kommunismus in Lateinamerika 395
Kommunisten im Kampf für die Unabhängigkeit Österreichs 301
Kommunističeskaja partija Sovetskogo Sojuza v bor'be za podedu socialističeskoj revoljucii 343
Kommunistyczna Partia Polski w obronie niepodległości Polski 322
Komunikaty dowództwa głównego gwardii ludowej i armii ludowej 320
Komunistički pokret i socijalistička revolucija u Hrvatskoj 367
Kondert, Reinhart 301
Konferenzen von Malta und Jalta 498
Konieczny, Alfred 321
Koniuchowsky, L. 213
Konopka, Vladimir 312
Konrad, Helmut 301 302
Konrad, Joachim 462
Konrad, Rudolf 457
Konus, Kord 454
Kónya, S. 373
Konzentrationslager Dachau 197
Kool, Fritz 346
Koonz, Claudia 120
Kopp, Fritz 339
Kopp, Otto 193
Koppel, Wolfgang 154
Korablev, Jurij I. 339
Kořalka, Jiří 312
Korbel, Josef 312 328
Korbonski, Stefan 325
Korbuly, Dezsö 110 373
Kordt, Erich 353
Korduba, F. 454
Korfes, Otto 220 459
Korkisch, Friedrich 312
Korn, Elisabeth 53
Kornagel, Helmut 433

Kornatovskij, N. 342
Korovin, I. A. 353
Korteweg, P. G. J. 384
Korth, Rudolf 81
Korusiewicz, Leon 167
Korzec, Pawel 29 326 328
Kosa, John 373
Koschorke, Manfred 205
Kosev, D. 363
Koß, Siegfried 498
Kossmann, Oskar 330
Kossok, Manfred 395
Kosthorst, Erich 193
Kosyra, Herbert 330
Koszyk, Kurt 29 50 58 79 81 124 179
Kotkowski, Else 213
Kotowski, Georg 65
Kotyk, Vaclav 498
Kotze, Hildegard von 179 193
Kousoulas, Dimitrios G. 364
Kovalevskij, M. 360
Kovář, Ladislav 312
Kovpak, S. A. 454
Kowalak, Tadeusz 331
Kowalenko, Władysław 321
Kowalski, Hans-Günter 498
Kowalski, Isaac 179
Kowalski, Włodzimierz Tadeusz 328 498 499
Kowark, Hannsjörg 258
Kowollik, Paul 198
Koza, Ingeborg 84
Kozaczuk, Wladyslaw 157
Kozeński, Jerzy 168 298 312 328
Kozierowska, Urszula 253
Kozlov, I. A. 462
Kozlowska, Krystyna 321
Kozłowski, Eugeniusz 317
Kracauer, Siegfried 120
Krätschmer, Ernst-Günther 427
Kraft, Barbara S. 29
Krakau, Knud 312
Král, Václav 164 168 312
Kramer, Hans 7 272 305 478
Kramer, Irving I. 404
Kramer, Jura 312
Kramer, Thomas W. 45
Krancke, Theodor 478
Krannhals, Hanns von 193 325 462
Kranzler, David 407
Krasil'nikov, A. N. 237
Krastin, Ja. 333
Krasuski, Jerzy 39 45 69 110 163
Kratzsch, Gerhard 58
Kraus, Herbert 222
Kraus, Ota 198
Kraus, Werner 293
Krause, Fritz 89
Krause, Hartfrid 101 102 129
Krause, Ilse 217
Krause, Werner 173
Kraushaar, Luise 219 433
Krausnick, Helmut 39 150 168 183 193 213 222 307 321 421 433 499
Krauss, Werner 291
Krautkrämer, Elmar 9 262
Kravčenko, I. S. 345
Krawiec, Lucien 449
Krecker, Lothar 168 375 499
Krejči, Jaroslav 315
Krejci, Michael 124
Kreidel, Hellmuth 455
Kreidler, Eugen 490
Kreiler, Kurt 97 129

Kreis, Georg 295
Kreissler, Felix 298
Krekeler, Norbert 111
Křen, Jan 493
Krepp, Endel 333
Kretschmar, Georg 186
Kretschmer, Rainer 179
Kretzschmar, Ernst 228
Kreutzberger, Wolfgang 124
Krieg, Revolution, Republik 129
Krieg zur See 25
Kriege des 20. Jahrhunderts 7
Kriegel, Annie 23 258 264 342
Kriegel-Valrimont, Maurice 253
Krieger, Konrad S. 353
Krieger, Wolfgang 237
Kriegsausbruch 1914 23
Kriegsbeginn 1939 421
Kriegsbriefe gefallener Studenten 427
Kriegsheim, Herbert 427
Kriegspropaganda 1939–1941 179
Kriegstagebuch des Oberkommandos der Wehrmacht 437
Kriegswirtschaft und Rüstung 1939–1945 490
Krier, Emile 268
Krigen i Norge 1940 441 442
Krijgsverrichtingen in Zuid-Limburg 444
Krijgsverrichtingen ten oosten van de Ijssel 444
Krips, Gerhard 116
Krise des Parlamentarismus in Ostmitteleuropa 16 307
Kristallnacht 213
Kritzer, Peter 129
Krizman, Bogdan 25 303 366
Kroef, J. M. van der 402
Kröhne, Wilhelm 427
Kröninger, Horst 237
Krogmann, Carl Vincent 146
Krohn, Claus-Dieter 116 225
Kroll, Erwin 183
Kroll, Gerhard 116
Kroll, Morton 291
Kroll, Vincent 111
Kromer, Claudia 29 303
Kron, Friedhelm 58
Kropat, Wolf-Arno 76
Kropilák, Miroslav 312
Krosby, Hans Peter 337
Kruck, Alfred 45
Krüdener, Jürgen von 173
Krüger, Arnd 150
Krüger, Daniel Wilhelmus 412
Krüger, Gabriele 93
Krüger, Norbert 198
Krüger, Peter 29 111 162 312
Krueger, Walter 472
Krüger, Wolfgang 29
Krug, Werner G. 384
Krug von Nidda, Roland 45
Krulis-Randa, Jan 111
Krummacher, Friedrich A. 45 84 86
Krumwiede, Hans-Walter 187
Kruuse, Jens 465
Kruyer, Gerardus Johannes 268
Krylov, N. 457
Krypton, Constantine 455
Krzemiński, Czesław 462
Krzywobłocka, Bożena 326
Kubiak, Stanislaw 111 328
Kuby, Erich 465 469

Kuckuck, Peter 131
Kuczynski, Jürgen 23
Kudriaveev, D. I. 345
Kücklich, Erika 101
Kügelgen, Else von 218
Kühl, Joachim 373
Kuehl, Michael 219
Kühling, Karl 129
Kühlwein, Friedrich Karl 465
Kühn, G. H. 462
Kühn, Gertraude 124
Kühn, Günter 198
Kühn, Johannes 312
Kühn, Volkmar 449 478
Kühne, Horst 162 291 418
Kuehnelt-Leddihn, Erik R. von 141
Kuehnelt-Leddihn, Erik von 298
Kühner, Otto-Heinrich 418
Kühnl, Reinhard 39 85 129 141 146
Kühnrich, Heinz 198 499
Kühr, Herbert 130
Külz, Helmut R. 154
Küppers, Heinrich 120
Küsel, Herbert 485
Küster, Fritz 135
Küttler, Wolfgang 356
Kuhlmann, D. 465
Kuhn, Axel 141 162
Kuhn, Heinrich 311 312 313
Kuhn, Helmut 124 146
Kuhn, Robert 45
Kukkonen, E. W. 441
Kukułka, Józef 262
Kulak, Zbigniew 168 328
Kulbakin, W. D. 93
Kuliš, V. M. 459
Kulischer, Eugene M. 16
Kulišová, T. 198
Kulka, Erich 213
Kulka, O. D. 399
Kulturverwaltung der zwanziger Jahre 124
Kum'a N'dumbe III, Alexandre 111 499
Kumaniecki, Jerzy 328
Kumlin, Ragnar 245
Kumpf-Korfes, Sigrid 69
Kunst und Alltag um 1900 79
Kunst und Kultur im deutschen Faschismus 183
Kunz, J. L. 395
Kupferman, Fred 111 253
Kupisch, Karl 59
Kupper, Alfons 124 187
Kurakawa, Ko 130
Kural, Václav 313
Kurinnij, P. 360
Kuron, Hans Jürgen 101
Kuropka, Joachim 29
Kurowski, Franz 427 449 462 465 485
Kurskaja bitva 460
Kurt, Alfred 62
Kurucz, Jenö 120
Kurz, Hans Rudolf 29 295 437 493
Kurzman, Dan 325 449
Kuschpeta, Mykola 317
Kusielewicz, Eugene 328
Kusnec, Ju. L. 384 391
Kusnierz, Bronisław 345
Kutakov, Leonid N. 404
Kutrzeba, Tadeusz 440
Kutzner, G. 457
Kuusaari, Eero 337

Kuusik, Paul 333
Kuwahara, Yasuo 472
Kuzmičev, I. K. 345
Kuznecova, N. V. 262
Kuznecova, S. 360
Kvaček, Robert 168 313
Kvaternik, Eugen 366
Kveder, Dušan 366
Kviklys, Br. 333
Kwiet, Konrad 268
Kybal, Vlastimil 313

Labat, Sergent 462
Laboor, Ernst 101 120
LaBruyère, René 449
Labuda, Gerard 45 162
Lacher, Hugo 64
Lachmann, Günter 141
Lachnit, Ingo 437
Lackerbauer, Ilse 469
Lackó, Miklós 373
LaCour, Vilhelm 245
Lacour-Gayet, Robert 249
ladd, Everett Carll 391
Lademacher, Horst 16 29 81 101 111
Lades, Hans 93
Ladner, Gottlieb 303
Lador-Lederer, J. J. 8
Lärmer, Karl 173
Laerum, Erik 427
Laeuen, Harald 317
Laffargue, A. 444
Laffargue, André 25
Lafferty, W. M. 245
Lafore, Laurence 8 421
LaFrancesca, Salvatore 285
Lagebesprechung im Hauptquartier Hitlers 437
Lager Bergen-Belsen 196
Lagevorträge des Oberbefehlshabers der Kriegsmarine 437
Lagus, Karel 213
Laitenberger, Volkhard 59
Lambach, Frank 45
Lambert, Margaret 421
Lamberti, Marjorie 77
Lambi, Ivo N. 77
Lambton, Ann K. S. 399
Lamer, Mirko 490
Lamey, H. 427
Lamm, Hans 213
Lammers, Donald N. 237
Lamont, Corliss 358
Lamont, Lansing 472
Lamotte, P. 433
Lampe, David 245
Lampert, M. E. 339
Lamprecht, W. 225
Land, Hanne-Lore 62
Landau, Ludwik 321
Landau, Rom 412
Landau, Zbigniew 317 330
Landauer, Karl 379
Landes, David S. 16
Landman, Lynn 407
Landsborough, Gordon 449
Lane, Arthur Bliss 317
Lane, David Stuart 340
Lane, Frederic C. 490
Langbein, Hermann 198
Lange 79
Lange, Annemarie 81
Lange, Dieter 176 203
Lange, Gisela 427

Lange, Hermann 101
Lange, Karl 25
Lange, Karlheinz 101
Lange, Par-Adolf 291
Lange, Peer Helmar 348
Lange, Wolfgang 462
Langenbach, Hans J. 54
Langer, Hans-Otto 207
Langer, William L. 384 421
Langewiesche, Dieter 77 79 130
Langgärtner, Karl 154
Langhardt-Söntgen, Rainer 449
Langhorne, Richard 237
Langkau-Alex, Ursula 203 219
Langley, J. Ayodele 412
Langner, Albrecht 60
Langsam, Walter Consuelo 8 16 418
Lankenau, Bernhard Heinrich 433
Lansing, Augusta E. 313
Lantier, M. 465
Lanz, Hubert 427
Lapide, Pinchas E. 291
LaPradelle, Albert de 8
Lapter, Karol 130 168 237
Laqueur, Walter 45 54 124 340
Larin, P. A. 333
Larmour, Peter J. 258
LaRobrie, Jean de 16
Laroche, Jules 328
LaRosa, A. 276
Larsson, Curt O. 245
Larsson, Lars Olof 183
LaRuche, Francis 245
Lasch, Christopher 360
Lasch, Otto 462
Laschitza, Horst 219
Laser, Kurt 173
Lash, Joseph P. 499
Laski, Harold Joseph 232 379
Laskovsky, Nikolas 360
Laslett, John H. M. 391
Lass, Edgar Günther 469
Lass, Hans Detlef 412
Laštovička, Bohuslav 313
Laštovka, V. 313
László, Zsigmond 372
Lateinamerika 395
Laternser, Hans 437
LaTerza, Pierluigi 272
LaTorre, Michele 279
Latour, Anny 253
Latour, Conrad Franchot 168 179
Latourette, Kenneth Scott 402 407
Latraille, André 418
Lattimore, Owen 402
Lattre de Tassigny, Jean de 465
Latviešu tautas cina lielajā tēvijas karā 332
Laubach, Ernst 93
Lauermann, K. Werner 84
Laumière, Marc 412
Launay, Jacques de 8 253 268 418 499
Launey, Michel 442
Laurence, William L. 490
Laurens, Anne 258
Laurens, Franklin D. 262
Lauret, René 34
Laursen, Karsten 117
Lautloser Aufstand 190
Laver, James 8
Lavi-Löwenstein, Theodor 369
Lawrence, W. J. 485
Layton, Roland V. 179

Lazareff, Pierre 418
Lazarsfeld, Paul F. 379
Lazitch, Branko 366 407
Lazzati, Giulio 485
Lazzeretti, Appio Aldo 457
Leach, Barry A. 437
Lear, Elmer 404
Leasor, James 472 485
LeBar, Frank 409
Lebedev, N. I. 437
Lebendige Tradition 220
Lebenszeichen aus Piaski 321
Leber, Annedore 39 191
LeBourdais, D. M. 393
Lebovics, Herman 54
Lebow, Richard Ned 29
Lebram, Hans-Heinrich 465
Leccisotti, Tommaso 449
LeChêne, Evelyn 198
Leckie, Robert 472
LeCorbeiller, J. 399
LeCoutre, Ulrich 333
Lecuir, Jean 485
Ledeen, Michael A. 285
Lederer, Ivo J. 353
Lederer, Wilhelm 469
Lederer, Zdenik 199
Léderrey, Ernest 455 457
Ledesma Miranda, Ramón 229
Lee, Asher 348 485
Lee, Bradford A. 237
Lee, Dwight E. 16 168
Lee, Marshall MacDowell 111
Lee, Rose Hum 391
Leeb, Emil 157
Leens, Alain 444
Leeuw, A. J. van der 268
Lefebvre, Georges 249
Lefranc, Georges 258
Left-wing-intellectuals between the wars 16
Legende von Hitler und der Industrie 146
Legnani, Massimo 253 272 276
LeGoaster, J. 485
Legón, Faustino 395
LeGoyet, Pierre 258 444 450
LeGris, Claude 393
Legum, Colin 412
Lehbrink, Hellmut 450
Lehmann, Hans 84
Lehmann, Hans Dietrich 130
Lehmann, Hans Georg 490
Lehmann, Hartmut 8 45 303
Lehmann, Horst 141
Lehmann, Klaus 217
Lehmann-Haupt, Hellmut 179 183
Lehnert, Detlef 50
Lehnsdorff, Steffen 117
Lehrbuch für den Geschichtsunterricht 39
Lehrer und seine Organisation 59
Leibbrand, Robert 199
Leiber, Robert 187 219
Leichter, Otto 298 301
Leidel, Herbert 94
Lejeune, Léo 268
Leigh, Michael 384
Leighton, Richard M. 437 438 499
Leiser, Erwin 141 183
Leiser, Wolfgang 154
Leiserson, William M. 391
Leites, Nathan 258
Leithäuser, Joachim G. 168

LeMay, G. H. L. 232
Lemberg, Eugen 308 313 316
Lemberg, Hans 16
Lemiesz, Wiktor 193
Lemonnier, André 465 490
Lenczowski, George 398 399
Leneman, Léon 356
Lengemann, Rolf 154
Lenk, Kurt 124
Lenkavsky, Stepan 360
Lens, Sidney 379
Lensen, George Alexander 353 499
Lenz, Friedrich 222 459
Lenz, Rudolf 64
Lenz, Wilhelm 162
Leon, George B. 364
Leon, Paul 8
Leoncini, Francesco 313
Leonhard, Götz 154
Leonhard, Susanne 348
Leonhard, Wolfgang 340
Leoni, Mario 478
Leonti, Theo 360
Lepkowski, Tadeusz 317
Lepotier, Amiral 465
Lepper, H. 79
Leppert-Fögen, Annette 176
Leppien, J.-P. 62
Lepsius, Mario Rainer 94 150
Lequiller, Jean 404
Lequin, Yves 16
Lerecouvreux, Marcel 253 444
Lerg, Winfried B. 59 179 180 493
Lerner, Daniel 141 375
Leroux, Roger 465
Lersner, Dieter Frhr von 207
Lesch, Hans 478
Leščinski, L. M. 45
Lesouef, Pierre 29
Lestien, Général 444
Lethen, Helmut 124
LeTourneau, Roger 413
Lett, Gordon 276
Lettrich, Jozef 313
Letzte deutsche Waffen 492
Leuchtenburg, William E. 376 391
Leuner, Heinz David 193
Leuschen-Seppel, Rosemarie 74
Leuschner, Joachim 141 154 162
Leutze, James R. 237 499
Lévai, Jenö 373
Leval, Gaston 291
Lévêque, Maurice 490
Levering, Ralph B. 384
Leverkuehn, Paul 493
Levi, A. 478
Levi, Arrigo 348
Levi, Werner 407
Lévigne, Cathérine 264
Levin, Dov 333
Levin, Nora 213
Levine, Daniel 245
Levine, Herbert S. 141 213 321
Levine, Robert M. 395
Levinson, Olga 413
Levitt, Theodore 490
Lévy, Claude 253
Lévy, Richard S. 74
Levy, Roger 402
Lewandowski, Józef 328
Lewerenz, Lilli 29
Lewin, A. 325
Lewin, E. 321
Lewin, Herbert S. 141

Lewin, Isaak 321
Lewin, Ronald 450 493
Lewy, Günter 168 187
Lewytzkyj, Borys 348
Lexikon der Großen Sozialistischen Oktoberrevolution 342
Lexikon des Zweiten Weltkrieges 418
Lexikon zur Geschichte und Politik im 20. Jahrhundert 8
Lexique de la résistance 253
L'Huillier, Fernand 16 262 288 399
Li Chien-nung 407
Li Dun J. 407
Li Tieh-tseng 402
Liang, Hsi-Huey 94 408
Liao Kai-lung 408
Lias, Godfrey 399
Libal, Michael 404
Libera, Kurt 433
Liberalismus und imperialistischer Staat 74
Lichem, Heinz von 25
Licht über dem Abgrund 207
Lichtenstein, Erwin 213 332
Lichtheim, George 16
Liddell Hart, Basil Henry 346 348 418 427 442 444 465 499
Lidderdale, D. W. S. 258
Lidtke, Vernon L. 50 74 77 124
Lie, Trygve 245
Liebe, Werner 101
Lieber Stürmer 184
Liebman, Marcel 348
Liebs, Ludwig 59
Liepe, Karl-Martin 111
Liermann, Hans 207
Liesebach, Ingolf 54
Lieuwen, Edwin 395
Life's picture history of World War II 419
Ligou, Daniel 258
Limburg, Albert Otto 180
Linck, Hugo 207
Lindberg, Hans 245
Linde, Gerd 29 472
Lindemann, Eva 84
Linden, H. J. 450
Linden, Hans Jürgen 455
Lindenberg, Christoph 146
Lindgren, Raymond E. 245
Lindop, Edmund 377
Lindqvist, Ola 150
Ling Nai-jui 408
Lingelbach, Karl Christoph 183
Link, Arthur S. 377 384 391
Link, Werner 69 94 111 162 193 203 385
Linke, Horst Günther 111
Linkenheil, Rolf Dieter 45
Linklater, Eric 450
Lin'kov, G. M. 345
Linn, Dorothee 213
Linse, Ulrich 65 86 120 130
Linsen, Albrecht 180
Linz, Norbert 313
Lipgens, Walter 15 16 64 193
Lipiński, Jerzy 478
Lippelt, Helmut 111
Lippert, H. M. 268
Lippisch, Wolfgang 173
Lippmann, Walter 499
Lipscher, Ladislav 313
Lipschits, Isaac 262

Lipsky, George A. 399
Lipson, Ephraim 16
Lipták, Lubomir 313
Lisac, A. Lj. 366
Liss, Ulrich 444
Lista strat kultury polskiej 331
Listl, Joseph 59
Listovki Moskovskoj organizacii bol'-
 ševikov 348
Listowel, Countess of 493
Liszkowski, Uwe 348
Litany, Dora 369
Literarisches Leben in der Weimarer
 Republik 124
Literatur im Klassenkampf 124
Literatur und Rundfunk 1923–1933
 124
Literatur und Widerstand 193
Littel, Franklin H. 187
Littell, Franklin H. 205
Littlejohn, David 499
Littman, David 413
Litván, Gy. 262
Liu, F. F. 408
Liveanu, V. 369
Livencev, V. 360
Liversidge, Douglas 490
Livet, Georges 253
Livingstone, William Samuel 229
Livorsi, Franco 279
Livre d'or de la résistance luxembour-
 geoise 268
Lizarza Iribarren, Antonio 291
Lloyd, E. M. H. 399
Lloyd, T. O. 229
Lloyd, William Bross 295
Lobanov, V. E. 455
LoBello, Nino 288
Locarno und die Weltpolitik 1924–1932
 8
Locarno-Konferenz 1925 111
Lochmann, Gustav 469
Lochner, Louis Paul 54
Locke, Robert R. 16
Lockhart, Sir Robert Bruce 343
Lockwood, Charles Andrews 472
 478
Lockwood, William W. 404
Lodge, O. R. 472
Lodi, Angelo 485
Lodolini, Elio 279
Löbbe, Friedrich 117
Loeber, Dietrich A. 334
Löding, Dörte 23
Loeff, Wolfgang 493
Lönne, Karl-Egon 180
Lönnroth, Erik 245
Loesch, Achim von 117
Lösche, Peter 70 391
Loewenberg, Peter 39 141
Loewenheim, Francis L. 168
Loewenstein, Bedrich 313
Löwenstein, Hubertus Prinz zu 34
Löwenstein, Julius I. 70
Loewenstein, Karl 213
Loewenthal, Rudolf 360
Loewy, Ernst 183
Lohalm, Uwe 101
Lohe, Eilert 94
Lohmann, Walter 427
Lohner, Robert 154
Lohse, Gerhart 427
Loi nazie en France 253
Loi, Salvatore 450

Lokarnskaja konferencija 1925 16
Lombard, Maurice 253
Lombardi, Gabrio 272
Londei, Italo 276
Long, Gavin 415 450 472
Long generation 37
Long, John 340
Longley, David 340
Longo, Luigi 272 276 291
Longrigg, Stephen-Hemsley 399
Loo, Frank van 465
Loock, Hans-Dietrich 162 246 442
 499
Loose, H.-D. 130
Lopka, Karl Heinz 94
Lorbeer, Hans-Joachim 499
Lord, Walter 472
Loren, Karl 199
Lorenz, Eckehart 45
Lorenz, Reinhold 303
Lorenz, Richard 356 358
Lorenzelli, Dante 427
Lorwin, Val. R. 264
Lory, Marie-Joseph 18
Losemann, Volker 183
Losos, Joseph O. 379
Losseff-Tillmanns, Gisela 54
Łossowski, Piotr 111 328 333
Loth, Heinrich 70
Loth, Wilfried 253
Lott, Arnold S. 478
Lotta nel suo corso 276
Lotteraner, Max 305
Loubet del Bayle, Jean Louis 258
Louis, William Roger 29 229 237 385
Lovell, Colin Rhys 232
Loverdo, Costa de 361 450
Low, Alfred D. 303
Low, D. A. 413
Lowczowski, Gustaw 328
Lowe, C. J. 283
Lowe, P. 237
Lowenfeld, Andreas F. 221
Lowenthal, Ernest Gottfried 210
Lowenthal, Richard 101
Lower, Arthur R. M. 393
Loycke, Ernst 187
Loyrette, J. E. L. 262
Lu, David John 404
Luban, Ottokar 70 74
Lubecki, Leon 321
Lubell, Samuel 379
Lucas, Erhard 74 94 130
Lucas, James 141
Luchaire, F. 413
Luchsinger, Fred 295
Luciri, Pierre 295
Lucke, Ch. von 427
Luczak, Czeslaw 321 330
Ludat, Herbert 18 45 341
Ludewig, Hans-Ulrich 117
Ludlow, Peter W. 203 499
Ludnosc cywilna w powstaniu Wars-
 zawskim 325
Ludšsuvejt, W. 375
Ludwig, Carl 295
Ludwig, Eduard 298
Ludwig, Emil 23
Ludwig, Gerhard 8
Ludwig, Karl-Heinz 173 485
Ludwig, Max 213
Lüdde-Neurath, Walter 469
Lüdecke, Willi 125
Lüders, Martin 246

Lüke, Rolf E. 18
Lükemann, Ulf 141
Lueken, Wilhelm 207
Lüpsen, Foko 207
Lütge, Friedrich 34 490
Lütge, Wilhelm 395
Lüth, Erich 62 183
Lüth, Marlis 162
Lüthi, Max 162
Lüthy, Herbert 413
Luft, Gerda 213
Lufta nacional-clirimtare e popullit
 shqiptar gjatë luftës së II botërore
 362
Luftschlacht um England 485
Lugand, Lieutenant-Colonel 444
Luihn, Hans 246
Lukács, Georg 39 146
Lukacs, John 288 418
Lukas, Richard C. 333 486 499
Lukaszewicz, Witold 326
Luke, Sir Harry 399
Lukeš, František 313
Luksich-Jamini, Antonio 276
Lundeberg, Philip K. 478
Lundgreen, Peter 237
Lundin, C. Leonhard 337
Lundstrom, John B. 472
Lunestad, Geir 385
Lunke, E. W. 125
Lupke, Hubertus 404
Lupul, Johann 213
Luraghi, Raimondo 276 279
Lusar, Rudolf 478 490
Lussu, Emilio 288
Luterbacher, Urs 8
Luthardt, Wolfgang 119
Luther, Christian 207
Luther, Hans 111 253
Luther, Karl Heinz 130
Luther, Michel 345
Lutter, Horst 450
Lutz, Heinrich 29
Lutz, Hermann 45 141 162
Lutzhöft, Hans-Jürgen 39 442
Lux, Eugen 486
Luža, Radomir 303 313
Luzzatto, Gino 285
Lyall-Grant, I. H. 444
Lyautey, Pierre 253
Lyman, Richard W. 232
Lynar, Ernst Wilhelm Graf 29
Lyttelton, Adrian 279

Maamjagi, V. A. 334
Maas, Gerard 268
Maas, Walter 174
Maass, Bruno 105
Maass, Walter B. 269 298
Maatz, Helmut 62
Mabire, Jean 141 469
Mabro, Robert 413
Macartney, Carlyle Aylmer 298 373
McBriar, Alan Marne 232
McCamy, J. L. 385
McCarran, M. Margaret Patricia 232
McCarthy, Dudlly 472
Macciocchi, Maria-Antonietta 176
McCloughry, E. J. Kingston 438
McCloy, John Jay 193
McClymont, W. G. 450
MacCormick, J. M. 232
McCoy, Donald R. 379
McCracken, John L. 242

McCurtain, Edmund G. 391
MacDonald, C. A. 18 174
MacDonald, Charles Brown 427 465
McDonald, Forrest 377
McDougall, Walter A. 263
McDowell, R. B. 242
McElwee, William 229
McEwan, P. J. M. 413
Machalski, T. 440
Machefer, Philippe 258 413
Maciejewski, Marek 199
Macijauskas, J. 427
McInnis, Edgard 393
Macintyre, Donald 442 450 472 478
McIntyre, Jill 176
Macintyre, Stuart 232
Macintyre, Stuart Hull 385
McIntyre, W. David 229
MacIsaac, David 486
Maciulis, Petras 334
Mack, Karlheinz 328
McKale, Donald 213
McKale, Donald M. 141
McKay, Donald 385
MacKee, Alexander 427 466 486
Mackensen, Eberhard von 457
Mackenzie, Kenneth 237
McKenzie, Robert Trelford 232
McKibbin, R. I. 141
McKibbin, Ross 232 241
Mackiewicz, Joseph 321
Mackiewicz, Stanislaw 317
Mackintosh, John M. 233
Mackintosh, John Pitcaim 232
Mackirdy, K. A. 415
Mačko, A. N. 326
Macksey, Kenneth 418 450
MacLachlan, Donald 493
McLane, Charles B. 353 408
McManners, John 265
MacMichael, Sir Harold 413
Macmillan, William Miller 413
McMullen 168
McNaught, Kenneth 393
McNeal, Robert H. 340 348
McNeill, William H. 18 502
McRandle, James H. 141
McSherry, James E. 353
Maculenko, Viktor Antonovič 462
McVickar-Haight, J. 385
Madajczyk, Czesław 321
Madan, N. N. 472
Madariaga, Salvador de 291
Maddox, Robert James 385
Mader, Julius 493
Maderegger, Sylvia 305
Madison, Charles A. 379
Maechtle, Lowell E. 433
Maehl, William Harvey 29 50
Maertz, Joseph 466
Märzkämpfe 1921 94
Maestri, Delmo 286
Maetzke, Ernst-Otto 295
Maeztu, Ramiro de 291
Magenheimer, Heinz 457 462
Magistrati, Massimo 168 283
Magle, Hans 246
Magli, Giovanni 450
Magnus, Arthur W. von 395
Magos, György 373
Mahajan, Vidya Dhar 410
Mahrad, Ahmad 111
Mai, Joachim 54 70 462
Majdalany, Fred 427 450

Majdanik, K. L. 291
Maier, Albert 8
Maier, Charles S. 18
Maier, Hedwig 222
Maier, Klaus A. 111
Maier, Reinhold 22
Maier-Hultschin, J. C. 203
Maier-Schirmeyer 8
Majewski, Ryszard 427
Maigne, Jan 466
Mailer, Norman 472
Maimann, Helene 301
Maine-Lombard, Pierre 444
Maione, Giuseppe 285
Major, Robert 373
Majorov, S. M. 343
Maire, Catherine 332
Maisky, Ivan 162
Maitron, Jean 258
Makarenko, Jakov 455
Makers of modern strategy 8
Maki, John M. 402
Making of modern Europe 18
Makowski, Józef 427
Malachov, M. M. 462
Malanin, K. A. 462
Malanowski, Wolfgang 87 111 162 168
Malara, Jean 328
Malcuzynski, Karol 325
Male, D. J. 356
Malefakis, Edward E. 291
Malfèr, Stefan 303
Malizia, Nicola 450
Mallebrein, Wolfram 433
Mallmann, Marion 183
Malloy, James M. 395
Maltitz, Horst von 135
Malvezzi, Piero 276 325 499
Mamatey, Victor S. 313 385
Mamatey, Viktor S. 311
Mammach, Klaus 101 120 193 219
Man, Hendrik de 444
Manacorda, Gastone 279
Manacorda, Giuliano 286
Manchester, William 377
Mancinelli, Giuseppe 450
Mandell, Richard D. 150
Mandeng, Patrice 70
Mandere, H. Ch. G. J. van der 8
Manera, Enrique 291
Manevy, Raymond 265
Mangelsdorf, Robert 12
Mangin, Louis-Eugène 263
Manly, Chesly 377
Mann, Bernhard 29 81
Mann, Golo 39 70 222
Mann, Reinhard 193
Mann, Rosemarie 226
Mann, Willy 84
Manne, Robert 237
Manninen, Ohto 337
Manning, A. F. 269 288
Manning, C. A. W. 237
Manning, Clarence A. 334 343 360 499
Mannwell, Roger 146
Manousakis, Gregor 364
Mansergh, Nicholas 228 229 237 413
Månsson, Olle 246
Mantello, H. H. 478
Mantoux, Etienne 29
Mantoux, Paul 8
Mantran, Robert 375

Mantzke, Martin 160
Manuel, Frank E. 283
Manusevič, A. J. 308
Manvell, Roger 8
Mao Tse-tung 408
Mao's China 406
Maravigna, Pietro 450
Marayati, Abid A. al 399
Marchand, C. Roland 391
Marchese, Stelio 263
Marchesi, Francesco M. 279
Marchesini, Daniele 286
Marchetti, Luciana 285
Marcon, Helmut 117
Marcovitch, Lazare 237
Marcus, Ernst 162
Marcus, John T. 258
Marczewski, Jerzy 81 321
Marder, Arthur J. 232 450
Margaliot, Abraham 213
Marguerat, Philippe 174
Mari, Giuseppe 276
Marjanović, Jovan 366
Marjanović, Milan 366
Marienfeld, Wolfgang 70
Marin, Louis 444
Marina italiana nella guerra di liberazione 478
Marina italiana nella seconda guerra mondiale 478
Marina militare italiana nel Mar Nero 478
Marine und Marinepolitik im kaiserlichen Deutschland 70
Mark, Bernard 321 325 499
Markert, Werner 18 41 340 348 354 366
Markin, Ilja Ivanovič 462
Markmann, Heinz 141
Markowitz, Marvin D. 413
Markowsky, Reinhold 226
Marks, Sally 8
Markus, Gustav 369
Márkus, L. 373
Markus, Vasyl 313 360
Marlewsky, J. 168
Marlow, John 238
Marlowe, John 399
Marom, Ran 353
Maron, Karl 455
Marot, Jean 445
Marquard, Leo 413
Marquez, Adalia 472
Marrus, Michael R. 264
Marsalek, Hans 199
Marsanich, A. de 279
Marschal, Leopold 321
Marschall, Wilhelm 193
Marseille, Jacques 263
Marshall, Charles Burton 385
Marshall, Geoffrey 232
Marshall, Samuel Lyman Atwood 466
Martelli, George 413
Martens, Allard 269
Martens, Erika 180
Martin, Bernd 8 162 499
Martin, Bradford G. 70
Martin, James J. 379
Martin, James V. 409
Martin, Laurence W. 18
Martin, Raymond 141
Martin Vargas, Pedro 413
Martiny, Martin 130

Martínez Bande, José Manuel 291
Martovych, Oleh 360
Marvaud, Angel 291
Marwedel, Ulrich 499
Marwick, Arthur 8 229 232
Marx, Landgerichtspräsident 214
Marx, Roland 229
Marzian, Herbert G. 62 132 328
Masani, M. R. 410
Masani, R. P. 410
Masci, Manlio 276
Maseng, Einar 246
Maser, Werner 146
Maserati, Ennio 366 450
Mashberg, Michael 385
Mason, A. 232
Mason, Alpheus Thomas 379
Mason, David 418
Mason, Henry L. 269
Mason, John Brown 328
Mason, Philip 413
Mason, Tim 174 176
Massara, Enrico 272
Massell, Gregory J. 360
Massenspiele 183
Massigli, René 375
Massip, Roger 168
Massola, Umberto 276
Masson, André 409
Masson, Philippe 478
Mast, Charles 263 450
Masterman, John C. 493
Masterpieces of war reporting 418
Masters, Donald C. 393
Mastny, Vojtech 313 353 499
Masur, Gerhard 18
Maszalanka, Bronisław 418
Matei, Gheorghe 369
Materialien zum politischen Richtungsstreit in der deutschen Sozialdemokratie 75
Materialy archiwalne z okresu 2. wojny światowej 321
Matern, H. 117 120
Materna, Ingo 130
Mathews, Thomas 395
Mathias, Jean 450
Mathiopoulos, Basil P. 364
Mathiot, André 232
Mathot, René 438
Matis, Herbert 305
Matkovski, Aleksandar 366
Matl, Josef 18
Matloff, Maurice 353 377 438
Matsumoto, K. 404
Matt, Alphons 295
Mattfeldt, Rudolf 391
Mattheier, Klaus 45
Matthews, Herbert L. 291
Matthias, Erich 29 30 50 75 84 87 94 101 218 219
Matthies, Marie 59
Mattick, Paul 391
Matveev, V. A. 168
Matzerath, Horst 147 154
Mau, Hermann 135 150
Mauersberger, Volker 125
Maughan, Barton 450
Maurach, Bruno 321 440
Maurach, Reinhart 348
Maurel, Micheline 199
Maurer, Ilse 94 97
Maurois, André 18 377
Maurseth, Per 246

Maury, Louis 199
Mausbach-Bromberger, Barbara 226
Maxon, Yale Candee 404
May, Arthur J. 298
May, Ernest R. 385 499
Mayda, Giuseppe 285
Mayer, Arno J. 18 30
Mayer, Daniel 253
Mayer, George H. 377 379
Mayer, Gustav 70
Mayer, Martin 391
Mayer, Milton 135
Mayer, Ulrich 226
Mayer-Jesse, Ilse 111
Mayer-Maly, Dorothea 306
Mayeur, Jean-Marie 265
Mayr, Kaspar 18
Mayran, Camille 253
Mazor, Michel 135 142 174 214 269 325
Mazour, Anatole G. 337 340
Mazurowa, Kazimiera 263
Mazzatosta, Teresa Maria 286
Mazzetti, Massimo 279
Mazzolari, Primo 286
Mead, Robert O. 258
Meaker, Gerald H. 291
Mecham, John Lloyd 377
Mechanicus, Philip 199
Męclewski, Alojzy 154
Meder, Walter 348
Méditerranée de 1919 à 1939 18
Medlicott, W. N. 168 229 236 238 421 490
Meesmann, Otto 427
Meeting on The history of the resistance movements in Europe 193
Megerle, Klaus 111
Mégret, Maurice 493
Mehden, Fred R. van der 402
Mehl, Lutz 490
Mehnert, Gottfried 30
Mehnert, Klaus 356 399
Mejcher, Helmut 70 241
Mejdunarodnyé otnosenija na Dal'nem Vostoké 402
Meier, Ernst 45
Meier, Heinz K. 295
Meier, John Alexander 183
Meier, Kurt 125 187 207
Meier-Dörnberg, Wilhelm 478
Meier-Jensen, Konrad 246
Meier-Scherling 154
Meier-Welcker, Hans 25 34 45 105 279 438
Meinander, Ragnar 337
Meinck, Gerhard 150 157
Meinck, Jürgen 46
Meinecke, Friedrich 135
Meinhardt, Günther 59 130
Meininger, Herbert 180
Meise, Wilhelm 427
Meisels, Lucian Otto 385
Meisner, Heinrich Otto 46
Meisner, Maurice 408
Meiss, Klaus-Dietrich 162
Meissner, Boris 334 340 348 353 438
Meißner, Erich 39
Meissner, Hans Otto 87 147
Meissner, Lucjan 321
Meissner, Toni Richard 180
Meister, Johannes 154
Meister, Irene W. 353
Meister, Jürg 441 450 455 472 478

Meister, Ulrich 469
Meisterhans, Paul Georg 269
Mekarski, Stefan 321
Mekki Abbas 413
Melbourne, Roy M. 369
Melchers, E. T. 466
Meldungen aus dem Reich 493
Mélèse, Pierre 393
Melgunov, S. P. 343
Melin, Ingvar 337
Mellenthin, F. W. von 427 438
Mellor, D. P. 490
Mel'nikov, Daniil Efimovič 217 222
Mel'nikov, Ju. M. 385
Mel'nikova, I. N. 313
Melnyk, T. W. 486
Melodia, Giovanni 199
Melograni, P. 30
Melograni, Piero 285 286
Melosi, Martin V. 472
Melzer, Walther 427 445 455
Memming, Rolf Blikslager 226
Menaché, Alb. 199
Mencl, V. 313
Mende, Dietrich 22
Mendelssohn, Peter de 241
Mendershausen, Horst 54
Meneghello-Dinčić, Kruno 366
Menger, Manfred 30 46 162 246 490 499
Menges, Franz 94 130
Menges, Jan 201
Mennekes, Friedhelm 130
Mennel, Rainer 438 450 466
Mensch im Wandel der Zeiten 8
Menschen im Exil 219
Menschen vor dem Volkstod 313
Menschenverluste der Hansestadt Hamburg 427
Menu, Charles-Léon 445
Menze, Hugo 111
Menzel, Johanna M. 500
Menzel, Karl-Heinz 238
Menzel, M. 111
Menzel, Ulrich 408
Menzel, Walter 94
Mercer, Charles 249
Meredith, Roy 377
Mergl, Georg 369
Merglen, Albert 402 450 472 486
Merker, Ludwig 423 457
Merkes, Manfred 168
Merkl, Peter H. 46 142
Merkzettel ... falls es vergessen sein sollte 142
Merli, Stefano 276 279
Merlier, Michel 413
Merlo, G. 276
Mermet, Pierre 433
Merriam, Robert E. 466
Mersch, Carole 269
Mersch durant la guerre 1940–1945 269
Meržanov, M. 462
Mesarić, V. 410
Meskil, Johanna Menzel 162
Mesnil-Amar, Jacqueline 253
Messe, Giovanni 451
Messerschmid, Felix 125
Messerschmidt, Manfred 70 142 157 433 438
Messner, Johannes 232
Métraux, Peter 183
Metzger, Hartmut 213

Metzmacher, Helmut 130 168
Metzsch, Friedrich-August von 427
Meulenbelt, J. 269
Meyer, Alice 295
Meyer, Christoph 142
Meyer, Folkert 62
Meyer, Franz 94
Meyer, Gert 356 357
Meyer, Gertrud 217 226
Meyer, Henry Cord 37 39
Meyer, Hermann 8
Meyer, Jacques 427
Meyer, Jean 395
Meyer, Jules-Hubert 466
Meyer, Klaus 340
Meyer, Kurt 427
Meyer, Michael 183
Meyer, Milton W. 402
Meyer, Richard Hemming 8
Meyer, Robert 418
Meyer, Werner 469
Meyer-Brenkhof, H.-J. 478
Meyerhoff, Hermann 226
Meyers, Reinhard 238
Meynell, Hildamarie 30
Miale, Florence R. 142
Miąso, Józef 321
Micaud, Charles Antoine 258
Miccoli, Giovanni 276 286
Michael, Franz H. 402
Michaelis, Herbert 40 85 136 418
Michaelis, Meir 272 285
Michaelis, Wilhelm 94
Michalka, Wolfgang 142 160
Michaux, Theo 479
Michel, Henri 193 199 214 253 254 418 433 479 500
Michel, Jean 199
Michelet, Edmond 199
Michelet, S. 199
Michels, Josef 457
Michie, Allan Andrew 466
Michmann, Joseph 269
Michowicz, Waldemar 328
Middeldorf, Eike 455 462
Middendorff, Friedrich 207
Middle East 399
Middlebrook, Martin 479 486
Middlemas, Keith 238
Middleton, Drew 385 486
Miège, Jean-Louis 18 283
Miege, Wolfgang 369
Miehsler, Herbert 361
Mielcke, Karl 84 111 112 162
Mieli, Renato 168
Mielke, Otto 479
Mielke, Siegfried 77
Mienski, Jazep 360
Mier, Waldo de 427
Migdat, Stefan 101
Mikat, Paul 187
Miklós, Szinai 372
Mikoletzky, Hanns Leo 298
Miksche, Ferdinand Otto 500
Mikuš, Joseph A. 313
Mil neuf cent quatorze – mil neuf cent dix-huit 249
Milanesi, Bruno 272
Milano, Attilio 272
Milatović, Mile 366
Milatz, Alfred 70 94 101
Milazzo, Matteo J. 366
Milberg, Hildegard 59
Milenković, Toma 366

Militär und Militarismus in der Weimarer Republik 105
Milkowski, Fritz 101
Millar, T. B. 415
Miller, A. F. 399
Miller, Charles 413
Miller, David W. 242
Miller, J. D. B. 229 415
Miller, Jane 269
Miller, John 472
Miller, Marshall Lee 363
Miller, Max 62
Miller, Susanne 30 50 87 101 301
Miller Lane, Barbara 142 183
Millett, John D. 438
Millikan, Gordon W. 180
Millis, Walter 377
Millot, Bernard 472
Mills-Roberts, Derek 427
Millu, Liana 199
Milne, R. S. 415
Milner, Samuel 472
Milosz, Czeslaw 334
Milward, Alan S. 18 246 490 491
Milza, Pierre 8 258
Minart, Jacques 258
Mine, I. I. 343
Mine, Rahel 214
Minerbi, Sergio I. 273
Mings, Stephen Daniel 500
Minney, Rubeigh 232
Minniti, Fortunato 279
Minott, Rodney Glisan 469
Minuth, Karl-Heinz 500
Miquel, Pierre 30
Mirabella, Bartolomeo 366
Mirandet, François 291
Mirbt, Karl-Wolfgang 193
Mirgeler, Albert 18
Mirnics, J. 373
Mirtschuk, Ivan 360
Misch, Axel 94
Misch, Carl 39
Misgeld, Klaus 203
Miskolczy, Julius 373
Missalla, Heinrich 22 187
Missalowa, G. 317
Mißtrauische Nachbarn 46
Mistele, Karl-Heinz 486
Mit der 1. Batterie der 3. SS-Flak-Abteilung 460
Mitchell, Allan 18 130
Mitchell, Arthur 242
Mitchell, Brian R. 18
Mitchell, Donald W. 348
Mitchell, Harold 395
Mitchell, Harvey 18
Mitchell, Richard H. 404
Mitrović, Andrej 30 112
Mitscherlich, Alexander 201
Mitteräcker, Hermann 298
Mitterrand, Jacques 288
Mittmann, Ursula 75
Mitzlaff, Hans Jürgen von 379
Mitzman, Arthur 258
Miyake, Masaki 404
Mlynárik, Ján 313
Mnichov v dokumentech 168
Mo Shen 404
Mockler, Anthony 500
Mocq, Jean-Marie 254
Moczulski, Leszek 440
Modern France 249

Moderne deutsche Sozialgeschichte 55
Moderne deutsche Wirtschaftsgeschichte 56
Modzelewski, Jan 317
Möckelmann, Jürgen 30
Möckl, Karl 81
Möckli, Werner 295
Möller, Horst 130
Mörchen, Helmut 125
Mörke, Fritz 462
Mogk, Walter 79
Mohl, Ulrich 421
Mohler, Armin 94 142
Mohn, Joseph 226
Mohr, Kurt 486
Mohr, Michael 493
Mohr, Ulrich 479
Mohr, Wilhelm H. 466
Mohrenschildt, Dimitri von 343
Moine, André 413
Moisuc, Viorica 369
Mokken, R. J. 168
Mokrus, Erwin 238
Molden, Otto 298
Molenda, Jan 321
Molho, Michael 364
Molin, Karl 246
Moll, Otto E. 157
Mollo, Andrew 144
Molnár, Miklós 373
Molt, Harro 112
Molt, Peter 30
Moltmann, Günter 46 162 193 385 421 500
Mommsen, Hans 51 94 97 117 130 150 154 214
Mommsen, Wilhelm 8 18 50
Mommsen, Wolfgang 30 413
Mommsen, Wolfgang Justin 23 70
Monelli, Paolo 273
Monger, George 238
Monghini, Antonio Serena 273
Monsarrat, Nicholas 479
Montagne, A. 466
Montagu, Ewen 493
Montanelli, Indro 273
Montaron, André 254
Monteil, Vincent 358
Montelone, Franco 286
Montero, Antonio 291
Montherlant, Henry de 254
Monticone, Alberto 23 30 286
Montigny, Jean 8
Moodie, G. C. 232
Mookherji, S. B. 402
Moore, John 8
Moore, R. J. 410
Moore, Rufus 466
Moorehead, Alan 343 493
Morand, E. 421
Morandi, Carlo 279
Morandi, Rodolfo 273
Moraw, Frank 219
Morazé, Charles 8 249 258 395
Mord an Rosa Luxemburg und Karl Liebknecht 87
Mordal, Jacques 254 440 441 442 445 450 466 479
Moreau, Patrick 101
Moreel, L. 254
Moreland, W. H. 410
Morenz, Ludwig 131
Moret-Bailly, Jean 433

Moretti, Franco 8
Morgan, David W. 102
Morgan, M. C. 18
Morgan, Philip 279
Morgan, R. P. 112 402
Morgen die ganze Welt 180
Morgenthau, Hans J. 379 385
Mori, Renato 283
Moring, Karl-Ernst 75
Morison, Samuel Eliot 377 438 450 472 479 486
Moritsch, Andreas 306
Moritz, Albrecht 70
Moritz, Erhard 321 436 438 453
Moritz, Günther 433
Morley, Felix 385
Morley, James William 343 404 405
Morón, Guillermo 395
Morosov, V. P. 462
Morquin, M. G. 254
Morris, James 399
Morris, James O. 391
Morris, Ivan 404
Morris, L. P. 360
Morris, Richard B. 377 379
Morris-Hale, Walter 229
Morrison of Lambeth, Lord Herbert Stanley 232
Morrow, Howard 70
Morsey, Rudolf 46 59 94 102 130 147 150 207 219 265
Morti e dispersi per cause belliche nelle anni 1940–1945 273
Morton, A. L. 241
Morton, Louis 353 405 418 438 473
Morzik, Fritz 486
Mosbach, Otto 50
Mosca, R. 263
Moscati, Ruggero 283
Moscotti, Albert D. 409
Mosely, Philip E. 353 385 500
Moser, Jonny 305
Moses, John A. 68 70 75
Mosler, Hermann 500
Mosley, Leonard 399 485
Moss, W. Stanley 174
Mosse, George L. 18 39 120 121 135 176
Mosse, Werner E. 76 119
Moszynski, Remigiusz 322
Motschmann, Claus 94
Mottek, Hans 35
Motter, T. H. Vail 385
Moulis, Vladislav 163
Moulton, J. L. 442
Mountbatten of Burma, Louis Earl 473
Mouret, Georges 254
Mourin, Maxime 8 18 35 168 263 279 288 373 445 500
Mouskhely, M. 348
Mousson-Lestang, J. P. 246
Mowat, Charles Loch 229
Moyer, James E. 391
Moyer, Laurence van Zandt 142
Moyzisch, Ludwig Carl 493
Mozer, Alfred 269
Mrázková, Daniela 455
Mucs, Sándor 373
Mudrich, Heinz 125
Mühleisen, Hans-Otto 450
Mühlich, Ludwig 95
Müller, Alfred 25
Müller, Dirk H. 75

Müller, Eberhard 357
Müller, Fritz Ferdinand 70
Müller, Georg 35
Müller, Gerhard 87 183
Müller, Hans 125 142 187
Müller, Hans Dieter 178
Müller, Hans-Harald 102
Müller, Helmut 469
Müller, Jakob 54
Müller, Karl Valentin 313
Müller, Karlheinz 62
Müller, Klaus 77 117
Müller, Klaus-Jürgen 40 105 157 258 263 418 445 479 500
Müller, Markus 176
Müller, Martin 348
Müller, Norbert 455
Müller, Richard 39
Müller, Sebastian F. 125
Müller, Sepp 330
Müller, Theo 479
Müller-Armack, Alfred 18
Müller-Brandenburg, Hermann 158
Mueller-Graf, Carl H. 39
Müller-Hegemann, Dietfried 142
Mueller-Hillebrand, Burkhart 158 438
Müller-Link, Horst 70
Müller-Werth, Herbert 95
Müllerheim, F. 214
Münch, Hermann 314
Münch, Willy 18 112
München, 29. September 1938 168
München 1938 168
Münchheimer, Werner 222
Münz, Max 214
Müssener, Helmut 203
Muhammad Morsey Abdullah 399
Muhr, Josef 30
Munch, P. 246
Munch-Petersen, Thomas 337
Munck, Ebbe 246
Muncy, Lysbeth W. 70
Mund-Heller, Rudolf 222
Mundu, Mon'a 413
Munholland, J. Kim 18
Munthe-Kaas, O. 442
Munz, Alfred 264
Munzel, Oskar 427 457
Muraise, Eric 450
Muralt, Alexander von 142
Murarka, Dev 340
Murawski, Erich 428 433 462
Murder of a nation 334
Murdock, Eugene C. 500
Muriev, D. Z. 457
Murphey, Francis X. 473
Murphy, George G. S. 402
Murphy, Thomas D. 428
Murphy, W. E. 450
Murray, John 241
Murray, John J. 14
Murray, Sir Keith A. H. 491
Musiol, Theodor 199
Musmanno, M. A. 469
Musmanno, Michael Angelo 500
Mussatti, James 379
Musselmann, Edgard 95
Muth, Heinrich 46 84 87 135
Mveng, Engelbert 413
My obvinjaem 334
Myers, Duane P. 112
Myers, E. C. W. 364
Myllyniemi, Seppo 334

Myška, Milan 314
Mysyrowicz, Ladislas 254

Na'aman, Shlomo 46
Nachbarn seit tausend Jahren 35
Nachrichtenhelferinnen der ehemaligen Waffen-SS 428
Nadler, Fritz 226 469
Nadolny, Sten 112
Näf, Werner 295
Naegelen, Marcel Edmond 249
Nagai, Takashi 473
Nagel, H. 246
Nagle, Thomas Wheeler 238
Nagy, Laszlo 343
Nagy-Talavera, Nicholas M. 418
Najdus, W. 317
Najnowsze dzieje Polski 319
Naitza, Giovanni B. 283
Nalepa-Orlowska, Irma 440
Namier, Sir Lewis Bernstein 19 135
Namier, Sir Louis Bernstein 46
Nano, F. C. 345
Narkiewicz, Olga A. 326 349
Národni fronta a komunisté 307
Narr, Wolf-Dieter 65
Nasarski, Gerlind 59
Nasarski, Peter 58
Nasarski, Peter E. 330
Natale, Gaetano 273
Natale, Stefania 285
Nationalisme entre les deux guerres 95
Nationalsozialismus 142
Nationalsozialismus und die deutsche Universität 184
Nationalsozialistische Außenpolitik 160
Nationalsozialistische Konzentrationslager 198
Nationalsozialistisches Herrschaftssystem 134
Natzmer, O. von 419
Naujoks, Eberhard 64 70 79
Naumann, Hans-Günter 30
Naumann, Horst 102
Nauss, Fritz 264
Navickas, K. 334
Nawrocki, Stanislaw 322
Naylor, John F. 238
Nazi party year book 142
Nazis in Africa 163
Neale, R. G. 414
Neave, Airey 493
Nebel, Theobald 214
Nebollieff, Michael 361
Neck, Rudolf 297 298 299 301
Necsa, Th. 369
Nederlandsch-Indië onder Japanse bezetting 402
Nederlands-Indie contra Japan 473
Nedorezov, A. I. 314
Needler, Martin 95
Négociations militaires entre l'URSS, la Grande bretagne et la France 421
Negotiating with the Russians 353
Negru, Mircea 361
Nehring, Günther 469
Nehring, Walther K. 469
Nehru, Jawaharlal 410
Neill, Wilfred T. 402
Nekrič, A. 238 349 421
Nellessen, Bernhard 291
Nello, Paolo 286

Nelson, Daniel J.   500
Nelson, Harold Ira   30
Nelson, Keith L.   112
Nelson, Steve   292
Německá otázká a Československo   314
Nemecko-fašistkij okkupacionnyi režim   345
Německý imperialismus proti ČSR   110
Nemes, Dezsö   373
Nenni, Pietro   292
Néré, J.   438
Nere, J.   491
Néré, Jacques   8 249
Nesti, Arnaldo   285
Nestler, Ludwig   322
Nether, Bernhard   328
Nettl, John Peter   340
Netzband, Karl-Bernhard   95
Netzer, Hans-Joachim   59 292
Neu, Heinrich   95
Neubach, Helmut   81
Neubauer, Helmut   37 130 340
Neubert, Friedrich Paul Harald   163
Neue Dokumente zur Geschichte des Münchener Abkommens   166
Neue Forschungen zu Grundproblemen der badischen Geschichte   61
Neue Quellen zur Geschichte Preußens im 19. Jahrhundert   62
Neuerburg, Otto K. W.   479
Neugebauer, Otto   214
Neugebauer, Wolfgang   300 305
Neuhäusler, Johann   199 207
Neuhaus, Barbara   219 455
Neu-Isenburg zwischen Anpassung und Widerstand   226
Neumann, Franz   142
Neumann, Hugo   168
Neumann, Jirmejahu Oskar   314
Neumann, Peter   207
Neumann, Robert   135 214
Neumann, Siegfried   214
Neumann, Sigmund   102
Neumann, Wilhelm   299
Neumann, William L.   385 500
Neunhundert Tage   455
Neunundzwanzigste Divison   424
Neunzehnhundertachtzehn – 1968   87
Neunzehnhundertfünfundvierzig   469
Neurath, Paul M.   199
Neurohr, Jean   142
Neusel, Werner   95
Neustadt, Richard E.   379
Neusüß-Hunkel, Ermenhild   142
Neuwirth, Hans   169
Nevakivi, Jukka   399 500
Nevins, Allan   9
Newman, Bernard   466 493
Newman, Karl J.   19
Newman, M. D.   238
Newman, Simon   238
Newman, William J.   9
Nguini, Marcel   413
Nguyen Khac Vien   409
Nicault, M.   254
Niccoli, Nello   276
Nicholls, Anthony   147
Nichols, Ch. S.   473
Nichols, Jeanette P.   391
Nichols, Peter   288

Nicholson, G. W. L.   450
Nicht nur Medaillen zählen   194
Niclauß, Karlheinz   112
Nicolaisen, Carsten   187
Nicoll, Peter H.   421
Nicolle, Louis   263
Nicolson, Harold   238
Nicolson, I. F.   413
Niebuhr, Reinhold   377
Niedhart, Gottfried   19 229 238 353 421
Niehaus, Werner   479
Niekisch, Ernst   84 142
Niemals vergessen   500
Niemann, Heinz   102
Niemöller, Gerhard   187 207
Niemöller, Wilhelm   207 208 209
Niesel, Hans-Joachim   70
Niesel, Wilhelm   208
Niessel, A.   462
Niethammer, Lutz   77
Niewyk, Donald L.   121
Nikiforov, B.   408
Nikitović, Časlav   366
Nikolajewski, Boris   340
Nilson, S. S.   150
Nilsson, Carl-Axel   9
Nilsson, Göran B.   246
Nilsson, Sven A.   385
Nimtz, Walter   87
Nipperdey, Thomas   9 50 65
Nish, Ian H.   238 405
Nitsche, Peter   112
Nitschke, Helmut   428
Nitschmann, Leo   433
Nitti, Francesco   273 277
Nitton hundra fyrtio fem års Svenska hjälpexpedition till Tyskland   244
Nitz, Günter   428
Nitzsche, Gerhard   194 217 220
Nitzschke, Volker   125
Niukkanen, Juho   337
Nixon, Charles R.   413
Noack, Paul   112
Noack, Ulrich   35 246
Noack-Mosse, Eva   199
Noakes, Jeremy   142 226
Noam, Ernst   214
Nobécourt, Jacques   259 466
Nobécourt, René Gustave   254
Noël, Geneviève   259
Noël, Léon   112 500
Noel-Baker, Francis   364
Nöll von der Nahmer, Robert   70
Noelte, Earl   385
Nötel, Rudolf   19
Noguères, Henri   169 254 450
Noguères, Louis   254
Nohr, Fritz   180
Nola, Carlo di   283 303
Noland, Aaron   259
Nolfio, Ennio di   283
Nolin, Thierry   399
Noll, Adolf   62
Noll, Dieter   87
Noll, Reinhard   462
Nollau, Günther   493
Noller, Sonja   178
Nolte, Ernst   54 176 259
Nomikos, Eugenia C.   24
Nonnenmacher, Georges-Gilbert   433
Noonan, Lowell G.   259
Nora, Pierre   413

Norberg, Erik   246
Norden, Albert   46
Norden, Günther van   134 187 208
Norge og den 2. verdenskrig   246
Norman, Albert   466
Norska rättsuppgörelsen   246
North, John   466
North, Robert Carver   408
Northedge, Frederik Samuel   229
Nossack, Hans Erich   176
Notenwechsel zwischen dem Heiligen Stuhl und der Deutschen Reichsregierung   187
Nothin, Torsten   246
Notre-Dame de la Garde   254
Notz, Wilhelm von   455
Nouschi, André   413
Nouvelles clartés sur l'action du parti communiste français   257
Nove, Alec   340
Nové dokumenty k historii Mnichova   166
Novemberrevolution 1918 in Deutschland   87
Novick, Peter   254
Novodran, V. A.   440
Novotny, Alexander   299 302
Nowak, Kurt   201
Nowak-Kiełbikowa, Maria   329
Nowarra, Heinz J.   479 486
Nowell, Charles E.   292
Nowka, Harry   50
Nueva constitución de Puerto Rico   394
Nuevo estado espanol   290
Nugent, Walter T. K.   391
Nurmio, Yrjö   337
Nuseibeh, Hazem Zaki   399
Nuß, Karl   105
Nussbaum, Manfred   70 117
Nusser, Albuin   283
Nußer, Horst G. W.   105 130
Nuțu, Constantin   369
Nyman, Lars-Erik   9
Nyomarkay, Joseph   142 147
Nyssen, Elke   203

O Piłsudczyźnie   326
O'Ballance, Edgar   249 428
Oberacker, Karl Heinrich   395
Oberländer, Erwin   341 349 358
Obermaier, Ernst   428
Obermann, Karl   54 112 130 169 374
Oberreuter, Heinrich   46
O'Brien, Conor Cruise   242
O'Brien, Terence H.   438
O'Callaghan, Sean   242
Očerki istorii velikoj otečestvennoj vojny   419
Ochsenbein, Heinz   295
O'Connor, Raymond Gish   385
Oddo, Gilbert L.   314
Odgers, George   486
Odložilik, Otakar   169
O'Donnell, James P.   462
O'Donoghue, Florence   242
Oeckel, Heinz   87
Oehler, Wilhelm   208
Oehme, Walter   87
Oehquist, Harald   441
Oelsner, Manfred   130
Önder, Zehra   375
Oertel, Ferdinand   208
Oertzen, Peter von   87 117

Ørvik, Nils 246 385 442
Oesch, K. L. 337 462
Österreich im Jahre 1918 299
Österreich 50 Jahre Republik 302
Österreich 1927 bis 1938 299
Österreich-Anschluß 1938 169
Österreicher im Exil 1934-1945 305
Official documents 382
Official History of the Canadien Army in the Second World War 425
Official history of the Indian armed forces 426
Offizielle Jalta-Dokumente des US State Department 498
Offner, Arnold A. 385
Ogata, Sadako N. 405
Ogilvie, Vivian 9
Ogorkiewicz, R. M. 428
Ohler, Norbert 265
Ohlsen, Manfred 150
Ohmae, Toshikazu 479
Ohneck, Wolfgang 263
Ohno, Eiji 70 142
Okasaki, Ayanori 405
Okecki, Stanisław 322
Oktjabr'skoe vooružennoe vosstanie v Petrograde 344
Oktoberrevolution und Deutschland 95
Okumiya, Masatake 473
Olague, Ignacio 292
Olbrich, Josef 125
Oldfield, Adrian 233
Olesen, A. 246
Olivari, Michele 292
Olivová, Věra 9 314
Ollivier, J. 473
Olmi, Massimo 238
Olsen, Jack 273
Olsson, Henrik Anders 246
Olsson, Sven-Olof 174
Olusanya, G. O. 413
Omang, Reidar 479
Omodarme, Marcello dell' 169
Omrčanin, Ivo 366
Onderdrukking en verzet 269
O'Neill, Herbert C. 419
O'Neill, Robert J. 158
Opel, Fritz 54
Operatiën van het veldleger en het oostfront 445
Operationsgebiet östliche Ostsee und der finnisch-baltische Raum 479
Operazioni italo-tedesche in Tunisia 451
Opfer 214
Opfer der nationalsozialistischen Judenverfolgung 214
Ophir, Baruch Zvi 212 214
Opić, Slavko 366
Opitz, Alfred 314
Opitz, Günter 102
Opitz, Reinhard 52 95
Oppelt, Rainer 46
Oppenheimer, Max 226
Oppermann, Thomas 233
Oprea, Ion M. 369
Oras, Ants 334
Orbach, Wila 322
Orcival, François d' 314
Orde, Anne 238
Ordioni, Pierre 445
Ordon, Stanisław 329
O'Reilly Sternberg, Hilgard 395

Oren, Nissan 363
Orgill, Douglas 451
Origines de la Première guerre mondiale 24
Origins of the Second World War 421
Orlow, Dietrich 130 142 361
Orlowski, Werner 292
Ormano, d' 445
Ormea, Ferdinando 279
Ormos, Maria 373
Ormos, Sz. 19
Orovic, Savo 366
Ort, A. 169
Ortega y Gasset, José 9
Orth, Albert 434
Orthbandt, Eberhard 35
Ortolani, Oddone 9
Orwell, George 292
Ory, Pascal 254
Orzechowski, Marian 326
Oschilewski, Walther G. 50 59
Oschlies, Wolf 363
Osenberg, Artur 95
Osgood, Robert Endicott 385
Osgood, Samuel M. 259
Osipova, P. E. 385
Osmánczyk, E. J. 135
Osofsky, Gilbert 391
Ostadal, Hubert 62
Ostenc, Michel 285 286
Oster, Achim 222
Osterkamp, Theo 486
Ostgebiete des Deutschen Reiches 35
Ostmitteleuropa im Zweiten Weltkrieg 308
Ostoja-Ovsjanyj, I. D. 169
Ostovic, P. D. 366
Ostrowski, Siegfried 214
Ostwald, Paul 112 405
Otruba, Gustav 305
Ott, Ernst 428
Ott, Hugo 25 208
Ottenga, Cesare 187
Otto, Helmut 25 71
Ouston, Philip 249
Outbreak of the Second World War 421
Oven, Wilfred von 169
Ovendale, Ritchie 9
Overenskoms ter med fremmede stater inngått i årene 246
Overy, R. J. 158 174
Owen, Charles 233
Owen, L. A. 343
Owens, R. J. 395

Paasikivi, Juho K. 337
Paasivirta, Juhani 337
Pabst, Klaus 269
Pachter, Henry Maximilian 19
Pack, Wolfgang 71
Pacor, Mario 277
Pade, Werner 112 117
Padel, Gerd Hellmuth 180
Paetel, Karl Otto 54 131 142 194 203 221 222 380 391 392
Pätzold, Kurt 150
Pagán, Bolívar 395
Pagano, Giuseppe 286
Page, Stanley W. 334
Pagliano, Franco 486
Pahl, Walther 102
Pajewski, Janusz 9 25 30 39

Paikert, Geza Charles 176
Paillat, Claude 263
Pajović, Radoje 366
Pakaslahti, Aaro 441
Pakenham, Frank 238
Pakštas, Kazys A. 334
Pal, Dharm 451
Palazzo, Archimede 457
Palestine Papers, 1917-1922 399
Palm, Thede 500
Palme, Sven Ulric 500
Palmer, M. B. 254
Palmer, Mabel 413
Palmon, J. E. 121
Palmstierna, Carl-Fredrik 337
Pan, Stephen C. Y. 500
Panikkar, K. M. 402 410
Pankhurst, E. Sylvia 413
Pankhurst, Richard Keir Patrick 413
Pankratova, Anna Michaela 357
Panorama 1918 87
Panov, Nikolaj 479
Pansa, Giampaolo 273 277
Pantenius, Hans-Jürgen 428
Panzer, Arno 117
Paoli, François-André 259
Pap, Michael 360
Papa, Emilio R. 286
Papagos, Alexandros 364 451
Papathanasiades, Theodosios 364
Papeleux, L. 288
Papen, Franz von 95
Pappalettera, Vincenzo 199
Pappe, H. O. 154
Papperitz, Günter 117
Paprocki, Franciszek 322
Paquier, P. 486
Paraf, Pierre 413
Parasie, Peter 269
Pareja Paz-Soldan, José 395
Paret, Peter 222
Parham, Maj.-Gen. 486
Paris, Edmond 366
Parisot, Paul 259
Park, Alexander G. 360
Parker, Barrett 228
Parker, Franklin Dallas 395
Parker, H. M. D. 233
Parker, R. A. C. 19 169
Parkes, Henry Bamford 395
Parkinson, Roger 428
Parks, Wallace 391
Parlamentarische Demokratie in Deutschland 42
Parlamentspraxis in der Weimarer Republik 95
Parliamentary reform 233
Parr, Elizabeth J. 292
Parri, Ferruccio 277 285
Parry, Clive 242
Parry, J. H. 395
Partisanenkrieg 428
Partizanskaja bor'ba belorusskogo naroda 344
Parzen, Herbert 385 399
Pasák, Tomáš 314
Pasquelot, Maurice 494
Passant, Ernest James 39
Pastor, Peter 373
Pastorelli, Pietro 283
Pastusiak, Longin 386
Patai, Raphael 399
Patemann, Reinhard 81 131
Pater, J. C. H. 269

Patera, Herbert V. 302
Paterna, Erich 220
Pathé, Pierre-C. 349
Paths to present 377
Patitucci, Raffaele 286
Patrascanu, Lucretin 369
Pattee, Richard 292
Patterson, J. 391
Patterson, James T. 377
Patterson, Sheila 413
Patti lateranensi 288
Pattis, Otto 285
Pauchou, Guy 254
Paucker, Arnold 121
Paul, Wolfgang 25 59 428 457 469
Pauley, Bruce F. 302
Paulhan, Jean 254
Paull, Raymond 473
Paulus, Ernst Alexander 459
Paulus, Günter 105 419
Pauly, Ferdinand 226
Paupié, Kurt 306
Pauwels, Jacques R. 176
Pavlov, D. V. 457
Pavlov, Todor 363
Pavlowitch, K. St. 361 500
Pavone, Claudio 273 279
Pawelke, Günther 399
Pawlak, Stanislaw 386
Pawle, Gerald 491
Paxton, Robert O. 19 254
Payk, Ernst 428
Payne, Robert 292 402
Payne, Stanley G. 292
Pears, Randolph 229
Pease, Edward Reynolds 233
Peball, Kurt 299
Pech, Karlheinz 254
Pechel, Rudolf 54 158 194
Peck, Joachim 169
Pedersen, Ole Karup 246
Pedone, Franco 279
Pedroncini, Guy 26
Peele, Gillian 9
Peffer, Nathaniel 402
Pegg, Carl H. 19 254
Peikert, Paul 462
Peillard, Léonce Sylvain 479 480
Peiser, Werner 95
Pekárek, Bohumil 314
Pekelský, Vladimir 314
Pelenskyj, Eugen J. 360
Pelényi, John 373
Pelicani, Antonio 286
Pelinka, Anton 305
Pelke, Else 208
Pelling, Henry 229 233
Pellizzi, V. 273
Pells, Richard H. 391
Peltz-Dreckmann, Ute 184
Pelz, Stephen E. 473
Pendorf, Robert 214
Peniakoff, Vladimir 445
Pennar, Jean 345
Penrose, Ernest Francis 500
Pentru eliberarea patriei 368
Penzin, Konstantin Vasil'evič 480
Pepe, G. 9
Perandi, Adolf 334
Perels, Joachim 121
Perer, K. O. 413
Pérez, Louis A. 395
Perfetti, Francesco 279 283
Perham, Margery 238

Perk, Willy 199
Perkin, Harold 241
Perkins, Bradford 238
Perkins, Dexter 377
Perlo, V. 386
Perman, D. 314
Permoli, Piergiovanni 288
Pernack, Hans-Joachim 362
Pernot, Maurice 288
Perotti, Berto 214
Perowne, Stewart 451
Perrault, Gilles 217
Perrone, Capano Renato 277
Perrot, Marguerite 264
Perry, Hamilton Darby 473
Persico, Joseph 494
Pertiet, Martin 187
Perwitz, L. 226
Peša, Václav 314
Pescatore, Martino 273
Peschler, Eric A. 222
Pese, Walter Werner 147
Pesenti, Gustavo 451
Pesso, Elio 169
Pestalozza, L. 279
Pesti, M. 334
Petacco, Arrigo 480
Peter, J. K. 222
Peter, Karl 480
Peter, Lothar 59
Peters, Arno 9
Peters, Elke 125
Peters, Hans 194
Peters, Richard 375
Petersdorf, Jutta 343
Petersen, H. 438
Petersen, Hans 334
Petersen, Jens 163 169 283 302
Peterson, Brian 121
Peterson, Edward N. 151
Peterson, H. Bertil A. 24
Peterson, H. C. 377
Peterson, Hans F. 22
Peterson, John E. 399
Pethybridge, Roger 343 357
Petite ville de Pologne sous l'occupation allemande 323
Petitjean, G. 438 451
Petitpierre, M. 295
Petracchi, Giorgio 273 283
Petran, Tabitha 399
Petri, Franz 26 61
Petrick, Fritz 176 491
Petrie, Sir Charles Alexander 233
Petrov, F. 314
Petrov, Vladimir 345
Petrova, Dimitrina V. 363
Petrova, Slavka 363
Petrowsky, A. 353
Petry, Christian 217
Petry, Lothar 71
Petry, Ludwig 35
Petsch, Joachim 184
Petzina, Dieter 54 117 174 491
Petzold, Joachim 22 26 30 95
Peukert, Detlev 226
Pevsner, Max 434
Pezet, Ernest 366
Pfahlmann, Hanns 491
Pfeifer, Helfried 305
Pfeiffer, Lorenz 59
Pfeiler, William Karl 203
Pfetsch, Frank R. 35
Pfister, Eberhard von 462

Pflanze, Otto 39
Phelps, Reginald H. 95 147 180
Philip, David 246
Philippi, Alfred 457
Philippi, Allred 455
Philippi, Hans 81
Philippon, Capitaine de Vaisseau 480
Philippson, Eva 269
Philips, C. H. 410
Philipson, Dino 273
Phillips, C. E. Lucas 451 466
Phillips, Marcus Stuart 180
Phillips, N. C. 451
Phillips, Peter 135
Piasenti, Paride 273
Piatkowski, H. 331
Piccardi, Leopoldo 273 277
Pichlik, Karel 302 314
Pichon, Charles 288
Picht, Werner 158
Pick, Albert 199
Pickert, Wolfgang 462 466 486
Pickles, Dorothy 413
Piechorowski, A. 214
Pieck, Wilhelm 220
Piekalkiewicz, Janusz 459 466 486 494
Piepenstock, Klaus 125
Pieper, Helmut 112
Pieri, Piero 273 277
Pierrard, Pierre 264
Pierre, André 349 357
Pierre, Andrew J. 233
Pierson, Stanley 233
Pierson, William W. 396
Pietrzak, M. 326
Pietrzykowski, Jan 322
Pietsch, Ilse 184
Pietsch, Walter 349
Pigido, F. 360
Pikarski, Margot 220 226
Pikart, Eberhard 24 95 131
Pike, Douglas 409 415
Pike, Frederick 292 396
Pike, Manuel 292
Pilat, Oliver 494
Pilch, Andrzej 331
Pils, Emil Günther 357
Pimlot, J. A. R. 380
Pimplott, Ben 233
Pinchot, A. R. E. 380
Pinchuk, Ben-Cion 214 322
Pingel, Falk 199
Pingel, Henner 226
Pinnow, Hermann 135
Pinoteau, Robert 340
Pinson, Koppel S. 39
Pipes, Richard 19 340 343 358
Pirayech, Purandocht 353
Pirenne, Jacques 9
Pirie, Anthony 494
Pirovano-Wang, Nora 402
Pisarev, Ju. A. 366
Pischel, Werner 174 491
Piscitelli, Enzo 277
Pistone, Sergio 19
Pithe, Erich 174
Pius XII. Papa 187
Pivert, Marceau 259
Piwarski, Kazimierz 19 329
Pizzoni, Alfredo 277
Plá, José 238
Plachetka, Manfred Günther 77
Plana, Manuel 292

Planes, Georges 445
Plasari, Ndreçi 362
Plaschka, Georg 296
Plaschka, Richard Georg 299 302
Plato, Alexander von 121
Platonov, S. P. 419
Playfair, Ian Stanley Ord 451
Plehwe, Friedrich-Karl von 269 273 445
Plenča, Dušan 367
Plener, Ulla 30
Plesse, Sigurd 226
Plesse, Werner 226
Plessner, Helmuth 46 84
Plesur, Milton 380
Pleyer, geb. Cramer von Clausbruch, Hildegard 102
Plieg, Ernst-Albrecht 334
Plobeck, S. 246
Plöchl, Willibald M. 306
Ploetz, Karl 9 419
Płoski, Stanisław 325
Pluch, Thomas 299
Plum, Günter 131 154 194 220 226
Plumyène, Jean 259
Pluvier, J. M. 402
Počamin, S. Z. 360
Poddel, Peter 184
Podewils, Clemens 457
Podgórski, Czesław 462
Podgotovka velikoj okjabrskoj socialističeskoj revoljucii na Ukraine 360
Podhorizer-Sandel, E. 322
Podhorski, Zygmunt 440
Podolinsky, Sergej S. von 357
Podzun, Hans-Henning 158 428
Pöggeler, Franz 59
Pöls, Werner 55 71 125
Pörtner, Paul 131
Pogge von Strandmann, Hartmut 24 117
Pogue, Forrest C. 438 466
Pohl, Karl Heinrich 112
Pohle, Heinz 59
Pohlmann, Hartwig 158 428 455 466
Poidevin, Raymond 9 24 65 263 265
Poirier, Philip P. 233
Pois, Robert A. 102
Polaschek, R. J. 415
Polen 317
Polens Kriegsverluste 1939–1945 330
Poliakov, Léon 194 199 214 254
Polish refugee publications since 1939 331
Politik im Krieg 30
Politik im 20. Jahrhundert 9
Politique de Staline pendant la guerre 354
Politis, Jacques N. 399
Politische Bildung in der Weimarer Republik 122
Poll, Bernhard 95 466
Pollack, Emanuel 343
Pollak, Walter 302
Pollard, Sidney 19
Pollice, V. 500
Pollmann, Klaus Erich 79
Pollock, James Kerr 35 151
Połomski, Franciszek 151 322
Połomski, Franciszek 95
Polonsky, Antony 19 326 500
Polskie siły zbrojne w drugiej wojnie światowej 419 440
Polvinen, Tuomo 337 354

Polzin, Martin 131
Pomeroy, Earl S. 473
Pommerin, Reiner 112
Pommery, Louis 9
Pond, Hugh 451
Ponomarev, B. N. 349
Ponthus, René 203
Pope, Dudley 480
Poperen, Jean 255
Popescu-Puturi, Ion 369
Popiołek, Kazimierz 322
Popoff, Dimiter Nikola 363
Popov, M. V. 386
Popov, V. I. 238
Poppinga, Onno 54 226
Poppino, Rollie E. 396
Popplow, Ulrich 131 184 226
Porath, Y. 399
Porter, Bernard 229
Portner, Ernst 95 102
Porwit, Marian 440
Posàr-Giuliano, Guido 480
Pospieszalski, Karol Marian 322 330
Possehl, Ingunn 131
Possony, Stefan T. 9 169
Post, Gaines 112
Postan, M. M. 491
Postel, Claude 466
Potash, Robert A. 396
Poterański, Wacław 325
Pothoff, Heinrich 51
Potichnyj, Peter J. 357
Potocki, Stanisław 330
Potter, E. B. 377
Potter, John Deane 480
Pottgiesser, Hans 434
Potthoff, Heinrich 71 95
Pottinger, E. Ann 19
Pouchepadass, Jacques 410
Poulain, Marc 112
Poullada, Leon B. 399
Poupart, H. 259
Pourkian, Dariush 386
Powell, Michael 480
Powell, Thomas F. 380
Powers, Richard Howard 238
Powstanie Wielkopolskie 1918–1919 317
Pozarskaja, S. P. 292
Pozdeeva, L. V. 169 501
Poznański, Jakub 322
Pozniak, Heinrich 9
Pozorny, Reinhard 170
Prasad, Amba 410
Prasad, Bisheshwar 426 428 473
Prasad, Sri Nandan 473
Prasolov, S. I. 314
Pratt, Fletcher 428
Pratt, Julius W. 386
Pratt, Lawrence R. 238
Pratt, Wallace E. 491
Pratt Howard, Edith 279
Praun, Albert 438
Prečan, Vilém 163 314
Préclin, E. 377
Predöhl, Andreas 9
Pregled narodnooslobodilačkog rata u Makedoniji 367
Preidel, Helmut 310
Preller, Ludwig 95
Prellwitz, Jürgen von 386
Prélot, Marcel 326
Prenti, Sepp 462

Preradovich, Nikolaus von 39 105 112 302 438
Presseisen, Ernst L. 163 169 238 501
Pressekonzentration und Zensurpraxis im Ersten Weltkrieg 79
Pressel, Wilhelm 22
Presser, J. 269
Preston, Adrian 420
Preston, David L. 54
Preston, Paul 292
Preston, Richard A. 393
Preti, Luigi 273
Preußen 59 62
Pribilla, Max 158 222
Price, Alfred 486
Price, M. Philips 375
Pridham, Geoffrey 226
Priepke, Manfred 208
Prill, Felician 19
Priller, Josef 158
Prilop, Hans 51
Pringsheim, Fritz 176
Prinz, Arthur 214
Prinz, E. 131
Prinz, Friedrich 314 469
Pritchard, R. John 151
Pritt, Denis Nowell 151
Prittie, Terence 194 214
Pritzkoleit, Kurt 39 54
Problem polsko-niemiecki w traktacie Wersalskim 112
Probleme de politică externă a României 369
Probleme der franzisko-josephinischen Zeit 299
Probleme der Geschichte des Zweiten Weltkrieges 419
Probleme der Modernisierung in Deutschland 54
Probleme der nationalsozialistischen Wirtschaftspolitik 174
Probleme der Reichsgründungszeit 1848–1879 64
Probleme des Zweiten Weltkrieges 419
Probleme deutscher Zeitgeschichte 135
Problèmes de la Rhénanie 1919–1930 112
Procacci, Giovanna 273
Processo alla Muti 279
Procházka, Theodore 169 314
Próchnik, Adam 317
Proclama Alexander e l'atteggiamento della resistenza 277
Programmatische Dokumente der deutschen Sozialdemokratie 49
Programmatische Dokumente der deutschen Widerstandsbewegung 191
Prokop, Myroslav 360
Prokopovicz, Serge N. 357
Prokopowitsch, Erich 299 305
Proletarische Kulturrevolution in Sowjetrußland 358
Proske, Rüdiger 222
Pross, Harry 46 54 79 95 102 386
Pross, Helge 203
Prost, Antoine 264
Prost, Henri 369
Protokoll des Symposiums zur Erforschung des deutschsprachigen Exils 203

Protokolle der Parteitage der Unabhängigen Sozialdemokratischen Partei Deutschlands 102
Protokolle des Gemeinsamen Ministerrats der Österreichisch-Ungarischen Monarchie 302
Proudfoot, Malcolm J. 19
Proudfoot, Mary 238
Prozeß gegen die drei slowakischen Bischöfe 314
Pruck, Erich 154 246 349 442
Prüfer, Guntram 95
Prümm, Karl 125
Průmyslové oblasti 314
Průša, O. 314
Pryce, Donald B. 95
Pryor, Zora 314
Przesiedlania ludności przez III Rzesze 501
Przybylski, Henryk 326
Przygoński, Antoni 322 325
Psychoundakis, George 364
Puchert, Berthold 46 112 174
Puddu, Mario 451
Pünder, Hermann 95 96
Puhle, Hans-Jürgen 9 77 396
Pulaski, Michał 329
Pulec, Vladivoj 391
Puls, Ursula 217
Pundeff, Marin 363 438
Punti di vista di resistenti sulla questione Alto-Atesina 277
Puntila, Lauri Aadolf 71 337
Puškaš, A. I. 373
Puttkamer, Jesco von 221
Puzzo, Dante Anthony 292

Quaiser, Waldemar 19 314
Quandt, William B. 400
Quante, Peter 62
Quaroni, P. 354
Quartararo, Rosario 19
Quatorze décembre 1941. 14 décembre 1952 251
Quazza, Guido 277 285
Quellen zum Staatsrecht der Neuzeit 46
Quellen zur deutschen Außenpolitik im Zeitalter des Imperialismus 71
Quellen zur Geschichte der Rätebewegung in Deutschland 87
Quellen zur Geschichte der Siebenbürger Sachsen 369
Quellensammlung zur Geschichte der deutschen Sozialpolitik 55
Quest of peace and security 386
Quester, George 486
Questioni di storia contemporanea 19
Queuille, Pierre-François 263
Quinlan, Paul D. 370
Quinn, Herbert Furlong 393
Quinn, P. E. 147
Quirk, Robert E. 386 396

Raabe, Felix 121
Raabe, Hermann 463
Raabe, Ingrid 304
Raalte, E. van 269
Raase, Werner 121
Rabaut, Jean 259
Rabinbach, Anson G. 177
Rabinowicz, H. M. 331
Rabinowitsch, Alexander 343

Rabitt, Bill 486
Rabl, Kurt 169 315
Rachlis, Eugene 494
Racine, Nicole 259
Rad der Geschichte dreht sich vorwärts 151
Radandt, Hans 55 174 491
Raddatz, Fritz J. 125 208
Raddatz, Karl 147
Radkau, Joachim 174 203 386
Radkey, Oliver H. 343 349 357
Radkov, Ivan 363
Radl, Karl 451
Radó, Sándor 494
Radziwończyk, Kasimierz 322
Rae, John 233
Rämisch, Raimund 174
Raggenbass, Otto 295
Ragghianti, Carlo Ludovico 277
Ragionieri, Ernesto 280 501
Rahn, Werner 106
Raid, Jaroslav 334
Raid, Robert 334 345
Rajendra, Singh 473
Rajgrodzki, H. 199
Rain, Pierre 19 169
Raina, Peter 329
Raine, Philip 396
Rainero, Romain 400 413
Rakenius, Gerhard W. 159
Ralston, David B. 259
Rama, Carlos M. 292
Ramadier, Paul 501
Ramat, R. 277
Rambler, Oskar 322
Ramella, P. A. 396
Ramhardter, Günther 306
Ramm, Agatha 39
Ramm, Thilo 154
Ramme, Alwin 154
Ramsey, Julia Havlicek 238
Ramseyer, Fortuné 19
Randa, Alexander 6
Randel, William Peirce 391
Ranger, T. O. 413
Rangliste der deutschen Luftwaffe 158
Rangliste des Deutschen Heeres 158
Ránki, György 308
Ransom, Harry Howe 380
Ranzinger, Konrad 113
Rape, Ludger 302
Rapp, Alfred 19
Rappmannsberger, Franz J. 419
Raschhofer, Hermann 113 169 315
Rasenack, F. W. 480
Rasmussen, Erik 246 247
Rasmussen, Jorgen S. 233
Rass, Hans Heinrich 238
Rassow, Peter 34 35
Ratcliff, Dillwyn F. 292
Rath, R. John 302
Rathmann, Lothar 30 71
Ratinaud, Jean 343
Ratliff, Ann 501
Ratyńska, Barbara 329 331
Ratz, Ursula 46 71
Rau, Friedrich 106
Rauch, Basil 386
Rauch, Georg von 19 46 147 334 340 349
Rauchensteiner, Manfried 299 469
Rauh, Manfred 71
Rauhut, Franz 142

Raulff, Heiner 71
Raumer, Hans von 113 117
Raupach, Hans 308 357
Raus, Erhard 457 458 462
Rauschning, Hermann 142 421
Ravine, Jacques 255
Rawicz, J. 329
Rawnsley, C. F. 486
Rawski, Tadeusz 322
Raymond, Ellsworth L. 349
Rayner, Denys Arthur 480
Rayner, Robert Macy 19
Rayski, A. 255
Razmerov, V. V. 174
Razola, Manuel 199
Razvitie taktiki sovetskoj armii v gody velikoj otecestvennoj vojny 438
Reader, W. J. 241
Reakcyjna emigracja polska na usługach imperialistow amerykańskich 319
Rebentisch, Dieter 117 226
Rebentisch, Ernst 428
Rebérioux, Madeleine 249
Rebhann, Fritz M. 307
Rebhorn, Marlette Diane Olsen 259
Rechberg, Arnold Baron von 106
Rechberg, Friedrich-Ernst 354
Rechowicz, H. 226
Rechowicz, Henrik 326
Recke, Walter 332
Recker, Marie-Luise 19
Record, Wilson C. 380
Redelis, Valdis 455
Redlich, Fritz 184
Redlich, Shimon 329
Reece, Jack E. 285
Reed, John 343
Reed, Sir Stanley 410
Rees, Goronwy 9
Reese, Hans-Jörg 208
Regau, Thomas 201
Regensburger, Marianne 222
Regling, Volkmar 445
Rehberger, Horst 226
Rehm, Walter 106 462
Rei, August 169 334
Reich und Länder in der Weimarer Republik 131
Reichard, Richard W. 51
Reichenberger, Emmanuel J. 19
Reichert, Günter 19
Reichhardt, Hans J. 174 220
Reichhold, Ludwig 222 307
Reichmann, Eva Gabriele 215
Reichold, Helmut 71
Reichsgründung 64
Reichsgründung 1870/71 64
Reichskristallnacht 215
Reichstagsbrand 151
Reichstagsbrandprozeß 151
Reid, J. H. Stewart 233
Rejewski, Harro-Jürgen 62
Reifenberg, Benno 428
Reifferscheid, Gerhard 187
Reile, Oscar 494
Reimann, Viktor 299
Reimers, Karl Friedrich 226
Rein, Gustav Adolf 39
Reiner, Silvain 194
Reinhard, Friedrich Franz 96
Reinhard, Marcel 249
Reinhardt, Hans 440 445 457
Reinhardt, Hellmuth 457 491
Reinhardt, Klaus 457

Reinharz, Jehuda  77
Reinicke, Adolf  428
Reinicke, H. J.  480
Reinisch, Leonhard  126
Reinken, Liselotte von  62
Reisberg, Arnold  75 102 259 299
Reischauer, Edwin O.  386
Reiser, Konrad  81
Reiser, Martin  229
Reishaus-Etzold, Heike  117
Reiss, Klaus-Peter  75
Reiss, Lionel S.  308
Reissner, Larissa  131
Reith, Charles  9
Reitlinger, Friedrich F.  305
Reitlinger, Gerald  142 215 345 428
Relations franco-allemandes, 1935–1939  263
Relations franco-britanniques de 1935 à 1939  263
Relations militaires franco-belges  249
Relazioni sull'attività militare svolta dalle formazioni patriottiche  277
Remak, Joachim  24 135 169 387 422
Remark, Maria  177
Remer, Claus  121
Remer, Otto Ernst  222
Rémond, René  9 257 265
Rempel, W.  480
Rendi, Giuliano  117 501
Rendulic, Lothar  463
Renk, Hansjörg  71
Renken, Gerd  194
Renn, Ludwig  292
Renner, Karl  299
Renouvin, Pierre  9 19 20 22 30 31 169 249 265
Rens, Ivo  269
Rentz, John N.  473
Renzi, William A.  31 283
Repaci, Antonino  277 280
Repečka, Juozas  334
Repgen, Konrad  147 187 188 189
Report of the select committee to investigate communist aggression  334
Reppchen, F.  486
Resh, Richard  391
Reshetar, John S.  349 360
Résistance  194
Résistance européenne 1939–1945  501
Resistenza e gli Alleati in Toscana  277
Resistenza e governo italiano nella missione Medici-Tornaquinci  277
Resistenza italiana all'estero  277
Responsabilità dell'Italia fascista nella guerra di Spagna  292
Ressing, Gerd  501
Reszler, André  143
Rettig, Rudolf  102
Reussner, André  445 473
Reußner, André  480
Reuter, Maximiliane  117
Reuther, Helmut  106
Reventlow, Rolf  292
Revermann, Klaus  96
Revie, Alastair  486
Revolution und demokratischer Widerstand  131
Revolution und Räteherrschaft in München  131
Revolution und Räterepublik in Bremen  131
Revolution und Räterepublik in München 1918/19  131
Revolutionäre Ereignisse und Probleme in Deutschland  119
Rewald, Ilse  226
Rexford-Welch, Samuel Cuthbert  434
Reynolds, Ernest Edwin  229
Reynolds, Philip A.  239
Rhades, Jürgen  184
Rheinbaben, Werner Frhr von  46 113
Rheinische Bekenntnissynoden im Kirchenkampf  205
Rheinische Geschichte in drei Bänden  61
Rheinland in preußischer Zeit  62
Rhode, Gotthold  20 35 308 315 317 322 329 501
Rhodes, Anthony  288
Rhodes, James Robert  233
Riasanovsky, Nicholas Valentine  340
Ribbe, Wolfgang  143
Ribbentrop, Annelies von  422
Ribhegge, Wilhelm  55
Riccioni, Siro  277
Rich, Norman  135
Rich, Norman R.  163
Rich, S. G.  292
Richard, Felix  466
Richard, Lionel  184
Richards, Denis  482
Richards, V.  292
Richardson, Hugh Edward  408
Richardson, Nathaniel R.  413
Richardson, Paul  230
Richarz, Monika  54 77
Richezza, Antonio  451
Richter, Heinz  364
Richter, Johannes Karl  125
Richter, Klaus Christian  46
Richter, Rolf  113
Richter, Werner  121 125
Richterbriefe  154
Richthofen, Bolko Frhr von  46
Riddell, Walter Alexander  393
Ridder, Helmut  151
Riedel, Heinrich  187
Riedel, Matthias  174 360 501
Riedi, E.  466
Rieger, Fritz  222
Rieker, Karlheinrich  438
Riekhoff, Harald von  113
Riemann, Horst  428
Riemeck, Renate  20
Riese, Reinhard  63
Riesenberg, Felix  480
Riesenberger, Dieter  125
Rieser, Max  299
Riff, Michael A.  315
Rifflet, Raymond  269
Rigby, T. H.  349
Riggert, Ernst  247 434
Říha, Oldřich  315
Rimmele, Lilian-Dorette  184
Rimscha, Hans von  20 169 334 340 345
Ringel, Julius  428
Ringelblum, Emanuel  322 325 331
Ringen um das sogenannte Reichsschulgesetz  125
Ringer, Fritz K.  59 117
Ringler, Ralf Roland  305
Rinott, Chanoch  55
Rintala, Marvin  337
Rintelen, Enno von  169 451
Rippy, Fred J.  396
Rischer, Walter  226
Riss, O.  343
Riste, Olav  247
Ristić, Dragiša N.  367
Ritter, A.  87
Ritter, Emil  59
Ritter, Gerhard  9 22 24 47 50 169 194 222 344
Ritter, Gerhard A.  71 102
Ritter, Harry R.  305
Ritter, Rudolf  84
Ritthaler, Anton  220
Ritzel, Heinrich G.  203
Rivera Recio, J. F.  292
Rivero, Michele  280
Rivet, Général  255
Rizzi, B.  273
Rizzi, Bice  286
Robbins, Keith  233
Robbins, Keith G.  169
Robert, Daniel  265
Roberts, Leslie  393
Roberts, M. R.  473
Roberts, Walter R.  501
Robertson, Edwin Hanton  208
Robertson, Esmonde M.  163 169 283 421
Robertson, Terence  466 480
Robichon, Jacques  135 466
Robinsohn, Hans  154
Robinson, Edgar Eugene  377
Robinson, Richard A. H.  292
Robinson, Richard D.  375
Robotti, Paolo  280
Rochat, Giorgio  273 280 283
Rock, David  396
Rock, William R.  239
Rockberger, Nicolaus  247
Rodenberger, Axel  486
Rodes, John E.  39
Rodgers, Hugh I.  334
Rodov, B.  387
Rodrigues, José Honório  396
Rodriguez, Mario  396
Roeder, Manfred  494
Röder, Werner  194 220
Roediger, Conrad  364
Rödiger, Wilhelm von  335
Rödling, Ingeborg Michaela  143
Röhl, John C. G.  39 71
Röhricht, Edgar  438 451
Roemer, Hans  380
Roemheld, Regine  125
Rönnefarth, Helmuth K. G.  169
Röseler, Klaus  117
Roeske, Ulrich  96
Rösler, Ingo  154 434
Roesler, Konrad  26
Rößler, Hellmuth  5 8 12 29 35
Rössner, Lutz  63
Rogala, Władysław  331
Rogé, Henri  367
Rogé, Lt.-Col.  255
Roger, Juan  255
Rogge, Bernhard  480
Rogger, Hans  20
Rognlien, Stein  247
Roh, Franz  184
Rohde, Horst  428 439
Rohe, Karl  96

Rohrbach, Paul 39 360
Rohwer, Jürgen 170 419 451 473 476 480 486 492 494
Rolfe, Sidney E. 491
Rolin, H. A. 269
Roll, Eric 491
Rollot, Général 445
Rolo, P. J. V. 20
Roloff, Ernst-August 121 194
Roman, Eric 373
Romani, John H. 402
Romanik, Felix 305
Romanow-Bobińska, Klara 361
Romanus, Charles F. 439 473
Romein, Jan 10 402
Romero, Luis 292
Romeyk, H. 131
Romier, Lucien 249
Rommel, Hans 466
Rommel, H.G. 439
Romoser, George K. 194
Ronarch, Pierre Jean 481
Roncayolo, Marcel 10
Roon, Ger van 20 194 217 269
Roos, Gerhard 428 434
Roos, Hans 317 329 440 501
Roosenburg, Henriette 269
Ropelewski, Andrzej 322
Rosa, Gabriele de 273 280
Roschmann, Hans 501
Roscoe, Theodore 481
Rosé, Adam 326
Rose, Lisle A. 377 419
Rose, Norman R. 239
Rose, William J. 315
Rosen, Edgar R. 113 280 283
Rosen, S. McKee 439
Rosen-Zawadzki, Kazimierz 322 439
Rosenbaum, E. 55
Rosenbaum, Kurt 113
Rosenberg, Arthur 84
Rosenberg, Hans 20 55
Rosenberg, William G. 344 360
Rosenfeld, Else 321
Rosenfeld, Günter 113 329
Rosenfeldt, Niels Erik 349
Rosengarten, Frank 286
Rosenkranz, Herbert 305
Rosenthal, Heinz 63
Rosinger, Lawrence 402 408
Rosinski, Herbert 47
Roskamp, Karl W. 391
Roskill, Stephen W. 10 481
Rosner, Jakob 151
Rosner, Raphael 325
Ross, Dieter 170
Ross, J. F. S. 242
Ross, J. M. S. 486
Ross, Ronald J. 79
Rossbacher, Karlheinz 79
Rossi, Angelo 170 259 280 346 501
Rossi, Cesare 273
Rossi, Ernesto 273 280 285
Rossi, Mario 285
Rossi-Landi, Guy 263
Rossini, Giuseppe 277
Rossiter, Clinton 380
Rossiwall, Theo 469
Rossmann, Gerhard 220
Rossmeissl, Dieter 81
Rostow, W. W. 10 357 377
Rotberg, Robert I. 414
Rote Armee 346

Rote Fahne 123
Rote Kämpfer 100
Roth, Guenther 51
Roth, Hans-Georg 63
Roth, Heinrich 208
Roth, Jack J. 286
Roth, Paul 329 357 358
Roth, Rainer A. 63
Rothe, Wolf Dieter 215
Rothe, Wolfgang 124
Rothenberger, Karl-Heinz 249
Rothermund, Dietmar 410
Rothfels, Hans 31 32 35 155 194 222 223 323 335
Rothholz, Walter 337
Rothkirchen, Livia 199 215 315
Rothschild, Joseph 308 318 327
Rothschild, Joseph A. 363
Rothstein, Andrew 170 239
Rothwell, V. H. 239
Roucek, Joseph S. 354
Roudot, P. 400
Rougier, L. 263
Roumanie pendant la deuxième guerre mondiale 370
Roussakis, Emmanuel N. 20
Roux, René 288
Rowe, Vivian 263
Rowland, Buford 439
Rowley, C. D. 415
Rowse, Alfred Leslie 20
Roxan, David 194
Roy, Bernard 255
Royal Air Force 1939–1945 482 483
Royce, Hans 223
Roz, Firmin 377
Rozanov, German Leont'evič 469
Rozek, Edward J. 329
Rozmaryn, Stefan 318
Rozsnyói, Ágnes 373
Rubbert, Hans-Heinrich 174
Rubinstein, Alvin Z. 354
Rubinštejn, N. L. 354
Ruby, Maurice 39
Rude, Fernand 255 263
Rudel, Christian 292
Rudhart, Alexander 20
Rudin, H. R. 354
Rudnycka, Milena 323
Rudolf, Karl 307
Rudolph, Ludwig Ritter von 96
Rue, John E. 408
Rück, Fritz 10
Rückbrodt, Peter 466
Rückert, Otto 71
Rüdiger, Wilhelm von 335
Rüf, Hans 458
Rühle, Günther 59 125
Rülcker, Christoph 125
Rüppel, Erich Günter 208
Rürup, Reinhard 87 127
Rüss, Kurt 131
Rüter, A. J. C. 269
Rüthers, Bernd 155
Ruffieux, Roland 295
Ruffmann, Karl-Heinz 340
Ruge, Friedrich 349 466 473 481
Ruge, Wolfgang 84 87 96 113 177
Ruhl, Klaus-Jörg 292
Ruhrgebiet und neues Land 63
Rumi, Giorgio 280 283
Rummel, Friedrich von 375
Rumpel, Hubert 22
Rumpf, Erhard 242

Rumpf, Hans 428 439 486 487 491
Rumpf, Helmut 31
Rumpf, Maria Regina 147
Rumpler, Helmut 305
Rumschöttel, Hermann 71
Rundfunk und Politik 1923 bis 1973 59
Runge, Klaus 387
Runge, Nicolaus 63
Runge, Wolfgang 96 220
Runzheimer, Jürgen 422
Rupp, Leila J. 434
Ruppenthal, Roland G. 428
Rusenescu, M. 370
Rusinow, Dennison I. 283
Rusiński, Władysław 323
Russ, Wolfgang 362
Russell of Liverpool, Edward Frederick Langley Lord 194 405
Russett, Bruce Martin 230 387
Russia in transition 1905–1914 340
Russische politische Parteien von 1905–1917 349
Russische Revolution in Augenzeugenberichten 343
Russische Revolutionen von 1917 343
Russischer Nationalismus im zweiten Weltkrieg 345
Rußlands Aufbruch ins 20. Jahrhundert 338
Rußlands Rolle im zweiten Weltkrieg 346
Rust, Hendrik 131
Rustow, Dankwart A. 247 375
Rutkowski, Adam 199 255 323 325
Rutych, Nicolas 349
Ryan, Cornelius 463 466
Ryder, A. J. 87
Ryder, Arthur John 40
Ryder, Judith 241
Ryefelt, Mogens 247
Rystad, Göran 31 387 501
Ryszka, Franciszek 131 143 151 155 177 323 422
Rzepniewski, Andrzej 440 487

Saatmann, Inge 259
Sabais, Heinz Winfried 226
Sabaliunas, Leonas 335
Sabattier, G. 409
Sabille, Jacques 247 367 414
Šabšina, Fanja Isaakovna 402
Saburo, Ienaga 405
Sachar, Howard M. 20 400
Sachs, Günther 440
Sachsenhausen 200
Sachwörterbuch der Geschichte Deutschlands und der deutschen Arbeiterbewegung 35
Sadoul, Jacques 344
Saelen, Frithjof 428
Sänger, Fritz 180
Sagerer, G. 131
Ságvári, Ágnes 373
Sainsbury, Keith 451
Saint-Just, François de 445
Saintes, C. 242
Saitta, Armando 277
Sakmyster, Thomas L. 374
Sala, Teodoro 277 286 451
Salandra, Antonio 31
Saldern, Adelheid von 77 81 131 177

Salewski, Michael 26 106 113 158 337 481
Salin, Edgar 194
Salis, Jean Rodolphe von 10 24 249 419
Salisbury, Harrison Evans 340 455
Sallai, Elemer 463
Saller, Karl 143
Sallet, Richard 239
Salm, Fritz 226
Salomon, E. von 194
Salomone, A. William 273
Salvador, Thomas 458
Salvadori, Massimo 277
Salvadori, Massimo L. 31 273
Salvatorelli, Luigi 10 273 280 283
Salvemini, Gaetano 273 280 283
Salvesen, Sylvia 200
Samarin, Vladimir D. 346
Samhaber, Ernst 20 377 396
Samotejkin, J. M. 247
Samra, Chattar Singh 410
Samsonov, Aleksandr Michajlovič 458 459
Samsons, Vilis 463
Samuel, R. H. 143
Sanborn, Frederic P. 387
Sánchez, José Mariano 292
Sanchez Agesta, Luis 292
Sanden, Heinrich 377 387 501
Sander, Willi 227
Sanders, M. L. 239
Sanders, P. 269
Sanders, Talivalds 335
Sandhofer, Gert 106
Sandig, Ernst 337
Şandru, D. 370
Sanjian, K. A. 375
St. Aubin, Bernard 422
Sanmann, Horst 117
Sann, Paul 377
Sansom, George Bailey 405
Santis, Sergio De 396
Santoro, Giuseppe 487
Saparov, A. 458
Sapelli, Giulio 285
Sapin, B. M. 387
Sapinsley, Barbara 84
Saporta, Marquis de 263
Saposs, David J. 380
Saracista, Vito 273
Sarafis, Stefanos 364
Šarapov, N. P. 354
Saria, Balduin 361
Sarkisyanz, Emanuel 349 354 402
Šarlanov, D. 363
Saron, Gustav 414
Sarti, Roland 280 285
Sasse, Heinz Günther 40 47 163 501
Sassoli, Domenico 280
Satagin, N. I. 344
Saucken, Dietrich von 455
Sauer, Paul 211 215 226
Sauer, Wolfgang 96 147
Saul, Klaus 71 77
Saunders, Hilary St. George 483
Saunders, M. 445
Saurel, Louis 155 200
Sautter, Udo 393
Sauvageot, André 422
Sauvy, Alfred 264
Sava, George 367
Savage, Katherine 419
Savčuk, P. O. 239

Savjalov, A. S. 463
Savory, Douglas 283
Saward, Dudley 487
Sawicki, Jakob 331
Sawka, George 170
Sayers, Richard S. 491
Sbacchi, Alberto 283
Sbosny, Inge 227
Scala, E. 428
Scalapino, Robert A. 405 408
Scandinavia between east and west 247
Scapelli, Adolfo 428
Scarcia, Luciana 87
Sceinman, M. M. 288
Schaaf, Fritz 47
Schaaf, Kurt 458
Schaal, Ferdinand 223
Schaap, Klaus 131
Schabel, Wilhelm 434
Schaber, Will 203
Schabrod, Karl 227
Schacht, Gerhard 445
Schacht, Hjalmar 96
Schadt, Jörg 60 61 81 128
Schaeder, Hildegard 208
Schädlich, Karlheinz 77 230 239
Schäfer, Alfons 61
Schäfer, Dieter 118
Schaefer, Eduard 147
Schäfer, Gerhard 187 188
Schaefer, Hans 37
Schaefer, Jürgen 72
Schaefer, Jürgen W. 71
Schäfer, Wolfgang 143
Schaeffer, Eugène 255
Schäffer, Fritz 102
Schaeffer, Rudolf F. 227
Schärer, Martin R. 155
Schätz, Ludwig 428
Schätzle, Julius 200
Schaffer, Ottomar 174
Schaller, Hans 180
Schaller, Michael 388
Scham, Alan 414
Schanz, Walter 170
Schapiro, Jacob Salwyn 20
Schapiro, Leonard 349
Scharnagl, Anton 188
Scharndorff, Werner 349
Scharping, Thomas 408
Schaub, Oskar 429
Schaufelberger, W. 467
Schauff, Johannes 59
Schaul, Dora 194
Schaumann, Wilfried 380
Schaus, Emile 269
Schausberger, Norbert 170 174 304 305 491
Schauß, Günter 47
Schechtman, Joseph B. 20 360 388
Scheel, Heinrich 217 343
Scheel, Klaus 180 434 468
Scheer, Friedrich 55
Scheerer, Karl 370
Scheffbuch, A. 135
Scheffer, Paul 47 113
Scheffler, Wolfgang 143 155 215
Scheibert, Horst 429 458 459 463
Scheibert, Peter 340 349 360
Scheibler, Walter 467
Scheidl, Karl 302
Scheler, Eberhard 163
Schell, Adolf von 434 491

Schellenberger, Barbara 188
Schelling, Georg 467
Schellmann, Holm 487
Schellong, C. 429
Schelm-Spangenberg, Ursula 102
Schemme, Klaus-Dietrich 247
Schenck, Ernst 10
Schenk, Reinhold 481
Schenk, Willy 72
Scheptytzkyjs, Andreas 361
Scherer, André 26 31
Scherer, Herbert 72 125
Scherpenberg, Jens van 174
Scheu, Friedrich 220 299 307
Scheuer, Georg 340
Scheuffele, Friedrich 491
Scheuner, Ulrich 354
Scheurig, Bodo 194 221 223 419
Schi Li-suo 170
Schick, Manfred 59
Schickel, Alfred 158 429 494
Schicksale deutscher Baudenkmale im zweiten Weltkrieg 429
Schicksalsfragen der Gegenwart 10
Schicksalsjahre deutscher Geschichte 40
Schiebold, Kurt 463
Schieche, Emil 170
Schieck, Hans 118
Schieder, Theodor 10 16 20 40 64 72 82 113 147 273
Schieder, Wolfgang 22 113 160 170 289
Schiefer, Hans 170
Schier, Rolf 55
Schier, Wolfgang 155 223
Schierbaum, Hansjürgen 63
Schiffers, Reinhard 96
Schiffman, Maurice K. 473
Schild, Hermann 215
Schildt, Gerhard 77 147
Schiller, Bernt 247
Schilling, Konrad 72
Schilling, Walter 354
Schimak, Anton 429
Schindler, Herbert 422
Schinkel, Harald 96
Schiøtz, Johannes 442
Schirendyb, Bazar 402
Schirmer, Hermann 227
Schlabrendorff, Fabian von 195 223
Schlag, Gerald 299
Schlaich, Heinz Wolf 65
Schlampp, A. 469
Schlauch, Wolfgang 491
Schlegel, Dieter 434
Schlegel, Julius 451
Schleier, Hans 63
Schlesinger, Arthur Meier 377 392
Schlesinger, Mildred 259
Schlesinger, Rudolf 346 349
Schlette, Antonia Ruth 55
Schleunes, Karl A. 215
Schlichting, Uta von 125
Schlicker, Wolfgang 121
Schlömer, Hans 121 177 188
Schlösser, Karl 102
Schlösser, Manfred 195
Schmacke, Ernst 113
Schmädeke, Jürgen 106
Schmahl, Hermannjosef 96
Schmalenbach, P. 481
Schmeer, Karlheinz 177
Schmeisser, Theo 434

Schmelzer, Janis 491
Schmerbach, Günther 102 195
Schmid, Gerhard 102
Schmid, Heinrich Felix 329
Schmid, Karin 170
Schmid, Peter 405
Schmid, Richard 155
Schmid-Amman, Paul 295
Schmidt, August 429
Schmidt, Gerhard 201
Schmidt, Giselher 75
Schmidt, Günter 87
Schmidt, Gustav 20 72 230 239
Schmidt, H. D. 143
Schmidt, Heinrich 208
Schmidt, Jochen 65
Schmidt, Jürgen 208
Schmidt, Klaus F. 143
Schmidt, Kurt Dietrich 188 208
Schmidt, Martin 118
Schmidt, Paul Karl 464
Schmidt, Royal J. 113
Schmidt, Ruth 139
Schmidt, Vera 72
Schmidt, Walter A. 195
Schmidt-Richberg, Erich 463
Schmidt-Richberg, Wiegand 47
Schmidt-Volkmar, Erich 59
Schmidt-Wulffen, Wulf 299
Schmiedel, Karl 344
Schmitt, Bernadotte E. 170 239 283
Schmitt, Bruno 434
Schmitt, Gaston 263
Schmitt, Gregor 31
Schmitthenner, Walter 195 196
Schmitz, Raymund 143
Schmitz van Vorst, Josef 273
Schmitz-Esser, Winfried 170
Schmölders, Günter 217
Schmokel, Wolfe W. 163
Schmolke, Michael 96
Schmolze, Gerhard 131
Schnabel, Reimund 143 163 200 434
Schnarendorf, Alexander G. 360
Schnatz, Helmut 487
Schneider, Burkhart 31 187
Schneider, Dieter 87
Schneider, Dieter Marc 203 259
Schneider, Erich 158
Schneider, Hans 151
Schneider, Hubert 357
Schneider, Karl 195
Schneider, Kurt 75
Schneider, Ludwig M. 81
Schneider, Michael 118
Schneider, Oswald 491
Schneider, Peter 155
Schneider, Reinhold 223
Schneider, Werner 103
Schneilin, Gérard 143
Schnell, Ralf 183 184
Schnorbus, Axel 82
Schodrok, Karl 128
Schöck, Eva Cornelia 118
Schoeck, Helmut 377
Schöffer, I. 269
Schöller, Peter 26
Schön, Eberhart 227
Schoen, Heinz 463
Schön, Walter 47
Schoenbaum, David 177
Schönberg, Hans 481
Schoenberner, Gerhard 215
Schönbrunn, Günter 10

Schöne, Manfred 434
Schöne, Siegfried 47
Schöner, Hellmut 146 469
Schönfeld, Roland 174 361
Schönfelder, Erich 469
Schönhoven, Klaus 63 103
Schöningh, Franz Josef 223
Schoeps, Hans-Joachim 35 60 62 63 65 103 147 215
Schöttl, Oskar 439
Schofield, Brian B. 481
Scholder, Klaus 188
Scholl, Inge 217
Scholtz, Harald 184
Scholtz-Klink, Gertrud 177
Scholz, Günther 55
Scholz, Robert 184
Schomerus, Heilwig 55
Schonauer, Franz 184
Schonfield, Hugh J. 414
Schorn, Hubert 155
Schorske, Carl E. 51
Schosser, Erich 63
Schottelius, Herbert 70
Schraepler, Ernst 55
Schraml, Franz 429
Schramm, Gottfried 31 77
Schramm, Hanna 255
Schramm, Percy Ernst 318 437 491 501
Schramm, Wilhelm Ritter von 163 217 223 494
Schramm von Thadden, Ehrengard 364
Schreck, Karl 208
Schreckenbach, Hans-Joachim 47
Schrecker, John E. 72
Schreeb, Gerhard 195
Schreiber, Franz 429
Schreiber, Georg 60 96 126
Schreiber, Gerhard 47
Schreiber, Hermann 35
Schreiber, Thomas 419
Schreiner, Albert 47 84 88 147
Schreiner, Kurt 51
Schreitter von Schwarzenfeld, Klaus 315
Schremmer, Eckart 55
Schrenck-Notzing, Caspar 410
Schrey, Heinz Horst 20
Schröder, Bernd Philipp 501
Schröder, Ernst 96
Schroeder, Felix von 12
Schröder, Hans-Christoph 75
Schröder, Hans-Jürgen 113 163 361 388 392
Schröder, Josef 451 481 501
Schröder, Jürgen 429 434
Schröder, Karsten 239
Schroeder, Paul W. 501
Schröder, Wilhelm Heinz 55 72
Schröder, Wolfgang 72 75
Schröter, Heinz 459
Schröter, Hermann 72
Schröter, Klaus 60
Schubert, Günter 143
Schubert, Kurt 305
Schüddekopf, Otto-Ernst 31 40 66 75 103 106 113 158
Schüler, Felix 175
Schüler, Winfried 79
Schueller, George K. 349
Schüren, Ulrich 96
Schüssler, Wilhelm 47

Schütt, Werner 501
Schütte, Ehrenfried 463
Schütte, Ernst 10
Schütte, Wolfgang 60 123
Schütz, Wilhelm Wolfgang 230
Schützle, Kurt 24 106
Schützler, Horst 422
Schuhmann, Wolfgang 40
Schuker, Stephen A. 263
Schulenberg, Wolfgang 184
Schuler, Emil 429 463
Schuler-Jung, Helga 349
Schuller, Franz 151
Schulmeister, Otto 299
Schult, Johannes 77
Schulte, Bernd Felix 72
Schulte, Klaus H. S. 63
Schulte Nordholt, J. W. 31
Schulte-Herbrüggen, Hubertus 239
Schultz, Hans Jürgen 222
Schultz, Hans-Joachim von 455
Schultz, Joachim 463 469
Schultz-Siemens, Max 481
Schultzendorff, Walther von 121
Schulz, Eberhard G. 35
Schulz, Gerhard 10 40 96 103 118 147
Schulz, Klaus-Peter 106
Schulz-Wittuhn, Gerhard 195
Schulze, Hagen 96 103 106
Schulze-Hinrichs, Alfred 481
Schulze-Holthus, Bernhardt 494
Schulze-Wilde, Harry 135 147 151 195
Schulzinger, Robert D. 388
Schumacher, Alois 263
Schumacher, Fritz 487
Schumacher, Hans 220
Schumacher, Martin 51 95 96 103 118
Schuman, Frederick L. 340
Schumann, Hans-Gerd 175
Schumann, Heinz 195
Schumann, Rosemarie 96
Schumann, Wilhelm 227
Schumann, Wolfgang 109 113 131 416
Schunke, Joachim 131
Schuon-Wiehl, Anneliese Konstantina 177
Schuppe, Erwin 143
Schuschnigg, Kurt von 305
Schuster, A. Ildefonso 273
Schuster, Dieter 47
Schuster, Kurt G. P. 103
Schuster, Otto 425
Schustereit, Hartmut 103
Schuur, Heinrich 477
Schwab, Dieter 155
Schwab-Felisch, Hans 429
Schwabe, Klaus 31 96 388
Schwadtke, K. H. 175
Schwärtzke, Wolfgang 103
Schwan, Kurt 400
Schwaneberg, Edgar 380
Schwanke, Robert 362
Schwartz, Andrew J. 388
Schwartz, Benjamin J. 408
Schwartz, Bernard 380
Schwartz, Harry 357
Schwartz, Josef 451
Schwarz, Albert 84
Schwarz, Egon 203
Schwarz, Falk 180

Schwarz, Gotthart 96
Schwarz, Hanns 151
Schwarz, Hans 63 200
Schwarz, Jordan A. 377
Schwarz, Jürgen 55 126
Schwarz, Klaus-Dieter 82
Schwarz, R. 307
Schwarz, Robert 307
Schwarz, Rudolf 501
Schwarz, Solomon M. 354 357
Schwarz, Urs 295
Schwarzbart, Isaac I. 325
Schwarze, Johannes 132
Schwarzenberg, Claudio 285
Schwarzmaier, Hansmartin 470
Schwarzschild, Leopold 96
Schwarzwälder, Harry 227
Schwarzwälder, Herbert 227 469
Schweigende Front 454
Schweighofer, Franz 299
Schweitzer, Arthur 135 151 175 177
Schweitzer, Carl Christoph 35
Schweiz im Zweiten Weltkrieg 295
Schweling, Otto Peter 155
Schwend, Karl 132 220
Schwerbrock, Wolfgang 126
Schwerd, Almut 126
Schwerin von Krosigk, Lutz Graf 40 55
Schwersenz, Jizchak 215
Schwiegershausen, Edmund 113
Schwind, Hans-Dieter 434
Schwipps, Werner 180
Schymanietz, Peter A. 55
Scitovsky, Tibor 491
Scotland, A. P. 434
Scott, Derek J. R. 349
Scott, F. D. 388
Scott, J. D. 491
Scott, Robert E. 396
Scott, William Evans 170
Scotti, Giacomo 451
Scoullar, J. L. 451
Sdun, Paul Viktor 280
Seabury, Paul 163
Searle, G. R. 233
Seaton, Albert 455 458
Secchia, Pietro 277 278 280
Sěchu, M. 362
Sechzig Jahre große sozialistische Oktoberrevolution 343
Seco Serrano, C. 292
Seconda controffensiva italo-tedesca in Africa Settentrionale 448
Sedwick, Frank 293
See, Klaus von 247
Seeber, Eva 323 354
Seeber, Gustav 72 73
Seeger, W. 419
Seegrün, Wolfgang 188
Seelbach, Ulrich 132
Seeler, Hans-Joachim 302
Seeler, Werner von 451
Seelig, Rosemarie 405
Seely, John Robert 239
Seemann, Klaus-Dieter 358
Seemen, Gerhard von 429
Seewann, Gerhard 306
Seger, Gerhart H. 135
Segrè, Claudio G. 283
Sehn, Jan 200
Seibt, Ferdinand 47
Seidel, Eugen 184
Seidel, Richard 55

Seidelmann, Karl 55 60
Seidenzahl, Fritz 55
Seidler, Franz W. 63 434
Seidlmayer, Michael 273
Seier, Hellmut 184
Seifert, Gerhard 147
Seiffert, Werner 155
Seiler, Alois 126
Sejnman, Michael Markovič 501
Seipel, Ignaz 299
Selbstbestimmung für Ostdeutschland 132
Selig, Wolfram 31
Selivanov, Fedor 463
Sell, Hans-Joachim 195
Selle, H. 458
Sellenthin, H. G. 215
Selleslagh, F. 269
Selz, Barbara 429
Semirjaga, M. I. 340
Semmingsen, Ingrid 247
Sen, Chanakya 408
Sencourt, Robert 170
Senft, Stanisław 434
Senger und Etterlin, Frido von 429 439 445 451 452 458
Sengotta, Hans-Jürgen 227
Senjavskij, S. L. 357
Senn, Alfred Erich 295 318 329 335
Sennholz, Hans 97
Senz, Ingomar 374
Senz, Josef 362
Šepić, Dragovan 367
Seppälä, Helge 337
Sérant, Paul 265 502
Seraphim, Hans-Günther 143 422 439 455
Seraphim, Peter-Heinz 35 335
Sereau, Raymond 255 442 452
Serge, Victor 344
Serke, Jürgen 184
Serra, Alessandro 362
Serra, Enrico 283
Serre, Charles M. 249
Servan-Schreiber, Emile 340
Serwański, Edward 323 325 331 440
Seth, Ronald 458 459 481 494 502
Sethe, Paul 10 35 40 340
Seton-Watson, Christopher 280
Seton-Watson, Hugh 308 340 349
Setta, Sandro 285
Settembrini, Domenico 280
Setzer, Hans 233
Ševjakov, A. A. 163 370
Sevilla Andres, Diego 293
Sevost'janov, G. 10 388
Sevost'janov, G. N. 502
Sexau, Richard 163
Seydewitz, Ruth 195
Seydlitz, Walther von 459
Seydoux de Clausonne, François 47
Shafir, Shlomo 215
Shaheen, Samad 340
Shai, Aron 405
Shakabpa, Tsepon W. D. 403
Shamir, Haim 113 195 215 265
Shand, James D. 31
Shankland, Peter 452
Shankowsky, Lew 344 360
Shannon, David A. 377 380
Shaping of the Nazi state 135
Shapiro, Leonard 349 354
Shapiro, Theda 20
Shapiro, Yonathan 400

Sharabi, H. B. 400
Sharf, Andrew 215
Sharma, Shiva-Kumar 20
Sharp, Tony 502
Shaw, James 474
Shay, Robert Paul 233
Shearman, Hugh 337
Shechtman, Joseph B. 346
Sheehan, Donald 377
Sheehan, James J. 66 72
Shell, Kurt Leo 302
Shepherd, Gordon Brook- 170 299
Sheppard, Priscilla M. 388
Shepperd, G. A. 452
Shercliff, J. 293
Sherman, A. J. 203
Sherrod, Robert 474 487
Sherry, Michael S. 378
Sherwani, H. K. 410
Sherwin, Martin J. 474
Shilin, P. A. 455
Shimada, Koichi 474
Shinwell, Emanuel 233
Shiomi, Saburo 405
Shipley White, Dorothy 255
Shirer, William L. 135 136 247 249
Shohat, Azriel 335
Shorrock, William I. 249
Shorter, Edward 265
Shteppa, Konstantin Feodos'evich 340
Shugshda, J. I. 88
Shuster, George N. 308
Shwadran, Benjamin 400
Sicard, Maurice-Yvan 255
Sichel, Frieda 203
Sidman, Charles F. 180
Sie kämpften für Deutschland 221
Sieber, Eduard 10
Siebert, Ferdinand 47 170 283
Sieburg, Friedrich 250
Sieburg, Heinz-Otto 72 113 250
Siefert, Hermann 126
Siegele-Wenschkewitz, Leonore 188
Sieger, Walter 55
Siegfried, André 10 250 255 378 414
Siegler, Fritz Frhr von 158
Siegmund-Schultze, Friedrich 195
Siemann, Joachim 103
Siemsen, Werner 434
Siepmann, Eckhard 79
Sierpowski, Stanisław 273 283 329
Sievers, Hermann 422
Siewert, Curt 158
Sigel, Robert 75
Sigg, Marianne 215
Sijes, B. A. 269 270
Siilivask, Karl 335
Siksek, Simon G. 400
Silberstein, Gerard E. 31
Siljegović, Boško 452
Sillner, Leo 470
Silva, Umberto 287
Silva Herzog, Jesús 396
Silverman, Dan P. 72 82 118
Silvestri, Claudio 274
Silvestri, Mario 26
Silvestro, Franco 315
Simmert, Johannes 61
Simmons, Ernest J. 340
Simon, Ernst 215
Simon, Hermann 35
Simon, Klaus 82
Simon, Matila 265

Simon, W. H. 66
Simonin, René 255
Simpas, Marcos-Marios 481
Simpson, Amos E. 143 175
Simpson, C. L. 414
Simpson, Colin 26
Sims, Edward Howell 487
Simson, G. 247
Sinclair, Keith 415
Sinel, Leslie 230
Siney, Marion C. 26
Singleton, Frederick 367
Sinzheimer, Hugo 97
Sjöberg, S. 247
Sjöstedt, Lennart 470
Sjoqvist, Viggo 247
Siperco, A. 370
Sipols, Vilnis 335
Sired, Ronald 481
Širendyb, B. 403
Sisson, C. H. 233
Sivan, Emmanuel 414
Skalski, Stanisław 487
Skarzynski, Aleksander 326
Skendi, Stavro 362 364
Skidmore, Thomas E. 396
Skinner, William G. 408
Sklorz, Norbert 126
Skodvin, Magne 247 442
Skorczyk, Kurt 470
Skovmand, Roar 247
Skrzypczak, Henryk 118 121
Skrzypek, Andrzej 335
Skubiszewski, Krzysztof 332
Slade, Ruth 414
Sládek, Zdeněk 315
Slapnicka, Harry 299
Slapnicka, Helmut 20 315
Slavin, G. M. 354
Slessor, Sir John 230
Slim, Sir William 474
Slovenské národné povstanie 314
Slupski, Z. 408
Slusser, Robert M. 354 360
Smal-Stocki, Roman 349
Smelser, Ronald M. 170 315
Smirnov, S. 459
Smirnov, V. P. 259
Smirnova, N. D. 283
Smirnova, Nina Dmitrievna 362
Smith, Arthur L. 106 502
Smith, C. Alphonso 481
Smith, C. Jay 337
Smith, Constance Babington 494
Smith, David 20
Smith, Denis Mack 274
Smith, Elaine Diana 375
Smith, Eric D. 452
Smith, Gaddis 393
Smith, Geoffrey S. 378
Smith, Glen Alden 357
Smith, J. Malcolm 380
Smith, James Morton 380
Smith, Lois Elwyn 396
Smith, Louis 380
Smith, M. Llewellyn 364
Smith, Malcolm 239
Smith, Marcus J. 200
Smith, Melden E. 487
Smith, Peter H. 396
Smith, R. Elberton 491
Smith, Robert F. 388
Smith, Robert Ross 474
Smith, Sara R. 408

Smith, Wilfred Cantwell 400
Smith, William Ward 474
Smoliński, St. 323
Šnejdarek, Antonin 170
Snell, John L. 51 72 84 113 136 421 502
Snellgrove, Laurence E. 293
Sniegoski, Stephen J. 388
Snow, Charles Percy 491
Snow, Russel E. 360
Snyder, Louis L. 35 40 136 418 419
Snyder, Richard C. 388
So ging es zu Ende ... Neuengamme 200
Sobański, T. 200
Sobczak, Janusz 114 177 323
Sobczak, Kazimierz 463
Sobel, Robert 388
Sobik, Erich 439
Sobolew, P. N. 342
Sobolewsky, Marek 302
Society and politics in Wilhelmine Germany 77
Sode-Madsen, Hans 337
Sodeikat, Ernst 209 215 332
Söhngen, Oskar 188 209
Sörgel, Werner 143
Sofisti, Leopoldo 283
Sogenannter Westwall 430
Sogno, Vittorio 452
Sohler, Herbert 481
Soják, Vladimír 315
Soiron, Rolf 31
Soisson, Pierre 136
Sokol, A. E. 458 481
Sokol, Edward D. 360
Sokolnicki, Michael 375
Sokulski, Henryk 318
Solari, Fermo 278
Šolc, Jaroslav 315
Šolle, Zdeněk 302
Soloveytchik, George 296
Somervell, David Churchill 20 230 233
Sommer, Theo 163
Sommer, Walter 265 408
Sommerfeldt, Martin H. 439
Sondereinheiten in der früheren deutschen Wehrmacht 158
Sondergerichte im 3. Reich 155
Sondern, Frederic 470
Sonneville, Pierre 255
Sontag, Ernst 20
Sontag, Raymond J. 10 170 422 502
Sontheimer, Kurt 40 84 97 103 126 147
Sonyel, Salahi Ramschan 375
Sorg, Richard 60
Sorlin, Pierre 340 349
Sorokin, Pitirim Aleksandrovich 354
Souchy, A. 293
Soukhomline, Vassili 255
Soustelle, Jacques 250
Southworth, Herbert R. 293
Soutou, Georges 114 118 263
Souyris, André 414
Sovetskie partizany 346
Soviet crossing of the Carpathians 460
Soviet documents on foreign policy 1917-1941 354
Soviet foreign policy, 1928-1934 353
Soviet shipping in the Spanish civil war 293

Soviet treaty series 354
Soviet Union 340
Sowjet-Flotte im Zweiten Weltkrieg 476
Sowjetische Deutschlandpolitik 351
Sowjetische Erforschungen und Studien der Geschichte der Widerstandsbewegung 345
Sowjetpatriotismus und Geschichte 341
Sowjetunion 341 354
Sozialdemokrat 1879-1890 79
Sozialdemokratie im Deutschen Reichstag 75
Sozialdemokratie und Anschluß 302
Sozialdemokratie und Systemwandel 315
Sozialdemokratie zwischen Klassenbewegung und Volkspartei 51
Sozialdemokratische Arbeiterbewegung und Weimarer Republik 119
Soziale Bewegung und politische Verfassung 3
Sozialisation und Bildungswesen in der Weimarer Republik 126
Sozialstruktur und Organisation europäischer Nationalbewegungen 20
Spade, Asso di 274
Spadolini, Giovanni 288
Spael, Wilhelm 60
Spaeter, Helmuth 425
Spalcke, Karl 106 158
Spalek, John M. 202
Spanaus, Hans Adolf 329
Spanien 1900-1965 293
Spanier, John W. 10
Spanische Geschichtsschreibung über den Zweiten Weltkrieg 417
Spanischer Bürgerkrieg in der internationalen Politik 289
Sparrow, Gerald 400
Spear, Percival 410
Spear, Sheldon 378
Spearman, Diana 233
Spears, Edward 445
Specht, Gustav 143
Speckner, Herbert 132
Spector, Ivar 344 354
Spector, Sherman David 370
Spectrum Austriae 299
Speidel, Hans 467
Speidel, Helm 106
Speier, Hans 121
Spekke, Arnolds 335
Spence, Jonathan 408
Spencer, Arthur 247
Spencer, F. A. 364
Spencer, Frank 388
Spencer, John Hall 452
Spengler, Erhard 170
Spengler, Oswald 40
Spenz, Jürgen 114
Sperling, Heinz 106
Spethmann, Hans 467
Spetzler, Eberhard 487
Spiegel, Marga 215
Spiegel, Tilly 299
Spiegelbild einer Verschwörung 223
Spier, Eugen 230
Spieß, Alfred 422
Spillmann, Georges 414
Spillmann, Kurt R. 388
Spindler, Arno 26
Spindler, Katharina 296

Spindler, Max 62
Spinelli, Altiero 280
Spinka, Matthew 358
Spinosa, Antonio 285
Spira, Thomas 47 374
Spirin, Leonid Michajlovič 344
Spiro, Edward 492
Spiru, Basil 370 422
Spitta, Arnold 396
Spitzmuller, Alexander 299
Spitznagel, Peter 227
Spohn, Wilfried 77
Spree, Reinhard 55
Spriano, Paolo 278 280
Sprigge, Cecil 274
Springhall, John 241
Spuler, Berthold 400
SS en Nederland 143
SS im Einsatz 143
SS underworld 143
Staat und Gesellschaft im deutschen Vormärz 47
Staat und NSDAP 1930–1932 97
Staat, Wirtschaft und Politik in der Weimarer Republik 84
Staats- und Wirtschaftskrise des Deutschen Reichs 84
Staatsmänner und Diplomaten bei Hitler 163
Staber, Joseph 374
Stabinger, Alois 265
Stacey, C. P. 393 429 439 467
Stachura, Peter D. 135 143 147
Stadelhofer, Manfred 82
Stadelmaier, Franz 388
Stadler, Karl R. 302
Stadler, Karl Rudolf 299
Stadler, Peter 296
Stadtmüller, Alois 470
Stadtmüller, Georg 10 20 35 136 195 364
Stäglich, Wilhelm 200
Staff, Ilse 155
Stafford, David 502
Stahl, Friedrich 157
Stahl, Friedrich Christian 419
Stahl, W. 452
Stahlberger, Peter 203
Stahmer, Heinrich Georg 405
Staiger, Georg 429
Staiger, Jörg 452 467
Stalin, Josif Vissarionovič 346 502
Stalin und Hitler gegen Europa 170
Stamati, Constantin Graf 502
Stambrook, F. G. 114
Stamm, Christoph 239
Stamm, Konrad Walter 296
Stampa clandestina nell' archivio 287
Stampfer, Friedrich 84
Stand und Problematik der Erforschung des Widerstandes 195
Stanek, Imrich 315
Stanford, Alfred Boller 467
Stang, Werner 429
Staniewicz, Restytut W. 502
Stanisavljević, Djuro 367
Stanislawska, Stefania 329
Stanislawski, Andrzej 200
Stapor, Zdzisław 463
Starčević, Veselin 367
Stark, Freya 400
Stark, Gary D. 126
Starkulla, Heinz 126
Starr, Chester G. 452

Starr, Joshua 216
Stasiewski, Bernhard 209
Stationen der Deutschen Geschichte 1919–1945 40
Statistical digest of the war 416
Statistik over landssvik 1940–1945 247
Statistique de la déportation 255
Stauber, Hans 445
Staudinger, Anton 302 304
Stauffer, Alvin P. 474
Stavnik, J. 293
Stavrianos, L. S. 364 388
Steamer, Robert J. 380
Stearns, Peter N. 20
Stearns, Raymond Phineas 20
Steele, Richard W. 392
Steen, Erik Anker 247 481 482
Steets, Hans 458
Stefanis, Emilio F. de 405
Steffan, Franz 63
Steffani, Winfried 97
Steffen, Francis 270
Steffens, Hans von 494
Stegemann, Bernd 26
Stegemann, Herbert 357
Steger, Bernd 132
Steglich, Wolfgang 10 31 32
Stegmann, Dirk 72 77 118 147
Stegmann, Franz Josef 55
Stehkämper, Hugo 84 86
Stehle, Hansjakob 151 288
Stehling, Jutta 132
Steiger, Rudolf 429
Stein, Albert 209
Štejn, Boris Efimovič 21 170 354
Stein, George H. 170 429
Stein, Gustav 56
Stein, H. R. von 429
Stein, Joshua B. 239
Stein, Oswald 470
Stein, Wilm 358
Steinbach, Lothar 239
Steinbach, Peter 63
Steinberg, David Joel 403
Steinberg, Hans-Hermann 315
Steinberg, Hans-Josef 51 227
Steinberg, I. N. 358
Steinberg, Jonathan 72
Steinberg, Lucien 216 255 434
Steinberg, Michael Stephen 147
Steinböck, Erwin 302
Steinborn, Peter 132
Steiner, Eugen 315
Steiner, Felix 143
Steiner, Herbert 300 307
Steiner, Jean-François 200
Steiner, John M. 136 143 177
Steiner, Robert 209
Steiner, Zara S. 239
Steinert, Marlis Gertrud 177 422 470
Steinhaus, Hubert 184
Steinitz, Hans 380
Steinweg, Günther 482
Steltzer, Theodor 195 223
Stelzle, Walter 63
Štemenko, Sergej M. 463
Stenkewitz, Kurt 72
Stenzel, Ernst 48
Stenzl, Otto 136 147 170 419
Stepan, F. 170
Stepanov, Andrej Ivanovič 114 354
Stephan, Cora 51
Stephan, Enno 494

Stephan, Werner 103
Stephenson, Graham 341
Stephenson, Jill 126 177
Stepun, Fedor 349
Stern, Carola 8
Stern, Fritz 24 35 48 60 72 97
Stern, Howard 103
Stern, Immanuel 11
Stern, Leo 36 43 48 103 293
Sternberg, Fritz 341
Sternberger, Dolf 143
Sterner, Siegfried 103
Stettler, Peter 296
Stevens, Austin 241
Stevens, Richard P. 400
Stevens, William George 452
Stevenson, Frank E. 467
Stewart, I. McD. G. 452
Stich, Karl 487
Stier, Hans 12
Stier, Hans Erich 35
Stiernfelt, Bertil 467
Stillig, Jürgen 250 344
Stingl, Werner 72
Stipke, Ulrich H. 239
Stippel, Fritz 184
Stitz, Peter 60
Stitzer, Karl 255
Stock, Ulrich 151
Stocks, Theodor 458
Stockwell, Richard E. 349
Stöber, Hans-J. E. 429
Stöckel, Kurt 106
Stoecker, Helmuth 42 69 354
Stöffler, Friedrich 201
Stöhr, Martin 211
Stökl, Günther 21 341
Stössinger, Felix 114
Stoetzer, Carlos 396
Stoevesandt, Karl 209
Stoica, Chivu 370
Stoica Gheorghe 370
Stokes, Lawrence D. 216
Stokes, William S. 396
Stolberg-Wernigerode, Otto Graf zu 48 72 378
Stoler, Mark A. 502
Stoll, Gerhard Eugen 180
Stoll, H. 470
Stolleis, Michael 144 155
Stolper, Gustav 55 56
Stoltenberg, Gerhard 73 132
Stolzenburg, Herbert 195
Stoneham, C. T. 414
Storch, Thomas 315
Storek, Henning 180
Storm-Bjerke, Helge 482
Storry, Richard 405
Story of Mein Kampf 144
Story of the Völkischer Beobachter 180
Stosunki polsko-niemieckie 163
Stosunki polsko-radzieckie w latach 1917–1945 329
Stourzh, Gerald 203 300
Stoves, Rolf O. G. 429
Stowe, Leland 341
Straeßle, Léon Etienne 296
Strätz, Hans-Wolfgang 184
Strafdivision 999 195
Strakhovsky, Leonid Ivan 354
Strang, William Lord 239
Stranner, Henri 296
Straßner, Peter 221 429

Stratton, Roy O. 482
Straub, Walter 429
Strauss, Herbert 56
Strauss, Herbert A. 392
Strauß, Walter 216
Strauß, Wolfgang 341
Strawson, John 452
Stražas, A. Š. 73 335
Streiflichter in eine dunkle Zeit 227
Streiflichter zur Geschichte der Wahlen im Dritten Reich 151
Streisand, Joachim 35
Streit, Christian 434
Streit, Kurt W. 458
Streitkräfte der UdSSR 350
Strel'nikov, V. S. 452
Streng, Heinz von 331
Stribrny, Wolfgang 97
Striefler, Heinrich 97
Strijd in Zeeland, Mei 1940 443
Strijd om Rotterdam, Mei 1940 445
Stritzel, Klaus Peter 422
Strobel, Georg W. 103 323 327 331
Strölin, Karl 223 434
Ström-Billing, Inger 247
Stromberg, Roland N. 21
Stroop, Jürgen 326
Strothmann, Dietrich 184
Struck, Wolf-Heino 132
Strugar, V. 367
Struktura demograficzna ludności Żydowskiej pozostałej w Warszawie 326
Strutynski, Peter 73
Struve, Walter 48
Stuart, G. H. 388
Stubbe, Charles 445
Stucken, Eduard 56
Stuckenschmidt, Hans Heinz 184
Student, Kurt 467
Studien und Berichte der dritten Emigration 350
Studien zum deutschen Imperialismus vor 1914 66
Studien zur Geschichte der Konzentrationslager 200
Studien zur Geschichte des deutschen Imperialismus 66
Studienbuch Geschichte 5
Studies over Nederland in Oorlogstijd 270
Studnicki, Wladyslaw 329
Studnitz, Hans Georg von 63 170 502
Stuebel, Heinrich 144
Stübel, Heinrich 175
Stuebel, Heinrich 414
Stürmer, Michael 65 66 73 97
Stuhlpfarrer, Karl 283 439
Stultz, Newell M. 414
Stulz, Percy 502
Stumme Armee 453
Stump, Wolfgang 132
Stumpf, Reinhard 158
Stumpfe, Ortrud 48
Stumpp, Karl 357
Stunde, die nur einmal kommt 97
Sturm bis vor Moskaus Tore 458
Šturm Kenigsberga 463
Sturmhöfel, Heinz 375
Sturzo, L. 280
Súarez-Miraval, Manuel 396
Suchanow, N. N. 344
Suche nach Wahrheit 315

Suck, Ernst August 103
Sudetendeutsches Turnertum 316
Sudetenfrage in europäischer Sicht 315
Sudetenland-Anschluß 1938 170
Sudholt, Gert 216
Südafrika 1910–1960 414
Südosteuropa im Zweiten Weltkrieg 362
Sündermann, Helmut 136 180 354 378
Suga, Alexander 370
Suhl, Yuri 216
Sui problemi della resistenza nel Lecchese 277
Sui rapporti economico-finanziari italotedeschi 273
Sukiennicki, Wiktor 323
Sulewski, Wojciech 323
Sulla resistenza a Nola 277
Sullivant, Robert Scott 360
Sumiya, Mikio 405
Summers, Anne 233
Sundhausen, Holm 114 429 491
Suny, Ronald Grigor 344
Suomen sota 1941–1945 458
Supiński, Witold 430
Suppan, Arnold 306
Suprunenko, N. I. 360 455
Sur le chemin de la libération 251
Surguladze, Akakij 360
Suri, Surindar 177
Survey of international affairs 1938 170
Survey of international affairs 1939–1946 502
Susmel, Duilio 274 452
Sutor, Bernhard 151
Sutro, Nettie 11 204
Suval, Stanley 114
Suvorov, K. I. 350
Suy, Eric 188
Suzman, Arthur 216
Svenska Kullager-Fabriken och kriget 245
Svensson, Bjoern 247
Svoronos, Nicolas 364
Swan, Michael 396
Swart, Friedrich 331
Swatek, Dieter 175
Swearingen, Roger 405
Sweet, William 155
Sweet-Escott, Bickham 364
Sweets, John F. 255
Swettenham, John Alexander 335
Swomley, John M. 378
Sydnor, Charles W. 144 430
Sykes, Christopher 195 400
Synode zu Steglitz 209
Syrup, Friedrich 48
Systèmes d'occupation en Yougoslavie 1941–1945 367
Sywottek, Arnold 220
Sywottek, Jutta 180
Szachiewicz, Mieczysław 200
Szajkowski, Zosa 255 265 344
Szakács, K. 374
Szanto, Alexander 216
Szarota, Tomasz 323
Szaz, Zoltan Michael 147
Szecsi, Maria 302
Szefer, Andrzej 151 331
Szende, Stefan 216
Sziling, Jan 323

Szklarska-Lohmannowa, Alina 329
Szner, Zvi 211
Szumowski, Zbigniew 463
Szwajdler, Zofia 331
Szymanski, Antoni 163
Szymański, Zbigniew 106

Táborský, Eduard 315
Taege, Herbert 144
Tägil, Sven 163 439
Taeschner, Franz 400
Tagebuch einer jüdischen Gemeinde 216
Tal, Uriel 77
Talas, Onni 337
Tamaro, Attilio 502
Tammen, Helmuth 118
Tampke, Jürgen 88
Tan, Chester C. 408
Tanaka, Raizo 474
Tang, Peter S. H. 354 403
Tanham, George K. 270
Tannenbaum, Edward R. 259 285
Tanner, Väinö 337 441
Tansill, Charles Callan 388
Tapié, Victor L. 300
Targ, Alojzy 151
Tarr, Francis de 259
Tarulis, Albert N. 335 354 388
Tasca, Angelo 274
Tashjean, John E. 452
Tasso, Antonio 283
Tate, Merze 239
Tatz, Colin Martin 414
Taube, Arved Frhr von 31
Taubes, Israel 270
Tausz, Anikó 374
Tavrovskaja, G. M. 502
Taylor, Alan John Percivale 11 21 230 239 419 422
Taylor, Edmond 11
Taylor, F. Jay 388
Taylor, Hugh Page 144
Taylor, J. 331
Taylor, J. F. 223
Taylor, John William Ransom 487
Taylor, Richard 358
Taylor, Robert R. 184
Taylor, Telford 158 445
Taysen, Adalbert von 452
Techniczek, Maciej 195 315 323
Tedde, Antonio 452
Teheran, Jalta, Potsdam 502
Teich, Meir 346 370
Tejchman, Miroslav 370
Teichová, Alice 170 315 316
Teilung und Wiedervereinigung 11
Teller, Edward 492
Tel'puchovskij, B. S. 455 459
Témoignages sur Auschwitz 200
Tempesti, Fernando 287
Templewood, Samuel John Gurney 230
Tenbrock, Robert Hermann 36
Tenenbaum, Joseph 136 195 200 216 326 392
Tenfelde, Klaus 56
Têng, Chung-hsia 408
Tenkate, F. P. 458
Tennant, Kylie 415
Teppe, Karl 177 227
Terej, Jerzy J. 323
Terlinden, Charles Vicomte 11
TerMeer, Fritz 175

Ternon, Yves 144 201 375
Terrain, John 21
Terrell, Edward 482
Territoriale verdediging van de noordelijke provincien 446
Terror und Widerstand 1933–1945 195
Terveen, Fritz 180 184 185
Terza offensiva britannica in Africa settentrionale 450
Terzić, V. 458
Terzić, Velimir 367
Teschner, Gertraud 151
Tesi sulla resistenza italiana e tedesca 278
Teske, Hermann 48 106 430 439 446 455 463
Tessin, Georg 106 158 430
Tettau, Hans von 430
Tetzlaff, Rainer 73
Teubner, Hans 296
Teut, Anna 185
Teuteberg, Hans Jürgen 56
Thadden, Rudolf von 65
Thakin Nu 410
Thalheimer, Siegfried 259
Thalmann, Rita 60 216
Thanassecos, Luc 11
Thate, Wolfgang 180
Thayer, Philip W. 403
Theimer, Walter 51
Theisen, Helmut 97
Theobald, Robert A. 388 474
Theoharis, Athan 503
Theoharis, Athan G. 378
Theologie und Sozialethik im Spannungsfeld der Gesellschaft 60
Thetford, Owen 233
Thévoz, Robert 227
They fought Hitler first 200
Thibault, Pierre 11
Thiel, Erich 357 403
Thiel, Jürgen 82
Thielen, Peter G. 73
Thieme, Hans 346
Thieme, Hartwig 31
Thierauf, Hans 97
Thierfelder, Jörg 188
Thieringer, Rolf 97
Thies, Jochen 148 163
Thiessen, Renate 239
Thimm, Gerhard 341
Thimme, Anneliese 103 114
Thimme, Roland 103
Third Reich 135
Thöle, H. 430
Thöne, Karin 422
Thoennessen, Werner 48
Thomas, David Arthur 474 482
Thomas, Georg 158
Thomas, Gordon 293
Thomas, Hansheinrich 434
Thomas, Hugh 293
Thomas, Ludmila 361
Thomas, Neville Penry 233
Thomas, R. C. W. 452
Thomer, Egbert 482
Thompson, H. L. 487
Thompson, John M. 355
Thompson, Kenneth W. 388
Thompson, L. 170
Thompson, Larry V. 144
Thompson, Neville 239
Thompson, Reginald William 467

Thomsen, Erich 247
Thomson, David 5 11 230
Thomson, Davis 259
Thomson, Erik 361
Thomson, Harrison 316
Thomson, Harry C. 439
Thomson, Jan 403
Thorne, Christopher 11 21 239 503
Thornton, A. P. 230
Thornton, Richard C. 408
Thornton, Willins 467
Thorp, Rosemary 396
Thorsen, Svend 247
Thorwald, Jürgen 308 392 470 494
Thoss, Bruno 132
Thränhardt, Dietrich 63
Thuemmler, Heinzpeter 77
Thulstrup, Åke 21 163 247
Thulstrup, Åke 487
Thunig-Nittner, Gerburg 316
Tjaden, Karl Hermann 103
Tibawi, Abdul Latif 239
Tiberio 283
Tidl, Marie 307
Tieke, Wilhelm 430 463
Tiemann, Reinhard 430
Tiersky, Ronald 259
Tietgens, Hans 144
Tilgner, Wolfgang 209
Tilkovsky, L. 374
Tillett, Lowell R. 355
Tillion, Germaine 200
Tillman, Seth P. 11
Tillmann, Heinrich 171
Tillmann, Heinz 400
Tillon, Charles 255
Timasheff, N. S. 350 358
Timm, Helga 97
Timmermann, Heinrich 32
Timpke, Henning 227
Timpke, Johannes 452
Tinch, Clark W. 405
Tingsten, Herbert 247
Tinker, Hugh 410
Tinnemann, E. M. 188
Tint, Herbert 250 259
Tippelskirch, Kurt von 419 441 452 455
Tipton, Frank B. 78
Tiso, Jozef 316
Titarenko, S. L. 350
Titmuss, R. M. 241
Tito, Josip Broz 367
Titus, David Anson 405
Tjulpanov, Serge Ivanovič 346
Toacă, I. 370
Tobia, Bruno 278 280
Tobias, Fritz 151
Tobias, Henry J. 51
Tobias, John L. 73
Tobler, Hans-Werner 396
Toch, Josef 293
Tökés, Rudolf L. 374
Töpner, Kurt 88
Törnudd, K. 337
Togliatti, Palmiro 280
Togo, Shigenori 405
Tokody, Gy 32
Toland, John 388 405 467
Tollet, André 255
Tolloy, Giusto 455
Tolstoy, Nikolai 434
Toma, Peter A. 316 355
Tomasek, R. D. 396

Tomasevich, Jozo 367
Tomaszewski, Jerzy 331
Tomin, Valentin 227
Tompkins, Pauline 388
Tompkins, Peter 274 503
Tončić-Sorinj, Lujo 400 414
Tonsor, Stephen J. 144
Topf, Erwin 97
Torbacke, Jarl 247
Torell, Ulf 247
Torke, Hans-Joachim 341
Tormin, Walter 51 84 88 151
Tornau, Gottfried 430
Tornow, Werner 175
Toronczyk, Ludwig 323
Torrès, Henry 259
Torrey, Glenn E. 370
Torris, M.-J. 442
Torsiello, Mario 274 452
Torzecki, Ryszard 164
Toscano, Mario 11 21 164 171 283 284 355 422 439
Toškova, Vitka 363
Tosti, Amedeo 274
Totenliste Hamburger Widerstandskämpfer und Verfolgter 227
Tóth, Sándor 374 463
Touchard, Jean 259
Tournoux, Jean-Raymond 250
Tournoux, Paul-Emile 263
Toussaint, François 405
Toussaint, Gisèle 396
Toussaint, Joseph 467
Townsend, Peter 487
Townshend, Charles J. N. 239
Towster, Julian 350
Toynbee, Arnold J. 4 11 378 496
Tracey, Donald R. 132 227
Tradition und Neubeginn 40
Traditionen deutscher Justiz 97
Tragedia de Bleiburg 367
Tragédie des états baltes 335
Trager, Frank N. 403
Tragödie der ukrainisch-katholischen Kirche 361
Traina, Richard P. 388
Tramonti, Nino 430
Trampe, Gustav 106
Tranfaglia, Nicola 144 280
Transiteringsfrågan 1941–42 247
Trask, David F. 378 388
Trattati e convenzioni fra l'Italia e gli altri stati 284
Trautmann, Günter 48 63
Travaglini, Thomas 223
Treadgold, Donald W. 341
Treadwell, Mattie E. 434
Trefousse, H. L. 144 388 474 494 503
Tregenza, Michael 200
Tregonning, Kennedy Gordon 403
Trela, Bernard 329
Tremel, Ferdinand 306
Trend, J. B. 293
Trentième anniversaire de la libération des camps 266
Trentzsch, Karl Christian 223
Tresolini, Rocco J. 380
Treude, Burkhard 126
Treue, Wilhelm 11 36 56 115 171 175 492
Treue, Wolfgang 40 51
Treves, Anna 287
Treves, Claudio 280

Treviranus, Gottfried Reinhold 97 148
Trevisani, Giulio 274
Trevor-Roper, Hugh R. 293 419
Trieste e la Venezia Giulia 284
Tripodi, Nino 288
Triska, Jan F. 200 355
Trizzino, Antonio 452 494
Troeller, Gary 400
Troilo, Nicola 274
Trommer, Aage 164 248
Trommler, Frank 60
Tronicke, Werner 487
Troost, Gerda 175
Trotignon, Yves 250 344
Trotzki, Leo 344 350
Truchanowski, W. G. 7 498
Truchanowski, Wladimir Grigorewitsch 11
Truchet, A. 446
Truelle, Jean 265
Trullinger, O. 403
Trumpener, Ulrich 24 26 32 375
Trumpp, Thomas 148
Trunk, Isaiah 326
Truš, Michail Ivanovič 355
Tsatsos, Jeanne 452
Tscherkower, Elias 361
Tscherwenkoff, Wylko 363
Tschiang Kai-schek 355
Tschuikow, Wasili 459
Tsuji, Masanobu 474
Tsunoda, Jun 474
Tsvetkovitch, D. 367
Tsvetkovitch, Dragisha 171
Tuchman, Barbara W. 11 32 388 400
Tucker, W. R. 239
Tugwell, Maurice 467
Tuider, Othmar 430
Tuleja, Thaddeus V. 474 482
Tully, Andrew 463 494
Tuominen, Arvo 248
Tuompo, W. E. 337
Turchetti, Corrado 452
Turecek, Otto 316
Turnbull, Patrick 446
Turner, Henry Ashby 118 148 380
Turner, John Frayn 467 482
Turner, Leonard Charles Frederick 24 474
Turney, Alfred W. 458
Turok, V. M. 300
Turone, Sergio 280
Tushnet, Leonard 326
Tutas, Herbert E. 204
Tutu, D. 370
Twellmann, Margit 56
Twentieth century Iran 398
Twierdza nam będzie każdy próg. 323
Two hundred years of American foreign policy 389
Tyl, Otakar 200
Tym, Waclaw 441
Tymieniecka, Aleksandra 327
Tyrell, Albrecht 144 148 227
Tzöbl, Josef A. 302

Udal'cov, I. I. 316
Udgaard, Nils Morten 248
Udina, Manlio 284
Udrea, Traian 370
UdSSR 341

Udział Polaków w szturmie Berlina 463
Uebelein, Gertrud 487
Über menschliches Maß 200
Ueberhorst, Horst 48 121 185
Uebersberger, Hans 304
Ueberschär, Gerd R. 164
Ufermann, Paul 118 227
Uffelmann, Gerd 175
Uhlemann, Manfred 97
Uhlich, Werner 430
Uhlig, Heinrich 148 175 419 439
Uhlin, Åke 248
Uhlmann, Georg 88
Ukraine als bedeutungsvolles Problem 361
Ukrainian resistance 360
Ulam, Adam Bruno 355
Ulbricht, Walter 88 103 164 223
Ullein-Reviczky, Antal 374
Ullman, Richard H. 239
Ullmann, Hans-Peter 78
Ullmann, Hermann 40
Ullmann, Peter 56
Ullmann, Richard H. 388
Ullmann, Wolf-Dieter 263
Ullrich, Volker 82
Ullwer, Sigrid 63
Ulrich, Johann 487
Ulshöfer, Otfried 435
Um uns die Fremde 204
Umbreit, Hans 155 255 435 439
Undahl, Peter 361
Underhill, Frank H. 230
Unfinished century 376
Unfug, Douglas 335
Ungarn im zweiten Weltkrieg 374
Unger, A. L. 144
Ungern-Sternberg, Roderich von 148
Uniforms of the SS 144
United States and the Korean problem 388
United States Army in World War II 474
United States foreign policy 388
United States naval chronology, World War II 482
United States of America, die permanente Revolution 378
Unser Heer 301
Unser Jahrhundert im Bild 7
Unterberger, Betty M. 388
Unternehmer in der Politik 56
Unvergessenen 195
Unzner, Ralf 422
Upthegrove, Campbell L. 230
Upton, Anthony F. 337
Upton, Joseph M. 400
Urbach, Dietrich 126
Urban, L. K. 114
Urbano, Giuseppe 158
Urbańska, Jadwiga 329
Urlanis, Boris Zesarewitsch 21
Urner, Klaus 56
Urquhart, R. E. 467
Ursachen und Folgen 40 85 136
USA und Deutschland, 1918–1975 48
USA und Europa 1917–1945 11
Ušakov, V. B. 164
Ušakov, Vladimir Borisovič 48
Utkin, G. M. 463
Utley, Freda 408

Utt, Walter C. 259
Uustalu, Evald 335
Uyehara, Cecil H. 405

Vaccarino, Giorgio 278 280 285
Vaglieri, Laura Veccia 400
Vago, Bela 21 362
Vagts, Alfred 503
Vajana, Alfonso 278
Vaidynath, R. 350
Vaini, Mario 280
Vajsová, N. 293
Vakar, Nicholas P. 361
Valdeiglesias, José Ignazio Escobar de 293
Valdeiglesias, Marqués de 195
Valentin, Hugo 248
Valentin, Veit 36 40
Valeri, Nino 280
Valev, L. B. 363
Valeva, O. P. 306
Valiani, Leo 32 278 280
Valland, Rose 265
Vallauri, Carlo 285
Valluy, Jean-Etienne 22
Valori, Aldo 458
Valvatne, Sigurd 482
Vandaele, Fernand 446
Vanwelkenhuyzen, Jean 430 446 494
Varain, Heinz Josef 48
Vardys, V. Stanley 335
Varga, V. A. 370
Varillon, Pierre 482
Varma, Aleksander 335
Vartier, Jean 255
Vasari, Emilio 374
Vasil'ev, I. 375
Vasil'ev, V. F. 403
Vasileva, Nadejda Slavi 364
Vass, Henrik 374
Vasselle, Pierre 446
Vasseur, André-Georges 255
Vatikiotis, P. J. 400
Vaudagna, Maurizio 392
Vaughan-Thomas, Lewis John Wynford 452
Vaussard, Maurice 171 274
Vávra, F. 171
Važnejsie operacii velikoj otečestvennoj vojny 438
Veale, F. J. P. 435 439 487
Veatch, Richard 393
Vedovato, Giuseppe 284
Veerathappa, K. 410
Vehviläinen, Olli 164
Veiter, Theodor 306
Vekov, Angel Hr. 363
Velden, D. van 435
Velikaja oktjabr'skaja socialističeskaja revoljucija 343
Venault, Raymond 458
Veneruso, Danilo 281
Venezia, J.-C. 260
Venner, Dominique 106 335
Venohr, Wolfgang 316
Venosta, Giovanni Visconti 278
Ventura, Franco 287
Verba, Sidney 392
Verbände der Luftwaffe 1935–1945 158
Verbrannt, verboten, verdrängt 204
Verbrechen der Hitlerfaschisten in der Sowjetunion 346
Verbrechen der Sieger 435

Verd, Jacques  255
Verdediging van het Maas-Waal-Kanaal en de Over-Betuwe  446
Verdediging van Noord-Limburg en Noord-Brabant  446
Vere-Hodge, Edward Reginald  375
Verein Lebensborn e. V.  141
Verfolgung und Widerstand unter dem Nationalsozialismus in Baden  227
Vergotti, Jacques M.  296
Verhaegen, G. Baron  446
Verhängnisvoller 5. Dezember 1941  456
Verhandlungen der Militärmissionen der UdSSR  422
Verhandlungen des 2. Unterausschusses über ... die päpstliche Friedensaktion  32
Verluste der deutschen Wehrmacht  430
Vermeil, Edmond  40 85 137 144
Vermögen der ermordeten Juden Europas  419
Vernadsky, George  341
Vernejoul, Henri de  467
Vernier, Bernard  452
Vernon, R.  293
Vernoux, M.  263
Veröffentlichungen der Kommission für Zeitgeschichte  188 189
Verosta, Stephan  304
Verrat und Widerstand im Dritten Reich  195
Verrier, Anthony  487
Versailles, Saint Germain, Trianon  21
Verslag houdende de uitkomsten van het ondersoek  270
Verspottetes Tausendjähriges Reich  184
Verträge von Rapallo, Locarno und Berlin  114
Vertrag von Versailles  32
Veselý, J.  316
Vetiška, R.  316
Vetsch, Christian  494
Vetterli, Rudolf  56
Vial, Commandant  467
Viana, Mario  281
Viault, Birdsall Scrymser  503
Vidal, C.  452
Vidalenc, Jean  12 419
Vidalene, Jean  446
Vidotto, Vittorio  281
Vie de la France sous l'occupation  255
Viefhaus, Erwin  171 308
Vielhaber, Klaus  217
Viereck, Hans-Dieter  470
Vierhaus, Rudolf  97
Vierheller, Ernstjoachim  408
Vierheller, Viktoria  329
Vierzig Jahre Friedenspolitik der UdSSR  352
Vierzig Jahre Sowjetmacht in Zahlen  341
Vietor, John Adolph  435
Vietor, Martin  316
Vietzke, Siegfried  48 220
Vigander, Haakon  248
Vigezzi, Brunello  272 274
Vignacourt, B. de  357
Vigneras, Marcel  439
Vigrabs, Georg  335

Vilanova, Antonio  293
Vilar, P.  293
Vile, M. J. C.  380
Viljoen, S.  12
Villari, Luigi  284 452
Villari, Rosario  21
Villate, R.  388 419 446
Villemarest, Pierre de  341
Vilmar, Fritz  144
Viñas, Angel  164
Vincent-Smith, J. D.  73
Vingt-cinq ans d'historiographie tchécoslovaque  308
Vinson, J. C.  12 389
Violante, Luciano  287
Viorst, Milton  503
Visscher, Ch. de  266
Vistel, Alban  260
Vito, Francesco  274
Vittorelli, Paolo  293
Vjunenko, N. P.  482
Vivarelli, Roberto  274
Vivet, Jean-Pierre  21
Vivier, Robert  256
Vlekke, B. H. M.  503
Vlis, J. A. van der  467
Vloyantes, John P.  503
Vlugt, Ebed van der  403
Vnešnaja politika Čechoslovakii 1918-1939  314
Vnuk, Francis  316
Vnuk, František  171
Voelker, Johannes  463
Völker, Karl-Heinz  106 159 487
Vogel, Barbara  73
Vogel, Bernhard  48
Vogel, Georg  452
Vogel, Rolf  216
Vogel, Walter  503
Vogelsang, Thilo  85 106 114 132 137 148 152 171
Vogenberger, Otto  370
Vogl, Friedrich  195 300
Vogt, Hannah  40
Vogt, Martin  108 144
Vohra, Ranbir  408
Voigt, Harald  132
Voigt, Johannes H.  164
Volacič, M.  308
Volin, Lazar  357
Volk, Ludwig  32 189 209 288
Volkland, Gerhard  97
Volkmann, Hans-Erich  16 32 103 114 121 148 152 307 463
Volkmann, Klaus J.  189
Volkov, F. D.  355
Volland, Klaus  164
Vollmacht des Gewissens  195
Vollmer, Bernhard  152
Vollmer, Kurt  97
Volpe, Gioacchino  274
Volz, Arthur G.  439
Vom AStA zum SA-Hochschulamt  181
Vom Kaiserreich zur Weimarer Republik  40
Vom Kleingewerbe zur Großindustrie  21
Vom Reichsjustizamt zum Bundesministerium der Justiz  48
VomBerg, Volker  118
Von den baltischen Provinzen zu den Baltischen Staaten  335

Von den Kämpfen der 215. württembergisch-badischen Infanterie-Division  426
Von der Dritten zur Vierten Republik  259
Von der Teilnahme der Ungarn am europäischen Widerstandskampf  374
Von Moskau nach Berlin  455
Von Prinz Eugen bis Karl Renner  300
Von Weimar zu Hitler  85
VonDerPorten, Edward P.  482
Vondung, Klaus  76 144 185
Vor dem ungerechten Richter stehend  195
Vor hundert Jahren  81
Vor zwanzig Jahren  219
Vorgeschichte des Zweiten Weltkrieges  422
Vorländer, Herwart  189 198 227
Vorläufiges Verzeichnis der Konzentrationslager  200
Vormann, Nikolaus von  441 458
Vorob'ev, F. D.  455
Vorwärts 1876-1976  60
Voss, Harald  414
Voßke, Heinz  171 192
Vrba, Rudolf  200
Vries, Leonard de  267
Vries, Wilhelm de  358
Vrije Kunstenaar 1941-1945  268
Vring, Thomas von der  97
Vromans, A. G.  403
Vukmanović, Svetozar  364
Vulliez, Albert  256 482
Vygodskij, S. Ju.  341
Vyšný, Paul  316

Waage, Johan  442
Waasen, Heinrich Maria  223 256
Wachters, H. J. J.  12
Wachtsmuth, Wolfgang  335 336
Wacker, Peter  367
Wacker, Wolfgang  106
Waddell, D. A. G.  396
Wade, Mason  393
Wade, Rex A.  355
Wadecka, Saturnina L.  463
Wächter, Hans-Christof  204
Wädekin, Karl-Eugen  308
Waeger, Gerhart  296
Wählerbewegung in der deutschen Geschichte  48
Währung und Wirtschaft in Deutschland 1876-1975  56
Wärenstam, Erik  248
Waffen-SS als Teil der ehemaligen Kriegswehrmacht  144
Waffen-SS im Bild  144
Wagener, Carl  456 458 463 467
Wagenführ, Rolf  492
Wagenlehner, Günther  357
Wagner, Anton  26
Wagner, Dieter  470
Wagner, Ernst  369
Wagner, Friedrich  302
Wagner, Fritz  389
Wagner, Gerhard  437
Wagner, Gustav  336
Wagner, Oskar  331
Wagner, Raimund  132 175
Wagner, Richard  470
Wagner, Stanley P.  329

Wagner, Ulrich H. E. 337
Wagner, Walter 98 155
Wagner, Wilfried 503
Wagner, Wolfgang 355 503
Wagner-Winterhager, Luise 126
Wagret, Jean Michel 414
Wahl, Rudolph 36
Wahlbäck, Krister 248
Wahrhaftig, S. L. 51
Wahrheit über den 20. Juli 223
Waite, Robert G. L. 134 148
Waites, B. A. 241
Waites, Neville 21
Walczak, Marian 323
Walde, Karl J. 458
Walder, Ernst 259
Waldkirch, Eduard von 296
Waldman, Eric 88 308
Walendy, Udo 422
Wales, Peter 12
Waley, Daniel 233
Walker, Allan S. 474
Walker, Eric A. 230 414
Walker, Lawrence D. 144 189
Wall, Irwin M. 260
Wallace, Martin 242
Wallace, William V. 171
Wallach, Jehuda L. 48 492
Wallentin, Hans 248
Waller, Bruce 73
Waller, Sture M. 98 344
Wallner, Leopold 306
Wallraff, Hermann Josef 73
Wallwitz, Alice Gräfin 87
Walsh, Warren Bartlett 341
Walshe, Peter 414
Walter, Gérard 256
Walter, Hans-Albert 204 260
Walter, Hilde 392
Walter, Paul 329
Walterscheid, Joseph 152
Walworth, Arthur 378
Walz, Herbert 204
Walzel, Richard E. 126
Wandel, Eckhard 118
Wandel, Paul 48 503
Wandruszka, Adam 301 302 304 307
Wandycz, Piotr S. 316 318 329 355 503
Wandyz, Piotr S. 263
Wańkowicz, Melchior 441 452
Wannsee-Protokoll zur Endlösung der Judenfrage 216
Wanty, Emile 250 446
Wapiński, R. 331
War ich ein Nazi 177
Warburg, James P. 389
Ward, Alan 242
Ward, Harriet 12
Ward, Robert E. 474
Ward, Russel 415
Ward, W. E. F. 414
Warlimont, Walter 439
Warloski, Ronald 126
Warman, Roberta M. 240
Warmbrunn, Werner 270
Warner, Geoffrey 263
Warning, E. 458
Warren, Charles Esme Thornton 482
Warren, Donald 82
Warszawa, lat wojny i okupacji 323
Warth, Robert D. 240 344
Warvariv, C. 329
Warwick, Paul 260

Was kostete der letzte Krieg 492
Washausen, Helmut 82
Wasicki, J. 132
Wasmund, Klaus 217
Wasowicz, Krysztof Dunin 200
Wasser, Hartmut 48
Waszak, Stanislaw 331
Waterfield, Gordon 414
Waters, John M. 482
Waters, Sydney David 482
Wathen, Mary Antonia 171
Watkins, K. W. 233
Watson, J. A. 452
Watt, Alan 415
Watt, Donald C. 12 132 164 171 195 240 284 293 389 422
Watt, Richard M. 88
Watts, Anthony J. 482
Watzdorf, Bernhard 159
Webb, Leicester 415
Weber, Alexander 144
Weber, Bernd 12
Weber, Christian Egbert 392
Weber, Christoph 79
Weber, Eugen 260
Weber, Frank G. 32 503
Weber, Günter 98
Weber, Guy 270
Weber, Heinrich 152
Weber, Hellmuth 26
Weber, Hermann 48 63 99 103 104 370
Weber, Margot 82
Weber, Richard 126
Weber, Theo 487
Weber, Ulrich 132
Weber, Werner 189 209
Weber, Wolfram 435
Webersinn, Georg 132
Webster, J. B. 414
Webster, Richard 281
Webster, Sir Charles 240 487
Wecker, Gero 470
Wecter, Dixon 12
Wedel, Hasso von 435
Wedensky, Georg 357
Weede, Erich 12
Weemaes, Marcel 26
Weerd, Hans de 361
Weerth, Heddy 350
Weg in die Diktatur 1918 bis 1933 98
Wege der Völker 12
Wegner, Konstanze 75
Wegner, Matthias 204
Wehle, Louis-Brandeis 378
Wehler, Hans-Ulrich 48 51 55 56 66 73 367 389
Wehling, Wilhelm 220
Wehrmacht und Politik 1933–1945 159
Wehrmacht und Propaganda 435
Wei, Henry 408
Wei Ying-pang 408
Weichold, Eberhard 439
Weick, Edgar 196
Weidenfeld, Werner 503
Weidenfeller, Gerhard 78
Weidinger, Otto 426 430
Weidl, Kurt 171
Weidlé, Wladimir 341
Weidlein, Johann 374
Weidmüller, Helmut 132
Weiker, Walter F. 375
Weil, Claudie 73

Weil, Ursula 65
Weiland, Alfred 152
Weiler, Eugen 200
Weiler, Heinrich 63
Weill-Raynal, Etienne 265
Weimarer Republik 84 125
Weimarer Republik. Zeugnisse zu ihrer Geschichte 84
Weinberg, Berthold 12
Weinberg, David H. 265
Weinberg, Gerhard L. 159 164 171 440 503
Weinberger-Carmilly, Mozes 370
Weinert, Erich 221 459
Weingartner, Thomas 355
Weinkauff, Hermann 155
Weinmann, Manfred 265
Weinschenk, Friedrich 446
Weinzierl, Erika 189 300 306 307
Weisband, Edward 375
Weisbrod, Bernd 118
Weise, Wolfgang 403
Weisenborn, Günther 190 196
Weishar, Richard 316
Weiß, Günther 400
Weiß, Hellmuth 336
Weißbecker, Manfred 227
Weißberg-Cybulski, Alexander 350
Weissel, Erwin 306
Weissmann, Georg 216
Weitershausen, Frhr von 463
Weitowitz, Rolf 73
Weizsäcker, Wilhelm 316
Wellers, Georges 200 216 256
Welles, Sumner 12 389
Welt von heute 12
Welter, Erich 492
Welter, G. 341
Weltgeschichte der Gegenwwart 12
Weltherrschaft im Visier 40
Weltlinger, Siegmund 196
Weltpolitik 1933–1939 12
Weltwende 1917 12
Weltwirtschaft und Weltpolitik 392
Wende, Frank 32
Wendland, Ulrich 209
Wendt, Bernd-Jürgen 114 171 177 240 241
Wenger, Paul Wilhelm 40
Wengst, Udo 118
Weniger, Erich 223
Wenn alle Brüder schweigen 430
Wenninger, Heribert 300
Wenschkewitz, Leonore 189
Wentzcke, Paul 36
Wenzel, Alfons 155
Wenzel, Otto 104
Wer war dabei 435
Werber, Rudolf 180
Werden und Wirken 12
Werder, Lutz von 60
Wereszycki, Henryk 40
Wernecke, Klaus 73
Werner, Andreas 144
Werner, Bruno Erich 126
Werner, Herbert A. 482
Werner, Kurt 152
Wernick, Robert 440
Werstein, Irving 171 467
Werstein, L. 326
Werth, Alexander 250 456
Werthen, Wolfgang 430
Wessely, Kurt 306
Weßling, Wolfgang 98 132 133

Wesson, Robert G. 350
West, Franz 302
Westarp, Kuno Graf von 88
Westdeutsche Funkstunde 123
Westerfield, H. Bradford 389
Westermanns Atlas zur Weltgeschichte 12
Westermeyer, H. E. 209
Weston, Rubin Francis 389
Westphal, Otto 12
Westphal, Siegfried 430 452 467
Wette, Wolfram 104
Wettig, Gerhard 344
Wetzel, Hans-Wolfgang 79
Weygand, Maxime 260
Weyher, Kurt 482
Weyl, Nathaniel 392
Weymouth, Anthony 12
Weyres-von Levetzow, Hans-Joachim 175
Whaley, Barton 456
Whealey, Robert 293
Wheare, K. C. 230
Wheatley, Ronald 440
Wheaton, Eliot Barculo 152
Wheeler, Douglas L. 293
Wheeler, Gerald E. 380 405 474
Wheeler, Harvey 233
Wheeler, Robert F. 104
Wheeler-Bennett, John W. 171
Wheeler-Bennett, John Wheeler 21 32 98 107
Whitaker, Arthur P. 389
Whitcomb, Edgar D. 474
White, D. S. 82
White, Dorothy Shipley 256
White, L. W. 233
White, William S. 380
Whitehead, Don 380
Whitehead, Donald F. 389
Whiteside, Andrew G. 144 148 302
Whiting, Allen S. 355 408
Whiting, Charles 435 467 470
Whitson, William W. 408
Who knew of the extermination 216
Wiarda, Howard J. 293
Wich, Rudolf 431
Wichard, Rudolf 63
Wichert, Sabine 241
Wickert, Erwin 171
Widder, Erwin 148
Wider die trägen Herzen 222
Widerstand und Verfolgng im Burgenland 300
Widerstand und Verfolgung in Köln 228
Widerstand und Verfolgung in Wien 300
Widerstand, Verfolgung und Emigration 196
Widerstandskampf Görlitzer Antifaschisten 228
Widmann, Horst 204
Wie Bismarck in den Großen Keller ging 482
Wie Pitschen starb 463
Wie war es möglich 144
Wiedemann, Anton 431
Wieder, Joachim 459
Wiederhöft, Harri 133
Wiegel, Karl 152
Wieland, Volker 260
Wien, Albrecht 82
Wienand, Peter 75

Wiener, Alfred 209
Wiener, Fritz 431
Wiener, Rudolf 362
Wierer, Rudolf 316 362
Wierzejewski, Aleksander 323
Wiesemann, Falk 177 228
Wiesener, Albert 248
Wieth-Knudsen, K. A. 248
Wiethoff, Bodo 408
Wieviel kostete der zweite Weltkrieg 492
Wiewióra, Bolesław 503
Wiggershaus, Norbert Theodor 164
Wighton, Charles 494
Wigmans, Johan 435
Wigmore, Lionel 474
Wilber, Donald N. 400
Wilbu, C. Martin 408
Wilckens, Hans Jürgen 470
Wilcox, Francis Orlando 389
Wilde, Harry 152
Wilding, Norman 233
Wilhelm, Hans-Heinrich 135
Wilhelm, Hellmut 409
Wilhelmi, Heinrich 228
Wilhelminisches Bildungsbürgertum 76
Wilhelmstrasse és Magyarország 164
Wilhelmus, Wolfgang 133
wilhelmus, Wolfgang 248
Wilhelmus, Wolfgang 440
Wilhelmy, Rudolf 118
Wilke, Ekkehard-Teja P. W. 73
Wilkie, James W. 396
Wilkins, Mira 392
Wilkinson, Paul 241
Willard, C. 355
Willard, Germaine 263
Willars, Christian 316
Willcox, William Bradford 230
Willemer, Wilhelm 458 463
Willemsen, A. W. 270
Willequet, Jacques 270 446
Willert, Arthur 240
Willi, Jost Nikolaus 296
Williams, Ann 240
Williams, Desmond 242
Williams, Irving G. 380
Williams, Lea A. 403
Williams, Lea F. 409
Williams, Robert Chadwell 358
Williams, Robin Murphy 392
Williams, T. Desmond 240 419
Williams, Warren E. 88
Williams, William Appleman 378 389 392 396
Williamson, James Alexander 230
Williamson, Samuel R. 21
Willmann, Heinz 60
Willoquet, Gaston 403
Willoughby, Charles A. 494
Willoughby, Malcolm F. 431
Willson, F. M. G. 233
Wilmot, Chester 467
Wilpert, Gabriele 126
Wilson, Dick 409
Wilson, Harold 233
Wilson, Hugh R. 12 296
Wilson, Stephen 260 265
Wilson, Theodore A. 503
Wimer, K. 389
Winckler, Martin 48
Windell, George G. 144
Windisch, Josef 431

Windrich, Elaine 240 414
Windrow, Martin 431
Wingfield-Stratford, E. 230
Winkel, E. 270
Winkel, Harald 21 116
Winkler, Allan M. 435
Winkler, Dörte 177
Winkler, Hans-Joachim 98 118 137
Winkler, Heinrich August 48 73 88 119 134 148 177 391
Winkler, Henry R. 240
Winkler, Michael 203
Winock, Michel 266
Winter, Ernst Karl 300
Winter, J. M. 233
Winterbotham, Frederick W. 494
Winterschlacht von Rshew 458
Winton, John 482
Winzen, Peter 73
Winzer, Otto 114 220
Wippermann, Klaus W. 98 126
Wir schweigen nicht 217
Wirth, John D. 396
Wirth, Josef 114
Wirtschaft und Gesellschaft im vorrevolutionären Rußland 357
Wirtschaft und Gesellschaft in Frankreich seit 1789 265
Wirtschaft und Rüstung am Vorabend des Zweiten Weltkrieges 422
Wirtschaftskrise und liberale Demokratie 85
Wirz, Albert 73
Wiseley, W. C. 323
Wish, Harvey 392
Wiskemann, Elizabeth 21 164
Wiśniewski, Ernest 324
Wiss-Verdier, Antoine 221
Wißhaupt, Walter 307
Wistrich, Robert S. 75 260 302
Witetschek, Helmut 189
Witkowski, Józef 200
Witt, Friedrich-Wilhelm 133
Witt, Peter-Christian 56 73 78 98 119 133
Wittek, Bernhard 240
Wittekind, Kurt 492
Wittfogel, Karl August 350
Wittke, Carl 392
Wittmann, Klaus 248
Wittmer, Felix 503
Wittram, Heinrich 336
Wittram, Reinhard 336 350
Wittwer, Walter 75
Wittwer, Wolfgang W. 60
Witzig, Carole 73
Witzig, Rudolf 446
Witzmann, Georg 133
Witzmann, Karlheinz 392
Woerden, A. V. N. van 164
Wörtz, Ulrich 144
Wohl, Robert 260
Wohlfeil, Rainer 107 293
Wohlgemuth, Heinz 75
Wohlstetter, Albert 492
Wohlstetter, Roberta 474
Wojan, Ryszard 323
Wojcicki, B. 323
Wojciechowska, Janina 323
Wojciechowski, Marian 163 164 171 324 329
Wojciechowski, Zygmunt 330
Wojewódski, Michał 492
Wojna obronna Polski 1939 441

Wojna wyzwoleńcza narodu polskiigo w latach 324
Wojstomski, S. W. 32
Wojtczak, Stanisław 201
Wolf, Dieter 260
Wolf, Ernst 189
Wolf, Franz 374
Wolf, Hans-Joachim 63
Wolf, Heinrich 104
Wolf, Simon 240
Wolf, Walter 296
Wolfanger, Dieter 152
Wolfe, Bertram David 341
Wolfe, James H. 389
Wolfe, Martin 175 265
Wolff, Alfred 223
Wolff, Karl-Dieter 453
Wolff, Max-Eckart 442
Wolff, Richard 196
Wolff, Willy 221
Wolffsohn, Michael 119
Wolfskill, George 380
Wolfson, Manfred 196
Wolin, Simon 350
Wollenberg, Erich 152
Wollstein, Günter 164
Wollt Ihr den totalen Krieg 180
Wolsing, Theo 185
Wolski, Aleksander 171
Wolter, Heinz 65 74
Wood, Alan 230
Wood, Bryce 389
Wood, Derek 230
Wood, Frederick Lloyd Whitfield 415
Woodhouse, C. M. 364
Woodrooffe, Thomas 482
Woodward, C. Vann 474
Woodward, David 482
Woodward, David R. 32
Woodward, E. L. 230 234 235
Woodward, Sir Llewellyn 21 32 240
Woollcombe, Robert 453
Woord als wapen 270
Wootton, Graham 230
World at war 420
Worliczek, Adalbert 114
Wormser, Georges 260
Wormser, Olivier 256
Wormser-Migot, Olga 201 256
Woronesch, Leistungen und Erfolge der Flakartillerie 458
Wortschlacht im Äther 181
Woytak, Richard Andrew 330
Wrage, Ernest J. 378
Wrangell, Baron Wilhelm 336
Wreden, Ernst Wilhelm 121
Wright, Esmond 12
Wright, Gordon 256 420
Wright, Jonathan R. C. 126
Wright, Robert 487
Wrobel, Kurt 107
Wrong, Hume 393
Wroniak, Zdzisław 114 330
Wroński, S. 422
Wroński, Stanisław 331
Wrzesiński, Wojciech 133 318
Wrzosek, Mieczysław 133
Wu, Aitchen K. 409
Wucher, Albert 148 420 422
Wünsche, Wolfgang 463
Würthle, Friedrich 24
Wuescht, Johann 164 362
Wuessing, Fritz 12

Wuest, Erich 114
Wuest, John J. 355
Wulf, Josef 181 216 324 326
Wulf, Joseph 144 185
Wulf, Peter 119
Wullus-Rudiger, J. Armand 270
Wunder, Bernd 49
Wunderer, Hartmann 60
Wunderlich, Frieda 56
Wuorinen, John H. 337 338
Wurgaft, Lewis D. 49
Wurl, Ernst 172
Wurm, Clemens A. 264
Wurm, Franz F. 56 221
Wurm, Marie 209
Wykaz poleglych i zmarlych zolnierzy polskich 324
Wylie, J. C. 474
Wyller, Thomas Chr. 248
Wyller, Trygve 248 442
Wyman, David S. 201
Wyman, Parker D. 209
Wynot, Edward D. 327 331
Wyzwolenie Polski w latach 1944-45 324

Xydis, Stephen G. 364 503

Yahil, Leni 230 248 270
Yakemtchouk, Romain 503
Yale, William 400
Yalman, Ahmed Emin 375
Yancy, Ernest Jerome 414
Yates, Louis A. R. 389
Yenell, Donovan P. 172
Yeselson, Abraham 389
Yin Ching-chen 409
Yoshihashi, Takehiko 405
Yost, Charles 12
Young, A. P. 240
Young, Arthur N. 409
Young, Gordon 494
Young, Harry F. 24
Young, Peter 414
Young, Robert J. 264
Young, Roland 233 380
Young, Walter D. 393
Youngson, A. J. 241
Yourichitch, Evgueniyé 367
Yu, George T. 409

Zabel, James A. 189
Zaccone, Umberto 367
Zacharias, Michal J. 330
Zaddach, Frank-Helmut 431
Zagoroff, S. D. 362
Zagorski, Waclaw 463
Zaharia, Gheorghe 370
Zahn, Gordon Charles 189
Zahn, Manfred 126
Zakład historii partii pizy KC PZPR 324
Zakrzewski, Andrzej 331
Zakrzewski, Jan 442
Załuski, Zbigniew 324
Zamboni, Giovanni 284
Zamojski, Jan 324
Zamojszczyzna-Sonderlaboratorium SS 201
Zamoyski, Jan E. 264
Zandano, Gianni 278
Zangerl, Carl H. E. 82
Zangerle, Ignaz 284
Zangheri, Renato 286

Zangradi, Ruggero 274
Zangrandi, Ruggero 281
Zantke, Siegfried 456 487
Zarnow, Gottfried 13
Zarnowski, Janusz 327 331
Zavalov, A. S. 463
Zawodny, Janusz Kazimierz 324 326
Zayas, Alfred Maurice de 293
Zboralski, Dietrich 488
Zbornik dokumenata i podataka o narodno-oslobodilačkom ratu jugoslovenskich naroda 367
Zbrodnia Hitlerowska w Katyniu 324
Zbrodnia Katynska w swietle documentów 324
Zbrodnie hitlerowskie na dzieciach i młodzieży polskiej 324
Zechlin, Egmont 22 24 32
Zee, Sytze van der 270
Zeender, John K. 75 126
Zehethofer, Florian 201
Zeine, Zeine N. 400
Zeisler, Kurt 32
Zeissig, Eberhard 133
Zeit ohne Eigenschaften 126
Zeitgeist im Wandel 60
Zeittafel des Konzentrationslagers Sachsenhausen 201
Zeitzler, Kurt 440 446 458
Zeller, Eberhard 223
Zeller, Gaston 13
Zellmayr, Erna 303
Zelt, Johannes 114
Zelzer, Maria 216
Zemaljsko antifašističko vijeće narodnog oolobodenja hrvatske 367
Zeman, Z. A. B. 49 300
Zeman, Zbynek Anthony Bohuslav 32 181
Zenker, Edith 127
Zenkovsky, Serge A. 355
Zenner, Maria 133
Zentner, Christian 40 209 418
Zentner, Kurt 13 137 196 420 456
Zernack, Klaus 308
Zerstörung der Weimarer Republik 85
Zeszyty oświęcimskie 201
Zetterberg, Hans L. 392
Zetterberg, Kent 248
Zeugen des Widerstandes 300
Zeuß, Johann Baptist 470
Ziadeh, N. A. 400
Ziaja, Leon 327
Zibrin, Michael 316
Zichy, Ernst 304
Zick-Zack-Kurs der Kommunistischen Partei Frankreichs 260
Zieb, Paul W. 482
Ziebura, Gilbert 43 256 264 265
Zieger, Gottfried 503
Ziegler, Donald J. 49
Ziegler, Rita 152
Ziegler, Walter 228
Zieliński, Antoni 330
Zieliński, Henryk 133 318
Ziemer, Gerhard 56
Ziemke, Earl F. 49 463 467
Zierer, Otto 13
Ziffer, Bernard 318
Žilin, Pavel A. 355
Zimmermann, Hansjörg 133
Zimmermann, Hermann 446

Zimmermann, Horst  21 296
Zimmermann, Ludwig  21 85 114 264
Zimmermann, Werner  148
Zimmermann, Werner Gabriel  133
Zingali, Gaetano  453
Zingarelli, Italo  414
Zink, Harold  380
Zinner, Bernd  133
Zinner, Paul E.  316 350
Zipfel, Friedrich  152 196 209 228 420
Zischka, Anton  403
Zittel, Bernhard  133
Žjugžda, Ju. I.  88
Zlatkin, Ilja Jakovlevič  403
Zlatopol'skij, D. L.  350
Zlodejanija gitlerovcev v Pribaltike  336
Zmarzlik, Hans-Günter  66
Zobel, Horst  458
Zöberlin, Klaus-Dieter  296
Zöllner, Erich  300
Zografski, Dančo  503
Zolberg, Aristide R.  270
Zoli, Corrado  284

Zoltowski, Adam  318
Zook, David H.  396
Zorn, E.  442
Zorn, Gerda  191 228
Zorn, Wolfgang  21 82 121 127
Zorraquin Becú, Horacio  396
Zotiades, George B.  367
Zotos, Stephanos  364
Źródła, do dziejów powstań śląskich  98 133
Zsigmond, László  98 114 374
Zubok, L. I.  362
Zubrzycki, Jerzy  241
Zuckmayer, Carl  223
Zuderell, Elfriede Auguste  304
Zürrer, Werner  13 364 400
Zumach, Ernst-Günther  492
Zumpe, Lotte  201
Zunino, Piergiorgio  287
Zunkel, Friedrich  78
Zur Geschichte der deutschen antifaschistischen Widerstandsbewegung  191
Zur Geschichte der Kommunistischen Partei Deutschlands  50

Zur Geschichte des Kirchenkampfes  205 206
Zur ostdeutschen Agrargeschichte  51
Zur Vorgeschichte der Verschwörung vom 20. Juli 1944  223
ZurMühlen, Patrik von  361 405
Zuylen, P. van  270
Zwangsaussiedlungen und Germanisierung  152
Zwanzigster Juli, Alternative zu Hitler  222
Zwanzigster Juli 1944  222
Zwanzigstes Jahrhundert  7
Zwei Legenden aus dem Dritten Reich  135
Zweiter Weltkrieg  419 422
Zweiter Weltkrieg im Bild  419
Zwischen Ruhrkampf und Wiederaufbau  133
Zwischen Widerstand und Anpassung  185
Zwoch, Gerhard  114 468
Zydowitz, Kurt von  431

### German-Jewish Periodicals 1845–1938

Sammelwerk: 45 Zeitschriftentitel auf 102 Filmrollen. 35 mm Silberhalogenid-Mikrofilm. DM 14 400,—
ISBN 3-598-40522-7

Deutsch jüdische Zeitschriften, die schon im 19. Jahrhundert erschienen sind, geben ein genaues Bild der Lebensumstände der deutschen Juden wieder.

Das Leo Baeck Institut in New York besitzt eine fast komplette Sammlung von deutsch-jüdischen Zeitschriften, die zu den bedeutendsten der Welt gehört. Diese äußerst seltenen Zeitschriften sind jetzt als Gesamtwerk auf Filmrollen erhältlich.

Léon Poliakov/Josef Wulf
### Das Dritte Reich und die Juden
(Nachdr. d. Ausg. 1955)
1978. X, 475 S. Lin. DM 68,—
ISBN 3-598-04602-2

### Das Dritte Reich und seine Denker
Dokumente (Nachdr. d. Ausg. 1959)
1978. XI, 560 S. Lin., DM 68,—
ISBN 3-598-04601-4

### Das Dritte Reich und seine Diener
Enthüllungen über Auswärtiges Amt, Justiz und Wehrmacht
(Nachdr. d. 2. durchges. Aufl. 1956)
1978. XVI, 540 S. Lin, DM 68,—
ISBN 3-598-04600-6

Josef Wulf
### Das Dritte Reich und seine Vollstrecker
Die Liquidation von 500 000 Juden im Ghetto Warschau
(Nachdr. d. Ausg. 1961)
1978. 383 S. Lin, DM 68,—
ISBN 3-598-04603-0

### Jewish Life in Britain 1962–1977
Papers and Proceedings of a Conference held at Hillel House, London on March, 13, 1977 by the Board of Deputies of British Jews and the Institute of Jewish Affairs
Hrsg.: Sonia L. Lipman/Vivian D. Lipman
1981. XVII, 203 S. Br. DM 74,—
ISBN 3-598-40005-5 Englisch

**K·G·Saur München · New York · London · Paris**
K·G·Saur Verlag KG · Postfach 71 10 09 · 8000 München 71 · Tel. (089) 79 89 01 · Telex 05 212 067 saur d

# Akten der Partei-Kanzlei der NSDAP

## Microfiche-Edition

Herausgegeben vom Institut für Zeitgeschichte 1983/84. Ca. 300.000 Seiten auf 720 Fiches (Silberfilm). 48 : 1. 4 Regesten- und 2 Registerbände.
Ca. DM 7.200,–
ISBN 3-598-20260-6

Die zeitgeschichtliche Forschung hat immer wieder schmerzlich feststellen müssen, daß von den beiden zentralen Akten-Provenienzen der nationalsozialistischen Zeit nur die eine, die der Reichskanzlei, erhalten geblieben ist, während die Bestände der mindestens ebenso wichtigen, wenn nicht wichtigeren Zentralstelle auf dem Parteisektor bis auf wenige Splitter verlorengegangen sind. Die Partei-Kanzlei — bis 1941 Stab Stellvertreter des Führers — ist bekanntlich nicht nur Hitlers Relaisstation für die Parteiführung gewesen, sondern hat ihre Kompetenzen in zunehmenden Maße auch auf die staatlichen und die übrigen gesellschaftlichen Institutionen ausgedehnt, so daß ihre Akten für jedes Forschungsthema über jene Jahre unentbehrlich sind.

Seit 1972 hat das Institut für Zeitgeschichte den Versuch unternommen, diese Akten anhand der Empfänger-Überlieferungen zu rekonstruieren. Mit finanzieller Unterstützung der Deutschen Forschungsgemeinschaft wurden die Bestände deutscher und ausländischer Archive daraufhin durchgesehen und von Korrespondenzen, Besprechungsniederschriften, Aktenvermerken usw. Kopien angefertigt und zu einer Sammlung von mehr als 300 000 Blatt vereinigt. Zu dieser Sammlung — aber damit natürlich auch zu den betreffenden Originalakten in den Archiven — wird ein wissenschaftliches Inventar angefertigt, von dem die ersten beiden Bände, etwa zwei Fünftel des gesamten Bestandes betreffend, zusammen mit einem ausführlichen Personen- und Sachregister hier vorgelegt werden.

In Coproduktion mit dem Verlag R. Oldenbourg, München.

### K·G·Saur München · New York · London · Paris

K·G·Saur Verlag KG · Postfach 71 10 09 · 8000 München 71 · Tel. (089) 79 89 01 · Telex 05 212 067 saur d
K·G·Saur Publishing, Inc. · 1995 Broadway · New York, N.Y. 10023 · Tel. 212 873-2100 · Telex 237 334
K·G·Saur Ltd. · Shropshire House · 2-20 Capper Street · London WC1E 6JA · Tel. 01-637-1571 · Telex 0051-24 902 saur g
K·G·Saur, Editeur SARL. · 40, rue du Fer-à-Moulin · 75005 Paris · Téléphone 707 49 64